遞夫 Postman

체부 II

韓國 近·現代史·郵便史 懲毖 史料集

1884~1948

나봉주 편저

박영사

Back to the Present. 층장비폭層藏飛瀑. 200x120Cm. acrylic Plastic Oil. 2009. 임희성林希星 作. 체부기념관 소장

Forgive, but remember

용서하라, 그러나 잊지는 말라

Yad Vashem

희생된 사람들의 이름을 기억하라

야드바쉠-홀로코스트

Yad Vashem Holocaust History Museum

12년 동안 독일 나찌에 의하여 600만 유대인 대학살은
디아스포라(diaspora) 유대인의
역사에서뿐만 아니라,
오천년 유구한 역사의 한민족이 75년여 동안 민족 정체성을 짓밟히고,
결국에는 나라를 빼앗기는 오점을 남긴 우리 역사는
민족 최악의 수치와 비극이 아닐 수 없다.
지난 역사를 기억하지 않으면 다시 비참한
굴욕의 삶을 살아갈 수밖에 없으니,
참회와 깨달음으로.
오만과 편견의 망념에서 벗어나
서로 신뢰하고 협력하는 것이…

139년 전 아펜젤러 기도를 회상하며

Recalling Appenzeller's prayers 139 years ago

"우리는 부활절에 이곳에 도착했습니다.

오늘 사랑의 빗장을 산산이 깨트리시고, 부활하신 주께서,

이 나라 백성들을 얽매고 있는 굴레를 끊으시고,

그들에게 하나님의 자녀가 누리는 빛과 자유를 허락해 주시옵소서,

주님, 저는 할 수 없습니다.

그러나 부활하신 주께서는 이 칠흑같이 어두운 조선 땅에 빛과 자유를 주실 수 있나이다.

주여! 저를 사용해 주옵소서,

하루에도 수천 명, 주님의 복음을 모르고 죽어 가는 이 백성들을 불쌍히 여겨 주옵소서"

1895년 4월 9일 아펜젤러의 첫 보고서 마지막에 있는 기도문

139년 전 1885년 4월 9일 저녁,

아펜젤러가 재물포항 대불호텔에서 쓴 편지 보고서의 마지막 구절은 이렇게 기록되었다.

출처: 체부(2022. 3. 1. 발행) 34 페이지 참조

헨리 게어하드 아펜젤러(1858~1902)

Henry Gerhard Appenzeller

1885년 조선에 입국하여 활동한 미국 북감리교 선교사

"역사를 잊은 민족에게 미래는 없다"

A nation that has forgotten its history has no future

단재丹齋 신채호申采浩(1880~1936)

충청남도 대덕군 정생면 익동 도라산리 출생
국치시기 항일 독립운동가, 민족주의 사학자

"왜놈이 만든 호적에 내 이름을 올릴 수 없다"

I can't put my name on the family register the Japanese made.

단재 신채호 선생은 끝끝내 이국 땅 감옥에서 무국적자로 생을 마감한 이후, 그는 97년만에 국적을 회복하였다.

동방의 등불

Light of the East

일찍이 아시아의 황금시기에
빛나던 등불의 하나인 코리아
그 등불 한번 다시 켜지는 날에
너는 동방의 밝은 빛이 되라
—타고르의 시, 1929년 4월 2일 동아일보 기사—

라빈드라나트 타고르Rabindranath Tagore(1861. 5. 7. ~ 1941. 8. 7.)

인도의 시인 겸 철학자.
1913년 노벨 문학상 수상
간디에게 '마하트마(위대한 영혼)'라는 별칭을 지어 주었다.
타고르는 한국을 소재로 한 시 '동방의 등불'을 남겼다.
동방의 등불은 1929년 타고르가 일본을 방문했을 때, 동아일보 기자가 한국 방문을
요청하자 이에 응하지 못함을 애석하게 생각하여, 그 대신 동아일보 기자에게 전해
준 짧은 시로 알려져 있다.

In the golden age of Asia
Korea was one of its lamp-bearers,
and that lamp is waiting
to be lighted once again
for the illumination
in the East

'역사란 윤회輪廻하는 것이다'

History is about reincarnation

Arnold J. Toynbee(1889~1913)

London, England 출생

과거의 일을 기억하지 못하는 자들은 과거의 일을 반복하고야 만다.

Those who cannot remember the past are condemned to repeat it.

뼈아픈 과거를 기억할 줄 모르는 사람은 과거를 되풀이하게 된다.
슬기로운 사람은 경험 속에서 지혜를 배우고, 지혜로운 민족은 역사 속에서 교훈을 얻는다.

−조지 산타야나 George Santayana−

George Santayana(1863~1952)

스페인 출신
미국의 철학자, 시인, 평론가

'역사란 윤회輪廻하는 것이다'

기억하라, 생각하라, 물으라

Remember, Consider, Ask

출처: 대한민국 근현대사 시리즈. 대한제국-국치시기. 1876년 강화도조약부터 1945년 8·15해방까지. 2011년.
저자 박윤식 박사 서문

대한제국 이후 오늘날까지 고요한 아침의 나라 대한민국은 반만년의 유구한 역사 가운데 최대의 격동기를 뚫고 전진해 왔습니다. 오늘에 이르기까지 우리나라의 그 파란만장한 역사는, 감히 필설로 다 표현하기 어려울 정도로 고난의 가시밭길이었습니다. 세계 열강의 각축과 일제의 수탈과 압제, 해방 이후 좌·우익 대결의 혼란, 6.25전쟁의 참화, 반복되는 정치적 혼란 속에서, 대한민국은 그야말로 한 치 앞도 내다볼 수 없는 칠흑 같은 흑암과 혼돈 속에 빠져 있었습니다. 그러나 이토록 불우했던 약소민족 대한민국은 그 어떤 나라보다 평화를 사랑하며 본심이 선하고 착한 백의민족이었습니다. 순박하고 순진하기 그지없는 우리 민족은, 오직 나라가 잘되어야 백성이 잘된다는 일념과 허리를 졸라매는 근검절약으로 마침내 부강한 나라를 이룩하였습니다.

대한민국은 하늘에서 비춰 주신 한 줄기 소망의 빛을 붙잡고 신통하게도 그 거친 역사의 격랑을 헤치고, 마침내 민족 본연의 기개를 드높여 전 세계 선망의 대상으로 우뚝 솟아올랐습니다. 이제 대한민국은 위대한 민족사적 대업을 완수하고, 세계를 선도하는 일류국가가 되어 새로운 시대적 정진을 이루어야 할 중차대한 역사적 분기점에 직면해 있습니다. 이러한 때에 우리 대한민국 국민들에게 가장 시급한 것이 있다면, 그것은 정확한 역사의 인식과 전수입니다. 역사란, 지난날 오랜 세월을 거쳐 오늘에 이르기까지 세계나 국가 민족 등이 겪어온 정치적, 사회적, 문화적 변천의 과정이나 중요한 사실과 사건의 자취를 말합니다. 분명 역사는 과거를 토대로 현재를 거쳐 미래로 부단히 거대한 물결을 이루며 흘러 나아갑니다.

현재의 역사는 과거 모든 역사의 결과물이므로, 과거의 역사 없이는 현재의 모습이 구현될 수 없습니다. 그러므로 과거에 대한 정확한 인식은 현재를 정확히 보게 하고 동시에 정확한 미래의 건설을 가능케 합니다. 세계를 선도해 갈 대한민국의 찬란한 미래를 건설하고자 할 때, 가장 시급한 것은 바로 과거의 역사를 바르게 인식하고 그것에 대해 공정公正을 기하는 것입니다. 역사 기록에 있어서 가장 중요한 것은, 과거의 역사적 사실을 실제있었던 그대로 정확하게 기록하는 것입니다. 자신의 주장을 정당화하기 위해 역사적 사실을 왜곡하거나 날조하여 기록하는 것은 바른 역사관歷史觀이 아닙니다. 자기 견해와 입장을 너무 강조한 나머지 역사적 상황을 있는 그대로 기록하지 않고, 주관적으로 치우쳐서 어느 한 부분을 과장하거나 부풀려 기록하고 의도적으로 빼 버리는 것 또한 바른 역사관이 아닙니다. 우리는 역사를 기록할 때 양심을 속여서는 안 되며, 양심에 화인火印 맞아서 거짓말하는 자가 되어서도 안됩니다. 옛 성인들의 말처럼 양심의 악을 깨닫지 못하거나 아예 양심이 없는 사람은 참된 사람이라 할 수 없습니다. 역사는 살아있는 양심을 가지고 사실 그대로 기록해야 합니다. 대한민국의 후손들이 그 역사를 좌나 우로 치우침이 없이 객관적으로 읽고 또 기록해 나가도록 하는 것은, 너무나도 중요한 일입니다. 과거의 역사를 올바르게 기억하는 민족은, 결단코 잘못된 역사를 되풀이하지 않으며 새로운 역사의 창조적인 주역이 되어 전 세계를 밝혀 나갈 수 있습니다.

이러한 사실을 뼈저리게 깨달은 민족이 바로 유대 민족입니다.

이스라엘 '야드 바쉠 홀로코스트 박물관' 전시실 2층 동관에는 "Forgetfulness leads to exile, while remembrance is the secret of redemption."(망각은 포로 상태로 이어지나 기억은 구원의 비밀이다)라는 문구가,

그리고 기념관 출입구에는 "Forgive, but remember."(용서하라, 그러나 잊지는 말라)라는 문구가 새겨져 있습니다. 뼈아픈 역사를 기억하지 않으면 다시 비참한 멸망의 상황으로 떨어질 수밖에 없다는, 유대인의 깊은 민족적 참회와 깨달음, 그리고 미래에 대한 각오를 엿볼 수 있습니다.

옛날(구약 성서) 이스라엘 민족의 위대한 지도자 모세 Moses는, 120세로 운명하기 직전에 가나안 입성을 앞둔 제 2세대들에게 "옛날을 기억하라, 역대의 연대를 생각하라, 네 아비에게 물으라, 그가 네게 설명할 것이요, 네 어른들에게 물으라, 그들이 네게 이르리로다"라고 준엄하게 명령하였습니다. 이는 과거 역사를 회고함으로써 미래 역사를 전망하라는 유언과도 같은 메시지입니다. 기억해야 할 옛날(the days of old)과 생각해야 하는 '역대의 연대'(the years of all generation)에 대한 언급은, 현존하는 역사에는 분명한 시작과 뿌리가 있음을 알려 줍니다.

기억하라 remember
생각하라 consider
물으라 ask

이 세 가지 명령은, 우리 후손들에게 역사에 대한 교육이 반드시 그리고 중단 없이 계승되어야만 한다는 것을, 강력하게 일깨우고 있습니다. 역사 교육을 통해 우리 후손들이 자신들의 뿌리를 찾고, 아비가 설명해 주고 어른들이 일러주는 역사적 진실과 심원한 경륜을 배움으로써, 우리 민족은 비로소 나라가 나아갈 올바른 방향을 찾게 될 것입니다. 정직하고 성실한 역사 교육이야말로, 만세에 빛나는 대한민국을 만드는 참된 원동력과 생명줄이며, 향후 나라의 운명을 좌우하는 중차대한 과제인 것입니다.

우리나라의 국치시기와 6.25전쟁은, 대한민국 백성이라면 반드시 그 실상을 바로 알아야 하고 영원히 기억해야 할 역사적 이정표입니다. 그런데 국치시기의 암울하고 처량했던 식민통치와 수 백만의 목숨이 희생된 6.25전쟁의 참상을 생생하게 기억하고 있는 사람은 이미 80세가 넘었고, 그 이후 세대는 대부분 그때의 비극을 알지 못하거나 옛날이야기 정도로 가볍게 여기고 무관심합니다. 지금 우리나라의 현대사는 지나치게 왜곡되어 차마 눈을 뜨고 읽을 수 없을 정도로 편향되고 좌경화되어 버렸습니다. 심하게 편향되고 좌경화된 물결이 홍수처럼 밀려오고 있는데, 이것은 대한민국을 한 순간에 무너뜨릴 수도 있는 무서운 것임을 온 국민이 깨어 직시해야 합니다. 역사를 왜곡시켜 놓은 채 이기적이고 단편적인 주장들로 국론이 분열된다면, 모래 위에 지은 집이 파도에 쉽게 무너지듯이, 아무리 최고로 발전한 물질문명을 가진 나라라도 순식간에 무너질 수밖에 없는 것입니다.

저는 대한민국 격동기의 현장을 직접 체험한 산 증인 중의 한 사람입니다. 해방 이후 고향 이북에서 공산당에게 공산주의 교육을 받았고, 그 실상 또한 낱낱이 목격했고 실제로 경험했습니다. 월남越南 전에 이미 레닌(Vladimir Lenin)의 '국가와 혁명', '유물론과 경험비판론', 마르크스(Karl Heinrich Marx)의 '자본론', '공산당 선언' 등을 교재로 공산주의 사상 교육을 철저하게 받았고, 이러한 교육과 체험을 통해 공산주의의 허구성과 치명적인 한계를 누구보다도 정확히 파악하게 되었습니다.

1917년 11월 7일, 레닌의 주도로 볼셰비키 러시아 혁명을 승리로 이끈 공산주의는 1991년 12월 31일 완전 붕괴되어, 약 75년 만에 역사의 무대에서 완전히 사라져 버렸습니다. 이것은 공산주의가 이론은 그럴싸하게 보이지만 실제로는 이론대로 실현되지 않는 허구임을 보여 준 것입니다. 공산주의가 자유와 번영, 행복을 보장해 주는 것이 사실이라면 어떻게 이렇게 허무하게 붕괴될 수 있단 말입니까? 공산주의는 당 간부를 비롯한 특권층만 잘살고 교육적 혜택을 누리는 독재 체제요, 공산주의가 들어간 나라마다 무자비한 살상으로 피바다를 이룬 참혹상이 적나라하게 드러났습니다. 이미 역사의 심판을 받았고, 온 세계가 내어버린 쓰레기같이 된 이론을 아직도 붙잡고 있는 이들이 많은 것을 보면, 참으로 통탄을 금할 길이 없습니다. 그래서 저는 이 소책자를 통해 현 세대가 전혀 체험하지 못한 을미사변, 을사늑약, 한일합병, 대구 10.1폭동, 제주 4.3사건, 여수 14연대 반란 사건 등을 상세하게 밝히고, 무엇보다 공산주의가 개인과 민족에게 미치는 심각한 파괴력과 그에 따른 피해를 분명하게 보여주기를 원합니다. 한걸음 더 나아가 우리나라의 가장 암울했던 현대사(국치시기)를 통해, 나라 없는 설움이 어떤 것인지 또 나라를 빼앗긴 비참함이 어느 정도인지를 모두에게 일깨워 주고 싶습니다. 저로서는 최선을 다해 현장을 방문하여 눈으로 확인하면서 마지막까지 증언자들을 만나 많은 도움을 받고, 그들의 증언을 정성껏 녹취하고 재차 확인하였습니다. 나름대로 공을 들였으나 아직 미흡하고 불완전하기만 합니다. 하지만 더 늦기 전에 역사적 진실을 후대에 왜곡 없이 전달해야 한다는 소박한 뜻으로 책을 출판하게 되었습니다. 그 동안 국가의 국경일이나 절기, 목요일마다 꾸준히 드려 온 구국 예배 때 설교한 원고들과 우리나라 근현대사에 대하여 45년간 꾸준히 연구하며 정리해왔던 조각들을 한 곳에 모아 조그만 결실을 보게 된 것입니다.

저는 이북에서 공산주의 허구성을 깨닫고 1948년 월남하여 춥고 배고프던 차에 통위부 후방사령부 국방경비대에 입대하여, 당시 군대의 상황을 누구보다 피부로 체험할 수 있었습니다. 저는 국방경비대에서 먼저 입대한 군인들이나 하사관들에게 기회가 있을 때마다 북한의 실상과 공산주의 허구성을 설명하곤 하였습니다. 그때의 국방경비대의 사령관은 송호성 준장이었는데, 그는 여수·순천사건 20여 일 전인 1948년 9월 말에 저를 선도하겠다고 불렀습니다. 그는 2시간 가까이 북한 공산주의에 대해서 자세히 물어보고 대화하는 가운데 저를 위하는 척하면서 '지금은 공기가 좋지 못하니 당분간 말 조심하라'고 말한 적이 있었습니다. 그때 저는 송호성 사령관의 태도를 보면서 이상하다고 생각했었습니다. 그런데 놀라운 것은 그가 6.25때 인민군에 의해 서울이 점령당하자, 남하하지 않고 인민군 여단장이 되어 국군에게 총부리를 겨누었다는 사실입니다. 그는 1950년 7월 4일 대남방송을 통하여, 국군병사들과 장교와 삼천만 동포들에게 자기를 본받아 인민군과 빨치산이 되어 '총부리를 돌려 인민의 원수 미제와 매국노 이승만 괴뢰도당을 타도하라'고 부르짖기까지 했습니다. 또한 1948년 12월 보안법이 발표된 후 갑자기 부대의 많은 군인들이 탈영하였으며, 그 대다수가 지휘관들이었습니다. 알고 보니 남로당에 가입하였던 빨갱이들이었습니다. 이러한 상황 속에서 6.25가 발발하고, 저는 인민군과의 치열한 전투를 계속하면서 밀리고 밀려 남하하게 되었습니다. 곳곳마다 공산당의 만행으로 처참하게 학살되어 나뒹구는 시체들은 차마 눈뜨고 볼 수 없을 정도로 참혹하였습니다.

얼마나 전쟁이 무서우며 얼마나 공산당이 잔학한지를 깨달을 수 있었으며, 다시는 이 땅에 전쟁이 일어나서는 안 되며 이 지구상에서 공산주의는 없어져야만 한다는 것을 온 몸으로 체험하게 되었습니다. 저는 남하하던 중 지리산 전투에서 인민군의 총격으로 다리에 부상을 당하였습니다. 지금까지 계속되는 저리고 아픈 총상의 통증은, 일평생 저에게 나라가 얼마나 귀중한지를 일깨워 주고 있습니다. 저는 이미 오래 전에 목회 일선에서 은퇴하고 어느덧 85세가 다 되어 인생의 황혼기를 살고 있습니다. 그러나 지금이라도 나라가 또 부른다면 다시 전장에 나가리라하는 마음의 충정은 변함이 없습니다. 나라를 사랑하고 자기 민족을 사랑하는 것이, 국민의 가장 기본적인 의무이고 참된 구국救國입니다.

조국을 위해 목숨 바쳐 일하는 군인, 경찰, 공무원들, 노동자들, 남이 알아주지 않는 자리에서 대한민국의 안위를 노심초사하는 이름 없는 진실한 애국자들이 많이 있기에, 우리나라 대한민국은 든든하고 후손들의 미래는 희망찹니다. 대한민국의 역사는 곧 우리 각 사람의 역사이기도 합니다. 제 나라의 역사를 모른다면 누구도 자기 정체성을 올바로 세울 수 없고, 그 개인의 앞날은 물론 나라의 밝은 미래를 기대할 수 없습니다. 나라 없는 개인은 존재하지 않으며, 역사 없는 나라도 존재하지 않습니다. 역사에 대한 정확하고 올바른 인식이 곧 애국심의 참된 발현이며, 앞으로도 대한민국이 세계를 선도하는 가장 부강한 나라가 되는 첩경捷徑입니다. 저는 자라나는 세대에게 대한민국 국민으로서 마땅히 알아야 할 역사를 사실대로 전해주어야만 한다는 사명감으로 이 책을 집필하였습니다. 부디 온 국민이 올바른 역사관을 가지고 나라 사랑의 뜨거운 애국심으로 불타올라, 대한민국을 세계에서 가장 존경받는 위대한 나라로 만들어가는 찬란한 햇불들로 쓰임 받게 되기를 간절히 소망합니다.

2011년 11월 5일
박윤식

박윤식 박사(1928~미상)

황해도 사리원 출생
Lael College and Graduate School 명예목회학박사
Faith Theological Seminary 명예신학박사
총회신학교 신학원
국민대학교 기업경영학과 졸업

편저자 서문

체부(2022. 3. 1. 발행)에 이어 두 번째로 발행하는 '체부II' 또한 발행 취지는 다음과 같은 맥락이다.

묻히고 잊혀져 가는 우리 민족 역사의 하찮은 기록이라도 우편사와 더불어 심층적으로 수록하였고, 학교에서 배우지 못한 역사의 기록을 발굴하여 세상에 내놓겠다는 의욕 하나로 2022년에 '체부'를 펴냈다. 발간해 놓고 나니 미진한 생각이 떠나지 않았다. 필자가 소장하고 있는 소중한 자료들을 다 싣지 못한 아쉬움, 꼭 공개했어야 하는데 누락된 내용들, 고치고 바로잡아야 할 부분들 등등 후속 작업을 해야만 적성이 풀릴 것 같았다. 이미 시작한 일을 마무리해야만 한다는 생각을 벗어날 수가 없었다. 또한 이 재미없는 역사 기록물을 끝까지 인내하며 펼쳐 주신 국내외 많은 이들의 성원과 격려의 말씀도 필자의 등을 두들겨 주곤 했다.

그동안 여기저기서 모아 애지중지 간직했던 역사 기록물들, 특히 국치 시기의 우표와 봉투, 엽서, 사진들을 정리할 때마다 그 당시 우리 민중들의 치열한 저항과 선각자들의 조국애와 독립을 쟁취하고자 하는 그 투쟁의 흔적들을 찾아낼 때는 옷깃이 여미어지는 듯했다. 한두 사람이라도 이 기록물을 접하고 한 많은 우리 민족의 역사를 되새긴다면 필자에게는 보람이 될 것이다. 망팔望八의 나이에 물욕은 무가치하다는 생각이 들었다. 여기저기 경비를 끌어모아 책으로 엮어내어 각계각층에 기부하는 것도 필자와 같은 범부의 삶에 하나의 의미가 될 것 같았다. 역사 전공과는 거리가 먼 필자에게는 원고 작업을 하는 순간마다 미지의 세계에 대한 도전이요, 젊은 시절 히말라야를 등정할 때의 도전 정신과 성취감도 있었다.

본국에서 행복한 삶을 누릴 수 있는 모든 권리와 혜택을 포기하고 당시의 칠흑같이 어두웠던 은둔의 왕국 조선에 들어와 의료와 교육, 선교에 목숨을 내던진 서양 선교사들의 발지취를 재확인하여 수록하였다. 오천 년 유구한 역사를 가진 우리 민족은 외세의 침략으로 국모가 살해당하는 수치를 겪었고, 부패한 조정 대신들의 매국행위로 국왕이 퇴위 당하고, 통신기관, 군대 해산, 교육, 경찰 사법권, 언어마저 강탈당하는 국치 시기에 홀연히 구국 일념으로 일어선 의병과 독립 운동가들의 발자취도 수록하였다. 또한 반면교사反面教師로 친일 매국 행위자 명단도 빠트리지 아니하였다. 국치 시기에 돌입한 그 시기에 일본제국 아사히신문의 사설과 함께 식민지 법으로 한국 민족의 민족 정체성과 언어와 문화를 말살하려고 탄압한 일본제국의 황민화 정책이 불법이자 악법이었다고 저술한 일본 학자의 양심적인 논문도 게재하였다. 근대 4대 전쟁(청일전쟁, 러일전쟁, 중일전쟁, 태평양전쟁)을 일으킨 침략을 발판으로 민중을 학살, 방화, 파괴를 일삼은 온갖 전쟁 범죄를 저지른 일본인 가해자들의 잔혹하고 처참한 사진 기록도 이 책에 담았다. 특히 체부II에서는 일제강점기를 국치시기로 표현하였다.

기 발간한 체부(2022. 3. 1. 발행)는 전량 무상 기증을 통하여 공공기관에 장서로 등록되었는데, 전국 대학교 도서관(41개처), 전국 국공립 · 시립 · 구립 도서관(60여개처), 전국 중 · 고등학교 도서관(366개처), 우체국(93개처), KSS 회원인 미국, 영국, 독일, 네델란드, 호주, 뉴질랜드, 아르헨티나 등 해외 각국에 거주하는 외국인과 교포들에게도 무상 기증하였다. 그 외 각계 지인들에게 무상 기증을 통하여 책을 보내고 있다. 책을 받은 독자들에게 지지와 응원을 받고 있지만, 대부분의 독자들, 특히 젊은 청년층이 큰 관심이 없다는 것이 필자에게는 많이 아쉽다.

강남 중심지 내 · 외국인이 많이 붐비는 대형 쇼핑몰 벽면을 책으로 장식한 도서관이 있다. 이 도서관에도 '체부'가 등록되어 남쪽 2층 한국역사 코너 진열대에 초라하게 꽂혀 있다. 1층 메인 공간에는 패션 잡지, 스포츠, 오락 관련 책들이 한 블록씩 자리하고 있는 것에 비교하면 역사 관련 코너는 마지못해 격식만 차린 듯한 느낌이 들어 씁쓸하다.

체부(2022. 3. 1. 발행)와 체부II에 수록된 자료는 편저자가 소장하고 있는 실물 자료로만 구성하였다. 필자는 한국근현대사 자료 수집은 지금도 계속하고 있고, 살아 숨 쉬는 날까지 멈추지 않을 것이다. 기록으로 후세에 넘겨줄 것이라는 사명감을 결코 버릴 수 없기 때문이다. 한 조각, 한 조각 퍼즐을 맞추듯 귀하다고 느껴지는 자료는 해외 옥션 구매 사이트의 경매를 통하여 구입하고 있으며, 국내외 소장자들에게서 사입하고 있다. 이 책을 편집하면서 대부분의 사람들이 책, 특히 지난 날 민족의 근현대사에 대하여 점점 망각하고 있으며, 역사 의식과 함께 민족 정체성도 차츰 쇠잔하여 간다는 느낌이 들어 애석하고 걱정스럽다.

이 책이 잊혀져 가는 우리의 아픈 과거 역사를 되새기고, 당시 암울한 시대의 기억을 일깨우며, 우리의 지난 날을 돌아볼 수 있는 마중물이 되기를 바라는 심정이다. 단재 신채호 선생의 '역사를 잊은 민족에게 미래는 없다'는 말을 상기한다. 특히 청년 독자들에게 기억하라, 생각하라, 물으라(박윤식 박사 서문, VI~IX), 자크 니콜라스 벨린(Jacques-Nicolas Bellin)이 1748년에 제작한 한반도 지도(7P), 천인공노할 범죄를 저지른 일제의 '국모 명성황후 시해'(210, 245~257P), '법을 통한 조선식민지 지배에 관한 연구' 논문(저자 스즈키요시오. 795~851P), '김윤식金允植 · 이용직李容稙 선생' 관련 내용(871~873P), '한국 독립 운동 지혈사'(박은식 저. 146~148P. 상편 258~264P), '도쿄 아사히신문 논설'(합병되어야만 할 한국. 1910년 10월 28일자. 864P)을 필독하기를 권한다. 출처는 밝혔으나, 사전 허락을 구하지 못하고 인용 게재한 자료의 경우에는 본 지면을 통하여 정중히 양해를 구하고자 한다. 이 책의 제작을 위하여 힘써 주신 우남일 선생(전 숭의여자고등학교 교장)에게 깊은 사의를 표하며, '체부'에 대하여 깊은 관심을 보여 준 미국 플로리다에 거주하는 KCC. Dr. Joel Lee(Young Lee), KCC. Ivo Spanjersberg(Netherland), 미국 켈리포니아 Yuba City에 거주하는 Mr. Richard Arent씨에게 감사의 말씀을 전한다. 오천 년 유구한 역사 속에서 꺾이긴 하였으나 결코 부러지지 않았던 강건한 우리 민족이다. 독선과 편견을 버리고 우리는 서로 협력하여 한 민족임을 명심해야 한다.

북한강변 하문호나루터길에서.

2024. 8.
편저자 나봉주

The Passing Korea. H. B. Hulbert.

헌사獻辭

비방誹謗이 그 극極에 이르고 정의가 점차 사라지는 때에
나의 지극한 존경의 표시와 변함없는 충성의 맹세로서
대한제국의 황제 폐하에게
그리고
지금은 자신의 역사가 그 종말을 고하는 모습을 목격하고 있지만
장차 이 민족의 정기精氣가 어둠에서 깨어나면
'잠이란 죽음의 가상假像이기는 하나'
죽음 그 자체는 아니라는 것을 증명하게 될
대한제국의 국민에게 이 책을 드립니다.

1906
H. B. H

Dedicated
TO HIS MAJESTY
THE EMPEROR OF KOREA
AS A TOKEN OF HIGH ESTEEM AND A PLEDGE OF
UNWAVERING ALLEGIANCE, AT A TIME WHEN
CALUMNY HAS DONE ITS WORST AND
JUSTICE HAS SUFFERED AN ECLIPSE
AND
TO THE KOREAN PEOPLE
WHO ARE NOW WITNESSING THE PASSING OF OLD KOREA
TO CIVE PLACE TO A NEW, WHEN THE SPIRIT OF THE
NATION, QUICKENED BY THE TOUCH OF FARE,
SHALL HAVE PROVED THAT TROUGH
"SLEEP IS THE IMAGE OF DEATH"
IT IS NOT DEATH ITSELY

The Passing Korea

저자 H. B. Hulbert 박사의 序文

한국에 관하여는 무게 있는 책들이 많이 발표되었으나 이들은 저마다 조금씩 다른 입장에서 주제를 다루고 있다. 필자는 우연한 기회에 한국을 방문한 관광객들의 피상적인 견해와는 달리 필자 자신의 독자적인 견지에서 주제를 다루어 보려고 시도하였다.

이 책에 기록된 여러 가지의 사실들은 대개가 필자의 개인적인 관찰에서 얻은 것이거나, 아니면 한국인 또는 한국인의 저작에서 직접 얻은 것이다.

이 중의 몇 가지 내용은 이미 '한국개요'(The Korea Review)이나 그 밖의 몇몇 책자에 발표한 바가 있다.

역사적인 사실에 대한 연구는 필자의 '한국사'(History of Korea)를 요약한 것이다.

이 책은, 한국이 심한 역경에 빠져 있을 때 종종 악의에 찬 외세에 의하여 시달림만 받을 뿐 옳은 평가를 받아 본 적이 없는 한 국가와 민족의 독자들에게 관심을 불러 일으키기 위하여 쓰여진 사랑의 열매이다.

그들은 수적인 면에서 중국에 눌려 살고 있으며,
재치의 면에서는 일본에 눌려서 살고 있다.
그들은 중국인처럼 상술에 능하지도 못하며,
일본인처럼 싸움을 잘하는 민족도 아니다.
기질의 면에서 보면 그들은 중국인이나 일본인보다
오히려 앵글로 섹슨 민족에 가까우며,
극동에 살고 있는 민족 중에서 가장 상냥하다.

그들의 약점은 어느 곳에나 무지無知가 연속되어 있다는 점이지만, 그들에게 부여된 기회를 선용하면 그들의 생활 조건도 급격히 향상될 것이다. 나는 이 책을 쓰는 동안에 위로는 비단옷을 입은 양반으로부터 아래로는 감옥에서 족쇄를 찬 죄수에 이르기까지, 암자 찾아 입산하는 사람으로부터, 배를 타고 바다로 나아가는 사람에 이르기까지, 사회 각계 각층의 친절한 여러 한국인들에게 많은 도움을 받았음에 대하여 깊은 감사를 드린다.

H. B. H
New York, 1906

H. B. Hulbert(1863~1949)

Now, after 67 years

The publication of my father's book,

The Passing Korea, in Korean is truly congratulatory for the deceased. In the preface to the first edition published in 1906, "This book, It is written to arouse the interest of readers in a country and people who are often only harassed and have never been properly evaluated." Needless to say, considering that the first edition could only be read by readers who knew English, now that the Korean edition has been published, I am sure that my deceased father would be happy to find out that your writings could be read in their own language by the Koreans he loved so much. He worked tirelessly to help the Korean people who were suffering at the hands of the invaders, but by 1909 he realized that he had to leave Korea. After returning to Korea, my father toured various parts of the United States for 33 years, telling Americans about the tragedy of Korea. You also explained to the American people that the Korean people are proud of their cultural and scientific achievements throughout their long history and that they are a people with a gentle and peace-loving disposition. My father lived for 40 years in which he never gave up on the wish for a liberated Korea, and for it to become a free and independent country with the end of World War II. After liberation, when Korea was divided into North and South Korea by the arbitrarily drawn 38th parallel, despite being of the same blood, you were deeply disappointed and saddened. I am sure that it was my father's earnest wish for a unified Korea to rise above such adversity and build a brilliant future that is so precious to him. I am honored to receive the Taegeukjang, the Order of Merit for National Foundation of Korea, from the Korean Embassy in Washington, which was posthumously awarded by the Korean government to my father on March 1st, 1950, in return for "the hard work of love for Korea's freedom and independence." I am forever proud of you.
William C. Hulbert

Rye, New York, 1973

주: William C. Hulbert 박사는 뉴욕주 로체스터의 비뇨기과 전문의이며, Highland Hospital 및 Rochester General Hospital-Rochester Regional Health를 포함하여 해당 지역의 여러 병원과 제휴하고 있다. 그는 University of Rochester School of Medicine and Dentistry에서 의학 학위를 받았으며, 20년 이상 실무에 종사해 왔다.

67년이 지난 지금에

선친의 저서인 The Passing Korea가 한국어로 출판된 것은 고인을 위하여 참으로 경하慶賀스러운 일이 아닐 수 없습니다. 선친께서는 1906년에 발행된 초판의 서문에서 "이 책은 종종 시달림만 받을 뿐, 옳은 평가를 받아본 적이 없는 한 국가와 민족의 독자들에게 관심을 불러일으키기 위하여 쓰여진 것"임을 밝힌 바 있습니다. 더 말할 나위도 없이, 초판은 영어를 아는 독자들만이 읽을 수 있었다는 점을 생각할 때, 한글판이 출간된 지금, 선친께서는 당신의 글이 그가 그토록 사랑하던 한국인들에게 자국어로 읽힐 수 있도록 된 것을 알게 된다면 지하에서나마 기쁘게 생각하리라고 나는 확신하는 바입니다. 침략자들의 손에 의하여 고초를 겪고 있는 한국인들을 돕기 위하여 지칠 줄 모르고 노력하던 선친께서는 1909년에 이르러, 자신이 한국을 떠나지 않을 수 없음을 깨닫게 되었습니다. 선친께서는 귀국하여 33년 동안이나 미국의 각지를 순회하면서 한국의 비극을 미국인에게 들려주었습니다. 당신께서는 또한 한국민들이 긍지를 가지는 것은 그들의 긴 역사에 걸친 문화적 · 과학적 업적으로 보아 당연하며 또 한국민은 온유하고도 평화 애호적인 기질을 가진 민족임을 미국민들에게 설명해 주었습니다. 선친께서는 2차대전의 종식과 더불어 해방된 한국이 자유롭고도 독립된 국가가 되기를 40년 동안이나 염원하면서 살았으며 일생 동안 그 소망을 버린 적이 없습니다. 해방이 된 이후 한국은 핏줄이 같은 민족이면서도 타의에 의하여 제멋대로 그어진 38선에 의하여 남북으로 분단되었을 때, 당신께서는 깊은 실의와 슬픔에 빠졌었습니다. 통일된 한국이 그러한 역경을 딛고 일어서서 자신에게 그토록 소중스러운 찬란한 미래를 이룩하게 되는 것이 선친의 간절한 소망이었다고 나는 확신합니다. '한국의 자유와 독립을 위하여 몸바쳐 일한 사랑의 노고'에 대한 대가로서, 1950년 3·1절에 한국 정부가 선친에게 추서한 대한민국 건국공로훈장 태극장을 워싱턴 주재 한국대사관에서 수여받던 영광을 나는 영원히 자랑스럽게 생각하고 있습니다.

윌리암 C. 헐버트
Rye, New York, 1973

THINGS KOREAN

Preface

There are incidents in the lives of each of us that are of more or less interest to others. Often some of these incidents are of General public interest.Twenty-two years' residence in China and Korea, including practically the whole period of the latter's diplomatic intercourse with the outside world, would seem to indicate an experience fruitful in incidents of general interest. This is my excuse for thrusting a new volume upon a public already burdened with books. The writer spent a year in China as a medical missionary, three years in Korea in the same capacity, three years in the Korean service, and fifteen years in the diplomatic service of our own government, beginning as secretary of legation and ending as minister plenipotentiary. The aim in writing this book has been to exclude the personal as much as possible, and to gather up the most interesting and illustrative bits descriptive of experiences had during this rather interesting period, together with entertaining accounts of the quaint people with whom these years were spent. The poor Koreans are now in desperate straits and it has been suggested that this work be devoted to exposing their wrongs in an effort to turn public sentiment in their direction. Such a course does not seem to be advisable at this juncture, - rich as are the supplies of materials at hand. Opposition on their part seems at present to be unavailing if not suicidal; they can only make the best of existing conditions. The sad feature of the case is that we deserted them in their time of need and ignored the solemn agreement we had entered into with them as an inducement for their abandoning the centuries-old position of exclusion and non-intercourse and emerging into the dazzling glare of treaty relations. Our treaty with Korea of May 22, 1882, in its first article, makes the following promise: "If other powers deal unjustly or oppressively with either government, the other will exert their good office on being informed of the case, to bring about an amicable arrangement, thus showing their friendly feeling" We paid no heed to this solemn pledge at the critical time of the Portsmouth convention and must accept the odium attached to such violation of sacred covenants. Present conditions, and our own mistakes, are sufficiently alluded to in the concluding chapters entitled American Commercial Intercourse; Diplomatic Incidents, and Political Changes. It is the wish of the writer that, while fully indicating his earnest sympathy with and kindly sentiments towards the Koreans, this little book shall be non-controversial, entertaining and instructive, and of such general interest that no single page may be found dull or tedious. Actual conditions in Korea at present as well as in China, are detailed in recent books, notably those by an English observer and writer of note, Mr. F. A. McKenzie, and by the well known American traveller and author, Thomas F. Millard. Horace N. Allen. Toledo, Ohaio.

한국의 모든 것들

저자 HORACE N. ALLEN 선교사의 서문

우리 각자의 삶에는 다른 사람들에게 어느 정도 관심을 끄는 사건이 있다. 이러한 사건 중 일부는 일반적으로 대중의 관심을 끄는 경우가 많다. 실질적으로 외부 세계와 외교 관계를 맺은 전체 기간을 포함하여 중국과 한국에서 22년 동안 거주한 것은 일반적인 관심사에 해당하는 사건에서 유익한 경험을 나타내는 것으로 보인다. 이것이 이미 책으로 부담을 안고 있는 대중에게 새로운 책을 내놓는 나의 변명이다. 저자는 의료선교사로 중국에서 1년, 한국에서 동직으로 3년, 그리고 우리 정부의 외교관으로 15년을 보내며 주한미공사로 시작해 전권대사로 봉직했다. 이 책을 쓰는 목적은 가능한 한 개인적인 것을 배제하고, 이 흥미로운 시기에 겪었던 경험을 설명하는 가장 흥미롭고 예시적인 부분을 수집하는 것이었다. 가난한 한국인들은 지금 절박한 곤경에 처해 있으며, 민심을 그들의 방향으로 돌리기 위한 노력의 일환으로 그들의 잘못을 폭로하는 데 이 작업을 집중해야 한다는 제안이 있었다. 그러한 제안은 현 시점에서는 권장되지 않는 것 같다. 이 사건의 슬픈 특징은 그들이 필요로 하는 때에 그들을 버렸고, 그들이 수세기 동안 이어져 온 배제와 비통합의 입장을 버리고 눈부심 속으로 등장하도록 유인하기 위해 그들과 맺은 엄숙한 합의를 무시했다는 것이다. 조약(조미수호통상조약을 가리킴) 관계의 1882년 5월 22일 한국과 맺은 조약의 첫 번째 조항에는 다음과 같은 약속이 있다. '다른 세력이 어느 한 쪽 정부를 부당하게 또는 억압적으로 대할 경우, 다른 쪽 정부는 사건에 대해 알리고 우호적인 합의를 이끌어내 우호적인 감정을 보여줄 수 있도록 최선을 다할 것이다.' 우리는 포츠머스회담이 열리는 중요한 시기에 이 엄숙한 서약에 주의를 기울이지 않았으며, 그러한 신성한 성약 위반에 따른 모욕을 받아들여야 한다. (1896. 웨베르–고무라 비밀 각서로 인하여 조미수호통상조약의 약속을 어긴 것) 현재 상황과 우리 자신의 실수는 미국 통상 교섭이라는 제목의 마지막 장에서 충분히 언급되어 있다. (알렌은 이 문제로 루스벨트 대통령과 언쟁과 충돌로 주한 전권 대사직을 사임한 것으로 추정) 외교적 사건과 정치적 변화, 이 작은 책이 한국인에 대한 진지한 동정심과 친절한 감정을 충분히 표현하면서도 논란의 여지가 없고, 재미있고, 교훈적이며, 한 페이지도 지루하거나 지루하지 않을 정도로 일반적인 관심을 끄는 것이 작가의 바람이다. 현재 한국과 중국의 실제 상황은 최근 저서, 특히 영국의 관찰자이자 저명 작가인 F. A. 맥켄지와 유명한 미국 여행가이자 작가인 토마스 F. 밀라드의 저서에 자세히 설명되어 있다.

Horace N. Allen

KOREA, AND HER NEIGHBORS

By Isabella Bird Bishop, F.R.G.S.

Preface

I have been honored by Mrs. Bishop with an Invitation to preface her book on Korea with a few introductory remarks. Mrs. Bishop is too well known as a traveler and a writer to require any introduction to the reading public, but I am glad to be afforded an opportunity of indorsing the conclusions she has arrived at after a long and intimate study of a people whose isolation during many centuries renders a description of their character, institutions and peculiarities, especially interesting at the present stage of their history.

Those who, like myself, have known Korea from its first opening to foreign intercourse will thoroughly appreciate the closeness of Mts. Bishop's observation, the accuracy of her facts, and the correctness of her inferences. The facilities enjoyed by her have been exceptional. She has been honored by the confidence and friendship of the King and the late Queen in a degree that has never before been accorded to any foreign traveler, and has had access to valuable sources of information placed at her disposal by the foreign community od Seoul, official, missionary, and mercantile; while her presence in the country during and subsequent to the war between China and Japan, of which Korea was, in the first instance, the stage has furnished her the opportunity of recording with accuracy and impartiality many details of an episode in far Eastern history which have hitherto been clouded by misstatement and exaggeration. The hardships and difficulties encountered by Mrs. Bishop during her journeys into the interior of Korea have been lightly touched upon by herself; but those who known how great they were, admire the courage, patience and endurance that enabled her to overcome them.

It must be evident to all who known anything of Korea that a condition of tutelage, in some form or another, is now absolutely necessary to her existence as a nation. The nominal independence won for her by the force of Japanese arms is a privilege she is not fitted to enjoy while she continues to labor under the burden of an administration that is hopelessly and superlatively corrupt. The role of mentor and guide exercised by China, with that lofty indifference to local interests that characterizes her treatment of all her tributaries, was under taken by Japan after the expulsion of the Chinese armies from Korea. The efforts of the Japanese to reform some of the most glaring abuses, though somewhat roughly applied, were undoubtedly earnest and genuine; but as Mrs. Bishop has shown, experience was wanting, and one of the Japanese Agents did incalculable harm to his country's cause by falling a victim to the sprit of intrigue which seems almost inseparable from the diplomacy of Orientals. Force of circumstances compelled Russia to take up the take begun by Japan, the King having appealed in his desperation to the Russian Representative for rescue from a terrorism which might well have cowed a stronger and a braver man. The most partial of critics will admit that the powerful influence which the presence of the King in the house of their Representative might have enabled the Russian Government to exert has been exercised through their Minister with almost disappointing moderation. Nevertheless, through the instrumentality of Mr. M'Leavy Brown, LL. D., head of the Korean Customs and Financial Adviser to the Government, an Englishman whose great ability as an organizer and administrator is recognized by all residents in the farther East, the finances of the country have been placed in a condition of equilibrium that has never before existed while numerous other reforms have been carried out by Mr. Brown and others with the cordial support and co-operation of the Russian Minister, irrespective of the agent employed.

Much, however, still remains to be done; and the only hope of advance in the direction of progress-initiated, it is only fair to remember. By Japan, and continued under Russian auspices is to maintain an iron grip, which the Russian Agents, so far, have been more careful than their Japanese predecessors to conceal beneath a velvet glove. The condition of Korean settlers in Russian territory described by Mrs. Bishop shows how capable these people are of improving their condition under wise and paternal rule; and, setting all political considerations aside, there can be no doubt that the prosperity of the people and their general comfort and happiness would be immensely advanced under an extension of this patronage by one or other civilized Power. Without some form of patronage or control, call it by what name we will, a lapse into the old groove of oppression, extortion, and its concomitant miseries, is inevitable.

Mrs. Bishop's remarks on missionary work in China and Korea. based, as they are, on personal and sympathetic observation, will be found of great value to those who are anxious to arrive at a correct appreciation of Christian enterprise in these remote regions. Descriptions of missionaries and their doings are too often marred by exaggerations of success on the one hand, which are, perhaps, the natural outcome of enthusiasm, and harsh and frequently unjust criticisms on the other, commonly indulged in by those who base their conclusions upon observation of the most superficial kind. Speaking from my own experience, I have no hesitation in saying that closer inquiry would dispel many of the illusions about the futility of missionary work that are, unfortunately, too common; and that missionaries would, as a rile, welcome sympathetic inquiry into their methods of work, which most of them will frankly admit to be capable of improvement. But, while courting friendly criticism, they may reasonably object to be judged by those who have never taken the objects they have in view. In Mrs. Bishop they an advocate whose testimony may be commended to the attention of all who are disposed to regard missionary labor as, at the best, useless or unnecessary.

In Korea, at all events, to go no farther, it is to missionaries that we are assuredly indebted for almost all we known about the
country; it is they who have awakened in the people the desire for material progress and enlightenment that has now happily taken root, and it is to them we may confidently look for assistance in its farther development. The unacknowledged, but none the less complete, religious toleration that now exists throughout the country affords them facilities which are being energetically used with great promise of future success. I am tempted to call attention to another point in connection with this much abused class of workers that is, I think, often lost sight of, namely, their utility as explorers and pioneers of commerce.

They are always ready at least such has been my invariable experience to place the stores of their local knowledge at the disposal of any one, whether merchant, sportsman, or traveler, who applies to them for information, and to lend him cheerful assistance in the pursuit of his objects. I venture to think much valuable information as to channels for the development of trade could be obtained by Chambers of Commerce if they were to address specific inquiries to missionaries in remote regions. Manufacturers are more indebted to missionaries than perhaps they realize for the introduction of their goods and wares, and the creation of a demand for them, in places to which such would never otherwise have found their way. It is fortunate Mrs. Bishop's visit to Korea was so opportunely timed. At the present rate of progress much that came under her observation will, before long, be "improved" out of existence; and though no one can regret the disappearance of many institutions and customs that have nothing but their antiquity to recommend them, she has done valuable service in placing on record so graphic a description of experiences that future travelers will probably look for in vain.

WALTER C. HILLIER
October, 1897

Sir Walter Caine Hillier(1849~1927)

Hong Kong 출생

영국의 외교관, 학자, 작가, 한학자, King's College London 중국어 교수

베드포드 학교와 Blundell's School, Tiverton에서 교육을 받았다. 그의 아버지는 Charles Hillier, Hong Kong, 방콕의 영국 영사이자 선교사 Walter Medhurst의 딸인 그의 어머니 Elizabeth였다. 그는 홍콩 상하이 은행의 가장 존경받는 은행가 중 한 명이자 베이징의 장기 관리자인 에드워드 가이 힐리어의 동생

1867 영사관에 임명되어 중국에서 통역관으로 근무

1879 베이징 주재 중국 비서보 (1883년 한국과 조약을 협상하기 위해 해리 파크스 경과 동행)

1889~1896 서울 주재 총영사

KOREA and Her NEIGHBORS

by Isabella Bird Bishop

Author's Prefatory Note

My four visits to Korean, between January, 1894, and March, 1897, formed part of a plan of study of the leading characteristics of the Mongolian races. My first journey produced the impression that Korea is the most uninteresting country I ever traveled in, but during and since the its political perturbations, rapid changes, and possible destinies, have given me an intense interest in it; while Korean character and industry, as I saw both under Russian rule in Siberia, have enlightened me as to the better possibilities which may a wait the nation in the future. Korea takes a similarly strong grip on all who reside in it sufficiently long to overcome the feeling of distaste which a first it undoubtedly inspires. It is a difficult country to write upon, from the lack of books of reference by means of which one may investigate what one hopes are facts, the two best books on the country having become obsolete within the last few years in so far as its political condition and social order are concerned. The traveler must laboriously disinter each fact for himself, usually through the medium of an interpreter; and as five or six versions of each are given by apparently equally reliable authorities, frequently the "teachers" of the foreigners, the only course is to hazard a bold guess as to which of them has the best chance of being accurate.

Accuracy has been my first aim, and my many foreign friends in Korea know how industriously I have labored to attain it.

It is by these, who know the extreme difficulty of the task, that I shall be the most leniently, criticised wherever, in spite of carefulness, I have fallen into mistakes. Circumstance prevented me from putting my traveling experiences, as on former occasions, into letters. I took careful notes, which were corrected from time to time by the more prolonged observations of residents, and as I became better acquainted with the country; but, with regard to my journey up the South Branch of the Han, as I am the first traveler who has reported on the region, I have to rely on my observation and inquiries alone, and there is the same lack of recorded notes on most of the country on the Upper Tai-dong.

My notes furnish the travel chapters, as well as those on Seoul, Manchuria, and primorsk; and the sketches in contemporary Korean history are based partly on official documents, and are partly derived from sources not usually accessible. I owe very much to the kindly interest which my friends in Korea took in my work, and to the encouragement which they gave me when I was disheartened by the difficulties of the subject and my own lack of skill. I gratefully acknowledge the invaluable help given me by Sir Walter C. Hillier, K. C. M. G., H. B. M.'sw consul General in Korea, and Mr. J. M'Leavy Brown, LL. D., chief commissioner of Korean customers; also the aid generously bestowed by Mr. Waeber, the Russian Minister, and the Rev. G. Heber Jones, the Rev. James Gale, and other missionaries. I am also greatly indebted to a learned and careful volume on Korean Government, by Mr. W. H. Wilkinson, H. B. M,'s Acting Vice-consul at Chemulpo, as well as to the Korean Repository and the Seoul Independent, for information which has enabled me to correct some of my notes on Korean customs. Varous repetitions occur, for the reason that it appears to me impossible to give sufficient emphasis to certain facts witjout them; and several descriptions are loaded with details, the result of an attempt to fix on paper customs and ceremonies destined shortly to disappear. The illustrations, with the exceptions of three, are reproductions of my own photographs. The sketch map, in so far as my first journey is concerned, is reduced from one kindly drawn for me by Mr. Waeber.

The transliteration of Chinese proper names was kindly undertaken by a well-known Chinese scholar, but unfortunately the actual Chinese characters were not in all cases forthcoming. In justice to the kind friends who have so generously aided me. I am anxious to claim and accept the fullest measure of personal responsibility for the opinions expressed, Which, whether right or wrong, are wholly my own. I am painfully conscious of the demerits of this work, but believing that, on the whole, it reflects fairly faitfully the regions of which it treats. I venture to present it to the public; and to ask for it the same kindly and lenient criticism with which my records of travel in the East and elsewhere have hitherto been received, and that it may be accepted as an honest attempt to make a contribution to the sum of that knownledge of Korea and its people, and to describe things as I saw them, not only in the interlor but in the tronled political atmosphere of the capital.

ISABELLA L. BISHOP.
November, 1897

한국과 그 이웃 나라들

By Isabella Bird Bishop

Isabella Bird Bishop

서론

1894년 1월부터 1897년 3월까지 네 차례에 걸쳐 한국을 방문한 것은 몽골 민족의 주요 특징에 대한 연구 계획의 일부였다. 나의 첫 번째 여행은 한국이 내가 여행한 나라 중 가장 흥미롭지 않은 나라라는 인상을 주었지만, 그 이후로 한국의 정치적 동요, 급격한 변화 때문에 나는 한국에 대해 강한 관심을 갖게 되었다. 동시에 시베리아에서 러시아의 통치 하에서 본 한국의 성격과 산업은 미래에 국가를 기대할 수 있는 더 나은 가능성에 대해 나에게 일깨워주었다.

한국은 처음으로 의심할 여지없이 불러일으키는 혐오감을 극복할 수 있을 만큼 충분히 오랫동안 한국에 거주하는 모든 사람을 비슷하게 강력하게 장악하고 있다. 희망하는 것이 사실인지 조사할 수 있는 참고 도서가 부족하고, 이 나라에 관한 가장 좋은 두 권의 책이 정치적 측면에서 지난 몇 년 동안 쓸모 없게 되었기 때문에 글을 쓰기가 어려운 나라이다. 여행자는 대개 통역사를 통해 각 사실을 힘들게 분석해야 한다. 정확성은 나의 첫 번째 목표였으며, 한국에 있는 많은 외국인 친구들은 내가 그것을 달성하기 위해 얼마나 열심히 노력했는지 알고 있다. 내가 가장 관대하고 비판을 받는 것은 이 일의 극도의 어려움을 아는 이들이기 때문이다. 조심함에도 불구하고 내가 실수에 빠졌을 때마다 말이다. 사정상 이전과 마찬가지로 여행 경험을 편지로 담을 수 없었다. 나는 주의 깊게 메모를 했고, 주민들을 오랫동안 관찰하면서 이따금 수정되었고, 이 나라에 대해 더 잘 알게 되었다. 그러나 한남지[평양을 가리키는 것으로 추정]의 여행에 관해서는 내가 처음으로 그 지역을 보고한 여행자이기 때문에 관찰과 탐구에만 의존해야 하며, 대부분의 기록이 마찬가지로 부족하다. 어퍼 타이동(Upper Tai-dong)[만주지역을 가리키는 것으로 추정]에 있는 나라의 내 노트에는 여행 경험담뿐만 아니라 서울 · 만주 · 프리모르스크에 대한 여행담도 포함되어 있다. 그리고 한국 현대사의 스케치는 부분적으로는 공식 문서에 기초하고 있으며, 부분적으로는 일반적으로 접근할 수 없는 출처에서 파생되었다. 나는 한국에 있는 내 친구들이 내 작업에 대해 보여준 따뜻한 관심과 내가 주제의 어려움과 나의 경험 부족으로 낙담했을 때 나에게 준 격려에 큰 빚을 지고 있다. 나는 Walter C. Hillier 경, K. C. M. G., H. B. M.의 주한총영사와 J. M'Leavy Brown, L.L.이 나에게 준 귀중한 도움에 감사드린다. 한국 고위직 대신 또한 러시아 장관 Waeber 씨와 G. Heber Jones 목사, James Gale 목사 및 기타 선교사들이 아낌없이 베풀어 준 도움도 있다. 나는 또한 W. H. Wilkinson, H. B. M의 제물포 부영사의 한국 정부에 관해 박식하고 세심하게 집필한 책과 정보를 제공한 Korean Repository와 서울 인디펜던트에도 큰 빚을 지고 있다. 한국 관습에 관한 내 메모 중 일부를 정정하려고 한다. 여러 가지 반복이 일어나는데, 그 이유는 특정 사실을 그것 없이는 충분히 강조하는 것이 불가능해 보이기 때문이다. 그리고 몇 가지 설명에는 세부 사항이 포함되어 있으며, 곧 사라질 관습과 의식을 고치려는 시도의 결과이다. 세 가지를 제외한 삽화는 제가 직접 찍은 사진을 복사한 것이다. 나의 첫 번째 여행에 관한 스케치 지도는 Waeber씨가 나를 위해 친절하게 그린 지도에서 축소되었다. 중국어 고유명사의 음역은 유명한 중국 학자에 의해 친절하게 수행되었지만 불행히도 실제 한자는 모든 경우에 나오지 않았다. 나에게 아낌없이 도움을 준 친절한 친구들에게 경의를 표한다. 나는 옳든 그르든 전적으로 내 자신의 표현된 의견에 대한 개인적인 책임을 최대한 주장하고 받아들이고 싶다. 나는 이 작품의 단점을 뼈저리게 인식하고 있지만, 전체적으로는 이 작품이 다루고 있는 영역을 꽤 충실하게 반영하고 있다고 믿는다. 나는 그것을 대중에게 공개하려고 한다. 그리고 내가 지금까지 동양과 다른 곳을 여행한 기록을 받았을 때와 마찬가지로 친절하고 관대한 비평을 요청하며, 이것이 한국의 지식과 지식의 통합에 기여하려는 정직한 시도로 받아들여질 수 있기를 바란다. 내국 생활뿐만 아니라 수도의 지배적인 정치적 분위기 속에서 내가 본 대로 사물을 묘사하는 것이다.

이사벨라 L. 비숍
11, 1897

참고문헌[參考文獻] -체부기념관 소장-

1749 Voyages Geography Atlas Maps Asia China, Persia, Korea Tartary Illustrated

3 · 1운동독립선언서와 격문. 해외의 한국독립운동사료(XXV) 일본편. 2002. 국가보훈처. 430P

A History of Christianity in Korea. 1933. 58P

American Business and the Korean Miracle. U.S. Enterprises in Korea, 1866-the Present Andrew salmon. 288P

Corea the Hermit Nation. By William Elliot Griffis. 1882. 462P

Corea The Hermit Nation. 1889. By William Elliot Griffis

EWA Atail of Korea. Copygught, 1906, by Eaton & Mains

First Encouters Korea 1880~1910. By Peter A. Underwood, Samuel H. Moffett & Norman R. Sibley. 124P

IN Korean Wilds and Villages, 1938. By Sten Bergman

Korea & her Neighbours, By Mrs. BISHOP, 1898

Korea A cartographic History

Korea. By Angus Hamilton, 1904.

Korea's Fight for Freedom. 1908. F. A. Mckenzie. 1999 역주자 신복룡. 280P

Letters from Joseon

National museum of Korean Contemporary history. 2012. 423P

Old Korea

One Hundred Years of Christianity in Pictures. By Rev. Toung Whan Kim. Korean Oversea Compatriots Mission. 253P

POKJUMIE A story from the land of morning calm. By Ellaasue canter wagner

Terry's Japanese 1920 including 29 maps

The Modernization of Seoul and its Trials (1876~1910) I. 2002. The City History Compilation Committee of Seoul. 347P

The Passing of Korea. By Homer B. Hulbert. 1906. 406P

The Tragedy of Korea. 1908. F. A. Mckenzie. 역주자 신복룡. 301P

Things Korean. By Horace.N.Allen 1906 256P

갑신정변 새로운 세상을 꿈꾼 젊은 그들. 2014. 수원박물관. 251P

구한국시대봉피야화. 김성환 저. 1987. 90P

구한국시대의 우표와 우정. 1964. 진기홍 저. 발행처 경문각. 289P

구한말 일제강점기. 1876년 강화도조약부터. 박윤식 저. 68P

그들의 발자취. 1993. 하와이 한인이민90주년기념사업위원회. 213P

대한민국체신사업연혁사

대한신지지大韓新地誌 건乾 · 곤坤

독립신문 1~6(영인본) 1896~1899

독립운동사 제1권 의병항쟁사. 1971. 독립운동사편찬위원회 이은상. 789P

독일인 헤르만 산더의 여행. 2006. 국립민속박물관. 346P

러시아 장교 조선여행기. 내가 본 조선, 조선인. 카르네프 외 4인. A. 아르게바에브 · 김정화 옮김.2003. ㈜가야넷

문사신보門司新報 한국관계기사집 I~Ⅲ. 한국독립운동사자료총서 제55~58집. 2020. 이준식. 745P

백년전의 한국. 1986. 편저 김원모. 정성길. 발행인 김수환. 328P

백범일지白凡日誌 김구金九

법을 통한 조선식민지 지배에 관한 연구 논문. 1989. 스즈키 요시오 Suzuki Yoshio鈴木敬夫. 398P

사진 기록 일제의 침략 한국. 중국. 1983. 편저자 HOLP출판사(일본). 역편저 어문각. 213P

서양인이 만든 근대전기 한국 이미지Ⅱ. 코리안의 일상. 2009. 박현순. 332P

안중근의사자서전. 1979. 사단법인 안중근의사숭모회. 이은상. 549P

윤의사 의거 60주년 기념 도록 윤봉길 의사. 1992. 매헌 윤봉길 의사 의거 제60주년 기념사업추진위원회. 133P

일제강점기. 2011. 박도. 767P

전몰화첩 어국지예. 1936. 죽내성오. 국사명화간행회. 50P

제9전구내 광복군활동사. 1973. 한국광복군제1지대제3구대동지회 발행

조선근대우편사. 1993. 미즈하라. 448P

조선총독부시정연보 1933조선총독부발행. 567P

조선통신사업연혁소사. 1914. 조선총독부체신국. 174P

조선전도부군면동리명칭. 1917. 조선총독부

중국신문 한국독립운동기사집(I)-조선의용대(군)-. 2008. 김주현. 535P

치안대책요강 외 일본내무성 자료. 해외 한국독립운동사료. 일본편. 2005. 국가보훈처. 420P

친일문제연구총서 인명편 1~3 친일인명사전. 2009. 민족문제연구소. 911P

친일인명사전. 민족문제연구소

한 권으로 보는 일제침략사65장면. 1996. 김삼웅. 397P

한 · 영 만남200주년기념 서양이 본 꼬레아. 박영숙 편저. 전 주한영국대사관 공보관. 1997. 348P

한국독립운동지혈사韓國獨立運動之血史. 박은식. 1946 발행. 서울신문사출판국. 305P

한국병합과 현대. 역사적 국제법적 재검토. 2009. 이태진 · 사사가와 노리가츠 공편

한국사용일본기계인일부인. 1981. 최순석. 147P

한국우정사 I~Ⅱ 1970. 대한민국 체신부. 1388P

한말 한일조약 체결의 불법성과 원천 무효. 이계형 지음

항일독립운동비사. 곽치문선생과 박치은여사 열전. 1977. 신웅균 저. 228P

참고 문헌 표지들

목차

체부II 한국 근·현대사·우편사 징비 사료집

화보 Back to the Present. 층장비폭層藏飛瀑. 200x120Cm. acrylic Plastic Oil. 2009. 임희성林希星 作.

Forgive, but remember 용서하라, 그러나 잊지는 말라. 야드바쉠-홀로코스트 i

139년 전 아펜젤러 기도를 회상하며 ii

"역사를 잊은 민족에게 미래는 없다" 단재 신채호 iii

동방의 등불 Light of the East v

'역사란 윤회輪廻 하는 것이다' History is about reincarnation v

뼈아픈 과거를 기억할 줄 모르는 사람은 과거를 되풀이하게 된다 v

기억하라, 생각하라, 물으라 Remember, Consider, Ask .... vi~ix

편저자 서문 .... x~xi

The Passing Korea. H. B. Hulbert. 헌사獻辭 xii

The Passing Korea 저자 H. B. Hulbert 박사의 서문 xiii

Now, after 67 years The publication of my father's book, 67년이 지난 지금에 .... xiv~xu

THINGS KOREAN, Preface 한국의 모든 것들 .... xvi~xvii

KOREA, AND HER NEIGHBORS By Isabella Bird Bishop, F.R.G.S. Preface .... xviii~xx

KOREA and Her NEIGHBORS by Isabella Bird Bishop 한국과 그 이웃 나라들 .... xxi~xxiii

참고문헌[參考文獻] .... xxiv~xxvi

대조선국大朝鮮國 .... 1~408

대조선국 화보 2

조선국 깃발 3

1646 China, Japan, Taiwan, SE Asia 한국 지도에 대하여 .... 4~5

1748년에 제작된 한반도 지도MER DE COREE한국해 .... 6~7

1748년에 제작된 조선과 일본 지도 8

1749 MER DE COREE 한국해韓國海로 표기된 지도 9

1751 영조 27년 균역청均役廳 발행 문서 10

균역청均役廳 10

1780년에 제작된 한국과 일본 지도 .... 11~12

1767 대조선국 거제 도호부사都護府使 공문 13

도호부사都護府使 13

1785 조선팔도지도朝鮮八道之圖 임자평 도圖 Hayashi Shihei .... 14~15

1785 삼국통람도설三國通覽圖說 Sangoku Tsuran Zusetsu 16

1838 조선시대 교통선랑教通善郎 남준세南駿世 교지教旨 17

통선랑通善郎 17

1840년 세계 최초 우표 18

세계 최초 우표 발행국은 영국이다 18

1850 18세기 조선 후기 조선국 지도 ··· 19~20

1857 철종 8년 조선시대 보은 암행어사 마패인이 날인된 판결문 ··· 21

1857 조선 철종 8년 예산 암행어사 마패 ··· 22

1858 조선 철종 9년 조선시대 암행어사 마패와 수결이 날인된 횡성 거주 유생들 상소문 ·············· 23

1861 조선 철종 12년 천하도天下圖 ··· 24~35

조선시대 암행어사의 마패와 어사의 수결이 날인된 즉목節目 ··· 36~38

암행어사暗行御史 ··· 36

임진왜란壬辰倭亂 당시 통신 수단 신호연信號 ··· 39~43

봉수제도烽燧制度 ··· 39

파발擺撥 조선시대 변서邊書(주: 변방으로 가는 공문서)를 신속히 전달하기 위해 설치한 교통 수단 ·········· 40

항일 의병 투쟁 抗日義兵鬪爭 An anti-Japanese soldier ··· 44

항일 의병 화보 ··· 45

의병 항쟁 역사적 의의 Historical significance of the righteous army uprising ···················· 46~65

독립신문 국문본 1896년 6월 20일자 1면 1단 논설 ··· 66~67

의병 항쟁사 연표 전기 의병前期義兵(1896) ·· 68

의병 항쟁사 연표 후기 의병後期義兵(1905~1910) ·· 69~72

조선 말기 고종황제와 관료들 ·· 73

1865 조선 말기 회계 전표 ·· 74

1866년 병인박해丙寅迫害103위 성인 ··· 75

103위 한국 순교 성인 ·· 76

1866 제너럴셔먼호사건 ··· 77

서양인이 남겨 준 기록 시리즈 [1] ·· 78~80

제너럴셔먼호 사건 보고서 General Sherman Incident Report ··· 79~80

1867 조선 고종 4년 전주향교全州鄕校-임피향교臨陂鄕校에 보낸 서찰 ··································· 81

향교鄕校 ··· 81

1867 단기 4200년. 조선 고종 4년 무성서원武城書院으로 보낸 서찰 ···································· 82

최익현崔益鉉 의병장 무성서원 강회 내용 ·· 83

1870 정한론도征韓論圖 화보 ··· 84~85

1870 조선 고종 7년 일본제국 각료들의 격렬한 정한론 회의 화보 ·· 84-85

정한론征韓論 ·· 86

1871 신미양요 당시 조선인 포로 ·· 87

1871 미국 함대 콜로라도호의 해군 제독과 작전 회의 ··· 87

신미양요 당시 로저스 미 해군 제독과 수행원들 ··· 88

1875 운요호사건雲揚號事件(강화도사건) ··· 89

강화도조약 ··· 89

조선이 개국을 결정하게 된 이유 ·· 89

흥선대원군興宣大院君 이하응李昰應 ··· 90

척화비斥和碑 ·· 90

1878 경상도 관찰사 공문 ··· 91

광서光緒 ··· 91

의친왕義親王 이강李堈의 국치시기 행적 92

1882 임오군란壬午軍亂 .... 93~94

1882 제물포조약濟物浦條約 Treaty of Chemulpo 95

서양인이 남겨 준 사진 기록 시리즈 [2] .... 96~122

1882 고종황제·제물포항의 외국선박·조선군대의 복장 그림엽서 123

조미수호통상조약朝美修好通商條約 123

조청상민수륙무역장정朝淸商民水陸貿易章程 123

I. J. P. O Imperial Japaness Post Office 재한 일본우편국 – 도우盜郵·객우客郵 ... 124

해관우편海關郵便 customs pos 125

우편위체규칙초록郵便爲替規則抄錄(일본제국) .... 126~127

서양인이 남겨 준 사진 기록 시리즈 [3] .... 128~136

1882 COREA THE HERMIT NATION 128

1884 우리나라 최초 우표 탄생, 우리나라 최초 우초郵鈔 137

대한제국 우기郵旗 138

우리나라 우정 창시자 South Korea Post founder 139

대한제국 최초 우표 원도原圖 140

갑신정변과 우정총국 141

개화파 인사들의 몰락 142

우리나라 최초 우표, 문위우표의 개요 .... 143~144

우편사업의 10년 암흑기 145

한국독립운동지혈사 상편3 기록 인용 .... 146~148

1885 무성서원武城書院으로 보낸 서찰 149

무성서원武城書院 149

1885 대원군 귀환 행렬 화보 .... 150~151

대원군 귀환 행렬 화보[2] .... 152~153

기록은 영원히 살아 있다 Records live forever .... 154~156

서양인이 남겨 준 기록 시리즈 [4] .... 157~163

거문도사건의 개요 Overview of the Geomundo Inciden .... 164~166

서양인이 남겨 준 사진 기록 시리즈 [5] .... 167~187

1885 대조선 군수 판결문 188

1885 고종 22년 진주 암행어사 마패 날인 189

1886 조불수호통상조약朝佛修好通商條約 190

보구여관保救女館과 이대부속병원 190

스크랜튼여사와 이화학당 Mrs. Scranton and Ewha Womans University ... 191

1886 고종 24년 원산元山 해관海關 서류 192

조선 해관 설치 연혁 192

1887 개항기 부산포釜山浦–일본 교토京都행 실체 봉피 193

1889 일본–조선 부산朝鮮釜山도착 실체 봉피 194

부산항釜山港 개항 194

1891 조선부산朝鮮釜山–일본행 실체 봉피 195

1892 순천암행어사 마패 날인 서류 196

1892 익산 암행어사 마패 날인 문서 197

1894~1896 갑오개혁甲午改革 198

서양인이 남겨 준 기록 시리즈 [6] .... 199~213

조선에서 온 편지 LETTERS FROM JOSEON 199

명성황후 시해를 사주 받은 일제 언론기관 한성신보사漢城新報社 건물 210

미우라고로 일본공사 지휘로 조선 명성황후를 살해한 일본 언론인 및 낭인(깡패)들 명단 210

1894 고종 31년 조선경성응접지도 朝鮮京城應接之圖 .... 214~215

청일전쟁 화보 제6권 .... 216~222

1894 대한제국의 혼돈 Chaos in the Korean Empire 223

청일전쟁 당시 청국군을 구출하는 프랑스 해군 224

1894 Washington D.C에서 청일전쟁 당시 조선에 주둔해 있던 미국함대 U.S.S Concord호로 보낸 서신 ... 225~226

청일전쟁 개전 어전회의 淸日戰爭開戰御前會議화보 227

청일전쟁 화보 Sino-Japanese War pictorial .... 228~230

청일전쟁 풍속화보 1~9 .... 231~240

1895 태극우표太極郵票 .... 241~242

1895 선박우편 PAQUEBOT Gensan I.J.P.O.-via Nagasaki-Yokohama-San Francisco-Washington D.C. . 243

1895 Andrew Adamson 선교사에게 보낸 서신 244

H. B. Hulbert의 명성황후 시해 사건 전말 The full story of H. B. Hulbert's assassination of Queen Min .. 245~257

일본인의 명성황후 시해와 유림儒林 의거 Japanese assassination of Queen Min and scholars' protest .. 258~261

을미사변 범행 배후 및 교사자 259

을미사변 범행 방조 및 사후 보고자 명단 259

을미사변 범행 기획, 지휘, 가담자 명단 260

일본 측 관련자들의 영전 261

日정부 명성황후 시해 개입 물증 111년 만에 '햇빛' .... 262~264

서양인이 남겨 준 기록 시리즈 [7] .... 265~271

러시아 장교 조선 여행기 Russian officer's travel story in Joseon 265

서양인이 남겨 준 기록 시리즈 [8] .... 272~281

THE MURDER OF THE QUEEN 여왕의 살해 272

1885 고종 황제의 아관파천俄館播遷 282

청일전쟁 당시 일본군 제4사단으로 체송된 군사우편 283

1895년 부산 무역 현황 283

서양인이 남긴 사진 기록 시리즈 [9] .... 284~288

독립문獨立門 289

1896 웨베르-고무라 각서覺書 Waeber-Komura Memorandum .... 290~291

500여 명이 이끄는 명성황후 국장 장례식 운구 행렬 292

서양인이 남겨 준 사진 기록 시리즈 [10] .... 293~308

KOREA And Her Neighbors 한국, 그리고 그녀의 이웃들 294

서양인이 남겨 준 사진 기록 시리즈 [11] .... 309~399

은둔의 왕국 조선에 파송된 선교사의 활동 사진 309

유진벨 Eugene Bell 배유지 선교사 Eugene Bell Missionary(1868~1925) .... 400~402

유진벨 Eugene Bell 배유지 선교사가 설립한 학교 .... 403~404

미국 선교사의 수난 American missionary in distress from the Japanese 404

구타당한 목사들 Pastors beaten by the Japanese 404

크게 수색당한 목사들의 집 The homes of pastors searched by Japanese soldiers 405

모우리牟義理 E. M. Mowry 목사 투옥과 재판 The imprisonment and trial of Rev. E. M. Mowry 406

양화진 외국인 션교사 묘원 Yanghwajin Foreign Missionary Cemetery 407

양화진의 유래 407

양화진 외국인 션교사 묘원에 묻힌 주요 인물들 408

대한제국 大韓帝國The Taehan Empire .... 409~ 782

대한제국 화보 410

고종황제 화보 411

1900년대 초 제작된 태극기 412

태극기 사괘四卦 412

박은식朴殷植(1859~1925) 413

한국독립운동지혈사韓國獨立運動之血史 414

광무 2년(1898년) 소송문과 사또使道의 판결문 415

1898 인편으로 전달한 서신 416

1899 태극보통우표 초판 4종(5푼·10푼·25푼·50푼) 첩부, 한성-인천행 실체 봉피 417

이화우표李花郵票 418

1900 대한제국 관공서 물품 목록 419

만국우편연합萬國郵便聯合 Universal Postal Union, UPU 419

대한가쇄우표大韓加刷郵 .... 420~421

대한제국 우편 상황 .... 422~424

식품 광고 엽서(1900년대) 425

1900 이화보통우표 3전 단첩 원일형 내체인 개성-한성행 실체 봉피 426

이화李花 보통우표 .... 427~431

일자첨쇄우표一字添刷郵票 432

대한제국 우체사 일부인 .... 433~444

문위文位우표(명판 예) .... 445~446

서양인이 남겨 준 사진 기록 시리즈 [12] .... 447~462

EN COREE 한국에서는 447

1900 진고개에서 트레물레 A.Trémoulet에게 보낸 서신 463

대한제국 고성관찰사 판결문 464

관찰사觀察使 464

한성-대구 관찰부로 체송된 서신 465

내지인이 오사카로 보낸 근하신년 엽서 466

국치시기 친일파 리스트 466

내지인內地人-재 조선 일본인 .... 467~468

통문通文 469

의화단운동義和團運動 470

하와이 노동 이민의 역사적 배경 .... 471~473

미주 한인 이민 100주년 기념우표 473

Seoul-Chemulpo-via Shang-Hai-Russia 이화보통우표 4전 첩부 실체 봉피 474

Seoul-France행 실체 봉피 475

서양인이 남겨 준 사진 기록 시리즈 [13] .... 476~479

1903 THINGS KOREAN 476

Chemulpo-Shang-Hai-Paris, France행 실체 엽서 480

국치시기 친일파 리스트 480

대한제국 전답관계田畓官契 문서 481

대한제국 1903년 연혁 481

독수리우표 482

독수리보통우표 The Eagle Definitives Series 교정용 시쇄 원본(校正用試刷原本) 483

독수리보통우표 The Eagle Definitives Series .... 484~486

전위첨쇄錢位添刷 보통우표 .... 487~492

독수리보통우표 고액권(50전·1원·2원 포함) 첩부 실체 봉피 493

W.B. Harrison선교사가 전주에서 미국으로 보낸 서신 494

1904년 프랑스 La Petit Parisien지誌 기사 일본군 서울 점령(1904) ... 495

1904 Kisaburâ 오하라 풍자 문어 아시아 및 유럽 지도 .... 496~497

제1차 한일협약 1st Korea-Japan Agreement 1904 498

대한제국의 혼돈 1904 LE MONDE ILLUSTRE지 12 Mars 1904 499

분전요증分傳要證실체 봉피 500

SEOUL R No. 2252-Italy행 실체 봉피 501

을사오적乙巳五賊 501

대한제국 체신 자료 주사 임명장 502

판임관判任官 502

러일전쟁露日戰爭 당시를 풍자한 프랑스 발행 엽서 503

러일전쟁露日戰爭 Russo-Japanese War 503

1904년 당시 숭례문 전경 503

정동貞洞 프랑스공사관 전경 Chemulpo-via Shang-Hai-Francegod 실체 엽서 504

The Hongkew Bridge 전경 Chemulpo-via San Francisco-Niagara Falls.N.Y.실체 엽서 505

1904년경 인천항 전경 엽서 506

인천항 개항 506

1904년경 인천항 전경 엽서 507

인천항 유래 인천항 개항 일시: 1883년 1월 1일 개항되면서 인천감리서 설치 507

남산에서 바라본 한성 시가지 Seoul-Firenze, Italy행 실체 엽서 508

Chemulpo-Delve, Germany행 실체 엽서 509

국치시기 친일파 리스트 509

Gwendoline온산 Via Moji-Cairo, Egypt행 실체 엽서 ·· 510

명성황후明成皇后 장례식 광경, 샤를 알레베크 Charles Aleveque엽서 ························· 511

일제에 의한 식민지화 단초가 된 러일전쟁 ··· 512

러일전쟁 당시 군사우편 ··· 513

1918년 한반도 주둔 일본 육군 부대를 총지휘하는 천황 직할 지역 사령부 ················· 513

일본군 함흥수비대 보병 제 32연대 제 1대대 제 4중대 제 3소대행 군사우편 ················· 514

한국의 지배권 쟁탈을 위한 열강들의 1904년 전후 당시를 풍자한 그림엽서 ··········· 515~521

전몰화첩 어국지예御國之譽 ··· 522~524

청일전쟁 당시 여순전투 후 러·일 장수 회담 장면 ··· 522

여순전투旅順戰鬪 ··· 522

서양인이 남겨 준 사진 기록 [14] ·· 525~592

The Russo-Japanese War사진 기록 시리즈 ··· 525

THE BATTLE GROUND 러일전쟁 전황도 ·· 527

러일전쟁에 참가한 러시아·일본 군인들 ··· 528

러일전쟁의 첫번째 전투 THE FIRST BATTLES OF THE WAR ·································· 529

러일전쟁 당시를 풍자한 만화 상황 지도 (육군·해군 사령관 초상) ······················ 530~531

환전한 엽전이 산더미처럼 쌓여 있는 모습 ··· 577

Chemulpo-via Moji-San Francisco-New York행 실체 봉피 ····································· 593

국치시기 미국 회사의 광고 홍보용 카드 ··· 594

1904 독일 식품회사 광고 홍보용 엽서 ··· 595

한일통신협약 韓日通信協約 대한제국 우정사업 강제 피탈 경위 ··························· 596~609

인천Incheon-Via Shang-Hai-England행 실체 엽서 ·· 610

1905. 4. 1. 한일통신기관협정韓日通信機關協定 체결로 통신권을 박탈당했다 ············· 610

을사늑약 (제2차 한일협약) 2nd Korea-Japan Agreement ······································· 611

을사늑약과 관련된 후문 ··· 611

을사조약乙巳條約이 체결되었던 비운悲運의 장소, 덕수궁 중명전 重明殿 ··················· 612

인천-via Shang-Hai-England행 엽서 ··· 613

대한제국 감포군鹽浦郡 관문서官文書 ··· 614

Chemulpo-Via Shang-Hai-England행 엽서 ··· 615

일본의 통신권 탈취通信權奪取 Japan takes over Korea's communications rights ········· 615

1905년 당시 수신인 주소 사례 ··· 615

대한제국 최초 엽서 인면印面 ··· 615

러일전쟁 당시 한국 송진韓國松眞에서 일본군 제 3사단 제 10야전병원으로 체송된 검열 우편 ·········· 617

한국 경성京城 재한일본우편국-일본 한국 경성 수비대 보병 제 60연대 제 3중대 군사우편 ········· 618

전몰기념 군사우편 ··· 619

대한제국 외체外遞 일부인 ··· 619

한국 부산-일본행 엽서 ··· 620

적개심에 불타는 항일 의병 Anti-Japanese volunteer soldiers burning with hostility ············· 621

의병 항쟁 역사적 의의 ··· 621

을사늑약과 후기 의병 최익현 의병장 ·· 622~631

일본-한국 강계, 한국 부산-일본행 엽서 632

혈의 누血-淚 632

인천-일본행 엽서 633

조선통감부朝鮮統監府 633

시일야방성대곡是日也放聲大哭 - 이 날에 목놓아 우노라 - 634

대한제국 최후의 황태자 635

대한 독립에 헌신한 외국인 Homer B. Hulbert .... 636~637

The Passing of Korea 대한제국의 멸망 Homer B. Hulbert의 서문 638

서양인이 남겨 준 기록 시리즈 [15] .... 639~646

1906 The passing of Korea .... 639~646

군사우편 한국경성鏡城-일본행, 한국 용산韓國龍山-일본행 엽서 647

1906년 대한제국 체신 연혁 647

인천-일본행 실체 봉피 648

수원水原-경성京城행 실체 봉피 649

휘베르트 보스 Hubert Vos (네델란드 출생)가 그린 초상화 및 풍경화 649

1907년 장지연張志淵이 학생들의 지리 교육을 위하여 편찬한 지리교과서 건·곤 2권 650

정미7조약丁未七條約 (제3차 한일협약) 3rd Korea-Japan Agreement 651

정미칠적丁未七賊 651

군사우편 경성鏡城-일본 경성수비대鏡城守備隊 보병 49연대 제 11중대행 실체 봉피 652

이완용李完用 친일파로 변신 .... 652~653

충남 부여-공주행 실체 봉피 654

인천-일본행 엽서 655

대한제국 관허 보험증서 656

대한제국 호출장 및 송달증서 657

동양척식주식회사Oriental Development Company 657

군사우편 강릉江陵-일본 조선국朝鮮國진부파견대행 실체 봉피 658

경술국적庚戌國賊 658

군사우편 단천端川(급)-□□헌병분견소행 실체 봉피 659

김해金海(급)-창원재무서행 서신 660

원산-일본행 실체 봉피 661

함경북도 부령-충청북도 보은행 실체 봉피 662

광화문(국)-창원昌原(소) 창원재무서昌原財務署행 실체 봉피 663

나남羅南(급)-충북 보은행 실체 봉피 664

창원昌原-경상북도 장기재무서행 실체 봉피 665

KOREA 1908 Large Reg. Cover to Germany 62sen Chemulpo Cds Changchun Trains CHEMULPO –via
    Siberia–Changchun I.J.P.O–Hamburg, Gernany 666

RED WAX 밀랍 蜜蠟(봉인) 667

세창世昌 667

인천(국)-함흥(국)행 실체 봉피 668

경술국적庚戌國賊 윤덕영尹德榮 669

나라 팔아서 일제로부터 은사금 230억원 받은 윤덕영의 '벽수산장' 669

대한제국 농상공부 인가 제1호 전당포 670

한국 경성韓國京城 일부인 671

경성京城 671

경성-일본 경도, 경성鏡城-보은報恩(급)행 실체 봉피 672

Seoul-Boston, U.S.A행, 한일통신협약 체결 이후 사용된 실체 온정溫井(소)-Springfield, U.S.A행 673

기유각서己酉覺書 673

기유각서 5조항 673

한성재무감독국-경기도 이천군수에게 보낸 공용 서신 674

한성재무감독국-경기도 이천군수에게 보낸 공용 서신 내용 675

곡성谷城(급)-진명여학교(현 진명여자고등학교) 676

KEIJO-U.S.A행 엽서 677

일본 황태자 한국방문기념엽서東宮殿下御渡韓紀念 678

연기우체소-광화문(국) 경성부 순화방 장동 쇠골 61통 1호 유효석 방내 679

성주星州(급)우편취급소 군사우편, 안동安東-일본행 실체 봉피 680

안중근 의사安重根義士화보 681

통한일격 痛恨一擊 그림엽서 682

통한일격痛恨一擊 대원훈大元勳 대위인大偉人 안중근安重根 683

안중근 의사 옥중 집필 자서전 .... 683~704

안응칠安應七 역사 683

이토오 히로부미 사살 697

안중근 의사가 유언하는 모습 698

안중근 의사를 호송하는 마차 698

제5회 공판에서의 안중근 의사의 진술 698

동포에게 고함 700

최후의 유언 700

원흉 이등박문의 죄상 15개조 700

의병장 안중근의 나라 원수 갚은 소식을 듣고 701

오호부 嗚呼賦 1910년 김택영金澤榮이 지은 부賦 702

안 해주를 제사하는 글 703

안중근 의사 만장 704

한국인 안중근 한 일에 느껴 704

한일합방 조인 Korea-Japan annexation signed 705

경술국적庚戌國賊 705

한일합방 발효 .... 706~710

대한제국 충남 서천군의 공매 낙찰 증명서 711

급急 훈령 제109호 712

서대문(국)-경남 장기 한일합병 직후 대구-일본행 실체 봉피 713

매국노 이완용을 척살刺殺한 대한 의사大韓義士13명 .... 714~720

경성사동 등기 635실체 봉피 720

내선일체内鮮一体 720

서대문(국)-경남 장기군 재무서장 신현구 721

궁성요배宮城遥拜 721

대구-장기재무서행 실체 봉피 722

흑색공포단 조직 722

용산(국)-일본행 실체 봉피 723

경성京城(국)-일본행 실체 봉피 724

남화한인청년연맹南華韓人青年聯盟 724

구국救國의 선구자 이수정李樹廷 725

임오군란壬午軍亂 때 명성황후明成皇后를 탈출시키다 725

1885년 4월 5일 언더우드·아펜젤러 제물포에 상륙하다 725

이수정은 언더우드에게 한글을 가르키고 성경을 번역하다 726

조선어학회 사건 투옥 727

조선어학회 사건 주요 투옥자 727

처형되는 한국인 728

국치시기 토지 개혁 .... 728~730

서양인의 사진 기록 .... 731~736

한국 근대 우정사 연표(韓國近代郵政史年表) .... 737~782

국치시기國恥時期 Japanese Colonial Era .... 783~1523

국치시기 화보 784

항일 의병 an anti-Japanese soldier 아무르강(흑룡강) 지역의 한국인 785

조선독립군가 朝鮮獨立軍歌 786

제9전구내第九戰區內 광복군 활동사 .... 787~794

'법法을 통한 조선식민지 지배에 관한 연구' 논문 초록 .... 795~851

서언序言 795

시일인점아전우통신기관是日人佔我電郵通信機關 798

도대체 얼마나 많은 식민지 통치법이 제정되었을까? 800

한일합병에 이르기까지 조약법의 강제 800

일본민족의 '준법의식'에 의한 한국 전통과 문화의 부인 802

천황의 신민臣民으로서의 일본 민족에 의한 준법의식遵法意識 806

한일의정서 체결 직후 일본제국 한국주차군韓國駐箚軍설치 806

일제 한국주차군韓國駐箚軍 808

대한시설강령결정對韓施設綱領決定에 관한 건 구성 811

한국보호권확립韓國保護權確立에 관한 건 812

한국보호권확립실행韓國保護權確立實行에 관한 각의 결정의 건 812

제 2차 한일협약韓日協約은 을사보호조약乙巳保護條約이다 813

제3차 한일협약 815

한국주차군헌병韓國駐箚軍憲兵에 관한 건 819

한일합방韓日合邦 −헌법을 시행하지 않고 대권에 의해 통치할 것 823

신문지법(1907년) 법률 제1호 827

보안법保安法 829

출판법出版法 및 출판규칙 830

경찰범처벌규칙警察犯處罰規則 831

조선형사령朝鮮刑事令 834

통감부하의 교육지배 835

동화同化 내지 황민화皇民化와 3·1민족독립운동 837

광주학생독립운동光州學生獨立運動의 탄압과 저항 838

'격문'檄文 등에 보이는 민족해방사상民族解放思想 839

식민지植民地 교육 체제教育體制에 관한 것 839

일본인 교사에 관한 것 839

학생 자치에 관한 것 839

식민지 정책에 관한 것 839

경찰 권력 등에 관한 것 841

제국주의 반대에 관한 것 841

제2차 광주학생민족독립운동第二次光州學生民族獨立運動 842

사상범보호관찰법思想犯保護觀察法과 확신범確信犯 844

사상범인思想犯人에 대한 유보처분취급규정留保處分取扱規程 844

법을 통한 조선식민지 지배에 관한 연구 논문의 결론 845

창씨개명創氏改名과 전통의 부인 846

조선어학회사건朝鮮語學會事件과 문화의 부인 847

천황의 신민으로서 일본 민족에 의한 준법의식 849

논문 II33 일제 식민지 하의 한민족 852

'교과서 문제'는 끝나지 않았다 852

보이고 싶지 않은 실상實相 853

3·1운동은 단순한 '폭동'이 아니다 854

서로 의지하며 살아가는 국민 855

민중民衆이 체험한 3·1운동 856

3·1운동은 단순한 폭동인가? 857

1920~30년대의 민중운동 857

황민화皇民化 정책과 강제 연행 858

일본학자의 소신 발언 "韓日병합은 불법이었다" 862

한일합방 863

도쿄 아사히신문은 6회에 걸쳐 '합병되어야만 할 한국'이라는 사설을 게재하였다. 864

수안遂安(소) 등기 246−일본 조선 황해도 수안헌병대 실체 봉피 865

일제의 무단통치 865

THE RE-SHAPING OF THE FAR EAST[I].534P. (By B. L. Putnam Weale. 1911) 기록 사진(4) 866

서양인이 남겨 준 기록 시리즈 [16] .... 867~894

OLD KOREA 867

서양인이 남겨 준 기록 시리즈 [17] .... 895~900

The RE-SHAPING OF THE FAR EAST 895

군사우편 평안북도 강계수비대江界守備隊-일본행 실체 봉피 901

오천汚川-광주廣州행 실체 봉피 902

1920년대 남대문 시장터 902

남대문시장의 역사 902

대조선국민군단大朝鮮國民軍團 903

신사참배神社參拜 904

가야금을 연주하는 장면 905

1919. 7. 5. keijo Chosen- 미국행 엽서 905

대한의 딸 유관순 화보 906

대한의 딸 유관순柳寬順 .... 907~909

서대문형무소 '8호 감방의 노래' 910

己未獨立宣言書(원문) .... 911~918

백범 김구金九화보 919

김구 자서전 백범일지白凡逸志 .... 920~973

국모보수國母報讐 974

치하포사건鴟河浦事件 974

안악사건安岳事件 975

신간회新幹會 .... 977~975

국치시기의 기계 일부인日附印(1921~1945) .... 977~983

국치시기 그림엽서 .... 985~1031

관함식觀艦式 999

일본제국 해군 작전 구역 999

한국독립운동지혈사韓國獨立運動之血史(박은식 저. 1920) 하권 제12장 [1] 1003

한국독립운동지혈사韓國獨立運動之血史(박은식 저. 1920) 하권 제12장 [2] 1003

韓國獨立運動之血史(박은식 저. 1920) 수원 제암리 학살 하권 제12장 [3] 1004

한국독립운동지혈사韓國獨立運動之血史(박은식 저. 1920) 수천리와 화수리 참살 하권 제12장 [4] 1005

일제가 발행한 한일합방韓日合邦 기념엽서 1006

한국독립운동지혈사韓國獨立運動之血史(박은식 저. 1920) 맹산의 학살 하권 제12장 [5] 1006

경성 십자가의 참살 1006

일제가 발행한 한일합방韓日合邦 기념엽서 1007

한국독립운동지혈사韓國獨立運動之血史(박은식 저. 1920) 강서의 학살 하권 제12장 [6] 1007

의주의 참살 1007

일제가 발행한 한일합방韓日合邦 기념엽서 1008

한국독립운동지혈사韓國獨立運動之血史(박은식 저. 1920) 대구의 학살 하권 제12장 [7] 1008

밀양의 학살 1008

일제가 발행한 한일합방韓日合邦 기념엽서 1009

한국독립운동지혈사韓國獨立運動之血史(박은식 저. 1920) 조趙씨 일가의 참화 하권 제12장 [8] 1009

한국독립운동지혈사韓國獨立運動之血史(박은식 저. 1920) 합천의 학살 하권 제12장 [9] 1010

한국독립운동지혈사韓國獨立運動之血史(박은식 저. 1920) 남원에서 의사·열부·자모慈母가 한날에 순국 하권

　제12장 [10] 1011

경부선 연혁 대한제국 시기 1023

경부선 국치시기 연혁 1023

대아저수지大雅貯水池: 전라북도 완주군 동상면에 있는 일제강점기 독일기술진이 설계한 저수지 1024

서울특별시 종로구 경복궁에 있는 조선후기 왕과 가족들의 휴식처로 이용된 궁궐건물. 누정. 보물 1025

부산세관釜山稅關 1026

한국독립운동지혈사韓國獨立運動之血史(박은식 저. 1920) 강계의 참살 하권 제12장 [11] .... 1034~1035

곽산의 참살 1034

삭주·창성·위원 각 군에서의 학살 1034

일본인의 야만, 잔혹한 살육 The barbarism of the Japanese, brutal slaughter 1027

극동국제 군사재판소 조례 제5조항 전쟁 범죄에 관한 A급 전범 리스트[1] List of Class A war criminals 1028

극동국제 군사재판소 조례 제5조항 전쟁 범죄에 관한 A급 전범 리스트[2] List of Class A war criminals 1029

극동국제 군사재판소 조례 제5조항 전쟁 범죄에 관한 A급 전범 리스트[3] List of Class A war criminals 1030

부관연락선釜關連絡船 .... 1036~1039

대한해협大韓海峽 Korea strai 1039

서양인이 남겨 준 사진 기록 시리즈 [18] .... 1040~1076

선교사宣敎師들의 발자취 1040

극동국제 군사재판소 조례 제5조항 전쟁 범죄에 관한 A급 전범 리스트[4] List of Class A war criminals 1041

극동국제 군사재판소 조례 제5조항 전쟁 범죄에 관한 A급 전범 리스트[5] List of Class A war criminals 1042

극동국제 군사재판소 조례 제5조항 전쟁 범죄에 관한 A급 전범 리스트[6] List of Class A war criminals 1043

칠성문七星門 1049

극동국제 군사재판소 조례 제5조항 전쟁 범죄에 관한 A급 전범 리스트[7] List of Class A war criminals 1052

극동국제 군사재판소 조례 제5조항 전쟁 범죄에 관한 A급 전범 리스트[8] List of Class A war criminals 1053

극동국제 군사재판소 조례 제5조항 전쟁 범죄에 관한 A급 전범 리스트[9] List of Class A war criminals 1054

극동국제 군사재판소 조례 제5조항 전쟁 범죄에 관한 A급 전범 리스트[10] List of Class A war criminals 1058

극동국제 군사재판소 조례 제5조항 전쟁 범죄에 관한 A급 전범 리스트[11] List of Class A war criminals 1059

극동국제 군사재판소 조례 제5조항 전쟁 범죄에 관한 A급 전범 리스트[12] List of Class A war criminals 1060

경성 춘무산春畝山박문사博文寺 1061

극동국제 군사재판소 조례 제5조항 전쟁 범죄에 관한 A급 전범 리스트[13] List of Class A war criminals 1061

극동국제 군사재판소 조례 제5조항 전쟁 범죄에 관한 A급 전범 리스트[14] List of Class A war criminals 1062

극동국제 군사재판소 조례 제5조항 전쟁 범죄에 관한 A급 전범 리스트[15] List of Class A war criminals 1065

극동국제 군사재판소 조례 제5조항 전쟁 범죄에 관한 A급 전범 리스트[16] List of Class A war criminals 1068

극동국제 군사재판소 조례 제5조항 전쟁 범죄에 관한 A급 전범 리스트[17] List of Class A war criminals 1071

극동국제 군사재판소 조례 제5조항 전쟁 범죄에 관한 A급 전범 리스트[18] List of Class A war criminals 1074

서양인이 남겨 준 사진 기록 시리즈 [19] .... 1075~1089

조선 최초 비행사 안창남安昌男 비행 성공 축하 광고 1088

순종황제 어차御車 1089

용산(局)-일본행 실체 봉피 1090

극동국제 군사재판소 조례 제5조항 전쟁 범죄에 관한 A급 전범 리스트[19] List of Class A war criminals 1090

극동국제 군사재판소 조례 제5조항 전쟁 범죄에 관한 A급 전범 리스트[20] List of Class A war criminals 1091

극동국제 군사재판소 조례 제5조항 전쟁 범죄에 관한 A급 전범 리스트[21] List of Class A war criminals 1092

극동국제 군사재판소 조례 제5조항 전쟁 범죄에 관한 A급 전범 리스트[22] List of Class A war criminals 1093

극동국제 군사재판소 조례 제5조항 전쟁 범죄에 관한 A급 전범 리스트[23] List of Class A war criminals 1094

극동국제 군사재판소 조례 제5조항 전쟁 범죄에 관한 A급 전범 리스트[24] List of Class A war criminals 1095

극동국제 군사재판소 조례 제5조항 전쟁 범죄에 관한 A급 전범 리스트[25] List of Class A war criminals 1096

극동국제 군사재판소 조례 제5조항 전쟁 범죄에 관한 A급 전범 리스트[26] List of Class A war criminals 1097

극동국제 군사재판소 조례 제5조항 전쟁 범죄에 관한 A급 전범 리스트[27] List of Class A war criminals 1098

극동국제 군사재판소 조례 제5조항 전쟁 범죄에 관한 A급 전범 리스트[28] List of Class A war criminals 1099

1919년 소요사건에 관한 도장관보고철 7책의 2 .... 1100~1104

한국독립운동지혈사 (박은식 저. 1920) 하편 제13장 일본인의 만행 Japanese atrocities 1105

부녀자에 대한 만행 Atrocities against women 1103

늙은이와 어린이에 대한 만행 Atrocities against the old and the young 1105

금품을 약탈한 만행 The atrocities of plundering money and valuables 1105

수인 囚人에 대한 만행 Atrocities against prisoners 1106

독약을 넣어 사람을 해친 확증 Evidence of a man's death using poison 1106

상해서보上海西報의 일본인 만행 기사 Japanese atrocities in Shanghai ser newspaper 1107

평양선교사에서 보도한 일본인의 만행 Japanese atrocities reported by the Pyongyang Mission 1108

독립군에 대하여 일본인이 저지른 만행 Japanese atrocities against the Independence Army 1109

감옥에서 일본인의 만행(석방된 사람 증언) Japanese atrocities in prison (Evidence of the released person) .. 1109

충남 노성魯城 등기 130-전남 영광靈光 반송 부전지 1111

군사우편. 진해-안동행 1112

일본의 전쟁 범죄 개요 Overview of Japanese War Crimes 1112

서양인이 남겨준 기록 시리즈 [20] .... 1113~1124

1919 은둔의 왕국을 탐험하다 By Rov C. Andrews 1116

1920년 3·1 운동 1주년을 맞이하여, 배화학당 뒷산에 올라가 교우들과 함께 대한독립만세를 외치다 일경에 체포된
　소녀들 1125

소년들의 항일 독립운동 1125

군산(局)-서산瑞山행 1126

극동국제 군사재판소 조례 제5조항 전쟁 범죄에 관한 A급 전범 리스트[29] List of Class A war criminals 1126

이리 조선잠업주식회사 정기주주총회 개최 통지서 1127

일본의 전쟁 범죄-포로 대우 Japanese War Crimes - Treatment of Prisoners of War 1127

일본의 전쟁 범죄-우키시마호 침몰 사건 Japanese war crimes - Ukishima sinking incident 1128

일본의 전쟁 범죄-숙칭대학살 Japanese War Crimes - Sook Ching Massacre 1129

일본의 전쟁 범죄-난징대학살 Japanese War Crimes - Nanjing Massacre 1130

일본의 전쟁 범죄-100인참수사건 Japan's war crimes - 100 beheadings 1131

서양인이 남겨 준 사진 기록 시리즈 [21] .... 1132~1175

DR. NORBERT WEBER 1132

광화문-경북 영천永川행 1176

돈하敦賀-원산元山러시아 공사관행 1177

관동대학살關東大虐殺 Kanto Massacre .... 1178~1181

Korea World Times 1178

수년 동안 알려지지 않은 한국 대학살의 희생자 수 6,661 명의 출처 1179

조선인 대학살에 대한 일본 정부의 견해는 무엇입니까? 1179

진실 규명을 위한 민·민 합동 수사에 대한 기대 1180

관동대지진關東大地震과 한국인학살韓國人虐殺-1923년 1180

자경단自警團에 의한 학살虐殺 1181

군軍에 의한 구속·학살虐殺 1181

관동대지진을 추도함. 일본제국의 '불령선인'不逞鮮人과 추도의 정치학에 관한 논문 .... 1182~1205

Eastern Illinois University. Lee, Jinhee 교수 1182

KEIJO-U.S.A. 1206

구미우편소 등기 573-보은행 1207

미납우편 일본-경북 청도淸道행 실체 1208

별배달別配達우편홍성洪城행 실체 1209

독립운동 현황 일람표 Independence movement status table .... 1210~1215

대구-일본행 엽서 1216

충남 광천廣川-경성京城행 광천 등기122 1217

일본의 전쟁 범죄 Japanese war crime 1217

우편절수저금대지 평화기념 평양기념인 1218

부산-일본 일전 미납 우편 실체 1219

태평양전쟁 Pacific War 시리즈[1] 1219

경성(국)-충남 태안 1220

일본의 전쟁 범죄-731부대 Japanese War Crimes – Unit 731 1220

일본의 전쟁 범죄-마닐라대학살 Japanese War Crimes – Manila Massacre 1221

통상위체금수령증서-광화문 1222

일본의 전쟁 범죄-죽음의 철도 1222

경성 절수별납우편 1223

1919년 3·1운동에 관한 조선총독부 도장관道長官보고 자료집 [I] 1223

통신사무 우편엽서, 회령會寧 이전·별납 우편 1224

1919년 3·1운동에 관한 조선총독부 도장관道長官보고 자료집 [2] 1224

영주(국)-경북 영양, 수원 등기 301. 수원등기 402 1225

1919년 3·1운동에 관한 조선총독부 도장관道長官보고 자료집 [3] 1225

소위체금수령증서-경북 용천우편국 1226

1919년 3·1운동에 관한 조선총독부 도장관道長官보고 자료집 [4] 1226

1919년 3·1운동에 관한 조선총독부 도장관道長官보고 자료집 [5] 1226

신문띠지 1227

1919년 3·1운동에 관한 조선총독부 도장관道長官보고 자료집 [6] 1227

1919년 3·1운동에 관한 조선총독부 도장관道長官보고 자료집 [7] 1227

인천 표어 일부인 제3회 조선미술전람회 입선작茂水和三郎 作. 인천 1228

1919년 3·1운동에 관한 조선총독부 도장관道長官보고 자료집 [8] 1228

차용금증서 1229

GENSAN-U.S.A. 1230

1919년 3·1운동에 관한 조선총독부 도장관道長官보고 자료집 [9] 1230

봉화 등기(내성헌병대)-일본행 1231

1919년 3·1운동에 관한 조선총독부 도장관道長官보고 자료집 [10] 1231

CHEMULPO COREA-GERMANY 1232

1919년 3·1운동에 관한 조선총독부 도장관道長官보고 자료집 [10-1] 1232

충남 덕원-Germany 1233

1919년 3·1운동에 관한 조선총독부 도장관道長官보고 자료집 [10-2] 1233

화순경찰서 조선소방협회화순지부장-화순군 동면 1234

1919년 3·1운동에 관한 조선총독부 도장관道長官보고 자료집 [11] 1234

용산(국)-해주海州행 1235

1919년 3·1운동에 관한 조선총독부 도장관道長官보고 자료집 [12] 1235

광주光州-해주 1236

인천세관-해주지방법원 1237

황포탄의거黃浦灘 義擧[1] 1237

일본-황해도 해주 1238

황포탄의거黃浦灘 義擧[2] 1238

해주지방법원으로 체송된 실체 1239

조선전도부군면리동명칭 朝鮮全道府郡面里洞名稱 (1917년) 1239

성진경찰서-해주 관사 1240

조선전도부군면리동명칭 朝鮮全道府郡面里洞名稱 (1917년) 1240

황해도 해주 읍내 재판소 관사 1241

우편절수저금대지-청산우편소 1242

조선전도부군면리동명칭 朝鮮全道府郡面里洞名稱 (1917년) 1242

경성-강릉우편국유치 1243

충남 은산-장암면 지토리 1244

조선전도부군면리동명칭 朝鮮全道府郡面里洞名稱 (1917년) 1244

무장(소) 일부인 실체 소위체금수령증서 1245

조선전도부군면리동명칭 朝鮮全道府郡面里洞名稱 (1917년) 1245

예산 등기 297-서천 1246

조선전도부군면리동명칭朝鮮全道府郡面里洞名稱 (1917년) 1246

진주晋州 내용증명內容證明-산청山淸 1247

조선전도부군면리동명칭 朝鮮全道府郡面里洞名稱 (1917년) 1247

공주公州기계인 1248

조선전도부군면리동명칭 朝鮮全道府郡面里洞名稱 (1917년) 1248

경성京城-경북 영천永川 1249

경성치과의학전문학교京城齒科醫學專門學校 1249

군사 검열우편 1250

대한독립에 헌신한 외국인 Foreigners who devoted themselves to Korean independence 1250

NINSEN-via Siberia-Germany행 1251

광화문-공주 1252

추억의 인물 시리즈우표(두 번째 묶음) 1252

경성-밀양 1253

추억의 인물 시리즈우표(두 번째 묶음) 1253

부산-일본행 1254

추억의 인물 시리즈우표(두 번째 묶음) 1254

김제金堤동진수리조합-정읍井邑 1255

호국영웅(독립운동가) 기념우표 1255

소위체금수령증서小爲替金受領證書 경북 경산慶山 일부인 1256

윤용하 탄생 100주년 기념우표 1256

진체저금불송금수령증-전북 정읍 1257

대한독립에 헌신한 외국인 Foreigners who devoted themselves to Korean independence 1257

표어 일부인 함흥-일본행 1258

우당 이회영 선생 탄생 150주년 기념우표 1258

대구 원정(소) 통상위체금수령증서 1259

신흥무관학교 설립 100주년 기념우표 1259

조산(소)-진위 1260

여성독립운동가 우표 1260

용산-일본행 엽서 1261

광화문光化門-영천永川, 광화문光化門-옥천沃川 1262

여성독립운동가 우표 1262

서산瑞山-경성 동일은행 본점 영주 춘양우편국 반송 부전지 우편 1263

여성독립운동가 우표 1263

평안북도 조악造岳-일본 1264

여성독립운동가 우표 1264

광화문-마산선 진영 1265

태평양전쟁 Pacific War 시리즈[2] 1265

보험회사 영수증 1266

태평양전쟁 Pacific War 시리즈[3] 1266

SEOUL-via CHANGCHUN I.J.P.O.-ENGLAND행 1267

1934년 주요 사건 1267

최고서催告書 1268

군산 영정-경성, 인천(국) 우편물배달증명서 1269

웅기雄基(局)나진羅津등기569-대구大邱 1270

표충단表忠壇 1270

대구大邱등기780내용증명-고창高敞 1271

친일파 708인 명단 - 밀정 1271

부산-경북 영주 ……………………………………………………………… 1272

국치시기 악질 고등계 형사의 전설(가설) 신승희 혹은 신철 …………… 1272

수입인지를 우표로 사용하여 미납으로 처리한 실례 ……………………… 1273

태평양전쟁 Pacific War 시리즈[4] …………………………………………… 1273

충남 예산-서산행 …………………………………………………………… 1274

호서은행湖西銀行 …………………………………………………………… 1274

표어 일부인 회령-일본 …………………………………………………… 1275

전주 미납부족 3전 전주국 우편 정읍 미납우편 …………………………… 1276

친일파 708인 명단 - 고등계 형사 ………………………………………… 1276

무극無極(소)-진천鎭川, 광화문 한성도서㈜-김천 ……………………… 1277

반민족행위특별조사위원회反民族行爲特別調査委員會 …………………… 1277

강경-공주감옥 간수 ………………………………………………………… 1278

친일파親日派 …………………………………………………………………… 1278

진남포 조선은행-일본행 …………………………………………………… 1279

태평양전쟁 Pacific War 시리즈[5] …………………………………………… 1279

광화문-서천 ………………………………………………………………… 1280

태평양전쟁 Pacific War 시리즈[6] …………………………………………… 1280

동아일보의 저항 …………………………………………………………… 1281

일장기말소사건日章旗抹消事件 …………………………………………… 1281

충북 괴산-충주 …………………………………………………………… 1282

일본제국 731부대-[1] Imperial Japanese Unit 731 ……………………… 1282

영등포-남원南原 …………………………………………………………… 1283

일본제국 731부대-[2] Imperial Japanese Unit 731 ……………… 1283~1284

부산-경북 울진 …………………………………………………………… 1285

일본제국 731부대-[3] Imperial Japanese Unit 731 ……………………… 1285

목포木浦표어 일부인 ………………………………………………………… 1286

일본제국 731부대-[4] Imperial Japanese Unit 731 ……………………… 1286

회령會寧 표어 일부인 조선 회령 75연대 제2 기관총대 ………………… 1287

일본제국 731부대-[5] Imperial Japanese Unit 731 ……………………… 1287

부산 관광인 ………………………………………………………………… 1288

일본제국 731부대-[6] Imperial Japanese Unit 731 ……………………… 1288

KEIJO-Germany ……………………………………………………………… 1289

일본제국 731부대-[7] Imperial Japanese Unit 731 ……………………… 1289

정산(소)-당진 ……………………………………………………………… 1290

일본제국 731부대-[8] Imperial Japanese Unit 731 ……………………… 1290

조선 북부와 만주국 지도('소년소녀 답해' 신년호 제2부록에 실린 지도) … 1291

부산 표어 일부인 …………………………………………………………… 1292

일본제국 731부대-[9] Imperial Japanese Unit 731 ……………………… 1292

군산 표어 일부인, 광화문-충북 괴산 …………………………………… 1293

태평양전쟁 Pacific War 시리즈[7] …………………………………………… 1293

전주全州등기402-흥덕興德 접수인 1294

태평양전쟁 Pacific War 시리즈[8] 1294

경성·광화문우편국 연하도안 일부인 1295

경북 풍사 연하도안 일부인 1296

서대문-남대문, 광화문 조선총독부우편위체저금관리소 1297

국치시기 대륙 침략을 위한 조선 내 철도 및 자동차 선로도 1298

국치시기 일제의 한반도 철도 노선도 1299

전북 무장·기계 연하도안 일부인, 광화문 연하도안 일부인 1300

태평양전쟁 Pacific War 시리즈[9] 1300

KEIZIO Seoul TYOSEN-U.S.A., 요금약수 料金約收 우편 1301

표어 일부인 1302

평양 표어 일부인, 위체증서 爲替證書 1303

광화문 표어 일부인 1304

태평양전쟁 Pacific War 시리즈[10] 1304

해금강 전경-조선 해금강-일본행 1305

태평양전쟁 Pacific War 시리즈[11] 1305

통상위체금액영수증서, 진체저금영수증, 1939 당좌수입보고서 1307

서양인이 남겨준 기록 시리즈 [22] A series of photographic records left behind by Westerners .... 1308~1318

경주-경북 봉화 1319

충주-홍성 경기 양곡 전신위체금수령증서 1320

태평양전쟁 Pacific War 시리즈[12] 1320

경성(KEIJI)-U.S.A., 전남 구례 전신위체금수령증서 1321

경성요금별납우편 1322

경북 예천-대구 1323

경성 중앙 표어 일부인 1324

태평양전쟁 Pacific War 시리즈[13] 1324

경북 영양-영천 1325

태평양전쟁 Pacific War 시리즈[14] 1325

황등역전-함열 1326

태평양전쟁 Pacific War 시리즈[15] 1326

광주 대정 등기 614-보성 1327

태평양전쟁 Pacific War 시리즈[16] 1327

경기 포천-일본, 전북 고창-정읍, 1941 진주-부산 조선총독부 홍보용 표어엽서 1328

전북 남원 공주지방법원남원지처 집달리직무취급자 1329

태평양전쟁 Pacific War 시리즈[17] 1329

전북 고창-전남 화순 1330

태평양전쟁 Pacific War 시리즈[18] 1330

통신문기제 송금 안내 1331

일본제국 필리핀 점령시기 대일본헌병대 검열 우편 1332

일본제국 필리핀 점령시기 대일본헌병대 검열 우편 1333

세계 2차 대전 당시 일본군이 저지른 10대 잔악행위 1333

경북 영양英陽등기551-영주榮州, 대전 등기 463-보은報恩 1334

태평양전쟁 Pacific War 시리즈[19] 1334

내선일체內鮮一體 표어 일부인 1335

세계 2차 대전 당시 일본군이 저지른 10대 잔악행위 1335

검열우편 함흥 조선43부대 검열인 우편 1336

2차 대전 당시 일본군이 저지른 10대 잔악행위 1336

표어 일부인-내선일체 국어사용 익산-일본행 1337

2차 대전 당시 일본군이 저지른 10대 잔악행위 1337

신의주 검열 불허가 우편 1338

2차 대전 당시 일본군이 저지른 10대 잔악행위. 영국 상선 비하르호대학살(1944년 3월 18일) 1338

공주 등기 133-충주 1339

태평양전쟁 Pacific War 시리즈[20] 1339

일본-경북 청송 1340

태평양전쟁 Pacific War 시리즈[21] 1340

함경남도 문천-충남 부여 1341

주식회사 북선제강소. 전범기업 1341

일본제국 필리핀 점령시기 대일본헌병대 검열 우편 1342

세계 2차 대전 당시 일본군이 저지른 10대 잔악행위 1342

진남포-일본행 1343

2차 대전 당시 일본군이 저지른 10대 잔악행위 1343

일본제국 필리핀 점령시기 우편 실체 Mail during the Japanese Empire's occupation of the Philippines ... 1344

일본제국 필리핀 점령시기 비도比島우편 Mail during the Japanese Empire's occupation of the Philippines 1345

일본제국 필리핀 점령시기 대일본헌병대 검열 우편 1346

일본제국 필리핀 점령시기 대일본헌병대 검열 우편 1347

태평양전쟁 Pacific War 시리즈[22] 1347

일본제국 필리핀 점령시기 대일본헌병대 검열 우편 1348

태평양전쟁 Pacific War 시리즈[23] 1348

전주-남원행 1349

태평양전쟁 Pacific War 시리즈[24] 1349

조선 검열제 충남 덕원-Switzerland 1350

태평양전쟁 Pacific War 시리즈[25] 1350

일본제국 남방점령지[동남아시아] 우편 실체 1351

선산 등기 763-일본행 1352

태평양전쟁 Pacific War 시리즈[26] 1352

수원지방법원-수원 향남면 1353

태평양전쟁 Pacific War 시리즈[27] 1353

전주 요금별납우편 1354

세계 2차 대전 당시 일본군이 저지른 10대 잔악행위 1354

부산 일전 별납우편 1355

세계 2차 대전 당시 일본군이 저지른 10대 잔악행위 1355

경북 성주 요금 부족 우편 1356

세계 2차 대전 당시 일본군이 저지른 10대 잔악행위 1356

일본제국 남방점령지[동남아시아] 검열우편 실체 1357

충남 광천-경성, 경북 선산 등기-일본행 1358

태평양전쟁 Pacific War 시리즈[28] 1358

서대문-일본행 1359

일본제국 남방점령지[동남아시아] 우편 실체 1360

일본제국 필리핀 점령시기 미군 포로수용소 우편 1361

일본제국 필리핀 점령시기 우편 실체 1362

태평양전쟁 Pacific War 시리즈[29] 1362

일본군 수뇌부들 Japanese military leaders 1363

제암리학살사건. 간도참변 책임자 1363

용산 등기 528-일본 개성(국) 약속우편 실체 1364

태평양전쟁 Pacific War 시리즈[30] 1364

경성중앙 요금별납우편 1365

대구 일전 별납 우편, 회령우편국 통신사무 등기 우편 1366

경성우편국 약속우편 1367

표어 일부인 함흥 일본군 보병 제74연대 제10중대-일본행 1368

태평양전쟁 Pacific War 시리즈[31] 1368

태평양전쟁 Pacific War 시리즈[32] 1369

태평양전쟁 Pacific War 시리즈[33] 1370

태평양전쟁 Pacific War 시리즈[34] .... 1371~1375

미주리 함상에서 일본의 항복 Japanese surrender on board the Missouri 1376

국치시기國恥時期 체신 상황 Postal situation during Japanese colonial rule .... 1377~1386

국치시기 우편물 발송량 1380

국치시기 우편 위체 금액 1380

국치시기 우편저금 현황 1381

국치시기 우편진채저금 1381

국치시기 전보 발신 현황 1382

국치시기 전화 가입자 현황 1382

국치시기 우체국에서 취급한 국고금 현황 1383

국치시기 통신사업 수지 현황 1383

국치시기 체송 선로도 1384

국치시기 전신 선로도 1385

국치시기 전화 선로도 1386

사진기록 일제의 침략[한국. 중국] Photo record Japanese invasion [Korea. China] .... 1387~1478

러시아공사관 앞에서 고종 황제의 알현을 강요하는 일본군대 1390

1904년 9월 노일전쟁이 한창이던 때 용산 부근에서 철도 방해죄로 처형되는 한국인 1391

일본군 제물포 상륙 1392

처형된 한국인 1393

항일 의병과 독립군 탄압 1394

F. A. McKenzie, 『THE TRAGEDY OF KOREA』, 1908 한국의 비극 .... 1395~1396

조선 통감으로 부임하는 이토오 히로부미 1397

을사늑약과 고종 황제 퇴위退位 Eulsa Protectorate Treaty and Emperor Gojong's abdication 1397

기관총의 호위를 받으며 대궐로 향하는 이토오 히로부미 1398

이토오 히로부미 사살 1399

경복궁 근정전景福宮勤政殿에 게양된 일장기(조선박람회 당시) 1399

1907년 7월 20일, 8월 2일자 동경 일일신문日日新聞 기사 1400

조선총독부 청사 Government-General of Korea Building 1401

토지조사사업土地調査事業 land survey project 1403

일제의 수탈收奪·착취搾取 대행 기관 동양척식주식회사 1403

수탈 현장-제물포항, 군산항의 동척東拓 창고 앞에 야적된 한국 쌀 1404

미스코시三越백화점 서울 지점 1405

일본인이 운영하는 경성자동차 1405

일제의 가혹한 탄압 Japan's harsh oppression 1408

일본인 자경단自警團에 의한 학살 Massacre by Japanese vigilantes 1409

일본군에 의한 구속·학살 Arrest and massacre by the Japanese military 1410

일본 군대에 구금된 한국인들 Koreans detained by Japanese military 1411

조선일보 1923년 10월 4일자 사설 내용. '교일동포僑日同胞에게' 1412

김좌진 장군의 태극기 1413

독립군獨立軍 1413

일본군에 처형되는 항일운동가들 Anti-Japanese activists executed by Japanese soldiers 1414

동아일보 1930년 1월 17일자 기사 1415

서대문형무소 전경 Seodaemun Prison 1416

상해임시정부 Provisional Government of Shanghai, Republic of Korea 1418

일본군사령관의 포고문 Proclamation from the Japanese military commander 1420

황민화皇民化 정책 1421

국민정신총동원운동國民精神總動員運動 1423

강제 징용의 현장 Scene of forced conscription 1423

일본제국이 행한 징병徵兵 Conscription performed by the Japanese Empire of Japan 1424

염찬순廉燦淳 씨의 증언 Testimony of Yeom Chan-sun 1425

일본제국의 번저가는 침략 행위 The Japanese Empire's repeated acts of aggression 1426

조선주차군朝鮮駐箚軍 1427

1931년 중국동북지방 철도 현황도 1428

항일 국민대회. 1919년 12월 북경 천안문天安門 1428

남경南京대학살 Nanjing Massacre 1434

일제의 악법인 치안유지법으로 처형되는 의병들 1436

보개산 탐험대라는 이름을 붙인 대의병對義兵 자위단自衛團 1437

목포항에 집하된 일본으로 반출될 면화綿花-1927년 1439

3·1운동 직후 일제의 제암리학살 1440

3·1운동의 절규 The cry of the March 1st Movement 1440

독립에의 열망 Desire for independence 1441

동대문 성곽을 꽉 메운 민중들 People filling up the Dongdaemun Fortress wall 1442

광화문 비각 앞에 모인 민중의 함성 1443

유관순 열사와 이화학당 학우들 1444

3·1독립만세 운동 직후 일제의 한국인 처형 장면 1445

만주 훈춘 한국인 학살사건 Hunchun Korean massacre in Manchuria 1446

강제 동원된 한국의 소년병 Forcibly mobilized Korean child soldiers 1447

일본 천황에게 폭탄을 투척한 직후에 일경에 체포, 연행되는 이봉창 의사 1448

어머니 보고 싶어, 배가 고파요, 고향에 가고 싶다! 강제 징용간 한국인의 절규. I miss my mother, I'm hungry,
    I want to go home!!! The cries of Koreans forced into conscription 1450

일본군 상해 침략上海侵略 Japanese invasion of Shang-Hai 1451

남경대학살의 참상 The horrors of the Nanjing Massacre 1453

일만의정서日滿議定書 1458

일본제국의 괴뢰 정부 만주국 Manchukuo, puppet government of the Empire of Japan 1459

일본군의 폭격으로 불타는 상해 Shanghai burning after Japanese bombing 1463

피난민으로 북적이는 상해 거리 Shang-hai streets crowded with refugees 1464

상해 전투의 보도 1466

남경南京 시내로 돌진하는 일본 탱크부태 Japanese tanks charging into downtown Nanking 1467

참수한 중국인의 머리를 자랑스럽게 들고 있는 일본군 Japanese soldier proudly holding the beheaded
    head of a Chinese man 1469

침략을 뒷바침한 일본의 언론들 Japanese media that supported the invasion 1470

진군하는 일본군과 함께 걸어가고 있는 중국인 (피난민인지, 연행되고 있는지는 불분명) 1470

시바타부대의 시나이 찬정讚井·무카이迎 1471

일본의 침략 전쟁을 부추기는 잡지 Boy and girl magazines encouraging Japan's war of aggression 1472

파괴된 유주시柳州市 Destroyed Yuzhou City 1474

중일전쟁中日戰爭과 중국 민중民衆 Chinese-Japanese War and the Chinese People .... 1475~1481

일진회 회장 이용구李容九와 일진회 회원 명단 .... 1481~1482

국치시기 전국 우편국·우편소·취급소·무선전신소 명단 .... 1483~1523

부록 .... 1525~1716

"Chebu" Book Review 1526

KSS (Korea Stamp Society) Supporting Philatelists.Since 1952) Series .... 1527~1534

서양인이 남겨 준 기록 시리즈[23] .... 1535~1555

역대제왕혼일강리도(歷代帝王混一疆理圖) Gangnido 1535

지구전도地球前圖 1536

KOREA, 1730. (Courtesy of the Library of congress, Washington, DC, G7900 145-, C4 Vault) 1537

대동여지전도 大東輿地全圖 1545

DOKDO 독도獨島 Korea A Cartographic history. By John Rennie Short. 2012. Pages 147~151 … 1548~1551

해방·독립운동가 관련 발행 우표 ……………………………………………………………… 1552~1560

죽기전에 고치고 죽어야 할 일제 언어들 우리들 일상에서 무심코 사용한 일제 잔재들 ……………………… 1561

[우리말 바루기] '진검승부'는 일본에서 온 말 ………………………………………………… 1562

항일의병 리스트 an anti-Japanese -army raised in the cause of justice List ………………… 1563~1579

항일 독립운동가 리스트 List of anti-Japanese independence activists …………………………… 1580~1679

항일독립운동을 지원한 외국인 리스트 List of foreigners who supported the independence movement … 1680

국치시기 친일파 리스트 List of Japanese colonial era pro-Japanese groups ……………………… 1681~1687

일본전범기업리스트 日本戰犯企業 a war criminal enterprise …………………………………… 1688~1691

'일제 흔적 지우기'시효는 없다' ……………………………………………………………… 1692

중앙일보 2022. 8. 5일자 문화면(16면)에 실린 기사를 보고 댓글에 올린 독자 글 ……………………… 1693~1694

서평 '체부遞夫' Dr. Joel Lee가 KSS회지에 기고한 체부 영문 Review ………………………… 1694~1708

"우표 발자취 따라 근·현대 100년史 되짚는 계기 되길" ……………………………………… 1709~1710

'갓 쓴 안중근, 이토 저격' 1910년대 희귀 엽서 "부르는게 값이었죠" ………………………… 1711~1713

독자가 '체부'를 읽고 보내준 서평 ……………………………………………………………… 1714~1715

체부(2022. 3. 1발행) 등록처 명단 …………………………………………………………… 1716

체부II를 마감하며 ……………………………………………………………………………… 1729

대조선국

1884-1897

大朝鮮國

Kingdom of Choseon

조선군 깃발

The Corean Tiger Flag 신미양요 당시 조선군 깃발
1871년 신미양요 때 조선군으로부터 미국 해군이 노획한 깃발

강화도 초지진-덕진진-광성보 전투 당시 미국 해군이 노획한 전리품으로는 수帥기를 포함하여, 47기의 조선군 깃발, 182문의 포, 481자루의 화승총 등 이재연 장군의 전립戰笠(군복의 갓)까지도 노획한 후 현재 미국 메릴랜드 주 애나폴리스 해군사관학교 박물관에 전시되어 있는 것으로 추정한다.

자료 출처: COREA THE HERMIT NATION. By William Elliot griffis. 1882. 국립고궁박물관. '수자기-136년만의 귀환'
(특별전 도록), 2008

한국 지도에 대하여

고대 지도는 과거를 들여다볼 수 있는 창을 제공하여 초기 문명의 지리, 문화 및 세계관에 대한 통찰력을 제공하는 역사적 유물이다.

이 지도는 지도 제작이 초기 단계였던 근대 전 시대에 제작되었으며, 일반적으로 구리판이나 돌판에 손으로 그리거나 새겨 넣었다. 이는 지리적 지식의 발전에 중요한 이정표를 나타내며, 수집가, 역사가 및 예술 애호가 모두가 찾고 있다. 고대 지도는 그리스, 로마, 중국과 같은 문명이 항해, 무역, 탐험을 돕기 위해 지도를 만들었던 고대 시대로 거슬러 올라간다. 그러나 지도 제작이 인쇄술의 발명과 탐험 시대의 도래와 함께 과학으로 진화하기 시작한 것은 15세기였다.

크리스토퍼 콜럼버스(Christopher Columbus, 1450~1506, 이태리 제노바 출생) · 바스코 다 가마(Vasco da Gama, 1460~1524, 포르투갈 출신) · 페르디난드 마젤란(Ferdinand Magellan, 1480~1521, 포르투칼 출신)과 같은 탐험가들은 최초로 새로운 육지와 바다의 지도를 만들었으며, 그들의 지도는 미래의 항해를 위한 중요한 도구가 되었다. 골동품 지도는 지역 · 시대 · 제작 목적에 따라 스타일 · 디자인 · 내용이 다양하다. 일부 지도는 매우 상세하고 정확하지만 다른 지도는 더 예술적이고 장식적이다. 많은 것에는 바다 괴물 · 배 · 신화 속 생물과 같은 장식 요소가 있어 매력을 더해준다. 가장 유명한 골동품 지도 중 하나는 12세기 이슬람 지리학자 무함마드 알 이드리시(Muhammad al-Idrisi)가 만든 세계지도인 '타불라 로저리아나(Tabula Rogeriana)'이다.

이 지도는 당시 가장 정확한 세계 지도로 여겨졌으며, 이후 지도 제작자에게 큰 영향을 미쳤다. 그 밖에 유명한 고대 지도로는 서기 2세기 그리스 천문학자이자 지리학자인 프톨레마이오스가 제작한 프톨레마이오스 지도와 16세기 플란더스 지도 제작자 게라르두스 메르카토르가 제작한 메르카토르 지도가 있다. 골동품 지도는 수집가들에게 높은 평가를 받으며, 경매에서 높은 가격을 받을 수 있다. 희귀성 · 역사적 중요성 · 미적 매력으로 인해 개인 수집가와 박물관 · 도서관과 같은 공공 기관에서 높은 관심을 받고 있다. 지도 제작으로 알려진 고대 지도 연구는 지리적 지식의 진화와 이를 형성한 문화적 · 정치적 · 경제적 힘을 조명하는 중요한 역사적 연구 분야이다. 결론적으로 고지도는 지리 지식의 발전과 과거를 엿볼 수 있는 중요한 역사적 유물이다. 희귀성, 역사적 중요성, 미학적 매력으로 인해 높은 평가를 받고 있으며, 수집가 · 역사가 · 예술 애호가 모두가 선호한다. 따라서 그들은 우리 문화 유산의 중요한 부분을 대표하며, 초기 문명의 독창성 · 창의성 및 호기심에 대한 증거이다.

출처: Jan Jansson Antique Map of KOREA, China, Japan, Taiwan, SE Asia

지도 제작자: Jan Jansson (1588–1664), Born in Netherland
연도: 1646
크기: 570mm x 455mm
상태: (A+) 미세한 상태

이 믿을 수 없을 정도로 중요한 Jan Jansson에 의해 새겨진 색칠된 구리판에 새겨진 골동품 지도는 Janssonius Atlas Nouvs의 1646년 프랑스 판에 출판되었다. 이 고풍스러운 지도는 17세기 지도 제작의 놀라운 예이다. 이 지도는 산·강·도시를 명확하게 분류하고 도해화한 채 중국·대만, 그리고 한국과 일본의 일부를 세부적으로 묘사하고 있다. 이 지도는 중국의 용과 전통 의상을 입은 두 인물을 포함한 세부적인 지도를 포함한 장식적인 요소들로 장식되어 있다. 중국, 예전에는 지나로 알려져 있었고, 지금은 길들여진 사람들이 살고 있다'라고 번역된 이 지도의 제목은, 이 지역의 역사적인 의미와 시간이 지나감에 따라 변화하는 문화적 정체성을 강조한다. 전반적으로 이 지도는 역사의 중추적인 시기에 중국을 아름답고 유익하게 표현한 것이다.
:
종이 두께 및 품질: 무겁고 안정적
용지 색상: 흰색 오프
지도 색상: 원본
사용 색상: 옐로우, 그린, 블루, 핑크
일반적인 색상 외관: 정품
용지 크기: 22 1/2in x 18in (570mm x 455mm)

1748년에 제작된 한반도 지도

7개 지방(조선팔도)으로 나눈 이 유명한 한반도 지도는 자크 니콜라스 벨린(Jacques-Nicolas Bellin, 1703~1772, 프랑스 출신)이 제작했다. 이 훌륭한 한국 지도는 흔치 않은 지도이다. 이 지도는 한국과 일본 사이의 바다인 동해를 Mer De COREE로 표기되어 있다. 그것은 또한 몽골과 Quantong 지방을 분리하는 Palisade 또는 목벽을 보여 주며, 왼쪽 하단 모서리에 있는 장식 제목은 카르투슈이다. 제목 하단의 표기법은 영어 지도 뒤에 복사되었음을 나타낸다. 'Quelpaert 섬'의 메모는 이 섬이 네덜란드 지도를 따라 그려졌다는 것을 나타내며, 1748년 파리에서 출판된 '유배자들', '항해의 역사'의 부록이다.

■ 자크 니콜라스 벨린 Jacques-Nicolas Bellin(1703~1772)

프랑스 파리 출생

수문학자, 지리학자, 프랑스 지식인 그룹의 구성원(철학).

수로사무소의 회원으로 아카데미 드 마린, 그리고 왕립학회(런던)에서 50년 이상 경력을 쌓아온 그는 특히 관심있는 많은 지도를 제작했다. Ministère de la Marine, 캐나다와 북미의 프랑스 영토지도(뉴 프랑스·아카디아·루이지애나)가 특히 중요하다.

출처: Site: wikikor.top

조선팔도 지도 MER DE COREE 한국해

1748 Carte de la Province de Quan-Tong. et du Royaume de Kau-Li

Seller Notes "Good-very good, see description"
Date Range: 1700-1799
Type: Topographical Map
Format: Atlas Map
Printing Technique:
Copper Plate Year: 1748

Original/Reproduction Antique Original
Cartographer/Publisher Jacques Nicholas Bellin
City: Seoul
Country/Region: China, North Korea, South Korea
26 x 21.5mm

1748년에 제작된 조선과 일본 지도

Map of Korea and Japan
By George Le Rouge

Georges-Louis Le Rouge

17121~1790. 프랑스 출생

18세기 지도 제작자, 조각가 및 건축가, 루이 15세의 지리학자 엔지니어 · 지도책 · 지도 · 전투 계획 및 요새 관련성의 저자였다. 독일과 프랑스를 아우르는 그의 경력과 사회적 연결은 지도 제작 기술을 습득하고 입증하기 위해 18세기 유럽을 여행했던 당시 지리학자들의 특징이다.

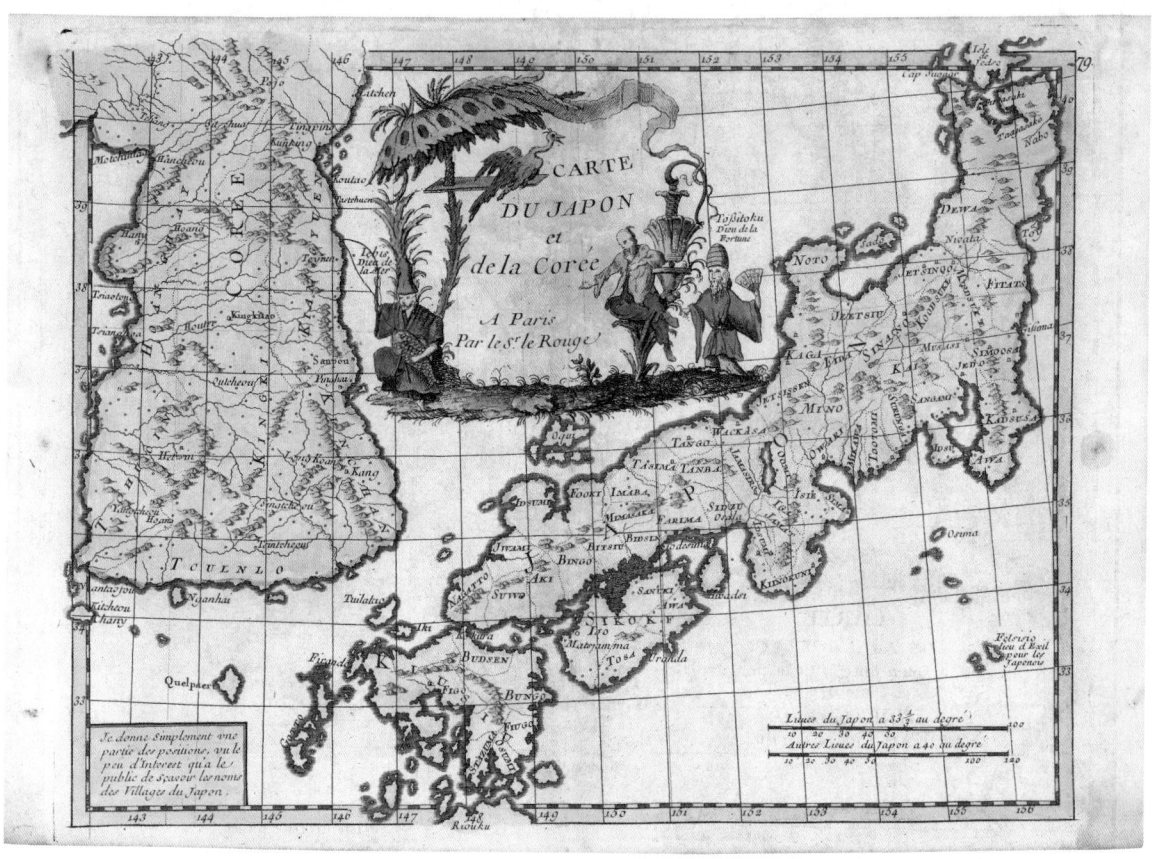

Map of Korea and Japan
By George Le Rouge

Cartographer/Publisher George Louis Le Rouge
Printing Technique Copper Plate:
Original/Reproduction Antique Original
Type: Topographical Map
Region: Korea, Japan
320 x 225mm

Year: 1748
Date Range: 1700–1799
State Saxony
Era 1700s

MER DE COREE 한국해로 표기된 지도

Echelle Grandes Lieues de France 에셸 그랑드 리에 드 프랑스

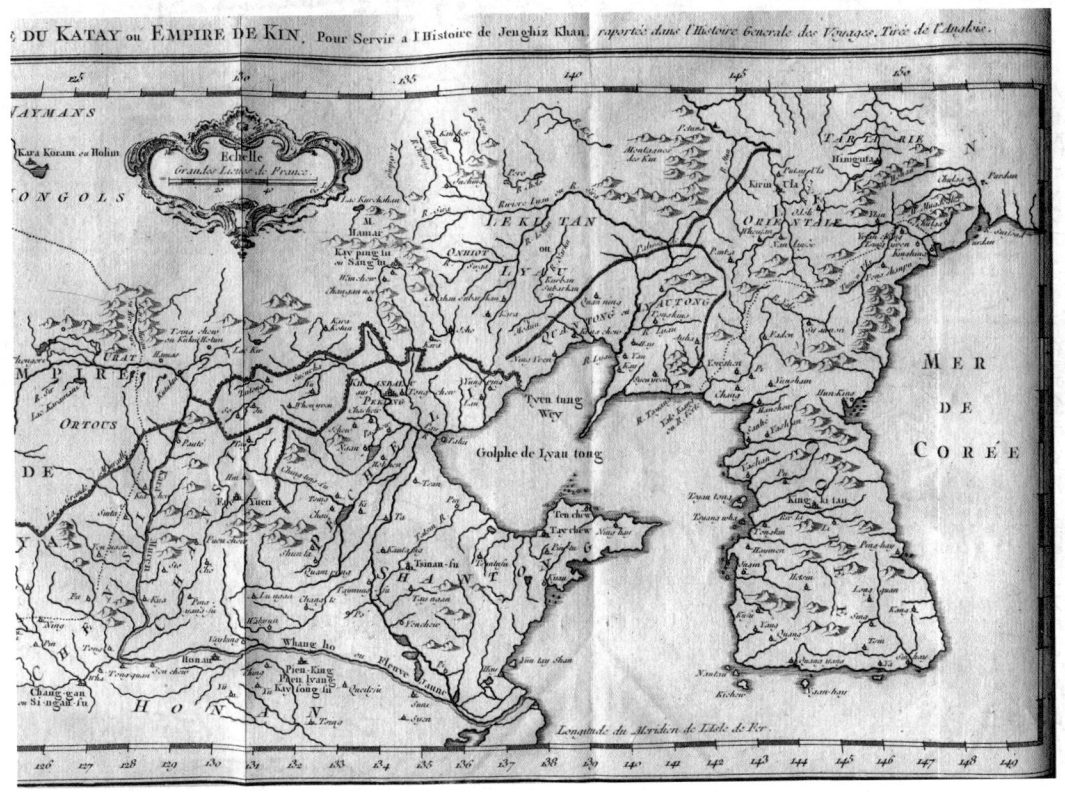

1749 Voyages Geography ATLAS MAPS Asia China · Persia · Korea Tartary Illustrated
1749 항해 지리 ATLAS MAPS 아시아 중국 페르시아 한국 타르타르 그림

지도에 관한 설명

아베 프레보스트(Abbe Prevost. 1697~1763. 프랑스 소설가)의 '항해 일반사(General History of Voyages)'는 18세기 유럽에서 인쇄된 탐험과 세계 탐험 이야기를 모아 놓은 가장 크고 인상적인 모음집 중 하나이다. 이 일곱 번째 권은 동부 타르타르 · 티베트 및 동남아시아 항해에 대한 설명의 연속이다. 삽화에는 아시아, 한국 · 탕구트 제국 · 중국 · 페르시아 · 러시아의 인상적인 접이식 지도 8개와 해당 국가의 사람들과 관습이 전면에 새겨져 있다.

출처: 1749 Voyages Geography ATLAS MAPS Asia China · Persia · Korea Tartary Illustrated

조선 영조 27년 균역청均役廳 발행 문서

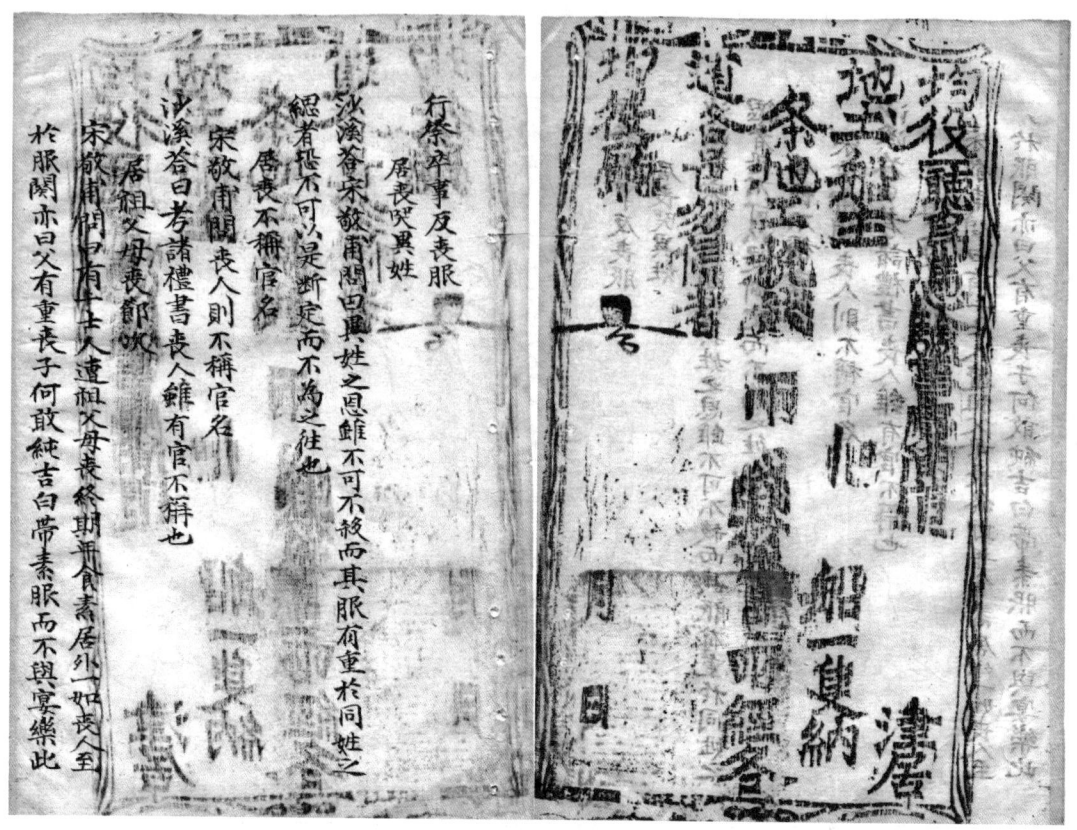

균역청均役廳

조선 후기 균역법均役法 시행에 따른 여러 가지 일을 관장했던 관서

1751년(영조 27년) 균역법을 시행하면서 감필減疋에 따른 부족한 재정을 각 관청에 보충해 주기 위해 어염세魚鹽稅 · 은여결隱餘結 · 군관포軍官布 · 결전結錢 등에서 재원을 마련하고, 이를 징수, 저축, 관리하며 해당 관청에 대한 급대給代를 총괄할 목적으로 설치되었다. 균역법이 처음 논의되었던 1750년(영조 26년) 7월, 균역절목청均役節目廳이라는 권설아문權設衙門으로 출발해 균역구관당상均役句管堂上 6인을 두고 급대 재정 마련을 위한 방책을 강구하게 하였다. 이것이 완전히 타결되어 균역법의 실시를 보게 된 이듬 해 9월에야 예전의 수어청守禦廳 자리에 건물이 설치되고 정식 관청으로 발족되었다.

출처: 한국민족문화대백과사전

1780년에 제작된 한국과 일본 지도

■ Louis Brion de la Tour

1743 - 1803. 프랑스 출생. 18세기 프랑스의 지리학자이자 인구학자

1765: Tableau périodique du monde ou Géographie raisonnée et critique.
1766: Atlas général, civil et ecclésiastique.
1766: Errata de l'Atlas moderne, ou Appel au public de l'accusation de plagiat intentée par le Sieur***
(Lattré) contre M. Brion, ingénieur-géographe du Roi (par L. Brion de la Tour).
1767: La France considérée sous tous les principaux points de vue qui forment le tableau géographique
et politique de ce royaume, in-fol.
1771: Le Journal du monde ou Géographie historique.
Anglaises, et des pays qui y son contigus, dans les Indes Orientales.
1788: Du partage de la peau de l'ours ou Lettres à l'auteur du Rêve politique sur le partage de F
Empire ottoman et à l'auteur des considérations sur la guerre actuelle des Turcs par M. B. D. T.
Belgrade et Paris.
1789: Tableau de la population de la France.
1789: Coup d'œil général sur la France.
1790: Résultats par approximation des nombreuses recherches de la population des généralités de la
France et des villes principales.

1765년 세계 주기율표 또는 지리학이 합리적이고 비판적이었다.

1766년 일반 민간 및 교회 지도서, 1766년 현대 지도책의 정오표 또는 국왕의 기술자이자 지리학자인 M. Brion에 대해 Sieur(Lattré)가 제기한 표절 비난에 대한 대중에게 호소(L. Brion de la Tour 작성), 1767 프랑스는 이 왕국의 지리적 · 정치적 그림을 형성하는 모든 주요 관점에서 고려되었다. 1771 Le Journal du monde 또는 역사 지리학 · 파리 계획(1783, 1784, 1785, 1787)은 Edme Verniquet의 대규모 파리 지도책에 대한 설문 조사를 사용하여 작성되었다. 날짜가 기재되지 않은(1786?) 현재 상황에서 흥미로운 연감은 동인도 제도에서 미국 · 영국령 및 이에 인접한 국가에 대한 간략한 설명이다. 1788년 곰 가죽 분할 또는 편지에서 오스만 제국 분할에 관한 정치적 꿈의 저자와 B.D.T. 베오그라드와 파리의 현재 투르크 전쟁에 대한 고찰의 저자에게, 1789년 프랑스 인구 표는 1789년 프랑스의 전반적인 개요, 1790년 프랑스 일반 인구와 주요 도시에 대한 수많은 검색을 대략적으로 수행한 결과이다.

출처: KOREA & JAPAN C. 1780 BRION DE LA TOUR DETAILED ANTIQUE MAP 18TH CENTURY

1780

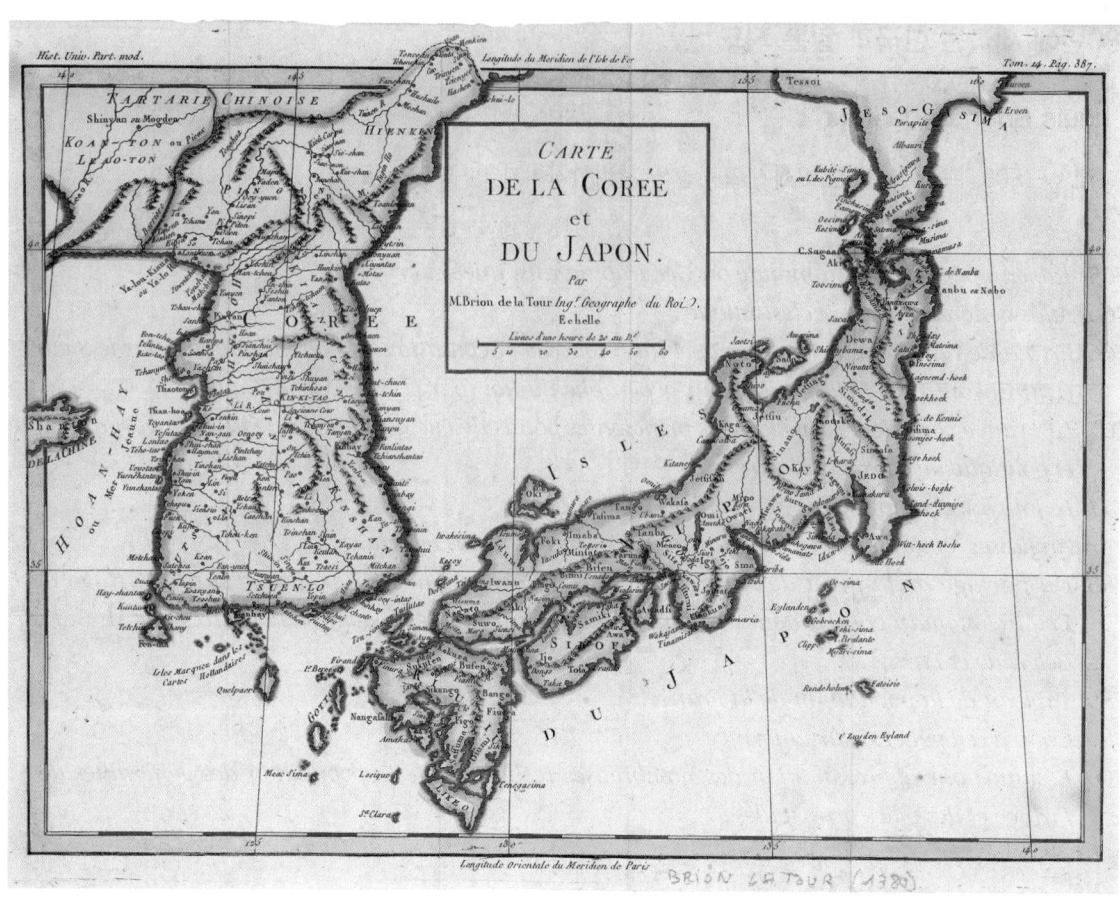

KOREA & JAPAN C. 1780 BRION DE LA TOUR DETAILED ANTIQUE MAP 18TH CENTURY

Seller Notes: very good condition

Date Range: 1700~1799

Printing Technique Copper Plate

38 x 26mm

Year: 1780

Original/Reproduction Antique Original

Country/Region: Coree & Japan

대조선국 거제 도호부사都護府使 공문

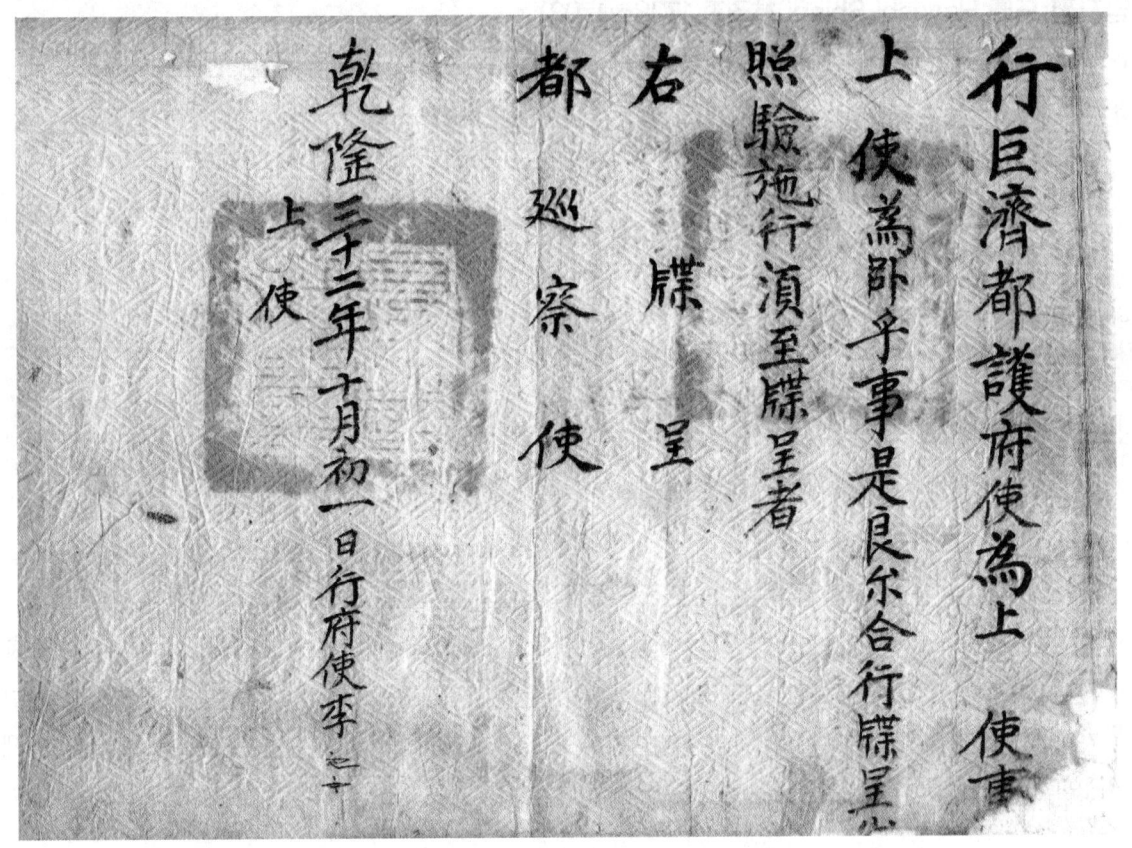

건융乾隆(중국 연호) 32년(1767) 10월 1일. 조선 영조 43년   320x240mm

도호부사都護府使

고려 · 조선시대에 도호부를 관할하던 지방 장관

도호부사는 고려 · 조선시대에 도호부를 관할하던 지방 장관이다. 고려시대에는 4품 이상이었고, 조선시대에는 종3품이었다. 조선 전기 44곳이던 도호부는 후기에 70여 곳으로 크게 늘어났다. 함경도 야인과 대결하였던 전기와 달리 후금과 일본이 주적이 되어 평안도와 경상도를 중심으로 도호부를 증설하였기 때문이다. 고려시대 지방제도는 주현主縣 - 속현屬縣의 복합적인 구조였기 때문에 경京 · 도호부 · 목처럼 규모가 큰 고을에는 판관判官 · 사록참군사司錄參軍事 · 장서기掌書記 · 법조法曹 · 의사醫師라는 속관屬官도 파견하여 장관의 통치를 보좌하게 하였다. 일반 수령처럼 수령칠사守令七事가 대도호부사의 가장 중요한 임무였다. 즉 농업과 잠업 장려, 호구 증가, 학교 진흥, 군정軍政 정비, 균등한 부역賦役 부과, 간명한 송사 처리, 간사하고 교활한 풍속의 교정 등이다. 도호부로 설정된 지역은 군사적으로 중요한 지역이었기 때문에 군정을 정비하는 군정수軍政修는 도호부사의 중요한 업무였을 것이다. 도호부사도 수령의 군직軍職 겸직 규정에 따라 동첨절제사同僉節制使를 겸직하였다.

출처: 한국민족문화대백과사전

1785

조선팔도지도朝鮮八道之圖

임자평 도圖 Hayashi Shihei 林子平(1738~1793)

본 지도 제공자는 1785년 제작된 목판 원본 지도에 조선 팔도 및 울릉도, 독도獨島는 우수료토 치산코쿠로 표기되어 있다고 부언附言한다.

Joseon Korea Usando Woodcut map
Hayashi Shihei SANGOKU TSURAN ZUSETSU

Type: Map
Original/Reproduction Original
Print type: Woodblock printing
Origin: Asian
Country/Region of Manufacture: Korea
915 x 525mm.

1785년에 발행된 목판 조선팔도지도는 일본 에도막부 시대의 지리학자였던 Hayashi Shihei(林子平. 1738~1793)가 그린 지도이다. 이 지도에는 조선팔도와 울릉도, 독도는 우수료토 치산코쿠로 표기되어 있으며, 한글이 최초로 서양(프랑스)에 소개되었다는 근거로 지도에 동·서·남·북이 한글 표기로 되어 있다고 이 지도 제공자는 설명하고 있다. 당시 쇄국정책을 펼치던 에도막부는 이 책을 망상으로 평가해 출판을 금지시키고, 그를 자택에 연금시켰다. 당대 일본 최고의 지리학자이자, 경세가였던 하야시 시헤이는 자택에서 감금당한 채 56세의 나이로 사망하였다.

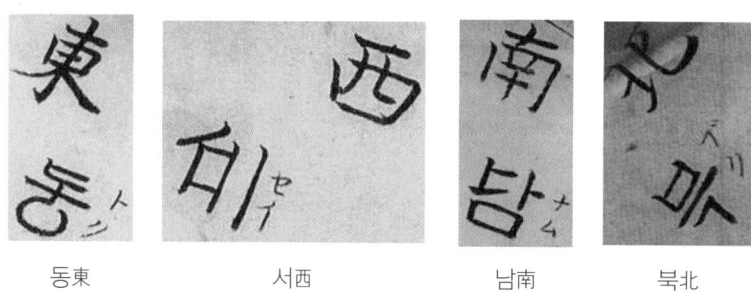

동東   서西   남南   북北

1785년 임자평이 그린 조선팔도지도에 표기 돤 동·서·남·북이란 한글 표기가 최초로 서양인에게 소개되었다고 부언하고 있다.

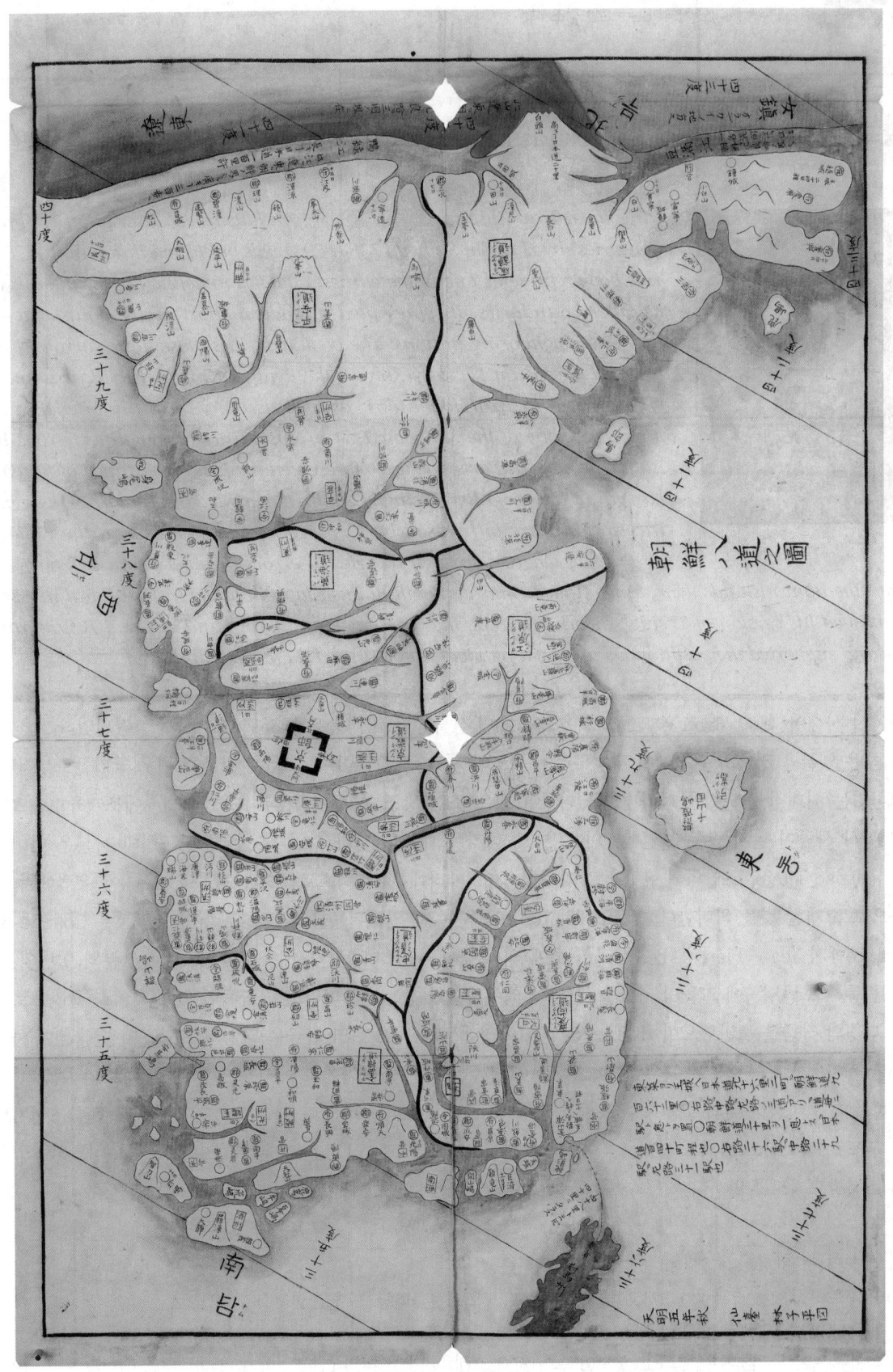

1785년 발행된 목판 조선팔도朝鮮八道 지도
Joseon Korea Usando Woodcut map

삼국통람도설三國通覽圖說 Sangoku Tsuran Zusetsu 발행인: 하야시 시헤이. 1785년 출판

Sangoku Tsūran Zusetsu(三国通覧図説, An Illustrated Description of Three Countries) by Hayashi Shihei(1738–1793) was published in Japan in 1785. This book represents one of the earliest attempts to define Japan in terms of its outer boundaries. It represented a modern effort to distinguish Japan from the neighboring nations. The book describes those three surrounding nations: the Joseon Dynasty(Korea), the Ryukyu Kingdom(Ryukyu Islands/ Okinawa) and Ezo(Hokkaido), as well as the yet uninhabited Bonin Islands. A copy of the Sangoku Tsūran Zusetsu was brought to Europe by Isaac Titsingh. In Paris, the text represented the first appearance of Korean han'gŭl in Europe. After Titsinghs death, the printed original and Titsinghs translation were purchased by Jean-Pierre Abel-Rémusat at the Collège de France, where—through a series of errors on Abel-Rémusat's part—it gave the Bonin Islands their name. After Rémusats death, Julius Klaproth at the Institut Royal in Paris published his version of Titsinghs work. In 1832, the Oriental Translation Fund of Great Britain and Ireland supported the posthumous abridged publication of Titsinghs French translation

하야시 시헤이(Hayashi Shihei, 임자평林子平, 1738~1793)의 삼국통람三國通覽은 1785년 일본에서 출판되었다. 이 책은 일본을 경계의 관점에서 정의하려는 최초의 시도 중 하나이며, 그것은 일본을 이웃 국가들로부터 구별하려는 시대적인 노력을 나타내고 있다. 이 책은 조선 왕조, 류큐왕국(류큐제도/오키나와), 에조(홋카이도) 그리고 아직 사람이 살지 않는 보닌제도의 주변 세 나라에 대해 설명하고 있다. 삼국통람도설의 사본은 아이작 티싱 Isaac Titsingh에 의해 유럽으로 가져왔으며, 파리에서 그 텍스트는 한글(동·서·남·북)이 유럽에서 처음으로 소개된 것을 의미한다. Isaac Titsingh이 죽은 후, 인쇄된 원본과 Titsingh의 번역본은 Collège de France에서 Jean-Pierre Abel-Remusat에 의해 구매되었으며, 여기서 Abel-Remusat 부분의 일련의 오류를 통해 보닌제도에 그들의 이름을 붙였다. 레무사트가 죽은 후, 파리 왕립 연구소의 줄리어스 클라프로트는 티칭의 작품을 출판했으며, 1832년 영국과 아일랜드의 동양 번역 기금은 티칭의 프랑스어 번역본의 사후 출판을 지원했다. 다색도 목판본인 이 지도는 정한론이라는 소용돌이 속에서 조선에 관한 정보의 수요가 폭발하는 가운데 전시대의 고지도를 묘사한 것이다. 조선팔도지도와 달리 이 지도는 임자평林子平의 조선지도를 원도로 삼았다고 밝히고 있다. 임자평의 조선팔도지도란 그가 1786년에 간행한 '삼국통람도설' 부록에 실린 조선팔도지도를 말한다.

- 임자평林子平(Hayashi Shihei): 1738~1793 일본 출생
- 아이작 티칭(Isaac Titsingh): 1745~1812. 네덜란드의 외교관·역사가·일본연구가·상인
  동아시아에서 오랫동안 Titsingh은 네덜란드 동인도회사(네덜란드 Verenigde Oostindische Company, VOC)의 고위 관리였다. 그는 도쿠가 일본과의 유럽 무역 회사를 대표하여 쇼군과 다른 고위 막부 관리들과 에도를 두 번 여행했다.
- 장피에르 아벨레무삿(Jean-Pierre Abel-Remusat): 1788~1832 프랑스의 한학자, 프랑스의 초대 한학 교수

조선시대 교통선랑敎通善郎 남준세南駿世 교지敎旨

740x530mm

도광道光: 1821~1850은 청나라 선종宣宗 도광제道光帝의 연호

이조吏曹: 조선의 행정기관, 고려 성종 이전에는 선관選官이라 불렸고, 고려 성종 이후에는 이부吏部라 불렸다.

통선랑通善郎

조선시대 문신 정5품 하계의 품계 명칭

조선이 건국된 직후인 1392년(태조 1년) 7월 문산계가 제정될 때 상계는 통덕랑, 하계는 통선랑으로 정하여져 경국대전에 그대로 법제화되었다. 정5품에 해당하는 관직으로는 검상(檢詳) · 정랑 · 지평(持平) · 사의(司議) · 헌납(獻納) · 교리(校理) · 직장(直長) · 별좌(別座) · 문학 등이 있다.

출처: 한국민족문화대백과사전

세계 최초 우표

페니블랙 원페니 one penny
PENNY BLACK
펜스블루 투펜스 two pence
PENNY BLUE

로랜드 힐 Rowland Hill

1795~1879 영국 출생

세계 최초 우표 발행국은 영국이다. 발행일 1840년 5월 6일

로랜드 힐(Rowland Hill)에 의하여 영국에서 발행되었다. 우편제도의 개혁과 더불어 우표가 발행되기 이전에는 우편요금을 거리와 중량, 편지지의 매수 등에 따라 우편물을 받는 사람이 요금을 지불하였다. 우표郵票(postage stamp)는 우편 요금을 냈다는 것을 증명하기 위해 정부가 발행하는 증표이다. '우표'라는 낱말은 1895년에 조선에서 발행한 태극 우표에서 따왔으며, 그에 앞서 1884년에 발행한 한국 최초의 우표인 문위우표에서는 '우초郵鈔'라 했다. 우표에는 발행한 나라의 이름과 액면이 적혀 있고, 특정한 사람이나 사건, 기관 등을 묘사한 그림을 넣기도 한다. 대부분의 우표는 사각형이지만, 삼각형이나 아예 다른 모양으로도 만들 수 있고, 뒷면에는 접착제를 발라 놓는다. 정부가 우표를 발행할 때 다양한 액면으로 각기 다른 수량을 발행하고, 주기적으로 새로 발행하거나 발행을 중지하기도 하며, 우표의 도안과 발행 당시의 사회적, 정치적 현실이 우표 수집가들의 관심을 끌기 때문에 몇몇 우표들은 우표 수집가들로부터 아름다움이나 역사적 중요성을 높이 평가 받기도 한다.

18세기 조선 후기 조선국 지도

Chonha Chido Map – Giclée Illford Excellent Media

조선 후기의 이 놀라운 지도는 19세기 중반 한반도의 정치적, 행정적 습속을 엿볼 수 있다. 그것은 활기찬 붉은 원 안에 둘러싸인 한자를 사용하여 각 구획에 선명하게 8개 지방을 자세히 보여준다.

경기도: 한반도의 중앙에 위치한 경기도는 한국의 정치적, 문화적 중심지 역할을 한다. 수도인 한양(현재의 서울)의 위치로서, 경기도는 정치 권력과 통치의 중심지이다.

강원도: 반도의 동쪽 지역에 걸쳐 있는 강원도는 산악 지형, 깨끗한 호수, 드넓은 해안 지역 등 다양한 풍경을 품고 있다. 동부 해안을 따라 위치한 이 지방의 전략적 위치는 이곳을 중요한 군사적 거점이자, 주변 지역과의 중요한 연결 고리로 만들었다.

충청도: 한반도의 서쪽에 위치한 충청도는 비옥한 농경지와 북쪽으로 경기도와 남쪽으로, 전라도 사이의 중심지로 알려져 있다. 이 지방은 북부와 남부 지역 간의 무역과 문화 교류를 촉진하는 데 중요한 역할을 했다.

전라도: 한국의 남서쪽에 위치한 전라도는 풍부한 역사와 문화 유산을 자랑한다. 그것의 좋은 기후와 풍부한 천연 자원은 '한국의 곡물'이라는 명성에 기여했다. 이 지방은 중요한 농업 중심지 역할을 했고 국가의 식량 생산을 지원했다.

경상도: 한반도의 동남부 지역을 차지하고 있는 경상도는 험준한 산, 비옥한 평야, 그리고 넓은 해안선으로 유명하다. 남동 해안을 따라 위치한 전략적 위치는 해양 무역과 주변 국가들과 문화 교류를 용이하게 했다.

함경도: 한국의 북동쪽에 위치한 함경도는 자연 그대로의 아름다움과 다양한 풍경으로 유명하다. 이 지방은 역사적으로 이웃 만주의 영향을 받았고, 한국과 중국의 무역과 외교 관계에서 요충지 역할을 했다.

황해도: 한반도의 서쪽에 위치한 황해도는 광대한 평야와 비옥한 농경지가 특징이다. 이 지방의 농업 생산성과 주요 하천 시스템에 대한 접근성은 경제적 번영과 지역적 중요성에 크게 기여했다.

평안도: 평안도는 한국의 북서부 지역에 걸쳐 있으며 산, 평원, 강을 포함한 다양한 지형을 나타낸다. 이 지방은 중요한 농업 지역의 역할을 했고, 국가에 필수적인 자원을 공급하는 데 결정적인 역할을 했다.

MODERN REPRODUCTION

Map of the Eight Provinces of Korea

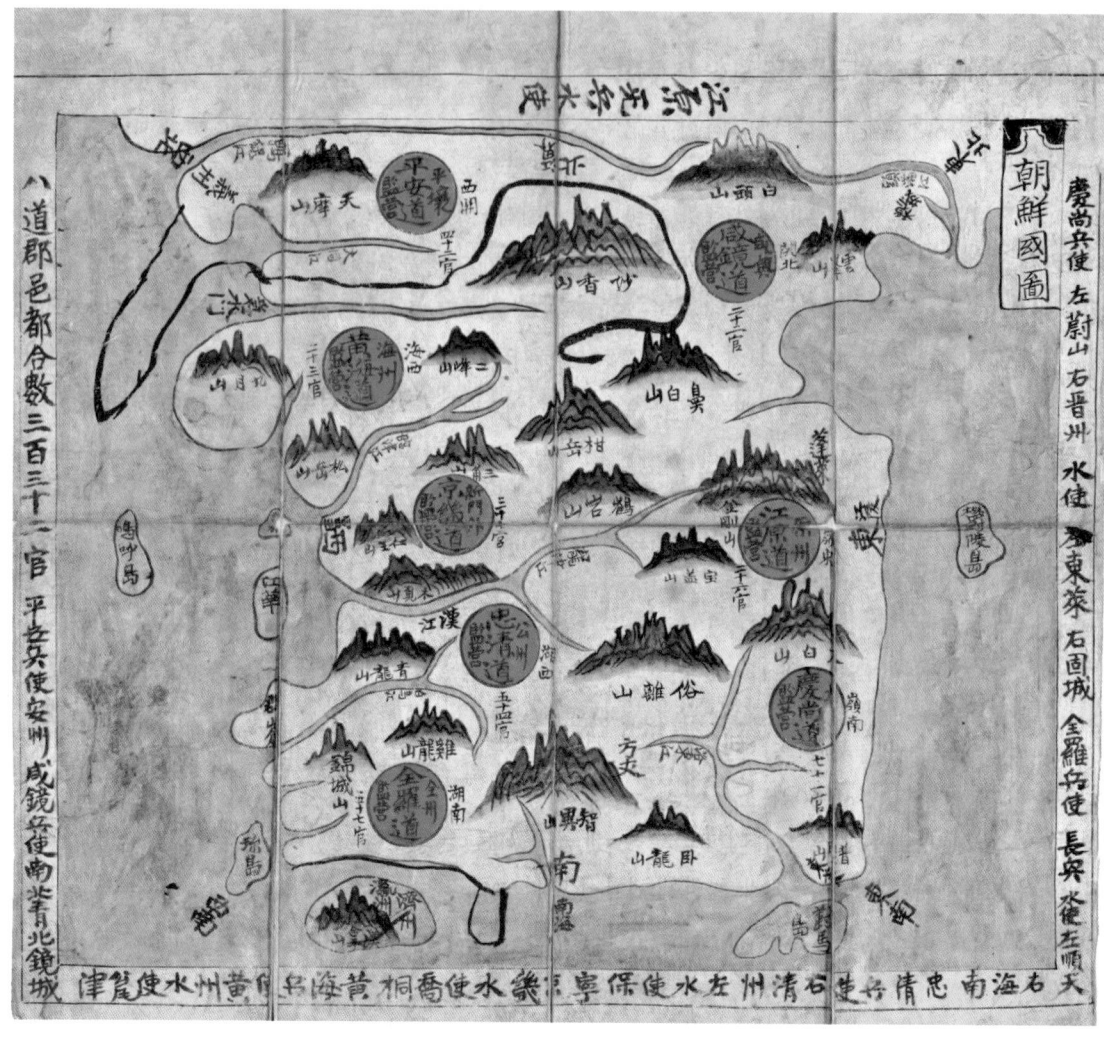

1850 조선국지도

Seller Notes: New. Giclée. Exhibition Quality. Museum grade.

Type: County Map

Region of Origin: Asia

Country/Region: South Korea

127 x 111mm

조선시대 보은 암행어사 마패인이 날인된 판결문

정사년丁巳年 11월

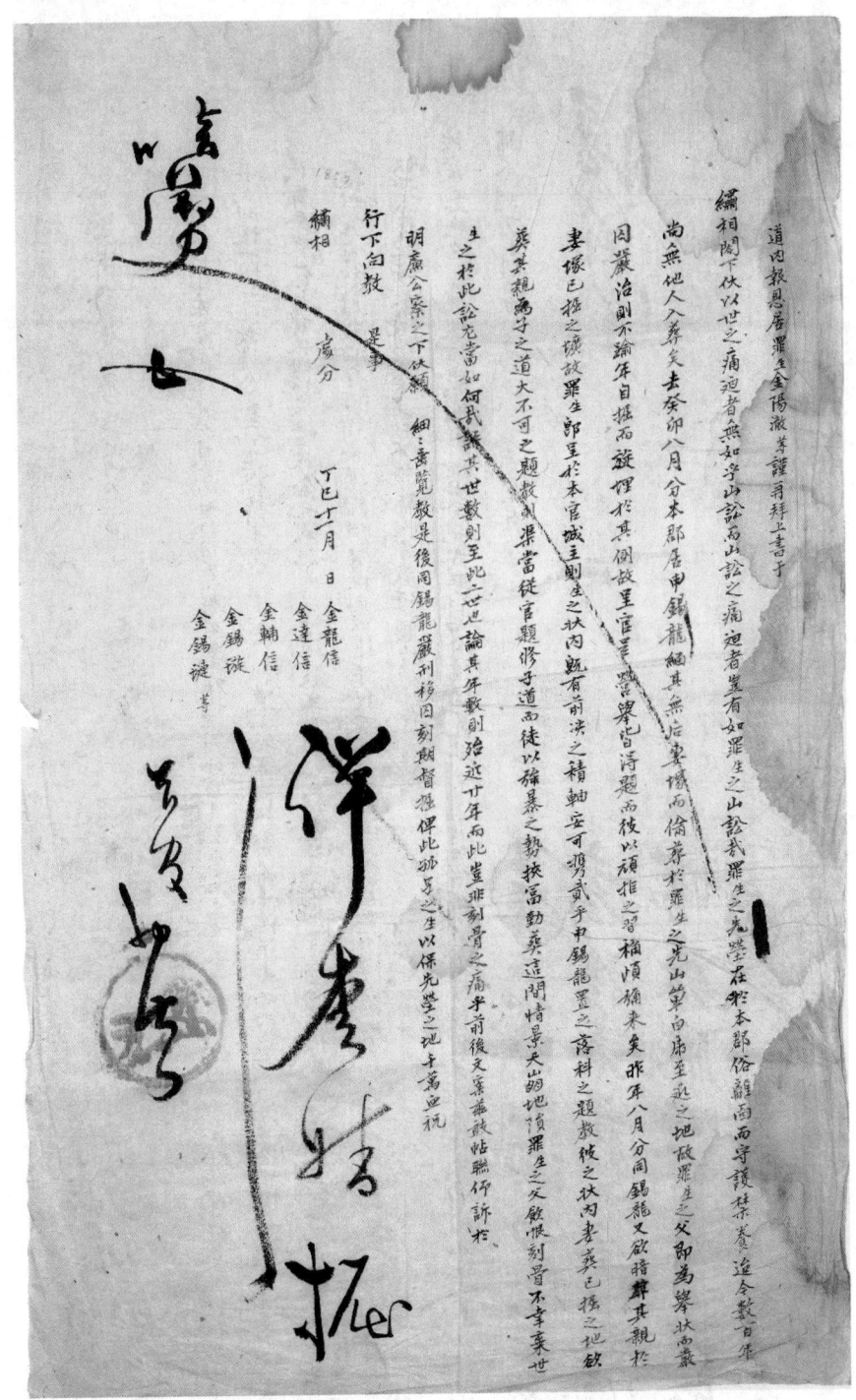

945x580mm

예산 암행어사 마패

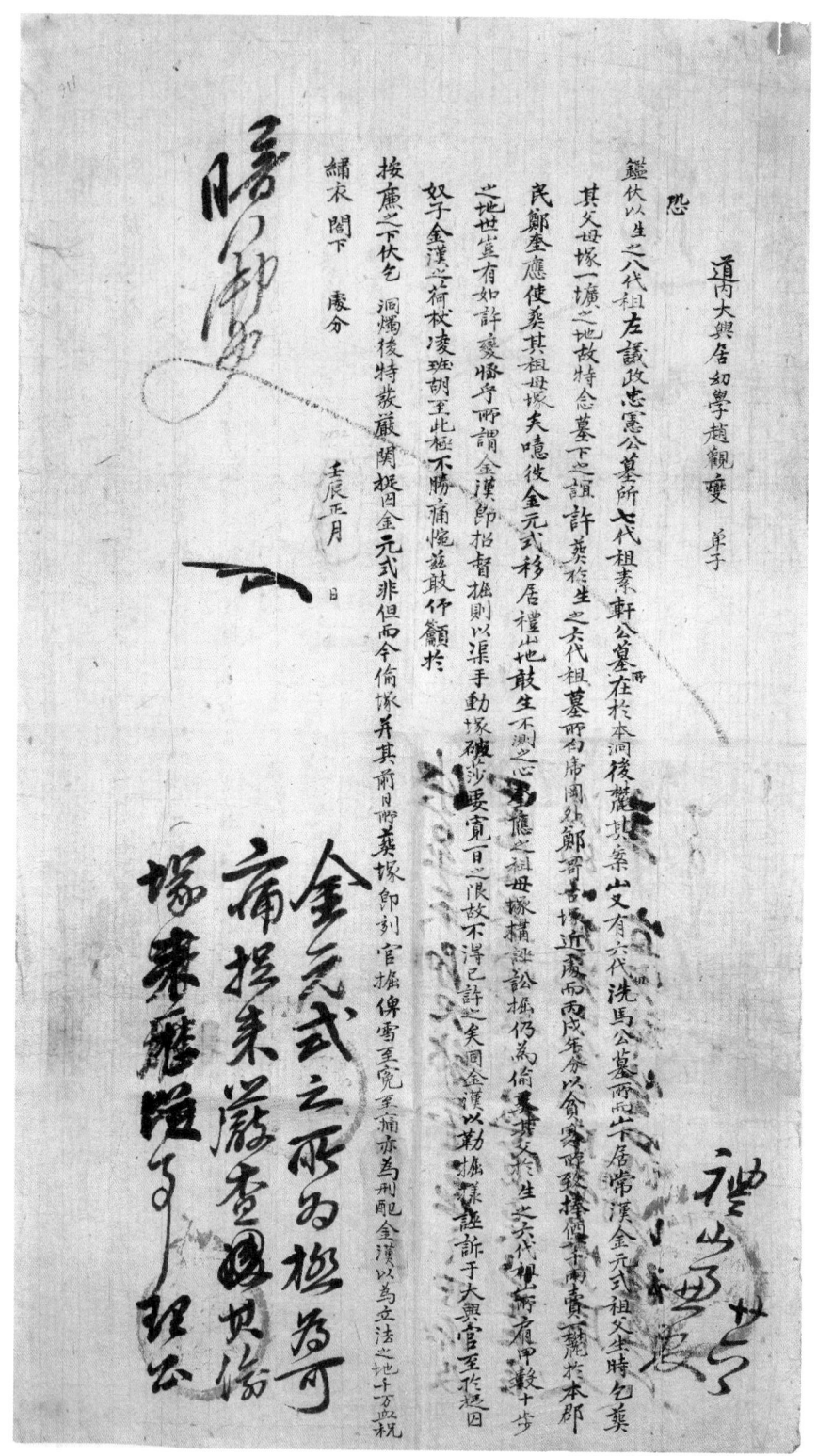

950x540mm

조선시대 암행어사 마패와 수결이 날인된 횡성 거주 유생들 상소문

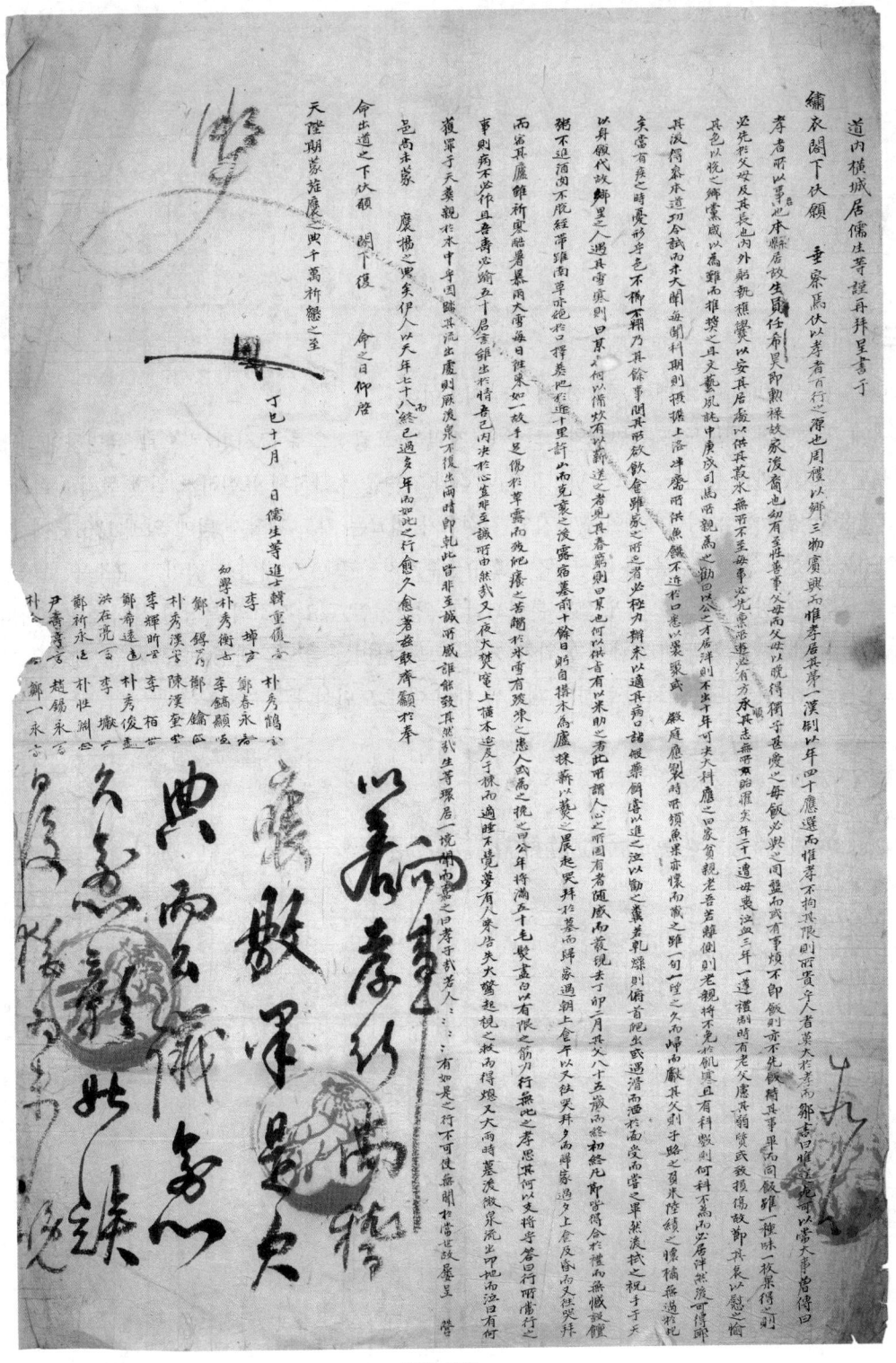

582x880mm

천하도天下圖

천하도(태조도)는 우리나라에 유래한 중요한 역사적 지도이다.

조선시대에 만들어진 태조도는 한반도와 그 주변 지역을 포괄적으로 묘사한 것으로 유명하다. 태조도는 1776년부터 1800년까지 통치한 정조가 한반도의 지리와 지형을 정확하게 표현하기 위한 목적으로 제작한 것이다. 그것은 저명한 한국 지리학자이자 학자인 김정호가 이끄는 지도 제작자 팀에 의해 1861년에 완성되었다. 십이지도는 정확성에 중점을 두고 산·강·호수·주거지를 포함한 다양한 지리적 요소를 보여주며, 그것은 또한 궁전·사원, 그리고 요새와 같은 문화적이고 역사적인 주요 장소의 복잡한 삽화를 표현하였다. 그 지도는 정확한 지리적 표현과 미래 세대를 위한 지식을 보존하려는 열망을 반영하였으며, 복제품은 100% 면 헝겊으로 만든 아카이브 페이퍼로 꼼꼼하게 제작된 파인 아트 모던이다.

크기: 50.8 x 45.7mm
Item specifics
Seller Notes "New. Giclée. Exhibition Quality. Museum grade."
Type County Map
Region of Origin Asia
Country/Region South Korea

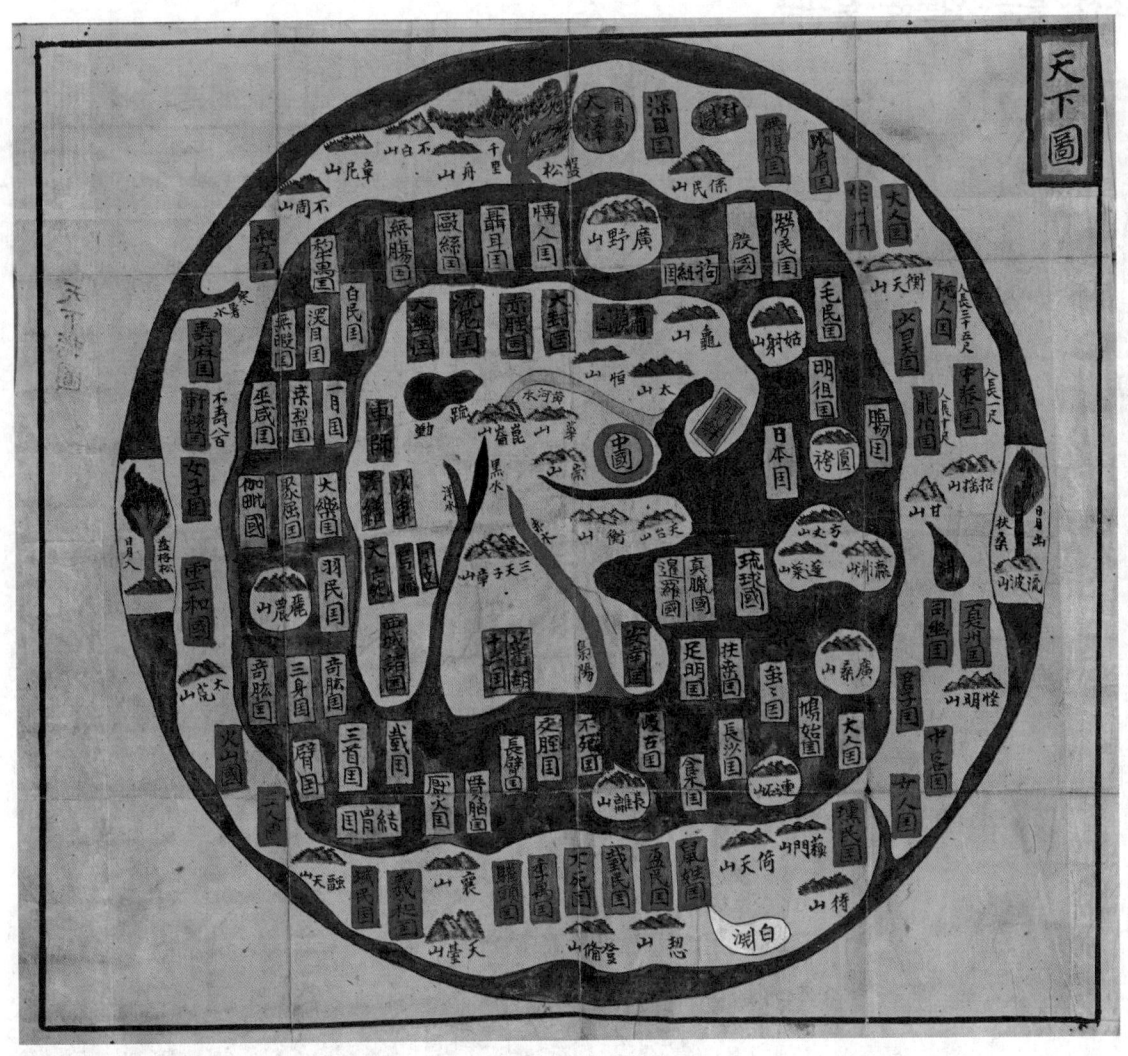

천하도天下圖

천하도天下圖는 조선 중기 이후 유행하게 된 지도로서 중화사상과 상상적 세계관을 바탕으로 만들어진 원형의 세계지도이다.

"New. Giclée. Exhibition Quality. Museum grade"
Type County Map
Region of Origin Asia
Country/Region South Korea
50.8 x 45.7mm

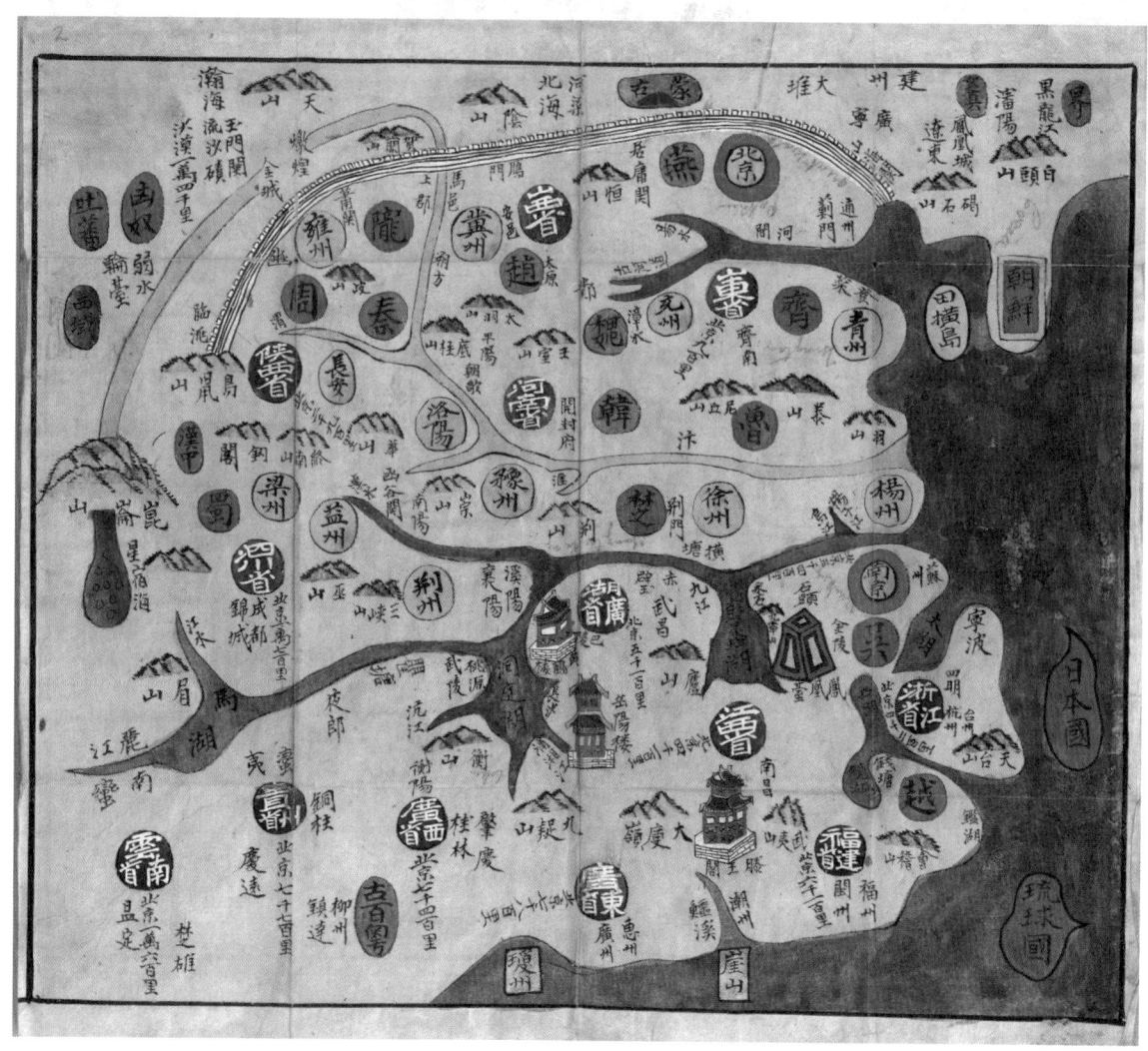

류큐국琉球國 또는 유구국琉球國은 1429년부터 1879년까지 류큐제도에 있는 왕국이었다. 류큐제도는 류큐국에 의해 명나라의 속국으로 통치되었으며, 오키나와선을 통일하여 산잔시대를 끝내고 왕국을 아마미군도와 사키시마제도로 구성하고, 류큐국은 작은 규모에도 불구하고 중세 동아시아와 동남아시아의 해상 무역망에서 중심적인 역할을 했다. 류큐국은 1609년 류큐 침공 이후 사쓰마번의 속국이 되었지만, 1872년 일본제국에 의해 류큐번으로 전환될 때까지 독립을 유지했다. 1879년 4월 일본제국에 의해 해체되어 오키나와현이 형성되었고, 류큐국은 새로운 일본 영토로 통합되었다.

조선의 함경도 · 강원도 · 경기도 · 충청도 · 경상도 · 전라도 · 제주 · 울릉도 · 대마도

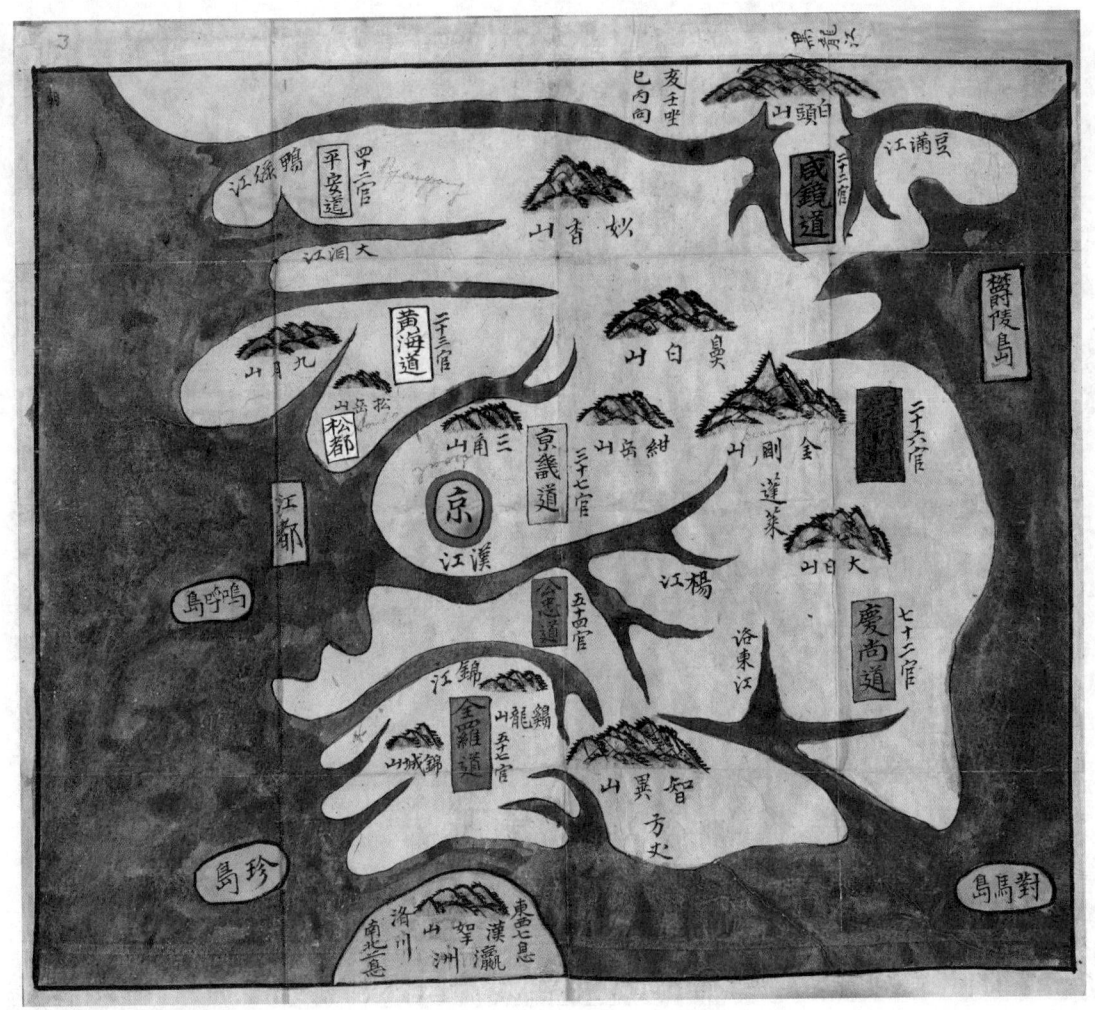

천하도의 내용과 구성

천하도는 세계지도이다. 전체적인 구조는 중앙에 위치한 대륙이 외내해外內海에 둘러싸여 있고, 이 내해는 다시 환대륙에 의해 둘러싸이고, 이 환대륙은 다시 바다(外海)로 둘러싸여 있다. 가운데 중심대륙인 중국을 중심으로 조선 · 일본 등의 나라가 내대륙에 그려져 있고, 이를 둘러싸고 있는 환대륙에 군자국 · 삼수국 등 가상의 나라들이 표시되어 있다.

조선국 황해도朝鮮國 黃海道

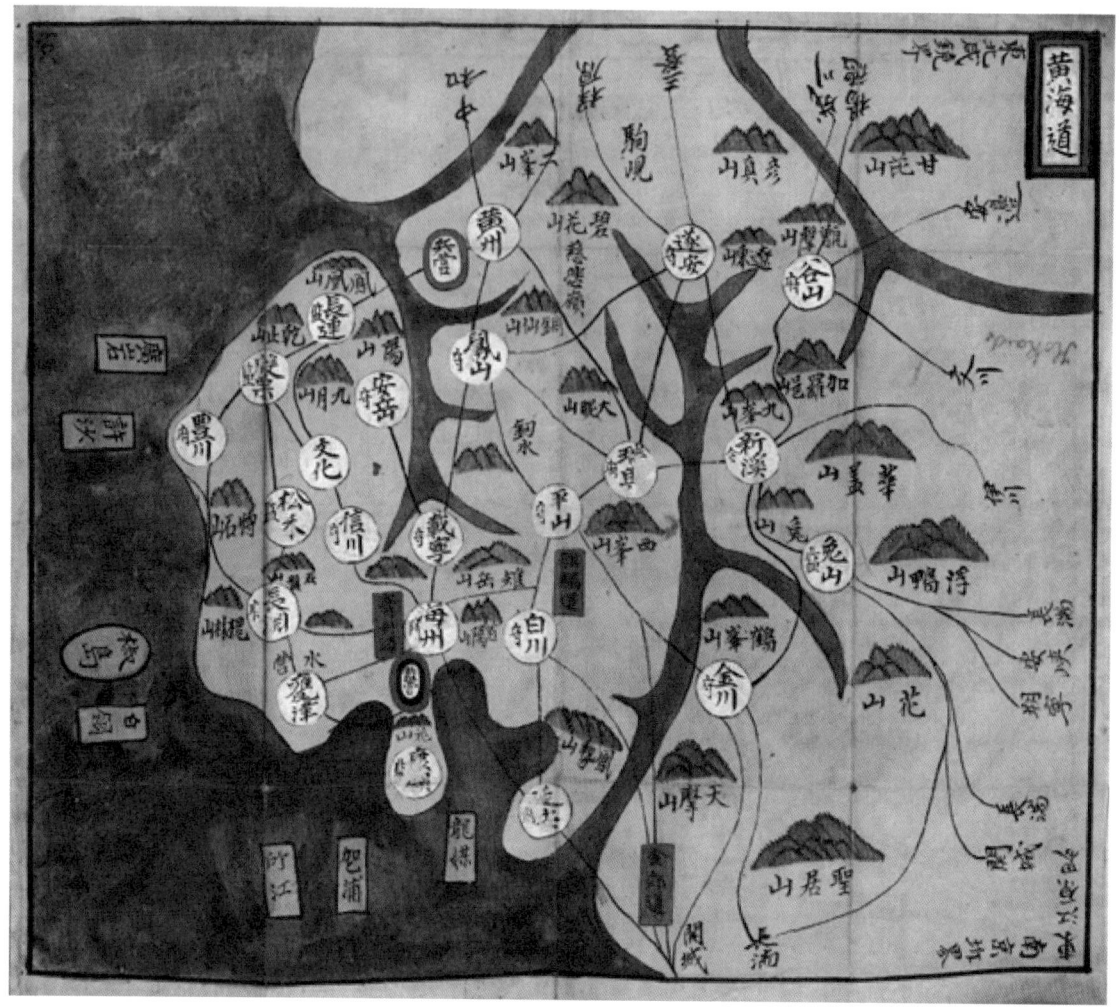

천하도는 원형으로 그려진 세계지도이다. 마테오리치의 곤여만국전도를 필두로 조선시대에 본격적으로 유입되기 시작한 서양식 세계지도는 크게 단원형 세계지도와 양반구형 세계지도이다. 시양식 세계지도는 한역 서학서와 더불어 조선 후기 지성계에 지대한 관심을 불러일으켜 지식인들과 실학자들에게 많이 읽혀졌다. 그 와중에 천하도는 서양식 세계지도의 형식 중 단원형 세계지도의 형식을 빌려 제작된 조선의 세계지도이다. 지리지식에 배타적인 한국의 전통문화를 지키려는 학자들이 서양의 원형 세계지도(마태오리치의 서양계 단원 지도)에 대응하여 만든 한국적인 원형 세계지도가 천하도라는 것이다.

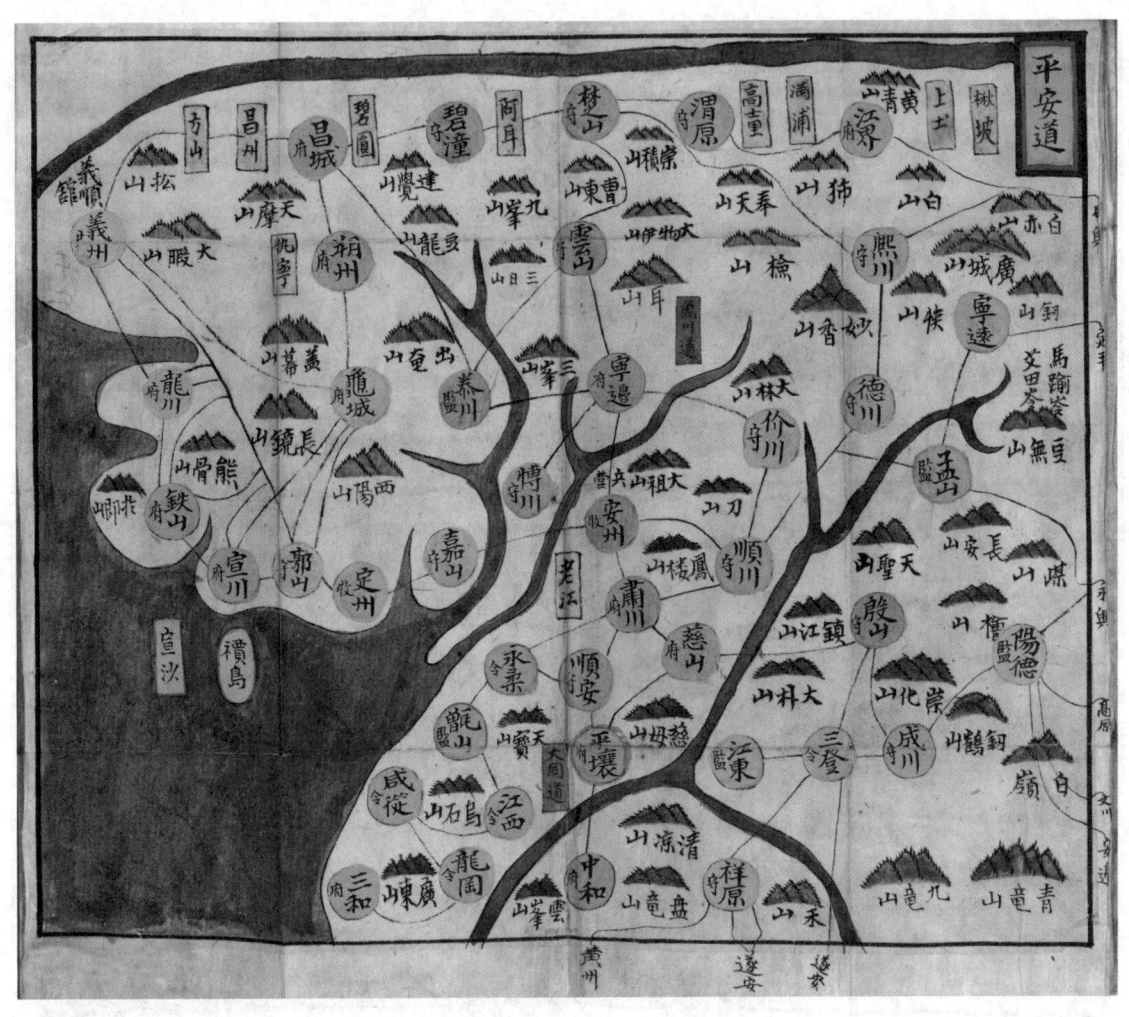

조선국 함경도朝鮮國 咸鏡道

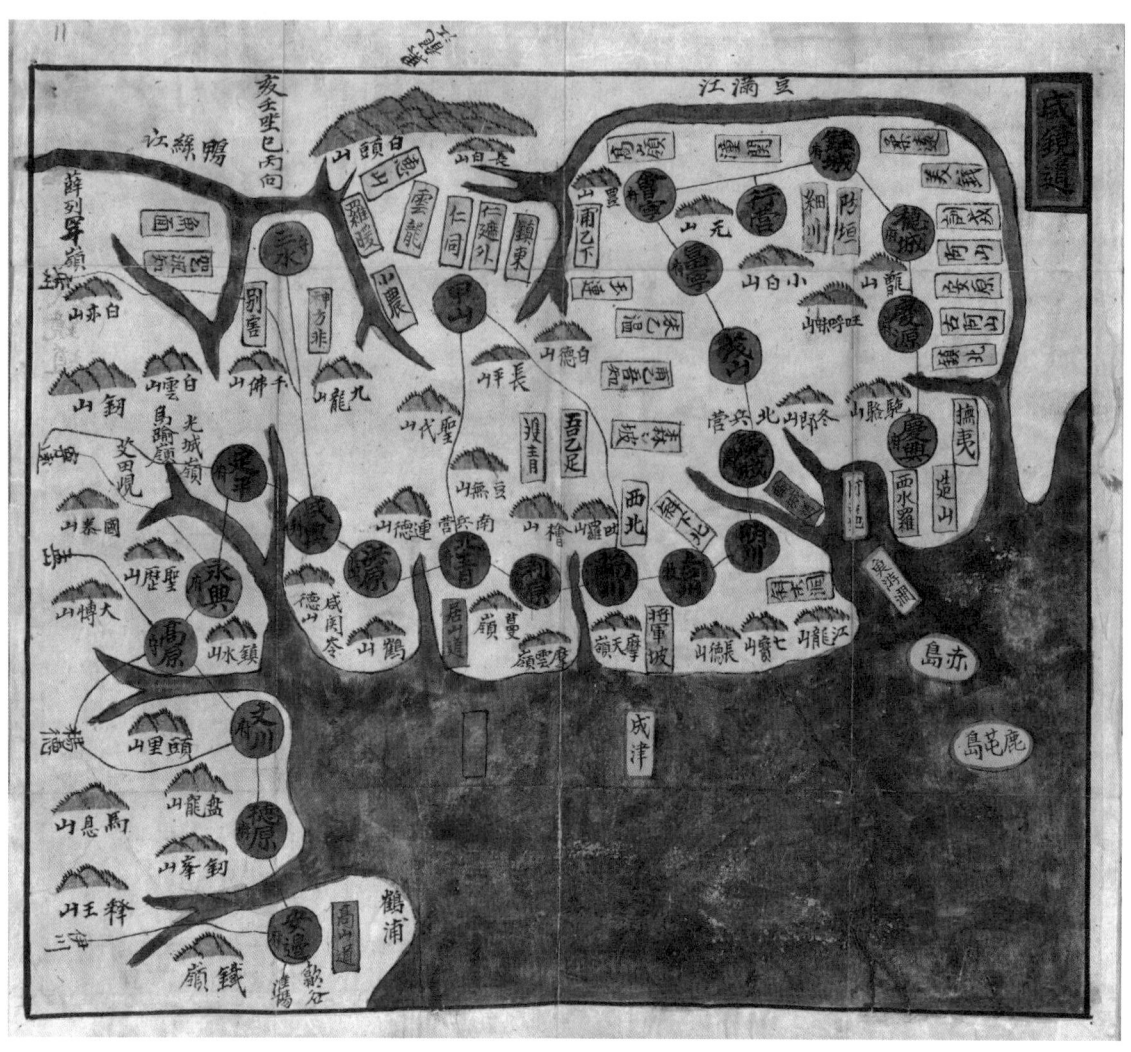

TWELVE MAPS - PREMIUM QUALITY
MODERN REPRODUCTIONS ACCURATE TO ORIGINALS.

이 지도에는 백두산白頭山·장백산長白山·압록강鴨綠江·두만강豆滿江이 표시되어 있다. 함경도 오지로 손꼽히는 삼수三水·갑산甲山과 회령會寧·경성鏡城·함흥咸興·영변寧邊 등 주요 지명이 흑색으로 표시되었으며, 청색인 바다에는 성진成津이 유일하다.

조선국 강원도朝鮮國 江原道

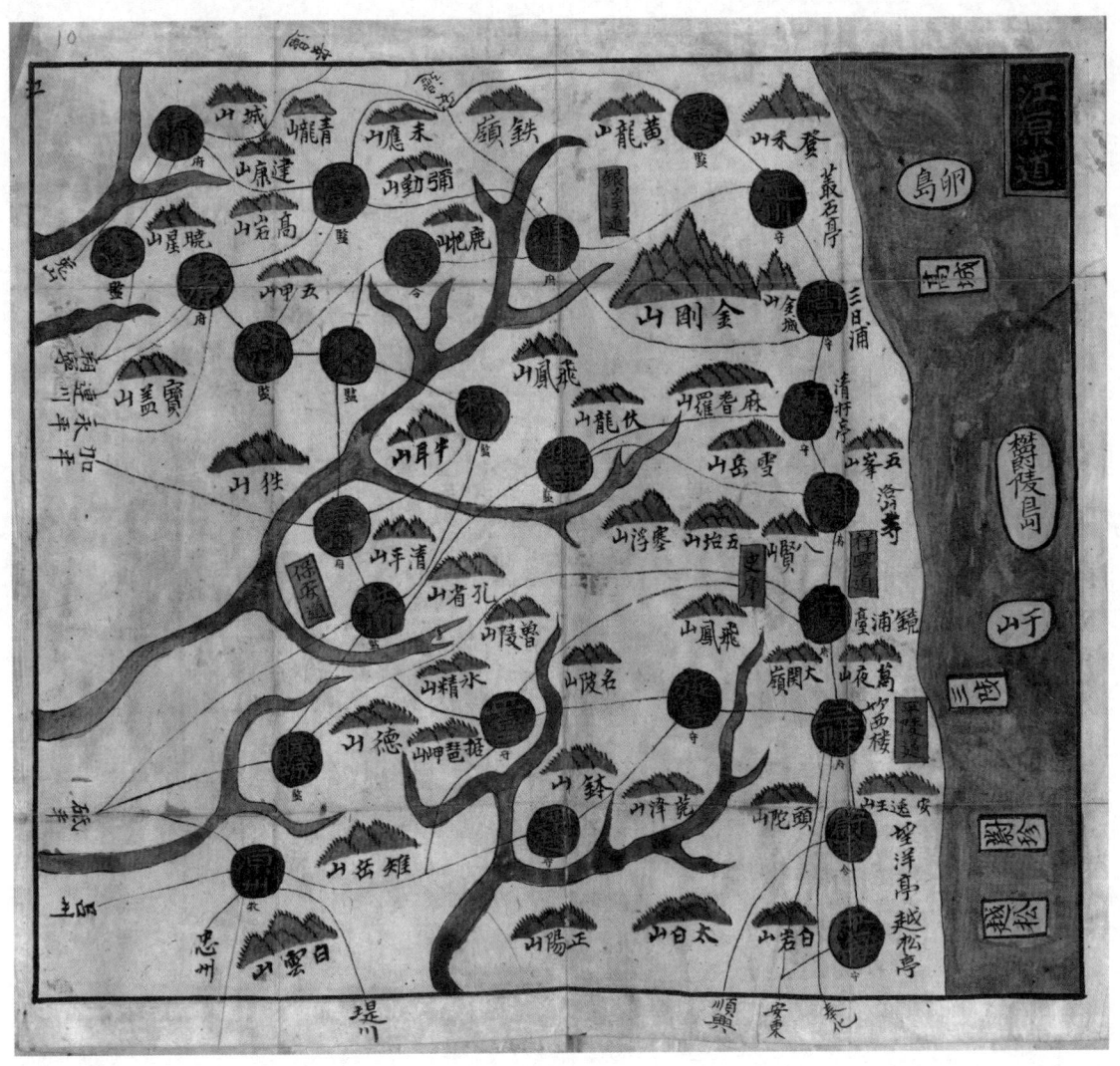

Created during the Joseon Dynasty, the Tae Chosŏn chido is renowned for its comprehensive depiction of the Korean Peninsula and the surrounding regions. The Tae Chosŏn chido was commissioned by King Chŏngjo, who reigned from 1776 to 1800, with the purpose of accurately representing the geography and topography of the Korean Peninsula.

조선시대에 만들어진 태조선지도는 한반도와 주변 지역을 포괄적으로 묘사한 것으로 유명하다. 태조선지도는 1776년부터 1800년까지 재위한 정조가 한반도의 지형과 지형을 정확하게 표현하기 위해 만든 것이다. 이 지도에는 금강산金剛山을 기준으로 동쪽으로 통천通川 · 고성高城 · 간성干城 · 설악산雪嶽山 · 오대산五臺山 · 강릉江陵 · 삼척三陟 · 울진蔚珍 · 평해平海, 중앙으로는 평강平康 · 철원鐵原 · 김화金化 · 양구楊口 · 인제麟蹄 · 정선旌善 · 평창平昌 · 영월寧越 · 태백산太白山, 서족으로는 춘천春川 · 홍천洪川 · 횡성橫城 · 원주原州가 주요 지명으로 표시되었다.

조선국 경기도朝鮮國 京畿道

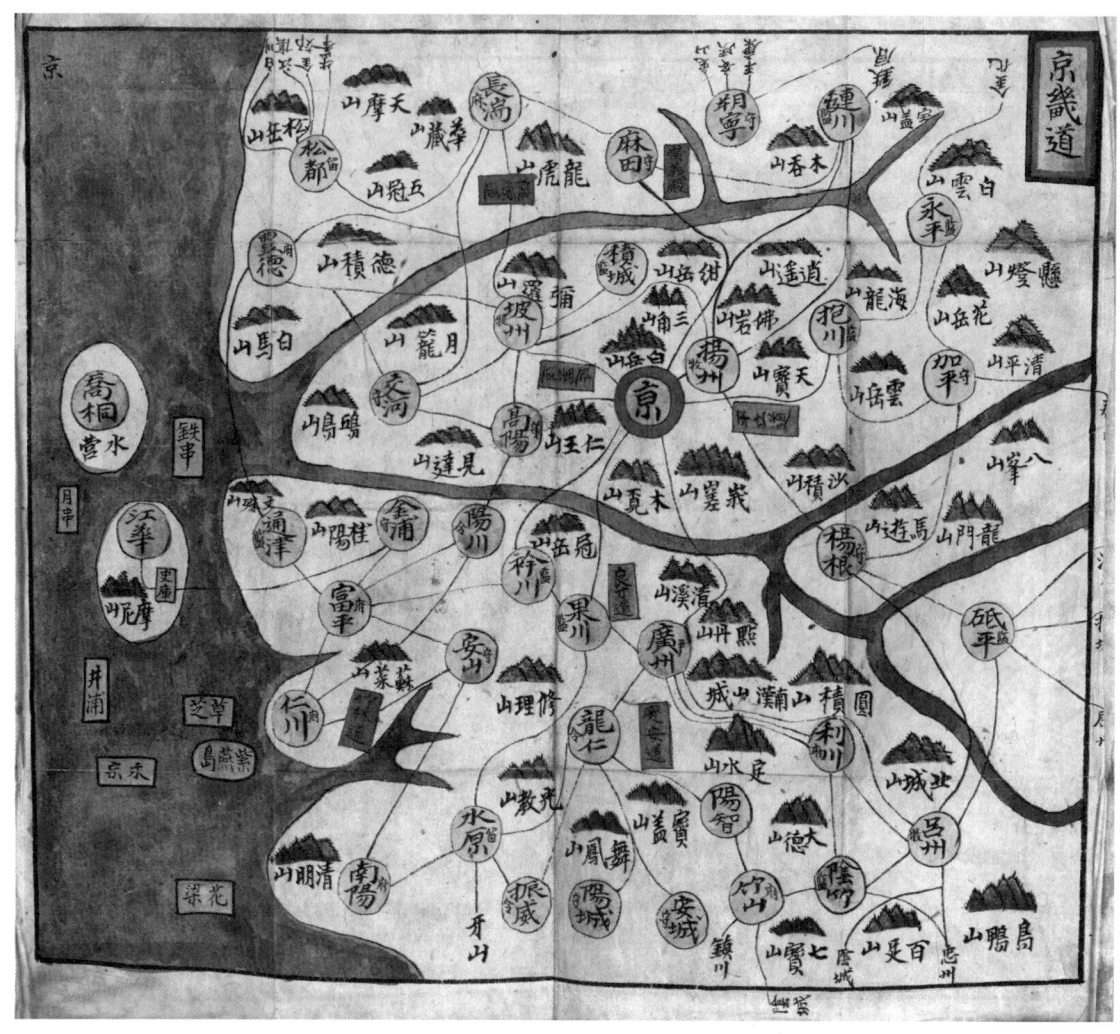

It was completed in 1861 by a team of cartographers led by Kim Jeong-ho, a prominent Korean geographer and scholar. The Twelve maps showcase various geographical elements, including mountains, rivers, lakes, and cities, with an emphasis on accuracy. It also incorporates intricate illustrations of cultural and historical landmarks, such as palaces, temples, and forts.

한국의 저명한 지리학자이자 학자인 김정호가 이끄는 지도 제작자 팀에 의해 1861년에 완성되었다. 12개의 지도는 정확성에 중점을 두고, 산·강·호수·도시를 포함한 다양한 지리적 요소를 보여준다. 또한 궁전·사원·요새와 같은 문화적이고 역사적인 주요 장소의 복잡한 삽화를 포함한다.

조선국 충청도朝鮮國 忠淸道

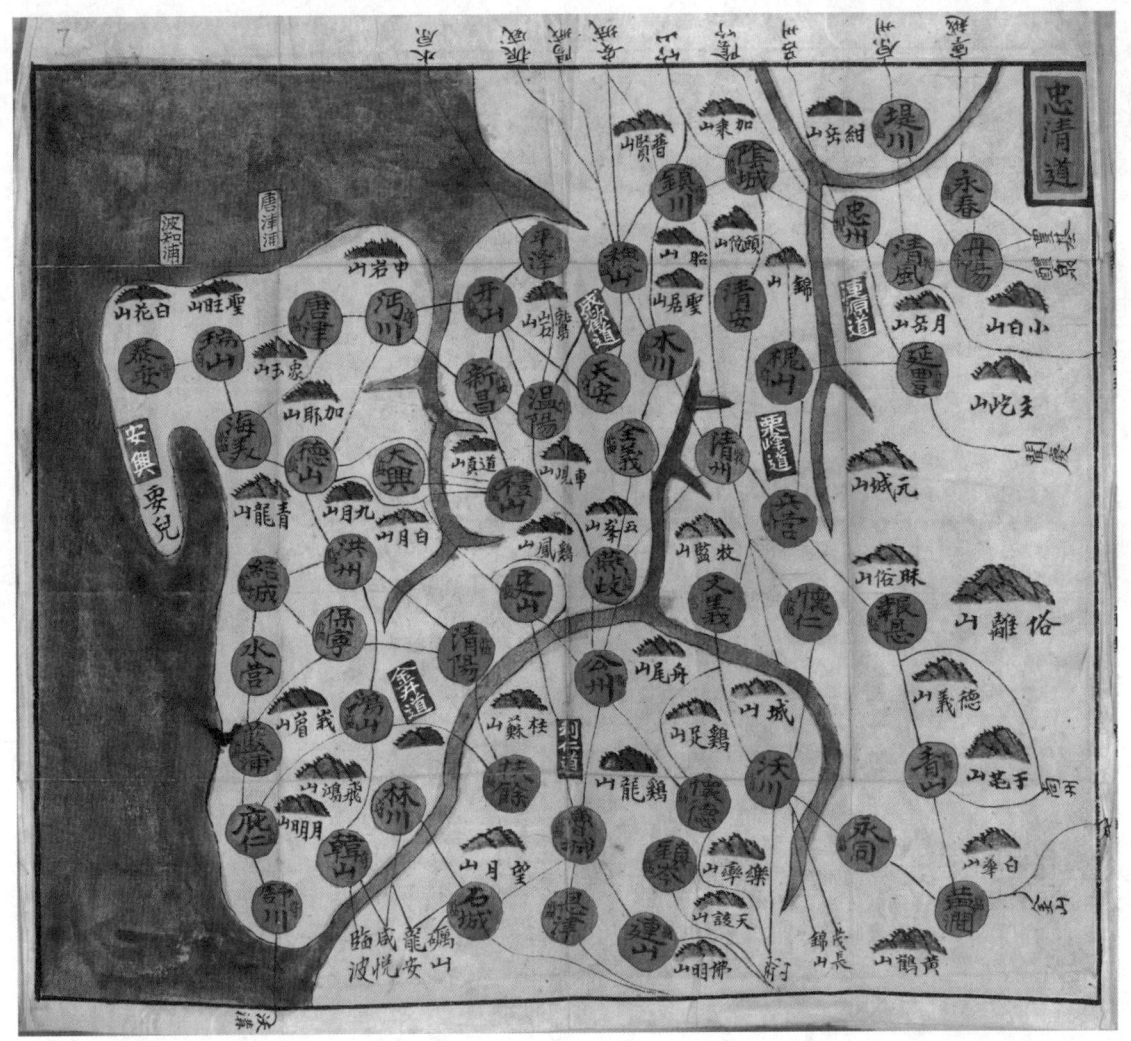

The maps reflects the importance placed on accurate geographic representation and the desire to preserve knowledge for future generations.

지도들은 정확한 지리적 표현에 대한 중요성과 미래 세대를 위한 지식을 보존하고자 하는 열망이 담겨 있다.

조선국 경남도 朝鮮國 慶南道

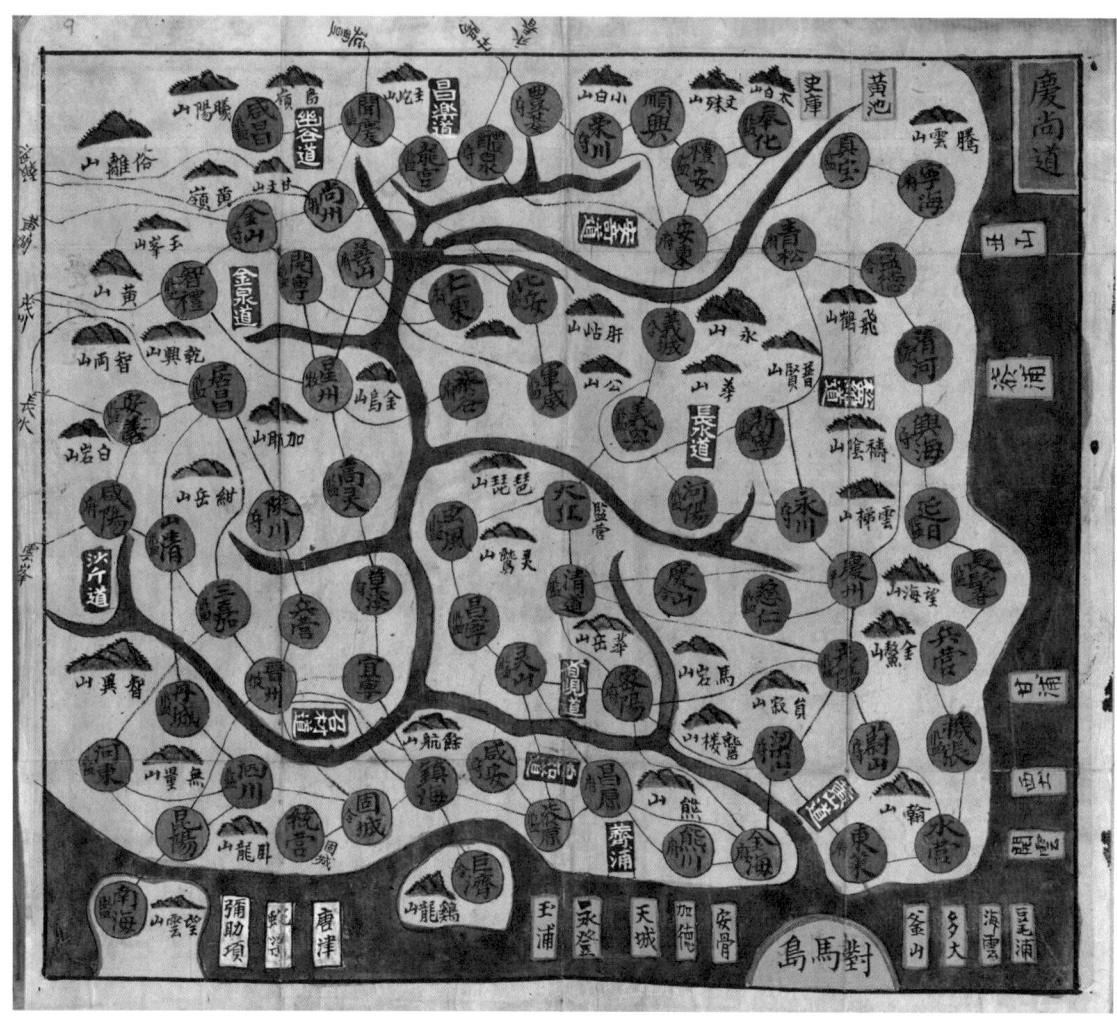

We offer fine art modern reproduction meticulously crafted on archival paper made from 100% cotton rag. each Reproduction Size: 20 x 18 inches. Our prints exhibit an extended colour gamut that enhances the vibrancy and lifelikeness of the artwork.
각 지도 크기: 20 x 18인치

저희는 100% 면 헝겊으로 만든 아카이브 종이에 정성껏 만든 순수 예술로 현대적인 재현품을 제공한다. 당사의 인쇄물은 작품의 생동감과 실물과 같은 느낌을 향상시키는 확장된 색상을 표현한다.

조선국 전라도朝鮮國 全羅道

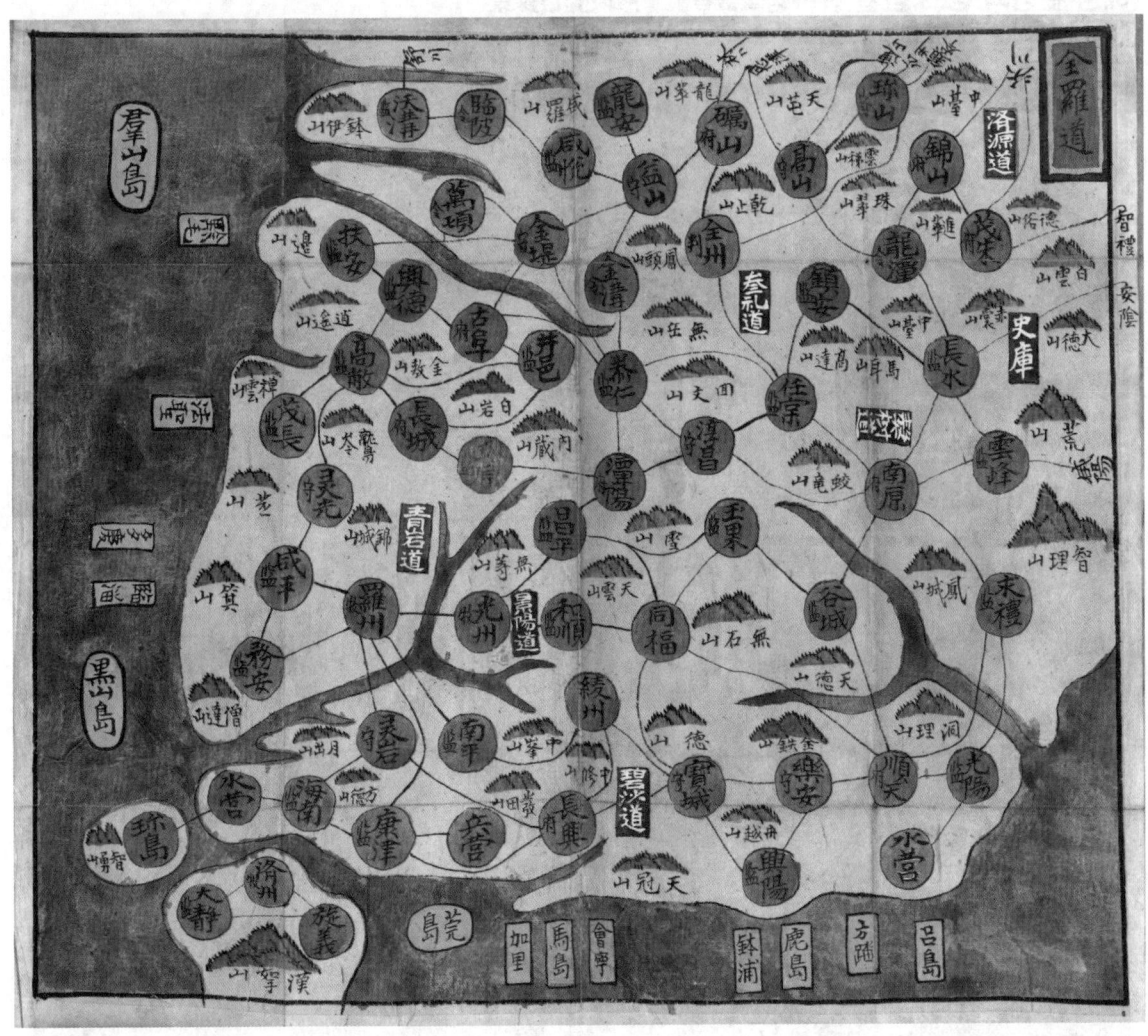

Our prints offer outstanding dimensional stability, ensuring every intricate detail is flawlessly preserved. We pride ourselves on using museum-quality materials and employing meticulous archival processes, safeguarding the longevity and integrity of your print for future generations. Additionally, we offer our complimentary worldwide shipping service through

당사의 인쇄물은 뛰어난 치수 안정성을 제공하여 복잡한 세부 사항을 완벽하게 보존한다. 우리는 박물관 수준의 자료를 사용하고 꼼꼼한 기록 보관 과정을 사용하는 것을 자랑스럽게 생각한다. 미래 세대를 위한 인쇄물의 영구적인 무결점을 보장한다.

조선시대 암행어사의 마패와 어사의 수결이 날인된 즉목節目
해당 관청의 창고 검열 목록집該當官廳倉庫檢閱目錄集

연대미상 315x300mm 5pages

암행어사暗行御史

조선시대 왕의 측근의 당하堂下(정3품 하계 통훈대부 이하) 관원을 지방 군현에 비밀리에 파견해 위장된 복장으로 암행하게 한 왕의 특명사신. 지방 수령의 잘잘못과 백성의 고통, 어려움을 탐문하여 임금에게 사실대로 아뢰는 것을 직무로 했다. 일반어사와 달리 왕이 친히 임명하고, 그 임명과 행동을 비밀에 부치는 특징을 가졌다. 암행어사 파견에 대해서는 반대 의견도 있었으나, 역대 왕들은 이를 꾸준히 시행하였고, 지방제도 정비와 왕권강화정책의 일환으로 더욱 보완 발전시켜 나갔다. 그리고 임진왜란과 병자호란으로 왕조정치가 점점 쇠약해지면서 더 빈번히 파견되었다.

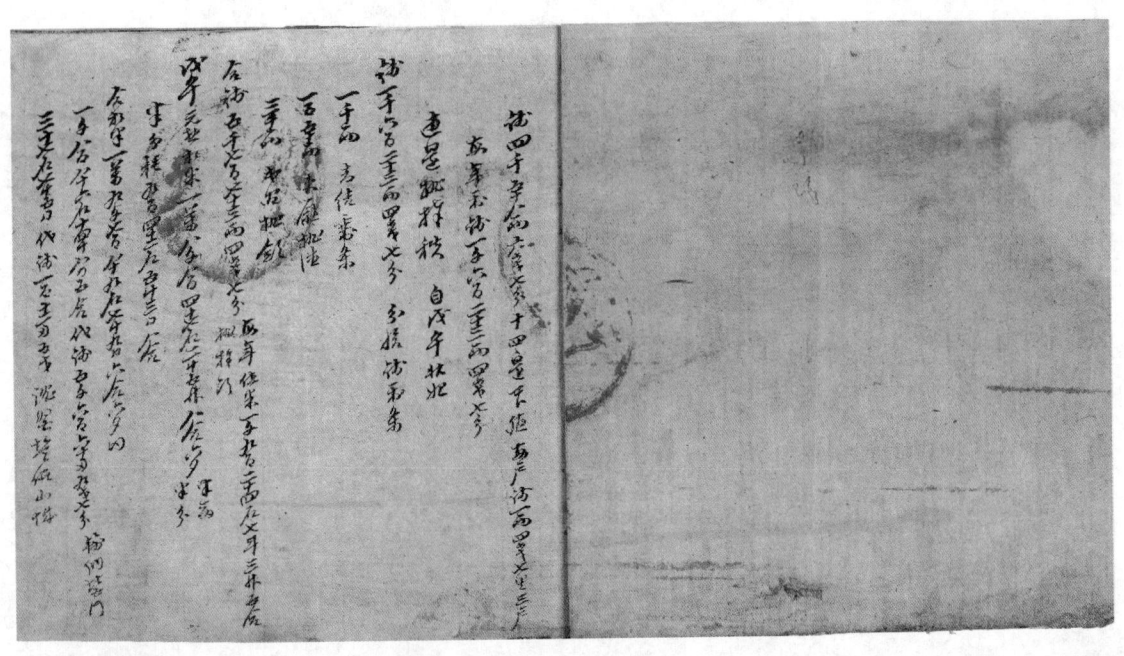

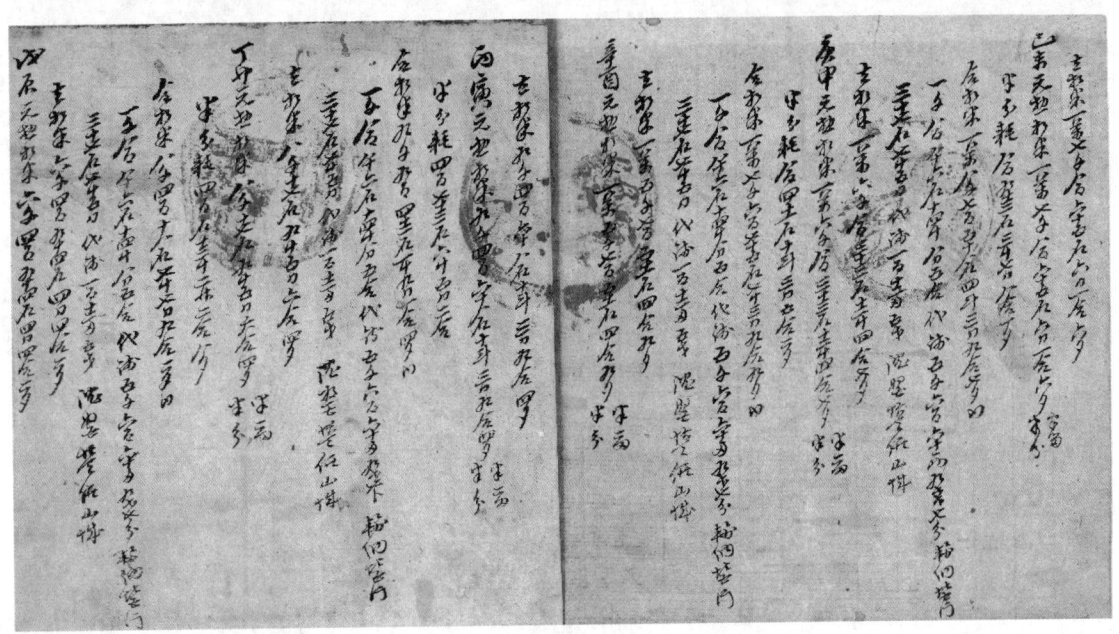

암행어사가 일반어사와 다른 점은, 일반어사는 이조吏曹에서 임명하고, 그 활동이 공개적인 것에 비해, 왕이 친히 임명할 뿐 아니라, 그 임명과 행동을 비밀에 부친 점에서 특색이 있다고 하겠다. 비밀을 본질로 하는 특명사신 파견의 전례는 조선 초기까지 거슬러 올라가게 된다. 조선왕조실록에는 사헌부의 당하 관원을 행대行臺 또는 행대감찰이라 해 지방에 파견할 때, 혹은 왕의 측근의 관원을 경차관(敬差官)에 임명하고, 지방에 파견할 때, 염문규찰廉問糾察의 편의상 비밀리에 파견해, 잠행체찰潛行體察했다든가 암행규찰暗行糾察했다는 기사가 보인다. 그리고 암행을 전제로 한 불시분견不時分遣 · 출기불의出其不意 · 성기도종省其徒從 · 제기선성除其先聲(행방을 알리지 않는 것) 추생분견抽栍分遣(추생분견, 즉 암행어사가 행선하는 군현을 왕이 추첨으로 결정함) 등의 기사도 실려 있다. 당시 그들의 성과가 암행어사 탄생의 계기가 된 것으로 추정된다.

출처: 한국민족문화대백과

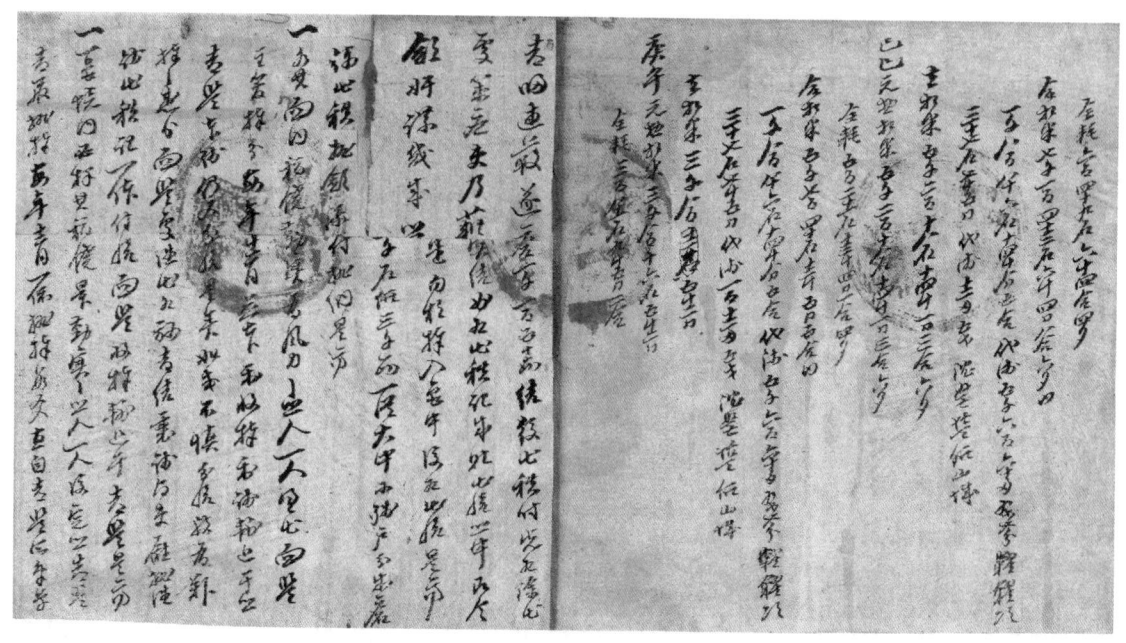

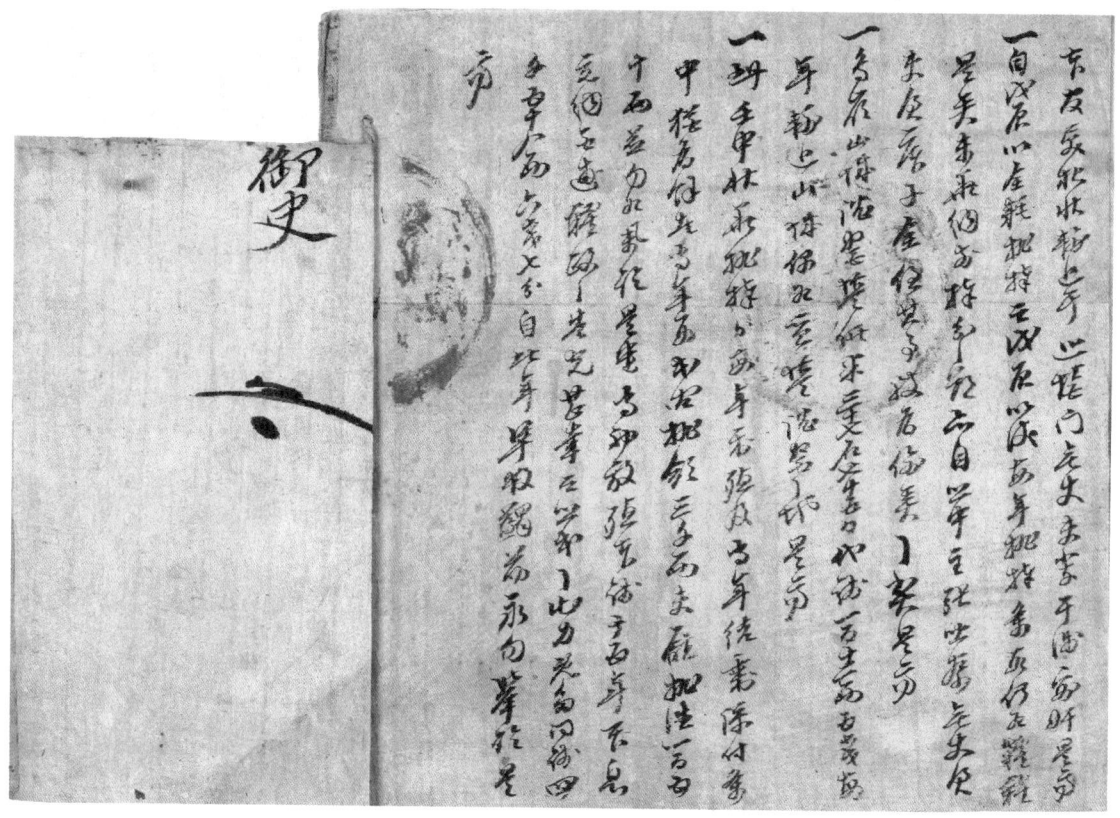

어사御使 서명

마패馬牌는 조선 상서원尙書院에서 발행한 둥근 동판의 표지이다. 관리들이 공무로 지방 출장을 갈 때 역驛에서 말을 징발할 수 있는 일종의 증빙 수단이었다. 표면에 1~10마리의 말을 새겨 그 수효에 따라 말을 내 주었다. 하지만 실제로 말 10마리가 찍힌 마패는 임금이 사용하는 마패로, 일반 관리들은 사용할 수 없고 암행어사들은 그보다 말의 숫자가 적은 마패를 사용했다. 지름이 10cm 정도이며 한쪽 면에는 상서원인印의 자호字號와 연월일을 새기고 다른 한쪽에는 말을 새긴 것으로, 어사가 이것을 인장印章으로 쓰기도 하였다.

임진왜란壬辰倭亂 당시 통신 수단

신호연信號鳶

신호연은 전투신호를 위한 암호 전달에 중요한 수단으로 활용되었다. 충무공 이순신장군이 직접 고안해 낸 것이라 하여 일명 '충무연'이라 부르기도 하는데, 400년 전 임진왜란 당시 충무공 이순신장군이 군사 작전 명령의 전술 신호용으로 連鳶을 띄워 해전사상 전무후무한 승리를 거두었다고 한다. 連鳶의 무늬와 색상에 따라 각기 고유명칭과 신호법이 있으며, 현재 30여 점이 발굴되어 전해지고 있다.

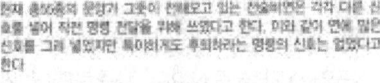

350년 전 임진왜란 당시의 거북선. The Urtleboat - IMJIN Invasion- 350 years Ago
140x90mmm

봉수제도烽燧制度

조선시대의 중요한 통신수단으로는 봉수제도烽燧制度가 있었다. 이것은 외침과 같은 국경지방에서의 긴급한 사정을 중앙정부, 또는 이웃 지방에 알리는 동시에 그 지방 주민에게도 알려서 신속하게 대응토록 함에 목적이 있었다. 즉 봉수로는 국가의 신경조직에 해당되는 바 역로와 함께 군사행정상의 의미를 지니면서 통치 체제를 효과적으로 구축케 하였다. 다만 역제가 주로 중앙의 공문을 지방 관아에 전달하는 하향식임에 비하여 봉수제는 변방에서 중앙으로 급보를 전달하는 상향식에 그 특징이 있었다. 그리고 역제가 행정기능 중심인데 대하여 봉수제도는 군사 기능 중심이었다. 봉수가 행해진 것은 일찍이 삼국시대부터였으나 본격적으로 법제화된 것은 고려 후기였다. 조선의 봉수제는 이를 토대로 하여 정비되었다. 원래 봉수란 용어는 밤에 불로서 알리는 봉인燃烽과 낮에 연기로서 알리는 수, 즉 번수燔燧를 합친 말이다. 그러므로 흔히 일컬어지는 봉화烽火란 말은 야간의 연봉만을 가리킨 것이나, 후에 주간의 번수까지 합친 뜻으로 고려 말기 이래로 봉화로 통칭되었다. 연봉이든 번수 이든 신호를 알리기 위하여 대략 수십 리 거리를 두고 전망과 관측이 용이한 산마루에 봉수대烽燧臺를 두었다. 그리하여 변방의 봉수대가 긴급한 사정을 알게 되면, 이를 즉시 밤에는 횃불로써, 낮에는 연기로써, 또 비가 오거나 안개가 끼어서 횃불이나 연기로 연락이 불가능할 때는, 봉수군이 직접 달려가서 알림으로써 차례대로 전달하여 중앙에 보고하도록 하였다. 봉수제도의 관리는 그 기능상 군사 책임자가 맡았다. 즉 중앙에서는 병조의 무비사武備司가, 지방에서는 관찰사와 수령 및 병마절도사·수군절도사·도절제사·순찰사 등 군사 책임자가 관리하였다. 특히 수령은 봉수군의 근무활동을 수시로 감독하고 연대 책임을 졌으며, 그들의 차출과 근무 상황은 물론 봉수대 시설의 이상 여부를 항시 살펴야 했다. 각 봉수대에는 봉수군과 오장伍長(지휘책임자로서 감고監考라고도 한다)이 배치되어 봉수대에서 기거하면서 밤낮으로 관측하며, 이상 유무를 수령에게 보고하고, 수령은 유사시에는 즉시, 일이 없을 때는 매월 말에 관찰사에게 보고했으며, 관찰사는 3개월 단위로 3·6·9·12월 말에 병조에 보고하였다. 봉수군은 14세기 말 이래로 봉졸烽卒·봉군烽軍·봉화군烽火軍이라고 통칭되었는데, 별칭으로 봉화간烽火干·간망군看望軍·간망인看望人·후망인候望人·해망인海望人 등으로 불리워 지기도 했으나, 경국대전에서는 봉수군이라 명명되었다. 처음에는 봉수군만이 봉수대에서 근무하였는데, 그 통솔에 문제가 있다고 하여서 세종 28년(1446) 경부터 감고監考, 즉 오장伍長을 배치하였다. 봉수대에서 근무하는 감고와 봉수군의 수는 시대에 따라서 또는 장소에 따라서 차이가 있었고, 근무일수도 변화가 있었는데, 경국대전에 의하면 변경 지대의 봉수대에는 봉수군 50명, 감고 10명이 10일마다 교대로 근무하고 있었다. 그리고 봉수군은 출번出番·퇴번退番의 편의를 위하여 반드시 부근의 주민을 중심으로 차출하였다. 신호를 알리는 방법으로서 걸하법擧火法은 시대에 따라 약간의 차이가 있다. 신호의 표시는 정세의 정도에 따라서 횃불 또는 연기의 수, 즉 거수炬數로써 구별토록 하였는데, 일찍이 고려 때나 중국 당나라에서는 4거법炬法이 일반적이었으나, 경국대전에서는 5거법炬法으로 확장되었다. 즉 평상시 아무 일이 없으면 1炬로 하다가 사태가 일어나면 거수炬數를 늘렸다. 이 때 육지에서는 적병이 국경 쪽으로 움직이면 2炬, 국경에 접근하면 3炬, 국경을 침범하면 4거炬, 우리 군대와 접전하면 5거炬로 하였고, 바다에서는 적선이 바다 위에 나타나면 2거炬, 해안 가까이 오면 3거炬, 우리 병선과 접전하면 4거炬, 적군이 육지로 상륙하면 5거炬를 올리도록 하였다. 봉수제는 그 기능상 신속성을 유지헤야 했다. 원래 봉수는 그 봉수대가 동서남북 어느 변경에 소재하던 간에 대략 12시간이면 중앙에 전달되어야 했다. 그러나 후에는 봉수군의 태만, 봉수대의 관리 소홀로 전달함에 소요되는 시간이 너무 지연되거나, 불통되는 경우도 없지 않았다. 중종 27년(1532)의 경우에는 변방에서 서울까지 5~6일 걸렸다. 따라서 정부에서는 봉수제를 강화하기 위하여 여러 가지 법제적 조치를 강구하기도 하였다. 즉 근면 성실한 봉수군은 표창하고 태만하거나 불성실한 봉수군은 엄히 징계하였는데, 제대로 시행하지 않을 경우에는 심하면 참형에 처하기도 하였다. 그럼에도 불구하고 16세기 이래로 기강이 해이해지면서 결번缺番과 대립代立이 빈번하였으며, 때로는 도적들이 봉수대를 차지하고서 거짓으로 봉화를 올리는 경우도 있었다.

파발擺撥: 조선시대 변서邊書(변방으로 가는 공문서)를 신속히 전달하기 위해 설치한 교통 통신 수단

우역제도를 실시하기 전에도 원거리로 소식을 전하는 통신 방식은 있었다. 봉수제烽燧制가 바로 그것이었다. 봉수제는 전국의 산꼭대기에 봉수대를 만들어 놓고, 낮에는 연기, 밤에는 횃불로 나라의 변경에서 발생한 위급한 사태를 중앙정부에 알리는 제도였다. 일반 백성들의 통신용으로는 사용할 수 없었고, 군사 통신용으로만 사용했다. 말을 타고 달리며 소식을 전하는 우역제도를 실시하기 전까지 사람들은 소리나 불, 연기 등 자연 현상을 통신 수단으로 이용했다. 깃발을 사용하기도 했다. 그 중에서 나라의 위급함을 알리는 통신 수단으로 맨 처음 채택한 것이 봉수제烽燧制였다. 봉수제도는 개인 간의 통신 수단이 아닌, 나라의 위급함을 알리는 통신 수단으로 연기와 불을 올려 신호를 보냈다. 그처럼 자연 현상을 이용하여 간단히 통신할 수 있었기에 원시적인 통신 방식으로 채택되었던 것인데, 그 역사를 살펴보면 오히려 우역제보다 훨씬 빨랐다. 조선 중기에 실시한 또 하나의 통신제도로 파발제擺撥制가 있었다. 파발제는 우역제도가 변형된 형태였다. 말이나 도보를 이용하여 소식을 전한다는 점에서는 우역제와 다를 바 없었으나, 전달하는 내용이 통신에 국한되었다는 점에 차이가 있었다. 그처럼 파발제는 변경에서 생긴 화급한 소식이나 공문서를 전달하는 역할을 했다.

전국 봉수망은 5대 기간 선로로 구성돼 있었다

우리나라에서 봉수제도가 실시되었다는 최초의 기록은 삼국유사에 나타나 있다. 서기 48년 7월 27일 가락국 수로왕이 왕후 허씨를 맞이할 때 신하를 시켜 망산도 앞바다에 나가 붉은 돛과 기를 휘날리는 배를 발견하면 봉화를 올리도록 하라고 명령했던 기록이 바로 그것이었다. 그것이 우리나라에서 봉수제도가 실시되었음을 알리는 최초의 기록이었다. 또한 삼국사기에는 '봉현烽峴', '봉산烽山', '봉산성烽山城' 등의 지명이 등장하는 것으로 보아 삼국시대에도 이미 봉수제도가 실시되고 있었음을 알 수 있다. 우리나라 봉수제에 대해 명확한 기록을 남긴 것은 고려사였다. 고려사에 의하면, '서북면병마사 조진약의 상주에 의하여 봉수식을 정하고 평시에는 야화夜火와 주수晝燧를 각 1번, 보통 위급시에는 각 2번, 3급(정세 긴박)에는 각 3번, 4급(정세 초긴급)시에는 각 4번씩 올리도록 규정하고, 각 봉수대에는 방정 2인과 백정 20인을 배치하되 그들에게 평전(平田) 1결씩을 지급하기로 했다.'고 기록되어 있다. 그처럼 횃불을 올리는 방법과 그 숫자, 운영요인의 숫자를 정함으로써 봉수제도를 확립했던 것이다. 원의 침입과 지배를 받으면서 고려 왕조의 독자적인 봉수제도가 무너졌다. 원은 그들의 통치를 공고히 하기 위해 고려의 봉수제도를 흡수했다. 그 뒤 원의 지배 세력이 후퇴할 무렵 왜구의 침입이 잦아지면서 고려의 봉수제도는 다시 강화되었고, 정보의 신속한 전달을 위해 2거수 방식을 채택했다. 조선 초기에는 고려 말에 정비된 봉수제도를 그대로 계승하여 왜구의 잇단 침입에 대비했다. 그 뒤 조선왕조 자체의 봉수제도가 정비된 것은 세종 때였다. 세종은 4군과 6진을 개척하여 국경을 넓히면서 여진족의 침입에 대비하기 위해 봉수제도를 강화했는데, 그 뒤 경국대전이 완성되면서 봉수제도가 확립되었다. 봉수제도는 한반도의 변경에서 발생한 위급 상황을 서울에 있는 중앙정부에 알리는 군사 통신제도였다. 따라서 봉수대의 종류는 국경지대나 해안에 있는 연변봉수沿邊烽燧, 그 곳에서 전하는 위급 상황을 서울로 중계하는 내지봉수內地烽燧, 내지봉수에서 올라오는 정보를 집결하는 서울 목멱산의 경봉수京烽燧 등으로 나뉘었다. 그 중에서 연변봉수는 단순히 소식을 알리는 통신 기능뿐만 아니라 국경 초소 내지 수비대로서의 기능도 겸하고 있었다. 내지봉수는 연변봉수와 경봉수를 연결하는 중계소 역할을 했는데, 그러다 보니 자연스럽게 통신의 내용을 인근 주민과 관청에 알리기도 했다. 대한제국시대에 발간된 증보문헌비고增補文獻備考에 의하면, 전국의 봉수망은 5대 기간 선로로 구성되어 있었다. 제1로는 함경도 경흥에서 강원도를 거쳐 서울 목멱산에 이르는 것이고, 제2로는 경상도 동래에서 충청도를 거쳐 목멱산에, 제3로는 평안도 강계에서 내륙으로 황해도를 거쳐 목멱산에, 제4로는 평안도 의주에서 해안을 거쳐 목멱산에, 제5로는 전라도 순천에서 충청도를 거쳐 목멱산에 이르는 것이었다. 그리고 그 선로는 여러 개의 직봉直烽과 간봉間烽으로 구분되어 서로 연결되었다. 봉수대 간의 거리는 지역이나 시기에 따라 차이가 있었는데, 연변봉수는 10~15리, 내지의 주연晝烟지역은 20~30리, 야화野火지역은 30~40리가 기준이었다. 세종 때 봉수제도가 정비되면서 횃불을 올리는 거화 방식이 달라졌다. 조선 초기에는 무사할 때는 홰를 한번 올리는 1거, 유사시에는 2번 올리는 2거 방식이었는데, 세종 4년부터 이를 세분하여 5거 방식으로 변경함과 동시에 이를 다시 해안과 육상으로 나누어 신호를 달리했다. 해안지방의 경우, 무사할 때는 1거, 왜구가 바다에 나타나면 2거, 해안에 근접하면 3거, 아군의 병선과 접전하면 4거, 왜적이 상륙하면 5거를 올리도록 했다. 육지의 경우, 무사할 때는 1거, 적이 국경에 나타나면 2거, 적이 국경에 근접하면 3거, 적이 국경을 침범하면 4거, 적이 아군과 접전하면 5거를 올리도록 했다.

봉수대의 위치는 대부분 초단파중계소의 위치와 일치했다

변방에 위급 상항이 발생하든 발생하지 않든 봉수대는 하루에 한번 일정한 시간에 신호를 보냈다. 각 봉수대에서 거화하는 시간과 서울에 도착하는 시간은 일정하게 정해져 있었다. 따라서 변방에서 보낸 신호는 12시간 이내에 서울에 도착했다. 봉수대의 중계에 의해 서울에 전해진 급보는 병조兵曹를 통해 왕에게 보고되었다. 병조에서는 담당자를 배치해 두고 남산의 봉수대를 지켜보고 있다 무사할 경우에는 이튿날 아침 승정원에 알려 왕에게 보고하고, 위급한 상황이 발생할 때는 곧바로 승정원에 보고했다. 봉수제는 국가의 안위를 위해 시행한 제도였기에 국민은 물론 왕도 지대한 관심을 갖게 되었는데, 따라서 전국의 정보가 집결되는 경봉수를 궁전에서 바로 바라보이는 목멱산(지금의 남산) 정상에 설치했다. 수원성 봉수대도 행궁에서 바라보이는 위치에 설치했다. 그럼에도 불구하고 봉수제도는 관리나 운영상의 어려움으로 별다른 성과를 거두지 못했고, 임진왜란 이후에는 그 기능이 중지되다시피 했다. 이론상으로 그럴듯한 봉수제도가 실효를 거두지 못한 이유는 여러 가지였다. 그 중에서도 가장 중요한 것은 봉수제 자체가 안고 있는 본질적인 문제점이었다. 봉수군은 변방에서 발생하는 나라의 위급함을 중앙정부에 알리는 중책을 맡고 있어 언제나 긴장된 생활을 해야 함에도 실제로 위기가 발생할 확률은 극히 낮았다. 따라서 발생할 가능성이 희박한 변란에 대비해 항상 전방만 바라보고 있을 수는 없었다. 그것도 봉수군의 배치가 충분하고 물자 보급이 원활했다면 별 문제가 없었겠으나, 봉수군의 배치는 언제나 불충분하고 추위와 고독에 시달리는 봉수군에 대한 보급도 부족했다. 그럼에도 날씨가 나빠 전방의 봉수가 보이지 않을 경우 그 봉수대까지 달려가 중단된 이유를 알아내 다시 거화해야만 했다. 그러다 보니 근무를 게을리하거나 도망하는 자도 있어 봉수대 운영이 사실상 유명무실했다. 실제로 을묘왜란이나 임진왜란과 같은 국가적인 변란이 일어났을 때 봉수제가 제 구실을 하지 못한 것도 그 때문이었다. 따라서 그 대안의 하나로 고안해 낸 제도가 파발제擺撥制였다. 당시에 설치한 봉수대의 위치는 20세기 후반에 설치된 마이크로웨이브중계소의 위치와 대부분 일치했다. 장거리전화나 TV 신호를 실어 나르는 마이크로웨이브는 달림에 따라 전파가 약해지는 습성이 있어 중간 중간에 중계소를 설치해야 하는데, 그 거리가 육안으로 쉽게 구분할 수 있는 봉수대와 비슷했다. 때문에 마이크로웨이브통신을 가시거리통신可視距離通信이라 했는데, 봉수대통신 역시 가시거리 통신이었다.

봉수제가 흐지부지되자 대안으로 등장한 것이 파발제였다

우역제도郵驛制度의 원래의 기능은 중앙정부의 명령을 지방에 하달하는 것이고, 거기에 더하여 관원의 사행使行을 뒷받침하거나 세미稅米나 공물 따위의 물품을 중앙으로 이송하는 수송 기능을 겸하고 있었다. 그러나 그 제도가 맡고 있는 통신 기능은 중앙정부의 명령이나 지방의 보고를 전달하는 것에 그쳤고, 중앙정부가 존립하는데 가장 큰 위협이 되는 외적의 침입에 대비하는 기능, 바꾸어 말하면, 변방의 위급을 중앙정부에 알리는 기능은 우역제도와는 근본적으로 조직을 달리하는 봉수제도가 맡고 있었다. 봉수제도는 그처럼 막중한 사명을 안고 있음에도 실제로 위기가 발생할 가능성은 극히 낮았다. 1년에 한 번도 발생하지 않는 해가 수 년 계속되기도 했다. 그러다 보니 봉수군들은 언제 일어날지도 모르는 변보變報에 대비해 언제나 긴장된 생활을 할 수는 없었다. 실제로 무사한 날의 연속이기에 안일한 생활을 할 수밖에 없었다. 그렇게 볼 때 봉수제는 실효성이 매우 희박한 제도라 아니할 수 없었다. 더욱이 임진왜란이라는 국가적인 위기를 맞아 아무 기여도 하지 못하게 되면서 봉수제는 그 조직과 기능을 완전히 상실하게 되었다. 그때 봉수제의 대안으로 등장한 것이 파발제였다. 1591년(선조 30년) 왜적이 재차 침범할 움직임을 보이자 봉수제를 폐지하고, 그 대신 파발擺撥을 세우거나 강화도 같은 작은 섬에 소규모의 대를 만들고 그 위에 간지를 세워 낮에는 기, 밤에는 등으로 상응케 하자는 방안이 제시되었다. 그와 동시에 우역제가 맡고 있던 통신 기능을 제대로 발휘하지 못한 데 대한 반성으로 인마人馬를 이용하되 통신 기능 위주로 운영한다는 것이 파발제도였다. 파발제는 그때 처음으로 구상된 제도는 아니었다. 선조 16년에 공문서나 왕명을 전하는 보발步撥제도가 부분적으로 실시된 일이 있었으며, 선조 25년에는 이원익의 주장으로 경상도에서 기발騎撥이 실시된 적이 있었다. 그 뒤 임진왜란 때 조선에 파견된 명의 군대가 파발제를 이용하는 것을 목격한 것이 계기가 되어, 선조 30년 5월 집의 한담겸이 '명 조의 예에 의하여 파발을 설치하여 변경의 문서를 전하게 하고, 기발은 매 20리에 1참, 보발은 매 30리에 1참을 둔다.'는 안을 건의했다. 이 건의가 받아들여져 파발제가 성립되었고, 이어 부분적으로 실시하게 되었던 것이다. 그 뒤 파발제는 끊임없이 보완되었다. 선조 34년 도체찰사 이덕형이 국왕에게 건의를 올리면서 경상도와 전라도로 확대되었고, 그 후에도 계속 보완되었다. 특히 효종 때에는 북벌론北伐論과 관련하여 청에 대한 방비책이 강화되면서 파발제는 전국적인 조직을 완비하게 되었다.

서발 · 북발 · 남발 세 방면으로 조직되었다

파발은 기발과 보발로 나뉘고, 직발直撥과 간발間撥로도 구분되었다. 기발은 말을 타고 달리며 전달하는 것으로 25리마다 1참을 두었으나 곳에 따라서는 20리 혹은 30리에 1참을 두기도 했다. 기발의 경우 각 참에 발장 1명, 색리 1명, 기발군 5명과 말 5필이 배치되었다. 보발은 빠른 걸음으로 달리는 것인데, 30리마다 1참을 두었으며 참에는 발장 1명과 군정 2명을 배치했다. 파발의 참은 기존의 역참에 겹쳐 설치되었는데, 시설 면에서는 역참의 것을 이용하면서 인마人馬의 급주急走로 군사상의 급보를 전달했다. 파발은 서발西撥, 북발北撥, 남발南撥의 3발로三撥路로 조직되었다. 서발은 기발(단 간로는 보발임)로서 의주에서 한성까지 모두 41참 1050리였고, 북발은 보발로서 경흥에서 한성까지 64참 2300리였고, 남발도 보발로서 동래에서 한성까지 31참 920리였다. 기발로 달릴 경우 서발은 2일이 걸렸고, 북발은 4~5일이 걸렸으며, 남발은 1~2일이 걸렸다. 파발제는 봉수제의 기능이 마비되면서 대체 통신수단으로 도입되었던 것인데, 두 제도 사이에는 장단점이 있었다. 봉수제는 경비가 적게 들고 신속하게 전달할 수 있는 장점이 있는 반면, 정보를 연기와 횃불에 의해 전달하기 때문에 자세한 내용을 전할 수 없었다. 반면에 파발제는 경비가 많이 들고 전달 속도가 느렸으나 문서로 전달하기 때문에 자세한 보고를 할 수 있고 보안을 유지할 수 있는 장점이 있었다. 파발제는 군사 통신기관으로서 매우 중요한 기능을 했으나, 폐단이 없는 것도 아니었다. 첫째는 정보 전달의 지체였다. 서발西撥의 경우 중국 사신이 자주 왕래함에 따라 장계의 신속한 전달이 요구되었는데, 그 전달이 지체되어 많은 외교적인 문제를 야기했다. 둘째는 발마撥馬의 남기濫騎와 개인 서신의 파발 이용의 성행이었다. 개인 서신의 파발 이용은 역마의 경우와 마찬가지로 조선시대 후기로 접어들면서 상품 화폐 경제가 발달함에 따라 물화의 유통이 활발해진 반면, 교통 · 통신 등 사회 제도가 이를 수용하지 못한 데서 비롯된 것으로 불가피한 면도 없지 않았다. 셋째는 파발 감시의 임무를 맡고 있는 선전관이나 금군禁軍 등이 관권을 배경으로 여러 가지 행패를 자행함으로써 파발제의 운영에 많은 지장을 초래했다. 넷째는 기밀이 엄수되어야 할 공문서가 이따금 찢긴 채 전달되어 국가 기밀이 누설되는 일이 있었다. 그와 같은 폐단이 있었으나, 파발제는 군사상 중요한 역할을 수행하다 조선 말에 전신제도가 도입되면서 폐지되었다.

출처: 일화로 보는 우편 130년

항일 의병 투쟁 抗日義兵鬪爭

An anti-Japanese soldier

의병이란 국가 정규의 군대가 아니라,

민간에서 자발적으로 일어난 정의의 군병을 이름이요,

또 그것은 매양(매 때마다) 외적의 침입으로 나라가 망하게 될 때,

구국 항쟁으로 일어나는 것이며, 또 나라가 망한 뒤에 있어서도 복국운동復國運動으로 일어나는 것이다.

백제의 수도가 함락된 뒤에도, 당나라 군사들에 대한 치열한 항쟁을, 고구려가 망한 뒤에도 당나라 군사와 싸웠고, 고구려의 남은 백성들이 발해渤海를 세웠고, 고려시대에 있어서도 몽고의 침공을 받았을 때, 조정의 굴종적屈從的인 자세와는 달리 의분을 품은 백성들이 끝까지 항쟁했으며, 의병의 가장 두드러진 역사적 사실은 7년여에 걸친 임진왜란 때의 의병 활동으로서, 홍의장군 곽재우紅衣將軍郭再祐를 필두로 남북 각처의 수많은 학자들이 책을 던지고 칼을 짚고 나서서, 무너지는 국운을 붙들기 위해 생명을 초개草芥같이 버렸던 것을 우리는 기억한다. 지나간 한 때 나라를 잃어버린 부끄러움 속에서도 민족정기의 역사 정신만은 살아 있었던 것을 자랑스럽게 여기면서.

독립운동사 편찬위원회 위원장 노산 이은상
출처: 독립운동사 제 1권. 의병항쟁사. 1971. 독립운동사편찬위원회 부분 발췌

노산 이은상

이은상(1903~1982)은 해방 이후 '노산시조선집'·'푸른 하늘의 뜻은' 등을 저술한 작가이다. 시조 작가이자 사학자이다. 1903년에 태어나 1982년에 사망했다. 국치시기 이화여자전문학교 교수, 동아일보사 기자, '신가정' 편집인 등을 역임했다. 1924년에 창간된 '조선문단'을 통해 평론·수필·시를 발표했다. 자유시에서 출발하여 시조의 문학성을 발견하고 시조와 시조에 관한 평론을 다수 발표했다. 광복 후에는 국토기행문과 선열의 전기를 써서 애국사상을 고취했고, 이충무공기념사업회 이사장, 안중근의사숭모회장, 민족문화협회장, 독립운동사 편찬위원장 등을 역임했다.

의병 항쟁 역사적 의의

Historical significance of the righteous army uprising

출처: 독립운동사 의병항쟁. 1971. 편찬위원회 위원장 노산 이은상 선생 서문[편집]

나라의 흥하고 망하는 것과, 역사의 살고 죽는 것이 반드시 같지 아니하다. 지난날 한 때 나라를 잃어버렸던 슬픈 경험을 가진 우리다. 그같이 나라를 잃어버렸던 것은 부끄러운 일이지만, 민족정기의 눈부신 역사가 살아 있었던 것은 오히려 자랑할 수도 있는 것이다. 일찍이 대한제국 창강 김택영滄江金澤榮 선생이 망명 생활 중에서 집필했던 '한국소사 韓國小史' 서문에,

'애모대어사망, 국망차지 哀慕大於史亡, 國亡次之'라는 귀절이 있다.
'역사 망하는 것보다 더 슬픈 것이 없고, 나라 망하는 것은 그 다음이다'

뼈에 사무치는 말이다. 나라는 혹시 망할 수도 있지마는, 역사는 죽지 않아야 한다. 만일 역사가 죽는다 하면, 그것은 실로 나라 망하는 것보다 더 슬픈 것이란 뜻으로 한 말이다. 역사란 역사의 정신을 말하는 것이요, 역사의 정신이란 민족의 정기 그것을 이름이다. 의병 항쟁은 우리들 독립운동사의 첫머리를 장식한 것으로서, 그 자체의 역사적 가치만이 아니라, 그 투쟁 정신과 전통이, 모든 독립운동을 불러 일으킨 선구가 되었던 곳에, 더 큰 의의가 있는 것을 잊어서는 안된다. 의병이란 국가 정규의 군대가 아니라 민간에서 자발적으로 일어난 정의의 군병을 말하는 것이다.

- 중략 -

우리 역사는 실로 수난의 역사다. 얼마나 많은 시련을 거쳐 왔는지 모른다. 그러나 우리는 결코 그 수난 때문에 넘어지고 쓰러져버린 것은 아니다. 어디까지나 이겨낸 역사다. 극복의 역사다. 역사 정신이 죽지 않았기 때문이다. 우리 국사를 통하여 이웃의 다른 민족들로부터 침해를 받고, 그들과 항쟁한 것이 자못 한두 번이 아니었지마는, 불행하게도 국토의 전부를 남에게 빼앗기고, 그래서 조국을 되찾기 위해, 무릇 반 세기 긴 세월에 걸쳐 국민 전체의 피의 염원으로 광복운동을 전개했던 것은 실로 최근세에 있었던 일본 민족과의 대결이었던 것임은 더 말할 것이 없다. 더욱이 일본에 대한 우리들의 민족 항쟁은 시간적으로도 장구한 것이었거니와, 그 운동의 지역·분야·성격·내용 등도 광범위하고 심각한 것이었으므로, 우리 국사상에서뿐 아니라, 전세계 어느 민족의 독립투쟁사에서도 찾아볼 수 없는 특유의 것이 아닐 수 없었다. 나라가 장차 망하게 되는 것을 보고 통분함을 참지 못해 일어났던 학자들 중심의 의병 항쟁으로부터, 국권을 박탈당한 지 10년만에 일어났던 국민 전체의 3·1운동, 민족의 진정한 주권은 빼앗기지 않았음을 입증해 보인 국외 망명의 임시 정부 수립, 그리고 혹은 독립군을 조직하여 군사적 전투를 감행하고, 또 혹은 국내외에서 무수한 의사 열사들이 크고 작은 의거들을 일으켰으며, 다른 한편으로는 학문·예술·교육·언론들을 통하여 민족 문화 운동을 전개하고, 사회적으로도 광범위하게 국민 전선을 형성하여 대중 운동을 펼친 것만이 아니라, 어린 학생들마저 봉기했던 피끓는 항일투쟁 등에 이르기까지, 우리들의 민족항쟁은 실로 다채 다양했던 것이다. 그 중에서도 의병항쟁이란, 우리들 독립운동사의 첫머리를 장식한 것으로서, 그 자체의 역사적 가치만이 아니라, 그 불뿜는 투쟁정신과 전통이 뒤따라 있었던 모든 독립운동을 불러 일으킨 선구가 되었던 것에, 더 큰 의의가 있는 것임을 잊어서는 안된다.

- 중략 -

조국을 건지기 위해서는 하나밖에 없는 생명이라도, 능히 그것을 헌신짝처럼 던지는 것이어늘, 하물며 그 이하의 것이야 무엇을 털끝만큼인들 귀하게 여길 것이랴. 그들 앞에는 학문도, 재산도, 영화도, 안락도, 모두가 한낱 물거품 같은 것일 따름이었다. 더욱이 지난날의 학자들은 학문 속에서 오직 정의와 정기를 배우려 했다. 그것이 그들의 최고의 가치관이었다. 그래서 그들은 학문 그 자체도 인간의 정의나 민족의 정기를 알아내기 위해서 있는 것으로 생각했었다. '살껍질이 없어지면 털이 어디서 날 것이냐'는 옛글을 그대로 가져다가, 나라와 학문에다 비기기도 했다. 나라가 없어지면 학문은 해서 무엇하느냐는 것이다. 그래서 책을 덮고, 갓을 벗고, 서투른 손에 칼을 들고 나섰던 것이 학자들을 중심으로 한 의병이었던 것이다. 말하자면 그들은 학문에서 배운 정기의 원리를 행동으로 옮긴 것이요, 그같이 실천함으로써 학문의 진정한 가치를 발휘하려 했던 것이다. 그러기 때문에, 이른바 척사위정斥邪衛正[사악邪惡하는 것을 배척排斥하고 정의正義를 지킴]으로써 의병들의 유일한 표어를 삼았었다. 사곡된 것을 물리치고 정의를 수호하기 위해서 생명의 전부를 바친 것이다.

1895년 을미년, 명성황후가 일본인의 손에 의하여 시해되자, 거기에 대한 민족적 복수의 폭발로 의병들의 항쟁이 시작되었고, 또 계속하여 이른바 '단발령斷髮令'이 내려지자 그들은 거기에 반발하는 보수적 이론을 들고 나서기도 했거니와, 그것은 실로 하나의 형식적인 구실에 지나지 않고, 실상인 즉 정의에 입각한 조국의 주권 수호 그것 때문이었던 것임은 물론이다. 그로부터 10년 뒤 1905년 을사년에, 이른바 매국 조약이 강제 체결되자 대거적으로 일어났던 본격적인 의병활동은 명실공히, 아울러 조국수호의 투쟁 그 것이었거니와, 이같이 전기, 후기, 그 어느 때의 것이나 모두 다 척사위정이라는 대원칙에 근거를 둔 것임에는 서로 일치한 것이었음을 주의할 것이다.
여기서 우리는 비로소 우리 최근세 의병들의 특색이 무엇인가를 발견해 낼 수가 있다.

의암 유인석 毅庵柳麟錫
13도창의군의 도총재
대한제국기 정미7조약 체결 후
연해주에서 활약한 의병장.
위정척사론자

면암 최익현崔益鉉 의병장

왕산 허위旺山許蔿
대한제국기 13도의병연합부대
군사장을 역임한 의병장

기산도崎山度 의병장

첫째는 3백 년 전, 임진왜란 때의 의병들의 전통 그대로, 학자들이 중심이 되고, 또 앞장을 섰던 그것이다. 그러나 그것은 결코 요즘 일컫는 학자들의 '현실참여'를 뜻하는 그러한 정도의 것이 아니다. 그보다는 오히려 학문의 진리, 정의의 본회를 실천에 옮겨 행동화한다는, 보다 더 강력하고 적극적이요, 또 주체적인 운동이었던 것이다. 전기 의병에 있어서의 의암 유인석毅庵柳麟錫선생이나, 후기 의병에 있어서의 면암 최익현勉庵崔益鉉, 왕산 허위旺山許蔿선생 등, 당대 거유巨儒들이야말로, 인물의 산맥으로 보아서도 과연 시대를 능히 대표할 만한 높은 인격자들이었음은 더 말할 것이 없다. 그러므로 그들 학자군이 어떤 정치운동에 참여해 들어간 것이 아니라, 그들 스스로가 역사의 소용돌이 속으로 뛰어 들어가, 하나의 주체세력을 형성했던 것임을 본다.

둘째로는 그들에게서 특색을 발견하는 것이 있으니, 그것은 우리 의병들의 운동이 다만 일본 관헌들을 상대로 한 항쟁만이 아니라, 그들과 합세한 우리 관군과도 맞설 수밖에 없었던 2중 투쟁의 고민이 있었던 그것이다. 다 같은 학자들의 궐기였지만, 임진왜란 때에는 조정에서 오히려 민간 의병들을 일으켰고, 그래서 왜적을 물리치기 위해서는 관군과 의병들이 합류했으며, 또 조정에서도 의병들을 찬양하고, 격려하고, 나아가 포상하고, 정식으로 직함까지 내려 주었던 것인 반면, 이 때의 의병들은 왜구세력의 침투를 막는 민족 항쟁으로서만 족하지 아니하고, 안으로 그들의 앞잡이가 된 관군들과도 싸워야만 했던 거기에 더 큰 쓰라림이 있었던 것이다. 그것의 대표적인 예가, 이른바 '임금의 군사王師'로 자칭하던, 반역자 장기렴張基濂이 이끈 관군들과의 싸움이었던 것이니, 전기 의병전에 있어서 제천에서 안승우安承禹·충주에서 주용규朱庸圭·낭천狼川 지금의 화천에서 서상렬徐相烈 등 혁혁한 의병장들이 모두 희생되었던 것을 생각하면 얼마나 통분할 일인지 모른다.

■ 안승우安承禹(1865~1896) 경기도 양평군 지평면 출생

1895년 명성황후 시해사건과 단발령이 내려지자, 지평 선비 이춘영李春永과 함께 의거하였다.
군사를 제천으로 이동시키고 내장에 유인석柳麟錫을, 숭군장에 이춘영을 추대하였다. 이춘영이 전사한 뒤, 그 뒤를 이어 중군장이 되어 제천 일대에서 전투에 참가하여 혁혁한 전공을 세웠다. 그러나 제천 남산성전투에서 날씨가 좋지 않아 화승총에 불을 붙일 수 없는 상황에서 접전하다가 전사하였다.

■ 주용규朱庸圭(1845~1896) 제천 출생

개항기 유인석의 휘하에서 참모로 활약한 의병장. 학자.
유인석의 휘하에서 참모로 활약하면서 팔도八道와 백관百官, 각 국 공사公司에게 보내는 격문檄文을 짓기도 하였는데, 이듬해인 1896년 충주에서 일본군과 싸우다가 적탄에 맞아 전사하였다. 주용규의 아들인 주현오朱鉉五와 주현삼朱鉉三도 아버지의 원수를 갚기 위하여 이강년李康秊과 의병을 일으켜 싸우다가 모두 절사節死하였다. '심경心經'·'근사록近思錄'·'주자대전朱子大全'·'송자대전宋子大全' 등에 대하여 깊이 연구하였으며, 당시 이항로李恒老의 문하에서 대두되었던 심설心說 문제에 대하여는 유중교의 입장을 적극 지지하여 유중교를 공격하는 홍재구洪在龜·유기일柳基一 등을 배척하였다. 저서로는 '입암집立菴集'이 있다.

■ 서상렬徐相烈(1854~1896)

근대 개항기 을미사변 이후 충청도와 경상도 일대에서 활동한 의병장.
을미사변 이후 이필희 의진의 참모가 되었고, 이후 안승우 의진과 회합하여 유인석을 의병대장으로 추대하였다. 관찰사 이남규·이중하가 이끄는 정부군과 전투하다가 낭천(지금의 강원도 화천군)에서 1896년 9월에 사망하였다.

셋째로 헤아릴 수 있는 특색은 그야말로 결사적이었던 그것이다.
이미 정의에 입각한 운동이었고, 또 민족혼의 부르짖음으로 일어난 것이었으므로, 비록 맨주먹을 쥐고서라도 뛰쳐 나설 수밖에 없었던 것이다. 전기 의병전에 있어서 의암선생을 중심으로 한 의병들 전부가, 기껏해야 화승총 나부랭이를 쥐고 전쟁에 나섰던 것이다. 혹시 지평에서 일어난 의병들로서 안승우·이춘영李春永 등 이 그곳 포병 김백선金伯先을 이용했던 것으로 말하면, 겨우 화승총 정도를 면했었다고 할지 모르나, 대체로 보아서는 어디서나 맨주먹이었다 해도 지나친 말이 아니었던 것이다.

■ 이춘영李春永(1869~1896) 경기도 양평 지평 출생

개항기 충주성 공방 당시 의병장. 지평감역砥平監役으로 있는 맹영재孟英在를 포섭하여 거의하려 하였으나 실패하자, 맹영재의 부하 김백선金伯善을 설득하여 인솔하고 있던 400여 명의 관군으로 의병부대를 조직하였다. 원주를 점령한 뒤 제천으로 진군하여 제천·단양·청풍·충주 등지에서 일본군을 격파함으로써 명성을 떨쳤다. 이후 풍기로 진군하다가 친척인 이민옥李敏玉의 배반으로 관군의 기습을 받고 패전하였다. 그 뒤 부대를 수습하여 충주로 이동하여 유인석柳麟錫을 의병대장으로 추대하고 중군장中軍將이 되어 재차 의병 활동을 전개하였다. 이춘영 부대는 조령을 지키면서 수안보에 있던 일본군 병참기지를 습격, 격파하였다. 당시 충주성 내에는 수많은 의병들이 주둔하고 있었는데 일본군이 3개 중대의 병력을 동원하여 충주성을 공격하여 왔다. 이 충주성 공방전은 15일간 계속된 전투로서 당시 의병전쟁의 절정을 이룬 전투였다. 이 전투에서 용전 하다가 수안보에서 적탄에 맞아 전사하고 말았다

■ 김백선金伯善(미상~1896) 경기도 양평 출생

을미사변이 일어나고 단발령이 내려져 항일 기운이 고조되자, 맹영재를 찾아가 함께 의병을 일으킬 것을 제안하였으나 거절당하였다. 이때 마침 제천에서 이필희李弼熙·이춘영李春永·안승우安承禹 등이 의병을 일으키자, 1896년 1월 휘하 포군 400여 명을 이끌고 합류함으로써 제천 의병에 실질적인 전투력을 제공하였다. 이어 같은 달 28일 유인석柳麟錫이 제천 의병의 지휘를 맡아 부대의 편제를 정할 때 선봉장에 임명되어, 충주성 전투 등에서 두드러진 활약을 보였다. 3월 27일 가흥可興에 주둔하고 있던 일본군 수비대를 공격, 진지를 점령하던 중 본진에 요청한 원군이 오지 않아 점령에 실패하고 끝내 패퇴하게 되자, 원군을 보내지 않은 중군장 안승우에게 거세게 항의하였다. 이것이 결국 빌미가 되어 군기를 문란하게 하였다는 죄목으로 처형되었다.

■ 이필희李弼熙(1857~1900)

개항기 제천에서 봉기한 호좌의진의 의병장.
안승우安承禹·이춘영李春永 등이 지평의 포군으로 조직된 의병 부대를 거느리고 원주의 안창리에서 의병을 일으켜 제천으로 들어왔을 때 여러 선비들과 함께 달려가서 맞았고, 이어 대장으로 추대되어 제천 의병대장 이필희의 이름으로 팔도에 격문을 띄웠다. 그리고 단양의 장회 전투에서 첫 승리를 거두었다. 하지만 승리에도 불구하고 포군들이 흩어지면서 의진이 무너져 곤경에 처하자, 유인석柳麟錫의 휘하에서 간부로활동하였다. 물론 무모한 운동이었다. 그러나 그것을 모르는 그들이 아니었다. 그러기 때문에 의암 유인석선생은 그의 격문에서, '성공과 실패는 본시부터 우리들이 헤아릴 바가 아니다.' 하는 것을 몇 번이고 되풀이했었다.

우리가 갖추어져야 전쟁에서 이길 수 있다는 것은 누구나 다 아는 상식인 것이다. 그러므로 그들이 그것을 모를 리 없었다. 그것을 알면서도 맨주먹으로 감히 나섰던 것은, 오직 의기의 용솟음을 눌러 참고 앉아 있을 수만은 없어, 민족혼의 명령에 다만 죽음으로써 대답하려고 했던 때문이다. 그러므로 그들은 오직 의리로써 계명을 삼았던 것이니, 아버지의 뒤를 이어 자식이 나서고, 자식의 전사를 통분히 여겨 아버지가 나서고, 스승의 죽음 곁에서 제자가 같이 죽는 등, 의리로써 일관한 것이 우리 의병들의 넷째 특색이었다.

본시 관북 사람으로 제천에 와 살며 의암 유인석의 제자가 되었던 입암 주용규가 충주에서 전사하자, 그의 아들 주용구가 아버지의 원수를 갚기 위해 죽음을 무릅쓰고 싸웠으며, 그러다 불행히도 그마저 적탄에 맞아 숨졌는데, 아버지가 맞았던 상처와 같이, 배꼽 밑 똑 같은 자리에 맞았던 것은, 우연이라 하기에는 너무도 기이한 일이 아닐 수 없었다. 또 후기 의병전에 있어서도, 진주사람 정용기鄭鏞基가 영천 싸움에서 전사하자, 그의 아버지 정환직 鄭煥直이 더욱 분발하여 싸우다가 그마저 전사했으며, 그와 아울러 아들의 친구였던 이한구李韓久·이경구李景久 등도 악전고투하다가 모두 다 전사한 연쇄적인 의리의 죽음을 보는 것이다.

■ 이한구李韓久(1870~1907)

대한제국기 신성전투, 자양전투, 영일 입암리전투 등에 참전한 의병장

1905년 을사조약이 강제 체결되자, 을사오적의 주살을 외치며 의병장 정용기鄭鏞基와 함께 의병을 모집하여, 이듬해 4월 동대산東大山에서 거의하여 산남의진山南義陣을 결성하고 중군장中軍將이 되어 정순기鄭純基·손영각孫永珏 등과 모든 일을 계획, 지도하였다. 이한구의 의병부대는 주왕산·약곡藥谷·청하清河 등 각지의 전투에서 선봉으로 크게 활약하였다. 그 뒤 재 봉기를 도모한 이한구는 1907년 9월 정용기와 함께 재기하여 청송의 신성薪城전투에서 일본군 3명을 사살하고, 이어 자양紫陽전투에서 일본군 분견소장을 생포, 적군 3명을 사살하였다. 그러나 같은 해 9월 11일 강원도로 북상 도중 영일 입암리立巖里전투에서 정용기·손영각·권규섭權奎燮 등과 함께 전사하였다.

■ 손영각孫永珏(1855~1907)

대한제국기 정용기의 산남창의진에서 참모장으로 활약한 의병장

1905년 을사조약 체결 후 시종관 정환직鄭煥直이 아들 정용기鄭鏞基를 고향으로 보내 의병을 일으키게 할 때 이한구李韓久·정순기鄭純基 등과 함께 거사계획을 수립, 기의하였다. 이들은 민중에게 알기 쉬운 권세가勸世歌 등의 노래를 지어 부르게 하고, 통유문通諭文·격려문 등을 각지에 보내 의병 참여를 전하여 영천을 중심으로 영남지방 전체에 걸치는 산남창의진山南倡義陣을 구성하였다. 1906년 3월 조직된 의진의 참모장을 맡아 동해안의 각 읍을 치고 관동지방으로 진출하기 위하여 청하로 진격하던 중 대장 정용기가 잡혀 7월 하순경 의진을 해산하였다. 그러나 1907년 군대해산 이후 재차 의병을 일으켜 청하를 공격하여 일본 헌병을 살해하고 헌병분견소를 불태웠다. 그 뒤 전의병을 운주산雲佳山 아래 상구원上龜原에 집결하여 북진을 감행하려 하였으나, 의견이 일치되지 못하여 100여 명의 병력만 죽장면 매현리에 주둔하였다. 9월 1일 장영도소將營都所 입암立巖에서 일본군의 습격을 받아 전사하였다.

■ 정용기鄭鏞基(1862~1907)

대한제국기 입암전투에 참전한 의병장

1905년 을사늑약이 강제 체결되자 각지에 통문을 보내 일제의 침략상을 규탄하였다. 1906년 아버지가 고종으로부터 항일거병의 뜻이 담긴 밀지를 받자, 아버지에게 거병을 간청하였다. 그 해 6월에 영덕으로 내려가 이한구李韓久·이지포李芝圃 등과 대구 등지에서 의병 600여 명을 규합, 거병한 뒤 청송·의성·영덕·영해·영양·평해·울진·삼척 등지를 전전하면서 일본군을 기습 공격하여 많은 성과를 거두었다. 아버지가 일본 경찰에 잡혔다는 전갈을 듣고 아버지를 구하기 위하여 경주로 가던 중 경주진위대에 잡혀 대구형무소에 수감되기도 하였는데, 이는 정용기를 잡기 위한 일제의 간계였나. 고종은 정용기가 잡혔다는 소식을 듣고 칙령을 내려 곧 석방시켰다. 그 뒤 항일 운동의 재기를 다짐하고 흩어진 의진을 재규합, 정비한 뒤 영덕의 신태호申泰浩와 합세하여 청송·영천·청하·신령 등지에서 일본헌병분파소 등을 습격하여 많은 일본군을 사살하였다. 1907년 10월 입암에서 전개된 영천수비대와의 전투에서 이한구·손영각孫永珏·권규섭權奎燮 등과 함께 일본군의 흉탄을 맞아 순절하였다.

이같이 아비 아들의 관계만이 아니다. 의암선생의 중군장中軍將이던 의병의 중심 인물 안승우가 제천 싸움에서 전사할 적에, 그의 제자 19세된 홍사구洪思九를 속히 피하라고 명령했으나 홍소년은, '스승이 여기 계신데, 제자가 감히 어디로 갈 것입니까' 하고, 그 자리에서 같이 전사하던 눈물겨운 광경은 참으로 가슴 속의 피를 용솟게 하는 사실이 아니고 무엇이랴. 더구나 이 같은 의리의 전통은 우리 역사상, 이미 오랜 유래를 가진 것이니, 신라 화랑들의 역사에서나, 임진왜란 때의 역사에서, 그 같은 예를 얼마든지 볼 수 있는 것으로서, 이는 실로 우리 민족의 아름다운 전통의 하나인 것이다. 물론 우리는 의병들의 역사를 통해서, 냉철한 비판을 가할 만한 점도 없는 것은 아니다. 그들의 항쟁에 대한 성공, 실패의 평가는 별문제로 하고, 의병들의 약점이라 할 만한 것 몇 가지를 헤아린다면, 첫째 모두들 독자적, 개별적으로 일어나, 각각 자기만이 영웅적이었을 뿐, 일의 성공을 위해 어떤 조직적인 계획과 함께 서로의 연결을 취할 줄 몰랐던 것을 들 수 있을 것이다. 의병사를 통하여 가장 먼저 일어선 이는 문석봉文錫鳳인데, 다만 그가 보은에서 혼자 일어났을 뿐, 아무런

조직이 없었으며, 또 여주·이천에서 일어난 김하락金河洛과 심상희沈相禧가 같은 고장임에도 불구하고 서로 각각 따로 일어났음을 본다.

■ 문석봉文錫鳳(1851~1896)

개항기 경복궁 오위장, 공주부 진잠 등을 역임한 의병장
을미의병의 기점으로서, 단발령 직후 전개되는 반일 의병 투쟁의 촉발제 구실을 수행했다.

■ 김하락金河洛(1846~1896)

1895년 11월 단발령이 내려지자 이종동생 조성학趙成學과 동지 구연영具然英·김태원金泰元·신용희申龍熙 등과 더불어 16일 이른 새벽에 한강을 건너 이천으로 향했다. 17일 이천군에 들러 화포군도령장火砲軍都領將 방춘식方春植과 포군 중에서 100여 명을 징발해 의병을 모집하는 임무를 맡게 하였다. 이천을 중심으로 포군을 확보하고 이천의 서쪽 이현梨峴에 머물면서 동지들을 양근·지평(구연영)·광주(조성학)·안성(김태원)·음죽(신용희) 등 각지로 파견해 의병을 모으게 하였다. 그러나 안성에서는 이미 민승천閔承天이 창의하고 있었으므로, 그와 함께 연합해 대오를 편성하였다. 이에 민승천을 이천 창의대장으로 추대하고, 자신은 각 군 도지휘가 되었다. 12월 5일 새벽 광주 노루목[獐項] 장터를 장악했으나, 12월 30일 적 200여 명의 습격을 받아 고전하다가, 일기불순의 악조건에서 결국 이현을 빼앗기고 말았다. 이듬해 1월 흩어진 병사를 모아 대오를 정비하고 훈련을 실시하는 한편, 의진을 재편성하였다. 대장에 박준영朴準英, 여주대장에는 심상희沈相禧를 추대하고, 자신은 군사 겸 지휘가 되었다. 안동 화촌花村으로 들어가는 길에 흥해진興海津을 거쳐 영덕으로 들어가려는 300여 명의 적군을 토벌하던 중 총상을 당하자 강물에 투신해 순국하였다. 의암 유인석 선생이 의기義旗를 가장 높이 들었을 때에, 강릉에서 민용호閔龍鎬가 대장이 되어 따로 일어난 것까지는 좋다고 치더라도, 왜 유인석선생 군사들을 뺏어가려 했으며, 그래서 의암의 중근장 안승우가 민용호를 치자고까지 했던 것이나, 또 김복한金福漢의 홍주 의병이 이름을 드날렸던 것은 사실이나, 어찌하여 제천의 의암선생에게는 아무런 연락도 취하지 않고 독자적으로 움직였던가. 또 후기 의병사에 있어서, 최면암선생의 제자 백낙구白樂龜·양한규 등도 많지 않은 군사를 이끌고 같은 남원에서 일어나면서 저마다 따로 일어났던 것이다. 그리고 평산에서 일어난 이진룡李鎭龍과 조맹선趙孟善은 무엇 때문에 행동을 달리 했으며, 또 학자로서의 의병장이었던 전해산全海山과 이석용李錫庸도 처음에 같이 일어났던 친의는 어디다 버리고, 왜 뒤에 서로 갈라져야만 했던가.

둘째의 약점은 양반 상놈의 계급적 조화를 이루지 못했던 그것이다. 양반 계급에 속한 학자들은 본시 그들의 명분과 권위와 사회적 지위와 함께, 오직 의기로써 일어났던 것이나, 그것이 이미 전무인 이상 농촌의 청장년들로써 편성하고 또 무기와 완력자들을 필요로 하지 않을 수 없는데, 상실 따지면 농촌 청년들이나 완력의 소유자는 두말할 것 없이 평민 계층에 속한 사람들인 만큼, 두 계급의 인물들이 서로 머리가 되고 손발이 되어 한 몸뚱이를 이루는 곳에 승리가 있을 것임에도 불구하고, 양반 학자들이 평민층의 우두머리들과 조화를 얻지 못했던 것이 사실이다.

■ 전해산全海山(1879~1911) 전라북도 임실 출생

1905년 을사늑약이 체결되자 거병 모의에 가담했다. 위정척사론의 거두인 최익현선생이 이듬해 임실 근처 정읍에서 호남 지역 유림들을 규합하여 의병을 일으켰을 때, 찾아가 최익현을 만났으나 거사에는 참가하지는 않고 귀향했다. 1907년에도 기삼연이 장성에서 일으킨 의병대에 직책을 맡았으나 활동은 하지 않았다. 그가 의병 운동에 본격적으로 뛰어든 것은 1908년 이석용이 임실과 진안을 중심으로 조직한 창의동맹단에 참모로 참가하면서부터이다. 창의동맹단이 일본군과의 전투에서 연패하면서 그는 기삼연의 장성 의병대에 합류하기로 하고 이석용과 헤어졌으나, 장성에서는 이미 전사한 기삼연을 이어받아 의병대를 이끌고 있던 김태원까지 전사하고 난 뒤였다. 전해산은 남은 병사들을 규합 중이던 오성술과 합류하였고, 여기에 해산된 군인들을 이끌고 한성부에서 내려온 정원집이 가세함으로써 1908년 음력 7월 25일에 대동창의단을 조직하여 대장에 취임했다. 대동창의단은 1909년 5월까지 약 10개월 동안 호남 서남부 지역에서 소규모 유

격전을 위주로 활동하였으며, 1908년 겨울에는 호남 지역 의병대의 연합 부대를 구성하여 호남동의단을 창단하기도 했다. 그러나 순종의 의병 해산령과 함께 거듭되는 연패로 인해 전해산은 영광에서 부대 지휘권을 박영근에게 맡기고, 뒷선으로 물러나게 되었고, 이후 남원에 숨어 지내다가 조두환의 밀고로 체포되었다. 1910년 대구형무소에서 교수형으로 처형되었다. 이때 박영근 · 심남일 · 오성술 · 강무경도 함께 사형에 처해졌다. 처형당한 시신을 수습해 장례를 치를 때 전해산의 부인도 자결한 것으로 전해진다.

■ 이석용李錫庸(1875~1918) 임실 출생

대한제국기 임실 · 순창 · 태인 · 남원 등지에서 활동한 의병장

러일전쟁에서 승리한 일제가 우리나라의 재정 간섭을 강화하자, 1906년 임실 · 장수 · 진안 · 남원 · 함양 · 순창 · 곡성 등지에서 동지를 얻고, 조정을 비롯하여 전국의 동포, 그리고 일본 정부와 세계 열강들에게 격문 · 통고문 · 규탄문 · 건의문 등을 선포하면서 민족의 주권 확립에 노력하였다. 1907년 8월 우리나라 군대가 강제 해산을 당하자, 같은 고향의 전해산全海山과 함께 거의토적擧義討賊할 것을 의논하고, 당시 기삼연奇參衍이 영광 수록산隨綠山 석수승암石水僧庵에서 회맹하여 호남창의맹소湖南倡義盟所를 구성하자, 전해산과 더불어 종사 중 1인이 되었다. 그러나 기삼연의 의진에 입진하는 것보다 독자적인 의진을 구하는 것이 필요함을 절감하고, 뒤에 연합할 것을 기약하며 8월 26일 고향으로 돌아왔다. 그 뒤 상이암上耳庵 · 황사현 등지에서 재차 동지들과 창의계획을 숙의하였다. 안승우 · 이춘영 등이 비록 양반의 입장에서 의암선생을 추대하여 대장을 삼고서도, 실질적인 필요에 의해서는 지평 고을 포병이요, 기운이 장사였던 김백선과 그의 부하 4백여 명을 효과적으로 이용했던 것인데, 뒤에는 그와의 조화를 이루지 못하고, 마침내 그를 군법 위반이란 구실로 처단하기까지 한 것은 스스로 큰 손실을 가져온 일이기도 하거니와, 그것이야말로 양반 평민의 부조화 현상의 가장 두드러진 적례가 아닐 수 없다. 더욱이 후기 의병사에 있어서, 경상도의 신돌석申乭石이나, 전라도의 안규홍安圭洪(안담살이라고 부르던 인물) 같은 이들은 모두 다 머슴살이하던 천한 계급에 속한 사람들이므로 그들에게는 아무런 직임도 주지 않았던 것이다. 그러나 실상은 적들이 가장 무서워하는 존재가 그들이었고, 그들의 가는 곳에는 눈부신 승리가 있었으며, 또 혁혁한 전과가 있었음에도 불구하고, 그들의 공적에 대한 기록마저 뚜렷한 남김이 없음은 참으로 애석한 일이 아닐 수 없다. 그러므로 양반 평민의 원만한 조화와 합작이 있어야만 일이 성공될 것을 깊이 생각했던 허왕산 선생 같은 이가 임진강 연안에서 작전 계획을 세울 적에, 특히 노비 계급에 속한 장사들을 중용하여 그들과 더불어 서로 격의 없는 조화를 이루어 보려고 노력했던 것은 참으로 주의할 만한 사실이 아닐 수 없거니와, 전체로 보아서는 계급적인 부조화로써 큰 힘을 내지 못했던 것을 부인하지 못할 것이요, 또 이러한 계층간 갈등 이 오늘에 있어서도 우리들에게 침통한 교훈적 자료가 되는 것이라 할 것이다.

신돌석

■ 신돌석申乭石, 본명은 신태호申泰浩(1878~1908). 대한제국 의병장

신돌석은 1905년 을사늑약의 강제 체결 이후, 동생 신우경과 함께 재차 의병을 일으켰다. 울진군에서 일본 선박을 여러 척 격침시키고 강원도 동해안 일대, 경상북도 내륙 지방, 원주 등 강원 내륙 지방까지 세력을 확대했다. 이때부터 그는 '태백산 호랑이'로 불릴 만큼 신출귀몰한 전공으로 이름을 날렸고, 여러 구전 전설들도 만들어졌다. 이강년의 의병대와 순흥(영주시)을 공격하는 연합 작전을 시도하는 등 계속되는 전과를 올리면서 경북 일대의 대표적인 의병장으로 부상하여, 이인영의 연합 의병 13도 창의군이 결성되었을 때도 영남 지방을 담당하는 교남창의대장에 선임되는 등 양반 출신의 유학자 의병대장들도 그를 완전히 무시하지는 못할 정도의 세력을 형성하게 되었다.

■ 피살 과정

그를 살해한 사람에 대해서는 기록에 따라 내용이 조금씩 다르다. 가장 널리 알려진 설은 살해범이 김상렬金相烈 삼형제라는 것이다. 신돌석의 부하였으며 외사촌 또는 이종사촌들로 가까운 친척이었던 김상렬이 형제인 김상태金相泰, 김상호金相浩와 함께 신돌석에게 걸려 있던 거액의 현상금을 노리고 그에게 독이 든 술을 먹인 뒤 도끼로 살해하였다는 설이다. 신돌석의 시체를 일본군에 바쳐 많은 상금을 타려는 속셈으로 이들은 독주를 만들어 신돌석 앞에 내놓았다. 그는 이 독이 든 술을 마시고 깊은 잠에 빠져들었다. 김상렬 형제는 도끼로 신돌석을 내리 쳤다. 살해범의 이름이 김도윤·김도룡(또는 김도용) 형제라는 설, 범인은 김자성이고 그가 신돌석의 고종사촌이었다는 설도 있다. 한편, 국가보훈처의 포상자 공적조서에 따르면, 신돌석의 고종형제 김자성金自聖이 자기집으로 유인하여 삼형제가 도끼로 쳐죽였다고 하며, 신돌석의 유해를 들어 옮기고 일본 헌병대에 발고하였으나 생포하지 않고 살해 후 발고하였다는 까닭으로 일본 헌병대로부터 퇴짜를 맞고 현상금을 받는 데 실패하였다고 기록되어 있다.

안규홍 의병장

■ 안규홍安圭洪(1879~1910) 전남 보성 출생

대한제국기 군대 해산 후 전라남도 보성에서 모병하여 의진을 편성한 의병장
일본의 내정 간섭이 점차 심화되고 1907년 한국군이 강제 해산되자, 의병을 일으켜 응징하기 위해 담살이 동지들과 모의하는 한편, 주인에게 거사할 자금으로 전곡포백錢穀布帛을 요구하였다. 또한, 보성의 우국지사인 참봉 안극安極의 묵계 아래 안극의 집에 침입해 무기와 가재를 몰수하고 점차 동지를 규합하였다. 1908년 2월 관북 출신 강성인姜性仁이 이끄는 무장한 의병 수십 명과 합세해 병력은 70명으로 불어났다. 먼저 보성 동소산에서 군사훈련을 실시하였다. 그런데 강성인의 민폐가 매우 심하자 그를 참형하고 군기를 엄히 하였다. 1908년 2월 일본군이 보성군 조성에서 벌교·순천을 연결하는 토벌진을 구성해 수색작전을 전개하자, 평소 이 일대의 산악지리를 자세히 파악해 두어 험한 곳에 복병을 매복시켜두었다. 미호米戸와 히라이平井의 2개 부대가 골짜기 안으로 들어닥치자, 일제히 맹사격을 가하여 적군을 괴멸시킨 뒤 적의 무기와 서류 등 많은 전리품을 노획하여 대원산으로 들어가 호군하였다. 이것이 파청대첩이다. 이에 일본군은 복수하고자 대원산을 포위, 공격하였으나 적지 않은 인명 피해만 입었다. 대한제국관보 제4717호에 순국 관련 사실이 고시(융희 4년 6월 28일)되어 있다.

셋째의 약점은 아무 것보다도 전투에 있어서의 근본적인 문제점으로서, 무기를 갖추지 못한 것에 본격적인 조직과 훈련이 부족했던 그것이다. 전기 의병전은 그야말로 맨손으로 일어나다시피한 것이므로 더 말할 것이 없고, 후기 의병전에 있어서는, 우리 군대가 강제로 해산당한 뒤에 시위대와 각처 진의대의 군인들이 민간 의병과 합류하면서 비로소 약간의 장비를 갖추기는 했어도 적의 무기에 비기면 너무도 빈약한 것이었고, 군수 보급이 뒷받침되지 않은 것도 사실이다. 이같은 여러 가지 약점들로 말미암아 의병 항쟁이 필경에 있어서는 제대로 이루어진 성과를 만들어 내지 못한 것이 아니냐고 생각할 수 있을지 모른다. 그러나 이는 어디까지나 다만 피상적으로 하는 평가에 지나지 않는 것이요, 그보다는 역사의 내면에 있어서, 민족 정기의 전통이 눈부신 유산으로 끼쳐졌음을 오히려 높이 평가하지 않으면 안 될 것이다.

의암 유인석선생은 의병을 일으킨 뒤, 상소문 가운데, 臣之徒 能擇熊魚之欲(신의 무리들은, 능히 곰의 발바닥과 생선 중의 어느 것 한 가지 먹어야 할 것을 가릴 줄 압니다)하고 적은 것이 있다. 그것은 곰의 발바닥(熊掌)과 생선이 다같이 맛 있는 음식인 줄 알지마는, 만일 그 중에서 하나만 고르라면 더 맛 있는 곰의 발바닥을 고르 듯이 사람에게 있어서 정의와 생명이 다같이 중요한 것인 줄 알지마는, 만일 그 중에서 하나만 택하라 하면, 차라리 생명을 버리고 정의를 택한다는 뜻이다. 우리는 이 한 마디 말에서 의병들의 동기와, 저항과, 성격과, 가치를 단적으로 파악할 수 있을 것이다.

1895년 을미년으로부터 1910년 경술년 국치의 해에 이르기까지, 무릇 15년 동안의 운동으로 헤아리는 의병항쟁이란, 필경 한 마디로 따져서, 오직 하나 '정의'의 움직임이었던 것이다. 아니 의병 항쟁만이 아니다. 독립운동 전체가 바로 이 '정의' 하나에서 출발하는 것이다. 그러므로 민족이 해방된 오늘, 다시금 고난의 반세기를 돌이켜 보며, 청춘과 영화와 생명까지 바쳐 싸우던 의병과 독립투사들의 피 묻은 사적들을 정리 편찬한다는 것은 다른 어떤 분야의 역사와는 그 성격을 달리하여, 다만 하나 한국 민족의 죽지 않은 정의의 역사 정신 그것을 글자 위에 실어 두자는 것이다. 그래서 우리 스스로 민족의 참 모습을 파악하고, 또 그것을 후에 자손들에게 영원히 바로 전해주자는 곳에 큰 뜻이 있는 것임을 잊지 않아야 한다.

1970년 12월
독립운동사 편찬위원회 위원장
노산 이은상

마포 공덕리孔德里 대원군 별장

을미사변 당시 경복궁 주변

의암 류인석柳麟錫의병장 옛집(제천)

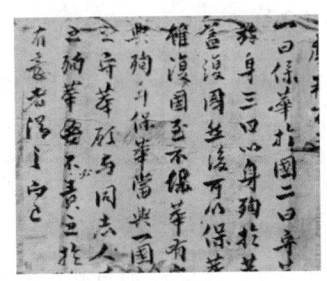

의암 류인석의병장 필적

의병항쟁사에 빛나는 얼굴들

The shining faces of the volunteer army resistance

고광古狂 이세영李世永 의병장(1869~1938)

대한제국기 대한제국 육군 참위, 독립의군부 충청, 전라, 경상도 3도의 사령관 등을 역임한 의병장. 1895년 을미사변에 격분하여 홍주에서 이설李偰 등과 함께 관찰사를 총대장으로 추대하고 의병을 일으켰으나, 이승우李勝宇의 간계로 패퇴하여 홍산鴻山으로 피신하였으나, 김복한金福漢 등 많은 동지가 붙잡혔다. 1908년 동생 이창영李昌永과 성명학교誠明學校를 설립하여 교장이 되었고, 이듬 해에 대한협회 은산지회殷山支會를 조직, 항일활동을 하였다. 1913년 3월 독립의군부 함경·평안·황해도의 3도사령으로 활약하였고, 그 해 6월 만주로 망명, 대종교에 입교하여 상교尙敎가 되었다.

백남규白南圭 의병장(1884~1970)

대한제국기 군대해산 후 이강년 의진에서 우선봉으로 활약한 의병. 대한제국 무관학교를 졸업한 뒤 안동진위대 부위를 지냈다. 1907년 한국군이 강제 해산당하자, 경상북도 순흥에서 의병을 일으켜 부하 800명을 거느리고 항일투쟁을 전개하였다. 그 때 강원도 횡성의 봉복사鳳復寺에서 의병장 이강년李康秊을 만난 뒤 그의 인품에 감복하여 이강년 의진의 우선봉이 되었다. 그 해 7월 제천전투에서 큰 전과를 올려 도선봉장都先鋒將이 되었고, 8월에는 모두령毛頭嶺·유수산, 문경의 갈평 등지에서 크게 승전하였다. 9월에는 영월 사리치寺里峙에서 선유원宣諭員 홍우석洪祐錫의 100여 명의 수비대를 크게 격파하였다. 1908년 6월 이강년이 적에게 붙잡히자, 군사지휘권을 장악한 김상태金尙台로부터 의병 1지대를 분급받아 서벽·내성·아산 등지에서 큰 전과를 올렸다. 1909년 12월 죽산에서 적과 접전하다가 잡혀 공주지방법원에서 10년 형을 받고 8년간 옥고를 치르다가 출옥하였다. 1918년 상해上海로 망명하려다가 잡혀 15년간 옥고를 치렀다.

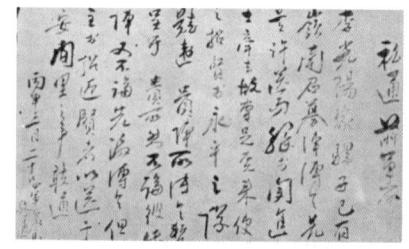
안승우 의병장 필적

하사下沙 안승우安承禹 의병장(1865~1896)

개항기 충북 제천의 남산성전투에 참전한 의병장. 1895년 명성황후 시해사건과 단발령이 내리자, 지평 선비 이춘영李春永과 함께 거의하였다. 군사를 제천으로 이동시키고 대장에 유인석柳麟錫을, 중군장에 이춘영을 추대하였다. 이춘영이 전사한 뒤 그 뒤를 이어 중군장이 되어 제천 일대에서 전투에 참가하여 혁혁한 전공을 세웠다. 그러나 제천 남산성전투에서 날씨가 좋지 않아 화승총에 불을 붙일 수 없는 상황에서 접전하다가 전사하였다.

정운경鄭雲慶 의병장(1861~1939)

개항기 제천에서 유인석의 호좌의병진의 전군장으로 활동한 의병장. 1876년(고종 13년) 문호 개방 이후 시세를 한탄하며 영춘永春에 우거하였으며, 1894년 동학접주 전봉준全琫準이 동학농민운동을 일으키자, 각처에 통문을 보내고 동학도 4명을 죽이는 한편 고을 동학접소를 소각하였다. 1895년 미우라三浦梧樓가 명성황후明成皇后를 살해하고 뒤이어 단발령을 반포하여 상투를 자르자, 유인석柳麟錫과 더불어 제천에서 의병을 일으켜, 유인석의 호좌의병진湖左義兵陣의 전군장으로 항일 전선에서 활약하였다. 특히 1896년 4월 13일 호좌의병진이 제천에서 장기렴(張基濂)이 이끈 관군과의 전투에서 패한 뒤 전세가 크게 기울어졌다. 그리고 일제의 군사력이 증강되자, 이를 보완하기 위해 유인석의 지시를 받고 청나라의 위안스카이袁世凱를 만나 원군을 요청하기도 하였다. 유인석이 호좌의병진을 해산하고 간도로 망명한 이 후, 유인석을 따라 여러 차례 간도를 다녀왔으며, 향리에 은거하면서 김호연金昊淵·이회승李會升 등과 함께 향약을 실시하여 흩어진 기강을 바로잡고 민중의 항일정신 고취에 전념하였다. 1905년 일제가 을사조약을 강요하며 침략상을 노골화시키자, 그 해 가을 이규석李圭錫·김홍경金鴻卿·강수명姜秀明·지원영池源永·김지현金知鉉·정해훈鄭解薰 등과 함께 의병 300~400명을 소모한 뒤 단양에서 재차 의병을 일으켜 항일운동을 전개하였으나, 일제의 수비대에게 잡혀 그 해 11월 평리원平理院에서 15년 유배선고를 받고 유배생활을 하였다.

윤영기尹泳綺 의병장(1880~미상)

대한제국기 전라남도 창평에서 모병하여 의진을 편성한 의병장. 1906년 7월에 고광순高光洵을 찾아가 전라남도 창평에서 거의하여 호군으로 추천되었다. 병력을 강화하고자 광주에 나와 해산군인 40여 명을 모으고, 전라남도 순천·석곡 등지에서 병력 및 무기를 증강하며 일제 군경과 싸우면서 광양에 이르렀다. 1907년 구례로 행군하기에 앞서 고광순이 순국하였다는 소식을 듣고, 화개를 거쳐 지리산으로 들어 갔다.

의당毅堂 박세화朴世和 의병장(1834~1910)

대한제국기 을사늑약 체결 후 충청북도에서 활동한 의병. 조선 말기에서 대한제국기 충청북도 지방에서 활동한 의병장이다. 을미사변과 단발령에 반대하여 의병을 계획하다가 체포되었다. 1905년 을사늑약 체결에 반대하여 남현에서 의병을 일으켰다가 다시 체포되었고, 일제의 대한제국 강제병합이 임박하자 단식하여 23일 만에 사망하였다.

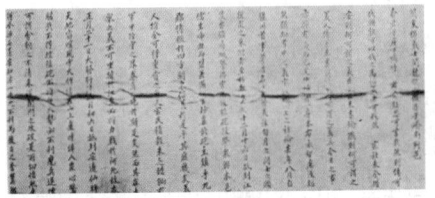

민용호閔龍鎬 의병장(1869~1922)

1890년대 강릉을 중심으로 관동구군도창의소를 설치하고, 의병 활동을 한 의병장

민용호閔龍鎬 의병장 필적

신암愼庵 노응규 盧應奎 의병장(1861~1907)

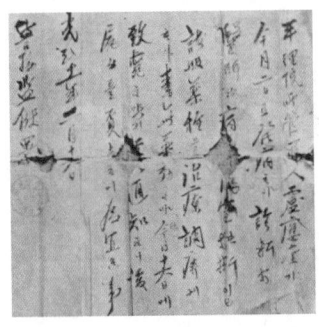

개항기 을미사변 후 안의에서 모병하여 정도현 등과 진주성을 장악한 의병장
1895년 을미사변으로 명성황후가 시해되자, 1896년 1월 안의安義에서 의거하여 의병을 모집하고, 승려 서재기徐再起를 선봉장으로 하여 정도현鄭道玄·박준필朴準弼 등과 진주성을 공격하여 이를 장악하는 데 성공하였다. 이때 진주의 정한용鄭漢鎔 의진이 노응규 의진에 합세하고, 같은 해 3월 28일 부산을 공격하고자 김해 일대에 병력을 집중시켰다. 그러나 4월 11일 일본군에게 선제 공격을 당하였을 뿐만 아니라 정한용이 관군과 결탁하여 노응규를 배반함으로써 진주성이 함락되고 말았다. 또한 아버지와 형 노응교盧應交가 살해되고, 가산을 몰수당하였다. 1897년 10월 상경하여 '지부자현소持斧自見疏'를 올리고, 1902년 동궁시종東宮侍從의 직책을 맡았으나, 1905년 일제의 강압으로 을사늑약이 체결되자 관직을 버렸다. 그리고 1906년 6월 최익현 부하로 들어가 활약하고자 하였다. 그러나 순창 일대에서 거의 수 일만에 최익현 등 12인이 자진 체포되어, 의진이 해산되는 바람에 실현하지 못하였다. 이에 충청북도 황간黃澗으로 들어가 서은구徐殷九·엄해윤嚴海潤·노공일盧公一 등을 주력 부대로 재편, 무장하였다. 그리고 1906년 가을 매곡면 일대를 사병 훈련소로 삼아 인근의 이장춘李長春·문태수文泰守 의진의 의병들과 함께 합동 훈련도 실시하였다. 이들이 주축이 되어 8km 지점의 일본군 및 척후대를 여러 차례 공격하여 괴멸시켰다. 그 뒤 경부철도 파괴, 열차 전복 등의 활동을 하였으나, 한성 진군 계획의 누설로 체포되어 한성경무서 감옥에서 옥중 투쟁을 계속하다가 옥사하였다.

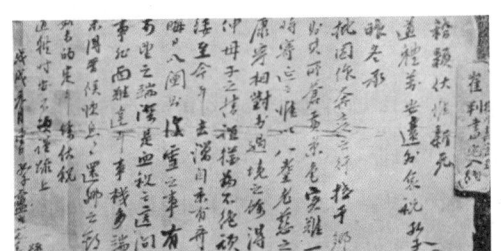

최익현 의병장에게 보낸 노응규 의병장의 서한

한봉수韓鳳洙 의병장(1872~1970)

대한제국기 괴산, 횡성, 장호원 등지에서 게릴라전을 수행한 의병장. 충청북도 청주 출신. 1907년 8월 의병장 김규환金奎煥을 만나 감화를 받은 것이 계기가 되어 의병에 가담하게 되었다. 청주 세교장細橋場에서 거의하여 4년 6개월 동안 33전 1패의 전과를 거둔 유격전의 명수였는데, 17세부터 명포수로 알려질 정도로 총의 명수이기도 하였다. 진천鎭川 문배리에서 일본군 헌병 중위 시마자키島崎善治 등 3명을 사살하고 그 무기를 노획한 것을 시초로, 약 30명 정도의 의병을 이끌고 게릴라전으로 미원米院·진천·괴산·횡성·장호원 등에 출몰하여 혁혁한 전과를 올렸다.

박춘실朴春實 의병장(1875~1914)

박춘실朴春實 의병장 옛집

개항기 무주 지역에서 활동한 의병. 1905년(고종 42년) 을사늑약乙巳勒約이 체결되자, 비분 강개하여 전라북도 진안군 용담에서 '국가 존망의 이때 모두 분발하여 사심을 버리고 나라를 구하자'는 내용의 창의倡義 격문을 돌렸다. 이러한 격문을 보고 모여든 의병 52명을 이끌고 용담 구봉산에서 일본군과 접전하여 많은 전과를 올렸다. 1906년 최익현崔益鉉의 순창 거의擧義에 참가하였으며, 최익현이 체포된 후 고향으로 돌아와 동지 몇 명과 함께 용담 구봉산에서 일본군 수비대를 기습하여 무기를 노획하였다. 1907년 가을, 문태서文泰瑞 의병 부대와 연합하고 이어 박수문 의진을 모아 호남 의병단을 조직하였다. 호남 의병단의 선봉장이 된 박춘실은 덕유산德裕山을 거점으로 본격적인 의병 활동을 전개하였다. 장수와 무주 일대에서 일본군을 습격하여 큰 전과를 올렸으며, 이듬해 13도 연합 의진의 서울 진공進攻이 있을 때에 호남 창의 대장으로 양주까지 진출하여 참전하기도 하였다.

권용일權用佾 의병장(1884~1971)

권용일權用佾 의병장 일기

대한제국기 경북 안동의 재산 전투에 참전한 의병. 1907년 한국군이 일본에 의하여 강제 해산되었다는 소식을 듣고 상경하던 중, 제천에서 원주로 이진하던 이강년李康秊의 의진義陣에 입대하였다. 곧, 원주로 들어가 의병을 모은 뒤, 군기고軍機庫를 열어 탄약과 총을 탈취, 배양산培陽山에 은닉하여 두었다. 뒷날 무기 등을 의진에 공급한 공으로 우군선봉장에 임명되어 제천 · 증평 · 연풍 · 유치산柚峙山 · 죽령 등지에서 활약하였다. 특히, 1908년 4월 백남규白南奎와 4천여 의병을 모병, 안동의 호령서벽湖嶺西壁에 머물던 중, 전군을 3대로 나누어 대구의 일본군이 내습했을 때 큰 공을 세웠다. 이어 안동 재산 전투才山戰鬪에서 이만원李萬原과 동구에 매복해 있다가 변복하고 내습해오던 적을 크게 물리쳤다.

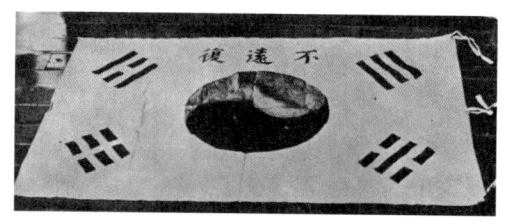

고광훈高光薰 의병장의 불원복기不遠復旗

'불원복不遠復' 태극기는 대한제국기에 의병장 고광순이 '불원복'을 새겨 제작한 태극기이다. 전라남도 구례 일대에서 국권 수호를 위해 의병을 일으킨 고광순이 사용하였다. 머지 않아 국권을 회복한다는 '불원복'이라는 글자를 새겨 국권 회복을 다짐한 것으로, 항일독립운동과 관련한 귀중한 사료이다. 세로 82㎝, 가로 128㎝ 크기의 면직물을 바탕으로 하여, 태극 문양과 괘는 천을 오려 덧댔다. 태극 문양의 양방은 홍색, 음방은 흑색이며 4괘도 흑색이다. 괘는 가로 상단에 이괘와 건괘를, 하단에는 곤괘와 감괘를 배치하였다. 상단 중앙에 홍색실로 한자 '불원복不遠復' 글씨를 수놓았다.

고광훈高光薰 의병장(1848~1907)

개항기 을미사변 후 기우만과 의병을 모집하여 좌도의병대장으로 활약한 의병장. 1895년 을미사변이 일어나자 각 읍에 격문을 띄우고, 기우만奇宇萬과 의병을 모집하여 좌도의병대장에 추대되었다. 나주를 본영으로 의병을 불러모으자, 일본군이 나주로 집결하므로 광주光州로 옮겼다. 명성황후明成皇后의 원수를 갚기 위해 북진하던 중 선유사宣諭使의 권고로 의병을 해산하였다. 을사늑약이 강제 체결된 뒤 1906년 4월 최익현崔益鉉이 순창에서 의병을 일으켰다는 소식을 듣고 고제량高濟亮과 순창에 이르렀으나, 최익현은 이미 패전하여 서울로 압송된 뒤였다. 다시 기우만·백낙구白樂九와 모사하였으나, 그들도 곧 붙잡혔다. 1907년 1월 24일 저산猪山의 제각祭閣에서 고제량·고광훈高光薰·고광채高光彩 등 족친들과 윤영기尹泳淇·박기덕朴基德 등과 의병을 일으켰다. 12월 말 남원의 양한규梁漢圭와 남원성을 공격, 관군과 접전을 벌이던 중 양한규가 죽고 남원 의진이 붕괴하여 퇴진하였다. 1907년 5월에는 능주綾州, 8월에는 동복同福을 습격하였다. 그 뒤 지리산 문수암文殊庵을 거점으로 활약하던 김동신金東臣과 연합작전을 구상, 지리산으로 집결하였다. 그 동안 고광순의 종가는 적의 습격으로 사당만 화를 면하였을 뿐 피해가 컸다. 8월 구례 연곡사燕谷寺로 가서 화개동花開洞과 문수암 일대를 거점으로 대원들을 머무르게 한 뒤, 군대를 훈련시키고 군량을 보충하며 '불원불복不遠不復'이라는 깃발을 만들어 의기를 북돋웠다. 그 뒤 지리산을 거점으로 하여 많은 전과를 올렸으나, 9월 적의 연곡사 복멸작전에 의한 야습을 받아 부장인 고제량을 비롯, 주요 장졸들과 함께 전사하였다.

신덕균申德均 의병장이 사용하던 화승총

신덕균申德均 의병장(1878~1908)

대한제국기 을사늑약 체결 후 고광순 의진에서 참모로 활약한 의병장 을사늑약이 강제 체결된 뒤 최익현崔益鉉의 창의격문을 받아 동지를 규합, 기회를 엿보던 중 1907년 4월 25일 고광순高光洵 의진이 동복同福으로 진격한다는 소식을 듣고 사촌 아우인 신상철申相徹과 같이 달려갔으나, 전세가 불리하여 집으로 돌아와 재거를 계획하였다. 1907년 8월 고광순의진에 입대하여 참모가 되었으며, 전라남도 창평 제심리를 중심으로 대규모 거사계획을 숙의하였다. 1907년 9월 14일 고광순의진은 신덕균의 제의에 따라 일본인이 많다고 알려진 동복읍을 습격하여 적들을 궤멸시키고, 하동 화개동으로 들어갔다. 그 뒤 구례 연곡사에 본영을 정하고 의진의 부서를 개편하였는데 참모로 유임되었다. 같은 해 10월 17일 광주에 주둔하였던 일본수비대의 기습공격을 받아 대장 고광순과 부장 고광훈高光勳이 붙잡혔으나, 신덕균은 참모인 윤영기尹永淇와 소모召募하기 위하여 외지에 나가 있었기 때문에 화를 면하였다. 그 뒤 가산을 팔아 무기를 갖추고 의병 100여 명을 모아 재기하여 운봉·함양·순창 등지에서 의병활동을 전개하였다. 1908년 전라북도 순창 회문산回文山에서 왜군에게 붙잡혀 그해 11월 정읍 고부에서 피살, 순국하였다.

이명하李命夏 의병장(1878~1921)

국치시기기 대한독립군에 가담하여 활동한 독립운동가. 1891년 성균관진사, 1902 년 제천군 주사가 되었다. 1896년 유인석을 도와 의병을 일으켜 소모장召募將으로 활약, 1905년 황학수黃學秀 · 구연학具然學 · 김진태金鎭泰와 힘을 합쳐 제천에 동명 학교東明學校를 설립하였다. 1919년 3 · 1운동 이후 만주로 망명, 안동현 삼도구安東 縣三道溝의 대한독립군에 가담하였다. 1921년 삼도구의 한 중국인 집에서 유숙하다 가 일본 경찰의 습격을 받아 교전 중 다수의 일본경찰을 살상하였다. 그러나, 안용 봉安龍鳳 · 박완식朴完植 · 안중석安重錫 · 정인복鄭仁福 · 백학원白學源 · 김근배金根 培 등 15명과 함께 전사하였다.

강춘삼姜春三 의병장(1858~1913)

대한제국기 황해도 해주의 쟈라기벌판전투에 참전한 의병장. 황해도 해주 출신. 1894년 동학에 입교하여 보부상 접주로 종사하였으며, 군대 해산 뒤 해주 · 평산 등지에서 항일 투쟁을 전개하였다. 강춘삼의 부대는 박기섭朴箕燮 의병 부대의 중 대장인 심노술沈魯述이 거느린 의병들과 더불어 평산군 서쪽부터 해주군 사이에 걸쳐서 크게 활약히여 전과를 거두었다. 강춘삼이 활약하던 황해도 일대 의병의 수는 600~700명에 달하였으며, 그 주력 부대는 박기섭의 의진이었다. 1910년 해 주 근처 여묵餘默의 원야原野에서 적에게 크게 타격을 주었고, 또 그 해 가을 해주 동촌東村 청단시靑丹市 자라기벌판 전투에서 대접전을 벌여 공훈을 세웠다. 그 뒤 1913년 5월 일본 헌병의 불의의 습격을 받고 붙잡혀 청단시 학곡鶴谷에서 총살당 하였다.

박도경朴道京 의병장(1874~1910)

대한제국기 을사늑약 체결 후 기삼연의 의진에서 종사로 활약한 의병장. 1905년 을사늑약이 강제 체결되고 기삼연奇參衍이 거의하자, 무기를 수집하여 제공하고, 전수용全垂鏞 등과 종사로서 활약하였다. 1907년 9월 모양(牟陽: 지금의 전라북도 고창) 무기고의 무기를 탈취할 계획으로 습격하였으나 패전하여 의병은 무기를 버리고 흩어졌다. 무기를 수람하였다가 의진에 다시 제공하였다. 그 뒤 포대砲隊에서 천자포千字砲를 휴대하고 광주·담양·순창 등지에서 활약하였다. 1908년 1월 기삼연의 순국 후 격문을 지어 돌려서 의병 활동을 독려하였으며, 포사장砲士將으로 활약하였다. 그러나 일본의 의병 토벌 작전의 전개로 의병 활동이 소강 상태에 빠지자 장성長城으로 돌아가 군사 훈련과 군자금 모금에 주력하였고, 1909년초 전수용 의진과 연합하여 남포藍浦·부안扶安 등지에서 활약하였다. 같은 해 4월 부안 상서면에서 일본 기병대와 교전하였으나, 패하여 가협 산중으로 피신하였다. 그 뒤 은신처가 드러나 붙잡혀 1909년 12월 광주재판소 전주지부에서 교수형을 선고받았으나, 다음 해 2월 옥중에서 음독 자결하였다.

김덕제金悳濟 의병장

조선 후기 원주진위대 정위 등을 역임한 의병장. 강원도 원주 출신. 1907년 8월 군대 해산 당시 원주진위대原州鎭衛隊 정위로 8월 1일 서울 양시위대 항전의 소식을 전해 들은 진위대의 애국병사들은 봉기하려 하였으나, 대대장인 참령 홍유형洪裕馨의 무마로 일시 중단되었다. 그러나 홍유형이 상경하자, 특무정교特務正校 민긍호閔肯鎬와 함께 봉기할 것을 계획하고 동지를 규합하였다. 8월 5일 진위대 병사 250명을 거느리고 원주의 우편취급소·군아郡衙·경찰분서·일본인 가옥을 기습하고 원주읍을 완전 장악하였다.

충정공 민영환(1861~1905)

대한제국기 내부대신, 군법교정총재 등을 역임한 문신. 1861년(철종 12년)에 태어나 1905년에 사망했다. 성균관 대사성 재직 시 임오군란으로 부친 민겸호가 살해되자 사직했다가 복직했다. 러시아 황제 대관식 특명 전권공사, 유럽 6개국 특명 전권공사를 지내며 서양의 문물과 근대화된 모습을 직접 체험했다. 독립협회를 적극 지지했고 일본의 내정 간섭에 항거하면서 한직을 전전했다. 을사늑약이 강제로 체결되자, 조약에 찬동한 5적의 처형과 조약 파기를 요구하며 항의했다. 이어 죽음으로 항거하여 국민을 각성시킬 것을 결심하고 본가에서 자결했다.

 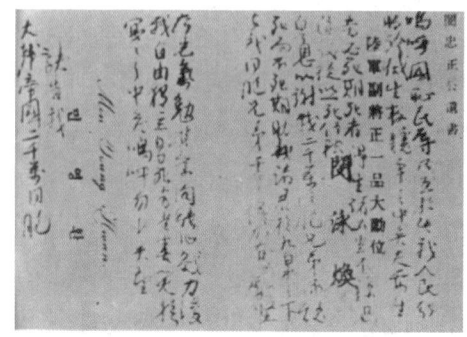

충정공 민영환閔泳煥과 필적

박승환朴昇煥 시위대장(1869~1907)

대한제국기 육군 참령, 시위대 제 1 연대 제 1 대대장 등을 역임한 군인. 지사. 어려서부터 지혜와 용기가 뛰어나 군대에 복무한 지 10여 년만에 육군 참령이 되었다. 1895년 10월 일제의 명성황후 시해사건의 만행이 자행되자, 통분하여 일본인에 보복하고자 하였으나, 기회를 얻지 못하였다. 1907년 7월 일제가 헤이그특사사건을 구실로 고종을 강제 양위시킬 때, 궁중에서 거사하여 이를 저지하고자 하였으나, 화가 황제에게 미칠 것을 염려하여 중단하였다. 시위대 제1연대 제1대 대장으로 있을 때인 1907년 8월 1일, 일제가 대한제국 군대의 해산 통고를 하려고 새벽에 대대장 이상의 장교를 일세 통감의 관저인 대관정大觀亭에 집합시켰으나, 병을 핑계로 불참하였다. 오전 10시 일제가 군대 해산식을 강행하자, 크게 분개하여, '군인은 국가를 위해 경비함이 직책이어늘 이제 외국이 침략하고 있음에도 불구하고 홀연히 군대를 해산하니, 이는 황제의 뜻이 아니요 적신이 황명을 위조함이니 내 죽을지언정 명을 받을 수 없다.'고 하였다. 그리고 대대장실에서 '군인이 능히 나라를 지키지 못하고 신하가 능히 충성을 다하지 못하면 만번 죽어도 아깝지 않다'는 유서를 쓰고 '대한제국 만세!'를 외친 다음 권총으로 자결하였다. 이를 보고 있던 장병들이 박승환의 자결을 모든 부대에 전하니 부대 장병들이 분격하여 탄약고를 부수고 탄환을 꺼내어 무장 봉기하였다. 제1연대 제1대대의 봉기 소식을 듣고, 제2연대 제1대대도 이에 호응하여 봉기하였다. 장병들은 일본군과 총격전을 벌이며 전투에 들어갔으며, 전투가 끝난 뒤에는 상당수의 군인이 의병으로 전환하였다. 박승환의 자결은 대한제국 군대 최후의 진면목을 보여준 것이다. 뿐만 아니라, 군대의 봉기에 의한 의병 운동의 무력 강화를 가져와 의병 운동이 의병 전투로 전환하는 계기가 되었다.

한규설韓圭卨 참정대신(1848~1930)

대하제국기 궁내부특진관, 법무대신, 의정부참정대신 등을 역임한 관료. 애국지사. 1901년 궁내부 특진관宮內府特進官에 이어 이듬해 다시 법부대신에 임명되었다가, 의정부 찬정을 거쳐 1905년 의정부참정대신이 되어 내각을 조각하였다. 그런데 당시 일제가 전권대사 이토伊藤博文를 앞세워 을사늑약을 체결하려 하자, 끝까지 앞장서서 반대하였다. 이에 일제는 갖은 협박을 가했으나 뜻을 굽히지 않자, 결국 대궐 수옥헌漱玉軒 골방에 감금하고 본관本官을 면직시켰다. 을사늑약이 강제 체결된 뒤 곧 징계에서 풀려나 중추원 고문 · 궁내부 특진관을 역임하였다. 그리고 일제가 강제로 국권 피탈 후에 남작男爵의 작위가 주었으나 받지 않았다. 이후 칩거생활을 하다가, 1920년 이상재李商在 등과 함께 조선교육회朝鮮敎育會를 창립하였으며, 그 뒤 민립대학기성회民立大學期成會로 발전시켰다.

이한응李漢應 주영 공사(1874~1905)

대한제국 한성부주사, 영국, 벨기에 주차공사관 3등 참사관. 관료. 순국지사. 1892년 관립영어학교官立英語學校를 졸업하였다. 1894년 진사시에 합격하여 1897년 한성부주사가 되고, 1899년 관립영어학교 교관으로 전출하였다. 1901년 영국 · 벨기에 주차공사관 3등참사관駐箚公使館三等參事官에 임명되어 영국 런던으로 부임하였다. 1903년에는 통훈대부에서 통정대부로 가자加資되었고, 1904년 주영공사 민영돈閔泳敦의 귀국으로 서리공사에 임명되어 대영 외교의 모든 책임을 지고 활약하였다. 1904년 2월 한일의정서가 강제 체결되어 한국의 존립이 흔들리자, 영국 및 여러 외국과 유리한 입장에서 외교 활동을 전개하기 위해 노력하였다. 그 해 8월 제1차 한일협약이 강제로 성립되어 일제가 한국의 주권을 잠식하자, 각국에 주재하는 우리 공사들에게 전신으로 연락, 한국 외교를 위하여 재외사절단이 공동 항쟁을 하도록 토의하였다. 또한 영일동맹의 부당함을 들어 영국 정부에 항의하였다. 그러나 영국 정부가 주영 한국공사관을 폐쇄하는 등 영일동맹을 강화하고 일본이 한국 정부의 주권을 강탈할 음모를 획책하자, 이를 개탄하여 1905년 5월 12일 음독자살하였다. 이러한 소식이 후에 국내에 알려져 을사늑약 때는 민영환閔泳煥 · 조병세趙秉世 등이 순국하는 등 전국 각지에서 원통함을 참지 못해 자살하는 이가 속출하였다. 주영한국공사관 명예총영사 마틴의 주선으로 유해는 고국으로 돌아와 경기도 용인에 안장될 수 있었다. 가선대부 내부협판에 추증되었으며, 장충단獎忠壇에 배향되었다. 1962년 건국훈장 독립장이 추서되었다.

연재淵齋 송병선宋秉璿(1836~1905)

대한제국기 '연재집', '근사속록', '패동연원록' 등을 저술한 학자. 순국지사. 1905년 11월 일제가 무력으로 위협하여 을사늑약을 강제 체결하고 국권을 박탈하자, 두 차례의 '청토흉적소請討凶賊疏'를 올렸다. 그러나 이에 대한 비답이 없자 상경하여 고종을 알현하고, 을사오적을 처형할 것, 현량賢良을 뽑아 쓸 것, 기강을 세울 것 등의 십조봉사十條封事를 올렸다. 을사늑약에 대한 반대운동을 계속 전개하려 하였으나, 경무사 윤철규尹喆圭에게 속아 납치되어 대전으로 호송되었다. 그 해 음력 12월 30일 국권을 강탈당한 데 대한 통분으로, 황제와 국민과 유생들에게 유서를 남겨놓고 세 차례에 걸쳐 다량의 독약을 마시고 자결하였다. 유서에서 을사오적 처형, 을사늑약 파기 및 의義로써 궐기하여 국권을 회복할 것을 호소하였다. 송병선이 자결하자, 시비로 있던 공임恭任이 따라서 자결하여, 세간에서 의비義婢라고 칭송하였다. 죽은 뒤 의정議政에 추증되었다.

송재松齋 서재필徐載弼(1864~1951)

개항기 갑신정변과 관련된 관리. 독립운동가. 1884년 12월 김옥균 등과 함께 갑신정변에 적극적으로 참가하였다. 갑신정변 당시 사관생도들을 지휘해 왕을 호위하고 수구파를 처단하는 일을 맡았다. 갑신정변에 의해 성립된 신정부의 병조참판 겸 후영영관後營領官에 임명되었다. 그러나 정변이 3일 천하로 실패하자, 김옥균·박영효·서광범 등과 함께 일본으로 망명하였다. 그런데 외교문제로 비화될 것을 우려한 일본이 망명객들을 냉대하자, 도착한 지 4개월 뒤인 1885년 4월 박영효·서광범과 함께 미국으로 망명하였다. 이때 서재필의 가족은 역적으로 몰려 부모·형·아내는 음독 자살하고, 동생 서재창徐載昌은 참형되었으며, 두 살된 아들은 굶어 죽었다. 미국 샌프란시스코에 도착하여 낮에는 노동을 하고 밤에는 기독교청년회에서 영어 공부를 하였다. 1886년 9월 펜실베이니아주 윌크스베어시에 있는 해리힐맨고등학교(Harry Hilman Academy)에 입학했는데, 1889년 6월 졸업 당시 졸업생 대표로 고별 연설자가 될 정도로 성적이 특출하였다. 서재필이 학교에 입학할 때, 미국 국적을 가지고 제이슨이라는 미국식 이름을 사용한 것은 당시 역적으로 몰려 있었고, 가족들 모두가 희생되어 본국에 돌아갈 날을 기약할 수 없었으므로, 생활을 위해 귀화한 것으로 보인다. 고등학교 졸업 후, 1889년 9월 펜실베이니아주 이스튼시에 있는 라파예트(Lafayette)대학에 진학했으나, 학비를 조달하기가 어려워 워싱턴시로 가서 낮에는 육군의학도서관에서 일하고, 밤에는 컬럼비아의과대학 야간부(Columbia Medical College: 지금의 조지워싱턴대학교 의과대학)에서 공부하였다. 1893년 6월 2등으로 졸업한 뒤, 학교의 병리학 강사가 되었다. 다음해 6월 미국 철도우편사업의 창설자 암스트롱(Amstrong, G. B)의 딸과 결혼하였다. 그 무렵 학생들의 유색 인종에 대한 차별적인 행위가 심하자, 이에 분개하여 모교의 강직을 사임하고 워싱턴에서 병원을 개업해 의료 사업을 시작하였다. 한편, 1894년 조선에서는 갑오개혁으로 대개혁이 단행되고 있었으며, 동시에 갑신정변을 일으킨 급진개화파들에게 내려진 역적의 죄명이 벗겨졌다. 그리고 1895년 5월 박정양 내각朴定陽 內閣은 서재필을 외무협판으로 임명하고 귀국을 종용했으나 귀국하지 않았다. 그 뒤 김홍집 내각에서 내부대신이었던 박영효가 고종 폐위 음모로 일본으로 망명하였다가, 미국에 들러 또다시 귀국을 종용하자, 사업을 정리하고 1895년 12월 말에 귀국하였다. 귀국 직후 1896년 1월 중추원 고문에 임명되었다. 귀국 후 가장 시급히 해야 할 일이 국

민의 계몽이며, 정부의 개화 정책을 국민에게 알리고 국민의 여론을 정부에 전달하는 것이라고 믿고 신문 발간사업을 추진하였다. 정부로부터 4,400원의 재정 지원과 온건 개화파의 각종 보호와 지원을 받아 1896년 4월 7일 독립신문을 창간하는 데 성공하였다. 독립신문은 우리나라 역사상 최초로 발간된 민간 신문으로 순한글로 간행되어 폐간될 때까지 국민을 계몽하고 우리나라의 개화에 지대한 공헌을 하였다. 독립신문의 창간에 성공하자, 뒤를 이어 개화독립세력과 함께 1896년 7월 2일 독립협회를 창설하고 고문이 되었다. 독립협회는 창립 후 우리나라의 독립과 자주 근대화를 추진하는 데 소임을 다 하였다. 독립협회의 창설과 함께 종래의 영은문迎恩門을 헐고 그 자리에 독립문을 건립하는 운동을 제의하였다. 국민 각계각층의 적극적인 호응 속에 1897년 11월 국민의 성금으로 영은문 자리에 독립문이 건립되었다. 또한 배재학당에 강사로 나가 청년들을 교육하면서, 1896년 11월 교내에 협성회協成會라는 학생토론회를 조직하였다. 협성회는 서울의 청년학생들을 교육, 계몽하고 인재들을 양성하는 데 큰 기여를 하였다. 또한, 신문 논설과 강연 및 강의를 통해 우리 민족에게 서양의 사정과 세계의 형편을 알리는 한편, 민족독립 사상을 고취시키고, 민주주의 사상을 가르쳤다. 한국민의 정치 의식과 사회 의식 발전에 큰 공헌을 한 것이다. 그러나 수구파 정부를 비판하고 열강의 이권침탈에 대해 정면으로 비판하자, 이를 꺼려한 수구파 정부와 국제 열강들은 합의해 다시 미국으로 서재필을 추방시켜 버렸다. 그리하여 펜실베이니아에서 3 · 1운동 봉기 때까지 다시 병원을 개업, 의료사업에 종사해야만 했다. 1919년 본국에서 3 · 1운동이 일어나자 전재산을 정리해, 독립운동 자금으로 내놓고 독립운동에 종사하였다. 잡지 The Evening Ledger와 제휴해 우리나라 독립을 세계 여론에 호소하고 일본 제국주의를 전세계에 규탄하였다. 더불어 한인친우회(Friend of Korean)를 조직해 재미교포들을 결속시키고 미국인 친우들을 모아서 독립운동후원회를 만들었다. 상해임시정부의 구미위원회위원장의 자격으로 필라델피아에 구미위원회 사무실을 설치하고, 영자 독립신문 인디펜던트(The Independent)를 간행하여 우리나라 독립을 위한 언론 활동과 외교 활동에 온 정력을 쏟았다. 1922년 워싱턴에서 군축회의가 개최되자, 우리나라 370여 단체의 서명을 받은 연판장을 제출하고, 우리나라의 독립을 각국 대표와 세계 여론에 호소하였다. 1925년 하와이 호놀룰루에서 범태평양회의가 개최되자, 일본 대표의 갖은 방해 공작을 물리치고, 우리나라 대표로 참석해 일본 제국주의의 한국 침략과 한국에서의 만행을 폭로, 규탄하며, 독립운동에의 지원을 전세계에 호소하였다. 이렇듯 독립운동에 헌신하여 가재家財가 완전히 파산되어 더 이상의 활동이 어렵게 되자, 다시 펜실베이니아 대학의 강사로 나가는 한편, 여러 병원의 고용 의사로 종사하기도 하였다. 1945년 8월 15일 광복이 되고 9월부터 미군정이 실시되자, 미군정장관 하지(Hodge, G. R)의 요청을 받아 1947년 미군정청 최고정무관이 되어 귀국하였다. 그러나 1948년 8월 15일 대한민국정부수립이 선포되고 미군정이 종식되자 다시 미국으로 돌아가 그곳에서 별세했다.

출처: 한국민족문화대백과사전

독립신문 창간 100주년 기념우표
독립신문 창간호 논설문과 서재필
1996. 4. 6. 발행

독립신문 국문본 1896년 6월 20일자 1면 1단 논설

'…조선 인민이 독립이라 하는 것을 모르는 까닭에 외국 사람들이 조선을 업신여겨도 분한 줄을 모르고 조선 대군주 폐하께서 청국 임금에게 해마다 사신을 보내서 책력을 타 오시며 공문에 청국 연호를 쓰고 조선 인민은 청국에 속한 사람들로 알면서도 몇 백 년을 원수 갚을 생각은 아니 하고 속국인 체 하고 있었으니, 그 약한 마음을 생각하면 어찌 불쌍한 인생들이 아니리요 백성이 높아지려면 나라가 높아져야 하는 법이요, 나라와 백성이 높으려면 그 나라 임금이 남의 나라 임금과 동등이 되어야 하는데 조선 신민들은 말로 임금께 충성이 있어야 한다고 하되 실상은 임금과 나라 사랑 하는 마음이 자기의 몸 사랑하는 것만 못한 까닭에 몇 백 년을 조선대군주 폐하께서 청국 임금보다 낮은 위에 계셨으되, 그 밑에서 벼슬하던 신하들과 백성들이 한 번도 그것을 분히 여기는 생각이 없어, 조선대군주 폐하를 청국과 타국 임금과 동등이 되시게 한 번을 못하여 보고 삼 년 전까지 끌어 오다가, 하나님이 조선을 불쌍히 여기셔서 일본과 청국이 싸움이 된 까닭에 조선이 독립국이 되어 지금은 조선대군주 폐하께서 세계 각국 제왕들과 동등이 되시고, 그런 까닭에 조선 인민도 세계 각국 인민들과 동등이 되었는지라, 이 일을 비교하여 볼진대 남의 종이 되었다가 종 문서를 물은 셈이니, 이것을 생각하거든 개국 한 지 오백여 년에 제일 되는 경사라, 근일에 들으니 모화관에 이왕 연주문(영은문) 있던 자리에다가 새로 문을 세우되 그 문 이름은 '독립문'이라 하고 새로 문을 그 자리에다 세우는 뜻은 세계 만국에 조선이 아주 독립국이라 표를 보이자는 뜻이요 이왕에 거기 섰던 연주문은 조선 사기에 제일 수치되는 일인즉 그 수치를 씻으려면 다만 그 문만 헐어 버릴 뿐이 아니라 그 문 섰던 자리에 독립문을 세우는 것이 다만 이왕 수치를 씻을 뿐이 아니라 새로 독립하는 주추를 세우는 것이니 우리가 듣기에 이렇게 기쁘고 경사로운 마음이 있을 때에야 하물며 조선 신민들이야 오직 즐거우리요, 남의 나라들은 승전을 한다든지 국가에 큰 경사가 있다든지 하면, 그 자리에 높은 문을 짓는다든지 비를 세우는 풍속이라 그 문과 그 비를 보고 인민이 자기 나라에 권리와 명예와 영광과 위엄을 생각하고 더 튼튼히 길러 후생들이 이것을 잊어버리지 않게 하자는 뜻이요 또 외국 사람들에게도 그 나라 인민의 애국하는 마음을 보이자는 표라'….

건립 초기의 독립문(오른쪽), 헐린 영은문 기초(왼쪽)와 독립관(가운데)

독립문은 프랑스 파리의 에투알 개선문을 본떠 만들어진 것으로, 정부의 지원 및 각계의 조선 국민들로부터 광범위한 지원을 받아 1896년 11월 21일 기공식을 열었다. 1898년 1월에 준공된 것으로 알려져 있다. 독립공원은 자금력의 한계로 인해 원래의 계획대로 크게 개설되지는 못하였다. 설계는 외국인이 맡았으나, 건축과정은 한국인 기사 심의석이 담당하였다. 독립문은 화강석을 쌓은 형태로 이루어져 있으며, 내부에 정상으로 이어지는 계단이 있다. 독립문의 가운데 이맛돌에는 조선왕조의 상징인 오얏꽃무늬가 새겨져 있다. 그 위의 앞뒤에는 한글과 한자로 '독립문'이라는 글씨와 태극기가 새겨져 있다.

■ 독립문의 현판 글씨를 이완용이 쓴 것이라는 주장과, 김가진의 것이라는 주장이 대립되고 있다. 이완용이 쓴 것이라는 주장의 근거는 이완용이 초기 독립협회의 활동이 밀접하게 관여하였으며, 1924년 동아일보

기사에 이완용이 독립문 현판을 썼다는 풍문이 실려있다는 것이다. 김가진이 쓴 것이라는 주장의 근거는 김가진 역시 독립협회의 활동에 밀접하게 관여하였고, 김가진의 글씨체가 독립문 현판의 서체와 유사하다는 것이다.

■ 서재필은 그의 자서전에서 독립문을 설계한 사람이 독일공사관에 근무한 스위스인 기사라고만 설명하였는데, 2009년에 들어 일부 러시아 사학자들은 독립문의 설계자가 아파나시 세레딘사바틴이라는 우크라이나계 러시아인이라고 주장하고 있다. 그러나 그 주장의 근거는 사바틴이 스위스 등 여러 국가의 혈통을 물려받은 국제인이라는것 뿐이다. 문화재청 학예연구사에 따르면, 2020년대까지도 사바틴은 명성황후의 시해를 목격한 외국인으로서의 행적이 널리 알려져 있을 뿐이고, 경복궁 관문각과 러시아 공사관에 대해서만 관여가 확실하게 확인될 뿐이다. 그 밖에 사바틴이 독립문 설계에 관여하였다는 사실은 확인된 바 없다.

의병 항쟁사 연표 전기 의병前期 義兵 (1896)

일시	의병 투쟁 사항
1. 1	경기도 이천에서 김하락 등 의병 조직
1. 13	이춘영 등 의병 원주 집결
1. 15	김복한 · 이세영 · 이설 · 권세연 · 김하락 · 김태원 등 홍주 의병 조직
1. 17	안동 의병 안동을 점령
1. 18	경기 의병 백현 전투
1. 20	이소응 춘천 의병 대장 추대
1. 22	이필희 · 이춘영 · 서상열 등 제천 의병 단양 승전
1. 30	민응호 의병 관동 진입
2. 3	영월에서 유인석 의병 대장 추대
2. 17	안동 청량산에서 유서연 · 김도현 등 의병 조직
2. 17	제천 의병 충주 입성
2. 19	노응규 의병 진주 입성
2. 24	이춘영 수안보 전투에서 전사
2. 25	안동 의병 안동 재입성
2. 28	김하락 · 박주영 등 경기 의병 남한 입성
2. 29	주용규 충주성 전투에서 전사
3. 4	민응호 의병진 관동 의병 원산 진격 출발
3. 5	유인석 의병 충주 포기
3. 8	관동 의병의 신평장 집결
3. 12	이강년 제천 의병진 입진
3. 19	원산 진격전 실패
3. 20	서상열 예천 회맹
3. 21	남한산성 탈환 실패
3. 23	허위 · 이기찬 등 의병 조직
3. 27	제천 의병진 선봉 김백선 처형
3. 29	영남 8군 의병의 태봉 전투
4. 2	안동읍 대화재 발생
5. 25	제천읍 공방전 실패
6. 8	제천 의병진 음성 전투
7. 13	영덕 전투 패전으로 김하락 전사
7. 22	서상렬 낭천전투에서 전사
8. 28	유인석 일행 초산에서 만주로 들어감

의병 항쟁사 연표 후기 의병後期 義兵 (1905~1910)

일시	의병 투쟁 사항
1905. 9.	원용팔 · 박정수 등 원주 의병 조직
1905. 10	정운경 등 제천 의병 조직
1906. 3	경북 영해에서 신돌석 의병진 결성
1906. 3	유시연 등 경주 거의
1906. 3	안병찬 등 홍주 거의
1906. 4	정용기 · 이한구 등 남산 의병진 결성
1906. 5. 19	민종식 의병 충주 입성
1906. 5. 31	민종식 의병진 충주성 실패
1906. 6. 4	최익현 의병 태인 유진
1906. 6. 12	최익현 의병 순창 실패
1906. 11. 6	백낙구 의병 순천 진격
1906. 11. 17	이용규 · 곽한일 등 피체
1907년	
7. 1	대마도에서 최익현 의병장 별세
1. 24	담양군 창평에서 고광순 의병 조직
2. 13	양한규 의병 남원 입성
4. 25	고광순 · 윤영기 등 호남 의병진의 화순 입성
8	삼남 의병진 재결성
9. 3	강원도 영월군 하동면 밀동 의병 약 100명 일본군과 접전
9. 3	이강년 의병 부대 600명 경북 문경에서 공방전. 일본인, 경무분견소, 우편국원 함창으로 피신
9. 4	충북 진천에서 의병 약 150명 접전
9. 4	안동 봉서루에서 접전
9. 5	강원도 간성에서 접전
9. 7	의병 600여 명 강원도 홍천에서 접전
9. 8	조인환 의병 부대 양주에서 공방전
9. 8	원주 동방 20리 갈곡 고지에서 교전
9. 8	경기도 가라비리 서북방에서 교전
9. 9	이강년 의병 부대 대성사 · 금룡사에서 접전
9. 10	의병 약 200명 홍천에서 공방전
9. 10	김동식 · 고광순 의병 부대 순창우체국 습격
9. 10	의병 약 400명 낭천에서 공방전
9. 12	의병 약 500명 청안 서북방 약 15리 반탄에서 접전
9. 13	이강년 의병 부대 대성사 · 금룡사에서 접전
9. 13	의병 약 100명 울진에서 접전
9. 14	이강년 의병 부대 적성시장에서 접전
9. 15	의병 약 200명 동복 순사주재소 습격
9. 15	의병 약 300명 충북 미원에서 공방전
9. 15	신돌석 의병 부대 약 150명 영양 동북 20리에서 공방전
9. 15	의병 약 50명 영양 북방에서 교전
9. 15	조인환 의병 부대 약 400명 경기도 분원리에서 공방전
9. 19	의병 약 400명 장호원에서 접전
9. 19	김동식 · 고광순 의병 부대 구례 · 영광 순사분견소 습격
9. 19	의병 약 60명 경기도 시변리에서 교전

9. 19	의병 약 200명 충북 사정리에서 공방전
9. 20	의병 약 100명 철원 석교지방에서 공방전
9. 20	박준성 의병 부대 약 300명 춘천 남방 약 10리 정족 부근에서 접전
9. 22	의병 약 350명 갑천리 및 봉복사에서 공방전
9. 22	의병 약 100명 진주 서방 문막 부근에서 공방전
9. 22	의병 약 20명 강원도 이십동 부근에서 교전
9. 22	의병 약 90명 경북 영양 동북 40리에서 교전
9. 22	의병 약 200명 경기도 양지 부근에서 공방전
9. 24	의병 약 200명 양근 서북방 약 10리 사탄에서 공방전
9. 24	의병 약 50명 충남 천안 및 성환 부근에서 교전
9. 24	의병 약 70명 충남 부강 부근에서 교전
9. 25	의병 약 300명 계룡산 백암동 부근에서 공방전. 일군 패함
9. 25	이강년 의병 부대 약 300명 영춘에서 공방전
9. 25	의병 약 200명 얀근 상류 약 15리 구포에서 접전
9. 26	의병 약 300명 계룡산 백암동 부근에서 접전
9. 27	의병 약 150명 법화동에서 접전
9. 27	의병 약 250명 대광리 동북방에서 접전
9. 28	의병 약간 황해도 비동 부근에서 교전
9. 29	의병 30명 경북 두산에서 교전
9. 29	김봉기 의병 부대 약 400명 여주에서 공방전
9. 29	의병 약 30명 충남 목천에서 교전
9. 30	의병 약간 영죽에서 교전
9. 30	의병 약 200명 감포 서방 약 15리 녹도에서 접전. 일본군 전멸
10. 2	의병 70명 전북 임실 부근에서 일본인 사살
10. 3	의병 약 100명 금산에서 일인 사살
10. 4	의병 약 50명 경기도 현등사 남방 20리 태봉동에서 교전
10. 4	의병 하동경찰서 습격
10. 5	의병 약 400명 마전 부근에서 공방전
10. 5	지용기 · 이인재 · 양희종 · 김거묵 · 신창헌 의병 부대 조직
10. 5	홍천 서방 약 10리 오류정에서 교전
10. 5	의병 경기도 현등사에서 교전
10. 6	의병 약 100명 진산에서 접전
10. 6	의병 약 30명 경기도 진위 동방 약 30리 지地에서 접전
10. 6	의병 약 60명 화산동 부근에서 일군 섬멸
10. 6	의병 약 50명 만죽 부근에서 일군 섬멸
10. 6	의병 약 400명 강원도 영월에서 접전
10. 6	의병 약 40명 장양리 2킬로미터 지점에서 교전
10. 7	의병 약 300명 충북 보은 북방 남악리에서 접전
10. 7	의병 약 300명 안의 부근에서 접전
10. 8	김용기 · 이인재 · 왕희종 · 김거묵 · 신창헌 등 의병 부대 약 70명 유목동에서 교전
10. 8	의병 약 300명 거창 서방 약 60리 월성에서 접전
10. 8	김창호 의병 부대 30명 황해도 백천 서방 약 4킬로미터의 약촌에서 교전
10. 9	의병 약 30명 경북 경주 부근에서 교전
10. 10	지용기 의병 부대 약 250명 낭천 동방 약 10리에서 접전
10. 10	의병 약 300명 의상동에서 공방전
10. 11	이언용 · 이완채 · 이구채 의병 부대 송면장에서 공방전

10. 15	김세순 의병 부대 약 150명 경북 자인 남방 2리 지에서 공방전. 김세순 일군에게 피체
10. 16	의병 250명 충주 음성 가도 신대 부근에서 접전
10. 17	고광순 의병 부대 약 300명 구례 연곡사에서 접전
10. 17	의병 약 300명 심원사에서 공방전
10. 18	의병 70명 경기도 음죽 서방 약 3~40리 부근에서 교전
10. 18	의병 약 80명 제천 동방 약 35리 창동리 부근에서 교전
10. 18	의병 약 400명 흥조리에서 접전
10. 19	의병 약 50명 황해도 토산 북동쪽 약 30리에서 교전
10. 19	의병 약 250명 강원도 진부 부근에서 접전
10. 20	의병 약 60명 충북 청주 서북쪽 금성동에서 교전
10. 20	의병 약 350명 강원도 고성 부근에서 접전
10. 20	의병 약 80명 통천에서 교전
10. 21	의병 약 50명 충남 천안 동방 약 20리 부근에서 교전
10. 21	의병 약 300명 강원도 원주 동남쪽 축치 부근에서 접전
10. 22	김동식 · 이석용 의병 부대 약 100명 심원암 부근에서 접전
10. 22	의병 약 100명 전북 진안 부근에서 접전
10. 24	의병 약간 명 황해도 해주 동방 40리 갈암에서 교전
10. 26	의병 약 300명 강원도 횡성 서방 둔촌 부근에서 접전
10. 26	의병 약 200명 광주 동방 약 30리 관음방에서 접전
10. 27	의병 약간 명 갈동 매곡 신암동에서 교전
10. 27	의병 약 150명 양근 북방 사나사에서 접전
10. 27	의병 약 300명 우산동에서 접전
10. 28	의병 약 200명 연천에서 공방전
10. 29	의병 약 30명 청송에서 교전
10. 30	의병 약 200명 경기도 죽산 부근에서 접전
10. 30	의병 약 500명 삼천군 미로면 정동에서 접전
10. 30	의병 약 300명 충청도 충주 음실에서 접전
11. 1	의병 약 20명 경북 상주군 장암리에서 교전
11. 2	의병 약 200명 강원도 평창군 하구리에서 접전
11. 2	의병 약 200명 강원도 양구에서 접전
11. 3	의병 약 400명 충북 죽령 북록에서 접전
11. 5	의병 약 200명 경기도 이천에서 접전
11. 5	의병 약 30명 경기도 지평 서방 지덕리에서 교전
11. 6	김의관 의병 부대 약 300명 전북 정읍 내장사 부근에서 접전
11. 6	의병 약 500명 강원도 양양 부근에서 접전
11. 6	의병 약 300명 충북 단양 남 10리에서 접전
11. 7	의병 약 100명 강원도 임계역에서 접전
11. 7	의병 약 300명 충북 다남면 괴평리에서 공방전
11. 8	이인영 · 방관일 · 정대일 의병 부대 700명 삼산 · 석실 부근에서 공방전
11. 8	의병 약 200명 삼산리 서남쪽 약 20리 노안 산중에서 접전
11. 8	의병 약 100명 황해도 신천 서방 약 40리 성당촌에서 교전
11. 8	의병 약 100명 달마산에서 접전
11. 9	의병 약 15명 황해도 신천 서방 약 40리 성당촌에서 교전
11. 11	의병 약 200명 경북 춘양면에서 접전
11. 11	의병 약 50명 황해도 신천 서방 약 30리 장양면에서 교전

11. 12	김군필 의병 부대 약 800명 충북 목계 부근에서 접전
11. 12	의병 약 450명 함경도 서흥의 약 60리에서 접전
11. 13	의병 약 22명 전북 순창 동북쪽 화탄리에서 교전
11. 14	의병 약 100명 사리원 남방 20리 부근에서 접전
11. 15	의병 약 100명 전주 서북쪽 삼례에서 접전
11. 15	의병 약 100명 사리원 남방 20리 부근에서 접전
11. 15	의병 약 100명 장단 명근 석계원에서 공방전
11. 17	김수민 의병 부대 약 300명 졸랑리에서 공방전
11. 17	의병 약 300명 충북 청풍 부근에서 접전
11. 18	김생산 의병 부대 600명 강원도 삼척군 황지리에서 접전. 김생산 의병장 일군에게 체포당함
11. 18	의병 약 150명 황해도 장연 부근에서 접전
11. 19	윤기영 의병 부대 약 220명 강원도 강릉군 연곡면에서 접전
11. 19	의병 약 20명 임실 남방 약 20리에서 공방전
11. 19	의병 약 60명 강원도 강릉 북방 약 20리에서 교전
11. 19	의병 약 150명 삼가리 부근에서 접전
11. 20	의병 8명 황해도 연안 동방 성호에서 교전
11. 20	의병 약 10명 강원도 가려주 북방 구당에서 교전
11. 21	의병 약 400명 강원도 인제 동북쪽 35리에서 접전
11. 21	의병 약 250명 강원도 양구군 방산면에서 접전
11. 22	차도선 · 태양욱 의병 부대 함남 후치령에서 대첩
11. 22	의병 약 300명 충북 단양 서북쪽 각기리에서 접전
11. 23	의병 약간명 여산 부근에서 접전
11. 23	의병 약 100명 경북 안동군 임동면 위동에서 접전
11. 23	의병 약 270명 강원도 대화역에서 공방전
11. 24	의병 약 100명 곡산 동북방 약 50리 생왕리에서 접전
11. 25	차도선 · 태양욱 의병 부대 300명 함남 후치령에서 대첩
11. 25	의병 약 70명 소천면 현동에서 공방전
11. 26	이강년 의병 부대 약 500명 영춘 동남방 약 30리의 산령에서 접전
11. 26	변학기 의병 부대 약 120명 삼척군 반생야에서 접전
11. 26	의병 약 200명 충북 영춘 남방 약 10리 곡처에서 접전
11. 26	의병 약 150명 충북 영춘서남쪽 약 20리에서 공방전
11. 27	의병 약 700명 울진군 탕실 부근에서 접전
11. 27	의병 약 300명 곡산 동북방 문성장에서 접전
11. 27	의병 약 200명 홍천 서남쪽 약 30리 남창동에서 접전
11. 27	의병 약 20명 강원도 홍천 서남쪽 양덕원에서 접전
11. 28	의병 약 120명 울진군 탑리 부근에서 접전
11. 28	의병 약 100명 윤두리에서 공방전
11. 28	의병 약 20명 사동 부근에사 공방전
11. 29	의병 약 100명 봉화군 두내에서 접전
11. 30	의병 약 120명 풍기 서남단에서 접전
11. 30	의병 약 50명 경기도 삭녕 동남쪽 시욱리에서 접전
11. 30	의병 약 100명 지석장 동방 약 20리 송성리에서 접전
12. 1	의병 약 80명 강원도 양양 서북방 산중에서 접전
12. 2	의병 약 300명 충북 청풍 북방 40리 마곡에서 접전
12. 4	의병 약 30명 충북 음성군 두의면에서 교전

조선 말기 고종황제와 관료들

Emperor Gojong and bureaucrats at the end of the Joseon Dynasty

사진 좌로부터 중앙 고종황제 　　　덕수궁(경운궁) 준명당浚明堂

고종황제

이정로李正魯(1838~1923) 조선말기 관료. 국치시기 조선 귀족 남작위 수여. 친일반민족행위자

심상한沈相漢(1837~미상) 조선 말기 궁내부 특진관, 봉상사제조, 사직서제조 등을 역임한 문신

김윤식金允植(1835~1922) 문장가로 이름이 높던 조선 말기와 대한제국의 문신, 문인, 학자

김성근金聲根(1835~1919) 국치시기 의정부 참정, 탁지부 대신 등을 역임한 관료. 서예가 · 친일반민족행위자

이용원李容元

김병익金炳翊(1837~1921) 국치시기 대사성, 궁내부 특진관, 조선귀족(남작) 관료. 친일반민족행위자

민종묵閔種默(1835~1916) 국치시기 이조참판, 사헌부 대사헌, 형조판서 등을 역임한 관료. 친일반민족행위자

서정순徐正淳(1835~1908) 대한제국 홍문관 학사, 표훈원의정관, 중추원 의장 등을 역임한 문신

이주영李胄榮

김영전金永典(1837~미상) 조선 말기 봉상사제조, 종묘서제조, 종묘전사 등을 역임한 문신

조선 말기 회계 전표

late Joseon accounting slip

1865년(을축년) 8월 13일

75x168mm

민긍호閔肯鎬 의병장(1865~1908)

'나라에 병사가 없으면 무엇으로 나라라 할 수 있겠는가?
군대를 거두라는 명령에 순종할 수 없다'.

What can you call a country if it has no soldiers?
I cannot comply with the order to disband the military.

1897년 진위대에 입대하여 원주 진위대 산하 부대에서 근무하며 군인으로 활동하였다. 1901년 특무정교로 진급하며 본격적으로 지휘자의 면모를 보이며, 1907년 7월 24일 '한일신협약(정미7늑약)'으로 군대가 해산되었고, 8월 1일에 군대 해산식을 거행하였다. 군대 강제 해산이 감행되자 서울 시위대와 지방 진위대 장병들이 이를 거부하며 무장 투쟁을 전개하고, 1907년 8월 12일 경기도 여주를 기습하여 일제 세력들을 처단하는 큰 성과를 올리며, 이때 많은 주민들이 의병부대에 자원 입대를 했고 부대원들이 수천 명에 이를 정도로 규모가 커졌다. 8월 22일 민긍호 부대는 충주 공략 작전을 계획하고 실행했다. 점령을 하진 못했으나 적에게 막대한 피해를 입혔고 보수를 위해 파견된 일본군까지 격파하며 승전보를 올렸다. 1907년 12월에 이인영 · 허위 등이 중심이 되어 결성한 13도창의군(전국 의병 연합부대)에 참여했고 관동창의대장으로 추대되었다. 이듬해 1월에 곧바로 서울 진공 작전을 수행했고 경기도를 거쳐 서울 근교까지 진출했다. 이 과정에서 호현동전투 · 삼산리전투 등 수많은 전투에서 활약을 했다.

1866

단기 4199년. 고종 3년(대원군 섭정기)

8월 21일(음력 7월 12일) – 평양에서 미국 상선 제너럴 셔먼 호가 불타는 사건이 발생하였다. 독일 배, 미국 배 조선 내항. 통상을 요구. 병인박해 발생. 10월 26일 – 병인양요 발생. 조선의 가톨릭 순교자 남종삼. 조선의 가톨릭 순교자, 프랑스인 신부 도리 베드로.. 조선의 가톨릭 순교자, 프랑스인 신부 베르뇌. 조선의 가톨릭 순교자, 프랑스인 신부 볼리외. 조선의 가톨릭 순교자, 프랑스인 신부 브르트니에르. 3월 30일 – 프랑스인 가톨릭 신부, 조선의 가톨릭 순교자 다블뤼. 5월 18일 – 조선의 가톨릭 순교자 손자선. 12월 13일 – 조선의 가톨릭 순교자 손선지.

은둔의 조선 왕조
The Joseon Dynasty of the Hermit

1866년 병인박해丙寅迫害 103위 성인
103 saints martyred in 1866

병인박해 당시 순교한 103위 성인　　　　148x100mm

병인박해丙寅迫害 1866년(고종 3년) 조선 말기 흥선대원군 정권에 의해 벌어진 대규모 천주교 탄압 사건. 1872년까지 6년간 진행된 탄압으로 당시 8천여 명 이상의 평신도와 프랑스 파리외방전교회 출신의 선교사 등이 처형되었다. 흥선대원군은 본래 천주교에 대한 반감이 없었기 때문에 탄압을 하려는 계획이 없었다. 오히려 프랑스 선교사들을 통하여 프랑스의 도움을 이끌어 내어 러시아의 남하정책을 막으려고까지 했었다. 그러나 대내외적인 변화로 인해 자신의 정치적인 입지가 흔들리는 것을 방지하기 위해 천주교에 대한 박해 정책을 실시하였다. 1866년 봄부터 시작된 박해는 제너럴셔먼호 사건(1866년 8월), 병인양요(1866년 10월), 남연군 분묘 도굴 사건(1868년)이 발생하자, 더욱 거세 졌고 아울러 흥선대원군의 쇄국정책도 강화되었다.

- 신유박해辛酉迫害: 1801년(순조 1년)에 발생한 조선 천주교 박해 사건
- 기해박해己亥迫害: 1839년(헌종 5년)에 일어난 제2차 천주교 박해
- 병인박해丙寅迫害: 1866년 조선 말 흥선대원군 정권에 의해 벌어진 대규모 천주교 탄압. 1872년까지 6년간 진행된 탄압
- 남연군분묘도굴사건南延君墳墓盜掘事件: 1868년 고종 5년 상인이자 학자인 독일인 에른스트 오페르트가 충청도 덕산德山에 있는, 흥선대원군의 아버지인 남연군南延君의 묘를 도굴하려다 실패한 사건

103위 한국 순교 성인

- 성녀 고순이 바르바라 (기해박해)
- 성 권득인 베드로 (기해박해)
- 성녀 권진이 아가타 (1840년)
- 성녀 권희 바르바라 (기해박해)
- 성녀 김 테레사 (1840년)
- 성녀 김 루치아 (기해박해)
- 성녀 김 바르바라 (기해박해)
- 성녀 김 로사 로사 (기해박해)
- 성녀 김 루치아 루치아 (기해박해)
- 성 김대건 안드레아 (병오박해)
- 성 김성우 안토니오 (1841년)
- 성녀 김성임 마르타 (기해박해)
- 성녀 김아기 아가타 (기해박해)
- 성녀 김업이 막달레나 (기해박해)
- 성녀 김유리대 율리에타 (기해박해)
- 성녀 김임이 데레사 (병오박해)
- 성녀 김장금 안나 (기해박해)
- 성 김제준 이냐시오 (기해박해)
- 성녀 김효임 골룸바 (기해박해)
- 성녀 김효주 아네스 (기해박해)
- 성 남경문 베드로 (병오박해)
- 성 남명혁 다미아노 (기해박해)
- 성 남이관 세바스티아노 (기해박해)
- 성 남종삼 요한 (병인박해)
- 성 다블뤼 안토니오 (병인박해)
- 성 도리 베드로 (병인박해)
- 성 모방 베드로 (기해박해)
- 성 민극가 스테파노 (1840년)
- 성녀 박봉손 막달레나 (기해박해)
- 성녀 박아기 안나 (기해박해)
- 성 박종원 아우구스티노 (1840년)
- 성녀 박큰아기 마리아 (기해박해)
- 성 박후재 요한 (기해박해)
- 성녀 박희순 루치아 (기해박해)
- 성 베르뇌 시메온 (병인박해)
- 성 볼리외 베르나르도 (병인박해

- 성 브르트니에르 유스토 (병인박해)
- 성 샤스탕 야고보 (기해박해)
- 성 손선지 베드로 (병인박해)
- 성녀 손소벽 막달레나 (1840년)
- 성 손자선 토마스 (병인박해)
- 성 앵베르 라우렌시오 (기해박해)
- 성 오메트르 베드로 (병인박해)
- 성 우세영 알렉시오 (병인박해)
- 성녀 우술임 수산나 (병오박해)
- 성녀 원귀임 마리아 (기해박해)
- 성 위앵 마르티노 루카 (병인박해)
- 성녀 유소사 체칠리아 (기해박해)
- 성 유대철 베드로 (기해박해)
- 성 유정률 베드로 (병인박해)
- 성 유진길 아우구스티노 (기해박해)
- 성녀 이 가타리나 (기해박해)
- 성녀 이 바르바라 (기해박해)
- 성녀 이 아가타 (1840년)
- 성녀 이간난 아가타 (병오박해)
- 성녀 이경이 아가타 (1840년)
- 성 이광렬 요한 (기해박해)
- 성 이광헌 아우구스티노 (기해박해)
- 성녀 이매임 데레사 (기해박해)
- 성 이명서 베드로 (병인박해)
- 성 이문우 요한 (1840년)
- 성녀 이소사 아가타 (기해박해)
- 성녀 이연희 마리아 (기해박해)
- 성녀 이영덕 막달레나 (기해박해)
- 성녀 이영희 막달레나 (기해박해)
- 성 이윤일 요한 (병인박해)
- 성녀 이인덕 마리아 (1840년)
- 성녀 이정희 바르바라 (기해박해)
- 성 이호영 베드로 (기해박해)
- 성 임치백 요셉 (병오박해)
- 성 장성집 요셉 (기해박해)
- 성 장주기 요셉 (병인박해)

- 성녀 전경협 아가타 (기해박해)
- 성 전장운 요한 (병인박해)
- 성 정국보 프로타시오 (기해박해)
- 성 정문호 바르톨로메오 (병인박해)
- 성 정원지 베드로 (병인박해)
- 성 정의배 마르코 (병인박해)
- 성녀 정정혜 엘리사벳 (기해박해)
- 성녀 정철염 가타리나 (병오박해)
- 성 정하상 바오로 (기해박해)
- 성 정화경 안드레아 (1840년)
- 성녀 조 막달레나 (기해박해)
- 성 조신철 가롤로 (기해박해)
- 성 조윤호 요셉 (병인박해)
- 성녀 조증이 바르바라 (기해박해)
- 성 조화서 베드로 (병인박해)
- 성 최경환 프란치스코 (기해박해)
- 성녀 최영이 바르바라 (1840년)
- 성 최창흡 베드로 (기해박해)
- 성 최형 베드로 (병인박해)
- 성녀 한아기 바르바라 (기해박해)
- 성녀 한영이 막달레나 (기해박해)
- 성 한이형 라우렌시오 (병오박해)
- 성 한재권 요셉 (병인박해)
- 성녀 허계임 막달레나 (기해박해)
- 성 허협 바오로 (1840년)
- 성녀 현경련 베네딕타 (기해박해)
- 성 현석문 가롤로 (병오박해)
- 성녀 홍금주 페르페투아 (기해박해)
- 성 홍병주 베드로 (1840년)
- 성 홍영주 바오로 (1840년)
- 성 황석두 루카 (병인박해)

은둔의 조선 왕조

The Joseon Dynasty of the Hermit

제너럴셔먼호사건

제너럴셔먼호사건(General Sherman incident)은 1866년 제너럴셔먼호가 조선 정부와 통상을 요구할 목적 으로 평양 초리방草里坊 두이포頭伊浦에 정박하자, 평안도 관찰사 박규수와 군민軍民들이 미국 상선商船 제너럴셔먼호(General Sherman)를 응징하여 화공으로 공격한 사건.

1866년 초 병인박해 후(프랑스 신부 9명과 천주교도 수천 명을 학살) 프랑스 함대가 보복할지 모른다는 소문으로 조정에는 긴장감이 돌고 있을 때, 외국 선박 1척이 평양 관찰사의 경고를 무시하고 대동강을 거슬러 평양까지 올라온 선박이 제너럴셔먼호였다. 이 배는 상선이었지만 대포가 2문, 24명의 선원도 무장한 80톤 급의 증기선이었다. 평안도 관찰사 박규수는 내항 목적을 물었다. 선교사 토머스는 내항來航 목적에 대하여서는 상거래 목적이라고 그들이 가져온 비단, 서양 문물과 조선의 쌀·인삼 등과 교역을 제의하였다. 그러나 조선 정부의 쇄국정책으로 외국과의 교역이 금지되어 있었기 때문에 거절하였다. 이들의 접근을 막으려는 조선 군인 3명을 붙잡아 감금하면서부터 평양 군민들은 소총과 활 등으로 대항하였고, 제너럴셔먼호 역시 포격으로 대응했다. 이런 과정에 대동강 수위는 점점 줄어들어 대형 선박의 운항이 불가능하게 되었다. 이때 평안도 관찰사 박규수는 화공 작전을 명하여, 제너럴셔먼호는 불타버렸고, 선원 전원이 사망하였다. 흥선대원군은 이 사건에 고무되어 통상 수교 거부 정책을 강화하였고, 이는 5년 뒤 신미양요의 원인이 되었다.

- 영국인 선교사 토마스 목사(Robert J. Thomas, 崔蘭軒): 한국 선교를 목적으로 상선 제너럴셔먼(General Sherman)호를 타고 있다가, 평양 대동강에서 한국인의 화공火攻을 만나 배는 불타고 토마스 목사는 평양 대동문 근처에서 목 베임을 당하여 한국 선교 최초의 순교자가 되었다.
- 박춘권朴春權: 제너럴셔먼호사건 당시 그는 힘이 장사로서 평양 감사 박규수 지휘하에 셔먼호 선원들을 무참하게 살해하였다. 그 뒤 30여 년이 흐른 뒤 자신의 괴로움과 고통을 이겨내지 못하다가, 어느날 평양지역 선교 사업을 위하여 평양에 온 마펫(마포삼열) 목사를 찾아가 자기의 죄를 회계하고 예수를 믿게 되었다.

출처: One hundred years of Christianity in Pictures. By Rev. Young Whan Kim 1984 253p. Korean Oversea Compatriots Mission

---

- 제너랄셔먼호 탑승자

  선장 페이지(Page), 덴마크인. 일등 항해사 윌슨(Wilson), 미국인. 선박 소유주 프레스턴(Preston), 미국인. 조지 호가스(George Hogarth), 영국인. 13명의 청나라인. 3명의 말레이인. 영국 개신교 선교사 로버트 토마스(Robert Thomas), 한국어를 배웠기 때문에 통역으로 탑승하였다.
- 1867. 10. 18. 미국이 러시아 제국으로부터 알래스카를 매입.
- 1867. 11. 9. 일제 에도막부 메이지 유신이 시작.
- 고종 4년 흥선대원군의 주도로 임진왜란때 불탔던 경복궁을 중건하여 완공했다.

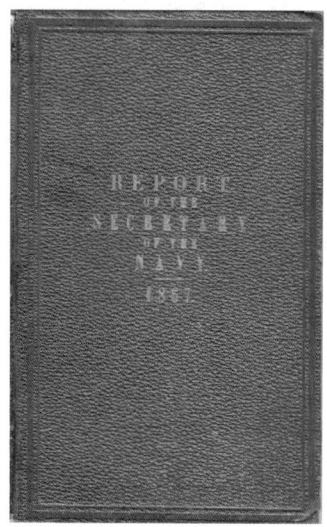

REPORT
OF THE
SECRETARY OF THE NAVY,
WITH
AN APPENDIX,
CONTAINING
BUREAU REPORTS, ETC.
DECEMBER, 1867
Washington:
GOVERNMENT PRINTING OFFICE,
1867

제너럴셔먼호 사건 보고서

General Sherman Incident Report

Visit of Commander Shufeldt in the United States steamer Wachusett to Chifu and Corea.

UNITED STATES FLAG-SHIP HARTFORD, (2d rate,)
Hong Kong, China, February 16, 1867.

SIR : In my despatch numbered 65, series of 1866, and dated December 27, 1866, I informed the department that I should send Commander Shufeldt in the Wachusett to Chifu and Corea, to investigate the circumstances of the loss of the American schooner General Sherman, and the fate of the people on board of her.

I have now to submit to the department that Commander Shufeldt reached Chifu on the 14th January last, and having secured the services of the Chinese pilot who was in the General Sherman a few days before her loss, and also of Reverend Mr. Corbett, an American missionary, to act as interpreter, left there on the 21st for the northwest coast of Corea, in compliance with his instructions, which were to demand of the chief authorities at the Ping-Yang river to deliver on the deck of the Wachusett such of the unfortunate men of the schooner General Sherman as may have been spared, whether they were American, Portugese, British, Malays, or Chinamen ; and to make such further investigation of the case as was practicable.

Commander Shufeldt has performed that service with commendable zeal, intelligence, and celerity. His report, marked A, herewith enclosed, confirms the rumors of the wreck of the schooner General Sherman and of the burning of that vessel in Ping-Yang river ; and of the murder of all on board of her, numbering twenty-seven persons, by the Coreans. The enclosed paper, marked B, is copy of letter addressed by Commander Shufeldt to the King of Corea ; C, is memorandum of interview with Corean official ; D, memoranda regarding the wreck of the General Sherman, and of the natural history of Corea.

In conclusion, I beg to suggest that until the government takes efficient action on this case, our countrymen lawfully navigating the seas adjacent to Corea will be in peril of life and liberty of person from the barbarities of the people, and the authorities of that country who aim at the exclusion of strangers. No surveys of that part of the coast have been yet made, and Commander Shufeldt employed the four days he was waiting to hear from the King in making a partial survey of the entrance to the Ta-tong river, which lies in latitude 38° 04' north, longitude 124° 50' west, (the chart of which, marked E, is herewith

---

enclosed,) and about fifty miles to the southward of the Ping-Yang river, which the pilot did not consider it safe to approach in the winter months

As soon as winter breaks up, and I have a gunboat to spare, I shall have that part of the Corean coast examined, pending the decision of the department.

I have the honor to be, sir, very respectfully, your obedient servant,

H. H. BELL,
Rear-Admiral Commanding U. S. Asiatic Squadron.

Hon. GIDEON WELLES,
Secretary of the Navy, Washington, D. C.

REPORT OF THE SECRETARY OF THE NAVY,.1867 45~46 Pages
해군장관보고서. 1867. 45~46페이지

해군 장관 보고서 - 1867

제너럴셔먼호의 손실 조사 - Wachusett호의 Shufeldt 사령관 한국과 Chifu 방문

미국 증기선 Wachusett Shufeldt 사령관이 Chifu와 Corea를 방문했습니다.

미국 기함 Hartford, (2d 속도) 1867년 2월 16일, 중국 홍콩

파견 번호 65, 1866년

1866년 12월 27일자에서 나는 부서에 Wachusett호의 Shufeldt 사령관을 Chifu와 Corea로 보내, 미국 세후너 제너럴셔먼호의 손실 상황을 조사해야 한다고 알렸습니다.

그 배에 탑승한 사람들의 실태.

나는 이제 슈펠트 사령관이 지난 1월 14일 치푸에 도착했으며, 실종되기 며칠 전 셔먼호에 탑승했던 중국 항해사와 코베트 목사의 임무를 파악하여 부서에 제출해야 합니다. 미국 선교사는 통역을 하기 위해 21일 평양의 최고 당국자에게 Wachusett호 갑판으로 물품을 전달하라는 그의 지시에 따라, 한국 북서해안으로 떠났습니다. 제너럴셔먼호의 불운한 사람들이 미국인·포르투갈인·영국인·말레이인·중국인인지 여부에 관계없이 가능한 한 사건에 대한 추가 조사를 수행하였습니다. Shufeldt 사령관은 명령할 수 있는 열정, 지능, 기민함으로 그 임무를 수행했습니다. 동봉된 그의 보고서는 제너럴셔먼호의 난파와 그 선박이 대동강에서 불탔다는 소문, 그리고 그 배에 탑승한 22명에 달하는 모든 사람이 살해되었다는 소문을 확증해 줍니다. 한국인에 의해. b로 표시된 동봉된 보고서는 슈펠트 사령관이 조선 왕 c에게 보낸 편지의 사본입니다.

한국 관리와의 인터뷰 메모 d. 셔먼호의 난파에 관한 메모 및 한국의 자연사에 관한 메모입니다. 결론적으로 정부가 이 사건에 대해 효율적인 조치를 취할 때까지 한국에 인접한 바다를 합법적으로 항해하는 우리 병사들은 국민과 그 나라 당국의 만행으로부터 생명과 자유의 위협에 처하게 될 것임을 보고합니다. 낯선 사람을 배척하는 것을 목표로 삼는 사람, 해안의 해당 부분에 대한 조사는 아직 이루어지지 않았으며 Shufeldt 사령관은 왕의 소식을 기다리던 4일 동안 위도 38° 04에 있는 대동강 입구에 대한 부분 조사를 수행하였습니다.

북쪽 성노 124° 50' 서쪽(e로 표시된 지도는 동봉됨) 및 대동강 남쪽으로 약 50마일 떨어져 있으며 항해사는 이 곳에 겨울에 접근하는 것이 안전하지 않다고 생각합니다. 겨울이 끝나자마자 포함에 남아서 한국 해안의 해당 부분을 조사하고 부서의 결정을 내리도록 하겠습니다.

나는 매우 정중하게 당신의 충직한 부하가 되는 것을 영광으로 생각합니다.

H. H. BELL,

미국 아시아 함대를 지휘하는 후방 제독.
Hon. Gideon Wellers.

해군장관,
워싱턴 D.C.

전주향교全州鄉校 ▶ 임피향교臨陂鄉校에 보낸 서찰

1867년(정묘년) 5월 발송. 향교 직인

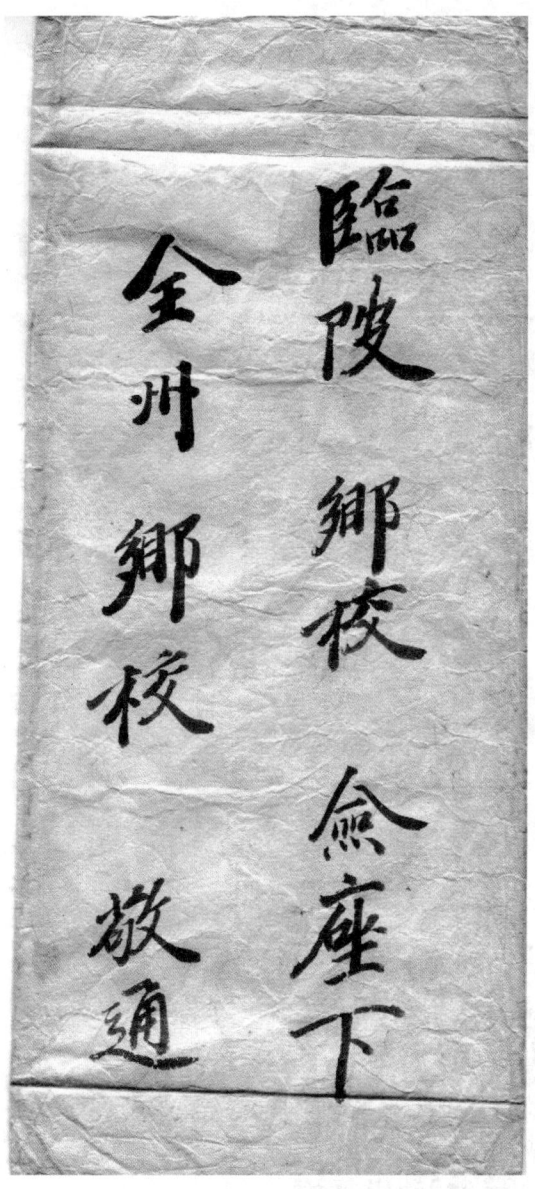

135x325mm

전주향교: 전라북도 전주시 완산구 소재 문화재. 고려 말기 창건

임피향교: 전라북도 군산시 임피면 소재 지방문화재. 1403년(태종 3년) 창건

■ 향교鄉校: 고려와 조선시대의 지방에서 유학儒學을 교육하기 위하여 설립된 관학 교육기관

무성서원武城書院으로 보낸 서찰

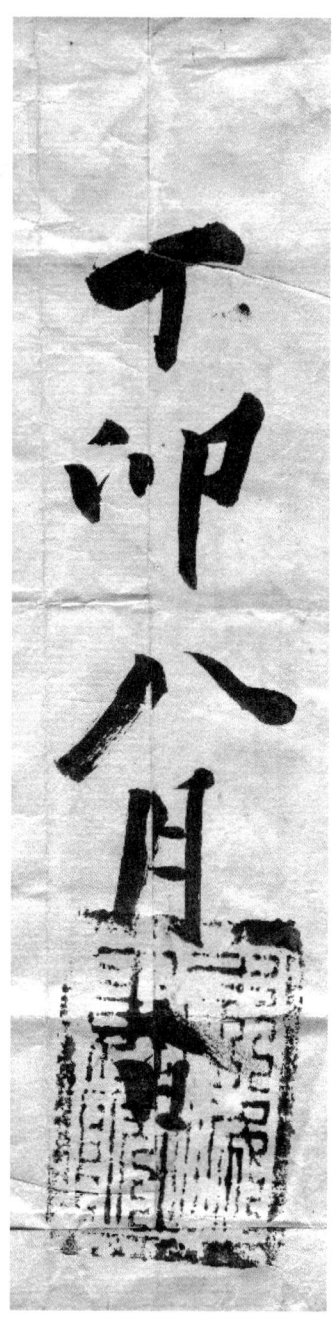

125X310mm

최익현 의병장 무성서원 강회 내용

1867년 6월 4일에 최익현이 태인 무성서원武成書院에서 여러 유생들을 모아 강회講會를 마련하고 눈물을 흘리면서,

'왜적이 나라를 도적질하고 역신逆臣(임금을 반역한 신하)들이 화를 빚어, 5백년 종사宗社와 삼천리 강토가 다 없어지게 되었으며, 군부君父는 우공寓公(나라를 잃고 남의 나라에 몸을 의탁하고 있는 임금)의 욕을 면치 못하고, 생민은 다 어육魚肉의 참혹한 화를 당하게 되었소.

나는 명색이 오랜 신하로서, 종사 생민生民의 화가 이렇게까지 되는 것을 차마 보고만 있을 수 없어,

장차 힘을 헤아리지 않고 대의를 천하에 펴보려 하는 것이요,

성패와 이둔利鈍(영리하고 우둔함)은 미리 짐작할 수 없는 일이지만, 정말 내가 한 마음 한 뜻으로 나라를 위하여 죽을 생각만을 하고 살 것은 다 나와 같이 사생을 같이 할 수 있겠소?'

소재지 전북 정읍시 칠보면 원촌 1길 4-12

무성서원武城書院

신라 후기의 학자였던 고운 최치원과 조선 중종 때 관리였던 신잠申潛을 모시고 제사 지내는 서원이다. 1968년 12월 19일 사적 제166호에 지정되었고, 2019년 7월 10일 유네스코 세계문화유산에 등재되었다. 갑신년 우정총국 설치 이전으로 경복궁 근정전과 경회루가 준공된 시기이다.

정한론도征韓論圖

일본제국 각료들의 격렬한 정한론征韓論 회의

일본제국 각료들의 격렬한 정한론 회의

An intense meeting of Japanese ministers on the conquest of Korea

육군대장 사이고 다카모리西鄕隆盛을 필두로 조선 정복의 시기를 앞두고 격렬한 논쟁을 벌이고 있는 모습
화보 출처: 전몰화첩 어국의 예. 국사명화간행회. 1936. 10. 30 발행자 다케우치 소고竹內省吾.

'일본의 메이지明治 정부는 불평등 조약 등 구미 열강들에게서 입은 타격을 한국을 필두로 아시아에의 침략으로써 만회하려는 계획을 일찍부터 도모하고 있었다. 메이지 정부의 오오쿠보大久保利通 · 이토오 히로부미伊藤博文 · 사이고 다카모리西鄕隆盛 · 이타가키板垣退助와의 사이에 설왕설래한 이른바 '정한征韓 논쟁'도, 정한征韓 그 자체에 대해서는 일치하고 있었는데, 그것을 언제 실행하느냐에 대한 논쟁에 지나지 않았다.'

정한론征韓論

19세기 말 당시, 일본이 조선을 정벌해야 한다는 사상 또는 신념이다. 1870년대의 일본 군국주의자에게서 나왔으나 1884년 갑신정변 실패 이후에는 조선에 호의적이던 인사들에게서도 정한론이 대두되었다.

6월 1일(음력 4월 14일)~6월 11일(음력 4월 24일) - 신미양요 발생. 음력 3월 20일 - 서원 철폐령(전국의 47개 서원만 남기고 철폐). 음력 4월 - 조선 각지에 척화비가 세워졌다. 8월 29일 - 일본 이전에 지방권력이 폐번치현으로 중앙정부에게 돌아감. 9월 13일 - 청일수호조약 조인. 10월 8일 - 미국 시카고에서 대화재 발생. 이 화재로 건물 1만 7천여 동이 불에 탔고 300여 명이 사망

은둔의 조선 왕조

The Joseon Dynasty of the Hermit

신미양요辛未洋擾 Battle between Joseon and the United States on June 1, 1871

신미양요辛未洋擾는 1871년 6월 1일에 발생한 조선과 미국의 전투이다.

제너럴셔먼호사건의 책임과 통상 교섭을 명분으로 조선의 주요 수로였던 강화도와 김포 사이의 강화해협을 거슬러 올라왔고, 조선 측의 거부를 무시하고 무력으로 탐침을 시도하여 교전이 일어났다. 3일간의 교전 결과 조선은 광성보가 함락되고, 순무중군巡撫中軍 어재연을 비롯한 수비 병력 대다수가 사망하였다. 미 해군은 20일간 통상을 요구하며 주둔하였으나, 조선의 완강한 쇄국 정책으로 아무런 협상을 하지 못하고 철수하였다. 신미양요 이후 조선의 흥선대원군은 척화비를 세우고 쇄국 정책을 강화하였다.

신미양요 당시 조선인 포로

부상당한 한국인 포로로 1872년 신미양요 당시 강화도의 미국 선박에 끌려온 이 두 사람은 곧 풀려 났다.

사진 출처: 한 · 영 만남 200주년 기념 '서양인이 본 꼬레아' 박영숙(전 영국대사관 공보관/챗GPT 세계미래보고서 저자)

미국 함대 콜로라도호의 해군 제독과 작전 회의

U. S. S Colorado-Admiral and Staff
Colorado sailed from New York, on 12 December, to cruise the North Atlantic Station, and became flagship of the North Atlantic Squadron on 27 August 1874.

Colorado-Admiral 12월 12일 뉴욕에서 출항하여 북대서양 기지를 순항했으며, 1874년 8월 27일 북대서양 전함의 기함이 되었다.

사진 출처: 한 · 영 만남 200주년 기념 '서양인이 본 꼬레아' 박영숙(전 영국대사관 공보관/챗GPT 세계미래보고서 저자)

신미양요 당시 로저스 미 해군 제독과 수행원들

Admiral Rodgers and Staff
사진 출처: 한 · 영 만남 200주년 기념 '서양인이 본 꼬레아' 박영숙(전 영국대사관 공보관/챗GPT 세계미래보고서 저자)

The first USS Colorado, a 3,400-long-ton (3,500 t), three-masted steam screw frigate, was launched on 19 June 1856, by the Norfolk Navy Yard. Named after the Colorado River, she was sponsored by Ms. N. S. Dornin, and commissioned on 13 March 1858, with Captain W. H. Gardner, in command. She was the fifth of the "Franklin-class" frigates, which were all named after US rivers, except for Franklin.

1856년 6월 19일 Norfolk Navy Yard에서 최초의 USS Colorado, 3,400톤(3,500t), 돛대가 3개 달린 스팀 스크루 호위함을 진수했다. 콜로라도강의 이름을 따서 명명된 그 배는 Ms. N. S. Dornin의 후원을 받았으며, 1858년 3월 13일 W. H. Gardner 대위가 지휘하여 취역했다. 그 배는 프랭클린을 제외하고 모두 미국 강 이름을 따서 명명된 '프랭클린급' 호위함 중 다섯 번째였다.

On 1 June 1871, an unprovoked attack was made on two ships of the squadron by shore batteries from two Korean forts on the Salee River. When no explanation was offered, a punitive expedition known as the Sinmiyangyo was mounted that destroyed the forts and inflicted heavy casualties on the Koreans.

1871년 6월 1일, 살레강(강화해협)에 있는 두 개의 한국 요새의 해안 포대에 의해 함대의 두 배에 대한 이유 없는 공격이 이루어졌다. 답변이 없자, 신미양요라는 토벌대가 출동해 성을 파괴하고 조선인에게 막대한 사상자를 냈다.

National Museum of the Marine Corps
1775 Semper Fidells, Wy, Triangle, VA 22172, USA
미국 국립 해병대박물관에 (Secter 6)신미양요 역사관이 개설되어 있다.

사진 출처: National Museum of the Marine Corps Web sight

운요호사건雲揚號事件(강화도사건)

The incident in which the Japanese 245-ton warship Unyo engaged the Korean army in Ganghwa Island and other places

1875년 9월 20일부터 22일까지 3일간 일본의 245톤 군함 운요호雲揚號가 강화도 등지에서 조선군과 교전한 사건을 일컫는다. 당시 운요호는 22일 오전 남하하는 길에 영종도에 상륙해 성을 함락하고 각종 물자를 약탈하기도 했다.

출처: 국사편찬위원회

구조, 제원 및 무장
선체: 목조 쌍돛대 기범선
배수량: 245톤
전장: 35.7미터
전폭: 7.2미터
흘수: 2.3미터
주기: 2기통 왕복동기관 106마력. 1축추진
무장: 160mm 전장포 1문, 140mm포 1문

운요호 모습

운요호(雲揚號)는 조슈번長州藩(번주는 도자마 다이묘 모리)이 영국에서 구매한 배로, 메이지 유신 이후 1871년(메이지 4년) 5월 일본제국 해군에 편입된 일본제국 해군의 포함砲艦이다.

강화도조약

1876년(고종 13년) 2월 강화도에서 조선과 일본 사이에 체결된 불평등 조약

1876년 일본은 전권대사를 조선에 파견하여 운요호 포격에 대한 힐문詰問과 개항을 요구했다. 그 해 2월에 일본은 구로다 기요타카黑田淸隆(1840~1900)를 전권대사로 파견하여 사신 일행이 군함 5척으로 강화도에 이르러 조선 정부에 담판을 요구하여 왔다. 조선 정부에서는 중신회담을 거듭한 끝에, 국제 관계의 대세에 따라 수호조약 체결 교섭에 응하기로 하고, 전권대신(판중추부사 신헌)을 강화도에 파견하여 1876년 2월 27일(음력 2월 3일) 조선 · 일본 양국 사이에 강화도 조약을 조인하게 되었다.

조선이 개국을 결정하게 된 이유

1. 세계 대세로 볼 때에 개국을 해야만 할 객관적 조건이 성숙했으며,
2. 일본 정부의 무력시위가 국내의 척화론斥和論보다 강력히 작용했으며,
3. 민씨 일파가 개국을 버리고 쇄국을 하게 된다는 것은 민씨파의 실각, 즉 흥선대원군의 득세를 초래하는 결과를 가져오는 것이었고,
4. 청나라가 개국을 찬성한 것,
5. 고종이 개항에 적극적이었던 점 때문이었다.

1876

은둔의 조선 왕조
The Joseon Dynasty of the Hermit

흥선대원군 이하응 · 척화비

흥선대원군興宣大院君 이하응李昰應(1821~1898)

대원군은 고종의 부친인 흥선대원군을 말하며, 1866년 천주교 탄압령을 공포하여 박해를 철저히 가하였다. 이 박해는 1872년까지 6년간에 걸쳐 계속되었고, 흔히 병인교탄丙寅敎灘이라 부른다. 오가작통제五家作統制를 만들어 교도를 색출하였고, 약 1만명이 넘는 수가 이러한 공포정치로 인하여 희생되었다고 한다. 1865년 경복궁 중건, 척화비 건립, 천주교 탄압, 동학 탄압, 명성황후 폐출 기도 등 쇄국정책으로 일관하였다.

섭정 기간: 1863년 12월 13일~1873년 11월

척화비斥和碑

대원군大院君은 1866년 우리나라를 침입한 프랑스 함대를 물리친 다음 전국 도처에 척화비를 세워 양이洋夷 배척의 기세를 세차게 북돋았다. 한문으로 된 비문(洋夷侵犯 非戰則和 主和賣國)을 우리말로 바꾼다면 '서양 오랑캐가 침범하였는데 싸우지 않으면, 화친을 말하는 것이 된다. 화친을 주장함은 곧 나라를 파는 것이 되는 고로 나는 이를 자손 만대에 경계하기 위하여 이 비를 세운다'는 뜻이다.

사진 출처: 사진으로 보는 한국신교백년 1978년 11월 20일 발행. 편자 김응호. 발행처 일맥사.
65페이지

■ 오가작통법五家作統法은 조선에서 시행된 행정 구역 체계이다. 세조 때 실시하여 중앙 집권을 강화하였다.
■ 섭정(攝政, Regent)은 군주의 건강 악화나 연령이 어린 경우 등과 같이 군주가 직접 통치할 수 없을 때에 군주를 대신하여 나라를 다스리는 행위 혹은 이러한 방식으로 국가를 통치하는 사람을 의미한다.

경상도 관찰사 공문

Official letter from Gyeongsangnam–do governor

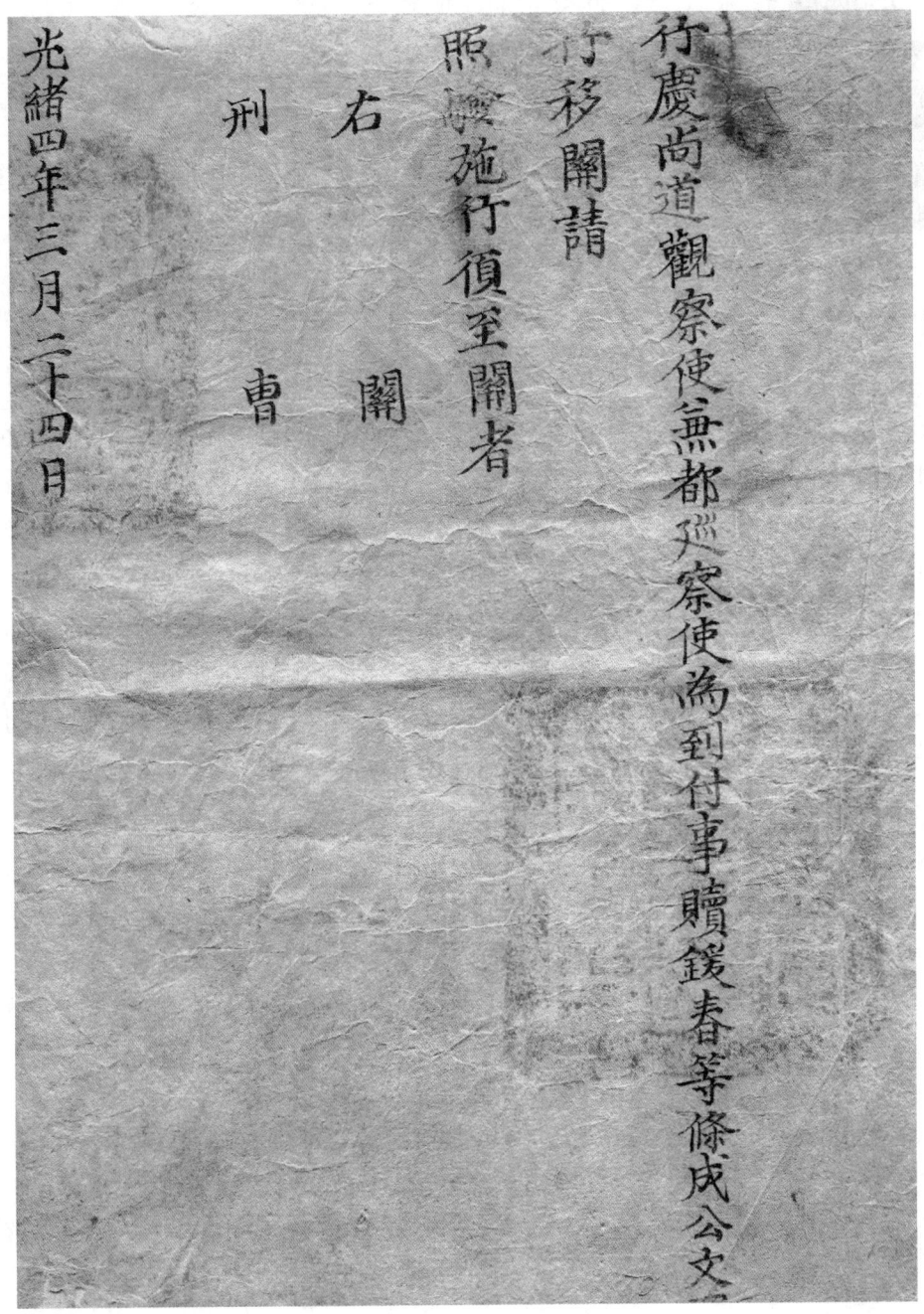

광서 4년(1878년) 3월 28일   257x340mm

■ 광서(光緖. 1875~1908)는 청나라 덕종德宗 광서제光緖帝의 연호이다.

의친왕義親王 이강李堈

Prince, fifth son of the 26th King Gojong

이강李堈(1877~1955)

제26대 고종의 다섯째 아들인 왕자
초명은 이평길李平吉. 호는 만오晩悟. 의왕義王·의친왕義親王 또는 의화군義和君이라고도 불린다.

국치시기 행적

1911년 봄 의친왕과 손병희는 극비리에 우이동에서 만나 국권을 회복하기 위한 방도를 면밀히 모색했다. 1911년 8월 손병희가 우이동을 다시 방문하여 주변의 땅 3만평을 매입했고, 1912년 봉황각鳳凰閣을 세웠는데, 봉황각은 바로 3·1운동의 발상지라고 할 수 있는 곳이다. 1915년 의친왕은 신한혁명당新韓革命黨이 고종 황제를 북경北京으로 망명시키려 한 보안법 위반 사건에도 연루되었다. 1916년, 대한독립의군부 총사령관 임병찬이 타계하자, 이에 의친왕이 추모 제문을 보냈다. 이러한 사실은 임병찬 등 독립군과 연통 혹은 교류가 있었다는 증거이다. 의친왕의 궁가이자 처소인 사동궁寺洞宮에는 일본제국 경찰이 보초를 서면서 드나드는 모든 사람을 일일이 감시했고, 궁내 사무실에서는 일본인 이왕직 사무관이 파견나와 있었고, 의친왕의 처소에는 감시를 위한 유리창이 달렸다. 그런데 이러한 삼엄한 감시를 받아 가면서도 의친왕은 3·1운동 준비와 관련하여 손병희와 비밀리에 회합했다. 1919년 11월 24일자로 조선총독부 경무국장이 우치다 고사이 당시 외무대신에게 보낸 보고서에서 '공公은 즐겨 시정 잡배와 왕래했는데, 올 봄 독립운동의 주모자 손병희와는 몰래 회합 모의했고, 손병희가 체포되자 공은 매우 낭패한 빛이 있었다고 한다.'라고 말한 것을 봐도 알 수 있다. 1919년 늦가을, 의친왕은 최진동장군과 연통했다. 이후 독립군 단체인 군무 도독부軍務都督部가 조직되었다. 여기서 의친왕은 '3·1운동을 통해, 침략한 일제를 몰아내려면 무력으로 독립투쟁을 해야 한다는 사실을 깨달았다'고 말했다고 [최진동 장군]에 나와 있다. 후에 1939년, 의친왕은 최진동 장군이 아들을 얻자 족자를 보냈는데, 이 족자 사이에 항일 독립운동에 관련한 밀서를 같이 보내기도 했다.

"The Crown Prince received us, installed in his own pavilion, after the same fashion as his father had done…. Seclusion and an enforced dignity befitting his position had given him a look beyond his years. His face lacked the beauty of his father's; but it is perhaps unfair to criticize what has never known a youth, and has not yet arrived at manhood. The face as yet knows not what it is,"
-Percival Lowell-

"황태자는 아버지가 하셨던 것과 같은 방식으로 자신의 처소에 우리를 초대했다. 은둔과 그의 지위에 걸 맞는 강요된 위엄은 그의 나이를 초월한 모습을 보여주었다. 그의 얼굴은 아버지의 아름다움보다 부족했다. 그러나 젊음을 알지 못하고 아직 성인이 되지 않은 것을 비판하는 것은 아마도 불공평할 것이다. 아직 그 얼굴은 그것이 무엇인지 모른다."

−Percival Lowell−

임오군란壬午軍亂

This is an incident in which old-style soldiers rioted due to growing complaints about being treated differently from new-style soldiers.

1882년(고종 19년) 6월 5일

구식 군인들이 신식 군대인 별기군別技軍과의 차별 대우, 봉급 체불, 군량미 미지급에 대한 불만이 증폭되어, 고관을 살해하는 등 난동을 일으킨 사건이다. 조선 정부는 1876년 강화도조약을 체결한 이래 제국주의 세력의 침투는 이전보다 심해졌다. 조선 정부는 이에 대비하기 위해 부국강병책을 모색하면서 신문명과 근대적인 기술을 받아들이는 개화정치를 지향하였다. 이러한 계획의 일환으로 일본에는 수신사修信使, 청나라에는 영선사領選使를 파견하여 문물제도의 시찰과 근대적 기술학을 배워오도록 하였다. 또 신문화 수입의 태세를 갖추기 위해, 청나라의 제도를 모방하여 통리기무아문統理機務衙門을 설치하였다.

1881년 창설된 별기군

이러한 과정에서 조선 정부는 1881년 4월 별기군을 창설하였는데, 별기군의 총책임자인 교련소 당상에는 외척 가운데 거물인 민영익閔泳翊을 임명하였다. 정령관正領官에 한성근韓聖根·좌부령관左副領官에 윤웅렬·우부령관에 김노완金魯完·참령관에 우범선禹範善을 임명하였다. 당시 조선 정부가 개화정책을 시작하면서 상당량의 미곡이 싼 값에 일본에 유출되어 국내는 미곡이 부족했고, 농촌 경제는 파탄에 이르렀다. 더구나 부패한 탐관오리들이 사리사욕을 위해 재정을 낭비하여 국고는 더욱 더 고갈상태에 이르렀다. 13개월 간 봉급을 받지 못해 가족들이 기아로 쓰러질 지경이 되었을 때, 구식 군인에게 우선 1개월분의 녹봉미가 지급되었다. 임오년 6월 5일, 이른 아침부터 포대 자루를 들고 모였는데, 민겸호의 하인 들이 고지기(고직庫直: 관아의 창고를 보살피고, 지키는 사람)로 창고 문을 열고 쌀을 나눠주기 시작했다. 그러나 실제 지급된 녹봉미는 약속한 절반에도 미치지 못한 데다 그나마도 겨와 모래가 섞여 있어, 썩은 냄새가 나서 도저히 먹을 수가 없었다. 고지기가 쌀을 착복한 후 남아 있는 쌀에 몰래 겨와 모래를 섞었던 것이다. 결국 고지기와 군졸들 사이에 심한 충돌이 벌어졌고, 오랫동안 천대받던 군졸들의 울분이 터져 고지기에게 주먹질을 했다. 민겸호는 김춘영·유복만 등 주동자들을 포도청에 잡아들여 가혹한 고문을 가하고 2명을 처형하도록 했다. 이 소문을 들은 군졸들은 더욱 분개하여 6월 9일 민겸호의 집을 기습하여 모조리 파괴하였다. 이때 군졸들은 1873년 실각한 흥선대원군을 찾아가 그간의 사정을 설명하고 자신들을 이끌어 달라고 간곡히 요청하였고, 이에 흥선대원군의 개입으로 군란은 더욱 조직화되었다. 군졸들은 대담하고 조직적인 행동으로 무기고를 부수고 무기를 약탈하여 포도청 의금부를 습격하고, 일본 공사관을 포위 공격하여 불태우는 바람에, 일본 공관원 전원은 인천으로 도피하였다. 그 와중에 별기군의 교관 호리모토를 비롯한 일본 순사 13명이 성난 군인에 의해 살해되었다.

출처: 한국민족문화대백과사전

제물포조약濟物浦條約

Treaty of Chemulpo

일본제국은 임오군란으로 발생한 피해보상 문제를 해결한다는 명분으로 군함 4척과 보병 1개 대대 병력으로 조선을 위협하였다.

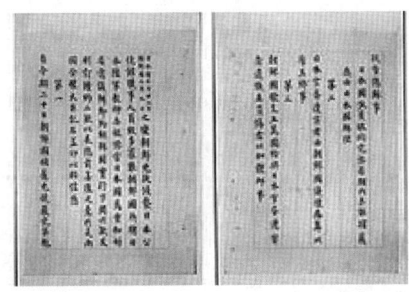
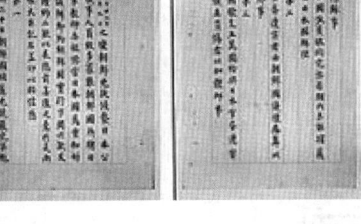

조약 원문 1쪽 ~ 2쪽

조약 원문 3쪽 ~ 4쪽

임오군란에 개입한 일본은 조선에 책임을 물어 일본 측 대표 하나부사 공사와 조선의 김홍집 사이에 맺어진 조약이다. 본조약 6개조와 조일수호조규 속약 2개조가 각각 조인되었다.

다음 내용과 같은 것이 그 핵심을 이룬다.

• 조선 측의 5만 원 배상
• 일본 공사관의 일본 경비병 주둔
• 조선 정부의 공식 사과를 위한 수신사 파견
• 임오군란 주모자 처벌
• 일본인 피해자 유족에게는 위로금 지불

일본에 대한 배상을 일본으로부터 외채를 빌려 차입하여 충당하도록 일본 측과 밀약하고, 조약 문서에 조인하였으며, 이로써 일본이 조선을 강탈할 수 있는 미끼를 던져주게 되었다. 일본은 조선에서의 지위를 구미열강으로부터 인정받게 하였으며, 공사관 경비라는 미명 하에 일본군이 조선 땅으로 건너오게 되는 계기를 만들었다.

김홍집金弘集   하나부사 요시모토 花房義質, 1842~1917
위 사진은 1880년 도쿄의 우치다 사진관에서 수신사의 신분으로 촬영한 사진

한국의 첫 만남

1880~1910
First Encounters Korea 1880~1910
124P

Edited By
Peter A. Underwood
Samuel H. Moffett
Norman R. Sibley

미국공사관美國公使館

The American Legation, Seoul

"That garden bungalow was the most attractive place I had in the East and one of the most charming I have had in all my wandering in far places. I was sorry to leave it when I changed from the legation to the palace
-William F. Sands-

"그 정원 궁궐은 동양에서 가장 매력적인 곳이었고, 먼 곳을 여행하는 동안 가장 매력적인 곳 중 하나였다. 궁궐을 떠나 공사관으로 가기가 아쉬웠는데……" −윌리엄 F. 샌즈−

1886년 당시 미국공사관 전경

재조선 미국공사관

1882년 5월 조미수호통상조약이 체결된 이후 루시어스 푸트가 조선에 공사로 파견되어 1883년 5월부터 한성에 주재했다. 처음 루시어스 푸트에게 주어진 집은 덕수궁 서편에 있던 민계호와 민영교의 집이었다. 푸트는 이 집을 2,200달러에 구입했고, 주변 집도 사들였다. 이후 푸트는 '모자가 천장에 닿는다'며 양식 건물을 짓기 위해 본국에 돈을 보내줄 것을 요청한다. 그러나 당시 미국 국무장관은 '조선에서는 실내에서 모자를 쓰지 않느냐'며 돈을 보내 주지 않았다. 한옥을 계속 쓸 수밖에 없었으며, 큰 건물 한 채는 공사관이 되었고, 다른 한 채는 공사관저가 되었다.

서울의 전차

Trolley Car, Seoul

Note the western gentleman seated to the rear of the car and the 'people catcher' net protruding from the front.

전차 뒤쪽에 앉은 서양인 신사와 앞쪽에서 운전하는 운전사, 그리고 갓 쓴 한국인을 주목.

The changes [in Seoul] have been somewhat radical....
An excellent and rapid train runs from Chemulpo; electric trains afford quick transit within and beyond the capital; even electric lights illuminate by night some parts of the chief city of the Hermit Kingdom.
-Agnus Hamilton-

서울의 변화는 다소 급진적이었다. 훌륭하고 빠른 열차가 제물포에서 운행되었다. 전차는 수도 안팎으로 빠르게 이동할 수 있다. 은둔의 왕국, 주요 도시의 일부를 밤에는 전깃불까지 비춘다.

1898년 한성에 처음으로 전차가 운행되었다.

우리나라에서 전차사업에 처음으로 관심을 가지게 된 사람은 경인철도 관계로 우리나라에 와 있던 미국인들이었다. 1898년 2월 19일 미국인 콜브란(Collbran, H.)과 보스트윅(Bostwick H.R.)은 우리 정부로부터 한성 시내에서의 전기 사업 경영권을 얻어 그 사업의 하나로 전차가 부설되기에 이른 것이다. 원래 이들 미국인은 1896년 처음으로 인천에 와서 그 곳에 있던 같은 미국인 모스(Morse S. F. B.)와 함께 한국으로부터 경인철도부설권을 얻은 일이 있다. 이들은 그 뒤 서울 서소문으로 옮겨와 살면서 정부로부터 서울 시내의 전차는 물론 전등과 전화사업 등에 대한 독점권을 얻은 것이다. 특히 당시 고종은 명성황후의 능인 홍릉에 자주 나갔는데 그 때마다 가마를 탄 많은 신하들이 따르게 되어 한번에 10만 원의 경비가 들 정도였다. 콜브란과 보스트윅은 이러한 점을 강조하여 임금에게 경비를 절약할 수 있고, 또 편리한 근대문명의 이기를 하루속히 받아들이는 것이 유리함을 강조하여 고종의 전폭적인 지지를 얻을 수 있었다.

장례식

Royal Funeral, Seoul
The date of the photograph indicated was the first wife of Crown Prince Sunjong

"The procession proper was long enough to cover the whole five or six mites of the route to the grave. There were great 'flower horses' of Papier-mache to be burned at the tomb, together with similar grotesque figures for frightening off or propitiating evil spirits."
-Horace N. Allen-

"장례 행렬은 무덤까지 가는 길의 5~6미터 전체를 덮을 만큼 길었다. 무덤에는 파피에마체Papier-mache 의 거대한 '꽃말'이 있었고, 악령을 겁주거나 달래기 위한 비슷한 기괴한 형상도 있었다."
ㅡ호레이스 N. 앨런ㅡ

■ 파피에마체(Papier-mache): 종이 조각이나 펄프로 구성된 복합 재료로, 때로는 직물로 강화되고 접착제, 전 분 또는 벽지 페이스트와 같은 접착제로 묶여 만든 모형

왕실 장례 행렬

배경의 탈은 현재 서울 국립중앙박물관에 전시되어 있다.

Royal Funeral Procession, Seoul
The mask in the background is now on display at the National Museum in Seoul

일본 군인들

Japanese Soldiers
The Japanese military maintained a fairly high profile Korea even before the Russo–
Japanese War of 1904–5

일본군은 1904~1905년 러일전쟁 이전에도 한국에 많은 군대를 주둔시켰다 .

"Failure in tact was one great fault of the Japanese."
-Isabella Bird Bishop-

"재치의 실패는 일본인의 큰 결점 중 하나였다."
－이사벨라 버드 비숍－

일본군에게 총살당하는 한국 여성 의병들

Korean Resistance Fighters Facing a Japanese Firing Squad

*"From time to time her land had been overrun by armies of invasion from China and
Japan, to resist which the most complete sacrifices were made on her part,"*
-W. R. Carles-

"때때로 그녀들의 땅은 중국과 일본에게 침략당했고, 저항하기 위해 그녀들은 희생을 당했다."
－W. R. Carles－

러시아공사관

The Russian Legation, Seoul

Only the main tower of the structure at the rear still stands, beside the MBC television Studio
1969년 당시 정동 MBC텔레비전스튜디오 옆의 뒤쪽 구조물의 주탑만 남아 있다.

일본군에 의해 파괴된 러시아 선박

Russian ships sunk by the Japanese fleet during the Russo–Japanese War (1904–5)

" After an interval of heavy gunfire, back they all came into the harbour, the Variag very slowly, heeted over in a heavy list, and took up her anchorage again, a cruiser barred the entrance channel, like a sentry... Just at lunch time the Koreetz blew up in a tall column of heavy smoke, raining burnt photographs, charred playing cards and steel all over the town. A little later the Variag sank"
-William F. Sands-

"한바탕 격렬한 총격이 있은 후, 그들은 모두 아주 천천히 항구로 들어왔고, 그 배의 정박지를 다시 차지했고, 순양함 한 척이 초병처럼 입구의 통로를 막았다. 점심 시간에 코레에츠함은 자욱한 연기를 내뿜으며 폭발했고, 불에 탄 시신들과 검게 탄 플레잉 카드들과 강철들이 마을 전체에 비를 뿌리듯, 잠시 후 코레에츠함은 침몰했다."

액막이 허수아비

학당의 여학생들

선교사와 한국인 교역자들

Pioneer missionaries with Korean Associates

The missionaries are (left to right) Samuel Moffett, Dr. and Mrs. Vinton and James S. Gale
" Fortunately the majority of American evangelical missionaries were exceptionally fine people"
-William F. Sands-

"다행히도 대다수의 미국 복음주의 선교사들은 유난히 훌륭한 사람들이었다."

언더우드와 가족 나들이

H. G. Underwood and Family

Rev, underwood carries a gun over his left shoulder for shooting pheasants; his wife is seated in the sedan chair; their son stands beside her, they are travelling to Sorai beach

Underwood 목사는 꿩사냥을 위해 왼쪽 어깨에 총을 들고 있다. 그의 아내는 세단 의자에 앉아 있다. 그 아들은 그녀 옆에 서 있고 그들은 소래 항구 해변으로 여행 중이다.

현지 관료와 만남

M. Cuvillier Meeting a Local Official

The official's evident puzzlement regarding the profferead handshake suggests that this was his first meeting with a foreigner, Not the writing box suspended from the hand of an attendant

악수에 대한 관리의 명백한 당혹감은 이것이 외국인과의 첫 만남임을 시사한다. 수행원이 들고 있는 것은 글쓰기 탁자가 아니다.

"…the more I have seen of the Coreans, the more fully I have appreciated their politeness to wards their guests and the dignity of their behavior"
-W. R. Carles-

"내가 조선인들을 더 많이 볼수록 나는 그들의 손님을 대접하는 공손함과 그들의 품위 있는 행동에 대해 더 깊이 감사하게 되었다."

게일목사 가족과 길선주 목사

The Gale Family with Kil Sun–Joo

Rev. Kil was a famous Korean evangelist, the first Korean installed as an ordained pastor of a Korean church and a signer of Korea's Declaration of Independence in 1919.

길선주 목사는 1919년 독립선언서에 서명하고, 한인교회 최초로 안수 목사로 취임한 한국의 저명한 전도사였다.

펜윅목사의 한복차림 모습

Malcolm Fenwick, "Old Fireblower"

"There were certainly men in both principal mission bodies whose zeal was embarrassing to their diplomatic representatives and to foreign administrators in the civil government"
-William F. Sands-

"두 주요 사절단에는 확실히 외교 대표자들과 민간 정부의 외국 행정관들을 부끄럽게 만드는 열성을 지닌 남자들이 있었다."
Malcolm C. Fenwick 1863~1935. Canada 출생

알렉산더 윌리암슨(Alexander Williamson) 선교사 평양 설교

Rev. Alexander Preaching Pyong-yang

Note the two missionary children perched in the tree at right.
Houses in the background are the mission compound of Pyong-yang.

오른쪽 나무 위에 앉아 있는 두 명의 선교사 자녀에 주목. 배경의 집들은 평양 선교사 단지.

알렉산더 윌리암슨(Alexander Williamson)은 중국 산동성 주재 스코틀랜드 성서공회 총무로 1867년 이후 고려문에 와서 많은 한국인에게 성경을 팔았다. 값을 치러야 책의 귀함을 알기 때문이다. 로스(John Ross, 스코틀랜드, 1842~1915)와 매킨타이어(John Mcintyre, 스코틀랜드, 1837~1905)는 윌리암슨, 토마스와 같이 스코틀랜드 자유교회 선교사로 1872년 만주 우장에 와서 선교하는 한편, 한국 선교에 관심이 많았다. 이응찬·이성하·백홍준·김진기 네 사람이 새로운 지식을 얻기 위하여 로스 선교사를 따르게 되었으며, 그들은 1876년 매킨타이어 목사에게 세례를 받았다. 로스 선교사는 그들과 성경번역을 시작하여 1880년 요한복음과 누가복음을 번역하였다. 이 무렵 동향인 서상륜이 우장에 와서 1881년 봄에 세례를 받았다. 스코틀랜드 성서공회 주선으로 인쇄기를 장만한 로스 선교사는 한국어 조판 기술인을 구하여 만주 봉천에 인쇄소를 차리고, 1882년 마태·마가·사도행전이 인쇄되고, 1887년 신약성경 전부가 출간되어 '예수성교젼서'라는 이름으로 3,000권을 출판하여 이를 서상륜이 한국에 가져와서 반포하였다. 1884년 서상륜·서경조 형제는 고향인 황해도 장연군 송천訟川에 교회당을 세워 '솔내교회'(소래교회라고도 부름)라 하였는데, 이 교회당이 개신교의 효시이다. 언더우드가 세운 새문안교회와 아펜젤러가 세운 정동감리교회는 그 뒤를 잇는다. 한편, 일본에 머물던 이수정李樹廷(1842~1886)은 한국인 최초의 성경번역자이다. 그는 임오군란 때 명성황후를 피신시킨 공으로 고종으로부터 신임을 받았다. 1882년 일본 수신사 박영효의 수행원으로 일본에 갔다가 거기에서 일본 당대 대표적 농학자이자 기독교인인 쓰다와 교분을 가지고 근대 농법과 우편제도를 배웠고, 특히 그의 방에 걸린 한문 족자에 쓰여진 산상수훈을 읽고 큰 감명을 받아 야스가와목사에게 세례를 받음으로 일본에서 첫 한국인 개신교 신자가 되었다. 기독교에 귀의한 후 일본주재 미국 성서공회 총무 루미스(H.Loomis)의 권유로 한문성서에 토를 다는 '현토한한신약전서'懸吐韓漢新約全書를 간행하였다. 이어서 '신약마가젼복음서'를 번역하였는데 1885년 4월 언더우드와 아펜젤러 선교사가 우리나에 들어올 때 한국말로 번역된 이 성경을 가지고 입국하였다. 또한 언더우드와 아펜젤러 두 선교사와 스크랜톤이 일본에서 이수정에게 2개월 동안 한국말을 배웠다. 우리나라에 초창기 복음이 전해지는 과정에서 가장 중요한 성경을 반포하는 일에 큰 족적을 남겼던 이수정은 안타깝게도 1886년 4월 23일 귀국하였는데, 수구파에 의하여 귀국 즉시 체포되어 비밀리에 처형되었다. 오윤선은 이수정을 가리켜서 '한국의 마케도니아인'이라고 칭송하였다.

출처: '종교개혁의 의의(意義)와 다시 성경으로' 부산 백양로교회 김태영목사. 2017

출처: '종교개혁의 의의(意義)와 다시 성경으로' 부산 백양로교회 김태영목사. 2017

프랑스공사관

French Legation
Note the sedan chair in foreground and the black man seated in background

전경에 있는 가마와 배경에 앉아 있는 검은 남성에 주목

정장차림으로 여행하는 퀴빌리에

Mme. Cuvillier Travelling in the "Interior"

"One kept far too many servants, according to the East, There must be a head boy and a second boy and a coolie for the housework even in a bungalow of four rooms"
-William F. Sands-

"한 사람이 하인을 너무 많이 두었으니, 동방에서는 방 네개 짜리 주택에도 집안일을 할 수 있는 우두머리와 하인이 있어야 한다고 한다."

초기 서양식 공장과 광산

An Early Western style factory or Mine

"with abundant supplies of....two staples of industry (coal and iron ore) almost touching each other, the statement that Korea may become wealthy is not unfounded"
-George W. Cilmore-

"석탄과 철광석 등 두 가지 산업의 풍부한 공급량으로 인해 한국이 부유해질 수 있다는 주장이 근거 없는 것은 아니다"

정동 감리교회

Chong Dong Methodist Church

The numeral 4 designates the Russian legation, Korean-style buildings to the left(3 & 5), are probably missionary house, Kyongbok Palace is located below the mountain at right.

러시아 공사관 왼쪽은 한국식 건물, 아마도 선교사 사택인 듯, 경복궁은 오른쪽 산 아래에 있다.

마펫선교사와 개종한 신자들

Samuel A. Moffet with Early Christian Converts

" Mr. Moffet....was on the ground, with a knownledge of the language and a burring desire to have the people see Christ as Saviour, and the result has been that multitudes have come and a great revival has spread over the land"
-James Scarth Gale-

" Mr. Moffet. 언어에 대한 지식과 사람들이 그리스도를 구세주로 보게 하려는 간절한 열망으로 현장에 있었다. 그 결과 많은 사람들이 모였고 큰 부흥이 온 땅에 퍼졌다."

서울 근교 주택가 Side-street, Seoul

'According to old custom it would not be wise to beautify the
Streams running through cities and towns provided water for washing and carried away refuse

도시와 마을을 흐르는 개울은 씻을 물을 제공한다.

이사벨라 비숍의 여행 안내인들

Isabella bird Bishop's Entourage

Mrs. Bird's translator is astride the horse; her guide is standing at right

Mrs. Bird의 통역사는 말 위에 타고 있다. 오른쪽에 서 있는 사람이 그녀의 가이드

조선의 전통 부엌

눈 내린 마을길을 머리에 항아리를 이고 가는 여인의 모습

서울 성곽

Turret, Seoul
This structure still stands at on intersection near the capitol building

서울 동문(동대문) 거리 풍경

Street Scene near East Gate, Seoul

"Great gates are placed at suitable intervals in the lowerlying portions of the wall; some of them have bastions while all have great high pagoda roofs covering a sort of gallery, which forms a cool and comfortable place from which to watch the novel sight in the street below,"
-Horace N. Allen-

"성벽의 아래쪽 부분에는 적당한 간격으로 큰 문이 배치되어 있다. 그들 중 일부는 보루를 갖고 있고, 모두는 일종의 회랑을 덮고 있는 크고 높은 탑 지붕을 갖고 있는데, 이는 아래 거리의 새로운 광경을 볼 수 있는 시원하고 편안한 장소를 형성한다."

북한산 기슭의 다리

Water Gate, Seoul

"The city walls, of well joined granite, wide enough at the top to make a comfortable wall walk wander over the tops of the of the hills…and join a higher line of defense crowning the massive rock citadel of the Puk Han Range…"
-William F. Sands-

잘 결합된 화강암으로 이루어진 성벽은 편안한 성벽 산책을 할 수 있을 만큼 충분히 넓으며, 언덕 꼭대기를 돌아다니며, 북한 산맥의 거대한 바위 성채를 덮는 더 높은 성벽에 합류한다.

법원 서기

Court Secretary

"I saw the from and cut of dress of the governor's secretary-each official grade has its particular uniform by which it can be recognized.
-James Scarth Gale-

"저는 대신 비서관의 복장을 보았다. 각 공직자에게는 신분을 알아볼 수 있는 고유한 제복이 있다."

불교 승려 Buddhist Monks

왕실 기녀 Royal Courtesans

"Absolutely secluded in the inner court of her father's house from the age of seven, a girl passes about the age of seventeen to the absolute seclusion of the inner rooms of her farther-in-laws house.
-Isabella Bird Bishop-

"7살 때부터 부모 집 안뜰에 틀어박혀 지내다가, 열일곱 살쯤 되면 시집의 집 안쪽 방에서 완전히 틀어박혀 지내게 된다.
—이사벨라 버드 비숍—

법관 Court Official

기녀 Dancing Girl (Kisaeng)

무당 굿놀이 Mudang(sorceress) with Musicians

양근(양평)의 장날

양근은 우리가 본 고을들 중에서 가장 지저분하였다.

이곳은 여주에서 33베르스타(35.2Km) 정도 떨어져 있으며, 집현(지평)에서 양근까지는 7베르스타(7.4km) 정도 떨어져 있다. 때마침 장날이어서 모든 여관들은 만원이었고, 민박도 구할 수 없었다. 다행히 군수가 도와준 덕분에 우리는 부유한 한 조선인의 집에서 묵을 수 있었다. 이곳의 주민들은 모두 농사를 지어 생계를 이어나갔는데, 대부분은 쌀과 콩을 경작하였다.

대략의 수확량은 아래와 같다.

농작물	파종량	수확량
쌀	8말	48~56말
콩	8말	64말
완두콩	1말	30말
수수	1말	30말
보리	1말	40말

파종은 3월에 시작하여 4월 초에 끝내며, 수확은 8~9월에 한다고 한다.

자료 출처: 러시아 장교 조선 여행기. 내가 본 조선, 조선인

조선 말기 여인
Rural Woman

조선말기 사내 아이

A Young Boy

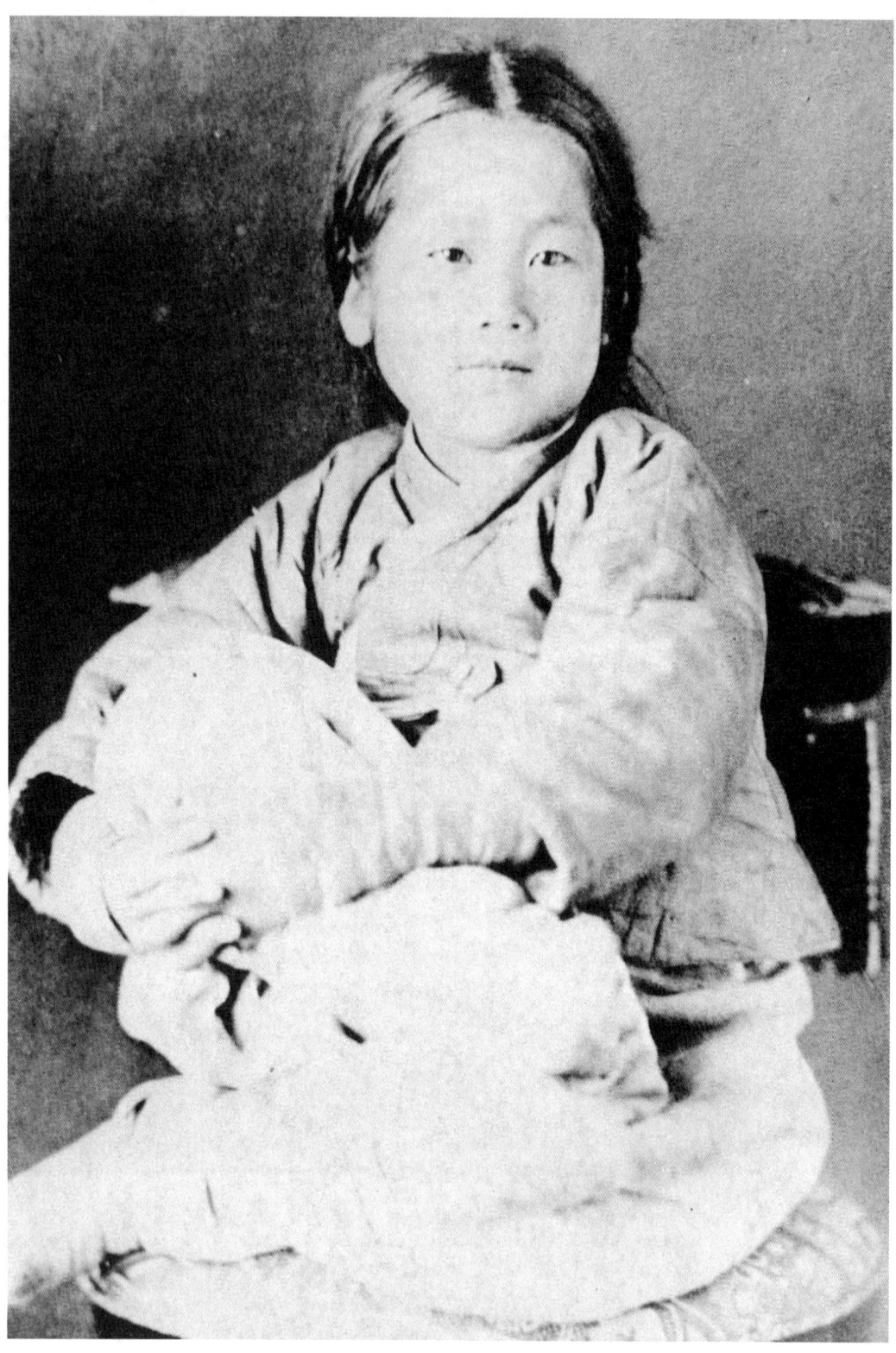

연 날리는 어린이들

"By far the most popular amusement is that of flying kites. To fly the Korean kite involves an amount of skill far exceeding that called for by the American species... the feature of Kite-flying in the peninsula is the fact that men and boys of all ages indulge in the pastime. The 'kite fights' are an absorbing part of the sport. this diversion reaches its height during the New Year's holidays and on the fifteenth of the first month, when men and boys in great numbers indulge in the sport and others innumerable watch the spectacle.
-George W. Gilmore-

단연코 가장 인기 있는 즐거움은 연날리기다. 한국의 연날리기는 미국인들이 요구하는 것보다 훨씬 더 많은 기술을 포함한다. 한국에서 연날리기의 특징은 모든 연령대의 남자들과 소년들이 취미에 빠져 있다는 사실이다. 연싸움은 스포츠의 한 부분이다. 이러한 기분 전환은 많은 수의 남자들과 소년들이 이 스포츠에 빠져들고 무수한 다른 사람들이 이 광경을 보게 되는 새해 휴일과 첫 달 15일에 최고조에 이른다.
—조지 W. 길모어—

수소와 젊은 농부

Young Farmer with Bullock

The farmer carries a chig-gae (A frame backpack) with a walking stick lying across it. The wooden frame on the bullock's back suggests that he is about to be loaded with harvested grain.

수소와 젊은 농부는 지팡이를 얹은 지개(프레임 배낭)를 들고 다닌다. 수소의 등에 있는 나무틀은 그가 추수한 곡식을 실을 때가 되었음을 암시한다.

As for animal life, Korea has a generous share. The magnificent bullocks which carry heavy loads, draw the carts and full the ploughs are the most conspicuous.
-H. B. Hulbert-

황소에 관해서는 한국인에게는 막중한 몫을 가지고 있다. 무거운 짐을 나르고 수레를 끌며 쟁기질하는 웅장한 황소들이 가장 눈에 띤다.

물지게

Water Carrier

This occupation was relegated to smaller towns by the construction of Seoul's water works, an early western innovation.

"To supply a large city with water from (neighborhood wells) is a work of no small magnitude, and the water carrier is a recognized insititution which boasts of a powerful guild. The work is genuine and hard, and the pay is correspondingly high."
-Homer B. Hulbert-

"큰 도시에 (동네 우물)에서 물을 공급하는 것은 작지 않은 일이고, 물을 나르는 것은 막강한 업이며, 자랑하는 공인 기관이다. 그 일은 진정성 있고, 그에 상응하는 급여도 높다. 이 업業은 서울의 상수도 건설로 인해 더 작은 마을로 이관되었다.
－호머 B. 헐버트

여성용 갓

Women's hats

These enormous woven—bamboo hats are of the northern style and permitted women to discreetly hide their faces in public. Note the rice—straw shoes.

갓을 만드는 장인Horsehair Haberdashery

대나무로 짠 이 거대한 모자는 북부 스타일이며, 여성들이 공개적으로 얼굴을 조심스럽게 숨길 수 있도록 제작되었다.

There seemed to be passion among the poor people for enormous hats, but those of the women were gigantic, and required both hands to keep them in position.
-W. R. Carles-

가난한 사람들 사이에는 거대한 모자에 대한 열정이 있는 것 같았지만, 여성들의 모자는 거대했고 모자를 제자리에 고정하려면 양손이 필요했다.
－W. R. 칼스－

조선의 가옥들과 생활 양식 [1]

Joseon's houses and lifestyle

여행중에 내가 접해본 농가는 집들의 벽들은 나무 기둥과 나뭇가지로 짜여 있었고, 거기에 진흙을 발라 놓았다. 창문과 문들도 나무 틀로 되어 있었는데, 격자 모양의 문에 종이를 발랐으며, 극히 드물지만 문에 2에서 3인치 정도의 작은 유리 조각을 붙여 놓은 경우도 있었다. 이들 농가에는 천정이 없어서 기울어진 지붕이 훤히 내다보였다. 지붕은 가늘고 뾰쪽하게 조여진 서까래로 만들어져 있었다. 서까래 사이 마다 잘게 자른 짚을 덮어 함께 반죽한 진흙이 발려 있었다. 바닥에는 짚과 돌 등을 섞은 점토로 온돌을 놓았고, 그 위에 질긴 가죽 돗자리를 깔았다. 가끔은 가죽 돗자리 대신 두꺼운 기름 종이를 깔아 놓은 경우도 있었다. 농가의 바닥에는 보통 돗자리가 깔려 있는데, 그 위에 요·밥상·걸상 등이 놓여 있고, 한쪽 구석에는 목침이 굴러다녔다. 주인집의 안방에는 나무로 만든 장롱이 놓여 있었다. 밤에는 천정에 매달아 둔 나무 막대기에 옷을 걸어두었다. 방 한구석에 있는 커다란 상자에 갓을 넣어 두었고, 방바닥에는 등잔을 놓는 등잔걸이나 놋쇠로 된 촛대가 놓여 있었다. 그러나 종종 등잔 기름을 구할 수가 없어서 접시에 식물성 기름을 적신 심지를 놓고 태우기도 하였다. 또한 거의 모든 농가마다 문 앞에 자그마한 댓돌이 놓여 있는데, 방에 들어가기 전 그 곳에 신발을 벗어 두었다. 바깥에는 난방을 하기 위해서 돌을 쌓아 굴뚝을 만들어 놓았다. 연기는 굴뚝을 통하여 거리나 마당으로 피어 나가게 되어 있었다. 아궁이는 마당 쪽에 두었는데, 그 위에는 음식을 하거나 말에게 줄 여물을 쑤는 평평한 무쇠솥이 얹혀 있었다.

자료 출처: 러시아 장교 조선 여행기 '내가 본 조선, 조선인' 1895∼1896

조선의 가옥들과 생활 양식 [2]

Joseon's houses and lifestyle

반면, 관리들의 집은 일반 농가보다 더 높고 넓었으며, 지붕도 기와로 이었고, 회랑으로 둘러싸여 있었다. 또한 돌로 기반을 세운 경우가 많았고, 터도 넓었으며 난간이 둘러져 있었다. 이 단 아래에는 아궁이와 외부로 연기를 빼는 구멍이 있었는데, 집이 클 때에는 집에서 좀 떨어진 곳에 돌로 굴뚝을 내었다. 외벽에도 문을 두 개씩 내었고, 방바닥에는 항상 내구성이 뛰어난 기름종이를 발랐다. 왼쪽 벽은 문을 걸어 둘 때 사용되는데, 경첩을 단 천정 들보에 고정시켜서 마루 위의 천정으로 올려 걸어 둔다. 또한 창문과 문은 몸을 숙이지 않고 들어갈 수 있을 만큼 크게 만들어져 있었다. 부엌은 보통 방과 함께 나란히 딸려 있었다. 하지만 부엌 바닥은 따뜻하지 않았다. 부엌이 방보다 더 낮았기 때문이다. 부엌 안쪽에는 아궁이 두 개에 음식을 만드는 솥들이 걸려 있었고, 한쪽 벽에는 도기나 유기그릇을 얹어 놓는 선반들이 있었다. 선반 아래 바닥에는 음식을 올려 놓는 밥상이 몇 개 놓여 있었다. 부엌 바닥에는 연료로 쓰이는 마른 나뭇가지나 지푸라기들이 쌓여 있었다. 불을 때려면 계속해서 아궁이로 이들 연료를 집어넣어야 하는데, 거기에서 나오는 연기는 사방으로 퍼져 나가곤 하였다. 부엌문은 널판자로 짜여 있었는데, 외여닫이 문이나 쌍여닫이 문으로 되어 있었다. 또한 부엌 벽에는 들창이 한두 개 정도 나 있었다.

자료 출처: 러시아 장교 조선 여행기 '내가 본 조선, 조선인' 1895~1896

조선의 가옥들과 생활 양식 [3]

Joseon's houses and lifestyle

음식은 언제나 여자들이 준비하였다. 남자나 아이들은 물과 땔감만을 준비하여 줄 뿐이었다. 부엌 근처, 특히 울타리 안쪽의 땅에는 큰 항아리를 묻어 놓았는데, 그 속에는 소금에 절인 배추에 고춧가루·무·마른 해초·메주·말린 생선과 그 밖의 양념들을 함께 넣어 버무린 김치가 저장되어 있었다. 이들은 길어온 물도 흙으로 구운 독에 저장해 두었다. 쌀은 방이나 창고에 짚으로 짠 가마니에 넣어 보관하였는데, 이곳은 바닥이 따뜻하지 않다는 점만 빼면 다른 농가의 방들과 구조가 같았다. 방의 천장에는 콩을 꾹꾹 눌러 만든 메주가 걸려 있었는데 간장을 만들기 위해서라고 하였다. 그렇게 해 두면 이 메주들이 곰팡이가 피게 되는데, 그 냄새가 어찌나 쾌쾌한지 온 방안에 진동하는 듯하였다. 그 밖에 방의 한구석에는 술을 만들기 위한 발효용 술독이 놓여 있었다.

농가 사이에는 처마가 설치되어 있었다. 처마의 기둥에는 나무 조각으로 만든 구유통이 고정되어 있었다. 구유통에는 1피트 간격으로 칸막이가 있었고, 옆 벽면에는 구유통의 각 칸에 맞게 구멍이 나 있었는데, 말들의 목을 구유통에 꽉 붙들어 매두기 위한 것이었다. 이런 장치가 없으면 나란히 서 있는 말들끼리 싸움을 시작하는데, 그렇게 될 경우 말들은 서로를 밀치면서 점차 삐꺽 소리를 내게 되어 있다. 처음에는 서로 밀고 당기다가 다른 말들을 밀게 되고, 나중에는 말 열 마리가 모두 움직이기 시작한다. 말의 움직임은 계속해서 다음 말에게 전달되므로, 밤새 나무에 부딪히는 말발굽 소리와 방울 소리가 뒤섞이게 되는 것이다.

자료 출처: 러시아 장교 조선 여행기 '내가 본 조선, 조선인' 1895~1896

조선의 가옥들과 생활 양식 [4]

Joseon's houses and lifestyle

대체로 조선말들은 성질이 매우 사나워서 한시라도 자유롭게 내버려 두면 단번에 서로 싸우곤 하였다. 한번은 우리 마부들 가운데 한 사람이 말을 듣지 않는 내 말에게 벌을 준 적이 있었는데, 그 후로 이 말은 이 마부가 자기 곁을 지나가거나 가기라도 하면 대번 그에게 덤벼들곤 하였다. 말먹이는 여관 입구에서 이른 아침, 정오, 저녁, 이렇게 세 번씩 주는데 여물에 잘게 썬 콩깍지를 섞어서 주었다. 처음에는 마른 여물을 먹이고, 그 다음부터는 쌀겨와 완두콩과 대두를 넣고 쑨 죽을 먹인다. 매끼마다 말에게 콩 3/4푼트(약 한 되)와 쌀겨 약 2푼트(약 2.6되)를 주는데, 솥에 이것들을 한데 넣고 끓인 다음 식히기 위하여 찬물을 부었다. 그런 후 국물과 함께 여물을 말들에게 퍼주었다. 여관 주인은 잘게 썬 짚 2~3푼트(약 3~4되) 정도를 포함하여 말을 먹이는 값으로 30량을 받았다. 마부들은 말에게 뜨거운 여물을 먹일 때에는 짐짝과 안장을 내려주고, 짚으로 된 덮개를 덮어주곤 하였다. 조선인들은 하루에 두 끼 내지 세 끼 식사를 하였다. 밥을 하려면 아궁이에 불을 지펴야 하기 때문에 농가의 방바닥은 항상 뜨거웠다. 조선인들은 손님을 좀더 융숭히 대접하고자 할 때 방바닥을 더욱 뜨겁게 달구었다. 그런 방바닥에서 쉰다는 것은 거의 고문에 가까웠다. 여기에 끝없이 들려오는 말발굽 소리와 마부들의 외침소리, 방안 가득한 자극적인 냄새, 검게 그을린 천장과 벽, 문 옆에 놓인 반쯤 부서진 토기 안에 쌓인 쓰레기에서 나는 역겨운 냄새 등을 더한다면, 모든 여관에서 나그네들이 느끼는 만족감이 어떠할지는 미루어 짐작할 수 있으리라.

자료 출처: 러시아 장교 조선 여행기 '내가 본 조선, 조선인' 1895~1896

고종황제 · 제물포항의 외국선박 · 조선군대의 복장

조미수호통상조약朝美修好通商條約

Treaty of Peace, Amity, Commerce and Navigation, United States–Korea Treaty of 1882

1882년(고종 19년) 조선과 미국 간에 조인된 조약이다. 1882년 5월 22일 조선의 전권위원 신헌·김홍집과 미국의 전권위원 로버트 윌슨 슈펠트 간에 제물포에서 체결되었다. 이 조약은 조선이 서양 국가와 맺은 최초의 수호 통상 조약이다. 미국은 1844년 미청망하조약美淸望廈條約으로 청나라의 문호를 개방하고, 1854년 페리 Perry, M. C. 제독의 일본원정 결과 체결된 미일조약으로 일본의 문호를 개방하였다. 그러나 청일 양국 사이에 있는 조선의 문호는 굳게 잠겨 있었다. 1866년 8월에 일어난 제너럴셔먼(General Sherman)호 사건 이후 미국은 조선을 개항하는 문제에 적극적인 관심을 가졌다. 이에 1867년 슈펠트(Shufeldt, R.W., 薛斐爾)는 탐문 항행을 단행, 거문도巨文島의 해군기지 건설과 조선 개항 계획을 수립하였다. 그러나 미국 정부는 1871년 5월 포함외교砲艦外交로써 조선의 개항을 강제로 성취하려고 조선 원정을 단행하였으나, 대원군의 강력한 쇄국정책에 부딪혀 좌절되었다. 1876년 조일수호조규가 체결되자, 1878년 상원의원 사전트(Sargent, A. A)가 조선개항의 필요성을 주장하고 나섰다.

출처: 한국민족문화대백과사전

조청상민수륙무역장정朝淸商民水陸貿易章程

1882년(고종 19년) 8월 23일 조선의 주정사奏正使 조영하趙寧夏와 청나라의 직례총독直隸總督 이홍장李鴻章 사이에 체결된 조선과 중국 상인의 수륙 양면에 걸친 통상에 관한 규정으로서, 줄여서 조선통상장정이라 한다. 서구 열강의 통상 압력이 이어지던 상황에서 조공무역에 제한되어 있던 양국간에 새로운 통상관계가 요청되었다. 그러나 조약 서두에 종속관계를 천명하고, 치외법권, 개항구 통상, 해상방위의 담당 및 연안 어업 등의 특수 권익을 청나라가 독점한다고 규정하였다. 이 조약은 이후 조선이 일본 및 서구 열강과 맺은 불평등한 통상조약에 큰 영향을 끼쳤다.

출처: 한국민족문화대백과사전

선조선국 원산진-Paris, France. 1880

조선국 부산포-Paris, France. 1879

재한 일본우편국 - 도우盜郵 · 객우客郵

일본이 그들의 재외우편국을 한국에 설치한 것은 1876년 11월 부산의 통상 우편사무를 시작한 때가 그 시초였다. 19세기 말엽에 식민제국은 거의가 자기들의 우편기관을 가졌으나, 일본만하여도 구미 각국의 우편국이 횡빈橫濱 · 장기長崎 등의 개항지에 설치되어, 유신정부가 내정 침범이라고 우편권의 회복을 강력히 추진하여 그를 축출한 직후에 우리나라와 중국에 우편국을 세웠으니, 이율배반적인 뻔뻔스런 처사라 아니할 수 없다. 이와 같은 재외 우편국을 중국에서는 '객우客郵'라고 말한다. 알맞은 표현이다. 객客도 불청객이요, 한국의 경우 한일합방에 앞서기 5년 전에 통신기관을 송두리째 침탈한 점으로 보아 오히려 도우盜郵라고 불리움직하다. 그러나 최초에 부산에 설치되었을 때에는 그들 거류민의 편의 제공에 불과하였던 것이 사실인 것같고, 조야朝野의 주목을 끌지도 않았다. 다만 선각자 홍영식洪英植 만이 일본 우정당국을 시찰할 때 당시의 역체총감이며, 후일 일본우편의 개조開祖라고 불리우는 전도밀前島密을 향하여 '너희 나라가 부산에 설우設郵하고 있음은 무슨 심뽀냐?'고 날카로운 고문詰問을 던지자, 그는 당황하여 '장차 귀국에 우편사업이 개시되면 철수할 뜻'인 양 대답했다고 전해지며, 전도前島도 그의 자서전에서 홍영식의 인품됨을 극구 찬양한 것을 보면, 1884년의 우편창업이 순조로이 되었다면 모든 일, 즉 한국의 운명이 그토록 비극화하지는 않았을 것이 아니었던가. 하염없는 일이기는 하나 이렇게도 생각되는 것이다. 어떻든 일본의 우편권 침해는 젊은 우편사가 천야안치天野安治가 지적하듯 '명치유신 이후의 일본의 절대주의 정부가 취한 대외정책이 구미제국에 굴종하는 대가를 한국 · 중국에의 침략에 구함을 근본방침으로 삼았다.'고 스스로 자가비판을 받게 된 것이다.

출처: 구한국시대의 우표와 우정. 진기홍 저. 1964. 경문각

해관우편海關郵便

customs post

해관우편 일부인
인천. 1894년 1월 21일.
CUSTOMS JENCHUAN. 21 JAN 94

일본의 재한우편국과 아울러 또 하나의 객우客郵(盜郵), 소위 해관우편이 존재한다는 사실을 아는 사람은 많지 않다. 해관우편이라 함은 오늘날의 세관稅關을 말함이고, 독일인 밀렌도르프를 고빙하여 중국을 본 따 해관을 설치한 것인데, 매사 중국 해관의 연장이라고 볼 수 있었다. 이 해관에서 자체 통신과 구미거류민의 편익을 도모하기 위하여 인천·서울 등지에서 간이 우편업무를 보아 외국(주로 중국)과도 통우通郵하였는데 여기서 중국의 우표가 쓰여졌던 것이다.

당시 중국도 독립우편이 생기기 전이어서 해관우편이 설치되었는데, 그의 일부로 행한 것이다. 다만 일본의 우체국과 틀린점은 해관 고빙자가 외국인이긴 하나, 우리나라의 관직을 갖고 해관도 엄연한 한국의 국가기관이었으니, 해관 우편의 성격을 정의짓기는 매우 곤란한 문제이다. 인천의 경우를 보면 외국공관과 외상外商들이 출원하여 운영하였다고 하니, 중국의 로컬(local)우편과 같은 방법으로 생성한 것 같다. 해관우편에 대하여 외국에서는 많은 관심이 모여 있고, 미국·일본 등의 우취가 간에는 수차 논의된 바도 있다. 특히 존속기간에 관하여는 1883년 또는 1885년부터라고 주장하고 있으나, 필자의 고찰한 바로는 1889년 1월부터 1900년까지로 보고 있다. 부산·원산 등지에도 개설되었다고 알려져 있고, 그랬을 가능성이 있으나 아직 뒷받침할 실체 봉피나 소인우표 또는 문헌은 미발견 상태이다. 서울·인천의 개국만은 확실하고 약간의 자료도 남아있다. 해관우편의 일부인영의 대표적인 것을 도판으로 소개한다. 이 따위 소인만 있으면 실체 봉피는 더 말할 나위도 없고, 사용필 우표도 고가로 매매되며, 부산·원산 등의 일부인이 나타나면 해관우편의 개설지에 관한 귀중한 사료가 된다. 해관우표는 '용龍' 도안으로 '대청우정국'大淸郵政局 또는 '대청국우정大淸國郵政'이라고 표시되어 있다.

출처: 민국일보 1962. 3. 18. 구한국시대의 우표와 우정. 진기홍 저. 1964. 경문각

郵便爲替規則抄錄

一 爲替を取扱ふ郵便局ハ地名表にて承知そべし但し事務の進ミ居るに因りて退ヶ箇所を指そべしふ付爲替せんと欲する者ハ其最寄郵便局ハて承り合そべき

二 爲替ハ日の長短ニ依り午前第七時より午後第一時迄或ハ午前第九時より午後第三時迄の間取扱ふべき事
但時間變更ハ局前の掲示にて承知致すべき事

三 爲替取扱休日左の通
一三大節其他大御祭日
一毎月第一日曜日
一第一月第一日

四 爲替証書壹枚の金高ニ三拾圓迄ふ限り端數ハ厘位迄に限るべき事

五 差出人ハ受取人とも甲乙同名の爲替証書ハ受拂とも
一日壹枚ふ限るべき事

六 爲替料ハ里程の遠近或ハ時の都合に拘らず總て左の割合を以て拂ふべき事

金三圓迄 三 錢
金五圓迄 五 錢
金拾圓迄 八 錢
金三拾圓迄 拾五錢

金五圓迄 五 錢
金武拾圓迄 拾武錢

七 賣金の都合ニ因りて其金高の渡し方運日に及び或ハ爲替報知の達し方運滯し或ハ途中ニ於て爲替証書紛失等の故を以て其渡し方延引そるとき其金高の利息を拂ひ或ハ是れが爲めに損失を生ずるとき之れを辨償せざる事

八 爲替金を拂渡し或ハ返却そる期限ハ其爲替証書を渡せし時より三ヶ月間と定め其時間に受取ると之れを忘るるときハ其証書を廢紙となそべし故よ其期限を過るときハ其証書を渡せし郵便局へ之れを返納し

九 爲替の事ふ付驛遞局或ハ郵便局へ差出す書状ハ何通ふても驛遞局或ハ郵便局へ差出す書状ハ何通ても無税なりとす然れとも其表封の名宛ハ必ず其官長ぞ宛て且
此爲替を差出すときハ表書すべき事

十 爲替願書の式紙ハ郵便局ふ至り同局ふ備へある上版の爲替願書を取扱ふべき郵便局ふ至り同局ふ備へある上版の爲替願書を申受け之れふ其金高并ふ差出人及び受取人の宿所氏名等を精細書入關印すべし若し印影所持せざるときハ後証となるべき徴を記すべき事

十一 詐僞を防くべき術を盡すと好しとすれば宿所氏名の外に店印屋號其他の符號暗號等を右願書に添へ認むるハ其差出人の考へふ任すべき事
然の爲替料を添て差出すときハ其郵便局より爲替証書を渡すべき事

十二 右爲替金の如く書入れ之れふ其金錢并ふ受取るべき爲替証書ハ自費を以て郵便ハて受取人へ送るべし但し之れを送るとき差出人自分の宿所氏名其外とも爲替願書ふ書入れた文字符號等ハ違すとなく其文字の認方を相違なく記し且其爲替金を受取るべき旨書狀を添て送るべき事

十三 其爲替証書ハ自費を以て郵便ハて受取人へ送るべし但し之れを送るとき差出人自分の宿所氏名其外とも爲替願書ふ書入れた文字符號等ハ違すとなく其文字の認方を相違なく記し且其爲替金を受取るべき旨書狀を添て送るべき事

十四 一度爲替証書を受取りし後事故ありて爲替金返却を欲するときハ則ち其郵便局ふ至りて之れを乞ふべし其返却金を受取るときハ爲替証書の末に記名証印すべき事
但既に受取りたる爲替料ハ返却せざる事

十五 爲替送り人其証書を受取りし後事故ありて爲替金返却を欲するときハ則ち其郵便局ふ至りて之れを乞ふべし其返却金を受取るときハ爲替証書の末に記名証印すべき部へ記名証印すべき部へ其主務者ふ自ら記名証印せしむべき事

十六 爲替証書を紛失或ハ燒失等に及びハ又ハ盜まれたるときハ其証書を差出したる郵便局諸役員の能く承知したる正しき証據人を立て或ハ其住居地の戶長等より諸合証を出さして再度の証書ふ申受くべし
尤も爲替料ハ定額の通り再納そべき事
但遞送の途中水火盜難等ふ罹りたる踪跡明瞭ふ

十七 爲替金を受取る者ハ其証書面に記したる郵便局ふ至り其証書を差出し撿査を受け同局ふ於て等問すべき差出人の宿所氏名其他の件合ふ答能く明ふ返答すべき旨申聞けそが正

十八 郵便局ふ於て詰る者ハ其代人某へ渡すべき旨の文言を其証書の裏面ふ認めそれふ記名証印して差出し且其代人ふ代人として証書の撿査等問の返答等都べ式の如くなさしむべき事
但代人より又其受取方を他に依賴するを許さ

十九 代人ハ以て詰る者ハ其代人某へ渡すべき旨の文言を其証書の裏面ふ認めそれふ記名証印して差出し且其代人ふ代人として証書の撿査等問の返答等都べ式の如くなさしむべき事
但代人より又其受取方を他に依賴するを許さ

二十 本人旅行等ふて不在の時ハ其家族親族或ハ留守引受けの委任を受けし者等より相當の証人を立て受取方申立べき事

二十一 其金高を請取りたるときハ其爲替証書の末に設けある受取人証印すべき部へ其貫籍氏名を詳細に認め証印すべき事
けある受取人証印すべき部へ其貫籍氏名を詳細に認め証印すべき事

二十二 官衙又ハ寺院會社等に於て其金錢の取扱を掌る者をして官長又ハ寺院長等へ納たる爲替金を受取らんとするとき其証書の裏面へ官印又ハ寺院等の印を押し其所屬たると証し且其所屬たる部へ其主務者ふ自ら記名証印せしむべき事

明治十三年

驛遞局

300x395mm, 일본 야마기다현 사가에우편국寒河江郵便局도장 날인된 원본

우편위체규칙초록郵便爲替規則抄錄에 조선 부산포朝鮮 釜山浦 · 원산진元山津이 추가로 기록되어 있는 것은 일본이 불법적인 재한일본우편국을 설치했다는 것을 입증한 것임.

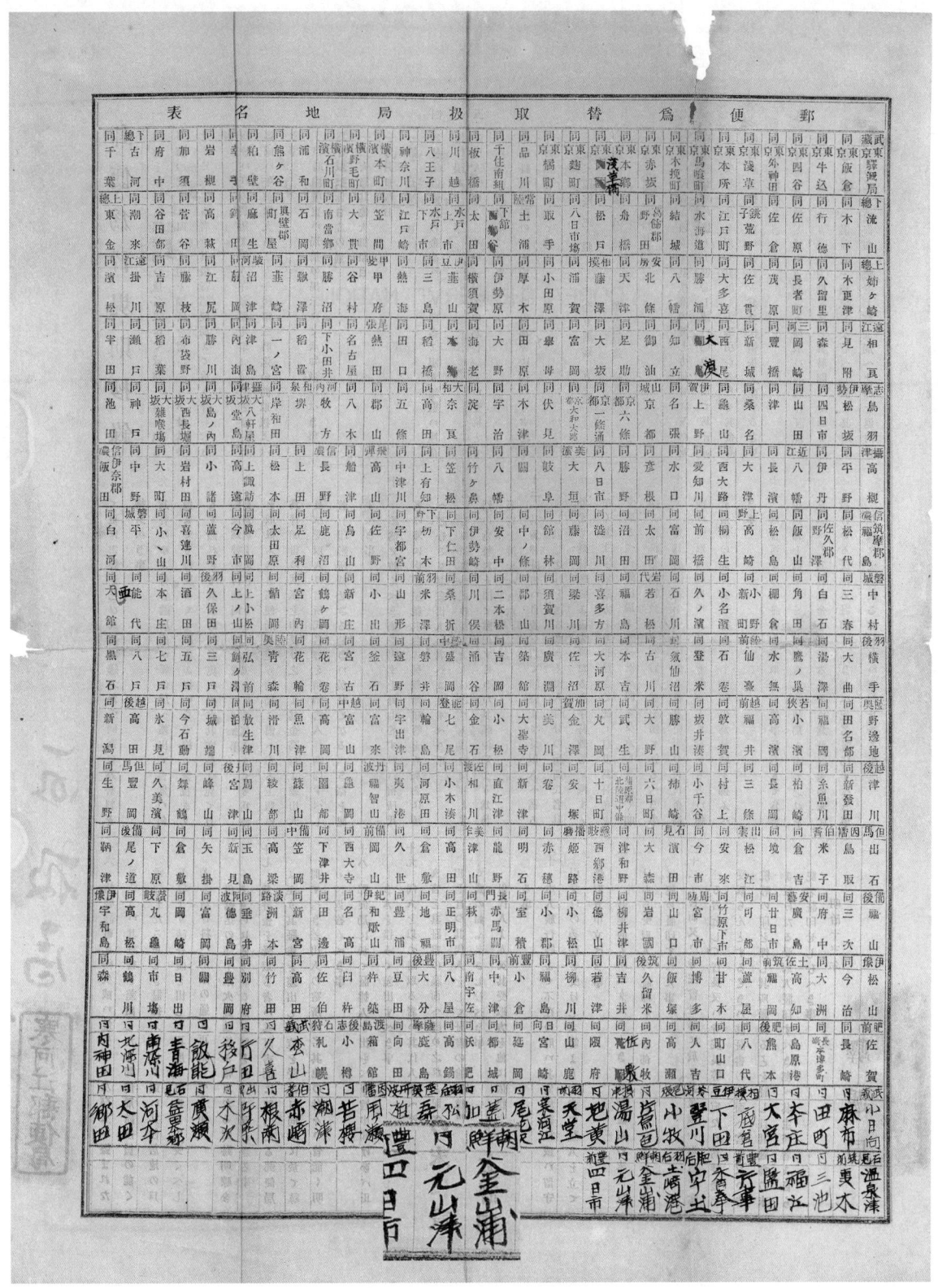

일본 야마기다현 사가에우편국 도장 날인된 원본에 조선 부산포 · 동 원산진이라고 수기로 기록되어 있다.

1882

COREA THE HERMIT NATION

By William Elliot Griffis
Late of the Imperial University of Tokio Japan
Author of "THE NIKADO'S EMPIRE"

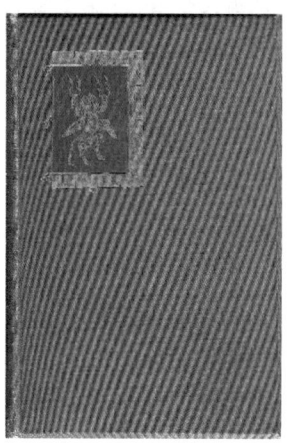

Copyright by
CHRLES SCRIBNER'S SONS
1882

Trow's
Printing and Bookbinding Company,
201–213 East 12 St.
New York

The Corean Tiger Flag

조선 군대 군기軍旗

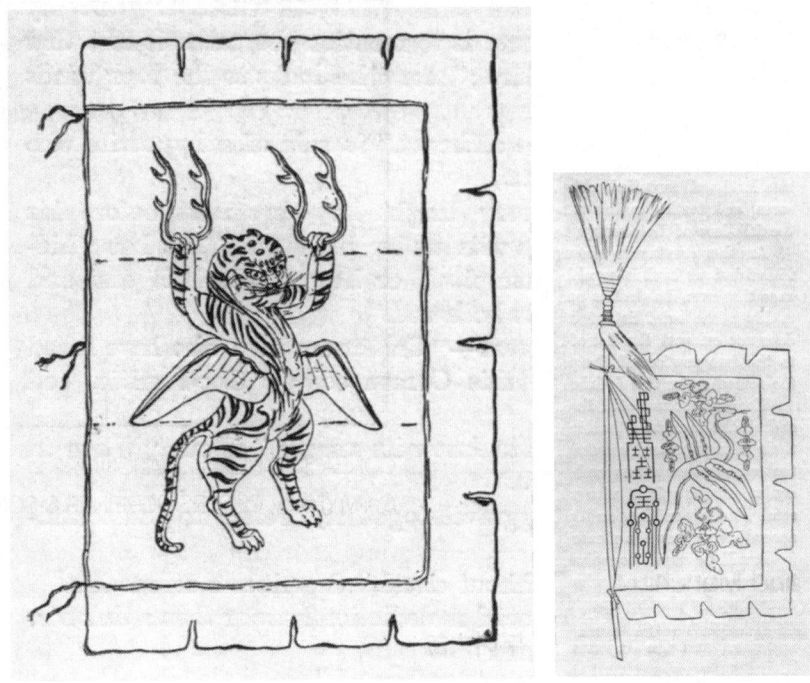

The Corean Tiger
1871년 신미양요 때 미국 해군이 조선군에게서 노획한 조선군 군기軍旗 및 깃발
Battle-flag Captured in the Han Forts, 1871

Battle-flag Captured by the Americans in 1871
The one royal quadruped associated with Corean, as the white elephant is with Siam, the -bison with the United States, or the dromedary is with Egypt, is the tiger. Unlike his relative in India that roams in the hot jungles and along the river bottoma, the Corean 'King of the mountains' is seen oftenest in the snow and forested in the north, ranging as far as the fiftieth paralled.

흰코끼리가 시암, 들소는 미국, 단봉낙타가 이집트와 같이 한국과 관련된 왕실의 네 발 달린 동물은 호랑이다. 뜨거운 정글과 강 바닥을 따라 돌아다니는 인도의 코키리와는 달리 한국의 '산의 왕'은 눈 속에서 가장 자주 볼 수 있으며 북쪽의 숲 50도선까지 뻗어 있다.

Map of Sam-Han in Southern Corea

삼한 지도

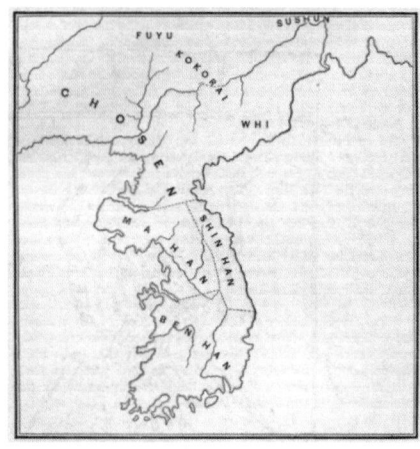

COREA THE HERMIT NATION, 29P
Copyright by CHRLES SCRIBNER'S SONS 1882

Corea · Fuyu and Manchiu

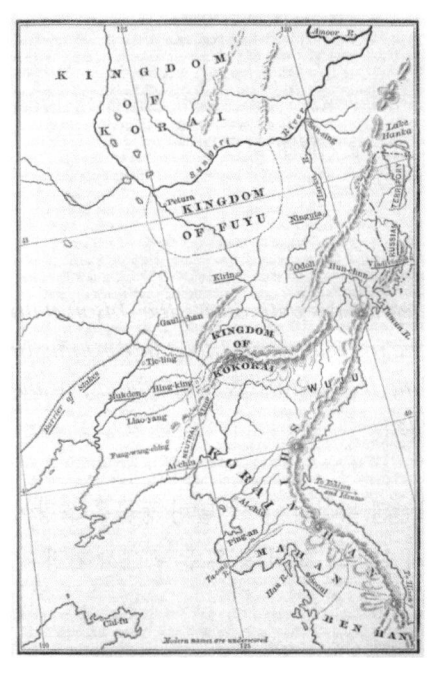

부여夫餘

FUYU

서기 전 2세기경부터 494년까지 북만주 지역에 존속했던 예맥족濊貊族의 국가. 국호인 부여는 평야를 의미하는 벌伐 · 弗 · 火 · 夫里에서 연유했다는 설과, 사슴을 뜻하는 만주어의 'puhu'라는 말에서 비롯했다는 설이 있다. 부여는 서기 전 1세기의 중국측 문헌에 등장하므로, 이미 그 전부터 존재했음을 알 수 있다. 기원에 관해서 중국측 기록인 『논형論衡』과 『위략魏略』에서는, 시조인 동명東明이 북쪽 탁리국槖離國에서부터 이주해 와 건국하였다 하며, 『삼국지三國志』 동이전에서는 당시 부여인들이 스스로를 옛적에 다른 곳에서 옮겨온 유이민의 후예라 하였다고 전한다. 이는 부여국의 중심 집단이 어느 시기에 이동해 왔음을 뜻하는 것으로 여겨지나, 그 구체적인 이동 시기나 과정은 분명하지 않다. 근래 북류 송화강과 눈강嫩江이 합류하는 지역 일대인 조원肇源의 백금보白金寶문화나 대안大安의 한서漢書문화를 동명 집단의 원주지인 탁리국의 문화로 간주하는 견해도 제기되고 있으나, 아직 구체성이 부족하다. 부여국은 서로는 오환烏桓 · 선비鮮卑와 접하고, 동으로는 읍루挹婁와 잇닿으며, 남으로는 고구려와 이웃하고, 서남으로는 요동의 중국 세력과 연결되어 있었다. 3세기 전후 무렵 영역은 사방 2천리에 달하는 광활한 평야지대였다. 부여국의 중심지역인 부여성夫餘城의 위치에 대해서는 오늘날의 장춘長春 · 농안農安 부근으로 비정하는 설이 일찍이 제기되었다. 부여성은 고구려의 북부여성이며 발해의 부여부扶餘府인데, 요遼나라가 발해를 멸한 뒤 부여부 지역에 황룡부黃龍府를 설치했고, 그것이 금대金代에 융안부隆安府가 되며 오늘날의 농안부근이라고 보는 견해이다. 이와는 달리 황금의 명산지이며 금나라를 세운 완안부完顔部의 발흥지인 아성阿城 부근으로 비정하는 설, 창도昌圖 북쪽의 사면성四面城 지역으로 보는 설, 북류 송화강 하류의 오늘날의 부여扶餘로 추정하는 설 등이 제기된 바 있다.

출처: 한국민족문화대백과사전

Kingdom of FUYU

부여夫餘 창시자

옛 고구려 땅인 만주 송화강을 건너는 Fuyu 창시자 일행
1853년 일본 예도 시대의 G. Hashimoto 그림
The Founder of Fuyu Crossing the Sungari River (Drawn by G. Hashimoto, Yedo, 1853)

조선의 화폐

Joseon's currency

동국중보東國重寶

고려시대 화폐

지름 24~25㎜의 원형으로 가운데 5~6㎜ 크기의 네모난 구멍이 뚫려 있다.

COREA THE HERMIT NATION, 10P

Copyright by CHRLES SCRIBNER'S SONS 1882

조선통보朝鮮通寶

조선 전기 세종대와 중기 인조대에 법화法貨로 주조, 유통된 주화

COREA THE HERMIT NATION, 18P

Copyright by CHRLES SCRIBNER'S SONS 1882

삼한통보三韓通寶

고려시대의 동전

COREA THE HERMIT NATION, 34P

Copyright by CHRLES SCRIBNER'S SONS 1882

홍화통보洪化通寶

COREA THE HERMIT NATION, 69P

Copyright by CHRLES SCRIBNER'S SONS 1882

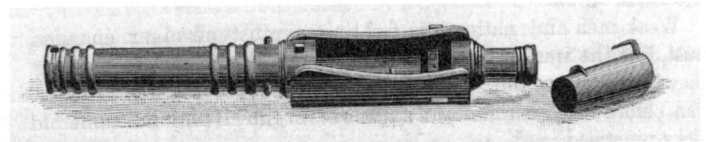

조선에서 제작한 대포(신미양요 때 미 해군에 노획된 종류의 대포)
Breech-loading Cannon of Corean Manufacture

CITY OF SEOUL

서울 전경

COREA THE HERMIT NATION, First Page

Copyright by CHRLES SCRIBNER'S SONS 1882

북쪽에서 남쪽을 내려다 보이는 한성 시가지로 저 멀리 한강이 보인다.

러시아 영토 내 한국인 마을

Corean Village in Russian Territory

1876년경 서울 근교 성곽

The Walls of Seoul (from a Photography, 1876)

16세기 조선의 무사

Corean Knight of the Sixteenth Century

법관과 하인

Magistrate and Servant

1800년대 당시 헤어 스타일

Styles of Hair-dressing in Corea

1800년대 당시 선상 파티

A Pleasure -party on the River

축제에 차려진 음식들

Table Spread for Festal Occasions

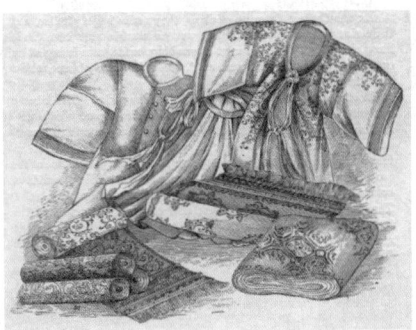

양반의 신사복과 부인용 드레스

Gentleman's Garments and Dress Patterns

1876년 서울 근교 주택

Thatched House near Seoul (from a Photograph, 1876)

양반 집과 정원

House and Garden of a Noble

외국 문물을 받아들이다

The Entering Wedge of Civilization

우리나라 최초 우초郵鈔
문위우표文位郵票 'Moon' Unit Series

1884년 발행

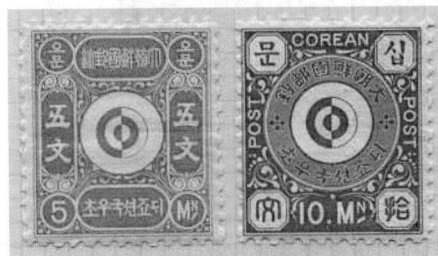

Perf. 8 1/2~11 1/2 및 복합
Pt. 凸판 (Typographed)
전지 구성: 10x8, Wmk. 무투문용지
(Unwmkd)
명판 위치: 75 · 76.
Ps: 일본제국정부 대장성 인쇄국
발행 매수: 5문 50만 매, 10문 100만 매

1. 태극문양. 5문   2. 태극문양. 10문

구한말 최초 일부인(日附印)
간지연호형(干支年號型)

한성우체사   인천우체사

간지연호형 일부인은 대한제국 우정 규칙 제35조에 규정되어 있다.

우정총국 창설 일시	1884. 3. 27.	고종 21년
우체 업무 개시일시	1884. 10. 1.	인천 우정 분국 동시 업무 개시
우정국 개설 축하연	1884. 10. 17.	갑신정변 발발
한성우체사	1895. 5. 27.	경기도 경성부 본정1정목
	1905. 7. 1.	경성우편국으로 개칭(한일합동통신 이후)
인천우체사	1884. 11. 18.	우정총국 인천분국 설치 인천부 신포동 감리서 터로 추정

문위보통 미사용 우표

The following 3 remained unissued, as ptinting was not finished before opening.
문위우표 미사용 3종은 1884년 12월 갑신정변의 실패로 우정총국이 폐쇄된 후인 1885년 2월에
우리 정부에 전달되긴 하였으나, 우표로서의 가치를 상실하여 미사용 우표로 분류되었다.

대한제국 우기郵旗

Postal machine from the late Joseon Dynasty

대한제국 우기郵旗. 1900년 제정

대한제국 우기郵旗 제정 연표

1900. 11. 14 우기郵旗 제정을 의정부議政府에 제안

1900. 11. 21 우기郵旗 제정

1900. 12. 3 우기도식郵旗圖式 실시

1901. 1. 14 각 우체사가 우기郵旗의 현표懸表를 각 부·군·원·청에 통고

우리나라 우정 창시자

South Korea Post founder

홍영식洪英植(1856~1884)

조선말기의 문신, 외교관, 개화파 정치인이며 갑신정변의 주역.

호는 금석 琴石 한성 출생. 한국 우편, 우표 제도의 선각자. 우정총국 총판總辦

홍영식선생 사진 유래

한국 우정의 개척자 홍영식선생의 지금까지 널리 알려지고 기념우표의 원화原畵가 된 사진은 실사實寫된 것이 아니고, 홍영식 선생이 1883년에 보빙부사報聘副使로 미국에 갔을 때 일행과 같이 찍은 아주 작은 사진 가운데서, 동화백화점東和百貨店(지금의 신세계백화점)의 초상화부 화가 김종래金鍾來씨가 확대해서 담채색 초상화로 그렸던 것을 진기홍陳鎭洪씨가 사진으로 복사한 것인데, 그 후 10년 동안 이 사진은 널리 쓰여졌고, 그런대로 홍영식선생의 모습을 알 수 있었다. 그런데 1967년 미국에 유학했던 이광린李光隣교수에 의하여 홍영식선생이 단독 촬영된 선명한 사진이 발견되었다.

워싱턴의 스미소니언(Smithonian)박물관에 소장된 이 사진은 역시 홍영식 선생의 미국 방문 때의 것으로, 정사 민영익閔泳翊·종사관 서광범徐光範 두 분의 사진과 함께 보관되어 있다고 한다. 원본 사진에는 부사 홍영식이란 설명이 영문으로 쓰여 있다.

출처: 한국우정사 | 체신부, 1970

■ 1884년 당시 홍영식 선생 자택−광혜원(제중원)−현재 헌법재판소(서울특별시 종로구 북촌로 15(재동 83번지))

대조선국 최초 우표 원도原圖

Original drawing of the first stamp of the Korean Empire

최초 우표 원도, 1884

한국 최초의 우표는 오文·십文·이십오文·오십文·백文의 5종이며, 수집가들이 지칭한 소위 문위우표이다. 이 우표는 일본 정부 대장성 인쇄국에 의뢰하여 제조되었으며, 도안자가 일본 인쇄국의 제등지삼齊藤知三인 것으로 되어 있다. 사료의 멸실로 그 당시의 실정을 밝힐 수 있는 기록이나 사료를 찾을 수 없는 것은 심히 애석한 일이다. 또한 대한제국의 우편사 자료가 당시의 정치적 상황에 의해 소실 또는 멸실로 인하여 밝힐 수 있는 기록이 없다. 그러나 '인천부사仁川府史(1933년 간행)'기록에 의하면 우리나라에서 작성한 우표의 원도는 태극 문양을 주 도안으로 한 것임을 알 수가 있다. 이 원도에 도안된 태극기의 양식(음양 4괘의 배치)은 현행 국기와 동일한 점은 태극기의 문양이 계승된 것으로 보인다. 이조 말기 태극기의 양식이 각양각색으로 일관성이 없는 중에서도 현재의 국기와 같은 양식은 이 우표 원도 외 다른 문헌에서 발견되지 않았다. 다만 음양의 홍색을 흑색으로 표시함이 오늘과 상반되나 유길준俞吉濬이 그린 별개의 태극도본에 의하면, 그 시대에는 이와 같이 관용된 것 같다. 이 원도는 그대로 우표에 적용되지 않고 도안이 수정되어 나왔으나, 갑신정변으로 한동안 중단되었다가, 1895년 다시 우편 사업을 시작할 때 미국에서 제조한 태극우표에 이 원도가 채택되었고, 대한민국 수립 후에도 이와 비슷한 국기우표를 발행한 사실이 있음을 보면 한국인의 태극에 대한 애착이 대단하였음을 알 수 있다. 이 우표 원도는 먼저 상해에 보내졌고, 도안 자체도 중국의 해관우표를 참고하여 제작한 것이 흥미롭다. 홍영식이 처음에 우편사업을 계획할 때에는 1882년에 총세무사로 임명되어 온 뮐렌도르프(목인덕穆仁德) 또는 그가 동반한 홍콩우체국 부우정장을 지낸 바 있는 허치슨 등의 조언도 들은 것 같으나, 친청파親淸派로 지목되는 이들과는 불화를 일으켜 그 후로는 전적으로 일본에 의존하였음은 미묘한 정치 정세하의 정책 전환이 아니었던가로 추측된다.

출처: 구한국시대의 우표와 우정. 1964. 진기홍 저. 경문각 발행. 민국일보 1962. 2. 25일자 기사

갑신정변과 우정총국

Gapsin Coup and the General Bureau of Posts

우정총국郵征總局
사진 출처: One hundred years of Christianity in Pictures, 1984년 발행

갑신정변은 1884년(고종 21년)김옥균 · 박영효 · 서광범 · 홍영식을 비롯한 급진개혁파의 개화 사상을 바탕으로 조선의 자주독립을 위해, 세계 역사의 변화에 따라 봉건체제를 근대화로 이끌기 위한 정변이었다. 개화당이 일본에 유학시킨 서재필徐載弼 등, 개혁 사관생도들이 1884년 7월 귀국하여 지휘 체계를 갖춘 부대가 설립되고, 비밀무장조직인 충의계忠義契까지 조직되었으며 약 1,000명의 정변 세력을 준비하였다. 그러나 당시 집권 세력인 민씨 척족 정권은 사사로운 이익 추구에만 급급하여 개화당의 개혁 정책을 거부하였다. 당시 청나라는 대규모의 병력을 주둔시켜 정치, 경제, 군사 등에서 내정 간섭을 계속하며 조선 침략의 계책을 꾸미고 있었는데, 명성황후는 그러한 청나라를 의지하여 정권 유지에만 혈안이 되어 있었다. 당시 개화는 뜻대로 쉽게 이루워지지 않을듯 하였으나, 1884년 8월 베트남에서 일어난 프랑스와의 전쟁으로 청나라는 3,000명의 군사 중에 약 1,500명을 철수시켰다. 이 기회를 계기로 급진개혁파 세력은 청나라로부터의 독립과 근대화를 위해 1884년 10월 17일(양력 12월 4일) 홍영식이 총판으로 있는 우정총국 낙성식 축하연을 계기로 갑신정변을 일으켰다. 개국 축하 연회장에는 민영익 · 홍영식 · 김홍집 · 김옥균 · 서광범 · 윤치호 등 급진개화파와 각국 외교관이 참석하였다. 밤 10시쯤 '불이야' 하는 소리가 나자 민영익이 밖으로 나오다 칼을 맞고 쓰러졌다. 이 일은 김옥균 등이 일으킨 사건이다. 계획대로 일본 공사 다케조는 일본군 200여 명을 지휘하여 고종이 있는 경운궁을 애워싸고, 김옥균 일파는 창덕궁에 들어가 민태호 · 조영하 · 한규직 · 윤태준 · 이조연 · 한관 · 윤재현 등 친청파를 죽였다. 정변 주도 세력은 서재필 등 사관생도 14명과 조선군 70명, 김옥균 등 청년 30여 명, 상인 100여 명, 일본군 200여 명 합계 450여 명이었다.

네 명의 한국 개화 인사들

Four Korean enlightenment figures

홍영식洪英植 · 박영효朴泳孝 · 서재필徐載弼 · 김옥균金玉均의 네 사람은 1884년 12월 4일 우정국 낙성식을 이용하여 수구파守舊派를 제거하려고 쿠데타를 일으켰다가 실패하였다. 이들은 한때 몸을 피하여 미국 · 영국 · 일본 등지에서 망명생활을 보내야 했다. 그러나 이후에 이들의 충성된 헌신과 봉사의 결실은 우리나라를 민주사회로 개화시키는 데 크게 공헌한 것으로 나타나고 있다.

사진 좌로부터 홍영식 · 박영효 · 서재필 · 김옥균
출처 사진 · 글: 사진으로 보는 한국신교백년 1978년 발행 김응호

개화파 인사들의 몰락

개화당은 군사지휘권을 가진 영사들과 민씨 일가의 핵심 세력들을 제거하고 신정부를 구성하였다. 그리고 김옥균을 중심으로 협의된 혁신 정강을 제정 공포하였는데, 그 내용은 대원군의 환국, 문벌의 폐지, 불필요한 기구나 제도의 폐지, 탐관오리 처벌, 규정각의 폐지, 순사제도 실시, 모든 국가 재정의 일원화, 근대식제도 도입 등 14개조로 구성되었다. 이 내용은 민주주의제도를 지향하는 내용이었다. 그러나 한성에 주둔하고 있었던 청나라 군대 1,500여 명이 즉시 공격하여 김옥균·박영효·서광범·서재필 등은 일본공사관으로 피신하였고, 국왕을 모시고 있던 홍영식洪英植은 청군에 의해 참살되었다. 결국 갑신정변은 청나라 군대의 개입으로 19일 오후 3시, 3일만에 실패로 끝났다. 이렇듯 외세를 의존한 결과 개화의 뜻을 이루지 못한 갑신정변은 3일천하로 막을 내렸다. 갑신정변은 근대화 방향을 추구하여 정변을 일으켰지만, 오히려 조선의 근대화를 늦추는 결과를 초래하였다. 한편 일본은 당시 공사관 소실 등의 책임을 일방적으로 조선 정부에 책임을 전가시켜 일본에 사죄하고 배상금까지 지불하는 나약한 모습을 보였다. 이후 일본과 청나라는 1885년 4월 천진조약天津條約을 체결하고 양측이 모두 조선에서 군대를 철수시켰다. 1885년 고종은 갑신정변으로 개혁을 할 수 없게 되었으나, 계속 개혁을 추진하고자 '문교부'를 설치하였다. 그리고 믿을 수 있는 각료는 여흥 민씨뿐이어서, 민병식·민응식·민영상·민영준·민영소·민두호·민영환 등 약 260여 명의 민씨를 다시 등용하였고, 고종은 민씨 세력에 의해 좌지우지되었다. 이후 민씨 세력과 다른 세력이 서로 싸우게 되어 정국은 매우 불안하였고, 이들의 부정부패가 극에 달하여 관료와 양반들은 평민들과 노비들을 착취하고 혹독하게 탄압하였다.

김옥균金玉均(1851~1894)

조선 말기 정치가, 사상가, 급진개화파
청일전쟁 발발 직전에 중국 상하이로 건너갔다가 홍종우에게 암살됐다(김옥균 암살 사건). 조선으로 송환된 시신은 부관참시 후 8도에 효수됐다.

효수되어 양화나루에 내걸린 김옥균의 수급

민씨 척족
민영익閔泳翊(1860~1914)

조선의 정치인. 처음에는 온건 개화파 정치인이었다가 갑신정변 전후로는 조선 말기 민씨 외척 정권의 주요 인물이 되었다. 경기도 출신이며 명성황후의 친정 일족이다.

우리나라 최초 우표

문위우표의 개요

Overview of the first stamps

한국 최초 우표는 1884년 11월 18일에 발행한 5文(문)·10文(문) 2종류가 통용된 우표이다. '文' 단위 우표이다. 최초 발행 우표는 5종(5문·10문·25문·50문·100문)이었으나, 우정총국 개국 이전에 일본에 주문한 우표가 2종(5문, 10문)만 도착하여 한성과 제물포 간에 단기간 사용하였을 뿐, 나머지 3종(25문·50문·100문)은 우정총국 개국과 동시에 갑신정변의 실패로 우편 사업이 중단된 후 한참 후에 일본에서 도착되므로 유통되지 못하고 결국 미발행 우표로 분류된 것이다. 우편사업이 짧은 종말을 맞게 되어 3종류의 우표는 유복자 같은 운명으로 끝을 맺었고, 적기에 공급을 못한 일본측에서는 조선 정부에 일관日官을 통하여 우표 제작 대금을 청구하여 받아낸 우스꽝스러운 일이 벌어졌다. 그 후 조선정부에서는 우표 처분을 놓고 고심하다, 개항 이후 인천에 진출한 독일계 상인 자본으로 설립된 외국인 회사 세창양행(世昌洋行, 마이어E. Meyer)은 초기에 한국의 고위 관료인 독일인 묄렌도르프(穆麟德, Paul George von Möllendorff)의 후원 아래 상업적 성공을 거둔 세창양행에 일괄 매각하였다는 설이 존재한다. 일본에 주문한 우표 수량은 5종 합계 2백 8십만 장이 제조되었다. 그러나 갑신정변의 실패로 20여일 만에 우정총국이 폐쇄됨에 따라 거의 사용하지 못하였다. 일본정부대장성인쇄국 제조로 100문 우표는 2색으로 인쇄되었고, 나머지는 단색인 전태식제판電胎式製版에 의한 철판인쇄凸版印刷이다.

태극문양을 주도안으로 당초문양唐草紋樣으로 된 이 우표는 "대조선국우쵸'大朝鮮國郵鈔" 디죠선국우초 라고 표시되었고, 5문을 제외한 4종에는 'KOREAN POST'의 영문도 표기되어 있다. 고종황제는 우편사업을 시작할 때 외국우편 제도 시행에도 관심을 갖고 있음을 기록에서 확인된 바, 고액우표는 국제우편에 쓸 예정이었던 것 같다. 크기는 가로 23mm, 세로 26mm로 그 당시의 일본이나 중국 해관의 우표보다 크게 제조되었다. 10x8의 80장 시트이다. 우표를 우초郵鈔, 우편국을 우정국으로 타국의 명칭을 모방치 아니하고 독창적인 술어述語를 만들어 사용했다. 이 우표의 도안 구성을 그 후에 일본이 소위 국절수를 만들 때 우리 도안을 모방하였음이 분명하다. 이 우표의 유통 판매에 대하여 여러 가지 설이 있는데, 갑신정변 때 난민亂民에게 약탈되었다고도 하고, 또 상인에게 불하하였다고도 하는데, 조선에서 무역업을 하고 있는 재력있는 상인에게 불하한 것이 신빙성이 있다.

희귀한 사용필 우표

문위우표(5문, 10문)가 유통되어 봉투에 붙여 체송된 실체가 아직 발견되지 않고 있으며, 우표에 일부인이 날인된 우표는 전세계적으로 3장이 보고되었을 뿐이다.

출처: 진기홍 저서 중에서, 즉 11월 20일 서울(京) 소인의 5문 1장이 국내 유일품으로 진기홍 저자가 소장중이고, 11월 28일 인천(仁) 10문 1장은 미국의 타운센드(N. W. Townsend) 씨, 동일자의 서울(京) 5문 1장이 역시 미국의 지이클(H. K. Zirkle) 여사에게 각각 비장秘藏되었을 뿐이다.

출처: 민국일보 1962. 3. 4일자

대조선국 최초 우초郵鈔
문위(文位)우표—5문五文 · 10문拾文 10매 블럭 및 Pair

Perf. 8 1/2~11 1/2 및 복합
Pt. 凸판(Typographed)
전지 구성: 10x8, Wmk. 무투문용지(Unwmkd)
명판 위치: 75 · 76.
Ps: 일본제국정부 대장성 인쇄국
발행 매수: 50만 매

大日本帝國政府大藏省印刷局製造

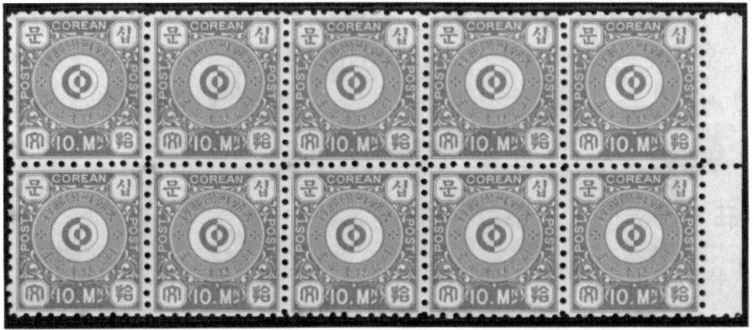

Perf. 8 1/2~11 1/2 및 복합
Pt. 凸판(Typographed)
전지 구성: 10x8, Wmk. 무투문용지(Unwmkd)
명판 위치: 75 · 76.
Ps: 일본제국정부 대장성 인쇄국
발행 매수: 100만 매

大日本帝國政府大藏省印刷局製造

우편사업의 10년 암흑기

10 dark years of the postal service

1884년 12월 홍영식 · 김옥균 · 박영효 · 서재필 · 서광범 등이 일으킨 갑신정변의 실패로, 즉 한국의 근대화를 추진하던 급진 개혁파의 혁명이 좌절되자, 다시 민벌閔閥(민비 척족)이 중심이 된 수구파 守舊派의 세상이 되었다. 우편사업은 물론 관보적官報的인 신문 한성순보漢城旬報도 함께 폐쇄되어 근대화의 시도는 막을 내렸다. 승정원일기 및 우편사(체신부 발행)에 의하면 우정총국은 12월 8일(고종 21년)로 혁파되었다고 기록하고 있다.

혁명의 주동층에 대한 보복에 혈안이 되어 그들이 추진하였다는 이유로 모처럼 개설한 근대화의 시동인 우편 사업도 폐지되고, 다시 은둔의 왕국 조선으로 회귀되어 그후 10년간 우편의 암흑기에 접어 들었다. 집권 세력의 무지無知는 개혁파들을 탄압, 제거하면서 우정총국 및 우편사업의 관련 모든 사료들도 불태워 버려졌다고 추론할 때 지극히 애석한 일이 아닐 수 없다. 이러한 시기에 일본은 재외우편국在外郵便局을 우리나라의 주요 각처에 불법적으로 설치하여 우편망을 확장해 나갔다. 조선 정부는 속수무책 일본 우편망의 확충에도 제재를 가하지 못하는 무능한 대처를 기회 삼아, 일본은 음흉한 계략으로 속속 우편망을 전국적으로 확장하였으며, 이는 정한론征韓論의 단초가 시작되었다고 볼 수 있다. 그래서 10년의 암흑기는 일본에게 우편사업이 일본에게 한일통신협약을 통하여 송두리째 빼앗기는 결과였다. 우리의 우편사업이 재개된 1895년에 이르는 10년의 암흑시대는 한국이 겨우 국제 무대에 등장하여 동방에서 고립하였던 우리나라가 우편사업 재개와 더불어 신문화의 첫 발을 내딛게 되었다. 진기홍씨가 수집한 통신사료 중에서 1885년에 서울서 전라도지방에 경주인계통京主人系統의 사설통신에 의하여 체송되었다고 생각되는 '시속소문' 한 통을 소개하여 당시 국내 국제 정세의 불안에서 오는 국민의 궁금증이 얼마나 컷겠는가를 엿보고자 한다고 기술하고 있다. 이러한 글발을 신문사가들은 '서한신문書翰新聞'이라고 규정하고 있으며, 우리나라의 '조보朝報 · 기별지奇別紙가 다분히 관보의 성격을 띠고 있음에 비하여 이 '시속소문'은 시사적인 내용을 위한 것이라고 평가하였다.

우편사업의 재개 [1]

Resumption of postal services

1885년7월21일 외무독판 김윤식이 일본대리공사 고평소오랑高平小五郞에게 보낸 문위우표 인쇄비 청산에 관한 공한公翰에는 '우편복설편부郵便復設便否 본국정부상의미정本國政府商議未定'이라는 내용이 있다. 당시에도 우편재개의 여부에 대하여 논의가 있었음을 알 수 있다. 그러나 결국 그 때는 재개의 기회를 잃고 1895년에야 우표를 새로 발행하고 서울 · 인천에 우체사를 세우기 시작했다. 우정총국이 혁파된 후 무려 10년 6개월이 걸린 셈이다.

출처: 구한국시대의 우표와 우정. 1964. 진기홍 저. 경문각 발행 [편집]

한국독립운동지혈사 상편3 기록 인용

History of the Korean Independence Movement Volume 3

박은식 저 (1920). 상해 유신사維新社 발행/1946. 4. 15. 서울신문사 출판국 간행본

갑신독립당의 혁명(갑신정변) 실패는 국민의 동의를 얻지 못한 것과, 또 일본인에게 속은 것과, 개혁운동을 남의 힘을 빌려서 하려고 했기 때문에 실패한 것이다.

우리 조선은 쇄국시대였다.

문文을 닦고 무武를 버린 채 관문을 닫고 스스로 지키고 살았기 때문에, 백성들은 늙어 죽을 때까지 나라 밖의 일을 알지 못하였다. 병인년丙寅(1866)에 러시아의 군함이 원산에 와서 통상을 요구하였으나, 조선은 즉시 거절하였다. 이 해 10월에는 프랑스의 군함이 강화를 함락시켰으나, 조선의 군대가 쳐서 물리쳤다. 신미년辛未(1871)에는 미국의 군함이 통상조약을 맺으려고 강화에 왔었다. 그러나 조선은 또 군대를 동원하여 거부하였다. 이 때는 곧 대원군의 섭정 시대로서, 10년 동안 힘써 배외주의排外主義(쇄국정책)를 견지하던 때였다. 병자년丙子(1876) 2월에 이르러 비로소 일본과 수호통상조관修好通商條款을 맺어 동등권을 상호 우대하게 하였다. 청국淸國도 우리의 자주를 인정하고 아울러 구미 열국과도 통상 조약을 체결하여, 일본을 견제하는 방법으로 삼자고 권하였다. 그러나 조선 정부는 오히려 굳게 고집하면서 듣지 않았다. 임오년壬午(1882) 이후로 김홍집金弘集 · 김윤식金允植 · 어윤중魚允中 · 홍영식洪英植 등 여러 사람이 외국을 유람함으로써, 쇄국주의가 시의時宜(그 당시의 사정)에 맞지 않음을 명확하게 알게 되었다. 이에 영국 · 미국 · 프랑스 · 독일 · 러시아 · 오스트리아 · 벨기에 · 필리핀 등의 나라들과, 어떤 것은 먼저, 어떤 것은 뒤에 조약을 체결하여 모두 사절의 왕래가 있었다. 그런데 청국이 조선의 임오군란을 계기로 하여 오장경吳長慶 · 마건충馬建忠 · 원세개袁世凱 등을 파견, 군사를 거느리고 와서 주재하니, 일본도 공관위병을 두었는데, 이것이 청일 충돌(청일전쟁)이 일어나게 된 원인이다.

그때 김옥균金玉均 · 박영효朴泳孝 · 홍영식洪英植 · 서광범徐光範 · 서재필徐載弼 등은 모두 청년의 예기銳氣(날카롭고 굳세며 적극적인 기세)로서 해외의 새로운 사조를 감촉되어 구정舊政을 개혁하고 새로 독립제국을 세우고자 하였다. 그러나 구당舊黨이 저해되었다. 그리하여 일거에 그들을 도태시키려 하였으며, 일본인들도 또 조선의 내홍內訌(내부에서 일어나는 분쟁)을 이용하여 군함을 파견하겠다는 거짓 약속을 하였다. 이에 갑신년(1884) 10월의 정변이 일어났으며, 10월 17일(음력)에 우정국이 낙성되었다. 홍영식은 해국該局(우정총국)의 총판總辦으로서 연회를 열고 각 대관과 각국의 공사 · 영사를 청하였다. 그런데 일본공사 다케조에 산이치로竹添進一郎는 병이라 핑계하여 나오지 않고 서기 시마무라島村가 대신 참석하였다. 그 날 하오 6시에 연회를 열었다. 그런데 김옥균 등이 미리 사관생도를 왕궁의 문 앞과 경복궁에 숨겨 두었으며, 또 자객을 우정국 앞 도랑 속에 숨겨 두고, 불을 놓아 신호하여 구당舊黨과 대관들을 목 졸라 죽이기로 하였다. 밤 10시가 되자 홀연히 담 밖에 불이 일어나는 것이 보였다.

그때 날이 대낮같이 밝았는데 불빛이 하늘로 치솟으니, 민영익閔泳翊이 불을 끄려고 먼저 일어나 문에 나가자마자 자객의 칼에 피습되어 들어와 쓰러지니, 독일사람 파울 게오르크 폰 묄렌도르프穆麟德가 구하여 보냈다. 빈객들은 크게 놀라 어찌할 바를 모를 즈음에 김옥균 · 박영효 · 서광범 등이 재빨리 궐내로 달려가서 곧

장 침전으로 들어가 아뢰었다. '청국 군대가 난을 일으키어 불꽃이 성내에 가득하며 대신들을 도륙하고 있습니다. 급히 어가를 옮겨 피하십시오.' 그리고 아울러 일본 공사를 불러들여 호위하게 하도록 청하였다. 임금이 허락하지 않으니, 김옥균 등이 울면서 청하였다. 그러다 중관中官 유재현柳在賢이 피살되니, 주상이 이에 황급히 궁전을 나왔다. 조태후(追尊翼宗의 妃 協天大王大妃, 조만영의 딸) · 홍태후(헌종憲宗의 계비繼妃 명헌왕후明憲王后, 홍재룡의 딸)왕후 · 태자 이하가 모두 도보로 뒤따랐다. 영숙문에 이르니 갑자기 포성이 들렸다. 김옥균 등이 급히 외치기를, '외병이 많이 옵니다.' 하고 다시 일본공사를 불러들여 호위하도록 청하였다. 주상이 또 허락하지 아니하니 김옥균 등이 품속에 연필과 양지를 꺼내어 '일사내위日使來衛' 4글자를 써서 일사 日使의 공관에 보냈다. 대가大駕가 경우궁景祐宮에 이르니, 일본 군대가 이미 행랑채에 가득하였다. 일본 통역 아사야마 겐조가 맞아 뵈옵고 다케조에竹添 공사도 이어 도착하였다. 주상은 정침의 동쪽 방에 납시고, 혁당革黨과 일사 日使는 함께 대청에 자리 잡았다. 한참 뒤에 사관생도 12명이 들어와 둘러 옹위하고 일본군은 궁문을 둘러쌌다. 그리고 혁당이 가운데에 있으면서 자기들 마음대로 명령을 내렸다.

18일 새벽에 좌영사 이조연左營使李祖淵 · 후영사 윤태준後營使尹泰俊 · 전영사 한규직前營使韓圭稷이 비밀히 모의하여 청병淸兵의 영문營門에 통지하니, 김옥균 등이 의심하여 사관 생도를 시켜서 죽여 버렸다. 이어 허위로 왕지王旨라 일컫고 보국輔國 민태호閔台鎬 · 조영하趙寧夏 · 해방총관海防摠管 민영목閔泳穆을 불러 입내入內케 하여 죽이고, 8시에 또 계동궁桂洞宮으로 이어移御(임금의 거처를 옮김)하였다. 파수把守(경계하여 지킴)를 더욱 엄중하게 하여, 혁당과 일본인의 표신票信을 가진 자가 아니면 출입하지 못하였다. 김옥균 등이 드디어 거짓으로 왕명이라 일컫고 정부를 조직하니, 이재원李載元(대원군의 조카)을 좌의정左議政으로 삼고, 홍영식을 우의정右議政 · 이재완李載完(이재원의 형)을 병조판서 · 심순택沈舜澤을 이조판서 · 김옥균을 호조판서 · 윤홍연尹洪淵을 예조판서 · 이태응李台應을 형조판서 · 홍종헌洪鍾軒을 공조판서 · 김홍집金弘集을 외아문독판外衙門督辦 · 박영효朴泳孝를 전후양영사겸좌우포장前後兩營使兼左右捕將 · 서광범徐光範을 좌우 양영사겸협판교섭사무左右兩營使兼協辦交涉事務 · 서재필徐載弼을 전영정영관前營正領官으로 삼았으며, 일본 유학생으로써 일대一隊를 편성하였다. 그러나 백관百官으로 들어와 입참入參하는 자 없으니 정령政令이 시행되지 않았다. 또 청군淸軍이 하도감下都監에 있으면서 정변이 난 이유를 탐문하므로, 박영효는 일이 실패될 것을 두려워하여 옮겨가 강화를 점거하고 다시 거사하기를 기획하려 하였으나, 일본 공사가 불가하다 하고 김옥균도 또한 그의 의견에 따랐다. 저녁때에 다시 창덕궁으로 임금을 모시고 돌아와서 관물헌觀物軒에 계시게 하고, 경비를 더욱 엄밀하게 하여 안팎을 가로막아 끊어 버리니, 인심이 흉흉하고 박영효 등도 또한 초조한 빛이 보였다. 이는 일본 군함이 온다던 약속을 어겼기 때문이다. 이에 이봉구李鳳九 등이 달려가 청군의 영문에 가서 즉각 입위入衛하기를 청하였다. 원세개袁世凱 · 오조유吳兆有 등이 군대를 이끌고 입궐하니, 조선의 좌우 두 영營이 이에 호응하여 일본 군대와 교전하였다. 서로가 모두 살상이 났으나, 일본 군대가 버티지 못하였다. 김옥균 등이 어가御駕를 옹위하고 후원後苑의 연경당延慶堂에 들어갔다. 밤이 되어 조선 군사가 다시 진격하여 일본 군대와 싸웠다. 주상은 다시 옥류천玉流泉 뒤의 북녘 담문쪽으로 피하니, 무예위사武藝衛士와 별초군別抄軍이 비로소 입위入衛하여 어가를 받들고 나가게 되었다. 다케조에 일본 공사는 일이 불리한 것을 보고 달아나 그의 공관으로 돌아갔다. 김옥균 · 박영호 · 서광범 · 서재필 등도 모두 일본 군대를 따라가고 홍영식 · 박영교朴泳敎와 생도 7인이 어가를 따라 북관묘北關廟에 이르렀다. 원세개袁世凱가 군대를 파견하여 호위하게 하니 홍영식 등이 임금의 옷을 붙잡고 저지하였다. 여러 군사들이 힘껏 싸워 마침내 홍영식 · 박영교와 생도 7명을 죽이고, 어가는 선인문宣人門 밖의 오조유吳兆有의 군중에 사차舍次(숙박)하였다가, 이튿날 다시 하도감下都監의 원세개 군중으로 이어移御하였다. 이때 조선 백성들은 모두 일본인을 원수로 보고 함께 살지 않기를 맹세하여, 만나는 대로 격투가 벌어져 많은 살상이 일어났다. 청군의 군대도 또한 밤에 일본 공관을 습격하여 39명을 죽이고 그들의 부녀를 겁탈하였으며 그 집을 불태웠다. 다케조에竹添 공사는 마침내 군대를 인솔하고 서문으로 나갔으며, 육군 대위 이소바야시 신조磯林眞三는 조선 백성들에게 맞아 죽었다. 박영효·서광범·서재필 등은 삭발하고 양복 차림으로 일본 영사관에서 나무 괘짝 속에 몸을 숨겨 인천으로 나가 일본 배를 타고 일본으로 도망하였다. 대체로 갑신혁당甲申革黨의 여러 사람들이 급격히 하수下手(바둑이나 장기에서 수가 아래임)하여, 거사는 점점 국민의 동의를 얻지 못한 것과, 또 일본인에게 속은 것과, 개혁운동을 남의 힘을 빌려서 하려고 했기 때문에 실패한 것이다.

무성서원武城書院으로 보낸 서찰

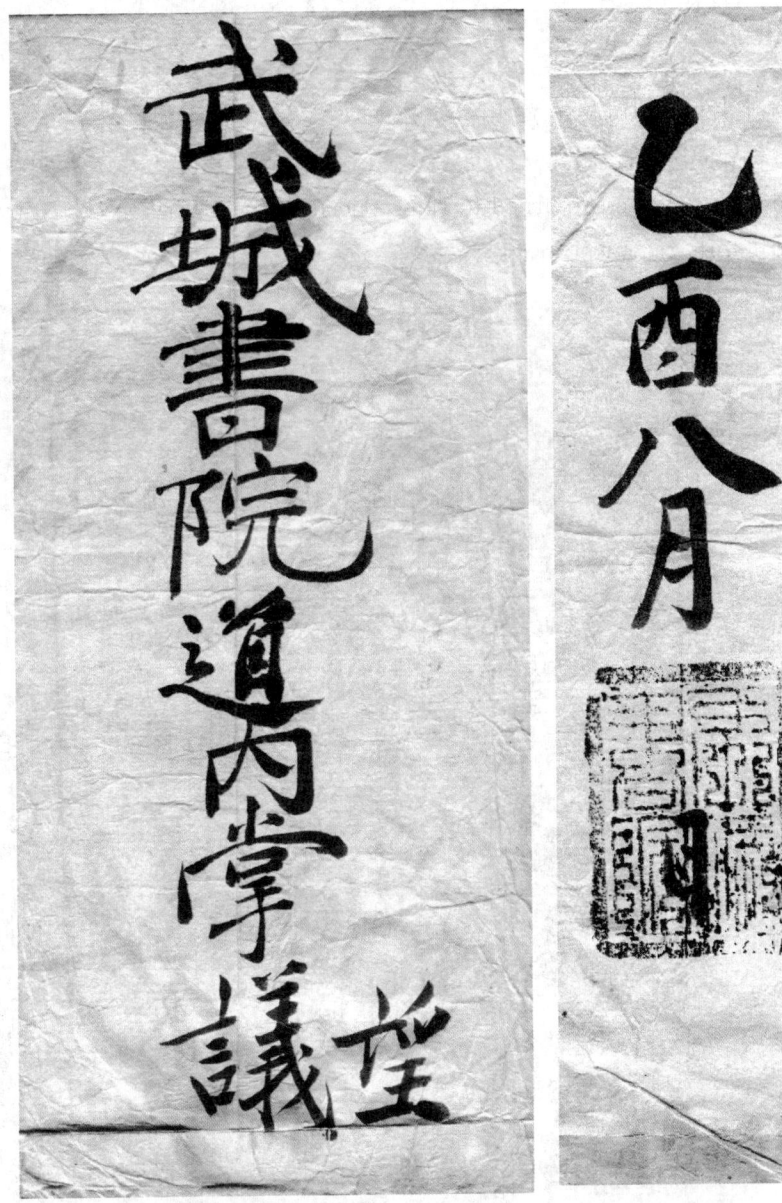

무성서원武城書院은 신라 후기의 학자였던 고운 최치원과 조선 중종 때 관리였던 신잠申潛을 모시고 제사 지내는 서원이다. 1968년 12월 19일 사적 제166호에 지정되고, 2019년 7월 10일 유네스코 세계문화유산에 등재되었다.

소재지 전북 정읍시 칠보면 원촌 1길 4-12

125X310mm

■ 갑신정변으로 우정총국이 혁파되어 우정사업이 중단된 시기

대원군 귀환 행렬

1885 Daewongun return procession

1882년 청나라에 납치되어 4년만에 일본 공사 오토리大鳥圭介와 일본군의 호위를 받으며, 대원군이 한성으로 귀환하는 모습.

Kidnapped by China in 1882 and returned to Hanseong four years later, escorted by the Japanese ambassador Otori and the Japanese army.

갑신정변 당시 대원군은 청나라에 억류돼 있었고, 1882년 임오군란을 계기로 정권을 다시 잡았던 대원군은 청의 개입으로 33일 만에 실각하여, 청나라 이홍장에 의하여 텐진天津으로 납치된 후 유폐 생활을 하고 있었다. 개화파는 청으로부터 독립을 선포하고 대원군 세력의 동조를 얻기 위해 대원군 송환 문제를 논의한 결과 대원군은 1885년 민씨 세력을 견제하기 위한 일본과 청의 밀의密議에 의해 서울로 돌아왔지만, 운현궁에서 반 감금 상태로 지냈다.

고종 31년(1894년) 갑오경장 시 대원군의 복귀 목판화

1894년 갑오경장 때 일본의 종용으로 3차 집권을 위해 궁궐로 오토리 공사와 일본군의 호위를 받으며 입성하는 대원군

제작년도: 1894년 8월 17일

368x730mm

1885

대원군 귀환 행렬

대원군 이하응이 일본 제국 오도리공사와 일본군대의 호위를 받으며, 경복궁으로 입성하는 광경을 묘사한 화보

기록은 영원히 살아 있다

Records live forever

출처: '서양인이 본 꼬레아' 박영숙(전 영국대사관 공보관/챗GPT세계미래보고서 저자)

기록이 없다면 역사가 없을 것이다.

영국의 역사가 버터필드에 의하면 과거를 단지 거품과 같은 것으로 간주하는 문화와 역사적 기록을 보존하고 중시하는 문화 이 두 문화 사이에는 일반적 정신 상태에 커다란 차이가 있다고 했다. 기록을 얼마나 보존하는가는 그 사회가 정신적으로 얼마나 성숙되었는지를 알려준다고 했다. 우리나라 역사를 연구하려고 하면 우리는 영국 정부 문서보관소나 미국의 도서관이나 중국, 일본의 도서관을 뒤진다. 왜냐하면 우리나라에 관한 역사지만, 보관된 기록이 얼마 없기 때문이다. 그렇게 중요한 김구 시해 사건의 검찰 기록 하나도 보관되어 있지 않다. 한국전쟁에 관한 기록은 물론이요, 전쟁이 일어난 이후의 기록 보관 또한 마찬가지이다.

1969년에 설립된 기록보존소는 중앙 행정 부처의 중요한 문서와 각 지방자치단체의 영구 보존 문서를 이관하고 있는데, 넘겨받은 문서도 분석하거나 체계적으로 보관되지 않아 찾을 수가 없다는 것이다. 게다가 이 문서들도 국가편찬위원회, 정신문화연구원, 외교안보연구원 등 여러 곳에 분산되어 보관되어 있고, 기관끼리 협력 체계가 형성되어 있지 않아 어떤 자료가 어디에 보관되고 있는지도 모르는 실정이다. 그리고 집권자들이 자신들에게 불리한 자료는 다 폐기해 버리는 형편이어서 이승만·박정희 관련 문서는 다 가족들 소장으로 되어 있다. 거기에 성문成文 자료는 보관하지만 구전口傳 자료는 채집이나 필름, 비디오 등으로 보관해야 하나, 전혀 그런 작업이 진행되지 않고 있다. 그래서 우리나라 방송사에서 어떤 역사 다큐맨터리를 제작하려고 하면, 외국의 문서보관소를 뒤지기가 일쑤이고, 영국 BBC방송의 한국 관련 비디오 테이프를 찾아 비싼 요금을 주고 사서 쓴다.

KBS에서 1885~1887년까지 2년간 영국군의 거문도 점령 사건에 관한 다큐맨터리를 만들기 위해서 자료 수집에 나선 결과 우리나라에서는 아무런 자료도 찾지 못하고, 결국 영국에서 찾은 자료와 약간의 중국 자료, 일본 자료로 다큐맨터리를 만들 수밖에 없었다. 따라서 이제부터라도 문서를 중요시하고 과거를 중요시하는 인식으로 전환되어야 된다. 문서를 잃어버리는 것은 역사를 잃어버리는 것이라는 각성을 어릴 때부터 길러 줘야 할 것이다. 나는 1996년 12월 16일부터 2주일간 영국의 문서보관소(Public Record Office), 대영도서관(British Library), 과학박물관(Sicence Museum), 포츠머스의 영국해군박물관(Naval Museum), 국립해양박물관(National Maritime Museum) 등을 방문하여 구한말 한국 관련 사진 및 거문도사건 관련 자료를 수집하면서 한 가지 묘안이 떠 올랐다. 한국에 만연한 부패를 뿌리째 뽑아 버릴 수 있는 묘안이, 그것도 영국에 왜 부패가 없었는가에 대한 착안에서 떠올랐다. 한국에 영국의 문서보관소 같은 것이 있으면 우리나라 부패의 근원이 치료될 수 있을 것이며, 이같은 작업은 되도록 신속히, 그리고 대대적으로 이뤄지지 않으면 안되겠다는 각성을 하게 되었다.

영국대사관 공보관 15년째, 나는 이번 영국 방문에서 처음으로 내가 영국으로 보낸 잡다한 낙서 하나도 버려지지 않고 30년 후에 이 문서보관소에서 전 세계인에게 공개된다는 사실을 알고 가슴이 섬뜩해졌다. 30년 전의 문서가 공개된다기에 한국 파일을 뒤지던 나는 서울 영국대사관에서 지금도 근무하고 있는 동료의 글씨와 편지 등이 파일 여기저기서 기묘한 모습으로 끼워져 있는 것을 보고는 놀랍고 착잡한 심정이 들었다. 그

간 내가 보낸 수백 통에서 수천 통에 달하는 편지와 보고서 중 어떤 것들이, 아니면 전부가 30년 후 이곳에서 공개된 것이었다. 내가 모시던 6명의 대사 편지, 친필 비밀 문서 등이 공개될 때 혹시 내가 잘못 서술한 어떤 것이 있을지, 내가 잘못 평가한 상황과 사실들은 없는지, 아니면 내가 인정과 인맥 때문에 합리적이지 못하고 감정적인 어떤 편지를 써서 누구를 이롭게 하고 덕보게 하였거나 누구를 해치지나 않았는지, 털어서 먼지 나지 않는 사람이 없다는데 내 파일에도 먼지날 부분이 없는지가 상당히 걱정되었던 것이다. 만약 우리나라에도 이런 문서보관소가 있다면 어떻게 될까? 부패 관리, 부패 정치꾼 등의 문서가 하나같이 다 보관되어 30년 후 누군가가 그 암흑 속에 감춰졌던 사건 사고를 파헤쳐 세상에 낱낱이 알리는 작업이 있게 될 것이다. 또 그렇게 하여 자기 자식만이 가장 중요한 우리나라 사람들, 정부 고관이 부패나 인정의 고리에 휘말려 상식 이하의 판단을 했을 경우 자신이 그렇게 소중히 여기는 자식들에게 해가 미친다는 사실을 알게 되면 부패는 사라지지 않을까? 지역 집단이기주의에 끌려 정당치 못한 행위나 판단을 하여 자손대대가 세상에 얼굴을 내놓고 다닐 수 없게 되는 경우가 생긴다면 지금의 부패 고리가 엄청난 속도로 사라질 것임이 틀림없지 않을까? 그러나 여기에도 부정한 문서를 없애지 못하게 하는 조치가 필요할 것이고, 그래서 일단 보고가 올라간 문서는 어느 특정 관청에서 모두 보관해야만 하며, 그 문서에 대통령이라 할지라도 손을 대게 하지 않는 등 제도적 안정장치가 또 필요하겠다. 정부의 모든 문서를 수백년간 보관해 온 영국은 수천 평의 대지 위에 우리나라 예술의 전당 규모의 문서보관소에 영국과 각 나라에 관한 문서를 보관해 둔다. 세계 각국에서 문의해 오는 자료를 찾아주는 문서보관소의 리서치(문서 찾기 연구원)들은 이 때문에 세계 각국으로부터 외화를 벌어들이고 있다.

이번 '거문도사건' 자료 및 사진 자료 수집 중 느낀 것은 1885~1887년도의 거문도사건 당시 영국 정부가 보낸 모든 전문과 주한 영사관으로부터 영국이 받은 모든 전문이 이곳에 보관되어 있고, 당사자가 아닌 중국의 이홍장이 보낸 편지들도 중국에 다 보관되어 있는데, 사건의 당사자인 한국만 거문도사건에 관한 옛 편지나 문서가 전혀 보관이 되어 있지 않다는 사실이 몹시 곤혹스러웠다. 앞으로 한국이 10대 강대국이 되면 온 세계가 한국을 연구하러 올 텐데, 한국 연구를 하려는 세계 각국 학자들과 학생들에게 우리는 '한국에 관한 옛 자료가 그리 흔치 않으니 다른 나라에 가서 찾아 봐라'고 해야 할 것이다. 한국 연구를 자료 보관이 잘된 영국이나 중국, 미국으로 가서 하라고 한다면, 그것은 국가의 수치일 뿐 아니라, 늘 문서나 자료를 보관하여 공개하는 나라의 학자들은 한국은 무엇이 그렇게 숨길 것이 많아 자료를 공개하지 않느냐고 오해할 수도 있을 것이다. 옛 것을 소중히 여기고, 옛 것이 곧 돈이 되고 관광 자원이 된다는 사실을 우리도 이제 깨달을 때가 된 것이다.

고문서를 보관하는 것 뿐만 아니라 문서 공개 시 영국 문서보관소 직원들이 고문서를 얼마나 귀중히 다루는지에 대해서도 배웠다. 손이 떨리게 소중히 가지고 나와서 조용 조용히 펼쳐 보이고 자료 복사를 신청할 때도 그 사람들이 될 수 있으면 자료를 손상하지 않으려고 온갖 노력을 다하는 모습은 정말 아름다웠다. 문서가 도난되지 않도록 철저히 가방을 못가지고 들어가게 하고, 문서보관소 안에서는 그 누구도 펜이나 볼펜을 쓸 수가 없다. 모두 연필만 가지고 들어가게 한다. 그 이유는 혹시 뭔가를 잘못 문서에 적어 넣거나 실수로 옛 문서에 흔적을 남기면 연필이면 지우면 되니까 그렇게 하는 것이란다. 그 곳에서 직원들까지도 모두 연필을 이용하는데, 그래서 복도 곳곳에 연필깎이 기계가 놓여있고 연필을 안 가지고 들어오는 사람들에게 연필도 빌려준다. 문서보관소 개관은 오전 9시 30분이다. 이 시각부터 사람들은 줄을 서서 기다린다. 사람들은 입구에서 출입증(회원카드 즉 리더스 카드)을 발급받은 후 자신이 원하는 방으로 들어가는데, 보관소 자체가 너무 넓어 각기 자신의 책상 번호와 삐삐를 받아 차고서 원하는 문서를 문서 목록에서 찾으면, 그 문서 번호를 컴퓨터에 쳐서 문서를 보겠다는 오더 즉 주문을 한다. 문서 목록 번호를 컴퓨터 '오더'로 신청한 후 30분 정도 지나면 자신이 차고 있는 삐삐에서 문서가 나와 있다고 알려준다. 그 문서를 받아 필요하면 복사본을 뜰 수 있는데, 고문서 복사시 파손을 우려하여 복사해 주는 사람은 아주 신중하다. 대체로 출입증 발급은 무료이나 이 복사비로 문서보관소의 연간 수입이 정해지는 것 같다. 연도별로 모든 것이 마이크로피시 필름으로 보관되어 영구 보존이 가능하게 만들어져 있고, 그런 작업은 수백 명이 일하는 문서보관소 직원들의 일과이다. 외국에 나가 석·박사 학위 논문을 쓰려면 영국 문서보관소 자료 한두 개를 찾지 않은 사람이 없을 정도라 하니, 그것만으로도 영국은 옛것을 보관하여 그것으로 돈도 벌줄 알고, 다른 나라 사람들에게 그들의 전통에 관해 자부심을 가질 수 있으며, 자신들의 모든 행동과 결정에 대해 후세에 두려움이 없는 그런 떳떳한 국민으로 보였다. 문서보관소는 문서를 복사해 주어서 모든 사람이 그 문서를 활용하도록 도와준다. 반면 영국 대부분의 박물관에서는 박물관 관광비로 재정이 확보되기 때문에 그들이 보관하고 있는 자료는 복사가 불가능하다고 한다. 그 이유는 복사기에서 나오는 그 강렬한 불빛이 문서를 파괴하기 때문이란다. 특히 그 문서가 사진이나, 그림이 컬러일 경우는 더욱 더 복사를 하지 못하고 사진으로나 슬라이드로 만들어 가기를 권장한다. 그러나 특별한 허가를 받으면 플레쉬 사용없이 문서의 사진을 찍을 수 있고, 내용을 연필로 또는 랩톱 컴퓨터에 옮겨 갈 수 있도록 허락한다. 카메라 불빛이나 복사기 불빛이 특히 컬러로 된 그림일 경우 많은 손상을 입히기 때문에 컬러 그림 복사는 카메라 플래쉬 없이 찍을 수밖에 없다. 포츠머스의 해군박물관에는 특히 더 타임즈(The Times)신문을 창간호부터 지금까지 매일 모아 보관하고 있다. 그 박물관의 약 1/4 이 The Times신문철 책자일 정도이고 보면 놀라운 일이 아닐 수 없다. 우리나라 한성신보, 대한매일신보 등이 창간호부터 다 보관되고 있는지 궁금하다. 신문사들은 이제 옛 것을 보관하기가 힘이 들기에 마이크로피쉬를 사용하고 있는 것은 알지만, 실제로 100년이 넘은 신문을 한결같이 깨끗이 보관하는데는 누군가의 손길이 필요할 것이다.

이 책을 쓰고 자료를 수집하는데 여러모로 도움을 주신 분들이 많다. 특히 경향신문 김유경 전 문화부장께서는 다양한 자료 및 조언을 해주었다. 손광주 한결미디어사장은 이런 책자 즉 '역사를 보존하고 후세에 알리는 작업'에 기꺼이 동조해 주었다. 그 외에 자료 제공과 조언을 주신 연세대학교 도서관, 대한성공회 출판부 관계자들에게 감사의 말씀을 올리며, 이런 기록 보관과 역사 살리기에 동참, 이 책을 발행해 준 '삼성언론재단'에 고마움을 전한다.

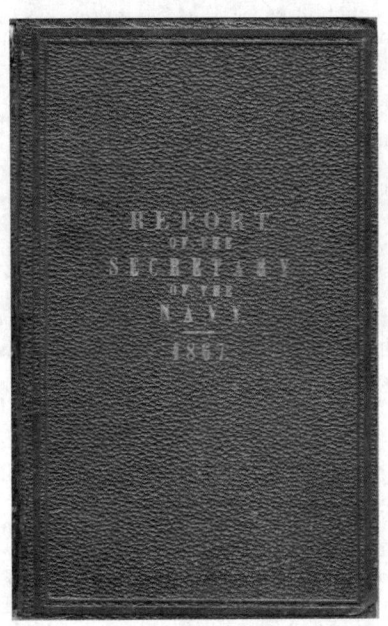

REPORT
OF THE
SECRETARY OF THE NAVY,
WITH
AN APPENDIX,
CONTAINING
BUREAU REPORTS, ETC.
DECEMBER, 1867
WASHINGTON
GOVERNMENT PRINTING OFFICE.
1867

거문도 실태 보고서

Geomundo status report

Report of an examination of the harbor of Port Hamilton, (Corea,) Chinese waters, by Commander Shufeldt, in the Wachusett.

UNITED STATES FLAG-SHIP HARTFORD, (2d rate,)
Hong-Kong, China, February 16, 1867.

SIR : I have the honor to inform the department that, in connection with the visit of Commander Shufeldt to Corea, for the purpose of inquiring into the outrage upon the people of the General Sherman, I directed him to examine into the advantages and capabilities of Port Hamilton, (Nan-Hoo,) situate among the islands to the southward of Corea, and belonging to the King of Corea, as a rendezvous and sanitarium for this squadron, and also as a harbor of refuge, in times of danger, for American commerce in those seas.

By the report of Commander Shufeldt, herewith enclosed, marked A, it will be seen that this harbor possesses many natural advantages, and it would be very valuable as a base in any operations against the Coreans.

Its central position with regard to the northern ports is, as I informed the department in my despatch No. 63, of December 14, 1866, one of its most important advantages, being 150 miles from Nagasaki, 240 from Van Dieman's straits, 180 from the straits of Simonasaki, 300 from the mouth of the Yang-Tze river, 360 from Shanghai, 390 from Ning-po, 315 from the Shantung promontory at the entrance to the gulf of Richili, 350 from Chifu, and 350 miles from the mouth of the Phien-Yang river, the scene of the disaster to the General Sherman.

I also enclose, marked B, an interesting descriptive sketch of Port Hamilton, made by Mr. Albert S. Bickmore, a naturalist from Boston, who was on board of the Wachusett.

The possession of so small a place does not indicate the least ambition for territorial aggrandizement.

Plans of this harbor are among the charts in the department.

The Wachusett is now in the Yang-Tze river.

I have the honor to be, sir, very respectfully, your obedient servant,

H. H. BELL,
Rear-Admiral, Commanding U. S. Asiatic Squadron.

Hon. GIDEON WELLES,
Secretary of the Navy, Washington, D. C.

REPORT OF THE SECRETARY OF THE NAVY, WITH AN APPENDIX, CONTAINING
BUREAU REPORTS, ETC. DECEMBER, 1867 WASHINGTON

Wachusett호 Shufeldt 사령관의 중국 해역의 해밀턴항 항구 조사 보고서

Report of Commander Shufeldt of the Wachusett's Port Survey of Port Hamilton in Chinese Seas

미국 기함 Hartford, (2d. rate)
1867년 2월 16일, 중국 홍콩.
American flagship Hartford, (2d. rate) February 16, 1867, Hong Kong, China.

나는 Shufeldt 사령관의 한국 방문과 관련하여 General Sherman 호에 대한 사건을 조사할 목적으로 그에게 해밀턴 항구의 장점과 능력을 조사하도록 지시했다는 사실을 부서에 알리는 영광을 누리게 되었습니다. 난후(거문도)는 코리아 남쪽에 있는 섬들 사이에 위치하고 있고, 코리아 영토에 속해 있으며, 이 함대의 만남의 장소이자 기항지이며, 또한 위험할 때 미국의 상선을 위한 피난처이기도 합니다.

A와 함께 동봉된 Shufeldt사령관의 보고서에 따르면 이 항구는 많은 자연적 이점을 갖고 있으며, 조선인들을 상대로 하는 모든 작전에서 기지로서 매우 가치가 있을 것임을 알 수 있습니다. 북부 항구와 관련하여 그 중심 위치는 내가 파견 번호에서 부서에 알린 바와 같으며, 1866년 12월 14일, 가장 중요한 이점 중 하나는, 나가사키에서 150마일, Van Dieman's 해협에서 240마일, 시모노사키해협에서 180마일, 양쯔강 입구에서 300마일, 상하이에서 360마일, Ning-po에서 390마일이라는 점입니다. Richili만 입구의 Shantung곶에서 315마일, Chifu에서 350마일, Phien-Yang 강 어귀에서 350마일 떨어진 곳, General Sherman호의 재난 현장 또한 Wachusett호에 탑승했던 보스톤 출신의 박물학자인 Mr. Albert S. Bickmore가 그린 포트 해밀턴항에 대한 흥미로운 설명 스케치를 B로 표시하여 동봉합니다. 그렇게 작은 땅을 소유하고 있다고 해서 영토 확장에 대한 야망이 전혀 없다는 뜻은 아닙니다. 이 항구의 계획은 부서의 차트에 있으며, Wachusett는 현재 양쯔강에 있습니다.

저는 당신의 충직한 부하가 되는 것을 영광으로 생각합니다.

H. H. BELL,

해군 소장, 미국 아시아 함대를 지휘하고 있는.
Hon. Gideon Welles,
해군장관,

Washington, D. C.

보고서 A Reports A

United States Steamer Wachusett

1867년 2월 3일 바다에서

1866년 12월 27일 귀하의 명령에 따라 이 배가 방문한 난후(거문도 Hamilton Port)에 대해 다음 보고서를 제출하게 된 것을 영광으로 생각합니다. 이 섬은 1845년 초 영국 해군 당국의 관심을 끌었던 것으로 보이며, 그 이후로 두 번 조사를 하였으며 확실히 주목할 만한 모든 것은 영국 해군 막사로 사용되었습니다. 항구의 수로학적 특성에 대해서는 출판된 항구 계획을 참조하고, 단지 지형이 훌륭하고 조수가 11피트 상승하더라도 감지할 수 있는 해류가 발생하지 않는다는 점만 덧붙였으며, 입구는 유역의 오른쪽에 있어 해군을 수용할 수 있는 육지로 잠긴 항구를 형성하고 해안과 부드러운 물에서 수리할 수 있는 모든 기회를 제공합니다. 물리적 구조에서 섬은 바다에 측면이 거의 수직인 커다란 자연 요새를 형성하며, 높이가 100~200피트에 달하고, 나중에는 600~800피트의 봉우리에 도달한 다음, 점차 중앙의 분지 안쪽으로 기울어집니다. 바깥쪽 물은 깊고 가파르기 때문에 언덕이 더 경사지고 더 얕은 물이 나오는 북쪽면을 제외하고는 정박할 곳이 없으며, 군사적 관점에서 볼 때, 적군이 고립된 기지에 접근할 수 없다면 이는 확실히 가장 유리한 조건을 제시합니다. 사실 이 섬들은 서로 마주보며 그 사이의 항구를 지키고 있는 작은 규모의 두 개의 지브롤터이며, 요양원으로서 그 위치에 더해 섬들이 남쪽과 북쪽 지점에서 분리되어 있다는 사실은 여름에 시원한 바람이 일정하게 유지되어야 한다는 사실입니다. 다른 개구부는 추운 북서풍과 북동풍으로부터 동절기에 보호되며, 우리는 2월 1일에 온도계가 39도를 가리키고 있지만, 우리는 눈보라가 몰아치는 매우 추운 북동쪽 폭풍 속에서 바다에서 돌아왔습니다. 지리적으로 볼 때 이 섬은 분명히 화산섬이므로 비옥한 토양을 보유하고 있지만 약 5분의 2만 경작이 가능하며, 밀과 기장이 주요 생산품입니다. 우리가 그곳에 갔을 때는 겨울밀이 막 녹색으로 변해가고 있었는데, 우리 나라의 위도와 거의 같은 계절의 모습을 보여주고 있었습니다. 주민들은 각각 약 500명의 주민이 4개의 마을에 흩어져 살고 있으며, 그들의 직업은 농업이고, 약간의 어업이 있고, 그들은 무례하고 야만적이지만 비우호적이지는 않은 사람들입니다. 섬은 그들에게 필요한 모든 것을 제공하지만 아마도 그 이상은 할 수는 없을 것이며, 그들은 어떤 종류의 식용 동물도 없고, 수소나 양도 없고, 물은 부족하고 개울은 두 개밖에 없으며, 농작물을 비옥하게 하기 위해 전적으로 비에 의존합니다. 마을은 가부장적이며, 가장 나이 많은 사람이 마을의 우두머리가 되고, 각 마을은 다른 마을과 구별되지만, 그들은 매년 200마일 떨어진 강진(khang-tsin)이라고 부르는 '힌' 도시에 세금을 납부합니다. 이 섬들은 한국에 속하며, 사람들은 모든 면에서 우리가 타통에서 본 코리아 사람들과 유사하고 두 곳 모두에서 그들과 우리의 대화는 중국어를 쓰는 것이었습니다. 소수의 중국인 정원사와 캘리포니아나 일본에서 수입한 가축은 곧 해군 기지에 필요한 모든 야채와 가축을 공급할 것이며, 특히 가장 건조한 계절에 부족했던 물은 다음과 같은 방법으로 쉽게 해결할 수 있었습니다. 소형 응축 장치, 사람들은 겨울에도 난후의 아름다움에 깊은 인상을 받았고, 여름 동안 중국 해안의 극심한 더위와 기후 때문에 난후를 얼마나 마지못해 내버려두었을까 상상합니다.

정중하게 보고합니다.

아르 자형. W. 슈펠트, 사령관님
U. S. 증기선 Wachusett. H. H. BELL 소장.
미국 아시아 함대 지휘, &c.

■ Nan-Hoo는 거문도를 말함(영국 해군은 Port Hamilton이라 칭하였음)

보고서 B Reports B

United States Steamer Wachusett

영국 측량사 포트 해밀턴이라 부르는 난후에 대한 설명

영국 측량사 포트 해밀턴이 부르는 난후의 묘사, 난후(南湖)는 한국반도 남단을 둘러싸고 있는 군도에 있는 작은 섬들의 이름입니다. 위도 34° 1' 23" 북쪽, 경도 127° 20' 15" 동쪽에 위치해 있으며, 두 개의 길고 좁은 섬과 하나의 작은 삼각형 섬으로 구성되어 있고, 폭 1마일과 2개의 유역을 둘러싸고 있습니다. 이 유역은 남동쪽에 있는 두 개의 수로를 통해서만 선박이 접근할 수 있으며, 북서쪽도 10개의 케이블 길이만큼 바다에 열려 있지만 얕은 막대가 있어 작은 보트 외에는 통과할 수 없으며, 동시에 바다에서 밀려드는 모든 파도를 차단합니다. 외부에서 이 섬은 20~30패덤의 깊이에서 갑자기 솟아오르고, 해수면에서 1,200피트 높이에 걸쳐 수직의 암석 절벽을 형성하여, 이 절벽의 가장자리에서 35°의 가파른 각도로 계속해서 날카로운 능선으로 이어지고, 안쪽으로 내려가거나 유역의 중심을 향해 완만한 경사를 이룹니다. 이는 두 개의 주요 섬의 가장 높은 언덕을 정동쪽과 서쪽 방향으로 통과하는 수직 단면에서 더욱 분명하게 볼 수 있습니다.

내 기압계에 따르면 c 지점은 반조위보다 803피트 높습니다. 간단히 말해서, 내 생각에는 그 전체가 지금은 거의 바다에 잠긴 오래된 사화산의 꼭대기일 뿐이며, 현재 선박이 10길과 12길의 물에 정박하고 있는 분지는 한때 활동적이었고, 불타는 분화구의 길이가 30마일이고, 너비가 18마일이지만 완전히 활동하지 않는 단일 화산의 원뿔과 측면으로 이루어진 방수포의 구조에 의해 강화됩니다. 측면에는 수십 개의 작은 원뿔이 있는데 각각의 원뿔에서 한동안 분출력이 빠져나가고 이것이 막혀서 다른 곳에서 튀어나와 또 다른 비슷한 높이를 형성했습니다. 나는 한 자리에서 이 작은 화산을 46개나 셀 수 있었고, 측면은 마치 예술에 따라 등급을 매긴 것처럼 매끄럽고 규칙적이며, 바다 근처의 꼭대기에는 사각형의 보루 같은 망루가 있어 사람들에게 위험을 알려줍니다. 멀리서 본 몬트레서 섬은 상당한 분화구가 있는 화산의 윤곽을 그대로 갖고 있으며, 아마도 전체 한국 군도의 상당 부분이 일본의 이웃 섬들과 마찬가지로 판명될 것입니다. 이 산간 섬들의 외부 경사면이 가파르기 때문에 내부 경사면이나 유역을 둘러싼 섬만 가져올 수 있으며, 내부 경사면만 가져올 수 있으며, 또는 분지 주변에는 식물을 재배할 수 있습니다. 이렇게 개선된 부분은 전체 면적의 약 2/5를 차지합니다. 그것들은 직사각형 패치로 나누어져 있으며, 산비탈 위로 2/3까지 확장되어 있으며 지난 가을에 파종된 밀로 이미 녹색입니다. 중국과 일본에서 볼 수 있는 것과 같이 계단식 논이라고 할 수 있는 것은 거의 없으며, 결과적으로 인공적인 관개 시설도 없고, 그럼에도 불구하고 사람들은 낚시를 거의 하지 않고, 주로 농작물에 의존하는 것으로 보입니다. 물, 토양은 질이 좋고 어두운 양토이며, 매우 비옥해 보입니다. 그들은 밀·구량(중국 북부에서 흔히 볼 수 있는 큰 기장 종)과 약간의 목화를 재배하며, 그들에게는 소도, 말도, 양도, 염소도 없습니다. 그러나 나는 산둥곶에 있는 작은 소들이 이곳에서 잘 번성할 것이라고 확신하며, 아마도 캘리포니아나 호주에서 수입할 수 있는 더 좋은 품종이 있을 것입니다. 양과 염소의 큰 무리는 사육하기에는 너무 가파른 경사면에서도 가장 풍부한 목초지를 얻을 수 있으며, 이 두 동물의 좋은 품종은 중국의 같은 위도에서 흔히 볼 수 있습니다.

그들은 암탉을 키우지만 오리나 거위는 키우지 않으며, 비록 오리나 거위를 키울 수 있는 모든 시설을 갖추고 있지만 준비된 시장을 유도할 수는 없고, 정상에 오르는 길에 지나간 나무는 작은 소나무 몇 그루뿐이었고, 산기슭에 자라는 유일한 관목은 진홍빛 꽃을 피우는 동백나무뿐이었습니다. 일반적으로 기후와 식생은 일본 남부와 매우 흡사하며, 그곳에서 재배되는 모든 종류의 야채와 과일은 의심할 여지없이 이곳에서도 성공적으로 재배될 수 있으며, 아마도 바로 근처에서 많은 종류의 물고기를 잡을 수 있었을 것입니다. 그러나 우리가 거기에 있었을 때 낚시하러 나가는 남자는 없었고, 다음날 우리는 켈파트(제주도)에서 몇 척의 배를 지나쳤습니다. 유역과 바깥 해안을 따라 있는 바다는 푸른 빛을 띠고 있으며 눈에 띄게 순수하고 반짝이며, 북서쪽과 남동쪽으로 분리되어 있는 섬들은 바다에서 불어오는 바람이 이 분지로 자유롭게 접근할 수 있어 여름에는 공기를 시원하고 건강하게 유지해준다고 생각합니다. 고립된 위치와 위도 때문에 이곳은 요양원으로 사용하기 좋은 위치이며, 차이가 있다면 동쪽 섬의 남쪽이나 안쪽이 가장 적합한 곳이 될 것이라고 생각됩니다. 주민들은 섬 동쪽에 2개, 서쪽 섬에 2개, 총 4개의 마을에 살고 있고, 그들은 우리에게 장애 가족이 4명이라고 말했고, 한 가족에 5명을 계산하면 전체 인구가 약 2천 명에 달할 것이라고 추정하며, 다소 낮은 추정치입니다.

그들의 마을은 매우 작으며 각 집은 점토나 시멘트 없이 쌓인 작은 돌로 된 두껍고 높은 벽으로 둘러싸여 있고, 이 벽에는 문이 있고, 그 근처에는 작은 집이 세워져 있어 일종의 작은 집단을 이루고 있는데, 동쪽에서는 사유지라고 부르기 때문에 밀폐되어 있습니다. 그들의 집은 모두 매우 낮고 작은 돌이나 나무 뼈대로 벽을 쌓고 틈은 점토로 칠하여, 지붕은 짚으로 엮었으며, 직각으로 서로 교차하는 짚줄로 고정되어 있습니다. 거실은 나무 바닥으로 되어 있지만 너무 낮아서 서 있을 수 없으며, 열린 문과 몇 개의 작은 종이 창문을 통해 희미한 빛이 들어오지만 어떤 종류의 가구도 전혀 필요하지 않다는 것을 보여주기에 충분하며, 앞에는 일반적으로 사람들이 집에 있을 때 대부분의 시간을 보내는 것처럼 보이는 광장이 있습니다.

그들은 외국인들이 자신들의 땅에 들어오는 것조차 싫어했고, 여러 마을의 거물들이 슈펠트선장을 알현했을 때 우리는 짚과 짚으로 만든 매트 위에 앉아야 했고, 그 동안 그들은 실제로 반원형으로 우리 주위를 둘러쌌습니다. 인터뷰하는 동안 그들은 우리에게 기장이나 밀로 만든 발효주를 가져왔고, 그것을 딸아주는 촌장은 처음에 우리가 생각했던 것처럼 그것이 독이 없다는 것을 우리에게 보여주기 위해 그것을 누구에게 주기 전에 그것을 먼저 맛보았습니다. 그러나 그는 그 점에서 모든 것을 만족시킨 후에는 조심해야 했습니다. 이 술과 함께 먹을 안주 대신에 그들은 우리에게 일종의 말린 해초를 가져왔는데, 이는 간식 목록을 완성했으며, 이 사람들이 특별한 사치품을 어떻게 평가하는지를 보여줍니다. 그들의 거리는 단지 좁은 길일뿐이고, 매우 구불구불하고 지독할 정도로 불결합니다.

실제로 그들의 집과 마을의 전체적인 모습은 중국에서 흔히 볼 수 있는 어떤 것보다도 더 가난하고 비참할 정도이며, 그들은 모두 흰색 옷을 입고, 남자들은 머리를 빗어 머리 꼭대기에 일종의 매듭으로 묶었습니다. 여자들은 가운데 부분을 나누고 뒤로 땋았습니다. 그들은 장신구도 착용하지 않았고, 남자들보다 더 더럽고, 그들과의 모든 대화는 중국어로 글을 써서 이어졌지만, 그들은 다른 언어를 사용했습니다.

그들은 자신들이 한국의 국민이며, 칸친의 힐루지역에 속한다고 말했습니다. 촌장은 원뿔형 왕관과 넓고 곧은 챙이 있는 얇고 검은색 갓을 착용하고 있으며, 한 주민은 가로가 2피트 되는 반구형 밀짚모자를 쓰고 있었습니다. 그들의 종교와 관련하여 우리는 그들이 '진흙으로 만든 우상'을 숭배한다는 사실만 알 수 있었으며, 나는 중국인과 마찬가지로 이 주제에 대한 그들의 생각도 매우 불확실하다고 생각합니다. 그들은 시체를 흔히 산 중 높은 곳에 묻고, 중국인처럼 계곡의 머리 부분이나 약간 더 높게 솟아오른 오른쪽과 왼쪽 언덕에 의해 '악의 영향'으로부터 보호되는 장소를 선호하는 것 같았습니다. 시신이 안장된 곳으로 가며는 서쪽 섬의 북쪽 끝에는 상당한 규모의 공동묘지가 있었고, 중앙 부근에는 봉분 앞에 석판이 서 있는데, 이 슬래브의 윗부분은 오른쪽으로 약간 연장되고, 왼쪽으로, 위쪽으로 연장되어 어느 정도 십자가와 유사하며, 한자로 쓰여 있습니다. 이 석판 앞 양쪽으로 10피트 거리에 작은 돌기둥이 있고, 이것은 천상 제국 전역에서 공통된 관습으로 보였습니다.

아르 자형. W. 슈펠트, 사령관님
U. S. 증기선 Wachusett. H. H. BELL 소장,
미국 아시아 함대 지휘, &c.

1885 ~ 1887

거문도사건의 개요
Overview of the Geomundo Incident

1885년 4월 14일 중국 주둔 해군 제독 윌리엄 도웰(William Dowell) 해군 부 제독에게 '해밀톤항 즉 거문도를 점령하고 그 경과를 보고하라'는 전문을 보냈던 것이다. 당시 중국과 일본정부의 영국정부 거문도 주둔에 대해 외무상 그랜드빌(Grandville) 경은 단지 '어떤 사고나 위협에 대비하기 위해 필요한 잠정적인 일시적 조치'라고만 밝혔다. 이는 1800년도 후반 당시 러시아의 남하정책으로 강대국이 위협을 받고 있었기에 영국은 러시아의 남하정책을 견제 하기 위해 거문도에 주둔했기 때문이었다. 그 당시 러시아의 국력은 육군의 힘만으로도 막강한 힘을 과시하였다. 그리고 러시아는 1830년과 1863년에 폴란드 독립투쟁을 제압하였고, 1849년 헝가리에서 민간 학살 등 무자비하게 독립 항쟁을 제압했다.

영국은 러시아가 아시아 정복의 야망을 품고 있음을 간파하고 러시아의 동남아 진출을 차단하고자 거문도를 교두보로 삼아 불법 점거하여 해군을 주둔시킨 것이다. 러시아의 한반도 점령 위협은 그들도 1876년에 일본, 1882년에 미국, 1883년에 영국, 독일, 이태리 뒤를 이어 조선과 수호조약을 맺고 두만강까지 영토를 확장한 데서 드러났다. 블라디보스톡으로 입항하는 모든 배들은 이미 대한해협과 한반도 주변을 돌고 지나갔고, 1850년대부터 이미 거문도에 석탄창고를 마련하여 배에 석탄을 채우고 가곤 했었다. 이때 주일 영국 공사 해리 파커(Harry Parker)경이 러시아가 거문도를 영원히 점령하여 석탄창고로 쓰기 전에 미리 영국이 손을 써야 한다고 강력한 제의를 영국정부에 건의하게 된다. 1884년 말 이미 러시아 공사관이 서울에 개설되었고, 뒤이어 러시아가 배후 세력으로 그 해 12월 조선에서 쿠데타를 시도하였으나 실패하고, 일본군에게 명성황후가 시해되는 사건이 발생했다. 러시아는 원산만 주변과 제주도에만 눈독을 들인 것이 아니라 한러수호조약에 쓰시마를 줄 테니 거문도를 러시아로 넘기라고 협상을 하고 있던 중이었다. 러시아는 한국을 수호해 준다는 명분으로 온갖 요구를 다하고 있었다. 영국 정부는 일본 정부에 이를 알리고 당시 나가사키에 주둔하고 있던 영국 해군 함정 아가멤(HMSS Agamemnon), 페가수스(Pegasus), 파이어브랜드(Firebrand)를 거문도에 주둔할 것을 명령한다. 이렇게 영국 해군이 거문도를 1885년 4월 15일에 점거하였다.

1878년에 건조된 영국 해군 중국 주둔 페가수스(Pegasus)함대 소속 슬루프 포함으로 1885년 4월 15일 거문도 점거작전에 참여했다.
이 군함의 함장 Grenfell이 직접 촬영했다.
해양탐사선으로 조선의 남해안, 서해안을 탐사했다.
HMS Pegasus, a Sloop Built 1878, 1885년 촬영

영국 해군이 거문도에 주둔하자 맨 처음 의문을 제기한 나라가 일본이었다. 일본은 영국이 조선정부와 어떤 적법한 절차를 밟고 주둔했는지 물었다. 런던 주재 중국 공사는 1885년 4월 27일 '거문도가 조선 왕국 영토이며, 조선은 중국에 국경을 접하는 나라이며 중국 왕조와 일가'라고 규정하면서 영국정부가 중국에게 거문

도 주둔을 정식으로 허락 요청했을 때 중국정부는 이런 불상사로 골치 아픈 일이 생기는 것을 염려하여 '영국 정부의 거문도 주둔 제안을 받아들일 수 없다'고 답변한 것이었다. 1885년 5월 16일 영국군 주둔에 대한 사실 확인을 위해 중국 선박(Chao Yung, Young Wei)을 타고 정해창제독, 엄세영과 묄렌도르프 한국 외무부 직원이 거문도를 방문, 조사에 들어갔다. 그들은 거문도 방문 목적을 '러시아와 일본 신문에 난 영국군 거문도 주둔 기사를 확인차 왔다'고 했다. 이들은 사실을 확인한 뒤 영국정부에 공식 '항의서'를 전달하였다. 영국 해군 함정 플라잉 피쉬(Flying fish)호의 맥클리어(Maclear) 함장은 도웰(Dowell) 해군제독의 명령에 의해 거문도에 주둔했을 뿐이라고 시침을 뗐다. 도웰 해군제독은 '거문도가 주둔할 만한 섬이긴 하지만 방어하기에는 힘이 든다. 그러므로 반드시 새롭게 요새화 하는 작업이 필요하다. 그러나 그 비용이 엄청날 것이며, 요새화 후에도 각종 어려움이 많을 장소이다'라고 5월 18일자 전문에 자신의 의견을 제시했다. 그리고 이어 5월 20일자 전문에서는 '아시아에서는 홍콩만으로 충분한 해군기지를 확보한 셈이므로 거문도가 요새화 되지 않는 한 쓸모가 없다. 섬을 보호하기 위해서는 소함대 주둔이 필요하므로, 실제로는 거문도가 배가 입출항하고, 필요시 염국 함대의 정박지로도 사용될 수도 있을 것이다. 어떤 강대국이 거문도에 영원히 주둔하려면 제2의 말타(Malta)처럼 각종 시설을 갖추지 않으면 소용이 없다'고 의견을 피력했다. 도웰 후임자 베씨 해밀톤(Vesey Hamilton) 해군제독은 거문도는 태풍시 안전한 항구가 못되며, 태풍이나 비바람에 닻이 움직여 배가 안전히 입항하지 못하며, 20년 전과는 달리 배의 속도가 엄청나게 빨라져 홍콩 이외에 아시아에서 또 다른 해군기지나 석탄고가 필요없으므로 거문도 주둔이 필요없다는 주장을 펼쳤다.

당시 주 북경 영국대리대사 오코너(O'Conor)는 외무상 그랜드빌(Grandvill) 경으로부터 1885년 4월 23일 전보를 받고 잠시 후 한국정부에 거문도를 임시 점령한다는 전보를 서울로 보냈다. 당시 한국에 전보를 받는 우체국이 있기는 했으나 이 전문이 전달되지 않아 한국 정부 조사단이 거문도 사실 확인을 하러 온 5월 16일 보다 3일 후인 5월 19일에서야 당시 주한 영국공사관에서 준외교관으로 한국어를 공부하던 학생 스콧트(Scott)가 한국 외무부에 영국 해군이 임시로 거문도를 점령했음을 알렸다. 그 다음 날 고종은 정식으로 영국의 거문도 주둔을 항의하는 문서를 보내면서, 갑작스러운 침략 행위를 거두고 당장 철수하라고 요구했다. 그러나 영국 정부는 한국민과 한국에 어떠한 해를 끼칠 의도가 없다는 점을 강조하고, 거문도 주둔 이유를 러시아의 남하 제지라는 설명을 하자, 한국 정부는 잠시 항의를 거두었다. 그 뒤 불미스러운 일로 인하여 묄렌도르프는 한국 정부로부터 파면되었다.

파울 게오르크 폰 묄렌도르프(Paul Georg von Möllendorff). 목인덕穆麟德 (1847~1901) 독일 출생

외교관 겸 언어학자. 조선에서 외교 고문으로 활동

그런데 영국 해군이 거문도에 주둔한 이유는 무었일까? 정치적인 문제, 즉 당시 영국에 선거가 있기 때문에 영국 해군이 잠자코 있었던 것이다. 1886년 10월, 중국정부가 주 북경 영국공사 존 월산(John Walsham) 경에게 러시아정부가 한국을 침략, 점령할 의도가 전혀 없음을 만방에 공식 발표하였다. 러시아의 조건은 '만약 영국 해군이 거문도에서 철수하면 러시아는 어떤 상황이 오더라도 한국 영토에 한 발자국도 들여 놓지 않고 내정에 간섭않겠다'는 것이었고 영국이 이런 확약을 러시아로부터 받아내게 되자, 영국은 더 이상 거문도 주둔의 명분을 잃게 된다. 그런데 이런 조선 관련 각종 문서가 조선을 배제하고 강대국끼리 거문도의 문제를 논의 하였던 것이 의문스럽다.

1886년 10월 23일 존월샴 주북경영국공사가 제차 중국에게 문서를 보내 러시아의 이러한 조건을 받아들이겠다고 했다. 이때도 영국은 한국정부에는 문서를 보낼 필요가 없다고 중국정부에게만 그 전문을 보냈다. 이유는 조선이 서방 세계에 널리 알려져 있지 않았고, 중국이 조선을 마치 자기들의 속국으로 서방 세계에 외교력을 발휘했던 것이다. 그래서 서방 국가들은 조선이 독립 국가라는 인식이 결여된 것 같다. 1886년 10월 말부터 영국 해군의 철수가 진행되어 마지막 영국 배가 거문도를 떠난 것이 1887년 3월 27일이다. 거문도 점거당시의 정확한 기록은 주한 영국 공사관 한국어 학생 스콧트씨가 쓴 보고서이다.

스콧트 서기관은 당시 마을 대표에게 영국정부는 영국 해군이 1년에 $174을 지불하기로 합의를 보았다. 스콧트 서기관의 기록에는 영국 해군은 거문도에 주둔하자마자 방파제를 건설하고, 주둔할 막사, 병원 등 섬 주민들의 노동력이 필요했다. 이른 봄이라 섬주민들은 영국 해군으로부터 노임으로 쌀을 받았다. 그 후는 주민들이 현금 즉 엽전으로 1일 노임으로 75전을 받았다. 거문도 주민들은 서양문물을 최초로 받아들이고 서양인들과 함께 생활한 조선인들이었다. 이들은 서양의 '전깃불'을 맨 먼저 본 사람들이기도 하다. 이들은 처음에는 전깃불을 귀신불이라고 놀라기도 했다. 영국 해군의 거문도 공사에 관한 보고서를 보면 항구의 좁은 두 입구를 가로지르는 방책을 건설하였고, 양자강 입구의 쌔들 아일랜드(Saddle Island)에서 통신수단으로 중국 정부의 허락을 받아 케이블까지 설치 연결하였으나 1886년 1월 이후는 고장이 나서 사용이 불가능해졌다. 이들은 병원 막사를 지었고, 고도에서 조그만 보트가 정박할 항구, 부두, 방파제, 도로, 2개의 나무로 된 창고, 전보 송수신실, 사무실 등을 지었다. 유니온 잭 영국 국기가 일요일 마다 게양되었고 외국 함대 방문 시 영국기가 게양되었다. 당시 영국 함대 주둔 숫자는 3~8척이었다. 공사 기간 23개월 동안 연인원 4,000~5,000명의 영국인이 거문도를 다녀갔고, 주둔군 기지 공사에는 2,000여 명의 거문도 주민 중에서 300여 명이 토치 작업에 참여했다. 거문도 주둔 해병부대 막사를 짓는 데는 20여 명의 중국인 목수와 미장이도 대동했고, 고도의 남쪽 산등성이를 깎아 평지를 만드는데 300여 명의 거문도 주민을 동원했다. 사관용 주방 식당·시체안치소·보급창고·매점·부대 본부 하사관과 사병 식당 및 취사장·의무실·포대진지·경보병대 용 막사 등이 들어섰다. 이외에도 23개월간 거문도 주민들은 다양한 노역으로 서양 문물과 쌀·엽전을 노임으로 받았다.

자료 출처: 한·영 만남 200주년 기념 서양인이 본 꼬레아 박영숙(전 영국대사관공보관/챗GPT세계미래보고서 저자)

자료 출처: 한·영 만남 200주년 기념 서양인이 본 꼬레아 박영숙(전 영국대사관 공보관/챗GPT세계미래보고서 저자)

고위직 관료와 수행인들

Corean Chief and his Secrotary

이 그림은 서양인이 한국인을 그린 최초의 그림으로 추정되는 그림으로 실체와는 많이 다르다. C. W. Brown이 스케치한 것을 바탕으로 W. Havell이 캘커타에서 그렸는데, 런던의 존 머레이 출판사가 1818년 1월에 출판한 베질 흘 선장(Captain Basil Hal)이 쓴 '탐험기 Account of a Voyage of Discowery'에 실린 그림이다.

Basil Hall(1788~1884)

스코틀랜드 출신의 영국 해군 장교,
여행가, 작가

1880년대 초 영국 공사관 전경

View of the British Embassy in the early 1880s

영국 공사관 개요

1884년 영사관 설립
1898년 공사관으로 승격
1905년 공사관 폐쇄
1957년 주한 영국대사관 설립

대한제국 정동 주한 영국 총영사관 (1891)

1883년 11월에 조선과 영국은 조영수호통상조약을 체결한 후 다음 해 4월에 비준서를 교환하여 외교 관계를 수립했다. 당시 영국은 거문도를 무단으로 2년간 점령했었는데, 이 거문도 문제 해결 및 개방 정책의 일환으로 수교한 것이다. 영국은 곧바로 한성에 총영사관을 두었다. 이는 미국에 이어 두번째로 한성에 설치한 서양 외교공관이었다. 그러나 조약이 비준되기도 전에 부지 선정 작업을 신속히 시작했으며, 이는 미국보다 앞선 것이었다. 그 이유는 당시 국제정세와 관련 있다. 영국은 동아시아에서 러시아를 견제하기 위해 조선의 정세에 관심을 기울였고, 그에 따라 조선과 외교관계를 맺은 즉시 최대한 빨리 상주 공관을 두려고 했던 것이다.

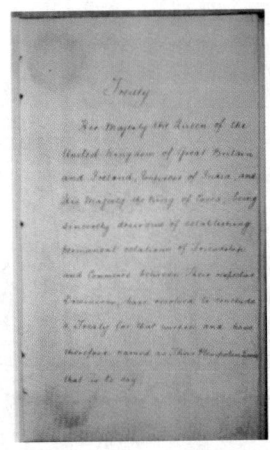

1883 Angio—Korean Treaties

영국 함선이 최초로 조선에 오게 된 것은 1797년 원산 해변 일대에 나타났던 영국의 어선이었던 프로비던스호(The Providence)였다. 그 후 영국 동인도회사의 지령을 받고 로드 아마스트호(The Lord Amherst)가 최초로 통상교섭을 요청하게 되었다. 충청도 홍주 고대도(현 충남 보령시 오천면)에서 1개월간 정박을 하며 조선과 통상교섭 등의 협상을 펼쳤으며, 완고한 쇄국정책으로 실패하고 돌아가게 되었다. 이후에도 영국 함선은 조선의 해안을 들락날락하며 통상을 요구하였으나, 쇄국정책으로 인해 번번히 실패하고 말았다. 그 후 러시아 제국이 연해주를 손에 넣게 되고 남하정책을 펼치자 영국은 러시아의 동아시아에서의 세력 확대를 막기 위해 조선과의 수교하기 위해 노력하였다. 강화도조약이 체결된 후 수신사였던 김기수는 일본에 가서 주일영국공사였던 파크스와 만나 통상교섭을 하였으나 실패하고 말았다. 그 후 1881년에 영국 군함인 페거서스호(The Pegasus)가 조선을 방문하여 통상교섭을 시도하였으나 실패하였다. 1882년 조·미수호통상조약이 체결되고, 주청영국공사였던 웨이드는 청나라에 조선과의 수교를 위한 알선을 요청한다. 이에 청나라는 조선에 영국과의 통상조약 체결을 주선해 주었으며, 영국은 윌스제독에게 전권을 위임하고 그를 조선에 파견하였다. 조선에 도착한 그는 조선의 전권 대신이었던 조양하와 함께 인천에서 통상 교섭과 관련한 회담을 열었다. 이 회담에서 이들은 14조로 구성되어 있는 조약 원안을 만들었으며, 조선은 부산·원산·인천 3항의 사용과 영국 군함이 항만을 자유롭게 출입하고 연안을 측량하고 해도를 작성하는 것을 허용하였다. 그러나 영국 정부는 이 조약이 강화도조약과 비교를 하며 영국의 무역과 영국인들의 지위 보장과 관련하여 조약에 결함이 존재한다며, 비준을 거부한다. 이듬해 주청영국공사였던 파크스가 전권을 위임받고 조선에 도착하였으며, 조선의 전권대신이었던 민영목과 교섭을 펼쳤다. 그 결과 1883년 11월 26일 전문 13조의 조영수호통상조약이 나오게 되었고, 1884년 4월 28일 비준되었다.

영국 함대 슬루푸 포함砲艦

Slupu gunboat of the British fleet

1878년에 제작된 영국 해군 중국 주둔 페가수스함대 소속 슬루프 포함으로, 1885년 4월 15일 영국 함대의 거문도 점거 작전에 참가했다. 슬루프군함의 함장 Grenfell이 사진기를 갖고 있어, 그가 직접 촬영했다. 해양 탐사선으로 자주 이용되어 조선의 남해안 · 서해안을 탐사했다.

HMS Pegasus, a Sloop Built 1878, photographed in 1885

1871년경 조선 범선 Corean Junk

미국 아세아 함대 사진사가 찍은 강화도의 조선 범선 (신미양요 당시)

미국 아시아함대 사령관 존 로저스는 1871년 5월 16일 프리깃함인 기함 USS 콜로라도를 비롯한 알래스카호 · 팔로스호, 모노캐시호 · 베니치아호 등 전함 5척을 이끌고 일본의 나가사키를 출발하였다. 병력은 500여 명의 수병과 150여 명의 해병이다.

거문도 동도東島 주민과 어린이들

Residents and children of Dongdo Island on Geomundo Island

거문도 주민들은 영국 주둔군에 대한 불안감이 전혀 없다. 서양 문물을 일찍 체험한 주민들은 영국 군인과 친밀한 관계를 유지했다.

머큐리 영국 함대 증기선 수병들

Port Lazaref —HMS Mercury's Steam Boat

거문도 서도西島에 있는 대장간

a blacksmith's shop in the west of Geomundo Island

주민들의 일상생활이 평화스러워 보인다.

거문도 주민들이 초가집 앞에서 영국군 수병들과 기념 촬영

Residents of Geomundo Island take a commemorative photo with British sailors in front of their thatched-roof houses

거문도를 점거한 영국 군인들과 원만한 관계를 유지한 것으로 보인다.

거문도 주민의 절구질하는 부자父子의 모습

Geomundo Residents (Father and Son)

총명하게 생긴 아들은 맨발에 댕기머리, 등에 긴 담뱃대를 꼽고 절구질하는 아버지의 모습이 그 시대 생활상을 보여 준다.

거문도항Port Hamilton 북쪽 진입항인 서도西島의 전통적인 조선의 나룻배로 해안가에 정박해 있다. 나룻배의 옆에 용
머리 조각이 마치 거북선을 연상시킨다.
Port Hamilton—Korean Boat, Northern Entrance3

왼손에 낫을 들고, 오른손은 지게의 적재된 농작물을 고정하여 귀가하는 젊은 총각 농부
Geomundo Youth (Farmers)

거문도 위도에 건축한 영국 해군 막사

Royal Naval Barracks Built at the latitude of Geomundo

현재 거문도의 거문초등하교 터. 상단 큰 건물이 장교 숙소와 식당이며, 그 옆이 시체 안치소 및 창고, 중앙에 해군 식당, 매점, 보급 창고, 의무실, 본부 건믈이고 하단부에 경보병 막사 2개, 포병대용 막사 1개가 있고, 3동은 전보통신실, 경비실, 세탁소 등이다.

거문도 주둔 영국 해군, 대포 앞 수병들

Royal Navy stationed in Geomundo, sailors in front of cannons

거문도 주둔 영국 수병들이 소와 양을 사육하는 장면

a scene in which Royal Navy soldiers in Geomundo raise cattle and sheep

거문도 주민과 영국 해병대 장교

Geomundo residents and Royal Marines officers

영국 해병대 장교와 거문도 서도 주민들이 다정하게 기념 촬영
영국군 애완견 두 마리가 발 밑에 앉아 있다. 서도의 촌장이 영국 해병대 장교들과 친밀한
관계임을 증명하는 사진 기록이다. Group Headman, Sodo, Island

군함 HMS Darin호를 방문한 거문도 주민 대표들과 촌장

Representatives of Geomundo residents and the chief who visited the warship HMS Darin

거문도의 장례식 장면

A Korean Burial Ceremony

Photos J. Fuller

1890~1927년까지 제임스 게일박사가 목회한 장로교회의 예배 장면

Pastoral scenes of the Presbyterian Church, which was ministered by Dr. James Gale from 1890 to 1927

장로교회가 한국인들이 건축한 최초의 교회이다. 한성 연못골교회(현 연동교회)의 1910년 당시의 모습

'따부'(쟁기의 방언)라 부르는 농기구를 사용하여 산을 개간하고 있는 중년 농부. 'Turning ground Over'로 땅을 파 엎는 작업으로 설명되어 있다.

거문도에서 촬영한 유일한 여자로 남자(노인)는 그녀의 남편이다(맹인처럼 보인다).
The only woman taken in Geomundo, her husband looks blind.

영국군 해군 장교들

port Hamilton—Some Royal Marine Officers

우리나라에서 처음 소개된 애완용 강아지가 늘 함께 한다. 해군 대위 A. C. Woods 촬영.
이 중 한 명이 Gorden 대위이다.

1905년 주한 영국 공사관 수비대 모습

The Legation guard and members of the British Legation outside the Residence, 1905

성앤드류스 부녀학교

St. Andrews Girl's School

제물포 야간 영어학교

Chemulpo Night English School

제물포 야간 영어학교에서 외국인 교사와 함께 촬영한 학생들

외교관 초청 만찬

Diplomatic dinner party

외무대신이 유럽 외교관을 초청한 만찬 장면

무관武官 신헌申櫶

장옷을 입은 여인

흥선대원군 시절 조선 국방을 담당한 관료
한미통상조약 체결 때 슈페르트 미국 해군 제독에 대응한 조선측 대표 관리

혜화문惠化門

Hyehwa Gate

혜화문惠化門

조선의 수도인 한양의 4소문(小門) 중의 하나로 동쪽의
소문이다. 숙정문을 대신하여 한양의 북쪽 관문 역할을
하였다. 동소문東小門이라는 속칭이 있는데, 이는 조선
초기부터 불린 이름이다. 혜화문은 한양도성의 축조와
함께 1396년에 건립되었다. 1592년 문루가 불타 1744
년에 재건하였으나, 국치시기에 파괴되었고, 1994년 복
원되었다.

서울 근교 초가집
Thatched house near Seoul

형벌刑罰 punishment

죄수가 손과 발목이 묶이고 다리도 의자에 묶여 있다.
이 고문은 일본식이다. 이 죄수는 나무에 다리가 묶인 채
걸어서 여기까지 끌려나왔다. 그의 맨살 피부 위를 내려치
는 집행인이 보인다. 죄수에게 때로는 500대의 곤장 벌이
내려지기도 했다.

목판을 이고 가는 두 소년

Two boys carrying a wooden board

Presbyterian girls' school founded by Mrs. Bunker in 1888

1888년 벙커부인에 의해 설립된 장로교 여학교로 뒷줄 왼쪽의 서양인 여교사는 수잔 도티양(밀러 부인이 됨)과 헤이든 양(나중에 지포드 부인이 됨)인데 1890년경 정동 부근에서 찍은 사진이다.

영은문迎恩門

The gate that welcomed Chinese envoys

중국 사신을 맞아들이던 문

개화파들에 의해 파괴되었다. 조선이 수백 년간 중국을 사대국으로 받들며 살아온 기억을 되살리게 한다. 중국으로 파견되는 사신들이 이 문을 드나들었다. 미국의 동양학자이면서 외교관이었던 쿡힐은 이러한 정황을 학자적인 관심으로 서술했다.

1891년 미국 장로교의 예배처 앞(In front of the American Presbyterian Church's chapel in 1891)
왼쪽에 서 있는 사람이 제임스 게일목사, 윌리암 베이드목사 부부, 앉은자리 왼쪽에서 샤무엘 마펫목사, 존 헤론 부인, 수잔 펫도티(나중에 밀러부인이 됨), 빈톤부인, 빈톤박사, 지포드부인, 지포드목사, 왼쪽 아이들은 제시와 에니 헤론

대조선 군수 판결문

Joseon official ruling document

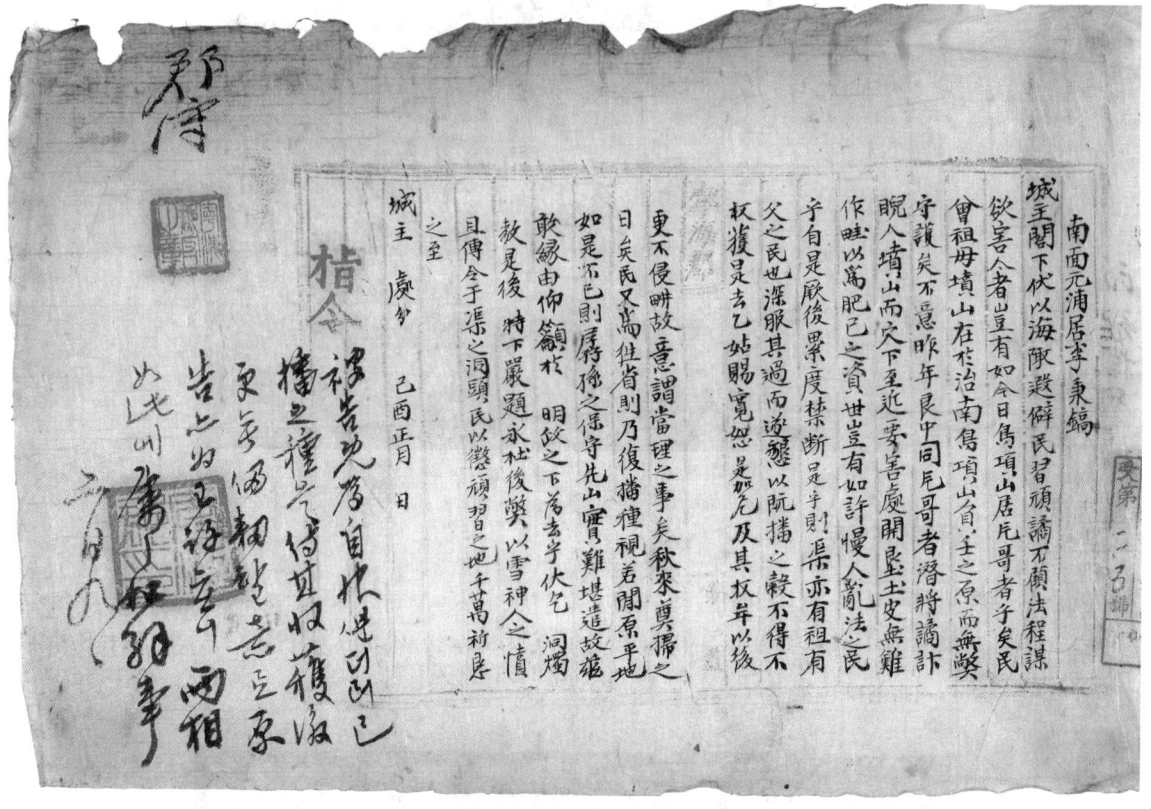

450x275mm

1885년 조선의 연혁

- 1월 7일 – 갑신정변 후 조선의 김홍집과 일본 제국의 이노우에 가오루가 협상
- 1월 9일 – 조선과 일본 제국사이에 한성조약 체결
- 4월 15일 – 영국, 러시아의 남하를 견제하고자 거문도 조영통상수호조약에 의거 거문도를 점거
- 4월 18일 – 청나라의 이홍장과 일본의 이토 히로부미가 갑신정변 후 조선에서 각국 군대를 철수시키기로
       한 텐진조약 체결
- 10월 3일 – 청나라, 민비정권을 견제하고자 3년 전 임오군란 시 납치했던 흥선대원군을 조선으로 귀국시킴
- 10월 14일 – 고종, 조선과 러시아 간의 조러수호통상조약을 비준함.
- 1월 5일 – 우정총국에서 우편 업무 폐지
- 4월 14일 – 제중원濟衆院 설립
- 8월 3일 – 조선에서 선교 활동을 하던 미국 기독교 북감리회 선교사 아펜젤러가 조선 최초의 근대 사학인
       배재학당을 설립
- 9월 28일 – 조선에서 전보 업무 개시

진주 암행어사 마패 날인

Jinju Secret Royal Inspector's Mapae Seal

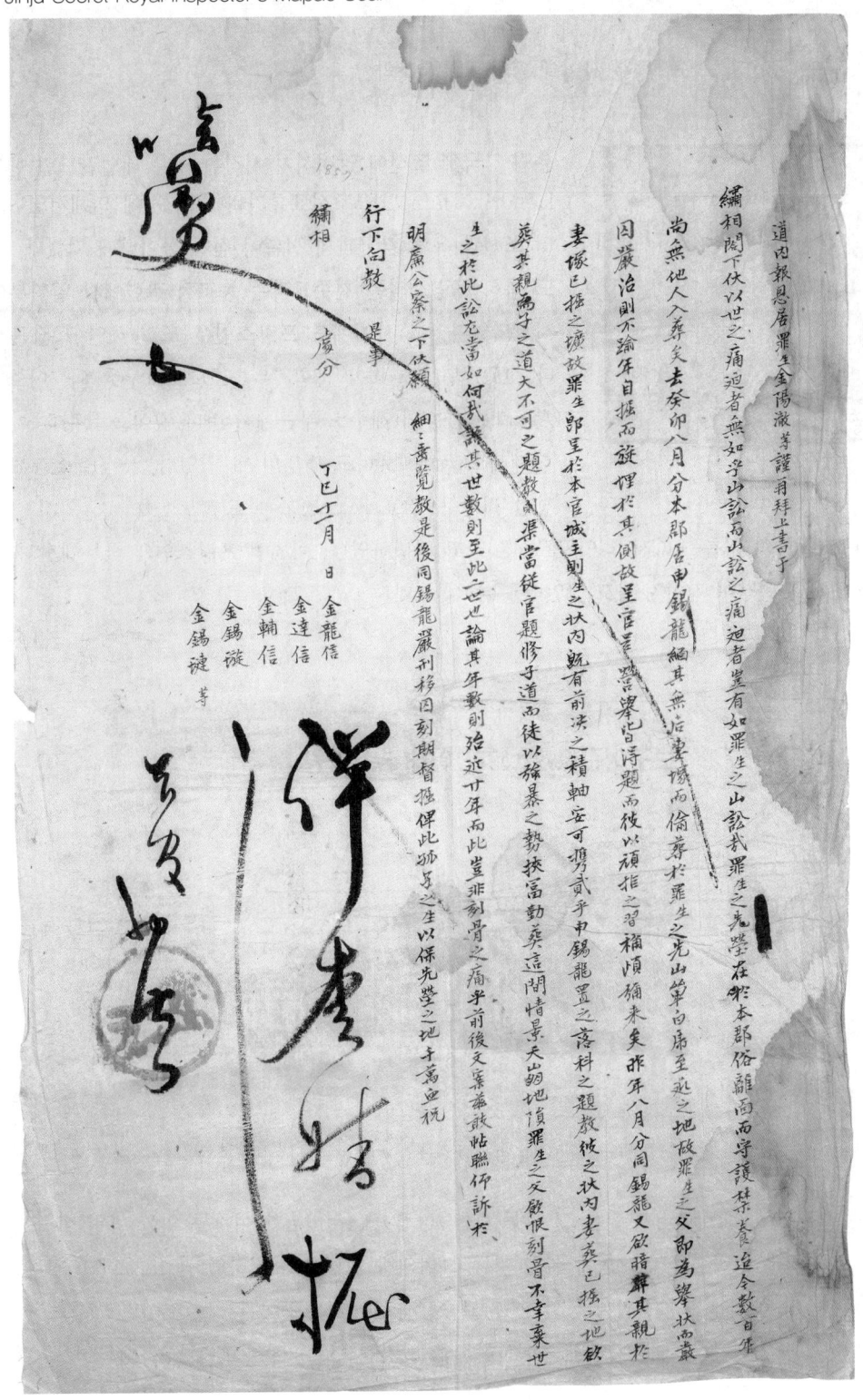

93x58mm

1886

조불수호통상조약朝佛修好通商條約

Le traité d'amitié et de commerce entre la France et la Corée

1886년(고종 23년) 조선과 프랑스정부 사이에 맺어진 통상조약

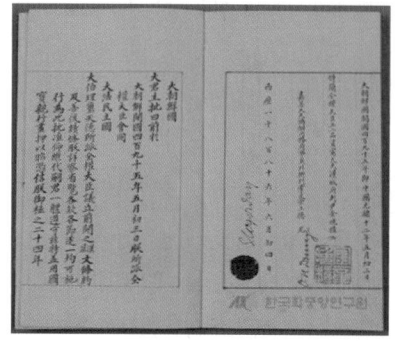

조불수호통상조약 원본

유럽 각국에 조선이 알려지기 시작한 것은 네덜란드인 헨드릭 하멜 Hendrik Hamel의 『조선표류기朝鮮漂流記』에 의해서였다. 그 뒤부터 조선과 유럽 각국과의 접촉이 점차 늘어나게 되었다. 그 중에서도 특히 프랑스와는 천주교라는 종교적 관련에서 일찍부터 접촉이 시작되었다. 그 사이에도 프랑스인은 조선 해안에 접근하고 있었다. 1787년(정조 11년) 군함 '부솔호(Boussole號)'와 '아스트로랍호(Astrolabe號)' 등이 제주도 부근에서 바다 깊이를 측량하고, 울릉도를 '다제레도(Dagelet島)'라고 명명한 바 있었다. 1849년(헌종 15년)에는 포경선 '리앙구르호(Liancourt號)'가 독도(獨島: 三峰島)에 와서 바다 깊이를 실측한 뒤 그 군함의 이름을 따서 '리앙구르섬'이라고 명명하였다. 이처럼 프랑스인의 극동에서의 활동과 더불어 조선에 관한 인식이 깊어져 가고 있었다.

출처: 한국민족문화대백과

보구여관保救女館과 이대부속병원

보구여관(여성병원) Bo-Ku yok wan Hospital

1886년(고종 23년) 5월 Scranton 부인은 그 아들 Dr. W. B. Scranton과 여자를 위한 병원 설립을 구상하고 미국 감리교 선교부 여자 외국선교회에 설립 기금과 여의사 파견을 요청하였다. 1887년 10월 여의사 하워드의 도착과 함께 정동에 부인병원을 창설하며, 고종황제로부터 보구여관保救女館이란 이름이 하명되었다. 1892~1912년 보구여관은 동대문에 병원을 신축하고 부인병원으로 확장하고, 1929~1945년 동 병원은 이화여자대학교 부속병원으로 확장되었다.

스크랜튼여사와 이화학당

Mrs. Scranton and Ewha Womans University

Mrs. Mary F. Scranton

이화학당 설립자

1886년 최초 이화학당

스크랜튼 여사는 한국에 오자마자, 그의 사랑방에서 1886년 5월 31일 여학생 한 사람으로 학당을 시작했다. 다음 해 10월 22일 명성황후로부터 이화학당이란 교명이 하사되어 한국 여성 교육의 효시가 되었다. 언어 능력의 부족으로 제한을 받았지만, Scranton은 여성과 어린이들에게 기독교 교육을 시작했다. 일부 토지와 오두막을 구입하기 위해 WFMS에 재정 지원을 요청하여 1886년 2월에 공사가 시작되었다. 미완성이지만 학교는 1886년 5월에 문을 열었다. 첫 번째 학생은 고위 관리의 첩인 김씨였지만, 그녀는 3개월 후에 떠났다. 첫 번째 영구 학생은 장티푸스에 걸린 어머니를 둔 거리에서 온 소녀(꼳님)였다. 그녀의 두 번째 학생은 고아였다. 1887년 고종은 학교 이름을 '이화학당' 또는 '배꽃'이라고 명명했다. 저녁에는 학교가 아이들의 하숙집이었고, 일요일에는 근처 정동감리교회로 교회를 다녔다. 스크랜튼과 그녀의 동료들은 한국인들이 일반적으로 외국인을 불신했기 때문에 큰 어려움을 겪었다. 그들은 일반적으로 언어 학습의 가능성을 제한하면서 스스로 일을 해결했다. 그녀가 나이가 들어도 Scranton과 그녀의 동료들은 계속해서 아이들에게 영어를 가르쳤다. 나중에 그들의 커리큘럼에는 한국어, 영어 및 고전 중국어가 포함된다. 이후 중학교와 초등학교가 세워져 조선인 여성을 교사로 채용했다. 켈러는 초기 선교사들이 한국인 학생들에게 한국어 이름을 부르지 않고, 한국어 영어 이름을 지어준 것에 대해 다소 비판했다. 그러나 Kim은 1886년 한국 사회에서 '여성은 자신의 이름조차 인정받지 못하고, 누군가의 딸, 자매, 어머니로 인식될 뿐 자신의 이름이 없었다.'라고 언급하였다. 그들이 개별 여성으로 간 유일한 이름. 1895년 스크랜튼은 이화를 떠났다. 그녀는 서울에 탈승데이스쿨을 세우고 중동감리교회, 탈승감리교회, 볼드윈채플과 함께 사역하며 위험천만한 작은 마을들을 다녔다. 그녀는 또한 Bible Women을 위한 훈련 학교를 통해 전도하는 여성들을 훈련시켰다. 서서히 WFMS는 교회 · 주일학교 · 병원 · 진료소 등을 세웠고, 한국은 서서히 외국인 선교사를 받아들이기 시작했다. 스크랜튼은 1909년 한국에서 사망했다. 이화여자고등학교의 스크랜튼기념관은 그녀를 기리기 위해 명명되었다.

출처: Wikipedia

원산元山 해관海關 서류

wonsan customs documents

 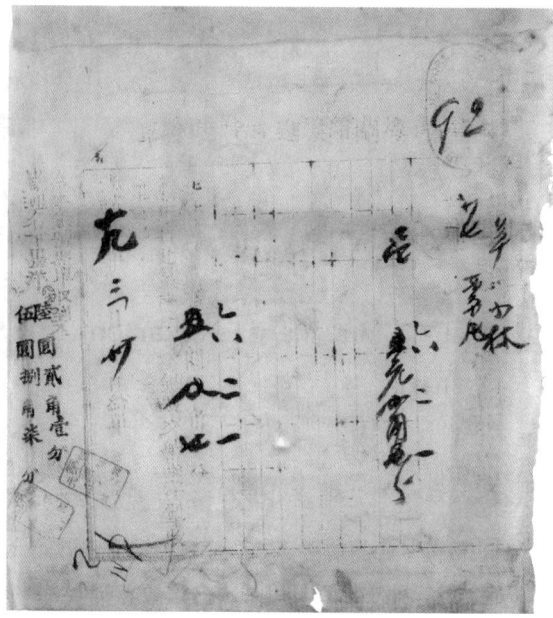

29x33mm

조선 해관 설치 연혁

부산포 해관 전경

해관海關: 조선 말기 개항 후에 창설된 관세행정기구로서 오늘날의 세관. 1880년대에 들어오면서부터는 보다 적극적인 방법으로 대일관세 교섭을 전개하였다. 1882년 초부터 이홍장(李鴻章)의 알선으로 제2의 개국조약이라고도 할 수 있는 조미수호통상조약의 교섭이 본격화되었다. 그러자, 일본정부는 대한방침을 급전하여 관세 협상에 적극성을 나타냈다. 이는 미국정부가 조선과의 수호통상조약에서 높은 관세율을 설정하지 않을까 하는 우려 때문이었다. 그러던 중 1882년 5월 22일에 전문 14개조로 구성된 조미수호통상조약이 체결되었다. 이 조약에서 미국은 한국의 관세권을 인정하는 조관을 규정하였다. 그에 따라 일반 상품에 대하여는 10%, 사치품에 대하여는 30% 수준의 관세율을 설정하였다. 이에 당황한 일본정부는 1883년부터 조일관세협상을 더욱 서둘렀다. 일본정부는 주미일본공사 요시다(吉田淸正)에게 훈령하여, 저율의 조일관세협정을 미국정부가 돕도록 교섭하였다. 그리고 종가(從價) 5% 수준의 관세율을 규정한 일본정부의 세칙초안(稅則草案)을 휴대한 변리공사 다케조에(竹添進一郎)를 조선에 급파하여 관세협상을 서둘렀다. 그 결과 체결된 것이 1883년 7월 25일 조인된 '조일통상장정 및 동 해관세칙'이었다.

2월 27일 – 러시아가 청나라에 조선 영토 불침범을 약속함에 따라, 영국은 2년여간 불법 점거했던 거문도에서 철수함. 거문도 사건 종료. 3월 6일 – 조선에서 전등이 경복궁에 켜짐. 최초의 한글 신약성서 완역 출판. 중국 심양 문광서원 (예수성교전서)

개항기 부산포釜山浦 ▶ 일본 교토京都행

1887년 9월 28일 부산포–1887년 10월 1일 교토 도착

부산포 일부인

교토 도착

일본▶조선 부산朝鮮釜山

A letter sent from Japan to Busan, Joseon

재한일본우편국 일부인

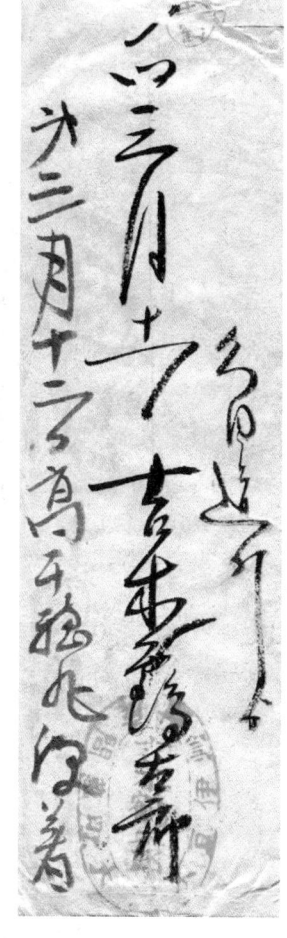

1889. 4. 1. 일본–1889. 4. 11. 부산항 도착
체송기간 11일   64x173 mm

주한 중국 공사 원세개袁世凱

1912년 중국공화국의 대통령이 되었고 흥진왕국의 황제가 되고자 꿈꾸었던 원세개는 1890년대 이 지역에서 국제적인 각종 갈등 구조의 중심부에 있었던 이홍장이 조선에 파견한 중국 공사였다. 원세개는 청일전쟁(1894~1895)에 패배한 후 조선을 떠났다.

부산항釜山港 개항 [1]

개항일시: 1876년

개항은 항구를 통해 여러 나라에 문호를 개방한다는 의미로 은둔의 조선 왕조가 일본 및 서양 열강과 체결한 근대 조약에 근거하여 항구를 개방하고 세계 여러 나라와 근대 교역을 시작한 역사적 사실을 일컫는다. 우리나라 최초의 개항은 1876년 부산항 개항 이후 1880년 5월 원산, 1883년 1월 인천이 차례로 개항됨으로써 조선은 본격적으로 '근대'라는 새로운 역사적 시대를 맞게 되었다.

출처: 한국학중앙연구원. 부산역사문화대전

조선 부산朝鮮 釜山▶일본

A letter sent from Busan, Joseon to Japan

재한일본우편국 일부인

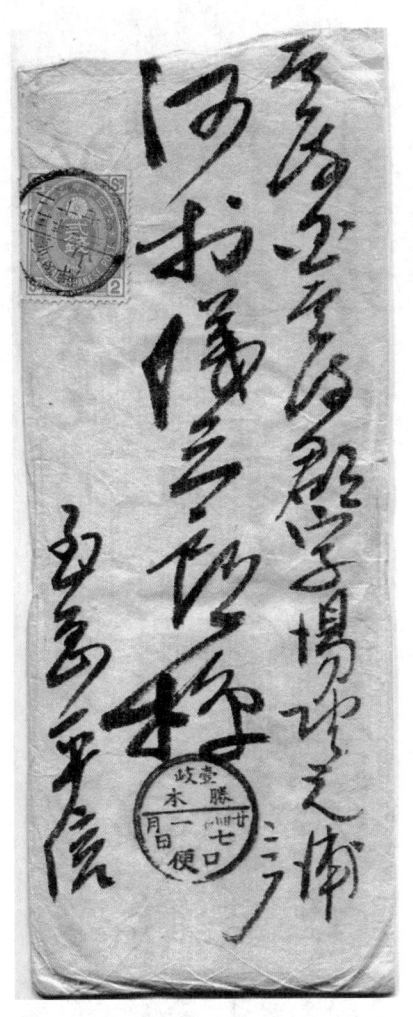

1891. 12. 27. 조선 부산-1891. 1. 7. 일본 도착   대한제국 초기 제물포 세관 건물
체송기간 12일 67x180 mm   The old main building
사진 출처 One hundred years of Christianity in Pictures. 1984년 발행

부산항釜山港 개항 [2]

우리나라 최초 개항 조약인 '조일수호조규朝日修好條規'는 1876년 2월 26일 강화부 연무당鍊武堂에서 대조선국 대관 판중추부사 신헌申櫶과 대일본국 특명 전권 판리 대신 구로다 키요타카黑田淸隆 사이에 조인되었다. 일본의 강요에 의해 체결된 이 조약의 배경에는 일본이 명치유신明治維新을 통해 근대 개혁을 시도하는 과정에서 내부의 불만을 외부로 돌리려는 대외 정책이 존재하였다.

출처: 한국학중앙연구원. 부산역사문화대전

순천 암행어사 마패 날인 서류

Document stamped on the Mapae of Suncheon Secret Royal Inspector

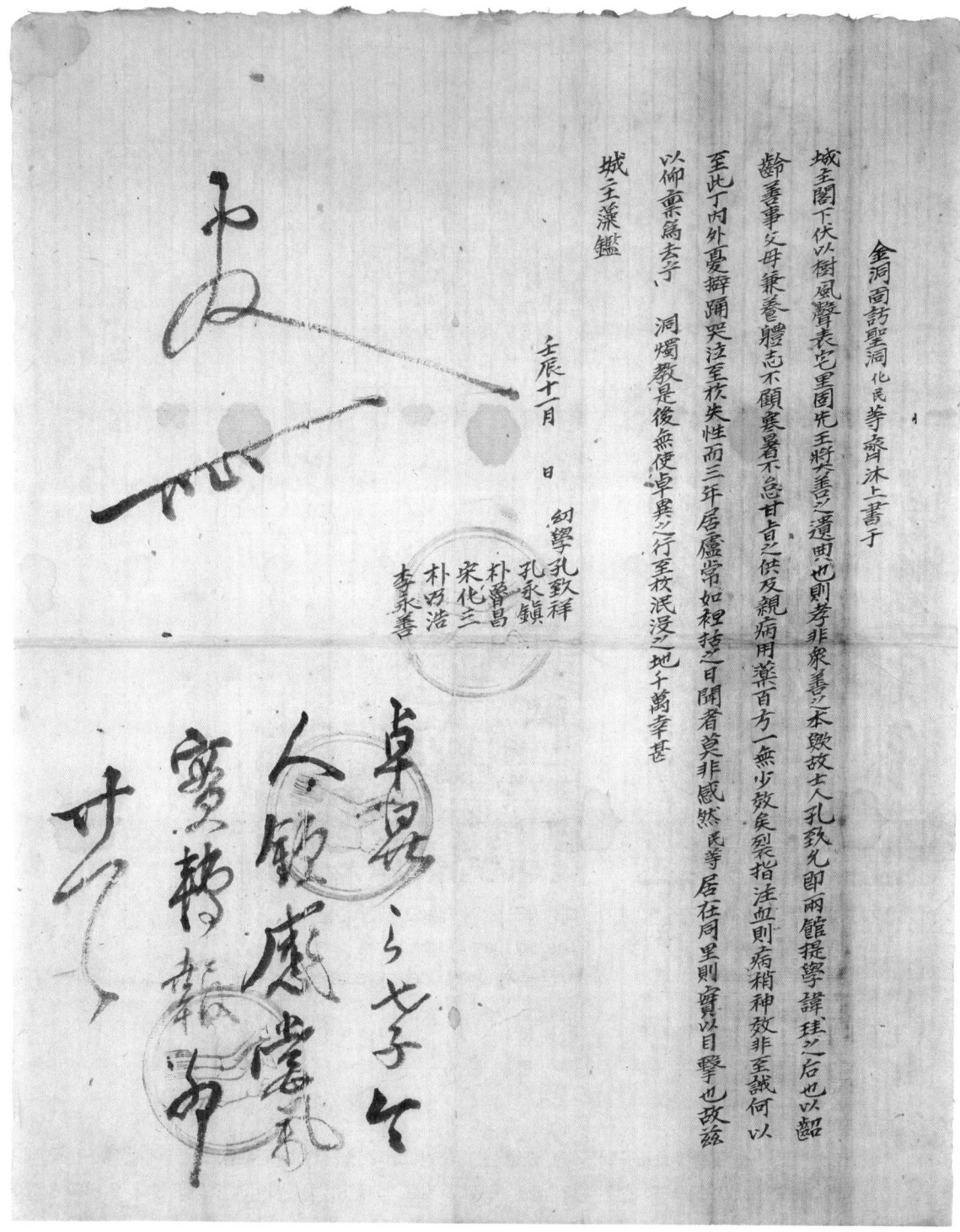

城主閤下伏以樹風聲表宅里固先王將以善之遣吏也則孝非衆善之本歟故士人孔致允即兩館提學諱珪之后也以髫

齡善事父母兼養體志不顧寒暑不急甘旨之供及親病用藥百方一無少效矣裂指注血則病稍神效非至誠何以

至此丁內外憂擗踊哭泣至於失性而三年居廬常如裀括之日開者莫非感然民等居在同里則實以目擊也故玆

以仰稟爲去子 洞燭敎是後無使卓異之行至於泯沒之地千萬幸甚

城主處分

壬辰十一月　　日

幼學孔致祥
孔永鎭
朴魯昌
宋化三
朴羽浩
李永善

金洞面訪聖洞化民等齊沐上書于

익산 암행어사 마패 날인 문서

Iksan Secret Royal Inspector Mapae

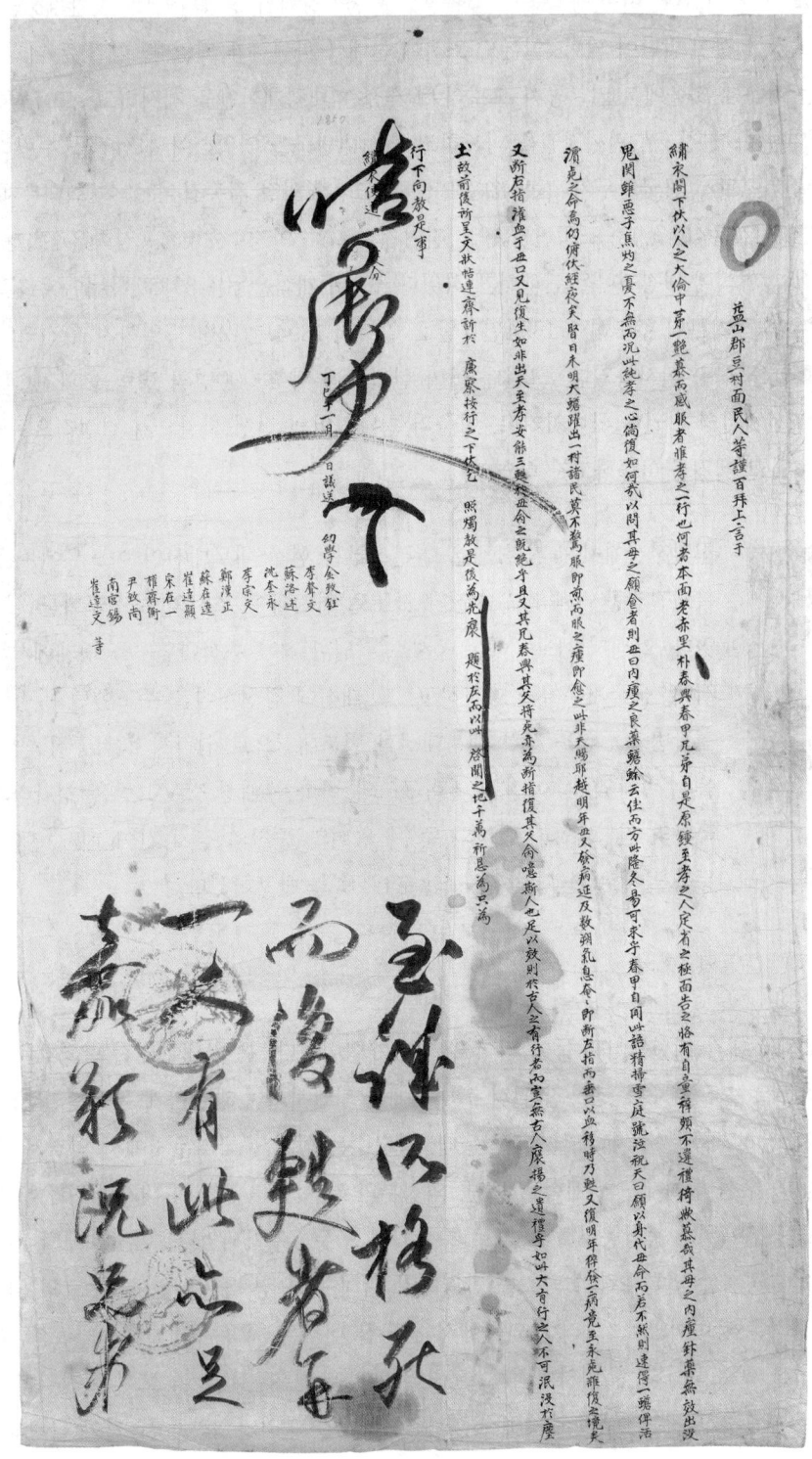

1035x59mm

1894~1896 갑오개혁甲午改革

Gabo Reform
1894년(고종 31년) 7월부터 1896년 2월까지 추진되었던 개혁 운동
A reform movement that was promoted from July 1894(31st year of King Gojong's reign) to February 1896

1894년 봄 호남에서 동학농민운동이 일어났다. 농민들은 폐정개혁弊政改革을 조건으로 내세워 전라도를 휩쓸고 전주성全州城을 점거하였다. 이어 동학농민군과 정부군과의 강화가 성립되었으나, 민씨정권이 6월 초에 청나라에 파병을 요청한 것이 발단이 되어, 일본도 조선에 군대를 파견하게 되었다. 청일 두 나라 군대가 아산과 인천에 몰려오는 가운데 서울에서 일본공사 오토리大鳥圭介는 내정개혁안을 제시하고, 또 7월 23일에는 일본군이 궁중에 난입하여, 친청親淸 민씨정권을 타도하고 흥선대원군을 영입하여 신정권을 수립하였다. 그 뒤 7월 27일 개혁추진기구로서 군국기무처軍國機務處가 설치되고, 영의정 김홍집金弘集이 회의총재會議總裁에, 그리고 박정양朴定陽 · 김윤식金允植 · 조희연趙羲淵 · 김가진金嘉鎭 · 안경수安駉壽 · 김학우金鶴羽 · 유길준俞吉濬 등 17명이 의원에 임명되어 내정개혁을 단행하게 하였다. 그 뒤 개혁운동은 3차로 나뉘어 추진되었다.

제1차 갑오개혁은 군국기무처 주도하에 1894년 7월 27일부터 1894년 12월 17일까지 추진되었다. 이 기간에 약 210건의 개혁안을 제정 실시하였다. 그런데 이미 한반도에 약 7,000명의 병력을 파견한 일본은 여기에 만족하지 않고 조선에서의 이권을 확대시키고, 아울러 청나라와의 전쟁을 일으켜 결정적으로 청나라를 조선으로부터 물러나게 할 계기를 마련하고자 하였다.

청일전쟁에서 승기를 잡은 일본정부는 현직 내무대신인 이노우에井上馨를 조선주차 특명전권공사朝鮮駐箚特命全權公使로 임명하여 조선의 보호국화를 실현시키고자 하였다. 그래서 이노우에는 공사로 부임한 직후 흥선대원군을 정계에서 은퇴시킴과 동시에, 군국기무처를 폐지하고, 그 대신에 갑신정변을 주도했던 망명 정객 박영효와 서광범(徐光範)을 각각 내부대신과 법부대신으로 입각시켜 김홍집 · 박영효 연립내각을 수립하였다. 이러한 권력구조의 변화를 배경으로 고종은 청나라와의 절연絶緣, 국왕의 친정親政과 법령의 준수, 왕비와 종친의 정치 간여 배제, 내정 개혁의 실시 등을 골자로 한 '홍범십사조洪範十四條'를 반포하였다.

조선의 신식 군복
당시 총기는 러시아 베르당제

제2차 개혁도 조선의 내각 대신들이 주동이 되어 추진한 개혁이었다. 특히 내부대신 박영효는 삼국간섭 이후 이노우에 공사의 권고를 무시하고, 김홍집 일파를 내각에서 퇴진시키며 과감하게 독자적인 개혁을 추진해 나갔다. 당시 총 213건의 개혁안이 제정 실시되었는데, 상당수는 앞서 군국기무처에서 의결된 개혁안을 수정, 보완하는 것이었다. 우선 정치제도의 개혁을 보면, 의정부와 각 아문의 명칭이 내각內閣'과 부部'로 각각 바뀌면서 농상아문과 공무아문이 농상공부農商工部로 통합되어 모두 7부가 되었다. 이노우에의 후임으로 부임한 미우라고로三浦梧樓 공사는 일본세력의 퇴조를 만회하기 위해, 일으킨 을미사변 이후 그의 의도대로 김홍집 내각의 친일적 성격은 강화되었다. 그러한 와중에서 김홍집 내각은 계속 내정 개혁을 추진하여 140여 건에 달하는 법령을 의결, 공포하였다. 을미사변의 사후 처리에 있어 김홍집 내각이 보여준 친일적 성격과 단발령의 무리한 실시는 보수유생층保守儒生層과 일반 국민들의 반발을 불러일으켰고, 급기야 국왕의 아관파천俄館播遷이 단행됨으로써 김홍집 내각은 붕괴되었다.

출처: 한국민족문화대백과

1894~1896

조선에서 온 편지

LETTERS FROM JOSEON

19소 Century Korea through the Eyes of an American Ambassador's Wife

미국대사 부인 눈으로 본 19세기 한국

By Robert D. Neff

About the Author

Robert D, Neff is a freelance writer and historical researcher specializing in korean history during the late 19th and early 20th centuries. His writings have appeared in various newspapers, magazines, and books including Korean through Western Eyes, Westerner's Life in Korea, Christian Science Monitor, Asia Times, Morning Calm, 10 Magazine, Korea Witness, Royal Asiatic Society-Korea Branch Transactions, Korea Times, Korea Herald and Jeju Weekly. He is currently researching the Western gold mining concessions in northern Korea (1883-1939)

저자 소개

로버트 D. 네프(Robert D. Neff)는 19세기 말과 20세기 초 한국사를 전문으로 다루는 프리랜서 작가이자, 역사 연구가이다. 그의 글은 서양인의 눈으로 보는 한국어, 서양인의 한국생활, 크리스천사이언스모니터 · 아시아 타임즈 · 아침고 · 10 매거진 · 코리아위트니스 · 왕립아시아학회 · 한국지부트랜잭션 · 코리아타임즈 등 다양한 신문 · 잡지 · 서적에 게재됐다. 코리아헤럴드 · 제주주간지. 그는 당시 북한(1883-1939)에서 서양의 금광 채굴권을 연구하고 있었다.

The Beginning of A Journey

In the February 1894, John and Sally, accompanied by their teenage son Joseph (known to his family as Jo), departed Michigan bound for a new adventure in Korea, leaving behind their married daughter Alice and her family. The first leg of their adventure was to travel by train to Los Angeles. Where they would meet some of the family and make their final preparations before boarding the steamship Gaaelic on March 20. John and Joseph aooeared to have been extremely reluctant to depart the safety and comfort of her home and family and fell into a state of deep depression. The depression further antagonized the asthma and arthritis (rheumatism) that she suffered from and explains the lack of early correspondence.

Los Angeles, Caligornia
March 4, 1894
John and Sally

여행의 시작

1894년 2월 존과 셀리는 10대 아들 조셉과 함께 결혼한 딸 앨리스와 가족을 남겨두고 한국으로의 새로운 모험을 위해 미시간을 떠났다. 그들의 모험 첫 번째 구간은 기차를 타고 로스앤젤레스로 여행하는 것이었다. 3월 20일 증기선 Gaaelic호에 탑승하기 전 가족들을 만나 최종 준비를 하던 곳. 존과 조셉은 그녀의 집과 가족의 안전하고 안락한 곳을 떠나는 것을 극도로 꺼려했고 깊은 우울 상태에 빠졌다. 우울증은 그녀가 앓고 있는 천식과 관절염(류머티즘)을 더욱 악화시켰고 초기 서신 부족을 설명했다.

로스앤젤레스, 캘리포니아
1894년 3월 4일
John and Sally

Travelers entertaining themselves aboard a steamship in the Pacific Ocean.
Circa 1890–1900
(Photo, Robert Neff Collection)
태평양의 증기선을 타고 즐거운 시간을 보내는 여행자들
1890년~1900년경

김옥균金玉均　　홍종우洪鍾宇

Robert Neff의 기록에 소개되고 있는 김옥균과 홍종우, 그리고 김옥균의 참수 장면 사진이 일본아시아기록 센터에 전시되어 있다고 기록하고 있다.

Kim Ok-gyun in Nagasaki, Japan(Left), Hong Jong -U(Middle), Displayed head of Kim Ok-gyun. (Japan Center for Asian Histrical Record)

Entitled "The Kim Ok-Kiun Tragedy", and his assassin, Hong Hiyong-ou, had been sent to Corea in a Chinese man-of-war. Kim Ok gyun(1851-1894) was a Korean reformist who took a major role in staging the Gapsin Coup in 1884, which was suppressed within only three days, resulting in Kim's taking asylum in Japan. On march 1894, he was lired to Shanghai and shot by Hong Jong-U (1850-1913) who was also a reformer but had a giffpolitical stand from Kim;s. Hong was promoted in official rank instead of being punished for his crime, and Kim's corpse became subject to the customary indignities of a traitor.'

'김옥균의 비극'이라는 제목으로 그의 암살자인 홍종우가 중국 군함을 타고 상해로 보내졌다. 김옥균 (1851~1894)은 1884년 갑신정변을 주도한 조선의 개화파로, 이 정변은 불과 3일 만에 진압되고, 김옥균은 일본 으로 망명했다. 1894년 3월 상하이에서 홍종우(1850~1913)에 의해 암살당했다. 그 후 홍씨는 형벌을 받지 않고 관직에 올랐고, 김씨의 시신은 반역자로서의 관례적인 수모를 당했다.

출처: Robert Neff –letters from Josen

제물포 항구 전경(중앙 4층 건물이 대불호텔)

Chemulpoin the late 1880S. Daibutsu Hotel is the large four-story building in the center of the picture. (Robert Neff Collection)

1880년대 후반의 제물포. 사진 중앙에 있는 대형 4층 건물이 대불호텔(Daibutsu)이다.

출처: Robert Neff Collection

Horace N. Allen

1900년 초

앨런은 주미 공사관의 한국식 건물이 너무 낮다며 국무부에 불만을 토로한 뒤, 모자를 계속 두드렸고, 이후 앨런은 건물에 들어가거나 나갈 때 모자나 오리털 외투를 벗으라는 권고를 받았다고 한다.

서울의 혼잡한 거리. 1899년경. 화려한 흰색 옷을 입은 채, 카메라를 응시하고 있는 호기심 많은 한국인 남녀노소가 전경에 보인다. 배경에는 숯과 장작을 실은 한우들이 있다. (버튼 홈즈 강의)

1900년 초, 제물포 항구(Robert Neff collection)

King Gojong in 1883~1884
사진 출처: Choson, the Lnd of the Morning Calm

Mapo. 1883~1884년 한강변 마포나루터 전경   사진 출처: Choson, of the Morning Calm

1894년 11월 15일 John's 가 딸에게 보낸 편지

당시 조선의 생활 문화를 설명한 내용(모자 · 고무신 · 나막신 · 상투와 갓)
Contents explaining the living culture of Joseon at the time (hat, rubber shoes, clogs, topknot and hat)

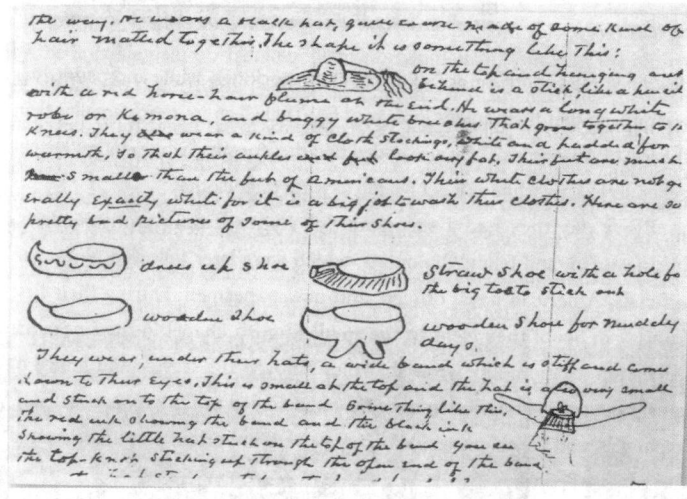

한복과 갓을 쓴 John (Lily가 미국공사관에서 촬영)
John wearing hanbok and hat (photographed by Lily at the American Embassy)

1900년 가마에 표범가죽을 깔고 수행원, 비서관
호위하에 궁궐로 입궐하는 지위 높은 관리

출처: Robert Neff Collection

1894년 청일전쟁에 출병하기 위하여 제물포항에 상륙하는 일본 군대
Japanese troops landing at Chemulpo Port in 1894 (for the Sino–Japanese War)

U. S. S. Baltimore 1895(Robert Neff Collection) U. S. S. Charleston은 미국 최초의 Ptotected 순양함으로 건조되어, 1889년 12월 26일에 취역했다. 이 배는 극동지역에서 수년 동안 복무한 후 11월 2일 필리핀의 미지의 암초에 좌초하였다.

출처: 1895년경 일본(Robert Neff Collection)

1895년경 영국 상선 Kowshing호의 침몰. 중국 판화

평양 대동강을 건너는 일본 군대

Sinking of the British merchant ship Kowshing around 1895. Japanese troops crossing the Taedong River in Pyongyang

Celebration arch of the victory at Asan 1894
아산 승리 축하 아치

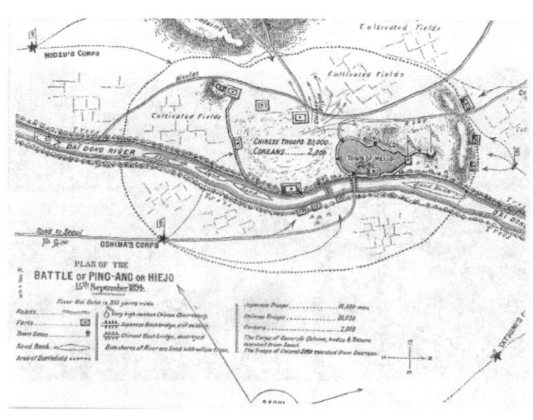

평양 전투 작전 지도

1884년 미국공사관과 인력거 2대

미국공사관 비서관 집에 서 있는 Horace Allen

미국공사관 비서관 집 도면 (1892년경)

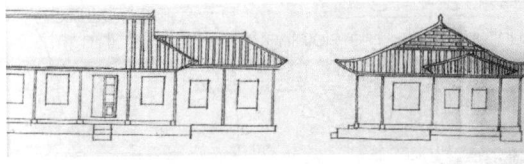

John이 사위에게 보낸 카타콤바 입구 도면 (1894. 11. 15.)

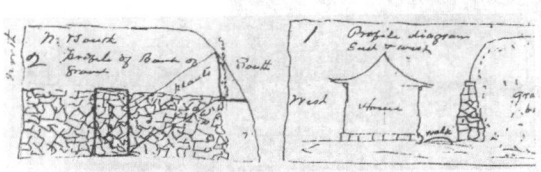

John이 사위에게 보낸 편지에 공사관 근위대 막사 건설 계획안

김홍집金弘集

이준용李埈鎔

윤치호尹致昊

서재필徐載弼

대한제국 경찰 제복(구식 복장. 신식 복장 모습)
사진 출처: Isabella Bird Bishop Old Korean police uniform (old-style clothing, new-style clothing)

동학혁명 지도자 전봉준이 체포되어 호송되는 장면
The scene where Jeon Bong-jun, the leader of the Donghak Revolution, is arrested and escorted away.
사진 출처: History of Korea-Japan Annexation about which image Talks published by Roudoukeizai Sha

Children (possibly the Appenzellers) at
the American legation
아펜젤러 선교사 자녀들로 추정

1904년경
Young Korean girls on an ouin Seoul
(Robert Neff Collection)
서울의 젊은 한국 소녀들

클레어 힐리어(가운데)와 서울의 선교사 부인들
사진: 제임스 호어 제공
1890년경
Clare Hillier (center) and the ladies of Seoul
(courtesy of James Hoare)

1895년경

John and two American naval officers on their way to an audience with King Gojong
(Michael E. Dobson제공)
고종을 알현하러 가는 John과 미국 해군 장교 2명

북한산 기슭의 홍지문 1883년(1719년 건설)

북한산 홍지문 근처 민가 1883~1884년

원각사지圓覺寺址 10층 석탑

1904년.
An American family with their pet dogs
at the gold mining concessions in
northern korea
금광 채굴장에서 애완견과 함께 있는
미국인 가족

한국 귀족과 그의 말

Lily and the Terror of the Orient taken by Isabella Bird
Bishop Isabella Bird Bishop이 촬영한 Lily

1900년경 개울가에서 세탁하는 여인들

1888년경 서울 교외 성곽 앞 노점상

1898년 William Jackson은 서울에서
원산까지 말을 타고 여행하였다

U. S. S. Monocacy (Robert Neff Collection)
미국 군함

명성황후 시해를 사주 받은 일제 언론기관 한성신보사漢城新報社 건물,

그리고 행동대원인 낭인들의 엽기적인 기념 촬영

The alledged murderers of Queen Min took a pose in front of the Hanseong Sinbo(Hansung Newspapwer)building in Seoul, Korea, 1895.

명성황후를 살해한 사람들이 1895년 대한민국 서울 한성신보사 건물 앞에서 엽기적인 포즈를 취하고 있다.

미우라고로 일본공사 지휘로 조선 명성황후를 살해한 일본 언론인 및 낭인(깡패)들 명단

List of Japanese journalists and ronin (thugs) who murdered the Queen of Joseon under the orders of Japanese Ambassador Miuragoro

사진: 중앙 아다치겐조安達謙蔵 1864~1948 한성신보 사장 겸 낭인 총괄 지휘한 자

키노와키요시노리木脇祐則 외무성 순사, 궁녀 살해

사세구마테쓰佐瀬熊鐵 경무청 의사

구니토모시게아키國友重章 한성신보 주필 겸 낭인 모집책

고바야가와히데오小早川 秀雄 한성신보 편집장

히라야마이와히코平山勝熊 한성신보 기자

사사키타다시 한성신보 기자

히라야마쓰마누마平山岩彦 한성신보 객원, 이경직 살해

미야토모유키宮住勇喜 한성신보 직원

우시지마히데오牛嶋英雄 한성신보 직원

야마다츠세이山田烈盛 일본신문 특파원

기쿠치겐조菊池謙讓 국민신문 특파원

요시다유키치吉田友吉 보지신문 특파원

The Gwanghwamun gate, the largest gate leading into Gyeongbokgung Palace,
1900년 광화문 앞 광장 해태상 위에 올라선 소년

1896년 아관파천 당시 러시아공사관 내 Hans Alexander Kneider공사의 호의로
제공된 고종황제의 침실 전경

Korean Soldiersand their Russian instructor, 1896 (출처: Korea and her neighbours)
대한제국 군대와 러시아 교관

1910년경 묘

1899년 명성왕후가 살해된 근처인 팔우정八隅亭과 집옥재集玉齋는 고종이 그의 왕실 도서관과 서재로 사용했던 건물. 이 건물들은 왕의 거처인 건청궁 근처에 위치하고 있다.

A royal procession in the streets in front of the palace, 1899
왕실 행렬(대한문 앞)

조선경성응접지도 朝鮮京城應接之圖

고종 31년 (1894년) 청일전쟁 당시 군대를 앞세워 고종을 겁박하는 오토리 게이스케大鳥 圭介 일본 공사
A painting depicting the Japanese Minister Otori threatening King Gojong with the military during the Sino-Japanese War in 1894, the 31st year of King Gojong's reign.

거만한 오토리 공사에 비해 고종을 의도적으로 매우 초라하게 묘사하고 있는 점이 당시 한일 간의 역학관계를 짐작하게 함. 제작년도 1894년 8월 11일. 360x237mm

오토리 게이스케大鳥 圭介(1833~1911)
일본의 서양 군사학자, 막부 대신, 군인, 관료, 외교관

청일전쟁 화보 제6권

발행일시	1895년 1월 29일
편집·발행인	大倉保五郎
인쇄인	原辨次郎
발행소	大倉書店(일본)
인쇄소	原活版所
그림	久保 田米僊·田米齊·田金仙

■ 청일전쟁淸日戰爭은 1894년 7월 24일부터 1895년 4월 17일까지 조선에 대한 종주권을 둘러싸고 청나라와 일본 제국이 벌인 전쟁

The generals of the 2nd armee(army) congratulate the Emperors birthday at the occupied place
제2군 육군 장군들이 점령지에서 일본 천황의 생일을 축하하고 있는 장면

The Chinese people escaping the oalamitithe war
전쟁 발발로 귀중품을 챙겨 피난 준비에 분주한 중국인들

Sub−lieut. Ito first enters the enemy's evtrenchments after passing a hill. At the Kinshu battle.
Kinshu전투에서 Ito는 선두로 언덕을 올라 청군을 무찌르며 적의 참호에 진입한다. (1894년 11월 6일)

Major Saito Kills the Chinese soldier with one blow. Who was going to set on fire to a mine.
At Kinshu battle.
Saito 소령이 일격에 청군을 제압한다.

The attack by Lieut General Yamaji against Kinshu Castle with 36 cannon.
야마지 리우트 장군이 36발의 대포로 킨슈 성을 공격하는 장면.

Blowing up of the Ei-An gate at Kinshu Castle by the pineer
일본 공병대가 화약을 설치하여 Kanshu성의 Ei-An문을 폭파하였다.

23 spy troopers under Capt. A sai assaulting the over-flowed enemiest, & killing many of them at Jokaton
A Sai 대장 휘하의 23명의 돌격 병사들이 넘쳐나는 청군을 공격하고 조카톤에서 그들 중 다수를 사살했다.

The military council between Commander-in-chief Oyama & several other generals on the hill near jokaton
Jokaton 근처 언덕에서 오야마(大山) 사령관과 여러 참모 사이의 작전 회의

The attack by the whole army against Ryojunko (Port Arthur), on the dawn 0f 21st NOV.
11월 21일 새벽, 료준코(Port Arthur)에 대한 전군 공격.

Falling of the 3rd battery at Isuzan
Isuzan 에서 3번째 포대 공격(일본군이 고지를 점령)

The attack by soldiers under colonel Yosida against Niryozan
니료잔에 대한 요시다 대령 휘하의 군인들의 공격

The assault by Major Hanaoka against Keikanzan while he receives a bullet in his loins
허리에 총상을 입은 케이칸잔을 향한 일본군 하나오카 소령의 돌격

Petaking of Kyurenjo by So & Ryu two Chinese generals.
(Reprinted from the picture printed at Shang-Hai)
소와 류 두 명의 중국 장군이 구연성九連城을 점령한다.

The Japanese troops entering the town of Ryojunko
Ryojunko마을로 진입하여 양민들을 학살하는 장면

1894 대한제국의 혼돈

Chaos in the Korean Empire

Le Petit Journal

TOUS LES JOURS
Le Petit Journal
5 Centimes

SUPPLÉMENT ILLUSTRÉ
Huit pages : CINQ centimes

TOUS LES DIMANCHES
Le Supplément illustré
5 Centimes

Cinquième année   LUNDI 13 AOUT 1894   Numéro 195

LES ÉVÉNEMENTS DE CORÉE
Agitation à Séoul

1894년 8월 13일 월요일 발행된 프랑스 Le Petit Journal誌 기사
세계 각국 외교관 및 특파원들이 당시 상황에 대하여 수근대는 상황을 그린 표지 삽화
대한제국 영세 중립국가 선언, 러일전쟁 발발, 한일의정서 체결, 제1차 한일협약 체결 등의 사건

청일전쟁 당시 청국군을 구출하는 프랑스 해군

The French Navy rescued the Qing army during the Sino-Japanese War

LES ÉVÉNEMENTS DE CORÉE
Un vaisseau chinois coulé par les Japonais

Washington D.C.에서 청일전쟁 당시 조선에 주둔해 있던 미국함대 U.S.S Concord호로 보낸 서신

Washington D.C에서 청일전쟁 당시 조선에 주둔해 있던 미국함대 U.S.S Concord호로 보낸 서신

Diplomatic letter sent from Washington D.C. to the U.S.S. Concord, a U.S. fleet stationed in Joseon during the Sino–Japanese War.

1894. 12. 5. Washington D.C.–Yokohama, Japan–1985. 1. 8. 재한 미국공사관

Washington D.C
Nov. 28" 1894

My dear Chester —
First of all
I must thank you for the
fox skins you so thought-
fully sent us. They are beau-
ties and will be a constant
pleasure to us — It was lovely
of your sending us this sou-
venir from Alaska. Little
did Sir Reynard think as
he roamed those far away

Your Grandmother will stay
with your Aunt Mary Kauffus
for some time but after a few
days your Uncle Alex and
Aunt Julia will go to Phila —
and we will go over to see them,
and know what they are going
to do for the winter. —
Tomorrow Congress will re-
sume its sessions — it comes
together very differently from
its assembling for its first ses-
sion — Then the administra-
tion and the Democrats were
jubilant — now they are over-
whelmingly condemned.
What an election this last
November one — was — It was
wonderful and glorious — and
said in the most emphatic
way this "Is a government of
the people, for the people and
by the people" — and that they

청일전쟁 개전 어전회의 淸日戰爭開戰御前會議

Scene from the Japanese imperial meeting to declare the Sino-Japanese War

중앙 일본 명치천황, 우측 앞 川上操六, 大山嚴, 이등박문, 좌측 樺山資紀, 西鄕從道, 山懸有朋, 小松宮彰
화보 출처: 전몰화첩 어국의 예. 국사명화간행회. 1936. 10. 30 발행자 竹內省吾.

어전회의御前會議는 일본 제국에서 전쟁의 시작과 종료를 결정한 황실정부 회의

최초의 어전회의는 1894년 청일전쟁의 선전 포고를 결정한 것이 시초로, 러일전쟁과 제1차 세계대전, 제2차
세계대전 등 전시에도 개최되었다. 개전과 종전 결정 이외에도 청일전쟁 종결 후 삼국 간섭(1895년 4월 23일)과
삼국동맹조약 체결(1940년 9월 27일) 당시에도 개최되었다.

참석자

- 일본 천황
- 국무 총리
- 추밀원 의장
- 일본 제국 육군 참모 총장
- 일본 제국 해군 군령부 총장

청일전쟁 화보

Sino-Japanese War pictorial
전몰화첩 어국의 예. 국사명화간행회. 1936. 10. 30. 발행자 竹内省吾.

송도함(마쯔시마)상 松島艦上 청나라 항복 사절 회견 장면

청나라 사절 우창병牛昶昞, 副 사절 정벽광程壁光, 일본 대표 이동伊東 장관, 출우出羽 참모장, 도촌島村 참모.
송도함은 4,000톤 급으로 청일 · 노일전쟁에 참가한 일본 군함

하관下關(시모노세키)의 강화講和 담판

청나라 이홍장, 일본 내각 총리대신 이등박문이 강화회의를 진행하고 있는 모습

■ **시모노세키조약下關条約** 1895년 3월 20일부터 야마구치현 시모노세키시에서 전개된 청일전쟁의 강화회의로 체결된 조약이다. 1895년 4월 17일, 시모노세키조약이 체결되면서 청일전쟁이 종결되었다

여순 · 위해위威海衛 점령

금성탕지金城湯池 여순 함락

(쇠처럼 단단해 빈틈이 없는, 말 그대로 견고함을 뜻하는 말)

청일전쟁 당시 청나라 군인의 평양 양민 약탈 장면

청일전쟁 당시 청나라와 일본군은 양민을 겁탈 · 약탈 · 방화 등의 잔혹한 행위를 일삼았다.

청일전쟁 풍속화보 2

일본군 정찰대

청일전쟁 풍속화보 1

Sino–Japanese War genre pictorial

1894년 10월 28일 동양당 발행

하下: 1894년 해육전첩만도환호지도 海陸戰捷滿都歡呼之圖

상上: 대원수어친정신교정차장어착필지도: 大元帥御親征新橋停車場御着筆之圖

상上: 일본군 대위 전사 장면
하下: 평양성의 전투 장면

청일전쟁 풍속화보 5

좌左: 지나사관(청병)의 목 매달아 죽은 장면. 우右: 중상입은 나팔수의 진격 나팔.
하下: 일본군 대위의 동학당東學黨과의 전투 장면

한국 주둔 일본군 병참부대 및 청나라 병사 부상자 치료 장면

황헤黃海에서 청군 · 일본 해군 군함 전투 장면

청일전쟁 당시 청나라 군인 복장
CHINESE SOLDIERS
사진 출처: KOREA AND HER NEIGHBORS—ISABELLA—BIRD—BISHOP. 1904. 210 Page

상上: 평양 대동강 전투 장면
하下: 해상 전투 중 부상당한 수병을 부함장이 살피고 있는 장면

상上: 수뢰로 적함을 명중시켜 파괴하는 장면   중中: 일본군 수병의 전사 장면
하下: 전함의 화재 진압 장면

장갑 열차에서 비적 토벌

대흥앙 계곡 전투

만주철도 폭파

안길진 마점산 전투

항주 중국 비행장 폭격 장면

양자강 상륙전

묘행진廟行鎭 대격전

비장고하연대의 전멸

해군 오성포대 포격 장면

태극우표太極郵票

Tae—Geuk Series

1895년 7월 22일 우편 재개와 동시에 발행된 우표는 태극보통우표 5分 · 1戔 · 2戔5分 · 5戔(오푼 · 한돈 · 두돈오
푼 · 닷돈)의 4종으로 미국 워싱톤에 있는 Andrew B. Graham Bank Notes Bonds에서 평판石版으로 인쇄되
었다. 우표 중앙에 태극기와 네 귀에 이화를 도안하였다. 도안 작자는 알려져 있지 않으나, 1884년의 우표원
도의 소재를 참고한 것으로 추정되며, 수집가들은 태극우표라고 명명하고 있으나, 국기우표라고 고쳐 부르는
것이 적절하며, 제조 수량은 총 800만 장으로만 기록되어 있다.

국명은 朝鮮郵票 '죠선우표', 영문으로는 'KOREA'로 표시되어 있다. 크기는 가로 22mm, 세로 26mm로 된
10x10의 100장 시트이며, 용지는 회백색灰白色의 무투문지無透紋紙이다. 일설에는 천공穿孔을 일본에서 행하
였다고 하나, 신빙성 없는 주장으로 간주된다. 국명國名 표시에 있어, 1884년 문위우표의 경우에는 '大朝鮮國'
이라고 표기되어 있는데 반해 이 우표에는 '朝鮮'으로만 표기되어 있는 점이 주목을 요한다. 이는 준비 당시에
중국의 압력과 간섭으로 대조선국의 호칭을 조선으로 표기한 것으로 추정한다. 주화에도 같은 예가 있었는데
한 때 부산의 전보국용지에 '大朝鮮'이라고 인쇄된 일이 말썽이 되어 원세개袁世凱가 노발대발한 적도 있었다.
당시의 약소국가의 비애를 엿보는 실례이다. 태극우표는 각각 두 가지 판版이 있었는데 판의 식별은 전문가
가 아니고는 용이치 않다. 또 위조품과 모조품이 있어 유자후柳子厚씨의 '조선화폐고'에 도판으로 실린 태극
우표 넉 장 중의 두 장이 위조품으로 판명된 실례도 있다.

1894~1896 Robert D. Neff의 조선에서 온 편지 Letter from Joseon 기록에 의하면,
"첫 노선이 7월 23일 개통되어 첫 달 말까지 616통의 편지가 체송되었고, 362.48엔어치의 우표가 팔렸다.
오전 7시와 9시에 접수하여 체송되었고, 오후 5시에 도착한다. 서울에서 10푼 또는 2센의 우표가 필요하다."
우편 서비스의 처음 반응은 경멸로 바뀌었다"라고 기록되어 있다.

주: 800만 장에 대한 인쇄비는 천팔십원 이십전이었는데, 결산(지불)이 늦어져 1900년까지 옥신각신하였다.
출처: 민국일보 1962. 3. 25일자. '구한국시대의 우표와 우정' 진기홍 저. 1964

태극보통우표

The Common Formate of Four Demominations / Taegeuk Series

오푼 · 5 POON

한돈 · 10 POON

두돈오푼 · 25 POON

닷돈 · 50 POON

태극보통우표 초판 인면(印面 · 도안) 해설

The Common Formate of Four Demominations. Taegeuk Series

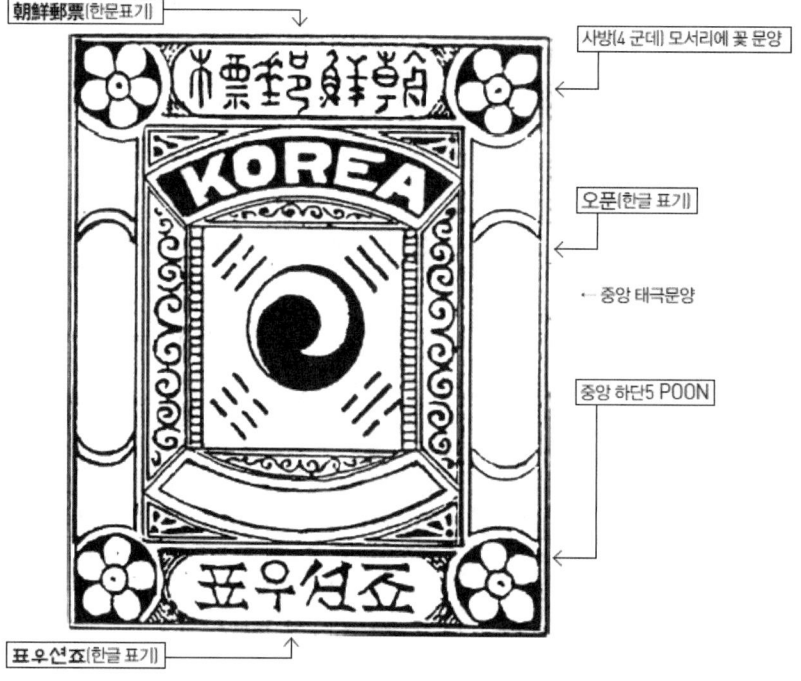

태극보통우표 초판 발행 일시: 1895. 7. 22. Color: Yellow Green
태극보통우표 제2판 발행 일시: 1895. Color: Blush Green
인쇄처Andrew B. Graham Co., Washington. D.C. U.S.A.
명판(銘版) Andrew B. Graham Bank Notes. Bonds ETC. Washungton. D. C. U.S.A.

선박우편

PAQUEBOT

Gensan I.J.P.O.원산 ▶ via Nagasaki ▶ Yokohama ▶ San Francisco ▶ Washington D.C.

4 May.1895 Gensan I.J.P.O—8 May.95 Nagasaki—17 May 95 Yokohama—1 Jun. 1895 —
San Francisco—6 Jun.95 Washington D.C.—   체송 기간: 33일   146x83mm
Russia 우표 1+2+2+5=10루불 첨부

■ PAQUEBOT: 여객선(대서양 횡단 여객선) 또는 레저 여행(크루즈 여객선)을 제공하는 것을 목표로 하는 공해상의 여객 운송을 전문으로 하는 선박이다. 이 용어는 우편물을 운반하는 선박을 가리키는 영어 팩과 보트packet bot의 프랑스어에서 유래했다.

Andrew Adamson 선교사에게 보낸 서신

Presbyterian mission

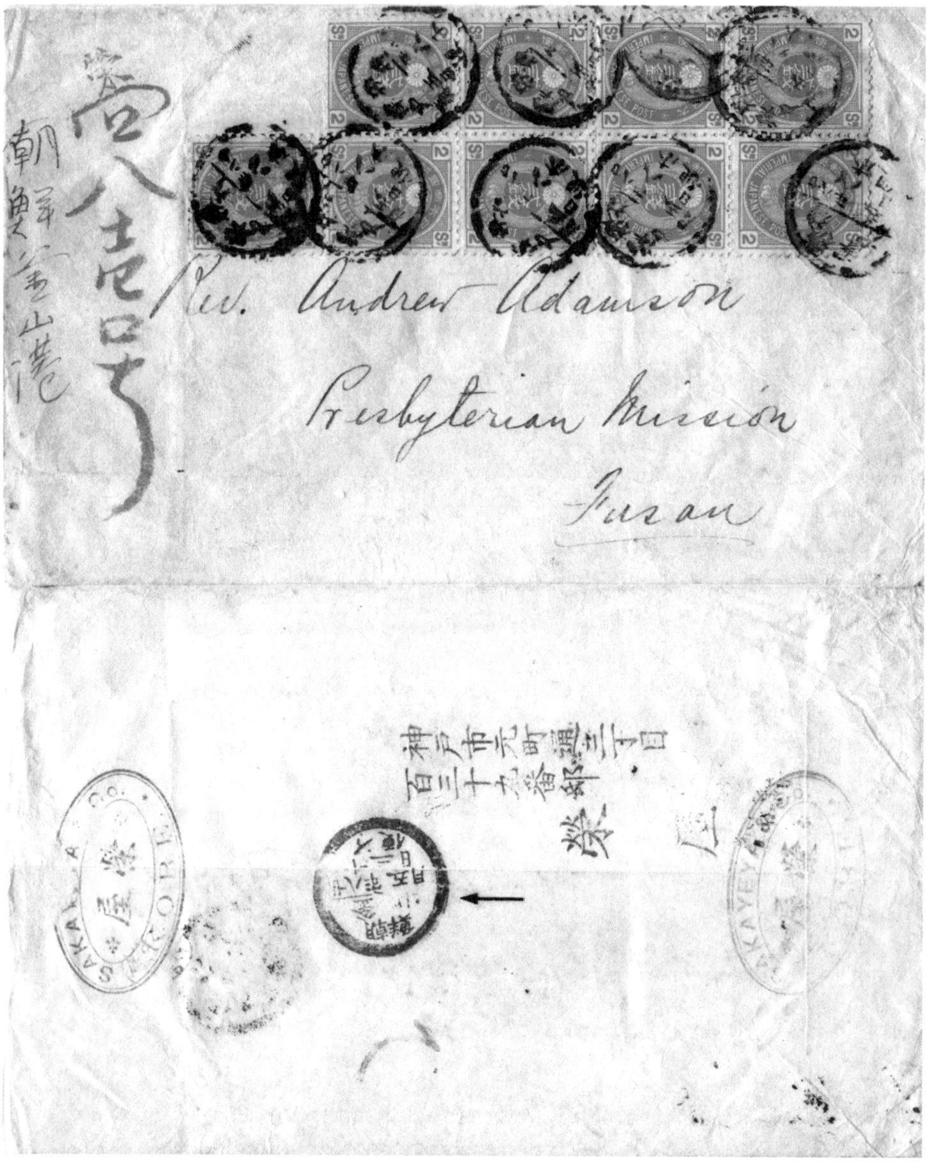

Kobe, Japan – 조선 부산 도착인. 1895. 5. 12.　　170x100mm
주: 조선근대우편사. 1993. 미즈하라 콜렉션 11 페이지 수록된 자료(체부기념관 소장)

조선 부산 도착 일부인
1895. 5. 12.

Andrew Adamson 손안로
1860~1915 호주 장로교 선교사

H. B. Hulbert의 명성황후 시해 사건 전말

The full story of H. B. Hulbert's assassination of Queen Min

출처: The Passing of Korea. By H. B. Hulbert

La reine Myeongseong 명성황후

1895년은 역사와 더불어 길이 기록될 해이다.

그 해에 일어났던 사건들은 한국인들 머리 속에 강하고도 오래 남아 있을 만큼 깊은 상처를 입혔으며, 그 후에 뒤따른 조선 역사는 이 사건에 비추어 풀이되어야 한다. 그 해는 분명히 순탄한 속에 새 아침이 밝아왔다. 왕은 개명된 원칙에 따라서 통치할 것을 선서하였으며, 관리들에게는 개혁안(홍범 14조)을 철저하게 준수하라고 훈시하고, 만약 왕 자신이 이에 실패한다면, 그것은 하늘에 죄를 짓는 것이라고 선언하였다.

고종황제는 굳건한 민주적인 개혁 의지로 '홍법 14조'를 반포하였다.

대원군 이하응大院君李昰應은 공직 생활에서 물러났으나, 그의 아들이자 왕의 형이 되는 사람(이재면)이 궁내부 대신이 되고 그의 손자인 이준용李埈鎔이 왕의 측근에 있게 되자, 대원군은 다시 사생활을 통하여 그가 이전에 실제로 공직에 있을 때에나 다름이 없이 강력한 세력을 가지게 되었다는 것은 의심할 나위도 없다. 국태공國太公(대원군)에 대한 명성황후明成皇后의 미움은 국태공의 아들에게까지 확대되었다는 점을 기억할 필요가 있으며, 왕의 유시諭示가 있었음에도 불구하고 그들을 거세去勢하기 위하여 왕에게 가하여지는 압력은 그치지 않았다. 이유는 무엇이었는지 모르지만 어쨌든 정월이 되자, 이준용은 일본 주둔 공사로 임명을 받고 떠났는데, 일시적이나마 주연급 활동 분자 중의 하나가 실무대에서 사라졌다는 사실은 반국태공파反國太公派로서는 참으로 쾌사였음을 알 수가 있다. 왕은 앞으로 정사政事의 세목細目에까지 개인적으로 기울이겠노라고 선언하게 되자 이제는 내각회의의 장소를 궁내로 옮기는 것이 바람직한 일이라고 생각하게 되었다. 그러나 그와 같은 장소의 이전은 권력의 완전한 중앙집권화中央集權化를 직접적으로 촉발시켰으며, 그 후로는 모든 정부 정책의 조령모개朝令暮改 현상을 야기시켰다는 점에 비추어 볼 때에 장소를 옮기는 것이 개혁의 정신에 의거한 것인지의 여부는 의심스러운 것이다. 소위 개혁은 급속히 진전되었다. 속이야 어찌 되었든지 간에 겉껍데기만은 확 벗기어졌다. 진짜 양반의 상징처럼 되어 있던 자루 모양의 긴 소매자락도 없어졌으며, 옆으로 탁 트인 긴 도포도 거뜬하게 축소되었다. 갓의 테두리도 작아졌으며, 그 밖의 사소한 변화가 일어났다. 다른 부처에 영향을 미칠만큼 중요한 안건이 아니라면 종천처럼 사사건건 중앙정부에 각의 하든 행정 제도를 지양하고, 다만 법률에 의거하여 각 부처의 대신이 각자에게 소관된 업무를 수행할 수 있도록 직권을 이관함으로써 건전한 변혁이 이루어졌다. 아랫 사람이 윗 사람을 대할 때라든가 또는 서로 마주 보고 절을 하는 데에 관하여 태고적부터 전하여 내려오던 풍습이 없어지고, 그 대신에 좀 더 민주주의적인 규례規禮가 제정되었다. 궁내부 대신은 지방의 독직瀆職사건을 시정하고 이제까지 아전의 부정으로 인하여 토지를 경작하면서도 중앙 정부에는 아무런 수입이 되지 못한 여러 가지의 비정秕政을 색출할 수 있는 권한을 갖게 되었는데, 이러한 개혁으로 인하여 국고의 수입이 상당히 증대하게 되었다. 이 무렵 형을 집행하는 방법에 있어서도 급격한 변화가 일어났다. 이제까지 실시되어 오던 잔혹한 형의 집행이나 고문이 없어지고, 그 대신에 인도적인 방법이 채택되었다. 참수제斬首制가 없어지고 교수제絞首制로 대치되었다. 이와 같은 방법은 죄수의 고통을 덜어주는 데에 도움이 되지 못하였지만, 여러 사람이 보는 앞에서 죄수의 목을 베는 끔찍스러운 장면은 이제 구시대의 유물이 되었다. 사양력西洋歷으로는 2월에 해당되는 이 나라 고유의 연력年歷으로, 신정을 기하여 왕은 매우 중요한 칙령을 반포하여 벼슬은 양반 계급에게만 주어질 것이 아니라, 훌륭한 인격과 자질이 갖추어진 사람에게는 누구에게나 주어질 수 있도록 하였으며, 문벌門閥이 비적卑賤할지라도 인격과 자질이 갖추어진 사람을 각지로부터 뽑아 벼슬에 천거하라고 영을 내렸다. 이와 같은 조치는 특히 서민들에게 반가운 일로서 정치적 개혁의 서광이 비추이는 것이라 하여 갈채를 받았다. 동시에 서대문 밖에 예로부터 서 있던 영은문迎恩門도 철거되었다.

■ 홍범14조洪範十四條: 갑오개혁 때 종묘서 고문과 함께 발표된 개혁 강령이다. 1894년 12월 12일(양력 1895년 1월 7일)에 선포된「홍범 14조」는 한문 · 한글 · 국한문 혼용체의 3가지로 관보에 실렸다. 청으로부터 자주독립, 근대적인 정부 운영, 왕실 사무와 국정의 분리, 조세법정주의, 재정 일원화와 예산 제도의 확립, 지방 관제 개정, 인재 등용 확대, 죄형법정주의와 인민의 생명 · 재산 보호 등 근대적인 통치 방침의 근간을 세운 개혁 강령이다.
■ 대원군 이하응李昰應: 1820~1898 대한제국기 제1대 고종의 아버지로 흥선대원군에 봉해진 왕족 · 정치인
■ 이재면李載冕: 1845~1912 대한제국기 제1대 고종의 형 · 왕족 · 관료 · 친일반민족행위자
■ 이준용李埈鎔: 1870~1917 조선의 왕족, 문신, 군인, 친일반민족행위자

■ 독직瀆職: 지위나 직권을 남용하여 뇌물을 받는 따위의 부정한 행위를 저지르는 것
■ 비정秕政: 백성을 괴롭히고 나라를 잘못되게 하는 정치

영은문은 오직 청淸에 대한 종주권宗主權을 상징하는 유물이었는데 이것을 철거하였다는 사실은 조선으로 하여금 자신의 거대한 종주국에 얽매이게 하였던 눈에 보이는 마지막 굴레를 벗겨버린 것이다. 나는 여기에서 '눈에 보이는'이라는 어휘를 고의적으로 쓰고 있는데, 이는 아직도 한국인들 중의 상당수가 중국에 대하여 품고 있는 본래의 충성심은 아무런 손상이 없이 존재하고 있기 때문이다. 2월 13일에 윤치호尹致昊가 여러 해에 걸친 미국과 중국의 여행에서 돌아왔는데 그는 그곳에서 진정으로 계명啓明된 정치 제도에 관하여 많은 견문을 얻었다. 따라서 그의 귀국은 이제까지의 표면적인 개혁과는 달리 순수한 개혁을 마련하여 주는 기초를 형성하는 데에 있어서 계몽주의적啓蒙主義的인 사조思潮를 형성하기에 충분하였던 길조吉兆가 될 수 있었다. 그러는 동안에 일본인들은 만주滿洲를 침략하여 석권하고 있었으며, 이제 그 결말이 왔다. 그러므로 조선의 조정에서는 하이쳉(Hai-cheng)에 자리잡고 있는 일본군사령부에 특사를 보내어 그들의 빛나는 승리를 축하하였다. 이 일이 있은 직후 청일전쟁은 끝나고 하관조약下關條約이 체결되었는데, 조약문에 의하여 청淸은 일본에게 남만南滿과 대만臺灣을 할양하고 조선에 있어서의 모든 이권을 영구히 포기하여 상당한 액수의 배상금을 지불하였다. 그 결과에 대하여 한국인들은 매우 놀라면서도 중국에 대한 사대사상이 너무도 강하였기 때문에 대부분의 한국인들은 아직도 중국이 비록 배상금은 지불하지만 장차 승전한 일본과 일전을 겨루기 위하여 준비하리라는 생각을 가지고 있었다.

1456년 이후로 승려僧侶들에게는 도성에의 출입이 금지되었다. 불교도에게는 어떠한 정치적 발디딤도 주지 않는다는 것이 조선 왕조의 일반적인 정책 중의 일부분이었다. 이제 일본인들은 조정으로 하여금 승려들의 본래의 위치를 되찾게 하여줌으로써 450년만에 처음으로 탁발승托鉢僧들이 목탁과 염주를 들고 서울의 거리에서 시주를 구하게 되었다. 4월에 이르러 국태공의 처소에는 커다란 불운이 닥쳐왔다. 국태공의 손자이자 왕의 조카인 이준용이 동학東學과 관련하여 왕을 폐위하고, 다른 정권을 세우려고 하였다는 죄목으로 기소되었다. 이준용이 그와 같은 생각을 가진 사람들에게 동조적이었는지에 관해서는 아무런 증거도 제시되지 않았으나, 어쨌든 그와 같은 사전에 그의 이름이 오르내렸다는 단 하나의 사실만으로도 그는 강화도에서도 더 떨어진 교동도로 귀양살이를 떠나기에 충분하였다. 이 사건에 관련된 다른 네 사람은 처형되었다. 이 사건은 국태공에게 매우 쓰라린 일격이 된 것으로, 그로 하여금 그 다음의 10월에 있었던 끔찍스러운 사건(을미사변乙未事變)을 가능케 할 만큼 충격을 준 사건이었다. 6월 6일에 서울에서는 커다란 기념식이 벌어졌는데 이 날은 역사상 독립일獨立日이라고 기록되어 오고 있다.

- 윤치호尹致昊: 1866~1945 대한제국기 중추원의관, 한성부 판윤 등을 역임한 관료 · 정치인, 친일반민족행위자
- 참수제斬首制: 목을 베는 형벌 제도
- 교수제絞首制: 사형수의 목을 옭아매어 죽이는 제도
- 비적卑賊: 무장을 하고 떼를 지어 다니면서 사람들을 해치는 도둑
- 영은문迎恩門: 조선 시대에, 중국에서 오는 사신을 맞아들이던 문
- 계명啓明: 지식 수준이 낮거나 인습에 젖은 사람을 가르쳐서 깨우침
- 계몽주의적啓蒙主義的: 지식 수준이 낮거나 의식이 덜 깬 사람들을 깨우쳐 인류의 보편적 진보를 꾀하려는 경향이 있는 것
- 하이쳉(Hai-cheng)하이청시海城市: 중국 랴오닝성 안산시
- 하관조약下關條約시모노세키조약: 1895년 야마구치현 시모노세키시에서 전개된 청일전쟁의 강화회의로 체결된 조약
- 탁발승托鉢僧: 고려 공민왕 때 몽골의 지배에서 벗어나고자 노력한 스님들의 모임

개국 이래의 어느 것 못지 않게 성대한 잔치가 고궁에서 열렸다.
박영효朴泳孝는 귀국하자마자 대원군으로부터 심한 눈총을 받았는데, 이는 돌아온 망명객이 국태공으로부터 그렇게도 미움을 받던 개혁당의 급진적 일익을 담당한 인물이었기 때문에 불가피하게 일어난 일이었다. 설사 그러한 이유가 아니더라도 그와 같은 유능한 인물이 국내의 정치 판도에 등장하였다는 사실만으로도 그 독재적인 국태공의 세력을 감소시킨 것은 어쩔 수 없는 사실이다. 아마도 일본인들은 박영효가 그들과 손을 잡고 일을 능숙하게 하여 주리라는 속셈에서 그를 귀국시킨 것 같다. 그러나 일본인들은 그가 자기 나름대로 이념과 견해를 가지고 있는 사람일 뿐만 아니라 일본을 위하기 보다는 오히려 조선을 위하여 일하고 있음을 곧 알게 되었다. 그는 자기의 조국을 희생하면서까지 일본을 이롭게 할 수 있는 계획에 가담하지 않았으며, 결국에는 자기가 이전에 신세를 진 사람들을 괴롭히는 존재가 되었다. 그러는 동안에 왕과 왕비는 함께 그에게 접근하게 되었는데, 거기에는 그럴만 한 몇 가지의 이유가 있었다.

첫째 그는 왕과는 가까운 친척으로서 현 왕조의 현상 유지에 대하여 어떠한 변혁을 바랄만한 이유가 없었으며,
둘째 그는 대원군의 미움을 받는 정적이었으며,
셋째 그는 일본에 대한 지나친 자유주의적 정책에 반대하는 입장을 굳게 지키고 있었다.

비록 이노우에 가오루井上馨 백작이 명성황후의 호감을 사기 위하여 가진 수단을 다 쓰고는 있었지만, 박영효와 왕실이 점차로 가까워진다는 사실은 일본인들에 대하여 매우 불안한 현상이었다. 드디어 박영효는 이준용의 역모사건을 적발함으로써 왕과 명성황후로부터 무한한 총애를 받게 되었다.

윤치호尹致昊

박영효朴泳孝

이노우에 가오루井上馨

국태공은 박영효를 제거하기로 결심하였다. 이 목적을 수행하기 위하여 그는 한 음모를 꾸몄는데, 이는 일본 측으로부터 어느 정도의 제재를 받았으나, 음모가 약속된 듯이 보였다. 그는 박영효가 대역죄를 범하고 있어서 아마도 죽음을 면하기 어려우리라고 왕과 왕비에게 진언하였으나, 두 사람 모두가 그의 말을 믿으려 하지 않았다. 그러나 대원군 이외의 사람들도 힘을 들이지 않았으며, 일본도 그를 옹호하기 위하여 아무런 강경책도 취하지 않았음은 당연하였다. 명성황후는 그를 불러서 대역죄에 대한 조치가 내려오기 전에 어서 몸을 피하라고 충고하였다. 그는 이에 응락하고 물러나와 나서 일본으로 망명하였다. 그러나 그 때까지만 하여도 그는 일본과 완전히 틈이 벌어진 것이 아니었으므로, 일본인들이 그의 망명을 기꺼이 도와준 것은 의심할 나위도 없다. 그가 어쩌면 영원히 돌아올 수 없을지도 모르는 망명의 길에 오른 것은 7월 초순이었는데, 이로 인하여 조선은 자기의 조국에게 가장 순수하게 충성스러웠던 한 한국인을 잃었다. 만약 일본인들이 국태공을 단단히 등에 업고 박영효로 하여금 왕실과 가까운 사이로 지내면서 그의 계획을 수행토록 할 수만 있었더라면 그 다음에 일어난 비극은 쉽사리 꾀할 수 없었을지도 모른다.

■ 명성황후明成皇后: 1851~1895 조선후기 제26대 고종의 왕비
■ 박영효朴泳孝: 1861~1939 일제강점기 내부대신, 후작, 일본제국의회 귀족원 칙선의원 등을 역임한 관료. 정치인, 친일반민족행위자
■ 이노우에 가오루井上馨: 1836~1915일본의 정치인. 주한 일본공사
■ 을미사변乙未事變: 1895년 10월 8일(음력 8월 20일) 새벽 일본의 공권력 집단이 서울에서 자행한 조선왕후 살해사건

우리가 믿고 있는 바와 같이 비극은 국태공으로 하여금 개인적인 원한 관계를 복수하려는 계획을 수행할 수 있도록 하여 준 데에서 비롯되었으며, 이로 인하여 조선을 위하여는 전무후무한 절호의 희망이 무참하게 사라져 버렸다. 그러나 진보를 위한 여러 가지의 조치가 급속히 전개되어 7월에 조정에서는 채광 · 검역 및 군

제軍制에 관한 새롭고도 중요한 조례를 공포하였으며, 국내 우편제도郵便制度를 실시하였다. 북쪽의 원산 지방에 있는 중요한 광산의 채굴권이 미국인 회사에 양여되었는데, 이와 같은 조치는 적어도 외국인으로서는 조선의 자원을 개발하기 위하여 매우 유익한 것임이 증명되었다. 7월 말에 이르러 정상형井上馨 이노우에 가오루백작이 서울 주재 공사관으로부터 일본으로 돌아 갔는데, 이는 조선으로서는 불행한 일이었다. 이제까지 일본 정부가 조선에 보낸 인물 중에서 그토록 강직하고 고결한 인물이 없었으며, 서울 주재 일본 공사로서 그만큼 탁월한 수완을 가진 사람도 없었다. 적어도 서울에 있는 양파가 명성황후와 국태공의 관계처럼 서로 증오하면서 굽히지 않고 앙심을 품은 채 다툼을 계속하는 한 그는 여러 가지 자기의 임무 수행을 절망적으로 생각하였다고 믿는 사람들이 있었다. 적어도 그는 명성황후와 국태공 중의 어느 하나가 영원히 정계에서 살아지지 않는 한 조선의 개혁을 위한 진정한 기회가 오지 않으리라고 믿지 않았던 것 같지는 않다. 이와 같은 추론은 어느 의미로 보나 그가 어떤 강제적인 방법에 의하여 두 사람 중 하나를 제거하고자 하였다는 것을 의미하는 것은 아니지만, 그러나 그가 한국내의 기존 질서 아래에서는 어떠한 일도 무의미하다는 데에 관하여 어떤 확신을 피력하였음이 분명하다고 추정하는 것은 결코 불합리한 일이 아니다. 어떤 사람들은 동경의 일본 정부가 이미 자신의 독자적인 실력을 수단으로 하여 서울에 있는 장애물을 제거하려고 결심하였다고 믿고 있다. 그 후에 일어날 사건들로 미루어 볼 때에 그와 같은 추측에는 그럴듯한 점도 있기는 하지만 일본 정부가 10월에 일어난 비극을 유발시킨 어떤 음모에 가담하였다는 사실을 믿지도 않을뿐더러 믿을 수도 없는 일이다. 그러나 서울에 있던 한 광기 있고 몰지각한 일본 공사가 전에 본국에 문의하였다가 호되게 거절당한 어떤 조치에 대하여 개인적으로 묵인한 데에서 온 것이라고 믿을 수는 있다.

미우라고로三浦梧樓　　　대원군 이하응　　　井上馨 이노우에 가오루

9월 1일에 미우라고로三浦梧樓 자작이 공사의 책임을 맡아 일본으로부터 조선에 도착하였다. 이노우에 가오루井上馨백작이 이임한 이후로 1개월 이상의 공백 기간이 흘렀다. 미우라고로는 독실한 불교 신도로서 그는 분명히 신세대의 일본인이라기보다는 구시대에 속하는 인물이었다. 동시에 그는 불요불굴不撓不屈의 기백을 가진 사람이었으며, 조선에서 일어나고 있는 어려운 문제들은 오직 신속 과감한 행동으로서만 해결될 수 있다고 믿었던 사람이라고 한다. 그가 부임할 무렵 국태공은 한강 가까이에 있는 그의 여름 별장(마포)에서 살고 있었는데, 그가 부임하자 마자 국태공은 이 신임 공사와 긴밀한 관계를 맺게 되었다. 미우라고로는 명성황후에 대한 국태공의 반감을 점점 추켜 세우면서 비위를 맞추는 동시에 이 두 강자 사이에 자꾸만 벌어지고 있는 불화를 해소하려고 노력하는 대신에 오히려 일본에 이롭다고 생각되는 것을 증진시키기 위하여 이들 사이의 소원疎遠을 이용하려고 준비하고 있었다. 거기에다가 명성황후의 가장 가까운 측근인 민영환마저도 주미 공사로 떠나게 되자 이제까지 확고하게 결정된 음모는 만반의 준비가 갖추어졌다.

- 미우라고로三浦梧樓(1847~1926): 일본 제국의 군인, 정치가. 을미사변 당시 일본 정부의 사주를 받은 주범이다.
- 후루사와 고키치古澤幸吉: 을미사변 당시 미우라고로의 행동대원이자 수행원

미우라고로는 서로 상반되는 주장을 내세우고 이에 대한 비난과 반격이 진행되는 동안에 사태는 필연적으로 그 뒤와 같이 귀결되지 않을 수가 없었다. 조선의 문제를 해결하기 위하여 일본의 정치 집단들이 제시한 최선의 방법으로서는 상이한 두 가지의 길이 있었다. 하나는 소위 급진적인 정책으로서 조선에서 일본의 의사에 거역하는 모든 무리에 대하여 강경한 조치로 취하여 즉각적이고도 완전하게 타도하는 것이고, 다른 하나는 보수적인 정책으로서 전자와 꼭 같은 목적을 달성하되 점진적이고도 평화적인 방법을 모색하는 것이었다. 이노우에 가오루井上馨 백작이 서울에 있는 사람들의 내부적인 알력軋轢을 해소시킴에 따라서 일본이 목적한 바를 관철하려던 애당초의 의도가 실패로 돌아가게 되자, 그 결과로 극단적인 과격파의 대표자로서 미우라고로三浦梧樓 자작이 공사로 임명된 듯이 보인다. 그는 일을 신속하게 처리하도록 사명을 받았으나, 그가 조선의 정치 무대에 등장하기 이전까지만 하여도 그와 그의 추종자들은 그들의 과업이 과연 어떠한 것이었는지를 아마 알지 못하였을는지도 모른다. 이때에 명성황후의 비서가 음모되었다고 말하는 것은 사실과 다르며 다만 서울의 정세에 대하여 극히 보수적이었던 사람까지도 어떠한 조치를 취하여 명성황후의 엄청난 세력을 영원히 견제하여야 하며 사태를 요령껏 처리하여 그로 하여금 더 이상 국정에 간섭하지 못하도록 만들어야 한다는 생각을 가졌었다는 표현이 더 적절할는지도 모른다. 미우라고로三浦梧樓가 조선에 취임하여 관찰한 후에야 그는 자신이나 자신의 어떠한 측근자들도 이 일을 수행해 낼 수가 없다는 사실을 알게 되었다. 이러한 점을 잘 생각하여 보면 어떻게 하여 일본 공사가 이 문제(명성황후 시해)를 상의하고 싶어하던 최초의 인물로 국태공(대원군 이하응)이 등장하게 되었나를 알 수가 있으며, 대원군이 이 문제의 해결책에 관하여 그에게 무엇인가 한 마디쯤 귀띔하였으리라는 것은 당연하다. 그는 20년간의 경험에 비추어 보아서 일본 공사가 심중에 생각하고 있는 목적을 수행할 수 있는 길은 단 하나밖에 없다는 것을 확신하게 되었다. 미우라고로三浦梧樓는 그와 같은 방법을 택하는 데 대하여 당연히 멈칫하였지만, 그도 결국에는 오직 그 길 밖에는 달리 가능한 방법이 없다고 확신하게 되었다. 그러나 우리는 대원군이 사실상 애당초부터 대뜸 그와 같은 방법을 귀띔하여 주었으리라고 믿지는 않지만, 그러나 그는 다른 사람들이 옆에서 암시하여 주고 또 자신이 개인적으로 이 일에 참여하지도 않고 일을 수행할 수 있도록 짜여 진 그 계략에 솔깃하여 동조하였다는 것은 의심할 나위가 없다. 그와 같은 비극의 책임이 어디에 있는가 하는 것은 아무런 문제가 될 수 없다.

프랑스 주간지 『르 주르날 일뤼스트레』 표지 기사
조선 왕비 암살 사건L'ASSASSINAT DE LA REINE DE CORÉE

일본 정부로서는 서울 주둔 공사라고 하는 매우 감당해내기 어려운 직책에 그와 같은 인물을 임명하여 자신의 체면을 손상하였던 것까지는 비난의 대상이 될 수 있으나, 그 이상 어떤 책임이 없다는 것은 너무도 당연하다. 이노우에 가오루井上馨백작은 일본으로 귀국하여 미우라고로三浦梧樓가 수행한 그와 같은 정책을 진언하였다고 얘기하는 사람들의 말을 가끔 듣지만, 그와 같은 얘기는 그를 비방하기 위한 것 이외에는 아무 것도 아니었는데, 그 유능한 정치가의 전 생애에 비추어 볼 때에 그러한 혐의란 한낱 거짓에 불과한 것임이 들어났다. 그가 본국으로 돌아갔다는 사실만 보더라도 그의 의도는 남들이 중상하기 위하여 꾸며 내었던 얘기와는 상당히 다른 입장에서 있었음을 알 수가 있다. 예컨대 그가 일본 의회에서 낭독한 보고서의 발췌문에 의하면 그는 이렇게 말한다.

언젠가 명성황후는 본인을 보고 이렇게 말한 적이 있다.
'내가 일본 정부에 대하여 제안한 바가 거부된 것은 매우 유감스러운 일이다. 그 반면에 일본에 대하여 아무런 우의友誼를 보이지 않고 있는 대원군은 권력의 자리에 오르는 데에 일본 공사로부터 도움을 받았다'. 이에 대한 대답에서 본인은 명성황후에 대하여 본인이 할 수 있는 데까지 설명을 하여 그의 의심이 어느 정도 풀리게 되자, 조선의 독립을 굳건한 터전 위에 서게 하고, 나아 가서는 조선의 황실을 튼튼하게 하는 것이 일본의 황제와 일본 정부의 진정하고도 우의 있는 소망이라는 점을 잘 설명하여 드렸다. 황실에 대하여 역모를 꿈꾸고 있는 황실 내의 어떤 사람과 그 밖의 어떤 조선인에 관한 얘기 끝에 본인은 일본 정부가 조선의 황실을 보호함에 있어서 설사 무력을 쓰는 일이 있더라도 실수함이 없도록 하겠노라고 확언하였다. 이노우에 가오루井上馨 백작은 일본으로 떠나기에 앞서 이와 같이 솔직하게 조선의 황실을 보호할 것을 약속한 것으로 미루어 보아 그가 귀임하여 자신이나 자기의 뒤를 밀어주고 있는 일본 정부의 충정衷情 이외의 어떤 의사를 진언하리라는 것을 우리는 믿지도 않으며 또한 믿을 수도 없는 것이다. 미우라고로三浦梧樓가 지은 죄가 분명함에도 불구하고 그의 죄를 사면하여 준 것으로 미루어 보아서 일본 정부의 비인도적인 공모 관계와 이미 전에 죄를 범하려는 의도가 있었음을 알 수 있다고 말하는 사람들이 있었으나 반드시 그렇게 만 생각할 것은 아니다. 일본 정부로서는 자신이 임명한 공사가 공소장에 기록된 모든 죄를 실제로 범하였다고 스스로 시인함으로써 자신을 바보로 만들 의사가 없었음은 의심할 나위도 없는 것이다. 기왕에 벌어진 사건의 책임을 회피하려고 노력한다는 것은 쓸데없는 것이다. 일본 정부가 이 사건을 계기로 하여 말려 들어간 곤경을 벗어날 길이 없으나, 10월 8일 사건에 일본 정부가 공모하였다는 추론은 믿을 수가 없다. 1896년 1월에 히로시마廣島에서 개정된 일본 법원 예심 조사 판결문에서 볼 수 있는 바와 같이 그 사건은 미우라고로三浦梧樓와 그의 부하들이 독단적으로 저지른 범행이었다. 여러 가지 사건 중에서도 특히 미우라고로三浦梧樓가 서울에 도착하자마자 조선의 조정, 특히 그 중에서도 명성황후 일파가 개혁의 방해물이 되고 있음을 알았으며, 이에 대한 효과적인 조치를 취하지 않을 수 없음을 느꼈다는 것이 법정에서 밝혀졌다. 대원군은 급진적인 개혁을 실시하는 데에 있어서 일본측에게 도움을 청하였으며, 일본은 이 청에 응하여 줄 것을 결정하였다. 그러나 이에 앞서 일본측은 국태공에게 앞으로는 부당하게 정치 문제에 개입하지 않을 것을 약속하라고 요구하였다. 그런 다음에야 궁궐을 무력으로 점령하여 명성황후를 죽이고 왕의 신병을 확보한 다음 사태를 처리하려는 계획이 이루어졌다. 이 계획은 분명히 미우라고로三浦梧樓와 그의 부하들에 의하여 동조를 얻어 강행된 것이다. 1985년 10월 8일 새벽 3시에 몇 사람의 소시(卅士)[Soshi는 일본어로 장사를 의미하는데 이는 한국어의 장사와는 달리 일정한 직업이 없이 떠돌아다니며 다른 사람의 청탁을 받아 폭행이나 살인을 일삼는 부랑자(낭인)를 말한다.]를 포함한 여러 명의 일본인들은 몇 사람의 한국인과 함께 한강 가까이에 있는 대원군의 처소(마포)로 가서 그를 데리고 서울로 전진하였다. 떠나기 직전에 그들의 인솔자는 필요할 경우에는 '여우'를 처치하라고 말하였는데, 이는 말할 것도 없이 명성황후를 죽이라는 의미였다. 해가 뜰 무렵 모든 무리는 광화문을 거쳐 궁궐로 들어가서 즉시로 왕의 침소로 향하였다. 일본측의 법정 기록은 여기에서 갑자기 사건의 자세한 내막을 기록하지 않고 있으며, 증거가 충분함에도 불구하고 일본인의 어느 누구도 비난받을 만한 죄를 실제로 범하였다고 입증할 수 있는 충분한 증거가 없다는 점 만을 기록한 다음 모든 피고인은을 사면하였다. 일본 정부로서는 그들이 저지른 범죄 행위를 솔직하게 공개한다는 것은 매우 심각한 문제였기 때문에 피고인들을 처벌하려고 하지 않았다. 일본 정부가 피고인들을 모두 사면한 것은 그들이 저지른 범죄 사실에 대한 충분한 증거가 있음에도 불구하고 미우라고로三浦梧樓는 일본 정부가 신임하여 파견한 사람일 뿐만 아니라 그의 상관들이 미쳐 몰랐다고는 하지만, 그의 행동은 공직 수행의 성격을 띄우지 않을 수 없는 것이므로, 그 사건의 책임이 어쩔 수 없이 일본 정부로 귀착되기 때문에 비인도적인 범죄 행위를 했을망정 그들을 처벌할 수 없었음을 솔직하게 표현한 것이다. 이 사건은 대중의 마음 속에 커다란 충격을 안겨다 주었다. 일본 정부로서는 명성황후를 살해하고자 하였거나 그러기를 바랐느냐 하는 점에 관해서는 아무런 죄책罪責이 없다고 하겠지만 형사상 부주의에 대한 책임은 면할 수가 없으며, 조선 정부의 어느 한 고위층 인물은 자신의 지휘 책임을 망각함으로써 그와 같은 반역적인 흉행凶行을 저지를 것을 계획하고 조장한 데에 비난을 면할 수가 없는 것이다. 히로시마廣島법원 측의 기록에 의거하면 그 당시의 장면에 관한 서술은 그 날 실제적인 범죄 행위가 시작되기 전에 병사들이 궁중으로 몰려 들어간 데에서부터는 갑자기 중단되어 있다. 그런 점에서 우리로서는 범인들이 무엇이라고 진술하였는가에 관하여 주의를 기울일 필요가 있다. 왕과 명성황후가 거처하고 있는 궁궐은 궐내의 후면 가까운 곳에 있어서 정문으로부터는 거의 반마일 정도 떨어져 있었으므로, 국태공은 수행한 일본군과 조선군들은 왕비를 찾으려고 궁중을 수색하기 전에 여러 채의 건물을 지나 긴 통로를 횡단하지 않을 수가 없었다. 궁내의 보초병을 몇 명 만났지만 쉽사리 물리치고 몇 사람은 살해당하였는데 그 중에는 홍계훈洪啓薰대장도 끼어 있었다.

- 홍계훈洪啓薰(미상~1895년): 구 한말 훈련대장. 1895년 을미사변 때 광화문을 수비하다가 일본군의 총탄에 맞아 전사
- 이경직李耕稙: 을미사변 당시 8월 21일 밤에 궁궐을 습격한 일본 낭인浪人패에 항거하다가 살해되었다.
- 민영환閔泳煥: 조선과 대한제국의 대신大臣이자 척신이다. 1905년 11월 을사늑약 체결에 반대하여 자결

- 불요불굴不撓不屈: 한번 먹은 마음이 흔들리거나 굽힘이 없음
- 소원疎遠: 지내는 사이가 두텁지 아니하고 거리가 있어서 서먹서먹함
- 알력軋轢: 다툼, 대립

일본군들이 왕과 왕비가 거처하고 있는 궁궐에 도착하였을 때에 그들 중의 일부는 군령에 따라 그곳을 둘러싸고 접근하는 사람들을 감시하였을 뿐 궐내로 들어가지는 않았다. 대체로 장사(낭인)라고 믿어지는 일본의 민간인들과 중무장을 한 상당한 조선인들이 왕의 침실로 몰려 들어 갔다. 그들 중의 일부가 일본도를 휘두르면서 왕이 거처하고 있는 곳으로 들어 갔으나, 왕이나 그의 옆에 있던 황태자를 직접 다치지는 않았다. 그 중의 다른 한 무리가 궁녀들을 잡고 명성황후의 소재를 물으면서 그의 처소로 달려 갔다. 그들은 명성황후의 처소 앞에서 궁내부 대신 이경직李耕稙을 만나자 한 칼에 찔러 쓰러트렸으나, 그는 기어서 왕의 처소로 가려다가 일본군들에 의하여 죽었다. 명성황후는 그가 쓰던 여러 개의 방 중의 하나인 침실에서 발견되어 무참히도 난도질을 당하였다. 칼질을 한 사람이 누구냐 하는 문제에 관하여는 정확하게 설명할 수 없지만, 무장한

일본군이었으리라는 것이 지배적인 추측이다. 시체는 몇 가지의 천으로 싼 다음 석유를 뿌리고 왕의 처소 앞에 있는 연못의 정원에 위치한 소나무 숲의 한 모퉁이에서 불에 태웠다.

왕실에서는 이틀 전에 위험이 닥치리라는 것을 알았다. 궁중의 보초병이 줄어들고 군대를 해산하고 일본군의 움직임은 수상쩍기만 하였다. 왕은 명성황후에게 안전한 곳으로 몸을 피하라고 충고하였으며, 명성황후도 황태후가 만약 간다면 자기도 가겠다고 말하였으나, 황태후는 몸을 피할 것을 거절하였다. 명성황후의 도움을 받아 높은 관직에 올랐으나 결국에는 일본인과 합세하였던 정병하鄭秉夏는 왕비의 신변에 아무런 위험이 없으리라고 강경하게 주장하였는데, 이러한 사실은 그 후 힘 하나 드리지 않고 명성황후를 시해하는 데에 수훈을 세운 이 배신자가 자기 입으로 발설한 이면사이다.

이번의 사건이 일어나기까지 궁궐을 지키는 일은 윌리엄 다이(William Dye) 미국인 장군의 책임이었으나, 황제 폐하의 소망을 이루어주려던 그의 노력은 번번이 허사가 되었으며, 호위란 단순히 명분에 불과한 것이었다. 명성황후가 살해되고 있을 무렵에 대원군은 왕의 처소에 나타나 조정에서 일어나고 있는 사태의 추이를 설명하였다. 추측할 수 있는 바와 같이 왕과 태자는 심리적으로 자신들이 황손으로 태어난 것을 한스럽게 생각하고 있었다. 그들은 이리 밀리고 저리 밀리면서 야비한 일본인들에게 가진 모욕을 다 당하였으며, 자신의 운명이 경각에 달려 있음을 알았다. 궁내부대신 이경직은 명성황후의 처소 앞에서 자기의 자리를 지키다가 일본인과 조선인에 의하여 칼을 맞았으나, 심한 상처를 무릅쓰고 왕이 있는 곳까지 오는 데에 성공하였다. 그는 그곳에서 왕이 바라보는 가운데에 칼에 맞아 죽었다. 이러한 광경을 보고 왕과 태자는 마음을 가누지 못하고 있었으나 대원군이 오는 것을 보고 그들은 다소 진정하였다. 물론 그 때까지만 하여도 명성황후가 살해당하였으리라고는 전혀 생각하지 못하였다. 날이 밝기 시작하기 전에 왕은 일본군들이 대궐의 처소로 밀려오고 있음을 알았으며, 왕의 모습이 나타나자 외관상 질서가 회복된 듯이 보였을 때에 일본 공사에게 급히 글을 보내어 이번 일이 어찌된 영문인가를 물었다. 통보인이 도착하였을 때에 미우라고로三浦梧樓와 스기무라후카시杉村濬는 이미 잠에서 깨어 옷을 입고 있었으며, 문 밖에는 교자輸子가 준비되어 있었다. 미우라고로三浦梧樓 통보인에게 자기는 이미 일본군이 대궐로 진군하였다는 소식은 들었으나, 왜 그랬는지는 모르겠노라고 말하였다. 공사公使와 그의 비서는 즉시 대궐로 향하였다. 그들이 도착하자마자 모든 소란은 갑자기 진정되고 장사(일본 낭인)들은 흩어져서 궁궐을 떠났다. 일본 공사와 그의 비서는 통역관과 장사들을 이끌고 왔던 다른 일본인 만을 대동한 채 왕의 알현을 청하였다. 국태공도 물론 그 자리에 있었다. 이 자리에는 세 개의 문서가 마련되어 폐하의 서명을 기다리고 있었다.

- 정병하鄭秉夏(1849~1896): 구한말 밀양부사, 내장원장, 농상공부협판 등을 역임한 관리
- 윌리엄 매킨타이어 다이(William McEntyre Dye)(1831~1899): 미국 군인. 고종의 군사 고문 등을 지낸 바 있다. 을미사변 당시 외국인 목격자 중 한 명이다.
- 스기무라후카시杉村濬(1848~1906): 일본 외교관. 주한 일본공사 서기관. 명성황후 암살사건 가담
- 이재면李載冕: 대한제국 제 1 대 고종의 형으로 이희공에 봉해진 왕족 · 관료 · 친일반민족행위자

그 중의 하나는 앞으로는 내각이 국내의 제반 문제를 처리하도록 보증하는 것이며, 둘째는 방금 살해된 이경직李耕稙의 후임으로 왕의 형인 이재면李載冕을 궁내부대신宮內府大臣으로 임명하고, 세번째 내부협판內部協辦을 임명하는 것이었다. 왕은 어쩔 수 없이 이 문서에 서명하였다. 곧 일본군은 모두 궁궐로부터 물러났으며, 오직 일본군이 훈련시킨 조선군만이 궁의 수비병으로 남아 있게 되었다. 그 날 늦게 조의연趙義淵과 권형

진권징權澄鎭이라는 사람이 각각 군부대신과 경무사警務使로 임명되었는데, 이 두 사람은 모두가 철저한 친일분자들로서 궁궐을 침입하여 명성황후를 살해하는 때에 관계하였음은 의심할 나위도 없다. 다른 말로 표현한다면 왕과 왕실은 미우라고로三浦梧樓가 계획한 움직임에 동조한 사람들로 둘러 쌓이게 되었다. 날도 밝기 전인 아침 일찍이 러시아 대리 공사 웨베르(Waeber)와 미국 임시 대리 공사 알렌(H. N. Allen)박사가 궁궐로 달려와 왕의 알현을 청하였으나 왕은 지금 불편하여 그들을 만날 수 없다는 통지를 받았다. 그러나 그들은 굽히지 않고 그들의 요구를 고집하여 폐하를 알현하는 데에 성공하였다. 그 자리에서 폐하는 그들에게 자신은 아직도 명성황후가 안전하게 몸을 피하였으면 하고 기대를 걸고 있노라고 말하고 이 문제가 더 악화되지 않도록 하기 위하여 그들이 우의 깊게 진력하여 줄 것을 간청하였다. 다른 외교 사절들은 그 날 늦게서야 알현하였다. 일본 정부는 그들이 저지른 범행의 책임을 부인하려는 의도를 가지고 있었음이 곧 밝혀졌다.

미우라고로三浦梧樓는 본국에 소환되자, 이번 폭동의 근원은 폐하를 알현하고 그들의 불만을 진언하고자 하던 일본군과 그들의 입궐을 저지하려던 시위대侍衛隊 사이의 충돌이었다고 진술하였다. 심지어 미우라고로三浦梧樓는 이 번의 사건에 자기가 공모하였다는 항간의 소문이 사실무근한 것임을 뒷받침하는 공식적인 문빙文憑을 새로 임명된 군부대신으로부터 받음으로써 자신의 발뺌을 더욱 확실하게 하려고 노력하였다. 군부대신이 이에 대한 회답으로 보낸 문서에는 명성황후가 살해되던 10월 8일 밤에 대궐에는 단 한 명의 일본인도 없었다고 서투르게 기록함으로써 오히려 사건의 내막을 더욱 뚜렷하게 하였으며, 결국 미우라고로三浦梧樓의 의도는 실패한 셈이 되었다. 애당초 군부대신이 임명된 것도 일본의 조작극이었으며, 그날 밤 일본군이 대궐에 있었다는 것도 그 뒤에 명백히 밝혀졌기 때문에 미우라고로三浦梧樓는 이런 종류의 궤계詭計를 씀으로써 오히려 자기가 이 사건에 관련되었음을 더욱 뚜렷이 입증하는 데에 성공하였을 뿐이다. 사건이 일어난 다음 날인 10월 9일에 내각의 각료 전원이 임명되었는데, 모두가 친일분자들이었지만 한두 사람의 예외는 있어서, 비록 흉한들의 손으로부터 관작官爵을 받음으로써 그 흉행凶行의 덕분에 기꺼이 이득을 보기는 하였지만, 명성황후의 살해에 직접 관계된 사람들은 아니었다. 명성황후가 죽음으로써 그의 정적들은 흡족하게 여겼으리라고 생각하는 사람이 있을는지도 모르겠으나, 사실인 즉 그렇지 않다. 사건이 일어난지 3일 후인 11일에 폐하의 뜻에 따라 작성되고 전각료가 서명한 한 칙령이 '관보'에 발표되었다.

관보에 의하면 명성황후는 공사公事에 관여하여 조정의 기강을 문란하게 하고 왕실을 위험에 빠트리게 한 죄명을 쓰고 있었다. 명성황후는 실종되었으며, 그 죄는 막중하므로 폐비廢妃하여 서민으로 한다고 기록되어 있다. 이 칙령이 거짓된 것이라는 점은 의심할 나위도 없다. 왕은 그와 같은 칙령의 포고에 결코 동의한 적이 없으며 내각 대신 중의 몇 사람은 그에 관하여 전혀 아는 바가 없었는데, 그 중에서도 특히 심상훈沈相薰은 이미 관직을 버리고 달아났으며, 박정양朴定陽은 그와 같은 부당한 처사를 비난한 다음 사직하였다. 그 때의 일은 일본인에게 철저하게 굴종屈從하던 몇 사람의 대신에 의하여 이루어진 것이었다. 일본 공사는 명성황후가 폐위되었음이 공포되자 조선 정부에 대하여 유감의 뜻을 비쳤으나 국가를 위하여는 다행한 일이라고 생각하였다. 미국 대표는 그 칙령이 왕명에 의한 것임을 시인하지 않았으며, 이와 같은 그의 태도는 한 사람을 제외한 모든 외국 대표들로부터 지지를 받았다. 그러는 동안에 일본 정부는 명성황후시해사건에 관한 내막을 다소 알게 되자, 전권공사를 통하여 이번의 흉행에 자국이 공모하였다는 비난을 면할 필요가 있음을 느끼었다. 그 결과로 일본 정부는 미우라고로三浦梧樓와 스기무라杉村濬을 소환하고 그들이 일본에 도착하자 마자 체포하여 이번의 흉행을 충동하였다는 죄명으로 기소하였다. 그들을 체포하여 재판에 회부한 것은 일본 정부의 입장에서 이번의 사건이 종범從犯 모의로부터 발뺌을 하기 위한 처사였다. 그 재판은 매우 부당하였고 재판의 결과도 어처구니없는 것이기는 하였지만 일본 정부가 미우라고로三浦梧樓와 같은 인물을 공사로 임명한 실책을 공모라고 단정할 수 없는 한 필자로서는 이번의 범행에 일본 정부가 관계하지 않았다는 이론을 고집한다. 그러나 미우라고로三浦梧樓를 체포하여 재판에 회부한 일본의 과감한 조처는 조선에 있어서의 사태의 추이에 커다란 영향을 미치었다. 조선의 민중들과 모든 외교 사절들은 10월 8일의 사건을 철저히 조사할 것과 명성황후가 살해된 책임이 분명히 어디에 있는가를 밝힐 것을 요구하고 있었다. 이와 같은 움직임은 내각에 대하여 상당한 압력이 되었다. 그러나 이에 더 나아가서 일본 정부의 태도가 갈팡질팡하는 것처럼 보이고 미우라고로三浦梧樓의 행동이 아무런 권위가 없음이 증명되자, 오직 미우라고로三浦梧樓의 영향으로 관직을 유지하고 있는 사람들에게는 사태가 매우 불길하게 전개되기 시작하였으며, 그 때 까지도 명성황후는 죽은 것이 아니고 어디엔가 숨어 있다는 낭설이 꾸준히 나돌고 있었다. 그러나 사태는 더욱 더 긴장되어 드디어는 내각으로서도 이를 무마시키기 위하여 어떠한 조치를 취하지 않을 수 없다는 것이 명백하여졌다. 이에 따라서 11월 26일에는 외교 사절들과 몇 사람의 외국인들이 대궐로 조치되어 폐하가 참석한 자리에서 군부대신 조의연趙義淵과 경무사 권형진權瀅鎮을 파직하고, 명성황후 폐위 칙령을 철회하며, 대궐 침입 사건에 관련된 여러 가지의 사실들을 법무아문에서 조사토록 하고 모든 죄인들은 재판에 회부되어 처벌을 받도록 하겠다는 것이 공포되었다. 동시에 명성황후가 죽었다는 것이 공식적으로 발표되었다. 대궐침입사건大闕侵入事件이 있은 뒤 몇 달 동안 폐하는 결코 편안하지 못하였다. 그는 국사를 처리하는 데에 있어서 아무런 발언도 하지 못하였으며, 스스로 자기는 사실상 내각의 죄인이 된 것이라고 생각하였다. 심지어 그는 신변의 위협을 느껴 몇 주일 동안은 대궐 밖에 있는 친지들이 열쇠를 채운 통속에 넣어 보내주는 음식 이외에는 아무 것도 먹지 않았다. 그는 두세명의 외국인들이 매일 밤 대궐로 들어와서 사건이 일어날 때에는 당신의 옆에 와 있도록 부탁하였는데, 이러한 그의 판단은 그들이 당신의 옆에 있음으로써 당신의 신변을 해치려고 음모할지도 모르는 사람들에 대하여 저지 효과를 나타낼 수 있으리라고 느꼈기 때문이었다. 11월 26일에 취하여진 어중간한 조치는 폐하에게 몹시 불쾌한 행동을 하는 사람들의 사실상의 질곡桎梏 속에서 그가 자유롭게 되는 것을 보고 싶어 하던 사람들을 전혀 만족시켜 주지 못하였으므로, 상당수에 이르는 한국인들이 설사 강제적인 방법을 써서라도 폐하를 자유롭게 하여 주자고 하는 계획이 진행되었다. 이들의 의도는 매우 훌륭한 것이었지만, 그러한 의도를 수행하는 방법이 잘 진행되지 못하였다. 28일 밤에는 1천여 명의 한국인들이 봉기하여 대궐로 들어가고자 하였다. 그들은 시위대원 중의 한 사람과 내밀內密히 약속하여 대궐문을 열어주기로 되어 있었으나, 마지막 순간에 실패함으로써 자기들의 계획이 수포로 돌아갔음을 알게 되었다. 대궐이 어느 정도 소란스럽게 되자 왕은 자기의 청에 따라서 그 날 밤 당직을 하기로 되어 있는 새 사람의 외국인을 자기의 옆으로 불러 들었으나, 그들이 폐하의 신병을 보호하겠다고 다짐하였음에도 불구하고 흥분은 고조될 수밖에 없었다. 밖에서는 군중들이 아우성을 치면서 그 높은 대궐의 담을 넘어오려고 하고 있었으며, 왕의 앞에 몰려 있는 대신들은 시위대들이 어느 순간에 자기들을 군중들에게 넘겨줄지 모르고 있었으며, 일단 그들의 손에 넘어가기만 하면 그들은 사정없이 자기들을 갈갈이 찢어 죽이리라는 것을 잘 알고 있었다. 일이 이렇게 되자 대신들은 설사 군중들이 대궐로 밀려 들어오더라도 그들에게 발견되기 전에 오래도록 숨어 있을 수 있는 대궐의 으슥한 곳으로 몸을 피하도록 왕을 설득시키기 시작하였다. 그 날 밤은 유별나게 추웠으며, 왕은 옷도 따뜻하게 입지 않고 있었다. 어떠한 사건이 일어나더라도 왕의 신변은 안전하였기 때문에 시립侍立하고 있던 외국인들은 왕의 피신을 강력하게 반대하였으며, 드디어 그와 같은 왕의 피신을 막기 위하여 강제력을 행사하지 않을 수 없었는데, 이러한 상태에서 왕이 몸을 피한다는 것은 오히려 왕의 신변을 위태롭게 하는 것이 틀림없었다. 이렇게 하여 대신들의 의도는 좌절되었으나, 시간이 흐름에 따라서 밖에 있는 군중들이 대궐로 몰려들어 올 수가 없다는 것이 확실하게 되었다. 아우성이 점차로 수그러지더니 드디어 군중들은 해산하고 벽을 기어오르다가 동료들이 뒤따라오지 않아서 시위대들에게 붙잡힌 3~4명만이 남아 있을 뿐이었다. 일본 정부의 입장을 고려하여 조선에 있는 일본인들은 전혀 침묵을 지키고 있었으며, 일본 정부도 자신의 입장을 고수하였다. 내각은 일본인에 의하여 훈련을 받은 군대로 조직된 시위대의 덕분으로 명맥을 유지하였다. 내각과 시위대는 필요상 힘을 함께 하지 않을 수 없었다. 왜냐하면 만약 그들의 권력이 무너진다면, 그들은 반역자로 비난을 받게 되어 그렇다고 해서 지금과 같은 상황 아래에서는 일본인들의 도움을 받는다는 것도 거의 희망이 없다는 것을 그들은 잘 알고 있었기 대문이다. 내각은 10월 5일의 대궐침입사건을 조사하는 척이라도 하여야 했으며, 누군가는 명성황후를 시해한 죄목으로 죽지 않을 수 없었다. 동시에 그와 같은 죄목은 11월 28일 밤 대궐을 처들어 오려고 하였던 괴수魁首들에게도 적용되도록 되었다. 대역죄에 직접적으로 가담하였다는 죄목으로 세 사람이 체포되어 재판에 회부되었다. 이들 중의 하나는 확실히 억울하게 체포된 사람이며, 두번째 사람은 일본인으로부터 훈련을 받은 군대의 중위로서, 그 때의 사건에 관련된 듯하지만, 그가 명성황후 살해에 직접 참여하였음을 입증할 증거는 없었다. 사실상 법원도 누가 실제로 범행을 하였는지는 알지도 못하였고 또 그를 색출하지도 못하였다. 그 세 사람은 연말에 처형되었다. 명성황후시해사건에 관련된 사람으로는 겨우 세 사람이 체포되었지만 11월 28일 밤의 사건은 비교적 경미한 것이었음에도 불구하고 33명이나 체포되었다. 그들은 전의 세 사람과 함께 동시에 재판을 받았다. 그들 중의 두사람은 사형선고를 받았으며 네 사람은 종신형을, 네 사람은 3년 구류형을 받았다. 이러한 판결들이 근거하고 있는 증거가 어떠한 것인가를 보여주기 위하여 이재선李載先 공公의 사건을 인용하지 않을 수 없다. 그는 몇 가지의 불순한 글을 얻어 그것을 '권한이 있는 기관', 이를테면 내각에 보내는 대신에 오직 왕에게만 그것을 보였음이 들어났다. 이러한 죄목으로 그는 3년 구류형을 받았다. 12월과 정월에는 사태가 어쩔 수 없이 절정에 이르렀음을 보여주었다. 내각은 한국인들의 가장 뚜렷한 특징이 되고 있는 상투를 자르도록 하는 칙령을 강제로 집행하였다. 전국적으로 커다란 소요가 일어났으며 백성들, 특히 남자들은 모두가 내각에 대하여 이를 갈았다. 광도재판소廣島裁判所는 미우라고로三浦梧樓와 그의 동료들의 무죄 방면을 선언하였으며, 그들 중의 몇 사람은 일본 정부의 공식 사절로 조선에 취임한다는 소문이 떠돌았다. 일이 이쯤 되자 일본 정부는 그 동안 '꼭두각시 내각'을 통하여 폐하를 더욱 굳게 올가매었으며, 어떤 영웅적인 조치를 취하기 전에는 그와 같은 상태를 벗어날 수 없다는 것이 명백하여졌다. 그러나 왕이 채택하려고 마련하였던 조치란 그로서는 저주스럽게만 보이는 그 치욕적인 자리를 더 계속 시켰을 뿐이다.

폐하는 러시아공사관에 몸을 피하기로 결심하였다. 당시의 러시아공사는 웨베르였는데, 그는 죽은 왕비와 우의를 나눈 유능한 인물이었다. 그가 어떻게 하여 왕실에 접근하였으며 왕의 계책이 어떻게 하여 그의 동의를 얻었는지에 관해서는 일반적으로 잘 알려져 있지 않지만, 그 위에 일어난 여러 가지 사건이나 러시아가 조선에서 활약하고자 하던 일들로 미루어 볼 때에 러시아 공사가 왕에 대하여 그와 같은 훌륭한 봉사를 할 수 있는 기회를 얼마나 환영하였던가를 알 수 있을 뿐만 아니라, 국상으로 하여금 그 때의 일을 결코 잊지 못하도록 은혜를 베푼 그의 대인 관계에 있어서의 탁월성을 쉽사리 알 수가 있다. 계획은 세부적인 것에 이르기까지 성공적으로 수행되었다. 여자들이 탄 교자가 밤낮 쉴 사이 없이 대궐문을 드나들고 나중에는 시위대들도 그들과 친숙하게 되었다. 그러다가 2월 11일 밤 황제와 태자는 호위병도 없이 근시近侍들이 멘 여자용 가마를 타고 몰래 빠져나가서 곧장 러시아 공사관에 도착하여 정중하게 영접을 받은 다음 공사관 건물 중에서 제일 좋은 방에 머무르게 되었다. 그와 같은 행동은 왕의 위엄을 손상하는 매우 한심스러운 일이었으나 그 당시의 형편으로 본다면 변명의 여지는 충분히 있다. 전체적으로 볼 때에 그 때의 일은 크게는 국가가 관련되어 있는 한 하나의 실수로 간주되지 않을 수 없다. 왜냐하면, 그러한 처사는 왕이 일시적으로 강요된 상황에 따라

은거함으로써 얻어질 수 있는 이익보다 더 해로운 새로운 요인들을 야기시켰기 때문이었다. 그러한 조처로 인하여 일본은 러시아에 대하여 앙심을 품도록 하는 잠재적인 요소가 야기되었으며, 러시아가 조선에 대하여 음모를 꾸밀 수 있는 길을 열어 주었는데, 러시아의 음모란 실제로 노일전쟁의 원인이 되었다고 볼 수는 없을지라도 그것을 촉진시킨 것은 사실이다. 만약 일본이 청일전쟁 이후에 조선에서 차지하였던 우위를 계속 유지할 수만 있었더라면, 일본은 러시아의 만주 침략을 다소 안심하는 눈으로 바라볼 수 있었을는지도 모르지만, 일단 조선이 분쟁 지역으로 화化하자 전쟁은 불가피하게 되었다. 2월 11일 아침 7시에 왕과 태자는 러시아공사관으로 돌아갔다. 대궐 안에 있던 내각이 이 사실을 안 것은 몇 시간이 지난 뒤였다. 왕은 자신이 신임할 수 있는 관리들을 각처로부터 호출함으로써 새로운 조각이 급속히 진전되었다. 박정양이 내각총리대신이 되었다. 지체없이 칙령을 내려 자신이 외국 공사관에 몸을 피한 것이 대단한 일이 아님을 밝히고 명성황후를 살해한 장본인의 처벌을 약속하고 단발령을 해제하였다. 이 칙령은 공사관의 대문과 서울의 각처에 게시되었다.

- 김홍집金弘集(1842~1896): 조선 후기의 문신이자 사상가, 정치인이다.
- 심상훈沈相薰(1854~미상): 조선 후기 이조판서, 선혜청당상, 궁내부특진관 등을 역임한 관료
- 박정양朴定陽: 조선 후기 총리대신서리, 궁내부대신서리 등을 역임한 문신

한국독립운동지혈사 상편(박은식 저. 1920) 상편. 제4장

일본인의 명성황후 시해와 유림儒林 의거

Japanese assassination of Queen Min and scholars' protest

을미년(1895) 8월 20일(음력) 일본인이 조선 명성황후를 시해弑害하였다.

이보다 앞서, 조선 궁중에서는 러시아와 연맹하여 일본을 배척하자는 설이 있자, 일본인들이 분노하여 그들을 제거하려 하였다. 일본 공사 이노우에 가오루井上馨가 7월에 해임, 귀국하게 되었을 때, 대궐 뜰에 들어가서 두 폐하를 뵈옵고 보물을 바친 뒤에, 황실의 안전을 확보하고 권력을 통일한다는 말을 6시간 동안 아뢰었는데, 정성이 말에 넘쳐흘렀다. 그래서 두 폐하께서는 그들이 성심으로 보호할 것이라 믿었기에 별다른 염려가 없었다. 그런 뒤에 미우라 고로三浦梧樓가 그 후임으로 서울에 와서 스기무라 후카시杉村濬 · 오카모토 류노스케 岡本柳之助 등과 비밀히 조선 왕후의 시해를 음모하였다. 그때 우리의 훈련영訓練營의 군대는 일본 사관 士官의 교습을 받았는데, 우범선禹範善(주: 우장춘 박사 아버지) · 이두황李斗黃 · 이주회李周會 등이 그 대장隊長이 되었다. 그런데 궁중에서 그들을 해산하려 하니, 우범선 등이 듣고 통분하게 생각하고 한 번 결투하려 했다. 미우라가 이에 스기하라 · 오카모토 등과 결의하고 우범선 등을 규합, 결탁하여 대응하게 하였다. 또 군대를 파견하여 공덕리에 가서 대원군을 협박하여 입내入內하게 하였다. 8월 20일 새벽에 일본 군대가 발포하면서 광화문으로 들어오니, 조선의 위병이 항거하여 약간의 살상이 있었으나 막아내지 못하였다. 연대장 홍계훈洪啓薰이 그들을 질타하다가 곧 피살되니, 일본 군대가 궁전 안으로 함부로 마구 뛰어 들어왔다. 그리고 일본인 사관이 지휘하여 정렬한 뒤에 각 문을 파수하며 자객을 방조하였다. 자객刺客 수십 명이 칼을 들고 전상殿上에 뛰어올라 날뛰며 고함을 지르고 을러댔다. 혹은 어체御體의 어깨와 팔을 범하여 끌어당기기도 하고, 혹은 어체御體의 측면을 향하여 권총을 발사하기도 하며, 혹은 궁인을 어전御殿에서 끌어내어 함부로 구타하기까지 하였다. 궁내대신 이경직李耕稙은 어전에서 피살되고, 태자는 붙잡히어 두발을 꺼들리고 갓과 신발이 벗겨졌는데, 칼을 들이대고 협박하면서 황후의 소재를 물었다. 그때 황후를 외국사람 토파진土巴津이 호위하여 전정殿庭에 있었는데, 여러 차례 힐문을 당하였으나 끝까지 가르쳐 주지 않아서 거의 태자의 생명이 위험하였다. 자객들이 두루 각 방을 수색하여 마침내 황후를 찔러 죽였다. 그리하여 비단 이불로 싸서 송판 위에 얹어 전정에 정원의 숲속으로 옮겨 땔나무에 기름을 부어 시체를 불태워 버렸다. 조금 뒤에 미우라 일본 공사가 궁중의 안뜰에 들어와 뵈옵자 자객과 일본군은 궁궐 밖으로 물러갔다. 이에 각국의 공사 公使들 간에 한결같이 비방하는 여론이 들끓었다. 일본 황실에서는 부득이 미우라 일본 공사 등을 체포하여 광도廣島에 도착하여 재판을 열었으나, 그들은 '범죄의 실행이 모두 확실한 증거가 없다'하고 미우라 이하 자객들을 모두 석방하였다.

'춘추春秋'의 의리에, '임금이 시해되어도, 적을 토죄討罪(저지른 죄목을 들어 엄하게 꾸짖음) 하지 못하면 기록에 '장葬 자를 쓰지 않는다' 하였으니, 그것은 신민臣民이 없다는 말이다. 이제 조선은 국모가 왜倭적에게 시해되었는데 복수할 거사가 없다면, 어찌 나라에 신하와 백성이 있다고 할 수 있겠는가. 이에 충청도 제천군堤川郡의 유생 유인석柳麟錫은 이인영李麟榮 · 이강계李康季 등과 함께 의병을 일으켜 적賊을 토벌하기로 하고 사방에 격문을 보냈으며, 지평군砥平郡 사람 맹영재孟英在 · 김백선金伯善도 또한 군사를 일으켜 이에 호응하여, 일본 군대와 수개월 동안 교전하여 서로 살상이 있었다. 유생 허위許蔿는 선산善山에서 일어나고, 승지 이설李偰 · 김복한金福漢은 홍천洪州(충남 홍성)에서 일어났으며, 유생 기우만奇宇萬은 장성長城에서 일어나고, 이병채李秉埰는 흥양興陽(전남 장흥)에서 일어났다. 낚싯대에 매단 깃발과 나무로 만든 무기로 비록 공은 이루지 못하였으나, 적을 토벌하여 원수를 갚으려고 한 그들의 정의 正義는 실로 백성의 떳떳한 도의를 부식扶植(힘이나 영향을 미치어 사상이나 세력 따위를 뿌리박게 함) 하기에 넉넉하다고 하겠다.

을미사변 범행 배후 및 교사자

The mastermind behind and instigator of the Japanese murder of Queen Min.

이노우에 가오루井上馨

야마가타 아리토모山縣有朋

하나부사 요시모토花房義質

이토 히로부미伊藤博文

사이온지 긴모치西園寺公望

미즈노 렌타로水野 鍊太郎

노무라 야스시 野村 靖

요시카와 아키마사芳川顯正

오야마 이와오大山巖

가와카미 소로쿠川上操六

스에마쓰 겐초末松謙澄

무쓰 무네미쓰陸奧 宗光

을미사변 범행 방조 및 사후 보고자 명단

이시즈카 에이조石塚英蔵 외 우치다 사다쓰지內田定槌. 니이로 도키스케新納時亮

을미사변 범행 기획, 지휘, 가담자 명단

Planning, command, and list of participants in the murder of Queen Min

미우라고로 三浦梧楼　　시바 시로柴 四郎　　스기무라 후카시杉村 濬　　구스노세 유키히코楠瀬幸彦

호리구치구마이치堀口 九萬　　오카모토류노스케岡本 柳之助　　아다치겐조安達謙蔵　　스기야마 시게마루杉山茂丸

아사야마 겐조浅山顯蔵 1850～ 공사 보좌관
시부타니 가토지澁谷加藤次 1855～미상
시부타니 후미히데澁谷文英
오오우라 시게히코大浦茂彦
하스모토 야스마루蓮元泰丸
우마야바라가네모토馬屋原務本 일본군 지휘
이시모리 요시나오石森吉猶 공관 수비대
다카마쓰 데쓰다로高松鉄太郎 공관 수비대
고이토 유키부미鯉登行文 공관 수비대
후지토 요조藤戸与三 수비대 1중대장
무라이 우소村井右宗 수비대 2중대장
마구 마사스게馬來政輔 수비대 3중대장
미야모토나케타로宮本竹太郎 수비대
마키 구마토라木 熊虎
사사키타다시佐々木 正 한성신보 기자
히라야마쓰마누마平山岩彦 한성신보 객원, 이경직 살해
미야토모유키宮住勇喜 한성신보 직원
우시지마히데오牛嶋英雄 한성신보 직원
야마다츠세이山田烈盛 일본신문 특파원
기쿠치겐조菊池謙讓 국민신문 특파원
요시다유키치吉田友吉 보지신문 특파원
오오사키마사요시大崎正吉
다케다한시武田範治
스기야마시게마루衫山茂丸
히로다토메요시廣田止善
구마베요네기치隈部米吉
마에다도시죠前田俊蔵
스즈키준켄鈴木順見

오기하라 히데지로荻原 秀次郎
와타나베 다카지로渡辺 鷹次郎
오타 토시미쓰小田俊光
나루세 기시로成瀬 喜四郎
요코오 유지로横尾 勇次郎
사카이 마스다로境 益太郎
시라이시요시다로白石 由太郎
키노와키요시노리木脇祐則 외무성 순사, 궁녀 살해
사세구마테쓰佐瀬熊鐵 경무청 의사
아다치겐조安達謙蔵 1864～1948 한성신보 사장 겸 낭인 총괄
구니토모시게아키國友重章 한성신보 주필 겸 낭인 모집책
고바야가와히데오小早川 秀雄 한성신보 편집장
히라야마이와히코平山勝熊 한성신보 기자
츠키나리히카루月成 光)
도오가츠아키藤勝 顯 왕후 시해
스즈키시게모토鈴木重元
데라자키다이키치寺崎泰吉
삿사마사시佐々 正之
나카무라다테오中村楯雄 왕후 참살
난바하루키치難波春吉
마쓰무라다츠키松村辰喜
다나카겐도田中賢道
사토게이타佐藤敬太
가타노다카오片野猛雄
사와무라요시오澤村雅夫
이에이리가키치家入嘉吉
나카지마히데오中島英雄

일본 측 관련자들의 영전

을미사변에 관련된 일본 측 관련자들은 대부분 영전, 크게 영달하였다. 가장 대표적인 인물 중 하나가 가와카미 소로쿠, 그 외에 시바시로, 구스노세유키히코, 아다치겐조 등이 있다.

- 가와카미소로쿠(川上操六, 1848년생): 을미사변 당시 참모차장으로 있으면서 총책 역할을 하였다. 그 결과 을미사변 2년 뒤에 육군참모총장이 된다. 육군참모총장은 역대로 왕족들이 맡아오던 자리인데, 왕족이 아니면서 최초로, 또한 중장 계급으로 전무후무하게 육군참모총장이 되었다. 1884년에 구미제국의 병제를 시찰할 때만 해도 오오야마 이와오(大山巖, 1842년생)를 수행하고 왔지만, 1898년 같은 가고시마 출신으로 6살이나 선배인 그를 제치고 참모총장 자리에 먼저 오른 것이다. 당시 그에 대한 일본 내의 평가가 어떠했는지 알 수 있다.

- 미우라고로(三浦梧楼, 1847년생): 을미사변 때 조선공사로 범행 실행을 총괄하여 사건이 국제적으로 비화하자, 무마 차원에서 일시 구류되었으나, 곧 무죄 방면되자 일왕이 버선발로 뛰어나와 그를 맞았다 한다. 후에 추밀원 고문관 겸 궁내관으로 등용되었다.

- 스기무라후카시(杉村濬, 1848년생): 을미사변 때 조선공사관 일등서기관으로 무죄 면소되어 석 달 뒤 대만총독부 내무부장으로 영전했다.

- 시바시로(柴四郎, 1853년생): 을미사변 때 조선공사 참모로 범행 전반을 총괄 기획했고, 무죄 면소되어 정치가로 변신, 중의원 10선의원, 농상무 차관, 외무 참정관을 지냈다.

- 구스노세유키히코(楠瀬幸彦, 1858년생): 을미사변 때 포병중좌로 조선공사관 무관이었다. 낭인 일당과 일본군들을 범죄 현장으로 인솔 지휘하였으나, 군사재판에서 무죄 면소되어 대만총독부 참모, 서부도독부 참모장, 12사단 참모장을 거쳐 1901년 장군이 되었고, 후에 육군 중장으로 육군대신을 지냈다.

- 호리구치구마이치(堀口九萬一, 1865년생): 을미사변 때 조선공사관 영사관보로 무죄 면소되어 정직 1년 후 복직되어 후에 스페인공사 등을 지냈다.

- 이시즈카에이조(石塚英藏, 1866년생): 을미사변 때 조선고문관으로 직접 간여하지는 않았으며, 후에 대만 총독을 지냈다. 사건 후 그가 작성해 일본 법제국장에게 보낸 보고서는 미우라 고로 등의 처벌 가능성을 개진해 그나마 최소한의 양심적 단면을 보여주었다.

日정부 명성황후 시해 개입 물증 111년 만에 '햇빛'

Physical evidence of Japanese government involvement in Empress Myeongseong assassination revealed after 111 years

> "별첨한 글을 보고 실로 경악해 마지않았습니다.
> 말씀하신 것처럼 확실한 것은 세외(世外) 백작을 즉각 도한(渡韓)시켜야 한다는 것입니다.
> 보내 주신 가르침대로 내외(內外)에 대해 방관 좌시하는 것은 도저히 참을 수 없는 일입니다.
> 각의에서 결정되는 대로 단행하시기를 희망합니다."

명성황후 시해 석달 전, 야마가타 육군대장이 무쓰 외상에게 보낸 편지 중에서

조선과 관련된 문제에 전권을 위임받았던 이노우에 가오루가 당초 명성황후에 대한 회유책을 제시했던 그는 일본 각의의 의견을 받아들여 명성황후 시해를 수행할 자신의 후임자로 육군 중장 출신의 미우라 고로를 추천한 것으로 보인다.

야마가타 아리토모　무쓰 무네미쓰

1895년 10월 8일 명성황후가 잠들어 있다가 일본 군대의 호위를 받은 낭인들의 급습으로 참변을 당한 경복궁 내 옥호루. 동아일보 자료 사진

"정말로 무서운 것을 찾아냈다. 일본인으로서는 짐작은 했지만 찾아내기는 힘든 것이다. 역사의 진실은 반드시 드러나게 돼 있다."

"I found something really scary. As a Japanese person, I guessed it, but it was difficult to find. The truth of history must be revealed."

일본 정부가 명성황후 시해에 직접 개입했음을 방증하는 야마가타 아리토모山縣有朋 육군대장과 무쓰 무네미쓰陸奧宗光 외상 사이의 편지를 보고 고야쓰 노부쿠니(子安宣邦·정치사상가) 일본 오사카大阪대 명예교수는 이런 반응을 보였다. 지난달 중순 한국학중앙연구원의 세계 석학 초청 강좌에 초대된 고야쓰교수는 최문형 한양대 명예교수가 일본 헌정 자료실에서 찾아낸 이 편지의 해독에 큰 도움을 줬다. 한자학에도 조예가 깊은 그는 일본 메이지시대의 한문 서체를 전공한 일본인 학자들을 동원해 그 뜻을 명확히 규명해 주었다.

▽ "1895년 7월 8일'의 의미 = 이 편지의 의미를 이해하기 위해 가장 중요한 것은 편지가 쓰인 시점. 1895년 7월 8일은 일본 정부의 정책이 회유책에서 강경책으로 전환하기 직전이었기 때문이다."

1894년 청일전쟁에서 승리하면서 조선에 대한 독점적 권한을 확보했다고 자신했던 일본은 1895년 4월 러시아 프랑스 독일의 3국 간섭으로 랴오둥遼東반도를 되돌려 주었다. 이를 지켜본 명성황후는 러시아를 끌어들이고 일본을 배격하는 '인아거일引俄拒日' 책으로 돌아서 5월 13일 친일파의 거두인 군부대신 조희연을 파면한 뒤 28일에는 친일 성향의 2차 김홍집 내각을 해체하고 친러파를 대거 기용했다.

VUE DU PAVILLON OKHORU AU PALAIS GYEONGBOKGUNG OÙ LA REINE FUT ASSASSINÉE
photographie datant de la fin du XIXè siècle   date incertaine

이노우에 오루井上馨 주한 일본공사는 본국 정부와 이 문제를 협의하기 위해 6월 20일 귀국했다. 이처럼 일본에 불리한 상황은 7월 8일 직전에 반전한다. 7월 5일 아오키슈조青木周藏 주독일 일본공사가 '독일의 이탈로 3국 연합은 매장만 안 된 시체'라고 보고해 왔기 때문이다. 그런데 갑신정변(1884년)의 실패로 일본에 망명했다가 이노우에의 압력으로 갑오개혁(1894년) 때 내무대신에 임명된 박영효가 7월 6일 역모사건으로 실각했다는 보고가 접수됐다. '내외內外에 대해 방관 좌시하는 것은 도저히 참을 수 없는 일'이라는 편지 글은 이런 배경에서 나온 것이다.

▽ 편지 속 인물들=이 편지에는 메이지시대의 3대 거물 정치인이 등장한다. 편지를 쓴 야마가타는 메이지 유신의 공신으로 일본 육군의 창설자이자 1889~1891년 총리를 지낸 거물로 일왕의 자문에 응해 막후에서 국사를 좌지우지한 겐로元老였다. 당시 일본 정치는 조슈번(지금의 야마구치·山口현) 출신이 장악하고 있었는데 총리 이토 히로부미伊藤博文, 야마가타, 그리고 편지 속 세외世外 백작으로 등장하는 이노우에가 원로 역을 맡고 있었다. 특히 이노우에는 직함은 국장급인 공사였지만, 이토와 영국 유학을 같이 다녀온 친구 사이로 1차 이토 내각의 외상, 2차 이토 내각에서 내상을 맡은 인물이었다. 형식상 이노우에의 상관이자 편지를 받은 무쓰외상은 이노우에가 외상을 맡았을 때 전격 발탁한 인물이다. 무쓰는 그해 6월 5일부터 폐병으로 도쿄 인근 오이소大磯에서 요양 중이었다.

▽ 편지의 재구성=일본의 역사소설가 쓰노다 후사코角田房子는 '민비 암살-조선왕조 말기의 국모'라는 책의 결론에서 무쓰 외상이 동향 후배로 시해사건에 가담했던 오카모토 류노스케岡本柳之助가 보낸 편지를 읽고 비로소 명성황후 시해사건을 알았다며 "아무리 자유로운 상상력의 날개를 펼쳐도 일본 정부와 이 사건 사이에는 직접적인 관계가 없다'고 주장했다.

그러나 야마가타의 편지의 내용을 볼 때 무쓰는 명성황후 시해사건 전에 모종의 강경책을 제시했음을 추론할 수 있다. 야마가타가 편지에서 '경악을 금할 수 없다', '도저히 참을 수 없다'는 말과 함께, 각의에서 결정되는 대로 단행하시기를 희망한다고 쓴 것은 무쓰의 강경책에 동의한 것이라는게 최교수의 해석이다.
이 문장에 우리말 존대어미 '시'에 해당하는 어御가 쓰였는데, 최교수는 이를 두고, 한국 문제에 전권을 지니고 있던 이노우에가 일을 단행하기를 바란다는 뜻이라고 해석했다. 이노우에는 무쓰보다 여덟 살, 야마가타보다 두 살이 더 많다. 이노우에는 귀국 직후 조선 조정에 300만 엔의 기증금을 주는 방식으로 명성황후를 회유하자는 안을 제시했다. 하지만 이는 일본 내각의 생각과는 거리가 있는 제안이었고 편지는 이노우에가 각의 결정을 받아들여 강경책으로 선회하기를 바란다는 뜻을 담았다는 것이다.

최교수는 일본 각의가 사실상 명성황후 제거 결정을 내린 때를 바로 이 시점으로 보고 있다. 기증금안을 제시했던 이노우에가 문제의 편지가 쓰인 7월 8일 직후에 돌연 자신의 후임으로 동향의 육군 중장 출신의 미우라 고로三浦梧樓를 추천했기 때문이다. 한일 관계 최고 전문가로 '백의종군'에까지 나섰던 이노우에가 긴박한 시기에 외교의 문외한인 미우라를 후임으로 추천한 것은 손에 피를 묻히는 일에는 자신보다 '칼잡이'가 적격이란 생각 때문이었을 것이라는 추론이다. 최교수는 이번에 발견된 자료를 보완해 곧 '명성황후 시해의 진실을 밝힌다'의 완결판을 출간할 예정이다. 2004년 일역판(사이류샤 · 彩流社)이 나왔던 이 책은 현재 영역 작업도 진행 중이다.

권재현 기자 confetti@donga.com

PROCESSION FUNÉRAIRE EN L'HONNEUR DE LA REINE MYEONGSEONG
photographie du journaliste russe Sergeï

date incertaine

명성황후를 기리기 위한 장례 행렬　　사진: Russe Sergei

1895~1896
러시아 장교 조선 여행기
Russian officer's travel story in Joseon, 1895~1896

내가 본 조선, 조선인
카르네프 외 4인 지음
혼란스러운 조선의 상황을 러시아 장교 탐험대의 여행기록에서 명성황후 시해사건을 직시한다.

우리가 목격한 왕비 시해 사건(The Queen's Murder Case We Witnessed)

러시아 장교 탐험대가 한성에 머무는 동안 일본인들은 자신들이 저지른 잔악한 행위에 대하여 아무런 해명과 반성도 하지 않았다. 명성황후 시해사건은 1895년 9월 25일에서 26일 밤 사이에 일본 황실 정부, 한성 주재 일본 공사와 흉도들에 의해서 저질러졌다. 새벽3시에 궁궐은 무장한 일본군들에게 포위되었다.

Queen Myeongseong was murdered between the night of September 25th and 26th, 1895 by the Japanese imperial government, the Japanese ambassador to Seoul, and thieves. At 3 a.m., the palace was surrounded by armed Japanese soldiers.

그리고 일본 군대가 훈련시킨 300여 명의 조선 신식 군인들로 구성된 부대가 경복궁 내 서북쪽 추성문秋成門(왕이 출입하는 문)과 동북쪽 춘생문春生門에 배치되었다. 궁궐에는 궁정 방위 대책을 수립하기 위하여 장군이 머무르고 있었지만, 당직실에는 장교가 없었고 궁정의 경비는 해제된 상태였다. 군 지휘관은 동서문에 배치된 조선 신식 부대를 해산하라고 명령을 내렸지만 이행하지 않았을 뿐만 아니라, 그 명령을 내린 지휘관이 신식 부대의 상관도 아니며, 그 부대에 대해서는 일본 교관들만이 명령을 내릴 수 있다는 대답을 들어야 하였다.

궁궐이 일본군과 조선 신식 부대의 병사들에 의하여 포위되었다는 소식이 궁궐 안에 전해지자, 왕은 농상공부 대신인 이범진李範晉에게 미국과 러시아 공사관으로 가서 도움을 요청하라고 명령하였다. 하인 복장으로 변장한 이범진은 서쪽 성벽을 기어올라가고 나서야 몰래 궁을 빠져나가기가 불가능하다는 사실을 깨달았다. 왜냐하면 이미 병사들이 포진하고 있었기 때문이었다. 그는 성벽의 동남쪽 구석에 서 있는 탑으로 올라갔다. 이곳에는 두 명의 일본 병사만이 보초를 서고 있었다. 이범진은 그들이 잠시 멀어질 때를 기다려 성벽에서 뛰어내렸다. 그는 다리를 다쳤지만 그래도 뛰기 시작하였다. 그가 미국 공사관 가까이까지 다다랐을 때 궁궐 쪽에서 첫 번째 총성이 울렸다. 이범진은 찢어진 하인 복장 차림으로 러시아 공사관으로 달려가서 단숨에 말하기를, 일본인들이 아마도 왕비를 죽이려는 목적인 듯 무장한 채 궁궐로 쳐들어왔으며, 이에 왕은 황급히 러시아와 미국 대표들이 도와주러 와주기를 요청한다고 하였다. 그러는 동안, 북쪽에서 울린 첫 번째 총성을 신호로 오전 다섯 시에 일본인 몇 명이 사다리를 타고 성벽을 넘었다.

남쪽 성벽을 넘은 그들은 총으로 보초들을 위협하여 쫓아버린 뒤 궁궐 밖에 포진하고 있던 훈련대 병사들이 진입할 수 있도록 성문을 열어주었다. 이와 동시에 동문으로 침입한 일본과 훈련대 병사들은 사다리를 타고 작은 북문으로 올라가서 내부 경비병들을 총으로 위협하여 쫓아낸 뒤, 문을 열고 병사들을 불러들여서 궁궐의 북쪽 지역을 점령하였다. 훈련대 병사들은 일본 장교의 지휘 하에 궁궐 가운데에 포진하였고, 궁궐 내부와 정원으로 통하는 왕비 처소의 두 문 앞에는 두 명으로 조를 이룬 일본 병사들이 각각 지키고 있었다.

왕비의 곁채가 있는 마당에는 긴 칼을 찬 일본인(오카모토 류노스케) 지휘 아래 사복을 입고 칼로 무장한 일본인들로 가득하였다. 그들은 소리를 지르면서 마당을 휘젓고 돌아다녔고, 왕비가 숨어 있는 곳을 알만한 이들을 잡아서 추궁하다가 말을 듣지 않으면 죽여버렸다. 그러나 그 누구도 그들에게 왕비의 거처를 알려주지 않았다. 일본인들은 왕비가 궁녀들 속에 숨어 있다고 생각하고 무방비 상태인 궁녀들을 무자비하게 죽이기 시작하였다. 궁정에 있던 대신(궁내부 대신 이경직)이 일본인들에게 달려가 그들 앞에서 무릎을 꿇고 두 손을 비비며 용서를 빌었지만 일본인들은 단번에 칼로 그의 손을 베었고, 그는 피를 흘리며 쓰러졌다. 일본인들은 왕비를 찾기 위하여 궁녀들 사이를 뛰어다녔지만, 왕비를 포함한 모든 궁녀들은 한결같이 이곳에는 왕비가 없다고 대답하였다. 그러나 왕비는 더 이상 그러한 상황을 견디지 못하고 복도로 달려 나갔다. 일본인들이 뒤쫓아가 왕비를 잡아 바닥에 넘어뜨리고 왕비의 가슴을 다리로 세 번 짓누른 뒤 마구 때리기 시작하였다. 일본인들은 얼마 후 살해된 왕비를 가까운 숲으로 데려가서 등유를 끼얹은 뒤 불에 태웠다. 1895년 9월 26일(양력 10월 8일)의 참극은 이렇게 끝났다.

The Japanese chased after the queen, threw her to the floor, pressed her chest three times with their legs, and began beating her. The Japanese soon afterwards took the murdered queen to a nearby forest, doused her with kerosene and set her on fire. This is how the tragedy on September 26, 1895 (October 8 in the solar calendar) ended.

일본인들은 파렴치하게도 역사상 유례없는 사건을 저질렀다. 인류사에 다른 민족이 자국의 군대나 공사관의 비호 내지는 지휘 아래 국왕이 머무는 궁궐 안으로 떼지어 침입하여 왕비를 시해하고, 그 시체를 불에 태우는 일련의 잔인한 살인과 폭행을 저지르고도, 만인이 보는 앞에서 벌어진 일을 매우 불손한 태도로 부인한 사건은 이전에는 한 번도 없었던 것이다.

The Japanese shamelessly committed an unprecedented incident in history.
In human history, other peoples, under the protection or command of their own troops or legations, invaded the palace where the king was staying, murdered the queen, and burned her body, committing a series of cruel murders and assaults. What happened in front of everyone? There has never been a case before where this was denied in such a disrespectful manner.

일본인들이 이 유혈 폭력을 감행한 직후 대원군과 일본 공사 미우라고로가 거의 동시에 일본 병사들과 함께 남문을 통하여 들어왔다. 일본인들은 즉각 왕에게 가서 왕비의 칭호를 박탈하고 왕비를 평민 신분으로 격하시키라는 포고령을 제출하라고 협박했다. 왕은 격분하여 자기 손을 내밀고 손가락을 가리키면서 '이 손가락들을 자르라. 그래도 이 손이 움직일 수 있다면 당신들이 내게 요구하는 것을 써주겠노라. 그러나 그 때까지는 결코 그 어떤 일도 하지 않을 것이다.'라고 말하였다.

The Japanese immediately went to the king and threatened to submit a proclamation to strip the queen of her title and downgrade her to the status of a commoner
The king became furious, stretched out his hand and pointed his finger. "Cut off these fingers. Still, if this hand could move, I would write what you ask of me. But until then, I will never do anything."

그러나 왕비는 평민 신분으로 격하되고 말았다. 물론 왕의 동의도 없는 상태에서였다. 9월 28일(양력 10월 1일) 궁에서 발표된 성명에는 왕의 서명도 들어 있지 않았고 옥새도 찍혀 있지 않았다. 유감스럽게도 왕비가 죽임을 당한 이후에 궁 안에서 심상치 않은 일이 벌어지고 있다는 소식을 전해 들은 러시아와 미국의 대표들과 참사관들, 그리고 왕의 측근들이 속속 궁에 도착하였다. 긴급하게 소집된 대표들은 그 날로 일본 공사에게 왕비가 시해된 일과 9월 25일~26일(양력 10월 7일~8일)에 대원군을 시 외곽에 있는 그의 자택에서 서울로 호송한 일에 대한 진상을 해명하라고 요구하였다. 그러자 일본 정부는 러시아 정부에게 서울에서 벌어진 소요에 대하여 깊은 유감을 표시하였고, 러시아 공사와 함께 진상을 조사할 전권을 부여받은 이를 파견하겠다고 말하였다. 왕비 시해 사건을 계기로, 왕의 신임을 얻어 왔던 것으로 알려진 사람들과 왕비파에 가담하였던 사람들에 대한 박해가 곧바로 개시되었다. 다음날에는 몇몇 대신들과 주요 관리들을 경질한다는 명령이 공포公布되었다. 러시아 공사관에 9월 26일의 끔찍한 소식을 전하였던 농상공부 대신이자 왕의 사촌인 이범진은 박해를 피하여 러시아 공관에 머무르기로 하였다.

9월 27일, 대원군은 다음과 같은 성명을 발표하였다.

"우리나라에는 나라의 발전을 해치며, 왕에게 진실되고 충실한 이들과 사상이 온건한 이들을 박해하며, 500년 왕조에 피할 수 없는 파멸을 초래하려는 반역자와 악인들이 존재하고 있다. 나는 왕족으로서 경각의 위기에 처한 나라의 운명을 좌시할 수 없다. 궁으로 돌아가 왕을 보살피고, 진정한 진보를 위한 기반을 다지고 500년 왕조를 되찾을 시간이 이제 내게 다가왔다. 백성들에게 부탁하노니, 안심하고 자신이 맡은 일을 계속하고 내가 취하는 조치들을 지지해 달라. 반대하는 자들에게는 무서운 고문과 형벌이 가해질 것이다"

김홍집金弘集을 우두머리로 한 내각은 9월 26일의 참사로 치욕을 당한 왕의 반대파를 중심으로 구성되었다. 국모로 추앙받던 왕비가 시해된 사건은 백성을 자극하여 새롭게 구성된 내각은 백성들의 증오의 대상이 되었다. 김홍집 내각은 사치를 막는 법령을 반포하면서 동시에 민중의 관습과 의복 형식까지 바꾸는 일대 혁신을 단행하였다. 개혁은 강제적이고 부당하게 실시되었기 때문에 백성들은 격노하기 시작하였다. 마침내 왕의 주변에 있던 일본인의 하수인들이 왕이 자신 스스로 상투를 자르고, 왕으로 하여금 백성들의 상투를 자르게 하라는 명령서에 서명하도록 하자 백성들의 인내심은 극에 달하게 되었다. 급기야 곳곳에서 백성들이 일어나 관리들을 살해하고 관리들의 집을 불태우며 온 나라가 소요에 휩싸이게 되었다. 서울에서 강제로 머리카락을 잘린 조선인들은 마치 사형 선고를 받은 듯 고개를 떨군 채 거리를 헤매고 다녔다. 또한 단발령에 반대하는 군중들이 머리카락을 잘린 불쌍한 백성들을 개혁의 협력자로 몰아 죽였기 때문에 자칫 소요에 휩싸인 지역에 가게 되면 죽음의 위협을 받기도 하였다. 한번은 다음과 같은 우스운 일도 있었다. 의병 중 한 사람이 총으로 잡은 들새를 팔려고 서울에 갔다가 그곳에서 머리카락을 잘리게 되었는데, 결국 그 때문에 의병들에게 다시 돌아가지 못하였다고 한다. 조정은 질서를 회복시키기 위하여 조선 신식 부대 2개 대대를 동원하여 다음과 같이 파견하였다.

1) 4명의 일본 교관이 이끄는 210명의 병사들을 서울에서 북서쪽으로, 즉 평안도로,
2) 6명의 일본 교관에 315명의 병사들을 서울에서 남쪽으로, 즉 충청도와 전라도로,
3) 6명의 일본 교관에 315명의 병사를 강원도 지역인 춘천과 원주로 각각 보내고,
4) 부산 요새의 일본 병사들은 경상도 지역인 진주로 향하였다.

소요가 확대되기 시작하자, 신식 군대 중에서 840명의 병사를 선발해 더 보내려고 하였으나 그것은 시행되지 않았다. 조정에서 파견한 신식 군대에 맞선 의병들의 세력도 만만치 않았다. 강원도에서는 대원군의 지지자였던 이소응이 지휘하는 의병들이 무기고를 불태우고 관찰사를 죽였다. 이소응은 자신의 부대를 조직하고 좋은 총기를 확보하여 명사수인 호랑이 사냥꾼들까지 동원하여 서울에 파견 온 관군을 격퇴시켰다. 이 일로 인하여 정부군 병사 315명 가운데 30명이 목숨을 잃었다. 서울에서는 폭도들을 물리치기 위하여 420명의 수비대를 더 파견하고, 수도 방위를 위하여 부대의 노역자와 하급 근무자들로 제3대대를 편성하였으며, 800명의 정부군을 더 동원하기로 결정하였다. 그에 필요한 무기와 탄약은 일본인들이 공급해 주기로 하였다. 조정은 위기에 처한 서울을 보호하기 위하여 저녁이 되면 도시의 성문들을 닫아 두던 옛 관습을 다시 시행하기로 하였다. 성문에는 이틀간 경비병들이 배치되었다. 의병들은 서울에서 동쪽으로 50베르스타(53Km) 지점에서 조정 소유의 화약이 저장되어 있는 창고를 점령한 뒤 도시로 진격하였다. 그로 인하여 원산과 부산, 청주로 연결되는 전선電線들은 모두 못쓰게 되었다. 그러나 그들 부대는 지휘 계통이 서 있지 않아서 활동이 산발적이었고, 세력도 합해지지 못하였다. 무장한 백성들을 일컬어 '의병'이라고 하였다.

낙산에서는 40명의 의병이 5만 냥의 국고가 들어 있는 궤를 약탈하였다. 다금은 의병들에 의해 파괴되었는데, 용감한 관찰사는 농민 30명을 일당 70량에 고용하여 부대를 조직한 뒤 다금에서 25베르스타(26.5Km) 지점에 있는 의병들을 공격하여 쫓아 내었다. 그러나 정작 자신은 부상을 입었다. 서울 근교에만 해도 의병들의 수는 매우 많았다. 상당수의 의병들이 2월 말과 3월에 전라도의 나주와 경상도의 진주로 모여 들었다. 소문에 의하면 진주에는 1,000여 명이 모였다고 한다. 4월 초, 그들은 500명으로 구성된 신식 부대에 의해 해산되었다. 선동자 중 몇 명은 사형을 당하였지만, 대부분의 의병들은 무기를 가지고 도망쳤다. 그들은 관군이 퇴각하면 다시 뭉치곤 하였다. 특히 남쪽 지방의 의병들은 이 나라에서 일본인들을 몰아내기 위한 목적으로 조직되었다.

- 러시아 참모본부 소속: 육군 대령 카르네프 · 보좌관 육군 중위 마히일로프 · 육군 중령 알프탄 · 육군 중령 베벨리 · 정부 관리 다테슈갈라안 공후
- 이범진李範晉(1852~1911): 조선국 공조참판 등을 지낸 대한제국 시대 정치인이며 순국지사 출신이다.
- 오카모토류노스케岡本 柳之助(1852~1912): 을미사변 당시 낭인을 지휘한 주모자

아관파천 당시의 상황

자신의 거처인 궁궐에서조차 포로가 된 왕은 더 이상 안전을 보장받을 수 없는 처지가 되었다. 왕의 주변 인물들 중에는 당연히 있을 보복을 피하기 위하여 왕을 죽이려는 자들도 있었는지 모를 일이었다. 그런 상황에 위험을 느낀 왕은 세자와 함께 러시아 공사관에 도움을 청하기로 하였다. 1월 28일 저녁에 일본정부는, 의병들이 서울로 입성하였을 때 발생할 수 있는 모든 상황에서 공사관과 서양인들을 보호하기 위한 명분으로 파병한 두 명의 장교와 100명의 수병들이 대포를 가지고 서울에 도착하였다. 이에 따라 러시아 공사관에서도 우리와 함께 장교 다섯 명과 카자크인 4명, 수병 135명, 그리고 대포 한 대를 배치하였다. 알렉세이 니콜라예비치 슈페이에르Алексей Николаевич Шпейер 공사는 나에게 공사관을 방어할 준비를 하라고 명령하였다. 나는 공사관을 방어하기 위하여 공사관 주변을 소구역으로 나누고, 주야로 감시하는 초소를 설치한 후 총을 편히 놓을 수 있도록 발사 지점의 벽에 흙을 쌓아 올렸다. 러시아 공사관 주변 지역 전체는 특수 부대 지휘아래 들어갔고 경보 신호 전달 방법과 부대의 교신 방법들을 시험하기도 하였다. 공사관에는 병사들을 모두 수용할 수 없었으므로, 길 건너 러시아 영사의 집에 나누어 분산시켰다. 1월 30일(양력 2월 11일) 오전 7시 30분, 동쪽 담에 있는 쪽문 앞에 가마 두 대가 나타났다. 당시 공사관에 머물고 있던 이범진은 이른 아침에 왕이 궁을 떠나 우리 공관으로 오기로 하였다는 것을 미리 알고 우리에게 그 소식을 전해주었다. 쪽문은 곧바로 열렸고, 공관 안으로 가마들이 들어왔다. 가마 한 대에는 궁녀 한 명과 왕이 타고 있었고, 다른 가마에는 궁녀와 세자가 타고 있었다. 물샐 틈 없는 감시를 받아왔던 왕은 궁녀들과 장교 이기동의 지휘로 궁에서 탈출하는 데 성공한 듯하였다. 탈출은 이렇게 이루어졌다. 왕비의 빈전에는 궁녀들이 머무르고 있었는데, 이들은 아침 일찍 가마를 타고 궁궐의 안뜰까지 간 다음 다른 궁녀들과 교대하곤 하였다. 이 나라의 관습에 따라 여자들의 가마는 건드리지 않게 되어 있었다. 그리고 왕은 새벽까지 일하고 매우 늦게 잠자리에 드는 습관이 있어서 보통 정오에 일어났다. 왕의 이런 습관을 잘 알고 있어서 이른 아침에는 그 누구도 왕을 감시하지 않았다. 그 날 아침에 왕은 궁녀의 가마를 타고 궁을 빠져나왔다. 가마꾼들조차도 공사관에 도착해서야 왕이 가마에 타고 있었음을 알았을 정도로 모든 것이 비밀리에 이루어졌기 때문에, 이른바 아관파천俄館播遷 계획이 성공하였던 것이다. 러시아 공사관은 즉시 K.I. 베베르 전 공사가 묵고 있는 건물에 딸린 두 방을 왕에게 제공하였다. 그리고 왕의 위임을 받은 공사관 측은 조선 내의 모든 외국 대표들에게 조선의 국왕이 현정세가 불안하여 궁궐에 머무는 것이 자신의 생명에 위험하다고 판단하여 세자와 함께 러시아 공사관에 피신하기로 결정하였다고 알렸다. 이 날 정오에 왕은 미국의 대리 공사실에서 보내온 편지를 읽는 것과 동시에 모든 외국 대표단들에게 알현을 허락하였다. 모든 외국 대표들은 왕의 결정에 찬성하였고, 러시아의 대표인 K. I. 베베르 전 공사와 A. N. 슈페이에르 공사에게 진심으로 축하해 주었다. 일본 대리 공사인 고무라는 일본의 영향력에 결정적인 타격을 입었다는 것을 인정하면서도 겉으로는 이 새로운 사태에 태연히 대처하였다.

- 아관파천俄館播遷: 1896년 2월 11일부터 1897년 2월 20일까지 1년 9일간 조선 고종과 세자가 경복궁을 떠나, 어가를 러시아 제국 공사관으로 옮겨서 파천한 사건이다.
- 알렉세이 니콜라예비치 쉬뻬이에르Алексей. Николаевич шпейер(1854~1916): 제정 러시아의 외교관으로서 주한 러시아 공사(1897~1898)
- 카를 이바노비치 베베르(Карл Иванович Вебер)(1841~1910): 조선 말기에 활동한 러시아 제국의 외교관. 1885년부터 1897년까지 주한 러시아 총영사로 활동하면서 고종과 친분을 쌓았다. 을미사변이 일본에 의해 주도되었음을 폭로하고 이후 춘생문 사건에 관여했으며, 1896년에는 고종의 아관파천을 도왔다.

한편 궁에서는 뒤늦게서야 왕이 사라진 것을 알고는 일대 소란이 일어났다. 왕비 시해 사건에 관련되어 있던 이들은 위험을 느끼고 재빨리 도망갔지만, 핵심 인물인 총리대신 김홍집과 내부대신 유길준은 체포되었다. 백성들의 증오를 사고 있던 김홍집과 정병하는 군중들과 경찰의 손에 끌려 나와 저잣거리에서 참살당하였다. 내부대신의 경우에는 일본 병사들이 경찰에서 빼내어 궁궐 근처에 있는 일본군 병영 안에 숨겼다가 다음날 비밀리에 제물포를 거쳐 일본으로 탈출시켰다. 새로 임명된 군부대신 이윤용의 요청에 따라 800명의 경찰과 서울에 주둔하던 조선 군대는 왕에게 대표단을 보내어 충성심과 왕의 복귀에 동참할 준비가 되었음을 보여주었다. 이 개혁은 왕의 지지자들을 왕의 곁으로 모두 모이게 한 이범진의 열정과 지도력 덕분에 대신 두 명만 죽었을 뿐 거의 인명 피해 없이 성공적으로 이루어졌다. 왕의 권위는 어느 때보다 드높아졌다.

국왕이 궁궐로 되돌아가다

오전 열 시, 공사관 현관 계단에는 떠나는 왕에게 경의를 표할 부대가 대오를 갖추고 있었다. 국왕은 사열하면서 슈페이에르 공사를 통해 수병들에게 인사를 건넸다. 그리고 슈페이에르 공사에게 러시아인에게 조선군의 편성과 교육을 맡기고 싶다는 희망을 비쳤다. 궁궐 쪽에서 병사들이 나타났다. 탑에서 보초를 서던 병사가 '일본인들이 온다'고 외쳤다. 각 초소에서 호각이 울렸다. 신식 부대가 온 듯하였다. 그들은 공관 안으로 들어와 현관 앞에 4열로 섰다. 왕이 현관으로 나오자 군인들은 받들어 총을 하였고, 나팔수는 3분 정도 계속해서 나팔을 불었다. 나팔소리가 끝나자, '남쪽으로'라는 명령에 따라 대열은 오른쪽으로 돌아 공관을 나갔다. 군부대신은 담 너머 거리에서 자신을 기다리고 있는 군인들에게 나가 연설을 하였다. 군인들은 정렬하지 않은 채 소총을 가지고 있었다. 몇몇 사람은 자기들끼리 이야기를 주고받았고, 어떤 사람은 평민들처럼 반장화에 바지도 넣지 않은 채였다. 또한 어떤 사람은 각반을 차고 있었으며, 군인들은 대다수가 바지와 군복의 단추를 완전히 채우지 않고 있었다. 이런 모습으로 보아 그 군인들은 제대로 훈련을 받지 않은 것이 분명하였다.

군부대신 이윤용은 군인들에게, 자신은 왕에게 임명을 받았으므로, 군대는 자기 명령에만 복종하고 임무를 수행해야 한다고 말하였다. 따라서 만일 자기 명령에 반대하는 장수가 있다면, 군인들은 그런 장수의 명령을 듣지 않아도 되며, 이제 군대는 왕을 보호하기 위하여 러시아 공사관 주위에 초소를 설치해야 한다고 말하였다. 그 날 저녁, 조선 병사들이 우리 영사관과 공사관 사이에 있는 광장에 푸른색 천막을 세웠다. 제1중대는 거리 구석과 공관 문에 위치한 초소에 자리를 잡았다. 천막 안에 있던 사람들은 땅에 돗자리를 깔고 질이 좋지 않은 감으로 만든 붉은 모포와 자신의 옷을 덮고 잤다. 그들이 덮은 붉은 모포는 우리 외투 옷감과 비슷하였으며, 말아서 어깨에 메고 다녔다. 조선 병사들은 교대 시간이 되면 자유롭게 우리에게 자신들의 소총을 넘겨주었다. 병사들은 레밍톤과 모제르 소총으로 무장되어 있었고, 한 사람당 실탄 80개들이 탄창 한벌씩을 가지고 있었다. 일부는 허리에 찬 가죽 주머니에 탄환을 넣어 다녔고, 일부는 어깨나 허리에 꿰매 붙인 면 댕기에 넣고 다녔다. 다음날 왕은 단발령으로 인한 모든 박해를 중지한다는 교시를 내렸다. 소요는 곧 진정되었다. 지방으로 내려갔던 군대들이 속속 서울로 돌아와 국왕을 배알하였다. 왕은 모든 병사와 장교에게 감사를 표하고, 포상으로 100냥씩을 하사하였다. 군부협판이자 참장參將인 백성기와 그의 부대원에게도 이 포상금이 내려졌다. 돈은 자루에 넣어 짐꾼들에게 운반하도록 하였다. 왕은 포상금을 다 나눠줄 때까지 참을성 있게 공관의 현관 앞에 서 있었다. 슈페이에르 공사의 응접실은 아침부터 저녁까지 대신들로 붐볐다. 그들은 자기 집에서 그곳까지 음식을 가져오기도 하였다. 슈페이에르 공사는 일본 주재 러시아 공사로서의 일시적인 임무를 수행하기 위하여 도쿄로 떠나면서 출구가 따로 나 있는 오른쪽 끝 방을 모든 각료들에게 사용하도록 허락해 주었다. 왕은 조선어와 중국어만 할 수 있었다. 그는 진심으로 나라가 태평성대를 누리기를 바랐으며, 백성들은 그를 아버지처럼 존경하였다. 왕은 선조들 앞에서는 종교 의식을 철저히 지키는 유교의 추종자이기도 하였지만, 유교에 대해서도 매우 관대하였으며, 선교사와 그들의 활동에 대하여 호의를 가지고 있었다. 왕은 백성들의 교육도 크게 향상시켜 학교 수가 늘어나게 되었고, 서울에는 영어 · 불어 · 러시아어 · 일본어를 가르치는 공립 학교들이 설립되었다. 며칠 후 나는 해군 장교들과 함께 궁궐을 둘러보러 갔다. 정문 뒤의 마당을 지나자 나무문 두 개가 나왔고, 그 뒤로 평평한 돌로 포장된 큰 마당이 있었다. 그 마당 가운데에는 넓은 돌계단이 있는 큰 건물이 우뚝 서 있었다. 격자 모양의 쌍바라지 창들과 문들에는 유리 대신 종이가 발려 있었고, 큰 방의 내부에 균형 있게 세워진 붉고 굵은 기둥 열두 개가 기와 지붕을 떠받치고 있었다. 천장에는 붉은색, 녹색, 흰색의 줄무늬가 있는 들보들이 가로질러 있었고, 들보 사이에는 같은 색으로 된 커다란 사각형 조각이 걸려 있었다. 중앙 입구 맞은편에는 목면천으로 된 붉은색의 긴 커튼이 닫혀 있는 둥근 지붕의 단상이 있었다. 왕을 알현하는 화려한 홀 뒤로는 여느 농가와 같은 방식으로 난방이 되는 작은 집들이 있었는데, 농가와 다른 점이 있다면 연기가 집 건물 보다 몇 사젠 높다랗게 벽돌로 정교하게 쌓은 굴뚝으로 빠져나가도록 만들어졌다는 점이었다. 궁궐 마당 한쪽에 있는 연못 한가운데에는 아름다운 정자가 있었는데, 주위에는 궁궐에서 사용하는 전등용 발전기의 폐부품들이 굴러다니고 있었다. 궁궐의 북쪽에는 러시아 건축가 S. 사바틴이 다시 지은 유럽식 건물이 있었다. 규모도 작고 보전 상태는 양호하지 않았지만, 그 안은 비싼 물건들로 채워져 있었다. 문과 창문의 유리들은 대부분 깨져 있었는데, 이것은 최근에 일어났던 소요가 어느 정도였는지를 말해주고 있었다.

■ 아파나시 이바노비치 세레딘사바틴(Afanasii Ivanovych Seredin-Sabatin)(1860~1921): 1890년부터 1904년까지 조선과 대한제국에서 일했던 러시아 제국 국적의 우크라이나인 건축 기사이다. 그는 서울의 여러 유럽식 건물의 건축에 관여한 것으로 추측되는데, 대한제국 고종 황제가 아관파천 당시 1년간 묵었던 러시아 공사관이 그의 작품이다. 이 때의 구 러시아 공사관 건물은 대한민국의 사적으로 지정되어 있다. 사바틴은 을미사변 때 경복궁 건청궁에서 있었던 명성황후 시해 사건을 직접 목격한 것으로도 널리 알려져 있다
■ 백성기白性基(1860~1929): 조선 말기 군부협판이자 참장參將

THE MURDER OF THE QUEEN

여왕의 살해

WHILE THE SILLS HAD BEEN IN JAPAN on vacation, events in Korea had rapidly worsened. Inoue's replacement, General Miura Goro, was a military man with little diplomatic experience, The North China herald's correspondent in Chemulpo, described him as "an aged and rather feeble looking individual" and wondered for what purpose he had been appointed unless "he is a relative of Inouye." Perhaps more ominous were the rumors that Park Yeong-hyo and Miura were close friend here as Minister from Japan.

미우라고로Miura Goro
명성황후를 시해한 주범으로 앞가슴에 단 훈장이 돋보인다

SILLS가 일본에 휴가를 보내는 동안 한국의 상황은 급격히 악화되었다. 이노우에의 후임 공사 미우라 고로 (Miura Goro)는 외교 경험이 거의 없는 군인이었다. 제물포 주재 북중국 전령 특파원은 그를 '늙고 다소 허약해 보이는 사람'이라고 묘사하며, '그가 장군이 아닌 이상 무슨 목적으로 임명되었는지 의아해했다'고 말했다. 이노우에의 친척이요. 더욱 불길한 것은 박영효와 미우라가 일본 공사로서 이곳에서 절친한 친구라는 소문이다.

But Miura was far from weak and timid, and he had no intentions on sitting back and watching Japan lose its influence in Korea. He began immediately to assert his presence, which quickly brought him into conflict with the royal family. His somewhat haughty and impertinent manner angered them. On September 19, "the anniversary of Queen;s return from captivity after the emeute of 1882," King Gojong held an audience with the foreign representatives, which was followed by a dinner. "Miura appeared at the audience without his uniform, being dressed in simple morning dress. The King upon learning this fact, declined to receive him with the other representatives.

그러나 미우라는 나약하고 소심한 성격과는 거리가 멀었고, 가만히 앉아 일본이 한국에서 영향력을 잃는 것을 지켜볼 생각은 전혀 없었다. 그는 즉시 자신의 존재를 주장하기 시작했고, 이로 인해 왕실과 심한 갈등을 겪었다. 그의 다소 거만하고 무례한 태도는 왕실을 화나게 했다. 고종은 1882년 포로 생활에서 풀려난 흥선대원군의 귀국 기념일인 9월 19일 외국 대표단과 접견한 뒤 만찬을 가졌다. '미우라는 제복을 입지 않은 채 심플한 모닝드레스'를 입고 만찬장에 나타났다. 이 사실을 알게 된 왕은 다른 대표자들과 함께 그를 받아들이기를 거부했다.

Miura also an angered the queen and she reportedly told him, "You had been your wooden bell and chant the Buddhist call than to advise q queen." The queen, emboldened by Horace Allen's assurances that she would not be harmed as long as the Japanese were in control, began to try and restablish her own family's influence in the Korean court. Rumors began to circulate that the queen had asked Min Young-ik to return to Korea from Hong Kong. Min, who was pro-Chinese and despised by the Japanese. "was to take control of affairs at the Court, which had recently been in turmoil. A correspondent for the North China Herald described the political environment in Seoul at the end of September.

팔우정과 집옥재

미우라 역시 왕비를 화나게 했고, '당신은 왕비에게 충고하는 것보다 불교의 부름을 외치는 당신의 나무 종이었다.'라고 말했다고 한다. 일본이 통제하는 한 자신은 피해를 입지 않을 것이라는 호레이스 앨런의 확신에 용기를 얻은 여왕은 한국 궁정에서 자신의 척족이 영향력을 다시 확립하려고 노력하기 시작했다. 왕비가 민영익에게 홍콩에서 한국으로 돌아오라고 요청했다는 소문이 돌기 시작했다. 친중파이며, 일본인들로부터 멸시를 받았던 명성황후는 최근 혼란에 빠진 궁정의 권력을 장악하기 위한 것이었다. 팔우정八隅亭과 집옥재集玉齋는 고종이 그의 왕실 도서관과 서재로 사용했던 건물. 건청궁 근처에 위치하고 있다.

Political affairs in Seoul are just as were three years ago. The Queen is all powerful. And her relatives are all being appointed to the best positions. Even Min Yong-chun [Young Jun], the Queen's cousin, who was in reality responsible for most of the misgovernment of antebeilum days has been pardoned and has already returned to Soul. I very much question whether it will be long before he is re-appointed to office. Japanese influence seems to be at an end. Whether this is due to a voluntary abandonment of the former policy or whether due to advice from a power it is impossible to say. The fact remains, however, that although there are more than 40 Japanese advisors to the various departments in Seoul their advice is neither asked nor wanted.

노스 차이나 헤럴드의 한 특파원은 9월 말 서울의 정치 상황을 다음과 같이 설명했다.
'서울의 정치 상황은 3년 전과 똑같다. 여왕은 강력하다. 그리고 그녀의 척족들은 모두 최고의 자리에 임명되고 있었다. 실제로 전성기 정권의 대부분을 책임졌던 왕비의 사촌 민용춘(영준)도 사면을 받고 이미 서울로 돌아왔다. 나는 그가 재임용되기까지 오랜 시간이 걸릴지 매우 의문이다. 일본의 영향력은 이제 끝난 것 같다. 기존 정책을 자발적으로 포기한 것인지, 아니면 권력의 조언에 따른 것인지는 알 수 없다. 그러나 서울의 여러 부서에 40명 이상의 일본인 고문이 있음에도 불구하고 그들에게 조언을 요청하거나 원하지 않는다는 사실은 여전히 남아 있다.'

Miura would not tolerate this. He and his subordinates orchestrated and took part in the hideous assassination of his rival -Queen Min- an event that would shock the world and cement the animosity and hatred that many Koreans felt towards the Japanese. As the Sills were not in Seoul when the murder occurred, their correspondences home at this time were filled with sadness and rage but no actual accounts of the murder. However, the Korean Repository published a long account of the incident.

미우라는 이것을 용납하지 않을 것이다. 그와 그의 부하들은 그의 라이벌인 명성황후의 끔찍한 암살을 기획하고 이에 참여했다. 이 사건은 세계를 충격에 빠뜨리고 많은 한국인들이 일본에 대해 느꼈던 적개심과 증오심을 확고히 했다. 살해가 일어났을 때 Sills씨 부부는 서울에 없었기 때문에 당시 집으로 보낸 서신에는 슬픔과 분노가 가득했지만 명성황후 살해에 대한 실제 기록은 없었다. 그러나 Korean Repository는 이 사건에 대한 긴 설명을 게재했다.

At the time of the celebration of the mid Autumn Festival a row arose between certain troops in Soul [Seoul] and the Metropolitan police forces. Oct. 6th. Further encounter occurred which resulted in the defeat of the police forces, and the following day the patrol boxes and police stations were deserted, the city being virtually in the hands of the military. The troops who were raising the disturbance are a regiment which has been organized recently under the auspices of Japanese military officers, largely out of material which had been already trained under foreign auspices and had reached a degree of efficiency. They number over 1000 men and were in command of Colonel Hong who in 1882 rescued her Majesty the Queen amid circumstances of the Royal family had risen to this high and responsible position. The trouble between these troops and the police naturally gave rise to some concern but no inking of the real truth transpired outside the ranks of the conspirators.

'중추절을 축하할 당시 서울의 특정 부대와 수도 경찰 사이에 소란이 일어났다. 10월 6일 추가 충돌이 발생하여 경찰은 패배했고, 다음날 순찰대와 경찰서는 버려졌고, 도시는 사실상 군대의 손에 넘어갔다. 소란을 일으키고 있는 부대는 최근 일본군 장교들의 후원으로 조직된 연대로, 대부분 이미 외국의 지원을 받아 훈련을 받고 효율성이 어느 정도 달성된 군대로 구성됐다. 그 수는 1,000명이 넘고, 왕실이 이렇게 높고 책임 있는 지위에 오르는 상황에서 1882년 왕비 폐하를 구출한 홍대령이 지휘를 맡았다. 이들 군대와 경찰 사이의 분쟁은 당연히 어느 정도 우려를 불러일으켰지만 공모자들이 외부에서는 실제 진실이 밝혀지지 않았다.'

The royal Place was in the hands of the old guard under Col. Hyon who in 1884 when her Majesty's life was endangered had assisted her to escape in a similar manner to Col. Hong. The place Guard however had for an evil deed. Men were withdrawn from the palace and their numbers greatly reduced. Arms and accoutrements were taken and inferior and useless weapons substituted, and the supply of ammunition reduced to nil. Thus His Majesty's defense were withdrawn at the time he needed them most. On the afternoon of the 7th. The approaches to her majesty's quarters were observed to be open and unguarded-a most unusual. Occurrence. Outside the place bodies of the troops who had been rioting were observed moving about, and marching from place to place in the vicinity of the palace. Though no special significance was attached to it, the fact was noted and commented on inside the palace.

왕실은 1884년 폐하의 생명이 위험에 처했을 때 홍대령과 비슷한 방식으로 그녀가 탈출할 수 있도록 도와준 홍계훈대장 휘하의 근위병의 손에 있었다. 그러나 Guard는 악행을 저지른 장소였다. 남자들은 궁전에서 철수되었고 그 수는 크게 감소했다. 무기와 장신구를 빼앗기고 열악하고 쓸모없는 무기로 대체했으며, 탄약 공급이 줄어들었다. 따라서 폐하의 방어는 그가 가장 필요로 하는 순간에 철회되었다. 7일 오후 폐하의 침소로 향하는 접근은 개방적이고 무방비 상태인 것으로 관찰되었다. 밖에서는 폭동을 일으킨 군대의 시체가 왕궁 주변에 널려 있었으며, 군대가 행진하며 이동하는 모습이 목격됐다. 특별한 의미가 부여되지는 않았지만 궁궐 내부에서는 그 사실이 논의되었다.

The Palace is situated in the northern part of the city and consists of a large area surrounded by a fine wall 12 feet or so high inclosing a perfect labyrinth of buildings. About one third of a mile in from the main entrance, measuring in a direct line lies a small lake or pond, back of which is a foreign residence often occupied by His Majesty, whose usual apartments are alongside but just beyond. Her Majesty the Queen's apartments are to the east of these buildings but immediately adjoining, and having still further to the east a pine grove of about five acres. Facing the lake but to the left of it are the quarters of the officers of the Royal Guard. All these buildings are close to the western outer wall of the Palace which is pierced by a gate 200 yards below the lake, this gate being guarded by a squad of troops. The approach to the main entrance to the Palace is via a magnificent road a third of a mile long, 300 feet wide and flanked on both side by the quarters of the various ministers of State. As you come out of the Palace, immediately to the right are large barracks now occupied by a battalion of Japanese troops.

궁전은 도시의 북부에 위치하고 있으며, 완벽한 미로 건물을 포함하는 12피트 정도 높이의 가는 벽으로 둘러싸인 넓은 지역으로 구성되어 있다. 정문에서 약 3분의 1마일 정도 떨어진 곳에 직선으로 측정되는 작은 호수나 연못이 있고, 그 뒤쪽에는 폐하가 종종 거주하는 침소가 있는데, 평소 침소는 바로 옆에 있었다. 여왕 폐하의 침소는 이 건물의 동쪽에 있지만 바로 인접해 있으며, 동쪽에는 약 5에이커 규모의 소나무 숲이 있다. 호수를 마주하고 왼쪽에는 근위대 장교들의 숙소가 있다. 이 모든 건물은 호수 아래 200야드 아래에 있는 문으로 뚫려 있는 궁전의 서쪽 외벽 가까이에 있으며, 이 문은 군대가 지키고 있다. 궁전의 정문으로 가는 길은 길이가 1/3마일, 너비가 300피트에 달하며, 양쪽 측면에는 여러 대신들의 숙소가 있는 웅장한 도로를 통해 이루어진다. 궁전에서 나오면 바로 오른쪽에는 현재 일본군 대대가 주둔하고 있는 큰 막사가 있다.

Throughout the night of the 7th inst, some uneasiness was felt in the Palace, for the insurgent troops continued marching and countermarching until they could be found on all side of the Palace. At 4.a.m. on the 8th. Came the first serious alarm. The cry was raised that the Palace was being attacked, and the officers of the Palace Guard rushed from their quarters most of them to His Majesty's residence, some of them to the various posts. Nothing however transpired at this time, but a body of Japanese soldiers were discovered outside the west wall of the Palace in the vicinity of the Gate near the little lake. The condition of affairs in the meantime was communicated. Col. Hong who mounting his horse hastened from the Palace to notify the Minister of War. When Hong reached the Palace on his returned, he found the Main entrance surrounded by his troops massed in front of the Japanese barracks. What happened we do not yet know in detail. The Colonel ordered the troops to disperse or return to their barracks. He was fired at, eight shots taking effect, and also cut up in a horrible manner with swords.

7일 밤 내내 궁궐에는 약간의 불안감이 느껴졌다. 반란군은 궁궐 사방에서 발견될 때까지 계속 행진하고 반격을 가했기 때문이다. 8일 오전 4시에 첫 번째 심각한 경보가 발생했다. 궁궐이 공격당하고 있다는 소리가 들리자, 궁궐 근위대 장교들은 대부분 자기 구역에서 폐하의 관저로 달려갔고, 일부는 여러 초소로 달려갔다. 그러나 이때는 아무 일도 일어나지 않았으나, 궁궐 서쪽 성벽 밖 작은 호수 근처 성문 부근에서 일본군의 시체가 발견되었다. 그동안의 상황이 전해졌다. 말을 탄 홍계훈대장은 서둘러 궁궐에서 나와 대신에게 알렸다. 홍계훈대장이 궁정에 도착했을 때, 정문이 일본군 막사에 집결된 군대로 둘러싸여 있는 것을 발견했다. 무슨 일이 일어났는지는 아직 자세히 알 수 없다. 홍대장은 군대에게 해산하거나 막사로 돌아가라고 명령했다. 그러자 그는 여덟 발의 총알을 맞았고 또 칼로 끔찍하게 살해되었다.

This was the signal for a rush on the Palace. The Gates were forced, the guards fleeing without discharging a gun and the white coated insurgent soldiers who had surrounded the Palace swarmed in from every direction. A small squad of Japanese troops numbering possibly 15 soon made their appearance on the west side of the little lake close to His Majesty's quarters and before them came a fleeing rout of Guards, Palace servants and runners - in fact the rout came flying from every direction. An attempt was made to rally the fleeing troops and about 120 massed themselves in a small alleyway. But they were too excited and scared to maintain order or to pay attention to commands. In the confusion, one solider in loading his rifle had it go off accidentally, and this was the signal for a general fusillade, the soldiers firing promiscuously, the shots taking affect only on their own men, 7 or

8 of whom were either killed or wounded. Soon after the appearance of the Japanese troops on the west side of the lake another company was discovered approaching along the east side of the lake, followed by the rioting troops who now made their appearance for the first time and were accompanied by Japanese in civilian dress, many of whom were armed. Reaching the entrance to the immediate quarters of His Majesty the Japanese troops took possession stationing guards of their own men at all the approaches of the enclosure containing the buildings in which the king was present, but were excluded.

이것은 궁전으로 돌진하라는 신호였다. 성문은 강제로 열리고, 경비병들은 총을 쏘지 않은 채 도망쳤고, 궁전을 에워싸던 흰색 옷을 입은 반군(일본 낭인과 일본군)들이 사방에서 몰려들었다. 약 15명 정도의 일본군 소규모 분대가 곧 폐하의 숙소에 가까운 작은 호수 서쪽에 모습을 드러냈고, 그들 앞에 근위병, 궁중 하인들이 도망쳐 패주했다. 도망가는 군대를 집결시키려는 시도가 있었고, 약 120명이 작은 골목길에 집결했다. 그러나 그들은 너무 흥분하고 무서워서 질서를 유지하거나 명령에 주의를 기울이지 못했다.

The alledged murderers of Queen Min took a pose in front of the Hanseong Sinbo(Hansung Newspapwer)building in Seoul, Korea, 1895. 명성황후를 살해한 사람들이 서울 한성신보 건물 앞에서 엽기적인 포즈를 취하고 있다.

혼란 속에서 소총을 장전하던 한 군인이 우연히 소총을 발사하게 되었는데, 이는 총격전을 알리는 신호였으며, 군인들은 난잡하게 사격을 가했고, 그 사격은 아군에게만 영향을 미쳤으며 그 중 7~8명이 사망하고 부상당했다. 호수 서쪽에 일본군이 출현한 직후 또 다른 중대가 호수 동쪽을 따라 접근하고 있는 것이 발견되었고, 이어서 처음으로 등장한 일본 군인이 민간복을 입은 일본인과 동행했다. 그들 중 다수는 무장했다. 폐하의 바로 옆 구역 입구에 도달한 일본군은 왕이 거주하고 있는 건물이 있는 성벽의 모든 접근로에 자국 병력을 주둔시켰다.

Just at the beginning of the alarm sounds as the smashing in of a gate were heard in Her Majesty's quarters, and later on the reports of two shots were heard, but as to what really transpired, there are many conflicting reports. But a ready entrance had been found and a mad search for Her Majesty, the Queen began. Ruffians, probably soshi who seemed to have joined the insurgent troops led the way. The report is that they seized women by the hair of the head and dragged them about to make them lead the way to Her Majesty. But the likely work was done in one of these two storied structures where it is now admitted the Queen had taken refuge. Here was found the Minister of the Royal Household Yi Kyong-jik, who was cut down and killed. In the upper story a number of ladies were found and the first one to be seized was the Crown Princess who was dragged about by the hair, beaten, wounded with a sword and thrown down the stairs. It was difficult to discover which one among the women was the Quen and in the hope of making sure work four women were brutally murdered. A Palace says one of them was Her Majesty, and that she was knocked down, trumpelled, and jumped upon and finally dispatched by the sword.

처음에는 폐하의 숙소에서 문을 부수는 소리가 들리고, 나중에 두 발의 총성이 있다는 보고가 들렸지만 실제로 무슨 일이 일어났는지에 대해서는 상반된 보고가 많다. 그러나 준비된 입구가 발견되었고, 여왕 폐하를 찾기 위한 수색이 시작되었다. 아마도 일본군에 합류한 것으로 보이는 소시(일본 낭인)가 앞장섰다. 그들은 여성들의 머리털을 붙잡고 질질 끌며 폐하께 가는 길을 안내하게 했다고 한다. 그러나 아마도 그 행위는 여왕이 피신했다는 것이 현재 인정되는 상황으로써, 여기에는 목이 잘려 살해된 궁내 대신 이경직이 발견됐다. 위 이야기에는 여러 명의 궁녀들이 발견되었는데, 가장 먼저 붙잡힌 사람은 세자빈으로 머리카락을 움켜지고, 끌려다니고, 구타당하고, 칼에 상처를 입고 계단 아래로 내동댕이쳐졌다. 여성 중 누가 왕비인지 알아내는 것은 어려웠고, 왕비의 소재를 파악하기 위해 4명의 궁녀가 잔인하게 살해당했다. 한 궁전에서는 그 중 한 사람이 왕비였으며, 그녀는 쓰러지고, 결국 칼에 맞아 죽임을 당했다고 한다.

The news of Queen Min's death caught the Sills completed by surprise. Although the main reasons for their taking two months' leave at the end of September was because of the cholera and the pleasant weather that time of year; John would not have left Korea unless he was relatively certain that the political situation was stable enough for the legation secretary, Horace Allen, to handle any contingencies. While the Sills were in Chemulpo they might have read the September 13th edition of the North China in which it noted the changing government and questioned what the new Japanese policy was to be:

명성황후의 사망 소식은 Sills를 깜짝 놀라게 만들었다.
9월 말에 두 달간 휴가를 낸 주된 이유는 콜레라와 그 당시의 쾌적한 날씨 때문이었지만, 존은 공사관 비서인 호레이스 앨런(Horace Allen)이 어떤 우발상황이라도 처리할 수 있을 만큼 정치적 상황이 안정적이라고 비교적 확신하지 않는 한 한국을 떠나지 않았을 것이다. Sills가 제물포에 있는 동안 그들은 변화하는 정부를 언급하고 일본의 새로운 정책이 무엇인지 질문하는 중국 북부의 9월 13일 판을 읽었다. 지난 몇 주 동안 정부가 완전히 바뀌었다. 이노우에는 어떤 이유에서인지 그의 압력을 완화했고, 점차적으로 친일 관료들은 모두 약 1년 전에 일본에 의해 사임하도록 강요받은 관료나 여왕의 척족으로 대체되었다. 1년 전 일제에 의해 유배되거나 투옥되었던 정치범들은 모두 사면되어 대부분이 관직에 임명되었으며, 현재 친일파 중에서 그 자리를 유지하는 사람은 거의 없다. 이제 우리는 2년 전과 똑같은 상태에 있다.

While there was obviously turmoil within the government, John did not believe that there was any real threat to the royal family. Only a couple of months earlier, Inoue had assured the Korean royal family that Japan "would not fail to protect the Royal House" from treason "even by force of arms." Even Alen's missive to the State Department the day before the murder indicates that there was a feeling of security with regards to the royal family. Sally seemed especially taken back by the murder. In a letter to her daughter she wrote" We feel very sad about the cruel murder of the Queen, nothing can excuse such an outrage and everyone hopes that whoever is in any way responsible for it will be made suffer the utmost rigor of the law. We had two interviews with the Queen the week before we left and she was then so full of life and energy that it is hard to think of her life being so suddenly and horribly ended.

정부 내에는 분명히 혼란이 있었지만, 존은 왕가에 실질적인 위협이 있다고 믿지 않았다. 불과 두 달 전 이노우에는 일본이 무력을 사용하더라도 반역으로부터 '왕실을 보호하는 데 실패하지 않을 것'이라고 한국 왕실에 장담했다. 살인 전날 알렌이 국무부에 보낸 서한에서도 왕족에 대한 안정감이 있었음을 알 수 있다. 샐리는 특히 살인 사건으로 인해 당황한 것 같다. 딸에게 보낸 편지에서 그녀는 이렇게 썼다.

'우리는 여왕의 잔혹한 살해에 대해 매우 슬프게 생각한다. 그러한 분노를 변명할 수 있는 것은 아무것도 없으며, 모든 사람은 어떤 방식으로든 이에 책임이 있는 사람이 법의 최대한 엄격한 처벌을 받게 되기를 희망한다. 우리는 떠나기 일주일 전에 여왕과 두 번의 인터뷰를 가졌다. 그때 여왕은 생명력과 에너지로 가득 차 있었기 때문에 여왕의 삶이 그렇게 갑작스럽고 끔찍하게 끝났다고는 생각하기 어렵다.'

John knew that he had to return to Korea immediately and resume control of the American legation. Surely there must have been some concern about possible danger in tasking the women back to Korea. Sally's correspondences make no references to this, but it was decided that the women would remain in Japan long enough for Lily to get her teeth fixed, as her teeth were in very bad condition and it was feared that she would suffer greatly if they were not attended to at once. But there was also some concern that if they stayed too long and the situation in Korea worsened, they might be kept in Japan indefinitely. Saly worried, "I am anxious now to back again in Seoul and not run the chance of being kept in Japan against our will and for an indefinite time." For John, getting back to Korea proved far more difficult than he had expected. He left the women on Thursday evening (October 10) and made his way to Kobe' in hopes of catching the first ship bound for Chemulpo. But upon arriving he learned, must to his dismay, that no ships would be leaving until October 17. Undaunted, on Friday morning he sent a telegraph message to the women and instructed them to meet him at Nagoya.

After a pleasant five-hour train ride, the women arrived first and made themselves quite comfortable at "a semi-foreigner inn." They even had time to visit a porcelain factory. John, however, did not arrive until nearly five in the morning on Saturday and had almost no time to rest before they boarded the 8.a.m. train bound for Yokohama – a twelve-hour journey. Fortunately for them, they had the whole car to themselves most of the way and were enthralled by the magnificent scenery of the Japanese countryside. "We had a fine view of Fujiyama and felt that alone was worth the journey." On Sunday, as usual, they rested in their hotel rooms (probably in the Grand Hotel). They were very distressed by the news from Korea and John regretted every moment that he was not as his post. It was his intention to go to Kobe on Monday evening so that he could catch the Chow Chow Foo, which was set to depart for Chemulpo on Wednesday morning (October 17). But it wasn't to be. Early Monday morning, before the women were up, word arrived that the Chow Chow Foo had sunk. John had no choice but to immediately travel to Tokyo to see what options were available to him, but prior to his departure he notified the hotel staff that it was Sally's birthday and had "a very large and handsome bouquet of flowers" set to the room in her honor. John returned later that evening but left again the following morning in the pouring rain bound for Kobe. While John slowly made his way to Nagasaki, the women spent part of the next couple of days visiting the American legation in Tokyo as well as Countess Inoue, but they mostly confined their activities to shopping. Sally explained that "so many of our dishes have been broken and we need so many for our numerous dinner parties," that they were obliged to shop in Tokyo as they could "get nothing in Korea and we are preparing for an indefinite time, in the way of clothing, house furnishing, and presents, and al this takes time, and money." Money at this point did not appear to be much of a problem. John sent money twice within three days, which caused Sally to remark, "I am afraid he thinks we cannot get back to Seoul very soon.… What little news we get from Korea is very distressing. The different guards have all gone back and everything looks belligerent.

Fortunately for the women, on Sunday afternoon (October20) they received an unexpected visitor who provided them with a way of returning to Seoul.

존은 즉시 한국으로 돌아가 미국 공사관의 통제권을 다시 회복해야 한다는 것을 알고 있었다. 확실히 여성들을 한국으로 돌려보내는 데 위험이 있을 수 있다는 우려가 있었을 것이다. Sally의 서신에는 이에 대한 언급이 없지만, Lily가 치아를 고칠 수 있을 만큼 충분히 오랫동안 일본에 머물기로 결정했다. 그녀의 치아 상태가 매우 좋지 않았고, 그렇지 않으면 그녀가 큰 고통을 겪을 것이라는 우려가 있었기 때문이다. 그러나 너무 오래 체류해 한국 상황이 악화될 경우 일본에 무기한 체류될 수도 있다는 우려도 있었다. 살리는 '이제 다시 서울로 돌아가 우리 뜻에 반해 무기한 일본에 갇히는 일이 없도록 걱정했다.' 존에게 한국으로 돌아가는 것은 예상했던 것보다 훨씬 더 어려웠다. 그는 목요일 저녁(10월 10일) 여성들과 헤어져 제물포로 향하는 첫 번째 배를 타기 위해 고베로 향했다. 그러나 도착하자마자, 그는 10월 17일까지 어떤 배도 떠나지 않을 것이라는 사실을 알고 실망스러웠다. 당황하지 않고 금요일 아침에 그는 여성들에게 전보를 보내 나고야에서 만나자고 연락했다. 5시간 동안의 즐거운 기차 여행 끝에 여성들은 먼저 도착하여 '반외국인 여관'에서 꽤 편안하게 지냈다. 도자기 공장을 견학하는 시간도 가졌다. 그러나 John은 토요일 오전 5시가 되어서야 도착했고, 오전 8시에 탑승하기 전까지 쉴 시간도 거의 없었다. 요코하마행 열차 – 12시간의 여행. 다행스럽게도 그들은 대부분의 시간 동안 차 전체를 혼자 소유하고 일본 시골의 웅장한 풍경에 매료되었다. '후지야마의 멋진 전망을 볼 수 있었고, 그것만으로도 여행할 가치가 있다고 느꼈다.' 일요일에는 평소와 같이 호텔 객실(아마도 그랜드 호텔)에서 휴식을 취했다. 그들은 한국에서 온 소식에 매우 괴로워했고, 존은 자신의 직위가 아닌 것을 매 순간 후회했다. 수요일(10월 17일) 오전 제물포로 출발하는 차우차우푸호를 잡기 위해 월요일 저녁 고베로 출발하겠다는 그의 의도였다. 하지만 그렇지 않았다. 월요일 이른 아침, 여성들이 일어나기 전에 차우차우푸호가 침몰했다는 소식이 전해졌다. John은 자신에게 어떤 선택이 가능한지 확인하기 위해 즉시 도쿄로 여행할 수밖에 없었지만, 떠나기 전에 호텔 직원에게 Sally의 생일임을 알리고 방에 '매우 크고 멋진 꽃다발'을 준비해 두었다. 그녀를 기리기 위해 John은 그날 저녁 늦게 돌아왔지만, 다음날 아침 쏟아지는 비를 맞으며 고베로 다시 떠났다. 존이 천천히 나가사키로 향하는 동안 여성들은 며칠 동안 도쿄 주재 미국 공사관과 이노우에 백작 부인을 방문했지만, 대부분의 활동은 쇼핑으로 제한되었다. Sally는 '우리 접시가 너무 많이 깨져서 우리의 수많은 만찬 파티에 너무 많은 것이 필요하다'며 '한국에서는 아무것도 구할 수 없고 우리는 무기한 준비를 하고 있기 때문에 도쿄에서 쇼핑을 해야 했다'고 설명했다. 옷·비품·선물 등을 구입하는 데에는 시간과 돈이 필요하다.' 이 시점에서 돈은 별로 문제가 되지 않는 것 같았다. John은 3일 동안 두 번이나 돈을 보냈고 Sally는 우리가 곧 서울로 돌아갈 수 없을 거라고 생각하는 것 같아, 우리가 한국에서 접하는 작은 소식은 매우 고통스럽다. 다른 경비병들은 모두 돌아가고 모든 것이 호전적인 것처럼 보인다. 다행히도 여성들에게는 일요일 오후(10월 20일) 뜻밖의 손님이 찾아와 서울로 돌아갈 수 있는 길을 열어주었다.

In the afternoon Inouye's son called and asked us very particularly when and how we expected to leave for Seoul. We told him we could not tell but that we intended to go the very first opportunity as we were exceedingly anxious to get home. He said that possible his father help us as he knew about when the ships might sail. He was a very agreeable young gentleman and he could speak English fluently. We enjoyed his visit... [Monday, October 21] In the afternoon we received a telegram from Count Inouye saying that the Emperor was going to send him as a special ambassador to Korea to see about the troubles there and he was to go in a government steamer and would be very happy to offer us passage in her. This was good news for us you may be sure for as the regular line is broken up, we did not know how long we should be detained in Japan. The Count's ship was to sail from [Kobe] on the 26th...

오후에 이노우에의 아들이 전화를 해서 우리가 언제 어떻게 서울로 떠날 예정인지 아주 구체적으로 물었다. 우리는 그에게 말할 수는 없지만, 집에 돌아가고 싶은 마음이 너무 크기 때문에 기회가 닿는 대로 가장 먼저 가겠다고 말했다. 그는 배가 언제 출항할지 알고 있기 때문에 아버지가 우리를 도와줄 수도 있다고 말했다. 그는 매우 유쾌한 젊은 신사였고, 영어를 유창하게 구사할 수 있었다. 우리는 그의 방문을 즐겼다. [10월 21일 월요일] 오후에 우리는 이노우에 백작으로부터 천황이 한국의 문제를 알아보기 위해 그를 특별 대사로 파견할 예정이며, 정부에 들어갈 것이라는 전보를 받았다. 증기선이며 우리에게 그녀의 통행을 제공하게 되어 매우 기쁠 것이다. 이것은 우리에게 좋은 소식이었다. 우리는 일본에 얼마나 오랫동안 구금되어야 할지 몰랐다. 백작님의 배는 26일 고베에서 출항 예정이었다.

On Wednesday morning, October 23, they began their 20-hour train trip to Kobe. The good fortune that had smiled down on their previous travels had disappeared; instead of finding themselves alone in a first-class car, they were dismayed to discover that they had to share with "a Scoth gentleman, his wife, and two pretty daughters, [a] young Englishman, an India man, a Persee, and three Japanese," wrote Sally. "We passed a most uncomfortable and tiresome night, and [we] arrived [at Kobe] about nie in the morning weary and worn." They promptly went to the Oriental Hote, and spent the next couple of days resting – the only exception being a long rickshaw ride on Friday morning. On Saturday, October 25, they were visited just after lunch by Inoue's son who informed them that he Yokohama Maru – the same ship that they had sailed upon from Yokohama to Kobe just over a year earlier – would leave directly for Chemulpo the following morning and take only three days instead of the normal week. Sally, who way not fond of being at sea, described herself as being "devotedly thankful" for the news. The following morning he escorted them to the ship which departed promptly for Shimonoseki. The ship arrived at Shimonoseki the following morning, and in a letter to her daughter, Sally described their stay in the city that had been so often in the news that past year:

10월 23일 수요일 아침, 그들은 고베까지 20시간 동안의 기차 여행을 시작했다. 이전 여행에서 웃으며 웃던 행운이 사라졌다. 그들은 일등석 차에 혼자 있는 대신에 스코틀랜드 신사와 그의 아내, 그리고 예쁜 두 딸, 젊은 영국인 · 인도인 · 페르시인 그리고 일본인 세 명이라고 Sally는 썼다. '우리는 가장 불편하고 힘든 밤을 보냈고, 아침에 지치고 지친 상태로 고베에 도착했다.' 그들은 즉시 오리엔탈 호텔로 가서 다음 며칠 동안 휴식을 취했다. 유일한 예외는 금요일 아침에 긴 인력거를 타는 것이었다. 10월 25일 토요일, 점심 식사 직후에 이노우에의 아들이 그들을 방문했는데, 그는 그들에게 요코하마 마루(1년 전 그들이 탔던 배)가 다음날 아침 제물포로 곧장 떠날 것이고 보통 일주일이 걸리는데 단 3일만에 갈 수 있다고 했다. 바다에 있는 것을 별로 좋아하지 않는 셀리는 이 소식에 대해 정말 감사하다고 표현했다. 다음날 아침 그는 즉시 시모노세키로 출발하는 배로 그들을 안내했다. 배는 다음날 아침 시모노세키에 도착했고, 딸에게 보낸 편지에서 Sally는 작년에 뉴스에 자주 등장했던 도시에서의 체류에 대해 설명했다.

The Count and his son stopped here to send telegrams to Tokyo, but orders were left for a steam launch to be sent for us to be taken on shore and see what there was of interest in the city. Mr. Nagasaki (who is Master of Ceremonies at the Imperial Court) accompanied us, also a policeman and servant. We were taken to the Temple where Li Hung-chang lived while here and his rooms which were large and handsome [as well as to] the Council chamber where the conference was held and the treaty between

China and Japan made and signed. We saw also the restaurant where they took their meals, here we were treated to tea and cake and each of us presented with a box of candy made to represent flowers and fruit. I only wish I could bring it home to show you, it is so beautiful and true to nature.

이노우에백작과 그의 아들은 도쿄에 전보를 보내기 위해 여기에 들렀지만, 증기선을 보내 우리를 해안으로 데려가 도시에 무엇이 있는지 알아보라는 명령이 남아 있었다. 나가사키 씨(황실 의례의 사회자)도 경찰관이자 하인으로 우리와 동행했다. 우리는 리홍장이 이곳에 살던 사찰과 크고 멋진 그의 방들과 회의가 열리고 중국과 일본 사이에 조약이 체결되고 서명된 회의실로 데려갔다. 우리는 그들이 식사를 했던 레스토랑도 보았다. 여기에서 우리는 차와 케이크를 대접받았고, 우리 각자는 꽃과 과일을 상징하기 위해 만든 사탕 상자를 선물로 받았다. 집에 가져가서 여러분께 보여드리고 싶다. 정말 아름답고 자연 그대로이다.

As Sally and Lily were the only women abroad the ship they received much attention from their fellow passengers including "two Korean ambassadors with their Secretary and Interpreter and their usual suite of servants, the Imperial guard and Japanese gentlemen who [were] sent with the Count. They arrived at Chemulpo on October 30 and were promptly welcomed by a steam launch that had ben dispatched by Captain Charles Herbert Stockton, commander of the U.S.S. Yorktown. They quickly made their way to shore only to discover that they were too late to catch the river boat for Seoul. Once again, however, Count Inoue – who had heard of their plight – came to their rescue, informing them that he had a special launch and would be more than willing to take them Seoul the following morning. They left the following day at ten in the morning and arrived nine hours later at the river port of Yongsan, where they were met by Ah Foo with two chairs, "eight coolies and kisu" and transported to the legation. They were met by Dr. and Mrs. Allen, Dr. Cooke, and Mr. and Mrs. Waeber, whom they greeted briefly before turning in for the night. It wasn't until the following morning that the Sill women discovered that they had several guests: seven Korean refugees in the guest room and four Western guests. Two of the Western guests were Captain Stockton and Mr. Bonsal – the Secretary of the American legation in Tokyo.

셸리와 릴리는 해외에서 유일한 여성이었기 때문에 '두 명의 한국 대사와 비서 · 통역 그리고 그들의 하인, 황실 근위대, 백작과 함께 파견된 일본 신사들' 등 동료 승객들로부터 많은 관심을 받았다. 그들은 10월 30일 제물포에 도착했고, 미 해군 사령관 찰스 허버트 스톡턴 대령이 파견한 증기선의 환영을 받았다. 요크타운, 그들은 재빨리 해안으로 향했지만 서울로 향하는 배를 타기에는 너무 늦었다는 것을 깨달았다. 그러나 그들의 곤경을 들은 이노우에 백작은 다시 한 번 그들을 도와주러 왔고, 자신이 특별 조치할 예정이며, 다음날 아침 기꺼이 그들을 서울로 데려가겠다고 알렸다. 그들은 다음 날 오전 10시에 출발해 9시간 뒤 인천 하항에 도착했고, 그곳에서 아푸와 의자 2개, 팔 쿨리와 기수를 들고 공사관으로 이송됐다. 그들은 Allen 박사 부부 · Cooke 박사 · Waeber씨 부부를 만났고, 그들은 밤에 잠자리에 들기 전에 잠시 인사를 했다. 다음날 아침이 되어서야 실은 손님이 여러 명 있다는 사실을 알게 되었다. 객실에 한국인 난민 7명과 서양인 손님 4명이 있었다. 서양 손님 중 두 명은 Stockton 대위와 도쿄 주재 미국 공사관 비서인 Mr. Bonsal이었다.

고종 황제의 아관파천俄館播遷

1885년 10월, 일본 군대와 일부 일본인 무사들(일본영사 포함)의 폭거에 명성황후가 시해되고, 대궐을 위협당한 고종황제는 일시 러시아 공사관으로 피난하였는데, 이를 아관파천이라 하며, 일본 군대는 대포까지 동원하여 고종을 겁박劫迫하였다.

일제 군대가 한성 정동 러시아공사관 앞에서
고종황제에게 알현을 강요하며 무력 시위를 벌이고 있는 일본 군대

메이지 4인의 정한론자征韓論者

일제의 메이지明治 정부는 불평등 조약 등 구미 열강들에게서 입은 타격과 수모를 분풀이하듯 아시아에의 침략으로써 만회하려는 계획을 일찍부터 도모하고 있었다. 메이지정부의 오오쿠보 大久保利通 · 이토오伊藤博文 · 사이고오西鄕隆盛 · 이타가키板垣退助와의 사이에 설왕설래한 이른바 '정한논쟁征韓論爭'도 정한征韓 그 자체에 대해서는 일치하고 있었는데, 그것을 언제 실행하느냐에 대한 논쟁에 지나지 않았다. 1876년 일제는 페리의 내항來航 방식을 모방, 군함 7척을 강화도 앞바다에 동원하여 조선 정부를 위협하고, 강압적으로 '조일수호조규朝日修好條規'를 체결케 하였다. 이 조약은 조선에 있어서의 일본인 거류민의 치외법권을 비롯하여, 조선에 수출되는 일본 상품에 조선 정부가 일체 관세를 부과하지 않는다는 등의 내용으로 된 지극히 불평등한 것이었다. 일제는 구미 열강에게 강요당했던 불평등 조약을 한층 더 불평등한 형태로 하여 조선에 강요하였던 것이다. 그 뒤로 일제의 약탈적인 대한 교역이 시작된다. 1894년 봄, 조선 농민들이 반봉건 · 반침략의 투쟁(동학혁명)이 봉기하자, 일제는 일본인(거류민) 보호의 명분을 내세워 대량의 군대를 조선에 출병시켰다. 그리하여 조선 정부의 의뢰로 출병해 있던 청군과 대립, 동년 7월에는 조선을 무대로 청일전쟁이 개시되었다. 일제로서는 최초의 근대전이었던 이 전쟁은 무엇보다도 조선의 지배권을 둘러싼 전쟁이었다. 청일전쟁에서 이긴 일제는 조선에 대하여 주인 행세를 하려 들며, 노골적인 내정 간섭을 하였으나, 민중의 분노를 배경으로 하여 조선 정부 내에서도 자립에의 움직임이 고조되어 가고 있었다. 일이 뜻대로 되지 않는 데에 초조해진 일제는 1895년 10월 대궐로 난입하여 명성황후를 시해하였다. 명성황후가 반일 세력의 배후로 판단하였기 때문이다. 이로 인하여 조선 민중의 항일 의식은 전국적으로 확산되어 갔다.

- 오쿠보도시미치大久保利通(1830~1878)는 19세기 말 메이지 시대에 활약했던 사쓰마번 출신의 정치인이다. 264년 동안 일본을 통치해온 도쿠가와 막부를 무너뜨린 메이지 유신을 이끌었던 주역으로 기도 다카요시, 사이고 다카모리와 함께 유신삼걸로 불린다.
- 사이고다카모리西鄕隆盛(1828~1877)는 일본의 번사, 군인, 정치인. 메이지 유신의 주역이였으며, 세이난 전쟁에서 패배한 후 할복하였다.
- 이타가키 다이스케板垣退助(1837~1919)는 일본의 무사, 정치인

청일전쟁 당시 일본군 제4사단으로 체송된 군사우편

Military mail transported to the Japanese Army's 4th Division during the Sino-Japanese War

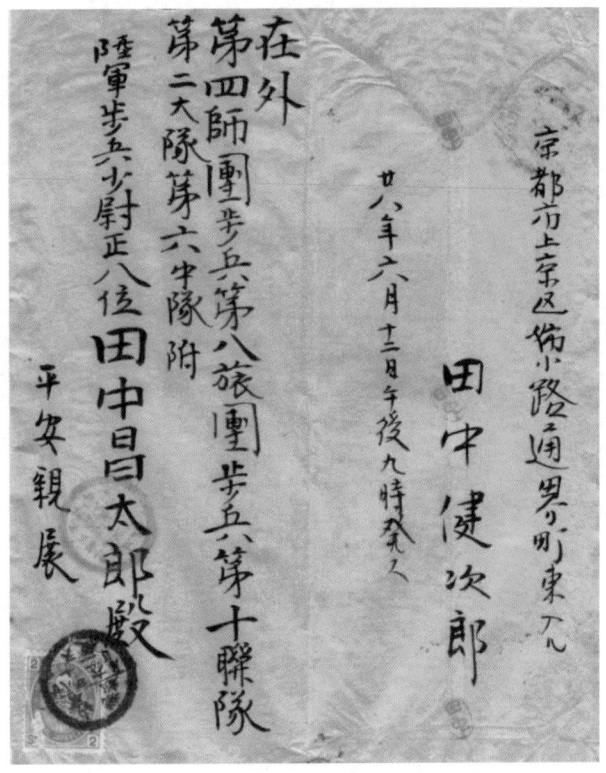

154x190mm

일본 도쿄 명치 28년(1895년) 6월 12일-제4사단. 6월 22일 적색 도착인
일본 육군 제4사단은 오사카 출신들을 모아 1884년에 조직한 사단으로 청일전쟁과 러일전쟁에 참전한 부대

1895년 부산 무역 현황

1895년의 수입품은 1893년에 비해 두 배로 늘었고, 그 액수는 164만 6,479달러이며, 수입액은 1884년에는 3만 7,772 달러였던 것이 1895년에는 16만 4,535달러였다. 가장 많이 수입된 것은 일본 상품이었고, 그 다음이 독일 · 영국산이 었다.

자료 출처: 러시아 장교 조선 여행기 '내가 본 조선, 조선인'

제품별 수출입 현황

세틴(Satin-공단貢緞) 50만 달러

일본산 직물 17만 9,000 달러

목면포와 모슬린 7만 5,000 달러

등유(러시아, 미국산) 7만 3,000 달러

비단 5만 2,000 달러

소금 5만 달러

쌀 20만 1,000 달러

성냥(일본산) 3만 1,000 달러

수출액은 86만 805 달러

가죽 34만 3,000 달러

면직물 27만 3,000 달러

대두 20만 3,000 달러

COREA

OR

CHO—SEN

THE LAND OF THE MORNING CALM

By A. Hery Savage Landor

LONDON

WILLIAM HEINEMANN

1895

Preface

IN THIS BOOK I HAVE SOUGHT TO PRESENT THE RESDER WITH SOME DRY FACTS ABOUT COREA AND COREANS. I HAVE ATTEMPTED TO DESCRIBE THE MANNERS AND CUSTOMS OF THE PEOPLE AS ACCURATELY AS POSSIBLE FROM THE IMPRESSIONS WHICH MY VISIT TO THEIR COUNTRY LEFT UPON ME, BUT OF COURSE I DO NOT CLAIM THAT THESE PERSONAL OPINIONS EXPRESSED ARE ABSOLUTELY INFALLIBLE. MY SOJOURN EXTENDED OVER SEVERAL MONTHS, AND I NEVER DURING ALL THAT TIME NEGLECTED ANY OPPORTUNITY OF STUDYING THE NATIVES, GIVING MY OBSERVATIONS AS THEY WERE MADE A PERMANENT FORM BY THE AID BOTH OF PEN AND OF BRUSH. I WAS AFFORDED SPECIALY FAVOURABLE CHANCES FOR THIS KIND OF WORK THROUGH THE KIND HOSPITALITY SHOWN ME BY THE VICE-MINISTER OF HOME AFFAIRS AND ADVISER TO THE KING. MR. C. R GRREATHOUSE, TO WHOM FEEL GREATLY INDEBTED FOR MY PROLONGED AND DELIGHTFUL STAY IN THE COUNTRY, AS WELL AS FOR THE AMIABBLE AND VALUABLEASSISTANSE WHICH BE AND GENERAL LE GENDRE, FORIGN ADVISER TO HIS COREAN MAJESTY. GAVE ME IN MY OBSERVATIONS AND STUDIES AMOMG THE UPPER CLASSES OF COREA. I AM ALSO UNDER GREAT OBLIGATIONS TO MR. SERADIN SABATIN, ARCHITECT TO HIS MAJESTY THE KINGAND TO MR. KRIEN, GERMAN CONSUL AT SEOUL, FOR THE KINDNESS AND HOSPITALITY WITH WHICH THEY TREATED ME ON MY FIRST ARRIVAL AT THEIR CITY. THE ILLUSTRATIONS IN THIS BOOK ARE REPRODUCTIONS OF SKETCHES TAKEN BY ME WHILE IN THE COUNTRY. AND THOUGH, PERHAPS, THEY WANT MUCH IN ARTISTIC MERIT. I VENTURE TO HPE THAT THEY WILL BE FOUND CHARACTERISTIC. FOR LITERARY STYLE I HOPE MY READERS WILL NOT PROFESS MYSELF SUCH. I TRUST, HOWEVER, THAT I HAVE SUCCEEDED IN TELLING MY STORY IN A SIMPLE AND SMANNER, FOR THIS ESPECIALLY WAS THE OBJECT WITH WHICH I STARTED AT THE OUTSET.
A. HENRY SAVAGE-LANDOR

이 책에서 나는 한국과 한국인에 관한 몇 가지 사실을 RESDER에게 제시하려고 노력했다. 나는 이 나라를 방문하면서 받은 인상을 토대로 그 사람들의 예절과 관습을 가능한 한 정확하게 설명하려고 노력했지만, 물론 나는 이러한 개인적인 의견이 절대적으로 오류가 없다고 주장하지는 않는다. 나의 체류 기간은 몇 달에 걸쳐 연장되었으며, 그 기간 동안 나는 한국인을 연구할 기회를 결코 소홀히 하지 않았고, 펜과 붓의 도움으로 영구적인 형태로 관찰한 내용을 제공하였으며, 내무부 대신이자 국왕의 고문이 보여준 친절한 환대 덕분에 나는 이런 종류의 일을 할 수 있는 특별히 좋은 기회를 얻었으며, C. R GRREATHOUSE에게 제가 오랫동안 이 나라에서 즐거운 시간을 보낼 수 있게 해준 데 대해 깊은 감사를 표하며, 한국 국왕의 외국인 고문인 르 젠드르 장군의 친절하고 귀중한 지원에 깊은 감사를 드린다. 한국의 상류층을 관찰하고 연구한 결과를 얻었으며, 나는 또한 MR에게 대한 큰 의무를 갖고 있다. 세라딘 사바틴SERADIN SABATIN은 왕 폐하의 건축가, 그리고 MR. 크리엔 주한 독일 영사, 제가 처음으로 도시에 도착했을 때 친절한 환대에 감사드린다. 이 책의 삽화는 내가 시골에 있는 동안 찍은 스케치를 재현한 것이다. 그러나 아마도 그들은 예술적인 면에서 많은 것을 원할 것이다. 나는 HPE의 특징을 발견할 것이라고 믿는다. 문학적 스타일 때문에 나는 독자들이 그런 식으로 공언하지 않기를 바란다. 그러나 나는 내 이야기를 간단하고 간결하게 전달하는 데 성공했다고 믿는다. 특히 이것이 제가 처음부터 시작한 목적이었기 때문이다.

A. 헨리 새비지 랜더(1865~1924)

Arnold Henry Savage Landor

영국의 화가, 탐험가, 작가, 인류학자

아놀드 헨리 새비지 랜더가 남긴 1895년 당시의 스케치 기록

1895 sketch by A. Henry Savage Lander

THE DONKEY OF A COREAN OFFICIAL
조선 관리의 당나귀

THE WEST GATE, SEOUL
서울의 서문

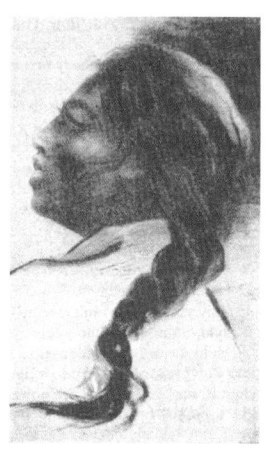

A BACHELOR
1895년 당시 조선 총각

THE "TOP-KNOT" OF THE MARRIED MEN
결혼한 남자의 상투

THE HEAD-BAND AND
TRANSPARENT HAT
머리띠와 투명 갓

A COREAN BEAUTY
아름다운 여인의 모습

A LADY AT HOME
집안의 여인

A SINGER
가수

COREAN MARRIED MAN, Age 12
12살 신랑

THE DRILLING GROUND, SEOUL
경작하는 농부

AN OFFICIAL GOING TO COURT IN A MONO–WHEELED CHAIR
단륜의자를 타고 관청으로 행차하는 관리

A WATER–COOLIE
물 지게꾼

H.R.H. PRINCE MIN–YOUNG–HUAN
민영환閔泳煥

H.R.H. PRINCE MIN–YOUNG–CHUN
민영천

AN INFANTRY SOLDIER
조선 군인

THE KING 고종황제

KIM–KA–CHIM
김가진金嘉鎭

A MONK
수도사

독립문獨立門

an independent gate

1896~1897 서재필 박사가 세운 독립문

1896-1897 Independence Gate established by Dr. Seo Jae-pil (Seodaemoon)

개화 인사 서재필徐載弼 박사가 이 독립문을 세웠다.

중국의 사신을 영접한다는 뜻으로 영은문迎恩門이 서 있었던 자리이다. 서재필은 중국의 지배에서 벗어나 완전한 자주 독립국임을 상징하려는 뜻에서 독립문을 세운 것이다. 1896년 11월 정초식이 있었고, 이듬해 정월에는 준공식을 거행하였다.

독립문과 영은문迎恩門

(2) The Dokuristumon Gate, Keijo.　　門 立 獨 城 京 (所名鮮朝)

원산元山 명치 신궁 관람 기념인　　140x92mm

웨베르-고무라 각서覺書

Waeber-Komura Memorandum

1896년 서울 주재 러시아공사 웨베르와 서울 주재 일본공사 고무라 사이에 조선의 각종 사안을 놓고 교환한 각서.

'Waeber-Komura Memorandum', '경성의정서京城議定書' 혹은 '서울의정서'라고도 칭한다. 1896년 2월 11일 고종이 아관파천을 단행한 이후 러시아와 일본 사이에 조선의 내정 문제에 관해 잠정적인 타협을 보기에 이른다. 이후 러시아와 일본은 모스크바에서 다시 고위의 협상을 하게 되는데, 그것이 「로바노프-야먀가타 의정서[Lobanov-山縣議定書]」이다.

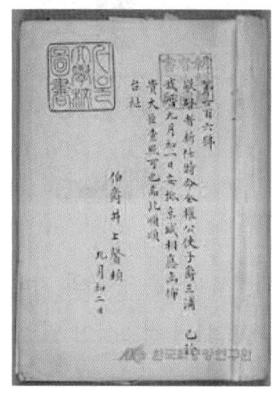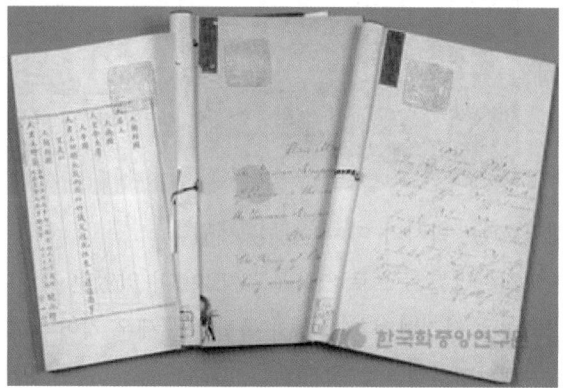

웨베르-고무라각서(Waeber-Komura覺書)

명성황후 시해 사건이 발생하고, 이후에도 일본의 정치적 간섭과 위협이 계속되자, 1896년 2월 고종(高宗, 재위 1863~1907)은 러시아 공사관으로 피신했다. 아관파천으로 불리는 이 사건으로 한국을 둘러싼 국내외 정황은 급변했다. 일본의 영향력은 급속히 위축되었고, 국왕을 자국 공사관에 보호하게 된 러시아는 영향력을 행사할 수 있는 기회를 획득했다. 일본은 자국의 영향력이 약화되는 것을 막기 위해 러시아와 협상에 나섰다. 러시아 역시 한국보다는 만주를 우선시하는 정책을 추진하고 있었기 때문에 한국 문제로 인해 일본과 충돌하는 것을 원하지 않았다. 러시아는 공사 중이었던 시베리아 횡단 철도가 완성되어 동아시아에서 러시아의 군사적 우위가 확보되는 시점까지 일본과의 직접 충돌을 피한다는 방침을 세우고 있었다. 이에 러시아 공사 베베르와 일본 공사 고무라 주타로가 양국의 입장을 조율하였다. 그리고 이를 토대로 1896년 5월 14일 베베르-고무라 각서가 체결되었다. 각서는 총 4조항으로 이루어져 있다. 제1조는 고종의 환궁 문제는 국왕 자신의 판단에 일임하며, 러시아와 일본은 안전상 문제가 없다고 여겨질 때 환궁하는 것을 충고한다는 것이었다. 제2조는 현재 한국 정부의 내각 대신들은 국왕의 의사대로 임명되었으며, 이후에도 러시아와 일본은 국왕에게 관대하고 온화한 인물을 내각 대신에 임명하도록 항상 권고한다는 것이었다. 제3조는 한국의 부산과 경성 사이에 설치된 일본 전신선 보호를 위해 배치한 일본 병사를 헌병으로 대신하며, 이들 헌병은 한국 정부가 안녕질서를 회복하게 되는 지역부터 철수시킨다는 것이었다. 제4조는 한성 및 개항장에 있는 일본인 거류지를 보호하기 위해 일본군을 배치하며, 상황이 안정되면 철수한다는 것이었다. 또 러시아도 공사관 및 영사관을 보호하기 위해 군대를 배치할 수 있으며, 상황이 안정되면 철수한다는 내용을 담고 있다. 일본은 이 각서를 통해 한국에서 러시아의 영향력을 인정했지만 조약 제3조와 제4조에서 볼 수 있듯이 러시아와 마찬가지로 한국에 군대를 주둔시킬 수 있는 권한을 가질 수 있었다.

출처: 국사편찬위원회

500여 명이 이끄는 명성황후 국장 장례식 운구 행렬

알레베크Alévêque, C 촬영
Gercueil de sa majeste l'imperatrice de coree, momte sur la colline sacree par 500 porteurs.
Novemember 1897
140x92mm

샤를 알레베크 Alévêque, C

구한말 활동했던 프랑스인. 한국 최초의 알레베크 사진엽서를 만들었으며, 역시 최초인 프랑스어 한국어 사전을 편찬하였고, 만국박람회 대한제국 정부 대리인을 담당하였다. 한국명: 안례백晏禮百.

1899년 프랑스 우체 고문인 클레망세(E. Clemencent)가 한국의 여러 모습을 담은 사진 엽서를 판매하면 재정에 도움이 될 수 있다는 건의를 하여, 대한제국 정부가 샤를 알레베크에게 그가 촬영한 사십여 장의 궁궐과 풍속 사진을 엽서로 제작해 줄 것을 의뢰하였다. 이것이 이른바 알레베크 사진엽서로 한국 우정사 최초의 사진 엽서로서 가치가 크다. 총 48장으로 여러가지 당시의 모습을 볼 수 있는 사진들로 구성되어 있어, 구한말 풍속사에 귀중한 자료이다. 한국에서 찍은 사진을 프랑스로 가져가 인쇄하여 제작하였으며, 1900년 파리 엑스포 때 한국관 기념품으로 팔았다. 일부는 우리나라에 가져와 대한제국 독수리 보통 우표를 붙여서 판매하였다. 48장 중 명성황후 국장 사진이 꽤 된다. 엽서의 형식은 사면의 백색 테두리안에 사진이 있는 형식이고, 오른편에 '알네벜쓰 법국 교사 셔울 듸한'이라는 국문이 쓰여 있으며, 왼편 맨 위쪽에 'Séoul(Corée)'라는 불문, 아랫면에는 엽서 번호와 사진 설명이 적혀 있다.

1897~1898

Isabella B. Bishop 사진 및 삽화

KOREA And Her Neighbors. 1897   KOREA And Her Neighbors. 1898

이사벨라 버드 비숍
Isabella B. Bishop
1831 ~ 1904

영국의 탐험가, 작가, 사진작가, 박물학자.
그녀는 동료 영국 여성 패니 제인 버틀러와 함께 현대 카슈미르(Kashmir. India)의 스리나가르(Srinagar)에 존비숍
기념병원을 설립했다. 또한 왕립 지리 학회의 회원으로 선출된 첫 번째 여성이었다.

KOREA

And Her Neighbors

한국, 그리고 그녀의 이웃들

A Narrative of Travel,

with An account of the Recent

Vicissitudes and Present

Position of the Country

여행 이야기와 함께 최근의 이야기, 변화와 현재, 국가의 입장

By

Isabella Bird Bishop, F. R. G. S.

Late of "Unbeaten Tracks in Japan," etc.

Sir Walter C. Hillier, K. C. M. G.

Late British Consul-General for Korea

With Illustrations from Photographs by the Author,

And Maps, Appendixes and Index

작가의 사진 속 삽화, 지도, 부록 및 색인

New York   Chicago   Toronto

Fleming H. Revell Company

M DCCC XCVIII

SKETCH MAP OF CENTRAL KOREA

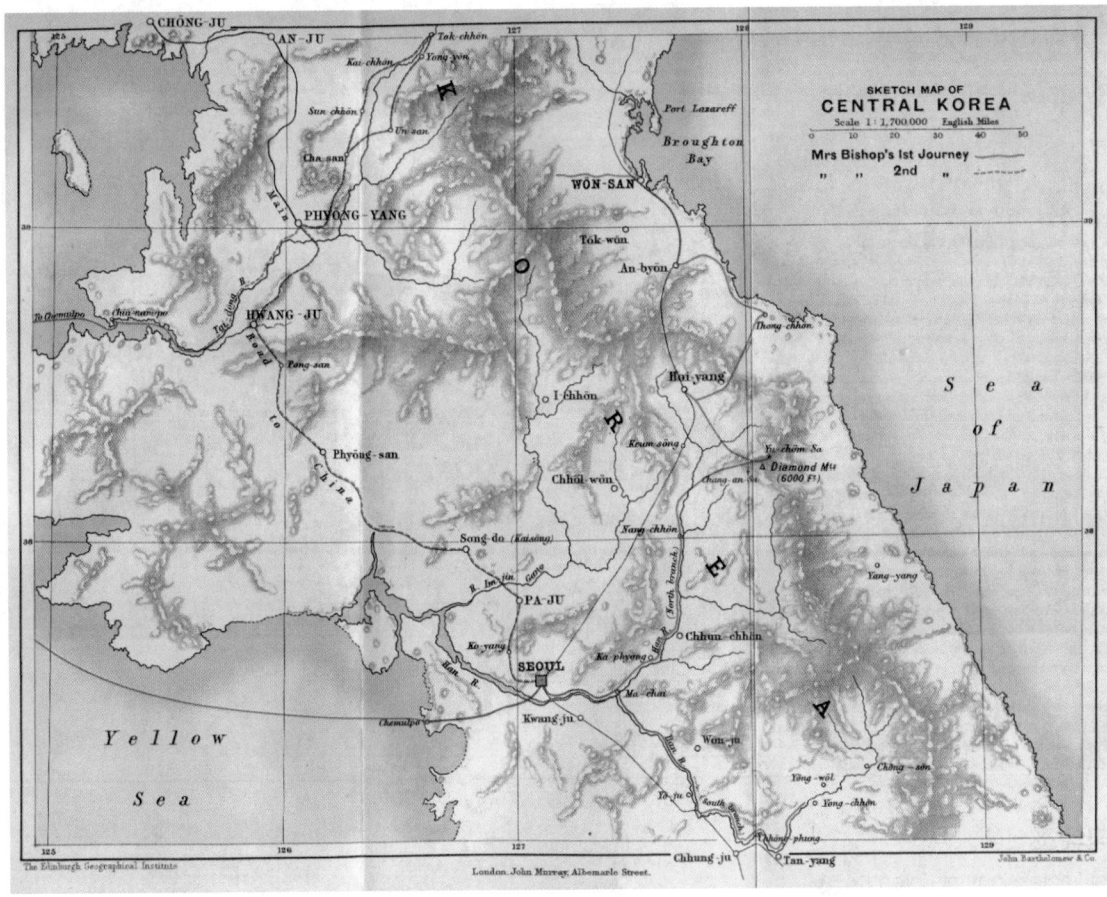

CHAPTER I
한국의 첫 인상
First Impressions of Korea [1]

Nagasaki항구에서 한국 남부의 부산까지는 15시간밖에 걸리지 않지만, 그러나 Higomaru라 부르는 쓰시마 섬은 내가 일본을 마지막으로 본 곳이었다. 붉게 물든 단풍나무와 꽃이 만발한 자두, 사원의 높은 불상, 숲 속의 신사로 이어지는 장엄한 돌계단, 푸른 소나무 군락지. 대나무의 황금빛 깃털이 효과를 강조했으며, 부산의 갈색으로 벌거벗은 언덕은 여름에는 쾌적하지만, 2월의 햇빛 없는 날에는 암울하고 음산하였다. 높고 풀이 무성한 단절된 그림자의 섬 절용도(영도 影島사슴섬)는 일본인들이 석탄저장고와 검역병원을 세웠으며, 부산항을 보호하고 있다. 정박지에서 만나는 것은 한국인이 아니라 일본인이다. 라이터는 일본산이며, Higomaru가 소속된 일본우선회사(일본우편기선회사)의 관계자가 명령을 받고 나온다. 그러나 조수 웨이터는 영국인이며, 중국 해상 관세청의 영국 고용인 중 한 명으로 관세 수입 관리를 위해 한국에 파견되었다. 외국인 정착지인 부산은 불교 사원이 가파른 절벽에 위치하고 있고, 1592년 임진왜란 때 심은 수많은 고급 삼나무로 가려져 있으며, 꽤 보기 좋은 일본 마을로, 언덕과 언덕 사이에 다소 밀집되어 있다. 넓은 거리의 일본 상점과 다양한 영일 건물이 있으며, 그중 영사관과 은행이 가장 중요하다.

HARBOR OF CHEMULPO 1897년경 제물포 항구 전경

한국의 첫 인상

First Impressions of Korea [2]

여기에는 상당한 옹벽과 방조제가 있으며, 배수, 조명 및 도로 건설은 지방자치단체의 비용으로 수행되었다. 전쟁 이후 집집마다 부과되는 세금으로 상수도가 건설되었으며, 현재의 풍부한 깨끗한 물 공급으로 빈번하게 발생하는 콜레라 전염병이 종식될 것으로 기대된다. 마을 위에는 빠르게 채워지는 새로운 일본군 묘지가 눈에 띄고 있다. 외국 상품에 대한 수요가 창출된 지 13년이 되지 않았다는 점을 고려하면, 한국인들이 어떻게 이를 받아들였는지, 그리고 부산의 대외 무역이 급속히 발전하여 1885년에는 수출 가치와 총 수입액은 £77,850에 불과했지만, 1892년에는 £346,608에 이르렀다. 표백되지 않은 셔츠 · 잔디밭 · 모슬린 · 캠브릭 · 아동복용 칠면조 빨강 무늬는 모두 한국인의 마음을 사로잡았다. 그러나 겨울철 면직물 의류는 분기당 71,000갤런에 달하는 외국 모직물에 만족하지 않으며, 그리고 이것은 어유魚油 램프와 종이 랜턴의 음울한 등잔불을 대체함으로써, 한국의 저녁 생활에 혁명을 일으키고 있다. 성냥 역시 놀라울 정도로 인기를 끌었고, 가죽 · 콩 · 건어물 · 베슈 드 메르 · 쌀 · 고래 고기 등이 주요 수출품에 속한다. 1883년이 되어서야 비로소 부산은 일반 대외 무역에 공식적으로 개방되었으며, 부산의 성장은 가장 두드러졌다. 그 해에 외국인 인구는 1,500명이었으며, 1897년에는 5,564명이었다.

GATE OF OLD FUSAN
부산의 관문

평양 대동강변 칠성문

GUTTER SHOP, SEOUL 노점상

한국의 첫 인상
First Impressions of Korea [3]

1885년 상반기에 일본 우편 증기선 회사는 5주마다 부산에서 블라디보스토크로, 한 달에 한 번씩 부산으로 가는 작은 배 한 척만 운항했으며, 지금은 크든 작든 간에 항구에 도착하는 하얀 증기선과 고베와 블라디보스토크, 상하이와 블라디보스토크, 고베와 텐진, 고베와 신창 사이를 자주 운행하는 니혼유센 카이샤의 훌륭한 선박 외에도 모두 부산에서 오사카 직항 노선을 포함한 다른 3개의 노선과 상하이와 블라디보스토크 사이를 운행하는 러시아 우편선이 부산항을 기항지로 삼았다.

Turtle stone 어린이들의 놀이터 거북 비석

THE AUTHOR'S SAMPAN, HAN RIVER 나룻배로 한강을 건너는 저자

한국의 첫 인상
First Impressions of Korea [4]

1897년 1월 현재 원산元山의 외국인 체류 현황

일본인	1,299명		프랑스인	2명
중국인	39명		러시아인	2명
미국인	8명		덴마크인	1명
독일인	3명		노르웨이인	1명
영국인	2명		합계	1,357명

■ 1897년 원산 인구는 약 15,000명으로 추정한다.

A KOREAN LADY 여인

KOREAN PEASANTS AT DINNER
농부들의 새참

한국의 첫 인상
First Impressions of Korea [5]

수입품의 약 3분의 1이 사람과 말의 등에 실려 내륙으로 운반되는 것 같으며, 부과되는 세금과 육로와 강 양쪽의 경계에서의 지체는 무역업자들에게는 참을 수 없는 일로서, 각 정거장은 서울에 있는 정부에 일정한 금액을 지불하면 모든 상품에 세금을 부과할 수 있는 허가를 받는 일부 하급 관리에 의해 통제되는 혐오스러운 관습이었다. 부산에서 7마일 떨어진 낙동강은 기선들이 5피트 높이의 물을 끌어올릴 수 있는데, 50마일 위에 있는 밀양까지, 그리고 4피트 높이의 물을 끌어올리는 폐선들은 4피트 높이의 사문까지 항행할 수 있는데 이 지점에서 100마일 떨어진 곳에서 가벼운 외풍의 배로 운송되며, 화물이 해안에서 170마일 떨어진 상진까지 올라갈 수 있으며, 이용 가능한 수로와 논란이 많은 서울–부산간 철도가 사실이 될 수도 있다는 막연한 전망으로 인해 부산은 중요한 상업의 중심지가 되기 위해 노력하는데, 경상도는 8개 도시 중 가장 인구가 많은 (현재 행정상으로는 13개이다) 경상도는 전라도를 제외하고는 가장 번성하고 결실이 많은 것으로 알려져 있다. 주변의 언덕들이 보기에 척박한 그 곳은 아마도 광물들이 풍부할 것이며, 금은 반경 50마일 안에 있는 몇몇 장소들에서 발견되고, 구리 광산은 꽤 가까이에 있고, 100마일 안에 탄광들이 있으며, 모든 의도와 목적에 있어서 부산의 정착민은 일본인들이다. 5,508명의 일본인 인구에 대하여 부산 세관장 헌트씨에 따르면 경상도에만 17개의 역이 있고, 부산은 반경 10마일 이내에 그들의 경계선에 둘러싸여 있고, 지방으로 가는 수로인 낙동강 주변에는 25마일 거리에 4개가 있으며, 부산의 유동 인구는 일본인 어부들로 약 8천명으로 추정된다.

THE DIAMOND MOUNTAINS 금강산

TOMBSTONES OF ABBOTS, YU CHOM TEMPLE
금강산 유점사 주지승 무덤

금강산 유점사楡岾寺

강원도 고산군 서면 금강산金剛山에 있었던 삼국시대에 창건된 사찰

유점사楡岾寺는 강원도 금강산의 외금강 지역에 있는 사찰이다. 장안사 · 신계사 · 표훈사와 함께 금강산 4대 사찰 중 하나이며, 금강산에서 가장 오래된 절이기도 하다. 신라 시대에 지어져 고려와 조선 시대를 거치며 크게 융성했고, 국치시기에도 31본산의 하나로 금강산의 많은 절과 암자를 관리했다. 전설에 따르면 인도에서 석가모니의 죽음 이후 불상을 53개 조성하여, 바다에 띄우면서 인연이 닿는 곳으로 가기를 발원했다. 신라 남해왕 때 수백년 동안 바다를 떠돌던 이 53불상이 타고온 동해를 통해 신라에 도착하여 그 자리에 절을 세웠다는 것이다. 전해지는 창건 연대가 한국에 공식적으로 불교가 전래되기 훨씬 이전이라 대체로 전설로 추정하나, 이를 근거로 남방불교의 전래 시기를 올려 잡는 경우도 있다. 국치시기까지 유점사 능인전에는 53 불 중 50불이 남아 있었다.

한국의 첫 인상

First Impressions of Korea [6]

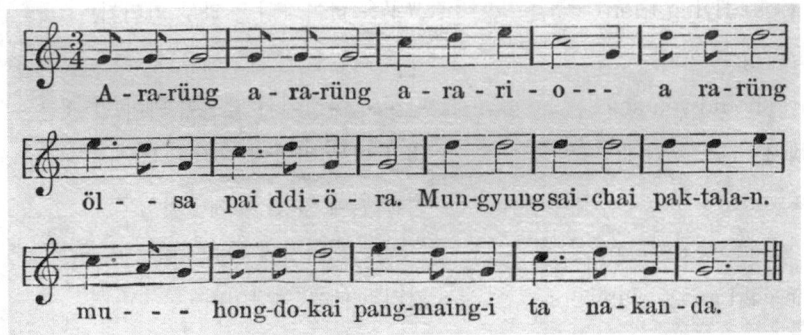

Ararung ararung arario——Ararung ol sa pai d야 o ra Mun gyung sai chai pak tala n
mu——hong od kai pang maing I ta nak an da

아라룽 A-RA-RUNG (아리랑)의 코러스는 불변하지만, 그것과 관련하여 불려지는 구절들은 가사 · 서사시 · 교수법의 분야에 걸쳐 광범위하다. 고전과 대중 사이에 있지만, 거의 언급할 가치가 없는 세 번째 스타일이 있다. 내 생각에 대부분의 동양 음악의 모티브로 보이는 우울함은 한국의 그것에서 극단적인 슬픔을 느낀다. 부분적으로 아마도 한 음의 무제한적인 흔들림 때문일 것이다. 합주 음악이라고 불리는 것이 서양인에게는 고문이지만, 시대의 피리 위의 솔로들은 그들의 애절함에 단 하나의 달콤함을 결합하고 '멀리 떨어진 멜로디'를 암시한다. 사랑의 노래들은 인기가 있고 그들 중 일부에 대한 부드러운 우아함과 때때로 유머의 빛이 있다. Gale 씨가 번역한 곡의 세 번째 마지막 줄에서 알 수 있듯이 일반적으로 자연에 대한 암시를 나타낸다.

Love song

Farewell' a fire that burns one's heart,

And tears are rains that quench in part,

But then the winds blow in one's sighs,

And cause the flames again to rise

My soul I"ve mixed up with the wine,

And now my love is drinking,

Into his orifices nine

Deep down its spirit's sinking.

To keep him true to me and mine,

A potent mixture is the wine.

'이별'은 마음을 태우는 불이고,

그리고 눈물은 부분적으로 진정되는 비입니다,

하지만 바람이 한숨을 쉬면서 불어오지만,

불길을 다시 일으키게 하고

내 영혼과 와인을 섞었더니,

그리고 지금 내 사랑은 술을 마시고 있고,

그의 아홉 구멍 안으로

영혼이 가라앉고 있습니다.

그가 나와 나의 것에 충실하도록 하기 위해서는,

강력한 혼합물은 와인입니다.

Silvery moon and frosty air,

Eve and dawn are meeting;

Widowed wild goose flying there,

Hear my words of greeting!

On your journey should you see

Him I love so broken-hearted,

Kindly say this word for me,

That it's death when we are parted.

Flapping off the wild goose clambers,

Says she will if she remembers.

은빛 달과 차가운 공기,

이브와 새벽이 만나고 있습니다;

그곳을 날아다니는 과부 기러기,

제 인사말을 들어보세요!

당신의 여정에서 당신이 봐야 할 것은

내가 너무 비탄에 잠긴 그를 사랑해요,

저를 위해 이 말을 해주십시오,

우리가 헤어지면 죽음이라는 것을.

기러기 떼를 퍼덕이며,

그녀가 기억한다면 그렇게 할 거라고 말합니다.

PASSENGER CART, MUKDEN
MUKDEN: 중국의 선양시

TEMPLE OF GOD OF LITERATURE. MUKDEN 묵던의 사찰

GATE OF VICTORY MUKDEN 묵던의 성곽

MUKDEN: 선양시는 중국 랴오닝성의 성도이다. 국가 역사 문화 명성에 선정된 관광 도시로, 만주족은 묵던이라고 부르고, 유럽에서도 묵던으로 많이 알려져 있다.

WLADIVOSTOK 항구 전경

블라디보스토크는 러시아의 도시이다. 러시아 극동의 중심지이며, 프리모르스키 지방의 행정중심지이다. 시베리아 횡단 철도의 출발점이자 러시아의 태평양 진출의 항구이다.

RUSSIAN ARMY, KRASNOYE CELO
크라스노예 셀로는 러시아 상트페테르부르크 연방 도시의 크라스노셀스키 구역에 있는 도시

KORAN SETTLERS HOUSE   한국인 정착민 주택

한국의 첫 인상

First Impressions of Korea [7]

중국인들은 훈춘에서 수천 명의 만주군을 집단화했고, 그들은 농민들이 넓은 지역에 집을 버리고 떠날 정도로 공포의 통치를 하였으며, 장교들에게 급여를 빼앗기고, 절반만 먹인 군인들은 부족한 부분을 메우기 위해 무제한 약탈에 의존하였고, 여성과 재산 모두 그들의 잔혹함과 폭력으로부터 안전하지 않았다. 노우키에프스크의 러시아 변경 위원의 비서이자 통역사가 공식 업무로 훈춘을 방문하기 며칠 전에, 그들은 그들의 폭력을 가까스로 피했고, 중국 총독은 그들에게 군대에 대한 통제권이 전혀 없다고 말했다.

KOREAN THRONE 한국의 왕실

KOREAN GENTMAN IN COURT DRESS
궁정복을 입은 한국 관료

JAPANESE MILITARY CEMETERY, CHEMULPO
제물포의 일본인 무덤

RUSSIAN OFFICERS, HUN–CHUN 훈춘의 러시아 관리들

경회루慶會樓

SUMMER PAVILION, OR "HALL OF CONGRATULATIONS"
경회루慶會樓는 경복궁에 있는 누각으로, 조선시대에 연회를 하거나, 외국의 사신을 접견하던 곳

ROYAL LIBRARY, KYENG–POK PALACE
경복궁전 왕립도서관

SOUTH GATE 남대문

SEOUL AND PALACE ENCLOSURE
경복궁·광화문 주변의 서울 시가지 전경

KOREAN CADET CORPS AND RUSSIAN DRILL INSTRUCTORS
한국 생도단과 러시아 훈련 교관

SOUTH STREET, SEOUL 서울 남쪽 마을

Isabella B. bishop의 여행 안내인들

SEOUL GEND'ARME, OLD REGIME
조선 말기 순검 복장

SEOUL POLICEMAN, NEW REGIME
대한제국 신식 순검 복장

ALTAR OF THE SPIRITS OF YHE LAND
이 땅 정령들의 제단

MIRIOKS 미륵불상

TONG-HAK HEADS

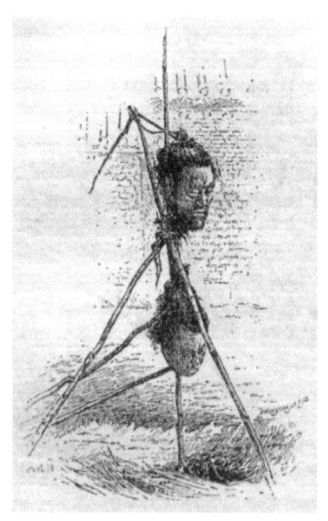

참수 당한 동학교도

왕이 외국인들의 손에 들어갔다는 이유로 왕에게 충성을 바친 동학파는 1월 초에 완파되었고, 충성스러운 신하가 동학파 우두머리의 머리를 서울로 보냈다. 그곳에서 나는 도로의 가장 번화한 곳에서 그것을 보았고, '작은 서쪽 문' 밖의 시장은 캠프 주전자 스탠드와 같은 무례한 세 개의 막대기 배열에 매달려 있었고, 그 아래에 또 다른 머리를 두고 두 얼굴 모두 차분하고 거의 위엄 있는 표정을 짓고 있었다. 멀지 않은 곳에서 두 개의 머리가 비슷한 틀로 노출되었지만, 그것은 자리를 내주고, 그들은 길거리의 먼지에 누워 있었고, 뒤에서 개들에게 많이 물렸다. 마지막 고통은 그들의 이목구비가 굳어 있었다. 그들 옆에 순무가 놓여 있었고, 몇몇 어린 아이들이 그것에서 조각을 잘라 검게 그을린 입에 그것들을 조롱하듯 내밀었다. 이 잔인한 광경은 일주일 후 사라졌다.

출처: 1898 Korea & Her Neighbours By BISHOP 54 Page

은둔의 왕국 조선에 파송된 선교사의 활동 사진

Activity photos of missionaries dispatched to the hermit kingdom of Joseon

출처: 사진으로 보는 한국신교백년韓國新敎百年

편저: 김응호金應虎
발행일: 1978. 11. 20
발행인: 윤홍기
발행처: 일맥사
등록: 1974년 3월 6일 제 가 1-177호. 244 P

후기

나의 생은 실로 역사의 틈바구니에서 자란 야생초였다.

일제 말엽 극極을 더하는 형자의 가시밭 길 속에서 수난 받는 기독교인들의 모습을 보며 자라야 했고, 해방 후 38선을 넘어오며 인간 삶의 회오를 뼛속 깊게 했다. 휴전후의 교계敎界의 난무亂舞를 직접 눈으로 보고 현장 취재자의 입장에서 카메라에 담아 갈 때 값진 순교의 피를 쏟으며 죽어간 귀한 선배들을 생각하고 눈물 지은 지 그 몇 번 인지.모른다. 사회정화다, 선교일치를 주장하는 뒤안길에 숨겨진 구겨진 이야기를 목격하여 정말 이래서 될까 가슴을 쥐고 통념해 보기 그 몇번이었던지요? 그러나 역사의 목격자는 증언자는 될지언정 저지자沮止者가 되지 못함을 뼈아프게 느꼈을 때 고고高高하게 숨겨진 믿음의 선배들이 유산으로 남겨 준 역사의 현장을 촌력寸力을 다하여 수집해 나가기 시작하였다. 이 민족에게 심어진 기독교의 역사가 그 누구의 손에든 필히 정리가 되어져야 할 것을 알기에 누구가 알아주던 모르던 사명감으로 알고, 카메라를 들쳐 메면 기독교 역사가 머물고 간 고독한 산간벽지를 헤매게도 했고, 먼지가 겹겹으로 쌓인 고서점을 헤매며 문헌 속에서 발견되어지는 옛 사진을 스크랩하고 복사해 왔다. 그러다 보니 구멍나는 가계家計 때문에 실의에 빠지기 여러 번이었고, 아내에게는 무능한 남편, 아이들에게는 못난 아비가 될 때 인간적인 번뇌가 괴롭히지 않는 것은 아니었으나, 집요한 편자의 수집벽은 완성을 향한 집념이었다. 그래서 능률적이고도 체계적인 정리를 해 보고자 창간한 것이 크리스찬라이프였다. 더욱이 편자를 못 견딜 초조감에 빠지게 한 것은 순교자기념사업회 실무자로 재직할 시 빛을 못 보고 숨겨진 아름다운 순교사화(순교사화)와 유족들이 간직하고 있는 내겐 백만불의 값보다 값있는 사진 자료들이었다.' 뼈를 깎고, 내 재산 전부를 탕진하고 내 가족 모두에게 버리움 받더라도 기독교 역사 앞엔 버리움 받지 않겠다'는 피맺힌 결심으로 수집만 해 놨지 정리가 안된 자료들을 정리해 가다 보니 편자를 놀라게 한 것은 무노無盧 수천여 점이 넘는다는 사실이었다. 눈물이 났다. 지나온 세월들이 주마등처럼 스치며 편자를 위로했다. 이런 고난의 연결 속에서 채워진 각고의 결실이 '한국 기독교 선교 백년'에 우선하여 내게 됨은 실로 고난속에서도 나를 일깨워준 하나님의 은총이다. 물심양면으로 편달해주시고 도와준 교계 지도자 및 친지, 기독문화 동역자들께 재삼 고개 숙여 감사드린다.

1978년 11월 15일
麻浦一偶에서
편자 김응호

조선에 온 최초 선교사 알렌 Horace Newton Allen 安連 1858~1932

은둔의 왕조 조선에 온 선교사

Missionar y who came to Joseon, a hermit dynasty

알렌 Horace Newton Allen 安連(1858~1932)

미국 오하이오주 델라웨어에서 출생

한국 주재 최초 선교사는 알렌의사이다. 미국 북장로회에서 파송하여 1884년 7월 20일 제물포에 내한하였으며, 갑신정변 때 부상당한 민영익을 서양 의술로 치료하여 고종의 신임을 얻게 되었다. 외과의 출신인 그는 고종이 하사한 부지에 광혜원을 설립, 서양식 병원을 열어 의료사업을 통한 선교 활동을 하였고, 뒤를 이어 입국한 선교사들의 활동을 위한 기반을 구축하여 한국 선교의 본격적인 출발을 꾀하는데 큰 기여를 하였다.

1881년	미국 웨슬리언대학 신학과 졸업
1883년	미국 마이애미 의과대학 졸업
1883년	중국 상해上海로 건너가 병원을 개업
1884년 7월 20일	조선 제물포로 입국
1884년	갑신정변을 계기로 광혜원廣惠院 의사 겸 어의御醫가 됨
1886년	국립의학교 설립
1887년	주미 전권 공사 박정양朴定陽의 고문 자격으로 미국에 동행함
1890~1894년	미국 공사관의 서기관이 됨. 그 후 공사[1897]. 총영사[1898]. 전권 공사[1901]를 역임함
1892년	'코리언리포지터리' Korean Repository를 발간
1900년	영국 왕립 아시아학회 한국 지부를 결성함
1905년	을사늑약이 체결되어 조선의 외교권이 박탈되자, 귀국 후 조선 관련 저술을 집필하며, 1932년 12월 11일에 타계함. '조선의 설화' Korean Tales 1889. '조선 현실과 이상' Korea Fact and Fancy 1904 등의 저서를 남겼다.

Things Korean

A Collection of Sketches and Anecdotes Missionary and Diplomatic
by Horace. N. Allen, M. D.
Late Envoy Extraaordinary and Minister Plenipotentiary of the United States
to Korea
Illustrated
New York Chicago Toronto Fleming H. Revell Company
London and Edinburgh
Issue date 1908.

대한제국 정부 병원(제중원) 직원 일동(1901)

All employees of the former Korean Government Hospital (Jejungwon) (1901)

사진 해설(편저자): 정부 병원은 광혜원(제중원)을 말하며, 사진 중앙에 알렌 부부와 병원 종사자들이다.

1884년 9월 최초의 의료선교사로 한국에 상륙한 알렌(H. N. Allen, 安連)은 처음에 미국 공사관원을 비롯하여 각국 외교관들을 치료하는 의사로 활약하였다. 그러다가 점차 우리나라 사람들 사이에 서양 의술의 탁월함이 인정되어 궁실宮室의 시의侍醫가 되었고, 1885년 7월 19일에는 참판參判이라는 벼슬까지 받았으며, 정부 병원을 개설할 때에 원장의 책임을 맡아 일하게 되었다.

출처: 사진·글: '사진으로 보는 한국신교백년' 1978년 발행 김응호 편자.
One hundred years of Christianity in Pictures. By Rev. Young Whan Kim 1984 253p. Korean oversea compatriot's mission

---

1885년 광혜원

제중원濟衆院 [1]

조선 정부가 1885년 2월 29일 최초로 설립한 서양식 병원이다. 최초 광혜원廣惠院이라는 이름으로 설립되었다. 동년 3월 12일 광혜원이라는 명칭을 대중을 구제한다는 뜻으로 제중원濟衆院으로 변경하여 1894년 조선 정부(고종 22년)에서 제중원 운영권을 미국 북장로회 선교부로 인계하였고, 북장로회 선교부가 조선(서울·대구·광주·평안남도 선천)에 설립한 병원은 제중원이라고 불렸다. 서울 제중원은 국치시기 선교사 에비슨(O. R. Avison) 박사 부친 세브란스(Louis Henry Saverance)의 후원금으로 세브란스병원을 신축하였다. 대구 제중원은 계명대학교 의과대학의 전신이며, 광주 제중원은 현재 광주기독병원이 되었다.

알렌 Horace Newton Allen이 설립한 제중원濟衆院

Founded by Horace Newton Allen

광혜원廣惠院은 얼마 후 1885년 3월 12일에 제중원濟衆院(House of Universal Helpfulness)이라고 이름을 고쳤다. 이 병원의 원장으로 있은 알렌의사는 정부의 중신 귀족들과 함께 많은 가난한 사람들의 병을 그리스도의 사랑과 봉사의 정신으로 차별없이 치료하였기 때문에 환자는 날로 늘어나 의료선교의 성과는 크게 올랐다. 제중원은 세브란스병원의 전신이 된다.

제중원濟衆院 설립 배경 [2]

조선에 온 최초 의료선교사(미 공사관 의사로 활동) 호러스 뉴턴 알렌(Horace Newton Allen 安連)은 갑신정변 당시 부상을 입은 민영익閔泳翊을 치료하게 되는데, 다른 서양 문물들과 함께 서양 의료의 필요성에 대해 조선 정부에 이는 서양 의술을 통한 서양 의학의 장점을 잘 보여준 실례로 고종의 신임을 얻은 알렌은 고종에게 서양식 병원의 필요성에 대해 건의하고, 고종의 승인을 거쳐, 1885년 4월 갑신정변으로 역적이 된 홍영식洪英植의 집(현 헌법재판소)에 조선 최초로 조선 정부가 세운 서양식 병원인 제중원濟衆院을 개원하게 된다. 조선 정부와 알렌은 이 곳에 진찰실·수술실·대기실 등을 갖추었다. 제중원은 통리교섭통상사무아문統理交涉通商事務衙門(오늘날 외교부)에 소속되어 있었으며, 통리교섭통상사무아문의 독판(현 장관) 또는 협판(현 차관)이 제중원 당상濟衆院堂上이 되어 정부 파견 관리로 직무를 수행했고, 알렌 등 선교부 의사들이 병원의 전반적인 운영을 맡았다. 이후 1886년 10~11월경 제중원은 구리개(지금 을지로 입구 하나은행 본점 자리에서 명동성당 방향 일대)로 자리를 옮겼다.

최초 서양식 병원 광혜원(廣惠院)

Gwanghyewon, the first Western-style hospital

1884년 12월 4일에 발생한 갑신甲申 쿠데타로 빈사상태에 빠졌던 중신 민영익閔泳翊을 구출함으로 알렌은 국왕의 신임을 획득하게 되었다. 그는 이러한 호 기회를 이용하여 국왕에게 병원 설립을 요청하였고, 이 계획은 허락되어 한국 정부는 한성 북쪽에 있는 대한제국 전 우정총판 홍영식洪英植의 저택을 하사하였고, 이름도 광혜원廣惠院(House of Widesppread Relieef)이라고 지어 주었다. 이 병원은 1885년 2월 25일 개원되었다.

출처: One hundred years of Christianity in Pictures. By Rev. Young Whan Kim 1984 253p. Korean oversea compatriot's mission

제중원濟衆院 설립자 및 의료선교 활동 [3]

알렌이 제중원 초대 의사로 부임했으며, 그 후 스크랜튼(William B. Scranton) · 헤론(John W. Heron) · 하디(Robert A. Hardie) · 빈턴(Cadwallader C · Vinton) · 에이비슨(Oliver R. Avison) · 어비신 등의 의료 선교사들이 차례로 부임하여 제중원을 찾아오는 환자들을 진료했다. 또한, 제중원에는 정부에서 파견된 제중원 당상堂上이란 직제가 존재했으며, 이는 독판督辦(현 장관)이나 협판協辦(현 차관)이 겸직했다. 1886년 알렌과 헤론이 미국 북장로회 해외 선교 본부에 제출하기 위해 작성한 '조선정부병원 제1차년도 보고서'에 따르면, 제중원은 개원 이래 첫 1년 동안 10,460명의 환자를 진료했다. 양반층은 주로 왕진을 요청했으며, 지방에서 진료를 받으러 오는 환자들도 적지 않았다. 치료받은 환자들의 주요 질환을 살펴보면, 말라리아가 가장 많았다. 소화 불량, 각종 피부병, 성병(매독)도 많은 편이었다. 그 외 결핵 · 나병 · 기생충병 · 각기병 등이 있었다.

새문안교회와 연세대학교를 설립한 언더우드(Horace Grant Underwood) 元杜尤 선교사(1859~1916)
영국 런던 출생

미국 북장로회 파송 선교사로서 1885년 4월 5일 부활절 아침에 제물포에 상륙하였다. 그는 처음에 대한제국 정부의 눈을 피하기 위해 광혜원에서 일하는 직원의 신분으로 입국하였으나, 2년이 지나면서는 선교사로서 본격적인 복음 전파에 돌입하였다. 새문안교회와 연세대학교를 세웠으며, 제1회 조선예수교장로회 총회장을 역임하는 등 그의 한국교회를 위한 업적은 너무나 위대하다.

언더우드 선교사 부부

Missionary Underwood and his wife

릴리어스 홀튼 Lillias S. Holton
Lillias Horton Underwood
1851~1921
미국 뉴욕 출생
의사, 장로교 선교사, 호레이스 그랜트 언더우드 부인
미국 북장로교 의료 선교사 활동
미국 시카고 의과대학 졸업
우리나라 최초 서구식 병원인 '광혜원' 부인과 의사.
명성황후 궁중 진료 의사

한국 선교 초기에 총각과 처녀의 몸으로 '은둔의 나라'(Hermit Nation)를 찾아온 두 남녀는 세월이 흐르는 동안 뜻이 잘 맞아 일생을 한국에서 복음전파에 헌신하기로 결심하고, 1889년 결혼의 예식을 올렸다. 언더우드 목사는 신혼여행 명목으로 평안북도 의주義州를 찾아가 압록강위에 배를 띄우고 33인에게 세례를 베풀어 주었다. 이는 '한국의 요단강 세례'라고 불리워 매우 유명하다.

언더우드 선교사 주택

Underwood Missionary Home

1885년에 한국 최초의 목사 선교사로서 한국을 찾은 언더우드(H. G. Underwood 元杜尤)는 한성 정동 31번지에 주택을 잡고 복음 사역을 펼치기 시작하였다. 그의 집은 당시 그 보다 앞서 한국에 온 의료선교사 알렌(Horace N. Allen 安連)의 주선으로 강노姜㝄라는 정승의 소유 토지를 잡게 되었다. 여기에서 대한기독교서회가 발족되었고, 새문안교회가 탄생되었다.

연세대학교 설립자 언더우드

Underwood, founder of Yonsei University

'주 강생 1885년 4월에 박사 25세의 청년으로 걸음을 이 땅에 옮겨 삼십년동안 선교의 공이 널리 사방에 번지고 큰 학교로는 연희전문을 이루시니 그럴사 박사 늙으시도다.'

지금 연세대학교의 교정 안 백양로를 지나는 사람은 누구나 이 언더우드 선교사의 동상 앞에서 저절로 걸음을 멈추게 된다. 이 짤막한 비문에서 그와 연세대학교와의 관계를 익히 알게 하고도 남는다.

출처: One hundred years of Christianity in Pictures. By Rev. Young Whan Kim 1984 253p. Korean oversea compatriot's mission

---

- 강노姜滶(1809~1887): 조선 말기 관료. 충남 천안 출생 흥선 대원군의 총애를 받은 인물.
- 정동 31번지는 현재 이화여자고등학교 부근(덕수궁 돌담 길)으로 추정된다.
- 대한기독교서회는 1890년 설립된 기독교계열 출판사이자 연합기관이다. 조선성교서회朝鮮聖教書會에 뿌리를 두고 있으며, 가장 오래된 개신교 출판사이다. 현재는 한국찬송가공회와 더불어 찬송가와 성서를 발행하는 한편, 신학서적과 기독교 단행본 출판, 기독교 잡지(《기독교 사상》, 《다락방》) 발행 등의 일을 하고 있다.
- 구세군 대한본영救世軍大韓本營은 개신교 교파인 구세군의 대한민국 지부를 말한다.
  1907년에, 감리교 목사 출신이자, 구세군의 창시자인 윌리엄 부스 대장의 일본 순회집회 때 참석했던 조선계 유학생의 요청에 따라, 1908년 10월 정령 허가도 사관이 들어 와 선교한 일로부터 시작된다. 일제강점기 아래, 구세군교회는 탄압받았으며, 1941년에 구세단이라는 이름으로 명칭이 바뀐 다음 1943년에 일본 제국에 의해 강제 해산되었다. 그 후 1947년에 새로운 사령관이 들어와 운영을 재개하였다. 2008년에는 구세군 100주년을 맞았다.
- 새문안교회는 대한민국의 교회로 대한예수교장로회(통합)에 소속되어 있다. 미국의 선교사 호러스 그랜트 언더우드가 1887년에 설립한 대한민국 최초의 장로교 교회이며, 승동교회, 정동제일교회와 함께 '한국의 어머니교회'로 불리고 있다.

연희전문학교 교수진(1932년 서울)

Faculty at Yonhee College (Seoul, 1932)

언더우드선교사가 1915년 4월에 장·감 양 선교회로 구성된 연합위원의 관리로 서울 YMCA 회관에서 문과·상과·이과·농과를 둔 대학부 학교를 개강한 것이 연세대학교 전신인 연희延禧전문학교 모체로서 전문학교 설립 인가를 받기까지 2년이 걸렸다. 언더우드가 별세한 뒤에는 에비슨(O. R. Avison 魚丕信) 박사가 1934년까지 교장일을 보았고, 그 뒤는 언더우드 목사 아들 원한경(H. H. Underwood 元漢京) 박사가 계승하였다.

존 토마스 언더우드(1857~1937)

John Thomas Underwood

영국 런던 출생. 미국 Osterville, Massachusetts 이주
존 토마스 언더우드는 한국을 위한 초대 선교사 언더우드 선교사 동생으로서 한국 선교사업을 위하여 지대한 관심을 갖고 물심 양면으로 후원을 하였다. 특히 그는 연세대학교의 방대한 부지 확보를 위해서나 신축을 위하여 수 차례에 걸쳐 막대한 헌금을 하여 한국 민중의 개화 계몽을 위하여 괄목할 만큼 큰 공헌을 하였다.

Underwood Typewriter Company

1874년부터 언더우드 가족은 타자기 끈과 카본지를 만들었고, 이들은 레밍턴 타자기 회사에 제품을 납품하는 여러 곳 중 하나였다. 레밍턴 타자기 회사에서 끈을 자체 제작하기로 결정하자, 언더우드는 타자기 제조 사업에 직접 뛰어들기로 결심하였다. 언더우드 원형 타자기는 독일계 미국인인 프란츠 자비에르 바그너에 의해 발명되었고, 그것은 기업가 존 토마스 언더우드에게 보였다. 언더우드는 타자기의 중요성을 인식해 바그너를 후원하고 회사를 인수하였다.

언더우드 상 앞에서 연세 YMCA(서울)

Yonsei YMCA (Seoul) in front of the Underwood Statue

언더우드 목사가 고아와 가난한 집 아이들을 모아 시작한 예수교학당 내에서 그는 1914년 오늘의 연세대학교 전신인 조선기독교대학을 출발케 하였다. 그는 처음에 예수교학당을 신학교와 그리고 교회와 사회를 위한 지성인 양성을 위한 기독교대학으로 발전 시키려는 데 뜻이 있었다. 그러나 평양에 신학교가 개교되어 이 뜻은 무너졌다. 연세대학교는 이러한 언더우드 목사의 교육이념을 잘 살려 YMCA 신앙활동 등을 활발히 전개하였다.

혜론蕙論(1856~1890)

John W. Heron

영국 출생 국적 미국 테네시 주 녹스빌
미국 북장로회 외지선교회에서는 한국 선교 개시를 결정하고 나서 혜론의사를 최초 선교사로 선정하여 파송하였다. 그러나 그는 도중에 일본에서 지체하여 1886년 6월에야 한국에 상륙하였다. 그는 여름 무더위를 무릅쓰고 산간 벽지로 치료 행각을 하던 중 1890년 7월 피로에 지친 나머지 쓰러졌다. 그의 시신은 한강 변 양화진에 안장되어 있다. 1885년 4월 23일 아칸소 존즈버러에서 동업하던 사람의 딸인 해리엇 엘리자베스 깁슨과 결혼하였다. 같은 해 5월 1일 미국에서 조선을 향해 떠났고, 미국 장로교 최초 선교사로 정식 임명되었다. 그리고 일본으로 들어가 이수정을 만나 조선말을 배우고 풍속을 익히고, 같은 해 6월 20일 다른 선교사들과 함께 조선 제물포에 도착하였다. 6월 21일 한성부에 들어갔고, 다음 날인 호러스 뉴턴 앨런 집을 방문하였다. 고종의 주치의까지 지내며, 1887년 9월 호러스 뉴턴 앨런이 외교관으로 직업을 바꿔 미국에 들어갔고, 후임 2대 제중원 원장에 취임하였다. 1890년 7월 26일 제중원 원장으로 의료 활동을 하다가 전염성 이질로 사망하였다. 같은 해 7월 29일 시신은 최초의 개신교 선교사로 양화진에 묻혔다. 묘비에는 "하나님의 아들이 나를 사랑하시고, 나를 위하여 자신을 주셨다"라고 쓰여 있다.

헨리 게어하드 아펜젤러(1858~1902)

Henry Gerhard Appenzeller

1885년 조선에 입국하여 활동한 미국 북감리교 선교사이다. 최초 근대사학 배재학당 설립자. 그는 장로교 신자로 세례를 받았으나, 1879년 4월 감리교로 교적을 옮겼다. 미국 북감리교 파송으로 1885년 4월 5일 제물포에 상륙할 때 언더우드 선교사와 동행하였다. 한국의 교회와 교육사업을 위하여 많은 업적을 남겼으며, 1902년 6월 12일 성서 번역 사업을 위해 제물포에서 목포로 가는 도중 배가 침몰할 때 조선인 여학생을 구출하려다 익사하였다.

배재학당

한국에 다시 돌아온 아팬젤러 목사는 그해 8월 3일 두 학생을 자기 집에서 가르치기 시작한 것이 배재학당의 모체가 되었다.

1887년 고종으로부터 배재란 교명이 하사되었고, 교세는 날로 발전하여 오늘에 배재학교가 되어 이승만 · 신흥우 · 주시경 · 김소월 · 윤성렬 · 김종우 등 많은 인재를 배출하였다.

스크랜톤 William Benton Scranton(1856~1922)

미국의 의사이자 한국의 감리교 선교사.

제중원에서 근무하던 스크랜톤 의사는 1886년 가을 정동에 병원을 개설하고 빈민 치료에 주력하였다. 이것이 정동제일병원이다. 고종황제로부터 시병원이란 칭호를 하사 받았다.

엘린우드 Frank Field Ellinwood 선교사(1826~1908)

미국 뉴욕 출생

미국 북장로회 외지선교회의 총무를 역임하였고, 1884년 초 외지선교회 실행위원회에서 한국을 위한 선교를 개시하느냐, 좀 더 사태를 관망하여 기다리느냐의 양론이 제기되었을 때, 그는 한국 선교를 즉각 개시해야 한다고 주장한 구안지사具眼之士이다. 그는 한국 선교 개시 이후에도 깊은 관심을 갖고 선교사업 진행을 후원하였으며, 언더우드 선교사를 파송하는 등 결정적 역할을 수행하였다.

어윙 J. C. R. Ewing 선교사

미국 장로교회의 외지 선교사업은 1741년부터 개시되었으나, 본격적으로 착수하기는 1837년부터이다. 그때에 상임위원 40명을 총회가 임명 위촉하므로 본격화되어 한국을 위한 선교가 1884년부터 개시되었다. 어윙 박사는 1925년 부터 그 이듬해에 걸쳐 선교회의 회장으로 있으면서 한국 선교사업을 크게 후원한 역할을 했다.

아셔 존 브라운 Arther J, Brown 선교사

미국 북장로회 선교회 총무로 있으면서 1901년 한국을 방문하였다. 그때 한국 교인들의 순진한 믿음과 자진 전도하는 열정을 보고 깊은 감명을 받았다고 한다. 그는 1909년 다시 내한하였다. 부라운박사는 한국교회가 기복없이 쉬지 않고 계속하여 발전하는데 놀랐다고 말했다. 브라운박사는 한국교회의 광범위한 기독교 교육의 시행을 위하여 역점을 두고 후원하였다.

맥카피 C. B. Mc 선교회 총무

미국 북장로회 선교회 총무로서 엘렌우드(F. F. Ellinwood, 시무기간 1884~1903) 브라운 (Arther John Brown, 시무기간 1903~1929) 박사 등의 뒤를 이어 1929년부터 맥카피박사가 총무직을 맡았다. 그는 총무 취임 전에 한국을 여러 번 방문하였으며, 그의 재임기간은 1년 여에 짧은 기간이었으나, 그 사이에도 두 번이나 내한하는 열의를 보였다. 그는 많은 후원금을 거두어 한국 선교를 위해 헌신하였다.

조지 알랙산더 George Alexander

1904년에 내한한 일이 있었으며, 1907년 미국 북장로회 외지선교회 회장으로 재직 당시에 다음과 같은 발언을 하여 주목을 끌었다. '급속히 성장하는 한국인 선교를 위하여 20명의 선교사 증원이 시급히 필요하며 한국 교회의 건실한 발전을 위하여는 교육면에 중점을 두어 후원해야 할 것'이라고, 그는 구체적인 계획과 비용 관계까지 설명하여 선교열을 불러 일으켰다.

찰스 어드만 Charles R. Erdman

미국 북장로회 총회 내에 외지 선교회가 설치되고, 한국 선교 사업을 정식으로 한 이래로 첫 회장에는 웰즈(John D. Wells, 시무기간 1884~1904) 박사가 다음에는 알렉산더 (George Alexander, 시무기간 1904~1925) 박사가, 그리고 그 다음에는 어윙(J. C. R. Ewing) 박사가 시무하였다. 어드만 박사는 1926년 동 회장에 취임하여 한국 선교 후원을 위해 다방면으로 노력하였다.

베어드 W. M. Baird 배위량裵偉良

1891년 1월 2일 제물포에 상륙하여 부산으로 가서 선교부를 설립하였으며, 그 후 대구를 거쳐 평양에 주재하면서 선교 사업에 많은 결실을 거두었다. 그가 한국 교회와 사회를 위한 공헌한 업적은 지대하다. 특히 개혁적인 교육가로서 숭실전문학교를 설립한 그는 교육사업을 통해 인재 양성에 뚜렷한 업적을 올렸음은 너무나 유명한 이야기이다.

베어드 W. M. Baird 선교사 부인 L. Adams Baird

배어드선교사 부인으로서 대구 지역 선교의 개척자인 안의와 J. E. Adams 선교사 누이 부군 교육사업을 도와 일생을 한국 선교 사업을 위해 헌신하였다. 평양에서 주일학교 부녀반을 개설하는 등의 업적을 올렸으며, 부군이 설립하였고, 또 교장으로 재직한 숭실전문학교에서 1936년 3월에 세상을 떠날 때까지 쉬지 않고 교수하는 일에 봉사하였다.

게일 James S. Gale 선교사

1888년 12월 캐나다 토론토대학 YMCA에서 파송한 선교사로서 한국에 왔다. 그 후 1891년 미국 북장로회 선교사로 교적을 옮겼다. 게일 선교사는 천성이 학자적이어서 '코리언 스켓치'를 비롯한 여러 한국학에 관한 저서를 남겼으며, 교육사업에도 헌신하여 경신학교와 정신학교에서 교수하였다. 한성 연동교회 목사로 재직하면서 월남 이상재 같은 고위 인사들을 많이 포섭하여 신앙의 인물로 육성했다.

엘러스 Annic Ellers 선교사

엘러스는 1886년 미국 북장로회 파송으로 알렌이 경영하는 광혜원에서 간호원으로 일하게 되었다. 당시 대한제국의 풍습은 내외 관념이 심하여 남자 의사가 여자 환자를 치료할 수 없었다. 광혜원에서는 그녀가 도착하자 곧 부녀과를 신설하였다. 한편 그녀가 여자 고아를 모아 가르친 것이 정신여학교의 시작이 되었다. 몇 해 후 그녀는 감리교 선교사인 벙커(D. A. Bunker) 선교사와 결혼하였다.

웰스 John D. Wells 목사

웰스 목사는 우리나라에 선교가 개시된 1884년부터 미국 북장로회 외지 선교회 회장을 역임하였으며, 한국 선교를 위해 이바지한 공은 지대하였다. 경신학교에서는 1904년 그의 공을 기념하여 1905년 '존 더 웰스기념당(John D. wells Traning School)'이란 이름으로 본관 건물의 준공을 보았다. 가족들은 이 학교 사업을 위해 상당한 희사금을 계속하여 보내왔다.

맥고묵 麥古默 Cyrus Mccomick 여사(1835~1925)

평양시 하수리 100번지 5,000평 대지 위에 장로회 평양신학교가 설립된 것은 미국인 맥코믹 여사의 희사금으로 이룩된 것이다. 1908년 평양신학교 설립자이며 교장인 마포삼열 박사가 교사 신축 기금을 마련키 위해 활동 중 맥코믹 여사를 만났으며 그 후 1922년에 또 다시 7만여 원의 기금을 희사하여 현대식 교사를 갖추도록 했다. 선교 100주년을 앞두고 한국장로교회는 멕코믹 여사의 은공을 잊어서는 안될 것이다.

에비슨 O. R. Avison 박사

에비슨의사는 1893년 11월 이래로 광혜원을 맡아 운영하였으며, 1895년부터 대한제국 정부로부터 그 운영권을 완전히 이양 받아 선교 병원으로 육성하는데 성공하였다. 이 때부터 그는 병원을 확장하는 사업에 박차를 가하였고, 1899년에는 부친인 미국의 실업가 세브란스(Louis Henry Saverance) 씨로부터 막대한 기부금을 받아 병원에 투자하였다. 또한 그는 그 해에 정식으로 설립된 의학교의 초대 교장이 되었다.

에비슨 O. R. Avison 박사 부친
루이스 헨리 세브란스 Louis Henry Saverance(1838~1913)

미국 오하이오주 클리브랜드의 유지로서 아들 에비슨 박사를 통하여 거액의 헌금을 수 차례에 걸쳐 한국의 병원사업을 위하여 바쳤다. 결국 이것으로 남대문 밖에 부지를 확보하였고, 1904년의 현대식 건물의 병원을 완성케 하였다. 세브란스병원의 개설은 한국 의료 선교 사상 새 출발을 획득하게 하였다는 점에서 그의 재정적인 후원의 공은 너무나 막대하다. 세브란스병원의 병실은 한국 의료 선교 사상 초유의 족적을 남겼다. 세브란스병원 건립을 지원한 진정한 자선가(Louis Henry Severance 1838~1913) 세브란스라는 이름은 이미 오래 전부터 우리에게 친숙한 이름이다. 루이스 H. 세브란스씨가 미지의 나라 한국에 의료 선교를 위해 엄청난 금액을 기부함으로써 오늘날 세브란스병원의 기반이 되었고, 병원의 이름 역시 기부자를 기념하기 위해 그렇게 명명된 것이다. 세브란스라는 인물이건 세브란스라는 병원이건 우리나라에서 세브란스라는 이름을 모르는 사람은 없을 것이다. 그러나 세브란스씨가 어떤 사람이었는지 어떻게 해서 미지의 나라 한국에 거금을 쾌척하게 되었는지를 자세히 아는 사람은 많지 않다. 우리 대학교 창립 120주년을 맞이하여 2005년 5월 4일 세브란스 새 병원이 개원했다. 병원 역사의 신기원이 열린 이 때 숨은 독지가 세브란스에 대해 다시 한번 생각해 봄으로써 진정한 기부가 무엇인지 생각해 보고자 한다. 한국을 통해 남긴 불멸의 이름 세브란스는 우리에게 세브란스라고만 알려진 루이스 헨리 세브란스(Louis Henry Severance)는 1800년대 후반 미국 오하이오주 클리브랜드의 거부巨富였다. 그는 젊은 시절 현재 석유왕으로 유명한 록펠러(John D. Rockfeller)와 함께 펜실베이니아 주의 티투스빌에서 상업적 목적으로는 세계 최초로 석유 채취에 성공하였다. 그리고 이를 바탕으로 1870년 1월 스탠다드석유회사(Standard Oil Company)를 설립하였다. 그 이후 자신이 쌓은 부를 하나님의 소명대로 기독교 교육과 해외 선교를 위해 사용했다. 현재 뉴욕 한 복판에 록펠러 센터를 세우고 그 명성을 계속해서 이어가는 록펠러 재단에 비해 세브란스의 기부는 많이 알려지고 있지 않다. 클리브랜드에 세브란스

홀이 있기는 하나 이는 우리가 아는 세브란스가 아닌 그의 아들 존 롱 세브란스를 위한 것이며, 세브란스의 이름을 기억하고 그의 흔적을 고이 간직하고 있는 곳은 우리 대학교 의료원이 유일하다. 그나마 그의 이름을 기념하여 지은 세브란스병원도 그가 원해서가 아니라 그의 기부를 기념하고자 한 것이었으니, 그가 얼마나 남몰래 기부를 했는지 알 수 있다. 과연 그는 어떤 삶을 살았기에 이렇듯 오른손이 하는 일을 왼손이 모르도록 사랑을 전했을까? 의사 가계의 일원이었던 세브란스의 의료선교에 대한 열정은 1900년의 뉴욕대회에서 에비슨을 만나 조선에서의 의료선교를 위해 거액을 기부하겠다는 결정을 내리게 했다. 그의 의료 선교에 대한 애정은 가족적 배경에서 싹트기 시작했다. 세브란스의 부계와 모계는 거의 모두 대대로 의사였으며, 자선가였으며, 독실한 기독교인이었다. 그의 어머니 메리 역시 매우 독실한 기독교인이었으며, 그의 아버지 데이비드 롱(David Long)은 클리블랜드 최초의 의사였다. 의사 집안의 일원으로서 세브란스 역시 병자의 아픔과 고통 그리고 죽음을 가까이서 지켜보게 되고, 이것이 그의 의료선교에 대한 관심의 뿌리가 되었다. 일례로 뉴욕 장로교 선교본부의 서기인 스탠리 화이트 목사(Rev. Stanley White)로부터 어려운 사람의 이야기를 듣고 세브란스는 '제발 그것을 나에게 말하지 마시오. 나는 그 얘기를 들으면 그와 똑같은 괴로움에 밤잠을 이룰 수 없습니다'라고 말하였다고 한다. 기독교 교육에 대한 남다른 관심, 루이스 세브란스의 의료선교를 이해하는 또 다른 요소로는 그의 기독교 교육에 대한 깊은 관심을 들 수 있다. 클리블랜드에서 남쪽으로 50마일 떨어진 곳에 장로교 소속의 우스터대학이 있다. 1899년 이 대학의 총장으로 당시 36세였던 젊은 루이스 에드워드 홀덴(Louis Edward Holden)이 취임했다. 그는 취임 후 거부인 세브란스에게 우스터대학에 대해 관심을 가져달라는 부탁을 했고, 1902년 12월 우스터대학에서 화재가 났을 때에 세브란스가 우스터대학을 도운 일화는 세브란스의 기독교 교육에 대한 한없는 열정을 보여 준 좋은 예이다. 세브란스는 홀덴 총장에게 '걱정 마시오. 아마도 그 화재는 우스터대학으로서는 오히려 잘 된 일일지 모르오. 당신이 새 계획을 준비하면 나를 곧장 찾아오시오'라고 전보를 보냈다고 한다. 세브란스는 우스터대학을 위해 홀덴에게 많은 도움을 주었다. 1899년 세브란스와 홀덴의 첫 번째 만남 이후로 두 사람은 나이 차이를 뛰어넘어 좋은 친구가 되었다. 홀덴총장은 1900년 한국에 병원을 짓고 싶어하는 에비슨이 뉴욕 만국선교대회에서 '선교의 우의'라는 제목으로 주제 발표할 때 62세의 세브란스와 함께 자리를 같이한 사람이다. 강연이 끝난 후 세브란스는 홀덴총장에게 내가 아래층에 내려가 저 젊은이에게 병원을 지을 돈을 주면 어떨까 하고 말했다고 한다. 이렇게 해서 세브란스가 미지의 나라 한국에 병원 설립을 돕게 된 것이다. 종교적 헌신과 해외 선교에 대한 관심을 두고 있었다. 해외 선교의 바탕은 깊은 기독교 신앙이 없이는 불가능하다. 세브란스는 클리블랜드 장로교회의 장로였으며 죽을 때까지 봉사하였다. 세브란스는 1884년부터 클리블랜드 장로교회의 장로로 봉직했으며, 1897년에는 클리블랜드 두 곳에 교회 건물을 세우는 자금을 기부하는 등 죽을 때까지 교회 운영에 도움을 주었다. 이 같은 종교적 헌신이 없었다면 그의 뉴욕 대회 참석은 불가능했을 것이다. 세브란스에게 해외 선교에 대한 관심을 불어넣어 준 인물은 그가 석유를 채취하던 시절 그의 집에서 함께 지낸 사무엘 허칭스 목사(Rev. Samuel Hutchings)와 사라 아담스(Sarah Adams) 부인이다. 허칭스목사는 세일론의 선교사로 파송되었다가 1831년 귀국하여 클리블랜드 제일장로교회의 목사가 되었으며, 해외 선교를 돕는 부인회를 조직하였다. 아담스 부인은 아프리카 줄루Zulu 선교에 1834년부터 15년간 봉사하다가 귀국하여 세브란스의 어머니의 집에서 지내고 있었다. 이 두 사람의 해외 선교 경험이 세브란스의 신념과 맞닿아서 해외 선교에 대한 관심을 더 깊게 했으며, 이로 인해 세브란스의학교를 세우는데 큰 도움을 주게 된 것이다. '도움을 받는 당신의 기쁨보다 도움을 줄 수 있는 내 기쁨이 더 큽니다' 1900년 5월 루이스 H. 세브란스가 O. R. 에비슨에게 잊을 수 없는 공헌, 세브란스병원 건립기금 기부, 에비슨에게 1만 달러 지원을 약속한 세브란스는 1902년에 먼저 1만 5천 달러를 서울에 보내왔다. 이 돈은 지금으로서는 상상할 수 없을 만큼 큰 돈이다. 세브란스의 지원으로 에비슨은 현재의 서울역 앞 도동에 1904년 9월 신축 병원을 준공하고 이 병원을 기부자의 이름을 따서 '세브란스 기념 병원'이라 명명했다. 현재 서울역 앞 우리 대학교 재단빌딩이 있는 자리가 세브란스 기념 병원이 있던 자리다. 병원은 당시 최고의 수준으로 지어졌다. 일본 관헌이 최종적으로 준공 검사하러 왔을 때 일본에도 이만한 병원이 없다고 했다고 미국 공사는 본국에 보고했다. 이 병원은 세브란스의 돈으로 지어졌지만, 그는 1907년 한 번 다녀갔을 뿐 일체 관여하지 않고 뉴욕에 있는 장로교 선교회에 맡겼다. 기부를 기쁨으로 여기고 과시하지 않으려 했던 그의 스타일을 알 수 있는 대목이다. 그러나 이것은 시작에 불과했다. 1만 5천 달러를 기부한 이후에도 세브란스는 계속해서 돈을 보내왔고 그가 죽은 뒤에는 그의 아들 딸이 아버지를 이어 죽을 때까지 돈을 보내왔다. 1913년 그가 사망한 이후에도 그의 아들로 하여금 병원을 계속 돕도록 유언을 남긴 것이다. 대를 잇는 세브란스의 휴머니티 세브란스는 두 번 결혼했으나 모두 아내가 먼저 세상을 떠났다. 그 뿐만 아니라 그의 네 자녀 중 2명이 어린 나이에 세상을 떠났다. 나머지 자녀인 존 롱과 엘리자베스에게도 자녀가 없기에 그의 직계 후손이 남아 있지 않다. 더욱 놀라운 것은 직계 후손이 끊긴 후에도 세브란스가는 세브란스병원에 후원금을 보내오고 있다는 것이다. 1955년부터 2000년까지 80여 만 달러에 이르는 후원금이 세브란스병원에 들어왔다. 미국 북장로교회 명의로 입금되었기에 그저 '미국 교회에서 좋은 일 하는가 보다'하고 넘어갔다. 그러나 이 익명의 후원자는 'J. L. 세브란스 기금'임이 최근에 밝혀졌다. 이 기금을 만든 주인공은 루이스 H. 세브란스의 아들인 존이었다. 존은 아버지가 죽은 뒤에도 유지를 받들었다. 1934년 자신이 죽기 전까지 12만4천5백 달러를 세브란스병원에 보냈다. 존은 또 유언을 남겼다. 세브란스 기금을 만들어 매년 세브란스병원에 기부하라고. 한국과는 특별한 인연이 없었던 세브란스 일가의 100년이 넘게 지속된 후원은 우리 사회에 참다운 기부 문화가 어떤 것인가에 대한 잔잔한 교훈을 들려준다. 루이스 H. 세브란스의 기부로 설립된 세브란스병원은 2005년 5월 4일 지하 3층, 지상 21층에 연면적 5만 1570평, 1004개 병상을 갖춘 초현대식 세브란스 새병원을 개원하고 동북아 중심 병원으로 성장하고 있다. 한 자선가의 우리 민족에 대한 특별한 사랑과 믿음이 세브란스라는 이름으로 꽃피어 질병으로부터 고통받는 사람들에게 소망을 주고, 받은 사랑을 그늘진 또 다른 곳에 나누어 주는 세브란스의 사명으로 자리잡게 되었다.

출처: 연세대학교 홍보팀

세브란스 Louis Henry Saverance 아들 존 루이스 세브란스 John L. Severance

Louis Henry Saverance의 아들로서 아버지가 한국 의료 선교를 위하여 첫번째 1만 달러, 두 번째 5천 달러의 거액을 기부하여 세브란스병원의 현대식 건물을 신축한 그 업적을 계승하여 그 아들도 병원 사업의 운영을 위해 깊은 관심을 갖고 계속적인 후원을 하였다. 실로 역사적인 세브란스병원의 발전 과정을 살피면서 그들 부자의 위대한 은공을 잊을 수 없다.

프랜티스 F. F. Prenties 여사

프랜티스 여사는 Louis Henry Saverance의 딸이다. 그녀는 아버지가 깊은 관심을 갖고 한국의 의료 선교를 위하여 공헌한 뜻을 잘 계승하여 John L. Severance와 함께 뜻을 모아 정성을 다해 물심양면으로 후원하였다. 그 후 세브란스병원은 1927년에 더 크게 확장될 수 있었다.

세브란스의학교 최초 졸업생들(1908년)

The first graduates of Severance Medical School (1908)

세브란스병원과 세브란스의학전문학교의 설립자는 에비슨박사이다. 그는 1893년 의료 선교사로 한국에 오기 전에 토론토대학 의학부의 교수로 재직한 경력을 갖고 있다. 에비슨박사는 의학부 과정은 7년제로 약학부 과정은 3년제로 편성하였다. 최초 졸업생은 7명이였으며, 교수진은 에비슨과 그의 동역자인 허스트(Jesse W. Hirst)의사였다.

세브란스의학교 제1회 졸업식(1908년)

Severance Medical School's 1st graduation ceremony (1908)

'한국에서 가장 크게 요구되는 것 중의 하나는 의학 이론과 실습을 가르칠 수 있는 의학교의 설립이다.' 에비슨박사의 위와 같은 제청으로 세브란스의학전문학교가 세브란스병원 내에서 발족하였다. 학생들은 소정의 과정을 수료하고 1908년 6월에 졸업증과 내과 및 외과의 의사 자격증을 받았다. 그리고 정부로부터는 개업 면허증을 받아 정식 인정을 받으므로 우리나라 의학 사상 신기원을 이룩하였다.

세브란스의학교 제1회 졸업생

Severance Medical School's 1st graduating class

주현칙을 제외한 6명은 의학교에 남아 후배 교육은 물론 간호원양성소에서도 강의를 담당하였고, 김희영과 신창희는 1년간 간호원양성소 교수로 재작한 후 개업하였다. 홍종은은 졸업 후 2년간 후진 양성에 힘쓰다 요절하였다. 김필순은 병원과 학교의 요직을 맡았으나, 독립운동을 위해 중국으로 망명하였다. 박서양은 외과 교수로 활동하였으나, 1918년 학교를 사임하고 만주로 망명하였다. 홍석후는 1회 졸업생 중 가장 오래 학교에 남아 동창회를 조직하고 학감 등을 역임하였다.

주현칙朱賢則　1883. 7. 7. 평안북도 선천군 출생
김희영金熙濚　1879. 12. 7. 한성 출생
신창희申昌熙　1877. 5. 21. 한성 출생
홍종은洪鍾殷　황해도 장연군 출생
김필순金弼淳　1878. 6. 25. 황해도 장연군 출생. 안창호·양기탁·신채호·이동휘·김구 등이 1907년 9월
　　　　　　조직한 비밀정치결사단 '신민회' 일원으로 활동하였다.
박서양朴瑞陽　1885. 9. 30. 출생
홍석후洪錫厚　1883. 4. 9. 한성 출생

세브란스병원 및 의학교 주역들(1934년)

Leading figures of Severance Hospital and Medical School (1934)

병원장과 교장으로는 에비슨(O. R. Avison) 박사가 일하였고, 그는 부인과 함께 40년간을 하루같이 의료 선교를 위하여 헌신하였다. 그밖에 쉴즈(E. L. Shialds) 양이 35년간을, 헐스트(Hirst) 박사가 30년 간을 봉사하였으며, 당시 약 40명이 한국을 위한 의료봉사로 봉사하고 있었다. 특히 언더우드 부인(Mrs. underwood M. D.)와 피터즈(Mrs. Pieters. M. D.) 부인의 병원사업을 위한 노고도 잊어서는 안 된다.

세브란스병원 간호원 양성소(1931년)

Severance Hospital Nurse Training Center (1931)

1906년 쉴즈(E. L. Shields) 양은 세브란스병원에서 간호원 양성 사업에 착수하였다. 의사들의 견해는 한국인 여성들이 좋은 재질을 갖고 있으므로 공부만 하면 훌륭한 간호원이 될 수 있다고 확신하였다. 그러나 당시 우리나라에서 부녀자들의 내외 관념, 조혼의 풍습, 간호원에 대한 멸시 등이 심한 난관이 되었다. 간호원 양성소에서는 일정하게 제정된 교육 과정과 실습을 가하여 한국 여성들로 하여금 의료 사업에 종사하게 하는 일에 개가를 올렸다.

세브란스병원 의사와 간호원 양성(1933년 졸업식)

Training of doctors and nurses at Severance Hospital (1933 graduation ceremony)

세브란스의학교에서 1908년 첫 해 졸업생은 불과 7명이었으나, 해마다 지원자 수가 늘어나 1932년에 재학생은 154명에 이르렀다. 그중 80명이 세례 교인이고 12명이 학습 교인이었다. 1934년도까지의 총 졸업생수는 312명이다. 간호원 양성소의 졸업생은 1910년의 첫 졸업식 이래 1934년까지 165명이었으며, 이들은 졸업과 동시에 정부로부터 정식 간호사 자격증을 받았다.

세브란스병원 소아 진료 광경

Severance Hospital pediatric treatment scene

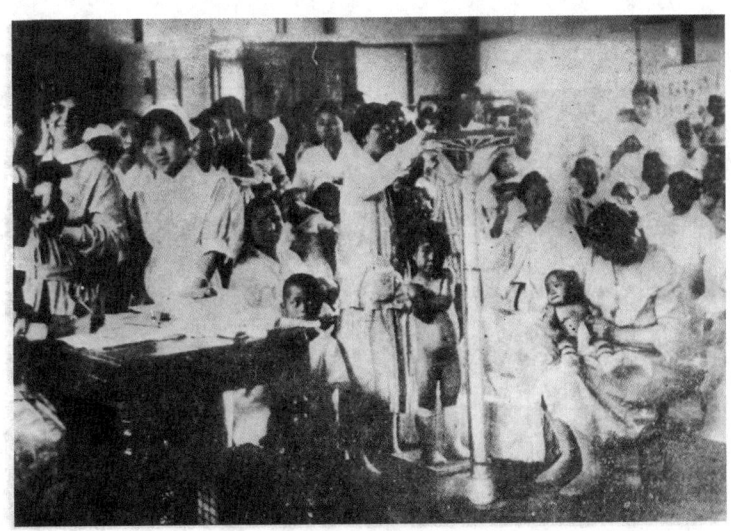

세브란스병원이 1904년 현대식 건물을 갖춘 이래 1904년으로부터 1934년 사이의 30년간에 무려 127만 명의 환자를 치료하였으며, 2만 8천 명을 왕진 치료하는 놀라운 성과를 올려 이 나라 의료선교를 위하여 뛰어나게 이바지하였다. 그리하여 재래 한의사들의 시기와 멸시 환자들의 오해와 불평은 차차로 사라졌고, 서양 의술을 향한 한국인의 신임도는 날로 높아지게 되었다.

세브란스병원 건물

Severance Hospital building

의료선교사 에비슨(Avison) 박사는 안식년으로 미국에 갔다가 1900년 돌아오는 길에 부친인 세브란스 씨를 만나 그로부터 막대한 희사금을 얻어 남대문 밖에 있는 부지를 구입하였다. 그리고 1904년 9월에 현대식 시설을 완비한 새 병원 건물을 준공하였다. 이 큰 규모의 병원 개설은 원내 진료와 함께 지방 순회 진료 사업도 병행하여 의료 선교에 큰 성과를 올렸다.

상복으로 변장한 서양인 신부들

Western brides disguised in funeral clothes

프랑스인 모방(Piere P. Maubant, 羅伯多錄) 신부는 1836년 1월 13일 방갓에 상복 차림으로 변장하여 국경을 넘어서 의주義州 성문을 도랑 구멍으로 입국하는데 성공하였다. 모방신부는 한국에 들어온 최초의 서양인 신부로서 뒤를 이어 샤스땅(J. H. Chastan) 신부와 앵베르(L. M. J. Imbert) 신부 등이 입국하였다. 이들은 한국인의 쇄국정책 하에서 서양인 모습을 가리우기 위하여 모진 애를 썼다.

김교신金敎臣(1901~1945)

함흥 출생

국치시기에 무교회주의 기독교 사상을 전파한 종교인, 사상가, 출판인, 교육자이며
독립유공자이다. 김교신은 1927년 7월 월간 동인지 '성서조선'을 창간하여 1942년까
지 잡지 발행에 진력하였다. 당시 김교신은 잡지 교정으로 눈이 충혈되고 학교일과
잡지 발행일을 같이 하느라 과로하여 병이 날 정도로 무척 열심히 일했으며, 혼자서
수금, 주필, 사무, 배달, 취재, 교정, 교열을 담당하였다. 그러나 김교신은 서점에 배
달하러 갈 때마다 '이것도 잡지냐, 팔리지도 않는 잡지를 왜 만드냐'와 같은 모욕을 겪기도 했으며, 같은 기
독교인들과의 갈등, 총독부 검열로 인한 잡지 발간의 지연 등, 늘 폐간되기 직전의 위기와 싸워야 했다. 결
국 1942년 이른바 성서조선의 권두문 '조와(弔蛙 얼어죽은 개구리를 애도한다라는 뜻)'로 인한 필화사건이 발생하여 1
년 여의 옥고를 치르고, 성서조선은 폐간당하였다. 김교신은 성서조선의 조와사건이 일어난 1942년 이전에
도 이미 조선 총독부의 감시하에서 돼지(군국주의 국가들), 북쪽 아이(나치독일의 침략을 당한 덴마크, 노르웨이, 네덜란드,
벨기에)와 서쪽 어른(폴란드)을 찢는 미친 저먼 셰퍼드(나치독일), 미치기 시작한 불독(무솔리니 독재 정권 치하의 이탈리
아) 등으로 빗댄 우화를 통해 비판하고 있었다.

장로회 선교사 회의 (1897년 한성)

Presbyterian Missionary Conference

장로회선교사공의회(The Council of Missions Holding the Preslryferian Form of Government)는 개혁 신앙과 장로회 정치를
'준행하는 하나의 한국 교회를 조직함'을 목적으로 하였고, 대한예수교장로회가 조직될 때까지 자연히 상회
의 역할을 수행할 수밖에 없었다. 그러나 이 의회는 공식적인 기구가 아니었고, 친교와 상담과 조언에 그쳤
고, 권리 행사는 각 선교회가 여전히 가지고 있었다.

장로회 선교사들 면모 (1901년 한성)

Presbyterian missionaries

알렌 H. N. Allen 선교사의 제중원濟衆院 앞에서 촬영한 사진;

첫 줄·········Junkin · Foote · Adamson · E. H. Miller · Gale · Sharp · Barrett

둘째 줄······Ross · Sidebodham · Robb · Bernheisel · F. S. Miller · W. N. Blair

셋째 줄······S. A. Moffett · McRae · Vinton · Bull · Bruen · Hunt · Wm Baird

넷째 줄······Tate · Adams · Harrison · Whittemors · Wellon · Swallen · Engel

서북지방 전도여행 출발 (1893년)

Departure of mission trip to the northwest region

마펫(S. A. Moffett) · 이길함(Graham Lee 李吉咸) · 스왈렌(W. L. Swallan)

초기 선교사들은 각 지방에 선교부를 설치하기에 앞서 순회 전도 여행으로 사전 답사를 면밀히 하였다.
사진은 마펫(S. A. Moffett) · 이길함(Graham Lee 李吉咸) · 스왈렌(W. L. Swallan 蘇安連)의 선교사가 한성의 헤론(John W.
Heron 惠論) 의사의 주택에서 출발에 앞서 행장을 완료한 모습이다. 선교사의 지방 행차는 인마부대人馬部隊의
출동과 같은 진풍경이었다.

장로회 선교사 회의 (1893년 한성)

Presbyterian missionary meeting

한국에 선교사들이 들어 온지 근 10년의 세월이 지나면서 그 어떤 본격적인 선교 정책이 요청되지 않을 수 없었다. 그리하여 1893년 1월 28일 미국 남북장로회 파송의 한국 주재 여러 선교사들은 한 자리에 모여 장로회 선교사 공의회를 조직하였으며, 유명한 네비우스(John L. Nevius)의 선교 방안 등도 이때에 채택되었다.

대한예수교장로회 독노회 창설 (1907년) 평양

Foundation of the Presbyterian Church of Korea (1907), Pyongyang

부흥의 불길이 전국적으로 퍼지기 시작한 1907년은 한국 교회에 있어서 커다란 전환점을 이룬 해였다. 그 해 9월 17일에 한국 최초의 노회가 조직되었다. 이 때에 전국을 하나의 구역으로 하였으므로 독노회獨老會라고 불러졌다. 여기에서 한석진을 비롯한 한국 최초의 목사 7명이 장립되었고, 회장에는 마펫(S. A. Moffett) 목사 · 부회장은 방기창邦基昌 · 서기는 한석진 · 부서기는 송린서 · 회계는 이길함(Graham Lee) 선교사가 되었다.

대한예수교장로회 창립 총회 (1912년 평양)

Founding General Assembly of the Presbyterian Church of Korea (Pyongyang, 1912)

1912년 9월 2일 전라·경충京忠·경상·황해·평남·함경·평북의 일곱노회로 부터 파송된 목사 52명, 장로 125명과 선교사 44명 모두 221명의 회원이 회집하여 한국 교회 사상 최초의 총회를 열었다. 회장에 언더우드 목사·부회장에 길선주 목사·서기에 한석진 목사·부서기에 김필수 목사·회계에 불레어 목사·부회계에 김석창 목사 등이 선임되었다.

대한예수교장로회 평양 신학교 전경 (1922년)

Panoramic view of Pyongyang Theological Seminary of the Presbyterian Church of Korea (1922)

1901년 마펫(S. A. Moffett) 선교사의 주택에서 출발한 신학교는 1908년에 미국인 맥코믹(Mrs. McCormick) 여사의 희사금으로 평양 하수구리 100번지에 5천평 대지를 구입하여 한국식 교사를 짖고 이전하였다. 맥코믹여사는 1922년 다시 대금 7만여 원을 희사하여 최신 서양식의 2층 석조 건물로 준공을 하였다. 이 건물은 1. 4후퇴 때까지 보존되어 있었다.

대한예수교장로회 신학교 최초 졸업생 (1907년 평양)

The first graduate of the Presbyterian Church of Korea Seminary

1901년 마펫선교사에 의하여 평양에서 시작된 장로회신학교는 1907년에 최초의 졸업생 7명을 배출하여, 9월 7일 소집된 독노회에서 한국교회 최초의 목사로 장립케 하였다.
뒷줄 좌로부터 방기창 · 서경조 · 양전백
앞줄 좌로부터 한석진 · 이기풍 · 길선주 · 송린서 이들은 모두가 다 훌륭하였으며, 초기 한국교회를 올바른 복음 신앙 노선으로 개척하기 위하여 애쓴 공은 길이 평가되어야 한다.

최초 한국인 선교사들

The first Korean missionaries

1912년 한국 교회는 세계 선교 사상 유례가 없는 훌륭한 거사로서 총회 창립과 동시에 해외 선교에 착수하기로 결의하였다. 선교지는 중국 산동반도로서 그곳은 공자孔子가 출생한 지역으로서 미국 장로교회에서 이미 여러 해 선교하였으나, 성과를 올리지 못한 불모지不毛地였다. 그곳에 한국교회는 박태로朴泰魯 · 사병순史秉淳 · 김영훈金永勳의 세 사람을 최초의 선교사로 선임하여 파송하게 하였다.

한국인 3인(이창식 · 김명준 · 김정심)과 성서 번역 위원들 (1908년)

Three Koreans and members of the Bible translation committee (1908)

한글 성경의 보급이 초기 한국 교회 발전을 위해 주도적 역할을 차지하였음은 두말할 것 없거니와, 교인들은 성경을 읽으므로 건실한 신앙의 깊이를 더하였고, 지적 시야를 확대하게 된 것도 사실이었다. 이러한 성경 번역을 위하여 여러 선교사들이 수고하였으나, 1908년에 이르러 한국인도 그 번역위원으로 가담하게 되었다. 이는 한국 교회 역사상 하나의 획기적 사건이었다.

박태로朴泰魯 선교사

황해도 재령교회 장로

1911년에 평양신학교를 졸업하여 목사가 되었다. 그는 졸업과 동시에 재령교회에 시무하였으나, 얼마 되지 아니하여 해외 선교사로 발탁되어 중국 산동성으로 건너갔다. 그는 학식이 있었고, 어학의 재질이 있어 곧 중국어에 능통하였다. 그러나 선교에 열중한 나머지 병을 얻어 몇 해 후 별세하였음은 너무나 애석한 일이었다.

김순효金淳孝 선교사

황해도 재령 출신

서울 정신여학교를 졸업했고, 또 평양여자신학교를 졸업하여 전도사가 되었다. 대한예수교장로회 창립 총회는 중국 산동성 선교사업을 전개한 이래 여자선교사의 필요성을 절실히 느끼게 되었다. 그리하여 제4회 총회에서 김순효 전도사가 선임되어 1931년 전국여전도대회 파송으로 임지에 부임하게 되었다. 그녀는 한국 교회 최초의 여자 선교사로서 훌륭한 공을 남겼으며, 최후를 공산당 치하에서 순교하였다.

중국 산동성 선교를 개척한 두 분의 목사 (1917년 중국)

해외 선교 사업은 한국 교회 특징 가운데 하나로서 현저한 자랑 중의 으뜸이 되어 있다. 1912년 장로회 창립 총회는 중국 산동성 선교를 결의하였다. 1915년에 파송된 방효원方孝元선교사는 라이양현萊陽縣에 셋방을 얻어 복음당福音堂이라고 이름 붙이고 선교에 출발하였으며, 홍승한洪承漢선교사는 1917년에 부임하여 핑두平洪와 지무卽墨 지방까지 선교지로 편입하는 선교의 성과를 크게 올렸던 것이다.

산동 선교에 성공한 한국인 선교사들 (1932년 중국)

중국 산동성山東省은 유교의 시조인 공자公子가 출생한 곳이어서 자연히 외래종교에 대한 배타성이 강렬하여 그동안 미국 장로회 선교사들의 상당한 노력에도 불구하고 성과가 없었다. 여기에 한국인 목사들은 가서 선교하여 성공하였다. 선교에 착수한 지 약 20년이 지난 1932년에는 교회 51처에 신도가 1,324명으로 불어났다. 이양노회萊陽老會가 따로 조직될 정도로 크게 성공하였다.

사진: 뒷줄 좌로부터 이대영 · 방효원 · 박상순목사

한성 교회가 경영하는 보통학교 (1900년)

Normal school run by Seoul Church (1900)

1900년 한성 지구에 주재하고 있든 선교사들에 의한 선교회의에서는 본국 외지 선교회를 향하여 한국 교회와 경비를 반분하여 보통학교를 경영함이 좋겠다는 의견을 제시한 바 있었다. 이러한 상황은 그 이전부터 서울 일대에 교회 경영으로 한국인이 운영하는 보통학교가 있었음을 알려 주고 있다. 초기 한국 교회는 교회마다 반드시 교육을 병행해야 한다는 원칙을 택하였다.

교회 마당에서 글씨 공부 (1910년경)

Studying calligraphy in the churchyard (circa 1910)

장로교회 창시자인 칼빈(John Calvin)은 교회 옆에는 반드시 학교가 있어야 한다고 강조하였다. 초기 한국 교회는 교육 사업에 치중하여 성경 지식을 풍부히 하였고, 신앙 있는 기독교 인재를 많이 양성하였다.

사진: 교회 마당에서 글씨를 쓰는 연습을 하는 초라한 모습이지만, 아이들이 마침내 한국 교회를 위하는 현대 교육의 선구자가 되고 개화기의 지도자가 되는 것이다.

고종황제 장례식

Emperor Gojong's funeral

헤이그밀사사건 이후 고종은 왕의 자리를 내놓고 일본인에 의하여 유폐 상태에 있다가 갑자기 별세하자, 독살되었다는 풍설이 자자하게 나돌았다. 우리 민족은 고종의 장례일인 3월 3일을 기하여 만세운동을 펴기로 하였으나, 이 계획은 2일이 앞당겨져 3월 1일에 결행되었다. 일본인 기마 경찰관들이 장례식 거행을 삼엄하게 감시하고 있는 광경이다.

사인교四人轎

초기 선교사들은 지방 순회 전도여행을 위하여 사인교를 교통 수단으로 많이 이용하였다. 그 다음 자전거가 들어와 타고 다녔는데 한국인들은 그것이 어찌나 빠르게 보였던 지 하늘을 나는 것 같다고 하여 비거飛車라고 불렀다. 문헌 에 보면, 마펫 선교사가 사형 직전에 있는 한석진韓錫晉 목 사를 구출하기 위하여 팔인교八人轎를 만들어 급행하였다고 한다.

한복을 입은 왐볼드양 (1896~1934)

Miss Wambold wearing Hanbok

캐더린 왐볼드(Katherine Wambold)는 미국 북장로회 파송의 여 자 선교사로서 한성의 정신여학교를 수잔도티(Susan A. Doty) 선교사와 함께 운영한 실적이 있다. 정신여학교는 1886년 늦은 가을부터 엘리스(Anne J. Ellers) 선교사가 한 명의 여자 고아를 가르침으로부터 미미하게 시작되었는데, 처음에는 연동여학당蓮洞女學堂이라 불려졌으며, 1892년에 학교의 건물을 갖게 되는 큰 발전이 있었다.

마펫선교사의 전도여행 환송 (1891년 한성)

Missionary S. A. Moffett farewell mission trip (Hansung, 1891)

한국 교회 초기 시대의 선교사들은 전도 여행을 떠나면서 준 비해야 할 것이 특이하였다. 주민들과의 통역을 위하여 한국 어 선생과 길 안내인을 동행해야 했으며, 복음서와 전도지, 그리고 통조림, 침구, 의약품 외에 여비에 쓰일 돈 등이었다. 당시의 통화는 무겁고 부피가 드는 엽전葉錢이어서, 이러한 것들을 운반하기 위하여 일꾼들을 별도로 고용하였다. 양인 洋人 행렬이 부락에 들어와 멎으면 주민들이 모여들었고, 선 교사들은 그 기회를 놓치지 않고 전도하였다.

마펫과 게일목사 선교 여행 (1891년 한성)

Missionary trip by Pastors Moffat and Gayle (Hansung, 1891)

1891년 2월 미국 북장로회 선교사인 마펫(S. A. Moffett 馬布三悅)과 게일(J. S Gale 奇一) 목사는 한성을 출발하여 평양·의주를 거쳐 만주의 봉천에까지 여행하였다. 그곳에서는 한국인을 위해 선교를 개척한 로스(John Ross 羅約翰) 목사와 활동하였다. 귀로에는 서간도 한국 기독교인 부락을 지나 동북 국경을 넘어서 국내로 들어와 함흥을 거쳐 5월 중순에 귀경하였다.

사진은 출발에 앞서 두 선교사가 담화하는 장면이다.

권서인勸書人 성경 가두 판매 (1890년경 한성)

Street selling of Bibles (Hanseong, circa 1890)

만주에 온 로스(John Ross) 선교사는 그곳에서 1870년 최초로 세례 받은 백홍준을 비롯한 한국 청년 네 사람에게 권서인勸書人 자격을 주어 한국 국내에서 성경을 반포하면서 전도하게 하였다. 그 이후로 성서공회나 기독교서회에서 권서인을 세워 성경 또는 기독교 서적을 보급시켰다. 이들의 활동이 한국 교회 발전을 위한 주도적 역할을 하였음은 두말할 것 없거니와 한국 문화 발전을 위하여도 다대한 공을 세웠다.

초기 한국 교회 매서인賣書人 (1890년경 한성)

Early Korean church magistrates

초기 한국 교회의 일꾼 가운데 매서인賣書人이란 것이 있었다. 뒤에는 이를 권서인勸書人이라 불렀다. 이들은 성경과 쪽 복음 또는 전도지를 팔거나 배부하면서 예수 그리스도의 진리를 전달하였다. 책을 판 이유는 동양인들의 생각은 돈을 받지 않으면 소홀히 여기는 경향이 있으므로, 복음의 가치를 인식케 하기 위하여 일부러 판매하였다.

한국 최초 교회인 새문안교회 (1887년 창설)

Korea's first Saemoonan Church (founded in 1887)

1887년 9월 27일 언더우드목사는 정동에 있는 자택에서 14명의 신자를 모아 예배를 드림으로 새문안교회를 발족케 했다. 이 역사적인 한국 교회 최초의 교회가 조직되던 날 한국 교회 최초의 전도사인 백홍준과 서상륜, 최초 선교사인 알렌과 언더우드, 최초로 한국인에게 복음을 전달해준 로스목사 등이 한 자리에 앉았음은 장래의 새문안교회의 거보巨步를 축복하는 듯 영광의 모습이었다.

한성 도제직회都諸職會 광경 (1911년경 한성)

1911년 한성 도제직회都諸職會가 연동교회당에서 회집되었다. 여기에는 연동교회를 비롯하여 새문안, 승동 등 여러 교회의 목사와 장로, 전도사들이 참석하여 교회의 연합 전도사업을 비롯한 공동 관심사에 관하여 토의하였다. 회합은 연동교회를 시무한 게일(J. S. Gale 奇一) 선교사가 인도하였으며, (뒷줄 우로부터 네 번째), 당시 안동安東교회를 시무한 양복입은 한석진목사가 앞줄 중앙에 보인다.

서상륜徐相崙

한국 교회 최초 장로.

서상륜徐相崙은 의주義州에서 친구인 백홍준·이응찬·이성하·김진기 등 네 청년이 만주에 건너간 채 돌아오지 않아 찾아 나섰다가, 예수교인이 우장牛莊에서 만나 자신 도 로스(John Ross) 목사로부터 세례를 받아 신자가 되었다. 그 후 로쓰 성서 번역에 종 사하였으며, 고국으로 돌아와 전도 사업에 큰 공을 세웠다. 1887년 백홍준과 함께 한 국 교회 최초의 장로가 되었다.

서경조徐京祚 목사

평북 의주 출신인 그는 형 서상륜徐相崙이 만주에서 예수 믿고 돌아와 전도하자, 곧 신자가 되었다. 형제는 박해를 피하여 황해도 솔내松川로 이사하였고 그 곳에서 전도 하여 솔내교회를 개척하였다. 그는 1885년 서울에 올라와 언더우드목사에게 세례를 받았으며 평양신학교平壤神學校 제1회 졸업생으로 최초의 목사 중 한 사람이 되었다. 그 후 새문안교회에서 언더우드목사를 도와 교역하였다.

노도사盧道士 혹은 노춘경盧春京

노도사는 한국 최초의 의료 선교사인 알렌을 위한 한국어 교사로 일했으며, 1886년 7월 11일 신앙을 고백하고 언더우드선교사로부터 국내에서의 최초 세례를 받고 신 자가 되었다. 그는 성경을 읽다가 발각되면 목베임을 당한다는 당시의 법을 알고 있 으면서도 알렌의 한문 성경을 비밀히 가져다가 읽는 중에 기독교 진리를 깨닫게 되 었다.

이정래李定來 선생

이정래 선생은 한성 출생으로 한국을 위한 목사 선교사인 언더우드로부터 전도를 받고 신앙을 얻게 되었으며, 역시 언더우드 목사로부터 세례를 받았다. 세례를 받을 당시에 언더우드 선교사의 부인 홀튼(Lillias S. Horton) 여사가 한권의 성경을 그에게 기 념 선물로 주었다.

월남月南 이상재李商在

대한제국 시대에 내각총리라는 중직까지 맡았던 고관이었으나, 부정부패를 공격하여 야인이 되었다. 1902년 옥중 생활에서 신앙을 얻었으며, 벙커(R. Bunker) 선교사로부터 세례를 받았다. 출옥 후에는 한성 연동교회에 출석하였으며, 1908년부터 YMCA 총무가 되어 20년간 봉직하였다. 반일反日 애국투사로서 시종한 그의 생애에는 많은 일화가 남아 있어, 그의 생활면을 훌륭하게 돋보여 주고 있다.

이상재李商在 선생 장례식 (1927년 한성)

1927년 3월 30일 80세를 일기로 이상재 선생이 세상을 떠났다는 부보가 퍼지자, 한국의 뜻 있는 사람들은 모두가 다 애도의 깊음 속에 잠겼다. 그의 장례는 민족 전체가 호응하는 우리나라 최초의 사회장으로 장관이었다. 그는 YMCA 총무의 일 이외에도 조선일보사사장, 조선교육협회회장, 보이스카웃총재, 신간회회장, 대한제국 우정총국 인천분국장 등 중책을 맡아 힘껏 일하였다.

박정찬朴貞燦 목사

서울 남대문교회 제1대 목사로서 1911년부터 1918년까지 봉직하였고, 초창기의 교회 발전을 위하여 그가 남긴 공적은 상당하다. 박 목사는 기독교를 믿기 전에 탕아로서 이름이 높았으나 회개한 후에는 독실한 신앙생활을 하였으며 평양신학교에 입학하여 아들과 함께 신학교에서 공부하였음이 특이하다. 아들 박래현 목사는 원산교회를 개척하였다.

정인과 목사

1925년부터 전국 주일학교 연합회의 부총무가 되어 한국의 기독교 교육 사업 발전을 위해 괄목할 만한 공헌을 남겼다. 1924년, 1929년에 개최된 세계 주일학교대회에 한국 대표로 참석하여 빛을 발하였다. 정인과 목사는 일찍이 미국에서 교육받은 지식인으로서의 역량을 능히 과시하였다.

서울 연동교회 재직회원들 (1920년경)

서울 연동교회를 시무하고 있는 게일(J. S. Gale) 목사는 당시 한국 교회의 지도자로 추앙받았다. 그는 외국인 연합교회(Union Church)의 담임목사를 맡고 있었으며, 대한예수교장로회 독노회 제2대 회장에 피선되었고, 제4대 회장에 또 선출되었다. 1907년에 연동교회는 1천수백 명 교세로 확장되었다.

사진 뒷줄 게일 목사 부부가 서 있다.

게일
James Scarth Gale
1대 담임목사(1900 – 1927)
2대(1908), 4대(1910) 독노회장

피어선성서신학교 (1915년 서울)

Pierson Biblical Theological Seminary (Seoul, 1915)

미국 북장로회 외지 선교회 위원장인 피어선(Arther T. Pierson) 박사는 1911년 10월 한국을 내방하여 '한국교회
는 크게 부흥할 것'이라는 확신을 굳히게 되었다. 그의 온 가족들의 뜻으로 서울 신문로 2가에 부지를 매입했
고, 본관 2층, 별관을 서양식 건물로 된 교사로 1915년에 완공케 하였다. 그리하여 한국 교회 최초의 초교파
신학교육 기관으로서 '피어선연합성서학원'이 개교되었다.

아서 테펀 피어선(Arthur Tappan Pierson, 皮漁鮮, 1837~1911)

미국의 장로교 목회자이자, 성경교사 양성가이며, 선교 운동 지도자이다. 피어선성경기념
학원(현 평택대학교)을 세우는 데 기반을 다졌다.

민로아학당 시절 경신학교 학생들 (1893년)

1892년 부인과 함께 내한한 밀러(F. S. Miller 閔老雅) 목사는 그 이듬해에 제3대 교장이 되었다. 그는 교장이 되자, 한국식인 자기 이름을 그대로 따서 교명을 민로아학당閔老雅學堂이라고 부르게 했으며, 직업 교육을 시행하여 목재 제재와 바구니 제작 등을 가르쳐 자립 정신을 길러 주었다. 1894년에는 학생이 15명에서 46명으로 급증하는 발전상을 보여 주었다.

초기 경신학교 본관

Early Gyeongshin School main building

언더우드목사가 1886년 봄 한성 정동에서 고아와 가난한 집 아이들을 대상으로 기술학교를 연 것이 경신학교의 시초가 되었다. 1905년에 준공된 본관 건물을 숀디웰스기념당이라고 불렀기 때문에 미국에서는 학교 이름도 같게 사용하였다. 건물은 2층이며, 지하실에 설치된 보일러의 연기를 처리하는 굴뚝이 있었고, 현관 3층에 위치한 종각은 8개의 아치로 형성되어 있어, 당시에 있어서는 최신식 건물이었다.

서울 경신학교 전경 (1934년)

Panoramic view of Gyeongshin School in Seoul

경신학교는 언더우드 목사가 설립한 이래 마펫(S. A. Moffett) · 밀러(F. S. Miller) 민노아 · 쿤스(E. W. Koons 君丙彬) 목사 등이 교장을 지네면서 발전을 거듭하였다. 안창호 · 김규식 · 이갑성 등 애국인사들의 배출은 훌륭하였다. 1935년부터 일본 신사참배를 강요받아 이를 거부하기로 방침을 세운 선교회에 의하여 동교는 한국인 김홍량 金鴻亮에게 매각 인계되었다.

기독교서회 건물 (1931년 6월 준공 서울)

Christian Church Building (Completed in June 1931, Seoul)

1890년 6월 25일 문서 선교를 위하여 언더우드와 아펜젤러를 비롯한 몇몇 선교사들이 합의하여 발족케 한 것이 대한기독교서회의 탄생이다. 본 건물은 스와 인하트(M. I. Swinehart) 선교사가 건축 기금을 모금하여 1930년 4월에 착공하여 1931년 9월에 낙성식을 거행하도록 진행하여 이루워진 것으로 그 노고는 말할 수 없이 컸다. 지하실을 포함 5층 건물로 총 건평이 6백평이었다.

황성기독교청년회 (서울 종로)

Hwangseong Christian Youth Association (Jongno, Seoul)

1903년 10월 28일 37명의 발기인으로 황성皇城기독교청년회가 조직되었으며, 1901년 1월부터는 이상재 등 독립협회의 중진 지식인들이 대거 가담하여 활기를 띄게 되었다. 1907년 10월 7일 미국인 워나 메이커(Z. Wanamaker) 씨가 거액의 기부금을 보내왔고, 현흥양玄興洋의 9백평 기지(부지)의 회사가 있어, 서울 종로에 연건평 1천여 평의 3층 양옥 회관을 건축하였다.

황해도 솔내교회

Hwanghae—do Solnae Church

서상륜徐相崙은 만주에서 기독교를 믿고 고향인 의주義州로 돌아왔으나, 박해를 피하여 삼촌이 살고 있는 황해도 솔내松川 구미포九美浦로 갔다. 그는 이곳에서 열심히 전도하여 마을에 58세대 중 50세대를 포섭할 정도로 크게 성공하였다. 1885년 교인들은 순전히 자기들의 힘으로 여덟 칸으로 된 초가 교회당을 한국에서 최초로 지었다.

사진: 기와집 교회당은 몇 해가 지나서 개축한 모습이다.

연동여학당 초기 생도들 (1888년 한성)

Early cadets of Yeondong Girls' Academy (Hansung, 1888)

장로회 선교부가 여자를 위한 교육 사업에 착수한 것이 1886년 정신여학교의 전신인 연동여학당連洞女學堂의 개교이다. 연동여학당에서는 학문만 가르친 것이 아니라, 마음으로 하는 공부와 힘으로 하는 공부도 다 하는데 즉 음식 만드는 일과 바느질하는 일과 국문과 습자와 또 성경을 날마다 외우는 공부와 찬미와 풍류하는 공부와 산술과 지리와 역사와 한문과 화학과 간혹 체조운동하는 공부이다.

그리스도신문 6권 15호 기사 내용

연합전도단 활동 (1914년 서울)

Joint Evangelism Group activities (Seoul, 1914)

One hundred years of Christianity in Pictures. By Rev. Young Whan Kim 1984 253p. Korean oversea compatriot's mission

1914년 한국 교회는 교회의 일대 진흥 운동을 전개하였다. 교파를 초월하여 장·감리교인들로 편성된 전도단은 서울의 광화문 네 거리에 전도관을 세우고, 전도지를 반포하며 노방 전도에 열을 올렸다. 이 기간에 전국 박람회가 개최되었으므로, 많은 군중을 상대로 전도하는데 절호의 기회였고, 전도관 안으로 인도하여 결신 약속을 받은 수만해도 1천 명을 넘어섰다.

선교회 외국인학교 (1925년 평양)

Mission Foreign School (Pyongyang, 1925)

One hundred years of Christianity in Pictures. By Rev. Young Whan Kim 1984 253p. Korean oversea compatriot's mission

베어드(Wm. M. Baird 裵偉良) 선교사의 제의에 의하여 한국에 나와 일하고 있는 선교사들의 자녀들을 위한 교육기관으로 외국인학교를 열기로 하였다. 이 학교는 1900년 6월 15일 6명의 생도로 처음 개교되었다. 사진의 건물은 1925년에 미국 오하이오주의 테일러(Livingston Tayler) 여사가 희사금을 보내와 평양선교사 주택촌 구내에 세워진 것이다.

선교사 자녀들 유아세례 (1931년)

Infant baptism of missionary children (1931)

주한 선교사들은 1885년 6월 25일 주일에 알렌 의사의 집에서 최초의 집회를 가졌고 10월 11일에는 스크랜튼의사의 집에서 최초의 성찬 예식을 거행하였다. 다음 해 4월 25일 예배시에는 스크랜튼 의사와 아펜젤러 목사의 어린 딸들이 한국에서 최초의 유아 세례를 받았다. 사진은 1931년에 여섯 명의 선교사 자녀들이 유아세례를 받은 후의 광경이다.

초기 평양지구 선교사들 (1895년 평양)

Early missionaries in the Pyongyang area (Pyongyang, 1895)

1890년 한국에 온 마펫(S. A. Moffett 馬布三悅) 선교사는 1893년에 평양平壤을 자기의 선교구로 정하고, 4월에 이 사하여 대동문 근처에 주택을 마련하여 선교에 출발하였다. 그 후 마펫과 미국 맥코믹신학교의 동창인 이길 함李吉咸(Graham lee) 선교사도 평양으로 와서 일하게 되었고, 1895년 10월부터는 웰즈(G. Hunter Wells) 의사가 봉 사하게 되었다.

스왈렌선교사 이사 행렬 (1899년)

W. L. Swallen missionary moving procession (1899)

미국 북장로회 파송으로 원산元山에서 선교하고 있던 스왈렌(W. L. Swallen 蘇安連) 선교사가 1898년 1월에 열린 선교사 연차회의에서 평양에서의 사업 개시를 위임받아 이사하고 있는 광경이다. 이기풍목사가 원산에서 스 왈렌선교사를 만난 것이 예수 믿는 동기가 되었음은 유명한 이야기이다. 평양선교부에는 마펫·이길함·스 왈렌 등의 선교사가 주재하게 되었다.

평양지구 선교사회의 기념 사진 (1933년 평양)

Missionaries of the Pyongyang District Missionary Society (Pyongyang, 1933)

한국 선교 도상에 있어서 각 교파 선교사들 사이에 때로 난관이 없든 것이 아니었으나, 상호간에 협동 정신을 잘 발휘하여 순조롭게 사업을 진행하여 선교 실적을 올릴 수 있었음은 다행이었다. 한국에 있어서 하나의 장로교회를 구성하게 되었음도 각기가 선교 배경이 다르면서도 동일 교파끼리의 협력과 예양禮讓[예의를 지켜 공손한 태도로 사양함]의 소산이었다. 평양지구의 전도 사업은 마펫선교사에 의하여 추진되면서 괄목할만큼 성과를 올렸다. 전국 교회를 위한 교역자 양성 기관인 신학교가 평양에 섰는가 하면 한국 최초의 대학 교육기관인 숭실학교도 설립되어 교회와 의료사업등 각 방면으로 유능한 선교사들이 절실히 요구되었다.

사진은 평양 신양리新陽里에 넓게 자리잡은 양촌洋村 한가운데에서 선교사들이 회합을 가진 광경이다.

평양 대동문 (토마스목사가 이 부근에서 순교하다)

Pyongyang's Taedong Gate (Pastor Thomas was martyred near here)

One hundred years of Christianity in Pictures. By Rev. Young Whan Kim 1984 253p. Korean oversea compatriot's mission

1866년 영국인 선교사 토마스 목사(Robert J. Thomas 崔蘭軒)는 한국 선교를 목적으로 상산 제너럴셔먼(General Sherman)호를 타고 왔다가 평양 대동강에서 한국인의 화공火攻을 만나 배는 불타고 토마스목사는 목베임을 당하여 한국 선교 최초의 순교자가 되었다. 사진은 평양 대동문大同門의 모습이며, 그곳에는 전승 기념으로 셔먼호의 닻줄이 걸려 있다.

토마스 목사 순교 기념 교회당 (평양)

Pastor Thomas Martyrdom Memorial Church (Pyongyang)

한국 선교를 위하여 찾아왔던 토마스(Robert J. Thomas 崔蘭軒) 목사는 1866년 9월 2일 대동강 하류 양각도羊角島에서 목에 칼을 맞아 순교하였다. 그는 마지막까지 '예수 그리스도'라고 끊임없이 외치면서 숨이 끊기었다. 토마스목사를 참수斬首한 박춘권朴春權은 회개하여 신자가 되었다. 1932년 2월에 토마스목사의 순교기념 교회당이 'Thomas 목사의 이름 첫 글자를 따서 'T' 형으로 평양 대동강 언덕에 세워졌다.

박춘권朴春權

당시에 평양에서 장사로 손 꼽히든 박춘권은 대동강을 거슬러 올라온 미국 상선 셔먼호사건 당시 평양 관찰사 박규수 지휘 아래 불타고 있는 배에 뛰어들어 불을 피해 강물에 뛰어내리는 선원마저 모조리 쳐죽였다. 그 후 그는 마음 한 구석에 도사리고 있는 괴로움을 가실 길이 없었다. 30여 년이 지난 어느 날 평양지역에서 선교 활동을 하고 있던 마펫선교사를 찾아와 회개하고 예수를 믿게 되었다.

마포삼열 Samuel A. Moffett 馬布三悅(1864~1939)

미국 인디애나 메디슨 출생

25세에 내한하여 평양을 중심으로 일생을 주로 한국의 서부 지구 선교를 위하여 헌신하였다.

He came to Korea at the age of 25 and devoted his life mainly to missionary work in the western region of Korea, focusing on Pyongyang.

장대현교회 설립을 비롯하여 평양신학교를 열었으며, 평양에 숭의여학교·숭실학교를 설립하였고, 전국의 교회 및 교육사업의 4분의 3이 평양으로 집중하게 하는데 공헌하여 '한국의 예루살렘'을 출현하게 하였다. 그는 한국 교회 최초의 독노회 회장을 지냈으며, 총회장도 역임하였고, 한국교회 원훈元勳의 첫째로서 그가 남긴 공헌은 너무나 많아 일일히 말하기 어려울 정도다.

마펫선교사 성역 40주년 기념 예배 (1930년 평양)

Service commemorating the 40th anniversary of Missionary Samuel A. Moffett ministry (Pyongyang, 1930)

마펫(Samuel A. Moffett)선교사의 한국 선교 40년을 기념하여 1930년 4월 1일 평양숭실학교 대강당에서 기념예배가 성대히 거행되었다. 그 자리에서 이기풍목사는 '여러분! 제가 바로 마펫선교사의 아랫턱을 돌로 후려쳐 얼굴에 흉터를 내게 한 죄인이올씨다. 그러나 지금 나는 그분의 은혜로 목사가 되었습니다.'라고 간증의 말을 하여 장내를 숙연한 감격의 분위기로 휩싸이게 만들었다.

평양 주재 마펫선교사 주택 (1894년)

Missionary Moffett residence in Pyongyang (1894)

마펫선교사가 1893년 평양 대동문大同門 근처에 마련한 주택이다. 1894년 1월 8일에 이 집에서 7명에게 세례를 베풀었고 이것이 곧 중앙교회(장대현교회)의 전신이었다. 평양신학교도 1901년 두 명의 학생으로 여기에서 시작되었다. 처음에 방기창邦基昌과 김종섭金鍾燮의 두 학생과 마펫과 이길함(Graham Lee)의 두 교수로 개강하였다.

평양 장대현교회 건물 (1900년)

Pyongyang Jangdaehyeon Church building (1900)

마펫(S. A. Moffett) 선교사는 1893년부터 평양에서의 선교사업에 착수하였는데, 그 이듬해에는 22인의 학습교인을 세웠고, 7인에게 세례를 베풀어 평양교회의 시초로 삼았다. 교세는 날로 증가하여 1900년에 세례 교인 1천 명이 넘어섰다. 그리하여 교인들은 터를 장대현章臺峴에 잡고 72칸의 한국식 기와집으로 공사비 7천원을 들여 교회당을 건축하였다.

평양 장대현교회 제직원들 (1905년)

Employees of Jangdaehyeon Church in Pyongyang (1905)

1894년 1월 8일에 평양에서 시작된 장대현교회는 그 날에 마펫 선교사가 7명에게 세례를 베풀었다. 이것이 1900년에 이르러는 세례교인이 1천명이 넘게 대발전하였으며, 1903년에는 72칸되는 한국식 기와집으로 교회당을 크게 지어 하나님께 영광을 돌렸다.
사진 뒷줄 중앙이 마펫 선교사. 이 중의 6명이 목사가 되었고 2명이 장로가 되었다.

장로회 평양신학교 초기 교사 (1908년)

마펫(S. A. Moffett) 교장은 교사를 마련하기 위하여 활동을 전개하던 중 1908년 미국인 맥코믹(Cyrus McCormick) 여사의 기부금을 얻어 평양 하수구리 100번지 소재 약 5천 평 대지 위에 건물을 짓게 되었다. 5월 15일 정초 예배를 드렸고, 공사는 순조로이 진행되어 몇 달이 안되어 한국식 큰 기와집 건물이 완공되어 교실은 지금까지의 마펫선교사의 자택으로부터 이곳으로 이전되었다.

평양신학교 빅토리아 기숙사 (1913년)

Pyongyang Theological Seminary Victoria Dormitory (1913)

주기철 목사는 신학교 재학 당시에 라부열(羅富悅 R. S. Roberts) 교장에게 지방별 기숙사 제도의 철폐를 건의하여 시행케 하였다. 기숙사 건물이 각 선교회의 보조금으로 건축되었다고 해서 평안도·전라도·함경도·경상도의 지방을 구별하여 해당 선교 구역안의 학생들을 수용하고 있었기 때문이다. 이는 지역에 대한 고정 관념을 조장하는 우려가 다분히 있었다. 빅토리아 기숙사는 호주 장로회에서 보조하여 지은 건물이다.

평양신학교 마르다 기숙사 (1913년)

Pyongyang Theological Seminary Martha Dormitory (1913)

평양신학교의 기숙사는 1911년에 기공하여 1913년에 그 건축을 완료하였다. 여기에는 전국 교회와 각 선교회의 재정적 후원이 있었다. 이 기숙사 6동의 이름은 각기 그 재정 후원자의 이름을 따서 두 채는 맥코믹기념관, 알렉산더기념관(미국 남장로회), 또 두 채는 마르다기념관(미국 북장로회), 나머지 한 채는 빅토리아기념관(호주 장로회)이라 불렀다.

여자 성경학원 최초 졸업생 (1912년 평양)

First graduate of Women's Bible Institute (Pyongyang, 1912)

여자 고등성경학교 최초 졸업생 (1926년 평양)

First graduate of Women's High Bible School (Pyongyang, 1926)

여교역자가 크게 필요함에 따라 숭의여학교 · 정신여학교 · 신명여학교 등의 여러 여학교를 거쳐나오는 인재
들을 받아들이기로 하여 1년 3학기 제로 3년간의 수업 과정인 여자고등성경학교가 1923년 3월 23일 평양에
서 개교되었다. 1926년 36명의 재학생을 갖게 되었고, 2월 16일에 4명의 졸업생을 배출하였다. 교장은 마가
렛 베스트(Margaret Best)였고 한국인 목사도 가담하여 교수진은 모두 6명이었다.

평양교회 제직 도사경회 (1920년경)

Pyongyang Church Clergy Dosa Sutra (circa 1920)

개척단계 한국 교회에서는 자연히 먼저 예수그리스도를 믿게 된 사람이 지도자 노릇을 해야만 했다. 그래서
사경회査經會를 자주 열었다. 이 사경회는 문자 그대로 성경 공부가 중심이었으며, 그리고 또한 찬송 공부 주
일학교 경영법 · 아동교육법 · 간호학 · 위생법 등도 가르쳤고, 가정을 심방하여 전도하는 실천 신학도 있었
고, 기도하는 시간도 포함되어 있었다. 여기에서 교육받고 훈련된 사람들이 개척 교회로 돌아가서 심방전도
일꾼, 또는 주일학교 교사가 되었다.

초기 평양교회 3명의 지도자

Three early Pyongyang church leaders

김종섭목사는 평양 교회에서 최초로 된 장로이며, 후에 목사가 되었고, 그는 길선주목사를 이길함(Graham Lee 李吉咸) 선교사에게 인도하여 예수 믿게 하였다. 길선주목사는 부흥사로 또는 1919년 독립선언서 33인 중 한 사람으로, 요한계시록을 강해한 성경학자로 한국 교회의 거성과 같은 존재로 너무나 유명하다.

길선주吉善宙 목사 · 김종섭金鍾燮 목사 · 노정익 장로

이길함(Graham Lee) 선교사 기념비 (평양)

이길함선교사는 1892년 내한한 이래 마펫목사와 협력하여 평양지구 선교활동에 종사하면서 신학교 교수와 서북지구 및 멀리 만주에 이르기까지 선교 여행을 감행하면서 그가 남긴 선교의 업적은 너무나 훌륭하였다. 특히 그는 1907년 한국 교회에 대부흥의 불길을 일으키게 하는 데 결정적인 역할을 수행하는 공을 세웠다. 그의 기념비는 평양 장대현교회 구내에 세워졌다.

여자고등성경학교 (1930년 평양)

1923년 개교된 여자고등성경학교는 한국 교회를 위한 희망으로, 유능한 여교역자를 길러내는 사업에 많은 성과를 올렸다. 사진의 교사는 평양 신양리 선교사촌 부근에 최신식으로 1930년에 건축된 건물이며, 선교사 김순효金淳孝 · 순교자 백인숙白寅淑 · 산정현교회 장수은 · 평양 신암교회 전도사 등 자랑스러운 여성 인물들이 이곳에서 많이 배출되었다.

평양노회 주일학교대회 (1932년 평양)

한국에서 처음으로 된 주일학교 연합 기구는 1905년 선교사공의회 안에 발생한 주일학교 위원회였다. 이것이 1911년 '조선주일학교연합회'로 발전하여 세계 기구와 유대를 맺었다. 한국 교회 주일학교 운동자들은 일제의 압박에 대항하여 정치운동으로는 실패했으나 교육운동으로 민족을 깨우치자는 신념과 소망으로 주일학교 교육에 열성을 쏟았음은 바람직한 일이었다.

사진: 평양 서문밖西門外교회당이다.

여성 여름사경회 (1932년 평양 숭실학교 대 강당)

한국 초대 교회의 건전한 부흥은 사경회查經會의 성행으로 철저한 성경 공부로 이뤄졌다고 봄이 옳을 것이다. 특히 배움에 굶주린 한국 여성들에게 있어서 사경회에 참석하여 배울 것이 많이 있었다. 사경회에서는 성경과 함께 일반 상식과 농사법 등 그리고 여성들에게 필수인 위생, 건강법, 아동교육, 신생활 방법 등을 가르쳤으므로 사방에서 많은 사람이 모여 들었다.

여전도회 도사경회 (1933년 평양)

1933년 제6회 여전도회 총회가 모인 해에 평양에서 전국도사경회가 열렸다. 여기에는 2천명이 넘는 여신도들이 운집하여 대성황을 이루었다. 사경회의 방법은 새벽기도회로부터 시작하여 오전에는 성경 공부, 오후에는 분반하여 개인 전도법을 연구하였고, 다음은 실제로 행동하여 심방과 전도하는 일에 열을 올렸다. 저녁에는 주로 전도강연으로 진행되었다.

웰스(J. Hunter Wells) 의사

웰스 의사는 1895년 10월부터 평양에서 의료 선교에 착수하여 1915년까지 종사하였다. 그로부터 서양 의술에 의한 최초의 수술을 받은 사람은 마펫 선교사의 집에서 일하고 있던 취사부였는데, 그 수술이 성공하여 소문이 퍼지자, 많은 사람들이 모여 들어 첫 한 해 동안에 4천 명에 달하는 환자를 치료하였다. 그는 한국의 의료 선교를 본격화시키는데 큰 역할을 하였다.

웰스진료소 (평양 기독병원)

1895년부터 평양에서 의료 선교에 종사한 웰스(J. Hunter Wells) 박사는 탁월한 의술로서 수많은 환자의 병을 고쳐 주었다. 1896년부터는 친히 진료소를 설치하여 8년간에 8만 명을 치료하는 큰 성과를 올렸다. 이 병원의 건립 비용은 미국에 있는 마펫선교사의 친척들이 충당하였다. 병원에서 일하던 김종섭은 전도인이 되어 환자에게 복음을 전하였으며, 후에 신학교를 졸업하여 목사가 되었다.

라부열 · 이눌서박사 귀국 기념 (1931년 평양)

앞줄 중앙이 라부열 교장

라부열선교사는 1925년 10월 30일 장로회 평양신학교 교장직을 맡았으며 그는 1931년에 안식년을 맞아 이눌서선교사와 함께 미국으로 귀국길에 올랐다. 성서 신약 부문을 담당하여 주로 공관 복음을 가르쳤으므로 신학생들은 입학하자마자 1학년에서 곧 그의 강의를 들어야 했다. 라 교장은 일본의 신사참배에 굴하지 않고 1938년 9월 20일 학교의 무기 휴교를 선언하고 폐문하였다.

이눌서 · 라부열 안식년 귀국 (1931년 평양신학교)

이눌서(W. D. Reinolds) 선교사는 신학교에서 조직 신학을 맡아 교수하였다. 그의 신앙은 극히 보수적이었으며, 교역자 양성에 있어서는 하나님 말씀이 군병으로서의 진리 위에 확립케 하는 성신인聖神人이 만들어야 한다고 주장하였다. 그는 교역자의 지적知的 수준이 일반 교인보다 월등이 높아짐은 좋지 않다 하여 외국 유학을 제한하자 하였다. 중앙 앞줄에 이눌서 부부가 한복 차림으로 앉아 있다.

라부열 · 이눌서 선교 기념 축하식 (1932 평양)

라부열羅富悅(R. L.Roberts) 선교사는 미국 북장로회 파송으로 내한하였고, 이눌서(李訥瑞 W. D. Reinolds) 선교사는 미국 남장로회 파송으로 내한하였다. 두 분은 모두 장로회 평양신학교에 교수로 있으면서 교역자 양성에 다대한 공헌을 남겼다. 사진은 라부열 선교 25주년, 이눌서 선교 40주년을 기념하는 축하식을 신학교 바로 옆에 위치한 서문밖교회에서 성대히 거행하고 있는 장면이다.

장로회 평양신학교 재학생들 (1935년)

1935년 제30회로 졸업한 평양신학교 재학생 일동의 사진이다. 동기로는 김세진 · 김은석 · 임재수 · 최혁주 목사 등 31명이며, 그중에는 제27회 신사참배 결의 총회 시에 안주노회 총대로 참석하여 신사참배 동의에 재창한 길인섭목사도 끼여있다. 앞줄 중앙에 총회 전도부 총무를 역임한 이권찬 목사와 고故 위두찬 목사의 모습이 보인다.

숭실전문학교 농과학생들 (1932년 평양)

1925년 9월 16일부 기독신보의 사설에 다음의 글이 실려 있다. '한국의 곡창인 호남지방 농촌의 75%가 징집되거나 팔렸다. 농민들이 농촌의 수입으로는 생활할 수 없어 포기하기 때문이다. 농사 개량과 부업의 장려로써 농민의 수입을 증가시켜 농촌을 살려야 한다.' 숭실전문학교에는 농촌을 살리고 나라를 구하려는 뜻에서 농과農科를 설치하였다.

숭실전문학교 농장 (평양)

1920년 미국 북장로회 선교부 소속 농촌운동 담당자로 루쯔(D. N. Lutz) 선교사가 평양에 와서 괄목할만한 성과를 올렸다. 그는 숭실전문학교의 농장을 관리하고 교수하면서 다수확 농작물의 개량과 토지개량사업 등을 다각적으로 지도 보급시켜 많은 사람의 주목을 받았으며, 유능한 농촌 지도자를 양성하는데 공헌하였다.

숭실전문학교 여름성경학교 교사들 (1932년)

1905년에 숭실중학교 학생이 160명이었고, 이미 3회에 걸쳐 졸업생을 내었다. 이러한 실정은 전문학교 설립의 필요성이 대두되어, 1906년에 이르러 미국 북장로회 선교회의에서는 대학부 개설을 결정하고, 두 학급에 12명의 학생을 입학하게 하여 숭실전문학교를 시작하였다. 숭실학생들의 전국 교회를 위한 봉사열은 대단하였으며, 여름성경학교에는 전교생이 참가하여 땀흘리며 헌신하였다.

전일본축구대회에서 우승한 숭실축구팀 (1933년)

뒷줄에 베어드(W. M. Baird) 교장과 차재일 선생이 서 있다.

숭실학교는 기독교학교로서 신앙 지도에 철저하였을 뿐만 아니라, 운동경기에도 뒤지지 아니하였다. 차재일 선생은 이름 있는 축구지도교사로서 선수의 훈련에는 가혹하리만큼 질책을 가하였으나, 그의 성품은 온유하였고, 눈물이 있었다. 그는 음악에도 조예가 깊어 예배시에 독창으로 찬송할 때에는 청중에게 깊은 감동을 주곤 하였다.

평양 숭의여학교 학생들 (1903년 평양)

Early Soongeui Girls' School students (Pyongyang, 1903)

평양 숭의여학교는 1903년 10월 31일에 개교되었다.

처녀들이 길을 다닐때에는 장옷을 입고 갓신을 신고 밑을 내려다보면서 옆을 살필 줄도 모르던 가부장제 시기에 여학생 모집이란 상당히 어려웠다. 가가호호를 방문하여 권면하여야만 했다. 학생들의 머리를 보면 머리칼을 땋아내린 사람도 있고, 머리를 틀어 올린 처녀도 있다. 교복은 위에는 흰저고리에, 치마는 자유롭게 입었던 것 같다.

평양 숭의여학교 전경 (1934년 평양)

Panoramic view of Soongeui Girls' School (Pyongyang, 1934)

평양 숭의여학교 초대 교장은 배귀례(裵貴禮 Margaret Best)로서 약 2년간 지냈고, 그 후에는 선우리(鮮于理 V. L. Snook) 양이 1936년까지 33년간을 하루같이 학생들과 함께 생활하면서 교장으로 봉직하였다. 1934년을 앞둔 몇 해가 숭의여학교에 있어서는 전성기였으며, 1935년 일본 신사참배 강요를 거부하면서부터 숨가쁜 걸음을 재촉해야 했고, 드디어 1938년 3월 15일을 기하여 학교가 신사 참배를 거부하고 자진 폐교함으로써, 40년 빛나는 역사는 일단 숨을 거두어야 했다.

전국 주일학교대회 (1913년 서울)

세계주일학교연맹에서는 한국 교회의 주일학교 사업을 특별 후원하기로 결정하여 1913년 위원들이 대거 내한하였다. 한국 교회에서는 이를 기회로 4월 19일 서울에서 주일학교대회를 크게 열었다. 언더우드선교사가 친히 사회를 보았으며, 이 회합에는 무려 1만 5천 명이나 참석하는 대성황을 이루었다. 이는 확실히 한국 주일학교 역사상 일대 진전을 기약하는 하나의 이정표가 되었다.

제4회 전국 주일학교대회 (1933년 대구)

전국 주일학교연합회 제1회 대회가 1921년 11월 서울에서 개최되었고, 제2회는 1925년 9월에 거행되었다. 제3회는 1930년 평양에서 회집되었는데 당시 전국의 주일학교 총수가 5천여 명이었으며, 아동 수는 150만 명, 교사수는 2만 5천명에 달하였다. 제4회 대회는 대구에서 개최되었고, 금주운동禁酒運動을 대대적으로 전개하는 시가 행진이 일대 장관이었다.

전국기독청년면려대회 (1928년 서울)

1928년 연희전문학교에서 전국기독청년면려대회가 개최되었다. 이 대회는 총회 종교 교육부와 연희전문학교 종교부와의 공동 후원으로 열렸으며, 대표들이 120명이나 참석하여 대성황을 이루었다. 1930년 독일에서 개최되는 제8회 세계 기독청년면려대회에 한국 대표를 파송하는 결의를 하기도 했다.

제2차 교회진흥운동 (한성)

1929년부터 한국 교회는 제2차 진흥 운동을 전개하였다. 1930년에 소집된 장로회 총회는 '교회진흥방안연구 위원회'를 설치하였으며, 교회 발전에 관한 연구를 하도록 위촉하였다. 서울에서는 이 기간 50일 동안에 98회의 전도 강연이 있었고, 수강자 2만 7천여 명에 결신자 3천 명이 넘는 성과가 있었다.

제5회 전국여전도회 총회 (1932년 평양)

여전도회 총회는 1928년 제17회 대한예수교 장로회 총회에 회칙에 따라, 그 조직을 승인 받아 정식으로 발족하게 되었다. 총회의 시일과 장소는 언제나 장로회 총회가 모이는 장소로 하고 총회 시작보다 2~3일 앞서 개최하여 총회와 긴밀한 관계를 맺도록 배려하였다. 제5회 여전도회 총회는 평양 창동교회에서 개최되었으며 회장은 한영신씨였다.

전국주일학교연합회 (1932년)

이 시기에 주일학교 운영자들은 주일학교 교육을 통해서 민족을 개조하고 교회를 확장해서 나라를 낙원으로 만들겠다는 이상을 품고 활동하였다. 뒷줄 좌로부터 허봉락·박은혜·박일애·최봉적·최인화, 앞줄 좌로부터 정인과鄭因果 목사·J. C. Holdcroft 박사·구성서 목사·허대전許大殿 선교사는 주일학교 연합회의 총무였고, 정인과 목사는 부총무로서 그 해에 세계주일학교 대회에 한국 대표로 참석하였다.

선천(宣川) 지구 선교사 일동 (1919년)

1899년 횟트모어(N. C. Whittemore) 선교사가 주재하여 선천 선교사 스테이숀은 설정되었다. 1901년에는 샤록스(A. M. Shorrockes) 의사가 오게 되었고, 뒤를 이어 죠지 렉크(George Leck), 연말에는 처녀 선교사인 체이스(Marie L. Chase) 양이 도래하였다. 해마다 강화되는 선교사들에 의하여 마침내 선천은 '한국의 예루살렘'이 되는 기틀이 마련되었다.

선천(宣川) 선교 병원

의료 선교가 공개 전도를 위한 길잡이로 그 가치성이 인정된다는 것은 당연하다 하겠으나 한 걸음 더 나아가 병원에서 예배 드리고 환자에게 전도인이 직접 전도하므로 선교의 효과를 극대화하게 되었다는데 주목하게 된다. 샤록스(Alfred M. Sharrocks)의사가 선천에 온 것은 1901년이었으나 곧 바로 1906년에는 병원을 건축하였고, 병원 전도 사업을 진행하여 환자들 사이에서 많은 신자를 얻게 되었다.

선천 신성학교(信聖學校) (1925년)

신성信聖학교의 초대 교장은 선천 주재 최초의 선교사인 힛트 모어(N. C. Whittemore) 목사이다. 그는 1901년부터 교육 사업에 종사하였고 1909년 정식으로 미션스쿨이 되기까지 그동안에 70명의 졸업생을 배출시켰다. 첫 건물은 1909년의 오닐(Hugh O' Neill) 씨의 헌금으로 세워져 교명도 그 이름을 따서 불렀으나, 1925년 새로 큰 건물을 갖게 되면서 '신성학교'란 한국식 이름을 명명하게 되었다.

선천여자성경학교 (1933년)

최초의 여자 사경반査經班은 1901년 5월에 개최되었는데 평북 일대의 교회로부터 123명이 모여 성황을 이루었다. 어떤 여인은 압록강 하류 의주義州로부터 걸어서 찾아오기까지 하였다. 다음 해 1902년에는 8백 명이 모였으며, 1907년에는 2천 명을 돌파하였다. 이러한 추세에서 1912년 드디어 여자성경학교의 개교를 보게 된 것이다.

강계교회江界敎會로 피아노 운반 (1909년 평북)

평안북도 강계江界 골짜기에는 만주로부터 기독교 신앙을 안고 돌아와 의주義州에 복음을 펼친 그 영향이 미쳐 기독교가 뿌리를 내린 것 같다. 이곳의 최초의 전도사는 의주로부터 온 차학연車學淵으로 그는 뒤에 평양신학교에서 수학하였다. 1910년에는 약 1천 명을 수용할 수 있는 새 교회당을 지었는데, 다음 해에 평양으로부터 피아노를 운반하고 있는 광경이다.

장리욱張利郁 박사

장리욱 박사는 미국 유학을 마치고 돌아온 해인 1928년에 선교사 호프만(C. S. Hoffman) 교장의 뒤를 이어 선천 신성학교 교장의 직책을 맡았다. 그 전까지는 오닐학원(Hugh O' Neill Academy)라고 부르던 것을 한국식으로 학교 이름을 바꿨다. 1931년에 450명 생도가 있었는데, 재학생의 40%를 기독교 신자로 만들었다. 그 때까지의 졸업생 중 유명한 분으로 백락준白樂濬 박사와 박형룡朴亨龍 목사 등이다.

장이욱張利郁(1895~1983)

평안남도 베기섬碧只島 출생
대한민국의 독립운동가이자 외교관, 제3대 서울대학교 총장, 제4대 주미대사를 지냈다. 안창호 선생과 흥사단에서 함께 활동하였다.

이정광李定光 할머니

이정광李定光 할머니는 예수를 믿은 이후로 10여 년에 걸쳐 20리나 되는 먼 길을 하루도 빠지지 않고 주일예배와 삼일기도회에 출석하였다. 오늘날에도 해가 뜨기 전 새벽기도 시간에 빠짐없이 출석하는 할머니들의 모습을 흔히 볼 수 있다. 심신이 건강하여 쟁쟁 울리는 음성으로 드리는, 그 간절한 기도의 소리는 듣는 이들의 심금에 뜨거운 감동을 안겨주고 있다.

선천宣川 김귀방金貴方 여인

선천宣川 출신인 김귀방 할머니는 평북 일대의 전도사업을 위하여 힘자라는 데까지 헌신적으로 수고하였다. 말년에 할머니는 일생 동안 푼푼히 모은 돈 8백 량을, 당시에 있어서는 큰 금액을 하나님께 바쳐 신앙의 열심을 보여주었다. 한국 여인들의 주님을 사랑하는 정성 어린 믿음의 자세는 세계 어느 나라 여성들보다 뛰어남이 있어 자랑스럽기 그지없다. 양손으로 성경을 소중히 쥐고 있는 그 모습을 보라.

처참한 순교자 모습

Tragic scenes of martyrdom

사진 출처: One hundred years of Christianity in Pictures. 1984년 발행

강계江界선교부 지대 (1914년 평북)

평북 강계에 미국 북장로회 선교부에서 전도 자금을 투입하기 시작한 것은 1904년부터이고, 1907년에 약 60명 교인으로 늘어났다. 1918년에 이곳에 정식으로 선교부가 설치되었고, 1933년까지 21명의 선교사가 교체하면서 봉직하였고, 그 해에 약 2천 명의 교인으로 늘어났다. 사진은 오른쪽에 선교사 주택이 보이는 1914년 당시의 강계 시가지

사진은 오른쪽에 선교사 주택이 보이는 1914년 당시의 강계 시가지

강계교회 창립 33주년 기념 (1933년 평북)

강계江界에 살고 있던 최씨崔氏라는 사람이 압록강 하류의 의주義州를 방문하였다가, 예수믿는 사람들로부터 전도지를 받아가지고 돌아왔다. 그 후 11년이 지나서 기독교인 한 사람을 만났는데, 그로부터 전도지의 설명을 듣고서 기독교 진리를 깨닫고 신자가 되었다. 이 기독교인은 평양에서 목재를 구입하기 위하여 마펫선교사의 심부름으로 강계를 방문한 것이었다.

재령載寧 선교부원들 (1909년 황해도)

재령載寧 선교 스테이션은 1906년에 정식으로 설치되었다. 이 구역 안에는 '한국교회의 요람지'라고 불리우는 솔내(Sorai松川)의 교회를 비롯하여 장연長淵·은률隱栗·해주海州등지의 교회들이 포함되어 있었다. 이 강한 선교부가 설치될 당시에 이미 수십 곳에 교회, 또는 기도 처소가 있었고 5천 명에 달하는 신자가 있었다. 이는 선교사를 만나기 전 한국인 스스로의 힘으로 이뤄진 성과로서 높이 평가될 만하다.

황해노회 회원들 (1933년)

황해노회는 1911년 12월 8일에 봉산군 연천면 모동교회당에서 창립되었으며, 소집은 이원민李元敏 목사가 하였고, 회장에는 군예빈(君芮彬 E. W. Koons) 목사가 되었다. 서기에는 이원민목사·회계는 김성률장로가 선출되었다. 이 황해노회는 상당한 교세로 발전을 거듭하였으며, 특히 노희적으로 사경회 개최를 빈번히 함으로써 성경 연구 열을 불러 일으키는데 일조하였다.

황해 여전도 회원들 (1921년)

황해 여전도회연합회는 1922년에 조직되었으며, 1915년 평북 여전도의 연합회가 처음 발족함으로부터 전국적으로 퍼지기 시작하였다. 이들은 대부분이 사경회와 같은 특별 집회 때에 은혜를 받고 전도의 사명을 깨달으므로 조직된 동기가 많다. 당시의 전도회원들이 국내뿐 아니라, 해외 선교에도 착안하여 한 잎 두 잎 모은 엽전을 치마폭에 안고 와서 전도비에 써달라고 헌금하는 모습은 감동적이었다.

여자 도사경회 (1934년 재령)

1934년 4월에 개최된 황해도 일원 교회를 중심으로 한 이 여자 도사경회都査經會에 1,152명이 정식으로 등록하여 큰 은혜를 받게 되었다. 사경회 기간에는 침구를 갖고와 숙식을 함께 하였으며, 특히 황해노회 재령지구는 부녀자들의 사경회 집회율이 전국에서 으뜸으로 유명하였다.

재령 성경학교 남학생들 (1934년 황해도)

초기 선교사들은 성경 공부를 강조한 나머지 사경회가 도처에서 성행하였다. 1891년 선교사 회의에서는 각 선교스테이션마다 반드시 성경 학습 과정이 마련되어야 한다는 규칙을 제정하였다. 재령교회에서 1906년 12월 22일에 시작된 사경반에 6백 명이 참석하였다는 기록이 있으며 1910년 1월 성경학교가 시작되면서 92명이 입학하였다고 하니, 가히 초대 교인들의 성경 연구의 열심을 짐작케 한다.

재령 신명학교 (1934년 황해도)

황해도 재령에 소재한 신명학교는 1909년 4월에 개교하였다. 초기 선교사들의 한국교회에 대한 자립원칙에 의거하여 한국인의 재정으로 세워졌고, 한국인이 역대 교장으로 일하였다. 1931년까지 130명의 졸업생을 내었는데, 그 중에는 교역자 14명, 교사가 47명, 기타 교회 사업에 종사하는 자가 41명, 그리고 20명은 미국으로 유학의 길을 떠났다. 1934년 당시 429명 재학생 가운데 약 100명의 여학생이 있었다.

재령 서부교회 교인들 (황해도)

재령 서부교회는 1919년 10월에 동부교회에서 분리되어 세워졌다. 초대 목사는 임택권林澤權으로서 그는 1922년 목사 안수를 받은 분이다. 사진의 건물은 두 번째로 확장 건립된 것이며, 1925년에 준공되었고 1천 5백명을 수용할 수 있었다. 집회 인원이 그 때에 1천 2백명이 넘었으니, 크게 부흥한 교회였다. 주일에 예배 후에는 온 교우들이 노방전도에 나섰다.

재령 동부교회 어린이성경학교 (1933년 황해도)

황해도 재령에서 최초의 교회가 동부 교회이고, 두 번째 교회가 서부교회이다. 재령에는 1896년 한지순씨가 평양에서 기독교 신자가 되어 돌아와 복음을 전하여 신자가 발생하였으며 이듬 해에 11명이 세례를 받았다. 세례는 이길함(李吉咸 Greham Lee) 선교사가 베풀었고 1898년부터 예배 처소가 마련되어 그 해 겨울부터 어린이들이 모이기 시작하였다. 몇 해가 지나면서는 사진에서와 같이 크게 성장하였다.

재령교회 천막집회 후 결신자들 (황해도)

황해도 재령 일대에 세워진 교회는 재령 읍내의 동부교회 · 서부교회를 비롯하여 1926년까지 재령군 안에 24 교회가 설립되는 일대 발전상이었다. 사진은 대부흥 전도 집회 후에 예수 믿기로 결심한 결신자들이 모인 광경이다. 성령의 감화는 이길함(李吉咸 Graham Lee) 선교사나 김익두목사와 같은 능력 있는 일꾼들을 통하여, 또는 대중 교우들의 적극적인 전도에 의하여 이루워졌다.

대구에서 선교 개시 (1895년)

1895년 베어드 선교사가 평양으로 이전하자, 부산에서 일하던 아담스(Jamea E. Adams 安義高) 선교사가 대구에 와서 남성로에 거처를 정하고 경북 지역의 복음 사업을 위하여 헌신하게 되었다. 사진은 아담스목사가 친우인 존슨(W. O. Johnson) 의사와 함께 한국인 전도사들과 선교 여행 직전에 출발 준비를 완료한 모습이다. 특히 아담스목사는 노방 전도에 열심하여 많은 성과를 올렸음이 유명하다.

대구 선교 스테이션 (1914년)

대구지역 선교사업은 아담스목사와 의학박사 존슨에 의하여 이루어졌다. 대구선교지부는 처음에 부산선교부의 분소처럼 되어 1899년 정식으로 설정되었고, 그 후에 대구는 경북 전역에 복음 전파를 위한 중심지가 되었다. 아담스목사는 경북 동쪽을 답사하였고 부루엔(H. M. Bruen)은 서쪽을, 바레트(W. M. Barrett)는 북쪽을 각각 맡아 분담하는 선교 전략을 세웠다.

대구 제일교회南城町教會 (1923년)

1893년에 미국 북장로회 파송의 배위량(裵偉良 W. M. Baird) 선교사가 대구를 초도 순시하였고, 1895년 12월에 대구에 선교부를 설치하기로 결정하고, 남성정南城町에 본 교회의 부지를 구입하였다. 그리고 1898년 안의와 선교사 주택에서 정식으로 교회를 구성하였음이 대구 제일교회의 시작이다. 1923년 이만집李萬集 목사가 노회로부터 독립을 선언하여 약 10년간의 분규가 계속된 사실은 유명한 일화이다.

대구 남산교회 전경 (1930년)

대구 최초의 교회는 제일교회이고, 그 다음에 1912년 6월 1일에 서문교회가 섰다. 세 번째로 1914년 12월 30일 남산교회南山敎會가 세워졌다. 초대 목사로는 부해리(傅海利 H. M. Bruen) 선교사가 시무하였고, 이만집李萬集 전도사가 보좌하였다. 1930년 사진에 보이는 건물로 12월 21일 주일에 입당식을 거행하였으며, 이문주李文柱목사가 시무하였다.

대구 계성학교 시작 (1906년)

대구 계성학교는 1906년 10월 15일 아담스 안의설安義尚 선교사에 의하여 창설되었다. 오늘의 제일교회 강대자리에 와가瓦家 3동을 임시 교사로 하여 27명의 학생을 앞에 놓고 처녀 수업을 한 것이 시작이다. 초창기의 학생들은 성경, 찬송가 교과서를 받았고 학용품인 석판石板, 석필石筆, 공책까지도 무상으로 공급되었고, 수업료는 물론 없었다.

계성학교 본관 교사 (1931년 대구)

'여호와를 경외함이 지식의 근본이니라'는 잠언의 말씀을 교육 표어로 하여 1906년 경북 일대에서 최초의 중학교로 창설된 계성학교는 교장 아담스, 한국인 교사 이만집李萬集의 두 사람으로 발족하였다. 오랜 역사 동안 계성학교는 장족의 발전을 거듭하여 명실공히 전국 굴지의 중등 교육기관이 되었다. 사진의 건물은 1931년 11월 30일에 준공된 것이며, 동교의 본관으로 사용되고 있다.

대구 신명여학교 (1934년)

대구 신명여학교는 1902년 부루엔 부인(Mrs. Bruen)이 부해리 존슨 부인(Mrs. Johnson)과 함께 15, 16세의 처녀들 몇 명을 모아 제봉법·글 읽기·습자 등을 가르침으로부터 시작되었다. 1910년 선교회로부터 정식 학교로서의 인준을 받았으며, 1912년도에는 80명의 재학생이 있었고 3명의 졸업생을 낸 것을 비롯하여 1934년에는 13명의 졸업생을 배출하였음을 사진에서 알 수 있다.

대구 신명여학교 종교부 활동

대구 신명여학교는 여학교로서 신교육을 실시하면서 기독교 복음을 전도하여 경북 일대의 교회를 위하여 일하는 신앙의 여성 일꾼들을 다수 배출하였다. 학교 창설 이후로 1931년까지 118명의 졸업생을 배출하였으며, 그 중에서 전도인이 9명, 학교 교사가 37명, 주일학교 봉사자가 30명, 그리고 47명이 교회의 지도적 일꾼이 됨으로써 기독교 학교로서 신앙인 양성의 사명을 수행하였다.

대구 동산병원 (1931년)

존슨(W. O. Johnson) 의사가 1899년 크리스마스를 앞두고 대구에서 의료선교를 개시하였는데, 그는 불과 6개월 기간에 1,700명을 치료하였고, 이듬해에는 2천여 명의 환자를 돌보는 실적을 올렸다. 동산병원의 처음 건물은 1903년 미국 필라델피아 제2장로교회의 우라잇 여성(Mary H. Wright)의 기부금으로 세워졌으며, 1931년에(사진) 새 건물로 개축되었고 병원시설도 당시 현대적이었다. 한국에서의 선교 사업은 의료 활동으로부터 개시되었고, 또 그 확실한 성과로 인하여 의료사업은 중요시되었다. 육신의 병고침을 받게 됨으로 예수를 영혼의 구세주로 믿게 되었고, 신앙을 고백하는 사례가 많이 일어났다. 당시 대구 근교의 팔달교八達橋 동리에 사는 배裵노인이 치료를 위하여 대구에 세워진 동산병원을 찾아서 치료를 받았다. 대구동산병원에서 복음 선교의 책임을 맡고 있는 피렛쳐(Donald Fletcher) 박사는 다음과 같이 언명한 것이 있다.

1. 모든 환자에게 복음을 전달해야 한다.
2. 많은 환자에게 그리스도를 믿게 해야 한다.

3. 신앙을 고백한 사람은 반드시 교회의 일원이 되도록 인도해야 한다.

배노인은 입원하고 있는 기간에 전도인을 통하여 예수를 믿게 되었고, 병도 완쾌되어 기쁨으로 퇴원하였다.

부산 젼킨기념병원 (1903년)

미국 뉴저지주 몽클레어 제일장로교회에서 동 교회를 시무한 젼킨(William F. Junkin, D. D) 목사를 위한 기념사업으로 한국에서의 의료 선교를 후원하기 위하여 이 병원을 설립하였다. 1903년에 세워진 이 병원은 선교부에서 직접 운영하였으며, 소규모이면서도 당시 '최현대식 병원'이라는 호평이 있어 많은 환자를 치료하여 의료 선교에 혁혁한 성과를 올렸다.

안동 선교회 건물 (1911년)

안동安東에는 베어드(W. M. Baird 裵偉良) 선교사가 부산에 주재한 기간(1891~1895)에 방문한 것이 복음의 사자로서는 처음이 아닌가 간주되고 있다. 1899년 대구에 선교회가 설정되면서 이곳은 분소처럼 되었고 그 후에는 아담스(J. E. Adams 安義窩) 선교사가 왕래하였다. 그러다가 1906년 10월 26일에 안동선교회가 발족되어, 복음사업이 본격화되었다.

안동선교회 선교사 가족들 (1934년)

안동安東 지역은 대구 선교회의 아담스목사의 내방 전도가 있으면서 신자가 일어나기 시작하였다. 아담스선교사는 안동에 대한 첫 인상을 '한국에 있어서의 양반 Yangvan(Gently)의 중심지'라고 하여 흥미를 끌었다. 1909년 웰본(M. E. Wellbon) 선교사와 프렛처 (A. G. Fletcher) 의사가 부임함으로 선교는 활기를 띠게 되었고, 양반 동리에 교세는 날로 불어났다.

안동교회와 교인들 (1914년경)

안동교회는 1909년 8월 7일 7명의 교인으로 예배를 드렸으나, 1년이 지나서는 10배로 불어나 70명으로 발전하였다. 1911년 김영옥씨가 목사로 시무하게 되었으며, 1913년부터 교회당 건축에 착공하여 다음 해 2월에 600명을 수용할 수 있는 큰 건물을 준공하였다. 1913년에 최초 장로로 김병오씨가 장립되었다.

미국 남장로회 선교사들 (1899년)

레이놀드(W. D. Reinolds 李訥瑞) 부부를 비롯하여 테이트(L. B. Tate), 존슨(Cameron Johnson), 젼킨(W. N. Junkin) 부부와 테이트의 누이동생인 매리 테이트(Matie S. Tate), 그리고 데이비스(L. Linnie Davis) 등은 1892년 10월 18일에 그리고 11월 3일에 각각 내한함으로 한국 선교사업은 개시되었다. 남장로회 선교사들은 주로 호남지방을 중심으로 활동하였다.

미국 남장로회 선교사 일동 (1923년 군산)

미국 장로교회 외지 선교사업은 1891년까지도 단일사업으로 추진되었으나, 미국 남북전쟁 당시 남장로회(The Presbyterian Church in the States) 가 따로 조직됨으로 자연히 외지 선교도 남북 장로회가 갈라져서 진행하게 되었다. 1912년 남장로회의 부인협조회가 조직됨으로 위의 두 단체가 합작하여 한국 선교를 개시하게 되었으며, 뉴욕의 존 언더우드(John T. Underwood)의 많은 희사금이 큰 힘이 되어 1892년부터 개시되었다.

청주지방 여자 사경반 (1932년)

지방민은 대부분이 농민이었기 때문에 농한기를 이용하여 1년에 몇 차례씩 모이는 것이 사경반查經班이었다. 초대 한국교회 여성에게 있어서 이러한 사경회는 자신에 대한 자각으로부터 이웃과 사회를 바라보는 눈을 열게 하였고, 하나님의 말씀으로 구원의 확신을 체험하게 함으로써 새로운 삶을 향한 지혜와 용기를 갖게 하는 원동력의 구실을 다하였다.

청주 성경학교 (1926년)

청주淸州 지역의 선교부 설치는 1905년 밀러(F. S. Miller) 목사 부부가 김흥경장로와 함께 청주로 이거함으로 이루어졌다. 이들은 이미 1900년 청주에서 시장이 크게 열렸을 때 시찰을 위하여 방문한 일이 있었다. 성경학교 사업은 1921년에 설립된 이래로 많은 발전을 이룩하였으며, 1926년 최초의 졸업생 8명을 배출하였다. 당시 재학생수는 80명에 도달하였다.

금강산 기독교수양관 (1931년)

대한예수교장로회 제6대 총회장을 지낸 바 있는 한석진 韓錫晉 목사의 기금 확보로 드디어 이 수양관이 완공되었 다. 그는 이 수양관 완성을 위하여 신의주 제일교회를 사 면하였고, 전국 교회를 순회하면서 모금하여 1931년 9월 11일 제20회 총회를 여기에서 모이면서 헌당식을 거행하 게 했다. 수양관은 8천 평 대지 위에 상하층 232평의 웅 대한 규모로 천하 제일 금강산 한복판에 건축되었다.

One hundred years of Christianity in Pictures. By Rev. Young Whan Kim 1984 253p. Korean oversea compatriot's mission

한국인 목사 부여扶餘 근로 동원

일본은 패망하기 몇 해 전부터 한국교회에 대하여 극심 하게 탄압하였다. 일제는 주일학교는 일요수련회日曜修 練會로 수양회와 부흥회는 연성회로 개칭케 하였으며, 1943년 9월부터는 주일 발집회와 삼일기도회를 폐지시 켰다. 그리고 심지어 교회당 안에서 가마니를 짜는 근로 작업을 하라고 강요하였다. 사진은 한국인 목사들이 부 여扶餘로 근로 동원되어 그곳에서 일하다가 잠시 휴식하 는 장면이다.

One hundred years of Christianity in Pictures. By Rev. Young Whan Kim 1984 253p. Korean oversea compatriot's mission

제22회 장로회 총회 임원진 (1933년 선천)

대한예수교장로회 제22회 총회는 1933년 9월 8일 평북 선천 남교회宣川南敎會에서 소집하였고, 장홍범張弘範 목 사를 총회장으로 추대하였다. 이 해에는 원산元山 신학 산파神學山派 황국주黃國柱의 새 예루살렘운동, 그리고 신흥우申興雨의 적극신앙단이니, 이용도李龍道의 신비운 동 등이 잇달아 일어나 교계가 어수선하였다. 총회에서 는 황국주를 이단으로 규정하여 처리하였다.

제24회 장로회 총회 임원진 (1935년 평양)

대한예수교장로회 제24회 총회가 1935년 9월 6일 평양 서문밖교회에 소집되어 정인과鄭因果 목사를 총회장으로 선출하였다. 이 해에는 만주에 선교사로 파송한 한경희韓敬禧 목사가 공비의 습격으로 순교하였고, 일본인 아스타케安武直夫 평남 도지사가 중고등학교 교장에게 신사참배를 강요하므로 숭의여학교 · 숭실학교 두 학교가 반대의사를 표명하여 사태가 험악해진 사건 등이 있었다.

장로회 선교50주년 기념 (1934년 서울)

미국 북장로회의 한국 선교사업의 개시는 1884년 9월 20일 알렌(H. W. Allen 安連) 의사의 제물포 상륙을 기점으로 하고 있다. 당시에 있어서 선교사의 종류로는 목사 선교사, 교육 선교사, 의료 선교사 등 셋으로 대별하였다. 알렌은 복장로회 선교회로부터 의료 선교사의 자격으로 파송되어 왔다. 1934년은 한국 선교 50주년을 기념하는 희년의 해라 하여 성대한 축하식이 거행되었다.

윗줄 왼쪽 벙커부인, 아펜젤러 부인, 힐리어 부인, 올링거 부인, 데니 판사 부인, 지포드 부인, 아랫줄 왼쪽 스크랜튼 부인, 헐버트 부인, 선교사 가족들 1890년 서울에서 매력적인 모습으로 활동하였던 서양 여성들의 아름다운 몸가짐에 모자와 당대 유행의 의상을 입고 포즈를 취했다.

한국에서 철수하는 션교사들 (1940년)

한국교회가 일제의 강요로 신사참배를 결의하자, 거기에 순응할 수 없다고 판단한 미국인 선교사들은 총회에서 탈퇴하여 개인 자격으로 선교사업을 계속하였다. 그러나 미일美日간의 사태가 날로 악화되자 1940년 10월 미국 공사 마쉬(Marsh)는 사태의 수습을 위하여 선교사들을 대부분 귀국케 하였다. 1941년 일제는 기도문사건으로 잔류 선교사들을 모두 구류한다고 위협하였다. 1941년 12월 8일 전쟁이 일어났고, 원한경(元漢京 Underwood) 선교사가 마지막으로 1942년 6월에 부산에서 배를 타고 떠났다.

■ 편저 주: 국치시기 한민족을 위해 자신의 일생을 헌신했던 선교사들. 이들은 청년으로서 모국에서 누릴 수 있는 수많은 권리들을 포기하고, 당시 세상에서 알려지지 않은 은둔의 나라 COREA에 복음의 빛을 나누기 위해서 목숨을 내놓고 헌신하였다.

일본 신궁神宮에서 참배하고 기념 촬영한 교역자들 (1943년 일본)

일제日帝가 한국 교회 말살을 위하여 사용한 수단과 방법은 극에 달하였다. 1942년 3월에는 '조선혁신교단'이란 기구를 조직케 하여 구약성경과 요한계시록을 성경에서 삭제토록 하였으며 찬송가의 개편을 단행하였고, 다른 신약 성경 구절에 있어서도 마음에 들지 않는 부분은 먹칠하여 못 보게 하였다. 1943년 5월 5일 장로회에서는 '일본가독교조선장로교단'이라고 칭호를 고쳐야 했고, 제1대 통리는 채필근 · 제2대는 김응순 · 제3대는 김관식목사 등이 역임하였다.

일본 신궁에 신사참배 후 기념 촬영한 한국인들

One hundred years of Christianity in Pictures. By Rev. Young Whan Kim 1984 253p. Korean oversea compatriot's mission

조선그리스도회보 제1권 제1호 (1897년 2월)

한국의 교회신문은 처음에 미국 북감리교에서 파송된 아펜젤러선교사에 의하여 '조선그리스도인회보' 죠션크리스토인회보(Korean Christian Advocate)가 1897년 2월에 나왔고, 약 2개월 후인 4월 1일에는 장로회 선교사인 언더우드목사에 의하여 '그리스도신문'(The Christian News)이 나왔다. 두 신문은 모두 주간으로 발행되었으며, 1905년에 게일(J. S. Gale) 목사를 주간으로 하여 활동하게 되었다.

50주년 기념 감리회보 (1934년)

1884년 6월 24일 일본 주재 감리교 선교사 매클레이(Robert S. Maclay) 목사는 서울을 방문하여 김옥균金玉均을 통하여 고종을 만나 뵙고, 7월 3일 '한국 내에서 병원과 학교사업을 개시해도 좋다는 허락을 받았다. (사진: 메클레이목사) 한국 주재 미국 푸우드(Lucius H. Foote 福德) 공사도 그 사실을 확인하여 본국 정부에 보고하였다. 그 해로부터 계산하여 50주년을 1934년에 지켰으니, 선교 100주년은 감리교에서도 1884년이 된다.

언더우드 역譯 '셩교촬리' · 게일선교사의 '천로역정'

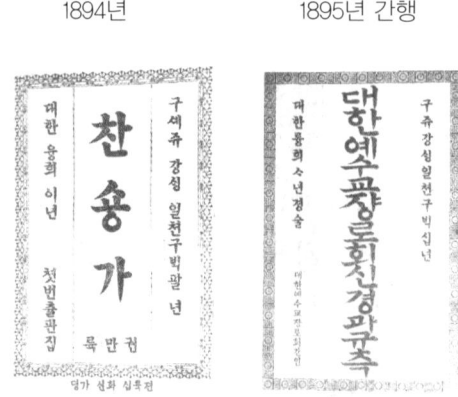

1894년 1895년 간행

장로회 선교사인 언더우드목사가 1894년 우리나라 최초의 찬송가로 '찬양가'를 내놓았고, 1896년에는 감리교 찬송가로 아펜젤러와 죤스(G. H. Jonse · 趙元時) 목사가 펴낸 '찬미가'가 나왔다. 그리고 1898년에는 마펫선교사의 '찬성시'가 출간되었다. 그리고 1905년에는 장로회와 감리교 선교사들은 하나의 찬송가를 만들기로 합의하여, 1908년에 이 '찬송가'를 내놓은 것이다. 대한예수교장로회 제1회 노회에서 결정한 중요한 안건 중 하나는 장로회 신조信條를 채택한 것이었다. 이 신조는 12조이며, 그 서문을 제외하고는 내용에 있어서 1904년 인도장로회가 채택한 것을 그대로 채용하였다. 이는 인도와 한국에서뿐만 아니라 아시아의 대부분의 장로회가 그대로 채택하고 있다. 신조를 하나로 통일하므로 장로회 신앙의 단일화를 꾀하고 아시아 선교사업의 유대를 강화하려는 뜻에서다.

장로회 · 감리회 합동 찬송가 · 장로회 신조 채택 (1910년)

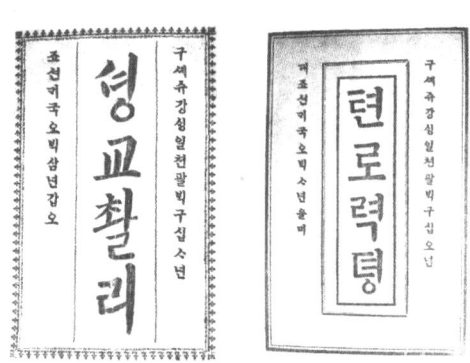

교리 전도문서의 출간사업을 목적하여 1890년 설립된 조선성서교회(朝鮮聖書教會 The Korean Religious Tract Society)는 처음에 중국 주재 선교사들이 저작한 전도문서를 번역, 간행하는일부터 시작하였다. 그것의 성과가 1894년의 언더우드 선교사 역 譯 셩교촬리(聖教撮理 Salient Principles of Christianity)를 비롯한 인가귀도引家歸道, 요리문답要理問答 등의 출판이었다. 성경 내용에서 기독교의 진수를 추려낸 것이 교리서이고, 다시 간이하게 요약한 것이 전도문서라고 한다면, 그것들이 선교를 위하여 공헌하는 역할이란 상당하다 하겠다. 천로역정(턴로력뎡天路歷程 Pilgrinis Progress)은 게일(J. s. Gale) 선교사가 동양인의 심리가 비유적이고 상징적인 작품을 좋아한다는 점에 착안하여 이원모李源模와 공동으로 출간하였는데, 그 생각은 적중하여 이 책은 교회 안에서뿐 아니라 일반인에게까지 널리 애독되었다.

한국의 순교자殉教者 면모面貌

Martyrs of Korea

기주복奇主福 목사

1879년 10월 5대 독자로 황해도 수안遂安에서 출생

3. 1운동 때 거사에 가담하여 체포령이 내리므로 만주로 피신. 숭실중학교 교사로 재직중 요시찰 인물로 체포되어, 1년 반 동안 옥중 생활, 봉산군 계동교회 목회시에 정방산사건에 연류되어 투옥. 황해도 곡산교회를 시무하면서 1946년 11월 3일 북한 정부의 주일선거를 반대하여 반동분자로 낙인되어, 1950년 6월 24일 남침 전날 밤 공산당에게 체포되어 평양 감옥으로 압송 처형되어 순교하다. 유족으로 부인 김금회여사, 아들 기현두.

김길수金吉洙 목사

평안남도 용강龍岡 출생

청년 시절에 교육사업에 뜻을 품고 남동학교 설립. 1942년 장로회 평양신학교를 제37회 졸업. 평양 신암교회 목사로 시무. 해방 후 북한5도연합노회 조직에 주동하여, 신앙의 자유를 위해 공산당 정치에 항거, 투옥, 일시 출옥 후 북한 정부의 어용기구인 기독교연맹 가입에 맹렬히 반대하자, 1947년 4월 정치보위부 위원에게 연행되어 1950년경 평양감옥에서 순교. 유족 아들 김만용 장로 · 김완용 집사.

김동철金東哲 목사

1899년 함북 길주吉州 출생

만주 영안에서 교편 생활하던 중 소명을 받아 귀국 후 서울감리교 협성신학교 수학. 목사가 된 후 만주 선교에 뜻을 두고 할빈 · 용정 · 신경 · 입선정교회에서 교역 활동. 1945년 해방을 맞아 만주에서 귀국 후 교우들을 모아 서울 서소문교회를 창립. 1950년 8월 23일 '우리는 미국도 소련도 믿지 않는다, 그리스도회에 우리의 생을 맡길 분은 없다'는 설교를 마지막으로 공산군에게 납치되어 순교했다. 유족 김창길 목사(서소문교회).

김석창金錫昌 목사

일제하 선천경찰서 폭파사건으로 8년간 옥고 생활 후, 교역에 뜻을 품고 장로회 평양신학교에 입학하여 독실한 신앙을 소유함. 33년간 목회생활을 통하여 수많은 교회를 설립. 평북 선천 신성중학교 설립. 1930년 대한예수교장로회 제15회 총회장 역임. 6. 25동란 시 국군이 북상하자 북한군은 후퇴하면서 김목사를 체포 연행 무참히 총살, 순교하였다. 유족 아들 김준식(미나가발 공장 운영).

김순효金淳孝 전도사

1902년 황해도 재령 출생

서울정신학교 졸업. 평양여자신학교, 일본 요코하마 신학교 졸업. 1931년 장로회전국여전도회 파송으로 최초의 여자선교사로 중국 산동성에 부임. 1945년 해방 후 귀국하여 평양신학교에서 신의주 제 2교회 전도사로 부임. 1950년 공산당에게 체포되어 고문과 학대를 참고 견디다가 처형되어 순교했다.

김영주金英珠 목사

함북 영천 출생

1933년 일본 관서대학원 신학부 졸업. 남대문교회에서 시무하다 새문안교회로 옮겨 시무. 1945년 해방 후 새문안교회를 증축. 1950년 6. 25 동난시 서울에 잔류하였고, 8월 20일 공산군에 체포되어 납북됨. 유족 부인 전금옥 여사(새문안교회).

김응락金應洛 장로

1906년 5월 6일 평북 의주 고관면 출생. 평북 평양 용천 덕흥교회 집사, 안동교회에서 장로가 되었고 1945년 12월에 서울 영락교회 설립요원. 영락교회 350평 석조예배당 건립에 공헌. 6. 25동난시에 그는 교회를 사수할 뜻을 갖고 서울에 잔류. 1950년 9월 24일 교회당에서 인민군에게 총살당함. 1960년 8월 8일 처형된 장소에 기념비가 세워짐. 유족 부인 박순도(영락교회 권사).

김유순金裕淳 목사

1882년 12월 황해도 선천 출생. 1920년 미국 에디슨 신학교 졸업. 1922~1948년에 평양 남산현교회 및 6개 교회에서 시무. 해방 후 1947년 분열된 감리교의 재건, 부흥 양파에서 추대되어 감독으로 추대. 6. 25가 일어나자 주위에서 피난갈 것을 종용하였으나 '내가 감독이 된 것이 이때를 위하여 하나님께서 맡겨 주신 사명인줄 알아 교단을 사수하겠다'면서 1950년 8월 23일 공산군에 연행되어 서대문 형무소에 연행된 후 순교한 것으로 알려지고 있다.

김유연金有淵 목사

1901년 12월 10일 황해도 옹진 출생. 1930년 성서학원에 졸업. 1930년 9월 만리현교회 개척 후 안성 및 신의주 동부교회 시무. 1941년 서울 무교동교회 시무. 경성 신학교 교수 역임. 1943년 5월 24일 일제에 체포되어 6개월간 투옥, 해방 후 성결교 총회 부회장 선출. 1950년 서울신학교 교수로 재직시 공산군에 체포 납북되었다.

김인준金仁俊 목사

1926년 장로회 평양신학교 제19회 졸업 후 목사가 됨. 미국 리치몬드, 유니온신학교에서 수학한 후 귀국하여 평양신학교에서 교수 역임. 해방 후 이북5도연합노회의 추천으로 공산 치하의 신학교 교장 역임. 북한정권이 신학교를 북조선인민위원회 교육성에 등록하라고 독촉하자, 신학교는 하늘나라에 등록되어 있으니 땅의 나라에 등록할 필요가 없다고 거절하였다. 1946년 신학교 교장실에서 나오다가 북한 정치보위부에 연행, 옥중 투쟁하다가 순교하였다.

김화식金化湜 목사

1893년 12월 평남 숙천 출생. 3. 1운동에 가담하여 2년 6개월 복역 후 1927년 장로회 평양신학교를 졸업하고 목사 안수. 평양 창동교회 시무 중 신사참배 반대 투쟁 전개. 해방 후 평양 장대현교회 시무. 1947년 11월 기독교자유당을 결당하여 신앙의 자유를 수호하고자 투쟁하다가 체포되어 극비리에 행해진 재판에서 13년의 형 언도를 받고 복역중 순교. 유족 아들 김동진(경희대학교 음악대학장).

남궁혁南宮爀 목사

1882년 7월 1일 한성 출생. 1917년 장로회 평양신학교 졸업. 광주 양림교회 목사 시무. 1922년 도미하여 프린스턴신학교와 리치몬드 유니온신학교에서 수학. 1927년 한국인 최초 신학박사 학위 취득. 평양신학교 교수로 임명, 대한예수교장로회 총회장 역임. 성서개혁위원 역임. 일제 신사참배로 신학교가 폐교되자, 중국 상해로 망명하여 '신학사전' 편집에 종사. 1946년 귀국하여 NCC총무로 재직중 6·25 발발로 공산군에게 체포 강제 납북됨. 유족 딸 남궁요안나(숭의여대 교수).

노영수盧永守 참령參領

1897년 경북 의성 출생. 1915년 의성군영집회에서 예수 믿기로 결심. 1919년 서울 구세군사관학교 입학, 졸업 후 경북 칠곡으로 파송되어 전도 사업에 헌신. 1949년 진주교회 부교로 임명. 6. 25동난으로 공산군이 진주를 장악하고 협력을 요구하자, '30년 동안 구세군의 장교로서 복음을 전한 나에게 하나님을 부인하는 당신네들을 어떻게 도우라고 하는가' 라는 말로 강하게 거절한 후 9월 5일 밤 공산군에게 연행되어 지리산 부근에서 총살당하여 순교.

문준경文俊卿 전도사

1891년 2월 전남 신안 출생. 1927년 기독교 신앙을 얻어 주님을 위해 몸 바치기로 결심하고 중동리 전도사가 됨. 구한말 교회 탄압으로 시무하던 중동리 성결교회를 경방단에게 강제 매수당하는 고초를 겪었으나 굴하지 않고 전도사업을 계속하였다. 1945년 해방 후 교회당을 회수하였다. 1950년 6·25로 10월 5일 공산군에게 체포당하여 중동리교회 앞뜰에서 총살 순교하였다.

박경구朴敬球 목사

1905년 황해도 황주군 포남리 출생. 숭실전문학교 졸업. 1941년 평양신학교 졸업. 황해도 장연읍 서부교회에서 목사로 시무. 신사참배를 반대하여 일제의 압력으로 목사직 사면 당함. 1945년 해방 후 서부교회로 귀임. 황해노회에 파송으로 평양신학교에서 교수함. 1946년 11월 3일 북한정부 수립을 위한 주일선거에 반대하여 성수주일에 수범하다 북한정부 어용기구인 '기독교연맹' 가입을 결사 반대, 감옥에 투옥, 복역 중 순교. 유족 아들 박창한 목사(장로회신학대학 교수).

박관준朴寬俊 장로

1875년 4월 13일 평북 영변 출생. 십자의원十字醫院 현관에 요한복음 3장 16절을 게시하여 치료와 함께 전도사업. 신사참배 반대를 위하여 장로회 제27회 총회에서 십자가를 들고 경고문을 뿌리려 했으나 사전에 발각. 1939년 3월 일본 국회에 침입하여 기독교 탄압을 목적으로 종교 법안 통과를 반대하는 진정서를 투척하는 사건을 일으킴. 일본 천황 불경의 죄목으로 평양형무소에 투옥되어 1945년 3월 13일에 순교. 유족 아들 박영창 목사.

박봉진朴鳳鎭 목사

1890년 경기도 평택 출생. 1932년 성결교 성서학원에 입학 재학 중에 충남 장호원교회를 개척. 1938년 목사 안수. 여주 하리교회, 철원교회를 목회. 신사참배 반대자이며, 미국의 간첩이라고 체포 투옥. 출옥 후 전면적인 성결교단 해체와 박해로 재차 투옥. 1944년 8월 15일 '하나님만이 참 신이요, 일본 천황은 망한다'고 절규하여 혹독한 고문을 받아 57세를 일기로 순교를 하다.

박영근朴英根 목사

평북 철산 출생. 1932년 3월 15일 장로회 평양신학교 제27회 졸업. 해방 후 철산군 백량면 동문교회에서 목회. 1946년 11월 3일 주일의 김일성 공산정부의 선거를 거부하여 요사찰인으로 감시를 받다가, 1950년 10월 풍천교회 시무 중 주일에 교회당을 회의장소로 쓰겠다는 공산당의 요구에 불응하자, 내무서원에게 연행되어 철산읍 앞 강변에서 장남 박춘산집사와 나란히 묶인 채 총살되어 순교하다.

박현명朴炫明 목사

1903년 7월 8일 함북 북청 출생. 1925년 성서학원 졸업. 독립문교회 시무. 1929년 동경 한국인 성결교회에 부임 6년간 목회. 일본 신학교에서 역사 신학 연구. 1934년 성서학원 교수로 청빙. 서울 체부동교회, 독립문교회 시무. 1945년 재건총회 이후 1946년과 1947년, 1948년, 1950년에 네 차례에 걸쳐 총회장에 연선됨. 1950년 8월 10일 공산군에 의하여 연행, 납북되었다.

배덕영裵德榮 목사

1901년 12월 경기도 파주 출생. 1941년 감리교 평양성서신학교 교장에 취임. 1949년 12월 11일 교내 부흥회를 인도하다가 '신성한 신학교 안에 우상화를 걸어 놓을 수 없다'고 하여 김일성과 스탈린의 사진을 철거. 그 후 12월 16일 새벽기도회 도중에 북한 정치보위부위원이 나타나 체포 연행했으며 투옥. 얼마 후 처형 순교하였다.

배영석裵永石 목사

전남 곡성 출생. 1932년 전남 강진에서 3. 1상회(3. 1운동을 뜻한다 하여 일경의 감시를 받음)를 경영하면서 신앙 생활에 헌신하다 1941년 장로회 조선신학교에 입학 제2회로 졸업. 나주 파남교회, 해방 후에는 강진읍 교회에서 목사로 시무. 1950년 6. 25가 일어나자, 조국의 운명을 개탄한 나머지 후퇴를 하지 아니하고 교회당 강대 밑으로 들어가 두문불출하고 기도 생활에 몰입, 마침내 인민군에게 발각되어 총살 순교하였다.

백인숙白仁淑 전도사

평북 신의주 출생. 1934년 평양여자신학교 졸업. 1939년 일본 요코하마여자신학교 졸업 후 주기철 목사가 시무하는 산정현교회 전도사로 부임. 신사참배 반대로 옥중 순교를 각오하였으나 두 달 만에 석방. 공산치하 산정현교회에서 김철훈목사. 정일선 목사의 수감 순교로 교회를 사수해야 했고, 1950년 6월 공산당에 체포되어 깊은 구덩이에 던져서 생매장당하는 처형에 직 면하는 순간도 전혀 몸의 구김이 없이 동정녀의 정결한 몸으로 깨끗이 순교하였다.

백홍준白鴻俊 장로

1848년 평북 의주 출생. 1893년 봄에 처형되어 최초 한국인 개신교 순교자가 되었다. 1876년 만주에서 세례받고 한국인 최초의 개신교 신자가 됨. 1882~1883년에 누가복음. 요한복음. 사도행전을 만주에서 번역 출판하였고, 귀국 후 전도하면서 한국 최초로 의주교회를 설립. 1887년 최초의 장로가 되다. 1890년 선교사를 도와 전도사업에 활약하던 중 평양감사 민병석에게 체포되어 목에 칼(형틀)을 쓰고 2년간 옥고 끝에 순교하였다.

서용문徐用文 목사

1905년 4월 평북 강계 출생. 만주 봉천 번개호교회에서 시무. 해방 후 강계읍 후창교회 목회. '한국 교회가 어지러운 것은 순교자가 없는 까닭이라'고 말씀하시면서, 본인이 희생의 제물이 되기를 항상 기도했다. 평양 장포동교회 시무 중 1950년 10월 11일 밤 12시에 밀어 닥친 북한 내무서원에게 강제 연행되었으며, 대동강 하류에서 총살 순교하였다. 유족 아들 서광산 박사(이화여대 교수).

손양원孫良源 목사

1902년 경남 함안 출생. 1931년 장로회 평양신학교 입학, 졸업 후 목사가 되어 나환자수용소, 애양원교회를 시무. 신사참배를 강력 반대하여 광주. 청주감옥에서 만 5년간 투쟁. 1945년 해방 후 출옥하자 다시 애양원교회로 부임. 1948년 공산당의 여순반란사건으로 두 아들을 잃었으나 아들을 총살한 범인을 용서하여 '사랑의 원자탄'이란 말로 유명하다. 1950년 6. 25시 애양원교회를 사수하다가 공산군에게 연행되어 여수 근교인 미평에서 총살형으로 순교하였다. 유족 동생 손의원 목사(부산).

송정근宋貞根 목사

1895년 1월 12일 황해도 서흥군 출생. 1917년 평양 숭실중학교 졸업. 1927년 감리교 협성신학교 제14회 졸업. 목사 안수를 받았다. 1937년 평남 강서읍 교회 목사로 강서지방 감리사로 부임. 해방 후 평양 남산현교회 목사로 시무. 북한 공산치하 기독교자 유당을 결당키 위해 감리교 대표로 참가. 평양 성화신학교 이사장 역임. 신학교육을 위해 고군분투. 1950년 6·25가 발발하면서 반동분자로 체포되어 평양감옥에서 복역 중 순교하였다. 유족 아들 송창화 장로(대구 남문교회. 의학박사).

송창근宋昌根 목사

1898년 3월 함북 웅기 출생. 일본 아오야마靑山학원 신학부 수학. 미국 프린스턴신학교 졸업. 뎀버대학에서 신학 연구. 신학박사 학위 취득. 평양 산정교회에서 목사 시무. 성빈학사를 운영하던 중 수양동우회 사건으로 일경에 체포 구금됨. 8·15 해방으로 출옥하여 경북 김천 황금동교회에서 목회. 조선신학원 원장에 취임하여 1949년 최초로 문교부 인가를 받아 신학대학으로 승격시킴. 한국신학대학 학장으로 재직 중 6. 25동란으로 공산군에게 납북, 순교한 것으로 알려 짐. 유족 큰 아들 송준규(미국 거주. 의사).

신석구申錫九 목사

1875년 충북 청주 출생. 1919년 감리교회에서 목사 안수. 3. 1운동 당시 남측 대표 33인 중 한 사람으로 서대문형무소에서 3년간 옥고. 해방 후 1946년에 감리교 서부 연회장 선임. 북한에서 공산당 통치를 반대하여 신앙의 자유 획득을 위한 비밀결사대 조직에 고문으로 추대됨. 비밀결사대사건이 발각됨으로, 12년 형 언도를 받고 복역하던 중 1950년 10월 10일 평양 감옥에서 처형 순교하였다.

유계준劉啓俊 장로

1879년 4월 3일 평남 안주 출생. 1893년 마펫(Samuel A. Moffett) 선교사가 평양 거리에서 전도하자 심한 박해를 가함. 회개하여 신자가 된 후 주택을 바쳐 미림교회 개척. 평양 산정현교회 장로직에 있으면서 주기철 목사의 일제를 항거하는 신앙 투쟁을 끝까지 후원. 신사참배 및 창씨개명의 강요를 거절. 해방 후 조만식 장로와 협력 6·25 남침 개시 1주일 전에 평양감옥에서 순교하였다. 유족 아들 유기원 박사(전 국립의료원장).

유재헌劉載献 목사

1908년 3월 한성 출생. 1928년 일본 고베神戸 성서신학교 졸업 후 동경 가와지마교 회 시무. 구두 수선 등으로 헌금을 모아 교회당 건축에 공헌. 전도로 일본 군국주의 자의 비위를 거슬리므로 한국으로 추방됨. 1945년 해방 후 북한 전역을 순회하면서 부흥운동 전개. 철원 수도원 및 1950년 임마누엘수도원을 설립. 1950년 8월 15일 임 마누엘수도원에서 공산군에게 연행되어 순교하였다. 유족 아들 유종건 목사.

이건李健 목사

1900년 10월 20일 함남 북청 출생. 1925년 성서학원 졸업. 1928년 목사 안수. 평안 지방 감리사 대리로 임명. 1931년부터 성서학원 교수로 봉직. '활천活泉' 주필로 활 약. 신약영해 전집. 진리의 강단. 계시록 강의 등 저서를 남김. 1945년 해방 후 서울 신학교 교장에 취임. 1950년 8월 10일 공산당에 의하여 납치된 후 순교한 것으로 알 려졌다.

이기풍李基豊 목사

1865년 1월 25일 평양 출생. 1893년 평양을 찾아온 마펫(S. A. Moffett) 마포삼열선교사 의 아랫턱을 돌로 때려 피투성이로 만든 깡패 두목. 그 후 회개하여 예수 믿고 1907 년 장로회 평양신학교를 제1회로 졸업. 한국 최초로 창립된 7인 목사 중 한 사람. 1907년 제주도 선교사로 파송. 1918년 광주제일교회 초대 목사로 부임. 대한예수교 장로회 제10대 총회장 역임. 신사참배 문제로 하나님이 높으냐, 천조대신天照大神이 높으냐를 따지면서 신앙을 굽히지 않아 일제로부터 수감되어 1942년 6월 20일 옥중 순교하였다.

이도종李道宗 목사

1891년 제주도 출생. 1926년 장로회 평양신학교 제20회 졸업. 목사 안수. 제주도 전도 사업을 위하여 헌신. 1948년 4월 3일에 제주도 남로당 소요사건 발생 직후 교인들의 안부를 살피고자 심방도중 무장공비들에게 체포되어 돌에 얻어 맞고 생매장당하여 순 교하였다. 그 모습은 스테반처럼 얼굴에서는 광채가 났으며 '아버지 하나님 저들을 용 서해 주시옵소서, 저들은 알지 못하고 있습니다. 주님이여! 내 영혼을 받아주시옵소 서' 이는 이도종목사의 순교 직전 간절한 기도였다.

이선용李善用 목사

1906년 평남 개천 출생. 1941~1947년 함북 은성교회에서 목사 시무. 1947~1950년 전남 구례읍 장로교회에서 목회하면서 구례중학교를 설립. 농촌 지도자를 양성하여 지역사회 개발에 공헌. 1950년 10월 9일 순천노회에 참석하였다가 구례읍으로 돌아와 보니 공산당이 교인들을 무차별 체포하므로, 이에 대항하다가 체포되어 순교하였다. 유족 아들 이영찬 목사(성암교회).

이수정李樹廷 선생

1882년 9월 고종 왕명으로 선진국 시찰 명목으로 도일. 1883년 쯔다津田仙 박사를 만나 기독교에 입문하였고, 4월 29일 아스가와 安川亨목사에게 세례를 받다. 세례 후 10일만에 일본 전국기독교 신도대회에서 연설하여 청중에게 큰 감화를 주었다. 동경 제국대학의 한국어 교수. 1884년 신약전서 마가복음 언해를 번역 출간. 미국교회를 향해 한국을 위한 선교사를 보내달라고 호소하여 '한국의 마케도니아 사람'의 역할을 수행. 1886년 5월 26일 귀국하자, 이단사서를 번역한 대죄로 촌단寸斷의 극형으로 순교하였다.

이유택李裕澤 목사

1905년 1월 9일 경북 안동 하면 출생. 숭실학교 재학 시절에 그의 총명이 매쿤(C. S. McCune 尹山溫) 교장에게 인정되어 미국 유학생으로 선발됨. 길선주목사의 권고로 평양 신현교회 전도사로 일하면서 장로회 평양신학교에서 수학. 신사참배 반대를 위하여 지도단을 조직 항거함. 평양 신현교회에서 13년을 계속 시무하였으며, 공산 치하 5도연합노회를 조직하여 간부로서 신앙 사수를 위해 투쟁. 1949년 12월 28일 예배시의 '주의 면류관'이란 선교를 최후로 순교하였다. 유족 이삼열 목사 대구 계성고등학교 교목.

이창실李昌實 목사

1887년 황해도 송화 출생. 장로회 평양신학교 졸업. 1919년 3. 1독립 운동에 주동 역할하여 5년간 옥고를 치르고 1925년 9월에 출옥. 그는 감옥 안에서 동료들이 고생하는 것을 생각하여 아무리 더워도 부채질을 아니했다고 한다. 1947년 4월 황해도 사리원교회에서 부활절예배를 마친 후 북한 정치보위부위원에게 체포 연행되어 순교하였다. 유족 딸 이신복전도사 무학교회.

이태석李泰錫 목사

1901년 7월 평양 출생. 평양 숭실전문학교 중퇴. 도일하여 대학과정을 마침. 성결교 서울 신학교를 졸업. 1919년 3. 1운동에 가담하여 수난을 겪음. 1945년 해방 후 평양 상수리교회에서 목사 시무. 6. 25 남침을 개시한 북한 공산당은 교회의 완전 소탕을 획책하여 박해하는 중 이에 저항하다 체포 연행하여 평양교회 평촌리 야구장에서 총살함으로 순교하였다. 유족 아들 이승규 장로.

장석팔張錫八 장로

1904년 충남 예산 응봉 출생. 열렬한 신앙을 소유하여 평신도로서 응봉교회를 설립. 지역사회 개발을 위해 크게 공헌함. 1950년 6. 25로 공산군이 응봉면을 점령하여 교인 색출을 위해 교인 명단 제출을 강요하자, 이를 거절함. 1950년 공산군이 연행하여 돌로 때려 온몸이 피투성이가 되어 절명 순교하였다. 유족 아들 장정순 목사(보문제일교회).

전효배田斅培 목사

1886년 1월 8일 경기도 강화 출생. 서울청년학교를 졸업한 후 감리교신학교를 졸업하여 목사가 됨. 감리교 동부연회장과 서울 동부지방 감리사를 역임. 1950년 한국교회협의회(NCC) 부회장을 역임. 6 · 25로 '국토의 일부는 공산군에게 점령당하였으나, 신앙마저 빼앗길 수는 없다'고 절규하면서 예배 집회를 강행 인도하다가 공산군에게 납치되어 순교하였다. 유족 전종욱 목사.

조만식曺晩植 장로

1882년 평남 강서군 반석면 출생. 을사보호조약이 체결되던 해 평양숭실학교에 입학. 일본 메이지대학 법학부를 졸업한 후 이승훈 장로가 경영하는 오산학교 교사가 됨. 1919년 3. 1운동에 관련하여 2년간의 옥고. 1921년 평양 YMCA 총무가 되었으며, 산정현교회 장로. 1930년 조선일보 사장에 취임. 창씨 개명을 거부하고 신사참배를 반대. 해방 후 북한에서 조선민주당을 창당. 당수가 되어 공산당과 맞서 투쟁. 1946년 1월 5일 '고려호텔에서 감금 생활, 끝내는 피살되었을 것으로 추정된다.

조석훈趙錫勳 목사

1905년 9월 황해도 송화 출생. 1948년 장로회 평양신학교를 졸업한 후 장연군 용정교회 목사 시무. 6. 25로 교회 장로가 피신할 것을 종용했으나, '양을 버리고 어디에도 갈수 없다'고 하면서 교회를 사수함. 1951년 10월 15일 공산군이 은율군 일도면 누리교회에서 연행 처형하므로 순교하였다. 부친의 뜻을 따라 하나 같이 간직한 네 아들들은 모두가 다 목사(조의택–공주 중앙교회, 조인택–남산교회, 조영택–장석교회, 조유택–군목)가 되었으며, 세 딸은 모두 목사의 부인(선희 · 선옥) 또는 전도사(동안교회)가 되었다.

주기철朱基撤 목사

1897년 11월 25일 경남 웅천 출생. 정주 오산학교 졸업, 연희전문학교 중퇴. 1926년 장로회 평양신학교 졸업. 일제강점기 궁성요배, 국민서시 암송, 일본 신사참배 등을 정면으로 반대하여 여러 차례 투옥. 평양 산정현교회 시무 때의 일사각오一死覺悟의 선교를 최후로 그의 목사직이 강탈되었다. 전후 7년간의 옥고 끝에 1944년 4월 21일 평양감옥에서 49세를 일기로 순교하였다. 1968년 7월 9일 대한민국 정부에서는 애국 선열의 한 사람으로 우대하여 동작동 국군묘지에 그의 유해를 안장하였다.

주남선朱南善 목사

1887년 7월 경남 거창 출생. 1905년에 기독교 신앙을 받아 들어 세례를 받음. 3. 1 운동 당시 거창 만세사건에 관련하여 3년간 투옥. 1930년 장로회 평양신학교를 졸업하고 거창읍교회 목사로 시무. 신사참배를 반대하여 투쟁. 거창경찰서 및 부산경찰서를 거쳐 평양감옥에 수감되어 7년간 옥고 생활. 1950년 거창읍교회 시무 중 공산당에게 연행되어 처형 순교하였다.

지형순池亨淳 목사

1911년 9월 4일 평양 출생. 평양 숭실학교 졸업 후 평양신학교에 입학하여 1942년 제 37회로 졸업. 선천 남교회의 일본 국기 불경사건으로 목사를 사임하다. 해방 후 평양 기림리교회 목사. 1947년 11월 3일 북한 정부의 주일선거를 반대하여 최일선에서 투쟁. 평양 장대현교회에서의 연합부흥회 때 소련군과 공산당 무리들의 만행을 규탄. 1948년 내무서원에게 연행되어 평양 감옥을 거쳐 재동 탄광 등지에서 강제노동에 복역 중 순교하였다. 유족 아들 지종호 목사 서울 정릉제일교회.

진학철陳學哲 목사

1895년 2월 한성 출생. 1932년 장로회 평양신학교를 제27회 졸업. 합동노회에서 목사 안수. 신사참배를 반대하여 투옥 중 8.15 해방 후 출옥. 황해도 유포교회를 시무 중 1950년 10월 13일 북한정치보위부원이 '공산당이 왜 나쁘냐'고 묻자 '공산주의는 배로 하나님을 삼고 있으니 나쁘다'고 답변하자, 연행되어 교회당 앞뜰에서 총살되어 순교하였다. 유족 아들 진순종 목사 (서울 신림 2동 성암교회).

최봉석崔鳳奭 목사

1869년 1월 7일 평양 출생. 1897년 세례 받고 집사. 배서인. 전도사로 교회 일에 봉사. 평양신학교에서 낙방을 거듭하여 1913년 7년만에 겨우 신학교를 졸업. 평북노회 전도목사로 만주에 파송되어, 14년간 종사. 1938년 대한예수교장로회 제 27회 총회가 신사참배를 결의하자, 이를 사탄 의회라고 통박 하였음. 그의 전도하는 '예수 천당'의 고함 소리는 평양거리를 진동하여 유명하다. 평양 감옥에 수감되어 6년의 형기를 복역하던 중 최후의 40일 금식 기도하고 1944년 4월 25일 순교하였다.

김마리아金瑪利亞

1891~1944 한국의 독립운동가이다. 그녀는 대한민국애국부인회 회장, 상하이의 대한민국애국부인회 간부 등을 지냈다. 본명은 김진상金眞常. "제2 소래교회 교회당은 차고 넘쳐 이사야의 예언대로 장막 터를 넓히게 되었습니다. 자력으로 기와집 여덟칸짜리 교회당을 세우는 기적이 나타났습니다." 애국자 김마리아의 부친 김윤방씨의 건축 자재와 부지 제공은 교회당 건축에 크게 도움이 되었다.

사진 출처: One hundred years of Christianity in Pictures. 1984년 발행

구쯸라프 Rev. Karl Gutzlaff 목사(1803~1851)

중국학 학자. 중국에서 선교하던 구쯸라프 신교 선교사이다. 동인도회사 소속 선박을 타고 홍주 지방 고대도에 상륙하여 입국 허가를 기다리는 중 가지고 온 한문성서와 감자 종자를 전하였다. 불행하게도 조선 정부로부터 입국이 불허되어 애석하게 돌아가고 말았다. 원산도에는 그를 기념하기 위하여 기념비가 세워졌다.

사진 출처: One hundred years of Christianity in Pictures

한국에 들어온 최초 서양인 신부
모방 Piere P. Maubant 나백다록羅伯多錄 신부(1803~1839)

Pierre Maubant

프랑스 출생. 1836년 1월 13일 방갓에 상복 차림으로 변장하여 국경을 넘어서 의주義州 성문 물도랑 구멍으로 입국하는데 성공하였다. 모방 신부는 한국에 들어온 최초의 서양인 신부이다. 모방 신부는 파리 외방 전교회의 회원이며, 한국교회사 최초의 서양인 천주교 선교사로 여겨진다. 그는 조선의 천주교 박해로 인해 순교한 한국 천주교의 103위 성인 중에 한 사람이다. 뒤를 이어 샤스땅(J. H. Chastan) 신부와 앵베르(L. M. J. Imbert) 신부 등이 입국하였다. 이들은 조선정부의 쇄국정책하에서 서양인 모습을 가리기 위하여 모진 애를 썼다.

존 엘스 John D. Wells 선교사

한국에 선교가 개시된 1884년부터 미국 북장로회 외지선교회 회장을 역임하였으며, 한국 선교를 위해 세운 공은 지대하다. 경신학교에서는 1904년 그의 공을 기념하여 1905년 '존 디 웰스 기념당'(john D. Wells Trening School)이란 이름으로 본관 건물의 준공을 보았다. 그의 가족들은 이 학교 설립을 위해 상당한 후원금을 계속하여 보내왔다.

스왈렌 W. L. Swallen 소완련蘇完連

미국 북장로회 파송으로 원산元山에서 선교하고 있던 스왈렌 선교사가 1898년 1월에 Rochlehlss 선교사 연차 회의에서 사업 개시를 위임받아 이사하고, 이기풍 목사가 원산에서 스왈렌 선교사를 만난 것이 예수 믿는 동기가 되었음은 유명한 이야기이다. 평양 선교부에는 마펫 · 이길함 · 스왈렌 등의 선교사가 주재하게 되었다.

한국 최초 개신교 순교자

토마스 Robert Jermain Thomas 최난헌崔蘭軒 선교사

1839 ~ 1866. 영국의 개신교 선교사이다.

1840년 9월 7일 영국 웨일즈라드노주 라야다에서 회중교회 목사의 아들로 태어남

1857 ~ 1863년 5월 런던대학 뉴칼리지에서 학업

1863년 6월 4일 고향인 하노버 교회에서 목사 안수(24세)

1863년 8월 런던선교회 파송 선교사로 아내와 함께 중국 상해 도착. 아내 캐롤라인
　　　　　유산과 감염으로 사망

1865년 1 ~ 8월 청나라 해상 세관 통역으로 근무

1865년 9월 세관 사임. 1차 한국 방문, 13일 서해안 도착, 두 달 반 동안 스코틀랜드
　　　　　바이블 협회의 에이전트로 성경을 판매하며 포교

1865년 10월 27일 태풍을 만나 Yung Chung이라는 곳으로 떠내려 감

1865년 10월 30일 연평도로 다시 돌아옴

1865년 11월 11일 조선을 떠남. 태풍 만나 구사일생. 만주 거쳐 북경으로 돌아감

1866년 8월 9일 제너럴셔먼호 동승, 2차 한국여행

1866년 9월 2일경 '제너럴셔먼호 사건'의 와중에 죽음(27세)

홀드크로프트J. G. Holdcroft 허대전許大殿 선교사

1934년 5월 3일 장로회 신학교와 종교 교육부가 협의하여 박형룡朴亨龍 박사를 편집위원장으로 하고, 로버츠(S. L. Roberts 羅富悅), 클라크(C. A. Clark 郭安蓮) 선교사 등 6인으로 성경 주석 편집위원회를 조직하였다. 편집위원회는 제1차로 회의를 홀드크로프트(J. G. Holdcroft 許大殿) 선교사의 집에서 모여 주석의 내용과 앞으로의 운영방침 등에 관하여 토의하고 구체적인 진행을 위한 서기 1인을 두기로 하였으며, 총회 산하의 유능한 신학자와 교역자 중에서 25인의 집필자를 선정하기로 가결하였다. 그 후 집필자들에게 원고를 청탁하기 시작하였고, 구미 각국의 칼빈주의 신학자와 성경 학자에게 기고를 부탁하였다.

출처: 기독신문 (기독교백과)

이길함Graham Lee 선교사

이길함 선교사는 1892년 내한한 이래 마펫목사와 협력하여 평양지구 선교활동에 종사하면서 신학교 교수와 서북지구 및 멀리 만주에 이르기까지 선교 여행을 강행하면서 그가 남긴 션교의 업적은 너무나 훌륭하였다. 특히 그는 1907년 한국 교회에 대부흥의 불길을 일으키게 하는 데 결정적 역할을 수행하는 공을 세웠다. 그의 기념비는 평양 장대현교회 구내에 세워졌다.

라부열羅富悅 스테이시 L. 로버츠 Stacy L. Roberts(1881~1946)

미국에서 온 한국 장로교 선교사, 신학자.

라부열 선교사는 1925년 10월 30일 장로회 평양신학교 교장직을 맡았으며, 그는 1931년에 안식년을 맞아 이눌서선교사와 함께 미국으로 귀국길에 올랐다. 성서 신약 부분을 담당하여 주로 공관 복음을 가르쳤으므로, 신학생들은 입학하자마자 1학년에서 바로 그의 강의를 들어야 했다. 라부열교장은 일본 신사참배에 굴하지 않고 1938년 9월 20일 학교의 무기한 휴교를 선언하고 폐교하였다.

존 로스 목사 John Ross 나요한羅約翰(1842 ~ 1915)

스코틀랜드 출신의 장로교 선교사로서 중국에서 선교활동 중에 최초로 성경을 한국어로 번역한 사람이자 한글 띄어쓰기를 처음으로 도입한 사람으로 알려져 있다. 그는 한국인 이응찬으로부터 한국어를 배운 후 한국어 학습서(1877)과 한글 역사책을 펴내기도 했다. 존 로스는 중국 동북지방에서 사역을 하며 심양의 동관교회를 설립하기도 했다. 1863년 이후 한국을 방문한 영국인들은 영국 해군이 아니라 선교사들이었다. 영국은 만주에 파견된 스코틀랜드인 선교사들을 통해 한국과 선교적 측면의 교류를 시도했다. 존 로스 목사와 그의 동서 존 매칸타이어 목사는 1870년대 초 압록강을 넘나들며 한국인들과 교류를 시작했다. 로스는 만난 한국인들과 대화하고, 성서를 한국어로 번역하기 위해 한국어를 배우기로 하였다. 1863년 24세의 웨일즈 출신 로버트 저메인 토마스(Robert Jermain Thomas) 목사가 중국에서 수년간 살다가 조선 국경까지 내려와 그 곳에서 한국어를 배우기 시작했다. 토마스 목사는 1865년 9월에서 12월까지 중국의 지푸(Chifu)에서 조선 서해안까지 여행했는데, 소지하기에는 위험한 성경책을 휴대하고 있었다. 그는 그 중 한 두권을 조선인에게 전달했는데 이 성경은 중국어로 된 신약성서였다. 그 때 만난 한국인과 한국어 공부를 시작했으며, 그가 접촉한 한국인들은 그가 다음 해에 오면 고위관리를 만나게 해 주겠다고 약속했다. 중국에서 한국 영사관이 설날을 맞아 꾸미는 각종 행사를 보고, 한국에 더욱 관심을 갖게 된 토마스 목사는 당시 대원군에게 참수당한 프랑스 신부의 사인과 살해 과정을 조사하는 프랑스 해군조사팀의 한국어 통역관으로 임명되었다. 그러나 한국 방문이 늦어지자, 그는 1866년 9월 스스로 제너럴셔먼호 상선의 승객으로 한국에 들어왔다. 이 선박은 중국 텐진의 영국회사 메도우즈사와 용선 계약이 되어 있어, 30년 전 거즐라프의 경우처럼 토머스의 임무도 복음 전파에만 관련이 되어 있지는 않은 듯하다. 1866년 9월 평양 대동강에 설치된 방벽을 뚫고 들어가려 하던 중 승객 및 선원 모두가 살해당한다.

존 헌터 웰스 J. Hunter Wells

1895년 10월부터 평양에서 의료선교에 착수하여 1915년까지 종사하였다.

그 후 서양 의술에 의한 최초의 수술을 받은 사람은 마펫 선교사 집에서 일하고 있던 취사부였는데, 그 수술이 성공하여 소문이 퍼지자 많은 사람들이 모여들어 첫 한 해 동안에 4천 명에 달하는 환자를 치료하였다. 그는 한국의 의료 선교를 본격화시키는데 크게 공헌하였다.

유진벨 Eugene Bell 배유지 선교사 Eugene Bell Missionary(1868~1925)

1895년 한국에 파견되어 광주, 목포지역에서 선교활동

1895년 4월 8일 미국 남장로교 소속 유진벨 선교사가 부인 로티 위더스푼(Lottie Witherspoon Bell, 1867~1901)과 함께 조선땅을 밟으면서, 그의 후손들까지 한국과 인연을 맺게 된다. 유진벨 선교사는 그보다 먼저 들어온 미국 북장로교 소속 선교사인 알렌, 언더우드, 아펜젤러 선교사들과 선교 지역이 중복되는 것을 피하기 위해 호남 지역 선교를 맡게 되어, 호남 지역의 선교를 주도하게 된다. 주요 선교 활동은 교육과 의료 사역에 중점을 두어, 목포에 정명학교와 영흥학교, 광주에 숭일학교와 수피아여학교를 세웠고, 광주에 최초의 종합병원인 제중병원(현 광주기독병원) 설립에 협력하였다. 현재 서울 양화진 선교사 묘지에 잠들어 있다.

인돈 William A. Linton(1891~1960)

유진벨선교사의 딸인 샬롯벨과 결혼한 후 전주 기전여고, 전주 신흥고 등 미국 남장로교 선교사들이 세운 학교의 교장으로 활동하였고, 이후 한남대학교의 전신인 대전대학을 설립하였다. 인돈 목사 부부는 40여 년의 사역기간 동안 군산·전주·목포·대전 등에 여러 학교를 설립하며, 전라도 지역의 선교사역에 힘썼다.

휴린튼 Hugh M. Linton(1926~1984)

윌리엄 린튼의 셋째 아들로 군산에서 태어나, 미국에서 자라난 후 다시 한국으로 돌아와 '검정고무신'이라는 별명을 얻어, 전라남도 섬 지방과 벽지를 돌아다니며 200곳이 넘는 교회를 개척하였다. 이후 1960년대 순천 일대에 큰 수해가 나면서 결핵이 유행하자 부인 인애자와 함께 결핵 진료소와 요양원을 세운다. 부인은 이후 남편의 죽음을 겪으면서도 35년간 결핵 환자를 위해 헌신하다 1994년 은퇴하였다.

인세반 Stephen W. Linton

스티븐 린튼은 휴 린튼의 둘째 아들로 1995년 한국 선교사역 100주년을 기념하여 유진벨재단을 설립하였다. 어린 시절을 전라남도 순천에서 보냈으며, 1979년 평양 방문을 계기로 '또 다른 한국'의 모습을 보고 이후 북한을 돕는 일에 앞장서 왔다.

인요한印曜翰, John Alderman Linton 1959~

전라남도 순천 출생

연세대학교 의과대학 가정의학과 교수 겸 국제진료센터 소장이다. 인요한 연세대 의과대학 교수의 할아버지인 윌리엄 린턴(인돈)은 22세 때 대한민국에 와서 48년간 의료, 교육 선교 활동을 했다. 인요한의 아버지인 휴 린턴(인휴)은 전라북도 군산에서 태어나 전라남도 지방

도서 농촌 지역에 600여 개 교회를 개척했다. 인천 상륙 작전에 참전하기도 했다. 인요한교수의 형인 스티브 린턴(인세반) 전 한양대학교 겸임교수는 '유진 벨 재단'의 회장직을 맡고 있다. 인요한소장 가족은 조선 왕조 시절이던 1895년 인세반 회장·인요한소장 형제의 진외증조부陳外曾祖父인 유진 벨(Eugene Bell) 배유지裵裕祉(1868~1925) 선생의 을미년(1895년) 조선 전라도 전주 정착 이후 현재까지 5대째 대한민국에 살면서 선교, 봉사 활동, 북한 결핵 퇴치 사업과 의료 장비 지원 관련 사업 등을 펼치고 있다. 인요한교수는 전라남도 순천에서 유년기를 보냈으며, 대전광역시에서 청소년기를 보냈다. 인요한의 집안은 4대째 대를 이어 대한민국에서 교육 의료 봉사 활동을 하며 사회 발전에 공헌해왔고, 대한민국 정부로부터 훈장을 받았다. 이후 개정된 국적법 제7조 제1항 제2호(대한민국에 특별한 공로가 있는 자)에 의해 특별 귀화 허가를 받고 2012년 3월 21일 권재진 대한민국 법무부 장관에게 대한민국 내 외국 국적 불행사 서약을 함으로써 기존 미국 시민권을 포기하지 않으면서, 대한민국 국적을 취득하여 복수 국적을 가질 수 있게 되었다.

인요한의 5·18 민주화 운동

인요한은 연세대 가정의학과 1학년 재학중이던 1980년 5.18 민주화운동에서 시민군의 통역을 맡았다. 연세대학교가 신군부의 조치에 따라 폐교되자, 인요한은 순천으로 내려가 가족 집에 머물렀는데, 광주에서 폭동

이 일어났다는 소식을 들었다. 그러나 광주에서 순천으로 갓 탈출한 마을 사람이 광주에서 일어난 건 폭동이 아니라 봉기라고 말하는 소리를 듣게 된다. 의구심을 품게 된 인요한은 광주에 갈 결심을 하고 순천의 지인 1명과 함께 광주로 향하게 된다. 인요한은 떠나기 전 아버지에게 조언을 구했는데, 아버지 인휴는 '성인이니까 너 가는 건 막지 않겠다. 그런데 거기 가면 죽을 수도 있으니 잘 생각해 보고 가라'라고 조언했다. 인요한은 친구의 지프차를 빌려 탄 뒤 당시 '0'으로 시작하던 외국인 전용 자동차 번호판을 달고 5월 24일 순천을 출발하였다. 그러나 광주는 당시 신군부에 의해 봉쇄된 상태였고, 고속도로는 모두 막힌 상태였다. 인요한 일행은 담양 인근에서 국도로 차를 돌렸으며, 이 과정에서 7개의 검문소를 통과했다. 검문에서 저지당하지 않기 위해 인요한은 미국 대사관 직원으로 위장하여 '광주에 있는 미국인의 안전을 위해 왔으니 허가해주지 않으면 외교 문제가 될 것,이라고 말하며 검문소를 통과했다. 같이 동행했던 지인은 가짜 통역관 역할을 했다. 7개의 검문소를 통과한 뒤, 다음 날인 5월 25일 인요한 일행은 광주 시내에 진입한다. 광주 시내에서 일행은 폐허가 된 시내와 금남로, 전소된 광주문화방송 건물을 지나 시신들이 안치되어 있던 도청으로 향했다. 도청에서 시민군의 시신을 살펴보던 중 시민군에게 광주에 머물던 외신 기자들이 인터뷰를 요청하였고, 인요한이 한국어가 가능하다는 걸 알게 된 시민군이 인요한에게 통역을 부탁하여 인요한은 시민군의 기자회견을 통역하게 된다. 인요한이 통역한 시민군의 기자회견은 외신을 통해 전 세계에 알려지게 된다. 인요한은 5월 27일 광주를 빠져나와 순천으로 돌아갔으며, 얼마 후 서울로 다시 돌아온다.

문무대 자원

한편 신군부는 인요한을 데모 주동자로 규정하고, 주한미국대사관 측에 인요한에 대한 추방 공지를 보낸다. 인요한은 대사관에 소환되었고, 영사는 '당신이 한 건 통역이 아니라 데모 주동이다. 당신의 조상이 이 나라에서 한 일을 감안해 구속은 하지 않겠으니 한국을 떠나라'라고 추방을 통보하였다. 인요한은 이를 인정하지 않고 영사와 말다툼을 벌였고, 인요한의 아버지인 인휴가 직접 영사를 설득한 끝에 3가지의 제안을 받아낸다. 하나는 추방당하는 것, 또 하나는 구속되어 형사 처벌을 받는 것, 나머지 하나는 순천에서 기거하며 생활하는 것이었다. 한국에 남길 원했던 인요한은 순천으로 내려가 생활하며 영어 교사를 하며 지냈다. 중앙정보부는 당시 요원을 보내 인요한을 사찰했는데, 인요한이 '당신들이 나를 해치려하거나 잡아가면 국제 사회가 당신들을 가만두지 않을 것'이라고 경고한 이후부터 중앙정보부 직원들 역시 사찰 수위를 줄였다고 한다.

인요한은 추방될지도 모른다는 두려움이 생겨 당시 대학생을 상대로 한 병영훈련소인 문무대에 자원해서 입대하게 된다. 당시 인요한은 미국 시민권자 신분으로 외국인이어서 문무대에 입영할 의무는 없었다. 인요한은 한국에 남기 위해 정권에 자신이 불순분자가 아니라는 걸 증명하려고 문무대에 자원했다고 설명한다. 당시 호국단 단장은 미 대사관의 허락을 받아오라며 자원 입대를 거절했고, 인요한은 미국 대사관 영사를 찾아갔으나 영사는 '타국 군 입영은 시민권 박탈의 사유다'라며 거절했고, 결국 인요한은 호국단 단장에게 '허락을 받으려고 했으나 그들이 개인의 선택이라며 안 해줬다'라고 거짓말을 하여 문무대에 입소하게 된다. 전두환 정권은 미국 국적으로 자진 입영한 인요한에게 표창장을 수여했는데, 인요한은 당시 퇴소 후 집에 가는 동안 자신이 호남인을 배신하고 정권에 빌붙었다는 생각이 들어 상심하고 눈물을 흘렸다고 밝힌 바 있다. 또한 1980년 7월 추방을 면하기 위해 이지나 씨와 결혼하였다.

출처: 위키백과

유진벨 Eugene Bell 배유지 선교사가 설립한 학교

1895년 한국으로 파견되어 서울과 목포 지역에서 선교활동을 한 유진벨(한국명 배유지) 선교사의 주요 선교활동은 교육과 의료 사역에 중점을 두어, 목포에 정명학교와 영흥학교, 광주에 숭일학교와 수피아여학교를 설립했다.

■ 목포 영흥고등학교

1903. 9. 9. 영흥서당 설립(전남 목포시 양동 86번지)

1937. 9. 20. 신사참배 거부로 일제에 의해 강제 폐교

■ 목포 정명여자고등학교

1903. 9. 15. 미국 남장로교 한국선교회에서 목포여학교로 설립 개교

1911. 3. 3. 정명여학교로 개칭

1937. 9. 6. 신사참배 강요를 거부하고 자진 폐교

■ 광주 숭일고등학교

1907년 3월 5일 광주에 최초로 숭일학교 설립

배유지(Eugene Bell, 1868~1925) 선교사는 1868년 미국 켄터키주 스코트스테이션에서 출생하여 센터 칼리지와 루이빌 신학교를 졸업한 후, 1895년 미국 남장로교 선교사로 한국에 들어왔다. 1904년 광주 양림동에 선교부를 설치하고 광주지역 복음 선교를 시작하여 광주에 서구의 신문화가 전래되는 통로를 마련한다. 1908년에는 대한제국의 인가를 얻어 양림동에 남학교(30명)와 여학교(20명)를 세워서 숭일학교와 수피아여학교를 시작하였다. 선교 활동과 교육 사업에 전념하다가 1925년 양림동 선교사 묘역에 묻히다. 그는 목포와 광주에 남·여 학교를 세워 한국인의 교육은 물론 서구 선진 문물을 받아들이기 시작한 한국의 개화 운동에 선구자 역할을 감당하였다. 일제가 강요하는 신사참배를 거부하고 폐교함.

■ 광주 수피아여자고등학교

사진 출처: 광주 수피아여자고등학교 web sight

1908. 4. 1. 미국 남장로교 배유지(Dr. Eugene Bell) 선교사가 설립 개교, 초대 교장으로 엄언라(Miss Ella Graham)
　　　　　선교사가 취임.

1911. 가을 미국의 스턴스 여사가 세상를 떠난 제니 수피아(Jennie Speer)를 기념하기 위하여, 미화 5,000불을
　　　　　희사하여 그 기금으로 회색 벽돌로 된 3층 건물인 교사(Speer Hall)가 준공되다. 이때부터 교명을 수
　　　　　피아여학교(Jennie Speer Memorial School for Girls)라고 부르게 되었다. (당시 학생 68명)

1919. 3. 1. 기미년 독립운동에 전교생이 선봉으로 참가. 교사 2명과 학생 21명이 투옥되어 옥고를 치름

1929. 11. 3. 광주학생독립운동에 참가

1937. 9. 6. 일제가 강요하는 신사참배를 거부하고 폐교함

출처: 한국독립운동지혈사(박은식 저. 1920) 하편 제9장에 수록

미국 선교사의 수난

American missionary in distress from the Japanese

저 일본인들은 예수교회를 큰 정적으로 여겨 계속 압박하여 없애 버리려고 애쓴다. 한국 신도들에게 걸핏하
면 죄를 날조하여 한없이 학대를 가하고 학살하였다. 그러더니 오늘날에 와서는 미국 선교사들에게도억지로
죄명을 씌워 구속하고, 곤욕을 보이기도 하여 불법을 자행한다. 저들은 우리나라의 교파에 대하여 압박한다.
대종교는 그것이 국조를 신념으로 하고, 민족성을 보수하기 때문이며, 불교는 우리나라의 고대 승려 중에 몸
을 바쳐 나라를 구출한 이가 많고 또 각 사찰에는 재원이 있기 때문이며, 천도교는 신도가 가장 많아 혁명성
을 내포하고 있기 때문이다. 예수 교회에 대해서는 최대한의 주의를 기울여 함부로 불법적인 제한을 가한다.
왜냐하면, 첫째 예수교를 통해 서양문명을 수입해 옴으로써 우리의 새로운 사조를 더욱 복돋우게 하였으며,
둘째 예수교 신도는 정세에 밝고 애국심이 많으며, 셋째 일본인들의 불법적인 학정이 서양인들에게 관찰되고
비판되어 구애를 받게 되기 때문이다. 그러나 이러한 점들은 오히려 미세한 것들이다. 만일 선교사들이 미국
인이 아니고 영국, 프랑스, 중국, 인도인이었다면, 일본인들은 이들에게 특별한 주의를 기울이지 않을 뿐 아
니라 오히려 장려했을 것이다. 그들이 오직 미국인이기 때문에 증오하고 질투하며 억압하는 등 못살게 굴었
다. 일본과 미국은 태평양 극동지역의 이권 문제가 게재되어 있다. 그래서 가끔 일본인의 사회 여론은 대미
전쟁을 주장한다. 즉, 일본인들은 미국 선교사를 장래의 전시 적국인으로 인정함이 분명하다. 구실이 있으면
죄를 날조하여 모함하고 추방하기를 좋아한다. 그러므로 이번 우리 민족의 독립운동을 미국 선교사들이 선
동, 방조한 것으로 지목하여 이들을 죄에 얽어 넣는다.

구타당한 목사들

Pastors beaten by the Japanese

1919년 3월 3일. 평양 군중들이 시위운동을 벌이다가 왜병들의 총격을 받게 되자, 서양 선교사 부인이 자비
로운 마음으로 여학생을 보호하기 위하여 그 와중에 뛰어들었다. 또 서양 목사들은 운동의 진상을 촬영하려
고 사진기를 들고 여러 곳으로 분주히 돌아다니니, 이를 트집 잡아 일본인들은 서양 목사들을 선동자로 지목
하였다. 어떤 목사는 이런 혐의로 체포되었는데, 왜병들은 손으로 치고 발로 차며, 앞에서 당기고 뒤에서 떼
밀면서 경찰서로 끌고 가 심한 심문을 하였으나 아무런 혐의가 없어 방면하였다.

크게 수색당한 목사들의 집

The homes of pastors searched by Japanese soldiers

1919년 4월 4일 오후 3시. 평양의 왜인 도장관 · 재판소 검사 · 경찰서장 · 경부 · 형사 · 통역 · 서기와 헌병 및 순사 등, 약 100여 명의 한 패거리가 서문으로 급히 달려 나가 여러 곳에 잠복하였는데, 마치 큰 적을 추격하는 듯한 기세였다. 그러더니 미국 선교사 사무엘 마펫馬布來(마포삼열)과 기타 4, 5명의 집이 모두 폐쇄되고, 가족들의 출입을 금하고서 헌병과 순사들이 그 집 안으로 돌입하여 수색을 요구하였으나, 마펫이 거부하였다. '미국 영사의 허가가 없으면 수색을 허락할 수 없다' 서장, 검사 등이 큰 소리로 말했다. '비록 미국 영사의 허가가 없다 할지라도 우리의 직권으로 수색한다' 그들은 곧 강제적이고 불법적으로 수색을 착수했다. 한국인 청년 김태술金泰述 · 이겸호李謙浩 두 사람이 체포되어 그 자리에서 난타당하여 거의 사경에 이르렀으며, 그 외에 별다른 서류는 발견된 것이 없었다. 같은 시간에 미국인 목사 모우리(牟義理 E. M. Mowry)와 한국인 목사 3명의 가택도 모두 수색당했다. 그리하여 김보식金輔植 · 이인선李仁善과 보모 2명이 체포되고 등사판도 압수되었다. 이때 모우리 · 마펫 두 목사가 구속되어 경찰서에서 심문을 받았는데, 마펫목사는 석방되고 모우리목사는 수감되었으며 부인들도 유치장에 갇히었다.

출처: 한국독립운동지혈사(박은식 저. 1920) 하편 제9장에 수록

모우리牟義理 E. M. Mowry 목사 투옥과 재판

The imprisonment and trial of Rev. E. M. Mowry

모우리(E. M. Mowry) 목사는 미국 교회의 파송으로 한국에 와서 선교하고 숭실학원의 교수로 7년간 재직하면서 교육에 전심 전력으로 종사하였다. 그는 성격이 온화하여 사람들과 대화할 때에는 애정이 매우 진지하였다. 한국 학생들에게는 스승이라기보다 벗으로서 어깨를 같이 하며 지냈다. 평양 학계의 음악과 기술의 진보는 온통 그의 성과였으므로 일본인들에게 심한 미움을 받게 된 것이다. 서양인으로 동양인과 함께 침식을 같이 하기는 드문 일인데, 모우리목사는 언제나 한국 청년을 맞아다가 침식을 같이 했다. 이번에도 학생 몇 명이 그의 집에 묵고 있었는데, 일본 경찰이 이를 알고 뜻밖의 변고라 무고하여 끝내 죄를 덮어씌워 투옥, 학대하였다. 일본 경찰은 조석으로 콩밥과 소금만을 그들에게 주다가, 상당한 시일이 지난 후 그들의 친구가 주선해서 이부자리와 음식물을 차입할 수 있었다. 재판이 열리자 한국인 방청객이 운집하였다. 미국 부영사, 서양인 목사와 부인 수십명 및 신문기자들도 있었다. 왜인 재판장이 심문했다. "이번 한국인의 독립선언에 너는 선동자가 아니냐? 김보식金輔植 · 이겸호李謙浩는 범법자인데, 집에 은닉시켜 숙식을 제공하고 있으니 무슨 이유인가?" 모우리가 대답했다.

"나는 그들을 진심으로 영접하여 침구를 주고 먹였다. 그러나 이것은 주인의 접객이고, 선생과 제자 간의 편의이지 결코 범인을 숨기려는 의도가 아니다" 그는 범죄 사실을 절대로 부인하였다. 그들은 징역 6월을 선고하였다. 모우리는 이에 불복하고 평양복심법원에 항소하니, 그들은 징역 4월에 집행유예를 선고했다. 모우리는 다시 불복, 상고하기로 결정하였다.

쫓아내려는 악의

이때 미국 선교사로 서울에 머물고 있는 이들도 많이 잡혀 심문을 받고 가택을 수색당하였다. 사이토 마코도가 하세가와총독의 후임으로 오자, 미국 선교사들을 한국에서 완전히 몰아내려는 추방령을 발포, 그 내용이 총독부 기관지 매일신보에 실렸다.

맨 우측 두 번째 기둥 앞이 모우리 목사

양화진 외국인 션교사 묘원

Yanghwajin Foreign Missionary Cemetery

출처: 한국기독교100주년기념재단

양화진의 유래

은둔의 조선왕조를 섭정한 대원군을 퇴출시키고 고종의 왕명 체제를 명성황후와 척족들은 서구 열강들과 문호를 개방하였다. 변화되는 조선의 정세를 틈타 개신교 선교사들이 조선의 복음화를 위하여 알렌 · 언더우드 · 아펜젤러 등이 제물포를 통해 조선에 입국했다. 1884년 갑신정변 당시 민영익을 서양 의술로 살려낸 의사 알렌(Horace Newton Allen) 덕분에 조선 정부는 선교사들을 신임하여 고종이 하사한 부지에 최초 서양식 병원인 광혜원을 설립했다. 광혜원은 며칠 후 제중원으로 명칭을 변경했다.

양화진은 버들꽃나루, 한강을 중심 무대로 삼은 조선왕조에서 교통과 국방의 요충지였다. 양화진의 깊은 강물에는 대규모 선박들이 하역할 수 있어서 제물포로 들어오는 전국 각지의 생산물이 양화진을 통해 도성과 궁궐로 배분되었다. 반면 이러한 천혜의 입지 조건으로 인해 양화진은 한성을 넘보는 외적들이 쉽게 들이닥칠 수 있는 국방의 취약지이기도 했다. 임진왜란과 병자호란 이후 양화진의 전략적 중대성은 더욱 부각되어 영조 30년(1754년)에 군사적 주둔지로서 군진軍陣의 설치가 완료되었다. 이로 인해 한 때 그 명칭이 양화진이 되기도 하였다.

양화진은 갑신정변(1884년)에 실패하고 일본으로 망명했던 개화파의 거두 김옥균金玉均이 1894년 조선 왕실에 의해 능지처참되어 효시 당한 곳이기도 하다. 이처럼 양화진은 낯선 서구의 물결과 조선의 묵은 정신 세계가 순순히 합류하지 못하고 충돌하여 엄청난 파장을 일으킨 곳이었다. 대한제국과 서구 세력의 물리적 충돌은 주로 수상水上에서 일어났는데, 양화진도 예외가 아니었다. 대원군의 천주교 탄압을 응징하고자 프랑스 군함 세 척이 1666년 3월에 양화진까지 침범했다가, 같은 해 10월 강화도에서 패퇴하는 병인양요가 발생하였다. 이 사건으로 대원군의 쇄국 의지는 더욱 강화되었고 천주교도들에 대한 박해도 극심해졌다. 대원군은 양이洋夷에게 더럽혀진 한강을 사교邪敎들의 피로 씻는다고 하면서 양화진 앞 강물을 천주교도들의 피로 물들었다. 한편 알렌에 이어서 광혜원廣惠院의 원장이 된 헤론(Heron, John W)은 전염병에 걸린 환자들을 돌보던 중 자신도 이질에 걸려 1890년 7월 26일, 40세로, 삶을 마감하였다. 헤론의 시신을 어디에 매장할 지가 화급한 문제로 제기되었다. 왜냐하면 삼복더위 중에 시신을 당시 유일하게 외국인 묘지로 사용되던 제물포까지 옮기는 것은 불가능하였기 때문이었다. 유족과 선교사들은 미국 공사 어거스틴 허드 2세(Augustine Heard II)를 통해 한성 가까운 곳을 매장지로 해줄 것을 요구하였다. 이때 마침 조선은 통상 지역 안에 외국인의 묘지를 무상으로 조성해야 한다는 수호통상조약을 영국과 체결하고 있었는데, 미국 공사 허드는 수혜국 조관을 근거로 헤론의 매장지를 한성 가까운 곳에 요구했던 것이다. 이에 조선독판교섭통상사무 민종묵과의 급박한 서신 왕래 끝에 양화진이 매장지로 정해졌다.

양화진에 묻힌 분들 가운데는 국치시기 한민족을 위해 자신의 인생을 헌신했던 선교사들이다. 이들은 전도 양양한 젊은이로서 모국에서 누릴 수 있었던 수많은 권리들을 포기하고, 당시 세상에서 가장 덜 알려졌던 은둔의 나라 COREA에 복음의 빛을 나누기 위해서 목숨을 내놓고 헌신하였다.

양화진 외국인 션교사 묘원에 묻힌 주요 인물들

Major foreigners buried at Yanghwajin Foreign Teachers Cemetery

- 게일, J.S. – 한국학 연구활동
- 레이놀즈, W.D. – 성경 한글 번역 활동
- 무어, S.F. – 백정 대상 선교 활동
- 벙커, D.A. – 배재학당 운영
- 베델, E.T. – 대한매일신보 창간
- 베어드, W.M. – 숭실학당 설립
- 브로크만, F.M. – YMCA 설립
- 소다 가이치 – 고아원 운영, 아내 우에노 다키와 더불어 단 둘뿐인 일본인 안장자
- 쇼, W.E. – 국내 군종 창설
- 스크랜턴, M.F. – 이화학당(한국 최초의 여학교)과 삼일소학당 설립
- 아펜젤러, H.G. – 배재학당 설립
- 언더우드, H.G. – 경신학교, 연희전문학교 설립
- 에이비슨, O.R. – 세브란스병원, 세브란스의학전문학교 설립
- 전옥자 – 일본항공 123편 추락 사고의 희생자로 한국계 미국인
- 프란츠 에케르트 – 대한제국 애국가 작곡, 기미가요 편곡
- 위더슨, M. – 고아원 운영
- 웰본, A.G. – 선교활동
- 최봉인 – 대한민국 초대 장로. 양화진 외국인 선교사 묘원의 토지의 원 소유자이자, 기증자인 묘지기. 양화진 묘원에 묻힌 유일한 한국인
- 캠벨, J.P. – 배화학당 설립
- 아서 베레스포드 터너 – 2대 성공회 조선교구장 주교, YMCA 회장, 한국 스포츠의 선구자
- 아서 어니스트 차드웰 – 성공회 한국 교구 보좌주교, 성공회 한국교구장 서리
- 테일러, A.W. – 기업인, AP통신 소속 언론인. 3·1 운동을 최초로 세계에 알린 인물
- 하디, R.A. – 선교 활동
- 헐버트, H.B. – 대한제국 시기 외교 활동
- 헤론, J.W. – 양화진 외국인 선교사 묘원의 최초 안장자, 제중원 운영
- 로제타 셔우드 홀
- 찰스 르장드르

대한제국

1897-1910

大韓帝國

The Daehan Empire

고종황제

태극기太極旗

1900년대 초 제작된 태극기

Taegeukgi made in the early 1900s

Corea Flag Fabric MID Size Early 1900s Promotion 14 x 21Cms.

■ 태극기 사괘四卦

구분	이름(卦名)	자연(卦象)	계절(季節)	방위(方位)	사덕(四德)	가정(家庭)	성정(性情)
☰	건(乾) ☰	하늘(天, 천)	봄(春, 춘)	동(東)	인(仁)	아버지(父. 부)	강건(健, 건)
☷	곤(坤) ☷	땅(地, 지)	가을(秋, 추)	서(西)	의(義)	어머니(母, 모)	유순(順, 순)
☵	감(坎) ☵	물(水, 수)	겨울(冬, 동)	북(北)	지(智)	중남(子, 자)	함몰(陷, 함)
☲	리(離) ☲	불(火, 화)	여름(夏, 하)	남(南)	예(禮)	중녀(女, 녀)	화려(麗, 려)

태극기는 우리나라의 국기이다. 구한말 세계 열강이 동아시아에 도래하면서 나라를 상징하는 깃발로서 국기의 필요성이 대두되었다. 최초의 기록은 1882년 박영효가 태극기와 함께 국기 제정 사실을 군국기무처에 보고했다는 내용이다. 1883년 통리교섭통상사무아문의 장계에 따라 전국에 회람되면서 정식으로 국기로 사용되기 시작했다. 음양사상을 함축한 태극도형과 음양이 발전한 네 귀의 건·곤·감·리 사괘는 우주의 원리와 인간이 지향해야 할 정의·풍요·광명·지혜를 상징한다. 현행 태극기를 대한민국 국기로 정식 공포한 것은 1949년 10월 15일이다.

■ 건·곤·감·리乾坤坎離

건곤감리는 태극기 네 모서리에 그려진 4괘四卦로, 각각 하늘(건·乾)과 땅(곤·坤), 물(감·坎), 불(리·離)을 상징한다. 가운데 그려진 태극 문양이 음과 양의 조화를 상징하는데, 4괘는 태극을 중심으로 조화를 이루고 있는 모습을 표현했다. 태극기의 바탕인 흰색은 백의민족으로 불리던 우리의 민족성을 의미한다. 밝음과 순수, 전통적으로 평화를 사랑하는 성향을 나타내고 있다.

박은식朴殷植(1859~1925)

황해도 황주군 출생

대한민국임시정부의 제2대 대통령

국치시기 학자, 언론인, 독립운동가, 교육자, 애국계몽운동가, 정치가. 그는 대동교大同敎를 창건하고 신한혁명당新韓革命黨을 조직하여 항일 활동을 전개하였다.

1898년 9월 민족지사 장지연 · 남궁억 · 나수연 · 유근 등과 함께 대한황성신문을 인수하여 새로이 황성신문으로 제목을 바꾸고 창간 보급하였으며, 박은식은 장지연과 같이 공동 주필에 취임하였다. 1904년 대한매일신보가 창간되자, 그는 대한매일신보에도 주필이 되어 사설을 썼다. 대한매일신보는 영국인 어니스트 베델(한국명 배설)이 편집인이자 발행인인 한 · 영 종합 일간지였으며, 고종황제와 민족주의 지식인들의 지원을 받았다. 의병투쟁을 사실 그대로 보도한 정론으로 일제로부터 탄압을 받았으며, 1905년부터 1907년까지 양기탁의 주선으로 박은식이 주필로 활동하였다. 당시 다른 언론들은 일제의 사전 검열을 받았지만, 대한매일신보만은 발행인인 배설의 국적이 영 · 일동맹으로 일본과 친교하던 영국이어서 언론의 자유를 다른 신문들보다는 누릴 수 있었다. 하지만 이러한 장점은 오래 가지 못하였다. 일제가 신문지법을 고쳐 대한제국에서 외국인이 발행하는 신문이든, 외국에서 조선인이 발행하는 신문이든 모두 압수와 판매 금지가 가능하도록 한 것이다. 설상가상으로 일제는 배설과 양기탁을 구속하였고, 특히 양기탁은 국채보상운동을 위한 의연금을 횡령, 사취하였다는 죄명을 씌워서 탄압하였다. 결국 1910년 항일언론인 배설이 물러나고, 영국인 비서였던 앨프리드 W. 마넘(萬咸만함, Alfred W. Marnham)이 통감부에 신문을 팔아 넘기고 말았다.

1904년 대한매일신보 창간호

황성신문皇城新聞
1898년 창간호

어니스트 토머스 베델 Ernest Thomas
Bethell 1872~1909
대한독립에 헌신한 외국인 어네스트
토마스 베델
2022. 8. 12 발행
우표번호: 3610
발행량: 640,000매
우표크기: 32x33mm
액면가격: 430원

한국독립운동지혈사韓國獨立運動之血史

History of the Korean Independence Movement

저자 박은식朴殷植 1920년

1946. 4. 15. 편집겸 발행인 하경덕 서울신문사 출판국 305페이지 (초판본 한문판)

한국독립운동지혈사 본문 내용(상편 제 6장 '일본지침탈이권 및 근제 6조' 발췌)

시일인점아전우통신기관是日人佔我電郵通信機關
이리하여 일본은 대한민국의 전신 · 통신 기관을 점거했고,
일본지선박자유항행어국내하천日本之船舶自由航行於國內河川
일본의 선박은 자유롭게 한국의 하천을 항행航行했다.

일본요구각처지황지개벽日本要求各處之荒地開墾
일본인은 각지의 황무지 개간을 요구했고,
산림을 벌채伐採, 포대砲臺를 구축하고,
또 항구를 수탈하고,
서북각부西北各部의 세금을 징수하고,
관리官吏를 좇아내고, 대신 자기들의 심복을 두었다.
일본의 헌병은 한국의 경찰권을 대행하여 우리들의 집회를 금지시키고,
철도 및 군용지를 점령하고 군용인부軍用人夫를 강제로 징발했다.
각 부各部마다 일본인 고문을 두어서 해관세海關稅 및 도지재정度支財政을 관리하고,
우리의 군사 예산을 삭감하고, 우리 인민의 사유전토私有田土를 수탈했다.
우리 인민이 징용, 노동을 거부하면 러시아 간첩으로 몰아 구속하거나 고문을 가했고,
심하면 참살斬殺했다.
그리고 남자를 죽일 때는 십자가를 세우고 그 위에 목을 걸고 발을 붙들어 매어 달리게 했다.
또 사지四肢를 십자가에 묶고 총살하기도 했다.
그러나 일발一發에 즉사하지 않는 자는 고통을 견딜 수 없어 비명소리가 그치지 않았다.
부녀자의 경우는 그 목을 노상路上에 걸어 놓고 지나다니는 사람들이 볼 수 있도록 했다.

광무 2년(1898년) 소송문과 사또使道의 판결문

2nd year of Gwangmu (1898) lawsuit and Sato's ruling

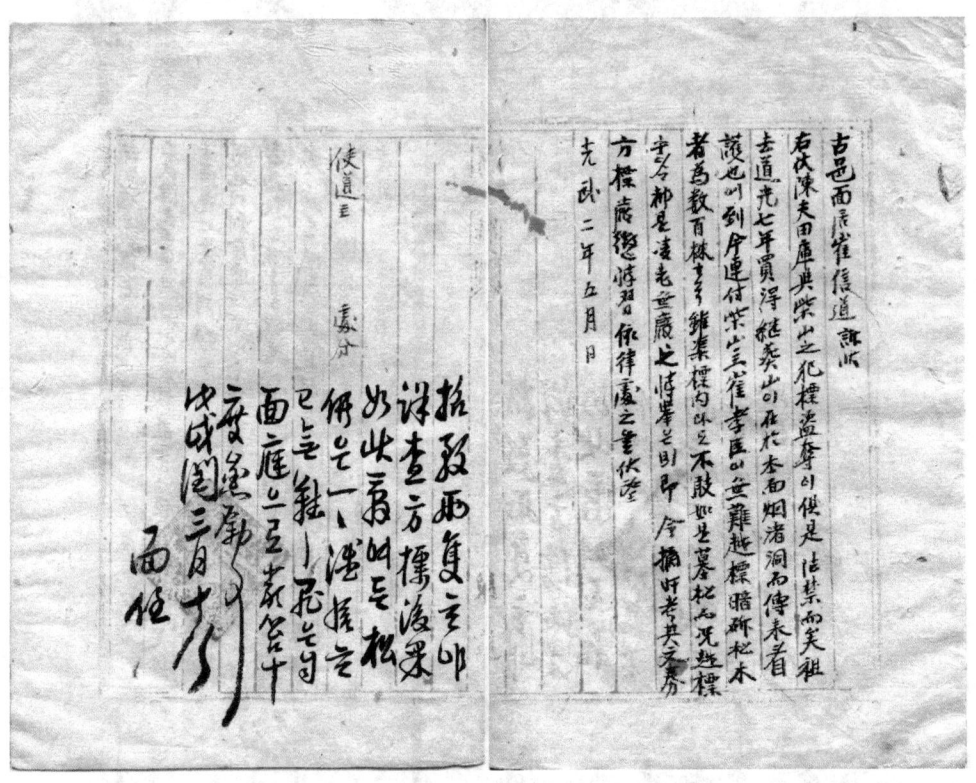

광무 2년 5월. 고읍면에 거주하는 최신도에 대한 판결문. 180x240mm

1895년 부산 실태

일본 영사관 뒤에는 100년 묵은 소나무들로 울창한 산이 우뚝 서 있으며, 산 정상에는 일본 신사가, 산 뒤에는 100여 명의 학생들이 다니는 일본 학교가 세워져 있다. 부산에 사는 내지인은 1895년 말 현재 4,953명이고, 임시 체류자는 126명이었다고 한다. 그 외에 해안 기슭을 자기 소유의 배로 항해하는 일본인 어부들 7,600명과 남녀 선교사를 포함한 외국인이 32명이 거주하고 있었다. 부산 거리에는 상수도가 설치되어 있었는데, 물은 산 서쪽 뒤편에 설치된 저장소에서 공급되었다.

자료 출처: 러시아 장교 조선 여행기 '내가 본 조선, 조선인'

인편으로 전달한 서신

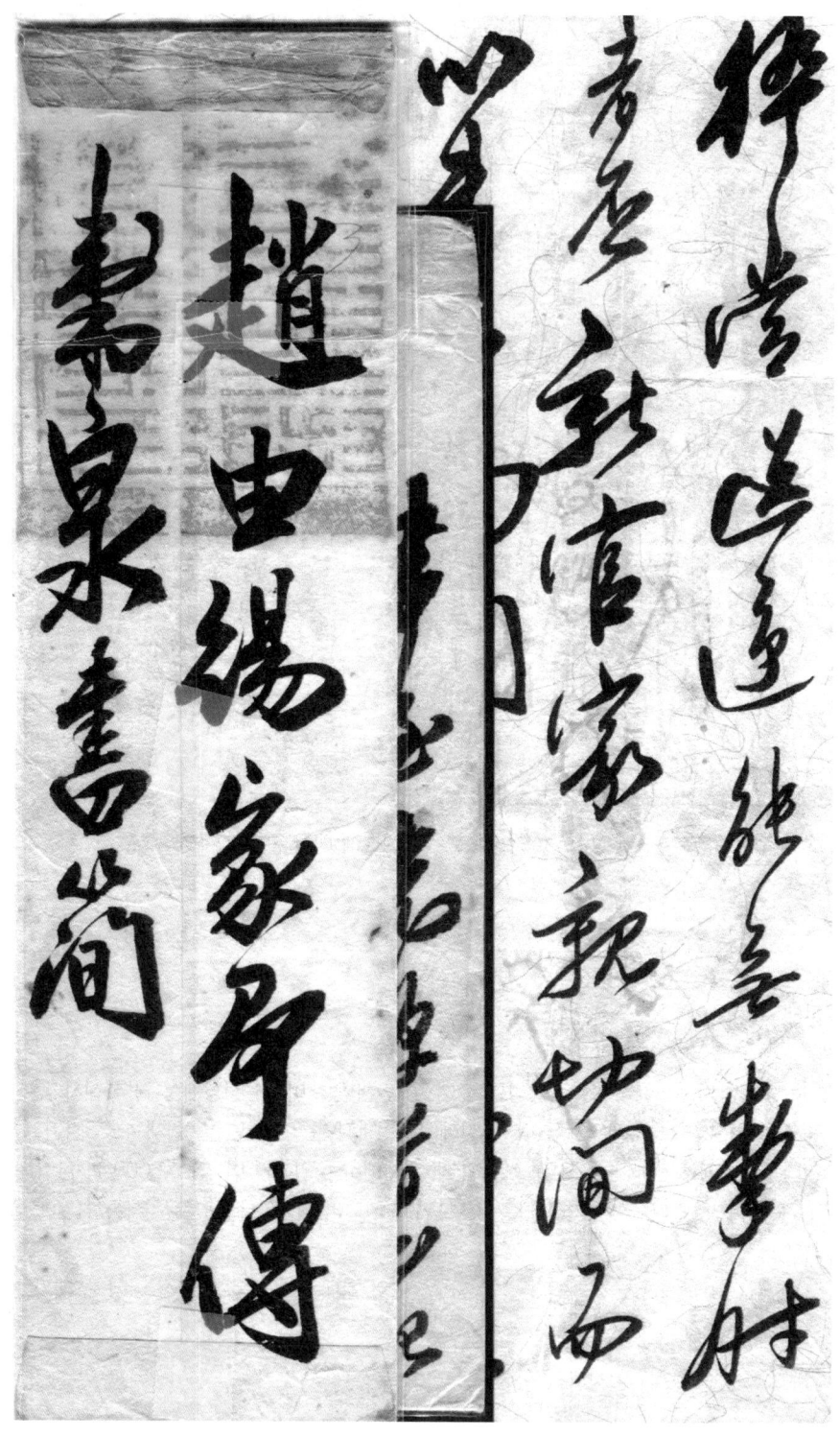

65x228mm

1899

9월 11일 – 대한제국과 청나라, 통상 조약 체결.제2차 보어 전쟁: 제2차 보어 전쟁이 발발함. 제2차 보어 전쟁: 보어인 들이 영국이 점령하고 있던 크와줄루–나탈의 레이디스미스를 포위전을 시작하다. – 우리은행의 전신 대한천일은행 설립. 한국 최초의 철도 노선인 경인선이 노량진 ～ 인천(33.2km)간 개통.

태극보통우표 초판 4종(5푼 · 10푼 · 25푼 · 50푼) 첩부
Taegeuk General Post First Edition 4 Types (50 · 10 · 25 · 50Poon) Attachment
한성▶인천행

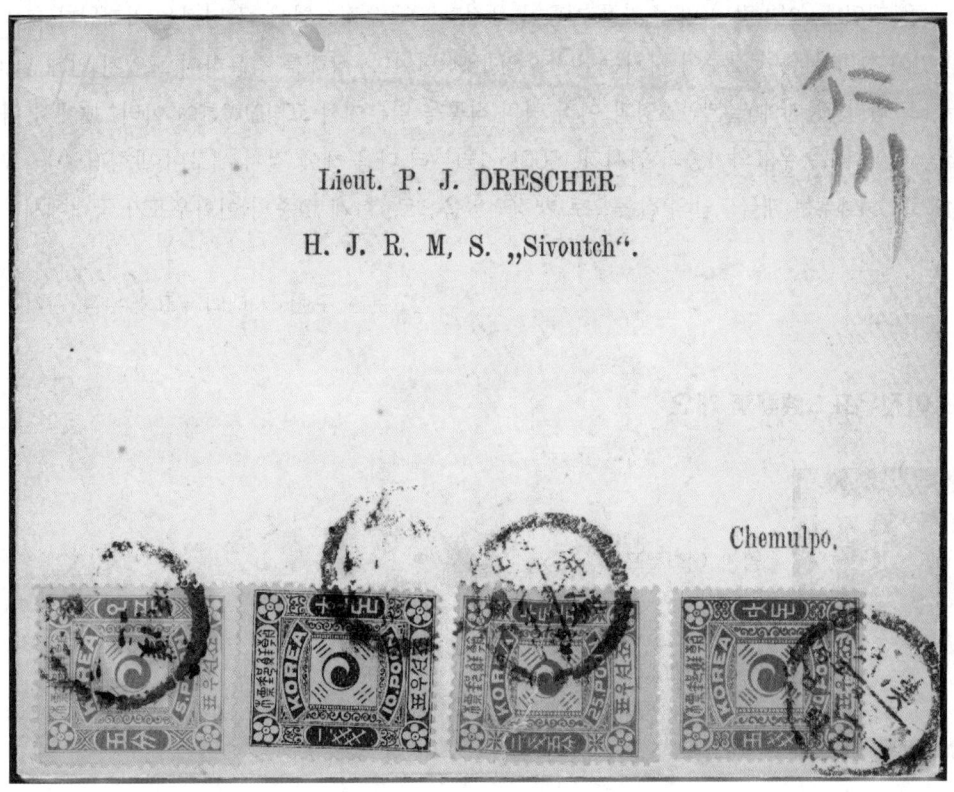

1899년 10월 29일(광무 2년) 한성–1899년 10월 29일 당일 인천 도착

한성 일부인   인천 도착 일부인

1900

단기 4233년. 대한제국 광무 4년. 조선 고종 37년

이화우표李花郵票

체부(한국근현대우편사징비사료집). 2023. 3. 1. 발행. 485~493페이지 참조

1884년의 문위우표文位郵票가 일본에 제작 의뢰하여 인쇄되었고, 1895년의 태극우표太極郵票를 미국에 주문하였다. 조선 말기 시절에는 우표를 인쇄할 수 있는 시설이나 기술 인력이 전혀 없었으므로 인쇄술이 발달된 외국에 의뢰할 수밖에 없었다. 이를 계기로 조선 정부는 우표를 국내에서 자급코저 농상공부는 1895년 2월 3일에 우표 및 엽서, 상표 인쇄용이라는 명분으로 석판인쇄기계石版印刷器械 구입비 오천 원을 각의에 상정, 요구함으로써 인쇄 설비를 서둘렀다. 이때는 미국에 제조 의뢰한 태극우표의 현품이 팔백만장 중 반도 채 납품되지 않았을 때인데, 이처럼 미리 준비를 계획한 우정당국의 우정사업이 큰 진전을 가져왔다. 이때 각의에서 발의된 인쇄 설비 시설이 갖추어 지기는 3년 후인 1899년이며, 상해를 경유하여 도입된 인쇄 설비는 독일제 기계였다고 한다. 동시에 일본인 2명과 여러 명의 직공을 일본에서 고빙雇聘하여 이리二厘에서 이원二圓에 이르는 13종의 이화보통우표와 4종의 엽서가 1900년 1월부터 다음 해에 걸쳐 새로이 발행되었다. 그 중 이화우표 이전우표二錢郵票는 태극도안의 잘못으로 개정되었음으로, 합계 14종의 이화우표가 국내에서 최초 발행되었다.

참고문헌: 구한국시대의 우표와 우정. 진기홍 저. 1964.

이화우표 이전우표二錢郵票 개요

명칭: 이화우표
발행일: 1900. 1. 5.
액면가: 2전錢
Perf.: 10x10
도안: 태극(중앙), 이회. '대한데국우표' '大韓帝國郵票' IMPERIAL KOREAN POST'

명칭: 이화우표
발행일: 1901. 3. 15.
액면가: 2전錢
Perf.: 10x10
도안: 태극. 이화. '대한데국우표' '大韓帝國郵票' IMPERIAL KOREAN POST'

■ 이화李花라는 명칭은 우취연구가(진기홍陳錤洪) 개인적인 사견私見이 오늘날 이화우표로 전해지고 있다.
■ 이화우표 도안: 백송 지창한白松 池昌翰(1851~1921). 조선 말기 서화가

출처: 체부(한국근현대우편사징비사료집). 2023. 3. 1. 발행. 485~493페이지 참조

1900

단기 4233년. 대한제국 광무 4년. 조선 고종 37년

1월 1일 – 대한제국, 만국 우편 연합 가입. 4월 10일 – 한성전기주식회사, 서울특별시 종로에 처음으로 민간인 사용 전등 3개를 설치. (최초의 민간 가로등) 5월 14일 – 2회 파리 올림픽이 개막하다. 6월 – 광성고등학교 설립자 윌리엄 제임스 홀의 아내 로제타 셔우드 홀이 대한민국 최초의 맹학교 에디스 마그리트 어린이병동을 개원하다. 7월 15일 – 서울과 인천간에 시외 전화 개통. 7월 20일 – 대한제국 고종이 원수부의 명령으로 진위대와 지방대를 통합하게 하였다. 10월 3일 – 관립 화동중학교(현 경기고등학교) 개교.

대한제국 관공서 물품 목록
Korean Empire Government Office Item List

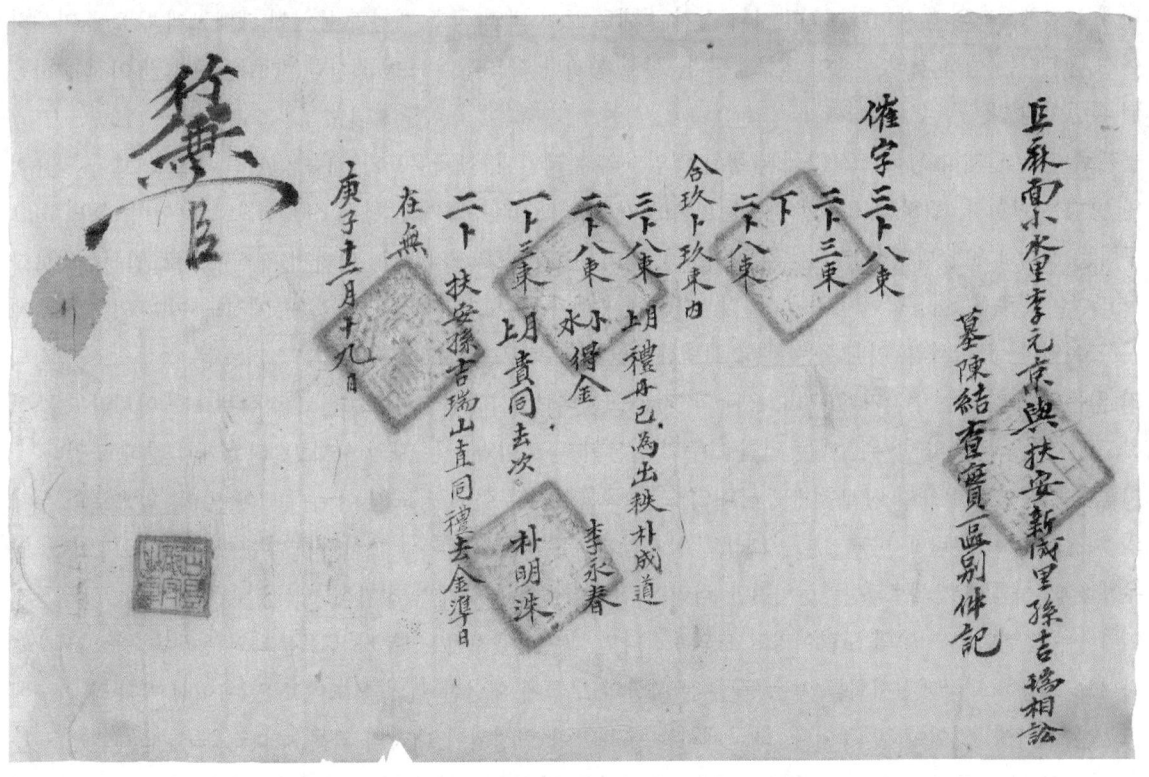

1900. 12. 19.
385x250mm

만국우편연합萬國郵便聯合 Universal Postal Union, UPU

우편물에 대한 유엔 산하의 국제 기구이며, 본부는 스위스 베른에 있다. 대한제국은 1897년 6월에 미국 워싱턴 D.C.에서 열린 제5차 만국 우편 연합 총회에서 대한제국 정부가 대표를 파견하여 가입 신청서를 제출했고, 1900년 1월 1일에 정식 가입했다.

대한가쇄우표大韓加刷郵票

대한제국 시대의 우표 중에는 아직도 해명되어 있지 않은 부분이 상당히 많다.

특히 '대한가쇄우표'라고 불리우는 수날手捺 개정우표는 가장 의문이 짙은 우표로 미래 영구히 그 정체를 밝힐 수가 없지 않을까 염려된다. 우리가 의문시하고 있는 이 우표는 1897년 10월 '朝鮮國'을 '大韓帝國'으로 국호를 개칭하고, 군주를 대황제로 부르게 됨에 따라 사용 중이던 태극우표의 국호 '朝鮮·죠션'을 '大韓·대한'으로 목각인에 의하여 주색·흑색으로 수날 가쇄하였다고 전해지고 있고, 한국 우표 목록에는 1897년 10월 14일 발행으로 되어 있다. 이는 일본인 대자봉길大蛇峯吉의 저서 '조선의 우표'(1939년 발행)를 옮긴 듯하고, 저자도 영국인 '우드워드'의 설을 인용한 모양인데, 전적으로 신뢰성 있는 것은 아니다.

첫째로 발행시기의 문제이다. 그 당시의 정치 정세로 보아 과연 국호 개칭과 동시에 재빠르게 우표에 가쇄하여 보급한다는 행정 처리 수행이 의문시된다. 실체 봉피나 사용필 우표를 조사한 바로는 1900년 이전에 사용된 확증이 없다.

둘째로 전국 일제히 정식으로 가쇄 발행된 것인가의 문제인데, 태극우표가 계속 씌어진 점으로 보아 일률적인 발행은 아니다. 필자가 고찰한 바로는 발행시기는 일자첨쇄우표가 발행된 1900년으로 보이며, 특별히 요구하는 사람에게만 발행하였거나 혹은 인장을 찍어 준 것으로 생각된다. 따라서 정식우표로 인정하기보다 '버라이어티'로서, 허용함이 옳을 것 같다. 더욱이 흑색가쇄우표는 외국의 우표목록에서도 이미 의문점을 제시하고 있다. 불란서의 '이베르'는 전혀 채택하지 않았고(즉 우표로 불인정), 미국의 '스커트'는 정식으로 인정되지 않는다고 한다는 주기가 있으며, 영국의 '기본스'는 이는 사적인 것이고, 결코 정식우표가 아니라고 주장하고 있다. 또 미국의 한 우취가는 인천 거주의 일본인 '구로이와'라는 자의 사제私製라고까지 말하고 있다.

이렇듯 불분명한 우표가 공교롭게도 국내의 모든 목록에 아무런 설명도 없이 수록되어 있어, 앞으로의 문제의 해결을 더욱 곤란케 하고 있다. 그리고 일자첨쇄우표의 주색·흑색 대한가쇄 부분이 문제가 되므로, 일 우표壹郵票를 대한가쇄로 보는 선입견만 버리면 일자첨쇄우표 자체의 첨가쇄 형식으로 처리하여 무난할 것이다. 우표 취미를 개인의 도락이라고 도외시한다면 그만이겠지만, 정부가 우표문화의 향상을 중요 시책의 하나로 표방하고 국제전시회를 여는 등 우취 사상의 보급에 대단한 열의를 보이고 있는 이상 우표의 연구에도 많은 관심이 있어야 할 것이다. 외국에서는 우표학이 형성되어 대학의 과목(예: 미국 필라델피아대학)에도 들어 있다고 하니 투자대상으로나 알고 있던 수집방향을 지양하고 깊이 파고 들어가는 연구적 태도로 나가야 할 것이고, 그런 의미에서도 이 불가해의 우표에 대한 당국이나 우표가의 견해를 듣고 싶다. 미국의 'Scott Stamps' 도록은 1962년판에서 흑색가쇄의 발행을 1900년으로 시정하였다.

출처: 구한국시대의 우표와 우정. 진기홍 저. 1964년. 경문각

대한가쇄大韓加刷보통우표

TAI-HAN Overprint Series
1897.10.14.

주색대한가쇄朱色大韓加刷 (RED OVERPRINT)

일자첨쇄보통一字添刷普通 (ONE Surcharge Series)

대한가쇄보통우표 개요

대한가쇄보통우표는 광무원년 10월 12일 국호를 '朝鮮國'에서 '大韓帝國'으로 개칭, 국호가 바뀌었으나, 새로운 국호의 우표가 발행될 때까지 당시 국내에서 유통되고 있는 태극보통우표에 목각인으로 위부분의 '朝鮮'을 '대한'으로 아랫부분의 '죠선'을 '大韓'으로 가쇄하여 유통하였다.

가쇄의 색이 주색과 흑색이 있어 '주색가쇄' 혹은 '흑색가쇄'로 부르고 있다.

대한가쇄는 대한제국농상공부인쇄국에서 일일이 손으로 찍었다고 하나, 이는 일부 우체국 것만이고, 우정총국의 지시에 따라 각 지방의 우체국 자체에서 목각인, 철판인을 제작하여 가쇄하였고, 일부 우체국에서는 세필로 가쇄하였다고 한다. 대한가쇄의 보통우표는 그 발행시기, 가쇄방법, 가쇄 자체의 형태 등이 다양하여 아직도 확실한 고증이 없어 앞으로 많은 연구와 자료의 탐구가 필요하다.

일자첨쇄보통우표는 신문발송료 특감제 실시에 따라 신문 1매당 우편료를 1푼으로 규정을 개정하여 실시하게 되었으나, 1푼에 해당되는 우표가 없어 새로운 우표가 발행될 때까지 잠정적으로 태극우표의 5푼과 2돈 5푼의 2종에 좌측 중간에 '일', 우측 중간에 '일'을 그리고 아라비아 액면란에 '!'을 주색 또는 흑색으로 첨쇄하여 1푼(2리 상당)으로 사용하였다.

대한제국 우편 상황
Postal situation at the end of the Joseon Dynasty

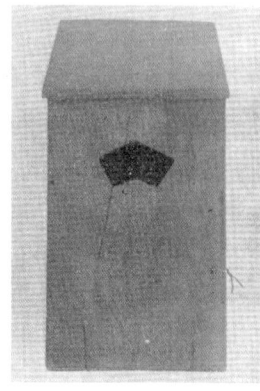
대한제국 우체통

대한제국 전신주

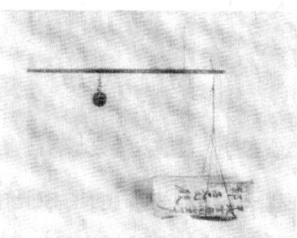
우편물 저울

대한제국 우체부와 전신부

대한제국 우체부

대한제국 전화 교환기와 교환수

대한제국 우체국 일부인

우편사업의 재개 [2]
Resumption of postal services

관제상 우편사업을 관장할 기관이 부활된 것은 1893년 8월 17일이며, 개설된 전보총국을 전우총국으로 개칭 발전시킴으로써 미국인 S. R. 그레이하우스를 외체 담당 전우회판(지금의 국장급)으로 임명하고, 그는 우표를 발행하기 위하여 주미공사를 거쳐 미국 회사에 발주하는 한편 만국우편연합 가맹을 서둘렀으나 때마침 청일전쟁이 일어나고 이로 말미암아 사무의 개시가 지연되었던 것이다. 전우총국은 1894년 6월 28일 군국기무처 의결로 의정부 관제가 공포됨에 따라 공무아문의 역체국, 전신국으로 역제가 변경되었다. 3월 25일 농상공부가 설치되어 통신국으로 고쳐지고, 현업기관으로는 1895년 5월 26일 칙령 제125호로 우체사가 설치되어 드디어 동년 6월 1일 우편사업이 재개되었다. 이때 공포된 법규로는 관제 외에 국내우편규칙 · 우체사무세칙 등이 있다.

출처: 구한국시대의 우표와 우정. 1964. 진기홍 저. 경문각 발행 [편집]

대한제국 광화문우체국

대한제국 통신원 정문

대한제국 통신원

대한제국 전보사

대한제국 전화소

대한제국 영변우체국 우체부 및 우편물

대한제국 자성우체국 체송 우편물 및 우체부

대한제국 혜산진우체국 체송 우편물 및 우체부

대한제국 광화문우체국

우체시간표

모히눈 시간 한셩닉외 시젼눈 시간오젼 칠시 섬시 오후 일시 시눈 오젼 구시 섬오 일시 소

전쥬오 시눈오 젼 십시오 후 삼시

한셩 개셩간 오젼 구시 인쳔간 보내눈 시간

오젼 삼시 오눈 시간 오후 삼십분

한셩 슈원 공쥬 광쥬 전쥬 남쥬

시오눈 시간 오후 삼시

대구 동니 간 보내눈 시간 오젼 구시

시오눈 시간 오후 삼시

대한제국 통신원 정문

대한제국 광제호廣濟號

광제호廣濟號는 대한제국의 두 번째 군함이다.

이 군함이 건조된 것은 1904년(광무 8년) 11월이고, 무선전신 시설이 장치된 것은 1910년 9월이다. 원래 근대식 군함 도입 추진은 1881년(고종 18년) 군비 강화책의 일환으로 공채를 모집하면서부터였다. 광제호는 새로운 군함 발주 계획에 기초하여 일본에서 1904년에 건조되었다. 그러나 을사늑약 이후 군함으로서의 기능이 상실되고, 연안세관 감시선으로 전락하고 말았다. 미국공사 알렌이 정리한 '외교사연표(1904년)'에 1902년 12월 – 한국정부가 등대 감시 및 수송선 입출항시 세관 순시 및 경비용으로 선박 1척을 일본으로부터 발주하였다'고 나와있다. 대금이 당시 돈으로 약 35만원이라고 기록해 놓은 구절이 있는데, 이는 광제호를 처음 발주할 당시의 금액이라 추정하고 있다.

광제호 제원

- 총배수량: 1,056톤
- 진수시기: 1904년 6월15
- 인수시기: 1904년 12월 20일
- 보유무장: 3인치 함포 3문
- 적재톤: 540톤
- 전장: 220척(66.7미터)
- 선폭: 30척(9.1미터)
- 흘수: 29.8척(9.03미터), 21척(6.4미터) 만재시
- 주기: 삼연성三連成 레시프로형 기관 2기 2438마력

- 항속: 최대 14.77노트
- 건조: 가와사키조선 코베조선소川崎造船 神戸造船所
- 통신시설: 무선시설 및 선박용 무선 통신 안테나 인더블렛트 2기

식품 광고 엽서(1900년대)

조선의 귀족과 서울 거리 풍경을 배경으로 육류 추출 제품 광고 엽서

영국에 설립된 Liebig's Extract of Meat Company는 LEMCO 브랜드 Liebig's Extract of Meat의 생산자이자 Oxo 고기 추출물과 Oxo 쇠고기 스톡 큐브의 창시자이다. 이는 쇠고기 추출물의 산업적 생산 방법을 개발하고 장려한 19세기 독일의 유기 화학자 Justus Freiherr von Liebig의 이름을 따서 명명되었다.

출처: Wikipedia

이화보통우표 3전 단첩 원일형 내체인

개성▶한성

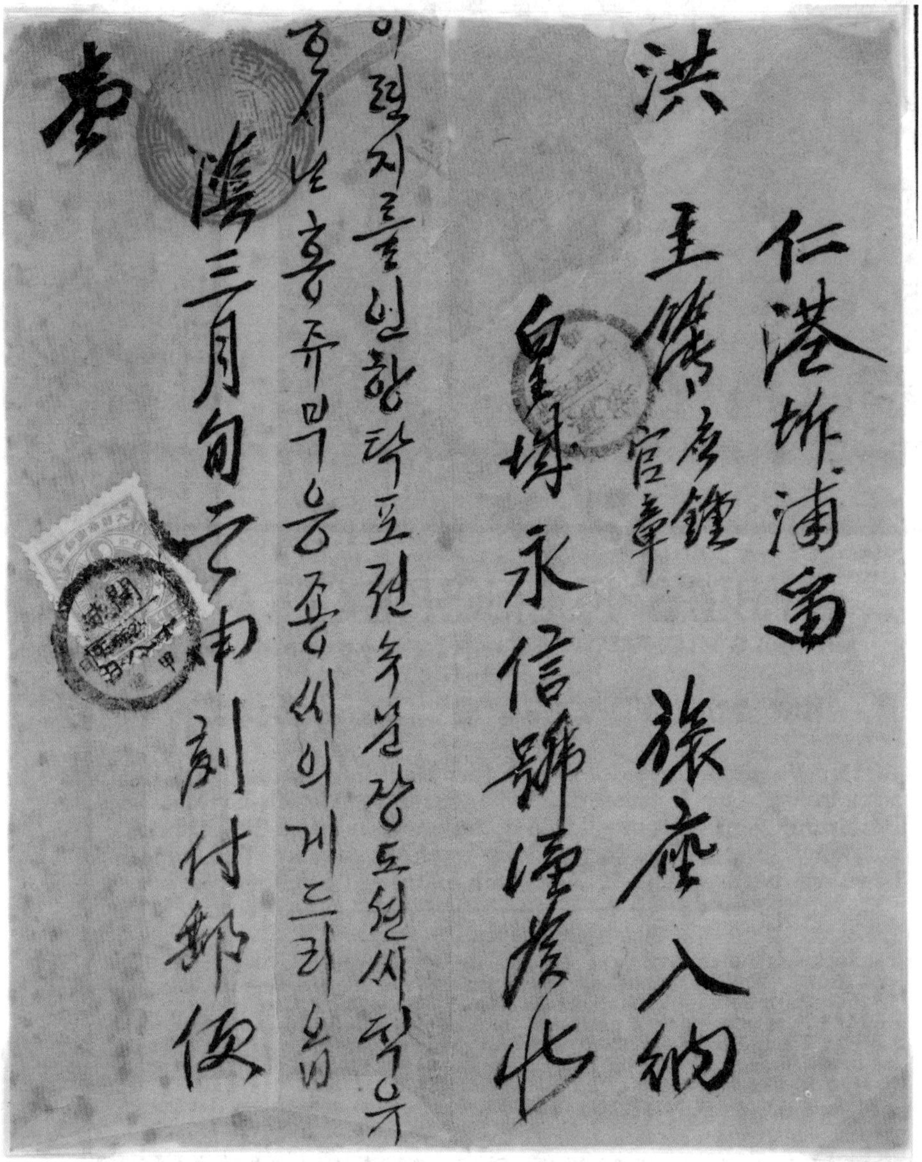

1900년(광무 4년) 4월 18일 개성 – 1900년 4월 21일 한성 도착

개성 일부인   한성 도착 일부인

1900 ~ 1901

이화李花 보통우표

The Plum Blossom Definitives

한국 최초로 국내에서 인쇄한 우표이다. 1900년 1월 1일 대한제국이 U.P.U(만국우편연합)에 가입함으로써 국제간 우편교류가 시작되었다. 이에 따라 다양한 요금의 우표가 필요하게 됨으로써 발행한 우표로 1900년 1월부터 11월까지 액면별로 2리(厘)부터 2원(圓)까지 13종, 1901년 3월 15일 2전우표의 도안을 수정하여 추가 발행함으로써 총 14종이 발행되었다. 이 우표는 도안이 섬세하고 액면이 다양하며 인쇄의 선명도 등은 지금까지 발행된 어떤 우표보다 훌륭한 우표로 평가되고 있다. 인쇄는 농상공부가 1896년(건양 원년) 2월 2일 우표와 수입인지를 인쇄할 목적으로 독일과 석판인쇄 시설을 설치를 계약하고, 2년 후인 1898년 상해를 경유하여 수입함과 동시에 일본에서 조각사와 인쇄기술자를 초빙하여 운영케 하였다.

The stylized letters of the imprint

조 제 국 쇄 인 부 공 상 농 국 제 한 대

Printed by the Printing Bureau of the Agriculture, Commerce & Industry Ministry, Daehan Empire

2 ri

1 jeon

2 jeon

2 jeon

3 jeon

4 jeon

5 jeon

6 jeon

10 jeon

15 jeon

20 jeon

50 jeon

1 won

2 won

1900 ~ 1901

이화李花

The Plum Blossom Definitives

우체사별 일부인 분류

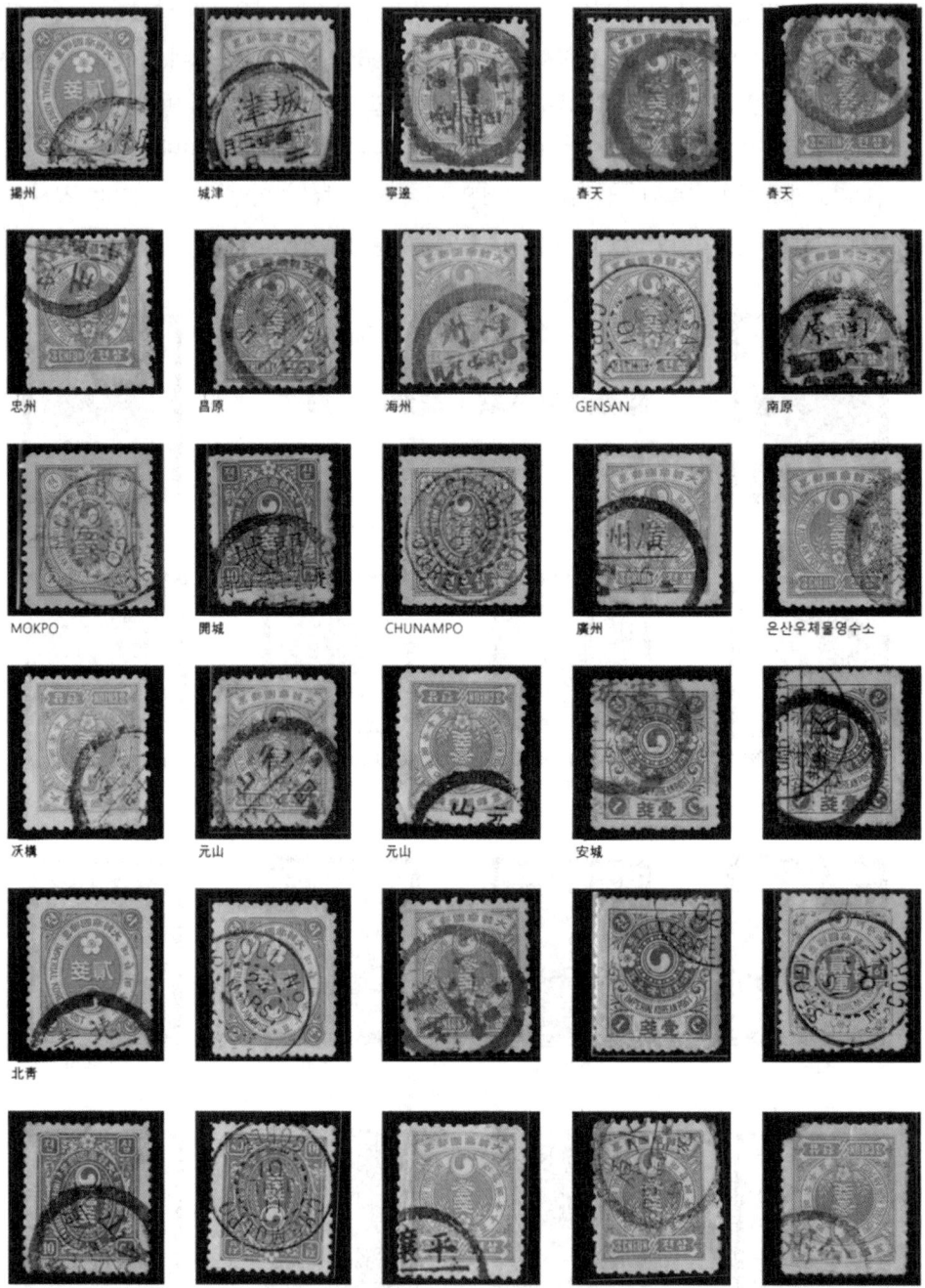

楊州	城津	寧邊	春天	春天
忠州	昌原	海州	GENSAN	南原
MOKPO	開城	CHUNAMPO	廣州	은산우체물영수소
沃構	元山	元山	安城	
北靑				

이화李花 보통우표

The Plum Blossom Definitives

만월滿月일부인

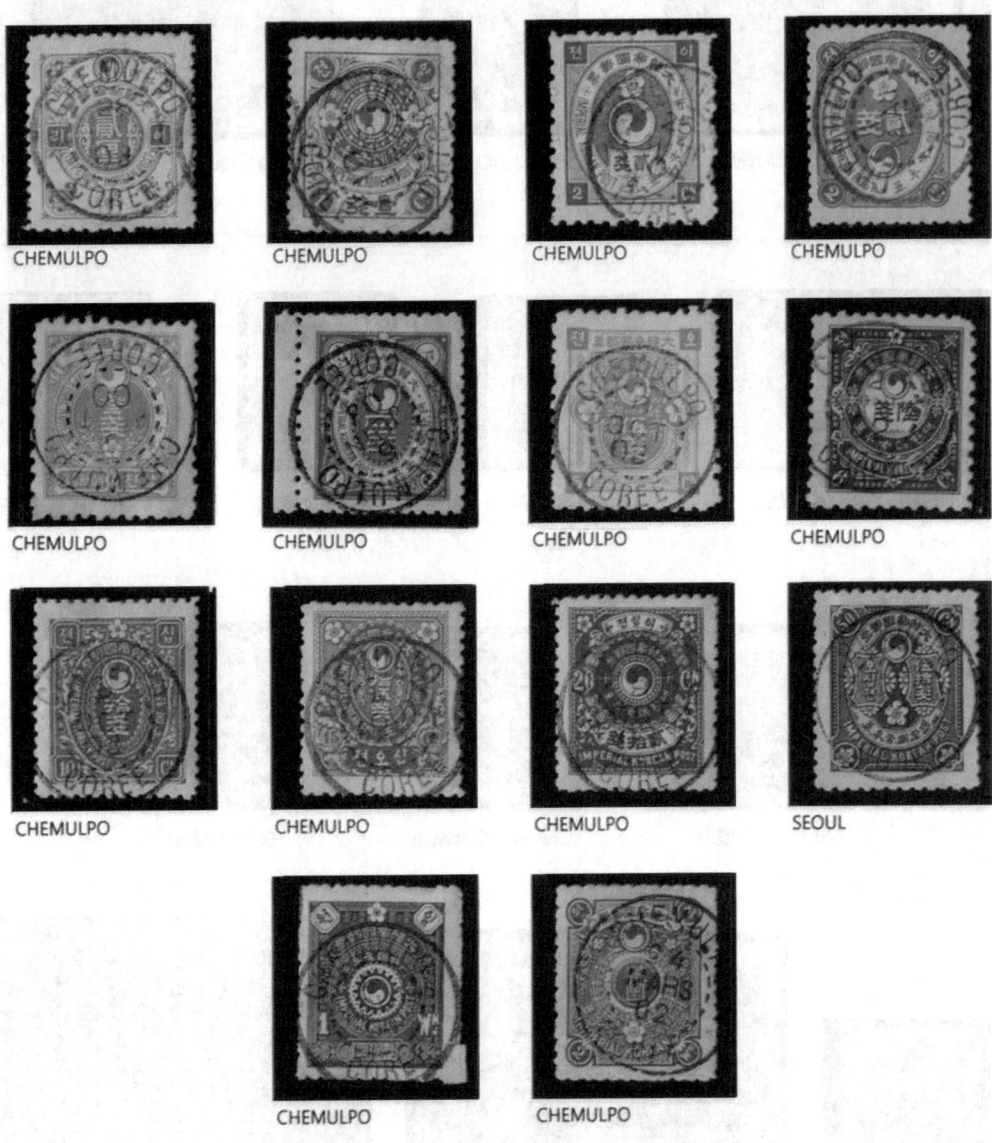

CHEMULPO	CHEMULPO	CHEMULPO	CHEMULPO
CHEMULPO	CHEMULPO	CHEMULPO	CHEMULPO
CHEMULPO	CHEMULPO	CHEMULPO	SEOUL
	CHEMULPO	CHEMULPO	

이화李花 보통우표

The Plum Blossom Definitives

SEOUL(漢城)

SEOUL, NO.1(漢城壹號)

CHEMULPO(仁川)

GENSAN(元山)

KUNSAN(群山)

MOKPO(木浦)

MASANPO(馬山浦)

GWENDOLIN(胶山)

CHINAMPO(津南浦)

SEOUL(漢城)

CHEMULPO(仁川)

CHEMULPO(仁川)

CHEMULPO(仁川)

이화李花 보통우표

The Plum Blossom Definitives

이화보통우표의 T 요금 부족인, 외교인, 요금 미납인, 요금 약수인.

일자첨쇄우표一字添刷郵票

일자첨쇄우표 발행 개요

1900년에 신문 발송 우편 요금이 개정되었다.

신문 1부당 발송 요금 2리의 변경 요금 실시에 따라 새로운 2리짜리 우표가 필요하게 되어 정식 우표를 발행하는 그동안에 임시로 사용할 우표를 1900년 2월(발행일로 간주함) 태극우표의 5분五分과 2전5분二錢五分짜리를 1분一分(2리)으로 개정하여 사용하였다. 한글·한자·아라비아 숫자를 '일·壹·1'을 주색朱色·흑색黑色으로 수날手捺하여 첨쇄하였기 때문에 '일자첨쇄우표'로 통칭되었으나, 잠용첨쇄우표暫用添刷郵票라고 부르는 것이 합당하다.

참고문헌: 구한국시대의 우표와 우정. 진기홍 저. 1964.

일자첨쇄우표의 가액價額은 지금까지 '一錢'으로 알려져 한국우표목록에도 一錢으로 되어 있고, 발행기일도 5월로 기록되어 있으나, 필자(진기홍)가 입수한 사료로 보아 2월에 발행되었음이 확인되었다. 이 우표는 그 해 5월, 정쇄正刷 2리의 이화우표가 나올 때까지 발매되었으며, 한국 최고가 우표의 하나다. 수집가들은 첨쇄의 색과 형식에 따라 5종류로 세분하고 있는데, 한 두 가지는 아주 희귀품에 속한다. 당시의 신문우편요금은 외국에서는 그 유례를 찾을 수 없을 만큼 저렴한 것이었다. 독립신문이 국비의 보조를 얻어 창간된 사실과 아울러 생각할 때 신문 보급의 육성을 위한 당시의 정부 당국자의 방침을 높이 평가하게 된다.

참고문헌: 구한국시대의 우표와 우정. 진기홍 저. 1964.

대한제국 우체사 일부인

함흥咸興
원일형 일부인
광무 9년 3월 8일. 甲체

함咸
이중원형 일부인

경慶
이중원형 일부인

경흥慶興
원일형 일부인

경흥慶興
원일형 일부인

정定

정定

정주定州

인仁 이중원형 일부인

인仁 이중원형 일부인

인仁
이중원형 일부인
대조선 건양 2년 2월 12일

대한제국 우체사 일부인

수원水原

원일형 일부인

파주坡州

원일형 일부인

상주尙州

원일형 일부인

개성開城

원일형 일부인

개성開城

원일형 일부인

진晉

이중원형 일부인

진주晉州

원일형 일부인

진주晉州

원일형 일부인

청주淸州

춘천春川

원일형 일부인

춘천春川

원일형 일부인

포천抱川

원일형 일부인

대한제국 우체사 일부인

SEOUL
외체인外遞印
2 AVRIL 1900

충주忠州
원일형 일부인

충주忠州
원일형 일부인

충주忠州
원일형 일부인

원산元山
원일형 일부인

원산元山
원일형 일부인

대구大邱
원일형 일부인

전全
이중원형 일부인

죽산竹山
원일형 일부인

강계江界
원일형 일부인

공公
원일형 일부인

공公
이중원형 일부인

대한제국 우체사 일부인

광주光州
원일형 일부인

광주光州
원일형 일부인

CHEMULPO 외체인外遞印

부산 釜山

의주義州

의주義州

어극40년기념우표
CHEMULPO
26 JUIN 03

어극40년기념우표
한성漢城

漢城

한성 원일형

仁川

인천 원일형

漢城

한성 원일형

漢城

한성 원일형

대한제국 우체사 일부인

漢城

한성 원일형

釜山

부산 원일형

釜山

부산 원일형

開城

개성 원일형

水原

수원 원일형

忠州

충주 원일형

沃構

옥구 원일형

CHEMULPO

CHEMULPO원일형

漢城

한성 원일형

定州

정주 원일형

CHEMULPO

CHEMULPO원일형

釜山

부산 원일형

全州

전주 원일형

大邱

대구 원일형

FUSAN

FUSAN외체인

SEOUL
SEOUL 외체인

대한제국 우체사 일부인

SEOUL NO.1

SEOUL NO.1 외체인
원일형

漢城

한성 원일형

SEOUL

SEOUL외체인

廣州

광주廣州

仁川

인천 원일형

晋州

진주 원일형

安東

안동 원일형

忠州

충주 원일형

開城

개성 원일형

외교인

외교인

漢城

한성 원일형

외체인

외체인

平壤

평양 원일형

FUSAN

부산 원일형

宣川

선천 원일형

대한제국 우체사 일부인

慶州

경주 원일형

CHEMULPO

CHEMULPO원일형

尙州

상주 원일형

외체인

외체인

SEOUL

SEOUL외체인

SEOUL NO.1

SEOUL NO.1 외체인

CHEMULPO

CHEMULPO외체인

FUSAN

FUSAN원일형

MASANPO

MASANPO외체인

GENSAN

GENSAN외체인

三和

삼화 원일형

SEOUL NO.1

SEOUL NO.1 외체인

대한제국 우체사 일부인

청색일부인

SEOUL NO.1

漢城

한성 원일형 일부인

水原

수원 원일형 일부인

平壤

평양 원일형 일부인

開城

개성 원일형 일부인

KIENG-HUNG

KIENG_HUNG

全州

전주 원일형 일부인

城津

성진 원일형 일부인

CHEMULPO

CHEMULPO 외체인

대한제국 우체사 일부인

SEOUL

SEOUL. 08 OCT 04

釜山

부산. 광무8년1월1일

漢城
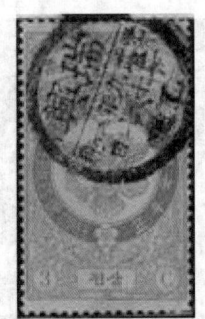
한성.광무8년11월28일

三和

삼화.원일형 일부인

殷山郵遞物領收所

은산우체물영수소 원일형 청색 일부인

西大門

서대문 일부인

CHEMULPO

CHEMULPO외체인

元山

원산 원일형 일부인

殷山郵遞物領收所

은산우체물영수소

韓國 釜山

한국 부산 원일형 일부인

漢城

한성 일부인

대한제국 우체사 일부인

漢城貳號

한성2호 원일형 일부인

麻浦

마포원일형 일부인

仁川

인천 원일형 일부인

瑞興
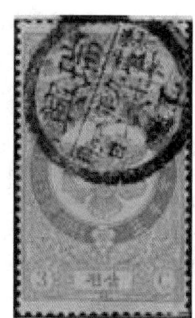
서흥 원일형 일부인

沃構
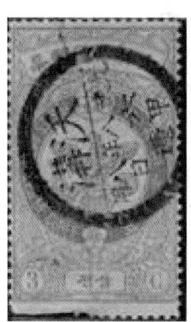
옥구 원일형 일부인

鐵原

철원 원일형 일부인

開城

개성 원일형 일부인

加平

가평 원일형 일부인

SEOUL

SEOUL외체인

SEOUL I.J.P.O

SEOUL I.J.P.O.외체인

開城

개성광무8년9월4일

韓國 光化門

한국광화문 일부인

대한제국 우체사 일부인

京城

경성 한국형 일부인

平壤

한일통신협약 이후 사용
평양 1906. 8. 6

開城

개성 원일형 일부인
광무8년10월(1904년)

韓國 西大門

한국 서대문 원일형 일부인
광무8년2월10일(1906년)
한일통신협약 이후 사용

SEOUL I.J.P.O

SEOUL I.J.P.O
6 JUN 06
한일통신협약 이후 사용

FUSAN

FUSAN 외체인
21 may 05
한일통신협약 이후 사용

외교인

외교인

韓國 殷山

한국 은산 일부인

GWENDOLINE

GWENDOLINE
청색 외체인

T

요금 부족인

水原

수원 일부인

釜山

부산 일부인

대한제국 우체사 일부인

韓國 釜山

한국 부산 원일형일부인

安城

안성 원일형 일부인

釜山

부산 원일형 일부인

殷山郵遞物領收所

은산우체물영수소

殷山郵遞物領收所

은산우체물영수소 청색 일부인

FUSAN   韓國釜山

FUSAN외체인+한국 부산 원일형 일부인 혼합 소인
외체인: 21 MAY 05
한국부산 원일형: 38년(소화) 6월 10일

釜山壹號

부산 1호 원일형 일부인

문위文位우표(명판 예)

오문五文

십문拾文

이십오문貳拾五文

오십문五拾文

백문百文

전위첨쇄(2전 12매 블록) 천공 에러

전위첨쇄(2전 18매 블록) 천공 에러

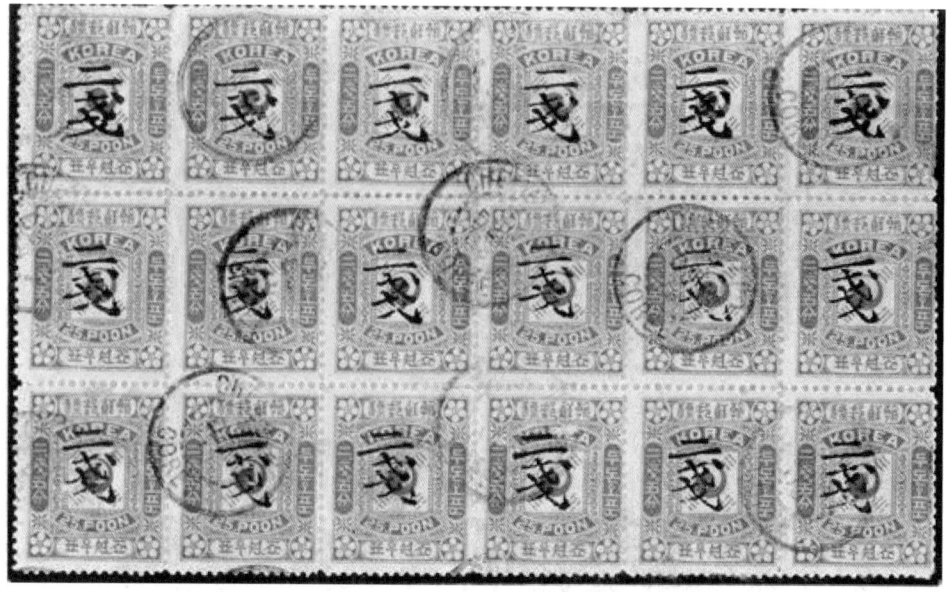

仁 이중원형 하변 천공 에러

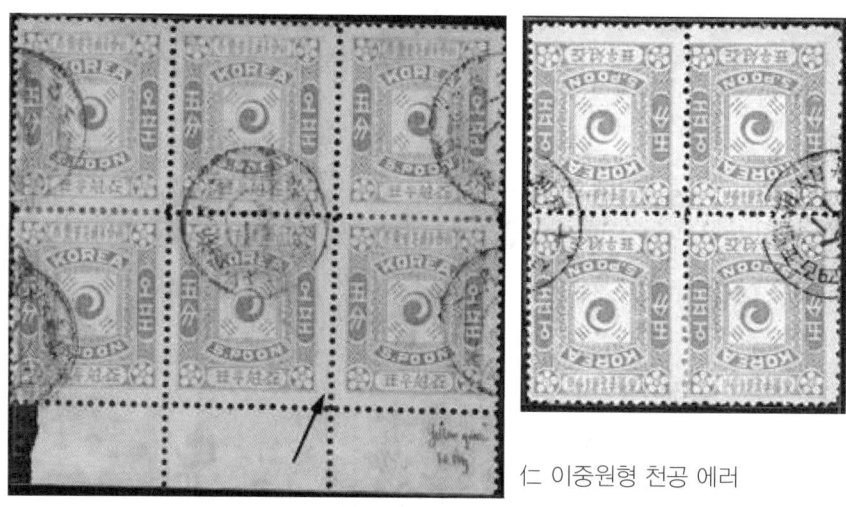

仁 이중원형 천공 에러

2전 전위첨쇄 천공 에러

EN COREE
한국에서는

By Angus HAMILTON

Esquisse Historique – La cour Imperiale – Les Factions Du Palais Agriculture Et Commerce, Ports A Traites – L'Action Etrangere.
Interets Russes Et Japonais – La Femme En Coree
La vie Monacale Bouddhique

Traduit De L'anglais
Par L. Bazalgette

PARIS
Felix Juven, Editeur
122, Rue Reaumur
체부기념관 소장

1900년대 대한제국 지도

CARTE DE L'EMPIRE DE COREE

장승

지하대장군 · 지하여장군

한국의 산 풍경

MONTABNES DE COREE
PETICHES, PRES DE SEOUL 서울 근교

제물포항 전경

VUE GENERAL DU PORT DE CHEMULPO

제물포濟物浦는 대한제국 개항장으로 지정되었던 인천의 별칭(別稱)이다. 1883년(고종 20년) 제물포 개항으로 제물포에 인천감리서가 설치되면서 사실상의 읍치가 관교동에서 제물포로 이전하였다. 1895년(고종 32년) 갑오개혁의 지방관제 개편으로 전국을 23부로 개편하여 인천부仁川府가 되었다. 1896년(건양 원년) 다시 경기도 인천부가 되었다. 1945년 10월 10일, 인천부를 제물포시로 개칭하였다. 그러나 불과 17일만인 10월 27일, 제물포시를 인천부로 환원하였다. 현재와 같이 인천의 이름이 된 것은 1949년 8월 15일로 인천부를 인천시로 개칭하였다.

서울 골목길 사진관

UNE RUE ECARTEE A SEOUL

고관대작의 독서

L'HEURE DE LA SIESTE

서울 근교 성곽

UNE PORTE SEOUL

탑골공원 원각사지 십층석탑

PAGODA A SEOUL

이용익李容翊

S. E. YI YONG-IK

대한제국기 때, 내장원경, 탁지부대신, 중앙은행 총재 등을 역임하여 근대 개혁에 기여한 관료. 전환국장典圜局長 이용익李容翊이 화폐금융 개혁을 추진하면서 1901년 2월 화폐 조례가 반포되고, 1903년 3월 중앙은행조례 및 태환금권조례가 제정되었다.

서울 전경

VUEGENERALE DE SEOUL

서울 성벽

어린 머슴

PETIT ESCLAVE

베일을 덮어쓴 여인

VOILE DIT Chang—ot

무용수

DANSEUSES COREENNES

한복을 입고 돌아온 여인(권서인)

기생

덕수궁 대안문 (대한문) 앞 집회 군중

UN JOUR DE GRANDE FETE A SEOUL—LA FOULE DEVANT LE PALAIS IMPERIAL

J. MCLEAVY BROWN

COMMISSAIRE EN CHEF DES DOUANES COREENNES 세관장

John McLeavy Brown, CMG(1835~1926)는 영국 식민지 서비스의 아일랜드 공무원이었다. Brown은 아일랜드 Lisburn의 Magheragall에서 태어났다. Queen's University Belfast와 Trinity College Dublin을 다닌 후 McLeavy Brown은 중국으로 건너가 그곳에서 32세에 미국과 유럽을 주재하는 최초의 중국 외교 사절단인 Burlingame Mission의 첫 번째 비서가 되었다. 무역 전문 변호사인 그는 나중에 1873년 4월에 관세청에 합류했다. 1874년에 그는 Canton의 부국장으로 임명되었다. McLeavy Brown은 상사인 Robert Hart 경에게 한국 관세청장직을 제안할 정도로 깊은 인상을 남겼다. 이 직책을 수행하는 동안 그는 1893년 고종으로부터 재정고문 겸 세관장직을 제의받았다.

대한제국 황제 어전

LE TRONE DES EMPEREURS DE COREE

서울 임페리얼팰리스 가든

UN COIN DES JARDINS DU PALAIS IMPERIAL A SEOUL

서울의 돌다리 (청계천 수표교로 추정)

VUE D'UN PONT A SEOUL　　　　　　　서울(종로) 거리 풍경

UNE GRADE RUE A SEOUL

돌거북상의 어린이들 기념 촬영 TABLETTE A SEOUL ET ENFANTS COREENNS

1900년대 광화문 거리

PORTE PRINCIPALE DU PALAIS IMPERIAL A SEOUL

서울 근교 원주민들

AUX ENVIRONS DE SEOUL–VILLAGE ET INDIGENES DE LA MONTAGNE

3남매 PETITS GARCONS

6명의 개구쟁이 어린이들

GROUPE D'ENFANTS DU PEUPLE

절구질하는 여인

L'ECRASAGE DUB GRAIN EN ROUTE POUR LE MARCHE

시장으로 가는 길

Road to the market

경작하는 모습

PROCEDE PRIMITIF DE CULTURE—UNE CHARRUE IMPROVISEE

땔감 운반

SUR LA GRADE ROUTE—PAYSAN COREEN ET SON TAUREAU

철로변 행상들

MARCHANES AMBULANTS AU BORD DE LA VOIE FERREE

일본 순사

UN GAVALIER JAPONAIS

일본공사관 직원들

LA GARDE DE LA LEGATION JAPONAISE A SEOUL

대한제국 신식 군대

DETACHEMENT DE POLICE ENTRETENUE A FUSAN PAR LE GOUVERNEMENT JAPONAIS

사진 출처: The Re-Shaping of The far east Ⅱ.1911. by B.L.Putnam Weale 28Page에 'Korean Police'로 설명하고 있다.

영국 해군 ASTR호

"aster" de la marine anglaise

주한 영국공사관(정동)

LA LEGATION D'ANGLETERRE A SEOUL

대한제국 신식 군대

중국 광산 노동자 합숙소

CAMPEMENT D'OUVRIERS CHINOIS EMPLOYES AUX MINES

만주 부근 압록강 뗏목 행렬

AUX FRONTIERES DE LA MANDCHOURIE–UN TRAIN DE BOIS SUR LE YALU

주한 러시아공사관

LA LEGATION DE RUSSIE A SEOUL

병영에서 한국 군인들 활쏘기 연습

A LA CASERNE–SOLDATS COREENS S'EXERCANT AU TIR A L'ARC

서울 근교 사찰

LE TEMPLE DES TABLETTEES A SEOUL

불교의 신성, 무덤의 수호자

DIVINTE BOUDDHIQUE, GARDIENNE D'UN TOMBEAU

유점사 주지승

장안사 주지와 승려들

LE SUPERIEUR DU MONASTERE DE CHANG AN SA ET SES MOINES

평화스러운 일상 생활

LESSIVEUSES ET PORTEURS D'EAU

시골 잔칫날 풍경

UNE FETE CHAMPETRE EN COREE

고위 관리와 외교관

MINISTRES ET HAUTS FONCTIONNAIRES COREENS

한국 육군 보병중대의 사열하는 광경

L'ARMEE COREENNE,–COMPAGNIE D'INFANTERIE FORMANT LE CERCLE

엘크사슴을 타고 있는 러시아인들

RUSSES DE LA REGION DE L'AMOUR ET LEURS MONTURES

서울 외곽 성벽

UNE PORTE DE SEOUL

러시아 국경 우체국

Russian border post office

진고개에서 트레물레 A.Trémoulet에게 보낸 서신

Letter from Jingogae to A.Trémoulet

태극보통우표 25Poon 단첩

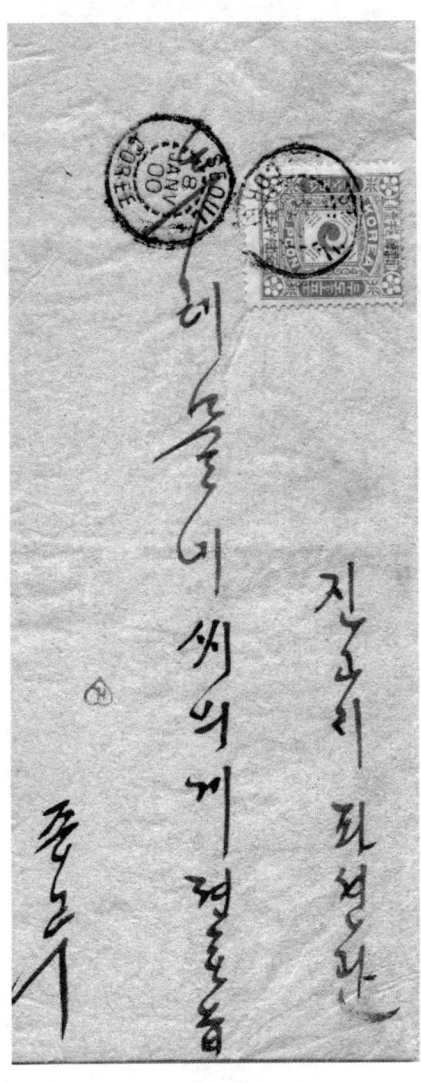

8 JANV 00 SEOUL COREE
74x180 mm

Paul Georg von Möllendorff(1847~1901)

독일 출생. 독일의 언어학자이자 외교관

묄렌도르프는 19세기 후반 한국 고종황제의 고문으로 봉사하고 중국학에 기여한 것으로 주로 알려져 있다. 묄렌도르프는 청나라 이홍장의 추천으로 대한제국 정치고문으로 활동했다. 갑신정변으로 나라가 한창 어수선 하던 때 제물포세관에 억류되어 있는 성서 6천 권을 서상륜(한국 교회 최초 장로)에게 인도해서 전도 활동을 크게 도왔다. 이 성서 6천 권은 존 로스 John Ross목사가 보내온 것이다.

사진 출처: One hundred years of Christianity in Pictures. 1984년 발행

- 광무학교鑛務學校 1900년(광무 4년) 8월에 광업계통의 실업교육을 실시하기 위해 설립된 관학
- 트레물레(M. Tremoulet 據來物). 프랑스 광산 기술자. 광무학교 초대 교장
- 진고개: 서울 중구 명동에 있었던 고개로 옛 중국대사관 뒤편에서 세종호텔 뒷길까지 이어지는 고갯길. 현재 충무로 2가.

8월 17일 – 대한제국, 한성전기주식회사, 한양성 내 첫 전등 점등식 거행. 8월 20일 – 경부선 기공식 영등포에서 열림. 9월 7일 – 고종 황제 탄신 50년 기념 축하 독일인 에케르트가 작곡한 대한제국 국가가 처음으로 연주됨. 10월 9일 – 대한제국, 빈민구휼을 위한 혜민원 설치.

대한제국 고성관찰사 판결문

Korean Empire's Goseong Governor's Judgment

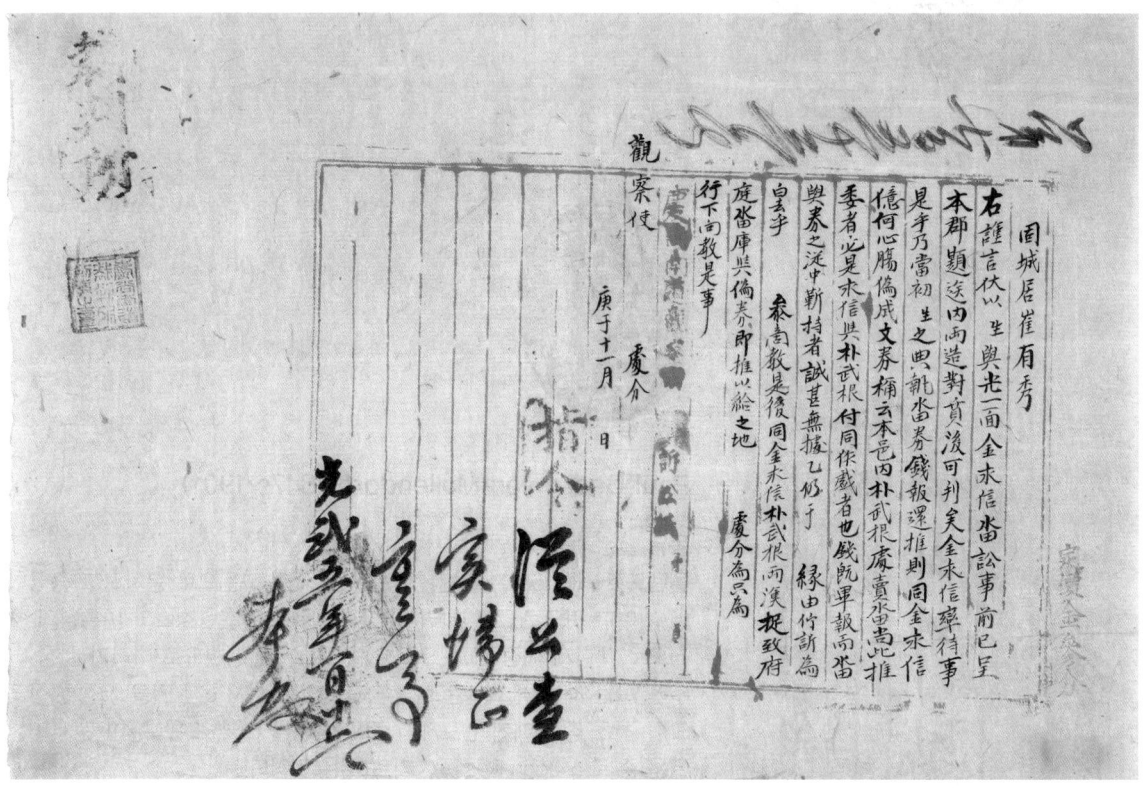

50x31mm

관찰사觀察使

지방행정 감찰을 맡은 관직으로 현재의 도지사와 같은 관직이다. 조선 왕조에서 관찰사는 국왕 직속의 관직이었으며, 관할 도에 대해서는 행정 · 사법 · 군사 · 치안 등 포괄적인 책임권을 가지고 사법권 · 징세권 등을 행사하여, 지방 행정상 절대적인 권력을 가졌다. 관원으로는 중앙에서 임명한 도사, 검률, 심률 등의 보좌관이 있고 일반 민정은 감영에 속한 6방의 향리가 담당케 하였다.

한성▶대구 관찰부로 체송된 서신

The entity transported from Hanseong to Daegu Observation Department

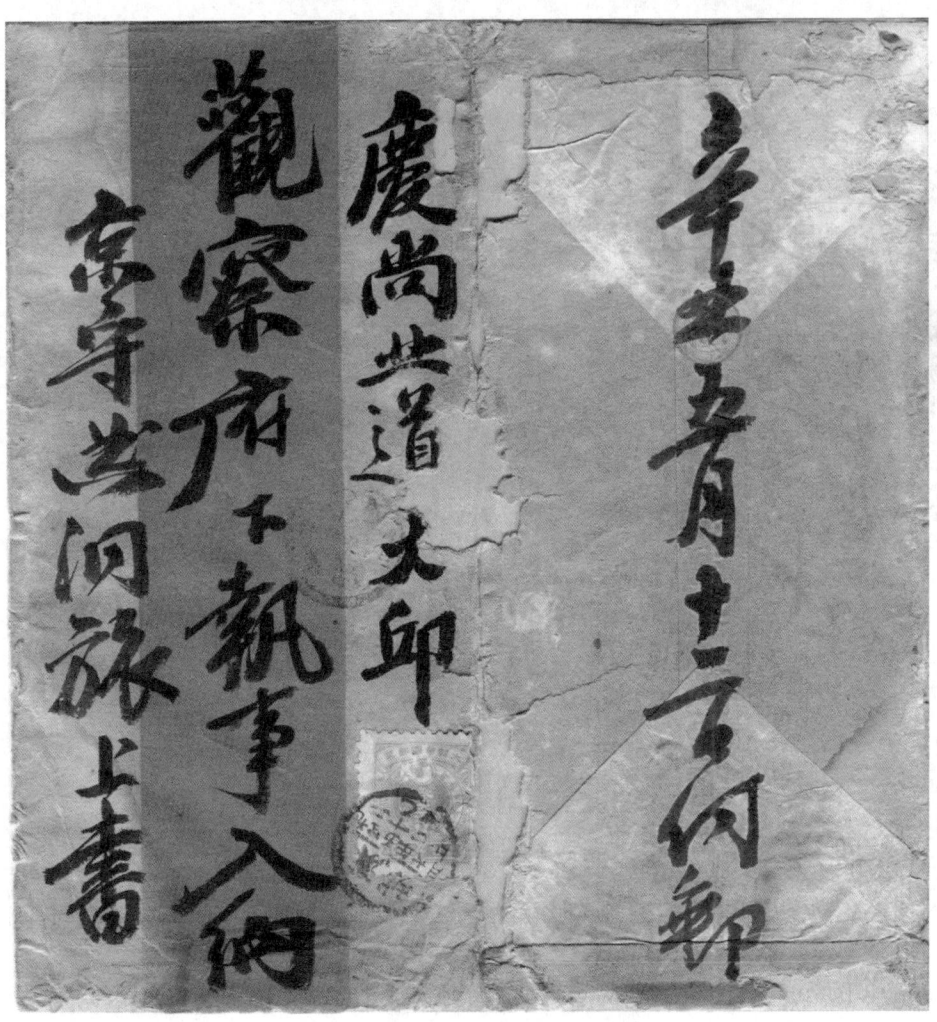

한성. 광무 5년(1901년) 6월 27일 을체–경상북도 대구 관찰부
175x182mm

이영선李永善(1889~미상)

황해도 송화 출생

대한제국기 이진룡 의병부대에서 활동한 의병. 독립운동가. 1919년 3·1운동에 가담한 뒤 만주로 망명하여 대한독립단에 입단. 같은 해 9월 관전현 북구寬甸縣北溝에서 일본경찰 2명을 사살하고, 1920년 송화로 돌아와 독립의용대를 조직하였다.

내지인이 오사카로 보낸 근하신년 엽서

대한제국 농상공부 제조 우편엽서 1전+이화보통우표1전 첩부

29 DEC. 1901 Seoul-Osaka행

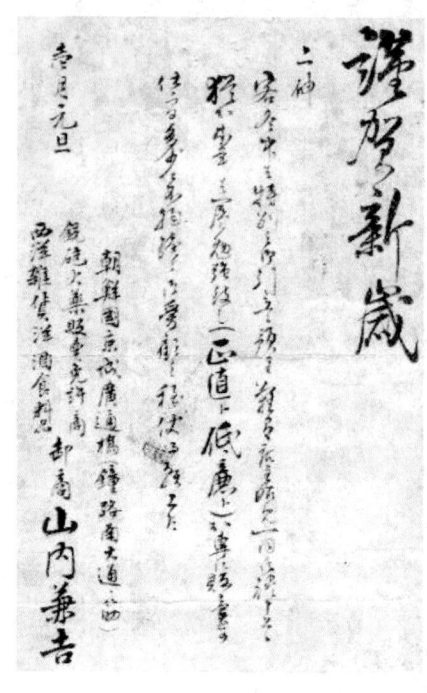

29 DEC. 01 SEOUL COREE
89x139mm

조선국 경성 광통교(종로남대통)총포화약판매면허상 山內秉吉이 일본 오사카 지인에게 보낸 신년 연하엽서

■ 내지인內地人: 1876년 개항부터 1945년 일제가 패전할 때까지 한반도에 거주한 일본인

국치시기 친일파 리스트

List of pro-Japanese factions during the Japanese colonial period

을사오적乙巳五賊

권중현權重顯	박제순朴齊純	이근택李根澤	이완용李完用	이지용李址鎔
1854~1934	1858~1916	1865~1919	1858~1926	1870~1928

내지인內地人-재조선 일본인

Japanese in Joseon

1876년(고종 13년) 조일수호조규朝日修好條規, 강화도조약 체결 후 1945년 일제가 패전할 때까지 한반도에는 많은 내지인들이 거주했다. 1876년 개항 당시 부산에 있던 일본인은 54명에 불과했다. 그러나 1879년 원산 개항과 1880년 원산의 일본 영사관 개설, 1883년 인천의 개항과 일본 조계租界의 설정, 그리고 같은 해 한성 개방 등으로 차츰 증가하였다. 갑신정변이 일어난 1884년에는 4,356명, 청일 전쟁이 일어난 1894년에는 9,354명이 되었다. 러일전쟁 후 일제가 대한제국을 '보호국'으로 만들어 통감부를 두고 각지에 이사청을 설치한 뒤부터 내지인 인구가 급격히 증가했다. 1905년 말 42,460명, 1906년 말 83,315명이었고, 1910년 말에는 171,543명으로 늘어났다. 1919년에는 346,619명, 일제가 패전한 1945년에는 약 80만 명에 달했다.

내지인은 일제 식민지 침략에 앞장섰고, 한국이 식민지가 된 이후에는 정치와 문화, 경제와 사회 모든 방면에서 식민지 지배자로 군림했다. 이들은 한국인과는 다른 자신들 특유의 생활 의식과 문화, 정신 구조를 공유하면서 '풀뿌리 침략자'로서 기능을 수행했다. 내지인 사회는 대체로 한국인과 접촉이 별로 없는 폐쇄적인 집단이었다. 70% 이상의 한국인들이 농민으로서 농촌에 거주했던 것에 비해 일본인 절대 다수는 대도시와 지방 주요 도시에 거주했다. 도시에서도 내지인은 별도의 구분된 지역에 살았다. 한성의 경우 내지인들은 남산 아래 현재의 예장동 · 남산동 · 필동 · 명동 · 충무로에 주거지를 형성했다. 그리고 이들이 살던 청계천 이남인 남촌의 거리는 가로등과 도로 포장 등의 시설이 확충되었고, 은행과 백화점 등이 들어서며 번화가로 변모했다. 시가지는 개발된 중심부의 일본인 거주지와 빈곤한 한국인이 사는 거주지로 이원화되었으며, 그 안에서 제한된 범위의 상호 접촉이 이뤄졌다. 한국인과 일본인은 교육에서도 철저히 차별되었다. 내지인 아이들은 소학교와 중학교에 다녔지만, 대부분 한국 아이들은 보통학교와 고등보통학교에 다녔고 극소수의 한국 아이들만이 중학교에 갔다. 때문에 도시에 거주하는 대다수 일본인 아이들은 태어나서 교육받고 살아가면서 한국인과 접촉이 제한된 채 자랐고, 자란 뒤에도 '작은 일본'을 만들어 모여 살았다. 내지인들은 조선인에 비해 월급에 가봉이 더해져 두 배가 되는 임금을 받으며, 경제적 혜택을 누렸고, 이를 통해 더 나은 교육과 상대적으로 풍족한 생활을 영위했다. 그들은 한반도에 살고 있음에도 한국 사회와 문화, 한국인에 대해 관심이 거의 없었다. 그들은 조선인들이 '여보'라는 말을 많이 쓰는 것을 보고, 일상 생활에서 조선인들을 '요보'라고 지칭했다. 이는 당시 내지인의 한국인 차별을 대변하는 용어 중 하나였다. 한국 사회를 제대로 경험하지 못한 대다수 내지인들에게 한국인은 열등한 지배의 대상일 뿐이었다. 한편 이들은 민족적으로는 식민 모국에서 넘어온 지배 민족이지만, 법제상으로는 조선에 거주하는 외지인(일본 거주민은 내지인으로 칭함)이었다. 일제는 제국을 운영하는 데 있어 일본 본토인 내지와 식민지인 외지를 구별하여 차별했다. 외지인에게는 참정권, 곧 일본 중의원 의원과 귀족원에 대표를 보낼 수 있는 선거권과 피선거권을 주지 않았다. 때문에 일부 내지인들은 참정권 청원 운동이나 한반도에 식민지 자치 의회를 설립할 것을 요구하는 자치 운동을 전개하기도 하였다.

1945년 일본의 패전 이후 내지인들은 본국으로 귀환해야 했다. 귀환 과정에서 38선 이북에서는 일본인 송환이 계획적으로 이뤄지지 않아 많은 일본인이 수용소 등지에서 겨울을 보내다 2만여 명의 희생자가 발생했다. 그러나 대부분의 지역에서는 귀환이 비교적 순조롭게 진행되어 1947년에는 대체로 완료되었다. 그런데 이들 귀국한 내지인들은 외지 출신이라고 본국 일본인들로부터 차별을 받기도 했다. 또 일본 사회는 이들의 귀환 과정에서의 피해를 거론하며 '전쟁 피해자'로 자리매김하려 했다. 이 때문에 상당수 내지인들은 일본 사회에서 차별을 받으며, 자신들이 한반도에서 '풀뿌리 침략자'로 살았었다는 것을 망각한 채 도리어 자신들을 피해자로 규정하고 있다. 또한 많은 경우 식민지 한국인의 고통에 대해서는 기억하지 못한 채 오히려 식민지 조선에서의 경험을 아름답게만 기억하거나 그리워하는 모습을 보였다.

출처: 국사편찬위원회 우리역사넷

- 통감부統監府: 1906년 일본 제국주의가 대한제국 황실의 안녕과 평화를 유지한다는 명분으로 서울에 설치한 통치 기구. 1906년 2월 설치되어 1910년 8월 주권의 상실과 더불어 조선총독부가 설치될 때까지 4년 6개월 동안 한국의 국정 전반을 사실상 장악했던 식민 통치 준비기구이다.
- 이사청理事廳: 1905년(광무 9년) 12월 통감부에서 대한제국 각 지방의 외국인 영사 업무와 개항장 인근의 교섭 및 지방 행정의 관리를 위해 설치한 부서

통문通文

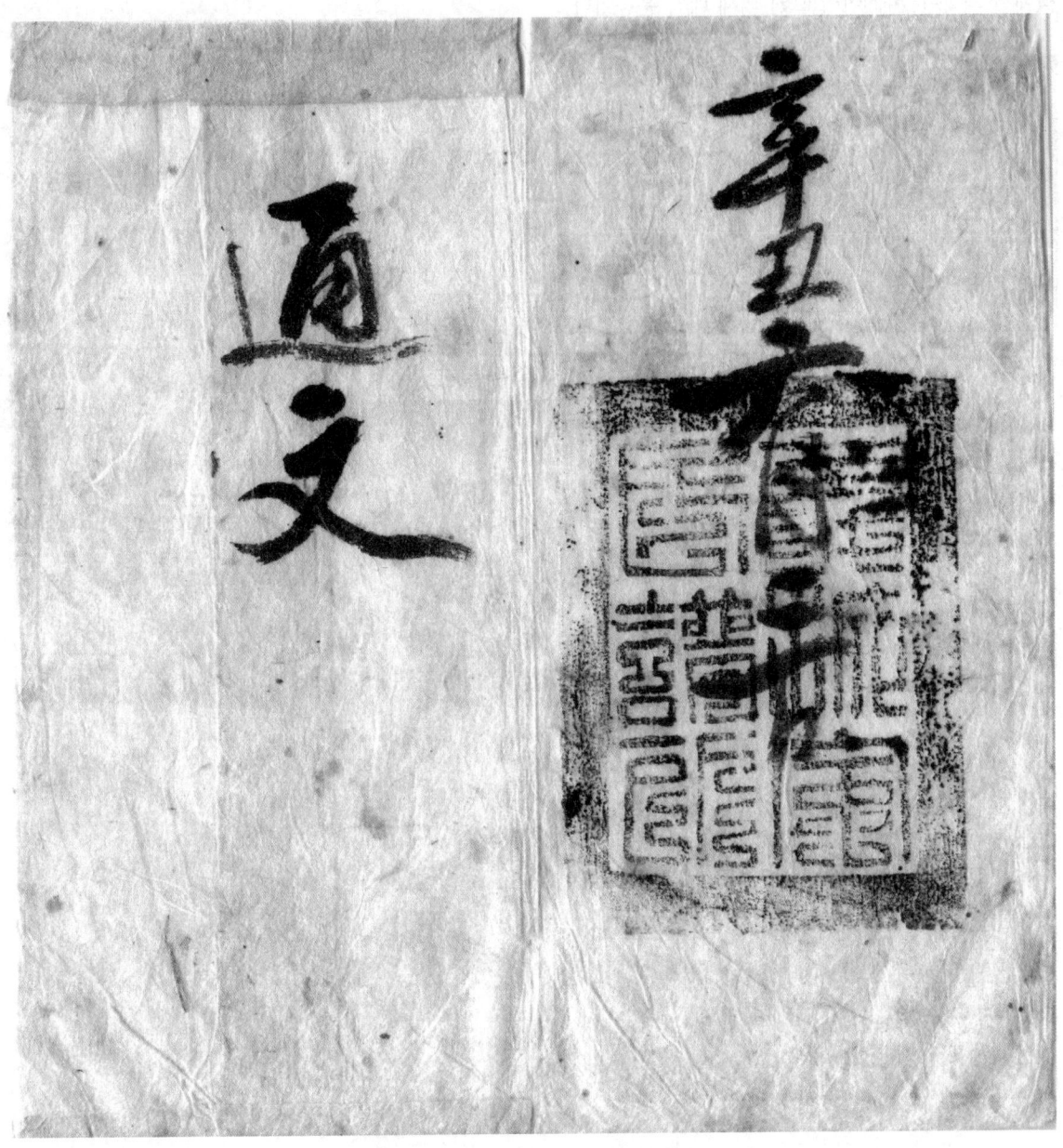

1901. 6. 3. 대한제국 광무 5년

■ 통문通文: 조선시대에 민간단체나 개인이 같은 종류의 기관 또는 관계가 있는 인사 등에게 공동의 관심사를 통지하던 문서. 서원·향교·향청鄕廳·문중門中·유생儒生·결사結社와 의병·혁명·민란의 주모자들이 대체로 연명(連名)으로 작성하여 보냈으며, 그 내용은 통지·문의·선동·권유 등 다양하다. 일반 서신과 다른 점은 개인이나 단체가 어떤 사실이나 주장을 다수에게 공개적으로 전달하는 데 있다.

의화단운동義和團運動은 청나라 말기 1899년 11월 2일부터 1901년 9월 7일까지 산동山東 지방 · 화북華北 지역에서 의화단義和團이 일으킨 외세 배척 운동이다.

영국군과 일본군 연합군이 의화단과 전투하는 장면

8개국 연합군 군인

의화단의 전신은 '의화권'義和拳 혹은 의화문義和門으로 그들은 1778년(건륭 43년)의 관방 문서에 처음으로 보이고 있다. 그들은 본래 통일된 조직이 없어서 연합행동을 할 때에 비교적 세력이 있는 촌이 주축이 되어 인근의 무리들을 불러모았다. 그리고 부자들을 위협하여 재물을 내도록 해 가난한 사람들을 도와주는 일을 해왔다.

하와이 노동 이민의 역사적 배경
Historical Background of Hawaiian Labor Immigration

1882년 5월 22일 한국 정부를 대표한 신헌申櫶 전권대사와 미국정부가 파견한 Robert W. Shufeldt 제독이 제물포에서 한미통상조약韓美通商條約을 정식으로 조인했다. 조약의 내용은 한국이 어떤 제3국으로부터 부당하게 공격받았을 때 미국은 한국을 도와서 행동할 것이라고 규정한 제 1조는 양국의 쌍무적 우호 관계를 확인하고 있다.

1883년 민영익 특명 전권대사 일행

그러나 극동지역 열강들 각축장의 중심 축이 된 한반도는 일제가 대륙 침략을 위한 일환으로 1905년 7월 29일 미국 국무장관 William H. Taft와 일본과 체결한 카츠라테프트밀약으로 한미통상조약은 미국이 한국과의 약속, 즉 조약을 무시하고 열강들의 국익을 우선하는 정책으로 전환하여, 일본에게 한반도 통치권을 인정해 주는 대신 일본은 필리핀에서 미국의 세력 확장을 묵인하여 주었다. 이로써 미국은 한미관계에 씻을 수 없는 과오를 저질렀다. 이러한 정치적 상황에서 한인들이 하와이로 이민길을 나선 것은 참으로 역사적인 아이러니라 하겠다.

1. 하와이 노동 이민의 시작 The beginning of labor immigration to Hawaii

출처: Their Footsteps(그들의 발자취). 1993. 인용 편집

1778년 1월에 영국배 S. S. Resolution호와 S. S. Discovery호를 인솔한 선장 Captain James Cook이 최초로 하와이에 상륙했다. 하와이가 외부 세계에 알려지자, 고래잡이 포경선이 모여들면서 번창하기 시작했으며, 특히 향나무 교역을 위한 중국인들이 오아후섬에 많이 들어왔다. 하와이 노동이민은 중국인으로부터 1851년에 약 190여 명, 다음 해인 1852년 290여 명을 시작으로 1897년까지 중국 광동성 이민자들을 중심으로 4만 명 이상이 이주해 왔다.

일본은 명치유신 이후 하와이로부터 농장 노동자 초청 이민의 기회가 주어지면서, 1865년 5월 400여 명의 이민자가 호놀룰루에 왔으며, 1885년부터 1894년 사이에 정부 계약 이민으로 2만 9천여 명이 들어왔다. 이어 1894년과 1900년에 민간 계약 이민으로 5만 7천 여명, 1900년과 1907년 사이에 7만 여명, 같은 시기에 자유 이민으로 7만여 명, 1908년과 1922년에 6만여 명이 하와이에 노동 및 다른 목적으로 하와이에 터

를 잡았다. 조선은 1882년 체결된 한미통상조약이 '카즈라테프트밀약'으로 효력이 없어지고, 1886년 11월 미국 이민위원회에서 한인 이민을 허가했지만 실제로는 16년이 지난 1902년 11월 5일에 고종황제의 윤허가 떨어졌다.

2. 1903~1905년 사탕수수 농장 노동이민의 시작
1903–1905: Beginning of labor immigration to sugar cane farms

하와이 이민에 대한 소문이 널리 퍼지자 조선내에서는 이민 희망자가 늘어났다. 1903년 1월 13일 증기선 Gaelic호에 실려 일본 Nagasaki항을 경유하여 20여 일만에 오하우섬 호놀룰루에 한인의 첫 이민자가 상륙했다. 이민자의 성별과 인원은 아래와 같이 성인 남자 56명(통역 2명 포함) 여자 21명, 미성년자(14세 미만의 소년소녀) 25명 등 합계 82명이다.

1902년 최초 한인 이민자를 태우고 온 갤릭호 S. S. Gaelic

이들은 1902년 12월 22일 제물포항을 떠나 겔릭호 선상에서 신천지에 대한 설레임과 희망찬 새해를 맞이했다. 각자 정든 고향을 떠나 생전 처음 이억만리 타향 땅에 이주한 이들은 누구나 다 하늘과 같이 높은 부푼 꿈과 기대와 자유를 만끽할 것이라는 기대에 차 있다는 것은 다 같은 공통점일 것이다. 한편 현지인들은 처음으로 코리아 사람들을 맞이하는 심경이 흥미와 관심을 불러 일으켰다. S. S. Gaelic호가 도착한 1903년 1월 13일 하와이 현지 언론사인 Evening Bulletin지에는 '오늘 도착한 한인은 실험적인 색채를 띄우고 있다. 이 새로운 이민자들이 좋은 일꾼이라는 것과 이들이 이 나라에서 친절한 태도가 증명될 때 앞으로 동양에서 들어오는 선박에는 코리안 이민자들이 계속 실려 올 것이 분명하다'는 기사가 실렸다.

1903년 1월 13일, 2살난 큰딸을 데리고 첫 이민선 S. S. Gaelic호를 타고 하아외에 도착하였던 김지원씨(이제는 대가족이 되었다)

그후 1903년 2월 28일 같은 신문에 '지난 1월 13일 이곳 Waialua농장에 도착한 한인은 몸이 건강하며 농업에 익숙한 사람들이다. 그들은 모두 만족하게 농장 노동일에 힘쓰고 있다. 그러나 그들의 임금은 가장 저렴한 것이 현실이다'라고 보도되었다. (그들은 새벽부터 저녁 때까지 약 열 시간 노동에 하루 품삯이 69센트였다) 이후 코리안

이민자들은 계속 들어왔는데 이는 코리안 일꾼들의 일하는 실적이나 태도가 농장주의 맘에 들었다는 것을 증명하는 것이다. 1905년 4월 말까지 한인 7,843명이 63척의 이민선에 실려 하와이에 도착했다.

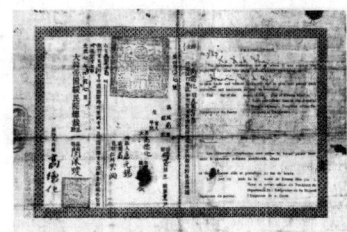

한국독립운동지혈사(저자 박은식)에 다음과 같은 귀절이 나온다.

'백성들을 유인하여 모아, 아무도 모르게 멕시코(墨西哥)에 팔아서, 우리 백성들로 부자 형제가 원통한 마음을 가지고 원수를 당하면서도 갚을 수 없고, 학대를 받아 거의 죽게 되어도 돌아올 수 없게 하니….
(국치시기에 일제가 우리 백성을 멕시코에 노예로 팔아 넘긴 사실이다)

광무 7년(1903) 4월 7일
최초 이민자 고덕화 씨 집조執照(여권)
대한제국 수민원綏民院 총재 정1품 민영환 발행

이민자들의 내역을 살펴보면 남자가 6,701명, 여자가 677명, 그리고 미성년자가 465명이었다. 다른 소수민족과 마찬가지로 수적으로 볼 때 남자가 여자보다 10배가 되는데 이러한 불균형은 이민 사회가 정착하고 성숙하는데 장애가 되었다. 그들은 각 농장에 배치되어 주로 사탕수수 재배 노동에 종사했는데 한편 그들은 한인끼리 친목회, 교회, 학교를 설립하기 시작했다. 여성 첫 이민자들은 어느 정도 자치권을 갖고 동네마다 동장, 서기, 순검 등 자치제 임원과 그 외 여러가지 문제를 처리하는 책임자가 임명 또는 선출되었다.

하와이 한인 독립운동 단체 국민회
참조: 체부(2022년 3월 발행) 277페이지

박용만 장군

신부 천연희(중앙)

■ 박용만朴容萬(1881~1928)
대한제국의 계몽운동가이자 언론인, 한국의 독립운동가, 군인, 언론인. 이승만, 안창호, 서재필과 함께 재미 한인 교민 사회의 초기 지도자 중 한 사람

미주 한인 이민 100주년 기념우표

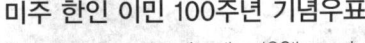
Stamp commemorating the 100th anniversary of Korean immigration to the United States

태극기와 성조기
2003. 1. 13. 발행
우표번호: 2304
발행량: 180만매
액면가: 190원
크기: 36x26mm

11월 17일 – 의학교장 지석영, 황성신문에 '양매창론' 楊梅瘡論을 발표. 서울과 인천 사이에 일반인들이 사용할 수 있
는 공중전화가 개설되었다.

Seoul ▶ Chemulpo ▶ via Shang–Hai ▶ Russia
이화보통우표 4전 첩부

7 JUIL 1902 Seoul–7 JUIL Chemulpo–24 JUIL 02 LIGNP.N. Russia

엽서 후면 사진 엽서: 아버지와 아들이 장기 두는 모습
130x90mm

Seoul ▶ France

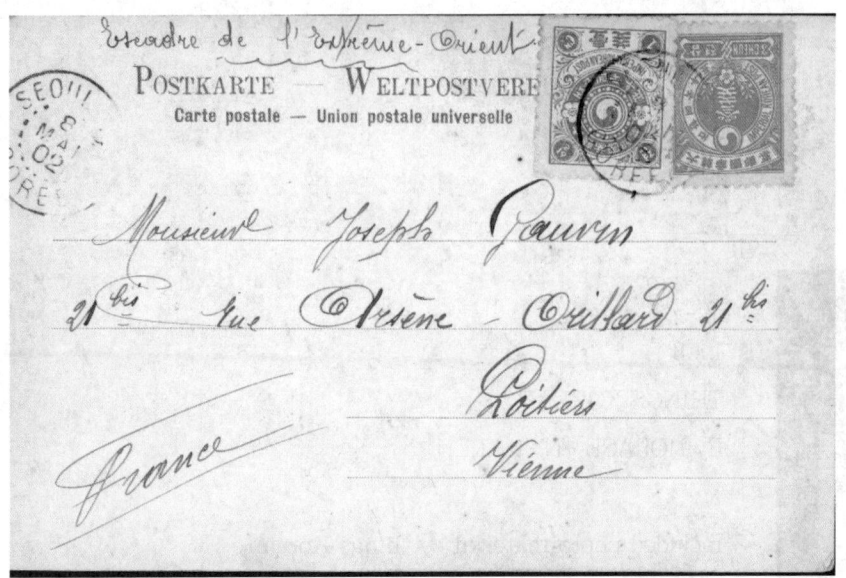

1902. 5. 8. Seoul–France. 양쯔강 풍경

1903

THINGS KOREAN

By HORACE · N · ALLEN

Included photo material by things Korean

체부기념관 소장

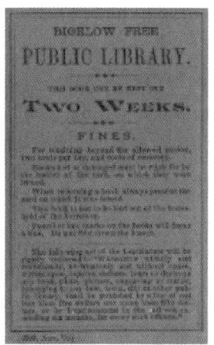

A Korean Officer of the Old Army

대한제국 육군 장교. Things Korean　　　Onies with Pack Frames 당나귀에 안장을 메고 가는 행렬

The DONKEY—The Pride of the Lesser Official

권위있는 양반 어른이 소년이 이끄는 당나귀를 타고
가는 위엄스러운 모습

PEASANTS HULLING RICE
절구통에 쌀을 찧는 농부 가족들

A STREET–SIDE TEMPLE IN SEOUL
고종황제 어극 40년 칭경기념비高宗 御極 四十年 稱慶紀念碑
(광화문 네거리)

THE THREE—MAN SHOVEL   밭갈이하는 농부들
City Wall in distance, showing one of the smaller gates

THE LAUNDRY AND MANGLE. "Woman;s Weapon"
다듬이질하는 소녀와 어머니

THREE MEN SAWING ONE STICK
톱질하는 청년들

THREE MEN SWINGING. ACure for the Mosquito Plague
3단 그네타기

ONE OF THE PRIESTLY FIGURES
사제상

A STONE LANTERN
석등

SEOUL OFFICES OF THE AMERICAN FIRM
CONTROLLING. THE ELEVTRIC PLANT AND WATER
WORKS. 한성전기회사 서울사무소 건물

BULL LOADS OF WOOD FOR SALE
도심 외곽 성문 앞에서 땔감을 파는 소년들. 황소 등에 차곡차곡 쌓은 땔감들

A ROYAL TOMB 왕족 묘
The grave and it's Surrounding Figures

1월 8일 – 대한제국. 제네바 협약 가입. 2월 – 군산에 영명학교 설립 군산제일고등학교. 5월 7일 – 수원에 삼일학교 설립. 5월 – 평양 격물학당(현 광성고등학교) 소학교와 중학교 설치. 6월 – 한성 연동여중학교로 교명 변경 정신여자 고등학교. 8월 7일 – 미국 하와이주 호놀룰루에서 최초의 재미한인단체인 신민회 발족. 8월 11일 – 대한제국. 덴마크 와 통상조약 체결. 9월 9일 목포 영흥서당 설립. 9월 15일 – 목포 여학교 설립 정명여자고등학교 설립. 9월 23일 – 안 창호. 샌프란시스코에서 정치단체 친목회 조직. 10월 1일 – 제1회 미국 프로야구 월드시리즈. 보스턴서 개막. 10월 31일 – 평양에 숭의여학교 설립. 10월 13일 – 보스턴 레드삭스. 제1회 미국 프로야구 월드시리즈 우승. 11월 19일 – 원산 루 씨 기념여학교 설립

Chemulpo ▶ Shang–Hai ▶ Paris, France

8 OCT 03 Chemulpo—15 OCT 03 via Shang – Hai – Paris,France
141x91mm

국치시기 친일파 리스트
List of pro–Japanese factions during the Japanese colonial period

정미칠적丁未七賊

| 고영희 | 송병준 | 이병무 | 이완용 | 이재곤 | 임선준 | 조중응 |

대한제국 전답관계田畓官契 문서

Korean Empire field and rice field official contract document

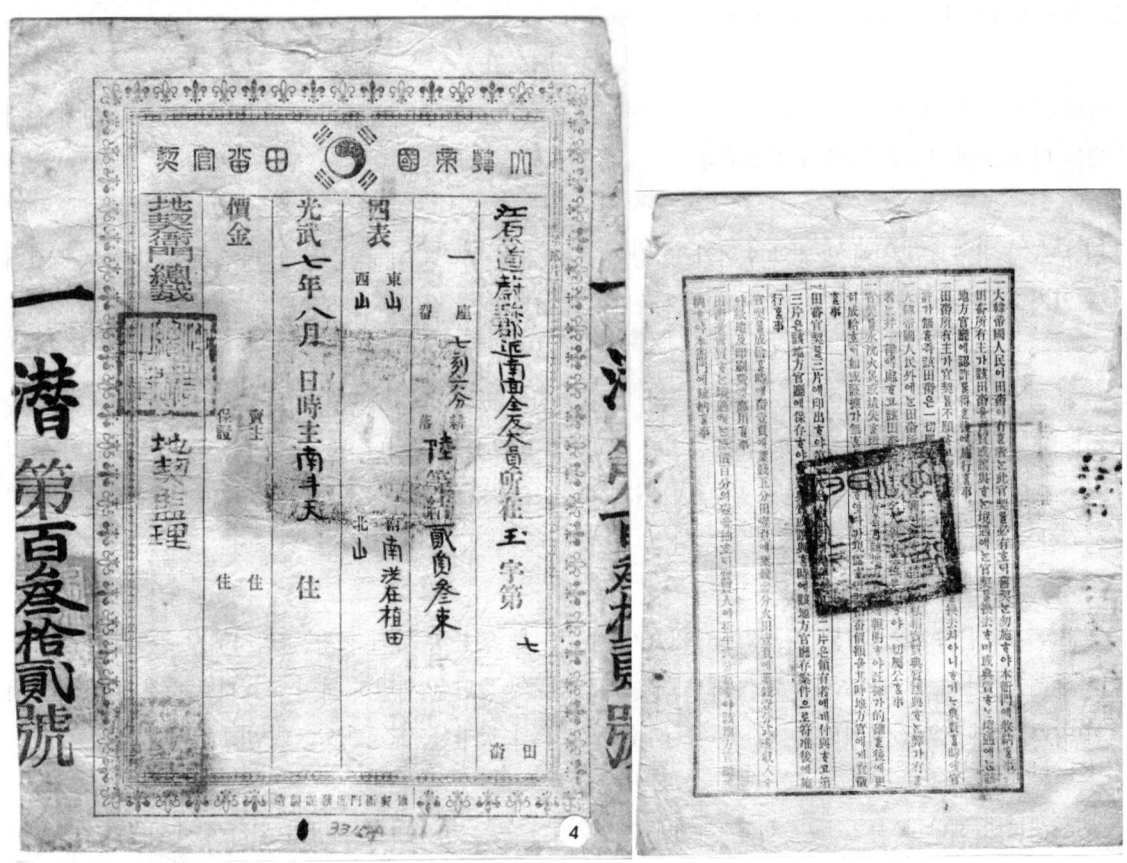

대한제국 1903년 연혁

- 1월 8일 – 대한제국, 제네바 협약 가입.
- 2월 – 군산에 영명학교 설립 (현 군산제일고등학교)
- 5월 7일 – 수원에 삼일학교 설립
- 5월 – 평양 격물학당(현 광성고등학교) 소학교와 중학교 설치
- 6월 – 한성 연동여중학교로 교명 변경 (현 정신여자고등학교)
- 8월 7일 – 미국 하와이주 호놀룰루에서 최초의 재미한인단체인 신민회 발족.
- 8월 11일 – 대한제국, 덴마크와 통상조약 체결.
- 9월 9일 – 목포 영흥서당 설립(현 영흥고등학교)
- 9월 15일 – 목포 여학교 설립 (현 정명여자고등학교)
- 9월 23일 – 안창호, 샌프란시스코에서 정치단체 친목회 조직.
- 10월 1일 – 제1회 미국 프로야구 월드시리즈, 보스턴서 개막.
- 10월 31일 – 평양에 숭의여학교 설립.
- 10월 13일 – 보스턴 레드삭스, 제1회 미국 프로야구 월드시리즈 우승.

독수리우표

1889년 프랑스인 우체고문 끌라망세Clemencet; 吉孟世는 우정 정책에 관하여 농상공부 대신에게 장문의 건의를 제출하였는데 그 요점은 다음과 같다.

1. 외국우편의 개시에 따라 신 우표 4종(1, 2, 3, 4전)과 엽서 2종(1, 2전)만을 제조키로 결정하였다는데, 외체 실시에는 더욱 고액 우표의 발행이 긴요하다.

2. 신 우표가 발행되면 천하 만국의 수집가 및 상인 등이 많이 매득買得[구입]할 터인즉, 불실기회不失機會[때를 잃지 아니함]하면, 즉각간 卽刻間에 불소不少[적지 아니함]한 금액을 필성조수必成造數할 수 있다.

3. 우체 엽서를 제조함에 있어서도 수집가들의 의향을 진기振起[장려]하려면, 기하幾何[잘 모르는 수량이나 정도]를 정량定量[추측하다]하여 국내 유명한 지방 경치地方景致[산이나 들, 강, 바다 따위의 자연이나 지역의 모습]며, 비각碑閣, 읍성邑城, 관각官閣의 경색景色을 사진寫眞을 도안한 그림엽서를 발행하면 고가로 판매할 수 있다.

4. 우표를 제조함에 있어 일본인 공장工匠[기술자]의 감시를 엄중히 하되 공장 출입시에는 관원을 차정差定[사무를 맡김] 하여 거의조사擧衣調査케 하고, 우표 용지의 출납을 세밀히 하여 무효지도 충분히 검사할 것이며, 기계 제구의 간수에도 주의하여 위조지환僞造之患과 불미사고不美事故를 미연에 방지할 것.

5. 이로 인하여 해당 공장(일인 기술자)이 중도에 그만두거나 혹은 항의함을 예방키 위하여 개위漑爲 소탁所託한 우표의 판도版圖만 조각케 하고, 인쇄지사는 구주내歐洲內 하국何國이든지 일국우정성에 위탁함이 십배나 좋은 일이며, 예산중에 계산된 五千元으로도 우표에 계係한 판각 및 인쇄 제반사를 위하여 충분하다.

이상으로써 우취가에대한 고려를 촉구하고 우표를 선진국에 위탁 제조할 것을 건의하였다. 이와 같은 끌라망세의 의견이 채택되어 1900년 7월 26일 통신원 총판 민상호閔商鎬는 '현재 사용하는 우표를 균일 인쇄국 제조 이온바 기계가 불비하여 미태정량未態精良하고, 공장工匠이 둔졸鈍拙[둔하고 서투름]하여 종류가 미극제비未克齊備 하온즉 만국우회萬國郵會(UPU)에 제출키 난難 하기로 외체外遞 수용할 우표 13종과 엽서 2종을 법국法國 체신성에 수탁 제조하기로 결정' 하였던 것이다. 이것이 불란서정부인쇄국佛蘭西政府印刷局에서 제조한 소위 '독수리우표'의 발주 경위다.

출처 구한국시대의우표와우정. 1964. 진기홍 저

1903

단기 4236년. 대한제국 광무 7년. 조선 고종 40년

독수리보통우표

The Eagle Definitives Series

교정용 시쇄 원본(校正用試刷原本)

A die essay

On Postal Adviser E. Clemencet's Recommendation For the new postal policy, the daehan empire government entrusted the printing of the new 13-value stamp to the French government, under the pretext of upgrading the quality of postage stamps that were to be in use for international mail. The order was placed in July 1900 and, thus, the eagle stamps were issued in June 1903. The Eaglealong wuth the plum blossom pattern constitute the basic motif of the 13-value stamp. The full sheet is composed of 5x5 and the plate sheet is 25x3.

교정용 시쇄 원본(校正用試刷原本)
독수리보통우표

1898년부터 대한제국 우체고문으로 와 있던 불국(佛國–프랑스) 사람
끌라망세 [V. E. Clomencet(한국명: 길맹세. 吉孟世) 가
1. 국제간 우편 교류의 확대로 저액우표로부터 고액 우표까지 여러 가지
   액면의 필요성
2. 세계 각국의 우표 수집가, 우표상을 대상으로 세입 증대
3. 일본인 기술진의 배제
4. 외국 인쇄의 효과와 정밀도 등의 유리한 점을 들어 끈질긴 노력으로
   조정을 설득한 결과 도안을 비롯해 인쇄까지 프랑스에 의뢰하여 제조
   된 우표이다.

본 우표를 제작하기 전 도안과 색상 등을 사전 검토용으로 제작, 인쇄하
여 교정용으로 인쇄한 것이다.

싸이즈: 92x142mm. 색상 검정색. 액면 니전(2C). 도안 독수리,
태극 문양, 지구의, 칼문양

본 자료 내역

(기사 내용 중 일부) 김씨 작품 중 가장 눈길을 끄는 건 '독수리 보통시리즈 교정용 시쇄인본'이다.

1900년쯤 구한말 마지막 우표인 독수리 우표를 위탁 제작하게 된 불국 정부 인쇄국에서 우표 원판을 시험적
으로 인쇄, 미리 우리나라 정부에 보낸 시험 인쇄본이다. 정부는 이 우표의 독수리가 너무 위압적이라는 이
유로 재작성을 요구하게 돼 실제 우표는 이보다 움츠러든 모습이 되었으며, 이 시쇄 인본은 세계에 단 한 장
밖에 없는 초희귀품이 되었다. 김씨는 이 시쇄 인본을 노환으로 자신의 우표를 정리하게 된 원로 수집가로부
터 넘겨받았다. 이 원로수집가는 수십 년 전 왕십리에 보유하고 있던 땅과 이 우표를 바꿨는데, 그 땅의 가치
가 현재 30억 원대에 이른다고 한다.

출처: 위키백과

독수리보통우표
The Eagle Definitives Series

시쇄(試刷)

독수리보통우표 견양(見樣) 시트. PROOF

견양(見樣)시트는 우표를 인쇄하기 전에 우표 인쇄 상태를 미리 보기 위하여 시험적으로 소량만 인쇄해 보는 것을 시쇄라고한다. 또한 결정된 우표의 인쇄 상태를 측정해 보고 이를 최종 결정권자에게 결재를 득할 적에 참고 자료로 제시하기 위하여 견양으로 몇 장만 인쇄해 보는 경우가 있다. 이때 소형 시트 모양으로 넓은 인쇄 용지에다 인쇄물 우표와 똑같은 도안의 우표를 인쇄한 것을 견양(見樣)시트라고한다. 대한제국의 우체 고문이던 끌라망세가 1903년에 발행된 독수리보통우표 13종을 인쇄 발주 받아 이의 견양으로 1원 우표와 똑같은 도안으로 색깔만 각각 다르게 인쇄해 온 것이 견양 시트의 시초로 추정된다.

견양(見樣) 시트
PROOF

독수리보통우표 일전 · 니리 견양 시트

독수리보통우표 미 사용 50전(50C) 우변 탭 Q506

독수리보통우표 니리(2Ri) 미 사용. 상변지 및 우변지 탭 3장 연쇄

에세이(Essey)

우표를 발행하기 위해서는 담당 디자이너가 원도를 시험적으로 인쇄해 보며 여러 가지 색깔로 찍어보고 도안이나 색깔을 수정해 최종적인 우표 도안을 결정하기 위해 미리 찍어보는 시험 작품을 에세이(Essey)라 한다.

에세이가 우표의 도안을 결정하기 위하여 사용된 것이라면, 프루프(Proof)는 우표의 도안이 확정된 후 시험적으로 찍은 것이라고 보면 된다.

출처: 2010년도 우표문화길잡이

독수리보통우표

The Eagle Definitives Series

2Ri(이전)   1C(일전)   2C(이전)   3C(삼전)

4C(사전)   5C(오전)   6C(륙전)   10C(십전)

15C(십오전)   20C(이십전)   50C(오십전) $1(일원)

Perf.   13x14

Pt . 凸版
(Yypographed)

Ps. 프랑스정부인쇄국
전지 구성 5x5x3 = 75

독수리보통우표

The Eagle Definitives Series
U.S. CONSULATE GENERAL CANCELLATION
외교인(U. S. Consulate Stampmarks)

SEOUL, KOREA / Mar. 7, 1905

CC   KOREA/WASHINGTON   WASHNGTON   May. 18, 1905

15C Pair · 외체인과 I.J.P.O 일부인   부산 1호
FUSAN & 한국 부산

전위첨쇄錢位添刷 보통우표

출처: 김요치 자료집

1895년 우리나라에 우편제도가 재개(再開)됨에 따라 발행된 우표가 '태극보통우표'이다.

태극 보통 우표에는 당시의 통용 화폐 단위에 맞추어 오푼(五分), 한돈(一錢), 두돈오푼(二錢五分), 닷돈(五錢)의 4종류가 있다.

태극 보통우표 발행 이후 화폐 단위가 '푼'에서 '전'으로 바뀌고(5푼=1전), U.P.U.에 가입함에 따라 1900년에 발행된 우표가 이화(梨花) 보통우표(14종)이고, 그 뒤를 이어 1903년에 독수리 보통우표(13종)가 발행되어 1909년 8월 31일 폐지되기까지 같이 사용되었다. 전위첨쇄(錢位添刷)라 함은 '푼' 단위의 우표 액면을 '전' 단위의 우표 액면으로 바꾸기 위하여 '푼' 단위 바탕우표 위에 각종의 '전' 단위 표시를 첨가(添加)하였다는 것을 의미한다. 화폐 단위의 변경과 새로운 우표가 발행되어 자연히 재고로 사장되다시피 한 태극 우표를 활용하기 위하여 당시의 우편요금 체계상 사용 용도가 적어, 재고가 많은 두돈오푼과 닷돈의 태극우표를 바탕우표(臺 郵票)로 하여 그 위에 사용 용도가 큰 1전·2전·3전(三錢 또는 三錢) 이라는 액수를 금속활자 또는 목각조판(木刻組版)하여 첨쇄, 발매한 우표가 '전위첨쇄(錢位添刷)보통우표'다. 전위 첨쇄 보통 우표는 첨쇄된 액면에 따라 당초에는 변1전표(變一錢票)·변2전표(變二錢票)·변3전표(變三錢票)라 하였고, 이를 통칭하여 변전표(變錢票)라 하였다. 이 우표를 인쇄 공학적으로 분석하여 볼 때 금속활자 첨쇄 방법과 목각조판 첨쇄 방법으로 대별되나, 여기에 구태여 첨가를 한다면 붓으로 쓴 수필(手筆) 방법도 있었다. 금속 활자 첨쇄 방법에 있어서도 난해(難解)하고, 정리가 안된 부분이 있어, 특히 목각조판 첨쇄 방법에는 대량으로 수집할 수 있는 목각 조판 판식은 구명(究明), 정리가 되어 있으나 그외의 부분, 즉 미확인체(未確認體)라고 부르고 있는 부분에 대하여는 아직도 구명(究明)되지 아니하여 그 일부분이나마 이를 구명, 정리하여 고찰하는 데 그 의미를 두었다.

미확인체

미확인체 · 3전 · 전형 · 인천

2전 · 50P. 중간 무공

3전 · 50P. 1900년

3전 · 50P · 역첨쇄

3전 · 수기체   3전 · 수기체   3전 · 수기체   3전 '錢'자 누락 철원 8월12일

전위첨쇄보통우표 일부인 규명糾明

SEOUL NO.1 COREE

좌측과 우측의 영문 일부인은 판독결과
양쪽이 동일형임./자체/크기/위치
일자/표기법/간격 등 모두동일함

1901 ~ 1903

전위첨쇄보통우표

CHEON Surcharge Series

전위첨쇄보통우표 판별 분류

제1판 ~ 제2판

제1판	제2판	제3판	제4판
명조체 금속활자	필서체 목각판	필서체 목각판	필서체 목각판
명조체 활자를 조판 활판인쇄	필서체 목각판 조판 활판인쇄	필서체 목각판 조판 활판인쇄	필서체 활판인쇄/판종 불명
요판, Type I	Type II	Type II	Type IV

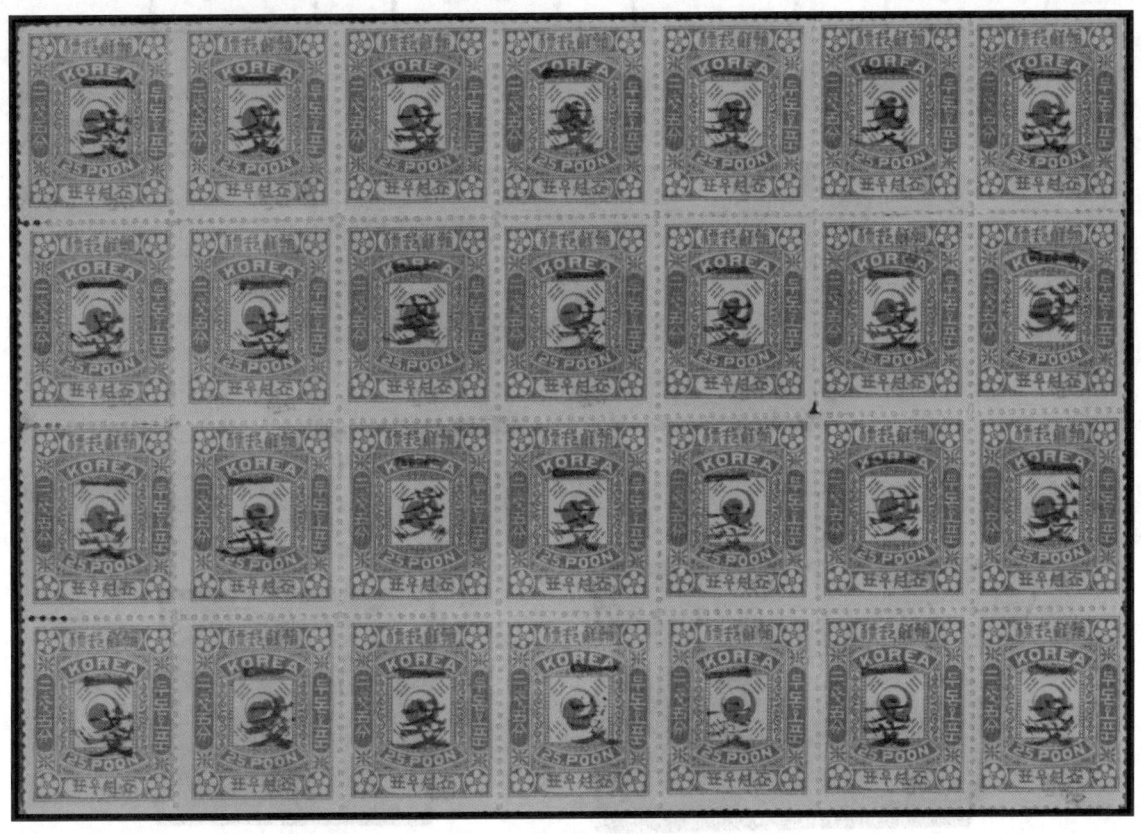

전위첨쇄 보통우표는 제1,2,3,4판 이외도 우체국에 따라 우체국에 남아 있던 우표에다 직접 붓으로 쓴 것이 여러 종 발견되고 있으나, 실제로 우편에 사용한 봉피가 아니면 진품 여부를 식별하기가 어렵고, 진품으로 공인되기 난이하다. 그러나 실체 봉피에 첩부되어 우체사의 일부인이 날인된 실체는 의심의 여지없이 진품으로 인정 받는다. 대한제국은 우표인쇄 시설을 도입하여, 1900년 1월부터 이화보통우표를 인쇄하여 사용하면서 태극우표 사용을 폐지하는 대신 잔량이 많은 태극우표 2돈5푼과 5돈에다 수요가 많은 1전, 2전, 3전의 새로운 금액을 첨쇄하여 이화보통우표와 함께 병행 사용하였다.

전위첨쇄보통우표 서체 비교

'JEON · 錢' Surcharge Series, 1901~1903

Type 1. Ming Style Printing Type(명조체) Surcharge

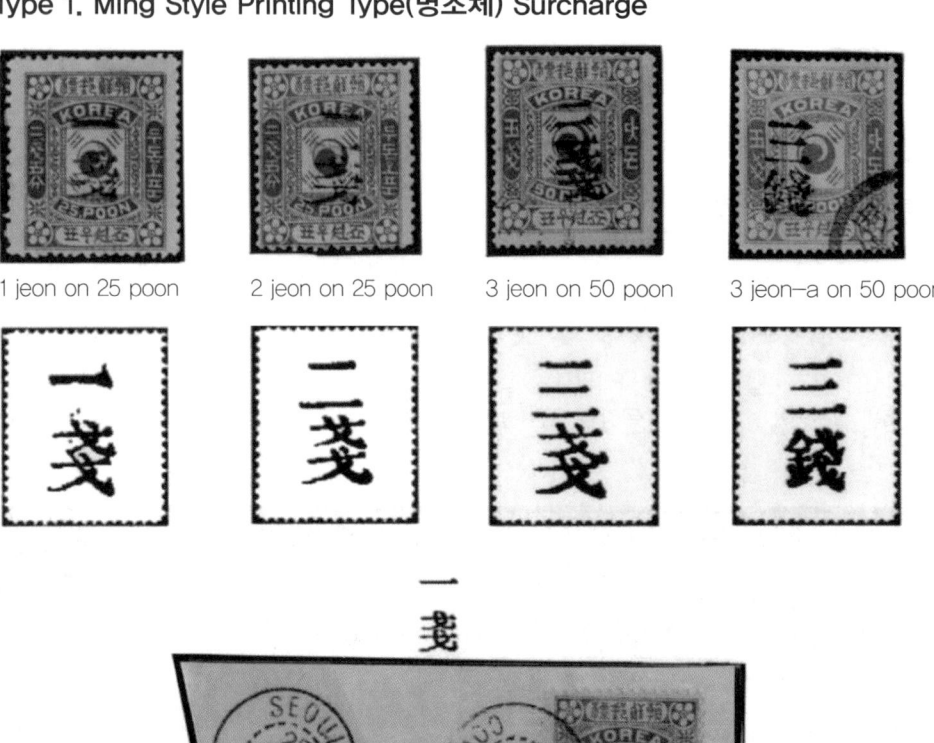

1 jeon on 25 poon   2 jeon on 25 poon   3 jeon on 50 poon   3 jeon-a on 50 poon

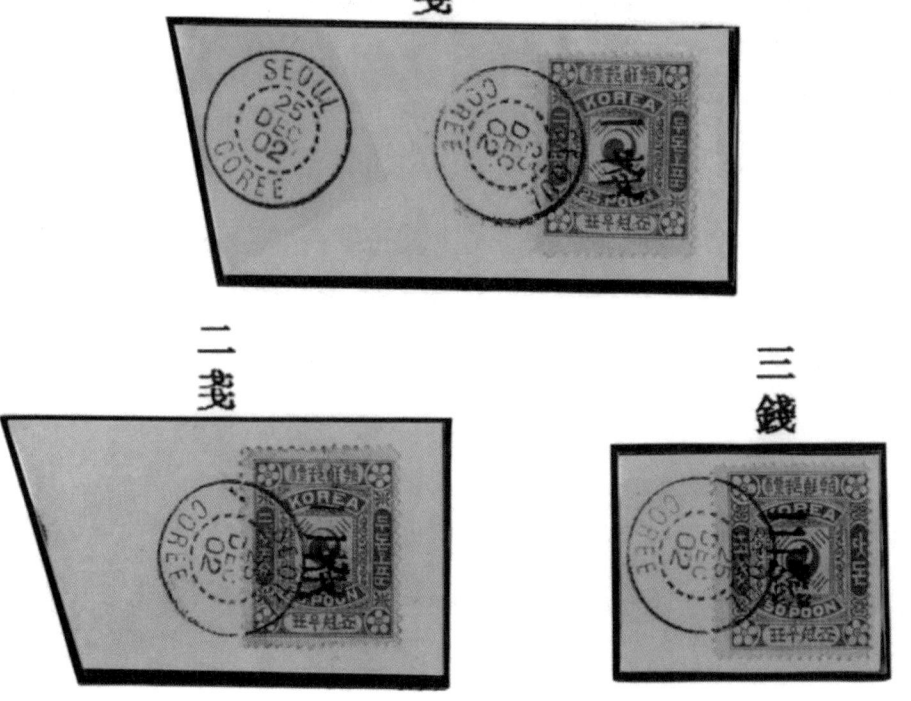

전위첨쇄보통우표 Block(49매)

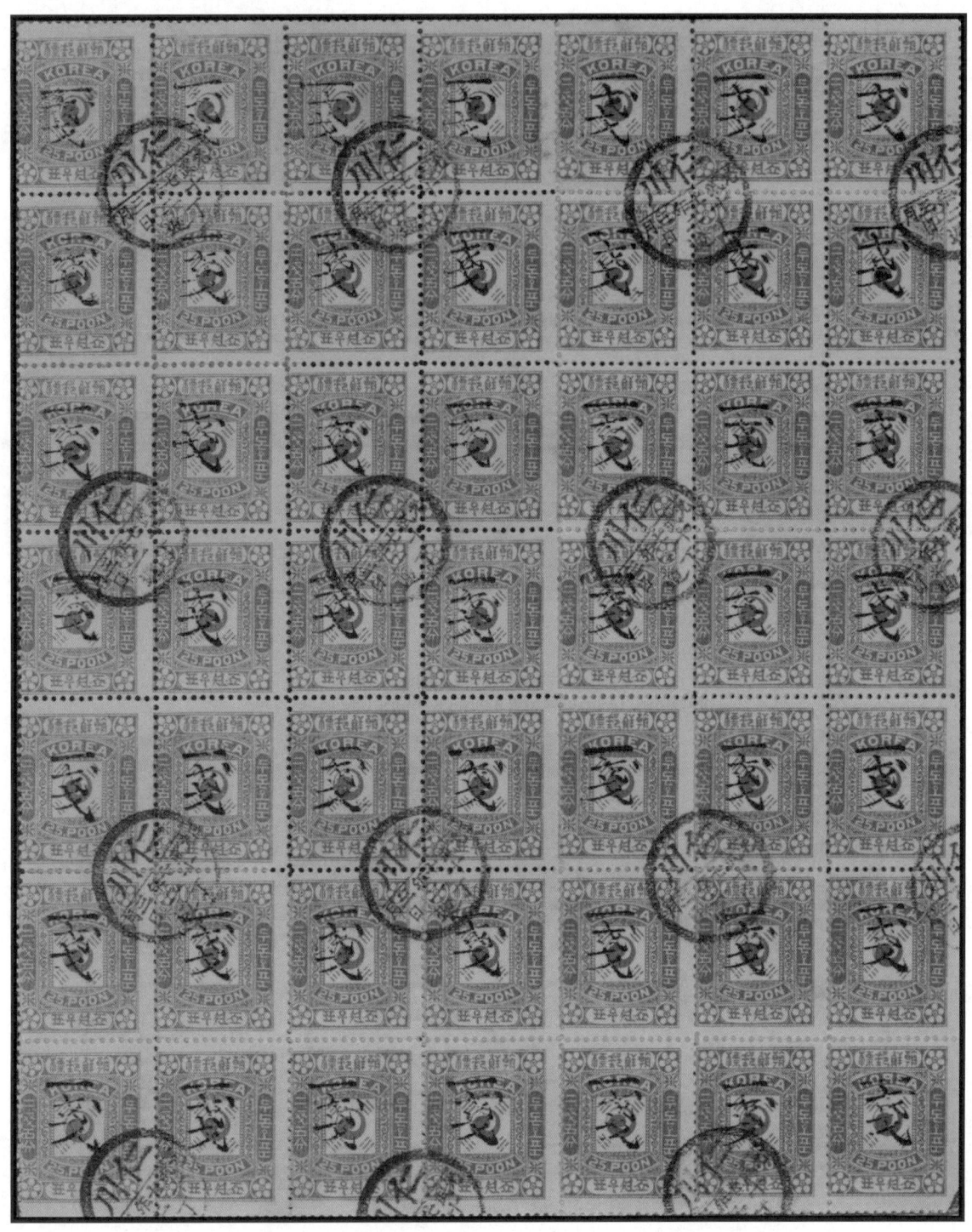

인천 원일형 일부인 광무 7년(1903) 3월 12일 정체
25푼 25 POON/일전 첨쇄

전위첨쇄보통우표 첨쇄 위치 비교

Typographical error of the letter [錢]

Overprinting in reverse

三錢 surcharge imprinted on
the 25-poon value with the country name overprinted in red ink

二錢 surcharge on the 50-poon value
imprinted in reverse and a duplex imprinting in reverse

Overprinting
in reverse

Overprinting
in reverse

Overprinting
in reverse

Duplex overprinting
in reverse

錢 三錢, 二錢의 명조체, 역첨쇄, 이중첨쇄로서 희귀한 자료이다.

독수리보통우표 고액권(50전 · 1원 · 2원 포함) 첩부

공주 천주당 Pasquier 신부

1903년(광무 7년) 11월 16일 공주 천주당 Pasquier 신부

공주 일부인

■ **피에르 파스키에 신부 L'Abbe Pierre Pasquier, 한국명: 주약슬朱 若瑟, 1866~미상**

프랑스 파리 외방선교회에서 파견되어 1889년 10월 3일, 23세에 조선에 입국한 파스키에 신부는 1890년 4월에 충청남도 예산군 예산읍 간양리(忠南 禮山郡 禮山邑 間良里)의 간양 골짜기에 도착하여 5년간 몸에 큰 병이 들만큼 열정적인 사목활동을 펼쳤다. 파스키에 신부는 예산 심산 중곡 산마루턱 간양골에 자리를 잡았다가 내포 유적지들을 빼놓지 않고 골라 유적지마다 기념비적인 성당터를 마련하던 중 가장 역사적이고 또 내포의 중심지인 합덕(지금 구합덕)에 너른 터를 장만하였다. 그러나 1894년에 몰아닥친 '동학농민혁명'으로 인해 내포교회는 큰 타격을 받게 되었다.

1904

Chemulpo ▶ Via Moji ▶ Germany

Chemulpo 25.Nov.1904—Moji—30 12 1904 Germany

W.B. Harrison선교사가 전주에서 미국으로 보낸 서신

전주 신흥학원(현 전주 신흥고등학교) 설립에 기여한 미국 남장로회 소속 선교사
Rev.W.B. Harrison(1894~1928 河緯廉) 선교사
CHUNJU, KOREA

1904

프랑스 Le Petit Parisien 지(誌) 기사

일본군 서울 점령(1904) LA GUERRE RUSSO—JAPONAISE

출처: 체부(2022. 3. 1. 발행) 320페이지 참조

1904 Kisaburâ 오하라 풍자 문어 아시아 및 유럽 지도

1904 Kisaburâ O'Hara Satire Octopus Map of Asia and Europe

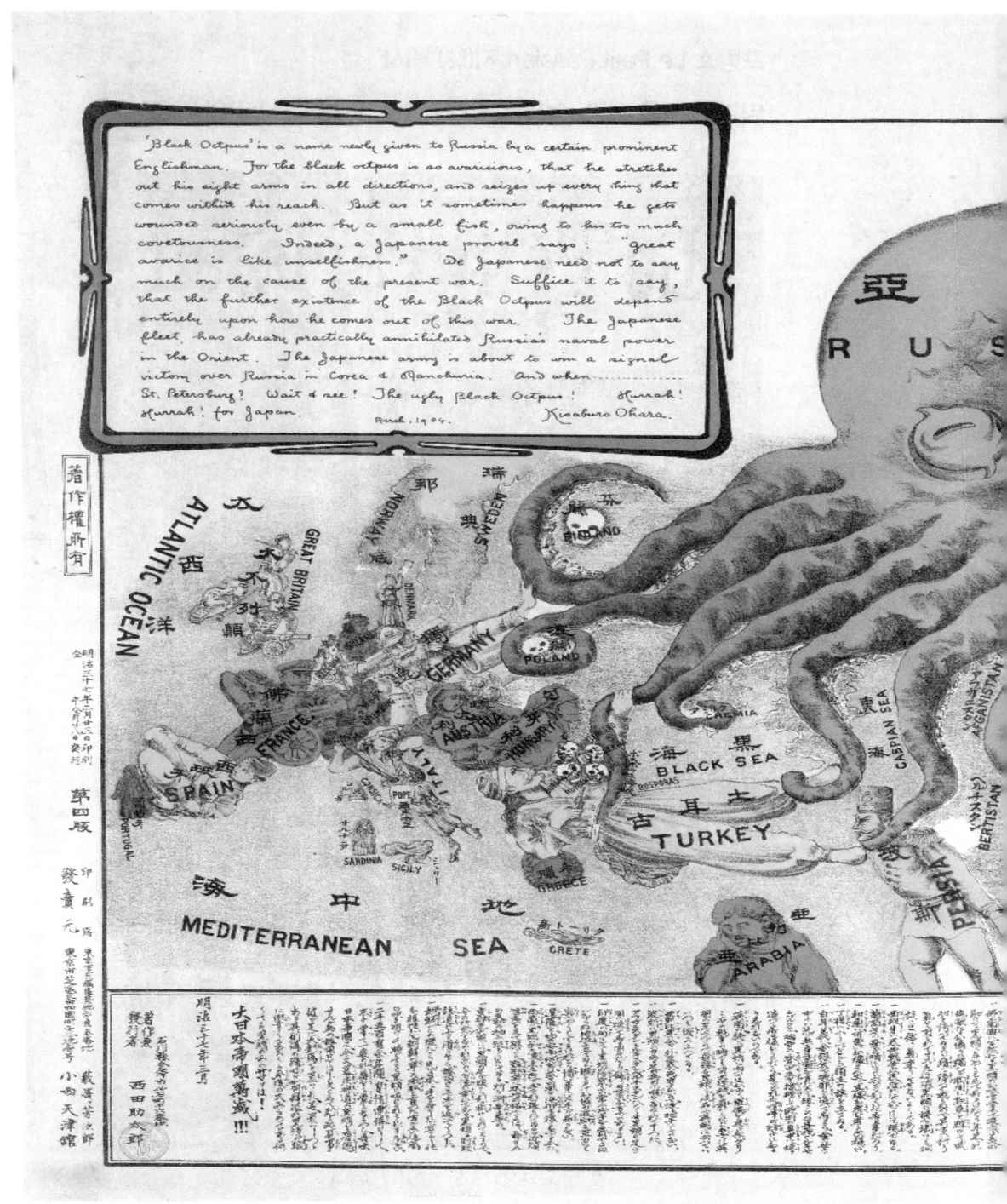

193x4869mm

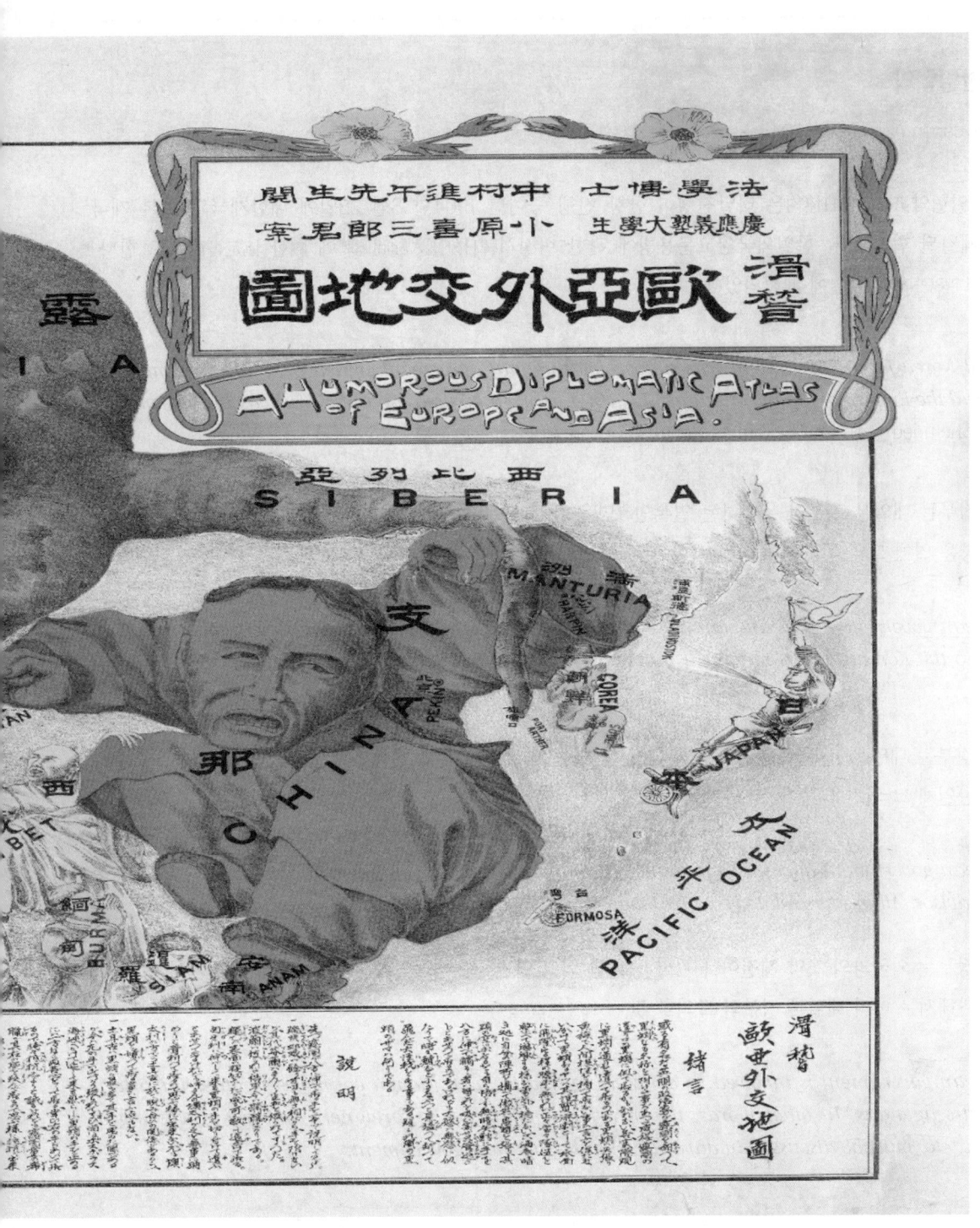

제1차 한일협약

1st Korea—Japan Agreement 1904

제1차 한일협약第一次韓日協約은 러일전쟁이 한창 진행 중이던 1904년 8월 22일에 대한제국과 일본 제국 사이에 체결된 협약이다. 한일외국인고문용빙에 관한 협정서韓日外國人顧問傭聘에 關한 協定書라고도 한다. 1904년(광무 8년) 8월 22일에 체결되었다.

The First Korea-Japan Agreement was a coercive unequal agreement signed between the Empire of Korea and the Empire of Japan on August 22, 1904, while the Russo-Japanese War was in full swing. It was concluded without the king's permission on August 22, 1904 (8th year of King Gwangmu's reign)

1. 대한 정부는 대일본 정부가 추천하는 일본인 1명을 재정 고문으로 하여 대한 정부에 용빙하고, 재무에 관한 사항은 일체 그의 의견을 물어 실시할 것.

The Korean government uses one Japanese recommended by the Japanese government as a financial adviser to the Korean government, All matters related to finance shall be carried out by asking his opinion.

2. 대한 정부는 대일본 정부가 추천하는 외국인 한 명을 외무 고문으로 하여 외부에 용빙하고, 외교에 관한 요무는 일체 그 의견을 물어 실시할 것.

The Korean government appoints a foreigner recommended by the Japanese government as a foreign affairs advisor. All matters related to diplomacy should be carried out by asking for their opinions.

3. 대한 정부는 외국과의 조약 체결이나 기타 중요한 외교 안건, 즉 외국인에 대한 특권 양여와 계약 등의 처리에 관해서는 미리 대일본 정부와 토의할 것.

The Korean government is involved in concluding treaties with foreign countries or other important diplomatic agendas. In other words, the transfer of privileges to foreigners and the processing of contracts, etc. must be discussed in advance with the Japanese government.

광무 8년 8월 22일
외부대신 서리 윤치호尹致昊

메이지 37년 8월 22일
특명 전권 공사 하야시 곤스케林權助

LE MONDE ILLUSTRÉ

48ᵉ Année   12 Mars 1904   Nᵒ 2450

SÉOUL, LE 10 FÉVRIER 1904. — Comme prélude à la mainmise sur la Corée, les Japonais affichent leur déclaration de guerre à la Russie

(Croquis de l'un de nos envoyés spéciaux en Extrême-Orient)

대한제국의 혼돈 1904 LE MONDE ILLUSTRE지 12 Mars 1904

혼란스러운 대한제국의 상황을 그린 표지. 민중들이 벽에 붙은 포고문을 들여다보고 있다. 대한제국 영세 중립국가 선언, 러일전쟁 발발, 한일의정서 체결, 제1차 한일협약 체결 등의 사건

1월 21일 – 대한제국 영세 중립국가 선언. 그 사실이 청나라의 치푸에서 신문에 발신. 2월 8일 – 러일전쟁 발발. 2월 10일 – 러일전쟁: 일본 제국, 러시아 제국에게 선전 포고. 2월 23일 – 한일 의정서 체결. 3월 1일 – 동래 개양학교 설립. 4월 – 함경북도 성진에서 보신학교 설립. 7월 1일, 미국의 세인트루이스에서 제3회 하계 올림픽 개최 – 대한매일신보 창간(현 서울신문). 8월9일 – 일본과 러시아, 포츠머스에서 강화조약 회담 개시.8월 20일 – 친일파 송병준, 윤시병 등 친일단체인 유신회를 일진회로 개칭. 8월 22일 – 제1차 한일협약 체결. 9월 12일 – 휘문고등학교 전신인 광성의숙 설립. 9월 23일 – 세브란스 병원 개원. 10월 4일 – 세브란스 병원 개원 후 백내장 수술을 첫 수술로 시작함. 10월 15일 – 러일전쟁: 러시아제국 해군의 발트 함대가 러일 전쟁 참전을 위해 에스토니아 탈린을 떠나 중국의 뤼순으로 출항하다. 11월 16일 – 세브란스 병원 신축.

분전요증分傳要證실체

광무 8년(1904) 12. 5. 인천감리서–한성 대법영사관

분전요증分傳要證

Delivery Certification (for Domestic mail)
현재 시행중인 배달증명配達證明과 같은 제도

인천감리서仁川監理署

조선 말기 인천 개항장開港場
행정과 대외관계 사무를 관장하던 관서

샤를 바라(Charles Varat)와 그가 촬영한 인천 감리서 터

- 개항장開港場: 외국인의 내왕과 무역을 위해 개방한 제한 지역
- 지사서支社署: 조선 말기 일시적으로 각 개항장開港場에 설치되었던 지방 관청
- 감리監理: 조선 말기 감리서監理署의 주임관奏任官 관직
- 샤를 바라(Charles Varat, 1842~1893): 프랑스 민속학자. 1889년 파리에서 개최된 만국박람회에서 자신이 한국 여행에서 수집한 유물들을 전시하였다.

SEOUL R No. 2252 ▶ Italy

독수리보통우표 3전+10전 첩부 SEOUL등기 우편

18 NOV. 1904 SEOUL, COREE–Italy
엽서 후면 제물포항 풍경 사진 엽서   280x93mm

제물포 항구 전경
18 NOV 04 SEOUL–ITALY

■ 을사오적乙巳五賊은 1905년 11월 17일 대한제국에서 을사늑약의 체결을 찬성했던 학부대신 이완용, 군부대신 이근택, 내부대신 이지용, 외부대신 박제순, 농상공부대신 권중현의 다섯 명의 매국노를 일컫는 말이다. 당시 대신 중 수상격인 참정대신 한규설韓圭卨과 탁지부대신 김영기, 법부대신 이하영은 조약에 반대했고, 궁내부대신 김재극은 조약 체결과 직접 관계가 없었다. 조약이 체결되자, 이에 반대했던 한규설은 일본의 강압으로 물러가고, 조약에 조인한 외부대신 박제순이 참정대신이 되었다. 이하영은 초기의 반대 의견을 곧 뒤집은 뒤 조약 체결 과정에서 박제순보다 더 맹렬한 활약을 하였으나, 처음에 반대한 사실 때문에 을사오적에서는 빠졌다. 을사오적은 매국노의 대명사로 이후 숱한 암살 위협에 시달렸다. 나철(나인영), 오기호가 오적 암살단을 구성한 바 있고, 기산도와 전덕기도 각각 을사오적 처단 계획을 세웠으나 실패했다. 또한 을사오적의 대표격인 이완용은 1909년 12월 22일 이재명에게 칼을 맞았다.

2002년 민족정기를 세우는 국회의원모임과 광복회가 공동 발표한 친일파 708인 명단과 2008년 민족문제연구소가 발표한 민족문제연구소의 친일인명사전 수록예정자 명단에 을사오적 모두가 선정되었다. 그들은 친일파로 경술국치를 일으킨 사람들이다.

대한제국 체신 자료 주사 임명장

Former Korean Postal Service Employee Appointment Letter

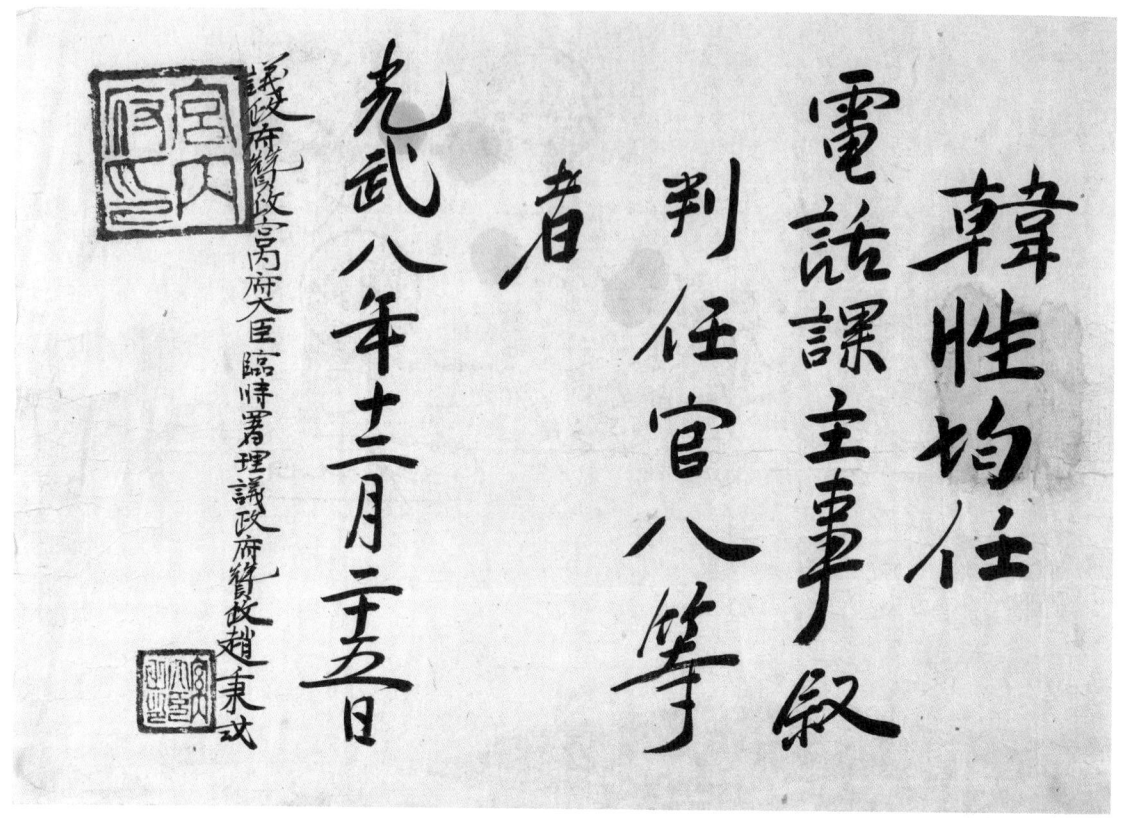

47x33mm

1904년 12월 25일 임명任命

임명권자: 의정부 찬정 궁내부 대신 임시 서리의 정부 찬정 조병식
任命權者: 議政府贊正宮內部大臣臨時署理議政府贊政趙秉式
任命받은 자: 판임관判任官 8등等 한성균韓性均

판임관判任官

대한제국 및 국치시기의 관료 계급의 하나로, 각 성省의 대신이 총리대신을 거쳐 국왕에게 상주上奏하여 임명되는 하급관료를 말한다. 대한제국 고종 시절 7품에서 9품까지의 계급을 판임관으로 불렀다. 판임관은 고등관으로 불리는 칙임관 · 주임관 아래의 계급이다.

러일전쟁露日戰爭 당시를 풍자한 프랑스 발행 엽서

Postcard published in France satirizing the Russo–Japanese War

1904. 3. 12. 프랑스에서 체송된 엽서
91x142mm

러일전쟁露日戰爭

Russo–Japanese War

1904년 2월 8일에서 1905년 9월 5일까지 러시아제국과 일본제국이 대한제국·만주와 인근 해역에서 벌인 전쟁. 일제는 청일전쟁과 러일전쟁 승리로 인하여 대한제국은 을사늑약을 강제당하고, 5년 후에 결국 국치시기에 접어들었다.

1904년 당시 숭례문 전경

1900년대 초까지만 해도 숭례문의 좌우 성벽이 온전히 남아있었음을 알 수 있는 사진. 이 성벽들은 일제에 의해 1920년대 모두 헐렸다.
촬영: 조지 로스(George Rose, 1861~1942)
1904년 한국을 방문했던 호주 사진작가 조지 로스는 당시 조선의 모습을 생생히 담았다.

정동貞洞 프랑스공사관 전경

La Legation de France a Seoul/엽서 후면 그림엽서

Chemulpo-via Shang-Hai- France

독수리보통우표 4전 첩부

1904. 9. Chemulpo-1904. 9. 4. via Shang-Hai-Maubeuge Nord. 1904. 11. 2. France
Legation de la Republique Francaise en Coree   140x90mm

■ 프랑스공사관Legation de France

서울특별시 중구 정동 창덕여자중학교 자리에 있었던 프랑스의 옛 공사관이다.

1886년(고종 23년) 6월에 조불수호통상조약을 체결하면서 조선과 외교 관계를 맺은 프랑스 정부는 1888년(고종 25년) 6월 한성에 외교 공관을 개설했다.

The Hongkew Bridge 전경

중국 상해 홍쿼우공원(현 루쉰공원鲁迅公园) 부근

홍커우공원사건虹口公園事件은 1932년 4월 29일 중화민국 상하이 홍커우 공원에서 윤봉길 의사가 폭탄을 투척하여 일본제국의 주요 인사들을 죽거나 다치게 한 사건

중국 상해 홍쿼우공원 부근/엽서 후면 사진엽서

Chemulpo—via San Francisco—Niagara Falls.N.Y.

독수리보통우표 1전+3전 첩부

1904. 4. 30. Chemulpo—1904. 5. 21. via San Francisco—1904. 5. 31. Niagara Falls. N.Y. 도착

140x92mm

1904년경 인천항 전경

Panoramic view of Incheon Port around 1904

엽서 후면 사진엽서(한국 인천항 전경)

7 May. 1904 Chemulpo–via Shang–Hai–마그데부르크Magdeblurg, Germany
139x89mm

인천항 개항

1883. 1. 1. 개항. 옛 지명은 미추홀彌鄒忽. 조선 태종이 인천仁川이라고 명명 하였고, 조선 초기 제물포로 불리던 군사
요충지로서 1883년(고종20년) 조일수호조약(강화도조약)에 의하여 부산항과 원산항에 이어 세 번째로 개항

1904년경 인천항 전경

Panoramic view of Incheon Port around 1904

15 MAI 04 Chemulpo   139x89mm

인천항 유래

인천항 개항 일시: 1883년 1월 1일 개항되면서 인천감리서 설치

미추홀彌鄒忽은 현재 인천광역시 일부를 일컫는 옛 지명. 삼국사기 백제본기 온조왕조에 '주몽朱蒙의 두 아들 비류沸流와 온조溫祚가 남쪽으로 내려가서 온조는 하남河南의 땅을 택하고, 비류는 미추홀에 가서 살았다.'고 하였다. 삼국사기 지리지에는 매소홀현買召忽縣을 또한 미추홀이라고도 하였다. 따라서 미추홀은 '매속골'이 된다. 물론, 수성군은 지금의 수원이고, 미추홀은 지금의 인천 지역에 해당한다. 삼국사기에 따르면 미추홀은 바닷가이고 땅이 습하고 물이 짜서 잘 살 수가 없었다고 하였다.

출처: 한국민족문화대백과사전[편집], 참고문헌: 『조선고가연구』(양주동, 박문서관, 1942)

제물포조약濟物浦條約

구한말 개항장으로 인천의 별칭別稱이며, 지명 유래는 확실치 않다. 1883년(고종 20년) 불평등하고 강압적인 조일수호조약(강화도조약)에 의하여 1883년 1월 1일 개항했다. 1882년 임오군란으로 인한 일본 측 피해에 대한 배상 문제를 처리하기 위해 우리나라와 일본 사이에 맺은 조약이다. 조약의 결과 조선은 일본에 배상금을 지불하였고, 일본공사관에 일본군이 주둔하는 것을 허용한 후 일제 군대가 제물포에 군함 4척과 보병 1개 대대를 상륙시켰다. 1883년에 일본조계日本租界가 설치된 뒤 이듬해 청국조계와 함께 각국의 조계가 자유공원自由公園을 중심으로 15만여 평 지역에 설치되었다.

제물포 해전

러일전쟁 초기 1904. 2. 9일에 벌어진 전투로 여순항 해전과 함께 러시아와 일본이 벌인 첫 전투이며, 모두 기습적인 공격으로 일본이 승리했다.

남산에서 바라본 한성 시가지

Seoul ▶ Firenze, Italy

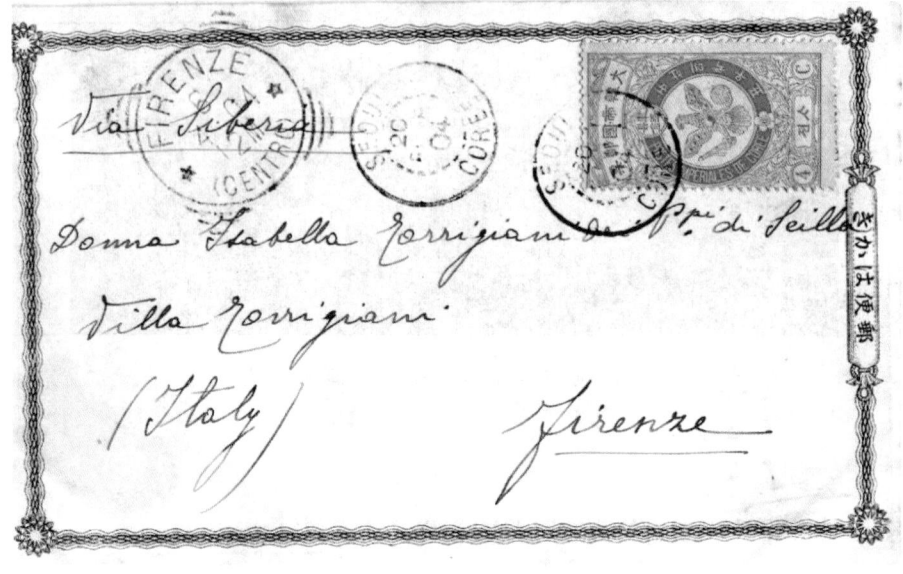

명동성당과 인왕산, 북한산 줄기가 선명하다
Seoul 20 mar. 1904—Firenze 6 4. 1904 Firenze, Italy. 142x92mm

Chemulpo ▶ Delve, Germany

이화보통우표 5전 첩부

한강 얼음낚시 풍경으로 마포나룻터
부근으로 추정(엽서 후면 사진 엽서)
143x92mm

국치시기 친일파 리스트

List of pro-Japanese factions during the Japanese colonial period

경술국적庚戌國賊

| 고영희 | 민병석 | 박제순 | 윤덕영 | 이병무 | 이완용 |

조중응   조민희

경술국적(庚戌國賊)은 1910년 8월 대한제국에서 한일병합조약 체결에 찬성, 협조한 내각총리대신 이완용 · 시종원경 윤덕영 · 궁내부대신 민병석 · 탁지부대신 고영희 · 내부대신 박제순 · 농상공부대신 조중응 · 친위부장관 겸 시종무관장 이병무 · 이완용의 처남인 승녕부총관 조민희 여덟 명의 친일파를 가리킨다.

Gwendoline은산 ▶ Via Moji ▶ Cairo, Egypt

Cairo, Egypt 1 JUN. 1905 Gwendoline—via Moji, Japan—
140x90mm

엽서 후면 사진 샤를 알레베크 엽서

1899년 프랑스 우편 고문인 클레망세(E. Clemencent)가 한국의 여러 모습을 담은 사진엽서를 판매하면 재정에 도움이 될 수 있다는 건의를 하여 대한제국 정부가 샤를 알레베크에게 그가 촬영한 사십여 장의 궁궐과 풍속 사진을 엽서로 제작해 줄 것을 의뢰하였다. 이것이 이른바 알레베크 사진엽서로 한국 우정사 최초의 사진엽서로서 가치가 크다. 총 48장으로 여러가지 당시의 모습을 볼 수 있는 사진들로 구성되어 있어, 구한말 풍속사에 귀중한 자료이다. 한국에서 찍은 사진을 프랑스로 가져가 인쇄하여 제작하였으며, 1900년 파리 엑스포 때 한국관 기념품으로 팔았다. 일부는 우리나라에 가져와 대한제국 독수리 보통 우표를 붙여서 판매하였다. 48장 중 명성황후 국장 사진이 꽤 된다. 엽서의 형식은 사면의 백색 테두리 안에 사진이 있는 형식이고, 오른편에 '알네볙쓰 법국 교사 셔울 뎌한'이라는 국문이 쓰여 있으며, 왼편 맨 위쪽에 'Séoul (Corée)'이라는 불문, 아랫면에는 엽서 번호와 사진 설명이 적혀 있다.

명성황후明成皇后 장례식 광경

샤를 알레베크 Charles Aleveque

안례백롲禮百(1865~1925)

France 출생

대한제국 시기 활동했던 프랑스인이다. 한국 최초
의 알레베크 사진 엽서를 만들었으며 역시 최초인
프랑스어 – 한국어사전을 편찬하였으며, 만국박람
회 대한제국 정부 대리인을 담당하였다.

샤를 알레베크 엽서.
체부(2022. 3. 1. 발행 316~317페이지 참조)

러일전쟁露日戰爭

Russo-Japanese War

일제에 의한 식민지화 단초가 된 러일전쟁

일제의 한국 침략은 러일전쟁(1904~1905)을 전후하여 노골화되기 시작하였다. 일제가 러시아와 개전한 직후 '제1차 한일의정서'를 초꼬슴으로하여, 3차에 걸친 '한일협약'을 강요하고, 일제는 한국의 재정 및 외교의 권한을 차례차례 빼앗아 갔다. 그리하여 1910년 8월의 '한일합방' 조약에 의하여 마침내 한국을 완전히 일제의 식민지로 굳혀 버렸다. 그동안 한국의 민중들은 식민지화에 반대하여 용감히 싸웠으나, 일제는 많은 군대를 파병하여, 눈뜨고 볼 수 없는 잔학한 방법으로 이를 탄압하였다. 그리하여 대다수의 일제 민중들은 한국에 대하여 의식적으로 빚어낸 모멸의식을 배경으로 이러한 일련의 침략을 지지하며 떠메고 나갔다. 1904년 2월 일본은 러시아와 전쟁을 시작했다. 한국으로부터 러시아의 영향력을 일소하고, 한국을 일제의 완전한 지배 아래 두려는 것이 이 전쟁의 커다란 목적 가운데 하나였다. 대한제국의 중립 선언은 무시되었으며, 일제는 한국에 속속 군대를 보내었다. 그리하여 개전 2주일 후에는 대한제국에 있어서의 일제 군인의 행동 자유 등을 명문화한 한일의정서가 강압적으로 체결되었다. 동년 8월에는 대한제국 정부 내에 일본인 고문을 둔다는 조항 등이 규정되어 있는 '제1차 한일협약'이 강요되었고, 일제에 의한 대한제국의 보호국화 작업이 서서히 진행되어 갔다. 이러한 혼란을 틈타서 일본은 철도의 이권을 탈취하고, 대한제국 민중들을 동원하여 군사용 철도를 건설했으며 이에 반대하는 한국인을 본보기로서 잔학한 형에 처하였다.

■ 초꼬슴: 어떤 일을 하는 데서 맨 처음

러일전쟁 당시 군사우편

Military mail and maps during the Russo–Japanese War

일제 한국주차군 일부인
제 1야전우편국 ▶ 일본

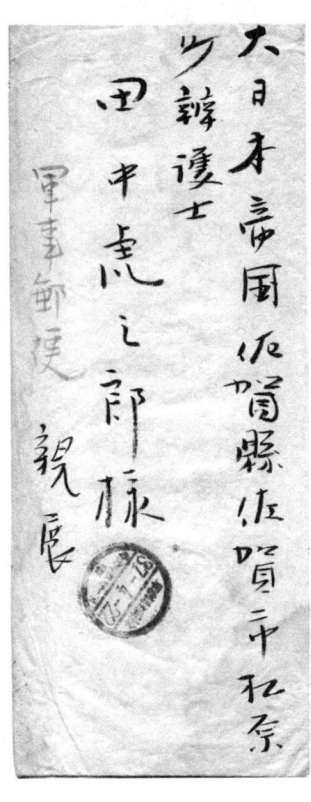

1904년 러일전쟁 당시 동북아 지도

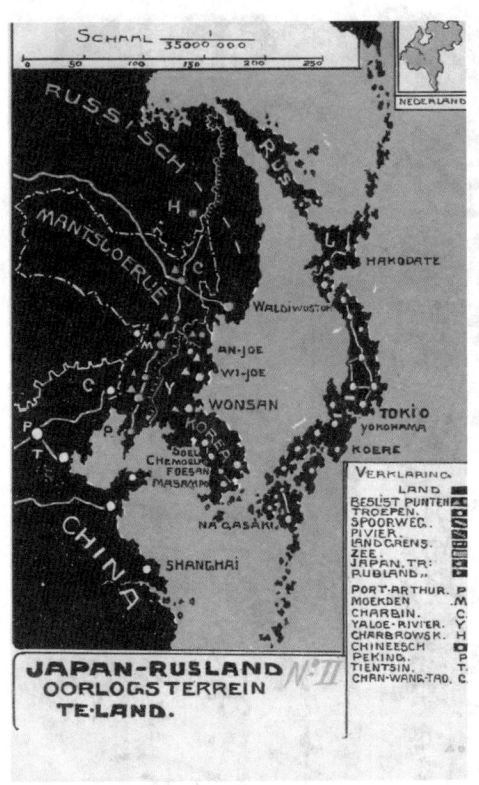

1904. 4. 22. 한국주차군 제1야전우편국
한국 경성 병사 친위 제31연대 본영
80x195mm

1918년 한반도 주둔 일본 육군 부대를 총지휘하는 천황 직할 지역 사령부

일본은 조선의 치안을 유지하고 러시아군에 대한 작전을 안정적으로 수행하기 위해 조선에 상주常駐하는 부
대가 필요하다고 보고 조선군을 편성하였다. 조선군은 용산에 사령부가 있는 제20사단과 함경북도 나남에
사령부를 두고 러시아군과 직접 대면한 제19사단이란 상주부대를 중심으로 구성되었다. 이외에도 산하에 조
선헌병대, 진해만요새사령부, 영흥만중포병대대, 영흥만요새사령부, 조선군 군악대, 조선군 창고, 조선위수
병원, 조선위수감옥을 직접 관할하였다. 조선군 사령부는 1918년 6월에 편성되었다. 조선군은 1945년 2월
미군의 진격에 대비하여 일본 본토를 방어하기 위해 육군 전체를 개편할 때 작전 부대인 제17방면군과 병참
등을 지원하는 조선군관구사령부로 개편되었다. 이때부터 조선군은 한반도에서의 치안을 유지하는 기본 임
무를 그대로 유지했지만, 또 하나의 기본 임무인 소련군에 대한 작전 대신에 미군을 상대하는 작전을 담당하
게 되었다.

군사우편

Part of the Japanese army's second field station during the Russo–Japanese War
러일전쟁 당시 일본군 제20야전국 일부인

일본군 함흥수비대 보병 제 32연대 제 1대대 제 4중대 제 3소대

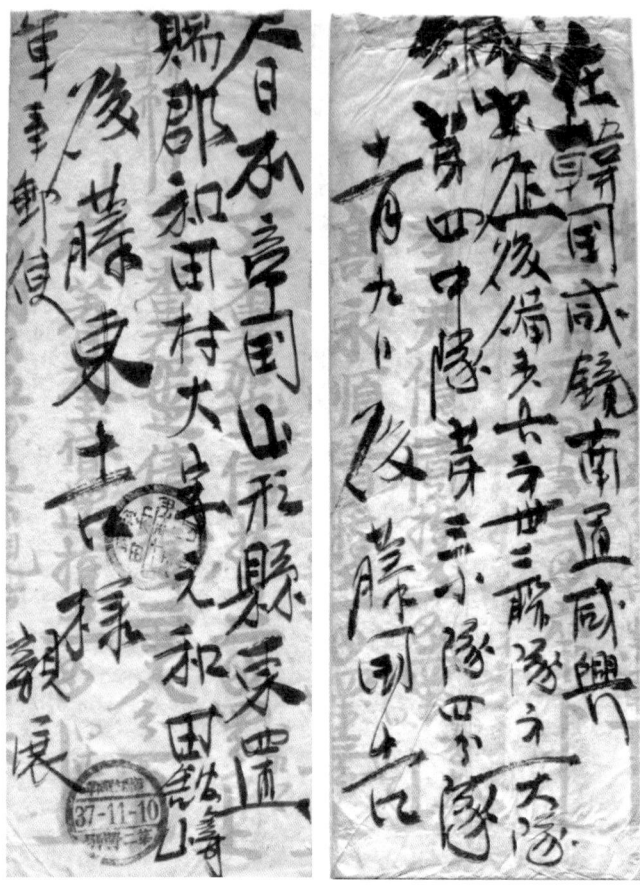

1904(명치37) 11. 10.   77x204mm

일본제국 군대 제2군은 1894년 9월 25일에 편성되어 전후 러일전쟁·중일전쟁을 거쳐 편성과 해체를 반복하다가 1945년 태평양전쟁이 끝나면서 해체되었다. 러일전쟁에서 1904년 3월 6일에 오쿠 야츠카타 장군의 지휘 하에 편성되어 전후 1906년 1월 12일에 해산되었다. 남산전투, 텔리수전투, 대석교전투, 사하전투, 요동전투, 산데푸전투, 봉천 전투 등 러일전쟁 대부분의 육상전에 동원되었다. 중일전쟁 발발 후 1937년 8월 23일에 편성되어 신설된 북지나방면군의 전투 서열에 들어갔다. 주로 화북 방면을 작전 지역으로 담당하였으며, 1938년 12월 15일에 폐지되었다. 태평양전쟁이 발발한 후 1942년 7월 4일에 편성되어 제1방면군의 전투 서열에 들어갔다. 주로 만주 방면을 작전 지역으로 했으나, 1943년 10월 30일, 호주 북부에 전용되어 제2방면군의 전투 서열에 들어가 1945년 6월 30일, 남방군 직속으로 종전을 맞이했다.

한국의 지배권 쟁탈을 위한 열강들의 1904년 전후 당시를 풍자한 그림엽서

A postcard satirizing the times around 1904 when the great powers fought for control of Korea.

(미국 · 영국 · 프랑스 · 러시아 · 청국 · 일본)
프랑스 제작. 140x90mm

강한 것이 최고야!

한국과 만주를 짓밟은 러시아가 일본을 향해 가장 강한 것이
항상 최고이기 때문이라고 겁을 주니까, 소스라치게 놀래는
일본. 러시아를 흑곰으로 묘사하고 있다.

이리 와, 이리 와 봐!

일본이 러시아를 향하여 너 이리 와 봐! 까불지 마.
회유하며 설득하는 듯한 모습을 화가 난 곰(러시아) 이 일본
과 중국인을 바라보는 모습

영국 표범과 제 사촌은 만주에서도 마찬가지야!
모스크바 곰 – 맞아!

영국이 러시아와 일본(MIKADO)을 부추겨 싸움을 시키는 모습

러시아 니콜라이가 우리는 진격할 것이다. 겁먹은 일본이 영국의 보호하에 움츠리고 있는 모습

러시아가 한국은 내가 먹을터이니 일본 당신은 지켜보기만 하라

일본 · 러시아 · 청국이 조선에게 자기들을 선택하라고
종용

러시아 · 일본이 조선을 놓고 밀담하는 장면

영국은 관망. 조선을 놓고 러 · 일이 각축을 벌이는 장면

중국과 러시아 · 일본이 조선에 대해 밀담하는 장면

러일전쟁 당시를 풍자한 그림엽서

Mechelen▶Koninkrijk BELGIE로 체송된 엽서

140x90mm

22-23. 9. 1911 Mechelen Malines-Belgie

한반도를 둘러싼 열강들의 각축장이 된 모습을 풍자한 그림엽서

영국과 프랑스가 러일전쟁을 주시하고 있는 모습

140x92mm

Der Russisch – Japanische Krieg

Gewiss ein schooner Lander Strich Dochohne Schwertstreich gehtesnivht

England: Yessss…allright

140x92mm
Le Russe Au Japonais atteds petit Vaniteux que J'ais Chausse nes Bottes Niou–Siou
Port–arthur, Mandchourie
만주와 한국땅에서 러시아와 일본이 전쟁을 벌이는 가운데 이웃 열강들이 구경하는 모습을 풍자화한 그림

곰과 성질 사나운 작은 개

140x92mm
곰(Russia)이 한국과 만주를 품에 껴안고 있는 가운데 미국과 영국은 관망하고 있는 모습을 풍자화한 그림

러일전쟁 당시 프랑스 발행 그림엽서

Postcard issued by France during the Russo-Japanese War
러시아 · 일본이 한반도를 둘러싸고 쟁탈전을 벌이는 모습

러일전쟁 당시 프랑스 발행 그림엽서

Postcard issued by France during the Russo-Japanese War

140x92mm

화보 출처: 전몰화첩 어국지예御國之譽

1936. 10. 30.
일본 국사명화간행회
발행자: 죽내성오竹內省吾 타케우치 쇼오고
발행소: 성문사

청일전쟁 당시 여순전투 후 러·일 장수 회담 장면

Scene from the meeting between Russian and Japanese generals after the Battle of Yeosun

그림은 일본의 고무라 다카히라(高平) 러시아 위테 로젠의 강화 교섭으로 추정.

여순전투旅順戰鬪

청일전쟁이 벌어지던 1894년 11월 21일 만주의 여순에서 청나라 군대와 일본제국 사이에 발발한 전투다. 자료에서는 여순항 전투(Battle of Port Arthur)라 하는데, 1904년 러일전쟁의 개전이 된 전투를 가리킨다. 당시 일본군이 만주에서 치른 첫 전투로 단 하루만에 전략적 항구인 여순항을 함락시켰다.

러·일 기병대의 전투 장면

적성함赤城艦 판원阪元소좌 전사

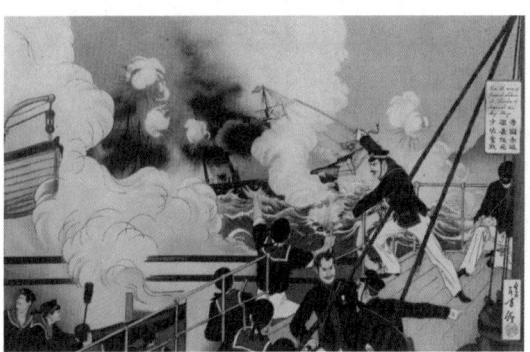

여순항旅順港의 격전

1895. 2. 9. 여순항 해전 당시 침몰하는 배에서 탈출하는 장면

우장牛莊 시가전

횡천橫川 전투

하관조약 체결 후 대만 평정

일본군 제독의 전사

득리사得利寺 전투

금주함金州艦 격침 후 구출 작전

1904년 6월 대마해협

요양성遼陽城의 대 혈투

러시아군의 봉천역奉天驛 탈출 행렬

러시아군의 양민 약탈 모습

1904

The Russo–Japanese War

극동 지역의 대규모 갈등에 대한 사진 및 설명
콜리어 종군기자들의 보고서 · 기록 · 전보 · 사진 등에서 수집

A photographic and descriptive review of the great conflict in The Far East
Gathered from the reports, Records, cable despatches, photographs, etc.,
of collier's war correspondents
New York
Copyright 1904
P. F. Collier & Son
MCMV

GATHERED
FROM THE REPORTS,
RECORDS, CABLE DESPATCHES, PHOTOGRAPHS, ETC., ETC.,
OF
COLLIER"S WAR CORRESPONDENTS

RICHARD HARDING DAVIS	FREDERRICK PALMER
JAMES F. J. ARCHIBALD	ROBERT L. DUNN
ELLIS ASHMEAD BARTLETT	JAMES H. HARE
HENRY JAMES WHIGHAM	VICTOR K. BULLA

A PICTURES ILLUSTRATING THE INCIDENTS PRECEDING THE DECLARATION OF HOSTILITIES, THE ELABORATE PREPARATIONS FOR THE FIRST BATTLES, THE ENORMOUS ARMIES BROUGHT INTO THE COMBAT AND THE FRIGHTFUL SACRIFICE OF PROPERTY AND LIFE DURING THE LONG CAMPAIGN: TOGETHER WITH MAPS AND CHARTS SHOWING THE CHARACTER AND TOPOGRAPHY OF THE BATTLEFIELD: PORTRAITS OF THE PROMINENT GOVERNMENT OFFICIALS AND THE MILITARY AND NAVAL OFFICERS OF BOTH EMPIRES: HOSPITAL, RED CROSS, AND COURT SCENES: WITH CHAPTERS HISTORICAL AND DESCRIPTIVE

적대 행위 선언 이전의 사건, 첫 번째 전투를 위한 정교한 준비, 전투에 투입된 엄청난 군대, 장기간의 준비 기간 동안 재산과 생명의 무서운 희생을 보여주는 그림, 특성과 지형을 보여주는 지도 및 차트와 함께 전장, 양 제국의 주요 정부 관료와 군 및 해군 장교의 초상화, 병원 · 적십자 · 역사 및 설명이 포함된 내용

러일전쟁 당시 전쟁 상황을 취재한 외국 특파원 및 종군 기자 · 사진 작가 등

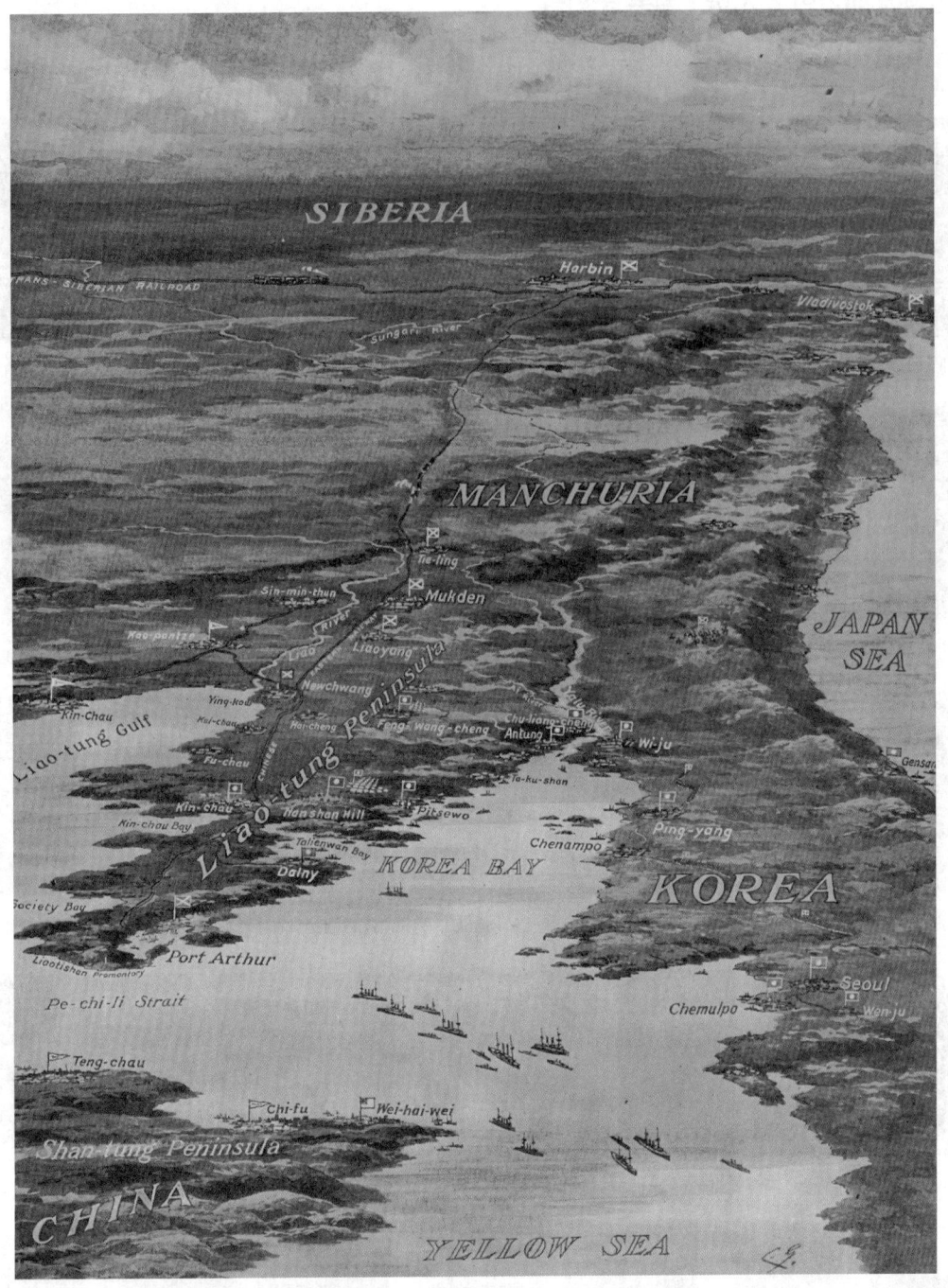

THE BATTLE GROUND 러일전쟁 전황도

Bird's-eye view of Korea and Manchuria, showing the relative positions of the Russian and Japanese armies, With the routes followed by the invading forces in the advance against the Yalu River and Port Arthur

러시아군과 일본군의 상대적 위치를 보여주는 한국과 만주의 조감도. 압록강과 여순항을 향해 진군하는 침략군과 함께 경로를 따라갔다.

러일전쟁에 참가한 러시아 · 일본 군인들

Soldiers who participated in the Russo–Japanese War

THE CZAR　　THE MIKADO　　KOMURA　　KURINO　　LAMSDORFF　　ALEXIS

HIROBUMI　　ITO　　ALEXIEFF　　CASSINI　　KATSURA　　INOUYE　　SKRYDLOFF

MURAVIIEFF　　SONE　　YAMAMOTO　　MAKAROFF　　KUROPATKIN　　YAMAGATA　　TERAUCHI

STOESSEL　　DE WITTE　　KUROKI　　TOGO　　URIU　　HIROSE　　NODZU　　OKU

UCHTOMSKY　KONDRATOVITCH　　HIDAKA　　HAYASHI　　IJIU　　FUSHIMI　　TANAKA

러일전쟁의 첫번째 전투

THE FIRST BATTLES OF THE WAR

1904년 2월 2일 밤, 아서Arthur(Arthur는 랴오둥반도의 남쪽 끝에 위치하고 있고 우수한 천연 항구) 항구에서 러시아 함대에 대한 TOGO 제독의 어뢰정 공격이 시작되면서 러·일의 평화로운 해결에 대한 모든 희망이 바람에 날아 갔다. 러시아인들은 너무나 빠른 공격에 대해 전혀 준비가 되어 있지 않았다. 러시아 함대의 많은 장교들은 해안에서 서커스 공연을 관람하고 있었고, 감시 및 정찰 업무는 평상시보다도 거의 더 경계하지 않았다. 2열로 구성된 일본 어뢰정 소함대는 밀집된 전함들 사이로 속도를 높여 미사일을 발사하고 바다로 달려가고 있었는데, 그 전에 러시아 해군들이 공격을 격퇴하기 전에 속사 작전을 시작했다. 이 작전은 어뢰정 한 척도 다치지 않을 정도로 효과적이었다. 일급 전투함 'RETVIZAN', 'CZAREVITCH', 순양함 'PALLADA'가 심각한 손상을 입어 해변으로 철수해야 했다. 일본 함대는 다음날 러시아 군함과 요새를 폭격했다. 이번 공격으로 전함 'POLTAVA'와 순양함 'DIANA', 'NOVIK' 및 'ASKOLD'가 일시적으로 무력화되었다. 아서 항구 전투 소식이 서방 세계의 눈에 들어가기 전에 제물포 항구의 '바랴그'와 '코리에츠'의 파괴에 대한 더 비극적인 이야기가 나왔다. 제물포 앞바다에서 일본 전함 6척, 순양함 6척, 어뢰정 12척을 지휘하는 URIU 제독은 폭격 위협으로 두 러시아 군함의 항복을 요구했다.

Bombardment during the siege of Port Arthur
포트 아서 Port Arthur 포위 공격 중 포격하는 장면

1905

러일전쟁 당시를 풍자한 만화 상황 지도 (육군 · 해군 사령관 초상)

러일전쟁(Russo-Japanese War)은 1904년 2월 8일에 발발하여 1905년 가을까지 계속된 전쟁으로 러시아제국과 일본제국이 대한제국에서 주도권을 쟁취하려는 무력 충돌이었다. 러일 전쟁의 주요 무대는 만주 남부, 특히 요동 반도와 한반도 근해였다.

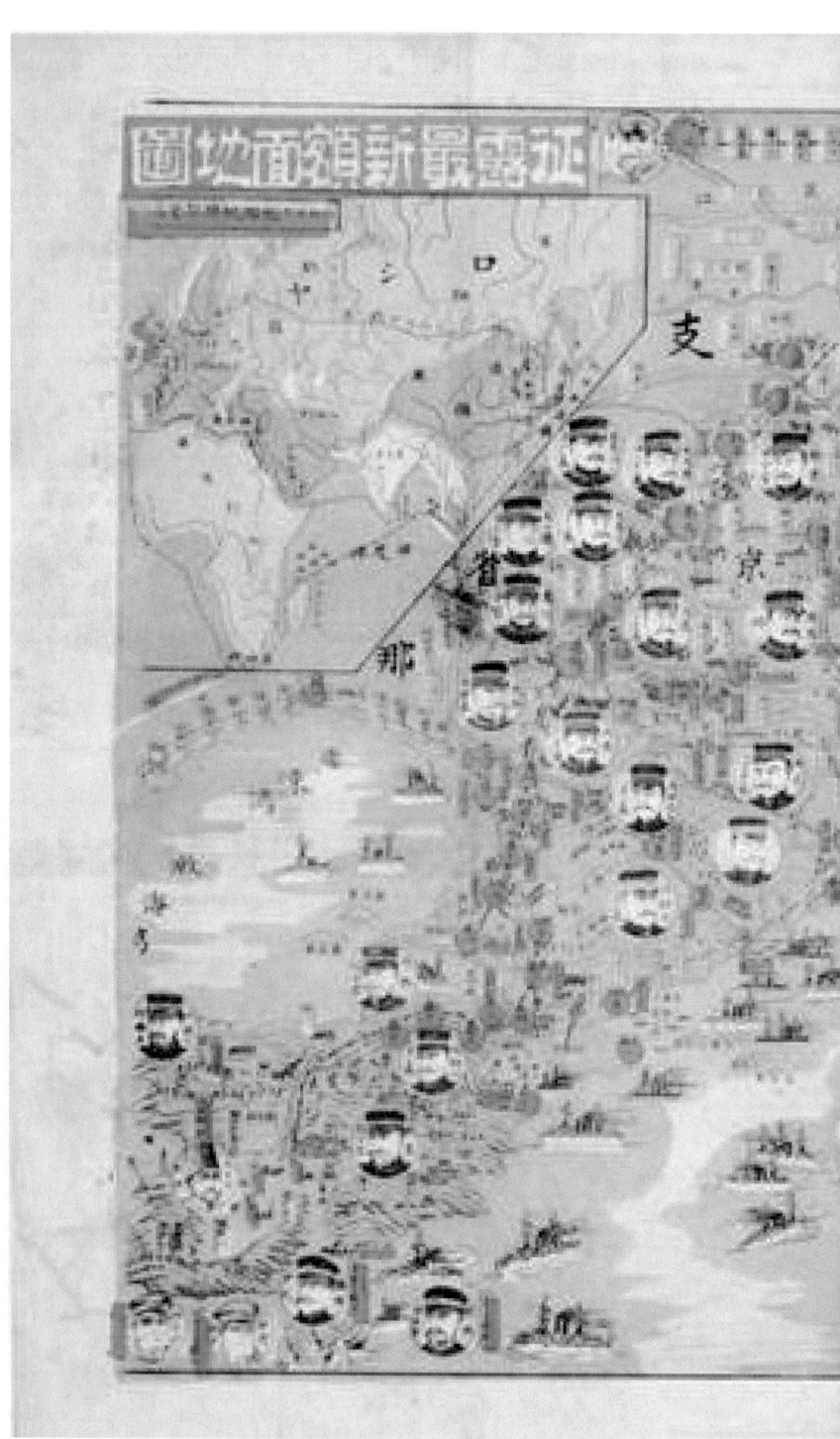

A DRILL SERGEANT INSTRUCTING CAVALY RECRUITS AT THE TOKIO BARRACKS
도쿄 막사에서 기병대를 지휘하는 일본군(상사)

TELLING STORIES IN THE GUARD ROOM AT THE OYAMA BARRACKS
일본군 오야마 막사 경비실에서 잡담을 나누는 광경

CHANGING THE GUARD AT THE OYAMA BARRACKS–MAJOR NAHARA AND CAPTAIN OKONNO IN THE FOR GROUD
오야마 막사에서 경비병 교대 – 나하라 소령과 오콘노대위 (일본군)

INSPECTING RIFLES BEFORE DISTRIBUTING THEM TO THE NEWLY MOBILIZED TROOPS
일본군 신병에게 소총을 지급하기 전 검사 광경

PREPARING TO E. RECT CAVALRY STABLES ON THE PARADE GROUND
퍼레이드 경기장의 기병대 마구간을 신축하기 위한 준비 광경(일본군)

ARRIVAL OF A COMPANY OF INFANTRY FROM A PROVINCIAL TOWN
일본군 보병 중대 진군 행렬

ISSUING SUPPLIES TO RECRUITS AT THE INFANTRY BARRACKS
일본군 보병 병영에서 신병들에게 보급품을 지급하는 광경

RED CROSS MEDICAL AND SURGICAL SUPPLIES FOR THE ARMY IN KOREA
주한 일본군을 위한 적십자 의료 및 수술용품

ARRIVAL OF THE COMMISSRIAT WAGON AT A COMPANY'S QUARTERS
일본군 사령부에 도착한 보급품 마차

TROOPS BOARDING A TRAIN AT THE SHIMBASHI RAILWAY STATION, TOKIO
도쿄 신바시 기차역에서 열차에 탑승하는 일본군 병사들

TEIKOKU BANZAI!" – "LONG THE EMPIRE!"
Enthusiasm at Kobe upon the departure of a troop train for Ujina, a port of embarkation for Korea.
On leaving for the front the Japanese soldier suppressed all emotions of sorrow. Not to be impassive was
unmanly. It was only at such times as this that collective enthusiasm showed itself

"테이코쿠 반자이!" – "제국 만세!"

한국의 기항지인 우지나행 병력 열차가 출발하는 고베에서 전쟁을 독려하는 일본 민족의 환호와 열정, 일본군은 전선으로 떠날 때 모든 슬픔의 감정을 억눌렀다. 냉담하지 않은 것은 남자답지 못한 일이었다. 일본 민족의 집단적 광기가 드러난 것은 바로 이때였다. 제2차 세계 대전 당시 일본군이 즐겨 사용한 보병의 대규모 착검 돌격을 지칭하는 연합군 장병들의 속어다. 즉 총검이나 군도를 갖추고 돌격하여 백병전을 도모하는 것을 말한다. "반자이"라는 말은 만세萬歲의 일본 독음이다. 즉 단순히 다른 국가들처럼 흔한 "~~ 만세" 돌격이다. 일본군들이 돌격할 때마다 "천황 폐하 만세!"라고 전쟁 구호를 외치며 돌격했기 때문에 붙은 이름. 당연히 매번 질리도록 "반자이!" 소리를 들은 미군과 영국군·영연방 호주군이 붙였고, 정작 일본군은 반자이 돌격이라는 용어를 사용한 적이 없다. 반자이 돌격은 그 뒤에도 매우 황당한 전술로 두고두고 조롱받는다. 일본어 위키백과에서는 반자이 돌격을 '옥쇄를 전제한 돌격(玉砕前提突擊)', '자살돌격(自殺突擊)'이라고 표현하고 있다.
꼭 전투 상황이 아니더라도 일본인의 애국심을 유발하고 결속을 다지기 위해 행사에서도 '천황 폐하 만세'를 외치기도 하였다.

WITH THE RUSSIAN ARMY 러시아 보병 부대

A division of regular troops mobilizing in Southeastern Russia for transportation northward. The infantry regiments may be seen marching along the main road, while the artillery and transport wagons are moving up in the middle distance. A large body of cavalry, half hidden in dust clouds, is visible stretching off toward the horizon.

병력 수송을 위해 러시아 동남부에서 동원되는 정규군의 사단이 북쪽으로 이동하고 있다. 보병 연대가 주요 도로를 따라 행진하는 동안 포병과 수송 마차가 중간 거리에서 이동하는 것이 목격될 수 있다. 먼지 구름에 반쯤 가려진 거대한 기병대가 수평선을 향해 뻗어나가는 것이 보인다.

OFFICERS AND MEN OF THE SIBERIAN MOUNTED RIFLES

This force of tartar Cossacks is recruited from the Siberian provinces adjacent to the Chinese Empire, and many thus bear a semi-Mongolian stamp of countenance.

시베리아 기마소총 부대의 장교와 병사들.
타르타르 코사크의 병력은 중국 제국과 인접한 시베리아 지방에서 모집되어 많은 이들이 반몽골적인 인상을 가지고 있다.

A COMPANY OF RUSSIAN INFANTRY MARCHING THROUGH THE STREETS OF ST. PETERSBURG
상트페테르부르크 거리를 행진하는 러시아 보병 중대

OFFICER AND MEN OF THE FIRST BATTALION OF SIBERIAN SHARPSHOOTERS
This command of seasoned troops was recruited from the crack regiments of European Russia, for service with the vanguard in Manchuria.

시베리아 샤프슈터 1대대의 장교와 병사들
이 노련한 군대의 지휘관은 만주의 선봉대에서 복무하기 위해 유럽 러시아의 정예 연대에서 모집되었다.

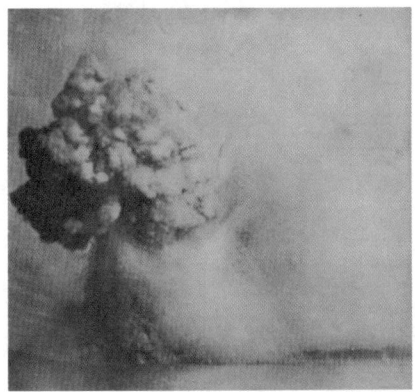

THE EXPLOSION WHICH DESTROYED AND SUNK THE "KORIETZ"
'코리에츠'호를 파괴하고 침몰시킨 후 폭발하는 장면

THE CZAR LEAVING THE WINTER PALACE TO BID FAREWELL TO TROOPS STARTING FOR THE FRONT
The most sorrowful figure in the Russian Court at the beginning of the war was the Autocrat from whom all the Muscovile power and splendor radiated. Helpless among the cliques of the bureaucracy, he knew not what course to pursue and was beset with apprehensions not only of the fidelity of those about him, but for the safety of his own life.

전선으로 출발하는 군대에게 작별 인사를 하기 위해 겨울 궁전을 떠나는 차르 CZAR

전쟁이 시작될 때 러시아 법원에서 가장 슬픈 인물은 모든 Muscovile 권력과 영광을 발산하는 독재자였다. 관료 집단 사이에서 무기력한 그는 어떤 길을 따라야 할지 몰랐고, 주변 사람들의 충성심뿐 아니라 자신의 생명의 안전에 대한 두려움에 휩싸였다.

THE RUSSIAN GUNBOAT "KORIETZ" BLOWING UP IN CHEMULPO HARBOR
러시아 군함 '코리에츠'가 체물포 항구에서 폭발하였다.

THE RUSSIAN CRUISER 'VARIAG' ON FIRE IN CHEMULPO HARBOE
러시아 순양함 'VARAG'가 제물포항에서 화재가 발생한 모습

TOPMASTS OF THE CRUISER "VARIAG" SUNK IN
CHEMULPO HARBOR
Chemulpo 항구에 침몰한 크루저 'Variag'의 탑 마스트

FUNNEL OF THE GUNBOAT "KORIETZ" SUNK
FEBRUARY
2월 침몰한 건보트 '코리에츠'의 깔때기

HE RUSSIAN MERCHANT STEAMER "SUNGARI", SUNK TO PREVENT HER CAPTURE BY THE JAPANESE
This vessel lay in port February 9 ready to sail. Her officer and crew were removed, and the big merchant vessel was set on fire. The hull burned until two O'clock the following morning

러시아 군함 증기선 'SUNGARI', 일본군의 나포를 막기 위해 침몰시켰다. 이 선박은 2월 9일 항구에서 항해 준비를 하고 있었다. 그 배의 장교와 승무원은 제거되었고, 대형 군함에 불이 붙었다. 선체는 다음 날 아침 새벽까지 불탔다.

EXTERINO OF THE HOSPITAL BUILDING, WITH THE RED CROSS FLAGS OVER THE GATE
정문 위에 적십자 깃발이 걸려 있는 병원 건물의 외부

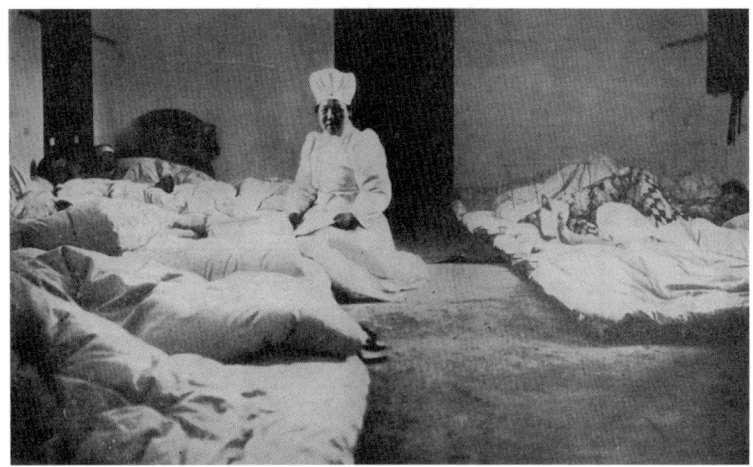

THE JAPANESE HOSPITAL AT CHEMULPO
Japanese Red Cross Nurse Attending Russian Sailors Wounded In the Battle of February 9
2월 9일 전투에서 부상을 입은 러시아 병사들의 치료에 동원된 일본 적십자 간호사

THE HOSPITAL CORPS LANDING THEIR MEDICAL AND SURGICAL SUPPLIES
의료 및 수술 용품을 운반하는 병원 부대
THE FIRST JAPANESE LANDING IN KOREA

Japanese Cavalry Troopers Watchung over Their Sypplies on The Beach at Chemulpo
일본 기병대, 제물포 해변에서 보급품을 감시하고 있다.

JAPANESE INFANTRY ON CHEMULPO BEACH AT NIGHT
야간 제물포항의 일본 보병부대

AMERICAN MISSIONARIES AND REFUGEES
미국 선교사들과 고아들

LANDING THE PACK PONIES FOR THE ADVANCE ON SEOUL
서울 진격을 위하여 제물포항에 일본군 조랑말을 하선시키고 있다.

A SQUAD OF SAPPERS AND MINERS COMING ASHORE IN A SAMPAN
삼판선(나룻배)에 상륙하는 사퍼와 광부로 구성된 분대(일본군)가 도강하고 있다.

BRINGUNG ASHORE BEAMS FOR THE CONSTRUCTION OF LANDING PLACES
상륙용 선착장 건설을 위한 해안보 가설 작업(일본군) 자재를 운반하고 있는 모습

THE LANDING OF THE JAPANESE FORCES AT CHEMULPO 일본군 제물포 상륙

A STRING OF PONTOONS IN TOW OF A STEAM LAUNCH APPROACHING YHE LANDING STAGE
상륙을 위하여 견인하는 광경

COOLIES READY TO START ON THE MARCH TO SEOUL, EACH CARRYING HIS OWN KIT
각자 자신의 휴대품을 들고 서울로 행진을 시작할 준비된 분대(일본군)

THE JAPANESE ARMY COOLIES IN WINTER COSTUME
동절기 복장의 일본군 병사들

대한제국 1897-1910 ◆ 543

A KOREAN COOLIE CARRYING MEDICAL SUPPLIES FROM THE SHORE TO THE HOSPITAL

징집된 한국인 짐꾼이 병원용 의료용품을 운반하는 모습

LANDING OF JAPANESE TROOPS AT CHEMULPO DURING THE NIGHT OF FEB. 9.

Flashlight photograph made at night by R. L. Dunn,
Collier's special War photographer

2월 9일 밤 중 제물포에 일본군 상륙.
콜리어의 특별 전쟁 사진작가 R. L. Dunn이 밤에 만든 손전등

COLLIER'S의 특별한 사진작가 R. L. DUNN

COLLIER'S SPECIAL PHOTOGRAPHER, R. L. DUNN,
JOURNEYING FROM SEOUL TO YONG-TONG-PO WITH
HIS BAGGAGE AND CAMERAS DRAWN IN JINRIKISHAS

짐과 카메라를 들고 서울에서 영등포까지 짐수레와 함께 이동하는
모습

THE JAPANESE OCCUPATION OF CHEMULPO

OFFICERS SUPERINTENDING THE UNLOADING OF SUPPLIER FROM BARGES
바지선에서 공급업체의 하역을 감독하는 일본 군인들

CROWDS WATCHING THE NEWSPAPER BULLETINGS IN TOKIO
When the news of the Chemulpo victory reached Tokio the whole silent city opened its doors and awoke.
The populace rushed hither and thither shouting "Banzai! Dai Nippon Banzai !"

도쿄에서 신문 속보를 보고 있는 일본인 군중들

제물포의 승리 소식이 토키오에 전해졌을 때, 조용한 도시 전체가 문을 열고 깨어났다. 사람들은 여기저기서 "반자이! 다이 닛폰 반자이!"하고 외쳤다.

THE RUSSIAN CRUISER "VARIAG" BEFORE THE BATTLE OF CHEMULPO

An American-built ship of 6,500 tons, carrying thirty pieces of ordnance. Her heavy guns were not a match for those of the Japanese, and she was destroyed without firing an effective shot

제물포전투 전 러시아 순양함 'VARIAG'

6,500톤급의 미국이 만든 배로 30발의 탄약을 적재했다. 그 배의 중포는 일본의 중포들과 상대가 되지 않았고, 효과적인 포격을 못하고 파괴되었다.

'Korietz'호   'Variag'호

RUSSIAN WARSHIPS AT CHEMULPO THE DAY BEFORE THEY WERE SUNK BY THE JAPANESE

일본에 의해 침몰되기 전날 제물포항의 러시아 군함들

Battleship 'Retvizan' Built at Philadelpia in 1900. 12,700 tons displacement. 9-inch armor belt. Speed 18 I-2 knots. Guns : 4 I2-inch, 12 6 inch, 20 3 inch, 26 small

1900년 필라델피아에서 건조된 전함 'Retvizan'. 배수량 12,700톤

Protected Cruiser "Pallada" Built at St. Petersburg in 1899. 6,600 tons displacement. Speed 20 knots.
Guns: 6 6inch, 20 3-inch, 8 snall
호위 순양함 'Pallada' 1899년 상트페테르부르크에서 건조되었다. 배수량 6,600톤.

RUSSIAN WARSHIPS TORPEDOED AT PORT ARTHUR ON THE NIGHT OF FEBRUARY 8
러시아 군함이 2월 8일 밤 아서 항구에서 어뢰 공격을 당했다.

THE RUSSIAN FLEET, WITH ITS WAR PAINT ON, IN THE OUTER HARBOR OF PORT ARTHUR THE DAY BEFORE
THE JAPANESE ATTACKED.

일본군이 공격하기 전날 Arthur 항구의 외곽 항구에 전투 페인트를 칠한 러시아 함대가 있었다.

THE RUSSIAN FLEET, STEAMING OUT OF THE INNER HARBOR OF PORT ARTHUR, FEB. 1. TO TAKE POSITION IN THE OUTER ROADSTEAD

Gunboat 'Mandjur'   Battleship 'Peresviet'   Naval Tug   Battleship 'Czarevitch'   Gunboat 'Grosiastchy'
now dismantled in Shang—Hai   Sunk Feb. 8

2월 1일, 포트 아서의 내부 항구에서 증기를 내뿜는 러시아 함대. 외부 항구에 정박하고 있다.

THE RUSSIAN BATTLESHIP "RETVIZAN" ON THE ROCKS AT THE HARBOR ENTRANCE, PORT ARTHUR
포트 아서의 항구 입구 바위산 앞에 있는 러시아 군함 'RETVIZAN'

러시아 함대가 정박해 있는 아더항 전경

Baron de Rosen and his family on the deck of the Yarra
Yarra호 갑판에 서있는 드 로젠 남작과 그의 가족들

The French steamship 'Yarra' leaving the deck at Yokohama
요코하마 항구를 떠나는 프랑스 증기선 '야라'

Minister and MRS. PAVLOV at The legation Seoul
서울 러시아공사관의 파블로프 장관과 부인

MRS. Pavlov and Mr. Sans of New York at railway station
기차역에서 뉴욕의 Pavlov씨와 Mr. Sans 씨

알렉산드르 이바노비치 파블로프(Александр Иванович Павлов) (1860~1923)

1898년 9월 17일, 그는 주한 법무장관 겸 총영사로 임명되었고, 1902년 1월 28일 고종 황제의 요청으로 서울 궁정에서 특사 및 전권부 장관으로 임명되었다. 한국의 무력화 조치에 반대했다.

GENERAL IDIATE ESCORTING THE RUSSIAN MINISTER TO THE RAILROAD STATION AT SEOUL
러시아 장관을 서울의 기차역으로 호위하는 중령
DEPARTURE FROM KOREA OF RUSSIAN NON–COMBATANTS

Mrs. Pavlov, the wife of the Russian minister to Korea, is a cousin of the Countess Cassini.
When the minister was invited to leave, Mrs. Pavlov and her bull-terrier "Teddy" were accompanied
to the railway station not only by the Japanese guard but by all of the gallant young men of the
diplomatic circle. That this ddeparture was not marked by the same expression of sorrow that
characterized the departure of the Russian civilians may be gathered from a comparison of the
photographs above

러시아 비전투원들의 한국 철수

주한 러시아 공사의 부인 파블로프 여사는 카시니 백작 부인의 사촌 동생이다. 장관이 떠나도록 권유 받았을 때 파블로프 부인과 그녀의 불테리어 '테디'는 일본 경비병뿐만 아니라 외교계의 용감한 젊은이들 모두와 함께 기차역에 동행했다. 이 출발이 러시아 민간인들의 출발을 특정짓는 슬픔의 표현으로 특정지어지지 않았다는 것은 위의 사진들의 비교로부터 얻을 수 있다.

Russians aboard French launch at Chemulpo
제물포항에서 프랑스 보트에 탑승한 러시아인들

JAPANESE INFANTRY WAITING TO ENTER PING-YANG

평양으로 진격하기를 기다리는 일본 보병

사진은 일본군 제14보병연대가 대동강변의 얼어붙은 모래 위에서 휴식하고 있는 모습으로, 그들은 서울에서 북쪽으로 130마일을 행진했다. 이 시점에서 대동강을 건너는 서투른 원주민 페리 손키오니는 병력 수송에 속수무책이었고, 공병대와 부두, 그리고 수백 명의 한국인 짐꾼들이 평양으로 가는 이 접근로에 다리를 건설하는 동안 병력은 비부아크에 있었다. 다리를 건설하는 모습은 사진의 배경에서 볼 수 있다. 서울에서 평양으로 이 부대의 행진은 하얀 옷을 입은 원주민들의 안내를 따라 이루어졌다. 이 사진이 찍힌 순간에 휴식을 취하고 있던 병사들은 한 사람당 60파운드의 장비를 싣고 있고, 도로가 종종 진흙과 강물이 무릎까지 차올랐음에도 불구하고, 하루에 15마일에서 25마일의 속도로 행진하고 있었다. 이 빠른 행진에도 불구하고 일본군들 사이에는 거의 부상병이 없었고, 어떤 상황이든 간에, 건장한 작은 '닛폰 덴지'는 같은 이해할 수 없는 무관심 속에서 터벅터벅 걸어갔다. 따라서 얼음이 만에서 벗어나자마자 제물포에 도착해 소리를 지르고, 따뜻한 봄 날씨에 압록강까지 비교적 수월하게 북진하는 주력 부대의 병사들에게는 두 달 후에 있을 실제 전투에 대한 준비는 필요하지 않았다. 그러나 위의 사진에 나타난 몇몇 병사들은 처음 제물포에서 압록강으로 행진하고, 러시아 전초기지를 추격하고, 의주를 점령하고, 쿠로키 장군 휘하의 첫 주력 부대가 오는 길을 개척했다.

Japanese infantry breakfasting opposite Ping-Yang
평양 맞은편에서 아침식사를 하는 일본 보병들

Field artillery waiting to the bridge over the Tai-Dong River
대동강 다리 부근에 대기 중인 일본군 야전 포병부대

한국땅을 밟고 진격하는 일본군
Japanese troops advancing on Korean soil

THE ADVANCE OF THE JAPANESE ARMY THROUGH KOREA

This picture showa a column of infantry filing out Sondo early in March, moving north. The frozen roads were found to be more than traclimbing through a country forbidding and difficult. Pack trains and the carts pulled by Japanese ponies broke down in such marching, and the supplies were packed through the passes on the backs of Japanese and Korean coolies, fifty to seventy-five pounds per man. Until the breaking of winter, the mobiliazation of the Japanese forces in northern Korea was beset with such obstacles as are vividly glimpsed in this picture. The hardy soldiers and Mr. Dunn, Colliers photographer, likewise bivounacked in these snows and on these unsheltered hillside

이 사진은 3월 초순에 북쪽으로 이동하는 한 보병 부대의 모습이다. 일본군의 조랑말이 이끄는 짐 수레는 그러한 행진에서 고전했고, 보급품들은 일본과 한국의 짐꾼의 등에 실려 통로를 통해 1인당 50-75파운드씩 가득 찼다. 겨울이 오기 전까지, 북쪽에 있는 일본군의 동원은 이 사진에서 생생하게 보이는 것과 같은 장애물들로 가득 찼다. 강인한 군인들과 콜리어스, 사진작가 Dunn도 마찬가지로 이 눈과 숨을 쉴 수 없는 언덕 위에서 야영을 했다.

LIEUTENANT–GENERAL INOUYE, IN COMMAND OF THE FIRST ARMY OF INVASION, AND HIS STAFF, AT SEOUL
서울에서 일본군 제1군사령관인 이노우에 중장과 그의 참모들

Arrival of the Japanese at the railway station, Seoul.
February 12
일본군 서울역 도착

The Japanese army entering Seoul, Through the great
gate
남대문을 통해 서울로 들어오는 일본군

THE JAPANESE OCCUPATION OF SEOUL

SAPPERS AND MINERS STARTING FOR NORTHERN KOREA WITH THE FIRST ADVANCE

*There are thirteen of these battalions of sappers and miners in the Japanese army on a war footing,
making a total strength of two hundred and srventy officers and seven thounsand men*

첫 전진으로 북쪽을 향해 출발하는 짐꾼들과 광부들. 일본군에는 이들 13개 대대의 짐꾼과 광부들이 동원되
고 있으며, 총 병력은 200명의 장교와 7천 명의 군인들로 구성되어 있다.

The Tai-Tong River, which the Japanese infantry had to cross before entering the city of Ping-Yang, can be seen in the distance. The Japanese engineers quickly threw a pontoon bridge across it and the army crossed with little delay. Yhe troops massed at the forward end of the line have broken ranks and are waiting their turn to cross. The man on horseback at the left of the photograph is a war correspondent

일본군 보병이 평양시내로 진입하기 전 건너야 했던 대동강이 멀리 보인다. 일본 공병들은 재빨리 그 강을 가로질러 가교를 가설했고, 군대는 지체 없이 건넜다. 전방 끝에 집결한 일본군들은 대열을 지여, 그들의 차례를 기다리고 있다. 사진 왼쪽에 있는 말을 탄 남자는 종군기자이다.

THE FORTY–SIXTH INFANTRY REGIMENT MARCHING THROUGH TAI–TONG, OPPOSITE PING–YANG

일본군 제46보병연대가 평양 맞은편 대동강을 통과하는 행렬

AN INCIDENT ON THE ROAD TO PING-YANG
평양 가는 길에 일어난 모습

Observers have agreed that the one weakness of the Japanese army is the cavalry force, the horse being small and the troopers poor riders.

R. L. Dunn, Collier's special photographer, Who went into Northern korea with the Japanese vanguard, throws some light on this condition by this photograph and the following comment : "This will give some idea of what the Japs don't know about a horse. When I came upon the scene an officer was riding this horse, Which had broken its leg. He had a Korean yanking the bridle and a Japanese soldier beating the poor brute. The officer dismounted when. I explained that a horse with a broken leg could not recover. He protested that the leg would mend in a few days and that as long as the horse walked on three legs he didn't think it would suffer, My argument persuaded him to walk, at any rate, and he ordered the soldier to lead the horse to Ping-Yang, a distance of 75 miles"

관측통들은 일본군의 한 가지 약점은 기동력인데, 말은 작고 기병들은 재능이 떨어진다는 데 동의했다. 일본 선발대와 함께 북쪽으로 간 콜리어의 특별 사진작가 R. L. Dunn 이 사진과 다음과 같은 논평을 통해 이 조건에 대해 약간의 깨달음을 줄 것이다. '이것은 일본 군인들이 말에 대해 모르는 것에 대한 약간의 아이디어를 줄 것이다. 제가 그 장면을 보았을 때 한 장교가 이 말을 타고 있었다. 그는 한국인이 고삐를 당기고 있었고, 일본인 군인이 불쌍한 말을 때렸다. 그 장교는 다리가 부러진 말은 회복할 수 없다고 설명했다. 그는 다리가 며칠 안에 회복될 것이고 그 말이 세 개의 다리로 걷는 한, 어쨌든 내 주장은 그가 걷도록 설득했고, 그 병사에게 그 말을 75 마일의 거리인 평양으로 인도하라고 충고했다.'

JAPANESE COOLIES WARMING THEMSELVES WITH A MEAL OF HOT RICE CAKE
따뜻한 떡 한 끼로 몸을 녹이는 일본인 짐꾼들

JAPANESE CAVALRY SCOUTING NEAR PING–YANG

일본 기병대의 평양 인근 정찰

THE JAPANESE MARCHING THROUGH SEOUL

서울 시가지를 행진하는 일본군

A LONE BENEDICT OF SUNAN

수난(순안)의 외로운 베네딕트

A JAPANESE PONTOON TRAIN MOVING TOWARD THE YALU FROM PING–YANG

평양에서 압록강을 향해 이동하는 일본의 부잔교浮棧橋 수송 행렬

RUSHING SUPPLIES FOR THE JAPANESE ARMY IN KOREA

주한 일본군을 위한 긴급 보급품

이 사진은 3월 중순에 찍혔고, 통사리산맥의 구릉 속에서 쉬고 있는 수송 대열을 보여준다. 겨울 휴식과 봄은 이 지역에서 놀라운 신속성을 가지고 온다. 그리고 이 부대는 눈보라와 얼어붙은 오솔길을 헤치기 며칠 전에 외투를 벗고 여름 행진 장비를 착용한 것으로 보인다. 다른 현대 군대의 마차 수송 대신에 일본군은 조랑말이나 인력으로 끌 수 있는 작은 이륜 수레를 사용한다. 음식·옷·탄약, 그리고 텐트 말뚝에서 신발에 이르기까지 모든 군대의 보급품은 균일한 크기의 매트가 깔린 작은 포장지에 쌓여 수레를 이용한다. 수송 창고나 기선이나 부두에 있는 온갖 종류의 쓰레기 더미 대신에 일본군 보급품들은 조심스럽게 번호를 매기고 쌓여 있는데, 각각의 작은 포장지에는 손잡이가 달려 있다. 이것이 바로 한겨울의 이동을 성공적으로 수행한 이유 중 하나이다. 같은 기후와 지형 아래에서 만주의 러시아인들은 나쁜 날씨 속에서 속수무책으로 움직이는 마차, 열차보다 더 빨리 움직일 수 없다는 사실 때문에 방해를 받았다. 일본 수송 부대는 항상 전투 대열만큼 빠르게 움직이며, 전투 기동성을 높인 것은 웅장한 전략의 이동에 있어서 중요한 이점이 될 것이다. 한국의 일본인 침입자들이 하루에 15마일에서 25마일의 행군을 하며 전선으로 달려간 것은 이 사진처럼 그들의 수송 체계가 경량화로 효과적이었다. 이 수송 작전을 위해 군대에 동반된 일반적인 짐꾼 외에도 수백 명의 한국인들이 징집되었다.

JAPANESE STORRHOUSE AND BARRACKS MADE IN JAPAN AND QUICKLY PUT UP IN KOREA
일본의 창고와 막사는 일본에서 만들어져 한국에 신속하게 설치된다.

HORSES WAITING TO BE SHOD AT THE FARRIER'S TENT IN THE ARTILLERY CAMP
포병 캠프의 패리어 텐트에서 신발을 신고 기다리는 말들

A COMPANY OF ARTILLERYMEN, WITH FORAGE, ON THE WAY TO CAMP
캠프로 가는 길에 포병 중대가 식량을 휴대하고 행군하고 있다.

BUILDING THE BRIDGE THAT WERE USED AT THE YALU

CONSTRUCTION A BRIDGE WITH TIBER AND ROPE WITHOUT USING A SINGLE NAIL
못을 사용하지 않고 목재와 로프로 다리를 건설하는 장면

SAILORS GOING ASHORE TO ASSIST IN LANDING SUPPLIES
상륙 보급품을 돕기 위해 상륙하는 선원들
바다에서 두 달 후에 육지 다리를 다시 얻었을 때의 이 재킷들의 만족은 그들의 얼굴에서 분명히 보인다. 군인들은 미소를 띠지 않고 엄한 반면, Chemulpo의 사진작가와 모든 선원들의 얼굴이 미소를 머금고 있다는 것은 흥미로운 사실이다.

THE MARKET PLACE OF CHINAMPO
진남포시장 풍경

THE WHITE ROBED NONCOMMITTAL KOREANS
흰옷을 입은 조선인

THE FIRST BOATLOAD TO LAND FROM THE JAPANESE TRANSPORTS
일본 수송선에서 상륙하는 첫 번째 보트

WEARY JAPANESE INFANTRYMEN RESTING ON A BULLOCK-CART
수송용 카트에서 쉬고 있는 지친 일본 보병들

DR. H. N. ALLEN, U. S. MINISTER TO KOREA

Dr. Allen was standing on the Legation steps when this photograph was taken.

He has the distination of being one of the few persons who has a really intelligent comprehension of the Korean tongue. Tthere is a considerable American colony in Korea. Numbering nearly 250 persons. The electric lighting, water, and trolley cars in Seoul were all created by American enterprise.

이 사진이 찍혔을 때 알렌 박사는 공사관 계단에 서 있었다. 그는 한국어를 정말로 지적으로 이해하는 몇 안 되는 사람들 중 한 명이라는 뛰어난 점을 가지고 있다. 한국에는 상당한 미국인이 있다. 거의 250명에 달하는 사람들이 살고 있다. 서울의 전기 · 수도 · 트롤리(전차) 차량들은 모두 미국 기업체에 의해 만들어졌다.

LANDING THE MEN WHO FOUGHT AT THE YALU
압록강에서 싸웠던 군인들을 상륙시키고 있는 광경

JAPANESE SAILORS AND KOREAN COOLIERS AT CHINAMPO
진남포의 일본 병사들과 한국인 짐꾼들

COSSACKS ON THE MARCH ACROSS LAKE BAIKAL
바이칼 호수를 행진하는 코사크기병대

RUSSIAN ARMY TRANSPORT WAGONS CROSSING LAKE BAIKAL
바이칼 호수를 건너는 러시아군 수송 마차

AN INFANTRY REGIMENT NEAR THE END OF THE FORTY-MILE MARCH ACROSS FROZEN LAKE BIKAL
빙판의 바이칼호수를 가로지르는 40마일 행진의 끝 근처에 있는 보병 연대

THE RUSSIAN ADVANCE ACROSS FROZEN SIBERIA

ARTILLERY WAGONS STARTING ON THE FORTY—MILE JOURNEY ACROSS LAKE BAIKAL
바이칼호수를 가로지르는 40마일 행군을 시작하는 포병들

RUSSIAN MILITARY HIGHWAY ACROSS LAKE BAIKAL
바이칼 호수를 가로지르는 러시아 군사 고속도로

A RUSSIAN REGIMENT HALTED FOR DINNER. THE SOUP IS PREPARED IN KITCHENS ON
SLEBGES WHICH FOLLOW THE COLUMN
저녁식사를 위해 러시아 연대. 수프는 대열을 따라가는 SLEBGES의 주방에서 준비된다.

ENTRY OF THE SECOND DIVISION INTO YIINKOW
두 번째 부대의 YINROW 진입

RUSSIAN TROOPS ON THEIR WAY TO THE FRONT

RUSSIAN INFANTRY MARCHING ACROSS LAKE BAIKAL
바이칼 호수를 가로질러 행군하는 러시아 보병부대

TYPES OF RUSSIAN SOLDIERS IN CAMP AT LIAO-YANG
랴오양 캠프에 있는 러시아 군인의 모습

RUSHING SUPPLIES TO THE FRONT FROM
THE COMMISSARY BASE AT THE TERMINUS
OF THE TRANS-SIBERIAN RAILWAY
시베리아 횡단철도의 종착역에 있는 커미셔너리
기지에서 전방으로 보급품들이 쇄도하고 있다.

RUSESSIAN SOLDIER SINGING FOR HIS COMRADES AT LAKE BAIKAL
바이칼 호수에서 동료들을 위해 노래하는 러시아 군인

RUSSIAN SOLDIERS ON THEIR WAY TO THE FRONT

DEPARTURE OF THE TWENTY-THIRD ARTILLERY BRIGADE FROM GATCHINA
가치나에서 제23포병 여단이 출발

GROUP OF RUSSIAN OFFICER AT A RESTING STATION ON LAKE BAIKAL
바이칼 호수 휴게소에 있는 러시아 장교 그룹

VICE-ADMIRAL SKRYDLOFF AT THE ST. NICHOLAS STATION ON HIS ARRIVAL IN ST. PETERSBURG
세인트 페테르버그에 도착한 세인트 니콜라스역의 스크리들로프제독

VICE-ADMIRAL SKRYDLOFF LEAVING THE WINTER PALASE AFTER AN AUDIENCE WITH THE CZAR
차르와 함께 관객을 만난 후 겨울 궁전을 떠나는 스크리들로프 부제독

LOADING TRANSPORT CARS WITH HORSES TO BE USED WITH RUSSIAN BATTERIES
러시아군의 운반 수단에 사용될 말을 운송 열차에 적재

RUSSIAN ARTILLERY ON ITS WAY TO THE FRONT
전선으로 향하는 러시아 포병

ARTILLERY EQUIPMENT ON TRANSPORT CARS AND TYPES OF THE MEN BEHIND THE RUSSIAN GUNS
수송열차의 포병 장비와 러시아군 병사들

IRKUTSK CITY
이르쿠츠크시 전경

이 도시는 바이칼 호수의 서쪽 끝에 위치해 있으며, 시베리아횡단철도에서 가장 중요한 역 중 하나이다. 겨울에 전선으로 가던 군인들은 위험한 40마일 행군을 위해 이르쿠츠크에서 반대편의 얼음 호수 바이칼로 떠났다.

RUSSIAN TRANSPORT TRAIN AND ESCORT RESTING
AT YINKOW뉴치아퉁(Newchiatung)

DEOARTURE OF THE FRENCH AND SPANISH MILITARY ATTACHES FROM ST. PETERSBURG FOR THE FRONT
프랑스 및 스페인 군 부대가 전선으로 가기 위하여 상트페테르부르크 출발

YINKOW는 4월 초 콘드라토비치 장군 휘하의 수천 명의 러시아군이 집결된 뉴창으로 향하는 항구이다. Newchwang은 Arthur항과 Mukden항의 중간쯤에 있는 요동만(liaotung Gulf)에 있는 항구이다. 이 사진을 촬영한 날, 콜리어의 특별 사진기자이자 특파원인 Mr. J. F. J. Archibald는 Yinkow로부터 자신이 대기자 명단 중에서 선발되어 전선으로 나아갈 수 있는 7명의 특파원 중 한 명이라는 연락을 받았다. 이들 7명의 특파원 중 2명은 프랑스 신문을 대표했고, 1명은 이탈리아인, 1명은 독일인, 2명은 영국 특파원이었다. 콜리어의 특파원은 이 일원의 유일한 미국 대표였다. 콘드라토비치 장군 휘하의 군대가 뉴창을 점령했을 때, 수비대가 일본의 공격에 대비하거나 불가피할 경우 장기간의 포위 공격을 견딜 준비가 충분히 되어 있다는 인상이 러시아 전선 내에서 일반적으로 보였다.

당시 러시아인의 낙관주의는 4월 초 뉴창에서 보낸 Mr. 아치볼드의 서신: 이곳에는 매우 큰 병력이 동원되었고, 그들 중 대다수는 정규군 중 최고 수준이며, 장기간의 공격을 견뎌야 할 경우 어려운 포위 공격에 대비할 수 있는 완벽한 장비를 갖추고 있었다. 왜 일본이 이보다 오래 전에 뉴창에 투자하거나 공격하지 않았는지 여기 있는 누구도 이해할 수 없었다. 반도 이쪽의 모든 사람들에게 가장 놀라운 일이었다. 왜냐하면 그것이 러시아에게 완벽하게 준비할 시간을 주었기 때문이다. 여기에는 성에서 먼 길을 온 정규군이 있다. 전쟁 선포 이후 상트페테르부르크 콘드라토비치 장군은 지역의 부사령관이며 방어를 위해 상당한 규모의 분리된 무기병을 포함한 완전한 사단을 보유하고 있었다. 뉴창은 만주철도의 종착역으로 주력부대 및 묵전사령부와 원활한 통신이 가능하여 공격시 추가부대가 신속히 투입될 수 있다. 러시아인들은 이번 주 내내 강 어귀를 채굴하는 데 시간을 보냈고, 어제 연결 케이블이 놓였다. 뉴창을 중심으로 한 나라 전체가 완전히 평지여서 방어하기는 매우 쉽고 공격하기는 매우 어려울 것이다. 그날 Mr. Archibald의 서신은 Collier's Office에 도달했다. 러시아 군은 총을 쏘지 않고 Newchwang을 철수했다.

PILES OF WHEAT, FIRED BY THE RUSSIANS BEFORE THEY EVACUATED LIAO–YANG, BURNING IN THE RAILWAY
YARDS NEAR THE OLD TOWER
러시아군이 요양에서 후퇴하기 전에 불지른 밀더미가 불타고 있다. 오래된 타워 근처의 철도 조차장

A RUSSIAN SENTRY AT YINKOW
YINKOW의 러시아 보초병

RUSSIAN SURGEON–GENERAL AT NEWCHWA
뉴창의 러시아 군의관

THE RUSSIAN ADVANCE TO THE FRONT

RUSSIAN CAVALRYMEN AT LAKE BAIKAL
바이칼 호수의 러시아 기병대

BEEF ON THE HOOF FOR THE ARMY
군대를 위해 고기를 굽고 있는 장면

THE RUNABOUT SOUP-KITCHENS
고기 수프 주방에 관한 소동

A WAGON-LOAD OF BREAD FOR RUSSIAN SOLDIERS
러시아 군인들을 위한 빵 한 수레

RUSSIAN CAVALRYMEN NEAR NEWCHWANG
뉴창 근처의 러시아 기병대

COSSACK OFFICER AT LIOA-YANG
리오아양의 코사크 담당관

RUSSIAN INFANTRY MARCHING THROUGH LIAO-YANG
리오아양을 통과하는 러시아 보병대

COSSACK CAVALRYMEN AT LIAO-YANG
LIAO-YANG의 기병 코사크

RUSSIAN REGIMENTAL BAND AT MUKDEN
MUKDEN의 연대 밴드

A WOMEN COSSACK OFFICER AT MUKDEN
MUKDEN의 여성 코사크 장교

RUSSIAN OFFICER AND NURSES AT LIAO-YANG
리아오양의 러시아 장교와 간호사들

WHITE THE HOSPITAL TRAIN WAITED AT MUKDEN
MUKDEN에서 정차한 화이트 더 병원 열차

THE GENERAL COMMANDING THE RED CROSS AT LIAO-YANG
리오아양에서 적십자를 지휘하는 장군

ENGLISH AND AMERICAN WAR CORRESPONDENTS ON THEIR WAY TO JAPAN
영국과 미국의 전쟁 특파원들이 일본으로 가는 선박에서 기념 촬영

THE BOTTLED-UP WAR CORESSPONDENTS WHO MARKED TIME IN TOKIO
도쿄의 병든 전쟁 핵심 참가자들

A Bartlett   Martin Egan   George Lyuch(2d row) Melton Prior   M. Balet   F.W. hiting(2d row) J.Sheldon
Williams, Sphere   London Express   Associated Press   London Chronicle Illustrated News Petit Journal
Graphic   Richard Smith, London Standard   R. H. Davis, Collier's   Frederic Villiers, Illust'd News

THE FOREIGN CORRESPONDENTS AT THE NOBLES CLUB TOKIO
노블레스 클럽 토키오의 외국 특파원들

고베로 항해하기 전 통신원의 배 '나가타마루'에 프
레드릭 팔머의 말을 들어올렸다. 진남포. 팔머 씨는
쿠로키 장군의 군대에 소속되어 있었다.

Victor Bulla 사진 작가. 겨울에 러시아군과 함께 바이칼호
수를 건넜다. Bullar 사진작가는 진남포 생존자들의 귀환
사진을 찍었다.

호기심 많은 한국인들에게 둘러싸인 숙춘 마을에서
점심식사를 할 때 구로키장군의 군대와 함께 현장
에서 콜리어의 전쟁 특파원인 프레드릭 팔머

진남포에서 사진을 제작한 콜리어의 사진작가 R.L.Dunn은
한국에서 영화를 제작하고 있다. Dunn의 많은 영화들이
무더위에 야외에서 제작되었다.

THE PROUD OWNER OF WHAT LOOKED LIKE A WHOLE CITY BLOCK OF REAL MONEY—MONEY ENOUGH TO SINK A SHIP

환전한 엽전이 배를 침몰시킬 만큼 산더미처럼 쌓인 엽전을 바라보는 Mr. Dunn 씨

환전한 엽전이 산더미처럼 쌓여 있는 모습

전쟁 종군 사진작가인 R. L. Dunn이 한국에서 여행하는 중 직면한 많은 당혹감 중 하나였다. 이 사진은 Dunn 씨가 높이 3피트, 바닥 둘레 60피트의 산더미처럼 쌓인 엽전을 바라보고 있는 모습이다. 한국 화폐는 구리 동전으로 천 개씩 묶인 원반형 가운데에 네모난 구멍이 뚫려 있는 엽전으로 중국에서 처음 사용되다가 몇 백, 수천 년 후에 재정 제도를 위해 도입한 것이다. 은둔 왕국의 엽전 15개에서 30개까지의 '엽전'이 미국 1센트의 가치와 동일하다. 천 개의 엽전은 무거워서 운반하는데 짐꾼을 고용해야 했다. Dunn 씨는 여행을 위해 옷을 준비하고 있었는데, 그에게는 현지 돈이 꼭 필요하다는 생각이 들어, 그의 통역사인 쿠리타에게 목록에 있는 많은 생필품은 더 북쪽 지역에서만 구입할 수 있으며, '많은 돈'을 챙겨야 한다고 지시하였다. Kurita는 150달러를 환전하라는 지시를 받고 환전하였다. 오전 시간이 지나서 쿠리타는 환전해 온 엽전을 쌓아 놓았다. Dunn 씨는 놀랐다. 여행이 시작되자마자 호텔 소년 중 한 명이 달려와서 "와보세요, 선생님." 소년은 뒤쪽 안뜰로 향했고, 그곳에서 Mr. Dunn씨는 엽전 뭉치들을 보고 경악의 소리를 질렀다. Dunn은 Collier's에게 보낸 편지에서 다음과 같이 썼다. "배를 침몰시킬 만큼의 돈, 무더기로 쌓인 돈, 백만 년 동안 사용할 수 있을 만큼의 돈, 도시 전체의 돈을 소유한 것처럼 보이는 자랑스러운 소유자였다." Dunn 씨는 서둘러 여행을 시작해야 했고, 그는 몇 줄을 가져와 돈을 경비원에게 맡겨 두어야했다. 2주 후에 그가 돌아왔을 때 그것은 거의 모두 증발해 버렸다. 나머지는 경비원의 임금으로 소비되었다.

쿠로키 장군의 군대와 함께 콜리어의 전쟁 사진 작가인 James H. Hare는 압록강 전투 이후 위원회 장교 중한 명의 도움을 받아 현장에서 영화를 제작하고 있다.

콜리어의 특파원인 James F.J. Archibald는 러시아군과 함께 요동 반도에 주둔하고 있는 사진작가로 나이가 많고 젊은 원주민들 앞에서 저글링 묘기로 즐겁게 한다.

General Kuroki and staff at their field Headquarters, Antung
쿠로키 장군과 그들의 야전 본부의 부하들, ANTUNG

OFFICER AND ENGINEERS OF KUROKI"S VICTORIOUS ARMY
쿠로키 장군의 승리한 장교와 엔지니어들

전투 전날 압록강을 건너는 보병들

전투 전날 압록강을 건너는 일본군 기병 전초기지

압록강을 연결하기 위해 한국 해안으로 목재를 운반하는 모습

PREPARATIONS FOR THE BATTLE OF THE YALU

CARRYING TENT MATERIALS TO THE HOSPITAL CAMP
텐트 자재를 병원 캠프로 운반하는 행렬

SCREENS ERECTED TO HIDE THE JAPANESE PREPARATIONS FOR CROSSING THE YALU
압록강을 건너기 위한 일본군의 이동을 감추기 위해 설치된 위장막

ENGLISH LADIES SENT BY THE QUEEN TO INSPECT THE WORKINGS OF THE JAPANESE RED CROSS
일본 적십자의 작업을 점검하기 위해 영국 여왕이 보낸 영국 여성들

NATIVES ATTEMPTING TO SAVE A BURNING HOUSE IN ANTUNG, SET ON FIRE BY THE RETREATING RUSSIANS

후퇴하는 러시아군에 의해 불이 난 ANTUNG의 불타는 집을 원주민들이 화재를 진압하고있는 광경

RUSSIAN CANNON CAPTURED BY THE JAPANESE DURING THE TWO DAY'S BATTLE AT THE CROSSING OF THE YALU

압록강 건널목에서 이틀간의 전투 동안 일본에 의해 포획된 러시아 대포

THE JAPANESE FIELD HOSPITAL ON THE MANCHURIAN SHORE OF THE YALU

압록강 만주 해안에 있는 일본군 야전병원

COOLIES STRETCHER–BEARERS CARRYING WOUNDED JAPANESE SOLDIER ACROSS A STREAM TO THE FIELD HOSPITAL AT PENG WANG CHENG
부상당한 일본 병사를 개울을 건너 펭왕청의 야전 병원으로 운반하는 쿨리스 들것들

Major Fushada   General Fuji   Lt.Col E.H.Crowder, U.S.A   Lt. Col. Corvisart, France

MAJOR FUSHADA EXOLAINING TO THE FOREIGN MILITARY ATTACHES THE JAPANESE TACTICS AT THE CROSSING OF THE YALU
외국 군대에 파견된 후사다 소령은 압록강 건너서 일본의 전술을 수행한다.

WOUNDED RUSSIANS BELONGING TO THE 11TH EAST SEBERIAN REGIMENTS, TAKEN PRISONERS AT CHIU–LINE CHENG
제11동 세베리아 연대 소속의 부상당한 러시아 병사들이 CHIU–LINE–CHENG에서 포로로 잡혔다.

JAPANESE TROOPS BURYING TWO RUSSIAN OFFICER KILLED AT CHIU—LINE—CHENG
일본군은 치우라인청에서 사망한 러시아 장교 2명을 매장했다.

CHINESE DIGNITARY IN THE PROCESSION OF WELCOME AT PENG—WANG—CHENG
PENG—WANG—CHENG 환영 행렬의 중국 고위 인사

THE CITY OF ANTUNG AFTER THE JAPANESE OCCUPATION
일본 점령 후의 ANTUNG

GENERAL KUROKI AND HIS STAFF ENTERING ANTUNG AFTER THE CROSSING OF THE YALU
압록강 횡단 후 안퉁으로 들어가는 쿠로키 장군과 그의 참모들

PUNERAL PROCESSION FOR A RUSSIAN OFFICER AT ANTUNG
안퉁의 러시아 장교 장례식 행렬

CHINESE INFANTRY ESCORT MARCHING THROUGH THE CITY
도시를 행진하는 중국 보병 호위대

BURIAL OF RUSSIAN OFFICER KILLED IN THE YALU BATTLE
압록강 전투에서 사망한 러시아 장교의 매장

GENERAL BARON KAULBARS ADDRESSING THE SURVIVORS OF THE "VARIAG" AND "KORIETZ"
UPON THEIR ARRIVAL IN ODESSA
Kaulbars 장군은 오데사에 도착했을 때 'Variag'와 'KORIETZ의 생존자들에게 연설하는 장면

SAILORS OF THE "VARIAG" AND "KORIETZ"
CROSSING THE RIVER TO THE WINTER
PALACE St. PETERSBURG
강을 건너 겨울 궁전 상트페테르부르크로 가는
'VARAG'와 'KORIETZ'의 선원들

While General Kroki"s army was waiting at Peng-Wang-Cheng, during the weeks following the crossing of the Yalu, the Japanese amused themselves with wrestling tournaments arranged between heavy-weight wresters Attached rival companies. An umpire, fan in hand, burlesqued the ceremonious manners of the dignitaries who Preside over the tournaments in Tokio.

크로키 장군의 군대가 팽왕정성에서 기다리고 있는 동안 강을 건너고 몇 주 동안 일본인들은 헤비급 레슬링 선수들 사이에서 열리는 레슬링 토너먼트로 즐거운 시간을 보냈다. 부채를 손에 든 심판원은 고위 인사들의 예의범절을 풍자했다.

CHINESE ESCORT ACCOMPANYING GENERAL KUROKI
쿠로키 장군을 호위한 중국 병사들

MIKITARY HIGHWAY, CONSTRUCTED BY THE PIONEER CORPS ON THE MARCH TO LIAO-YANG
선발대가 랴오양까지 행진하면서 건설한 군사도로

PRESENTATION OF MEMENTOES TO THE OFFICERS WHO SERVED AT CHEMULPO
Chemulpo에서 근무한 부대원들에게 기념품 증정

CHEMULPO SAILORS MARCHING THROUGH THE STREETS OF St. PETERSBURG
상트페테르부르크 거리를 행진하는 Chemulpo 주둔 해군들

CHEMULPO JACKETS AT THE WIONTER PALACE, St. PETERSBURG
상트페테르부르크 겨울 궁전의 CHEMULPO JACKETS

THE FUNERAL SERVICE FOR VICE-ADMIRAL MAKAROFF, ON BOAD THE "ERMAK" AT St. PETERSBURG
상트페테르부르크에서 "ERMAK"에 탑승한 마카로프 제독의 장례식

GENERAL KUROKI WATCHING THE BATTLE AT MOTIENLING

General KUROKI 구로키 장군

March of kuroki"s army through the Manchurian mountains
만주 산맥을 통과하는 쿠로키의 군대 행렬

A RUSSIAN OUTPOST CAPTURED BY JAPANESE
CAVALRY SCOUTS
일본 기병대 정찰병에게 붙잡힌 러시아 전초 기지

Wounded Japanese on the way to the rear at motienling
모티엔링에서 후방으로 가는 길에 부상당한 일본군인들

THE JAPANESE TROOPS ON THE
PLAIN OF PENG-WANG-CHENG
DURING THE MEMORIAL SEVICE
TO THE DEAD WHO PELL AT THE
YALU
압록강에서 전사자 추도식을 거행
하는 동안 팽왕청 평원의 일본군

HELPING A WOUNDED RUSSIAN PRISONER TO THE REAR
부상당한 러시아 포로의 후방 지원

THE BALLOON AND ITS ESCORT OF TURKESTAN COSSACKS
풍선과 투르케스탄 코사크의 호위

THE GAS BAG BEING CONVEYED ACROSS THE TAITSE RIVER BY MEN OF THE BALLOON
SECTION
풍선을 조종하는 사람들에 의해 테이트 강을 가로질러 운반되는 가스 BAG

GENERAL KUROPATKIN AWARDING THE CROSS OF St. GEORGE TO SOLDIERS FOR BRAVERY BATTLE
쿠로팟킨 장군은 용감한 전투력의 군인들에게 성 조지 십자가를 수여

A RUSSIAN SKIRMISH LINE ADVANCING AGAINST THE JAPANESE IN THE MOUNTAINS NEAR ANPING
안핑 근처 산에서 일본군을 향해 전진하는 러시아 척후 병력

INTRENCHED INFANTRY AWAITING JAPANESE ADVANCE
일본군의 진격을 기다리고 있는 보병

GENERAL KUROPATKIN MAKING A TOUR OF INSPECTION OF THE RUSSIAN POSITIONS EAST OF LIAO-YANG
쿠로팟킨 장군, 랴오양 동쪽의 러시아 진지 시찰

토완 고지에 있는 제6 시베리아 포병여단 포대

리아오양 앞 경사면 필드에 대포 배치

FOUR CANET GUNS CAPTURED BY THE JAPANESE AT NANSHAN HILL, AND DRAGGED 150 MILES BY
HAND, IN ACTION AGAINST THE RUSSIANS AT LIAO-YANG
Nanshan Hill에서 일본군이 노획한 4개의 카네 대포를 150마일을 손으로 끌고 와서 랴오양. LIAO-YANG에서 러시아
군을 상대로 포격하는 상황

1905

CHEMULPO ▶ via MOJI ▶ SAN FRANCISCO ▶ NEW YORK

전위첨쇄우표 2전 첨부 외교인

1905. 2. Seoul–25 Feb. 05–17 Mar. 1905 San Francisco– 22 Mar. 1905 SYPACO

SEOUL ▶ Satjikol(사직골)

15 AVRIL 1903. Seoul–Satjikol
사직골 Satjikol
현 서울시 종로구 내자동 일대

국치시기國恥時期 미국 회사의 광고 홍보용 카드

Flags Of The World

세계의 국기

이 세트에는 60개의 국기가 있다. 미국을 제외한 모든 주요 국가가 표현되어 있다. 40개의 다양한 국기를 가져오거나 보내주시면, 7인치 x 10인치 크기의 멋진 실크 미국 국기를 선물로 드린다. 오늘날의 가장 오래되고 아름다운 국기이다. 선물과 함께 국기를 돌려드린다.

풀먼과 오니스트 밀크브레드 포함

weber bros.에서만 굽는다.

irvington, N. J..

KOREA

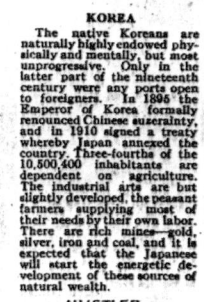

한국[홍보용 카드의 내용]

한국민은 신체적으로나 정신적으로 타고난 재능이 뛰어나지만, 진보적이지는 않다. 19세기 후반에 외국인에게 문호가 개방되었다. 1895년 한국 황제는 공식적으로 중국의 종주권을 포기했고, 1910년에 일본이 한국을 합병하는 조약을 체결했다. 10,500,400명의 주민 중 4분의 3이 농업에 의존하고 있었다. 산업 기술은 약간만 발전했을 뿐이며, 농부들은 자신의 노동으로 대부분의 필요를 충족시킨다. 금, 은, 철, 석탄과 같은 풍부한 자원이 있어 일본이 이러한 천연 자원의 활발한 개발을 시작할 것으로 예상된다.

COREA

RECRUIT

LITTLE CIGARS

NO Paper

Not a Cigarette

Flags of All Nations Series

1904

독일 식품회사 광고 홍보용 엽서

LIEBIG'S FLEISCH—EXTRACT 리빅의 고기 추출물

조선의 선비와 제물포 항구의 대불호텔을 배경으로
제작한 홍보용 엽서

Liebig's Extract of Meat Company

영국에 설립된 Liebig's Extract of Meat Company는
LEMCO 브랜드 Liebig's Extract of Meat의 생산자였으
며, Oxo 육류 추출물과 Oxo 쇠고기 스톡 큐브의 창시자
였다. 이 회사는 쇠고기 추출물의 산업적 생산 방법을 개
발하고 홍보한 19세기 독일 유기 화학자 Justus Freiherr
von Liebig의 이름을 따서 명명되었다.

육류 추출물은 1847년 Justus Freiherr von Liebig는 진
짜 육류를 살 여유가 없는 사람들을 위해 저렴하고 영양가
있는 육류 대체 식품인 Extractum carnis Liebig를 제공
하고자 농축된 쇠고기 추출물을 개발했다. 그의 방법은 고
기에서 지방을 다듬고, 고기를 작은 입자로 부수고, 물과
함께 끓여서 함량이 6-8%인 액체를 만든 다음, 약한 불
에서 저어서 고형물 함량이 80%인 반죽이 될 때까지 저었
다. 그러나 유럽에서는 육류가 너무 비싸서 추출물을 만드
는 데 필요한 원료를 수익성 있게 공급할 수 없었다.

Liebig's의 육류 추출물은 불투명한 흰색 유리병에 포장
된 당밀과 같은 검은색 스프레드로 감소된 육류 육수와
소금(4%)이 포함되어 있다. 육류와 육류 추출물의 비율은
일반적으로 약 30 대 1이다. 1kg의 추출물을 만드는 데
30kg의 육류가 필요하다. 이 추출물은 원래 진짜 육류에
대한 저렴하고 영양가 있는 대안으로서 치유력과 영양가
가 있다고 홍보되었다.1904년경 대한제국에도 Liebig's의
육류 추출물(곰국)을 공급하기 위하여 대대적으로 광고 홍
보를 한 것으로 추정된다.

한일통신협약 韓日通信協約

대한제국 우정사업 강제 피탈 경위(舊韓國 郵政事業 强制 被奪 經緯)

출처: 1970. 12. 4. 체신부 발행 한국우정사[1]

1. 일제에 의한 통신사업 탈취 책략

운양호사건(雲揚號事件)을 계기로 1876년(고종 13년) 병자수호조약(丙子修好條約)이 체결된 후 일제의 조선에 대한 정책은 모두가 침략 정책 일환으로 취하여졌음은 부인할 수 없다. 병자수호조약을 체결할 때부터 그 어느 외국보다도 앞장서서 '조선이 자주국'임을 주장, 천하에 공약하면서 들어오던 일제는 사실상 조선이 자주국임을 공언할 때마다 침략의 도는 한 단계씩 더 높아져 갔다. 일제가 침략의 속셈을 감추고 조선이 자주 독립국임을 공언하며 조약문에 명시하도록 한 것은 그 진의(眞意)가 일제와 경쟁되는 제3국, 즉 청국(淸國)이나 러시아(露西亞)의 조선 접근을 막으며, 그 밖에 조선과 관련된 구미 각국(歐美各國)에 대한 이목의 두려움을 감추기 위한 것이었다. 그러는 동안에 착실하게 국력을 닦아온 일제는 드디어 청일전쟁(淸日戰爭)에 이어 러일전쟁(露日戰爭)을 일으켜 연승(連勝)하였다. 이러한 과정을 겪으면서 일제의 침략은 노골적으로 나타났는데, 그 중의 하나가 조선 우편기관의 강제적인 접수 기도였다. 조선의 맥박인 통신기관이 일제에 의하여 강제적으로 탈취 책략된 경위는 다음과 같다. 1904년에 들어서면서 일러 양국의 풍운이 급박하여지자 대한제국(大韓帝國)은 1904년 1월 23일 국외중립(局外中立)을 선언하여 두 침략자의 싸움에 휘말리지 않으려고 하였으나, 호시탐탐하던 일제가 조용하게 조선의 중립을 받아들일 리는 전혀 없었다. 일제는 오히려 한국을 강압하여 1904년 2월 22일에는 한일의정서(韓日議定書)를 체결하였다. 이 의정서의 체결은 조선 침략의 발판을 굳히는 것으로서 그 내용은 조선은 시정개선(始政改善)에 관하여 일제의 충고를 들을 것. [1조] 제삼국과의 조약 체결을 금하고, [5조] 본 조약에 미비한 사항은 조선 외무대신과 일본 대표간에 임시적으로 협약할 것으로 [6조] 되어 있다. 본 의정서에서 조선의 내정과 외교를 자기들 마음대로 간섭하고, 소위 보호국화하여 식민지로 만들려는 흉계가 들어나기 시작하였다. 당초 의정서의 체결에 있어서 탁지부 대신 겸 내장원경(度支部大臣兼內藏院卿)인 이용익(李容翊)은 이를 반대하였기에 주한 일본공사 하야시(林權助)는 이용익을 일본으로 납치 압송하여 갔다. 또 조선 침략의 원흉인 이토오(伊藤博文)는 한일의정서를 바탕으로 삼아 앞으로 조선 침략의 근본 목적을 수행하기 위한 계책을 세우기 위하여 추밀원장(樞密院長)인 자신이 소위 '한일친선'이란 명목으로 1904년 3월 17일 내한(來韓)하였다. 그리하여, 10일간 체류하면서 조선인의 한일의정서에 대한 반발에 대하여 위압과 무마(撫摩)로 달레고 돌아갔다. 이로써 일제는 이토오(伊藤博文)의 방한 결과를 토대로 삼아 조선 침략 계책의 수립으로서 '대한시설강령(對韓施設綱領)'을 작성하고 이에 대한 시행 요령으로 '대한시설세목(對韓施設細目)'을 입안하였다.

그 내용은 6개 항목으로 되어 있는 바 이를 간추려 본다면 다음과 같다.

① 한국에 일본 군대를 주둔시켜 강제로 조선인을 따르게 할 것.

② 조선의 외교권을 감독할 것.

③ 조선의 재정을 장악하고 나아가서 조선 군대의 해산과 재외 주재 조선공사관을 철수하게 할 것.

④ 조선의 교통기관을 장악할것.

⑤ 조선의 통신기관을 요구할 것.

⑥ 조선 황무지의 개척을 요구할 것.

탈취 계획은 '대한시설세목(大韓施設細目)'의 제5항에 들어 있다.

통신권 탈취를 위한 계획은 1905년 7월에 고무라 일본 외무대신이 하야시 주한 공사에게 보낸 '대한시설강령

(大韓施設綱領)'과 세목(細目)에 잘나타나 있는 바 그 내용은 다음과 같다.

"시설 강령 5

통신기관을 장악할 것. 통신기관 중 가장 중요한 전신시설을 우리측에서 소유하든지 또는 우리의 관리하에 두게 하는 조치는 절대로 필요하며, 우편업무 역시 우리의 이익 발달에 따라서 앞으로 더욱 더 확장시키지 않을 수 없다. 그러나 이를 어떻게 조선 고유의 통신기관과 조화시키느냐 하는 방법은 아울러 강구되어야 하는 문제이다. 대체로 한국 고유의 통신기관은 극히 불완전한 상태에 있고, 경영 수지 또한 맞지 않아서 현재 매년 약 30만 량(兩)의 손실을 보고 있다. 그러므로 만약 현상(現狀)대로 방치하여 둔다면 한낱 재정상 곤란만 증대할 뿐이고 일반 공중의 이편(利便)에 공여할 수 없다. 하지만 한편으로 만약 이를 개선하여 일반의 희망에 충족시키려면 저절로 우리 기관과의 충돌을 면할 수 없게 된다. 한 나라안에 같은 종류의 기관이 두개 이상 독립하여 존재하면 경제상 및 사무상 양편에 모두 불편과 불 이익을 가져올 것은 이치상 당연하다. 고로이 문제를 해결하는 최상의 방법은 조선정부로 하여금 우편 전신 및 전화 사업의 관리를 제국(日本)정부에 위탁 하게 하고 제국정부는 본국의 통신사업과 합동경영(合同經營)함으로써 양국 공동의 1조직제를 이루는데 있다. 이와 같이 하면 조선에 있는 쌍방의 기관이 통일되고 조선정부로서도 해마다 거액의 손실을 면할 수 있을 것이다. 만약 조선정부의 반대로 이러한 기도를 도저히 이룰 수 없을 경우에는 제국정부(帝國政府)는 부득이 중요한 선로를 별도로 만들어 독자적으로 경영할 수밖에 없을 것이다."라고 하였다.

운양호사건(雲揚號事件): 운요호사건(雲揚號事件, 1875년 9월 20일(고종 12년, 음력 8월 21일) 또는 강화도 사건(江華島事件)은 통상조약 체결을 위해 일본 군함 운요호가 불법으로 강화도에 들어와 측량을 구실로 조선 정부의 동태를 살피다 조선 수비대와 전투를 벌인 사건. 병자수호조약(丙子修好條約): 조·일수호조규 또는 강화도조약은 1876년 2월 27일(고종 13년) 조선과 일본 제국 사이에 체결된 조약. 청일전쟁(淸日戰爭): 1894년 7월 25일부터 1895년 4월까지 청국과 일본이 벌인 전쟁. 러일전쟁(露日戰爭): 1904년 2월 8일부터 1905년 9월 5일까지 러시아와 일본이 벌인 전쟁. 대한시설강령(對韓施設綱領): 러일전쟁이 한창 진행 중이던 1904년 5월 31일, 일본 제국이 대한제국으로부터 획득한 이권을 더욱 강화하기 위해 일본정부가 작성한 문서.

추밀원(樞密院)은 국가의 주권자(전형적으로는 군주)의 자문기관.

이토오히로부미(伊藤博文): 1841.10.16-1909.10.26. 한·일병합의 주역. 그는 안중근 의사에게 총탄 3발을 맞고 피격 20여분만에 사망하였다.

이에 이어 시설 요목(施設要目)을 본다면 다음과 같다.

시설 요목

조선정부로 하여금 우편. 전신 및 전화사업의 관리를 제국정부에 위탁하게 한 후 공동 경제(共同經濟)로서 이를 경영할 것. 만약 위와 같이 행하여질 수 없으면, 전쟁 계속 중에는 중요 선로를 택하여 우리의 군용전선을 가설할 것. 경성(京城)에 있어서는 일한(日韓) 전화의 기계적 통련(通聯)을 영구히 유지할 것. 이와 같은 계책을 꾸미며 한국의 우정 통신사업을 장악하면서 자신들의 강탈 행위를 합리화시키려는 구실로서 조선정부가 경영하는 통신기관 시설이 극히 불충분하고, 따라서 그 수지 계산 역시 전연 맞지 않아 매년 30만 량(兩)의 손실을 보고 있다고 지적하였다. 이러는 동안, 러일전쟁의 전세가 일제에 유리하게 전개되자, 조선에 대한 그들의 지위는 더욱 굳어졌다. 그해 2월 23일에는 '한일의정서(韓日議定書)'에 조인하고 15개 조항의 내정 개혁안을 마련하고 제일착으로 외국인 고문의 채용 문제가 일어났으며, 8월 22일에는 이의 협정이 성립되었다. 이로써 재정고문 매가다를 비롯한 일본인과 친일(親日) 외국인이 정치의 실권을 장악하게 되었던 것이다. 특히 메가다(目賀田)는 내정(內政) 전반에 걸쳐 적극적 태도로 간섭에 앞장서서 1905년 3월에 재정 정리(財政 整理)란 명목하의 첫 시도로서 한국 통신사업의 손실 문제를 들고 나왔다. 재정고문은 1904년도의 한일통상사업의 수지 상황을 발표하고 재정 손실을 막기 위하여 조선통신사업을 일제에 위탁, 합동경영할 것을 강요하였다. 당시의 통신사업의 수지 상황은 다음과 같았다.

조선 통신사업 수입 100,080원(元) 지출 330,669원 손실 230,588원
재한 일본 통신사업 수입 377,136원(元) 지출 329,937원 이익 51,039원

조선은 사업의 초창기에 있었기 때문에 임시우편소를 합하여 400여 개의 체신기관이 설치되어 있었고, 전신 선로의 신설 등 신규 사업비와 인건비의 지출이 과다하여 당분간은 적자 운영이 불가피하였으며, 도시에만 설치되었던 일본 체신기관의 경우와는 그 사정이 스스로 판이하였다. 그러나 일제는 이를 핑계삼아 1905년 4월 1일에 드디어 한국측을 굴복시키고야 말았다. 당시 각료(閣僚)와 민간에서 반대가 많았고 특히 통신원 총판(通信院總辦) 민상호(閔商鎬)가 이를 완강히 거부하다가 일제 압력에 의하여 1905년 3월 10일자로 총판직에서 해면되고 말았다. 전년도 외유 시(外遊時)에 민총판은 프랑스 우정성 관리 길맹세(吉孟世)를 초빙하여 일본이 설치함을 반대하고 '한일우편협정'의 개정, 대일 요금의 인상에도 불응하는 등 통신권의 자주 확립을 위한 그의 노력은 비록 비운에 처한 국운 때문에 성공은 못하였을지라도 높이 평가받을 만한 일이었다. 일제의 강압으로 의정회의를 거쳐 조선 황제의 재가(裁可)와 일제의 승인을 얻는 등 형식상의 요식 행위로 1905년 4월 1일 일본공사와 외부대신으로 하여금 소위 '한일통신기관협정'이라는 통신합동을 보기에 이르렀는데 그 전문은 다음과 같다. 즉 일본측은 조선의 행정기관과 궁내부(宮內府)(경제 이익을 이유로 들어)의 전화를 제외한 모든 통신사업권을 박탈하고(제1조) 이미 시설된 통신사업에 관련된 토지, 건물, 기계와 모든 설비를 일본측에 인계하고(2조) 일제는 앞으로 통신기관의 확장이란 미명하에 조선의 토지ㆍ건물을 통신의 목적으로 시설한다는 이유로 마음대로 수용할 수 있게 하고, 물자 수입(輸入)에 있어서도 면세의 특권을 가지도록 하였으며(3-5조), 통신 기관의 운영과 관리는 어디까지나 일제가 독단적으로 행할 것이며, 따라서 조선정부는 통신 사업에 관하여 외국과의 일체의 교섭권을 행하지 못한다고 규정하고(6-8조) 끝 부분에 형식적인 조문으로 조선정부의 재정이 원활하여지면, 그것도 양국 정부가 협의하여 통신기관의 관리를 조선정부에 환부(還付)한다는 것을 부치고 있다.

2. 강제 인계 경위

침략적인 일제의 강압은 언제나 군사력을 배경으로 이루어졌다. 일제는 무력을 등에 업고서 오직 형식상의 요식 행위를 위한 절차의 완비를 기하기에 노력하였으며, 이는 어디까지나 조선인의 저항을 사전에 봉쇄하기 위한 방법이며, 국제적 이목을 두려워한 결과에서 나온 것에 불과하였다. 이미 조선을 병합하기 위한 선행적 조치로 조선 통신기관의 탈취를 위하여 인계 협정을 강제 체결한 일제측은 인수ㆍ인계를 위하여 다음과 같이 진행시켰다. 1905년 4월 1일에 조선 외부대신 이하영(李夏榮)과 특명 전권공사 하야시(林權助) 사이에 통신기관에 관한 협정이 체결되자, 4월 6일에 체신서기관(書記官) 이께다(池田十三郎), 기사(技師) 오까모토(剛本桂次郎), 통신사무관(通信社務官) 후까노(深野半藏) 그의 속관(屬官) 4명, 기수 1명을 조선 통신기관 인수 인계위원으로 임명하여 [위원장은 이께다] 4월 12일에 도쿄를 출발, 17일 한성에 도착하여 18일부터 경성(京城)우편국의 일실(一室)을 가무소로 정하고 인계에 관한 제반 사무를 진행시켰다. 이처럼 전광석화(電光石火)로 일을 진행시켰던 이유는, 통감부 통신 사업의 보고에 의하면, 한ㆍ일의정서(韓日議定書) 또는 조ㆍ일 공수동맹은 러시아와의 전쟁을 일으킨 일본이 중립을 주장하는 한국을 세력권에 넣기 위해 1904년 1월 대한제국 황성을 공격하여 황궁을 점령한 뒤 같은 해 2월 23일 강제로 체결한 조약이다. 민상호(閔商鎬, 1870~1933)는 대한제국 말기

초대 통신원 총판. 이하영(李夏榮, 1858년 8월 15일~1929년 2월 27일)은 조선 말기의 통역관, 외교관이자 대한제국의 정치인, 일제 강점기의 기업인으로 일제로부터 조선귀족 작위를 받았다. 대표적인 매국노이자 민족반역자. 몰락한 소론계 양반으로 찹쌀떡 행상과 동자승으로 전전했다. 1876년 부산이 개항되자 일본인 상점에 취직해 어깨너머 일본어를 배웠고, 1884년 장사를 하려다 사기를 당한 직후 선교사 알렌을 만나 그의 요리사 자격으로 미국 공사관에서 일했다. 얼떨결에 갑신정변에 휘말린 그는 민영익을 간호한 인연으로 1886년 외무아문 주사에 임용됐고, 곧 이등 서기관으로 1886년 초대 주미공사 박정양과 미국공사관에서 근무했다. 1889년 귀국할 때는 정밀한 철도 모형을 갖고 와 미국이 철도부설 등 이권에 참여하고 싶어한다는 뜻을 전했다. 1896년(건양 1년) 주 일본공사관 전권공사, 1898년(광무1년) 중추원 의장이 되고, 법부대신으로 을사보호조약 체결에 서명한 을사 5적이다.

'본 협정서(協定書)라든가 이의 조인을 매듭짓기까지에는 많은 시일이 걸렸으며, 이 사이에 외교상 각종 난관을 거쳐 당국자의 참담(慘憺)한 고심과 신고(辛苦)로써 체결하게 되었으므로, 이의 집행에 대하여는 가장 기민하고 신속한 행동으로 하루라도 천연(遷延)함을 용납할 수 없다. 대체조선에 있어서는 내각의 경질이 빈번하여 흡사 주마등(走馬燈) 같으며 일단 체결·성립된 조약 같은 것도 이를 실행하려는 때에 모호하여지는 것이 상투적인 이에 속함으로, 이를 이미 지난 일에 비추어 하루라도 이의 집행을 천연할 수 없어, 소위 전광석화격인 세(勢)로써 매진하여 용의 주도하게 현실의 집행을 수행하려고 노력함은 직접 본 조약의 집행 및 책임 있는 체신성(遞信省)의 취할 방책으로써 가장 긴요한 일이라 하지 않을 수 없다.'라고 되어 있다. 1905년 4월 28일에는 체신대신으로부터 다음과 같이 인계에 관한 위임 명령이 내렸다. 즉 인계 위원은 아래의 요령을 토대로하여 인계에 필요한 일체 행위를 전결(專決)할 것.(다만 일이 중대하다고 생각될 때에는 체신대신의 지시를 받을 것)

① 인계위원은 각지에 있어서의 인계를 위하여 우리(日本) 직원에게 인계 대무(引繼代務)를 위임할 수 있음.

② 일본우편 국소 소재지에서부터 급속한 인계 업무를 개시하여 전신 선로, 조선 전신국의 소재지의 인계 등 점차 우리 이원(吏員)이 도착되는 대로 이에 착수하여 늦어도 7월 말일까지는 전부를 매듭지을 것.

③ 인계된 종래의 조선 통신기관에 공용(公用)된 토지·건물, 그의 부속 물건·사업용 기구·기계 우편환(郵便換) 엽서, 식지(食紙), 잡품 등 업무에 필요한 물건 및 문서의 인도를 받을 것.

④ 업무는 인계를 받음과 동시에 당분간 종전대로 계속 집행할 것.

⑤ 종래의 조선 통신관리로서 업무 집행상 필요한 자는 현재 급료대로 촉탁고(囑託雇)로 채용할 수 있음. 이들 이원은 그 능력을 보아 위원이 차차 이를 도태(淘汰)할 수 있음.

⑥ 우편환·엽서 등은 인계 후라도 6월 말일까지는 우리가 이를 매팔할 수 있음.

⑦ 우편, 전신, 전화의 조선내 제 요금은 6월 말까지는 종전대로 하며 7월 1일 이후는 일본 현행요금으로 곧 시행.

⑧ 수입(受入) 화폐는 현재 우리 우편국에서 수입하는 일본돈 및 제일은행권(弟一銀行券)으로 함. 다만 당분간 한화수불(韓貨受拂)을 할 수 있음.

⑨ 인계 이전에 관계되는 조선정부의 부담으로 될 모든 봉급의 지불은 우리 정부가 전부 책임지지 말 것.

⑩ 일본법규에 의할 수 없는 사정이 있는 점에 대하여 모든 인계를 끝낼 때까지 임시로 종전 예에 따라 판단 처리할 수 있음. 이어서 5월 16일에는 통신사무 인계에 있어서의 모든 회계 정리는 인계 전일까지는 조선 측 책임으로 하고 인계 당일부터는 일본측 책임으로 한다는 세목까지도 통고하여 왔다.

즉,

① 조선통신사업에 관한 수입. 지출의 계산은 모두 각 우체사 및 전보사에 대하여 인계 당일부터 감당할 것.

② 인계 당일까지의 수입금은 조선정부의 소득에 속하고 또 직원 봉급 및 고용인의 급료와 기타 각종 지불금은 모두 조선정부의 부담에 속할 것.

③ 인계 이전의 계약에 의한 각종 지불금도 전항과 같음. 당시 조선측 대표와 함께 화합하여 조선 통신사업의 인계에 관하여 제반 협의를 하였던 바 의결된 사항의 개요(槪要)를 보면 다음과 같다.

① 조선관리(官吏)는 칙령이 정하는 바에 따라 임명된 자이므로 이번에 사무를 인계함과 더불어 모두 이를 일본측에서 채용하기로 하며 먼저 그들이 가지는 조선 관리의 신분에 대하여 상당한 조치가 필요하므로 사무를 인계함과 동시에 그들 관리는 폐관(廢官)한다는 칙령을 발포할 것을 조선측 인계위원으로부터 조선 의정부에 제의하도록 교섭할 것. 이 일이 만약 곤란할 경우에는 일본공사로부터 조선정부에 대하여 위의 칙령을 발포하도록 교섭할 것.

② 조선내부대신으로부터 각도 지방관에 대하여 조선통신기관의 위탁에 관한 협정서의 정신을 준봉하며 인계 관리를 위하여 충분한 편의와 협조를 공여하도록 그 요지를 훈시하게 할 것.

③ 조선 인계위원들로부터도 각도 지방관에 대하여 전호(前號)와 같은 취지의 통첩서를 낼 것.

④ 통신원 총판으로부터 부하 우체사 및 전보사(電報司)에 대하여 한일통신기관합동의 본질을 잘 알려 안심하게 하며, 종전과 같이 성실하고 열심히 또한 부지런히 일할 수 있는 요지를 훈령으로 발하게 할 것.

⑤ 일본 인계위원으로부터도 각 우체사 · 전보사에 대하여 전호와 같은 취지의 통첩서를 발할 것.

⑥ 통신원 총판으로부터 각 부 · 군(府郡) 임시우체소에 대하여 제4조와 같은 훈령을 발하게 할 것.

⑦ 일본 인계위원으로부터도 각 부 · 군 임시우체소에 대하여 같은 취지의 통첩서를 발하게 할 것.

⑧ 인계 당시의 조선 이원 용인(吏員傭人)은 모두 그대로 현급(現給)에 의하여 채용할 것.

⑨ 모든 관인(官印)은 인계 대무(代務)를 명한 국 · 소장 또는 출장원에게 모두 인계할 것.

⑩ 인계 이전에 관계되는 채무(債務)는 일본측이 전연 책임지지 않을 뜻을 보이고 또 이를 공고할 것.

⑪ 재산 목록은 각 인계 대무자가 지방우체사 및 전보사에 대하여 조사한 조서를 총괄하여 간단히 작성할 것.

⑫ 인계를 받을 조선 통신기관 소재지의 각 국 · 소장 및 출장원에게 인계 보관청 명령 및 사령을 교부할 것.

⑬ 인계 보관자의 성명은 이를 통신원 총판에게 통지하여 총판으로부터는 다시 이를 각 해당 우체사장 및 전보 사장에 통지하게 할 것.

⑭ 명령 · 고시 기타 규정 등을 한국 관보에 실리며 공시하도록 교섭할 것.

⑮ 제일착으로 우편 절수(郵票) 류의 인계를 할 것.

한편 일본 정부는 조선 통신사무 인계위원과 그에 종사하는 자들에게 대하여 한국통신사무 인계심득(韓國通信社務引繼深得)이란 사무 인계 요령서를 마련하였는데, 그 내용을 간추려 보면 다음과 같다.

제1장 제언, 제2장 통치, 제3장 이원 및 용인, 제4장 우편 절수류, 제5장 토지 · 건물, 제6장 전신 · 전화 선로 및 그의 공사용 기구, 재료, 제7장 각종 물건, 제8장 국사 설비(局舍設備), 제9장 국무 정리(國務整理) 및 취체(取締), 제10장 요금, 제11장 화폐, 제12장 수지 계산, 제13장 체송 및 집배 방법, 제14장 군대와의 교섭, 제15장 보고 양식, 제16장 잡칙.

이처럼 조선 통신사무의 인계 지침을 마련한 뒤에 1905년 5월 18일부터 경성(京城)전보사와 우체총사 및 전화소로부터 시작하여 7월 2일 강계(江界)우체사의 사무 인계를 마지막으로 약 40일 간을 소요하여 일제 침략자가 목적하던 것의 하나인 통신사무의 인계는 끝이 났다. 조선 통신의 강제 인계의 목적을 달성하기 위하여 1905년 4월 6일부터 7월 1일 사이에 파견되어 온 용인(傭人)을 본다면 고등관 4명과 판임관 125명으로 도합 129명인데 인계 예정의 기일보다 1개월이나 앞당겨 인계 완료한 점을 보면 얼마나 철저하였든가 짐작되며 그 수의 내역은 다음과 같다.

조선통신권 인계를 위한 일본인 파견 상황

이원	적요	인계위원부	신설 국소 출장원	각국 임시 재근자	계
	체신서기관	1	0	0	1
	통신사무관	1	0	0	1
	통신기사	1	0	0	1
	통신사무 관보	1	0	0	1
	계	4	0	0	4
판임관	통신속(屬)	7	40	13	60
	통신기수	0	0	8	8
	통신수	0	17	29	40
	계	7	57	50	108
총계		11	57	50	118

통신사무의 인계 인수 기일: 1905.5.18–1905.7.2(약 40일간)

3. 강제 인계된 내용 – 인계된 국(局)·소(所)

인계위원회가 구성되고 그들의 위임 사무와 사무 집행 요령이 시달되었다. 그리하여 기지에 있어서의 조선통신기관의 인계는 모두 각각 인계되어야할 우체사 또는 전보사 소재지의 국·소장 또한 재래의 일본우편국·소의 설치가 되어 있지 않는 곳에 있어서는 각기 해당 지역의 출장 관리에게 누구나 인계 대무를 명할 것으로 하여 1905년 5월 18일 부로써 인계 대무의 사령을 교부하여 인계 사무를 착착 실행하도록 하였다. 그리고, 그 인계 대무자의 관등 성명은 문서로써 이를 통신원 총판에게 통고하며, 그 뜻을 각 우체사 및 전보사에 통달시킬 것을 요구하였다. 조선통신기관의 인계는 1905년 5월 18일에 한성우체총사(漢城郵遞總司)로부터 시작하여 동년 7월 2일 강계(江界)우체사를 최후로 예정보다 1개월이나 앞서 40일만에 그 인계를 모두 끝냈다. 이전의 일본우편국 또는 출장소 소재지에 있어서는 이와 병합시켜 그곳이 없는 곳에서는 인계와 동시에 새로이 일본우편국소를 설치하였다. 여기에 종전의 조선인 관리들은 채용되기를 거부하는 동시에 파업을 일으키는 등 항일저항(抗日抵抗)의 태도를 취하였으며, 그 결과는 후술하는 조선인 관리의 임용에 나타난 증감(增減)으로도 알 수가 있다. 조선통신의 강제 인계에 따라 인계된 우체사·전보사와 임시우체사의 수와 인수된 국·소명, 관리 사무와 접수 연·월·일 등을 사무 인계가 끝난 뒤 구한국 관보에 공고된 것을 보면 다음과 같다.

즉, 1905년 5월 18일부터 동년 7월 2일 사이에 조선의 각 우체사·전보사와 각 군 임시우체소의 사무 접수를 모두 끝맺어 각 사·소(司所)에 속한 종전 사무는 조선전보규칙에 의하여 한문 전보 외에는 각기 접수를 필한 우편국과 우편국 출장소 및 각 임시우 체소로 하여금 사무를 계속 집행하게 하였으니, 조선 우체사명(郵遞司名) 및 전보사명, 각 군 임시우체소명과 그의 수계(數計) 국·소 명 및 처리 사무를 주고 받음은 다음과 같다.

한국사소명(韓國司.所名)	인계국 명	관리사무	인계 연월일
대정(大淨)임시우체소	대정임시 우체소	통상우편	광무 9년 6월 6일
정의(旌義)임시우체소	정의임시우체소		
광주(光州)우체사	목포우편국 광주출장소	통상 · 소포우편 · 우편환전 · 저금 · 전화	광무 9년 6월 6일
화순(和順)임시우체소	화순임시우체소	통상우편	
능주(綾州)임시우체소	능주임시우체소		
보성(寶城)임시우체소	보성임시우체소		
장성(長城)임시우체소	장성임시우체소		
고창(高敞)임시우체소	고창임시우체소		
흥덕(興德)임시우체소	흥덕임시우체소		
무장(茂長)임시우체소	무장임시우체소		
영광(靈光)임시우체소	영광임시우체소		
낙안(樂安)임시우체소	낙안암시우체소		
여수(麗水)임시우체소	여수임시우체소		
돌산(突山)임시우체소	돌산이시우체소		
동복(同福)임시우체소	동복임시우체소		
순천(順天)임시우체소	순천임시우체소		
광양(光陽)임시우체소	광양임시우체소		
창평(昌平)임시우체소	창평임시우체소		
옥과(玉果)임시우체소	옥과임시우체소		
곡성(谷城)임시우체소	곡성임시우체소		
장흥(長興)우체사	목포우편국 장흥출장소	통상 · 소포우편 · 우편환전 저금 · 전화	광무 9년 6월 6일
흥양(興陽)임시우체소	흥양임시우체소	통상우편	
강진(康津)임시우체소	강진임시우체소		
해남(海南)임시우체소	해남이시우체소		
완도(莞島)임시우체소	완도임시우체소		
영암(靈岩)임시우체소	영암임시우체소		
진도(珍島)임시우체소	진도임시우체소		
옥구(沃溝)우체사	군산우편국	통상 · 소포우편 · 우편환전 저금 · 전화	
김제(金堤)임시우체소	김제임시우체소	통상우편	
만경(萬頃)임시우체소	만경임시우체소		
옥구(沃溝)임시우체소	군산우편국	통상 · 소포우편 · 우편환전 저금 · 전화	광무 9년 5월 25일
은진(恩津)우체사	군산우편국 강경출장소		
임천(林川)임시우체소	임천임시우체소	통상우편	
한산(韓山)임시우체소	한산임시우체소		
서천(舒川)임시우체소	서천임시우체소		
용안(龍安)임시우체소	용안임시우체소		
함열(咸悅)임시우체소	함열임시우체소		
임피(臨陂)임시우체소	임피임시우체소		

한국사소명(韓國司.所名)	인계국 명	관리사무	인계 연월일
전주(全州)우체사	군산우편국 전주출장소	통상 · 소포우편 · 우편환전 저금 · 전화	광무 9년 6월 2일
진산(珍山)임시우체소	진산임시우체소	통상우편	
무주(茂朱)임시우체소	무주임시우체소		
임실(任實)임시우체소	임실임시우체소		
진안(鎭安)임시우체소	진안임시우체소		
금구(金溝)임시우체소	금구임시우체소		
장수(長水)임시우체소	장수임시우체소		
태인(泰仁)임시우체소	태인임시우체소		
용담(龍潭)임시우체소	용담임시우체소		
금산(錦山)임시우체소	금산임시우체소		
정읍(井邑)임시우체소	정읍임시우체소		
고부(高阜)임시우체소	고부임시우체소		
부안(扶安)임시우체소	부안임시우체소		
익산(益山)임시우체소	익산임시우체소		
고산(高山)임시우체소	고산임시우체소		
공주(公州) 우체사	군산우편국 공주출장소	통상 · 소포우편 · 우편환전 저금 · 전화	광무 9년 5월 30일
부여(夫餘)임시우체소	부여임시우체소	통상우편	
석성(石城)임시우체소	석성임시우체소		
노성(魯城)임시우체소	노성임시우체소		
여산(礪山)임시우체소	여산임시우체소		
정산(定山)임시우체소	정산임시우체소		
홍산(鴻山)임시우체소	홍산임시우체소		
비인(庇仁)임시우체소	비인임시우체소		
연기(燕岐)임시우체소	연기임시우체소		
회덕(懷德)임시우체소	회덕임시우체소		
진잠(鎭岑)임시우체소	진삼임시우체소		
홍주(洪州)우체사	군산우편국 홍주출장소	통상 · 소포우편 · 우편환전 저금 · 전화	광무 9년 6월 11일
대흥(大興)임시우체사	대흥임시우체소	통상우편	
청양(靑陽)임시우체사	청양임시우체소		
덕산(德山)임시우체소	덕산임시우체소		
면천(沔川)임시우체소	면천임시우체소		
당진(唐津)임시우체소	당진임시우체소		
해미(海美)임시우체소	해미임시우체소		
서산(瑞山)임시우체소	서산임시우체소		
태안(泰安)임시우체소	태안임시우체소		
결성(結成)임시우체소	결성임시우체소		
보령(保寧)임시우체소	보령임시우체소		
오천(鰲川)임시우체소	오천임시우체소		

한국사소명(韓國司.所名)	인계국 명	관리사무	인계 연월일
남포(藍浦)임시우체소	남포임시우체소		
홍주(洪州)임시우체소	홍주임시우체소		
남원(南原)우체사	군산우편국 남원출장소	통상 · 소포우편 · 우편환전 저금 · 전화	광무 9년 6월 10일
운봉(雲峰)임시우체소	운봉임시우체소	통상우편	
함양(咸陽)임시우체소	함양임시우체소		
산청(山淸)임시우체소	산천임시우체소		
단성(丹城)임시우체소	단성임시우체소		
구례(求禮)임시우체소	구례임시우체소		
남원(南原)임시우체소	남원임시우체소		
순창(淳昌)임시우체소	순창임시우체소		
담양(潭陽)임시우체소	담양임시우체소		
삼화(三和)우체사	진남포우편국	통상 · 소포우편 · 우편환전 저금 · 전화	광무 9년 5월 22일
용강(龍岡)임시우체소	용강임시우체소	통상우편	
강서(江西)임시우체소	강서임시우체소		
삼화(三和)임시우체소	삼화임시우체소		
평양(平壤)우체사	평양우편국	통상 · 소포우편 · 우편환전 저금 · 전화	광무 9년 5월 24일
순천(順天)임시우체소	순천임시우체소	통상우편	
개천(价川)임시우체소	개천임시우체소		
덕천(德川)임시우체소	덕천임시우체소		
영원(寧遠)임시우체소	영원임시우체소		
자산(慈山)임시우체소	자산임시우체소		
성천(成川)임시우체소	성천임시우체소		
강동(江東)임시우체소	강동임시우체소		
삼등(三登)임시우체소	삼등임시우체소		
상원(祥原)임시우체소	상원임시우체소		
함종(咸從)임시우체소	함종임시우체소		
증산(甑山)임시우체소	증산임시우체소		
가산(嘉山)임시우체소	가산임시우체소		
숙천(肅川)임시우체소	숙천임시우체소		
영유(永柔)임시우체소	영유임시우체소		
순안(順安)임시우체소	순안임시우체소		
은산(殷山)임시우체소	은산임시우체소	통상우편	광무 9년 5월 24일
양덕(陽德)임시우체소	양덕임시우체소		
은산(殷山)영수소	평양우편국 은산출장소	통상우편 · 소포우편 · 우편환전 · 우편저금	광무 9년 6월 27일
성진(城津)우체사	성진우체소	통상우편	
길주(吉州)임시우체소	길주임시우체소		
명천(明川)임시우체소	명천임시우체소		
경성(鏡城)우체사	성진우편국	폐쇄한 터로 인계되야 잔무는 성진우편국	광무 9년 6월 27일

한국사소명(韓國司.所名)	인계국 명	관리사무	인계 연월일
종성(鐘城)우체사	성진우편국	으로 차를 계속 진행함	
경흥(慶興)우체사	성진우편국		
원산(元山)우체사	원산우편국	통상우편·소포우편·우편환전·우편저금	
정평(定平)임시우체소	정평임시우체소	전화	
고원(高原)임시우체소	고원임시우체소		
영흥(永興)임시우체소	영흥임시우체소		
문천(文川)임시우체소	문천임시우체소		
함흥(咸興)우체사	원산우편국 함흥출장소	통상우편·소포우편·우편환전·우편저금	광무 9년 6월 20일
홍원(洪原)임시우체소	홍원임시우체소	전화	
장진(長津)임시우체소	장진임시우체소		
북청(北靑)우체사	원산우편국 북청출장소		
이원(利原)임시우체소	이원임시우체소		
단천(端川)임시우체소	단천임시우체소		
갑산(甲山)임시우체소	갑산이시우체소		
산수(山水)임시우체소	산수임시우체소		
의주(義州)우체사	의주우편국	통상우편·소포우편·우편환전·우편저금	광무 9년 6월 15일
삭주(朔州)임시우체소	삭주임시우체소	전신 · 일문(日文) · 전보를 제함	
창성(昌城)임시우체소	창성임시우체소	통상우편	
강계(江界)우체사	의주우편국 강계출장소		
위원(渭原)임시우체소	위원임시우체소		
자성(玆城)임시 우체소	지성임시우체소		
후창(厚昌)임시 우체소	후창임시우체소		
벽동(碧潼) 우체사	의주우편국 벽동출장소		
초산(楚山)임시 우체소	초산임시우체소		
안주(安州) 우체사	안주우편국		
정주(定州)임시우체소	정주임시우체소		
곽산(郭山)임시우체소	곽산임시우체소		
선천(宣川)임시 우체소	선천임시우체소		
철산(鐵山)임시 우체소	철산임시우체소		
용천(龍川)임시 우체소	용천임시우체소		
영변(寧邊) 우체소	안주우편국 영변출장소	통상우편·소포우편·우편환전·우편저금	광무 9년 6월 22일
박천(博川)임시 우체소	박천임시우체소	전신 · 일문(日文) · 전보를 제함	
운산(雲山)임시 우체소	운산임시우체소		
희천(熙川)임시 우체소	희천임시우체소		
태천(泰川)임시 우체소	태천임시우체소		
구성(龜城)임시 우체소	구성임시우체소		
운산(雲山) 전보사	안주우편국 안주출장소	통상우편·소포우편·우편환전·우편저금 전신 · 일문(日文) · 전보를 제함	

이상 한국통신사무인계위원회(韓國通信事務引繼委員會)

구한국 도별 전국 우체국 · 소 현황

도명	개소	도명	개소	도명	개소
경기도	38	경상북도	40	평안남도	21
충청남도	38	경상남도	31	함경남도	14
충청북도	17	황해도	23	함경북도	7
전라북도	26	강원도	26		
전라남도	33	평안북도	21	총계 335개소	

출처 1970.12.4일 체신부 발행 한국우정사[1]

구한국 통신기관 인계 현황

인계된 한국통신기관					계승된 일본우편국 · 소				
명칭	총사	1등사	2등사	지사	계	명칭	재래	신설	개정	계
우체사	1	17	26	4	48	우편국	9	3		12
영수소					2	출장소	4	26	7	37
임시우체소					335	임시우체소		335		335

출처 1970. 12. 4일 체신부 발행 한국우정사[1] 1905년 한 · 일통신 강제 협약에 의거

한국인 고용인과 급료 현황

인계당시			인계 채용			비교(증 · 감)	
당시 명칭	인원	급료	채용 명칭	인원	급료	인원	급료
체전부	5681	5902	체전부	651	5912	△30	10
전전부	128	1202	전전부	118	1178	△10	△24
보방직	30	254	보방직	29	260	△1	6
공두	111	1055	공두	107	1075	△4	20
청사	71	444	청사	68	436	△3	△8
사역	36	216	사역	32	193	△4	△24
	6,057명			1,005명		△52	△19

출처 1970. 12. 4일 체신부 발행 한국우정사[1] 1905년 한 · 일통신 강제 협약에 의거

구한국 인계된 토지 · 건물 · 선로와 기계

선로 종별	이정(里程/거리)	평균 1일 체송 연이정/거리
철도체송선	299리	1,449리
도로체송선	3,859 일본리	3,135 일본리
수로체송선	1,256 해리	349 해리
취집 및 배달선	미상	미상

1. 철도체송선은 경성(京城)-인천(仁川)간 및 경성(京城)-초량(草梁)간은 한성우체사로부터, 초량-경성간은 부산우체사로부터 각각 소속 체송인으로 하여금 폐낭(閉囊)된 우편물을 휴대하고 3등 객차에 편승하여 다치지 않게 가져가도록 하며, 인천 각지의 우체사로부터는 별도로 각각 소속 체송인을 정거장에 파견하여 우편물을 주고받게 한다.

2. 도로체송은 모든 우체사 소속의 직용(直傭) 체송인으로 하여금 어깨에 메고 걸어서 운반하게 하였는데, 하루에 한국 잇수로 약 80리를 표준으로 하며, 매일 8시에서 9시경에 출발하고, 2일 이상이 걸리는 경우에는 밤이 되면 우편물을 휴대한 채로 도중의 민가나 여관에 숙박 왕래하게 한다. 그의 보행 속도 및 발착 시간 같은 것은 확실한 규정이 없었으며, 시발점에서 발송할 우편물이 없을 때에는 매일 또는 격일로 호지발 왕복(互地發 往復)의 규정에 불구하고, 전선(全線)에 걸쳐 체송을 쉬는 때도 비일비재하여, 규정대로의 체송 횟수가 잘 이행되지 않았다.

3. 수로체송은 폐낭된 우편물을 소화물자와 같이 선박편에 탁송하여 송달한다.

4. 발송된 우편물의 취집 및 도착 우편물의 배달 구획 이정(里程) 등은 대체로 각 우체사에서도 그 소재지와 부근에 하루 한 번에서 네 번까지 배달하며, 각군 임시우체소에서는 그 소재지 내는 수시로 배달하고, 군 내의 기타 지역에 대하여는 배달할 우편물이 있을 때에는 군 내의 각 면과 군아(軍衙)간의 연락편인 공용사자(公用使者)에 위탁하여 그가 왕복할 때마다 배달하는데 불과하였다. 더욱이 임시 우체소에는 규정한 전무(專務) 배달인 2명을 항상 두고 있었던 것이다.

구한국의 우표 · 엽서류 인계 현황

종류	현재고(1905년추정)		매수	후금 매하 미정산고	매수	계
	매수	액면가격		할인 가격		합계
2원	76,972매	153,944,000원	0	0	76,972매	153,944,000원
1원	76,063매	76,063,000원	2매	1,800원	76,065매	76,064,800원
50전	111,010매	55,505,000원	26매	11,700원	111,036매	55,516,700원
20전	464,385매	92,877,000원	41매	7,380원	464,426매	92,884,380원
15전	333,079매	49,511,850원	44매	5,940원	330,123매	49,517,790원
10전	753,903매	75,390,300원	20,155매	1,813,950원	774,058매	77,204,250원
6전	521,542매	31,292,520원	2,087매	112,698원	523,629매	31,405,218원
5전	605,274매	30,263,700원	18,199매	818,955원	623,474매	31,082,655원
4전	440,467매	17,618,680원	2,336매	84,096원	442,803매	17,702,776원
3전	2,798,470매	83,954,000원	93,501매	2,524,971원	2,891,971매	86,478,627원
기념3전	22,448매	673,340원	0	0	22,448매	673,440원
2전	421,582매	8,431,640원	48,639매	875,502원	470,221매	9,307,142원
1전	859,606매	8,596,160원	68,965매	620,585원	928,571매	9,216,745원
2리	669,070매	1,338,140원	328매	0.590원	669,398매	1,338,730원
소계	8,150,871매	685,459,430원	254,323매	6,877,823원	8,405,194매	692,337,253원
엽서						
8전	14,000매	1,120,000원	0	0	14,000매	1,120,000원
4전	98,862매	3,954,480원	221매	7.956원	99,083매	3,962,436원
2전	83,155매	1,663,100원	749매	13.482원	83,904매	1,676,582원
1전	439,029매	4,390,290원	2,150매	19.350원	441,179매	4,409,640원
소계	635,046매	11,127,870원	3,120매	40.788원	638,166매	11,168,658원
비 현행 우표						
5돈	160,811매	8,040,550원			160,811매	8,040,550원
2돈	311,927매	7,796,175원			311,927매	7,798,175원
1돈	577매	5,770원			577매	5,770원
5푼	884매	4,420원			884매	4,420원
소계	474,199매	15,848,915원			474,199매	15,848,915원
총계	9,260,116매	712,436,215원	257,443매	6,918,611원	9,517,559매	719,354,826원

또한 인계된 우표류 원판은 우표원판 17종, 엽서원판이 2종으로 모두 19종이며, 그 종류와 수량 등을 구별하여 보면 다음과 같다.

우표 원판 2원 우표 원판 2종, 1원 우표 원판 2종, 50전 우표 원판 2종, 20전 우표 원판 1종, 15전 우표 원판 1종, 10전 우표 원판 1종, 6전 우표 원판 1종, 5전 우표 원판 1종

4전 우표 원판 1종, 3전 우표 원판 1종, 기념 3전 우표 원판 1종, 2전 우표 원판 1종, 1전 우표 원판 1종, 2리 우표 원판 1종 계 17종

엽서 원판 8전. 4전 엽서 합각(合刻) 원판 1종, 2전. 1전 엽서 합각 원판 1종 계 2종

군용통신소 및 전신관리소

소관 국소명	출장소 · 급 · 수취소명	처리 사무
경성(京城)우편국 소관	부산(釜山)우편국 해안(海岸)출장소	통상우편 · 소포우편 · 우편환전
	의주(義州)우편국 신의주(新義州)출장소	
	안주(安州)우편국 정주(定州)출장소	
	용산(龍山)우편국 · 전신수취소	통상우편 · 소포우편 · 우편환전
	수원(水原) · 평택(平澤) · 조치원(鳥致院) · 대전(大田)	우편저금 · 전신(언문불용) · 전화
	성환(成歡) · 적등진(赤登津) · 황주(黃州) · 필동(筆洞)	통상우편 · 소포우편 · 우편환전
	직산금광(稷山金鑛) · 부강(芙江) · 온천리(溫泉里)	우편저금
	둔포(屯浦) · 영동(永同) · 오산(烏山)우편수취소	
부산(釜山)우편국 소관	밀양(密陽) · 김천(金泉) · 왜관(倭館) · 울릉도(鬱陵島)	통상우편 · 소포우편 · 우편환전
	부산 순라선(釜山巡邏船) · 구포(龜浦) · 삼랑진(三粮津)	우편저금
	추풍령(秋風嶺) · 청도(靑道) · 부상(扶桑) · 부산진(釜山鎭)	
	동래(東萊)우편수취소	
인천(仁川)우편국 소관	어청도(於靑島) · 화개동(花開洞) · 조포(助浦) · 소사(素紗)	통상우편 · 소포우편 · 우편환전
	용호도(龍湖島)우편수취소	우편저금
마산(馬山)우편국 소관	통영(統營) · 마산 순라선(馬山巡邏船) · 송진(松眞)	통상우편 · 소포우편 · 우편환전
	저도(猪島) · 구마산포(舊馬山浦) · 창원(昌原)	우편저금
	진주(晋州)우편수취소	
목포(木浦)우편국 소관	영산포(榮山浦) · 목포순라선(木浦巡邏船)	통상우편 · 소포우편 · 우편환전
	팔포(八浦)우편수취소	우편저금
군산(群山)우편국 소관	만경(萬頃) · 마구평(馬九坪)우편수취소	통상우편 · 소포우편 · 우편환전
진남포(鎭南浦)우편국 소관	겸이포(兼二浦)우편수취소	통상우편 · 소포우편 · 우편환전
원산(元山)우편국 소관	호도(虎島)우편수취소	통상우편 · 소포우편 · 우편환전

10월 15일 – 친일단체 일진회, 한일 보호 조약 촉구 성명. 10월 27일 – 고종황제 칙령 제47호 제정반포, 대한적십자사 설립. 11월 17일 – 을사조약 체결. 11월 20일 – 장지연, 황성신문에 '시일야방성대곡' 게재. 11월 30일 – 고종의 시종무 관장 민영환, 을사보호조약 늑결을 개탄하며 자결. 11월 30일 – 주한 영국 공사관 철수.

인천Incheon▶Via Shang-Hai▶England

이화보통우표 5전 첩부

광무 9년(1905) 3월–Shang-Hai경유–Eagland
140x92mm

1905. 4. 1.
한일통신기관협정韓日通信機關協定 체결로 통신권을 박탈당했다

Japan was deprived of its communication rights due to the conclusion of the Korea–Japan Communication Agency Agreement.

1905년 일제는 청일전쟁과 러일전쟁의 승리에 따라 대륙 침략을 본격화하기 위한 첫 단계로 대한제국 통신권을 장악하는 절차에 돌입하여 친일 각료들을 회유, 강요하여 1905년 4월 1일 '한일통신기관협정韓日通信機關協定'을 강압적으로 체결하였다. 1905년 2월 22일 해외 공관 철수와 통신 기관 위탁을 내용으로 하는 협약을 강요하기에 이르러 대한제국 정부 일부 각료들의 강력한 반대에 부딪치자 협박과 회유를 통해 집요하게 협정 체결을 강압적으로 1905년 4월 1일 굴욕적인 한일통신기관협정이 체결되었다. 일제는 그들이 의도한 조약이 체결되자, 1905년 4월 17일부터 통신합병 업무를 시작한 그들은 불과 40여 일 만인 7월 2일 강계우체국을 마지막으로 당시까지 운영되었던 모든 우편관서의 합병인수를 완료하였고, 대한제국 우표의 사용 금지 등 우편제도 전반에 걸쳐 일본의 우편제도로 실시하게 하였다. 이로서 대한제국의 우편 사업은 종말을 고하여 1945년 일제가 항복할 때까지 우리나라 우편 역사는 암흑기에 접어 들었다. 이후 우리 우표와 우체국·전신국은 사라저버렸다.

을사늑약 (제2차 한일협약) 2nd Korea-Japan Agreement

을사늑약은 1905년 일본의 전권대사 이토 히로부미가 을사오적이라 불리는 박제순 · 이지용 · 이근택 · 이완용 · 권중현의 서명을 받아 허위로 체결한 불법조약이다.

을사오적乙巳五賊

이완용

이근택

이지용

박제순

권중현

■ **이근택李根澤(1865~1919) 조선과 대한제국의 관료이다.**

을사늑약과 관련된 후문[편집]

이근택이 을사늑약 문서에 도장을 찍은 후 집에 귀가하여 '우리 집안은 부귀가 지금부터 크게 시작될 것이니 장차 무궁한 복과 즐거움을 누릴 것이다.'고 말하며 집안 권속들과 기뻐하였는데, 부엌일을 하는 하인이 고기를 썰다가 이것을 듣고 칼을 도마에 치며 자신이 역적에게 몸을 의탁하였다고 큰소리를 치며 뛰쳐나갔고, 바느질하는 하인도 똑같이 꾸짖고 밖으로 나갔다고 한다. 황현의 '매천야록'에는 이 부엌에서 일했던 여자종이 본래 한규설의 노비였는데, 한규설의 딸이 이근택의 아들에게 시집을 올 때 따라온 교전비라고 기록되어 있다. 이에 따르면 그는 이근택이 대궐에서 돌아와 "내가 다행히도 죽음을 면했소."라고 하는 말을 듣고, 부엌에서 칼을 들고 나와 꾸짖기를 "당신이 대신까지 되었으니 나라의 은혜가 얼마나 큰데, 나라가 위태로운 판국에 죽지도 못하고 도리어 내가 다행히 살아났다고 하십니까? 당신은 참으로 개 돼지보다도 못합니다. 내비록 천한 종이지만 어찌 개 · 돼지의 종이 되고 싶겠습니까? 내가 힘이 약해서 당신을 반토막으로 베지 못하는 것이 한스럽습니다."라고 말하고 옛 주인 한규설의 집으로 돌아왔다고 한다.

을사조약乙巳條約이 체결되었던 비운悲運의 장소

덕수궁 중명전 重明殿

중명전은 1901년 지어진 황실도서관으로 처음 이름은 수옥헌(漱玉軒)이었다. 1904년 덕수궁이 불타자 고종의 집무실인 편전이면서 외국사절 알현실로 사용되었다. 1906년에 황태자(순종)와 윤비(尹妃)와의 가례(嘉禮)가 여기에서 거행되었으며, 을사조약(乙巳條約)이 체결되었던 비운(悲運)의 장소이기도 하다.

중명전은 '광명이 계속 이어져 그치지 않는 전각'이라는 뜻으로, 덕수궁이 아직 경운궁(慶運宮)일 당시, 우리나라에 궁중에 지어진 최초의 서양식 건물 중 하나이다. 대지 2,399m²(727평), 건축면적 877.8m²(236평)의 양식(洋式) 2층 벽돌집이다.

덕수궁 德壽宮

월산대군의 집터였던 것을 임진왜란 이후 선조의 임시거처로 사용되어 정릉동 행궁으로 불리다가 광해군 때에 경운궁으로 개칭되었다. 이후 1907년 순종에게 양위한 고종이 이곳에 머무르게 되면서 고종의 장수를 빈다는 의미에서 덕수궁(德壽宮)이라 다시 바꾸었다.

1897년(광무 1년) 고종이 러시아공사관에서 이곳으로 거처를 옮긴 이후부터 중화전을 비롯하여 정관헌, 돈덕전, 즉조당, 석어당, 경효전, 준명전, 흠문각, 함녕전, 석조전 등 많은 건물들을 지속적으로 세워졌다. 이곳은 고종의 재위 말년의 약 10년간 정치적 혼란의 주무대가 되었던 장소이다.

출처: 한국민족문화대백과사전

1905

인천 ▶ via Shang—Hai ▶ England

광무 9년 3월 15일 인천—AVRIL 1. 1905 Shang—Hai—England

1906

안주 일부인

한국 강계 일부인

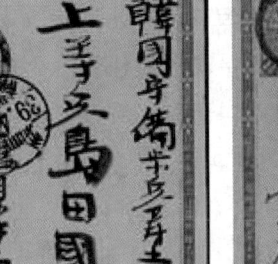

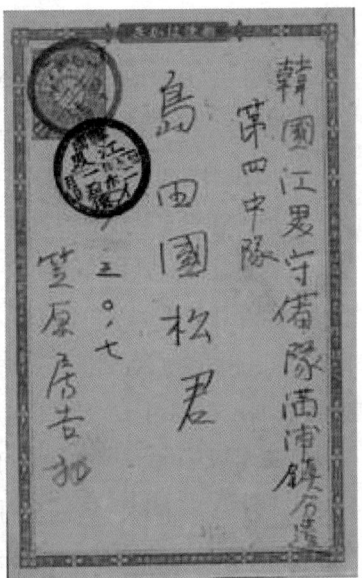

안주, 1906. 4. 1.

한국 강계 1906. 1. 20.

대한제국 감포군鹽浦郡 관문서官文書

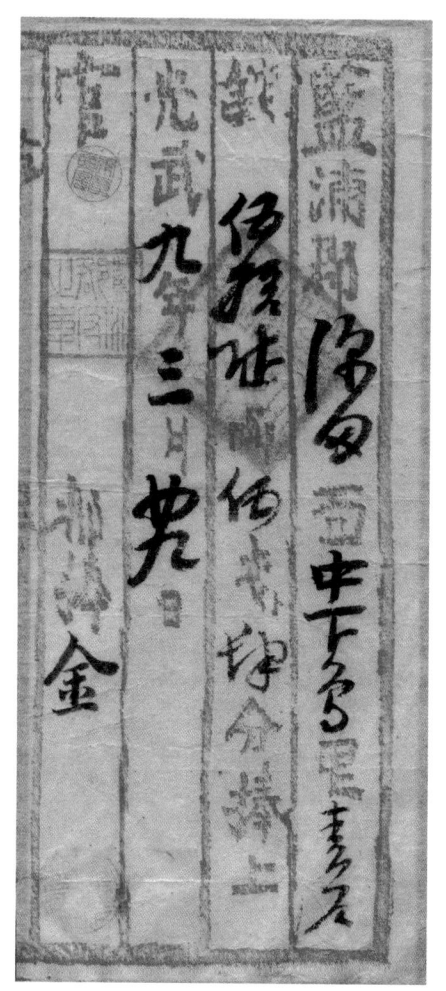

함경남도 홍원 군 감포면. 1905.3.29.

■ 이지용李址鎔(1870~1928)

국치시기 관료. 대한제국 황족의 일원인 그는 을사오적의 일원이며, 을사늑약 체결 당시 내부대신이었다. 1903년 10월 무렵부터 일본 측과 협상하여 대한제국이 일본제국을 돕도록 하는데 힘썼으며, 1904년 2월 외부대신으로 일본 공사 하야시 곤스케로부터 1만 엔을 받고 한일의정서 조인에 협조했다. 나중에 법부대신, 판돈녕부사 등을 거쳐 1905년 내부대신으로 을사늑약에 찬성, 조인에 서명함으로써 을사오적의 하나가 되었다. 한일병합조약 체결 후, 일본 정부로부터 훈1등 백작위(조선귀족)를 받고 조선총독부 중추원 고문에 임명되었다.

■ 박제순朴齊純(1858~1916)

조선의 문신이자, 외교관, 대한제국의 정치인, 외교관이다. 대한제국의 내각총리대신 겸 대리집정공 등을 지낸 매국노이다. 외무대신 재직 중 일본의 강압에 못이겨 고민하다가 일본공사 하야시(林權助)와 을사 보호 조약을 체결함으로써 그는 국민들로부터 을사오적의 한 사람으로 지탄받았으며, 그 해에 의정부 의정대신 서리를 거쳐, 의정부 참정대신을 거쳐 의정부의정대신의 한 사람이 되어 내각을 이끌었다. 그러나 을사보호조약에 서명한 일로 노상에서 여러번 피습을 당하기도 했다. 이후 친일파로 변신, 1907년(광무 10년) 중추원 고문이 되고, 고종이 퇴위하고

1907년(융희 1년) 6월 이완용 내각이 들어서자, 내무대신에 기용되었으며, 이완용이 고종 퇴진으로 비난의 대상이 되면서 일시적으로 위기를 모면하였다. 1908년(융희 2년)에는 윤덕영, 민영기 등과 함께 교육진흥과 위생의 개선을 목적으로 하는 관진방회(觀進坊會)를 조직하여 그 회장직을 역임하였다. 서도에도 능하였고 성리학 지식에 밝아서 유림의 태두로 대우받기도 하였으며, 서예와 그림에도 두루 능하였다. 1909년(융희 3년) 이완용이 고종 양위 사건으로 노상에서 저격당하고 입원하자, 그는 임시내각총리대신 서리가 되었다. 1910년 8월 내부대신으로 한일합병조약에 서명했다. 한일 병합 이후 내부대신으로서 1910년 한일병합조약에 서명한 뒤, 일본 정부로부터 훈1등 자작(子爵) 작위를 받고 조선총독부 중추원 고문에 임명되었다. 10만 원의 은사공채를 받았으며, 정4위에 서위되었다. 한일병합조약 이후 경학원의 대제학에 임명되어 친일 활동을 지속하였으며 박제순의 상속자 박부양은 중추원 서기관을 지냈고, 이들 부자는 일제 강점기 동안 남부럽지 않게 부유한 생활을 하였다.

Chemulpo ▶ Via Shang-Hai ▶ England

이화보통우표 5전 첩부
24 MARS 1905 Chemulpo-Shang-Hai 경유- London, Eagland

140x89mm　체부기념관 소장

일본의 통신권 탈취通信權奪取

Japan takes over Korea's communications rights

1905년 대한제국의 우편사업이 본 괘도에 오를 즈음 러일전쟁에서 승리를 거둔 일본은 한국에 대한 침략 야욕이 노골화되어 1905년(광무 9년) 4월 1일 한국의 통신권을 강제로 착취하는 한일통신기관협정韓日通信 機關協定이 체결되어 1905년 7월 2일 강계우체사江界郵遞司 접수를 마지막으로 일본의 지배하에 들어가므로 대한제국의 우편사업은 겨우 10년간을 지탱하였을 뿐이다. 한일통신합동 당시의 우편 체제는 다음과 같다.

제1종 서장 書狀
제2종 통상엽서 · 왕복엽서
제3종 신문
제4종 인쇄물 · 광고 홍보 양식
제5종 상업용 서류 및 문서의 통상우편물과 특수 취급으로는 등기 · 분전요증(배달증명) · 별분전(별배달) · 유치留置 등의 제도와 요금약수제(후납제)가 관보 · 신문잡지에 한하여 허용되었다. 우편물 체송은 철도편이 경인간(1일 4회) · 경부간에 실시되었고, 그 밖의 내륙 지방은 육로편으로 선로에 따라 1일 2회~3일 1회씩 실시하고 수로편도 있었다.

출처: 한국우표90년사 1974. 진기홍(편집)

1905년 당시 수신인 주소 사례

이 편지를 창예동 니순전댁으로 가서 온양서 오신 이승지承旨에게 전달. 2월 9일

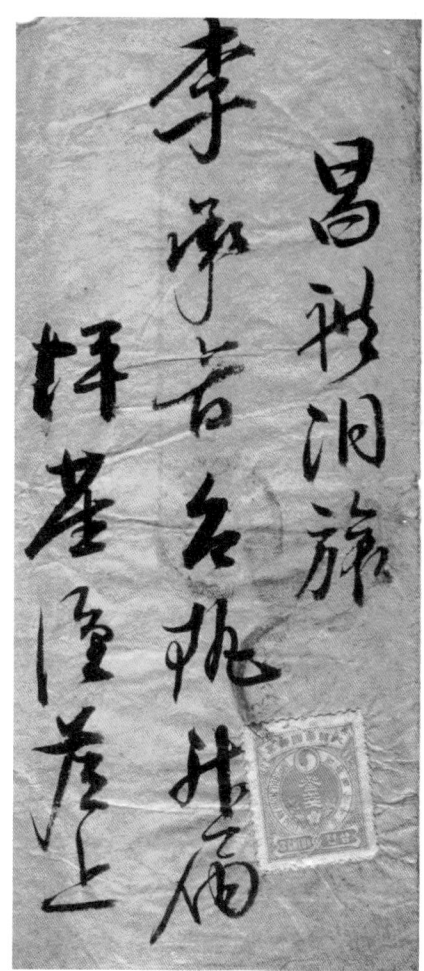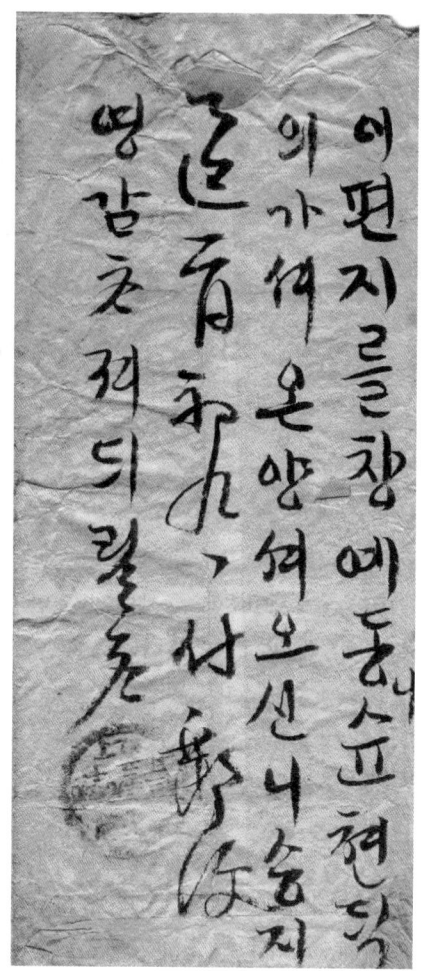

광무 9년 3월 15일 온양에서 한성으로 보낸 서신
75x170mm

대한제국 최초 엽서 인면印面

대한제국우표大韓帝國郵票 대한뎨국우표

액면가액: 1전錢
발행일시: 1900. 5. 10.
발행처: 대한제국 농상공부
사이즈: 90x140mm, 요액인면: 24x24mm, 지질: 얇은 백상지

대한제국 최초 엽서 요액 인면

군사우편

러일전쟁 당시 한국 송진韓國松眞에서
일본군 제 3사단 제 1야전병원으로 체송된 검열 우편

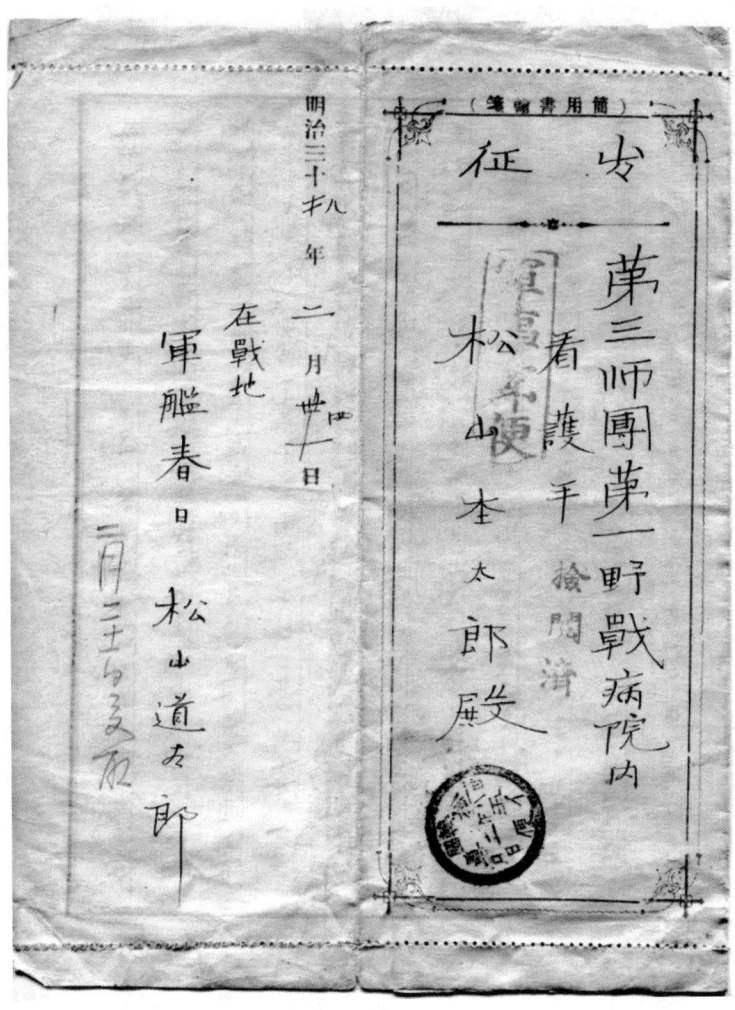

1905. 2. 5일 한국 송진 재한일본우편국　77xxxx197mm　체부기념관 소장
- 송진松眞: 자강도 위원군 송진리

대한제국 최초 엽서 인면印面

대한제국 만국우체연합엽서

액면가액: 4전錢
발행일시: 1901. 2. 1.
발행처: 대한제국 전환국
사이즈: 180x140mm. 요액인면: 24x33mm. 지질: 담황색지

대한제국 만국우체연합엽서 요액 인면

군사우편

한국 경성京城 재한일본우편국 ▶ 일본

한국경성 수비대 보병 제 60연대 제 3중대

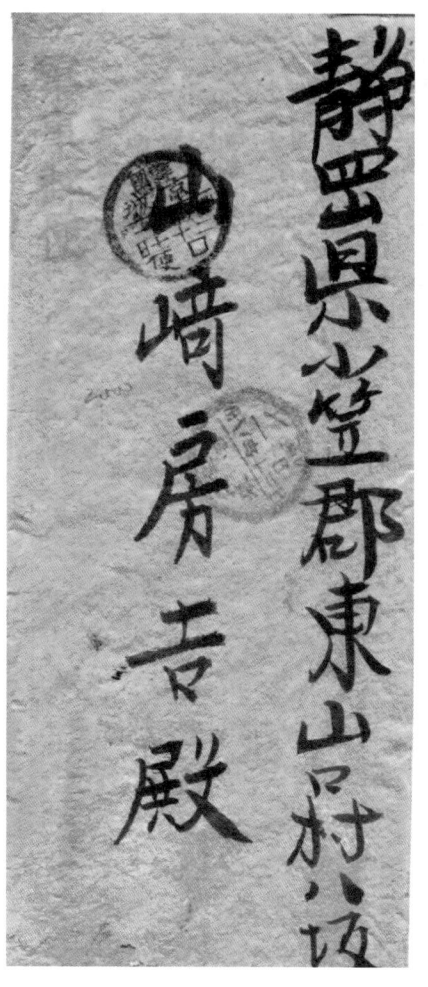

1905. 11. 27. 한국경성–일본행   78x176mm   봉피 후면

대한제국 최초 엽서 인면印面

대한제국 엽서 요액 인면

대한제국우표大韓帝國郵票 대한뎨국우표

액면가액: 1전錢

발행일시: 1903. 6. 1.

발행처: 대한제국 전환국

사이즈: 90x140mm. 요액인면: 24x24mm.

지질: 엷은 백상지

전몰기념 군사우편

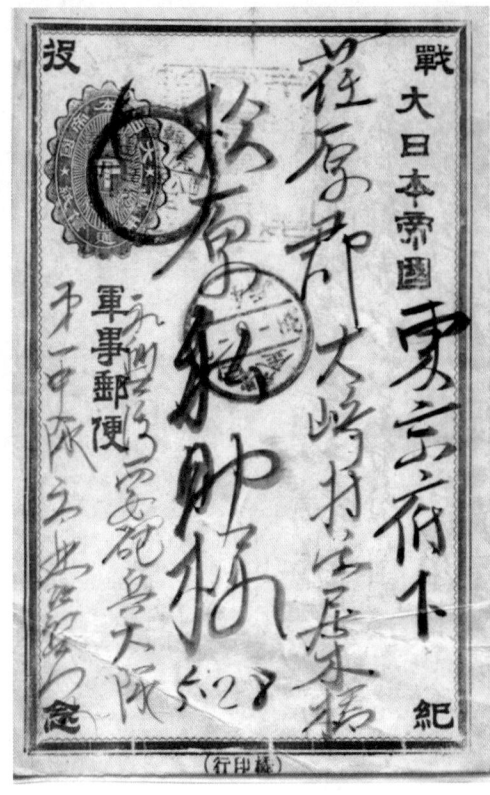

한국 부산 1호 ▶ Chicago, U.S.A.

대한제국 외체外遞 일부인

1899년 프랑스 우체 고문인 끌라망세
Jean Victor Emile Clemencet가 고안
한 외체 일부인으로 추정
자료 출처: 한국우표90년. 1974. 진기홍

SEOUL
8 JANV 00
COREE

CHEMULPO
5 AOUT 01
COREE

FUSAN
13 JUIL 03
COREE

만국우편엽합에 가입하여 1900년 1월 1일부터 외국과의 우편 교환이 가능케 되어 외체 일부인이 사용되었다.

한국 부산▶일본

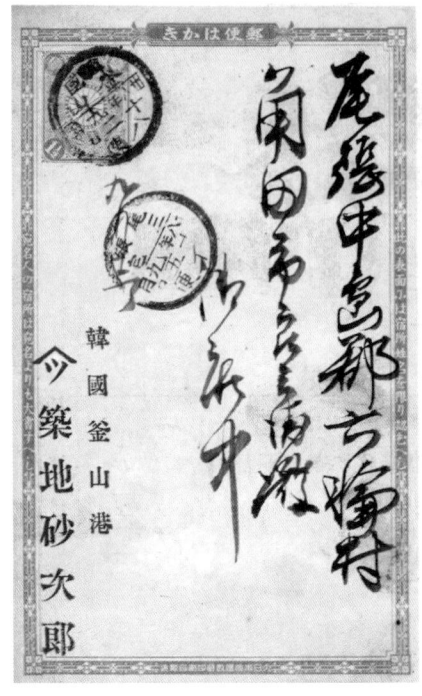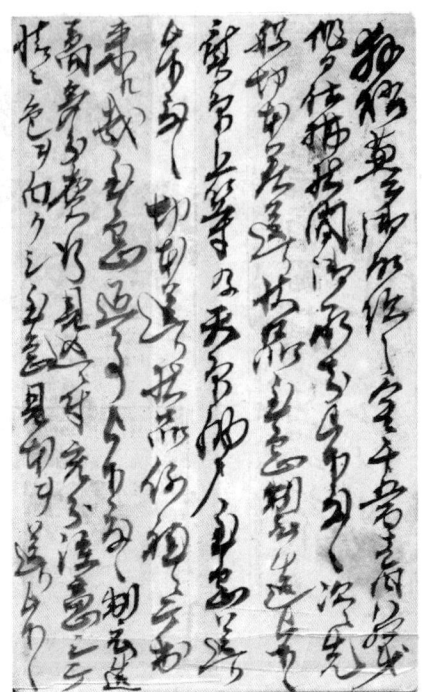

창강 김택영滄江金澤榮(1850~1927)

조선 후기에, 한문학에 대한 정리 및 평가와 역사 서술에 힘쓰며 '여한구가문초', '한국역대소사韓國歷代小史', '창강고滄江稿' 등을 저술한 학자. 1905년(광무 9년) 학부 편집위원이 되었으나, 이 해 겨울에 사직했다. 을사늑약으로 국가의 장래를 통탄하다가 1905년(광무 9년) 중국으로 망명하였다. 양쯔강揚子江 하류 난퉁南通에서 장첸의 협조로 출판소의 일을 보는 것으로 생계를 유지했다. 이 시기에 그는 창작 활동과 병행해서 한문학에 대한 정리·평가와 역사 서술에 힘을 기울였다. 김택영은 한문학사의 종막을 장식하는 대가로서 시에서의 황현黃玹과 문文에서의 이건창과 병칭된다. 그는 고문가古文家로서 문장일도文章一道를 주장하였으며, 우리나라 고문의 전통과 맥락을 독자적으로 체계화시켰다. 이것이 '여한구가문초麗韓九家文鈔'이다. 그의 시는 호방하고 화려하여 신운神韻을 중시하는 경향이 있다. 중국 망명 이후에는 주로 우국적인 시작품을 많이 썼다. 특히, 망국의 한을 작품 속에 담아 내어 지식인으로서의 고뇌를 표출하였다. '오호부嗚呼賦'는 대표적인 작품으로 그의 역사 인식을 잘 보여주고 있다.

적개심에 불타는 항일 의병

Anti-Japanese volunteer soldiers burning with hostility

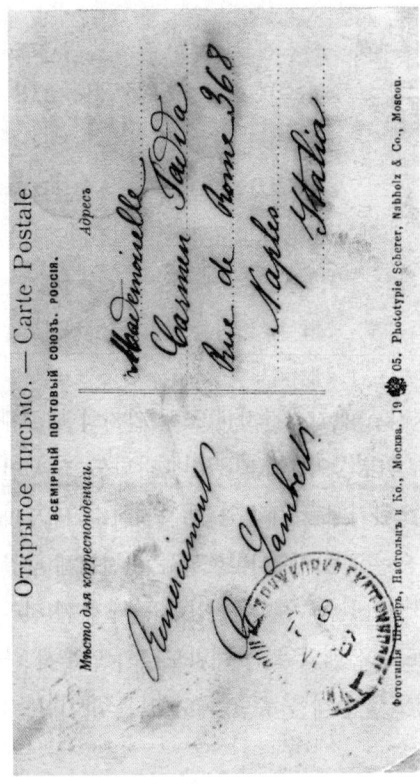
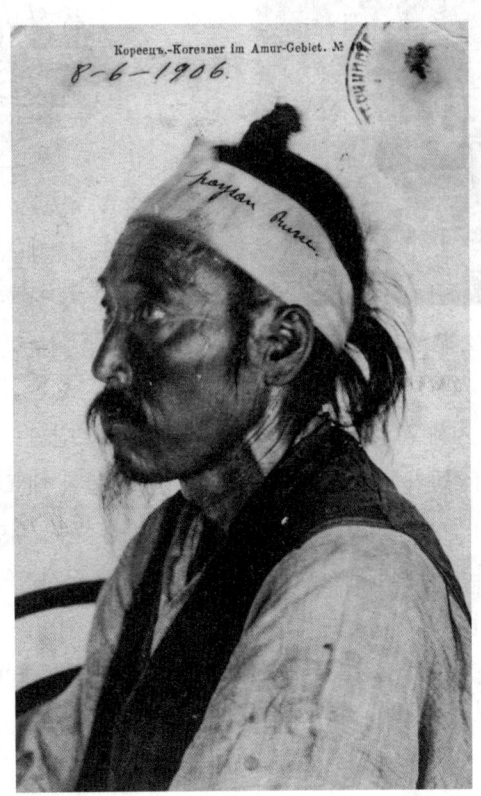

의병 항쟁 역사적 의의

나라의 흥하고 망하는 것과, 역사의 살고 죽는 것이 반드시 같지 아니하다. 지난날 한 때 나라를 잃어버렸던 슬픈 경험을 가진 우리다. 그같이 나라를 잃어버렸던 것은 부끄러운 일이지만, 민족 정기의 눈부신 역사가 살아 있었던 것은 오히려 자랑할 수도 있는 것이다. 일찍 대한제국 창강 김택영滄江金澤榮 선생이 망명 생활 중에서 집필했던 '한국소사韓國小史' 서문에, '애모대어사망, 국망차지 哀慕大於史亡, 國亡次之' '역사 망하는 것보다 더 슬픈 것이 없고, 나라 망하는 것은 그 다음이다' 한 귀절이 있다. 뼈에 사무치는 말이다.

나라는 혹시 망할 수도 있지마는, 역사는 죽지 않아야 한다. 만일 역사가 죽는다 하면, 그것은 실로 나라 망하는 것보다 더 슬픈 것이란 뜻으로 한 말이다. 역사란 역사의 정신을 말하는 것이요, 역사의 정신이란 민족의 정기, 그것을 이름이다. 의병 항쟁은 우리들 독립운동사의 첫머리를 장식한 것으로서, 그 자체의 역사적 가치만이 아니라, 그 투쟁 정신과 전통이, 모든 독립운동을 불러 일으킨 선구가 되었던 곳에, 더 큰 의의가 있는 것을 잊어서는 안 된다. 의병이란 국가 정규의 군대가 아니라, 민간에서 자발적으로 일어난 정의의 군병을 말하는 것이다.

출처: 독립운동사 제1권 의병항쟁사. 1971. 독립운동사편찬위원회 발행.

을사늑약과 후기 의병 최익현 의병장

최익현崔益鉉 1833 ~ 1907

최익현 묘
광시우체국(충남 예산군 광시면) 관광날인 일부인
발행 및 사용기간: 1974. 10. 30. ~ 1993. 1. 3.

철종 · 고종 치세 시절까지 충청도 신창현감 · 호조참판 · 경기도 관찰사를 지낸 조선 말기와 대한제국의 정치인이며 독립운동가이자, 1905년 을사늑약에 저항한 대표적 의병장이었다. 1876년 강화도 조약 반대에서 가일층 부각되었다. 도끼를 메고 광화문에 나아가 올린 개항오불가開港五不可의 '병자척화소丙子斥和疏'를 올린 뒤부터는 개항 반대와 위정척사운동을 전개했고, 을사늑약 이후로는 항일 의병 활동을 전개해 나갔다.

1905년 을사늑약 체결을 계기로 그는 공개적으로 의병을 모집하였다. 임병찬, 임락 등과 함께 전라북도 정읍에서 거병하였으나, 곧 관군에게 패하여 체포되었고 대마도에 유배되었다. 대마도주의 일본식 단발 요구에 대한 항의 단식을 시작하였으나, 대마도주의 사과 및 왕명으로 단식을 중단을 하였다. 하지만, 3개월 뒤의 발병(풍증)과 단식 후유증으로 74세의 나이로 사망하였다.

■ 병자척화소丙子斥和疏

병자호란 때 화의 논의를 반대한 상소이고, 호조참의로 있을 때 올린 '응지진시폐소應旨陳時弊疏'는 왕의 물음에 대하여 답한 글로, 상류사회가 사치와 가각苛刻에 흘러 백성들이 시달리고 있으니 소박한 생활로써 대중에게 모범을 보여야 한다고 하였다.

1. 태인泰仁 의거

을사늑약이 있은 후에 진작 토적소討賊疏를 올려, 조약에 조인한 박제순 · 이지용 · 이근택 · 이완용 · 권중현 등 5적의 머리를 베어 그들의 매국한 죄를 처벌하고, 조약의 무효화를 위한 조치를 취하자고 건의한 바 있는 면암 최익현은 그 후에도 국민들에게 사실을 알리고 분기를 촉구하는 활동을 계속하였다. 즉 5조약의 결과는 여우나 다람쥐처럼 간사하고 속이는 일본의 술법이 우리 국민을 노예로 만드는 데에만 그치지 않고, 장차는 이 땅에서 우리 겨레를 씨도 남기지 않으리라고 경고하면서, 국민들에게 반드시 죽게 된 한 몸을 국권 회복에 바치자고 촉구하는 포고문을 8도 사민들에게 보내고, 또 노성魯城 궐리사闕里祠에서 있은 유림들의 강회講會를 통하여서는, 나라 형편의 절통 급박한 사실을 들어서 유림들의 솔선 분기를 촉구하며, 이듬해 즉 병오년 정월 22일(음)을 기하여서는 각 곳의 선비들이 모두 진위振威 향교로 모여서 죽기를 무릅쓰고 서울로 올라가 궐문 앞에서 상소 투쟁하자고 호소하기도 하였다. 그러나 이런 일들 역시 당시 일제 침략자들의 감시와 압제하에서 여의롭게 이루워지지 못하였다. 여기서 면암은 다시 각 곳의 유림 지사들과 함께 의병을 일으켜서 직접 행동으로 적을 쳐 물리치는 일에 몸을 바칠 것을 생각하고, 판서 이용원 · 김학진 · 관찰사 이도재 · 참판 이성렬 · 이남규 · 유학자 면우 곽종석 등에게 글을 보내어, 창의 구국을 역설하고 함께 거사 협력할 것을 종용하였는데, 그 반응은 역시 기대에 어긋나는 것이었다.

그러나 그의 결사 구국의 뜻은 변함이 없었다. 각 방면으로 통치자를 구하며, 제자들을 통하여 의거를 준비하는 중, 이듬해 즉 1906년 9월(음 정월)부터는 전라북도 태인에 있는 돈헌 임병찬遯軒林炳瓚(1851~1916)과 의거에 대한 의논을 하게도 되었다. 임병찬은 일찍이 낙안樂安·임실任實군수를 지낸 바도 있고, 또 동학군의 평정으로 실전에도 경험이 있으며, 일본의 침략 행위에 대하여는 일찍부터 분개한 마음을 품고 있던 유능 유지의 인물이라는 것을 고석진高石錫 등을 통하여 알았기 때문이다.

돈헌 임병찬   송사 기우만   의암 유인석

의병장 유인석 초상
2019 충청우표전시회 기념우편
일부인. 2019. 9. 19.
제천우체국 사용

따라서 3월 3일(음 2월 9일)에 최제학崔濟學이 2번째로 면암의 서신을 가지고 임병찬을 찾았을 때에는 면암은, "내 생각으로는 바로 운봉雲峰으로 나가서 근거지를 삼고 영남·호남의 형세를 장악하는 것이 좋을 것 같은데 어떻는지 모르겠소' 하고, 작전 계획을 말하는 데까지 이르렀으며, 임병찬 역시 여기에 대하여, '바로 운봉으로 나가신다는 것을 감히 불가하다고 할 수는 없지만, 운봉에는 아직까지 믿을 만한 사람이 없고, 또 지금 수하에 친한 군사가 없는데, 만일 바로 생소한 곳으로 나갔다가 불의의 일이 생긴다면 진퇴양난이 될 것입니다. 먼저 전주에서 기세를 올리고 또 그곳에서 심복을 이룬 다음 두류산을 웅거하여 진퇴 공수의 계획을 하는 것이 편의할 것 같사온데 어떻게 처리 하시려는지 모르겠습니다."라고 자기의 의견을 말하게 되었던 것이다. 따라서 그 후 임병찬은 호남의 명사 지사인 송사 기우만松沙奇宇萬·금포 이항선錦圃李恒善 및 장제세張濟世·조안국趙安國 등과도 연락하며, 의거에 관한 방책을 강구하고, 최익현은 호남의 홍성·예산 지방의 지사 문생 안병찬安炳瓚·곽한일郭漢一 등을 통하여 거의 호응의 방책을 의논하게 되었다. 또 문생 이재윤李載允을 시켜 북쪽으로 청나라에 들어가서 구원병을 청하는 일을 강구하며, 오재열吳在烈을 시켜서는 군사와 무기를 모아 운봉雲峰을 지키면서 명령을 기다리기도 하였다. 이때 이들의 의리를 위한 결의와 준비에 대하여는 임병찬이 지어서 장제세·조안국·배응천 세사람의 이름으로 각 도 각 군의 향장鄕長·수서기首書記 및 대소민인에게 보내게 한 아래와 같은 윤통문輪通文이 이를 잘 말하여 주고 있다.

"나라 일이 이 지경에 이르렀으니 다시 여러 말을 할 것도 없다. 사람들이 모두 말하기를 '장양張良·제갈양諸葛亮이 다시 나와도 형편이 어찌할 수 없이 되었다고 하는데 우리들은 여기서 통절히 느꼈다. 대저 전쟁의 승패는 강약과 이둔利鈍(날카롭고 무딤)에 있는 것이 아니요, 오직 슬기롭고 용감한 장수가 충성되고 의로운 군사를 거느리고 일심동력으로 하는 데에서만 이룰 수 있는 것이다. 장양張良·제갈양諸葛亮의 인재인들 어찌 일찍 세상에 시험하여 본 다음 나왔던 것이겠는가? 충의의 분노가 격동되면 여기서 외로운 일을 일으킬 수 있는 것이다. 군율軍律과 의복 제도, 기계 규정 등 여러 가지 조항을 후면에 적어서 통문을 띄우며, 모일 장소 및 일자는 추후 알리겠으니, 모든 것을 예비하여 추후 통문을 기다리며 혹시라도 태만 소홀하여 군율을 범하고 후회하는 일이 없기를 바란다." 병오년(1906년) 2월 15일

군율軍律

1. 제 마음대로 옛 습관을 믿고 군령을 따르지 않는 자는 베인다
2. 비밀히 간사한 무리들과 통하여 군기軍機를 누설하는 자는 베인다
3. 진중에서 적과 상대하여 무서워하고 겁내며 뒤로 물러서는 자는 베인다
4. 촌가를 겁탈하며 남의 부녀자를 음란하는 자는 베인다

의복제도衣服制度

1. 입자笠子는 혹 평양자平壤子로도 하고, 혹은 소매 넓은 주의周衣, 혹은 소매 좁은 옷이나 구전복具戰服을 각기 있는 대로 사용하되, 상의는 모두 누런 빛을 물들인다. 따로 적삼과 바지 1벌씩을 준비하되 웃적삼은 길이는 다리를 가리우고 소매는 팔이 들어갈 만한 정도로 좁게 하며, 색깔은 그 사람의 난 해 천간天干을 따라 물을 들인다. [갑甲·을乙은 청색·병·정은 홍색, 무·기는 황색, 경·신은 백색, 임·계는 흑색 같은 것이다] 아랫바지는 길이는 가슴에 닿을 수 있고 너비는 다리가 들어갈 정도로 하며, 색깔은 그 사람의 생년 지지地支를 따라 물을 들인다. [인寅·묘卯는 청색, 사·오는 홍색, 진·술·축·미는 황색, 신·유는 백색, 해·자는 흑색 같은 것이다] 전대戰帒는 모두 청색으로 물들이고, 수건은 모두 홍색으로 물들인다.
2. 칼·창·검·극戟·활·총은 각기 있는 대로 가지고 나오되, 갈고 쓸어서 빛이 나게 한다. 발낭鉢囊 1벌, 혹 백목白木, 혹 삼배로 하되 쌀 2말이 들게 한다. 배 주머니에 끈이 있는 것 2벌, 1벌에 벡 미 1되를 넣고 1벌은 빈 주머니로 가지고 온다. 표주박 1개, 화구火具 1주머니, 화철火鐵·화석火石·화우火羽·짚신 2켤레, 입모笠帽 1벌, 유삼油衫 1벌, 유단油丹 3겹, 짚으로 꼰 새끼 2줄, 혹은 숙마熟麻로 하되 길이는 3발은 되게 하고 한끝에는 올가미를 맺는다.

규칙 規則

1. 함께 모이는 날에는 먼저 맹주盟主를 정하고 그의 지휘를 받을 것
2. 사람을 쓰는 데에 어찌 문벌을 의논하랴. 광대나 백정이라도 지혜와 용맹이 있으면 상좌에 맞이할 것
3. 통문이 도착하는 즉각으로 옮겨 써서 각 면·각 리에 고루 알려 한 사람이라도 알지 못하는 폐단이 없게 한다. 만일 혹시라도 오래 두어두고, 중간에서 지체한다면 이것은 분명 오랑캐의 무리이니, 거의하는 날에 먼저 그 고을로 가서 해당 향장이나 수서기에게는 군령 어긴 죄를 시행할 것
4. 이 통문은 시도장市都將이 향청鄕廳에 바칠 것

한편 이와 때를 같이하여 면암 최익현은 포천 집을 떠나 최제학과 함께 호남 방면으로 향하였으며, 3월 24일에는 태인泰仁 종삭산鐘石山 아래 김도사金都事 묘각에서 돈헌 임병찬과 만나게 되니, 이것은 최익현의 태인 거의의 계기를 마련하는 극적인 장면이기도 하였다. 당시 최익현은 유학계의 중진이요, 항일 논쟁으로 시종 일관하여 온 74세의 명망 있는 노대가이며, 임병찬은 행정·군무에 모두 실적이 있는 56세의 유능한 인물이었던 것이다. 이 두 사람의 회합이야말로 명실이 함께 갖추어진 의병진을 형성할 수가 있었던 것이다. 따라서 그들은 모이는 그 자리에서부터 생사를 같이 할 수 있는 사이가 되고 말았다. 최익현은 그동안의 전문과 서신을 통하여 간담肝膽이 상조相照한 바 있어서 찾아온 것이니, 앞으로의 큰 일은 영감이 전담하여 하기를 바란다는 격의 없는 말을 하였으며, 임병찬은 문하에 모시게 된 것을 영광으로 생각하며, 간뇌도지肝腦塗地(간과 뇌장(腦漿)을 땅에 쏟아낸다는 뜻으로, 나라를 위하여 목숨을 돌보지 않고 힘을 다함) 하여도 명령에 복종하겠다고 하였다.

따라서 군사를 훈련하고 적을 쳐 물리치기 위한 의견의 교환이 있었으며, 얼마 후 진안鎭安을 향하여 떠나면서도 최익현은 임병찬에게 의거를 주관하여 하라는 부탁을 거듭하게 되니 여기서 의거 계획은 차츰 실현 단

계를 향하여 옮겨지게 되었다. 또 4월 초부터는 전기 의병 때 제천의진堤川義陣의 주장이던 의암 유인석義菴柳麟錫의 제자 이정규李正奎와 의당 김태원義堂金泰元, 영남 선비 조재학曺在學·이양호李養浩 등도 와서 혹은 연락을 취하고 혹은 일을 함께 의논하게 되니, 거사 준비는 진안·태인 지방을 중심으로 활발히 진행되었으며, 호응의 기세는 영남·호서 등 넓은 지역으로 번져가기 시작하였다. 또 최익현이 제자 곽한일郭漢一·남규진南奎振 등에게 성명 도서圖署의 각인 刻印과 존양토복尊攘討復의 기호旗號를 주어서, 호서의 의병진들과 행동을 같이 하게 한 것도 이 시기의 일이었다. 그러나 이 때 일본 관헌의 감시와 탄압이 심하니 사방에서 호응한다고는 하지만, 실제 군사를 모으고 무기를 준비하기란 용이한 일이 아니었다. 최익현·임병찬을 중심으로 최제학·고석진·최학령·이용길·손종궁·김태원·임현주 등 의사들은 만남을 배제해 가면서, 혹은 지방을 연락하고, 혹은 군수 물자를 준비하며 시기를 기다리다가, 5월 중순경 민종식 의진이 홍주성으로 들어가서 기세를 올리자, 여기에 호응 궐기할 것을 서둘렀다. 그리하여, 호서·호남 각지로 사람을 보내어, 미리 약속하였던 동지들로 포수들을 소집하여 함께 모이게 하여, 6월 4일에는 최익현이 태인 무성서원武成書院에서 여러 유생들을 모아 강회講會를 마련하고 눈물을 흘리면서, "왜적이 나라를 도적질하고 역신逆臣(임금을 반역한 신하)들이 화를 빚어, 5백년 종사 宗社와 삼천 리 강토가 다 없어지게 되었으며, 군부君父는 우공寓公(나라를 잃고 남의 나라에 몸을 의탁하고 있는 임금)의 욕을 면치 못하고, 생민은 다 어육魚肉의 참혹한 화를 당하게 되었소. 나는 명색이 오랜 신하로서, 종사 생민의 화가 이렇게까지 되는 것을 차마 보고만 있을 수 없어, 장차 힘을 헤아리지 않고 대의를 천하에 펴보려 하는 것이오, 성패와 이둔 利鈍(영리하고 우둔함)은 미리 짐작할 수 없는 일이지만, 정말 내가 한 마음 한 뜻으로 나라를 위하여 죽을 생각만을 하고 살 것은 다 나와 같이 사생을 같이 할 수 있겠소?" 하니, 모였던 유생들이 모두 죽음으로 명령에 따르겠다고 대답하였다. 최익현 등은 곧 모인 유생 80여 명과 함께, 태인 향교로 들어가서 거의토적擧義討賊의 사유를 선성先聖(공자) 신유 앞에 고하여 제사 드리고, 이어 부모들을 모아 큰 의리로 호유하며, 한편 향장·수서기 등을 불러 무기와 세금을 접수하여 군용으로 사용하게 하니, 온 고을 안이 기꺼이 따랐으며, 그 중 흥덕興德(전라북도 고창)사는 선비 고용진高龍鎭(고석진의 형) 같은 사람은 강종회姜鐘會 등 포수 30여 명을 거느리고 들어와서 성세聲勢(명성名聲과 위세威勢)를 돕기도 하였다.

2. 순창淳昌 진출

최익현 의진의 태인 거의에 앞서 5월 23일에 최익현·임병찬 등은 이미 임병찬의 아들 응철應喆을 최익현의 종사관從事官으로 하여, 각국 공사관에 보내는 장서를 가지고 서울로 올라가서 전달하게 한 바 있지만, 태인 거의와 함께 다시 의기義旗를 들고 서울로 올라가, 이등박문伊藤博文·장곡천호도長谷川好道 등 여러 왜를 불러, 각국 공사와 정부 대신들이 모인 자리에서 담판하여 늑약勒約(억지로 맺은 조약)을 소멸시키기 위하여 행동을 개시하였으며, 만일 강한 오랑캐와의 싸움에서 중과부적의 경우를 당하면 죽어 여귀礪鬼가 되어서라도 기어이 왜를 없이 하겠다는 결의를 다짐하는 '창의토적소倡義討賊疏'를 올리며, 또 일본 정부에 그들의 배의무신背義無信을 책망하는 글을 보내어, 한국 침략에 대한 죄악상을 열거하고, 그들의 오산을 말하며, 동양의 평화와 일본의 존립을 위하여서도 그들은 근본으로 돌아가서 신의를 지켜서, 한국에 대한 침략 계획을 회개하고 시정하여야 한다고 충고하며, 그렇지 않으면 전국의 사민과 함께 끝까지 결사 투쟁하겠다고 경고하였다. "대한 광무 10년 윤4월 일에 정한 대부 전 의정부 찬정 최익현은 글을 일본 정부 대신 여러 각하에게 보낸다"고 허두에 적은 '기일본정부서寄日本政府書'에서는 일본이 한국에서 저지른 16항의 큰 죄목을 아래와 같이 열거하였다.

갑신년에 죽첨진일랑竹添進一郎[죽첨정은 갑신정변 때 일본공사 죽첨진일랑(竹添進一郎)이 충정로 부근의 민가에 거주한 일이 있었던 것을 기념하는 뜻으로 일제가 정하게 된 것]의 난동 겁박으로 우리 황상을 파천播遷하게 하고, 우리 재상을 죽였으니, 그 신信을 버리고 의義를 배반한 죄罪 하나요,

갑오년에 대조규개大鳥圭介가 난을 일으켜서 우리 궁궐에 불을 놓고 노략질하며, 우리 재물을 가져 가고 우리 법률 제도와 문화 산업을 폐기하니, 이름은 우리나라를 독립시킨다고 하였지만, 후일의 겁탈하고 약취掠取[훔쳐서 빼돌려 가지거나 약탈하여 가짐] 하는 터전이 사실 여기서 시작되었던 것인 즉, 그 신信을 버리고 의義를 배반한 죄罪가 둘이요,

을미년에는 삼포오루三浦梧樓가 반란을 일으켜 우리 모후母后를 시해하여 천 만고에 없는 대역 행위를 하고서도 도망친 죄인들을 엄호하기에 전력하면서 하나도 포박하여 보낸 것이 없으니, 그 대역 무도한 행위는 사실 신을 버리고 의를 배반하는 데에 그칠 뿐이 아닐 것으로서 그 죄가 셋이요,

임권조林勸助 및 장곡천長谷川이 우리나라에 와 있으면서는 협박 겁탈의 일을 이루 헤아릴 수 없다. 그 중에서도 가장 큰 것을 든다면 각 곳 철도의 부설인데, 경의선京義線 철로는 처음에 알리지도 않고 제 마음대로 하였다. 그리고 어로漁撈·삼포蔘圃의 이익과 광산·항해의 권리 등 이 나라 재원 노출의 큰 것은 모두 남김 없이 뺏아 가니, 그 신信을 버리고 의義를 배반한 죄罪가 넷이요,

군사상이라고 하면서, 토지를 강점하고 인민을 침학[침범하여 포학하게 행동함]하며 묘를 파고 집을 헌 것이 부지기수이며, 정부를 권고한다고 하면서는 우리 사람 중 비루 패잡悖雜한 무리들을 가져다 억지로 벼슬을 주게 하여 뇌물이 공공연하게 행하여 지며, 추한 소문이 낭자하게 들리니, 그 신信을 버리고 의義를 배반한 죄가 다섯이요,

철도라, 토지라, 군법이라 하는 것을 전쟁시에는 혹 군용을 빙자하고 시행할 수 있을 것이다. 그런데 지금은 전쟁이 벌써 끝났는데도, 철도는 돌려줄 생각을 하지 않고 토지는 전대로 점령 탈취해 가지고 있으며, 군법을 전대로 사용하니, 그 신信을 버리고 의義를 배반한 죄가 여섯이요,

우리 도적놈 이지용李址鎔을 유인하여 억지로 의정서를 만들어서 우리의 국권을 없이 하였는데, 그 중에도 '대한독립' 및 '영토보전'이라고 했던 것은 버려 두고 말도 하지 않으니, 그 신을 버리고 의를 배반한 죄가 일곱이요,

관원과 유생들의 전후 상소上疏는 그것이 모두 제 스스로 우리 임금에게 고하는 것이며, 제 스스로 우리나라에 충성하는 것인데도, 문득 잡아 결박하여 가두어 두고 오래 끌며, 심지어는 위급 살해의 지경에까지 이르러도 놓아주지 않으니, 이것은 충성된 말을 하는 입을 자갈 물리고, 공론公論을 억제하여 우리나라의 형세가 떨칠가 두려워하는 것이라, 그 신信을 버리고 의義를 배반한 죄가 여덟이요,

우리의 패류悖類 동학東學 같은 무리들을 유인하여 일진회一進會라 이름을 붙여서 창귀倀鬼[나쁜놈의 앞잡이]를 만들고 또 그것들을 시켜 선언서를 조작하게 하고서는 빙자하여 말하기를, 민론民論이라 하며, 국민된 의

무로 하는 보안회保安會·유약소儒約所 같은 것은 치안 방해라고 하면서 백방으로 저해하고, 포박 구치하니, 그 신信을 버리고 의義를 배반한 죄가 아홉이요,

강제로 일꾼을 모집하여다 소 때리 듯, 도야지 몰 듯하고, 조금만 뜻에 맞지 않으면 문득 죽이기를 풀이나 띠 풀 베 듯하며, 또 어리석은 백성들을 유인하여 모아, 아무도 모르게 멕시코(墨西哥)에 팔아서, 우리 백성들로 부자 형제가 원통한 마음을 가지고 원수를 당하면서도 갚을 수 없고, 학대를 받아 거의 죽게 되어도 돌아올 수 없게 하니, 그 신信을 버리고 의義를 배반한 죄가 열이요,

강제로 전신·우체의 관청을 빼앗아 제 마음대로 통신기관을 장악하니, 그 신信을 버리고 의義를 배반한 죄가 열 하나요,

강제로 고문관을 각 부처에 두어 제 마음대로 후한 봉급을 먹으면서 하는 일이라고는 우리를 망하게 하고, 우리를 전복시키는 일뿐인데 군경의 수를 줄이는 것이나, 재정 부세賦稅를 움켜 쥐는 일은 그 중에서도 제일 심한 것이니, 그 신信을 버리고 의義를 배반하는 죄가 열 둘이요,

억지로 차관借款[credit, 어느 나라 정부, 은행 또는 회사 등이 상대국의 정부, 은행 또는 회사에 대하여 장차 필요할 경우에 일정한 융자를 받을 것을 예약 혹은 차입한 신용을 말한다]을 하게 하여 횟수를 거듭하면서 이름하기를, 재정 정리라고 하는데, 새 돈의 색과 질이나 경중이 옛 돈과 다름이 없는 것인데도, 돈의 수효만 배로 할 뿐이니, 이것은 저희들만 후한 이익을 취하고 이 나라의 재정을 고갈하게 하는 것이다. 또 통행할 수 없는 종이 조각을 억지로 이름 붙여 원위화元位貨라 하며, 또 빈 이름으로 차관한다면서 미리 이자를 취하고, 빈 이름으로 고빙雇聘[주: 학식이나 기술이 뛰어난 사람에게 어떤 일을 맡기려고 예의를 갖추어 모셔옴]한다 하면서 미리 후한 봉급을 먹으며 우리의 정혈精血[생기를 돌게 하는 맑은 피]을 뽑아 썩은 껍질만을 남게 하니, 그 신信을 버리고 의義를 배반한 죄가 열 셋이요,

작년 10월 20일 밤에 박문博文·권조勸助·호도好道 등이 군사를 거느리고 대궐에 들어가서 안팎을 포위하고, 정부를 위협하여 억지로 조약을 만드는데, 저희들끼리 가타부타 하면서 인장을 빼앗아 마음대로 조인하고, 우리 외교권을 옮겨 가지며, 저희 통감을 두어서 우리의 자주 독립권을 하루 아침에 잃어버리게 하였다. 그러고서도 오히려 그 위협하였다는 말을 숨기면서, 만국의 이목을 가리우려 하니, 그 신信을 버리고 의義를 배반한 죄가 열 넷이요,

처음에는 다만 외교를 감독한다고 하다가 나중에는 온 나라의 정치 법률을 관활하고 소속한 관헌이 허다하게 되어, 우리로 손도 움직일 수 없게 하며 걸핏하면 공갈하니, 그 신信을 버리고 의義를 배반한 죄가 열 다섯이요,

근래에는 또 이민조례移民條例를 만들어서 강박하며 인정할 것을 청하는데, 이것은 인종을 바꾸려는 악독한 모계謀計[계교를 꾸밈]로서, 분명 우리 백성들을 씨도 이 땅에서 남기지 않으려는 것이니, 천지간에 용납할 수 없는 극악대죄極惡大罪가 또 열 여섯이다.

한편으로는 또 창의격문倡義檄文을 각 곳으로 보내어 창의 토적討賊의 대의大義를 천명하고, 우리의 종실대신宗室大臣 공경 문부에서 사·농·공·상 이속 하인들에 이르기까지 각기 창·칼을 가지고 나와서 일심 동력同力하여, 역적의 무리를 진멸殄滅하여 그 고기를 먹고 가죽을 깔고 자며, 원수의 오랑캐를 섬멸 소탕하여 그 종자를 없이 하고 소혈巢穴[나쁜 짓을 하는 도둑이나 악한 따위의 무리가 활동의 본거지로 삼고 있는 곳]을 파해치자고 강조하기도 하였다. 그리고 임병찬 김기술金箕述·유종규柳種奎·김재귀金在龜·강종회姜鐘會·이동주李東柱·이용길李容吉·손종궁孫鐘弓·정시해鄭時海·임상순林相淳·임병인林炳仁·송윤성宋允性·임병대林炳大·이도순李道淳·최종달崔鐘達·신인구辛仁求 등 여러 사람들로 각 부서를 정한, 다음 거의한 이튿날, 즉 6월 5일에는 정읍井邑을 향하여 출발하였다". 이렇게 행군을 개시한 의병진은 가는 곳마다 민중들의 환영을 받고, 병력이 증강되었다. 그 날로 정읍에 들어가서 소총 20자루, 화약 1백 근 및 지세 수납금을 접수하고, 내장사內藏寺로 가서 하루 밤을 지냈으며, 6일에는 순창 고을 구암사龜巖寺로 진을 옮겨 쉬고, 이튿 날 순창읍으로 들어가서 소총 25자루, 화약 10근, 남철 두어 말 및 지세금을 거두어 군용에 충당하였다. 또 이 대 순창에서는 채영찬蔡永贊·김갑술金甲述·양윤숙楊允淑 등이 수십 명의 포수를 거느리고 들어오기도 하여 의병진의 참가 인원도 5백여 명으로 증가되었으며, 적측에서는 전주경무고문지부全州警務顧問支部의 경찰대가 출동하여 교전하기도 하였지만, 의진의 공격을 받고 패하여 달아나고 말았다. 그리고 8일에는 다시 곡성군으로 진군하여 무기·지세 등을 접수하고, 다시 글을 호남 각 고을에 보내어 함께 거의 협력할 것을 촉구하였다. 그리고 9일에 다시 회군하여 오산촌鰲山村을 거쳐 10일에 순창읍으로 들어왔는데, 이 때 정탐꾼이 보고하기를 왜병 10여 명이 읍내로 들어와서 군수 이건용李建鎔과 비밀 회담을 하고 있다는 것이었다. 여기서 최익현은 임병찬을 명하여 1지군을 거느리고 사이 길로 나가서 습격하게 하니, 왜병들이 모두 질겁을 하여 산을 기어 넘어 달아났다. 그런데 임병찬이 달아나는 왜병을 추격하다가 왜병이 떨어트린 문서를 얻었는데, 그것은 전주 관찰사 한진창韓鎭昌이 이건용으로 더불어 왜병을 인도하여 의진을 치려던 비밀 문서였다. 이 사실을 안 최익현은 크게 노하여, "이 무리는 청말 개·도야지만도 못한 것들이다"고 말하는데, 건용이 마침 와서 익현에게 죄었다. 익현이 그 문서를 내 던지며 말하기를, '네가 무슨 면목으로 감히 와서 나를 보느냐. 내가 이 일을 하는 것은 다만 국가를 위하여 만분의 1이라도 보답하려 하는 것인데, 너는 종실宗室의 밭은 친척으로서 도리어 나를 해하려 하니, 너는 왜적보다도 더한 놈이다. 내가 이제 너를 베어서, 인군을 모르고 나라를 배반하는 무리를 깨우칠 것이니, 너는 죽는다고 나를 원망하지말라'고 하니 건용이 엎드리고 눈물을 흘리며 말하기를, '잠시 황겁 중에 망녕되이 살아갈 것을 노리다가 이렇게 죄를 범하게 되었습니다. 그러나 건용도 사람입니다. 만일 대감께서 불쌍히 생각하셔서 용서하여 주신다면, 휘하에서 성심 성의 일하면서 목이 부려저도 후회하지 않고, 목숨을 살려준 은혜를 갚겠습니다'고 하였다. 여기서 익현은 자리에 앉기를 허락하고, 힘을 다하여 왕실을 돕고 국가를 구원하자고 간곡히 타이르니, 건용은 눈물을 거두고 다짐 두었으며, 전부장前部將의 책임으로 본군에 주둔할 것을 허락받게 되었다. 따라서 건용은 대장 최익현의 명을 받아 퇴휴병退休兵을 징모徵募하게도 되었는데, 이때 순창에 주둔한 의병진은 총수 9백여 명이었다.

3. 의병들의 항쟁

최익현 의진의 이러한 활동에 대한 보고가 도착하자, 정부에서는 곧 전라북도 관찰사 한진창에게, 전북 지방 진위대를 출동하여 수령을 체포하고, 군사를 해산하라고 훈령하여, 한편 아래와 같은 조칙을 내리기도 하였다. "종래 거의擧義라고 하면서 감히 함부로 도량跳梁[거리낌 없이 함부로 날뛰어 다님]하는 무리들은 불영不逞[원한, 불만, 불평 따위를 품고서 어떠한 구속도 받지 아니하고 제 마음대로 행동함]한 무리들이라. 난이 일 것을 생각하고 화를 즐겨하여, 어리석은 백성들을 선동 유혹하며 지방을 침해하므로, 조정에서 선유사를 보내어 호유하고, 좋지 않으면 군사를 보내어 치니, 당장에 꺾어진 것으로서 앞 수레 엎어진 사실의 계감戒鑑한 두 가지가 아니다. 근간에 각지에서 의병이 계속하여 일어나고 있는데, 심지어는 대장 의리를 아는 신사도 그 중에 있으니, 짐이 매우 의심스럽게 생각하는 바이다. 진실로 참 학문에 종사하여 실지 이치를 강구한다면, 어찌 이런 일이 있을 것이랴. 선비의 마음 가짐은 남의 집 어린 아이가 우물에 들어가는 것을 보고서도 오히려 건져 구언하려 하는 것인데, 더구나 짐의 적자赤子를 함정으로 몰아넣으면서 동정하는 생각이 없을 것이라. 슬프다! 많은 무리들아. 빨리 마음을 고치고 뉘우쳐서 족일로 회심하고 더욱 학업을 힘쓸지어다. 짐이 전에 분명한 조칙을 내려서 종교를 부식扶植[힘이나 영향을 미치어 사상이나 세력 따위를 뿌리박게 함] 하는 일로 격려하였으며, 또 학교 규정을 넓혀서 지방 선비들로 나아갈 곳을 알게 하고, 때때로 장려하여 실지 사용에 이바지하게 하는 것이니, 모두들 다 잘 알아서 후회하는 일이 없게 하라.”

경성 일본사령부 내 문답기에 의하면 이때 의병진에서는 각 고을 관청에서 수납한 지세의 전부를 거두어 쓴 것이 아니라, 의진에서 일본 정부에 보낸 글에서 지적한 일도 있는 바와 같이, 저들이 재정 안정을 위한다고 하면서, 종전의 엽전葉錢의 금액은 증가 제조 사용하므로 하여, 더 거두어 들인 분량만을 받아 사용하게 한 것으로서, 그 배수를 태안에서 50환(엽전 5백 량), 정읍에서 30환, 순창에서 40환, 곡성에서 30환이었다고 한다. 그런데 망국적인 을사조약의 무효와 투쟁을 위하여 일어선 익현 및 영남 방면의 정환직鄭煥直 부자 등 조야에 명망이 높고, 황제의 신임을 받을 수도 있는 유학자들을 상대로 한 조칙이라는 것을 생각한다면, 그것이 과연 황제 본의에서 내려진 조칙이었다라고는 볼 수 없을 것으로서, 그것은 전기 의병 직후에 있었던 이른바 ‘선유조칙’과 같이 집권 내각, 아니 매국 내각에 의하여 이루워졌던 것으로 보아서 좋을 것이다. 이때 최익현 의진은 순창읍에서 병력을 증강하면서, 한편 담양潭陽 방면으로 진군할 준비를 하고 있는데, 6월 11일 새벽에 광주 진위대 소대장이 군사를 거느리고 옥과군玉果郡 경계에 와서, 광주 관찰사 이도재李道宰가 보내는 황제의 조칙과 관찰사의 고시문을 보내와서 의병진의 해산을 권고하였다. 이때 광주 즉 전라남도 관찰사로 고시문을 보낸 이도재는 일찍이 전기 의병 때, 선유사의 임명을 받고도 의병 편에 동조하면서 거행하지 않았던 학자 관리였던 것으로서, 최익현과는 서로 통하는 바도 있던 인물이었는데, 이때에는 입장을 달리하였던 것이다.

최익현은 조칙을 받고 좌우를 돌아보면서, “이것은 5적 무리의 천자天子를 끼고 호령하는 수단이다. 설사 임금의 명령이라 하더라도 진실로 사직을 편안히 하고, 국가를 이롭게 할 일이라면 옛날 사람도 임의로 행한 일이 있는데, 하물며 이것이 적신賊臣들이 황제의 뜻을 빙자하고 남모르게 만들어낸 거짓 왕명임에랴.” 하며 이 관찰사에게 회답하는 글을 보내었는데 그 내용은 ‘최익현은 이미 상소하여 거의한 이유를 위에 전달하였소. 상소가 만일 위에 드리어졌다면 반드시 비답批答이 있을 것이니, 그때 비답을 받들어 진퇴를 정할 것이요. 지방을 맡은 신하의 지휘할 일이 아니오’ 하는 것이었다. 그런데 오정이 좀 못 되어, 왜병이 읍 동쪽에서 포위하여 들어온다는 보고가 있으므로, 임병찬이 군사를 거느리고 나가 싸울 태세를 취하였는데, 다시 보고하기를, 그것은 왜병이 아니오 전주·남원 두 곳의 진위대 군사들이라고 하였다. 이 말을 들은 대장 최익현은 말하기를, ‘그것이 과연 왜라면 우리가 마땅히 한번 결사 대전을 하여 보겠지만, 왜가 아니오. 진위대 군사이라면, 이것은 우리가 우리를 치는 것이니, 어찌 차마 할 수 있느냐.’고 하면서 임병찬을 불러 돌아와서 싸우지 말게 하고, 사람을 2 진위대에 보내어 이르기를, ‘너희들이 왜라면 즉각으로 결사전을 하겠지만, 그렇지 않으니 동포끼리 서로 죽이는 일을 나는 차마 못 하겠다. 곧 물러가라’고 하였다. 이것은 나라를 구원하고 백성을 건지기 위하여 일어난 의병진으로서는 당연한 주장이요, 권고였던 것이다. 그러나 남원·전주 두 진위대는 물러가지 않으며, 소대장 김중희金重熙의 거느린 전주 진위대가 읍 뒷산에서 먼저 포화를 퍼붓기 시작하고, 오후에는 남원 진위대 소대장 김희근金熙根의 거느린 군사가 다시 읍 앞산으로 집결하며 의병진으로 포화를 집중하니, 아무런 대책도 없는 의병 대열은 흩어지지 않을 수 없으며, 중근장 정시해鄭時海가 대전하다가 날아드는 탄환에 맞아 쓰러지니, 형세는 이미 글러졌다. 이때 정시해는 넘기면서 대장 최익현을 향하여 마지막 말로, '시해는 왜놈 하나도 죽인 일이 없이 죽으니, 죽어도 눈을 감지 못 하겠습니다. 악귀가 되어서라도 선생을 도와 적을 죽이겠습니다.'고 하니 최익현 이하 남아 있던 의사들이 모두 통곡하였다. 최익현은 좌우의 사람들을 돌아보며, '이곳이 나의 죽을 땅이다. 제군은 모두 가라'고 하며 연천椽廳 길청에 그대로 자리잡고 앉으니, 이때 가지 않고 곁에 남은 사람이 20여 명이 있는데, 마침 풍우가 갑자기 일어나고 날도 저물어 주위의 정경이 처량하였다. 진위대 측에서도 이편의 대항이 없으니 총격을 중지하고 포위망을 압축하여 들어왔으나 감히 손을 대지 못하고, 왜병들과 함께 주위에서 밤을 세웠으며, 이튿날에야 전주 진위대의 김중희金仲熙가 앞에 나와 서울로 압송하라는 황제의 칙명이 있다고 하면서, 끝까지 남아 있던 최익현 이하 임병찬林炳瓚·고석진高石鎭·김기술金箕述·문달환文達煥·임현주林顯周·조우식趙遇植·조영선趙泳善·최제학崔濟學·나기덕羅基德·이용길李容吉·유해용柳海瑢·양재해梁在海 등 13인을 전주 진위영鎭衛營으로 호송하게 되었다. 며칠 후, 최익현 대장 등 일행 13명은 전주에서 다시 호송되어 6월 18일에 서울 일본군 사령부에 도착, 심문을 당하였는데, 의사들은 조금도 숨김없이 나라를 위하여 의병을 일으키게 된 경위 등을 말하며, 일본의 침략 행위를 꾸짖었다. 그 중에도 최익현은 일본 사령부에 도착하면서부터, '나는 황제의 칙명으로 오는 줄 알았는데, 왜놈이 무엇하는것들이냐. 내가 갇힌다면 대한 법무부에 갇혀야 할 것이다. 대한 나라의 최익현이 어찌 왜 사령부를 알겠느냐.'고 소리를 높여 꾸짖었다.

이때 황성신문 6월 15일자 보도를 보면 13일 하오에 있은 정부의 대신 회의실에서는, 평리원平理院에서 심판하기로 결정하고 전북 관찰사에게 압송을 전보 훈령하였으며, 전주 진위영에서도 황제의 칙명이 있어 평리원으로 호송한다고 하였는데, 최익현 등이 상경과 함께 바로 일본군 사령부로 가게 된 것은 백성을 지켜주리라는 조정의 관리들은 그 책무를 외면해 버린 것이며, 역시 친일 관료와 그들 침략자의 행동을 말하여 주는 사실의 일면이라고 볼 수 있을 것이다. 그 후 심문을 당하여서도 최익현은 거의한 동기를 물으면, 상소와 격문, 일본 정부에 보낸 글에 있으니 더 묻지 말라고 하면서 노호怒呼하였으며, 두 달을 지내는 동안 김기술金箕述·문달환文達煥 등은 석방되고 최제학崔濟學·고석진高石鎭은 4개월 구류형에 처하게 되었으며, 최익현崔益鉉·임병찬林炳瓚은 그 해 8월 하순에 일본의 대마도 엄원對馬島嚴原 위수령衛戍令으로 강제 호송되어 이역만리에 감금 생활을 하게 되었는데, 여기서도 의사들은 적의 강박 행위를 물리치고, 대한의 의사로서 높은 절개와 늠름한 기개를 잘 보여 주어 적들로서도 머리를 숙이게 하였다. 이 때에는 또 홍주 의진의 유준근柳濬根·이식李拭 등 9인의 의사들도 앞서부터 와 있어, 신산辛酸[세상살이가 힘들고 고생스러움을 비유적으로 이르는 말]한 생활을 같이 하게 되었다. 그런데, 이때 최익현은 적 일본의 식사를 들지 않는다고 하며, 굶어 죽을 것을 결심하고 죽기 전에 최후로 황제에 올리는 상소를 써서 임병찬에게 부탁하여 뒷날 귀국하는 날 올리게 하였는데, 그 중에는 아래와 같은 귀절도 있다.

"원컨데 폐하는 지금 국사를 어찌할 수 없게 되었다 하지 말으시고, 성심聖心[거룩한 마음]을 분발하시고 성지聖志[임금의 뜻]를 확립하시며, 퇴폐위미頹廢萎靡하고, 인순고식因循姑息[낡은 관습이나 폐단을 벗어나지 못하고 당장의 편안함만을 취함]하는 풍조를 떨쳐 일으키시사, 참을 수 없는 것을 참지 말으시며, 믿을 수 없는 것을 믿지 말으시고, 빈 위세에 너무 겁내지 말으시며, 아첨하는 말을 달게 듣지 말으시고, 더욱 자주하는 계획을 굳건히 하면서 의뢰하는 마음을 영영 끊어버리시고, 더욱 와신상담하는 마음을 굳건히 하면서 자수自修할 방도를 극진히 하십시오. 성웅 준걸俊傑들을 불러들이고, 군사와 백성들을 위무慰撫[위로하고 어루만져 달램] 양성하며, 사방의 형편을 주의하여 보면서 그 중에서 일을 해 나가십시오, 이 백성들은 원래 모두 인군을 높이고 나라를 사랑하는 마음이 있으며, 또 모두가 5백년간 선왕의 성대한 덕과 지극한 선善에 젖은 사람들이오니, 어찌 폐하를 위하여 죽을 힘을 내어, 큰 원수를 갚고 깊은 치욕을 씻을 사람이 없겠습니까. 그 기틀은 다만 폐하의 한 마음에 있는 것입니다. 엎디어 바라건데 폐하께서는 신이 다 죽게 되어서 하는 말이라 하여 소홀히 여기시지않으신다면, 신은 지하에 가서도 손을 모으고 기다리겠습니다.' 과연 최후의 그 시각까지도 나라를 근심하고 위하는 애국 정충精衷[깨끗한 참 마음]의 발로發露라고 할 수 있을 것이다. 이 때 일본군측에서 최익현의 단식 결사의 말을 듣고는 황망히 달려와서, 식사는 대한 정부에서 보내 주는 것을 자기들이 감시하는 데에 지나지 못하다는 것을 말하며, 그 동안의 무례를 백배 사과하니, 임병찬 등의 권고로 다시 식사를 들기 시작하였지만, 최익현은 74세의 유학자로서 그 동안 온갖 정신적·육체적 고통을 겪고, 또 단식 투쟁에 까지도 들어갔기 때문에 신체가 극도로 쇠약하여졌다. 여기에 다시 12월 초부터는 감기를 겸하여 신음하게 되었으며, 이듬해 즉 1907년 1월 1일(음 1906년 11월 17일) 새벽, 항일 구국 운동의 거성巨星은 드디어 저 세상 길을 가고 말았다. 그러나 그의 충혼은 외롭지 않았다. 1월 4일, 유해가 대마도를 떠나 5일에 부산 초량에 닿았는데, 이 소식을 들은 많은 유림, 시민들은 눈물을 머금고 나와 맞이하였으며, 상무사商務社[1899년 상업과 국제무역, 기타 상행위에 관한 업무를 관장하기 위해 설립되었던 기관. 전국 보부상단褓負商團의 업무도 관장하였다]. 대표 김영규金永奎·권순도權順度가 영구靈柩를 붙들고, "선생님, 여기는 대한 땅입니다"하며, 통곡하니 나루터에 모였던 수많은 남녀 노소가 울음 섞인 목소리로 선생님을 부르며 맞이하였다. 상무사에 호상소를 마련하고 영구 앞에 춘추대의 일월고충春秋大義日月高忠의 여덟 글자를 쓴 비단기를 높이 달았는데, 전물奠物을 가지고 와서 곡배哭拜하는 사람이 끊이지 않으며, 학교의 학생들까지도 모두 통곡하며 친척을 여읜 것 같이 슬퍼하였다. 영구는 구포·김해·성주·황간·공주 등지를 거쳐 15일만에야 정산定山(청양) 본집에 도착하였는데, 일본 헌병대는 도중에 일이 있을까 염려하여 도보 행렬을 제지하려 하였지만 밤을 세워 승강이 하다가도 뜻을 이루지 못하였으며, 도중 각 곳에서도 호곡 전송하는 행렬이 끊이지 않고, 길가에는 집마다 흰 기를 꽂아 조의를 표하니 이것은 충효에 대한 경의요, 항일 독립 투쟁의 무언의 표시이기도 하였던 것이다. 그 해 5월에 유해는 노성 무동산魯城舞童山에 안장되었다. 또 이 장례식에 앞서 임병찬은 대마도에서 돌아와 그의 유소遺疏를 정부에 올리기도 하였다.

2월 1일 – 일본 제국, 한성부 왜성대에 통감부 설치. 8월 7일 – 대한제국, 만국 적십자 조약에 가입. 8월 18일 – 한말 의병장 최익현 일본군에 잡혀 대마도로 유배. 8월 – 관립의학교 및 관립 농상공학교 학원 모집 공고 황성신문 각 최종회. 8월 27일 – 대한제국 관립 농림학교 관제공포, 보통학교령, 고등학교령 반포. 8월 31일 – 관립 의학교 학원 입학시험. 9월 5일 – 한성 보성중학교 개교. 10월 10일 의명학교 개교. 10월 15일 대구 계성학교 문을 열다. 10월 – 만주 용정에서 서전서숙 문을 열다. 11월 26일 – 이인직 신소설 《혈의 누》 발표.

일본▶한국 강계

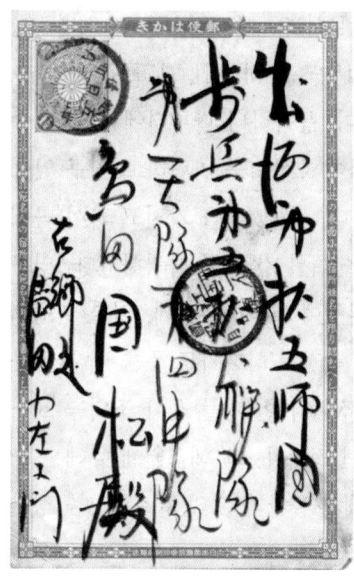

한국 부산▶일본

혈의 누血−淚

소설가 이인직이 1906년 7월 22일에 발표한 장편 소설.

1906년 7월부터 10월까지 '만세보'에 연재됐던 작품으로 이 소설 이전에도 여러 가지 신소설이 있었으나 '혈의 누'가 문학적인 수준이나 가치로 보아 우리 문학사상 최초의 신소설로 평가된다. 상편은 '만세보' 연재로 끝나고 하편에 해당하는 '모란봉'은 1913년 2월부터 6월까지 63회에 걸쳐 '매일신보'에 연재되다가 미완성으로 끝났다. 청일전쟁으로 혼란스러운 평양에서 일곱 살 난 옥련은 부모를 잃고 헤매다가 부상을 당한다. 그 뒤 일본인 군의관 이노우에게 구출되고 일본에 있는 그의 부인에게 보내져 학교도 다닌다. 그러나 이노우에가 전사하자 개가를 꿈꾸는 부인은 옥련을 구박한다. 집을 나와 방황하던 옥련은 나라를 부강하게 하기 위해 유학가려던 구완서라는 청년을 만나 함께 미국으로 간다. 한편 모란봉 근처에서 남편과 딸을 잃고 헤매다가 실의에 빠진 옥련 어머니는 대동강에서 투신자살을 기도했으나 구출되고, 아버지는 구국을 위해 외국으로 유학간다. 옥련은 미국에서 고등소학교를 우등으로 졸업한 자신의 기사를 본 아버지와 만난 뒤 구완서와 약혼한다. 평양의 어머니는 죽은 줄만 알았던 딸로부터 편지를 받고 기뻐한다.

사진 출처: 한민족문화대백과사전

인천▶일본

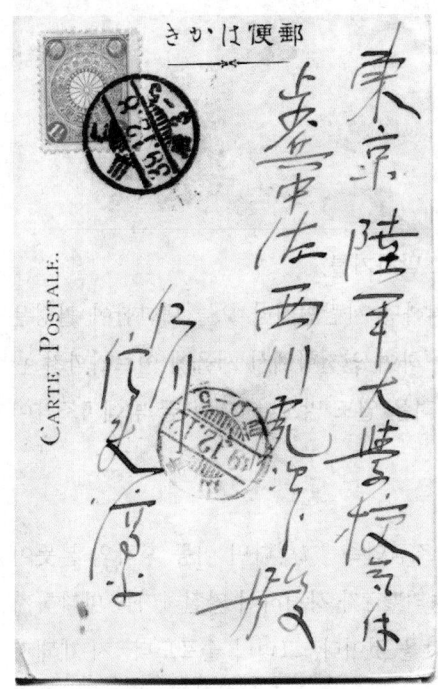

한성 왜성대에 설치한 통감부 전경

조선통감부朝鮮統監府

1906년 설치. 1906년 일본 제국주의가 대한제국 황실의 안녕과 평화를 유지한다는 명분으로 한성에 설치한 통치기구. 1906년 2월 설치되어 1910년 8월 주권의 상실과 더불어 조선총독부가 설치될 때까지 4년 6개월 동안 한국의 국정 전반을 사실상 장악했던 식민 통치 준비기구이다. 청국과 러시아의 세력을 한반도에서 축출한 일본은 1904년 5월 31일 내각에서 한국에 대한 보호권 확립을 내용으로 하는 대한방침을 결정했다. 이러한 방침은 1905년 4월 8일과 10월 27일에 보다 구체화되었다. 11월 9일 서울에 도착한 이토 히로부미伊藤博文의 진두 지휘 하에 11월 17일 한국의 박제순朴齊純과 일본의 하야시 곤스케林權助 사이에 5개 항의 제2차 한일협약을 강제 체결하였다. 이 조약으로 한국의 외교권은 일본에 박탈당하고 통감부의 통감에 의해서 외교 사무가 대행되었다. 특히 일본의 외교대표자 및 영사가 외국에서 한국 신민의 이익을 보호한다고 규정해 사실상 한국은 주권 상실의 상태가 되었다.

시일야방성대곡是日也放聲大哭

- 이 날에 목놓아 우노라 -

장지연張志淵(1864~1921)

지난번 이등伊藤 후작이 내한했을 때에 어리석은 우리 인민들은 서로 말하기를,
'후작은 평소 동양 삼국의 정족(鼎足. 솥발) 안녕을 주선하겠노라 자처하던 사람인지라 오늘 내한함이 필경은
대한제국의 독립을 공고히 부식케 할 방책을 권고키 위한 것이리라.'하여 인천항에서 서울에 이르기까지 관
민상가가 환영하여 마지않았다. 그러나 천하 일 가운데 예측하기 어려운 일도 많도다. 천만 꿈 밖에 5조약이
어찌하여 제출되었는가.

이 조약은 비단 우리 한국뿐만 아니라 동양 삼국이 분열을 빚어낼 조짐인즉, 그렇다면 이등 후작의 본뜻이
어디에 있었던가? 그것은 그렇다 하더라도 우리 고종 황제 폐하의 성의聖意가 강경하여 거절하기를 마다하지
않았으니, 조약이 성립되지 않은 것인 줄 이등 후작 스스로도 잘 알았을 것이다. 그러나 슬프도다. 저 개돼지
만도 못한 소위 우리 조정의 대신이란 자들은 자기 일신의 영달과 이익이나 바라면서 위협에 겁먹어 머뭇대
거나 벌벌 떨며 나라를 팔아먹는 도적이 되기를 감수했던 것이다.

아, 4천년의 강토와 5백년의 사직을 남에게 들어 바치고 2천만 생령들로 하여금 남의 노예 되게 하였으니,
저 개돼지보다 못한 외무대신 박제순과 각 대신들이야 깊이 꾸짖을 것도 없다. 하지만 명색이 참정參政대신
이란 자는 정부의 수석임에도 단지 부좀자로써 책임을 면하여 이름거리나 장만하려 했더란 말이냐.

김청음金淸陰 · 김상헌金尙憲처럼 통곡하며 문서를 찢지도 못했고, 정동계鄭桐溪처럼 배를 가르지도 못해 그저
살아남고자 했으니, 그 무슨 면목으로 강경하신 황제 폐하를 뵈올 것이며, 그 무슨 면목으로 2천만 동포와
얼굴을 맞댈 것인가.

아! 원통한지고, 아! 분한지고. 우리 2천만 동포여, 노예가 된 동포여! 살았는가, 죽었는가?
단군檀君과 기자箕子 이래 4천년 국민 정신이 하룻밤 사이에 홀연 망하고 말 것인가.
원통하고 원통하다. 동포여! 동포여!

1905년 11월 20일
황성신문 주필 장지연張志淵

1906 ~ 1910 일제 통감부 통치 시기

통감부: 1906년 일본제국주의가 대한제국 황실 안녕과 평화를 지켜준다는 명분으로 한성에 설치한 식민통치기구.
1906년 2월 설치되어 1910년 8월 29일 한일병합 체결 후 주권 상실과 더불어 조선총독부가 설치될 때까지 4년 6개월
동안 대한제국의 국정 전반을 장악했던 식민통치 시기

대한제국 최후의 황태자

KOREA KOREAN IMPERIAL DYNASTY
LAST CROWN PRINCE YIUN POST CARD

영친왕과 조선통감부 초대 통감 이토 히로부미
Prince ITO & Crown Prince of Korea
Printed England, Rotary Photographic Series
90x146mm

영친왕과 이토오 히로부미

1907년 12월 한국 황태자 영친왕은 유학이라는 명분 아래 일본으로 건너갔는데, 실질적으로는 인질이나 다
를 바 없었다. 우측 사진은 도쿄에서 촬영한 것인데 태자에게 일본 기모노를 입히고, 그 후견인 이등 모습은
당시 일본의 오만한 태도와 입장을 상징적으로 나타낸 광고 홍보용으로 엽서를 제작하여 배포했다.

대한 독립에 헌신한 외국인

Homer B. Hulbert(1863~1949)

미국 출생

미국의 감리교회 선교사, 사학자, 언어학자, 조선에서 영어를 가르쳤던 교육자, 독립신문 발행을 도운 언론인, YMCA 초대 회장, 한국어 연구와 보급에 앞장선 한글학자였다. 또한 고종을 도와 대한제국 말기 국권 수호를 적극 도왔으며, 국치시기 한국의 독립운동을 지원한 독립운동가였다. 대한민국 정부로부터 외국인으로서는 최초로 건국공로훈장 태극장(독립장)이 추서됐다. 2014년 한글날에는 금관문화훈장이 추서되었다.

The Passing of Korea
대한제국의 멸망
By Homer Bezaleel Hulbert
1906

그의 저서 'The Passing of Korea' 헌사獻辭의 기록을 옮겨본다.

'비방이 그 극에 이르고, 정의가 점차 사라지는 때에, 나의 지극한 존경의 표시와 변함없는 충성의 맹서로써 대한제국의 황제 폐하에게 그리고 지금은 자신의 역사가 그 종말을 고하는 모습을 목격하고 있지만, 장차 이 민족의 정기가 어둠에서 깨어나면 '잠이란 죽음의 가상이기는 하나' 죽음 그 자체는 아니라는 것을 증명하게 될 대한제국의 국민에게 이 책을 드립니다'.   H. B. H.

그는 이토록 한국 민족을 사랑했고, 한국을 위해 생의 모든 것을 바쳤기에 지금 우리 곁, 양화진에서 영면하고 있다.

다음은 The Passing of Korea 원저 Homer B. Hulbert를 번역하여 역저로 남겨진 책에서 헐버트 박사의 기록을 전한다.

·············한국명 흘법訖法, 허흘법許訖法, 할보轄甫, 허할보許轄甫는 1863년 1월 26일 미국의 Vermont에서 목사이며 Middlebury College의 학장인 Calvin Butler Hulbert와 Mery Woodward Hulbert 부부의 둘째 아들로 태어났다. 1884년에 그의 외가가 설립한 Darthmouth 대학에서 히브리어를 수학한 다음 다시 명문 Union 신학교에 입학하였다. 이 무렵 한국은 고종황제의 뜻에 따라 신교육 기관인 육영공원育英公院을 설치하고 한국 주둔 미국 공사인 Lucius H. Foote에게 미국인 교사 3명을 보내 줄 것을 요청하였다. Lucius H. Foote로부터 이러한 보고를 받은 미국무성 교육국장 John Eaton은 지난 날의 친구인 Calvin B. Hulbert에게 그의 아들을 한국에 보낼 것을 권고하였다. 이를 계기로 Homer B. Hulbert는 1886년 7월 George W. Gilmore부부, 그리고 Dalzell A. Bunker부부와 함께 한국에 도착하게 되었다. 1888년 9월에는 그의 Union 신학교 시절의 친구인 Miss May Belle Hanna와 결혼하기 위하여 일시 New York을 다녀왔다. 헐버트가 한국 생활을 통하여 그의 아내의 내조가 컸다는 것은 더 말할 나위도 없다. 그는 한국에 도착하여 수학, 자연과학, 역사, 정치를 가르쳤다. 그러나 시간의 흐름에 따라 전통과 풍습의 차이가 격심한 데에다가 대개의 생도들이 부패한 관리들의 자식들로서 학업에 열성을 보이지 않게 되자, 한국에서의 육영 사업에 환멸을 느낀 나머지 1891년 12월 육영공원 교사직을 사임하고 유럽을 거쳐 귀국하였다. 미국에 돌아간 후에도 그는 한국에

의 꿈을 버리지 못한 채 Ohaio주의 Putnam Military Academy of Zanesville에서 교편 생활을 통하여 한국에 관한 문필 생활을 계속하던 중, 한국에서 일하다가 1892년 7월에 일시 귀국한 H. G. Appenzeller 목사를 만나 한국에서 다시 봉사할 것을 권유 받고 1893년 9월에 가족과 함께 재차 한국에 입국하였다. 그는 배재학당에 봉직하기를 바라는 주위의 청을 물리치고 감리교계 출판사인 Trilngual Press를 운영하기 시작하였다. 그는 특히 한국의 문화와 정세를 소개하기 위하여 1901년부터 감리교계 월간지인 The Korea Review의 편집을 주관하면서 한국에 관한 글을 계속 발표하였다. 이 얼간지는 1906년까지 계속되었다. 한국에 대한 일본의 야욕이 점차로 노골화하자, 그는 한국의 문화에서 한민족의 운명에도 눈길을 돌리었다. 1905년 10월 15일에는 고종 황제의 밀서를 가지고 서울을 출발, 11월 17일에 Washington에 도착하여 미국의 정부 요인들과 접촉하면서 한국에 대한 일본의 정책에 미국이 개입하여 줄 것을 요구하였으나 이미 친일화한 미국 정부는 그의 말을 경청하지 않았다.

1906년 7월 그는 일본의 온갖 박해가 기다리고 있는 한국에 다시 돌아왔다. 그는 Washington에서의 노력이 실패하였으나 조금도 굽히지 않고 을사늑약으로 외교권마저 박탈된 한국의 자유를 위하여 계속 노력하였다. 1907년 7월 Hague에서 만국평화회의가 개최된다는 것이 세상에 알려지자, 그는 고종 황제의 밀령을 받아 4월에 출발, Swiss를 거쳐 Hague에 이르러 을사늑약이 일본의 강압에 의한 것임을 각국 대표에게 알리고, 한국 대표가 본회의에 참석할 수 있도록 주선해 달라고 러시아 대표이며 회의 의장인 M. Nelidov에게 호소하였으나, 아무런 소득이 없었다. 결국 이 사건을 계기로 하여 일본은 고종을 양위시키고 끝내는 한일합병을 단행하였다.

이제 Homer Bezaleel Hulbert 교수는 그토록 정을 쏟던 한국을 위하여 더 이상 일하고 싶어도 발붙일 곳마저도 없게 되자 Hague에서 바로 미국으로 돌아가 Massachussetts의 Springfield에 정착하였다. 미국에 있으면서도 그는 한국을 잊지 못하여 1909년에 일시 한국을 방문하였으나 긴급한 집안 사정으로 귀국하였다. 그는 미국에서도 문필 생활을 계속하여 한국의 독립과 문화의 소개를 계속하였다.

그는 'Westminster 사원보다는 한국 땅에 묻히고 싶다'던 그의 소망대로 양화진 외국인 묘지에 안장되었다.

대한독립에 헌신한 외국인
Foreigners who devoted themselves to Korean independence

호머 베잘렐 헐버트 Homer B. Hulbert

발행일: 2022. 8. 12.
우표번호: 3609. 액면가: 430원
발행량: 64만 매
크기: 32x33mm

The Passing of Korea

대한제국의 멸망

Homer B. Hulbert의 서문序文

한국에 관하여는 무게 있는 책들이 많이 발표되었으나, 이들은 저마다 조금씩 다른 입장에서 주제를 다루고 있다. 필자는 우연한 기회에 한국을 방문한 관광객들의 피상적인 견해와는 달리 필자 자신의 독자적인 견지에서 주제를 다루어 보려고 시도하였다. 이 책에 기록된 여러 가지의 사실들은 대개가 필자의 개인적인 관찰에 서 얻은 것이거나, 아니면 한국인 또는 한국인의 저작에서 직접 얻은 것이다. 이 중의 몇 가지 내용은 이미 '한국개요'(The Korea Review)이나 그 밖의 몇몇 책자에 발표한 바가 있다. 역사적인 사실에 대한 연구는 필자의 '한국사'(History of Korea)를 요약한 것이다. 이 책은, 한국이 심한 역경에 빠져 있을 때 종종 악의에 찬 외세에 의하여 시달림만 받을 뿐 옳은 평가를 받아 본 적이 없는 한 국가와 민족의 독자들에게 관심을 불러 일으키기 위하여 쓰여진 사랑의 열매이다.

그들은 수적인 면에서 중국에 눌려 살고 있으며 재치의 면에서는 일본에 눌려서 살고 있다.
Koreans live under the pressure of China in terms of numbers, and under Japan in terms of wit.

그들은 중국인처럼 상술에 능하지도 못하며 일본인처럼 싸움을 잘하는 민족도 아니다.
They are not as good at business as the Chinese, nor are they good at fighting like the Japanese

기질의 면에서 보면 그들은 중국인이나 일본인보다 오히려 앵글로 색슨 민족에 가까우며, 극동에 살고 있는 민족 중에서 가장 상냥하다.
In terms of temperament, they are closer to the Anglo-Saxon people than to the Chinese or Japanese. They are the kindest among the people living in the Far East.

그들의 약점은 어느 곳에나 무지無知가 연속되어 있다는 점이지만, 그들에게 부여된 기회를 선용하면, 그들의 생활 조건도 급격히 향상될 것이다. 나는 이 책을 쓰는 동안에 위로는 비단옷을 입은 양반으로부터 아래로는 감옥에서 족쇄를 찬 죄수에 이르기까지, 암자 찾아 입산하는 사람으로부터 배를 타고 바다로 나아가는 사람에 이르기까지, 사회의 각계 각층의 친절한 여러 한국인들에게 많은 도움을 받았음에 대하여 깊은 감사를 드린다.

H. B. H
New York, 1906

1906

The passing of Korea

THE
PASSING OF KOREA
BY
HOMER B. HULBERT
A.M., F.R.G.S.
Author of "The History of Korea," "Comparative Grammar
Of Korean and Dravidian," A Search for the
Siberian Klondike," etc.

Illustrated from Photographs

NEW YORK
Doubleday, Page & company
1906

황소의 땔감 운반

THE FAITHFUL FUEL CARRIERD OF KOREA

"조선은 온통 민둥산이라…"

조선 말기에 한반도를 방문한 외국인들의 예리한 관찰력은 산이 온통 민둥산임을 놓치지 않고 기록한다. 땔감을 지게에 가득 진 조선인의 모습도 외국인 여행기에 심심찮게 등장한다.

1894년 초 비숍이 받은 서울의 첫인상은 '산으로 둘러싸여 있고 여기저기에 소나무 그늘이 있으나 거의 벌거벗었다'(조선과 그 이웃나라들)는 것이었다. 서울 주변만 그랬던 것은 아니다. 1889년 함경북도를 여행한 러시아인 베벨리는 '이곳의 숲은 완전히 파괴되었으며, 통행이 힘들고 벤 나무를 반출하기도 불가능한 산간벽지에만 겨우 숲이 남아 있다.'고 하였다. 대한제국 마지막까지 조선과 함께 했던 헐버트 박사도 '반도의 어느 곳을 가나 벌거숭이산을 볼 수 있는데 이러한 광경은 활엽수로 가득 찬 일본의 풍경과는 극히 대조적'(대한제국멸망사)이라고 썼다. 산림의 황폐화는 어제오늘의 일이 아니었다. 1873년 봄에 영의정 이유원이 '도끼로 나무를 찍는 것이 날로 심하여 산에 씻은 듯이 나무가 없어졌으니 이것은 다 법령이 해이해졌기 때문'이라고 아뢰자, 고종도 '도성 안을 놓고 보더라도 사산(四山, 서울 도성의 성터로 연결된 백악산·인왕산·남산·낙산)에 소나무를 길러 울창하였기 때문에 그전에는 땅이 보이지 않았다. 그런데 지금은 몇 그루인가를 셀 수 있을 만큼 적어졌다'고 개탄한다(고종실록). 베벨리는 마루 아래 연기 통로와 밖에 아궁이가 있는 조선 가옥의 독특한 난방구조로 인한 무의식적이고 비생산적인 연료소비, 혹독한 추위의 겨울, 높은 인구밀도, 산림 채벌에 대한 조정의 감시와 규제의 부재 등이 산림 황폐화를 가속화한다고 보았다. 헐버트는 '아침과 저녁으로 불을 피우기 시작하면 한두 시간 동안 온 마을이 짙은 연기에 휩싸인다'고 묘사한다. 목재나 연료를 얻기 위한 투작(偸斫·도벌)이 곳곳에서 벌어졌다. 이에 대한 조선왕조의 대책은 나무의 벌목을 금하는 금송(禁松)이라는 것이었다. 그러나 금송과 엄벌만으로는 산림을 보호할 수 없었다. 산은 어느새 민둥산이 되고 서울에서는 호랑이의 울음소리도 점차 들을 수 없게 되었다. 1910년에 남한의 1정보당 임목축적은 10㎥ 정도로 2008년 현재와 비교해 10분의 1에도 못 미쳤다.

북쪽을 바라본 한강철교
American Bridge Across the Han. Looking north toward Seoul

1907년에 이르러 비로소 농상공부 산림국은 모범 식림장 설치 계획을 세우고 해당 지역 주민이 채초(採草)·벌목·경전(耕田)·건축·방화하는 것을 금하라는 훈령을 해당 군에 보낸다. 이후 일본인 기사를 보내 1908년 봄에 서울 창의문 내 백운동(현 청운동) 5정보, 서문 밖 10정보, 노량진 50정보, 대구 100정보, 평양 100정보를 식림하였다(황성신문 1908.4.9.).

최초의 공식적인 대규모 조림사업은 이렇게 시작되었으며, 특히 백운동에는 최초의 사방공사가 실시되었다.

출처 2024. 1. 5일자 조선일보 기사

기생의 안무

A Dancing-Girl Posturing

죄수들

Otium sine dignitate

사진 출처: The Passing of Korea. By H. B. Hulbert. 1906. 62P

고대 한국의 유적

Relics of Ancient Korea

The upper picture shows the Ancient Bell of Silla, one of the largest in the world, cast about 1400 years ago. The lower illustration present the so-called "White Buddha," near Seoul. The people say that however high the water rises in the stream in flows around the feet of the image without touching them

좌측 사진은 약 1400년 전에 주조된 세계에서 가장 큰 신라의 고대 종이다.

우측 사진은 서울 근처에 있는 소위 '부처'를 나타낸다.

사람들은 시냇물이 아무리 높아도 신상의 발에 닿지 않고 흐른다고 한다.

사진 출처: The Passing of Korea. By H. B. Hulbert. 1906. 72P

다리의 세 가지 모습

Three Bridges of Korea

서울의 유일한 700년 된 아치 돌다리
The only stone arch bridge in Seoul, 700 Years old

송도(개성) 선죽교 피다리 The "Blood Bridge" at Songdo

Typical foot bridge
사진 출처: The Passing of Korea. By H. B. Hulbert. 1906. 74P

분황사芬皇寺 석탑(고대 신라)

Ruins of "Golden Pagoda" Ancient Silla

고대 신라 탑의 문양

Bas-Relief on door of ancient Silla pagoda

첨성대瞻星臺

Astronomical observatory of ancient Silla

파고다공원 원각사 10층 탑

The Marble Pagoda in Seoul

남쪽지방 불교 유물인 석탑

A buddhist relic in the south

정장한 궁중 여인

A palace—women in full regalia

흥선대원군 이하응

The late regent, prince Tai—Wun

주지 승려

Buddhist abbot

사진 출처: The Passing of Korea. By H. B. Hulbert. 1906. 86P. 116P. 130P. 138P

프랑스공사관

French Embassy

러시아공사관

Russian Embassy

영국공사관 전경

View of the British Embassy

일본공사관

Japanese Embassy

사진 출처: The Passing of Korea. By H. B. Hulbert. 1906. 150P. 204P. 190P

군사우편

한국경성鏡城 ▶ 일본

보병 9연대 제 16대대 제 2중대

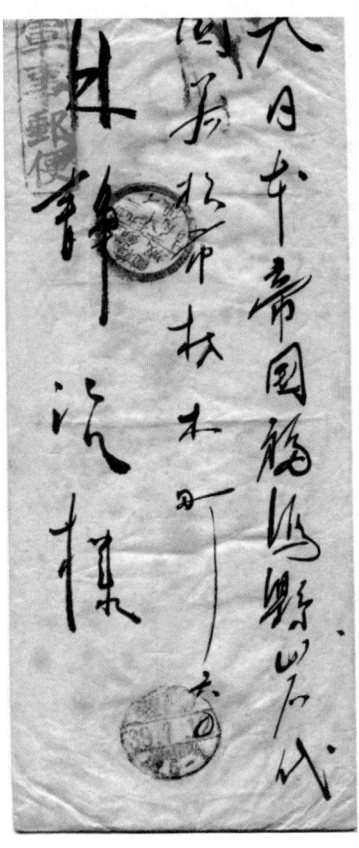

1906. 6. 19. 한국 경성경성–일본행
83x200mm

한국 용산韓國龍山 ▶ 일본

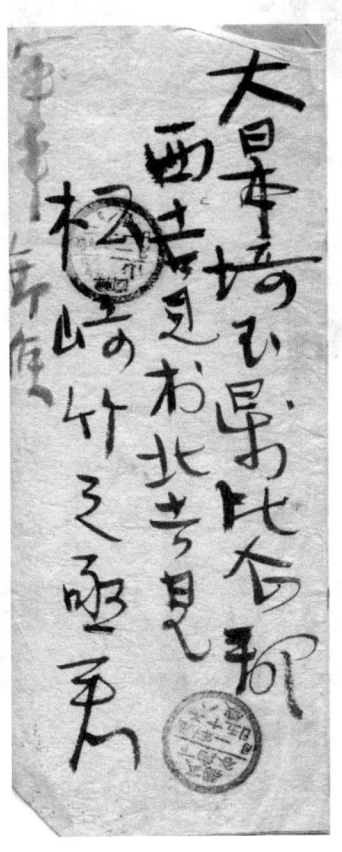

1906. 1. 21. 한국용산–1906. 1. 25. 일본
78x188mm

1906년 대한제국 체신 연혁

1월 10일	통감부 통신관리국설치(5과 10계). 청국 UPU에 가입
3월	통감부 통신원 부속 군용선 인수 완료
5월 9일	중추원 찬의 민상호 강원 관찰사 피임
5월 26일	제6회 로마 UPU총회에서 조인. 대한제국은 일본이 대리 서명
7월	통신관리국 해군전신선 및 전신소 인계
7월27일	통신원 관제 폐지(칙령 35호)

인천▶일본

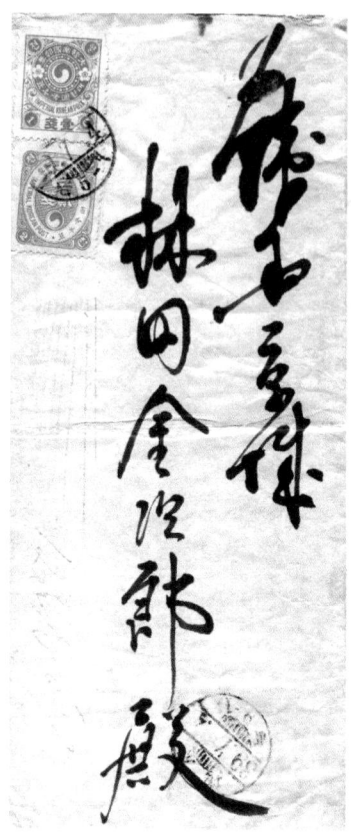 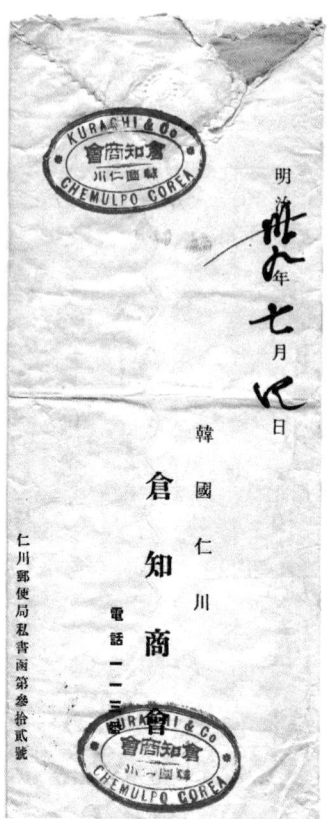

1906. 7. 4. 인천-일본
인천우체국 사서함 제32호 한국 인천 창지상회(내지인이 운영하는 상회)
85x214mm

민상호閔商鎬(1870~1933)
조선 시대의 관료이며 일제강점기에 조선귀족 작위를 받았다.
대한제국 통신원 총판

사진 출처: 1898년, 휘베르트 보스 Hubert Vos (네델란드 출생)가 그린 초상화

수원水原 ▶ 경성京城

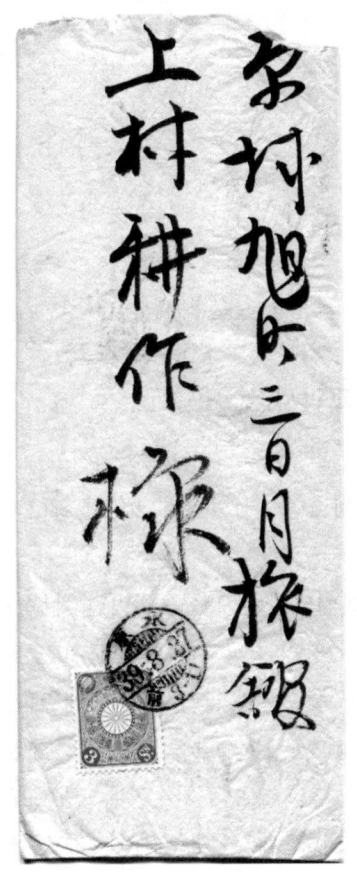
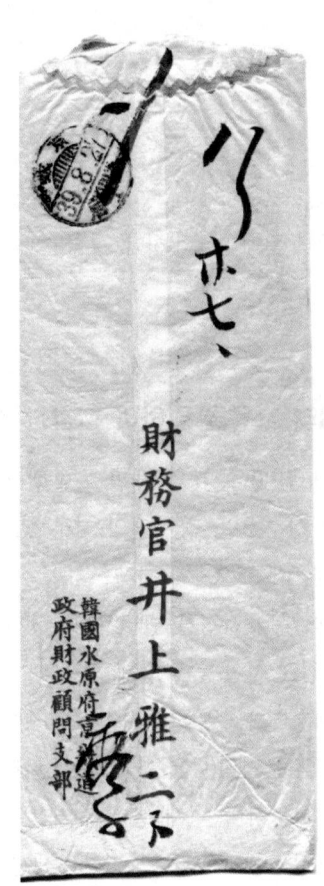

1906. 8. 27. 수원-경성
한국 수원부 경기도 정부 재정고문지부 재무관이 경성으로 보낸 서신
80x200mm

휘베르트 보스 Hubert Vos (네델란드 출생)가 그린 초상화 및 풍경화

고종황제   민상호   서울 풍경

1898년에 조선으로 여행하여 세 장의 그림을 그렸으며, 각 그림을 두 장씩 그려 한 장은 조선에 남겨두고 다른 한 장은 가지고 갔다. 대한제국 고종의 전신 초상화와 고종의 외척이자, 고위 관료였던 민상호의 초상화, 그리고 한성부를 묘사한 풍경화이다.

대한신지지大韓新地誌 건乾 · 곤坤 2권

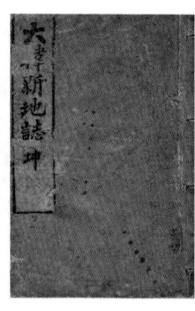

건乾 팔괘의 하나. 상형象形은 '☰'으로, 하늘을 상징한다.
곤坤 팔괘八卦의 하나. 상형은 '☷'으로 땅을 상징한다.
150x220mm

1907년 장지연張志淵이 학생들의 지리 교육을 위하여 편찬한 지리교과서 건 · 곤 2권

1907년 6월 15일 초판을 발행하였고, 1908년 12월 15일 재판을 발행하였다. 발행자는 남장희南章熙이고, 인쇄소는 휘문관徽文館이다. 남정철南廷哲의 서문 2면, 장지연의 서문 4면, 목차 4면, 권1의 본문 164면, 권2의 본문 140면, 부록 48면으로 구성되어 있다. (대한전도외 각 도 지도 첩부)

1907년 9월 21일 지리과 교과용 도서로 학부의 검정을 받았으나, 당시 일본인의 조정으로 움직이던 학부는 내용이 불순하다 하여 1909년 1월 30일 검정 무효를 당하게 되었다. 그러나 당시 한국 지지류의 도서 중에서는 비교적 과학적으로 내용을 구성하고 서술한 우수한 지리 교과서였으므로 수요가 많아서 1년 6개월 만에 재판을 발행할 정도였다. 한국지리를 지문지리(地文地理) · 인문지리人文地理 · 각도各道로 크게 구분하였다. 그 목차를 보면 다음과 같다. 제1편 지문지리는 제1장에서 제12장까지 명의名義 · 위치 · 경계 · 광무(廣袤: 넓이) · 연혁 · 해안선 · 지세 · 산경山經 · 수지水誌 · 조류 · 기후 · 생산물 등이다. 제2편 인문지리는 제1장에서 제15장까지 인종 · 족제族制 · 언어급문자 · 풍속급성질 · 가옥 · 의복급음식 · 종교 · 호구 · 황실급정체 · 재정 · 병제 · 교육 · 화폐 · 산업(농업 · 공업 · 상업 · 수산업 · 목축업 · 산림업 · 광업) · 교통(철도 · 항로 · 우편급전신 · 전화) 등이다. 제3편 각도는 제1장에서 제13장까지 13도를 서술하였다. 부록 제1장은 각 군의 연혁표, 제2장은 도리표道里表 등으로 구성되어 있다. 저자는 서문 중에 "서양학자가 말하기를, 지리학을 가르치지 않으면 애국심이 생기지 않는다."라는 말을 인용하고 있다. 따라서 이 책의 곳곳에 애국심을 고취하는 내용이 수록되어 있다. 예를 들면 "본 해안의 최서단에 우수영갑右水營岬과 진도가 재하야 해협간에 처하니 임진란에 충무공 이순신 李舜臣이 일본 함정을 전멸하던 벽파정碧波亭이 유하야……." 등이다.

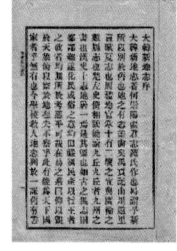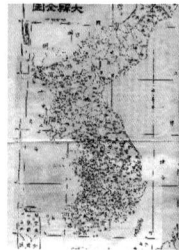

1907

2월 – 국채보상운동. 4월 – 한국의 구국 운동의 중심으로 비밀 결사 단체인 신민회 창립. 5월 22일 – 이완용 내각이 이토 히로부미의 건의를 받아 성립됨. 7월 20일 – 고종 강제 퇴위. 7월 24일 – 한일 신협약 체결. 대한제국이 일본제국의 보호령으로 전락하다. 7월 31일 – 일제, 군대 해산령 공포. 8월 1일 – 일본, 대한제국 군대 강제해산. 8월 1일 – 정미의병 발생 8월 2일 – 순종 황제 즉위.8월 11일 – 일본군, 강화도 장악. 10월 9일 – 일본 제국이 대한제국의 경찰권을 강탈하다. 8월 2일 – 대한제국 연호(年號)를 광무(光武)에서 융희(隆熙)로 변경. 8월 27일 – 대한제국 순종 황제 경운궁에서 즉위, 즉위 기념우표 · 그림엽서 발행.

정미7조약丁未七條約 (제3차 한일협약) 3rd Korea-Japan Agreement

한일신협약韓日新協約은 1907년 7월 24일, 일본이 대한제국을 강점하기 위해 체결한 불평등조약이다. 전체 7개 항목으로 이루어진 이 조약으로 일제는 대한제국 정부의 시정을 개선한다는 명목하에 법령의 제정 및 중요한 행정상의 처분 등 일체의 사무에 대해 승인권을 장악함으로써 입법, 사법 및 고등 관리의 임면 등 대한제국의 내정을 실질적으로 장악할 수 있게 되었다.

정미칠적丁未七賊

이완용

송병준

이병무

고영희

조중응

이재곤

임선준

정미칠적丁未七賊은 대한제국에서 을사늑약 체결 2년 후인 1907년 7월 24일에 체결된 한일신협약(제3차 한일협약 또는 정미 7조약) 조인에 찬성한 내각의 일곱 친일파 매국노를 가리킨다. 농상공부대신 송병준 · 군부대신 이병무 · 탁지부대신 고영희 · 법부대신 조중응 · 학부대신 이재곤 · 내부대신 임선준이 내각총리대신 이완용과 조선통감부 통감 이토 히로부미 명의로 체결된 정미7조약 조인에 찬성하고 순종의 재가를 얻도록 협조했다.

2002년 민족정기를 세우는 국회의원모임과 광복회가 공동 발표한 친일파 708인 명단과 2008년 민족문제연구소에서 친일인명사전에 수록하기 위해 정리한 친일인명사전 수록 예정자 명단에 정미칠적 모두가 선정되었다.

출처 한국민족문화대백과사전

군사우편

경성鏡城 ▶ 일본
경성수비대鏡城守備隊 보병 49연대 제 11중대

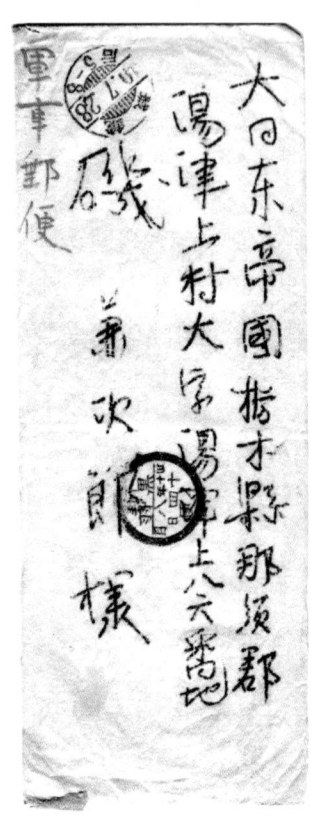

이완용李完用(1858~1926)

대한제국의 관료

을사늑약, 기유각서, 정미 7조약, 한일 병합 조약을 체결하여 을사오적을 포함한 주요 친일파, 매국노 창씨명은 리노이에 간요(李家 完用)이며, 작위는 후작이다.

친일파로 변신

1901년 궁내부특진관(宮內府特進官)에 임명됐지만, 부친상으로 완전히 관직을 사임한 이완용은 1905년 9월 러일전쟁에서 일본이 승리한 후 학부대신으로 재등장하였다. 관직에 다시 등장한 이완용은 과거 배일(排日) 친미주의자에서 친일파로 변신하였다. 러시아와의 갈등 속에 권력에서 밀려난 경험이 있는 이완용은 일본이 러일전쟁에서 승리하자, 시세의 추이를 파악하고 정치적 입장을 바꾼 것이었다. 정계에 복귀한 이완용은 1905년 11월 '을사늑약' 체결에 앞장서며, 친일파로서의 입지를 강화하였다. 이완용의 찬성논리는 '러시아와의 전쟁에서 승리한 일본의 한국진출은 피할 수 없는 상황이며, 따라서 비교적 관대한 조치인 외교권 이양에 동의해야 한다'는 것이었다. 이완용은 '을사늑약' 체결을 주도함으로써 일본이 가장 신뢰하는 친일파의 핵심이 되었다. 을사늑약 체결 직후 의정대신 서리로 승진하였고, 참정대신 겸 농상공부대신 서리를 거쳐 1907년에는 내각 총리대신(總理大臣)으로 친일내각의 수반이 되었다. 총리대신이 된 이완용은 본격적으로 친일활동을 전개하였다. 1907년 헤이그특사사건을 문제 삼은 일본이 고종의 퇴위를 요구하자, 일본의 입장에 동조하여 고종의 양위를 이끌어 내었고, 사법권, 경찰권의 이양과 군대해산을 담은 '정미 7조약'체결에도 앞장섰다. 1909년 안중근(安重根)이 이토 히로부미(伊藤博文)를 사살하자, 3일간 춤과 노래를 금지시키고 한국정부 대표로서 중국 다롄(大連)까지 가서 조문하였다. 친일세력의 대표인 이완용에게 최대의 경쟁자는 친일단체 일진회였다. 10만 명의 조직원을 거느린 거대 친일단체 일진회를 중심으로 내각을 경질한다는 소문이 1910년 병합 때까지 계속되었기 때문이다. 이완용은 일진회와 친일경쟁을 하며, 정국의 주도권이 넘어가는 것을 견제하기 위해 일진회가 주도한 합방청원에도 반대하였다. 1909년 12월 일본 우익세력 및 군부와 공모한 일진회가 합방을 청원하는 대국민선언서를 발표하자, 이에 반대하는 대국민연설회를 배후조종하고, 일본정부에 자신의 병합구상을 담은 합방안을 제출하였다. 일본의 병합방침이 확정되고, 통감으로 강경파 데라우치 마사타케(寺內正毅)가 부임하자, 병합을 예상한 이완용은 병합조약 강행에 앞장서 궁내부(宮內府)에 딸린 시종원(侍從院)의 경(卿) 윤덕영(尹德榮)으로 하여금 순종을 협박하여 강제로 '병합조약'에 날인하도록 사주하였다. 병합 조인에 앞장선 이완용의 요구사항은 첫째 일본의 식민통치에 민심이 불복하지 않도록 국민들의 생활방도에 힘쓸 것, 둘째, 왕실에 대한 대우가 민심을 움직이는 커다란 변수이므로 왕실을 후하게 대할 것, 셋째, 조선인이 일본인에 비해 열등한 지위에 떨어지지 않도록 교육에 관한 행정기관을 설치하여 똑같은 교육을 실현할 것 등이었다. 특히 이완용은 이와 더불어 사족들을 위해 임시 은사공채의 실시를 희망하고, 극소수 양반세력 및 자신의 친척들을 귀족 반열에 올려 놓을 것을 요구하였다. 기득권을 유지해 온 사족들의 지위는 보장해줘야 한다는 것이었다. 1910년 8월 22일 어전회의를 열어 합병안을 가결시킨 이완용은 한일양국병합전권위원(韓日兩國倂合全權委員)이 되어 통감 데라우치를 관사로 찾아가 합병조약을 체결하였다. 대한제국의 총리대신으로 국정을 책임지는 최고 위치에 있었지만, 주권박탈과정을 앞장서서 주도한 것이었다. 한편 이완용이 일제의 식민침탈에 앞장선 만큼, 한국사회는 친일파의 핵심인 이완용을 누구보다도 증오하였다. 이완용은 장지연(張志淵)이 시일야방성대곡(是日也放聲大哭)에서 '개돼지만도 못한 대신'이라고 지칭한 '을사오적'으로 꼽혔으며, 고종의 퇴위를 강압한 후, 그의 집은 군중들에 의하여 불탔다. 또한 그 자신도 1909년 12월 22일 이재명의 칼에 저격당하여, 폐에 심각한 부상을 당하였다.

충남 부여▶공주

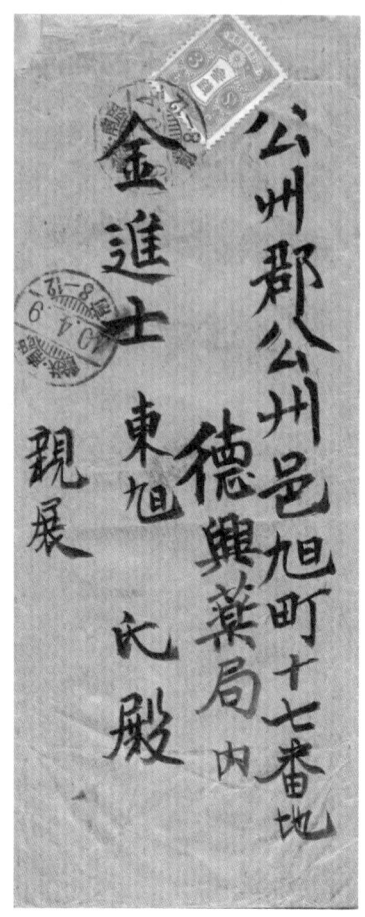

1907. 4. 9. 충남 부여 – 공주

송병준宋秉畯(1857~1925)

대한제국 무관
함경남도 장진군 출생.

정미칠적 중 일원이며 한일 합병 조약 체결 과정에서도 일진회를 통해 중요한 역할을 했다. 무과 급제 후 무관으로 활동하다가 김옥균을 암살 밀명을 받고 일본에 건너갔지만 오히려 김옥균에게 감화되었고, 그의 동지가 되면서 개화파 정치인이 되었다. 그러나 뒤에 친일파로 변절하여 일진회 등의 조직과 한일신협약 체결, 한일 합방에 적극 가담하여 활동하였다. 오늘날 그는 이완용과 함께 친일파, 매국노의 수괴로 대표되는 인물이 되었다. 창씨개명 제1호였으며 이름은 노다 헤이순野田 秉畯 혹은 노다 헤이지로野田 平次郎)이며 별명은 '노다(野田) 대감'이다.

이병무李秉武(1864~1926)

정미칠적과 경술국적에 모두 포함된 대한제국 관료
공주 출생

1907년 고종황제가 이완용, 송병준에게 헤이그 특사 사건을 빌미로 퇴위를 강요받자, 태자에게 군국의 대사를 대리하게 하였으나, 양위는 하지 않았다. 이에 이병무 등이 황제를 알현하고 퇴위를 강요하였다. 고종이 허락하지 않자 칼을 뽑아 자기 목을 찌르려 하면서, 폐하는 지금이 어떤 세상인 줄 아시느냐고 물었고, 고종은 그 위협을 이기지 못하여 퇴위하였다.

인천▶일본

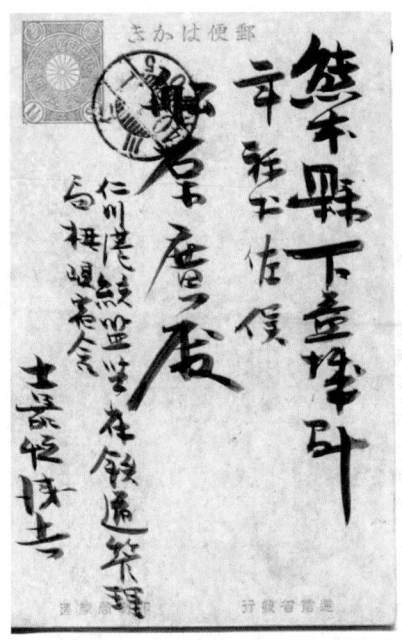

1907. 1. 1. 인천–일본랭

고영희高永喜(1849~1916)

대한제국 관료로 일제강점기의 조선귀족이다. 정미칠적
과 경술국적에 포함된 매국노 친일파

조중응趙重應(1860~1919)

조선 말기의 관료이며, 정미칠적과 경술국적에 포함된
매국노 친일파
1906년 이완용 내각의 법부대신으로 입각, 한일신협약
과 한일 병합 조약 체결에 큰 공을 세웠다. 1909년 이토
히로부미 장례식에 내각 대표로 참석

임선준任善準(1860~1919)

조선 말기의 관료이자 대한제국의 관료
정미칠적의 매국노 친일파이며, 일제강점기에는 조선귀
족 작위를 받았다

이재곤李載崑(1859~1943)

조선 말기의 왕족이자 관료, 대한제국의 황족으로 정미
칠적의 한 사람이며, 1907년부터 1909년까지 이완용 내
각의 학부대신을 지냈다. 독립운동가인 이관용은 그의
셋째 아들이기도 했다.

8월 26일 – 일본, 조선 수탈을 위한 동양척식주식회사법 공포. 12월 18일 – 동양척식주식회사 설립. 7월 2일 – 대한제국 공인 최초 여학교 한성 여학교 설립.

대한제국 관허 보험증서

Korean Empire Licensed Insurance Certificate

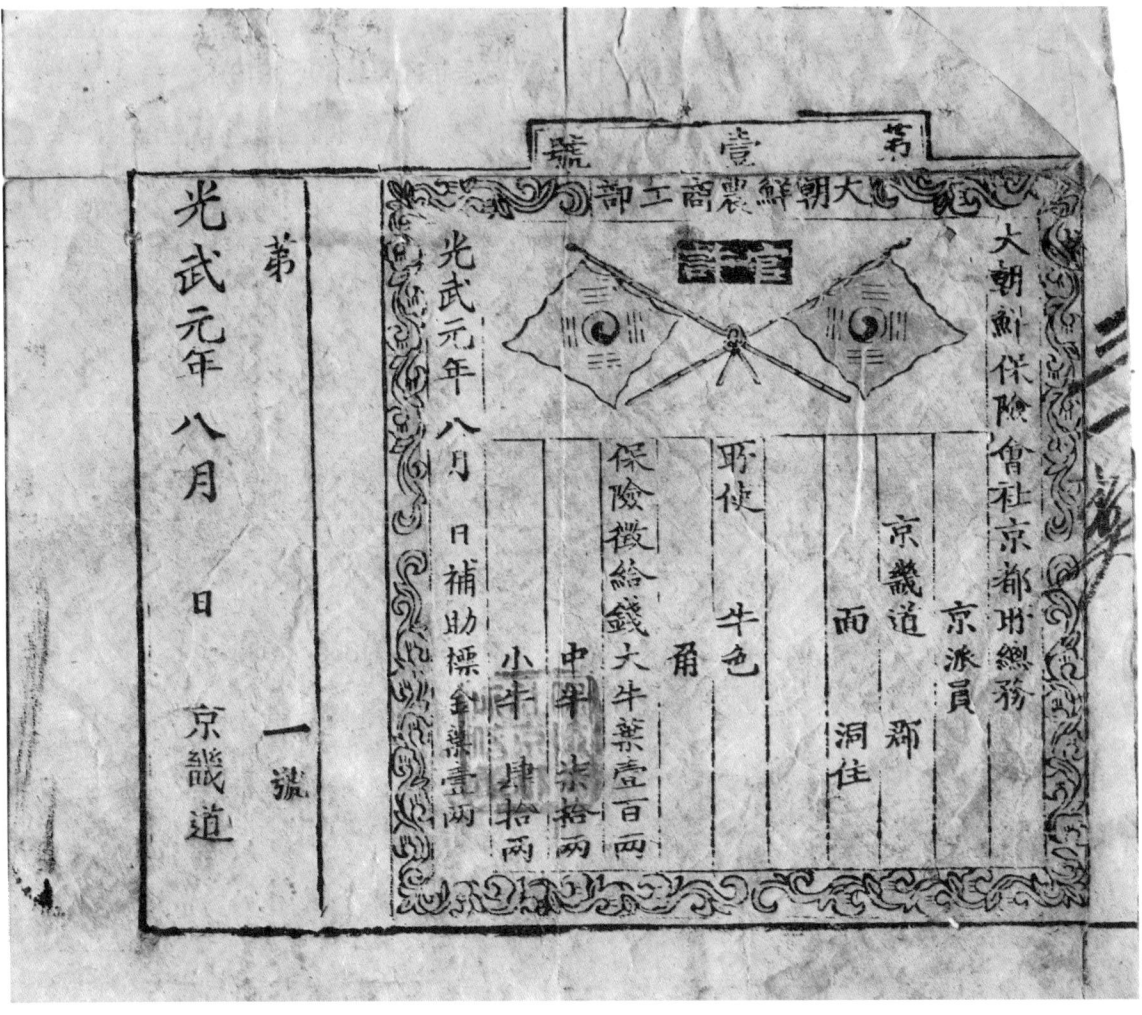

1908. 8. 광무 원년

대한제국 호출장 및 송달증서

Korean Empire's summons and delivery certificate

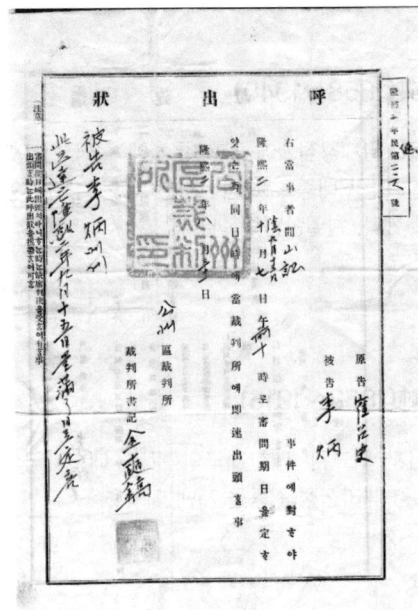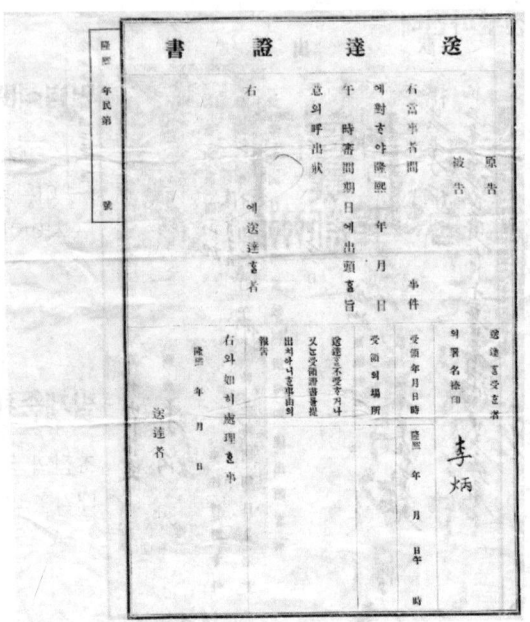

1908. 8. 31. 공주재판소

동양척식주식회사Oriental Development Company

1908년 12월 18일에 설립된 일본 기업으로, 일본 제국이 조선의 경제 독점과 토지·자원의 수탈을 목적으로 세운 국책 회사이다. 동척東拓이라고 부르기도 한다. 동양척식주식회사는 대영제국의 동인도 회사를 본뜬 식민지 수탈기관으로, 1908년 제정한 동양척식회사법에 의해 세워졌다. 자본금 1,000만 원이며 조선은 설립 자본금의 30%에 해당하는 국유지를 출자했지만, 주요 목적은 일본의 식민지로부터의 경제적 이익을 위해 토지와 금융을 장악하고 일본인들의 식민지 개척 및 활동을 돕는, 곧 일본 제국의 식민지에서의 착취를 위한 기관이었다. 1909년 1월부터 대한제국에서 활동을 개시하였다. 원래는 대한제국, 일본의 양쪽 국적의 회사였으나 1917년 본점을 도쿄로 옮기고 일본 국적의 회사가 되었으며 대한제국에 지점들을 두었다. 소유는 일본인에 한하였으며, 활동지역은 이후 만주까지 확대되고 1938년부터는 다른 식민지인 타이완, 사할린, 남양군도 등으로 영업지역이 확대되었다. 1938년에는 9개 지점과 831명의 직원을 두었다. 조선인 간부로는 부총재 민영기와 이사 한상룡이 있었다.

군사우편

강릉江陵▶일본

조선국朝鮮國진부파견대

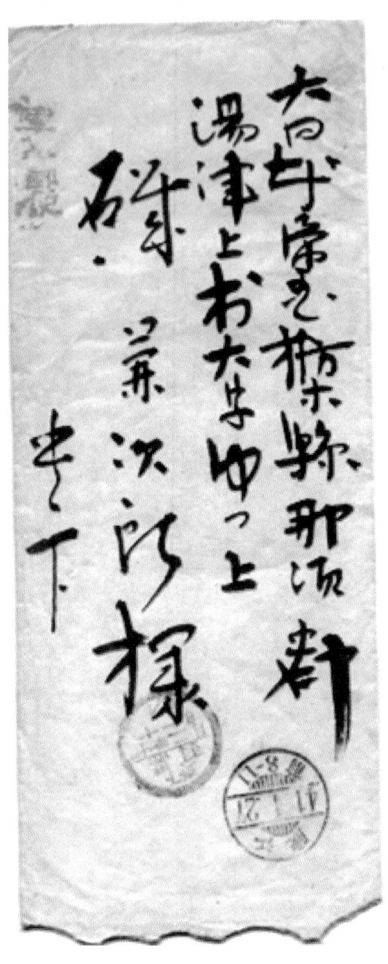

민병석閔丙奭(1858~1940)

조선 말기 관료, 일제강점기에 일제 통치에 적극 협조했다. 이완용은 그의 처내종으로 사돈지간이며, 절친한 친구 사이이기도 했다. 친일반민족 행위자

박제순朴齊純(1858~1916)

조선의 문신이자 외교관, 대한제국의 관료, 대한제국의 내각총리대신 겸 대리집정공 등을 지낸 매국노

조민희趙民熙(1859~1931)

조선 말기의 정치인으로 경술국적 중 한 사람이다. 이완용에게는 처남이 된다. 을사늑약 무효와 파기를 주장하다 자결한 조병세의 5촌 조카

1908. 1. 27. 강릉–일본행
84x206mm

■ 경술국적庚戌國賊은 1910년 8월 대한제국에서 한일 병합 조약 체결에 찬성, 협조한 내각총리대신 이완용, 시종원경 윤덕영, 궁내부대신 민병석, 탁지부대신 고영희, 내부대신 박제순, 농상공부대신 조중응, 친위부장관 겸 시종무관장 이병무, 이완용의 처남인 승녕부총관 조민희 여덟 명의 친일파를 가리킨다. 이들은 모두 합방의 공을 인정받아 일본 정부로부터 귀족 작위를 받았으며, 2002년 민족정기를 세우는 국회의원모임과 광복회가 공동 발표한 친일파 708인 명단과 2008년 민족문제연구소에서 친일인명사전에 수록하기 위해 정리한 친일인명사전 수록예정자 명단에 전원 선정되었다.

군사우편

단천端川(급)▶ □ □ 헌병분견소

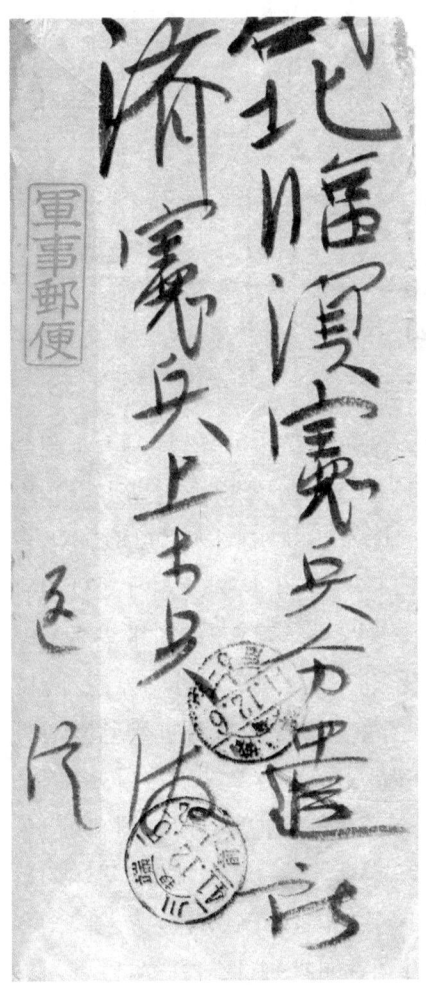

1908. 12. 5. 단천-1908. 12. 6.
87x195mm

편강렬片康烈(1892~1928)

한국의 독립운동가로 의병활동 등 항일운동을 하였다.

을사늑약 강제체결 및 침략당한 조국과 민족의 고통을 전해 듣고는, 식사도 하지 않고 몇 날 며칠을 고민하다가 '왜놈들을 자기들 섬나라로 돌려보내겠다'고 결심했다고 한다.

을사조약 체결 후 전국 곳곳에서 의병이 일어나자, 1907년 16세에 부모님 허락받고 영남 지역 의병장으로 당시 강원도를 거점으로 하고 있던 이강년의 부대에 입대했다. 1908년 한성부 진격을 위해 이강년과 허위, 신돌석의 의병 부대가 집결한 양주 전투에서 의병들은, 3일간 잠도 못 자고 결사 항전했지만 일본군 대군의 공격에 중과부적 패퇴했다. 일당백으로 선두에서 싸우다가 몸에 여러 군데 총상을 입고 독립운동으로 혹독한 옥고를 치러서 병든 몸이 되어 돌아왔지만, 가족과 친척들은 일제의 탄압으로 죽거나 흩어져서 생사를 모르고, 가문의 모든 재산은 빼앗긴 상태였다. 1910년 평양의 기독교 계열 학교인 숭실학교에 입학했다. 숭실학교 재학 중 안명근을 중심으로 황해도 및 평안도 지역 항일 인사들이 대거 체포된 105인 사건(1911년)에 연루되어 서대문감옥에서 복역했고, 1919년 3·1운동 무렵에는 황해도 지역에 항일유격대를 건설하려한 구월산주비대 사건으로 또다시 1년 6개월간 복역하였다. 1925년 하얼빈에서 주요 업무를 마치고 지린에 갔다가 밀정의 밀고로 장시간 총격전 끝에 일본 경찰에게 체포되었다. 독립운동사에 막대한 손실을 초래한 밀고자는 이범석 광복군장의 추적으로 사살된다. 1925년 10월 20일 열린 공판에서 편강렬은 최후 진술로 '나는 목숨이 떨어질 때까지 일제와 싸워서 일본에 한국인 총독을 두겠다.'고 말하였다.

출처: 운강선생 창의록 269, 277~279, 281쪽, 한국독립운동사연구 1, 1987, 33쪽

김해金海(급) ▶ 창원재무서

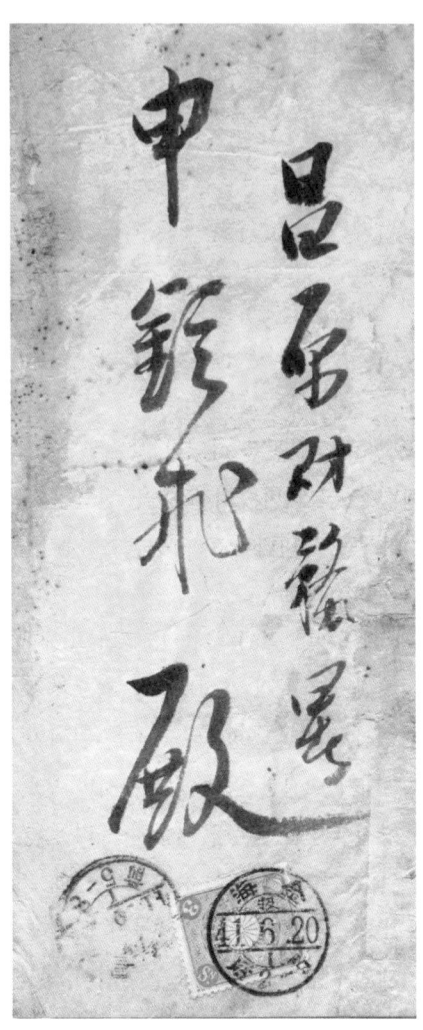

1908. 6. 20. 김해-창원재무서행
85x195mm

오동진吳東振(1889~1944)

한국의 독립운동가. 평안북도 의주 출생

안창호가 세운 평양 대성학교를 졸업한 뒤 고향으로 내려와 민족주의 사학인 일신학교를 설립하여 교육 계몽 운동을 벌였다. 1919년 3·1 운동 때는 일신학교 설립자인 유여대가 민족대표 33인 중한 사람으로 참가하면서 의주 지역에서 경성부와 동시에 만세 시위가 일어났다. 그는 이 운동에 참가했다가 체포령을 피해 만주로 망명했다. 이후 만주에서 윤하진, 장덕진, 박태열 등과 함께 광제청년단(1919.6)을 안병찬·김찬성·김승만 등과 함께 대한청년단연합회(1919.11)를 결성하였고, 이듬해 광복단(1920.3)을 조직하고, 이후 광복군총영(1920.7)으로 개편하여 오동진은 총영장을 맡았다. 그 해에 미국의의원단이 시찰단으로 국내에 입국할 때에는 이들에게 독립 의지를 보여주기 위하여, 박희광·김광추·김병현·안경신·정인복·임용일 등을 국내 각지에 파견하여 기관 파괴 테러를 기도했다. 이 사건으로 그는 궐석재판을 통해 징역 10년형을 선고받았다. 1927년 12월에 옛 동지인 김종원의 밀고로 신의주의 조선인 형사 김덕기에게 체포되어 압송되었고, 이후 정신병 진단과 함께 무기 징역형을 선고 받아, 정신병자들을 수용하는 공주 형무소에서 복역했다.

원산 ▶ 일본

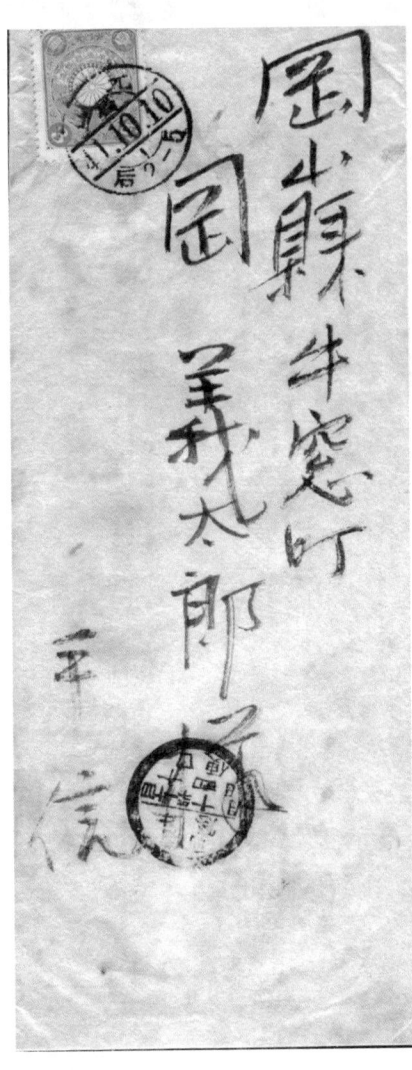

1908. 10. 10. 원산-1908. 10. 14. 일본 도착
80x198mm

황기환黃玘煥

평안남도 순천 출생

국치시기 주파리위원부 서기장, 대한민국임시정부 주 파리위원으로
외교활동에 진력한 독립운동가.

1919년 대한민국임시정부가 유럽 외교 및 파리강화회의의 외교활동
을 전개할 목적으로 파리에 김규식金奎植을 파견해, 설치한 주파리위원
부駐巴里委員部에서 서기장書記長으로 외교활동을 전개하였다. 김규식
을 도와 파리강화회의에 독립청원서를 제출하였다. 각종 강연회·토론
회를 개최, 한국독립의 정당성과 일제의 침략사실을 폭로 규탄함으로
써 한국문제를 세계 여론화하는 데 큰 역할을 하였다. 1919년 8월 김규
식이 이승만李承晚의 송환명령을 받고 미국으로 건너가자 주파리위원
부 부위원장인 이관용李灌鎔과 함께 '한국의 독립과 평화'라는 프랑스어
책자를 간행, 세계 여론에 한국문제를 호소하였다. 이 해 10월 이관용
이 사직하자 위원장 대리로서 정부의 대유럽외교를 전적으로 담당, 활
약하였다. 10월 17일 프랑스 인권옹호회 간부회의에서 한국문제보고회
를 개최하였다. 1920년에는 매월 1회 '자유 한국'(La Coree Libre)이라는 월
간지를 발간, 선전활동을 전개하였다. 대영외교對英外交에도 적극성을
띠어 1921년에는 「영일동맹과 한국」이라는 팜플렛을 발간하였다. 매켄
지(Mckenzie, F. A.)·그레브스(Graves, J. N.) 등 친한파 인사들과 활발히 접
촉해 한국문제 지지자를 포섭하여, 한국독립후원단체 결성에 노력하였
다. 그 결과 1920년 10월 영국 국회의사당에서 국회의원 17명 등 저명
한 영국인사 62명을 규합해 대영제국한국친우회大英帝國韓國親友會(The
League of Friends of the Korea in Great Britain)를 결성하는 데 성공하였다. 이후
대한민국임시정부 주파리위원 겸 런던주차위원으로 외교활동에 진력
하였다. 1921년 워싱턴에서 태평양회의가 개최되자, 미국으로 건너가
이승만·서재필 徐載弼 등을 보좌하며 외교활동에 노력하다가, 1923
년 4월 뉴욕에서 사망했다.

출처: 한국민족대백과사전

1908

단기 4241년. 대한제국 융희 2년. 조선 순종 2년

함경북도 부령 ▶ 충청북도 보은

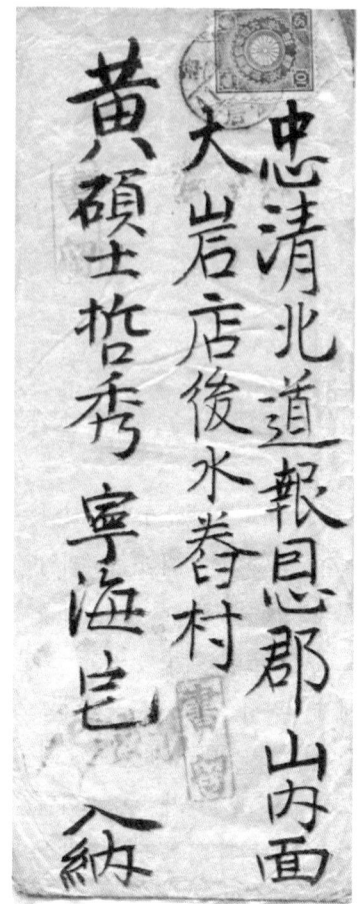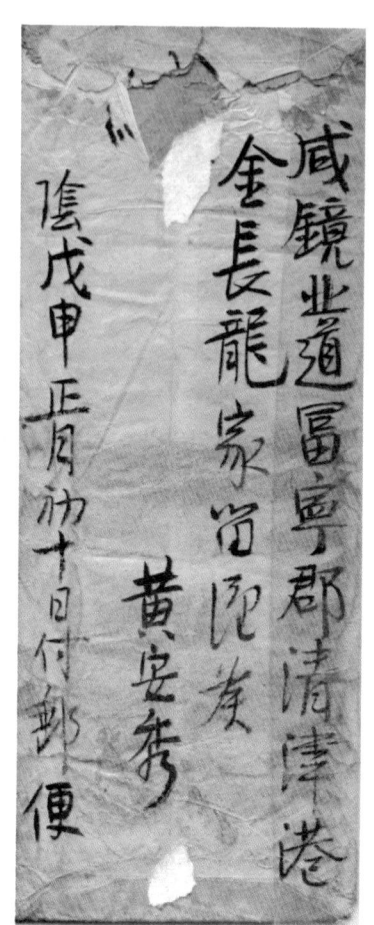

80x200mm   체부기념관 소장

이난영李蘭影(1916~1965)

전라남도 목포 출생의 국치시기 가수.

대표곡으로는 '목포의 눈물', '목포는 항구다', '해조곡' 등이 있으며, 작곡가 박시춘, 작사가 반야월(진방남)과 함께 가요계의 '3보寶'라고 불린다. 1936년 같은 가수로서 함께 노래했던 김해송과 결혼을 하게 된다. 해방 후에는 김해송이 조직한 K.P.K악극단 등에서 활동했으며, 6.25로 김해송이 납북된 후로는 자식들과 조카들을 혹독히 연습을 시켰으며 그들은 각각 김시스터즈와 김보이즈로 성장하게 된다. 이 과정에서 같은 가수였던 남인수와 사랑이 싹트는데, 남인수의 폐결핵으로 사랑은 얼마 가지 못하였으며, 2~3년이 지난 1965년 서거하셨다. 목포를 대표하는 가수로서, 목포 시민을 중심으로 이난영기념사업회(목포의눈물기념사업회라고도 불린다.)가 조직되어 있기도 하다.

광화문(국) ▶ 창원昌原(소)

창원재무서昌原財務署

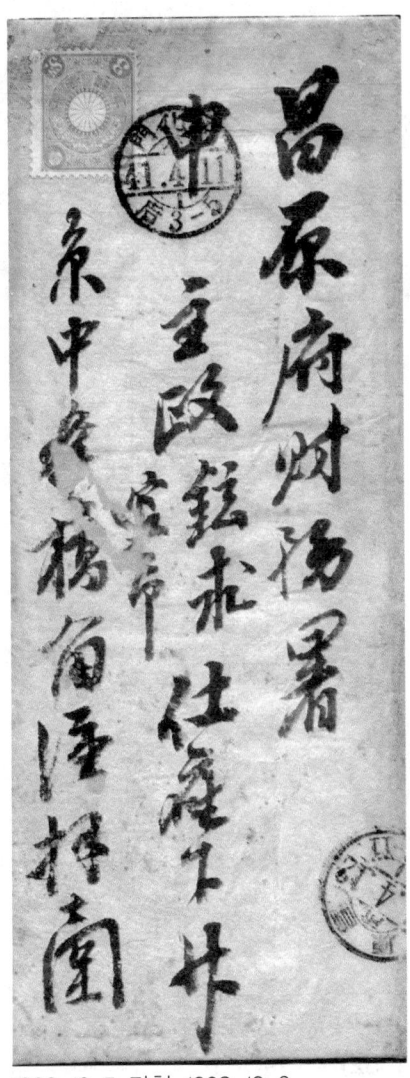

1908. 12. 5. 단천-1908. 12. 6.
87x195mm

엄인섭 嚴仁燮(1876~1936)

함경북도 경흥 출생

국치시기 일본 측에 독립운동의 정보를 제공한 밀정.

1875년 함경북도 경흥에서 출생했다. 유년기에 연해주로 이주했다. 1900년 중국에서 발생한 의화단운동 때, 러시아군대에서 종군한 공로를 인정받아 러시아정부로부터 훈장을 수여받았고, 러일전쟁 때는 러시아군 통역으로 근무했다. 1907년 안중근 등과 의형제를 맺고, 항일의병을 일으킬 목적으로 의병을 모집하고 총기와 자금을 모았다. 1908년 외숙부인 최재형의 집에서 동의회를 조직하고 부회장이 되었다. 1908년 국내 진공작전 시 좌영장을 맡아 공을 세웠다. 1909년에는 이범진, 이범윤의 사자인 김영선과 함께 한성에서 비밀리에 고종을 알현했다. 그러나 1910년 국치시기 이후 일본의 밀정으로 변절해, 1911년 무렵부터 일본측에 독립운동의 정보를 제공했다. 1911년 블라디보스토크에서 발행되던 '대양보'의 활자 1만 5000개를 일본측의 지시에 의해 절취해 그 발행을 중단하게 했다. 1911년 6월 초에는 독립운동가에 체포되었던 밀정 서영선을 탈출시키는 등 밀정을 탈출시키는데도 관여했다. 이와 동시에 1911년 조직된 권업회의 발기인으로 참여해 경찰부에서 활동했다. 제1차 세계대전이 진행 중일 때는 이동휘가 중심이 되어 조직한 애국저금단과 북빈의용단에 관한 정보를 일본측에 제공했으며, 1917년 중국 주재 일본 공사 하야시 곤스케林權助를 암살하고자 할 때도 정보를 일본측에 제공했다. 그러나 1920년 15만원사건 과정에서 일제의 밀정이라는 사실이 발각되었다. 1936년 사망했다.

나남羅南(급) ▶ 충북 보은

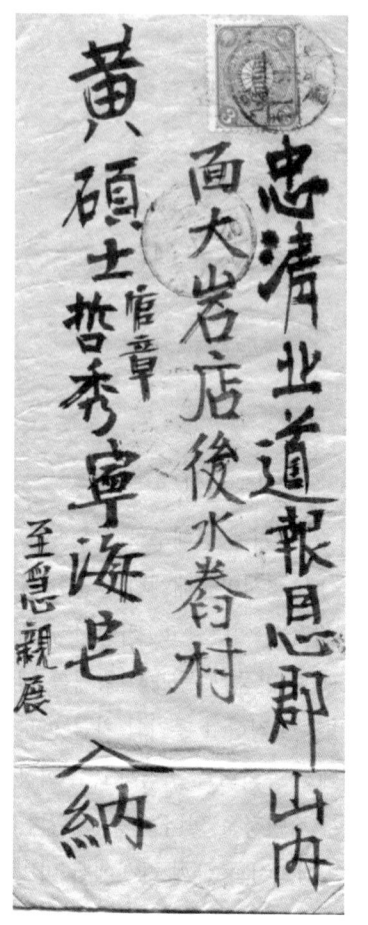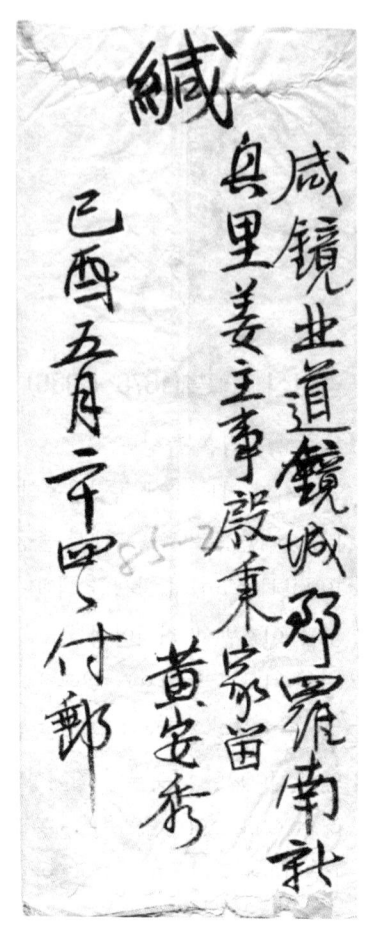

1908. 6. 14. 나남(급)-보은행   78x200mm

배정자裵貞子, 田山貞子 다야마 사다코(1870~1952)

조선의 비구니이자, 일본 제국의 조선 정보원, 외교관, 매국노이다. 생부가 민씨 일파에게 처형당한 뒤 연좌법에 의해 관비가 된 어머니를 따라 여러 곳을 떠돌아다니다가 밀양의 기생으로 팔려갔으나 탈출, 1882년(고종 19년) 여승이 되었다. 1885년 일본으로 도피하여 1887년 이토 히로부미의 양녀가 되었다는 설이 있다. 그 후 일본 정부로부터 밀정 교육을 받고 1894년 귀국하여 대한제국과 국치시기에 일본의 밀정으로 활동했으나, 이를 입증할 사료는 없다. 1920년 일본군의 시베리아 출병 때는 만주, 시베리아를 오가며 군사 스파이로 활약했다. 그 후 간도·상하이 등지에서 독립운동가들의 체포를 위해 암약하다가 1927년 은퇴했다. 1949년 반민족 행위 특별 조사 위원회에 친일 반역자로 체포되었다. 경상남도 김해군 출신이다.

창원昌原 ▶ 경상북도 장기재무서

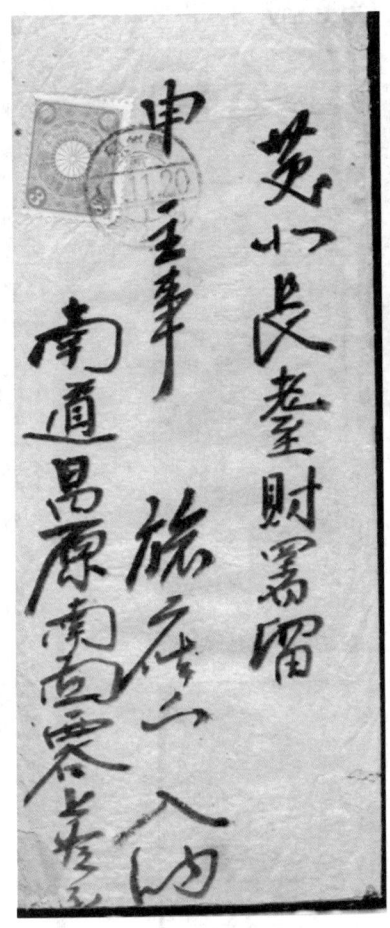

1908. 11. 20. 창원—장기재무서
80x195mm

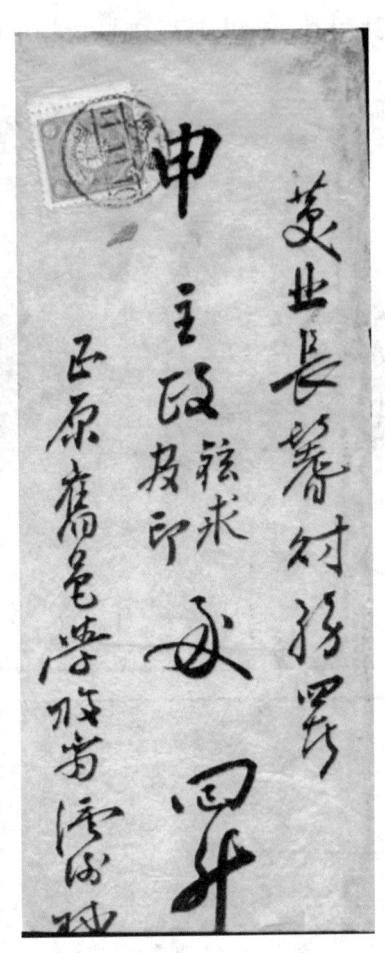

1908. 11. 10. 창원—장기재무서
82x202mm

노덕술盧德述(1899~1968)

경상남도 울산 출생

국치시기와 대한민국의 경찰이다. 창씨개명 후의 이름은 마쓰우라 히로(松浦 鴻). 국치시기 고등계 형사이다. 광복과 대한민국 정부 수립 이후 수도경찰청 간부로 재직하였다. 1948년 10월 반민족행위특별조사위원회 및 정부요인 암살 음모 사건의 이종형, 박흥식과 함께 주범 중 한 명이다. 1949년 반민족행위특별조사위원회에 체포됐으나 반민특위 해체로 풀려나 경찰직 복귀 이후 대한민국 경찰직에서 고위간부로 지냈다. 1940년 11월부터 경성 콤그룹에 대한 대규모 검거가 있었다. 체포당한 조직원들은 모두 살인적인 고문 수사를 겪었다. 경성콤그룹 조직원을 고문한 대표적인 경찰이 노덕술이었다. 경성콤그룹 조직원 중 김순원, 김재병, 김덕연 등이 고문치사 당했다. 노덕술은 경성콤그룹 지도자였던 이관술을 그가 갖고 있는 고문 기술을 총동원하여 고문했다.

KOREA 1908 Large Reg. Cover to Germany 62sen Chemulpo Cds Changchun Trains

CHEMULPO ▶via Siberia▶Changchun I.J.P.O▶Hamburg, Gernany

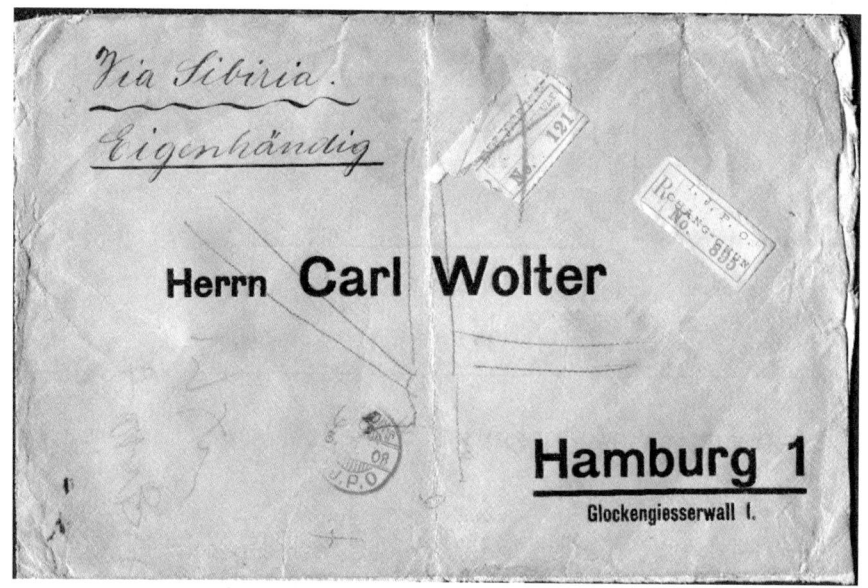

Chemulpo Reg. No 121. Changchun Reg. No 895
1908. 8. 30. Chemulpo 세창양행–Via Siberia–Changchun I.J.P.O–1908. 9. 19. Hambrug, Germany 도착

RED WAX 밀랍 蜜蠟(봉인)

KOREA 1908 Large Reg. Cover to Germany 62sen Chemulpo Cds Changchun Trains

E. Meyer & CO. 世昌 KOREA

세창世昌

1884년에 독일 마이어상사(Meyer 商社)의 제물포 지점으로 설립된 무역상사로 세창양행世昌洋行을 말한다.

독일의 대상(大商) 마이어 상사는 1873년 텐진天津에, 1881년 홍콩에 지점을 설립하였으며, 1884년에는 제물포에 세창양행이라는 이름으로 지사를, 1886년에는 상하이上海에 지사를 설치하였다. 1900년 6월에는 한성漢城에도 세창양행의 지점이 설치되었다. 마이어 상사는 독일 본사를 중심으로 동아시아의 무역사업을 관장하고 있었다. 세창양행은 생산공장을 갖춘 주식회사가 아니고, 일종의 무역대행업체였다. 초기에는 면제품 등을 수입하고 곡물을 수출하였으나, 점차 규모가 큰 물품으로서 1880년대 화폐기기, 인쇄기계 등으로 주종을 바꾸었으며, 1890년대 이후로는 무기류를 중점적으로 다루었다. 1900년대에는 우피와 홍삼을 대량으로 수출하였다. 근대화 정책을 추진한다는 명목으로 독일에서 도입한 기계와 기술자 고빙은 주로 세창양행이 관장하여 이권을 획득하는 교두보 역할을 하였다. 세창양행은 그들의 목적을 이루기 위해 외교적인 압력을 가하여 한국의 주권을 침해하였을 뿐만 아니라, 정상적인 한국경제성장을 저해하였다.

출처: 한국민족문화대백과사전

인천(국)▶함흥(국)

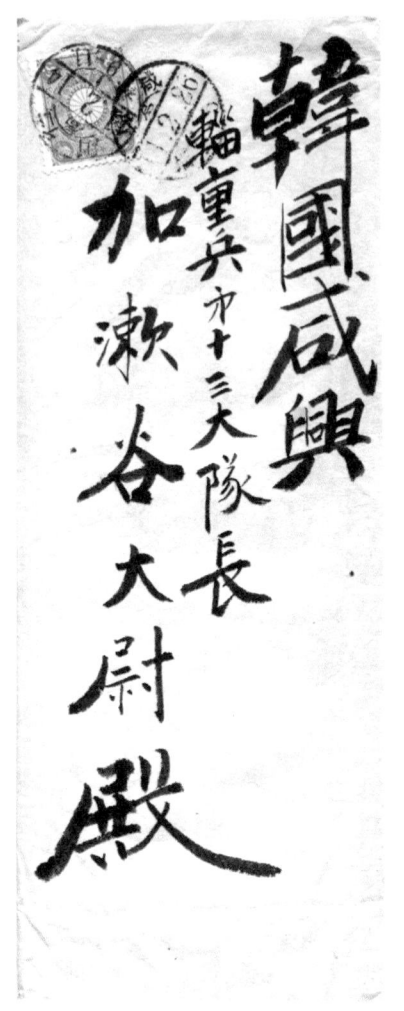

1908. 2. 14. 인천– 1908. 2. 26. 함흥 도착
80x215mm

이관술李觀述(1902~1950)

경상남도 울산 출생
대한민국의 독립운동가, 노동운동가, 교육자, 정치가이자 고문 조작 가장 극심했던 1930~1940년대 국내 독립운동을 이끈 지도자이다.

광복 후 '선구'에서 진행한 여론조사에서 여운형 · 이승만 · 김구 · 박헌영에 이어 5위의 인기를 누리던 대중적 정치인이었다. 그의 활동 시기에는 합법 정당이자 최대 정당이었던 조선공산당을 대표하는 정치인으로서, 조선건국준비위원회가 전국인민대표자대회에서 건국을 선포한 조선인민공화국의 중앙인민위원과 선전부장, 민주주의민족전선 중앙위원 등을 역임했다. 그러나 미군정이 조작한 정판사 위조지폐 사건으로 누명을 쓰고 대전형무소에 투옥되었고 대한민국 국군에 의한 대전형무소 학살 사건의 피해자가 되었다. 2015년 대한민국 사법부는 이관술에 대한 대한민국 국군의 학살이 불법임을 인정하며 유족에게 국가배상하라는 판결을 내렸다. 한때는 민족의 자존심이었고, 한때는 지도자였으며, 지금은 잊혀진 식민지 조선의 혁명가. —안재성 작가가 쓴 '이관술 1902–1950' 표지 문구 이관술이 '경향이 불 끓듯' 하다고 표현한 당시 식민지 조선의 혁명 열기는 다음 글에서 엿볼 수 있다. 대중투쟁의 고양은 1929년 11월에 일어난 광주학생운동에서 시작되었다. 광주라는 한 지역에서 일어난 학생운동은 곧 전국 각지로 확산되었다. 학생들은 일제 타도와 민족해방이라는 구호 아래 적극적인 투쟁을 전개했다. 광주학생운동에서 촉발된 대중 투쟁의 열기는 급속하게 공장으로 농촌으로 광산으로 확대되었다. 광주학생운동 이후, 몇 년 동안 세상을 떠들썩하게 만들었던 노동자와 농민의 대규모 투쟁이 계속 일어났다. 그 대표적인 보기로 1930년 1월의 부산 조선방직 파업, 1930년 5월과 6월의 신흥 장풍탄광 파업, 1930년 8월의 평양 고무공장 동맹 파업 등으로 이어지는 일련의 파업 투쟁, 1929년 가을부터 다음 해 7월까지 계속된 용천 불이농장 소작쟁의, 1930년 3월의 정평농민동맹 집회 해금 투쟁, 1930년 7월의 단천 삼림조합 반대 투쟁, 1931년 5월의 홍원 호세(戶稅) 연납 진정 시위 투쟁, 1931년 11월의 삼척 도로공사비 불납 시위 투쟁, 1932년 3월의 양산농민조합 폭동 등으로 이어지는 일련의 농민 폭동 등을 들 수 있다. 이러한 대중투쟁은 지역에서 활동하고 있던 사회주의자들의 노력에 의해 촉발된 것이었음과 동시에 사회주의자들로 하여금 조선 혁명의 가능성이 더욱 성숙해진 것으로 인식하게 만들었고, 따라서 운동 방침의 전환을 모색하게 되는 계기로 작용하기도 했다. 일제 타도와 민족 해방 전취(戰取)라는 대중의 요구가 폭발하는 상황을 사회주의자들은 혁명의 시기가 임박한 것으로 규정하게 된 것이다.

출처: 이준식, 조선공산당 재건운동

경술국적庚戌國賊

윤덕영尹德榮(1873~1940)

대한제국 친일관료

국치시기 일본제국의회 귀족원 칙선의원, 중추원부의장 등을 역임한 친일 관료. 매국노 친일반민족행위자. 경술국적 8인 중 한명으로 일제강점기에 조선귀족 자작위를 수여받았다. 1873년 12월 27일 한성에서 태어났다. 후작 윤택영尹澤榮(1876~1935)은 조선의 문신이자 정치인이며, 대한제국의 관료, 일제강점기의 조선 귀족이었다. 2002년 민족정기를 세우는 국회의원모임이 발표한 친일파 708인 명단과 2008년 민족문제연구소가 정리한 친일인명사전 수록예정자 명단에 모두 포함되었다. 2007년 대한민국 친일반민족행위진상규명위원회가 발표한 친일반민족행위 195인 명단에도 선정되었다. 순종의 비妃인 순정효황후純貞孝皇后의 백부다. 처는 애국금차회 회장을 지낸 김복수金福綏(1872~1950, 국치시기 조선 귀족, 자작 윤덕영의 부인, 대한제국 순종의 두 번째 부인인 순정효황후에게는 큰어머니)1895년 8월 신사유람단紳士遊覽團 일행으로 일본에 다녀왔다. 1898년 5월 프랑스 파리에서 열리는 만국박람회 한성주재본국박물사무위원, 동년 10월 농상공부 참사관에 임명되었다. 1907년 10월 일본 천황이 주는 훈1등 서보장을 받았다. 1909년 10월 하얼빈에서 안중근 의사의 저격으로 이등박문이 사망하자, 고종의 조문사로 다렌 大連에 파견되었다. 1940년 8월 중추원에서 조선인으로 최고 지위인 부의장에 올랐으며, 9월 조선총독부 교육심의위원회 위원, 10월 왕공족王公族심의회 심의관으로 위촉되었다. 대지주로서 1929년 충청남도에 토지 100정보 이상과 1937년 6월 경기도 파주와 안성에 논밭 30정보 이상을 소유했으며, 1933년 2월 기준으로 재산 100만원 이상을 가진 대부호였다.

나라 팔아서 일제로부터 은사금 230억원 받은 윤덕영의 '벽수산장'

윤덕영은 지금의 서울특별시 종로구 옥인동 47번지 일대를 1910년부터 계속 매입하여 넓은 땅을 가지게 되었고, 10년 넘는 기간 동안 '벽수산장 碧樹山莊'이라는 대저택을 건설하여 1935년 완공시켰다. 그러나 5년 뒤인 1940년에 죽었다.

윤덕영은 「일제강점하 반민족행위 진상규명에 관한 특별법」 제2조 제6 · 7 · 8 · 9 · 11 · 17 · 18 · 19호에 해당하는 친일반민족행위로 규정되어 『친일반민족행위 진상규명 보고서』 IV-11: 친일반민족행위자 결정이유서(85~206p)에 관련 행적이 상세하게 기록되었다.

출처: 친일문제연구총서 친일인명사전 민족문제연구소

2월 1일 – 미주 한국인단체, 통합하여 국민회(國民會) 발족. 7월 6일 – 일본, 내각이 한일 병합을 결정. 7월 12일 – 대한제국과 일본 간에 기유각서 체결. 10월 14일 – 안창호, YMCA회관에서 '전도(前途)의 희망'이란 제목으로 연설. 10월 26일 – 조선통감 이토 히로부미, 한국 민족주의자 안중근에게 피살되다. 11월 17일 – 안중근, 〈참간장〉 발표. 12월 4일 – 일진회, 한일 합방 조약을 요구. 9월 – 숙명여자고등여학교가 정식 학교로 학부에 인가를 받음. (최초 공식 사립). 11월 11일 – 조선 교육령 발표.

대한제국 농상공부 인가 제1호 전당포

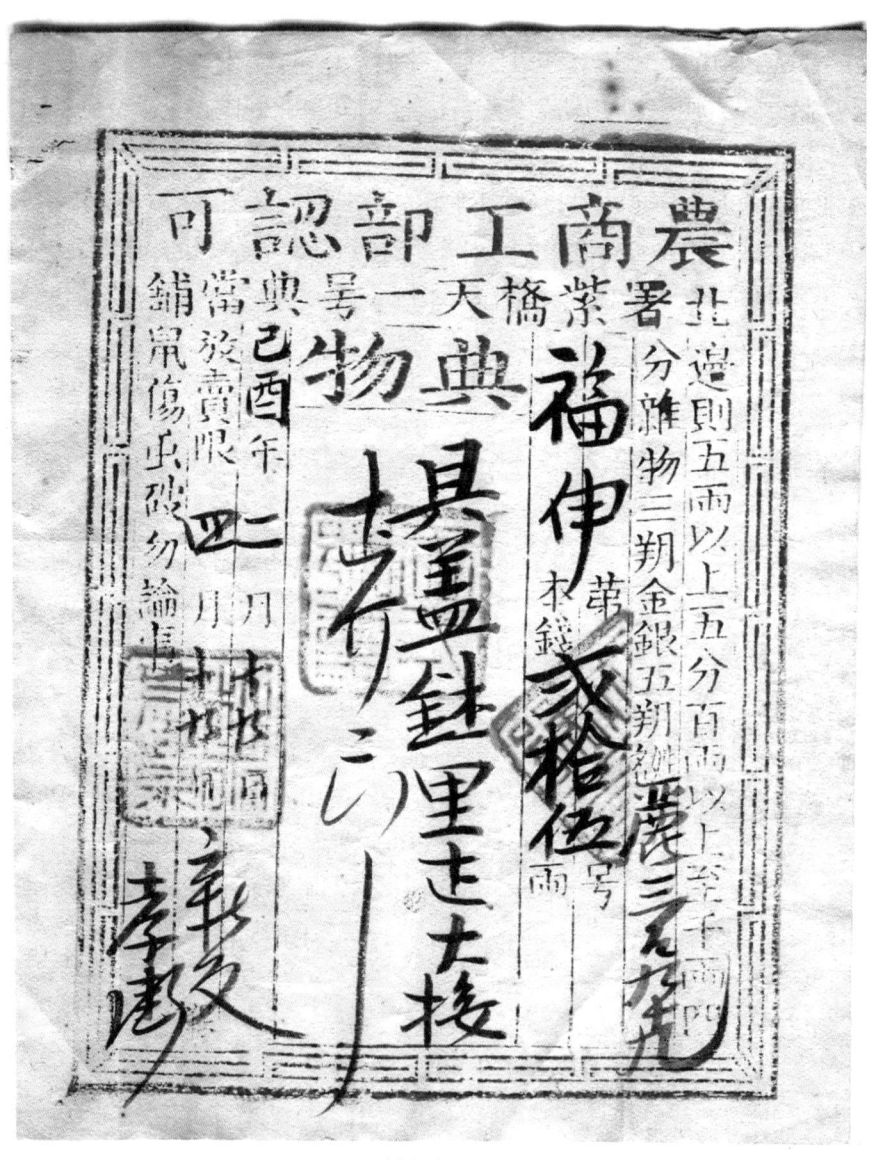

1909. 2. 10.

1909

한국 경성韓國京城 일부인

광무 8년 8월 27일–Seoul

京城(局) 일부인

경성京城

경성부京城府는 국치시기에 일제에 의하여 존재했던 행정 구역으로, 조선과 대한제국의 수도였던 한성부는 1910년 한일병합조약 체결 이후에 일제의 조선 식민 지배의 행정 중심지로서 경성부로 불리게 되었다. 1945년 광복 이후에 잠시 경성으로 불렸으나, 1946년 9월 28일 미군정에 의하여 경기도에서 분리해 서울특별자유시(一特別自由市)가 되었고, 이후 대한민국 정부 출범 다음 해인 1949년 8월 15일에 서울특별시가 되었다.

경성▶일본 경도

경성鏡城▶보은報恩(급)

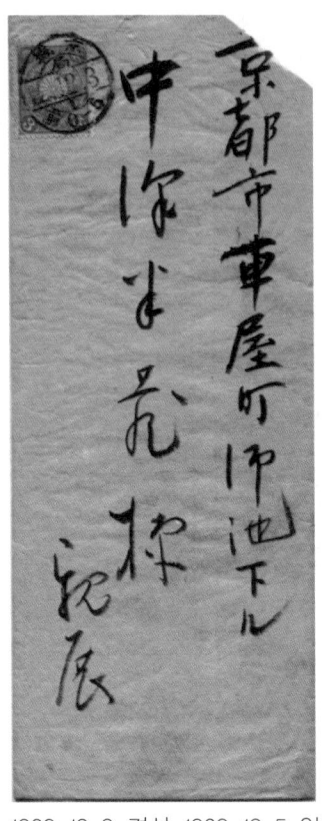

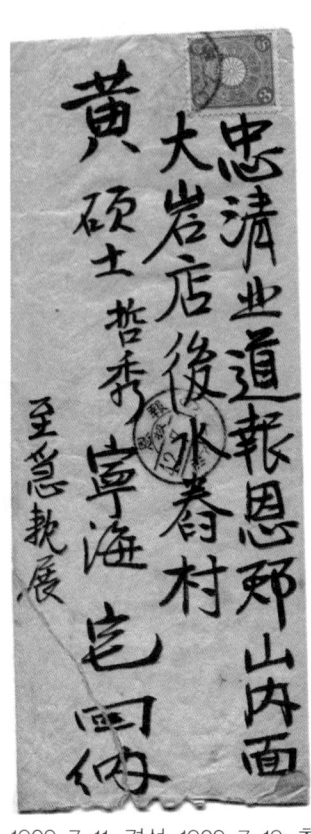

1909. 12. 3. 경성-1909. 12. 5. 일본 경도 도착
80×200mm

1909. 7. 11. 경성-1909. 7. 19. 충북 보은행
78×200mm

이효정李孝貞(1913~2010)

국치시기에 활동한 사회주의계 노동운동가이자 항일운동가이다.

동덕여자고등보통학교에서 경성 여학생 운동을 주도했으며 경성트로이카에서 노동운동을 했고 조선건국동맹에서 독립운동을 지속했다. 2006년 건국포장을 받으며 대한민국 독립유공자로 지정되었다. 친가와 외가 모두 독립운동가 가문으로 유명하다. 시인 이육사를 비롯해 이종희, 이종국, 이병기 등 독립운동가가 이효정과 친척이다. 광주학생운동이 일어나자 여기에 동조하여 박진홍 등과 함께 운동장으로 나아가 만세를 부르고 종로경찰서에 잡혀가기도 했고 3학년 때는 시험을 거부하는 백지동맹을 주도해 무기정학 당했다. 1933년 9월 21일, 종연방직 제사공장鍾淵紡織製絲工場에서 파업 투쟁이 일어나자 이효정은 이재유에게 지도받아 여성 노동자들을 설득하여 총파업을 지도하였다. 노동쟁의 확대를 꾀해 공장 내 조직을 확대하고 이를 토대로 산업별 적색 노동조합을 결성한다는 계획하에 파업 투쟁을 지도하였다. 종연방직 파업 투쟁 이후 1933년 10월 17일 공장 파업을 지도한 혐의로 청량리에서 체포돼 동대문경찰서에서 고문을 당했다. 또 모교인 동덕여고에 몰래 들어가 항일격문을 넣고 나오다 수차례 일본 경찰에 체포돼 고초를 겪었다. 1935년 노조활동 혐의로 붙잡혀 13개월간 서대문형무소에 수감됐다.

Seoul ▶ Boston, U.S.A

태극보통우표 닷돈(5Poon) 첩부
한일통신협약 체결 이후 사용된 실체

1909. 7. 5. Seoul–U.S.A   140x93mm

온정溫井(소) ▶ Springfield, U.S.A

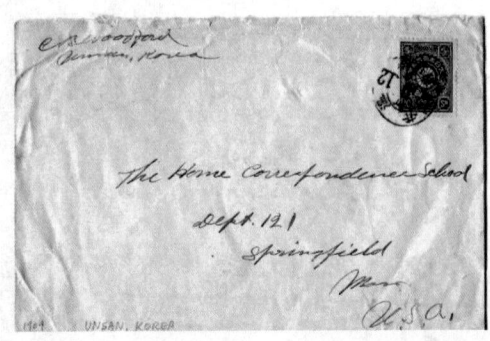

1909. 9. 12. 온정우편취급소–미국행   167x110mm

기유각서己酉覺書

대한제국 사법 및 감옥사무 위탁에 관한 각서大韓帝國司法및監獄事務委託에關한覺書

기유각서己酉覺書는 융희 3년(1909년) 7월 12일, 대한제국과 일본 제국 사이에 체결된 조약으로, 대한제국의 사법권과 감옥사무(교도행정)에 관한 업무를 일본에게 넘겨준다는 내용을 담고 있는 조약이다. 이 조약 사건으로 말미암아 대한제국 순종 황제의 실권이 대한제국 조선 주재 일본 통감부 통감 소네 아라스케曾禰荒助에 의해 전격 박탈되었다.

기유각서 5조항

1. 대한제국의 사법과 감옥의 사무가 완비되었다고 인정될 때까지 사법과 감옥의 사무를 일본 제국에게 위탁한다.
2. 일본 제국 정부는 일정한 자격을 갖춘 한국인 및 일본인을 재한在韓 일본재판소 및 감옥의 관리로 임명한다.
3. 재한在韓 일본 재판소는 협약이나 법령에 특정한 규정이 있는 것을 제하고 한국인에게는 대한제국의 법령을 적용한다.
4. 대한제국의 지방 관청 및 신료臣僚들은 직무에 따라 사법 및 감옥의 사무에 대하여 한국에 주재한 일본 당국자의 지휘나 명령을 받고, 또 그를 보조하도록 한다.
5. 일본 제국 정부는 대한제국의 사법 및 감옥에 관한 일체의 경비를 부담하도록 한다.

한성재무감독국 ▶ 경기도 이천군수에게 보낸 공용 서신

서신 내용: 통 제 31호. 융희 3년 4월 29일. 수입인지 판매에 관한 건

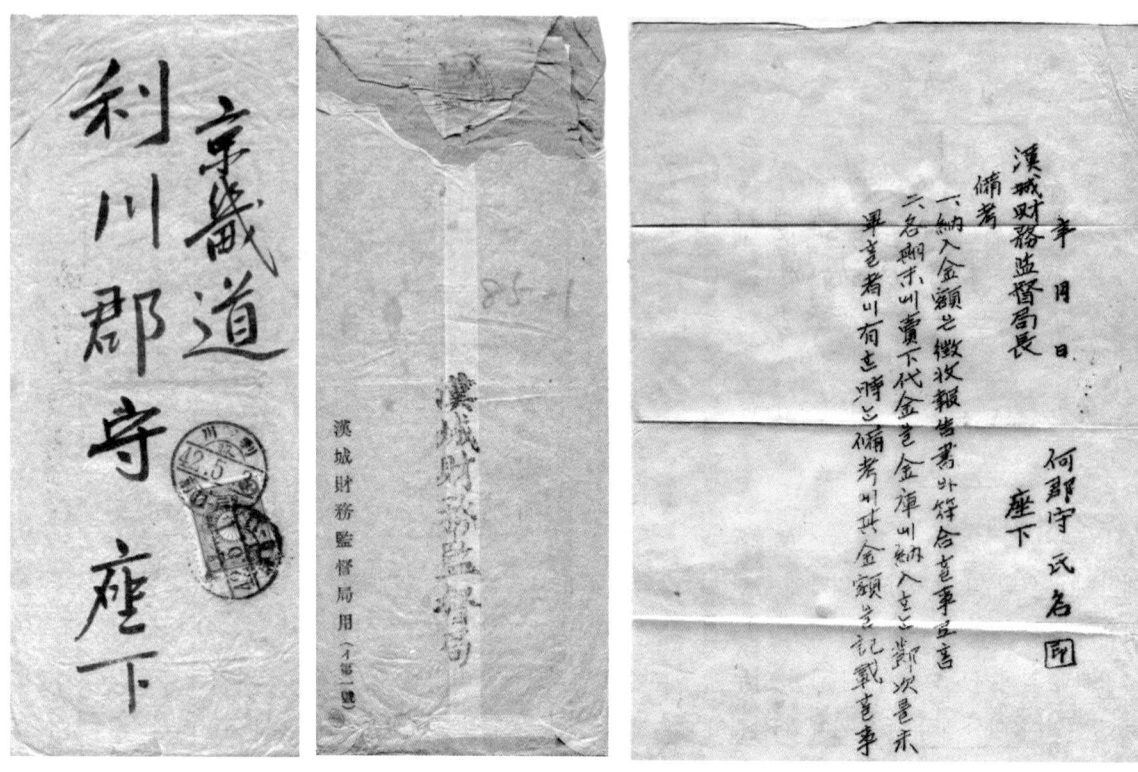

1909(명치 42) 5. 3. 한성재무감독국–경기도 이천군수. 80x195mm

한성재무감독국▶경기도 이천군수에게 보낸 공용 서신

통 제31호
융희 3년 4월 29일
한성재무감독국장─이천군수
수입인지 판매에 관한 건을 실시하기 위하여 이에 통첩함.

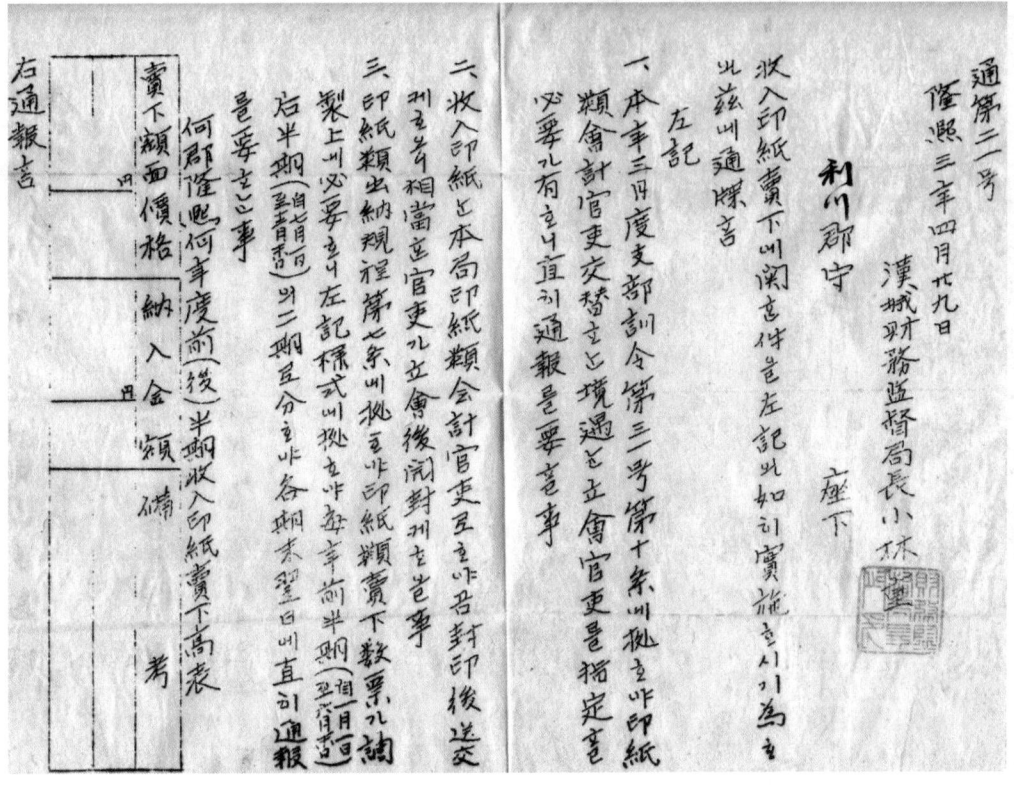

1909년 4월 29일

곡성谷城(급) ▶ 진명여학교(현 진명여자고등학교)

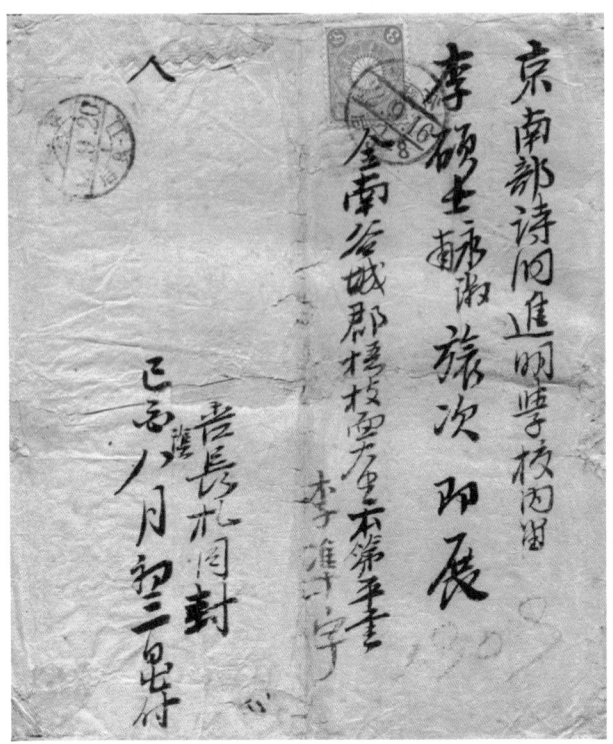

1909(명치42) 9. 16 전남 곡성군—1909. 9. 20. 경성 진명학교
172x149mm

■ 진명여자고등학교
1906. 4월 진명학교 설립
1989. 8월 서울시 종로구 창성동에서 양천구 목동 신축 교사로 이전

■ 엄준원嚴俊源(1855~1938)
대한제국 군인, 국치시기 교육인, 조선총독부 중추원 참의
1906년(광무 9년) 4월 진명여학교 설립. 순헌황귀비의 남동생, 영친왕 외삼촌. 2002년 발표된 친일파 708인 명단의 중추원 부문과 2008년 민족문제연구소가 정리한 친일인명사전 수록예정자 명단 중 중추원, 친일단체 부문에 포함되었다. 민족문제연구소의 명단에는 일본군 육군 장교를 지낸 아들 엄주명도 들어있으며, 2009년 친일반민족행위진상규명위원회가 발표한 친일반민족행위 705인 명단에도 포함되었다.

출처: 민족문제연구소 친일인명사전

KEIJO ▶ U.S.A.

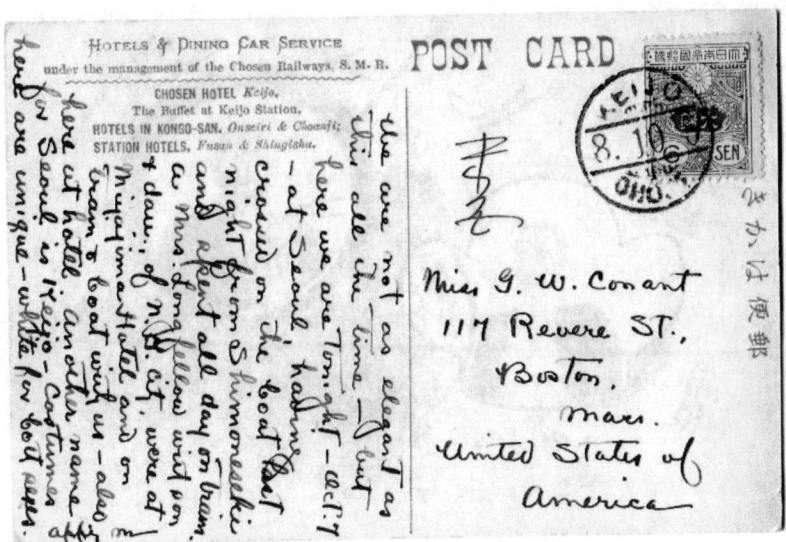

1909. 10. 8. KEIJO—U.S.A.

일본기에 의해 폭파된 상하이
북 기차역

박물관으로 된 상하이 북역의 외관

일본 황태자 한국방문기념엽서東宮殿下御渡韓紀念

1909. 10. 20.
한국총리대신 이완용과 통감 이토히로부미. 닭과 잠자리 문양. 태극기와 일장기
140x90mm

한규설韓圭卨(1848~1930)

대한제국기 궁내부특진관, 법무대신, 의정부참정대신 등을 역임한 관료. 애국지사

1901년 궁내부 특진관宮內府特進官에 이어 이듬해 다시 법부대신에 임명되었다가, 의정부 찬정을 거쳐 1905년 의정부참정대신이 되어 내각을 조각하였다. 그런데 당시 일제가 전권대사 이토伊藤博文를 앞세워 을사조약을 체결하려 하자, 끝까지 앞장서서 반대하였다. 이에 일제는 갖은 협박을 가했으나, 뜻을 굽히지 않자 결국 대궐 수옥헌漱玉軒 골방에 감금하고, 본관本官을 면직시켰다. 을사늑약이 강제 체결된 뒤 곧 징계에서 풀려나 중추원 고문·궁내부 특진관을 역임하였다. 그리고 일제가 강제로 국권 피탈 후에 남작男爵의 작위가 주었으나 받지 않았다. 이후 칩거 생활을 하다가 1920년 이상재李商在 등과 함께 조선교육회朝鮮敎育會를 창립하였으며, 그 뒤 민립대학기성회民立大學期成會로 발전시켰다.

출처: 한국민족문화대백과사전

연기우체소▶광화문(국)

경성부 순화방 장동 쇠골 61통 1호 유효석 방내

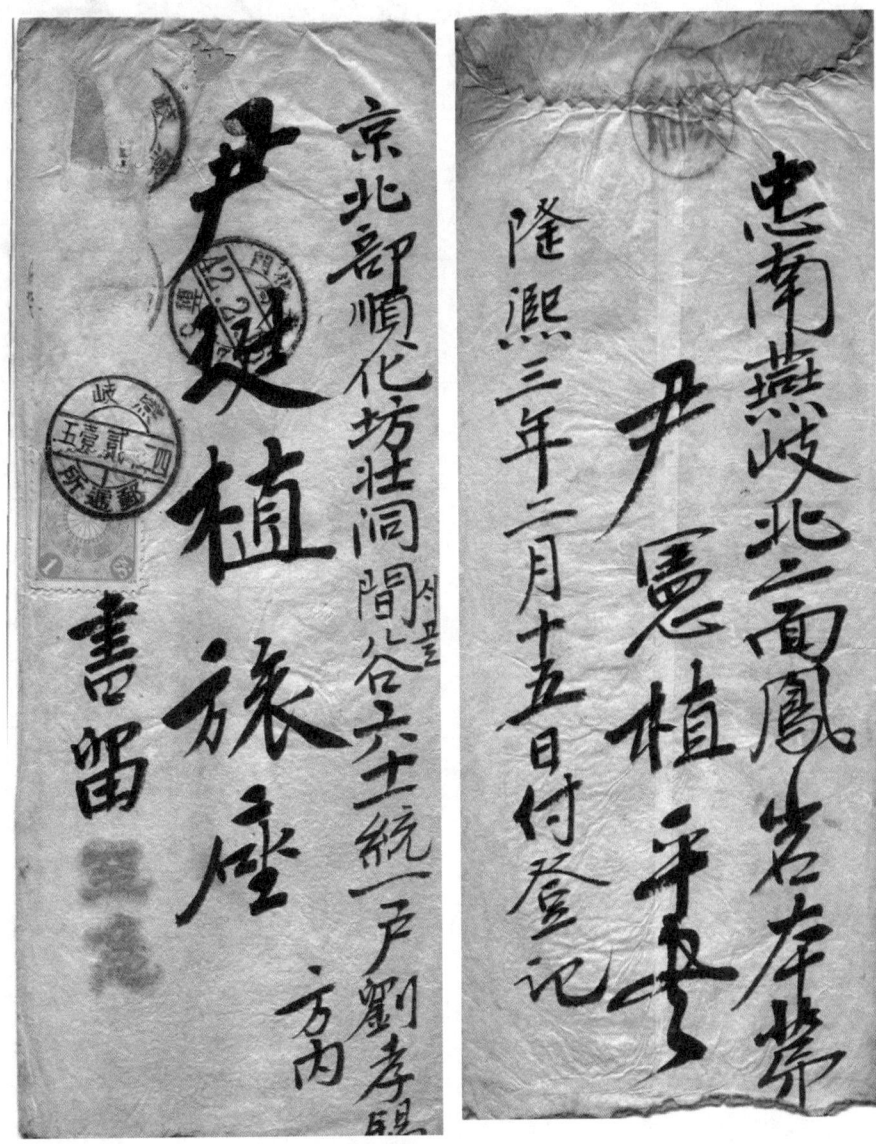

1909. 2. 15. 연기우체소—광화문(국)80x200mm

성주星州(급)우편취급소

1909. 5. 3.–일본행 78×200mm

군사우편 안동安東▶일본

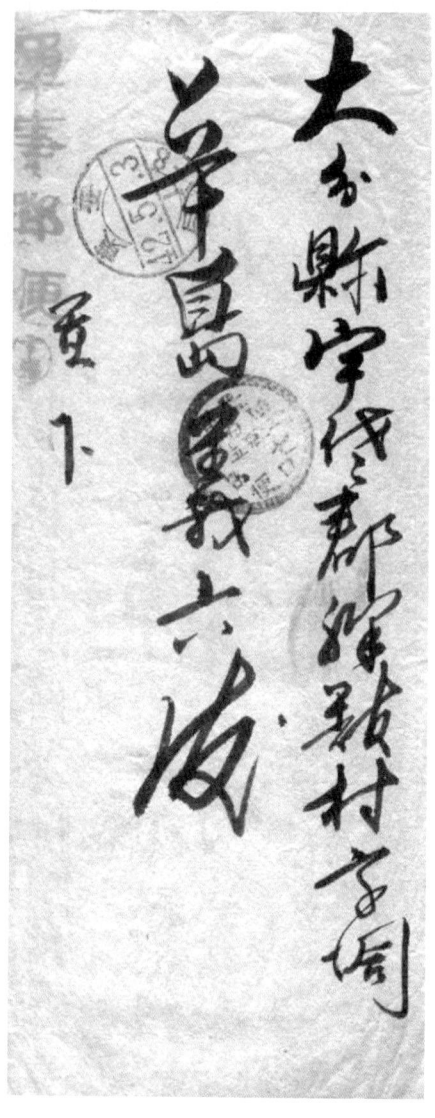

1909. 5. 31. 성주(급)　82×198mm

안중근 의사安重根義士, 1879~1910. 3. 26.

통한일격 痛恨一擊　94x140mm

1909 . 10 . 26 .

통한일격痛恨一擊

대원훈大元勳 대위인大偉人 안중근安重根

안중근 의사 옥중 집필

안중근 의사 자서전 [안중근 의사 친필 원고명은 안응칠 역사이다] 노산 이은상 번역-편집

1906년 당시 안중근

'세상에 가장 어려운 것은, 자기가 자기를 고백하고, 자기가 자기를 평가하는 것입니다. 그러므로 이른바 '자서전'처럼 어려운 글이 없습니다. 사람은 누구나 자기를 미화하기 쉽고, 또 자기를 과장하려하는 것입니다. 과연 솔직하게, 과연 정확하게, 여실한 자기 모습, 자기 생각, 자기 사실을 있는 그대로 전하기란 참으로 어려운 것입니다.'

–안중근 의사 100주년을 맞이하면서 1979년 9월 3일. 노산 이은상 발간사 중에서–

안응칠安應七 역사

[응칠應七: 성질이 가볍고 급한 데에 가깝기 때문에 이름을 중근이라 하고, 배, 가슴에 일곱개 검은 점이 있어 자를 응칠이라 함]

1879년 기묘己卯 7월 16일. 대한민국 황해도 해주 수양산首陽山 아래서 한 남아가 태어나니 성은 안安이요, 이름은 중근重根, 자字는 응칠應七이라 하였다. –중략– 8, 9세에 사서삼경을 통달했고, 13~4세에 과거 공부와 사륙병려체四六騈麗體를 읽혔다. 1894년 갑오甲午에 내 나이 16세로, 아내 김씨에게 장가 들어 현재 두 아들과 딸 하나를 낳았다. 그 무렵 한국 각 지방에서는 이른바 동학당東學黨[일진회—進會의 근본 조상임]이 곳곳에서 벌떼처럼 일어나 외국인을 배척한다는 핑계로 군현郡縣을 횡행하면서, 관리들을 죽이고 백성의 재산을 약탈했었다[이때 한국이 장차 위태롭게 된 기초로 일본·청국·러시아가 개전하게 될 원인을 지은 병균이었음]. 관군이 그들을 진압할 수 없었기 때문에 청국 병정들이 건너오고, 또 일본 병정들도 건너와, 일본과 청국 두 나라가 서로 충돌하여 마침내 큰 전쟁이 되고 말았다. 그 때 내 아버지는 동학당의 폭행을 견디기 어려워 동지들을 단결하고 격문을 뿌려 의거를 일으켜, 포수들을 불러모으고, 처자들까지 행오行伍에 편입하니 정병精兵이 무릇 70여 명이나 되었으며, 청계산중에 진을치고 동학당에 항거했었다. 그때 동학당의 괴수 원용일元容日이 그의 도당 2만여 명을 이끌고 기세도 당당하게 쳐들어오는데 깃발과 창과 칼이 햇빛을 가리고, 북소리, 호각소리,

안중근 의사의 부모님(부 안태훈, 모 조마리아 여사)

고함소리가 천지를 뒤흔들었다. 의병은 그 수가 70여 명을 넘지 못하여, 세력의 강약이 마치 달걀을 가지고 바위를 치는 격과 같아, 모든 사람들의 마음이 겁을 먹고 어찌할 줄을 몰랐다. 때는 12월 겨울철이라. 갑자기 동풍이 불고, 큰 비가 쏟아져 지척을 분간키 어렵자, 동학병들은 갑옷이 모두 젖어 찬 기운이 몸에 베어 어찌할 길이 없으므로 한 10리쯤 되는 마을로 진을 물려 밤을 지내는 모양이었다. 그날 밤 내 아버지는 여러 장수들과 함께 의논하기를 '만일 내일까지 앉은 자리에서 적병의 포위 공격을 받게 되면, 적은 군사로 많은 적군을 대항하지 못할 것은 필연한 일이라, 오늘 밤으로 먼저 나가 적병을 습격하는 것만 같지 못하다'고 곧 명령을 내렸다. 닭이 울자 새벽밥을 지어먹고, 정병 40명을 뽑아 출발시키고 남은 병정들은 본동을 수비하게 했다. 그때 나는 동지 6명과 함께 자원하고 나서서 선봉 겸 정탐독립대偵探獨立隊가 되어 전진 수색하면서 적병 대장소大將所가 있는 지척에까지 다다랐다. 숲 사이에 숨어 엎디어 적진 형세의 동정을 살펴보니 기폭이 바람에 펄럭이고 불빛이 하늘에 치솟아 대낮 같은데, 사람과 말들이 소란하여 도무지 기율이 없으므로 나는 동지들을 돌아보며 이르되 '만일 지금 적진을 습격하기만 하면 반드시 큰 공을 세울 것이다'고 했더니 모두들 말하기를 '얼마 안 되는 잔약한 군사로써 어찌 적의 수만 대군을 당적할 수 있겠는가' 하는 것이었다. 나는 다시 대답하되 '그렇지 않다. 병법에 이르기를 '적을 알고 나를 알면 백 번 싸워 백 번 이긴다'고 했다. 내가 적의 형세를 보니 함부로 모아 놓은 질서없는 군중이다. 우리 일곱 사람이 마음을 같이 하고 힘을 합하기만 하면 저런 난당亂黨은 비록 백만 대중이라고 해도 겁날것이 없다. 아직 날이 밝지 않았으니 뜻밖에 쳐들어가면 파죽지세가 될 것이다. 그대들은 망설이지 말고 내 방략대로 좇으라'고 했더니 모두들 응락하여 계획을 완전히 끝내었다. 호령 한 마디에 일곱 사람이 일제히 적진의 대장소를 향해 사격을 시작하니 포성은 벼락처럼 천지를 진동하고, 탄환은 우박처럼 쏟아졌다. 적병은 별로 예비하지 못했기에 미처 손을 쓸 수 없었고, 몸에 갑옷도 입지 못하고 손에 기계도 들지 못한 채 서로 밀치며 밟으며, 산과 들로 흩어져 달아나므로 우리는 이긴 기세를 타고 추격했었다. -중략-

적병은 사방으로 흩어져 멀리 도망하고 전리품을 거두니 군기軍器와 탄약이 수십 발이요, 말도 그 수를 헤아릴 수 없었으며, 군량은 천여 푸대(包)요, 적병의 사상자는 수십 명이었으나 우리 의병들은 한 사람의 손해도 없어 하나님의 은혜에 감사하고 만세를 세번 부르며 본동에 개선하여 본도 관찰부에 급히 승첩보고를 알렸다. 이 때 일본 위관 영목(鈴木 스즈끼)이란 자가 군대를 이끌고 지나가다가 서신을 보내어 축하의 뜻을 표하는 것이었다. 나는 그 싸움뒤에 무서운 병에 걸려 고통하기 두서너 달에 겨우 죽음을 면하고 소생하여 그 때부터 지금에 이르도록 15년동안에는 전혀 조그마한 병도 한 번 앓지 않았다. -중략-

1895년 여름에 어떤 손님 두 사람이 찾아와 아버지에게 하는 말이, '작년 전쟁 때 실어온 천여 푸대 곡식은 그것이 동학당들의 물건이 아니라 본시 그 절반은 지금 탁지부대신 어윤중魚允中씨가 사두었던 것이요, 또 그 절반은 전 선혜청 당상前宣惠廳堂上민영준 씨의 농장에서 추수해 들인 곡식이니 지체하지 말고 그 수량대로 돌려 드리시오, 하는 것이었다. 아버지는 웃으며 대답하되 '어씨, 민씨, 두 분의 쌀은 내가 알바 아니요, 직접 동학당들의 진중에 있던 것을 빼앗아 온 것이니 그대들은 무리한 말을 다시는 하지 마시오' 하자 두 사람은 아무 대답도 없이 돌아가고 말았다. 하루는 한성에서 급한 편지 한 장이 왔다. 그 편지를 열어보니, '지금 탁지부대신 어윤종과 민영준 두 사람이 잃어버린 곡식 푸대를 찾을 욕심으로 황제폐하께 무고로 아뢰되 '안모가 막중한 국고금과 무역해 들인 쌀 천여 푸대를 까닭없이 도둑질해 먹었기 대문에 사람을 시켜 탐사해 본즉, 그 쌀로써 병정 수천 명을 길러 음모를 꾸미려 하고 있아오니 만일 군대를 보내어 진압하지 않으면 국가에 큰 환난이 있을 것입니다'고 하여, 곧 군대를 파견하려 하고 있으니 그렇게 알고 빨리 올라와 선후 방침을 꾀하도록 하시오'하는 내용이었다. [전판결사 김종환金宗漢의 편지] -중략-

김종환金宗漢씨가 정부에 제의하되 '안모씨는 본시 도적의 유가 아닐뿐더러 의병을 일으켜 도적들을 무찌른 국가의 큰 공신이니, 마땅히 그 공훈을 표창해야 할 일이거늘, 도리어 근사하지도 않고 당치도 않은 말로써 모함할 수가 있겠습니까' 하였다. 그러나 어윤종은 끝내 들어주지 않더니, 뜻 밖에 어씨가 민란을 만나 난민들의 돌에 맞아 참혹하게 죽은 귀신이 되어 그의 모략도 끝나고 말았다. 그러나 독사가 물러나자 맹수가 다시 나오는 격으로 이번에는 민영준이 새로 일을 벌여 해치려 들었다. 민씨는 세력가라 사태는 위급해지고 꾀와 힘이 다하여 어찌할 밥법이 없어, 프랑스 사람의 천주교당으로 몸을 피해 들어가 자취를 숨겨 몇 달 동안 다행하게도 프랑스 사람들의 돌보아주는 덕택을 입었고 민의 일도 영영 끝이 나서 무사하게 되었다. 그러는 동안 교당 안에서 오래 머물며 강론도 많이 듣고 성서도 널리 읽어 진리를 깨닫고 몸을 허락하여 입교한 뒤에 앞으로 복음을 전파하고자 교회안의 박학사인 이보록과 함께 많은 경서를 싣고 고향으로 돌아왔다. 평생 특성으로 즐겨하던 일이 네 가지가 있었으니, 첫째는 친구와 의義를 맺는 것이요, 親友結義 둘째는 술 마시고 노래하고 춤추는 것이요, 飲酒歌舞 셋째는 총으로 사냥하는 것이요, 銃砲狩獵 넷째는 날랜 말을 타고 달리는 것이었다 騎馳駿馬.

친구들은 나의 별호를 번개입(電口)이라고 불렀다. 아버지는 널리 복음을 전파하고 원근에서 권면하여 입교하는 사람들이 날마다 늘어갔다. 우리 모든 가족들도 모두 천주교를 믿게 되었고, 나도 역시 입교하여 프랑스 사람 선교사 홍신부 요섭에게서 영세를 받고 성명聖名을 도마(多默)라 하였다. 공자가 말하기를, '하늘에 죄를 지으면 빌 데도 없다' 했소.

…..우禹 임금이 말한 '삶이란 붙어있는 것(寄也)이요, 죽음이란 돌아가는 것(歸也)이라' 한 것과 또 '혼은 올라가는 것이요, 넋은 내려가는 것이라' 한 것들이 모두 다 영혼은 멸하지 않는다는 뚜렷한 증거가 되는 것이오. 만일 사람이 천주님의 천당과 지옥을 보지 못했다 하여 그것이 있는 것을 믿지 않는다 하면, 그것은 마치 유복자가 아버지를 못 보았다고 해서 아버지 있는 것을 안 믿는 것과 같고, 또 소경이 하늘을 못보았다고 해서 하늘에 해가 있는 것을 안 믿는 것과 무엇이 다를 것이오, 또 화려한 집을 보고서 그 집을 지을 때 보지 않았다 해서 그 집을 지은 목수가 있었던 것을 안 믿는다면 어찌 웃음거리가 되지 않겠소. 이제 저 하늘과 땅과, 해와 달과 별들의 넓고 큰 것과 날고 달리는 동물, 식물 등 기기묘묘한 만물이 어찌 지은이 없이 저절로 생성할 수 있을 것이오. 만일 과연 저절로 생성하는 것이라면 해와 달과 별들이 어째서 어김없이 운행되는 것이며, 또 봄 · 여름 ·가을· 겨울이 어째서 틀림없이 절서가 돌아갈 수 있을 것이오, 비록 집 한 간, 그릇 한 개도 그것을 만든 사람이 없다면 생겨 질 수가 없는 것인데, 하물며 수륙 간에 하많은 기계들이 만일 주관하는 이가 없다면 어찌 저절로 운전될 리가 있겠소. 그러므로 믿고 안 믿는 것은 보고 못 본 것에 달린 것이 아니라, 이치에 맞고 안 맞는 것에 달렸을 따름이오. 이러한 몇 가지 증거를 들어, 지극히 높은 천주님의 은혜와 위엄을 확실히 믿어 의심하지 아니하고 몸을 바쳐 신봉하며, 만일에 대응하는 것이야말로 우리 인류들의 당연한 본분인 것이오. -중략-

세월이 가서 1905년 을사년을 당했다.

인천항만에서 일본과 러시아 두 나라가 대포소리를 크게 울려, 동양의 일대 문제가 터져 일어나게 되었다는 통신이 들어왔다. 홍신부는 한탄하면서 '한국이 장차 위태롭게 되었다' 하므로 내가 묻기를 '왜 그러합니까' 했더니 홍신부가 말하되 '러시아가 이기면 러시아가 한국을 주장하게 될것이오, 일본이 이기면 일본이 한국을 관활하려 들 것이니 어찌 위태롭지 않겠는가'하는 것이었다. 그때 나는 날마다 신문과 잡지와 각국 역사를 상고하며 읽고 있어서, 이미 지나간 과거나, 현재나, 미래의 일들을 추측했었다. 러일전쟁이 구화媾和[싸우던 두 편이 싸움을 그치고 평화로운 상태가 됨]하여 끝난 뒤에, 이등박문伊藤博文이 한국으로 건너와서 정부를 위협하여 오조약을 강제로 맺어, 삼천리 강산과 2천만 인심을 뒤흔들어 바늘방석에 앉은 것같이 되었다. 그 때 아버지께서는 심신이 울분하여 병이 더욱 중하게 되었는데, 나는 아버지와 비밀히 상의하기를 일본과 러시아가 개전했을 때, 일본이 전쟁을 선포하는 글 가운데, 동양의 평화를 유지하고, 한국의 독립을 굳건히 하겠다고 해놓고, 이제 일본이 그 같은 대의를 지키지 않고, 야심적인 책략을 자행하고 있는데, 그것은 모두 일본의 대정치가인 이등의 정략입니다. 먼저 강제로 조약을 정하고, 다음으로 유지당有志黨을 없앤 뒤에 강토를 삼키려는 것이 현재 나라 망치는 새 법입니다. 그러므로 만일 속히 계획을 세우지 않으면 큰 화를 면하기 어려울 것인데, 어찌 손을 마주 쥐고 아무 방책도 없이 앉아서 죽기를 기다리겠습니까. 그러나 이제 의거를 일으켜 이등의 정책에 반대한단들 강약이 같지 않으니 부질없이 죽을 뿐, 아무 이익이 없을 것입니다. 현재 들으면 청국 산동과 상해 등지에 한국인이 많이 살고 있다고 하니, 우리 집안도 모두 그곳으로 옮겨 가 살다가, 선후방책을 도모하는 것이 어떻습니까. 그러면 제가 먼저 그곳으로 가서 살펴본 뒤에 돌아올 것이니, 아버지께서는 그 동안에 비밀히 짐을 꾸린 뒤에 식구들을 데리고 진남포로 가서 기다리시다가, 제가 돌아오는 날 다시 의논해서 행하도록 하십시다. 하여 부자간의 계획은 정해졌었다.

나는 길을 떠나 산동 등지를 두루 다녀본 뒤에, 상해에 이르러 민영익閔泳翊을 찾았더니, 문지기 하인이 문을 닫고 들이지를 아니하며 하는 말이 '대감은 한국인을 만나지 아니하오' 하므로 그날은 그냥 돌아왔다가, 다음날 두 세번 더 찾았으나 역시 전일과 같이 만나보는 것을 허락하지 아니하므로 나는 크게 꾸짖되 '공은 한국인이 되어가지고 한국 사람을 안 만난다면 어느 나라 사람을 보는 것인가. 더욱이 공은 한국에서 여러 대로 국록을 먹은 신하로서, 이같이 어려운 때를 만나, 전혀 사람 사랑하는 마음이 없이, 베개를 높이하고 편안히 누워 조국의 흥망을 잊어버리고 있으니, 세상에 어찌 이 같은 도리가 있을것인가. 오늘날 나라가 위급해진 것은, 그 죄가 전혀 공들과 같은 대관들한테 있는 것이오. 민족의 허물에 달린 것인가' 하고 한참 동안 욕을 퍼붓고는 돌아와 다시 더 찾지 않았다. 그 뒤에 서상근徐相根이란 이를 찾아가서 만나 이야기하되 '지금 한국의 형세가 위태하기 조석지간에 있으니 어찌하면 좋겠소. 무슨 좋은 계책이 없겠소' 하였더니, 서상근이 대답하되 '공은 한국의 일을 날보고는 말하지 마시오. 나는 일개 장사치로서 몇 십만원 재정을 정부 대관배에게 뺏기고 이렇게 몸을 피해서 여기 와 있는 것인데, 더구나 국가정치가 백성들에게야 무슨 관계가 있을 것이오' 하는 것이므로, 나는 웃으며 말하되, '그렇지 않소, 공은 다만 그 하나만 알고 둘은 모르는 셈이오. 만일 백성이 없다면 나라가 어디 있을 것이오. 더구나 나라란 몇 개 대관들의 나라가 아니라 당당한 2천만 민족의 나라인데, 만일 국민이 국민된 의무를 행하지 아니 하고서 어찌 민권과 자유를 얻을수 있을 것이오. 그리고 지금은 민족세계인데, 어째서홀로 한국민족만이 남의 밥이 되어, 앉아서 멸망하기를 기다리는 것이 옳겠소' 하였더니 서상근이 대답하되 '공의 말이 그렇기는 하나, 나는 다만 장사로써 입에 풀칠만하면 그만이니, 다시 정치이야길랑 하지 마오' 하는 것이었다. 나는 두번 세번 의논을 해보았으나 전혀 응답이 없었다. 그야말로 쇠귀에 경 읽기와 마찬가지라, 하늘을 우러러 탄식하며 스스로 생각하되 '우리 한국사람들의 뜻이 모두 이와 같으니 나라의 앞길을 말하지 않아도 알 수 있겠다' 하고, 여관으로 돌아와 침상에 누워 이런 생각 저런 생각에 감개한 정회를 참을 길이 없었다.

어느 날 아침 천주교당에 가서, 한참 동안 기도를 드린 다음, 문 밖으로 나와 바라볼 즈음에 문득 신부 한 분이 앞길을 지나가다가, 고개를 돌려 나를 보는데, 서로 보고 서로 놀라며 '네가 어째서 여기 왔느냐' 하고 손을 잡고 서로 인사하니, 그는 바로 곽신부였다 [이 신부는 프랑스 사람으로서 여러해 동안 한국에 와 머물며 황해도 지방에전도하고 있었기 때문에 나와 절친한 사이였고 이제 향항(香港)으로부터 한국에 돌아가는 길이었음] 그야말로 참말 꿈만 같았다. 두 사람은 같이 여관으로 돌아와 이야기를 시작했다. 곽신부가 묻기를 '네가 여기를 왜 왔느냐' 하기에 나는 대답하되 '선생님께서는 지금 한국의 비참한 꼴을 듣지 못했소' 하자 곽도 하는 말이 '이미 오래 전에 들었지' 하므로 나는 말하되 '현상이 그와 같으니 형세를 어떻게 할 도리가 없어, 부득이 가족들을 외국으로 옮겨다가 살게 해놓은 다음에, 외국에 있는 동포들과 연락하여, 여러 나라로 돌아다니며 억울한 정상을 설명해서 동정을 얻은 뒤에 기회가 오기를 기다려서 한번 의거를 일으키면 어찌 목적을 이루지 못하겠소' 하였더니, 곽은 아무 말없이 한참 있다가 대답하되 나는 종교요 전도사라, 전혀 정치계에 관계가 없기는 하다마는 지금 네 말을 듣고는 두꺼운 정을 이길 수가 없구나. 너를 위해서 한 방법을 일러줄 것이니, 만일 이치에 맞거든 그대로 하고, 그렇지 못하거든 뜻대로 하라' 하기로 나는 '그 계획을 듣고 싶소이다. 하자, 곽은 말하되 '네가 하는 말도 그럴 수는 있다마는, 그것은 다만 하나만 알고 둘은 모르는 일이다. 가족을 외국으로 옮긴다는 것은 틀린 계획이다. 2천만 민족이 모두 너같이 한다면 나라 안은 온통 빌 것이니, 그것은 곧 원수가 원하는 바를 이루워주는 것이다. 우리 프랑스가 독일과 싸울 적에 두 지방을 비어준 것은 너도 아는 것이다. 지금껏 40년 동안에 그 땅을 회복할 기회가 두어번이나 있었지 마는 그 곳에 있던 유지당들이 온통 외국으로 피해 갔기 때문에 그 목적을 달성치 못했던 것이니 그것으로써 본보기를 삼아야 할 것이다. 또 해외에 있는 동포들로 말하면 국내 동포에 비해서 그 사상이 배나 더하여 서로 모의하지 않아도 같이 일할 수 있으니 걱정할 것이 없으나, 열당 여러 나라의 움직임으로 말하면 혹시 네가 말하는 억울한 설명을 듣고서는 모두 가엾다고 하기는 할 것이나, 그렇다고 반드시 한국을 위하여 군사를 일으켜 성토하지는 않을 것이 분명하다. 이제 각국이 이미 한국의 참상을 알고 있기는 하나 각각 제 나라 일에 바빠서 전혀 남의 나라를 돌아봐 줄 겨를이 없다. 그러나 만일 뒷날 운이 이르러 때가 오면 혹시 일본의 불법행위를 성토할 기회가 있을 것이나 오늘 네가 하는 설명은 별로 효과가 없을 것이다. 옛글에 이렀으되, 스스로 돕는 자를 하늘이 돕는다' 했으니, 너는 속히 본국으로 돌아가서 먼저 네가 할 일이나 하도록 해라.

첫째는 교육의 발달이요,

둘째는 사회의 확장이요,

샛째는 민심의 단합이요,

넷째는 실력의 양성이니,

이 네 가지를 확실히 성취시키기만 하면 2천만의 정신(마음)의 힘이 반석과 같이 든든해서 비록 천만문의 대포를 가지고서도 능히 공격하여 께트릴 수가 없을 것이다. 이것이 이른바 한 지아비의 마음도 뺏지 못한다는 그것이거늘, 하물며 2천만 사람에 정신(마음)의 힘이겠느냐, 그렇게 하면 강토를 빼앗겼다는 것도 형식상으로 된 것일 뿐이요, 조약을 강제로 맺었다는 것도 종이 위에 적힌 빈 문서라 허사로 돌아가고 말 것이다. 그같이 하는 날에라야 정확히 사업을 이루고 목적을 달성할 수 있을 것이니 이 방책은 만국이 두루 통하는 예이므로 그렇게 권유하는 것이니, 잘 헤아려 보라' 하는 것이었다. 그 말을 다 들은 뒤에 나는 대답하되 '선생님 말씀이 옳습니다. 그대로 따르겠습니다' 하고 곧 행장을 차려 가지고, 기선을 타고 진남포로 돌아왔다. 1905년 12월 상해로부터 진남포로 돌아와 집안 소식을 알아본즉 그 동안에 가족들이 이미 청계동淸溪洞을 떠나 진남포에 도착했는데, 다만 아버지께서 중도에 병세가 더욱 중해져서 마침내 세상을 떠났기 때문에 가족들이 아버지의 영구를 모시고 도로 돌아가 청계동에 장례 모셨다고 한다. 1906년 봄 3월에 가족들을 데리고 청계동을 떠나 진남포에 이사해 살면서 양옥 한 채를 지어, 살림을 안정시킨 뒤에, 집 재산을 기울여 두 곳에 학교를 세우니 하나는 삼흥학교三興學校요, 또 하나는 돈의학교敦義學校로서, 교무를 맡아 재주가 뛰어난 청년들을 교육했었다. 1907년 봄에, 어떤 사람 한 분이 찾아왔는데 그의 기상을 살펴보니 위풍이 당당하여 자못 도인의 풍모가 있었다. 성명을 통해보니 그는 김진사金進士였는데 그가 하는 말이 '나는 본시 그대 부친과 친교가 두터운 사람이라 특별히 찾아온 걸세' 하므로 나는 말하되 '선생께서 멀리서부터 찾아오셨으니 무슨 좋은 말씀을 해주시겠습니까' 하였다. 그는 말하되 '그대의 기개를 가지고 지금 이같이 나라 정세가 위태롭게 된 때에, 어찌 앉아서 죽기를 기다리려 하는가' 하므로 나는 '무슨 계책이 있겠습니까'하고 물었더니, 그는 다시 말하되, '지금 백두산 뒤에 있는, 서북 간도와 러시아 영토인 블라디보스토크(海蔘威) 등지에 한국인 백여 만 명이 살고 있는데, 물산이 풍부하여 과연 한번 활동할 만한 곳이 될 수 있네, 그러니 그대 재주로 그곳에 가면 뒷날 반드시 큰 사업을 이룰 것일세' 하므로 나는 대답하되 '꼭 가르치는데로 지키겠습니다' 하고 서로 말을 마치고는 작별하고 돌아갔다. 그 무렵 나는 재정을 마련해볼 계획으로 평양으로 가서, 석탄광을 캐었는데, 일본인의 방해로 인하여 좋은 돈 수천 원이나 손해를 보았다. 또 그때 한국 국민들이국채보상회國債報償會를 발기하여 군중들이 모여서 회의를 하게 되었는데, 일본 별순사別巡査 1명이 와서 조사하며 묻되 '회원은 얼마이며 재정은 얼마나 거두어졌는가' 하므로 대답하되 '회원은 2천만 명이요, 재정은 1천 3백만원을 거둔 다음에 보상하려 한다' 하였더니, 일본인은 욕을 하면서 말하되 '한국인은 하등 사람들인데 무슨 일을 할 수 있을 것인가' 하므로 나는 다시 말하되 '빚을 진 사람은 갚는 것이요, 빚을 준 사람은 빚을 받는 것인데 무슨 불미한 일이 있어서 그같이 질투하고 욕질을 하는 것인가' 했더니, 그 일본인은 성을 내면서 나를 치며 달려드므로 나는 말하되 '이같이 까닭없이 욕을 본다면 대한 2천만 민족이 장차 큰 압제를 면하기 어려울 것이다. 어찌 나라의 수치를 달게 받을 수 있을 것이냐' 하고, 발분하여 서로 같이 치기를 무수히 하자, 곁에 있던 사람들이 애써 말려 끝을 내고 모두들 헤어졌었다. 1907년 이등박문이 한국에 와서 7조약을 강제로 맺고, 광무 황제를 폐하고, 병정들을 해산시키자, 2천만 인민이 일제히 분발하여, 의병들이 곳곳에서 벌떼처럼 일어나 3천리 강산에 대포 소리가 크게 울렸다. 그때 나는 급급히 행장을 차려 가족들과 이별하고 북간도를 향하여 거기에 도착하니 그 곳에도 또한 일본 병정들이 막 와서 주둔하고 있어서, 도무지 발붙일 곳이 없었다. 그래서 서너달 동안 각 지방을 시찰한 다음, 다시 그곳을 떠나, 러시아 영토로 들어가 연추烟秋란 곳을 지나, 블라디보스토크에 이르니, 그 항구 안에는 한국인이 4~5천 명이나 살고 있었고, 학교도 두어 군데 있으며 또 청년회도 있었다. 나는 청년회에 가담해서 임시 사찰에 뽑혔는데, 어떤 사람이 허락도 없이 사담을 하기로 내가 규칙 따라 금지시켰더니, 그 사람이 화를 내며 내 귀뺨을 몇 차례나 때리자 여러 사람이 만류하며 화해하도록 권하는 것이라, 나는 웃으며 그 사람더러 이른 말이 '오늘날 이른바 사회 란 것은, 여러 사람의 힘을 모으는 것으로 주장을 삼는 것인데, 이같이 서로 다투면 어찌 남의 웃음거리가 아니 겠는가. 옳고 그르고는 물을 것 없고 서로 화목하는 것이 어떤가' 하였더니, 모두가 좋은 일이라 하고 헤어졌는데, 나는 그 뒤에 귓병을 얻어 몹시 앓다가 달포 뒤에야 차도가 있었다. 거기에 한 분이 있었는데 성명은 이범윤李範允이었다. 그 분은 일로전쟁 전에 북간도 관리사에 임명되어, 청국 병정들과 수없이 교전했으며, 일로전쟁 때는 러시아 병정과 힘을 합하여 서로 도왔다가 러시아 병정이 패전하고 돌아갈 적에 같이 러시아 영토로 와서 지금까지 그곳에서 살고 있는 것이었다.

나는 그분을 찾아가 이야기하며 '각하는 일로전쟁 때, 러시아를 도와 일본을 쳤으니, 그것은 하늘의 뜻을 어긴 것이라야 할 것입니다. 왜 그런고하니 이때 일본이 동양의 대의를 들어 동양평화와 대한의 독립을 굳건히 할 뜻을 가지고, 세계에 선언한 뒤에 러시아를 친 것이라 그것은 하늘의 뜻을 순응한 것이므로 다행히 크게 승첩한 것입니다. 그런데 이제 만일, 각하께서 다시 의병을 일으켜 일본을 친다고 하면 그것 또한 하늘의 뜻에 순응하는 것이라 할 수 있습니다. 왜 그런고하니, 현재 이등박문이 그 공을 믿고, 망녕되이 건방지고 눈

앞에 아무도 없는 듯이 교만하고 극악해져서, 위로 임금을 속이고 백성들을 함부로 죽이며, 이웃 나라의 의(誼)를 끊고, 세계의 신의를 저버리니, 그야말로 하늘을 반역하는 것이라, 어찌 오래 갈 리가 있겠습니까. 속담에 이르기를 해가 뜨면 이슬이 사라지는 것이 이치요, 해가 차면 반드시 저물어지는 것이 그 또한 이치에 맞는다고 했습니다. 이제 각하께서 임금님의 거룩한 은혜를 받고도, 이같이 나라가 위급한 때를 만나, 팔장 끼고 구경만해서야 되겠습니까. 만일 하늘이 주는 것을 받지 않으면 도리어 그 벌을 받게 되는 것이니 어찌 각성하지 않을 것입니까, 원컨대 각하께서는 속히 큰 일을 일으켜서 시기를 놓치지 마십시오' 했더니 이범윤 李範允은 말하되 '말인즉 옳네마는, 재정이나 군기를 전혀 마련할 길이 없으니 어찌할 것인가' 하므로 나는 말하되 '조국의 흥망이 조석에 달렸는데, 다만 팔장끼고 앉아 기다리기만 한다면, 재정과 군기가 어디 하늘에서 떨어져 내려올 것입니까, 하늘에 순응하고 사람의 뜻을 따르기만 하면 무슨 어려움이 있을것입니까. 이제 각하께서 의거를 일으키기로 결심만 하신다면, 제가 비록 재주야 없을 망정 만분의 하나라도 힘이 되겠습니다' 고 했으나, 이범윤은 머뭇거리며 결단하지 못했다. 그곳에 좋은 인물로 두 분이 있었으니, 하나는 엄인섭嚴仁燮이요, 또 하나는 김기룡金起龍이었다.

엄인섭嚴仁燮(1875~1936)
함경북도 경흥 출생
국치시기 일본 측에 독립운동의 정보를 제공한 밀정

두 사람이 자못 담력과 의협심이 뭇사람들을 뛰어나기로 나는 그 두사람과 형제의 의를 맺으니 엄은 큰 형이 되고, 내가 그 다음이요, 김기룡이 셋째가 되어, 그로부터 세 사람은 의리가 중하고 정이 두터워 의거할 일을 모의하면서 각처 지방을 두루 돌며 많은 한국인들을 찾아 만나 연설을 했다. ㅡ중략ㅡ

한국을 침략하여 5조약과 7조약을 강제로 맺은 다음, 정권을 손아귀에 쥐고서 황제를 폐하고 군대를 해산하고 철도. 광산. 산림. 천택川澤[하늘과 못이라는 뜻으로, '상하(上下)'를 비유적으로 이르는 말]을 뺏지 않은 것이 없으며, 관청으로 쓰던 집과 민간의 큰 집들은병참兵站이라는 핑계로 모조리 뺏아 거하고, 기름진 전답과 오랜 산소(墳墓)들도 군용지라는 표말을 꽂고 무덤을 파헤쳐 화가 백골에까지 미쳤으니 국민된 사람으로 또 자손된 사람으로 어느 누가 분함을 참고 욕됨을 견딜것입니까, 그래서 2천만 민족이 일제히 분발하여 3천리 강산에 의병들이 곳곳에서 일어났습니다.

아! 슬픕니다.

저 강도들이 도리어 우리를 폭도라 일컫고, 군사를 풀어 토벌하고 참혹하게 살육하여 두 해 동안에 해를 입은 한국인이 수십 만명에 이르렀습니다. 강토를 뺏고 사람들을 죽이는 자가 폭도입니까, 제 나라를 지키고 의적을 막는 사람이 폭도입니까, 이야말로 도둑놈이 막대기 들고 나서는 격입니다. 한국에 대한 정략이 이같이 잔폭해진 근본을 논의한다면 전혀 그것은 이른바 일본의 대정치가 늙은 도둑 이등박문伊藤博文의 폭행인 것입니다.

한민족 2천만이 일본의 보호를 받고자 원하고, 그래서 지금 태평무사하며 평화롭게 날마다 발전하는 것처럼 핑계하고 위로 천황을 속이고 밖으로 열강들의 눈과 귀를 가려 제 마음대로 농간을 부리며 못하는 일이 없으니, 어찌 통분한 일이 아니겠습니까, 우리 한국 민족이 만일 이 도둑놈을 죽이지 않는다면 한국은 꼭 없어지고야 말 것이며 동양도 또한 망하고야 말 것입니다. 여러분! 여러분! 깊이 생각들 하십시오. 여러 분들이 조국을 잊었습니까, 아닙니까, 선조의 백골을잊었습니까, 아닙니까, 친척과 일가들을 잊었습니까, 아닙니까, 만일 잊어버리지 않았다면 이같이 위급해서 죽느냐 사느냐 하는 때를 당해서 분발하고 크게 깨달으십시오. 뿌리 없는 나무가 어디서 날 것이며, 나라 없는 백성이 어디서 살것입니까, 만일 여러 분이 외국에서 산다고 하여 조국을 관계하지 않고 전혀 돌보지 않는 것을 아라사 사람들이 알면 바드시 '한국사람들은 조국도 모르고 동족도 모르니 어찌 외국을 도울 리 있으며 다른 종족을 사랑할 리가 있겠는가. 이같이 무익한 인종은 쓸데가 없다' 하고 평론이 들끓어, 멀지 않아 반드시 아라사 국경 밖으로 쫓겨날 것이 뻔한 일입니다. 이런 때를 당해서 조국의 강토가 이미 외적에게 뺏기고 외국인마저 일제히 배척하고 받아주지 않는다면 늙은이를 업고 어린 것들을 데리고서 장차 어디 가서 살것입니까.

여러 분! 폴란드 사람의 학살이나 흑룡강 위에서 있었던 청국 사람들의 참상을 듣지 못했습니까. 만일 나라 잃어버린 인종이 강국인과 동등하다면 나라 망하는 것을 걱정할 것이 무엇이며 또 강국이라고 좋을 것이 무엇입니까.   -중략-

그 때 김두성金斗星과 이범윤李範允 등이 모두 함께 의병을 일으켰는데 그 사람들은 전일에 이미 총독과 대장으로 피임된 이들이요, 나는 참모중장參謀中將의 책으로 피선되어 의병과 군기 등을 비밀히 수송하여 두만강 근처에서 모인 다음 큰 일을 모의하였다. 그때 내가 의논을 끌어내어 말하되, '지금 우리들은 2~3백명 밖에 안 되니, 적은 강하고 우리는 약하므로 적을 가벼이 여겨서는 안 된다. 더구나 병법에 이르기를 '비록 백번 바쁜 중에서라도 반드시 만전의 방책을 세운 연후에 큰 일을 꾀할 수 있다'고 했다. 이제 우리들이 한번 의거로써 성공할 수 없을 것은 뻔한 일이다. 그러므로 첫번에 이루지 못하면 두번, 세번, 열번에 이르고, 백번 꺾어도 굴함이 없이, 금년에 못 이루면, 다시 명년에 도모하고, 명년, 내명년, 10년, 백년까지 가도 좋다. 만일 우리 대에 목적을 못 이루면, 아들 대, 손자 대에 가서라도 반드시 대한민국의 독립권을 회복한 다음에라야 말 것이다. 그렇게해서 기어이 앞에 나가고, 뒤에 나가고, 급히 나가고, 더디 나가고, 미리 준비하고, 뒷일도 준비하고, 모두 준비하기만 하면 반드시 목적을 달성할 수 있을 것이다. 그러므로 오늘 앞서 나온 군사들은 병약하고 나이 늙은 이들이라도 합당하다. 그 다음 청년들은 사회를 조직하고 민심을 단합하고, 유년을 교육하여 미리 준비하고, 뒷일도 준비하는 한편, 여러 가지 실업에도 힘쓰며 실력을 양성한 연후에라야 큰 일을 쉽게 이룰 것이다. 모두들 의견이 어떠한가' 하고 말했으나 듣는 사람들로 좋지 않게 이야기하는 사람들이 많았다. 왜 그런고하니, 이곳 기풍이 완고해서, 첫째는 권력이 있는 사람과 재산가들이요, 둘째는 주먹 센 사람들이요, 셋째는 관직이 높은 사람이요, 넷째는 나이 많은 이들을 치는데, 이 네종류의 권력 가운데 나는 전혀 한 가지 권력도 못 가졌으니 어찌 능히 실시할 수가 있겠는가, 그래서 나는 마음이 불쾌하여 물러나고 싶은 마음도 있었으나, 이미 내친 걸음이라 어찌할 길이 없었다. 그때 여러 장교들을 거느리고 부대를 나누어 출발하여 두만강을 건너니 때는 1908년 6월이었다. 낮에는 엎디고 밤길을 걸어 함경북도에 이르러 일본 군사와 몇 차례 충돌하여 피차간에 혹은 죽고 상하고, 혹은 사로 잡힌 자도 있었다. 그때 일본 군인과 장사치들로 사로 잡힌 자들을 불러다가 묻기를 '그대들은 모두 일본국 신민들이다. 그런데 왜 천황의 거룩한 뜻을 받들지 않고, 또 일로전쟁을 시작할 때 선전서에 동양평화를 유지하고 대한독립을 굳건히 한다 해놓고는, 오늘에 와서 이렇게 다투고 침략하니 이것을 평화독립이라 할 수 있겠느냐, 이것이 역적 강도가 아니고 무엇이냐' 했더니, 그 사람들이 눈물을 떨어뜨리며 대답하되 '우리들의 본심이 아니요, 부득이한 데서 나온 것이 사실입니다. 사람이 세상에 나서 살기를 좋아하고 죽기를 싫어하는 것은 사람들의 떳떳한 정인데, 더구나 우리들이 만리 바깥 싸움터에서 참혹하게도 주인 없는 원혼들이 되게 되었으니 어찌 통분하지 않겠습니까. 오을 이렇게 된 것은 다른 때문이 아니라, 이것은 전혀 이등박문의 허물입니다. 임금님의 거룩한 뜻을 받들지 않고, 제 마음대로 권세를 주물러서, 일본과 한국 두 나라 사이에 귀중한 생명을 무수히 죽이고, 저는 편안히 누워 복을 누리고 있으므로, 우리들이 분개한 마음이 있건마는, 사세가 어찌할 수 없어 이 지경에까지 이르렀읍니다. 그러나 옳고 그른 역사 판단이 어찌 없겠읍니까. 더구나 농사 짓고 장사하는 백성들로 한국에 건너온 자들이 더욱 곤란합니다. 이같이 나라에 폐단이 생기고 백성들이 고달픈데, 전혀 동양평화를 돌아보지 아니할 뿐더러, 일본 국세가 편안하기를 어찌 바랄 수 있겠읍니까. 그러므로 우리들이 비록 죽기는 하나 통탄스럽기 그지없읍니다' 하고 말을 마치고는 통곡하기를 그치지 아니했다. 내가 말하기를 '내가 그대들의 하는 말을 들으니 과연 충의로운 사람들이라 하겠다. 그대들을 놓아보내 줄 것이니 돌아가거든 그 같은 난신적자亂臣賊子 [나라를 어지럽히는 불충한 무리]를 쓸어버려라. 만일 또 그 같은 간흉한 무리들이, 까닭없이 동족과 이웃나라 사이에 전쟁을 일으키고 침해하는 언론을 제출하는 자가 있거든, 그 이름을 쫓아가 쓸어버리면 10년이 넘기 전에 동양평화를 꾀할 수 있을 것이다. 그대들이 능히 그렇게 할 수 있겠는가' 하고 말하자 그 사람들은 기뻐 날뛰며 그렇게 하겠다고 하므로 곧 풀어 놓아주었더니, 그 사람들이 말하되 '우리들이 군기 총포들을 안 가지고 돌아가면 군율을 면하기 어려울 것인데 어떻게 하면 좋겠읍니까' 하므로 나는 말하되 '그러면 곧 총포들을 돌려주마' 하고 다시 이르기를 '그대들은 속히 돌아가서, 뒷날에도 사로잡혔던 이야기는 결코 입 밖에 내지 말고 삼가 큰 일을 꾀하라' 했더니 그 사람들은 천번 만번 감사하면서 돌아갔다. 그 뒤에 장교들이 불평하며 내게 말하기를 '어째서 사로잡은 적들을 놓아주는 것이오' 하므로 나는 대답하되

'현재 만국 공법에 사로잡은 적병을 죽이는 법은 전혀 없다. 어디다가 가두어 두었다가 뒷날 배상을 받고 돌려보내 주는 것이다. 더구나 그들이 말하는 것이 진정에서 나오는 의로운 말이라, 안 놓아주고 어쩌겠는가' 하였더니 여러 사람들이 말하되 '저 적들은, 우리 의병들을 사로잡으면 남김없이 참혹하게도 죽이는 것이요, 또 우리들도 적을 죽일 목적으로 이곳에 와서 풍찬노숙風餐露宿해 가면서 그렇게 애써서 사로잡은 놈들을 몽땅 놓아 보낸다면, 우리들이 무엇을 목적하는 것이오' 하므로 나는 대답하되 '그렇지 않다. 그렇지 않다. 적들이 그같이 폭행하는 것은 하느님과 사람들이 다 함께 노하는 것인데, 이제 우리들 마저 야만의 행동을 하고자 하는가, 또 일본의 4천만 인구를 모두 다 죽인 뒤에 국권을 도로 회복하려는 계획인가, 저쪽을 알고 나를 알면 백번 싸워 백번 이기는 것이다. 이제 우리는 약하고 저들은 강하니, 악전惡戰할 수는 없다. 뿐만 아니라, 충성된 행동과 의로운 거사로써 이등의 포악한 정략을 성토하여 세계에 널리 알려서 열강의 동정을 얻은 다음에라야, 한을 풀고 국권을 회복할 수 있을 것이니, 그것이 이른바 약한 것으로 강한 것을 물리치고 어진 것으로써 악한 것을 대적한다는 그것이다. 그대들은 부디 많은 말들을 하지 말라' 하고 간곡하게 타일렀다. 그러나 여러 사람들의 의논이 들끓으며 따르지 않았고 장교 중에 부대를 나누어 가지고 멀리 가버리는 사람도 있었다. -중략-

나는 동지들에게 시 한 수를 읊어주었다.
男兒有志出洋外 사나이 뜻을 품고 나라 밖에 나왔다가
事不入謀難處身 큰 일을 못 이루니 몸 두기 어려워라
望須同胞誓流血 바라건데 동포들아 죽기를 맹서하고
莫作世間無義神 세상에 의리 없는 귀신은 되지 말게

시를 다 읊고 다시 이르기를 '그대들은 모두들 뜻대로 하라. 나는 산 아래로 내려가서 일본군과 더불어 한 바탕 장쾌하게 싸움으로써, 대한국 2천만인 중의 한 분자가 된 의무를 다한 다음에는 죽어도 한이 없겠다' 하였다. 그리고는 기계(총)를 가지고 적진을 바라보며 가노라니, 그 중의 한 사람이 몸을 뛰쳐나와 붙들고 통곡하면서 '공의 의견은 큰 잘못이오. 공은 다만 한 개인의 의무만 생각하고, 수많은 생명과 뒷날의 큰 사업은 돌

아보지 않겠다는 말이오. 오늘의 사세로는 죽는다 해도 아무 이익이 없는 일이오. 만금같이 소중한 몸인데 어찌 초개草芥[쓸모없고 하찮은 것을 비유적으로 이르는 말]같이 버리려는 것이오. 오늘로 마땅히 다시 강동 江東[강동은 러시아 영토안에 있는 땅 이름]으로 건너 가서, 앞날의 좋은 기회를 기다려서 다시 큰 일을 도모 하는 것이 십분 이치에 맞는 일인데 어찌 깊이 헤아리지 않는 것이오' 하므로 나는 생각을 돌이켜 말하되 '공 의 말이 참으로 옳소. 옛날 초패왕楚覇王 항우項羽가 오강烏江에서 자결한 것에는 두 가지 뜻이 있었는데, 하 나는 무슨 면목으로 다시 강동의 부로父老들을 만날 수 있겠느냐는 것이요, 또 하나는 강동이 비록 작을지언 정 족히 왕될만하다는 말 때문에 분이 나서 스스로 오강에서 죽는 것이오. [항우는 천하의 장사로서 자처했는데 곁 에 사람이 강동으로 가서 작은 왕이라도 되는 것이 좋지 않느냐 하므로 분했던 것임] 그때에 있어서, 항우가 한번 죽고 나 서는 천하에 또 다시 항우가 없었던 것이다라 어찌 아깝지 아니하오. 오늘 안응칠安應七이 한 번 죽으면 세계 에 다시는 안응칠이 없을 것은 분명하오. 무릇 영웅이란 것은 능히 굽히기도 하고, 능히 버티기도 하는 것이 다. 목적을 성취하기 위해서 마땅히 공의 말을 따르겠소' 하고 비로소 네 사람이 동행하여 길을 찾을 즈음에, 다시 서너 사람을 만나 서로 이르되 '우리 8~9인이 대낮에 적진을 뚫고 가기란 어려울 것이라 밤길을 걷는 것만 못하다' 했다. ―중략―

풀뿌리를 캐어 먹고, 담요를 찢어 발을 싸매고서, 서로 위로하고 서로 보호하면서 가노라니, 멀리서 개 짖는 소리가 들려왔다. 나는 두 사람에게 이르기를 '내가 먼저 마을집으로 내려가서, 밥도 얻고, 길도 물어 올 것 이니, 숲 속에 숨어서 내가 돌아오기를 기다리오' 하고 민가를 찾아 내려갔더니 그 집은 일본 병정의 파출소 였다. 일본 병정들이 횃불을 켜들고 문으로 나오기 때문에 나는 문득 그것을 보고 급히 몸을 피하여 산속으 로 돌아와 다시 두 사람과 의논하고 달아났는데, 그때 기력이 다되고 정신이 어지러워 땅에 쓰러졌다가 다시 정신을 차려 하늘에 축도를 올리되 '죽어도 속히 죽고 살아도 속히 살게 해 주소서' 하고 기도를 마치고서, 냇 물을 찾아가 배가 부르도록 물을 마신 뒤에, 나무 아래 누워서 밤을 지냈다. 이튿날 두 사람은 너무도 괴로운 탄식을 그치지 않으므로 나는 타이르되 '너무 걱정하지 마시오. 사람의 목숨은 하늘에 매인 것이니 걱정할 것 이 없소. 사람은 비상한 곤란을 겪은 다음에라야 비상한 사업을 이루는 것이오. 죽을 땅에 빠진 다음에라야 살아나는 것이오. 이같이 낙심한대서 무슨 유익이 있겠소. 천명하였다. ―중략―

몇날 뒤 어느날 밤, 또 한 집을 만나, 문을 두들기며 주인을 불렀더니 주인이 나와 날더러 하는 말이 '너는 필 시 러시아에 입적한 자일 것이니 일본 군대에 묶어 보내야겠다' 하며, 몽둥이로 때리고 같은 패거리를 불러 나를 묶으려 하므로, 형세가 어쩔 수 없어, 몸을 피해 도망질 쳤다. 나는 러시아 영토인 연추烟秋 방면에 이르 렀다. 천 번 만 번 생각해 보아도, 만일 천명이 아니었더면 전혀 살아 돌아올 길이 없는 일이었다. 그곳에서 십여일 묵으며 치료한 뒤에 불라디보스토크에 이르니 그곳 동포들이 환영회를 차려놓고 나를 청하므로 나는 사양해 말하되 '패군한 장수가 무슨 면목으로 여러 분들의 환영을 받을 수가 있겠소' 하였더니, 여러 사람이 말하되 '한 번 이기고, 한번 지는 것은 군사상에 언제나 있는 일이니 무엇이 부끄럽소. 더구나 그같이 위험한 데서 무사히 살아 돌아왔으니 어찌 환영해야 할 일이 아니겠소' 하는 것이었다. 그때 다시 그곳을 떠나, 하바 로프스크(河發浦) 방면으로 향했다. 기선을 타고 흑룡강 상류 수천여리를 시찰하였다. 혹은 한국인 유지의 집 을 방문한 뒤에, 다시 수찬(水淸) 등지에 이르러, 혹은 교육에 힘쓰기도 하고 혹은 사회를 조직하기도 하면서 각 방면을 두루 다녔다. 어느 날, 산골짜기 아무도 없는 곳에 이르자, 갑자기 어떤 흉악한놈들 6~7명이 뛰어 나와 나 한 사람을 묶고 하는 말이 '의병대장을 잡았다' 하자, 그때 동행 두어 사람은 도망치고 말았다. 저들 은 날더러 하는 말이 '너는 어째서 정부에서 엄금하는 의병을 감히 행하는 것이냐' 하므로 나는 대답하되 '현 재 이른바 우리 한국정부는 형식으로는 있는 것 같지마는, 내용인즉 이등 한 개인의 정부다.

대한의사안중근공혈서(단지동맹)

한국민족된 사람이 정부의 명령에 복종한다는 것은 실상 이등에게 복종하는 것이다' 하였으나 그 놈들은 두 말할 것 없이 때려 죽여야 한다 하고 말을 마치자, 수건으로 내 목을 묶어 논바닥에 쓸어뜨려 놓고 무수히 때리는 것이었다. 나는 큰 소리로 꾸짖되 '너희들이 만일 여기서 나를 죽이면 그래 무사할 것 같으냐, 아까 나와 동행했던 두 사람이 도망해 갔지. 바로 그 두사람이 반드시 우리 동지들에게 알릴 것이다. 너희들을 뒷날 모조리 다 죽여버릴 것이니, 알아서 해라' 했더니 저들도 내 말을 듣고는 서로 귓속말로 소근거리는 것이었는데, 그것은 아마 필시 나를 죽일 수 없다는 것을 의논하는 것이었다. 이윽고 나를 이끌고 산 속 어떤 초가집 안으로 들어가 어떤 놈은 나를 때리고, 어떤 놈은 그것을 말리므로, 나는 좋은 말로 권했으나, 저들은 아무 말도 대답하지 못하다가 서로 이르되 '김가金哥 네가 처음 끌어낸 일이니, 김가 네가 마음대로 해라 우리들은 관계하지 않겠다' 하자, 그 김가란 자가 나를 끌고 산 아래로 내려 갔다. 나는 한편으로는 타이르고 한편으로는 항거했더니 김가도 이치에 어찌할 수가 없으므로, 아무 말도 없이 물러 가고 말았는데, 그들은 모두 일진회一進會의 남은 도당들로서 본국에서부터 이곳으로 피난해 와서 사는 놈들이더니, 마침 내가 지나간다는 말을 듣고 그 같은 행동을 한 것이었다. 그때 나는 빠져나와 죽음을 면하고 친구 집을 찾아가 상한 데를 치료하며 그해 겨울을 지냈다. 1909년 연추 방면으로 돌아와, 동지 12인과 같이 상의하되 '우리들이 전후에 전혀 아무 일도 이루지 못했으니 남의 비웃음을 면하기 어려울 것이오. 뿐만 아니라, 만일 특별한 단체가 없으면 어떤 일이고간에 목적을 달성하기가 어려울 것인즉, 오늘 우리들은 손가락을 끊어 맹서를 같이 지어 증거를 보인 다음에, 마음과 몸을 하나로 묶어 나라를 위해 몸을 바쳐, 기어이 목적을 달성하도록 하는 것이 어떻소' 하자, 모두가 그대로 따르겠다하여, 마침내 열 두 사사람이 각각 원편 손 약지藥指를 끊어, 그 피로써 태극기 앞면에 글자 넉자를 크게 쓰니 대한독립大韓獨立이었다. [이것이 단지동맹斷指同盟이다] 쓰기를 마치고, 대한독립만세를 일제히 세 번 부른 다음, 하늘과 땅에 맹서하고 흩어졌다. 그 뒤에 각처로 왕래하며, 교육에 힘쓰고, 국민의 뜻을 단합하고, 신문을 구독하는 것으로써 일을 삼았다. 그때 문득 정대호鄭大鎬의 편지를 받고, 곧 가서 만나보고 고향집 소식을 자세히 들었다. 그리고 가족들 데리고 오는 일을 부탁하고 돌아왔다. 또 봄 여름 사이에 동지 몇 사람과 함께 한국 내지로 건너가 여러 가지 동정을 살피고자도 했으나 운동비를 마련할 길이 없어 목적을 이루지 못한체, 부질없이 세월만 보내고, 어느 새 첫가을 9월이 되니 때는 곧 1909년 9월이었다. 그때 나는 연추 방면에 머무르고 있었는데, 하루는 갑자기 아무 까닭도 없이 마음이 울적해지며 초조함을 이길 수 없고 스스로 진정하기 어려워 친구 몇 사람더러 '나는 지금 블라디보스토크로 가려고 하오' 하였더니 그 사람 들 말이 '왜 그러는 것이오. 아무런 기약도 없이 졸지에 가려는 것이오' 하므로 나는 말하되

'나도 그 까닭을 모르겠소. 저절로 마음에 번민이 일어나서, 도저히 이곳에 더 머물고 있을 생각이 없어, 떠나려는 것이오' 하였다. 그들은 다시 묻기를 '이제 가면 언제 오는 것이오' 하므로 나는 무심중에 갑자기 대답하기를 '다시 안 돌아 오겠소' 하자, 그들은 무척 괴상히 생각했을 것이요, 나도 역시 불각중에 그런 대답을 했던 것이다. 그래서 서로 작별하고 길을 떠나 보로실로프(穆口港)에 이르러 기선을 만나 올라탔다. [이 항구에서는 기선이 1주일에 혹 한 두번씩 블라디보스토크로 다닌다고 했음] 블라디보스토크에 이르러 들으니 이등박문伊藤博文이 장차 이곳에 올 것이라는 소문이 자자했다. 그래서 자세한 내막을 알고싶어 여러 신문을 사보았더니, 근일 사이에 하르빈(哈爾賓)에 도착할 것이라는 것이 참말이요 의심할 것이 없었다. 나는 스스로 남몰래 기뻐하되,

'여러 해 소원하던 목적을 이제야 이루게 되다니! 늙은 도둑이 내 손에서 끝나는구나!'

그러나 여기에 온다는 말은 아직 자세치 않은 말이요, 하르빈에 간 연후에라야 일을 성공할 것이 틀림없을 것이라 생각하고, 곧 일어나 떠나고도 싶건마는 운동비를 마련할 길이 없어 이리저리 궁리하다가 마침 이곳에 와서 사는 한국 황해도 의병장 이석산李錫山을 찾아 갔다. 그때 이씨는 마침 다른 곳으로 가려고 행장을 꾸려가지고 문을 나서는 참이라, 그를 급히 불러, 조용한 방으로 들어가, 돈 1백원만 꾸어 달라고 청했다. 그러나 이씨는 끝내 들어주지 않는 것이었다. 일이 여기에 이르고 보니, 사세를 어찌할 길이 없어, 위협한 나머지 1백원을 강제로 빼앗아가지고 돌아오니, 일이 반이나 이루워진 것 같았다. 이때 동지 우덕순禹德淳을 청하여 일을 일으킬 방책을 비밀히 약속한 다음, 각각 권총을 휴대하고, 곧 길을 떠나 기차를 타고 가면서 생각하니 두 사람이 다 러시아말을 전혀 모르므로 걱정이 적지 않았다. 도중에 스이펜호(綏芬河) 지방에 이르러 유동하柳東夏를 찾아 말하기를 '지금 내가 가족들을 맞이하기 위해서 하르빈으로 가는데, 내가 러시아 말을 몰라 답답하네, 자네가 거기에 같이 가서 통역을 해 주고 여러 가지 일을 주선해 줄 수 없겠는가' 하였더니 유의 말이 '나도 역시 약을 사러 하르빈으로 가려는 참이라 같이 가는 것이 참 잘 된 일이오' 하므로 곧 길을 떠나 동행이 되었다. 이튿날 하르빈에 있는 김성백金聖伯의 집에 이르러 유숙하고, 다시 신문을 얻어보고 이등이 오는 기일을 자세히 탐지하였다. 또 그 이튿날 다시 남쪽으로 장춘長春 등지로 가서 거사하고도 싶었으나, 유동하가 본시 나이 어린 사람이라 곧 저희 집으로 돌아가겠다 하므로 다시 통역할 사람을 얻으려하자, 마침 조도선曹道先을 만나, 가족들을 맞기 위해 동행해서 남쪽으로 가자 했더니, 조씨는 곧 승락하는 것이었다. 그날 밤은 또 김성백의 집에서 묵었다. 그때 운동비가 부족할 것이 걱정스러워서 유동하를 시켜 김성백에게 가서 5십원만 잠깐 빌려가지고 오면 멀지 않아 곧 갚겠노라고 말하라고 하여, 유씨가 김씨를 찾아갔으나 밖에 나가고 없었다. 그때 나는 홀로 여관방 등불 밑 차디찬 방바닥에 앉아 잠깐동안 장차 행할 일을 생각하며, 장개한 마음을 이길 길 없어 노래 한 장을 읊었다.

장부가 세상에 처함이여 그뜻이 크도다
씨가 영웅을 지음이여 영웅이 씨를 지으리로다
천하를 응시함이여 어느 날에 업을 이룰고
동풍이 점점 차미여 장사에 의기가 뜨겁도다
분기히 한번 가며는 반드시 목적을 이루리로다
쥐도적 ○○이여 어찌 즐겨 목숨을 비길고

어찌 이에 이를 줄을 시아려스리요 사세가 고연하도다
동포 동포여 속히 대업을 이룰지어다
만세 만세여 대한독립이로다
만세 만만세여 대한 동포로다

읊기를 마치고, 다시 편지 한 장을 써서 블라디보스토크에 있는 대동공보大東共報 신문사에 붙이려 했으니, 그 뜻인즉, 첫째 우리들이 행하는 목적을 신문지상에 널리 알리자는 것이요. 또 한가지는 유동하가 만일 김

성백에게서 50원 돈을 꾸어 온다면 갚아줄 방책이 없기 때문에, 대동공보사에서 갚아주도록 하는 핑계로 말한 것이니 그것은 잠깐동안의 흉계이었던 것이다. 편지를 끝마치자, 유씨가 돌아왔는데 돈 꾸어 오는 일이 되지 않았다 하므로 자지도 못하고 그날 밤을 지냈다. 이튿날 이른 아침 우禹·조曺·유柳 세 사람과 함께 정거장으로 가서, 조씨로 하여금 남청열차南淸列車가 서로 바뀌는 정거장이 어디 있는가를 역의 관리에게 자세히 묻게 했더니 채가구蔡家溝 등지라고 하는 것이었다. 나는 곧 우, 조 두 사람과 함께 유씨를 작별한 뒤에 열차를 타고 남행하여 그 방면에 이르러, 차에서 내려 여관을 정하고 유숙하며, 정거장 사무원에게 묻기를 '이곳에 기차가 매일 몇 차례나 내왕하는가' 하였더니 그의 말이 '매일 세 번씩 내왕하는데, 오늘 밤에는 특별차가 하르빈에서 장춘으로 떠나가서, 일본대신 이등을 영접해가지고 모래 아침 여섯 시에 여기에 이를 것이다' 하고 대답하는 것이었는데, 이같이 분명한 통신은 전후에 처음 듣는 확실한 소식이었다. 그래서 다시 깊이 헤아려 생각하되, '모래 아침 여섯 시쯤이면 아직 날이 밝기 전이니 이등이 반드시 정거장에 내리지 않을 것이요, 또 설사 차에서 내려 시찰한다 하여도, 어둠속이라 진짜인지 가짜인지를 분간할 수가 없을 것이다. 더구나 내가 이등의 모습을 모르는 데야 어찌 능히 일을 치룰 수가 있을 것이랴' 하고 다시 앞서 장춘 등지로 가보고 싶어도 노비가 부족하니 어쩌면 좋을는지! 이런 저런 생각에 마음만 몹시 괴로왔다. 그때 유동하에게 전보를 쳤다. '우리는 여기 이르러 하차했다. 만일 그곳에 긴급한 일이 있거든 전보를 쳐주기 바란다' 했다. 황혼이 된 뒤에 답전이 왔으나, 그 말뜻이 전연 분명치 아니해서 더욱 의아스러움이 적지 않아, 그날 밤 충분히 깊이 생각하고 다시 좋은 방책을 헤아린 뒤, 이튿날 우씨에게 상의하기를 '우리가 이곳에 같이 있는 것은 좋은 방법이 아니다.

첫째는 돈이 부족하고
둘째는 유씨의 답전이 심히 의아스럽고,
셋째는 이등이 내일 아침 새벽에 여기를 지나갈 터인즉 일을 치르기가 어려울 것이기 때문이다.

만일 내일의 기회를 잃어버리면 다시는 일을 도모하기가 어려울 것이다. 그러므로 그대는 여기서 머물러 내일의 기회를 기다려 틈을 보아 행동하고, 나는 오늘로서 하르빈으로 돌아가서, 내일 두 곳에서 일을 치르면 충분히 편리할 것이다. 만일 그대가 일을 성공하지 못하면 내가 꼭 성공할 것이요, 만일 내가 일을 성공하지 못하면 그대가 꼭 일을 성공해야 할 것이다. 또 만일 두 곳에서 다 뜻대로 되지 않는다면, 다시 운동비를 마련해 가진 다음, 새로 상의해서 거사하도록 하는 것이 가장 완전한 방책일 것이다' 하였다. 그리고 서로 작별하고, 나는 기차를 타고 다시 하르빈으로 돌아와 다시 유동하를 만나 대답한 전보의 글뜻을 물었으나, 유씨의 답변이 역시 분명치 않으므로 내가 성을 내어 꾸짖었더니 유씨는 말도 아니하고 문밖으로 나가버리는 것이었다. 그날 밤, 김성백의 집에서 자고 이튿날 아침 일찍 일어나 새 옷을 모조리 벗고 수수한 양복 한 벌을 갈아 입은 뒤에, 단총을 지니고 바로 정거장으로 나가니 그 때가 오전 7시쯤이었다. 거기에 이르러 보니, 러시아 장관將官과 군인들이 많이 와서 이등을 맞이할 절차를 준비하고 있었다. 나는 차 파는 집에 앉아서 차를 두 서너 잔 마시며 기다렸다.

9시쯤 되어, 이등이 탄 특별기차가 와서 닿았다. 그때 인산인해人山人海이었다. 나는 찻집 안에 앉아서 그 동정을 엿보며 스스로 생각하기를 '어느 시간에 저격하는 것이 좋을까' 하며 십분 생각하되 미처 결정을 내리지 못할 즈음, 이윽고 이등伊藤博文이 기차에서 내려오자, 각 군대가 경례하고 군악소리가 하늘을 울리며 귀를 때렸다. 그 순간 분한 생각이 터져 일어나고 3천 길 업화業火가 머리 속에서 치솟아 올랐다.

하얼빈에 도착한 이등박문

'어째서 세상 일이 이같이 공평하지 못한가, 슬프다. 이웃나라를 강제로 뺏고, 사람의 목숨을 참혹하게 해치는 자는 이같이 날뛰고 조금도 꺼림이 없는 대신, 죄 없이 어질고 약한 인종은 이처럼 곤경에 빠져야 하는가' 하고는 다시 더 말할 것 없이, 곧 뚜벅뚜벅 걸어서 용기있게 나가, 군대가 늘어서 있는 뒤에까지 이르러 보니, 러시아 일반 관리들이 호위하고 오는 중에, 맨앞에 누런 얼굴에 흰 수염을 가진, 일 개 조그마한 늙은이가 이같이 염치없이 감히 천지 사이를 횡행하고 다니는가,

'저것이 필시 이등伊藤 노적老敵일 것이다' 하고 곧 단총을 뽑아들고, 그 오른 쪽을 향해서 4발을 쏜 다음, 생각해보니 십분 의아심이 머리속에서 일어났다. 내가 본시 이등의 모습을 모르기 때문이었다. 만일 한 번 잘못 쏜다면 큰 일이 낭패가 되는 것이라, 그래서 다시 뒤쪽을 향해서, 일본인 단체 가운데서 가장 의젓해 보이는, 앞서 가는 자를 새로 목표하고 3발을 이어 쏜 뒤에 또 다시 생각하니, 만일 무죄한 사람을 잘못 쏘았다하면 일은 반드시 불미할 것이라 잠깐 정지하고 생각하는 사이에, 러시아 헌병이 와서 붙잡히니 그때가 바로 1909년, 음력 9월 13일 상오 9시 반쯤이었다. 그때 나는 곧 하늘을 향하여, 큰 소리로 대한만세를 세 번 부른 다음, 정거장 헌병 분파소分派所로 붙잡혀 들어갔다.

온 몸을 검사한 뒤에, 조금 있다가 러시아 검찰관이 한국인 통역과 같이 와서, 성명과 어느 나라 어느 곳에 살며, 어디로부터 와서 무슨 까닭으로 이등을 해쳤는가를 물으므로, 대강을 설명해 주었는데 통역하는 한국인의 한국말은 잘 알아들을 수 없었다. 그때 사진을 찍는 자가 두서너 번 있었고, 오후 8~9시쯤 해서, 러시아 헌병 장관이 나와 함께 마차를 타고 어느 방향인지 모를 곳으로 가서, 일본 영사관에 이르러 넘겨주고 가버렸다. 그 뒤에 이곳 관리가 두 차례나 심문했고, 4~5일 뒤에 구연溝淵 [미조부찌] 검찰관이 와서 다시 심문했었다. 전후 역사의 세세한 것은 공술供述 하였기로 이하는 생략한다.

1910년 경술 음력 2월 초5일, 양력 3월 15일
여순旅順 옥중에서
대한국인 안중근이 쓰기를 마치다

출처: 안중근의사옥중집필. 안중근의사자서전. 1979년 9월 2일 안중근의사숭모회 이사장 노산 이은상 선생의 번역본을 일부 전재한 것이다.

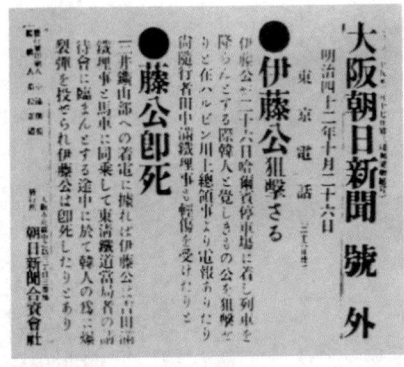

이등박문의 사살을 보도한 호외
오사카 아사히신문大阪朝日新聞 명치 42년 10월 26일자

■ 이토오 히로부미 사살

1909년 10월, 이토오 히로부미는 하얼빈 역에서, 한국의 민족주의자 안중근에 의하여 사살되었다. 이토오는 한국의 식민지화를 앞장서서 추진해 왔었기 때문에 한국인의 격심한 분노를 사고 있는 터이었다. 안중근은 800여명의 의병을 이끌고 싸워 온 의병 참모중장이기도 했으며, 공판정에서는 이토오를 사살한 것이 '사사로운 원한에 의한 살해'가 아니며, '조국의 독립과 동양의 평화'를 위한 거사였음을 강조하였다. 일본의 부당성을 호소하며, 한·중·일 삼국의 제휴를 간곡히 설득하는 안중근의 말은, 듣는 사람들의 가슴에 깊은 감명을 주었다고 한다. 당시에 오카야마의 제6 고등학교에 재학 중이었던 철학자 출륭出隆에 의하면, 이토오의 죽음을 전해 들은 친구들이 '이토오 공을 죽인 한국인의 살을 나에게 주면, 토막토막 베고 잘라서 난도질을 쳐 주겠다' 느니, 제6고등학교에 재학중인 한국인들을 두들겨 주자'느니 하고 비분강개 했었다고 한다. (어느 철학 청년의 수기)- [이것이 섬나라 일본민족의 본성이라 말할 수 있다]

일본의 일반 국민들 사이에는 한국에 대한 모멸과 함께 독립운동에 대한 적의와 증오도 심어져 있었던 터이어서, 자신의 신명을 바쳐 조국의 독립을 위해 죽어간 안중근의 심정을 이해할 수조차 없었던 것이다.

안중근 의사가 유언하는 모습

사형 집행 이틀 전 두 동생(왼쪽 끝)과 신부(뒤 편)에게 유언하는 안중근 의사
출처: 사진기록 일제의 침략. HOLP출판사(일본)

눈물짓는 두 동생에게 안중근은 '슬퍼할 것 없다' 조국과 민중을 위해 모든 것을 바쳤는데, 무엇을 슬퍼한단 말인가'하고 타일렀다 한다.

안중근 의사를 호송하는 마차

 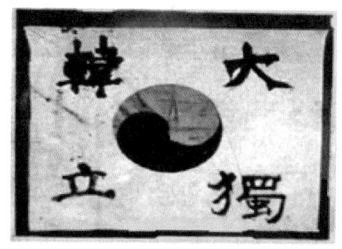

광복을 염원하는 안중근의 태극기

제3회 공판에서의 안중근 의사의 진술

무릇 이 세상에서는 조그만 벌레와도 한몸의 생명과 재산의 안존을 바라지 않는 것이 없습니다. 하물며 사람은 그를 위해 충분히 진력해야만 할 것으로 생각합니다. 그런데 공작이 통감으로서 취한 행동은, 입으로는 평화를 위한다면서도 실제로는 그와 반대입니다. 공작은 통감으로서 한국에 온 이래로, 한국 인민을 죽이고, 선제先帝를 폐위시켰으며, 현 황제에 대하여는 자기 부하처럼 압제하고, 인민을 파리 죽이듯이 죽여 버렸습니다.

–제3회 공판에서의 안중근 의사의 진술 일부–

제5회 공판에서의 안중근 의사의 진술

그 후에 수십만의 의병이 일어났으므로, 태황제께서 조칙을 내리시고, 나라가 위급 존망지추에 제하여 수수방관하는 것은 국민의 도리가 아니라 하였으므로, 국민들은 더욱 분견하여 오늘날까지 일본군과 싸우고 있습니다. 그로써 10만 이상의 한국민이 살해되었습니다. 그들이 모두 국사를 위해 전력하다 쓰러졌다면 본망 이겠으나, 모두가 공작으로 인하여 학살되었습니다. 공작의 정책이 그러하매, 한 사람이 죽으면 열 사람, 열 사람이 죽으면 백 사람의 의병이 일어나는 형편이므로, 시정 방침을 개선하지 않으면 한국의 보호는 불가능함과 동시에, 한일간의 투쟁은 끊이지 않으리라 생각됩니다. 이토오 공작은 영웅이 아니요 간웅奸雄으로서 간지奸智가 승한 자라, 그 간지로써 한국의 개명은 일취월장하고 있는 양 신문에 게재시키고, 또 일본 천황과 정부에 대하여는, 한국은 원만히 다스려져서 날로 진보하고 있는 듯이 기만하고 있으므로, 한국 동포들은 모두가 그 죄악을 증오하고 공을 죽일 생각을 품고 있습니다. 사람은 누구나 삶을 즐기려 하지 않는 자가 없으며, 죽음을 좋아하는 자는 없습니다. 뿐만 아니라 한국민은 십수년내로 토탄의 고초에 울고 있으므로, 평화를 희망하기는 일본 민족보다도 더한층 깊은 터입니다.

이은상 李殷相(1903년 10월 22일~1982년 9월 18일)

대한민국의 시조 시인, 사학자이자 명예 문학박사이다. 본관은 전주, 호는 노산鷺山이다. 정종(조선)의 열번째 서자 덕천군의 직계 후손이다. 경상남도 마산 출신으로 경성 연희전문학교 문과와 일본 와세다 대학교 사학과를 나왔다. 그 후 경희대학교 대학원 국어국문학과에서 문학석사 및 박사 학위를 받았고 연세대학교에서 명예 문학박사 학위를 받았다. 경성 이화여자전문학교·서울대학교·영남대학교 교수를 거쳐 대한민족문화협회장·한국시조작가협회장·한국산악회 회장 등을 지냈다. 광복 전에는 국민문학파의 일원으로 활약하였고 '조선어학회 사건'으로 일본 경찰에 체포되어 투옥되기도 하였다. 〈조선문단〉지 초기부터 꾸준히 작품 활동을 하였다.

1. 한국인 안응칠 소회所懷

하늘이 사람을 내어 세상이 모두 형제가 되었다. 각각 자유를 지켜 삶을 좋아하고 죽음을 싫어하는 것은 누구나 가진 떳떳한 정이다. 오늘날 세상 사람들은 으레 문명한 시대라 일컫지마는, 나는 홀로 그렇지 않은 것을 탄식한다. 무릇 문명이란 것은 동서양 잘난 이 못난 이 남녀노소를 물을 것 없이, 각각 천부의 성품을 지키고 도덕을 숭상하여 서로 다투는 마음이 없이 제 땅에서 편안히 생업을 즐기면서, 같이 태평을 누리는 그것이다. 그런데 오늘의 시대는 그렇지 못하여, 이른바 상등 사회의 고등 인물들은 의논한다는 것이 경쟁하는 것이요, 연구한다는 것이 사람 죽이는 기계다. 그래서 동서양 육대주에 대포 연기와 탄환 빗발이 끊일 날이 없으니, 어찌 개탄할 일이 아닐 것이냐, 이제 동양 대세를 말하면 비참한 현상이 더욱 심하여 참으로 기록하기 어렵다. 이른바 이등박문은 천하 대세를 깊이 헤아려 알지 못하고, 함부로 잔혹한 정책을 써서 동양 전체가 장차 멸망을 면하지 못하게 되었다. 슬프다! 천하 대세를 멀리 걱정하는 청년들이 어찌 팔장만 끼고 아무런 방책도 없이, 앉아서 죽기를 기다리는 것이 옳을까 보냐, 그러므로 나는 생각하다 못하여, 하르빈에서 총 한 방으로 만인이 보는 눈 앞에서 늙은 도적 이등의 죄악을 성토하여, 뜻 있는 동양 청년들의 정신을 일깨운 것이다.

■ 이 글은 안중근 의사가 1909년 11월 6일 하오 2시 30분에 일본 관헌에게 내어준 것임

2. 의거義擧의 이유

내가 박문을 쏘아 죽인 것은 전쟁에 패배하여 포로가 된 때문이다. 나는 개인 자격으로서 이 일을 행한 것이 아니요, 한국 의군 참모중장의 자격으로 조국의 독립과 동양 평화를 위해서 행한 것이니, 만국 공법에 의하여 처리하도록 하라.

■ 이 글은 안중근 의사가 일본 법정에서 외친 것임

3. 동포에게 고함

내가 한국 독립을 회복하고 동양 평화를 유지하기 위하여, 3년 동안을 해외에서 풍찬노숙하다가, 마침내 그목적을 달성하지 못하고 이 곳에서 죽노니, 우리들 이천만 형제자매는 각각 스스로 분발하여, 학문을 힘쓰고실업을 진흥하며, 나의 끼친 뜻을 이어 자유 독립을 회복하면 죽는자 유한이 없겠노라.

■ 이 글은 안중근 의사가 순국 직전에 유언한 것임

1910년 3월26일 여순 감옥 생활 144일 만에 순국하였다.

4. 최후의 유언

내가 죽은 뒤에 나의 뼈를 하르빈공원 곁에 묻어 두었다가, 우리 국권이 회복되거든 고국으로 반장해 다오.나는 천국에 가서도 또한 마땅히 우리나라의 회복을 위해 힘쓸 것이다. 너희들은 돌아가서 동포들에게 각각모두 나라의 책임을 지고 국민 된 의무를 다하여, 마음을 같이 하고 힘울 합하여 공로를 세우고 업을 이루도록 일러 다오. 대한 독립의 소리가 천국에 들려오면, 나는 마땅히 춤추며 만세를 부를 것이다.

ㅁ 이 글은 안중근 의사가 순국 직전에 정근. 공근 두 아우와 홍 신부에게 준 말임

5. 원흉 이등박문의 죄상 15개조

1). 1895년에 일본 병정을 시켜 대한 황후 폐하를 시해한 일
2). 1905년 병력으로써 대한 황제 폐하를 위협하고 5조약을 맺은 일
3). 1907년 또 다시 병력으로 위협하고 대한 황제 폐하를 폐위시킨 일
4). 한국 안에 있는 산림, 광산, 철도, 어업, 농.상.공업 등을 모조리 강탈한 일
5). 소위 제일은행권을 강제로 발행하여 전국 재정을 고갈시킨 일
6). 국채 1천 3백만 원을 강제로 한국에 부담시킨 일
7). 한국 학교의 서책들을 불태우고 내외국 신문을 못 보게 한 일
8). 국권을 회복하려는 한국 의사들과 그의 가족들까지 십여만 명을 죽인 일
9). 한국 청년들의 외국 유학을 금지시킨 일
10). 5적, 7적 및 일진회와 짜고 한국인이 일본의 보호를 받고자 한다고 한 일
11). 1909년 다시 5조약을 강제로 맺은 일
12). 한국이 일본에 속방되고 싶어하는 것처럼 선전한 일
13). 2천만 생명의 곡성이 진동한데 한국은 태평하다고 명치 황제를 속인 일
14). 동양 평화를 깨트려 몇 억만 인종으로 하여금 장차 멸망을 못 면하게 한 일
15). 그리고 또 1867년 6월 일본 명치황제의 부친을 죽인 일들

■ 이것은 안중근 의사가 1909년 11월 6일 하오 2시30분에 일본 관헌에게 낸 것임

6. 의병장 안중근의 나라 원수 갚은 소식을 듣고

창강 김택영 지음
노산 이은상 번역

황해도 장사 두 눈을 부릅뜨고
나라 원수 죽였다네 염소 새끼 죽이듯이
안 죽고 살았다가 이 기쁜 소식 들을 줄이야
덩실덩실 춤 노래 한 바탕, 국화조차 우줄거리네

해삼위라 큰 매 하나 하늘 쓸고 몰더니만
하르빈 역 머리에 벼락불 떨어졌네
육대주 영웅 호걸 몇 분이나 되시는지
모두들 가을 바람에 수젓가락 떨구었으리

예로부터 안 망한 나라 어디 있던가
하찮은 아이놈이 큰 나라도 엎지르네
무너지는 하늘을 떠받드는 인물 보소
망하는 때이건만 도리어 빛이 나네

김택영金澤榮(1850~1927)

대한제국기의 문신 · 학자 · 시인이다.

광무 7년에 문헌비고 속찬위원으로 있었고 1905년 학부 편찬위원이 되었으나 곧 사직, 을사조약이 체결되자, 국가의 장래를 통탄하다가 중국에 망명했다. 그의 '역사집략'은 그가 학부에서 '동국역대사략東國歷代史略' 편찬에 종사했던 경험을 살려서 그 자신의 명의로 저술하였던 '동사집략東史輯略'을 더 증보한 통사通史였다. 그는 특히 고시古詩에도 뛰어나 문장과 학문으로 당대에 이름을 떨쳤다.

7. 오호부 嗚呼賦 1910년 김택영金澤榮이 지은 부賦

작자가 중국의 장시성 남통주南通州에 망명하고 있을 때에 조국을 잃은 비분을 달랠 길 없어서 이 한편의 시로 격렬한 감정을 토로하였다. 먼저 두 줄에 걸친 짧은 서문에서 망국의 소식을 듣고 소복을 지어 입은 지 3일이 지나도록 통한이 풀리지 않아 부 1편을 지었다. 그 첫머리의 '오호'라는 감탄사를 따서 제목을 붙인다고 하였다.

창강 김택영 지음
노산 이은상 번역

아, 우리 나라의 합병된 화禍가 경술년(1910년) 음력 7월 25일에 있었다.
나는 그 소식을 듣고 슬픔을 풀 길이 없어 정을 따라 예를 마련하여 흰 옷을 지어 입고 사흘을 지냈어도 풀리지 않았다. 그래서 문득 부賦 한 편을 짓고 그 첫 머리에 있는 말을 따라 제목을 붙여 '오호부'라 했다.

어허 동서남북에 땅 아닌 곳이 없거늘 내 어찌 이 땅에 태어났으며,
예부터 이제까지 하많은 날이거늘 내 구태여 이 시대를 만났는고
하늘을 불러 묻고 싶건만,
하늘은 입 다물고 말이 없거니,
어허 하늘은 아득할 뿐 내게 대답을 안 줌이여
옷깃을 여미고 스스로 말해 보리.
한 옛날엔 순박하여 저마다 나라 지켜 백성들 편안했으며
나라의 크고 작음은 묻지 않고 덕의 후박을 논하더니만
그같이 순박함은 나날이 사라지고,
범같이 빼앗거니 이리처럼 덮치거니
긴 창을 가지고도 오히려 짧을세라,
강토를 넓히고도 더 못 키워 걱정하네
슬프다 탄환이나 사마귀 만한 우리 나라여, 이 틈새에 살기가 진실로 어려워라
공손히 엎디어 스스로 변하려고, 남에게 폐백 바치며 종살이나 하다니
이런 꼴로 나라가 될 바에야 어찌 규모있는 조그마한 마을보다 낫다 하리요

그러나 국운이 한창 적에는 하늘이 혹시 기이한 인물을 주시기도 하는 건지
수나라 군사를 청천강에서 무찔렀고 왜적들을 거북선 앞에 혼내더니만
어허 슬프다, 쇠약해질대로 쇠약해진 오늘이여, 누가 능히 우리 님께 욕됨을 미치지 않게 하리요

다투어 범 맞아들여 고기를 먹이고서 뒤따라 남은 부스러기나 얻어 먹는고
잠깐 사는 목숨을 조금 더 늘리려건만, 어찌 알랴 제 몸뚱이 그것 또한 먹히는 고기의 한점인 줄을.
어허 오늘은 국제간이라도 혹시 지난달과는 다를른지, 공법을 가지고 회의를 연다네
진실로 능히 스스로 다스리기만 하면 비록 약하긴 하지만 국권은 오히려 잃지 않으려든
어쩌다 어지신 우리 님인데 저들의 모함에서 빠지게 되었던고

혹시 천명이 이 같음인가, 아니면 귀신의 장난일런가.

동쪽 바람이 윙윙함이여 바다물물이 쳐 일어나고, 육지를 삼키고 넘실거림이여 인왕산을 가로 채었네

광화문 다락 위의 종이사 어느 누가 이 저녁을 울리며

조상의 신이사 어느 종속에 가 얻어먹으리

어허 슬프다 그만이로다, 귀신이 하는 일 하늘이 하는 일을 어쩔 길 없네

다만 조상적부터 선비를 숭상하드니, 마침내 의사 한 사람 안중근을 얻었네

저 살아 뛰는 기백 늠름함이여, 나라가 다 무너졌다 누가 말하나

영령이여 우리를 돌아보시라

가을 난초 꺾어 들고 강 기슭에서 기다리네

8. 안 해주를 제사하는 글

창강 김택영 지음
노산 이은상 번역

의병장 해주 안공 중근이 순국한 뒤에 중국 회남淮南에 도망해 사는 선비 김택영은 공의 여순旅順 무덤에 제사 지내는 양 모의하여 공을 받들어 호하되 해주海州라 하고 고하나이다. 예로부터 남의 신하 된 사람으로 나라를 위해 순절하는 이들은 대개 모두들 곧고 깨끗한 성품으로 한 때 눈 앞에 닥쳐온 부끄러움을 참지 못하여 천천히 다른건 돌아볼 겨를조차 없이 문득 자결해 버리고 마는 것입니다. 그러기 때문에 그 죽음이란 매양 나라 망하는 것은 구원하지 못하고 다만 나라의 빛이 되기만 하는 것이니, 이것을 다시 더 각박하게 말한다면 혹시 제 몸 하나 옳게 가지는 사람들이 하는 일이라고도 할 것입니다. 저 웅장하고 위대하고 굳건하고 참을성 있어, 불러도 오지 않고 밀쳐도 가지 않고 뒤끓는 난장판에 우뚝 서 있어 오히려 패한 속에서 승리를 거두고 망하는 것을 보존케 하려, 산악을 굴리고 천지를 뒤흔든 뒤에사 그만두는 이로 말하면, 저 장양張良과 문천상文天祥 같은 이들인데 그런 이야 천년에 몇 사람 나는 것입니다. 어허 이제 우리 해주 안공의 일로 말하면, 그의 나라 원수 갚기를 맹서하고 의사 용사들을 불러 모은 것이 어찌 그리도 문천상이 송宋나라 붙들던 것과 같으며, 팔을 뽑내고 탄환을 쏘아 폭풍 불리듯 벼락치듯 한 것은 어찌 그리 장양이 진시황을 철퇴로 때린 것과 같사옵니까. 공이 나라 원수 죽이던 날, 저들의 달콤한 말로 꾐을 더 할 수 없는 데까지 갚으며, 그래서 공으로 하여금 조금만치라도 뉘우치는 빛만 있게 했더면, 저들은 기뻐하고 득의하여 그걸 가지고 우리나라 사람들의 의기를 꺾어 버리며, 공을 속박에서 풀어 윗자리에 앉히고 거기 따라 만큼으로써 상까지 주었을 것입니다. 그러나 마침내 옥에 묶인 지 이백여 일 동안에 끝까지 한 마음으로, 늠름하기 눈서리 같고, 굳세기 금과 쇠 같았으니 그는 또한 어찌 문천상의 삼년을 옥에 묶었다. 사형장으로 웃으며 나가던 것과 더불어 한 길을 걸었던고. 슬프다 저 웅장하고 위대하고 굳건하고 참을성 있는 장부가 아니고서야 누가 능히 그런 일을 해 낼 수 있었으리까. 어허 공의 한 몸은 죽었지마는 위대한 공렬은 살아 있어, 각국 사람들은 간담이 서늘해지고 우리나라 사람들의 분개함도 한층 더 일어났으니, 참으로 이 때를 타서 글 한 편을 지어 각국에 성명을 내되 '우리를 통갈한다는 지난날의 조약은 정의가 아니라 조약을 맺지 않음과 같다. 이로부터 우리들은 반드시 준행하지 아니하리라' 하고 그리고 나서 애통한 말을 전국에 펴서 위아래 할 것 없이 피를 뽑으며 저들을 거부한다면, 저들인들 우리를 어찌하리까. 그렇건만 조정의 윗자리에 있는 큰 갓 쓴 무리들은 그저 무서워 무서워하며 손발을 떨면서 감히 숨 한 번 내쉬어 생각을 여기에까지 미치지 못했으니, 이것은 공의 이미 이루워 놓은 공적을 중도에 무너지게 하여, 나라 보전하려는 마음을 나타나지 못하게 했음이라, 공의 원통한

넋은 반드시 땅 속에서 흐느껴 우시오리다. 내 비록 공의 영 앞에 잔을 따르고 북을 울려 잠깐 그 성공한 것을 치하하며 기뻐하고자 한들 공이 과연 돌아보아 주시올는지.

9. 안중근 의사 만장

정위 庭慰 원세개 袁世凱
노산 이은상 번역

安重根義士輓

平生營事只畢 평생을 벼르던 일 이제야 끝났구려
死地圖生非丈夫 죽을 땅에서 살려는 건 장부가 아니고말고
身在三韓名萬國 몸은 한국에 있어도 만방에 이름 떨쳤소
生無百世死千秋 살아선 백 살이 없는 건데 죽어 천년을 가오리다

10. 한국인 안중근 한 일에 느껴

양호 전황 지음
노산 이은상 번역

뼈 속까지 사무친 원수로구나
이 어인 개 돼지, 내 방으로 들어왔나
나라를 망치고 집을 없애고
남자는 신하 삼고 여자는 첩을 삼으니
이 원수 아니 갚고 어이 살리요
하늘이여 이 정성 살피옵소서

칼 쓰던 형가荊軻나, 북 울리던 고점리高漸離는
단번에 뜻 못 이루고 천년을 울었으니
이 사람 멋진 솜씨엔 못 미쳤구나
이 사람은 원수를 개 잡듯 하였다네

총알 한 방 날아 나와 심장을 맞힐 적에
온 세상 소리치며 술잔을 기울였거니
어허 당신 나라 천만 겨레
당신 뒤따라 일어날 사람 있을 것일세
그대 못 보았나
제齊나라가 연燕나라를 망쳤건마는
하루 아침에 원수를 갚아
제나라 칠십이 성이 잇달아 항복하던 일
다만 원하건데 당신들
연燕나라 악의 악의가 되소. 소왕 昭王이 되소

그대 못 보았나
진秦시황이 죄 없는 초楚나라를 멸했지마는
하루 아침에 원수를 갚아
진나라 함양咸陽땅을 불로 지져 만들던 일
다만 원하건데 당신들
초나라 범증范增이 되소. 항우項羽가 되소

행여 당신들 한 한나라 잠팽岑彭을 찌르듯
내흡來歙을 찌르듯 하지는 마소
적이 많으면 방비도 더하는 법
팔도강산을 어떻게 되찾으료
늙은 병정 하나 죽인 것으로 끝난 것 아니라네

내 당신 향하여 큰절 드리고
당신 모습 황금 동상 만들고 싶고
또 이같이 시를 지음도
다만 당신 뜻 장해서만이 아니라
중원땅 장자들의 마음 격려하고 싶어서 일세

感韓人 安重根事
양호陽湖 전황錢皇

1910 . 8 . 22 .

한일합방 조인

Korea–Japan annexation signed

한일병합조약韓日倂合條約은 1910년 8월 22일에 조인되어 8월 29일 발효된 대한제국과 일본 제국 사이에 이루어진 합병조약이다. 대한제국의 내각총리대신 이완용과 제3대 한국 통감인 데라우치 마사타케가 불법적인 회의를 거쳐 조약을 통과시켰으며, 조약의 공포는 8월 29일에 이루어져 이날 일본 제국 천황이 한국의 국호를 고쳐 조선이라 칭하는 건과 한국 병합에 관한 조서를 공포함으로써, 대한제국은 일본 제국의 식민지가 되었다. 한국에서는 국권피탈國權被奪, 경술국치庚戌國恥 등으로 호칭하기도 한다.

을사늑약으로 외교권을 일본에 양도하고 일본의 보호국이 되었고, 정미7조약으로 군대 해산을 당하고, 기유각서로 사법권과 감옥 사무까지 잃은 대한제국은 결국 일본 제국에 병합되었고, 국치시기가 시작되었다. 한편 병합조약 직후 황현 · 한규설 · 이상설 등 일부 지식인과 관료층은 이를 일방적 압력에 의해 이루어진 늑약으로 보고 극렬한 반대 의사를 보였고, 한일병합 직후 14만 명이 독립운동에 참여하였다.

경술국적庚戌國賊

Traitor

이완용 · 윤덕영 · 민병석 · 고영희 · 박재순 · 조중응 · 이병무 · 조민희

을사오적 · 정미칠적 · 경술국적 친일파 매국노들은 나라를 팔아먹은 대가로 일본에게 많은 토지와 재물을 얻었으며, 귀족의 작위까지 하사 받았다.

1910 . 8 . 29 .

한일합방 발효

Korean–Japanese combined fermentation

국치일

The day my country was stolen
역사 Sapiens Studio 친일파 특집, 민족을 팔아 넘긴 자들의 이야기에 게제된 댓글 모음.

나라를 팔아먹은 친일파의 후손들은 어떻게 살고 있을까?
그들은 왜 그랬을까, 해방될지 몰랐으니까!

 @user-rm4fo8de9q
맞아요.친일파.잘 처먹고.독립운동하신 분들은 재산 다 받처.가족들은.가난에 찌들어. 비참하게 지금까지
도.국가에서 다 돌려주세요.

 @user-pr2bp5km8o
이 사실을 더욱 많은 사람들이 보아야 합니다. 친일파 들은 대대로 부자로 살면서 권력층들이 되었고, 독립
운동가 후손들은 가난을 대물림하면서 살고 있는 현실에 분노합니다

 @user-wq9ts3sb7x
이완용 재산을 후손들이 되찾아가는 소송을 통해 승소 판결을 때리는 판사들도 변호사자격도 박탈해야 한다.

 @Ashebae
저희 친할아버지께서는 일제강점기 시절에 끌려가 온갖 고문을 받고 해방 후 고문으로 인한 후유증으로 몸
이 안좋아져 결국 돌아가셨다고 들었을 때 얼마나 고통스러우셨을까, 얼마나 아프셨을까. 너무 슬펐는데 저
렇게 친일을 한 사람들이 떵떵거리며 살아가고 있는게 너무 슬프고 화가 납니다.

 @user-zr4gh7jw5x
지금이라도 해야지 어렵다고 포기해선 안되죠. 후손들까지 이름을 낱낱이 밝혀지고 재산을 환수해야지. 떳
떳하고 살고 있고 심지어 소송에 이겨서 가져가다니 기가 막히네요.

 @user-rv1we7un3d
영상을 보며 다시 한번 과거를 잊지 말자 배웠습니다. 지금 시대조차도 이런 행위들이 많다는 것을 인지해야
하고, 잘먹고 잘산다고 무조건 친일했다 혹은 악하다 보다는 그 욕망을 뿌리칠 수 없었다 라는 표현이 저는 맞
다고 생각 합니다. 다만 안타까운 것은 그 욕망 조차도 참아가며 독립운동을 하셨던 조상분들과 그 시절 수많
은 고통을 인내하셨던 우리나라 다른 사람들의 노고에도 불구하고, 대부분의 독립운동과 고통받으셨던 분들의
후생이 나라를 팔아먹은 놈들의 후생보다 고통스럽고 힘든 삶인 현 사실이라는 것이 너무 안타깝습니다.

 @e.d.5632
친일파 후손들 재산을 뺏어 독립운동가 후손분들께 돌려드려야 합니다. 꼭 역사를 바로 세워야 합니다. 언
젠가 법을 만들것입니다.

 @sunggyucho4296
친일파들이 현재 어떻게 사는지 우리 공동체에 알리는 것은 왜 우리가 이것들을 앞으로도 계속 청산해야 되
는지를 분명히 하는 이유가 될것!!!!

@user-fw3ik1pg9p
윗 부모 조부들이 친일하며 떵떵거리는데 자식 손자가 독립투사하기 더욱더 쉽지 않았을텐데...정말 존경스럽고 대단하고 감사하네요.

@hahahoho162
저 수백억 수천억 가량의 돈과 작위가...수 많은 사람들의 평생의 노동. 끔찍한 고문과 죽음으로 이루어진 것이라는게 참 안타깝네요... 욕망은 이겨내기 힘들지만, 아주 조금이라도 덜어낸다면 결국 자신에게 돌아와 다른 사람들과 함께 웃을 수 있는 일생이 되지 않을까 싶습니다.

@user-em6pc7rv9h
판사들이 개판이네 나라팔아서 번 재산을 인정하다니, 그건 도둑질한 재산도 빼어야 할판인데 인정하다니. 말이 안된다.

@301ejkl
계속 파서 끝까지 찾아내서 국고 환수되어야 합니다. 후손이 반대하면 얼굴 공개하고 뻔뻔함에 대한 벌도 받길 바랍니다

@joybox28
뻔뻔한 후손도 있고 광복운동에 투신한 후손도 있네요. 부모의 죄가 후대로 이어지는건 아니고 그 개개인의 도덕성은 별개로 판단해야되는 거 같습니다. 진상규명이 계속 진행되어야 한다고 생각합니다.

@jslee3536
남이섬도 친일파 후손이 설립한겁니다. 물론 적통은 아니고 친일파 민병휘의 서자의 양자 수재 민병도가 설립했습니다. 엄밀히 말하면 피 한방울 안 섞였으니, 아니라면 아니지만 족보를 나누었으니 아니라고 하기도 애매한 캐이스죠. 남이섬이 그렇게 아름답고 좋은 곳만은 아닐 수 있는 것은 알고 갔으면 합니다.

@user-nl5yn1wg3t
우리가 정말 알아야 할 것은 이들을 처벌하는데 목적이 있는 게 아닙니다. 국민이 반드시 알아야 하는 것은 국가의 기조나 국가의 정신을 바로 세우기 위해서는 친일 청산을 반드시 해야 한다는 사실을 알아야 한다는 겁니다!

@user-ii2xg1ny1r
조상이 잘못한 건 후손이 어찌 할 수 없는 일이니 뉘우치고 반성하고 국가와 국민을 위해 좋은 일하며 사는 후손들은 너그럽게 용서해 주고 반성 없이 사는 것들을 강력 처벌해 주는 나라가 되었으면 좋겠습니다.

@user-dc2er9gg4x
싹 쓸어 버릴 수 있는기회를 몇번이나 놓치게 한 그 지지 세력들을 먼저 청산해야 한다

@minseungcho5999
판사들이 욕을 얻어먹는 이유가 있네요

@user-dc4fb2qc4l
요즘 젊은 세대들이 알았으면 좋겠습니다

@williamnung33
자주 아주자주 이런 콘텐츠를 올려 나라 말아먹고도 잘 사는 후손들을 널리 알려야 합니다. 매국노들의 가족의 모든 재산은 몰수되고 독립운동가들의 후손에 물려줘야 합니다.

@user−ho8wt3ji2y
난 늘 부유하지 못하고 남들보다 못사는 가정환경에서 자라는거 같다고 부모님을. 조상들을 원망한 적도 있었다. 나라 팔아먹고 일본한테 붙어서 자기 이득 취한 저런 조상들 둔 거보다 내 조상들이 훨씬 자랑스럽다. 독립운동가 후손들은 아직도 변변치 못한 삶을 사시는 분들이 많은 걸로 알고 있는데, 가진거 다 팔아서 나라의 독립을 위해서 재산 다 가져다 쓰신 분들의 후손이다. 이거 진짜 어떻게 안되나.

@Eden_real.estate
우리 고조할아버지는 원주에서 의병활동 중 총살 당하셨고..자녀인 증조할아버지가 가족을 지키기 위해 현재의 우리 고향 골짜기에 숨었다고 합니다. 할아버지와 아버지는 그 기록을 찾고자 했으나, 실패하신 걸 매우 아쉬워 하셨죠.

@user−mr3dn4fv6v
맞는 말씀입니다. 일본을 욕하는 중 친일 후손 중 본인 조상이 친일했는지 독립운동했지 모르는 사람 있을 수 있고 알면서도 같이 일제감정기 일어난 사건을 같이 욕하는 후손들있겠죠.

@seonjungpark2315
우리는 뼈저리게 체험했죠. 나라를 팔고도 이렇게 오랫동안 떵떵거리며 잘 산다는 걸~ 사람들이 어떻게 살아가겠어요?

@everfreeman7056
나쁜 넘들과 그들의 후손들이 양심적이고 애국적인 사람들 보다 잘 먹고 잘 사는 경우가 대부분입니다.

@user−dy5ut6kf1k
나라의 기조와 나라의 정신을 올바로 세우기 위해서라도 반드시 친일 청산해야 합니다! 친일을 매국노를 처벌 하자는 게 중요한 게 아닙니다. 국가의 기조와 국가의 정신을 위해서 하자는 겁니다. 이런 국가의 기조와 정신에서 과연 국가의 미래가 있을까요?

@user−cp7kl6et2j
판사들 공짜로 이런 판결했겠습니까 우리가 할 일 이런 판사들 잊지 않는 것입니다. 자자손손 부끄럽게 판사도 공무원인데 가난한 판사 없습니다

@mmj4548
끝까지 추적해서 찾아내고 후손이라도 반성이 없다면 죄를 물어야죠 재산 몰수는 당연하고요 친일파 청산 없이는 나라가 바로설 수 없습니다 절대 그렇습니다 광복 90년이 다가오는데도 아직도.

@ojicjoo
이완용 땅을 돌려주는 걸 승소했다는게 분노가 치민다.

@user−dr1vy9cv4p
친왜 매국노 후손들은 지금도 친왜 매국행위 덕분에 친왜조상께 감사하며 살고 있습니다..전체육회장이 우리 할배가 일후작 출신으로 덕분에 후손들이 떵떵거리며 산다고 자랑하며 살고 있음에 경악! 이것이 현실입니다 ~~반드시 친왜 매국노들을 숙청해야 합니다!

@user−tr6sc9fm6u
그들이 이미 기득권을 차지하고 지금도 국가의 고위직에 꽈리를 틀고 있을 듯 근데 이를 파헤치고 붕괴 못시키는 게 화나네

@user-xd7vg4dn4t
그 친일파 후손들이 지네 조상들이 저지른 온갖 만행에 대한 책임을 지고 반성하고 사죄를 하기나 하겠습니까? 오히려 적반하장으로 온갖 패악질을 일삼는 게 저들의 일인데 사죄하라고 요구하는건 무리입니다. 이들에게 도저히 씻을 수 없는 온갖 모멸감과 치욕을 안겨주는 게 낫지 않을까요? 차라리 도끼 갖다 대갈통을 뽀사불어야 정신을 차리려나 모르겠습니다. 세상 사람들이 화나면 얼마나 무서운 존재라는 사실을 전혀 깨닫지 못하는 것 같습니다.

@azrimostlq9875
이지아처럼 배우도 하고 다들 잘 먹고 잘살아요. 조상 잘못이 내탓이 아니라고 말하겠지만 그 조상들의 동포 팔아먹으며 쌓아놓은 부를 온전히 만끽하며 자랐다는 건 얘기 안 하죠.

@burbo1004
저게 문제가 아니다!~정치인들이 아직도 정신을 못차린 게 더 치명적이지, 항상 애국심을 강조하지만 정작..

@JL-uo5uv
저희 할아버지는 홍범도 장군님처럼 만주에서 사냥꾼 독립투사였는데, 큰아버지가 독립군 증명하시다가 돌아가셔서 인정도 못받고 후손들은 매국노 후손들과는 하늘과 땅 차이로 살고 있네요

@user-qp7qz4ru2p
나라를 판 것은 법을 운운하며 법을 집행하는 자들이다.

@k-love8896
동족과 나라를 팔면서까지 욕심냈던 권력과 부를 내려놓을 수 있을까요 그들 후손의 피는 다를 수 있을까. 욕망을 거스르지 못하는 더러운 dna를 가진 자들

@0t7
친일파 후손들이 억울할 게 뭐있나? 국민들의 고혈로 부족함 없이 호의호식하며 자라났는데. 억울한 건 독립투사의 후손으로 대접도 못 받고 가난이 대물림된 분들이지.

@user-mw4ni2df9d
피가 거꾸로 치솟는 기분입니다. 전부 능지처참을 해야 마땅할 인간들...

@user-wy3ko5lr9s
완용이 후손이 땅 소송 승소했다는 게 슬픈 코미디 군요.

@user-jt6yw9sb7p
중국도 홍콩에 영국 식민지 통치에 빌붙어 살았던 경찰 군인 공무원들 사업가들 후손들까지 싹 다 잡아다 재산 다 뺐고 사형시켜야 하는데 그 걸 안하고 있네요...

@user-tj7xg7bx2z
이윤형의 소송에서 이윤형의 손을 들어준 판결한 부장 판사가 나베였다는 사실입니다. 나베는 아시는 국민은 아시지요.

@BiBi_01
근데 친일파 시절에 못때려잡고 지금 와서 후손들 때려잡겠다 하면 걔들은 뭔 죄임. 연좌제도 아니고 잡을거면 당사자들을 제때 잡았어야지 이제와서 아무리 화내도 어찌 못함. 사과를 그 후손들한테 받는다는 것도 어찌보면 어이없는 발상이면서 그럴수밖에 없는 현실이 참 안타깝다

@Elviskims

나라의 세금으로 월급 받는 판사가 친일행위를 한 자손임을 알면서 댓가를 받고 판결을 해 주는 것 증거만 없을뿐 해방 직후나 100년이 지난 지금까지 우리나라 사람들은 변한 것 없다는 걸 증명해 주는 것이지 친일세력은 아직도 살아서 잘먹고 잘사는데...

@hayoon729

저 시대를 살아보지 못해서 잘은 모르겠지만, 독립운동가 분들은 진짜 위대하신 것 같아요. 온갖 고문과 압박 사회에서 살아가지 못하게 매장했음에도 불구하고 나라를 지키겠다는 의지 하나로 버티고 싸우고 다시 나라를 되찾아오고 정말 존경스럽네요. 독립운동가 분들이 안 계셨다면 현재의 우리가 있을까 라는 생각이 듭니다. 친일 후손들은 잘못이 없다고 해도 친일때부터 내려오는 부를 계속 물려받고 있다는 게 참 화가 나네요. 독립운동가 집안 대다수는 부와 명예를 다 뺏긴 채 살아가는 집안이 대부분인데 말이죠..

@user-gr5yv8zc7k

저들은 나라 팔아 먹고 대대손손 20세기에도 잘 먹고 잘 사는 게 너무 화가 나네요.. 알면서도 써주는 기업이나, 그걸 알면서도 나라에서 방관하다니..참나.. 지금 다 환수해도 모자랄 판인데.. 다 그지처럼 살아도 손가락질 받아도 마땅한데..

@user-kp5yx9tf7c

과거청산 즉 과거의 잘못을 인정하고 받아들여 사죄를 하고 나라를 국민을 위해 헌신하는 사람은 그래도 인정할 필요가 있고 죄를 인정 못하고 소송이나 걸고 그 소송을 이기는 역적들은 처단해야 하며, 그 재판장들도 마찬가지로 역적으로 몰아 세워야 한다.

@user-zr4gh7jw5x

지금이라도 해야지 어렵다고 포기해선 안 되죠. 후손들까지 이름을 낱낱히 밝혀지고 재산을 환수해야지, 떳떳하고 살고 있고 심지어 소송에 이겨서 가져가다니 기가 막히네요

@user-em6pc7rv9h

판사들이 개판이네 나라 팔아서 번 재산을 인정하다니. 그건 도둑질한 재산도 뺏어야 할 판인데 인정하다니 말이 안된다.

대한제국 충남 서천군의 공매 낙찰 증명서

Public auction winning certificate from Seocheon-gun, South Chungcheong Province, Korean Empire

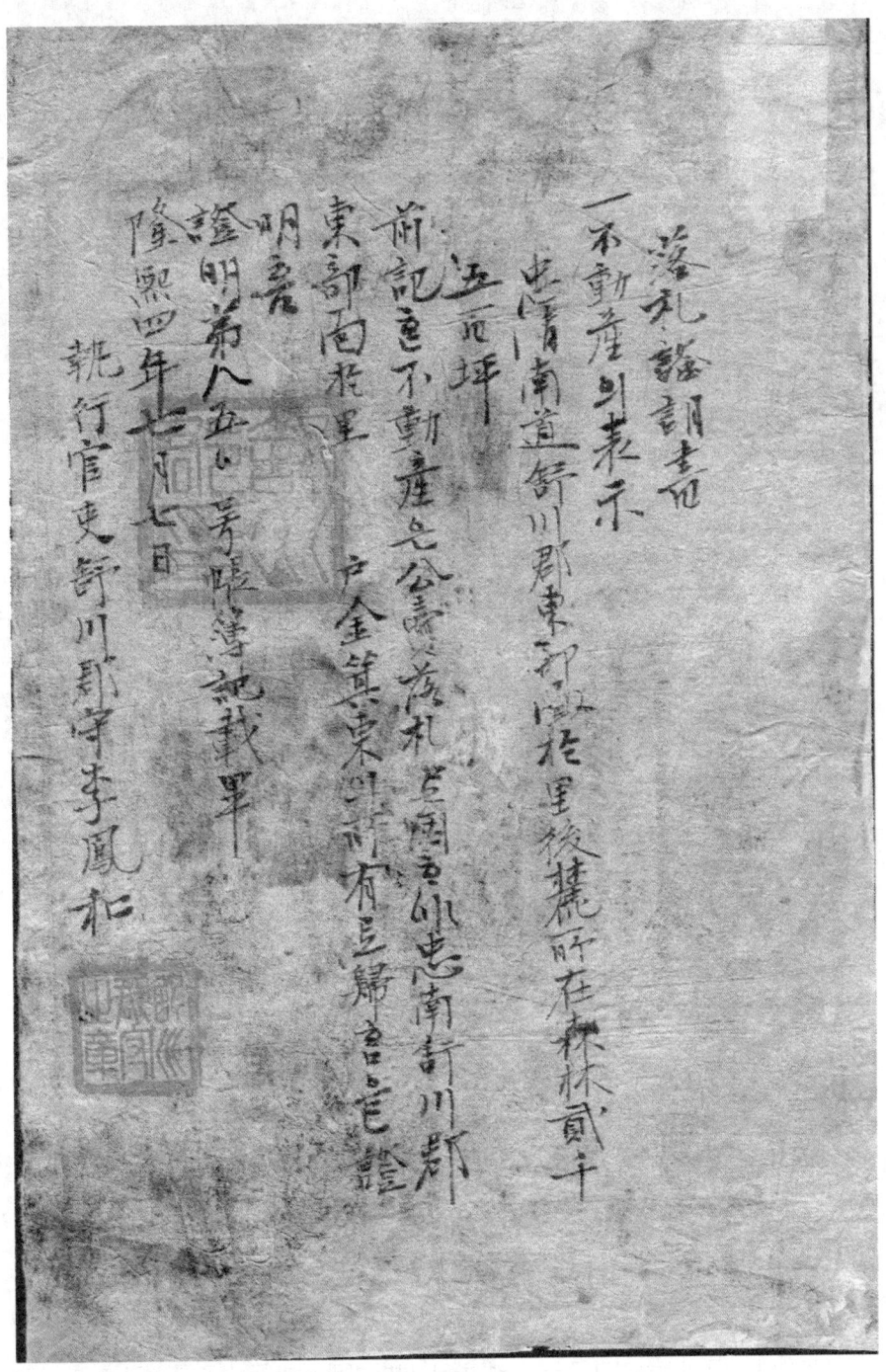

1910. 7. 7.

급急 훈령 제109호

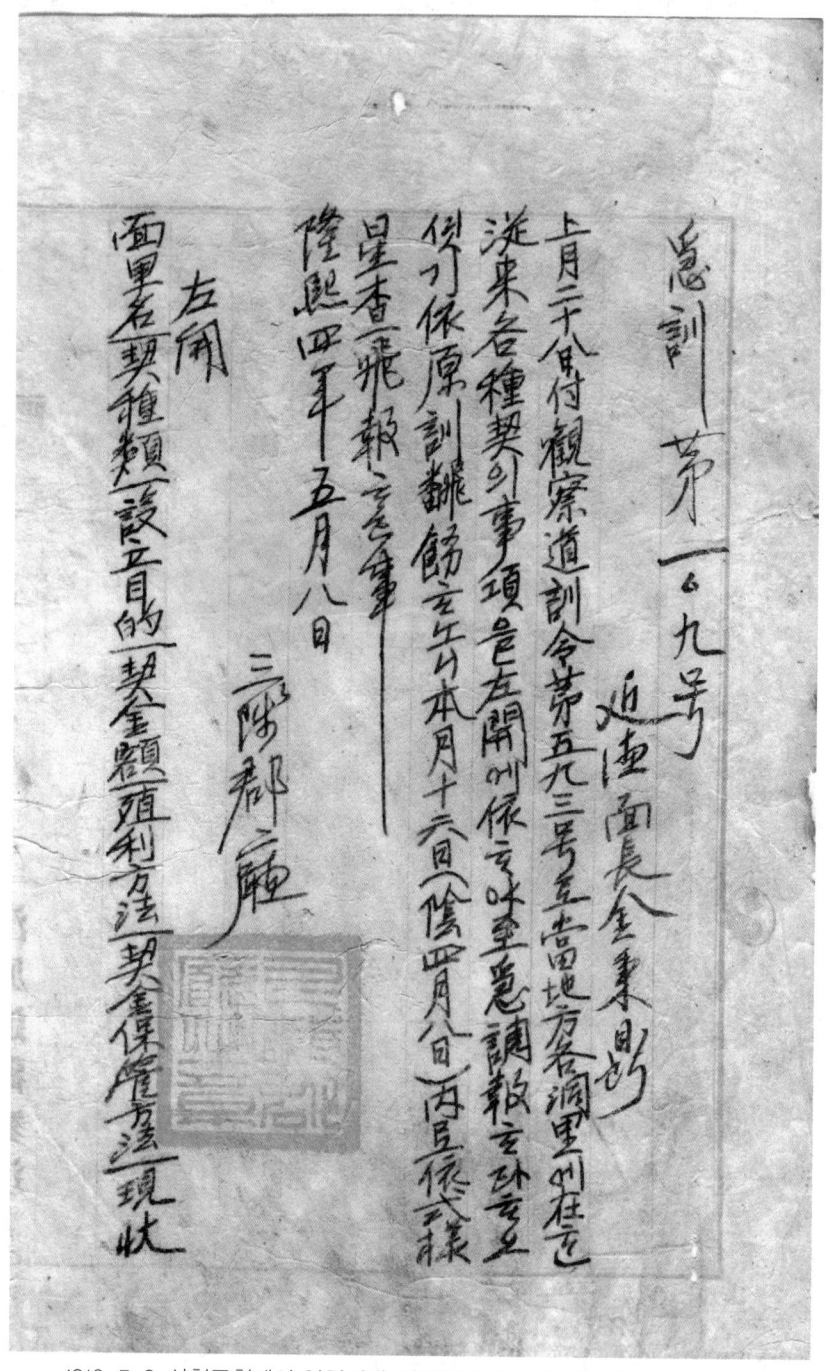

1910. 5. 8. 삼척군청에서 영일면장 김병연에게 보낸 급훈령. 155x246mm
면 내에서 일어나는 계의 종류, 금액, 처리 방법, 보관 방법 등에 관한 긴급 훈령

1910

서대문(국)▶경남 장기　　　　　　한일합병 직후 대구▶일본

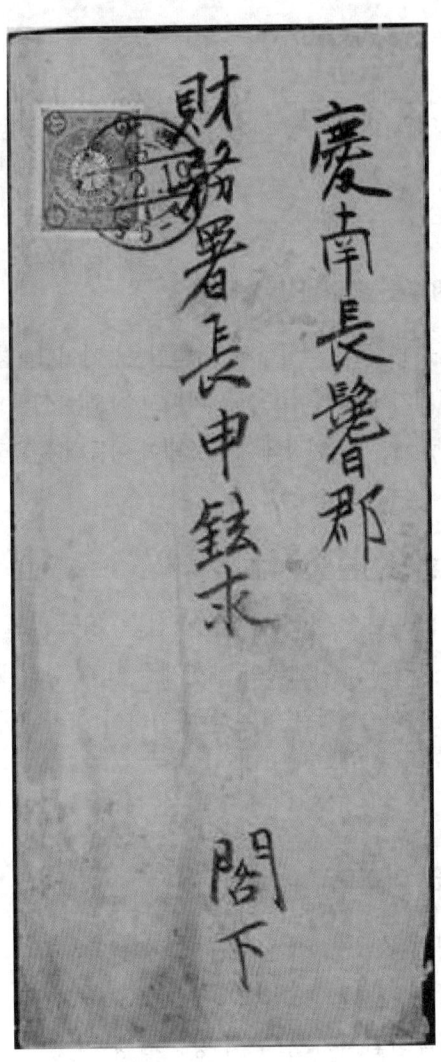 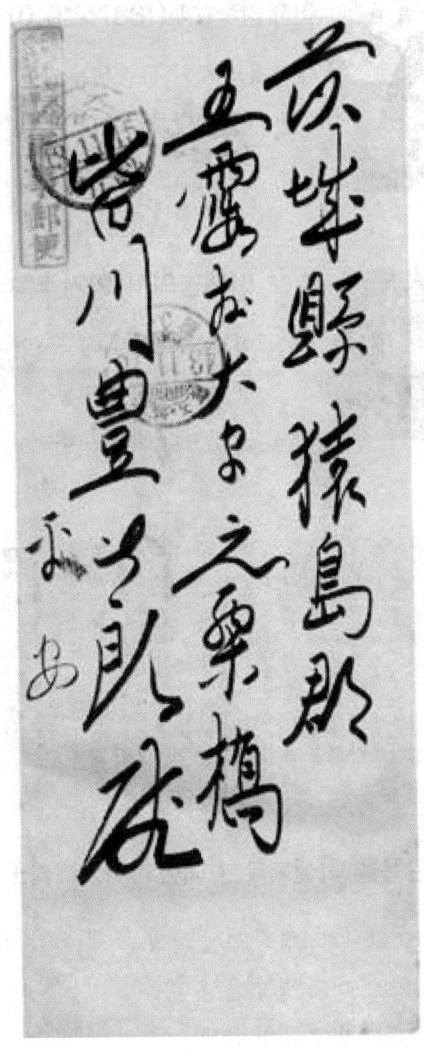

1910. 2. 19. 서대문–장기행　　　군사우편 1910. 11. 15. 대구(국)–일본행

매국노 이완용을 척살刺殺한 대한 의사大韓義士 13명

13 Korean doctors who murdered traitor Lee Wan-yong

이재명李在明(1887~1910)

대한제국 시기 독립운동가.

이완용을 처단하려 했으나 실패 후 체포되어 사형 판결을 받고 형장에서 순국.

이재명의사 의거 터李在明義士 義擧址

이재명은 친일 매국노인 이완용李完用을 척살하려 한 독립운동가이다. 평북 선천 출생으로 1909년 명동성당에서 벨기에 황제 추도식을 마치고 나오는 이완용을 척살하려 했으나 복부와 어깨에 중상만 입히고 현장에서 체포되어 이듬해 순국하였다.

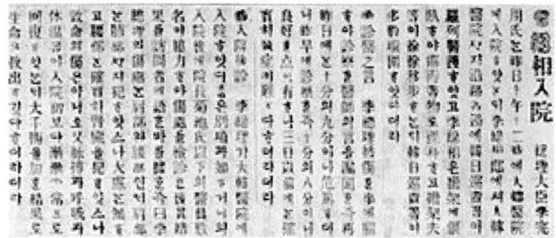

황성신문皇城新聞 기사

1909년 12월 24일자 황성신문. 12월 22일 낮에 명동성당에서 이재명이 대한제국 내각 총리대신 이완용을 피습, 칼로 흉부를 가격하여 이완용이 병원으로 이송됐다는 기사 내용

매국노 이완용을 척살刺殺한 대한의사大韓義士 13인 리스트

이재명李在明(1887~1910) 평북 선천 출생

김정익金貞益(1889~미상) 평양 출생

김병록金丙綠(1884~미상) 평양 출생

이동수李東秀(1884~미상) 평북 정주 출생

조창호趙昌鎬(1881~1836) 평양 출생

오복원吳復元(1886~미상)평남 강동 출생

김병현金秉鉉(1888~미상) 평양 출생

박태은朴泰殷(1893~1937) 평양 출생

전태선全泰善(1867~미상) 평양 출생

이응삼李應三(1892~미상) 평양 출생

김용문金龍文 대한의원 부속학교 학생

이학필李學泌(1888~미상) 평남 대동 출생

김이걸金履杰(1884~1950) 평남 대동 출생

이재명李在明 의사義士 이완용李完用 피습 사건 일지

출처: 일본제국 문사신보文司新報 기사 내용 발췌

1910. 04. 08. 이재명 취조 진척

이재명의 1회 공판은 드디어 14, 15일경 열릴 예정이어서 사무를 진행시키고 있다.

1910. 04. 11. 이재명의 기소

이완용을 찌른 이재명 외 혐의자 13명은 수일 내에 드디어 기소될 것이다.

1910. 04. 11. 이재명 사건과 변호사

이완용 총리를 찌른 흉한의 한 패에 대해서는 흉변 후 이토 검사 주임 밑에서 취조하고 있는데, 드디어 결말의 날도 다가왔기 때문에 늦어도 이번 달 중순경에는 기소할 것이다. 예상 이상으로 시간이 걸린 것은 공법의 수색, 비밀 결사 연락 및 교사자 유무 조사 등에 의외로 시간이 걸렸기 때문이라고 한다. 기소해야 하는 인원수는 약 13~14명이 될 것이다. 또 이 범인의 공판 기일은 변호사를 붙이지 않는다면 판사가 서류를 대충 훑어보는 것만으로도 충분하므로 이번 달 중으로 개정할 수 있겠지만, 일단 변호사의 신청이 있을 때에는 변호사는 망연한 일대 서류라며 연기를 신청하여 도저히 이번 달 안으로 개정하는 것은 불가능하다. 들은 바에 따르면 현재까지는 변호사가 없지만, 머지않아 1~2명의 변호사로부터 청원할 가능성도 있을 것이다.

1910. 04. 11. 자객의 관계자

이완용에게 끔찍한 짓을 한 이재명 이하 연루자는 이토 담당 검사가 취조 중이다. 드디어 전부 질문 취조를 끝낸 12일 정식으로 경성 지방 재판소에 살인 모의 미수죄로 기소하였다. 그 인원수는 이재명 이하 13명으로 그 중 12명은 평안남도 출신이다. 그리고 가장 주의해야만 하는 점은 13명 중 김병록金丙綠. 43세 외에 모두 20대 청년이라는 점이다. 그 중에는 소학교 교사 1명, 의학교 학생 2명, 일본 메이지대학 중학과 학생 1명이 있다. 게다가 8명은 열렬한 기독교 신자이다. 덧붙여 말하자면 13명 중 이동수李東秀외 2명은 도망 중이기 때문에 결석 재판에 회부될 것이다.

1910. 04. 14. 검사의 기소 내용

이재명에 대한 이토 검사의 기소 요령은 다음과 같다. 피고 이재명은 수년 전에 미국으로 건너가서 노동에 종사하다가 명치 40년(1907)에 일단 귀국하였다. 일한협약은 한국을 위해서는 불리하다는 잘못된 믿음을 강하게 가지고 있었다. 명치 42년(1910) 11월 일진회의 합병론에 이완용 총리 대신이 이것을 수행할 것이라고 예상하고 이 때 이완용을 살해하려고 음모를 기획하여 경성대한의원 부속 의학교 학생 오복원吳復元. 김용문金龍文을 권유하여 동지로 끌어들였다. 또 11월 하순에는 평양으로 가서 김정익金定益 이하 여러 명과 여러 번 집회를 열었다. 김정익은 한일합방 주창자인 이완용을 살해할 것을 주장하였고, 일동은 이에 대해 찬성하였다. 이재명. 이동수李東秀. 김병록金丙綠은 이완용 살해 임무를, 또 김정익 외 1명은 이용구李容九 살해 임무를 맡는 것으로 결정하였다. 오吳 이 외의 2명은 자금 조달을, 김金 이 외의 3명은 흉기 매입을, 김용문金龍文과 김익문金益文은 이완용, 이용구의 동정을 담당하고 각각 분담하기로 하였다. 동지들은 12월 22일 경성에 모여서 우선 이완용 암살을 거행하고 다음으로 이용구를 살해할 계획으로 이재명. 이동수는 12월 22일 프랑스교회당 앞에서 이완용을 습격하고 이재명은 단도를 가지고 이완용을 찔렀다. 호위 순사가 막아내어 목적을 달성하지 못하였지만, 그 때 이완용의 차부車夫를 찔러 즉사시켜 현장에서 포박당한 것이다.

1910. 04. 20. 이재명의 변호인

이완용 총리의 가해자 이재명의 변호인은 안중근安重根을 변호할 예정이었던 안병지安秉之에게 의뢰할 것이다.

1910. 05. 04. 이재명 공판

이재명의 공판은 드디어 4일부터 개정될 예정으로 변호사는 2명이 담당하고자 수속을 마쳤다. 한 건의 서류는 대단히 많지만, 사건의 성질이 단순하기 때문에 비교적 빨리 진행될 것이라고 한다.

1910. 05. 05. 이재명의 공판

이재명 등의 공판은 4일부터 개정될 예정이었지만 변호사가 서류 열람, 피고 현장 취조 조서가 필요하여 연기를 신청하였고, 경국 13일로 연기되었다. 변호사는 일본인 2명 이 외에 한인 2명을 추가하였다.

1910. 05. 15 이재명 공판 광경

오늘 공판정에서 이재명은 두발을 5부 자른 22살의 청년으로 신체 강건하고 흉악한 모습이었다. 심문 중에 종종 옆을 바라보고 또는 뒤를 돌아보고 쓴 웃음을 지었다. 그의 태도는 대단히 오만불손하고 또한 허세를 부리고 남을 깔보며 말하기 때문에 밉살스럽다. 방청인은 독일 총영사, 신문 기자, 한인 학생, 천도교 교도로 대략 300명에 이르렀다. 그 중에는 이재명의 어머니, 처를 비롯하여 여성 5명이 있었다. 역시나 피고의 비참한 모습을 보고 조용히 눈물을 흘리고 정숙하게 심문하는 모습을 방청하였다.

1910. 05. 15. 검사의 흉한凶漢 구형

이완용 총리대신 암살자 이재명 이하의 공판은 오늘 오전 11시부터 개정하였다. 재판장의 취조가 있은 후에 검사는 이재명의 비열한 심사를 지적하고 암살 모의 미수 주범이기 때문에 주범으로 사형, 김정익은 암살 모의 미수 주범 및 살인 종범 두 가지 죄로 징역 15년, 그 외 김병록 이하 11명에 대해서는 죄상의 경중에 따라 징역 10년 이하 3년 이상을 구형하였다. 구형 후에 이와타, 오사키 외 한인 변호인의 변론이 있었고 8시에 폐정되었다.

1910. 05. 19. 이재명李在明 이하 판결

이재명 이하 이완용 수상 상해사건 공판은 오늘 다음과 같이 판결이 있었다.
사형 이재명李在明

징역 15년 김정익金貞益 · 징역 15년 김병록金丙綠 · 징역 15년 이동수李東秀 · 징역 15년 조창호趙昌鎬 · 징역 15년 오복원吳復元 · 징역 7년 김병현金秉鉉 · 징역 7년 박태은朴泰殷 · 징역 5년 전태선全泰善 · 징역 5년 이응삼李應三 · 징역 5년 김용문金龍文 · 징역 5년 이학필李學泌 · 징역 5년 김이걸金履杰

1910. 05. 19. 이재명의 추태

이재명은 사형 선고를 받자마자 제 정신을 잃고 울부짖으며 방청객을 돌아보고 청하였다. 누군가 나의 의지를 이어받아 국적을 살해하라. 나는 귀신이 되어서 5조약 체결자를 잡아 죽이겠다고 말하고 또 누군가 나의 밧줄을 끊어 나를 풀어주라고 소리치는 등 추태를 보고 있기 어려웠다. 그의 어머니 및 처도 사형이라고 듣고 울면서 주저앉았다.

1910. 05. 24. 이재명의 공소

이재명은 1910. 5. 21일 공소하고 다른 연루자도 공소하였다.

1910. 05. 28. 이재명의 공소

제1심에서 교수형 선고를 받은 이재명은 그 후 대단히 추태를 부리고 세상의 조소를 샀다. 그는 여전히 사형 집행을 유예하기 위해서인지 또 죄를 면하고 싶기 때문인지 공소 기일의 마지막 날에 공소를 신청하였다.

1910. 05. 31. 결국 공소 기각

사이비 의사義士 이재명 등의 공소 공판 기일은 1건 서류 조사 중이지만 연루자가 대단히 많아 방대하므로 다수의 시일을 필요로 할 것이다. 하지만 사건의 성질은 대단히 단순하기 때문에 공판도 곧바로 종료되어 기각을 선고할지도 모른다고 한다.

1910. 07. 02. 이재명 등의 공판

이재명 외 9명에 대한 이완용 총리대신 암살 사건 공소 공판은 20일 오전 9시 일본인 재판장 담당으로 개정하였다. 이재명은 전처럼 방청인에게 깔보며 말을 하고 미친 듯 난동을 부렸기 때문에 포승줄에 묶여 있었지만 재판장은 피고를 훈계하고 공판정에서 난폭한 행동을 하지 말라고 일갈하고 포승줄을 풀었다. 이재명을 비롯하여 각 피고인에게 심문을 개시하였고 이재명은 여전히 쓸데없는 말을 지껄였다. 이완용에 대해서 처음 칼을 찌른 것은 기억하지만 차부에 대해서는 처음부터 살의는 없었다. 말할 것도 없이 원한이 있는 이완용은 찔러도 차부를 찔러 죽일 이유가 없다고 이를 부인하였다. 차부를 이유로 살인죄를 벗어나려고 앞뒤가 모순된 진술을 하였다. 재판장에게 추궁당해서 여전히 심사가 비열하였다. 방청인은 200여 명으로 한인이 많았고 이재명의 어머니, 처 등도 방청하였다.

1910. 07. 14. 흉한凶漢 판결 선고

12일 아침, 흉한 이재명의 공판 선고가 있었다. 김병록은 이전 판결을 취소하고 15년의 징역, 그 외 다른 시림들 모두 이전 판결대로 선고를 받았다. 이재명은 일어나서 법률은 나의 생명을 끊는다고 해도 정신은 영원히 소멸되지 않을 것이라고 말하는 등 쓸데없는 말을 지껄이는 것인가라고 생각하였다. 방청석에 있는 어머니와 처를 돌아보고 결국 사형에 처해졌다고 이별을 고하고 미치광이 같은 태도를 보여서 보고 있기 어려웠다. 김정익은 일단 공소하였지만 무슨 이유에서인가 취소하고 이전 판결에서 받은 15년 징역형에 처해졌다.

1910. 07. 18. 이재명 등의 미련

이재명과 연루되어 일진회 회장 이용구를 살해하려고 한 주모자 김병록, 공범 오복원 외 10명은 전에 공소심에서 모두 유죄를 선고받았는데, 이재명 외 3명은 여전히 미련 때문에 답답하고 괴로워하고 있다. 참고로 상고 기한은 18일까지이다.

1910. 07. 22. 이재명 상고하다

흉한의 공소 판결이 확정되었다고 전보를 보냈지만 단 1명에 대해 실수가 있어서 정정하여 말하면 이재명 외 2명은 최종 기한인 어젯밤 12시가 되어 갑자기 상고한 사람이 3명이고 그 이외는 1심으로 복역하는 사람이 1명, 도주 중 경석 판결을 받은 사람이 3명이다.

1910. 09. 18. 이재명 교수형

고등법원에 상고 중이었던 이재명의 이완용 모살사건은 전 재판을 정당하다고 인정하여 경국 상고가 기각되었다. 머지않아 이재명은 교수형을 당할 것이다.

1910. 10. 02. 이재명의 사형

상고가 기각된 이재명은 이미 벗어날 길이 없음을 각오하고 성서 등을 읽으면서 집행을 기다리고 있었다. 마침내 30일 오전 10시 40분경 경성감옥에서 도야마 교도소장富山典獄, 후카자와 검사深澤檢事, 사사키 교화사佐佐本敎誨師 등이 입회한 가운데 사형에 처해졌다. 이 날 이재명은 조선옷을 입고 초연하게 입장하여 도야마교도소장으로부터 처형의 내용을 언도받았다. 일단은 안색이 창백해졌지만 의외로 정숙함을 유지하고 오늘 같은 일이 있을 것을 미리 각오하였기에 별로 두려워하는 일은 없었다. 다만 5분간 마지막 기도를 허락해달라고 하여 성서를 묵독하고 기도를 올리고 지금은 천국으로 돌아갈 뿐이라고 하였다. 교수대 위에 선지 약 15분 후에 숨이 끊어졌다.

백범 김구 선생 자서전에서 발췌한 이재명의 활동

'저녁에 진초학교 직원들도 와서 주연을 벌리고 있노라니 동네가 갑자기 요란하여진다. 주인인 김정홍이 놀라며 걱정스러운 얼굴로 설명하는 말이 이러하였다. 진초학교에 오인성吳仁星이라는 여교원이 있는데 무슨 이유인지 모르나 그의 남편 이재명李在明이 와서 단총으로 오인성을 위협하야 인성은 학교일을 못 보고 어느 집에 피신하여 있는데 이재명은 매국적을 모조리 죽인다고 부르짖으면서 미쳐 날뛰며 방포를 함으로 동네가 이렇게 소란한 것이라고 한다. 나는 노백린과 상의하고 이재명이라는 사람을 불러왔다. 그는 이십이삼 세의 청년으로서 미우에 가득하게 분기를 띄우고 들어섰다. 인사를 청한 즉 그는, 자기는 어려서 하와이에 건너가서 거기서 공부를 하던 중에 우리나라가 왜에게 빼앗긴다는 말을 듣고 두어 달 전에 환국하였다는 말과 제 목적은 이완용 李完用 이하의 매국적을 죽임에 있다 하야 단도와 권총을 내어 보이고, 또 자기는 평양에서 오인성이란 여자와 결혼하였는데 그가 남편의 충의의 뜻을 몰라본다는 말을 기탄없이 하였다. 그러나 우리는 이 사람이 장차 서울 북달은재에서 이완용을 단도로 찌를 의사 이재명이 될 사람이라고는 생각하지 못하고 한 허열에 뜬 청년으로 만 보았다. 노백린도 나와 같이 생각한 모양이어서 그의 손을 잡고 큰 일을 하려는 사람이 큰 일을 할 무기를 가지고 아내를 위협하고 동네를 소란케 하는 것은 아직 수양이 부족한 것이라고 간곡히 말하고 그 단총을 자기에게 맡겨두고 마음을 더 수양하고 동지도 더 얻어 가지고 일을 단행하라고 권하였더니 이재명은 총과 칼을 노백린에게 주기는 주면서도 신선하게 주는 빛은 없었다. 노백린이 사리원에서 차를 타고 막 떠나려 할 때에 문득 이재명이 그곳에 나타나서 노백린에게 그 맡긴 물건을 도로 달라고 하였으나 노백린은 '서울 와서 찾으시오' 하고 떠나 버렸다. 그 후 일삭이 못하야 이재명은 동지 몇 사람과 서울에 들어와 군밤장사로 변장하고 천주교당에 다녀오는 이완용을 찌른 것이었다. 이완용이 탔던 인력거꾼은 즉사하고 이완용의 목숨은 살아나서 나라를 파는 마지막 도장을 찍을 날을 주었으니 이것은 노백린이나 내가 공연한 간섭으로 그의 단총을 빼앗은 때문이었다. 나라의 명맥이 경각에 달렸으되 국민중에는 망국이 무엇인지 모르는 이가 많았다'.

경성사동 등기 635

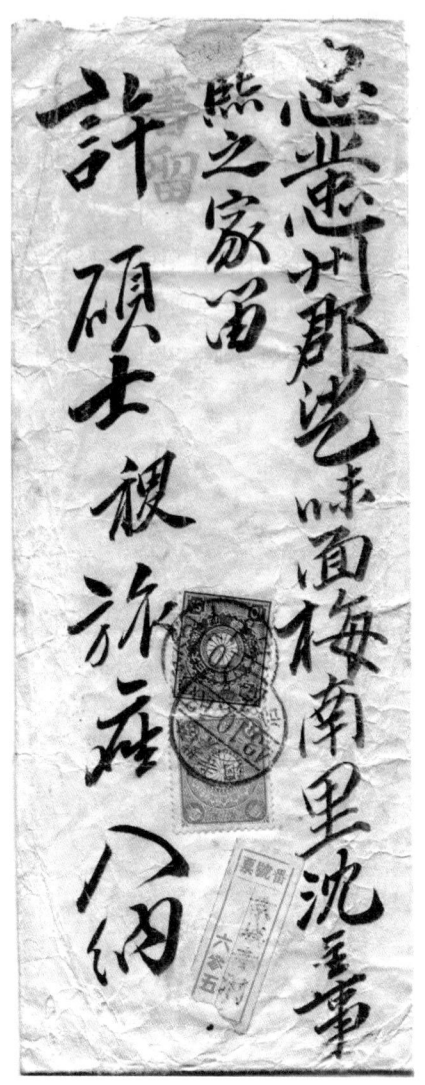

한일합방 직전
1910. 10. 13. 경성사동—충청북도 충주행
85x225mm

일제가 만든 홍보용 내선일체 포스터

내선일체内鮮一体

일본 제국이 국치시기 조선을 일본에 완전히 통합하고자 내세운 표어로, 곧 내지(内, 일본)와 조선(鮮)이 한 몸이라는 뜻을 담고 있다. 이는 조선인의 민족 정체성을 사라지게 하여 일본으로 편입시키려 한 민족말살정책의 일환으로 평가한다. 1910년 일제는 조선을 강제 합병한 후 점차 조선에서 일본어 교육을 실시해 나갔으며, 모든 민족적인 문화활동을 금지하고 일본어 교육을 강요함을 통하여 민족성을 말살하려고 획책했다. 이러한 탄압은 1937년 중일 전쟁 이후에 더욱 강화되어, 1938년 이후 '일본어 상용화 정책'을 실시하여 부분적으로 시행되던 조선어 교육을 폐지하고, 일본어의 사용을 강제하여 조선어의 말살을 꾀하였다. 이와 함께 농아일보, 조선일보 등 한글로 발간되는 신문과 '문장' 등의 한글로 된 잡지를 전면 폐간시켰으며, 1942년 10월에 조선어학회 사건을 조작해 조선어학회 간부들을 모두 잡아들였다. 특히 일선동조론을 통해 일본과 조선민족이 본래 같다는 논리로 조선 고유의 민족성을 부정한 것 역시 내선일체와 맥락을 같이 하였다. 이외에 조선인들의 이름을 일본식 성명으로 변경시킨 창씨개명, 일본 천황에 대한 숭배를 강요한 황민화 정책 역시 내선일체의 구호 아래 행해진 일체화 정책이었다.

서대문(국) ▶ 경남 장기군 재무서장 신현구

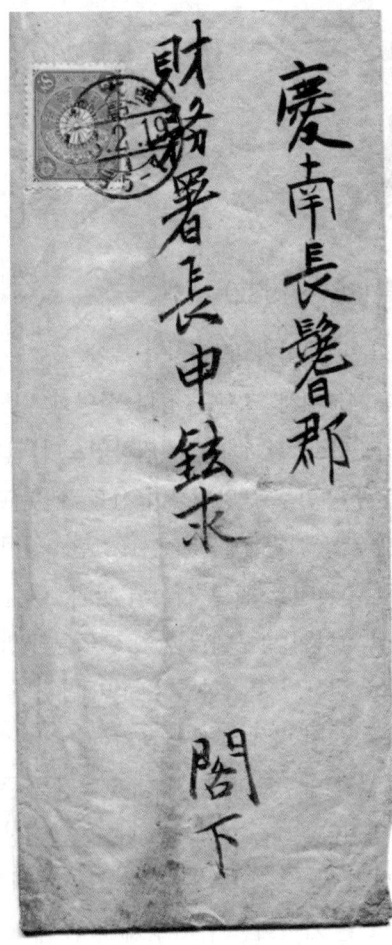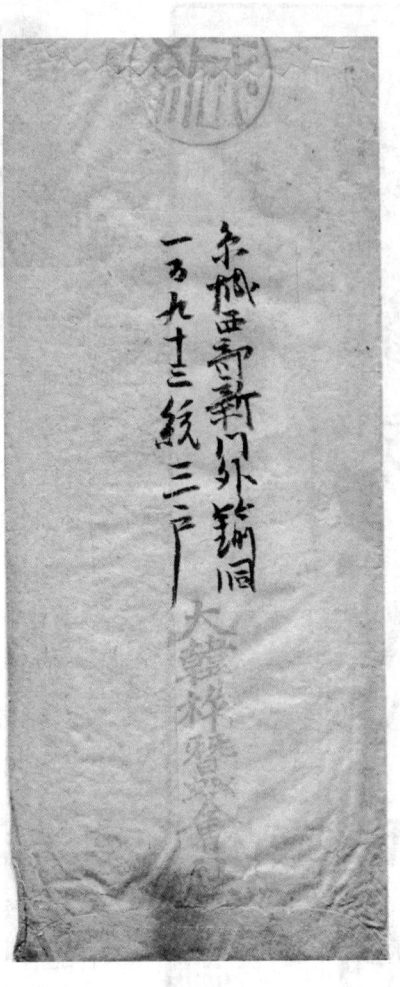

1910. 2. 19. 서대문(국)-경남 장기군 재무서장 80x180mm

궁성요배宮城遙拜

일본제국과 그 식민지들의 주민들이 고쿄(궁성)가 있는 방향으로 고개를 숙여 절을 하던 예법을 가리킨다. 궁성요배는 일본 제국의 내지(일본 제국의 일본 본토)뿐만 아니라 외지(일본 제국의 식민지), 일본 제국의 괴뢰국가 어디서든지 가능했다. 타이완에서는 황성요배皇城遙拜, 조선에서는 황거요배皇居遙拜, 만주국에서는 동방요배東方遙拜라고도 했다.

대구▶장기재무서

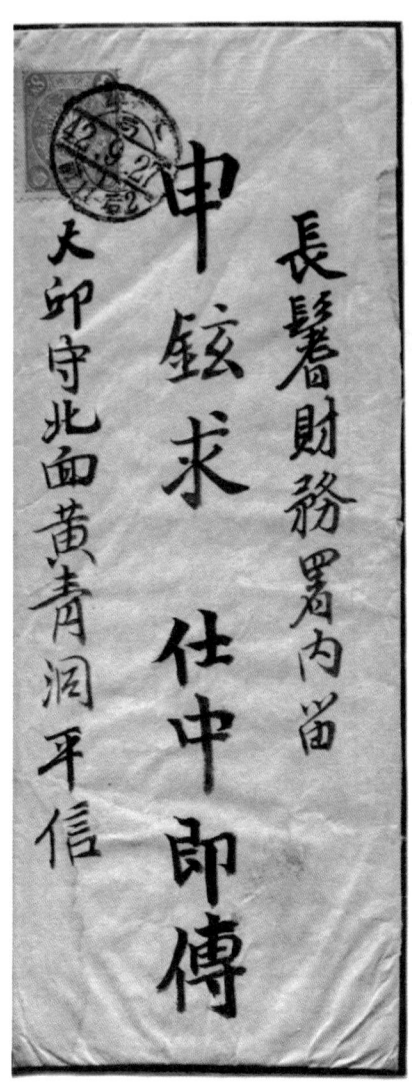

1910. 9. 27. 대구—장기재무서 75x195mm

이회영李會榮(1867~1932)

대한제국의 교육인, 사상가. 국치시기 독립운동가.

장훈학교, 공옥학교에서 교편을 잡다 신민회의 창립 멤버로 가담하였고, 북간도에 서전서숙을 설립하였으며 일가 6형제와 함께 유산을 처분하고 만주로 망명하여 신흥무관학교를 설립, 독립군 양성과 군자금 모금 활동을 했다. 1931년 9월에는 흑색공포단을 조직하여 일본과 일본 관련 시설의 파괴, 암살을 지휘하였으나, 1932년 11월 상하이 항구에서 한인 교포들의 밀고로 체포되어 고문 후유증으로 인하여 옥사하였다. 1910년 경술국치를 전후하여 12월, 6형제는 조선 안의 명성을 포기하고 겨울에 60명에 달하는 대가족을 이끌고 만주로 망명했다. 이 망명을 주도했던 인물이 넷째였던 이회영이라 한다. 이때 국내에 있던 재산은 처분하였으며, 대가족이 함께 만주로 이주했다. 이상룡, 허위의 집안과 함께 기득권을 버리고 온 가족이 독립 운동에 나선 대표적인 가문이다. 이회영 일가는 지린에 정착하여 경학사, 신흥강습소를 설치하고 독립 운동을 위한 기반 닦기에 들어갔다. 당시 위안스카이가 이회영 일가와 개인적인 친분이 있어 한인 토지 매매를 후원했다고 한다. 이때까지도 남아있던 가솔과 노비를 해방하였으나, 수행을 자청한 일꾼까지 합하여 40여 명도 그들 일가족을 따라 만주로 망명하였다.

1931년의 이회영 선생

흑색공포단 조직

1931년 9월 이회영은 정화암 · 백정기 · 김성수金性壽 그리고 중국인 왕아초王亞樵 · 화균실華均實, 일본인 출신 아나키스트 전화민田華民(일본명 佐野), 오수민吳秀民(일본명 伊藤) 7인과 함께 상하이의 어느 건물 지하에 모여 항일구국연맹을 결성하였다.

용산(국)▶일본

1910. 3. 31. 용산 노송정-일본행 78x190mm

신채호申采浩(1880~1936)

국치시기의 독립운동가. 민족주의 사학자.

국권의 피탈이 확실시되자 신채호는 애국지사들과 협의하여 1910년 4월, 중국으로 망명하였다. 평안북도 정주 오산학교에 들렀다가 중국안둥을 거쳐 칭다오에 도착했다. 칭다오에서 안창호·이갑 등 신민회의 간부들과 독립군 기지 창건 문제를 논의하여 만주 밀산현에 신한민촌을 만들어 '독립군기지로 활용하자'라는 계획을 세웠다. 9월, 러시아 제국의 블라디보스토크 인근에서 신한촌新韓村이 형성되는데 참여하였으며, 연해주에서 발간된 한글 신문인 해조신문의 발행에도 참여했다. 1911년 12월 권업회라는 교민단체를 조직하고 권업신문을 발행하여 독립사상을 고취하였으며, 1912년에는 광복회를 만들어 활동하였다. 1913년 권업신문이 재정난으로 어려워지자, 신규식의 초청으로 상해로 떠났다. 상해에서 1년간 머무르며 김규식에게 영어를 배웠다. 1929년 5월, 신채호는 조선총독부 경찰에 체포되어 치안유지법 위반과 유가증권 위조 등의 혐의로 10년형의 언도를 받고 만주국 평톈 성 다롄 부뤼순(현재의 중화인민공화국 랴오닝성 다롄시) 뤼순커우구에 있는 뤼순 감옥에 수감되었다. 1935년 그의 건강이 매우 악화되어 형무소 당국은 '보호자가 있으면 출감시키겠다'고 했으나, 그의 보증인이 친일파라는 이유로 신채호는 가석방을 거절하였다. 1936년 2월 18일, 감옥 독방에서 뇌일혈로 쓰러졌으나 방치되었고, 사흘 뒤인 2월 21일 감방 안에서 혼자 있을 때에 사망하였다. 뇌일혈 및 동상, 영양실조, 고문 후유증 등의 합병증이었다.

경성京城(국)▶일본

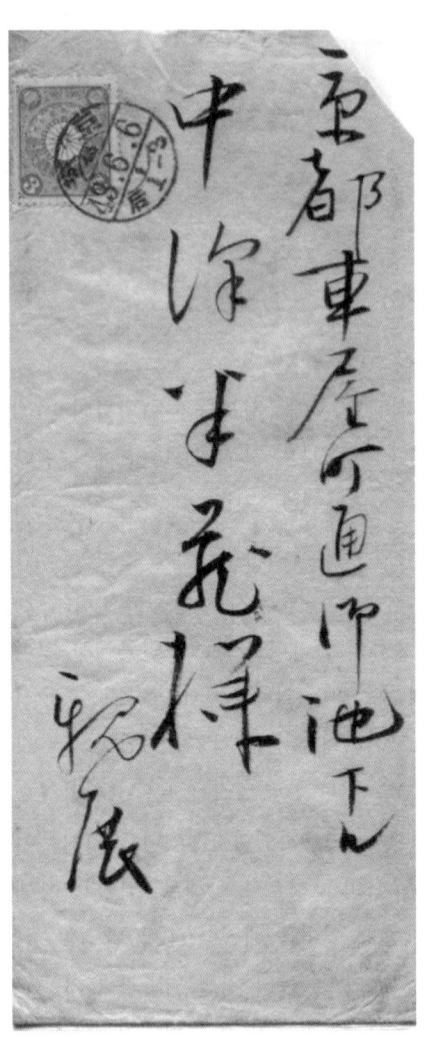

1910. 6. 6. 경성-일본행 80x200mm

남화한인청년연맹南華韓人靑年聯盟

1930년 4월 20일 중국 상하이에서 조직되었던 무정부주의 운동 단체이다. 재만조선무정부주의자연맹이 상하이로 철수하여 전투 체제로 개편한 단체로, 맹원盟員은 유자명 · 유기석柳基石, 일명 柳絮 · 장도선張道善 · 정해리鄭海理 · 정화암 · 안공근 · 오면직吳冕植 · 이현근李炫謹 등이었다. 1929년에 만주 북부 지역에서 이회영의 영향을 받아 결성되었다. 재만조선무정부주의자연맹의 김좌진은 1930년 1월에 피살되었다. 1930년 4월 20일 상하이에 옮겨온 선언문에서는 '일본제국주의의 철쇄를 탈출하는 우리는 민중 자신의 손으로 진실한 자유와 평등과 우애에 기초한 신사회를 건설해야 한다'고 주장하였다. 남화한인청년연맹은 무정부주의를 추구하며 일본의 폭력과 독재에 저항하는 급진적 독립운동을 추구했다. 따라서 의열단과 유사한 무력 투쟁이 주요 활동이었으며, 자금 조달과 선전 활동도 벌였다. 기관지 '남화통신'을 발간하였다.

1933년 3월17일 남화한인청년연맹의 백정기와 이강훈은 상하이 프랑스 조계의 요리점 육삼정六三亭에서 중국정부 요인 매수 목적으로 연회를 베푸는 주중 일본공사 아리요시 아키라(有吉明)와 일본군사령부 간부들을 일거에 폭살할 것을 기도했으나, 실패하였다. 육삼정으로 접근하던중에 거사계획을 미리 알고 포위해 온 일본군 헌병대에 피체된 것이다.

유자명柳子明(1894~1985)

국치시기 때, 대한민국임시정부, 의열단, 무정부주의자연맹 상해부 등에서 항일투쟁을 전개하였고, 해방 이후, 중국 후난농업대학 원예학과 명예주임 등을 역임한 교육자 · 원예학자 · 독립운동가. 1919년 3 · 1운동 당시 충주 간이농업학교 교사로 있으면서 학생 중심의 시위를 준비하다가 일본 경찰에 사전 탐지되자 중국으로 망명했다.

구국救國의 선구자

이수정李樹廷(1842~1886)

전라남도 곡성 출생

조선 말기 개신교 신자이자 성서번역가.

'마게도니아인의 부름'으로 미국 선교사가 은둔의 조선 왕조를 칠흑 같은 어둠 속에서
선교 활동을 하도록 이끌었다.

사진 출처: One hundred years of Christianity in Pictures. 1984년 발행

임오군란壬午軍亂 때 명성황후明成皇后를 탈출시키다

민영익閔泳翊과 친분이 있었던 1881년 이수정은 신사유람단의 수행원이었던 안종수安宗洙의 이야기에 힘입어
일본에 갈 것을 꿈꾸게 된다.

임오군란이 발생했을 때, 이수정은 농부로 위장하여 명성황후를 지게에 숨겨 궁궐에서 빠져나와 한강 광나루
를 건너 충청도 충주까지 무사히 피신 시킨 업적으로, 고종황제의 신임을 얻게 되어 1882년 10월 고종의 지
시로 비 수행 일원으로 신사유람단과 함께 일본으로 건너가 문물 탐방과 학술 연구를 할 기회를 갖게 된다.
귀국 후 신사유람단의 일원인 안종수安宗洙를 만나게 되어 일본 방문시에 만났던 츠다센津田仙을 소개한다.
이 후 이수정은 다시 일본으로 건너가, 동경제국대학에서 한국어 강사를 추천해 줄 것을 한국 정부에 요청해
와 이수정이 선발되어 일본에 도착한 이수정은 일본 농학박사인 개신교 신자였던 츠다센津田仙을 만났고, 그
가 준 성서를 연구하는 과정에서 개신교로 개종하게 된다. 1883년 4월 29일 도쿄 소재의 로게츠쵸霜月町교회
에서 야스카와 토오루 安川亨목사에게 세례를 받고 정식 개신교인이 된다.

우리 조국에 선교사를 보내달라, 미국 교회에 호소, 1883년 말 이수정은 미국 기독교인들에게 자신의 조국인
조선의 문물이 개방되고 있어 이전과 같이 기독교를 박해하지 못할 것이라는 상황을 알리고, 조선에 오는 선
교사를 돕겠다는 내용을 담은 편지를 보냄으로써 자신의 조국에 선교사를 보내줄 것을 미국 교회에 요청하였
다. 이수정의 편지는 일반 기독교 주간지인 'The Illustrated Christian Week'의 1월호(1884년 1월 26일 발행)와
선교잡지 'Missionary Review'의 3월호에 게재되었고, 다른 잡지들이 이수정의 편지를 '마게도니아인의 부
름'으로 지속적으로 소개하게 되었다.

1885년 4월 5일 언더우드 · 아팬젤러 제물포에 상륙하다

미국 북장로교회 해외선교부는 이수정의 편지를 계기로 언더우드를 한국을 위한 선교사로 임명하게 된다. 이
후 이수정은 성경의 자국어 번역이 선교 사업의 기본이라고 인식하고, 개신교 성경을 한국어로 번역하기 시
작했다. 미국성서공회 총무 헨리 루미스(Henry Loomis)와 조지 W. 녹스(George W. Knox) 선교사가 이수정의 번역
사업을 도왔다. 1884년 미국성서공회의 자금 지원 아래 발간된 '현토한한신약전서懸吐韓漢新約全書'는 기존의
한문 성서에 한글로 토를 단 것이었다.

이수정은 언더우드에게 한글을 가르치고 성경을 번역하다

본격적인 한국어 번역본 중 최초로 나온 것은 '신약마가전복음서언해'였다. 초기 개신교 선교사 아펜젤러, 언더우드는 일본 요코하마에 체류하던 이수정에게 한국어를 배웠으며, 미국에서 일본을 통해 한국에 입국하는 선교사들은 이수정의 한국어 번역본 성경을 가지고 선교 활동을 시작할 수 있었다. 그는 1885년 7월부터 도쿄의 조선인 유학생들을 모아 예배 집례를 주관했으며, 이들 유학생들에게 일본의 선진 문물을 전수하였다. 그는 개화파의 핵심 인물들이었던 서재필, 김옥균, 홍영식, 서광범 등에게 개신교 교리를 전파했다. 갑신정변이 실패로 돌아간 뒤 그는 조선 조정과 김옥균의 미움을 양쪽에서 받게 되었으며, 특히 김옥균이 보낸 자객에 의해 죽음의 위협에 놓이기도 하였다. 1886년 귀국과 동시에 개화파를 적대시하던 당시 집권 세력에 의해 처형되었다.

이극로李克魯(1893~1978)

경상남도 의령군 지정면 두곡리 출생

국치시기 조선어사전 편찬 집행위원, 한글맞춤법 제정위원, 조선어 표준어 사정위원 등을 역임한 학자. 국어학자, 정치인.

1920년 중국 상해 동제대학同濟大學 예과를 마치고 1927년 독일 베를린대학 철학부를 졸업하였다. 1929년 '조선어사전'(뒷날 조선어학회의 '조선말큰사전') 편찬 집행위원, 1930년 한글맞춤법 제정위원, 1935년 조선어 표준어 사정위원, 1936년 조선어사전 편찬 전임위원 및 조선어학회 간사장을 지냈다. 1942년 10월 1일 '조선어학회사건'으로 검거되어 징역 6년을 선고받고 함흥형무소에서 복역하다가, 1945년 광복을 맞아 풀려났다.

1946년 건민회建民會 위원장을 지냈고, 1948년 4월 '남북 제정당·사회단체 연석회의' 참석차 평양에 갔다가 잔류하여 북한에서 활동하였다. 1948년 9월 북한 제1차내각의 무임소상, 1949년 조국통일민주주의전선(조국전선) 중앙위원회 의장 및 과학원 후보원사, 1953년 최고인민회의 상임위원회 부위원장, 1962년 과학원 조선어 및 조선문학 연구소장, 1966년 조국전선 중앙위 의장, 1970년 조국평화통일위원회 위원장 및 박사, 1972년 양강도 인민위원회 부위원장 등을 지냈다. 한편, 1966년 이후 본격화한 북한의 언어규범화운동인 '문화어운동 사업'을 주관하였으며, 논문으로 '조선어조 연구' 등을 남겼다. 월북 전 주요 논저로 '조선어 임자씨의 토'(1935)·'조선어 단어 성립의 분계선'(1936)·등과 '실험도해 조선어음성학'(1947)·'고투 40년'(1947) 등이 있다.

조선어학회 사건 투옥

1942년 7월 조선어학회 사건에서 최현배, 이윤재와 함께 가장 핵심적인 인사로 지목되어 구속당했다. 10월 1일 함흥재판소에서 그는 징역 6년형 선고받았고, 같은 한글학자로 조선어학회에 중추적인 역할을 했던 최현배는 4년형을 선고받았다. (역시 중추적인 역할을 해오던 이윤재는 수감 중 옥사했다.) 함흥형무소에서 복역하였다. 이근엽 교수 증언에 의하면 다음과 같다.

1945년 8월 17일 내가 15살 때인데, 조선어학회 회원인 모기윤 선생이 교회 청년 30여 명을 함흥형무소 앞으로 모이게 해서 영문도 모르고 따라 갔었다. 모기윤 선생이 조선인 검사에게 광복이 되었는데 왜 독립운동가들을 풀어주지 않느냐고 항의해서 네 분이 감옥에서 나오게 되었는데, 그 분들이 조선어학회 사건으로 옥살이를 한 이극로·최현배·정인승·이희승님인 것을 그 뒤 알게 되었다. 그 때 한 분(이극로 선생으로 보임)은 들것에 들려나오고, 세 분은 부축해 나오는데 처참한 모습이었다. 일본이 패망하고 이틀이 지났지만 일제가 무서워 태극기를 들고 환영도 못했다. (하략)

이후 함흥 감옥에 갇혔다가 1945년 광복 이틀 후 8월 17일 출소했다. 이 당시 상황을 직접 목격한 사람이 있는데, 연세대학교 명예교수로 지내는 이근엽 교수가 당시 출옥 당시를 직접 목격했다고 한다.

조선어학회 사건 주요 투옥자

이윤재李允宰·최현배崔鉉培·이희승李熙昇·정인승鄭寅承·김윤경金允經·권승욱權承昱·장지영張志暎·한징韓澄·이중화李重華·이석린李錫麟·이극로李克魯·정열모鄭烈模·이우식李祐植·김법린金法麟·이병기李秉岐·이만규李萬珪·이강래李康來·김선기金善琪·서승효徐承孝·안재홍安在鴻·이인李仁·김양수金良洙·장현식張鉉植·정인섭鄭寅燮·윤병호尹炳浩·이은상李殷相·김도연金度演·서민호徐珉濠·신현모申鉉謨·김종철金鍾哲·권덕규權德奎·안호상安浩相

처형되는 한국인

Koreans executed

Three Korean shot for pulling up rails as protest against seizure of land without payment by Japaness

일제의 무상 토지 몰수에 항거하여 철도를 파괴한 죄로 처형되는 세 명의 한국인

국치시기 토지 개혁

1905년 일본은 강압적으로 을사늑약을 체결한 이후 통감부를 설치하여 그들의 식민지정책을 전면화하기 시작하였다. 특히 자국 내에서 일어나고 있던 식량문제를 우리나라의 식량을 빼돌려서 타개하려는 목적으로 그 선행조건으로써 토지개혁의 일종인 토지조사사업을 실시하였다. 1905년부터 토지조사사업의 구체적 공작에 착수했던 일제는 1906년에 외국인의 토지소유와 매매 · 교환 · 증여 등을 법적으로 확인하는 '토지가옥증명규칙'과 '토지가옥저당규칙'을 반포 실시하도록 우리 정부에 요구하였다. 1910년 3월에는 우리 정부 내에 토지조사국을 설치하여 실시조사에 착수하게 하였으나, 그 해 강제점령에 의해 동사업의 업무는 같은 해 10월 조선총독부 토지조사국에 계승되었던 것이다. 1912년에 토지조사령을 발표하여 이 사업을 추진하는 동시에 '조선민사령' · '부동산등기령' · '부동산증명령'을 발표하여 이른바 '소유권 불가침과 무제한 보호'를 실질 내용으로 하는 근대 토지사유제도를 확립했다. 조사사업은 다음과 같은 세 가지로 구분되었다.

첫째, 토지에 대한 소유권 조사로서, 그것은 지적을 설정함으로써 토지 등기제도의 창설을 기하는 것으로, 지적 설정을 위해 토지의 소유지 · 지번 · 지적 및 소유권자를 조사하여 각 토지의 위치와 형상, 그리고 경계 등을 조정하였다. 그러한 내용을 포함하는 소유권 조사는 이 사업의 뼈대를 이루는 것으로 신고주의에 입각해서 실시되었다.

둘째, 토지가격 조사로서 식민지통치를 위한 목적으로 시행된 것으로, 토지의 시가, 임대가격, 그리고 토지수익 등을 확립하여 토지가격을 통일적으로 조사하여 지세의 부과기준을 선정하려는 것이었다.

셋째, 지형·지모 조사로서, 지형도 제작을 위해 실시한 조사였다. 이와 같은 사업을 통하여 1필지마다 그 지번·지목·면적·지가·지주 및 등급을 기재한 토지대장과 기타 부속대장 및 5만 : 1 또는 1만 : 1의 지형도를 작성하였다.

이러한 일련의 법률적인 조처를 토대로 하여 실시한 이 사업은 1910년 10월에서 1918년 12월에 이르는 8년간의 기간과 총경비 2,410여만 원과 300~400여 명의 상임직원이 동원되어 완결됨으로써, 부동산 등기제도의 창설을 가져오는 대사업이 되었다. 그러나 전통적인 토지 국유제가 무너지면서 왕족·관료·토호 등이 국유지를 사점한 데 대하여, 농민은 그들의 토지를 경작하고 현물지대를 납부하는 외에 신개간지를 점유할 수 있는 등 당시 우리 나라의 토지소유제는 국가와 국왕에 의한 추상적 소유권과 실제로 농업생산을 담당하는 농민의 경작권 등이 복합적으로 결합되어 있는 토지 소유 관계였던 것인데, 이와 같은 토지소유관계에 대하여 어떻게 토지소유권을 법률적으로 편성하는가 하는 것이 문제였다. 일제는 토지소유권을 인정하는 데 신고주의를 채택하여, 당시 일반 소작인의 경작권이 관습적으로 토지소유권으로 신고될 만큼 성장해 있지 못한 상황에서 더욱 강력한 수세권자인 지주에게 토지소유권이 인정됨으로써, 자유로운 소농민의 토지소유가 성립될 가능성은 이 신고주의 방법 때문에 처음부터 배제되고 있었던 것이다.

이 사업의 결과는 다음과 같다.

첫째, 전통적으로 토지의 현실적인 보유자로서의 관습상의 권리인 농민의 경작권이 상실되고 토지에서 분리되어, 대다수의 농민이 영세한 소작농으로 전락하였다.

둘째, 지주에 대해서는 무제한적이고 배타적인 의미의 사유권을 법률적으로 보장함으로써, 당시 우리나라의 지배계층과 구조적으로 타협하고 유착하는 계기를 마련하여 우리나라에 대한 지배와 착취를 원활하게 진행했던 것이다.

셋째, 궁장토·역토·둔토·목장토 등의 거대한 면적의 공전을 국유지로 만들었고, 민유지로서 일반농민에게 투탁되었던 투탁전·무토궁방전·무토면세전 등을 강압적 방법에 의하여 국유지로 편입시켰다. 토지조사사업의 결과, 일제는 우리나라 최대 지주가 되었던 것이다.

넷째, 조세수입의 확고한 원천을 마련하여 식민지통치의 기반을 구축하였다. 토지조사사업이 완료된 1918년의 경지면적을 보면, 1910년과 비교해서 논은 약 83.79%, 밭은 약 79%가 증가하였다. 이것은 주로 이 사업이 은결과 신개간지를 중심으로 한 데 기인하여, 경지면적의 증가가 지세수입의 증가를 가져왔음은 당연한 것이다.

다섯째, 농촌사회에서 농민층이 극심하게 분해되었다. 이 사업으로 그 때까지 가지고 있던 현실적인 경작권을 상실한 소작농은 소작권에 대한 권리가 불안정해져 치열한 소작경쟁이 일어났다. 더구나 일본 자본의 토지점유와 고리대상업자본적 성격은 농민을 고율의 소작료로 인한 압박에 신음하지 않을 수 없게 하였다. 즉, 한편에 반봉건적 기생 지주와 다른 한편에 다수의 영세농과 소작관계를 편성하여 일제의 전 지배기간 동안 농민이 몰락하도록 제도화했다.

결국 일제는 일본 자본이 쉽게 침투할 수 있도록 하는 우선적인 작업으로 종래의 수조권자인 봉건계층을 토지소유권자로 인정하였다. 이에 따라 대다수의 현실적 토지보유자인 농민은 전통적으로 유지하고 있던 경작권을 상실하여 지주·소작 관계를 악화시켰고, 이로 말미암아 농지가 없거나 부족한 농민이 대부분인 상황을 만들었다. 그리하여 형식적으로는 근대적인 토지소유제도가 성립되었으나 본질적으로는 토지개혁이 실시되지 못하였으며, 반봉건적인 영세농 및 소작관계의 재편성일 뿐이었다. 토지조사사업 이후 토지소유권이 법적으로 보장되자 일본의 대재벌회사들은 우리의 소지주들을 착취대상으로 삼아, 과다한 각종 공과잡부금을 부담하지 못하는 약점을 이용해 착취를 일삼았으며, 결과적으로 헐값에 농지가 일본인 소유로 넘어 가게 하였다.

출처: 한국민족문화대백과사전

서양인의 사진 기록

대한제국 고종황제

사진 출처: The Passing of Korea. By H. B. Hulbert. 1906

평양 대동강 전경

Pyeng Yang looking down the Ta Dong River from the wall

수원성 근교 유원지

A pleasure-house on the wall of Su wun

민영환閔泳煥(1861~1905)

MIN YONG WHAN, Prince and General

민영환은 대한제국기 내부대신, 군법교정총재 등을 역임한 문신이다. 1861년(철종 12)에 태어나 1905년에 사망했다. 성균관 대사성 재직 시 임오군란으로 부친 민겸호가 살해되자 사직했다가 복직했다. 러시아 황제 대관식 특명 전권공사, 유럽 6개국 특명 전권공사를 지내며 서양의 문물과 근대화된 모습을 직접 체험했다. 독립협회를 적극 지지했고 일본의 내정간섭에 항거하면서 한직을 전전했다. 을사늑약이 강제로 체결되자 조약에 찬동한 5적의 처형과 조약파기를 요구하며 항의했다. 이어 죽음으로 항거하여 국민을 각성시킬 것을 결심하고 본가에서 자결했다.

사진 출처: The Passing of Korea. By H. B. Hulbert. 1906. 222P

A Corner Grocery

Dried cuttlefish (White) hanging on the wall, with dried oysters and clams; on the ground dried jujubes, persimmons, chestnuts, ginger, and other delicacies.

코너 식료품점

굴과 조개, 말린 마른 오징어(흰색)를 벽에 걸고, 마른 대추를 땅에 대고, 감, 밤, 생강, 그리고 다른 진미들.

한국인의 농사. 쟁기질과 도리깨질

흙벽돌로 집 짓는 광경

Building a dirt wall

도로 보수와 하수도 공사

How they shovel dirt

물지게꾼

갓 수선공

A Hat-mender

다듬이 방망이 제작 광경

Making "Ironing" sticks

The water enters into the trough and depressers that end, and then flowing out because of the depression, lets the pestle fall into a mortar.

땔감을 수집하는 아이들

Boys who gather grass for fuel dead child tied to tree

활쏘기 시합

An Archery Tournament

장기 두는 촌로들

사금을 채취하는 광경

Placer Gold mining

광화문 해태상(1906년)

Stone DOG, Guardian of Palace Against Fire

마을 입구 물레방아간
Automatic water mill
A beam balanced

관촉사 석조미륵보살입상

灌燭寺 石造彌勒菩薩立像
Symbols of Korea's Religion
The upper pivture shows the great stone Buddha at Eunjin.
한국 종교의 상징. 은진에 있는 대석불

전쟁의 수호신

A Member of the Body—Guard of the God of War

장승(지하여장군 · 지하대장군)

Village Devil Posts

고궁과 서양인 여행객

Mural Decorations in Old Palace

외출하는 여인의 복장

Women's correct street costume

무덤의 수호신상

Stone image near Tomb

빨래터

제례상

Imperial "Funeral Baked Meats"

왕자의 무덤

A Prince's Tomb

미국 감리교회 전경

The American Methodist Church, Seoul

미국 영사관 사저

Residence of the American Consul-General

한국 근대 우정사 연표(韓國近代郵政史年表)

1. 구한국 시대

1896 [건양 원년(建陽元年)] 1월 1일(음력 1895년 11월 17일) 이전은 음력, 이후는 양력을 사용하였다. 다만 외국 관계는 1896년 이전도 양력을 사용하였다.

연대		우편 역사 및 주요 사건
1876년(고종 13년)		강화도조약(江華島條約) 체결. 2월 일본, 만국우편연합조약에 가맹함.
		조일수호조규(朝日修好條規) 또는 강화도조약(江華島條約)은 1876년 2월 27일(고종 13)(음력 2월 3일) 조선과 일본제국 사이에 운요호사건을 빌미로 강압으로 체결된 조약.
	2월 3일	한일수호조약(丙子修好條約) 체결.
	2월 22일	4월 4일 제1차 수신사 김기수 도일(渡日). 11월 부산일본우편국(I.J.P.O.) 개설 – 불법. [부산–나가사끼(長崎)사이]. 우편 기선(汽船)은 미쓰비시(三菱)회사의 우선(郵船)이 매월 정기 왕복, 국 · 소(局所)는 영사관 내 사무는 영사가 겸임.
		운요호사건(雲揚號事件, 1875년 9월 20일(고종 12년, 음력 8월 21일) 또는 강화도사건(江華島事件)은 통상조약 체결을 위해 일본 군함 운요호가 불법으로 강화도에 들어와 측량을 구실로 조선 정부의 동태를 살피다 조선 수비대와 전투를 벌인 사건이다.
1877년(고종14년)	2월	부산–나가시끼 사이 우편 선로 단절[기선(汽船)이 '서남지역(西南之役)' 정토(征討)에 모두 징용당함].
	8월 20일	부산–나가사끼 사이 일본 우편선(郵便船)을 복구하기로 조처함.
	9월 11일	부산–나가사끼 사이 우편선 재개.
1879년(고종 16)	7월	만국전보장정 제정(영국 런던). 12월 영국, 일본에서 우체국을 철거함.
1880년(고종 17)	5–9월	홍영식(洪英植)이 수신사를 따라 일본에 건너가 신식 우편제도를 시찰하고 역체총감(驛遞總監) '마에지마(前島密)'을 찾아가 우편사업을 논의함. 일본인 경영 우편 관서에서 우편환 취급. 통리기무아문(統理機務衙門) 1880년(고종 17년)에 설치된 관청. 조선 최초의 근대적 기구. 임오군란으로 인해 1882년(고종 19) 폐지.
	3월	프랑스, 일본에서 우체국을 철거함. 일본 통신상(通信上)의 국권을 회복함.
	5월 1일	원산(元山) 일본우편국(I.J.P.O) 개설(우편선 왕복 및 기타 부산우편국 예에 따름).
	5월	재한(在韓) 일본우편국 우편위체(郵便爲替: 환) 사무 개시.
	5월 28일	제2차 수신사 김홍집(金弘集) 도일. 8월 재한 일본우편국 우편저금 사무 실시.
	9월 8일	김홍집, 〈조선책략(朝鮮策略)〉 1책을 갖고 환국함. 12월 21일 통리기무아문(統理機務衙門) 설치.

연대		우편 역사 및 주요 사건
1881년(고종 18)	4–7월	신사유람단(紳士遊覽團), 홍영식, 박정양(朴定陽)과 수행원 이상재(李商在) 등이 일본에서 우편제도를 시찰하고 문견기(聞見記)를 통하여 이를 보고. 흥선대원군(이하응) 청나라에 의해 텐진으로 납치당함. 일본 고베시에서 박영효 등에 의해 처음으로 태극기가 게양되었다. 제물포조약에 따라 사과 사절단으로서 박영효, 김만식, 서광범, 김옥균, 민영익 등이 일본으로 출항. 제물포조약(濟物浦條約). 1882년 8월 30일(고종 19년) 임오군란의 사후 처리를 위해 조선과 일본제국 사이에 체결된 불평등 조약.
	1월 10일	통리기무아문의 낭청(郎廳)을 주사(主事), 부주사(副主事)로 개칭함.
	4월	신사유람단(紳士遊覽團) 파견. 8월 7일 일본 수신사 조병호(趙秉鎬) 도일. 3월 한미수호조규(韓美修好條規) 조인. 한영수호조규(韓英修好條規) 조인. 5월 한독수호조규(韓獨修好條規) 조인.
	6월 5일	임오군란(壬午軍亂) 발생. 7월 수신사 박영효(朴泳孝) [부사(副使) 김영식(金映植)] 임명.
	10월 17일	일본, 덴마아크 대북전신주식회사(大北電信株式會社)에 부산구해저전선(釜山口海底電線) 설치권을 양여(讓與) 하기로 약정.
	11월 17일	통리아문(統理衙門) 통리내무아문 설치.
	11월 27일	목인덕(穆麟德: Molendorf, 참의 통리아문사무(參議統理衙門事務) 피임.
	11월	목인덕의 보좌관으로 전 홍콩 우체국 부국장 영국인 허치슨(W. D. F. Hurtchison) 등 20여 인이 대한제국에 입국함.
1882년(고종 19)	12월 1일	협판우정사사무(協辦郵程司事務) 홍영식(洪英植), 참의(參議) 우정사 사무 이교영(李敎榮), 우정사 주사 정만조(鄭萬朝).
	12월 4일	통리교섭통상사무아문(統理交涉通商衙門)에 우정사(郵程司) 설치(협판에 홍영식 임명). 통리아문(統理衙門) 1882년(고종 19년) 11월 17일에 설치한 외무, 통상 업무를 맡아보던 기관.
	12월	일본 우편 조령(條令)을 제정하여 전국 균일 우편 요금을 실시.
	12월 4일	'통리내무아문'을 '통리군국사무아문'으로, '통리아문'을 '통리교섭 통상사무아문'으로 개편.
	12월 5일	'판리사무(辦理事務)'를 '독판사무(督辦事務)'로 개칭함. 독일인 목인덕을 협판교섭통상사무로 임명함. 민상호(閔商鎬) 12세 소년으로 미국에 유학함(6월 출발 갑신년 5월 귀국).
1883년(고종 20)	9월	홍영식 보빙부사(報聘副使)로 도미(渡美)하여 특히 뉴욕우체국을 시찰하고 우정제도 창설을 결심함.
	9월 23일	상해(上海) 등지에 파견하기로 함.
	12월	일본인천우편국(I.J.P.O) 개설 – 불법. 충청좌도(忠淸左道) 암행어사가 각역(各驛)이 조잔(凋殘)하여 절참(絕站)에 이르렀다고 보고함.
	10월	한성순보(漢城旬報) 창간. 우체제도에 관한 계몽 기사를 많이 게재함. 1월 24일 일본과 부산구 해저전선조관(釜山口海底電線條款) 체결.
	7월	박문국(博文局) 창설. 9월 29일 통리교섭통상사무아문 어학생도(語學生徒) 윤정식(尹定植), 민상호(閔 商鎬), 윤시병(尹始炳) 등을 각국의 언문학(言文學)의 습득을 목적으로 상해(上海) 등지에 파견하기로 함.

흥선대원군 이하응

연대	우편 역사 및 주요 사건
1884년(고종 21) 	**2월 24일** 함경도 유학(幼學) 이면후(李冕厚) 등 우참남기(郵站濫綺)의 폐단을 상소.
	3월 26일 우정총국(郵征總局) 창설. 인천분국(仁川分局) 설치. 4월 1일 한성순보에 우정총국 창설을 보도.
	4월 9일 독판(督辦) 김병시(金炳始), 우정총국 창립을 일본공사에게 통고하고 조속히 일본 및 홍콩과 우편협약을 체결하는 한편 만국우정연합에 가입할 뜻을 밝힘. 4월 10일 독판 김병시, 우정총국 창립을 미·영 공관에 통고. 5월 15일 우정총국, 신설개략 장정(新設概略章程)을 상계(上啓)함.
	7월 1일 [음력 윤(閏) 5. 9]. 우정총국, 일본인 오노(小尾輔明) 및 미야자끼(宮崎言成)와 고용 계약을 체결함.
	8월 9일 [음력 6. 19] 일본대장성 인쇄국이 수탁(受託)한 한국우표 백문(百文) 이하 5종의 원판(原版) 완성 [25문(二十五文)은 50만, 50문은 50만 100문은 30만].
	8월 21일 우정국 사사(郵征局司事) 이상만(李象萬), 이상재(李商在), 남궁억(南宮檍) 등 14명을 임명.
	9월 3일 우정총국 사사 성익영(成翊永) 임명.
	9월 11일 우정국사무장정(郵征局事務章程), 우정국직제장정(郵征局職制章程), 대조선국우정규칙, 경성(京城) 내 우정복개설(復開設) 규범, 경성–인천간 왕복우정규범 이상 입계(入啓).
	**9월 22일** 청(淸)·일(日)·미(美)·영(英)·덕(德: 獨) 등 각국 공관에 10월 1일부터 우정 사무 개시함을 통고하고, 우정 규칙 등 각 법규를 부송. 2월 28일 부산구에 설치한 해저 전선 개통.
	3월 28일 홍영식, 협판 군국 사무에 임명. 4월 1일 협판 홍영식, 이용사(利用司)에 피임코 이를 구관(句管)함. ※ 구관(句管). : 맡아서 다스림.
	5월 타운젠드(W. D. Townsend), 무역 회사 지점 설립을 위해 인천에 도착함. 6월 6일(E. Meyer & Co,) 지점 개설을 목적으로 시트즈(Sites)를 동반하고 인천에 도착. 양력 6월 일본 우편 휘장(郵便徽章)을 정함. ※ 입계(入啓): 임금에게 상주하는 글을 올리던 일.
 위로부터 홍영식 월남 이상재 우정총국 통리교섭통상사무 아문장정 (統理交涉通商事務 衙門章程	**9월 30일** 우정총국 사사의 각과 분장(各課分掌) 별단(別單) 및 우정 기장(旗章). 도화(圖畵) 입계(入啓).
	10월 1일 우정총국 신식 우체 업무 개시, 인천우정분국 동시에 업무 개시 [인천 분국장 이상재(李商在)]. 문위우표(文位郵票) 5종(5·10·25·50·100문 발행.
	10월 17일 우정국 개설 축하연.
	10월 19일 우정총국으로부터 최초이며 단 한번인 외국 우편물이 미·독 공관에 배달됨.
	10월 21일 우정총국 철폐(혁파 革罷).
	11월 29일 일본공사관에서 독판에게 일본인 고원(雇員) 오미 및 미야자끼의 고용이 정파(停罷)된데 대해 계약서의 조사를 요청함. 12월 1일전 인천우정분국의 우초(郵鈔) 및 일체 비품을 정리 보고하라고 인천 감리(仁川監吏)에게 훈령. 2월 1일[음 12.17] 일본인 양인(兩人) 그들 영사를 통하여 고기(雇期) 계속을 청원 요구 조건 제출.
	12월 21일 우정국 고원 오미 및 미야자끼에게 5개월분 월급 지급하고 해약함.

| | 10월 17일 | 갑신정변(甲申政變) 발발. |
| | 10월 21일 | 통리군국사무아문(統理軍國事務衙門)을 의정부(議政府)에 합부(合付)함. 12월 7일 김윤식(金允植) 통서독판, 박정양(朴定陽) 등 협판에 피임. 12월 13일 홍영식(洪英植) 가족 처벌. |

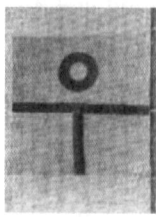   

우기(郵旗) 김옥균 김윤식 박정량

1885년(고종 22)	3월 3일	전년에 주문하였던 우초(郵鈔) 대소(大小) 2궤 일본에서 들여와 동고(東庫)에 수장(收藏)함.
	3월 28일	박문국(博文局)을 복설(復設)함.
	5월 25일	내무부(內務府)를 궁중에 설치함. 6월 6일 의주전선합동[義州電線合同(조청전선조약(朝淸電線條約) 체결. 7월 11일 일본공사, 우표 제조 및 기타 비용[은화 758원(원) 92전 지폐(紙幣) 15원 11전 1라] 상환을 최촉(催促). 7월 21일 우표 제조비는 구약(舊約)대로 상환하겠으나, 우편을 다시 설치함을 미결이라고 일관(日舘)에 회답.

목인덕
Paul Geoge Von

	7월 26일	해관총세무사(海關總稅務司) 목인덕 해임됨. 8월 19일 한성전보총국(漢城電報總局): 화전국(華電局) 개설. 20일 개국. 8월 25일 화전국 경·인간 전선 업무 개시.
	9월 17일	묵현리(墨賢理: Henry F. Merrill. 영국인) 해관총세무사(海關總稅務司) 임명.
	10월 11일	청주차조선총리교섭통상사의(淸駐劄朝鮮總理交涉通商事宜) 원세개(袁世凱) 내임(來任).
	10월 13일	의주까지 전선 가설 완료 [서로전선(西路電線)]. 12월 배재학당(培材學堂) 설립. 12월 22일 일본 체신성(遞信省) 창설.

1886년(고종 23)	1월 17일	세창양행(世昌洋行)에 우초(郵鈔)를 불하하기로 하고 그 증거서(證據書)를 묵관(墨舘)에 보냄.
	1월 27일	우초 발매를 제차 결정하고 그 계약서에 개인(蓋印)하여 해관(海關)에 보냄.
	1월 30일	일본대장성(大藏省) 인쇄국에 위탁해 제조한 우표 대금 즉 은화 758원(元) 92전 지폐 15원 71전 1리 합계 774원 3전 1리 중 500원은 이미 내도(來到) 했으나, 그 잔액 274원 3전 1리의 은표(銀)를 조속 상달하라고 해관(海關)에 시달.

묵현리(墨賢理:
Henry F. Merrill.
영국인)

| | 2월 1일 | 해관에서 274원 3전 1리의 은표 한 장이 상송(上送)됨. 2월 3일 일공관(日公舘)에 우표 제조비를 전액 상환하고 우표원판을 보내라고 통고. 2월 19일 청국과 대판조선 육로전선 속약 합동(代辦朝鮮陸路電線續約合同) 체결. |

연대		우편 역사 및 주요 사건
	3월 1일	진동서(陣同書) 한성전보총국(漢城傳報總局) 총판 부임. 3월 5일 미국인 데니 (O.N. Denny) 내무협판에 임명됨. 4월15일 일관(日館), 우표 인판(郵票印版) 대소 (大小) 18개의 송교(送交)를 통고. 7월 15일 일관, 우표 인판 운송비 12전을 청구. 7월 28일 우표 인판 운송비, 송교 완결. 8월 1일 내무부(內務府) 육영공원(育英公院)의 실학절목(實學絶目)을 입제함. 8월 4일 조병식(趙秉式)독판 교섭통상사무에 임명됨. 10월 1일 남로전선(南路電線) 가설 착공. 양장(洋匠) 미륜사(彌綸斯: H. J. Muehlensteth) 등 충주(忠州) 등지로 향발.
1887년(고종 24)  조병식(趙秉式)	2월 7일	영국 군함 거문도(巨文島)에서 철수. 2월 일본 'テ'자 형(形)으로서 체신성 전반의 휘장(徽章)으로 정함.
	3월 13일	청국과 '중국공양조선설부산지한성 육로 전선(中國公讓朝鮮設釜山至漢城陸路電線)' 의정 합동(議定合同) 체결. 5월13일 일관, 우편국 설치에 대한 회답을 촉구, 우편국 개설 건은 아직 정론(定論) 안 되었다고 회답.
	5월 20일	서상우(徐相雨) 통서(統署) 독판에 임명. 됨. 6월 8일 미관(美館)에 우정 사무 혁파 후 일체 우초통(郵鈔筒)이 아직 요용(要用)치 않다고 통고. 6월 9일 전보장정(電報章程) 기초(起草).
	6월 18일	주미공사(駐美公使)로 박정양(朴定陽) 임명. 6월 19일 일관에 우편국 개설은 곤란 하다고 회답.
	8월 4일	조병식(趙秉式) 통서독판에 임명. 10월 29일 전환국 조폐창(典圜局造幣廠) 기기국 기계창(機器局機械廠) 완성.
1888년(고종 25)  윌리엄 맥엔타이어 다이 (William McEntyre Dye)	4월 15일	일관, 각항(各港) 일본우편국 수용물(需用物)도 부산일본전신국 수용물 예에 따라 면세 통관을 요구.
	4월 28일	군사교관 미국인 다이(Dye)장군 등 내도(來到). 5월 24일 일본우편국 수용물 면세 통관 거절.
	5월 27일	남로전선(南路電線) 가설 준공 [조선전보총국, 공주(公州), 전주(全州), 대구(大邱), 부산(釜山) 등 4 분국] 여름(中夏), 전보장정 반포(전 32조). 6월 14일 우초 대금의 송교를 다짐하면서 주미(駐美) 공관행 봉서(封書)를 미국공관에 송정(送呈)함. 7월 7일 일관에 각항(各港) 일본우편국 수용물 면세 통관 허가를 통고함. 7월 인천우편국 경성출장소 신설. 7월 13일 조 · 러육로통상장정(朝露陸路通商章程) 체결[경흥(慶興) 개방].
	7월 22일	내무부 연무공원(鍊武公院) 직제를 입계(啓入)함. 7월 29일 이중칠(李重七) 서리 통서 독판에 임명됨.
	8월 18일	판리통연(辦理通聯)만국 전보 약정서 조인. 8월 21일 전보국 총판 조병직(趙秉稷), 회판(會辦) 이완용(李完用) 임명됨. 9월 5일 한성에서 서남 양 전선 접속 이루어짐. 9월 12일 조병직 서리 통서독판에 임명됨.
1889년(고종 26)	4월 13일	남로전선(南路電線) 청주 지선 준공. 7월 2일 민종묵(閔種默), 통서독판에 임명됨.

연대		우편 역사 및 주요 사건

1890년(고종 27)

홍종우(洪鍾宇)

	전신환 취급 개시. 홍종우(洪鍾宇) 프랑스로 유학(최초). 홍종우(洪鍾宇, 1850년~1913년) 조선의 문신, 대한제국의 근왕주의 개화파 정치인이다. 조선 최초의 프랑스 유학생이다. 1894년 중국 상하이에서 급진 개화파의 거두인 김옥균을 저격, 암살했다. 황국협회의 회원으로 개화파와 독립협회의 활동을 탄압하였으며, 이승만을 체포하여 재판하기도 했다.
1월 12일	박제순(朴齋純)을 주 영·덕·아(駐英德俄(露) 등 5개국 공사로 임명함 2월 19일 미국인 리젠들(Char Les W. Legendre)을 내무협판에 임명함[데니: 德尼는 해고]. 4월 17일 대왕대비(大王大妃) 조씨[익종(翼宗) 비] 서거.
11월 23일	미국인 그레트하우스(C. R. Greathouse)를 내무협판에 임명하며 법률, 사무를 판리(辦理)시킴.
12월	일본 구주(九州) – 대마도 사이 해저전선을 대북회사(大北會士)로부터 매수(買收).

1891년(고종 28)

U.P.U. 휘장

1월 17일	청국, 동칠릉전신기선(東七陵電信技線) 가설에 동의함.
2월 15일	청국과 북로전선합동(北路電線合同) 체결. 2월 23일 일본 – 대마도 간 전보 요금을 국내 요금과 동일하게 하고, 부산. 일본 간 보비를 매 1어(語)당 40전으로 낮추다.
6월 22일	북로전선 준공[한성·춘천·원산].
7월 4일	제 4회 만국우편연합회의 오지리(墺地利 오스트리아) 수도 빈에서 개최.
7월 22일	민상호(閔商鎬)를 홍문관(弘文館) 수찬(修撰)에 임명됨.
12월 19일	일관, 본월 16일에 인천우편국 우편물을 한성으로 체송 도중 피습 약탈당했다고 항의함.

1892년(고종 29)

3월	광업 및 철도 조사를 위해 미국인 모어스(J. Ames Morse)를 초빙함.
7월 18일	의정부 우역(郵驛)이 모두 조잔(凋殘)하여 절참(絕站) 지경에 이르렀는데, 그 원인은 남파(襤把)와 매토(買土)와 호수빈차(戶首頻差)에 있다고 상계(上啓)함.
9월 6일	이용직(李容稙) 서리 통리독판에 임명.
9월 22일	조병직 통리독판에 임명됨.
	양력 11.11. 율간(F. A. Morgan) 총세무사(總稅務士)에 임명됨.

1893년(고종 30)

3월 28일	남정철(南廷哲) 통서독판에 임명됨. 5월 23일 총세무사에게 인천에 입항하는 전등(電燈) 기계에 부세(負稅)할 것을 하달. 8월 17일 우편업무를 개설키 위해 '전보총국'(南電局)을 '전우총국(電郵總局)'으로 개편하고 관리 전우사무에 조병직 총판내체우신사무(內遞郵信事務)에 이용직, 회판 외체 우신사무에 미국인 구례(具禮: C. R. Greathouse) 임명. 8월 25일 영국인 브라운(相卓安: J. Moleany Brown)이 총세무사에 임명됨.

민상호(閔商鎬)

9월	일본공사 오오도리(大島圭介) 착임. 9월 7일 화전국(華電局), 전보총국을 전우총국으로 개편한 것과 미국인 구례의 임용이 청국과의 약정에 위배된다고 항의. 9월 27일 화전국, 상기(上記)의 일에 대해서 해명을 다시 촉구. 10월 1일 구례는 우정에만 관계하고 전신사무와는 무관하다고 화전국에 회답.
10월 25일	김학진(金鶴鎭) 서리 통서독판에 임명됨. 10월 28일 각역(各驛)의 마위전답(馬位田畓)을 사점(私占)하는 폐해가 심해 무역 지경에 이름을 엄단토록 함. 11월 26일 조병직 통서독판에 임명됨.
11월 27일	인 천에 입항된 궁정소용(宮廷所用) 전화기 및 전화기 재료 등의 부세 조치를 총세무사에게 시달함. 11월 29일 이채연(李采淵), 전우총국 방판에 임명됨.
12월 1일	우신총국(郵信總局)의 인신(印信) 및 관방(關防)을 주급(鑄給)토록 함.
12월 24일	공조참의(工曹參議) 민상호(閔商鎬), 육영공원(育英公院)의 판리사무(辦理事務) 됨.
1894년(고종 31) 1월	민상호, 전우총국(電郵總局)의 국제우편과장으로 재임명됨.
1월 27일	만국우편연합에의 가입 의사를 주미 공사를 통해 스위스 연방 정부에 통고.
2월	위의 U.P.U. 가맹 신청서 주미 스위스공사에게 수교됨. 2월 허치슨과 호리팍스(T. E. Holifax) 지도하에 관립영어학교(官立英語學校) 개설. 2월 15일 동학란(東學亂) 발발.
2월 22일	화전국에 전화기(得津風: Telephon)을 구입해 오는 일로 위원(委員) 상손(尙潠)을 파견함.
4월 24일	위의 U.P.U.가맹 신청 스위스 정부에 송치됨. 4월 30일 육영공원(育英公院) 참리(參理) 민상호 외무참의에 임명됨. 개성유수(開城留守) 이용직(李容稙) 외무협판 겸 전우총국 회찬에 다시 임명됨.
5월 11일	신식화폐(新式貨幣) 장정(章程) 5월 24일 오오도리(大鳥圭介) 일본공사 내정개혁안(內政改革案) 제시.
6월 8일	일본 독단으로 경·인 간(京仁間) 전선가설 공사 착공. 6월 11일 교정청(校正廳) 설치.
6월 17일	일본군용전선(軍用電線) 부산·대구·충주 등지에서 불법으로 착공. 6월 21일 서로전선을 일본군용전선으로 차여 6월 25일 김가진(金嘉鎭) 전우총국 총판, 전우사무(電郵事務)에 임명됨. [관리전우] 사무 조병직 사임.
6월 27일	주미 스위스공사, 본국에 일본공사의 우리 나라 U.P.U. 가맹 방훼 공작을 보고함. 6월 25일 갑오경장 시작됨. [군국기 무처 설치] 김홍집 영의정에 임명. 6월 26일 북로전선 일본 군용으로 차여(借與). 6월 일본 군사야전(軍事野戰) 우편물 처음으로 실시[야전우편국·소(局·所) 설치].
6월 28일	공무아문(工務衙門)에 역체국(郵遞局)과 전신국(電信局) 설치. 군국기무처(軍國機務處), 의정부 이하 각 아문의 관제 공포. 7월 1일 각 관제 시행. 7월 2일 역인(驛人), 창우(倡優), 피공(皮工) 등과 같이 면천(免賤)됨.
7월 11일	은본위제(銀本位制)의 화폐장정(貨幣章程) 공포. 7월 15일 서정순(徐正淳) 공무아문 대신(工務衙門大臣), 한기동(韓耆東) 동 협판에 임명됨.

위로부터
김홍집(金弘集)
김가진(金嘉鎭)

7월 18일 군국기무처공무아문에 전일(前日)의 공조(工曹), 전우총국 광무국(礦務局)이 소속됨을 밝힘. 군국기무처, 각부 아문(各部衙門) 소속 각사(所屬各司) 결정. 7월 19일 공무아문의 청사를 전 공조로 정함. 법무아문 주사에 전우위원 김기조(金基肇) 등을 임명함. 공무아문 참의 [부호군(副護軍) 조민희(趙民熙) 등 6인] 및 주사 [전우국 주사 백철용(白喆鏞), 김낙집(金樂集) 김철영(金澈榮) 등 8인] 임명. 7월 20일 조·일잠정합동조약(朝日暫定合同條約) 체결. 7월 26일 조·일동맹조약 체결. 8월 7일 이도재(李道宰), 공무아문협판에 임명됨[안경수(安駉壽) 사임].

9월 23일 위노우에(井上馨) 공사 제2차 내정 개혁안 제출. 10월 10일 관제 개혁 이후 각역은 공무아문에 속하고, 마필(馬匹)은 군무아문 소속으로 되어 있었음. 10월 17일 조동필(趙東弼), 공무아문 협판에 임명됨.

11월 1일 조인승(趙寅承), 공무아문 협판에 임명됨. 11월 21일 신기선(申箕善), 공무아문대신, 김가진 동 협판에 임명됨. 11월 29일 전우총국 방판에 이채연(李采淵) 임명됨. 12월 1일 일본 군용 전신국, 공중전신(公衆電信) 개시. 12월 12일 홍범(洪範) 제14조 공포. 12월 16일 의정부를 궁 안으로 옮기고 '내각(內閣)'이라 개칭함.

12월 27일 전보국은 경무청(警務廳)으로, 경무청은 육영공원으로, 육영공원은 정보국으로 각각 옮김.

※호리팍스(T. E. Holifax), 한국명: 계래백사(溪來百士)

1895년(고종 32)

1월 28일 덕국(德國: 獨) 우선이 번번히 부산-인천 사이를 내왕함. 양 3월 17일 예산(豫算) 최초로 편성됨.

3월 5일 청일전쟁 휴전 협정 조인. 3월 23일 마관조약(馬關條約) 조인. 3월 동학당(東學黨) 전봉준(全琫準) 처형. 3월 25일 농상아문(農商衙門)과 공무아문을 통합하여 농상공부(農商工部)로 개편, 통신국(通信局)을 설치토록 하는 신관제(新官制) 반포. 3월 29일 칙령(勅令) 제64호로, 각령(閣令), 부령(部令), 훈령(訓令)의 고시(告示) 및 지령(指令)의 구분을 규정 반포함. 4월 1일 농상공부 관제 시행. 김가진(金嘉鎭) 농상공부 대신, 이채연(李采淵) 동 협판 조병교(趙秉敎) 동체신국장, 농상공부기수(技手) 김남식(金南軾) 등 12명 임명. 농상공부 주사, 최문현(崔文鉉)등18명 임명. 4월 5일 인천에 통신분국 설치 예정으로 인천 경무청 청사의 사용을 교섭.

4월 19일 농상공부 본부는 전 농상아문에, 동부(同部) 통신국은 전 공무아문에 설치키로 함.

4월 22일 농상공부 분과규정(分課規定) 반포, 통신국에 체신과, 관선과(管船課)를 둠. 4월 22일 농상공부 체신 고문으로 일본인 야마다(山全雪造)의 고빙을 청의(請議). 5월 22일 외부(外部), 해관우편(海關郵便) 철혁 조치(撤革措置)하라고 통고. 5월 23일 해관, 해관우편 본격적인 것이 아니라고 회답. 윤 5월 3일 정병하(鄭秉夏), 농상공부 협판에 임명. 윤 5월 24일 조병교 통신국장 사임. 윤 5월 25일 우부(郵夫) 8명을 진고개(泥峴) 일본 우편국에 윤회 견습(輪回見習)토록 조처. 6월 7일 일본우선회사, 인천 - 경성(鏡城)간 정기 항행.

6월 19일 관보, 내년(1896) 4월에 워싱턴에서 만국우편연합회의 개최를 보도. 7월 13일 일본 전권공사 미우라(三浦梧樓) 내임.

8월 20일 을미사변(乙未事變) 발생. 이완용(李完用), 이윤용(李允用) 이하영(李夏榮), 이병연(李秉淵) 민상호(閔商鎬), 현흥택(玄興澤) 등 미국 공사관에 잠복함[건양 2년 2월까지]. 9월 7일 내각 및 각부 국장 봉급표 반포(칙령 167호). 9월 9일 태양력(太陽曆) 사용의 조칙(詔勅)내림. 10월 26일 서로전선(西路電線)의 환수를 시작함.

연대	우편 역사 및 주요 사건

11월 3일

향회조규(鄕會條規) 18조 반포. 11월 15일 연호 건양(建陽) 사용, 단발령(斷髮令) 반포. 건양 원년도 세출입 예산표 반포. 윤 5월 26일 국내우체규칙 반포 [칙령 제 124호 80조] 우체사(郵遞司) 관제 반포[칙령 제125호 12조] 우체기수, 기수보 봉급 건 반포[칙령 제126호]. 윤 5월 27일 6월 1일부터 한성-인천 간 우체 개설 공고 [부령 제2호]. 우체 시행지의 우체사 소관 구역 공고[부령 제 2호]. 우체 시행지의 우체사 소관 구역 공고[부령 제3호] 한성사(漢城司): 한성 성내외(城內外) 인천사(仁川司): 제물포항 및 인천읍 내. 윤 5월 28일 한성 · 인천 간 우체물 체송법 제정 우체사무 세칙(107조) 공고[우표매하소 허가법, 우표 매하인 규칙(18조) 집신법(集信法), 분전법(分傳法), 체송법 제정[농상공부 훈령 제 131호]. 6월 1일 국내우체규칙, 우체사 관제 등 시행. 한성-인천 간 우체사무 개시 국기우표(國旗郵票) 4종 [5푼 · 1돈 · 2돈5푼 · 5돈] 발행. 우체기수(技手)로 이기철(李起鐵), 이병달(李秉達) 등 2명 임명. 6월 5일 한성우체사를 통신국 내에 인천우체사를 인천항 축현(丑峴) 서쪽 언덕 밑 전 이운사(利運社) 내에 설치[고시 제3호]. 6월 9일 해관우편(海關郵便) 철폐를 재차 외부(外部)에 독촉. 6월 11일 외부, 해관우편 철폐의 건. 총세무사(總稅務司)에게 통고했다고 회답.

6월 13일

우체사 주사, 기수, 기수보 등의 지방 파견 수당(월 10원) 지급을 청의 각의(閣議)에서 부결. 6월 18일 한성부 내[집신 오전 7: 20–오후 5:00, 분전 오전 9:00–오후 6:00] 및 한성. 인천간 우체물 집분 발착 시간(집분발착. 시간)[오전 9:00발송 오후 6:00 귀착] 표. 공고 관보(官報)에 한성우체사 6월 1일부터 15일까지의 우체물 취급수 공고[집신 137, 분전 147, 발송 113도착 133]. 6월 23일 한성내의 우표매하소 10개소 및 우체함 위치 공고[고시 제4호]. 6월 29일 광산국장 김시제(金時濟), 통신국장 사무대판(事務代辦) 및 한성우체사장. 대판에 피임. 6월 각 역에 입마(立馬)를 폐지하고 인부(人夫)로 대체시킴. 7월 7일 미국에 위탁 제조한 우표 기타물의 조속 송치와 해관우편의 즉시 혁파를 외부에 독촉. 7월 17일 위의 2 건에 대한 회답을 외부에 촉구.

7월 18일

우체사업비 부족조로 증액된 6,483원 40전의 예산 외(豫算外) 지출 결정. 7월 21일 해관우편은 국내우체 규칙 17조 벌칙에 의해 처벌될 것이라고 외부에 통고. 11월 17일 양력(陽曆) 채용. 개국 504년 11월 17일을 505년 1월 1일로 함. [9월 9일 조칙] 이태리인 말코니(Marconi) 무선 전신 발명.

위로부터 명성황후가 거처했던 경복궁 건청궁 곤녕합 옥호루 암살범 일본공사 미우라고로(三浦梧樓) 조선인 협력자 이준용 유길준

7월 28일

8월 1일부터 개성우체사(開城郵遞司) 개설 공고[부령 제4호]. 우체 이용에 대한 계몽을 관보를 통해 널리 알림[고시 제5호] 한성 내 우표매하소 10개소 증치(增置)를 공고[고시 제6호]. 한성-개성간 우체물 체송법 제정[훈령 제263호. 8월 1일부터 한성우체물 집신, 분전 횟수 각기 4회로 증가 시한 개정 공고[훈령 제270호]. 7월 30일 관보 체송건(遞送件)으로 조회. 8월 1일 개성우체사 우무 개시. 한성 내외, 한성-인천간 및 한성-개성 간 우체물 집분(集分) 발착 개정료 공고[관보 제126호]. 개성에 우체함 설치하고 우표매하소 3개소 허가. 수원에 한성우체지사 개설 공고[부령 제5호]. 8월 6일 외부에 통신국 고문 일본인 기무라(木村綱太郎), 가또오(加藤格畠) 고용 건 조속 추진토록 요청.

※ 을미사변(乙未事變)

1895년 10월 8일 경복궁(景福宮)에서 명성황후 민비가 조선 주재 일본공사 미우라 고로(三浦梧樓)의 지휘 아래 일본군 한성수 비대 미야모토 다케타로(宮本竹太郎) 등에게 암살된 사건이다. 명성황후 암살사건(明成皇后暗殺事件)', '명성황후 시해사건(明成皇后弒害事件)'이라 부르기도 한다. 당시에는 '을미의 변(乙未之變)' 또는 '을미 팔월의 변(乙未八月之變)'이라고 불렀으며, 일제의 작전 암호명은 '여우사냥'이었다.

※ 육영공원(育英公院)은 고종 23년(1886)에 국가에서 설립한 교육기관이다. 현대식 교육기관으로는 한국 최초의 학교로 미국인을 교수로 초빙, 준재(俊才)를 선발하여 영어를 중심으로 수학, 외국어, 지리학, 정치, 경제 등을 교수하였다. 교사로는 길모어(G. W. Gilmore : 吉模) · 뱅커(D. A. Banker : 房巨) 헐버트(Rev. H. G. Hulbert : 轄甫) 등이다.

8월 7일	8월 10일부터 수원우체지사 우무 개시함을 공고[부령 제6호]. 한성 · 수원 간 우체물 체송법 제정[훈령 제297호] 수원 우체지사 우체물 집신, 분전 매일 2회로 정하고 시한은 적당히 함.
8월 9일	탁지부(度支部), 인천세무사에 해관우편 폐지를 훈령. 8월 10일. 수원우체지사 우무 개시. 한성-수원 간 우체물 집분, 발착 시간. 한성-수원 간 우체물 집분, 발착 시간[발송 오전 9시, 귀착 오후 4시 30분] 공고. 유길준 2개소 허가. 일본인 기무라(木村綱太郎), 가또오(加藤格昌)의 고빙 약정서[각 9조]를 각의에 청의[이미 6월 10일부터 업무를 봄]. 8월 12일 기무라(木村), 가또오(加藤) 등 1년간 고빙 각의 결정.
8월 16일	궁내부(宮內府) 협판 이범진(李範晉), 농상공부 대신에 피임. 8월 18일 탁지부(度支部), 역전답(驛田畓)을 조사 시찰키 위하여 농상공부 위원 파견을 각부에 통고. 8월 20일 농상공부 협판 정병하(鄭秉夏), 동 부대신 서리로 피임. 8월 29일 우체기수보, 이남규(李南圭) 등 9명을 임명. 9월 5일 오세창[吳世昌, 참사관(參事官)] 통신국장 겸임. 9월 12일 농상공부, 재차 우표 송교를 독촉. 외부, 다시 미 공관(美公館)에 통고.
9월 14일	각 우체사장 임명[동래: 김낙준(金洛駿), 인천: 김낙집(金樂集), 한성: 이정의(李正儀)]

※ 대만총독부(臺灣總督府) 설치

타이완총독부(臺灣總督府) 또는 대만 총독부는 청일전쟁의 결과로 청나라로부터 할양된 타이완을 통치하기 위하여 설치된 일본 제국의 식민 통치 기관이다. 중앙 기관 소재지는 타이베이(臺北市)이며, 1895년 5월 10일에 설치되어 1945년 10월 25일에 폐지되었다. 타이완 총독부의 청사는 현재 중화민국 총통부로 사용되고 있다

오세창

※ 홍범(洪範) 14조

1894년 음력 12월 12일(1895년 1월 7일) 제정 · 선포된 한국 최초의 근대적 헌법이다. 1895년 (고종 32년) 1월 7일, 고종은 세자와 대원군 · 종친 및 백관을 거느리고 종묘에 나아가 먼저 독립의 서고문(誓告文)을 고하고 이를 선포하였다. 1월 8일에 이를 전국민에게 반포하였다. 이 서고문을 홍범 14조라 하며, 근세 최초의 순한글체와 순한문체 및 국한문혼용체의 세 가지로 작성하여 발표하였는데, 순한글체에서는 홍범 14조를 '열네 가지 큰 법'이라 표기하였다.

연대		우편 역사 및 주요 사건
		※ 홍범(洪範) 제14조

제1 청국에 의존하는 생각을 끊고 자주독립의 기초를 세운다.

제2 왕실 전범(王室典範)을 작성하여 대통(大統)의 계승과 종실(宗室), 척신(戚臣)의 구별을 밝힌다.

제3 국왕(大君主)이 정전에 나아가 정사를 친히 각 대신에게 물어 처리하되, 왕후 · 비빈 · 종실 및 척신이 관여함을 용납치 아니한다

제4 왕실 사무와 국정 사무를 분리하여 서로 혼동하지 않는다.

제5 의정부와 각 아문(衙門)의 직무 권한의 한계를 명백히 규정한다.

제6 부세(賦稅, 세금의 부과)는 모두 법령으로 정해 명목을 더하여 거두지 못한다.

제7 조세 부과와 징수 및 경비 지출은 모두 탁지아문(度支衙門)에서 관장한다.

제8 왕실은 솔선하여 경비를 절약해서 각 아문과 지방관의 모범이 되게 한다.

제9 왕실과 각 관부(官府)에서 사용하는 경비는 1년간의 예산을 세워 재정의 기초를 확립한다.

제10 지방관 제도를 속히 개정하여 지방관의 직권을 한정한다.

제11 널리 자질이 있는 젊은이를 외국에 파견하여 학술과 기예(技藝)를 익히도록 한다.

제12 장교(將校)를 교육하고 징병제도를 정하여 군제(軍制)의 기초를 확립한다.

제13 민법 및 형법을 엄정히 정하여 함부로 가두거나 벌하지 말며, 백성의 생명과 재산을 보호한다.

제14 사람을 쓰는 데 문벌(門閥)을 가리지 않고 널리 인재를 등용한다.

	9월 20일	관보, 우표 매하 수입액 공고[6월 362원 97전, 7월 175원 39전, 8월 375원 68전]. 9월 22일 우체사무 세칙 제 54조에 연운(沿運) 우체사 체송 규정 삽입하여 7개조를 추가 개정[훈령 제437호]. 9월 24일 농상공부, 각 역전답(驛田畓) 사명(査明)코자 사판위원(査辦委員)을 파송코자 사판위원(査辦委員)을 파송[부령 제8호]. 9월 26일 농상공부, 인천항 및 인항우선회사(仁川郵船會社)의 전마(電碼) 2장을 외부에 기탁[우선 동일 12시 발신 예정]. 10월 9일 충주 · 안동 · 대구 · 동래에 우체사 설치. 10월 21일부터 우무 개시 공고[부령 제10호]. 한성 · 동래 간 우체물 체송법 제정[양단간(兩端間) 매일 1회 발착, 소요 일수 11일, 소요 인부 22명][훈령 470호]. 위의 4 우체사 우체물 집신, 분전은 매월 2회로 하고 그 시간은 적의토록 함[훈령 제471, 480호]. 10월 21일 충주 · 안동 · 대구 · 동래우체사 우체 사무 개시. 10월 25일 한성 · 동래 간 우체물 집신, 분전 발착 시각 공고[매일 오전 9시 발송, 오후 3시 귀착]. 11월 3일 향약판무규정(鄕約辦務規定) [7조] 제정. 11월 9일 이능화(李能和) 농상공부 주사로 피임. 11월 11일 농상공부, 한성 등 8개처 우체사를 개설. 하였으니, 공문(公文)을 역체 인부에 송치하지 말고 우체사로 보내라고 각 부에 통고. 11월 15일 정병하(鄭秉夏), 농상공부 대신으로 피명.
1896년(건양 1)	1월 4일	고영희(高永喜), 농상공부 협판에 피임. 우체주사 강용희(姜庸熙) 이하, 우체기수, 우체기수보 다수 임명. 1월 6일 공주사판위원(公州査辦委員), 역토(驛土)의 양안(量案)도 없고 진폐(陳廢) 등으로 역민(驛民)의 작간(作奸)이 심하다고 보고. 1월 7일 김창한(金彰漢), 인천우체사장에 피임(김낙집은 농상공부 기사로 전임).
	1월 14일	내년도부터 각 부 · 군(府郡) 관보 우송 무료로 함을 공고. 1월 18일 역제[驛制, 각 역 찰방(察訪)및 역속(驛屬)] 폐지[칙령 제9호]. 1월 20일 건양 원년도 농상공부 소관 예산 관보에 공고[제2관 사업비 147,322원, 제1항 우체사 인비(人費) 51,322원, 제2항 전신 인비 90,933원, 제3항 제 사업비 5,000원].

1월 21일	우체사 관제 개정[칙령 제10호] [제7조 '8 등이'를 '대우'로]. 1월 24일 미국에 주문하여 내송 중(內送中) 요꼬하마(橫濱)에 임치(任置)된 우표 2 상자와 미국에 남은 우표 조속 송치하라고 외부에 통고.
1월	법규유편(法規類編) 간행. 권세연(權世淵) 안동(安東)에서 의병 일으킴. 노응규(盧應圭) 진주(晋州)에서 의거.
1월 25일	외부, 주일공관에 요꼬하마에 임치된 우표 2상자 조속 송치하라고 훈령. 외부 주미공관에 남은 우표와 인쇄판 송치토록 훈령. 1월 29일 안동우체사, 지방 소요(騷擾)로 문경(聞慶)에 이접(移接)하였음을 확인.
1월 30일	탁지부, 경기 6 역 중 응역(應役)함. 청파(靑坡), 노원(蘆原) 약 역만 복결(復結)을 지발(支撥).
2월 3일	농상공부, 석판인쇄 기계 등의 구입을 내각에 청의. 2월 5일 공주 · 전주 · 남원 · 나주에 우체사 설치. 2월 16일부터 우무개시 공고[부령1호]. 한성 – 나주 간 우체물 체송법 제정[훈령 제302호] 위의 4사의 우체물 집신, 분전은 매일 2회로 하고 그 시간은 적의토록 함[훈령 제288호]. 2월 11일 아관파천(俄館播遷) 임시 내각 성립. 이완용, 농상공부 대신 임시 서리로 피임. 2월 12일 고영희(高永喜) 협판 농상공부 대신 서리로 피임.
2월 13일	관보 광고, 안동 –대구 간에서 1월 22, 23일에 우편물 탈취되었음을 알림. 2월 14일 일본영사, 인천 –한성 간에서 우체물 도난 많으니 엄금하라고 요구. 2월 16일 공주 · 전주 · 남원 · 나주우체사 우무 개시.
2월 18일	한성 · 나주 간 집분, 발착 시간 [발송 매일 오전 9시, 도착 매일 오후 3시] 공고. 2월 22일 고영희 서리 해임. 조병직(趙秉稷) 농상공부 대신 피임. 2월 23일 오세창(吳世昌), 통신국장 전임(專任): 참서관원(參書官員). 2월 26일 1895년 6월 이전의 각역 복결(復結)을 역속(驛屬)에 획하(劃下)키로 결정. 3월 8일 우체 주사 김균복(金均福) 등 15인과 우체 기사보 임영진(林榮震) 등 8인 임명. 3월 11일 이병달(李秉達), 전주우체사장 피임. 각 지방 우체사 경비 중 우선 경상비라도 각 부 · 군(府郡) 공전중(公錢中) 출급토록 탁지부에 요청.
3월 13일	우체물 집분. 발착 시간 개정표 공고[관보 제272호]. 3월 23일 이채연(李采淵), 농상공부 협판 피명. 3월 26일 농상공부, 우표를 자조(自造)하려고 외부에서 보관 중이던 우초 철판(갑신정변 당시의 것)을 찾아옴.
3월 29일	경인철도 부설권 미국인 제임스보오리스에게 특허. 4월 2일 일본 경응의숙(慶應義塾) 유학생 중 80여 명을 전신우체 기술자로 속성 훈련 귀국케 하는 데 일본 공사관의 협력을 요청. 4월 4일 통신국 고원 가또오(加藤格昌) 해약. 4월 7일 독립신문 창간(獨立新聞創刊) 영국인 브라운[J. Meleany Brown(相卓安)] 재정(財政) 고문에 임명됨. 4월 8일 미국에 주문 인쇄해 온 우표 2상자의 면세를 해관에 요청. 4월 11일 평양, 의주에 우체사 설치코 4월 25일부터 우무 개시 공고[부령 제2호 고시]. 4월 24일 농상공부, 일본인 신문인 한성 신보(漢城新報)의 우송을 거절[인가 취소]한 뜻을 외부(外部)에 통고. 4월 25일 평양 · 의주우체사 우무 개시.

고영희(高永喜)

위로부터
이완용(李完用)
민병석(閔丙奭)

4월 29일	한성 · 개성 · 평양 · 의주 간 우체물 집분 발착 시간 공고[한성—평양 간 발송 매일 오전 9시, 도착 매일 오후 2시 30분 평양 · 의주 간 발송 5일마다 오전 9시 도착 역시 오후 2시 30분]. 4월 30일 오세창, 통신국장 사임[통신국장 임시대판(臨時代辦) 최문현(崔文鉉)] 안동우체사 주사 김재담(金載潭) 인민 봉기 때에 살해되었음을 공고. 5월 1일 일본공사관 서기관으로 가또오 내임. 농상공부, 안동우체사를 상주군에 임시 개설하니 협조하라고 안동부에 훈령. 5월 3일 농상공부, 소요 때에 물러난 충주우체사 관원을 파송하니 우무 재개에 협조하라고 충주부에 훈령. 5월 6일 농상공부, 우체사무의 확장에 맞추어 만국통우합동공법(萬國通郵合同公法)을 외부로부터 차수(借受) 고열(考閱). 5월 8일 관보, 5월 5일자에 수원 수지현(小原水遲峴)에서 우체물 약탈되었음을 광고함.
5월 14일	한성에 주재하고 있는 일본 아라사공사 한성각서(覺書) [4조] 체약[일본군 주둔 용인]. 5월 28일 춘천 · 원산 · 함흥 · 해주 · 홍주에 우체사 설치 6월 5일부터 우무 개시 공고[부령 제3호 고시]. 경성(鏡城) · 강계(江界)우체사 설치 6월 15일부터 우무 개시 공고[부령 제4호 고시]. 5월 30일 변종헌(卞鐘獻), 통신국장 피임. 일본공사 고무라(小村壽太郎) 귀국, 가또오(加藤增雄) 대리 공사로 내임. 6월 3일 해주 · 홍주 · 춘천 · 함흥 · 원산 · 경성(鏡城). 강계 등 우체사 우체물 집분, 발착시간 공고[함흥—경성 간, 평양—강계 간은 5일 마다 1회, 기타 구간은 매일 1회]. 6월 5일 춘천 · 원산 · 함흥 · 해주 · 홍주우체사 우무 개시. 주일공사, 경응의숙의 일부 유학생을 우체 · 전신 기술자로 속성 교육 후 귀국 조치하는 데 불응한다고 보고. 6월 6일 관보 5월 3일자에 연풍(延豊) 안보(安保)에서 우체물 약탈 광고. 6월 미륜사(彌綸斯)를 전보교사(電報教師)로 초빙. J. S. Meuhlensteth. 1855~1915. Denmark 인.
6월 8일	농상공부 사판위원(査辦委員) 동화부(東華府)에서 역토사판(驛土査辦)을 역속들이 방훼한다고 보고.
6월 15일	경성(鏡城) · 강계(江界)우체사 우무개시. 7월 2일 독립협회 결성. 7월 3일 진주(晉州) 우체사 설치, 7월 25일부터 우무 개시 공고[부령 제5호 고시]. 지방 소요시 철수하였던 나주우체사에 관원 파견.
7월 13일	법규우편(法規郵便) 간행. 7월 17 안동우체사 상주에 임시 개설하고 8월 10일부터 우무 개시 공고[부령 제6호 고시]. 김세형(金丗亨), 원산우체사장 피임. 농상공부 협판 이채연, 감독 경인철도 사무에 피명. 7월 18일 각 우체사장 임명[개성: 정재은 · 공주: 서상준 · 의주: 최석년 · 대구: 서병은]. 7월 23일 전보사(電報司) 관제 반포[전 2조, 칙령 제32호]. 7월 25일 전주우체사. 우무 개시 [남원 간 매일 1회 발송]. 7월 26일 국내전보 규칙 반포[전 66조, 칙령 제34호] 균일 요금 제도 실시. 7월 31일 탁지부, 각 지방 우체사 매월 경비를 해당 부 · 군 공전(公錢)으로 지불할 것에 동의. 경 · 인 철도 부설권 프랑스인에게 다시 특허. 8월 4일 전국을 13도(道)로 구분.
8월 5일	우체사 관제 전면 개정[전 10조. 칙령 제42호]하여 1등사 11, 2등사 14. 우체기수및 기수보 없앰. 우체 직원 봉급령 반포(頒布)[전 3조, 칙령 제43호].
8월 7일	전보사항 범죄인 처단 예(電報事項犯罪人遞斷例) 반포[전 10조, 법률 제6호].

8월 10일	상 주임시우체사(尙州臨時郵遞司), 우무 개시. 8월 13일 주일공관(駐日公館), 경응의숙의 유학생 학자금 증액 요구 보고. 8월 25일 정주(定州)에 평양우체지사 개설 공고[부령 제8호]. 각 우체사장 임명[한성: 이정의, 인천: 김창한 · 원산: 전세형 · 부산: 김낙준 평양: 이기철 · 전주: 이병달, 개성: 정재은 · 공주: 서상준 · 의주: 최석년 대구: 서병은, 한성우체사 주사 조희빈 · 강인규 이하 각 지방 우체사 주사 임명]. 천일은행(天日銀行) 설립. 1899년 대한제국 고종 황제의 자본을 받아 설립한 대한천일은행을 뿌리로 하였다. 1899년 1월 30일 광무 황제(고종)가 자본금을 대고 대한제국의 고위 관료들, 상업 자본가들이 주도, 대한천일은행(大韓天一銀行)을 설립하였다. '대한'은 고종 황제의 대한제국에서 이름을 따온 것이고 '천일'(天一)은 '하늘 아래 첫째 가는 은행'이라는 뜻이다. 초대 은행장은 민병석이었으나, 자본금 납입이 여의치 않자 황실 자금을 받고 의민태자(영친왕 이은)를 은행장으로 추대하였다. 1899년 5월 10일 최초의 지점인 인천지점을 개점했다.
8월 31일	주일공관(駐日公館)에 경응의숙 유학생의 학자금 증액 불가하다고 훈령. 9월 5일 관보, 평강(平康)에서 8월 16일~17일 사이 비도[의병]에게 체전부 살해되고 우체물 피탈당한 사건 광고 전 공무아문(工務衙門) 역체국 기구(器具) 판매금 500원 탁지부에 송교. 9월 12일 우체구획정획법(定劃法) 공고[전 3조, 부령 제9호].
9월 23일	우체사항범죄인처단예 반포[전 11조, 법률 제9호]. 9월 29일 정주(定州)우체지사 설치.
10월 5일	우무 개시 공고[부령 제9호 고시]. 10월 5일 정주우체지사(定州郵遞支司): 평양우체지사(平壤郵遞支司) 우무 개시.
10월 9일	주일공관(駐日公館), 일본 유학생 현곤(玄棍) 등 2명, 우편 전신 학교 방청생으로 용허되었음을 보고. 10월 10일 주일 공관, 일본 유학생 김명집(金明集) 등 3명, 철도우편 전신 사무 견습 허가되었음을 보고. 10월 11일 각 지방, 우전사(郵電司) 경비를 해당. 부 · 군(府郡) 공전(公錢) 중에서 출급하는 조처 9월로 소급 실시.
10월 23일	대구우체사에 경병(京兵)이 무단 침습하였음을 군부(軍部)에 엄중 항의. 10월 26일 우체물 집분 발착 시간 개정표 공고. 11월 2일 9월분 우체 사업 수입금 244원 71전 7리를 탁지부에 보냄. 11월 10일 학부협판(學部協辦) 민상호(閔商鎬) 농상공부 협판에 피명. 11월 11일 경흥(慶興)에 경성우체지사(鏡城郵遞支司) 개설 공고[부령 제10호]. 11월 12일 군부대신 이윤용 농상공부 대신에 피명
11월 28일 11월 30일	경흥(慶興)우체지사, 12월 27일부터 우무 개시 공고[부령 제11호 고시]. 농상공부, 만국통우공회공법(萬國統郵公會公法) 책을 좀 더 고열(考閱) 후송하겠다고 외부에 통고. 12월 17일 미공관(美公館), 워싱턴 제5회 만국우편엽합총회(萬國郵便聯合總會) 1897년 5월 제1 수요일에 파원(派員)할 것을 권유함. 12월 22일 외부, 만국우회(萬國郵會) 참가 권고 감사하고 파원 성명을 뒷날 통지하겠다고 통고. 12월 27일 경흥우 체지사, 우무 개시.
12월 30일	학부(學部), 일본 경응의숙 유학도 중 50명 외는 우체. 전신 등을 3.4개월간 속성 후 귀국케 하되, 이 조치가 명년을 넘기면 학자(學資)를 책임 못지겠다고 외부에 통고.

미국에 주문하여 온 태극보통우표
Andrew B. Graham
Co., Washington,
D.C. USA.

※ 공무아문(工務衙門): 구한말에, 공작 · 교통 · 체신 · 건축 · 광산 따위에 관한 일을 맡아보던 관청. 고종 31년(1894)에 공조(工曹)를 폐지하고 창설하였다가, 이듬해에 농상아문과 합하여 농상공부로 고쳤다.

연대	우편 역사 및 주요 사건

※ 고열(考閱): 자세히 살펴보거나 점검하면서 읽음.

※ 탁지부(度支部): 대한제국 때에 국가 전반의 재정(財政)을 맡아보던 중앙 관청. 고종 32년 (1895)에 탁지아문을 고친 것으로, 융희 4년(1910)까지 있었다.

1897년(광무 1)

1월 3일 외부, 농상공부에 워싱턴 U.P.U.에 파원(派員) 참가토록 하고 그 성명을 먼저 명시(明示)토록 통고.

1월 4일 외부, 경응의숙 유학도 건. 동 의숙과 타협 선처하라고 주일 공관에 훈령. 1월 9일 이종직(李宗稙) 통신국장 피명[변종헌(卞鍾獻) 동부참서관(參書官) 으로 임명] 1월 14일 함흥·경성(鏡城)·경흥 간 우체물 발착 시간 공고[발송 격일(隔日)로 오전 9시, 귀착 격일 오후 1시]. 1월 18일 공주우체사, 견습원 2명 선발. 1월 23일 미공관, 워싱턴 U.P.U. 참가위원은 전권위원(全權委員)으로 파송토록 요청. 2월 6일 민상호(閔商鎬), 농상공부 협판 사임.

2월 8일 상주 및 공주우체사 견습원 선발. 2월 19일 민상호(閔商鎬) 제5회 U.P.U. 전권위원에 피임. 충남관찰사(忠南觀察使)에게, 각 군의 상거잇수(相距里數) 및 도로순험(道路順險) 등 상세도해(詳細圖解)하여 조속 상달토록 엄훈(嚴訓). 2월 20일 경운궁(慶運宮) 환궁(還宮) 청국(淸國), 우편 사무 개시. 2월 23일 일본우편 전보 배달부의 궁 내(宮內) 출입 요구에 대해 문전(門前)에서 대기케 한 후 곧 우·전물(郵電物) 영수표 받아가게 조처.

3월 1일 외부, 주일공사의 경응의숙 유학도 제한 보고를 통고. 3월 6일 민상호 외 주미 전권공사 이범진을 우편 연합 총회 1등전권 위원 임명을 미공사관에 통고. 3월 8일 각역(各驛), 전답(田畓), 군부(軍部)에 이속(移屬). 외체실시(外遞實施) 준비로 아국(我國) 과 우편분동조약(郵便分同條約) 체결 시도(示圖). 3월 11일 농상공부, U.P.U. 가입 대비 국내우체규칙개정을 의정부에 청의. 3월 13일 1894년 6월 20일 주미 스위스 공사(瑞西) 타볼리의 U.P.U. 가입에 대한 질문[가입 종류 서신류, 실시 기일. 1899. 1. 1. 환율(換率) 불란서 은화(銀貨) 25선 마(銑馬)=동화(銅貨) 25푼 5돈. U.P.U. 비용 보조. 7 동국]. 1월 탁지부(度支部), 의정부(議政府)에 건양(建陽) 2년도 총예산안(總豫算案)을 청의(請議)함. 세입 총액 4,191,192원, 세출 총액 4,190,427원, 세입 여액 765원, 농상공부 본청 30,440원, 우체 사업비 60,000원, 전신 사업비 60,000원, 우체 수입비 2,103원, 전보 수입비 2,311원 3월 15일 미국에 위탁 제조한 우표 중 여류분(餘留分) 조속 추래(推來)토록 외부에 독촉. 3월 16일 국내우체규칙 전면 개정[51조, 칙령 제 16호] 농상공부, 공문으로 체전 인부비(遞傳人夫費)의 지급 조처와 계획을 의정부에 청의함. 3월 18일 U.P.U. 총회 전권위원 민상호 파견비(派遣費) 1,000원 지출 결정. U.P.U. 총회 2등 전권위원 민상호 출발.

3월 22일 우편합동(郵便合同)건을 아관(俄館)에 조회. 주미 전권공사 이범진(李範晉) U.P.U. 총회 1등 전권 위원에 피명. 3월 20일 일공관(日公館). 야마가다(山縣). 로바노프 협약(協約)을 우리 정부에 통고. 3월 22일 인천 중각동(中角洞)에서 경인철도(京人鐵道) 기공. 3월 26일 경성(鏡城)·경흥(慶興) 체송부 회령(會寧)을 거쳐 대로(大路)로 윤행(輪行)토록 훈령[별분전 설치]. 4월 4일 각 지방 우체사 경비의 나획(梛劃) 공전중(公錢中) 이급(移給)이 매양 연체(聯滯)하여 사원(司員) 입궐식(入闕食) 지경이니 엄중 설치토록 탁지부에 통고함. 지경이니 엄중 설치토록 탁지부에 통고함. 4월 5일 아관(俄館), 우체 조약 건. 본국 정부에 보고했다고 회답. 4월 6일 본년(本年) 1월 후 우체 수입금 367원 84전 5리[우표 17,640장 판매 대금]를 탁지부(度支部)에 납부 4월 29일 이범진 주미공사, 호이트(John W. Hoyt)의 한국 사절단의 고문 및 U.P.U. 특별 고문 임명을 미 국무대관(美國務代官)에 통고.

연대	우편 역사 및 주요 사건
4월 22일	국내전보규칙(國內電報規則) 개정[요금 반감, 단 구문(歐文)제외][칙령 제20호].
4월 30일	법무협판(法務協辦) 권재형(權在衡) 농상공부 협판에 피명. 주미 스위스 공사를 통해 1894년 6월 20일자 스위스 정부의 질문에 대해 회답을 전함으로써 U.P.U. 가맹의 합법적 절차를 마침. 5월 4일 미국에 주문 제조한 우표 대금[322원 2각], 이미 주미 공사를 통해 청산했는데 재차 납송(納送) 통지가 왔으니 해명토록 외부에 요구.
5월	제5차 U.P.U.총회 워싱턴에서 개최. 5월 14일 농상공부 협판, 고등 재판소(高等裁判所) 재판장 해임[18일 법률 기초위원장 해임]. 5월 15일 각도 관찰사(觀察使)에게, 각 군(各郡) 체전부의 공문 송달 근면히 하라고 훈령 내림. 5월 17일 통신국 고문 야마다(山田雪助), 보좌원 스미니가(住永琇三) 만기 해고. 5월 20일 이범진, 민상호 양 대표 U.P.U.에 참가하여 가맹(加盟)을 선언함. 5월 25일 이종직(李宗稙) 통신국장을 면관. 5월 26일 궁내부(宮內府) 송달 일본 우편 전보 배달부, 인화문(仁化問)으로 직행토록 조치. 6월 4일 각의(閣議), 각 지방 공문 체전 인부 2년도 요자(料資) 32,000원 예비금으로 지출 결의. 6월 11일 농상공부 참사관(參事官) 최문현(崔文鉉), 통신국장에 피명. 6월 14일 전보사(電報司)관제 개정[칙령 23호] 한성사(漢城司)를 총사(總司), 각 항사(各港司)를 1등사(一等司), 지방사(地方司)를 2등사(二等司)로. 전보사 직원 봉급령 개정[칙령 24호][총사항에 첨입]. 경응의숙 유학생의 학자 및 귀국비(歸國費) 연체분 송교.

6월 15일	국내우체세칙(國內郵遞細則) 제정 공고[전 96조, 농상공부령 14호]. 이범진, 민상호 두 대표 U.P.U. 조약 원본에 서명[美 J. W. 호이트 대행] 이범진 공사, 민상호 대표와 더불어 만국우체공회(萬國郵遞公會) 건, 선처하겠다는 보고 옴. 조선 참입(參入) 통우합동(統郵合同) 축조 문제(逐條問題)를 주미 스위스 공사가 본국 정부에 보고했다고 주미 공사가 보고함.
6월 18일	농상공부, 민상호 영국 향발 후, 이범진 공사가 U.P.U.건. 전담(專擔)케 됨을 인준(認准). 6월 24일 스위스정부, 조선의 U.P.U. 가입을 연합 제국(聯合諸國)에 고지(告知)하는 초본(抄本)을 우리 정부에 보내옴. 6월 30일 우체 사항 범죄인차단 예정의. 7월 3일 국내우체규칙 개정[칙령 27호] 독립신문 양반 등의 체전부 천대 풍속 계몽[벙거지 사용이 문제].
7월 8일	나주우체사(羅州郵遞司)의 지난 해 3월 나용(挪用) 경비 127원 35전 계감(計勘)하도록 탁지부에 통고.

위로부터
이범진(李範晉),
John Wesley Hoyt
U.P.U
한국사절단 고문

| 7월 13일 | 국내전보규칙개정(國內電報規則改正)[칙령 28호]. [구문(歐文) 15개 자모(字母), 수목(數目)은 5개자까지 1자로 계산]. 우체 사항 범죄인처단 예 [11조] 경정(更定) 반포[법률 1호]. 7월 15일 U.P.U. 조약 조인. 7월 26일 국내우체세칙중 탈오 정정(脫誤訂正) 공고. 독립신문, 각 지방 체전부가 우체물을 가지고 도주하는 폐단은 그 지방인이 아니고, 서울의 청탁으로 임명하는 까닭이라고 논란(論難)함. 농상공부, U.P.U. 가입에 대해서 주미공관 보고와 민위원(閔委員) 보고가 일치하고 스위스 정부에 대한 회답 통고건은 다시 협상하겠다고 외부에 회답. 7월 30일 독립신문, 민상호 위원이 U.P.U. 가입에 있어 가장 시급한 것은 우선회사(郵船會社)와 약정하여 우체물을 외국에 체송하는 일이라는 서한 요지를 게재함. 8월 5일 주미공사 이범진 6월 15일에 U.P.U. 조약 원본에 가입 서명했다는 보고옴. |

연대	우편 역사 및 주요 사건
8월 11일	스위스정부 조선의 U.P.U.가입을 일본에 통고함. 8월 17일 연호(年號)를 광무(光武)로 변경. 법공관(法公館: 프랑스 공관)의 인천, 원산 부산과 상해(上海), 서주(徐州), 옹주(雍州), 회주(匯州) 간 기상 전신(氣象 電信) 요청 수락.
8월 29일	스위스정부, 조선의 U.P.U. 가입한 것을 각국에 고지하는 공문 초본이 옴. 9월 1일 농상공부, 미국에 주문한 우표 대금 322원 2각 미상건(未償件)을 당시의 주미 공관원을 상사(詳査)하여 조속 송치하고 우표 수용(需用)이 긴급함을 훈령하자고 제차 외부에 독촉. 일본인 경성(京城)—인천과 일본 간의 전보료를 매 1어(每一語)에 50전으로 내림.
9월 2일	독립신문, 8월 27일 도착한 민상호 위원의 U.P.U. 가입 경위 및 앞으로의 대책에 관한 상사(詳査) 보고를 게재.
9월 3일	통우공회소증합동(統郵公會所證合同) 원본과 고분금(股分金: 주식불송금) 정액(定額) 등을 스위스 정부의 통고에 비추어 조속 송치 사보(查報) 하라고 주미공관에 훈령함. 9월 12일 우체사관제 개정[칙령 제34호]. 1등사(一等司) 중 경성(鏡城)을 빼고 경흥(慶興), 삼화(三和), 무안(務安) 첨입(添入), 2등사(二等司)에 경성(鏡城), 김성(金城) 첨입(添入).
9월 20일	농상공부 주사 정희환(鄭喜煥), 부산우체사장(釜山郵遞司長)에 피명.
9월 23일	독립신문, 우체 통신이 문명 정치의 제일긴무(第一緊務)임을 전제하고, 출부인(出付人)과 영수인의 거주 성명을 상기(詳記)하라는 한성우체총사(漢城郵遞總司)의 통고를 게재.
9월 27일	미관(美館), 본국에서 보내온 U.P.U. 장정(章程) 1책(一冊)을 외부에 송교. 10월 1일 시종원경(侍從院卿) 정낙용(鄭洛鎔) 농상공부 대신에 피임. 10월 9일 알렌 미공사, 본국에 조선에 우편업무 제공하는 일본의 우정성(郵政省)이 금본위 화폐제도(金本位貨幣制度)를 체택함으로써 조선에서 외국으로 보내는 우편 요금이 두 배로 인상되었다고 보고. 10월 10일 민상호(閔商鎬), 농상공부 협판.
10월 12일	황제즉위식(皇帝卽位式) 거행 국호(國號)를 대한(大韓)으로.
10월 25일	아국인(俄國人·露國人) 알렉시에프(K. Alexeiev) 재정 고문(財政顧問)에 임명됨. 목포(木浦)일본우편국 개설 —불법. 10월 27일 주미공사, 미국 우정성에서 은조훈장(銀條勳章)과 U.P.U. 기념 사진 등을 송급(送給) 했음과, U.P.U. 장정을 11, 12월 사이에 스위스정부에서 인행(印行)하여 각국에 분송(分送)한다고 보고. 11월 1일 삼화(三和), 진남포(鎭南浦), 무안(務安), 목포(木浦)에 우체사(郵遞司) 설치, 나주(羅州)우체사는 광주(光州)에 이설함을 공고 [부령 17호].
11월 16일	주일공관, 경응의숙 유학생 본년 12월로 해약 소환(解約召還)케 되지만 명년(明年) 1년간 독립자수(獨立自修)케 함이 종겠다고 보고. 11월 17일 각 우체사장 임명. 삼화(三和): 박증수(朴曾洙)·무안(務安): 정인국(政寅國).
11월 25일	남로전선(南路電線)가설에 각 우체사 우표 대금을 전용(轉用)하여, 전주(全州) 및 공주(公州)의 전·우사(電郵司)를 합설(合設)토록 조치함. 11월 26일 주일공관에 경응의숙 유학생은 모두 조약대로 귀국 조처하라고 훈령. 해관총세무사(海關總稅務司) 부라운 퇴임. 12월 3일 김성(金城), 강릉(江陵), 영변(寧邊) 우체사 설치 공고 [부령 제20호].

위로부터
대한제국 황제의
U.P.U. 비준서
독닙신문 초판
대한제국 당시 전화
교환소

연대		우편 역사 및 주요 사건

| | 12월 6일 | 불문(佛文)으로 된 한국우체장정을 주람(奏覽)키 위하여 이선득(李仙得) 궁내부 고문관에게 번역 의뢰. 이태리인(伊人) 말코니 무선전신회사(無線電信會社) 설립. 12월 10일 나주(羅州)우체사 광주(光州)에 이설하여 25일부터 우무 개시. 우무 개시함을 공고[부령 제21호] 최문현(崔文鉉), 통신국장 해임. 12월 11일 강인규(姜寅圭), 통신국장 피명. 전주(全州)우체사장, 그 지방에서 5냥짜리 은전(銀錢) 1원에 엽전(葉錢) 10돈씩 감하고 쓰므로, 은전으로받는 우체사 경비에 큰 곤란이 있다고 보고. 12월 18일 농상공부 대신 임시 서리 탁지부 대신 정낙용(鄭落鎔)사직 상소(上疏)하여 임시 서리 탁지부 대신을 맡음. 12월 23일 임시우체규칙 반포[12조, 칙령 제43호]. 12월 24일 무안(務安), 김성(金城)에 우체사 설치, 29일부터 우무 개시 공고[부령 제22호 고시]. 12월 25일 광주(光州)우체사 우무 개시. 12월 29일 무안(務安), 김성(金城)우체사 우무 개시. 12월 29일 우체물 집분(集分) 발착 개정표. 12월 30일 이춘영(李春榮) 경흥(慶興)우체사장 피명. 한성(漢城) 우체주사 한상이(韓商履) 이하 각 우체사 주사 다수 임명. 12월 31일 안동(安東), 청주(淸州), 안성(安城), 북청(北靑)우체지사(郵遞支司) 설치 공고[부령 제23호]. |

| 1898년(광무 2)  | 1월 4일 | 강릉(江陵)우체사 1월 5일부터, 영변(寧邊)우체사 1월 15일부터 우무 개시 공고[부령 제24호 고시]. 대한제국 궁 내부에 전화 설치, 각 아문과 인천감리(仁川監理)와 통화. 1월 5일 강릉우체사 우무 개시. 1월 15일 영변우체사 우무 개시. 2월 19일 한성전기회사(漢城電氣會社) 전차(電車)·전기(電氣)·전화(電話) 부설권 획득. 1월 29일 독립신문, 광무(光武) 2년도 세입 세출 예산표 게재[세입 총액 4,525,476원, 세출 총액 4,525,540원, 세입 여액 1,946원. 세출 경상부 제1관 농상공부 본청 29,230원, 제2관 사업비 160,000원]. 2월 17일 농상공부 기사(技師) 김영찬(金永燦) 원산(元山)우체사장에 피임. |

|  위로부터 한성전기회사 (漢城電氣會社) 한로은행(韓露銀行) | 2월 23일 | 안성(安城), 청주(淸州)우체지사 25일부터 우무 실시 공고[부령 제25호]. 2월 23일 흥선대원군 이하응 서거(逝去). |

| | 2월 25일 | 안성우체지사, 청주우체지사 우무 개시. 3월 10일 적성향장(積城鄕長) 윤정현(尹庭賢) 우무 견습(郵務見習)하여 우체주사가 됨을 알고, 거인(居人) 이용선(李用善)이 향장직 뺏으려한다고 청원. 3월 12일 향장 출척(黜陟)은 군수(郡守) 권역(權域)이나, 우체 견습하는 것은 농상공부 소관이므로 적성 향장 개체(改替)는 불가하다고 훈령. 3월 19일 우체사 관제 개정[칙령 제7호] 김성(金城) 2등사를 철원(鐵原)으로 옮김. 3월 23일 안동(安東)우체지사 25일부터, 북청(北靑) 지사 26일부터 우무 실시 공고[부령 제26호 고시]. 한로은행(韓露銀行) 설치, 영국인 브라운 재정 고문에 복직. 프랑스측 청국 우체사무를 프랑스인에게 넘기라고 요구[독립신문]. 3월 25일 안동우체지사(尙州) 우무 개시. 3월 26일 북청우체지사(咸興) 우무 개시. 3월 29일 4월 1일부터 경기도 내 임시우체 실시 공고[부령 제27호 고시]. 3월 30일 용인군 향장(龍仁郡鄕長) 박재규(朴載圭) 개차(改差) 됨을 호소. 3월 31일 용인군 향장 박재규의 무고 체개(無故替改)는 불가하다고 훈령. 4월 1일 경기도내 임시우체 실시. |

연대		우편 역사 및 주요 사건

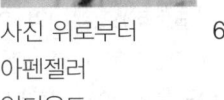

	4월 2일	역체전부(驛遞傳夫) 8명, 역체가 우체국에 이속됨에 견척(見斥)을 호소. 4월 3일 임시우체규칙 제정[칙령 제8호][한성 이하 각 우체사 소관 구역 개정]. 4월 7일 각 우체사장 임명 [원산(元山): 박증수(朴曾洙), 삼화(三和): 김영찬(金永燦), 무안(務安): 서병은(徐丙恩), 대구(大邱): 정인국(鄭寅國)]. 4월 12일 한로은행(韓露銀行) 패쇄. 러국 군사 교관(露國軍事敎官) 및 재정 고문 귀국. 4월 16일 한상이(韓商履), 경흥(慶興)우체사장에 피명. 전 사장(前司長) 이춘영(李春榮) 개성(開城)우체 주사 피임. 4월 18일 농상공부 대신 정낙용(鄭落用) 사임. 4월 23일 권재형(權在衡, 협판) 농상공부 대신 서리에 피명. 운봉군수(雲峰郡守), 역체 인부의 요전(料錢) 마련 할 길 없다고 탁지부에 보고. 4월 24일 비서원경(秘書院卿) 이도재(李道宰) 농상 공부 대신에 피명. 4월 30일 우체학원(郵遞學院) 11명, 외인(外人) 등용하고, 그들 을 채용치 않음을 호소. 5월 2일 독립신문, 임시우체 사무의 전국 실시 계획을 보 도하고 우체 업무의 확장을 치하(致賀)함. 5월 11일 5월 15일부터 충남 · 충북 · 황 해 · 강원 · 각도에 임시우체 실시 공고[부령 제 28호]. 5월 15일 충남 · 충북 · 황 해 · 강원도에 임시우체 개시.
	5월 17일	그리스도신문사장(基督敎新聞社長) 언더우드(언두우: 元杜尤), 그리스도신문 우송 비 〈매 근당 동전 20푼〉을 독립신문 〈매 근당 3푼〉으로 하라고 청원. 5월 27일 전 경안찰방(前慶安察謗) 박기항(朴琦恒) 역체소에 근무타가 우체사에서 견습하였으 나 아무 조치 없음을 호소. 5월 28일 6월 1일부터 경상남북도, 전라남북도 함경남 북도, 평안남북도에 임시우체 실시 공고[부령 제29호 고시]. 6월 1일 경남 · 경북 · 전남 · 전북 · 함남 · 함북 · 평북 · 평남 내 임시 우체 개시.
사진 위로부터 아펜젤러 언더우드	6월 3일	마산(馬山) · 군산(群山) · 성진(城津) 등의 개항 예정 발표. 6월 7일 주미공관, U.P.U. 조약을 기한인 명년 1월 1일 내에 환약(煥約) 조치토록 독촉. 6월 10일 임시 우체규칙 개정[칙령 제17호][한성(漢城) · 개성(開城)우체사 소관구역 개정]. 국내전보규칙 개정[칙령 제 16호]. 보비(報費)는 1897년 4월 이전으로 환원 인상. 6월 16일 독립신문, 방거주사(邦居 主事)라 자칭하는 우체주사가 있음을 지적코 관원 임용(官員任用)의 문란을 논란. 6월 20일 영 · 불어(英佛語) 학도 중 10인 선발 1년 기한으로 구라파에 보내어 우 무(郵務) 견습토록 함 6월 23일 그리스도신문의 우송가(郵送價)를 독립신문의 그 것과 같이 특감(特減). 6월 27일 전 체전부 임덕건(林德建) 거주 기재 불명(居住記 載不明) '金主事宅 入納'의 함서신(緘書信) 오전(誤傳)으로 견태(見汰) 됨을 호소.
	7월 8일	김익승(金益昇) 소유 선박[우체물 및 각종 객화물 운송]의 부산 · 경성(鏡城) 간 항 행에 대해 보호 조치토록 조처
	7월 15일	탁지부(度支部), 지불 지체한 부산우체사 경비를 직시 출급(直時出給)하고 20일내 에 회보하라고 동래부(東萊府)에 훈령을 내림. 7월 19일 독일, 김성군 당현(金城郡 堂峴) 금광 체굴권(金鑛採掘權) 획득. 7월 21일 원산(元山)우체사장 박증수(朴曾 洙), 업무 집행 부정(不正)으로 10일간 벌환(罰鍰)에 처함. 7월 25일 외체실시(外 遞實施) 준비차 프랑스인 우체 교사 길맹세(吉孟世: Clemencet. E)를 고빙(雇聘) 했다고 외부에 통고. 농상공부에 철도사(鐵道司) 설치.

황성신문

| | 7월 28일 | 길맹세(吉孟世) 고용 건 가(可) . 부(否) 1로 의정부 회의 통과 후 왕의 재가(裁可) 얻음 독립신문, 이번에는 농상공부 대신 이도재(李道宰)가 종전의 폐단을 물리치 고 우체사 주사를 공정히 선취(選取) 하였다고 칭찬. |

박제순(朴齊純)

7월 29일	U.P.U. 조약(1897년 5월 조인)에 황제(皇帝) 비준(批准) 함. 8월 1일 궁내부(宮內府) 전어기(傳語機) 경비를 각 해부(各該部) 경비로 납입케 함[매월 17원]. 8월 2일 독립신문, 이도재 농상공부 대신과 외부 대신 서리를 모두 사임한다고 보도. 정읍군(井邑郡), 공문 체전 인부 요자(料資) 5개월분 15원 지급을 보고. 8월 8일 임시 우체규칙 개정[부령 제 30호][홍주(洪州) · 공주(公州)우체사 소관 구역 개정]. 8월 9일 법관(法館: 프랑스)에 우체교사 길맹세(吉孟世) 고빙 약정서를 보냄. 8월 10일 법관(法館), 동 약정서를 일부 개정 후 회송. 8월 13일 법규유편(法規類編) 속간(續刊). 8월 16일 농상공부, 동상(同上) 회송 약정서 일부 수정하여 청의. 8월 25일 일본우편국, 체전부의 궁내(宮內) 자유 출입 허가를 요청. 8월 26일 독립신문, 전국에 실시된 임시우체 이용하여 신문 구독토록 광고[우편송금]. 미국공사관 U.P.U. 상정(商定) 강목(綱目) [제31조] 포명(佈明). 8월 30일 U.P.U. 조약 비준서를 재미(在美) 전권 위원에게 보내어 환약(換約)토록 조치. 8월 31일 권재형(權在衡)농상공부 협판을 면관 의정부 참찬(議政府參贊)에 피명. 9월 8일 한 · 일 경부철 도조약(韓日京釜鐵道條約) 재가(裁可). 9월 9일 우체교사 개정 약정서 재가. 9월 15일 경기도(京畿道) 각군 향장(各郡鄕長) 34인 청원. 9월 27일 황성신문(皇城新聞), 농상공부에서 석판기계(石版機械) 구입하고 일본인 기술자 고빙하여 우표(郵票) · 상표(商票) 지계(地契) · 선표(船票) 등을 인쇄 발매할 계획이라고 보도. 9월 29일 이도재(李道宰), 농상공부 대신 면관, 민병석(閔丙奭) 임시 서리 해임. 10월 1일 이도재, 농상공부 대신에 재임. 10월 8일 민병석(閔丙奭), 임시서리 해임. 10월 9일 이도재 농상공부 대신, 학부 대신(學部大臣)으로 전임. 독립협회(獨立協會) · 만민회(萬民會) 개최. 10월 9일 이도재 농상공부 대신, 학부대신(學部大臣)으로 전임, 민병석, 농상공부 대신으로 피명. 10월 10일 민상호, 농상공부 협판으로 피명. 10월 14일 만국우체실시 기일의 1년간 연장[1900년 1월 1일 실시]을 청의. 10월 20일 민병석, 농상공부 대신 면관 10월 21일 민상호, 농상공부 대신 사리로 피명. 김명규(金明圭) 농상공부 대신에 피명. 10월 23일 민상호, 농상공부 대신 서리 해임. 10월 24일 각군 향장이 우체사무로 주사직(主事職) 요구하며 금명간(今明間) 상경(上京)한다고 보도.

※ 견태(見汰): 관직에서 물러남

※ 벌환(罰鍰): 정하여진 액수의 돈을 내고 죄를 보상하게 함

※포명(佈明): 어떤 사실을 널리 밝힘

[황성 신문]. 일공사관(日公使館), 소포우편물 면세 통관(免稅通關) 요구. 10월 27일 일본의 소포우편 면제 통관 요구, 외체(外遞) 실시 전에는 불가능하다고 시명(示明). 황성신문, 1895년 이래 일본에서 우전사무(郵電事務) 견습 끝마친 유학생 2인을 수용(需用)하여야 한다고 보도. 11월 2일 미국공사관을 통해 U.P.U.조약 비준서를 주어 공관에 보내어 기한 안에 환약(換約) 토록 훈령. 만국우체 실시의 12개월간 한정(限定)제가. 11월 4일 농상공부 협판 민상호, 외부(外部) 협판으로 전임 농상공부 인쇄기 구매비 1,663원 8전 4리 재가. 경무사(警務使) 신태휴(申泰休), 농상공부 대신에 피임. 제주목(濟州牧), 우체로 띄우는 공문 누실(漏失)이 많으니 경저(京邸) 조문상(趙文相) 방으로 출부토록 요망. 스위스정부에 외체 실시 12개월 연장 통고. 11월 8일 김익승(金益昇) 우선회사, 경성(鏡城)에서 블라디보스톡(海蔘威) 간 항로 연장을 총세무사(總稅務司)에서 교섭토록 요망. 11월 10일 박제순(朴齊純) 외부대신으로 전임 농상공부 임시 서리 대신으로 피명. 11월 13일 협판 신태휴(申泰休), 농상공부 대신 서리로 피임. 박제순 농상공부 대신 임시 서리 해임. 궁내부 군부소속(宮內府軍部所屬) 역둔토(驛屯土)를 탁지부에 환속(還屬). 11월 14일 외부, 해관(海關)에 일본인 소포우편물 면세에 대하여 그 가부(可否) 의견을 조속 회답하라고 재삼 독촉. 11월 16일 외부, 해관에 김익승(金益昇) 소청의 우선항행(郵船航行)을 협조 선처토록 훈령을 내림. 11월 17일 김명규(金明圭) 농상공부 대신에 재임. 황성신문(皇城新聞), 우체 관리의 광관 불거(曠官不去)를 엄벌하라고 보도. 11월 24일 권재형(權在衡), 농상공부 신에 피임[전 대신 김명규 의정부 찬정(贊政)으로 전임]. 12월 1일 협판 신태휴 농상공부 대신. 서리로 피임. 12월 3일 12월 5일 내도(來到) 예정인 우체교사 길맹세(吉孟世)의 처소(處所)를 전우정총사(前郵征總司)로 정함. 12월 4일 박정양(朴定陽), 농상공부 대신 피임[전 대신 권재형 의정부 찬정으로]. 12월 5일 독립신문, 우표 제작에 있어, 본도(本圖)는 잘 그렸으나 새기기를 잘못 했다고 보도.

	12월 7일	우체교사 길맹세(吉孟世) 내한(來韓). 12월 11일 권재형, 농상공부 대신에 재임(再任) 신태휴, 농상공부 대신 서리 해임. 12월 23일 스위스연방정부, 한국의 외체 실시 연기의 전보 받고 이를 가맹 각 국에 회람(回覽)했다고 통고.
	12월 24일	우체교사 길맹세(吉盟世) 고빙약정서 교환(雇聘約定書交換) 완결(完結). 미국공관이 외체 실시에 대해 확실한 회답 송교 독촉에 대해 1900년 1월 1일에는 무위(無違) 실시한다고 회답.
	1월 12일	한성우체사, 학도(學徒) 8인을 법어(法語: 佛語) 학도 중에서 선발 보충. 1월 16일 전보사(電報司) 직원 봉급령 개정[칙령 5호]. 1월 20일. 우체기선회사(郵遞汽船會社)에서 사들인 일본 선박 다가지마마루(堂島丸)에 즉각 운항증 발급조처토록 총관(總關)에 훈령. 일본유학생 기채(起採)는 현재 결원(缺員)이 없어 불가능하다고 학부(學部)에 회답.
1899년(광무 3)	1월 26일	독립신문, 우체사업 확장으로 작년도 우체 사업세 73,000원 외에 22,000원을 예비비 중 지출 보도.
	1월 30일	농상공부 협판 신태휴, 군부군법기초위원(軍部軍法起草委員)을 해임. 2월 1일 독립신문, 광무 3년도 예산 보도, 세입 6,473,222원, 세출 6,471,132원, 세입 여액 2,090원. 2월 6일 일본, 도오꾜오. 오사까(東京大阪) 간. 전화 개통(900리).

연대	우편 역사 및 주요 사건
2월 12	아관(俄館), 남방 우수리(南方烏蘇里) 교제관(交際官) 곽미살이(廓米薩爾): 궈미 싸일)에게 보내는 신함(信函)을 우체로 부쳐 경흥감리(慶興監理)를 통해 송달토록 기탁(寄託). 대한제국(大韓帝國) U.P.U.에 가입. [외체실시]되었음을 가맹 각국에 알렸다는 스위스연방정부로부터의 회답이 옴. 2월 14일 주미공관, U.P.U.조약 비준서 도착하여 미 국무성(美國務省)과 가맹 각국에 통지하겠다고 보고. 2월 18일 농상공부 협판 최영하(崔榮夏) 면관. 외부협판으로 전임. 통신국장 강인규(姜寅圭) 우전 양사(郵電兩司) 주임관(奏任官) 대폭 승등(陞等). 민상호(閔商鎬) 한성판임(漢城判任)으로 전임.
2월 20일	독립신문, 우체의 중요성을 강조하고 주소 성명을 분명히 하라고 계몽. 2월 25일 3월 1일부터 한성–인천간 우체물 발송 하루 두번(오전 9시 30분, 오후 7시) 실시 공고[부령 33호]. 3월 1일 권재형, 농상공부 대신 면관. [의정부 찬정(贊定)으로 전임] 부장(副將) 민병석, 농상공부 대신에 피임. 독립신문, 각 지방 우체사 견습원은 기용 안되고 의외인이 우체사 관원됨을 개탄 보도. 경인간(京人間) 우물 발송. 상오 5시, 하오 5시. 6시의 3차례로 개정. 무안(務安)우체사장 서병은, 자기 서신을 외국 우체로 부송했으므로 면관. 3월 13일 독립신문, 임시우체의 폐단 보도. [항장의 발송 지체. 체전부의 금품요구. 황성신문(皇城新聞)], 지방 우체 관원들이 상경하여 수개월씩이나 환임(還任)치 않고 월봉만 탄다고 재차 논란.
3월 14일	이의협(李宜協), 무안우체사장에 피임. 3월 15일 우체교사 길맹세(吉孟世), 신문 우송료 건으로 각 신문사 사원과 면담. 3월 17일 독립신문, 우표를 농상공부에서 제조중이라고 보도. 3월 22일 황성신문, 신문 우송료 매장(每張)에 엽전 1푼으로 결정이라 보도[5월 1일부터 시행]. 3월 29일 원일윤선회사(元一輪船會社)의 청원을 받아들여 소속선의 우체물과 인화운송(人貨運送)의 연안 항행을 선처하도록 인천 · 부산 · 원산의 3항(港)에 훈령[우체물 발송 시한 규정개정]. 4월 6일 황성신문, 농상공부 소관 우정비(郵征費) 전년도 실출액(實出額) 참고하여 39,000원 증액(增額) 보도. 4월 8일 농상공부 대신 민병석, 탁지부 대신으로 전임. 부장(副將) 민영기(閔泳綺). 농상공부 대신에 피임.
4월 13일	황성신문, 한성우체총사 3월분 우체물 2월에 비해 48,869통 붙였으나 일시적 현상이라 보도[총계 166,446통].
4월 14일	황성신문, 일본인을 고용하여 제조한 우표 4종이 불량하여, 프랑스에 제조 주문해야겠다는 우체교사의 의견 인용코당국의 처사 힐난(詰難).
5월 21일	한성우체총사장 이정의(李正儀) 사망. 독립신문, 각국 우편 다수 열거하고 문명의 높고 낮음은 우편국 수로 짐작된다고 설명[최고 미국: 69,805, 일본: 4,250]. 캐나다, 태평양해저전선(太平洋海底電線) 포설(布設)을 계획.
5월 17일	일본 특명 전권 공사 가또오(加藤增雄) 퇴거.
5월 22일	우체사관제 개정[칙령 제25호]. [1등사(一等司)에 신개항장(新開港場) 옥구(沃溝) · 창원(昌原) · 성진(城津) 등 첨입(添入)].
5월 23일	궁내부 협판 윤정구(尹定求), 농상공부 협판에 피명. 일관(日館)의 기상전보(氣象電報) 설치[인천 · 원산 · 목포 · 진남포에 관측기 설치] 요구 수락.
5월 25일	옥구(沃溝) · 창원(昌原) · 성진(城津)우체사 설치 공고[부령 제35호]. 일본 전신국, 경성(京城) · 부산(釜山) · 인천(仁川) 간전신료를 매 1어(每一語)당 10전으로 낮춤. 경성(京城), 전차(電車) 개통 전차소각사건(電車燒却事件) 발생.

5월 29일	각 우체사장 임명. [한성 윤규섭(尹圭燮), 개성 김관제(金寬濟), 창원 정재은 옥구 이경석(李庚奭), 성진 김균복)]. 5월 31일 우초(郵鈔) 인쇄 간행을 위해 조각사(彫刻師) 1인의 고빙(雇聘)을 일관(日館)에 의뢰.
6월 2일	마 산(馬山) · 군산(群山) · 성진(城津) 거류지(居留地) 규칙 조인.
6월 15일	한성우체총사장 보고, 상무총보(商務總報) 요금 83원 36전 미납 운운[요금약수(料金約收) 실시]. 일관, 소포우편물 면세, 면검 통관(免稅免檢通關) 다시 요구.
6월 18일	한성부 판윤(漢城府判尹) 민경식(閔景植) 농상공부 협판에 피임.
6월 19일	농상공부, 소포우편물의 면세, 면검은 본부 소관 아니라고 외부에 회답. 독립신문, 우체학도, 우체주사 4인의 부당 임명에 항거하여 자퇴 지경에 이르렀다 보도. 6월 20일 일본의 소포우편물 면세, 면검의 건 해관에 일임.
6월 21일	황성신문, 목포(木浦) · 부산(釜山)에 일본우편국 파출소 증설 보도.
6월 24일	궁내부 통신사 전화과(宮內府通信司電 話課) 설치.
6월 25일	일본 특명 전권대사 하야시(林權助) 내임.
7월 3일	각 우체사장 임명[성진 이춘영(李春榮), 대구 이유진(李有晉)].
7월 11일	독립신문, 원산(元山) 이북 등지(以北等地) 송달한 우표 매하 대금 도난 사건을 통신국에서 징치 처단(懲治處斷)함을 공박 남원(南原) 우체주사 조경회(趙庚會)의 체전부 요자(料資) 횡령 사건을 전주(全州)우체사장에게 조사토록 호령.
7월 22일	옥구(沃溝)우체사 우무 개시.
7월 24일	황성신문, 농상공부와 법부(法部)의 청사 교환 보도[농상공부. 사령의 한성우체총 사에서의 행패 계기로]. 일본 진남 포우편국 개설.
7월 27일	인천 일본우편국, 군산에 우편물 발송[우선(郵船) 경제(慶濟) · 명양(明洋) 2척으로].
8월 3일	독립신문, 농상공부 대신 민영기(閔泳綺), 평리원(平理院)에 피수(被囚) 보도[협판 민경식(閔景植) 서리 피명].
8월 9일	독립신문, 찬정(贊政) 이하영(李夏榮) 농상공부 대신 서리 피임 보도.
8월 11일	한청통상조약(韓淸通商條約) 조인.
8월 12일	농상공부 대신 민영기 면관, 찬정(贊政) 민종묵(閔種默) 농상공부대신 임시 서리로 피명, 농상공부 협판 민경식 면관.
8월 16일	8월 20일 창원우체사 우무 개시공고.
8월 17일	9월 10일 성진(城津) 우체사 우무 개시공고. 대한국국제(大韓國國制) 반포 [제9조].
8월 18	우체교사 길맹세(吉孟世) 일행 외체사(外遞司) 설치 위해 인천 · 목포(木浦) · 원산(元山) · 부산 답사하고 귀경. 경인철도(京人鐵道) 한강(漢江)까지 개통.
8월 20일	창원(昌原)우체사 우무 개시.
8월 26일	일관, 우초인지(郵鈔印紙) 조각사 우쓰(宇津盛), 제판사(製版師) 마쓰자끼(松崎米藏) 입경. 정 3품(正三品) 민경식(閔景植) 농상공부 협판에 피명.
8월 29일	우 · 전 양사(郵電兩司), 체전부 한성 내 전차 무료 승차 허가함.
9월 5일	농상공부, 외부에 일본인 조각사 우쓰등과 체약(締約) 교섭 중이라고 회답 법관(法館), 우체교사 길맹세와의 고빙 조약 개정 요구.
9월 9일	조각사 우쓰 등, 고빙약조(雇聘約條) 청의.
9월 10일	스위스연방국에서 무역해 온 만국 우체용 물품 인천항(仁川港)에 도착. 성진(城津) 우체국 우무 개시.

연대	우편 역사 및 주요 사건
9월 13일	법관(法館), 우체교사 길맹세의 고빙 조약 개정안을 송교(크게 우대 요구).
9월 20일	독립신문, 프랑스어(佛語) 학도들 길맹세로부터 3, 4개월간 우무 견습하여 각 항구에 파견한다고 보도.
9월 26일	황성신문, 인천 우·전 양사(郵電兩司)의 이설(移設) 단행을 치하.
10월 3일	1900년 1월 1일부터 외체 실시하고 거기에 따르는 7개 조항을 스위스연방정부에 통고.
10월 7일	조각사 우쓰를 고빙 약조 재가. 10월 12일 농상공부 기사 김세형(金世衡), 대구 우체사장에 피명[전 사장 이유선 농상공부 기사로]. 한성·인천간 우물 발송시간 15일부터 개정 공고[부령 제36호] [매일 하오 1시 와 7시)]. 10월 14일 농상공부 협판 민경식, 시강원 부참사(侍講院副參事) 겸임.
10월 17일	스위스연방정부, 1900년 7월 2일 예정의 U.P.U. 25주년 송축연(頌祝宴)에 파원(派員) 하라고 통보.
10월 21일	법부고문(法部顧問) 미국인 그리이트하우스(C. R. Greathouse) 사망. 10월 26일 농상공부, 상경하여 장기 체류하는 지방 전. 우 양사 관원의 조속 귀임을 훈령[독립 신문]. 조각사 우쓰 등의 고빙 약조 교환 11월 8일 우체교사 1년 속빙(續聘)을 청의 [기한 1년, 연봉 3,000원] 농상공부, 긴급 소용우표 제조 경비 3,000원의 예산의 지출을 탁지부에 요구. 11월 9일 황성신문, 농상공부 대신 우체교사에게 외체 실시 위해 일본 우선회사와의 조약 및 한일우편조약을 타정(妥定)토록 지시. 11월 10일 황성신문, 청국(淸國) 우정 확장 상황 보도[1897년 개시, 본국 29, 분국 69]. 11월 13일 우체교사 길맹세, 한일우체연합조약(韓日郵遞聯合條約) 초안을 대신에 게 체송. 11월 13일 국내우체규칙 개정 청의[우표신 발행(郵票新發行)]. 독립신문, 1900년 1월 1일부터 외체 실시에 대비하여 인성(印成)하는 6종 우표의 종류 및 채색(彩色) 보도.
11월 15일	해주군수(海州郡守)에게 전보사를 우체사에 합설토록 시달. 11월 18일 황성신문, 경원(慶源)·회령(會寧) 등 향장(鄕長), 임시우체 주사로 승임(陞任)해 줄 것을 청원, 그렇지 못할 때 겸임(兼任) 않겠다고 요구. 11월 21일 황성신문, 일본의 해외 [대한·청국] 우편국 증설 계획 보도. 11월 25일 황성신문, 청국의 만주 내지(滿洲內地) 우편국 개설 보도. 일본, 군산(群山)에 목포우편국출장소 개설. 일본, 마산(馬山)에 부산우편국출장소 개설. 11월 28일 황성신문, 우체시설의 개선 강화를 논함. 독립신문, 농상공부 그간 중단되었던 전우학도 교습을 고원청(雇員廳)에서 재개한다고 보도. 11월 30일 우체교사 길맹세, 외체 실시 위해 우체주사 7인 시취(試取). 12월 11일 1900년 1월 1일부터 대한국(大韓國)의 외체 실시를 연합 각국에 통고했다는 스위스정부의 회답옴. 12월 2일 이종건(李種鍵), 농상공부 대신에 피임. 12월 3일 민종묵, 농상공부 대신 임시서리 해임. 12월 4일 미공관(美公館)에 1900년 1월 1일부터 외체 무위(無違) 실시함을 회답. 12월 9일 우체사관제 개정 청의 [외체 실시에 대비 한성사 주사를 17인 이하로]. 12월 13일 황성신문, 부산항(釜山港) 박용규(朴龍圭) 다마요시마루(玉吉丸) 차입(借入)하여 남해 연안 각처에 우체와 물화(物貨) 통운하겠다고 부산 감리(釜山監理)를 통해 허가 요청 보도. 12월 14일 U.P.U. 25주년 송연(送宴)에 참가하겠으나 파원(派員) 명단은 추후 알리겠다고 통고.

연대	우편 역사 및 주요 사건
	12월 23일 총관(總管)에 다가지마마루(堂島丸)로 바꾸었으니 바꾼 배의 항행중 신속 발행토록 훈령. 12월 27일 일관(日館), 한일 우편협정 고안(稿案) 일본 체신성 제안 송치하니 조속 체약하라고 요구. 2월 28일 황종륜(黃鐘崙), 평양우체사장에 피임[전 사장 이기철(李起鐵) 몸가짐이 근실치 못하므로 면관]. 황성신문, 내년 1월 1일부터 실시할 외체 종류 설명[한자 병기(並記)]. 12월 29일 일본측에 한일우편협정 고안 받아들일 수 있으나, 제8조는 수정해야 한다고 회답 12월 30일 일본측 우리쪽의 수정안 수락 한일우편협정 성약(成約)
1900년(광무 4)	1월 1일 1월 1일부터 외체(外遞) 실시 공고[부령 제38호, 고시]. 외체규칙[만국 우체 규칙] 12조 시행. 만국우체 시행 세목[제19조]. 교환사(交換司)의 집무하는 법[제46조]. 1월 6일 황성신문, 상경하여 오랫동안 광관(曠官) 하는 각 지방 우체사장의 조속 귀임을 훈령했음을 보도. 황성신문, 통신국(通信局)을 통신원(通信院)으로 관제 개정을 기도하고 있다고 보도. 1월 11일 우체사관제 개정[칙령 제2호][한성 우체주사 15인을 17인으로 개정].
	1월 13일 미관(美館), 외체 실시에 따라 공용서대(公用書袋) 서로 바꾸자고 제의. 1월 17일 국내우체규칙 전면 개정 반포[전 제49조, 칙령 제6호]. 1월 18일 각 우체사장 임명[개성 서상준, 공주 김관제]. 황성신문, 우체교사 길맹세, 외체 주사 양성 및 3 항구에도 보낼 것을 청의했음을 보도. 1월 19일 한·미공사관의 공용 서대(公用書袋) 서로
	1월 20일 농상공부 협판 민경식, 내부 협판으로 전임(轉任). 1월 21일 국내우체규칙 개정 청의. 종 2품(從二品) 이근호(李根澔), 농상공부 협판에 피임. 1월 25일 황성신문, 일본에서 3월에 우편박물관 개설 준비 보도.
	1월 27일 미 공관을 통해 주미 우리 공관에서도 공용 서대를 체전하도록 훈령. 1월 31일 각 우체주사 다수 승급시킴. 2월 6일 프랑스공사, 우체사무 새로 조직하는 일 [외체사무]로 회동할 일자 통지하도록 요구. 2월 16일 오는 21일 오후 3시에 우체사무 신 조직의 일로 회동하겠다고 회답. 2월 19일 농상공부 대신 이종건, 원수부 군무국장(元帥府軍務局長)으로 전입하고 농상공부 대신에는 임시 서리를 둠. 부장(副將) 민병석(閔丙奭), 농상공부대신 피임. 2월 20일 농상공부 대신 경질로 우체사무 신 조직의 일로 회동의 건 일자를 2월 22일 연기 통고.
	2월 22일 우 체사장 임명[원산 이의협(李宜協), 무안 박증수(朴曾洙) 상호 전입]. 2월 24일 통신국장 강인규(姜寅圭) 이하 각 우체사장 대거 승서(陞敍). 2월 27일 이종건(李種健), 농상공부 대신 임시 서리 해임. 임시 사용키 위해 첨쇄(添刷) 우표[1푼] 발행. 3월 2일 황성신문 보도, 광무 4년도 농상공부 예산, 제1관 운영 42,996원, 제2관 사업비 334,140원. 3월 5일 내우체세칙 공고[부령 37호, 전102조] 윤규섭(尹圭燮) 한성 우체사장 피임.
	3월 13일 우체사무 신 조직의 일로 프랑스공사와 외부, 농상공부 대신이 회동. 황성신문, 우무 발전은 우표 정량(精良)에 있지 않고, 통신 편리에 있다고 제(題)하고 당시 우정의 폐단을 논박. 3월 15일 황성신문 보도. 한성-인천 사이 우체물 발송 시간 16일부터 개정[매일 오전 7시, 10시, 오후 4시]. 주일공관에 일본 유학생 감독을 후쿠자와(福澤)에게 위임치 말고, 공사가 전임(全任)하라고 훈령. 3월 16일 일관(日館)에 우편국 개설 항의[기설국(旣設局) 철폐, 신설국 금지].

연대	우편 역사 및 주요 사건
3월 19일	강계(江界)우체사, 우무 견습 희망자 2인의 처리를 품의(稟議). 3월 21일 농상공부 관제 개정. [통신원 및 인쇄국 설치] 청의 학부(學部)협판 민상호, 농상공부 협판에 피명. 3월 23일. 농상공부 관제 개정[칙령 제10호] 통신원관제 반포[21조, 칙령 11호] 황성신문 보도, 우선기선회사(郵船 汽船會社), 신 구입 고용선에 대한 도항 체류 선세(到港滯留船稅)를 면제받음. 황성신문, 강계(江界) 우체주사 이의협 3년간 광관(曠官) 보도[4월 13일에 도임 보도].
3월 24일	일관(日館), 대한의 우무 확장 기다려 일본우편국을 점차 철폐한다고 회답. 3월 26일 농상공부 협판 민상호, 통신원 총판 겸임. 통신국장 강인규 통신원 서무국장에 피명. 통신원 주사 대거 임명. 3월 27일 통신원 참서관(通信院參書官) 임명[최문현(崔文鉉), 신명우(申命祐), 오구영(吳龜永), 김철영(金澈榮)]
3월 28일	통신원 번역관(飜譯官) 임명[최진영]. 4월 3일 통신원 인장(通信院印章) 직인(職印)을 주성(鑄成)하고 그 인영(印影)을 각부에 송교. 4월 4일 안동(安東)우체사, 견습생 청원의 처리를 품의. 우체교사 길맹세, 우표 제조가 부정미(不精美)함을 탓하고, 프랑스에 주문할 것을 주장. 4월 6일 길맹세 속빙 계약서(續聘契約書) 1889년 9월 내도(來到)에 대한 수정안 작성하여 외부에 송교. 4월 7일 농상공부 분과규정(分科規定) 개정[부령 제38호]. 4월 10일 외체 사무 교습을 위해 프랑스어 학도 4인 선송(選送)을 학부(學部)에 타협 요청. 4월 12일 방승헌(方承憲) 통신원 번역관에 임명.
4월 13일	통 신원 신설에 따라 [4월–12월 간] 예산 재편성 청의[48,479원 16전 9리에서 285,983원으로]. 안동(安東)우체사에 주사 2인으로 족하니 견습생 채용은 불허한다고 훈령. 4월 14일 법부(法部), 길맹세 속빙 계약에 있어 각호(各號)를 우체 고문관 혹은 감독으로 개정할 것 외는 수정안대로 수락 통고 통신원 총판, 임시우체사장 겸임한 지방관에 대해 업무에 정진(精進)토록 훈칙(訓飭)을 내림. 통신원 총판, 각 전보사장에게 응행사의(應行事宜) 훈령. 철도원(鐵道院) 설치, 종로(鍾路)에 전등(電燈) 신설. 4월 17일 통신원 위치, 전 통신국으로 공고[통신원령 제1호]. 4월 20일 러시아의 특별 거류지로 마산포(馬山浦) 분할(分割). 4월 27일 황성신문 보도, 일본우편국에 여자 채용. 법관(法館: 프랑스공사관)에 길맹세의 명호(名號), 훗날 11인의 고문관 고빙케 되면 함께 개칭토록 하자고 제의 관보, 내월 9일에 안성우체사 체전부 우체물 9가지와 우표 대금[20원 7전5리] 갖고 도주했음을 광고. 황성신문 보도, 일본우편국에 여자 채용. 4월 28일 미관(美館)에 양국 공관 우대(優待) 교환에 있어 각기 그 나라의 우표 가치로 준상(準償)함을 수락한다고 통고. 4월 30일 각 지방, 우체. 전보사 관원 즉각 부임토록 엄훈(嚴訓)[통신원 고시]. 5월 1일 U.P.U. 25주년 송연에 민영찬(閔泳瓚)을 파견한다고 스위스정부에 통고. 5월 2일 북경성 내(北京城內)에 전신국 설치. 청국(淸國) 의화단(義和團) 발발. 일본, 일본 국내 및 조선간 요금의 완전 균일제(均一制) 실시. 재한(在韓) 일본우편국 소포우편 사무. 5월 5일 길맹세 칭호 '우체교사(郵遞敎査)' 개칭키로 하고 그 속빙 계약 청의. 5월 11일 본월 10일부터 1동표(一錢票) 엽서 행용(行用)함을 고시[엽서 발행 시각].

연대	우편 역사 및 주요 사건	

| | 5월 12일 | 각 지방관에서 향장 임의 개체 엄금하고 지방관의 우무 수행 법에 따르도록 훈령. 5월 18일 김제군수(金堤郡守), 옥구(沃溝) 전·우 양사(電郵兩司) 경비 6개월간 불발(不撥)로 견책. 5월 19일 길맹세 속빙 계약 재가. 5월 23일 통신원관제정오(正誤)[관보 1581호]. 5월 23일 황성신문 보도, 1786년 발행 '모리시 아스 심색(深色) 1돈 우표' 가진자와 결혼하겠다는 미국인의 광고 게재. 5월 25일 통신원, 본년도 세출 경상부 예산의 월별 예산과 월별표 제조하여 탁지부에 송교. 5월 30일 창원(昌原)우체사 신축비와 우표 외국 위탁 제조비(프랑스)를 탁지부에 요청. 6월 2일 탁지부, 우체. 전보 수입금 납입 독촉하매, 앞으로는 수입금을 각사 경비로 전용토록 하자고 제의. 부산일본우편국 마산출장소가 마산일본우편국으로 승격. 6월 11일 외부, 탁지부에 전년 미국에 위탁 제조한 우표 제조비 미불금 300원의 즉속 송납을 촉구. 6월 13일 황성신문 보도, 찬정(贊政) 이윤용(李允用) 협동우선회사(協同郵船會社) 설립 인가 얻음[정부선(政府船) 현익(顯益)·창용(蒼龍) 호 매입 운항]. 민 총판, 전전우체부(電傳郵遞夫)의 야행로표(夜行路票)를 군부(軍部)에 요청. 한·일공관 왕래 우표 가치 물상(勿償). |

서로전선도

	6월 14일	농상공부 관제 개정 청의[통신원 산제(刪除), 인쇄국 첨입] 재가[칙령 36호]. 6월 15일 우·전 수입금의 해사(該司) 전용(轉用)은 수입금이 보잘것없어 곤란하다고 탁지부에 회답. 청주군수(淸州郡守)의 보고에 대해 우체사 설립처에서도 20리 이외의 면(面) 우물 체송은 군수가 감독해야 한다고 훈시. 6월 16일 통신원 용산진(龍山津)에 우선(郵船) 1척 실시[행객도 합승시킴]. 황성신문 보도, 제주군(濟州郡)에 임시 우체 실시 예정. 6월 18일 우표 제조비 미불금 300원은 주미공관에서 범용(犯用)한 것이니 외부에서 해결하라고 회답.
	6월 20일	임시우체 규칙 개정[통신원령 2호][경흥(慶興)·경성(鏡城)]소관 구역 개정]. 6월 26일 우·전(郵電)학도가 외국어에 능숙치 못하므로 영어 학도(英語學徒) 우등생 2인의 선송(選送)을 학부에 요청. 6월 30일 김제군수(金堤郡守), 옥구(沃溝) 전·우 양사 경비 발급을 계속 하지 않음으로 10일간 감봉에 처함. 7월 2일 사진 서로전선도 민영찬(閔泳瓚) 위원 U.P.U. 25주년 송축연(頌祝宴)에 참석.
	7월 3일	통신원관제 개정에 따른 우체사관제 개정 청의 8일부터 한성–인천간 우체물 발송 1일 4회로 개정[오전 7시 40, 오후 1시 40, 3시 40. 6시 40].
	7월 5일	탁지부, 창원(昌原)우체사 신축비 2,000원은 창원부(昌原府)에 독발(督撥)하고 외체에 사용할 우표 인쇄비 5,000원은 지화(紙貨)로 지발(支撥)하겠다고 회답. 김제군수(金堤郡守)에게, 10일간 감봉에 처했는데도 옥구(沃溝)우체사 경비 지급치 않음으로 면관 조치하겠다고 엄독(嚴督).
	7월 6일	우체학도 교장(郵遞學徒校長) 6월분 월강계획표(月講計劃表) 보고.
	7월 7일	우체사항(郵遞事項) 범죄인처단 예(犯罪人處斷例) 개정 청의.
	7월 8일	한강철교(漢江鐵橋) 완성, 경인철도(京人鐵道) 완통.
	7월 10일	철원(鐵原)우체사, 동 군에서 4, 5월분 경비 지출치 않아 정무(停務) 지경에 이르러 주사를 상경시켜 곤경을 호소.
	7월 12일	황성신문 보도, 우선(郵船)회사 소속 창용호(蒼龍號), 본원 10일 상오 12시에 청국 엔타이(烟台)로 향항(向航).
	7월 13일	탁지부, 본년도 통신원 경비 항목 별서(項目別書)와 월별표(月別表) 승인 통고[5월 25일 요청.
	7월 14일	청국(淸國) 의화단(義和團) 사건 확대되어 한국 북경(北境)까지 영향.

연대	우편 역사 및 주요 사건
7월 24일	오구영(吳龜泳), 통신원 참서관 피명.
7월 25일	우체사관제 개정 반포[8조, 칙령 28호] 황성신문 보도. 공주군(公州郡) 수서기(首書記) 동 우체사 경비 수령 독촉으로 온 체전부를 역인(驛人)이라 천시 난타 통신원, 우체교사 길맹세가 경부(警部)에서 자기 고인 엄호하여 소란 피운 사건에 대해 해명하고 해고(解雇)는 보류한다고 외부에 통고.
7월 26일	전보교사(電報敎師) 미륜사(彌綸斯) 속빙(續聘) 결정. 지방 군대(地方軍隊) 명칭을 진위대(鎭衛隊)로 통일.
7월 27일	옥구(沃溝) 전·우사 경비 김제군(金堤郡)에서 아직 미발하고 부안군(扶安郡)에 이획(移劃)한 6월분 경비도 미발이니 선처하라고 보고.
8월 4일	옥구우체사, 작년 10월 이래 경비 김제 및 부안에서 끝내 미급하여 직원들이 환산(渙散) 지경이니 긴급 선처하라고 호소.
8월 9일	각 지방 전·우사 경비 명년 1년도분을 대략 예산서대로 미리 각군 공전(各郡公錢) 중에서 지급하였다가 지급케 하라고 통신원에 요청.
8월 13일	김창한(金彰漢), 인천우체사장 사임. 성낙호(成樂護) 인천우체사장에 피임.
8월 23일	직 산광산(稷山鑛山), 광업권 일본회사에 허여(許與). 귀인(貴人) 엄씨(嚴氏)를 순빈(淳嬪), 제2자 강(第二子堈)을 의왕(義王), 제3자 은(第三子垠)을 영왕(英王)으로 봉함.
8월 23일	창 원 부윤(昌原府尹)에게 동부 향장 우표 재용(再用)건 징벌하라고 훈령.
8월 28일	인천·부산·무안·삼화(三和)의 4 항 외체 상항 조사를 위해 길맹세와 최진영(崔鎭榮) 출장토록 훈령.
8월 29일	옥구우체사 경비 거의 1년이 되도록 미급하니 즉시 독훈(督訓)하도록 탁지부에 통고.
9월 3일	한·일간우편물가(郵便物價) 물상(勿償) 건 거절.
9월 7일	황성신문 보도, 내장원(內藏院) 각군 역토(各郡驛土)를 이부(移付) 하라고 탁지부에 통고. 청국(淸國), 해저 전선(海底電線) 가설을 계획.
9월 15일	농상공부 대신 민병석(閔丙奭) 원수부 검사국총장(元帥府檢査局總長)으로 전임, 학부대신 김규홍(金奎弘) 농상공부 대신 임시 서리로 피임.
9월 18일	일관(日館)에 한·일우편조약[1899년 12월 협정] 개정 요구[업무용 서류 첨가와 요금 인상] 오병일(吳炳日) 통신원 참서관 피임.
9월 20일	황성신문 보도, 우표 인쇄사 일본인 우에끼(上木民司) 기한 만료로 금월 내 해고.
9월 24일	일관(日館)에 9월 18일자 우편조약 개정 요구에 응하겠다고 회답.
9월 29일	농상공부 관제 개정[칙령 제36호][통신국 산거(刪去) 인쇄국 첨입].
10월 1일	임시우체사 사장에 각 군수, 주사에 향장을 임명토록 청의.
10월 4일	한성우체사 주사 한용빈(韓用斌) 임시대판우체사장사무(臨時代辦郵遞司長事務)에 피임.
10월 5일	함흥관찰부(咸興觀察府)에 임시우체사무 취급을 향장 외 서기와 통인(通引) 등으로 맡게 함은 위규 처사(違規處事)라고 훈령.
10월 6일	우체사관제 개정 청의[외체 사무 확장에 따라 주사 증원]. 국내우체규칙 개정 청의[우표 13종, 엽서 4종].
10월 11일	법무대신 권재형(權在衡) 임시 서리 농상공부대신 사무 피임. 10월 18일 우체사직원봉급령 개정 청의[물가 상승에 따른 증액].

연대	우편 역사 및 주요 사건
	10월 23일	임 시우체 규칙 개정 청의[향장, 주사 겸임 실시].
	10월 25일	한성우체사 주사 조동원(趙東元) 우체학도 교장(郵遞學徒校長)에 피임.
	10월 29일	광주(光州)우체사에서 2년간 비공개 채용한 견습원의 정식 채용 청원 불허.
	10월 30일	우체학당 교장(郵遞學堂校長) 기한 경과 수삭(數朔)토록 상학하지 않는 학원(學員) 보고하여 퇴학 처분.
	11월 1일	우무학도규칙 반포[제21조, 통신원령 제6호]. 황성신문에 갑신년(甲申年) 발행 5문짜리를 위시하여 각종 우표 매입 광고. 전무학도(電務學徒) 규칙 반포[제21조 통신원령 제7호]. 11월 3일 전보사 직원 봉급령 개정[칙령 44호].
	11월 10일	탁지부, 인천 등 36부, 군에 명년도 각 지방 우체사 경비를 각 부·군 공전중에서 미리 예치하였다가 매삭(每朔) 지급토록 훈령.
	11월 13일	우체사항범죄처단예 개정[제5조 1항, 법률 제8호]. 우체사관제 중 개정[칙령 제42호]. 우체사직원봉급령 개정[칙령 제43호]. 임시우체규칙 개정[칙령 제45호]. 국내우체규칙 개정[칙령 제46호].
	11월 14일	우기(郵旗) 제정을 의정부에 제안.
	11월 16일	우무학도규칙 시행을 동 교장(校長)에게 훈령.
	11월 17일	각 지방 우체사장 승급(陞級)[원산·부산·의주·평양·삼화·무안].
	11월 21일	우 기(郵旗) 제정. 각 지방 우체사장 승급(陞級)[전주·개성·공주·대구·창원·옥구·성진].
	11월 23일	공주우체사장, 군수의 정실(情實)보고 우려하여 각군 향장의 근태(勤怠)를 자진 보고(自進報告).
	11월 24일	법관(法館), 대한(大韓) 각 우체국과 재청(在淸) 프랑스 우체국 간의 우편 협정 제의.
	11월 25일	민상호(閔商鎬) 농상공부 협판 개체(改遞).
	11월 26일	경흥(慶興)우체사장 및 각 지방사 주사 대거 승급. 민상호, 통신원 총판 전임[농상공부 협판 사임, 동 협판에 고영희(高永喜) 피임].
	12월 1일	인 천우체사장, 해관우편 존속 보고. 외부(外部), 한청조약(韓淸條約) 1 책(一册)을 통신원에 송정. 경운궁(慶運宮: 德壽宮) 내 석조전(石造殿) 기공.
	12월 3일	우기 도식(郵旗圖式) 실시.
	12월 4일	재청(在淸) 프랑스 우체국과의 우편 협정 초고(草稿)에 이의 없음을 외부에 통고.
	12월 5일	통신원관제 개정 청의. 어구 첨산(語句添刪).
	12월 10일	각군 향장, 임시우체 사무의 난맥상에 비추어 그 사무 체계의 개혁 청의.
	12월 29일	통신원관계 개정[제22조, 칙령 제52호][총판의 관등 칙임 2등을 1등으로 승격]. 황성신문 보도, 길맹세(吉孟世), 인천, 삼화 등지 체전부 증원 및 엽서 증조(增造)를 요청[각 항구 일본인의 수요 증대].
	12월 25일	김제군(金堤郡)에 옥구우체사 작년 10월부터 금년 5월까지의 경비 획급(劃給)을 독촉. 12월 우무학도 현재 인원[1급 6인, 2급 4인]
1901년(광무 5)	1월 8일	법관(法館), 우표 위탁 제조 수락과 그 원판 제조 조건 회시(回示)[3종으로 나누면 비용 7,200원].
	1월 9일	탁지부, 광무 4년도 우표값 26,896원 75전[953,675매] 납입 요청.
	1월 12일	일·미·법(日美法) 등 각국 공관에 우기(郵旗) '우'자 기호(旗號) 송교.

연대	우편 역사 및 주요 사건
1월 14일	법관(法館)에 우표 조속 제조해 오면 앞의 조건을 수락하겠다고 통고. 우체사가 우기(郵旗)의 현표(懸表)를 각 부·군원청(各部郡院廳)에 통고.
1월 21일	황성신문, 광무 4년도 농상공부 제조 우표 수 보도 2리표(二厘票) 20전까지 각종 우표 총 매수 2,125,251매 총 가격 65,405원 51전 통신원 매하 각종 우표. 엽서 26,896원 75전
1월 15일	황성신문 보도, 각국의 1년간 서신 수 보도 영어(英語) 우편 80억 통 덕어(德語) 우편 12억 통 법어(法語) 우편 10억 통 이어(伊語) 우편 2억 2천만 통 서어(西語) 우편 1억 2천만 통 아어(俄語) 우편 8천만 통 포어(葡語) 우편 2천 4백만 통 화어(和語) 우편 1억 통 합계 120억여 통
1월 23일	황성신문 보도, 광무 4년도 한성우체총사 우체물수 565,519매.
2월 4일	황성신문, 금년 10월 U.P.U. 회의 영국에서 개최 보도.
2월 5일	농상공부 인쇄국내 주조(鑄造) 인쇄 2과(二課) 설치.
2월 7일	탁지부 전환국(典圜局)내에 주조 인쇄 2과 설치.
2월 12일	특별 시험에 미급(未及)한 우체학도 강등(降等)토록 훈령. 신화폐조례(新貨幣條例)- 금본위제 발포[칙령 제4회] 했으나 실시되지 않음.
2월 15일	관보 공고, 광무 4년도 한성우체총사 및 지방 각사 우체물 집분표(集分表), 집신(集信) 806,408 통, 분전(分傳) 502,289 통, 총계 1,308,697 통[한성 697,909 통] 전년도 비(前年度比) 533,956 통 증가.
2월 25일	평양·김화(金化)·안협(安峽)·김성(金城)·이천(利川)·회양(淮陽) 등 각 군수에게 항장을 함부로 체임(遞任) 말도록 훈령.
3월 2일	황성신문, '우무의 징창 확장'이란 제하(題下)에 우체 업무의 개선 확충을 역설 [경장업중(更張業中) 취익제일(取益第一), 단 고폐(痼弊) 우체물의 연체 부침(衍滯浮沈).
3월 6일	통신원 총판 민상호, 3등 태극장(三等太極章) 서훈(敍勳).
3월 8일	농상공부 인쇄국 폐지, 탁지부 전환국(典圜局)에 흡수[칙령 제8호].

※ 매삭(每朔): 매월

※ 획급(劃給): 주어야 할 것을 한 번에 다 지급함

3월 14일	황성신문 보도, 광무 5년도 예산. 세입 9,709,456원, 광무 3년도 비 2,916,660원 중, 세출 9,708,682원, 광무 3년도 비 2,916,811원 중. 성진(城津)일본우편국 개설, 인천일본우편국경성출장소(京城), 경성일본우편국(京城日本郵便局).
3월 16일	외부(外部), 한·법우편협정(韓法郵便協定)의 조속 체타결(締妥結) 독촉.
3월 18일	통신원동별예산서(同別豫算書) 및 월별표(月別表) 탁지부에 송교, 제1관 통신원 본청 20,730원, 제2관 1항 우체사업비 160,350원, 2항 전보비 217,000원.

연대	우편 역사 및 주요 사건
3월 20일	한 · 법우편협정(韓法郵便協定) 전 3조(全三條) 청의.
4월 2일	시흥(始興) 임시우체 주사 이희택(李熙澤) 임명[향장, 임시 우체 종사 3년 지난 이후 재임명].
4월 6일	한 · 법우편협정(韓法郵便協定) 재가.
4월 11일	일본공사, 한 · 일특수우편약정 개정[제6항 요금 인상 5월 1일부터 시행].
4월 12일	통신원 총판 민상호 미국 기념은장(美國紀念銀章)과 영국 기념은장 패용(佩用) 재가(裁可).
4월 17일	한 · 법우편협정(韓法郵便協定) 조인. 한법법우편협정 중 개정건, 의정부에 통고.
4월 25일	국내우편규칙 중 개정 청의, 우표 가격과 우장(郵章)의 색(色).
4월 27일	일본의 특수우편약정 개정 요구 거절 통고[3항으로 나누어 당당히 주장]. 5월 7일 일본공사, 특수우편약정 다시 강청(强請). 마산(馬山)에 일본인 특별 거류지(特別居留地) 설치. 5월 14일 13도 관찰사(十三道觀察使)에, 각 우 · 전 양사본년도 경비 예치토록 훈령. 5월 28일 일관(日館)에 일본우편국 배달인의 심야(深夜) 성내 통행(城內通行) 저지(底止)않겠다고 통고. 황성신문 보도, 터어키 황제(土耳其皇帝), 동국(同國) 우편 제도 개혁 시도.
5월 29일	협동우선회사(協同郵船會社) 윤선(輪船) 협동호(協同號)에 발패(發牌) 토록 해관(海關)에 훈령.
6월 1일	국내우체규칙 개정[칙령 제14호][우표 가액(郵票價額) 환(□)으로, 우표 표색(郵票票色) 표시].
6월 2일	탁 지부, 전년도 우체사 수입금 납부 독촉하고, 우체사 수입으로 당사(當司) 경비 충당함이 편리하겠다고 통신원에 제의.
6월 10일	황성신문 보도, 스위스에서 자동 우체상(自動郵遞箱) 발명.
6월 12일	진고개(泥峴) 일본우편국장 다나까(田中次郎)의 개성 지방 여행 통행증 발급(發給) 허가. 평양일본우편국 개설.
6월 15일	일관(日館), 한 · 일특수우편약정 개정[요금 인상] 계속 강요. 각 우체사 수입금으로 각사 경비 충당은 수입이 적어 불가하다고 탁지부에 회답.
6월 19일	일관에 일본 우편국의 철폐를 요구.
6월 22일	외부, 일본 요구의 특수우편약정 불허면 다시 어려운 문제를 끌고나올 우려 있으니 대책 강구토록 통신원에 통고. 일관, 일본우편국의 철폐 거절[구실로 한국우체는 위체(爲替), 소포(小包) 등 미개설이라는 구실로 삼아]. 체전부 요자(料資) 증액 요구하여 일제히 퇴거하겠다며 통신원에서 일제히 태거(汰去). 한성전보사장 이정동(李鼎東) 파견하여 1892년 2월 구입한 덕국제(德國製) 윤선 조주(潮州). 부(鳧)호 참아온 후 대한국기(大韓國旗) 괘장(掛張)토록 조치.
7월 1일	통신원, 체전부 요자(料資) 인상을 탁지부에 요청.
7월 2일	황성신문 보도, 진위대(鎭衛隊) 병정이 평양우체사에서 우체물 별신(別信) 요구에 불응한다고 난동. 경성(京城)일본 우편국 체전부, 한성전보사에서 횡포(橫暴).
7월 4일	탁지부, 체전부 요자 인상 불가능하다고 체전부 숙박비는 명년에 고려하겠다고 회답. 인천세관 판무관 대리(仁川稅關辦務官代理) 찰머스(J. L. Chalmers), 부산세관 판무관 라포트(E. Laporte)와 교대 부산세관장에 오스본(W. M.Osborne).

연대	우편 역사 및 주요 사건
7월 15일	일관, 특수우편약정 개정에 관한 타협안 일본우편국 점차 철퇴 등 제시.
7월 18일	일본공사, 타협안 무시하고 개정협정 속결을 강청.
7월 19일	유지수(柳枝秀) 대구우체사장에 피임.
7월 23일	대구우체사장 유지수, 철도원 기사에 피임.
7월 26일	통신원, 종내 일본의 특수우편 요금 인상 요구 수락[10월 1일부터 시행].
7월 27일	일본의 특수우편약정 개정 요구 수락한다고 일관에 통고. 정부 소유 윤선[창용·현익·한성호] 협동우선회사에 넘겨주되 그 세금 수입은 궁내부에서 직접 관리토록 조처하였음을 탁지부에 통고.
8월 1일	김세형(金世亨) 대구우체사장 임명.
8월 5일	국내우체규칙 개정 청의[한·일특수우편약정 개정에 따른 편법으로 우체 요금 증감 통신원령으로 시행].
8월 10일	일 관, 한·일특수우편약정의 개정 합결(合結)되었으니, 장차도 동 약정 개정권 있다고 회답.
8월 12일	법관에 한·법우편협정의 한문어필비준서(漢文御筆批准書) 보내어 법국 대통령 비준의 법문 원본을 요청. 8월 21일 탁지부, 전년도 우표 대금 26,896원 76전과 금년 1월에서 7월도 우표 대금 15,472원 납입을 통신원에 독촉.
8월 23일	아 국(我國), 만주 동3성(滿洲東三省)의 전신국을 만주에 돌려주기로 결정. 황성신문, 일반의 부주의[주소. 성명의 불명기, 문패 불헌]로 전·우물의 전달에 지오(遲誤) 등을 논란.
9월 11일	황성신문 보도, 은진 강경포(恩津江鏡浦)에 우체지사 설치하여 부근 군도(群島)에 통신코자 배 2척과 임시 우전부 경비를 탁지부에 요청.
9월 14일	황성신문, 진고개(泥峴) 일본우편국 낙성(落成)에 대하여 일본의 대한내(大韓內) 우편 사업의 조속 반환 촉구 우체교사 길맹세(吉孟世) 속빙 전14조 청의. 진고개(泥峴)일본우편국 낙성. 한성(漢城)에 전등 가설 시작.
9월 20일	돈의문 밖 우체지사 설치코자 외체 확장에 따라 탁지부에 경비 승인 요청. 경부(京釜) 철도 공사, 영등포에서 시작.
9월 24일	국내우체규칙 개정[칙령 제17호].
9월 26일	길맹세(吉맹世) 속빙 재가(裁可).
9월 27일	아라사 공사(俄公使), 한아전선연접(韓俄電線聯接) 촉구.
9월 28일	한일 간 우편 요금 10월 1일부터 개정 인상 실시 공고[통신원령 3호].
10월 18일	돈의문 밖 서서 반송방 경구 계 75통 1호[西署盤松坊京口契七十五統一號]에 경교한성우체지사(京橋漢城郵遞支司) 설치 공고[원령 제4호].
10월 19일	경교한성우체지사 11월 1일부터 우무 실시 공고 [통신원 고시 제5호].
10월 30일	탁지부에 북청(北淸) 우·전사 신축비 지급 청구[1,900원과 2,000원 합 3,900원] [북청군 군대(軍隊) 구병영(舊兵營)이라고 환명(還命).
11월 1일	경교한성우체지사(京橋漢城郵遞支司) 우무 개시.
11월 4일	소포우편 실시 위해 한일 간 교환법 등 타협차 길맹세(吉孟世)와 최진영(崔鎭榮)을 일본에 파견토록 조치.
11월 5일	황성신문 보도, 우체물 체전 엄체(掩滯) 차탄(蹉嘆).
11월 26일	우무학도 교장에게 1급생 3인을 한성우체총사 견습원으로 병부(倂付)하라고 훈령.

연대	우편 역사 및 주요 사건	
	11월 28일	탁지부, 북청 전·우사 다른 사옥을 수리하여 옮기라고 회답.
	12월 4일	미륜사(彌綸斯, H. J. Muehlensteth) 외부 고문에 피임.
	12월 12일	한법우편협정(韓法郵便協定) 비준.
	12월 28일	황성신문 보도, 청국 장지동(張之洞) 독자적으로 우체 확장 건의.
	12월 29일	일관에 무선 전신과 연해 각항(各港) 전신 가설권 허여 통고.
1902년(광무 6)	1월 21일	관보 광고, 본월 9일 진주(晋州)우체사 체전부 박순길(朴順吉), 산청군 생림장(山淸郡生林場)에서 우체물과 숙박료 전액 피탈. 한일간의 소포우편 개시가 발표됨.
	1월 30일	영일동맹(英日同盟) 조인.
	2월 15일	탁지부에 한성우체총사 금년 1월도 우표 매하 대금 697원 15전 3리와 외체 매하 대금 215원을 송교.
	2월 21일	황성신문 보도, 청국 유·장 2총독(劉·張二總督), 해관 우편의 내성(內城) 확장 금지하고 각지에 우정(郵政) 설립 시도.
	3월 6일	황성신문 보도, 전. 우 양사 각 년도 경비 및 수입금 미납에 1만여 원 다액 횡령 주사 촉수 독쇄(促囚督刷) 토록 독촉.
	3월 20일	전화권정규칙(電話權定規則) —임시전화 규칙 반포. [전 2조] 한성·인천 사이 전화 개통[고시 3호].
	3월 21일	한성부(漢城府), 일관의 한성·개성 사이 우체물 체송 보호 요청 거절.
	3월 24일	개성일본우편국 설치를 일본공사에게 항의.
	3월 29일	일본공사, 개성우편국을 사설(私設)이라 주장하며 책임 회피.
	4월 1일	개성일본우편국 업무 개시.
	4월 4일	개성일본우편영수소에서 우체물 발수(發受)하니 정폐(停廢)케 하라고 외부에 촉구. 일관에, 외국인에게는 한국 내 전화 가설권 없다고 통고.
	4월 7일	일본공사 개성일본우편영수소는 상민(商民)들의 사설이므로 자기의 명령권(命令圈) 밖이라고 책임 회피.
	4월 12일	일본공사에게 개성우편국 불법 개설을 항의하고 재차 철폐 요구.
	4월 16일	황성신문 보도, 경성(京城)일본우편국장 전화 2대와 일본우편국 사진 등을 궁내부에 헌납.
	4월 17일	일본공사, 개성우편국을 사설(私設)이라고 다시 책임 회피. 총사대판사장(總司代辦司長) 인천우체주사 박기홍(朴基鴻) 사장 대판(司長代辦) 개체(改替) 청원.
	4월 19일	황성신문 보도, 전화 실시 후 이용자 격증.
	4월 24일	전화규칙[전 제31조, 칙령 제5호] 반포.
	4월 25일	황성신문 보도, 통신원, 각 부·군 임시우체 사이 2일 발송 엄수토록 훈령.
	4월 28일	전화세칙[전 제6조, 원령 제2호] 공포.
	4월 30일	아국(我國)과 한·아전신연접조관(韓俄電信聯接條款) 체결.
	5월 1일	전 주한 일공사(前駐韓日公使) 가또오(加藤增雄), 농상공부 근무 경부 고문에 피명.
	5월 3일	우체교사 길맹세(吉孟世) 4등 태극장(四等太極章) 서훈(敍勳).
	5월 6일	개 성일본우편국 불법 개설을 일본공사에 다시 엄중 항의. 5월 14일. 일본공사, 개성일본우편국 불법 설치에 대해 괴변(怪辯)으로 끝내 책임 회피. 일관, 경성·인천 간 전화 가설권을 다시 요구.

연대	우편 역사 및 주요 사건
5월 26일	한성우체총사에 대해 주사 2인 선발하여 우무 검찰권(郵務檢察權)주어 우체 사무 철저히 수행하라고 훈령.
5월 28일	한 성우체총사, 감찰원(監察員)으로 주사 김석주(金錫胄), 한영수(韓永洙)로 정했음을 보고. 은진 강경포(恩津江鏡浦)에 공주우체지사 설치 공고[통신원령 제3호]. 황성신문 보도, 법국 체신대신이 주한법국 공사에게 한국 우표 제조 출송(出送) 통고[3개월간에 제조한 각종 우표가격 약 367,400원, 소요경비 7,600원].
5월 30일	의주(義州) 개항 문제 논의.
5월 31일	한성 · 개성 사이 전화 개통[고시 제4호].
6월 1일	일본 체신대리, U.P.U. 25주년 기념 축하연에 주일 공사 초대. 한성전화소(漢城電話所) 전화 교환 업무 개시.
6월 16일	관보 광고, 본월 11일 인천 발 다마가 와마루(球摩川丸) 중도에서 침몰하여 우체물 모두 유실.
6월 18일	황성신문, 향장들의 임시우체 악습으로 몰래 뜯어보고 전달 지체 보도.
6월 24일	일본공사, 경성(京城)일본우편국에 한국인 3인 견습차 고용 통고.
6월 28일	평양우체사, 외체 사무원 1인 파송 요청 개시(開市) 이후 외체 사무 점차 흥왕으로]. 일본, 불법으로 경성–인천 간 전화통화 업무 개시. 인천일본우편국 불법으로 전화 교환 업무 개시. 경성(京城) 일본우편국 불법으로 용산(龍山) 및 영등포(永登浦)와 전화 통화 업무 개시.
7월 1일	은진 강경포(恩津江鏡浦)우체지사 7월 10일부터 우무 실시 공고[고시 제5호].
7월 5일	경주[慶州 · 대구우체지사]. 장흥[長興광주우체지사]. 서흥[瑞興 · 해주우체지사]. 벽동[碧潼 · 의주우체지사]의 우체지사 설치 공고[원령 제5호] 제주(濟州)우체사 설치 공고[원령 제6호].
7월 6일	옥구(沃溝)우체사장, 강경포우체지사 개설로 말미암은 우전부 감원케 된 데 대하여 조치 요망.
7월 8일	한성우체총사 검찰원 강석주(姜錫胄)를 유문상(劉文相)으로 교체.
7월 10일	강경포우체지사 우무 개시.
7월 11일	우체사관제 개정 청의[각 지사 설치로].
7월 15일	국내 우체 구역 선로(線路), 8월 15일부터 대폭 개정 시행 공고[원령 제7호]
7월 19일	장흥(長興) · 경주(慶州) · 서흥(瑞興) · 벽동(碧潼)우체지사 8월 15일부터 우무 실시 공고[고시 제6호].
7월 19일	제주우체사 8월 15일부터 우무실시 공고[고시 제6호].
7월 21일	법규유편(法規類編) 속간.
7월 29일	철도원 기사(鐵道院技師) 유지수(柳枝秀) 한성우체사장에 피임.
8월 15일	장흥 · 경주 · 서흥 · 벽동우체지사 우무 개시. 제주우체사 우무 개시. 국내 우체 구역 및 선로 개정 시행.
8월 18일	황성신문 보도, 통신원, 임시우체소 우물 발송 계체(稽滯)를 엄칙(嚴飭)하고 매월 실수(實數)를 보고토록 훈령. 포천군 전임 향장(抱川郡前任鄉長) 불의에 체임(遞任)됨을 호소.
9월 4일	신천군수(信川郡守)에게 동군 향장의 우체 사무 모멸한 사건은 엄징토록 훈령을 내림.

연대	우편 역사 및 주요 사건
9월 11일	삼화(三和)우체사, 순검(巡檢)의 우체부 하대(下待)로 우무에 지장이 많으니 체전부와 순검의 관계를 확실하게 발훈(發訓)토록 요망.
9월 16일	통 신원 총판 육군 정령(正領) 민상호, 육군 참령(參領)에 승임.
10월 8일	우체교사 길맹세, 인천우체사에 우체주사 가파(加派)해야 한다고 보고 우무 점차 확대로 인하여.
10월 8일	어극(御極)40년 기념우표 [3전] 발행.
10월 25일	황성신문 보도, 통신원 서신이 지체 부전(遲滯不傳)하는 까닭은 봉피의 기재가 불분명한 데도 있다고 광고.
10월 26일	통신원관제 개정 청의[사무 파번(事務頗繁) 관원 증원) 차].
10월 30일	통신원관제 개정[전 제 24조, 칙령 제18호][서무 국장 폐지, 회판 1인 설치 등 관원 증가]. 우체사관제 개정[칙령 19호, 2등사에 은진 · 경주 · 장흥 · 서흥 · 벽동 · 안주 첨입].
10월 31일	통신원 서무국장 강인규(姜寅圭), 통신원 회판(會瓣)에 피임. 고산군(高山郡) 전 향장 무고히 견체(見遞) 됨을 소원(訴冤).

※ 서훈(敍勳): 나라를 위하여 세운 공로의 등급에 따라 훈장이나 포장을 줌.

※ 엄칙(嚴飭): 엄하게 타일러 경계함.

※ 발훈(發訓): 상급 관청에서 하급 관청에 훈령을 내림.

※ 정령(正領): 대한 제국 때의 영관 계급 가운데 하나. 참장의 아래, 부령의 위.

※ 참령(參領): 대한 제국 때에 둔 영관 계급의 하나. 부령의 아래, 정위의 위이다.

※ 가파(加派): 사람들을 보낸 뒤에 다시 더 보냄.

※ 어극(御極): 즉위(卽位). 임금이 될 사람이 예식을 치른 뒤 임금의 자리에 오름.

11월 4일	스위스정부로부터 U.P.U. 기초(基礎) 기념비 건립에 관한 협력 초안 보내옴.
11월 7일	황성신문, 통신원관제 개정에 있어서 통신 사업의 중요성과 우리 나라 우전 사업의 발전을 축하 고무함.
11월 8일	학부, 각 통신원의 요청에 따라 법(法) · 미(美) · 아(俄) · 덕(德) · 일(日)이 학도 각 1인을 선발 외체 사무 확장 대비 수원(水原) · 공주(公州) · 은진(恩津) · 홍주(洪州) 우체사에 우체 사무 감독차 박기홍(朴基鴻)[인천사(仁川司) 주사]을 특별 파견한다고 훈령.
11월 10일	강릉(江陵)우체사 향장의 태만[조임석체(潮任夕遞)]과 소속 서기의 우무 경시(輕視)를 엄정토록 요청.
11월 14일	학부, 영어학도 1인을 선송(選送)외체 사무.
11월 18일	공주군수에게 향장 임의 개체[1년 3번 개체한 일]를 문책.
11월 19일	황성신문 보도, 인제(麟蹄)임시우체 향장이 중량 이상의 우표 첨부를 요구.
11월 20일	각 지방 우 · 전사에 사내 사무(司內事務)를 외국인에게 누설 말라고 훈령.
11월 21일	우무학도 교장 조동원(趙東元) 사임 청원. 경성(京城)일본우편국장, 한성 전화소 전화 가입 신청[이미 서울, 인천과 진고개에 전화선 가설].
11월 22일	농상공부 고문 일본인 가또오 집에 무단 전화 가설.
11월 26일	일관에 일본우편국의 임의 전화 개설 항의. 실태 보고 않는 한 전화 가입 불허한다고 통고.

어극40년기념우표

연대	우편 역사 및 주요 사건
	11월 29일 일관에 일본우편국과 가또오 집과의 전화 가설 항의, 일부 시설 파괴. 황성신문 보도, 청국 전보국 회수하여 국영화.
	12월 8일 국내우체구역 및 선로 개정[공주우체사 이하 14사 관내] 광무 7년 1월 1일부터 시행 공고[통신원령 제8호]. 의정부, 궐내 출입 통신원 직원의 성명 및 문표(門票) 호수(號數)를 궁내부에 선송(選送)하라고 통보.
	12월 19일 황성신문 보도, 일본우편국 체전부가 지난밤에 궁문 앞 파수병과 서로 다툰 후 앞으로는 긴급 통보도 밤에는 전하지 않을 것이라고 하다.
1903년(광무 7)	**1월 1일** 광무 7년도 우체사업비 예산표. 예산액 제1관 통신원 본청 23,640원. 제2관 사업비 1항 우체 사업비 206,575원. 2항 전보 사업비 219,750원. 주목할 항목, 현설 43사, 한성내 신설 3 지사, 경부 철도 정거장 내에 지사, 영수소 신설. 임시우체사 경비(봉급 포함) 지급, 우체학당 운영.
	1월 6일 황성신문 보도, '만국관란(萬國觀瀾)'(만국관광)을 이끌고 광무 6년도에 통신원은 우체교사 길맹세를 일본에 파견하여 외국인 소포 우편물 조약을 의정(議定).
	1월 10일 일관에 전화의 불법 개설을 제삼 항의[일인 불응]. 미국, 태평양 횡단 무선 전선에 성공.
	1월 12일 일관에 전주(全州) 일본인 우체물영수소 설치의 정폐(停廢)를 요구.
	2월 5일 1900년 3월 5일 농상공부령 제37호 국내우체 세제 폐지[부령 제40호]. 개성 · 평양 사이 전화 개통 공고.
	2월 13일 황성신문 보도, 평양일본우편국 각 연도 우체물 총수 53,000여 통, 본년도에 은산(銀山) 및 운산금광(雲山金鑛)에 우편국 개설 계획.
	2월 17일 인천전화소 교환 업무 개시. 아국(我國)의 서북 철도 부설권 요구 거절. 봉천(奉天) · 길림(吉林) · 하얼빈(哈彌補) 등지에 전보 및 우정총국을 설치하고 청 · 아(淸雅) 양국 공동 관리.
	2월 22일 국내우체세칙[전 제6장 제107조] 공고[원령 제3호].
	2월 27일 부산일본우편국의 거류지 외 우함괘치(郵函掛置) 항의.
	3월 13일 황성신문, 우체 사무에 있어 향장의 폐(弊)— 개탁사합(開坼私閤). 불송 지체(不送遲滯). 요금 가토(料金加討)와 인민의 완매(頑昧)—피봉 기재 불명 고읍호(古邑號) 별촌명(別村名) 기재 등의 징려(懲勵)를 역설. 일본인 부산에서 전화 교환 업무개시.
	3월 26일 황성신문 보도, 광무 7년도 총예산표, 제1관 통신원 본청 23,640원, 제2관 사업비 1항 우체 사업비 206,575원, 2항 전보 사업비 219,720원.
	3월 27일 일본공사, 부산일본우편국의 거류지 이외지의 우함 설치 철폐 요구에 불응.
	4월 8일 한청전선연접조약(韓淸電線聯接條約) 성립. 러시아 용암포(龍岩浦) 강제 점령.
	4월 14일 마포(麻浦)한성우체지사[서서 용산방 마포계(西署龍山坊麻浦契)]에 설치 공고.
	4월 16일 황성신문 보도, 통신원 외체 사무를 위해 법어[法語 4인]. 英語[영어 2인] 학도의 선송(選送)을 학부에 요청[전년에 9인 선송].
	4월 27일 4월 27일 마포(麻浦)우체지사 5월 1일부터 우무 개시 고시[통신원 고시 제4호].
	5월 1일 마포우체지사 우무 개시.
	5월 8일 옥구, 개성, 대구의 각 사장 및 청주, 수원, 창원의 각 사장 대판(司長代辦), 광무 6년도에 있어서의 우표 산정표(算定表) 미진(未盡) 선보(繕報)한 탓으로 견책. 청일 우편조약(淸日郵便條約) 체결.

연대	우편 역사 및 주요 사건
5월 27일	한성우체총사장, 마포영수소가 지사(支社)로 됨에 따라, 종전 사무원을 견습원으로 한다고 보고.
6월 1일	기장군(機張郡)임시우체사장, 우체장정(郵遞章程) 1권 영수(領收) 보고.
6월 2일	통 신원 번역관 최진영(崔鎭濚), 외체 신구(新舊) 학도[신 4, 구 8]에게 출내 외체장정(內外遞章程) 송교 요망.
6월 6일	인천우체사에 전화 설비토록 인천전화소에 훈령.
6월 8일	한성 · 수원 간 전신, 전화 개통.
6월 10일	경부 철도 각 정거장 내 전 · 우 양사 신축 대지 선정(選定)때문에 철도원에 교섭.
6월 12일	통신원 소관 각항(各項) 사업 관계 내왕 공문 관선(管船)이 우료 면세(郵料免稅)토록 각 우체사에 훈령.
6월 13일	경부 철도 각 정거장 내 전 · 우사 기지(基地) 택정(擇定)은 정거장 기지 택정되는 대로 즉시 입표(立標)하도록 철도원에 다시 촉구.
6월 17일	개성우체사, 일본우체국 개설[자전거 체송]로 우체물 격감하니 1일 2회 체송 등 대책 수립을 요청.
6월 18일	개성우체사 야간 체송 등에 대비할 복장(服裝), 제등(提燈) 등 지급 요망 수락.
6월 20일	통신원 총판 민상호(閔商鎬) 견책.
6월 25일	체전부 요자(料資) 대폭 인상을 그 명세표 첨부하여 탁지부에 요청.
6월 26일	광주부윤(廣州府尹), 당부 내 각면각동(各面各洞)의 관아(官衙)로부터 상거 이수(相去里數)를 구별 성책(成冊)하여 상송(上送).
6월 29일	법국공사(法國公使), 우표 제조 완료로 우표 제조비 19,000프랑(佛郎) 완송(完送) 요청[독수리보통우표 13종].
6월 30일	개 성 부윤(開城府尹), 동명(洞名). 이명(里名). 이수(里數) 등을 성책하여 상송.
7월 1일	한성 —개성 간 매일 양차 체송 실시[7월 6일 이후 실행]. 한성신문 보도, 현재 통용하는 최고 우체 인지 소개, 영국 1859년에 낸 것, 러시아 1864년에 낸 것.
7월 10일	부산우체사에 부산. 창원. 아국(我國) 영사의 구라파 행 우체물을 일본 선로 일본우편국 경유로 오송(誤送)한 잘못을 책하고, 앞으로는 인천우체사로 일률 송치하여 여순구(旅順口) 선으로 체송토록 훈령.
7월 17일	부산우체사장, 종전 아국(我國) 영사 우체물의 일본우편국 월송(越送) 원인은 선편형편(船便形便) — 10일에 인천행 1차, 일본행 수차에 의한 것 보고. 우표 제조비(금화 7,287원 94전] 법국공사에게 완납하고 외부에 통고.
7월 21일	공주우체사, 전의(全義) · 목천(木川)은 종전대로 임시우체에 편입하고, 공주 수원 간은 대로(大路)로 적용토록 요청.
7월 22일	길맹세(吉孟世) 속빙 [전 제14조] 청의.
7월 23일	개 성부 등 각 지방관에게 문패 달도록 조처하라고 내부에 요청.
7월 24일	경무사(警務使), 체전부 및 전전부(電傳夫)에게 도진시 폐단(渡津時弊端)— 제때 즉시 건네 주지 않으며 선가(船價) 요구 방치 조치했다고 훈령.
7월 25일	광무 5, 6, 7년도 우체 수입금 등 12,368원 18전 탁지부에 송교.
7월 28일	진위군수(振威郡守)에게 정거장 부근에 우체사 설치용 가옥 택정(家屋擇定) 구입에 협조하라고 훈령.

8월 3일	법관에서, 우표 제조 대금 완납 회답옴. 황성신문, 개성우체사장 서상준(徐相濬) 실심시무(實心視務)하여 우무흥왕(郵務興旺)을 칭찬.
8월 9일	부산우체사장, 초량영수소(草梁領收所) 사무원 김영식(金永植)의 근면을 보고하고 지사(支司) 설치 때 등용하기를 요망.
8월 12일	일본, 한만(韓滿) 문제 기본 타협안을 러시아에 제출. 청아(清雅) 간 만주밀약(滿洲密約) 체결[제4조 만주의 전신 우편사업은 양국의 공동 관리].
8월 15일	도동(挑洞)한성우체지사. [서서 반석방 도동계(西署盤石坊挑洞契)]에 설치 공고. [원령 제6호]. 시흥(始興)한성우체지사[시흥군 하북면 중종리 영등포(始興郡下北面中宗里永登浦)] 설치 공고[원령 제8호].
8월 17일	황성신문 보도, 통신원 특히 우무에 불근(不勤)한 매월 우표 대금 상송(上送)치 않는 일 등 황주군수(黃州郡守) 및 향장을 내부에 의뢰하여 처벌.
8월 24일	체전부 집무 및 요자 지급 규정 공고[원령 제10호][전 제12조, 9월 1일부터 시행 체전부 총수 706명].
8월 25일	황성신문 보도, 경성(鏡城) 우체주사 고준식(高準植), 회령(會寧) 월북(越北) 간도(墾島, 間島)에 우체사 및 영수소 우표 매하소(賣下所) 설치를 제의.
8월 31일	도동(挑洞)우체지사 9월 1일부터 우무 개시 고시[통신원 고시 제7호].
9월 1일	도동우체지사 우무 개시. 체전부 보무(報務) 및 요자 지급 규정 시행.
9월 3일	경북 용궁군수(龍宮郡守), 상주(尙州) 우체사 서기가 동군 향장[임시 우체주사 서리]를 능욕한 잘못, 통박 보고.
9월 4일	우표매하인 규칙[제18조] 공고[통신원령 제11호].
9월 10일	광화문 앞(光化門前) 전차 역아(轢兒) 사건(역아(轢兒): 전차에 치어 어린이가 사망함). 경의(京義)철도 공사를 대한철 도회사(大韓鐵道會社)에서 전담하고 일본 상사와 자금 대부 계약을 체결.
9월 14일	황 성신문, 근간(近間) 우무의 확장을 칭찬[도동. 영등포지사 개설, 한성―개성 간 1일 2차 발송, 총사 주사 1인을 각사에 파견하여 우체물 신전(信傳) 여부 조사 등].
9월 15일	우체사관제 중 개정 의정[경부 철도정거장 내와 종성군(鐘城郡)에 우체사 설치].
9월 18일	시흥영등포우체지사 우무 개시[통신원 고시 제9호].
9월 22일	외부에 우체교사 길맹세(吉孟世) 속빙서(續聘書)에 연서(聯署)를 청함[현재 고용 기한 금년 12월 7일 조사관(調査官)으로 개칭].
9월 25일	종전 사용 우표[5돈, 2돈5푼, 1돈 5푼 우표] 폐지 공고[통신원령 제12호].
9월 28일	춘천(春川)우체사, 체전부 [18인] 거의 무식(無識)하므로 문자 해독하는자 1인을 고용(雇用)으로 채용하여 우무에 종사시키고 있음을 보고.
10월 3일	외부, 제6회 U.P.U. 총회[내년 4월 21일] 로마(羅馬)에서 개최한다고 파원(派員) 여부 문의. 러시아, 한만(韓滿) 문제 대안(代案)을 일본에 제시.
10월 14일	외부에 U.P.U. 총회에 파원할 것이라고 회답.
10월 15일	총판, 동원 회계과장에게 수입금의 윤납(輪納)과 장부 정리의 지연을 지적하고 그 조속 개선을 엄중 훈시.
10월 23일	돈의문밖(敦義門外), 경교(京橋)한성우체지사 28일에 이설(移設)[전 고마청(前雇馬廳)으로, 원령 제13호] 동일에 우무 개시함을 고시[제12호].

연대	우편 역사 및 주요 사건	
	10월 26일	돈의문 밖 경교우체지사 전 고마청으로 옮기고 우무 개시. 10월 전주(全州)우체주사 문종원(文鐘元) 사장(司長) 이병달(李秉達)에게 우정의 난맥상(亂脈相)을 직언(直言)하다가 타관되었다고 제26조를 들어 호소.
	11월 2일	황성신문 보도, 주일 아공사(駐日我公使), 동국 극동 총독(極東總督)에게 보내는 서간(書簡)을 우체·전신을 사용치 않고 인편(人便)으로 보냄.
	11월 3일	곽산군수(郭山郡守)에게 동군 임시 우체의 난맥상 –항장이 자주 갈리고 사환(使喚)들로 대신 맡기며, 사신을 뜯어보며 체전을 지체하는 등을 조속 시정토록 엄훈(嚴訓).
	11월 9일	회판 강인규, 총판 서리 사무 해임.
	11월 27일	경성(京城). 인천. 부산의 일본우편국에서 외국신문전보(外國新聞電報) 개시.
	12월 17일	평양(平壤)우체사장, 사립 학교(私立學校)에서 교사난(教師難)으로 동사 외체 주사의 출강(出講) 초청을 보고. 불허.
1904년(광무 8)	1월 8일	황성신문 보도, 진고개 일본우편국에서 외국행 우체물 검열(檢閱) 실시.
	1월 10일	영변(寧邊)우체사, 체전부의 등급. 성명, 근만(勤慢) 등을 보고하면서 그 급료 차처(差處)를 요망. 대구(大邱)우체사장, 체부의 전립(氈笠: 벙거지)을 모자로 고쳐 달라고 요청. 불허.
	1월 15일	부산우체사장, 부산 – 대구 간 각 정거장 내 우·전 병사 설치 기지(基地) 선정 입표(立標) 완료를 보고.
	1월 16일	공주(公州)우체사, 체신부의 복장(服裝) 항구사(港口司)에는 이미 결말과 숙박비 지급 요청. 기다리게 했음.
	1월 18일	각 지방 우체사장에게 광무 7년도 우체물 통계를 즉시 보고하라고 훈령.
	1월 20일	공주(公州)우체사, 체전부의 요자 및 숙박료 크게 부족하여 일시 사퇴하는 형편임을 보고. 한성과 인천 우체사장에게 전년 11월부터 시베리아(西伯林亞) 철도로 보내게 한 구라파 행 우체물의 횟수, 중량 등을 보고토록 훈령.
	1월 21일	황성신문 보도, 인천 일본우편국, 외교 정세 절박으로 전신 통수(通數) 격증[1월 300통에서 500통으로].
	1월 22일	외부에의 U.P.U. 총회를 1905년 5월로 늦추었음을 통고.
	1월 23일	부산우체사에 대한 체전부의 일본제 모양의 모자로 바꿔 씀을 문책.
	1월 23일	한국, 러일(露日) 양국에 중립(中立) 선포.
	1월 25일	황성신문 보도, 일본 야전우편전신(野戰郵便電信) 업무 준비 완료 보도.
	1월 27일	부산우체사장, 초량(草梁)·구포(龜浦)·밀양(密陽) 등 경부 철도 정거장에 우체지사 등을 개설토록 요청.
	1월 28일	경성(京城)우체사, 체전부 요자 지급 규정, 전년 9월 1일부터 시행키로 된 것 조속 실시와 숙박비 증액을 요청. 부산우체사장, 송지(松旨)·물금(勿禁)·원동(院洞) 등 경·부철도 정거장에 우체함(郵遞函) 걸어 놓도록 요청.
	1월 30일	한성우체사 광무 7년 12월도 우체물 통계 보고[집신 768,763, 불전 227, 674 계 996,437, 전년도 비 150,196통 증가]. 경흥(慶興)우체사 광무 6년도 및 7년도 경비를 공전중(公錢中)으로 이나(移挪)치 않아 거의 폐무 지경에 이르렀으므로 즉속 조치를 탁지부에 통고.

연대	우편 역사 및 주요 사건
2월 1일	본년도 각 지방 우·전 양사 경비, 부송(附送)한 별책(別冊)대로 안월 획급(按月劃給)토록 탁지부에 통고.
2월 5일	일본, 암호전보(暗號電報) 취급 금지토록 조치.
2월 6일	창원(昌原)우체사, 일병(日兵)에게 피점.(被占). 출입 엄금, 우물 검열 실시 보고. 일본군(日本軍), 부산, 마산에 상륙.
2월 7일	부산우체사 일병에게 피점 보고, 대구우체사 일병에게 피점 보고.
2월 8일	러일전쟁(露日戰爭) 발발.
2월 10일	일본, 대러 선전포고(對露宣戰布告). 일본공사에 일병이 각 지방 우체사에서 우서(郵書) 검열, 암전 금지(暗電禁止) 등을 자행함을 항의. 한성우체사장, 옥구, 무안, 창원, 부산, 4항이 수로가 막혀 우체물을 육로(陸路)로 발송한다고 보고.
2월 11일	인천우체사장, 내외(內外) 항로가 막혀 우체물 발송이 곤란하니 내체물(內遞物)은 육로로, 외체물은 한성·현익(漢城顯益)양 윤선 사용하여 발송 조처토록 요망. 전주(全州)우체사장, 창원·부산 양 우체사의 대구 향(大邱向) 우체물을 남원(南原) 경유로 체송한다고 보고.
2월 15일	민상호(閔商鎬), 통신원 총판 사임.
2월 19일	부 산우체사장, 초량영수소(草梁領收所)를 부산진(釜山鎭) 정거장으로 옮김을 보고. 부산우체사장, 일본우편국의 체출(遞出)에 대비하여 초량, 구포, 송지(松旨) 등 철도 정거장에 우체지사나 영수소 개설을 요청.
2월 22일	아 국(俄國), 일본에 국제법 위반, 한국에 불법 상륙과 선전포고, 전신 단절 등 항의.
2월 24일	아 군(俄軍), 안주(安住) 및 영변(寧邊) 전보사에 침입 기물(器物)과 공화(公貨) 약탈. 의정부 찬정(議政府贊政) 이하영(李夏榮), 통신원 총판에 피임[민상호, 의정부 참정(參政)으로 전임]. 법관(法館), 길맹세(吉孟世)의 속빙 조약 조속 성립을 요청.
3월 12일	우체사관제 개정[칙령 제5호][1등사: 종성(鐘城)·진위(振威)·황간(黃澗) 2등사: 시흥(始興)·천안(天安). 노성(魯城)·성주(星州)·밀양(密陽)·직산(稷山)·아산(牙山)·전의(全義)·연산(連山)·진산(珍山)·영동(永同)·김산(金山)·칠곡(漆谷)·청도(淸道) 등 첨입. 전보사관제 개정[원령 4호]. 일본 군용철도감부(日本軍用鐵道監部) 경·의(京義)철도 부설에 착수.
3월 14일	길맹세(吉孟世) 속빙 재가[칭호를 '조사관'으로, 월봉 50원 증액).
3월 17일	이또오히로부미(伊藤博文) 내한.
3월 18일	본년 1월로 각 지방 우체사 경비 전례(前例)를 좇아 별례(別例)대로 지발(支發) 토록 탁지부에 요청[각항(各港) 우체사 체전부 요자 전년 10월부터, 그외는 금년 1월부터 실시].
3월 26일	육군 법원장(陸軍法院長) 민상호, 통신원 총판에 피임.
3월 31일	한성우체사 체전부 10명 증원과 서로(西路) 각 우·전 전사 원역(員役)등의 요자 증액을 탁지부에 요청. 전보사 공두(工頭) 및 전전부(電傳夫) 집무 요자 지급 규정 공포[원령 1, 2호].
4월 11일	탁지부, 3월 31일의 통신원 요청에 대해 한성우체사 체부 4명만 증원한다고 회답.
4월 12일	일본 우전국장 다나까에 4등 태극장(四等太極章) 특서(特敍).
4월 15일	황성신문 보도, 성진(城津)일본우편국 폐쇄, 원산 우편국서 대행.

4월 26일	광무 8년도 총 예산 청의. 세입 총액 14,214,573원, 세출 총액 14,214,298원, 통신원 본청 30,000원, 세입 여액 275원, 우체 사업비 318,427원, 전보 수입 160,000원, 전보 사업비 276,303원, 전화 수입 3,000원, 우체 수입 30,000원.
4월 28일	지방 우체사장 임명[전주: 조동원(趙東元), 옥구: 최봉식(崔鳳植), 전주 전 사장 이병달(李秉達) 면관].
5월 5일	황성신문 보도, 이태리인 다에쓰세 씨 전기 통신(電氣通信) 발명.
5월 10일	전보교사 미륜사(H. J. Muehlensteth: 彌綸斯) 속빙 결정.
5월 21일	진위(振威)우체사 설치 공고[원령 제3호].
5월 25일	탁지부, 본년도 각 지방 우·전 양사 경비 안월 획급(按月劃給) 하겠다고 회답.
5월 26일	종성(鐘城)우체사 설치 공고[원령 5호].
5월 27일	진위(振威)우체사장 박승집(朴勝輯) 및 주사 3명 임명.
6월 6일	황성신문, 일본의 대한경영(大韓經營)에 있어 한만(韓滿)의 통신 기관을 모두 일본이 영위(營爲)함이 편의(便宜) 하다고 보도.
6월 8일	고준식 종성(鐘城)우체사장에 피임.
6월 15일	직산(稷山)·종성(鐘城) 우·전사 신설에 따른 경비 명세표 보내어 부근 공전(公錢) 중에서 훈획(訓劃)토록 탁지부에 요청.
6월 16일	황성신문, 경기도 남양(南陽) 지방에 1년 중 신문이 100여 차례나 부전(不傳) 이라면서 우체의 부실(不實) 보도.
7월 8일	진위[振威: 직산군 삼서면 성환] 우체사 10일부터 사무 개시 공고[통신원 2호]. 국내 우체구역 및 선로[한성 이하 27사 관하] 7월 10일부터 개정 시행 공고[통신원령 제7호].
7월 10일	진위우체사 우무 개시.
7월 11일	경흥감리(慶興監理), 아국남방교계관(俄國南方交界官)에 전간(電桿) 준비 우라디보스토크–경흥 간 전선 가설용 요구 거절.
7월 12일	일관(日館), 일본 군용철도 및 전선 보호에 관해 군령[군령, 8조] 실시하겠다고 통고.
7월 20일	황성신문 보도, 러시아 군함이 홍해(紅海)에서 덕국선(德國船) 우체물 중 일본으로 가는 것 몰수.
8월 4일	경성(鏡城)우체사 본월 2일에 우·전선 약도본(郵電線略圖本)을 아병(俄兵)에게 피탈 보고.
8월 22일	탁지부, 진위(振威)·경성(鏡城) 우·전사에 신설 규모 축소하여, 그 경비 획급(劃給) 하겠다고 회답. 육군 법원장 장화식(張華植) 통신원 회판 피임. 제1차 한일협약(第1次韓日協約).
8월 25일	국내 우체규칙 개정 청의[별분전 추가] 임시우체규칙 개정 청의[칙령 제25호] [임시 우체 경비 매월 20원].
9월 8일	박기홍(朴基鴻), 개성우체사장 피임[서상준 사임].
9월 10일	국내 우체규칙 개정[칙령 제24호][별분전 추가] 임시우체규칙 개정[칙령 제25호] [임시 우체에 경비 매월 20원].
9월 20일	각 지방 임시우체 경비[매월 20원]와 별분전비(別分傳費)를 각 부·군(府郡) 공전(公錢)으로 획급(劃給) 조치토록 탁지부에 요청[11월 1일부터 실시].
9월 22일	황성신문 보도, 일본 체신 대신, 철도 및 우편 사무 시찰차 근일 내한.

연대	우편 역사 및 주요 사건
	9월 23일 통신원 총판 민상호, 2등 태극장 서훈.
	9월 29일 탁지부, 임시 우체 경비 및 별분전비 요청대로 획급하겠다는 회답.
	10월 2일 민상호, 의정부 찬정(贊政) 피임, 통신원 총판 겸임.
	10월 7일 광주(光州)우체사 사판위원(査辦委員), 동사 체전부의 태만, 대송(代送), 겸발(兼發) 등을 지적 보고, 대구우체사장, 경부 철도 가설에 따라 정거장 부근에 지사(支社)나 영수소(領收所) 설치를 요청.
	10월 11일 변영진(邊永鎭), 통신원 참서관(參書官)에 피임.
	10월 13일 민상호, 통신원 총판에 전임(專任) 경부 철도 정거장 내 전·우사 건설 조사차 박기홍(朴基鴻: 개성우체사장) 파견, 각 지방관에게 임시우체 사무의 문란을 지적하고 이를 개선 엄밀히 행하도록 훈령.
	10월 18일 각 지방 우체. 전보. 전화 수입금 상납할 때 결호전(結戶錢) 상납례와 같이 식태규례(息駄規例)를 적용토록 탁지부에 요청. 진위(振威) 우체사장에게 경부 철도 개통에 따라 우체 선로 변경토록 훈령[이후 공주, 청주우체사에도 적용].
	10월 28일 우무학도 교장, 학도 증가로 청실(廳室) 분설(分設)키 위해 난로(煖爐) 설치를
	10월 29일 탁지부에 경부 철도 정거장 내 우·전양사 청사 주선을 요청.
	11월 3일 탁지부, 각 지방 우체. 전보. 전화 수입금 상납에 식태례(息駄例) 적용 수락[단 경상, 전라 양도 제외].
	11월 28일 탁지부 전환국(典圜局) 폐쇄, 그간 우표, 엽서 인쇄 총수 4,876,475매 발행.
	12월 5일 탁지부, 각 전. 우사 수입금 납입을 독촉함.
	12월 18일 탁지부에 전·우사 수입금의 일부를 송교하면서 납입 지체의 이유 설명.
러일전쟁 당시 러시아와 일본에게 압사 당하는 한반도 풍자	**12월 26일** 광무 9년도 예산 청의, 세입 총액 14,960,574원, 세출 총액 19,113,665원, 세입 부족액 4,153,091원, 통신원 본청 29,131원, 우체사업비 241,656원, 전보사업비 146,860원, 우체수입 34,500원, 전보수입 181,500원, 전화수입 7,500원. 아국(俄國)의 엔타이(烟臺. 연태), 뤼순(旅順)간 무선 전신 개통. 경부 철도 준공.
1905년(광무 9)	**1월 9일** 탁지부에 본년도 각 지방 우·전사 경비액을 별송(別送) 명세(明細)대로 각 부·군(各府郡) 공전(公錢)으로 획급토록 요청.
	1월 13일 탁지부, 본년도 각 전·우사 경비 획급은 신년도 예산 반포를 기다려 훈령하겠다고 회답.
	1월 23일 평양우체사 경비 광무 7, 8년도분 여액(餘額)을 아직도 지급치 않아 폐무지경(廢務地境)이니 조속 선처토록 탁지부에 요청.
	1월 27일 전·우 양사 원역(員役. 공두(工頭). 체전부 등) 월료(月料) 1원씩 더 주도록 탁지부에 요청.
	1월 30일 인천우체사장 성낙호(成樂호) 면관.
	1월 31일 황성신문, 원산(元山)우체사에서 엽전(葉錢)만을 받고 있음을 비난. 황성신문 보도, 문경(聞慶) 향장 우체물을 뜯어 보다 개견(開見).
	2월 2일 우·전양사 원역(員役)의 월료 1원씩 더 줌.
	2월 9일 전우사(電郵司) 관원의 연말 상여금을 지급치 않기로 결정.
	2월 19일 통신원 총판 민상호 사직을 상소, 회판 장화식(張華植) 총판 서리에 피명.
	2월 23일 외부, 제6회 U.P.U. 총회 개최 연기를 통고해 옴.

연대	우편 역사 및 주요 사건
2월 24일	황성신문 보도, 서신(書信)에 동봉한 일본우편국 돈표(錢票) 150원 표(票) 없어짐.
2월 28일	관제(官制) 이정청(釐正廳)에서 관제 개혁 계획 [통신원 관제 개혁 포함].
3월 3일	우체조사관 길맹세의 해고(解雇)에 따른 상여금 및 여비 3,150원 예비금에서 지출 표결. 법관(法官), 길맹세의 상여금 1,950원 지급을 외부에 통고.
3월 6일	회판 장화식, 총판 서리 해임.
3월 10일	체전부 등 원역 요자 1원씩 증급. 경부간 기차 직통됨에 따라, 경 · 부 양사 우물 직행 교환 시작.
3월 18일	길맹세(吉孟世)의 상여금 1,950원 지급을 외부에 통고.
3월 19일	각의(閣議), 일본의 통신권 합동 요구 거절. 통신원 총판 민상호, 기사(技師) 김철영(金澈榮) 등 표창.
3월 21일	법국공사(法國公使) 전보교사 미륜사(彌綸斯)의 해고에 따른 귀국여비 요청. 황성 신문 보도, 일본공사 통신 기관 합설(合設) 강요, 각의 의결 이규삼(李圭三) 통신원 참서관 피임.
3월 22일	일본공사, 통신기관 합설 다시 강요 정부 회의 미결.
3월 23일	일본공사, 정부 회의에 참석하여 강요하나 반대.
3월 24일	찬정(贊政) 칭병 불참(稱病不參)으로 정부 회의 유회.

※ 결호전(結戶錢): 결작전(조선 후기에, 균역법의 실시에 따른 나라 재정의 부족을 메우기 위하여 전결(田結)에 덧붙여 거두어들이던 돈)

※ 전결(田結); 논밭에 물리는 세금

※ 균역법(均役法): 백성의 세금 부담을 줄이기 위하여 만든 납세 제도

3월 27일	일본공사, 속결(速決) 요구로 왕이 정부 회의 개최를 독촉.
3월 28일	의정부 대신 민영환(閔泳煥) 사직을 상소. 평양우체사 경비 광무 7, 8년도조 미획 급분 있어 폐무 지경에 이르렀으니 즉시 발급 조치해 달라고 탁지부에 요청.
3월 29일	일본공사 강요, 정부 회의 유회 의정부 대신 민영환(閔泳煥) 사직소(辭職蔬)
3월 30일	민상호, 통신원 총판 사임, 중추원(中樞院) 찬의(贊議)로 전입.
3월 31일	통신기관 일본 위탁 청의 각의(閣議), 일본공사 하야시의 강압으로 통신권 양도에 동의[참정 민영환 불참].
4월 1일	평 리원(平理院) 판사(判事) 김재순(金在珣) 통신원 회판에 피임. 황성신문 보도, 일본인 가나이가 마포(麻浦) 이완식(李完植) 집에다 우편국 설치.
4월 1일	한 일통신권협정(韓日通信權協定) [전 제10조] 조인. 통신권 피탈
4월 6일	황성신문 보도, 일본우편국, 통신원 소관 우체사 낱낱이 조사 일본정부, 이께다(池田十三郎) 등 통신 기관 인계 위원을 한국에 출장 명령.
4월 8일	황성신문 보도, 통신국 조사 전우국수 1등국: 10여처, 2등국: 20여처, 3등국: 343처, 일본인 우편국 50여처, 계 420여개소라고 보도.
4월 17일	일본, 한국 통신기관 인계 위원 이께다 등 일행 인천 도착 즉일 입경(入京).
4월 18일	탁지부에 본월 3. 4월도 각 지방 우 · 전사 경비 별표대로 승인 획급토록 요청.
4월 20일	탁지부, 각 지방 우정사의 본년도 1, 2, 3, 4월도 경비표만 승인하여 회답 정주(定州)우체사를 안주(安州)로 옮겨 임시 개설.

연대	우편 역사 및 주요 사건
4월 22일	일관(日館), 통신기관 협정 제3조 중 궁내부 토지등 제외는 이미 구약(口約)에 따라 보고하였다고 회답. 충주(忠州)우체주사 장숙(張肅)을 의원(依願) 면관.
4월 24일	황성신문 보도, 민상호, 윤치호 등을 일본 시찰원으로 내정. 일본헌병대(憲兵隊) 한국의 경찰권 강탈 경·의(京義) 철도 개통.
4월 26일	경성(京城)우편국원 고미야(小宮) 통신속(通信屬) 등 19명 입성. 25일 인천 도착, 일본, 동일부로 인계 위원 정식 임명하고 통신기관 행정서를 28일에 관보에 공시(公示)할 터이니 한국도 관보에 공시토록 요구.
5월 1일	한성 우체주사 김영찬(金永燦), 진위(振威)전보사 주사 이봉종(李鳳鐘) 의원 면관, 이후 우체사 관원 자퇴 관보에 통신기관 협정 공시.
5월 3일	일본공사, 통신기관 인계 위원 명단 통고하고 아측(俄側) 위원과 회동 요구.
5월 6일	황성신문 보도, 한국 우표와 엽서는 6월 말까지 사용. 7월 1일부터 일본 것 사용.
5월 8일	일본공사, 통신기관 인계 위원의 각 지방 출장에 있어 그 보호 조치 요구 [이후 계속됨]. 일본공사, 통신기관 인계 사무소용 건물 대여(貸與) 요구. 통신기관 피탈로 전·우사 관리(官吏) 일제히 격양하여 자퇴.
5월 9일	이께다, 통신기관 인계 설명.
5월 10일	우무학도들 통신기관 피탈에 항의 탁지부, 각 지방 전우사 5월도 경비까지는 획발(劃發)하나 임시우체 경비는 4월 이후는 불가능하다고 회답. 일 공사, 신·구(新舊) 중추원(中樞院)의 차용(借用)을 요구. 일 공사, 전·우 양사 관리 인계 당일로 일본 정부에서 임용(任用)하겠다고 통고 통신원 총판 장화식(張華植), 통신 기관 피탈의 일로 일 공관 서기 구니와께(國分)에 강경 항힐(抗詰).
5월 12일	황성신문 보도, 일본 체신성 통신속(通信屬) 30명 건너옴[각 국·소로 배치].
5월 11일	황성신문 보도, 일관, 인계 위원장 이께다(池田)의 관사(官舍) 요구. 황성신문 보도, 통신원, 전·우 양사 기구 물품 및 각항(各項) 문부(文簿) 수정하여 탁지부에 이송.
5월 15일	일 관, 통신기관 인수에 있어 3항의 수지 계산 마감 원칙 제시.
5월 17일	일본측에 통신기관협정 개정을 제의[통신 관원 한국 정부에서 임명, 봉급은 수입금으로 지급. 대한우표(大韓郵票)사용, 제7조 [전부 삭제]
5월 18일	일본, 한성전·우총국(電郵總局)으로부터 불법 인수 강행. 황성신문 보도, 일본인, 한국 우편국을 우편수취소(郵便受取所)로 개정 방침, 현재 신설한 출장소 30여개소.
5월 20일	개성(開城)·마포(麻浦)·시흥(始興), 인천(仁川) 우·전 양사 일본에 인도 [이하 각 지방 계속].
5월 22일	황성신문 보도, 우·전 양사 관원 일본의 임명 거절하고 퇴거, 불시무(不視務). 법관(法館), 전보교관 미륜사(彌綸斯)도길맹세(吉孟世)와 같이 대우해 달라고 요청.
5월 24일	황성신문 보도, 통신원 총판 장화식 참모국장(參謀國長)으로 전임.
5월 26일	황성신문 보도, 일인 위원장 이께다 각 지방관에게 전·우사 접수원의 숙사(宿舍) 제공 등 이를 협조 보호토록 요청.
5월 27일	통신원 회판 김재순, 동원 출판 서리 피임.
5월 30일	황성신문 보도, 5월 28일에 일본 체신대신 오오가마(大蒲兼武), 정동 화부인(貞洞花夫人) 집에서 연회 베풂.

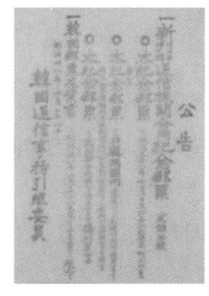

위로부터 대한매일신보.
한일합동기념우표.
한국통신사무인계위원회 공고문
(출처: 김달수의 '세상읽기')

5월 31일	일 공사, 신·구 중추원 건물 차용을 재차 요구. 통신원 번역관 방승헌(方承憲) 의원 면관.
6월 2일	일 관에 통신원 점거(占據)에 대해 현전(現前) 중추원 건물 빌려준다고 함.
6월 13일	일관, 협동우선회사(協同郵船會社)의 관사립(官私立) 여부 확답 요구.
6월 22일	법 국공사(法國公使), 전 우체 주사 김홍경(金鴻卿)이 프랑스인 삼비룡(森蜚龍) 계약한 한국우표 구송(購送)을 조속 이행토록 요망.
6월 24일	최문현, 통신원 참서관 면관, 조동원 참서관 피명.
6월 28일	통신사무 인계위원회, 한일통신기관합동 기념우표 [3전] 발행 및 한국우표, 엽서의 6월말 한 발매, 이후 사용 금지 공고.
6월 29일	황성신문 보도, 일인 이께다 위원장 통신기관 인계 축하연 배설.
7월 1일	한국우표, 엽서 발매(發賣) 금지. 통신기관합동 기념우표 신간 발매.
7월 2일	강계(江界)우체사를 끝으로 통신권 완전 피탈[강탈 인수 완료].
7월 7일	일 공사, 우체사 및 전보사 관제 폐지 요구.
7월 10일	일본의 신·구 중추원 건물 차여(借與) 요구 중 구 중추원 건물은 거절함.
7월 11일	일 공사, 통신원을 전 보성전문학교(前普成專門學校)로 옮기도록 요구.
7월 30일	일관에 신·구 중추원 모두 빌려줄 수 없다고 거절.
8월 10일	탁 지부에 각 지방 우전사 5, 6월도 경비 별표대로 승인 획급토록 요청.
8월 21일	통신원 경리(經理) 마감.
8월 23일	법관(法館)에 미륜사에게는 길맹세와 같이 상여금 지급키 어렵다고 회답. 대한매일신보(大韓每日申報) 발간 일본, 연해 하천(沿海河川) 항행 무역 등 권리 강탈.
8월 24일	황성신문 보도, 통신원, 일본우편국에 청사 빼앗기고 매동(梅洞) 전 중추원으로 옮길 예정.
8월 25일	통신기관 인계 연월일 관보에 공고.
8월 28일	일관에 한미 간 폐낭 우편약정 서류(韓美間閉囊郵便約定書類) 등은 인계 당시 모두 일본 우편국장 다나까가 가져가 행방을 알 수 없다고 회답. 부산 우체사 본년도 경비 전혀 획급되지 않았으니 조속 선처토록 요청.
9월 4일	탁지부, 전·우 양사 수입금 등 미납금 즉시 송교하여 회계 마감토록 농상공부에 요청.
9월 8일	일 공사, 체신성 관사용 부지로 남산 산림 지대 일부 요구.
9월 12일	탁지부, 각 지방 우전사 경비 각 해지(該地) 금고에서 지발하였다고 회답.
9월 21일	통신원, 공금 횡령 관원을 조속 처벌하여 변상(辨償)토록 재차 독촉.
9월 24일	일 공사, 영월(寧越) 지방 의병(義兵)의 우편 업무 방해 항의.
9월 27일	일관에 통신기관 물품 면세 조치했다고 회답. 일 공사, 가평(加平) 지방 의병의 우체물 탈취해 간 일 항의.
10월 12일	통신원 기사 김철영 의원 면관, 진위(振威)우체사장 박승집 의원 면관. 황성신문 보도, 일본의 경시(警視)가 우편 보호로 순교(巡校) 등 파송을 춘천군수(春川郡守)에게 요청.
10월 13일	황성신문 보도, 각 지방에 신문 체전 빠지기(遺漏)와 전달 안 됨이 많음.
10월 30일	경북(慶北)·충북(忠北)·강원(江原) 등지 우편 불통.

	11월 2일	황성신문 보도, 청덕국우편연합 계약(淸德郵便聯合契約) 체결[덕국(德國), 산동(山東) 철도 부근의 우편 사무는 청국에 위탁]. 한·일협상조약(韓日協商條約): 을사조약(乙巳條約) 체결. 황성신문(皇城新聞) 정간(停刊) 당함.
	11월 8일	황성신문 보도, 춘천부(春川府) 일인 경무고문(警務顧問) 체전부 보호 순교(巡校) 파송에 따른 여비 지급을 춘천군수 에게 요구.
	12월 21일	통감부(統監府) 및 통신관서 관제(通信官署官制) 공포.
	12월 29일	통신원관제 개정 [칙령 58호] [관원 및 기구 축소]
1906년(광무 10)	1월 10일	통감부 통신관리국(統監府通信管理國) 설치[5과(課) 10계(係)]. 청국(淸國) U.P.U 에 가입.
	3월	통감부, 통신원 부속 군용선(通信院附屬軍用船) 인수 완료.
	5월 9일	중추원 찬의(贊議) 민상호. 강원 관찰사(江原觀察使) 피임.
	5월 26일	제6회 로마 U.P.U. 총회에서 조인(調印). 한국은 일본이 대리 서명.
	7월	통신관리국, 해군전신선(海軍電信線) 및 전신소(電信所) 인계.
	7월 27일	통신원 관제 폐지[칙령 35호].
	8월 18일	민상호, 경기 관찰사(京畿觀察使)로 전임.

국치시기

1910-1945
國恥時期

Japanese Colonial Era

항일 의병 an anti-Japanese soldier
kopeeub koreaner im amur-gebiet 아무르강(흑룡강) 지역의 한국인

Кореецъ.-Koreaner im Amur-Gebiet. № 10
8-6-1906.

적개심에 불타는 흑룡강 지역 항일 의병　　　88x134mm.
Anti-Japanese volunteer soldiers from peasants burning with hostility

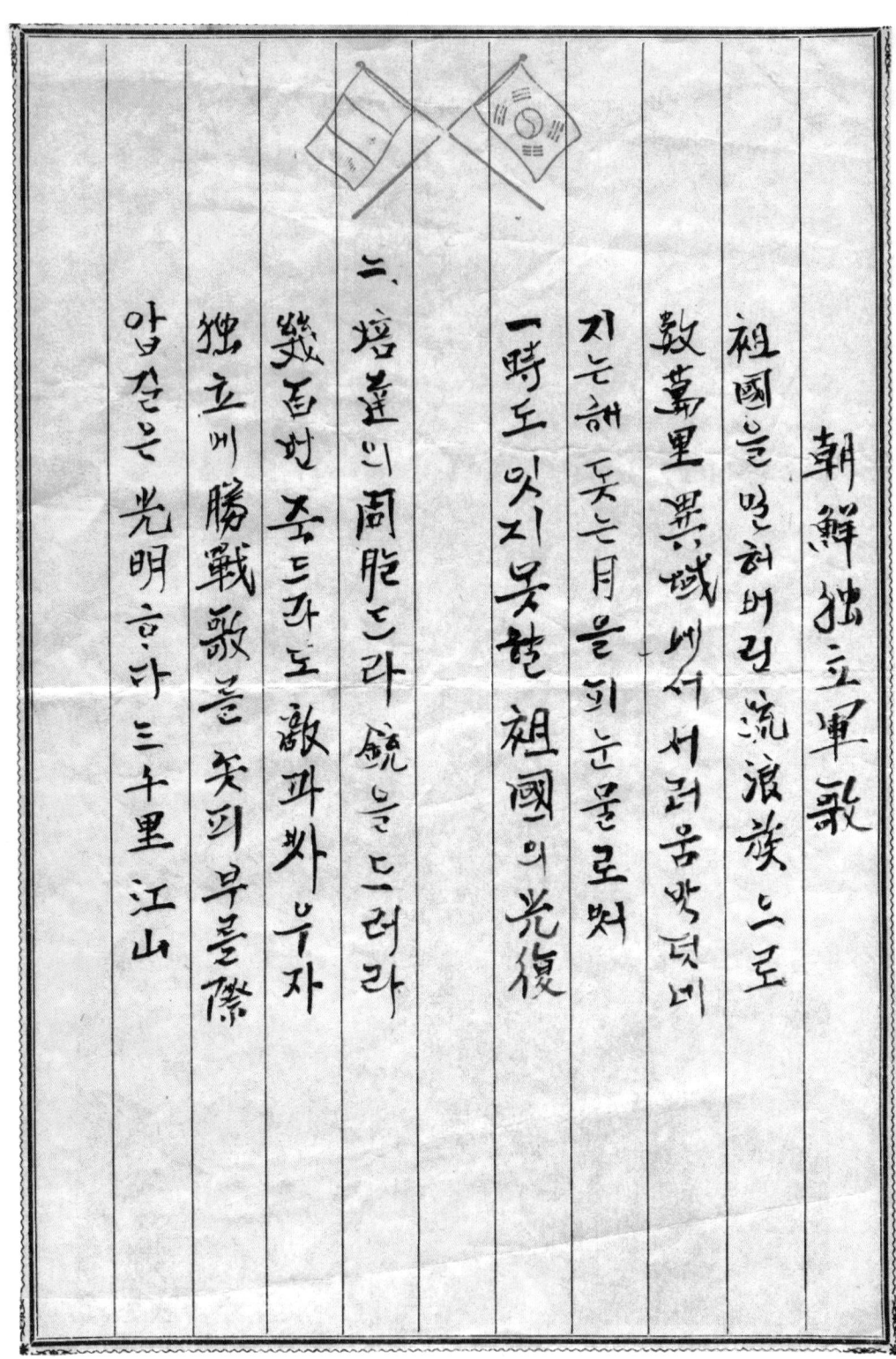

朝鮮獨立軍歌

祖國을 떠나버린 流浪族으로

數萬里 異域에서 서러움 밧던이

지는해 돗는月을 뛰눈물로써

一時도 잇지못한 祖國의 光復

二. 培達의 同胞드라 銃을 드러라

幾百만 죽드라도 敵파싸우자

獨立川 勝戰歌들 놋쾨부틀除

압흐른 光明흐나 三千里江山

155x227mm

제9전구내第九戰區內 광복군 활동사

출처 한국광복군 제1지대 제3구대 동지회 1973. 발행인 강태봉. 월간원예사.

■ 활동 배경

중일전쟁 중 중국군의 방위 담당 구역으로 구획區劃된 제9전구 지구내에서 광복군의 활동은 한국 광복군 총 사령부가 1942년 9월 최문용崔文鏞·이병곤李炳坤(당시 이름 뢰명)·김귀선 등 3인을 호남성 장사시長沙市 주 재 제9전구 사령부로 특파함으로써 시작된 것이다. 이들 3인의 활동 거점인 사령장관 사악 상장薛岳 上將 지 휘하에 있는 제9전구는 호남성 전역과 강서성을 포함한 인접성들의 일부 지역에 대한 방위를 담당한 대전구 로서 중일전쟁 기간 중 '장사대회전長沙大會戰'으로 명명된 큰 전투를 무려 4번이나 치룬 격전장이었다. 특히 1944년 5월 적(일본군)에 의하여 도발되어 8. 15 종전 직전까지 계속된 '제4차 장사회전'은 거의 혈전으로 점철 된 작열한 전투로서 적(일본군)은 이 작전에 동원 가능한 최대의 병력을 투입해 왔는데, 이로 인하여 9전구 지 역내에는 170여 명의 애국 동지들이 참집參集하여 광복군 제1지대 제3구대를 창설하고, 1개 단위 부대로서 항일전열에 참여하는 성과를 얻게 되었으니 이는 적의 대 병력 중에 배치되어 온 한국 출신 군인 중 애국심 에 불타는 많은 동지들이 영광의 탈출을 감행함으로써 이루어진 성과인 것이다.

■ 광복군 요원 특파

1942년 당시 중경重慶 주재 한국광복군 총사령부는 이범석李範奭 장군이 지휘하는 협서성陜西省 서언西安 주 재 광복군 제2지대와 안미성安微省 탁양卓陽을 본거지로 하여 김학규金學圭장군이 지휘하는 '소모처 招募處'(제 3지대의 전신)가 수년간에 걸쳐 감행한 적 후방 침투공작의 결정結晶으로 3백여 명의 청년동지들을 획득한 경이 적인 전과를 올린 사실에 크게 고무되어, 전방 및 적 후방 공작을 보다 광범위하게 확장하는 획기적인 계획 을 수립케 됐다. 총사령관 지청천池靑天(당시 이름 이청천) 장군은 동 계획 실현의 일환으로서 중국 군사 위원회 와 협의한 끝에, 당시 적의 침공 위협이 가중되고 있던 제9전구와 영국군의 작전지구인 인면印緬 전선에 공 작 거점을 구축키로 결정하고, 일차적으로 동년 9월 중국 황포군관학교黃浦軍官學校 출신의 최문용崔文鏞을 소교小校(소령)로 제2지대 출신으로서 서안 중국 간부훈련단에서 수업한 이병곤李炳坤(雷明)과 김귀선金貴先을 상위上尉(대위)로 각각 임명시켜, 동지 소집 및 우군에 대한 작전 지원을 사명으로 호남성湖南省 장사시長沙市 주둔 제9전구사령부로 특파하여 대적 공작에 임하게 하였는데, 이것이 곧 제9전구 지역 내에서의 광복군 활 동의 근간이 된 것이다.

■ 대적 공작 활동의 전개

당시 이곳 제9전구는 2차의 장사대전을 치르고 세 번째의 적의 침공 위협에 직면하여 방위태세 정비에 분망 하고 있었다. 이곳에 파견된 이병곤·김귀선·최문용 3인은 장관 사령부 정치부에 적을 두고, 사령장관 사악 薛岳 상장 및 정치부 주임 서중옥徐中獄 중장의 지휘 원조하에서 일차적으로,

- 한·일어 전단 및 표어 작성
- 한·일어 벽보 공작 등을 임무로 한 심리전으로부터 시작하여, 기후基後 제3차 장사대회전이 도발됨에 따라
- 대적 선전(방송)
- 포로심문 및 적 문서 번역을 통한 첩보 수집

- 일선 장병들에 대한 대적 구호(일어) 교육 등의 추가된 작전 임무를 용감히 수행하여, 우군 작전상 심리 전을 포함한 특수전 분야에서 공작 성과를 크게 거양擧揚하여 광복군활동의 중요성을 과시함과 아울 러, 이병곤·김귀선은 소교로 승진하였으나 최문용은 부상으로 후송됐다.

■ 한국 출신 군인들의 항일전 참여

1944년 일본군은 '제4차 장사회전'을 도발해 옴으로써 호남성을 중심으로 한 강서성·광동성·호북성 일대 에 최대의 병력을 집결해 왔다. 적은 그들이 소위 상계湘桂작전으로 호칭한 이 침공전에서 불과 20여일 만에 장사시를 공략했으나 우군의 방선각方先覺 중장의 제4군단이 방위하는 요양 공격에서는 적 제11군(사령관 橫山 중장)의 6개 사단이 투입되어, 3개월간 연속적인 백병전 끝에 비로소 요양시를 점령함으로써 중일전쟁 이래 최대의 격전으로 기록케 되었는데, 이 무렵 이들 적군의 대 병력 중에는 소위 학도병으로서 또는 징병으로서 강제 징집된 한국 출신 군인들이 대거 배치되어 아군의 공작물인 벽보, 전단, 신문 등을 통하여 한국 임시정 부의 존재와 광복군의 활약상을 알고 충격적인 애국심에서 탈출하는 동지가 속출했으니, 이것이 곧 광복군 제1지대 제3구대 창설의 연원淵源이 되었으며, 이에 호응하여 이병곤·김귀선은 이들의 탈출을 유도하는 데 중점적인 활동을 전개했다.

■ 탈출 동지들의 활동

1944년 10월, 학병 최덕휴崔德休가 형산衡山 주둔 적 제64사단으로부터 최초로 탈출해 온 데 뒤이어, 정윤성 鄭允成·나진근羅珍根·안용순安龍淳·한만필韓冕鉍(일명 양춘일) 등 4명의 학병과, 징병 출신의 이남진李南珍· 최의용崔義龍·고창종高昌鐘·이우용李雨龍 외 3명이 임주 주재 장관 사령부에 도착, 이병곤 등과 제휴함으로 써 공작 범위 확장의 계기가 되었다. 즉, 이들 최덕휴 등 12명은 사령부에 도착 즉시로 사악 사령장관을 위시 한 우방고위 기관에 대하여,

- 적국내 인적 및 물적 자원의 긴박성
- 적군 장병들의 사기 및 염전厭戰(전쟁을 싫어함) 경향
- 한국 출신 군들의 동향등에 관한 신뢰도 높은 첩보를 제공하여, 우군의 사기앙양 및 작전 판단에 크게 기여 했으며, 곧이어 이들 12명은 2주간 교육 후 최덕휴는 인솔자로서 , 남은 인원은 소위로 임명, 전 방 각 군단, 사단에 파견되어 대적 선전 공작을 담당하였는데, 후일 최덕휴는 많은 공적을 세워 대위 승진과 동시 새로 편성된 광복군의 1지구 책임자로 활약했고, 정윤성은 4개 국어를 통하는 인재로 빌 탁되어 미 군사지원단장 보좌역으로 활약하였으나, 안용순·이우용은 전사하고, 나진근·고창종은 행 방불명되었다.

■ 광복군 편성 준비

1944년말을 전후하여 각 전선에는 백여 명의 동지들이 새로 탈출해 와, 그곳 현지 부대장의 재량에 의하여 대적 공작 임무에 임하고 있었다. 이병곤은 사악 사령관에 대하여 이들을 후방에 집결시켜 교육을 실시할 것 과, 제9전구를 단위로 한 광복군 편성에 협조해 줄 것을 요청했던 바, 사악 상장은 이를 쾌히 수락 현재 새로 탈출해 온 백여 명의 인원과 앞으로 탈출해 오는 한국 동지 전원을, 장관 사령부 소재지인 계동과 부장관부 소재지인 강서성 의춘宜春에 집결시키도록 전 예하부대에 지시하는 한편, 광복군 편성 절차에 대하여 군사위 원회에 주선을 요청해 주었다.

■ 동지들의 후방 집결

사악辭岳 사령관의 지시가 시달된 직후인 1945년 1월을 전후하여, 제1진으로 호북성 신점진新店鎭 유격대에서 활동하던 김영춘金永椿·김택기金宅基·이종열李鐘烈·장성표張星杓·조청래趙淸來·이종구李鐘九·전병림全炳林·장석창張錫昌 외 4명과 호남성 악주 지구 우군 제45사단에서 활동하던 현준석玄準錫 외 3명, 호남성 장향현 지구 유격 중대에서 공작중이던 전재덕全在德·김종철金鐘哲·권구원權九瑗 등이 도중에서 합류된 학병 박정열朴貞烈·유영중柳英中과 일원이 되어 전재덕·박정열의 인솔로 계동에 도착하였고, 제2진으로 여성汝城 지구 유격대에서 활약하던 학병 황갑수黃甲秀(당시 이름 황인덕)·염익진廉翊鎭·김상학金相鶴·이충열李忠烈·지원병 김배길金倍吉(당시 이름 우길)·고재옥高在玉과 징병 출신의 박해옥朴海玉·박하규朴夏圭·백문기白文基·윤종록尹鐘錄·정옥모鄭玉模 등이 강익진康翊鎭에 의해 인솔되었고, 제3진으로 제4군 101사에서 활동한 김충홍金忠弘·김화남金化南·임기열林基烈·윤치하尹致夏·허복국許榎國과 이들 5인의 접선 공작에 의하여 일군에서 탈출 호남성 습가만習家灣에서 활동하던 김은섭金殷燮·최종오崔鐘五·신종선申鐘瑄 등이 도착함으로써 계동 사령부에는 새로 40여 명 동지가 집결되었는데 이들은 모두 적군의 회부대·춘부대·개부대·경부대 등에서 탈출한 동지들이다. 한편 전황 관계로 격리되어 있는 강서성 의춘 주재 부장관부에는 학병 진병길과 제3군 예하 신편 12사에서 활동하던 이봉훈(일명 이학)을 위시한 60여 동지가 집결되어 광복군 편성시까지 '비호대飛虎隊의 단체명으로 대장 이봉훈, 부대장 진병길을 주축으로 동지 결속 및 우군에 대한 작전 지원 활동을 하고 있었다.' 이로써 탈출 현지 부대에서 활동하던 동지들 후방 집결은 대체로 완료되었으나 양한명 중장이 지휘하는 유양 주둔 제99군에서 활동하던 20여 명 중 1944년 말경 이곳에 탈출하여 공작 기반을 구축한 박효근·이찬영을 위시한 최영철·이경훈·심응창과 왕능기 장군 휘하 신편 제15사에서 활동중인 김준경·한장석(일명 장식)·노재섭 외 6명은, 소속 사령관들의 진지한 요청에 의하여 현지 부대에 계속 잔류하여 공작게 됐으며, 광복군 편성에 따라 지구대 요원으로서 크게 활약하였다.

■ 광복군 제1지대 제3구대 창설

1945년 2월, 앞서 사악 사령관이 요청한 광복군 편성 문제에 대하여, 중국 군사위원회는 광복군 총사령부와 협의한 결의를 다음과 같은 요지로 지시해 왔다.

- 제9전구 내에 있는 한국인 전원을 대상으로 한국 광복군 제1지대 예하의 '제3지구대'를 편성하라
- 구대 조직은 분대—반으로 편성한다
- 보급 지원은 중국 정부와 한국 임시정부 간에 체결된 협정에 따라 전구戰區 사령부가 이를 전담한다
- 상당한 실력을 갖춘 중국 장교와 기술자 등을 파견하여 광복군의 활동을 지원하라
- 파견 근무중인 뢰명雷明(이병곤) 소교를 구대장 겸 지구 책임자로 임명한다
- 동지 초모招募(의병이나 군대에 지망하는 사람을 모집함) 및 우군의 작전지원을 임무로 한다

이와 같은 지침에 따라 1945년 2월 15일을 기하여 '제3구대'가 창설되었는데, 구대 및 지원체제의 편성은 다음과 같다.

1. 구대편성區隊編成 (2 · 3 분대는 2개월 후 편성됨)

區隊長 이병곤李炳坤

區隊副 박정렬朴貞烈

제1분대장 유영중柳英中, 工作班長 강익진 · 전재덕 · 이충렬

제2분대장 이봉훈李奉勳, 工作班長 서영찬 · 장학민 · 유유준

제3분대장 진병배陳炳倍 · 황갑수黃甲秀(2代), 工作班長 김배길 · 최갑득 · 한일근

제1지구대 최덕휴 · 정윤성 등 9명

제2지구대 박효근 · 이찬영 · 최영철 · 이경훈 등 6명

제3지구대 김준경 · 노재섭 · 한장석 등 10명

2. 지원체제 편성(중국인)

지도장 유광위 소장

군사지도관 이지평 중교(1분대) 이평일 중교(2분대) 진대범(3분대)

정치지도원 김귀선 소교(1분대 한국인), 유유경 소교(2분대), 왕모 소교(3분대)

■ 광복군의 공작 활동

광복군이 편성됨에 따라 3개월을 기간으로 한 정규군 교육이 시작되었으나, 교육 도중 각 전선으로부터 광복군 요원을 파견해 달라는 요청이 쇄도하여 부득이 일면 교육, 일면 공작으로 방침으로 변경되었다. 이에 따라 구대장 이병곤은 계동에서 먼저 편성된 제1준대 병력 중에서 전재덕 · 강익진 · 황갑수를 조장으로 한 3개 공작조를 편성하여, 김상학 · 김충홍 · 김화남 · 김영춘 · 김택기 · 박하규 · 박해옥 · 임기열 · 김종철 · 백문기 · 현준석 · 한상열 · 장성표 · 최종오 · 이종열 · 윤종록 · 이종구 · 조청래 · 권혁무 · 김필한 · 장석창 · 정옥모 · 전병림 등을 파견 순회 공작케 하였고, 추후 강서성 의춘에서편성된 제2, 제3분대에서 30여 명을 선발 파견함으로써 새로 40여 명의 동지를 획득하는 성과를 얻었는데, 2, 3분대에서 파견 공작한 동지는 다음과 같다. 백진규 · 조영오 · 정재윤 · 이운선 · 장지언 · 이병오 · 최평규 · 우영숙 · 김정필 · 이정희 · 김재길 · 이응진 · 김상호 · 권재명 · 유경희 · 방극삼 · 강영수 · 김영태 · 김기연 · 홍태영 · 이태식 · 성기덕 · 정종우 · 김영이 · 김용안 · 송재원 · 조동현 · 조병두 · 박주대 · 김쾌봉 · 박연엽 · 박종락 · 김재열, 한편 구대 본부에서는 구대부 박정렬을 중심으로 한 권구원 · 김배길 · 전은섭 · 서영찬 · 남정욱 등으로 교육반을 편성, 후방 잔류 대원 및 새로 탈출해 오는 동지들에 대한 교육을 실시하고 있었으며, 또한 다음 목표로서 구대장 이병곤을 위시한 간부진에서는 지도장 유광위 소장의 동조 아래 결정적인 시기에 무장부대로 참전할 목표를 세우고 미 군사지원단에 근무하면서 단장의절대적인 신뢰를 받고 있는 정윤성을 통하여 미군의 신예 무기 획득을 위한 교섭을 진행시켜 거의 성공 단계에 이르렀던 중, 1945년 8월 15일 적 일군의 무조건 항복으로 인하여 뜻을 이루지 못했다. 이로써 제9전구내에서의 광복군의 활동은 전우군전선에서 170여 동지들이 최일선 또는 후방공작에 참여함으로써 우군 작전에 크게 기여하는 한편 새로 많은 동지를 획득하는 전과를 거양하였으나, 반면 조동현 · 김용안 · 송재원 · 정종우 · 김상호 · 권재명 · 박주대 · 김교열 등의 전사자와 김영이의 행방불명이 추가되어 모두 전사자 9명, 행방불명 3명의 희생자를 냈다.

■ 종결작업

8 · 15 해방과 더불어 전선에 파견 공작 중이던 동지들은 각기 현지에서 우군의 적 무장 해제 작업에 참여하고, 후방 요원의 대다수도 이 작업에 추가되어 우방 중국과의 우호 친선의 실을 거두고 1945년 7월 강서성 풍성에 이동하여 이곳에서 전체 동지가 집결, 1946년 3월 총사령부 명에 의하여 한구로 다시 이동, 채원개蔡元凱 제1지대장의 지휘하에 들어가, 동년 5월 이범석 장군의 인솔하에 상해에서 승선 귀국했다.

※ 당시 애창하던 독립군가와 희생동지가 있을 때 부르던 추도가追悼歌를 우리는 영원히 잊지 못하리라

• 광복군 군가

백두산이 높이 솟아 길이 지키고
동해물과 황해수 둘러 있는 곳
생존 자유 얻기 위한 삼천만
장하고도 씩씩한 피 뛰고 있도다.
한 깃旗발 아래 힘있게 뭉쳐 용감히 나가
악마 같은 우리 노수怒讐(원수) 때려부수자
우리들은 삼천만의 대중 앞에서
힘차게 걷고 있는 한국 광복군

• 추도가

가슴 쥐고 나무 밑에 쓰러진다 혁명군
가슴에서 솟는 피는 푸른 뜰에 즐-벅해

산에 나는 가마귀야 시체屍體 보고 우지 말아
몸은 비록 죽었으나 혁명 정신 살아있다

만리 전장 외로운 몸 부모형제 이별하고
홀로 섰는 나무 밑에 힘이 없이 쓰러진다

나의 사랑 한국 혁명 피를 많이 마시려나
피를 많이 먹겠거든 나의 피도 먹어라

한국광복군 제1지대 제3구대 명단

함경북도

이남진李南珍	길주읍 길남동 378. 징병 출신 탈출 광복군에 편입
최의용崔義龍	성진읍 흥평동 311. 징병 출신 탈출 광복군에 편입

함경남도

강익진康翊鎭	신흥군 영고면 당복리 265. 1분대 공작반장
진병길陳炳佶	원산부 광석동 17
김상학金相鶴	함흥 본동 4-1
한면필韓冕鉍	함흥 보석동 16 (당시 명 양춘일)
정윤성鄭允成	함흥 보삭동 16
이충열李忠烈	단천군 광천면 용전리. 1분대 공작반장
나진근羅珍根	서호진 (전투중 행방불명)

평안북도

이병곤李炳坤	용천군 외상면 정차동(당시 이름 雷明). 區隊長
이찬영李燦英	철산군 서한면 연수동
박효근朴孝根	정주군 마산면 옥야동
노빈혁盧彬爀	용천군 양하면 시남동
안영준安永駿	강계읍 황금정 174
김예오金禮五	철산군 상남면 쌍암리

평안남도

이봉훈李奉勳	평양시 기림리 180 (당시 명 봉학)
백진구白振奎	안주군 대미면 협풍리
이병오李秉五	평양시 서성동 76
이응진李應璡	진남포시 동비정
장학민裝鶴敏	대동군 율리면 유신동
김락홍金洛紅	대동군 금제면 대정리
최상배崔相培	중화군 양정면 석정리
이인현李仁鉉	작천군 북면 용등리
김상렬金相烈	평원군 평원면 장림리
김종덕金鐘德	강서군 초리면 보봉리
김중훈金重勳	강서군 초리면 보촌리
김근복金根福	강서군 동진면 용정리
이규태李奎泰	순천군 금인면 송봉리
박하섭朴夏燮	성천군 삼덕면 가원리
오태묵吳泰默	성천군 영천면 유동
윤상호尹尙鎬	용강군 용강면 후산리
이영조李英祚	양덕군 양덕읍 수덕리

전창단全昌端	덕천군 덕천읍 읍남리
김병수金秉洙	강서군 와선면 가풍리
고성린高聖隣	평원군 덕산면 삼수리
김영연金永練	평원군 순안면 오산리

황해도

서영찬徐永燦	해주부 남욱정 441
정재윤鄭在允	해주부 상정 50
이운선李雲善	신계군 다미면 무시랑리
박연엽朴淵燁	통진군 봉홍면 평양리
권재명權在明	곡산군 불미면 생망리 114
이윤재李潤在	제령군 신원면 송학리 57. 전사
박길용朴吉龍	곡산군 이령면 거리소리
김봉섭金鳳爕	수안면 율계면 창석리 167
고창종高昌鐘	수안군 대오면 남정리. 전투 중 행방불명
이강훈李康勳	해주부 남행정 200
최응곤崔應坤	신천군 용문면 삼황리 91
김경영金京榮	벽성군 추화면 마룡리
최명수崔明守	안악군 안악읍 서소리 234
최경봉崔景峰	안악군 안악읍 평사리
염운철廉云哲	연백군 연안읍 관천리
박용주朴龍州	신계군 마서면 은내리
박창식朴昌植	안악군 서하면 하현리
심용운沈龍雲	신천군 산천면 사읍리 73
이지복李之福	수안군 대오면 남정리

강원도

박정열朴貞烈	원주 석정 80
김준경金駿卿	횡성군 안흥면 하대리
김영태金榮泰	홍천군 홍천면 하오리
한장식韓長植	철원군 북면 유정리 (현재 명 장석)
신복묵辛福默	평창군 진부면 상진부리
안용순安龍淳	철원군 북면. 전사
이우룡李雨龍	강릉군 강동면 정동리
정종우鄭鐘禹	평창군 진부면 동사리

경기도

이경훈李慶勳	인천시 중구 도원동 12
최영철崔永喆	서울 권농동 95
이태식李泰植	인천 송파정
김기연金基淵	용인군 이동면 천리
박필원朴必元	시흥군 안양 164
권오섭權五燮	서울 마포구 신공덕동 143
지연호池淵淏	시흥군 안양 93
전재길全在吉	파주군 월롱면 내동리
이순호李淳鎬	양주군 와도면 시우리
김영배金永培	인천 서경정 203
심응창沈應昌	수원 신고정
최문용崔文鏞	양주군 구리면 교문리. 부상으로 후송
장기완張基完	가평군 가평면 복장리

충청북도

정옥모鄭玉模	보은군 마노면 기대리
강영수姜永秀	보은군 보은면 지산리
송재원宋在元	보은군 삼정면 원남리. 전사
이세영李世榮	음성군 감곡면 오곡리
이태순李泰順	보은군 보길면 이평리
김대식金大植	보은군 문북면 봉평리
최덕규崔德奎	보은군 회북면
김교열金敎烈	보은군 보은면 신탄리. 전사
최종규崔鐘奎	보은군 회북면 세촌리
이정희李正熙	진천군 진천면 삼덕리
강창주姜昌周	청주군 오창면 양대리
김용안金龍安	제천군 수산면 수산리. 전사

충청남도

황갑수黃甲秀	연기군 전의면 동교리.(당시 명 인덕)
최덕휴崔德休	홍성군 홍성읍 오관리
한영수安英洙	연기군 금남면 태평리
유영중柳英中	보령군 주포면 단교리

전라북도

방극삼房極三	고창군 상하면 용대리
조동현趙東鉉	순창군 구림면 금천동. 전사
유유준俞有俊	익산군 북면 모인리
박순국朴順局	김제군 백구면 강흥리

전라남도

김배길金倍吉	무안군 안강면 읍동리(당시 명 우길)
김충홍金忠弘	완도군 외면 영풍리
김화남金化南	해남읍 구교리
김은섭金蒑燮	강진군 도암면 용사리
임기열林基烈	해남군 문내면 고평리
최평규崔平奎	광산군 서창면 마근리
최종오崔鐘五	장흥군 대덕면 이회진
김정필金正弼	여수군 화양면 옥전리
조영오趙榮俉	여수읍 하성리
윤치하尹致夏	강진군 성전면 월남리
성기덕成耆德	곡성군 옥과면 무창리 605
신종선申鐘瑄	강진군 용문면 덕신리
고재옥高在玉	제주도 애전면 광금리
김두석金斗錫	여수읍 하성리
김선환金善煥	강진군 성전면 도림리
허정국許禎國	진도군 의신면 초상리

경상북도

전재덕全在德	선산군 장천면 상장리. 1분대 공작반장
권구원權九瑗	안동군 일직면 광연동
김종철金鐘哲	선산군 배개면 다곡리
김영춘金永椿	안동군 덕하면 금친동
남정욱南廷昱	영양군 영양면 서부동
박하규朴夏圭	상주군 함창면 대도리
김택기金宅基	군위군 의흥면 매성리
박해옥朴海玉	안동군 남후면 비곡리
조청래趙淸來	예천군 풍양면 곡덕동
백문기白文基	예천군 개포면 황정리
현준석玄準錫	문경군 영순면 포내동
이종열李鐘烈	예천군 풍양면 신용동
윤종록尹鐘錄	예천군 풍양면 신용동
장지언張志彦	영주군 부석면 북지리
홍태영洪泰榮	영주군 부석면 용여리
한상열韓相烈	상주군 낙동면 화산리
장성표張星杓	의성군 봉양면 신평리
이종구李鐘九	의성군 단밀면 위중리
전병림全炳林	예천군 지보면 매창리
유경희劉敬熙	예천군 풍양면 공덕리
노재섭盧在燮	의성군 사곡면 화전히
우영숙禹永淑	예천군 개포면 입암리
장석창張錫昌	영주군 안정면 오계동
조병두趙炳斗	안동군 풍천면 정산리

김필환金弼煥	영주군 수토면 발리동	이응각李應洛	영주군 영주읍 영주리
권재규權在奎	경산군 안심면 서호동	심복동沈福東	대구시 비산동 3구 2
김상호金相鎬	군위군 효령면 중구동. 전사	박종락朴鐘洛	청도군 각북면 우산동
권혁무權赫武	예천군 용궁면 향명동	이기현李基鉉	고령군 개진면 성동
송환구宋桓九	영주군 영주읍 휴천리	김영이金榮伊	상주군 함창면 오동리. 잔투 중 행방
이규일李圭一	예천읍 서본동		불명
권택구權宅九	예천군 용문면 덕신동	김정환金正煥	청도군 풍각면 송서동
김정숙金正淑	예천군 용문면 사래동	서석운徐錫雲	경산군 자인면 북사동
박주대朴周大	예천군 유천면 매산동		
권영보權寧寶	안동군 북후면 연곡동	**경상남도**	
이봉근李鳳根	선산군 동면 임천리	김쾌봉金快鳳	창원군 동면 차월동
김병극金炳極	영양군 청기면 기포리		
구운회具雲會	대구 신천동 652		
김명수金明守	대구 남산동		
한일근韓一根	대구 동운동 188		
최갑득崔甲得	대구 견동 256		
김영옥金永玉	군위군 의흥면 읍내리		
이찬원李燦源	성주군 금수면 어제리		
이종기李宗基	성주군 용암면 대봉리		
문영춘文永春	성주군 벽진면 매수동		
안중원安重遠	성주군 벽진면 가암리		
박은택朴殷澤	성주군 성주면 금산동		
김형옥金炯玉	봉화군 물각면 비재리		
곽치도郭致道	달성군 유가면 상동		
박기수朴基洙	청도군 어북면 우산리		

'법法을 통한 조선식민지 지배에 관한 연구' 논문 초록
Research paper on the domination of Joseon through colonial law

출처 논문 저자 스즈키 요시오 Suzuki Yoshio鈴木敬夫
1989. 12. 20.
발행인 홍일식. 발행처 고려대학교 민족문화연구소 출판부

저자 스즈키 요시오 鈴木敬夫는 이 논문 첫 머리에 일본 민족이 인류에 대한 범죄행위를 크게 반성함으로써, 일본민족이 인간으로서의 양심을 소생케 하여, 인간에 의한 실정법에 대해 그것을 초월한 자연법自然法 내지 이성법理性法이 존재한다는 것을 재확인하고, 아울러 군국주의 천황제국가軍國主義天皇制國家의 재발을 방지하기 위해 인간적 내지 국민적 저항권의 초석을 확고하게 하는 것을 목적]으로 고찰하였다고 이 논문을 쓰고 있다.

그리고 이 논문 첫 페이지에
'이 책을 일제식민지통치법하에서 고통받은 모든 한민족에게 드린다'로 페이지를 할애하고 있다.

저자 스즈키 요시오鈴木敬夫는 1938년 원산 출생으로 기록되어 있다.
1961년 일본 전수대학 법학부 졸업
1966년 동 대학 대학원 법학연구과 사법학전공 박사과정 수료
1982년 대한민국 고려대학교대학원 박사과정 법학과 수료
1989년 札幌학원대학법학부 교수. 법학박사

서언序言

전사불망 후사지사前事不忘, 後事之師 (이전의 경험을 잊지 않으면 이후에 귀감이 됨)

본서는 일본이 과거 대일본제국 시대에 그 황국사관皇國史觀에 따라 한일합방韓日合邦을 강행한 이후의 이른 바 조선식민지법제朝鮮植民地法制의 실태를 주로 치안법治安法과 교육법령에 의한 지배의 측면에서 밝혀보고 자 한 것이라고 이 논문이 시작된다. ―중략―

일본이 35년의 긴 세월에 걸쳐 한국 땅을 식민지 통치하였던 모든 조약條約과 법령 등의 제 법률은 법률이란 이름하에 불평등을 행하고, 인간 내지 민족의 존엄과 가치를 부인하고, 인간 내지 민족의 생존과 자유를 유 린한 실정법의 불법으로서 악법惡法이었다는 사실이다. 이 법률들이야말로 이민족異民族을 대일본제국의 번 영을 위한 수단으로서 지배하고 희생을 강요한 전형적인 식민지법이었다고 할 수 있을 것이다.

일제는 침략을 진출進出,
3.1독립운동을 폭동暴動·폭민暴民이라 하였다 [편저자 주]

제2차세계대전이 끝난 후 40여 년이 지나 일본에서는 소화천황昭和天皇으로부터 평성천황平成天皇으로 시대 가 바뀌었다. 그 간 천황은 일본 국민 통치의 상징에 지나지 않게 되었고, 일본의 주권자는 국민임이 확인되 었다. 그러나 아직도 일본국내에서는 과거의 침략侵略을 진출進出이라 말하고, 3. 1독립운동을 폭동暴動이었 다고 하는 역사인식이 잔존殘存하고 있다.

- **자연법**自然法 인간 이성을 통하여 발견한 **자연**적 정의 또는 **자연**적 질서를 사회 질서의 근본 원리로 생각하는 **법**
- **이성법**理性法 구체적인 내용을 가지는 실정법과 달리 실천 **이성**에 기초함으로써 시대와 사회를 초월하는 보편타 당한 **법**.
- **군국주의**軍國主義는 강한 군사력을 국가의 주된 목표로 삼으려 하는 사상이다. 정부와 국민생활의 최우선 순위 를 국방과 전쟁에 두며, 군국주의를 택한 국가로는 어린이들도 군사훈련을 받았던 스파르타와 군인황제 시기에 군 인들이 정치에도 간섭한 로마제국, 전 유목민이 군인으로서 강한 군사력을 바탕으로 전세계를 정복한 몽골제국, 각 지방의 군인인 절도사들을 바탕으로 세계에서 가장 많은 군 병력을 바탕으로 정복전쟁과 영토 팽창을 감행했던 고 대 중국 당나라 등이며, 제1차 세계 대전 때의 독일제국과 오스트리아-헝가리제국 등의 동맹국들과, 제2차 세계 대 전 때의 나치 독일과 일본제국, 이탈리아 왕국 등의 추축국들도 군국주의 체제를 국가의 주된 목표로 삼았다. 이는 식민지가 많지 않은 상태에서 불경기를 맞아, 일본 제국에서는 군부가, 독일에서는 나치의 입지가 강해졌기 때문이 었다. 이들 국가들이 전쟁에서 패망하자, 연합국들은 독일과 일본의 군국주의를 탈나치화와 탈군국주의화로 뿌리뽑 고자 하였다

침략 바이러스는 휴면기에 있다 [편저자 주]

이것은 '일본이 그 헌법에 평화주의를 내걸고 전쟁 포기 조항戰爭抛棄條項을 규정할 때 국가로서 마땅히 침략과 식민지지배에 대하여 역사적 책임을 명백히 했어야 함에도 불구하고 그것을 하지 않았기 때문이며, 이것은 또한 국민측에서도 대일본제국헌법 하에서의 식민지 법제가 어떠한 것이었는지 그 역사적 사실에 대한 인식이 결여缺해 있어서 아직도 식민사관이 완전히 불식拂拭되어 있지 않기 때문이다'. 그래서 필자는 전전戰前의 조선식민지통치법의 실상과 운영이 얼마나 불법不法한 것이었는가를,

—중략—

실증적實證的으로 구명究明하고 수난 민족에 대한 일본의 역사적 책임을 문책해서 바로잡았다. 필자가 이와 같이 한 것은, 전전戰前에 일본이 식민지에 대하여 적용한 외지법外地法의 제 제도諸制度가 바로 일본의 법제도 이외의 아무 것도 아니며, 법치국가를 자부하는 일본으로서는 바로 '전사불망 후사지사'가 되지 않으면 안 된다고 믿었기 때문이다.

—중략—

졸저拙著가 한일우호친선의 가교적架橋的 역할을 하여 한일 법학 학술 교류韓日法學學術交流에 조금이나마 기여할 수 있기를 바라는 마음 간절하다.

1989년 9월
札幌에서 鈴木敬夫

'법法을 통한 조선식민지 지배에 관한 연구'의 논문 초록

서론 −문제의 소재− [저자 서론을 인용 편집]

박은식朴殷植의 저서 '한국독립운동지혈사'韓國獨立運動之血史 1920 상편 제6장 내용 중

1. 시일인점아전우통신기관是日人佔我電郵通信機關

이리하여 일본은 대한민국의 전신 · 통신기관을 점거했고,

일본지선박자유항행어국내하천日本之船舶自由航行於國內河川 일본의 선박은 자유롭게 한국의 하천을 항행 航行했다. 일본요구각처지황지개벽日本要求各處之荒地開墾 일본인은 각지의 황무지 개간을 요구했고, 산림을 벌채伐採, 포대砲臺를 구축하고, 또 항구를 수탈하고 서북각부西北各部의 세금을 징수하고, 관리官吏를 쫓아내고 대신 자기들의 심복을 두었다. 일본의 헌병은 한국의 경찰권을 대행하여 우리들의 집회를 금지시키고, 철도 및 군용지를 점령하고 군용 인부軍用人夫를 강제로 징발했다. 각부 各部마다 일본인 고문을 두어서 해관세海關稅 및 도지재정度支財政을 관리하고, 우리의 군사 예산을 삭감하고 우리 인민의 사유전토私有田土를 수탈했다. 우리 인민이 징용, 노동을 거부하면 러시아 간첩으로 몰아 구속하거나 고문을 가했고, 심하면 참살斬殺했다. 그리고 남자를 죽일 때는 십자가를 세우고 그 위에 목을 걸고 발을 붙들어 매어 달리게 했다. 또 사지四肢를 십자가에 묶고 총살하기도 했다. 그러나 일발一發에 즉사하지 않는 자는 고통을 견딜 수 없어 비명소리가 그치지 않았다. 부녀자의 경우는 그 목을 노상路上에 걸어 놓고 지나다니는 사람들이 볼 수 있도록 했다.

이 구절은 이른바 '한일합방조약'(1910년 조약 제 4호) 이전에 있었던 일본민족에 의한 식민지화 과정에 있어서 한국의 수난의 실태를 위한 것이다. 즉 한국의 애국계몽운동의 도덕적 사상가인 박은식朴殷植이 그의 저서 '한국독립운동지혈사'韓國獨立運動之血史 (1920년 12월 상해 유신사 한문 원문) 상편 제 6장 '일본지침탈이권 및 근제 6조'에서 당시의 한국 인민의 피눈물 나는 고통과 민족독립의 혈로血路를 표현한 것이다. 이 책에는 식민지주의 시대라고 일컬어졌던 당시에 일본 민족이 강대한 군사력을 배경으로 하여 군대와 헌병으로 하여금 한민족을 어떻게 지배하고 민족의 존엄을 부인하였던가, 가 잘 밝혀져 있다.

박은식朴殷植이 지적하는 일본민족의 여러 가지 만행은 한민족에 대한 것만이 아니라, 인류에 대한 범죄로서 받아들여져야 할 것이다. 그리고 바로 이 '한국독립운동지혈사'는 수난 민족에 의한 민족 자존의 선언일 뿐만 아니라 일본 민족의 아세아에서의 침략의 발자취를 증언한 것이라 할 것이다.

2. 한일합방조약 이전의 침략행위가 박은식의 증언과 같은 것이라면 '한일합방조약' 이후의 침략행위는 천황제국가天皇制國家의 법률에 의한 식민지 지배와 강압이었다고 할 수 있다. 36년간에 걸쳐 입법되고 제정 시행된 수많은 통치법이 민족 주권과 한국인의 인권을 어떻게 침해했는가는 이를 증명하는 문헌, 판례, 자료들을 다 들 수 없을 정도로 많다.
[중략]

천황제 제국주의 치안법天皇制 帝國主義 治安法의 변경 과정은 피지배민족으로서는 고통에 찬 암흑시대였다. 실로 일본 민족에 의한 식민지 통치법은 극히 침략적인 악법에 의한 지배였다고 할 수 있을 것이다. 주지하는 바와 같이, 독일의 법철학자 라드브루흐Gustay Radbruch, 1878~1949의 대표적 논문 중의 하나에 '실정법의 불법과 실정법을 초월하는 법'Gesetzliches Unrecht und ubergesetzliches Rech, 1946이 있다.
이 논문에서 그는 유대민족을 학대한 나치스 독일의 법률을 '실정법의 불법' 즉 악법이었다고 하며, '실정법을 초월하는 법' 즉 '자연법' 논論의 입장으로부터 신랄하게 비판하고 있다.

일제강점기는 일본 민족이 저지른 한민족의 존엄과 가치를 유린한 법죄 행위다 [편저자 주]

일본군에게 체포된 의병들

이 라드부르흐의 논리에 따라 고찰한다면, 일본민족에 의한 조선 식민지 통치법의 모두는 한민족의 존엄과 가치를 유린한 실정법의 불법이었으며, 악법이었다고 할 수 있을 것이다. 동서고금東西古今을 막론하고 인간의 존엄과 가치를 부인하는 악법은 있어서는 안 될 법률이다. 독일 민족에게 있어서나 일본 민족에게 있어 서나 이러한 악법을 사용해서 인류에 대한 범죄를 범한 것은 이미 세계의 역사가 이를 증명하고 있는 바다. 그러나 나치스의 유태 민족에 대한 악법과 범죄 행위의 실태가 구미 문헌에 의하여 상세히 연구되어 있음에 반하여 일본 민족의 악법에 의한 범죄 행위의 연구는 지금까지 거의 행하여져 있지 않다. 오히려 일본 문부성日本文部省에 의한 '교과서검정'敎科書檢定에 있어서의 침략관侵略觀이나, 이등박문伊藤博文이나 동향평팔랑東鄕平八郞 등의 등장에서 보는 바와 같이 식민지 통치의 침략 사실史實이 왜곡되어 진정한 한일 역사인식이 잘 알려지지 않은 채 오늘에 이르고 있다고 해도 결코 과언이 아니다. 그 결과 1987년의 대한민국 제6 공화국 헌법 전문에는 '3 · 1운동에 기基하여 건립된 대한민국 임시정부의 법통 法統'이 언급되어 있음에 반하여 일본에서는 토지조사사업이나 강제 연행에서 발서發瑞된 재일한국인, 조선인에 대한 지문 날인을 강제하는 '외국인등록법'의 개정이 공공연하게 실시됨으로써(1988년 6월) 양민족간의 법의식의 차이 내지 구열龜裂이 생기고 있는 것이 현 실정이다.

본 논문은 이상과 같은 문제를 해결하는 일시도—試圖로서 일본 민족에 의한 식민지 통치법의 성립 과정과 그 악법적 성격을 사실史實에 따라 실증적으로 검토하여 그 '법을 통한 식민지 지배'의 실태를 개활하고자 하는 것이다. 그렇게 함으로써 천황의 신민神民이었던 일본 민족 내지 일본 인민의 절대적 천황주의 법질서에 대한 준법의식이 어떻게 민족 차별을 만들고 이민족에 대한 범죄를 만들어 갔는지를 예증例證하고자 한다.

이를 위하여,

(1) '조일수호조약' 이후로부터 조선통감부 설치 이전까지의 제 법규

(2) 조선통감부 시대의 제 법규

(3) 조선총독부 시대의 제 법규

　　가). 3 · 1민족독립운동 전후의 제 법령

　　나). 제2차 세계대전 이전의 제 법령

　　다). 제2차 세계대전중의 제 법령을 다룸으로써 주로 치안법적 성격이 강한 제 법규의 전체상全體像을 밝히고자 한다.

일제는 660여종에 달하는 악법惡法으로 식민지를 통치했다. [편저자 주]

3. 도대체 얼마나 많은 식민지 통치법이 제정되었을까?

그 한 예로써 '조선제재법규朝鮮制裁法規(1939년 간행) 하나만을 가지고 볼 때에도 여기에 수록되어 있는 법규는 약 660종에 이른다. 그러나 실제로는 '법률', '칙령勅令', '제령制令', '조선총독부령', '경무총감부령', '도령道令', '도경무부령', 도령島令', '부조령府條令', 기타 훈령, 고시, 통달通達, 통첩, 유고諭告 등이 있으며, 오히려 이러한 것들이 실제로 위력을 발휘했던 것이므로, 그 수를 합하면 36년간에 걸친 식민지 통치법은 그 수를 전부 헤아릴 수 없을 정도로 많으며 그것으로써 치밀한 치안의 법망을 형성하고 있었을 것이다. 본 논문은 주로 인적 자원으로 된 인간(민족)의 정신적 자유의 탄압에 초점을 두고 고찰된 것으로써 이에 관한 주요한 제 법령을 수집 검토하였지만, 예컨대 토지조사사업 관련 법규나 조세법을 위시하여 경제거래법, 금융법등 이른바 물적 자원을 착취搾取한 법규에 대한 검토 없이는 식민지 통치법의 전체의 모습을 해명한 것이라고 할 수는 없다. 이 점은 본 논문의 중요한 과제로 아직 남아 있다.

- 한국독립운동지혈사韓國獨立運動之血史: 박은식이 한민족의 항일 독립운동사에 관하여 저술한 학술서, 역사서.
- 박은식朴殷植(1859년 9월 30일~1925년 11월 1일)은 일제강점기의 학자, 언론인, 독립운동가, 교육자, 애국계몽운동가, 정치가이다. 그는 대동교大同敎를 창건하고, 신한혁명당新韓革命黨을 조직하여 항일활동을 전개하였다
- 자연법自然法: 인간의 경험적인 인식에 의하여 형성되는 시간과 공간의 개념을 초월한 영구불변의 초경험적 · 이성적인 법.
- 이성법理性法: 구체적인 내용을 가지는 실정법과 달리 실천 이성에 기초함으로써 시대와 사회를 초월하는 보편타당한 법. 자연법과 거의 같은 뜻으로 해석되며 칸트 · 피히테 · 헤겔 등 법철학 사상이 대표적이다.
- 일제식민지법日帝植民地法: 일제강점기는 우리나라가 일본 제국주의에 의하여 식민 통치를 당한 35년간(1910~1945)의 시대이다. 한국에 대한 일본의 식민지 정책은 사회 · 경제적 수탈에 그치지 않고 민족의 말살까지 목표로 했다는 점에서 가장 폭압적이고 무단적이었으며 악랄한 것이었다. 일제는 역사왜곡을 통한 정신 문화의 개조, 한국어 사용 억제, 민족문화유산 파괴를 서슴지 않았다. 이에 맞선 항일독립투쟁은 전 세계 약소민족의 모범이 될 정도로 완강하고 줄기차게 전개되어 광복을 이루어냈다. 일제강점이 우리 역사에 끼친 해독은 참으로 심대한 것이어서 남북분단까지 이르게 하는 단서를 제공했다.

- 구열龜裂: 거북의 등에 있는 무늬처럼 갈라져 터짐
- 칙령勅令: 일제강점기 조선총독이 내린 명령
- 제령制令: 일제강점기 조선총독이 법률에 대신하여 발포한 명령

제 1 장 한일합병에 이르기까지 조약법의 강제

제1절 명치시대明治時代 천황제 질서天皇制 秩序로서의 치안법治安法
-한일합병 전후에 있어서 일본의 치안법-

'천황은 신성하므로 침해할 수 없다'
대일본제국 헌법 제3조에 천황을 신격화하였다 [편저자 편집]

1. 천황이 '국헌초안기창칙서國憲草案起創勅書'를 내렸던 것은 1876년(명치 9년)이다. 일본이 조선에 대해 '조선국은 자주우방自主友邦으로서 일본국과 평등의 권리를 갖고….'라고 한 '조일수호조규朝日修好條規'을 강요하고, 조선식민지화를 향해 첫걸음을 내딛었던 해이다. 1889년(명치 22년)에 '대일본제국헌법大日本帝國憲法'이 공포되고, '천황은 신성하므로 침해할 수 없다'(제3조)를 축으로, 절대적인 천황제질서가 확립됨과 동시에, 강력한 군사력을 바탕으로 일본은 조선땅에 '조선통감부朝鮮統監府'를 설치하고 (1905년) 수많은 치안법을 제정해서 식민지화를 추진했다.

90x143mm

본 엽서는 '동경도안인쇄사출판부양화옥' 발행 한일합방기념엽서로 가쓰라다로(桂太郎, 1848~1913) 제11대 내각총리 대신. 이완용 원한국수상 이완용 君으로 표기하였고, 일본과 한반도를 적색으로 표시하여 한국을 일본 국토로 도안했다.

마지막으로 1910년에는 '한일합병韓日合倂'을 강행해서 조선총독부朝鮮總督府'를 설치, 조선의 사법 · 입법 · 행정의 삼권三權을 장악하기에 이르렀다. 조일수호조규로부터 한일합병까지의 기간은 일본과 조선의 치안법사治安法史에 있어서 그 기초가 공고해지는 매우 중요한 시기라고 할 수 있다. 즉 일본 국내에 있어서는 명치유신明治維新의 와중에서 천황제가 절대적인 질서로 등장하고, 이것을 유지하기 위한 치안법이 계속 제정되고, 소화시대에 이르러 집대성된 '치안유지법개정'(1941년 법률 제54호)의 확립을 목적으로 '천황의 존엄'(신문지법 1907년 법률 제1호, 제11조)을 들어 치안법제를 펴고, '한일병합' 이후 35년간에 이르는 식민지 통치법의 법적인 기초는 실로 이 35년간에 생성되었다고 볼 수 있다. 35년간에 걸친 조선 '통감부하의 치안법'의 성격을 검토라는 전제로서, 천황제 질서의 유지를 목적으로 한 일본명치기의 치안법의 양태樣態를 개관槪觀하고자 한다.

제2절 먼저 '구형법舊刑法 1880년 대정관 포고 제36호은 '황실에 대한 죄' 제116조 이하, '내란에 관한 죄' 제129조 이하, 이모욕죄吏侮辱罪 제141조, 흉도숙집죄凶徒肅集罪 제36조 이하 등 많은 범죄 유형을 규정하고 있는데, 이들 범죄 유형은 천황제 치안 형법의 두드러진 특색이자, 이른바 국가 범죄의 정점을 이루는 것이라 할 수 있다. 이들 벌칙 규정은 '치죄법 治罪法' 1880년 대정관 포고 제37호의 제정과 더불어 후속 치안특별법과 함께, 자유민권운동이나 반번벌反藩閥의 사회운동, 농민일발農民一撥 등의 진압에 많은 영향을 미쳤다. 이어 제정된 '집회조례'集會條例 1880년 대정관 포고 제56호은 '신문지조례新聞紙條例 1875년 대정관 포고 제11호 등과 마찬가지로 반정부적인 언론을 규제하는 것을 목적으로 한 것이었다. '신문잡지발매금지령' 1880년 대정관 포고 제45호도 이것과 같은 맥락에서 만들어졌다고 할 수 있다. 또 헌병조례 1881년 대정관 포고 제11호는 '행정경찰규제' 1875년 대정관 포고 제29호를 계승한 것으로, 치안의 문란을 미리 진압하는 수단으로 경찰을 이용할 수 있는 근거법이고, 그리고 경찰이 사법경찰로부터 행정경찰로 다시 정치경찰로 바뀌고, 드디어 특고경찰特高警察 또는 군사경찰로 변이하는 치안경찰법의 선구였다.

결론結論

-일본민족의 '준법의식'에 의한 한국 전통과 문화의 부인-

일본제국주의 조선식민지에 있어서의 '황민화皇民化' 법 정책에는 두 가지의 특색이 있다.

하나는 교육칙어敎育勅語를 이념으로 하면서 구체적으로는 '국체명미國體明微, 내선일체內鮮一體, 인고단련忍苦鍛鍊'을 실천할 것을 강요하고 민족정신을 탄압한다는 것이었다. 4차에 걸친 '조선교육령朝鮮敎育令'에 의한 식민지교육의 실시가 그것이다. 다른 하나는 한일합방 이전의 보안법(1907년), 그 이루의 치안법에 의한 탄압이었다. 즉 보안법 등에 의하여 '합병合併'의 터전을 마련한 다음 정치에 관한 '범죄처벌의 건' 제령制令 제7호을 공포하고 이어서 3차에 걸친 치안유지법治安維持法의 개정(치안유지법, 치안유지법개정긴급칙령, 치안유지법개정법률)을 실시하여 '조선전시형사특별령'으로 만들어 민족사상을 탄압한 법제가 그것이다. 이러한 법 정책은 조선인에 대한 '징병제'의 실시가 상징하여 주고 있는것 같이 궁극적으로는 15년전쟁과 제 2 차 세계대전에서 조선 민족을 '자원資源으로 취급하여 침략 전쟁의 수단으로 하는, 다시 말해서 황국 일본을 위하여 순국시키는 것을 지상의 목적으로 한 것이었다고 할 수 있다. 이러한 조선민족의 수난사 가운데서 조선민족의 고유한 전통과 문화를 위난危難에 처하게 하여 민족 그 자체를 말살하려고 한 다음의 두가지 사례는 극히 중요하다. 즉 '조선민사령중개정朝鮮民事令中改正 1939년, 제령 제9호에 의한 '창씨개명創氏改名', 조선어사전朝鮮語辭典 편찬을 치안유지법 위반으로서 탄압한 '조선어학회朝鮮語學會'사건이 그것이다.

한민족의 전통과 문화에 대한 이러한 부인否認은 위에서 살펴본 바와 같이 수많은 식민지통치법植民地統治法을 가지고 민족의 존엄尊嚴과 가치價値를 유린하는 것을 상징하는 것으로써, 결국 그것은 '대일본제국헌법'하에서 신격화된 천황에 대하여 충실한 신민臣民으로서의 일본인이 그 절대적인 천황주의 법 질서에 대한 준법 의식에 기인한 것으로 판단된다. 다시 말하면, 그것은 황민皇民으로서 일본 민족의 천황제질서에 절대 복종한 의심할 여지없는 준법 의식의 발로이었으며, '천황은 신성불가침神聖不可侵이다'(대일본제국 헌법 제3조)라는 것을 법 이념으로 한 일본민족의 식민지통치법의 해석과 적용 이외의 아무 것도 아니었다.

(1) 창씨개명과 전통의 부인

우선 민족의 전통 가운데서 '성性'이야말로, 특히 한민족의 '동성동본 同姓同本'의식은 오랜 전통에 의하여 쌓여온 것이다. 이 민족에 있어서 '성性'은 삼국시대로부터 불가침의 존엄성과 절대성을 갖는 것으로서 부친父親의 혈통을 중심으로 정하고, 설령 결혼을 해도 처妻는 자기의 성性을 바꾸지 않는다. 성불변원칙性不變原則이라 할 수 있다. 이와 같이 되어 있음에도 불구하고 조선민족의 고유한 성명제도姓名制度를 폐지하고 일본식의 씨명제도氏名制度를 강요한 것이 '조선민사령朝鮮民事令'의 개정이었다.

'조선민사령朝鮮民事令' 1912년 제령 제7호, 제11조는 다음과 같이 규정되어 있었다.

제 11 조 [생략] 치안유지법에 의한 독립사상의 탄압 359P 참조
      '씨설치氏設置에 관한 제령'은 아래와 같이 개정되었다.
      제령制令 제19호 조선민사령중 아래와 같이 개정한다.

제 11 조 제1항 중 '단' 다음에 '씨氏'를 덧붙여 삽입하고, 동조同條에 다음과 같은 1항을 첨가한다.
      씨氏는 호주(법정대리인이 있는 경우에는 법정대리인)가 이를 정한다.

부칙

본령 시행의 기일은 조선총감朝鮮總監이 이를 정한다. 조선인 호주는 본령 시행 후 6月 이내에 새로이 씨氏를 정하고 이를 부윤府尹 또는 읍·면장에 굴출屆出할 것을 요한다. 전 항의 규정에 의한 굴출屆出을 하지 아니할 때에는 본령 시행 시에 있어서의 호주의 성姓으로써 씨氏로 한다. 일가一家를 창립할 수 없는 여 호주 女戶主 또는 호주 상속인이 분명하지 아니할 때에는 전호주의 성姓으로써 씨氏로 한다.

제령 제20호

제 1 조 어역대御歷代, 어휘御諱 또는 어명御名은 이를 씨氏 또는 명名으로 사용할 수 있다. 자기의 성姓 이외의 성姓은 씨로써 이를 사용할 수 없다. 단 일가창립一家創立의 경우에는 차한此限에 부재不在한다.

제 2 조 씨명은 이를 변경할 수 없다. 단 정당한 사유가 있는 때에는 조선 총독이 정하는 바에 따라 허가를 받았을 경우에는 차한此限에 부재한다. 위에서 본 '창씨개명'의 본지本旨는 조선민족의 가계家系를 박탈하고 일본의 천황제적 가족氏族 제도를 강요함으로써 한민족의 전통을 '국체國體로서의 천황중심일가적 체제', 즉 황위皇位를 이어받은 천손天孫을 통치자로 하고, 이를 중심으로 일본민족을 근간으로 하는 국민이 가족적으로 화친 단결하여 건국 이상의 실현을 기하는 공동사회체로 흡수하여 민족의 고유한 성씨제도를 소멸시켜 내선일체를 완성시키고자 하였던 것이다. 이 창씨개명에 대해서 많은 저항운동이 기록되어 있다. 그러나 총독부는 다음의 사건에서 볼 수 있는 바와 같이 사회적 제재와 간악한 수단을 사용하여 억압을 가하였다.

- 창씨를 하지 않는 자의 자제子弟에 대해서는 각급학교에서의 입학, 진학을 거부한다.
- 창씨를 하지 않는 아동에 대해서 일본인 교사는 이유없이 질책叱責, 구타毆打하여 아동으로 하여금 부모에 애소哀訴하여 창씨를 시킨다.
- 창씨를 하지 않는 자는 공사를 불문하고 총독부 관계의 기관에 일체 채용하지 않는다. 또 현직자現職者도 점차 파면조치를 취한다.
- 창씨를 하지 않는 자에 대해서는 행정기관에서 행하는 모든 사무의 취급을 하지 않는다.
- 창씨를 하지 않는 자는 비比 국민 또는 불령선인不逞鮮人으로 단정하여 경찰수장 警察手帳에 기입하여 사찰, 미행 등을 철저하게 함과 아울러 우선적으로 노무징용의 대상으로 하여 식량 기타 물자의 배급 대상으로부터 제외한다.
- 조선어학회 탄압시에 검속檢束된 자에 대해서는, 창씨를 하지 않는 자는 조선독립을 꾀하는 불령선인不逞鮮人으로서 고문을 가하고 강제로 청원서에 무인拇印을 찍게 하고 창씨를 출원하도록 한다.
- 창씨를 하지 않는 자의 이름이 적혀 있는 화물은 철도국이나 운송점에서 취급하지 않는다.
- 학교에서는 교사에게, 면에서는 면장, 이장에게 창씨의 책임을 지우고, 그 성과에 따라서 지도, 행정력을 평가하고 출세 승진에 영향을 미치게 한다.

이와 같은 악랄한 수단을 써서 창씨개명을 강요한 결과 기한인 1940년 8월 10일까지 약 322만호(약 80%)가 굴출屆出했다고 한다. 이 시기에 있어서 조선인에 대한 창씨개명·궁성요배宮城遙拜 및 신사참배·황국신민의 서사제송誓詞齊誦은 일본 정신을 몸에 배게 하기 위한 것이었다.

- 굴출屈出: 불끈 솟아 나옴.
- 차한此限: 이에 어떤 조건, 범위에 제한되거나 국한되다.
- 애소哀訴: 슬프게 하소연함.
- 불령선인不逞鮮人 일제 강점기에 불온하고 불량한 조선 사람이라는 뜻으로, 일본 제국주의자들이 자기네 말을 따르지 않는 한국 사람을 이르던 말.
- 무인拇印 도장을 대신하여 손가락에 인주 따위를 묻혀 그 지문指紋을 찍은 것.
- 궁성요배宮城遙拜: 일본 천황이 있는 동쪽을 향하여 절하는 것 또는 그 절. 일제 강점기, 일본의 신민 臣民으로 만들기 위해 일본 천황과 황실을 숭배하도록 강요한 것.
- 서사제송誓詞齊誦: 일정한 목적, 내용, 체재에 맞추어 사상, 감정, 지식 따위를 글이나 그림으로 표현하여 외우게 함.
- 인고단련忍苦鍛鍊: 괴로움을 달래며 몸과 마음을 굳세게 함.

2) 조선어학회사건과 문화의 부인

Joseon Language Society Incident and the Denial of Culture

가정교육 Home Education 훈장訓長에게 글을 배우고 있는 어린이들
143x92mm

인류와 언어의 관계는 문화사의 적도라고 일컬어진다. 즉 인간이 언제부터 언어를 사용하기 시작하였는가의 기준에 따라 진화進化의 경도를 재고자 하는 것이다. 이점은 민족의 경우에 있어서 민족이 그 언어 내지 문자를 상실하면 민족문화는 쇠퇴하고 인류 문화 사상으로부터 소멸하여 버린다는 것을 의미한다. 그런 까닭에 세계 식민지사에 있어서 동화정책同化政策의 하나로서 지배민족의 언어를 보급시키고 피지배민족의 고유한 언어를 말살시키는 것이 이른바 문화적 식민지 정책의 상투법이다. 일본민족이 조선땅에 일본어의 사용을 강요하고 조선어의 사용을 금지시킨 것은 조선의 민족 문화를 지구상으로부터 말살시키려고 한 동화정책이외의 아무것도 아니다. 인류와 언어의 관계는 문화사의 척도라고 일컬어진다. 즉 인간이 언제부터 언어를 사용하기 시작하였는가의 기준에 따라 진화進化의 경도를 재고자 하는 것이다. 이점은 민족의 경우에 있어서 따라서 민족이 그 언어 내지 문자를 상실하면 민족 문화는 쇠퇴하고 인류 문화 사상으로부터 소멸하여 버린다는 것을 의미한다. 그런 까닭에 세계의 식민지사에 있어서 동화정책同化政策의 하나로서 지배민족의 언어를 보급시키고 피지배민족의 고유한 언어를 말살시키는 것이 이른바 문화적 식민지 정책의 상투법이다. 바로 일본 민족이 조선땅에 일본어의 사용을 강요하고 조선어의 사용을 금지시킨 것은 조선의 민족 문화를 지구상으로부터 말살시키려고 한 동화정책 이외의 아무것도 아니다.

1942년 10월 1일 사전편찬사업辭典編纂事業을 행하고 있던 조선어학회 회원이 '치안유지법개정법률'(1941년) 위반의 혐의를 받고 검거되어 가혹한 고문을 받고, 아무 것도 없는 범죄 사실로써 유죄 판결을 내린 사건은 일본 민족에 의한 조선 문화 수난 사상 특히 지적되어야 할 사건이라 할 수 있다.

1888년 한성 연동여학당 초기 생도들

출처 사진 · 글 사진으로보는한국신교백년 1978년 발행 김응호 편저.

장로회 선교부가 여자를 위한 교육사업에 착수한 것이 1886년 정신여학교의 전신인 연동여학당連洞女學堂의 개교이다. '연동여학당에서는 학문만 가르친 것이 아니라, 마음으로 하는 공부와 힘으로 하는 공부도 다 하는데 즉 음식 만드는 일과 바느질하는 일과 국문과 습자와 또 성경을 날마다 외우는 공부와 찬미와 풍류하는 공부와 산술과 지리와 역사와 한문과 화학과 간혹 체조 운동하는 공부이다'

출처: 그리스도신문 6권 15호 기사 내용

이극로(1893~1976)

그 판결문(함흥지방법원, 1940년 9월 20일, 예豫 제11호), 예심 종결 결정에서의 이유는 즉 민족 운동의 일형태一形態로서의 소위 어문운동語文運動은 민족 고유의 어문語文의 정리 통일 보급을 꾀하는 하나의 문화적 민족 운동임과 동시에 극히 심원深遠한 민족 독립운동의 점진적 형태이다. 언어는 사람의 지적, 정신적인 것의 원천임과 동시에 사람의 의사, 감정을 표현할 뿐만 아니라, 그 특성까지도 표현하는 것으로써 민족 고유의 언어는 민족내의 의지의 소통은 물론 민족 감정 및 민족 의식을 조성하므로, 이에 따라 민족의 결합을 생기게 하고 이를 표기하는 민족 고유의 문자를 갖게 하여 민족 문화를 성립시키는 것이다. 따라서 민족적 특질은 그 어문을 통하여 다시 민족 문화의 특수성을 파생시키고 항상 발전시키며 그 고유의 문화에 대한 과시애착誇示愛着은 민족적 우월감을 생기게 하고 그 결합을 다시 공고히 해서 민족은 생성 발전하는 것이다. 따라서 민족 고유의 [중략]

최현배(1894~1970)

위와 같은 판단하에서 '조선어사전 편찬' '조선 문화의 발전' '민족 정신의 고양' '조선독립기도'라고 하는 4단계 도식을 가지고 조선어학회의 피검자를 '조선독립의 목적으로써 결사하고 조직하여 그 목적 수행을 위하여 해야 할 행위를 한 것'으로 단정하여 유죄 판결을 끌어내고 있다. 예컨대 피검자의 한 사람이 학생에 대하여 '조선인으로서 조선어를 모르는 것은 조선인으로서의 자각自覺을 상실하고 조선 민족의 존재를 망각하는 것이며, 조선어의 발달은 조선민족의 발전에 지대한 관계를 갖는 것으로서 조선어의 쇠퇴는 조선 민족의 멸망을 의미하는 것이 되므로 여러분들은 조선어를 연구해서 조선의 발달을 기하여야 한다'고 말한 것이 조선 민족 독립의 목적을 가지고 그 '목적한 사항의 실행을 선동한 것'이라고 판단되었다. 이와 같이 해서 이극로李克魯 징역 6년, 최현배崔鉉培 징역 4년, 이희승李熙昇 징역 3년, 정의승鄭宜承 · 정태진丁泰鎭 징역 3년, 김양수金良洙 이하 5인에 대하여 징역 2년(집행유예 4년)의 판결이 언도되었던 것이다.

이희승(1896~1989)

조선 식민지 사상에는 헤아릴 수 없을 만큼 많은 조선민족탄압판결朝鮮民族彈壓判決이 있다. 그러나 이 조선어학회사건 판결만큼 조선 문화(언어)를 말살하고자 한 의도하에서 피의 사실을 조작하고 왜곡해서 민족 존엄의 훼손毀損과 문화인의 인권을 유린한 판결 예는 또 없을 것이다. 당시 문화인의 많은 사람들이 '친일적 언행'을 불가피하게 하지 않을 수 없었으나, 이극로 李克魯,(백림대학 철학박사) 등의 문학자들이 민족의 양심을 내걸고 한민족의 문화(언어)를 사수한 것은 특기해야 할 일이다.

3) 천황의 신민臣民으로서의 일본 민족에 의한 준법의식遵法意識

조선어학회사건에 대한 치안유지법 위반 판결이 내려지고 난 2년 후에 일본은 패전하였고, 조선식민지는 해방되었다. 확실히 제 2 차 세계대전이 일본의 패전에 의하여 종지부를 찍은 것이 계기가 되어 일본 민족과 그 헌법은 천황을 주권자로 하는 대일본제국 헌법으로부터 국민을 주권자로 한 평화주의를 기조로 하는 일본국 헌법으로 옮겨졌다. 이 패전이라고 하는 타율적 계기에 의하여 헌법은 새로이 제정되었지만, 그 민주적 정신과 동시에 일본민족의 식민지적 법의식이 불식되었는가 하면 반드시 그렇다고는 생각되지 않는다⋯⋯⋯⋯⋯
[중략]

일본 민족에 의한 외국인등록법의 운영을 볼 때 주권재민主權在民인 국민이 대일본제국 헌법하의 법의식, 다시 말하면 대일본제국이 식민지를 가지고 있었던 당시의 피지배민족보다 일본민족이 우월하다고 하는 잘못된 민족 의식을 아직 불식하지 못하고 있다. 말하자면, 여기는 일본 민족의 나라이다. 다른 민족은 일본의 국법에 복종하는 것이 당연하다고 하는, 법 감각 내지 법 감정이 그것이다. 이 법 감각 가운데는 왜 일본국에 그와 같이 많은 외국인(재일한국인, 조선인은 약 680,000명을 넘는다고 한다.)이 살고 있는가 하는 점에 대한 역사적 인식이 전혀 없다. 일본인이 이와 같이 일본민족과 타민족을 구별하는 배경에는 아시아 민족에 대한 우월감(반대로 구미인에 대해서는 열등감)이라고 하는 차별의식, 즉 자기자신도 아시아민족임을 잊고 아시아민족을 무의식 중에 멸시하는 마음이 잠재해 있다고 생각된다. 오늘날 일본인이 마음으로부터 아시아 제국민과 친선우호를 도모하고 더 나아가 세계의 제국민에 대해서 전쟁포기, 교전권 부인(헌법 제9조)의 평화적 생존권을 내건다면, 우선 최초로 일본민족 자신이 아시아민족에 대해서 행한 가혹행위를 직시하고, 피해자의 입장에 서서 반성하고, 이민족의 평화적 생존권을 위해서 최대의 배려를 해야 할 것이다. 이를 위하여 박은식朴殷植이 제기한 한민족 수난의 혈사血史 문제를 일본민족의 사실史實로 진지하게 받아들이고 바른 역사 인식하에서 그것을 자신의 법의식의 변혁의 지침으로 삼고, 자율적으로 일본민족과 타민족을 동가치적同價値的으로 존중하는 것을 바탕으로 하는 일본국 헌법의 재구축이 행하여지지 않으면 안된다. 그래서 진정으로 자각된 일본국 헌법하에서 재일 외국인의 인권도 존중한다고 하는 등록법 개정의 방식이 인식되지 않으면 안 될 것이다. 왜냐하면 박은식朴殷植의 '한국독립운동지혈사'에서 증언된 한민족에 대한 일본 민족의 만행은 다만 한민족에 대한 것만이 아니고, 인류에 대한 범죄로서 받아들여져야 할 것이기 때문이다.

4) 한일의정서 체결 직후 일본제국 한국주차군韓國駐劄軍설치

한일의정서에 입각한 보호화保護化를 추진해 나아간 것이 일본의 군사력이었던 것은 말할 나위도 없다. 한일의정서 체결 직후, 일본은 한국주차군韓國駐劄軍을 편성하였는데, 그 임무는 첫째로 '한일의정서' 제2조에 의해 한국의 독립 및 영토 보전을 확보하는 것이었다. 이 주차군의 권한이 얼마만큼 강력했던 것인가는 다음의

프랑스 발행 엽서 10프랑 우표 첩부1904. 04. 12 PL CHOPIN에서 파리로 체송된 엽서
140x90mm . 사진: 잊어서는 안 될 구한말의 비운. 30P. 2016년 발행. 재단법인 선광문화재단

엽서 설명: 러일전쟁 La Guerre Russo-Japonaise, 1904년 2월 10일 일본 한국주차군의 서울 점령. 제물포에 처음 상륙한 직후, 일본 군인(한국주차군)들은 질서를 유지하며 한국의 수도인 서울로 진격했다. 러시아 공사관 경비를 맡은 러시아 수비병사들과 외교관들은 이후 영사와 함께 서울을 떠나 러시아군에 합류하기 위하여 서울을 떠났다   -엽서의 표제-

군부의 주장에서 알 수 있다. '위압威壓을 중요시하는 현재의 한국 통제에 대해서는 군사령관의 권한을 공사公使보다 높은 위치에 두지 않으면 우리의 정책 실행은 불가능'이라고 말하고는, 드디어 주차군사령관에게는 천황의 직례관直隷官으로서 공사 우위에 선 지위를 부여했던 것이다. 그리고 주차군사령관은 '대한방침對韓方針'에서 말하는 보호의 실권을 얻기 위해 전신電信, 통신기관通信機關의 점거, 철도 및 방대한 토지의 수용, 군용인부軍用人夫의 강제 징발 등을 목적으로 한 '군율軍律, 1904년 7월 2일', '군사경찰훈령軍事警察訓令 1904년 7월 24일, 군사경찰훈령 시행에 관한 내훈, 1904년 10월 9일' 등을 차례로 발표했다. 이러한 법률은 '주차군사령관이 주한공사를 통해서 대한제국 정부에 일방적으로 통고한다'는 것만으로 유효한 것이 되었다.

'군율軍律'에 의하면,

1. 군용전선軍用電線 및 군용철도軍用鐵道에 해를 끼치는 자는 사형에 처함
2. 그러한 사실을 알고도 은닉하는 자는 사형에 처함
3. 촌내村內에 가설한 군용전선 및 군용철도의 보호는 그 지역 모든 촌민村民의 책임으로 하고 각촌各村에 있어서 촌장村長을 수좌首座로 하고, 위원을 구성하여 약간명이 매일 교대로 군용전선 및 군용철도의 보호에 임해야 한다고 규정했다. 즉 군용시설의 보호를 극형으로써 모든 촌민에게 강요하고 있다.

'군사경찰훈령軍事警察訓令'에 규정하기를

1, 작전군作戰軍의 배후에서 치안을 도모하여 작전의 진척에 방해가 없도록 하기 위해서 한국의 현 정세에 비추어 경성 京城안팎에 군사경찰을 시행할 것.

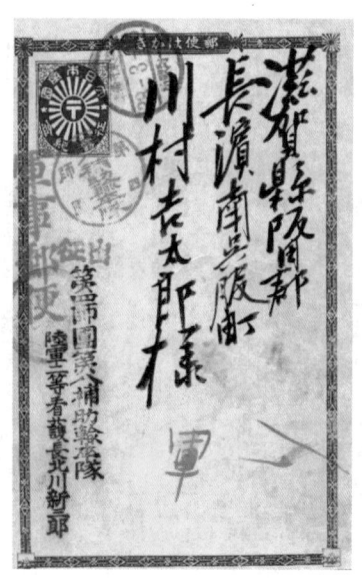

축 봉천 점령祝奉天占領 명치38년(1905) 3월 10일 일제군 기념 엽서

군사우편. 출정. 제4사단 제8보조수졸대. 육군 이등 간호장 북천신랑北川新郎이 일본 자하현으로 보낸 제1야전국 엽서
140x90mm

2. (1). 치안에 방해되는 문서를 기초하고, 또는 그것을 배포配布하는 자가 있을 때에는 그 문서를 압수하고 관계자를 처벌할 것

(2). 집회 또는 신문이 치안에 방해가 된다고 인정될 경우 이를 정지시키고 관계자를 처벌할 것. 단 신문은 발행 전에 미리 군사령부의 검열을 받아야 한다고 되어 있다.

이 훈령에서는 주차군이 치안경찰권을 집행하고, 민족사상을 억압했던 것이 분명히 나타나 있다. 원래 치안 유지란 치안문란治安紊亂의 존재가 전제가 된다. 여기에서는 이민족에 의한 지배에 저항하는 자연스런 행동이 치안의 대상이 된 것이다.

그리고 '군사경찰훈령 시행에 관한 내훈'을 보면, 현재 한국의 관리이면서도 아군에게 불이익이 되는 행동을 하거나 또는 부적당하다고 인정되는 자가 있을 때는 임지로부터 퇴거를 명해야 한다. 대한제국 정부가 새로이 임명하는 지방관리이면서도 군사령관의 승인장을 가지지 않은 자는 취임 및 직무수행을 거절해야 한다. 고 규정되어 있다. 이 내훈内訓은 지방관리의 직무임명권을 실질적으로 주차군이 장악함으로써, 지방행정에 개입하여 앞서 말한 훈령 등과 아울러 치안 유지 체제와 식민지 행정을 확립하는 역할을 했던 것이다. 한일 의정서 체결이 초래한 것, 즉 충고忠告하고, 독립을 보증한다 등의 위선적인 문자를 사용하면서 실제로 행한 식민지화의 실상은 박은식朴殷植의 글에서 일본의 이권 침탈과 한일의정서의 강제 체결에 잘 기록되어 있다.

■ 일제 한국주차군韓國駐劄軍

일본 제국정부가 대한제국을 무력으로 장악하기 위해 한반도로 파견한 군대 명칭. 1904년 4월 3일 일본제국은 러일전쟁의 확전을 계기로 대한제국에 주둔한 일본군을 한국주차군으로 개편하였다. 일제는 1904년 2월 23일 강압적으로 조인한 한일의정서 3조와 4조에 따라 대한제국 내 주요 군사거점들을 임의로 사용할 권리를 획득하였으므로 일본군의 자유로운 활동을 보장받았다. 당시 대한제국은 국내외에 일본의 침략 정책을 알리며 전시 중립을 선언하였으나, 일본은 이를 무시하고 의정서를 체결하도록 강요했다.

(99) (永要司点撮濟) GEFENCE GARRISON, GENGZAN. 元山守備隊

일제 조선주차군 원산수비대　　142X90mm

1876년(고종13) 개항 이후 조선을 병탄하기 위한 사전 작업으로 진출하였던 일본군은 1880년(고종17) 12월 공사관 개설 시 6명의 일본군을 파견한 이후 지속적으로 병력의 수를 증가시켰다. 1883년에 제물포조약을 근거로 2개 중대의 공사관 수비대를 확충하고, 1885년에는 한성조약에 따라 1개 대대를 주둔시켰다. 나아가 청일전쟁을 치르면서 육군과 해군의 전투부대를 위시하여 각종 병참대 및 경비대를 파견하였다. 이후 한반도에 주둔한 일본군을 1896년(고종 33)에는 대한제국 주차대, 1904년(광무 8)에는 대한제국주차군 등으로 확대 개편하였다. 1896년 일본 외무상 고무라 주타로小村壽太郎와 러시아 공사 베베르(K. I. Weber) 사이의 각서에 따라 일본군 4개 중대 규모의 한국주차대가 창설되었다. 대한제국 주차대는 서울에 2개 중대, 부산과 원산에 1개 중대를 주둔시켰다. 1903년 12월에는 대한제국주차대사령부가 설치되었다. 주차대사령관은 대한제국에 주둔한 일본군의 최고 책임자였다. 주차군은 일본제국의 정책 향방에 따라 그 목적을 달성하기 위해 한반도 내 반대 세력을 일소하려고 기존 대한제국 주재 군대 조직을 확장한 것이었다. 한국주차군의 설립 초기 병력의 규모는 1개 연대, 4개 대대, 2개 중대 등의 총 4,273명이었다. 주차군의 조직은 한국주차군사령부, 한국주차군수비대, 한국주차헌병대 등이며 이외에 사령부 예하부대들이 있었다. 이들의 주요 임무는 한국인의 반일운동 탄압과 대륙 침략부대의 후방 지원이었다. 주차군사령부는 일본 황실 직속으로 1904년 3월 20일 동경에서 편성된 후 4월 3일 서울에 도착했다. 당시 사령부는 막료, 참모부, 부관부副官部, 경리부, 군의부軍醫部 등으로 구성되었다. 초대 사령관은 소장 하라구치켄사이原口兼濟였다. 1904년 10월에는 조선총독을 지낸 육군대장 하세가와 요시미찌長谷川好道가 부임하였다. 1906년 7월에는 한국주차군사령부 조례가 공포되어 군참모부, 군부관부 軍副官部, 군법관부, 군군의부軍軍醫部, 군수의부 등의 6부 체제로 정비되었고, 10월에는 우편부가 증설되었다. 주차군의 주요 정책은 주차사령관, 전권공사, 병참총감의 협의하에 결정되었고, 최종적으로 대본영의 결제를 얻어 시행되었다. 그런데 1905년 통감부가 창설된 이후에는 주차군이 일본 천황의 직속이 되었다. 이것은 전시 체제에서 평시 체제로 주차군의 임무를 전환한 것이며, 통감에게 주차군의 병력 사용권을 부여한 것이기도 하다. 또한 이사청의 이사관은 주차군의 병력 동원 요구권을 지닐 수 있었다. 이에 따라 문관 통감이 군대를 조종한다고 하여 일본 군부의 반발을 일으키기도 했다. 주차군의 작전 변경 등에 대한 계획은 참모총장을 경유하여 천황의 결재를 받아 시행되었다.

일제 한국주차군사령부 용산 막사 전경   140x90mm

주차군 병력은 1905년 일본에서 새로 신설한 13사단과 15사단을 주축으로 한 2개 사단 체제를 기준으로 했다. 1개 사단은 9,199명으로 2개 여단, 기병대대, 포병연대, 공병대대, 치중병대대로 구성되었다. 주차군의 2개 사단은 당시 일본군 총병력의 11.7%를 차지한 것이다. 또한 주차군의 예산은 400만 엔으로 통감부 예산이 140만 엔이었음을 고려할 때 대한제국 내 의병 탄압 등 한반도 침략을 위해 진력하였음을 엿볼 수 있다. 이후 의병 탄압에 성공한 다음에는 1개 사단 체제로 변경한다. 1910년 8월 대한제국이 일본에 강제로 합병된 이 후에는 조선주차군으로 변경되었고, 1915년 이후로는 19사단과 20사단을 창설하여 2개 사단 체제를 갖추었고 1918년부터는 조선군으로 개칭하였다.

한일협약韓日協約

한일협약은 세 과정을 거쳐 완성된다.
>   1). 일본정부가 추천한 고문의 한국의 재정권 및 외교권 간섭(제1차 한일협약, 1904년 8월 22일),
>   2). 통감統監의 설치와 그에 따른 한국의 외교권 박탈(제2차 한일협약, 1905년 11월 17일)
>   3). 통감統監의 한국의 입법권 및 행정권 박탈(제3차 한일협약, 1907년 7월 24일)이 그것이다.

1. 제1차 한일협약

1904년에 체결된 제1차 한일협약은 그 체결에 앞서 각의에서 결정된 식민지화 방침, 즉 한국에서 '보호의 실권을 획득하여 경제적으로 점점 일본의 이권의 발전을 꾀한다'는 '대한방침對韓方針'을 구체화시키기 위하여 체결된 것이라 할 수 있다.
>   1). 한국정부는 일본정부가 추천하는 일본인 1명을 재무고문으로 하여 한국정부에 초빙하여 재무에 관한 사항은 모두 그 의견에 따라 시행해야 한다.
>   2). 한국정부는 일본정부가 추천하는 외국인 1명을 외교고문으로 하여 외무부에 초빙하고 외교에 관한 중요한 업무는 모두 그 의견에 따라 시행해야 한다.

3). 한국정부는 외국과의 조약체결, 기타 중요한 외교 안건, 즉 외국인에 대한 특권양여特權讓與 혹은 계약 등의 처리에 관하여 미리 일본정부와 협의해야 한다.

이것이 '제 1차 한일협약'이다.

위에서 확실히 알 수 있듯이 일본정부가 추천하는 재정 및 외교고문을 두고, 일본에게 이권양여 利權讓與을 통하여 '보호화'하는 첫 걸음이 추진되어 조선의 외교권은 거의 빼앗겼다고 할 수 있겠다. 그리고 이 협약에 계속 이어진 다음 세 가지의 각의 결정사항은 '제 2차 한일협약 韓日協約'을 체결하기 위한 사전 공작 역할을 했다.

(1) '대한시설강령결정對韓施設綱領決定에 관한 건'(1904년 10월 20일)

(2) '한국보호권확립韓國保護權確立에 관한 건'(1905년 4월 8일)

(3) '한국보호권확립韓國保護權確立을 실행하는 데에 관한 건'(1905년 10월 27일)을 말한다.

(1) 대한시설강령결정對韓施設綱領決定에 관한 건 구성은,

1. 방위防衛를 완수할 것.
2. 외정外政을 감독할 것
3. 재정財政을 감독할 것
4. 교통기관交通機關을 장악할 것
5. 통신기관通信機關을 장악할 것
6. 척식拓植을 꾀할 것 등 6개 항목으로 되어 있다

'방위防衛를 완수할 것'에서 '한일의정서韓日議定書 제 3조에 의거해 한국을 방어하고 안녕 유지시킬 책임을 부담하는 것이므로 평화 유지를 위해 상당한 군대를 이 나라 요소요소에 주둔시켜 내외적으로 예기치 않은 변 變이 일어날 것에 대비할 것. 필요에 따라 평시에도 대한제국 모두에 대하여 우리의 세력을 유지시키기 위하여 매우 유용한 것' 이라고 정해 일본군이 상주해야 한다고 결정했다. 뿐만 아니라 여기서 주목해야 할 것은 다음의 두 가지 점일 것이다.

'제 1차 한일협약'에서 '대한제국 정부는 일본정부가 추천하는 일본인 1명을 재정고문으로 하여 한국정부에 초빙하여 재무에 관한 사항은 모두 그의 의견에 따라 시행해야 한다'고 규정한 것이, 강령綱領에서 말하는 '3. 재정을 감독할 것'에서는 '(전략) 가능한 빨리 일본에서 적당한 고문관을 들여보내 (중략) 드디어 한국재무의 실권을 일본이 장악하도록 해야 한다'로 변절시켜, '한국 재무의 실권'을 탈취할 것을 공공연하게 내건 것이다. 다음에 '2. 외정을 감독할 것'에서는 '강령綱領에, 일본정부가 추천하는 외국인 1명을 외교 고문으로 하여 외무부에 초빙하여 외교에 관한 중요한 업무는 모두 그의 의견에 따라 시행해야 함'이라고 되어 있던 것을, (전략) '대한제국 정부에게 외국과의 …(중략)로 변경시켜 일본정부의 동의를 얻도록 할' 것에 중점을 두고 있다.

(이하 생략)

이토 후작의 대한제국 조정에 대한 특별사절단 (Marquis Ito's Special Mission to the Korean Court)
143x92mm

(2) '한국보호권확립韓國保護權確立에 관한 건'

일본정부에서 각의 결정된 것으로서 '보호권'의 확립을 선명하게 드러낸 최초의 것이다. 한국에 대한 시설施設은 이미 정해진 방침과 계획에 의거하여 보호의 실권을 장악한다는 견지에서 점차 일을 추진시켜 한국에 대한 보호권을 확립하고, 당해 국가의 대외 관계에 관한 한 우리의 손아귀에 넣을 수가 없음으로 한국정부와 아래와 같은 보호조약을 체결할 필요가 있다.

제 1 조 한국의 대외 관계는 완잔히 제국에서 이를 맡고, 재외한국신민在外韓國臣民은 제국帝國의 보호 속으로 들어갈 것

제 2 조 한국은 직접적으로 외국과 조약을 체결해서는 안 된다

제 3 조 한국과 열국列國과의 조약은 제국帝國에서 책임 질 것

제 4 조 제국은 한국에 주차군駐箚軍을 두어 해당 국가 시정施政의 감독 및 제국신민帝國臣民을 보호하는 데에 임할 것

(이하 생략)

(3) '한국보호권확립실행韓國保護權確立實行에 관한 각의 결정의 건'

제 2차 한일협약韓日協約으로 향하는 일본정부의 실행 계획 그 자체이다. 여기에는 8항목에 걸친 실행을 하기 위한 방법, 순서가 들어 있고, 이 '방법에 따라 이 기회에 이를 결행케 하여 우리의 소망을 관철하도록 할 것' 이라고 되어 있다. 그 중 7항에서는 계획에 착수하기 이전에 군대를 한성(한성을 京城으로 지칭함-편저자 주)에 주둔시킬 것을 정하고 있다. 이 '실행에 관한 각의결정의 건'에서 특히 지적되어야 할 것은 8항의 '통고通告'일 것이다. 8항. 착수하는 데 있어 도저히 한국정부의 동의를 얻을 가망이 없을 때에는 최후의 수단으로써 일방적으로 한국에 보호권을 확립하였음을 통고通告하고, 열국列國에게 제국정부帝國政府의 위와 같은 조치가 부득이한 이유를 설명하고, 아울러 한국과 열국과의 조약을 유지하여 한국에 있어서의 열국의 상공업상商工業上으로 얻는 이익을 손상시키지 않을 것임을 선언할 것.

이 단계에서 고압적으로 한국에게 보호권을 확립할 뜻을 통고하여, 협약 체결한 것을 억지로 납득시키려는 태도가 엿보인다. 바꿔 말하면 1905년 8월의 시점에서 이미 일본정부는 주권을 가진 조약 체결 상대방 나라에 대하여 '보호권을 확립할 뜻'을 통고하는 것만으로 충분하다는 법감각法感覺 및 국제 감각에 사로잡혀 있었던 것이다. (이하 생략)

2. 제 2차 한일협약韓日協約은 을사보호조약乙巳保護條約이다

이상과 같은 경과를 거쳐 이른바 '통감정부統監政府'라 불리우는 것의 기초가 된 '제 2차 한일협약 (을사보호 조약, 1905년 11월 17일)을 체결하기에 이르게 되는데, 제 2차 한일협약(을사보 호조약)으로 인하여 조선은 거의 완전하게 외교권을 잃게 된다. [편자자 주: 제1,2,3차 한일 협약보다 빠른 한일통신협약은 1905년 4월 1일이다. 그래서 한국의 체신사업 즉 우체국, 전신 및 우체, 통신 업무가 일제에게 완전히 강탈당한 것이다]

'한일보호권확립실행韓日保護權確立實行에 관한 각의결정閣議決定의 건'에 덧붙여진 별지別紙는 이 제 2 차 한일 협약의 모형이자, 안문案文이었다.

제 1 조 일본국정부는 재동경외무성 在東京外務省에 의해 앞으로 한국의 외교에 대한 관계 및 사무를 감독 지휘해야 하고, 일본국의 외교대표자 및 영사는 외국에서 한국의 신민 및 이익을 보호해야 한다

제 2 조 일본국정부는 한국과 타국他國사이에 현존하는 조약의 실행을 완수할 임무에 있어서 한국정부가 앞으로 일본국정부의 중개를 거쳐 국제적인 성질을 갖는 조약 혹은 약속을 할 수 있음을 협약한다.

제 3 조 일본정부는 그 대표자로서 한국 황제폐하韓國皇帝陛下의 궐하闕下에 1명의 통감(통감, 레지던트 제너럴)을 둔다. 통감은 경성에 주재하며, 친히 한국 황제폐하에게 알현할 권리를 갖는다. 일본국정부는 또한 한국의 각 개항장各開港場 및 기타 일본국 정부가 필요하다고 인정하는 곳에 이사관理事官, (레지던트)를 둘 권리를 갖는다. 이사관은 통감의 지휘하에 종전의 한국 주재 일본 영사에 속하는 모든 직권을 집행하고, 아울러 본 협약의 조관 條款을 완전히 실행하기 위해 필요로 하는 모든 사무를 수행할 것'
이 안문案文에 대하여 '제 2차 한일협약'에서는 '통감은 전적으로 외교에 관한 사항을 관리하기 위해 경성에 주재駐在함'이 삽입되었고, 이 밖에 제5조를 새로이 설정하여, '일본국정부는 한국 황실의 안녕과 존엄을 유지할 것을 보증함'이 첨가되었을 뿐이다. 따라서 제 1조, 제 2조는 '한국보호권실행에 관한 각의 결정의 건' 별지대로 협약의 문언文言이 되었다.

[중간 생략]

이렇게 해서 제 2차 한일협약에 조인함으로써 마침내 '조선은 명실공히 일본의 보호국이 되었다. 일본은 조선이 이 협약을 조인하기에 앞서 그 가부간의 결정에 대해 미리 조선 인민의 의향을 묻는 것을 거부하면서 거기에 대한 이유를 다음의 세 가지로 들고 있다.
  1. 인민의 의향을 묻는 것을 반대하는 쪽으로 인민을 선동하게 되며,
  2. 한국인민이 유치幼稚하여 세계의 대세를 알 도리가 없다고 했으며,
  3. 귀국은 헌법정치가 아닌 모두 폐하가 내리시는 결재로 결정하는 소위 전제군주국가專制君主國家가 아닌가, 혹은 한국은 여전히 군주독재제도君主獨裁制度임을 모두가 인정하는 바이다' 라고 하고 있다. 이

러한 고압적인 태도로 한국 황제에게 협약을 체결하도록 강요한 것이다.

이에 대해 고종 황제는 '귀하의 신청을 인허認許하면 그것은 곧 한국의 망국亡國을 의미한다. 그러므로 나는 이 일을 인허認許하기보다는 오히려 몸을 바쳐 사직社稷에 순직殉職할 생각이다'고 했고, 대신大臣 한규설韓圭卨도 또한 '한일 양국의 관계는 그 내용에 있어서 어떻게 규정된다 해도 감히 그만두지 않겠다. 또한 그 형식상에 있어서 적어도 여지를 남길 것을 희망한다. 그런고로 한국의 현상황은 숨을 헐떡이며 빈사상태에 처해 있는 것과 같다. 또한 겨우 한 가닥 여명餘命이 있다고 한다면, 먼저 이 외교관계를 친親하게 하는 데 있는 것이다. 그 외교조차도 귀국에게 위임하면 완전히 명맥을 절단하는 비경悲境에 잠겨야 할 것'이라고 반론했다.

(1). '제2차 한일협약(을사보호조약)' 직후에 일본은 '통감부 및 이사청관제'(1905년 12월 21일, 칙령 제267호)를 공포했다. 이에 따르면 통감부에는 총무부, 농상공부, 경무부를 두고 총무장관, 농상공부총장, 경무총장이 이를 감독하기로 했다(통감부 관제 제11호). 이렇게 통감의 권한은 단순히 외교뿐 아니라, 내정에도 미쳐 한국내정의 실권은 천황에게 직접 예속된 통감이 장악하게 되었다. 전문은 33개 조항으로 구성되어 있다.
외교 및 내정에 관한 제3조는 다음과 같다.

제 3 조 통감은 한국에 있어서 제국정부를 대표하며 제국주차외국대표자帝國駐箚外國代表者를 경유하는 사안을 제외하고는 한국에 있어서 외국영사관 및 외국인에 관한 사무를 총괄하고, 아울러 한국의 시정사무를 봄으로써 외국인에 관계되는 것을 감독한다. 통감은 조약에 의거하여 한국에서 제국 관헌 및 관공서가 시행하여야 할 제반 정무를 감독하고 기타 종래에 제국 관헌에 속해있던 일체의 감독사무를 시행한다. 또 통감의 권한 강화에 대해서 지적해야 할 조문으로는 제4조가 있다.

제 4 조 통감은 한국의 안녕 질서를 보호 유지하기 위해 필요하다고 인정될 때에는 한국수비군사령관韓國守備軍司令官에 대하여 병력 사용을 명할 수 있다. 라고 규정짓고 있다. 이 조문에 따라 통감은 한국내에서 일본군의 지휘권을 갖기에 이르렀다. 한국내에서 일본의 한국수비군 즉 한국주차군 밑에 '한국주차헌병대韓國駐箚憲兵隊가 편성되었는데(1903년), 제2차 한일협약이 체결되고 나서 2개월 후인 1906년 2월 8일 칙령 제18호로, 이 한국주차헌병대에 대하여 '군사경찰 외에 행정경찰 및 사법경찰을 관리하도록 규정지었기 때문에 헌병이 일반 경찰권도 행사할 수 있게 되었다. 이러한 것은 통감이 제2차 한일협약 제4조 하에서 한국수비군을 지도하도록 하는 지휘권을 가지고 주차헌병대를 통하여 경찰권 마저도 구사할 수 있는 강한 권력을 지니게 되었음을 의미하고 있다.

(2). 통감부 및 이사청관제가 적용되기 시작함과 동시에, 많은 통치법이 입법되어 시행되었다. 그 중에서도 항일독립운동, 즉 의병투쟁을 탄압하기 위하여 만들어진 여러 법률, '신문지법 1907년 7월 24일, 법률 제1호', '보안법 1907년 7월 27일 법률 제2호' 등이 그 대표적인 것이다. 여기에 보안법의 주요한 내용은 다음과 같다.

제 1 조 내무대신은 안녕질서를 보호유지하기 위하여 필요한 경우에 결사結社의 해산을 명命할 수 있다.

제 2 조 경찰관은 안녕질서를 보호유지하기 위하여 필요한 경우에 집회 또는 다중의 운동 혹은 군중을 제한 금지하고 또 해산시킬 수 있다.

제 4 조 경찰관은 가두 기타 공개된 장소에서 문서나 도서를 게시하거나 배포, 낭독하거나 또는 언어를 사용하거나 기타 행위를 하여 안녕질서를 문란하게 할 우려가 있다고 인정되는 때에는 그것을 금지하도록 명할 수 있다.

제 5 조 내무대신은 정치에 관하여 불온한 움직임을 할 우려가 있다고 인정되는 자에 대하여, 그가 거주하는 장소로부터 퇴거할 것을 명하고, 또한 1년 이내의 기간 동안 특정지역내에 침입하는 것을 금지시킬 수 있다.

제 7 조 정치에 관하여 불온한 언동을 하거나 또는 선동仙洞, 교준敎畯, 사용하거나 또는 타인의 행위에 간섭함으로써 치안을 방해하는 자는 50대 이상의 태형笞刑, 10일 이하의 금옥 禁獄 또는 2년 이하의 징역에 처한다.

[중략]

보안법은 후일 '정치에 관한 범죄처벌의 건'(1919년, 제령 제7호) 나아가 '치안유지법을 조선, 대만 및 화태樺太에서 시행하는 건'(1925년 칙령 제175호)으로 발전하여 형법에서 말하는 내란죄나 소요죄를 확대 해석하여 적용하여, 예를 들면 '3.1독립운동' 등의 탄압법이 되었음은 잘 알려져 있다.

이토 히로부미와 한일협약 전문. 143x92mm.
제 3차 한일협약日韓協約 원문과 이등박문
명치 40년 7월 24일 통감 후작 이등박문
광무 11년(1907년) 7월 24일 내각총리대신 훈2 이완용

3. 제3차 한일협약

통감부統監府에 의한 식민지화가 강화되어 가는 가운데, 1907년 6월 네덜란드의 헤이그에서 개최된 제3회 만국평화회의萬國平和會議에 한국 황제의 전권을 위임받은 위임장을 가지고 이상설李相卨 등 3명이 참가하여 '제2차 한일협약'이 무효임을 열국에 호소하려고 한 사건이 있었다. 이것이 '헤이그밀사사건'이다. 일본은 이 사건을 계기로 한국의 내정에 관한 전권을 장악할 것을 기도企圖했다. 그리고 통감과 이완용내각의 회의에서 황제를 강요하여 양위시키고 신황제를 즉위시켰다. 이상의 경위를 거쳐 체결된 것이 '제3차 한일협약'(정미칠조약丁未七條約)인 것이다. 헤이그밀사사건에 대하여 통감은 정부에 '밀사를 헤이그로 파견한 것에 대하여 한국황제에게 엄중히 경고함과 동시에 대한정책에 관한 '묘의결정방품청'廟議決定方稟請의 건'에 관한 의견으로 '이 행위는 일본에 대하여 공공연하게 적의를 발표하고 협약을 위반했음을 면치못하는 까닭에 일본은 한국에 대하여 선전 포고할 권리가 있음을 총리대신이 통고케 하는 것이 좋겠다'고 하고, 나아가 한국황제의 양위讓位에 대해서 의견을 내놓고 있다.

이상설李相卨 · 이준李儁 · 이위종李瑋鍾 헤이그 밀사 3인

이것을 받은 일본정부는 각의를 열어,

(1) 제국정부는 이 기회를 놓치지 말고 한국 내정에 관한 전권을 장악할 것.

(2) 만일 전기前記한 희망을 완전히 달성할 수 없는 사정이 있을 때는 적어도 내각대신 이하 중요 관헌의 임명은 통감의 동의를 얻어 이를 행하며, 또한 통감이 추천하는 본국인을 내각대신 이하 중요 관헌으로 임명할 것.

(3) 우리의 지위를 확립하는 방법은 한국황제의 칙정勅政에 의하지 않고 양국 정부간의 협약을 가지고 할 것 등을 골자로 하는 '대한처리방침'을 '천황의 결의를 받았다'고 통지했다. 이상과 같은 순서를 거쳐 '제3차 한일협약'이 체결되었다. 그러나 황제의 양위를 계기로 하여 격화된 한국 민중의 반일운동, 특히 무장 한국 병사의 반란이 일어나, 이에 대하여 주차군이 진압을 하는 등 정세가 한창 긴박해지는 중에 협약 체결은 강행되었다. '대한처리방침'에서는 마치 '양국정부간의 협약'으로써 한국정부의 존재를 인정하고는 있으나, 협약의 조항에서는 한국정부의 내정지배권을 완전히 장악하는 것을 그 목적으로 하고 있었다.

1907년 7월 24일에 체결된 '제3차 한일협약의'의 전문은 다음과 같다.

일본국 정부 및 한국 정부는 신속하게 한국의 부강을 꾀하고 한국민의 행복을 증진시킬 목적으로 다음과 같은 조관을 약정한다.

제 1 조 한국정부는 시정개선施政改善에 관하여 통감의 지휘를 받을 것

제 2 조 한국정부가 하는 법령 제정 및 중요한 행정상의 처분은 이토 통감의 승인을 거칠 것

제 3 조 한국의 사법 사무는 보통 행정 사무와 이를 구별할 것

제 4 조 한국 고등 관리의 임명, 면직은 통감의 동의를 얻어 행할 것

제 5 조 한국정부는 통감이 추천하는 일본인을 한국 관리에 임명할 것

제 6 조 한국정부는 통감의 동의없이 외국인을 관리로 등용하지 못함

제 7 조 명치 37년 8월 22일 조인한 한일협약 제1항은 이를 폐지할 것

'제3차 한일협약'에는 비밀 각서覺書가 있었다.

제 1 재판소 신설

제 2 감옥 신설

제 3 군비軍備의 정리

제 4 고문 또는 참여관의 명의로 현재 한국에 초빙되어 있는 자는 모두 이를 해고解雇한다

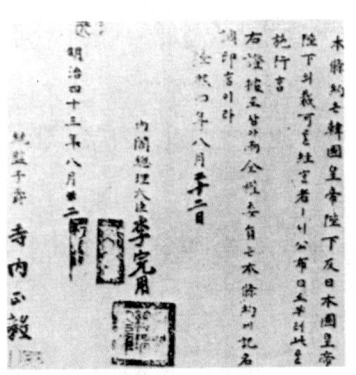

한일합병조약의 한국어 원본의 끝 부분. 한국측 내각총리대신으로서
서명한 이완용의 이름은 이후로 매국노의 대명사로 불린다.

제 5 중앙정부 및 지방청에 일본인을 한국관리로 임명한다 등이다.

예를 들면 '제3차 한일협약' 제4조에 나와 있는 통감의 동의, 제5조에 나와 있는 통감이 추천하는 일본인 등도 그것을 구체화한 각서 제4, 제5를 보면 통감에 의한 식민지화 행정을 확립시킬 과정을 명백히 알 수 있다.

각서 중에서 특히 특기해야 할 것은 제3 '군비軍備에 대해서이다. 즉 '군대軍隊 1 대대를 황궁수비로 임하게 하고 기타는 해산시킬 것'이 그것이다. 이 각서 제3에서 말하는 군비軍備를 정리하는 과정에서 한국군대는 해산되고 말았다. 이 정리를 하는 진정한 목적은 이미 한국군대 내부에 고양되어 있던 민족의식이 황제 양위 때에 나타난 무장병사의 반란이 되어 보다 반일적인 저항운동으로써 봉기할 것을 두려워하여 이를 방지하려고 한 점에 있었다.

(1) 그런데 제3차 한일협약'과 함께 한국의 내정지배권의 확립을 추진한 것으로 '경찰사무집행에 관한 취극서取極書.(1907년 10월 29일)가 있다. 그 내용은 통감부 및 한국정부는 일본국정부가 명치 40년 7월 24일에 체결한 한일협약 제5조에 의거하여 임명시킨 한국경찰관이 당해 일본 관헌의 지휘 감독을 받아 재 한국·일본 신민에 대한 경찰사무를 집행하도록 할 것을 협약함이라고 하는 매우 간단한 것이다. 그러나 여기에 규정된 '한일협약 제5조'란 '통감이 추천하는 일본인을' 한국정부가 '한국관리에 임명'해야 한다는 것이다. 따라서 임명된 일본관리를 포함한 한국경찰관이 일본 관헌의 지휘 감독을 받아 경찰사무를 집행함을 의미한다. 또 '재 한국·일본신민에 대한'이라고 되어 있는데 원래 일본인 관리를 포함하는 한국경찰관은 넓게 보아 한국관리에 해당하는 이상, 당연히 한국인민에 대해서도 경찰사무를 집행했을 것이라는 것은 상상하기 어렵지 않다. 즉 '제3차 한일협약' '각서' 제5조에 규정되어 있는 '중앙정부 및 지방청에' '일본인을 한국관리로 임명한다'고 되어 있는 것을 보아도 이것이 경찰사무만에 한하며 일본 신민만을 대상으로 했다고는 할 수 없다. 이렇게 보면 이 '경찰사무집행에 관한 취극서'의 목적은 일본인이 경찰사무를 집행함으로써 한국의 경찰권을 장악하려는 데에 있었다고 할 것이다. 이는 일본인이 한국정부에 제출한 서장書狀을 보아도 확연하다.

(2) '경찰사무집행에 관한 취극서' 후에 2년 반 정도 경과해서 일본은 한국정부로 하여금 '한국경찰사무위탁에 관한 각서'(1910년 6월 24일)에서 완전히 경찰 사무를 일본정부에 위탁시키게 하고 있다. 이 각서는 불과 2개의 조항으로 구성되어 있는데, 여기에서 말하는 위탁에 의해서 일본은 한국의 모든 행정경찰권을 장악하고 그야말로 완전하게 한국경찰제도를 일본의 손아귀에 넣을 수가 있었다.

각서의 내용은 다음과 같다.

'일본정부 및 한국정부는 한국경찰제도를 완전히 개선하고, 한국 재정의 기초를 확고하게 할 목적으로 다음의 조관을 약정한다.

제1조 한국의 경찰제도가 완비되었음을 확정할 수 있을 때까지 한국정부는 경찰사무를 일본정부에게 위탁할 것

제2조 한국 황궁의 경찰사무에 관하여는 필요에 따라 궁내부대신은 해당 주무자와 임시 협의하여 처리케 할 수 있음

위의 제1조에 소위 '한국정부는 한국의 경찰제도를 완전히 개선한다' 함은 위의 '제3차 한일협약' 제1조에서 말하는 '한국정부는 시설 개선에 관하여'와 같으며, 한국의 경찰행정권은 통감의 지도를 받기 위하여 위탁받은 것이라 할 것이다.

(3) 일본이 집요하게 요구한 것은 사법권司法權 및 사법경찰권司法警察權이다.

일본정부는 다음의 각의 결정 '대한시책확정對韓施策確定의 건'(1909년 7월 6일)에 수반되는 '대한시설대강 對韓施設大綱'과 '한국사법권 및 감옥사무위탁에 관한 각서(1909년 7월 12일) 그 목적을 달성했다. 먼저 '대한시설대강對韓施設大綱'을 살펴본다.

제1조 제국정부는 기정旣定의 방침에 따라 한국의 방어 및 질서유지를 담당한다. 이를 위하여 필요한 군대를 동국에 주둔시키고 될 수 있는 한 다수의 헌병 및 경찰관을 동국에 증파하여 충분히 질서유지의 목적을 달성할 것

제2조 한국에 관한 외국교섭사무는 기정의 방침에 따라 이를 일본의 손에 넣을 것

제3조 한국 철도를 제국철도원 관할로 옮겨 동원의 감독하에 남만주철도와 긴밀히 연락시켜 일본의 대륙철도의 통일과 발전을 꾀할 것

제4조 가능한 한 많은 본국인을 한국 내에 이주시켜 일본의 실력의 근본을 심화시킴과 동시에 한일간의 밀접하게 할 것

제5조 한국의 중앙정부 및 지방관청에 재임하는 본국 관리의 권한을 확장하여 한층 민활하게 하여 통일된 시설을 펼 수 있도록 할 것

이 '대한시설대강對韓施設大綱'의 전문이라고도 할 수 있는 각의 결정의 문면에 따르면

(1) '적당한 시기에 한국을 합병할 것'

(2) '합병할 시기가 도래할 때까지는 합병할 방침에 따라 충분히 보호의 실권을 잡고 실력의 부식扶植을 꾀 하도록 노력할 것' 임이 명백히 드러나며, '보호의 실권을 잡기' 위한 '제국의 대한방침對韓方針(1904년), '한국의보호권확립에 관한 건'(1905년 4월), '한국보호권확립실행에 관한 각의결정의 건'(1905년 10월), 그리고 이 '적당한 시기에' '합병을 단행할 것'을 결정한 '대한시책확정對韓施策確定의 건' 등에 보이는 일련의 일본 정부의 각의 결정에, 보호에서 이른바 식민지인 '합병'으로, 그야말로 한민족의 존엄을 부인하고, 주권을 침해하려는 명백한 의지를 객관시할 수가 있을 것이다. 위 '대한시책확정의 건'이야말로 '한국에 대한 정책을 펴는 우리의 실력을 한반도에 확립하고 이에 대한 파악을 엄밀히 하기' 위해 일본제국은 앞으로 점점 동국에 있어서 실력을 증진하고 그 토대를 심화하여 내외에 대항하여 싸울 수 있는 세력을 수립하기에 노력할 것을 요한다고 하는 실력 내지는 세력으로 식민지화 '합병合倂'을 하기 위한 구체적인 방법 이외의 아무 것도 아니였던 것이다. 이 연장선상에 각의 결정 '합병후의 한국에 대한 시정방침결정의 건'이 기다리고 있는 것이다.

(3) '대한시책확정對韓施策確定의 건'(1909년 7월 6일)이 결정되고 나서 불과 1주일 후에 일본은 '한국사법 및 감옥 사무위탁에 관한 각서'를 교환하고 있다. 다음이 그 전문이다. 일본정부 및 한국정부는 한국사법감옥사무를 개선하여 한국신민과 재한국외국신민 및 인민의 생명, 재산을 보호할 것을 확실히 할 목적과 한국재정의 기초를 공고히 할 목적으로 다음의 조관을 확정한다.

제 1 조 한국의 사법 및 감옥사무가 완비되었다고 인정될 때까지 한국정부는 사법 및 감옥 사무를 일본정부 에게 위탁할 것

제 2 조 일본정부는 일정한 자격을 가진 일본인 및 한국인을 재한국일본재판소 및 감옥의 관리로 임명할 것

제 3 조 재한국일본재판소는 협약 또는 법령에 특별한 규정이 있는 것 외에는 한국신민에 대하여 한국 법규 를 적용할 것

제 4 조 한국지방관청 및 공사는 각 직무에 따라 사법 및 감옥의 사무를 보는데에 있어서 재한국일본해당관 리의 지휘 명령을 받거나 또는 그를 보조할 것

제 5 조 일본국정부는 한국의 사법 및 감옥에 관한 일체의 경비를 부담할 것

이 '사법 및 감옥사무'의 위탁에 관한 각서도 '제3차 한일협약' 제1조에서 말하는 '시정에 관하여 통감의 지휘 를 받을 것'의 일환이다. 각서에 따라 이제까지의 한국정부의 사법부 및 한국재판소를 폐지하고, 통감부에 사법청을 두어 그 관리하에 각급 재판소를 설치했다. '재한국일본재판소 및 감옥의 관리' 임용에 대해서는 일본 이 이것을 결정하며 한국지방관청 및 공사는 '사법 및 감옥사무에 따라 재한국일본해당관리의 지휘명령을 받게'되었다. 이는 한국에서 사법권 및 사법경찰권을 완전하게 일본이 장악했음을 뜻하는 것이다. 아울러 제2 조 '재한국일본재판소 및 감옥'이라고 명기하고는, 재판 등은 '일본재판소'에서 할 것을 내걸어 이 시점에서 사법권이 일본의 지배하로 옮겨졌음을 분명히 한 점은 중요하다.

제4항 한국주차군헌병韓國駐箚軍憲兵에 관한 건
-항일의병투쟁에 대한 탄압-

식민지화의 과정에서 일본은 당연히 피지배민족의 강한 저항을 받았다. 이러한 반일저항운동, 의병운동은 제 1차 한일협약에서 제3차 한일협약으로 식민지 체제가 굳혀져 가고 있는 가운데 더욱 더 격심한 반일의병투 쟁으로 발전하고, 3·1독립운동으로 계승되어 간 것이다. 양위반대운동讓位反對運動과 한국군대의 해산은 반 일저항운동에의 커다란 계기가 되었다. 특히 한국군의 해산에 반대하는 병사는 반란을 일으켰고, 그 결과 반 란군(해산에 반대하는 한국군 병사-편저자 주) 대부분은 의병이 되어 그때까지 산발적으로 반일저항운동을 하고 있던 일반민중과 합세하여 수십에 이르는 전국적인 의병운동의 중핵(中核)이 되었다. 일본은 한국주차군 및 한국주 차헌병대를 중심으로 철저한 무력탄압을 하였지만, 한국민족의 성원을 받는 의병부대를 완전히 진압할 수는 없었다. 이러한 의병에 대해서, 박은식(朴殷植)은 다음과 같이 말하고 있다

'의병은 민군民軍이다. 국가가 위급할 때 즉시 의義로써 봉기하여 정부의 명령, 징발을 기다리지 않고, 군무軍 務에 종사하여 적과 대결하는 사람이다. 우리 민족은 전통적으로 충의忠義가 두텁고, 삼국시대 이래 외적의 침략에 대해서 의병이 일어나 공훈을 세운 적이 매우 많았다. 이조왕조 선조 때에 왜관倭館에게 유린당한 8 년 동안 불자佛者, 향신鄕紳, 승려들까지 모두 자진해서 초야에서 궐기하여, 조금도 정규군의 도움을 받은 적 이 없었다. 이들 의병들은 충의로써 민중을 격려하고 결사적으로 항전하였다. 전위前衛가 더 버티지 못하게

되면 후위後衛가 잇따라서 적이 패퇴할 때까지 전진을 계속했다. 이 탁월한 수훈은 해와 달과 같이 뚜렷하고, 혁혁한 공적은 강상綱常을 부식扶植하고, 강토를 회복하고, 민기民氣를 진작시켜 크게 그 공능功能을 발휘했다. 바꿔 말하자면 의병義兵은 우리 민족의 정화精華라고 말할 수 있을 것이다'그러나 수천년의 전통을 갖고 있는 충의忠義의 피와 민족성은 아직 소멸하지 않았다. 수십년간 대의를 위해서 적을 토벌하고자 일어섰던 의병이 상망想望하고 민족의 정의를 표현한 것이다. 유자儒者와 신사紳士 중 아무도 군사전술을 배운자는 없었고, 농민들은 어떠한 무기도 갖고 있지 않았지만, 그 뜻을 일단 죽음을 무릅쓰고 순직한다고 결의하면, 맨손으로 적의 총검에 맞서 칼의 녹이 되어, 해골이 들판에서 비바람에 맞아도 조금도 후회하지 않았다'. 이것이 바로 의병義兵 정신인 것이다.

의병 중 한 사람은 이렇게도 이야기하고 있다.

'우리들은 죽을 수밖에 없다. 좋다. 그래도 좋다. 일본의 노예로서 사느니, 자유의 인간으로서 죽는 쪽이 훨씬 낫다'

'We may have to die,' he said. 'Well, so let it be. It is much better to die as a free man than to live as the slave of Japan.

최익현崔益鉉 의병장(1833~1907)

철종 치세 시절부터 고종 치세 시절까지 충청도 신창현감·호조참판·경기도 관찰사 등을 지낸 조선 말기와 대한제국의 정치인이며 독립운동가이자, 1905년 을사늑약에 저항한 대표적 의병장이었다.

의병투쟁의 정신은 민족의 존엄성을 내건 것이다. 그러나 일본은 이러한 반일저항운동, 의병투쟁에 대해서, 예를들면 '남한대토벌작전南韓大討伐作戰'을 전개해서 철저한 초토강술焦土强術로써 진압을 꾀하였는데, 그 실상을 조선주차군사령부편編 '조선폭도토벌지朝鮮暴徒討伐誌'에서는 다음과 같이 기술하고 있다. '주차군사령관은 명치 40년(1907년) 9월 한국민 일반에 대한 고시를 발표하여……비도匪徒로서 귀순하는 자는 결코 그 죄를 묻지 않고 구나拘拿한다. 도는 그 소재를 밀고하는 자에게는 반드시 많은 상을 주겠다. 만약 어리석어 깨닫지 못하거나, 혹은 비도의 편을 들거나, 혹은 도피시키거나, 혹은 흉기를 은닉하는 자는 엄벌에 처할 뿐만 아니라 책임을 그 읍면으로 돌려 온 부락을 점거하여 엄중히 처벌할 것을 타이르는 바이다. 그런데 그들 폭도는 그 복장이 양민과 다르지 않은 자가 많을 뿐만 아니라 위태로워지면 즉시 무기를 버리고 양민으로 가장하여 우리의 예봉銳鋒을 피하는 수단을 취하는데……….

.…….그러므로 토벌대는 이상의 고시에 의거하여 책임을 읍면에 돌려서 주살誅殺을 가하고 혹은 마을 전체를 불태우는 등의 처벌을 실행하여 충청북도 제천 지방과 같이 거의 다 초토화하게 되었다.' 일본은 이를 탄압하기 위해 '한국주차헌병에 관한 건'(1907년 칙령 제323호)을 폈다.

제1조 한국에 주차하는 헌병은 주로 치안유지에 관한 경찰을 관리하고, 그 직무 집행에 있어서는 통감에게 예속隸屬된다. 또한 한국주차군사령관의 지휘를 받아 군사경찰을 지배한다.
제2조 헌병대 본부 위치 및 분대 배치와 그 관리는 통감이 결정한다.
제3조 통감은 필요에 따라 일시적으로 헌병의 일부를 그 관외 管外로 파견할 수 있다.

제 4 조 헌병의 복무에 관한 규정은 통감이 이를 정한다.

제 5 조 앞의 규정 외에는 한국에 주차하는 헌병에 관해서는 조례에 의한다.

위에 명시된 대로 한국주재 헌병대는 '경찰사무집행에 관한 취극서'와 더불어, 이 땅에서의 경찰권을 한 손에 잡고 사실상 치안유지의 주체가 되었다. –[중략]–

이렇게 해서 한민족의 존엄성이 일본 관헌의 총검아래에서 짓밟히고 있을 때, 의병군義兵軍 총참모장總參謀長 안중근安重根이 이등박문伊藤博文을 저격하여 의병 투쟁義兵 鬪爭도 최고조에 달했다. 이등박문伊藤博文에 대한 한국민의 노념怒念, 한스러운 감정은 놀랄정도로 강했던 것이다. 여순감옥旅順監獄에서 안중근 의사安重根義士는 견리사의見利思義 견위수명見危授命'이 利가 있다고 생각될 때는 정의正義를 생각하고, 위기危機를 만나서는 생명을 내던진다'라고 써서 남기고 있다.

- **향신鄕紳:** 고향에 살던 과거 합격자나 퇴직한 벼슬아치. 향촌의 실질적인 지배자
- **강상綱常:** 삼강 三綱과 오상 五常을 아울러 이르는 말. 곧 사람이 지켜야 할 도리를 이른다.
- **부식扶植:** 힘이나 영향을 미치어 사상이나 세력 따위를 뿌리박게 함.
- **공능功能:** 공들인 보람을 나타내는 능력
- **정화精華:** 정수가 될 만한 뛰어난 부분
- **충의忠義:** 충성과 의로움.
- **상망想望:** 일이 이루어지기를 기대함.
- **노념怒念:** 분노한 속의 마음.
- **구나拘拿:** 체포하다.
- **주살誅殺:** 죄를 물어 죽이다.
- **초토강술焦土强術:** 불에 탄 것처럼 황폐해지고 못 쓰게 된 상태의 강력한 전술
- **비도匪徒:** 무기를 가지고 떼를 지어 다니면서 사람을 해치거나 재물을 빼앗는 무리

적당한 시기에 '한국의 합병을 단행할 것'이라는 것은 '대한시책확정의 건'의 일절이다. 이 '적당한 시기'는 대일본제국 조선통감 이등박문의 죽음에 의해서 준비되었다. 안중근에 의한 암살사건은 '한국에게는 가혹한 타격'을 주었고, 일본의 '한국합병'이라고 하는 드라머의 종막을 알리는 비극적 전조前兆가 되었다. 바로 일본이 애타게 기다리고 있었던 '적당한 시기'가 온 것이다.

—[중략]—

일본제국은 탄압법彈壓法을 이용하여 '합병合倂'으로의 길을 개척해 나갔다. 그리고 마침내는 한 걸음 더 나아가 '합병후의 한국에 대한 시정방침결정의 건'을 각의에서 결정하기에 이르렀다. (1910년 6월 3일, 외교 제43호-1) 이 '시정방침 施政方針' 은 13개 항목으로 구성되었다.

- 조선에는 당분간 헌법을 시행하지 않고 대권大權에 의해서 통치할 것
- 총독은 천황에 직접 예속되고 조선에 있어서 모든 정무를 총괄하는 권한을 갖는다
- 총독에게는 대권 위임에 의해 법률사항에 관한 명령을 할 수 있는 권한을 줄 것. 단 본 명령은 따로 법령 또는 칙령 등 적당한 명칭을 붙일 것

여기에는 총독의 권한이 매우 두드러지게 나타나 있다.

한국 정부나 민중의 의사를 완전히 무시한 곳에서, 합병으로의 '적당한 시기'가 바야흐로 '합병후의 한국에 대한 시정施政'으로 이미 합병하는 일이 선취先取되고 기정사실 내지는 과거의 일로서 각의에서 결정되어 버렸던 것이다.

고종황제 · 일본제국 천황과 한반도 · 일본제국(적색)이 합방된 기념엽서(홍보용)
1910. 8. 29 동경중교태성당 인쇄. 92x143mm

제5항 한일합방韓日合邦

─헌법을 시행하지 않고 대권에 의해 통치할 것─

일본제국이 청일전쟁으로 대만臺灣·팽호도澎湖島를 '신영토'로 하고 나아가 러일전쟁 후 1910년(명치43년)에 이른바 '한일합방'을 강행한 이 시기는 일본민족(일본제국주의)에 의한 식민지 교화 정책 植民地敎化政策, 바꿔 말하자면 '동화同化 내지는 황민화皇民化' 정책의 출발시기라 할 수 있을 것이다.

'동화同化 내지는 황민화皇民化' 정책의 절차는 다음과 같다.

조일수호조규朝日修好條規, 1876년

한일의정서한일의정서, 1904년

제 1 차 한일협약韓日協約, 1904년

제 2 차 한일협약韓日協約, 1905년

제 3 차 한일협약韓日協約, 1907년

등 일련의 '조선에 있어서 식민지통치법植民地統治法의 성립 과정'의 연장 선상에 놓을 수 있는 것이고, 그 의미는 법에 의한 한민족의 존엄성과 가치를 부인하려고 한 것이다. '일본제국주의는 식민지 착취 악법惡法으로 한민족의 존엄성과 가치를 강탈한 기간은 69년간이다' 그러나 한민족의 존엄성을 유린한 이러한 법정책은, 박은식朴殷植(한국독립운동지혈사)이 말하고 있는 것처럼, 차라리 민족의 '얼을 공고하게 하고 결코 동화同化 시킬 수 없었다'고 말할 수 있을 것이다.

주식회사 일본저축은행발행 한일합방기념 홍보용 엽서　　　　　140x90mm
합방 전 일본 영토 174,099㎢　인구 59,518,518명
합방 후 일본 영토 256,099 ㎢　인구 63,037,518명

■ 한국땅과 한국인을 일본제국으로 통합한 통계 수치로 즉 합병을 축하하는 홍보용 엽서를 만들었다.

식민지 통치정책의 발단이 된 '한일합병에 관한 조약(1910년 조약 제4호)'은 '일본국 황제폐하 및 한국 황제 폐하는 양국간의 특수하고 친밀한 관계를 원하고, 서로의 행복을 증진시키고 동양의 평화를 영구히 확보할 것을 바란다. 이 목적을 달성하기 위해서는 한국을 일본제국으로 합병하는 것이 상책이라고 확신'하여서 체결되었던 것이다.

제1조 한국 황제폐하는 한국 전부에 관한 모든 통치권을 완전히 그리고 영구히 일본제국 황제폐하에게 양
여한다.

제2조 일본제국 황제폐하는 전조前條의 양여를 수락하여 완전히 한국을 일본제국으로 합병하는 것을 수락
한다.

이 조항에 의하면, 한국 황제는 일본 황제에 대해서 '한국 전부에 관한 모든 통치를 완전히 그리고 영구히' 양
여하고, 일본 황제는 양여를 수락하는 것으로 되어 있다. 과연 '통치권의 양여統治權讓與'라고 하는 법 개념이
있을 수 있는 것인가? 본래의 주권자인 국민 내지는 민족의 의사와는 관계없이 강요된 이 통치권의 양여조약
의 효력에 매우 중대한 의문점이 있다고 말하지 않을 수 없다.

- 객체客體: 의사나 행위가 미치는 대상.
- 석의釋義: 글의 뜻을 해석함.
- 군[君]: 친구나 아랫사람을 친근하게 부르거나 이르는 말

한일합방 기념엽서
이완용 군李完用君
일제가 매국의 앞잡이 이완용을 군君이라 칭하다.
동경도안인쇄사출판부양화옥 발행
143x90mm

헌법학자 입작태랑立作太郞은, '합병'의 의의를, '소위 합병이라는 것은 한국법상 인격자로서의 존재를 그만
두고 한국의 영토였던 토지를 우리나라의 영토로 하고, 한국의 국적을 갖고 있었던 인민을 우리 국적을 갖
게 하는 것이다. 다시 말하자면 한국이라는 국가를 소멸시키고, 한국의 영토권의 목적물이었던 그 신민을 우
리 통치권의 목적물로 하는 것이다. 그렇지만 법리를 바르게 이야기할 때는, 우리나라는 한국의 통치권 양
여를 받는 것이 아니고, 우리 고유의 한국의 구영토로 확장해 나가는 것이다'라고 설명하고 있다. 즉, 합병이
란 한국이라는 국가를 지구상에서 소멸시키고, 본래 이 한국의 주권자인 한민족을 이민족의 통치권의 목적
물로서 파악하는 것, 즉 일본민족의 통치권으로써 양여의 대상이 된 영토에 살고 있는 한민족을 지배하는 것
이다. 일본인은 당시 이미 '대일본제국헌법'(1889년 발포) 제18조 이하에 천황의 신민으로 서의 권리이기는 했으

나 법률의 범위내에서의 자유가 인정되고 있었다. 그러나 합병조약에 의하면, '양국간의 특수하고 친밀한 관계를 원하고 서로의 행복을 증진' 시킨다고 하는 목적과는 달리, 그 노리는 바는 한국에서의 통치권을 양여받아 그 통치권의 객체客體로서 즉 물체物體로서의 한민족을 지배하려고 하는 것이었고, 한민족의 권리나 자유를 보장한다는 의도는 애초부터 이 조약에는 없었다고 할 수 있다. 이 점은 '합방조약' '각서 별지 제2호'에 의해, 처음부터 한민족에게는 대일본제국헌법을 적용하지 않는 다고 결정한 것을 보더라도 명백하다. 위 '각서 별지 제2호'는 합방 방법, 순서, 세목細目이 13항목에 걸쳐서 기술되어 있다. 그 서두에 '조선에는 당분간 헌법을 시행하지 않고 대권에 의해 통치한다'고 했고 '부附 헌법의 석의釋義에는 신영토에 대해서 제국헌법의 각 조항을 시행하지 않는 것을 적당하다고 인정함으로써 헌법의 범위에 있어서 제외 법규를 제정해야 한다'고 되어 있다.

총독에게 제령공포권을 수여한 '조선에 시행해야 할 법령에 관한 법률'(법률 제30호)

제 1 조 조선에 있어서 법률을 요하는 사항은 조선총독의 명령으로서 이를 규정할 수 있다.

제 2 조 전조前條의 명령은 내각총리대신을 거쳐 칙재勅裁를 받아야 한다.

제 3 조 임시 긴급을 요하는 경우에는 조선총독은 즉시 제1조의 명령을 발포할 수 있고 전항(전항)의 명령은 발포 후 즉시 칙재勅裁를 받아야 한다. 만약 칙재勅裁를 얻지 못할 때에는 조선총독은 즉시 그 명령에 대해서 앞으로 효력이 없어지게 됨을 공포해야 한다.

제 4 조 법률의 전부 또는 일부를 조선에 시행하는 것을 요하는 것은 칙령으로서 이를 정한다.

제 5 조 제1조의 명령은 제4조에 의해 조선에 시행한 법률 또는 특히 조선에 시행할 목적으로 제정한 법률 및 칙령에 위배할 수 없다.

제 6 조 제1조의 명령을 제령制令이라 한다.

소네아라스케曾根荒助　　이등박문伊藤博文　　고무라주타로小村壽太郎
한일합방 기념엽서 142x90mm

(3) 이 법률에 의해서 조선총독은 조선에 있어서의 사법, 입법, 행정의 삼권三權을 장악했다고 말할 수 있다. 즉 '조선총독부관제'朝鮮總督府官制(1910년 칙령 제354호)의 주요 내용은.

조선총독부관제朝鮮總督府官制

제 1 조 조선총독부에 조선총독을 두고, 총독은 조선을 관할한다.

제 2 조 총독은 친임親任하고 육해군 대장으로서 이것에 충당한다.

제 3 조 총독은 천황에 직접 예속되고 위임된 범위 내에서 육해군을 통솔하는 한편 조선의 방어를 맡는다.
총독은 제반 정무를 통할統轄하고, 내각총리대신을 거쳐 상주上奏를 하고 또한 재가를 받는다.

제 3 조의 2 총독은 안녕질서의 유지를 위해 필요하다고 인정될 때는 조선에 있어서 육해군 사령관에게 병력
의 사용을 청할 수 있다.

제 4 조 총독은 그 직권 또는 특별한 위임에 의해 조선총독부령을 발포하고, 이에 1년 이하의 징역 혹은 금고
禁錮, 구류, 200원 이하의 벌금 또는 과료科料의 벌칙을 부과할 수 있다.

제 5 조 총독은 관할 관청의 명령 도는 처분에 있어서, 규제에 위배되거나 공익을 해치거나 또는 권한을 범하
는 자가 있다고 인정될 때에는 그 명령이나 처분을 취소 또는 정지시킬 수 있다.

제 6 조 총독은 소부所府의 관리를 통독統督하고 주임문관奏任文官의 진퇴는 내각총리대신을 거쳐 이를 상주
上奏한다.

제 7 조 총독은 내각총리대신을 거쳐 소부문관의 서위서훈敍位敍勳을 상주上奏한다.

제 8 조 총독부에 정무총감을 두고 정무총감은 친임한다. 정무총감은 총독을 보좌하고 부무部務를 통리하여
각 부국의 사무를 감독한다.

데라우치마사타케 寺内正毅　　고종황제 高宗皇帝　　이완용 李完用
140x90mm
한일합방韓日合邦기념엽서

■ 한일합방 후 일제 조선총독부에서 고종황제를 전 한국황제창덕궁이왕전하로 격하格下시켰다. 그리고 이
완용은 한국총리대신 이완용각하로 칭하였다.

제 1 조에 분명히 나타난 바와 같이 '조선에 있어서는', '조선총독의 명령으로써' 법률이 규정될 수 있기 때문
에 현실적으로 '대일본제국헌법'이 조선에 적용되었던 가의 여부는 의론議論의 여지가 없다. 그러나 대만臺灣
에 있어서 헌법의 효력이 문제가 되었던 이른바 '육삼문제六三問題'를 둘러싸고 조선에 있어서도 같은 논의가
일어났다. '육삼문제六三問題'라는 것은 천황의 재가와 의회의 협찬을 필요로 하는 입법권의 일부가 '대만에
시행하는 법령에 관한 법률' (1896년 법률 제63호)에 의해 대만총독에 위임되었고, 그 결과 총독은 일반적으로 '율
령律令이라고 불리우는 '법률의 효력을 갖는 명령'을 발포할 수 있도록 되었는데, 이것이 '대일본제국헌법' 제
5조 '천황은 제국의회의 협찬을 얻어 입법권을 행한다'와 모순되는 것이 아닌가 하는 바로 총독에 대한 위임
입법의 문제였다. −[중략]−

(4) 조선주차군헌병 조례朝鮮駐箚軍憲兵 條例 주요 조문

제1조 조선주차헌병朝鮮駐箚憲兵은 치안유지에 관한 경찰 및 군사경찰을 관할한다.
제2조 조선주차헌병朝鮮駐箚憲兵은 육군대신의 관할에 속하고, 그 직무 집행에 관해서는 조선총독의 지휘 감독을 받고 군사경찰은 육군대신 및 해군대신의 지시를 받는다.
제3조 헌병장교, 준사관, 하사, 상등병은 조선총독이 정하는 바에 의해 재직한 채로 경찰관의 직무를 집행할 수 있다.
제4조 전조의 규정에 의하여 경찰관의 직무를 집행하는 자는 그 경찰사무에 관해 직무권을 갖는 상관으로부터 명령을 받을 때는 즉시 이를 행해야 한다.
제17조 헌병대에 헌병보조원을 두고 헌병보조원의 취급은 그 직무에 따라서 헌병 상등병 또는 육군 일 一, 이등 二等 졸卒에 준한다.
제18조 헌병의 복무 및 헌병보조원에 관한 규정은 조선총독이 이를 정한다.

총독은 육해군뿐만 아니라 조선의 치안유지를 위해 경찰 및 군사경찰을 지휘 감독할 수 있었다.
'조선에 시행하는 법령에 관한 법률'은 동화同化 내지는 황민화皇民化를 강요시키는 '실정법의 불법'으로서 36년간 계속 살아 있었다'

신문지법新聞紙法

신문지법(1907년) 법률 제1호

제11조 황실의 존엄을 모독하거나 또는 국헌을 문란케 하거나 국제교의國際交誼를 저해하는 사항을 기재할 수 없다.
제12조 기밀에 관한 관청의 문서 및 의사議事는 해당관청의 허가를 받지 않고는 상약詳略에 관계없이 기재할 수 없다. 특수한 사항에 관해 해당 관청에서 기재를 금지할 때도 역시 동일하다.
제13조 범죄를 비호하든가 또는 형사피고인 혹은 범죄인을 구호하든가 또는 칭찬, 위로하는 사항을 기재할 수 없다.
제21조 내부대신은 신문지가 안녕질서를 방해하거나 또는 풍속을 교란시켰다고 인정될 때에는 그 발매 반포 發賣頒布를 금지하고 이것을 압수하거나 또는 발행을 정지 또는 금지할 수 있다.
제25조 제11조를 위반한 경우에는 발행인, 편집인, 인쇄인을 3년 이하의 역형役刑에 처하고 그 범죄에 사용된 기계를 몰수한다.
제26조 사회의 질서 또는 풍속을 교란하는 사항을 기재할 경우에는 발행인, 편집인을 10월 이하의; 금옥禁獄 또는 50원 이상 300원 이하의 벌금에 처한다.
제27조 제12조, 제16조를 위반한 경우에는 편집인을 10월 이하의 금옥 또는 50원 이상 300원 이하의 벌금에 처한다.
제28조 제21조에 의거하여 시행한 처분을 위반한 경우에는 발행인, 편집인 및 인쇄인을 50원 이상 300원 이하의 벌금에 처한다.
제29조 제13조, 제14조를 위반한 경우에는 편집인을 50원 이상 200원 이하의 벌금에 처한다.
제34조 외국에서 발행하는 국문 또는 국한문이나 한문으로 된 신문지 또는 외국인이 국내에서 발행하는 국문 또는 국한문이나 한문으로 된 신문지로 치안을 방해하거나 풍속을 교란시킨다고 인정될 때에는 내부대신은 당해 신문지를 국내에서 발매 반포하는 것을 금지하거나 당해 신문지를 압수할 수 있다.

제 37 조 신문지의 기사에 관해 편집인은을 처벌할 경우에는 당기사에 서명한 자는 모두 편집인과 함께 그
　　　　책임을 진다.

- 친임親任 임금이 직접 임명함. 또는 그 벼슬
- 상주上奏 임금에게 말씀을 아뢰던 일
- 서위서훈敍位敍勳 벼슬을 주고 나라를 위하여 세운 공로의 등급에 따라 훈장이나 포장을 줌.
- 국제교의國際交誼 사귀어 친해진 정
- 상약詳略 자세하고 간략하다

야마가타아리토모山縣有朋　　가쓰라타로桂太郎

한일합방 기념엽서 142x90mm

신문지규칙新聞紙規則

1908년에 접어들면 '신문지법폐지에 관한 법률'(법률 제237호)대신에 '신문지규칙新聞紙規則'(1908년, 통감부령 제12조)
이 등장한다.

제 10 조 다음 사항은 신문지에 게제할 수 없다.
　　　　1. 한일 양 황실의 존엄을 모독하는 사항
　　　　2. 치안을 방해하거나 풍속을 교란시키는 사항
　　　　3. 공개되지 않은 관청의 문서 및 의사議事에 관한 사항
　　　　4. 공판에 붙이기 전의 중죄, 경죄의 예심에 관한 사항 및 방청을 금한 재판에 관한 사항
　　　　5. 형사피고인 또는 범죄인을 구호 내지 위로하거나 범죄를 비호하는 사항

제 11 조 이사관은 필요하다고 인정될 때는 외교, 군사 및 비밀을 요하는 사항의 게제를 금지할 수 있다.

제 12 조 신문지로 제10조의 규정 또는 제11조에 의한 명령에 위반했을 경우에는 이사관은 그 신문지의 발매
　　　　반포를 금지하고 이것을 압수하는 동시에 발행을 정지하거나 인가를 취소할 수 있다.

제 13 조 이사관은 한국 내에 수입하는 신문지로 치안을 방해하거나 또는 풍속을 교란시킨다고 인정될 때에
　　　　는 그 신문지의 발매 반포를 금지하고 이것을 압수할 수 있다.

제 22 조 제10조 제1호에 해당하는 사항을 게재했을 때는 발행인, 편집인, 인쇄인을 3월이상 1년이하의 벌금에 처한다.

제 23 조 제10조 제2호에 해당하거나 또는 제11조의 명령에 위반하는 사항을 게재했을 때는 발행인, 편집인을 2월 이상 1년 이하의 경금고, 또는 30원 이상 200원 이하의 벌금에 처한다.

제 24 조 제10조 제3호 내지 제5호에 해당하는 사항을 게재할 때는 발행인, 편집인을 1월이상 6월 이하의 경금고 또는 20원 이상 100원 이하의 벌금에 처한다.

보안법保安法

보안법(1907년 법률 제2호)은 식민지배를 위한 치안법으로서 '조선에 있어서 법령의 효력에 관한 건'(1910년 제령 제1호)의 공포에도 불구하고 나아가 '조선임시보안령'(1941년, 제령 제34호)의 제정에 이르러서도 여전히 존속하여, 1945년 8월까지의 36년 동안 유효한 법률로서 군림했던 것이다.

보안법 전문

제 1 조 내부대신은 안녕질서를 유지하기 위해 필요한 경우에는 결사結社의 해산을 명할 수 있다.

제 2 조 경찰관은 안녕질서를 유지하기 위해 필요한 경우에는 집회 또는 다중의 운동 또는 군중을 제한, 금지 또는 해산을 명할 수 있다.

제 3 조 경찰관은 전2조의 경우에 필요하다고 인정되는 때에는 무기 및 폭발물 기타 위험한 물건의 휴대를 금지시킬 수 있다.

제 4 조 경찰관은 가로 기타 공개석상에서 문서·도서의 게시 및 분포, 낭독 또는 언어, 형용形容 기타의 행위를 하여 안녕질서를 교란시킬 우려가 있다고 인정될 때에는 이를 금지하도록 명할 수 있다.

제 5 조 내부대신은 정치에 관해 불온한 움직임을 할 우려가 있다고 인정되는 자에 대해 그 거처로부터 퇴거를 명함과 동시에 1년이내의 기간을 특정하여 일정한 지역 내에 범입犯入하는 것을 금지시킬 수 있다.

제 6 조 전5조에 의한 명령에 위반한 자는 40이상의 답형笞刑 또는 10월 이하의 금욕에 처한다.
　　　　제 3 조의 물건이 범인의 소유일 때는 정상에 따라 이것을 몰수한다.

제 7 조 정치에 관해 불온한 언동 또는 남을 선동, 교사 또는 사용하거나, 타인의 행위에 간섭함으로써 치안을 방해하는 자는 50이상의 답형, 10월 이하의 금옥 또는 2년 이하의 징역에 처한다.

제 8 조 본법의 공소시효는 6일로 한다.

제 9 조 본법의 범죄는 신분의 여하를 막론하고 지방제판소 또는 항시재판소恒時裁判所의 관할로 한다.

경찰범처벌령警察犯處罰令

'경찰법처벌령'(1908년 통감부령 제44호)은 일본내의 경찰범처벌령(1908년, 내무성령 제16호) 제정보다 3일 정도 늦게 조선에서 공포되었다. 조선에서 경찰법처벌령 대신 '경찰법처벌규칙'(1912년, 총독부령 제40호)은 3개조 87항목에 이르는 상세한 것으로 벌칙 규정을 보충, 강화하고 있는 것이 특색이다. ―이하 생략―

출판법出版法 및 출판규칙

한일합방을 1년 앞두고 출판법(융희 3년, 1909년 법률 제6호)이 제정되었다.

제 11 조 허가를 받지 않고 출판하는 저작자, 발행자는 다음의 구별에 따라 처단한다.
> 1. 국교國交를 저해하고 정체政體를 변형시켜 붕괴케 하거나 국헌을 문란시키는 문서 및 도서를 출판했을 때는 3년 이하의 역형役刑
> 2. 외교 및 군사의 기밀에 관한 문서 및 도서를 출판했을 때는 2년 이하의 역형
> 3. 전2호의 경우 외에 안녕질서를 방해하거나 풍속을 교란시키는 문서 및 도화를 출판했을 때에는 10월 이하의 금옥禁獄
> 4. 기타 문서 및 도화를 출판했을 때는 100원 이하의 벌금
> 전항의 문서 및 도화의 인쇄를 담당한 자의 벌도 또한 같다.

제 12 조 외국에서 발행한 문서 및 도화 또는 외국인이 국내에서 발행하는 문서 및 도화가 안녕질서를 방해하거나 풍속을 교란시킨다고 인정될 때에는 내부대신은 그 문서 및 도화를 국내에서 발매 또는 반포하는 것을 금지하고 그 인쇄본을 압수할 수 있다.

제 13 조 내부대신은 본법에 위반하고 출판하는 문서 및 도화의 발매나 반포를 금하고 해당 출판, 인쇄본을 압수할 수 있다.

제 14 조 발매나 반포를 금지당한 문서 및 도화를 그 사정을 알면서 발매 또는 반포하거나 외국에서 수입한 자는 6월 이하의 금옥에 처한다. 단 그 출판물이 제11조 제1호 내지 제3호의 1에 해당될 때는 동 조례에 비추어 처단한다.

부칙
제 15 조 본 법 시행 전에 이미 출판된 저작물을 재판하려고 할 때에는 본법의 규정에 따라야 한다.
제 16 조 내부대신은 본법 시행 이전에 이미 출판된 저작물이 안녕질서를 방해하거나 풍속을 해칠 우려가 있다고 인정될 경우에는 그 발매나 반포를 금지시키거나 또는 당해 각판, 인쇄본을 압수할 수 있다.
> −이하 생략−

출판규칙(1910년, 통감부령 제20호)이 공포되었다. 이 출판규칙은 합병 후 조선민족의 대일항쟁을 봉쇄하기 위한 법정책의 일환으로서 제정된 것으로 이에 의해 조선의 거의 대부분의 출판물이 정간 또는 폐간되게 되었던 것이다.

출판규칙의 주요 내용은 다음과 같다.

제 1 조 출판에 관해서는 특별한 규정이 있는 것을 빼고는, 출판법 및 예약출판법의 규정에 준한다. 단 동법 중 내부대신이라 함은 통감부에, 지방관청은 이사청 이사관에 해당된다.

제 2 조 출판법에 따라 내부대신이 발매, 반포를 금지시킨 문서 및 도화는 한국에 있어서도 그 발매, 반포를 금한다.

제 3 조 출판법 중 벌칙에 규정에 해당되는 자, 또는 제2조의 규정에 위반하는 자는 1년 이하의 금고 또는 200원 이하의 벌금을, 예약출판법 중 벌칙규정에 해당하는 자는 200원 이하의 벌금에 처한다.

한국에 있어서 범죄즉결령犯罪卽決令 및 범죄즉결예犯罪卽決例

일제는 '한일합병'에 앞서 한국에 대해 '한국사법 및 감독사무위탁에 관한 한일각서'(1909년. 7월. 외교 42의1), '한국경찰사무위탁에 관한 한일각서'(1910년 6월. 구조약3)을 강요하고 이 효력을 보다 철저하게 하여 한국이 갖는 형사재판권을 실질적으로 배제하고자 제정된 법률이 '한국에 있어서 범죄즉결령'(1909년. 칙령. 제240호)이다. 그 주요 내용은 다음과 같다.

제 1 조 통감부 경시 또는 통감부 경부로서 한국의 경찰서장, 분서장의 직무를 맡은 자 또는 그 대리인 자는 그 경찰서 및 분서의 관할 구역 내에 있어서 다음과 같은 범죄를 즉결할 수 있다.
　　　　1) 구류 또는 과료의 형에 처해야 할 죄
　　　　2) 한국 법규에 따라 답형笞刑, 구류 또는 30원 이하의 벌금에 처해야 할 죄
제 2 조 즉결은 정식 재판을 하지 않고 피고인의 진술을 듣고 증빙을 조사하여 즉시 언도해야 한다. 피고인의 호출이 필요하지 않을 때 또는 호출하더라도 출두하지 않은 때는 즉시 그 언도서 등본을 본인 또는 그 주소로 송달할 수 있다.

'한국에 있어서 범죄즉결령'은 이미 일본에서 제정되어 있던 '위경범즉결령違警犯卽決令(1855년. 대정관 포고 제31호)의 흐름을 계승하는 것으로, 단순히 '위경죄'(구형법 제425조 이하)에 해당하는 범죄뿐만 아니라 위에서 살펴본 바와 같이, 이에 덧붙여 조선에서는 '한국법규에 따라 답형, 구류 또는 30원 이하의 벌금형에 처해야 할 죄'에도 적용되는 것이었다. 1910년 '한일합병'과 동시에 이것은 '범죄즉결예'(제령 제10호)로 등장하여 다음과 같이 강화되었다.

제 1 조 경찰서장 또는 그 직무를 취급하는 자는 그 관할 구역 내에서 다음의 범죄를 즉결할 수 있다.
　　　　1). 구류 또는 과료의 형에 해당하는 죄
　　　　2). 3월 이하의 징역 또는 100원 이하의 벌금 또는 과료의 형에 처해야 할 도박죄 및 구류 도는 과료의 형에 처해야 할 형법 제208조의 죄
　　　　3). 3월 이하의 징역, 금고 도는 구류나 100원 이하의 벌금 또는 과료의 형에 처해야 할 행정법규위반죄
제 2 조 즉결은 재판을 정식으로 이용하지 않고 피고인의 진술을 듣고 증빙을 조사하여 즉각 그 언도를 해야 한다. 피고인을 호출할 필요가 없을 때 또는 호출해도 출두하지 않을 때는 즉시 그 언도서 등본을 본인 또는 그 주소로 송달할 수 있다.
제 3 조 즉결의 언도를 받은 자가 이것에 승복하지 않을 때는 관활지방법원에 정식재판을 청구할 수 있다.

경찰범처벌규칙警察犯處罰規則

제 1 조 다음의 각호의 1에 해당하는 자는 구류 또는 과료(벌금)에 처한다.
　1. 이유없이 남의 거주 또는 보호 중인 저택, 건축물 및 선박 내에 잠복하는 자
　2. 일정한 주거 또는 생업없이 이곳 저곳 배회하는 자

3. 밀매음密賣淫을 하고 또는 매개 혹은 기거하는 자

4. 이유없이 면회를 강요하고 또는 강담強談, 협박행위를 하는 자

5. 협력, 기부를 강요하고 억지로 물품의 구매를 요구하며 혹은 기예技藝를 보이거나 노동력을 공급해서 보수를 요구하는 자

6. 이익을 취할 목적으로 억지로 물품, 입장권 등을 배부하는 자

7. 구걸을 하거나 또는 시키는 자

8. 단체 가입을 강요하는 자

9. 시장 또는 이와 유사한 장소에 업자의 출품 혹은 입장을 강요하고 또는 물품 매매의 위탁을 강요하는 자

10. 입찰방해를 하고, 공동입찰을 강요하고 낙찰인에 대해서 그 사업 이익의 분배 혹은 금품을 강요하거나 또는 낙찰인에게 이유없이 이를 받는 자

11. 입찰자와 공모해서 경쟁입찰의 취지에 어긋나는 행위를 하는 자

12. 재물의 매매나 노동력의 수급에 있어 부당한 대가를 청구하거나 혹은 그에 상응한 대가를 지불하지 않으므로써 부정의 이익을 꾀하는 자

13. 타인의 사업 혹은 사사私事에 관해서 신문, 잡지 기타 출판물에 허위사실을 게재하거나 또 게재할 것을 약속해서 금품을 받고 이밖에 부정한 이득을 꾀하는 자

14. 신청하지 않은 신문, 잡지 기타의 출판물을 배부하고 그 대금을 요구하거나 또는 억지로 그 구독신청을 요구하는 자

15. 신청하지 않은 광고를 하고 그 대금을 요구하거나 또는 억지로 광고를 신청토록 요구하는 자

16. 과대 또는 허위광고를 해서 부정한 이익을 꾀하는 자

17. 타인의 업무 또는 기타 행위에 대해서 장난하거나 방해하는 자

18. 이유 없이 타인의 금담거래 金談去來 등에 간섭하고 또는 함부로 소송, 쟁의를 권유勸誘, 교사敎唆하고 기타 그 밖의 분쟁을 야기惹起케 할 행위를 하는 자

19. 함부로 다중을 취합해서 관공서에 청원 또는 진정을 남용하는 자

20. 불온한 연설을 하거나 또는 불온문서, 도화, 시가를 게시, 반포, 낭독하거나 큰 소리로 읊는 자

21. 남을 유혹하는 유언비어, 또는 허위보도를 하는 자

22. 마구 길흉기도吉凶祈禱를 하고 또 저주를 하거나 부적 등을 주어 사람을 현혹시키는 행위를 하는 자

23. 병자에게 금압禁壓, 기도祈禱, 저주 또는 정신요법 등을 하거나 신부神符, 신수神水 등을 주어 의료를 방해하는 자

24. 함부로 최면술을 행하는 자

25. 고의로 허위의 통역을 하는 자

26. 자기, 또는 타인의 업무에 관해서 관허를 받았다고 사칭하는 자

27. 관공직, 위기位記, 훈작勳爵, 학위, 칭호를 조작하거나 법령이 정한 복식服飾, 휘장을 패용佩用하고, 혹은 이와 유사한 것을 사용하는 자

29. 본적, 주소, 이름, 연령, 신분, 직업 등을 사칭해서 투숙, 또는 승선하는 자

30. 이유 없이 관공서의 소환에 응하지 않는 자

31. 관공서가 방시榜示하거나, 혹은 관공서의 지휘에 의해 방시할 수 있는 금조禁條를 범하고, 또는 이 설치에 관한 방표榜標를 훼손 또는 철거하는 자

32. 경찰관서에서 특별히 지시하거나 명령하는 사항을 위반하는 자

33. 부정한 목적으로 사람을 은닉하는 자

34. 도제徒第, 직공 기타 노역자 혹은 피고자 등에게 이유 없이 자유를 침해하거나 가혹한 취급을 하는 자

35. 함부로 타인의 신변을 가로막거나 따라다니는 자

36. 제사, 장의, 축의 또는 이런 행렬에 대해서 장난하거나 방해하는 자

37. 한밤중에, 또는 일출 전에 함부로 가무음곡歌舞音曲이나 떠들썩한 행위를 해서 타인의 안면을 방해하는 자

38. 극장, 연애장 기타 공중이 모인 장소에서 모인 사람들을 방해하는 자
39. 공중이 자유롭게 통행할 수 있는 장소에서 머물고, 드러눕고 또는 취해서 배회하는 자
40. 공중이 자유롭게 통행할 수 있는 장소에서 함부로 마차, 주벌舟筏 기타 물건을 두거나, 또는 교통방해가 되는 행위를 하는 자
41. 공중이 자유롭게 통행할 수 있는 장소에서 위험한 곳에 점등 등의 예방 장치를 하지 않는 자
42. 관서의 독촉을 받고 붕괴할 위험이 있는 건축물의 수선 또는 무너질 우려가 있는 물건의 다시 쌓기를 태만히 하는 자
43. 번잡한 장소에서 제지에 응하지 않고, 혼란을 가중시키는 행위를 하는 자
44. 출입이 금지된 장소에 함부로 출입하는 자
45. 수화재 기타 사변적 제지에 응하지 않고, 이 현장에 출입하거나, 혹은 그 장소에서 퇴거하지 않는 자, 또는 관리에게 원조의 요구를 받고서도 고의로 이에 응하지 않는 자
46. 길거리에서 야간등화 없이 차, 또는 우마를 사용하는 자
47. 허가를 받지 않고, 길가나 바닷가에서 노점 등을 여는 자
48. 제지에 응하지 않고, 길가에 음식물 또는 상품을 진열하는 자
49. 전선 근처에서 종이연을 띄우거나, 또는 전선에 장애가 되는 행위를 하거나 시키는 자
50. 돌던지기 같은 위험한 놀이를 하거나 시키는 자, 또는 길거리에서 공기총류를 갖고 놀거나 놀게 시키는 자
51. 함부로 개 등의 짐승을 풀어 놓거나 사람을 놀라게 하는 자
52. 맹수, 미친개, 또는 사람을 무는 습성이 있는 짐승을 묶어놓기를 태만이 하는 자
53. 투견 또는 투계鬪鷄를 시키는 자
54. 공중의 눈에 띄는 장소에서 마소 또는 다른 동물을 학대하는 자
55. 위험스러운 정신병자의 감호를 소홀히 하고 옥외에 배회하도록 하는 자
56. 공중의 눈에 띄는 장소에서 어깨나 몸을 드러내거나 둔부나 다리를 노출하는 등 추태를 보이는 자
57. 길거리에서 대·소변을 보거나 시키는 자
58. 타인의 신체나 물건에 해가 미칠 만한 장소에서 물건을 태우거나 방사하는 자
59. 함부로 금수禽獸의 사체 또는 오염물을 내버리고 이의 제거를 소홀히 하는 자
60. 사람이 마시는 정수를 오염시키거나 사용 방해 및 수로를 막는 자
61. 하천, 구거溝渠 또는 하수로의 소통을 방해하려는 행위를 하는 자
62. 구거, 하수로를 훼손하거나 관서의 독촉을 받고서 그 수선 내지 준설浚渫을 소홀히 하는 자
63. 관서의 독촉을 받고서 도로의 청소 혹은 살수撒水를 하지 않거나 제지에 응하지 않고 결빙기에 도로에 물을 뿌리는 자
64. 관서의 독촉을 받고서도 굴뚝의 개조, 수선 또는 청소를 소홀히 하는 자
65. 함부로 타인의 표등標燈 또는 사사社寺, 도로, 공원 기타 공중용 상등 常燈을 끄는 자
66. 신사, 불당, 예배소, 묘소, 비표碑表, 형상 기타 이와 유사한 물건을 손상하는 자
67. 함부로 타인의 가옥이나 공작물을 손상하거나 이에 종이나 표찰을 붙이고 또는 타인의 표찰, 소비招碑, 매대가찰賣貸家札 기타 방표류榜標類를 손상하거나 철거하는 자
68. 함부로 타인의 전답, 화원에서 채소류를 거두거나 또는 화훼 등을 가져 가는 자
69. 타인의 소유 또는 점유토지를 침범해서 처마나 기둥 등의 공작물 설치 또는 목축과 경작 등으로 현재의 상태에 변경을 가져올 행위를 하는 자
70. 전주, 교량, 게시장 혹은 기타 다른 건조물에 함부로 마소를 메어 놓는 자
71. 교량 또는 제방을 파손할 우려가 있는 장소에 주벌舟筏을 매어 놓는 자
72. 타인이 매어 놓은 마소 등의 짐승이나 주벌을 풀어 놓은 자
73. 타인의 전답을 함부로 통행하거나 우마차 등을 침입시키는 자
74. 자기가 점유한 장소내에 노환, 불구 또는 질병으로 인하여 구조를 요하는 사람, 또는 사람의 사체, 사태

가 있는 것을 알고도 빨리 경찰관리, 또는 이러한 직무를 행하는 자에게 신고하지 않은 자

75. 사람의 사체 혹은 사태를 은닉하거나 다른 것과 혼돈하도록 만드는 자

76. 허가를 받지 않고 사람의 사채 혹은 사태를 해부하거나, 이를 보존하는 자

77. 일정한 음식물에 다른 것을 섞어서 부정한 이득을 꾀하는 자

78. 병사病死한 맹수猛獸의 육류, 또는 덜익은 과일, 부패한 음식물 기타 건강을 해칠 수 있는 음식물로 영리를 취하는 자

79. 매장한 소나 말, 양, 돼지, 개 등의 사체를 발굴하는 자

80. 포자炮煮, 세조洗條 등을 하지 않고 그대로 먹을 수 있는 물건에 뚜껑을 덮을 장치를 하지 않고 가게에 진열하거나 행상하는 자

81. 자기 또는 타인의 신체에 자문刺文을 새기는 자

82. 가옥, 기타 건조물 등 인화하기 쉬운 물건 부근에서 혹은 산야에서 함부로 불을 지피는 자

83. 석탄 등 자연발화할 우려가 있는 물건의 취급을 소홀히 하는 자

84. 함부로 총포를 발사하거나 화약 등의 극발劇發할 만한 물건을 가지고 장난하는 자

85. 허가를 받지 않고 연화煙花를 제조하거나 판매하는 자

86. 허가를 받지 않고 극장 등의 흥행장을 여는 자

87. 도선渡船, 교량 기타 장소에서 정액 이상의 통행료를 청구하거나, 정액의 통행료를 지불하지 않고 통행하거나 또는 이유없이 통행을 방해하거나 통선通船의 요구에 응하지 않는 자

상기 법의 제1조 제4호, 제19조, 제20호, 제21호는 조선인의 항일정치활동을 억압하기 위한 조항인 동시에 어떠한 정치적 언동에 대해서도 경찰력의 행사를 가능케 했다.

조선형사령朝鮮刑事令

총독부하의 치안법, 특히 '3 · 1민족독립운동' 이전에 제정된 형사법 중에서 치안법의 근간으로서 그 후의 식민지치안법의 운용에 가장 큰 영향을 미친 법률은 '조선형사법령'(1912년, 제령 제11호)일 것이다.

−이하 중략−

그 후 일본의,

형법刑法, 형법시행법刑法施行法, 폭발물취체벌칙爆發物取締罰則, 형사소송법刑事訴訟法 등 12개의 형사법을 사용하게 했다.

'조선형사령朝鮮刑事令'의 주요 조항은 다음과 같다.

제 3 조 형법 제75조, 제76조, 형사소송법 제284조의 제3항 및 제130조 제1항의 규정은 왕족王族에 이를 준용한다.

제 12 조 검사는 현행범이 아닌 사건이라 하더라도 수사결과 급속한 처분을 요하는 것이라고 생각될 때는 공소 제기 전에 한하여 영장을 발하고, 검증, 수색, 물건차압을 하며, 피고인, 증인을 심문하고 또는 감정鑑定을 명할 수 있다. 단 벌금, 과료 또는 비용배상의 언도를 하거나 선서를 하게 할 수는 없다. 전항의 규정에 의해 검사에게 허용된 직무는 사법경찰관도 역시 임시로 이를 할 수 있다. 단 구류장을 발하는 것은 할 수 없다.

제 13 조 사법경찰관은 전조 제2항의 규정에 의해 피고인을 심문한 후 금고 이상의 형에 해당하는 자라고 생각될 때는 14일을 넘지 않는 기간 동안 이를 유치시킬 수 있다.

사법경찰관은 전항의 유치 기간 내에 증빙 서류 및 의견서와 함께 피고인을 관할재판소의 검사에게 송치해야 한다.

제 15 조 검사는 피고인을 구류할 경우에 20일 이내에 기소 절차를 밟지 않을 때는 이를 석방해야 한다
형사소송법 제146조 제2항의 규정은 이를 적용하지 않는다.

제 16 조 검사는 범죄 수사를 끝내고, 유죄라고 생각되었을 때는 공판을 요구해야 한다. 단 구류 또는 과료에 해당하는 사건을 제외한 사건이 번잡할 때에는 예심을 요구할 수 있다.

제 17 조 재판소 또는 예심 판사는 필요하다고 인정될 때는 사법경찰관에게 검증, 수색, 물건 차압을 하게 할 수 있고 또 감정을 명할 수 있다. 이 경우에 제12조 제1항 단서 규정을 준용한다.

제 20 조 재판소는 급속을 요한다고 인정될 때는 공판 개정 전이라도 검사에게 통지하여 수색, 물건 차압이나 증인의 심문 또는 감정을 명할 수 있다.

제 26 조 1년 이하의 징역, 금고 또는 300원 이하의 벌금을 언도한 제1심의 판결에 대해서는 증거에 관한 이유를 생략할 수 있다. 전항의 경우에 공소의 신청이 있을 경우에 판결재판소는 이유서를 작성해서 이를 공소재판소에 첨부해야 한다. -중략-

토지수용법 및 토지조사사업 관련 법규
조선산림법 및 임야조사 사업 관련 법규
조선광업법 및 조선어업법
회사령 및 동양척식주식회사법
조선소작조정령 및 조선농지령
소작료통제령

교육법령에 의한 민족정신의 개조와 황민화 정책

1. 통감부하의 교육지배
-사립학교령에서 사립학교 규칙으로 변경

1). 통감부에 의한 학제 개혁

식민지 질서를 유지하기 위하여 내세운 교육 목적은 1911년에 공포된 '조선교육령, 칙령 제229호 제1장 제2조에 가장 잘 나타나 있다.
제 2 조 교육은 교육에 관한 칙어勅語의 취지에 기초한 충량忠良한 국민을 육성하는 것을 본의本義로 한다.

이 '교육에 관한 칙어 勅語의 취지'야말로 일본의 식민지교육부식정책植民地敎育扶植政策의 근간이다.
-중략- 일본에 의한 교육행정권의 장악은 통감부성립 이전인 1905년 1월 일본정부 추천의 폐원담幣原擔이 학정참여관에 취임할 즈음에, 한국과 체결한 '폐원박사의 용빙계약서'에서 비롯되었다.

제 1 조 폐원담은 대한제국 학정참여관으로서 학부소관사무에 관하여 성실하게 심의기안하는 직책을 맡는다.
제 2 조 대한제국 학부대신은 교육에 관한 모든 사항을 폐원담에게 자문해서 그 동의를 거친 후에 시행할 것.

폐원담은 교육사항에 관한 의정부회의에 참여하고, 교육에 관한 의견을 학부대신에게 시켜 의정부에 제의케 할 수 있다.

제 6 조 본 계약은 장래 어느 한 편에서 해제할 필요가 생겼을 때는 상호 협의해서 대일본제국 대표자의 동의를 거친후 해제할 수 있다. ―중략―

합병 전 주요 교육 관계 법규는 식민지법을 통해 황민화를 위한 악법이었다'

- 농림학교관제農林學校官制 1906년, 칙령 제39호
- 사범학교령師範學校令 1906년, 칙령 제41호
- 고등학교령高等學校令 1906년, 칙령 제42호
- 외국어학교령外國語學校令 1906년 칙령 제43호
- 보통학교령普通學校令 칙령 제44호
- 학부관제개정學部官制規定 1907년, 칙령 제54호
- 학부직할학교직원정원령學部直割學校職員定員令 1907년, 칙령 제56호
- 고등여학교령高等女學校令 1908년, 칙령 제22호
- 사립학교령私立學校令 1908년, 칙령 제62호
- 학회령學會令 1908년, 칙령 제63호
- 사립학교보조규정私立學校補助規定 1908년, 학부령 제14호
- 공립사립학교 인정에 관한 규정 1908년 학부령 제15호
- 교과용도서검정규정敎科用圖書檢定規定 1908년, 학부령 제16호
- 학부편찬교과용도서발매규정學部編纂敎科用圖書發賣規定 1908년, 학부령 제18호
- 실업학교령實業學校令 1909년, 칙령 제56호
- 실업학교령시행규칙實業學校令施行規則 1909년, 학부령 제1호
- 고등여학교령시행규칙高等女學校令施行規則 1909년, 학부령 제2호
- 사범학교령시행규칙師範學校令施行規則 1909년, 학부령 제3호
- 고등학교령시행규칙高等學校令施行規則 1909년, 학부령 제4호
- 외국어학교령시행규칙外國語學校令施行規則 1909년, 학부령 제5호
- 보통학교령시행규칙 普通學校令施行規則 1909년, 학부령 제6호

이상 상기 법규는 이미 교육에 대해 아무런 실권도 가지고 있지 않은 한국정부를 앞에 내세워 명분상으로는 이조봉건정부李朝封建政府가 제정 공포한 여러 교육 관계 법규를 개혁한 것처럼 꾸미고 있다. 언뜻 보기에 갑오개혁 甲午改革 이후의 교육 개혁을 계승발전시켜 학제개혁의 주체가 마치 한국정부인 것처럼 하고 있지만, 그 내용이 얼마나 위선적인 '문맹적 교육'이었는가는 통감에 지배받았던 위의 한국정부 학부에 의한 학제개혁의 취지 설명에 아주 잘 나타나 있다. 즉, '이상의 학제를 정리하면서, 각 법령에 일관되어 흐르는 학부의 대체적인 방침은 복잡한 학제와 수업 연한이 장기적인 학교를 존치시키는 것은 한국교육의 실제에 부적당하다는 점을 감안해서, 학제를 단순하게 하고 과정을 간단하게 해서 오로지 실용에 적합하게 하는 데 있으며, 그렇게 해서 이들 신학제를 실시함에 있어서 여전히 경험과 소양이 부족한 한국인에게 맡기는 것도 도저히 개선의 실적을 올리기 어려우므로 새로이 일본인 교원을 초빙해서 각 관공립학교에 배치해서 학교 경영 및 교수의 임무를 맡도록 했다'고 기술하고 있다.

동화同化 내지 황민화皇民化와 3·1민족독립운동

총독總督의 동화주의교육同化主義敎育을 비판하며, F. A. Mckenzie는 말한다.

'그들은 조선인을 멸시하는 정신으로 통치하기 시작했다. 선정善政은 위정자爲政者의 동정심 없이는 불가능한데, 맹목적이며 어리석은 멸시로는 진정한 동정심同情心이 일어날 리 없다. 그들은 조선인을 동화시키고, 조선인의 민족적 정신을 파괴하고, 고래古來의 관습을 근절시켜, 그들을 일본인으로 만들려는 것에서부터 출발했다. 게다가, 그것도 천황 천황이 거들떠보지조차 않는 최하층민집단最下層民集團으로서의 일본인으로 있던 것이다. 전통과 이상이 결여된 약소민족의 경우에서 조차도 동등하게 동화시키는 것은 극히 어려운 일인데, 하물며 4천년의 역사를 간직한 민족을 열등민족으로 동화시키려 하는 것은 절대 불가능하다.' 총독의 교육을 가지고 행하는 '동화 내지 황민화' 정책은, 거꾸로 민족의식을 환기시켰다. 무엇보다도 조선민족의 역사와 함께 조선어를 부정하고, 일본어의 상용을 강요한 것은 민족의 긍지를 손상시키기에 충분했다.

오천석吳天錫은 다음과 같이 적고 있다.

"하나의 민족, 특히 그것이 상당한 수준에 있는 문화나 역사를 지닌 민족일 경우, 이민족異民族이 무력으로 그 주권을 빼앗고, 탄압으로 통치하고자 하는 경우, 그 민족이 어느 시기에 다다르면 틀림없이 항쟁하기 시작하는 것은 역사가 증명하는 바이다. 한국에서는 이 항쟁이 3·1독립운동이라는 거족적 봉기로 나타났다. 일본제국은 1910년, 한국인의 뜻과는 달리 한국을 합병하고, 이를 영구히 자신의 속국으로 하기 위해, 무단정치武斷政治를 실시하고, 그 민족정신을 억누르고, 그 문화를 말살시키려 했다. 이러한 노예적 생활에 대한 한국민의 분노와 일본에 대한 적개심은 마침내 제1차 세계대전 후 미국의 윌슨대통령이 제창한 민족자결주의民族自決主義에 의해 불이 붙어, 1919년 3월 1일을 기하여 전국적 규모로 대폭발 했다. 3·1운동은 한국의 역사가 시작된 이래 국민 스스로에 의한 대규모의 반항 운동이며, 커다란 의미를 갖는 것이었다."

자유를 찾고, 독립을 희구하는 인민 민중이 결의하여, 독립만세를 외치는 대 시위가 조선 전국에서 전개되었다. 이 한민족의 항일운동은, '살아서 이민족의 노예가 되느냐, 죽어서 자유로운 혼魂을 얻느냐, 그 결심을 하기 위해 일어났던 것'이었다.

기독교는 다음과 같은 결의를 표명했다.

"우리들은 지금까지 속박되어 있다. 지금 이 순간 자유롭게 되지 않으면 우리들은 이제 다시 자유를 획득할 수 없다. 형제들이여, 하면 반드시 가능하다. 길은 있다. 용기를 잃지 말자. 지금 잠깐 동안만이라도 일손을 놓고 조선을 위하여 외쳐라. 생명과 재산의 손해도 중요하나, 권리와 자유의 획득은 더욱 중대하다. 강화회담의 소식을 듣기까지 중단해서는 안된다. 우리는 목석이 아닌 살아 있는 인간이다. 말없이 물러나 있을 수 있겠는가? 왜 망설이고 용기를 잃는가. 죽음을 두려워하지 말라! 비록 우리가 죽는다해도, 우리 자손들이 자유의 기쁨을 누릴 것이다. 만세! 만세! 만세!"

3·1운동에서 특히 주목할 것은, 많은 학생, 보통학교학생까지도 운동에 참가했다는 사실이다. 당시 보통학교의 학생들은 만세 시위운동뿐만 아니라 동맹휴교하고, 일본어 교과서를 파기하고, 자주적으로 퇴학했다. 이처럼 학생이 앞장선 운동이었음을 미루어 보면 합병 이후 일련의 식민지 교육정책은 명백히 수포로 돌아갔다 고 할 수 있을 것이다. 고야작조古野作造(일본인)는 3.1운동을 경험하고, 일본의 조선통치정책을 비판하여 다음과 같이 일갈했다. "나는 종래의 동화정책을 포기하느냐 안하느냐, 여하튼 종래의 동화정책은 버려야 하지 않겠는가"라고. 이렇게 보면, 3·1독립운동은 무단정치 아래에서 '실정법의 불법(악법)'(Gesetzliches Unrecht)인

조선교육령 등 법률을 남용한 식민지 지배에 대해 스스로의 독립과 자유를 찾기 위해 일어선 저항운동이다. 그것은 주권을 침해당한, 조선민족의 저항권抵抗權의 행사였던 것이다.

- 칙어勅語: 임금이 몸소 이름. 또는 그런 말씀이나 그것을 적은 포고문.
- 교육칙어 教育勅語: 1890년 일본의 메이지 천황이 천황제에 기반을 둔 교육 방침을 공표한 칙어.
  천황의 신격화와 유교적 가족 도덕을 강조하며 군신·부자 따위의 상하 관계를 중시한 일본 국민의 정신적 규범

광주학생독립운동光州學生獨立運動의 탄압과 저항

3·1민족독립운동에 뒤이은 거족적 거족적 항일운동, 즉 '식민지주의 정책을 전폐하라' '조선인 본위의 교육제도를 확립하라' '치안유지법 즉시 철폐' 등을 부르짖은 '광주학생항일운동光州學生抗日運動' 1929년 11월 3일 봉기蜂起가 발생했다. 이 항일운동은 마치 이를 기다리고 있었다는 듯이 그 전년도에 발포된 치안유지법의 제물이 되어 많은 검거자를 냈다. 그러나 광주光州를 발화점으로 하여 전국에 퍼진 항일학생운동에는 이미 언급한 '6·10 학생투쟁' 이래 사회주의적 사상 경향이 농후했고, 일본에 의한 황민화교육반대운동을 중심으로 이루어졌다. 따라서 본류本流를 민족주의에 두면서도 그것이 종래의 자연발생적인 성격에서 목적 의식적 성격 운동으로 발전한 것이라는 점은 '제국주의타도만세'帝國主義打倒萬歲! '민족해방만세'民族解放萬歲! 라는 슬로건에 잘 나타나 있다. 1929년 11월 3일 광주에서 일어난 학생 주도의 이 운동은 차츰 전국 규모로 커다란 항일운동이 되었고, 동맹 휴교 등에 참가한 학교는 전국 남녀 학교 149개교(초등 54교, 중학 91교, 전문 4교)로 비밀 결사 등을 포함하면 이에 단결한 학생은 5만 4천여 명에 이르렀다. 실로 3.1민족독립운동 이후의 최대의 항일학생운동이었다고 할 수 있다. 원래 '광주학생항일운동'의 발단은 비인간적인 식민지정책에서 비롯되었으나, 그 근저根底에는 식민지교육 아래 조선인에 대한 부당한 멸시에 대한 저항의 의미가 담겨 있었던 점도 부정할 수 없다. '일본인 교사가 조선인을 어느 정도 차별하고 비인간적인 취급을 했는지는 가르치는 것보다 학생을 모욕하는 것을 쾌락으로 삼는' 교사가 교육의 장에 군림하고 있었음을 보면 알 수 있다. 여기에서 조선총독부 경무국에 의한 '조선에 있어서 동맹휴교의 고찰'(1929년) 중에서 멸시의 실례라고 생각되는 것을 들춰본다.

1) 어떤 교장은 몹시 냉혹하고도 직권을 남용하여 서슴지 않고 학생의 사적행위를 간섭하고, 방과 후 유희중인 학생이 교무실에 등을 돌리고 있을 때는 이를 즉각 질책叱責한다.

2) 어떤 교사는 조선인은 망국의 백성이며, 위험한 사상을 가지고 있고, 권리만을 주장하여 의무심을 망각한다는 등 항상 모욕적인 언사를 서슴지 않는다.

3) 어떤 교사는 하루에 2~3시간 수업을 할 뿐인 데도, 어떤 학생들의 시험 답안이 불량할 경우에는 '썩은 민족' 또는 '야만인종' 등으로 매도罵倒했다.

4) 어떤 교장의 자녀와 한 학생이 싸움을 했는데, 교장은 자신의 아이에게는 아무런 징계도 하지 않고 상대 학생을 구타하여 일시적으로 인사불성에 빠트렸다.

5) 어떤 교사는 학생에 대해 '너의 자매가 있으면 나에게 달라. 또는 처妻가 있으면 대여하라. 여학생이 어른이면 좋을 텐데 어려서 유감遺憾이다. 너희들 여형제女兄弟를 모두 바쳐라. 가장 미인을 데려오도록 하라 등의 언사를 하고 또는 학생에게 담배를 주거나 받기도 하였다.

조선총독부에 의해 기록된 이러한 멸시와 차별만 보아도 조선교육령 하의 황민화 교육의 현장이 도대체 어떠한 상황이었는가를 용이하게 상상할 수 있다. 따라서 민족의 존엄을 주장하는 학생들이 동맹 휴교을 하고, 그것이 파급되어 광주학생독립운동으로 진전된 것은 당연한 일이었다.

'격문'檄文 등에 보이는 민족해방사상民族解放思想

광주학생항일운동의 특색이 위에서 보듯이 멸시나 차별에 대해 민족의 존엄을 건 저항의 사상이 밑바탕되어 있으면서도 단순한 민족독립만세의 운동과 성격을 달리하고 있는 것은 6·10학생만세투쟁 이래 사회주의사상이 뒷받침된 민족해방이라는 목적 의식이 내재內在되어 있기 때문이다. 이 점은 당시의 격문檄文이나 항의문항의문 등에 나타난 '성명'聲明이 증명하고 있다.

이하는 광주학생독립운동동지회 편찬 '광주학생독립운동사'光州學生獨立運動史(1974년)에서 뽑은 내용이다.

식민지植民地 교육 체제教育體制에 관한 것

① 식민지 노예, 차별적 교육 절대 반대

② 식민지 교육을 철폐하라

③ 조선인 본위본위의 교육을 위하여 조선인 교사를 다수 채용하라

④ 노예교육의 아성을 분쇄하고 간적교장奸賊校長을 매장하라

⑤ 조선사와 조선어를 가르칠 것

⑥ 조선어 수업의 철저와 조선어 문법 수업을 요구한다

⑦ 제봉교사裁縫教師를 조선인 교사로 교체하라

⑧ 각 학교의 퇴학 학생을 복권 시켜라

⑨ 기숙사를 수리하여 가난한 학생을 구제하라

⑩ 학교와 경찰과의 야합野合 반대

일본인 교사에 관한 것

① 일본인 교사는 교육자적 양심을 가지고 반성하라

② 일본인 교사의 비인간적 대우에 반대한다

③ 교장은 기만적인 행동을 반성하라

④ 관료적 교관의 배제

⑤ 학생에 대해 고압적 수단을 취하거나 퇴학, 정학, 근신 등을 불충분한 이유로 행하지 말라

학생 자치에 관한 것

① 학생에게 자유를 달라

② 교우회의 자치권을 획득하자

③ 교우회의 내용을 확충함과 동시에 선생을 감독으로 하여 일체의 처리를 학생측에 일임할 것

④ 전국학생대표자회의를 개최하자

⑤ 직원회에 학생 대표를 참가시켜라

식민지 정책에 관한 것

① 조선총독의 폭정에 절대 반대

② 포악한 경찰정치에 항쟁하라

③ 식민지 탄압정치 절대 반대

④ 언론, 집회, 출판, 결사 시위의 자유를 획득하자

⑤ 살인적 폭도 일본이민군울 쫓아내자

⑥ 최저임금제 확립

⑦ 토지는 농민에게, 소작료는 3할 이내로

⑧ 실업자에 대한 사회적 보호를

⑨ 악법을 철폐하고 재감혁명자在監革命者의 즉시 석방을 요구하자

⑩ 치안유지법 즉시 철폐

경찰 권력 등에 관한 것

① 포악한 경찰 정치를 타도하자

② 교육에 대한 경찰의 간섭 절대 반대

③ 교내에의 경찰 출입을 절대 반대한다

④ 경찰의 학교 유린蹂躪을 배격하라

⑤ 조선인으로서 적모赤帽를 쓴 자(경찰관을 의미)를 전부 죽여라

⑥ 피감금 학생 즉시 탈환奪還

⑦ 경계망을 즉시 철폐하라

⑧ 검거자를 즉시 석방하라

⑨ 재향군인단의 비상 소집을 즉시 해산시켜라

⑩ 소방대, 청년단을 즉시 해산시켜라

제국주의 반대에 관한 것

① 무장된 군국주의의 폭행을 보라

② 일본제국주의를 타도하라

③ 무산계급혁명 만세無産階級革命 萬歲

④ 피압박민족 해방 만세

⑤ 약소민족 해방 만세

⑥ 선혈鮮血, 그 최후의 한 방울까지 조선 학생의 이익과 약소민족의 승리를 위한 항쟁의 전쟁에 공헌하라

⑦ 피압박 대중은 가두에서 시위하라

⑧ 식민지주의 해방 만세

⑨ 중국 혁명 지지

⑩ 세계 피압박민족 연합의 봉기

격문이나 하의문에 나타난 학생 성명은 실로 식민지통치법 아래 학대받는 조선민족의 민족 자존의 외침이며 인간 해방의 주장이라고 할 수 있다. 그런데 조선민족이 역사적 자각을 가지고 인간 해방(Die Menschliche Emanzipation) 또는 민족 해방 사상을 가지고 식민지통치법을 '타도하자'라고 내걸고, 천황제 국가에 있어 국체의 변혁을 금하는 치안유지법의 즉시 철폐를 요구하여 민족독립을 목적으로 하는 운동을 일으키려는 행위는 바로 치안유지법에 저촉되는 처벌 대상이었던 것이다.

광주학생독립운동사건과 그 판결

학생들이 악법으로 규정 즉시 철폐를 요구한 치안유지법은 철폐는 고사하고 '치안유지법중개정긴급칙령'治安維持法中改正緊急勅令으로 개악改惡, 오히려 강화되어 '목적수행 행위자에 대한 처벌 규정'에 따라서 '광주학생항일운동'에 참가한 사람이면 어느 누구라도 검거할 수 있게 되었다. 예컨대 치안유지법 제1조의 '결사'의 조직행위 등을 이유로 처벌의 대상이 된 사건은,

1. 광주학생비밀결사光州學生秘密結社 성진회醒進會 사건(1930년 5월 27일, 광주지방법원 판결),

    장재성張裁性, 치안유지법 위반, 징역 7년

2. 광주학생비밀결사光州學生秘密結社 독서회讀書會 사건(1930년 10월 18일, 광주지방법원 판결),
   김상환金相奐, 치안유지법 위반, 징역 4년
3. 광주여고보비밀결사光州女高普秘密結社 소녀회少女會사건(1930년 10월 6일, 광주지방법원 판결),
   장해성張海性, 치안유지법 위반, 징역 2년
4. 대구상업비밀결사大邱商業秘密結社 태극단太極團사건(1944년 1월 19일, 대구지방법원 판결),
   이상호李相虎, 치안유지법 위반, 징역 10년
5. 광주서중학교독립운동사건光州西中學校獨立運動事件(1944년 9월 18일, 광주지방법원 판결),
   남정준南廷埈, 치안유지법 위반, 징역 4년 등 열거하자면 끝이 없다.

광주학생독립운동사에 판결문이 게재된 사건만도 40건에 이른다. 다만 위의 다섯 사건은 결사의 조직 행위를 주도한 자에게 적극적으로 치안유지법을 적용시켜 중형을 과한 사례이다. 그러나 특히 치안유지법뿐만 아니라, 일본이 일찍이 식민지배를 위해 제정한 여러 가지 치안법을 사용하여 학생들을 체포하여 처벌했다는 점이다.

1. 광주고보동맹휴교사건光州高普同盟休校事件(1928년 12월 4일, 광주지방법원 판결),
   박영세 朴英世 외, 출판법, 보안법, 폭력행위처벌에 관한 건 위반, 징역 6월
2. 대구학생비밀결사大邱學生秘密結社 및 동맹휴교사건(1930년 3월 10일, 대구복심법원 판결)
   윤장혁尹章赫 외, 치안유지법, 폭력행위처벌에 관한 건 위반, 징역 3년
3. 광주공립보통학교격문사건光州公立普通學校檄文事件(1930년 5월 7일, 대구지방법원 판결)
   안기석安基錫 외, 출판법, 보안법, 폭력행위 처벌에 관한 건 위반, 징역 1년
4. 경성고보시위운동사건京城高普示威運動事件(1930년 4월 24일, 경성복심법원 판결)
   맹기석孟基錫 외, 제령 제7호, 폭력행위 처벌에 관한 건 위반, 징역 1년
5. 청진고등여학교시위운동사건淸津高等女學校示威運動事件(1930년 5월 1일, 경성복심법원 판결)
   윤선숙尹善淑 외, 제령 제7호 위반, 징역 1년

위에 제시한 다섯 사건은 운동 형태의 구체적인 내용에 따라, 형법에 위반되면 당연히 처벌하고, 형사특별법인 치안법 그것도 실로 '통감부하의 치안법'으로서 제정된 보안법(1907년), 출판법(1909년)으로부터 3·1민족독립운동 대의 '제령제7호(1919년), 그리고 치안유지법 중 개정긴급칙령'(1928년)에 이르는 거의 20여 년간에 걸친 여러 치안법이 종횡으로 구사되었던 것이다. '광주학생독립운동사'에 게재되어 있는 40여 건의 판결문을 살펴보면, 적용된 조문은 형법과 각종 치안법의 조문이다.

1. 보안법 제7조, '정치에 관한 불온한 언동, 동작 또는 사람을 선동, 교준教唆, 혹은 이용하여 타인의 행위에 간섭함으로서 치안을 방해한 자
2. 출판법 제11조 제1항 제1호, '국교國交를 저해하여 정체政體를 변혁하거나, 국헌을 문란케 하는 문서, 도서를 출판하는 자'. 동 제3호, '안녕 질서를 방해하고 풍속을 문란케 하는 문서, 도서를 출판하는 자' 등
3. '제령 제7호' 제1조, '정치의 변혁을 목적으로 다수인이 공동하여 안녕질서를 방해하거나, 방해하려는 자'
4. 폭력행위처벌에 관한 법률 제1조, '단체 혹은 다중의 위력을 빌거나, 단체 혹은 다중으로 가장하여 위력을 과시하거나, 흉기를 휴대하거나 혹은 다수인이 공동하여 형법 제261조의 죄를 범한 자' 등

5. 치안유지법 중 개정긴급칙령 제1조, '국체의 변혁을 목적으로 하여 결사를 조직하는 자, 또는 결사의 임원 그 밖의 지도자적인 임무에 종사한 자……사정을 알고 결사에 가입한 자 또는 결사의 목적 수행을 위한 행위를 한 자'

위에서 보는 바와 같이 '정치에 관한', '정체를 변혁', '국헌을 문란', '정치의 변혁', '다중으로 가장하여', '국체의 변혁' 등은 어느 것이나 극히 추상적인 개념인 만큼 식민지의 민족독립운동에 대해서는 사건을 담당한 당시의 재판관들에 의해, 극히 포괄적이고 편리한 조문으로 피고인의 변명이나, 해명, 항변이 허용되지 않은 채 임의로 확대 해석되어 판결되었으리라는 것은 자명하다.

제2차 광주학생민족독립운동第二次光州學生民族獨立運動

광주여자고등보통학교의 박기옥 양과 이광춘.

광주학생항일운동 사건의 여러 재판에서는 대강 이와 같은 판결 이유에 의해 검거된 많은 학생이 치안유지법 등에 희생이 된 것이다. 이 항일운동은 일단은 1934년 봄에 겨우 진정되었으나 식민지 지배에 대한 저항운동은 사라지지 않고 계속되어 일본이 '15년 전쟁'을 도발하고 제2차 세계대전에 돌입할 무렵(1941년) 재연되어 '제2차 광주학생항일운동'이 일어났다. 이 시기야말로, 일본이 군국주의 파시즘국가의 양상樣相을 선명히 해서 후술하는 바와 같이 '치안유지법개정법률'(1941년, 법률 제5호)을 시행하여 지금까지의 포괄적인 '목적수행을 위한 행위'라는 개념에 덧붙여 국체 변혁을 목적으로 하여 '결사를 지원하는 일'(제2조), '결사의 조직을 준비하는 일'(제3조), 경사의 목적을 가지고 집단을 결성하는 자'(제4조)를 신설하고, 모든 항일적인 사상과 반전적인 사상은 어떠한 것이라도 처벌할 수 있었던 시기이기도 하다. 조선청년을 황민에서 일본을 위해 순국할 수 있는 정신을 가진 '신민'으로 교화하는 '내선일체'內鮮一體를, 내건 제3차 '조선교육령개정'(1938년, 칙령 제103호)의 발포를 비롯하여 이 시기에는 치안법이 잇달아 제정되었다.
-중략-

이처럼 강화되어 가는 파시즘적인 악법군惡法群에 대항하여 세계평화와 자유를 슬로건으로 제2차 광주학생항일운동이 과감하게 일어났다. 이는 1929년의 운동과는 달리 내선일체를 내세워 민족을 말살하려는 일제식민지 통치에 대한 저항이라는 투쟁 목표가 확실한 항일운동이었다.

① 학병지원學兵志願 반대!
② 창씨제도創氏制度 반대!
③ 일어상용日語常用 반대!
④ 징병제도徵兵制度 반대

등이었다.

이 항일운동에 참가한 학생들에게 경찰과 재판소는 잔혹한 고문과 중형을 가했다. 예를 들어 대구상업학교의 태극단 독립운동의 경우 검거된 자 10여 명 가운데 이준윤李浚允은 잔혹한 고문끝에 병을 이유로 보석되었으나, 3일 후 사망하였고, 이상호李相虎는 징역 10년, 김상길金相吉 등은 징역 7년의 중형을 선고받았다. 또한 전쟁 말기에 발생한 '광주서중학교'의 항일운동에 있어서도 피검자에게 말로 다 할 수 없는 고문을 가하여 적어도 강한수姜漢秀 · 주만우朱萬尤 · 윤봉현尹琫鉉 등 3명이 고문치사(1944년 1월) 옥사하였다. 제2차 광주학생항일운동사건 개요 등을 보면 피검자는 법정에 서기 이전에 고문에 의해 학살되었다. 달리 말하면 재판이라는 절차조차 거치지 않고 경찰 단계에서 사형이 집행된 것이다. 1928년에 '치안유집법중개정긴급칙령'이 제정된 이후 10년 동안에 이 법률에 의해 검거된 사람들은 10,541명이고, 이 가운데 기소된 자는 5,720명(1937년은 제외)으로 피검자의 37%가 기소되었다. 그 결과는 일본인 학교장에 의해 수많은 조선인 학생이 퇴학 등의 처분을 받았다.

퇴학 처분 533명, 권고 퇴학 49명, 무기정학 처분 2,320명, 강제 전학 298명, 자진 퇴학 352명, 국외 유학 72명

등 불이익 처분을 받았던 것이다. 광주학생독립운동사 제1편의 결언 結言에서 편자는 이상과 같은 일본민족에 의한 수난의 역사에 대해 다음과 같은 말로 끝을 맺고 있다. '광주에서의 '민족독립운동 특히 민족해방투쟁대열에서 학생은 없어서는 안되는 중추세력으로 인정되었고, 학생 자신도 민족해방투쟁에서 그 전형前衡임을 자부하여 민족적 사명감에 불타오르고 있었다' 다만 광주학생독립운동이 3 · 1운동과 같이 민중운동으로까지 확대되지 않은 것은 3 · 1운동 당시에 비해 일제의 사전 경계가 훨씬 엄중하여 신간회新幹會가 계획한 민중대회가 미수에 그쳤고, 이것은 바로 일제의 탄압이 극악화極惡化 되었기 때문이다' 치안유지법 등 많은 탄압법 아래에서 검거된 '광주학생독립운동의 희생자의 내역을 보면, 실형을 선고받은 자가 광주에서만 180여 명이었고 전국적으로는 수백 명이 넘었으며 잔인한 고문으로 불구의 몸이 된 자도 적지 않았다. 일제는 광주학생독립운동이 3 · 1운동과 같은 민중운동으로 확대되는 것을 가장 두려워했기 때문에, 광주학생독립운동을 처음부터 일부 공산주의자들의 책동에 의한 것이라고 하여, 항일독립운동이 아닌 것처럼 날조捏造하여 선전하였다. 그러나 일본정부와 언론은 그러한 조선총독부의 판단에 반박하여 조선 학생들의 만세시위운동의 본류는 민주주의에 있음을 직시해야 한다고 자인하고 있었다. 남의 집을 빼앗아 주인 행세를 하는 이른바 주객전도 主客顚倒의 모순과 비리, 이것이 실로 광주학생독립운동의 주 원인임을 조선총독부는 고의로 외면하고 간계로 민족전선의 분열을 획책했던 것이다. 굴욕적인 삶보다는 죽음을 택한다는 각오로 민족의 자유와 독립을 되찾기 위하여 일어난 광주학생독립운동의 위대한 정신은 일제의 발악적인 탑압에도 좌절함이 없이 끊이지 않고 계승되어 일제 말기의 그 극악한 상황 속에서도 학생들의 독립운동은 계속되어 마침내 조국광복 조국 광복의 영광을 실현시킨 것이므로, 우리들은 그 성스러운 정신을 기리고 가슴 깊이 새겨야 할 것이다'

사상범보호관찰법思想犯保護觀察法과 확신범確信犯

사상범에 대한 유보처분취급규정留保處分取扱規程 및 치안유지법개정안治安維持法改正案

1928년 일본은 치안유지법 중 개정긴급칙령을 제정한 이래 이른바 '목적수행행위처벌규정'을 종횡으로 구사하여 공산주의자를 대량으로 검거하였는데, 그 중에서도 기소유보처분起訴留保處分을 받은 자 등이 많아 이들이 사회에 끼치는 영향을 두려워하게 되었다. 그래서 조선총독부 내각은 1932년이 되자, 사상범인에 대한 유보처분취급규정留保處分取扱規程(비秘 제2,006호, 검사정완檢事正宛, 사법대신 훈령)을 결정했다. 이는 치안유지법 위반 피의자의 행상行狀을 일정기간 시찰視察한 후에 기소, 불기소를 결정하는 제도이다.

사상범인思想犯人에 대한 유보처분취급 규정留保處分取扱規程

제 1 조 본 규정에 있어서 유보처분이란 치안유집법 위반의 피의사건에 대해 수사를 하여 범죄 혐의가 있음이 분명해도 피의자의 주권적, 객관적 사정에 비추어 일정한 기간동안 그 자의 행상을 시찰하여 그 결과에 따라 공소 제기 여부를 결정하는 것이 적당하다고 인정되는 경우에 피의자에 대한 처분의 유보를 말한다.

제 2 조 유보처분을 함에 있어서 피의자에 대해 특히 아래의 사항을 참고할 것
　　　　① 성격과 연령
　　　　② 범죄 전력의 유무
　　　　③ 운동 경력
　　　　④ 의식의 심천深淺
　　　　⑤ 범죄 결의의 강약
　　　　⑥ 활동력의 대소
　　　　⑦ 사상을 전향하여 장래에 적법한 생활을 영위할 전망의 유무
　　　　⑧ 적당한 신원 인수인의 유무

제 6 조 유보처분의 기간은 6월로 한다. 특히 필요할 때에는 이를 1년으로 연장할 수 있다.

제 7 조 유보처분 기간 중에는 신원 인수인, 또는 경찰관에게 위촉 또는 명령하에 적어도 월1회 유보처분자에 관한 아래 사항의 시찰보고를 지킬 필요가 있다고 인정될 때는 신원 인수인 및 경찰관 쌍방에게 이를 구할 수 있다.
　　　　① 사상 및 행동'
　　　　② 교우관계 및 통신 상항
　　　　③ 가정관계 및 생활 상태
　　　　④ 건강상태
　　　　⑤ 신원 인수인의 감독 상항
　　　　⑥ 개준改俊상항
　　　　⑦ 기타 참고가 될 만한 사항

제 10 조 유보처분 기간 중 수시로 유보처분자의 신상의 정황을 조사하여 다시 죄를 범할 위험을 방지하도록 힘쓸 것

제 13 조 본 규정은 치안유지법위반사건의 기소유예처분에도 이를 준용할 수 있다.

제 14 조 아래의 범죄에 있어 특히 필요하다고 인정될 때, 또한 본 규정에 준하여 유보처분 또는 기소유예처

분을 할 수 있다.

① 형법 제74조 및 제76조의 예

② 출판법 제26조의 죄, 신문지법 제41조 및 제42조의 죄, 단 풍속회란風俗懷亂의 죄는 제외

③ 치안경찰법 제28조의 죄　　　　　　　　　　　　　　　-중략-

'사법대신훈령'司法大臣訓令의 운용 상황에 따라 정부는 국체변혁사상, 혁명사상, 식민지의 민족독립운동사상 등의 불온사상의 단속을 강화하고 이들 치안유지법에 해당하는 사상범을 검거하여, 일본정신으로 적극적으로 선도를 꾀하기 위해 내각에 '사상대책위원회'를 설치하여 (1933년 7월) 다음의 세 가지 사항을 결의하였다.

① 국민들 가운데 불온사상에 젖어들 자가 있을 것을 감안하여 일본정신을 난명蘭明 이를 모든 사회 층에 철저하게 보급하여 국민정신의 작여作與에 힘쓰는 사상선도방책思想善導方策

② 불온사상에 관한 인적, 물적 단속을 엄히 하여 불온사상에 대한 방위 및 진압을 완수할 사상 단 속 방책

③ 정치·행정·경제 등 모든 방면에 있어 불온사상양성을 돕는 제 원인에 대응하여 이를 제거할 사 회개선방책

제 15 조 제3조 및 제14조 및 제8조의 죄에 해당하는 피의사건에 있어 피의자가 아래의 각호에 하나라도 해 당되는 경우에는 긴급을 요하므로 판사의 구인장을 구할 수 없을 때에는 지방재판소의 검사는 즉시 피의자를 구인할 수 있다

① 피의자가 정해진 주거가 없을 때

② 피의자가 죄를 증명할 증거를 인멸할 우려가 있을 때

③ 피의자가 도망할 때 또는 도망할 우려가 있을 때

④ 피의자가 이명異名 또는 가명을 사용할 의심이 있을 때

검사는 위의 제14조에 의하여 구류시킬 수도 있고(법안 제15조), 또한 구류기간은 2월로 하며 필요하다면 1회에 한하여 갱신할 수 있다고 규정하고 있다.

일본 메이지대 사사기와 노리가쓰 교수는 2008년 조선일보 기자와 인터뷰에서 한·일합방은 다음과 같다. '국제법상 조약이 유효하기 위해서는 '합의의 자유'가 있어야 한다는 의미인데, 강박이나 신체적 강제가 있었 다면 그것이 성립될 수 없다. 그런데 1905년 을사조약 때 이토 히로부미는 한국 대신들을 수옥헌(漱玉軒·지금 의 중명전)의 한 방에 집어넣고 신체상의 위험을 가했다. 또 일본 군대는 궁전을 포위하고 위협했다. 황제와 대 신들이 자유로운 의사에 의해 조약을 승인한 것이 아니므로 국제법상 무효이며, 그것을 기반으로 이뤄진 한 일 병합 역시 불법이다'라고 양심적인 소신을 밝혔다.

법을 통한 조선식민지 지배에 관한 연구 논문의 결론
-일본민족의 '준법의식'에 대한 한국 전통과 문화의 부인-

일본민족(일본제국주의)의 조선식민지에 있어서 의 '황민화' 법정책에는 두 가지의 특색이 있다.

하나는 교육칙어를 이념으로 하면서 구체적으로는 '국체명미國體明微, 내선일체內鮮一體, 인고단련忍苦鍛鍊 을 실천할 것을 강요하고 민족정신을 탄압한다는 것이었다. 4차에 걸친 조선교육령에 의한 식민지교육의 실 시가 그것이다. 다른 하나는 한일합병 이전의 보안법(1907년), 그 이후의 치안법에 의한 탄압이었다. 즉 보안 법 등에 합방의 터전을 마련한 다음 정치에 관한 범죄 처벌의 건(제령 제7호)을 공포하고 이어서 3차에 걸친 치 안유지법의 개정(치안유지법, 치안유지법개정긴급칙령, 치안유지법개정법률)을 실시하여 조선전시형사특별령으로 만들

어 민족사상을 탄압한 법제가 그것이다. 이러한 법정책은 조선인에 대한 징병제의 실시가 상정하여 주고 있는 바와 같이 궁극적으로는 15년전쟁과 제2차 세계대전에서 조선민족을 자원으로 취급하여 침략전쟁의 수단으로 하는, 다시 말해서 황국 일본을 위하여 순국시키는 것을 지상의 목적으로 한 것이었다고 할 수 있다. 이러한 조선민족의 수난사 가운데서 조선민족의 고유한 전통과 문화를 위난危難에 처하게 하여 민족 그 자체를 말살하려고 한 다음의 두 가지 사례는 극히 중요하다. 즉, 조선민사령중개정朝鮮民事令中改正(1939년, 제령 제9호)에 의한 창씨개명創氏改名과 조선어사전 편찬을 치안유지법위반으로서 탄압한 조선어학회朝鮮語學會 사건이 그것이다. 한민족의 전통과 문화에 대한 이러한 부인은 위에서 살펴본 바와 같이 수많은 식민지통치법을 가지고 민족의 존엄과 가치를 유린하는 것을 상징하는 것으로서 결국 그것은 대일본제국헌법 하에서 신격화된 천황에 대하여 충실한 신민으로서의 일본인이 그 절대적인 천황주의 법질서에 대한 준법의식에 기인한 것으로 생각된다. 다시 말하면, 그것은 황민으로서 일본민족의 천황제 질서에 절대 복종한 의심할 여지없는 준법의식의 발로이었으며, '천황은 신성불가침이다'(대일본제국헌법 제3조)라는 것을 법 이념으로 한 일본민족의 식민지통치법의 해석과 적용 이외의 아무 것도 아니었다.

1) 창씨개명創氏改名과 전통의 부인

우선 민족의 전통 가운데서 성 姓이야말로, 특히 한민족의 동성동본同姓同本 의식은 오랜 전통에 의하여 쌓여온 것이다. 이 민족에 있어서 성은 신라시대로부터 불기침의 존엄성과 대성을 갖는 것으로서, 부친의 혈통을 중심으로 정하고 설령 결혼을 해도 처妻는 자기의 성을 바꾸지 않는다. '성불변性不變의 원칙'이라 할 수 있다. 이와 같이 되어 있음에도 불구하고 조선민족의 고유한 성명제도를 폐지하고 일본식의 씨명제도를 강요한 것이 조선민사령朝鮮民事令의 개정이었다. 조선민사령(1912년, 제령 제7호) 제11조는 다음과 같이 규정되어 있었다.

제 11 조 조선인의 친족 및 상속에 관해서는 별단의 규정이 있는 것을 제외하고는 제1조의 법률에 의하지 않고 관습에 의한다. 단 혼인 연령, 재판상의 이혼, 인지 認知, 친권, 후견後見, 보좌인保佐人, 친족회, 상속의 승인 및 재산의 분리에 관한 규정은 차한此限에 부재한다. 이에 대하여 위의 '씨설치에 관한 제령'은 아래와 같이 개정되었다.

제령 제19호

조선민사령 중 아래와 같이 개정한다.
제 11 조 제1항 중 단, 다음에 씨를 덧붙여 삽입하고, 동조에 다음과 같은 1항을 첨가한다. 씨는 호주(법정대리인이 있는 경우에는 법정대리인)가 이를 정한다

부칙

본령 시행의 기일은 조선총독이 이를 정한다. 조선인 호주(법정대리인이 있는 경우에는 법정대리인)는 본령 시행 후 6월 이내에 새로이 씨를 정하고, 이를 부윤府尹 또는 읍면장에 굴출屆出할 것을 요한다 전항의 규정에 의한 굴출을 하지 아니할 때에는 본령시행 시에 있어서의 호주의 성으로써 씨로 한다. 단 일가를 창립할 수 없는 여호주 도는 호주상속인이 분명하지 아니할 때에는 전호주의 성으로써 씨로 한다.

부령 제20호

제 1 조 어역대御歷代 어위御偉 또는 어명御名은 이를 씨 또는 명 名으로 사용할 수 없다. 자기의 성 姓 이외의 성은 씨로서 이를 사용할 수 없다. 단 일가창립一家創立의 경우에는 차한此限에 부재 不在한다

제 2 조 씨명은 이를 변경할 수 없다. 단 정당한 사유가 있는 때에는 조선총독이 정하는 바에 따라 허가를 받았을 경우는 차한此限에 부재 不在한다

창씨개명創氏改名의 본지本旨는 조선민족의 가계家系를 박탈하고 일본의 천황제적 가족(氏族)제도를 강요함으로써 한민족의 전통을 '국체國體로서의 천황중심일가적체제'天皇中心一家的體制, 즉 황위皇位를 이어받은 천손天孫을 통치자로 하고 이를 중심으로 일본민족을 근간으로 하는 국민이 가족적으로 화친단결和親團結하여 건국이상建國理想의 실현을 기하는 공동사회체共同社會體'로 흡수하여 민족의 고유한 씨명제도氏名制度를 소멸시켜 내선일체內鮮一體를 완성시키고자 하였던 것이다. 이 창씨개명에 대해서 많은 저항운동이 기록되어 있다. 그러나 총독부는 다음의 사례에서 볼 수 있는 바와 같이 사회적 제재와 간악한 수단을 사용하여 억압을 가하였다.

① 창씨創氏를 하지 않는 자의 자제子弟에 대해서는 각급학교에서의 입학, 진학을 거부한다.
② 창씨創氏를 하지 않는 아동에 대해서 일본인교사는 이유없이 질책叱責, 구타하여 아동으로 하여금 부모에 애소哀訴시켜 창씨를 시킨다.
③ 창씨創氏를 하지 않는 자는 공사公私를 불문하고 총독부 관계의 기관에 일체 채용하지 않는다. 또 현직자도 점차 파면조치를 취한다.
④ 창씨創氏를 하지 않는 자에 대해서는 행정기관에서 행하는 모든 사무의 취급을 하지 않는다.
⑤ 창씨創氏를 하지 않는 자는 비국민, 또는 부령선인不逞鮮人으로 단정하여 경찰수첩에 기입하여 사찰, 미행 등을 철저하게 함과 아울러 우선적으로 노무 징용의 대상으로 하여 식량 기타 물자의 배급 대상으로부터 제외한다.
⑥ 조선어학회 탄압 시에 검속 검속된 자에 대해서는, 창씨를 하지 않는 자는 조선독립을 꾀하는 부령선인으로서 고문을 가하고, 강제로 청원서에 날인을 찍게 하고 창씨를 출원하도록 한다.
⑦ 창씨創氏를 하지 않는 자의 이름이 적혀 있는 화물은 철도국이나 운송점에서 취급하지 않는다.
⑧ 학교에서는 교사에게, 면에서는 동장, 이장에게 창씨의 책임을 지우고, 그 성과에 따라서 지도, 행정능력을 평가하고 출세 승진에 영향을 미치게 한다.

이와 같은 악랄한 수단을 써서 창씨개명을 강요한 결과 기한인 1940년 8월 10일까지 약 322만호(약 80%)가 굴출屆出했다고 한다. 이 시기에 있어서 조선인에 대한 창씨개명, 궁성요배宮城遙拜, 신사참배神社參拜, 황국신민의 서사제송誓詞齊誦은 일본정신을 몸에 배게 하기 위한 것이었다.

2) 조선어학회사건朝鮮語學會事件과 문화의 부인

인류와 언어의 관계는 인류의 문화사의 척도라고 일컬어진다.

즉 인간이 언제부터 언어를 사용하기 시작하였는가의 기준에 따라 진화의 정도를 재고자 하는 것이다. 이 점은 민족의 경우에 있어서도 마찬가지이다. 그 민족의 문화는 그 민족이 사용하는 언어 내지 문자에 관계되어 있다. 따라서 민족이 그 언어 내지 문자를 상실하면 민족문화는 쇠퇴하고 인류문화사상으로부터 소멸된다는 것을 의미한다. 그런 까닭에 세계의 식민지에 있어서 동화정책同化政策의 하나로서 지배민족의 언어를 보급시키고 피지배민족의 고유한 언어를 말살시키는 것이 이른바 문화적 식민지정책의 상투법이다. 바로 일본민족이 조선땅에 일본어의 사용을 강요하고 조선어의 사용을 금지시킨 것은 조선의 민족 문화를 지구상으로부터 말살시키려고 한 동화정책同化政策 이외의 아무것도 아니다. 1942년 10월 1일 조선어사전편찬사업을 행하고 있던 조선어학회회원이 '치안유지법개정법률(1941) 위반의 혐의를 받고 검거되어 가혹한 고문을 받고, 아무 것도 없는 범죄사실로써 유죄 판결을 내린 사건은 일본민족에 의한 조선문화수난사상 특히 지적되어야 할 사건이라 할 수 있다. 그 판결문(함흥지방법원, 1943년 9월 20일, 예제11호, 예심종결결정)에서의 이유는 다음과 같다.

'민족운동의 일형태로서의 소위 어문 운동은 민족 고유의 어문의 정리 통일 보급을 꾀하는 하나의 문화적 민족 운동임과 동시에 극히 심원深遠한 민족독립운동의 점진적 형태이다. 언어는 사람의 지적, 정신적인 것의 원천임과 동시에 사람의 의사, 감정을 표현할 뿐만 아니라, 그 특성까지도 표현하는 것으로서 민족 고유의

여자보통학교 수업 광경

언어는 민족 내의 의지의 소통은 물론 민족 감정 및 민족의식을 조성하므로 이에 따라 민족의 결합을 생기게 하고, 이를 표기하는 조성하므로 이에 따라 민족의 결합을 생기게 하고 이를 표기하는 민족 고유의 문자를 갖게 하여 민족문화를 성립시키는 것이다. 따라서 민족적 특질은 그 어문을 통하여 다시 민족 문화의 특수성을 파생시키고 항상 발전시키며, 그 고유의 문화에 대한 과시 애착은 민족적 우월감을 생기게 하고 그 결합을 다시 공고히 해서 민족은 생성 발전하는 것이다. 따라서 민족 고유의 어문의 소장消長은 민족 자체의 소장에 관한 것으로서 약소민족은 필사적으로 그 보지保持를 꾀함과 동시에 그 발전을 시도하는 것이다. 그래서 방언을 표준어하고 문자의 통일과 보급을 희구한다. 어문운동은 민족 고유 문화의 쇠퇴를 방지할 뿐만 아니라, 그 향상 발전을 도모하고 문화의 향상은 민족 자체에 대한 강한 반성적反省的 의식을 갖게 하여 강렬한 민족 의식을 배양해서 약소민족에 독립 의욕을 생기게 하고 정치적 독립 달서의 실력을 양성하게 하는 것으로서 이러한 운동은 18세기 중엽 이래 구주 약소민족이 되풀이하여 행함으로써 그 성과에 비추어 보아 세계 민족운동사상 극히 유력하고 효과적인 운동으로 보기에 이르렀다. 위에서 밝혀진 바와 같이, 조선민족이 조선어를 수호하는 것이 얼마나 중요한 것인지를 인식한 나머지 감히 조선어학회를 치안유지법 위반 단체로 본 것이다. 즉 조선어학회는 표면상 문화운동의 가면을 쓰고 조선 독립을 위한 실력 양성 단체로서 본건 검거시까지 10여년의 긴 기간에 걸쳐 조선민족에 대해 조선어문운동을 전개해 온 것으로서 시종 일관 진지한 모습을 잃지 않았으며, 그 활동은 조선어문에 대한 조선 민심의 바탕에 깊이 파고 스며들어 조선어문에 대한 새로운 관심을 불러일으켜서 다년에 걸쳐 편협한 민족 관념을 배양하고 민족 문화의 향상, 민족 의식의 앙양昻揚 등 그 기도하는 조선독립을 위한 실력 신장에 기여하는 것이 분명하다. 그래서 '그와 같은 사업은 언문신문 등의 열의熱意있는 지지하에 조선인 사회에 상당한 반응을 불러일으켰고, 특히 조선어사전편찬사업 같은 것은 커다란 민족적 대사업으로서 촉망되어 있었던 것이라고 한다. 위와 같은 판단 하에서 '조선어사전편찬'朝鮮語辭典編纂 '조선문화의 발전' '민족정신의 고양' '조선독립기도'朝鮮獨立企圖라고 하는 4단계 도식을 가지고, 조선어학회의 피검자를 '조선독립의 목적으로써 결사하고 조직하여 그 목적 수행을 위하여 해야 할 행위를 한 것'으로 단정하여 유죄 판결을 끌어내고 있다. 예컨대 피검자의 한 사람이 학생에 대하여, '조선인으로서 조선어를 모르는 것은 조선인으로서의 자각을 상실하고 조선민족의 존재를 망각하는 것이며, 조선어의 발달은 조선민족의 발전에 지대한 관계를 갖는 것으로 조선어의 쇠퇴는 조선민족의 멸망을 의미하는 것이 되므로 여러분들은 조선어를 연구해서 조선의 발달을 기하여야 한다'고 말한 것이 조선민족 독립의 목적을 가지고 그 '목적한 사항의 실행

을 선동한 것'이라고 판단되었다. 이극로李克魯 징역 6년, 최현배崔鉉培 징역 4년, 이희승李熙昇 징역 3년, 정의승鄭宜承·정태진丁泰鎭 징역 2년, 김양수金良洙 이하 5인에 대하여 징역 2년(집행유예 4년)의 판결이 언도되었던 것이다. 조선식민지사상朝鮮植民地史上에는 헤아릴 수 없을 만큼 많은 조선민족 탄압 판결朝鮮民族 彈壓 判決이 있다. 그러나 이 조선어학회사건 판결만큼 조선문화(언어)를 말살하고자 한 의도 하에서 피의 사실을 조작하고 왜곡해서 민족 존엄의 훼손毁損과 문화인의 인권을 유린한 판결 예는 또 없을 것이다. 당시 문화인의 많은 사람들이 친일적親日的 언행을 불가피하게 하지 않을 수 없었으나, 이극로 (백림대학 철학박사)등의 문학자들이 민족의 양심을 내걸고 한민족의 문화(언어)를 사수한 것은 특기해야 할 일이다.

3) 천황의 신민으로서 일본 민족에 의한 준법의식

'조선어학회사건'에 대한 치안유지법 위반 판결이 내려지고 난 2년 후에 일본은 패전하였고, 조선식민지는 해방되었다. 확실히 제2차 세계대전이 일본의 패전에 의하여 종지부를 찍은 것이 계기가 되어 일본민족과 그 헌법은 천황을 주권자로 하는 대일본제국 헌법으로부터 국민을 주권자로 한 평화주의를 기조로 하는 일본국 헌법으로 옮겨졌다. 이 패전이라고 하는 타율적 계기에 의하여 헌법은 새로이 제정되었지만 그 민주적 정신과 동시에 일본민족의 식민지적 법의식이 불식되었는가 하면 반드시 그렇다고는 생각되지 않는다. 예를 들면 오늘날의 '외국인등록법'의 개정(1988. 6 실시)에 따른 '지문날인문제'指紋捺印問題를 두고 보도라도 그것이 극히 지연되고 있다고 하는 점이 드러난다. 그 개정을 승인한 일본 국회의원, 개정법을 집행하고 있는 행정 직원, 날인하러 오지 않았다고 해서 조사하는 사법경찰관, 그것을 이유로 해서 판결에서 형사 책임을 과하는 재판관, 또 그것을 묵인하고 있는 국민 대중, 이러한 일연의 일본민족에 의한 '외국인등록법'의 운용(법 해석과 적용)을 볼 때 '주권재민'主權在民인 국민이 대일본 제국 헌법하의 법 의식, 다시 말하면 대일본제국이 식민지를 가지고 있었던 당시의 피지배민족보다 일본민족이 우월하다고 하는 잘못된 민족 의식을 아직 불식하지 못하고 있다. 말하자면 여기는 일본민족의 나라이다. 다른 민족은 일본의 국법에 복종하는 것이 당연하다라는 법 감각 내지 법 감정이 그것이다. 이 법 감각 가운데는, 왜 일본국에 그와 같이 많은 외국인(재일한국인, 조선인은 약 680,000명을 넘는다고 한다)이 살고 있는가 하는 점에 대한 역사적 인식이 전혀 없다. 일본인이 이와 같이 일본 민족과 타 민족을 구별하는 배경에는 아시아민족에 대한 우월감(반대로 구미인에 대해서는 열등감)이라고 하는 차별 의식, 즉 자기자신도 아시아민족임을 잊고 아시아민족을 무의식 중에 멸시하는 마음이 잠재해 있다고 생각된다. 지금 이 차별 의식은 위에서 말한 역사적 인식을 피하면서, 점차 일본국 헌법에 규정되어 있는 국민의 기본적 인권의 개념 가운데 재일외국인의 기본적 인권은 포함되어 있지 않다고 하는 인권 감각과 연결되어, 그것이 특수하게 일본적 주권재민의 법 의식으로서 정착되어 가고 있다는 점을 주의하지 않으면 안된다. 오늘날 일본인이 마음으로부터 아시아 제국민과 친선우호를 도모하고, 더 나아가 세계의 제민족에 대해서 '전쟁포기, 교전권 부인'(헌법 제9조)의 평화적 생존권을 내건다면 우선 최초로 일본민족 자신이 아시아민족에 대해서 행한 가혹행위를 직시하고, 피해자의 입장에 서서 반성하고, 이민족의 평화적 생존권을 위해서 최대의 배려를 해야 할 것이다. 이를 위하여 박은식朴殷植 이 제기한 한민족 수난의 '혈사'血史 문제를 일본민족의 사실史實로서 진지하게 받아들이고 바른 역사 인식하에서 그것을 자신의 법 의식의 변혁의 지침으로 삼고, 자율적으로 일본민족과 타 민족을 동가치적으로 존중하는 것을 바탕으로 하는 일본국 헌법의 재 구축이 행하여지지 않으면 안된다. 그래서 진정으로 자각된 일본국 헌법하에서 재일외국인의 인권도 존중한다고 하는 등록법 개정의 방식이 확인되지 않으면 안될 것이다. 왜냐하면 박은식朴殷植의 '한국독립운동지혈사'에서 증언된 한민족에 대한 일본민족의 만행은 다만 한민족에 대한 것만이 아니고 인류에 대한 범죄로서 받아들여야 할 것이기 때문이다. 변혁되어야 할 것은 일본인의 법 의식 내지 준법 의식이다. 즉 명치기의 대일본 제국 헌법을 제정하고 그에 따라 천황제 법치국가를 떠 받쳐 온 법률에 대해서 맹종한다고 하는 의식이 그것이다. 그것도 특히 독일의 법률서에서 유태민족에 대한 나찌 독일의 법률을 '실정법의 불법'(gesetzliches Unrecht)으로서 문제삼은 데서 발단되었다고 해도 과언이 아닐 것이다. 그 이후 일본의 법학자에 의해 '국가총동원법'이나 '치안유지법' 등이 나찌의 법률과 마찬가지로 '악법'惡法이었다고 하는 점이 문제되고 비판의 대상으로 되었던 것이다. 지금까지 '국가총동원법' 및 '치안유지법' 등이 식민지였던 한국 및 대만에 적용되고 이민족을 혹독하게 탄압한 악법惡法이었다는 사실을 지적하고 그것을 비판의 대상으로 한 연구 문헌이 거의 전무하다는 것은 무엇을 뜻하는가? 그러한 '악법'Unjust law은 일본민족에 의해서 스스로 입법된 자업자득의 법률이라고 이해되었지만 중국인 및 한국인의 입장에서 본다면 그러한 법률은 이민족으로부터 강제된 법률이었다는 점을 지적하고 문책하는 연구는 거의 없다. 생각컨대 그 이유는 한국의 황제와 일본의 천황이 '한일합방'韓日合邦조약을 체결하고 일본의 천황이 한국의 황제로부터 통치권을 양도받은 것에 기인하고, 천황의 명령과 일본제국의회의 승인에 의해 조선땅에 총독부가 설치되고, 조선총독이 사법, 입법, 행정에 관한 모든 식민지통치법을 제정하여 이 모든 것이 합법적으로 되었다고 하는 판단에 의한 것이 아닐까? 당시의 일본인 법학자의 연구 가운데 희귀하게도 송강수태랑松岡修太郎(경성제국대학교수)에 의해 '조선통치법의 성격'이 문제시된 경우도 있지만 일본법학자의 논문을 살펴보는 한에 있어서는 식민지통치법의 존재와 그 효력은 거의 의심받지 아니했다. 물론 법철학자 미고조웅尾高朝雄은 적극적으로 '징병제'徵兵制를 추진할 것을 주장했다. 이러한 상태에 있었기 때문에 총독부의 행정관료는 말할 것도 없이 재판관 · 학교의 교관 · 헌병 및 경찰관 · 거류 일본인들은 어떠한 모순도 느끼지 않고 대일본제국헌법에 의해 비호庇護된 '통치법에 의한 식민지행정'을 진정한 '법률에 의한 행정으로 준수하려고 했다.

일본의 법학자가 식민지통치법으로서의 '치안유지법' 등을 규탄할 수 없었던 것은 그것이 '합병'合倂이었다고 믿었던 것이다. 여기에서 일본민족의 준법의식으로 된 것이 분명히 면죄의식 면죄의식으로 대체되었다는 점이 나타난다. 당시 조선땅에 있어서 민족독립운동을 한다면 치안유지법 제1조에서 말하는 '국체변혁'國體變革을 도모한 불온사상을 가진 자로서 반드시 처벌받았다. 치안유지법 사건의 특징은 검거된 자의 다수가 경찰서 유치장에서의 가혹한 고문에 의해 법정에 서기 전에 옥사獄死했다고 하는 점이다. 만일 살아서 법정에 설 수 있다고 해도 특히 전시 중에는 '사법대신지정의 변호사'와 '공소심폐지' 아래에서 반드시 유죄의 판결이 내려졌던 것이다. 그러나 치안유지법사건에서 피의자를 구인하고 구류한 검사, 검사를 따라서 혹독하게 자백을 강요한 경찰관, 이를 재판한 재판관, 보호사들은 아직까지도 과거의 불법행위의 실태를 고백하지 않았다. 이외에도 국가총동원법상의 징용徵用으로 다수의 조선인들이 광산등지에 강제 연행되어 노예처럼 강제 노동 당하다가 많은 사람이 학대사虐待死한 사실에 관하여 그에 관련되어 있었던 민간기업자들도 지옥숙사地獄宿舍의 실태에 대하여는 함구하였다. 이러한 사실은 1937년 12월 15년 전쟁하에서 포로, 사의병 사의병, 일반시민 등을 포함한 약 30여만명 이상의 중국인을 학살한 남경사건南京事件의 하수인이 변장한 일본군이었지만, 이와 관련된 지휘관이나 병사들이 자기의 이름을 밝히지 않는 데에서도 또한 나타난다. 일본민족으로서는 '관동대지진'關東大地震이 발생하였을 때(1923년 9월 1일) 재향군인과 일반 시민 등이 약 7천명의 재일조선인을 학살虐殺하였던 사실을 잊어서는 안된다.

일본민족이 단지 법을 준수하고 법대로 행하였을 뿐이라고 말할 수 없는 수많은 만행蠻行들도 마치 준법행위로서 행한 것과 같이 문책되지 않고 방치되고 있다. 일본민족이 아시아인들에 대해서 저지른 인류에 반한 범죄를 스스로 백일하에 드러내어 그 죄상을 인정하고 이에 대한 책임을 지지 않는 것은 마음 속으로부터 반성하지 않고, 일본국민에게 도덕심이 결여되어 있고, 민족적인 양심이 없다는 데에 있는 것이 아닐까? 1943년 대심원은 민족독립운동을 한 조선인에 대하여 치안유지법 제1조의 위반을 이유로 다음과 같이 판결하였다. '치안유지법 제1조는 소위 국체의 변혁이나 방토邦土의 일부를 천황통치권으로부터 이탈하게 하거나 독립국가를 건설하는 것을 획책하는 경우도 포함하는 것이다' 피고인은 시종일관하여 스스로 양심에 따라 모국조선이 일본으로부터 독립할 것을 주장한 확신범確信犯이지만, 재판관은 치안유지법을 근거로 피고에게 유죄를 언도하였다. 만약에 그 일본인재판관에게 단지 조금이라도 조선인 확신범의 양심을 이해하는 도덕심이 있었고 관용스러운 양심을 가지고 있었다면, 그리고 피고인을 재판하는 그 근거법률에 대해 스스로의 양심에 따라 법률을 초월하는 강력한 양심적 결단을 내렸다면, 환언하면 '실정법을 초월하는 법'(ubergesetzliches recht)에 외경畏敬하는 마음을 가지고 있었다면, 이와 같은 일본 재판 사상의 오점汚點이라는 치욕스러운 판결이 내려지지는 않았을 것이다. 조선인 피고인이 양심을 가지고 판결한데 대하여, 대심원 재판관은 끝까지 법률을 가지고 재판하였던 것이다. 이점에서도 일본민족의 전형적인 준법의식을 엿볼 수가 있다. 즉 천황의 법률에 스스로의 양심을 일치시켜 양심의 자유를 상실해 버린 천황의 신민으로서의 재판관의 자세가 바로 이러한 점이다. 그러나 이 판결이 있은 2년 후 일본은 '포츠담선언'을 승인하여 타율적으로 치안유지법의 실패를 선언하였다. 그렇지만 지금까지도 일본국은 국가의 책임으로 식민지통치 36년 동안 있었던 일체의 치안유지법판결을 통틀어서 잘못 판결되었다는 사법적 선언을 내리지 않았다. 천황의 법률에 저항하고 판결되었다는 사법적 선언을 내리지 않았다. 천황의 법률에 저항하고 생명과 양심을 걸고 투쟁하여 희생당했던 많은 다수의 민족독립운동가에 대하여 이것이 악법惡法에 따라 재판했으며 따라서 국가적인 범죄였다는 사실을 인정하지 않았다. 국가적인 도의심道義心 마저도 상실되었던 것이 아니었는가? 이상이 본 논문의 결론이다.

일본민족 내지 일본인들의 준법의식이 얼마나 기만적이었으며, 얼마나 국민적 도덕 내지 국가적인 도의심이 결여되어 있었는가, 그리고 그것이 오늘날에도 어느 정도로 민족차별을 뜻 하는가가 확연하게 드러나고 있다. 이상에서 취급한 바와 같이 조선식민지통치법의 주요한 법률을 일일이 밝히는 방법을 사용하여 살펴볼 때 천황제 파시즘에 의한 통치법을 제정하고, 그것에 맹종하여 악법惡法의 해석과 적용에 가담한 일본제국 헌법 아래의 일본민족의 행위는 실로 한민족의 입장에서 본다면 인류에 대한 범죄행위였다고 하는 점이 분명하다. 일체의 법률의 효력은 주권자인 국민의 양심의 지지가 없다면 어떠한 힘도 발휘할 수 없다고 할 것이다.

기독교 신도인 내촌감삼內村鑑三은 다음과 같이 말한다.
"이웃나라의 독립을 부식扶植한다고 하면서 간교한 꾀를 써서 성공한 뒤에는 자국이 강대해지는 것만 생각하고 드디어는 강국을 독립할 수 없게 하는 국민은 위선자僞善者이다."
본 논문에서는, 인류에 대한 범죄행위를 크게 반성함으로써 일본 민족의 인간으로서의 양심을 소생케 하여, 인간에 의한 실정법實定法에 대해 그것을 초월한 '자연법自然法 내지 이성법理性法'이 존재한다는 것을 재 확인하고 아울러 군국주의 천황제국가의 재발을 방지하기 위해 인간적 내지 국민적 저항권의 초석礎石을 확고하게 하는 것을 목적으로 고찰하였다.

일제 식민지 하의 한민족

카지무라 히데키 梶村秀樹

1935년생

동경대학 문학부 졸업. 한국 근·현대사 전공. 카나가와대학교 교수

카지무라 히데키 교수의 '일제 식민지치하의 한민족'에 대한 논문

출처 사진기록 일제의 침략 한국·중국. 1983. 7. 30 발행 논문. 편저자 HOLP출판사(일본).

1. '교과서 문제'는 끝나지 않았다

● 한민족 본연의 모습

소위 교과서 문제는 아직 끝나지 않고 있다. 그 이유는 첫째, '침략'이라는 말은 부활되고 있지만, 일본정부 문부성의 기본 입장이 조금도 바뀌지 않았다는 사실뿐만 아니라, 일본인(일본민족)의 마음 속에 한민족에 대한 적극적이고 긍정적인 이미지가 결여되어 있기 때문이기도 하다. 한국 사회 내부에서도 이미 개국(1876년)이전부터 민중을 주체로 하는 역사 발전이 강력하게 태동하고 있었다. 언제 어디서나 역사의 변혁기에는 신구의 대립에 의하여 정치 정세는 유동적이고 불안정하게 되는 것이지만, 개국 후의 복잡한 국제정세에 구 지배세력은 충분히 대응할 수가 없게 되어 있었다. 그리고 1894년 녹두장군이라 불리운 전봉준全琫準을 지도자로 하는 농민군은 '우리들은 재야의 유민流民에 지나지 않지만, 어찌 국가의 멸망을 좌시하며 견딜 수 있겠는가? 이에 정의의 깃발을 걸고, 보국안민輔國安民을 가지고 필생의 맹세로 한다'고 선언하고 들고 일어났다. 이 갑오경장 甲午更張(동학농민운동으로 수정함) 한민족이 자주적 근대국가를 창조해 나갈 가능성을 내포한 역사상 일대 전환점이 되었지만, 이 가능성을 말살시켜 버린 주도 세력은 한국 내의 구세력이 아니라, 한발 앞서 구미의 최신 무기를 입수하고 있던 청일 양국의 군사력이었다. '한국은 힘이 없었으므로 침략당한 것도 어쩔 도리가 없었다'는 것은 아니다. 그 침략이 힘차게 싹이 돋아난 가능성을 기를 쓰고 외부에서 말살시키는 것이기 때문에 간악한 것이다. 이러한 인식을 교과서에서 찾아보기 힘든 이유는 분명 문부성의 검정 방침 탓도 있겠지만, 검정판이 "일본이 한국에 진출(침략)했다'고 하는 것은 너무도 일방적인 표현이었다. 그것은 상대방에게 나쁜 점이 있었을 경우이거나, "기술하시오'라든가, 좀 더 일반적인 사실이지만, 전후의 아시아 및 아프리카에 관해서 '독립이라든가, 민족의식이라든가, 신흥 의지에 불타고 있었다는 식의 높은 평가는 표현을 고치시오 모두 저개발국으로 내부 문제를 안고 있었던 게 아닐까?"라고 하는 의견을 말하면서 계통적으로 압력을 가해온 것은 사실인 것 같다. (출판노협 '교과서 리포트' 1966. 67년판) 역시, 가장 많이 사용되고 있다는 산천출판사山川出版社의 현행 고등학교 세계사 교과서 '상설 세계사'詳說世界史를 보면, 거기에 고유명사로 등장하는 한국인은 전시대를 통하여 오직 4명뿐으로, 즉 이성계·이승만 ·김대중·박정희뿐이다. (중국인은 120명이 등장한다). 일반적으로 역사상의 훌륭한 인물이나 그의 개성에 관해서 다소라도 언급하는 것이 그 민족에 대한 이해를 심화시키는 제일보이겠지만, 을지문덕이나 이순신·정다산(정약용), 그리고 김옥균이나 전봉준·안중근도 모두 이름을 알 필요가 없다는 식으로 취급한 것이다.

문제는 이러한 역사 교육이 너무나 오랫동안 계속되어 와서 대부분의 시민이나, 역사가 자신조차도 그러한 교육을 받아왔기 때문에 '한국인 부재'韓國人不在의 역사 현상이 당연한 것처럼 생각하고, 이상 하다고는 아무 것도 느끼지 않게 되어 버렸다고 하는 상태이다. 그 사실이 문부성의 검정 방침을 아래로부터 지탱해 왔다고 할 수 있겠다. 한민족에 관한 긍정적인 이미지를 갖지 않은 채 '침략'을 현상이라는 면에서만 본다면, 거기에서 생겨나는 것은 고작 소위 동정사관同情史觀이고, '확실히 심한 짓을 했지만, 결국 상대방이 칠칠치 못했기

때문이 아니냐'라든가, '저런 처지를 당하지 않은 일본에서 태어나서 잘 되었다'라고 하는 식의 사고방식에 도달하는 수밖에 없다 하겠다. 쓰라린 상황 속에서 버티어 온 한민족의 인간성의 빛에 자극을 받는 중에, 비로소 '침략'의 진정한 의미를 이해하게 되지 않을까? 교과서가 그렇게 간단하게 바뀌어지지는 않는다고 한다면 우리들의 자발적인 준비로 사실에 입각하여 인식의 결함을 메꾸어나가야 할 것이다.

●보이고 싶지 않은 실상實相

그런데, 침략이나 억압의 현장을 보여주는 생생한 사진을 볼 적마다 언제나 마음에 걸리는 것이 한 가지 있다. 침략군 측은 물질적 조건도 확보되어 있기 대문에 점잖스럽고 '위엄'과 체면을 유지한 채 찍혀 있는데 반하여, 저항하는 측은 복장도 너덜너덜하고 치열한 전쟁 때문에 뼈와 가죽만 남을 정도로 여위어 있다. 거의 다 그러한 사진은 억압하는 측에서 찍고 있기 때문에 억압당하는 측은 고통에 얼굴을 찡그리고 이를 악물고 있거나, 무표정하게 쏘아보고 있을 정도이다. 어쩌면 일본 군인이 꼴사납게 가슴을 내놓고 있는 일도 있을 텐데, 그런 사진은 그다지 구경할 수가 없는 것이다. 물론 이러한 억압하는 측에서(일본 황실 또는 일본제국정부, 조선총독부, 일제 조선주차군 및 헌병대) 찍은 사진에도 침략의 냉혹성 및 무참성을 직시하는 의미에서 언급할 필요가 있지만, 이를 악물고 있는 한국인의 표정 배후에 어떠한 생활 실감이 있고, 무표정의 이면에 어떠한 긍지 높은 정신이 숨겨져 있는가를 거기에서 찾아 읽는다는 것은 매우 어려운 일이다. 1905~1910년 식민지화 시기에 있어서 한국 교육제도에 일본화(황민화)의 임무를 띠고 뛰어든 관료, 표손일俵孫一은 '사려가 없는 하위 인민들은 일본어를 가르치고 일본에 보내서 일본 병대로 만든다거나, 일본의 노동자로 만든다는 유언비어가 나돌고 있지만' 하고 한민족의 의구심을 일소에 붙였지만, 실제로는 '하류인민'이 내다보았던 대로 되어갔던 것이다. 또한 저명한 에이세이衛正付邪파의 유학자로, 러일전쟁 후의 식민지화 과정에 저항하여 의병을 일으켜 일본군한테 감금된 채 죽은 최익현崔益鉉은, '신信을 포기하고 의義를 배반하는 일제의 노선이 벽에 부딪치지 않을 리 없고 일본은 반드시 망할 것이다'고 예언했다. 그 당시의 일본 민족은 아무도 이 예언에 귀를 기울이려고 하지 않았지만, 40년 후에는 실제로 그의 예언대로 되었다.

안중근安重根은 일본에서는 일반적으로 이등박문을 암살한 테러리스트로서만 알려져 있지만, 그의 법정 진술이나 옥중에서 집필한 '동양평화론'東洋平和論 등을 읽어 보면, 자주적인 개화 사상으로 세계사의 흐름에 대항하려고 했던 이로理路 정연한 민족운동가라는 사실을 알 수 있다. 이러한 한국인의 적극적인 사상 표현으로부터 일본은 그 동안 결여되어 있던 많은 것을 배워야 하겠다. 그것을 보려고 하지 않으면 전연 보이지 않지만, 보려고 할 마음만 있으면 누구라도 엿볼 수가 있다. 우리들은(일본민족) 또한 침략자 측의 불안감, 꼴사나움, 내면의 황폐성 등에 관해서도 알 필요가 있다. 침략하는 측에서 만든 허세를 내포한 자료에서는 대개 그것은 신중하게 숨겨져 있지만, 완전히 숨길 수는 없는 것이다.

1906~1907년경에 한국통감으로 봉임하여 식민지화로의 노선에 앞장섰던 이토오 히로부미가 가족에게 써 보낸 편지 등을 읽어 보면, 그가 내심으로 한국인의 분노를 오싹오싹 느끼고 있고, 만일의 사태를 각오하고 있었다는 점을 알 수가 있다. 3·1운동 때에 수상으로 탄압의 총책임자였던 원경原敬의 일기를 보아도 '인심의 변화'에 대한 불안에 휩싸여 있었다는 것을 잘 알 수 있다. 한국인으로부터 독립 사상을 빼앗아 버리는 일이 불가능하다는 사실을 느끼고 있었기 때문에 통치자는 그처럼 신경질적으로 독립사상의 표현을 탄압했던 것이다. 식민지화의 초기에 외출할 때는 반드시 엽총을 소지하고 나갔다고 하는 농촌에서 거주하던 일본인 지주나 그의 가족들의 정신 생활은 결코 자유스럽고 행복한 것은 아니었으리라. 더구나 이러한 통치자의 불안감이 민중(일본민족 또는 내지인)에게 전염되었을 때, 저 관동대지진 관동대지진이 일어났을 때에 한국인 학살까지 일으켰던 사실을 생각하면 이것은 더욱 중대한 문제이다. 침략자의 모습은 전혀 볼품이 나지 않는 추악한 것이다. 일본 민족을 변호하고 싶은 나머지, 이 사실을 인정하지 않으려고 하는 정신은 비열하고 허약한 것이다.

2. 3 · 1운동은 단순한 '폭동'이 아니다

● 망국민亡國民의 정열

'지금은 남의 땅—빼앗긴 들에도 봄은 오는가'라고 노래한 것은 시인 이상화李相和였다. 그 밖에도 아름답고 감상적인 시가 수없이 전해 내려온다. '망국민'亡國民이라는 말은 일본 민족의 문장 속에도 여정을 자아내는 감상적인 의미로 쓰이는 한에서는 자주 등장한다. 3 · 1운동에 이해를 표명한 몇 안 되는 일본인 중 한 사람인 야나기 무네요시柳宗悅도 초기에는 자신의 감상을 투영시켜 한국 예술의 특질을 '비애의 미'라는 한 마디로 개괄概括하였다. 하지만, 나라를 빼앗긴다고 하는 그 아픔은 단순한 시인의 감상이 아니라, 보다 리얼한 민중의 생활 실감이었다. 한일합방은 1910년 8월 20일(1910년 8월 22일에 조인되어 8월 29일 발효-일본 민족은 8월 20일로 본 논문 저자는 인식하고 있음) 완전 식민지화를 의미하는 한일병합조약 조인이 공포된 이 날부터 일체의 행정이, 한국인의 의지와 인권을 완전히 무시하고 도의성을 갖지 않은 총검의 힘으로 강행되었다. 그 이후, 민족운동가들은 이 날을 '국치기념일'國恥紀念日(국치일國恥日)로 정하고, 매년 독립 회복을 위한 투쟁 맹세를 새롭게 다짐했다. 식민지 한국에서는 '세계의 일등국민'을 자랑하던 일본민족의 '망국민'에 대한 제멋대로의 행동이 일상 다반사였다. 무수한 사례를 열거할 수 있지만, 여기에서는 여성운동가로 해방 후에는 한국의 교육계에 몸바친 황신덕黃信德여사의 학생 시절의 체험기를 소개해 보겠다('잊을 수 없는 일본인'에서) 경부선 상행 열차에서 한 떼의 일본인 학생과 합승했다. 그들은 다른 승객에 대한 체면 같은 것은 일체 상관하지 않고 방자스럽게 굴더니 마침내 시끄럽게 떠들어대고 있었는데 대구역에 열차가 정지하자, 일제히 자리를 비우고 홈으로 나갔다.

한국의 농부가 한 사람 올라탔는데, 비어 있는 줄 알고서 내 맞은 편 자리의 일본인 학생이 앉아 있던 자리에 와서 앉았다. 발차 벨 소리를 듣고서 열차에 뛰어올라온 일본인 학생은 그 농부를 갑자기 두들겨 팼었다. 그 농부의 얼굴은 새빨갛게 부어오르고 코에서는 검붉은 코피가 흘러나왔다. 멈출 줄 모르는 기세로 '개새끼! 개새끼!'라고 하면서 격분하여 때려주고 있는 이 일본인 학생을, 동료들 중 누구 한 사람도 말리지 않고 극히 당연한 일 보듯이 구경만 하고 있었다. 나는 보다 못해 참을 수가 없어서 흐느껴 울고 있다가 분노가 치밀어 올라 절규해 버렸다.
'당신들은 도대체 뭐예요! 한마디 말도 없이 사람을 때릴 수가 있어요. 이것이 공부한 사람의 지식의 표현인가요!
식민지 백성은 인간이 아니란 말입니까! 짐승처럼 대낮에 죽여버려도 괜찮단 말예요!' 그리고 나서 농부의 손을 잡으며 통곡해 버렸다. '어째서 그렇습니까? 당신은! 다른사람과 똑같이 손발과 눈과 목이 달려 있는데 말예요! 당신에게 도대체 무슨 죄가 있단 말예요! 단 한 마디 말도 못하고 두들겨 맞기만 하고서도 억울하지 않으세요!

식민지 한국에는 또한, 정처없이 방황하는 사람이 얼어붙는 겨울날 길가에 쓰러져 있어도 아무도 거들떠보지 않을 정도로 각박한 상황이 있었다. 공권력은 민중의 최저한의 생활을 보장하는 역할도 하지 못한 채, 오히려 저항이 두려워 일상적인 감시만 강화시키고, 또한 민중의 생활 파괴를 초래하는 경제 정책을 실시했다. 수백 만에 이르는 사람들이 정든 고향을 떠나 유랑의 길에 올라, 대도시 주변에 굴을 파고 오두막을 지어 사는 '토막민'土幕民이 되거나, 깊은 산골에 들어가 화전민 화전민火田民이 되거나, 또한 일본이나 만주, 시베리아 등지로 건너갔지만, 이것이야말로 그 명백한 증거인 것이다. 그들이 좋아서 고향을 왜 떠났겠는가?

이러한 민요가 생겼다. (김소월 편. '조선 민요선'에서)
말을 할 줄 아는 놈은 감옥에
들판에 나가는 놈은 공동묘지에
애새끼 한 놈이라도 낳을 수 있는 계집애는 사창가에

지게를 맬 수 있는 젊은 놈은 일본에
이래서 아무 것도 남지 않고 텅텅 비었네
여덟 칸 신작로의 아카시아 가로수가
자동차 달리는 바람에 흔들거리고 이네.

● 서로 의지하며 살아가는 국민

그러나 한국 국민은 부조리에 굴복하고 단지 인내하기만 했던 것은 아니었다. 앞의 황신덕黃信德 여사가 만났던 농부처럼 한때는 어떻게 해야 할지 모른 채 될대로 되라는 식으로 살아가는 일이 있었긴 하지만, 서로 격려하면서 민족의 긍지, 인간적인 감정을 계속 유지하고 있었다. 앞의 민요에서도 알 수 있듯이 절망적인 상황 속에서도 유머를 잃어버리지 않은 채 '텅텅빈' 속에서도 다시 살아가는 늠름한 기상이 역력했다. 그것은 소박하게 낙관적인 민중 문화의 전통을 저절로 계승한 모습이라고 할 수도 있으리라. 금세 비장감에 젖어 '옥쇄'玉碎할 각오를 하는 일본문화와는 확실히 다르다. 확 피었다가 확 지는 일본의 국화國花 사꾸라(벚꽃)와 한 송이 한 송이의 꽃을 아침에 피어 저녁 때에 지지만, 수개월에 걸쳐서 새로운 가지를 뻗고 새로운 꽃을 피워나가는 한국의 국화國花 무궁화와의 차이는 매우 상징적이다. 전술한 야나기 무네요시柳宗悅도 후년에 와서, 한국의 민중 예술의 밑바닥에 흐르는 낙천적인 늠름함을 깨닫고, '비애의 미'가 조선의 예술에 일면성을 지녔다는 사실을 알게 되었다고 한다. 이러한 민중 의식 속에 버티어 온 한민족은 식민지화 후에도 독립 회복 운동은 나라 밖에서, 또한 국내에서도 은밀히 지속되고 있었다. 특히 근래에 있었던 '교과서 문제'에 모 대신이 '한일합병은 한국측에서도 바람직한 것이었다고 가르쳐 왔다. 타국을 의식한 나머지 역사적 사실을 왜곡시키는 것은 이상하다'고 하는 의미의 발언을 했다고 하는데, 감히 한마디 하자면, 사실을 모르는 것은 무서운 일이다. 식민지화로 향하는 최종 단계에서, 일본 측이 두 세명의 한국인을 내세워서 일진회라는 친일단체를 만들게 하여 한국인이 '합병'을 환영하고 있는 것처럼 가장하는 위장 공작을 시행케 한 사실은 있지만, 그것이 국민 감정과는 괴리되어 있다는 사실은 너무나도 명백하다. 또한 전전戰前의 교과서는 일방적으로 강요한 조약 등의 문면文面을 형식적으로 해석하여 '한국 황제폐하도 합병을 희망하였음'이라고 기록하고 있지만, 그러한 해석은 도저히 역사의 비판에 견디어 낼 수 없는 것이다. 식민지화 직전인 1907년 후반부터 1910년까지의 기간만으로 한국 민중의 전위 부대인 의병군과 일본군과의 각지에서의 교전 횟수는 2,817회, 참가 인원이 연인원 140,622명에 달했다. 이 사실은 한민족이 '합병' 같은 것을 바라고 있지 않았다는 것을 가장 직접적으로 말해 주고 있다. 또한 그 때문에 1910년대의 초기 식민지 통치 체제는 헌병경찰제도라고 불리는 점령군정의연장과도 같은 형태를 취하지 않을 수 없었던 것이다. 한민족에게 묻는다면 '총검의 힘 때문에 그냥 본의 아니게 침묵을 지키고 있었을 뿐이지, 결코 진심에서 받아들이지는 않았다'고 할 것이다. 자주적인 교육기관 등을 세워 이러한 민중의 심정을 조직화하려고 하는 민족운동가들의 피나는 노력이 계속되었다. 불굴의 노력 속에서도 민족운동가들은 자타와의 관계를 냉정한 눈으로 판단하여 때에 따라서는 적한테서도 배울 것은 배우되 주체성을 강화시키려고 하는 자세를 잃지 않았던 사실은 주목할 만한 가치가 있다. 예를 들면, '백범일지'의 저자 김구 선생은 강력한 민족 사상의 지주이지만 식민지화 직후에 비밀결사 신민회에 관련되었다 하여 체포되어 맹렬한 고문을 받았다는 사실을 다음과 같이 썼다. 처음에 성명을 물어온 놈(일경日警)이 새벽녘까지 눈을 붙이지 못하는 것을 보고, 나는 놈들이 얼마나 자기 나라의 임무에 충실한가를 느꼈다. '놈들은 이미 탈취한 타인의 나라의 명맥을 유지시키려고 밤을 지새우고 있지만, 나는 자기의 나라를 되찾으려는 사업 때문에, 몇 번이나 철야했던가?'하고 나 스스로를 반성 반성해 보면서 부끄러움을 금치 못한 채, 몸이 바늘 방석 위에 누워 있는 듯한 심정이었다. '애국자라고 자인하고 있던 나도 사실은 망국민의 근성을 갖고 있었던 게 아닌가'하고 생각하니 눈물이 흘러나왔다. 마침내 김구金九 선생은 3·1운동 후, 상해에 건너가 대한민국 임시정부의 중심 인물이 되었다.

● 민중民衆이 체험한 3 · 1운동

이와 같이 독립의 정당성에 확신을 갖고 지탱되어 온 지속적인 뜻이 1919년 유리한 국제적 여건과 해후하여, 저 거대한 3 · 1운동의 양양을 창출해냈던 것이다. 200만 명이 넘는 사람들이 자발적으로 행동에 나섰던 것도 이심전심으로 서로 공감할 수 있는 민족 독립 사상이 민중 속에 뿌리내리고 있었기 때문이리라. 3 · 1운동은 결코 돌발적인 일과성의 충동적인 사건은 아니었다.

유관순柳寬順 烈士

우선, 그 당시 학생으로 3 · 1운동에의 참가를 계기로 민족해방투쟁에 몸을 던졌던 몇 가지 체험 기록을 소개해 보면 다음과 같다. 우리들은 선생님의 뒤를 따라 거리로 나왔다. 수천 명이나 되는 다른 학생들과 거리의 사람들과 열을 지어 노래를 부르거나, 슬로건을 외치면서 거리를 행진했다. 나는 자신의 심장이 파멸하는 것이 아닌가 생각될 정도로 기뻤다. 모든 사람이 기뻐하고 있었다. 나는 흥분해 버려 하루 종일 식사를 잊고 있었다. 이 3월 1일에는 수백 명이나 되는 한국인이 모두 식사하는 것을 잊어버렸을 것이다. 우리들이 지나가자, 한 백발 노인이 계단 위에 나타나서 쉰 목소리로 이렇게 외쳤다. "자아, 이제야 죽기 전에 한국의 독립을 볼 수 있게 되었구나!" 이로 인하여 내 생애 최초의 정치 의식에 대한 눈이 떠졌다. 대중운동의 힘이 바로 내 존재의 뿌리까지 흔들어 놓았던 것이다. 하루 온종일 나는 거리를 뛰어 돌아다니면서 아무 데로나 참가하여 외치다가 마침내 목이 쉬어 버렸다. 그 날 밤에는 학교신문의 편집을 거들었다. 신문에는 저 장려한 어구를 몇 번이고 되풀이해서 썼다. 나는 나 자신이 세계의 대운동의 중요한 일부분이 되었고, 마침내 가장 행복한 황금시대가 도래했다고 믿게 되었다. 그 몇 주일 후에 전해온 베르사이유의 배반의 충격은 이루 말로 다 표현할 수 없는 것이었다 ('아리랑 노래'에서)

다음으로 황해도 안악군安岳郡의 부호이며, 민족주의자로 저명했던 김씨 일족의 후예로, 현재 서울에 살고 있는 김구랑金龜亮씨의 회상 중 일절을 보자. 안악安岳에서도 만세운동이 크게 번지던 때에 유명해진 김학수金學洙라고 하는 무명 인물에 대한 것을 여기에 적어 두고 싶다. 김씨는 백정白丁으로 술 좋아하기로 알려졌고, 그의 재산이라고 하면 식칼 한 자루뿐이었다. 그는 사람들한테 천대를 받아 마흔 살이 되었어도 결혼도 못했으며, 사람들은 그와 얼굴을 맞대기조차 싫어할 정도였다. 그러나 그는 독립만세운동을 계기로 일약 유명해져 영웅 칭호를 받고, 애국자로서 많은 사람들의 환대를 받게 되었다. 들뜬 기분으로 그는 민중의 선봉에 서서 '대한독립만세!'를 목소리도 드높이 외치다가 일본의 경찰에 체포되었는데 잔혹한 고문을 받아도 조금도 굴하지 않은 채, "살아서도 대한독립만세, 죽어서도 대한독립만세!"라고 큰 소리로 계속 외쳐댔던 것이다. 피를 토하는 듯한 이 외침은 금세 안악 사람들의 입에서 입으로 전해져 갔다. 사람들은 일본인이 없는 곳에서는, 망국의 한을 섞어서 가락을 붙여 노래를 불렀던 것이다.

'살아서도 대한독립만세,

죽어서도 대한독립만세!'

('신동아')에서

● 3 · 1운동은 단순한 폭동인가?

그런데, 금번의 교과서 문제 속에서 한국으로부터는 '숭고崇高한 3 · 1운동을 폭동暴動이라고 왜소화 시키는 것은 웬일인가?'라고 하는 단적인 비판의 말이 던져졌다. 일본 문부성의 지시에 따라 3 · 1운동에 대한 기술 속에서 '폭동'을 덧붙인 집필자 편에서 보면, '일련의 운동 속에서 평화적 데모나 집회와 병행하여 직접적 항쟁 및 주재소 습격 등의 격화된 형태도 보였던 것은 사실이고, 민족운동이라는 사실을 부정했던 것은 아닌데'라고 의외라는 투였다. 확실히 그 교과서 자체에도 '독립운동'이라는 자구가 없는 것은 아닌 것 같다. 그렇다면 한국으로부터의 비판은 과녁이 빗나간 것일까? 보다 깊은 의미에서는 그렇지 않다. 자구는 있어도 민족운동이라는 의미와 더불어 거기에 함축되어 잇는 일본인에 대한 물음이 전달되어 있지 않은 것이다. 원래 문부성이 폭동이라는 자구를 첨가시키게 했던 것은, 단순한 자구나 행동 형태의 상세한 기술을 하기 위해서가 아니라, 일본군의 잔학한 행동을 정당화시키기 위하여, '격렬한 폭동이 일어났으므로 하는 수 없이 출동했던 것이다'고 하는 문맥에서 사태를 이해시키기 위한 의도에서였다. 이러한 역사관은 분명히 구통치자의 외인자재설外因刺載說을 계승하는 것이고, 한민족의 저항을 왜소화 시키는 것이다. 이러한 의도에 대하여 전기한 한국 민중의 직관적 비판은 정곡을 찌르고 있다고 해야 할 것이다.

3 · 1운동 직후의 야나기柳宗悅의 용기 있는 발언 중에서 오늘날에도 역시 적절한 지적을 하고 있다.

…………'우리 일본인이 지금 한국인의 입장에 놓여 있다고 가정해 보자. 아마 의문을 일으키기 좋아하는 우리 일본인 이야말로 좀 더 많은 폭동을 기획하였을 것이다. 도덕가는 이 때야말로 지사志士 · 열녀烈女의 이상을 실현할 시기라고 외쳤으리라, 우리 일이 아니라는 이유로 단순히 그것을 폭동이라고 매도하고 있는 것이다……' ('한국인을 생각한다')에서.

애초에 먼저 손을 쓴 것은 일본의 군대 측이다. 3 · 1운동이 일어나기 전의 10년 동안은 폭력통치의 연속이었다. 더구나 3 · 1운동은 그 당시에만 보아도 아직 직접적 항쟁의 형태를 찾아볼 수 없는 단계에서 이미 군대는 출동하고 있었다. 폭력통치에 대하여 실력 항쟁의 형태도 취해졌던 것은 사실로, 그것은 필연적인 일인 동시에 정당한 일이기도 하다. 그럼에도 불구하고 3 · 1운동은 단순한 일시적인 폭동은 아니었다. 3 · 1운동은 식민지 하 36년간을 통하여 일관된 민족운동의 하나의 거대한 정점이었으며, 또한 그 것만이 전부가 아니었다. 그것은 다만 그 보다 앞서 10년 동안 착실하게 축적되었던 사상의 에너지가 이 때에 단숨에 폭발되었을 뿐이다. 하여 그 이후 3 · 1운동 중에 눈을 뜬 많은 젊은이들이 민족해방투쟁을 한층 더 발전시켜 나갔다. 일본인 자신들은 교과서에서도 그 것만큼은 간신히 언급되고 있는 3 · 1운동에 관한 지식을 실마리로 하여, 더욱 더 시야를 객관화하여 민족운동의 실상을 확대시켜 반성해야 할 것이다.

3. 1920～30년대의 민중운동

● 신간회新幹會 운동의 시작

한국의 민족해방투쟁이었던 3 · 1운동이 비록 군사력에 의한 진압으로 잠시 중단되듯이 보이긴 했지만, 그 이후에 오히려 보다 폭 넓은 기반을 가진, 격조 높은 운동으로 발전해 나갔던 것이다. 그런데도 불구하고 현재의 일본 교과서가 그 사실을 외고집으로 무시하고 있는 것은 웬일인가? 광주학생운동도, 원산동맹파업도, 그리고 신간회新幹會나 농민운동에 대한 것도, 전연 수록되지 않았다. 오늘날 남북한의 국가 형성의 연원淵源에 관련된 대한민국임시정부나 항일 빨치산, 그리고 조국광복회祖國光復會에 대한 것도 거의 다루어지지 않고 있다. 이래서는 한국 민족사의 일관된 흐름이 상실되어 버린다. 그런데, 한국의 역사학자 강만길姜萬吉(1933년생. 2003년 친일반민족행위 진상규명위원회 위원 교수)는 근대 내셔널리즘의 발전 단계를 3시기로 구분하는 견해를 제창하고 있다. 즉, 19세기 후반의 국가주의적 내셔널리즘의 단계, 20세기 초부터 3·1운동기에 걸친 유산有産 시민 주도의 국민주의적 내셔널리즘의 단계, 1920년대 이후에 시작되어 1945년 해방 후에 전개되는 민중이 주체인 민족주의적 내셔널리즘의 단계이다. 이렇게 현재까지 이어지는 제3의 단계는 또한 민중운동이 이데올로기적으로 분기分岐되어 해방 후의 남북 분단 체제를 초래하기에 이르고, 이 분단을 극복하여 민족의 통일을 회복시키는 것이야말로 민중의 과제인 시대이기도 하다는 것이다. 확실히 러시아혁명의 성공과 특히 레닌이 선명하게 내세운 반제국주의의 자세는 당초에 급진적인 민족주의자들에게 호의적으로 받아들여졌다. 1920년대 초부터 많은 젊은 활동가들이 계통적으로 마르크스·레닌의 이론을 연구하게 되었고, 그들 중 일부는 마침내 스스로 사회주의자가 되어 개성의 민족주의를 비판해 나갔다. 이렇게 하여 1925년에는 서울에서 조선공산당이 결성되었다. 그러나 이것은 완전한 지하 조직으로 크게 성장하지 못하다가 민족 운동이 크게 확장됨과 동시에 사회주의가 토착화되는 계기로 되었던 것은 1927~1931년의 신간회 운동이었다. 신간회는 마르크스주의자와 비타협적인 민족주의자가 협동전선을 펴서 창출한 것으로 민중이 생활의 현장에서 민족 해방을 위해 싸우는 전국적 대중운동 단체로, 최 전성기에는 140여개의 지회支會와 4만여명의 회원을 가지게 되었다. 각 지회는 자율적으로 그 지역에서의 구체적인 민족 문제를 받아들여 폭 넓은 대중운동을 조직했다. 신간회운동 중에 민중들 대부분이 사회문제에 눈을 뜨게 되어, 만민이 함께 살아갈 수 있는 사회를 지향하여 어떻게 투쟁해 나갈 것인가를 체득해 나갔다.

● 전국적으로 확장되었던 헌신적인 지역

활동가의 눈에 보이지 않는 네트워크는, 지역 내에서만의 역량으로는 관헌을 능가할 수가 없을 때, 기동적으로 지원할 수 있는 진현陣型을 만들어냈다. 예를 들면, 1929년 여름에 지방의 갑산군甲山郡에서, 관헌이 난폭하게도 화전면 부락에 방화하여 주민을 정처도 없이 쫓아낸 사건이 발생했을 때, 전국 각 지역에서 지원 행동이 조직되었고, 민족지가 캠페인을 벌려서, 이러한 사회여론을 총독부에서도 완전히 무시할 수가 없게 되어, 대체지代替地를 부여하는 등 어느 정도의 양보를 하지 않을 수 없었던 것이다. 교육문제도 이와 긴밀한 문제로써 자주 거론되었다. 그 하나의 실례로서, 신간회 이전의 사례이지만, 경상북도 김천보통학교 보호자회(대게 학부모의 조직)가 1925년 5월 28일 '조선어보급사건'에 관련하여 다음과 같이 결의를 한 바도 있다. '보통학교는 조선인을 본위本位로 하는 교육기간이지만, 오늘날의 보통학교는 일어를 전용하고 또한 주선인으로 하여금 조선어를 망각케 하여, 유아때부터 일본 정신을 주입시키려고 하는 것이다. 따라서 우리들은 조선인으로서 조선어를 망각하지 않도록 권장하기 위하여, 조선어 시간을 증가시키도록 전 조선에 사회적 여론을 환기시키며, 또한 적극적 운동을 개시한다.' 동아일보에서 이러한 당연한 결의가 이루어진 만큼 당국(조선총독부)측은 긴장의 빛을 띠는 상황에 처하게 되었다. 1929년 말부터 1930년에 걸친 광주학생운동도, '조선인 본위의 교육'을 회복시키려고 하는 이 시기의 대표적인 투쟁이었다. 이 운동은 전라남도 광주에서의 일본인 학생에 의한 한국인 여학생 모욕사선과 그에 의한 일본학생과 한국학생 사이의 싸움, 이에 대한 관헌(일경) 측의 일방적이고 부당한 대응에 대한 분노를 발단으로 하여 전국적으로 각급 학교의 한국인 학생이 일제히 동맹휴교로 행동을 개시했던 것인데, 이러한 투쟁 중에 젊은 활동가들의 층이 점점 더 두터워져 갔다.

4. 황민화皇民化 정책과 강제 연행

● 언어도, 이름도 빼앗기고

이리하여 민중의 마음 속에 불붙어진 희망의 불꽃은, 파시즘의 광풍이 표면을 미친듯이 불어닥치던 전면 전쟁 하에서도 쉽게 꺼지지 않은 채, 파묻힌 불씨로 계속 타고 있음에 틀림없다. 중일전쟁中日戰爭(1937년) 이후의 10여 년 동안은 이런 의미에서 민중운동의 일시적 중단기에 지나지 않았다고 할 수 있을 것이다. 그러나 반면에, 무모한 전쟁 목적을 위한 물리적 강제력이 이 시기의 역사에 깊은 상처를 남기게 되었다는 것을 망각해서는 안 된다. 중일전쟁 이후, 일본의 기본 목적은 무모한 전쟁에 한국의 자원으로부터 노동력까지를 송두리째 총동원하는 것이었다. 그리고 한국인을 일본의 전쟁꾼으로 안심하고 동원할 수 있도록 하기 위하여, 한국인의 정신 생활의 영역에까지 흙발로 밟고 들어가 모든 민족적인 것을 말살시켜 버리려고 했다. 소위 황민화정책皇民化政策이 바로 그것이다. 한국인을 완전히 일본인화시킨다는 것은 가당치도 않은 일이지만, 강제로 그것을 지향한 정책이 강행되어 부분적으로는 이에 말려들어가 버리는 비극을 낳았다. 패전으로 눈 앞의 목적이 소멸됨과 함께, 일본인은 이러한 행위까지 했었다는 사실을 잊어버리고 있지만, 이러한 일을 당한 측에서 보면, 잊어버릴래야 잊어버릴 수 없는 상흔이 지금도 남아 있는 것이다. 한국 전체에 여기저기 일본식 신사神社를 지어 참배를 강요했다. 그것은 학교의 공식 행사에 집어넣어져 있었고, 실제로는 권장하는 것이 그렇게 손쉬운 일은 아니었다. 특히 노골적으로 신사참배를 거부한 기독교 신자들이 강력한 탄압을 받고, 투옥되어 교회의 폐쇄까지 강제 집행된 예도 있다. (직전곤차織田梱次 '지게꾼' 참조)

조선어 교과 과정은 학교에서 완전히 없어지고, '국어상용'이라 하여 학생들이 일상 회화를 할 때에 조선어를 사용하지 못하도록 서로 감시하게 하여 벌을 주기도 했다. 일시적이기는 했지만 조선어를 정말로 말살시켜 버릴 것 같은 기세였다. 일본어를 모르는 노파가 역에서 기차표를 사려고 해도 일본어로 역 이름을 옳바르게 말하지 못하면 역원은 모른 체하며 표를 팔지 않았다는 사실을, 그 당시 한국에서 살았던 일본인이 직접 필자에게 말해 주었다. 성씨를 일본식으로 바꾸게 한 창씨개명 제도도 법률의 문구 상에는 임의로 되어 있지만, 학교의 교사가 학생들을 통하여 부모에게 창씨개명을 강요하고, 창씨개명을 하지 않으면 관청에서 일상 생활에 필요한 공적문서도 발급해 주지 않았으므로, 대다수 민중이 복종하지 않을 수 없는 강압적 제도로였다. 소중한 성씨를 잃어버리는 짓은 선조에 대한 불경이라고 하여 노인이 우물에 몸을 던진 사건 등이 임의로 창씨개명하는 것이라면 어떻게 일어날 수 있겠는가? 법규상으로는 어떤 성씨를 만들든 자유였지만, 대부분의 사람들은 예부터 사용해 오던 성씨나 본관에 관련이 있는 성씨를 연구하여 민족적인 것을 남기려고 했다. 개중에는 '에이, 이렇게 된 이상 어느 것이나 마찬가지다'라고 하여, '견분식위犬糞喰衛(개똥 먹어라)와 같은 목숨을 건 성명을 제출한 사람도 있는가 하면, 대담하게 일본 천황의 유인裕仁이라는 성씨를 그대로 쓰거나, 덕천德川, 막부幕府(도쿠가와 막부와 풍신수길豊臣秀吉을 뜻 함)를 성씨로 사용하거나 하는 경우가 속출하여 총독부 관료들을 당황케 만들었다고 한다. 그런 관계로 법규상으로는 그렇게 해도 상관없지만, 그러한 성씨는 받아주지 말라고 하는 '법률에도 없는 통달이 하달되기도 했다. 이러한 황민화 정책을 배경으로 하는 인간의 동원 중에서 가장 직접적인 것은 두말할 필요도 없이 군인으로서의 동원이다. 이미 중일전쟁 단계에서 지원병제도라는 것이 있었다. 이것도 명목상으로는 '기원'이었지만, 실제로는 마을이나 학교 단위로 '몇 명 지원시켜라'라고 할당하였으므로, 이 제도가 강제적이 아니고 무엇이었겠는가. 또한 총을 잡은 군인이 되면, 최종적으로 총이 어느 쪽으로 향해 질까를 우려한 나머지, '황민화'의 정도에 의하여 지원자를 선별할 기회를 유보시켜 오히려 채용되는 것을 명예로 알도록 캠페인을 벌였다.

● 징병徵兵과 강제연행

큐우슈우 도요스 탄광의 한국인 합숙소 벽에 쓰인 피맺힌 한글 호소문

그러나 이 제도로 병력 충원이 되지 않게 되자, 1944년부터는 징병제까지 도입했다. 1945년 8월까지 병사로 동원된 한국인 총수는 적어도 23만명에 이른다. 그러나 이보다 더 규모가 큰 것은, 무리한 증산체제를 위하여 부족되는 노동력을 충당하려고 하는 노동자로서의 강제 연행이었다. 이러한 좁은 의미에서 강제 연행은 1939년에 시작되었고(그 이전의 한국인의 도일渡日도 살아가기 위한 어쩔 수 없이 도항渡航했다는 의미에서 실제적으로는 강제성이 있지만), 형식적으로는 '모집', '관의 알선'(1942~?), '징용'徵用 (1944~?)의 세 가지 형태가 있는데, 그 '모집' 단계에서부터 국가적 차원의 '노무 동원계획'에 의하여 통제되었으므로, 국가가 책임을 져야 하는 것이다. 실제로 이러한 연행 업무를 관장했던 '노무보국회'의 직원들은 이를 두고 '조선인 사냥'이라고까지 부르면서, 전혀 인간 취급을 하지 않은채 논과 밭에서 일하고 있던 농부들을 닥치는대로 체포하여 트럭에 태워 그대로 일본으로 연행해 와 버렸다. '종군위안부'로써 젊은 여성을 모집할 때에는 속임수를 쓰기까지 했다고 한다. (길전청치吉田淸治 '조선인 위안부와 일본인' 참조)

근로봉사에 강제로 동원된 한국인 소년들

1945년 8월, 일본에는 2백 수십만 명이나 되는 한국인이 살고 있었는데, 강제 연행이 시작된 1939년에는 불과 100만 명 정도였으므로, 강제 연행 기간 동안에 100만 명 이상이 연행된 셈이다. 그리고 연행되어 간 곳은 일본만이 아니었다. 특히 군속으로 연행된 노무자 동원은 위험한 최전선에서의 비행장 건설 등에 집중되었다. 한국인의 행방은 일본군과 함께 중국 대륙은 말할 것도 없고 남태평양, 버마전선에서 사할린, 아류산에까지 도달했다. 그 밖에도 아마 보다 많은 한국 내에서의 징용이 있었음은 말할 것도 없다. 따라서 징용된 인원의 총수를 수백만이라고 해도 결코 과장이 아니며, 태평양전쟁이 절정에 달했을 때 일본인의 재외 인구 총수에 필적한다고 할 수 있을 것이다. 일본이 시작한 전쟁인데도 한국인에게 보다 많은 희생을 강요했던 것

이다. 그 당시 한국의 총인구가 2,000만 정도였으므로 거의 모든 한국인이 가정생활을 파괴당했던 것으로 추정된다. 실제로 전쟁 말기에는 인원수를 충당하기 위하여 60세를 넘은 노인이나, 10대 전반의 소년을 연행한 예까지 있었다. 이러한 강제 연행을 강제가 아니었다고 주장해온 문부성의 주장에는 어떻게 보아도 무리가 있다. 강제 연행 사실을 실증적으로 다룬 연구 논문에서 그것이 강제가 아니었다고 하는 결론을 내리고 있는 자가 있다면, 나 자신 일본인이지만 만나보고 싶다.

문부성의 해명서에서, '그 당시의 한국인은 일본 국적을 갖고 있어서, 노동자의 국내 이입에 관해서도 형식상 합법적인 절차를 밟고 있었으므로, 중국인 연행의 경우와는 구별해야 한다'고 하고 있지만 이것처럼 한국인의 신경을 거스르는 말투는 없을 것이다. 저처럼 '교과서 문제'가 논의되고 있던 시기에 이러한 표현을 태연스럽게 할 수 있다는 것은 일본인으로서 유감스럽다 못해 부끄럽기 그지없는 일이다. 한국인이 스스로 원해서 일본 국적을 취득하기라도 했단 말인가? 아니면 합법적 절차, 그리고 보다 일반적으로 일본의 정치 전반의 결정 과정에서 한국인이 조금이라도 참여할 수 있었던 적이 있으며, 그들도 책임을 분담해야 한다고 할 수 있는가? 우리들은 역사를 바라볼 때 형식이 아니라 어디까지나 실질實質로 판단해야 한다. 강제 연행되었다는 점에서 중국인과 한국인과는 아무런 본질적인 차이도 없고, 그 규모는 한국인 쪽이 훨씬 더 큰 것이다. 물론 강제 연행되던 현장에서도 한민족은 결코 맹종하기만 했던 것은 아니다. 적극적인 투쟁에서 소극적인 도망에 이르기까지 무수한 저항이 있었고, 일제 말기에 이르러서는 일본의 통제체제는 이미 내부로부터 무너져 가고 있었던 것이다. 이러한 움직임이 하나의 꼴을 이루어 겉으로 드러나기 전까지도 대다수의 한국인이 뜨인 눈으로 일제의 패망을 주시하고 있었다. 그렇기 때문에 8·15 해방과 함께 폭발적인 기쁨이 꽃피었고 그 날부터 적극적으로 자주적인 민족국가의 건설을 목표로 하여 활동을 개시할 수 있었던 것이다. 그 시점에서 한민족의 어느 누가 드디어는 동서의 냉전이 외부로부터 민족을 둘로 갈라놓아 버리리라는 것을 예상하였겠는가?

조선일보 2008년 12월 30일자 기사 발췌
일본학자의 소신 발언 "韓日병합은 불법이었다"

日메이지大 사사기와 교수

'신체적 위협 가한 무효 조약, 손해배상 청구 지금도 가능'

1910년 한일 강제 병합의 부당성을 역설한 한일 학자들의 공동 연구 성과가 최근 일본에서 출간됐다. 800쪽 분량의 〈한국병합과 현대〉(아카시쇼텐 · 明石書店) 이태진 서울대 국사학과 교수와 백충현(1939~2007) 전 서울대 교수 등이 지난 2001년부터 추진해온 한일 강제 병합의 역사적 · 국제법적 재조명 작업의 결실로 한국판 은 내년 초에 출간될 예정이다. 그동안 한국과 일본의 학자들은 아홉 차례 회의를 열어 이 문제를 논의했다. 최근 방한한 사사기와 노리가쓰笹川紀勝. 일본 메이지(明治)대 법학부 교수를 만났다. 저명한 헌법학자인 그는 이태진 교수와 함께 이 책의 공동 편자로 한일 강제 병합이 국제법적으로 불법이었음을 논증한 네 편의 논문을 실렸다. 그는 아라이 신이치(荒井信一)이바라키대 명예교수와 함께 한일병합의 부당성을 주장하는 일본 학자 중 한 명이다.

– 한일 병합이 무효라고 보는 이유가 무엇인가?

"국제법상 조약이 유효하기 위해서는 '합의의 자유'가 있어야 한다는 의미인데, 강박이나 신체적 강제가 있었다면 그것이 성립될 수 없다. 그런데 1905년 을사늑약 때 이토 히로부미는 한국 대신들을 수옥헌(漱玉軒 · 지금의 중명전)의 한 방에 집어넣고 신체상의 위협을 가했다. 또 일본 군대는 궁전을 포위하고 위협했다.
황제와 대신들이 자유로운 의사에 의해 조약을 승인한 것이 아니므로 국제법상 무효이며, 그것을 기반으로 이뤄진 한 · 일 병합 역시 불법이다"

– 지금 와서 그것이 무효임을 주장하는 것이 무슨 의미가 있는가?

"아무리 100여 년 전의 일이라고 해도 그것이 무효라면 손해배상 청구를 할 수 있고, 역사의 진실을 사람들에게 알릴 수 있게 된다"

–그와 비슷한 사례가 다른 곳에서도 있었는가?

"1793년 폴란드 의회가 러시아 프로이센에 대한 영토 분할을 승인할 때 러시아는 군대를 동원해 의회를 포위하고 강압적으로 승인을 요구했다. 스위스 법학자 지오바니 베너Wenner는 폴란드와 한국의 경우를 비교한 뒤 둘다 불법이라고 결론을 내렸다. 1773년 폴란드 1차 분할 때도 비슷한 상황이 벌어졌는데, 당시의 조약은 이미 국제연맹 법사위원회에서 무효임을 인정했다.
—유석재 기자—

사사기와 노리가쓰 교수는
"현재의 일본을 좋은 나라로 만들기 위해선 스스로 잘못된 것을 인정하고 고쳐야 한다"고 말했다.

1910년 7월 23일

일제 한국주차군의 호위를 받으며 서울의 내지인(일본인) 거리를 통과하여 제3대 통감으로 취임하는 데라우치寺内正毅는 한일합방과 동시에 그는 조선총독부 초대 총독이 되었고, 6년 후에는 일본 천황 내각 총리대신이 되었다.

■ 한일합방

1910년 8월 22일

일제군대가 경계를 하고 헌병들이 순회 감시하는 가운데, '한일합병에 관한 조약'이 조인되었다. 이것은 일련의 한국식민지화(정한론에 의거) 정책의 끝마무리라 할 수 있는 것으로 그 제1조에 '한국 황제폐하는 한국에 관한 일체의 통치권을 완전히 또한 영구히 일본 황제 폐하에게 양여한다'고 적혀있는 대로 한국은 마침내 국가로서의 모든 것을 일본 천황에게 빼앗기고 만 것이다. 이 합방이 공표되자 한국 방방곡곡은 땅을 치고 통곡하는 소리가 진동하였다고 한다. 일본 본토에서는 집집마다 일장기가 게양되고, 축하하는 꽃전차가 운행되었으며, 깃발을 뒤흔드는 시위, 행렬 등이 신격화된 천황에 대한 축하 행사가 베풀어졌다. 일본 국민의 대다수는 사회주의자 가운데 일부도 포함하여 한일합방을 환영하고 용인하였던 것이다. 한일합방을 지휘한 데라우치는 축하의 자리에서 '소조천小早川, 가등加藤, 소서小西가 살아 있다면, 오늘 저녁 저 달을 어떻게 볼까'하는 내용의 노래를 읊어댔다. 도요토미 히데요시의 휘하 무장들이 이루지 못한 한국 정복의 꿈을 자신이 이룩한 것처럼 득의양양한 노래였다. 일본의 시인 이시가와 타쿠보쿠는 '한국 지도에 시커멓게 먹칠을 하면서 가을 바람 소리를 듣는다'고 하는 시로써, 한일합방의 본질을 올바른 눈으로 보고 읊었으나, 이러한 소리는 아랑곳 하지 않고 압도적으로 일본 국민들에게는 미미한 것에 지나지 않았다. 경복궁 근정전에 쌍으로 게양된 일장기를 필두로 일본은 한국 각지에 일장기를 게양하였다. 한일합방조약의 한국어 원본의 끝부분의 서명은 내각 총리대신 이완용內閣總理大臣 李完用이 서명하였다.

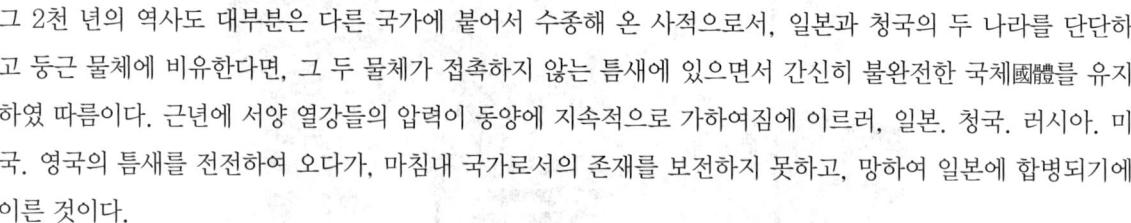

■ 1910년 8월24일, 8월27일, 8월 29일자

도쿄 아사히신문은 6회에 걸쳐 **'합병되어야만 할 한국'**이라는 사설을 게재하였다.

………….. 한국과 같은 원래 독립국으로서 존재할 만한 경도硬度를 지닌 물체가 못된다.

그 2천 년의 역사도 대부분은 다른 국가에 붙어서 수종해 온 사적으로서, 일본과 청국의 두 나라를 단단하고 둥근 물체에 비유한다면, 그 두 물체가 접촉하지 않는 틈새에 있으면서 간신히 불완전한 국체國體를 유지하였 따름이다. 근년에 서양 열강들의 압력이 동양에 지속적으로 가하여짐에 이르러, 일본. 청국. 러시아. 미국. 영국의 틈새를 전전하여 오다가, 마침내 국가로서의 존재를 보전하지 못하고, 망하여 일본에 합병되기에 이른 것이다.

………이와 같은 사이비 국가가 폼페이의 박물관에 진열되지 않고 일본의 이웃에 존재하였던 것은 국제 관계가 밀접하지 못했던 결과로서, 교통 무역에 힘쓰지 않았던 동양 인종의 치욕이다. 이번에 한국이 일본에 합병된 것을 보고, 더러는 2천년 동안의 현안을 해결하였노라고 자랑스러워하는 사람도 있는 듯하지만, 이 한 가지 문제가 2천년 동안이나 처리되지 않았다니, 어지간히 유창한 노릇이라 하지 않을 수 없다. 또한 2천 년 전부터 일본의 노림을 받아오면서도 그에 대한 방어책을 강구하지 않은 한국인의 무신경은 더한층 놀라운 것이라 말하지 않을 수 없다.

……… 한국 합병 후에는 어떻게 어떻게 하여 한국인들에게 문명의 맛을 알게 해주고, 일본의 고마움을 알게 할 것인가가 당면의 문제인 바, 간혹 한국인들이 복종할 것인가, 않을 것인가 하는 논의가 있는 터이지만, 우리는 믿는다. 한국인으로 하여금 일본인이 되게끔 하는 길은 오직 선정善政과 동정을 베푸는 데에 있다는 것을………………………….

출처 1983년 7월 15일 편저자 HOLP출판사(일본)가 출판하고 역편저 어문각기획조사실의 '일제의 침략'에서 '한일합방'에 즈음하여 '도쿄 아사히신문' 1910년 8월 24일, 8월 27일, 8월 29일자 논설을 게재하면서 한국에 대한 믿기 어려운 차별론이 전개되었다고 기록했다

――――――이제 우리는 일본 민족과 도쿄 아사히신문에게 아래의 말을 전한다. [주: 편저자]

위이불가패자사야요, 僞而不可敗者 史也, 역사앞에 거짓은 일시일 뿐 끝내 속일 수가 없고,

약이불가승자민야라 弱而不可勝者 民也 민족 또한 약한 것 같지만 그 누구도 그걸 말살시킬 수는 없다. 신信을 버리고 의義를 배반한 민족은 언젠가는 침몰할 것이다라는 최익현崔益鉉의병장의 말을 전한다.

1911

단기 4244년. 국치시기 2년

1월 1일 – 조선총독부 경무총감부가 안명근의 체포를 시작으로 황해도 안악의 민족주의자를 검거하기 시작하였다. (안악 사건). 2월 9일 – 일제가 우편규칙, 철도선박 우편규칙 등을 공포하였다. 2월 17일 – 일본이 옛 대한제국 황가에게 일본 육군 무관 제복을 착용하게 했다. 3월 12일 의병장 노병대가 다시 의병을 일으키다 체포되었다. 4월 1일 – 경성부를 5부 8면으로 개편되었다. 5월 15일 – 잡지 《소년》이 폐간되었다. 파리 루브르 박물관에 있던 레오나르도 다빈치의 명화 《모나리자》 도난사건 발생(1913년에 회수됨). 경성복심원이 안악사건 공소심에 판결, 안명근은 무기징역, 김구 외 7명은 15년형을 선고하였다. 일제는 데라우치 총독을 암살하려 했다는 명목으로 민족주의자들을 검거하기 시작하였다. (105인 사건) 한국인 최초의 방직회사 경성방직이 창립되었다. 주지방총회가 설립되었다.이상설, 이종호 등이 블라디보스토크 한인촌에서 권업회를 조직하였다. 4월 신흥무관학교가 설립되었다. 6월 1일 – 흥인지문의 북쪽 성벽이 헐리고 도로가 개통되었다. 경원선, 용산역 ~ 의정부역까지 구간 개통되었다. 11월 1일 – 압록강 철교가 준공 및 개통되었다.

수안遂安(소) 등기 246▶일본

조선 황해도 수안헌병대

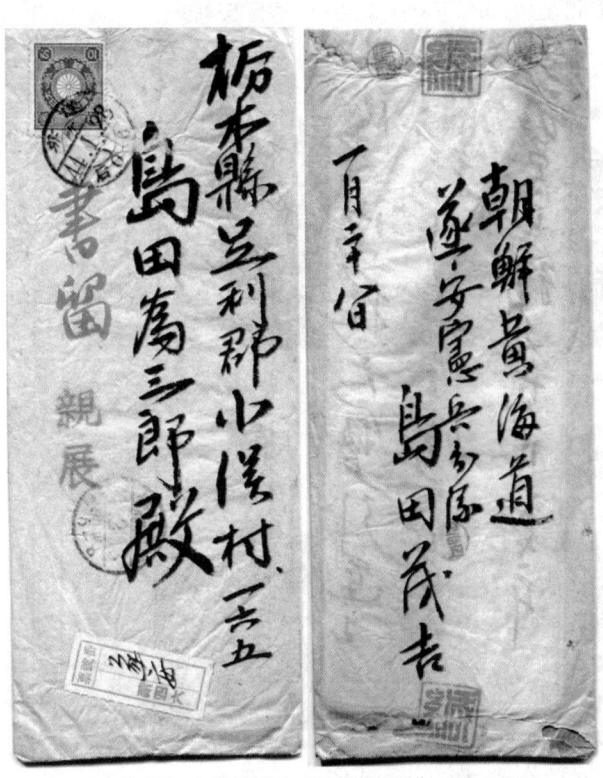

1911. 1. 28. 황해도 수안우편소 등기–일본행   80x200mm

일제의 무단통치

합병 후에는 '통감부' 대신에 '총독부'가 설치되었고, 데라우치 총독 아래 여태까지보다 더 한층 노골적인 탄압과 폭력 지배가 행하여지게 되었다. 헌병과 경찰을 일체화한 헌병경찰제도가 전국에 거미줄처럼 처지고, 거기서 지방행정을 담당하였으며, 일제 육군 2개 사단과 해군 2개 분견대 등이 일제의 한국 지배를 뒷받침하였다. 한국인의 출판, 언론, 집회, 결사의 자유 등은 '집회단속령(치안유지법)'에 의하여 일체 박탈되었고 가차없이 처벌되었다. 1911년에는 '조선교육령'이 발포되어 교육의 목적은 일본과 마찬가지로 '교육칙어'[1890년부터 1948년까지 사용된 일제의 교육방침]에 있는 것으로 되어 있다. 그 뒤로 공립학교에서는 '조선어' 수업 이외는 모두 일본어로 행하여지게 되었고 조선어 수업 그 자체도 대폭적으로 감축되었다. 또 한국의 역사 및 지리, 그리고 수신을 가르치게 되었다. 합방 직후부터 10년 가까이 계속된 이 노골적인 폭력 지배는 '무단정치'라 불리고 있다.

- 한국의 조선총독부 건물은 영국의 인도총독부를 모방하여 신축하였다.
- 서당書堂 일제강점기 서당은 한국인 교육기관으로서 공립학교에서 가르칠 수 없게 된 한국의 지리, 역사 등을 가르쳤다. 민족의 긍지를 지키며 가르치는 이러한 서당을 위험시한 일제는 1918년 '서당규칙'이라는 악법을 통하여 명령을 발포하고서 그 단속에 나서기 시작하였다.
- 1912년 5월에는 전 관리에게 무관복武官服 착용을 의무화하는 지시가 내려졌으며, 학교 교사들까지 일본도를 휴대하고, 경찰관 같은 위압적인 무관복을 입게 하였다.

THE RE-SHAPING OF THE FAR EAST[I].534P.
(By B. L. Putnam Weale. 1911) 기록 사진(4)

Outside The Seoul Palase 대안문大安問 앞의 석조 공사와 일본 경비병들(534P)

대안문大安問 앞의 석조 공사(534P)

On The Seoul-Fusan Railway. 서울-부산간 열차(518P)

On The Seoul-Fusan Railway. 서울-부산간 열차(518P)

OLD KOREA

The Land of Morning Calm

by

ELIZABETH KEITH

And

ELSPET KEITH ROBERTSON SCOTT

OLD KOREA
The Land of Morning Calm

by

ELIZABETH KEITH

and

ELSPET KEITH ROBERTSON SCOTT

with

Notes by *Bishop Cecil* (37 years in Korea),
the late *Dr. James Gale* (author of many
works on Korea, where he lived for 40 years),
M. Yanagi (author of a life of William
Blake), *Dr. Frank Schofield* (formerly of
the Severance Hospital, Seoul), and *Dr.
Alice B. Appenzeller*, of Honolulu (who was
born in Korea and was for 20 years president
of Ewha college for women in that country)

PHILOSOPHICAL LIBRARY
NEW YORK

Cecil주교(한국에서 37년), 故 James Gale 박사(한국에서 40년 동안 살았던
한국에 관한 많은 작품의 저자), M. Yanagi (William Blake의 삶의 저자),
Dr. frank Schofield의 전 서울 세브란스 병원과 호놀룰루의 Dr. Alice B.
Appenzeller (한국에서 태어나 20년간 이화여대 총장을 역임)

Artist's Introduction

These sketches were made during various visits to Korea and some of them are of my earliest impressions of the country. They had to be chosen for their subject matter, often from a mass of unfinished studies. During war years my desire was to bring the sympathetic eyes of a world already sated with tales of horror, to this little known land, and I had do use the material at hand. The sketches in monochrome have suffered most, for Korea demands colour. Nevertheless I am grateful in these difficult days to be able present as many as sixteen colour plates. Through the medium of these pictures I have tried to give glimpses of the dress, homes, customs, and general culture of the Korean people.

By the kindness of various Koreans who posed in old style costumes I was able to get glimpses of the past. Some of these sittings, for example that of the famous scholar, the late viscount Kim-Yun-Sik, who sat for me in court dress, had to be brief. He was then very old and had not long been released from prison. My sister and I had arrived in Korea at a tragic time-about a month after the independence movement demonstrations throughout the country. There were thousands of Korean patriots, oven school children, in prison, and many Koreans were being tortured, although not one of them had used any kind of violence. They had done no more than march in procession waving Korean flags and shouting Masei! (long live Korea!). We heard many stories of heroism. Not a few people were killed. Yet in the calm faces of the Koreans there was nothing to slow what they were thinking and suffering. I sketched one woman of distinction who had been tortured in prison, but bore no hate towards the Japanese. Everything we heard made us admire the fortitude of the people. Their land had been taken from them by trickery, their Queen had been murdered, they were forbidden to wear their native dress, The school children were forced to speak Japanese. Many times I have seen men in the white national costume with their coats splashed with ink. Because the Japanese were trying to destroy Korean national individuality, the police had orders to commit these outrages. The ordinary, unthinking Japanese speaks of the Koreans with contempt, for there had long been a studied propaganda against them. But educated Japanese have respect, oven reverence, for Korean art and culture. Korean history goes back much farther than that of Japan. On my last visit to Seoul I found that all the young Korean men in the 'foreign style' stores could speak English as well as Japanese, but in every trade and profession the Koreans were discriminated against. Had it not been for the kindness of American and British missionaries I should never have been able to secure subjects for sketching. Indeed, I could not have got near the Korean people so as to obtain a sympathetic understanding of them. From time to time I have had letters from unknown friends who have bought my prints of Korean subject. I remember how the late Kermit Roosevelt wrote that he 'revelled in all the homely details of the "Korean Wedding Feast". My most recent appreciative message is from Owen Lattimore, the well-known authority on China. The United States was the hope of all persecuted Koreans. It was easy to slip over the border into China, but America was always the goal. The Korean settlement in Honolulu testifies that their hopes were not in vain. Thousands of Koreans there owe their lives and happiness to the United States, and there are many Koreans on the American mainland. Although Koreans of the last decade may not have appreciated her art treasures as they should have done the finest paintings, pottery, and sculpture having been taken to Japan-I hope the first act of justice will be the return of these stolen possessions to their birthplace, Korea. When, my last visit to Honolulu in 1936, I exhibited my latest as well as my earliest prints at the lovely Museum of fine Art presented by the late Mrs. Cooke, the Hawaii Koreans invited me to a party at which I showed them the complete set of Korean subjects from which these reproduced in this book are a selection. Many of the young Koreans had never seen their own country, but nevertheless they were wearing their national dress. The figure of a cock on the cover is such as is be seen in the animal and bird emblems in colour on shutters and pictures in domestic interiors. The black and white decorations of the chapters I have adapted from old Korean screens, woodcuts and crude coloured folk-art house decorations

Artist's 소개

이 스케치들은 한국을 다양하게 방문하는 동안 그려졌고, 일부 스케치들은 그 나라에 대한 나의 초기 인상들이다. 그것들은 종종 미완성된 수많은 연구물들 중에서 주제를 위해 선택되어야 했다. 전쟁 기간 동안 나의 바람은 이미 공포 이야기들로 가득 찬 세상의 동정 어린 눈들을 이 잘 알려지지 않은 땅에 가져오는 것이었고, 나는 가까이에 있는 재료들을 사용해야만 했다. 단색 스케치들은 한국이 색상을 요구하기 때문에 가장 큰 어려움을 겪었다. 그럼에도 불구하고 나는 16가지 색상의 접시들을 보여줄 수 있어서 이 어려운 날들에 감사한다.

이 사진들을 통하여 나는 한국인의 의복, 집, 관습 그리고 일반적인 문화를 살짝 보여주려고 노력했다.

옛날 스타일의 의상을 입고 포즈를 취한 다양한 한국인들의 친절에 의해 나는 과거의 모습을 엿볼 수 있었다. 예를 들어 그 유명한 학자인 고故 김윤식 자작의 것과 같은 이 자리들 중 일부는 간략하게 설명해야 했다. 그는 당시 매우 나이가 많았으며 감옥에서 나온 지 얼마 되지 않았다.내 여동생과 나는 전국적으로 독립운동 시위가 있은 후 약 한 달 후의 비극적인 시기에 한국에 도착했다. 수천 명의 한국인 애국자들과 오븐스쿨 아이들이 감옥에 있었고, 비록 그들 중 아무도 어떤 종류의 폭력도 사용하지 않았지만, 많은 한국인들은 고문을 당하고 있었다. 그들은 태극기를 흔들고 만세를 외치며 행렬을 하는 것 이상을 하지 않았다. 우리는 많은 영웅적인 이야기들을 들었다. 적지 않은 사람들이 죽임을 당했다. 그러나 한국인들의 침착한 얼굴에는 그들이 생각하고 고통 받는 것을 늦출 수 있는 것이 없었다. 나는 감옥에서 고문을 당했지만 일본인들에 대해서는 증오를 갖지 않았던 뛰어난 여성 한 명을 그렸다. 그들은 빼앗겼고, 왕비도 살해당했으며, 의복도 금지되었고, 학교 아이들도 일본어를 말할 수밖에 없었습니다. 저는 하얀 민족 의상을 입은 남자들이 외투에 잉크를 튀기는 것을 여러 번 보았습니다. 일본인들은 한국의 민족적 개성을 파괴하려 했기 때문에, 경찰은 이러한 격분을 저지르라는 명령을 받았다. 평범하고 사려 깊지 못한 일본인들은 한국인들을 경멸하며 말하는데 오랫동안 그들에 대한 선전이 연구되어 왔기 때문이다. 그러나 교육을 받은 일본인들은 한국의 예술과 문화에 대해 존경심과 굽은 경의를 가지고 있다. 한국의 역사는 일본의 역사보다 훨씬 더 거슬러 올라간다. 내가 지난 번 서울에 왔을 때, 나는 '외국 스타일' 매장의 모든 젊은 한국 남성들이 일본어뿐만 아니라 영어도 말할 수 있다는 것을 발견했지만, 모든 무역과 직업에서 한국인들은 차별을 받고 있었다. 미국과 영국 선교사들의 친절이 없었다면, 나는 스케치를 위한 과목들을 확보할 수 없었을 것이다. 사실, 나는 그들에 대한 동정 어린 이해를 얻기 위해 그 한국인 근처에 갈 수 없었을 것이다. 가끔 모르는 친구들이 한국어 판화를 구입해 온 편지들이 있었다. 나는 고인이 된 Kermit Roosevelt가 어떻게 그를 썼는지 기억한다. '한국 결혼식'의 모든 가정적인 세부사항들을 공개했다. 나의 가장 최근의 감사한 메시지는 중국의 저명한 권위자인 Owen Lattimore로부터 온 것이다. 미국은 박해받는 모든 한국인들의 희망이었다. 국경을 넘어 중국으로 빠져나가는 것은 쉬웠지만, 언제나 미국이 목표였다. 호놀룰루에 정착한 한인들은 그들의 희망이 헛되지 않았음을 증언하고 있다. 그곳의 수천 명의 한인들이 미국에 삶과 행복을 빚지고 있고, 미국 본토에도 많은 한인들이 살고 있다. 비록 지난 10년간 한국인들은 일본인이 가져간 최고의 그림, 도자기, 조각품들. 이 도둑맞은 예술품들을 고향인 한국으로 돌려주는 것이 정의의 첫걸음이 되기를 바란다. 1936년 내가 마지막으로 호놀룰루를 방문했을 때, 나는 고故 쿡 여사가 선보인 아름다운 미술관에 나의 최신 판화들과 초기 판화들을 전시했고, 하와이 한인들은 나를 파티에 초대했고, 그 파티에서 나는 이 책에서 재현된 한국어 주제들이 엄선된 한국어 전집을 보여주었다. 젊은 한국인들 중에는 모국을 본 적이 없는 사람들이 많았지만, 그럼에도 불구하고 그들은 민족 의상을 입고 있었다.

김윤식金允植

이용직李容稙

One of the most interesting and significant aspects of the Korean Independence Rising was the part taken by some members of the ancient aristocracy. This is a portrait of one of the aged Viscounnts, an account of whose action is given in chapter 6.

한국독립운동의 가장 흥미롭고 중요한 측면 중 하나는 고대 귀족 중 일부가 맡은 역할이었다. 이것은 6장에 그의 행동에 대한 설명이 있는 나이든 자작 중 한 사람의 초상화이다.

그림: 김윤식은 매우 나이가 많았으며, 감옥에서 나온 지 얼마되지 않았을 때 그린 그림이라고 화가는 기록하고 있다.
Old Korea. By Elizabeth Keith. P 59 제6장 2명의 관료 The Two Viscounts

온순해 보이는 이들의 봉기보다 폭군들에게 더 큰 놀라움은 없었을 것이다. 유순하고 멸시받는 한국인. 감히 만세를 외치며 자유를 선언하라! 일본인이 현명한 통치자였다면 '국민이 노래하게' 했을 것이다. 그러나 폭군은 현명한 경우가 거의 없다. 그래서 전화가 통화되고 군경 본부에서 명령이 내려졌고, 칼과 지팡이를 든 남자들, 그리고 나중에는 긴 소방관의 갈고리 장대를 든 남자들이 비무장하고 행복한 군중 속으로 돌진했다. 경찰은 조사를 기다리지 않고 일부를 비난하고 다른 일부를 체포했으며, 남학생과 여학생 모두에게 특히 잔인했다. 여학생들은 땋은 머리 때문에 끌려가면서도 '만세'를 외쳤다. 열두 살 난 어린 소녀는 매를 맞을 때마다 '만세'를 계속 외쳤고, 경찰이 심문을 하자 대답했다. '만세가 넘쳐서 도저히 나오지 않을 수가 없구나!' 노인과 청년이 백 명이나 붙잡혔다. 곧 감옥은 너무 꽉 차서 일부 감방에는 한동안 입석만 있을 정도였다. 체포가 잔인했다면, 모든 수감자들에게 '외국인 특히 '기독교 선교사'가 반란을 계획했고 그 배후에 있었다는 변명을 제시하고 이를 거부했을 때 이어지는 심문에서는 훨씬 더 나쁜 대우가 주어졌다. 외국인은 한국인의 신뢰를 얻지 못했다. 아마도 봉기의 가장 흥미로운 특징 중 하나는 옛 귀족이 맡은 역할이었을 것이다. 일본인은 그들 중 일부에게 후작, 자작, 남작 등과 같은 새로운 칭호를 부여했다. 이들 고위 인사 중 일부는 이제 일본 정부에 '명예'를 반환하고 전국 시위의 선두에 섰다. 일행 중에는 김윤식과 이용직이라는 두 노학자가 있었다. 그들은 명예를 포기했을 뿐만 아니라 하세가와 총독에게 청원서를 보내 그렇게 한 이유를 세 가지 제시했다. 청원서가 총독부에게 직접 전달되도록 하기 위해 김윤식의 손자가 선물로 준 스펀지 케이크의 속에 문서를 넣었다. '일을 하는 방법은 시대에 맞아야 좋고, 정부는 국민을 행복하게 해야 성공한다. 시대에 맞지 않으면 완전한 길이 아니며, 국민을 행복하게 하지 못하는 정부는 좋은 정부가 아니다'

'A way of doing things id good only as it accords with the times, and a government succeeds only when it makes its people happy. If the way is not in keeping with the age it is not a perfect way, and if the government fails to make its people happy, it is not a good government.

오늘날 거리에서 독립을 외치는 목소리가 들리면 셀 수 없이 많은 목소리가 이에 응답한다. 그 메아리로 온 나라가 진동하고, 여자들과 아이들도 마음속에 죽음을 두려워하지 않고 서로 경쟁한다. 이런 사태가 벌어지는 이유는 무엇일까? 터질 정도로 아픔과 억눌린 원한을 참아내고 더 이상 참을 수 없어 마침내 표현을 찾았고, 황하강이 범람하듯 파도가 일제히 무너지고 한 때 부서지면 그 힘은 돌아올 수 없을 것이다. 이것을 우리는 백성의 표현이라고 부르는데, 그것은 오히려 신 자신의 마음이 아닌가? 요즘 상황을 치료하는 방법에는 두 가지가 있다. 하나는 친절한 방법이고, 다른 하나는 억압하는 방법이다. 자유로운 방법은 친절하게 말하고 위로를 주어 두려움과 불안을 제거하는 것이다. 그러나 그렇게 되면 시위는 끝이 없을 것이다. 반면에, 잘라내고, 뿌리째 뽑고, 산산조각내고, 소멸하고, 소멸시키는 힘의 사용은 그것을 더욱 불태울 뿐 결코 그 정신을 정복하지 못할 것이다. 원인을 파악하지 못하면 결코 문제를 해결할 수 없다. '이제 행동에 나선 사람들은 한때 소유했던 것을 회복하여 노예 생활의 수치심을 없애기를 원한다. 그들에게는 맨손과 그들이 느끼는 분노를 말할 수 있는 혀 외에는 아무것도 없다. 이것으로 그들의 생각 밑에는 어떤 악한 동기도 깔려 있지 않다는 것을 알 수 있다. '선군인은 이런 사람을 불쌍히 여기고 용서하며 부드러운 동정심을 가지고 볼 것이다. 그러나 우리는 정부가 감옥을 채울 때까지 사람들을 좌우로 체포하고 있다는 소식을 들었다. 그곳에서 그들은 그 밑에서 폭력적인 죽음을 맞이할 때까지 그들을 채찍질하고, 구타하고, 고문한다. 정부도 죽은 자의 편이 될 때까지 무기를 사용하는데, 우리가 듣는 무서운 이야기를 우리는 견딜 수 없다. 그럼에도 불구하고 국가 전체는 더 많이 일어날 뿐이고, 국가를 무너뜨리는 데 사용된 힘이 클수록 혼란도 더 커진다. 어찌하여 너희는 원인을 보지 않고 그 원인을 무력으로 끊으려고만 생각하느냐? 곳곳에서 횡포하는 자들을 베고 죽여도 겉모습은 바꿀 수 있지만 마음은 결코 바뀌지 않는다. 모든 사람은 자신의 영혼 속에 독립이라는 단어를 새겼고, 방의 고요함 속에서 이를 외치는 사람은 셀 수 없을 정도로 많다. 다 체포해서 죽일 것인가? '사람의 목숨은 자라는 풀과 같이 처리할 것이 아니니라. 옛날에 만시우스가 체족의 태양왕에게 이르되, '나라를 빼앗아 윤족을 행복하게 할 수 있으면 빼앗아라. 그러나 그 소유권을 빼앗는 것이 그들을 비참하게 할 것 같으면 그것을 하지 말지니라.' 만키우스가 말했지만 왕은 주의를 기울이지 않았고, 결과적으로 그는 마침내 크게 부끄럽다고 말하는 지경에 이르렀다. 이것은 세를 살펴볼 가치가 있는 역사의 거울이다. 현자라 할지라도 자신이 살고 있는 시대를 거스를 수는 없다. 우리는 사람들의 태도에서 하나님의 마음을 읽는다. 한 민족이 행복해지지 않는다면, 그 땅을 소유할 수 있는 방법이 없다는 것을 역사는 우리에게 알려준다. '당신의 종들인 우리는 위험하고 어려운 이 시대에 이르렀다. 우리는 늙고 파렴치하니, 우리 나라가 합병되었을 때 귀족의 지위를 받아 관직에 오르고 수치스러운 삶을 살았으나, 우리의 순진한 백성들이 불과 물 속에 있는 것을 보고 더 이상 참을 수 없었다. 그리하여 우리도 남들과 마찬가지로 사생활 속에서 독립을 외쳤다. '우리는 우리의 주제 넘음을 두려워하지 않고 각하께서 그들과 일치하시기를 바라면서 우리의 마음을 말하고, 내각이 그것을 고려하고 단지 부드러운 말이 아니라 대의를 바로잡을 수 있도록 황제 폐하께 알리겠다. 억지로 하지 아니하고 오직 하늘이 허락하는 기회와 백성의 뜻에 따라 행한다. 그리하여 일본이 한국에 독립을 주고 일본과 조약 관계에 있는 국가들을 포함하여 전 세계에 한국의 정의가 알려지게 되기를 바란다. 의심할 바 없이 모두가 승인할 것이며, 일식처럼 태양과 달이 다시 빛과 광채를 되찾을 것이다. 당신의 이 행위를 칭찬하고 칭찬하지 않을 사람이 누가 있을까? '우리는 문 뒤에 숨어 있는 병들고 마음이 불편하여 세상사를 알지 못하는 주의 종들이다. 우리 불쌍한 나무꾼의 조언을 주정부에 제공하기 바란다. 당신이 동의하면 수많은 사람들이 행복해질 것이지만, 당신이 거부하면 우리 둘만 고통받을 것이다. 우리는 인생의 고비에 이르렀기에 우리 민족을 위해 우리 자신을 제물로 바친다. 우리는 그것을 위해 죽더라도 불평할 것이 없다. 나이가 많아 병실에 있는 우리는 설득력 있게 말하는 방법을 모른다. 각하께서 이 점을 고려해 주시기를 간절히 기도한다. 한마디로 우리 마음은 이렇게 말할 것이다. 두 노인 모두 즉시 체포되었다. 김윤식(85세)은 너무 늙고 병들어 감옥에 갇히지 못했는데, 손자가 대신 수감됐다. 내 생각에 손자는 '패들'의 희생자가 되었고 나중에 그의 끔찍한 처벌로 인해 사망했다.

이용직 노인은 체포된 후 심문을 받았는데 그 내용을 요약하면 다음과 같다.

경찰 심문관: 한국 본부가 어디에 있는지 아시나요?

이용직: 물론이다.

심문관: 이 운동의 배후에 누가 있는지 아시나요?

이용직: 물론이다.

심문관: 그렇다면 본부는 어디에 있고, 그 배후에는 누가 있는가?

이용직: 당신들 경찰 시스템이 이렇게 훌륭했는데, 지금, 이 두 가지 중요한 것을 모르시나?

심문관: 험담하지 말고 요점만 대답하세요!

이용직: 글쎄, 알고 싶으면 알려 줄 수도 있겠네. 물론 아주 비밀스러운 일이라, 공개적으로 이야기 할 수는 없다. 나에게 귀를 가까이 가져오면 알려주겠다(노인은 성실한 듯 보였고, 심문관은 그의 말을 듣고 싶어하므로, 위엄을 억제하고 열심히 몸을 굽혀 노인에게 귀를 바짝 대었다)(엄숙히) 한국 본부는 하늘에 있고, 그 뒤에는 2천만 한민족이 있다!

심문관: (노여워하며) 당신이 이런 움직임을 선동한 게 아니었나요?

이용직: 요즘 청년들은 너무 똑똑해서 노인들에게 조언을 구하러 오지 않는다.

심문관: 당신이 도쿄에 갈 계획이라고 들었습니다. 그게 사실인가요?

이용직: 그렇소, 정말 그렇네. 내가 도쿄에 간다면 그곳의 일본인들이 여기 있는 당신들보다 훨씬 나을 것이라고 기대하지만 머지않아 상황이 바로잡힐 것이라는 데에는 의심의 여지가 없다.

심문관: 당신이 늙은이가 아니었다면 우리가 당신을 구타했을 수도 있습니다!

이용직: 일본인이 노인을 공경한다는 이야기는 들어본 적이 없다. 실제로 일본의 일부 지역에서는 아버지가 늙으면 그들을 산으로 데려가 산비탈에 던져 아래 계곡에 도달하면 죽인다는 소식을 들었다!

경찰 심문관에 대한 이용직의 또 다른 대답은 일본인과 조선인의 사고방식 사이에 메울 수 없는 간격이 있음을 보여준다. 심문인이 이용직에게 질문하는 중에 이용직의 대답 중 하나인 '진정한 권력이 무엇인가'라고 묻자 이용직 노인은 진정한 권력은 우리가 오늘 너희들에게 통일된 민족의 정신을 보여주고 있는 것이다. 당신들은 전함과 군대를 가지고 있다고 말하지만, 만세를 함께 부르면 우리 한민족을 하나로 묶는 정신을 꺾을 수 없다. 그것이 진정한 권력이다!

출처: Old Korea by Elizabeth Keith 39~42 pages

Foreword by Bishop Cecil

I have read the manuscript of this book, written by one who was indeed only a visitor to Korea for a few months, but in those months events were happening which made the time a milestone in Korean history. Outwardly, the 'Independence Movement' of 1919 produced no effect except greater repression, stricter regulations, and for thousands, untold suffering, loss of personal liberty, or death. Spiritually it stirred up and strengthened throughout Korea the sense of national unity and desire for independence and national expression which no repressive measures could stifle. Korea, with a population of between 24,000,000 and 25,000,000, ranks about twelfth among the nations of the world. Occupied by Japan since 1905, and formally annexed as a province of the Japanese Empire since 1910, it is almost unknown to the Western World, yet it may well be called the strategic Centre of the Fence, that Far East, for its northern borders are conterminous with China and Russia, and its southern coast it only 150 miles from Japan. The Chino-Japanese and Russo-Japanese wars both began in Korea. To-day, when Japan has been defeated, Korea waits for the fulfilment of the guarantee given by the Cairo Conference, that her status as an independent nation will be restored in due course. How this is to be accomplished, what form of government will be established, how far the Korean people are capable of becoming a politically and economically stable sources and to what extent advice and nation, from what sources and to what extent advice and assistance will be needed, are all vitally important problems, owing to the strategic position of the country. Although a quarter of a century has passed since the events related in this book took place, and during these years great changes have occurred in the material development of 'The Land of Morning Calm,' and efforts to suppress national customs, traditions, and language of Korea were intensified, the Koreans still retain their distinctive characteristics which differentiate them from both the Japanese and Chinese. If it be true that trials and adversities help to show what men's characters really are, then the character of the Koreans depicted in this book help to show us the true spirit of Korea. Mrs. Robertson Scott writes only of what she saw and heard while staying in Korea for a short time, but as I read the manuscript, I who made Korea my home thirty-seven years ago, felt myself taken back to those tragic days, with its many heroes and heroines. The post-War future of many nations, for better known than Korea, engages the interest of the world, but the future of few if any of them may be of equal importance with that of Korea, and it is in hopes of rousing greater knowledge of, interest in, and sympathy for Korea that the author (editor of the Korean classic, The Cloud Dream of the Nine, Eastern Windows, etc.) gives this book to the world.

By Bishop Cecil 서문

나는 실제로 한국을 방문한 지 몇 달 밖에 안 된 사람이 쓴 이 책의 원고를 읽은 적이 있지만, 그 몇 달 동안 그 시간이 한국 역사의 한 획을 긋는 사건들이 일어나고 있었다. 겉으로 보기에 1919년의 '독립운동'은 더 큰 억압, 더 엄격한 규제, 그리고 수천 명에게 말할 수 없는 고통, 개인적 자유의 상실 혹은 죽음 외에는 아무런 효과도 거두지 못했다. 정신적으로 그것은 어떤 억압적인 조치도 억누를 수 없는 독립과 표현에 대한 국민적 통합과 열망을 한국 전역을 자극하고 강화시켰다. 24,000,000명에서 25,000,000명의 인구를 가진 한국은 세계 국가 중 약 12위이다. 1905년부터 일본에 의해 점령되었고, 1910년부터 일본 제국의 한 지방으로 공식적으로 합병된 이곳은 서양에 거의 알려지지 않았지만, 북쪽 국경이 중국, 러시아와 맞닿아 있고, 남쪽 해안이 일본과 150마일 밖에 떨어져 있지 않기 때문에 한국은 지장학적으로 전략적 중심지라고 불릴 만하다 청일전쟁과 러일전쟁은 모두 한국에서 시작되었다. 일본이 패망한 오늘, 한국은 카이로 회담이 제시한 일본으로부터 독립국가 지위가 적절한 시기에 회복될 것이라는 보장의 이행을 기다린다. 이것이 어떻게 이루어질 것인가, 어떤 형태의 정부를 수립할 것인가, 한국인이 정치적, 경제적으로 안정적인 자원이 될 수 있는 능력이 어디까지 있는가, 이 책과 관련된 사건들이 일어난 지 4반세기가 흘렀고, 그동안 '아침고요의 나라'라는 소재 개발에 큰 변화가 일어났고, 한국의 민족적 관습과 전통, 언어를 억압하려는 노력이 심화되었지만, 한국인들은 여전히 일본인과 중국인 모두와 차별화되는 독특한 특징을 유지하고 있다. 시련과 역경이 사람의 실제 모습을 보여주는 데 도움이 되는 것이 사실이라면, 이 책에 묘사된 한국인의 모습은 한국의 진정한 정신을 보여주는 데 도움이 된다. 로버트슨 스콧여사는 한국에 잠시 머물면서 보고 들은 것만 쓰고 있지만, 원고를 읽으며 37년 전 한국을 나의 집으로 만든 나는 많은 영웅과 여주인공들과 함께 비극적인 시절로 되돌아가는 것을 느꼈다. 한국보다 더 잘 알려진 많은 나라의 전후 미래는 세계의 관심을 끌지만, 만약 어느 나라라도 한국의 미래와 동등하게 중요할 수 있고, 저자(한국 고전, 아홉 개의 구름의 꿈, 동쪽 창문의 편집자 등)가 이 책을 세계에 알리는 것은 한국에 대한 더 많은 지식과 관심, 공감을 불러일으키기 위한 것이다.

Preface by Mrs. Robertson Scott

In Far Eastern Asia the peninsular country of Korea, which is slightly less in size than Great Britain, runs south from the mainland between Manchuria and Japan, and is 11,000 miles from Great Britain and 5,000 from the United States.

The Koreans stirred themselves slowly from their sleep of the middle Ages.

Unlike Japan, who awoke to find a glad, kind, if somewhat condescending world, ready with hand outstretched to guide her in the ways of new and strange civilisations, Korea was roused by the stamp of armed men, and the cry of a murdered Queen.

She found herself helpless before a military equipment which transcended her own by years of material progress.

The Koreans have a history of 4,500 years. Racially they belong to the great Chinese family, and it is through Chinese influence that they early adopted Confucianism. It was in 1895 that Japanese agents murdered the Korean Queen Min, a woman of high intelligence, force of character, and passionate patriotism, who saw the danger to her country and hated the ingratiating Japanese.

Western civilization may be said to have made its entry into Korea in 1904, when Imperial Rusia threatened her southern neighbours. An alert Japan was quick to see that a friendly Korea was a necessity if she was to hold her own against Russia.

Korea, also realizing the danger of the Russian menace, willingly allied herself with Japan, lent money to the Japanese Government, allowed the passage of troops and war material through her country, and supplied troops to fight alongside the Japanese. All this, with a friendly China in the background, helped Japan to score a victory over Russia, but the Japanese never repaid the money borrowed from Korea, nor did she acknowledge Korea's share in the victory.

Japan's next move was to send her astute Prince Ito to represent her in Korea on the plea of helping Korea to master the ways of modern government. The western nations. Who them admired the 'gallant little Japs', applauded Japan's action, and the general opinion was that Japan was the best tutor for Korea who had lagged so far behind in the modern race.

The Korean Emperor and his Ministers wished, however, to rule their country in their own way, and one of the most enlightened Ministers, Prince Min Tong Whan, committed suicide in protest against Japan's seizure of power. The emperor resolutely refused to sign a treaty presented by Ito, but he was too old and weak, without the aid of his able Queen, to override Japanese cunning and pertinacity.

It must be recognized also that Ito was a far-seeing statesman, and that if he had remained longer in Korea things might have gone better for the people, but their intense hatred of the Japanese was deeply rooted.

Korea had herself to blame for her long sleep, and to the indifferent outside world there was nothing of which she seemed so much in need as the pinching and prodding of the clever, militarily disciplined, unresting Japanese.

I may repeat an old story of a conversation between two well-known men, Dr. Gale and baron Yun-che-ho, as they were sailing one day on the Yalu River, just after the Russo-Japanese war. The two friends had been discussing Korea;s future. The Baron had been educated and had travelled in the west, and he knew that korea was not then ready to stand alone against the pressure of the modern world.

Said Dr. Gale to the Baron, 'If you fear that your country will be dominated either by Russia or Japan, which of the two powers would you prefer to dominate her?'

The Baron made no reply for a little time, and then said in a thoughtful tone, 'If Russia dominates us we shall have an easy time but we shall learn nothing.

If Japan dominates us, she will comb us as with a fine tooth comb, but we shall make progress.'

Alas, the baron's prophetic 'fine tooth comb' proved to have teeth of steel!. He himself had reason to remember his own words during the time of the Conspiracy Trial in 1912 when, blameless, he was unjustly sentenced to ten years' penal servitude.

Japanese officials, even those in Korea, were by no means all monsters.

There were even Japanese who appreciated korea too well!. Among these are her students of ancient Korean culture and treasures. The best, the most lovely, specimens of Korean pottery, bronze and carved wooden figures, were removed from the peninsula and added to Japan's art treasures.

The temples at Horiuji in Japan bear witness to the wealth of ancient Korean culture. The tale has so often been told of how Japanese admirers of Korean art of about 1598 showed their appreciation. Koreans had been the inventors of a lovely, delicate porcelain of a pastel shade. The Japanese coveted this pottery with such intensity that they not only removed the pottery but carried off the potters also and established them at Satsuma in Japan, which has given its name to a porcelain made there. Ancient Korean 'satsuma' was exquisite, the modern Japanese variety is greatly inferior.

Unarmed, Korea has had to take the buffetings and contemptuous kicks of her ancient enemy, but within her heart and soul every insult has been registered.

Many of her people were dispossessed off their land and their homes.

Thousands of Koreans trekked on foot hungry and almost penniless over the bleak mountain border of Manchuria. At times it has seemed as if heaven and earth were deaf to the sorrows of Korea. Slowly a new spirit awoke. From north to south, from east to west, the message ran, and on the first day of March, 1919, came the great day of the Independence Rising.

This book is an account of what was happening in Korea during my three months, stay there in march. April and May of 1919, after staying in Japan for nearly five years, mostly in Tokyo. Like the apostles of old, our hearts 'burned within us' as we heard the stories that poured into the Mission where we boarded, of imprisoned students, of tortured men and heroic girls, both 'heathen' and Christian, subjected to many indignities. The notes made while in Korea are records of what happened within our immediate knowledge or from information gathered daily by us. We had introductions to many important Japanese officials and were treated with courtesy by all to whom we made ourselves known. Far from having any prejudice against Japan, we had gone to Korea with the kindliest feeling towards the Japanese for we had many good Japanese friends in Tokyo. We were prepared to believe that Korean troubles were probably exaggerated.

My sister, whose colour prints of Koreans have since become widely known in the Far East, in America and in Great Britain, stayed in the Far East for some years after my three months, holiday in Korea had ecded.

A portion of chapter 7n is reproduced from an article of mine in the New York magazine, Asia.

My sister and I desire to express our indebtedness to Bishop Cecil, Father Lee, Miss Appenzeller, and Miss Elizabeth Roberts for their kind help.

Robertson Scott 여사의 서문

극동 아시아에서는 영국보다 약간 작은 반도 국가인 한국이 만주와 일본 사이의 본토에서 남쪽으로 뻗어 있으며 영국에서 11,000마일, 미국에서 5,000마일 떨어져 있다. 조선인들은 중세의 잠에서 깨어나 천천히 몸을 일으켰다. 새롭고 이상한 문명의 길로 인도하기 위해 손을 내밀 준비가 되어 있는 즐겁고 친절하며 다소 겸손한 세계를 발견한 일본과 달리 한국은 무장한 사람들의 발걸음과 살해된 여왕의 비명에 일깨워졌다. 그녀는 수년간의 물질적 진보로 인해 자신의 능력을 초월한 군사력 앞에서 무력감을 느꼈다. 한국인의 역사는 4,500년이다. 인종적으로 그들은 중국 대가문에 속하며, 일찍이 유교를 받아들인 것은 중국의 영향을 받았다. 1895년 일본 요원들이 높은 지능과 강인한 성격, 열정적인 애국심을 지닌 여인 민왕후를 살해했다. 그녀는 조국에 대한 위험을 보고 환심을 사는 일본인을 증오했다. 서구 문명은 러시아 제국이 남부 이웃 국가들을 위협했던 1904년에 한국에 들어왔다고 할 수 있다. 일본은 러시아에 대항하려면 우호적인 한국이 필요하다는 것을 재빨리 알아차렸다. 한국 역시 러시아의 위협을 깨닫고, 기꺼이 일본과 동맹을 맺고 일본 정부에 돈을 빌려주며 군대와 전쟁 물자의 자국 통과를 허용하고 일본과 함께 싸울 군대를 공급했다. 이 모든 것이 우호적인 중국을 배경으로 일본이 러시아를 상대로 승리를 거두는 데 도움이 되었지만, 일본은 한국에 빌린 돈을 결코 갚지 않았고, 한국의 승리 몫을 인정하지도 않았다. 일본의 다음 조치는 한국이 현대 정부의 방식을 숙달할 수 있도록 돕기 위해 기민한 이토를 한국에 파견하여 한국을 대표하는 것이었다. '용감한 꼬마 일본놈들'을 동경하고 일본의 행동에 박수를 보내며, 현대 경주에서 한참 뒤쳐져 있던 한국에게 일본이 최고의 스승이라는 것이 대체적인 의견이었다. 그러나 대한제국 황제와 대신들은 자신들의 방식으로 나라를 통치하기를 원했고, 가장 계몽적인 대신 중 한 명인 민영환은 일본의 권력 장악에 항의하여 자살했다. 황제는 이토가 제시한 조약에 서명하는 것을 단호히 거부했지만, 유능한 여왕의 도움 없이는 일본의 교활함과 완고함을 무시하기에는 너무 늙고 약했다. 또한 이토는 선견지명이 있는 정치가였으며, 만약 그가 한국에 더 오래 머물렀다면, 국민들에게 상황이 더 좋아졌을 수도 있었겠지만, 일본에 대한 그들의 강렬한 증오심은 뿌리 깊게 박혀 있었다는 사실도 인식해야 한다. 한국이 오랫동안 잠을 자고 있는 것은 자신의 책임이었고, 무관심한 외부 세계가 보기에 한국에게 가장 필요한 것은 영리하고 군사적으로 규율이 잘 잡혀 있으며, 불안한 일본인을 꼬집고 재촉하는 것만큼 필요한 것은 없었다. 러일전쟁 직후 어느 날 압록강을 항해하던 중 게일 박사와 윤치호 대신이 나눈 대화에 대한 오래된 이야기를 반복하겠다. 두 친구는 한국의 미래에 대해 논의하고 있었다. 대신은 교육을 받고 서부를 여행한 경험이 있었으며, 당시 한국이 현대 세계의 압력에 맞서 홀로 설 준비가 되어 있지 않다는 것을 알고 있었다. 게일 박사는 대신에게 '만약 당신의 나라가 러시아나 일본의 지배를 받을까 두렵다면 두 강대국 중 어느 쪽을 선택하시겠습니까?'라고 말했다. 대신은 잠시 동안 대답이 없더니 생각에 잠긴 어조로 말했다. '러시아가 우리를 지배한다면 우리는 편해지겠지만 아무것도 배우지 못할 것이다. 일본이 우리를 지배하면, 고운 빗처럼 우리를 빗질하겠지만 우리는 전진할 것이다.' 아아, 대신의 예언적인 '가는 이빨 빗'은 강철 이빨을 가지고 있음이 입증되었다. 그 자신도 1912년 음모재판에서 무고하게 10년의 징역형을 선고받았을 때 자신이 한 말을 기억할 이유가 있었다. 일본 관리들은 심지어 한국에 있는 관리들도 결코 괴물은 아니었다. 심지어 한국을 너무 좋아하는 일본인도 있었다. 이들 중에는 고대 한국 문화와 보물을 배우는 학생들도 있다. 가장 훌륭하고 아름다운 한국 도자기 · 청동 · 목각 조각품의 표본이 한반도에서 옮겨져 일본의 예술 보물로 추가되었다. 일본 호리우지(Horiuji)에 있는 사찰은 고대 한국 문화의 풍부함을 증언하고 있다. 1598년경 한국 미술을 숭배하는 일본인들이 어떻게 감상을 표현했는지에 대한 이야기가 자주 들려왔다. 한국인들은 파스텔 톤의 사랑스럽고 섬세한 도자기를 발명했다. 일본인들은 이 도자기를 너무나 탐내서 도자기를 착취했을 뿐만 아니라 도공들도 데려가 일본 사쓰마에 세웠는데, 이것이 그곳에서 만든 도자기에 이름이 붙여졌다. 고대 한국의 '사츠마'는 절묘했지만 현대 일본의 품종은 크게 열등하다. 무장하지 않은 한국은 오랜 적의 구타와 경멸적인 발길질을 견뎌야 했지만, 한국의 마음과 영혼 속에는 모든 모욕이 기록되어 있다. 그녀의 사람들 중 많은 사람들이 땅과 집에서 쫓겨났다. 수천 명의 조선인들이 배고프고 거의 한 푼도 없이 만주의 황량한 산악 경계를 걸어서 걸어갔다. 때로는 하늘과 땅이 한국의 슬픔에 귀를 기울이지 않는 것처럼 보였다. 천천히 새로운 영이 깨어났다. 북쪽에서 남쪽으로, 동쪽에서 서쪽으로 메시지가 흘러갔고, 1919년 3월 1일 독립운동봉기의 위대한 날이 다가왔다. 이 책은 나의 3개월 동안 한국에서 일어난 일들을 기록한 책이다. 3월에는 그곳에 머물러라. 1919년 4월과 5월, 거의 5년 동안 일본에 머물렀고 주로 도쿄에 있었다. 고대의 사도들처럼 우리가 탑승한 선교부에 투옥된 학생들, 고문을 당한 남자들과 영웅적인 소녀들, '이교도'와 기독교인 모두 많은 모욕을 당했다는 이야기를 들었을 때 우리 마음은 '우리 안에서 불타올랐다.' 한국에 있는 동안 작성한 메모는 우리가 직접 알고 있는 범위 내에서 일어난 일에 대한 기록이거나 우리가 매일 수집한 정보를 바탕으로 한 것이다. 우리는 많은 중요한 일본 관료들을 소개받았고, 우리가 소개된 모든 사람들로부터 예의 바른 대우를 받았다. 우리는 일본에 대한 어떤 편견도 갖지 않고, 도쿄에 좋은 일본인 친구들이 많았기 때문에 일본인에 대해 가장 친절한 마음을 갖고 한국에 갔다. 우리는 한국의 문제가 아마도 과장되었을 것이라고 믿을 준비가 되어 있었다. 그 이후로 한국인의 컬러 프린트가 극동 · 미국 · 영국에 널리 알려지게 된 내 여동생은 내가 한국에서 휴가를 보낸 지 3개월이 지나고 몇 년 동안 극동에 머물렀다. 7장의 일부는 뉴욕 잡지 Asia에 실린 내 기사에서 발췌한 것이다. 제 여동생과 저는 세실 주교님 · 리 신부님 · 아펜젤러 양 · 엘리자베스 로버츠 양의 친절한 도움에 감사하다는 말을 전하고 싶다.

간이 주막
The Eating House

필자가 구한말 당시 음식점 풍습을 스케치한 장면

남성 전용, 쥐 용! 이곳은 고급 맛집이 아니다.

일하는 남자들이 식사를 사러 오는 일종의 장소이다. 열린 문 너머로 고소한 냄새가 풍긴다. 훌륭한 세트 냄비에는 모든 한국 음식이 그렇듯 고추와 기타 조미료를 넣어 매콤한 끓는 국물이 가득 차 있다. 창문 너머로 보이는 남자는 거대한 반죽 덩어리를 반죽하고 있고, 그 안에 빨간 대추를 두드리고 있다. 요리와 서빙을 위한 빛나는 구리와 황동 접시가 있다. 이곳은 특히 추운 날씨에 먼 거리를 걸어서 이동하고 무거운 짐을 들고 다니는 짐꾼들에게 큰 매력을 지닌 곳이다. 걸쭉한 당면 국물이 부드럽게 거품을 내서 보기에도 좋다. 베르미셀리(국수)는 자르지 않은 긴 끈으로 만들어지며, 이탈리아인들이 마카로니를 먹는 것처럼 한입 먹는다. 선반 위의 항아리에는 다양한 피클이 들어 있고 커다란 가마솥 하나에는 쌀이 가득 들어 있다. 한국산 쌀의 품질은 많은 사람들이 중국산이나 일본산 쌀보다 더 선호할 정도이다. 나머지에는 건어물 · 얇게 썬 배 · 김치라고 불리는 유명한 토종 양배추 피클(배추김치)이 있다. 한국인들은 아름다운 놋그릇과 놋숟가락으로 음식을 먹는다. 그들은 또한 젓가락을 사용한다. 집에서는 테이블에서 그릇을 들어올리는 것이 예의에 어긋나지만, 식당에서는 자유롭다. 아마도 여성들은 공공장소에서는 식사를 하지 않고 항상 집에서 식사를 하기 때문일 것이다. 이 식당의 바닥은 진흙으로 되어 있고, 딱딱하게 두드려져 있으며, 어두운 구석과 상자 뒤에는 쥐들이 행복한 삶을 살고 있다. 먹는 사람과 음식 위에는 항상 파리 떼가 윙윙거리지만, 파리가 아무리 많아도 남자들처럼 낮잠을 자지는 않는다. 방에서든지, 거리에서든지, 그 사람의 생활 방식에 따라. 노동자들을 위한 이 식당만큼 작고 우중충한 곳의 문간 위 두루마리(간판)에는 '이 식당은 가장 좋은 식당이다! 라고 쓰여 있다.

출처: Old Korea by Elizabeth Keith 14 pages

연 날리기
Kite—Flying

바느질하는 여인
Woman Sewing

사찰 내부 장식품과 불공을 드리는 여인들

전통 한옥
Korean Domestic Interior

신부新婦

The Bride

이웃집 여인과의 속삭임

CONTRASIS

학자(선비)들

Two Scholars

모자가게

The Hat Shop

The Widow

Turs lady with the sweet, sad face is a widow from northern Korea. When she sat to be sketched, she had just come out of prison where she had endured torture. She looked serene and unembittered, although there were signs on her body I was told of the treatment she had endured.
This widow mourned not only the loss of her husband. Her only son had been taken by the Japanese, and she did not know if she would ever see him again.
He was a patriot during the Rising.
It was summer when I sketched the widow, and she was wearing the traditional creamy gauze full skirt over baggy trousers, her bodice was of crisp hemp.
The people of northern Korea stick to their traditional style of head dress.
It was hot weather but the widow wore the northern head dress which must have been very warm, more especially as, like most Korean women, her shiny black hair was ong and thick and coiled round the head.

미망인

우아하고 슬픈 얼굴을 한 여인은 북조선의 미망인이다. 그녀가 스케치를 하기 위해 앉아 있었을 때, 그녀는 고문을 견디며 감옥에서 막 나온 상태였다. 그녀의 몸에는 징후가 있었지만 그녀는 고요하고 차분해 보였다. 나는 그녀가 견뎌온 고문에 대해 들었다. 이 미망인은 남편을 잃은 슬픔만은 아니었다. 그녀의 외아들은 일본군에게 잡혀갔고, 그녀는 그 아이를 다시 볼 수 있을지 알 수 없었다. 그는 봉기(3 · 1 독립만세운동) 당시 애국자였다. 내가 그 미망인을 스케치한 때는 여름이었는데, 그녀는 헐렁한 바지 위에 전통적인 크림빛 거즈 풀 스커트를 입고 있었고, 그녀의 몸통은 바삭바삭한 대마로 짠 치마를 입고 있었다. 북조선 사람들은 전통적인 머리 장식 스타일을 고수한다. 더운 날씨였지만 미망인은 매우 따뜻했을 북쪽 머리 장식으로 단장하였다. 특히 대부분의 한국 여성들처럼 빛나는 검은 머리가 길고 굵으며 머리 주위에 감겨져 있었다.

출처: Old Korea by Elizabeth Keith 40 pages

미망인
THE WIDOW

이 미망인은 3·1독립만세운동 당시 체포되어 감옥에서 고문을 당했지만,
일본인들에 대해서는 증오를 갖지 않았던 뛰어난 여성 한 명을 그렸다고 기록했다.

옛날 학교 모습
The School Old Style

하늘 천, 따 지, 탈 유 울, 사람 인 (Ha nul chun, da chi, tal u ul, sarram in)

뜨겁고 뜨거운 햇빛 속에서 이 후렴은 서울의 옛 성문 옆 골목에 있는 두껍고 흰 벽의 열린 대문을 통해 웅웅거리며 흘러 나왔다. 우리는 안뜰을 들여다보았고 그림은 우리가 본 것을 말해준다. 소년들은 구호에 맞춰 그들의 작은 몸을 허리에서 앞뒤로 흔들었다. 실내모자를 쓴 훈장은 마치 조각된 인물처럼 꼼짝도 하지 않고 앉아 있었다. 아마도 그는 어떤 시적인 공상을 꿈꾸고 있었을 것이다. 유학자들은 훌륭한 운문 작가들이기 때문이다. 긴 대나무 막대로 무장한 감시자가 항상 학생들을 감시하고 있었기 때문에 그는 걱정할 필요가 없었다. 목소리가 나오지 않거나 작은 머리가 지쳐서 한쪽이나 허리를 돌리면 매가 날카로운 휘파람 소리와 함께 게으른 사람의 등이나 가장 가까운 부분에 내려왔다. 그러자 그 작은 소년은 약간의 활력을 보이면서 재빨리 웅얼거림을 다시 시작했다. 잠시 후 두 번째 구호가 시작되었고 학급에서 실수를 했을 때 명랑하고 장밋빛 얼굴을 한 통통한 젊은 여성이 안뜰 오른쪽에 있는 열린 창문 밖으로 머리를 내밀고 학생들을 바로잡았다. 탁 트인 안뜰 왼편에는 훈장의 부엌이 있었고, 노처녀는 가족 식사로 분주했다. 이 분위기는 어둡고 시원해 보였다. 바닥은 흙으로 되어 있었고 나무 선반은 많이 사용해서 윤이 나고 어두웠다. 요리하는 그릇은 놋이었고 도자기는 거친 붉은색이었다. 말린 과일, 고대 조롱박, 밝은 붉은 고추 다발이 그림자 속에서 색을 입혔다. 소년들이 외치고 있던 단어는 무엇이었나요? 한자의 첫 4개 표의문자로서 하늘·땅·달·사람을 의미한다. 이런 흥미로운 것들을 배우는 소년들은 기억을 통해 지식을 얻어야 하며, 수천 개의 한자가 있기 때문에 감시자가 그의 교정 막대에 아직 많이 쓸모가 없을까 두렵다! 이 학교에는 여자아이가 다니지 않지만, 장밋빛 얼굴을 한 그 아이는 어떻게 해서든지 약간의 배움을 얻을 수 있었다. 소년들은 외국인들과 스케치하는 예술가들의 존재에 익숙해지고, 많은 노래를 부르며 목이 말랐을 때, 주인에게 무언가를 말했다. 그는 여보를 외쳤다! 여보! 그리고 그의 늙은 아내가 엿보더니 박 하나에 손을 뻗었고, 진흙 바닥에 가라앉은 검은 항아리의 입구에서 뚜껑 두 개를 꺼내서 각 소년에게 차례대로 물을 마시게 하려고 박을 물에 담갔다. 날은 더워졌다. 안뜰 곳곳에는 파리들이 끊임없이 돌아다니고 있었다. 작은 소년들이 지쳐도 이상하지 않다. 그러는 동안 안뜰 벽에 열린 틈을 통해 하얀 꼭대기 산과 푸르고 푸른 하늘이 있는 매혹적인 풍경이 보였다.

출처: Old Korea by Elizabeth Keith 54 pages

붉은 관복의 왕족

Young Man in Red

민씨閔氏댁 딸

A DAUGHTER OF THE HOUSE OF MIN

Colour Etching, Courtesy of the Beaux Arts Gallery, London

함흥지방의 여인

A Hamheung Housewife

학자

The Country Scholar

수원

Water Gate

수원 외곽에 완벽하게 자리 잡은 이 아름다운 문은 한국 건축물의 전통이다. 흐르는 물이 있는 곳이면 어디든 가족 의복을 개울의 부드러운 바위에 두드리는 여성과 소녀를 찾는 것도 한국의 전형적인 일이다. 한국 여성들에게는 최고의 세탁소이며 그들의 방법은 가장 거친 면을 섬세한 아름다움의 소재로 변화시킨다. 나는 14세기에 기초가 세워진 이 수문을 처음 보고 최근에 복원된 것에 대해 실망했지만, 새로움은 쇠퇴할 것이고, 다시 재건해야 할 때, 그것은 14세기와 똑같이 지어졌을 것이다. 다른 곳에서도 언급했듯이, 한국 건축물을 진심으로 감상하는 일본인이 있다. 현존하는 가장 오래된 한국 목조건물은 일본 Horiuji에 있다. 내 판화를 수집하는 일본 수집가들은 건축 주제에 대해 큰 감사를 표했다. 어느 날 일본인 감정가가 건축 인쇄물 중 하나인 한국의 지붕 선이 일본이나 중국의 곡선과 매우 뚜렷하고 개별적이라고 말했던 것을 기억한다.

출처: Old Korea by Elizabeth Keith 62 pages

유교 의례복을 입은 귀족

Noblman Dressed For Confucian Ceremony

보자르 갤러리(런던) 제공
Courtesy of the Beaux Arts Gallery, London

1920년 이후 북경에서도 유교의 춘추행사는 중단됐다. 나는 서울 유교사에서 이 노신사가 행사를 주관하는 것을 처음 보았다. 유교 사원에는 장식이 거의 없지만 이 사원의 많은 기둥은 아름다운 주홍빛이었고 안뜰은 항상 티끌 하나 없이 깨끗했다. 날씨는 추웠고, 유림은 궁정 예복 모자 아래에 모피 머리 장식을 쓰고 있었다. 이 행사에는 정부 초청으로 방문객들이 왔고, 일본식으로는 프록코트와 실크 모자를 쓴 관리들이 참석했다. 나는 북경의 유교 사원에서 거행되는 것보다 서울의 의식이 전통에 더 가깝다는 것을 확신했다. 소위 말하는 어떤 운동도 더 골동품이라고 생각하기는 어려울 것이다. 대부분의 훈련은 사찰 앞의 돌단에서 이루어졌는데, 이 단은 앞뒤로 7~8개의 돌계단을 거쳐야 했다. 남자들은 약 20명 정도의 무리로 구성되어 있었다. 그들은 옷을 여러 번 갈아 입었다. 일부 의복은 낡았고 사랑스러운 밀봉 왁스 빨간색으로 부드러워졌다. 다른 것들은 녹색이었고 대부분은 파란색이었다. 드럼을 치면 음악이 울부짖고 울부짖었다. 나는 도쿄의 궁중 무도회에 참석했을 때 잘 알려진 바와 같이 일본이 의례 무용으로 초기 한국 음악을 많이 모방했다는 사실을 발견했다. 서울에서 열린 기념식에 등장한 이상한 악기 중 일부는 돌로 만들어졌다. 특이한 장면을 스케치하려고 노력했지만 선명한 그림을 연출하기가 어려웠다. 너무 황홀해서 어떤 장면과 어떤 의상이 가장 눈길을 끌었는지 판단하기가 쉽지 않아서 포기하고 그냥 앉아서 바라만 봤다. 생쌀 · 기장 · 콩 · 완두콩 · 고기 등을 인접한 학교에 차려 공양하여 대학생들과 교수들, 저명한 학자들과 손님들에게 나누어 주었다. 의식이 끝날 때와 병동이 큰 불에 태워진 후에 제공되는 사랑스러운 흰색 비단 두루마리도 있었다. 나중에 게일 박사의 친절로 노신사가 와서 나를 대신해 앉았다.

출처: Old Korea by Elizabeth Keith 63 pages

A Sketch from a Colour Print
체스 게임
A Game of Chess

TONG SEE, the Buddhist Priestess
불교 신도

Young Man in Red
관복을 입은 청년

이 청년은 아버지와 할아버지가 궁궐에 나갈 때 입는 관복을 입고 있다. 붉은색 망토로 만든 겉옷은 푸른색 로브 위에 장식이 달려 있고, 착용자가 움직일 때마다 찰칵 소리를 내는 작은 백옥구슬 주머니가 있다. 벨트는 허리에 딱 맞아야 하는데 큰 원 모양으로 눈에 뜨인다. 대모갑과 가죽으로 제작되었다. 앞치마 아래에는 착용자의 계급을 나타내는 두 개의 금색 단추가 있다. 모자는 골드 포인트가 있는 말털 소재이다. 발이 짧아 보이고 작아 보이게 만드는 넓은 윗부분의 부츠에 주목하면 관리는 왕을 위한 청원서가 적힌 흰색 상아 타블린을 손에 들고 있었다. 새로운 청원이 필요할 때마다 표면을 세척할 수 있다. 하급 관리들은 파란색 가운과 검은 머리 장식을 입었다. 순위는 흉패에도 황새 한두 마리로 표시되어 있다. 관리들은 계급에 따라 한두 마리의 호랑이를 휘장으로 사용하기도 했다. 모자에 날개가 달린 것은 사자가 왕에게 전하는 소식을 전한다는 의미였다. 그는 왕의 메시지를 듣고 의자에 앉아 그 자리를 떠날 것이고 걷지도 않을 것이다. 왕이 쓴 모자에는 위쪽을 향한 날개가 있었는데, 이는 왕이 위에서부터 메시지를 받았다는 것을 의미한다. 또 다른 날에는 비슷한 의상을 입고 사찰의 머리를 스케치했다.

출처: Old Korea by Elizabeth Keith 47 pages

평양 대동강변

RIVERSIDE, PYENGYANG

학자 · 관료 · 무관의 복장

The clothes of a scholar, official, military officer

필동기
PIL TONG Gee

예복을 입은 부인
Gentle in Ceremonial Dress

담배 피우는 게으른 남자
Lazy Man Smoking

우산 모자를 쓰고 있는 남자
The Umbrella Hat

궁중 예복을 입고 있는 공주
PRINCESS IN COURT DRESS

궁중 예복을 입고 있는 공주
Princess wearing royal attire

서울에서 낡은 운반용 의자에 앉아 있는 섬세하고 세련된 여인의 모습을 보고 나의 관심이 여러 번 촉발되었다. 그녀는 앞에 조그마한 금새가 그려진 검은 띠를 두르고 있었는데, 바로 한국의 왕족 휘장이었다. 이것은 폐위된 한국 왕실의 공주였다. 내가 얼마나 공주에 대해 연구하고 싶은지 알고 있는 몇몇 친구들이 모임을 주선했다. 그녀는 기독교 대학의 한국인 교수와 결혼했다. 나는 그녀가 내 자리에 앉으면 그녀의 이름이 공개되지 않을 것이라고 약속했다. 공주의 거주지는 왕궁에서 멀지 않은 도시의 오래된 지역에 있었다. 한국식 대형 대문에는 보초가 서서 주민들의 동태와 행인을 감시하고 있었다. 실내에 있는 집은 흰색 종이로 칠한 벽과 노란색 왁스 종이로 덮은 따뜻한 바닥 등 전통적인 한국 스타일이었다. 공주의 작고 낮은 방 한쪽에는 새와 꽃 문양으로 아름답게 수놓은 10겹 병풍이 놓여 있었다. 바닥에는 일반 실크 매트리스와 팔꿈치 받침대, 머리 받침대가 놓여 있었다. 자개 상감 장식이 있는 검은색 책꽂이가 방에 있는 유일한 가구였다. 공주는 상복을 입고 흰색 옷만 입었다. 반짝이는 얇은 소재의 드레스를 입고, 작은 금빛 새가 그려진 검은 머리에 빛나는 그녀는 무의식적으로 우아함과 위엄, 매력이 넘치는 분위기를 풍겼다. 이 스케치를 위해 낡은 궁중 드레스를 입고 앉아 있을 때 공주는 매우 길고 또한 매우 풍성한 뻣뻣한 파란색 양단 스커트를 입었다. 그녀의 몸매는 빨간 리본으로 묶인 올리브 녹색 양단이었다.

그녀의 머리에는 '신부용' 왕관처럼 옥 장식이 달린 작은 검은색, 빨간색 안감의 왕관을 썼고, 머리에는 보통 금핀이 꽂혀 있었다. 그녀의 가슴에는 멋진 호박색이나 긴 분홍색 술이 붙어 있었고, 한 손가락에는 커다란 옥 반지 두 개가 달려 있었다. 어쩐지 그 가운은 고대 한국에서는 찾아볼 수 없는 초기 빅토리아 시대의 풍미를 풍기는 것 같았다. 이 드레스는 1896년에 디자인된 것임에 틀림없다. 에카르트는 그의 한국 미술사에서 이 시기를 묘사하고 있다. 1896년, 사라진 권력의 마지막 불꽃 속에서 한국이 제국의 반열에 올랐을 때, 제국의 왕좌는 복원되고 유럽의 사치품으로 장식되었다.

출처: Old Korea by Elizabeth Keith. 65 pages

무속인
The Sorceress Dancing

평양성
East Gate, PYENGYANG

Colour Woodcut. Courtesy of The Beaux Arts Gallery, London

짚신 제작 공방
Shoes and Shoemakers

학교
Schools Old and New

널뛰기
See Saw

Colour Etching   Courtcsy of the Beaux Arts Gallery, London
플루티스트
The FLAUTIST

이 연주자는 대한궁정음악학교 멤버였다. 더 이상 한국 정부가 존재하지 않게 되자 일본 정부는 음악가들의 운동을 후원했다. 나는 운이 좋게도 이 사람과 학교의 몇몇 다른 구성원들이 나를 대신해 자리에 앉게 되었지만 당시 유교 의식에서 보고 들었던 희귀한 고대 악기 중 일부를 연주할 수 있는 음악가를 구할 수 없었다. 가장 특이한 도구는 톰바에서 발견된 거친 옥처럼 보이는 삼각형 모양의 돌로 만들어졌으며, 돌을 나무 틀에 걸어 놓고 능숙하게 두드리면 전체 규모가 드러났다. 음률이 사랑스러웠다. 이러한 소리는 주로 통곡 피리의 악센트로 사용되었다. 오리 모양의 색깔 있는 나무 추도 있었다. 이들은 화려한 옷을 입은 스무 명 이상의 남자들이 오른쪽에서 왼쪽으로, 앞으로, 뒤로 다양한 자세를 취할 때마다 함께 박수를 쳤다. 그 틀에는 새가 새겨진 북이 있었다. 드럼 중 일부는 육지 나무 소리를 내었지만 드럼의 종류는 다양했다. 플루트의 음표는 항상 다른 소리보다 높고 아름다움이 뛰어난다. 이 플루트 연주자는 훌륭한 예술가였으며 그의 정중한 매너는 교양 있는 사람의 특징이었다. 한국인도 일본인처럼 우아한 손을 가지고 있고, 플루트 연주자의 섬세한 손가락 연주를 보는 것이 즐거웠다.

출처: Old Korea by Elizabeth Keith, 69 pages

죽세품 상점
The Mat Shop

오늘날 한국 상점은 다소 지루하다.

왜냐하면 구식 모자, 잔디 매트 및 가정용 황동을 제외하고는 일본인이 서울 번화가 지역의 모든 사업을 인수했기 때문이다. 나는 내가 찾을 수 있는 가장 예쁜 매트 가게를 스케치했다. 사랑스러운 녹색으로 칠해졌다. 가게 앞에는 돌 바닥을 덮고 있는 노란색 왁스 종이를 깨끗하게 유지하기 위해 모든 집에서 사용하는 다양한 색상의 디자인이 있는 고운 골풀 매트 롤이 있다. 밤에는 수면용 매트리스가 이 바닥에 깔려 있다. 창가에 걸려 있는 풀 다발은 신발 제작과 포맷에 사용될 준비가 되어 있다. 평평한 바구니는 곡물과 붉은 고추, 콩 등을 담는 데 사용된다. 붉은 나무 그릇에는 가까운 시냇가에서 세탁할 가족 빨래감이 담겨 있다. 앞에 있는 여자는 아기를 뒤에 업은 채 가족의 옷을 세탁하러 가는 중이다. 나무신발은 신발장에서 갓 나온 것인데, 거리와 도로 곳곳에 있는 미세먼지에 아직 덮이지 않은 상태이다. 문 앞에는 파란색으로 장식된 병풍이 있으며 때로는 수놓아져 있다. 이는 모든 집에서 볼 수 있으며 항상 가까운 자리에 있다. 예쁜 놋쇠 쟁반은 케이크나 음식을 담는 쟁반으로, 혼인잔치에 항상 사용된다. 황동은 지속적으로 사용된다. 밥과 국도 놋그릇에 담겨 나오며, 예쁜 색깔의 부채 위에는 국장이 그려져 있다. 흰색 옷을 입은 가게 주인과 손님이 구매에 관해 여유롭게 이야기를 나누고 있다.

출처: Old Korea by Elizabeth Keith 71 page

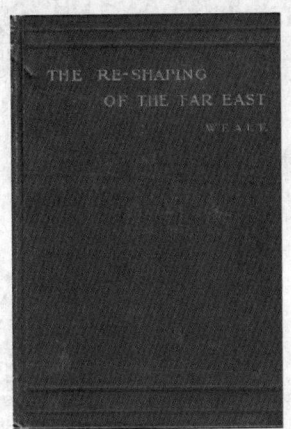

리 쉐이핑의 '극동'

The RE-SHAPING
OF
THE FAR EAST'

By
B. L. PUTNAM WEALE
1911

고종황제(좌)와 순종(우)
The Emperor Of Korea and His Son

사진 출처: The RE-SHAPING of THE FAR EAST'

여인의 외출복
A Korean Lady

대한제국의 경찰
Korean Police

동래독진대아문東來獨鎭大衙問

관아官衙의 선비들
Servants Outside A Korean Yamen

부산 동래부 동헌 외대문東萊府 東軒 外大門은 부산광역시 동래구에 있는 조선시대의 건축물이다. 1972년 6월 26일 부산광역시의 유형문화재 제5호로 지정되었다. 당초 부산광역시 동래구 온천동 산20-4번지에 있었으나, 부산광역시 지정문화재 이전·복원에 따라 부산광역시 동래구 수안동 421-59번지으로 소재지가 변경되었다.

훈련중인 한국 보병부대
Korean Infantry at Drill

농가 주택 앞 마당에서 식사하는 모습

아름다운 마산포 항구
Masampo (Masanpo)–The Peerless Harbour

러일전쟁 발발과 동시에 서울에 입성한 일본 기병대

휴식
A Halt on The Line of March (Japanese)

발사 대기
In The Firing Line

일본 야포 작전 개시
Japanese Field Artillery in Action

러시아의 항복 이후 아서 항구 전경
Port Arthur Harbour after the Surrender

일본군이 러시아 참호의 전사자들을 수색하고 있는 장면
A Russian Trench

사진 출처: The RE-SHAPING of THE FAR EAST'

군사우편

평안북도 강계수비대江界守備隊 ▶ 일본

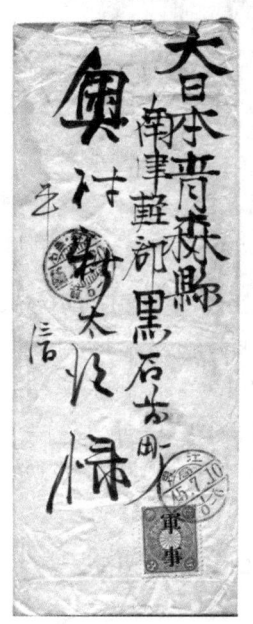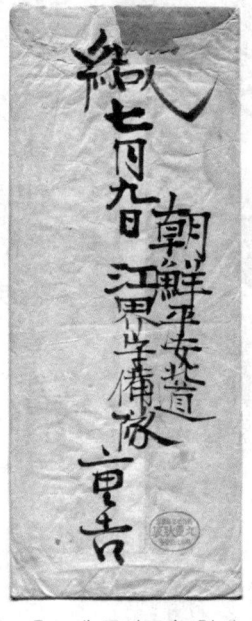

1912. 7. 10. 강계(국)-일본행. 일제 3Sn 우표에 군사軍事 첨쇄 우표 첩부
80x200mm

김인욱金仁旭 친일 군인으로 항일 무장 부대 공격에 가담한 자

1892 ~ 미상. 일제강점기 군인, 본적 평안남도 용강군 양곡면陽谷面 별명 김해욱金海旭. 1909년 대한제국 육군무관학교가 폐지되자 일본으로 유학. 1915년 5월 일본 육군사관학교 제27기생으로 학교를 졸업하고 소위로 임관, 1915년 11월 일본 정부로부터 다이쇼 대례 기념장을 받았다. 1925년 육군 보병 대위로 진급하면서 만주로 파견되었다. 1928년 5월 일본의 제2차 산둥 출병(중국 국민당의 북벌이 진행 중이던 당시 일본이 중국에 거주하던 자국 거류민을 보호한다는 명목으로 산둥 반도와 만주 일대를 침략하여 영토 확장과 자국의 이익 확대를 도모한 전투) 당시 조선군 제20사단 보병 제77연대 3대대 9중대장으로 참전하는 동안 랴오둥 반도 일대에서 군사 활동을 전개했고 1928년 11월 일본 정부로부터 훈6등 서보장을 받았다. 1932년 9월 평안북도 강계수비대 제1중대장으로 복무하는 동안 일제의 항일 무장 부대 공격에 가담했으며 1933년 3월 일본 도쿄에서 영친왕 이은李垠 중좌의 왕족부 부관으로 복무했다. 1934년 2월 일본 정부로부터 훈5등 서보장을 받았고 1934년 3월 육군 보병 소좌로 진급했다. 1934년 3월 1일 만주국 정부로부터 만주국 건국공로장을 받았다. 1935년 8월 왕공족부 무관 이왕 은垠 부속 제19사단 보병 제74연대 소속으로 복무했으며 1937년 7월 만주 일대의 항일 무장 부대 공격에 가담했다. 1940년 8월 1일 육군 보병 중좌로 진급했고 1941년 11월 1일 육군 보병 제216연대 소속으로 복무했다. 1944년 11월 3일 함흥 육군병사부 소속으로 복무하는 동안 일제의 조선인 병력 동원을 담당했다. 1945년 광복 이전에 예편한 뒤 한동안 평안남도 평양에서 거주하다가 소련군에게 피랍된 것으로 알려져 있으며, 이후 행적에 대해서는 거의 알려져 있지 않다.

출처 및 참고자료: 친일반민족행위진상규명위원회 (2009). 〈김인욱〉. 《친일반민족행위진상규명보고서 Ⅳ-4》. 서울.
18~34쪽

오천汚川 ▶ 광주廣州

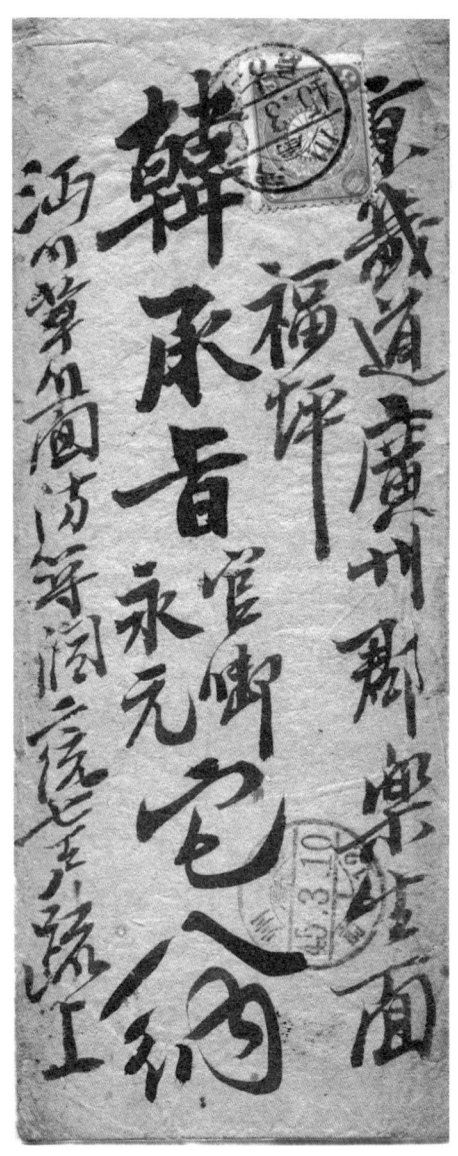

1912. 3. 6. 오천-1912. 3. 10. 경기 광주행
75x175mm

호국영웅(독립운동가) 기념우표
독립운동가 주시경
2016. 6. 1. 발행

주시경(본명: 주식영) (1876~1914)

조선말 개화기에 한국어와 한글을 과학적으로 연구한 국문학자이자
언어학자이다. 전문적인 이론 연구를 통해 한글 표준화를 추진하였
고, 후진양성과 더불어 민족자주 차원에서 한글 보급운동을 펼치며
한글의 대중화와 근대화에 노력한 개척자이자 선각자다.

1920년대 남대문 시장터

남대문시장의 역사

• 1414년(태종 14년): 조정에서 남대문에 가게를 지어 상인들에게 대여
• 1608년(선조 41년): 선혜청宣惠廳 설치로 사상도매私商都賣 시장 형성
• 1921년 3월: 송병준宋秉畯, 조선농업주식회사朝鮮農業株式
會社 설립
• 1922년: 일본 중앙물산주식회사中央物産株式會社, 시장
경영권 인수

1914

1월 11일 – 호남선 철도가 완공. 1월 17일 – 단성사가 건립. 2월 15일 의병장 임병찬이 검거되었다. 4월 1일 – 조선의 행정구역이 개편되어 12부 220군이 되었다. 4월 5일 – 관부연락선 신라마루 호 (新羅丸)가 취항. 4월 13일 – 주시경의 《말의 소리》가 간행. 6월 10일 – 박용만이 하와이에서 대조선국민군단을 조직. 7월 13일 – 선린상업학교의 한국인 학생이 일본인 학생과 충돌하여 전원 동맹휴교 및 자퇴원서를 제출하였다. 8월 16일 – 경원선 철도가 완공. 8월 23일 – 제1차 세계 대전: 일본 제국, 독일 제국에 선전 포고. 9월 – 러시아가 일본의 요구로 블라디보스토크의 한국인을 추방하고 권업회 등의 독립단체도 해산시켰다. 9월 1일 – 조선은행이 100원권 지폐를 발행하였다. 10월 10일 – 조선호텔이 개업하였다. 12월 1일 – 청진–블라디보스토크 간 직통 통신선이 개통되었다.

대조선국민군단大朝鮮國民軍團

1914년 6월 10일 하와이 오아후(Oahu)섬 코올아우(Koolau)지방 카할루우(Kahaluu)의 아후이마누(Ahuimanu) 농장에서 독립군사관을 양성할 목적으로 만든 군사교육단체

박용만朴容萬 (1881~1928)

강원도 철원 출생

대한제국 계몽운동가, 언론인, 한국 독립운동가, 군인, 언론인이다. 1904년(광무 7년) 보안회의 일제의 황무지 개간 권 요구에 반대하는 운동에 가담했다가 투옥, 이승만 李承晩을 옥중에서 만나 의기투합, 옥중 동지가 되었다. 한성 감옥에서는 독립협회와 만민공동회 사건으로 투옥된 이승만과 정순만이 함께 있어, 이들이 의형제를 맺어 '3만'이라고도 하였다고 한다. 그 뒤 세 사람은 미국으로 건너가서 독립운동 의지를 실현하기 위한 활동을 하였는데, 박용만은 1909년에 네브래스카의 커니농장(Kearney)에서 무장독립군 양성을 목적으로 한인소년병학교를 설립하고, 이후 대조선국민군단을 설립해 지도하는 등 무장 투쟁 운동을 벌였다. 이승만·안창호·서재필과 함께 재미국 한인교민 사회의 초기 지도자 중의 한사람이었으며, 이승만의 사상적 동지였으며, 이승만을 하와이에 정착시켰다. 그러나 1914년 독립운동 방법의 차이로 이승만과 갈등을 겪다 정적으로 변신한다. 1928년 군자금 모금 차 중국 텐진에 체류하던 중 독립운동 자금에 쓸 돈 1천원을 내놓으라는 의열단원 이구연·박인식·이규서 등의 요구를 거절했다가 암살당한다.

1월 – 서재필, 정한경, 민찬호, 안창호, 이승만 등이 미국 워싱턴에서 신한협회를 조직하였다. 1월 18일 – 조선총독부가 《조선어사전》을 편찬하였다. 1월 22 일–러시아가 수도를 모스크바로 이전하다. 2월 1일 – 광복회 관련 인사들이 보안법 위반으로 사형을 선고받았다. 2월 28일 – 경성공립농업학교 설립 인가. 3월 26일 – 경성의학전문학교에서 여의사 3인이 처음으로 배출되었다. 4월 16일 – 군수공업동원법이 공포되었다. 5월 1일 – 조선 임야 조사가 시작되었다. 6월 7일 – 조선식산은행령이 공포되었다. 6월 13일 – 경성 전차의 광화문선이 운행 개시되었다. 6월 26일 – 이동휘, 김립, 박진순 등이 하바롭스크에서 한인사회당을 조직하였다. 7월 1일 – 금강산 장안사에 호텔 영업이 개시되었다. 8월 – 여운형, 장덕수, 조동우, 김구 등이 상하이에서 신한청년단을 조직하였다. 8월 2일 – 일본, 시베리아에 파병 선언. 8월 22일 – 미국의 한인 부인단체가 대한여자애국단으로 통합되었다. 11월 30일 – 여운형이 파리평화회의와 윌슨 미국 대통령에게 한국독립청원서를 전달하였다. 12월 1일 – 미주 한인이 대표자대회를 소집해 파리평화회의 파견단으로 이승만, 정경한, 민찬호를 선정하였다. 12월 5일 – 영친왕 이은과 일본 황족 나시모토노미야 (이방자)와의 혼인이 발표되었다. 12월 15일 – 손병희, 권동진, 오세창 등이 모여 독립운동 진행을 논의하고 대중화, 일원화, 비폭력의 3대 원칙을 결정하였다.

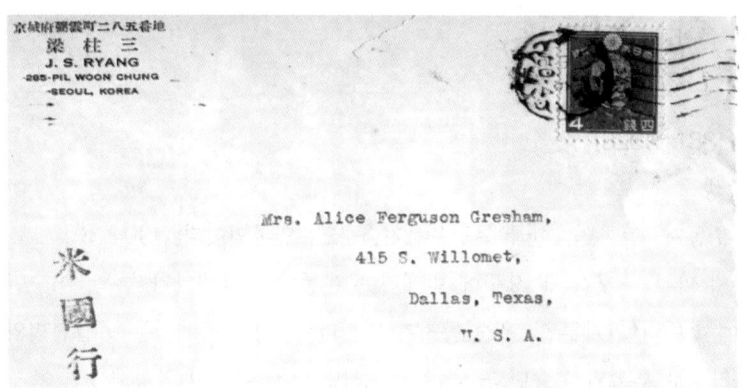

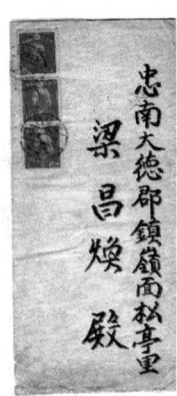

경성부 필운정 285번지 ▶ U.S.A.   경성 ▶ 충남 대덕

양주삼梁柱三 (1879~?)

평안남도 용강 출생, 창씨개명: 하리하라 쥬산梁原柱三

일제강점기 기독교조선감리교회 초대총리사, 국민총력 기독교조선감리교단연맹 이사을 역임한 개신교인. 감리교목사 · 친일반민족행위자. 호는 백사당白沙堂, 창씨개명 하리하라 쥬산梁原柱三. 1879. 1. 25일. 한국 감리교회 초기 신학자이자 교회행정가로서 여러 형태의 교회연합운동에 관여하였다. 일제의 신사참배수용 등 친일 반민족행위를 하였으며 해방 후 납북되었다.

출처: 한국민족문화대백과사전

■ **신사참배神社參拜:** 일제가 식민지 지배를 정당화하고, 한국인들을 전쟁에 동원하기 위한 목적으로 시행된 정책으로 신도, 신사는 타민족을 지배하는 지배하고 동화同化시키는 수단임과 동시에, 천황을 중심으로 일본인들이 단결하게 하는 방안이었다.

가야금을 연주하는 장면

PLAYING KOTO BY KEE SANS, KOREA.　琴彈の生妓　(俗風鮮朝)

1919. 7. 5. keijo Chosen 일본제국 4전 우표 첩부와 일부인 날인된 미국행 체송 엽서

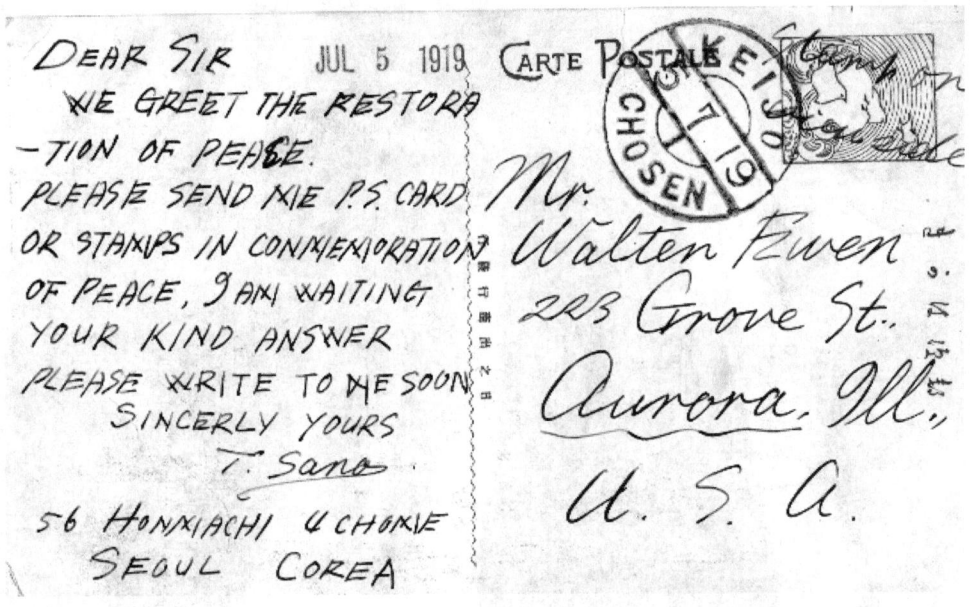

143x90mm　　엽서 전면

대한의 딸 유관순
Ryu Gwan-sun, daughter of Daehan

유관순柳寬順 1902~1920

대한의 딸 유관순柳寬順

일제강점기의 독립운동가. 본관은 고흥高興이며 일제강점기에 3·1운동으로 시작된 만세 운동을 하다 일본 형사들에게 붙잡혀 서대문형무소에서 모진 고문으로 인해 순국했다. 1916년 충청남도 공주시에서 선교활동을 하던 미국인 감리교회 선교사인 사애리시 부인(사부인)의 추천으로 이화학당 보통과 3학년에 장학생으로 편입하고, 1919년에 이화학당 고등부에 진학했다. 3월 1일 3·1 운동에 참여하고 3월 5일의 만세 시위에도 참여하였다.

3.1독립운동 당시 유관순 열사는 18세였다. 유열사는 김복순·국현숙·서명학·김희자 등과 함께 결사대를

조직하여 독립만세운동에 첨여했다. 이화학당 학생들은 프라이 교장의 강력한 만류에도 불구하고, 학교에서 탑골공원까지 시위 군중에 끼워들어 목이 터져라 대한독립만세를 외쳤다. 그리고 유관순 열사와 5인 결사대는 3월 5일 남대문역 앞에서 행해진 만세운동도 학교 담을 넘어가 참여하였고, 이 일로 유관순 열사를 포함한 수많은 학생들은 일제 경무총감부에 붙잡혀 갔다가 외국인 선교사들의 강력한 항의로 겨우 풀려나기도 하였다. 3월 10일 각급 학교는 임시휴교령이 내려져, 3월 13일 서울에서 기차로 이동하여 고향인 목천(천안)으로 내려 갔다. 3월 16일 주일 밤 예배를 마친 후 아버지 유중권(1863∼1919)·어머니 이소제(1875∼1919)·숙부 유중무·조인원(조병옥 부친) 등과 함께 '우리 고장이 죽은 듯이 가만히 있을 수는 없습니다' 하며, 아우내(병천) 장날을 기해 만세 시위를 계획했다. 이후 각 부락을 돌아다니며 독립만세운동에 동

참할 것을 호소했다. 1919년 4월 1일 오전 9시쯤, 아우내장터에는 3천여 명이 넘는 장꾼을 가장한 군중들이 운집하였다. 오후 1시 조인원이 긴 대나무 장대에 매단 태극기를 장터 광장 중앙에 높이 세우고 독립선언서를 낭독했다. 낭독을 마친 조인원이 먼저 두 손을 높이 쳐들며 대한독립만세 선창하자, 이에 군중들도 모두 다 함께 독립만세를 외치며 행진할 때 천지가 진동하는 듯했다. 유중건·김구응·김상현·김구현·김교선·조병호 등이 조인원을 뒤따를 때 유관순과 어머니 이씨, 각 고을에서 모여 든 군중들이 태극기의 물결을 이루며 행진하여 나갔다. 조인원은 선두에서 돌진하는 군중들을 이끌고 나갔다. 이때 유관순도 장대에 매단 태극기를 들고 시위대열에 앞장서 대한독립만세를 부르 짖었다. 시위 대열을 향해 일본 헌병대가 무자비하게 총검을 휘두르며, 선두에 있던 유관순에 달려들어 태극기 깃대를 쳐서 부러뜨리고, 유관순의 옆구리를 찌르고, 머리채를 잡아 질질 끌고 가면서 발로 차고 구타하기 시작했다. 아버지 유중권은 자기 딸이 일본 헌병들에게 구타당하는 모습을 보고 분개하여 독립만세를 절규하듯 외쳤다. 바로 그때 일본헌병 하나가 유중권의 옆구리를 총검으로 찌르고 이어 머리를 찔러 그 자리에서 숨지고 말았다. 평화적인 민중들의 시위대에 일본 헌병대는 잔혹하게 총검을 휘두르며, 무자비하게 군중들을 향해 총을 쏘고 진압해 나갔다. 유관순의 어머니 이소제도 남편의 죽음을 보고 더욱 분개하여 독립만세를 부르다가 헌병의 손에 피살되었다. 이날 무자비한 헌병들에 의하여 유관순의 부모를 비롯하여 19명이 장렬하게 죽었고, 군중 30여 명이 부상을 입었다. 유관순은 이날 일본 헌병에게 부상을 입은 채로 체포되어 압송되었다. 같은 날 공주에서는 영명학교에 다니던 오빠 오유석이 공주에서 영명학교 교사와 학생, 감리교 목사들과 함께 만세 운동을 주도하다가 일본 헌병의 칼에 부상을 입고 체포되었다. 일본 헌병의 총검에 한날 한시에 참혹하게 죽어간 부모의 죽음을 애도할 겨를도 없

이 모진 고문을 당한 유관순 열사는 1919년 5월 9일 공주지방법원에서 5년형을 받았다. 이에 공주감옥에서 서대문감옥으로 이감된 후 1919년 6월 30일 경성복심법원 재판에서 다시 3년형을 받았으며, 이후 유관순은 상고를 하지 않아 1919년 7월 4일 징역 3년형이 확정되었다. 조인원과 숙부 유중무는 같이 상고하자고 권유하고 설득하고 타일렀으나, 유관순은 고개를 저으며 이렇게 말하였다.
'삼천리 강산이 어디면 감옥이 아니겠습니까?'

사진 출처: 사진기록 일제의 침략. 1983. HOLP출판사(일본)

유관순은 서대문형무소에서도 수시로 대한독립만세를 외치다가 끌려나가 발길로 차이고 혹독한 매를 많이 맞았다. 특히 3.1독립운동 1주년인 1920년 3월 1일 오후 2시에 옥중 만세시위를 주도하여, 만세소리는 감방마다 연쇄적으로 터져 나왔고, 이때 3천 명이 넘는 수감자들이 호응하여 변기 뚜껑으로 철판 벽을 두드리고 발길로 문짝을 차는 등 요란했을 뿐 아니라, 모화간 · 냉천동 · 애오개 · 서소문 등 감옥 바깥에도 시위가 퍼져 나갔다. 간수는 감옥소에서의 만세시위가 처음이 아니었던 유관순을 소동의 주모자로 지목하였고, 한평도 안 되는 지하 감방에 그녀를 가

두고는 온갖 매질과 고문을 가했다. 그러나 유관순 열사는 끝끝내 자주독립의 뜻을 굽히지 않았다. 당시 이화학당의 월터 학당장 서리가 서대문형무소 병사로 면회를 가서 보니, 유 열사는 고문 후유증으로 얼굴이 퉁퉁 붓고 병색이 완연했었다고 한다. 감옥 안에서 함께 수행했던 어윤희 여사는 유관순 열사가 배고픔, 외로움, 동생들에 대한 걱정으로 흐느끼고 울부짖었으며, 고문과 상처의 후유증으로 고통을 받았다고 증언했다. 또 어윤희 여사는 유관순이 너무 모진 고문을 당해서 죽었다고 하면서 "다리를 천정에 끌어 올려 매고 비행기를 태우고……..물을 붓고…."라고 유관순이 당한 고문에 대해 증언했다. 유관순은 항상 허리를 감싸 안고 고통스러워했는데, 병천에서 붙잡힐 때 칼에 찔린 것이 치료가 되지 않아 상처가 깊어졌기 때문이다. 거기다가 수시로 매를 맞고 고문당해 몸이 성할 날이 없었다. 오빠 유우석이 6개월 형을 받고 집행유예로 풀려나 유관순에게 마지막 면회를 갔을 때, 걸음도 제대로 걷지 못했으며, 맞잡은 손의 자국이 그대로 눌린 채 다시 제 모습으로 돌아오지 않았으며, 손가락으로 눌러 만져보니 살이 썩어서 손에 피가 묻어나왔다.

유관순 열사

수형기록카드

유우석(유관순 열사 오빠)

병원에 입원을 시켜야 한다고 간수를 붙들고 애원했으나, 유관순은 감옥 내 소동을 선동하는 중죄인으로 낙인 찍혀 거절당하고 말았다. 3년 형을 받았던 유관순은 특별사면령(1920년 4월 28일, 영친왕과 일본 왕궁 손녀의 결혼)

에 의해 절반만 살고 나오도록 되어 있어, 1919년 4월 1일부터 계산하면 1년 6개월 후인 1920년 9월 30일이면 형기가 만료되어 출감할 수 있었다. 그러나 심한 구타와 오랜 고문으로 방광이 터져 몸이 썩어 들어가는 등 고초를 당하다가 마침내 1920년 9월 28일 오전 8시 20분, 19세의 꽃다운 청춘 유관순 열사는 서대문형무소에서 순국하고 말았다. 한편 가족들에게 유관순 열사의 사망 통지를 하였으나, 독립운동 시위로 온 집안이 풍비박산되어 소식이 없었고, 이어 가까운 친족을 수소문하는 데도 시일이 많이 흘러 시신은 보름 동안 방치되었다. 유관순의 부모도 죽고, 할아버지 유윤기는 큰 아들 유중권 내외가 한 날에 처참하게 죽은 충격에 두달 보름 뒤에 숨졌으며, 숙부도 복역 중이었고, 어린 동생들(관석·인석)은 공주 영명학교 교감 댁에서 보호받고 있었다.

유관순 열사와 이화학당 친구들(뒷줄 오른쪽 끝)

서울 종로 거리에서 독립만세를 외치며 행진하는 여학생들

사진 출처: 사진기록 일제의 침략. 1983. HOLP출판사(일본)

18세의 소녀였던 유관순은 서울에서 독립선언서를 가지고 고향인 충남 목천으로 돌아가서, 교회와 학교에서 독립만세운동에 참여할 것을 호소하며, 집회와 시위의 선두에 선 것이다. 부모는 독립만세운동 중에 살해되었으며, 그녀 자신도 체포되었으나 굽히지 않았고 고문 끝에 옥사하였다. 1920년 10월 12일 들것에 실려 이화학당으로 들어왔을 때 유관순 열사의 시신은 이미 부패한 지 오래되어 시체 썩은 냄새가 진동하였다. 출옥을 눈앞에 두고 있던 열사가 참혹한 시신이 되어 돌아온 것이다. 이화학당 친구들은 얼마 안 있으면 나올 줄로 알고 옷과 머리핀을 준비했는데, 시신을 보자 기겁을 한 나머지 그 자리에서 대성통곡을 하여 울음바다가 되고 말았다. 이화학당의 월터학당장 서리가 시신을 인수받았으며, 공주감옥에서 같은 감방에 있었던 김현경은 무명천을 떠서 밤을 세워 눈물로 얼룩진 수의를 지었다. 학교에서는 유관순을 진정한 영웅으로 평가하여 다시 비단 옷감으로 수의를 만들어 바꾸어 입혔다. 또 태극기를 만들어 그녀의 가슴 위에 덮고 입관하였다. 이틀 뒤인 1920년 10월 14일 정동교회에서 김종우목사의 집례로 장례식이 거행되었다. 가족 외에 같은 반 학생 대표 몇 명만 장례식에 참석하였는데 형사가 명단을 들고 일일이 대조하며 참석을 제한하였다. 유관순의 유해가 나갈 때는 월터학당장 서리와 학생을 대표하여 김활란선생이 뒤따랐으며, 덕수궁 돌담길을 지나 비석도, 무덤 표지도 없이 서울 이태원 공동묘지에 안장되었다. 그러나 그후 이곳이 미군용기지가 되면서 파헤쳐져 열사의 시신은 사라졌다.

서대문형무소 '8호 감방의 노래'

Seodaemun Prison "The Song of Cell No. 8"

서대문형무소 여옥사 8호 감방 구성원 (3 · 1운동 관련 선고 형량 · 포상훈격)

김향화(1897~미상)
징역 6개월
대통령표창

권애라(1897~1973)
징역 6개월
애국장

신관빈(1885~미상)
징역 1년
애족장

심명철(1896~1983)
징역 10개월
애족장

임명애(1886~1938)
징역 1년6개월
애족장

어윤희(1880~1961)
징역 1년6개월
애족장

유관순(1902~1920)
징역 3년
독립장

노순경(1902~1979)
징역 6개월
대통령표창

노순경 지사의 8호 감방 수감 여부는 미확정, 형량에 3 · 1운동 이후 독립운동 내역은 미포함.
자료: 국가보훈처 독립유공자공훈록, 서대문형무소 역사관

8호 감방의 노래는 1919년 3 · 1 운동을 주동하여 서대문형무소 여옥사 8호 감방에 수감되었던 유관순 등 수감자들이 부른 창가의 총칭이다. 3 · 1 운동 직후, 유관순 · 심영식 · 어윤희 · 권애라 · 신관빈 · 임명애 · 김향화 등 7명의 독립운동가는 서대문형무소 여옥사 8호 감방에 수감되어 있었다. 이들은 옥고를 치르는 두려움을 이겨내고자 창가를 지어 자주 불렀다고 한다. 심명식은 이 노래를 하도 많이 부르자 간수들이 시끄럽다고 제지하였다고 증언하였다. 가사는 7명 중 가장 학식이 있던 권애라가 지었을 것으로 추정되나, 불확실하다. 원래 불리던 노래를 개사한 것으로 추정되나, 심명식 사후 곡조는 전해지지 않고 있다. 현재 남아 있는 창가는 모두 두 곡으로, 심명식이 생전에 아들 문수일에게 구술하였다. 두 노래는 《선죽교 피다리》(1991, 장수복 저)라는 소책자에 실린 바 있으나, 해당 책자는 소량만 발간되어 현재 실체를 확인할 수 없으며, 노래가 본격적으로 대중에게 공개된 것은 2019년 2월이다. 두 곡의 제목은 〈선죽교 피다리〉와 〈대한이 살았다〉로, 심명식이 문수일에게 알려준 제목으로 추정된다. 8호 감방에서 붙은 제목인지는 알 수 없다.

전중이 일곱이 진흙색 일복 입고
두 무릎 꿇고 앉아 주님께 기도할 때
접시 두 개 콩밥덩이 창문열고 던져줄 때
피눈물로 기도했네 피눈물로 기도했네
〈선죽교 피다리〉

대한이 살았다 대한이 살았다
산천이 동하고 바다가 끓는다
에헤이 데헤이 에헤이 데헤이
대한이 살았다 대한이 살았다
– 〈대한이 살았다〉

己未獨立宣言書(원문)

吾等은玆에我朝鮮의獨立國임과朝鮮人의自主民임을宣言하노라此로써世界萬邦에告하야人類平等의大義를克明하며此로써子孫萬代에誥하야民族自存의正權을永有케하노라 半萬年歷史의權威를仗하야此를宣言함이며二千萬民衆의誠忠을合하야此를佈明함이며民族의恒久如一한自由發展을爲하야此를主張함이며人類的良心의發露에基因한世界改造의大機運에順應并進하기爲하야此를提起함이니是ㅣ天의明命이며時代의大勢ㅣ며全人類共存同生權의正當한發動이라天下何物이던지此를沮止抑制치못할지니라

舊時代의遺物인侵略主義强權主義의犧牲을作하야有史以來累千年에처음으로異民族箝制의痛苦를嘗한지今에十年을過한지라我生存權의剝喪됨이무릇幾何ㅣ며心靈上發展의障礙됨이무릇幾何ㅣ며民族的尊榮의毁損됨이무릇幾何ㅣ며新銳와獨創으로써世界文化의大潮流에寄與補裨할奇緣을遺失함이무릇幾何ㅣ뇨噫라舊來의抑鬱을宣暢하려하면時下의苦痛을擺脫하려하면將來의脅威를芟除하려하면民族的良心과國家的廉義의壓縮銷殘을興奮伸張하려하면各個人格의正當한發達을遂하려하면可憐한子弟에게苦恥的財産을遺與치안이하려하면子子孫孫의永久完全한慶福을導迎하려하면最大急務가民族的獨立을確實케함이니二千萬各個가人마다方寸의刃을懷하고人類通性과時代良心이正義의軍과人道의干戈로써護援하는今日吾人은進하야取하매何强을挫치못하랴退하야作하매何志를展치못하랴

丙子修好條規以來時時種種의金石盟約을食하얏다하야日本의無信을罪하려안이하노라學者는講壇에서政治家는實際에서我祖宗世業을植民地視하고我文化民族을土昧人遇하야한갓征服者의快를貪할뿐이오我의久遠한社會基礎와卓犖한民族心理를無視한다하야日本의少義함을責하려안이하노라自己를策勵하기에急한吾人은他의怨尤를暇치못하노라現在를綢繆하기에急한吾人은宿昔의懲辯을暇치못하노라今日吾人의所任은다만自己의建設이有할뿐이오決코他의破壞에在치안이하도다嚴肅한良心의命令으로써自家의新運命을開拓함이오決코舊怨과一時的感情으로써他를嫉逐排斥함이안이로다舊思想舊勢力에羈縻된日本爲政家의功名의犧牲이된不自然又不合理한錯誤狀態를改善匡正하야自然又合理한政經大原으로歸還케함이로다當初에民族的要求로서出치안이한兩國併合의結果가畢竟姑息的威壓과差別的不平과統計數字上虛飾의下에서利害相反한兩民族間에永遠히和同할수업는怨溝를去益深造하는今來實積을觀하라勇明果敢으로써舊誤를廓正하고眞正한理解와同情에基本한友好的新局面을打開함이彼此間遠禍召福하는捷徑임을明知할것안인가또二千萬含憤蓄怨의民을威力으로써拘束함은다만東洋의永久한平和를保障하는所以가안일뿐안이라此로因하야東洋安危의主軸인四億萬支那人의日本에對한危懼와猜疑를갈스록濃厚케하야그結果로東洋全局이共倒同亡의悲運을招致할것이明하니今日吾人의朝鮮獨立은朝鮮人으로하야금正當한生榮을遂케하는同時에日本으로하야금邪路로서出하야東洋支持者인重責을全케하는것이며支那로하야금夢寐에도免하지못하는不安恐怖로서脫出케하는것이며또東洋平和로重要한一部를삼는世界平和人類幸福에必要한階段이되게하는것이라이엇지區區한感情上問題리오

아아新天地가眼前에展開되도다威力의時代가去하고道義의時代가來하도다過去全世紀에鍊磨長養된人道的精神이바야흐로新文明의曙光을人類의歷史에投射하기始하도다新春이世界에來하야萬物의回蘇를催促하는도다凍氷寒雪에呼吸을閉蟄한것이彼一時의勢ㅣ라하면和風暖陽에氣脈을振舒함은此一時의勢니天地의復運에際하고世界의變潮를乘한吾人은아모躊躇할것업스며아모忌憚할것업도다我의固有한自由權을護全하야生旺의樂을飽享할것이며我의自足한獨創力을發揮하야春滿한大界에民族的精華를結紐할지로다

吾等이玆에奮起하도다良心이我와同存하며眞理가我와并進하는도다男女老少업시陰鬱한古巢로서活潑히起來하야萬彙群象으로더부러欣快한復活을成遂하게되도다千百世祖靈이吾等을陰佑하며全世界氣運이吾等을外護하나니着手가곳成功이라다만前頭의光明으로驀進할짜름인뎌

公約三章

一、今日吾人의此擧는正義、人道、生存、尊榮을爲하는民族的要求ㅣ니오즉自由的精神을發揮할것이오決코排他的感情으로逸走하지말라

一、最後의一人까지最後의一刻까지民族의正當한意思를快히發表하라

一、一切의行動은가장秩序를尊重하야吾人의主張과態度로하야금어대까지던지光明正大하게하라

朝鮮建國四千二百五十二年三月 一 日

독립선언서

Proclamation of Korean Independence

이제 우리는 우리 조선이 독립국임과 조선인이 자주민임을 선언한다. 이를 세계만방에 알려 인류가 평등하다는 큰 뜻을 분명히 하고, 자손만대에 알려 민족자존의 올바른 권리를 영원히 누리도록 한다. (우리는) 반만년 역사의 권위에 의지하여 독립을 선언하는 것이며, 이천만 민중의 충성스러운 마음을 모아 우리의 독립을 널리 퍼뜨려 알리는 것이고, 겨레의 한결같은 자유 발전을 위하여 독립을 주장하는 것이며, 전 인류가 순수한 마음으로 바라는 세계 개조의 큰 뜻을 따르고 함께 나아가기 위하여 독립을 주창하는 것이니, 이것은 하늘의 뜻이며 시대의 큰 흐름이며 전 인류가 더불어 함께 살아가는 권리를 얻기 위한 정당한 주장이자 활동이므로, 세상 그 무엇도 우리의 독립을 막지 못할 것이다. 구시대의 유물인 침략주의와 강권주의에 나라를 빼앗겨 오천년 역사 이래 처음으로 다른 민족에게 자유를 억압당하는 고통을 겪은 지 오늘로써 십 년을 넘어섰다. 우리의 생존권을 빼앗긴 지 몇 년이며, 정신 발전의 장애를 입은 것이 얼마나 크며, 민족적 권위와 명예가 훼손당한 것은 또 얼마나 막심하며, 우리의 지식과 재능, 독창적인 발상으로 인류 문화의 큰 발전에 이바지하고 도울 기회를 얼마나 많이 놓쳤는가. 오호라, 예로부터 쌓인 억울함을 호소하려면, 지금의 고통으로부터 벗어나려면, 다가올 미래에 대한 두려움을 없애려면, 민족의 양심과 국가의 위신과 도의가 눌리어 쪼그라들고 힘없이 사그라진 것을 다시 살리고 키우려면, 저마다 자신의 인격을 올바르게 발달시키려면, 불쌍한 아들딸들에게 부끄러운 유산을 물려주지 않으려면, 우리의 후손들이 길이 완전한 행복을 누리게 하려면, 가장 긴급한 임무가 민족의 독립을 이루는 것이다. 이천만이 모두 마음속에 날카로운 칼을 품고, 인류 공통의 가치와 시대의 양심이 정의의 군대가 되고, 인륜과 도덕이 무기가 되어 우리를 지켜주는 오늘, 우리가 나아가 얻고자 하면 어떤 강적인들 물리치지 못할 것이며, 물러서서 계획을 세우면 어떤 뜻인들 펴지 못하겠는가! 조일수호조규(강화도조약) 이래 수시로 양국 간의 굳은 약속을 저버렸다고 해서 일본의 신의 없음을 비난하지는 않겠다. (일본의) 학자는 강단에서, 정치가는 실생활에서 우리가 선조로부터 물려받은 터전을 식민지로 삼고, 우리 문화민족을 마치 미개한 사람들처럼 취급하여, 단지 정복자의 즐거움을 누릴 뿐이다. (그러나) 우리의 오래고 영원한 사회 기틀과 뛰어난 민족의 마음가짐을 무시한다고 해서 일본의 옳지 못함을 책망하지 않겠다. 자신을 탓하고 격려하기에 다급한 우리는 남을 원망할 수 없다. 현재를 돌보기에 바쁜 우리는 예로부터의 잘못을 따질 겨를도 없다. 오늘 우리가 할일은 오로지 우리 자신을 다시 세우는 것이지 결코 남을 헐뜯는 것이 아니다. 엄숙한 양심의 명령으로써 우리 민족의 새로운 운명을 개척하는 것이지 절대로 해묵은 원한과 일시적인 감정으로 남을 시기하고 배척하는 것이 아니다. 낡은 사상과 낡은 세력에 얽매여 공명을 세우고자 했던 일본인 위정자들에 의해 만들어진 부자연스럽고 불합리한 지금의 그릇된 현실을 고치고 바로잡아 강자가 약자를 힘으로 지배하지 않는 자연스럽고 합리적인 올바른 세상으로 되돌아가는 것이다. 처음부터 우리 겨레가 원해서 된 일이 아닌 양국 병합의 결과가, 근본적인 대책 없는 억압과 차별에서 오는 불평등과 (사회 발전에 대한) 거짓된 통계숫자 때문에 이해가 엇갈린 두 민족 사이에 화합할 수 없는 원한의 도랑이 날이 갈수록 깊어지는 지금까지의 사정을 한번 살펴보라. 용감하고 과감하게 예전의 잘못을 바로잡고, 참된 이해와 인도주의를 바탕으로 친하게 지내는 새 시대를 여는 것이 서로 화를 멀리하고 행복을 불러들이는 지름길이라는 것을 똑똑히 알아야 할 것이다. 또한 울분과 원한이 겹겹이 쌓인 이천만 조선인을 힘으로 억누르는 것은 결코 동양의 영원한 평화를 보장하는 방법이 아닐 뿐만 아니라, 동양의 안전과 위기를 좌우하는 사억 중국인들의 일본에 대한 두려움과 시기를 갈수록 깊게 하여, 동양 전체가 함께 쓰러져 망하는 비극을 초래할 것이 분명하다. 오늘 우리가 조선 독립을 선포하는 까닭은 조선 사람으로 하여금 정당한 번영을 이루게 하는 동시에, 일본으로 하여금 잘못된 길에서 벗어나 동양의 안전을 지켜나갈 무거운 책임을 통감케 하는 것이며, 중국으로 하여금 꿈

속에서도 벗어나지 못하는 불안과 공포로부터 해방되게 하는 것이며, 세계 평화의 중요한 요소로서 동양 평화를 실현하여 전 인류의 복지에 반드시 있어야 할 단계를 만드는 것이다. 이것이 어찌 졸렬한 감정상의 문제이겠느냐. 아아, 새 하늘과 새 땅이 눈앞에 펼쳐지는구나. 힘의 시대는 가고 도덕의 시대가 온다. 지나간 세기를 통하여 깎고 다듬어 온 인도적 정신이 바야흐로 새로운 문명의 찬란한 빛을 인류 역사에 던지기 시작한다. 새봄이 온 누리에 찾아들어 만물의 소생을 재촉한다. 찬바람과 꽁꽁 언 얼음 때문에 숨도 제대로 쉬지 못한 것이 지난 시대의 불길한 기운이었다면, 온화한 바람과 따뜻한 햇볕으로 서로 통하는 것이 다가올 시대의 상서로운 기운이니, 하늘과 땅에 새 생명이 되살아나는 이때에 세계 변화의 도도한 물결에 올라탄 우리에게는 주저하거나 거리낄 그 어떤 것도 없다. 우리는 우리가 본디 타고난 자유권을 지켜 풍성한 삶의 즐거움을 마음껏 누릴 것이며, 우리가 넉넉히 지닌 독창적 능력을 발휘하여 봄기운이 가득한 온 누리에 조선 민족의 우수함을 꽃피우리라. 그래서 우리는 분연히 일어나는 것이다. 양심이 우리와 함께 있고, 진리가 우리와 더불어 전진하니, 남녀노소 구별 없이 음침한 옛집에서 뛰쳐나와 세상에 존재하는 모든 것들과 더불어 즐거운 부활을 이룩할 것이다. 천만년을 이어오는 조상들의 넋이 우리를 안으로 지키고, 전 세계의 움직임이 우리를 밖에서 보호하니, 일을 시작하기만 하면 곧 성공을 이룰 것이다. 오로지 저 앞의 빛을 따라 힘차게 전진할 따름이다.

공약삼장

하나, 오늘 우리들의 거사는 정의·인도·생존·번영을 찾는 겨레의 요구이니, 오직 자유정신을 발휘할 것이고, 결코 배타적 감정으로 치닫지 말라.

하나, 최후의 일인까지, 최후의 일각까지 민족의 올바른 의사를 당당하게 발표하라.

하나, 모든 행동은 먼저 질서를 존중하여 우리들의 주장과 태도를 어디까지나 공명정대하게 하라.

조선 나라를 세운 지 사천이백오십이 년 되는 해 삼월 초하루

Proclamation of Korean Independence (English)

We herewith proclaim the independence of Korea and the liberty of the Korean people. This we proclaim for the world to witness the equality of all humans; this we proclaim for our own posterity to enjoy the inherent right of independence and self-respect. We are declaring our independence by the solemnity of our five-thousand-year history; by the loyalty of twenty million people; by the yearning for the advancement of everlasting liberty; by the desire to take part in the global reform rooted in human conscience. This is a righteous claim to fulfill the holy will of God and the spirit of our age calling for the fair co-existence of all humankind. Therefore, no power in this world shall suppress our independence. For the first time in our 5000 years' history, we have suffered for over a decade under foreign tyranny while falling a victim to the obsolete imperialism and authoritarianism. How long have we been deprived of our right to live? How immeasurable is the damage to our national pride and honor as well as to our spiritual growth? How many opportunities have we missed to make our own creative contribution to the progress in the world civilization? For certain, if we are to overcome our longstanding resentment; if we are to extricate ourselves from today's pain; if we are to eliminate the fear for the future; if we are to resuscitate our trampled national pride; if we as individuals are to reach our full potential; if we are to save our children from the legacy of shame; if we are to bequeath to our future generations blessing and prosperity, the most urgent mission is to establish the independence of our people. Now that we people of twenty million keep a sword in heart, and that the common value of the humankind and conscience of the era stand up for us equipped with arms of justice and morality, what can stop us from pressing forward to defeat the strongest and what purpose can we not accomplish?

We have no desire to accuse Japan of breaking many solemn treaties since 1876, nor to single out particularly the school teachers or government officials who merely seek a conqueror's gratification, treating the heritage of our ancestors as a colony of their own, and our civilized culture as savages. We have no intention to find fault with Japan's contempt of our long and distinguished civilization and the principles on which it rests. We are pressed to reprimand ourselves, and thus have little time to reproach others. Busy with today's work, we have little time to chastise the faults of yesterday. Today, our only duty is to rebuild ourselves, not to demolish others. Our aim is to explore our new destiny according to the solemn dictates of our conscience, not to squabble with others over fleeting grudges and old animosities. It is to restore the natural and rational foundation for the world free from the logic of power by rectifying the unnatural and irrational ambition of the Japanese politicians in the grip of obsolete ideas. Behold the consequence of the annexation formerly made with no national consensus! It has inevitably led to a deep trench of everlasting resentment between two peoples under the influence of intimidation used as a temporary measure, inequality caused by discrimination, and statistics falsified to justify it. For both countries to avoid disaster and foster amity, the best way is for sure to boldly correct old wrongs and to build up a new relationship based on true mutual understating. Moreover, the oppression on 20 million Korean people filled up with bitterness and enmity will never secure eternal peace in Asia. Undoubtedly, it will exacerbate the apprehension and distrust of four hundred million Chinese people who hold the key to East Asian stability and, as a result, will lead to the unrest and eventual downfall of the entire region. Therefore, the reasons why we proclaim the independence of Korea are as follows: 1) to permit Koreans to return to their rightful lives, 2) to enable the Japanese to break away from their wrongful path and concentrate on their responsibility as a major player in East Asia, 3) to free the Chinese from their nightmare of uncertainty and anxiety about Japan, 4) to make an indispensable step from the stability of East Asia toward the global well-being of all humanity and world peace. This is far from a matter of narrow-minded resentment. Behold! A new world is approaching before our very eyes! The age of might has receded, and the age of morality has arrived. The spirit of humanism cultivated throughout the past century now begins to throw its light on a new chapter in world history. Just as a new spring has come hastening the rebirth of every living thing, our pulse, once frozen in the bitter cold and snow, now quickens in the warm breeze and sunshine. The good fortune of heaven and earth has returned to us, and we ride the changing tide of the world. Do not hesitate or flinch! By protecting our inalienable individual right to freedom, we will enjoy our lives to the full. By realizing our bountiful creativity, our national civilization will flower in the warmth of spring that pervades the world. We hereby rise up! Conscience is on our side, and truth marches with us. Men and women, young and old, leave your darkened corners and partake in the joyful resurrection along with all creatures! The spirit of our ancestors protects us from inside for thousands of years; the tide of the new world protects us from outside. To begin is to succeed! Let us march straight into the light!

We hereby pledge the following:

1. Today's undertaking reflects the demands of our people for justice, morality, survival, and prosperity. Therefore, we will act solely in the spirit of liberty, never in the spirit of enmity.

2. To the last person and to the last moment, we will forthrightly express the righteous will of the Korean people.

3. We will respect order in all our actions and ensure that our demeanor and claims are always honorable and upright.

On the first day of the month of March of the year four thousand two hundred and fifty two in calendar year of Dangun (A.D. 1919).

Proclamation de l'Indépendance de la Corée du 1er Mars 1919 (French)

Nous proclamons l'Indépendance de la Corée, et de la liberté du peuple coréen. Nous proclamons ceci dans le monde entier, et nous affirmons que l'humanité est égale, et nous le transmettrons à nos descendants pour qu'ils puissent garder leurs droits, sans oublier le respect qu'ils doivent garder pour le peuple coréen. Nous proclamons notre indépendance par la solennité de notre histoire datant de plus de cinq mille ans, et par la loyauté de vingt millions de personnes. Nous réclamons l'Indépendance pour la prospérité des générations futures et pour la liberté éternelle de notre nation, et pour que toute l'humanité avance ensemble pour le progrès du monde. Il s'agit de la volonté de Dieu et de la grande vague du temps qui appelle pour la coexistence de l'humanité. Par conséquent, aucun pouvoir dans ce monde ne pourra empêcher notre indépendance. Cela fait plus de dix ans que nous avons eu cette souffrance d'être opprimé par les Japonais. Depuis le commencement de notre histoire de cinq mille ans, nous n'avions jamais perdu notre pays par une invasion, ou par l'autoritarisme d'un héritage conservé depuis notre passé digne. Cela fait tant d'années que nous avons perdu notre droit de vivre, et que nous n'avions plus que des obstacles pour notre propre développement d'esprit, que la diffamation a fini par nous déshonorer. Combien de chances avons-nous loupé pour contribuer au progrès de la culture humaine ? Pour que nous puissions dénoncer l'oppression qui s'est accumulée depuis si longtemps, nous devons enlever cette douleur maintenant. Si nous voulons enlever la peur de l'avenir, si nous voulons faire revivre et faire développer la conscience de la nation, l'honneur de notre pays et de la morale qui ont disparu, si nous voulons développer correctement notre propre caractère pour que nous ne léguions pas d'héritage honteux à nos pauvres fils et filles, pour que nos descendants puissent se réjouir d'un bonheur parfait à tout jamais, nous devrions récupérer notre indépendance en urgence.

Des millions de peuples gardent une épée plantée dans le cœur, et pour qu'une valeur commune d'humanité et de conscience devienne la garde d'une certaine justice, qu'elle soit morale ou non, l'esprit de l'homme nous regarde comme des armes, et nous considère comme tel, « Nous devons nous débarrasser de nos pires ennemis si nous voulons avancer et pour que nous puissions nous développer selon notre volonté. Nous devons léguer à nos générations futures une bénédiction et une prospérité infinie. Il s'agit d'une mission urgente qu'est le fait d'établir une indépendance pour notre peuple. Maintenant que nous, les vingt millions d'Hommes gardons une blessure profonde au cœur, que notre valeur commune, et notre conscience n'est plus que l'ombre de l'époque, nous ne sommes plus dotés que d'armes imprégnées de justice et de moralité. Maintenant, qu'est ce qui peut nous empêcher de vaincre le plus fort et quel objectif ne pouvons-nous pas accomplir? Nous ne voulons pas accuser le Japon d'avoir violé de nombreux traités solennels depuis 1876, (Traité Gwanghwa), ni de désigner des savant ou des fonctionnaires qui cherchent simplement à obtenir la satisfaction d'un conquérant, traitant l'héritage de nos ancêtres comme une vulgaire colonie et notre culture civilisée de manière antipatriotique, nous méprisant, comme si l'on était semblables à des sauvages. Nous n'avons aucune intention de critiquer le mépris du Japon qui jugeait notre longue et distinguée civilisation et les nobles principes sur lesquels elle repose. Trop occupé par notre travail d'aujourd'hui, nous avons peu de temps pour châtier, et pardonner les fautes d'hier. À notre heure, notre seul devoir est de nous reconstruire, pas de démolir les autres. Notre but est d'explorer notre nouveau destin selon les ordres civilisés de notre conscience, et de ne pas nous quereller avec d'autres à propos des rancunes éphémères d'anciennes animosités. Il s'agit de restaurer un fondement naturel et rationnel libéré de logique, en rectifiant l'ambition artificielle et irrationnelle des politiciens japonais en proie à des idées obsolètes. Cela a inévitablement conduit à une profonde tristesse et de ressentiments éternels entre deux peuples, sous une importante influence, utilisée comme mesure nécessaire et temporaire de l'inégalité, causée par la discrimination. Sans oublier les nombreuses statistiques falsifiées pour la justifier. Pour que les deux pays évitent certains désastres et favorisent l'amitié, la meilleure façon de procéder est certainement de corriger les vieux torts et de construire une nouvelle relation, basée sur une véritable compréhension mutuelle et amicale. Mais l'oppression de vingt millions de Coréens remplis d'amertume et d'hostilité n'assurera jamais la paix éternelle de l'Asie. Cela exacerbera l'appréhension et amplifiera la méfiance de quatre cents millions de Chinois qui détiennent la clé de la stabilité de l'Asie de l'Est et, par conséquent, mèneront soit à l'agitation ou à la chute éventuelle de toute la région. Par conséquent, les raisons pour lesquelles nous proclamons l'indépendance de la Corée aujourd'hui sont les suivantes: 1) Permettre aux Coréens de retourner à leur vie légitime qu'ils méritent plus que tout, 2) permettre aux Japonais de rompre leur chemin indigne, et de se concentrer sur leurs lourdes responsabilités en tant qu'acteur majeur de la sécurité de l'Asie de l'Est, 3) libérer les Chinois de leurs incertitudes et de leurs anxiétés à l'égard du Japon, 4)franchir une étape indispensable pour la paix mondiale, tout en réalisant la paix de l'Asie de l'Est.

Le problème est loin d'être un sujet d'étroitesse d'esprit. « Ah ! Une nouvelle ère approche sous nos yeux! L'âge de la force est oublié, et l'âge de la moralité est arrivé. L'esprit humain qui est cultivé tout au long du siècle dernier commence maintenant à émaner la lumière sur un nouveau chapitre de l'Histoire. De même qu'un nouveau printemps est venu, hâtant la renaissance de tout être vivant. Nous ne pouvons plus respirer à cause de l'énergie maléfique qui s'était figé dans le vent froid, et maintenant, nous pouvons nous parler grâce au soleil et à la brise chaude de l'ère à venir. La bonne fortune du ciel et de la terre nous est revenue, et nous chevauchons la marée changeante du monde. « Ne pas hésiter ou broncher! En protégeant notre droit individuel à la liberté, nous profiterons pleinement de nos vies. » En réalisant notre créativité sans limite, notre civilisation qu'est la Corée fleurira dans la chaleur du printemps qui imprègne le bonheur.Par la suivante nous nous élevons! La conscience est de notre côté et la vérité marche avec nous. Hommes et femmes, jeunes et vieux, quittez vos coins sombres et participez à notre résurrection. Les esprits de nos ancêtres, âgés de dix mille ans nous protège de l'intérieur lorsque la marée du nouveau nous protège de l'extérieur. Commençons pour réussir! Marchons droit dans la lumière.

Nous promettons ce qui suit:
1. *L'événement d'aujourd'hui reflète les exigences de notre peuple en matière de justice, de moralité, de survie et de prospérité. En conséquent, nous agirons uniquement dans l'esprit de la liberté, jamais dans l'esprit de démolition.*
2. *Jusqu'à la dernière personne et au dernier moment, nous exprimerons sans vergogne la volonté du peuple coréen.*
3. *Nous respecterons l'ordre dans toutes nos actions et veillerons à ce que notre comportement et nos revendications soient toujours honorables et honnêtes.*

Le 1er Mars depuis le commencement du pays de Joseon
1919 Après J.C

三一独立宣言书 (Chinese)

现在我们宣告朝鲜的独立和朝鲜人的自主权。向全球宣告这个事实来明确表示全人类的平等，子孙万代将永远享受民族自尊的应有权利。我们的独立宣告是根据具有权威的半万年历史。合两千万民众的忠心广泛宣告我们的独立，为巩固民族的自由发展而主张独立。如今全人类以纯粹的心情愿意共同改造世界，我们也将遵从这些大志并共同提倡独立。这不仅是天意、时代的大潮流，也是全人类为争取共同生存权利的主张及活动。因此这世界上无论什么都不能阻止我们的独立。

我们)被旧时代的遗物——侵略主义与强权主义抢走了国家，结果五千年历史以来第一次被其它民族压迫的自由，今天，这些痛苦的历史已经过去了十年。我们在被抢走了生存权的这些年，不仅精神上遭受了很大的伤害，而且民族的权威与名誉上也损害严重，还失去了很多那些以我们的知识、才能、创意为基础，为人类文化的大发展做贡献和帮助的机会。

的确，如果想陈述长期积累的冤屈；如果想摆脱目前面临的痛苦；如果想消除对临近未来的恐惧；如果想重新恢复并扩大已经被压迫、缩小、无力懦弱的民族良心与国家的威信、道义；如果想适当发展个人各自的人格；如果想避免将羞耻的遗产留给可怜子孙的情况；如果想使我们后代万古享受完整的幸福，最为紧急的任务就是完成民族的独立。在今天，二千万人心怀利刃，由人类共同的价值和时代的良心组成正义的军队，人伦与道德即为武器将保护我们，对我们而言，如果我们自己下定决心争取前进，将无往而不利。谋定而后动，知止而有得。

签订《江华岛条约》以来，日本随之违背了两国间原有的约定，但是(我们)不会谴责日本没有信义。(日本)的学者在讲坛上，政治家在实际生活中，均将我们从祖先继承下来的立足之地当做殖民地，将我们的文化民族看做野蛮的存在，由此只享受其征服者的乐趣。尽管日本忽视了我们历史悠久、源远流长的社会结构，也无视我们民族的思想意志，但是我们不会谴责日本的错误。我们因急迫谴责自己，鼓励自己，所以没有时间去抱怨他人。我们因急迫处理好现在，所以也没有时间去计较过往的错误。今天我们该做的不是诽谤他人，而是树立我们自己；也绝不是因为陈旧的怨恨与一时的感情忌恨，排斥别人，而是按照严肃的良心使命要求开拓民族的新命运。我们的目的在于，修改并纠正那些拘谨于旧思想，旧势力，依旧想要立功名的日本为政者们打造出如今不自然，不合理的错误现实。由此回归到自然、合理、正确的世界，而这个世界不是以强凌弱、以小欺大。

两国合并的结果本不是我们民族的意愿，毫无根本对策的压制和差别引发的不平等，对社会发展的虚伪统计数据，使两个民族之间的理解互相分歧，回顾至今，不可化解的鸿沟日益加深。需明白，勇敢、大胆地纠正过去的错误，以真挚的理解和人道主义为基础，开辟和睦相处的新时代，这才是避祸趋福的正确捷径。

还有，对着充满郁愤、仇恨的二千万朝鲜人进行武力压制，并不是保证东方永恒和平的办法，只会逐渐加深影响东方的安全与危机及四亿中国人对日本的恐惧、嫉妒，由此一定会造成全东方共灭的悲剧。之所以今天我们宣告朝鲜的独立，是为了使朝鲜人能够实现正当的繁荣，也为了使日本从歧途摆脱的同时深切地感到该守护东方安全的重大责任，还有为了将中国从梦里也无法摆脱的不安与恐惧中进行解放，最后作为世界和平的重要因素，实现东方和平，创造全人类的福祉，将是必要的阶段。这怎么会是拙劣感情上的问题呢。

啊啊，全新的天地呈现在我们眼前。武力的时代皆以过去，道德的时代已经到来。经过去世纪雕刻出来的人道精神，即将开始向人类历史投射新文明的光耀。整个尘世迎来了新春并催促万物的复苏。过去时代存在因寒风与冻僵的冰块，连呼吸也难过的不吉利气氛，而未来即将迎来温暖的风与阳光相通的紫气。因此在天地万物复苏新生的此刻，上个世界变化的滔滔浪潮对于我们来说没有犹豫、顾忌的理由。我们坚决维护我们自己当初拥有的自由权，由此充分的享受丰盛生活的乐趣，还想以发挥我们充足的创造力为基础，向春色弥漫的整个世界展现朝鲜民族的优秀性。

因而我们奋然而起。良心与我们一起，真理伴随我们前进，不论男女老少人们均从阴沉的旧房中跑出，将与万物共同实现快乐的复活。千万年传承下来的祖先灵魂在内保护着我们，全球的动向在外保护着我们，所以只要开始行动，就会取得成功。但愿他向着前方光明持续前进。

公约三章

第一，今天我们大举是为寻找正义、人道、生存、繁荣民族的要求。因此只发挥自由精神，而绝对不能走向排他感情。

第二，到最后一人，最后一刻理直气壮地去发表民族正确的想法。

第三，一切行动首先尊重秩序，我们的主张与态度无论何时何地都光明正大。

自朝鲜建国以来，第四千二百五十二年的三月一日

Proclamación de Independencia de Corea (Spanish)

Proclamamos aquí la independencia de Corea y la libertad del pueblo coreano. Proclamamos esto para que el mundo sea testigo de la igualdad de todos los humanos; Proclamamos esto para que nuestra propia posteridad disfrute del derecho inherente de independencia y respeto a sí mismo.

Estamos declarando nuestra independencia por la solemnidad de nuestra historia de cinco mil años; por la lealtad de veinte millones de nacionales; por el anhelo del avance de la libertad eterna; por el deseo de participar en la reforma global enraizada en la conciencia humana. Esta es una afirmación justa de cumplir con la santa voluntad de Dios y el espíritu de nuestra época que exige la coexistencia justa de toda la humanidad. Por lo tanto, ningún poder en este mundo suprimirá nuestra independencia.

Por primera vez en nuestra historia de cinco mil años, hemos sufrido durante más de una década bajo la tiranía extranjera, mientras fuimos víctimas del obsoleto imperialismo y autoritarismo. ¿Cuánto tiempo nos han privado de nuestro derecho a vivir? ¿Cuán inconmensurable es el daño a nuestro orgullo y honor nacional, así como a nuestro crecimiento espiritual? ¿Cuántas oportunidades nos hemos perdido para hacer nuestra propia contribución creativa al progreso en la civilización mundial?

Por cierto, si vamos a superar nuestro resentimiento de larga historia; si vamos a liberarnos del dolor de hoy; si queremos eliminar el miedo al futuro; si queremos resucitar nuestro orgullo nacional pisoteado; si nosotros, como individuos, debemos alcanzar todo nuestro potencial; si queremos salvar a nuestros hijos del legado de la vergüenza; si queremos legar a nuestras generaciones futuras la bendición y la prosperidad, la misión más urgente es establecer la independencia de nuestro pueblo. Ahora que las personas de veinte millones guardamos una espada en el corazón, y que el valor común de la humanidad y la conciencia de la época nos defienden equipados con los brazos de la justicia y la moralidad, qué nos podrá detener el avance para vencer al más fuerte y qué propósito no podremos lograr si planteamos con precaución?

No deseamos acusar a Japón de haber violado ocasionalmente el Tratado de Amistad de 1876 entre Corea y Japón, ni acusar particularmente a los catedráticos (japoneses) en el podio o los políticos en la vida real que simplemente buscan la gratificación de un conquistador, tratando el patrimonio de nuestros antepasados como una colonia propia y nuestra cultura civilizada como salvajes. Sin embargo, no vamos a acusar a la ignorancia de Japón hacia nuestra civilización larga y distinguida y los principios sobre la que se fundan. Estamos presionados a criticarnos, y no tenemos tiempo para reprochar a los demás. Ocupados con el trabajo de hoy, tenemos poco tiempo para castigar las fallas de ayer. Hoy, nuestro único deber es reconstruirnos a nosotros mismos, no condenar a otros.

Nuestro objetivo es explorar nuestro nuevo destino de acuerdo con los dictados solemnes de nuestra conciencia, no pelear con otros por rencores fugaces y antiguas animosidades. Es restaurar el mundo natural, racional y justo que no domina el principio de fuerza, rectificando la ambición antinatural e irracional de los políticos japoneses bajo la influencia de ideas obsoletas.

¡Mirad la consecuencia de la anexión de Corea a Japón sin consenso nacional! Inevitablemente ha conducido a una profunda trinchera de resentimiento eterno entre dos pueblos bajo la influencia de la intimidación utilizada como medida temporal, la desigualdad causada por la discriminación y las estadísticas falsificadas para justificarla.

Para que ambos países eviten el desastre y fomenten la amistad, la mejor manera es corregir audazmente los errores antiguos y construir una nueva relación basada en una verdadera comprensión mutua.

Además, la opresión de 20 millones de coreanos llenos de amargura y enemistad nunca garantizará la paz eterna en Asia. Sin lugar a dudas, exacerbará la aprensión y la desconfianza de los cuatrocientos millones de chinos que tienen la llave de la estabilidad de Asia del este, y como resultado, conducirá a la agitación y eventual caída de toda la región.

Por lo tanto, las razones por las que proclamamos la independencia de Corea son las siguientes: 1) para permitir que los coreanos vuelvan a su vida legítima, 2) para ayudar a los japoneses alejarse de su camino equivocado y concentrarse en su responsabilidad como un jugador importante en Asia, 3) para liberar a los chinos de su pesadilla de incertidumbre y ansiedad sobre Japón, 4) para dar un paso indispensable desde la estabilidad de Asia hacia el bienestar global de toda la humanidad y la paz mundial. Esto está lejos de ser una cuestión de resentimiento de mente estrecha.

¡Mirad! Un nuevo mundo se acerca ante nuestros propios ojos! La era del poder se ha retirado, y la era de la moralidad ha llegado. El espíritu del humanismo cultivado a lo largo del siglo pasado ahora comienza a arrojar luz sobre un nuevo capítulo en la historia mundial. Justo cuando una nueva primavera ha venido acelerando el renacimiento de cada ser vivo, nuestro pulso, una vez congelado en el frío amargo y la nieve, ahora se acelera con la cálida brisa y la luz del sol. La buena fortuna del cielo y la tierra ha vuelto a nosotros, y nos montamos en la cambiante ola del mundo. ¡No lo dudamos ni nos vacilamos! Al proteger nuestro derecho natural inherente al hombre que es la libertad, disfrutaremos nuestras vidas al máximo. Al darnos cuenta de nuestra abundante creatividad, nuestra civilización nacional florecerá en la calidez de la primavera que impregna el mundo.

¡Por este medio nos levantamos! La conciencia está de nuestro lado, y la verdad marcha con nosotros. ¡Hombres y mujeres, jóvenes y viejos, abandonen sus rincones oscuros y participen en la alegre resurrección junto con todas las criaturas! El espíritu de nuestros antepasados nos protege desde adentro durante miles de años; la ola del nuevo mundo nos protege desde el exterior. ¡Comenzar es tener éxito! ¡Marchemos directamente a la luz!

Por la presente nos comprometemos a lo siguiente:

1. El compromiso de hoy refleja las demandas de nuestra gente por justicia, moralidad, supervivencia y prosperidad. Por lo tanto, actuaremos únicamente en el espíritu de la libertad, nunca en el espíritu de la enemistad.

2. Hasta la última persona y hasta el último momento, expresaremos abiertamente la justa voluntad del pueblo coreano.

3. Respetaremos el orden en todas nuestras acciones y nos aseguraremos de que nuestra conducta y nuestras afirmaciones sean siempre honorables y rectas.

Al primer día del mes de marzo del año cuatro mil doscientos cincuenta y dos a calendario de Dangun (D.C. 1919)

己未独立宣言書(Japanese)

われわれは、ここにわが朝鮮が独立国であり、朝鮮人が自主的民族であることを宣言する。これをもって世界万国に知らせ、人類平等の大儀を明らかにし、これをもって子孫万代に教え伝えて、民族自存の正当な権利を永久に享有させんとするのであ

五千年歴史の権威によってこれを宣言するのであり、二千万民衆の誠忠を結集してこれをあまねく明らかにするのであり、民族の永久不変な自由発展の為にこれを主張するのであり、人類的良心の発露に基づく世界改造の大きな機会と時運に順応してともに進む為にこれを提起するのであって、これは天の命令であり、時代の大勢であり、全人類の共同生存権の正当な発動である。天下の何物もこれを阻止抑制することは出来ない。旧時代の遺物である侵略主義・強権主義の犠牲となって、有史以来、数千年間に初めて異民族の圧制に痛苦をなめ、今、十年が経過したのである。その間、わが民族の生存権が剥ぎ取られなくしたものはどれほどであり、新鋭な独創力をもって世界文化の大潮流に寄与・補益すべき機縁を失った損失はどれほどであろうか。

悲しいかな！久しい以前からの悔しさと憤怒をはらし、述べようとすれば、時下の苦痛から逃れようとすれば、将来の脅威を除こうとすれば、民族的良心と国家的道義が抑圧され、萎縮したのを奮い起こし、立たせようとすれば、各個人格の正当な発展を遂げようとすれば、可愛い子弟に恥辱的財産を残してやりたくなければ、子々孫々の永久・完全な慶びと幸福への道を開いてやろうとすれば、最大の急務が民族の独立を確実にかち取ることである。二千万各個人がすべて心の刃を抱き、人類共通の正義感と時代の良心が正義の軍と人道の武器を持って援護してくれる今日、我々が進んで戦えば、どんな強敵でも粉砕できないことがあろうか。退いて何かをしても、どんなことができるであろうか。

一八七六年の韓日修好条約以来、時々に結んだ各種の約束を違えたからといって、日本の不信を責めようとはしない。学者は講壇で、政治家は実際で、わが祖先たちの遺産を植民地視し、わが文化民族を野蛮人のように待遇して、ただ征服者の快感のみをむさぼらんとするのみで、われわれの久遠な社会基礎と卓越せる民族心理を無視したといって、日本の不義不信を責めようとするのでもない。自分自身を鞭打ち励ますのに忙しいわれわれは、他人を恨む暇はない。過ぎた昔のことを責め、善悪を分けて論議する暇もない。今日、われわれに与えられた任務は自己の建設のみであり、決して他の破壊にあるのではない。厳粛な良心の命令でもあって、自家の新運命を開拓するのみであり、決して旧怨と一時的感情でもって、他を排撃排斥しようとするのでもない。旧思想・旧勢力にとらわれた日本偽政者の功名心の犠牲となった、不自然かつ不合理な錯誤状態を改善・矯正して、自然かつ合理的な正道の根源に帰依らんとするだけである。当初、民族的欲求から出ていない両国併合の結果が、結局、姑息的威圧と差別的不平等と統計数字の虚飾の下で利害の相反する両民族間に、永遠に和同することのできない恨みの溝をますます深めた今までの実績を見よ！勇躍果敢な精神で旧誤を正し、真正な理解と同情に

基づく友好的新局面を打開することが、双方間の禍を遠ざけ、福を呼ぶ近道であることをはっきりと知るべきではないか。また、憤りを抱き恨みを持つ二千万の民を威力でもって拘束するのは、ただに東洋の永久平和を保障するゆえんでないのみならず、これによって東洋安危の主軸である四億中国人の日本に対する危惧と懸念をますます濃厚にさせ、その結果として東洋全局の共倒れの悲運を招致することの明らかな今日、われわれの朝鮮独立はわれわれをして正当な生存の喜びを遂げさせると同時に、日本をして悪の道から出て東洋擁護者としての重責を全うせしめ、中国をして夢にも忘れられない不安恐怖から脱出せしめることである。また、東洋平和を重要な一部とする世界平和、人類幸福に必要な段階ともなるのである。これがどうして区々たる感情上の問題であろうか。

ああ、新天地が眼前に展開される。威力の時代が去って道義の時代が来た。過去の全時代に錬磨され、涵養された人道的精神が、今まさに新文明の曙の光を人類の歴史に投射し始めている。新春が世界にめぐり来て万物の回生を促している。冷たい氷と雪に呼吸も詰まったのが、かの一時の勢いならば、和風暖陽に気脈が伸びやかに振る舞うのも、また、この一時の勢いである。天地の復運に際し、世界の変潮に乗ったわれわれは、何も躊躇することなく、何も忌みはばかるものはないのである。

われわれの固有な自由権を保全し、生命の旺盛な営みをあくまで享有すべきであり、われわれの充分な独創力を発揮して、春爛漫の大界に民族的精華を結実させよう。われらがここに奮起するのだ。良心がわれわれと共にあり、真理がわれわれと共に進むのだ。男女老若を問わず、陰うつな古い巣から活発に飛び出し、森羅万象と共に欣快な復活を遂げるのだ。千百代の祖霊がわれらを陰で助け、全世界の機運がわれらを外で護ってくれる。着手がただちに成功である。ただ、前途の光明に向かってばく進あるのみ。

公　約　三　章

一、今日、われわれのこの挙は、正義・人道・生存・栄光の為の民族的欲求であるから、自由の精神を発揮すべきであり、決して排他的感情で横道にそれてはならない。

一、最後の一人まで、最後の一刻まで、民族の正当な意思を心よく発表せよ。

一、一切の行動は、最も秩序を尊重し、われわれの主張と態度をしてどこまでも公明正大ならしめよ。

建国　四二五二年　三月　一日
民族代表　孫　秉　熙　以下三十三人

김구金九(1876~1949)　　　　　아들 김신金信

사진 출처: 백범일지

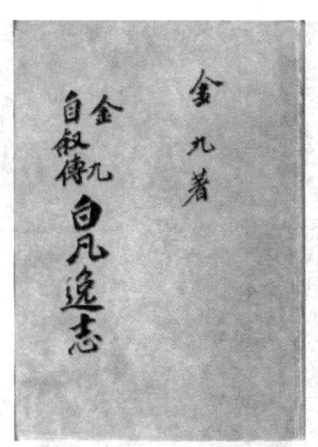

김구 자서전 백범일지白凡逸志

저자의 말

이책은 내가 상해와 중경에 있을때에 써놓은 '백범일지'를 한글 철자법에 준하여 국문으로 번역한 것이다. 끝에 본국에 돌아온 뒤엣 일을 써넣었다. 애초에 이 글을 쓸 생각을 낸 것은 내가 상해에서 대한민국임시정부의 주석이 되어서 내 몸에 죽음이 언제 닥칠는지 모르는 위험한 일을 시작할 때에 당시 본국에 들어와 있던 어린 두 아들에게 내가 지낸 일을 알리자는 동기에서였다. 이렇게 유서 대신으로 쓴 것이 이 책의 상편이다. 그리고 하편은 윤봉길의사 사건 이후에 중일전쟁의 결과로 우리 독립운동의 기지와 기회를 잃어 이 목숨을 던질 곳이 없이 살아 남아서 다시 오는 기회를 기다리게 되었으나 그 때에는 내 나이 벌써 칠십을 바라보아 앞날이 많지 아니함으로 주로 미주와 하와이에 있는 동포를 염두에 두고 민족 독립운동에 대한 나의 경륜과 소회를 고하려고 쓴 것이다.

이것 역시 유서라 할 것이다.

나는 내가 살아서 고국에 돌아와서 이 책을 출판할 것은 몽상도 아니 하였었다. 나는 완전한 우리의 독립국가가 선 뒤에 이것이 지나간 이야기로 동포들의 눈에 비추이기를 원하였다. 그런데 행이라 할까 불행이라 할까 아직 독립의 일은 일우지 못하고 내 죽지 못한 생명 만이 남아서 고국에 돌아와 이 책을 동포의 앞에 내어 놓게 되니 실로 감개가 무량하다. 나를 사랑하는 옛 친구들이 이 책을 발행하는 것이 동포에게 다소의 이익을 드림이 있으리라 하기로 나도 허락하였다. 이 책을 발행하기 위하야 국사원안에 출판소를 두고 김지림군과 삼종질 흥두가 편집과 예약 수리의 일을 하고 있는바, 혹은 번역과 한글 철자법 수정으로, 혹은 비용과 용지의 마련으로, 혹은 인쇄로 여러 친구와 여러 기관에서 힘쓰고 수고한 데 대하여 고마운 뜻을 표하여 둔다.

끝에 붙인 '나의 소원' 한편은 내가 우리 민족에게 하고 싶은 말의 요령을 적은 것이다. 무릇 한 나라가 서서 한 민족이 국민생활을 하려면 반드시 기초가 되는 철학이 있어야하는 것이니 이것이 없으면 국민의 기상이 통일이 되지 못하야 더러는 이나라의 철학에 쏠리고 더러는 저 민족의 철학에 끄리어 사상의 독립 정신의 독립을 유지하지 못하고 남을 의뢰하고 저의끼리는 추태를 나타내는 것이다. 오늘날 우리의 현상으로 보면 더러는 로크의 철학을 믿으니 이는 워싱톤을 서울로 옮기는 자들이오 또 더러는 막스-레닌-스탈린의 철학을 믿으니 이들은 모스크바를 우리의 서울로 삼자는 사람들이다. 워싱톤도 모스크바도 우리의 서울은 될 수 없는 것이오 또 되어서는 안 되는 것이니 만일 그것을 주장하는 자가 있다고 하면 그것을 예전 동경을 우리 서울로 하자는 자와 다름이 없을 것이다. 우리의 서울은 오직 우리의 서울이라야 한다. 우리는 우리의 철학을 찾고, 세우고 주장하여야한다. 이것을 깨닫는 날이 우리 동포가 진실로 독립정신을 가지는 날이오, 참으로 독립하는 날이다. '나의 소원'은 이러한 동기, 이러한 의미에서 실린 것이다.

다시 말하면 내가 품은, 내가 믿는 우리 민족 철학의 대강령을 적어본 것이다. 그럼으로 동포 여러분은 이 한 편을 주의하여 읽어 주셔서 저 마다의 민족 철학을 찾아 세우는 데 참고를 삼고 자극을 삼아 주시기를 바라는 바이다. 내가 이 책 상편을 쓸 때에 열 살내외이든 내 두 아들 중에서 큰 아들 인은 그 젊은 아내와 어린 딸 하나를 연전에 중경에서 죽고, 작은 아들 신이가 스물여섯 살이 되어서 미국으로부터 돌아와 아직 홀몸으로 내 곁을 들고 있다 그는 중국의 군인인 동시에 미국의 비행장교다.

나는 (김구 저자) 나라에 충성하는 법을 고故 후조선생께 배우고, 어버이께 효도하는 본을 이창매에서 보았다.

후조 고능선高能善(1842~1922). 조선 후기 성리학자

그는 장차 우리나라의 군인이 될 날을 기다리고 있다.

이 책에 나오는 동지들 중에 대부분은 생존하여서 독립의 일에 헌신하고 있으나 이미 세상을 떠난 이도 많다. 최광옥 · 안창호 · 양기탁 · 현익철 · 이동녕 · 차이석 이들도 다 이제는 없다. 무릇 난 자는 다 죽는 것이니 할 일 없는 일이어니와 개인이 나고 죽는 중에도 민족의 생명은 늘 있고 늘 젊은 것이다. 우리는 우리의 시체로 성벽을 삼아서 우리의 독립을 지키고 우리의 시체로 발등상을 삼아서 우리의 자손을 높이고 우리의 시체로 거름을 삼아서 우리 문화의 꽃을 피우고 열매를 맺어야 한다. 나는 나 보다 앞서서 세상을 떠나간 동지들이 다 이 일을 하고 간 것을 만족하게 생각하고 감사하게 생각한다. 내 비록 늙었으나 이 몸둥이를 헛되히 썩히지 아니할 것이다. 나라는 내 나라로 남들의 나라가 아니다. 독립은 내가 하는 것이지 따로 어떤 사람이 하는 것이 아니다. 우리 민족 삼천만이 저 마다 이 이치를 깨달아 이대로 행한다면 우리 나라가 독립이 아니 될 수도 없고 또 좋은 나라 큰 나라로 이 나라를 보전하지아니할 수도 없는 것이다. 나 김구가 평생에 생각하고 행한 일이 이것이다. 나는 내가 못난 줄을 잘 알았다. 그러나 아무리 못났더라도 국민의 하나, 민족의 하나라는 사실을 믿음으로 내가 할 수 있는 일을 쉬지않고 하여 온 것이다.

이것이 내 생애요, 이 생애의 기록이 이 책이다.

그러므로 내가 이 책을 발행하기에 동의한 것은 내가 잘난 사람으로써가 아니라 못난 한 사람이 민족의 한 분자로 살아간 기록으로 쓰였다. 백범白凡이라는 내 호가 이것을 의미한다. 내가 만일 민족독립운동에 조금이라도 공헌한 것이 있다고 하면 그만한 것은 대한사람이면, 하기만 하면 누구나 할 수 있는 것이다.

나는 우리 젊은 남자와 여자들 속에서 참으로 크고 훌륭한 애국자와 엄청나게 빛나는 일을 하는 큰 인물이 쏟아져 나오기를 믿거니와 그와 동시에 그 보다도 더 간절히 바라는 것은 저 마다 이 나라를 제 나라로 알고 평생에 이 나라를 위하여 있는 힘을 다하게 되는 것이니 나는 이러한 뜻을 가진 동포에게 이 '범인의 자서전'을 보내는 것이다.

단군 기원 사천이백팔십년 십일월 십오일 개천절날
김구 자서전 백범일지白凡逸志

상편

인 · 신 두 어린 아들에게 [백범일지 참고]
우리 집과 내 어릴적 [백범일지 참고]
기구한 젊은 때
방랑의 길
민족에 내 놓은 몸

기구한 젊은 때

내가 청국을 향하여 방랑의 길을 떠나기로 작정한 바로 전 날 나는 넌지시 안진사를 마지막으로 한 번 보고 속으로 만이라도 하직하는 정을 표하려고 안진사집 사랑채를 갔다가 참빗장사 한 사람을 만났다. 그 언어 동작이 아무리 보아도 예사 사람이 아니하기로 인사를 청한 즉 그는 전라도 남원 귓몰 사는 김형진金亨鎭이란 사람이오, 나와 같이 안동 김씨오, 연치는 나 보다 팔구세 우이였다. 나는 참빗을 사겠노라고 그를 내 집으로 데리고 가서 하룻밤을 같이 자면서 그의 인물을 떠 보았다. 과연 그는 보통 참빗장사가 아니오, 안진사가 당시에 대문장, 대영웅이라는 말을 듣고 한 번 찾아보러 일부러 떠나온 것이라고 한다. 인격이 그리 뛰어나거나 학식이 도저한 인물은 못 되나 시국에 대하여서 불평을 품고 무슨 일이나 하여 보자는 결심은 있어 보였다. 이튿날 그를 데리고 고선생을 찾아 선생에게 인물 감정을 청하였더니 선생은, 그가 비록 주기가 될 인물은 못 되나 남을 도와서 일할만한 소질은 있어 보인다는 판단을 내리셨다. 이에 나는 김씨를 내 길동무를 삼기로 하고 집에서 먹이던 말 한필을 팔아서 여비를 만들어 가지고 청국에 가는 길을 떠났다.

우리의 계획은 백두산을 보고 동삼성(만주)를 돌아서 북경으로 가자는 것이었다. 평양까지는 예사 대로 가서 거기서부터는 나도 김형진 모양으로 참빗과 황화장사로 차리기로 하고 참빗과 붓, 먹과 기타 산읍에서 팔릴 만한 물건을 사서 둘이서 한 짐씩 걸머졌다. 그리고 평양을 떠나서 을밀대와 모란봉을 잠시 구경하고 강동 · 양덕 · 맹산을 거쳐 함경도로 넘어서서 고원 · 정평을 지나 함흥감영에 도착하였다. 강동 어느 장거리에서 하룻밤을 자다가 칠십늙은이 주정뱅이한테 까닭 모를 매를 얻어 맞고 한신韓信이 회음淮陰에서 어떤 젊은 놈에게 봉변하던 것을 이야기하고 웃은 일이 있었다. 고원 함관령의 이태조가 말갈을 쳐 물린 승전비를 보고 함흥에서는 우리나라에서 제일 길다는 남대천 나무 다리와 또 내 가지 큰 것 중에 하나라는 장승을 보았다. 이 장승은 큰 나무에 사람의 얼굴을 새긴 것인데 머리에는 사모를 쓰고 얼굴에는 주홍칠을 하고 눈을 부릅뜨고 있는 것이 매우 위엄이 있었다. 이런 것 넷이 둘씩 둘씩 남대천 다리 머리에 갈라서 있었다. 옛날은 장승이란 것이 큰 길목에는 어디나 서있었으나 함흥의 장승이 그중 크기로 유명하여서 경주의 인경과 은진의 돌미력과 연산의 쇠가마와 함께 사대물이라고 꼽히든 것이었다.

함흥의 락민루樂民樓는 이태조가 세운 것으로 아직도 성하게 남아있었다. 홍원 신포에서 명태잡이하는 것을 보고 어떤 튼튼한 아낙네가 광주리에 꽂게 한 마리를 담아서 힘껏 이고가는데 게의 다리 한 개가 내 팔뚝 보다도 굵은 것을 보고 놀랐다. 함경도에 들어서서 가장 감복한 것은 교육제도가 황해도나 평안도 보다 발달된 것이었다.

아무리 초가집만 가난한 동네에도 서재와 도청은 기와집이었다. 홍원 지경 어느 서재에는 선생이 세 사람이 있어서 학과를 고등 · 중등 · 초등으로 나누워서 각각 한 반씩 담당하여 가르치는 것을 보았다. 이것은 옛날 서당으로서는 드문 일이었다. 서당 대청 좌우에는 북과 종을 달고 치면 글읽기를 시작하고 종을 치면 쉬었다. 더구나 북청은 함경도 중에서도 글을 숭상하는 고을이어서 내가 그 곳을 지날 때에도 살아잇는 진사가 삼십여 명이오, 대과에 급제한 조관이 일곱이나 있었다. 가위 문향이라고 나는 크게 탄복하였다. 도청이라는 것은 동네에서 공용으로 쓰는 집이다. 여염집 보다 크기도하고 화려도하다. 사람들은 밤이면 여기 모여서 동네 일을 의논도 하고 새끼꼬기, 신삼기도 하고, 이야기 책도 듣고, 놀기도 하고, 또 동네안에 뉘 집에나 손님이 오면 집에서 식사만 대접하여서 자기는 도청하게 하니 이를 테면 공동 사랑이요, 여관이요, 공회당이다. 만일 돈 없는 나그네가 오면 도청 예산중에서 식사를 공괘하기로 되어있다. 모두 본받을 미풍이라고 생각하였다. 우리가 단천 마운령을 넘어서 갑산읍에 도착한 것이 을미년 칠월이었다. 여기 와서 놀란 것은 기와를 인 관청을 제하고는 집집마다 지붕에 풀이 무성하여서 마치 사람 아니 사는 빈 터와 같은 것이었다. 그러나 뒤에 알고 보니 이것은 지붕을 덮은 봇껍질을 흙덩어리로 눌러놓으면 거기 풀이 무성하여서 아무리 악수가 퍼부어도 흙이 씻기지아니하게 된 것이라고 한다. 봇껍질은 희고 빤빤하고 단단하여서 기와 보다도 오래간다 하여 사람이 죽어 봇껍질로 싸서 묻으면 만년이 가도 해골이 흩어지는 일이 없다고 한다. 혜산진에 이르니 바로 압록강을 사이에 두고 만주를 바라보는 곳이라 건너편 중국사람의 집에 짖는 개의 소리가 들렸다. 압록강에도 여기서는 걷고 건널만 하였다. 혜산진에 있는 제천당祭天堂은 우리나라 산맥의 조종이 되는 백두산 밑에 있어, 예로부터 나라에서 제관을 보내어 하늘과 백두산신께 제사를 드리는 곳이다. 그 주련에는 이렇게 써 있었다.

六月雪色山 白頭而雲霧 유월설색산백두이운무
萬古流聲水鴨綠而 汹湧 만고유성수압록이흉용

우리는 백두산 가는 길을 물어가면서 서대령을 넘어 삼수 · 장진 · 후창을 거쳐 자성의 중강을 건너서 중국땅인 마울산帽兒山에 다달았다. 지나온 길은 무비 험산준령이오 어떤 곳은 칠팔십리나 무인지경도 있어서 밥을 싸 가지고 간 적도 있었다. 산은 심히 험하나 맹수는 별로 없었고 수풀이 깊어서 지척을 분변치못할 때가 많았다. 나무 하나를 비인 그루 위에 칠팔인이 모여 앉아서 밥을 먹을 만한 것도 드물지않다고 한다. 내가 본 것 중에도 통나무로 곡식 넣을 통을 파느라고 장정 하나가 그통속에 들어서서 도끼질을 하는 것이 있었다. 장관인것은 이 산봉우리에 섰던 나무가 쓸어저 저 산봉우리에 걸쳐있는 것을 우리는 다리 삼아서 건너간 일이 있었다. 이 지경은 인심이 대단히 순후하고 먹을 것도 넉넉하여서 나그네가 오면 극히 반가와하야 얼마든지 묵어보내었다. 곡실은 대대 귀밀과 감자요 산 개천에는 이면수라는 물고기가 많이 나는 데 대단히 맛이 좋았다. 옷감으로 즘생(짐승)의 가죽을 쓰는 것이 퍽이나 원시적이었다. 삼수읍내에는 민가가 겨우 삼십호 밖에 없었다. 마를산에서 서북으로 노인치老人峙라는 영을 넘고 또 넘어 서대령으로 가는 길에서 우리는 백리에 두어 사람이나 우리 동포를 만났는데 대부분은 금점군이었다. 만나는 사람 마다 우리 더러 백두산 가는 것이 향마적 때문에 위험하니 말라고 하므로 우리는 유감이나마 백두산 참배를 중지하였다. 그래서 우리는 방향을 돌려 만주 구경이나 하리라 하고 통화 通化로 갔다. 통화는 압록강 연변의 다른 현성과 마찬가지로 설립된지 얼마아니되어서 관사와 성루의 서까래가 아직도 흰빛을 잃지아니하였다. 성내에 인가가 모두 오백호라는데 그 중에는 우리 사람이 하는 집이 있었다. 남자는 변발을 하여서 중국사람의 모양을 하고 헌청에 통사로 있다는데 그의 처자들은 우리 옷을 입고 있었다. 거기서 십리쯤 가서 심생원이라는 동포가 산다 하기로 위해 찾아갔더니 정신없이 아편만 먹는 사람이었다. 만주로 돌아다니는 중에 가장 미운 것은 호통사였다. 몇 마디 한어를 배워 가지고는 불쌍한 동포의 등을 긁고 피를 빨아먹는 것이었다. 우리 동포들은 갑오년 난리를 피하여 생소한 이 땅에 건너와서 중국사람이 살 수가 없어서 내버린 험한 산골을 대하야 화전을 일구어서 조나 강냉이를 지어 근근히 연명하고 있었다. 호통사라는 놈들은 중국사람에게 붙어서 무리한 핑계를 만들어가지고 혹은 동포의 전곡을 빼앗고 혹은 부녀의 정조를 유린하는 것이었다. 한 곳에를 가노라니 어떤 중국인의 집에 한복을 한 처녀가 있기로 이웃 사람에게 물어본 즉 그 역시 호통사의 농간으로 그 부모의 빚값으로 중국인의 집에 끌려온 것이라고 하였다. 관전寬甸 · 임강臨江 · 환인桓仁 어디를 가도 호통사의 폐해는 마찬가지였다. 어디나 토지는 비옥하여서 한 사람이 지으면 열 사람이 먹을만하다. 오직 귀한 것은 소금이어서 이것을 의주로 붙어 배로 물을 거슬러 올라와서 사람의 등으로 저날르는 것이라 한다. 동포들의 인심은 참으로 순후하야 본국 사람이 오면 '앞대나그네'가 왔다 하야 혈속과 같이 반가와하고 집집이 다투어서 맛있는 것을 대접하랴고 애를 쓰고 남녀노소가 모여 와서 본국 이야기를 들려 달라고 졸랐다.

그들은 대개는 일청전쟁에 피닌간 이들이지 마는 간혹 본국서 죄를 짓고 도망해 온 사람도 있었다. 그 중에서 민요에 장두가 되었던 호걸도 있고 공금을 흠포한 관속도 있었다. 집안의 광개토왕비廣開土王碑는 아직 몰랐던 때라 보지 못한 것이 유감이어니와 관전의 임경업林慶業 장군의 비각을 본 것이 기뻤다. 삼국충신임경업지비'三國忠臣林慶業之碑라고 비면에 새겨 있는데 이 지방 중국사람들은 병이 나면 이 비각에 제사를 드리는 풍속이 있다 고 한다. 이 지방으로 방랑하는 동안에 김리언金利彦이란 사람이 청국의 도움을 받아서 일본에 반항할 의병을 꾸미고 있다는 말을 들었다. 사람들이 전하는 바에 의하면 김리언은 벽동사람으로서 기운도 있고 글도 잘하야 심양자사 심양자사의게 말 한 필과 삼국지 한 벌을 상급으로 받았기 대문에 중국사람 장령들에게도 대접을 받는다고 하였다. 우리는 이 사람을 찾아보기로 작정하고 먼저 그 인물이 참으로 지사인가 협잡군이 아닌가를 염탐하기 위하야 김형진을 먼저 떠나보내고 나는 다른 길로 수소문을 하면서 뒤따라 가기로 하였다. 하루는 압록강을 앞으로 한 백리나 격한 노중에서 궁둥이에 관인을 찍은 말을 타고 오는 젊은 청국 장교 한사람을 만났다. 그의 머리에 쓴 마라기(청국 군인의 모자)에는 옥로玉鷺가 빛나고 붉은 솔이 나풀거렸다. 나는 덮어놓고 그의 말 머리를 잡았다. 그는 말에서 나렸다. 나는 중국말을 모름으로 내가 여행하는 취지를 적은 글을 만들어서 몸에 지니고 있었는데 이 것을 그 장교에게 내어보였다. 그는 내가 주는 글을 받아 읽더니 더 읽기도 전에 소리를 내어서 울었다. 내가 놀라서 그가 우는 까닭을 물으니 그는 내 글 중에, 통피왜적흥아불공제천지난 通彼倭敵興我不共在天之難라는 구절을 가리키며 다시 나를 부뜰고 울었다. 나는 필담을 하려고 필통을 꺼내었더니 그가 먼저 붓을 들어서 왜倭가 어찌하야 그대의 원수냐고 도리어 내게 묻는다. 나는 일본이 임진으로부터 세세에 원수일 뿐이 아니라 지난 달에 왜倭가 우리 국모를 불살라 죽였다고 쓰고 다음에 그대야말로 무슨 연유로 내 글을 보고 이토록 통곡하는가 하고 물었다. 그의 대답을 들건데 그는 작년 평양 싸움에 전망한 청국 장수 서옥생徐玉生의 아들로서 강계관찰사에게 그 부친의 시체를 찾아 주기를 청하였던바, 찾았다 하기로 와 본 즉 그것은 그의 아버지의 시체가 아니므로 허행을 하고 집으로 돌아가는 길이라고 한다. 나는 평양 보통문 밖에 '서옥생전사지지'라는 목패를 보았다는 말을 하였다. 그의 집은 금주요 집에는 일천오백명 군사를 거느리고 있었는데 그 아버지 옥생이 그 중에서 천명을 데리고 출정하여서 전멸하였고 지금 집에는 오백명이 남아 있으며 재산은 넉넉하고 자기의 나이는 설은 살이오 안해는 몇 살이며 아들이 몇, 딸이 몇이라고 자세히 가라처 준 뒤에 내 나이를 물어 내가 그 보다 연하인 것을 알고는 그는 나를 아우라고 부를 터이니 그를 형이라고 부르라 하야 피차에 형제의 의를 맺기를 정하고 우리 서로 같은 원수를 가졌으니 함께 살면서 시기를 기다리자 하야 나 더러 그와 같이 금주로 가기를 청하고 내가 대답도 하는 새 없이 내 등에 진 짐을 벗겨 말께 달아매고 나를 부뜰어 말 안장에 올려 놓고 자기는 걸어서 뒤를 따랐다. 나는 얼마를 가며 곰곰 생각하였다. 기회는 썩 좋은 기회였다. 내가 원래 이 길을 떠난 것이 중국의 인사들과 교의를 맺자는 것이었는데 이제 서씨와 같은 명가와 인연을 맺는 것은 고소원이라고 아니할 수 없다. 그러나 하나 마음에 걸리는 것은 김형진에게 알릴 길이 없다는 것이었다. 만일 김형진과만 같이 있었던들 나는 이 때에 서를 따라갔을 것이다. 나는 근 일년이나 집을 떠나 있어 부모님 안부도 모르고 또 서울 형편도 못 들었으니 이 길로 본국에 돌아가 근신도 하고 나라 일이 되어가는 양도 알아본 뒤에 금주로 형을 따라갈 것을 말하고 결연하게 그와 서로 작별하였다.

나는 참빗장사의 행세로 이 집 저 집에서 김리언의 일을 물어가며 서와 작별한지 오륙일 만에 김리언의 근거지 삼도구三道溝에 다달았다. 김리언은 당년 오십여세에 심양에서 오백근 되는 대포를 앉아서 두 손으로 들었다 놓았다 할 만큼 기운이 있는 사람이다. 내가 보기에 마음 용기가 부족한 것 같고 자신 과하야 남의 의사를 용납하는 도량이 없는 것 같았다. 도리어 그의 동지인, 초산에서 이방을 지냈다는 김규현金奎鉉이란 사람이 의리도 있고 책략도 있어 보였다. 김리언은 제가 창의의 수령이 되어서 초산, 강계, 위원, 벽동 등지의 포수와, 강건너 중국땅에 사는 동포중에 사냥총이 있는 사람을 모집하여서 한 삼백 명 무장한 군사를 두고 있었다. 창의의 명으로는 국모가 왜적의 손에 죽었으니 국민 전체의 욕이라 참을 수 없다는 것이오, 이 뜻으로 글 잘하는 김규현의 붓으로 격문을 지어서 사방에 산포하였다. 나와 김형진과 두 사람도 참가하기로 하야 나는 초산, 위원 등지에 숨어 다니며 포수를 모으는 일과 강계 서웅에 들어가서 화약을 사오는 일을 맡았다. 거사할 시기는 을미년 동지달 초생 압록강이 얼어붙을 때로 하였다. 강이름 위로 몰아서 강계성을 점령하자는 것이었다. 나는 위원에서 내가 맡은 일을 끝내고 책원지인 삼도구로 돌아오는 길에 압록강을 건너다가 엷은 얼음을 밟아서 두 팔만 얼음 위에 남기고 몸이 온통 강속에 빠져버렸다. 나는 솟아오를 길이 없어서 목청껏 사람살리라고 소리를 지를 뿐이었다. 내 소리를 들은 동민들이 나와서 나를 얼음 구녕에서 꺼내어 인가로 데리고 갔을 때에는 의복은 벌써 딱딱한 얼음덩어리가 되어 있었다. 마침내 강계성을 습격할 날이 왔다. 우선 고사리高山鎭를 쳐 거기 있는 무기를 빼앗아서 무기없는 군사에게 나누어 주었다. 이것이 첫 실책이었다. 나는 고사리를 먼저 치지 말고 곧장 강계성을 엄습하자고 주장하였다. 우리가 고사리를 쳤다는 소문이 들어가면 강계성의 수비가 더욱 엄중할 것이니 고사리에서 약간의 무기를 더 얻는 것 보다는 출기불의로 강계를 덮치는 것이 유리하다는 것이었다. 김규현·백진사 등 참모도 내 의견에 찬성하엿으나 김리언은종시 제 고집을 세우고 듣지아니하였다. 고산진에서 무기를 빼앗은 우리 군사는 이튿날 강계로 진군하야 야밤에 독로강 빙판으로 진군을 몰아 선두가 인풍루仁風樓에서 십리쯤 되는 곳에 다달았을 때에 강 남쪽 송림 속에 화승불이 번쩍번쩍 하는데 염려없다고 고집하였다. 그 송림속으로서 강계대 장교 몇이 마중나와 김리언을 찾아보고 첫 말로 묻는 말이 이번에 오는 군사 중에 청병이 있느냐 하는 것이었다. 김리언은 이에 대하야 이번에는 청병은 아니 왔다. 그러나 우리 강계를 점령하였다고 기별하는대로 청병이 오기로 하였다고 말하였다. 이것이 정직한 말일른지 모르거니와 전략적인 대답은 아니였다. 여기 대하여서도 작전계획에 김리언이 실수가 있었다. 애초에 나는 우리 중에 몇 사람이 청국 장교를 차리고 선두에 설 것을 주장하였으나 김리언은 우리 국모의 원수를 갚으려는 이 싸움에 청병의 위력을 가장하는 것이 옳지아니하니 강계성 점령은 당당하게 흰옷을 입은 우리가 할 것이오, 또 강계대의 장교도 이미 내응할 약속이 있으니 염려 없다고 고집하였다. 나는 이에 대하야 강계대의 장교라는 것이 애국심으로 움지기기 보다도 세력에 쏠릴 것이라 하야 청국 장교로 가장하는 것이 전략상 극히 필요하다고 하였으나 김리언은 끝까지 듣지아니하였던 것이다. 그랬더 차에 이제 강계대 장교가 머리를 흔들고 돌아가는 것을 보니 나는 벌써 대세가 틀렸다고 생각하였다. 아니나 다를가 그 장교들이 저의 진지에 돌아갈 때쯤 하여 화승불들이 일제히 움지기더니 땅땅하고 포성이 진동하고 탄알이 빗발같이 이리로 날아왔다. 잔뜩 믿고 마음을 놓고 있던 이 편의 천여 명 군마는 얼음판 위에서 대혼란을 일으켜서 이리 뛰고 저리 뛰어 달아나기를 시작하고 벌서 총에 맞아 쓰러지는 자, 죽는다고 아우성을 하고 우는 자가 여기 저기 있었다. 나는 일이 다 틀렸음을 알고, 또 김리언으로 보면 이 번에 여기서 패하고는 다시 회복못할 것으로 보고 김형진과 함께 슬며시 떨어져서 몸을 피하기로 하였다. 그래서 우리는 군사들이 달아나는 것과는 반대방향으로 돌아서 강계성에 가까운 쪽으로 피하였다. 인풍루 바로 밑인 동네로 갔더니 어느 집에도 사람은 없었다.　　—중략—

때는 마침 김홍집 일파가 일본의 후원으로 우리나라 정권을 잡아서 신장정新章程이라는 법령을 발하야 급진적으로 모든 제도를 개혁하던 무법으로서, 그 새법의 하나로 나온 것이 단발령이었다. 대군주폐하라고 부르는 삼감께서 먼저 머리를 깍고 양복을 입으시고는 관리로부터 서민에 이르기까지 모두 깍이자는 것이었다. 이 단발령이 팔도에 나렸으나 백성들이 응종하지아니하기 때문에 서울을 비롯하여 감영, 병영 같은 큰 도회지에서는 묵묵이 군사가 지켜 서서 행인을 막 부뜰고 상투를 잘랐다. 이것을 늑삭 勒削(억지로 깍는다는 뜻) 이라 하야 늑삭을 당한 사람은 큰 일이나 난 것처럼 통곡을 하였다. 이 단발령은 크게 민원을 일으켜서 어떤 선비는 도끼를 메고, '이 목은 자를지언정 이 머리는 깍지못하리이다' 하는 뜻으로 상소를 올렸다 차라리 목없는 귀신이 될지언정 살아서 머리 깍은 사람은 아니 되리라 (寧爲地下無頭鬼. 不作人間斷髮人) 이라는 글 귀가 마치 격서 모양으로 입에서 입으로 전파하야 민심을 선동하였다. 이처럼 단발을 싫어하고 반대하는 이유가 다만 유교의 '신체발응수지부모 불패훼상효지시야 身體髮膚受之父母 不敗毁傷孝之始也' 에서만 나온 것이 아니오, 이것은 일본이 시키는 것이라는 반감에서 온 것 이였다.　　—중략—

건양建陽2년 즈음이라. 황성신문皇城新聞이 창간되었다.
하야 누가 내게 들려주는 어느 날 신문에, 내 사건의 전말을 대강 적고 나서 김창수가 인천감옥에서 죄수들에게 글을 가르침으로 감옥은 학교가 되었다고 씌워 있었다. 나는 죄수의 선생질을 하는 한 편 또 대서소도 벌린 셈이 되었다. 억울하게 잡혀온 죄수의 말을 듣고 내가 소장을 써 주면 그것으로 놓여 나가는 이도 있어서 내 소장 대서가 소문이 나게 되었다. 더구나 옥에 가쳐 있으면서 밖에 있는 대서인에게 소장을 써 달라고 하면 매우 힘도 들고 돈도 들었다. 그런데 같은 감방에 마주 앉아서 충분히 할 말을 다하고 소장을 쓰는 것은 인찰지 사는 값 밖에는 도모지 비용이 들지 아니하였다. 내가 소장을 쓰면 꼭 득송한다고 사람들이 헛소문을 내어서 관리 중에 대대 ㅅ장을 지어 달라는 자도 있고, 어느 관원에게 돈을 빼았겼다 하는 사람의 입장을 지어서 상관에게 들여 그 관리를 파면시킨 일도 있었다. —중략—

김윤정金潤晶 경무관은 청상에 앉아 차례대로 성명, 주소, 연령을 물은 뒤에 모월 모일 안악 安岳 치하포에서 일본인 하나를 살해한 일이 있느냐고 묻기로 나는 '있소' 하고 분명히 대답하였다.
'그 일본인을 왜 죽였어?' 그 재물을 강탈할 목적으로 죽였다지?' 하고 경무관이 묻는다. 나는 이때로다 하고 없는 기운이언 마는 소리를 가다 듬어서, '나는 국모 폐하의 원수를 갚으랴고 왜구倭仇 한 명을 때려 죽인 사실이 있으나 재물을 강탈한 일은 없소'하였다. 그런 즉. 청상에 늘어 앉은 경무관, 홍순, 권임 등이 서로 명하게 돌아볼 뿐이오, 장내는 고요하였다. 옆 의자에 걸터 앉아서 방청인지 감시인지 하고 있던 일본 순사가 (뒤에 들으니 와다나베라고 한다) 심문 벽두에 정내의 공기가 수상한 것을 보았음인지 통역에게 무슨 일이냐고 묻는 모양인 것을 보고 나는 죽을 힘을 다하야, '이 놈!' 하는 한 소리 호령하고, 말을 이어서, '소위 만국공법 어느 조문에 통상, 화친하는 조약을 맺고서 그 나라 임금이나 왕후를 죽이라고 하였더냐. 이 개 같은 왜놈아. 너희는 어찌하야 감히 우리 국모 폐하를 살해하였느냐. 내가 살아서는 이 몸을 가지고 죽으며는 귀신이 되어서 맹세코

너희 임금을 죽이고 너희 왜놈들을 씨도 없이 다 없이해서 우리나라의 치욕을 씻고야 말 것이다' 하고 소리를 높여서 꾸짖었드니 와다나베 순사는 그것이 무서웠든지, '칙쇼, 칙쇼' 하면서 대청 뒤로 숨어버리고 말았다. '칙쇼'는 즘생이란 뜻으로 일본 말에 욕이란 것은 나중에 들어서 알았다.

정내의 공기는 더욱 긴장하였다. 배석하였던 종순인지 주사인지 분명치 아니하나 어떤 관원이 경무관 김윤정에게 이 사건이 심히 중대하니 감리영감께 아뢰어 친히 심문하게 함이 마땅하다는 뜻을 진언하니 김경무관이 고개를 끄덕여 그 의견에 동의한다. 이윽고 감리사 이재정李在正이 들어와서 김경무관이 물러난 주석에 앉고 김경무관은 이감리사에게 지금까지의 심문 결과를 보고한다. 정내에 있는 관속들은 상관의 분부가 없이 내게 물을 갔다가 먹여준다. 나는 이감리사가 나를 심문하기를 시작하기 전에 먼저 그를 향하여 입을 열었다. '나 김창수(김구 선생의 초명)는 하향 일개 천생이언 마는 국모 폐하께 옵서 왜적의 손에 돌아가신 국가의 수치를 당하고는 청천백일하에 제 그림자가 부끄러워서 왜구 한 놈이라도 죽였거니와 아직 우리 사람으로서 왜왕을 죽여 국모 폐하의 원수를 갚았다는 말을 듣지 못 하였거늘, 이제 보니 당신네가 몽백(蒙白–국상으로 백립을 쓰고 소복을 입었다는 말)을 하였으나, 춘추대의에 군부의 원수를 갚지 못 하고는 몽백을 아니 한다는 구절은 잊어버리고 한 갓 영기와 총록을 도적질하려는 더러운 마음으로 임금을 섬긴단 말이오?' 감리사 이재정 · 경무관 김윤정 기타 청상에 있는 관원들이 내 말을 듣는 기색을 살피건대 모두 낫이 붉어지고 고개가 수그러졌다. 모두 양심에 찔리는 것이라고 나는 생각하였다. 내 말이 다 끝난 뒤에도 한참 잠자코 있던 이감리사가 마치 내게 하소연하는 것과 같은 어성으로, '창수가 지금 하는 말을 들으니 그 충의와 용감을 흠모하는 반면에 황송하고 참괴한 마음이 비길 데 없소이다. 그러나 상부의 명령대로 심문하야 올려야 하겠으니 사실을 상세히 공술해 주시오' 하고 말에도 경어를 쓴다. 이 때에 김윤정이 내 병이 아직 위험 상태에 있다는 뜻으로 이감리사에게 수군수군 하더니 옥사정을 명하야 나를 옥으로 다려가라고 명한다. 내가 옥정의 등에 업혀 나가노라니 많은 군중속에 어머니의 얼굴이 눈에 띄었다. 그 얼굴에 희색이 있는 것을 보고 나는 아마 군중이나 관속들에게 내가 관청에서 한 일을 듣고 약간 안심하신 것이라고 생각하였다. 나중에 어머님께 들은 말씀이어니와 그 날 내가 심문을 당한다는 말을 들으시고 어머님은 옥 문 밖에 와서 기다리시다가 내가 업혀나노는 꼴을 보시고, '저것이 병중에 정신없이 잘못 대답하다가 당장에 맞아 죽지나 않나 하고 무척 근심하셨다고 한다. 그러나 사람들이 내가 감리사를 책망하는 데 감리사는 아무 대답도 못 하였다는 등, 내가 일본 순사를 호령하야 내어쫓았다는 등, 김창수는 해주 사는 소년인데 민중전 마마의 원수를 갚노라고 왜놈을 때려 죽였다는 등 하는 말을 듣고 안심이 되셨다고 하셨다. 나를 업고 가는 옥사정이 어머니 앞을 지나가며, '마나님 아무 걱정 마시오. 어떠면 이런 호랑이 같은 아들을 두셨소?' 하던 것을 나는 기억한다. 나는 감방에 돌아오는 길로 한 바탕 소동을 이르켰다. 나를 전과 같이 다른 도적과 함께 착고를 채와 두는데 대하야 나는 크게 분개하여서, 벽력같은 소리로, '내가 아무 의사도 발표하기 전에는 나를 강도로 대우하거나 무엇으로 하거나 잠자코 있었다마는 이왕 내가 할말을 다한 오늘날에도 나를 이렇게 홀대한단 말이냐. 땅에 금을 그어 놓고 이것이 옥이라 하더라도 그 금을 넘을 내가 아니다. 내가 당초에 도망할 마음이 있었다면 그 왜놈을 죽인 자리에 내 주소와 성명을 갖추어서 포고문을 붙이고 집에 와서 석달이나 잡으러 오기를 기다렸겠느냐. 너의 관리들은 왜놈을 기쁘게 하기 위하야 내게 이런 나쁜 대우를 한단 말이냐' 하면서 어떻게나 내가 몸을 요동하였던지, 한 착고 구녁에 발목을 넣고 있는 여덟명 죄수가 말을 더 보태어서 내가 한 다리로 착고를 들고 일어나는 바람에 거기네 발목이 다 부러졌노라고 떠들었다. 이 소동을 듣고 경무관 김윤정이 들어와서, '이 사람은 다른 죄수와 다르거든 왜 도적 죄수와 같이, 둔단말이냐. 즉각, 이 사람을 좋은 방으로 옮기고 일절 몸은 구속치 말고 너희들이 잘 보호하렸다' 하고 옥사정을 한끝 책망하고 한 끝 명령하였다. 이로부터 나는 옥중에서 왕이 되었다.

이런지 얼마아니하여서 어머님이 면회를 오셨다. 어머님 말씀이 아까 내가 심문을 받고 나온 뒤에 김경무관이 돈 일백쉰냥(3원)을 보내며 내게 보약을 사 먹이라 하였다 하며, 어머니께서 우접하시는 집 주인 내외는 말할 것도 없고 사랑 손님들 까지도 매우 나를 존경하여서 '옥중에 있는 아드님이 무엇을 자시고 싶어하거든 말만 하면 해 드리리다' 하드라고 말씀하셨다. 정내에 들어가 앉으니 김윤정이 슬쩍 내 곁으로 지나가며, '오늘도 왜놈이 왔으니 기운껏 호령를 하시오' 한다. 김윤정은 지금은 경기도 참여관이라는 왜의 벼슬을 하고 있으나 그 때에는 나는 그가 여기있는사람으로 생각하였다. 설마 관정을 연극장으로 알고 나를 한 배우를 삼아서 구경거리를 만든 것일 리는 없으니 필시 항심없는 무리의 일이라 그 때에는 참으로 의기가 생겼다가 날이 감을 따라서 변한 것이라고 보는 것이 옳을 것이다.

둘째 날 심문에 나는 전 번에 할 말은 다하였으니 더 할 말은 없다고 한 마디로 끝내고 뒷방에 앉아서 나를 넘겨다보고 있는 와다나베를 향하여 또 일본을 꾸짖는 말을 퍼부었다. 그 이튿날 부터는 더욱더욱 면회하려 오는 사람이 많았다. 그들은 대개 내 의기를 사모하여 왔노라, 어디 사는 아무개니 내가 출옥하거든 만나자, 설마 내 고생이 오래랴, 이렇게 찾아오는 사람들은 거의 다 음식을 한 상씩 잘 차려 가지고 와서 나 더러 먹으라고 권하였다. 나는 가져온 사람이 보는 데서 한 두 젓가락 먹고는 나머지는 죄수들에게 차례로 나눠 주었다.   −중략−

수일후에 일본인이 내사진을 박는다고 하야 나는 또 경무청으로 업혀 들어갔다. 이 날도 사람이 많이 모여 있었다. 김윤정은 내 귀에 들리라고, '오을 저 사람들이 창수의 사진을 박으러 왔으니 주먹을 불끈 쥐고 눈을 딱 부르뜨고 박히시오' 한다. 그러나 우리 관원과 일본인과 사이에 사진을 박히라, 못 박히라 하는 문제가 일어나서 한참동안 옥신각신하다가 필경은 정사내에서 사진을 박는 것은 허할 수 없으니 노상에서나 박으라 하여서 나를 노상에 앉혔다. 일인이 나를 수갑을 채우든지, 포승으로 얽든지 하야 죄인 모양을 하여 달라고 요구한데 대하야 김윤정은, '이 사람은 계하죄인(임금이 친히 알아하시는 죄인이라는 뜻)인 즉 대군주 폐하께서 분부가 있으시기 전에는 그 몸에 형구를 대일 수 없다'하여서 딱 거절하였다. 그런 즉 일인이 다시 말하기를 '형법이 곧 대군주 폐하의 명령이 아니오? 그런 즉 김창수를 수갑을 채우고 포승으로 얽는 것이 옳지 않소?' 하고 기어히 나를 결박하여 놓고 사진을 박기를 주장하였다. 이에 대하야 김윤정은, '갑오경장 이후에 우리 나라에서는 형구를 폐하였소'하고 잡아뗀다. 그런 즉 왜는 또 '귀국 감옥 죄수를 본 즉 다 쇠사슬을 차고 다니는 데' 하고 깐깐하게 대들었다. 이에 김경무관은 와락 성을 내며, '죄수의 사진을 찍는 것은 조약에 정한 의무는 아닝. 참고자료에 불과한 세세한 일에 내정간섭은 받을 수 없소' 하고 소리를 높여서 꾸짖는다. 둘러섰던 관중들은 경무관이 명관이라고 칭찬하고 있었다. 이리하여서 나는 자유로운 몸으로 길에 앉은 대로 사진을 박게 되었는데 일인은 다시 경무관에게 애걸하야 겨우 내 옆에 포승을 놓고 사진을 박는 허가를 얻었다. 나는 몇 일 전 보다는 기운이 회복되었으므로 모여 선 사람들을 향하야 한바탕 연설을 하였다. '여러분! 원한이 또 어디 있소? 왜놈의 독이 궐내에 만 그칠 줄 아시오? 바로 당신들의 아들과 딸들이 필경은 왜놈의 손에 다 죽을 것이오. 그러니 여러분! 당신들도 나를 본받아서 왜놈을 만나는 대로 다 때려 죽이시오. 왜놈을 죽여야 우리가 사오' 하고 나는 고함을 하였다. 와다나베놈이 내 곁에 와서, '네가 그렇게 충의가 있으면 왜 벼슬을 못 하였나?' 하고 직접 내게 말을 붙인다. '나는 벼슬을 못 할 상놈이니까 조그마한 왜놈이나 죽였다마는 벼슬을 하는 양반들은 너의 항제의 목아지를 비여서 원수를 갚을 것이다' 하고 나는 와다나베에게 대답하였다. 나는 이 날 김윤정에게 이화보를 놓아 달라고 청하였더니 이화보는 그 날로 석방되어서 좋아라고 돌아갔다. 이로부터 나는 심문은 다 끝나고 판결만을 기다리는 한가한 몸이 되었다. 내가 이동안에 한 일은 독서, 죄수에게 글을 가르치는 것, 죄수들을 위하야 소장을 대서하는 것이었다.   −중략−

하루는 황성신문에 다른 살인죄인, 강도죄인 몇과 함께 인천감옥에 있는 살인강도 김창수를 아무 날 처교(목을 달아 죽임)한다는 기사가 난 것을 보았다. 그 날자는 7월 27일 이던가 한다. 사람이 이런 일을 당하면 일부러 태연한 태도를 꾸밀 법도 하지 마는 어찌 된 일인지 내 마음은 조금도 경동되지 아니하였다. 교수대에 오를 시간을 겨우 반일을 격하고도 나는 음식이나 독서나 담화나 평상스럽게 하고 있었다. 그것은 아마 고선생께 들은 AFTMA 중에 박태보 朴泰輔가 보습으로 단근질을 받을 때에, '이 쇠가 식었으니 더 달구어 오너라' 한 것이며 심양에 잡혀 갔던 삼학사의 사적을 들은 영향이라고 생각한다. 내가 사형을 당한다는 신문기사를 본 사람들은 뒤를 이어 찾아와서 마지막 인사를 하고는 눈물을 흘렸다. 이를테면 조상이다. 아무 나으리, 아무 영감하는 사람들도 찾아와서 '김석사, 살아나서 상면할 줄 알았더니 이것이 웬 일이오?' 하고 두 주먹으로 눈물을 씻고 갔다. 그런데 이상한 것은 밥을 손수 들고 오신 어머님이 평시와 조금도 다름이 없으셨다. 아마 사람들이 내가 죽게 되었다는 말을 아니 알려 드린 것인가 하였다. -중략-

차차 시간은 흘러서 오후가 되고 저녁 때가 되었다. 교수대로 끌려 나갈 시각이 바싹바싹 다가오는 것이다. 나는 내 목숨이 끊어질 순간까지 성현의 말씀에 잠심하야 성현과 동행하리라 하고 몸을 단정히 하고 앉아서 대학을 읽고 있었다. 그럭저럭 저녁밥이 들어왔다. 사람들은 내가 특별한 죄수가 되어서 밤에 집행하는 것이라고 생각들 하고 있었다. 나는 예기하지 아니하였던 저녁 한 때를 이 세상에서 더 먹은 것이었다. 밤이 초경은 되어서 밖에서 여러 사람이 떠들석하고 가까히 오는 인기척이 나더니 옥문 열리는 소리가 들린다. 나는 '옳지 인제 때가 왔구나' 하고 올 것을 가만히 기다리고 있었다. 나와 한 방에 있는 죄수들은 제가 죽으러 나가거나 하는 것처럼 모두 낯색이 변하고 덜덜 떨고들 있었다. 이때에 문 밖에서, '차우 어느 방에 있소?' 하는 소리가 들린다. '이 방이오' 하는 내 대답은 듣는 것 같지도 않고, 방문도 열기 전부터 어떤 소리가 '아이쿠 이제는 창수 살았소! 아이쿠. 감리영감과 전 서원과 각청 직원이 아침부터 밥 한 술 못 먹고 골탕만 하고 있었소-창수를 어찌 참아 우리 손으로 죽이냐고. 그랬더니 지금 대군주 폐하께서 대청에서 감리영감을 불러내시고, 김창수 사형은 정지하랍신 천칙을 받잡고 밤이라도 옥에 내려가 김창수에게 전지 傳旨하여 주랍신 분부를 듣고 왔소. 오늘 얼마나 상심하였소.' 하고 관속들은 친 동기가 죽기를 면하기나 한 것처럼 기뻐하였다. 이것이 병신년(1896년. 丙申年 윤 8월26일이었다. 뒤에 알고 보니 내가 사형을 면하고 살아난 데는 두번 아슬아슬한 일이 있었으니 그것은 이러하였다. 법부대신이 내 이름과 함께 몇 사형 죄인의 명부를 가지고 입궐하야 상감의 칙제를 받았다. 상감께서는 다 재가를 하였는데 그 때에 입적하였던 승지중에 하나가 '내 죄명이 '국모보수國母報讐'인 것을 보고 이상하게 여겨서 이미 재가된 안건을 다시 가지고 어전에 나아가 임금께 뵈인 즉 상감께서는 즉시 어전회의를 여시와 내 사형을 정지하기로 결정하시고 곧 인천감리 이재정을 전화로 부르신 것이라 한다'. 그러므로 그 승지의 눈에 '국모보수國母報讐 네 글자가 아니 띄었더면 나는 예정대로 교수대에 이슬이 되었을 것이니 이것이 첫째로 이상한 인연이었다. 둘째로는 전화가 인천에 통하게 된 것이 바로 내게 관한 전화가 오기 사흘전이었다고 한다. 만일 서울과 인천 사이에 전화 개통이 아니 되었던들 아무리 위에서 나를 살리려 하셨더라도 그 전화가 오기 전에 나는 벌써 죽었었을 것이었다.'고 한다. -중략-

그러자 감리서 주사가 뒤이어 찾아와서 하는 말에 의하면 내가 사형을 당하기를 작정되었던 날 인천항내 서른두 물상객주들이 통문을 돌려서 매호에 한 사람 이상 우각동에 김창수 처형 구경을 가되 각기 엽전 한 량씩을 가지고 와서 그것을 모와서 김창수의 몸값을 삼자, 만일 그것만으로 안 되거든 부족액은 서른두 객주가 담당하자고 작정하였더라고 한다. 감리서 주사는 내게 이런 말을 들려주고 끝으로, '아무러나 김석사, 이제는 천행으로 살아났소. 몇일 안으로 궐내에서 은명이 계실 터이니 아무 염려 말고 계시오' 하고 갔다. -중략-

하루는 감리서 주사가 의복 한 벌을 가지고 와서 내게 주고, 말하기를 이것을 병마우후 김주경 兵馬虞侯金周卿이라는 강화 사람이 감리사또에게 청하야 전하는 것인 즉 이 옷을 갈아 입고 있다가 그 김주경이 오거든 만나라고 하였다. 이윽고 한 사람이 찾아왔는데 나이는 사십이나 되어 보이고 면목이 단단하게 생겼다. 만나서 별 말이 없고, 다만 '고생이나 잘 하시오? 나는 김주경이오' 하고는 돌아갔다. 어머니께서 저녁밥을 가지고 오셔서 하시는 말씀이 김우후가 아버님을 찾아서 부모님 양주의 옷감과 용처에 보태라고 돈 이백냥을 두고 가며 열흘 후에 또 오마고 하였다 한다. 이 말 끝에 어머니는 '네가 보니 그 양반이 어떻더냐. 밖에서 듣기에는 아주 훌륭한 사람이라 하더구나' 하시기로 나는, '사람을 한 번 보고 어찌 잘 알 수가 있습니까마는 그 사람이 하는 일은 고맙습니다' 하였다. 김주경에게 내 일을 알린 것은 인천 옥에 사령 반수로 있는 최덕만崔德萬이었다. 최덕만은 본래 김의 집 비부였다. 김주경의 자는 경득이니 강화의 아전의 자식이었다. 병인양요 丙寅洋擾 뒤에 대원군이 강화에 삼천 명의 무사를 양성하고 섬주위를 돌려 포구를 쌓아 구강영문을 세울 때에 포량고직(군량을 둔 창고를 지키는 소임)이가 된 것이 그의 출세의 시초였다. 그는 성품이 호방하야 졸비동이 시절에도 글읽기를 싫어하고 투전을 일삼았다. 한 번은 그 부모가 그를 징계하기 위하야 몇일 동안 고앙 속에 가두었더니 들어갈 때에 그는 루전목 하나를 감추워 가지고 들어가서 거기 갇혀 있는 동안에 투전에 대한 여러 가지 묘법을 터득하여 가지고 나와서 루전목을 여러 만 개 만들되 루전장 마다 저는 알수 있는 표를 하였다. 이 루전목을 강화도 안에 있는 여러 포구에 분배하야 뱃 사람들에게 팔게 하고 자기는 이 배 저 배로 돌아다니면서 투전을 하였다. 어느 배에서나 쓰는 루전목은 다 김주경이가 만든 것이라, 그는 투전장의 표를 보아 알기 때문에 얼마 아니하여서 수십만 량의 돈을 땄다. 김주경은 이렇게 투전하야 얻은 돈으로 강화와 인천의 각 관청의 관속을 매수하야 그의 지휘에 복종케하고 또 꾀있고 용맹있는 날탕패를 많이 모아 제 식구를 만들어 놓고는 어떠한 세도 있는 양반이라도 비리엣 일을 하는 자가 있으면 직접이거나 간접이거나 꼭 혼을 내고야 말았다. 경내에 도적이 나서 포교가 범인을 잡으러 나오더라도 먼저 김주경에게 물어보아서 그가 잡아 가라면 잡아 가고 그에게 맡기고 가라면 포교들은 거역을 못 하였다. 당시에 강화에는 큰 인물 둘이 있으니 양반에는 이건창이오, 쌍놈에는 김주경이라고 하였다. 이 두 사람은 강화류수도 건드리지를 못 하였다. 대원군은 이런 말을 듣고 김주경에게 군량을 맡는 중임을 맡긴 것이다. 하루는 사령반수 최덕만이가 내게 와서 하는 말이 김주경이기가 어느날 자시 집에 와서 밥을 먹으면서 말하기를, 김창수를 살려내야 할 터인데 요세에 정부의 대관놈들이 모두 눈깔에 동록이 쓸어서 돈 밖에는 아무것도 보이지아니하니 이번에 집에 가서 가산을 모두 족쳐 팔아 가지고 김창수의 부모 중에 한 분을 데리고 서울로 가서 무슨 짓을 해서라도 석방운동을 하겠노라고 하더라고 하였다. 최덕만이 이 말을 한지 십여일 후에 과연 김주경이가 인천에 와서 내 어머님을 모시고 서울로 갔다. 에 들건덴 김주경은 첫째로 당시 법무대신 한규설韓圭卨을 찾아서 내 말을 하고, 이런 사람을 살려내어야 충의지사가 많이 나올 것이니, 폐하께 입주하야 나를 놓아주도록 하라고 하였다. 한규설도 내심으로는 찬성이나 일본공사 임권조林勸助가 벌서 김창수를 아니 죽였다는 것을 문제를 삼아서 대신 중에 누구든지 김창수를 옹호하는 자는 무슨 수단으로든지 해치려하니 막아내라고 폐하께 입주하는 일을 거절함으로 김주경은 분개하야 대관들을 무수히 즐욕하고 나와서 공식으로 법부에 김창수 석방을 요구하는 소지를 올렸더니 그 제사에 기의가상. 사관중대. 미가단사향사 其義可尙. 事關重大. 未可擅使向事 (그 의는 가상하나 일이 중대하니 여기서 마음대로 할 수 없다) 하였다. 그 뒤에도 제이차, 제삼자로 관계있는 각 아문(관청)에 소장을 드려 보았으나 어디나 마찬가지로 이리 미루고 저리 미루어 결말을 보지 못하였다. 이 모양으로 김주경은 칠팔 삭 동안이나 나를 위하야 송사를 하는 통에 그 집 재산은 다 탕진되었고 아버지와 어머니도 번갈아서 인천에서 서울로 오르락내리락하셨으나 필경 아무 효과도 없이 김주경도 마침내 나를 석방하는 운동을 중지하고 말았다. 김주경은 소송을 단념하고 집에 돌아와서 내게 편지를 하였는데 보통으로 위문하는 말을 한 끝에 오언절구 한 수를 적었다. '탈용진호조. 발읍두상린. 구충필어효. 청간의려입' 脫龍眞好鳥. 拔泣頭常鱗. 求忠必於孝. 請看依閭人이라고 하였다. 이것은 내게 탐욕을 권하는 말이다. 나는 김주경이가 그간 나를 위하야 심력을 다한 것을 감사하고, 구차하게 살길을 위하야 생명보다 귀중한 광명을 버릴 뜻이 없으니 염려하지 말라고 답장하였다. 김주경은 그 후 동지를 규합하야 관용선 官用船 청용환青龍丸 · 현익호顯益號 · 해용환 海龍丸 세 척 중에서 하나를 탈취하야 해적이 될 준비를 하다가 강화 군수의 염탐한바가 되어서 일이 틀어지고 도망하였는데, 중로에서 그 군수의 행차를 만나서 군수를 실컷 두들겨 주고 해삼위 방면으로 간다고도 하고 근방 어느 곳에 숨어 있다고도 하였다. 그 후에 아버지는 김주경이가 서울 각 아문에 드렸던 소송 문서 전부를 가지고 강화에 이건창을 찾아서 나를 구출할 방책을 물으셨으나 그도 역시 탄식만 할 뿐이었다고 한다. 나는 그대로 옥중 생활을 계속하고 있었다. -중략-

이제는 마지막으로 탈옥할 날을 정하였으니 그것은 무술년 삼월 초 아흐렛날이었다.

이 날 나는 당번하는 옥사정 김가에게 돈 일백오십량을 주어, 오을 밤에 내가 죄수를에게 한턱을 낼 터이니 쌀과 고기와 모주 한 통을 사달라 하고 따로 돈 스물 닷 량을 옥사정에게 주어 그것으로는 아편을 사 먹으라고 하였다. 이 옥사정은 아편장인 줄을 내가 알았기 때문이다. 내가 죄수에게 턱을 내는 것은 전에도 한 두번이 아니기 때문에 옥사정도 예사로이 알았을뿐더러 아편 값 스물 닷량이 생긴 것이 무엇보다도 좋아서 두말 없이 모든 것을 내 말대로 하였다. 관속이나 죄수나 나는 조만간 은명으로 귀히 되리라고 믿었기 때문에 아무도 내가 탈옥 도주를 하리라 고는 꿈에도 생각할리가 없었다. 조덕근 · 양봉구 · 황순용 · 김백석 네 사람도 나는 그냥 옥에 머물러 있고 자기네 만을 빼어 놓을 줄 만 믿고 있었다. 저녁밥을 들고 오신 어머님께, 자식은 오늘 밤으로 옥에서 나가겠으니, 이 밤으로 배를 얻어타고 고향으로 돌아가서서 자식이 찾아갈 때를 기다리시라고 여쭈웠다. 오십 명 징역수와 삼십명 미결수들은 주렸던 창자에 고기죽과 모주를 실컷 먹고 취흥이 도도하였다. 옥사정 김가 더러 이방 저방 돌아다니며 죄수들 소리나 시키고 놀자고 내가 청하였더니 김가는 좋아라고 '이 놈들아, 김서방님 들으시게 장기대로 소리들이나 해라' 하고 생색을 보이고 저는 소리 보다 좋은 아편을 피우라고 제 방에 들어가배졌다. 나는 죄수방에서 잡수방으로 잡수방에서 젓수방으로 왔다 갔다 하다가 슬적 마루 밑으로 들어가서 바닥에 깐 박석(정방향으로 구운 옛날 벽돌)을 창끝으로 들쳐 내고 땅을 파서 옥밖에 나섰다. 그리고 옥담을 넘을 줄사다리를 매어 놓고 나니 문득 딴 생각이 났다. 다른 사람들을 끌어 내려다가 무슨 일이 날른지 모르니 이 길로 나 혼자만 나가 버리자 하는 것이었다. 그자들은 좋은 사람도 아니니 기어코 건져낸들 무엇하랴. 그러나 얼른 돌려 생각하였다. 사람이 현인군자에게 죄를 지어도 부끄러우려든 하물며 저들과 같은 죄인에게 죄인이 되고서야 어찌 하늘을 이고 땅을 밟으랴. 중신토록 수치가 될것이다. 나는 내가 나온 구멍으로 다시 돌아가서 천연스럽게 내 자리에 돌아가 않았다. 그들은 여전히 흥에 겨워서 놀고 있었다. 나는 눈짓으로 조덕근의 무리를 하나씩 불러서 나가는 길을 알려 주어서 다 내어보내고 다섯째로 내가 나가 보니 먼저 나온 네 녀석은 담을 넘을 생각도 아니하고 밑에 소독이 모여 앉아서 벌벌 떨고 있었다. 나는 하나씩하나씩 궁둥이를 떠받쳐서 담을 넘겨 보내고 마지막으로 내가 담을 넘으려 할때에 먼저 나간 녀석들이 용동龍洞마루로 통하는 길에 면한 판장을 넘노라고 왈가닥거리고 소리를 내어서 경무청과 순검청에서 무슨 일이 난 줄 알고 비상소집의 호각소리가 들렸다. 나는 아직도 옥담 밑에 섰다. 이제는 내 방으로 돌아갈 수도 없는 즉, 재빨리 달아나는 것밖에 없건마는 남을 넘겨주기는 쉬워도 길반이나 넘는 담을 혼자서 넘기는 어려웠다. 줄사다리로 어름어름 넘어갈 새도 없다. 옥문 열리는 소리, 죄수들이 떠들석하는 소리까지 들려온다. 나는 죄수들이 물통을 마주 메는 한길이나 되는 몽둥이를 짚고 몸을 솟아서 담 꼭대기에 손을 걸고 저편으로 넘어 뛰었다. 이렇게 된 이상에는 내 길을 막는 자가 있으면 사생결단을 하고 결투를 할 결심으로 판장을 넘지아니하고 내 쇠창을 손에 들고 바로 삼문을 나갔다. 삼문을 지키던 파수순검들은 비상소집에 들어간 모양이어서 거기는 아무도 없었다. 나는 탄탄대로로 나왔다. 들어온지 이년 만에 인천옥을 나온 것이었다.

방랑의 길

옥에서는 나왔으나 어디로 갈 바를 몰랐다. 늦은 봄 밤안개가 자욱한데 다가 인천은 연전 서울구경을 왔을 때에 한 번 지냈을뿐이라 길이 생소하야 어디가 어딘지 알 수가 없었다. 나는 지척을 분간할 수 없는 캄캄한 밤에 물결소리를 더듬어서 모래사장을 헤메다가 훤히 동이 틀 때에 보니 기껏 달아난다는 것이 감리서 바로 뒤용동 마루태기에 와 있었다. 잠시 숨을 태우며 휘휘 들러 보노라니 수십보 밖에 순경 한 명이 칼 소리를 제그럭제그럭하고 내가 있는 데로 달려오고 있었다. 나는 길가 어떤 가게집 함실아궁이를 덮은 널빤지 밑에 몸을 숨겼다. 순검의 흔들리는 환도집이 바로 코끝을 스칠 듯이 지나갔다. 아궁이에서 나오니 벌써 훤하게 밝았는데, 천주교당의 뾰쪽집이 보였다. 그것이 동쪽인줄 알고 걸어갔다. 나는 어떤 집에 가서 주인을 불렀다. 누구냐 하기로 '아저씨 나와 보시오' 하였더니 그는 나와서 의심스러운 눈으로 나를 보았다. 나는 김창수인데 간 밤에 인천감리가 비밀히 석방하여 주었으나 이 몸을하고 대낮에 길을 갈 수가 없으니 날이 저물 때까지 집에 머물게 해달라고 청하였다. 주인은 안된다고 거절하였다. 또 얼마를 가노라니까 모군군 하나가 상투바랑에 두루마기를 걸치고 소리를 하며 나려 왔다. 그는 식전에 막걸리집으로 가는 모양이었다. 나는 또 사실을 말하고 빠져나갈 길을 물었더니 그 사람은 대단히 친절하게 나를 이끌고 좁은 뒷골목 길로 요리조리 사람의 눈에 안 띄우게 화개동花開洞 마루태기까지 가서 이리 가면 수원이오 저리 가면 시흥이니 마음대로 어느 길로든지 가라고 일러주었다. 미처 그의 이름을 못 물어본 것이 한이다. 나는 서울로 갈 작정으로 시흥 가는 길로 들어섰다. 내 행세를 보면 누가 보든지 참말로 도적놈이라고 할 것이다. 염병에 머리털은 다 빠저서 세로 난 머리카락을 노끈으로 비끌어 매어서 솔잎 상투를 짜고 머리에는 수건을 동이고 두루마기도 없이 통저고리바람인데 옷은 가난한 사람의 것이 아닌 제 것이면서 땅밑으로 기어나올 때에 군데군데 묻은 흙이 물이 들어서 스스로 살펴보아도 평상한 사람으로 보이지는 아니 하였다. ―중략―

나는 함평을 떠나 강진·고금도·완도를 구경하고 장흥을 거쳐 보성으로 갔다. 보성서는 송곡면(지금의 득량면) 득량리에 사는 종씨 김광언金廣彦이라는 이를 만나 그 여러택에서 사십여일이나 묵고 떠날 때에는 그 동네에 사는 선 宣씨 부인 한테 필낭 하나를 신행 선물로 받았다. 보성을 떠나 나는 화순·동복·담양·순창을 두루 구경하고 쌍계사雙磎寺에 들러 칠자아자방七字亞字房을 보고 다시 충청도로 올라와 계룡산 갑사에 도착한 것은 감이 뻘겋게 익어 달리고 낙엽이 날리는 늦은 가을이었다. 나는 절에서 점심을 사먹고 앉았더니 동학사로부터 왔노라고 점심을 시켜 먹는 유산객 하나가 있었다. 통성명을 한 즉 그는 공주에 사는 이서방이라고 하였다. 연세는 사십이 넘은 듯한데 그가 들려주는 자작의 시로 보거나 그의 말로 보거나 퍽 비관을 품은 사람이었다. 비록 초면이라도 피차가 다 허심탄회한 말이 서로 맞았다. 어디로 가는 길이냐고 묻기로 나는 개성에 성장하야 장사를 업으로 삼다가 실패하야 홧김에 강산구경을 떠나서 삼남으로 돌아댕긴지가 일년이 장근하노라고 대답하였다. 그러면 마곡사가 십리 밖에 아니되니 같이 가서 구경하자고 하였다. 마곡사라면 내가 어려서 동국명현록東國名賢錄을 읽을때에 서화담경덕徐花潭敬德이 마곡사 팟죽 가마에 중이 빠져 죽는 것을 대궐 안에 동지하례를 하면서 보았다는 말에서 들은 일이 있었다. 나는 이서방과 같이 향하야 계룡산을 떠났다. ―중략―

수일을 걸어 서울에 도착한 것은 기해년(1899년 고종 36년. 김구 나이 23세) 봄이었다. 그 때까지 서울 성안에는 승녀를 들이지 않는 국금이 있었다. 나는 문 밖으로 이 길 저 길 돌아다니다가 서대문 밖 새절에 가서 하루 묵는 중에 사형 혜명을 만났다. 그는 장단 화장사華藏寺에 은사를 찾아 가는 길이라 하고 나는 금강산에 공부 가는 길이라고 하였다. -중략-

나는 마침내 신천 사평동 최준례信川謝平洞 崔遵禮와 말썽 많은 혼인을 하였다. 준례는 본래 서울 태생으로 그 어머니 김씨 부인이 젊은 과부로서 길러내인 두딸 중에 끝엣 딸이었다. 김씨 부인은 그때 구리개에 임시로 내었던 제중원(지금 세브란스)에 고용이 되어서 두 딸을 길러 맏딸은 의사 신창희에게 시집보내고 신창희가 신천에서 개업하매 여덟살된 준례를 다리고 신천에 와서 사위의 집에 우점하여 있었다. 나는 양성측 영수梁聖則領袖의 중매로 준례와 약혼을 하였는데 이 때문에 교회에 큰 문제가 일어났다. 그것이 다름이 아니라 준례의 어머니가 준례를 강성모姜聖謨라는 사람에게 약혼을 하였는데 준례는 어머니의 말을 아니듣고 내게 청혼한 것이었다. 당시 십팔세인 준례는 혼인의 자유를 주장하는 것이었다. 미국 선교사 한위겸韓衛兼, 군예빈君芮彬 두 분까지 나서서 준례 더러 강성모에게 시집 가라고 권하였으나 준례는 단연히 거절하였다. 내게 대하여도 이 혼인을 말라고 권하는 사람이 있었으나 나는 본인의 자유를 무시하는 부모의 허혼을 반대한다 하여 기어히 준례와 혼인하기로 작정하고 신창희로 하여금 준례를 사직동 내 집으로 다려오게 하야 굳게 약혼을 한 뒤에 서울 정신여학교貞信女學校로 공부를 보내어 버렸다. 나와 준례는 교회에 반항한다는 죄로 책벌을 받았으나 얼마 후에 군예빈 목사가 우리의 혼례서를 만들어 주고 두 사람의 책벌을 풀었으니 이리하야 나는 비로소 혼인한 사람이 되었다.

민족에 내 놓은 몸

을사신조약乙巳新條約(1905년)이 체결되어서 대한의 독립권이 깨어지고 일본의 보호국이 되었다. 이에 사방에서 지사와 산림학자들이 일어나서 경기, 충청, 경상, 강원 제 도에 의병의 혈전이 시작이 되었다. 허위許蔿·이강년李康秊·최익현崔益鉉·민긍호閔肯鎬·유인석柳麟錫·이진룡李鎭龍·우동선禹東善 등은 다 의병대장으로 각각 일방의 웅이었다. 그들은 오직 하늘을 찌르는 의분이 있을뿐이오 군사의 지식이 없기 때문에 도처에 패전하였다. 이 때에 나는 진남포 엡윗청년회의 총무로서 대표의 임무를 띠고 경성대회에 출석케 되었다. 대회는 상동교회尙洞敎會에서 열렸는데 표면은 교회사업을 의논한다 하나 속살은 순진한 애국운동의 회의였다. 의병을 일으킨 이들이 구 사상의 애국운동이라면, 우리 예수교인은 신 사상의 애국운동이라 할 것이다. 그 때에 상동에 모인 인물은 전덕기全德基·정순만鄭淳萬·이준李儁·이동녕李東寧·최재학崔在學·계명륙桂明陸·김인즙金仁濈·옥관빈玉觀彬·이승길李承吉·차병수車炳修·신상민申尙敏·김태연金泰淵·표영각表永珏·조성환曹成煥·서상팔徐相八·이항직李恒稙·이희간李喜侃·기산도奇山涛·김병헌 金炳憲(今名王三德)·유두환柳斗煥·김기홍金基弘, 그리고 나 김구金九였다. 우리가 회의한 결과로 작성한 것은 도괴를 메고 상소하는 것이었다. 일회, 이회도 사오명씩 연령으로 상소하야 죽든지 잡혀 가든지 몇 번이고 반복하자는 것이었다. 제일회 상소하는 글은 이준이가 지짓고 최재학이 소주가 되고 그 밖에 네 사람이 더 서명하야 신민 대표로 다섯명이 연명하였다. 상소를 하러 가기 전에 정순만의 일도로 우리 일동요 상동교회에 모여서 한 걸음도 뒤로 물러가지 말고 죽기까지 일심하자고 맹약하는 기도를 올리고 일제히 대한문 大漢門 앞으로 몰려 갔다. 문 밖에 이르러 상소에 서명한 다섯 사람은 형식적으로 회의를 열고 상소를 한다는 결의를 하였으나 기실 상소는 별감의 손을 통하야 벌써 대황제께 입람이 된 때였다. 돌연 왜순사대가 달려와서 우리에게 해산을 명하였다. 우리는 내정간섭이라 하야 일변 반항하며 일변, 일본이 우리의 국권을 강탈하야 우리 이천만 신민으로 노예를 삼는 조약을 억지로 맺으니 우리는 죽기로 싸우자고 격렬한 연설을 하였다. 마침내 일순사대는 상소에 이름을 둔 다섯 지사를 경무청으로 잡아 가고 말았다. 우리는 다섯 지사가 잡혀 가는 것을 보고 종로로 몰려와서 가두 연설을 시작하였다. 거기도 왜순사가 와서 발검으로 군중을 해산하려 함으로 연설하던 청년 하나가 단신으로 달려들어 왜순사 하나를 발길로 차서 거꾸려트렸더니 왜순사들은 총을 놓았다. 우리는 어물전도가魚物廛都家불탄 자리에 쌓인 와륵을 던져서 왜순사대와 접전을 하였다. 왜순사대는 중과부적하야 중국인 점포에 들어가 숨어서 총을 놓고 있었다. 우리는 그 점포를 향하야 비발 같이 와륵을 던졌다. 이때에 왜 보병 한 중대가 달려와서 군중을 해산하고 한인을 잡히는 대로 포박하야 수십명이나 잡아갔다. 이 날 민영환閔泳煥이 자살하였다 함으로 나는 몇 동지와 함께 민댁에 가서(이때가 1905년 11월) 조상하고 돌아서 큰 길에 나서니 웬 사십세나 되어 보이는 사람 하나가 맨 상투바람으로 피 묻은 흰 명주 저고리를 입고 여러 사람에게 옹위되어서 인력거에 앉아 큰 소리를 내어 울며 끌려가고 있었다. 누구냐고 물어본 즉 참찬 이상설參贊李相卨이 자살하려다가 미수한 것이라고 하였다. 당초 상동교회에서는 몇 번이고 상소를 반복하려 하였으나 의례히 사형에 처할 줄 알았던 최재학 이하는 흐지부지 효유방송이나 할 모양이어서 큰 문제도 되지 않는 것 같았고 또 정세를 돌아보니 상소 같은 것으로 무슨 효과가 생길 것 같지도 아니 하여서 우리 동지들은 방침을 고쳐서 각각 전국에 흩어져 교육사업에 힘을 쓰기로 하였다. 지식이 멸여하고 애국심이 박약한 이 국민으로 하여금 나라가 곧 제 집이라는 것을 깨닫게 하기 전에는 아무 것으로도 나라를 건질 수 없다는 것을 깨달은 것이었다. 그래서 나도 황해도로 내려와서 문화 초리면 종산文化草里面鐘山西明義塾에 교원이 되었다가 이듬해 김용제金庸濟등 지기의 초청으로 안악 安岳으로 이사하야 그곳 양산학교 楊山學校의 교원이 되었다. 종산에서 안악으로 떠나온 것이 기유년(1909년) 정월 십팔일이다. 갓난 첫 딸이 찬 바람을 쓰여서 안악에 오는 길로 죽었다.

안악安岳에는 김용제·김용진金庸震 등 종형제와 그들의 자질 김호량金鴻亮과 최명식崔明植 같은 지사들이 있어서 신교육에 합심하였다. 안악 뿐이 아니라 각처에 학교가 많이 일어났으나 신지식을 가진 교원이 부족한 때라 단지 교육가로 이름이 높은 최광옥을 평양으로부터 연빙하야 안악 양산학교에 하계사범강습회를 여니 사숙 훈장들까지 와서 강습생이 사백여 명에 달하였다. 강사로는 김홍량·이시복李始複·이상진李相晉·한필호韓弼浩·이보경李寶鏡·김락영 金洛泳·최재원崔在源 등 이오, 여자 강사로는 김락희金樂姬·방신영方信榮 등이 있었고, 강구봉姜九峰·박혜명朴惠明 같은 중도 강습생 중에 끼어 있었다. 박혜명은 전에 말한 일이 있는 마곡사 시대의 사형으로 연전 서울서 서로 작별한 뒤에는 소식을 몰랐다가 이번 강습회에 서로 만나니 반갑기 그지없었다. 그는 당시 구월산 패엽사九月山貝葉寺의 주지였다. 나는 그를 양산학교의 사무실로 인도하야 내 형이라고 소개하고 내 친구들이 그를 내 친형으로 대우하기를 청하였다. 혜명에게 들은 즉 내 은사 보경당, 하은당은 석유 한 초롱을 사다가 그 호부를 시험하노라고 불붙은 막대기를 석유통에 넣었다가 그것이 폭발하야 포봉당까지 세 분이 일시에 죽었고, 그 남긴 재산을 맡기기 위하야 금강산에 내가 있는 곳을 두루 찾았으니 종적을 몰라서 할 수 없이 유산 전부를 사중에 붙였다고 하였다. 나는 여기서 김효영金孝英 선생의 일을 아니 적을 수 없다 선생은 김용진의 부친이오 김호량의 조부다. 젊어서 글을 읽더니 집이 가난함을 한탄하야 황해도 소산인 면포를 사서 몸소 등에 지고 평안도 강계, 초산 등 산읍으로 행상을 하여서 밑천을 잡아 가지고 근검으로 치부한이라는데 내가 가서 교사가 되었를 대는 벌써 연세가 칠십이 넘고 허리가 기억자로 굽었으나 귀골이 장대하고 용모가 탈속하야 보매 위엄이 있었다. 선생은 일찍부터 신교육이 필요함을 깨닫고 그 장손 홍량을 일본에 유학케하였다. 한 번은 양산학교가 경영난에 빠졌을 때에 무명씨로 벼 백석을 기부하였는데 나중에야 그가 자여질에게도 알리지 아니 하고 한 것인 줄을 알게 되었다. 나도 말하면 선생의 자질의 연배언 마는 몇일에 한 번씩 정해 놓고 내 집 문전에 와서 '선생님 편안하시오?' 하고 문안을 하였다.

이것은 자손의 스승을 존경하는 성의를 보임인 동시에 사마골오백금 격이라고 나는 탄복하였다. 나는 교육에 종사한 이래로 성묘도 못하고 있다가 여러 해 만에 본 해주 본향에는 많은 변화가 생겼다.

첫째로 감개무량한 것은 나를 안아 주고 귀애 주던 노인들이 많이 세상을 떠나고, 전에는 어린 아이이던 것들이 인제는 커다란 어른들이 된것이었다. 그러나 기막히는 것은 그 어른된 사람들이 아무 지각이 나지아니하야 나라가 무엇인지 세상이 무엇인지 모르는 것이었다. 예전에 양반이라는 사람들도 찾아보았으나 다들 정신을 차리지 못하고 효몽한 중에 있어서 자녀들을 학교에 보내라고 권하면 머리를 깍으니 못한다고 하고 있었다. 내게 대하여서는 전과 같이 또라지게 하대는 못하고 말하기 어려운 듯이 어물어물 하였다. 상놈은 여전히 상놈이오 양반은 새로운 상놈이 될 뿐이오 한 번 민족을 위하야 몸을 바쳐서 새로운 양반이 되리라는 기개를 볼 수 없으니 한심한 일이었다. 고향에 와서 이렇게 실망되는 일이 많은 중에 가장 나를 기쁘게 한 것은 준영 계부께서 나를 사랑하심이었다. 항상 나를 집안을 망할 난봉으로 아시다가 내가 장련에서 오진사의 신임과 존경을 받는 것을 목도하시고부터는 비로소 나를 믿으셨다. 나는 본향 사람들을 모와 놓고 내가 가지고 온 환등을 보이면서 '양반도 깨어라, 상놈도 깨어라. 삼천리 강토와 이천만 동포에게 충성을 다하여라' 하고 목이 터지도록 웨쳤다. 안악에서는 하계사범강습소를 마친 뒤에 양산학교를 크게 확장하야 중학부와 소학부를 두고 김홍량이 교장이 되었다. 나는 최광옥등 교육가들과 함께 해서교육총회海西敎育總會를 조직하고 내가 그 학무총감學務總監이 되었다. 황해도내에 학교를 많이 설립하고 그것을 잘 경영하도록 설도하는 것이 내 직무였다. 나는 이 사명을 띠고 도내 각군을 순회하는 길을 떠났다. 백천군수 전봉훈全鳳薰의 초청을 받았다. 읍 못 밑쳐 오리정에 군내 각면의 두 민들이 나와서 등대하다가 내가 당도한 즉 군수가 선창으로, '김구 선생 만세'를 부르니 일동이 화하야 부른다. 나는 경황실색하야 손으로 군수의 입을 막으며 그것이 망발인 것을 말하였다. 만세라는 것은 오직 황제에 대하여서만 부르는 것이오 황태자도 천세라고 밖에 못 부르는 것이 옛 법이기 때문이다. 그런 것을 일개 서민인 내게 만세를 부르니 내가 경황하지 아니 할 수 없었다. 그러나 군수는 웃으며 내 손을 잡고 개화시대에는 친구 송영에도 만세를 부르는 법이니 안심하라고 하였다. 나는 군수의 사저에 머물렀다. 전봉훈은 본시 재령 아전으로 해주에서 총순으로 오래 있을 때에 교육에 많이 힘을 썼다. 해주 정내학교正內學校를 세운 것도 그요, 각 전방에 명령하야 사환하는 아이들을 야학에 보내게 하고 만일 안 보내면 주인을 벌하는 일을 한 것도 그여서 해주부내의 교육의 발달은 전총순의 힘으로 됨이 컸다. 그의 외아들은 조사하고 장손 무길武吉이 오륙 세였다. 전군수는 대단히 경골한 이어서 다른 골에서는 일본수비대에게 동헌을 내어 맡기되 그는 강경히 거절하여서 여전히 동헌은 군수가 차지하고 있었다. 이 때 문에 왜의 미움을 받았으나 그는 이 벼슬자리를 탐내어 뜻을 굽힐 사람이 아니었다. 전봉훈은 최광옥을 연빙하야 사범강습소를 설립하고 강연회를 각지에 열어 민중에게 애국심을 고취하였다. 최광옥은 백천읍내에서 강연을 하는 중에 강단에서 피를 토하고 죽었다. 황해도 평양에서 인사들이 그의 공적을 사모하고 뜻과 재조를 아껴서 사리원沙里院에 큰 기념비를 세우기로 하고 평양 안태국安泰國에게 비석 만드는 일을 맡기기까지 하였으나 합병조약이 되기 때문에 중지하고 말았다. 최광옥의 유골은 백천읍 남산에 묻혀있다. 나는 백천을 떠나 재령 양원학교養元學校에서 유림을 소집하야 교육의 필요와 계획을 말하고 장연군수의 청으로 읍내와 각면을 순회하고 송화군수 성낙영成樂英의 간청으로 수년 만에 송화읍을 찾았다. 이 곳은 해서의 의병을 토벌하던 요해지임으로 읍내에는 왜의 수비대, 헌병대, 경찰서, 우편국 등의 기관이 있어서 관사는 전부 그런 것에 점령이 되고 정작 군수는 사가를 빌어서 사무를 보고 있었다. 나는 분한 마음에 머리 카락이 가락가락 일어날 지경이었다. 환등회를 여니 남녀 청중이 무려 수천 명이니 군수 성낙영 · 새무서장 구자록具滋祿을 위시하야 각 관청의 관리며 왜의 장교와 경관들도 많이 출석하였다. 나는 대황제폐하의 어진영을 모셔오라 하여 강단 정면에 봉안하고 일동 기립 국궁을 명하고 왜의 장교들까지 다 그리하게 하였다. 이렇게 하니 벌써 무언중에 장내에는 엄숙한 기운이 돌았다. 나는 '한인이 배일하는 이유가 무엇인고' 하는 연제로 일장의 연설을 하였다. 과거 일청, 일아 두 전쟁 때에는 우리는 일본에 대하야 신뢰하는 감정이 극히 두터웠다. 그후에 일본이 강제로 우리 나라 주권을 상하는 조약을 맺음으로 우리의 악감이 격발되었다. 또 일병이 촌락으로 횡행하며 남의 집에를 막 들어가고 닭이나 닭의 알을 막 빼앗어서 약탈의 행동을 함으로 우리는 배일을 하게 된 것이니 이것은 일본의 잘못이오 한인의 책임이 아니라고 탁을 두드리며 외쳤다. 자리를 돌아보니 성낙영ㆍ구자록은 낯빛이 흑빛이오 일반 청중의 얼굴에는 격양의 빛이 완연하고 왜인의 눈에는 노기가 등등하였다. 홀연 경찰이 환등회의 해산을 명하고 나는 경찰서로 불려 가서 한인 감독숙직실에 구류되었다. 각 학교 학생들의 위문대가 뒤를 이어 밤이 새도록 나를 찾아왔다. 이튿날 아침에 하르빈 전보라 하야 이등박문伊藤博文이 '은치안'이라는 한인의 손에 죽었다는 신문기사를 보았다. '은치안'이 누구일까 하고 궁금하였더니 이튿날 신문으로 그것이 안응칠 중근安應七重根인 줄을 알고 십수년 전 내가 청계동에서 보던 총 잘 쏘던 소년을 회상하였다. 나는 내가 구금된 것이 안중근 관계인 것을 알고 으레 놓이지 못할 것을 각오하였다. 한 달이나 지난 후에 나를 불러 내어서 몇 마디를 묻고는 해주지방법원으로 압송함이 되었다.

수교水橋장을 지날 때에 감승무甘承武의 집에서 낮잠을 하는데 시내 학교의 교직원들이 교육공로자인 나를 위하야 한 탁의 위로연을 베풀게 하여 달라고 호송하는 왜 순사에게 청하였더니 내가 해주에 갔다가 돌아오는 길에 하는 것이 좋지아니하냐 하면서 허락하지 아니하였다. 나는 곧 해주감옥에 수감되었다. 이튿날 검사정에 불려 안중근과 나와의 관계에 대한 질문을 받았으나 나는 그 부친과 세의가 있을 뿐이오 안중근과는 직접 관계가 없다는 것을 말하였다. 검사는 지나간 수년간의 내 행적을 적은 책을 내어 놓고 이것 저것 심문하였으나 결국 불기소로 방면이 되었다. 나는 행구를 가지고 감옥에서 나와서 박창진 朴昌鎭의 책사로 갔다가 유훈영柳薰永을 만나 그 아버지 유장단柳長湍의 환갑연에 참여하고 송화서 나를 호송해 올때에 왜 순사와 같이 왔던 한인 순사들이 내 일의 하희를 알고 가라고 아직도 해주에 묵고 있단 말을 듣고 그들 전부를 술집에 청하여서 한 턱을 먹이고 지난 일을 말하여서 돌려보내었다. 한인 순사는 기회만 있으면 왜 순사의 눈을 기어서 내게 동정하였던 것이다. 안악 동지들은 내 일을 염려하야 한정교韓貞敎를 위해 해주로 보내어 왔음으로 나는 이승준李承駿ㆍ김영택金泳澤ㆍ양낙주 梁落疇 등 몇 친구를 방문하고는 곧 안악으로 돌아왔다. 안악에 와서 나는 양산학교 소학부의 우년반을 담임하면서 재령군 북률면 무상동 보강학교北栗面武尙洞保强學校의 교장을 겸무하였다. 이 학교는 나무리벌의 한 끝에 있어 가난한 사람들이 힘을 내어 세운 것이었다. 전임교원으로는 전승근田承根이 있고 장덕준張德俊은 반교사 반학생으로 그 아우 덕수德秀를 다리고 학교 안에서 숙직하고 있었다. 내가 보강학교 교장이 된 뒤에 우수운 실화가 있었다. 그것이 학교에 세번이나 도깨비불이 났다는 것이다. 학교를 지을 때에 옆에 있는 고목을 찍어서 불을 때었음으로 도깨비가 불을 놓는 것이니 이것을 막으려면 부군당에 치성을 드려야 한다고 다들 말하였다. 나는 직원을 명하야 밤에 숨어서 지키라 하였다. 이틀 만에 불을 놓는 도깨비를 응시 포착하고 보니 동네 서당의 훈장이었다. 그는 학교가 서기 때문에 서당이 없어서 제가 직업을 잃은 것이 분하여서 이렇게 학교에 불을 놓는 것이라고 자백하였다. 나는 그를 경찰서에 보내지 아니 하고 동네를 떠나라고 명하였다. 이 지방에는 큰 부자는 없으나 나무리 크고 살진 벌이 있어서 다들 가난치는 아니 하였다. 또 주민들이 다 명민하여서 시대의 변천을 잘 깨달아 운수雲水ㆍ진초進礎ㆍ보강ㆍ기독基督 등 학교들을 세워 자녀를 교육하는 한 편으로는 농무회農務會를 조직하야 농업의 발달을 도모하는 등 공익사업에 착안함이 실로 바람직하였다. 의사 나석주羅錫疇도 이 곳 사람이다. 아직 이십내외의 청년으로서 소년, 소녀 팔구 명을 배에 싣고 왜의 철망을 벗어나 중국방면에 가서 마음대로 교육할량으로 떠나가 장연 오리포梧里浦에서 왜경에게 붙들려서 여러 달 옥고를 받고 나와서 곁으로는 장사도 하고 농사도 한다 하면서 속으로 청년 간에 독립사상을 고취하고 직갑적으로 교육에 힘을 써서 나무리벌 청년의 신망을 받는 중심 인물이 되어 있었다. 나도 종종 나무리에 내왕하면서 그와 만났다. 하루는 안악에서 노백린盧伯麟을 만났다. 그는 그때에 육군정령陸軍正領의 군직을 버리고 그의 향리인 풍천에서 교육에 종사하고 있었는데 서울로 가는 길에 안악을 지나는 것이었다. 나는 부강학교로 갈 겸 그와 작별하야 나무리 진초동 김정홍金正洪의 집에서 하루 밤을 잤다. 김정홍은 그 동네의 교육가였다. 저녁에 진초학교 직원들도 와서 주연을 벌리고 있노라니 동네가 갑자기 요란하여진다. 주인인 김정홍이 놀라며 걱정스러운 얼굴로 설명하는 말이 이러하였다. 진초학교에 오인성吳仁星이라는 여교원이 있는데 무슨 이유인지 모르나 그의 남편 이재명李在明이 와서 단총으로 오인성을 위협하야 인성은 학교일을 못 보고 어느 집에 피신하여 있는데 이재명은 매국적을 모조리 죽인다고 부르짖으면서 미쳐 날뛰며 방포를 함으로 동네가 이렇게 소란한 것이라고 한다. 나는 노백린과 상의하고 이재명이라는 사람을 불러왔다. 그는 이십이삼 세의 청년으로서 미우에 가득하게 분기를 띠우고 들어섰다. 인사를 청한 즉 그는, 자기는 어려서 하와이에 건너가서 거기서 공부를 하던 중에 우리나라가 왜에게 빼앗긴다는 말을 듣고 두어 달 전에 환국하였다는 말과 제 목적은 이완용李完用 이하의 매국적을 죽임에 있다 하야 단도와 권총을 내어 보이고, 또 자기는 평양에서 오인성이란 여자와 결혼하였는데 그가 남편의 충의의 뜻을 몰라본다는 말을 기탄없이 하였다. 그러나 우리는 이 사람이 장차 서울 북달은재에서 이완용을 단도로 찌를 의사 이재명이 될 사람이라고는 생각하지 못하고 한 허열에 뜬 청년으로 만 보았다. 노백린도 나와 같이 생각한 모양이어서 그의 손을 잡고 큰 일을 하려는 사람이 큰 일을 할 무기를 가지고 아내를 위협하고 동네를 소란케 하는 것은 아직 수양이 부족한 것이라고 간곡히 말하고 그 단총을 자기에게 맡겨두고 마음을 더 수양하고 동지도 더 얻어 가지고 일을 단행하라고 권하였더니 이재명은 총과 칼을 노백린에게 주기는 주면서도 신선하게 주는 빛은 없었다. 노백린이 사리원에서 차를 타고 막 떠나려 할 때에 문득 이재명이 그곳에 나타나서 노백린에게 그 맡긴 물건을 도로 달라고 하였으나 노백린은 '서울 와서 찾으시오' 하고 떠나 버렸다. 그 후 일삭이 못하야 이재명은 동지 몇 사람과 서울에 들어와 군밤장사로 변장하고 천주교당에 다녀오는 이완용을 찌른 것이었다. 이완용이 탔던 인력거꾼은 즉사하고 이완용의 목숨은 살아나서 나라를 파는 마지막 도장을 찍을 날을 주었으니 이것은 노백린이나 내가 공연한 간섭으로 그의 단총을 빼앗은 때문이었다. 나라의 명맥이 경각에 달렸으되 국민중에는 망국이 무엇인지 모르는 이가 많았다. 이에 일변 깨달은 지사들이 한데 뭉치고 또 일변 못 깨달은 동포를 계발하여서 다기울어진 국운을 만회하려는 큰 비밀운동이 일어났으니 그것이 신민회新民會였다.

안창호安昌浩는 미국으로부터 돌아와서 평양에 대성학교大成學校를 세우고 청년교육을 표면의 사업으로 하면서 이면으로는 양기탁梁起鐸 · 안태국安泰國 · 이승훈李昇薰 · 전덕기全德基 · 이동녕 李東寧 · 주진수朱鎭洙 · 이갑李甲 · 이종호李鐘浩 · 최광옥崔光玉 · 김홍량金鴻亮 등과 기타 몇 사람을 중심으로 하고 사백여 명 정수분자로 신민회를 조직하야 훈련 지도하다가 안창호는 용산헌병대에 잡혀갔다. 합병이 된 뒤에는 소위 주의인물을 일망타진할 것을 미리 알았음인지 안창호는 장연군 송천松川에서 비밀히 위해위로 가고 이종호 · 이갑 · 유동열 등 동지도 뒤를 이어서 압록강을 건넜다. 서울서 양기탁의 이름으로 비밀회의를 할 터이니 출석하라는 통지가 왔기로 나도 출석하였다. 그 때 양기탁의 집에 모인 사람은 주인 양기탁과 이동녕 · 안태국 · 주진수 · 이승훈 · 김도희金道熙 외 그리고 나 김구였다. 이 회의의 결과는 이러하였다. 왜가 서울에 총독부를 두었으니 우리도 서울에 도독부를 두고 각도에 총감이라는 대표를 두어서 국맥을 이어서 나라를 다스리게 하고, 만주에 이민 계획을 세우고 또 무관학교를 창설하야 광복전쟁에 쓸 장교를 양성하기로 하고, 각도 대표를 선정하니 황해도에 김구 · 평안남도에 안태국 · 평안북도에 이승훈 · 강원도에 주진수 · 경기도에 양기탁이었다. 이 대표들은 급히 맡은 지방으로 돌아 가서 황해 · 평남 · 평북은 각 십오만 원 · 강원은 십만 원 · 경기는 입십만 원을 십오일 이내로 판비하기로 결정하였다. 나는 경술 십일월 아침 서울을 떠났다. 양기탁의 친 아우 양인탁梁寅鐸이 재령재판소 서리로 부임하는 길로 그 부인과 같이 동차하였으나 기탁은 내게 인탁에게도 통정은 말라고 일렀다. 부자와 형제 간에도 필요 없는 비밀을 누설하지아니하는 것이었다. 사리원서 인탁과 작별하고 안악으로 돌아와 김홍량에게 이번 비밀회의에서 결정된 것을 말하였더니 김홍량은 그대로 실행하기 위하야 자기의 가산을 팔기로 내어 놓았다. 그리고 신천 유문형柳文馨 등 이웃 고을 동지들께도 비밀히 이 뜻을 통하였다. 장연 이명서李明瑞는 윗선 그 어머니와 아우 명선을 서간도로 보내어 추후하야 들어오는 동지들을 위하야 준비하기로 하야 일행이 안악에 도착하였기로 내가 인도하야 출발시켰다. 이렇게 우리 일은 착착 진행중에 있었다. 어느 날 밤중에 안명근安明根이 양산학교 사무실로 나를 찾아왔다. 그는 내가 서울 가 있는 동안에도 누차 찾아왔었던 것이다. 그가 나를 찾은 목적은, 독립운동의 자금으로 돈을 내마 하고 자기에게 허락하고도 안 내는 부자들을 경계하기 위하야 우선 안악 부자들을 육혈포로 위협하야 본을 보일 터이니 날 더러 지도해 달라는 것이었다. 이것은 지금 우리가 진행하고 있는 사업과는 상관이 없고 안명근이 독자로 하는 일이었으므로 나는 그에게 돈을 가지고 할 일이 무엇인가를 물었다. 그의 계획에 의하면 동지를 많이 모아서 황해도 내의 전신과 전화를 끊어 각지에 있는 왜적이 서로 연락하는 길을 막아 놓고 지방지방이 일어나서 제 지방에 있는 왜적을 죽이라는 영을 내리면 반드시 성사가 될 것이니 설사 타지방에서 왜병이 대부대로 온다 하더라도 닷새는 걸릴 것인 즉 그 동안만은 우리의 자유로운 세상이다 싫건 원수를 갚을 수 있다는 것이다.

나는 안명근의 손을 잡고 이 계획은 버리라고 만류하였다. 여순에서 그 종형 중근이 당한 일을 생각하면 다른 사람과 달리 격분할 일이지마는 국가의 독립은 그런 일시적 실원으로 되는 것이 아닌 즉 널리 동지를 모으고 동포를 가르쳐서 실력을 기른 뒤에 크게 싸울 준비를 하여야 한다는 뜻을 말하고 서간도에 이민을 할 것과 의기있는 청년을 많이 그리로 인도하야 인재를 양성함이 급무라는 뜻을 설명하였다. 내 말을 듣고 그도 그렇다고 수긍은 하나 자기의 생각과 같지아니한 것이 불만한 모양으로 서로 작별하였다. 그런 일이 있은 후 몇일이 아니 하여서 안명근이 사리원에서 잡혀 서울로 압송되었다는 것이 신문으로 전하였다. 해가 바뀌어 신해년(1911년) 정월 초닷새날 새벽, 내가 아직 기침도 하기 전에 왜헌병 하나가 내 숙소인 양산학교 사무실에 와서 헌병소장이 잠간 만나자한다 하고 나를 헌병분견소로 데리고 간다. 가 보니 벌서 김홍량·도인권都寅權·이상진·양성진·박도병·한필호·장명선 등 양산학교 직원들이 하니씩 하나씩 나 모양으로 불려 왔다. 경무총감부警務總監部의 명령이라고 하고 곧 우리를 구류하였다가 이삼일 후에 재령으로 이수하였다. 재령에서 또 우리를 끌어내어 사리원으로 가더니 거기서 서울 가는 차를 태웠다. 같은 차로 잡혀 가는 사람들 중에는 송화 반정 신석충 진사도 있었으나 그는 재령강 철교를 건널 적에 차창으로 몸을 던져서 자살하고 말았다. 신진사는 해시에 유명한 학자요 또 자선가였고 그 아우 석제도 진사였다. 한 번 내가 석제 진사를 찾아 갔을 때에 그 아들 낙영과 손자 상호가 동구까지 마중 나오기로 내가 모자를 벗어서 인사하였더니 그들은 황망히 갓을 벗어서 답례한 일이 있었다. 또 차중에서 이승훈을 만났다. 그는 잡혀가는 것은 아니였으나 우리가 포박되어 가는 것을 보고 차창 밖으로 고개를 돌리고 눈물을 흘리는 것이 보였다. 차가 용산역에 닿았을 때에 (그 때에는 경의선도 용산을 지나서 서울로 들어왔었다) 형사 하나가 뛰어올라와서 이승훈을 보고 '당신 이승훈 씨 아니오' 하고 물었다. 그렇다 한 즉 그 형사놈이, '경무총감부에서 영감을 부르니 좀 가십시다' 하고 차에서 내리자마자 우리와 같이 결박을 지어서 끌고 간다. 후에 알고 보니 황해도를 중심으로 다수의 애국자가 잡힌 것이었다. 이것은 왜倭가 한국을 강제로 빼앗은 뒤에 그것을 아주 제 것을 만들어 볼양으로 우리나라의 애국자인 지식계급과 부호를 모조리 없애버리려는 계획의 제일회였다. 그러하기 위하여는 감옥과 이왕 있는 유치장 만으로는 부족하야서 창고 같은 건물을 벌의 집 모양으로 칸을 막아서 임시 유치장을 많이 준비하여 놓고 우리들을 잡아 올린 것이다.

이번 통에 잡혀 온 사람은 황해도에서는 안명근을 비롯하야 신천信川에서 이원식李源植 · 박만준朴晩俊 · 신백서申伯瑞 · 이학구李學九 · 유원봉柳元鳳 · 유문형柳文馨 · 이승조李承祚 · 박제윤朴濟潤 · 배경진裵敬鎭 · 최중호崔重鎬, 재령에서 정달하鄭達河 · 민영룡 閔泳龍 · 신효범申孝範, 안악에서 김홍량金鴻亮 · 김용제金庸濟 · 양성진楊成鎭 · 김구金龜 · 박도병朴道秉 · 이상진李相晉 · 장명선張明善 · 한필호韓弼昊 · 박형병朴亨秉 · 고봉수高鳳洙 · 한정교韓貞敎 · 최익형崔益亨 · 고정화高貞化 · 도인권都寅權 · 이태주李泰周 · 장응선張膺善 · 원행섭 · 김용진金庸震 등이오, 장연에서 장의택張義澤 · 장원용莊元容 · 최상륜崔商崙, 은률에서 김용원金容遠, 송화에서 오덕겸吳德謙 · 장홍범張弘範 · 권태선權泰善 · 이종록李宗錄 · 감익용甘益龍, 장연에서 김재형金在衡, 해주에서 이승준李承駿 · 이재림李在林 · 김영택金榮澤, 봉산에서 이승길李承吉 · 이효건李孝健, 그리고 백천에서 김병옥金秉玉, 연안에서 편강렬片康烈 등이었고 평안남도에서는 안태국安泰國 · 옥관빈玉觀彬, 평안북도에서는 이승훈李昇薰 · 유동열柳東說 · 김룡규金龍圭의 형제가 붙잡히고, 경성에서는 양기탁梁起鐸 · 김도희金道熙, 강원도에서는 주진수朱鎭洙, 함경도에서는 이동휘李東輝가 잡혀 와서 다들 유치되어 있었다. 나는 이동휘와는 전면이 없었으나 유치장에서 명패를 보고 그가 잡혀 온 줄을 알았다.

나는 생각하였다. 평소에 나라를 위하야 십분 정성과 힘을 쓰지 못한 죄로 이 일을 받는 것이라고. 이제 와서 내게 남은 일은 고후 조선생의 훈계대로 육신과 삼학사를 본받다 죽어도 굴치않는 것뿐이라고 결심하였다. 심문실에 끌려 나가는 날이 왔다. 심문하는 왜놈이 나의 주소, 성명등을 묻고 나서, '네가 어찌하야 여기 왔는지 아느냐' 하기로 나는 '잡아왔으니 끌려왔을 뿐이오, 이유는 모른다' 하였더니 다시는 묻지도 아니하고 내 수족을 결박하야 천정에 메어 달았다. 처음에 고통을 깨달았으나 차차 정신을 잃었다가 다시 정신이 들어보니 나는 고요한 겨울 달 빛을 받고 심문실 한 구석에 누워있는데 얼굴과 몸에 냉수를 끼얹은 감각뿐이오 그 동안에 무슨 일이 있었는지는 기억에 없었다. 내가 정신을 차리는 것을 보고 왜놈은 비로소 나와 안명근과의 관계를 묻기로, 나는 안명근과는 서로 아는 사이나 같이 일한 것은 없다고 하였더니 그 왜놈은 와락 성을 내어서 다시 나를 묶어 천정에 달고 세 놈이 둘러서서 막대기로 단장으로 수없이 내 몸을 후려갈겨서 나는 또 정신을 잃었다. 세 놈이 나를 끌어다가 유치장에 누일 때에는 벌써 훤하게 밝은 때였다. 어제 해질 때에 시작한 내 심문이 오늘 해 뜰 때까지 계속된 것이었다. 처음에 내 성명을 묻던 놈이 밤이 새도록 쉬지 않는 것을 보고 나는 그 놈들이 어떻게 제 나라의 일에 충성된 것을 알았다. 저 놈은 이미 먹은 남의 나라를 삭히랴기에 밤을 새거늘 나는 제 나라를 찾으랴는 일로 몇 번이나 밤을 세웠던고 하고 스스로 돌아보니 부끄러움을 금할 수가 없고 몸이 바늘방석에 누운 것과 같아서 스스로 애국자인 줄 알고 있던 나도 기실 망국민의 근성을 가진 것이 아닌가 하니 눈물이 눈에 넘쳤다. 이렇게 악형을 받은 것은 나뿐이 아니었다. 옆 방에 있는 김호량 · 한필호 · 안태국 · 안명근 등도 심문을 받으러 끌려나갈 때에는 기운있게 제 발로 걸어 나가나 왜놈의 혹독한 단련을 받고 유치장으로 돌아올 때에는 언제나 반 죽엄이 다 되어 있었다. 그것을 볼 때 마다 나는 치미는 분함을 누를 길이 없었다. 한번은 안명근이 소리소리 지르면서, '이놈들아, 죽일 때에 죽이더라도 애국의사의 대접을 이렇게 한단 말이냐' 하고 호령하는 새이새이에 '나는 내 말만 하였고 김구 · 김홍량은 관계가 없다고 하였소' 하는 말을 끼잇 우리의 귀에 넣었다. 우리들은 감방에서 서로 통화하는 방법을 발명하여서 우리의 사건을 보안법 위반과 모살급강도의 둘로 나누어서 아무쪼록 동지의 희생을 적게하기로 의본하였다. 양기탁의 방에서 안태국의 방과 내가 있는 방으로, 내게서 이재림이 있는 방으로 이 모양으로 좌우 줄 이십여방, 사십여 명이 비밀이 말을 전하는 것이었다. 왜놈들은 우리의 심문이 집행됨을 따라 이것을 통방이라고 칭하였다. 사건의 범위가 점점 축소됨을 보고 의심이 났던 모양이어서 우리중에서 한순직 韓淳稷을 살살꼬여 우리가 밀어하는 내용을, 밀고하게 하였다. 어느 날 양기탁이가 밥 받는 구멍에 손바닥을 대고 우리의 비밀한 통화를 한순직이가 밀고하니 금후로는 통방을 폐하자는 뜻을 손구락 필담으로 전하였다.   　ー중략ー

소위 판결이라는 것은 안명근이 징역 종신이오 김홍량·김구·이승길·배경진·한순직·원행섭·박만준 등 일곱 명은 징역 15년, 도인권·양성진이 십 년, 최익형·김용제·장윤근·고봉수·한정교·박형병은 각 칠년 또는 오년이니 이것은 강도사건 관제요, 보안법사건으로는 양기탁을 주범으로 하야 안태국·김구·김홍량·주진수·옥관빈·김도희·김용규·고정화·정달하·감익용과 이름은 잊었으나 김용규의 족질 한 사람이 있었는데 판결되기는 양기탁·안태국·김구·김홍량·주진수·옥관빈은 징역 2년이오, 나머지는 일년으로부터 육개 월이었다. 그리고 재판을 통하지아니하고 소위 행정처분으로 이동휘·이승훈·박도병·최종호·정문원·김영옥 등 19인은 무의도無衣島·제주도濟州島·고금도古今島·울릉도鬱陵島로 일년 간 거주제한이라는 귀양살이를 하게 되었다. 그리고 보니 김홍량이나 나는 강도로 십오 년 보안법으로 이 년 모두 십칠년 징역살이를 하게 된 것이었다. 판결이 확정되어 우리는 종로구치감을 떠나서 서대문감옥으로 넘어갔다. 지금까지 미결수였으나 이제 부터는 변동없는 진중이었다. 동지들의 얼굴을 날 마다 서로 대하게 되고 이따금 말로 통정도 할 수 있는 것이 큰 위로였다. 칠년 오년징역까지 세상에 나갈 희망이 있지 마는 십년, 십오년으로는 살아서 나갈 희망은 없었다. 그러므로 나는 몸은 왜의 포로가 되어 징역을 지면서도 정신으로는 왜놈을 즘생(짐승)과 같이 여기고 쾌활한 마음으로 낙천생활을 하리라고 작정하였다. 다른 동지들도 다 나와 뜻이 같았다.

−중략−

식인지식의인의 食人之食衣人衣

소지평생막유원 所志平生莫有遠

'내가 대한나라의 밥을 먹고 옷을 입고 살아왔으니 이 수치를 참고 살아나서 앞으로 십칠 년 후에 이 은혜를 갚을 공을 세울 수가 있느냐' 내가 이 모양으로 고민할 때에 안명근군이 굶어 죽기를 결심하였노라고 내게 말하기로 나는 서슴지않고, '할 수 있거든 단행하시오' 하였다. 그 날부터 안명근은 배가 아프다고 칭하고 제게 들어오는 밥은 다른 죄수에게 높아 주고 사오일을 연해 굶어서 기운이 탈진하였다. 감옥에서는 의사를 시켜 진찰케하였으나 아모 병이 없음으로 안명근을 결박하고 강제로 입을 벌리고 계란등속을 흘려 넣어서 죽으랴는 목숨을 억지로 부뜰었다. 죽을 자유조차 없는 이 자리였다. '나는 또 밥을 먹소' 하고 안명근은 내게 기별하였다. 우리가 서대문감옥으로 넘어온 후에 얼마 아니 하여서 또 중대사건이 생겼으니 그것은 소위 사내총독암살음모라는 맹랑한 사건으로 전국에서 무려 칠백여 명 애국지사가 검거되어 경무총감부에서 우리가 당한 악형을 다 겪은 뒤에는 105인이 공판으로 회부된 사건이다. 105인 사건이라고도 하고 신민회사건이라고도 한다. 2년형의 집행중에 있던 양기탁·안태국·옥관빈과 제주도로 징배갔던 이승훈도 부뜰려 올라왔다. 왜놈들은 새로 산 밭에 뭉얼이 돌을 다 골라버리고야 말라는 것이었다. 그러나 그것으로 대한이 제 것이될까. 내가 복역한지 칠팔삭 만에 어머님이 서대문감옥으로 나를 면회하러 오셨다. 딸깍하고 주먹 하나 드나들만한 구멍이 열리기로 내다 본즉 어머니가 서계시고 그 곁에는 왜간수 한 놈이 지키고 있다. 어머님은 태연한 안색으로, '나는 네가 경기감사나 한 것 보담 더 기쁘게 생각한다. 면회는 한 사람 밖에 못한다고 해서 네 처와 화경이는 저 밖에 와 있다. 우리 세 식구는 잘있으니 염려 말아. 옥중에서 네 몸이나 잘 보중하여라. 밥이 부족하거든 하로 두 번씩 사식 드려 주랴' 하시고 어성 하나도 떨리심이 없었다. 저러한 씩씩하신 어머니께서 자식을 왜놈에게 빼앗기시고 면회를하겠다고 왜놈에게 고개를 숙이고 청원을 하셨을 것을 생각하니 황송하고도 분하였다. −중략−

안명근은 전후 십칠년 동안 감옥에 있다가 연전에 방면되어 신천 청계동에서 그 부인과 같이 여생을 보내고 있더니 아령에 있는 그 부친과 친 아우를 그려서 권하고 그리로 가던 길에 만주 화룡현에서 만고의 한을 품고 못 돌아올 길을 떠나고 말았다. 이렇게 연거푸 감형을 당하고 보니 이미 치러버린 삼년 나머지를 빼면 나머지 형기가 이 년 밖에 아니 된다. 이 때부터는 확실히 세상에 나가서 활동할 희망이 생겼다. 나는 세상에 나가면 무슨 일을할까. 지들이 옥에 댕겨 나가서는 왜놈에게 순종하야 구질구질하게 살아가는 사람이 많은 것을 보니 나도 걱정이 되었다. 나는 왜놈이 지어준 뭉러리돌 대로 가리라 하고 굳게 결심하고 그 표로 내 이름 金龜를 고쳐 金九라 하고 당호 연하蓮下를 버리고 백범白凡이라고 하야 옥중 동지들께 알렸다. 이름 자를 고친 것은 왜놈의 국적에서 이탈하는 뜻이오, 백범이라 함은 우리나라에서 가장 천하다는 백정과 무식한 범부까지도 전부, 적어도 나 만한 애국심을 가진 사람이 되게 하자 하는 내 원을 표하는 것이니 우리 동포의 애국심과 지식의 정도를 그 만큼이라도 높이지 아니하고는 완전한 독립국을 이룰 수 없다고 생각한 것이었다. 나는 감옥에서 뜰을 쓸고 유리창을 닦을 때 마다 하나님께 빌었다. 우리나라가 독립하야 정부가 생기거든 그 집의 뜰을 쓸고 유리창을 닦는 일을 하여 보고 죽게 하소서 하고, 나는 앞으로 2년을다 못 남기고 인천감옥으로 이감이 되었다. 나는 그 원인을 안다. 내가 서대문감옥 제2과장 왜놈하고 싸운 일이 있는데 그 보복으로 그 놈이 나를 힘드는 인천 축항 공사로 돌린 것이었다. 여러 동지가 서로 만나고 위로하며 쾌활하게 삼년이나 살던 서대문감옥과 작별하고 사십 명 붉은 옷 입은 전중이 메에 편입이 되어서 쇠사슬로 허리를 얽혀서 인천으로 끌려갔다. (이때 김구 나이 39세). 무술(1898년) 삼월 초열흘날 밤중에옥을 깨트리고 도망한 내가 쇠사슬에 묶인 몸으로 다시 이 옥 문으로 들어올 줄을 뉘가 알았으랴. 문을 들어서서 둘러보니 새로히 감방이 증축되었으나 내가 글을 읽던 그 감방이 그대로 있고 산보하던 뜰도 변함이 없다. 내가 호랑이 같이 소리를 질러 도변이놈을 꾸짖던 경무청은 매음녀 검사소가 되고 감리사가 좌기하던 내원당來遠黨은 감옥의 즙물을 두는 고깐이 되고, 옛날 주사, 순검이 들끓던 곳은 왜놈의 천지를 이루웠다. 마치 죽었던 사람이 몇 십년 후에 살아나서 제 고향에 돌아와서 보는 것 같다. 감옥 뒷담 넘어 용동 마르래기에서 옥에 갇힌 불효한 이 자식을 보겠다고 우두커니 서서 내려다보시던 선친의 얼굴이 보이는듯하다. 그러나 오늘의 김구가 그 날의 김창수라고 하는 자는 없으리라고 생각하였다. 감방에 들어가니 서대문에서 몬저 전감된 낯익은 사람도 있어서 반가왔다. 어떤 자가 내 곁으로 쓱 다가앉아서 내 얼굴을 들여다보면서, '그 분 낯이 매오 익은 데. 당신 김창수 아니오'한다. 정말 청천벽력이다. 나는 깜작 놀랐다. 자세히 본 즉 십칠 년 전에 나와 한 감방에 있던 절도 십년의 문종칠文種七이다. 늙었을 망정 젊은 때 면목이 그대로 있다. 오직 그때와 다른 것은 이마에 움쑥 드러간 구멍이 있는 것이었다. 내가 의아한듯이 짐즛 머뭇거리는 것을 보고 제 낯바닥을 앞으로 쑥 내 밀어 나를 쳐다보면서, '창수 김서방. 나를 모를 리가 있소. 지금 내 면상에 이 구멍이 없다고 보면 아실 것 아니오? 나는 당신이 달아난 후에 죽도록 매를 맞은 문종칠이오. 그만하면 알겠구려' 하는 데는 나는 모른다고 버릴 수가 없어서 반갑게 인사를 하였다. 그자가 밉기도하고 무섭기도 하였다. '당시에 인천항구를 진동하던 충신이 무슨 죄를 짓고 또 들어오셨소?'하고 묻는다. 나는 구찮게 생각하여서 '십오 년 강도요'하고 간단히 대답하였다. 문가는 입을 삐쭈거리며, '충신과 강도는 상거가 심원한 데요. 그 때에 창수는 우리 같은 도적놈들과 동거케 한다고 경무관 헌테까지 드리대지않았소? 강도 십오년은 맛이 꽤 무던하겠구려' 하고 빈정거린다. ―중략―

날 마다 축항 공사장에 가는 길에 나는 십칠 년 전 부모님께 친절하던 박영문 朴永文의 물상객주집 앞을 지낸다. 옥문을 나서서 오른 편 첫 집이었다. 그는 후덕한 사람이오 내게는 깊은 동정을 준다. 아버지와는 동갑이라 해서 매우 친밀히 지냈다고 한다. 우리들이 옥문으로 들고 날 때에 박노인은 자기집 문전에 서서 물꾸럼히 쳐다보고 있었다. 이러한 은인을 목전에 보면서도 가서 내가 아모요하고 절할 수 없는 것이 괴로왔다. 박씨집 맞은 편 집이 안호연安浩然의 물상객주였다. 안씨 역시 내게나 부모님께나 극진하게 하던이었다. 그도 전 대로 살고 있었다. 나는 옥문을 출입할 때 마다 마음으로 만 늘 두 분께 절하였다. 칠월 어느 심히 더운 날 돌연히 수인 전부를 교회당으로 부르기로 나도 가서 앉았다. 이윽고 분감장인 왜놈이 좌중을 향하야, 55호!

하고 부른다. 나는 대답하였다. 곳 일어나 나오라 하기로 단 위로 올라갔다. 가출옥으로 내보낸다는 뜻을 선언한다. 좌중 수인들을 향하야 점두례를 하고 곳 간수의 인도로 사무실로 가니 옷 한벌을 내어 준다. 이로써 붉은 전중이가 번하야 흰옷 입은 사람이 되었다. 옥에 맡아 두었던 내 돈이며 물건이며, 내 품값이며 조수히 내어준다. 옥문을 나서서 첫 생각은 박영문·안호연 두 분을 찾는 일이었으나 지금 내가 김창수라는 것을 세상에 알리는 것이 이롭지못할 것을 생각하고 안 떨어지는 발길을 억지로 떼어서 그 집 앞을 지나 옥중에서 사귄 어떤 중국사람의 집을 찾아가서 그날 밤을 묵었다. 이튿날 아침에 전화국으로 가서 안악우편국으로 전화를 걸고 내 안해(아내)를 불러 달라고 하였더니 전화를 맡아보는 사람이 마침 내게 배운 사람이라, 내 이름을 듣고는 반기며 곳 집으로 기별한다고 약속하였다. 나는 당일로 서울로 올라가 경의선 열차를 타고 신막에서 일숙하고 이튿날 사리원에 나려 배넘어나루를 건너 나무리벌을 지내니 전에 없던 신작로에 수십 명 사람이 쏟아저 나오고 그 선두에 선 것은 어머님이셨다. 어머님은 내 걸음걸이를 보시며 마주 오셔서 나를 부뜰고 낙루하시면서 '너는 살아왔지 마는 너를 그렇게도 보고 싶어 하던 화경 化敬이 네 딸은 서너달 전에 죽었고나. 네게 말할 것 없다고 네 친구들이 그러길래 기별도 아니 하였다. 그러나 그 뿐인가. 화경이가 일곱 살 밖에 안 된 그 어린 것이 죽을 때에 저 죽거든 애써 옥중에 계신 아버지한테 기별 말라고, 아버지가 들으시면 오죽이나 마음이 상하시겠느냐고 그랬단다' 하는 말씀을 하셨다. 나는 그 후에 곳 화경이 무덤을 찾아보아 주었다. 화경의 무덤은 안악읍 동쪽 산기슭 공동묘지에 있다. 어머니 뒤로 김용재 등 여러 사람이 반갑게 또 감개 깊게 나를 맞아 주었다. 나는 안신학교로 갔다. 내 안해(아내)가 안신학교에 교원으로 있으면서 교실 한 칸을 얻어 가지고 살고 있었기 때문이다. 아내는 다른 부인들 틈에 섞어서 잠깐 내 얼굴을 바라보고는 보이지아니하였다. 그는 내 친구들과 함께 내가 저녁을 먹게 하랴고 음식을 차리러 간 것이었다. 퍽 수척한 것이 눈에 띄었다. 몇일 후에 읍내 이인배 李仁培의 집에서 나를 위하야 위로연을 배설하고 기생을 불러 가무를 시켰다. 잔치 중도에 나는 어머님께 불려 가서, '내가 여러 해 동안 고생을 한 것이 오늘 네가 기생을 다리고 술 먹는 것을 보랴고 한 것이냐' 하시는 걱정을 들었다. 나를 연회석에서 불러댄 것은 아내가 어머님께 고발한 때문이었다. −중략−

그 후 내 거주제한이 해제되어서 김용진군의 부탁으로 수일 타작간검을 댕겨왔더니 준영숙부가 댕겨가셨다. 나는 사리원으로 가서 경의선 열차를 타고 압록강을 건넜다. 신의주에서 재목상이라하야 무사히 통과하고 안동현에서는 좁쌀 사러 왔다고 칭하였다. 안동현에서 일혜를 묵고 영국 국적인 이룡양행 怡隆洋行배를 타고 동지 십오 명이 나흘 만에 무사히 상해 포동 마두上海浦東碼頭에 도착하였다. 안동현을 떠날 때에는 아직도 어름덩어리가 첩첩히 쌓인 것을 보았는데 황포강가에는 벌써 녹음이 우거졌다. 공승서리公昇西里 십오호에 첫날 밤을 찾다. 이때에 상해에 모인 인물 중에 내가 전부터 잘 아는 이는 이동녕李東寧·이광수李光洙·김홍서 金弘敍·서병호徐炳浩 네 사람이었고 그 밖에 일본, 아령, 구미 등지에서 이번 일로 모인 인사와 본래부터 와 있는이가 오백여 명이나 된다고 하였다. 이튿날 나는 벌써부터 가족을 다리고 상해에 와 있는 김보연金甫淵집을 찾아서 거기서 숙식을 하게 되었다. 김군은 내가 장연에서 교육사업을 총감하는 일을 할 때에 나를 성심으로 사랑하던 청년이다. 김군의 지도로 이동녕·이광수·김홍서·서병호 등 옛 동지들을 만났다. 임시정부의 조직에 관하여서는 후일 국사에 자세히 오를 것이니 약하거니와 나는 위원의 한 사람으로 뽑혔었다. 얼마 후에 안창호 동지가 미주로부터 와서 내무총장으로 국무총리를 대리하게 되고 총장들이 아직 모이지 아니하였으므로 차장제를 채용하였다. 도산은 처음에는 내 뜻을 의아하게 여기는 모양이였으나 내가 이 청원을 한 동기를 듣고는 쾌락하였다. 내가 본국에 있을 때에 순사 시험과목을 어디서 보고 내 자격을 시험하기 위하야 혼자 답안을 만들어 보았으나 합격이 못 된 일이 있었다. 나는 실력이 없는 탐하기를 두려워할 뿐 더러, 감옥에서 소제를 할 때에 내가 하나님께 원하기를 생전에 한번 우리나라 정부의 정청의 뜰을 쓸고 유리창을 닦게 하여 줍소서 하였던 말을 도산동지에게 한 것이었다. 안내무총장은 내 청원을 국무회의에 제출한 결과 돌연 내게 경무국장의 사령을 주었다. 다른 총장들은 아직 취임하기 전이라 윤현진尹顯振·이춘숙李春熟·신익희申翼熙 등 새파란 젊은 차장들이 총장의 직무를 대행할 때라, 나이 많은 선배로 문파수를 보게 하면 드나들기에 거북하니 경무국장으로 하자고 하였다는 것이었다. 나는 순사될 자격도 못되는 사람이 경무국장이 당하냐고 반대하였으나 도산은, '만일 백범이 사퇴하면 젊은 사람들 밑에 있기를 싫어하는 것 같이 오해될 염려가 있으니 그대로 행동하라'고 강권하기로 나는 부득이 취임하야 시무하였다. 대한민국 2년에 아내가 인을 다리고 상해로 오고 4년에 어머님이 또 오시니 오래간만에 재미있는 가정을 이루게 되었다. 그 해에(1922년) 신이 났다.

국모보수사건(치하포사건鴟河浦事件)은 1896년 3월 9일 아침 7시경 황해도 안악군 치하포의 한 주막에서 21세의 백범 김구가 일본인 쓰치다 조스케(土田讓亮)를 국모보수(國母報讐: 국모원수갚기)란 대의명분으로 살해한 사건이 24년 만에 인제야 왜의 귀에 들어갔다는 보도가 왔다. 내가 본국을 떠난 뒤에야 형사들도 안심하고 김구가 김창수라는 것을 왜경찰에 말한 것이다. 아아 눈물나는 민족의식이어 왜의 정탐 노릇은 하여도 속에는 애국심과 동포애를 감추고 있는 것이다. 이 정신이 족히 우리 민족으로 하여금 독립 국민의 행복을 누리게 할 것을 아니 믿고 어이하랴.

민국 5년(1923년)에 내가 내무총장이 되었다.

그안에 아내는 신을 낳은 뒤에 낙상으로 인하야 폐렴이 되어서 몇 해를 고생하다가 상해 보륭의원 寶隆醫院의 진찰로 서양인이 시설한 격리병원인 홍구폐병원虹口肺病院에 입원하기로 되어 보륭의원에서 한 작별이 마지막 작별이 아주 영결이 되고, 민국 6년 1월 1일에 세상을 떠나매 법계 숭산로嵩山路의 공동묘지에 매장하였다. 내 본의는 독립운동 기간 중에는 혼상을 물론하고 성대한 의식을 쓰는 것을 불가하게 알아서 아내의 장례를 극히 검소하게 할 생각이었으나 여러 동지들이 내 아내가 나를 위하야 평생에 무쌍한 고생을 한 것이 묻 나라일이랴 하야 돈을 거두어 성대하게 장례를 지내고 묘비까지 세워주었다. 그 중에도 유세관인욱柳世觀寅旭 군은 병원 교섭과 묘지 주선에 성력을 다하여 주었다. 아내가 입원할 무렵에는 인이도 병이 중하였으나 아내 장례후에는 완쾌하였고 신이는 겨우 걸음발을 탈 때요 아직 젖을 떨어지지아니하였으므로 먹기는 우유를 먹었으나 잘 때에는 어머님의 비인 젖을 물었다. 그러므로 신이가 말을 배우게 된 때에도 할머니란 말을 알고 어머니란 말을 몰랐다. 민국 8년에 어머님은 신이를 다리고 환국하시고 이듬해 9년에는 인이도 보내라시는 어머님의 명으로 인이도 내 곁을 떠나서 본국으로 갔다. 나는 외로운 몸으로 상해에 남아 있었다. 민국 9년 11월에 나는 국무령國務領으로 선거되었다. 국무령은 임시정부의 최고 수령이다. 나는 임시의정원 의장 臨時議政院議長 이동녕을 보고 아무리 아직 완성되지 아니한 구가라 하더라도 나 같이 미미한 사람이 한 나라의 원수元首가 된다는 것은 국가의 위신에 관계된다 하야 고사하였으나 강권에 못 이기어 부득이 하야 취임하였다.

나는 윤기섭尹寄燮·오영선吳永善·김갑金甲·김철金撤·이규홍李圭洪으로 내각을 조직한 후에 헌법개정안을 의정원에 제출하야 독재적인 국무령제를 고쳐서 평등인위원제로 하고 지금은 나 자신도 국무위원의 하나로 일하고 있다. 내 육십 평생을 돌아보니 넘어도 상리에 벗어나는 일이 한 두가지가 아니다. 대게 사람이 귀하면 궁함이 없겠고 궁하고는 귀함이 없을 것이언 마는 나는 귀역궁 불귀역궁으로 평생을 궁하게 지내었다. 우리가 나라가 날에는 삼천리강산이 다 내것이 될는지 모르거니와 지금의 나는 넓고 넓은 지구면에 한 치 당, 한 간 집도 가진 것이 없다. 나는 과거에는 궁을 면하고 영화를 얻으랴고 몽상도 하고 버둥거려보기도 하였다. 옛날 한유韓愈는 송궁문送窮文을 지었으나 나는 차라리 우궁문友窮文을 짓고 싶다. 자식들에게 대하야 아비 된 의무를 조금도 못 하였으니 너희들이 나를 아비라 하야 자식된 의무를 하야 주기도 원치아니한다. 너희들은 사회의 은혜를 입어서 먹고 입고 배우는 터이니 사회의 아들이 되어 사회를 아비로 어겨 효도로 섬기면 내 소망은 이에서 더 만족할 수는 없을 것이다. 이 붓을 놓기 전에 두어 가지 더 적을 것이 있다. 내가 동산평 농장에 있을 때 일이다. 기미(1859년) 이월 이십육일이 어머님의 환갑임으로 약간 음식을 차려서 가까운 친구나 모와 간략하나마 어머님의 수연을 삼으리라 하고 내외가 상의하야 진행하던 차에 어머님이 눈치를 채시고 지금 이 어려운 때에 환갑잔치가 당치아니하니 후년에 더 넉넉하게 살게 된 때에 미루라 하심으로 중지하였더니 그 후 몇일이 못하야 나는 본국을 떠났다. 어머님이 상해에 오신 뒤에도 마음은 먹고 있었으나 독립운동을 하느라고 날 마다 수십 수백의 동포가 혹은 목숨을, 혹은 집을 잃는 참보를 듣고 앉아서 설사 힘이 있기로서니 어떻게 어머님을 위하야 수연을 차릴 경황이 있으랴. 하물며 내 생일 같은 것은 입밖에 내인 일도 없었다.

민국 8년이었다.

나석주羅錫疇(1892~1926)

하루는 나석주羅錫疇가 조반전에 고기와 반찬거리를 들고 우리 집에 와서 어머님을 보고 오늘이 내 생일이라, 옷을 전당을 잡혀서 생일 차릴 것을 사왔노라 하여서, 처음으로 영광스럽게 내 생일을 차려 먹은 일이 있었다. 나석주는 나라를 위하야 동양척식회사에 폭탄을 던지고 제 손으로 저를 쏘아 충혼이 되었다. 나는 그가 차려 준 생일을 영구히 기념하기 위하야 또 어머님의 화연을 못 들인 것이 황송하야 평생에 다시는 내 생일을 기념치 않기로 하고 이 글에도 내 생일 날자를 기입하지 아니한다. 인천 소식을 듣건댄 박영문은 별세하고 안호연은 생존하다 하기로 신 편에 회중시계 한 개를 사 보내고 내가 김창수란 말을 하여 달라 하였으나 회보는 없었고 성태영은 길림吉林에 와 산다 하기로 통신하였으며 유완무는 북간도에서 누구에게 죽임을 당하고 그 아들 한경漢卿은 아직도 거기 살고 있다고 한다. 나와 서대문감옥에서 이태나 한 방에 있으며 내게 글을 배우고 또 내게 끔직히 하여 주던 이종근李種根은 아라사 여자를 얻어 가지고 상해에 와서 종종 만나났다. 이종근은 의병장 이운룡李雲龍의 종제로 헌병 보조원을 댕기다가 이진룡이 죽이려 하매 회개하고 그를 따라 의병으로 댕기다가 잡혀 왔다. 김형진의 유족의 소식은 아직도 모르고 강화 김주경의 유족의 소식도 탐문하는 중이다. 지난 일의 연월일은 어머님께 어머님께 엿자와서 기입한 것이다. 내 일생에 제일 행복은 몸이 건강한 것이다. 감옥생활 5년에 하루도 병으로 쉰 날은 없었고 인천감옥에서 학질로 반일을 쉰 일이 있을 뿐이다. 병원이라고는 혹을 떼노라고 제중원에 일개월, 상해에서는 서반아 감기로 20일 동안 입원하였을 뿐이다. 기미년에 고국을 떠난지 우금 십여 년에 중한 일, 진기한 일도 많았으나 독립 완성 전에는 말할 수는 없는 것이매 아니 적기로 한다. 이 글을 쓰기 시작한지 일 남은 대한민국 십일년(1929년) 오월 삼일에 임시정부 청사에서 붓을 놓는다.

－白凡逸志 上卷 終－

白凡逸志 下卷

하편

머리말

내 나이 이제 육십칠.

중경 화평로 오사야항重慶和平路吳師爺巷 1호

대한민국 임시정부 청사에서 다시 이 붓을 드니 53세 때, 상해 법조계 마랑로 보경리 4호 上海法祖男馬浪路普慶里 임시 정부청사에서 백범일지 상권을 쓰던 때에서 14년의 세월이 지난 후이다. 나는 왜 백범일지를 썼던고?

내가 젊어서 붓대를 던지고 국가와 민족을 위하야, 제 힘도 재조도 헤아리지아니하고 성패도 영욕도 돌아봄이 없이 분투하기 삼십여 년, 그리고 명의만이라도 임시정부를 지키기 십여 년에 일러 놓은 일은 하나도 없이 내 나이는 육십을 바라보고 있었다. 이에 나는 침체된 국면을 타개하고 국민의 쓸어지려하는 삼일운동의 정신을 다시 떨치기 위하야 미주와 하와이에 있는 동포들에게 편지로 독립운동의 위기를 말하야 돈의 후원을 얻어 가지고 열혈남자를 물색하야 암살과 파괴의 테로운동을 계획한 것이었다. 동경사건과 상해사건 등이 다행히 성공되는 날이면 냄새나는 내 가죽껍데기도 최후가 될 것을 예기하고 분국에 있는 두 아들이 장성하야 해외로 나오거든 그들에게 전하여 달라는 뜻으로 쓴 것이 이 백범일지다. 나는 이것을 등사하야 미주와 하와이에 있는 몇분 동지에게 보내어 후일 내 아들들에게 보여주기를 부탁하였다. 그러나 나는 죽을 땅을 얻지 못하고 천한 목숨이 아직 남아서 백범일지 하권을 쓰게 되었다. 이 때에는 내 두 아들도 이미 장성하였으니 그들을 위하여서 이런 것을 쓸 필요는 없어졌다. 내가 지금 이것을 쓰는 목적은 해외에 잇는 동지들이 내 오십년 분투 사정을 보고 허다한 과오로 은감을 삼아서 다시 복철을 밟지 말기를 원하는 노파심에 있는 것이다. ㅡ중략ㅡ

외교로 보더라도 종래에는 중국·소련·미국의 정부 당국자가 비밀한 찬조는 한 일이 있으나 공식으로는 거래가 없었던 것이, 지금에는 미국 대통령 루스벨트씨가 '한국은 장래에 완전한 독립국이 될 것이라'고 방송하였고 중국에서도 입법원장 손과孫科씨가 공공한 석상에서, '일본이 제국주의를 박멸하는 중국의 양책은 한국 임시정부를 승인함에 있다'고 부르짖었으며, 우리 자신도 워싱톤에 외교위원부를 두어 이승만박사를 위원장으로 임명하야 외교와 선전에 힘을 쓰고 있고, 또 군정으로 보더라도 한국광복군韓國光復軍이 정식으로 조직되어 이청천李靑天으로 총사령을 삼아 서안西安에 사령부를 두고 군사의 모집과 훈련과 작전을 계획중이며, 재정도 종래에는 독립운동의 침체, 인심의 퇴축, 적의 압박, 경제의 곤란등으로 임시정부의 수입이 해가 갈수록 감하야 집세를 내기도 어려울 지경이었던 것이 홍구(상해)폭탄사건 이래로 내외국인의 임시정부에 대한 인식이 변하여서 점차로 정부의 수입도 늘어, 민국 23년도에는 수입이 오십삼만 원 이상에 달하였으니 실로 임시정부 설립 이래의 첫 기록이었다.

기미년 삼월, 안동현에서 영국 사람 쏠지의 배를 타고 상해에 온 나는 김보연군을 앞세우고 이동녕선생을 찾았다.

서울 양기탁 사랑에서 서간도 무관학교 의논을 하고 헤어지고는 십여 년 만에 서로 만나는 것이었다. 그 때에 광복사업을 준비할 전권의 임무를 맡던 선생의 좋던 신수는 십여 년 고생에 약간 쇠하야 얼굴에 주름살이 보였다. 서로 악수하니 감개가 무량하였다. 내가 상해에 갔을 때에는 먼저 와 있던 인사들이 신한청년당新韓青年團을 조직하야 김규식金奎植을 파리평화회의에 대한 민족 대표로 파견한지 벌써 두 달이나 후이였다. 삼일운동이 일어난 뒤에 각지로부터 모여온 인사들이 임시정부와 임시의정원을 조직하야 중외에 선포한 것이 사월 초순이었다. 이에 탄생된 대한민국 임시정부의 수반은 국무총리 이승만박사 그 밑에 내무, 외무, 재무, 법무, 교통 등 부서가 있어 광복운동의 여러 선배 수령을 그 총장에 추대하였다. 총장들이 원지에 있어서 취임치 못함으로 청년들을 차장으로 임명하야 총장을 대리케 하였다. 내가 내무총장 안창호선생에게 정부 문파수를 청원한 것이 이때였다. 나는 문파수를 청원한 것이 경무국장으로 취임하게 되니 이후 5년간 심문관 판사 검사의 직무와 사형 집행까지 혼자 겸하여서 하게 되었다.

—중략—

당시 프랑스 조계 당국은 우리의 국정을 잘 앎으로 일본영사관에서 우리 동포의 체포를 요구해 온 때에는 미리 우리에게 알려 주어서 피하게 한 뒤에 일본경찰관을 대동하고 빈 집을 수사할 뿐이다. 왜구 전중의일田中義一(다나카 기이치1927~1929—일본국 26대 총리대신)이 상해에 왔을 때에 황포마두黃浦碼頭에서 오성륜吳成倫(1898~1947)이 그에게 폭탄을 던졌으나 폭발되지 아니하므로 권총을 쏜 것이 전중은 아니 맞고 미국인 여자 한 명이 맞아 죽은 사건이 났을 때에 일본, 영국, 법국 세 나라가 함작하야 법국 조계의 한인을 대거 수색한 일이 있었다. 우리 집에는 어머님이 본국으로부터 상해에 오신 때 였다. 하루는 이른 새벽에 왜경관 일곱놈이 프랑스 경관 서대납 西大納을 앞세우고 내 침실에 들어섰다. 서대납은 나와 잘 아는 자라 나를 보더니 옷을 입고 따라오라 하며 왜 경관이 나를 결박하랴는 것을 금하였다. 프랑스 경무청에 가니 원세훈 元世勳(1887~1959)등 다섯 사람이 벌써 잡혀 와 있었다. 프랑스 당국은 왜경관이 우리를 심문하는 것도 허치아니하고 왜영사관으로 넘기라는 것도 아니 듣고 나로 하여금 다섯 사람을 담보케한 후에 나 아울러 모두 석방해 버렸다. 우리 동모 관계의 일에는 내가 임시정부를 대표하야 언제나 배심관이 되어 프랑스 조계의 법정에 출석하였으므로 헌행범이 아닌 이상 내가 담보하면 석방하는 것이었다. 왜 경찰이 나와 프랑스 당국과의 관계를 안 뒤로는 다시는 내 체포를 프랑스 당국에 요구하는 일이 없고 나를 법국 조계에 밖으로 유인해 내려는 수단을 씀으로 나는 한 걸음도 조계 밖에를 나가지아니하였다. 내가 5년간 경무국장을 하는 가운데 생긴 기이한 일을 일일히 적을 수도 없고 또 이루다 기억도 못 하거니와 그 중에 몇 가지를 말하련다. 고등정탐 선우갑鮮于甲(1893~?)일본경찰 고등계 형사)을 잡았을 때에 그는 죽을 죄를 깨닫고 사형을 자원하기로 장공속죄를 할 서약을 받고 살려주었더니 나흘 만에 도망하야 본국으로 들어갔다. 강인우康麟佑는 왜 경찰 경부로 상해에 와서 총독부에서 받아 가지고 온 사명을 말하고 내게 거짓 보고 자료를 달라 하기로 그리하였더니 본국에 돌아가서 그 공으로 풍산군수가 되었다.

선우갑鮮于甲(1893~?)

국치시기에 언론인으로 활동하면서 일본 경찰의 밀정으로 근무했다. 친일 단체 대동동지회大東同志會 회장, 조선총독부 중추원 참의를 지낸 선우순의 친 동생이다. 평양 출신으로 일본 경찰 고등계 형사로 일했다. 1919년 2·8 독립 선언 당시에 일본 도쿄에 파견되어 유학생들을 감시하는 역할을 하였다. 도쿄 YMCA 본부 급습을 지휘한 선우갑은 송계백·최팔용을 비롯한 사건의 주동자들을 밀고하여 체 포하는 데에 큰 공을 세웠다. 이를 계기로 선우갑은 일본 제국의 큰 신임을 받았다.

동농 김가진金嘉鎭(1846~1922)

개항기 농상공부대신, 중추원의장 등을 역임한 관리

구한국 내무대신 동농 김가진東農金嘉鎭 선생이 삼일선언 후에 왜에게 받았던 남작을 버리고 대동당大同黨을 조직하야 활동하다가 아들 의한懿漢 군을 다리고 상해에 왔을적 일이다. 왜는 남작이 독립운동에 참가하였다 는 것이 수치라 하야 의한의 처의 종형 정필화를 보내어 동농선생을 귀국케할 운동을 하고 있음을 탐지하고 정가를 점거하야 심문한 즉 낱낱이 자백하므로 처교하였다. 황학선黃鶴善은 해주 사람으로 삼일운동 이전에 상해에 온 자인데 가장 우리 운동에 열심이 있는 듯하기로 타처에 오는 지사들을 그 집에 유숙케 하였더니 그 자가 이것을 기회로 하야 일변 왜 영사관과 통하야 거기서 돈을 얻어 쓰고 일변 애국청년에게 임시정부를 악 선전하야 나창헌羅昌憲·김의한 등 십수 명이 작당하야 임시정부를 습격하는 일이 있었으나 이것은 곧 진압되 고 범인은 전부 경무국의 손에 체포되었다가 그들이 황학선의 모략에 속은 것이 분명하므로 설유하야 방송하 고 그때에 중상한 나창헌·김기제는 입원시켜 치료를 받게 하였다. 이 사건을 조사한 결과 황학선이가 왜 영 사관에서 자금과 지령을 받아 우리 정부 각 총장과 경무국장을 살해할 계획으로 나창헌이 경성의전의 학생이 던 것을 이용하야 삼층양옥을 세를 내어 병원 간판을 붙이고 총장들과 나를 그리로 유인하야 살해할 계획이던 것이 판명되었다. 나는 이 문초의 기록을 나창헌에게 보였더니 그는 펄펄 뛰며 속은 것을 자백하고 장인 황학 선을 사형에 처할 것을 주장하였다. 그러나 그 때는 벌써 황학선은 처교된 뒤였다. 나는 나, 김등이 전연 악의 가 없고 황의 모략에 속은 것이라고 판단하였다. 한번은 박朴모라는 청년이 경무국장 면회를 청하기로 만났 다. 그는 나를 대하자 곧 낙루하며 단총 한 자루와 수첩 하나를 내 앞에 내어 놓으며, 자기는 수일 전에 본국 으로부터 상해에 왔는데 왜 영사관에서 그의 체격이 건장함을 보고 김구를 죽이라 하고 성공하면 돈도 많이 주려니와 설사 실패하야 그가 죽는 경우에는 그의 가족에게는 나라에서 좋은 토지를 주어 편안히 살도록 할 터이라 하고 만일 이에 응치아니하면 그를 '불녕선인不逞鮮人'으로 엄벌한다 하기로 부득이 그러마 하고 무기 를 품고 법국 조계에 들어와 길에서 나를 보기도 하였으나 독립을 위하야 애쓰는 사람을 자기도 대한 사람이 면서 어찌 감히 상하랴 하는 마음이 생겨서 그 단총과 수첩을 내게 바치고 자기는 먼 지방으로 달아나서 장사 나 한다는 것이엿다. 나는 그 말을 믿고 감사하다는 말을 하고 놓아 보내었다. 나는 '의심하는 사람이어든 쓰 지를 말고, 쓰는 사람이어든 의심을 말라'는 것을 신조로 하야 살아왔거니와 그 때문에 실패한 일도 없지아니 하였으니 한태규韓泰圭 사건이 그 예다. 한태규는 평양사람으로서 매우 근실하야 내가 칠팔 년을 부리는 동안에 내외국인의 신임을 얻었었다. 하루는 계원 노백린桂園盧伯麟(1875~1926) 형이 아침 일찍 내 집에 와서 뒤 노변에 한복 입은 젊은 여자의 시체가 있다 하기로 나가 본즉 그것은 명주明珠의 시체였다. 명주는 상해에 온 후로 정인과 鄭仁果·황석남黃錫南이 빌려 가지고 있는 집에 식모로 있었고 젊은 사내들과 추행도 있다는 소문이 있던 여자다. 어느 날 밤에 한번 한태규가 이 여자를 동반하여 가는 것을 보고 한군도 젊은 사람이니 그러나 보다 하고 지나친 것이 얼마 오래지아니한 것이 기억되었다. 시체를 검사하니 피살이 분명하다. 머리에 피가 묻었으니 처음에는 때린 모양이오 목에는 바로 매었던 자욱이 있는데 그 수법이 내가 서대문감옥에서 활빈당 김진사에게 배운 것을 경호원들에게 가르쳐 준 그것이었다. 여기서 단서를 얻어 가지고 조사한 결과 그 범인이 한태규인 것이 판명되어 그 프랑스 경찰에 말하야 그를 체포케하야 내가 배심관으로 그의 문초를 듣건데 그는 내가 경무국장을 사직한 후로 부터 여러가지 사정으로 왜에게 매수되어 그 밀정이 되어, 명주와 비밀히 통기하던 중, 명주가 한이 밀정인 눈치를 알게 되매 하은 명주가 자기의 일을 내게 밀고할 것을 겁내서 죽인 것이라는 것을 자백하였다. 명주는 행실이 부정할 망정 애국심은 열렬한 여자였다. 그는 종신 징역의 형을 받았다. 후에 나와 동관이던 나우羅愚도 한태규가 돈을 흔히 쓰는 것으로 보아 오래 의심은 하였으나 확적한 증거도 없이 내게 그런 말을 고하면 내가 동지를 의심한다고 책망할 것을 두려워하야 말을 아니 하고 있었다고 하였다. 후에 한태규는 다른 죄수들을 선동하야 양력 일월 일일에 옥을 깨트리고 도망하기로 약속을 하여 놓고 제가 도리어 감옥 당국에 밀고하야 간수들이 담총하고 경비하게 한 후에 약속한 시간이 되매 여러 감방문이 일제히 열리며 칼, 몽둥이, 돌덩이, 재 같은 것을 가지고 죄수들이 뛰어나오는 것을 한태규가 총을 놓아 죄수 여덟 명을 즉사케 하니 다른 죄수들은 겁을 내어 움직이지 못하매 이 파옥소동이 진정되었다. 그리고 이 사건을 재판하는 마당에 한태규는 제가 쏘아 죽인 여덟 명의 시체를 담은 관 머리에 증인으로 출정허더란 말을 들었고, 또 그 후에 한의 편지를 받았는데, 그는 같은 죄수 여덟 명을 죽인 것이 큰 공로라 하야 방면이 되었고 전에 잘못한 것은 다 회개하니 다시 써 달라고 하였다. 나중에 들건데 이 편지에 대한 내 회답이 없는 것을 보고 겁이 나서 본국으로 도망하야 무슨 조그마한 장사를 하고 있다고 하였다. 내가 이런 흉악한 놈을 절대로 신임한 것이 다시 세상에 머리를 들 수 없을 만치 부끄러워서 심히 고민하였다. -중략-

기미년 즉 대한민국 원년에는 국내나 국외를 막론하고 정신이 일치하야 민족 독립운동으로 만 진전되었으나 당시 세계 사조의 영향을 따라서 우리 중에도 점차로 봉건이니 무산혁명이니 하는 말을 하는 자가 생겨서 단순하던 우리 운동선에도 사사의 분열, 대립이 생기게 되었다. 임시정부 직원 중에도 민족주의니 공산주의니 하야 음으로 양으로 투쟁이 개시되었다. 심지어 국무총리 이동휘가 공산혁명을 부르짖고 이에 대하야 대통령 이승만은 데모크라시를 주장하야 국무회의 석상에서도 의견이 일치하지 못하고 대립과 충돌을 보는 기괴한 현상이 층생첩출 하였다. 예를 들면 국무회의에서는 러시아에 보내는 대표로 여운형·여운형·안공근·한형권 세 사람을 임명하였건 마는, 정작 여비가 손에 들어오매 이동휘는 제 심복인 한형권 한 사람 만을 몰래 떠내 보내고 한형권이 시베리아를 지났을 때쯤 하여서 이것을 발표하였다. 이동휘는 본래 강화진위대 참령 으로서 군대 해산 후에 해삼위로 건너가 이름을 대자유 大自由라고 행세한 일도 있다. 하루는 이동휘가 내게 공원에 산보가기를 청하기로 따라 갔더니 종용한 말로 자기를 도와 달라 하기로 나는 좀 불쾌하여서내가 경무국장으로 국무총리를 호위하는데 내 직책에 무슨 불찰이 있느냐고 물었다. 이동휘는 손을 흔들며 그런 것이 아니라 대저 혁명이라는 것은 피를 흘리는 사업인데 지금 우리가 하고 있는 독립운동은 민주주의 혁명에 불과하니 이대로 독립을 하더라도 다시 공산주의 혁명을 하여야 하겠은 즉 두번 피를 흘림이 우리 민족의 대 불행이 아닌가. 그러니 '적은이(아우님이라는 뜻이니 이동휘가 수하 동지에게 즐겨 쓰는 말이다)도 나와 같이 공산혁명을 하는 것이 어떤가'하고 내 의향을 묻는 것이었다. 이에 대하야 나는 이씨에게 '우리가 공산혁명을 하는 데는 제3국제공산당第三國際共産黨의 지휘와 명령을 안받고도 할 수 있습니까' 하고 반문하였다. 이씨는 고개를 흔들며, '안 되지오' 한다. 나는 강경한 어조로 '우리 독립운동은 우리 대한민국 독자의 운동이오. 어느 제삼자의 지도나 명령에 지배되는 것은 남에게 의존하는 것이니 우리 임시정부헌장에 위반되오. 총리가 이런 말씀을 하심은 대불가니 나는 선생의 지도를 받을 수가 없고, 또 선생께 자중하시기를 권고하오' 하였더니 이동휘는 불만한 낯으로 돌아섰다. 이총리가 몰래 보낸 한형권이 로시아 국경 안에 들어서서 우리 정부의 대표로 온 사명을 국경 관리에게 말하였더니 이것이 모스코정부에 보고되어 그 명령으로 철도 각 정거장에는 재류 한인 동포들이 태극기를 두르고 크게 환영하였다. 모스코에 도착하여서는 소련 최고 수령 레닌이 친히 한형권을 만났다. 레닌이 독립운동 자금은 얼마나 필요하냐 하고 묻는 말에 한은 입에서 나오는 대로 이백만 루불이라고 대답한 즉 레닝은 웃으며, '일본을 대항하는데 이백만불로 족하겠는가' 하고 반문하므로 한은 너무 적게 부른 것을 후회하면서 본국과 미국에 있는 동포들이 자금을 마련하니 당장 그만큼이면 된다고 변명하였다. 레닌은 '제 민족의 일은 제가 하는 것이 당연하다' 하고 곧 외교부에 명하야 이백만 루불을 한국임시정부에 지불하게 하니 한형권은 그중에서 제일차 분으로 사십만 루불을 가지고 모스코를 떠났다. 이동휘는 한형권이 돈을 가지고 떠났다는 기별을 받자 국무원에는 알리지 아니하고 또 몰래 비서장이오 자기의 심복인 김립金立을 시베리아로 마중 보내어 그 돈을 임시정부에 내놓지 않고 직접 자기 손에 받으려 하였으나 김립은 또 제 속이 따로 있어서 그 돈으로 우선 자기 가족을 위하야 북간도에 토지를 매수하고 상해에 돌아와서도 비밀히 숨어서 광동廣東 여자를 첩으로 들이고 호화롭게 향락생활을 시작하였다. 임시정부에서는 이동휘에게 그 죄를 물으니 그는 국무총리를 사임하고 로시아로 도망하여 버렸다. 한형권은 다시 모스코로 가서 통일운동의 자금이라 칭하고, 이시반 루불을 더 얻어 가지고 몰래 상해에 들어와 공산당 무리들에게 돈을 뿌려서 소위 국민대표대회라는 것을 소집하였다. 그러나 공산당도 하나가 못되고 세 파로 갈렸으니 하나는 이동휘를 수령으로 하는 상해파요, 다음은 안병찬 安秉贊 · 여운형呂運亨을 두목으로 하는 일쿠츠코파요, 그리고 셋째는 일본에 유학하는 학생으로 조직되어 일인 복본화부福本和夫의 지도를 받는 김준연金俊淵 등의 엠엘(ML)당 파였다. 엠엘당은 상해에서는 미미하였으나 만주에서는 가장 맹렬히 활동하였다. 있을 것은 다 있어서 공산당 외에 무정부당까지 생겼으니 이을규李乙奎 · 이정규李丁奎 두 형제와 유자명柳子明 등은 상해, 천진 등지에서 활동하던 아나키스트의 맹장들이었다. 한형권의 붉은 돈 이십만 원으로 상해에 개최된 국민대회라는 것은 참말로 잡동산이라는 것이 옳을 것이었다. 일본 · 조선 · 중국 · 아령 각처에서 무슨 단체 대표 무슨 단체 대표하는 형형색색의 명칭으로 이백여 대표가 모여들었는데 그 중에서 이르쿠츠코파, 상해파 두 공산당이 민족주의자인 다른 대표들을 서로 경쟁적으로 끌고 쫓고 하야 이르쿠츠코파는 창조론, 상해파는 개조론을 주장하였다. -중략-

이 공산당 두 파의 싸움 통에 순진한 독립운동자들까지도 창조니, 개조니 하는 공산당 양파의 언어 모략에 현혹하야 시국을 요란함으로 당시 내무총장이던 나는 국민대표회에 대하야 해산을 명하였다. 이것으로 붉은 돈이 이르킨 한 막의 희비극이 끝을 맺고 시국은 안정되었다. 이와 전후하야 임시정부 공금 횡령범 김립은 오면직(1894~1938)吳冕稷 · 노종균(1894~1939) 盧宗均 두 청년에게 총살을 당하니 인심이 쾌하다 하였다. 임시정부에서는 한형권의 로시아에 대한 대표를 파면하고 안공근을 대신 보내었으나 별효과가 없어서 임시정부와 로시아와는 외교관계는 인해 끊어지고 말았다. -중략-

한국독립당韓國獨立黨은 순전한 민족주의자의 단체여서 이동녕(1869~1940) · 안창호(1878~1938) · 조완구(1881~1954) · 이유필李裕弼(1885~1945) · 차이석車利錫(1881~1945) · 김붕준金朋濬 · 송병조宋秉祚(1877~1942)와 나 김구가 수뇌가 되어 조직한 것이었다.

| 이동녕 | 안창호 | 조완구 | 차이석 | 김붕준 | 송병조 |

이로부터서 민족운동자와 공산주의자가 딴 조직을 가지게 되었다. 이렇게 민족주의자가 단결하게 되매 공산주의자들은 상해에서 할 일을 잃고 남북만주로 달아났다. 거기는 아직 동포들의 민족주의적 단결이 분산, 박약하고 또 공산주의의 정체에 대한 인식이 없었으므로 그들은 상해에서 보다 더 맹렬하게 날뛸 수가 있었다. 예를 들면 이상용李尙龍의 자손은 공산주의에 충실한 남아에 살부회殺父會(아비 죽이는 회)까지 조직하였다. 그러나 제 아비를 제 손으로는 죽이지 않고 회원끼리 서로 아비를 바꾸어 죽이는 것이라하니 아직도 사람의 마음이 조금은 남은 것이었다. 이 붉은 무리는 만주의 독립운동단체인 정의부正義府 · 신민부新民府 · 참의부參議府 · 남군정서南軍政署 · 북군정서北軍政署 등에 스며 들어가 능란한 모략으로 내부로부터 분해시키고 상극을 시켜 이 모든 기관을 혹은 붕궤하게 하고 혹은 서로 싸워서 여지없이 파괴하여 버리고 동포끼리 많은 피를 흘리게 하니 백광운白狂雲 · 김좌진金佐鎭(1889~1930) · 김규식金奎植(나중에 박사라고 부르게 된 김규식은 아니다) 등 우리 운동에 없지 못할 큰 일꾼들이 이통에 아까운 희생이 되고 말았다. 국제정세의 우리에게 대한 냉담, 일본의 압박등으로 민족의 독립사상이 날로 감쇄하던 중에 공산주의자의 교란으로 민족전선은 분열에서 혼란으로 혼란에서 궤멸로 굴러 떨어져 갈 뿐이었는데 엎친 데 덮치기로 만주의 주인이라 할 장작림張作霖(장쭤린, 1875~1928)이 일본의 꾀에 넘어가서 그의 치하에 있는 독립운동자를 닥치는 대로 잡아 일본에 넘기고 심지어는 중국 백성들이 한인의 머리를 비여 가지고 가서 왜 영사관에서 한 개에 많으면 십원, 적으면 삼사 원의 상금을 받게 되고, 나중에는 우리 동포 중에도 독립군의 소재를 밀고하는 일까지 생겼으니, 여기는 독립운동가들이 통일이 없이 셋, 다섯으로 갈라져서 재물 기타로 동포에게 귀찮음을 준 책임도 없지아니하다. 이러하던 끝에 왜가 만주를 점령하야 소위 만주국이란 것을 만드니 우리 운동의 최대 근거지라 할 만주에 있어서의 우리 운동은 거의 불가능하게 되어 버렸다.

장작림張作霖(장쭤린)(1875 ~ 1928)
중화민국 국민정부 동북 지방 베이양 군벌 계파 시대의 봉천군벌이자 정치인

장작림張作霖(장쭤린, 1875~1928)이 일본의 꾀에 넘어가서 그의 치하에 있는 독립운동자를 닥치는 대로 잡아 일본에 넘기고 심지어는 중국 백성들이 한인의 머리를 비여 가지고 가서 왜 영사관에서 한 개에 많으면 십원, 적으면 삼사 원의 상금을 받게 되고, 나중에는 우리 동포 중에도 독립군의 소재를 밀고하는 일까지 생겼으니, 여기는 독립운동가들이 통일이 없이 셋, 다섯으로 갈라져서 재물 기타로 동포에게 귀찮음을 준 책임도 없지아니하다. 이러하던 끝에 왜가 만주를 점령하야 소위 만주국이란 것을 만드니 우리 운동의 최대 근거지라 할 만주에 있어서의 우리 운동은 거의 불가능하게 되어 버렸다. 애초에 만주에 있던 독립운동 단체는 다 임시정부를 추대하였으나 차차로 군웅할거의 폐풍이 생겨, 정의부와 신민부가 위선 임시정부의 절제를 안 받

게 되었다. 그러나 참의부 만은 끝까지 임시정부에 대한 의리를 지키더니 이 셋이 합하야 새로 정의부가 된 뒤에는 아주 임시정부와는 관계를 끊고 자기들끼리도 사분오열하야 서로 제 살을 깍고 있다가 마침내 공산당으로 하야 서로 제 목숨을 끊는 비극을 연출하고 막을 나리고 말았으니 진실로 슬픈 일이다.

박은식 朴殷植

홍진 洪震

상해의 정세도 소위 양패 구상으로 둘이 싸와 둘이 다 망한 셈이 되었다. 한국독립당 하나로 겨우 민족 진영의 껍데기를 유지할 뿐이었다. 임시정부에는 사람도 돈도 들어오지 아니하야 대통령 이승만이 물러나고 박은식朴殷植(1859~1925)이 대신 대통령이 되었으나 대통령제를 국무령國務領제로 고쳐 놓을 뿐으로 나가고 제일세 국무령으로 뽑힌 이상용李尚龍은 서간도로부터 상해로 취임하러 왔으나 각원을 고르다가 없어 도로 서간도로 물러가고 다음에 홍면희洪冕熹(나중의 홍진洪震)가 선거되어 진강鎭江으로부터 상해에 와서 취임하였으나 역시 내각 조직에 실패하였다. 이리하야 임시정부는 한참 동안 무정부 상태에 빠져서 의정원에서 큰 문제가 되었다. 하루는 의정원 의장 이동녕선생이 나를 찾아와서 내가 국무령이 되기를 권하였으나 나는 두 가지 이유로 사양하였다.

첫째 이유는 나는 해주 서촌의 일개 김존위(경기도 지방의 영좌에 상당한 것의 아들이니 우리 정부가 아무리 아직 초창시대의 추형에 불과하더라도 나 같이 미천한 사람이 일국의 원수가 된다는 것은 국가와 민족의 위신에 큰 관계가 있다는 것이오.
둘째로 말하면 이상용 · 홍면희 두 사람도 사람을 못 얻어서 내각 조직에 실패하였거늘 나 같은 자에게 더욱 응할 인물이 없을 것이란 것이었다. 그런 즉 이동휘 말이 첫째는 이유가 안 되는 것이니 말 할 것 없고, 둘째로 말하면 나 만 나서면 따라 나설 사람이 있다고 강권하므로 나는 승낙하였다. 이에 의정원의 정식 절차를 밟아서 내가 국무령으로 취임하였다.

나는 윤기섭(1887~1959)尹琦燮 · 오영선(1886~1939)吳永善 · 김갑(1888~미상)金甲 · 김철(1886~1934)金澈 · 이규홍(1881~1928)李圭洪 등으로 내각을 조직하고 현재의 제도로는 내각을 조직하기가 번번히 곤란할 것을 통절히 깨달았으므로 한 사람에게 책임을 지우는 국무령제를 폐지하고 국무위원제로 개정하야 의정원의 동의를 얻었다. 그래서 나는 국무위원의 주석이 되었으나 제도로 말하면 주석은 다만 회의의 주석이 될 뿐이오 모든 국무위원은 권리에나 책임에나 평등이었다. 그리고 주석은 위원들이 번차례로 할 수 있는 것이므로 매우 편리하야 종래의 모든 분리를 일소할 수가 있었다. −중략−

오른쪽 여운형

엄항섭과 여운형

엄항섭(1898~1962)嚴恒燮 군은 프랑스공무국에서 받는 월급으로 석오石吾(이동녕의 당호)나 나 같은 궁한 운동자를 먹여 살렸다. 그의 전실 임씨林氏는 내가 그 집에 갔다가 나올 때면 대문 밖에 따라나와서 은전 한 두푼을 내 손에 쥐어 주며, '애기 사탕이나 사 주시오' 하였다. 애기라 함은 내 둘째 아들 신을 가르킨 것이었다. 그는 초산에 딸 하나를 낳고 가없이 세상을 떠나서 노가만盧家滿 공동묘지에 묻혔다. 나는 그 무덤을 볼 때 마다 만일 엄군에게 그러할 힘이 아니 생기면 내라도 묘비 하나는 해 세우리라 하였으나 숨어서 상해를 떠나는 몸이라, 그것을 못 한 것이 유감이다. 오늘날도 노가만 공동묘지 임씨의 무덤이 눈에 암암하다. 그는 그 남편이 존경하는 늙은이라 하야 내게 그렇게 끔직이 해주었다. 나는 애초에 임시정부의 문파수를 지원하였던 것이 경무국장으로, 노동국총판으로, 내무총장으로, 국무령으로 오를 대로 다 올라서 다시 국무위원이 되고 주석이 되었다. 이것은 문파수의 자격이던 내가 진보한 것이 아니라 사람이 없어진 때문이었다.

이승만이 대통령으로 시무할 때에는 중국인은 물론이오, 눈 푸르고 코 높은 영국 · 미국 · 법국등 외국인도 정청에 찾아오는 일이 있었으나 지금은 서양사람이라고는 프랑스 순포가 왜경관을 대동하고 사람을 잡으러 오거나 밀린 집세 채근을 오는 것 밖에는 없었다. 이래서 시직한것이 내 평지정책이었다. 나는 미주와 하와이 재류 동포의 열렬한 애국심을 믿었다. 그것은 서재필 · 이승만 · 안창호 · 박용만(1881~1928)朴容萬 등의 훈도를 받은 까닭이었다. 나는 영문에는 문맹이므로 편지 겉봉도 쓸 줄 몰랐으므로 엄항섭 · 안공근(1889~1939) 등에게 의뢰하여서 쓰게 하였다. 이 편지 정책의 효과를 기다리기는 벅찼다. 그 때에는 아직 항공우편이 없었으므로 상해 미국간에 한번 편지를 붙이고 답장을 받으려면 두 달이나 걸렸기 때문이다. 그러나 기다린 보람은 있어서 차차 동정하는 회답이 왔고 시카고에 있는 김경金慶은 그 곳 공동회共同會에서 모은 것이라 하야 집세나 하라고 미화 2백불을 보내어 왔다. 임시정부의 형편으로는 이것이 결코 적은 돈이 아니었다. 돈도 돈이러니와 동포들의 정성이 고마웠다. 김경은 나와는 일면식도 없는 사람이었다.

하와이에서도 안창호 · 가와이加哇利 · 현순玄楯 · 김상호金商鎬 · 이홍기李鴻基 · 임성우林成雨 · 박종수朴鐘秀 · 문인화文寅華 · 조병요趙炳堯 · 김현구金鉉九 · 황인환黃仁煥 · 김윤배金潤培 · 박신애朴信愛 · 심영신沈永信 등 제씨가 임시정부를 위하야 정성을 쓰기 시작하였고, 미주에서는 국민회의에서 점차로 정부에 대한 향심이 생겨서 김호金乎 · 이종소李鐘昭 · 홍언洪焉 · 한시대韓始大 · 송종익宋鐘翊 · 최진하崔鎭河 · 송헌주宋憲澍 · 백일규白一圭 등 제씨가 일어나 정부를 지지하고, 멕시코에서는 김기창金基昶 · 이종오李鐘梧, 큐바에서는 임천택林千澤 · 박창운朴昌雲 등 제씨가 임시정부를 후원하고 동지회 방면에서는 이승만 박사를 위시하야 이원순李元淳 · 손덕인孫德仁 · 안현경安賢卿 제씨가 임시정부를 유지하는 운동에 참가하였다. 그리고 하와이에 있는 안창호(도산 말고) · 임성우 양씨는 내가 민족에 생색날 일을 한다면 돈을 주선하마 하였다.

이봉창 의사와 의거 현장

하루는 어떤 청년 동무 한 사람이 거류민단으로 나를 찾아왔다. 그는 이봉창(1900~1932)李奉昌이라 하였다. (나는 그 때에 상해거류민단장도 겸임하였다). 그는 말하기를 자기는 일본서 노동을 하고 있었는데 독립운동에 참여하고 싶어서 왔으니 자기와 같은 노동자도 노동을 해 먹으면서 독립운동을 할 수 있는가 하였다. 그는 우리 말과 일본말을 섞어 쓰고 임시정부를 가정부라고 왜식으로 부름을 나는 특별히 조사할 필요가 있다고 생각하고 민단 사무원을 시켜 여관을 잡아 주라 하고 그 청년 더러는 이미 날이 저물었으니 내일 또 만나자 하였다. 며칠 후였다. 하루는 내가 민단 사무실에 있노라니 벽에서 술 먹고 떠드는 소리가 들리는데 그 청년이 이런 소리를 하였다.

'당신네들은 독립운동을 한다면서 왜 일본 천황을 안 죽이오?'
이 말에 어떤 민단 사무원이 '일개 문관이나 무관 하나도 죽이기가 어려운데 천황을 어떻게 죽이오?' 한 즉, 그 청년은, '내가 작년에 천황이 능행을 하는 것을 길가에 업드려서 보았는데 그 때에 나는 지금 내 손에 폭발탄 한 개 만 있으면 천황을 죽이겠다고 생각하였소' 하였다. 나는 그 날 밤에 이봉창을 그 여관으로 찾았다. 그는 상해에 온 뜻을 이렇게 말하였다.

'제 나이가 이제 서른한 살입니다. 앞으로 서른 한 해를 더 산다 하여도 지금까지 보다 더 나은 재미는 없을 것입니다. 늙겠으니까요. 인생의 목적이 쾌락이라면 지난 삽십일 년 동안에 인생의 쾌락이란 것을 대강 맛을 보았습니다. 인제 부터는 영원한 쾌락을 위해서 독립사업에 몸을 바칠 목적으로 상해에 왔습니다'

이봉창의 이 말에 내 눈에는 눈물이 찼다.
이봉창선생은 공경하는 태도로 내게 국사에 헌신할 길을 지도하기를 청하였다. 나는 그러마 하고 쾌락하고 일년 이내에는 그가 할 일을 준비할 터이니 시방 임시정부의 사정으로는 그의 생활비를 대일 길이 없으니 그 동안은 어떻게 하라는가 물었더니 그는 자기는 철공에 배운 재주가 있고, 또 일어를 잘하야 일본서도 일본 사람으로 행세하였고, 또 일본사람의 양자로 들어가 성명도 목하창장木下昌藏이라 하야 상해에 오는 배에서도 그 이름을 썼으니 자기는 공장에서 생활비를 벌면서 일본 사람 행세를 했고 언제 까지나 나의 지도가 있기를 기다리노라고 하였다. 이리하야 나는 그에게, 나 하고는 빈번한 교제를 말고 한 달에 한 번씩 밤에 나를 찾아와 만나자고 주의시킨 후에 일인이 많이 사는 홍구로 떼내보냈다. 수일후에 그가 내게 와서 월급 팔십원에 일본인의 공장에 취직하였노라 하였다. 그 후부터 그는 종종 술과 고기와 국수를 사가지고 민단사무소에 와서 민단 직원들과 놀고 술이 취하면 일본 소리를 잘하므로 '일본영감'이라는 별명을 얻었다. 어느 날은 하오리에 게다를 신고 정부 문을 들어서다가 중국인 하인에게 쫓겨난 일도 있었다. 그래서 나는 이동녕선생과 기타 국무원들에게 한인인지 일인인지 판단키 어려운 인물을 정부문내에 출입시킨다는 책망을 받았고 그 때 마다 조사하는 일이 있어서 그런다고 변명하였으나 동지들은 매우 불쾌하게 여기는 모양이었다. 이럭저럭 이씨와 약속한 일년이 거의다 가서야 미국에 부탁한 돈이 왔다. 인제는 폭탄도 돈도 다 준비가 되었다. 폭탄 한 개는 왕웅王雄을 시켜 상해 병공창兵工廠에서, 또 한 개는 김현金鉉을 하남성 유치劉峙헌테 보내어 얻어 온 것이니 모두 수류탄이었다. 이 중에 한 개를 일본천황에게 쓸 것이오, 한 개는 이씨 자살용이었다. 나는 거지 복색을 입고 돈을 몸에 지니고 거지 생활을 계속하니 아무도 내 품에 천여 원의 큰 돈이 든 줄을 아는 이가 없었다. 십이월 중순 어느날 나는 이봉창선생을 비밀히 법조계 중흥여사中興旅舍로 청하야하루 밤을 같이 자며 이선생이 일본에 갈 일에 대하야 여러 가지 의논을 의논하였다. 만일 자살이 실패되어 왜관헌에게 심문을 받게 되거든 이선생이 할 대답 문구까지 일러주었다. 그 밤을 같이 자고 이튿날 아침에 나는 내 헌옷 주머니 속에 돈뭉텅이를 내어 이봉창선생에게 주며 일본 갈 준비를 다하여 놓고 다시 오마 하고 서로 작별하였다. 이틀 후에 그가 찾아왔기로 중흥여사에서 마지막 한 밤을 둘이 함께 잤다. 그 때에 이씨는 이런 말을 하였다.

'일전에 선생님이 내게 돈 뭉치를 주실 때에 나는 문물이 났습니다. 나를 어떤 놈으로 믿으시고 이렇게 큰 돈을 내게 주시나. 내가 이 돈을 떼어먹기로, 법조계 밖에는 한 걸음도 못 나오시는 선생님이 나를 어찌할 수 있습니까. 나는 평생에 이처럼 신임을 받아 본 일이 없습니다. 이것이 처음이오 또 마지막입니다. 과시 선생님이하시는 일은 영웅의 도량이라고 생각하였습니다.' 그 길로 나는 그를 안공근의 집으로 데리고 가서 선서식을 행하고 폭탄 두 개를 주고 다시 그에게 돈 삼백 원을 주며 이 돈은 모두 동경까지 가기에 다 쓰고 동경가서 전보만 하면 곧 돈을 더 보내마고 말하였다. 그리고 기념사진을 박을 때에 내 낯에는 체연한 빛이 있던 모양이어서 이씨가 나를 돌아보고, '제가 영원한 쾌락을 얻으러 가는 길이니 우리 기쁜 낯으로 사진을 박읍시다' 하고 얼굴에 빙그레 웃음을 띄운다. 나도 그를 따라 웃으면서 사진을 박혔다. 자동차에 올라 앉은 그는 나를 향하야 깊이 허리를 굽히고 홍구를 향하야 가버렸다.

십여 일 후에 그는 동경에서 전보를 보내었는데 물품은 일월 팔일에 방매 하겠다고 하였다. 나는 곧 이백 원을 전보환으로 부쳤더니 편지로 미친 놈처럼 돈을 다 쓰고 여관비 밥값이 밀렸던 차에 이백 원 돈을 받아 주인의 빚을 청산하고도 돈이 남았다고 하였다. 당시 정세로 말하면 우리 민족의 독립사상을 떨치기로 보거나 또 만보산사건, 만주사변 같은 것으로 우리 한인에 대하야 심히 악화된 중국인의 악감을 풀기로 보거나 무슨 새로운 국면을 타개할 필요가 있었다. 그래서 우리 임시정부에서 회의한 결과 한인애국단韓人愛國團울 조직하야 암살과 파괴공작을 하되 돈이나 사람이나 내가 전담하야 하고 다만 그 결과를 정부에 보고하라는 전권을 위임받았었다. 일월 팔일이 임박하므로 나는 국무위원에 한하야 그 동안의 결과를 보고하여 두었었다. 기다리던 일월 팔일 중국 신문에 韓人李奉昌狙擊日皇不中 한인이봉창저격일황불중이라고 하는 동경전보가 게재되었다. 이봉창이 일왕 日王을 저격하였다는 것은 좋으나 맞지 아니하였다는 것이 극히 불쾌하였다. 그러나 여러 동지들은 나를 위로하였다. 일본 천황이 그 자리에서 죽은 것 만은 못 하나 우리 한인이 정신상으로는 그를 죽인 것이오, 또 세계 만방에 우리 민족이 일본에 동화되지 않았다는 것을 웅변으로 증명하는 것이니 이번 일은 성공으로 볼 것이라 하는 것이었다. 그리고 동지들은 내 신변을 주의할 것을 부탁하였다. 아나나 다를가 이튿날 조조에 프랑스공무국으로부터 비밀히 통지가 왔다. 과거 십년간 프랑스 관헌이 김구를 보호하였으나 이번 김구의 부하가 일황에게 폭탄을 던진데 대하여서는 일본의 김구의 체포 인도의 요구를 거절할 수 없다는 것이었다.

이봉창 의사의 일본 천황 습격을 보도한 신문 기사
동경일일신문 1932년 1월 9일자

중국 국민당 기관지 청도의 국민일보는 특호 활자로 다음과 같이 기사를 썼다.

韓人李奉昌狙擊日皇不幸不中 한인이봉창저격일황불행불중이라고 썼다하야 당지 주둔 일본 군대와 경찰이 그 신문사를 습격하야 파괴하였고 그 밖에 장사長沙 등 여러 신문에서도 '不幸不中'이라는 문구를 썼다 하야 일본이 중국 정부에 엄중한 항의를 한 결과로 不幸 자를 쓴 신문사는 모두 폐쇄를 당하고 말았다. 그러자 상해에서 일본 중 하나가 중국인에게 맞아 죽었다는 것을 비밀로 하야 일본은 一, 二八 상해 사변을 일으켰으니 기실은 이봉창의사의 일황 저격과 이에 대한 중국인의 불행불중不幸不中이라고 할만한 감정이 이 전쟁의 주요 원인인 것이었다. 나는 동지들의 권에 의하야 낮에는 일체 활동을 쉬이고, 밤에는 동지의 집이나 창기의 집에서 자고, 밥은 동포의 집으로 돌아다니면서 얻어먹었다. 동포들은 정성껏 나를 대접하였다.

십구로군의 채정해蔡廷楷와 중앙군 제5군정 장치중張治中의 참전으로 일본군에 대한 상해 싸움은 가장 격렬하게 되어서 법조계 안에도 후방 병원이 설치되어 중국측 전사병의 시체와 전상병을 가뜩가뜩 실은 트럭이 피를 흘리고 왕래하는 것을 보고 나는 언제나 우리도 왜와 싸와 본국 강산을 피로 물들일 날이 올까 하고 하도 눈물이 흘러 통행인들이 수상히 볼 것이 두려워 고개를 숙이고 피해 버렸다. 동경사건이 전하자 미주와 하와이 동포들로부터 많은 편지가 오고 그 중에는 이번 중일전쟁에 우리도 한 목 끼어 중국을 도와서 일본과 싸우는 일을 하라는 이도 있고, 적당한 사업을 한다면 거기 필요한 돈을 마련하마 하는 이도 있었다. 그러나 이번 중일전쟁에 한 목 끼이기는 임갈굴정臨渴掘井('목이 마르고서야 우물을 판다'라는 뜻으로, 미리 준비하지 않고 지내다가 일을 당하고 나서야 비로소 황급히 서두르는 것)이라 준비도 없이 무엇을 하랴. 나는 한인 중에 일본 군중에 노동자로 출입하는 사람들을 이용하야 그 비행기 격납고와 군수품 창고에 연소탄을 장치하야 이것을 태워버릴 계획을 진행하고 있었으나 송호협정淞滬協定으로 중국이 일본에 굴복하야 상해전쟁이 끝을 막으니 내 계획은 수포로 돌아가고 말았다. 송호협정의 중국측 전권은 곽태기郭泰祺였다. 이에 나는 암살과 파괴계획을 계속하여 실시하려고 인물을 물색하였다. 내가 믿던 제자요 동지인 나석주羅錫疇는 벌써 연전에 서울 동양척식회사에 침입하야 7명의 일인을 쏘아 죽이고 자살하였고, 이승춘李承春은 천진에서 부뜰려 사형을 당하였으니 인제는 그들을 생각하여도 할일 없었다.

본장번本庄繁(1876~1945)
일본군 관동군 사령관

새로 얻은 동지 이덕주李德柱·유진식俞鎭植은 왜 총독의 암살을 명하야 먼저 본국으로 보냈고, 유상근柳相根·최흥식崔興植은 왜의 관동군 사령관 본장번本庄繁의 암살을 명하야 만주로 보내려고 할 즈음에 윤봉길(1908~1932)이 나를 찾아왔다. 윤군은 동포 박진朴震이 경영하는 말총으로 모자 기타 일용품을 만드는 공장에서 일하다가 근래에는 홍구소채장에 소채장사를 하던 사람이다. 윤봉길군은 자기가 애초에 상해에 온 것이 무슨 큰 일을 하려 함이었고 소채를 지고 홍구방면으로 돌아댕긴 것도 무슨 기회를 기다렸던 것인 데 인제는 중일간의 전쟁도 끝이 났으니 아모리 보아도 죽을 자리를 구하기가 어렵다고 한탄한 뒤에 내게 동경사건과 같은 계획이 있거든 자기를 써 달라는 것이었다. 나는 그에게 나라를 위하야 목숨을 버리려는 큰 뜻이 있는 것을 보고 기꺼이 이렇게 대답했다.

'내가 마침 그대와 같은 인물을 구하던 중이니 안심하시오'
그리고 나는 왜놈들이 이번 상해 싸움에 이긴 것으로 자못 의기양양하야 오는 4월 29일에 홍구공원에서 그 놈들의 소위 천장절天長節 축하식을 성대히 거행한다 하니 이 대에 한 번 큰 목적을 달해 봄이 어떠냐 하고 그 일의 계획을 말하였다. 내 말을 듣더니 윤군은, '할랍니다. 인제 부텀은 마음이 편안합니다. 준비해 줍시오' 하고 쾌히 승낙하였다.

윤봉길 의사(1908~1932)

그 후, 왜의 신문인 상해일일신문에 천정절 축하식에 참여하는 사람은 점심 벤또와 물통 하나와 일장기 하나를 휴대하라는 포고가 났다. 이 신문을 보고 나는 곧 서문로西門路 왕웅王雄—본명은 김홍일金弘逸을 방문하야 상해병공창정 송식마宋式馬에게 교섭하야 일인이 메는 물통과 벤또 그릇에 폭탄 장치를 하야 사흘안에 보내기를 부탁케 하였더니 왕웅이 다녀와서 말하기를 내가 친히 병공창으로 오라고 한다 하므로 가보니 기사 왕백수 王伯修의 지도 밑에 물통과 벤또 그릇으로 만든 두 가지 폭탄의 성능을 시험하여 보여 주었다. 시험 방법은 마당에 토굴을 파고 그 속을 사면으로 철판으로 싸고 폭탄을 그 속에 넣고 뇌관에 긴 줄을 달아서 사람 하나가 수십 보 밖에 엎드려서 그 줄을 당기니 토굴 앞에서 벼락 소리가 나며 깨어진 철판 조각이 공중에 날아오르는 것이 아주 장관이었다. 뇌관을 이 모양으로 이십 개나 실험하여서 한 번도 실패가 없는 것을 보고야 실물에 장치한다고 하는 데 이렇게까지 이 병공창에서 정성을 들이는 까닭은 동경사건에 쓴 폭탄이 성능이 부족하였던 것을 유감으로 생각하는 때문이라고 왕기사는 말하였다. 그래서 이십여 개 폭탄을 이 모양으로 무료로 만들어 준다는 것이었다. 이튿날 물통폭탄과 벤또폭탄을 병공창 자동차로 신문로 왕웅군의 집까지 실어다 주었다. 이런 금물을 우리가 운반하기가 어렵다고 생각한 친절에서였다. 나는 내가 입고 있던 중국 거지 복색을 벗어 버리고 넉마전에 가서 양복 한 벌을 사 입어 엄연한 신사가 되어 가지고 하나씩, 둘씩 이 폭탄을 날라다가 법조계 안에 사는 친한 동포의 집에 주인에게도 그것이 무엇이라고는 알리지아니하고 다만 귀중한 약이니 불조심만 하라고 이르고 가마귀 떡 감추듯 이집 저집에 감추었다. 나는 오랜 상해 생활에 동포들과 다 친하게 되어 어느 집에를 가나 내의가 없었다. 더구나 동경사건 이래로 그러하여서 부인네들도 나와 허물없이 되어, '선생님 아이 좀 보아주셔요' 하고 우는 젖먹이를 내게 안겨 놓고 제 일들을 하였다. 내게 가면 울던 아이도 울음을 그치고 잘 논다는 소문이 났다.

4월 29일이 점점 박두하여 왔다.
윤봉길군은 말숙하게 일본식 양복을 사입혀서 날 마다 홍구공원에 가서 식장 설비하는 것을 살펴서 그 당일에 자기가 행사할 적당한 위치를 골르게 하고 일변 백천대장의 사진이며 일본 국기 같은 것도 마련하게 하였다. 하루는 윤군이 홍구에 갔다가 와서, '오늘 백천이 놈도 식장 설비하는데 왔겠지요. 바로 내 곁에 와 선단 말요. 내게 폭탄만 있었다면 그 때에 해 버리는 겐 데' 하고 아까와하였다. 나는 경색하고 윤군을 책하였다. '그것이 무슨 말이오? 포수가 사냥을 하는 법이 앉은 새와 자는 즘생은 아니 쏜다는 것이오. 날려 놓고 쏘고 달려 놓고 쏘는 것이야. 윤군이 그런 소리를 하는 것을 보니 내일 일에 자신이 없나 보구려' 윤군은 내 말에 무료한듯이, '아니오. 그 놈이 내 곁에 있는 것을 보니 불현듯 그런 생각이 나더란 말입니다' 내일 일에 왜 자신이 없어요. 있지오' 하고 변명하였다. 나는 웃는 낯으로, '나도 윤군의 성공을 확신하오. 처음 이 계획을 내가 말할 때에 윤군이 마음이 편안해진다고 하지 않았소? 그것이 성공할 증거라고 나는 믿고 있소. 마음이 움직여서는 안 되오. 가슴이 울렁거리는 것이 마음이 움직이는 게요' 하고 내가 치하포에 토정양량을 타살하려 할 때에 가슴이 울렁거리던 것과 고능선 선생에게 들은,

得樹攀枝不足奇, 득수반지불족기 (가지를 잡고 나무를 오르는 것은 누구나 할 수 있는 일이나)
懸崖撒手丈夫兒 현애철수장부아 (벼랑에서 잡은 가지 마저 손에서 놓을 수 있는 사람이 진정한 장부이다) 라는 문구를 생각하매 마음이 고요하게 되었다는 것을 말하니 윤군은 마음에 새기는 모양이었다. 윤군을 여관으로 보내고 나는 폭탄 두 개를 가지고 김해산金海山군 집으로 가서 김군 내외에게 내일 윤봉길군이 중대한 임무를 띄고 동삼성(만주라는 뜻)으로 떠나니 고기를 사서 이른 조반을 지어 달라고 부탁하였다.

이튿날은 4월 29일이었다.

나는 김해산 집에서 윤봉길군과 최후의 식탁을 같이 하였다. 밥을 먹으며 가만히 윤군의 기세를 살펴보니 그 태연자약함이 마치 농부가 일터에 나갈려고 넉넉히 밥을 먹는 것 모양과 같았다. 김해산군은 윤군의 침착하고도 용감한 태도를 보고 조용히 내게 이런 권고를 하였다. '지금 상해에 민족 체면을 위하야 할일이 많은데 윤군 같은 인물을 구태여 다른데로 보낼 것은 무엇이오' '일은 하는 사람에게 맡기는 것이 좋지. 윤군이 어디서 무슨 소리를 내나 물어봅시다' 나는 김해산군에게 이렇게 대답하였다. 식사도 끝나고 시계가 일곱점을 친다. 윤군은 자기의 시계를 꺼내서 내게주며, '이 시계는 어제 선서식 후에 선생님 말씀대로 육원을 주고 산 시계인데 선생님 시계는 이원 짜리니 제 해 하고 바꿉시다. 제 시계는 앞으로 한 시간 밖에는 쓸 데가 없으니까요' 하기로 나도 기념으로 윤군의 시계를 받고 내 시계를 윤군에게 주었다.

태극기와 윤봉길 의사와 김구.
거사하기 전날 서약식을 마치고 찍은 사진.
사진 출처: 백범일지

식장을 향하야 떠나는 길에 윤군은 자동차에 앉아서 그가 가졌던 돈을 건내어 내게 준다. '왜 돈은 좀 가지면 어떻소?' 하고 묻는 내 말에 윤군이, '자동차 값 주고도 오륙 원은 남아요' 할 즈음에 자동차가 움직였다. 나는 목이 메인 소리로, '후일 지하에서 만납시다'. 하였더니 윤군은 차창으로 고개를 내밀면서 나를 향하야 숙였다. 자동차는 크게 소리를 지르며 천하 영웅 윤봉길을 싣고 홍쿠공원을 향하야 달렸다. 그길로 나는 조상섭趙尙燮의 상점에 들러 편지 한 장을 써서 점원 김영린金永隣을 주어 급히 안창호 선생에게 전하라 하였다. 그 내용은 '오전 십시경 부터 댁에 계시지 마시오. 무슨 대사건이 있을 듯합니다' 하는 것이었다. 그리고 나는 석오 선생께로 가서 지금까지 진행한 일을 보고하고 점심을 먹고 무슨 소식이 있기를 기다리고 있었다. 오후 1시쯤 해서야 중국사람들의 입으로 홍쿠공원에서 누가 폭탄을 던져서 일인이 많이 죽었다고 술렁술렁하기 시작하였다. 혹은 중국인이 던진 것이라 하고 혹은 고려인의 소위라고 하였다. 우리 동포 중에도 이제까지 소채 바구니를 지고 댕기던 윤봉길이 오늘에 경천위지할 이 일을 했으리라고 아는 사람은 김구 이외에는 이동녕 · 이시영 · 조완구 같은 몇 사람이나 짐작하였을 것이다. 이 날 일은 순전히 내가 혼자 한 일이므로 이동녕 선생에게도 이 날에 처음 자세한 보고를 하고 자세한 소식을 기다리고 있었다. 오후 세시에 비로소 신문 호외로, '홍구공원 일인의 천정절 경축 대상에 대량의 폭탄이 폭발하야 민단징 하단河端은 즉사하고 백천대장, 중광重光 대사, 야촌野村중장 등 문무 대관이 다수 중상' 이라는 것이 보도되었다. 그날 일인의 신문에는 폭탄을 던진 것은 중국인의 소위라고 하더니 이튿날 신문에야 일치하게 윤봉길의 이름을 크게 박고 법조계에 대수색이 일어났다.

1932년 4월 29일 상하이의 홍커우 공원(현 루쉰 공원)에서 열리는 일본 천황의 생일연(천장절)과 상하이 점령 전승 기념 행사장에 폭탄을 던진 후 일경에 체포, 연행되는 윤봉길 의사

1932년 12월 19일 새벽 7시 27분 일본 이시카와현 가나자와시 미쓰코지야마 서북골짜기에서 십자가 모양의 형틀에 묶인 윤봉길 의사는 순국했다. 시신은 아무렇게나 수습되어 가나자와 노다산 공동묘지 관리소로 가는 길 밑에 표식도 없이 매장되었다. 사형 집행 전에 미리 파 놓은 2미터 깊이의 구덩이에 시신을 봉분封墳도 없이 평평하게 묻어놓은 것으로, 사람들이 밟고 지나가도록 했다. 윤봉길 의사가 수뇌부를 섬멸시킨 데 대한 일제 군부의 처절한 복수였다.

나는 안공근과 엄항섭을 비밀히 불러 이로부터 나를 따라 일을 같이 할 것을 명하고 미국인 피취(費吾生. George Ashmore Fitch. 1883~1979)씨에게 잠시 숨겨 주기를 교섭하였더니 피취씨는 쾌락하고 그 집 이층을 전부 내게 제공함으로 나와 김철·안공근·엄항섭 넷이 그 집에 있게 되었다. 피취씨는 고 피취 목사의 아들이오, 피취 목사는 우리 상해 독립운동의 숨은 은인이었다. 피취부인은 손수 우리의 식절을 보살폈다.

우리는 피취댁 전화를 이용하야 누가 잡힌 것 등을 알고 또 잡혀간 동지의 가족이 구제며 피난할 동지의 여비 지급 같은 일을 하고 있었다. 내가 전인하야 편지를 하였건마는 불행히 안창호 선생이 이유필의 집에 갔다가 잡히고 그 밖에 장헌근張憲根·김덕근金德根과 몇몇 젊은 학생들이 잡혔을 뿐이오 독립운동 동지들은 대게 무사함을 알고 다행히 생각하였다. 그러나 수색의 손이 날 마다 움직이니 재류 동포가 안거할 수가 없고 또 애매한 동포들이 잡힐 우려가 있음으로 나는 동경사건과 이번 홍구폭탄사건의 책임자는 나 김구라는 성명서를 즉시로 발표하려 하였으나 안공근의 반대로 유예하다가 마침내 엄항섭으로 하여금 이 성명서를 기초케하고 피취부인에게 변역을 부탁하야 통신사에 발표하였다. 이러하야 일본 천황에게 폭탄을 던진 이봉창 사건이나 상해에 백천대장 이하를 살상한 윤봉길 사건이나 그 주모자는 김구라는 것이 전 세계에 알려진 것이었다.

이 일이 생기자 은주부殷鑄夫·주경란朱慶瀾같은 중국 명사가 내게 특별 면회를 청하고 남경에 있던 남파 박찬익南坡朴贊翊 형의 활동도 있어 물질로도 원조가 답지 하였다. 만주사변, 만보산사건 등으로 악화하였던 중국인의 우리 한인에게 대한 감정은 윤봉길 의사의 희생으로 말미암아 극도로 호전하였다. 왜는 제1차로 내 몸에 이십만 원 현상을 하더니, 제2차로 일본 외무성, 조선총독부, 상해 주둔군사령부의 삼부 합작으로 육십만 원 현상으로 나를 잡으러 하였다. 그러나 전에는 법국조계에서 한 발자국도 아니 나가던 나는 자동차로 영국조계, 법국조계 할 것 없이 다 돌아 댕겼다. 하루는 진차공사 인스펙터 댕기는 별명 박대장 집에 가서 흔인 국수를 먹으러 가는 것이 십여 명 왜 정관대에게 발견되어 박대징 집 아궁지까지 수색되었으나 나는 벽에서 선 채로 국수를 얻어먹고 벌서 나온 뒤였다. 아슬아슬하게 면하였다. 남경정부에서는 내가 신변이 위험하다면 비행기를 보내마고까지 말하여 왔다. 그러나 그들이 나를 데려가려함은 반드시 무슨 요구가 있을 것인데 내게는 그들을 만족시킬 아무 도리도 없음을 생각하고 헛되이 남의 나라의 신세를 질것이 없다 하여 모두 사절하여 버렸다. 이러하는 동안에 이십여 일이 지났다. 하루는 피취부인이 나를 보고 내가 피취 댁에 있는 것을 정탐이 알고 그들이 넌지시 집을 포위하고 지키고 있다 하므로 나는 피취 댁에 더 있을 수 없음을 깨닫고 나는 피취 댁 자동차에 피취 부인과 내외인 것처럼 동승하고 피취씨가 운전수가 되어 대문을 나서 보니 과연 중국인, 러시아인, 프랑스인 정탐들이 늘어서 있었다. 그 사이로 피취씨가 차를 빨리 법조계를 지나 중

국 땅에 있는 정거장으로 가서 기차로 가흥수륜사창嘉興秀綸紗廠에 피신하였다. 이는 박남파가 은주부, 저보성楮補成 제씨에게 주선하여 얻어 놓은 곳으로 이동녕 선생을 비롯하야 엄항섭·김의한 양 군의 가족은 수일 전에 벌써 반이해와 있었다. 나중에 들은 즉 우리가 피취 댁에 숨은 것이 발각된 것은 우리가 그집 전화를 남용한 데서 단서가 나온 것이라 하였다.

寄跡長江萬里風기적장강만리풍

나는 이로부터 일시 가흥에 몸을 붙히게 되었다. 성은 조모님을 따라 장張이라 하고 이름은 진구震球, 또는 진震이라고 행세하였다. 가흥은 내가 의탁하여 있는 저보성씨의 고향인데 저씨는 일찍 강소성장江蘇省長을 지낸 이로 덕망이 높은 신사요, 그 맏아들 봉장鳳章은 미국 유학생으로 그 곳 동문 밖 민풍지창民豊紙廠이라는 조희 공장의 기사장이었다. 저씨의 집은 가흥 남문 밖에 있는데 구식 집으로 그리 굉장하지는 아니 하나 대부의 저택으로 보였다. 저 씨는 그의 수양자인 진동손陳桐蓀 군의 정자를 내 숙소로 지정하였는데 이것은 호숫가에 반양제로 지은 말쑥한 집이었다. 수륜사창이 바라보이고 경치가 좋았다. 저 씨 댁에서 내 본색을 아는 이는 저 씨 내외와 그 아들 내외와 진동손 내외뿐인데 가장 곤란한 것은 내가 중국말을 통치 못함이었다. 비록 광동인廣東人이라고 행세는 하지마는 이렇게도 말을 모르는 광동인이 어디 있으랴. 가흥에는 산은 없으나 호수와 운하가 낙지 발같이 사통팔달하여서 7,8세 되는 아이들도 배 저을 줄 알았다. 토지는 극히 비옥하여 물산이 풍부하고 인심은 상해와는 딴판으로 순후하여 상점에 에누리가 없고 고객이 물건을 잊고 가면 잘 두었다가 주었다. 나는 진 씨 내외와 동반하여 남호南湖 연우루烟雨樓와 서문 밖 삼탑三塔 등을 구경하였다. 여기는 명나라 때에 왜구가 침입하여 횡포하던 유적이 있었다. 동문 밖으로 10리쯤 나아가면 한 漢나라 때 주매신朱買臣의 무덤이 있고, 북문 밖 낙범정落帆亭은 주매신이 글을 읽다가 나락명석을 떠내 보내고 아내 최 씨에게 소박을 받은 유적이라고 한다. 나중에 주매신이 회계 태수會稽太守가 되어 올 때에 최 씨는 엎지른 동이의 물을 주워담지 못하여 낙범정 밑에서 물에 빠져 죽었다고 한다. 가흥에 우접한 지 얼마 아니 하여 상해 일본 영사관에 있는 일인 관리 중에 우리의 손에 매수된 자로부터 호항선(상해-항주 철도)을 수색하러 일본 경관이 가니 조심하라는 기별이 왔다. 가흥 정거장에 사람을 보내어 알아보았더니 과연 변장한 왜 경관이 내려서 여기 저기 둘러보고 갔다고 하므로 저봉장의 처가인 주(朱) 씨 댁 산장으로 가기로 하였다. 주 씨는 저봉장의 재취로 첫 아기를 낳은 지 얼마 아니 되는 젊고 아름다운 부인이었다. 저 씨는 이러한 그 부인을 단독으로 내 동행을 삼아서 기선으로 하룻길 되는 해염현성海鹽縣城 주 씨 댁으로 나를 보내었다. 주씨 댁은 성내에서 제일 큰 집이라 하는데 과연 굉장하였다. 내 숙소인 양옥은 그 집 후원에 있는데 대문 밖은 돌을 깔아 놓은 길이요, 길 건너는 대소 선박이 내왕하는 호수다. 그리고 대문 안은 정원이요, 한 협문을 들어가면 사무실이 있는데, 여기는 주 씨 댁 총경리가 매일 이 집 살림살이를 맡아보는 곳이다. 예전에는 4백여 명 식구가 한 식당에 모여서 먹었으나 지금은 사농공상士農工商의 직업을 따라서 대부분이 각처로 분산하고 남아 있는 식구들도 소가족으로 자취를 원하므로 사무실에서는 물자만 배급한다고 한다. 집의 생김은 벌의 집과 같아서 세 채나 네 채가 한 가족 차지가 되었는데 앞에는 큰 객청이 있고 뒤에는 양옥과 화원이 있고, 또 그 뒤에는 운동장이 있다. 해염에 대화원 셋이 있는데 전錢가 화원이 첫째요, 주가 화원이 둘째라 하기로 전가 화원도 구경하였다. 과연 전씨 댁이 화원으로 주씨 것보다 컸으나 집과 설비로는 주씨 것이 전씨 것보다 나았다. 해염 주씨 댁에서 하룻밤을 지내고 이튿날 다시 주씨 부인과 함께 기차로 노리언盧里堰까지 가서 거기서부터는 서남으로 산길 5,6리를 걸어 올라갔다. 저 부인이 굽 높은 구두를 신고 연해 손수건으로 땀을 씻으며 7, 8월 염천에 고개를 걸어 넘는 광경을 영화로 찍어 만대 후손에게 전할 마음이 간절하였다. 부인의 친정 시비 하나가 내가 먹을 것과 기타 일용품을 들고 우리를 따랐다. 국가가 독립이 된다면 저 부인의 정성과 친절을 내 자손이나 내 동포가 누구든 감사하지 아니하랴. 영화로는 못 찍어도 글로라도 전하려고 이것을 쓰는 바이다. 고개턱에 오르니 주씨가 지은 한 정자가 있다. 거기서 잠시 쉬고 다시 걸어 수백 보를 내려가니 산 중턱에 소쇄한 양옥 한 채가 있다. 집을 수호하는 비복들이 나와서 공손하게 저 부인을 맞는다. 부인은 시비에게 들려

가지고 온 고기며 과일을 꺼내어 비복들에게 주며 내 식성과 어떻게 요리할 것을 설명하고 또 나를 안내하여 어디를 가거든 얼마, 어디 어딘 얼마를 받으라고 안내 요금까지 자상하게 분별하여 놓고 당일로 해염 친가로 돌아갔다. 나는 이로부터 매일 산에 오르기로 일을 삼았다. 나는 상해에 온 지 14년이 되어 남들이 다 보고 말하는 소주니 항주니 남경이니 하는 데를 구경하기는 고사하고 상해 테두리 밖에 한 걸음을 내어 놓은 일도 없었다. 그러다가 마음대로 산과 물을 즐길 기회를 얻으니 유쾌하기 짝이 없었다. 이 집은 본래 저 부인의 친정 숙부의 여름 별장이더니, 그가 별세하매 이 집 가까이 매장한 뒤로는 이 집은 그 묘소의 묘막과 제각祭閣을 겸한 것이라고 한다. 명가名家가 산장을 지을 만한 곳이라 풍경이 자못 아름다웠다. 산에 오르면 앞으로는 바다요 좌우는 푸른 솔, 붉은 가을 잎이었다. 하루는 응과정鷹果亭에를 올랐다. 거기는 일좌 승방이 있어, 한 늙은 여승이 나와 맞았다. 그는 말끝마다 나무아미타불을 불렀다.

"원로 잘 오셔 계시오 아미타불. 내 불당으로 들어오시오 아미타불!"

이 모양이었다. 그를 따라 암자로 들어가니 방방이 얼굴 희고 입술 붉은 젊은 여승이 승복을 맵시 있게 입고 목에는 긴 염주, 손에는 단주를 들고 저두추파로 인사를 하였다. 암자 뒤에 바위 하나가 있는데 그 위에 지남철을 놓으면 거꾸로 북을 가리킨다 하기로 내 시계에 달린 윤도輪圖를 놓아보니 과연 그러하였다. 아마 자철광 관계인가 하였다. 하루는 해변 어느 진(나루터)에 장 구경을 갔다가 경찰의 눈에 걸려서 마침내 정체가 이 지방 경찰에 알려지게 되었으므로 안전치 못하다 하여 도로 가흥으로 돌아왔다. 가흥에 와서는 거의 매일 배를 타고 호수를 뜨거나 운하로 오르내리고 혹은 엄가빈嚴家濱이라는 농촌의 농가에 몸을 붙여 있기도 하였다. ─중략─

일본의 대륙 침략의 마수가 각일각으로 중국에 침입하니 벅죄우를 하시면 필담으로 몇 마디를 하겠소 하였더니 장씨는 '하오하오(좋소)' 하므로 진과부와 박남파는 밖으로 나갔다. 나는 붓을 들어, '선생이 백만 금을 허하시면 이태 안에 일본·조선·만주 세 방면에 폭동을 일으켜 일본의 대륙침략의 다리를 끊을 터이니 어떻게 생각하시오' 하고 써서 보였다. 그것을 보더니 이번에는 장씨가 붓을 들어, '請以計劃書詳示' 청이계획서상시 라고 써서 내게 보이기로 나는 물러나왔다. 이튿날 간단한 계획서를 만들어 장주석에게 드렸더니 진과부씨가 자기의 별장에 나를 초대하야 연석을 베풀고 장주석의 뜻을 대신 내게 전한다. 특무공작으로는 천황을 죽이면 천황이 또 있고 대장을 죽이면 대장이 또 있으니 장래의 독립전쟁을 위하야 무관을 양성함이 어떠한가 하기로 나는 이야말로 불감청不敢請이언정 고소원固所願(감히 청하지 못할지언정 그것을 마음속으로 바란다'라는 뜻으로·맹자孟子의 공손추편에 나오는 이야기)이라 하였다. 이리하야 하남성 낙양 河南城洛陽의 군관학교 분관을 우리 동포의 무관양성소로 하기로 작정되어 제1차로 북경, 천진, 상해, 남경 등지에서 백여 명의 청년을 모집하야 학적에 올리고 만주로부터 이청천(1888~1957)李青天과 이범석(1900~1972)李範奭을 청하야 교관과 영관이 되게 하였다. (그러나 이 군관학교는 겨우 제1생의 필업을 하고는 일본 영사 수마須磨의 항의로 남경정부에서 폐쇄령이 내렸다). 이때에 대일전선통일동맹對日戰線統一同盟이란 것이 활동하야 또 통일론이 일어났다. 김원봉(1898~1958)金元鳳이 내게 특별히 만나기를 청하기로 어느날 진회秦淮에서 만났더니 그는 자기도 통일운동에 참가하겠은 즉 나더러도 참가하라는 것이었다.

이청천

이범석

김원봉

김두봉

김규식

조소앙

그가 이 운동에 참가하는 동기는 통일이 목적인 것 보다는 중국인에게 김원봉은 공산당이라는 혐의를 면하기 위함이라 하기로 나는, 통일은 좋으나 그런 한 이불 속에서 딴 꿈을 꾸라는 통일운동에는 참가할 수 없다고 거절하였다. 얼마 후에 소위 오당통일회의五黨統一會義 라는 것이 개최되어 의열단 義烈團·신한독립당新韓獨立黨·조선혁명당朝鮮革命黨·한국독립당韓國獨立黨·미주대한인독립단美州大韓人獨立團이 통하야 조선민족혁명당朝鮮民族革命黨이 되어 나왔다.

이 통일에 주동자가 된 김원봉·김두봉金枓奉 등 의열단은 임시정부를 눈에 든 가시와 같이 싫어하는 때라, 임시정부의 해소를 극렬히 주장하였고 당시 임시정부의 국무위원이던 김규식(1881~1951)·조소앙(1887~1958)·최동오(1892~1963)崔東旿·송병조(1877~1942)宋秉祚·차리석(1881~1945)車利錫·양기탁(1871~1938)·유동열(1879~1950) 일곱 사람 중에 차리석·송병조 두 사람을 내어 놓고는 김규식·조소앙·최동오·양기탁·유동열 등 다섯 사람이 통일이란 말에 취하야 임시정부에 무관심한 태도를 보이니 김두봉은 좋다고나 하고 임시정부 소재지인 항주로 가서 차리석·송병조 양 씨에게 오당이 통일된 이 날에 이름만 남은 임시정부는 취소해 버리자고 강경하게 주장하였으나 송병조·차리석 양 씨는 굳이 반대하고 임시정부의 문패를 지키고 있었다. 그러나 각원 일곱 사람에서 다섯이 짜졌으니 국무회의를 열 수도 없어서 사실상 무정부상태였다.

조완구 형이 편지로 내게 이런 사정을 전하였으므로 나는 분개하야 즉시 항주로 달려갔다. 이 때에 김철은 벌써 작고하여 없고 오당통일에 참가하였던 조소앙은 벌써 거기서 탈퇴하고 있었다. 나는 이시영·조완구·김봉준·양소벽楊小碧·송병조·차리석 제씨와 임시정부 유지 문제를 협의한 결과 의견이 일치하기로 일동이 가흥으로 가서 거기 있던 이동녕·안공근·안경근·엄항섭 등을 가하야 남호의 노리배 한 척을 얻어 타고 호상에 나 떠서 선중에서 의회를 열고 국무위원 세 사람을 더 뽑으니 이동녕·조완구·김구였다. 이에 송병조·차리석을 합하야 국무위원이 다섯 사람이 되었으니 인제는 국무회의를 집행할 수가 있게 된 것이다.

상해의 백범 김구

오당통일론이 났을 때에도 여러 동지들은 한 단체를 조직할 것을 주장하였으나 나는 차마 또 한 단체를 만들어 파장을 늘이기를 원치아니한다는 이유로 줄곧 반대하야 왔었다. 그러나 임시정부를 유지하려면 그 배경이 될 단체가 필요하였고 또 조소앙이 벌써 한국독립당을 재건한다 하니 내가 새 단체를 조직하더라도 통일을 파괴하는 책임은 지지아니하리라 하야 동지들의 찬동을 얻어 대한국민당을 조직하였다. 나는 다시 남경으로 돌아왔으나 왜는 내가 남경에 있는 냄새를 맡고 일변 중국 관헌에 대하야 나를 체포할 것을 요구하고 일변 암살대를 보내어 내 생명을 엿보고 있었다.

남경 경비사령부 곡정륜谷正倫은 나를 면대하야 말하기를, 일본측에서 대역 김구를 체포할 터이니 입적 기타의 이유로 방해 말라 하기로 자기가 김구를 잡거든 일본서 걸어 놓은 상금은 자기에게 달라고 대답하였으니 조심하라고 하였다. 또 사복 입은 일본 경관 일곱이 부자묘夫子廟 부근으로 돌아다니더라는 말도 들었다. 이에 나는 남경에서도 내 신변이 위협함을 깨닫고 회청교淮淸橋에 집 하나를 얻고 가흥에서 배저어 주던 주애보를 매삭 십오 원씩 주기로 하고 다려다가 동거하며 직업은 고물상이오, 원적은 광동성 해남도廣東省海南島라고 멀즉이 대었다. 혹시 경관이 호구조사를 오더라도 주애보가 나서서 설명하기 때문에 내가 나서서 본색을 탄로할 필요는 없었다.

노구교蘆溝橋(1937년) 사건이 일어나자 중국은 일본에 대하야 항전을 개시하였다. 이에 재류 한인의 인심도 매우 불안하게 되어서 오당통일로 되었던 민족혁명당이 쪽쪽이 분열되어 조선혁명당이 새로 생기고, 미주대한인독립단은 탈퇴하고 근본 의열단 분자 만이 민족혁명당의 이름을 차지하고 있었다. 이렇게 분열된 원인은 의열단 분자가 민족운동의 가면을 쓰고 속으로는 공산주의를 실행하기 때문이었다. 이렇게 민족혁명당이 분열되는 반면에 민족주의자의 결합이 생기니 곧 한국국민당, 조선혁명당, 한국독립당 및 미주와 하와이에 있는 모든 애국단체들이 연결하야 임시정부를 지지하게 되었다. 이리하야 임시정부는 점점 힘을 얻게 되었다.

중일전쟁(1937~1945)은 강남에까지 미쳐서 상해의 전부가 날로 중국에 불리하였다. 일본 공군의 남경 폭격도 갈수록 심하여 회청교의 내가 들어있는 집도 폭격에 묻혔으나 나와 주애보는 간신히 죽기를 면하고 이웃에는 시체가 누루하였다. 나와 보니 남경 각처에는 불이 일어나서 밤하늘을 붉은 모전과 같았다. 날이 밝기를 기다려 무너진 집과 흩어진 시체 사이로 마로가馬路街에 어머님 계신 집을 찾어 갔더니 어머님이 친히 문을 열으시며 내가 노라셨겠다는 말에 어머님은 '놀라기는 무얼 놀라. 침대가 들석들석 하두군' 하시고, '우리 사람은 상하지 않았나' 하고 물으셨다. 나는 그 길로 동포 사는 데를 돌아보았으나 남기가藍旗街에 많이 있는 학생들도 다 무고하였다. 남경의 정세가 위험하야 정부 각 기관도 중경으로 옮기게 됨으로 우리 광복전선삼당光復戰線三黨의 백여 명 대가족은 물가가 싼 장사長沙로 피난하기로 정하고 상해, 해주에 잇는 동지들에게 남경으로 모이라는 지위를 하였다. 율양 고당암慄陽古堂庵에게 선도仙道를 공부하고 있는 양기탁에게도 같은 기별을 하였다. 그리고 안공근을 상해로 보내어 그 가권을 다려오되 그의 맏형수 고 안의사 중근 부인을 꼭 모셔오라고 신신 부탁하였더니 안공근이 돌아올 때에 보니 제 가권 뿐이오 안의사 부인이 없음으로 나는 크게 책망하였다. 양반의 집에 불이 나면 신주부터 먼저 안아뫼시는 법이어늘 혁명가가 피난을 하면서 나라 위하야 몸을 버린 의사의 부인을 적진 중에 버리고 가는 법이 어디 있는가. 이는 다만 안공근 한 집의 잘못 만이 아니라 혁명가의 도덕에 어그러지고 우리 민족의 수치라고 하였다. 그리고 안공근은 피난하는 동포들의 단체에 들기를 원치 아니하므로 제 뜻에 맡겨 버렸다. 나는 안휘 둔계중학安徽屯溪中學에 재학중인 신아를 불러오고

백범 김구 선생이 중경을 떠나올 때
우빈于斌–중국인으로 우리의 독립운동을 위하여 극력 협조한 분.
동지에게 "정의사자正義使者 라고 쓴 김구 친필을 작별의 기념으로 주고, 우빈은 김구 선생 일행을 환송하였다."
사진 출처: 백범일지

어머님을 모시고 영국 윤선으로 한구로 가고 대가족 백여 식구는 중국 목선 두척에 행리까지 잔뜩 싣고 남경을 떠났다. 나는 어머님을 모시고 신아를 다리고 한구를 거쳐서 무사히 장사에 도착하였다.

선발대로 임시정부의 문부를 가지고 진강을 떠난 조성환·조완구 등은 남경서 오는 일행 보다 수일 먼저 도착하였고, 목선으로 오는 대가족 일행도 풍랑은 겪었다 하나 무고히 장사에 왔다. 남기가 사무소에서 부리던 중국인 채군이 무호蕪湖 부근에서 풍랑 중에 물을 길어 올리다가 실족하야 익사한 것이 유감이었다. 그는 사람이 충실하니 다리고 가라 하시는 어머님 명령으로 일행중에 편입하였던 것이다. 내가 남경서 다리고 있던 주애보는 거기를 떠날 때에 제 본향 가흥으로 돌려보내었다.

그 후 두고두고 후회되는 것은 그때에 여비 백원 만 준 일이다. 그는 오 년이나 가깝게 나를 광동인으로 만 알고 섬겨 왔고 나와는 부부 비슷한 관계도 부지중에 생겨서 실로 내게 대한 공로만 지지아니한데 다시 만날 기약이 있을 줄 알고 노자 이외의에 돈이라도 넉넉하게 못 준 것이 참으로 유감천만이다.

안공근의 식구는 중경으로 갔거니와 장사에 모인 백여 식구도 공동생활을 할 줄 모름으로 저 마다 방을 얻어 서 저 각기 밥을 짓는 살림을 하였다. 나도 어머님을 모시고 또 한 번 살림을 시작하여서 어머님이 손수 지어 주시는 음식을 먹었다. 그러나 이 글을 쓰는 오늘 날에는 이미 어머님은 이 세상에 아니 계시다. 어머님이 계 셨더면 상편을 쓸 때에와 같이 지난 일과 날짜도 많이 여쭈어 볼 것이언 마는 이제는 어머님은 아니 계시다. 이 기회에 나는 어머님이 내가 상처 후에 본국으로 가셨다가 다시 상해로 오시던 일을 기록하련다. 어머님이 신아를 데리시고 인천에 상륙하셨을 때에는 노자가 다 떨어졌었다. 그 때에는 우리가 상해에서 조석이 어려 워서 어머님이 중국 사람들의 쓰레기통에 버린 배추 떡잎을 뒤져다가 겨우 반찬을 만드시던 때라 노자를 넉넉 히 드렸을리가 만무하다. 인천서 노자가 떨어진 어머님은 내가 말씀도 한 일이 없건마는 동아일보 지국으로 가셔서 사정을 말씀하셨다. 지국에서는 벌써 신문 보도로 어머님이 귀국하시는 것을 알았다 하면서 서울까지 차표를 사들였다. 어머님은 서울에 나려서는 동아일보사를 가셨다. 동아일보사에서는 사리원까지 차표를 사 들였다. 어머님은 해주 본향에 선영과 친족을 찾으시지 않고 안악 김씨 일문에서 미리 준비하여 놓은 집에 계 시게하였다.

내가 인아를 다리고 있는 동안, 어머님은 당신의 생활비를 절약하셔서 때때로 내게 돈을 보내 주셨다. 이봉 창·윤봉길 두 의사의 사건이 생기매 경찰은 가끔 어머님을 괴롭게 한다는 소식을 듣고 나는 어머님께 아이 들을 다리고 중국으로 나오시라고 기별하였다. 그 때에는 내게는 어머님이 굶으시고지 아노으리만한 힘이 있 다고 여쭈었다. 어머님은 중국으로 오실 결심을 하시고 안악경찰서에 친히 가셔서 출국 허가를 청하였더니 의외에 좋다고 하므로 살림을 걷어치우셨다. 그랬더니 서울 경무국으로부터 관리 하나가 안악으로 위해 내려 와서 어머님께, 경찰의 힘으로도 못 찾는 아들을 노인이 어떻게 찾느냐고, 그러니 출국허가를 취소한다고 하 였다. 어머님은 대로하셔서, '내 아들을 찾는 데는 내가 경관들 보다 나을 터이고, 또 가라고 허가를 하여서 가 정즙물을 다 팔게 해 놓고 이제 또 못 간다는 것이 무슨 법이냐, 너희놈들이 남의 나라를 빼앗아 먹고 이렇게 정치를 하고도 오래 갈 줄 아느냐' 하면서 기절하셨다. 이에 경찰은 어머님을 김씨네게 맡기고 가 버렸다. 그 후에 경찰이 물으면 어머님은, '그렇게 말성 많은 길은 안 떠난다' 하시고는 목수를 불러 다시 집을 수리하고 즙물을 마련하시는 등 오래 사실 모양을 보이셨다.

이러하신지 수삭 후에 어머님은 송화 동생을 보러 가신다 칭하고 신아를 다리시고 신천으로, 재령으로, 사 리원으로 도마도막 몸을 옮겨서 평양에 도착하야 숭실중학에 재학중인 인아를 다리고 안동현으로 가는 직행 차를 타셨다. 대련시 왜 경관의 취조를 받았으나 거기서 인아의 답변으로 늙은 조모를 모시고 위해위 친척의 집에 간다고 하여서 무사히 통과하셨다. 어머님이 상해 안공근 집을 거쳐 가흥 엄학섭 집에 오셨다는 기별을 남경에서 듣고 나는 곧 가흥으로 달려와서 구 년 만에 다시 모자가 서로 만났다. 나를 보시는 말에 어머님은 이러한 의외의 말씀을 하셨다. '나는 인제부터 너라고 아니하고 자네라고 하겠네. 또 말로 책하더라도 초달로 자네를 바라지는 않겠네. 들으니 자네가 군관학교를 설립하고 청년들을 교육한다니 남의 사표가 된 모양이니 그 체면을 보아주자는 것일세' 나는 어머님의 이 분부에 황송하였고 또 이것을 큰 은전으로 알았다. 나는 어 머님을 남경으로 모셨다가 따로 집을 잡고 계시게 하다가 일 년이 못 하야 장사로 가게 된 것이었다. 어머님 이 남경에 계실 때 일이다. 청년단과 늙은 동지들이 어머님의 생신 축하연을 베풀려함을 눈치채고 어머님 은 그들에게, 그 돈을, 돈으로 달라, 그러면 당신이 자시고 싶은 음식을 만들겠다 하심으로 발기하던 사람들 은 어머님의 청구 대로 그 돈을 드렸더니 어머님은 그것으로 단 총 두 자루를 사서 그것을 독립운동에 쓰라 하고 내어 놓으셨다.

장사로 옮아온 우리 백여 명 대 가족은 중국 중앙정부의 보조와 미국에 있는 동포들의 후원으로 생활에 곤란은 없어서 피난민으로는 고등 피난민이라 할만하게 살았다. 더욱이 장사는 곡식이 흔하고 물가가 지천하였고 호남성집 부주석으로는 새로 도입한 장치중張治中 장군은 나와는 숙친한 사람이었기 때문에 더욱이 우리에게 많은 편의를 주었다. 나는 상해·항주·남경에서는 특별한 경우를 제하고는 변명을 하였으나 장사에서는 언제나 버젓이 김구로 행세하였다. 오는 노중에서 부터 발론이 되었던 삼 당 합동 문제가 장사에 들어와서는 더욱 활발하게 진전되었다. 합동하라는 삼 당의 진용은 이러하였다.

첫째는 조선혁명당이니 이청천·유동열·최동오·김학규·황학수·이복원·안일청·현익철 등이 중심이오
둘째는 한국독립당이니 조소앙·홍진·조시원 등이 그 간부며,
셋째는 내가 창립한 한국국민당이니 이동녕·이시영·조완구·차리석·송병조·김붕준·엄항섭·안공근·양묵·민병길·손일민·조성환 등이 그 중에 주요 인물이었다.

이상 삼 당이 통합문제를 토의하려고 조선혁명당 본부인 남목청南木廳에 모였는데 나도 거기에 출석하였다.

내가 의식을 회복하여 보니 병원인 듯하였다. 웬 일이냐 한 즉 내가 술에 취하야 졸도하여서 입원한 것이라고 하였다. 의사가 회진할 때에 가슴에 웬 상처가 있는 것을 알고 이것은 웬 것이냐 한 즉 그것은 내가 졸도할 때에 상머리에 부딪친 것이라 하므로 그런 줄만 알고 병석에 누워 있었다. 한 달이나 지나서야 엄항섭군이 내게 비로소 신상을 설명하여 주었다. 그것은 이러하였다. 그 날 밤, 조선혁명단원으로서 내가 남경 있을 때에 상해로 특무공작을 간다고 하여서 내게 금전의 도움을 받은 일이 있는 이운한李雲漢이가 회장에 돌입하야 권총을 난사하야 첫 방에 내가 맞고, 둘째로 현익철, 셋째로 유동열이 다 중상하고 넷째 방에 이청천이 경상하였는데 현익철은 입원하자 절명하고 유동열은 치료 경과가 양호하다는 것이었다. 범인 이운한은 장사 교외 적은 정거장에서 곧 체포되고 연루자로 강창제姜昌濟·박창세朴昌世 등도 잡혀 가쳤으나 강·박 양인은 석방되고 이운한은 탈옥하야 도망하였다. 성주석 장치중 장군은 친히 내가 입원한 상아의원湘雅醫院에 나를 위문하고 병원 당국에 대하여서는 치료비는 얼마가 들든지 성정부에서 담당할 것을 말하였다고 당시 한구에 있던 장개석 장군은 하루에도 두 세 번 전보로 내 병상을 묻고 내가 퇴원한 기별을 듣고는 나하천羅霞天을 대표로 내게 보내어 돈 삼천원을 요양비로 쓰라고 주었다. 퇴원하야 어머님을 찾아뵈이니 어머님은, '자네 생명은 하나님의 보호하시는 줄 아네─사불법정이지' 이렇게 말씀하시고 또, '한인의 총에 맞고 살아 있는 것이 왜놈의 총에 맞아 죽는 것만 못 해'하시기도 하였다. ─중략─

향항에서 이틀을 묵어서 광주廣州로 돌아오니 거기도 왜의 폭격이 시작되었으므로 또 나는 어머님과 우리 대가족을 불산佛山으로 이접하게 하였다. 이것은 오철성 주석의 호의와 주선에 위함이었다. 이 모양으로 광주에서 두 달을 지나 장개석 주석에게 우리도 중경으로 가기를 원한다고 청하였더니 오라는 회전이 왔기로 조성환·나태섭羅泰燮 두 동지를 대동하고 나는 다시 장사로 가서 장치중 주석에게 교섭하야 공로公路 차표 석 장과 귀주성 주석 오정창 씨 에게로 하는 소개장을 얻어 가지고 중경 길을 떠나 십여 일 만에 귀주성 수부 위양에 도착하였다. ─중략─

위양에서 여드레를 묵어서 나는 무사히 중경에 도착하였으나 그 동안에 광주가 일본군에게 점령되었다. 우리 대가족의 소식이 궁금하던 차에 다 무사히 광주를 탈출하야 유주柳州에 와 있다는 전보를 받고 안심하였다. 그들은 다 중경에 오기를 희망하므로 내가 교통부와 중앙당부에 교섭하야 자동차 여섯 대를 얻어서 기강基江이라는 곳에 대가족을 옮겨왔다. 군수품 운송에도 자동차가 극히 부족하던 이때에 이렇게 빌려준 중국의 호

의는 이루 감사할 말이 없는 일이었다. 나는 미주서 오는 통신을 기다리느라고 우정국(우편국)에 가 있는 때에 인아가 왔다. 유주에 계신 어머님이 병환이 중하신데 중경으로 오기를 원하심으로 모시고 온 것이었다. 나는 인아를 따라 달려 가니 어머님은 내 여관인 저기문 홍빈여사儲奇問鴻賓旅舍맞은 편에 와 계셨다. 곧 내 여관으로 모시고 와서 하루 밤을 지나게 하시고 강 남쪽 아궁보 손화원鵝宮堡孫花園에 있는 김홍서金弘敍 군 집으로 가 계시게 하였다. 이것은 김홍서군이 호의로 자청한 것이었다. —중략—

　내가 중경에 와서 한 일은 세 가지 있었다.

첫째는 차를 얻어서 대가족을 실어 오는 일이오,

둘째는 미주 하와이와 연락하야 경제적 후원을 받은 일이오,

셋째는 장사에서부터 말이 되면서도 되지못한 여러 단체의 통일을 완성하는 것이었다.

대가족도 안정이되고 미주와 연락도 되었으므로 나는 셋째 사업인 단체 통일에 착수하였다. 나는 중경에서 강 건너 아궁보鵝宮堡에 있는 조선의용대朝鮮義勇隊와 민족혁명당 본부를 찾았다. 그 당수 김약산은 계림桂林에 있었으나 윤기섭 · 성주식 · 김홍서 · 석정 · 김두봉 · 최석순 · 김상덕 등 간부가 나를 위하야 환영회를 열었다. 그 자리에서 나는 모든 단체를 투입하야 단일당을 만들 것을 제의하였더니 그 자리에 있던 이는 일치하야 찬성하였고, 한 걸음 더 나아가서 미주와 하와이에 있는 여러 단체에도 참가를 권유하기로 결의하였다. 미주와 하와이에서는 곧 회답이 왔다. 통일에는 찬성이나 김약산(김원봉)은 공산주의자 인즉 만일 내가 그와 같이 일을 한다면 그들은 나와의 관계 까지도 끊어 버린다는 것이었다. 그래서 나는 김약산과 상의한 결과 그와 나와 연명으로 민족운동이야 말로 조국광복에 필요하다는 뜻으로 성명서를 발표하였다. 그러나 여기 의외의 고장이 생겼으니 그것은 국민당 간부들이 연합으로 하는 통일은 좋으나 있던 당을 해산하고 공산주의자들을 합한 단일당을 조직하는 데는 반대한다는 것이었다. 주의가 서로 다른 자는 도저히 한 조직체를 유지할 수 없다는 것이 그 이유였다. 나는 병을 무릅쓰고 기강으로 가서 국민당의 전체회의를 열고 노력한지 일개월 만에 비로소 단일당으로 모든 당들을 통일하자는 의견에 국민당의 합의를 얻었다. 그래서 민족운동 진영인 한국국민당, 한국독립당, 조선혁명당과 공산주의 전선인 조선민족혁명당 · 조선민족해방동맹 · 조선혁명자련맹의 일곱으로 된 칠당통일회의를 열게 되었다. 회의가 진행함에 따라 민족운동 편으로 대세가 기울어지는 것을 보고 해방동맹과 전위동맹은 민족유동열운동을 위하야 공산주의의 조직을 해산할 수 없다고 말하고 퇴석하였다. 이렇게 되니 칠당이 오당으로 줄어서 순전한 민족주의적인 새 당을 조직하고 8개조의 협정에 다섯 당의 당수들이 서명하였다. 이에 좌우 오당의 통일이 성공하였음으로 몇 일을 쉬고 있던 차에 이미 해산하였을 민족혁명단 대표 김약산이 돌연히 탈퇴를 선언하였으니 그 이유는 당의 간부들과 그가 거느리는 청년의용대가 아무리하여도 공산주의를 버릴 수 없으니 만일 8개조의 협정을 수정하지 아니 하면 그들이 다 달아나겠다는 것이었다. 이러하야 오당통일도 실패되어서 나는 민족 진영 삼당의 동지들과 미주, 하와이 여러 단체에 대하야 나의 분명한 허물을 사과하고 이어서 원동에 있는 삼당만을 통일하야 새로 한국독립당이 생기게 되었다. 하오이애국단과 가와이단합회가 각각 해소하고 한국독립당 하와이지부가 되었으니 역시 오당 통일은 된 셈이었다.

앞줄 오른쪽
차이석 · 조소앙 · 유동열 · 김구 · 이시영 · 조완구 · 송병조 · 이청천 · 김붕준
뒷줄 오른쪽
최동오 · 박찬익 · 고운기 · 김학규 · 조시원 · 양우조 · 조성환 · 김의한 · 엄항섭
새로 된 한국독립당의 간부로는 집행위원장에 김구요 위원으로는 홍진 · 조소앙 · 조시원 · 이청천 · 김학규 · 유동열 · 안훈 · 송병조 · 조완구 · 엄항섭 · 김붕준 · 양묵 · 조성환 · 차리석 · 이복원이오, 감찰위원장에 이동녕, 위원에 이시영 · 공진원 · 김의한 등이었다.

임시의정원에는 나를 국무회의의 주석으로 천거하였는데 종래의 주석을 국무위원이 번갈아 하던 제도를 고쳐서 대내 대의에 책임을 지도록 하였다. 그리고 미국 · 서울 · 워싱톤에 외교위원부를 설치하고 이승만 박사를 그 위원장으로 임명하였다. 한 편 중국 중앙정부에서는 우리 대가족을 위하야 토교동감폭포土橋東坎瀑布 우에개와 집 세 체를 짓고 또 시가에도 집 한 채를 사 주었으나 그 밖에 우리 독립운동을 원조하여 달라는 청에 대하여서는 냉담하였다. 그래서 나는 중국이 일본군의 손에 여러 대도시를 빼앗겨 자신의 항전에 골몰한 이 때에 우리를 위한 원조를 바라기가 미안하니 나는 미국으로 가서 미국의 원조를 청할 의사인 즉 여행권을 달라고 청하였다. 그런 즉 중앙정부의 서은증徐恩曾씨가 말하기를 내가 오래 동안 중국에 있었으니 중국에서 무슨 일을 하나 남김이 좋지아니하나 사업계획서를 제출하기를 청함으로 나는 장래 독립한 한국의 국군의 기초가 될 광복군 조직의 계획을 제출하였더니 곧 좋다는 회답이 왔다. 이에 임시정부에서는 이청천을 광복군 총사령으로 임명하고, 있는 힘(미주와 하와이 동포가 보내어 준 돈 4만 원)을 다하야 중경 가릉빈관嘉陵賓館에 중국인 서양인 등 중요 인사를 초청하야 한국광복군성립식을 거행하였다. 그리고 위선 삼십여 명 간부를 서안西安으로 보내어 미리 가 있던 조성환 등과 합하야 한국광복군 사령부를 서안에 두고, 이범석을 제1지대장으로 하야 산서 山西 방면으로 보내고, 고운기(본명 공진원)를 제2지대장으로 하야 수원綏遠 방면으로 보내고, 김학규를 제3지대자으로 하야 산동 山東으로 보내고, 나월환羅月煥 등의 한국청년전지공작대 韓國靑年戰地工作隊를 광복군으로 개편하야 제5지대를 삼았다. 그리고 강서성 상요江西省上蟯에 황해도 해주 사람으로서 죽안군 제3전구 사령부 정치부에서 일보고 있는 김문호金文鎬를 한국광복군 징모처 제3 분처韓國光復軍徵募處第三分處 주임을 삼고 그 밑에 신정숙申貞淑을 회계조장, 이지일李志一을 정보조장, 한도명을 훈련조장으로 각각 임명하야 상요로 파견하였다. 독립당과 임시정부와 광복군의 일체 비용은 미주 · 멕시코 · 하와이에 있는 동포들이 보내는 돈으로 썼다.

장개석 蔣介石과 부인 송미령宋美齡

중국의 국민당 지도자였던 장제스는 '중국의 100만이 넘는 대군도 해내지 못한 일을 조선인 청년 윤봉길이가 해내다니, 참으로 기적 같은 일이 아닐 수 없다'하면서, 윤봉길을 극찬하였으며, 그것이 대한민국 임시정부를 지원해준 계기가 된 것이다. 장개석 부인 송미령宋美齡이 대표하는 부녀위로총회婦女慰勞總會로부터 중국 돈으로 십만원의 기부가 있었다. 이 모양으로 광복군이 창설되었으니 인원도 많지 못하야 몇 달 동안을 유명 무실하게 지내다가 문득 한 사건이 생겼으니 그것은 오십여 명 청년이 가슴에 태극기를 붙이고 중경에 있는 임시정부 정청으로 애국가를 부르며 들어온 것이다. 이들은 우리 대학생들이 학병으로 일본 군대에 편입되어 중국 전선에 출전하였다가 탈주하여 안휘성부양安徽省阜陽의 광복군 제3지대를 찾아온 것을 지대장 김학규가 임시정부로 보낸 갓이다. 이 사실은 중국인에게 큰 감동을 주어 중한문화협회 中韓文化協會 식당에서 환영회를 개최하였는데 서양 여러 나라의 통신기자들이며, 대사관원들도 출석하야 우리 학병들에게 여러 가지 질문을 발하였다. 어려서부터 일본의 교육을 받아 국어도 잘 모르는 그들이 조국의 독립을 위하야 목숨을 바치려고 총살의 위험을 무릅쓰고 임시정부를 찾아왔다는 그들의 말에 우리 동포들은 말할 것도 없이 목이 메었거니와 외국인들도 감격에 넘친 모양이었다. 이것이 인연으로 우리 광복군이 연합국의 주목을 끌게 되어 미국의 OSOS를 주관하는 씨전트 박사는 광복군 제2지대장 이범석과 합작하야 서안에서, 웝쓰 중위는 제3지대장 김학규와 합작하야 부양에서 우리 광복군에게 비밀 훈련을 실시하였다. 예정대로 3개월의 훈련을 마치고 정탐과 파괴공작의 임무를 띄고 그들을 비밀히 본국으로 파견할 준비가 된 때에 나는 미국 작전부장 다노배장군과 군사협의를 하기 위하야 미국 비행기로 시안으로 갔다. 회의는 고앙복군 제2지대 본부 사무실에서 열렸는데 정면 우편 태극기 밑에는 나와 제2지대 간부가, 좌편 미국기 밑에는 다노배장군과 미국인 훈련관들이 앉았다. 다노배장군이 일어나, '오늘부터 아메리카합중국과 대한민국임시정부와의 적 일본을 항거하는 비밀공작이 시작된다'고 선언하였다.

다노배장군과 내가 정문으로 나올 때에 활동사진의 촬영이 있고 식이 끝났다. 이틀날 미국 군관들의 요청으로, 훈련받은 학생들의 실지의 공작을 시험하기로 하야 두곡 杜曲에 동남으로 사십리, 옛날 한시에 유명한 종남산 終南山으로 자동차를 몰았다. 동주에서 차를 버리고 오리쯤 걸어 가면 한 고찰이 있는데 이것이 우리 청년들이 훈련을 받은 비밀훈련소였다. 여기서 미국 군대식으로 오찬을 먹고 참외와 수박을 먹었다. 첫째로 본 것은 심리학적으로 모험에 능한 자, 슬기가 있어서 정탐에 능한 자, 눈과 귀가 밝아서 무선전신에 능한자를 고르는 것이었다. 이 시험을 한 심리학자는 한국 청년이 용기로나 지능으로나 다 우량하여서 장래에 희망이 많다고 결론하였다. 다음에는 청년 일곱을 뽑아서 한 사람에게 숙마바 하나씩을 주고 수백 길이나 되는 절벽 밑에 내려가서 나뭇잎 하나씩을 따 가지고 오라는 시험이었다. 일곱 청년은 잠깐 모여서 의논하더니 그들의 숙마바를 이어서 한 건 바를 만들어, 한 끝을 바위에 매고 그 줄을 붙들고 일곱이 다 내려가서 나뭇잎 하나씩을 따 입에 물고 다시 그 줄에 달려 일곱이 차례차례로 다 올라왔다. 시험관은 이것을 보고 크게 칭찬하였다. 그는 이렇게 말하였다. '내가 중국 학생 4백명을 모아 놓고 시켰건 마는 그들이 해결치 못한 문제를 한국 청년 일곱이 훌륭하게 하였소. 참으로 한국 사람은 전도 유망한 국민이오' 일곱 청년이 이 칭찬을 받을 때에 나는 대단히 기뻤다. 다음에는 폭파술·사격술·비밀히 강을 건너가는 재조 같은 것을 시험하야 다 좋은 성적을 얻은 것을 보고 나는 만족하야 그 날로 두곡으로 돌아왔다. 이틀날은 중국 친구들을 찾을 차로 서안으로 들어갔다. 두곡서 서안이 4십리였다. 호종남胡宗南 장군은 출타하여서 참모생 만을 만나고 성주석 축소주祝紹周 선생은 나의 막역한 친우라 이틀 날 그의 사저에서 석반을 같이하기로 하였다. 성당부에서는 나를 위하야 한영회를 개최한다고 하고 서안부인회에서는 나를 환영하기 위하야 특별히 연극을 준비한다고 하고 서안의 각 신문사에서도 환영회를 개최하겠으니 출석하여 달라는 초청이 왔다. 나는 그 밤을 동포 김종만金鐘萬 씨 댁에서 지내고 이틀 날은 서안의 명소를 내게 구경하고 저녁에는 어제 약속대로 축주석 댁 만찬에 불려갔다. 식사를 마치고 객실에 돌아와 수박을 먹으며 담화를 하는 중에 문득 진령이 울었다. 축주석은 놀라는 듯 자리에서 일어나 중경에서 무슨 소식이 있나 보다고 전화실로 가더니 잠시후에 뛰어나오며,

'왜적이 항복한다오' 하였다. '아! 왜적이 항복!'

이것은 내게는 기쁜 소식이라기 보다는 하늘이 끊어지는 듯한 일이었다. 천신만고로 수년 간 애를 써서 참전할 준비를 한 것도 다 허사다. 서안과 부양에서 훈련을 받은 우리 청년들에게 각종 비밀한 무기를 주어 산동에서 미국 잠수함을 태워 본국으로 들여 보내어서 국내의 요소를 혹은 파괴하고 혹은 점령한 후에 미국 비행기로 무기를 운반할 계획 까지도 미국 육군성과 다 약속이 되었던 것을 한 번 해 보지도 못하고 왜적이 항복하였으니 진실로 전공이 가석이어니와 그 보다도 걱정되는 것은 우리가 이번 전쟁에 한 일이 없기 때문에 장래에 국제간에 발언권이 박약하리라는 것이다. 나는 더 있을 마음이 없어서 곧 축주석 씨 댁에서 나왔다. 내 차가 큰 길에 나설 때에는 벌써 거리는 인산인해를 이루고 만세 소리가 성중에 진동하였다. 나는 서안에서 준비되고 있던 나를 위한 모든 환영회를 사퇴하고 즉시 두곡으로 돌와왔다. 와 보니 우리 광복군은 제 임무를 하지 못하고 전쟁이 끝난 것을 실망하야 침울한 분위기에 잠겨 있는데 미국 교관들과 중국인들은 질서를 잊으리만큼 기뻐 뛰고 있었다.

미국이 우리 광복군을 수천 명을 수용할 병사를 건축하랴 그 일변 종남산에서 재목을 운반하고 벽돌 가마에서 벽돌을 실어 나르던 것도 이 날부터 일제히 중지하고 말았다. 내 이번 길의 목적은 서안에서 훈련받은 우리 군인들을 제1차로 본국으로 보내고 그 길로 부양으로 가서 거기서 훈련받은 이들을 제2차로 떠내 보낸 후에 중경으로 돌아감이었으나 그 계획도 다 수포로 돌아가고 말았다. 내가 중경에서 올 때에는 군용기로 왔으나 그리로 돌아갈 때에는 여객기를 타게 되었다.

중경에 와 보니 중국인들은 벌써 전쟁중의 긴장이 풀려져서 모두 혼란한 상태에 빠져 있고 우리 동포 들은 귀향할 바를 모르는 형편에 있었다. 임시정부에서는 그동안 임시의정원을 소집하야 혹은 임시 정부 국무위원의 총 사직을 주장하고 혹은 이를 해산하고 본국으로 들어가자고 발록하야 귀결이 못 나다가 주석인 내가 돌아온다는 소식을 듣고 3일간 집회를 하고 있었다. 나는 의정원에 나아가 해산도 총 사직도 천만부당하다고 단언하고 서울에 들어가 전체 국민의 앞에 정부를 내어 바칠 때까지 현상대로 가는 것이 옳다고 주장하야 전원의 동의를 얻었다. 그러나 미국측 으로부터 서울에는 미국 군정부가 있으니 임시정부로는 입국을 허락할 수 없은 즉 개인의 자격으로 오라 하기로 우리는 할 수 없이 개인의 자격으로 고국에 돌아가기로 결정하였다.

나를 위하여 평생을 옥바라지와
망명생활로 낙은 없고
고생만 하다가 세상을 떠나신
갸륵하신 어머님의 묘비

최준례 묻엄
남편 김구 세움
김구 선생의 부인
최준례 무덤(상해)

사진 출처: 백범일지

이리하야 7년간의 중경 생활을 마치게 되니 실로 감개가 많아서 무슨 말을 써야할지 두서를 찾기가 어렵다. 나는 교자를 타고 강 건너 화상산에 있는 어머님 묘소와 아들 인의 무덤에 가서 꽃을 놓고 축문을 읽어 하직하고 묘지기를 불러 금품을 후히 주어 수호를 부탁하였다. 그리고는 가족 상자 여덟 개를 사서 정부의 모든 문서를 싸고 중경에 거류하는 오백여 명 동료의 선후책을 정하고, 임시정부가 본국으로 돌아간 뒤에 중국정부와 연락하기 위하야 주중화대표단을 두어 박찬익을 단장으로 민필호閔弼鎬 · 이광李光 · 이상만李象萬 · 김은충金恩忠 등을 단원으로 임명하였다.

우리가 중경을 떠나게 되매 중국공산당 본부에서는 주은래周恩來 · 동필무董必武 제씨가 우리 임시정부 국무원 전원을 청하야 송별연을 하였고, 중앙정부와 국민당에서는 장개석蔣介石 부처를 위시하야 정부, 당부, 각계 요인 이백여 명이 모여 우리 임시정부 국무위원과 한국독립당 간부들을 초청하야 국민당 중앙당부 대례당에서 중국기와 태극기를 교차하고 융숭하고도 간곡한 송별연을 열어 주었다. 장개석 주석과 송미령 여사가 선두로 일어나 장래 중국과 한국 두 나라가 영구히 행복되도록 하자는 축사가 있고 우리 편에서도 답사가 있었다.

중경을 떠나던 일을 기록하기 전에 7년간 중경 생활에 잊지 못할 것 몇 가지를 적으려한다.

첫째 중경에 있던 우리 동포의 생활에 관하여서다.
중경은 원래 인구 몇 만 밖에 안 되던 적은 도시였으나 중앙정부가 이리로 옮겨온 후로 일본군에게 점령당한 지방의 관리와 피난민이 모여들어서 일약 인구 백만이 넘는 대도시가 되었다. 아무리 새로 집을 지어도 미쳐 다 수용할 수 없어서 여름에는 한데에서 사는 사람이 수십만이나 되었다. 식량은 배급제여서 배급소 앞에는 언제나 장사진을 치고 서로 욕하고 때리고 하야 분규가 아니 일어나는 때가 없었다. 그러나 우리 동포는 따로 인구를 성책하여서 한목으로 양식을 타서 하인을 시켜 집집에 배급하기 때문에 대단히 편하였고 쌀을 쓿기까지 하였다. 나 자신의 중경 생활은 임시정부를 지고 피난하는 것이 일이오 틈틈이 먹고 잤다고할 수 있었다. 중경의 폭격이 점점 심하여져가매 임시정부도 네 번이나 옮겼다.

첫번 정청인 양류가楊柳街 집은 폭격에 견딜 수가 없어서 석판가石版街로 옮겼다가 이 집이 폭격으로 일어난 불에 전소하야 의복까지 다 태우고 오사야항吳獅爺巷으로 갔다가 이 집이 또 폭격을 당하야 무너진 것을 고쳤으나 정청으로 쓸 수는 없어서 직원의 주택으로 하고 네번째로 연화지蓮花池에 칠십여 간 집을 얻었는데 집세가 일년에 사십만원이라, 그러나 이 돈은 장주석의 보조를 받게 되어 임시정부가 중경을 떠날 때까지 이 집을 쓰고 있었다. 이 모양으로 연이어 오는 폭격에 중경에는 인명과 가옥의 손해가 막대하였으나 동포 중에 죽은 이는 신익희씨 조카와 김영린의 아내 두 사람이 있었다. 이 두 동포가 죽던 폭격이 가장 심한 폭격이어서 한 방공소에서 사백 명이나 팔백명이니 하는 질식자를 내인 것도 이 때였다. 그 시체를 운반하는 광경을 내가 목도하였는데 화물자동차에 짐을 실 듯 시체를 싣고 달리던 시체가 흔들여 굴러 떨어지는 일이 있고 그것을 다시 싣기가 귀찮아서 목아지를 베어 자동차 뒤에 달면 그 시체가 땅바닥으로 엎치락 뒤치락 끌려가는 것이었다. 시체는 남녀를 물론하고 옷이 다 찢겨져서 살이 나왔는데 이것은 서로 앞을 다투워 발악한 형적이었다. 가족을 이 모양으로 잃어 한편에 통곡하는 사람이 있으면 다른 편에는 방공호에서 시체를 끌어내는 인부들이 시체가 지녔던 은금보화를 뒤져서 대번에 부자가 된것도 있었다. 이렇게 질식의 참사가 일어난 것이 밀매음녀 많기로 유명한 교장구較場口이기 때문에 죽은 자의 대다수가 밀매음녀였다. 중경은 옛날 이름으로는 파巴다.

지금은 성도成都라고 부르는 촉蜀과 아울러 파촉이라고 하던 데다. 11월 5일에 우리 임시정부 국무위원과 기타 직원은 비행기 두 대에 갈라 타고 중경을 떠나서 다섯 시간 만에 떠난지 십삼년 되는 상해의 땅을 밟았다.

우리 비행기가 착륙한 비행장이 곧 홍구신공원虹口新公園이라 하는데 우리를 환영하는 남녀 동포가 장내에 넘쳤다. 나는 14년을 상해에 살았건 마는 홍구공원에 발을 들여놓은 일이 일체 없었다. 신공원에서 나와서 시내로 들어가려 한즉 아침 6시부터 우리를 기다리고 있다는 6천명 동포가 열을 지어서 고대하고 있다. 나는 거기 있는 길이 넘는 단위에 올라서 동포들에게 인사말을 하였다. 나중에 알고 본 즉 그 단이야 말로 13년전 윤봉길 의사가 왜적 백천대장 등을 폭격한 자리에 왜적들이 그 일을 기념하기 위하야 단을 모으고 군대를 지휘하던 곳이라고 한다. 세상에 우연한 것은 없다고 생각하였다.

나는 양자반점揚子飯店에 묵었다.
13년은 인생의 일생에는 긴 세월이었다. 내가 상해를 떠날 적에 아직 어리던 이들은 벌써 장정이 되었고 장정이던 사람들은 노쇠하였다. 이 오랜 동안에 까딱도 하지아니하고 깨끗이 고절을 지킨 옛 동지 선우혁鮮于爀 · 장덕로張德櫓 · 서병호徐丙浩 · 한진교韓鎭敎 · 조봉길曺奉吉 · 이용환李龍煥 · 하상린 河相麟 · 한백원韓柏源 · 원우관元宇觀 제씨가 성병호 댁에서 만찬을 같이 하고 기념으로 촬영하였다. 한편으로는 상해에 체류하는 동포들 중에 부정한 직업을 하는 이가 적지않다는 말은 나를 슬프게하였다. 나는 우리 동포가 가는 곳 마다 정당한 직업에 정직하게 종사하여서 우리 민족의 신용과 위신을 높이는 애국심을 가지기를 바란다. 나는 법조계 공동묘지에 아내의 무덤을 찾고, 상해에서 십여일을 묵어서 미국 비행기로 본국을 향하여서 상해를 떠났다. 이동녕 선생 · 현익철 동지 같은 이들이 이역에 묻혀서 함께 고국으로 돌아오지 못하는 것이 유감이었다.

27년만의 귀국

김구 선생 가족, 어머니와 인 · 신
나는 기쁨과 슬픔이 한 데 엉클어진 가슴으로 27년만에 조국의 신선한 공기를 마시며, 그리운 흙을 밟으니 김포비행장이오, 상해를 떠난지 3시간 후였다.

나는 조국의 땅에 들어오는 길로 한 가지 기쁨과 한 가지 슬픔을 느꼈다.
책보를 메고 가는 학생들의 모양이 심히 활발하고 명랑한 것이 한 기쁨이오, 그와는 반대로 동포들이 사는 집들이 납작하게 땅에 붙어서 퍽 가난해 보이는 것이 한 슬픔이었다. 동포들이 여러 날을 우리를 환영하려고 모였었는데 비행기 도착 시일이 분명히 알려지지 못하야 이날에는 우리를 맞아 주는 동포가 많지 못하였다. 늙은 몸을 자동차에 의지하고 서울에 들어오니 의구한 산천이 반갑게 나를 맞아 주었다. 내 숙소는 새문밖 최창학崔昌學 씨의 집(경교장)이오, 국무원 일행은 한미호텔에 머물도록 우리를 환영하는 유지들이 미리 준비하여 주었었다.

윤봉길 · 이봉창 · 백정기 3열사 추도식장

나는 곧 신문을 통하야 윤봉길 · 이봉창 두 의사와 강화 김주경 선생의 유가족을 만나고 싶다는 뜻을 발하였더니 윤의사의 아드님이 덕산德山으로부터 찾아오고, 이 의사의 조카 따님이 서울에서 찾아오고, 김주경 선생의 아드님 윤태允泰군은 38이북에 있어서 못 보고 그 따님과 친척들이 혹은 강화에서 혹은 김포에서 와서 만나니 반갑기도 하고 슬프기도 하였다. 그러나 선조의 분묘가 계시고 친척과 고구가 사는 그리운 내 고향은 소위 38선의 장벽 때문에 가 보지 못하고 재종형제들과 종매들의 가족이 위해 상경하여서 반갑게 만날 수가 있었다. 군정청에 소속한 각 기관과 정당, 사회단체, 교육계, 공장 등 각계가 빠짐없이 연합환영회를 조직하여서, 우리는 개인의 자격으로 들어왔건마는 '임시정부환영臨時政府歡迎'이라고 크게 쓴 깃발을 태극기와 아울러 높이 들고 수십만 동포가 서울 시가로 큰 시위 행진을 그 끝에 덕수궁에 식탁이 사백여, 기생이 사백여로 환영연을 배설하고, 하─지 중장 이하 미국 군정 간부들도 출석하야 덕수궁 뜰이 좁을 지경이었으니 참으로 찬란하고 성대한 환영회이었다. 나는 이러한 환영을 받을 동포가 없음이 부끄럽고도 미안하였으나 돌포들이 해외에서 오래 신고한 우리를 위로하는 것이라고 강잉하야 고맙게 받았다. 어느날 해가 바뀌었다. 나는 38 이남만이라고 돌아보리라 하고 제1노정으로 인천에 갔다. 인천은 내 일생에 뜻깊은 곳이다.

22살에 인천감옥에서 사형선고를 받았다가 23세에 탈옥 도주하였고 41살 적에 17년 징역수로 다시 이 감옥에 이수되었었다. 저 축항에는 내 피 땀이 베어 있는 것이다. 옥중에 있는 이 불효를 위하야 부모님이 걸으셨을 길에는 그 눈물 흔적이 남아 있는듯하다. 마흔아홉 해 전 기억이 어제런듯 새롭다. 인천서도 시민의 큰 환영을 받았다. 제2노정으로 나는 공주 마곡사를 찾았다. 공주에 도착하니 충청남북도 11군에서 십여 만 동포가 모여서 나를 환영하는 회를 열어 주었다.

마곡사에서 애국 동지들과 함께.
사진 출처: 백범일지

각래관세간却來觀世間 세상을 구경하러 오니 유어몽중사猶如夢中事 꿈속의 일 같다. 내가(김구) 중이 되어 불도를 배우던 마곡사를 48년만에 찾으니 아는 중은 이미 다 가고 없었다. 공주를 떠나 마곡사로 가는 길에 김복한金福漢·최익현崔益鉉 두 선생의 영정 모신데로 찾아서 배례하고 그 유기족을 위로하고 동민의 환영하는 정성을 고맙게 받았다. 정당, 사회단체의 대표로 마곡사까지 나를 따르는 이가 350여 명이었고 마곡사 승려의 대표는 공주까지 마중을 왔으며 마곡사 동구에는 남녀 승려가 도열하야 지성으로 나를 환영하니 옛날에 이 절에 있던 한 중이 일국의 주석이 되어서 온다고 생각함이었다. 48년 전에 머리에 굴갓을 쓰고 목에 염주를 걸고 출입하던 길이다. 산천도 예와 같거니와 대웅전에 걸린 주련도 옛날 그 대로다.

却來觀世間 각래관세간
猶如夢中事 유여몽중사
그때에는 무심히 보았던 이 글귀를 오늘에 자세히 보고 나를 두고 이른 말인 것 같았다.
용담龍潭 시님께서 보각서정普覺書狀을 배우던 엄화실에서 뜻깊은 하루 밤을 보내었다.

셋째길에 나는 윤봉길 의사의 본댁을 찾으니 4월 29일이라, 기념제를 거행하였다. 그리고 나는 일본 동경에 있는 박렬朴烈 동지에게 부탁하야 윤봉길·이봉창·백정기 세 분 열사의 유골을 본국으로 모셔오게 하고, 유골이 부산에 도착하는 날 나는 특별열차로 부산까지 갔다. 부산은 말할 것도 없고 세 분의 유골을 모신 열차가 정지하는 역 마다 사회, 교육 각 단체며 일반 인사들이 모여 봉도식을 거행하였다. 서울에 도착하자 유골을 받은 영구를 태고사太古寺에 봉안하야 동포들의 참배에 편케하였다가 내가 친히 잡아 놓은 효창공원孝昌公園 안에 있는 자리에 매장하기로 하였다. 제일 위에 안중근 의사의 유골을 봉안할 자리를 남기고 그 다음에 세 분의 유골을 차례로 모시기로 하였다. 이 날 미국인 군정간부도 전부 회장하였으며, 미국 군대까지 출동할 예정이었으나 그것은 중지되고 조선인 경찰관, 육해군 경비대, 정당, 단체, 교육기관, 공장의 종업원들이 총출동하고 일반 동포들도 구름 같이 모여서 태고사로부터 효창공원까지 인산인해를 이루워 임시 전차, 자동차, 행인까지도 교통을 차단하였다. 선두에는 애도하는 비곡을 아로이는 음악대가 서고 다음에는 화환대, 만장대가 따르고 세 분 의사의 영여는 여학생대가 모시니 옛날 인산 보다 더 성대한 장의였다. 나는 삼남 지방을 순회하는 길에 보성군 득량면 득량리 김씨 촌을 찾았다.

내가 48년 전에 망명 중에 석 달이나 몸을 붙여 있던 곳이오 김씨네는 나와 동족이었다. 내가 온다는 선문을 듣고 동구에는 솔문을 세우고 길닦이가지 하였다. 남녀 동민들이 동구까지 나와서 나를 맞았다. 내가 그 때에 유숙하던 김광언金廣彦댁을 찾으니 집은 예와 같으되 주인은 벌써세상을 떠났었다. 그 유족의 환영을 받아 내가 그때에 상을 받던 자리에서 한 때 음식 대접을 한다 하여서 마루에 병풍을 치고 정결한 자리를 깔고 나를 앉혔다. 모인이들 중에 나를 알아보는 이는 늙은 부인네 한 분과 김판남金判南 종씨 한 분뿐이었다. 김씨는 그 때에 내 손으로 쓴 책 한 권을 가져다가 내게 보여 주었다. 내가 이 곳에 머물고 있을 때에 각별히 친하게 지내던 나와 동갑인 선 宣씨는 이미 작고하고 내게 필낭을 기워서 작별 선물로 주던 그의 부인은 보성읍에서 그 자손들을 다리고 나와서 나를 환영하여 주었다. 부인도 나와 동갑이라 하였다. 광주에서 나주로 향하는 도중에서 함평 동포들이 길을 막고 들르라 하므로 나는 함평읍으로 가서 학교 운동장에 열린 환영회에 한 차례 강연을 하고 나주로 갔다. 나주에서 육모정六角亭 이진사의 집을 물은 즉, 이진사 집은 나주가 아니오 지금 지나온 함평이며, 함평 환영회에서 나를 위하야 만세를 선창한 것이 바로 이진사의 종손이라고 하였다. 오랜 세월에 나는 함평과 나주를 섞바꾼 것이었다. 그후에 이진사(나와 작별한 후에는 이승지가 되었다고 한다)의 종손 재승 在昇 두 형제가 예물을 가지고 서울로 나를 찾아왔기로 함평을 나주로 잘못 기억하고 찾지 못하였던 사과를 하였다.

－중략－

나는 개성, 연안 등을 순회하는 노차에 이효가의 무덤을 찾았다.

故孝子李昌梅之墓 고효자이창매지묘

나는 해주감옥에서 인천감옥으로 끌려가던 길에 이 묘비 앞에 쉬이던 49년 전 옛날을 생각하면서 묘전에 절하고 그 날 어머님이 앉으셨던 자리를 눈어림으로 찾아서 그 후에 내몸을 던졌다. 그러나 어머님의 얼굴을 뵈올 길이 없으니 앞이 캄캄하다.

주경서 운명하실 때에 마지막 말씀으로, '내 원통한 생각을 어찌하면 좋으냐' 하시던 것을 추억하였다. 독립의 목적을 달성하고 모자가 함께 고국에 돌아가 함께 지난 일을 이야기하지 못하심이 그 원통하심이 아니었을까.

그런데 저 멀고먼 서쪽 화상산 한 모퉁이에 손자와 같이 누워 계신 것을 생각하니 비회를 금할 수가 없다. 혼이라도 고국에 돌아오셔서 내가 동포들에게 받는 환영을 보시기나 하여도 다소 어머님의 마음이 위안이 아니 될까. 배천에서 최광옥 선생과 전봉훈 군수의 옛 일을 추억하고 장단 고랑포皐浪浦에 나의 선조 경순왕능 敬順王에 참배할 적에는 능말에 사는 경주 김씨들이 내가 오는 줄을 알고제전을 준비하였다.

나는 대한나라 자주독립의 날을 기다려서 다시 이 글을 계속하기로 하고 붓을 놓는다.

－서울 새문 밖에서

1896

국모보수國母報讐

치하포사건鴟河浦事件은 1896년 3월 9일 아침 7시경 황해도 안악군 치하포의 한 주막에서 21세의 백범 김구가 일본인 쓰치다 조스케土田讓亮를 살해한 사건이다.

1894년 7월부터 1895년 4월까지 있었던 청일전쟁에서 승리한 일제는 패권국으로서 조선에 대한 지배력을 더욱 높이는 정책들을 추진하였다. 이런 여파 속에서 1895년 10월 8일(음력 8월 20일) 명성황후를 시해한 을미사변, 1895년 12월 30일(음력 11월 15일) 단발령 공포, 1896년 2월 11일 고종이 일본의 위협을 피해 러시아 공사관으로 피신한 아관파천俄館播遷 등 일련의 사변들이 연이어 발생하면서 일제와 친일관료들에 대한 조선백성들의 분노는 극에 달하였다. 명성황후 시해 이후에 유생들은 '국모의 원수를 갚을 것國母報讐'을 기치로 창의소倡義所를 설치하여 의병을 조직하고 훈련하기에 이르렀고, '국수보복國讐報復'이나 '국모보수'를 기치旗幟로 내건 의병들의 봉기가 1895년 11월에 충청도를 시작으로, 1896년 1월 중순에는 경기·충청·강원도 등으로, 2월 상순에는 경상도 북부와 강원도 북부, 그리고 황해도와 함경도 북부 등 전국 각지로 확대되었고, 조선정부군이나 일본군과의 전투도 다발적으로 발생했다. 이에 따른 탄압도 심화되어 의병 등 무고한 조선 백성들의 희생은 늘어만 갔다. 이러한 시기에 김구金九는 전 동학 농민군 지도자 김형진金亨振 등 동지들과 더불어 청국 북동부 지역의 항일 인사들과 연합 작전을 펼치려 했으나 여의치 않았다. '치하포사건'은 이러한 연합 등 모색을 위해 청국으로 재차 향하던 중 평안북도 안주에서 '삼남의병 봉기'와 '단발정지령'에 대한 소식을 듣고 자신의 역할을 찾고자 고향으로 발걸음을 되돌리던 중 사건이 발생하게 되었다.

김구는 1896년 3월 8일 평남 용강군龍岡郡에서 배를 타고 출발하여 황해도 안악군安岳郡 치하포鴟河浦에 도착한 후 이화보李化甫가 운용하는 여점旅店에 머물게 되었고, 3월 9일 아침 7시경에 아침식사를 끝낸 일본인 쓰치다 조스케를 살해하였다. 이후 국모의 원수를 갚기 위해 살해했다는 살해동기와 자신의 거주지와 성명을 밝힌 포고문을 써 놓고 고향으로 돌아왔다.'치하포사건'이 발생하자 쓰치다의 고용인 임학길林學吉은 3월 12일 평양으로 가서 일본 평양영사관을 찾았고, 마침 평양에 출장 중이라던 일본 경성영사관 경부警部 히라하라 아쓰무平原篤武에게 신고하였다. 이에 히라하라는 3월 15일 일본순사 등을 대동하고 이화보의 여점으로 출동하여 현장조사를 하고 한전 800냥과 소지품 등을 수거한 후, 이화보의 처와 동민 등 7명을 평양으로 끌고 갔다. 이후 쓰치다의 정체와 활동상황을 잘 알고 있었던 임학길은 인천감리서에서의 신문정과 재판정에 나타나지 않았고 종적을 감추었다. 3월 31일에는 고무라공사가 외부대신 이완용에게 문서(공문제20호)를 보냈는데, 이 문서에서 '치하포사건'을 쓰치다를 타살打殺하고 재물을 '탈취奪取'한 사건이라고 규정했고, 외부대신 이완용도 이에 동조하여 '비도(강도범) 김창수'를 체포하라는 명령을 직접 하달하였다. 3월 15일 김창수와 이화보를 체포하지 못했던 히라하라는 6월 21일 일본순사 등을 대동하고 이화보의 여점에 재출동한 결과, 이화보가 피신하여 체포하지 못했으나 이화보의 가족들을 회유하여 다음날인 22일 체포할 수 있었다. 한편 김창수도 6월 21일 한성(서울)에서 파견된 내부內部 관원들에 의해 자신의 집에서 체포되었고, 즉시 해주부로 호송되어 6월 27일 심문을 받았다.

이후 일본영사관은 해주부에서 인천감리서로 김창수를 이감하고, 김창수와 이화보 등에 대하여 직접 심문을 실시하기로 하였다. 이에 따라 8월 31일, 9월 5일, 9월 10일 세 차례에 걸쳐 심문이 이루어졌다. 9월 12일 일본영사대리 하기와라 슈이치萩原守一는 김구를 '대명률 형률 인명 모살인조'를 적용하여 참형으로 처단하라는 문서를 인천감리겸 판사인 이재정에게 제출했다. 이에 따라 9월 13일 이재정은 법부에 법률에 따라 처리하기를 바란다고 보고하였고, 처리가 지연되자 10월 2일 법부에 김구에 대한 조속한 처리 속변速辦를 전보로 독촉하였으나 법부에서는 임금에게 마땅히 상주하여 칙명을 받아야 할 사안훈奏當訓이라는 답전을 보냈다. 그로부터 불과 20일 뒤인 10월 22일 법부는 김구를 포함한 11명에 대한 교형을 재가할 것을 고종에게 상주하였다. 그러나 고종이 이 상주안건을 재가하지 않았고 이후 12월 31일 상주안건을 거쳐, 김구가 제외된 1897년 1월 22일 세번째 최종 상주안건에 대하여 재가함으로써 김구는 당장의 사형 집행을 면할 수 있었다. 김구는 부모와 인천지역 김주경 등을 통하여 사면을 청하는 소장이나 청원서를 관청에 냈지만 조선 정부에 받아들여지지 않았고, 1년 8개월이 넘는 투옥 생활 후 1898년 3월 20일 탈옥을 시도하여 성공한다.

안악사건安岳事件

1910년 11월 안명근安明根이 서간도西間島에 무관학교를 설립하기 위한 자금을 모집하다가 황해도 신천지방에서 관련 인사 160명과 함께 검거된 사건. 안명근은 한일합방이 강제로 체결되자 서간도로 이주하였다.

신간회新幹會

신간회(新幹會)는 1927년 2월 15일에 사회주의, 민족주의 세력들이 결집해서 창립한 항일단체로, 1931년 5월까지 지속한 한국의 좌우합작 독립운동단체이다. 이 단체는 전국구는 물론 해외 지부까지 두고 있는 단체로 회원 수가 3~4만여 명 사이에 이르렀던 대규모 단체였다. '민족단일당 민족협동전선'이라는 표어 아래 조선 민족운동의 대표단체로 발족했다. 사회주의계, 천도교계, 비타협 민족주의계, 기타 종교계 등 각계각층이 참여했으나, 자치운동을 주장하던 민족개량주의자들은 한 사람도 참여하지 않았다. 창립총회에서 회장 이상재, 부회장 권동진, 그리고 안재홍, 신석우, 문일평을 비롯한 간사 35명을 선출했다. 조직확대에 주력하여 1928년 말경에는 지회 수 143개, 회원 수 2만 명에 달하는 전국적 조직으로 성장했다. 회원 중 농민의 숫자가 가장 많아, 1931년 5월 4만 9천여 회원 중 농민이 2만여 명으로 54%를 차지했다.

설립자
안재홍安在鴻
이상재李商在
백관수白寬洙
신채호申采浩
신석우申錫雨
유억겸俞億兼
권동진權東鎮 등 34명

1927년 2월 14일자 동아일보에서 신간회 창립을 보도하는 기사

1929년 6월 말 간사제를 없애고 집행위원회 체제로 개편하여 중앙집행위원장에 허헌이 선임되었다. 같은 해 12월 전국적인 민중대회를 준비하던 중 허헌 이하 주요회원이 대거 검거당하자, 김병로를 중심으로 하는 신 집행부가 구성되었다. 한편 1928년 코민테른은 제6차 대회에서 민족주의자와의 단절 및 적색노동조합운동 노선으로의 전환을 결의하고, 이른바 '12월 테제'를 발표했다. 신집행부의 개량화와 '12월 테제'에 영향을 받은 사회주의계는 각 지회를 중심으로 신간회 해소운동을 전개하여 그 결과 1931년 5월 전국대회에서 해소안이 가결됨으로써 신간회는 해소되었다.

이상재   안재홍   신석우   유억겸   권동진

창립 당시 강령
- 우리는 정치 경제적 각성을 촉진함.
- 우리는 단결을 공고히 함
- 우리는 기회주의를 일체 부인함

국치시기의 기계 일부인日附印(1921~1945)

Part of a machine from the Japanese colonial period

기계인의 분류

국치시기에 사용된 자동압인기自動押印機는 한일통신합동협정(1905. 4. 1) 이후인 1921~1945년 사이에 우편엽서의 이용도가 급격하게 증가하여, 1921년에 도입된 미국 Universal 제품인 D형과 1931년에 도입된 대하식大賀式, 1935년에 도입된 일본의 전전戰前 통일형인 소형으로 3종이 대체로 사용되었다. 일본에서는 미국의 D형을 장형長型 또는 L형으로 대하식을 중형 또는 M형, 그리고 소형을 S형으로 수집가들은 부르고 있는데, 이는 기계인의 말소용 피선 길이를 비교하여 명명한 것이나, 우리나라에서 사용된 기계인은 사용순으로 미국산인 D형을 A형, 대하식을 B형 그리고 소형을 압인기로 사용한 표어인은 CD형, 연하인은 CE형으로 각각 명명하였으며, 사용인 색상은 주로 흑색이나 청색을 사용하였다.

시각표시의 분류

우리나라에서 사용된 기계인의 시각표시는 1922년 1월부터 1940년 5월까지 사용되었는데, 접수시각은 아래와 같이 세 종류로 구분된다.

가형	나형	다형
전　0–7, 7–9, 9–11, 11–1 후	전　0–8, 8–11, 11–2 후,	전　0–8, 8–12, 후 0–4, 4–8,
후　1–3, 3–5, 5–7, 7–9, 9–12	후　2–5, 5–8, 8–12	전　4–12, 8–12

A형의 압인기는 사용 개시 일부터 1931년 초까지 시각표시 가 형과 나 형을 삽입하였다가 다형으로 변경하였으나, B형 및 C형 압인기는 다형의 시각만을 넣어 사용하였으며, 1931년 초부터는 A, B, C, CD, CE형의 압인기 가 다형의 시각표시로 모두 통일되었다.

A형
장형長型 기계일부인

일본에서는 여러가지 자동 압인기를 사용하다가 엽서 사용량이 증가하므로 미국 Universal 제품인 최신 압인기 (D형)을 도입하여 1919년부터 사용하였다. 말소용의 피선이 7줄이었으며 말소인과 정시証示 일부인의 방향이 미국식인 횡향橫向이었으나 1921년부터 피선을 동양식에 맞게 종향縱向으로 변경하였다가 다시 말소용의 피선을 6줄로 사용하였다. 특히 기계인의 정시 일부인에서 시각 표시 하란에 당초 문양을 그린 중앙에 우편 마크를 넣어 일본에서 사용하였으나, 일제강점기에는 조선총독부 상징의 오동엽내에 우편 마크를 넣어 조선총독부체신국 표시를 하였으며, 만주 및 관동지역에서는 보난화 내에 우편 마크를 넣었고, 대만에서는 태 台자를 도안한 ▽자를 넣어서 구별하였다.

1921년 12월 28일자 조선총독부 고시 제280호로서 자동 압인기 형식을 도판으로 소개하였는데, 인영 흔적은 경성국의 1922년 5월 5일(전0–7) 기계인이었으며, 1938년 조선총독부 체신국에서 발간된 조선체신연혁사 P61에는 1921년 12월 28일 이후부터 경성 및 부산국에서 자동압인기(전동식)를 사용하였다는 기록도 있지만, 실제로는 1921년 12월 28일부터 A형 압인기를 사용하였으나 나타난 날인은 1922년 1월 1일(전0–7)이고, 1921년 12월 흔적은 보이지 않으며 1945년 8월경까지 사용되어 사용기간이 길다. 1922년 1월 1일부터 경성국과 부산국에서 사용된 A형의 압인기는 시각표시 하란의 오동엽이 큼직하게 정시 일부인 내원에 붙어있는 듯하며 우편마크가 작은 것이 특징인데 1931년까지 사용되었다.

1926년 12월 25일 대정 연호는 사라지고 소화 연호가 사용되었으나 대정 16년 1월 1일 날인된 사용 실체가 발견된다.

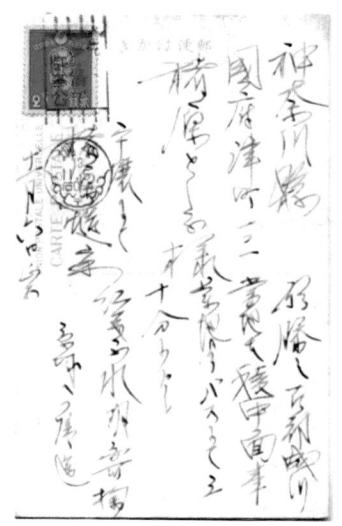

사용되었던 우편국 명단
경성부 산용산 · 인천 · 평양 · 원산 · 함흥 · 남대문 · 나남우편국이다

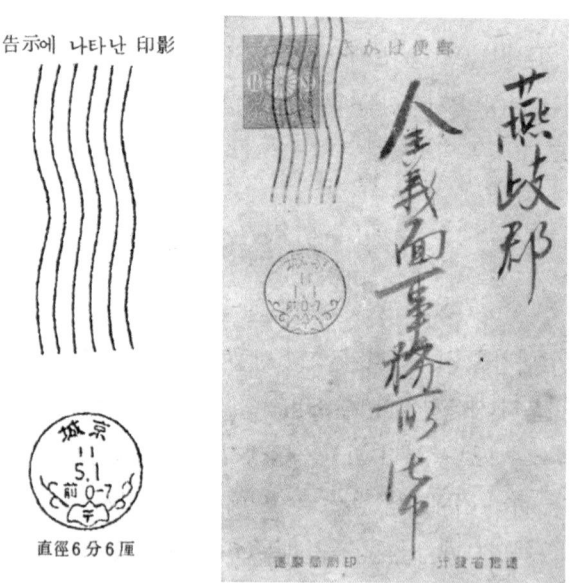

告示에 나타난 印影

直徑6分6厘

1938. 11. 5 평양　　　　SEOUL 1922. 1. 1 전 0-7

1928년 12월 말부터 연하우편물 취급기관에 전국적으로 시험용 기계일부인을 사용하였다. 압인기는 A형으로 정시 일부인의 자체가 모두 굵직한 것이 특징이지만, 1929년 1월 1일 이후에는 시험용 기계일부인이 사용되지는 않았으며 정시인의 자체를 정상으로 교체하여 사용하였다. 기계인의 정시 일부인에서 연 · 월일을 1행으로 표시하는 것은 한국에서만 볼 수 있는 독자적인 형식인데 1929년 이전에 사용된 실체는 발견되지 않았으며 어떤 의미에서 1행으로 표시하였는지는 확인이 되지 않았다. 1929년 1월 1일 시험용 기계인을 사용한 이후부터 지방 일부 우편국에서 사용된 것으로 사료되는데 1행 표시는 1940년 초까지 사용되었다.

기계인은 엽서류(관제·사제)에 날인하는 것이 관례이나 간혹 통상 우편물인 봉투에도 날인하였으나 사용 빈도 수는 많지 않았다.

기계인의 종류

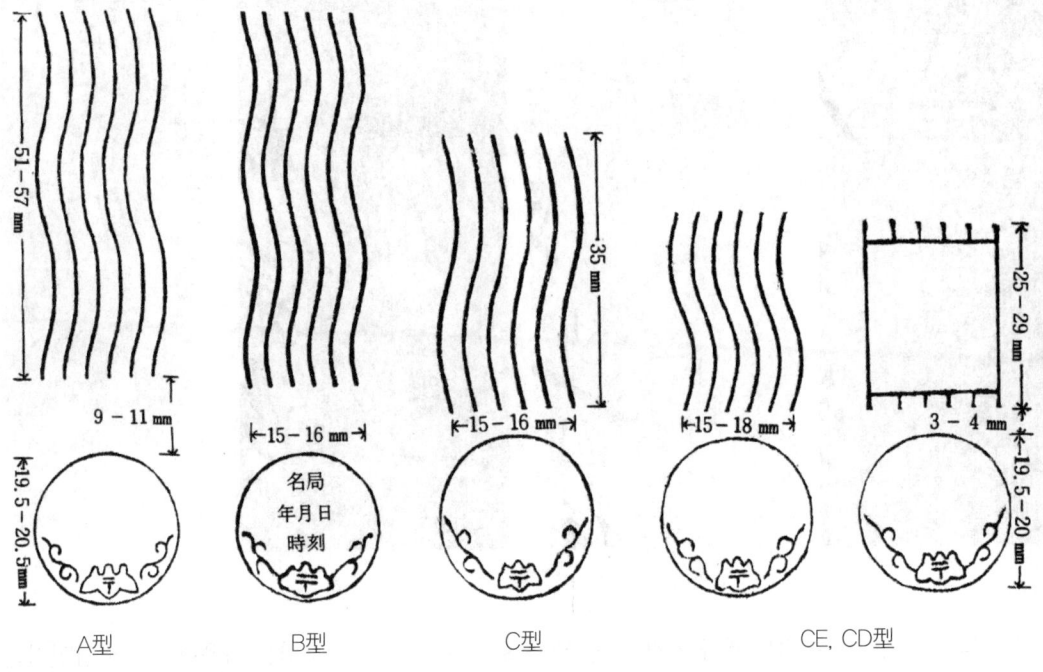

대정 大正은 1926년 12월 25일에 붕어崩御(임금이 세상을 떠남)되었기 때문에 대정 연호는 사라지고, 소화 연호가 사용되었으나, 있을수 없는 대정 16년 1월 1일 날인 사용례가 있는데, 연말의 연하 우편물 취급 관계로 미리 다음해인 대정 16년 1월 1일로 바뀌어 사용한 까닭에 대정 16년 연호가 볼 수 있지만, 보통 일부인의 사용도 있으며 기계 일부인의 사용 가능국은 아래와 같다.

경성·부산·용산·인천·평양·원산·함흥·남대문·나남

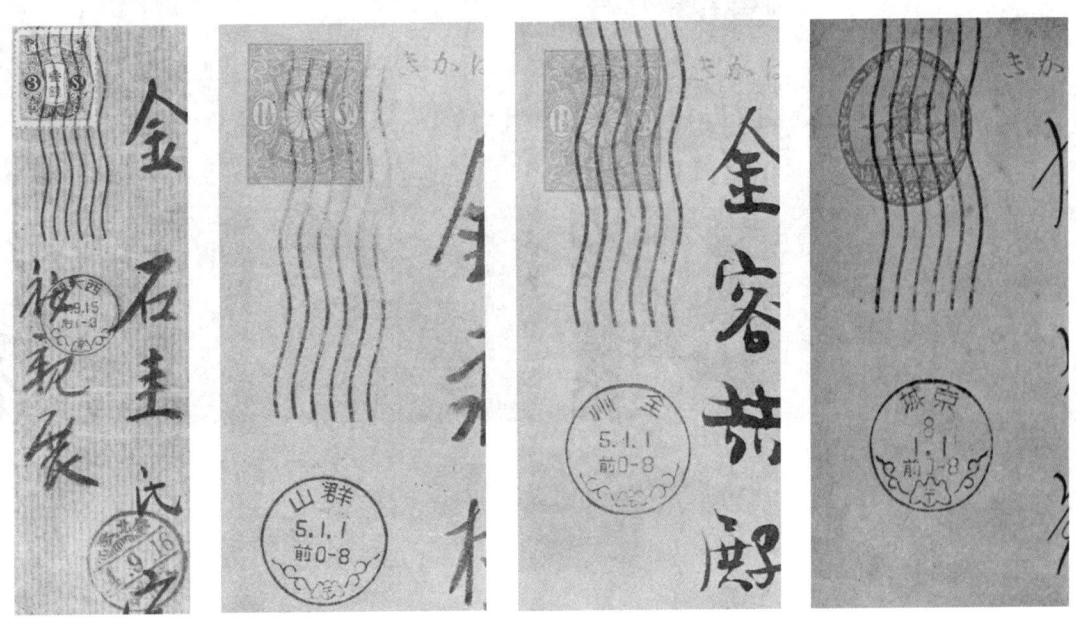

광화문국을 비롯해서 1924년부터 기계인을 사용한 국은 대구·용산·평양·인천·남대문·원산·함흥·나남국으로 추정된다.

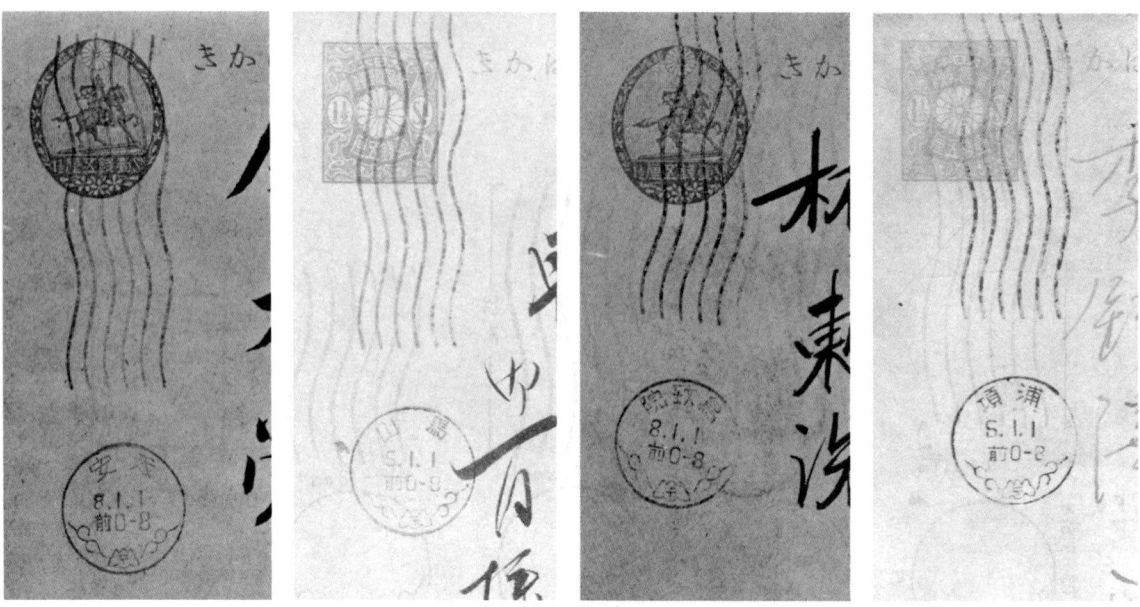

1928년 12월 말부터 연하우편물 취급 기간이 전국적으로 시험용 기계 일부인을 사용하였는데 압인기는 A형으로 증시 일부인의 자체字體가 모두 큼직한 것이 특징이지만, 1929년 1월 1일 이후에는 시험용 기계 일부인이 사용되지는 않았으며, 증시인의 자체字體를 정상으로 바꾸어 사용하였다.

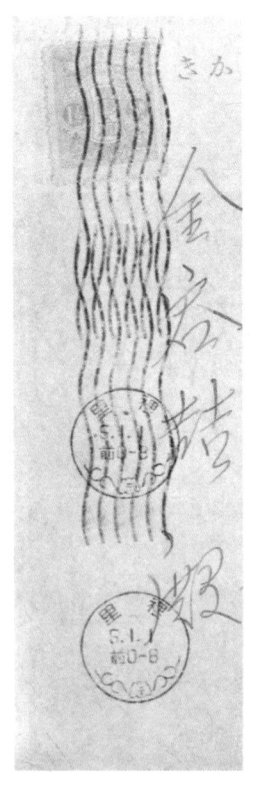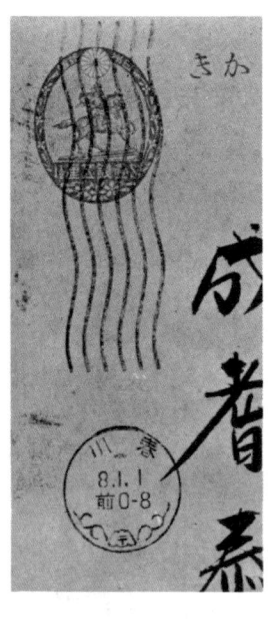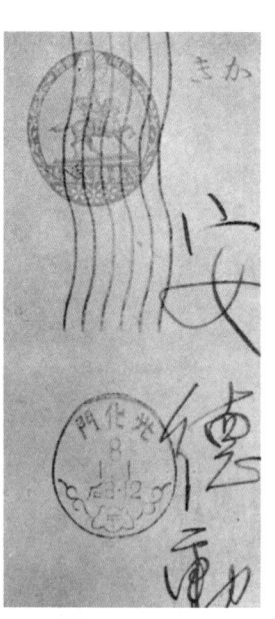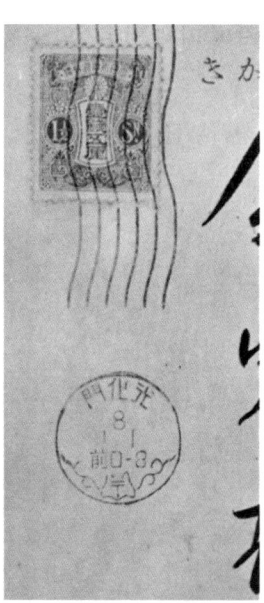

조선박람회朝鮮博覽會기계일부인
1929. 9. 13. 전9-11

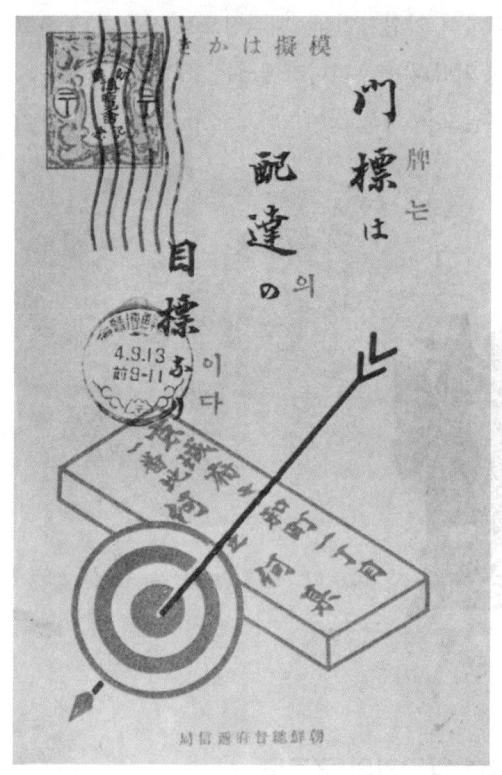

모의엽서는 1929년 9월 12일부터 경복궁에서 10월 말 일까지 조선박람회장에서 체신관계를 널리 홍보하기 위해서 조선총독부 체신국에서 인쇄하였다. 모의엽서는 여러 종류가 발행되어 표어도 각각 다른데, 기계인은 조선총독부 구내우편국 임시출장소에서 날인한 것으로 국명 표시가 아닌 조선박람회장 표시이다.

조선박람회

조선총독부는 1929년 9월 12일부터 10월 31일까지 경성 경복궁에서 조선박람회를 개최했다. 조선박람회는 일본의 조선 식민통치 20년 시점에 개최된 행사로, 조선 내 토착화된 식민통치의 결과물을 볼 수 있는 전시회였다. 1915년 열린 조선물산공진회 직후 조선총독부는 1916년부터 경복궁 안에 청사를 신축(1916~1925)했다. 경복궁의 중심축 선상에는 일본제국의 상징인 총독부 청사가 자리 잡게 되었고, 광화문은 경복궁의 새로운 가로축 위에 놓아 총독부 청사보다 낮은 위계를 강조하였다. 이후 청사가 완공되고, 식민통치 20주년 기념과 청사 완공 기념, 민심 수습, 경성상업회의소 부회두(副會頭부회장) 및 조선은행 총재의 제안 등의 이유로 박람회가 준비되었다. 조선박람회는 조선총독부 식산국殖産局에서 관장하였으며, 사무를 총괄하는 조선박람회 사무국을 별도로 두었다. 또, 경성부와 각 도에 협찬회가 구성되어 사무국을 지원하는 형태로 추진되었다. 박람회가 개최되고 총독부는 학생들의 수학여행 실시, 행정조직을 통한 박람회 관람단 형성, 협찬회의 선전 노력 등 조선통치의 성과를 대내외적으로 알리고자 많은 이들을 조선박람회 관람에 동원하고자 하였고, 관람인원 1만 명 목표를 달성하게 된다.

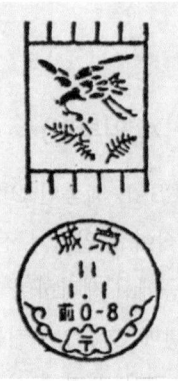

경성 표어 기계인

연월일 1행의 표시는 지방의 보통국에서 많이 사용되었으나, 부산을 비롯해서 경성국, 평양국 같은 대형 국에서 사용된 흔적이 있다. 또한 부산국을 비롯해서 경성국, 광화문국에서는 소화 4~5년부터 압인기 3대를 설치하여 날인하였으나, 엽서의 이용도가 늘어남에 따라서 점차 증가되었다.

B형
(중형 기계 일부인)

일본 체신박물관에 근무하던 직원이 1921년 10월에 발명한 대하식 압인기인데, 대지진으로 사용치 못하고 1929년에 재 완성하여 1930년 1월부터 일본에서 보급되어 사용되었지만 우리나라에서는 1931년부터 B형의 압인기가 도입되어 사용하였다. B형은 종전에 사용하던 A형의 말소용 파선 길이보다 35mm로 짧은데, 초기에는 수동식이었으나 전동식으로 바뀌었다.

B형 대하식 압인기(수동)

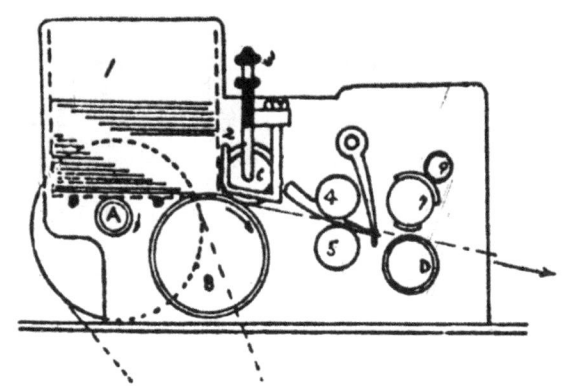

B형 압인기의 구조도

1. 우편엽서
2. 제2Roller(상)
3. 제 2Roller(하)
4. 제 3Roller(상)
5. 제 4Roller(상)
7. 일부인 Roll
9. 인쇄 roll

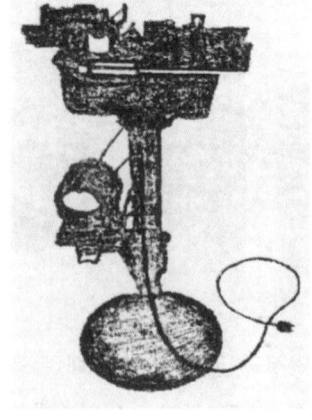

C형 압인기(전동식)

C형 (소형 기계 일부인)

미국 UNIVERSAL 제품인 D형을 일본 실정에 적합하도록 개량한 압인기인데 대체로 형식이 통일되어 전쟁 전 통일형으로 부르는 압인기는 주식회사 삼행 제작소 등에서 제작하여 1935년부터 일본에서 사용되었으며, 우리나라에서도 1935년에 C형 압인기를 도입하여 사용하였다. 그리고 C형과 표어, 연하기계인이 같은 시기에 사용되었으나, C형의 사용 실체가 1936년 1월 1일 이전 날인된 실체는 발견되지 않았다.

CD형
(표어인 기계일부인)

일본의 전쟁 전 통일형인 C형의 압인기를 1935년에 동비하여 파선을 이용하여 표어를 넣어 사용한 CD형으로 우리나라에서는 일본보다는 늦게 표어기계인이 사용되었다.

표어의 종류

1. 연하장은 일찍이
2. 항공 일본의 건설은 애국우표로
3. 통후統後의 지킴도 내선일체
4. 불타는 애국 노력하는 가업
5. 보은의 생활에 환희 있다
6. 먼저 국체로 봉사
7. 저금으로 나타내는 정신작흥
8. 통후統後의 보호는 저금에서
9. 가슴에 애국, 손에 국채
10. 통후統後에 빛나는 국채보국
11. 내선일체는 국어부터

CE형
(연하 기계일부인)

연하 기계 압인기는 형식이 C형으로 말소용의 파선을 이용하여 연하 특별 도안을 넣은 기계일부인데, 1935년 12월 18일자 조선총독부 고시 제 733호로 1936년 1월 1일 연하기계인 및 연하 보통 일부인 형식을 도판으로 소개하였다. 인영은 일본과 동일하게 사용한 연하기계인으로 연하우편물 취급 기간중에 1936년 1월 1일 활인을 미리 넣어 날인하였으나, 몇몇 국에서는 1935년 12월 31일 활인을 넣어 사용한 예도 있으며, 1월 1일 이후인 1936년 1월 2일 날인한 실체도 보이지만, 1938년 1월 1일 연하기계인을 끝으로 전쟁의 격화 때문에 중단되었다. 1916년용 기계인의 말소부분에 넣은 연하 특별 도안은 솔잎 물은 학이며 1937년용은 매듭이다.

변종 기계일부인

우리나라에서 사용된 기계일부인 중에는 변종(VARIETY)가 많지는 않으나, 기계의 작동이나 취급 부주의로 종종 흥미있는 실체가 발견되었다.

자료 출처: **餐霞堂**자료집 1. 한국사용일본기계일부인[편집]

국치시기 그림엽서

Japanese Colonial Era

국치시기 그림엽서첩 표지

국치시기 일제가 조선 식민지 정책을 미화하기 위한 대외 홍보용으로 선전하기 위하여 제작 배포하였다.

압록강의 여름과 겨울

The Railway Bureau of the Government General of Chosen
조선총독부 철도국 발행   140x90mm

압록강이라는 이름은 '오리녹색'을 의미한다. 1060년 송나라에서 편찬된 〈고구려전高句麗傳〉에 "물빛이 오리의 머리 색과 같아 압록수라 불린다 色若鴨頭 號鴨淥水"고 기록되어 있다. 그러나 이에 대해서는 이백의 시 '양양가襄陽歌' 중 "요간한수압두록遙看漢水鴨頭綠, 멀리 보이는 한수는 오리의 머리처럼 푸르다."에서 연상해 멋대로 해석한 것이라는 견해가 유력하다. 명칭의 유래에 관하여는 압록이 '우리'라는 뜻의 고대 한국어를 차자借字한 것이라는 견해가 있다. 또한 만주어로 국경을 의미하는 '얄루'(Yalu)에서 유래했다는 견해도 있다.

대구시장大邱市場과 수원 화홍문華虹門

A Market in Taikyu & Kakomon(a famous gate) Suigen
조선총독부 철도국 발행   140x90mm

진남포鎭南浦 전경과 평양 목단대牧丹臺

Town of Chinnampo & Botandai Heijyo
조선총독부 철도국 발행　140x90mm

부산정차장釜山停車場과 부산항釜山港 전경

Railway Station Fusan & Town of Fusan
조선총독부 철도국 발행　140x90mm

용산정차장龍山停車場 · 개성인삼開城人蔘 · 인천항 전경

Railway Station ryuzan & Gingseng Plantation at Kaijyo & Town of Jinsen
경성시가京城市街 · 남대문역 급행열차
A Street in Keijyo & ExpressTrain and Namdaimon Station

경성시가京城市街 · 남대문역 급행열차

A Street in Keijyo & ExpressTrain and Namdaimon Station
조선총독부 철도국 발행   140x90mm

부산역 · 조선호텔 · 압록강 철교

Fusan Pier & Chosen Hotel · Railway Bridge Over R. Yalu
The PANAMA−Pacific International Exposition   140x90mm
조선총독부 철도국 발행   140x90mm

압록강 상류 산림 · 개성 인삼밭

조선총독부 철도국 발행   140x90mm

조선총독부 시정5주년기념엽서
함경남도 신포항 명태어장·부산어시장

조선총독부 발행   140x90mm

N.Y.K. LINE S.S. 'KOREA MARU'
조선총독부 발행   140x90mm

조선총독부 시정6주년 기념엽서

동아연초주식회사공장 · 조선피혁주식회사공장
조선총독부 철도국 발행   140x90mm

조선 축우畜牛 두수頭數 및 우피牛皮 생산 통계

년도	축우두수	우피생산액
1913년	1,211,011	4,152,834근
1914년	1,338,401	4,881,204근
1915년	1,353,531	7,211,880근

조선 엽연초葉煙草 생산 통계

년도	재배면적	생산액
1913년	22,798정6	4,507,657관
1914년	20,771정5	4,370,862관
1915년	23,604정0	4,841,405관

관기官妓 단체 촬영

(許不製撮)(弟46) Gathering of a Court Lady.   合 羣 妓 官 (俗風鮮朝)

조선총독부 시정1주년 기념엽서

백운동 식목 제1·4차년도
조선총독부 발행　140x90mm

경성역京城驛

140x90mm

부산釜山 제1부두 부관연락선釜關連絡船

First Pire of Fusan
일제강점기 부산 오죽당(吳竹堂) 발행 컬러엽서　140x90mm

부산항釜山港 부관연락선 앵화호櫻花丸

Fusan Sanbashi Sakuramaru
국치시기 부산 오죽상점吳竹商店 발행　140x90mm

남대문南大門 전경

The Namtai Gate
일제강점기 경성국제보도연맹 발행　140x90mm
남대문 우측 상단에 명동성당이 보이며, 남대문 주변 전차 괘도 및 트럭과 Jeep차가 보인다.

숭례문崇禮門은 조선의 수도였던 서울의 4 대문大門 중의 하나로 남쪽의 대문이다. 흔히 남대문南大門이라고
도 부른다. 서울 4 대문 및 보신각普信閣의 이름은 오행사상을 따라 지어졌는데, 이런 명칭은 인(仁: 동)·의(義:
서)·례(禮: 남)·지(智: 북)·신(信: 중앙)의 5덕五德을 표현한 것이었으며, 숭례문의 '례'는 여기서 유래한 것이다. 숭
례문의 편액은 《지봉유설》에 따르면 양녕대군이 썼다고 알려져 있으나 이설이 많다. 1396년(태조 5년)에 최유
경의 지휘로 축성하였다. 1447년(세종 29년)과 1479년(성종 10년) 중건하였다.

남대문로 일본생명보험회사 건물 전경

Namtaimoon Kogauemachi, Keijo / 경성 남대문통 황금정
국치시기 경성 일지출상행 발행   143x92mm

경성 중앙은행 본점京城中央銀行

국치시기 경성 일지출상행 발행   143x92mm

경성우편국京城郵便局

The Post Office SEOUL

The Post Office, Keijo 경성 도선기념 엽서 140x90mm

군항당 발행   140x90mm

■ **관함식觀艦式 Fleet Review은 국가적 경사 등에 국가 원수가 해군 함정을 모아 놓고 그 위용을 검열하는 의식**

제1회 1890년 어신호於神號 3척 총 34,382톤

제2회 1900년 어신호於神號 49척 총 129,601톤

제3회 1903년 어신호於神號 60척 총 213,121톤

제4회 1905년 어횡병於橫拼 616척 총 33,650톤

제5회 1908년 어신호於神號 124척 총 403,701톤

제6회 1912년 어횡병於橫拼 113척 총 443,838톤

제7회 1913년 환예관함식桓例觀艦式 동경만東京灣 59척 총 351,970톤

일본제국 해군 작전 구역

좌세보해군구佐世保海軍區, 오해군구吳海軍區, 무학해군구舞鶴海軍區, 횡수하해군구橫須賀海軍區

1916년 12월 말 당시의 일본 해군의 군세

일본은 해안과 바다에 해군구海軍區를 설치하였는데, 각 해군구에는 진수부鎭守部를 두어 군함과 분속인 각 진수와 수뢰단 등을 설치하였다. 일본은 일본 본토 동해안을 중심으로 제일, 서해안을 중심으로 제사해군구를 두었고, 국외에는 제2, 3, 5해군구를 두었는데, 대만을 포함한 지역에는 제삼해군구, 제오해군구는 대마도와 조선 해안, 해면에 두었다. 진수부 소관인 좌세보佐世保요항부는 구내인 진해에, 만주의 관동주해군구는 관동주 해안에 여순요항부를 두었다. 군함 65척, 구축함 67척, 수뢰단 24척, 잠수함 16척 등 총계 172척에 67만 톤 규모였다.

출처: 조천향교造川鄕校—진해실록

태평양 우편 기선汽船
Shang-Hai행 우편엽서

Mar. 3. 1914. Shang-Hai행   140x92mm
Pacific mail Steamship Company's steamer 'Korea' Operating on the sunshine Belt to the Orient between San
Francisco, Honolulu, Japan, China and Manila. 18,000 Tons
태평양우편 기선 한국, 샌프란시스코, 호놀룰루, 일본, 중국, 마닐라 사이의 동양으로 운항. 1만 8천톤급

부관연락선釜關連絡船 홍제호弘濟號

부산오죽상점 발행 140x92mm

태평양우편 기선汽船

U.S.A▶Damariscotta, Maine

P.M.S.S Co'S 'Korea'

Mar. 15, 1905– Mar.27, 1905 Damariscotta, Maine
140x92mm

Pacific Mail S.S. Co–on Board S.S. 'Korea'
Yokohama▶Biddeford, U.S.A

마산중포병대대馬山重砲兵大隊정문 전경

마산복옥서점 발행. 140x92mm

마산 중포병부대 막사 전경 140x92mm

혼례 후 피로연披露宴 장면

140x90mm

한국독립운동지혈사韓國獨立運動之血史(박은식 저, 1920) 하권 제12장 [1]

일본인들은 우리 민족의 문명적인 행동에 대하여 극도로 야만적이고 잔악한 살육을 자행한 민족이다. 세계 각국 사람들이 이 살육의 진상을 목격하고는 공분公憤에 격하여 우리를 위해 동정의 눈물을 흘렸다. 일본 민족이 비록 여러 모로 교묘히 숨기려 한들 어찌 은폐할 수 있겠는가. 우리들이 동족으로서 그 피를 이어받아 독립의 목적을 관철하지 못한다면 장차 무엇으로 우리의 형제, 자매의 충혼忠魂에 사죄할 것인가. 나는 생각이 이에 미칠 때마다 오장五臟을 칼로 에어 내는 듯하고, 말보다 눈물이 앞서서, 글을 쓰려 하여도 손이 떨리는 때가 여러 번이었다. 그러나 우리 2천 만의 심혈이 막강한 무력이며 세계의 문화가 막대한 응원이니, 저들의 군국주의는 이미 황혼에 접어든 것이다. 좌전左傳(중국 노나라의 좌구명이 '춘추'를 해설한 책. 30권)에는, '하늘이 불선不善을 돕는 듯이 보임은 그를 진정 도움이 아니다. 그 흉악함을 더욱 드러나게 하여 끝내는 그것을 징벌하기 위한 것이다' 하였다. 지금 저 일본 민족은 악이 날 대로 나서 이미 그 극에 달했으므로 하늘의 벌이 미구에 내리리라. 우리들은 원수의 피를 마셔 형제, 자매에게 보답할 날이 반드시 있을지니, 어찌 분발하지 않을 수 있겠는가.

태평양 횡단 계획 항공로

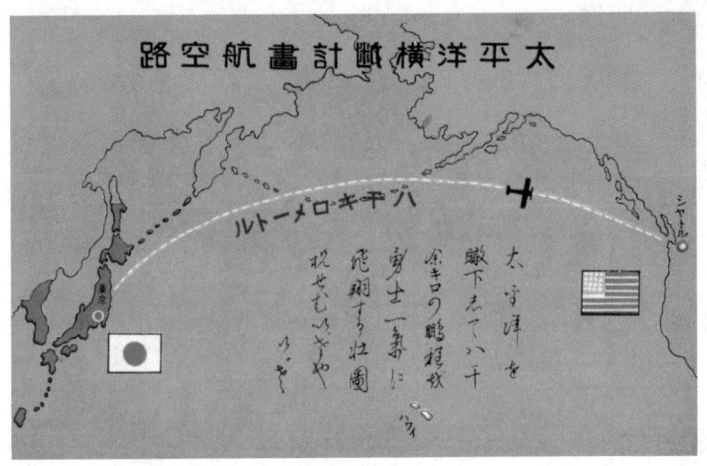

태평양횡단비행후원회 발행　　　140x90mm
한국·대만·일본열도를 적색으로 표시하여 일본 영토로 홍보하고 있다.

한국독립운동지혈사韓國獨立運動之血史(박은식 저, 1920) 하권 제12장 [2]

1개월 동안의 사상자
1919년 3월 1일~4월 1일까지 살상된 한국인은 저들이 극력 은폐하여 힘써 발표하지 않았으므로 그 상세한 실제 숫자를 알기가 어렵다. 경성 통신원의 기록에 의하면 대략 다음과 같다. 독립운동은 1일부터 월말에 이르기까지 더욱더 형세가 치열하여 일본인들은 이에 형용할 수 없는 야만적 잔학을 다하였다. 창으로 찌르고 칼로 쳐 풀을 베듯 하였으니, 즉사한 사람이 3,750여 명이고 중상으로 며칠을 지나 죽은 사람이 4,600여 명이었다. 옥중에서 죽은 사람 수는 알 수 없으나 체포되어 수감된 사람은 약 수십만 명인데 사망 통보가 잇달아 있었다. 저들은 학살만 자행할 뿐 중상자의 의약 구입과 치료조차 불허하고, 시골의 부상자들이 시중의 병원에 실려 와 치료를 받으려하면 이를 막아 죽게 버려두었다. 이 같은 저들의 잔인 포학상을 어찌 세계 인류가 일찍이 경험하였겠는가. 외신보도에 의하면 약 1천 명이 모여 한 번 시위하면 피해자가 7백 명에 이르렀다고 한다. 어느 작은 마을에서는 1주일 동안 참살당한 자가 170명이었고, 교회당의 파괴가 15군데에 이르렀다. 10년 전에 하세가와 요시미치(長谷川好道 제2대 조선총독)가 한국인의 반항을 진압할 때 무기를 써서 학살한 한국인의 수는 1만 5천 명이었다고 하였다.

1930년 10월 1일

일본제국 영토 표시 지도 현황

한국독립운동지혈사

韓國獨立運動之血史(박은식 저. 1920) 하권 제12장 [3]

수원 제암리 학살

왜놈들은 우리나라 각지에서 학살을 자행하지 않은 곳이 없으니, 우리 민족에게 만겁을 두고두고 잊지 못할 상처를 남겼다. 수원 지방의 참극 같은 경우를 차마 어찌 말로 다할 수 있으랴. 1919년 4월 15일 오후, 일본군 중위 1명이 병졸 1대를 거느리고 수원군 남쪽 제암리에 들어왔다.

그 자는 주민들에게 유시諭示(지난날, 관청등에서 구두 또는 서면으로 백성에게 알림)할 일이 있다 하고 기독교, 천도교 신자 30여 명을 교회당에 소집한 후, 창문을 굳게 잠그고 병졸을 동원하여 교회당 안에 총을 난사케 했다. 어떤 부인은 안고 있던 아이를 창밖으로 내밀면서 외쳤다. "나는 곧 죽지만 부탁하건데 이 아이만은 제발 살려 주시오" 그러나 왜병은 곧 창으로 아이의 머리를 찍어 죽였다. 교회당 안의 사람들이 거의 모두 죽거나 부상하였을 때 왜병들은 교회에 불을 질러 버렸다. 홍모는 상처를 입은 채 창문을 넘어 달아났으나 왜병은 이를 사살했다. 강모의 처가 그 시체를 이불로 덮은 후 불태워 버렸다. 또 홍씨 부인은 불을 끄려고 달려왔다가 바로 사살당하고, 어린아이 두 명도 죽음을 당했으며, 어느 젊은 부인이 그의 남편을 구하러 왔다가 역시 피살되었다. 교회당에 있다가 죽은 사람이 22명, 뜰에서 죽은 사람이 6명이었는데, 사망자의 시체는 모두 불태워 버렸다. 왜병은 또 제암리의 민가 31채를 불살랐고, 이웃 8면 15마을에서 317호가 연소되어 사망자가 39명이었다. 다시 그 이웃 마을에 며칠간 계속 사격, 방화, 구타를 자행하였으니, 사망자가 1천여 명에 달하였다. 이때 남녀노소는 모두 산 속으로 도망쳐 달아났고, 그들의 곡성은 천지를 진동시켰다. 칼에 찔려 피 묻은 옷으로 바위틈에 엎드리거나, 나무와 풀에 의지하여 이슬을 맞으며 산야에서 밤을 지새웠다. 어떤 소녀는 노모를 업고 달아나다가 어머니가 앓아 풀숲에 누우니 소녀가 옹기 그릇 조각으로 풀뿌리를 캐어 어머니를 봉양했다. 어떤 이는 풀로 어린애를 싸서 바위 틈 속에 두기도 하였는데 이는 외국인이 촬영하여 퍼뜨린 것이다. 수원군 용주리에서는 허리 굽은 백발의 노부부가 눈물을 줄줄 흘리고 울면서 때마침 서양 의원을 만나 이야기했다.

"나는 지금 71세이고 처는 70세로서 세 아들과 세 손자를 두었소. 그런데 4월 중순경 갑자기 왜병이 우리 집에 들어와 세 아들과 세 손자를 나오라고 호통 치더니, 곧 큰 포승으로 묶어 끌고 갔습니다. 따라가 보니, 곧 죽일 것 같아서 내가 땅에 꿇어 엎드려 천만번 애걸했었소. 그러나 저들은 오히려 화를 내며 나를 내쫓고 내 앞에서 여섯 아이를 창으로 배와 목을 찔러 모두 죽였소. 나도 함께 죽여 달라고 울부짖었으나 들은 척도 않고, 그들 시체 위에다 풀을 덮고 불태워 버렸소. 손·발·코·귀 어느 하나도 남는 것이 없었소이다……." 노인은 기가 막혀 더 이상 말을 잊지 못했다고 한다.

조선지도

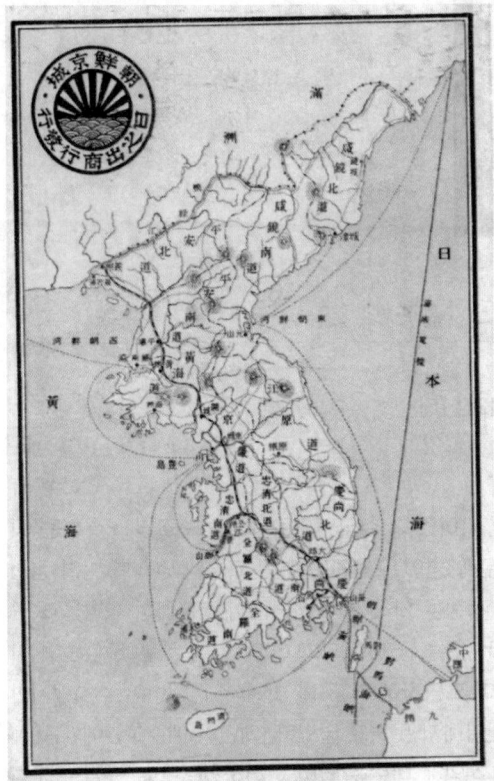

동경길천홍문관 발행. 90x140mm

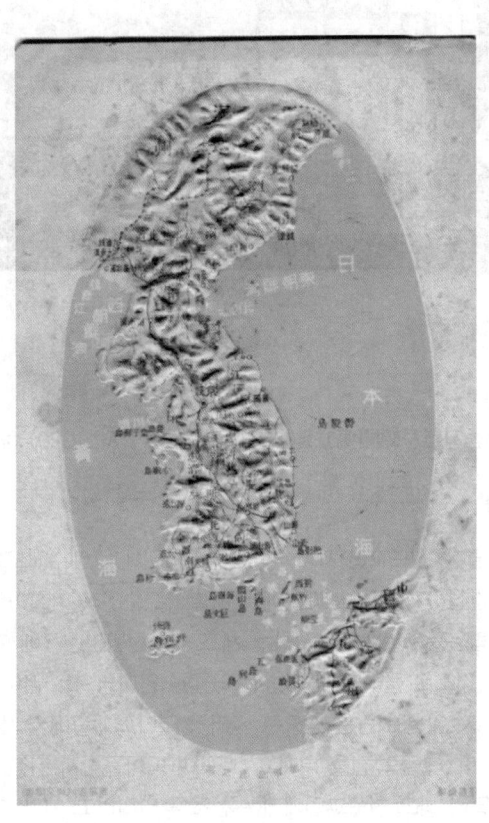

조선 경성 일지출상행 발행 140x92mm

한국독립운동지혈사韓國獨立運動之血史(박은식 저. 1920) 하권 제12장 [4]

수천리와 화수리 참살

1919년 4월 6일 새벽
단꿈이 채 깨기도 전에 돌연 총성이 집을 뒤흔들더니, 이어 왜병이 수원 수천리로 밀려들어와 교회당과 민가 34호에 불을 질렀다. 마을 사람들이 불을 끄려다가 1명은 사살되고 많은 사람이 중상을 입었다.
4월 21일
아침밥을 미처 마치기 전에 별안간 들려온 총성과 함께 헌병과 순사들이 화수리에 몰려들어와 마구 불을 지르고 총을 쏘아댔다. 모든 남녀노소가 황급히 산으로 피해 올라가니, 왜병이 쫓아오며 총을 쏘아 사상자가 수없이 발생하였다. 농사짓는 이 마을은 예로부터 부촌으로 알려졌으나, 이 지경이 되고부터는 한갓 황폐한 언덕으로 변하고, 저장해 둔 양곡도 모두 불타 버려 굶어 죽은 사람들이 많았다. 서양 선교사가 이 지역을 시찰하다가 한 촌민에게 일본인들의 잔악 행위 이유를 물으니 이렇게 대답하였다. "이 마을 사람들은 만세를 부른 일이 없었습니다. 단지 장에 모였던 사람들이 만세를 불렀는데, 그 중에는 예수교인들이 많았습니다. 그 독립 시위 운동은 질서 정연하고 조금도 문란하지 않았습니다. 그런데 왜노 순사 하나가 갑자기 총을 쏘아 사상자가 생겼고, 군중들은 불같이 노하여 그 순사를 때려죽이고 분견소에 불을 질렀습니다. 그러나 우리 마을은 분견소에서 20여 리나 떨어져 이 사건과는 전혀 관계가 없는데, 왜 하필이면 우리 마을에만 죄를 뒤집어 씌우는지 모르겠습니다"

일제가 발행한 한일합방韓日合邦 기념엽서

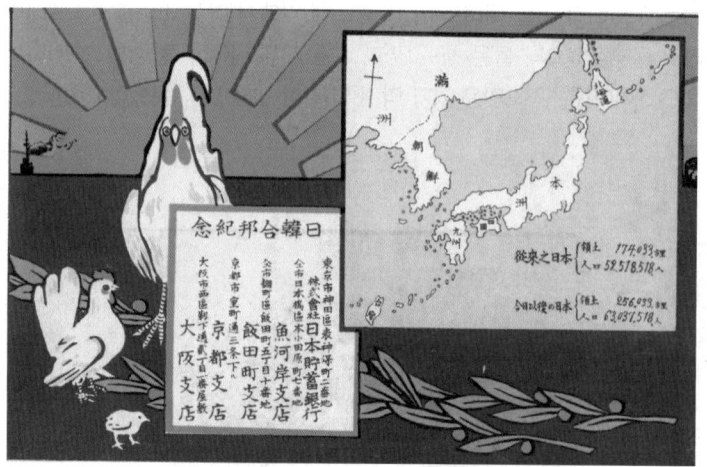

140x92mm

한국독립운동지혈사韓國獨立運動之血史(박은식 저. 1920) 하권 제12장 [5]

맹산의 학살

맹산군孟山郡은 천도교 신자가 많았는데, 시위에는 예수교도들도 참가하였다. 한국인으로서 헌병보조원 노릇하는 자들이 이에 간섭하지 않았기 때문에 무사할 수 있었다. 며칠이 지난 뒤 왜병이 도착하여 어떤 교사의 명의를 빌어 집회를 열고 독립운동 지도자 한 사람을 체포하여 헌병분견소에 가두고 혹형을 가하였다. 사람들이 격분하여 석방을 요구하러 헌병분견소로 몰려드니, 왜병은 이들을 안마당으로 끌어들인 뒤 문을 굳게 잠그고 60여 명을 사살하여, 숨이 아직도 끊어지지 않은 사람은 창으로 찔러 죽였다. 그 중에서 세 사람이 도망하여 그 곳을 벗어나니, 왜병이 추격했지만 미치지 못했다. 그들의 집을 뒤지고 부근 여러 마을까지 뒤졌으나 찾아내지 못하고 말았다. 왜인이 예수교인에게는 예수를 믿지 말라 하고 천도교인에게는 신조를 버리라고 했다. 그들의 신앙에 대한 탄압이 이러하였으므로, 오늘날 교회가 이처럼 반대운동에 가담하고 있는 것이다.

경성 십자가의 참살

1919년 3월 9일
왜병이 남녀 교인을 묶어 경성의 일본 독립교회 안에 가두었다. 십자가를 무수히 세워 놓고 교인들을 그 위에 묶은 후에 앞뒤로 늘어서서 심하게 구타하여 많은 사상자를 냈다.

일제가 발행한 한일합방韓日合邦 기념엽서

140x92mm
소네 아라스케曾禰荒助1849 ~ 1910
이토 히로부미伊藤博文1841 ~ 1909
고무라 쥬따로 (小村壽太郎)

한국독립운동지혈사韓國獨立運動之血史(박은식 저. 1920) 하권 제12장 [6]

강서의 학살

강서군 성대면 사천교회는 3월 2일에 시위를 벌여 교인 6명이 체포되었다. 이튿날 대동군 원장교회의 독립단원 2천여 명이 사천으로 몰려드니, 일본 헌병보조원 3명이 순식간에 나타나 윤관도尹寬道·현경묵玄景默 등 6명을 사살하고 또 많은 중상자를 냈다. 그러자 군중들은 분노를 금치 못하여 맨손으로 대항해 싸워 일본 헌병과 보조원을 죽였다. 우리 측은 사망자 43명, 중상자 20여 명을 냈으며, 병원에 운반도중 절명한 사람이 20여 명에 이르렀다. 또 대동군 중산리 두만리교회의 여 권사는 그의 16세 된 손자와 함께 단칼에 죽었다.

의주의 참살

1919년 3월 29일
의주군 고령삭면 영산시장에서 시위운동이 일어나 왜병에게 6명이 총살되었다. 친족들이 시체를 떠메고 헌병주재소로 가서 통곡하면서 '독립이 성취되기 전에는 절대로 장례를 치를 수 없다' 고 하자 왜병이 군중들에게 총을 마구 갈겨 해산시켰다.

일제가 발행한 한일합방韓日合邦 기념엽서

140x92mm
데라우치 마사타케寺內正毅
순종황제純宗皇帝
이완용李完用 (실제 사진은 송병준宋秉畯으로 오류誤謬 표기)

한국독립운동지혈사韓國獨立運動之血史(박은식 저. 1920) 하권 제12장 [7]

대구의 학살

대구에서는 독립단 2만 3천 명이 시위운동을 벌여 왜병에게 총살된 자가 113명, 부상자가 87명이었다. 사망자의 친척이 시체를 거두려 했으나, 왜병이 쫓아 버려 장사 지낼 수 없었다. 의사 진陳씨란 사람이 부상자를 구호하려 했으나 왜병이 총을 쏘아 체포되었고, 단원 김용해金鎔海라는 이는 사람됨이 강직하고 씩씩한 기품이 있었다. 그는 그의 아버지가 독입운동의 주모자로 독립선언서를 낭독했더니 왜병이 쫓아 들어와서 구타하였다. 김용해는 그의 아버지의 앞을 가로막고 맨손으로 대항하다 시위운동을 하다가 왜병이 칼을 휘둘러 중상을 입었으며, 부자가 함께 투옥되었다가 며칠 후 숨을 거두었다.

밀양의 학살

밀양군에서는 13,500명이 시위운동을 벌였는데 사망자가 150명이었다. 이 군내에 말밥굽 형상의 골짝 마을로, 산 어귀에 외길이 난 동네가 있었다. 왜병이 이 길목을 막고 마을 사람들에게 집중 사격하여 늙은이와 어린이 및 부녀자들이 모두 죽음을 당했다.

일제가 발행한 한일합방韓日合邦 기념엽서

140x92mm
야마가타 아리토모山縣有朋
가쓰라桂太郎

■ 야마가타 아리토모山縣有朋(1838~1922)

일본제국 육군 원수이자 내각총리대신을 두 번 지낸 인물이며, 일본 의회제도 체제 아래 최초의 총리이다. 그는 일찍이 근대 일본의 군사와 정치 토대를 마련했다.

■ 가쓰라桂太郎

가쓰라-태프트협약은 1905년 7월 일본 수상 가쓰라와 미국 육군장관 태프트가 도쿄에서 대한제국과 필리핀에 대한 이해를 놓고 상호 구두로 양해한 합의이다. 일본은 필리핀에 대한 미국의 통치상의 안전을 보장해 주고, 미국은 한국에 대한 일본의 보호권 확립을 인정한다는 것이 주요 내용이다. 러일전쟁 후 한국에 대한 보호권 확립이 불안정한 상태의 일본과, 전후 필리핀 군도에 대한 일본의 야심을 우려하던 미국의 이해가 맞아떨어져 성립된 일종의 '구두 양해'였다. 이를 바탕으로 일본은 대한제국의 외교권을 탈취하는 과정을 착실히 밟아 나갔다.

한국독립운동지혈사韓國獨立運動之血史(박은식 저. 1920) 하권 제12장 [8]

조趙씨 일가의 참화

위안군 녹동면에서는 조성근趙聲根이 독립운동의 주모자가 되었다가 왜병에게 총살당했다. 조씨 일가는 이에 격분하여 일제히 일어나 독립운동을 계속했는데, 왜병이 떼를 지어 들어와서 무차별적으로 총을 난사하여 일가족 70여 명이 한꺼번에 죽음을 당하였다.

천안의 참혹한 죽음

1919년 4월 1일

천안군 인사들이 병천 시장에서 시위운동을 벌이자, 왜병이 시위 행렬의 기수를 찌르려 하자, 그는 맨손으로 총검에 대항하여 온몸이 피투성이가 되었는데 왜병은 그의 배를 찔러 죽였다. 주모자 김구응金求應이 왜경과 이론적으로 투쟁하여 그들의 말문이 막히자, 총으로 자살하려 하더니 별안간 김구응을 향해 쏘아 죽여 머리통을 부수고 온몸을 난자했다. 그의 어머니가 시체를 안고 기절하니 왜경은 이를 또 찔러 죽였다.

경성 한강철교 부근 채빙採氷 광경

The Actual Scene of Ice–Cutting at Han River Keijo　　　　140x92mm

---

한국독립운동지혈사韓國獨立運動之血史(박은식 저. 1920) 하권 제12장 [9]

합천의 학살

1919년 3월 18일, 합천군 강양면에서 많은 사람들이 시장에 모여 시위 운동을 벌였다. 왜노의 군경이 애초에는 쇠몽둥이나 장검 등을 휘둘러 군중을 해산시키려 했으나, 여전히 계속되자 마침내 발포하여 3명이 죽고 다수가 부상당했다. 19일 같은 군 대정면에서 유지 및 노동자들이 고현시장에 모여 독립을 선언했다. 왜노 군경이 장검을 휘두르고 뛰어들어도 군중은 물러설 낌새가 없었다. 주모자 5명이 체포되어 진주로 압송될 무렵에 정색으로 태연자약하게 군중들을 바라보며, '우리들은 독립을 강력하게 요구하는 것이니, 오늘 죽는다 해도 한이 없다'하였다. 22일 상백·백산·가회·삼가 등 다섯 면의 인사들이 독립을 요구하는 시위운동을 일으키자 3만여 명이 모여들었다. 청년 및 사람이 앞에 나서서 선언하기를 '이 운동은 평화적으로 이루어져야 하는 것이니, 많은 사람은 보조를 맞춰 질서를 어지럽혀서는 안 됩니다' 하니, 사람들이 모두 이 말을 따라 질서정연하였는데, 왜병 7명이 발포하여 많은 사상자를 내어 그 피비린내 나는 광경이 처참했다. 이튿날 왜병 30여 명이 각처로 돌아다니면서, 사람들을 만나는 족족 발사, 구타하여 사망자 42명, 중상자가 100여 명이나 되었다. 그 날 초계면 유림 및 학생들의 시위운동으로 8천여 명이 모였는데, 왜병이 발포하여 5명이 죽고 수십 명의 중상자를 냈다. 야로면 인사와 해인사의 승려들이 16일에 시위를 벌여 1만여 명이 모였는데, 주모자 10여 명이 체포되었다. 상백면의 유생 공사겸孔四謙은 63세의 노령으로 적군의 총에 즉사했으며, 아들 문호 文濠는 체포되어 진주 법원에서 8월 징역형에 처해졌다. 가회면 구평리 윤소군尹小君은 10여 세의 소년으로 독립운동에 가담했다가 적의 총탄에 쓰러졌다. 그의 아내 정鄭씨는 당년 18세로서 혼인한 지 몇 달이 안 되어 이런 변을 당하고도 비분을 참고 초종장례初終葬禮에 힘을 다했다. 나이 많은 시부모가 슬픔과 분노를 못 견디어 죽으려 하자 정씨는 여러 번 위로하기를 '사람이란 누구나 한 번 죽게 되어 있사온데, 나라 일에 죽은 것은 남자로서 영광입니다. 이 며느리가 죽은 남편을 대신하여 부모님을 봉양하고 시동생을 성취成娶시켜 가문을 보전하겠사오니 너무 슬퍼하셔서 일신이 상하시지 않도록 하시옵소서' 하고 아침저녁으로 문안드리며 맛있는 음식으로 지성껏 받드니 원근이 모두 이를 칭송했다.

경성 번화가(명동) 1번지(경성우편국 부근)

경성일지출상행 발행. 140x92mm

한국독립운동지혈사韓國獨立運動之血史(박은식 저. 1920) 하권 제12장 [10]

남원에서 의사 · 열부 · 자모慈母가 한날에 순국

1919년 4월 3일은 일본인들의 이른바 '식수기념일'로서, 남원군 덕과면 면장 이석기李奭器는 이 날을 기해 독립운동을 전개하려 했다. 그는 이보다 앞서 19개 면 면장에게 글을 보내어 일제히 사직케 하고, 식목을 핑계 삼아 수만 명을 모아서 태극기를 높이 들고 만세를 불렀다. 그러자 일본 헌병이 다급하게 자동차로 달려와서 주모자를 체포했으나 군중들은 해산하지 않고, 대열을 경계하여 성을 향해 행진하니 그 행렬이 30리에 뻗쳤다. 사람들이 점점 모여드니 일본 헌병은 원병을 청하여 발포를 개시해 즉사자가 11명, 중상자는 무수했다. 사망자 방房씨의 아내는 남편이 사살되었다는 소식을 듣고 몽둥이를 들고 왜병을 공격했으나 역부족으로 체포되자 칼을 빼어 자결했다. 그의 노모가 이 소식을 듣고는 하늘을 우러러 탄식하기를 '하느님이시여, 어찌 이 지경이 되도록 해 주신단 말씀입니까. 우리 동포들이여, 더욱 용기를 내어 독립을 성취하여 내 아들, 내 며느리의 불쌍한 넋을 위로해 주시기 바라오' 하며 또한 자결하였다.

초막 앞 일장기 아래 어린이 10명이 홍보용에 동원되었다

인천만천회엽서점 발행. 140x92mm

원산역元山驛 전경

영흥만요세 점검제 엽서. 원산 회엽서조합 발행. 140x92mm

창경궁 동물원

140x92mm

성진항城津港 세관 하역장

140x92mm

평양 대동강변 일제 제6연대 간이 비행장 전경

140x92mm

경성 남대문 조선은행 앞 거리 전경

경성관광기념인 엽서

140x92mm

나남羅南 조선주차군 보병 제76연대 정문

나남회엽서동업자 발행. 140x92mm

경성 남대문 조선은행

140x92mm

원산元山성 사크레망스의 예배행렬

Procession Du Saint Sacrement

프랑스 발행 엽서. 140x92mm

마산馬山공립고등소학교 전경

140x92mm

일제 조선주차군朝鮮駐箚軍 원산수비대

영흥만요세사령부검열 엽서. 140x92mm

일제 조선주차군 용산사령부 막사

일본제국 조선군은 일제강점기에 일본제국이 조선 지역을 수비하기 위한 주둔군이었다.

러일전쟁 때 대한제국 주재 일본 대사관과 조선에 체류하던 일본 민간인들의 보호를 구실로 들어와 한성부에 주둔시켰던 한국주차군韓國駐箚軍으로, 1904년 3월에 경성에 세워진 부대이다. 1905년 을사조약이 체결될 당시 조약을 체결할 수 있도록 억압하였고, 의병 운동을 탄압하였다.

1910년에 조선이 일본에 병합되자, 10월 1일에 부대 이름을 조선주차군朝鮮駐箚軍으로 바꾸었다. 1915년 12월 24일에 한반도의 경비를 위해 제19, 20사단을 창설하고, 이듬해 1916년에 육군은 조선주차군을 조선군으로 개편하였다. 1918년에는 조선총독부의 통치를 강화하기 위해 사령부가 설치되었다. 조선군은 소비에트 연방으로부터 한반도를 일본의 영역으로 유지하기 위한 방어 임무와 조선인들의 독립운동을 진압하는 임무를 맡게 된다.

1919년 3·1 운동이 일어나자 이를 무력 진압하는 데 참여하였다. 중일 전쟁이 발발한 1937년부터는 전쟁 동원과 관련된 활동을 강화하고 '조선인 특별지원병 조례'에 따라 경성부와 평양에 지원병 훈련소를 설치하고 조선인 병사를 조선군사령부에 입대시키기 시작했다.

1945년 2월 6일 조선군은 조선군관구로 개칭되고, 제17방면군第17方面軍에 예속되었다. 1945년 8월 8일에 소련이 일본에 선전포고를 함에 따라 웅기군, 나진시, 청진시가 폭격되어 이 지역은 해방되었다. 그러나 1945년 8월 15일 일본이 패망한 이후에도 같은 해 9월 9일 경성에 진주한 미군에 항복하기 전까지 유지되었다.

양반댁 규수들의 재봉과 바느질 모습

140x92mm

혼례식 후 신랑·신부 가족 사진

경성우편국京城郵便局 조선은행朝鮮銀行 전경

140x92mm

1940년경 한국지도

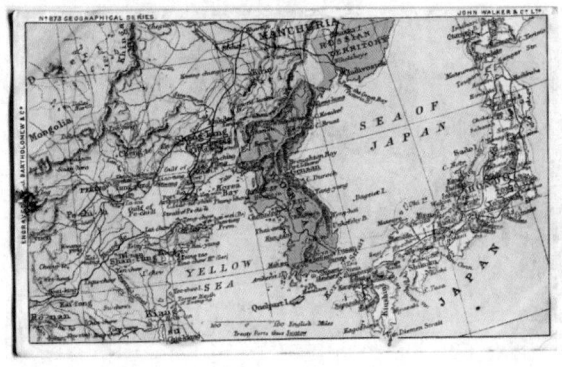

Engraved by J. Bartholomew & Co, john Walker & Co., Ltd.
140x92mm

데라우치 마사타케寺內正毅 조선총독 행렬

웅기雄基 · 경흥慶興 · 경원慶源의 곡물 집하장 광경

웅기항 정익창고. 140x92mm

웅기항雄基港 목재 집하장

목재 운반 인부와 촌노村老

가장무도회假裝舞蹈會 탈춤 광경

관기官妓

140x92mm

평양 금수산錦繡山 목단대牡丹臺 전경

파고다공원 원각사지 10층 석탑

140x92mm

농가農家의 타작 풍경

140x92mm

석굴암石窟庵과 다보탑多寶塔

140x92mm

토함산吐含山 서쪽 중턱에 있는 남북국시대 통일신라 김대성의 발원으로 창건한 사찰

창건 751년(경덕왕 10)에 김대성金大城의 발원으로 창건하였다. 그러나 「불국사고금창기佛國寺古今創記」에 의하면, '이차돈異次頓이 순교한 이듬해인 528년(법흥왕 15)에 법흥왕의 어머니 영제부인迎帝夫人과 기윤부인己尹夫人이 이 절을 창건하고 비구니가 되었다' 고 한다. 그리고 '574년(진흥왕 35)에는 진흥왕의 어머니인 지소부인只召夫人이 이 절을 중창하고 승려들을 득도하게 하였으며, 왕의 부인은 비구니가 된 뒤 이 절에 비로자나불상과 아미타불상을 봉안하였다'고 한다. 또한, '670년(문무왕 10)에는 이 절의 강당인 무설전無說殿을 짓고 신림神琳·표훈表訓 등 의상義湘의 제자들을 머물게 하였다'고 전한다.

출처: 한국민족문화대백과사전

극동의 전쟁터 지도

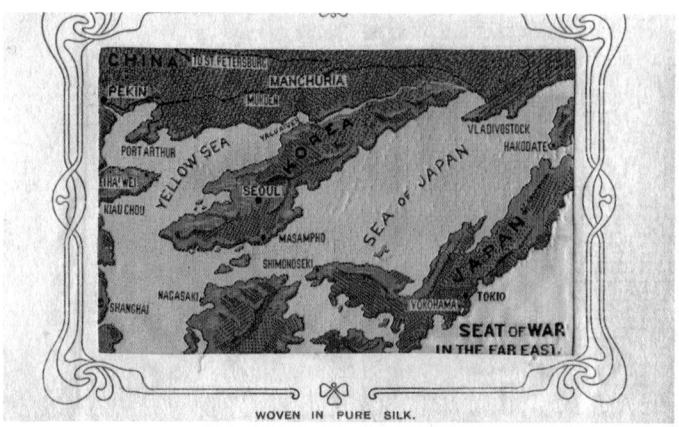

Woven in Pure Silk. W. H. Grante & Co. 140x92mm

조선총독부 의원朝鮮總督府醫院

140x92mm

Scenes on Chosen Railway: Port jinsen (chemulpo) and the Harbour

제물포항 풍경

마산 시가지 전경

농가農家 앞에서 널뛰는 소녀들

양반집 부녀들의 다듬이질

경성고등보통소학교 전경

140x92mm

조선총독부朝鮮總督府 전경

조선인의 생활상

신발 가게 Sandals Shop

조선인의 생활상

부산역과 기차

140x92mm

경부선 연혁 대한제국 시기

1901년 8월 20일: 북부 기공식 (영등포역)

1901년 9월 21일: 남부 기공식 (초량역)

1902년 10월 1일: 초량~구포 간 준공

1903년 10월: 명학동~진위 간 준공

1903년 12월: 구포~밀양 간 준공

1904년 4월: 밀양~성현 간 준공

1904년 7월: 진위~부강 간 준공

1904년 10월: 성현~심천 간 준공

1904년 11월 10일: 부강~심천 간 준공

1905년 5월 25일: 개통식 (남대문역)

1905년 12월 1일: 부산진역 개업

1906년 1월 20일: 소정리역 개업

1906년 5월 15일: 유천역 개업

1908년 4월 1일: 초량역 −부산역 개통, 시흥역 개업

국치시기

1913년 4월 1일: 부산역 −부산잔교역 개통

1916년 11월 1일: 김천 −약목 간 개량 (구미 경유로 이설)

1918년 6월: 부산진 −부산 간 복선화

1929년 7월 1일: 전동역 개업

1930년 10월 1일: 회덕역 개업

1934년 4월 1일: 매포역 개업

1934년 12월 1일: 직산역 개업

1935년 8월 11일: 안양풀임시승강장 개업

1937년 8월 4일: 신암신호소 개업

1938년 4월 1일: 군포장역을 군포역으로

1938년 6월 15일: 미륵신호장 개업

1938년 8월 1일: 신암신호장 개업

1939년 6월 15일: 영등포 −대전 간 복선화

1940년 4월: 삼랑진 −부산진 간 복선화

1943년 12월 10일: 부산역을 부산부두역으로 역명 변경

1944년 8월 1일: 경성 −영등포 간 복복선화(경부선과 경인선 이 각각 복선 사용)

1945년 3월 1일: 대전 −삼랑진 간 복선화로 경부선 전구간 복선화 완료

1945년 6월 10일: 부산부두역을 부산역으로 역명 환원

조선 사대 수리조합朝鮮 四大 水利組合

전라북도 익산益山·옥구沃構 수리조합의 대아저수지大雅貯水池

140x92mm

■ 대아저수지大雅貯水池: 전라북도 완주군 동상면에 있는 일제강점기 독일기술진이 설계한 저수지

제당堤塘(제방) 축초공사는 1920년 7월에 착공, 1922년 12월에 준공되었다. 저수지의 유역면적은 1만 2,000㏊이고, 만수면적 143㏊, 저수량 2,016만 6,000t으로 그 몽리면적은 6,347㏊이다. 저수지의 제당 구조는 아치형 콘크리트 댐이고, 그 규모는 길이 254.11m, 높이 32.72m이며, 독일기술진에 의해서 설계된 것으로 우리나라에서 가장 오래된 근대식 댐이기도 하다. 이 댐은 준공 후 45년 만인 1967년에 누수방지를 위한 대대적인 개보수공사(2년간)를 하였고, 뒤에도 4회에 걸쳐 보수공사를 시행한 바 있다. 그러나 이 댐은 준공 후 60여 년이 경과하여 내구연한 耐久年限이 다 되고, 노후화되어 보수효과가 작을 뿐만 아니라 절대용수량도 부족하였으므로, 이 댐으로부터 300m의 하류지점인 고산면 소향리에 새로운 댐을 건설하게 되었다. 이 새 저수지의 제당축조공사는 1982년 12월에 착공, 약 7년 동안의 공사로 1989년 12월 준공을 보았다. 이 댐의 준공으로 기존 대아저수지는 물에 잠기게 되고, 새로운 대아저수지는 만수면적이 234㏊이고, 저수량이 5,464만 톤으로, 기존 대아저수지 저수량의 2.5배를 웃돌며 국내 유수의 대형농용저수지로 그 몽리면적이 8,483㏊이다. 신 댐의 구조는 존형 휠 댐으로, 그 규모는 길이 255m, 높이 55m이고, 물넘이에는 테인터게이트가 설치되어 홍수의 총배제수량은 초당 약 952톤에 달한다. 신대아저수지의 건설사업으로 과거 용수부족문제를 해결하게 되었고, 5,127t의 미곡증산이 가능하게 되었다. 한편, 이 사업에는 소수력발전, 내수면 개발 및 관광지 개발이 포함되어 있어 개발사업의 효과를 크게 기대할 수 있다.

출처: 한국민족문화대백과사전

경복궁 향원정香遠亭 전경

140x92mm

서울특별시 종로구 경복궁에 있는 조선후기 왕과 가족들의 휴식처로 이용된 궁궐건물. 누정. 보물

향원정香遠亭은 향원지 가운데 섬 위에 세워진 육각형의 정자로, 누각의 평면은 정육각형이며, 이층의 익공식 기와지붕이다. 2012년 3월 2일에 보물로 지정되었고, 경복궁 관리소에서 관리해오고 있다 1867년(고종 4년)부터 1873년(고종 10년) 사이에 지어진 것으로 생각되는데, 경회루慶會樓의 서북쪽 넓은 터에 있는 향원지香遠池 안의 작은 동산 위에 있다. 원래 연못의 북쪽에 연못과 정자를 연결하는 취향교醉香橋가 있었으나 6·25때 파괴되었고, 지금 남아 있는 남쪽의 다리는 1953년에 가설된 것이다. 정자의 평면은 정육각형으로 아래층과 위층이 똑같은 크기이며, 장대석으로 마무리한 낮은 기단 위에 육각형으로 된 초석을 놓고, 그 위에 일·이층을 관통하는 육모기둥을 세웠다. 공포栱包는 이층 기둥 위에 짜여지는데, 기둥 윗몸을 창방(昌枋)으로 결구하고 기둥 위에 주두(柱枓: 대접받침)를 놓고 끝이 둥글게 초각草刻된 헛첨차를 놓았다. 일출목一出目의 행공첨차行工檐遮(외목도리와 장혀를 받치는 첨차)를 받치고, 다시 소로小累를 두어 외목도리外目道里 밑의 장혀長舌 받친 몰익공식이다. 일층 평면은 바닥 주위로 평난간을 두른 툇마루를 두었고, 이층 바닥 주위로는 계자난간을 두른 툇마루를 두었다. 천장은 우물천장이며 사방 둘레의 모든 칸에는 완자살창틀을 달았다. 처마는 겹처마이며 육모지붕으로, 중앙의 추녀마루들이 모이는 중심점에 절병통節瓶桶(지붕마루의 가운데에 세우는 탑 모양의 기와로 된 장식)을 얹어 치장하였다.

출처: 한국민족문화대백과사전

부산시가지와 전차電車

140x92mm

부산세관釜山稅關

박문당 발행. 진해만요세사령부검열엽서

세관의 변천

1407년富山浦(부산항), 齊浦(웅천)에 설치

1418년(태종18년)부산포(부산항), 제포(웅천), 염포(울산), 가배량(고성)에 설치-四浦時代

1423년(세종 5년)부산포(부산항), 제포(웅천), 염포(울산)에 설치 – 三浦時代

1544년(중종 39년)釜山浦에만 설치 – 單一倭館

1876년병자수호 조약 체결로 釜山港 개항 이후 폐지

140x92mm

인천항 소월미도 전경

MINER GETSUBI ISLAND CHEMULPO, COREA. 韓國仁川港小月尾島燈臺

일본인日本民族의 야만, 잔혹한 살육
The barbarism of the Japanese, brutal slaughter

한국독립운동지혈사 (박은식 저. 1920) 하편 제12장 [12]

일본민족은 우리 민족의 문명적인 행동에 대하여 극도의 열등감에 사로 잡혀 야만적이고 잔인한 살육을 서슴치않고 자행했다.

세계 각국 사람들이 이 살육의 진상을 목격하고는 공분公憤에 격하여 우리를 위해 동정의 눈물을 흘렸다. 저들이 비록 여러 모로 교묘히 숨기려 한들 어찌 은폐할 수 있겠는가. 우리들이 동족으로서 그 피를 이어받아 독립의 목적을 관철하지 못한다면 장차 무엇으로 우리의 형제, 자매의 충혼忠魂에 사죄할 것인가. 나는 생각이 이에 미칠 때마다 오장을 칼로 에어 내는 듯하고 말보다 눈물이 앞서서, 글을 쓰려 하여도 손이 떨리는 때가 여러 번이었다.

조선신궁표참도 전경

극동 국제 군사재판소 조례 제5조항에 정의된 전쟁 범죄에 관한 A급 전범 리스트[1]
List of Class A war criminals

A급 전범(class–A war criminal)은 포츠담 선언 6항에 근거, 극동 국제 군사재판소 조례 제5조항에 정의된 전쟁 범죄에 관해 극동국제군사재판을 통해 유죄 판결을 받은 사람이다. 1952년 4월 28일 샌프란시스코 강화조약의 발효로 일본이 주권을 회복한 직후인 5월 1일, 기무라 도쿠타로 일본 법무총재로부터 전범에 대한 일본 법상의 해석 변경이 통지되었다. 전범 구금 중 사망자는 모두 공무사로서, 전범 체포자는 억류 또는 체포된 사람으로 취급되었고, 전범으로 여겨진 사람들을 위해 여러 차례에 걸쳐 일본 국회에서 결의가 이루어졌다. 또한, 기소된 사람을 포함해 A급 전범이라고 부르는 경우도 있다.

체포

연합군 최고사령부에서 종전 연락 사무국을 통해 일본 정부에 통지되었고, 본인에게는 미 제8헌병 사령부 출두 명령으로 전달되어 100명이 넘는 체포자를 냈다. 단, 당시 제1군 사령관이었던 스기야마 하지메는 제2차 전범 지명 목록에 포함되어 있었지만, 출두 명령을 받기 전인 9월 12일에 스스로 목숨을 끊었다. 또, 필리핀에서의 행위는 마닐라 군사법정에서 재판했기 때문에 필리핀에서 포로가 되지 않고 귀국했던 사람들은 일본에서 체포된 후에 마닐라로 송환되었다.

도조 히데키東條英機 (1884~1948)
일본제국의 쇼와 천황 재위기에 활동한 군인이자 정치인으로 태평양 전쟁을 일으킨 A급 전쟁 범죄자이다. 1941년 12월 7일 진주만 기습공격을 명령해 태평양 전쟁을 일으켰으나 이듬해 6월 미드웨이 해전에서 패배한 이후 일본이 점차 미국의 반격에 밀려 전세가 기울자 1944년 7월 18일 그 책임을 지고 사퇴했다. 패전 후 자살을 시도했지만 미수에 그쳤으며, 극동국제군사재판(도쿄재판)에서 A급 전범으로 기소되어 사형 판결을 받고 교수형에 처해졌다.

출처: 위키백과. 한국민족문화대백과사전

혼례식 장면

〈全俗 79〉　　Wedding Feast　　祝 婚結の式新　　〈俗風鮮朝〉

극동 국제 군사재판소 조례 제5조항에 정의된 전쟁 범죄에 관한 A급 전범 리스트[2]
List of Class A war criminals

도고 시게노리東鄕 茂德 (1882~1950)
일본 제국의 외교관이자 정치인으로, 태평양 전쟁 당시 일본의 외무 대신이었다. A급 전범 중 유일한 조선계 일본인이다 조선인 혈통이라는 핸디캡에도 불구하고 독일 대사, 소련 대사를 거쳐 외무대신을 두 번 지냈다. 제1차 세계 대전 직전 정한론을 주장하였고, 1943년의 포츠담 회담 때는 천황 히로히토에게 회담 내용을 수용할 것을 건의하기도 했다. 태평양 전쟁 패전 후 전범으로 옥살이를 하던 중 병사했다.

출처: 위키백과, 한국민족문화대백과사전

시마다 시게타로嶋田 繁太郎 (1883~1976)
일본제국 해군의 군인으로, 제2차 세계대전 당시 해군 제독. 도조 내각의 해군 대신. 제2차 세계 대전 후에 A급 전범으로 지명돼, 헌병이 신병 구속을 위해 자택에 방문했을 때는 자신은 자살하지 않는다는 당당한 태도로 연행되어갔다. 극동 국제 군사 재판에서는 일본 해군에 있어서 전쟁 수행의 최고 책임자로 사형을 면할 수 없다는 예상이 지배적이었으나, 1948년 11월 12일에 종신형 판결을 받았다. 1955년, 가석방 후에 사면돼 1976년에 사망하였다.

출처: 위키백과, 한국민족문화대백과사전

조선총독부

극동 국제 군사재판소 조례 제5조항에 정의된 전쟁 범죄에 관한 A급 전범 리스트[3]
List of Class A war criminals

가야 오키노리賀屋興宣 (1889~1977)
일본제국의 정치인

제2차 세계 대전 이후. 극동 국제 군사 재판에서 종신형 판결을 받아 약 10년간 스가모 형무소에서 복역하였다. 1955년 9월 17일에 스즈키 데이이치, 하시모토 긴고로 등과 함께 가석방되었다. 이케다 내각의 법무대신과 자민당 정무 조사 회장 등을 역임해 자유민주당의 우파 및 강경파 정치가로 이름을 날렸다. 가야는 시게미쓰 마모루, 기시 노부스케와 함께 A급 전범이 정계로 복귀한 대표적인 사례로, 후에 A급 전범들의 야스쿠니 신사 합사에도 깊숙하게 개입하였다.

출처: 위키백과. 한국민족문화대백과사전

스즈키 데이이치鈴木 貞一 (1888~1989)
지바현 출신의 일본제국 육군 군인으로, 통칭은 «신사복을 입은 군인»이었다. «삼간사우» 三奸四愚 라고 불렸던 도조 히데키東條英機 측근의 3간 중 하나로 여겨지는 인물이다. 스즈키 데이이치는 제2차 세계 대전 이후인 1945년 12월 3일, A급 전범으로 기소되었다. 그는 극동 국제 군사 재판에서 종신형 판결을 받았으며, 1955년 9월 17일에 하시모토 긴고로橋本欣五郎, 가야 오키노리賀屋興宣와 함께 가석방돼 1958년에 사면되었다.

출처: 위키백과. 한국민족문화대백과사전

조선총독부 시정15주년 기념엽서

조선총독부 신 청사. 경성 시가지. 3대. 5대 총독 사이토 마코토齋藤實

143x93mm

조선총독부 시정15주년 기념엽서

경성제사장京城帝絲場 생산 현장 모습과 이왕가 모습

조선총독부에서 발행한 시정15년 홍보용 엽서 1925. 10. 1일자 기념일부인 무산茂山
143x93mm

선박船舶 체송 실체

부관연락선釜關連絡船 [關釜連絡船]

부관연락선

덕수호. 도쿠주마루(德壽丸)

1905년 운항 개시

항로 240km

부산-하관(시모노세키)

1905년 경부선 철도 개통과 동시에 운항된 연락선으로 우편물이 체송되기 시작하였다.

이 연락선은 일본의 한국 침략의 한 수단이기도 하였다. 수많은 한국인들이 징용으로 끌려갔으며 일본인들의 수탈에 농토를 잃고 북해도 탄광으로 가기 위하여 관부연락선에 몸을 맡겨야 하였다. 최초로 취항한 연락선은 이키마루(壹岐丸, 1,680톤)라는 배로 11시간 반이 소요되었다. 그 뒤 3,000톤급의 쇼케이마루(昌慶丸)·도쿠주마루(德壽丸)·쇼토쿠마루(昌德丸) 등이 운항되었다. 1935년부터는 북중국·만주·몽고 등지로의 진출이 본격화되면서 여객과 화물의 격증에 대비하여 당시로서는 최신예인 7,000톤급의 대형 여객선 공고마루(金剛丸)·고안마루(興安丸) 등을 운항하였으며 시간도 7시간 반으로 단축하였다. 이들 연락선은 일본이 태평양전쟁을 수행하기 위하여 사람들을 징발하고, 전선과 일본 본토를 운항하는 데 투입되었으나, 미군에 의하여 격침되고 말았다. 그리하여 1945년 3월부터 사실상 관부연락선은 두절되었다.

부관연락선 釜關連絡船 선편船便 1호~5호 일부인

대륙 진출(침략)에 광분하든 일본이 러일전쟁의 승리로 우리나라에 대한 지배 야욕이 강화되고 있었다. 1905년 4월에 완통完通을 본 경부선 철도와 그들의 동경-하관의 철도를 선박을 연결하는 필요성을 확대 하고저 산양철도회사로 하여금 하관-부산간 연락선을 1905년 9월 11일에 실시케 하였다.

제1호는 일기호壹岐丸(1,681톤)로 1905년 9월 11일에 취항하였다.

제2호는 대마호對馬丸(1,679톤)로 1905년 12월 1일에 취항하였다.

일본은 대외적으로 한국과 일본의 통상 및 교류를 위한 목적으로 연락선을 개시한 것으로 홍보하였지만 실제의 속셈은 대륙 진출을 위한 교두보로서 군병력과 전쟁 물자를 수송하는 것이었다.

부관연락선

선편 제1호 실체-흥안호 興安丸

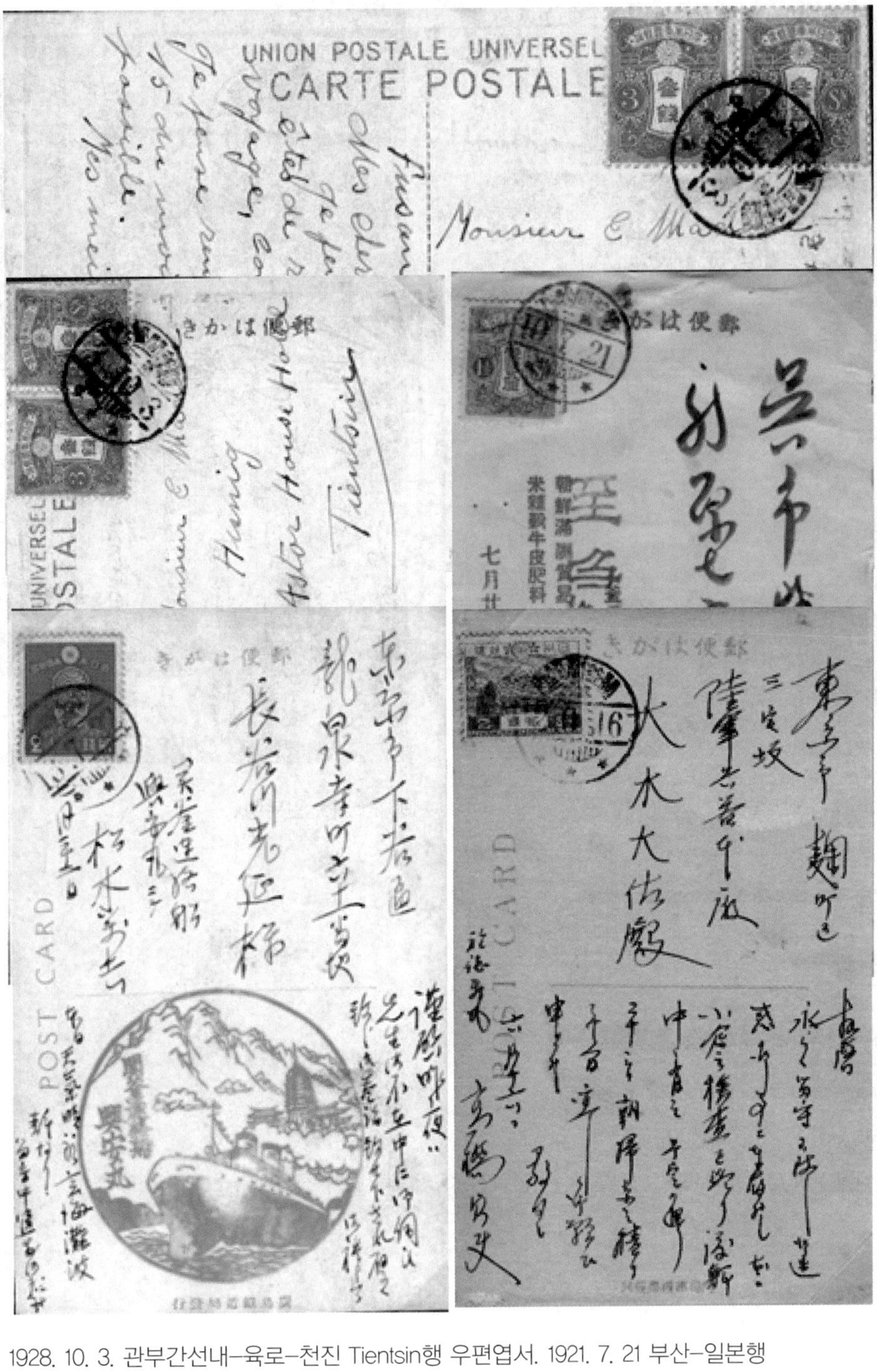

1928. 10. 3. 관부간선내-육로-천진 Tientsin행 우편엽서. 1921. 7. 21 부산-일본행
1938. 7. 22. 관부간 흥안호-일본행

부관연락선

선편 제2호 실체

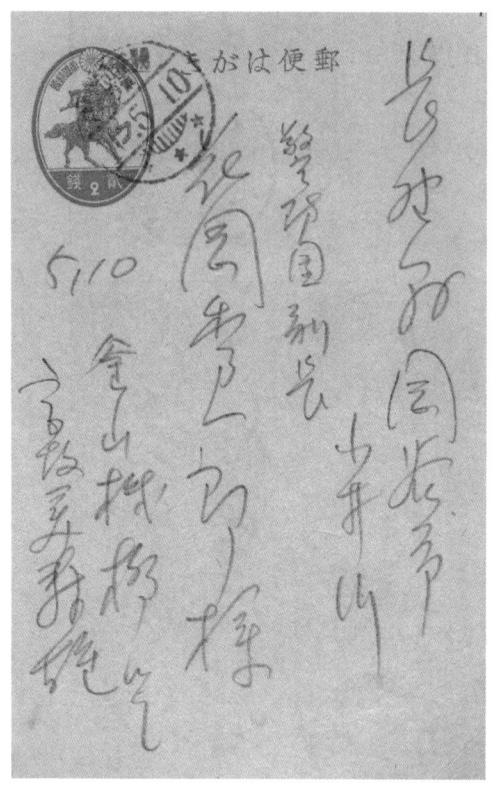

1941. 5. 10. 부산―일본행

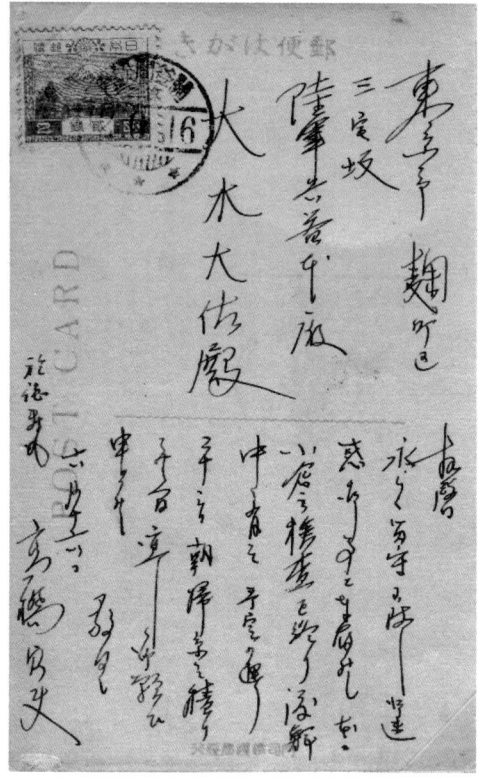

1937. 6. 16. 일본행

일기호壹岐號
1905년 9월 11일 부산과 시모노세키를 잇는 연락선 '이키마루'호가 취항했다.

선편 제3호 실체

선편 제 3 호 실체

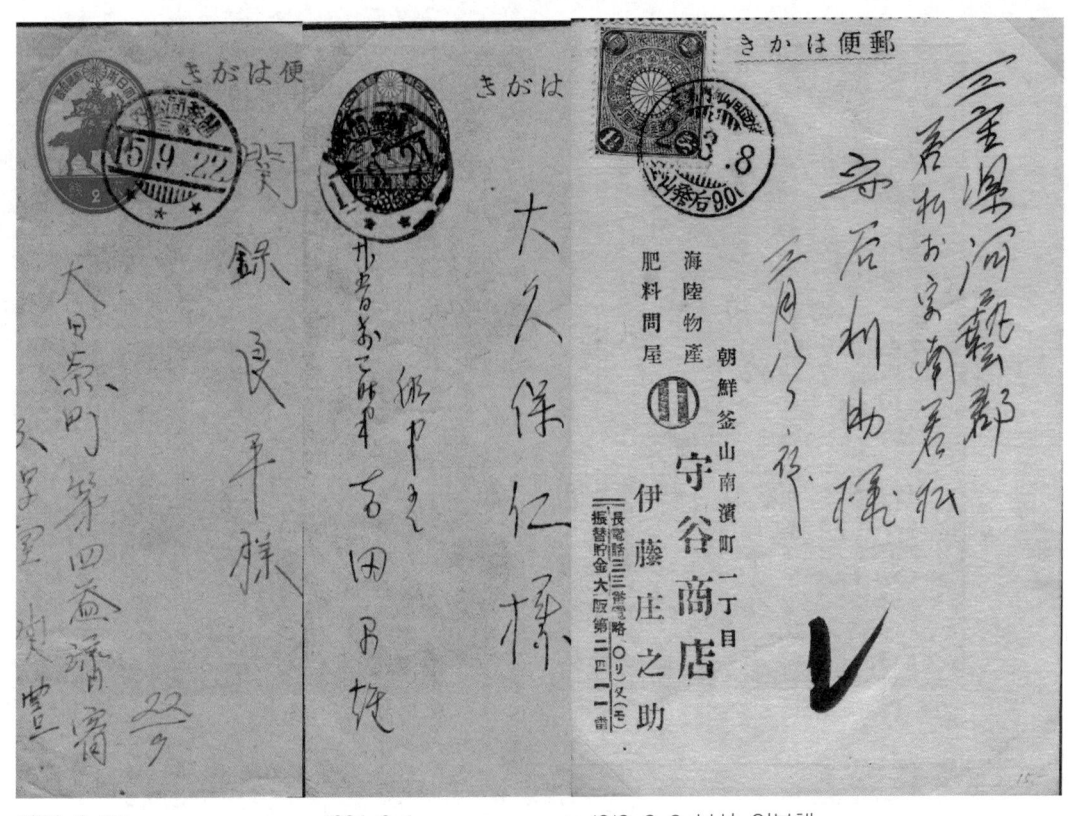

| 1922. 9. 15. | 1924. 9. 1. | 1919. 3. 2. 부산–일본행 |

곤륜호(崑崙丸) (1943.4~1943.10)

7,908톤

1943년 10월 5일 미 해군 가토급 잠수함 28번함 SS–238 와후의 어뢰 공격으로 격침, 승무원과 승객 중 중
의원 2명을 포함한 585명이 사망했다. 와후는 이후 일본 상선 2척을 더 격침시킨 뒤 홋카이도의 소야 해협을
통해 태평양으로 빠져나가려 했으나 일본군의 감시망에 걸려 폭뢰공격으로 격침당했다.

관부간선내 四호 1916. 12. 5.

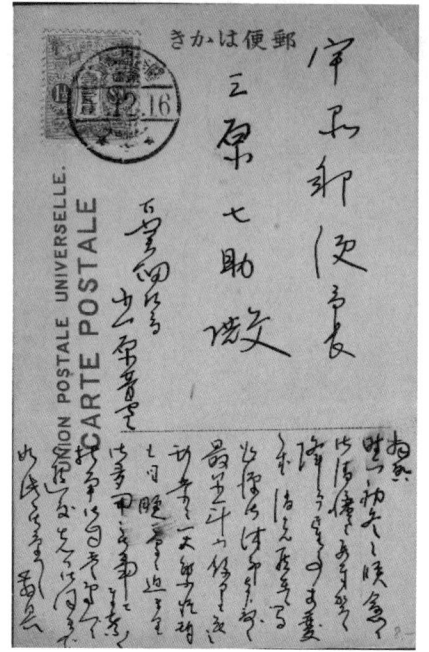

1916. 12. 5.

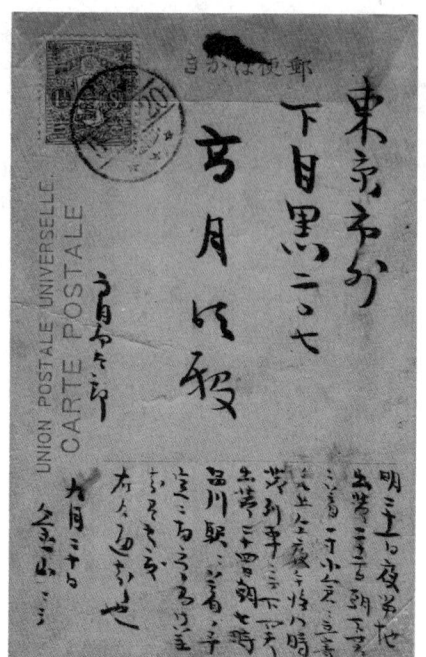

1920. 9. 5. 부산–일본행

1926. 10. 5. 부산행

부관연락선

선편 제5호 실체

관부간선내 五호 1930. 5. 2.

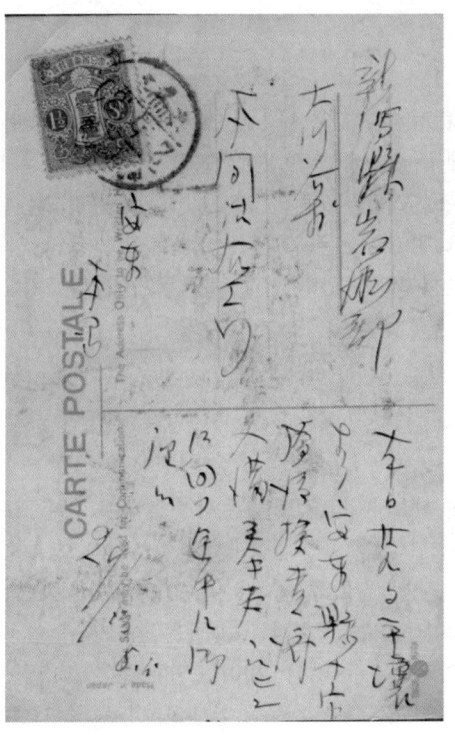

1930. 5. 2.

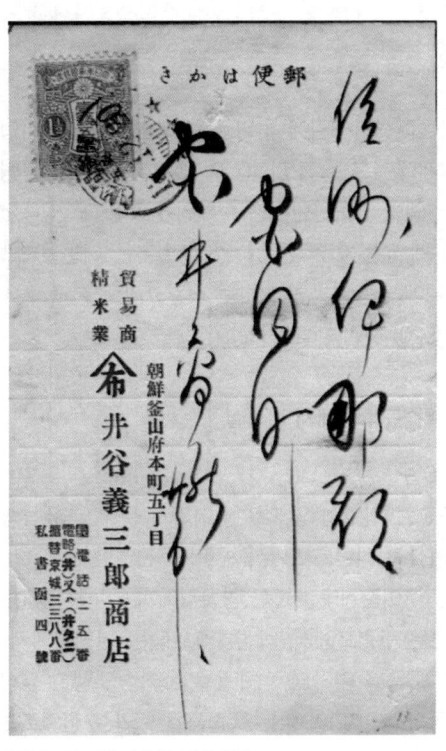

1920. 12. 10. 부산–일본행

대한해협大韓海峽
Korea strait

대한민국과 일본 규슈 사이의 해협. 일본 내에서는 쓰시마 해협 또는 조선해협으로 부르지만, 대한민국에서는 대한해협이라 불리며, 국제적으로도 대한해협(Korea Strait)이 공인된 명칭이다. 여객선인 한일 페리 노선을 비롯해 많은 수의 어선 및 화물선이 통과하는 허브 수도水道로 꼽힌다.

'현해탄'은 '대한해협'이 아닌, 일본의 '조그만 바다'다. 백 년 넘게 잘못 써 온 '현해탄', 버릴 때가 되었다.

한국독립운동지혈사韓國獨立運動之血史(박은식 저. 1920) 하권 제12장 [11]

강계의 참살

평양신학교 학생 주하룡朱夏龍이 독립선언서를 가지고 강계로 들어갔다. 정준 鄭儁·한봉민韓奉民·김경하金京河 등과 함께 4월 8일에 시위 운동을 벌이니 남녀 수천 명이 모였다. 왜병이 달려와 발포하여 정준·김병찬金秉贊·손주송孫周松·한부인韓夫人이 즉사하고 30여 명이 체포되어 형벌을 받았다. 탁창국卓昌國·김명하金明河는 장독杖毒으로 달포 만에 죽었고, 정준의 장례를 치르는 날에는 원근 인사들이 많이 모여들었는데, 그 중에 울면서 그의 아내에게 조상하는 자가 있었다. 그의 아내가 말하기를 '국사에 죽은 것은 남자의 사명입니다. 제 남편은 죽었어도 그 죽을 곳에 죽었으니 제가 어찌 한스럽겠습니까' 하니 이 말을 들은 사람들이 모두 감탄해 마지않았다.

곽산의 참살

곽산군 인사들이 3월 6일에 시위운동을 벌였는데 박지협 朴志協은 50여 세 노인으로 왜경에게 매 맞아 죽었다. 체포되어 경찰서에 수감된 자가 100여 명으로 태반이 악형에 죽었으며, 그곳의 예수교회가 불탔으며, 손해액이 1만 6천 원이었다. 왜병이 아연탄환으로 우리 동포를 쏘아 죽였으니, 이들은 이른바 '가고시마 鹿兒島'파 라는 것으로서 잔인하기 비할 데 없는 야만 인종이었다. 일본은 이들을 소방대원으로 썼는데, 이들은 경성·죽산·용인·안성·평택·평양·의주 등지에서 광견을 박살하는 쇠갈고리로 한국사람 수천 명을 죽였다. 한국독립운동지혈사韓國獨立運動之血史(박은식 저. 1920) 하권 제12장 [12]

삭주·창성·위원 각 군에서의 학살

1919년 10월 6일

왜경이 천도교당 사무실 안으로 들어가서 문부文簿[나중에 참고하거나 검토할 문서와 장부]를 압수하고 천도교 신자 중류급 이상의 청년은 모두 죽인다고 선언했다. 10월 7일~14일 사이에 암살과 총살이 계속되었다. 한덕용韓德瑢은 인풍장에서, 이준희李俊禧는 압록강에서, 이해창李海昌·김인택金仁澤 형제 두 사람, 이지백李之白의 아들 및 소장수 한 사람은 구령포에서, 탁성룡卓成龍은 연평령에서 각각 죽어갔다. 한병원韓炳元은 적이 총을 쏠 때 강물 속으로 뛰어들어 죽음을 면하고, 탁채용卓彩龍은 요행히 경상으로 죽은 듯이 가장하여 도망쳐 살아났다. 양산兩山·수풍水豊 두 면面의 농민 10여 명은 독립군을 도와준 혐의로 총살되고, 구곡면 수풍동 청년 3명이 붙잡혀서 초막곡으로 갔는데, 총소리가 3번 들렸을 뿐 그 종적을 찾을 수 없었다. 삭주면에서 청년 9명이 결박되어 구곡면 신안동으로 들어갔는데 역시 종적이 없었다. 형사감독이라 하는 고병은高秉殷이란 자가 제멋대로 지껄이기를 '구곡면에서 암살당할 자가 아직도 30여 명이 있다' 하였다. 왜경 스즈키鈴本는 구곡면 이내화李乃華의 집으로 달려들어 가산을 모두 불태워 버리고 현금 18원을 강탈해 갔으며, 그 밖의 여러 군대에서 암살당한 자는 무수했다. 구성군 참사 박계락 朴啓洛이 종자 2명과 함께 의주에 갔다가 의주·삭주 접경에서 피살되었으며, 종자 2명은 도망쳐 살아났다. 초산군 독립군 1명은 삭주군 구곡면 연포동 명치신明致信의 집 앞에서 대낮에 총살되었다. 창성군 경내에서 왜경에게 검거된 자가 370명인데, 갑자기 봉성동 농민 최씨의 끌고 가서 독립군과 접선했다는 이유로 그 자리에서 때려 죽였다. 위원·강계 두 군의 8월 3일자 보고에 의하면 '대안對岸(강이나 호수 따위의 건너편에 있는 기슭이나 언덕) 집안현에 주둔한 왜경 40여 명이 중국 군인 20명을 인솔하고 온화보蘊和堡와 치화보致和堡를 포위하고 수색작전을 폈다. 13호의 가구가 불타고 구타당한 중상자가 수백 명에 이르렀다. 70대 노인 4인을 비롯하여 독립군 박운석朴云錫, 독립단 총지단 총무 박문용朴文瑢, 임원 한병기韓炳基 등이 강변 숲 속에서 암살되었는데, 10여 일이 경과되도록 시체를 찾지 못했다. 그와 함께 50명이 체포되고, 18명은 즙안현 지사知事가 빼어 오고, 이의정李義貞·김인국 金仁國은 신의주로 압송되었으며 나머지 30명은 행방을 모른다.

최경화崔敬化·장형도張亨道·강만년姜萬年·최제홍崔齊弘·임봉익林奉益 등 9명은 박살, 또는 총살되어 압록강에 던져졌다.

강계·위원 두 군의 독립단원으로 체포된 김낙주金樂冑·전형락田亨洛·전원찬田園燦·김이문金以文·김대건金大健 등 408명이 행방불명되었으며, 그 외 수십 명의 종적도 모르는데, 강변 숲속에서 가끔 시체가 발견되기도 한다 고 한다. 우리 겨레가 독립운동을 위해 피를 흘리기는 전국이 동일하지만, 특히 평안북도 압록강 연변의 의주·용천·삭주·강계·위원 등지의 동포들이 생명, 재산을 희생시키면서 모험하는 이가 많았기 때문에 이처럼 참혹한 재앙을 당했다.

수원의 학살사건 따위는 서양인들이 눈으로 보고 증명했으므로 그 진상이 널리 세상에 알려져 있다. 서양인의 발자취가 미치지 못하는 곳으로서, 마을이 파괴되고 인명 피해가 이보다 심한 데가 얼마든지 있지만 그 실정을 알 길이 없다. 그리고 이 운동에서 천도교도들의 행동이 과격했기 때문에 그들이 받은 재앙도 극히 참혹했는데 아직도 보도에서 빠진 것이 많다. 전국 독립단원 피살자는 그 수가 너무나 많아서 이루 다 기록할 수 없다. 이제 신문에 보도된 것들을 기록해 보기로 한다. 경성 계동에 사는 구낙서具洛書는 당년 21세로 그는 3월 28일의 시위에 참가했는데, 왜병이 장검을 들어 왼쪽 귀를 베고 얼굴 위를 찌르니 그가 힐책하기를, '너는 왜 무고한 사람을 죽이려 드느냐?'고 하자, 왜병이 심하게 때리고 장검으로 마구 찔러서 그가 놔두고 가버렸다. 구낙서는 별안간 벌떡 일어나 집으로 돌아가니 피가 샘솟듯 했다. 동창 친구들이 그를 떠메고 교회 병원으로 가서 응급치료를 하려 했으나, 일본군들이 몸을 수색한다며 일부러 시간을 지체시켜 곧 병원에 도착될 수 없도록 하여 몇 시간이 지나자 심한 출혈로 죽었다.

문용기文容基는 예수교 신자로, 전라북도 군산의 영명학교 의무교사義務敎士로 있었다. 그는 1월 초순 이리역에서 남녀 만여 명을 모아놓고 독립을 요구하는 시위운동을 벌였다. 일본군 수백 명이 별안간 들이닥쳐 칼을 휘드르며 발사했으나, 문용기는 태연자약 연설을 멈추지 않았다. 일본군이 그의 오른 팔을 잘랐으나, 문용기는 태극기를 왼손에 옮겨 잡고 더욱 목소리를 높여서 만세를 부르니 일본군이 왼팔을 마저 잘라 버렸다. 그는 민둥으로 펄쩍펄쩍 뛰면서 사람들을 격려하여 만세를 부르게 하니, 일본군이 마침내 그의 가슴을 찔러 쓰러트렸다. 문용기는 크게 부르짖기를 "여러분이시여, 여러분이시여, 나는 죽어 저승에서 대한의 새 정부를 도와 여러분으로 하여금 새 대한의 국민이 되게 하겠소" 하며 말을 마치고 숨을 거두었다. 조영신趙永信은 함흥 사람으로 나이 20세다. 그는 독립운동의 주모자로 체포되어도 계속 만세를 불렀다. 일본군이 칼로써 그의 입을 베어 피투성이가 되었으나 만세를 부르다가 투옥되어 갖은 악형을 받고 몇 달 후에 죽었다. 차진하車鎭夏는 선천 사람으로 예수교 신자이며, 의기가 있고 뜻이 높았다. 그는 항상 말하기를 '남아는 살아서 개가凱歌[개선가 凱旋歌의 준말]를 부르고 죽어서는 장충단獎忠壇으로 돌아가야 한다' 했다. 3월 1일 독립선언이 있은 후로 그는 피눈물을 머금고 사방으로 분주히 뛰어다니면서 독립운동을 했다. 4월 7일이 그의 조모 생일이었으므로 밤에 귀가하여 문후했는데, 먼동이 트자 일본군 7명이 들이닥쳐 발포하여 죽이고 시체를 난도질했다. 홍성익洪成益은 평안북도 곽산군郭山郡 사람으로 예수교 신자이며 평양 숭실전문 졸업생이다. 그는 데라우치 마사타케寺内正毅[조선 통감이 되어 국권 강탈의 기초를 세운자] 암살 음모에 연루되어 감옥에 들어가 형을 받고 나와 학업을 마치자, 곽산 등 이웃 고을 독립단의 주모자가 되었다. 홍성익은 손가락을 깨물어 혈서로 '대한독립만세' 여섯 자를 써서 사람들을 격려했다. 일본 경찰이 체포하려 하자, 피신하여 상해로 건너가 임시정부 교통국에서 통신사무를 맡아보다가 안동현 주재원에 임명되어, 일본경찰의 물샐틈없는 경계망 속에서도 성의를 다하여 일했다. 어느 때는 숲속에 엎드려서, 또 어느 때는 산골짝에서 노숙하면서 비바람을 무릅쓰고 통신 연락에 종사하여 지체되는 일이 없었다. 마침내 피로가 겹쳐 병들어 태성병원에 입원했다가 동지 3명과 함께 체포되어 투옥된 지 3일 만에 사망했다.

3월 하순, 왜병이 의주군 수전면에 있는 김두만金斗萬의 집을 파괴하러 가다가, 중도에 안동억安東億의 집에 들러 점심을 먹었다. 그들은 안동억의 사위를 위협하여 김두만의 집을 물으니, 그 사람이 대답하기를 '나도 객으로 온 사람이라 모릅니다' 하자 왜병이 그 자리에서 총살하였다. 장석산張石山이라는 이가 한 자리에 있었는데, 그는 귀머거리고 벙어리라 듣지도 대답도 못했는데, 그도 총살했다.

평양에 어느 가난한 부인이 과일과 음식을 팔아 겨우 연명하고 지냈다. 하루는 그가 남문로 길가에 광주리를 놓고 앉아 있으니, 왜경이 지나면서 까닭 없이 걷어차서 뱃속의 태아를 유산시켰다. 그리하여 태아는 죽고 어머니는 몸을 다쳤으니, 그 정경이 참혹하였다.

서양인이 남겨 준 사진 기록 시리즈 [18]

A series of photographic records left behind by Westerners

국치시기

선교사와 여성독립운동가의 만남

140x80mm

선교사宣教師들의 발자취

1890년 7월 주조선 미국공사관의 요청으로 조선 정부는 양화진 언덕 일대를 외국인 매장지로 획정하였다. 이곳에 처음으로 매장된 사람은 미북장로회 의료선교사로 1885년 6월에 내한하여 왕립병원인 제중원 원장으로 의료 활동을 하다가 이질에 걸려 1890년 7월 26일에 사망한 헤론(John W. Heron, 惠論)이었다. 처음 획정한 매장지에는 민유지가 약간 포함되어 있었는데, 같은 해 8월에 정부에서 토지 대금을 지불하고 그 관리권을 조약의 규정대로 외국인 거류민 자치 기구에 넘겼다. 주한 외국인들은 외국인묘지협회(Foreign Cemetery Association)를 조직하고, 외인묘지규칙(Regulations for the Foreign Cemetery)을 제정하여 운영하였다. 1893년 10월 영국, 미국, 러시아, 독일, 프랑스 5개국 공사들이 조선 정부에 "양화진외인장지" 주위에 담장을 설치해 줄 것을 요청하였고, 1896년 12월 러시아공사 웨베르(K. I. Waeber)는 외부대신 이완용에게 공문을 보내 묘지기가 주변에 산 땅의 소유권 인정을 요청하였다. 1904년 11월 미국 공사 알렌(Horace N. Allen)이 "양화진외인묘지 확장 및 진입 도로 보수"를 요구하였다. 그 후에도 이 묘지는 주한 구미 각국 영사관과 외국인들의 대표가 묘지기를 두고 관리하였으며, 1913년 7월 조선총독부 토지대장에 경성구미인묘지회京城歐美人墓地會 소유로 등록하였다. 그러나 1941년 12월 태평양 전쟁으로 구미 외국인들이 철수하고, 1942년 5월 22일 모든 외국인들의 소유를 적산敵産으로 압류하였다. 해방 후 미군정 하에서 1946년 10월 1일자로 다시 구미인묘지회 소유로 등기가 변경되었다. 1961년 외국인토지법 제정으로 외국인은 토지를 소유할 수 없게 되었으나, 1978년 서울시 도시계획으로 이 묘역이 문제가 될 때까지 '경성구미인묘지회' 대표 언더우드 3세(원일한) 명의로 남아있었다. 1979년 지하철 2호선 공사로 서울시에서 이 묘지를 이전하려 하였으나 기독교계의 반발로 무산되었다. 1985년 6월 한국기독교100주년기념사업회에서 묘지소유권을 경성구미인묘지회로부터 인수하고 묘지 경내에 한국기독교100주년선교기념관을 건축하였다. 1986년 10월 10일 선교기념관을 완공하고, 이 묘역의 명칭도 '서울외국인묘지공원'으로 변경하였다. 2005년 7월 한국기독교100주년기념사업회는 이 선교기념관을 예배당으로 사용하는 한국기독교선교100주년기념교회를 설립하고, 이 교회에 묘역과 선교기념관 관리운영에 관한 일체의 책임과 권한을 위임하였다. 2006년 5월 100주년기념교회는 이 묘역의 공식 명칭을 '양화진외국인선교사묘원(Yanghwajin Foreign Missionary Cemetery)'으로 개칭하였다.

출처: 한국민족문화대백과

도롱이와 함께 나막신을 신은 농부

COREE – Brave Paysan en Sabots zvec Son "impermeable"

프랑스 발행 엽서(연대 미상)   93x140mm

극동 국제 군사재판소 조례 제5조항에 정의된 전쟁 범죄에 관한 A급 전범 리스트[4]
List of Class A war criminals

도이하라 겐지土肥原 賢二 (1883~1948)

일본제국 육군의 군인이자, 대장, 전쟁 범죄자이다. 그는 만주국 건국 및 화북 분리 공작 등의 모략으로 만주국에 깊숙이 관여했으며, 생전의 별명은 '만주의 로렌스' 였다. 전후 도쿄에서 열린 극동 국제 군사 재판에서 A급 전범이 되어 사형되었고, 1978년 야스쿠니 신사에 합사되었다.

출처: 위키백과. 한국민족문화대백과사전

한국인 최초로 아버지, 어머니와 함께 대구 선교사에 임명

COREE – le Preire Corean ordonne dans la Mission de Taikou, avec son Pere et sa Mere

Jeune Prêtre coréen, son père et sa mère
A new corean Priest, his parents

CORÉE. - Le premier Prêtre Coréen ordonné dans la Mission de Taïkou,
avec son Père et sa Mère

국치시기 프랑스 발행 엽서(연대 미상) 93x140mm   국치시기 프랑스 발행 엽서(연대 미상)   93x140mm

Jeune Pretre coreen, son pere et sa mere A new corean Priest, his parents Missions-Etrangores de Paris,
128 rue du Bac
젊은 프레트르코리안과 그의 아버지, 그리고 어머니 뉴코리안 프리스트에서, 그의 부모

극동 국제 군사재판소 조례 제5조항에 정의된 전쟁 범죄에 관한 A급 전범 리스트[5]
List of Class A war criminals

기시 노부스케岸信介 (1896~1987)

일본의 정치인이다. 농상무성장관, 제56·57대 내각총리대신을 역임했으며, 일본
의 정2위국화장을 받았다. 쇼와의 요괴昭和妖怪라는 별명으로 불리기도 했다. 1936
년에 만주국 정부의 산업부 차관이 되어 산업계를 지배하다가 1940년 귀국하여
1941년 도조 내각의 상공대신 및 군수성 차관으로 취임했다. 하지만 전후 극동 국
제 군사재판에서 A급 전범 용의자로 3년 반 투옥되었다.

출처: 위키백과. 한국민족문화대백과사전

선비의 독상獨床 모습

잘 먹겠습니다
Coree-Bon Appetit

CORÉE. - Bon appétit !

국치시기 프랑스 발행 엽서(연대 미상)   93x140mm

극동 국제 군사재판소 조례 제5조항에 정의된 전쟁 범죄에 관한 A급 전범 리스트[6]

List of Class A war criminals

고이즈미 지카히코小泉親彦 (1884~1945)

일본의 정치인, 육군 군의관 중장

1945년, 연합국 군의 조사를 거부하고 할복자살을 했다.

출처: 위키백과. 한국민족문화대백과사전

직조織造—삼베·무명·명주 베틀짜기

COREE – Le Tissage

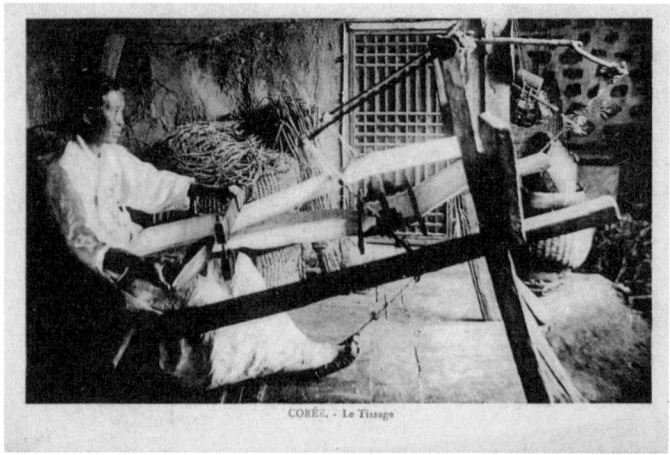

국치시기 프랑스 발행 엽서(연대 미상)　　93x140mm

우물에서 물을 지고 가는 여인과 소녀

COREE – Femmes Coreenes venant de la Fontaine et portant leur provision d'eau

국치시기 프랑스 발행 엽서(연대 미상)　　93x140mm

대구의 고아들과 함께하는 수녀들

COREE – Religeuses avec leurs Orphelines a Taikou

국치시기 프랑스 발행 엽서(연대 미상)   93x140mm

평양 유적지 백애대白皚臺

Important Buildings and Noted Places at HEIZYO, TYOSEN

Printed By Kaioakenl/Japan
140x90mm

원산元山 학생들의 설거지 모습

Wonsan, COREE- Apres Repas

국치시기 프랑스 발행 엽서(연대 미상) 140x95mm
엽서 후면
L'CEUVRE de saint-Pierre-Apotre
Construit des Seminaires et entretient les seminarisies en pays de mission
Envoyer votre offrande par Cheques Postaux Paris 55-84, Lyon 72-74

한국교리학교 교양강좌의 한국 신학생들

Seminaristes coreens au refecorie Corean clerical students in the refectory

국치시기 프랑스 발행 엽서(연대 미상) 140x95mm

조랑말과 맷돌방아

a horse miller

엽서 후면 서신 내용으로 보아 평양지역 농촌 풍경으로 추정. 촬영: 미상
140x90mm

목가공木加工목수들

Wood processing

국치시기 경성 일지출 발행 엽서   142x90mm

지게꾼

A Korean carry a pretty good load, Seoul, Koreaan

촬영: Burr Photo Co., Shanghai, China   143x90mm

밥상 행상

Vendors of meal table

국치시기 경성 일지출 발행 엽서   142x90mm

경작하는 농부·쟁기·황소

a farm farmer

국치시기 경성 일지출 발행 엽서   142x90mm

평양성 내성 칠성문七星門

View of Hichiseimo Gate Buily 500 Years Ago, Heijo

140x90mm

칠성문七星門

국보 문화유물 제18호. 성의 내성 북문으로, 정면 3칸(7.38m), 측면 2칸(4.36m)의 합각지붕건물이다. 칠성문이라는 성문 이름은 북두칠성에서 딴 이름으로 북문을 의미한다. 6세기 중엽 고구려가 평양성을 축성할 때 쌓았다고 하며, 현재의 문루는 1712년(숙종 38년)에 개수하였다. 일설에는 922년(고려 태조 5년)에 축조된 것으로 추정하기도 한다. 칠성문은 을밀대쪽에서 등성이를 타고 남쪽으로 내려오는 성벽과 만수대에서 북쪽으로 뻗은 성벽을 약 10m가량 어긋나게 쌓고, 그 두 성벽 사이에 가로 세워 성문을 쌓았다. 이 성문에는 옹성甕城(성문의 앞을 가리어 적으로부터 방어하는 작은 성)을 갖추고 있는데, 보통 성문의 것과는 달리 성문 앞쪽으로 나온 성벽의 끝을 보강하여 옹성으로 삼은 것이 특징이다. 성문 축대는 사각추형으로 다듬은 돌로 정연하게 쌓고 아치형의 성문을 갖추었다. 축대 위에 세운 문루는 중앙칸을 넓혀 중심을 강조하였으며, 흘림기둥 윗부분은 액방額枋으로 이어대고 두공枓栱 대들보 밑에 아담한 꽃무늬 초엽草葉(길쭉한 삼각형의 널조각)을 받쳤다. 지붕은 마루선들과 지붕면들이 짜임새 있게 조화를 이루고 있으며, 시원한 통천장 꼭대기의 화반대공花盤臺工은 3개의 나무토막으로 꽃무늬를 돌려 새겨 장식적 효과를 더욱 높인 전형적인 성문의 문루이다.

출처: 한국민족문화대백과사전

서당과 훈장

Home Education

HOME EDUOATION　　　育教庭家　　　（俗風鮮朝）

국치시기 경성 일지출 발행 엽서 143x90mm

가마와 여인

Be carried in a Palanquin [sedan chair]

Palanquin　　　轎乘　　　（俗風鮮朝）

국치시기 경성 일지출 발행 엽서　142x90mm

■ 한 사람이 안에 타고 둘이나 넷이 들거나 메던, 조그만 집 모양의 탈것. 연輦, 덩, 초헌軺軒, 남녀籃輿, 사인교四人轎 따위가 있다.

민속음악(거문고·아쟁·피리·건반악기)

Folk music

국치시기 경성 일지출 발행 엽서　142x90mm

국치시기 조선소의 목선과 목공

Ship Carpenter

국치시기 경성 일지출 발행 엽서　142x90mm

간이주막簡易酒幕 막걸리 한 잔   정장을 한 여인

An old bar

국치시기 경성 일지출 발행 엽서   142x90mm

극동 국제 군사재판소 조례 제5조항에 정의된 전쟁 범죄에 관한 A급 전범 리스트[7]
List of Class A war criminals

하시다 구니히코橋田邦彦 (1882~1945)

일본의 의학자, 교육자, 의학박사로 호는 무적無適이다. 옛 성은 후지타로, 생리학자 후지타 토시히코의 친 동생. 일본에서 최초로 '실험 생리학'을 제창하는 등 생리학자, 의사로 많은 실적을 올렸다. 그 명성 때문에 고노에 후미마로, 도조 히데키 두 총리 로부터 문교부 장관으로 초빙되었다. 따라서 태평양 전쟁 패전 후 연합군 최고사령부 로부터 A급 전범 용의자로 지명되어, 음독자살을 했다.

출처: 위키백과. 한국민족문화대백과사전

십대의 어린 관기十代 官妓

국치시기 경성 일지출 발행 엽서　　142x90mm

극동 국제 군사재판소 조례 제5조항에 정의된 전쟁 범죄에 관한 A급 전범 리스트[8]
List of Class A war criminals

이노 히로야井野 碩哉 (1891~1980)

일본의 정치인, 농림대신, 척무대신 拓務大臣, 법무대신, 재판관탄핵재판소장, 중의원 의원, 참의원 등을 지냈다. 전 후, 1945년 9월 11일에 A급 전범 용의자로 체포돼 요코하마의 스가모 구치소에 수용되었다.

출처: 위키백과. 한국민족문화대백과사전

혼마 마사하루本間雅 (1888~1946)

태평양 전쟁에서 활약한 일본 육군의 지휘관이다. 그는 필리핀을 점령하는 데 공을 세워 '마닐라의 호랑이'라 불린다. 그리고 회화와 글쓰기에도 능해서 시인장군으로 불리기도 했다. 1941년 말 필리핀의 마닐라를 점령, 1942년 1월 2일부터 1942년 1월 23일까지 필리핀 주둔 일본군 최고사령관 겸 필리핀 총독을 지내기도 했다. 일본의 항복 이후, 미군정청은 전범으로 혼마를 체포하여 필리핀으로 압송하였다. 그는 전범재판에서 미국·필리핀 연합군의 항복 이후 포로들에 대한 가혹행위인 '바탄 죽음의 행진'의 실행을 명령한 죄목으로 기소되었으나, 직접 명령 여부는 불분명하다. 혼마는 공개적으로 포로에 대한 공정한 대우를 명령하였으나, 일본군의 병참능력은 이에 한참 못미치는 것이었다. 혼마는 재판에서 자신은 작전에 몰입해 있어서 포로에 대한 대우는 신경쓸 겨를이 없었고 전쟁이 끝날 때까지 포로에 관한 가혹행위는 알지 못했다고 주장하였다. 그러나 그는 유죄로 판결되어 사형을 언도받았고, 사형 집행일까지는 후한 예우를 받았고, 마지막 식사로 샌드위치와 맥주, 비프스테이크와 식후 커피까지 청해서 맛있게 먹고, 1946년 4월 3일 마닐라 교외에서 맥아더의 명령에 의해 통상적인 전범에 대한 처형방식인 교수형 대신 총살형으로 집행되었다.

출처: 위키백과. 한국민족문화대백과사전

양동이 장사

Selling Pots and Abore

국치시기 경성 일지출 발행 엽서. 142x90mm.

극동 국제 군사재판소 조례 제5조항에 정의된 전쟁 범죄에 관한 A급 전범 리스트[9]
List of Class A war criminals

구로다 시게노리黑田重德 (1887~1954)

일본 제국 육군의 군인으로 태평양 전쟁 시의 필리핀 방면군 사령관으로 육군 중장이었다.

전후 A급 전범 용의자로 체포되었다. 1944년 7월 개편승격한 제14방면군 사령관이 되었지만, 9월 21일, 마닐라시와 그 주변 루손섬이 미군기의 공습을 받아 손실을 입은 이유로 9월 26일로 파면된다. 같은 해 10월에 귀국해 12월 예비역으로 편입된다. 1945년 9월 A급 전범 용의자로 체포되어 요코하마 감옥에 수감됐지만, 1947년 10월 필리핀에 연행되어 사령관 시절 필리핀에서 부하의 잔학 행위의 죄를 추궁당해, 1949년 7월 B급 전범으로 마닐라 군사 재판에서 종신형을 선고받았다.

출처: 위키백과. 한국민족문화대백과사전

바둑 두는 양반

국치시기 경성 일지출 발행 엽서   142x90mm

양은제품 판매점

Hardware shop

국치시기 경성 일지출 발행 엽서   142x90mm

빨래터의 풍경들

Drying of Washing Cloth

국치시기 경성 일지출 발행 엽서   142x90mm

추수 풍경

Harvest

국치시기 경성 일지출 발행 엽서　142x90mm

혼례식 광경

Traditional wedding ceremony

국치시기 경성 일지출 발행 엽서　142x90mm

아기 업은 소녀　가족들

관복官服을 입은 관리

Old goverment official 舊 大 官 (俗 風 鮮朝)

국치시기 경성 일지출 발행 엽서   142x90mm

극동 국제 군사재판소 조례 제5조항에 정의된 전쟁 범죄에 관한 A급 전범 리스트[10]
List of Class A war criminals

아베겐키安倍源基 (1894~1989)

일본제국의 내무관료, 전후 일본의 변호사이다. 경시청 특별고등경찰부장, 경시총감, 내무대신을 지냈다. 제2차 세계 대전 후, A급 전범 용의자 가운데 한 명으로 기소되었지만, 도조 히데키를 비롯한 7명의 처형이 끝나고, 점령 정책의 전환으로 불기소가 되어 석방되었다.

출처: 위키백과. 한국민족문화대백과사전

마사키진자부로眞崎 甚三郎 (1876~1956)

일본제국 육군의 군인으로, 육군 대장이자 일본 군벌 황도파의 중심 인물. 항복 후인 1945년 11월 19일, A급 전범으로서 체포 명령이 발령돼 스가모 형무소에 입소하였다. 그러나 극동 국제 군사 재판에선 불기소 처분되었고, 1956년 사망하였다.

출처: 위키백과. 한국민족문화대백과사전

Netherland 발행 엽서의 한국인 소개

From Netherland 3. 4. 30. To Germany   140x90mm

극동 국제 군사재판소 조례 제5조항에 정의된 전쟁 범죄에 관한 A급 전범 리스트[11]
List of Class A war criminals

아라키사다오荒木貞夫 (1877〜1966)

일본 제국의 군인으로, 일본 제국 육군의 장군이었으며, 이후 극우 민족주의 정치 이론가로 활동했다. 그는 일본 정치군인들 중에 가장 급진적 분파의 지도자로 여겨졌다. 전후 A급 전범으로 체포되어 스가모 형무소에 구속되었다. 도쿄 재판에서 자신의 전범혐의를 완강히 부인하였다. 이후 종신형을 선고받고, 복역중 1955년 병으로 가석방되었다.

출처: 위키백과. 한국민족문화대백과사전

하타슌로쿠畑 俊六 (1879〜1962)

제2차 세계 대전 당시, 일본 제국 육군의 원수이자 육군 대장

관동군 사령관 야마다 오토조 대장보다 상급자라는 이유로 소련은 항복문서 조인을 하타에게 요구하였고, 하타는 8월 19일 바실렙스키와 회동하여 항복 절차를 밟았다. 이후 극동국제군사재판에서 A급 전범으로 기소되었다.

출처: 위키백과. 한국민족문화대백과사전

구마산舊馬山 합포合浦전경

국치시기 마산복옥서점 발행

(行發店書屋福山馬) Former complete View masan No 1. 一 其 景全山馬舊鮮朝

140x90mm

극동 국제 군사재판소 조례 제5조항에 정의된 전쟁 범죄에 관한 A급 전범 리스트[12]
List of Class A war criminals

고이소구니아키小磯國昭 (1880~1950)

일본의 육군 군인, 정치인이다. 최종 계급은 육군 대장. 제41대 일본 내각총리대신. 고이소는 1945년 4월 오키나와에 미군이 상륙하고, 총리인 자신이 군사적인 문제에 개입하겠다는 요청이 육해군에 의해 거절되자 사임하였다. 종전 후인 1948년 11월 12일 극동국제군사재판에서 종신금고형을 선고받고 복역하다가, 1950년 사망하였다.

출처: 위키백과. 한국민족문화대백과사전

마쓰오카요스케松岡洋右 (1880~1946)

제2차 세계 대전 직전의 일본 제국 외무대신. 마쓰오카는 이후 전쟁기간 동안 별다른 역할 없이 지내다가 1945년 일본의 항복 이후 극동국제군사재판에 기소되었다. 그러나 재판이 끝나기도 전에 옥사하였다.

출처: 위키백과. 한국민족문화대백과사전

경성 춘무산春畝山박문사博文寺

석가모니불상釋迦牟尼佛像

장충단獎忠壇의 서측 언덕(現 신라호텔 영빈관 자리)에 자리한 춘무산春畝山 박문사博文寺
사진출처 躍進朝鮮大觀』(帝國大觀社, 1938)
87x140mm

극동 국제 군사재판소 조례 제5조항에 정의된 전쟁 범죄에 관한 A급 전범 리스트[13]

List of Class A war criminals

미나미지로南次郎 (1874~1955)

일본 제국의 군인, 정치가이며 병과는 육군 기병이었다. 1936년부터 1942년까지 제7
대 조선총독을 역임하였으며, 총독 재직 중 조선인에게 내선일체와 창씨개명령을 시
행하였다. 1940년 1월 그는 창씨개명은 강제성이 아니라 자율성에 맡긴다고 발표하였
으나 창씨개명은 강제로 단행되었고, 창씨개명 정책에 대한 혼선과 조선인의 반발로
1942년 총독직에서 해임되었다. 1945년 일본의 패전 이후 A급 전범의 한사람으로 지
목되었다.

출처: 위키백과. 한국민족문화대백과사전

약포藥鋪앞 널뛰기하는 어린이들

90x140mm

극동 국제 군사재판소 조례 제5조항에 정의된 전쟁 범죄에 관한 A급 전범 리스트[14]
List of Class A war criminals

시라토리도시오白鳥敏夫 (1887～1949)
주 이탈리아 대사를 지낸 일본의 외교관이자 정치가이다. 숙부는 동양사학자 시라
토리 구라키치이며, 일본 외무 대신을 지낸 이시이 기쿠지로도 숙부에 해당된다.
시라토리는 태평양 전쟁이 끝난 뒤, A급 전범으로 체포돼 극동 국제 군사 재판에서
종신 금고형 판결을 받았고, 복역중 후두암으로 사망하였다. 1978년 10월 17일, 야
스쿠니 신사 합사제에서 다른 전범들과 함께 야스쿠니 신사에 합사되었다.

출처: 위키백과. 한국민족문화대백과사전

백두산의 사냥꾼 오두막

압록강변의 오두막

함경도 갑산의 농가

전라도 약도

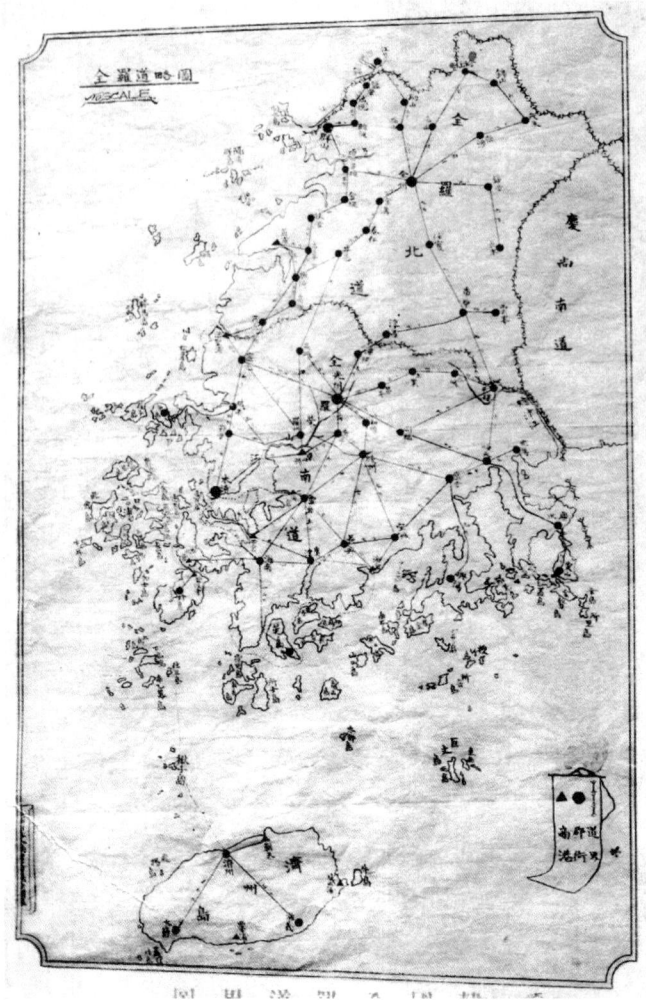

92x140mm　　목포중영회엽서부 발행

가을걷이 풍경

140x92mm

새鳥類장수

Bird Seller. 賣鳥 (俗 風鮮朝)

140x92mm

극동 국제 군사재판소 조례 제5조항에 정의된 전쟁 범죄에 관한 A급 전범 리스트[15]
List of Class A war criminals

혼조시게루本庄繁 (1876~1945)

일본 제국의 일본 제국 육군 군인, 화족이다. 작위는 남작. 일본 제국 육군 제10 사단장·관동군 사령관·시종무관장 등을 역임하였으며, 중일 전쟁 당시에는 육군 대장이었다. 1896년 9월에 일본 육군사관학교에 입학해 1897년 11월에 졸업, 1898년 6월에 육군 보병 소위로 임관했다. 이후 보병 제4여단장, 육군 무관, 제10사단장을 거쳐 1931년 8월에 관동군 사령관과 군사참의관에 차례로 올라 만주사변의 정점에 섰다. 제2차 세계대전 직후인 1945년 11월 연합군 최고사령부 (GHQ)에서 체포령이 내려졌고, 11월 30일 할복했다.

출처: 위키백과, 한국민족문화대백과사전

평양중학교와 경성제국대학 예과豫科 전경

조선총독부 발행. 140x92mm

항아리 운반 지게꾼

Korean Porter Generally Seen in Chosen

140x92mmm

평양 항아리 하역장

The Pile of Precious Chosen Ports Hijo

어린이가 촌로의 장기 두는 모습을 보고 있다.

140x92mmm

돌 기념잔치 first-birthday party

의병의 굴욕

MANNERS OF CHOSEN.　人四鮮朝（俗風鮮朝）

140x92mm

극동 국제 군사재판소 조례 제5조항에 정의된 전쟁 범죄에 관한 A급 전범 리스트[16]
List of Class A war criminals

히라누마 이치로平沼騏一郎 (1867~1952)
일본의 정치가이다. 작위는 남작. 법학 박사. 니혼 대학 총장, 다이토 분카 대학 총장, 제35대 내각총리대신
일본의 항복 이후 극동 국제 군사 재판에서 A급 전범으로 체포되었고 종신형을 선고 받았다.

출처: 위키백과. 한국민족문화대백과사전

히로타고키広田弘毅 (1878~1948)
일본 제국의 외교관이자 정치인으로 1936년 3월 9일부터 1937년 2월 2일까지 제32대 총리를 지냈다.
원래 그의 이름은 조타로였다. 제2차 세계 대전 종전 후인 1948년 12월 23일에 도쿄 재판에서 A급 전범으로 기소돼 교수형을 선고 받아 문관으로서선 유일하게 처형당했다.

출처: 위키백과. 한국민족문화대백과사전

전통적인 당시의 농가

140x92mm

당시의 행상

140x92mm

연주하는 여인들

프랑스 발행 엽서. 140x92mm

서울·부산간 철도 개통 기념행사

Celebration of Opening a new railway line from Seoul to Fusan
JAMES M. DAVIS. New York, St. Louis, Liverpool, Toronto, Sydney
Phitographed and Published By B. W. KILBURN, Littleton, N. H

15364, Celebration of opening a new railway line from Seoul to Fusan, Korea.

180x90mm

양반집 여인의 가마 행차

A lady's Private Coach, Korea

15365. A lady's private coach, Korea.

Copyright 1903, by B. W. Kilburn
Celebration of Opening a new railway line from Seoul to Fusan
JAMES M. DAVIS. New York, St. Louis, Liverpool, Toronto, Sydney
180x90mm

엿장수와 소년 행상

140x92mm

행상 Tide Sale

140x92mm

극동 국제 군사재판소 조례 제5조항에 정의된 전쟁 범죄에 관한 A급 전범 리스트[17]

List of Class A war criminals

호시노나오키星野 直樹 (1892~1978)

일본의 관료이자 정치가로, 만주국의 총무 장관

제2차 세계 대전 이후, A급 전범이 된 호시노 나오키는 극동 국제 군사 재판에서 종신 형을 선고받았다.

출처: 위키백과. 한국민족문화대백과사전

Japan ▶ Changchun-s I.J.P.O ▶ via Siberia ▶ England

역사驛舍 앞 외출하는 여인들

140x92mm

조선호텔 구내 원구단圜丘壇 전경

'Temole of Heaven' in the grounds of the Chosen Hotel

140x92mm

시장터

Les types de Fousan

Типы Фузана.—Les types de Fousan. № 26.

140x92mm   Russia에서 체송된 엽서

한국인과 러시아 역무원

A la Belle Jardiniere C. BERIOT. A Lille

CHICORÉE EXTRA
"A la Belle Jardinière
C. BÉRIOT, à Lille

Coréen

RUSSIE. Transport
par chemin de fer en Asie

프랑스 발행 엽서. 140x92mm

돈의문

수원성

평양 대동강

극동 국제 군사재판소 조례 제5조항에 정의된 전쟁 범죄에 관한 A급 전범 리스트[18]
List of Class A war criminals

오카와슈메이大川周明 (1886~1957)

일본의 사상가이다. 과격한 반서구 및 범아시아주의를 제창하였으며, 2차 세계대전 이후 A급 전범으로 기소되었으나 정신이상으로 취하되었다 1945년 일본의 항복 이후, 민간인으로서는 유일하게 A급 전범으로 기소되었다. 그러나 오카와는 재판 도중 도조 히데키의 뒤통수를 때리고, 독일어나 영어로 횡설수설하는 등 이상행동을 보였고, 결국 매독으로 인한 정신이상으로 판단되어 재판에서 배제되었다. 이후 정신병원으로 이송되었고, 입원 중에 코란을 일본어로 완역하는 등 저술 활동을 지속하였다. 1948년 퇴원 후 가나가와 현의 자택에 살다가 1957년 사망하였다.

출처: 위키백과. 한국민족문화대백과사전

서양인이 남겨 준 사진 기록 시리즈 [19]

A series of photographic records left behind by Westerners

조선시대 초기 지도(연대·작자 미상)

Mapping Unknown

An early map of Korea during the Joseon Dynasty, Note that it is written in Chiness characters; although Korea had a simple and effective alphabef of its own.hangeul, the Joseon aristocracy insisted on the use of the much more difficult Chiness, relegating most of the population to illiteracy. Some of the earliest educational champions of hangeul were Western missionaries.

연대 미상 조선 지도

조선시대 한국의 초기 지도, 한자로 쓰여 있으며, 조선에는 간단하고 효과적인 한글이 있었지만, 조선 귀족들은 훨씬 더 어려운 한자 사용을 고집하여 대부분의 인구를 문맹으로 내몰았다. 초기 한글 교육 수강생 중 일부는 서양 선교사였다.

출처: American Business and the Korean Miracle: U.S. Enterprises in Korea, 1866~the Present.

The Old Guard

The DaewongunKing Kojong's father, remained a force in politics for over hall a century; he stood for the maintenance of the old order and resisted foreign attempts to open Joseon. Some sources state that he had the burned hulk of the refloated in a failed effort to give Korea the basis of a modern naval force.

쇄국정책의 지도자

대원군은 고종의 아버지로 100년이 넘도록 정계에서 영향력을 행사했다. 그는 구질서의 유지를 옹호했고, 조선을 개방하려는 외세의 시도에 저항했다. 일부 소식통은 그가 한국에 현대식 해군의 기반을 제공하려는 실패한 노력으로 불에 탄 선체를 다시 띄웠다고 말한다.

출처: American Business and the Korean Miracle:
U.S. Enterprises in Korea, 1866~the Present.

Paul Georg von Möllendorff (1847~1901)
독일 출생

1882년 이홍장은 묄렌도르프를 조선정부 고문으로 추천했고, 1882년 12월 고종과의 첫 알현을 위해 서울에 도착했다. 묄렌도르프는 왕과 소통할 수 있을 만큼 한국어를 빨리 배웠고 곧 왕의 신임을 얻었으며, 왕은 그를 외무차관으로 임명하고 관세청 설립을 맡겼다. Möllendorff는 목인덕穆麟德이라는 한자식 이름을 채택했고 곧 한국 정부에서 매우 영향력 있는 인물이 되었다. Möllendorff는 한국의 독립을 주장하기를 원했고, 이홍징과 Robert Hart의 바람과는 달리 한국 관세청을 중국 해상 관세청으로부터 가능한 한 독립적으로 만들고 싶었다. Möllendorff는 또한 한반도에서 중국과 일본의 영향력을 상쇄하기 위해 한국이 러시아 제국과 동맹을 맺을 것을 주장했다. 이에 영국군은 한국의 거문도를 해밀턴항이라 부르며 무력으로 점령했다. 결과적으로 청나라 정부는 Möllendorff가 너무 독립적으로 행동했다고 느꼈고 1885년 이홍장은 Möllendorff를 한국 정부에서 사임하도록 강요했다. 1888년 고종은 묄렌도르프 복위를 시도했으나 실패했다.

출처: American Business and the Korean Miracle:
U.S. Enterprises in Korea, 1866~the Present

강화도 요새 점령

Gunboat Diplomacy

U. S. Marines pose in a shattered fortress on Ganghwa Island. "The door to the capital," in 1871. In retaliation for the destruction of the Sherman, the U. S. Asiatic Squadron launched a brief punitive raid, which became known as "The Weekend War." The Korean defenders fougto the last man, eliciting praise from the American forces involved for their bravery. But they were no match for modern firepower; while the Koreans lost 350 men, the Americans lost three. The photos shop by the photographer accompanying the U. S. expedition (including the one below) were, believes academic Andrei Lankov, the first ever taken on Korea soil.

미 해병대가 강화도의 부서진 요새에서 포즈를 취하고 있다.

1871년 '수도의 문'. 셔먼의 파괴에 대한 보복으로 미국 아시아 함대는 '주말 전쟁'으로 알려진 짧은 징벌적 습격을 시작했다. 한국 수비수들은 최후의 1인과 맞서 싸우며 그들의 용기에 대해 관련 미군으로부터 칭찬을 받았다. 그러나 그들은 현대의 화력에는 상대가 되지 못했다. 한국군은 350명을 잃은 반면, 미국군은 3명을 잃었다. 미국 원정에 동행한 사진 작가가 촬영한 사진은 한국 땅에서 처음으로 촬영된 학자 안드레이 란코프Andrei Lankov였다고 한다.

출처: American Business and the Korean Miracle: U.S. Enterprises in Korea, 1866~the Present.

4인교를 타고 가는 Foote 미국 공사

The Americans are Here

The Americans are Here
The first American Minister to Korea.
Lucius H. Foote, samples local transport in 1883. King Gijong was reported to have "danced with joy" on hearing of the dispatch of the American diplomatic mission. He had high hopes that an American presence could gurantee Korea's independence.

루시우스 H. 풋, 1883년 현지 교통 수단인 사인교이다. 고종황제는 미국 공사 파견 소식에 '기쁨에 춤을 추었다'고 전해졌다. 그는 미국의 주둔이 한국의 독립을 보장할 수 있다는 큰 희망을 가지고 있었다.

출처: American Business and the Korean Miracle: U.S. Enterprises in Korea, 1866~the Present.

제물포 항구

Port of Entry

A view of the foreign commercial quarters in Chemulpo, Incheon, in 1904. This was the gateway to the nation for most foreign arrivals. An early English store sign-for Chinese shoe maker"Fook Lee" – can been seen in the bottom far right. Substantial Chunese and Japanese communities predated a western presence in the port.

1904년 인천 제물포 외국인 상업지구의 풍경. 이곳은 대부분의 외국인들이 이 나라로 들어오는 관문이었다. 중국 신발 제조사 'Fook Lee'의 초기 영국 매장 간판이 맨 오른쪽 하단에 보인다. 상당한 중국인과 일본인 공동체가 항구에 서구인이 존재하기 전부터 존재했다.

출처: American Business and the Korean Miracle:
U.S. Enterprises in Korea, 1866~the Present.

"Reach Out and Touch Someone"

Beer Geek Stats

A Cure for what Ales Ye
A local man heads home with the spoils of the first-ever
korea-American transaction: a long cigarette pipe, a
handful of emply Base ale (the holder of the world's oldest
trademark) bottles and an early Saturday edition of the
Boston globe. This interaction took place after the "weekend
War" of 1871. Joseon Dynasty Koreans were heavy
drinkers-as were expatriates of the 1880s and 1890s. some
things, it seems, never change.
Countesy of chung Sung-kil-

촌스러운 정성길군(제물포에서 거주한 주민으로 추정된다)

한 현지 남자가 사상 최초의 한미 거래의 전리품인 긴 담배 파이프, 빈 베이스 에일(세계에서 가장 오래된 상표 보유자) 한 줌, 토요일 이른 아침 보스턴 지구본을 가지고 집으로 향한다. 이러한 상호 작용은 1871년 '주말 전쟁' 이후에 이루어졌다. 조선 왕조 한국인들은 1880년대와 1890년대 외국인들처럼 술을 많이 마셨다. 어떤 것들은 결코 변하지 않는 것 같다.

출처: American Business and the Korean Miracle: U.S. Enterprises in Korea, 1866~the Present.

Next Stop, Seodaemun

*Among other ventures, Collbran and Bostwick set up Seoul's streetcar system in 1889.
The streetcars the one pictured is passing through Seodaemun, Seoul's west Gate-would form the backbone of Seoul's public transport until the 1950s. the two entrepreneurs also pioneeded public film shows in korea as a marketing inititive for their street cars("ride to the end of the line and see a free movie"). The mule in the right foreground appears to be carrying wood. Cutting of trees was prototype "green belt"-and so firewood for Seoul's many ondol(underfloor heating systems) had to be carted in from well beyond the city walls; it could command quite a price in the city's wood markets. The vpracious ondol was responsible for much of the deforestation of the peninsula.*

다음 정거장, 서대문

벤처 중에서 콜브랜(Colbran)과 보스트윅(Bostwick)은 1889년에 서울의 전차 시스템을 구축했다. 사진 속 전차는 서울 서대문을 통과하고 있다. 1950년대까지 서울 대중교통의 중추 역할을 했을 것이다. 두 기업가는 또한 그들의 전차에 대한 마케팅 이니셔티브로 한국에서 공개 영화 쇼를 개척했다('줄의 끝까지 타고 무료 영화 보기'). 오른쪽 전경의 노새는 나무를 운반하는 것으로 보인다. 나무를 베는 일은 '그린 벨트'의 원흉이었으며, 따라서 서울의 많은 온돌(바닥 난방 시스템)을 위한 장작을 성벽 너머에서 운반해야 했다. 도시의 목재 시장에서는 상당한 가격을 받을 수 있었다. 탐욕스러운 온돌은 한반도 삼림 벌채의 대부분을 담당했다.

출처: American Business and the Korean Miracle: U.S. Enterprises in Korea, 1866~the Present.

Doctor with a mission
Dr. Horace Allen and his wife stand outside the American Legation.(now part of the ambassador's residence in Jeong Dong. The formidable allen was employed as a diplomat by both the United States and Joseon, championed American business in Korea, and promoted Korean independence. His activies in the latter sphere bought him into conflict with president Roosevelt and ended in his dismissal.

사명을 띤 의사

호레이스 알렌 박사와 그의 아내는 미국 공사관 밖에 서 있다. (현재 정동 대사관저의 일부) 알렌은 미국과 조선에 외교관으로 고용되었고, 한국에서 미국 사업을 추진했으며, 한국의 독립을 촉진했다. 그의 활동은 그를 루스벨트 대통령과 갈등하게 만들었고, 그의 해임으로 끝이 났다.

출처: American Business and the Korean Miracle:
U.S. Enterprises in Korea, 1866∼the Present.

종말의 시작

1904년 2월 러일전쟁이 시작될 무렵 일본군은 체물포에 상륙했다. 러일전쟁은 일본이 승리하였고, 1894~5년의 시호-일본전쟁(청일전쟁)에서도 일본의 승리로 끝났다.

출처: American Business and the Korean Miracle: U.S. Enterprises in Korea, 1866~the Present.

호화로운 주거지 Palatial Residence

Distant View of Horace G. Underwood I's Seoul house-previously, an aristocrat's residence-in 1900. King Gojong requested, through the office of Horace Allen, that Horace Underwood I give up this house to the king Gojong considered it secure due its proximity to the American legation.

호레이스 G. 언더우드 1세의 서울 집 - 예전의 귀족 주거지 1900년 고종은 호레이스 알렌의 집무실을 통해 호레이스 언더우드 1세에게 이 집을 미국 공사관과 근접해 있어 안전하다고 여겨줄 것을 요청했다.

출처: American Business and the Korean Miracle: U.S. Enterprises in Korea, 1866~the Present.

Horace Underwood 기념관

호레이스 언더우드 2세는 1927년 그의 가족을 위해 지금의 연세대학교 캠퍼스에 서양식 집을 지었다. 한국 전쟁 동안 심하게 훼손되었다. 연세대학교는 1950년 인천 상륙 이후 수도를 탈환하기 위해 싸우는 거리에서 북한의 주요 저항선의 일부를 형성했지만, 그것은 오늘날에도 캠퍼스에 남아 있다. 글을 쓸 당시, 그것은 대학에 의해 언더우드 가족 기념관으로 개조되고 있었다.

출처: American Business and the Korean Miracle: U.S. Enterprises in Korea, 1866~the Present.

세브란스병원

왕실 의사인 호레이스 알렌 박사에 의해 설립된 원래의 세브란스는 서양 선교사들에 의해 운영되었고, 오늘날까지 계속되고 있는 한국의 가장 중요한 병원 중 하나다. 후원자인 미국의 자선가인 L. H. 세브란스의 이름을 따서 지어졌다. 인력거(왼쪽)는 일본인들에 의해 도입되었고, 이전에 사용되었던 세단 의자보다 상당히 진보했지만, 서울의 첫 택시가 도입되었던 1912년부터 경쟁에 직면했다.

출처: American Business and the Korean Miracle: U.S. Enterprises in Korea, 1866~the Present

순종의 장례 행렬

Fall of the house of Yi

Funeral procession for the Emperor Sunjong.
Sunjong died April 24, 1926.
His funeral was heid on June 10 of the same year. His death was marked by protests-but on a much
smaller scale than those that had marked those of his father, who died in 1919. Although he died 15
years after his nation had been annexed. Sunjong's death effectively closed the book on the Joseon
Dynasty.

출처: American Business and the Korean Miracle: U.S. Enterprises in Korea, 1866~the Present

순종은 1926년 4월 24일 사망했다.
그의 장례식은 같은 해 6월 10일 거행됐다. 그의 죽음은 시위로 특징지어졌
지만 1919년에 사망한 그의 아버지의 죽음보다 훨씬 작은 규모였다. 비록
그는 조국이 합병된 지 15년 후에 사망했다. 순종의 죽음으로 조선왕조는
사실상 조선왕조 종말을 고했다.

조선총독부

The Governor-General of Chōsen

The massive Capital Building was expressly designed to demonstrate Japan's domination. Set directly in front of Gyeongbok Palace, it bestrode Seoul's lines of feng shui(Germany). Along with Cityhall, It formed the character "Nippon" when seen from the air.

거대한 조선총독부 건물은 일본의 지배를 보여주기 위해 특별히 고안되었다. 경복궁 바로 앞에 위치한 건물은 서울의 풍수지리선을 따라 건축하였으며, 시청과 함께, 건물을 공중에서 보았을 때 '닛폰–日'이라는 글자를 상징하는 교활함을 보였다. 이 건물은 1996년에 철거되었다.

파고다공원의 일본 병사들(1940)

일제에 강제 연행된 위안부들

Comfort Women

A ground of women are recruited in Jeolla Province to serve as "Comfort Women"- prostitutes for the Japaness Army. Women and girls from Japan, China, Korea, southeast Asia-even a handful of Europeans-served in the "comfort stations. "The overwhelming majority were Korean; most were either tricked or forced into the Japaness government, and to this day, their very existence is denied by many in Japan.

위안부

일본군을 위한 '위안부'로 활동하기 위해 여성들이 강제로 징집되었다.

일본, 중국, 한국, 동남아시아에서 온 여성들과 소녀들은 심지어 소수의 유럽인들이 '위안소'에서 성을 착취, 강요당했다. 압도적인 대다수는 한국인들이었다. 대부분은 일본 정부에 속거나 강요당했고, 현재까지도, 그들의 존재 자체를 일본 정부는 부인하고 있다.

출처: American Business and the Korean Miracle: U.S. Enterprises in Korea, 1866~the Present

Orient Express

The first train in Korea was imported from New York by James Morse of American Trading Co.
In 1899. Morse, in financial difficulties, handed over the rail concession to the Japaness-to the anger of King Gojong.
The noise and steam of the very first train horrified Koreans. Only after a peasant worker ran forward and kicked it without suffering any apparent ill effects the crowd molified. The peasant was rewarded with a drink by appreciciative onlookers. Trains would soon become commonplace.

오리엔트 익스프레스

한국 최초의 열차는 American Trading Co.의 James Morse가 뉴욕에서 수입했다. 1899년 모스는 재정난에 시달리던 고종의 노여움에 일본 여인에게 철도 양보권을 넘겼다. 첫 열차의 소음과 증기는 한국인들을 소름끼치게 만들었다. 농민 노동자가 앞으로 달려가 그것을 발로 차며 군중은 화를 냈다. 군중은 음료수로 보상을 받았다. 기차는 곧 일상이 될 것이다.

조선 최초 비행사 안창남安昌男 비행 성공 축하 광고

동아일보 1922년 12월 13일자 기사

SOCONY MOTOR GASOLINE

스탄다드 석유회사 조선지점 광고 내용

"안창남 씨는 본 월 10일 초 비행에 우수 탁월한 기술을 오인 吾人(우리)에게 시시示하였도다. 동 씨의 비행기에는 실로 오사 吾社(우리 회사)의 '소코니-모터-가솔린'을 사용하였도다. 이제 오사吾社의 '가솔린'은 자동차용으로 우량할 뿐 아니라 비행기용으로도 또한 적당한 사사事를 현실히 입증하였도다. 최소량으로 최대이수最大理數를 시시示함은 오사吾社의 '소코니 모터 가솔린의 특장이라.

SOCONY MOTOR GASOLINE

Vacuum Oil Company는 Gargoyle 600W 증기 실린더 모터 오일로 유명한 미국의 석유 회사이다. 원래의 Standard Oil Company에 인수되었다가 다시 독립한 후, 1931년 Vacuum Oil이 뉴욕의 Standard Oil Company와 합병하여 Socony-Vacuum을 설립했고, 나중에 Mobil로 이름이 바뀌었고 결국 1999년에 New Jersey의 Standard Oil(자체 이름이 Exxon으로 변경됨)과 합병하여 Exxon Mobil을 설립했다.

안창남安昌男 (1900~1930)

한국의 비행사이자 독립운동가.

안창남은 일제강점기 일본에서 비행술을 배워 중국 국민혁명군 및 항일 무장 투쟁에 참여한 비행사이자 독립운동가이다. 일본에서 비행사 면허를 우수한 성적으로 취득하고, 1922년 고국 방문 비행을 성황리에 마쳤으며, 이후 중국으로 망명하여 대한민국임시정부와 접촉, 중국군에 참여하여 항공 독립운동 방략을 추구하는 데 중추적인 역할을 하였다.

순종황제 어차御車

A Chariot Fit for a King
This Cadillac was ordered from Japan for Sunjong in 1911. It, and other cars from the royal motor pool, are now displayed in Biwon, the "secret Garden" in central Seoul.

이 캐딜락은 1911년 순종을 위해 일본에서 주문되었다. 이 캐딜락과 왕실 모터 풀의 다른 자동차는 현재 서울 중심부의 '비원'秘苑에 전시되어 있다.

Amphibious automobile
Despite the conditions of the roads, car trips to the countryside and the beaches were popular among Korea's expatriate community in the 1920s and '30s. In this undated photo, a car is ferried across a river. S. H. Jang. AMCHAM's longest serving member

도로 여건에도 불구하고 1920년대와 30년대에는 한국의 외국인 사회에서 시골과 해변으로의 자동차 여행이 인기를 끌었다. 날짜가 표기되지 않은 이 사진에서 자동차가 강을 건너고 있다. S. H. 장. AMCHAM 최장수 회원

8월 22일 - 한일 병합 조약이 체결되었다. 8월 29일 - 대한제국이라는 국호를 폐지하고 조선으로 개칭하였다. 일본 제국의 특허권, 상표법, 저작권법 등이 조선에서도 시행되었다. 8월 22일 - 한일 병합 조약이 체결되었다. 8월 29일 - 대한제국이라는 국호를 폐지하고 조선으로 개칭하였다. 일본 제국의 특허권, 상표법, 저작권법 등이 조선에서도 시행되었다. 9월 12일 - 통감부 보안법에 의거, 일진회 등 각 단체의 해산에 대한 명령이 내려졌다. 9월 14일 - 조선총독부 경무총감부가 제호에 <대한>(大韓)이라고 된 서적을 몰수하였다. 9월 30일 - 조선총독부가 임시토지조사국관제를 공포하면서 일제에 의한 조선 토지 조사 사업이 시작되었다. 10월 1일 - 조선총독부 초대 총독으로 데라우치 마사타케 가 임명되었다.

용산(局)▶일본

1910. 3. 29. 용산(국)-
1910. 3. 31. 일본 도착인.

극동 국제 군사재판소 조례 제5조항에 정의된 전쟁 범죄에 관한 A급 전범 리스트[19]
List of Class A war criminals

사토겐료佐藤賢了 (1895~1975)
이시카와현 출신의 일본제국 육군 군인으로, 최종 계급은 육군 중장. 일본의 패전 이후, 사토는 극동국제 군사 재판에서 종신형 판결을 받아 복역하였다. A급 전범 중 가장 늦게까지 갇혀있었고, 1956년 3월 31 일에 석방돼 지금의 도쿄 퍼실리티 서비스인 도큐관 재東急管財 사장을 맡았다. 또, 자신의 체험이 기초가 되어 베트남 전쟁 반대 운동에 참가해 화제가 되었 고, 죽기 직전까지 면담자에게 태평양 전쟁이 성전이 었다는 주장을 하여 물의를 빚었다.

출처: 위키백과. 한국민족문화대백과사전

아이카와요시스케鮎川義介 (1880~1967)
일본의 기업가이자 정치가로, 닛산 자동차의 전신인 닛산 콘체른의 창립자이다 아이카와는 제2차 세계 대전 종료 후, 1945년 12월에 체포돼 스가모 구치소 에 20개월 동안 수감되어 있다가 곧 석방되었다.

출처: 위키백과. 한국민족문화대백과사전

황해도 수안(所)등기246▶일본

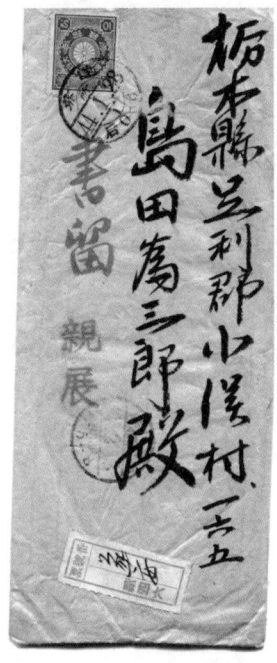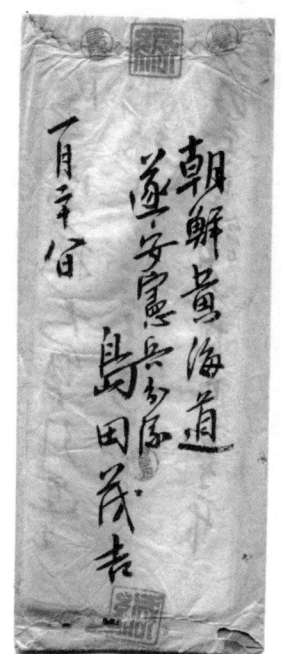

1911. 1. 28. 수안(소)—일본행

극동 국제 군사재판소 조례 제5조항에 정의된 전쟁 범죄에 관한 A급 전범 리스트[20]

List of Class A war criminals

안도기사부로安藤紀三郎 (1879~1954)

일본제국의 군인이자 관료이다.

최종계급은 일본제국 육군 중장. 태평양전쟁 당시에 대정익찬회大政翼賛会 부총재, 국무대신, 내무대신을 지냈다. 전후 A급 전범으로 체포되었다. 1945년 제3차 전범 지명으로 A급 전범으로서 체포되어 수감되었고, 1948년 석방되었다.

출처: 위키백과, 한국민족문화대백과사전

축 합병 제1년 기념엽서

평안북도 삭주경찰서

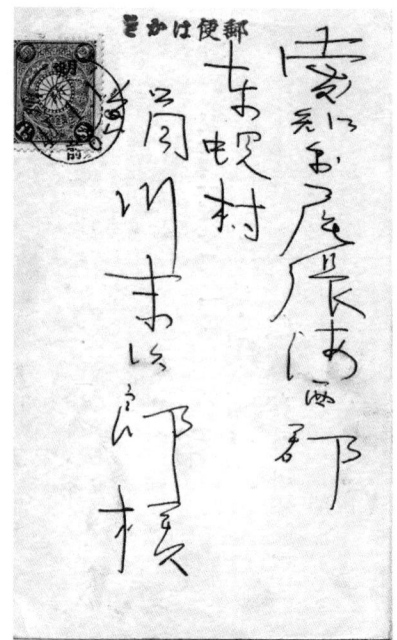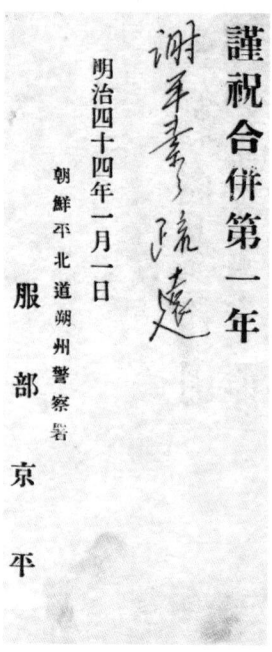

謹祝合併第一年

謝年書疏遠

明治四十四年一月一日

朝鮮平北道朔州警察署

服部京平

1911. 1. 1. 삭주—일본행

극동 국제 군사재판소 조례 제5조항에 정의된 전쟁 범죄에 관한 A급 전범 리스트[21]
List of Class A war criminals

아오키가즈오青木一男 (1889~1982)

일본의 정치인으로, 1939년 8월 30일부터 1940년 1월 16일까지 아베 노부유키 내각에서 대장성 대신, 1942년부터 1944년까지 대동아성 대신을 지냈다. 사위 가토 이치로(법학자)는 전 도쿄 대학교 총장이며, 손녀 고미야마 요코는 일본 국회의원으로 활동하고 있다.

출처: 위키백과. 한국민족문화대백과사전

대구▶안동

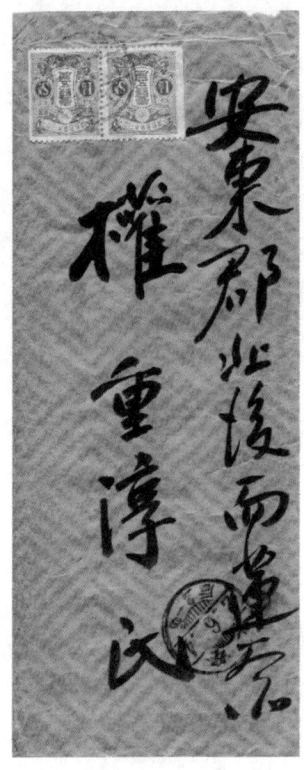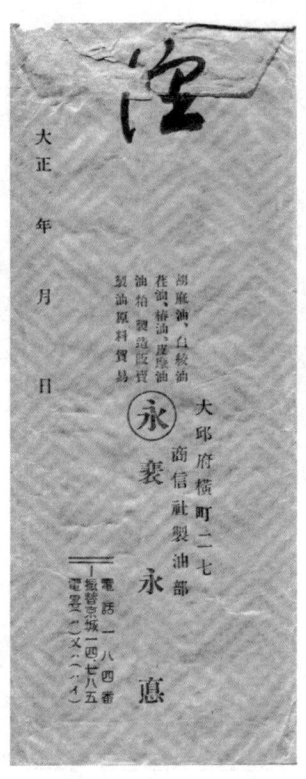

1913. 6. 4. 대구—안동

극동 국제 군사재판소 조례 제5조항에 정의된 전쟁 범죄에 관한 A급 전범 리스트[22]
List of Class A war criminals

고다마요시오児玉誉士夫 (1911~1984)

일본의 극우운동가이자 CIA 요원이었다. 폭력조직 금정회(후의 도천회)의 고문이
었으며, '정재계의 흑막'政財界黑幕,'해결사'(fixer), '우익의 거괴'右翼巨魁라고 불린
거물이었다.

출처: 위키백과. 한국민족문화대백과사전

KEIZO Seoul TYOSEN▶U.S.A.

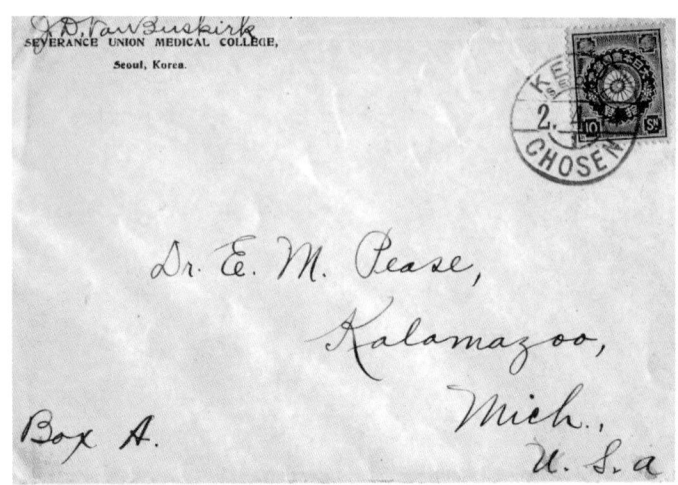

1914. 4. 2. KEIZYO Seoul TYOSEN—U.S.A

극동 국제 군사재판소 조례 제5조항에 정의된 전쟁 범죄에 관한 A급 전범 리스트[23]
List of Class A war criminals

무타구치렌야牟田口廉也 (1888~1966)

일본 제국의 육군 군인이다. 그는 1944년 버마 전선에서 무리하게 임팔 작전을 강행하였다가 큰 피해를 입고 패배한 것으로 유명해졌다. 그는 잔혹행위에 대한 전범용의자로 체포되어 극동국제군사재판에 기소되었으나, 불기소 처분 후 재판을 위해 싱가포르로 압송되었고 2년 형을 선고받고 복역 후 1948년 3월에 만기 석방되었다. 그는 전후에도 '부하의 무능때문에 임팔 작전이 실패했다'는 변명으로 일관하였다. 이러한 태도 때문에 일본의 우익 정치가들은 무타구치를 도미나가 교지, 스기야마 하지메와 더불어 '삼대오물'三大汚物이라고 부르며 비난하였다.

출처: 위키백과. 한국민족문화대백과사전

NINSEN ▶ England

1915. 12. 1. Ninsen, Choseon—Englan

극동 국제 군사재판소 조례 제5조항에 정의된 전쟁 범죄에 관한 A급 전범 리스트[24]

List of Class A war criminals

니시오도시조西尾寿造 (1881~1960)

중지나방면군 초대 사령관 겸 제 13군 사령관을 지낸 일본 제국 육군의 대장이다. 전후 전범으로 체포되어 A급 범죄에 해당되었던 자였다.

출처: 위키백과, 한국민족문화대백과사전

광화문 ▶ Via San Francisco ▶ Germany

극동 국제 군사재판소 조례 제5조항에 정의된 전쟁 범죄에 관한 A급 전범 리스트[25]
List of Class A war criminals

도요다소에무豊田副武 (1885~1957)

제2차 세계대전에서 활약한 일본 제국 해군 군인이다. 연합함대 사령장관을 역임하였다. 그는 포츠담 선언이 제시한 무조건 항복에 격렬히 반대하였다. 일본의 항복 이후, 그는 전범 재판에 기소되었으나 무죄로 풀려났고, 1957년 심장마비로 사망하였다.

출처: 위키백과. 한국민족문화대백과사전

KEIJO CHOSEN ▶ U.S.A.

촌노와 당나귀

Choseon–USA

1916. 7. 29. Keijo.

극동 국제 군사재판소 조례 제5조항에 정의된 전쟁 범죄에 관한 A급 전범 리스트[26]

List of Class A war criminals

나가노오사미永野修身 (1880~1947)

일본제국 해군의 군인이다. 극동 국제 군사 재판 중에 스가모 형무소에서 옥사하였다. 제2차 세계 대전 후에는 극동국제군사재판에서 A급 전범 판결을 받았으나, 수감 중이었던 1947년 1월 5일, 폐렴으로 인한 폐결절로 66세의 나이로 사망하면서 판결을 면제받았다. 나가노는 일본제국 해군의 3요직(해군 대신, 연합함대사령관, 군령부총장)을 모두 경험한 유일한 인물이다.

출처: 위키백과. 한국민족문화대백과사전

FRANCE ▶ Via Siberia ▶ KEIJO, CHOSEN

극동 국제 군사재판소 조례 제5조항에 정의된 전쟁 범죄에 관한 A급 전범 리스트[27]

List of Class A war criminals

우메즈요시지로梅津美治郎 (1882~1949)

일본 제국 육군의 장군으로, 별칭은 무언의 장군이었다. 우메즈는 전후 열린 극동국제군사재판에서 종신형을 선고받아 복역하던 중 감옥에서 사망했으며, 1978년 야스쿠니 신사에 합사되었다. 우메즈 요시지로는 1945년 9월 2일 도쿄만에 정박한 미주리호 선상에서 시게미쓰 마모루와 함께 항복 문서에 서명했다.

출처: 위키백과. 한국민족문화대백과사전

KEIJO. SEOUL CHOSEN ▶ U.S.A.

1918. 12. 30.
1928. 12. 30.

극동 국제 군사재판소 조례 제5조항에 정의된 전쟁 범죄에 관한 A급 전범 리스트[28]
List of Class A war criminals

이타가키세이시로板垣征四郎 (1885~1948)
제2차 세계 대전 당시 일본 제국 육군의 장군이다. 만주국 군정부 최고 고문, 관동군 참모장, 육군 대신 등을 지냈으며, 이시와라 간지와 함께 만주사변의 주모자이기도 하다. 제2차 세계 대전이 끝난 후 열린 극동국제군사재판에서 사형 판결을 받았다.

출처: 위키백과. 한국민족문화대백과사전

출처　　1919년 소요사건에 관한 도장관보고철 7책의 2
문서번호　호외
문서제목　학생 소요에 관한 건 보고
발신자　　김곡윤金谷允(경성부윤)
수신자　　宇佐美勝太(조선총독부 내무장관)
발신일　　1919년 3월 1일

학생 소요에 관한 건 보고

오늘 오후 경성부내 조선인 학생소요에 관한 건을 별지와 같이 급히 보고합니다.

3월 1일 경성부내 소요에 관한 건

- 오후 2시 약 3~400명으로 이루어진, 학생을 포함한 한 무리의 군중이 이열종대로 경성부청 앞을 잔달음질 치며 제각기 만세를 연호하고 모자를 흔들면서 남대문 방면을 향해 지남감. 위의 무리로 보이는 군중이 대한문 앞에서 독립만세를 연호한 후 황금정(현 을지로) 방면으로 향함.
- 오후 3시 학생 무리 및 군중 약 5~600명이 종로 1정목에서 서쪽으로 향하고, 태평통(현 태평로)에서 북으로 꺾어 경복궁 앞에 집합하여 만세를 연호함.
- 오후 4시 반 동대문 밖에 한 무리가 나타나 만세를 외침. 또 일반 통행인에게 만세 제창을 강요하면서 서쪽으로 향함
- 오후 5시 장곡천정(현 중구 소공동)에서 한 무리의 군중이 본정(현 충무로)으로 들어가려고 하다가 경관에게 저지됨. 이 혼란 중에 절반은 마침내 이를 돌파함. 명치정(현 중구 명동) 모퉁이 진촌상점 및 일출회엽서점 앞에서 다시 저지에 부딪치자, 두 상점의 유리창 등을 파괴함. 이에 수십 명이 그 와중에 검거됨.
- 오후 7시 반 마포에서는 전차에서 한 무리의 군중이 하차해 만세를 외치면서 동막(현 마포구 대흥동. 용강동에 걸쳐있던 마을) 방면으로 향함.
- 본정 경찰서에 검거된 자는 남녀 합계 35명으로 내역은 다음과 같다.
  (경성)여자고등보통학교 3명, 중앙학교 3명, 휘문고등보통학교 4명, 경신학교 1명, 중동학교 1명, 선린상업학교 1명, (경성)고등보통학교 1명, 총독부 의학전문학교 2명, 총독부 전수학교 1명, 연희전문학교 1명 계 20명 기타 18명
- 종로경찰서에 검거된 자 27명 중 학생은 14~5명으로 예상됨.

출처　　　1919년 소요사건에 관한 도장관 보고철 7책의 2
문서번호　조선총독부 내비보內秘補 299. 秘 제170호
문서제목　소요에 관한 건 보고
발신자　　松永武吉(경기도장관)
수신자　　山県伊三郎(조선총독부 정무총감)
발신일　　1919년 3월 27일

소요에 관한 건 보고
관내 고양·장단·광주·수원 각 군의 소요 상황이 별지와 같으므로 이에 즉시 보고합니다.

(별지)

고양군내

- 고양군 용강면(현 마포 공덕동, 하중동, 당인동, 염리동, 창전동 등 마포구 일대와 아현동 등 서대문구 일부를 관활하던 면), 연희면(현 대현동·창천동·신촌동·연희동 등 서대문구 일대와 노고산동·합정동·망원동·성산동·상암동 등 마포구 일부, 수색동·증산동 등 은평구 일부를 관활하던 면), 중면(현 고양시 장항동·풍동·마두동·백석동·주엽동 등을 관활하던 면), 송포면(현 고양시 구산동·가좌동·덕이동·대화동·법곶동 등을 관활하던 면), 숭인면(현 신설동·안암동·종암동·돈암동 등 성북구 일부와 번동·수유동·우이동·미아동 등 강북구 일부, 답십리동·청량리동·이문동·회기동·용두동 등 동대문구 일주를 관활하던 면), 독도면纛島面(뚝섬의 한자식 표기, 현 화양동·군자동·중곡동·구의동·광장동·능동 등 광진구 일대와 면목동 등 중랑구 일부, 마장동 등 성동구 일부를 관활하던 면) 각 면에서는 4~5일 전부터 민심이 동요하여 곳곳에서 독립만세를 외침. 중면 면장은 면민의 불온한 상황을 깨닫고 일산헌병파출소에 이를 신고함. 그런데 폭민이 이를 알고 강한 반감을 품어 면장 및 면서기를 죽이겠다고 공공연하게 얘기하고 있음. 26일 면직원이 헌병파출소로 피난하여 그날 저녁까지는 아무런 이상이 없음. 중면 면장은 직무에 매우 충실하면서도 강경한 태도로 항상 면민을 회유하고 있었기 때문에 위와 같이 불온행동을 신고하자 폭민의 반감을 유발했던 것 같음.
- 어젯밤 독도면사무소에 폭민 약 2,000명이 습격하여 유리창 14~5장, 기구 약간을 파괴함. 폭민은 또한 면장의 집을 습격하여 격심하게 돌을 던짐. 면장은 잠시 다른 곳으로 피난함. 그 외의 면직원에게는 아무런 가해도 없음. 위 소요로 헌병이 발포하여 폭민측에 사망자 1명, 부상자 5~6명이 발생한 듯함.
- 천주교도가 각 면장과 면서기에게 협박장을 보냄. 그 개요는 다음과 같음.
  "우리들이 조선독립에 관해 이렇게까지 활동하고 있는데, 면직원이 편안하게 사무를 보는 것은 조선인으로서 도리에 어긋난다. 속히 일을 그만두고 우리들에게 가담하라"
- 송포면에서는 23일 만세를 외치던 군중 가운데 5~6명이 추위 때문에 송포면 면사무소에 무단 침입하여 몸을 녹이고 있었는데, 경관이 폭민 검거를 위해 면사무소에 와서 당직하던 면서기 1명, 소사小使 1명을 연루자라며 체포함. 면서기, 소사는 아무런 관계가 없음. 다만 폭민이 면사무소에 침입하여 무단으로 몸을 녹였을 뿐이라 때가 때인 만큼 방관한데 불과한 것임. 경무관헌에게 중면 면장과 송포면 면장이 보증을 해서 석방됨.

- 일반직원 중 면민의 소요, 면직원에 대한 협박과 위해 때문에 마음이 불편해서 사표를 제출한 자가 있음. 이들에 대해서 충실히 회유하여 유임시키고 있음. 그리고 며칠 전부터 면사무가 지체되고 각종 보고서류 등의 제출이 적어 사무에 미치는 영향이 크다고 함. 고양군에서는 전력으로 선후책을 강구하고 있음.
- 오늘 밤 독도면사무소 및 숭인면사무소를 습격한다는 소문이 있음.

장단군 내

지난 26일 오후 9시 10분경 관내 진남면 동장리, 서장리(장단역 소재지)에서 사립학교 학생 약 50명과 주민 약 100명이 한 무리가 되어 '대한민국 만세'를 외치며 면사무소로 몰려옴. 돌을 던져 유리창을 파괴하므로 헌병이 주모자를 체포하고 해산시킴. 또 같은 시각 군내면 정자리 및 백련리에서 주민들이 무리지어 만세를 외쳤으나 인원이 적어 즉시 해산시킴.

광주군 내

- 지난 26일 오후 4시경 중대면 송파리(현 송파구 송파동)에서 약 300명의 군중이 만세를 연호함. 일몰이 되자 헌병출장소로 와서 유리문 1개를 파괴함. 잇따라 면사무소로 몰려와 유리, 의자, 찻잔 등을 모두 부수고 철수함. 사상자는 없음. 즉시 군서기를 파견하여 실상을 조사하도록 하는 한편 경찰관헌과 협력하여 경계 중임.
- 같은 날 중부면 신성리 및 구천면 상일리(현 강동구 상일동)에서도 주민들이 모여 소란을 피움. 동부면에서도 마찬가지로 약 150명 군중이 자동차 통행을 가로막고 승객에게 만세를 부르도록 강요함. 관내는 앞에 서술한 바와 같은 상태로 민심의 동요가 심하고 불안한 상태임. 일본인에게 위해를 가할지도 모르기 때문에 송파리 등 지역의 일본인은 소수라도 만약 이들이 폭행에 나선다면 각각 자위하기로 결의함. 모래인 29일은 경안면(군청 소재지) 장날이므로 당일 소요가 있으리라 추측됨. 경안면은 헌병출장소가 있으나 헌병 1명(일본인 헌병을 지칭. 보조원은 제외)으로 만일 소요가 일어나서 폭행하게 되면 도저히 이를 진압하기 어려울 것임. 때문에 군청 소재지인 경안면에 20명 내외의 병사 혹은 경관을 파견해 대비하도록 경기도에서 경무부와 교섭하려고 함.

수원군 내

- 수원의 조선인 점포는 어제 아침부터 조금씩 폐점하고 있음. 오늘 아침이 되자, 그 수가 증가하여 약 60호(전 상점의 약 4할에 해당)에 달함. 폐점의 원인은 그저께인 25일 만세 고창자를 검거하여 아직까지 4명을 유치하고 있기 때문이라는 소문이 있지만 원인은 아직 찾고 있는 중임. 어제 26일 오후 6시 송산면 주민 약 100명이 면사무소 및 주재소 부근에 집합하여 구한국기를 흔들며 독립만세를 고창함.

일본인의 만행
Japanese atrocities

일본인들의 불법적인 만행은 이미 세계에 알려져 천하 공도公道(공평하고 바른 도리)에 의해 해결하여야 한다는 여론까지 일어나고 있으나 어디에 공도가 있단 말인가. 공도가 있다면 어찌 이렇게 잔인하고 포악한 야만인 종이 인류사회에서 마음대로 날뛰도록 내버려 두고 응징하지 않는단 말인가.

아, 이 세상에 누가 부모·형제·자매·처자가 없겠는가.

이제 그들이 우리 부모·형제·자매·처자에게 가하는 갖은 악형·학살 등 가혹한 행위는 세계 인류 역사상 일찍이 없었던 일이니,

그들이 얼마나 잔인하고 악독한 인종이란 것을 알 수 있다. 실로 그들과는 이 세상에서는 삶을 같이할 수 없다. 옛날에 은殷나라 주왕紂王이 포락炮烙(구리 기둥에 사람을 매어달고 기둥을 달구어 살을 지지는 형벌)의 형을 써서 사지를 끊고 염통을 뽑아 냈다. 이는 한 사람의 고문에 불과하지만 왜구들은 하고 많은 법관·경찰·군인들이 모두 이 같은 잔인성으로 인류를 해치니 이를 어찌 용납할 수 있단 말인가. 양심을 가진 사람으로서 이 같은 만행을 본다면 머리가 곤두서고 눈이 찢어지며 피가 끓어오름을 불금할 것이다. 일제의 만행이 어찌 유독 우리 한민족의 골수에만 사무치는 원수이랴. 실로 세계 인도人道(사람으로서 마땅히 지켜야 할 도리)의 공통된 적일 것이다. 더구나 그들은 침략의 야망이 무한하니, 그 피해는 한국 사람에게만 그치지 않는다. 이제 와서는 중·러 두 나라 민족들도 그 해를 입게 되었다. 무릇 부모·형제·자매·처자가 있는 이로서 어찌 경계심이 없을 수 있겠는가.

부녀자에 대한 만행
Atrocities against women

■ 평안남도 함종군咸從郡 바닷가에 어느 가난한 집 젊은 부인이 생선 장사로 생계를 유지하였는데, 왜병이 그를 독립군으로 지목하여 찔러 죽여 2살 난 어린애가 엄마를 부르며 슬피 우는 그 정경은 참혹했다. 왜병은 함종군 범오리로 들어가 여학생을 강간하고 민가에 불을 지르는 만행을 저질렀다. 신천군에서는 어느 할머니가 5월 5일에 애국사상을 고취하는 연설을 하자 왜병이 칼로써 그의 입을 찢으니, 보는 자가 모두 격분하였다.

■ 3월 7일, 평양의 왜인 소방대원 5, 6명이 평양병원 옆 한국인 집에 침입하였다.
그들은 여학생 1명을 붙잡아 쇠갈고리로 그들의 머리채를 끊어 당겨 전봇대에 묶어 놓고 왜경에게 잡아가라 했다. 장대현 예배당 주일학교 교사가 왜병을 피해 급하게 달아나다가 소방대원의 쇠갈고리에 맞아 갈빗대가 부러져서 폐인이 되었다.

■ 3월 하순 경성 여학생 31명이 출감하여 곤욕당했던 일을 다음과 같이 밝혔다.
'처음 수감되었을 때 무수히 구타당하고 발가벗겨져 알몸으로 손발을 묶인 채 외양간에 수용되었다. 밤은 길고 날은 혹독하게 추웠는데, 지푸라기 하나도 몸에 걸치지 않았다. 왜놈들은 예쁜 여학생 몇 명을 몰래 데려와서 강간하고는 새벽에 다시 끌고 왔는데, 그들은 눈이 퉁퉁 붓고 사지에 맥이 빠져 있었다. 신문訊問할 때에는 십자가를 늘어놓고 말하기를, '너희들은 예수교 신도이므로 십자가의 고난을 겪어 보아야 한다' 하였다.
여자고등보통학교 학생 노영열盧永烈을 나체로 십자가 위에 반듯이 눕히더니 이글이글 타는 화로를 옆에

놓고 쇠꼬챙이를 시뻘겋게 달궈 유방을 서너 번 찔렀다. 그리하여 결박을 풀고 칼을 휘둘러 사지를 끊으니, 전신이 호박처럼 되어 선혈이 낭자하였다. 또 다른 십자가로 옮기여 머리채까지 다섯 군데를 묶은 뒤 고약을 물에 녹여 머리·음문·좌우 겨드랑이에 붙여 식자 힘껏 잡아떼었다. 털과 살이 달라붙고 피가 쏟아지니 왜놈들은 손뼉을 치며 껄껄댔다. 그들의 우두머리가 묻기를 '너는 그래도 감히 만세를 부르겠는가? 하니, 대답하기를 '독립이 되기 전에는 그만둘 수 없다' 하였다. 할 수 없이 다시 원래의 감방에 유치시키고, 몇일 음식을 주지 않더니, 사흘 만에 다시 악형을 가했다. 대바늘로 머리통을 무수히 찔러도 항복하지 않고 도리어 통렬히 꾸짖었다. 왜병은 더욱 화가 나서 칼로 혀를 끊으려 들자, 우두머리라는 자가 만류하기를 '얼굴은 그대로 둬라' 하니, 할 수 없이 옷을 던져 주며 엄하게 훈계한 후 석방했다.

■ 북간도 국자가에 사는 임신한 박동원朴東元의 부인이 산기에 임박하였는데, 왜병이 그 집에 침입하여 그 부인을 걷어차서 부상하여 뱃속의 태아가 유산되었다.

■ 부산 일신여학교 학생 임운이林雲伊·최복련崔福連·김배기金培綺·이태환李台煥·문복숙文福淑·김순이金順伊 등은 모두 처녀로, 그들은 독립운동에 참가했다가 체포, 수감되어 참혹한 형벌과 치욕을 당한 것을 모두 형언할 수 없었다.

■ 부산항의 30리 밖에 한 부락에는 왜병이 민가에 침입하여 처녀와 새색시를 강간하러 들었다. 신부의 어머니가 대신 욕을 당하고 처녀는 산으로 도망쳐 버렸다. 왜병은 민가에 난입하여 수색을 그치지 않았으며, 피신하지 못한 부녀자들은 다수 욕을 당했다.

■ 한성에서 25리 밖의 어느 부락에는 왜병이 침입하여 강간 등 만행을 하여 견디다 못해 자살한 남녀가 30여 명이었다.

■ 평양에서 어느 여학생이 체포되어 수감되었다. 왜경이 쇠꼬챙이를 달궈 그의 음문을 지지며 사내가 몇이냐고 물으며, 갖은 악형을 다하고 욕을 보였다.

■ 원산에 어느 여학생은 19세로 심沈모의 무남독녀였다. 그는 일본 유학을 하고 3월에 귀국했다가 체포되어 경성감옥에 갇히어 갖은 악형을 당하다가 정신이상이 되었다. 창 유리며 방 안의 기물을 파괴하면서 오직 '대한독립만세'를 부르짖었다. 그 어미가 옥문 밖에서 딸이 외치는 소리를 듣고 목놓아 울면서 '무고한 내 딸을 내놓아라' 하니 왜병이 욕질하며 구타하였다.

■ 5월 17일, 대구의 각 마을에서 계속 시위운동을 벌이자, 일본 헌병과 순사들이 마을을 돌아다니며 만행을 저질렀다. 심지어는 아침 저녁의 끼니를 빼앗고 부녀자들을 벌거벗겨 능욕하기도 하였다.

■ 대한애국부인회 여주지부 회원 400여 명은 독립이 성취되는 날까지 행동을 그만두지 않기로 맹세하고 일제히 만세를 부르니, 왜병들이 습격하여 짐승 같은 행동을 자행하였다.

■ 이자경李慈敬여사는 4월 5일, 경성에서 일본 형사에게 체포되어 옥중생활을 한 경험담을 다음과 같이 술회했다.

'대체로, 수감된 여인은 반드시 발가벗겨 신문장에 세워 두고 먼저 대바늘로 온몸과 손톱 밑을 난자하여 그 고통으로 정신을 잃게 만든다. 왜인은 입에 담을 수 없는 욕설을 하며 얼굴에 침을 뱉고 머리털을 뽑는다. 남은 머리털을 발뒤꿈치에 매어놓고 목을 누른 뒤 형틀을 두 다리 사이에 끼우고 주리를 틀면, 그 고통은 이루 다 형언할 수 없다' 어느 날 이런 비참한 형벌을 받고 감방으로 돌아오니, 한국 청년 하나가 이 꼴을 보고 큰 소리로 '야만 놈들'하고 외쳤다. 그 뒤부터는 밤에 신문을 당했는데, 그들의 신문은 한결 같이 '서양인이 은영 중에 무슨 간섭을 하더냐' 하였다. 수감 중에는 반드시 꿇어앉게 하며 극히 적은 분량의 밥을 주고, 목욕 후에는 나체로 문 밖에 나가게 하여 많은 왜인 남녀들로 하여금 보게 했다. 또 검사한다면서 음문을 벌려 보기도 하였다.

늙은이와 어린이에 대한 만행
Atrocities against the old and the young

- 유림 대표 곽종석郭鐘錫·유필영柳必永·하룡제河龍濟 등은 모두 80세 노인으로 수감되어 고초를 겪다가 병들어 죽었다.

- 천도교 직원 양한묵梁漢默(1862~1919)은 육순 노인인데, 독립선언 대표의 한 사람으로 체포되어 투옥 중 악형을 견디다 못해 죽었다.

- 3월 4일, 왜병이 평안남도 함종군咸從郡 범오리로 침입하여 이노근李老根 노인과 어린 손자를 창으로 찔러 죽이고, 같은 마을의 배선희裵善禧도 총살하였다

- 경기도 양평군 두모포의 80세 노인이 대한문大漢門에서 종로까지 남녀 학생과 어울려 만세를 부르며 경찰서 앞에 이르니, 왜경이 호통 치기를 "너는 늙어서 망령이 들었으니 빨리 물러가거라" 하니, 노인이 말하기를, "우리 불쌍한 남녀와 어린이가 다들 악형을 받고 또 죽어 갔는데, 내 어찌 차마 홀로 가겠는가. 만일 이들을 풀어 준다면 나는 곧 물러갈 것이요, 그렇지 않으면 나도 함께 죽기를 원한다" 하면서 눈물이 비 오듯 하더니 결국 체포되어 투옥 후 사망했다.

- 3월 7일, 평안남도 강서군의 12세 어린이가 평양병원에서 치료하려는데 때마침 왜병이 병원을 수색했다. 아이가 겁에 질려 피하려 하니, 왜병이 발포하여 총알이 등에서 배를 뚫고 나가 즉사했다.

- 평안북도 철산군에서 시위운동을 벌이던 날, 14세 난 어느 과부의 외아들이 왜병의 총상 세 군데와 수십 군데 자상을 입었다. 죽기전에 그의 어미에게 말하기를,
  "저는 하나님 앞으로 갑니다. 제 가슴이 몇 군데나 찔렸습니까? 저는 하나님께 고하여 불태우렵니다. 제 가슴 속의 뜨거운 피가 뜨거운 불덩이로 변하여 그들의 섬나라를 불태우겠습니다" 하더니, 말이 끝나자 숨을 거뒀다.

- 평안북도 의주군 가산면에서 김 金모의 일곱 살 난 어린 아들이 왜인에게 총살되었다.
  김 씨가 예수교 신자이기 때문이다.

- 4월 28일 부산에서 동북쪽으로 20리 되는 곳에서 14세 된 아이 하나를 붙잡아 힐문하기를, "네가 만세를 부른 것은 네 형의 사주가 아니냐?" 하니 아이가 대답하기를, "내가 만세를 부른 것은 내 자유 의사다" 하였다. 일본군이 강제로 자백받으려고 그의 바지를 벗기고 대나무 조각으로 음경을 심하게 때려 사경에 이르렀어도 아이는 끝내 항복하지 않았다.

- 3월 27일, 경성 사동에서 7세 어린이가 태극기를 들고 '대한독립만세'를 부르니, 왜병이 칼로 그의 입을 찔러서 죽였다.

금품을 약탈한 만행
The atrocities of plundering money and valuables

- 함경북도 은성군의 최기철崔基哲은 독립운동의 주모자로 왜병에게 총살되었다.

- 은성군의 최우길崔禹吉은 그의 가족을 구제하기 위해 사람들에게 청탁하여 67원을 모았는데 왜병이 최우길을 체포하고 그 돈을 빼앗았다. 또 왜인은 증산군 두만리 부근에서 '보조원의 치료비'란 명목으로 민간의 돈을 강탈하였다.

- 황해도 신천군의 김대성金大城이 1만 5천 원을 지니고 상해로 가려고 정주역에 이르니, 왜경이 그를 체포하여 돈을 빼앗았다.

- 일본 헌병 수십 명이 밤을 이용하여 정주군 갈산면에 있는 이승훈李昇薰의 집, 덕달면에 있는 이명룡李明龍·조형균趙衡均의 집에 침입하여 부녀자와 아이들을 구타하고, 가구를 파괴하고 여러 가지 물건을 훔쳐 갔다.

- 천도교회에서 20만 원을 경성 제일은행에 예금했더니, 독립운동이 일어난 후 일본 관청에서 이를 압수했다. 대도주大道主 박인호朴寅浩가 체포되고, 그 집을 수색하여 70만 원을, 또 교인 김상규金尙奎의 집을 수색, 30만 원을 훔쳐갔다.

- 여학생 서범식徐範植·정익태鄭益泰는 경성에서 상해로 가다가 평양에서 왜경에게 잡혀, 몸에 지닌 돈 1만 8천 원을 빼앗겼다

- 러시아 땅 쌍성雙城에 주재하는 왜병이 밤을 이용하여 그곳의 한인 집들을 습격했다. 이때 사람들은 모두 옷을 벗고 잠자리에 들어 문이 굳게 잠겨 있었음으로 도끼로 문을 부수고 내실로 침입하였다. 부녀자들이 놀라 일어났으며 미처 옷을 입지 못해 알몸므로 왜병에게 심한 매질을 당하고 금반지 등 여러 가지 패물을 빼앗겼다.

이리하여 러시아 영토내에서 여론이 비등해지면서 모두들 말하기를 '그들이 유럽인의 영토 내에서도 이런 만행을 저지르는데 하물며 한국 땅에서랴' 하였다.

수인 囚人에 대한 만행
Atrocities against prisoners

- 1919년 3월 1일 독립운동 이후 선천 신성학교 생도 10명이 신의주 재판소에 갇혀 갖은 악형을 당한 끝에 미동병원에 입원했다. 치료를 받은 지 7일 만에 장독杖毒이 속으로 들어가 3명은 사망하고 6명은 폐인이 되었다.

- 경성전수학교 생도 홍치학洪致學·장기렴張基廉은 경성 서대문감옥에서 사망하고, 재령 강동촌교회 장로 박하동朴河東은 평양감옥에서 사망했다.

- 왜인이 매일 3명씩 때려 죽여 수인묘지의 목비가 날마다 늘어났다. 투옥자의 가족과 친지들이 의복을 주려고 면회를 요청하면 번번이 매질을 일삼았다. 감방은 2평 반에 불과한데 37명이 수감되니 숨이 막히고, 목욕을 허용하지 않으니 땀이 흘러 온몸을 적시며 찌든 냄새가 코를 찔렀다. 말도 통하지 않고 사경에 임박한 몰골은, 개가 머리를 치켜들고 개백정(개 잡는 것을 업으로 삼는 사람)의 몽둥이를 얻어맞고 소리도 못내고 머리를 떨어뜨린 듯했다.

독약을 넣어 사람을 해친 확증
Evidence of a man's death using poison

4월 이후로, 왜인은 각처에 흩어져 음료수, 생선, 소금, 설탕 등 식료품에다 독약을 집어넣어 우리 한국인을 해쳤다.

- 평양의 장사꾼이 소금 한 되 속에서 4작勺의 흰 결정체를 발견하고 분석해 보았더니, 석물을 녹이는 약이었다. 닭 4마리에 먹였더니 모두 즉사하였으며, 용천 양시에서는 우물물에 기름이 떠오르는 것을 발견하고 물을 퍼냈는데, 헝겊 속에 싸인 약알을 찾아냈다. 때마침 행동이 수상한 아이를 발견하여 경찰에 끌고 갔더니 도리어 욕먹고 쫓겨났다. 그 아이에게 따졌더니, 그가 대답하기를 '일본인이 내게 약을 투입하라면서, 한 번 넣는데 10원을 주기 때문에 이런 짓을 했습니다' 하였다. 왜인 의사는 '이는 즉사하는 독약이 아

니라 이질을 발생케 할 뿐이다' 했지만, 목격자의 말에 따르면 우물 안 개구리가 모두 죽었다고 한다.

■ 정주군의 시위운동으로 인한 피살자는 120여 명이다. 의사 신申모는 부상자를 치료하였다고 하여 체포되고 병원도 파괴당했다.

■ 3월 21일, 진주군 사람들이 독립운동을 벌이다가 왜병의 총격으로 많은 사상자를 냈다. 부상자는 교회 병원에서 치료를 받았는데, 왜인 두목이 여러 모로 방해하여 기어이 이들을 죽이려 하였고, 한 환자는 체포되어 와서 고열로 사경이었어도 풀어주지 않았다.

상해서보上海西報의 일본인 만행 기사
Japanese atrocities in Shanghai ser newspaper

"대구 발신……. 당시 감옥의 수인 수용 상황은 참으로 놀라운 일이다. 10명도 수용하기 어려운 감방에 40명을 처넣었다. 내가 이곳에 도착한 날 80명의 한국인을 대전에 이감하고 이튿 날 또 200명을 옮겼다. 도지사가 내게 말하기를 '요즘 죄수가 가장 많았을 때는 2,600명에 이른다'고 했다. 이는 경찰서에 구치되어 있는 사람을 제외한 숫자이다. 감옥을 보여 달라고 했더니, 대답하기를 '이야말로 일본사람을 중상하는 말이지 결코 그런 일은 없다' 하였다. 그러나 한국인이 당하고 있는 것으로 봐 그것이 실지임을 판단할 수 있다. 매일 들어오는 보고에 의하면 일본 경찰이 신문을 할 때 부녀자에 대해서는 야만적인 추행을 한다고 했다. 의성군에 마곡이라는 마을이 있는데, 신부가 일본 군인에게 강간당하고 헌병대로 가서 호소했더니 도리어 호통을 쳐 쫓아냈다고 한다.

■ 내가 안동군에 있을 때 참상을 목격했다. 일본군인이 한인 하나를 죽이자 그의 아내가 놀라 남편의 시체 위에 엎어졌다. 등에는 아이를 업고 있었는데, 일본군인이 그들 모자를 모두 찔러 죽였다. 또 한인 하나가 부상하여 숨을 헐떡이며 길가에 누워 있었는데 일본군이 칼로 배를 찔러 죽였다. 신촌에서는 일본군의 한인 총살이 더욱 마음대로였으며, 외국인의 접근을 허용하지 않았다.

■ 나는 한 마을이 전멸 당하는 광경을 보았다. 비록 발을 들여놓은 외국인이라도 헌병대의 압박이 두려워 감히 말을 꺼내지 못했으며, 외국인이 돌아가 버리면 헌병대에서 부녀자를 묶어다가 외국인이 무슨 말을 했는지를 엄히 문초했다.

■ 또 어느 마을의 사건이 신문에 보도되면, 그 마을이 벌을 받게 되고, 동네에서 10명만 동행하여도 반드시 잡아 가서 1개월 이상 가두어 신문도 않고 구타하였다. 내가 병원에 체류하면서 수많은 노인과 어린이가 총검에 부상하여 날마다 찾아드는 것을 목격하고 일본의 잔학성을 알 수 있었다. 일본이 파리강화회의에서 약소민족의 편을 들면서, 독일이 벨기에·프랑스에 대하여 한 행위를 배격한 것은 거짓이었던가. 언론자유, 출판자유, 신앙의 자유를 허용하지 않고 있는 걸 본다면, 현 세계에서 가장 압박을 받는 것이 한인일 것이다. 관립소학교는 강제 입학이고 세계 역사는 1권도 가르치지 않고 있다.

'아무리 교회의 학교라 하더라도 총독부 교과서를 사용하지 아니하면 개교하였어도 수업을 할 수 없는 실정이다. 그러므로 한국인은 완전한 교육을 기대할 수 없다. 한국어를 말살하는 일에 전력을 기울이고 있으니, 나의 견해로는 몇 해 안 가서 교회의 학교도 한국어 교육을 금지당할 것이다. 그러나 이 같은 동화정책은 반드시 실패로 돌아갈 것이다. 한국 민족은 오랜 문화의 전통을 가지고 있으며, 일본 자체가 그 영향을 많이 받았었는데, 이제 갑작스레 이를 말살하기란 절대로 불가능한 일이다'.

평양선교사에서 보도한 일본인의 만행
Japanese atrocities reported by the Pyongyang Mission

조선 평양에서 체류하는 선교사에서 조선 독립운동의 진상을 영문으로 번역하여 조선 영역 밖의 사람들에게 알리는 기관이 있다.

'이번 조선의 독립운동은 그 의의가 극히 중대한데, 일본 정부의 혹심한 탄압으로 '인하여 세계에 널리 알려지기 어려우므로, 부득이 간접적으로 귀보에 부탁하여 세계인들에게 알리려 한다. 경성에 주재하는 미국영사관에서 이 사건에 대하여 곧 미국 정부에 타전하였으나, 일본이 그 전문대로 하였는지 믿을 수 없으므로 이 장문長文의 통신을 발송한다'.

다음 각항은 일본의 조선에 대한 가혹한 행위의 증명으로서 이는 피아가 아는 정의와 인도에 어긋나는 사실이다.

① 조선이 받는 전제 정치의 억압은 세계에서 가장 심하다.

　총독의 판결은 제국의회에 공소할 수 없으니, 총독은 독재적인 폭군이다.

　다음의 열거 사실은 조선 2천만 민족의 천부인권을 인정하지 않는 것이다.

② 일본의 조선 통치는 '야수적인 잔학' 일뿐 달리 표현할 말이 아무것도 없다.

　조선 민족을 추호도 가차 없이 혹독하게 구타함이 야수의 잔학이 아니고 무엇인가.

③ 조선총독부는 조선인에 대하여 공소권을 인정하지 않고 있다. 만일 판결에 불평을 품고 공소를 제기하면, 이 사람을 국사범國事犯으로 몰아 버린다. 천지간의 대화조차 밀정에 의해 탐지되어 1년 동안 감금된 사람도 있었다.

④ 조선인은 단일민족이다. 말이 같고 상당한 문화에, 믿을 만한 4,000여 년의 역사를 지녔다.'그런데도 일본은 공·사립학교를 막론하고 조선어의 사용을 금하여 조선 역사를 말살하려 하고 있다. 특히 과거 한일간의 차이점을 지워 버려 억지로 밀접한 관계를 수립하고, 일본 언어와 같지 않은 것을 사용하는 조선 고유의 사상을 갖지 못하게 하여, 조선인의 문화 활동을 막으려는 것이다.

⑤ 한·일간에 인종 차별이 특히 심해 한국인은 일본인과 한 학교에서의 수업을 허용하지 않고 있다. 일본 정부에서 제정한 교육령에서부터 이미 학교의 구별이 있고 종류도 다르다. 조선인으로서 초등학교를 졸업한 아동은 일본인 중학교에 입학이 허용되지 않고, 조선인 중학교를 졸업한 청년은 일본 고등학교에의 입학이 허용되지 않는다.

⑥ 조선인 중에 고등관(현재 5급 이상 공무원)이 없지는 않으나, 그 밑에 반드시 일본인 관리를 앉혀 중요한 사무를 맡겨 조선인은 아무런 실권도 부여받지 못하고 있다. 대의원(의정원의원)을 못 내고 있으며, 백성들은 의회에 요구를 제출할 권리가 없다. 총독은 자신의 의견을 동경 의회에 보고할 뿐이다.

⑦ 토지에 관한 문제는 구한국 시대에는 국유미개간지를 백성들에게 대여했다. 그러나 한일합병 이후 조선총독부가 국유를 핑계로, 회수하여 매각하거나 조선에 이주한 일본인에게 대부해 줬다. 이때까지 농사 지어오던 한국인은 하루아침에 경작지를 잃고 호소할 길이 없게 되었다.

⑧ 한국인의 외국 여행은 특별한 규제를 받고 있다. 여행 신청자가 있으면 거의 여행 이유가 불충분하다는 구실로 거절당한다. 그 밖에도 합병된 지 10년 동안에 많은 학정을 했건만, 일본정부는 이런 정치를 한 자에 대해 징계할 생각은 없이 도리어 이에 동조하고 있다. 일본은 그들의 이익을 추구할 뿐이며, 조선인의 이익을 위해서는 아무것도 아니한다. 조선인은 견딜 수 없는 압박으로 신음하며, 장래 소요가 그칠 날이 없을지니, 동화정책은 이미 일단락 지어진 셈이다.

독립군에 대하여 일본인이 저지른 만행
Japanese atrocities against the Independence Army

① 소학생을 체포하여 잔인·혹독하게 구타하였다

② 한국 부녀자들이 무리지어 만세를 외치니 마구 발포하였다.

③ 10세 어린이에게 발포하고 등에 심한 매질을 가했다

④ 60대 노인이 아무런 반항도 하지 않았는데, 심하게 때려 몸을 못 쓰게 만들었다

⑤ 여학생 수십 명이 조용히 하학하여 한길로 가는데, 일본군이 달려가서 창으로 치고 걸어차서 강간하였다.

⑥ 소방수들이 남녀노소를 불문하고 쇠갈고리로 잡아당겨 끌고 갔다.

⑦ 가고시마파鹿兒島派(일본 헌병으로 잔인한 무리인 일본인들)를 지휘하여 만세를 부른 촌민에 대해 심하게 구타하였다.

⑧ 부녀자와 어린이들이 모여 있을 때는 군마를 놓아 많은 부상자를 내었다.

⑨ 어느 한국인이 수족이 뻣뻣하여 입원·치료했는데, 소방대원이 쇠갈고리로 머리통을 찍어 상처를 입혔다.

⑩ 중상으로 동작이 부자유스러운 사람을 묶어 달구지에 실어다가 수감하였다.

⑪ 한국인 100여 명이 피투성이 된 몸으로 묶이어 투옥되었는데 유혈성천流血成川(피가 흘러 내를 이룬다는 뜻)하였다.

⑫ 독립 요구의 시위운동을 구경하던 사람들이 모두 심하게 구타당했다.

⑬ 집에서 시위운동을 구경하던 미국인들도 모두 체포되었다.

⑭ 부녀자를 창으로 때려 쓰러뜨리고 걸어차서 도랑 속에 처넣었다.

⑮ 이번 시위운동에 약간의 혐의가 있으면서 뚜렷한 죄목을 잡기 어려운 사람은 무혐의 조사를 한다고 무수히 구타하였다.

⑯ 두세 사람만 거리에 모여 이야기해도 불문곡직하고 쇠몽둥이로 구타했다. 밤이면 반드시 실신하도록 때리고 두 다리를 부러뜨렸다. 노소 부녀자들은 가죽 띠로 목을 매어 종로거리로 끌고 가 경찰서에 구치시키고 말았다.

⑰ 세계에서 가장 잔인무도한 야만족속은 왜인의 무뢰배들이다.

경찰서에서는 이처럼 흉악한 자들을 이용하여 쇠몽둥이·쇠갈고리·뾰족한 칼 따위 흉기를 나눠 주어 살상을 자행케 하였다.

감옥에서 일본인의 만행(석방된 사람의 증언)
Japanese atrocities in prison (Evidence of the released person)

① 신문을 받은 사람에게는 우선 옷을 벗긴다. 한 팔은 잔등 위를 향하게 하고, 한 팔은 겨드랑이 밑으로 내보내어 두 손이 등 위에서 서로 겹치게 한다. 그러고는 두 개의 엄지손가락을 묶어 천정에 걸어 사람을 공중에 매달아 놓는다. 3, 4분의 시간이 지나면 몸이 늘어져 두 발이 땅에 닿게 되며, 전신에 땀이 흐르고 심지어는 대소변을 싸게까지 된다. 신문하는 관리란 자는 책을 보기도 하고 바둑을 두기도 하며, 또 잠자기도 하며, 본 척도 않는다. 4, 5시간 후 혓바닥을 내밀고 숨이 끊어지려 하면 의사가 와서 깨어나게 한다. 이렇게 며칠 간 계속되면 엄지손가락의 가죽과 살이 무르고 뼈가 드러난다.

② 신문을 받으려는 사람을 나무 상자에 가둔다. 상자의 3면은 날카로운 못 끝이 안으로 뻗게 하였으며, 높이는 넉 자에 불과하다. 사람이 구부리고 그 속에 들어가게 하여 4, 5시간 동안 못 본 척한다.

③ 신문받은 사람을 나체로 심문관 앞에 세워 놓고 세모진 몽둥이로 머리에서 발까지 때려 온 몸이 퍼렇게 멍들게 한다.

④ 부녀자들은 끈으로 머리채를 묶어 천정에 매달아, 발끝이 겨우 땅에 닿게 만든다.

⑤ 두 팔을 등 뒤로 묶고, 얼굴을 젖혀 등과 일직선이 되게 하여 콧구멍에다 뜨거운 물을 들이 붓는다.

⑥ 나체로 땅 위에 엎드리게 해 놓고, 곤장이나 대나무가지 따위로 심하게 60회를 때리기도 한다.

⑦ 열쇠 따위를 손가락 사이에 끼우고 두 손가락을 비틀면서 낄낄댄다.

⑧ 15분 동안의 식사 시간을 정하여 그 시간을 넘기면 반드시 처벌한다.

⑨ 음료수를 주지 않으므로 자기 오줌을 마시기도 한다.

⑩ 2, 3일씩 음식을 안 주기도 하고 어떤 때는 콩죽을 조금씩 준다.

⑪ 감방 안에서는 반드시 꿇어 앉게 하고, 고통을 못 이겨서 몸을 움직이는 사람이 있으면, 잡아내어 몽둥이를 다리 사이에 끼워 몇 시간씩 땅에다 꿇려 놓는다. 그리하여 실신, 기절하는 사람도 있다.

⑫ 감방은 겨우 1평밖에 안 되는데 수감자는 10명 이상이 되니, 잠을 못 자 태반이 발광할 지경이다.

⑬ 두어 치 길이의 유지를 음경 요도 속에 집어넣고 불을 붙이기도 한다.

⑭ 쇠꼬챙이를 불에 달궈 음경이나 젖꼭지를 지지기도한다

⑮ 헌병들이 빙 둘러 앉아서 담배를 피우다가 담뱃불로 알몸의 얼굴이나 음경을 지진다. 왼쪽의 사람이 뜨거워 펄펄뛰면 또 오른쪽 사람에게 돌려 몇 군데씩 화상을 입힌다.

⑯ 부녀자들은 날마다 1회씩 감옥 마당에 세워 놓고 1시간 동안 혹독한 매질을 한다.

⑰ 어떤 때는 풀어 놓는다면서, 한 문을 통과할 때마다 숨어 기다리던 왜병이 불쑥 나타나 몽둥이로 구타한다. 비록 머리와 얼굴을 안 맞더라도 어깨와 등에 상처를 입고 겨우 밖으로 나와 피를 토하며 죽는 사람도 있다.

⑱ 신문할 때 강경한 태도로 나오는 사람은 그 자리에서 때려 죽인다.

⑲ 한국 여자가 입감되면 반드시 발가벗겨 문초하고, 기결수 여학생은 반드시 일본인에게 강간당했다.

⑳ 경찰서에 잡혀 온 여학생에게는 일본 순사가 먼저 욕을 보이고 나서 '네가 처녀냐?' 고 묻는다.
만일 대답이 없으면 갑자기 주먹으로 배를 심하게 찌른다.

㉑ 문초하는 장소로 끌려온 사람에게는 반드시 먼저 주먹과 발길질로 한바탕 폭행을 한다.

㉒ 예리한 대바늘로 열 손가락의 손톱 밑을 찌르기도 한다.

㉓ 문초받는 사람이 제 손으로 음경을 주물러 세우게 하여 가느다란 참 대 회초리로 때리기도 한다.

㉔ 여자는 2, 3시간씩 나체로 거울 앞에 서 있게 하고, 조금이라도 몸을 굽히면 심하게 때린다.

㉕ 여자를 나체로 반듯이 눕게 하고는, 겨드랑이 털과 음모를 뽑기도 하고, 고약을 녹여 여자 음부에 붙였다가 고약이 굳으면 이를 무리하게 잡아땜으로써 음모가 모두 빠져나오게 한다.

1918

충남 노성魯城 등기 130–전남 영광靈光 반송 부전지

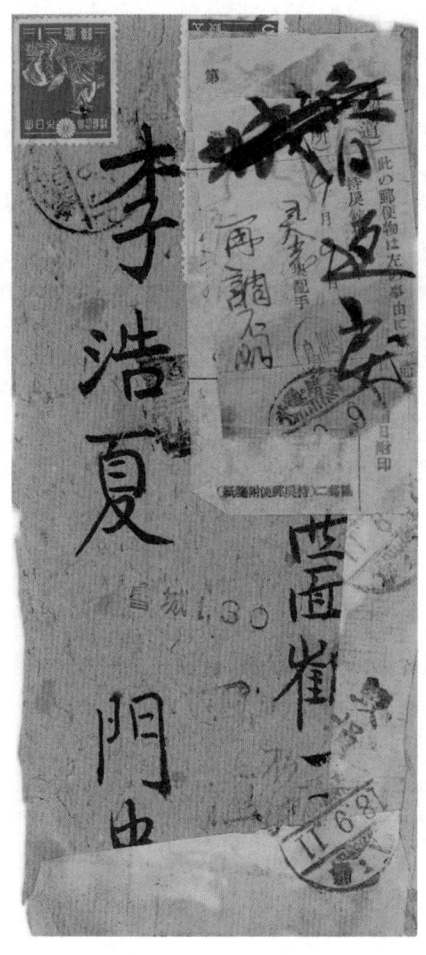

반송 부전지
충청남도 노성 등기 130(1918. 9.)
전남 영광우체국 반송 부전지 첩부
취조불명取調不明: 1918. 9. 7.
재조불명再調不明: 1918. 9. 9.
노성우체국 반송 접수일시: 1918. 9. 11.

1918. 9. 노성 등기 130–전남 영광 반송–노성

군사우편. 진해▶안동

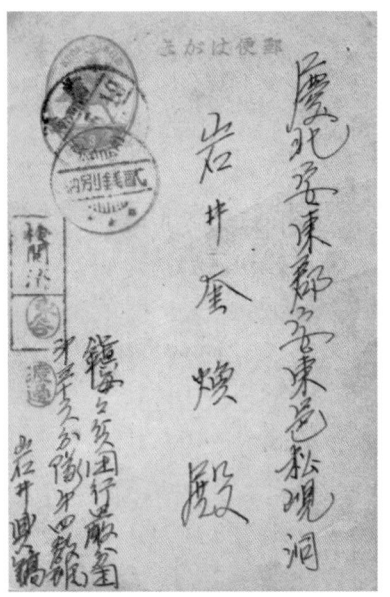

11920. 1. 6. Fusan-Germany

조선총독부 부산수산시험장▶Germany

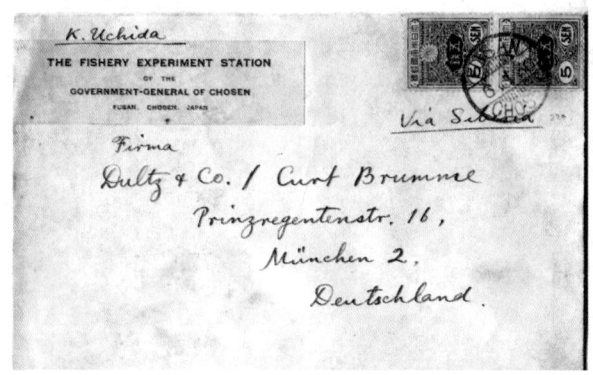

일본의 전쟁 범죄 개요

Overview of Japanese War Crimes

1938년 쉬저우徐州에서 일본군에 의해
학살된 중국인들

일본의 전쟁 범죄日本戰爭犯罪 19세기 말에서 20세기 중반 일본 제국에 의해 자행된 일련의 전쟁 범죄를 지칭한다. 일본 내에서는 우익 정치의 영향으로 극동국제군사재판(IMTFE)만을 한정하여 의미를 축소 해석하기도 한다. 몇몇 전쟁 범죄는 19세기 말 일본 제국의 군 인사들에 의해 자행됐으며, 대부분이 쇼와시대 초에 일어났고, 1945년 일본의 항복까지 계속되었다.

EXPLORING UNKNOWN CORNERS OF THE "HERMIT KINGDOM"

By Roy C. Andrews

Author of "Shore-whaling: A world Industry"

With Photographs by the Author

Although Korea has a civilization extending nearly 4,000 years into the past, many of the natives in the north have never seen a white man. They are living among the hills today much as did their ancestors centuries ago, worshiping mythical gods in the rocks and trees on every mountaintop, keeping their women in semi-slavery, and dying in ignorance that beyond the narrow confines of thir own peninsula lies a world replete with undreamed of wonders. Wrapped in the mantle of Oriental seclusion, for centuries Korea successfully guarded the secrets of her mountains and her-people; but at last the clamor of for-eigners at her doors could no longer be stilled, and she yielded reluctantly inch by inch, although realizing that the foundations of her weak government were crumbling beneath her. It was in 1882 that the first treaty with Korea was signed by the United States, and foreigners took up their residence with official sanction at Chemulpo, the seaport of the capital, Seoul. Even with this foothold in the new country the unwelcome visitors pushed theur way but slowly into other parts of the kingdom, and as late as 1897 only a relatively small portion had been visited by white men. Secret of the "Dragon Prince's Pool" Discovered By Missionaies

After the Russian-Japanese war of 19004, however, when the country was freely opened to foreigners and it's railway had been completed, the exploration of the northern part progreeed by leaps and bounds, until the only extensive unknown area lay along the north central boundary between the Tumen and Yalu rivers. This was said to be a region of treacherous swamps, densely forested plateaus, and gloomy canons a vast wilderness, treasuring in it's depths the ghostly peak of the Long White Mountain, wonderfully beautiful in its robes of glistening pumice. The secret of its summit, where the "Dragon Prince's Pool" lies far down in the ancient crater, had been learned as early as 1709 by two Jesuit missionaries, coming from the north through Manchuria, but the apptoaches to its base from the south and west in Korea had never been traversed by a white man. Its zoology, except by inference from that of remote surrounding regions, was less known than its geography, and this led the American Museum of Natural History to send an expedition to make a study of its fauna.

Japan aids The American Expedition
Before any non-resident foreigners can go into the interior, permission must be obtained at the Bureau of Foreign Affairs at Seoul. The Japanese insist on knowing the reason for the visit to the remoter parts of their new possession. The Museum's expedition was given enthusiastic support from the Japanese government and was furnished with one of their interpreters, a Japanese who spoke Korean, Chinese, and a little English. A Korean cook who knew some English was also engaged. After some early problems with graft, "Kim" was caught and from then on became a valuable assistant. In discussions with Kim, the author learned that he was indifferent to Christianity and that he disliked the Japanese. Before any non-resident foreigners can go into the interior, permission must be obtained at the Bureau of Foreign Affairs at Seoul. The Japanese insist on knowing the reason for the visit to the remoter parts of their new possession. The Museum's expedition was given enthusiastic support from the Japanese

government and was furnished with one of their interpreters, a Japanese who spoke Korean, Chinese, and a little English. A Korean cook who knew some English was also engaged. After some early problems with graft, "Kim" was caught and from then on became a valuable assistant. In discussions with Kim, the author learned that he was indifferent to Christianity and that he disliked the Japanese.

The expedition landed at Chon Chin, a village on the northeast coast, about 150 miles south of Vladivostok. The first part of the journey was by railway handcars along the coast. Fishermen were bringing in nets full of "men-tai". This fish is used as a basis for a favorite dish of the northern Koreans, "kimshi". From the old walled town of Puryon the expedition was pushed up the railway to Muryantei where they spent the night. There were so many insects that the only way to sleep was to spread a circle of insect powder around the cot, get inside a sleeping bag, and pull the cover tightly over the head. Structurally the huts are interesting. Every house is raised a foot or two above the ground. A wide flue runs beneath the floor, emerging at the other end in a tall chimney made from a hollow log. When a fire is built at the entrance of the flue, the smoke and heat are drawn beneath the house keeping the room warm even in the coldest weather.

The expedition left Muryantei with their equipment piled in three bull-carts and headed west to Musan, the largest town in northeastern Korea. The valley up which they traveled was extensively cultivated. Telephone and telegraph lines ran on poles along the road giving the scene a western appearance. Besides the occasional thatch-roofed hut, there was little to suggest that they were not in the foothills of Montana or Wyoming. Musan was reached in two days. It is a wonderful ancient city, its grim walls bearing five centuries of history. Except for a few foreigners, Musan lies unknown to the western world. The central palace remains intact, but the temple is in partial ruin. A company of Japanese gendarmes was stationed in the old military quarters. Their commander, Lieutenant Kanada, showed the expedition the greatest kindness. At the time of their arrival there was much excitement over two tigers near the village of Hozando, 12 miles away. The author and company spent nearly three weeks hunting them. After returning to Musan the party found it difficult to procure horses and men for the trip into the wilderness. This was due to Chinese bandits known to be in the area. After great effort by the author and the gendarmes they finally got away with six horses and five drivers.

The next objective was the little village of Nonsatong on the edge of the unexplored wilderness. The first portion of the journey was over picturesque hills overlooking the Tumen River, which forms the boundary between Korea and Manchuria. Below were oat and millet fields and villages. Everywhere the log water-hammers, made for pounding grain, were rising and falling ceaselessly as if alive. They had their first sight of forest in Korea when they reached Nonsatong, a settlement of only 10 or 12 small huts. The inhabitants had never seen a white man and were curious. They were most interested in the fact that the author's eyes were blue, and not black, brown, or gray. The natives doubted he could see well, or if at all. The author shot a dog about 250 yards away, at the natives' request. The Koreans were amazed and the dog became dinner for four of them. Dogs are bred for food. The Japanese have confiscated all firearms so the natives use traps and pits to catch wild game. They are industrious farmers and raise oats and millet. The village is too far north to grow rice.

In Korea a boy becomes a man when he marries. Only men can wear hats and tie up their hair. In one village, the author saw an 11 years old "man" and a "boy" of 47. The boy could not wear a hat and wore his hair in a long braid down his back. The man was very unhappy to be photographed with the boy. When Meyer arrived in Nonsatong, one of the villagers was ill with malaria. He gave the boy a five-grain tablet of quinine. Then, he wrapped five tablets in a bit of paper and told the boy to take one every two hours. The boy swallowed all of them almost immediately. They spent some time in Nonsatong and found the shooting good. When the collecting at Nonsatong was finished, they started on the trip through the primeval forests to the base of the Paik-tu-san. Their destination was a log cabin some 14 miles up the valley. It had been built a number of years before by a Korean hunter. Few of the villagers had ever been there due to the gangs of Chinese and Korean bandits that roam the area. Most of these marauders had been pretty well cleared by the Japanese, but the fear of them remains strong. They found the cabin in good shape. On the hillside above there was a row of little bark shrines. These were built by hunters who stayed at the cabin. The author's gun-bearer built one for this visit.

The hunt was in a dense forest stretching far to the northwest, up the slopes of the Long White Mountain. The hunting was poor and the expedition left after a few days. Ascending the plateau, the oak and birch trees gave way to larch 60 to 100 feet tall and strung with long gray moss. There were few birds and no mammals to be seen. High upon the slopes the snow made progress difficult. Sleet and rained forced them to camp in place for two days. It was decided to retreat back down for a few days and then strike through the forest to the Samcheyong, and cross the watershed and head toward the Yalu River. After the descent down the mountain, the party camped for a few days, but trapped nothing and saw no birds. The Koreans reluctantly agreed to push on instead of returning home. On the third day of this leg they came upon a large burned tract thousands of acres in extent. A day's march through the desolation brought them to the shores of a lake, 3,700 feet above sea level. The author had heard of the Samcheyong, "Three bodies of water" and he assumed they were lakes. Sure enough, there were three lakes and a small pond connecting two of them. They seem to have been formed by some violent eruption. All were circular with the largest about three miles in circumference. These lakes were known to the Japanese, but none of the foreigners in Seoul had ever heard of them.

The expedition remained at the Samcheyong for several days and then started to cross the watershed toward the Yalu River. The forest became denser than that near Paik-tu-san, and the trees were larger. Great larch, 150 feet tall were everywhere. The ground was soft and wet, and soon they were in a series of swamps. Travel was difficult and they covered only six miles in one day, but they had cleared the swamps. Two more days of cutting their way through the wilderness, they came into a thin forest, where a broad trail lead down the mountainside. They descended nearly 2,000 feet to the valley below. There, in a clearing next to the forest were four log houses constituting the village of Potisan. They remained overnight and the next day crossed another heavily wooded mountain to the village of Potaidon.

After collecting at Potaidon for some time, they started across the mountains toward Heizanchin, on the Yalu River. This is the largest city in north central Korea. A good road led over the hills, and upon the top of one they found a picturesque little temple. They stayed at this temple for five days. Beyond the temple, they descended into a treeless valley, where in one of the huts there was a funeral taking place. Everyone wore white at the funeral, as was the tradition. The country they traversed was becoming more deforested. There was very little vegetation except on the hilltops. Nearing one of the tributaries of the Yalu River, however, they found the hillside covered with flowers. Azaleas, buttercups, and violets were everywhere; and further on near a stream, lilies of the valley. Two weeks after leaving Potaidon they reached the city of Heizanchin. Built atop a flat-topped hill that forms a natural fortress, this is an ancient town. For hundreds of years it served as a sentinel. Many battles were fought here between the Koreans and their Chinese neighbors across the Yalu River. The old watch towers have crumbled. An old shrine overlooks a new Japanese built town on the banks of the Yalu River.

There were too many rapids to make travel downstream safe for all the equipment, so the party trekked another 50 miles across country to the village of Shinkarbarchin. A raft was secured there, and with baggage piled aboard they floated 375 miles to the mouth of the river on the west coast. The scenery on the upper Yalu is beautiful, but rather monotonous, with hills and mountains rising on either side. The river for the first 100 miles was exceedingly rapid, and a boat could float down it 50 or 60 miles in a day. As the river widened, thee force of the current decreased, the hills became lower, and villages appeared at intervals. The expedition's raft passed several Chinese junks, loaded with salt or corn, being towed up the river by natives. The current was too strong for the sails to make any headway.

The journey was tedious, for the boats must be hauled the entire distance against strong current by manpower. It took these junks seven to eight weeks to journey up river. The Koreans call the Yalu "Am-nok" (green duck), from the color of the water in early spring. At Antung, at the mouth of the Yalu, the expedition took the train to Seoul, where the collections were packed for shipment to New York.

At the bottom of the last page of the article there is a bold, capitalized announcement stating that the "Index for Volume XXXIV – January-June, 1919 – will be mailed to members upon request". Note: Messages like these usually appear on the last page of the issue instead of in the middle of the magazine. The next item listed on the cover is "Masters of Flight" with no byline. It is not an article but a set of eight full-page photogravures by William Lovell Finley. The pages are labeled with Roman numerals from I to VIII, and are between pages 48 and 57. The images are on a special paper used in the image transfer process. The pictures are of birds including: the golden eagle, Caspian terns, barn owls, pelicans, the great blue heron, and a seagull.

Index For January-June, 1919, Volume Ready
Index for Volume XXXV-January-June, 1919-will be mailed to members upon request

1919 은둔의 왕국을 탐험하다

By Rov C. Andrews

한국은 약 4,000년 전부터 문명을 유지하고 있지만, 북쪽의 많은 원주민들은 서양인을 본 적이 없다. 그들은 수세기 전 그들의 조상들이 그랬던 것처럼 현재 산 중에서 살고 있고, 산꼭대기마다 바위와 나무에 있는 신화의 신들을 숭배하며, 그들은 여성들을 반 노예 상태에 있게 하고, 그들 반도의 경계 너머에 경이로움이 가득한 세상이 있다는 것을 모른 채 죽어가고 있다. 동양의 고립이라는 망토에 싸인 한국은 수세기 동안 산과 민족의 전통을 성공적으로 유지하고 있다. 그러나 마침내 그들의 문 앞에 있는 외국인들의 아우성을 더 이상 외면할 수 없었고, 그들은 자신의 약한 정부의 기초가 그들 밑에서 무너지고 있다는 것을 깨달았음에도 불구하고 마지못해 조금씩 굴복했다.

미국이 한국과 최초로 조약(조미통상보호조약)을 맺은 것은 1882년이었고, 외국인들은 수도 서울의 항구인 제물포에 공식 허가를 받아 거주지를 정했다. 새로운 나라에 이러한 발판이 있음에도 불구하고 환영받지 못하는 방문객들은 조선의 다른 지역으로 천천히 밀려나갔고, 1897년까지만 해도 백인 방문객들은 상대적으로 제한된 지역만을 방문했다.

A MAN AND A BOY: THE MAN(married) IS 11 YEARS OLD, THE BOY (unmarried) IS 47
사진 좌: 남자와 소년: 남자(기혼)는 11세, 소년(미혼)은 47세

There is A suggestion of mohammedan modes in THE STREET ATTIRE OF THESE SEOUL WOMEN
사진 우: 서울 여성들의 복장이 모하메드 스타일과 비슷하다.

선교사들이 발견한 "용왕의 연못" 비밀

그러나 1904년 러일전쟁 이후, 조선정부는 외국인들에게 자유롭게 개방되었고, 철도가 완성되었을 때 두만 강과 압록강 사이의 북쪽 중앙 경계를 따라 광범위한 미지의 지역인 북부 지역의 탐험은 급진적으로 진행되었다. 이곳은 위험한 늪, **빽빽한** 숲이 우거진 고원, 광활한 황야로, 그 깊은 곳에 반짝이는 부석 옷을 입은 놀랍도록 아름다운 장백산長白山(백두산Long White Mountain)의 유령 같은 봉우리를 간직하고 있다고 한다. 고대 분화구 저 멀리에 "용왕의 연못"(백두산 천지)이 있는 정상의 비밀은 1709년에 두 명의 예수회 선교사가 북쪽에서 만주를 거쳐 오면서 알게 되었지만, 그 기슭에 남쪽과 서쪽에서 접근하는 방법이 있다. 서쪽은 백인이 횡단한 적이 없었다. 외딴 주변 지역의 추론을 제외하고는 동물 서식지가 지리 정보보다 덜 알려져 있었고, 이로 인해 미국 자연사 박물관은 동물 서식지를 연구하기 위해 탐험대를 보냈다.

일본이 미국 원정대를 돕다.

비거주 외국인이 국내로 들어가기 전에 조선 정부의 입국 허가를 받아야 한다. 일본인들은 자신들의 새로운 소유지의 외딴 지역을 방문하는 이유를 알고 싶어 한다. 미지의 탐험은 일제의 열렬한 지원을 받았으며, 통역사 중 한 명인 한국어, 중국어, 약간의 영어를 구사하는 일본인이 제공되었다. 영어를 좀 아는 한국인 요리사도 참여했다. 이시기에 대한 초기 문제가 발생한 후 "김"이 그 때부터 귀중한 조수가 되었다. 저자는 김씨와의 대화를 통해 자신이 기독교에 무관심하고 일본인을 싫어한다는 사실을 알게 됐다.

한국 농민 여성의 목 근육은 남부 흑인 여성의 근육과 마찬가지로 머리에 부담을 지탱할 수 있도록 잘 발달되어 있다.

The Korean peasant woman's neck muscles are as well developed for burden-bearing upon the head as are those of the southern darky

OUT FOR A STROLL IN SEOUL

외출하는 모녀의 모습

원정대는 블라디보스토크에서 남쪽으로 약 150마일 떨어진 북동쪽 해안 마을인 촌친(Chon Chin)에 상륙했다. 여행의 첫 번째 부분은 해안을 따라 철도 손수레를 이용하는 것이었다. 어부들은 "멘타이"가 가득 담긴 그물을 가져오고 있었다. 이 생선은 북한 사람들이 가장 좋아하는 음식인 '김치'의 재료로 사용된다. 원정대는 성벽으로 둘러싸인 오래된 마을인 푸리온(Puryon)에서 기차를 타고 무리안테이(Muryantei)로 이동하여 그곳에서 밤을 보냈다. 벌레가 너무 많아서 잠을 잘 수 있는 유일한 방법은 간이 침대 주위에 벌레 가루를 동그랗게 펴

바르고 침낭 안에 들어가서 덮개를 머리 위로 단단히 당기는 것뿐이었다.

구조적으로 오두막은 흥미롭다. 모든 집은 땅에서 1피트 또는 2피트 높이에 있다. 넓은 굴뚝이 바닥 아래로 흐르고, 반대쪽 끝은 속이 빈 통나무로 만든 높은 굴뚝에서 연기가 나온다. 굴뚝 입구에 불을 피우면 연기와 열이 집 아래로 끌어들여 가장 추운 날씨에도 방을 따뜻하게 유지한다.

북조선 사람들은 남조선의 형제자매들처럼 같은 옷을 입는다.
The Koreans of the North dress much like their brothers and sisters of the south

원정대는 세 대의 황소 수레에 장비를 가득 실은 채 무리안테이를 떠나 서쪽의 한국 동북부 최대 도시인 무산으로 향했다. 그들이 여행한 계곡은 광범위하게 경작되고 있었다. 전화선과 전신선이 도로를 따라 기둥에 늘어서 있어 풍경이 서양적인 느낌을 주었다. 가끔 초가지붕을 얹은 오두막집 외에는 그들이 몬태나나 와이오밍의 기슭에 있지 않다는 것을 암시하는 것이 거의 없었다. 이틀 만에 무산에 도착했다. 이곳은 500년의 역사를 간직한 암울한 성벽을 지닌 멋진 고대 도시이다. 소수의 외국인을 제외하면 무산은 서구 세계에 알려지지 않은 곳이다. 중앙 궁전은 그대로 남아 있지만 사원은 부분적으로 파괴되었다.

옛 군부대에는 일본 헌병 중대가 주둔하고 있었다. 그들의 사령관인 카나다 중위는 원정대에게 가장 큰 친절을 베풀어 주었다. 그들이 도착했을 당시 12마일 떨어진 호잔도(Hozando) 마을 근처에는 호랑이 두 마리 때문에 많은 소란이 있었다. 저자와 포수는 이들을 찾는 데 거의 3주를 소비했다. 무산으로 돌아온 일행은 광야 여행에 필요한 말과 사람을 조달하는 데 어려움을 겪었다. 이는 해당 지역에 있었던 것으로 알려진 중국 도적들 때문이었다. 작가와 헌병들의 노력 끝에 그들은 마침내 말 6필과 마부 5명을 데리고 원정길에 올랐다.

우: 16세 여인
Korea's sweet sixteen

좌: 한국 남성 복장
Millinery for men in Korea Korea's sweet sixteen

다음 목표는 비경의 황야 가장자리에 있는 작은 마을인 논사통(Nonsatong)이었다. 여행의 첫 번째 부분은 한국과 만주의 경계를 형성하는 두만강이 내려다보이는 그림 같은 언덕 위였다. 아래에는 귀리와 기장 밭과 마을이 있었으며, 여기저기서 곡식을 치기 위해 만든 통나무 물망치들이 마치 살아있는 듯 끊임없이 오르락내리락하고 있었다. 그들은 10~12개의 작은 오두막이 모여 있는 논사통에 도착했을 때 한국에서 처음으로 숲을 보았다.

주민들은 백인을 본 적이 없었고 호기심이 많았다. 그들은 저자의 눈이 검은색, 갈색, 회색이 아닌 파란색이라는 사실에 가장 관심을 가졌다. 원주민들은 그가 잘 볼 수 있는지, 아니면 전혀 볼 수 있는지 의심했다. 저자는 원주민의 요청에 따라 약 250야드 떨어진 곳에서 개를 쏘았다. 한국인들은 깜짝 놀랐고 그 개는 네 사람의 저녁 식사가 되었다. 개는 식량으로 사육된다. 일본인들은 모든 총기를 압수했고 원주민들은 야생 사냥감을 잡기 위해 함정과 구덩이를 사용했다. 그들은 부지런한 농부이며 귀리와 기장을 재배하며, 마을은 쌀을 재배하기에는 너무 북쪽에 있다. 한국에서는 남자아이가 결혼하면 남자가 된다. 남자들만이 모자를 쓰고 머리를 묶을 수 있다. 한 마을에서 저자는 11세의 '남자'와 47세의 '소년'을 보았다. 그 소년은 모자를 쓰지 못하고 머리를 등까지 길게 땋아 늘어뜨렸다. 그 남자는 그 소년과 함께 사진을 찍는 것을 매우 불안해하였다. 메이어가 논사통에 도착했을 때 마을 주민 중 한 명이 말라리아에 걸렸다. 그는 그 소년에게 퀴닌 다섯 알갱이 정제를 주면서, 그는 5개의 정제를 종이 조각에 싸서 소년에게 2시간마다 한 알씩 복용하라고 말했습니다. 그러나 소년은 즉시 그것을 모두 삼켜 버렸다. 그들은 논사통에서 시간을 보내며 촬영이 좋았다고 생각했다. 논사동에서 채집이 끝나자 이들은 원시림을 지나 백두산 기슭까지 여행을 떠났다. 그들의 목적지는 계곡 위로 약 14마일 떨어진 통나무집이었다. 그것은 몇 년 전에 한국인 사냥꾼이 지은 것이었으며, 그 지역을 배회하는 중국과 한국의 도적 떼 때문에 마을 사람들 중 거의 그곳에 가본 적이 없다. 이들 약탈자들의 대부분은 일본군에 의해 소탕되었지만, 그들에 대한 두려움은 여전하다. 그들은 오두막의 상태가 양호하다는 것을 알았다. 위쪽 언덕에는 작은 나무껍질의 신전이 줄지어 서 있었다.

이것은 오두막에 머물던 사냥꾼들이 만든 것이며, 저자의 총기 소지 허가는 이번 방문을 위해 만들었다. 사냥은 장백산(Long White Mountain)의 경사면을 따라 북서쪽으로 멀리 뻗어 있는 울창한 숲에서 이루어졌으나, 사냥은 형편없었고 원정대는 며칠 만에 떠났다. 고원을 따라 올라가자 참나무와 자작나무는 높이가 60~100피트에 달하고, 긴 회색 이끼로 뒤덮인 낙엽송으로 바뀌었다. 새도 거의 없었고 포유류도 볼 수 없었다. 높은 경사면에는 눈이 쌓여 진행이 어려웠으며, 진눈깨비와 비로 인해 그들은 이틀 동안 제자리에서 야영을 해야 했다.

중간 거리에 있는 오두막은 원정대의 호랑이 사냥 당시 숙소로 사용되었던 곳이다.
The hut in the middle distance was occupied as a lodge during the expedition's tiger hunt

며칠 간 휴식한 뒤 숲을 뚫고 삼체용까지 공격한 뒤 분수계를 건너 압록강 방향으로 향하기로 결정했다. 산을 내려간 후 일행은 며칠 동안 야영을 했지만 아무것도 잡히지 않았고 새도 보지 못했다. 한국인들은 마지못해 본국으로 돌아가는 대신 계속 나아가는 데 동의했다. 이 구간의 셋째 날에 그들은 수천 에이커에 달하는 거대한 불타버린 지역을 발견했다. 황폐함을 통과하여 하루 동안 행군한 끝에 그들은 해발 3,700피트의 호수 기슭에 도달했다. 저자는 삼체용에 대해 '세 개의 물이 있다'는 말을 듣고 호수라고 생각했다. 물론 세 개의 호수가 있었고, 그 두 개를 연결하는 작은 연못이 있었다. 그들은 격렬한 화산 폭발에 의해 형성된 것 같다. 모두 원형이었으며 가장 큰 둘레는 약 3마일이었다. 이 호수들은 일본인들에게 알려져 있었지만 서울에 있는 외국인들 중 어느 누구도 이 호수에 대해 들어본 적이 없었다.

원정대는 며칠 동안 삼체용에 머물다가 압록강을 향해 분수령을 건너기 시작했다. 백두산 근처보다 숲이 더 빽빽해졌고, 나무도 더 컸다. 높이가 150피트나 되는 큰 낙엽송이 곳곳에 있었다. 땅은 부드럽고 젖어 있었고, 곧 그들은 일련의 늪에 빠졌다. 여행은 어려웠고 하루에 6마일밖에 이동하지 못했지만 늪지를 제거했다. 이틀 더 광야를 지나서 그들은 넓은 숲길이 산비탈로 이어지는 얇은 숲에 이르렀다. 그들은 아래 계곡까지 거의 2,000피트 아래로 내려갔다. 그곳 숲 옆 공터에는 네 개의 통나무집이 포티산 마을을 구성하고 있었다. 그들은 밤새 머물렀고 다음날 숲이 우거진 또 다른 산을 건너 포타이돈(Potaidon) 마을로 향했다.

충칭에서 two-coolie에 탑승하는 사람들
All aboard on the two-coolie car express at CHUN CHIN(충칭)

한 동안 포타돈에서 모인 후 그들은 압록강에 있는 헤이잔친(혜산진惠山鎭)을 향해 산을 오르기 시작했다. 이곳은 한국 중북부 최대의 도시이다. 언덕 너머로 좋은 길이 있었고, 그 길 꼭대기에는 그림처럼 아름다운 작은 사원이 있었다. 그들은 이 절에서 5일 동안 머물렀다. 그들은 성전 너머 나무가 없는 계곡으로 내려갔고, 그곳의 한 오두막에서는 장례식이 열리고 있었다. 전통에 따라 장례식에 참석하는 모든 사람은 흰색 옷을 입었다.

고전학 시험을 치르러 오는 남자들을 위한 무산 학생 기숙사
A student's dormitory at Musan for men who come to tare their examinations in the Confucian classics

그들이 횡단한 나라는 점점 더 삼림이 벌채되고 있었다. 언덕 꼭대기를 제외하고는 초목이 거의 없었다. 그러나 압록강 지류 중 하나 근처에서 그들은 언덕이 꽃으로 덮여 있는 것을 발견했다. 진달래, 미나리 아재비, 제비꽃이 도처에 피어 있었다. 그리고 개울 근처에는 계곡의 백합이 있다. 포타이돈을 떠난 지 2주 후에 그들은 헤이잔친 시에 도착했다. 평평한 언덕 위에 세워진 천연 요새인 이곳은 고대 도시이다. 수백년 동안 파수꾼 역할을 했다. 이곳에서는 압록강을 사이에 두고 조선인과 중국인 이웃 사이에 많은 전투가 벌어졌다. 오래된 감시탑이 무너졌다. 오래된 사찰에서는 압록강 유역에 위치한 일본이 건설한 새로운 마을을 내려다보고 있다.

급류가 너무 많아서 모든 장비를 안전하게 하류로 이동할 수 없었기 때문에 일행은 계곡을 가로질러 50마일을 더 이동하여 Shinkarbarchin 마을까지 이동했다. 거기에 뗏목이 확보되어 있었고, 짐을 실은 채 서해안의 강 어귀까지 375마일을 떠다녔다. 압록강 상류의 풍경은 아름답지만 양쪽에 언덕과 산이 솟아 있어 다소 단조롭다. 처음 100마일 동안의 강은 매우 빨랐고, 보트는 하루에 50~60마일을 떠내려갈 수 있었다. 강의 폭이 넓어지면서 조류의 힘은 줄어들고, 언덕은 낮아지고, 마을이 간간이 보였다.

원정대의 뗏목은 소금이나 옥수수를 실은 원주민들이 강 위로 끌고 가는 중국 뗏목 대열을 지나갔다. 조류가 너무 강해서 돛이 나아갈 수 없었습니다. 인력이 거센 조류를 거슬러 보트를 전체 거리까지 끌어야 했기 때문에 여행은 지루했다. 이 뗏목들이 강 위로 여행하는 데는 7~8주가 걸렸습니다. 한국인들은 압록강을 초봄에 물이 색깔이 변한다고 해서 "암녹"(녹색 오리)이라고 부른다. 압록강 어귀 안퉁에서 원정대는 기차를 타고 서울로 이동했고, 그곳에서 수집품을 뉴욕으로 선적하기 위해 포장했다.

기사의 마지막 페이지 하단에는 "요청 시 회원들에게 XXXIV권 색인(1919년 1월~6월)을 우편으로 발송할 예정"이라는 굵은 대문자 공지가 있다. 참고: 이와 같은 메시지는 일반적으로 잡지 중간이 아닌 호의 마지막 페이지에 나타난다.

표지에 나열된 다음 항목은 이름이 없는 "Masters of Flight"이다. 이것은 기사가 아니라 William Lovell Finley의 전면 사진 그라비아 8개 세트이다. 페이지에는 I부터 VIII까지 로마 숫자가 표시되어 있으며 48~57페이지 사이에 있다. 이미지는 이미지 전송 과정에 사용되는 특수 용지에 있다. 사진에는 검독수리, 카스피제비갈매기, 헛간올빼미, 펠리컨, 왜가리, 갈매기 등의 새가 포함되어 있다.

농부　　　　　　　　　농부의 망중한　　　　　　호잔도의 호랑이 사냥꾼 별장
A Tiger-hunting lodge at Hozando

압록강 위로 쓰레기를 견인하는 중국 징집병　　　멘타이의 어부들
Chinese draught men towing junks up the Yalu　　Fishers of Men Tai

지렛대를 이용한 방아 찧기　　　　　　　　수압을 이용한 방아지렛대
The Hammer as it rises it rises from the mortar　An hydraulic hammer a la Korea. Used in pounding grain

이 전통적인 북한 가옥의 벽과 바닥은 흙으로 만들어졌고, 지붕은 짚으로 엮어 만든 초가집과 전통 아궁이
The walls and floor of this typical northern Korea house are made of clay; The thatch is of rice straw

좌 사진: 서쪽 여행자가 이 무산(MUSAN)의 남쪽 문을 통과하면 그는 또 다른 세계로 들어간다.
When the western traveler passes through this southern gate of MUSAN, He enters another world.
우 사진: 논사통 가는 길목에 있는 사찰
A wayside temple on the road to NONSATONG

'행운의 사원'의 간구자
A suppliant at the "Temple of good foryune"

한국의 짐 마차(지겟꾼)
The human pack-horse of Korea

사냥한 짐승을 메고 가는 짐꾼
A Korea Gun-Bearer bringing in the Quarry

장례식에 모인 원주민들: 흰색은 한국인들의 애도의 상징이다
Natives at a funeral: White is the emblem of mourning in Korea

1920년 3·1 운동 1주년을 맞이하여, 배화학당 뒷산에 올라가 교우들과 함께 대한독립만세를 외치다 일경에 체포된 소녀들

소은영(15세)

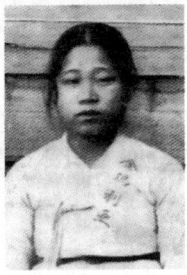
성혜자(16세)

박양순(18세)

김마리아(18세)

안옥자(18세)

이병희(20세)

서울 종연방적 공장에 취업 후 여성근로자 500여 명을 규합하여 항일운동을 주도하다 일경에 체포되어 서대문형무소에 수감되어 갖은 고문을 받았다.

소년들의 항일 독립운동

이범재(17세)

오흥순(19세)

최강윤(19세)

박흥식(18세)

이범재: 함흥咸興에서 중학교에 재학중, 시내 5개중학교 학생을 규합하여 대규모 시위를 계획하다가 일경에 발각되어
　　　 체포
오흥순: 국민회보 수천매를 인수받아 배포, 독립선언서를 러시아영사관에 전달 후 일경에 체포
최강윤: 독립운동의 취지문 400여 매를 배부, 남대문 역전 광장에서 독립만세를 외치다가 일경에 체포
박흥식: 서울 종로에서 다수의 군중과 함께 독립만세운동에 참여하여 활동하다가 일경에 체포

군산(局)▶서산瑞山

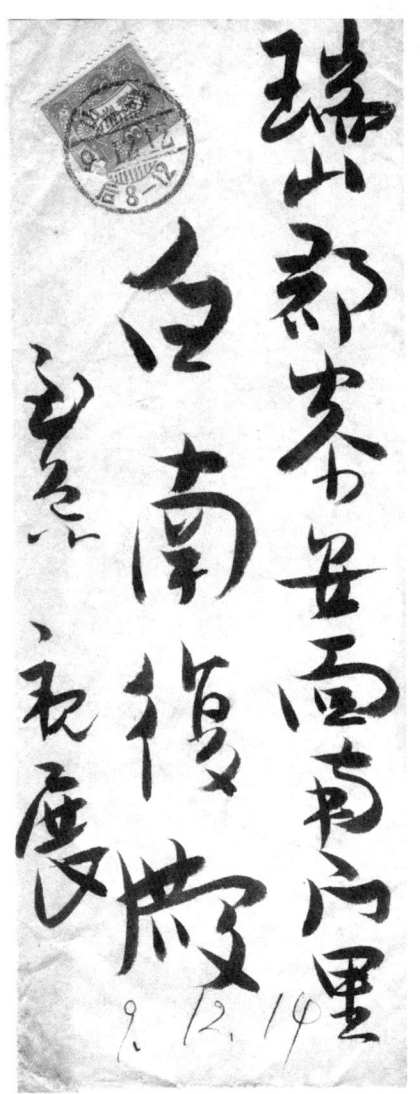

1920. 12. 12. 군산(국)−서산행. 70x210mm

극동 국제 군사재판소 조례 제5조항에 정의된 전쟁 범죄에 관한 A급 전범 리스트[29]
List of Class A war criminals

기무라헤이타로木村兵太郎 (1888~1948)

일본의 군인이다. 일본 제국 육군의 대장으로, 별칭은 버마의 도살자였다.

태평양 전쟁이 종결된 이후, 극동 국제 군사 재판에서 사형 선고를 받고 교수형에 처해졌다. 전후 A급 전범으로 기소된 기무라는 극동군사재판에서 사형을 선고받았다. 그의 죄목은 제3차 고노에 내각, 도조 내각에서 육군차관을 지낸 일이 컸다. 당시 일본의 육군장관은 총리대신이 겸했기에 실질적인 군사책임자로서 그가 지목된 것이었다. 그러나 버마 방면군 사령관으로서의 행동은 기소되지 않았다. 기무라는 어디까지나 육군차관 재직시의 책임으로 기소된 것이었다. 재판 당시 버마에서 민간인을 학살했다는 증언이 나왔고 이에 기무라는 오히려 훈장을 받아야 한다고 망언을 하는 바람에 변호사들마저 변호를 포기했으며, 검찰에서는 그를 격렬하게 비난했다. 기무라에 대한 11명의 판사투표는 인도인 판사를 제외한 10명이 유죄로 인정했고 미국, 영국, 중국, 필리핀, 뉴질랜드, 캐나다, 네덜란드의 7명 판사들이 사형에 찬성했다.

출처: 위키백과. 한국민족문화대백과사전

이리 조선잠업주식회사 정기주주총회 개최 통지서

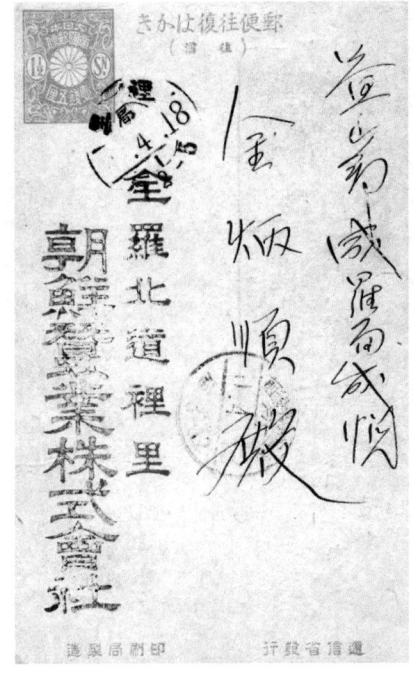 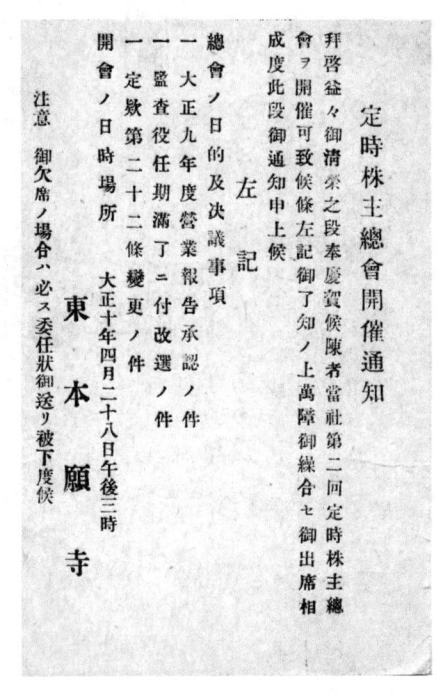

1921. 4. 18. 이리-익산.

일본의 전쟁 범죄-포로 대우
Japanese War Crimes – Treatment of Prisoners of War

제2차 세계 대전 당시 일본군의 연합군 포로 대우는 매우 잔인했다. 특히 인도차이나 전쟁에서는 절대다수의 포로들이 교량 건설, 기지 건설 등의 노동에 동원되었다. 이 과정에서 일본군은 단순한 재미로 포로들을 처형하기도 했다. 한 영국인 참전 군인은 다음과 같이 당시를 회상했다. "미얀마 정글에서 있었던 행진은 죽음의 행진이었다. 다리 건설에 동원되기 위해 현장으로 이동하던 중 한 일본인 장교는 곧 있을 검술대회 연습을 위해 포로 몇 명을 모았다. 키가 작았던 그는 영국군 포로들에게 우월감을 표시하기 위해 큰 나무 상자 위에 올라섰다. 그리곤 포로들의 목을 베었고 매우 흡족해했다. 다리 건설에 투입되기 전에 이미 수많은 나의 전우들이 재미로 혹은 아무런 이유없이 살해되었다."

KEIJO. SEOUL CHOSEN▶U.S.A.

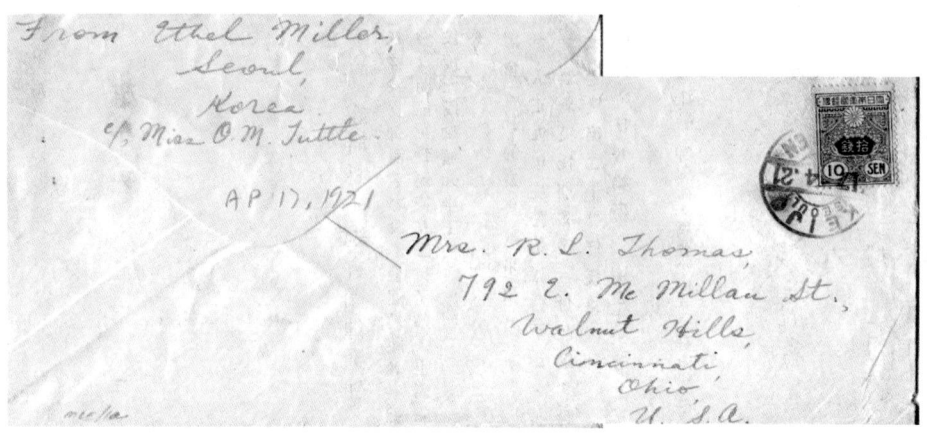

1921. 4. 12. Keijo Seoul-U.S.A.

일본의 전쟁 범죄-우키시마호 침몰 사건
Japanese war crimes – Ukishima sinking incident

우키시마호침몰사건浮島丸號沈沒事件은 1945년 8월 24일, 한국인 피징용자를 태운 일본 해군 수송선 우키시마마루 浮島丸호가 원인 모르는 폭발사고로 침몰한 사건이다. 일본이 포츠담 선언을 수락하는 항복 선언을 한 지 일 주일 후인 1945년 8월 22일 오전 10시, 우키시마마루 호는 조선인 7000여 명을 태우고 일본 북동부의 아오모리현 오미나토 항을 출항해 부산 항으로 향했다. 도중인 24일, 돌연 방향을 틀어 교토부 마이즈루 항으로 기항하는 중에 폭발과 함께 침몰하였다. 사건의 원인에 대해서는 일본이 자신들의 전쟁 범죄에 관련된 조선인 강제 노역자들의 증인 제거, 인멸 목적을 위해 고의적으로 폭침시켰다는 설과 미국이 깔아놓은 기뢰에 의해 침몰한 우발적인 사고라는 설이 양립하는데 대한민국에서는 전자를, 일본에서는 후자를 서로 주장하고 있다. 공식적으로는 사고 당시 한국인 3,725명과 일본 해군 승무원 255명이 타고 있었으며, 이 중 한국인 524명과 일본 해군 25명 등 549명이 사망하고 수천 명이 실종되었다고 발표되었으나, 사망자가 5000명을 넘는다는 자료도 있다. 2014년, 일본 외무성에 의해 기록되어 보존하고 있었던 우키시마 호의 탑승자가 8천여 명이 넘었다는 공식 문서가 공개 폭로되었다. 2019년, 우키시마 호의 출항 전 일본 승조원들이 조선인 때문에 생명을 바칠 수 없다며, 위험한 구역 항해는 절대 반대한다는 규탄 시위를 했으며, 일본 해군 참모장이 의무를 수행해 깨끗이 목숨을 바치라고 '폭탄적인 선언'을 했다는 내용의 연합군 조사 보고서가 유출되어 공개되었다. 희생자와 유족들이 1992년 일본 법원에 국가의 배상청구 소송을 제소하였다. 2001년 8월 23일, 교토지방재판소에서는 일본 정부의 안전 배려 의무 위반을 이유로 생존자 15명에게 1인당 300만 엔의 위로금 지급 판결을 내렸으나, 일본 정부의 공식 사과 요청은 기각했다. 그러나 이 판결마저 2003년, 오사카 고등재판소에서 번복되어 원고 패소 판결을 내렸다. 아직까지 이 사건의 진상조사나 일본 정부의 사과나 배상은 이뤄지지 않고 있다.

제주▶담양

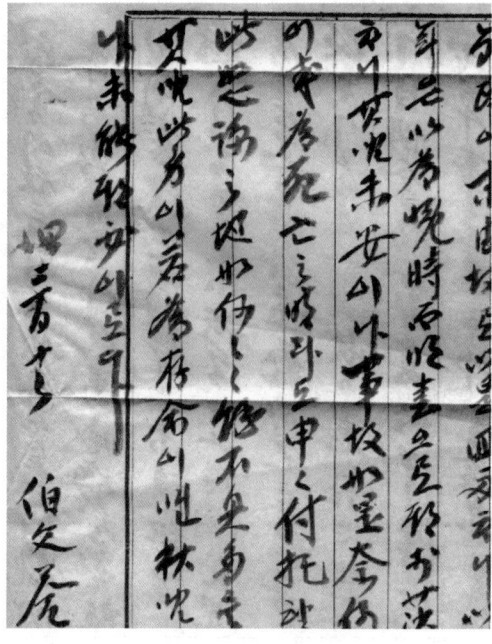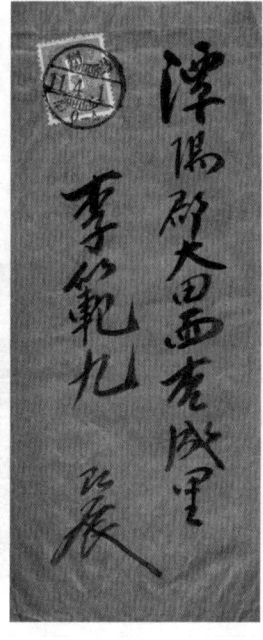

1922. 4. 1. 제주-전라남도 담양

일본의 전쟁 범죄-숙칭대학살
Japanese War Crimes – Sook Ching Massacre

숙칭대학살肅淸大虐殺은 제2차 세계대전 중인 1942년에 싱가포르를 점령한 일본군이 2월 18일에서 3월 4일 사이에 싱가포르에 거주하던 중국인 화교들을 조직적으로 학살한 사건을 말한다. 숙칭 대학살 사건 이후, 학살은 말레이시아계 중국인 화교들로 확대됐다. 이 학살로 희생된 사람 수에 대해 의견이 분분한데, 일본 정부 측에서는 약 4~5천 명이 학살에 의해 희생됐다고 추산하고 있으며, 싱가포르에 거주하는 화교 측에서는 약 10여만 명이 학살됐다고 추산하고 있다. 전후 학계에서는 약 2만5천 명에서 5만 명 사이의 중국인 화교들 및 싱가포르인들이 학살된 것으로 보고 있다. '숙칭'肅淸의 의미는 '일본인의 중국인 숙청'을 의미한다.

우편물배달증명서-경성

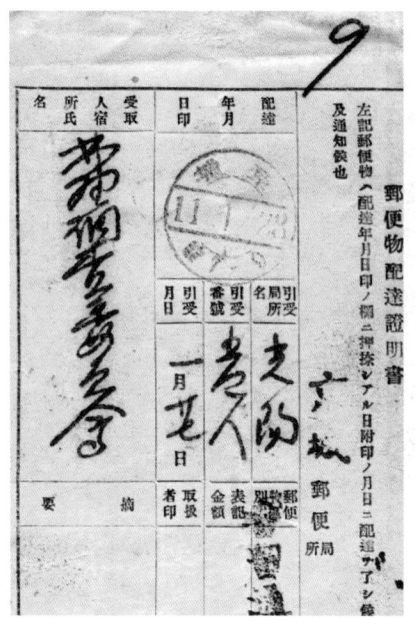 

일본의 전쟁 범죄-난징대학살南京大屠殺
Japanese War Crimes – Nanjing Massacre

중일전쟁 때 중화민국의 수도인 난징을 점령한 일본이 군대를 동원해 중국인을 무차별 강간하고 학살한 사건이다. 이로 인해 약 20만 명의 중국인들이 학살되었다. 일본군 상부는 몽골이 중국 한족들을 잔인하게 지배했다는 것을 들어 중국 침략 전쟁에서는 일본군 상부의 지시와 묵인으로 일본군에 의한 중국 한족 여성들에 대한 강간과 학살이 자행되었다. 일본군 상부는 만주족이 한족들을 대량 학살한 것들을 비교하며 만주족보다 두배 이상 강간과 학살을 하여 중국인들에게 공포를 주라고 명령하였다. 1937년 12월13일부터 1938년 2월까지 6주간에 걸쳐 이뤄졌으며, 1939년 4월에는 1644부대가 신설되어 생체실험 등이 자행되었다. 오늘날 중국에서는 이를 난징대도살이라고도 부르며, 일본에서는 난징 사건으로 불리고 있다. 서구권에서는 아시아 홀로코스트라고도 한다. 1937년 7월 루거우차오 사건(마르코 폴로 다리, 노구교 사건.)으로 중화민국과 일본 사이에 무력충돌이 터지면서 중일 전쟁이 발발했다. 전쟁 초기에 일본군은 베이징, 텐진 등 북부 주요도시들을 손쉽게 점령하고, 진격에 진격을 거듭하면서 일본군 수뇌부는 '단 3개월 안에 중국대륙을 점령하겠다'고 큰소리 쳤을 만큼 기세등등했었다. 상하이 전투에서 2~3개월이나 전투가 장기화되었는데, 여기서 일본군이 예상한 것처럼 중국 국민당군의 저항은 손쉽게 무력화되었다. 하지만 특히 상하이 전투에서 중국군은 장제스蔣介石의 엘리트 직계군대가 투입되었고, 이들의 저항이 상당히 격렬했던데다가 여기서 일본군은 오송 상륙 전투에서 무모한 작전을 펼치다가 상당한 피해를 입으면서 일본군은 중국군과 중국인들에 대한 적개심에 악이 받칠 대로 받쳐 있는 상태가 된다. 그리고 11월, 일본군은 막대한 피해를 입으면서 어렵게 상하이를 점령하고, 통첩도 없이 곧바로 중화민국의 수도인 난징을 향해 진격을 한다.

강가에 쌓인 대학살 희생자들의 시체 더미와 일본 군인의 모습. 당시 패잔병을 처리한다는 명목으로 항복한 중국군과 민간인 남성들을 대량 총살하였다.

출처: 한국민족문화대백과사전. 위키백과

FUSAN ▶ Indo China

1922. 11. 22. Fusan-Indo Chine   부산세관

일본의 전쟁 범죄-100인 참수사건

Japan's war crimes – 100 beheadings

100인 참수 경쟁

100人斬首競爭은 중일전쟁 시기의 중국에서 일본의 두 군인들이 누가 먼저 100인을 군도軍刀로 살해하는지를 겨루었다고 알려진 사건이다. 1937년 11월 30일자 '오사카 마이니치 신문'大阪每日新聞과 12월 13일자 '도쿄 니치니치 신문'東京日日新聞에서 일본군 무카이 도시아키向井敏明소위와 노다 쓰요시野田毅소위가 일본도日本刀로 누가 먼저 100인을 참수 시키는지를 겨뤘다고 보도되었는데, 패전 이후 이들은 중국 난징에서 열린 난징 재판에서 사형을 언도받고 총살형을 당했다. 그리고 최후까지 자신들은 결코 민간인을 학살한 적이 없으며, 신문 보도도 단순한 창작 기사에 지나지 않는다고 주장했다. 또 현재도 무카이 소위의 딸과 노다 소위의 아내, 손녀가 현재

일본의 아사히 신문과 마이니치 신문을 상대로 명예 훼손으로 소송을 제기해 우익 단체들의 재정적인 지원도받으며 대법원에서 재판을 했으나 패소했다.

출처: 위키백과. 한국민족문화대백과사전

1923

Im Land Der Morgenstille
고요한 아침의 나라에서

Reise-Erinnerungen
an
KOREA
von
DR. NORBERT WEBER O. S. B
Erzabt Von ST. Ottlien
zweite Auflage
1923

여행의 추억, 한국에서. 노버트 웨버 박사 O. S. B .ST Ottlien 두 번째 버전

노르베르트 베버(Norbert Weber, 1870 -1956) 신부는 독일 성 베네딕도회 오틸리엔 연합회 총아빠스로서, 1908년, 성 베네딕도회 한국 진출을 결정하고 독일 신부 2명을 파견했다. 1911년에는 4개월 간 한국을 방문한 후, '고요한 아침의 나라에서'라는 책을 썼다. 1925년 두 번째로 한국을 방문하여, '고요한 아침의 나라에서' 라는 그의 책에 따라서 무성영화를 찍었다. 그는 영화촬영기를 가져와 필름 약 15,000미터 분량에 이르는 방대한 영상기록을 남겼다. 그는 100년 넘게 박해를 견뎌낸 한국교회, 그 숭고하고 아름다운 기적의 역사에 깊은 존경을 품게 되었다. 또한 그는 아름다운 한국의 문화를 존경했고, 특히 효도 전통에 깊은 감동을 받았으며, 한국인들의 이런 내면화된 겸손이야말로 가톨릭이 뿌리내릴 수 있는 좋은 토양이라고 이해했다. 그는 말년을 동아프리카 탄자니아에서 조용히 보내다 1956년 세상을 떠났다. "집으로 돌아오면서 나는 한국과 그 나라 사람들에 대한 사랑을 함께 가져오게 되었다."라고 하였다.

DR. NORBERT WEBER

DR. NORBERT WEBER, 1870~1956, Germany

머리말

한국에서의 젊은 선교 사업에 대한 긴급한 관심은 1911년 초에 나를 공해로 몰아넣었다. Aden을 뒤로하고 배가 극동으로 향하자 나에게는 새로운 세계가 열리기 시작했다. 콜롬보부터 싱가포르·홍콩·상하이를 둘러보는 길을 찾으려면 눈이 동쪽 태양의 이상한 빛에 더 익숙해져야 한다. 그리고 증기선이 다시 파도 속을 외롭게 미끄러질 때, 펜은 빠르게 변화하는 인상을 기록하기 위해 조용한 시간을 찾았다.

극동 지역도 그랬고 매일 새로운 관찰이 이루어졌다. 동아시아는 더 이상 넘을 수 없는 벽 뒤에 숨어 서구의 정신을 피해 죽음의 칙령을 내리는 닫힌 세계가 아니지만, 유럽 문화와 아시아 문화 사이에는 여전히 온전한 세계가 존재한다.

불과 몇십 년 전만 해도, 1882년까지 외국인의 한국 입국은 사형에 처해졌다. 멀리서 동양의 문화계를 살펴보는 수줍은 관찰자에게는 이 백만장자 부자가 거대하고 성가신 기계처럼 보였을 것이다. 부자는 곧 멈춰 섰을 것이다. 무겁게 떨어져 곧 멈춰야 할 거대한 기계. 그리고 지금! 이제 피스톤이 경주하고 바퀴가 윙윙거리고 있다. 서양에서 당김대 몇 개만 빌려와서, 수천년 아시아 문화의 늙어가는 코롭은 이미 젊어진 힘으로 젊은 유럽, 더 젊은 미국을 뒤쫓아 수천 년을 함께 짓밟고 있다. 그의 미친 돌진 속에 문화적 가치, 신성한 전통, 온전한 제도가 있다. 고대의 추억은 바퀴 아래서 짓밟혀 있다. 확실히 새 생명이 싹트게 된다. 하지만 그것은 또 다른 것이다. 종종 하룻밤 사이에 사라지는 오래된 것을 몇 개의 윤곽선과 덧없는 색상의 획으로 포착하려는 노력은 가치가 있지 않은가? 특히 공식적인 연감인 1,800만 명의 인구를 가진 작은 한국, 1921년 주에서 선택된 개혁 및 진보에 관한 연례 보고서 17,288,989명의 민족이 아시아의 거대한 민족 사이에서 거의 사라지고 있다. 그리고 수세기에 걸쳐 그 나라는 그 성격을 잃지 않고 계속 고통을 겪었고, 최근 몇 년 동안 어떤 종류의 독립도 잃고 흡수될 운명에 처해 있기 때문에 현재의 격변으로부터 스스로를 구할 수는 더욱 없을 것이다. 일본제국으로, 일본의 속국으로서 비록 마지못해 새로운 규칙에 꼭 들어맞아서는 안된다. 한 민족으로서 어떻게 다른 외국인들에게 빠르게 동화되는지. 합병 이후 한반도를 휩쓸었던 몇 년 동안 인구의 대부분이 이미 사라졌으며, 아직 보존할 수 있는 사람들도 빠르게 뒤따를 것이다. 변화는 이제 막 시작되었고, 나는 외딴 반도, 고요한 아침의 땅에 머물고 있다. 어떤 것들은 지치지 않는 펜으로 포착되었고, 많은 것들이 사진 건판으로 포착되었다. 내가 수집한 것은 나 자신을 위한 좋은 여행의 추억이 되도록 의도되었으며, 열심히 일한 것에 대한 보상으로 집에 가져가고 싶었다. 그런데 사람들이 나한테 침투하기 시작했다. 제가 얻은 감동과 제가 간직한 옛 추억을 대중에게 공개하고 싶다. 나는 오랫동안 그 충동을 참을 수 있었다. 마침내 나는 빠르게 사라지고 있는 고대 문화의 흥미롭고 귀중한 잔재를 복구할 수 있다는 것을 알고 포기했다. 나는 생각을 지울 수 없었다. 만약 일본이 한국의 안전하고 평화로운 소유를 주장하고 싶다면, 사랑과 관심을 가지고 민족의 문화적 수준을 측정하려는 누구에게나 이는 안타까운 일이다. 관세와 관습에서는 시작된 평준화 작업을 계속해야 한다. 일본인의 타고난 에너지로 단 몇 년 만에 완성할 수 있었고, 일본 산업의 과잉 생산, 한국을 가로지르는 철도, 건설 중인 공장이 제 역할을 할 수 있었다. 봉인된 민중 속에서 살아남을 수 있었던 대중문화의 잔재가 닳아 없어지는 속도가 빨라진다. 새로운 영이 들어온다. 오래된 성벽이 무너졌다. 강력한 성문이 무너질 것이다. 이것은 역사적 도시 풍경을 변화시킨다. 폭력적으로 억압받는 문화의 증인들이 떠나고 있다. 연기가 나는 굴뚝이 내려다보이는 현대적인 건물은 새로운 시대를 가리킨다. 섬 제국에서 관습을 가져온 지배 종족의 강력한 영향력으로 인해 오래된 엄격한 관습이 느슨해지고 있다. 모든 것은 요리되고 생성되는 과정에 있으며, 사라지고 새로운 형성을 겪는 과정에 있다. 일련의 행운을 통해 나는 마지막 순간에 사라질 운명이었던 문화적, 역사적 가치 중 일부를 생생한 색상으로 포착할 수 있었다. 그것이 얼마나 가치 있는 것인지는 가까운 장래에 결정될 것이라고 친절한 독자는 말할 것이다. 나는 수집된 자료의 대부분이 더 이상 같은 양으로 제공될 수 없을 것이며, 일부는 전혀 제공되지 않을 것이라는 확신을 표명할 수 있다고 믿는다. 단순한 이유는 새로운 문화 시대가 모든 기존 문화 시대를 너무 빨리 대체할 것이기 때문이다. 한국적 의미의 특수성은 무자비한 결과로 파괴될 것이다. 일기 형식을 그대로 유지했다면, 이는 순전히 과학적인 작품을 쓰려는 의도가 아니었고, 특히 민족학 분야를 철저하게 탐구하지 않았다는 비난을 쉽게 피하고 싶었기 때문이다. 나는 또한 도중에, 때로는 RoBlein에서, 때로는 가파르고 울퉁불퉁한 산 절벽에서 종종 메모를 하는 즉시성을 흐릿하게 만들지 않기 위해 딕셔너리를 너무 많이 다듬어야 한다고 생각하지 않았다. 그래서 스타일은 때때로 덧없고 울퉁불퉁하게 남아 있었을 수도 있다. 그럼에도 불구하고 나는 한국과 한국 국민을 위해 고국으로 가져온 사랑이 책에서 나올 것이라는 희망에 몸을 맡겼다. 책의 그림 장식 중 자신의 작품이 아닌 것은 모두 작가의 이름을 딴 것이다. 이것은 다른 사람의 카메라로 찍은 몇 장의 사진이다.

성. 오틸리, 1914년 6월 6일 저자.

서울의 작은 동문 앞
Vor dem kleinen OstTor von Seoul

소년이 비를 맞으며 학교에 가다
Koreanerjunge: Durch den Regen zur Schule

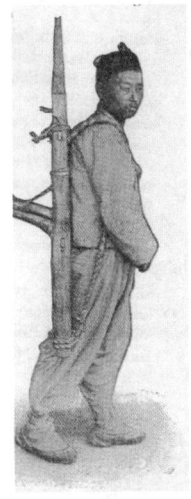

지게를 메고 있는 촌민
Koreaner mit der "Tschike"

소나무(땔감) 장사
Reisig Verkaufer

한국의 모자 직공
Koreanischer Hutflechter

부산 시내
Strabe in FUSAN

땔감을 공급하는 인부
Versorgung der Stadt mit Brennmaterial

땔감을 공급하는 인부
Versorgung der Stadt mit Brennmaterial

땔감을 모으는 촌부
Sammeln von Brennmaterial

시냇가에서 빨래하는 모습
Grobe Wasche

한국식 모자 모양
Koreanische Hutformen
갓(서민 계층)
Arbeitshut

사모관대紗帽冠帶는 조선시대 문무백관이
평상시 집무할 때 입는 복장
Samo, Mandarinhut
한국식 모자 모양
Koreanische Hutformen

갓(양반 계층)
Trauerhut

Sklavenhut

하류 계층

Kamtu
Gewohnliche Form. Werden zusammen getragen
상류 계층 (양반, 선비 등)

Kat

Kwan
hut der Adeligen
귀족(고위 관료 등)

부산 근교에 있는 산
일본인들이 개발 명목으로 산을 깎아낸 모습
Fusan Ein Berg,
den die Japaner abtragen

한국 노인
Ein Koreanischer Alter

한국 소년
Koreaner Knabe

수도원
Unser Kloster

서울의 도시 풍경
전면에 대성당(명동성당)이 보인다
Ausschnitt aus dem Stadtbild von Seoul.
(Im Hintergrund Kathedrale)

수채화
Wegweiser zu einer Bonzerei (Aquarell)

한국의 어린이들
Koreanische Jugend

서민들
Aus der Mitte der Armsten

세자매
Aus der koreaischen Kinderstube

여름 별장
Ein Sommerhauschen

목탁을 들고 있는 승려
Bonze, mit einer Holzschelle in
der Hand

혼례복을 입은 남자
Mann in T rauerkleidung

독립문獨立門
Unabhangigkeits Tor.
Im Vordergrund eine Saule des Empfangs Tores

용산 미션 가든
Im Gar ten der Mission zu RyongSan

서울 동쪽 작은 문 앞에 돌들이 쌓여 있는 마법의 나무
Zauberbaum mit aufgehauften Steinen vor dem Kleinen
Osttor Seouls

만찬식
TischGesellschaft

한국 아이들

Koreanische Kinder

용산교회

Das Kirchlein von Ryongsan

학교 소녀들

Schulmadchen

학교(서당書堂)

Schule

학교(서당書堂)

Schule

한국교회 전도사와 그의 딸
koreanischer Katechist mit seinem Tochterlein

스승의 회초리
Die Rute des Lehrers

소년이 선교사 앞에서 무릎 꿇고 큰 절하는 모습
Eine Kleine macht ihre begruBung

기독교인 모녀와 할머니
Christinnen

우산 속의 한국 소녀와 소년들
Unterm Regenhut

시골의 어린이 학교(수녀와 소녀들)
Madchenschule auf dem Lande

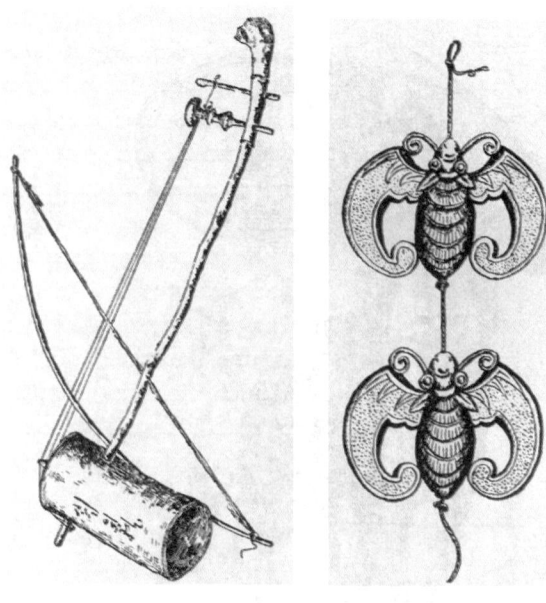

은색 나비 모양의 신부 장식품
세인트 오틸리아 작
Stilisierte Schmetterlinge aus Silber als Brautgehange 2/3 naturl. GroBe(Mus. St. Ottilien)

한국의 현악기
Violine (1/10 naturl. GroBe)

북한산 능선을 가로지르는 성벽의 아치
Torbogen in der Mauer, die uber den Grat des Pukhan lauft

Alte Perlmuttereinlagen auf dem Deckel einer Truhe(1/6 naturlicher GroBe)

원패(조개)의 부위에 따라 본패(本貝: 바닥패)·귀패·칼패로 구분되는데, 본패는 주로 나전螺鈿을 가공할 때 주름질용으로 쓰이며, 귀패는 무늬가 다량으로 필요한 경우 금형으로 그 무늬를 만들어 기계에 설치한 뒤 반복작업을 하여 나전무늬를 생산한다. 또 칼패는 가늘게 썰어 끊음질용으로 사용하게 된다. 이러한 자개를 가공하는 사람을 가리켜 '원패 가공사', '자개 기술자'라고 일컫는다. 원패는 산지별·색상별·형태별로 그 용도가 다르다. 현재 업계에서 사용하는 것은 소라패(green snail shell)·진주패(mop shell)·홍패(winged pearl shell)·수돌패(trocas shell) 등으로 주로 수입에 의존하고 있다. 국내산으로는 남해안(통영·여수 등) 일대와 제주도 근해에서 약간씩 채집되는 전복패(abalone shell: 색패)가 있다.

관복을 입은 관리
Mandarin in Amtstracht

한글과 알파벳
Koreanisches Alphabet
촬영 P. Canisius Kugeigen O. S. B phot.

한국화(궁수)
Nach einem Koreanischen Gemalde
(Bogenschutze)

동대문 앞 풍경
Das Kleine OstTor

전투 화보
Schlachten Gemalde

작은 동문에서 본 수도의 서양식 건물
Unsere Abtei in der Hauptstadt, vom kleinen Ost Tor aus gesehen

목수 견습생들
Unsere Schreinerlehrlinge

톱으로 나무를 가공하는 모습
brettersage

바그너 견습생
Unsere Wagnerlehrlinge

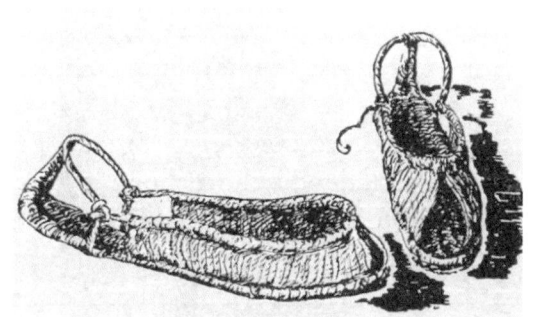

짚신
Strohschuhe

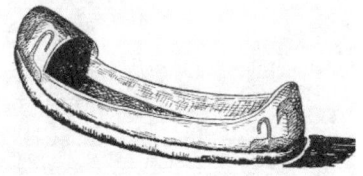

한국 여성 신발
Koreanischer

고대 한국 화폐
Altes Koreanisches Geld

부적符籍

전면
Vorderseite

후면
Ruckseite

한국의 부적

Koreanisches Amulett

부적符籍은 종이에 글씨, 그림, 기호 등을 그린 것으로 액막이나 악귀, 잡신雜神을 쫓거나 복을 가져다 준다고 믿는 주술적 도구이다.

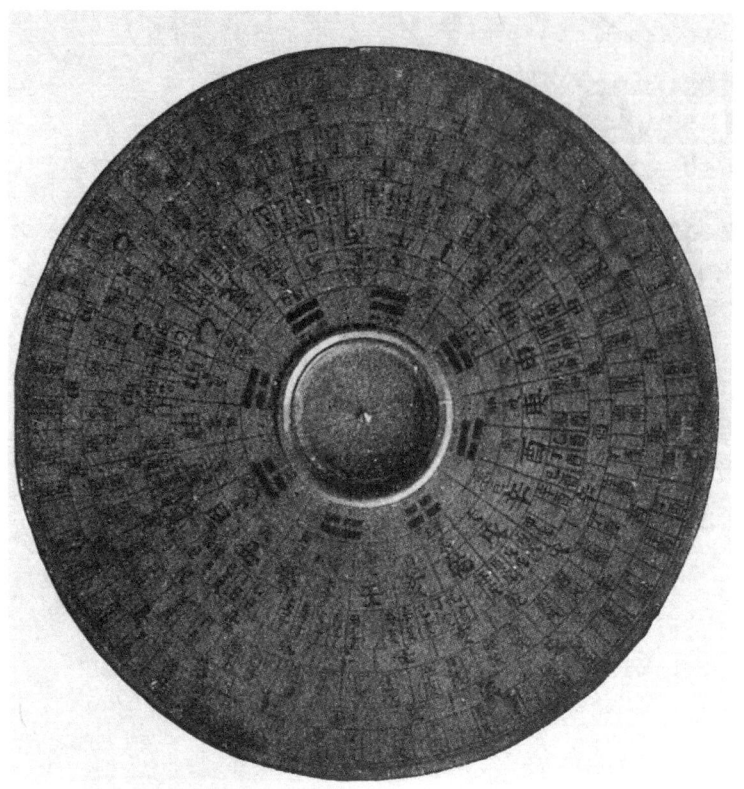

KompaB

십이지十二支는 동아시아의 율력 체계에서 사용되는 간지에서 뒤쪽에 붙는 열두 가지이다. 앞에 붙는 십간이 하늘을 의미한다고 하여 천간이라고 하는 한편, 십이지는 땅을 의미한다고 하여 지지地支라고 부른다. 십이지간이라고 부르고 뒤에 십간이 붙여, 갑자~계해까지의 육십갑자가 탄생했다.

접시에 새긴 한국의 국장
Koreanisches Wappen
in einem Teller eingraviett

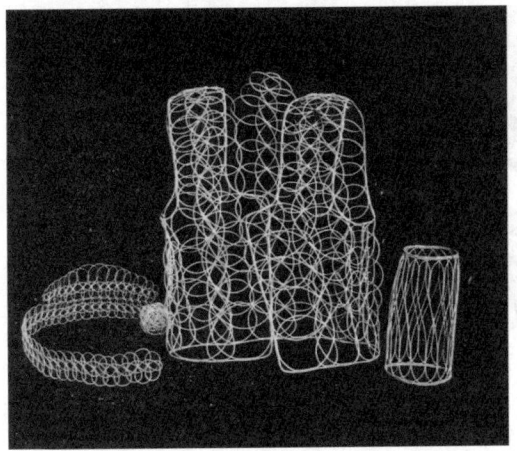

여름철 옷의 땀을 막아주는 속옷. 죽세공품
Bambusgeflecht, unter den Kleidern sowie als Kragen
und Manschette getragen, um das Verschwitzen der
Kleider zu verhindern

죽세공 장수
사진 출처: IN KOREAN WILDS AND VILLAGES page 298
By STEN BERGMAN, 1938

주택 신축 모습
Hausbau

지붕 덮기용 짚으로 만든 이음매
Strohflechten fur Dachbedeckung

짚으로 엮은 이음매로 지붕을 덮는다
Eindecken des Hauses

예배당 모습
Die Kapelle in Haukoka

다듬이질
Beim Wascheglatten

농촌 풍경
Auf dem Hofe

논을 일구는 농부
Auf dem Reisfeld

호코카에 있는 카테터 가족
Familie des Katecheten in Haukoka

저자는 이 모습을 '위대한 소의 일꾼들'로 표현하였다.
Wogarbeiter am "GroBen Ochsen"

수원성 앞 중심가
HauptstraBe in SUWON

쇠똥구리를 운반하는 소년
Lastbulle mit Dunger beladen

수원 성곽
SUWON Station fur Feuerzeichen

화성 행궁 신풍루
SUWON Portal zum KonigsschloB

신풍루新豐樓는 화성행궁의 정문으로, 1790년(정조 14년)에 누문 6칸을 세우고 진남루鎭南樓라 하였다.

수원성 관문
StadrTor von SUWON

소꿉장난하는 두 어린이

수원의 한 가족
Familie des Katecheten in SUWON

한국의 어린 세 소녀

한국의 여인
Junge Koreanerin

석탑의 아이들
Thab, Steinerne Pagode

수원의 교량 위의 정자
Bruckenbefestigung von SUWON

짚으로 이음매를 엮는 농부

항아리 장수
Gang zum Markt

쟁기질하는 황소와 농부
Bullen am Pfluge

수원의 소녀학교
Aus der Madchenschule in SOWON (Frauen mit Wintermutzen)

짚으로 만든 매트 위에서 애도자는 위로를 기다리고 있다.

Der Haupt Trauernde auf der Strohmatte erwartet die Kondolierenden

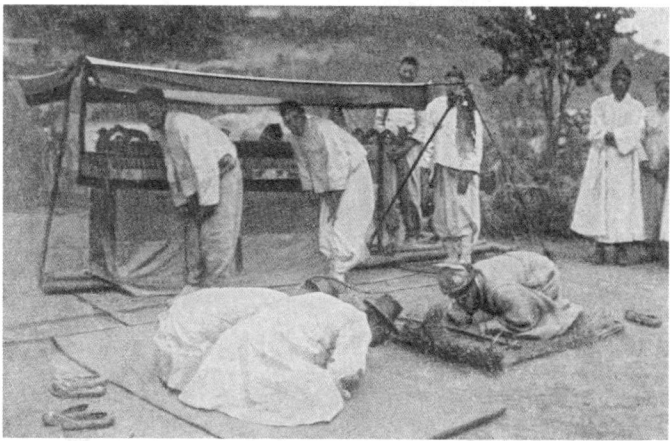

장례 행렬이 시작되기 전. 전면에 위치한 커튼이 쳐진 천막 안에서 여인들이 애도한다.

vor Beginn des Trauerzuges. Auf dem Gestell im Vordergrund befindet   *Ahnentafeln, 1/5*
naturlicher GroBe sich das Honpak in den verhangten sanften nehmen die leidtragenden Frauen teil

큰 항공모함(인간 지게차)
Ein Kuhner Trager

수도원의 종
Glocke im Bonzenkloster

떡 장수
Backwerkhandler

철 주조소. 배경에는 용해로
EisengieBerei. Im Hintergrund der
Schmelzofen, im Vordergrund Modelle

쟁기
Koreanischer Pflug

경작 농기구들
Koreanische Ackergerate

산 기슭의 철광석 매장지
EisengieBerei am FuBe der Berge vor der Hauptstadt

여인과 아이들
Frauen und Kinder

소녀 학교에서

Aus der Madchenschule

소녀가 아이를 업고 있는 모습

Madchen mit einem Schwesterchen

강 신부

P. Kang, ein Koreanischer Priester

선교사와 여행 동반자들

물레 돌리는 여인들의 모습
Koreanerinnen beim Spinnen

혼례용 말 장식(신랑이 타는 말)
Hochzeitsrosschen

게스트하우스에서 서양 선교사들
Im Fremdenhof

도심 외곽 민가
Vorstadt von Hatschu

두 아들을 데리고 있는 시각 장애인 주부
Die blinde Hausfrau mit ihren beiden Sohnen

외출 시 여성용 모자(북쪽 지방)
Frauenhute in Nord Korea

거북이를 모티브로 한 비석(피속)
Gedenksteine (Pisok) auf Schildkrotenbasis

여학교
Madchenschule

층 석탑의 아이들
Steinpagoda

수도원 입구의 문지기(장승)
Torwachter am Kloster Eingang

청년들
Die Jugend von Tschangeton

호랑이 덫
Tigerfalle

500여 개의 조각상(보살)으로 둘러싸인 불상
Buddha Statue, umgeben von funfhundert Statuetten
(Bodhisatwa's)

물지게
Koreanischer Wassertrager

벌집
Bienenstock

점심 식사
Feldarbeiter nehmen ihr Mittagsmahl ein

결혼식 피로
Hochzeitmahl

밀집모자 만드는 모습
Koreanischer Strohschuhflechter

주일 예배 후 기념 사진
Nach dem Sonntags Gottesdienst

아궁이 불 지피기
Kuche

물레 돌리는 여인
Am Spinnrocken

절구질
Reisstampfen

베틀짜기 모습
Am alten Koreanischen Webstuhl

마을 풍경
Dorfstrasse von Tschangeton

밭갈이
Gartenarbeiten

타작(도리깨질)
Reis Dreschen

Olpressc

고위 관리의 복식

Auf lufriger Hohe

Mandarin mit gesticktem Brustschild und holzernem Gurtel, der mit Schildplatteinlagen verziert ist

뒷 마당 장독대
Im Hinterhof

결혼식 떡을 메치는 모습
Bereitung des Hochzeitskuchens

신부가 가마를 타고 식장에 들어오는 모습
Die Brautsanfte

신랑과 신부의 절
BegruBung von Brautigam und Braut

결혼식 하객 행렬
Hochzeitszug

5인 가족
Koreanische Familie

제례하는 모습
Auf dem Kongso: Beim Examen

물고기 잡는 모습

Knaben beim Fischfang

논에 물 대는 모습

Koreanischer Wasserschopfer auf dem Reisfeld

선교사의 작별 인사

Abschied von der Mission

바닷가에 서 있는 선비

Am Meeres Kreek

평양의 트램

Trambahn von Pyengyang

유치원 아이들
Kindertypen

순교한 기독교인의 기념비
Gedenkstein an das ausgerottete Christentum

신천 시장 부근의 석탑
Steinerne Pagode auf dem Marktplatz von Sinchon

비석
Kitja Brunnen

종영사 Dr. Krugerrk 북한지방을 여행 도중 휴식을 취하는 모습
Ausflug auf den Pukhan. Generalkonsul Dr. Kruger

삼원풍에 있는 여학교(촬영 P. Canisius O. S. B)
Madchenschule in Samwonpong (phot. P. Canisius O. S. B)

북한 지방의 촌락
Der Pukhan

북한산 협곡의 사찰
Bonzenkloster in den Bergschluchten des Pukhan

북한산 비탈길의 촌락과 모자
Hutten am Hang des Pukhan

북한산 계곡의 정자
Ein Pavillon uber den Pukhan Schluchten

제물포에서 일본인들의 축제 행렬
Chemulpo. Japanischer Festumzug

제물포 거리
StraBe in Chemulpo

조선총독부 건물
Seoul General Gouvernement

대구의 대성당
Kathedrale von Taikou

조선시대 범선

민화 호랑이와 소나무

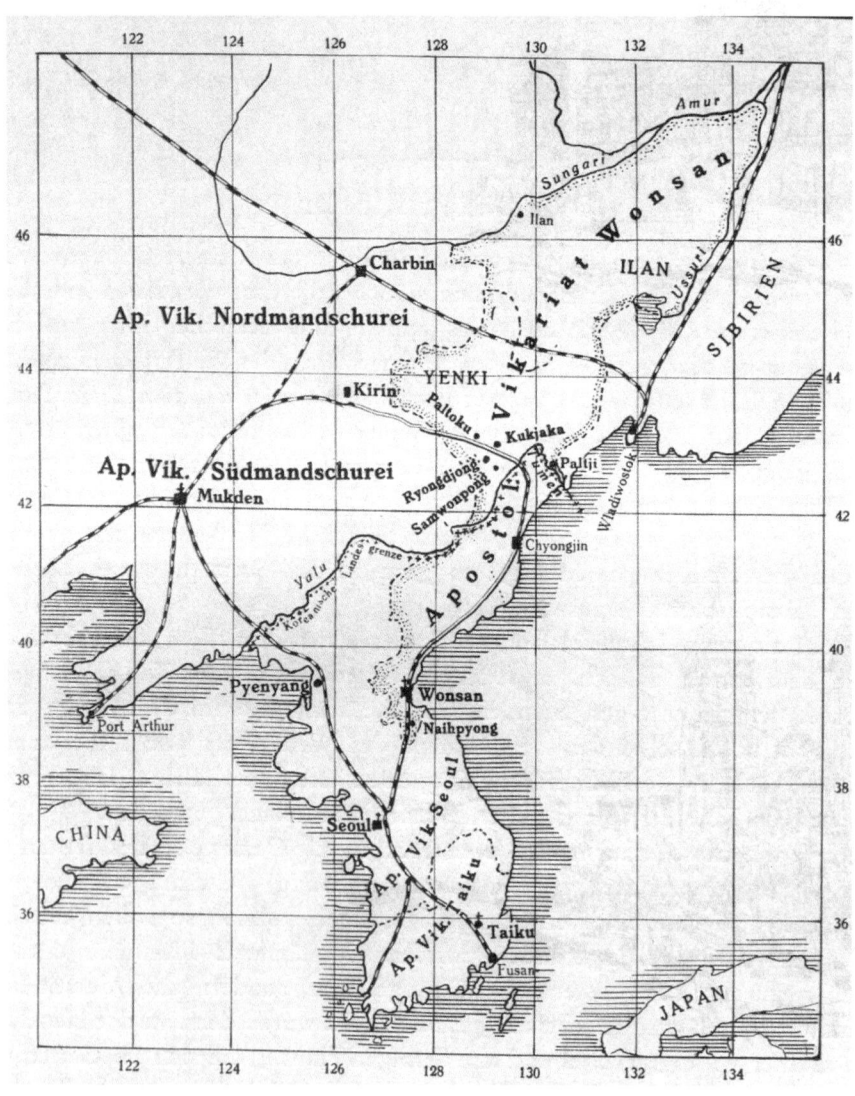

선교지도
Missions Karte

서울 전경
Ansicht von Seoul

Msgr. Demange,   Masr. Caslanier,
Taikou   Osaka
Msgr. Combaz, Nagasaki Msgr. Devred   Bischof Mutel   Abt. Bischof   Msgr. Choulet, Mukden

서울 주교 서품을 기념한 기념 사진
Erinnerung an die Bischofsweihe in Seoul am 1. Mai 1921

광화문▶경북 영천永川

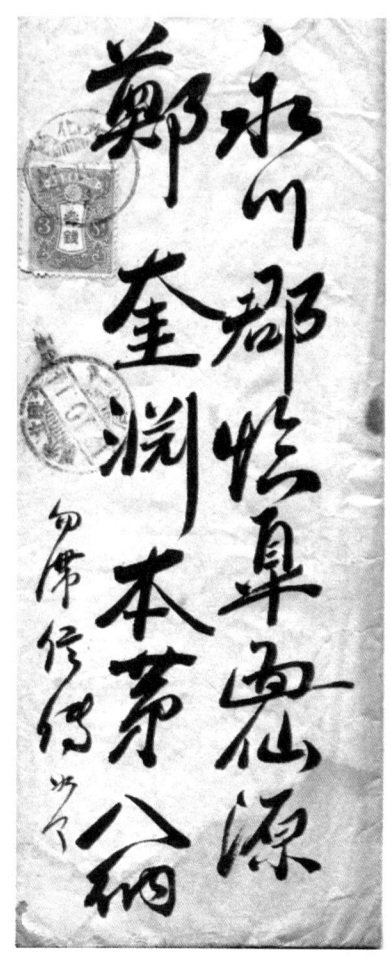

1923. 10. 11. 경북 영천 도착인

송병준宋秉畯 (1857~1925)

국치시기 일진회 총재, 중추원고문, 백작 등을 역임한 관료이자 정치인이다. 기업가이자 친일반민족행위자이다. 정미칠적 중 일원이며 한일 합병 조약 체결 과정에서도 일진회를 통해 중요한 역할을 했다. 무과 급제 후 무관으로 활동하다가 김옥균을 암살 밀명을 받고 일본에 건너갔지만 오히려 김옥균에게 감화되었고 그의 동지가 되면서 개화파 정치인이 되었다. 그러나 뒤에 친일파로 변절하여 일진회 등의 조직과 한일신협약 체결, 한일 합방에 적극 가담하여 활동하였다. 오늘날 그는 이완용과 함께 친일파, 매국노의 수괴로 대표되는 인물이 되었다. 창씨개명 제1호였으며 이름은 노다 헤이순野田 秉畯 혹은 노다 헤이지로野田 平次郎이며 별명은 '노다野田 대감'이다.

박춘금朴春琴 (1891~1973)

국치시기 일본에서 야마토동맹 이사, 대의당 당수 등을 역임한 관료. 친일반민족행위자. 경남 밀양 출생

1923년 9월 관동대지진 때 조선인 노무자 300명으로 노동봉사대를 결성하고, 경시총감 아카치[赤池濃]와의 연락 아래 시체 처리와 조선인 노무자 색출 및 수용 등의 작업에 종사하였다. 1928년 상애회를 재단법인으로 확충하고, 전직 총독부 경무국장 마루야마[丸山鶴吉]를 재단이사장으로 영입하였다. 1924년 4월 지부격인 노동상애회를 서울에 조직하고 친일단체 각파유지연맹에 참여했다. 『동아일보(東亞日報)』가 각파유지연맹을 비난하자 송진우(宋鎭禹)를 납치해 폭행하였으며, 1924년 7월의 하의도(荷衣島) 소작쟁의에서도 농민층 청년회를 습격하였다.

돈하敦賀▶원산元山러시아 공사관

KOREA. 1923 long entire letter in Russian bearing Japan 10 S BLUE tO THE Russian Consular Agency in Gensan, Korea; various markings and docketing at right.

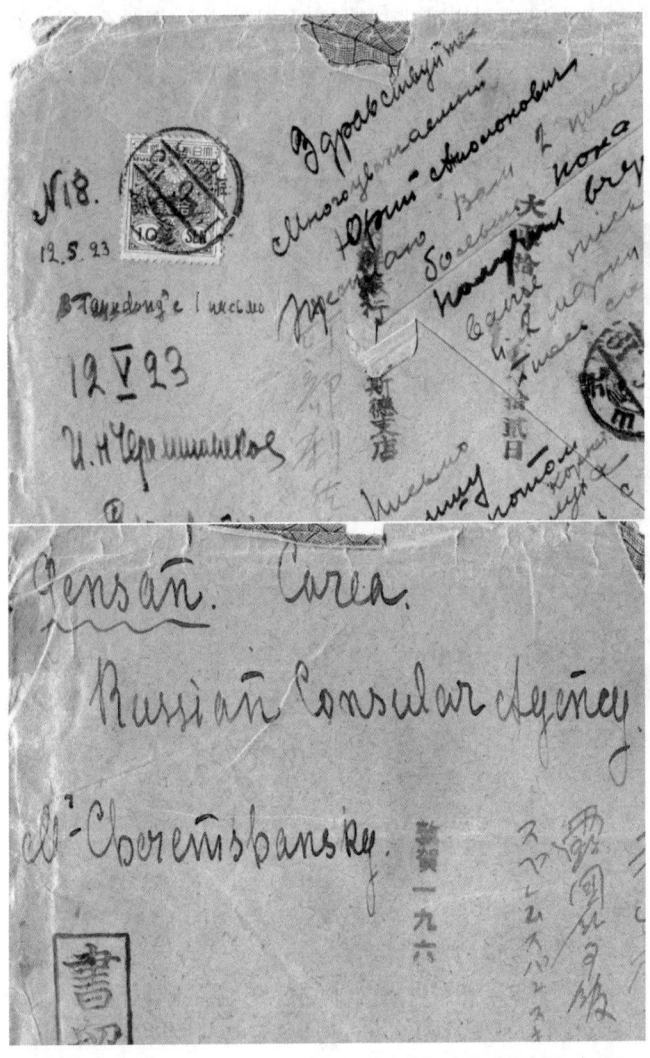

1923. 6. 15. 돈하– 1923. 6. 18. 원산 러시아공사관. 돈하 등기 196
155x123mm

관동대학살關東大虐殺
Kanto Massacre

관동대학살은 1923년 일본 도쿄 등을 포함한 간토 지방에서 발생한 간토대지진 당시 혼란의 와중에서 일본 민간인(자경단)과 군경에 의하여 조선인을 대상으로 벌어진 무차별적인 대량 학살 사건이다. 희생자 수는 약 6,000명 혹은 6,600명에 달하는 것으로 알려졌으나, 이후 추가 자료가 발굴되면서, 희생자가 약 2만 3,058명이라는 주장이 제기되었다

학살한 조선인을 내려다보고 있는 일본인 자경단원들. 때려죽이고, 찔러죽이고, 불태워 죽이는 등의 잔인한 살해를 자행하였다. 사진 출처 사진기록 일제의 침략(한국/중국). 1983. 7. 30. 발행. HOLP출판사(일본)

Korea World Times

2019년 9월 29일자 뉴스(작성자 Yusuke Yashima) 기사를 부분 인용 게제한다.

Korea World Times는 일본 동경 오덴마초에 위치한 한반도의 역사와 문화에 대한 이해를 심화하기 위해 설립된 종합 정보 사이트(대표 토모타카 마루타. 설립일 2018. 2. 7)

고이케 도쿄도지사는 3년 연속 간토대지진 조선인 학살에 대한 추모비를 보내지 않았다. 9월 1일, 간토 대지진으로 학살된 조선인을 추모하는 기념식이 요코아미초 공원에서 북일협회와 도쿄도립연합회의 주최로 열렸다. 이 사건은 1923년 9월 1일의 간토 대지진으로 인한 혼란 속에서 발생했다. '조선인이 우물에 독을 탔다'는 등의 소문이 퍼져 나갔고, 재일조선인과 조선인으로 오인된 많은 사람들이 정부 관리와 민간 자경단에 의해 살해되었다. 역대 도쿄도지사들은 매년 추모식에 헌사를 보냈지만, 고이케 도쿄도지사는 9월과 3월 도쿄도관에서 열린 추도식에서 관동 대지진과 지난 세계대전으로 목숨을 잃은 모든 분들께 애도를 표한다"며 추도사를 보내지 않은 유를 설명했다. -중략-

고시가 도의원 고시아키小申明明는 요코아미초 공원에 있는 한국인 희생자 추모비를 언급했다. 여기서 문제가 된 것은 비문에 새겨진 '6,000명 이상의 조선인이 잘못된 음모와 소문으로 인해 귀중한 생명을 빼앗겼다"

는 문구였다. 고가는 기념관 설립 자체에 대해 "반대는 없다'고 말했지만 추모비문과 추도식 초청장에 6,000명 이상의 희생자 수가 있다는 근거가 약하다고 지적했다. 그는 "일방적인 정치적 발언과 사실에 반하는 발언을 새기는 것은 일본과 일본 국민에 대한 침해를 초래할 수 있으며, 오늘날 용어로 보면 혐오 발언이며 절대 용납할 수 없다"며 도쿄도를 대표하는 지사가 역사를 왜곡하는 행위에 연루될 수 있다"며 추후 추모사 송출을 재고해야 한다"고 촉구하였다. 이에 대해 고이케지사는 '지금까지 매년 추모사를 보내는 것이 관례'라며 앞으로는 잘 읽은 후 적절한 결정을 내리겠다"고 답했다. 이에 따라 고이케지사는 올해부터 추모사 발신을 연기했다.

체포되어 끌려가는 조선인. 얼굴에다 칼을 들이대고 있다
사진 출처 사진기록 일제의 침략(한국/중국). 1983. 7. 30. 발행. HOLP출판사(일본)

수년 동안 알려지지 않은 한국 대학살의 희생자 수 6,661명의 출처

문제의 비문에 새겨진 희생자 수는 어디서 나온 것인가 하는 문제는 상해上海에 있는 대한민국임시정부의 독립신문이 희생자수가 6,661명이라고 발표한 것에서시작되었다. 또 다른 이론으로 1923년 정치학자 요시노 사쿠조길야전삼는 재일 조선 동포들의 조사를 근거로 희생자 수를 6,661명 이상으로 발표했다. 다만, 이것은 학생들이 실시한 설문조사의 중간에 있는 수치이기 때문에 정확하다고 말할 수 없습니다. 따라서 이론이 가능성이 높은 것으로 오랫동안 간주되어 왔습니다. 그러나 1970년대 이후 지역 주민들의 증언을 통해 각지에서 벌어진 학살의 실태가 밝혀지면서 희생자 수도 조사되고 있다. 그러던 중 2003년에 릿쿄대학의 야마다 쇼치 명예 교수는 6,661명의 희생자 수를 '이대로는 확인할 수 없다'고 발표했다. 그는 희생자 수가 수천 명에 달했다는 것은 의심의 여지가 없지만, 오늘날 이를 정확히 규명하는 것은 더 이상 불가능하다'고 말하며, '오늘날 조선인 학살의 수를 명확히 할 수 없는 그논 원인은 일본 정부가 조선인 학살의 시신을 은폐했기 때문'이라고 결론 지었다. (야마다 쇼지, [관동 대지진 당시 조선인 학살국가와 인민의 책임])

조선인 대학살에 대한 일본 정부의 견해는 무엇입니까?

1973년 추모기념관이 세워졌을 때는 6,661명 설이 주류였습니다. 따라서 6,000명 이상의 이름이 비문에 쓰여져 있는 것은 당연하다고 할 수 있습니다. 숫자에 문제가 있으면 고쳐야 한다고 주장하는 사람도 있지만 위에서 언급했듯이 피해자 수는 아직 알려지지 않습니다. 일본 정부는 이 사건에 대한 입장을 밝히지 않고 있다. 예를 들어 일본 정부는 피해자 수에 대한 질문에 대해 "우리가 조사한 바에 따르면 정부 내에 사실을

파악할 수 있는 기록이 없기 때문에 피해자 수를 알 수 없다"고 답변했다. 또한 일본 정부는 앞서 언급한 '재해로부터 얻은 교훈의 계승에 관한 전문가위원회 보고서(중앙방재심의회)의 내용을 사실로 인정하지 않고 있으며, 전문가들이 작성한 것으로 정부가 그 내용을 일일히 답변하기는 어렵다(결의 2017호 00호 0)고 밝혔다. 따라서 일본 정부는 학살이 어떻게 발생했는지, 일본 정부가 사건에 어떻게 관여했는지에 대해 '기록이 없다'는 이유로 인정하지 않고 있다. 덧붙여서 재해가 있은 지 3개월 후인 1923년 12월 야마모토 곤베이山本文平 총리는 중의원 본회의에서 이 사건을 언급하면서, '현재 조사가 진행 중'이라고 말했다. 그러나 그 이후 조사가 진행되었는지 여부나 조사 진행 상황에 대한 정보는 제공되지 않았다.

일본 군인들에 의해 구금된 조선인
사진 출처: 사진기록 일제의 침략(한국/중국). 1983. 7. 30. 발행. HOLP출판사(일본)

진실 규명을 위한 민·관 합동 수사에 대한 기대

조선인 대학살의 진상 규명과 책임 추궁에 관여하고 있는 김철수 조선대 재일본관계문서실장은 인터뷰에서 "조선인 대학살을 사실로 인정하지 않는 것은 일본 정부가 조선인 대학살을 사실로 인정할 경우 메이지 시대 이후 근대 일본으로서의 정체성과 식민 지배의 정당성을 부정하는 결과를 낳을 수 있다는 위기감을 불러올 수 있다"고 지적했다. 그는 이번 사건의 희생자 수를 둘러싼 논란과 관련해 '조선인대학살이 학살이었다는 것은 부인할 수 없는 사실'이라며 '숫자가 명확하지 않다는 사실이 사건을 하찮게 여기거나 사건 자체의 존재를 부정해서는 안 된다고'고 강조했다.

관동대지진關東大地震과 한국인 학살韓國人 虐殺-1923년

사진기록 일제의 침략(한국/중국). 1983. 7. 30 발행. HOLP출판사(일본) 기록에 의하면(46~51페이지)
1923년 9월 1일에 일어난 일본의 간토대지진은 간토지방 전체에서 약 10만명의 사망자와 7만명의 부상자가 발생했는데, 이 혼란 속에 수많은 조선인이 학살되었다. '조선인이 우물에 독을 던져 넣었다' '조선인이 불을 질렀다'는 등의 유언비어가 의도적으로 유포되었고, 지진으로 인하여 증폭된 공포와 불안 속에서 군대와 경찰 및 자경단自警團이 일체가 되어, 무차별적으로 조선인을 학살하였던 것이다. 유언비어의 출처는 명확하지 않으나 3·1운동 이후로 그 열도가 높아져 온 조선의 독립운동에 위협을 느낀 관헌들이 의구심에서 퍼뜨린 것이 아닌가 여겨진다. 당시의 치안 담당자라 할 수 있는 내무대신과 경시총감이 다같이 그전 해까지 조선총독부의 고관으로 있었던 자였다. 대지진 후에 조선의 독립 운동 단체가 관헌의 감시를 무릅쓰고, 시체와 유족들을 찾아서 시행한 조사에 의하면, 학살된 조선인은 6,400여 명에 이른 것으로 되어 있다.

군복을 입고 무장한 자경단원들. 자경단은 통행인들에게 일본말 특유의 발음을 시킴으로써 조선인을 가려내었다.

● 자경단自警團에 의한 학살虐殺

자경단은 재향군인회·청년단을 중심으로 조직된 것으로 노소 수많은 남자들이 조직되었다.

자경단은 일본도·대창·목도 등으로 무장하여 거리의 요소를 지키며 통행인들을 검문하고, 조선인 줄 알게 되면 들볶은 끝에 죽였다. 자경단의 성립과 그들의 살인에는 관헌의 지시와 용인이 있었던 것으로 전해지는데, 아무리 선동되었다고는 하더라도, 민중 자신이 직접 학살을 자행한 것에 대한 책임은 크다고 하지 않을 수 없다. 그것은 조선의 식민지 지배를 뒷받침한 것과 그 근본은 같은 것이었다.

● 군軍에 의한 구속·학살虐殺

유언비어가 난무하는 가운데 군대는 조선인을 적으로 간주하고, 조선인 거주 지구와 집단으로 피난하는 조선인을 습격하였다. 이윽고 유언비어가 거짓임이 명백해지자, 군대는 자경단으로부터의 보호 명목으로 내세우고서 조선인을 구속·구금하기 시작했다. 그러나 보호되었다고 해서 반드시 생명의 안전이 보장된 것은 아니었다. 신문 결과 '후테이 센진'不逞鮮人으로 간주되거나 살해하였다. by Eastern Illinois University. Lee, Jinhee

관동대지진을 추도함

일본제국의 '불령선인'不逞鮮人과 추도의 정치학에 관한 논문
Commemorating the Great Kantō Earthquake: Futei Senjin and the Politics of Mourning in the Japanese Empire

Lee, Jinhee 이스턴 일리노이대 사학과 교수 논문을 인용 편집하여 관동대학살의 기록을 옮긴다.

Eastern Illinois University. Lee, Jinhee 교수

Lee, Jinhee 교수는 최근 하버드대 로스쿨 램지어(Mark Ramseyer) 교수가 위안부를 매춘부로 규정해 일본군 위안부 역사를 왜곡한 논문으로 논란을 일으켰다. 이 교수는 이 논문을 출간할 예정이었던 케임브리지대에 항의문을 보내 램지어 교수의 학문 정직 윤리성에 대해 이의를 제기했다. 그는 일본군 위안부에 관한 논문뿐만 아니라 일본 간토대지진의 조선인 학살과 재일교포 차별에 대한 램지어의 논문도 문제가 있다는 사실을 발견했다. 특히 하버드대 일본학연구센터 연구원이기도 한 이 교수는 램지어 논문의 문제점을 공론화한 학자 중한 명이기도 하다. 그는 이번 콜로키움을 통해 램지어가 어떻게 역사를 왜곡했는지, 무엇이 잘못된 것인지를 밝힐 예정이다. 램지어가 지난 2019년 발표한 '자경단: 일본 경찰, 조선인 학살과 사립 보안업체'라는 논문에서도 간토대지진 당시 자행된 조선인 학살이 정당한 것으로 주장했는데 그에 대해 연구해 온 그의 반박이 기대된다.

송하늘 기자 기사내용 발췌 인용

"기억은, 그대로 끄집어내어 소생시킬 수 있는 우리가 경험한 일들의 복제라기보다는 하나의 구성된 이야기이다. ……우리가 기억하고 있는 것들은 매우 선택적이며, 각자 자신의 경험한 것을 어떤 식으로 끄집어내는가 하는 것은 우리가 실제로 기억하고 있는 것들을 드러내기도 하지만, 그만큼 우리가 바라고 있는 것 또는 거부하고 있는 것 또한 드러내고 있다." 1997. 7. 저자

한국에서 "관동대지진"으로 널리 알려져있는 1923년의 지진 재해는 일본에서는 "간토다이신사이"(關東大震災)로 불리고 있으나, 본서에서는 한글 독자에게 익숙한 "관동대지진"으로 일괄하여 표기하였고, 일본 동부 지방의 도쿄, 요코하마를 포함한 도쿄도, 가나가와(神奈川)현, 사이타마(埼玉)현, 지바(千葉)현, 군마(群馬)현, 도치기(栃木)현, 이바라키(茨城)현에 이르는 간토(關東) 지방 또한 관동으로 일괄하여 표기한다

이 관동대지진은 십사만 명이 넘는 사상자를 낸, 일본 제국에서 전례 없는 물질적 파괴와 문화적 균열의 순간으로 기록되었다. 이러한 재앙의 경험은 곧 인간적인 해석 과 정치적 조작의 대상이 되었다. 여진과 잇따른 화재로 인한 트라우마는 물리적인 혼돈은 물론이요, 일본 제국의 수도 지방에 거주하고 있던 식민지 조선인들에 대한 유언비어와 군중 폭력을 초래했다. 이러한 사회적 폭력은 지진으로 '경험'이라는 개념과 그것이 갖는 역사·지식 생산·정체성 형성에 있어서의 관련성에 대한 논의는 -중략-

잇달아 밝혀진 조선인 학살
동경일일신문 1923년 10월 21일자

관동대지진 후 50일이 지나서야 학살 기사 게제 금지가 해제되었다.

관헌 발표에 근거한 기사인데도, 경찰과 군대에 수용된 조선인을 자경단이 습격한 사례가 많이 보인다. 자경단들에 대한 재판은 지극히 형식적으로 행하여졌고, 대개가 집행유예로 되었으며, 실형을 선고받은 자들도 대부분 이듬해 1월, 황태자 결혼의 은사로 풀려났다.

지진 당시와 그 직후 도쿄의 상황을 보면, 일본 천황의 황궁 앞마당이나 우에노공원과 같은 가능한 모든 종류의 공터란 공터는 난민으로 가득 차 있었다. 병원에 있던 수 백, 수 천의 환 자들은 병상에 누운 채 그대로 화장되었고, 도쿄 동부 지방의 혼조지역에서는 넓게 트인 공간으로 피해 목숨을 구하고자 했던 3만 명 이상이 결국 솟구쳐오른 거대한 불기둥에 몸을 던져 타죽고 말았다. 관동대지진으로 인한 재산 피해에 대한 자세한 정보는 일본적십자사 간행의 大正十二年関東大震災(1925), 가이조샤(改造社)의 大正大震火災誌(1924), 경시청의 大正大震火災誌(1925), 내무성 사회국의 大正震災志』上下(1926), 도쿄부(府)의 東京府大正震災誌』(1925), 그리고 도쿄시의 東京震災録(1926~1927) 등 지진에 관한 각 종 보고 자료를 참조. 또한 출판 시설의 회복과 함께 발간된 지진 기념 엽서와 사진첩 등이 당시의 피해 상황과 규모를 잘 보여주고 있다. 황폐해진 지역에서 집단적인 조선인 학살이라는 형태로 재현되었다. 조선인들이 각처에서 불을 지르고 우물에 독을 넣으며 폭동을 일으키려 한다는 소문이 돌았고, 이에 따라 각 지방에서는 자경단自警團이 조직되어 정부 당국과 더불어 약 6천여 명의 조선인들을 학살해버렸다. 이와 같은 재앙이 있은 후, 일본 제국의 각처에서는 여러 사회세력들이 다양한 방식으로 각각 이를 추도하고 기억하고자 하는 공간을 만들어내게 된다. 이 논문에서는 이러한 학살 직후 일어난 추도의 움직임을 제국의 수도 지방을 중심으로 살펴보고자 한다. 특히, 당국의 각종 감시 및 통제 체제와 맞물려, 이러한 추도의 공간들이 어떤 식으로 제국 내에 존재하고 있던 지속적인 사회적 갈등과 긴장 관계를 반영하고 생성하고 있었으며, 또한 각종 기회주의와 변해가고 있는 저항 방식, 식민 관계의 복잡성, 그리고 궁극적으로는 일본제국의 담론 통제 속에서 제국의 불완전성이 나타내고 있는지 살펴보고자 한다.

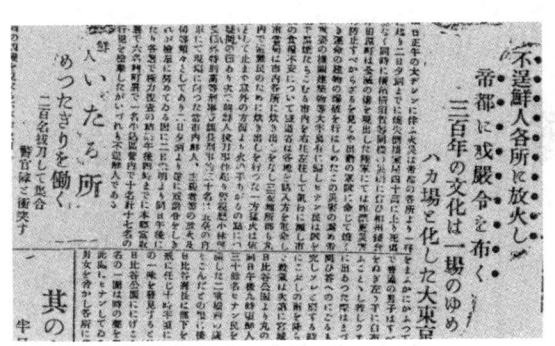

'후떼이 센진'의 유언비어를 그대로 게재한 신문
동경일일신문 1923년 9월 3일자

'조선인으로 인해 도쿄는 저주의 세계'가 되었다고 보도하고 있다. 또 '만일 수상한 남자와 마주쳤을 때에는 먼저 고향을 물어보고, 대답을 우물거리는 자는 다그쳐 추궁하여, 대답이 막히면 당장 주먹 세례를 퍼붓는다'는 내용도 있어서, 자경단이 조선인을 덮치는 광경이 엿보인다' 유언비어가 '현실'인양 인식되자, 수많은 일본인들은 공공 치안과 자기보호를 위해 스스로를 무장한 채 자경단自警團을 조직했다. 이들은 혼동 상태 속에서 자경단으로서 사회적 감시에 나선 자신들의 권위를 남용하며, 조선인들에 대한 폭력적인 사형(私刑)을 가했다. 이러한 집단 살해는 관동 각지에서 수만의 목격자들을 낳으며 지진 발생 후 첫 주 동안 가장 심하게 발생했다. 그들 중 많은 이들은 공공 치안 상태가 불충분한 상황에서 자경단이 감당한 역할을 자경단 조직이 형성된 자세한 배경과 맥락은 20세기 초 일본의 각 지역과 마을마다 다양한 양상을 보이기는 하나, 이들 중 대다수는 중앙정부나 지역정부, 그리고 경찰이 후원한 마을 지도자들의 지휘 하에 조직되었고, 청년단(세이넨단)·재향군인회(자이고군진카이)·소방단(쇼보단) 등과 종종 단원을 공유하고 있었다. 근대 일본 초기의 다양한 자경단 조직의 배경에 대해서는 오비나타 스미오(大日方純夫 1986) 및 야마다 쇼지(山田昭次 2003) 제4장을 참조.
4) 법무부 특별심사국장을 맡고 있던 요시카와 미쓰사다(吉河光貞)는 그가 조선인 학살 사건과 관련하여 기록해 두었던 관동대진재의 치안회고(関東大震災治安回顧 1949)를 아시아 태평양 전쟁 종전 후에서야 출간할 수 있었는데, 이 법무부 기록에서 그는 1923년 당시 관동지방 각 지역에서 조선인을 상대로 한 각종 폭력이 빈번했고, 그 중 주요한 사건들마다 적어도 몇 천 명의 증인이 있다고 기록하고 있다. 또 다른 이들은 무장을 한 채 지나가는 행인들을 종종 조선인으로 오인해 위협하곤 하는 자신의 지역민들인 자경단을 두렵게 여기기도 했다. 지진에서 살아남은 수많은 이들이 유언비어에 대해 증언했고, 마을과 동네 거리에서 벌어진 대학살 또한 목격했다. 이렇게 지진에서 생존한 많은 이들에게 자경단이 경계하고 있는 이러한 "상상의 내부의 적"이 어떤 면에서는 자연 재해 그 자체보다 더 두려운 존재였다. 그들은 그 소문을 믿고 조선인들이 가할 지도 모를 폭력을 두려워했으며, 이러한 현상은 제국주의와 식민주의의 영향 아래 놓인 그들의 상황이, 결국은 그들의 현실을 인식하는 방식에 있어서 허구(the fictional)와 실제(the factual) 간의 경계를 모호하게 만들어버렸음을 드러내고 있었다. 나는 이 엄청나게 영향력 있는 현상을 제국주의 구조가 낳게 되는 "식민 폭력 역류의 환영"(imagined inversion of colonial violence)이라 명명하였다. 그런데, 이상하게도 이러한 유언비어가 정확히 어디서 시작되었는지도 실증적으로 분명하지 않고, 학살 피해자의 정확한 수나 대다수의 이름도 알 수 없다. 학살 이후 행해진 자경단에 대한 재판 과정에서도 드러난 것처럼, 조선인에 대한 유언비어와 뒤따른 대학살이 매우 충격적이었던 만큼 많은 어린이들은 글과 그림을 통해 당시 그들이 가졌던 공포를 기록하고 있다.

학살된 조선인
사진 출처: 사진기록 일제의 침략(한국/중국).
1983. 7. 30. 발행. HOLP출판사(일본)

지진 이후 학교가 재개되었을 때 시행된 교사들의 설문조사에서 아이들이 재해 가운데 가장 무섭고 두려웠던 것으로 조선인의 공격에 대한 유언비어를 꼽았다. 실제로 한 초등학교 어린이는 자신이 지진에서 이제 막 살아났다고 생각했는데 조선인들이 공격해 온다고 하자, 그들에 대한 두려움을 참아내느니 차라리 죽고 싶다고 기록했다. 관동대지진 직후 조선인에 대한 유언비어와 학살에 대한 어린이들의 기록에 관해서는 [도쿄시청과 요로즈쵸호사의 관련 간행물(1924) 및 금병동 편·해설의 관련 자료집(琴秉洞 編 1989)을 참조.]

20세기 초 일본제국에 있어서의 조선인에 대한 주요 이미지로 등장한 '불령선인'이라는 표현과 그에 수반하는 각종 정치 문화 현상의 생성 및 발전에 관한 분석은 접근할 수 있는 기록들은 소문의 근원을 다르게 인용하거나 애매하게 언급하고, 기소자들의 증거나 증언에 대한 명시가 없다. 관련된 예는 [改造社編(1924); 神奈川縣警察部(1926); 警視庁(1925); 内務省社会局編(1926); 東京府編(1925)를 참조] 당시 일본 신문들은 조선인 학살에 대한 일본 당국의 공식발표를 다룬 1923년 10월 20일, 21일자 오사카마이니치신문의 특별호처럼 학살된 조선인들의 이름과 신원이 알려져 있지만 군·경찰 그리고 개인들에 의한 각종 보고들은 더 이상 보존되어있지 않거나, 있어도 이 사건과 관련된 점들에 대한 적절한 설명을 제공하지 못했다. 그 결과, 비록 정부당국이 이 사건을 공식적으로 '마무리'지을 목적으로 자경단에 대한 재판에 착수하긴 했지만, 결국 학살에 대한 원인·과정 그리고 책임 소재 등을 정확히 밝히지 않은 채 모호하게 남겨버리고 말았다. 따라서 비록 집단 학살이 있었다는 사실 그 자체는 그와 관련한 유언비어와 폭력에 대한 충격이 않다고 자주 인용한다. 재앙 당시 지진이 영향을 미친 지역에 살았던 조선인들의 정확한 숫자를 추적하기 어렵다. 내무성 기록에 따르면, 1916년경 약 4,000명의 조선인들이 일본에 살고 있었는데, 주로 노동자였고 일부 학생이었다고 한다. 1920년에 20,000명 이상의 노동자와 학생들이 포함되어 그 숫자는 32,274명으로 증가했다[内務省, (朝鮮人 概況)].

습지야習志野 연병장에 수용된 조선인
왼쪽 군인은 수용소를 찾아온 야마나시 山梨 계엄사령관. 야마나시는 한국인들을 포로라 불렀다. 후일 야마나시는 제4대 조선총독이 되었다.
사진 출처: 사진기록 일제의 침략(한국/중국). 1983. 7. 30. 발행. HOLP출판사(일본)

1916과 1920[朴德植 1975, 47-49, 81-83에서 재인용]. 또, [다무라 히로유키의 통계도 참조(田村紀之 1983. 31-36)]. 그리고 1940년대 초까지 도심에 사는 조선인 인구는 1,500,000명으로 증가했다. 가장 널리 알려지고 사용되는 조사를 보면, 1923년 가을 관동지역에 20,000명의 조선인이 있었고, 이 지역의 총 조선인 인구 수 추정치와 피억류자의 숫자, 한국으로 간 이들의 숫자 등을 고려해봤을 때 학살의 피해자수는 약 6,000명이라고 한다. 학살된 피해자의 정확한 숫자에 대한 논쟁을 위해서는 학살피해자에 대한 다음의 조사들마다 결과가 다르다는 점을 주의할 필요가 있다. 법무성은 275명, 한국임시정부의 독립신문은 6,661명, 도쿄 제국대학교수인 요시노 사쿠조는 2,613명, 각종 신문 보도들은 1,464명, 그리고 흑룡회는 도쿄만 722명이라고 밝히고 있다. 학살 피해자 숫자와 관련된 정보를 위해 姜德相(2003, 288-293)을 참조할 것. 1923년 9월 관동지역의 조선인 인구는 田村紀之(1983)를 참조. 과정에 관련된 토론과 자경단 재판에서 드러난 논쟁에 대해서는 [Lee(2008a)의 3장을 참조]하고, 학살에 관련된 다양한 정부 문서와 군의 문서들은 [琴秉洞 編(1991); 姜德相 琴秉洞 編(1963)을 참조]할 것. 오랫동안 부정되어온 이 역사적 사건의 논쟁적이고 은폐된 속성을 반영하듯이 많은 교과서들의 묘사는 이 사건이 여전히 사회적 금기로 남아있거나, 한일 모두에게 일반적으로 지나치게 단순화된 채 처리되어 있다. 교과서에서 이 사건이 언급될 때, 사건의 원인, 과정, 그리고 결과에 대한 명확한 설명이 부족하고, 형용어구에서 사건의 규모와 범위를 모호하게 언급하는 경향이 있다. 예는 [詳[日本史](1998)를 참조]할 것. 같은 맥락에서, 관동지역을 통틀어 20개 이상의 학살 피해자를 위한 기념비가 있는데, 사건의 내용을 구체화하는 문구를 피하는 경향이 있다. 예를 들어, 비록 1970년대 이후 대부분의 일본 공립학교 역사 교과서에서 사건 그 자체가 도입부로써 포함되어 있지만, 설명은 종종 주 본문이 아니라, 주변부의 "칼럼"란에서 다뤄진다. 남한에서는 1996년까지 역사교과서에서 이것이 다뤄지지 않았고, 사건에 대해 언급한 교과서들은 학살과 소문을 일본제국이 의도적으로 만들었다고 비난하는 "음모론"을 따르는 경향이 있었다. 지금 일본의 각 지역에서 근원·형용어구·추도와 관련된 더 많은 정보를 위해서는 山田昭次(2003), 특히 부록을 참조할 것. 아세아연구 제51권 1호(2008년) 함께 남아있긴 하지만, 이 폭력의 경험이 20세기 일본 및 한국 사회의 역사적 형성과 변형 과정을 이해하는데 있어서 단순한 지배와 저항의 관계가 낳은 불행한 사건이라는 이해를 넘어서, 정확히 어떠한 의미를 가지고 있고 어떠한 사회 문화적 영향을 남겼는지에 대해서는 안타깝게도 아직 깊이 있게 분석되지 않은 감이 있다. 내가 이 사건과 관련한 다양한 형태의 자료와 증언들을 접하면서 깨닫게 된 흥미로운 것 중 하나는, 이렇게 많은 목격자·가해자·피해자를 낸 사건이었음에도 불구하고, 그 시말과 속성이 정확히 밝혀지지 않은 채 묻혀왔기 때문에 시말에 대한 어떠한 해석도 사건을 권위를 가지고 실증적으로 설명할 수 없었고, 이러한 이유 때문에 이 사건은 제국 내 폭력의 경험을 둘러싼 더욱 더 주관적이고 많은 담론을 만들어내게 되었다는 사실이다. 지진과 학살 이후, 자신들이 경험한 이 집단 폭력 사건에 대한 많은 논쟁과 주관적 견해가 터져나왔고, 그 표현들은 20세기 초 일본 제국이라는 사회적 맥락 안에서 색다른 공간을 통해 표출되었다. 그러므로 1923년의 조선인 학살사건은 유언비어의 생성과 유포에 있어서 인간의 상상력과, 제국이 갖는 상황적 특성 가운데 행해진 집단 폭력의 실천력, 평범한 일반인이 참여한 가운데 행해진 그 같은 폭력에 대한 해석, 그리고 이것들을 감당해가는 역사적 주체의 문제를 고찰해 볼 수 있는 의미 있는 창이 될 수 있다. 제국주의와 식민주의 구조 속에서 일어난 재해·학살, 그 관동대지진 당시의 조선인 학살을 둘러싼 지금까지의 실증적 연구는 사건의 실마리를 풀어 확정지을 결정적인 실증 사료의 부족(또는 모순된 사료들의 공존)과 더불어 20세기 일본사 서술에 있어서의 '단일 민족' 중심사, 아시아 태평양 전쟁 및 경제 부흥 중심의 역사 서술, 그리고 남북한에 있어서는 냉전과 분단 체제 속에서 진행된 역사 서술의 흐름 가운데 재일조선인의 문제가 무시되어온 점 등, 각종 사학사적 문제점을 효과적으로 드러내고 있다. 이러한 이유로 사건의 세부적인 면에 대한 논쟁은 일본에서 50년대부터 등장했었다 고는 하더라도, 오랜 기간 동안 "역사적 수수께끼"(山田昭次 1988) 혹은 "기괴한 담론"(江口渙 1956)으로 남아있었다. 그러나 2003년에는 강덕상·금병동을 비롯한 소수의 재일 사학자와 일본인 사학자들이 쌓아온 중요한 연구 성과를 바탕으로, 일본변호사연합회에서 아직 해결되지 않은 사건을 둘러싼 인권 및 법적 문제를 다룬 특별 보고서를 작성, 고이즈미 내각에 제출하였다[日本弁護士連合会人権擁護委員会(2003 참조]. 그리고 그에 따른 담론 형성을 연결하고 있는 관계망을 탐구하는 장으로써, 이 논문에서는 각종 추도식의 모습을 분석하고 거기에 드러나는 학살 이후의 담론과 반응들을 관찰할 것이다. 지진 이후 일본에서는 다양한 추도 활동이 곳곳에서 벌어졌다. 지진과 관련한 희생자들 중 일부는 추도의 대상이 되었으나 다른 일부는 금기시되었고, 그 죽음의 의미마저 조작되었다. 학살의 피해자들은 무력하게 죽어갔다.

조선인(왼쪽의 세사람)에게 권총을 들이대는 자경단원(와세다)
사진 출처: 사진기록 일제의 침략(한국/중국). 1983. 7. 30. 발행. HOLP출판사(일본)

그리고 살아있는 자들의 목적을 위해 그 희생의 의미와 주관적인 담론들이 이어져갔다. 하지만 죽은 자들도 힘이 있었다. 심지어 식민지와 외국의 반응을 두려워해 사건을 공식적으로 끝맺기 위해 당국이 형식적으로 행한 자경단 재판이 끝난 후에도, 그들의 죽음은 해결되지 않은 채 산자들의 가슴 속에서 다양한 감정을 불러일으키고 있었다. 학살된 영혼들은 분산되고 간접적인 형태이긴 해도 확실히 수많은 학살의 목격자들과 가담자들의 마음 속에 사라지지 않고 떠돌아다녔다. 이러한 각종 반응과 성찰은 제국 곳곳에서 벌어진 다양한 형태의 추도행사 속에서 생생하게 나타났다. 추도의 공간은 학살당한 죽음의 의미를 둘러싼 혼돈을 전형적으로 보여주고 있음과 동시에, 학살에 대한 담론과 기억이 생성되어져 가는 과정이기도 했다.

나흘 동안 진행된 '조선인 사냥'
사진 출처: 시사저널. 사진기록 일제의 침략(한국/중국). 1983. 7. 30. 발행. HOLP출판사(일본)

관동대지진 당시의 조선인 학살과 관련한 각종 추도식에는 이러한 일본제국 사회를 배경으로 한 폭력의 담론에 대한 복잡성을 반영하고 있는 것이었다. 본 논문에서 추도는 제국주의의 구조 가운데 행해진 집단 폭력을 둘러싼 각종 담론을 만들어 발전시켜가는 과정을 보여주는 중요한 분석 공간이 된다. 앞으로의 분석을 통해 첫째, 학살 이후 제국 곳곳에서 벌어지고 있던 다양한 사회 세력에 의한 추도 행사들은 그들이 만들어 내는 담론을 둘러싼 경쟁적인 분위기를 드러내고 있으며, 둘째, 학살에 대한 주관적인 담론과 추도에 참가하는 다양한 각자의 동기는 제국의 구조에 내포되어 있는 역동적인 정치적 관계를 투영하고 있고, 셋째로, 지진과 학살 이후 이러한 추도의 공간은 당국의 잦은 감시와 통제의 대상이 되면서 이러한 추도의 사회적 공간에서조차 지속적으로 긴장·갈등·폭력이 발생했음을 주장한다. 이는 곧, 제국이 조종하고자 하는 식민지와 식민주의 구조 자체는 지속적인 유지를 위한 노력과 감시가 없이는 존재할 수 없는 속성을 가지고 있다는 것을 입증하는 것이다. 마지막으로, 이는 곧 제국에서 끊임없는 내부적 논쟁과 불안정한 담론이 존재하고 있음을 의미하며, 따라서 각종 제국 내의 사회적 담론에 대한 통제는 언제나 불완전할 수밖에 없다는 사실을 드러낸다. 각종 추도식에서 드러나는 모순과 양가성, 그리고 계속 적으로 생산되고 있는 여러 갈래의 학살의 의미를 되짚어봄으로써, 아무쪼록 이 논문이 제국에 있어서 피식민자의 존재가 갖는 영향에 대한 주의를 환기시킴과 동시에, 집단 폭력에 대한 담론을 생산 전파해가는 역사적 주체가 보통 사람들의 사회 가운데 있음을, 또한 제국이라는 구조적 제약이 갖는 통제적 힘에도 불구하고 끊임없이 만들어지고 이어져가는 다양한 해석과 담론이 가진 힘을 상기시키는데 보탬이 되기를 바란다. 이제 지진이 지나간 제국에서 행해지는 추도의 공간에서 팽팽히 맞서며 뻗어 나오는 학살에 관한 여러 담론들을 살펴보기로 하겠다. 그들(조선인 희생자들)은 지진에서 가까스로 살아남은 뒤 바로 죽임을 당했어요. 아주 잔인했죠." 이시바시(石橋)는 말했다. 그가 목격한 시체는 피로 뒤덮여 있었다. 70년이나 지났지만, 그는 그가 보았던 조선인의 모습, 그리고 그가 일본인에 의해 살해당했다는 생각을 잊을 수가 없었다. 수많은 일본인들이 분명히 조선인의 죽음을 목격했고……심지어는 학살에까지 참여했지만, 그들은 이 사실에 대해 침묵해왔다. 늘 그 큰 지진에 대해서는 말하지만……지진 후에 조선인들을 죽인 것에 대해서는 아무도 이야기하지 않았다." 1923년에 일어났던 대지진 1주년을 맞이하여, 도쿄진재기념위원회는 제국의 수도에 두 개의 기념관을 세우는 거대한 프로젝트에 착수했다. 이 중 하나는 진재기념당震災祈念堂으로 재해 피해자들의 시신을 모시고 추모하기 위한 것이며, 또 다른 하나는 재건기념관(復興記念館)으로 지진 이후의 수도 재건을 경축하기 위한 것이었다. 황족·정부 수많은 기업들과 개인들이 기금 및 여러 가지 관련 전시품들을 기부하면서 이 두 기념관 건립을 지원했다. 이 프로젝트에 대한 열성적 지지는 재해의 흔적을 기록하고 보존하는 일뿐만 아니라, 망자의 영혼을 달래는 일에 생존자들이 전반적으로 많은 관심을 가지고 있었음을 보여주는 것이었다(東京震災記念事業協會淸算事務所 編 1932.12) 재해의 희생자들을 추도하고자 하는 이러한 사회적 요구를 반영하면서, 신문은 곧 9월 중순 경부터 일본 수도권 지역에서 행해졌던 각종 추도식에 대해 보도하기 시작했다. 그러나 학살당한 피해자들을 위한 추도식은 사건과 관련한 정부 성명이 있던 10월 하순이 지나서야 겨우 등장하기 시작했다. 정부관료를 비롯해, 노동조합·학생단체·종교단체·조선인 친일부역자 심지어는 기소된 자경단원들과 동네주민들까지 다양한 집단의 사람들이 일본제국 곳곳에서 학살 희생자들을 위한 추도식을 거행했다. 추도 행사에서 드러난 여러 가지 추모의 동기들과 분위기는 아직도 해결되지 않은 학살에 대한 의미 가 아주 복잡한 것이었다는 사실을 반영하고 있었다.

관동대학살을 주도한 일본 자경단원과 경찰
사진 출처 시사저널.

망자에 대한 기억은 여러 가지 반응을 불러일으켰고, 살아남은 자들 사이에서 마련된 이러한 추도행사들은 당시의 폭력에 대해 팽팽히 대항하는 전혀 다른 의미를 부여했다. 장례식·추도문·기도, 그리고 각종 학살과 관련된 이야기들 속에는 다양한 정부의 선전, 대중에 대한 호소, 그리고 개인적인 바램과 이제는 과거의 일이 되어버린 9월 중순 경부터 본격화된 제국의 수도 부흥 계획 하에 이루어진 복구 재건 프로젝트 및 지 진기념관 건설, 그리고 이러한 시설들에 있어서의 전후 성격 변화 등에 대한 예와 분석은 도쿄도 진재부흥기념 관의 역사 및 변천을 다룬 졸고(이진희 2003, 12-16)를 참조. 10월 2일 요미우리 신문에 처음으로 "외국인" 피해 자들에 대한 추도의식이 언급되었지만, 죽음의 원인을 학살로 명시하거나 피해자가 조선인이었음을 밝히지는 않았다. 학살의 사실에 대한 부정 등등이 담겨 있었고, 이러한 모든 것들은 제국주의 구조 속에서 행해지고 있던 추도의 의미와 속성을 더욱더 복잡하게 만들어갔다. 즉, 추도의 공간은 과거의 폭력에 대한 다양한 담론들을 생산해냄과 동시에 각자 다른 정치적 입장을 투영시키는 하나의 사회적 공간이 되었던 것이다. 이러한 추도의 공간들은 결국 제국이 만들어낸 문화 속에서 각각 다른 방식으로 학살의 기억을 자아내고 있었다. 누가 어떤 목적으로 학살된 피해자들을 위해 추도식을 거행하고자 했는가? 이러한 모임은 어떤 과정을 통해 조직되었고, 그 과정들은 이러한 추도행사의 어떠한 속성을 드러내고 있는가? 제국과 식민 지라는 구조 속에서 학살에 대한 담론은 어떤 식으로 전개되어 갔는가? 그리고 무엇보다도 학살 이후 제국의 문화적 공간 안에서 학살의 희생자들을 다시 불러일으켜 기억하는 것이 어떠한 의미가 있었는가? 다음 장에서는 이러한 질문들에 대해 생각해보고자 한다. 통제와 회유의 수단으로써의 추도 "치유를 둘러싼 담론은 다양한 의미를 생산해내는데, 때때로 균열이 드러나는 것을 무마시키면서 이슈를 망각시키고 탈정치화 시키는데 사용될 수도 있다. 따라서 무언가를 추도하고 기념하는 의식은 그 대상을 낭만적으로 그려냈다. 이러한 기념 대상이 된 어떤 사건 속에서 뭔가 '좋은 면'을 찾기 위해서는 필연적으로 그 사건이 만들어낸 고통 가운데서 어떤 의미를 찾아야만 했다." 큰 재해를 막 딛고 일어나려던 일본 당국은, 지진 직후 조선인들에게 가해진 이 폭력사태로 인해 두 가지 큰 문제점에 처했다. 하나는 일본의 식민 통치에 생길 큰 혼란이요, 또 하나는 일본제국의 중심부에서 이러한 대규모 인종 학살인 폭력사태가 발생한데 대해 외국에서 쏟아질 국제적 비난이었다. 일본국과 조선식민지에서 당국의 일차적 관심은 이 같은 집단폭력에 정부가 개입되어 있었다는 사실을 감추는 것뿐만 아니라, 일본 본국의 정부에 대한 시위를 미연에 방지함으로써 공공질서를 유지하는 것이었다. 이러한 목적으로 제국 정부는 학살 사태에 따른 뒤처리를 위해 학살 피해자와 관련한 회유 책을 씀과 동시에, 학살 사건에 대한 정보가 제국의 안팎으로 새어나가는 것을 철저히 막는 양면적 정책을 동시에 실행하기로 하였다. 이에 따라, 학살과 관련된 많은 대중 집회는 이러한 정부의 시책하에 주도 면밀하게 감시의 대상이 되었고 엄격히 통제되었다. 집회의 성격이 조금이라도 당국의 권위나 평판에 해를 입힐지도 모를 경우에는 더더욱 그러했다. 학살사건이 터지고 일주일이 채 지나지 않아 식민지 조선에 이 소식이 처음 전해졌을 때, 당국은 이 사건과 관련한 내용의 출판을 모두 금지시키고 사람들 간의 물리적 이동을 막는 조치 등을 즉각적으로 취했다. 폭력사태에 대한 정보가 제국의 수도 지역을 벗어나 밖으로 특히 조선으로 흘러 나가는 것을 막기 위해, 이와 관련된 보도를 실은 신문은 일체 발간 및 발매를 금지시켰고, 심지어는 재해민들이 조선에 있는 그들의 가족들에게 보내는 편지·엽서·전보를 포함한 개인적인 우편들까지도 검열했다. 이에 따라 일제 당국은 정보원과 경찰의 수를 증가시켰고, 처음으로 이들에게 총기 휴대를 허가하는 등 그들의 권위와 무장의 강도를 높여갔다. 조선에서 유학왔던 두 명의 대학생 한승인(당시 21세)과 이주성(22세)은 도쿄에서 맞은 지진에서 가까스로 살아남아 다행히도 고국으로 돌아갈 수 있었다.

이들은 지진이 무너뜨린 도쿄에서 처음으로 살아 돌아온 조선 사람들이 이러한 당국의 가장 큰 두 가지 고민은 1923년 9월 5일에 빠르게도 발표되었던 야마모토 총리대신의 대국민 정부 담화에 드러나 있다. 예를 들면, 학살 소식과 관련한 동아일보 1923년 9월 3~5일자 기사를 비롯하여 11월 1일까지 수많은 기사가 검열·삭제되었다. 이러한 정책이 반영된 학살 직후 당국이 취한 각종 통제 조치에 대해 자세히 분석하는 것은 이 논문의 범위를 벗어나지만, 이와 관련된 중요한 정부 관련 문서로는 일본 국회도서관 헌정자료실에 소장되어있는 당시 조선 총독인 사이토 마코토(斎藤實) 문서 중 관동대지진 관련 사료 등을 참조하기 바란다.

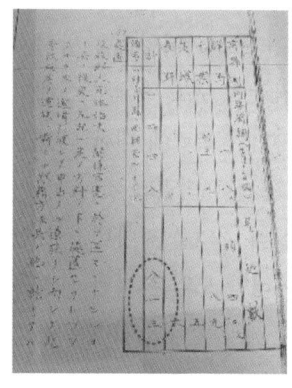

日정부 문서 "살해된 조선인 813명". 본지, 조선총독부 기록 확인
출처: 조선일보 유석재 기자. 성호철 기자. 2023. 8. 24.

생존에 위협을 느껴 일본인 행세를 하며 학살 현장을 지나 살아 돌아올 수 있었던 내학살을 눈앞에서 목격한 첫 목격자들이기도 했다. 그러나 우여곡절 끝에 겨우 도착해 조선 땅에 발을 막 디딘 순간, 그들은 자신들이 경찰과 비밀 정보원들에게 둘러싸여 면밀히 관찰당하고 있음을 알아챘다. 그들은 둘의 도착과 동시에 모든 말과 행동을 꼼꼼히 기록했다. "열차 안에 상주常駐하는 형사떼가 아침부터 우리를 주시하고 있다. 자기네 딴에는 여객으로 위장하고 우리를 외면하면서 지나갔지마는 우리는 그들이 형사들인 것을 잘 알고 있다. 한국 전체를 거미줄과 같은 경찰망으로 둘러쌌는데 한국에서 사는 한 그들을 피할 길이 없는 것이다."(한승인 1983, 90–91). 지진, 화재, 조선인 색출을 위해 설치된 검문소, 그리고 대학살을 직접 보고 겪은 뒤 9월 6일 아침에서야 마침내 서울에 도착했고 그 때서야 그들은 식민지 조선의 두 주요 신문 중 하나인 동아일보와 가까스로 인터뷰를 할 수 있었다. 이 신문은 당시 식민지 조선의 독립을 지지하고 있는 언론사라는 점에서 많은 조선인들의 지지를 받고 있었다. 인터뷰를 마치자마자 즉시 동아일보는 지진에 관한 호외를 발간했고, 이 두 생존자의 증언은 곧 서울 전역에 퍼지게 되었 다. 그러나 그 결과는 실망스러웠다. 가까스로 증언을 실어 발표한 이 호외에는 검열된 부분이 너무 많아, 기사 내용 중 40줄 이상이 삭제되어 있었다. 결국, 두 학생이 증언했던 동포의 학살과 관련된 모든 부분이 삭제된 것이었다(한승인 1983, 94). 그들이 제국의 수도에서 경험한 자연재해와 뒤따라 발생한 인재를 둘러싸고 수많은 이들이 정보를 얻고자 신문사 뜰로 찾아왔고, 이러한 상황을 보며 그 들은 곧바로 자신들이 겪은 일을 집회를 통해 널리 알리고자 계획했다. 당연히 감시와 통제의 상황은 더더욱 악화되었다. 한씨의 회상에 따르면, 두 학생이 그 들의 첫 번째 강연회 집회 장소인 서울 중앙 YMCA를 향해 출발하려던 참이던 6일 오후, 종로경찰서장으로부터 "간단한 면담"을 요구하는 메시지가 도착했는데, 한씨는 이를 식민지 조선에서 일본 제국의 이익에 반대하는 "위험한" 조선인들을 "체포"하려는 일본 경찰의 전형적인 접근 방식이요 항용 수법이라 기록하고 있다(한승인 1983, 95). 경찰서장은 이들이 지진에 관해 오보를 퍼트리고 다닌다는 죄목을 씌워 그날로 이들을 기소해 감옥에 가두었고, 이로써 지진 가운데 벌어졌던 조선인에 대한 폭력 상황을 목격자가 직접 식민지 조선인들에게 알릴 수 있는 기회를 빼앗기고 말았다. 다음날 아침, 경성일보에 이들의 투옥에 대해 "도쿄에서 돌아온 선인(鮮人) 학생"들이 "불온(不穩)"한 낭설을 퍼뜨리며 조선인들을 선동하고 다닌다는 이유로 체포당했다는 내용의 기사가 보도되었을 뿐이었다(경성일보 1923/09/07 조간). 위에서 살펴본 바와 같이, 학살에 대한 정보의 흐름을 차단하려는 일제의 긴급한 필요에 의해 식민통치자들은 조선으로 살아돌아온 이들의 행방을 치밀하게 조사하여 상부에 보고했으며, 그들의 여행 경로를 추적해 학살에 대한 정보를 퍼트리려는 의도가 보일 때마다 이들을 처벌하곤 했다. 이러한 이유로, 지진 후 제국에서 학살된 조선인들을 위한 추도모임을 조직한다든지 집회에 참석하는 일은 극도로 위험하고 민감한 사안이 아닐 수 없었다. 학살 피해자들을 위한 공공연한 대중 집회는 당국에 의해 당연히 저지될 수밖에 없었다. 하지만 일본제국의 심장부에서 발생한, 숱한 이방인들의 죽음을 낳은 이 사건은 그저 아무 일 없었던 듯이 모른척 지나갈 수 있는 성격의 것 또한 아니었다. 그래서 지진 이후 이들 조선인 희생자들을 기억할 때는 종종 "학살"이라는 언급 없이 불운의 "횡사자"라는 이름으로 거론하곤 하였다. 그런데 이와 관련하여 한 가지 흥미로운 사실은, 이렇게 조심스럽게 통제하고 거른 후에야 허가하는 학살 피해자를 위한 추도의 집회가 얼마 지나지 않아 재빠르게 학살 피해자 및 식민지 조선인을 향한 정부의 회유책의 수단으로 활용되게 되었다는 점이다. 동시에 이렇게 전략적으로 준비된 추도 행사들은 일본 당국이 잔인하게 살해된 식민지 국민들에 대해 얼마나 깊은 동정과 회한을 간직하고 있는지를 제국의 안팎으로 과시하는 전시 행사가 되었다. 따라서 이 같은 후회와 연민의 추도 공간을 재해로부터의 빠른 복구와 원활한 식민 통치라는 제국의 목적을 위한 전략적 공간으로 탈바꿈시킴으로써, 폭력사태에 대한 기억들을 선택적으로 동원하고 보존했던 것이다. 예를 들어, 지진 1주년 기념일을 맞아 가나가와현에서 열린 추도식이 그랬다. 이 추도식은 지방 정부의 주도와 후원하에 이 지역 내 많은 조선인과 일본인 지도자들이 모인 가운데 피해자들을 향한 회유책으로, 그들을 위로하고 애도한다는 정책적인 전략을 지닌 추도식이었다. 행사장에는 약 오백 명의 조선인과, 현 내각시와 현청을 대표하는 인사들을 포함한 천 명 정도의 일본인들이 참가했는데, 조선인 학살은 행사가 진행되는 내내 과거의 "사고" 또는 "재난"이 라는 간접적 명칭으로 일컬어졌고, 조선인 희생자들의 영혼을 위해 올리는 추도문 역시 이러한 제목 아래 드려졌다(樋口雄一 1990, 57-58). 이러한 "조선인 횡사자"를 애도하는 회유책으로서의 성격이 드러나는 첫 번째 추도 집회로는 1923년 10월 28일 도쿄의 조조지(增上寺)에서 열린 추도식이 있다. 이는 일본인이 실제적인 경영을 맡고 있으면서 불교를 내세워 제국의 목적을 위해 조선인을 "선도"하고 있던 불교조선협회·민중불교단 그리고 재일 문학가 정연규 등이 주도하여 준비한 추도식이었다. 일본의 고위 정부 관료들이 보낸 화환이 회장을 장식했고, 조선총독부 관료들까지도 참석한 가운데, 기념식은 전반적으로 엄숙한 분위기에서 치러졌으며 학살의 희생자들을 위한 애도의 눈물도 흘렸다. 각 신문들은 이 추도식에 대해 당시 일본 내 조선인 사회에서 영향력이 있던 지도자이자 작가인 정연규를 비롯해 약 500명의 조선 인들이 참가해 눈물을 흘렸다고 보도했다. 그러나 심지어 이렇게 공식적으로 후원된 회유책으로서의 추도 모임에서도 학살 사건의 성격을 둘러싼 갈등은 묵과될 수 없었다. 정연규가 추도식을 조직한 핵심 인사 중 하나였음에도 불구하 고, 행사 식순에서 그가 조선인 희생자를 위한 추도사를 하는 것이 허락되지 않았던 것이다. 그가 강력히 이러한 차별적 처단에 대해 항의하고 나서야 겨우 대중 앞에서 동포의 죽음을 추도하는 글을 읽을 수 있게 되었다. 기회를 얻자, 그는 청중들에게 죄 없이 학살된 영혼들을 상기시키며 항의의 뜻을 담아 추도사를 읽어내려가기 시작했다.

정연규鄭然圭
1923. 3. 3일 정연규의 창작 '표량漂悢의 삼세三世'

당시 조선 내 불교 관련 단체들은 학살이 발생한 두 달 이후 정도부터 조선 관동대지진을 추도 행사를 주최하기 시작했는데, 그들의 이 같은 움직임은 지진 1주년을 맞던 1924년 늦여름에도 계속되었다. 극비문서인 "외국인 및 조 선인 대지진 순난자殉難者 1주기 추도법회에 관한 보고"(姜德相 琴秉洞 編 1963, 603-4)는 1주년 추도식 거행 직전이던 그 해 8월 26일 경시청장의 이름으로 작성되었는데, 이 문서를 살펴보면 지난해 가을과 마찬가지로 도쿄의 조조지 사원에서 열린 이 추도 행사가 얼마나 정치적인 동기와 과정을 통해 준비된 것이 었는지, 또한 이를 위해 어떠한 당국의 후원이 배후에 있었는지가 명백히 드러난다. 이 서류에는 조선불교대회의 대표인 이원석李元錫이 본 추도법회를 주최하게 된 목적과 배경이 드러나있는데 그 내용을 보면, 일본 제국 곳곳에 불교를 퍼트리고자 하는 이원석의 열망과, 학살 후 더욱 절실해진 일본과 조선을 융화融化시킨다는 당국의 정책 전략이 맞아떨어졌음을 알 수 있다. 이에 따르면, 이씨는 조선 내 퍼지고 있는 기독교를 대체하고, 동아시아 지역 국가 간의 상호 협력과 융화를 위해서는 조선 전역에 걸쳐 불교 전도를 위해 힘쓸 지부를 설치할 필요가 있다고 주장하고 다녔으며, 그렇게 불교를 중심으로 한 일선융화日鮮融化를 실천하는 예로서, 자신이 일본 불교계의 지도자들과 연합하여 지진 당시의 외국인과 조선인 희생자들을 추모하는 1주기 추도법회를 준비 중이라고 보고했다. 이후 추도법회는 실제로 각국의 많은 외교관들과 정치적으로 영향력 있는 인사들을 포함해 약 300여명이 참석한 가운데 8월 31일 시바 쵸조 지에서 열렸다. 추도 회장에서는 제국의 성공적인 재건을 위한 정신적 쇄신을 호소하는 유인물이 유포되었고, 군악대에 의한 추도 음악이 울려퍼졌다. 당시 행사장의 모습을 담은 사진과 당일의 상세한 분위기에 대한 보도는 일본 본국 내 요미우리신문讀売新聞 10월 24일자와 29일자, 그리고 호치신문報知新聞 10월 29일자뿐만 아니라, 제국 내 만주 지역에까지도 널리 보도되었다. 만슈니치니치신문(満州日日新聞) 10월 29일자 등 참조. 일본에서는 불교식으로 장례를 치르는 것이 보편적인 일이지만, 지진 후 열리게 된 이러한 성격의 추도법회들에서 보이는 특징은 이들이 종종 일본 제국의 부흥과 제국 내 위계질서를 강조하는 황국 조례 등을 암송함으로써 행사를 시작하고 있다는 점이다. 따라서 이와 같은 성격의 추도행사는 종종 제국의 수도 재건을 위해 필요한 단결 정신의 증진을 향한 제국 신민들의 헌신을 다시 한번 쇄신하는 자리로 승화되었다. 이러한 당국의 후원을 받은 추도 대회는 제국에서의 자신의 입지를 넓히려는 야심가들에게 하나의 정치적 수단으로 작용했 다. 조선과 일본에 거주하고 있던 제국주의를 옹호하던 친일부역자들은 그들의 정치적 목적을 달성하기 위해 이러한 추도 집회를 활용했고, 그와 같은 조선인 추도식 주최자와 참여자들은 자신들의 목적을 위해서 학살 희생자에 대한 기억이나 추도행사의 내용을 약삭빠르게 짜맞추었다. 이러한 성격의 추도 집회는 1923년 12월 27일, 일본 내 조선인 노동자들에 게 직업을 알선하고 상호 부조를 목적으로 내세운 대일협력자 박춘금(朴春琴)을 중심으로 하는 상애회(相愛會)가 주최 세력으로 등장한 학살 피해자 추도식을 둘러싼 움직임에서도 보인다. 도쿄 고이시카와 (小石川)에서 "이재귀유선 인"(罹災歸幽鮮人)을 위해 열린 이 추도식은 경성일보사와 매일신보사(每日新報社)와 같이 조선총독부의 대변지 역할을 하거나 제국의 수도와 조선 식민지의 관계에 있어 중요한 연결고리 역할을 하는 영향력있는 단체들의 후원을 받았다. 상애회 지도자 박춘금은 지진과 학살이 발생했을 당시, 당국의 고위 관료들과 접촉하면서, 지진 직후 무더위 속에 도쿄 일대에서 긴급히 필요로 하고 있던 거리의 사체 처리 작업에 조선인 노동자들을 "자발적 봉사단"으로 동원해 줄 것을 협상했던 인물이다. 이러한 사후 시책을 합리화하는 논리는 두 가지였 는데, 이러한 "봉사 활동"을 제공함으로써 박춘금 개인의 지도력과 정치적 영향력이 증진될 수 있는 반면, 이 작업을 통해 일본 내 조선인들에 대한 부정적인 이미지도 일소시키는 데 공헌할 수 있다는 계산이었다. 조선으로부터 새로 건너온 많은 일본 내 조선인들은 제국의 중심지 사업체들과 거의 연결되어있지 못한 이유로, 이미 형성되어 있던 박춘금의 인맥을 통해 여러모로 도움을 얻어야 했고, 이러한 관계망이 형성되자, 상애회 조직은 그들의 권위를 남용해 조선인 노동자들을 여러모로 착취하기도 했다. 이렇게 정치적으로 연결된 상애회가 주도한 학살 피해자 추도식장에는 수 천 명의 조선인들과 여러 일본 정부의 고위 관료들, 그 외 조선총독부의 대표 또한 참석하고 있었다(東京日日新聞 1923/12/28).

박춘금朴春琴 (1891〜1973)

일제강점기의 정치인. 일반적으로 직업적 친일파이자 정치 깡패로 활동한 인물
경남 밀양 출생
2002년 발표된 친일파 708인 명단과 2008년 민족문제연구소에서 친일인명사전 수록 예정자 명단에 모두 선정되었다. 2007년 대한민국 친일반민족행위진상규명위원회가 발표한 친일반민족행위 195인 명단에도 들어 있다.

이러한 회유적이고 선동 적인 추도식을 주최한 상애회의 주도권과 지도력은 이듬해에도 지속되었다. 다른 성격의 많은 추도식들이 대부분 시작과 동시에 정부당국에 의해 중지 당하거나 제지된 것과는 달리, 1924년 9월 14일에 "일본과 조선의 융화"를 위해 당국으로부터 지원을 받아 설립된 일선회관日鮮會館에서 박춘금이 이끌며 거행한 추도행사만큼은 당국의 지원 아래 해를 거듭해 계속될 수 있었다. 이러한 종류의 추도식이 학살과 관련한 "조선 문제" 처리에 있어 당국에게 유용할 수 있기 때문이었다(東京日日新聞 1924/09/12). 내선융화內鮮融和와 미담 만들기 식민지 조선에서 총독부는 제국 수도에서 발생한 조선인 학살 이후 악화되어가는 본국과 식민지 간의 긴장 관계에 대처하기 위해, 이 "조선 문제"와 관련한 일련의 선전, 회유책을 계획하여 실천해갔다. 이러한 회유책은 일본 국내 일본 제국의 정부에서 유일하게 조선인으로서 국회의원에까지 당선되었던 박춘금의 정치 활동, 경력, 및 지진 발생 이후의 상애회와 당국의 협상 등에 관해서는 국사편찬위원회의 반민특위기록인 [혁신출판사(1949) 및 최승만(1984)을 참조]. 조선총독부는 경찰력을 동원해 조선 내 일반 대중이 이 학살 소식에 대해 어떻게 반응하고 있는지를 파악하기 위해 엄청난 노력을 기울였다. 그 한 예로, 일본 재해지역에서 돌아오는 조선인들이 부산항에 나타나기 시작했을 당시의 분위기를 파악하기 위해 심도 깊게 여론조사를 실시했고 그 보고서를 작성 보존하고 있었다. 부산에서의 총독부 관리의 당시 제국의 중심부에서 식민지 조선인들에게 가해진 잔인한 폭력에 대해 분노하는 여론이 증가함에 따라 등장하게 된 것이었다. 그러나 학살 생존자들이 회고하고 있는 것처럼, 이러한 정책은 "얄팍한 회유·유화 전략이었고, 결코 일본의 양심의 회복을 의미하는 것은 아니었다. [동아일보 1982/08/31] 식민지 조선 당국의 정책은 대개 일본 본국 정부의 정책과 연계되어 있었으므로, 총독부는 이에 발맞추어 학살 피해자들에 대해 애도를 표하는 자세를 취하고 나섰다. 예를 들면, 총독부는 학살 피해자들의 유족들을 대상으로 학살 사건에 대해 침묵하게 만들 의도로 약간의 금전적 보상을 해주었는데, 이러한 조치를 일본이 피식민자 조선인들을 위해 베푼 관대함의 상징이라고 일본 국내외에 선전했을 뿐만 아니라, 그 보상의 명목으로 "학살 희생자"가 아니라 "지진 피해자"였음을 공공연히 내세웠다. 총독부는 또한 지진으로 인해 일자리를 잃었거나 일본 내 타지역으로 일자리를 찾아 옮겨가야 했던 조선인 노동자들을 위한 구직 활동에 관여하고 있던 대일협력단체 상애회의 일을 뒤에서 후원했다. 지진이 지나간 일본 제국에서는 위에서 언급한 바와 같이 한편에서는 학살 피해자들에 대한 물질적 원조를 제공함과 동시에, 다른 한편에서는 일본 내 중앙 정부와 지방 정부들에 의해 조선인에 대한 유언비어와 폭력 사태가 미칠 부정적 영향을 반전시킬 목적으로, 내선융화를 주제로 한 학생들의 글짓기 대회가 여기저기에서 개최되었다. 수많은 정부 관료들과 출판업자들 또한 이와 유사한 회유책의 일환으로 여러 출판물 발간을 계획하고 후원하였으며, 식민지 관료들은 조선-일본 양 민족 간의 화합 증진을 내세워 제국주의의 정치 선전을 목적으로 한 강연회를 제국 곳곳에 다니며 전개했다. 물론 이러한 모든 활동들은 학살 보고서 참조. 일본 국회도서관 헌정자료실 사이토 마코토 문서 중 1923년 10~11월 사이에 총독부 경무국이 작성한 "내지 지진에 관한 민정", "관동지방의 지진과 관련한 조선에서의 상황"(関東地方震災) 및 금병동이 수집한 당시의 총독부 경무국 극비 문서(영인본) 참조(琴秉洞 1996, 13-68). 19) 상애회와 그 지도자 박춘금의 일본 내에서의 활동과 경력에 대해서는 松田利彦(1988) 이라는 사실에 대해서는 덮어둔 채 진행되었던 것이었다. 재해 후 일본제국에서는 수도 재건의 분위기 속에서 각종 지진 후일담들이 생겨났는데, 그 형태도 다양해서, 지진과 관련된 사진첩·회화집·증언록은 물론이고, 극심한 재해의 고통 속에서도 등장한 가지각색의 "미담"들 또한 여러모로 수집 편찬되었다. 이러한 소위 "미담"에서 초점을 맞춘 것은 다민족으로 구성된 제국으로서의 일본이 겪어야했던 딜레마를 단적으로 드러낸 배타적 성격의 학살 폭력 사태가 아니라, 제국의 본국과 식민지 간의 정치적 경계를 넘어서 어려운 재해 가운데 상호 부조를 아끼지 않았던 아름다운 이야기들이었다. 이러한 미담집에서 학살과 조금이라도 관련된 이야기가 포함된 경우는 오직 위험한 상황 하에서 패닉 상태에 빠져 어쩔 줄 몰라 남에게 해를 가하려 했던 이들을 의롭고 용감한 경찰이 막아서서 자신을 희생해가며 피해자들을 보호해 주었다는 식의 맥락에서뿐이었다.

 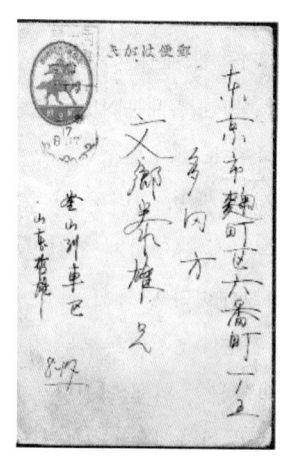

내선일체内鮮一體 표어 일부인
일제는 내内선鮮 협력일치. 세계우자世界優者

즉, 이러한 "미담"이 허락하는 지진에 관한 기억이란, 이미 과거가 된 중요한 역사의 한 시점을 이야기함에 있어서 정부가 조종하고자 하는 방향과 맞아떨어질 때만 존재할 수 있었던 것이다. 과연 당시 조선인이 등장하는 전형적인 "미담"이라고 하는 것은, 자연 재해와 자경단에 의한 폭력의 위기에 처한 조선인들을 용감한 일본인이 구원하고 보호했다는 이야기들이었다. 이렇게 선택된 지진 관련 일화들은 종종 조선인과 일본인 간의 상호 부조와 희생을 그려내면서 각종 지진 기념 출판물에 특별히 마련한 "미담"이나 "애화"(哀話)란에 출판되곤 했다. 이런 식으로, 많은 식민지 관련 공식 문서나 출판물에는 조선인 학살과 관련된 자세한 이야기는 아예 등장해 지진 피해 지역 내 많은 지방 정부들은 지진 당시 발생한 미담들을 지진 재해 기념 미담집의 양식이나 지진 기록집의 한 부분으로서 수집, 편찬했는데, 그 예로는 제도교육부흥회帝都教育復興会가 1923년 11월에 편찬한 대지진과 화재에 나타난 미담과 애화 및 가나가와현 교무과가 1924년 6월에 편찬한 지진에 관한 미담 애화를 비롯한 50편 이상의 유사 종류의 출판물이 있다. 예를 들면 요코하마시 쓰루미(横浜市鶴見) 지방에 전해지는 오카와 쓰네요시 경찰서장의 일화가 그러한데, 그 내용에 대해서는 지역 사찰인 도렌지(東漸寺) 사원 내 위치한 오카와의 기념 추도비문에도 기록되어 있다. 그 사회적 집단 폭력의 성격을 최소화하는 방식으로 짜맞춰졌고, 이러한 경향은 특히 지진과 관련한 영문으로 작성된 공식 문서들의 경우 더더욱 심했다.

요컨대, 비록 정부가 회유책의 하나로서 공식적으로 후원하고 승인한 조선인 학살 희생자들을 위한 추도 행사의 자리가 마련되기는 했고, 또 그러한 기회를 통해 식민지에서 신민을 향한 집단 살인이 있었다는 사실 자체는 인정했다고 해도, 이러한 성격의 추도식 대부분은 학살 피해자의 영혼을 위로하기 위한 것이 아니라, 그러한 추도를 명목으로하여 일본 당국 및 야심찬 대일협력자들의 정치적 선동을 위한 것이요, 지진 후 속히 재건되어야만 했던 제국에 대한 제국 신민들의 정신 상태를 함양하기 위한 것이었다. 즉, 이러한 성격의 추도모임은 "내선 융화"라는 캐치프레이즈를 유포하고 강조함으로써 재건 프로젝트에 일념으로 매진할 수 있도록 국민의 관심을 집중시키기 위한 정치 전략적 공간으로 변해갔던 것이다. 그러나 식민지 조선과 일본에서 행해진 이러한 성격의 조선인을 향한 유화적 조치들 중 어느 하나도 학살 피해자들에게 가해진 조직적인 사회적 불의를 인정한 채로 이뤄진 것이 아니었다. 오히려 이러한 일련의 조치와 활동들은 "공공질서 유지"라는 명목 하에 조선인들에게 가해진 폭력을 적당히 얼버무리면서 이를 정당화하려는데 그 초점이 맞춰져 있었다. 당국은 물론이고 제국에 협조하여 제국의 구조 속에서 자신의 입지를 높이려한 다양한 대일협력자들은 결국 약간의 돈과 추도 행사, 그리고 미담 만들기 등의 작업을 통해 진실되어야 할 추도의 공간들을 감동적이고 탈정치화된 회유의 공간으로 탈바꿈시킴으로써, 보다 효율적인 식민 통치를 위한 자신들의 권위 향상과 정치적 선전을 강화하는데 이용했던 것이다. 일례로, 일본 내무성 당국은 당시의 지진 재해에 관한 공식 기록을 일본어판과 영문판으로 동시 편찬하였는데, 두 책의 내용은 정확히 일치하지 않을 뿐만 아니라, 외국의 눈을 의식한 탓인지 일본어판에 비해 영문판에는 조선인 관련 문제에 대한 내용이 극소화되어 있다. "학살 1주년 추도식장에서 일본 경찰은 그들의 파렴치한 면모를 다시 한번 드러냈다. 그들은 추도식장을 에워 쌓고, 허가를 받은 장소 안에서는 참가자들이 울어도 괜찮고 말하고 싶었던 것도 다 말해도 된다고 약속했었음에도 불구하고, 거기서 일어나고 있던 모든 것을 처음부터 끝까지 하나하나 면밀히 관찰하느라 분주했다."(동아일보 1982/08/31). 일본 제국의 영토 안에서 "지진 희생자"가 되었건, "횡사자"가 되었건 간에 지진과 관련된 조선인의 죽음을 추모하기 위한 대부분의 집회는 집회를 위한 준비모임에서부터 실제 행사 당일까지의 모든 과정에서 경찰과 정보요원들이 배석해야 한다는 조건 하에서만 허가 받는 것이 가능했다. 지진 후부터 군대와 경찰의 수와 권위를 증강시켜, 좌익 세력, 반제국주의자, 반정부 지도자는 물론 그 외 각종 지식인들과 사회운동가들의 말과 행동을 특별고등경찰이 주의 깊게 감시, 추적했다. 그 한 예로, 일본 내 경시청 극비문서에 기록된 바에 따르면, 일본인, 중국 인, 조선인들이 연합하여 합동추도식을 거행하고자, 1924년 2월 28일에 그 세

번째 준비 모임을 일본인 변호사인 야마자키 케사야(山崎今朝弥)의 자택에서 가졌다. 이 합동 추도식은 원래 3월 1일에 조조지에서 열기로 계획되었지만, 당국의 저지로 16일로 연기되어 있었다. 이러한 준비 모임에까지 배석하고 있던 정보요원은 조선인 활동가인 백무와 이 여성을 비롯한 그 외 조선인들과 일본인 노동조합원들을 포함한 모임 장소에 있던 모든 참석자들을 관찰하며 모임의 내용을 자세히 기록하여 당국에 보고했다. 또한 이 기록에는 추도식 직후에 노동조합대회를 연이어 개최하기로 했고, 그 자리에서 조선인 활동가인 이 여성과 또 다른 두 회원이 작성한 재해 가운데 살해당한 조선인들과 몇몇 노동 운동 지도자들과 관련한 결의안을 낭독하기로 한 것도 포함되어 있다. (1924년 3월 23) 학살에 대한 항의에 있어서의 일본인 노동자들의 활동에 대해서는 [岩村登志夫(1972 참조), 「아세아연구」 제51권 1호 (2008년) 17일자 도쿄니치니치신문의 보도에 따르면, 결국 16일 추도식 당일에 당국이 추도식 주최측에게 추도사 낭독을 멈추도록 명하였고, 돌연 일본인 200명, 중국인 30명, 150명의 조선 노동자와 학생들이 모여 거행하던 집회를 해산시켰다. 일본 내 각종 노동조합 회원들과 다른 많은 좌파 운동가들을 비롯하여 조선인들이 모여 참석한 가운데 고이시카와에서 열린 이 행사장에는 경찰복과 사복 차림의 300여 명의 경찰들 또한 함께 자리하고 있었다. 참석자들이 노동자들을 위한 노래를 불렀고, 결국 스가모 경찰서장은 당일 행사장에서 조선인과 일본인 참가자 중 열 명을 체포했다(東京日日新聞 1924/03/17). 당시 학살 사건에 대해 비판적인 시각을 가지고 개최된 추도식들이 행사 도중에 이런 식으로 해산당하고 마는 일은 허다했다. 특히, 추도식 중 학살에 정부가 개입하고 있었던 점이나 제국주의 구조에 도전장을 던질만 할 소지가 있는 지적을 하려고 할 때마다 추도식은 중지당하곤 했다. "돌파"라는 이름으로 잘 알려진 김태엽 역시 조선인 학살과 관련한 집회를 준비하고 있던 과정에서 이같이 치밀한 당국의 감시와 간섭을 경험했다. 그는 당시 오사카 지역의 노동동맹회가 주최하고 일본인 좌파와 노동단체들이 후원하는 조선인 학살사건 규탄 대회를 1924년 3월 10일 오사카시 나카노시마 공회당에서 거행 예정으로 준비하고 있었다. 집회 당일날의 치안 담당은 칼을 차고 회장 앞쪽에 앉아있던 에비스 경찰서장이었다. 삼백여 명의 정복 경찰과 그 외의 사복 경찰들도 규탄대회 참가자들을 주의 깊게 관찰하면서 여기저기에 흩어져 앉아 있었다. 돌파(김태엽)의 개회 연설과 함께 학살에 대한 보고가 시작되었고, 공회당에 있던 노동자들은 분노와 비통함으로 가득 찼다. 서른 명의 연사들이 하나씩 하나씩 앞에 나와 학살에 관해 보고했고, 학살 폭력의 행사자들을 비판하며 동료들의 죽음을 추모했다. 참가한 노동자의 수는 소선인과 일본인 모두 합쳐 약 칠천 명에 달했다. 연사들의 강연 내용이 격해질 때마다, 경찰서장은 연설을 중지시켰고, 결국은 추도회를 해산하도록 명령했다. 추도식에 대한 방해 때문에 곧 일본인 경찰관들과 노동자들 사이에 격렬한 싸움이 벌어졌다. 그리고 마침내 상황이 악화에 악화를 더해 도저히 통제가 불가능한 지경에 이르자, 경찰서장이 진지하게 사과함으로써 식순이 재개되었고, 약 두 시간 후 집회는 마무리되었다. 이날의 시위 집회를 주도한 돌파는 이 사건으로 인해 자신이 체포될 것을 잘 알고 있었으므로 마음의 준비를 이미 한 상태로 경찰에 출두했다. "그가 지난 4개월간 경찰을 피해 도망 다니면서 체포당하지 않으려고 애쓴 이유는……오로지 성공적으로 본 규탄 대회를 치르기 위한 것이었다. 이제는 아무런 후회도 없었다."(김태엽 2001, 150–151). 1923년의 조선인 학살은 당시 일본에서 노동자 생활을 하고 있던 돌파의 삶이 변하게 된 가장 중요한 사건 중 하나였다. 그는 지진과 유언비어가 발생한 직후, 그동안 노동운동에 적극적으로 개입하고 있었던 연유로, 지진 후 소문으로 인해 위험에 처해있던 조선인들을 "보호"한다는 미명 아래 "체포"당했다. 그가 지난 반년 동안 일본에서 생활하고 있었지만, 이를 계기로 이유 없이 "체포" 당하고 조선인들이 지진을 겪는 동안 어떤 취급을 받았는가를 몸소 체험한 순간에서야 비로소 피식민자로서 일본 제국 내에 살고 있던 많은 조선인들이 처 한 위태로운 상황이 어떤 것인지를 깨달았다. 그는 곧바로 조국의 동포가 당한 집단 폭력을 폭로하고 항의하기 위한 조선인 학살 사건 규탄대회를 조직하기로 결심하였고, 성공적으로 실천에 옮김에 따라 이제 어떠한 후회도 남지 않았던 것이다. 노동운동가들은 제국의 수도 지방의 조선인 학살문제와 지진 이후 당국이 취한 조치에 대해 극도로 민감하게 반응했다. 식민주의의 현실에 내포되어 있는 [金泰燁(1984) 9장; 김태엽(2001, 149~150) 참조]. 김태엽의 자서전은 1981년 투쟁과 증언, 항일 노동운동의 선구 돌파 김태엽 투쟁기라는 제목으로 풀빛에서 간행된바 있고, 그 일본어판은 이시자카 고이치(石坂浩一)에 의해 번역 출판되었다. 아세아연구 제51권 1호(2008년)는 더 큰 문제들을 깨닫게 되면서, 일본 노동조합의 대표 150명이 모여 이번 학살 사건과 관련하여 국제적 차원에서 조사를 실시해 줄 것을 요청하며 노동조합들 간의 국제 조직에 호소하기로 결정했다. 이들은 또한 이와 관련한 정부 탄핵안을 제출하기 위해 노력하기로 만장일치로 합의했다(동아일보 1924/02/15). 일본의 노동조합들 뿐만 아니라, 많은 조선인 단체들과 민족에 관계없이 모인 기독교인 또한 학살의 피해자들을 애도하는 추도의 자리를 만들었다. 이러한 성격의 추도 행사는 종종 식민주의와 제국주의의 구조에 저항하는 자리가 되곤 했다. 그 예로, 수천 명의 조선인 학생들과 노동자들은 1924년 9월 1일, 학살 1주년을 맞아 피학살 조선동포 기념 추도회를 거행할 계획을 세웠다(東京日日新問 1924/08/28). 그러나 이를 계획한 뒤 얼마 지나지 않은 같은 달, 도쿄니치니치신문은 이 집회에 대한 정부의 예비 경고로 인해 그들은 계획대로 집회를 실행할 수 없었다고 보도했다. 그러나 이에 멈추지 않고 이들은 흑우회(黑友會)·북성회(北星會)·여자학흥회(女子學興會)·조선 YMCA·도쿄 조선유학생학우회·천도교청년회·불교 청년회·무산자청년회·조선노동조합·조선노동공생회 등 조선인 단체 10여개가 주축이 되어, 9월 13일에 와세다 시모토츠카(下戶塚)에서 추도식을 거행했다(東京日日新問 1924/09/12). 그러나 집회는 개회 후 한 시간도 채 못되어 참가자들이 체포된 체로 강제 해산되었다(東京日日新問 1924/09/14). 이에 앞서 1924년 9월 5일에는 도쿄 간다(神田)에 있는 도쿄 YMCA에서 한 기독교인들의 기도회가 열렸는데, 이에 대해서는 그 바로 다음날 날짜로 기록되어 있는 한 극비 문서가 자세히 보고하고 있다. 이 모임 역시 학살 1주년을 맞아 희생자들을 추도하는 자리였다. 문서의 보고 내용에 따르면, 이날 기도회의 초점은 학살의 피해자들에게 행해진 가혹한 폭력을 저지른데 대해 전일본인을 대신해 참회하고 용서를 구하는 것이었다. 50여 명의 조선인·일본인·중국인 참석자들은 이날 모임에서 성경 말씀을 묵상하고 이 사건에 대한 그들의 생각을 나누면서, 희생자들을 위해 기도했다고 한다. 당시 동경대학 학생이던 중국인 참석자 왕씨는 이 모임을 가진 후 같은 달, 신문에 기고해 학살 당시 가해진 폭력에 대해 비판했다. 그는 글을 통해 일본인 형제 자매들에게 학살 사건에 대해 깊이 생각해보고 반성할 것을 호소했다(東京日日新問 1924/09/13). 조선인 참석자 한완상은 그날 사건에 대해 다음과 같이 말했다. "나는 그 때 내 동 포의 수많은 잔인한 죽음을 보게 된 것에 대해 심히 유감으로 생각한다. 일본은 자신을 세계 제1의 국가라 칭하지만, 그들의 행동을 보면 일본인 스스로의 눈으로 보기에도 부끄럽기 짝이 없다."(姜德相 琴秉洞 編 1963, 606 참조). 경찰들이 배석해 기도모임 내내 모든 참석자의 언행을 관찰하며 간섭하고 있던 당시의 상황으로 보아서는, 이와 같은 단순한 비판의 발언마저도 엄청난 용기를 필요로 했다(채필근 1964, 164). 당국이 각종 추도 집회에 극심하게 개입해 간섭하고 있던 사실은 1925년 9 월 5일 요코하마에서도 명백히 드러났다. "반일(反日)" 성향이 있다는 이유만으로, 요코하마 지역의 조선인 노동단체가 주최한 학살 피해자들을 위한 추도 집회는 5분 만에 강제 해산당했다. 참가자는 조선인 76명과 일본인 노동자 6 명이었다. 그날 집회를 주도한 지도자들은 당분간 경찰에 구류되어야 했다. 그 럼에도 불구하고 그들은 그 다음 날 바로 같은 장소에서 추도식을 계속했다. 그 이틀날, 참석자는 오히려 늘어나 조선인이 80명, 일본인이 120명에 이르렀다. 이는 지진 후에 벌어진 불의에 대해, 그리고 정부의 통제와 감시에 대해 저항하는 가운데 조선인과 일본인 노동자들이 서로 협력하게 되었음을 반영하고 있었다. 이틀날의 행사 중, 추도사는 여전히 몇 번이고 경찰에 의해 중지 당했다. 비록 경찰의 방해와 간섭은 이후에도 끊임없이 계속되었지만, 요코하마에서 학살된 조선인들을 위한 추도 행사는 다음 해에도, 또 그 다음 해에도 계속되었다(樋口雄一 1984, 58). 이러한 추도 행사의 모습은 같은 시기 같은 지역에서

"공식적으로" 당국의 후원을 받아 열린 추도식과는 아주 다른 분위기였다. 지방 정부 등에 의해 거행된 추도식에서는 학살을 일종의 "사고"로 취급하고 있었다. 다른 목적과 다른 청중을 가진 이러한 추도식들은 팽팽히 맞서며 다음 해에도 일본 제국 내에서 계속되었다. 장례식·조사·여행담·제국안의 구멍찾기 "아무리 여러 날이 가도, 그 사건에 대한 우리의 확고한 기억은 결코 사라지지 않을 것이다. 소위 자경단이라는 이름으로 지진을 당해 피해 굶주리게 된 수만 명이 의지할 곳 하나 없던 조선인들을 희생시켰다. 이러한 대규모 학살이 일어났다는 사실은 당시 일본인들이 일상 생활속에서 조선인에 대한 소름 끼칠 정도로 잔인한 편견을 가지고 있었다는 사실을 증명한다. 당국은 일단 입만 막으면 그들의 죄가 드러나지 않을 것이라고, 그리고 잊혀 질 것이라고 믿었는지도 모른다. 그러나 우리는 어찌 그것을 잊을 수가 있겠는가? 설령 우리가 잊는다 해도, 하늘이 잊지 않을 것이다."(동아일보 1923/11/19). 일본에서 학살 가운데 살아남은 이들과 식민지에 있던 조선인들은 당시 행 해진 불의에 대해 항의할 길을 찾고 있었다. 몇몇 일본의 노동운동가, 크리스천들, 그리고 지식인들 또한 극심한 정부의 감시 아래서 가해진 폭력을 비판하기 위해 창의적인 방법으로 도우며 참가했다. 그들은 조직적으로 담론을 조종하려는 식민주의적 통제 상황 가운데 다채로운 활동을 통해 학살 당시의 폭력에 대해 항거할 방법을 찾고자 했다. 장례식을 위해서 학살 장소를 방문해 피해자의 유골을 찾는다거나, 망자의 영혼을 위한 추도식을 거행하기도 하고, 피해자 가족과 친척집에 위로 차 방문하겠다고 자원하기도 했으며, 또 당시의 폭력의 경험에 대해 표현하기 위해 발표가 허가될 수 있는 창의적인 방식으로 글을 쓰기도 했다. 이러한 모든 활동들은 제국주의의 구조적 제약에 도전하고자 하는 실천인들의 의지를 반영한 것이었다. 동아일보는 식민지 조선인들에게 식민 통치 당국에 의해 자신들의 출판물이 압수당하고 검열되더라도, 학살 사태에 대해 알려야 한다고 호소하고 촉구했다. 같은 입장에 서서, 김태엽·정연규 등을 포함한 학살 생존자들은 신문·잡지·노동조합의 소식지 등을 통해 그들의 동포인 학살 피해자들을 위한 많은 추도사·조사(弔辭)를 발표했다. 이러한 학살에 대한 일본 지식인들의 다양한 반응에 대해서는 [琴秉洞 編(1996) 참조]. 식민지라는 구조하에서 그들의 정치적 입장과 견해를 투영시킬 수 있는 창의적 수단이 되었다(김태엽 2001, 152). 예를 들어, 정씨는 학살 피해자들의 사체를 찾기 위한 자원활동을 한다는 구실로 학살 현장을 다니며 여행담과 현장기록이라는 형식을 빌어 학살 사실에 대해 공개했다. 호치신문은 지진이 지나고 난 1923년 11월과 12월에 걸쳐, 정씨의 글을 몇 번이나 실을 수 있는 지면을 제공하면서 일본 대중에게 호소하려는 정씨의 노력을 지원했다. 그 결과는 정연규의 시리즈 "동포의 유골을 찾아서"였다(報知新聞 1923/11/28~12/01, 12/12~15). 학살 장소에서 뒹굴고 있던 수많은 조선인 피해자들의 유골은 수거되지 않은 상태로 있었기 때문에, 원래 일본 경시청에서는 1923년 11월 14일 약 100구의 조선인 사체를 아라카와(荒川) 방수로에서 데라지마(寺島) 공동묘지로 이전시키기로 했었다. 경시청 관리들은 거두어가는 이가 없는 조선인 유골을 마찬가지 입장에 있던 일본인 지진 희생자들의 유골과 함께 매장하고자 했었다. 그런데 경성일보의 보도에 따르면, 조선총독부가 이 사안에 대해 일본 내 조선인 지도자들과 논의한 끝에 조선인 유해를 일본인들의 것과 분리해 따로 매장하기로 결정했다. 그러나 경찰 당국은 일본인과 조선인 유골을 모두 함께 정부가 지정한 곳에 매장하기를 주장했고, 이 둘 간의 협상은 잘 진행되지 않았다 (경성일보 1923/11/19, 석간). 동아일보 역시 이와 관련해 보도했는데, 영향력 있는 조선인 작가 정연규가 수많은 조선인 희생자들의 유골이 수습되지 못하고 있다는 얘기를 듣고, 11월 15일에 일본인 변호사 후세 다쓰지(布施辰治)와 더 불어 경시청장과의 면담을 신청했다고 전했다. 동료들의 유골을 회수해 묻으려는 그의 바람에도 불구하고, 이 문제가 식민지 본국과 조선 내 통치 당국 간의 관계를 복잡하게 만든다는 핑계로 이 문제에 대해 당국과 협상하려는 정씨의 요청은 거부되었다(동아일보 1923/11/19). 조선인 학살 희생자의 유해 문제가 처음 신문에 거론되었던 것은 그해 10월 중순 경으로, 몇 명의 조선인들과 후세 다쓰지가 학살된 조선인들의 사체를 비롯해 지진 후 대혼란 가운데 가메이도(亀戸) 경찰서에서 계획적으로 살해되었던 노동운동 지도자들의 유골을 회수하고자 했을 당시였다. 정씨는 여러 학살 장소에 남아있는 조선인 사체 처리 문제를 이슈로 삼아 그의 의견을 표현하며, 그가 방문한 각각의 비인간적인 학살 현장의 모습을 담은 이야기로 독자에게 호소했다. 학살된 조선인들의 유해는, 제국의 수도에서 사람들에게 잊혀 진 것이 아니라면, 수습되지도 못하고 또한 꺼림칙한 것으로 금기시되어 처리되지도 못한 채로 그렇게 버려져 있었던 것이다. 지진 후의 제국의 수도에 있어서 그 유골들은 각각의 사람들에게 각기 다른 의미를 지닌 것이었다. 학살 피해자의 가족들은 조선에서 일본으로 건너와 장례식을 치러주기 위해 사랑하는 이들의 유골을 찾아 헤맸다. 그러기 위해서 그들은 도쿄의 해당 경찰서에 가서 시체 발굴, 화장 및 조선으로의 유골 전출에 대한 허가를 받아야만 했다. 그런 연후에 그들은 찾았던 경찰서에 그들의 도움에 대해 "감사"하는 편지를 보내기도 했다. 그러나 대부 분의 피해자 유족들은 그럴 수 있을 만큼 운이 따르지도 못했다. 오히려, 그 해 가을에는 이 학살된 조선인들의 유골 문제를 둘러싸고 조선인 측과 도쿄 경시청 간의 논쟁이 일어나게 되었고, 이로 인해 정씨는 자신의 동포가 처한 피식민자의 현실에 대한 그의 생각과 감정을 신문에 싣도록 고무되었던 것이었다. 영향력 있는 조선인 지도자이자 도쿄에 있는 조선 YMCA의 간부를 맡고 있던 최승만(崔承萬)은 학살이 진행 중이던 당시, 50일된 신생아를 포함한 그의 일가족과 더불어 많은 조선인들과 함께 당국에 의해 "보호"받기 위해 경찰서 유치장에 가둬졌는데, 풀려난 이후 그는 이 비인도적인 조선인 대학살에 대한 조사단을 꾸렸다. 그의 회상에 따르면, "그 후 우리 일행은⋯⋯靑山學院(아오야마 대학) 신학부 기숙사를 빌려 머물게 되었다. 배급 쌀을 타서 자취를 하였다. 이곳에서 약 두 주일을 지내다가 제각기 있을 곳을 찾아 1923년 11월2 6일에 조선에서 온 방문에 대한 12월 8일의 경찰 보고서를 姜德相 琴秉洞 編 (1963, 524). 옮기게 되었는데 나는 어떤 한국인 불교신자가⋯⋯橫山(요코야마)라는 사람의 집 2층을 얻어주어 그리로 가게 되었다. 조건은 조선 사람이라면 다들 싫어하니 조선 사람인체 말고 있어 달라는 것이었다. 이때에 곧 하고 싶은 일은 학살당한 동포의 실태조사였다. 그러나 이것을 표면에 내세우기는 어려운 일이라 위문사업을 명목으로 당국의 양해를 얻고자 하였다. 계엄령치하에 있을 뿐만 아니라 우리나라 사람들의 일이니 쉽사리 해 줄리는 만무하다." 결국 최씨는 친분이 있던 총독부의 대변지인 경성일보사의 전 사장 아베(阿部)를 통해 당국의 양해를 부탁한 결과, "며칠 후 무슨 회會라는 것은 허가할 수 없으나 위문반이라는 이름으로 한다면 허가"하겠다는 답변을 아베로부터 들었다. 최씨는 곧 YMCA가 불탄 자리에서 조선인 지도자들과 의논한 후 수십 명의 위원을 편성하고 도쿄의 한 천도교회를 사무실 삼아 매일 모여 조사와 위문 사항을 보고 검토하기 시작했다. 결국, "이재 동포 위문반"이라는 이름으로 최 씨와 그의 동료들은 지진으로 모든 것을 잃은 상태에서 도심의 여러 민가와 관청을 방문하며 동포들의 피해와 학살 상황을 묻고 다녀야 했던 것이다. 그 결과가 11월 초 몇몇 양심적인 일본인들의 협력 아래 젊은 조선인들에 의해 시작된 학살 실태에 대한 최초의 체계적인 조사였다. 비록 일본 주민들은 대량 학살의 흔적을 찾아 규명하려는 이들의 노력에 협조를 거부하기도 했지만, 이들의 활동은 엄숙했고, 당국의 감시와 개입 가운데서도 정성을 다해 창의적인 방법으로 조사를 현실화시켜 갔다. 그들의 세부적인 활동들은 식민지의 통치 당국뿐만 아니라 경찰청과 정보요원들의 자세한 관찰의 대상이 되었고 그날 그날 보고되었다.

1923. Tokyo Yoshiwara Corpse and Todraw out Wretched
동경 Yoshiwara 수장된 시체를 인양한 후의 참상
사진 출처 2029. 10. 19일자 한겨레신문

그럼에도 불구하고, 이들의 조사 결과는 대량 학살 이면에 숨겨진 정보 찾기에 갈급했던 조선인들과 상황을 이해하고 있던 관심 어린 일본인들에게도 전달될 수 있었다. 이후 이들로부터 얻은 정보는 다양한 추도 활동 가운데 추도사 등의 형태를 통해서 알려지게 되었다. 도쿄에서 열린 한 추도행사에 참가했던 한씨는 이와 관련하여 다음과 같이 회상했다. "한국유학생회의 통계는 당시 유학생들이 극비밀리에 조사반을 편성하여 각지 피해 상황의 조사를 종합한 숫자인데 1923년 말인가 1924년 초 와세다대학 강당에서 열린 '관동진재 살해 동포 추도회'에서 옥석진·박순천 등 연사들이 추도사에서 보고하는 것을 필자가 직접 들은 바다. 그러나 일본 정부의 지독한 탄압으로 인하여 문자상 정식 기록으로 남길 수가 없었다." 그날 추도회장을 둘러싸고 있던 관헌의 수는 수백 명에 달했고, 한씨가 회상하는 바로는, 회장에 있던 경관들이 "중지", "주의" 발언을 연발하여 장내는 와수라장이 되었다고 한다. 뿐만 아니라 그는 참석한 이들 모두 이러한 상황을 보고 "대성통곡을 하여 장내가 눈물의 바다가 되었다"고 기록하였다. 당시 조선에 있어서는, 정보의 부족뿐만 아니라 당국에 의한 의도적인 거짓 보도로 인해 학살에 대한 첫 소식을 접한 조선인들 간에는 많은 혼란을 불러일으키고 있었다. 당국에 의한 숱한 간섭과 방해에도 불구하고, 몇몇 생존한 조선인들이 일본에서 조선으로 돌아오자, 가족들과 친구들을 중심으로 더 자세한 조사를 위한 모임을 형성하고, 구원 활동을 폄과 동시에, 사건에 대해 은폐하려는 움직임에 대해 항의하기 시작했다. 이런 목적으로, 식민지의 많은 조선인들이 동아일보를 통해 조선인 생존자들을 위한 구조물품과 성금을 기부해, 당시 편집국장이던 이상협(李相協)을 비롯한 통신원들을 도쿄로 파견했다. 또한 조선일보는 극히 강화된 당국의 검열에도 불구하고, 일본 관동지방의 조선인 생존자 명단과 그들의 행방을 추적하는 연재 기사를 게재하기 시작했다. 1923년 9월 6일자 동아일보에 따르면, 조선인 피해자 위문단이 구성되었고, 동아일보와 조선일보는 지진과 학살 발생 이후 약 두 달간 18번 이상을 기사 검열과 압수를 당해야만 했다. 또한, 동아일보는 1923년 9월 7일 기사에서 당국의 은폐와 검열이 독자들의 혼란을 일으키고 분노하게 만들었다고 비판하며 심화되고 있던 언론 검열에 맞서고자 노력했다. 조선일보 또한 1923년 10월 28일자에 게재한 "추도"라는 제목의 기사에서 당국의 검열에 대해 비판했다. 1923년 9월 22일자 조선일보에는 최초로 조선인 생존자의 명단이 실렸고, 그들에 관한 연재 기사는 이 후 약 한 달 이상 지속되었다. 구호물품과 함께 모금된 돈 2,500원이 통신원편으로 오사카로 보내졌다. 당시 통신원들이 도쿄로 들어가는 것은 당연히 저지당했지만, 그들은 최선의 노력을 다하고 있었다. 위문단의 주요 목적은 학살 상황에 대한 조사였지만, 당국의 감시를 뚫고 들어가기 위해서는 "난민구호"라는 형태를 취해야만 했다. 동아일보의 다음 날 기사 또한 서울의 YMCA로부터 도쿄에 있는 조선인 생존자를 위로 하고 상황을 조사하기 위해 김라경을 일본으로 파견했으나, 도쿄로 들어갈 수 있는 허가를 도저히 받을 수 없었기 때

문에 나고야에 머무를 수밖에 없었다는 사실을 보도했다. 11월 중순 학살의 사실이 더욱더 명확해지자, 일본에서 학살된 이들의 가족과 친척들이 힘을 합쳐 상황에 대응하기 위해 서로를 조직하기 시작했다. 처음에는 대구·개성, 그리고 그 외 많은 지방 도시들이 정보를 구하고 상황을 조사하기 위해 그들의 대표를 일본으로 보냈는데, 이러한 활동을 목적으로 그들은 일본 내 조선인 유족 및 친지들의 협회를 구성하였다. 그들은 또한 망자를 위한 여러 크고 작은 추도식도 주최하였다. 조선 내의 통제와 감시는 여러면에서 일본 본국 내에서 보다 더 심했다. 그들은 죽은 이들을 기억은 할 수 있었지만, 그 회한과 분노를 표현할 길이 막막했다. 예를 들어, 함경남도 지방 출신 중 지진 당시 일본에서 공부하고 있었던 이들의 친구와 친지들로 구성된 모임인 정우동지회는 그들의 회원이던 7명의 희생자들을 추모하기 위한 추도행사를 가졌다. 80명의 조선인들이 엄숙한 분위기에서 추도 의식을 거행했다. 노래와 기도의 순서를 마친 후, 그 모임의 학생 단원들이 사건에 대한 의견과 슬픔을 나눌 수 있기를 원했고 이를 위한 당국의 허가를 요청했다. 그러나 그날의 행사 전체를 가까이서 지켜보고 있던 당국자들은 모임을 당장 해산하라는 명을 내렸다. 일본에서 학살당한 조선인들을 돕고 정보를 얻기 위해 조직된 이러한 모임과 단체는 조선 각 처의 주요 도시마다 등장하고 있었다.

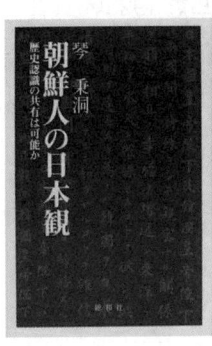

금병동琴秉洞 저

Publisher : 総和社 (September 1, 2002)
Publication date : September 1, 2002
Language : Japanese
Tankobon Hardcover : 280 pages
ISBN-10 : 4901337629
ISBN-13 : 978-4901337625

학살에 대한 가장 강력한 직접적인 비판을 전개한 것은 상하이 임시정부 요원들이 많이 거주했던 중국에서 나타났다. 그들은 1923년 9월 10일, 일본 외무성에 공식 항의문을 보냈고, 일본이 "보호의 목적으로" 체포하고 있는 조선인들을 풀어주고, 조선인 학살 피해자들에 대해 즉각 조사에 착수할 것을 요구했 다. 10월 13일의 총독부 보고에 따르면, "불령선인들"이 9월 27일 상하이에서 150명의 참석자들이 모인 가운데 학살 피해자들을 추도했다고 전했다. 그들은 그날 밤 집회 장소에서 도쿄에 있던 조선인 학생들의 조사를 통해 3,700여 명의 조선인 희생자가 있었다는 최근 조사 결과를 듣게 되었다(姜德相 琴秉洞 編 1963, 606-7). 상하이에 있던 독립운동 지도자들은 또한 학살과 관련된 기록과 전단지들을 일본 내에서 인쇄해, 해외의 조선 동포들은 물론 외국에 진상에 대해 호소하고자 애썼다. 그러나 빈틈없는 제국 당국의 감시가 체포와 기소는 말할 것도 없고, 이러한 자료들의 전달과 배송을 철저히 막았다. 이에 대응해 조선인들은 11월 중순부터는 전 세계에 식민 제국의 폭력을 알리기 위해서 보통 우편과 중국어 신문과 같은 외국 신문을 사건 폭로에 이용하기 시작했다. 그들 중에는 미국과 유럽에 있는 그들과 친분이 있던 이들에게 호소하는 편지를 쓰기도 했으며, 임시정부의 소식지인 독립신문을 통해 "적의 죄악"이라는 제목의 기사로 죽음을 애도하면서, 사건을 알렸다. "우리들은 끓는 피와 사무치는 한恨이 더 인忍할 수 없는 금번今番 적왜敵倭의 폭악暴惡한 심행心行을 거擧하야 해내외동포海內外同胞에게 고告하며 따라서 더욱 일치一致한 이성理性으로 적왜敵倭를 박멸撲滅하며 조국祖國을 광복光復하야 자유自由를 었기를 갈망渴望하노라. 변變이 창졸倉卒에 래來하니 사람마다 살기를 도모圖謀하노라 야他에 겨울이 업는 이때에 더 잔독무도殘毒無道한 적왜敵倭는 요원謠言을 지어 선동煽動하면서 경찰警察은 민중民衆에게 무기武器를 특허特許하야 우리 동포同胞를 말살撲殺케 하며 군대軍隊는 재민보호災民保護

라는 칭탁하稱托下에서 우리 동포同胞 만천백인萬千百人을 산곡山谷에 모라 엄밀嚴密하게 방수防守하며 감옥監獄에 죄인罪囚처럼 좌와기거坐臥起居를 임의任意로 못하게 하며 그 중中에 골나 내여 우천천하반宇田川河畔에서 기관총機關銃으로 쏘아 죽였도다 그리고도 구원救援의 길을 끈으며 조사調査의 보도報道를 금지禁止하야 참절慘絶한 도살屠殺을 행행行行함이 육칠천인六七千人에 불하不下하니 이 엇지 천도天道가 무심無心할가."(독립신문 1923/10/13). 원본 항의서의 내용은 지진 학살과 관련한 상하이 임시정부의 활동에 대해서는 [도쿄 일본국립국회도서관 조선총독부 관련 문서 및 琴秉洞 編(1996)과 姜德相 琴秉洞 編(1963, 56~57, 553) 참조]. 독립신문은 그해 가을과 겨울에 걸쳐 대학살이 6,700명의 조선인을 망령으로 만들며 끝났다는 소식을 일본의 희생자 조사의 결과를 발표하며 폭로하는데 힘썼다. 그러나 중국에 있던 임시정부를 중심으로 한 조선인들만이 일본 제국의 공식적인 설명에 대해 격렬히 항의하고 추도활동을 한 것은 아니었다. 조선과 일본으로부터의 소식과 호소가 해외 곳곳에 있던 동포들의 공동체에 미치자, 해외 거주 조선인들은 학살된 동포들을 위한 추도식을 거행하기 시작했다. 그 예로, 지진 당시는 조선에 있었으나 일본 내 조선인 유학생이 중심이 되어 조사한 학살 관련 내용을 미국에 있던 이승만에게 전하기 위해 여학생 김영신은 미국으로 건너갔고, 또 하와이에서는 조선인 공동체가 상황을 조사하기 위해 일본으로 대표단을 보내기로 결정했다. 이들 재미 조선 동포들은 일본이 그들의 상황 조사를 허락하도록 미 정부 차원에서 압박해달라며 협조를 호소했다. 그들은 또한 1923년 11월 28일에 희생자를 위한 추도예배도 가졌다. 독일에 사는 한 조선인은 이 사건에 대해 독자 들에게 호소하는 글을 독일의 신문에 게재했다. 그럼에도 불구하고 일본제국 당국은 어떠한 심도있는 공식적인 상황 조사나 사과도 없었다.

김지섭金祉燮 (1884~1928)
의열단원으로 일본 왕궁에 폭탄 투척을 시도한 한국의 독립운동가
경북 안동 출생

이러한 절박한 상황에 분개한 조선인 독립운동가 김지섭(金祉燮)은 조선 인 학살사건을 계기로 그해 겨울 천황의 암살을 시도하며 상하이에서 일본을 향해 배에 올랐다. 가는 길에 석탄을 실은 배에서 쓴 그의 시에는 "만리 밖 표연히 부는 바람에 외로운 이 몸 배 안에 모두 적이니 누구와 친할까"로 시작하는 조국의 운명과 학살당한 수천 명의 동포의 죽음을 애통해 하며 수도 재건에 혈안이 되어있는 도쿄로 향하는 심정이 담겨져 있는데, 이 시는 오늘날 한국 천안의 독립기념관에 전시되어 있다. [일본 당국에 의한 김지섭 체포에 관한 기록은 1924년 1 월 총독부의 의열단 관련 문서 및 姜德相 琴秉洞 編(1963, 607) 참조]. 특히, 이 시기 중국에서는 무고한 조선인 수천 명의 죽음은 일본 제국의 안팎에서 많은 식민지 조선인 들의 분노를 불러일으켰다. 제국의 정책상 어떠한 공공연한 항의와 시위도 금지되어 있었고 늘 당국의 감시를 받고 있던 상황이었다 해도, 수많은 조선인들과 일본인들은 추도의 형식을 통해 그들의 애통함과 의분을 표현했다. 추도문·장례식·위문 활동 혹은 신문의 독자 투고란 등을 통한 추도 의식을 이용해 그들은 자신의 생각과 느낌을 표현했다. 학살 이후, 목숨을 잃어야만 했던 조선인뿐만 아니라 생존자들에게까지 가해진 여러 형태의 조직적인 폭력에도 불구하고, 제국이라는 구조에 대항하는 다채로운 형태의 저항은 계속되었다. 제국은 이러한 갈등의 연속인 식민지구조를 유지하기 위해 통제의 수단으로써 끊임없는 감시와 회유의 작업을 요구해왔다. 그러나 저항

을 담은 학살 당시의 여러 기억이 제국의 감시망을 넘어서 지속적으로 존재해왔다. 그리고 이러한 구조적 제약에도 불구하고, 폭력에 대한 경쟁적이고 대안적인 해석들은 꾸준히 일본 제국의 지리적 경계의 안팎에서 여러 사회세력들에 의해 지속적으로 발전되어 나타났다. 이는 곧 제국의 담론 통제가 불완전하고 불안정한 것이었음을 반영하고, 제국주의와 식민주의의 구조, 바로 그 자체가 논쟁의 여지가 있는 기반 위에 성립되어 있었음을 드러낸다. 바로 이러한 이유로 허공에 매달려 있는 듯이 불안한 제국은 그들의 기본틀을 유지시키기 위해 극단적인 제국 유지를 위한 감시·통제·회유 등 다방면에 걸쳐 힘써야만 했다는 것이다. 일본제국은 헤게모니를 유지하기 위한 이와 같은 관리 작업에 있어서의 각종 모순과 갈등에 관한 논의는 "그건 때때로 유령에 대한 이야기에 대해 쓰는 작업인데, 그런 이야기는 미래를 위해 또 대안적인 기억 방식을 갖기 위해서 현재 우리가 잘못 인식하고 표현하는 실수를 고쳐줄 수 있을 뿐 아니라, 애당초 왜 어떤 맥락에서 그런 특정 방식으로 기억하게 되었나 하는 그 상황에 대한 이해를 도와준다. 우리 인식 가운데 자꾸 떠오르는 유령으로 인식되는 것들은 사실 우리의 사회 안에서의 삶의 한 부분이다. 우리는 어떻게 우리 마음 가운데 떠오르는 유령과 같은 존재들에 대해 알아채고 인식할 것인지 배워야 하고, 또 틀림없이 우리를 괴롭고 어렵게 만들 존재들과 실제로 접촉할 수 있는 길을 배워야 한다. 결국 우리는 우리가 이제껏 취해왔던 방식에 변화를 주어야만 할 것이다. 학살 이후의 기념식과 추도식 중 가장 흥미로운 추모 행사 중 하나는 자경 단에 의해 거행된 것이다. 제국의 수도 지역에 위치한 여러 마을 중에서 학살이 발생한 이후, 무참히 억울하게 학살된 자들의 유령에 대한 생각으로 인해 많은 이들이 그 망령을 달래고자 이들을 추도하기 시작했다. 이 같은 추도식은 조선 인의 망령뿐만 아니라 조선인으로 오해받아 학살되었던 일부 일본인들과 중국인들의 영혼까지도 달래고자 했다. 신문은 이타마현에서 죽은 "이방인"이나 "횡사자"들을 위해 여러 군데 불교 사원에서 행해진 추도식에 대해 보도했다. 한 가지 재미있는 사실은 자경단으로 기소된 자들이 자신들의 조선인에 대한 폭력 행사와 관련해 후회의 뜻을 표하고 학살 피해자들의 무덤에 사죄하며 살해된 자들을 경찰과 마을의 지도자들이 참석한 가운데 추도하기 시작한 것은, 자경단의 폭력에 대한 재판이 진행 중이던 11월 초였다는 사실이다. 중국인 학살 사례에 관한 정보로는 학살 이듬해, 이러한 마을 중 몇몇은 단체로 학살의 희생자들을 추도하기 시작했고, 또 다른 마을들은 계속해서 자신의 마을에서 벌어진 범죄 사실을 부인하려 애썼다. 각 마을마다 학살 피해자에 대한 추도식에 대해 이처럼 다양한 반응을 보이고 있었다는 사실은, 아직 학살 사건의 해석과 수용에 대한 지속적인 긴장 관계가 계속되었고, 꼭 일치하지 않는 의견들이 공존하고 있었음을 보여준다. 예를 들어, 학살이 발생했던 군마현을 비롯한 다른 몇몇 지역에서는 마을 사람들이 학살 피해자들을 위한 추도비를 세웠지만, 학살에 대한 마을의 해석과 동의하지 않았던 이들은 자기 마을에서 식민지 조선인 피해자들을 위해 집단적으로 추도하는 것 자체에 대한 불만과 분노를 드러내며 이러한 추도비를 뽑아버리거나 파괴했다. 무엇이 마을 사람들로 하여금 조선인 학살 피해자들을 기억하고, 폭력에 대해 반성하고, 또 추도하게 (또는 그러한 활동을 거부하게) 만든 것일까? 그들은 자기 마을 안에 살던 식민지 조선인 이웃들을 향해 가해진 그 집단적인 폭력에 대해 어떻게 이해하고 있던 것일까? 그 "뉘우친" 자경단원들은 자신들의 사회적 지위와 명예를 회복하기를 바라며 학살의 행동에 대해 뉘우쳤던 것일까? 아니면 당시 진행중이던 자경단 재판에서 더 가벼운 형량을 받기 위해 겉으로 보여주기 위한 행동이었을까? 아니면 이 조선인 희생자를 위한 지역별 추도행사란 "일선융화"를 노래하던 제국의 선전에 이제는 설득되어 일상생활과 사고방식에까지 침투했던 것일까? 그것도 아니면 학살과 추도 행사를 보게 된 관객들로서 계속해서 마음속에 떠오르곤 하던 그들 희생된 조선인의 영령에 대해 두려움을 느낀 것일까? 비록 학살 피해자를 위한 추도식에 나서서 그들을 추모한 자경단들의 참여 동기에 대해서는 아직도 많은 의문들이 여전히 남아있긴 하지만 이러한 현상이 보여주는 것은, 이 사건이 피해자와 그 유족들에게 많은 복잡하고 고통스러운 분노의 기억들을 남긴 반면, 가해자

들의 기억과 담론에 있어서는 그들 나름의 또 다른 욕망과 과거에 대한 거부반응을 보여주고 있다는 사실이다. 이러한 해석상의 차이점에 대해서는 오랜 동안 논쟁거리로 남아있고, 학살의 가해자와 방관자에게는 일종의 오명으로 남아있다는 점이다. 관찰자 모두에게 오명으로 남아 있는 반면, 이런 차이들은 오랫동안의 논쟁거리로 남아있다. 폭력의 기억이 되살아날 때마다 심지어 그들의 이웃 중 학살에 참가했던 이들에 대해 다양한 형태의 조롱과 비판이 반복해서 나타남에 따라, 폭력의 오명은 지진 이후에도 지속되었다. 식민지 현실과 담론 통제의 불완전성 "내가 그[학살된 조선인]에 대해 기억하고자 하면, 내 가슴 속 가장 깊은 한 켠에 묻어두었 던 어떤 한 장면이 마치 지금 막 일어나고 있는 것처럼 생생하게 마음속에 늘 떠오릅니다. 그는 저를 응시하고 있습니다. 저는 그가 해야 할 말을 들어야 한다는 느낌이 자꾸 듭니다. 그는 이 순간 제게 뭔가 호소하고 있는 중입니다." - 야기가야 타에코(90세), 조선인 학살 목격자(八木ヶ谷妙子 1994. 89). 결국, 학살된 조선인을 위한 각종 추도의 공간들은 식민지 통제와 제국 팽창이라는 구조 속에 공존하고 있던 서로 다른 사회세력들 간의 정치적 긴장 관 계를 드러냈다. 이러한 추도의 공간에서 드러나는 학살에 대한 기억과 의미는 서로 달랐으며, 이를 관찰함으로써 제국 중심부, 식민지, 그리고 해외 동포 사회를 막론하고 학살된 이들을 추도하고자 하는 다소 경쟁적인 분위기마저 드러낸다. 학살의 기억은 생존자들의 마음 가운데 지진 이후부터 거듭해서 떠오르는 일종의 망령과 같은 존재가 되어 떠돌았고, 이는 곧 제국에 대해 저항하거나 협력하고자 하는 다양한 동기와 맞물려, 학살에 대한 해석이 어떤식으로든 지속되고 있었다는 사실을 말해준다. 추도의 공간에서 나타난 담론의 특징들은 예로써, 히구치는 전 자경단원이 자신의 마을에서 여러 번 살인 경력이 있었던 자신의 과거를 밝혀야 했던 요코하마의 한 사례를 제시하고 있다. 그것이 제국주의에 대한 저항이 되었건 친제국주의적 협력이 되었건 간에 제국의 구조에 영향을 미쳤다. 이 일련의 관찰을 통해 보여지는 또한 가지 특징은 제국으로 포섭된 자들과 배제된 자들 사이에 식민지적 관계를 유지하기 위해서는 사회적 감시와 유지를 위한 노력이 지속적으로 요구된다는 점이다. 이와 동시에, 학살에 대한 경쟁적인 담론을 만들어가는 역동적인 과정을 살펴봄으로써 식민지 구조의 제약뿐만 아니라 제국 통제에 있어서의 불완전한 성격이 드러났고 또한 담론이 갖는 힘도 생각해볼 수 있었다. 한편으로 추도의 공간은 식민지인들에 대한 제국주의 구조의 제약과 식민 지 담론의 지속적인 형태를 집약해 볼 수 있는 창을 열어주었다. 즉, 일제 당국은 추도식을 회유적인 수단으로 이용함에 따라 제국주의적 선전을 사회 곳곳으로 침투시키기 위한 공간으로 추도 행위를 활용했다. 뿐만 아니라, 식민지 통치하에서 일본인과 조선인들 간의 식민지적 관계를 재생산하기 위해 그 수단으로서 추도 공간을 이용했다. 추도식을 둘러싼 감시와 통제, 또한 지진 이후 발생하는 담론에 있어서 조선인 학살의 의미를 조작하는 방식으로, 당국은 식민지 관계를 재생산하고자 했다. 그러한 식민지적 담론과 대일협력자들의 협력을 통해 제국주의 구조를 유지하기 위한 지속적인 관리행위 또한 요구되었음을 드러냈다. 식민지 담론 속에서 "불령선인"과 같은 피지배층에 대한 부정적이고 식민주의적인 표현이 애도의 정치 속에서 지속되면서, 이러한 제국주의적 관계가 추도 공간에서의 포섭과 배타의 규칙을 지배했다. 동시에 그들이 제국의 신민으로 변화하면서 자신들이 숨쉬는 공기와도 같은 식민지 문화의 내재적 구성에 타협함에 따라 추도의 공간은 피지배층에게 이러한 식민지적 표현에 도전하고 저항할 기회를 제공했고, 추도의 장소들이 저항의 의식을 전달하는 기회로 변화했다. 다른 한편으로 추도의 공간에서 드러난 학살에 대한 다채로운 담론과 반응들은 제국 내의 각종 사회적 관계를 이해하는데 있어 결코 단순하지만은 않은 여러 종류의 경계를 넘나드는 흥미로운 현상을 보여줬다. 예를 들면, 일부 조선인들은 제국주의 통치에 저항하고 희생 동포를 위한 추도를 실행함으로써 독립을 위한 의식을 증진시키려 했던 반면, 다른 조선인들은 적극적으로 제국주의 질서에 협력하고 개입하면서 식민지적 관계 생산유지를 뒷받침함으로써 동포들을 복종시키는 흉내를 내는데 스스로 공헌하였다. 일부 중요한 추도식 회장에서 반제국주의 저항을 목적으로 일본인 노동운동 지도

자들, 변호사들, 그리고 지식인들 일부가 적극적으로 개입해 추도식을 거행한 사례처럼, 계속적으로 창의적인 방법으로 제국주의 권력에 항의하려는 식민지의 저항이 식민지 본국인들과 피지배자 간의 협력의 결과로 종종 발생했다. 게다가, 식민지 본국인이든 피식민지인이든 정치적으로 야심찬 이들은 제국주의 구조에서 자신들의 정치적 입지를 증강시킬 기회로써 추도 활동을 이용했다. 또 다른 이들은 식민지 본국과 피지배국 간의 경계를 넘어서 종교적·경제적·정치적 팽창을 위해 추도식을 이용하기도 했다. 요컨대, 추도식이 제국의 회유 수단으로서 전략적 공간으로 활용되었건, 반 제국주의를 위한 저항의 공간으로 사용되었던 간에, 혹은 제국주의의 제약하에서 전략적으로 개인적인 목적을 달성하려는 수단이 되었던 간에, 각각의 사회 세력들은 때때로 식민지 당국에 도전하면서, 이 추도의 공간을 빌어 학살에 대한 그들의 감정과 해석을 설파할 역동적이고 창조적인 방법을 찾아냈다. 종종 폭력의 순간에 대한 주관적인 담론을 생산해내면서, 서로 다른 세력들 간에 다양한 우회적인 정치적 실천을 통해 서로 자극하며, 일반적인 식민지 관련 문서보관소에서는 다 찾아볼 수 없는 다양한 장르의 문화적 텍스트를 이용했다. 본 논문은 이러한 서로 다른 사회세력들이 그들 나름의 정치적 투영을 목적으로 추도라는 공간을 통해 그들에게 있어서 학살과 추도가 어떤 의미를 갖고 있는지, 또 그러한 담론들을 어떤 식으로 표현해냈는지를 살펴보았다. 따라서 추도의 공간에서 드러난 다양한 담론들은 제국 내 존재하는 학살의 의미에 대한 복잡함과 논쟁의 소지를 드러냈다. 그들이 느끼고 경험한 일본제국주의의 경험을 여러 방식으로 이야기함으로써, 추도의 공간에서 드러난 지진 이후의 담론 들은 제국의 문화를 구성하고 또 반영했다. 그러므로 추도공간이 내포하고 있던 다채로운 의미와 목적 등은 종종 일본 제국의 다양한 세력들이 우리가 생각하고 있는 것보다 복잡한 양상으로 얽혀있었음을 보여준다. 예를 들면, 조선인 제국 협력자들, 제국의 겉치레 수사에 저항하는 양심적인 일본 지식인들, 살해당한 자들의 편에 섰던 각 나라의 노동운동단체와 지도자들, 계급과 성의 경계를 넘어선 조선인 학생과 노동자들의 주장 등등이 바로 추도의 공간을 통해 드러난 복잡다단한 제국의 구성 요소들을 좀더 심도 있게 분석해야 한다는 점을 상기시키고 있다. 이러한 맥락에서 학살피해자들에 대한 추도는 제국 내 사회적 관계, 정체성, 갈등 양상에 있어서의 복잡성을 반영하면서, 폭력에 대한 다양한 해석과 기억을 보게 해준 창이었고, 이것이 반드시 계급, 성, 인종의 경계에 묶여 있는 것은 아니었다는 사실 또한 드러내고 있다. 이러한 여러 갈래의 의미와 시도가 얽혀있던 정치적 공간으로서의 추도의 공간은, 결국, 제국의 담론 통제의 공간이었을 뿐만 아니라, 제국 내에서, 제국에 의해서 의도되었던 또한 의도되지 않았던 통제되지 않은 담론을 듣고 말할 수 있는 새로운 가능성의 장소이기도 했다. 이러한 제국주의 하에 놓인 다양한 역사적 주체의 새로운 가능성을 읽어낼 수 있는 문화적 텍스트를 찾아내는 작업은 어쩌면 우리에게 식민지 역사를 읽어내는 현존 문서보관소의 벽을 넘어 그 안에 존재하는 사료들의 상호 관계성과 그 너머에 존재하는 새로운 형태의 사료에 눈뜨기를 요구하고 있는 것인지도 모른다.

Eastern Illinois University. Lee, Jinhee

KEIJO▶U.S.A.

Reception Hall, Summer Palace, Peking
萬壽山銅製飾物

1924. 4. 26. KEIJO-U.S.A.

김창숙金昌淑 (1879~1962)

독립운동가, 대한민국의 정치가, 시인 겸 교육자

경상북도 성주 출신

국치시기의 유림 대표로 독립운동을 주관하였고, 대한민국 임시정부 부의장으로 활동하였으며, 1945년 광복 이후에는 남조선대한국민대표민주의원 의원을 역임, 유도회儒道會를 조직하고 유도회 회장 겸 성균관(成均館) 관장을 역임하였고 성균관대학교를 창립하여, 초대학장에 취임하였다. 1905년 을사조약이 체결되자 이승희와 함께 상경하여 을사오적의 처형을 요구하는 청참오적소請斬五賊疏라는 상소를 올렸고, 이 사건으로 체포되어 옥고를 치렀다. 친일 단체인 일진회一進會 성토 건의서를 냈다가 다시 체포되었다. 1908년 대한협회가 설립되자 고향인 성주군에 대한협회 성주군 지부를 조직하고, 총무에 취임하였다. 1909년에는 사립학교인 성명 학교星明學校 설립에 참여하였다. 일진회가 한일합병론을 주장하자 동지를 규합하여 이를 규탄하는 글을 대한제국 중추원에 발송하였다. 1910년 한일 합방이 되자 통곡하면서 울부짖었다. 이후 술에 취해 방랑하다가 중국으로 건너갔다. 이후 중국에서 독립운동에 참여하다가 일본경찰에 검거되어 일본으로 끌려갔다가 다시 부산으로 압송되었다. 부산을 떠나 대구로 압송된 뒤, 경찰서에서 심한 고문을 당하였으나, 김창숙은 입을 열기를 거절하며 시 한수를 지었는데, 한시를 이해하지 못한 일본인형사는 조선인에게 한시를 해석해줄 것을 부탁했고, 한시의 뜻을 해석한 일본인 형사는 머리를 조아리며 선생이라 부르며, 고문형을 완화시켜 주었다. 법정 예심이 끝나자 일본인 판사는 그가 수감된 감옥에 직접 찾아와 개인적으로 면담·시국을 논할 것을 부탁했으나 거절하였다. 가족들은 그에게 변호사 선임을 의논하였다 그러나 그는 변호사 선임을 거절하였고, 변호사 김완섭이 세 번이나 면회를 왔으나 뜻을 바꾸지 않았다. 징역 14년형을 언도받고 복역하였다.

구미우편소 등기 573▶보은

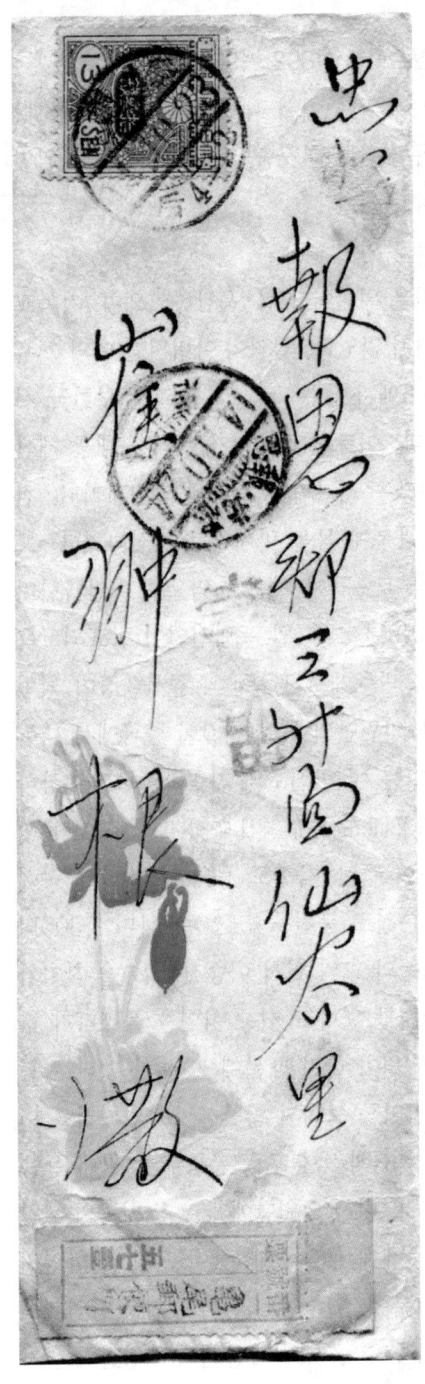

서상한徐相漢 (1901~1967)

독립운동가
경상북도 대구 출생

서상한은 고등보통학교 학생 때 일본 동경으로 건너가 메이지대학明治大學에 입학하여 경제과를 졸업, 다시 세이소쿠영어학교正則英語學校에 입학하여 공부했는데, 학자금 조달을 위하여 신문 또는 우편물 배달을 하기도 했다. 금년 20세로 얼굴이 아름답고 재주가 뛰어났으며, 행동이 단정하고 뜻이 높아 학생들의 신망을 한 몸에 모았다. 그는 항상 동지들에게 말하기를 '나는 무슨 일을 하든 결코 생명을 아끼지 않으리라' 하였다. 금년 4월 28일, 영친왕英親王 이은李垠이 일본의 방자여왕芳子女王과 결혼하게 되어, 사이토마코토齋藤實·이완용 등이 결혼식에 참석키로 되었다. 서상한은 이번 기회에 이들을 죽이는 동시에, 일본 내무성·외무성·경시청 등을 폭파하여 세계의 이목을 집중시켜, 우리의 독립운동의 기세를 복돋기로 꾀하였다. 그는 인삼장수로 가장하고 동경 본향구 김기수여관金耆秀旅館에 묵으면서, 비밀리에 일본인 소년 우에무라 야스보노上村安五郎·우에무라 긴사크上村欣作 등을 시켜 화약 등을 구입하여 폭탄을 여러 개 만들었다. 그의 친구 중 한국인 중앙 대학생 신모라는 자가 있었는데, 서상한은 그 자가 일본의 첩자인 줄 모르고 자기의 의도하는 바를 말하고, 함께 왕자원王子原으로 가서 사제 폭탄을 실험한 결과 성능이 우수함을 인정하고 일을 실행하기로 결정했다. 육혈포 두 자루마저 입수하여 소지하고 신문배달부로 변장, 영친 왕저로 잠입하려 하다가 니시칸다西神田 경찰서에 체포, 투옥되어 공판 결과 6년 징역형을 받았으나 이는 신모의 밀고에 의함이었다. 서상한의 3형제는 모두 지사였다. 맏형 서상일徐相一은 독립운동에 참가했다가 체포, 구금되어 이미 해를 지났으며, 둘째 형 서상규徐相圭는 시베리아로 건너가서 조국의 독립을 위해 맹렬히 활동하고 있다고 한다.

출처: 한국독립운동지혈사(박은식 저. 1920) 하편 제26장

미납우편

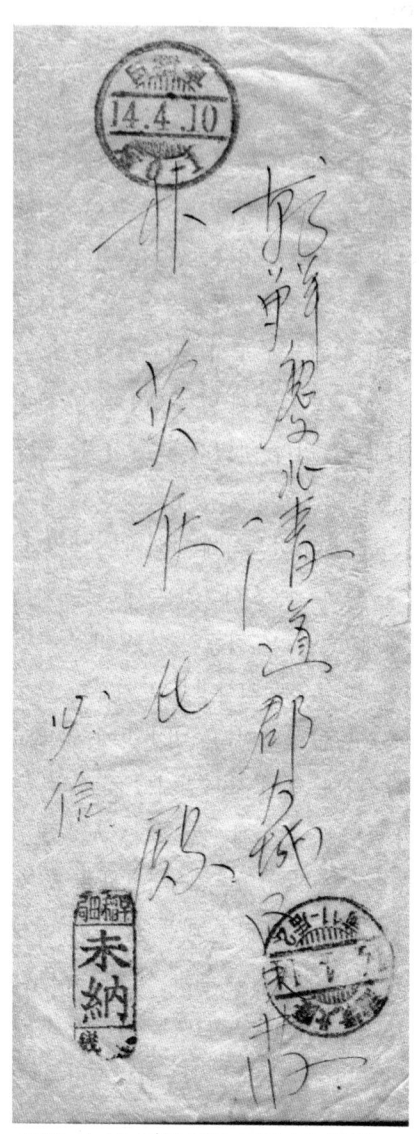

1925. 4. 14. 경북 청도 토착 미납우편
일본▶경북 청도淸道

김영철金榮哲 (1892~1960)

국치시기 만주에서 대한청년연합회의용대, 대한독립단, 광복군총영 결사대장 등을 역임한 독립운동가.

평안북도 영변 출생

김영철은 위인이 호협·용감하였으며, 기독교를 믿어 담배·술을 입에 대지 않았다. 일찍이 아버지를 여의고 홀어머니 밑에서 자란 형제 자매가 없는 독자였다. 그는 구한국 시대에 잠시 군인 노릇을 했다. 이토 히로부미가 우리 군대를 해산시키고 데라우치 마사타케가 우리나라를 일본에 합병시키니, 김영철은 비분강개하여 조국광복에 몸을 바치기로 결심하였다. 드디어 남만주로 들어가 한국 교포들이 사는 지역으로 돌아다니며 애국사상을 고취시켰다. 1919년 3월 1일 독립선언이 발표되고독립운동이 가열해지자, 그는 만주에서 광복군의 결사대장이 되었다. 1919년 8월, 미국 국제 의원단의 동양 시찰이 중국에서 내한하기로 일정이 알려지자, 그는 이를 절호의 기회로 여겼다. 장사꾼으로 변장하고 함경도 북포(北布: 細布 조선 때 함경북도에서 생산하던 올이 가늘고 고운 베)를 구입하여 폭탄·육혈포 등의 무기를 그 속에 넣어서 등에 짊어지고, 지름길로 풍찬노숙風餐露宿하며 1,500리를 걸어 경성에 도착, 청진동의 그의 인척 이승진李昇鎭을 찾아가서 그 집에 묵었다. 북포北布를 판다고 시중 상인을 불러다가 값을 흥정하고, 손해가 100여 원이 나기 때문에 팔 수가 없다는 등하여, 주인집에는 추호도 기미를 보이지 않았다. 그의 계획은 미국 의원단이 입경하는 날, 폭탄과 육혈포로 총독부·경찰서 등을 습격하여 크게 소동을 일으켜, 미국 의원단에게 우리 민족의 열렬한 독립투쟁을 알리려 함이었다. 이때 우리나라 사람들 중 미국 의원들에게 글을 보내는 이도 있고, 환영의 뜻을 표시하는 이도 있었으며, 만주 광복군의 경고문 살포도 있었기 때문에, 일본인의 경비가 십분 삼엄했으며 경찰력이 강화되었다. 23일의 거사를 하루 앞두고 동지 8명과 함께 중국 음식점 아숙원에서 영결하는 자리를 가졌다. 이때 일본 경찰 1명이 방안을 한 번 들러보고 나갔다. 김영철은 눈 한 번 거들떠보지도 않고 태연자약했다. 얼마 안되어 수많은 일본인 경찰들이 무장하고 달려와 방 안으로 침입, 사람들을 묶었으나 그는 낯빛도 변하지 않았다.

별배달別配達우편 홍성洪城310

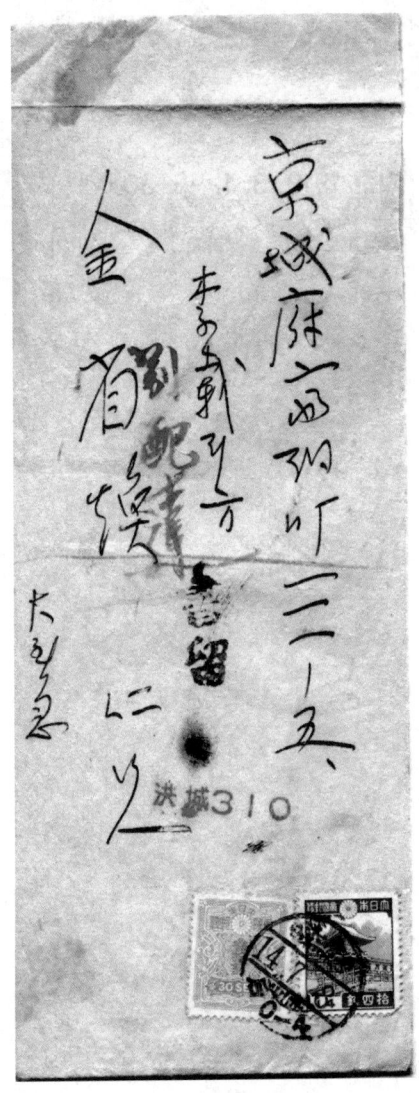

1925. 7. 8. 홍성-경성

박재혁朴載赫 (1895~1921)

대한민국 독립운동가

부산 출생

박재혁은 위인이 생각이 깊고 뜻이 굳세 었으며 상업학교를 졸업하였다.

일본인 교장의 소개로 삼정물산회사에 취직되어 몇 달 동안 근무 했으나, 일본인들의 무례한 행동에 분노를 느껴 사임하였다. 또 전차 회사에 취직했으나 역시 일본인들과 충돌을 일으켜 그만두 고는 남양으로 건너가 엿을 만들어 생활하였다. 우리 민족이 독 립을 선포하고, 상해에 임시정부를 세웠다는 소식을 듣고는, 장 사를 그만두고 상해로 와서 헌신보국을 맹세하였다. 부산으로 돌 아와 9월 14일, 당지의 경찰서장 하시모토橋本秀平만났다. 얼굴 에 웃음을 띠고 몸을 약간 굽히면서 탁자 위에 무슨 물건을 올려 놓는 순간, 폭탄이 터지는 굉음이 일어나자 지붕이 날아가고 연 기가 방 안에 자욱하였다. 경찰들은 실색하고 몸 둘 곳을 몰라 했다. 연기가 걷히고 보니, 백의 청년은 상처를 입었고 하시모토 서정은 오른쪽 무릎 뼈가 부서졌다. 백의 청년 박재혁 朴載赫은 체포되었다. 일본인 검사 4명이 급히 기차로 달려와 그를 입원시 켜 치료한 후 엄중한 문초를 진행하였다.

출처: 한국독립운동지혈사(박은식 저. 1920) 하편 제 26장

독립운동 현황 일람표
Independence movement status table

한국독립운동지혈사(박은식 저. 1920) 하편 제7장

이번의 독립운동은 저들의 삼엄한 통제 때문에 그 상세하고 확실한 조사 자료를 얻기 어려웠다. 더구나 해외에 있으면서 단지 신문·통신 및 개인의 구전으로 얻은 자료이므로, 그 지명·집회·사상자·투옥자 및 교회와 학교, 민간의 가옥 등이 불탄 숫자 등이 많이 빠졌을 터이니 독자의 양해를 구한다. 원년(1919년 상해에 대한민국 임시정부가 수립된 해) 3월 1일에서 동년 5월 말일간의 상황은 다음과 같다.

경기도   기준 1919. 3. 1.~5. 30.

지명	집회횟수	집회인수	사망자수	부상자수	투옥자수	소실교회	소실학교	소실민가
경성京城	57	570,000	5	692	1,200			
개성開城	28	3,800		140	76			
광주廣州	21	7,500						
고양高陽	19	2,500	3		158			
평택平澤	7	800	64	100	7			
가평加平	28	3,200	23	50	25			
강화江華	2	400	7	51				
부평富平	6	950		52	98			
시흥始興	6	1,950			37			
포천抱川	4	1,000						
인천仁川	8	9,000			15			
용인龍仁	13	13,200	35	139	500			
이천利川	7	2,300	80	87	62			
진위振威	8	5,000		74	250			
연천漣川	3	1,200	12	48				
양평楊平	4	1,900	21	76	50			
여주驪州	2	1,000	26	125				
수원水原	27	11,200	996	889	1,365	15		
죽산竹山	6	3,000	25	160				
장단長湍	2	700						
안성安城	13	1,800	51	50	300			
김포金浦	13	15,000		120	200			
파주坡州	7	5,000		71	212			
양성陽城	7	3,500	124	200	125			
수안遂安	11	3,500	80	32	15			
토산兎山	3	560			5			
김천金川	2	260			8			
황주黃州	7	2,000		21	50			
봉산鳳山	3	900			7			
신천信川	5	1,550	17	90	18			

지명	집회횟수	집회인수	사망자수	부상자수	투옥자수	소실교회	소실학교	소실민가
겸이포兼二浦	8	1,000	15	30	9			
해주海州	15	17,300	22		3,849			
곡산谷山	3	700		5	8			
송화松禾	9	1,500	23	45				
안악安岳	16	25,000	47	62	52			
재령載寧	17	25,000	7	32				
장연長淵	10	10,000		45	152			
서흥瑞興	2	1,200			45			
평산平山	3	1,500	27	52				
문화文化	1	700						

평안도

기준 1919. 3. 1.~5. 30.

지명	집회횟수	집회인수	사망자수	부상자수	투옥자수	소실교회	소실학교	소실민가
의주義州	38	60,000	31	350	1,385	4		38
선천宣川	17	35,000	3	55	450			
평양平壤	12	30,000	658	636	4,680	15		
진남포鎮南浦	8	25,000			24	238		323
대동大同	4	2,580			40	218		
상원祥原	2	650				45		323
중화中和	3	2,500			45	50		
안주安州	17	24,000	59	302	318			
강서江西	3	5,000	58	120	29			
함종咸從	9	13,760	3	27	255			
양덕陽德	1	500	20	57	4			
신의주新義州	3	5,300	5	25	954			
용천龍川	28	27,600	2	27	554			
성천成川	7	52,000	36	60	535			
순천順川	5	5,000		25	115			
덕천德川	2	600			54			
맹산孟山	5	1,500	253	250				
순안順安	6	1,580			157			
용강龍岡	7	7,300	1	27	43			
철산鐵山	17	40,000	20	55	521			
평원平原	2	1,300						
숙천肅川	1	500						
영변寧邊	8	19,000	53	85	38			
구성龜城	17	16,500	20	48	38			
곽산郭山	12	5,500		9	111			
삭주朔州	17	3,500	300		47	1		
정주定州	18	55,000	120	525	567	6	2	
영원寧遠	7	1,250	7	54	82			
창성昌城	3	3,000	100	50				
강계江界	12	53,500	7	59	35			

지명	집회횟수	집회인수	사망자수	부상자수	투옥자수	소실교회	소실학교	소실민가
초산楚山	4	2,300	12	42				
운산雲山	7	7,600	40	120	42			
벽동碧潼	10	4,600	236	48	32			
강동江東	3	1,250			500	10		

함경도

기준 1919. 3. 1.~5. 30.

지명	집회횟수	집회인수	사망자수	부상자수	투옥자수	소실교회	소실학교	소실민가
원산元山	7	2,500		21	91			
함흥咸興	11	10,200		52	5,385			
이원利原	3	1,700	5	11		2		
명천明川	9	4,350						
고원高原	4	15,000	48	150	256			
단천端川	5	4,700	38	136	384			
길주吉州	1	300						
회령會寧	3	4,000		32	28			
북청北靑	7	1,600	36	140				
성진城津	3	2,300						
갑산甲山	4	500		38	50			
풍산豊山	2	900						
덕원德源	7	1,850						
장전長箭	7	2,500	8	72				
경성鏡城	11	5,000						
청진淸津	1	250		15	21			
온성穩城	10	1,200						
홍원洪原	6	1,000						

강원도

기준 1919. 3. 1.~5. 30.

지명	집회횟수	집회인수	사망자수	부상자수	투옥자수	소실교회	소실학교	소실민가
철원鐵原	7	70,000	12	20	937			
강릉江陵	2	8,000		82	57			
통천通川	4	5,700	52	232				
평강平康	2	1,500	15	40				
이천伊川	2	3,000	3	10	120			
화천華川	3	750			3			
울진蔚珍	2	600	7	15	36			
삭령朔寧	7	2,500	12	110	150		15	
정선旌善	6	1,200		12				
양양襄陽	8	2,000	30	76				
인제麟蹄	8	2,560						
간성杆城	4	1,200	13	48	57			
금화金化	2	500						

충청도

지명	집회횟수	집회인수	사망자수	부상자수	투옥자수	소실교회	소실학교	소실민가
함열咸悅	2	300						
괴산槐山	6	6,000						
청주淸州	7	5,000			20			
전의全義	3	1,000	25					
옥천沃川	7	4,700	40	92	48			
대전大田	7	3,000	38	82	40			
천안天安	11	6,400	82	70	189			
아산牙山	13	22,800	40	29	50			
영동永同	2	1,000	25	47				
공주公州	12	14,000	42	80	4,020			
진천鎭川	3	900						
조치원鳥致院	7	2,800	7	52				
예산禮山	6	3,000	46	167	550			
청양靑陽	5	3,400	119	36	65			
홍성洪城	10	3,200	29	148	65			
연기燕岐	5	1,200	22	56				
서산瑞山	17	20,000	8	21	25			
제천堤川	7	2,900	16	25	41			
음성陰城	6	2,000	6		10			
충주忠州	6	3,250	12	36	48			
논산論山	3	5,000	31	15222				
부여夫餘	4	3,000						
보령保寧	7	6,000	2	13	50			

전라도

지명	집회횟수	집회인수	사망자수	부상자수	투옥자수	소실교회	소실학교	소실민가
임실任實	4	3,000	4	50				
영광靈光	10	7,600	6	50	27			
고창 敞	3	2,000		5	25			
정읍井邑	13	18,000	1	20	30			
금산錦山	7	15,000						
무안務安	2	300						
목포木浦	2	61,500	200	47	40			
군산群山	21	25,800	21	37	145			
옥구沃構	7	5,700	32	35	50			
남원南原	19	50,000	34	142	56			
광주光州	21	12,000	28	175	1,831			
제주濟州	7	4,450			60			
김제金堤	6	2,000						
익산益山	4	5,000	16	50	80			

지명	집회횟수	집회인수	사망자수	부상자수	투옥자수	소실교회	소실학교	소실민가
전주전주	21	50,000		15	434			
여수麗水	8	4,000						
함평咸平	3	1,500						
순천順天	6	1,500		8	32			
보성寶城	3	600						
부안扶安	8	5,000			42	32		
담양潭陽	6	1,850		15	31			
장성長城	6	1,500		19	15			
무주茂朱	7	3,500			21	18		
순창淳昌	8	5,000						
강진康津	7	2,500				52		
해남海南	3	1,000				52		
진도珍島	4	2,000						

경상도

기준 1919. 3. 1.~5. 30.

지명	집회횟수	집회인수	사망자수	부상자수	투옥자수	소실교회	소실학교	소실민가
거창居昌	6	2,500						
대구大邱	4	23,000	212	870	3,270			
경산慶山	8	3,000		50	30			
의성義城	12	7,400	230	295	250			
칠곡漆谷	2	500	37		23			
고성固城	3	1,500	30	20	10			
김천金泉	2	500		20	50			
창원昌原	4	2,500	320	120	120			
의령宜寧	5	2,020	20	30	20			
고령高靈	7	3,800	50	126	40			
안동安東	9	5,400	335	610	340			
달성達城	2	500	7	46	26			
경주慶州	3	1,700		67	80			
마산馬山	4	1,300	29	120	80			
거창居昌	7	1,800	20	120	200			
산청山淸	4	2,000	30	10	50			
진주晋州	17	28,000	42	150	242			
상주尙州	4	2,300	17	213	396			
연일延日	7	2,400	40	330	280			
예천醴泉	3	1,700	58	190	57			
봉화奉化	2	300		34	24			
성주星州	2	1,400		10	30			
사천泗川	4	3,000	120	380	0			
남해南海	3	1,200	13					
김해金海	6	8,800		52				
선산善山	2	78	33	143	34			
양산梁山	4	1,250						

지명	집회횟수	집회인수	사망자수	부상자수	투옥자수	소실교회	소실학교	소실민가
청하淸河	2	50		50	40			
청도淸道	2	1,500	120	120	30			
문경聞慶	2	1,300	3	33	50			
밀양密陽	3	1,350	105	15	65			
창녕昌寧	4	1,000						
영덕盈德	2	1,000	12					
울산蔚山	7	5,000	38	128				
동래東萊	4	1,200	9	70	9			
부산釜山	5	2,000	24		3,824			
기장機張	3	1,500						
하동河東	17	12,000	17	95	50			
함양咸陽	3	1,200	3	12	20			
합천陜川	5	4,800	160	518	290			
함안咸安	6	2,000	227	90				
합천合川	7	3,000	12	17	32			
영천永川	3	1,800	4	12	17			
영해盈海	3	1,200	19					
예안禮安	5	1,700	29	57				
통영統營	3	1,200	21	36				
초계草溪	4	1,200	12	21				
안의安義	3		6	15				

서북간도 및 화태도 樺太島　　　　　　　　　　　기준 1919. 3. 1.～5. 30.

지명	집회횟수	집회인수	사망자수	부상자수	투옥자수	소실교회	소실학교	소실민가
회인懷仁	13	7,000		47				
용정龍井	17	30,000	20	23				
화태도樺太島	2	700						
합이빈哈爾賓	2	1,000						
혼춘琿春	4	5,000	14	40				
통화현通化懸	8				15			

총 합계

지명	집회횟수	집회인수	사망자수	부상자수	투옥자수	소실교회	소실학교	소실민가
지역(부·군)						211 개처		
집회횟수						1,542 회		
집회인수						2,023,098 명		
사망자수						7,509 명		
부상자수						15,961 명		
투옥자수						46,948 명		
소실교회수						47군데		
소실학교수						2군데		
소실민가수						715 채		

대구▶일본

1925. 5. 9. 대구—일본행. 태형笞刑 장면

충남 광천廣川▶경성京城

광천 등기122

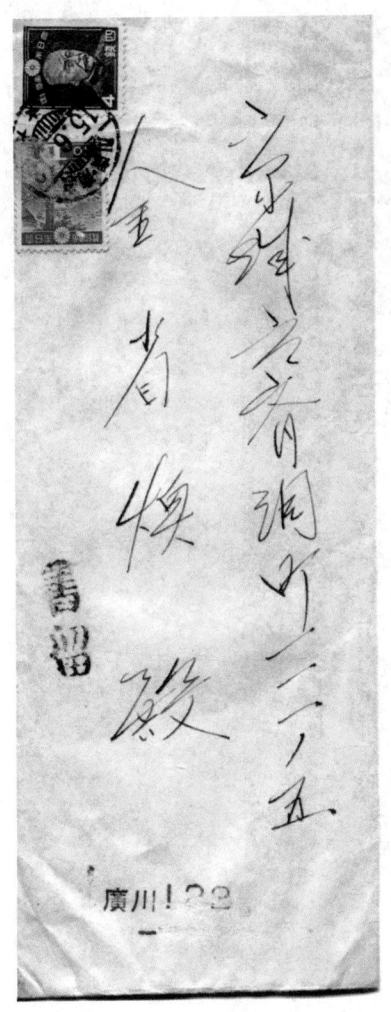

일본의 전쟁 범죄
Japanese war crimes

300목베기를 달성한 다나카 군키치 육군 대위의 이야기도 1940년 2월에 도쿄에서 월간 황군이라는 잡지에 소개되었는데, 다나카 군키치 대위 또한 무카이, 노다 두 소위와 함께 난징에서 재판을 받았다. 이 역시 최후까지 자신도 민간인 학살을 한 적이 없다고 주장했으나, 결국 육군 중장 다니 히사오(谷寿夫)와 무카이, 노다 소위와 함께 총살되었다. 죽음의 바탄 행진(Bataan Death March)은 태평양전쟁 초기에 일본군이 7만 명의 미군과 필리핀군 전쟁포로를 학대한 행위로, 1942년 4월 9일 필리핀 바탄 반도 남쪽 끝 마리벨레스에서 산페르난도까지 무려 88km를 강제적으로 행진하게 한 것이다. 다시 카파스부터 오도널 수용소까지 13km를 강제로 행진하였는데 전쟁 포로 70,000명이 행진 과정 중 구타, 굶주림 등을 당했고 낙오자는 총검으로 찔려 죽음을 당했다. 결국 7,000명~10,000명의 전쟁 포로들이 행진 도중에 사망했고 54,000명만 수용소에 도착했다. 그리고 나머지는 정글 속으로 도망쳤으며 이 책임으로 필리핀 침공작전을 계획한 사령관 혼마 마사하루 중장은 1946년 4월 3일 마닐라 군사 재판에서 유죄를 선고받고 처형된다. 하지만 고의적 명령 왜곡으로 이 사태를 초래한 쓰지 마사노부 중좌는 처벌은커녕 전범으로 기소되지도 않았다. 일본 육군 14군 사령관 혼마 마사하루 중장은 이후 수상 도조 히데키와의 마찰로 예편되었으나, 종전 이후 민간인 신분으로 필리핀으로 압송되었고 바탄 반도에서 펼쳐진 <죽음의 행진>에 관하여 인류에 대한 범죄(crimes against humanity)로 전쟁범죄 재판에 기소되었다. 재판 과정에서 당시 혼마 장군이 직접적인 학대 지시를 내린 것은 확인되지 않았으나 휘하 장병들의 학대 행위를 방조했다는 점이 인정되어 유죄 판결을 받고 사형이 선고되었다.

우편절수저금대지

평화기념 평양기념인

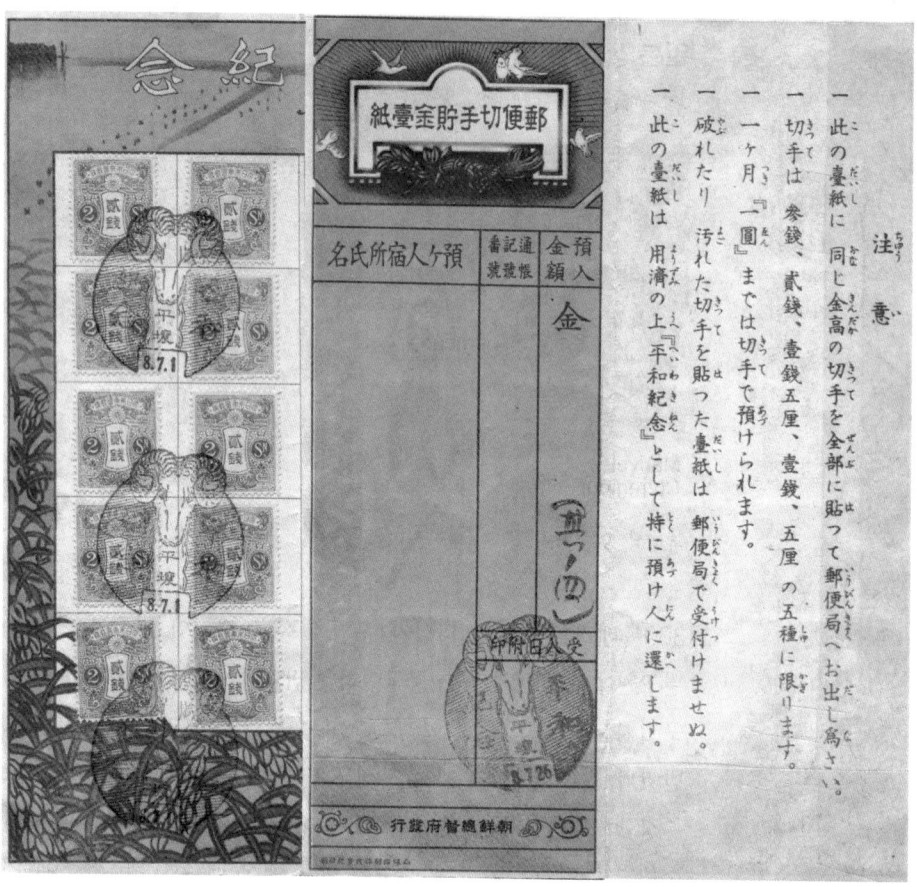

조선총독부 발행. 1926. 7. 8. 평화기념인–평양

부산▶일본 일전 미납 우편

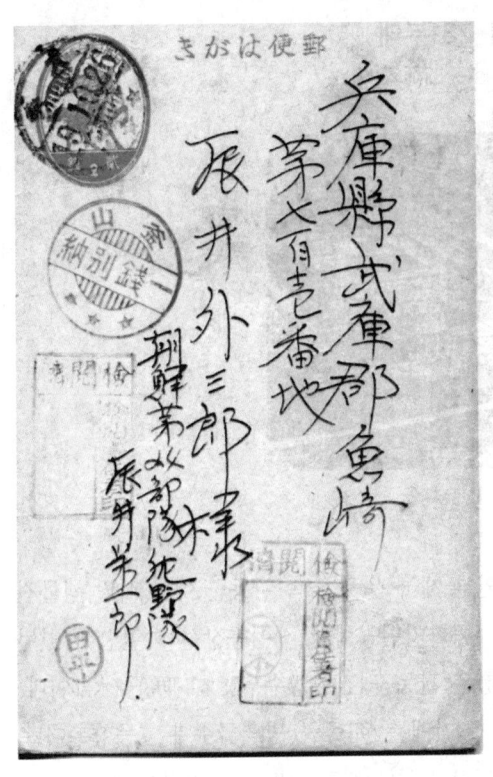

1926. 10. 19. 부산—일본

태평양전쟁 Pacific War 시리즈[1]

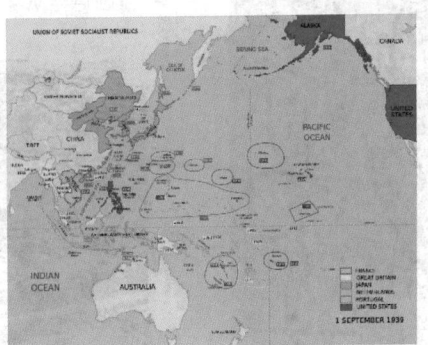

1939년 아시아—태평양 지역의 세력 판도

제2차 세계 대전의 전역 중 하나로 태평양과 동아시아에서 벌어진 전쟁이다. 아시아—태평양 전구와 남서 태평양 전구, 동남아시아 전역 등을 비롯한 태평양 일대의 넓은 지역과 중국, 그리고 만주 일대가 태평양 전쟁의 전역 범위에 해당한다. 중국과 일본제국 사이의 중일전쟁은 1931년 9월 18일 만주사변을 시작으로 1937년 7월 7일 발발했다. 그러나 1937년 7월 중국과 일본 사이에 전쟁이 발발했으나 이때 당시 중국 홀로 일본에 맞서 싸우고 있었으며 일본에는 선전 포고를 하지 않은 상황이었다. 1941년 12월 9일 일본의 진주만 공격 이후 중국은 일본에 선전포고를 한다. 이에 따라 일반적으로 태평양 전쟁의 발발 시기는 일본 제국이 1941년 12월 7일 타이·영국령 말라야와 싱가포르·홍콩을 침공하고 미군 기지인 진주만과 웨이크섬·괌·필리핀에 공격을 개시했다. 진주만 공습 직후 영국·미국이 일본 측과 상호 선전포고하면서 태평양 전쟁이 시작되었다.

경성(국)▶충남 태안

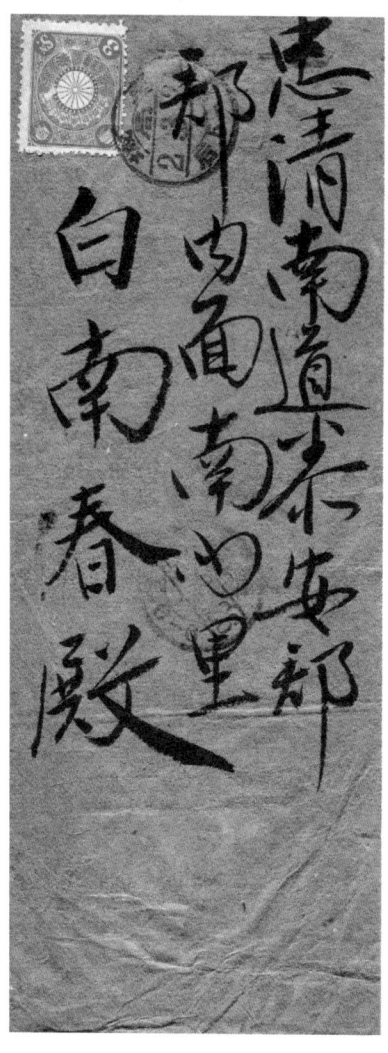

1927. 3. 21. 경성-태안

일본의 전쟁 범죄-731부대
Japanese War Crimes – Unit 731

731부대의 사령부 전경

731부대(731部隊)는 일본 제국 육군 소속 관동군 예하 비밀 생물전 연구개발 기관으로, 중화인민공화국 헤이룽장성 하얼빈에 있던 부대이다. 공식 명칭은 관동군 검역급수부関東軍防疫給水部이다. 1936년에 설립되어 초기에는 '관동군 방역급수부', '동향부대'로 불리다가 향후에는 '731부대'로 개명하였다. 중일전쟁(1937~1945년)을 거쳐 1945년까지 생물·화학 무기의 개발 및 치명적인 생체 실험을 행하였다. 공식적으로는 '헌병대 정치부 및 전염병 예방 연구소', '방역과 급수에 대한 임무'로 알려졌으며 실제로 731부대의 총 책임자인 '이시이 시로'는 731부대의 진짜 목적을 위장하기 위해 휴대용 야전 정수기를 개발하기도 하였다. 원래는 태평양 전쟁 전 정치 및 이념 부서로 설립되어 적에 대한 사상, 정치적 선전과 일본군의 사상 무장이 임무였다. 첫 부임자였던 의사 이시이 시로石井四郎의 이름을 따라, 이시이 부대石井部隊라고도 불린다. 731부대는 또한 히로히토의 칙령으로 설립한 유일한 부대이며, 히로히토의 막내 동생인 미카사노미야 다카히토가 부대의 장교(고등관)로 복무하였다. 직접 관련되어 있지는 않으나, 아베 신조의 외조부인 기시 노부스케도 1936년 10월부터는 만주국에 부역하였는데 1936년 산업부 차장에서 1939년 총무청 차장으로 승진하여 만주국의 산업정책을 실질적으로 담당하게 된다.

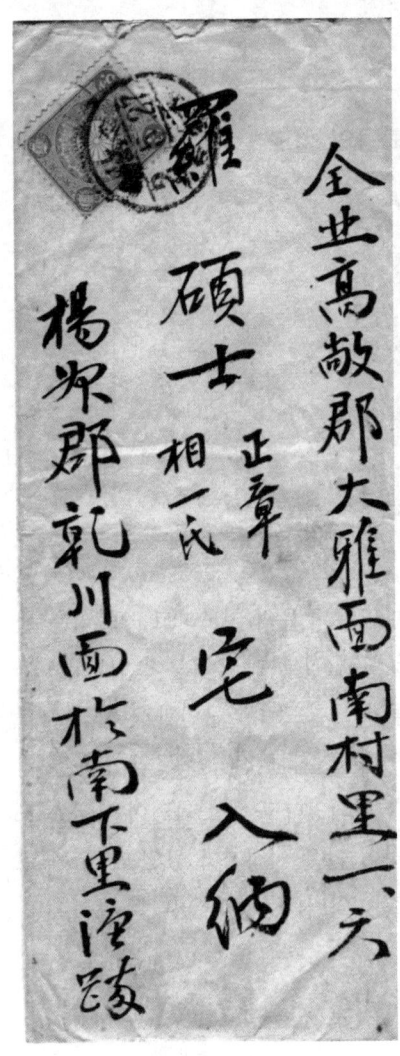

일본의 전쟁 범죄-마닐라대학살
Japanese War Crimes – Manila Massacre

마닐라에서 학살을 당한 필리핀 여인과 아이

마닐라 대학살(Manila Massacre)은 제2차 세계 대전 중인 1945년 2월에 필리핀에서 퇴각하던 일본군이 필리핀 마닐라의 민간인에게 자행한 약탈, 강간 및 학살 사건이다. 많은 동서방의 신빙성 있는 자료에 따르면, 이 학살에 따른 희생자 수는 약 10만 명에 달한다. 이 사건은 미군 약 1,000명과 일본군 약 16,000 명이 전사한 마닐라 전투 중 발생한 최악의 사건이었다. 미국은 1899년 미국-스페인 전쟁 이후 자국의 식민지였던 필리핀에 대해 필리핀 독립법을 발표하고 표면적인 독립을 약속했고, 1935년 11월에 임시정부가 발족하여 마누엘 케손이 대통령에 취임했으나, 태평양 전쟁 발발 후 1942년에 일본에 의해 수도 마닐라가 점령되고, 케손은 미국으로 망명했다. 이 때문에 많은 필리핀인이 맥아더가 이끄는 미국 극동 육군(USAFFE)과 함께 일본군에 저항했다. 필리핀인의 무장조직은 주필 미군의 지도나 지휘를 받거나, 자생적으로 발생한 항일 조직이었고, 지형과 지리에 밝아 일본군을 괴롭혔다. 1944년 10월, 레이테 해전에서 패한 일본군은 필리핀에 대한 지배력을 결정적으로 상실하게 된다. 1945년 1월에 마닐라가 있는 루손섬에 연합군이 상륙하고, 2월 3일에 제1기병사단과 제37보병사단이 마닐라에 진입하기 시작했다. 이에 일본군 사령관 야마시타 도모유키 대장은 마닐라를 포기하고 사령부를 바기오로 옮겼다. 그러나 이와부치 산지 해군 소장 지휘하의 해군 부대와 육군 부대 일부가 마닐라에 남아 미군과 치열한 시가전을 펼쳤다. 일본군의 퇴각 당시, 마닐라 시내에는 약 70만 명의 시민이 남아 있었는데, 그 대부분이 미국군에 협력적이라고 판단한 일본군은 미국군에 대한 협조를 원천 차단하기 위해 이들에 대한 학살을 자행했다. 성 파울로 대학에서는 어린이를 포함 994명을 살해, 북부 묘지에서는 2000명을 처형, 산차고 감옥에서의 집단 살해 등 구체적인 살해 증거는 도쿄 국제 전범 재판에서도 보고됐다. 필리핀의 전투는 일본군 잔당을 이끌던 이와부치 산지 해군 소장의 자결에 따라 미국의 승리 선언으로 끝이 났다. 전후 민간인 학살에 대한 책임을 물어 야마시타는 마닐라 군사재판에서 교수형에 처해졌다.

통상위체금수령증서-광화문

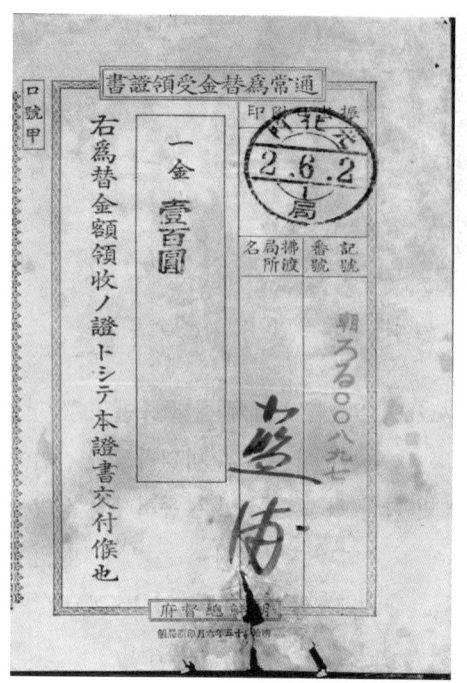

1913. 6. 2. 광화문우편국

일본의 전쟁 범죄-죽음의 철도

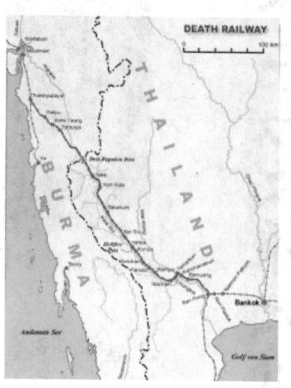

버마 철도(Burma Railway) 또는 죽음의 철도라고도 불리는 철도로, 제2차 세계 대전 당시 일본 제국 육군이 인도네시아를 점령하기 위해 만들어진 철도로서 군인과 전쟁 물자를 수송하기 위해 건설되었다. 연합군 전쟁 포로와 징용된 민간인들의 피와 땀으로 건설되었다고 해도 과언이 아닐 정도로 이 철도 건설을 위하여 많은 사상자가 났었고, 이 철도의 길이는 약 400km로, 미얀마와 연결돼 있다.

투입된 인원

- 전쟁 포로 6만여 명
- 태국·인도네시아·미얀마·말레이시아외 아시아 노동자 20만 명

1987년에 버마 철도의 폐선 구간을 복구하고, SL 달리게 관광 노선으로 부활시키려는 계획이 부상했다. 이 계획은 태국 정부가 일본의 자금 원조를 통해 복구하려고 계획이었기 때문에, 제2차 세계 대전 중에 포로로 버마 철도의 건설에 연행된 오스트레일리아(호주) 재향 군인회와 네덜란드의 옛 포로들은 '버마 철도의 복구는 아우슈비츠를 유원지화하는 것이다!'고 맹렬히 반발했다.

경성 절수별납우편

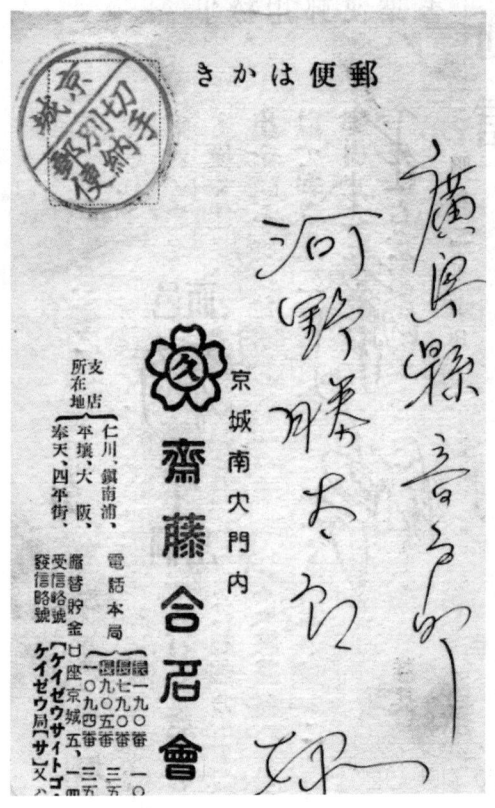

1919년 3·1운동에 관한 조선총독부 도장관道長官 보고 자료집 [I]

A collection of reports from the Governor–General of the Joseon Government–General on the March 1st Movement in 1919

문서철명: 1919년 소요사건에 관한 도장관보고철 7책의 2
문서제목: 전보. 광주의 만세시위
발신자:　전라남도장관宮本又七
수신자:　조선총독長谷川好道
발신일:　1919년 3월 11일 오후 5시 20분 광주 발신
전보내용: 오늘 오후 3시 30분경 광주숭일학교崇一學校 학생 100여 명이 대한제국 국기를 들고 독립만세를 외치며
　　　　　시내에서 시위운동을 하므로 즉시 경무 관헌들이 해산시킴

통신사무 우편엽서

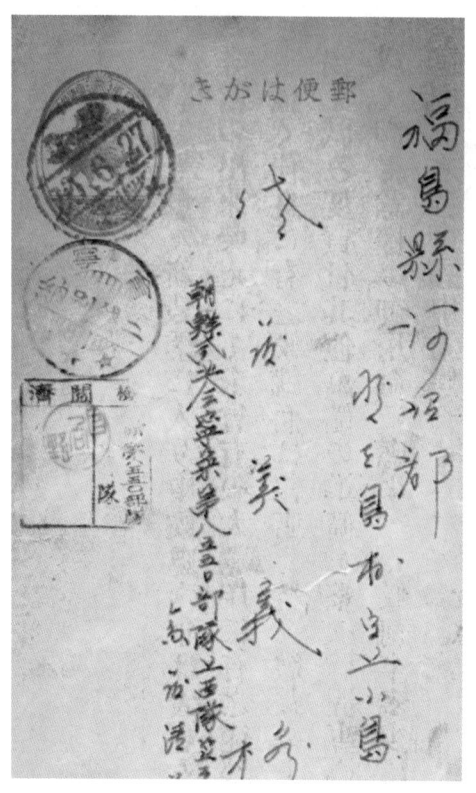

회령會寧 이전 별납 우편

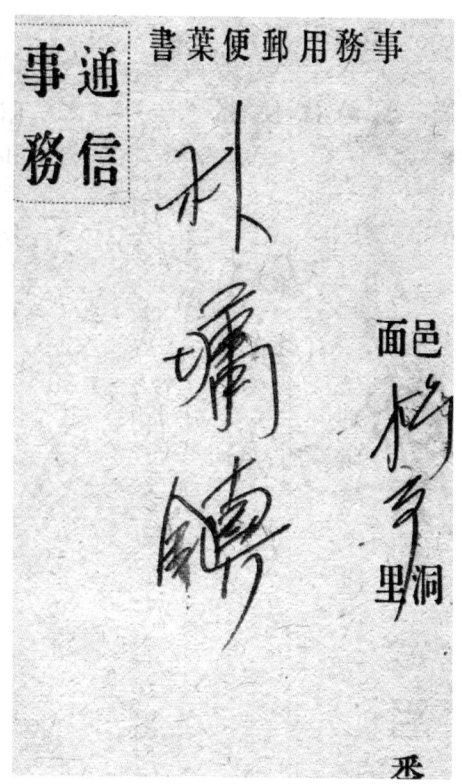

1927. 6. 20. 회령-일본

1919년 3·1운동에 관한 조선총독부 도장관道長官보고 자료집 [2]

A collection of reports from the Governor-General of the Joseon Government-General on the March 1st Movement in 1919

문서철명: 1919년 소요사건에 관한 도장관보고철 7책의 2
문서제목: 전보. 영광靈光의 만세시위
발신자:　전라남도장관宮本又七
수신자:　조선총독長谷川好道
발신일:　1919년 3월 15일 오전 9시 10분 광주 발신
전보내용: 어제 오후 영광보통학교 학생이 소요를 일으켰으나 즉시 해산됨. 선동자로 기독교도 및 그 학교 조선인 교원 2명을 검거함

영주(국)▶경북 영양　　　　수원 등기 301. 수원등기 402

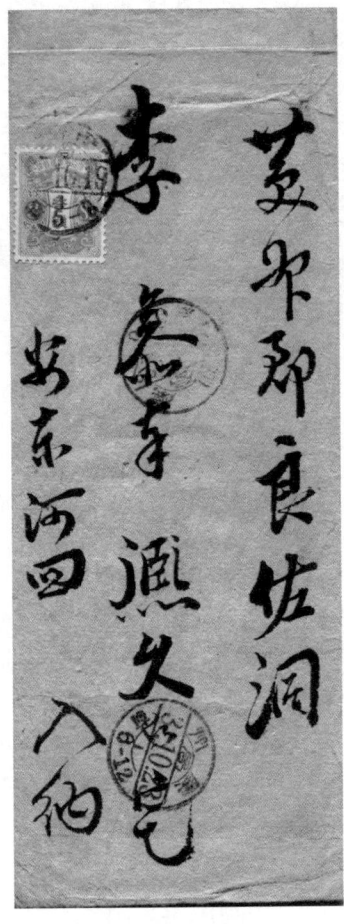

1928. 10. 28. 영주-영양　　　1928. 12. 27. 수원

1919년 3·1운동에 관한 조선총독부 도장관道長官보고 자료집 [3]

A collection of reports from the Governor–General of the Joseon Government–General on the March 1st Movement in 1919

문서철명: 1919년 소요사건에 관한 도장관보고철 7책의 2

문서제목: 전보. 영광靈光의 상황

발신자: 　전라남도장관宮本又七

수신자: 　조선총독長谷川好道

발신일: 　1919년 3월 15일 오후 7시 광주 발신. 오후 7시 10분 경성 착신

전보내용: 영광군은 그 후 여전히 불온한 조짐이 있으므로 송정리 주둔군에서 오늘 오후 하사 이하 11명을 영광군으로
　　　　　급파함

1928 단기 4261년.국치시기國恥時期19년. 대한민국임시정부 10년

1928

단기 4261년, 국치시기國恥時期 19년, 대한민국임시정부 10년

소위체금수령증서-경북 용천우편국

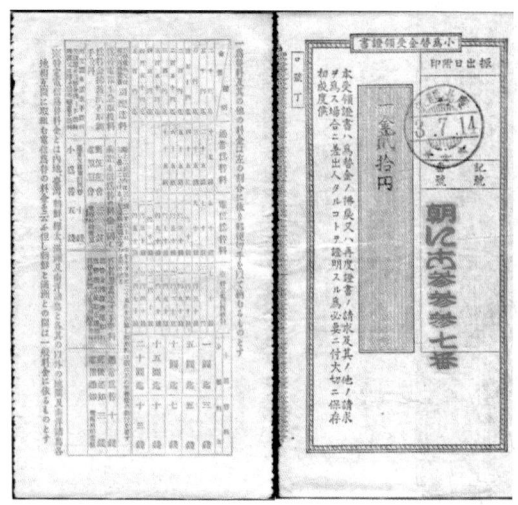

1928. 7. 14. 경북 용천우편국

1919년 3·1운동에 관한 조선총독부 도장관道長官보고 자료집 [4]

A collection of reports from the Governor–General of the Joseon Government–General on the March 1st Movement in 1919

문서철명: 1919년 소요사건에 관한 도장관보고철 7책의 2
문서제목: 전보. 순천順天의 상황
발신자:　전라남도장관宮本又七
수신자:　조선총독長谷川好道
발신일:　1919년 3월 20일 오후 0시 55분 접수. 광주 발신. 오전 11시 20분
전보내용: 15일 영광군에 파견된 하사관과 병사는 어제 복귀함. 순천 방면에 불온한 조짐이 있어 어제 장교 1명, 하사관과 병사 9명이 순천으로 급파됨

1919년 3·1운동에 관한 조선총독부 도장관道長官보고 자료집 [5]

A collection of reports from the Governor–General of the Joseon Government–General on the March 1st Movement in 1919

문서철명: 1919년 소요사건에 관한 도장관보고철 7책의 2
문서제목: 전보. 무안務安의 만세시위
발신자:　전라남도장관宮本又七
수신자:　조선총독長谷川好道
발신일:　1919년 3월 20일 오후 5시 20분 광주 발신
전보내용: 오늘 오후 2시 무안군 외읍면에서 보통학교 학생 및 부근 주민 약 150명이 모여 구한국기를 흔들며 만세를 외침. 현재 진무(무력武力을 떨치어 드러냄)중임.

신문띠지

1919년 3 · 1운동에 관한 조선총독부 도장관道長官보고 자료집 [6]

A collection of reports from the Governor–General of the Joseon Government–General on the March 1st Movement in 1919

문서철명: 1919년 소요사건에 관한 도장관보고철 7책의 2
문서제목: 전보. 제주濟州의 만세시위
발신자: 전라남도장관宮本又七
수신자: 조선총독長谷川好道
발신일: 1919년 3월 23일 오전 11시 5분. 광주 발신. 오전 11시 10분 경성 착신
전보내용: 이달 21일 제주도 조천리에서 서당 생도 및 마을주민 200명이 집합하여 독립만세를 외치며 시위운동을 함.
           경찰관이 출동하여 주모자 13명을 체포함. 이후 평온함. 자세한 내용은 문서로 하겠음.

1919년 3 · 1운동에 관한 조선총독부 도장관道長官보고 자료집 [7]

A collection of reports from the Governor–General of the Joseon Government–General on the March 1st Movement in 1919

문서철명: 1919년 소요사건에 관한 도장관보고철 7책의 2
문서제목: 전보. 대구大邱의 만세시위
발신자: 경상북도장관鈴本隆
수신자: 조선총독부 정무총감山県伊三郎
발신일: 1919년 3월 8일 오후 4시 10분 대구 발신 전보. 오후 4시 25분 경성 착신 전보
전보내용: 오늘 오후 3시부터 대구부에서 고등보통학교 학생을 중심으로 한 군중 약 800명이 독립시위운동을 함. 주
           모자 약 20명을 체포하고 현재 진정 중임. 상세한 내용은 추후 보하겠음.

인천 표어 일부인

제3회 조선미술전람회 입선작茂水和三郎 作. 인천

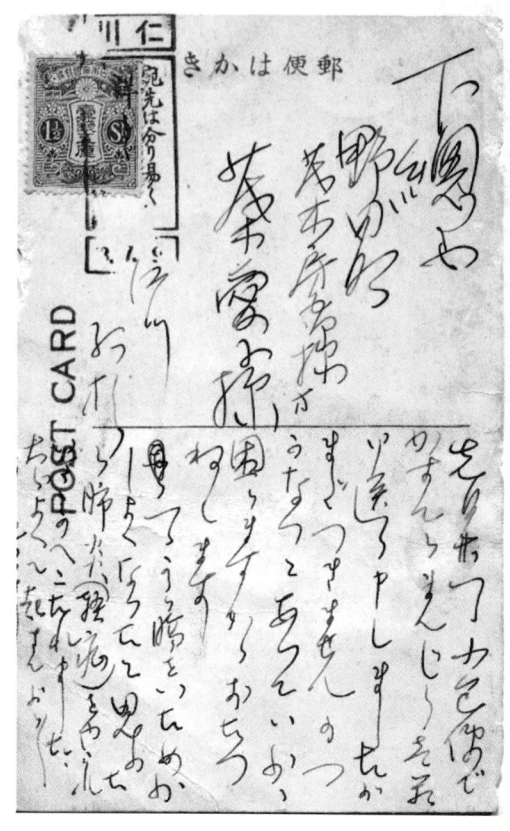

1919년 3·1운동에 관한 조선총독부 도장관道長官보고 자료집 [8]

A collection of reports from the Governor-General of the Joseon Government-General on the March 1st Movement in 1919

문서철명: 1919년 소요사건에 관한 도장관보고철 7책의 2
문서번호: 秘제53호
문서제목: 경성부내 소요에 관한 건
발신자: 김곡윤金谷允 경성부윤
수신자: 조선총독부 내무부장관宇佐美勝太
발신일: 1919년 3월 8일
경성부내 소요에 관한 건
3월 8일 경성부내 용산 원정 3정목의 소요에 관하여 별지와 같이 경기도장관의 보고가 있었기에 참고로 보낸다.
(별지) 3월 8일 오후 7시 40분경 용산 원정 3정목 총독관방 총무국 인쇄소 앞에서 조선인 직공 약 200명이 조선독립을 외치고, 구한국 국기를 흔들며 만세를 고창함. 지체 없이 용산 헌병분대의 헌병이 달려가 이를 진압, 해산시킴. 그리고 주모자로 판단되는 자 약 20명을 붙잡아 엄중 취조에 착수함. 현재 군대 1개 소대가 출동하여 소방대와 협력해 경계 임무를 맡음. 그 후 모여든 직공에게 귀가를 명하고 있음. 경거망동한 자는 그 인쇄소의 직공뿐 다른 가담자는 없는 것으로 판단됨.

차용금증서

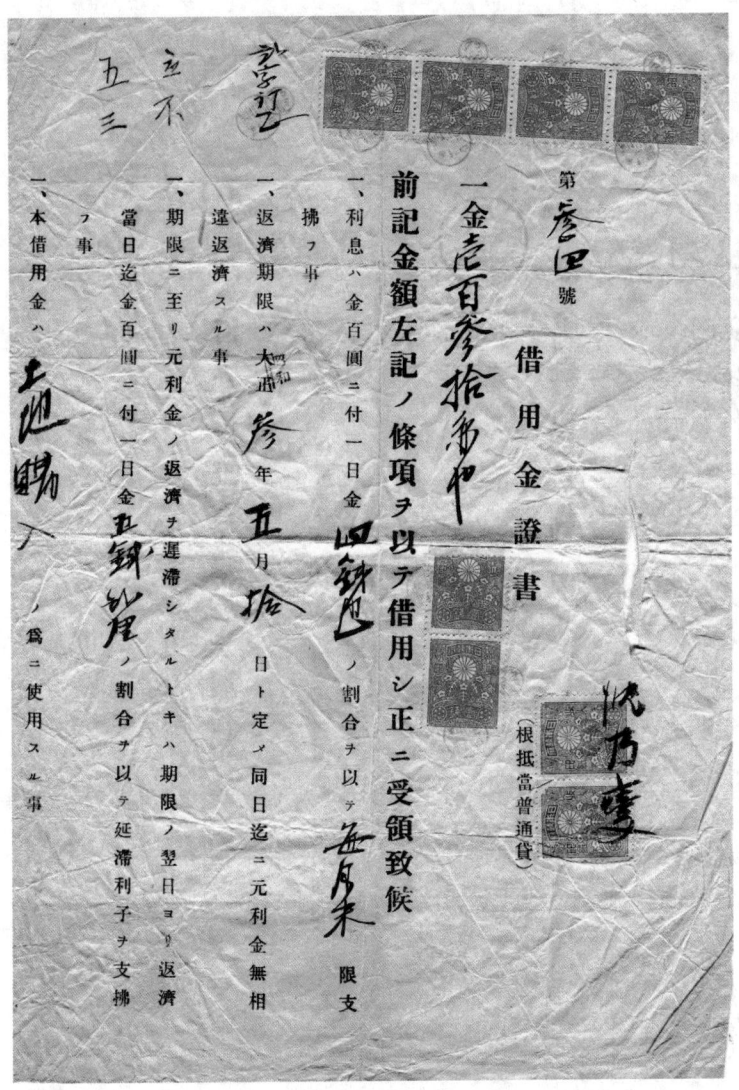

1928년 5월 10일 차용금 130원.

GENSAN▶U.S.A.

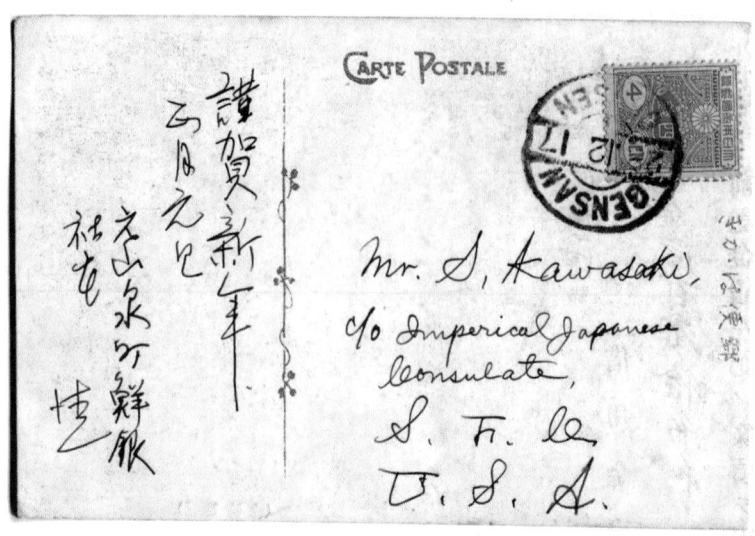

1919년 3·1운동에 관한 조선총독부 도장관道長官보고 자료집 [9]

A collection of reports from the Governor–General of the Joseon Government–General on the March 1st Movement in 1919

문서철명: 1919년 소요사건에 관한 도장관보고철 7책의 2
문서번호: 조선총독부 내비보 250호외
문서제목: 폭도면사무소 파괴의 건 보고
발신자: 松永武吉 경기도장관
수신자: 조선총독長谷川好道
발신일: 1919년 3월 22일
폭도의 면사무소 파괴의 건 보고

오늘 오후 0시 40분 폭도 300명이 연천군 마전면사무소를 습격하여 파괴했습니다. 헌병 1명이 중상을 입었고, 폭도 중에도 사상자가 있습니다. 오후 4시 해산하였고, 주모자 22명을 체포했습니다. 군천소재지도 위험해 경계 중이라는 보고가 연천군수로부터 있었기에 즉시 보고합니다.

봉화 등기(내성헌병대) ▶ 일본

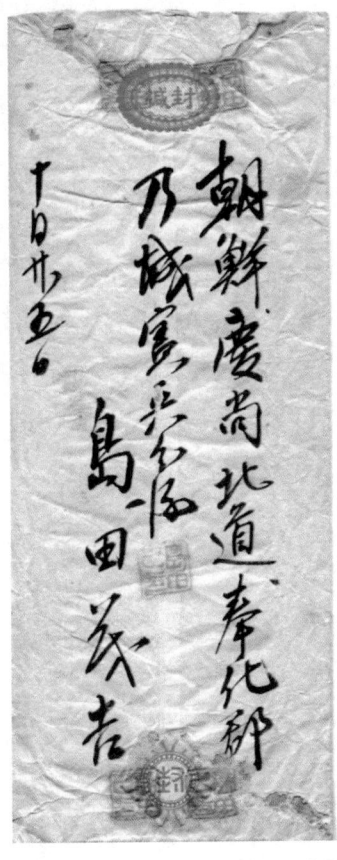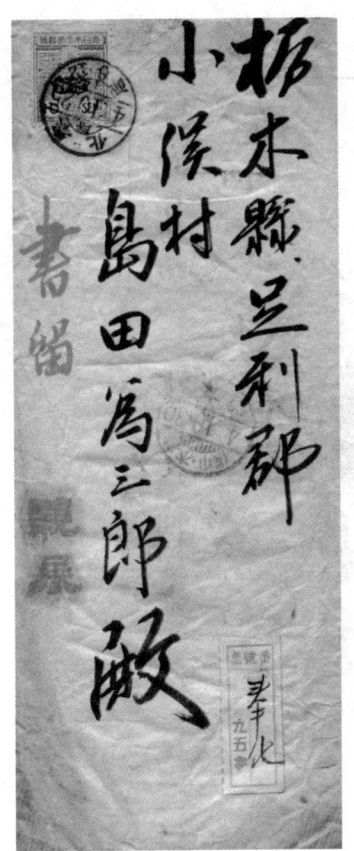

1929. 10. 25. 봉화 등기 953–일본

1919년 3·1운동에 관한 조선총독부 도장관道長官보고 자료집 [10]

A collection of reports from the Governor–General of the Joseon Government–General on the March 1st Movement in 1919

문서철명: 1919년 소요사건에 관한 도장관보고철 7책의 2

문서번호: 조선총독부 내비보 317. 충북기제242호

문서제목: 상황보고

발신자: 장헌식張憲植 충청북도장관

수신자: 조선총독부 내무부장관宇佐美勝太

발신일: 1919년 3월 22일

상황보고: 충청북도 관내에서 그 후 상황(23일부터 26일까지)을 별지와 같이 보고합니다

CHEMULPO COREA ▶ GERMANY

1919년 3 · 1운동에 관한 조선총독부 도장관道長官보고 자료집 [10-1]

A collection of reports from the Governor-General of the Joseon Government-General on the March 1st Movement in 1919

문서철명: 1919년 소요사건에 관한 도장관보고철 7책의 2
문서번호: 조선총독부 내비보 317. 충북기제242호
문서제목: 상황보고
발신자: 장헌식張憲植 충청북도장관
수신자: 조선총독부 내무부장관宇佐美勝太
발신일: 1919년 3월 22일
상황보고: 충청북도 관내에서 그 후 상황(23일부터 26일까지)을 별지와 같이 보고합니다.
(별지)

청주군–23일 오후 9시를 지나 강내면의 한 마을주민이 부근 산 위에 올라 화롯불을 피우고 한국독립만세를 외침. 강내면 18개리의 마을주민 및 인접한 강외면, 옥산면의 일부도 역시 이와 같이 동시에 수십 곳에 횃불을 피움. 만세소리가 부근을 동요시키자 청주, 조치원 정무관헌 및 수비대에서 해산을 명령함. 다음날 오전 1시가 되자 전부 귀가함. 검거된 망동자는 모두 주모자가 아니므로 훈계하여 방면함. 그러나 다음날인 24일 밤 역시 같은 행동을 하므로 선동자를 검거하려고 하였으나 군중의 방해로 검거하지 못함.

충남 덕원▶Germany

1929. 6. 7. 충남 덕원- 독일

1919년 3·1운동에 관한 조선총독부 도장관道長官보고 자료집 [10-2]

A collection of reports from the Governor-General of the Joseon Government-General on the March 1st Movement in 1919

괴산군 괴산면

24일이 장날이라 경계하던 중 오후 6시 돌연 군중 중에 독립만세를 외치는 폭도가 나타남.

이를 진압하던 중 군중 약 700명이 경찰서, 우편국, 군청을 습격하고 투석함.

경찰서원 및 충주수비병의 진압에 의해 오후 10시가 지나서 해산됨.

피해는 군청의 유리창이 파손된 것뿐이므로 다음 4명을 검거하여 취조 중인.

지난번에 비해 투석 등 보다 난폭한 행동을 하고 면서기가 폭동에 참여한 것은 주의해야 할 것이므로 일반에게 경계를 함.

괴산면 서기 구창회具昌會 22세

소수면 서기 김음수金陰洙 22세

전에 검거된 홍명희의 아우 홍성희洪性憙 28세

괴산읍내 양반 정용근鄭容根 29세

괴산군 청안면

25일은 장날이므로 경찰관의 지원과 수비명 7명으로 경계함.

영동군 영동면

25일은 불온한 소문이 있어 경계하였으나 무사히 지나감.

화순경찰서 조선소방협회화순지부장-화순군 동면

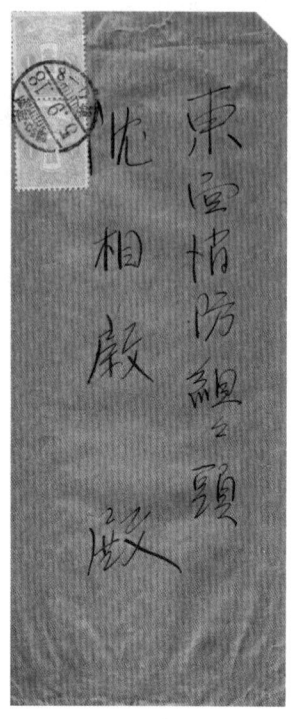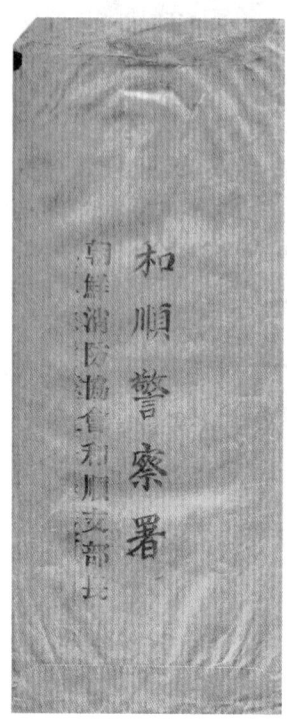

1930. 9. 18. 화순경찰서 조선소방협회화순지부장-동면행

1919년 3·1운동에 관한 조선총독부 도장관道長官보고 자료집 [11]

A collection of reports from the Governor-General of the Joseon Government-General on the March 1st Movement in 1919

문서철명: 1919년 소요사건에 관한 도장관보고철 7책의 2
문서번호: 조선총독부 내비보 315. 충남비제204호
문서제목: 조선인 소요에 관한 건
발신자: 柔原八司 충청남도장관
수신자: 조선총독부 내무부장관宇佐美勝太
발신일: 1919년 3월 27일
조선인 소요에 관한 건
오늘은 대전의 개시일로 엄중히 경계 중인데 오후 3시경 본정 2정목 시장에서 약 210명의 조선인 무리가 돌연 손에 한국기를 치켜들고 인쇄물을 배부하며 만세를 고창하였습니다. 때문에 현장에서 선동자로 판단되는 자 5명을 체포하여 관헌에서 취조중이라는 전보를 대전군수로부터 받았습니다. 이에 즉시 통보합니다.

용산(국)▶해주海州

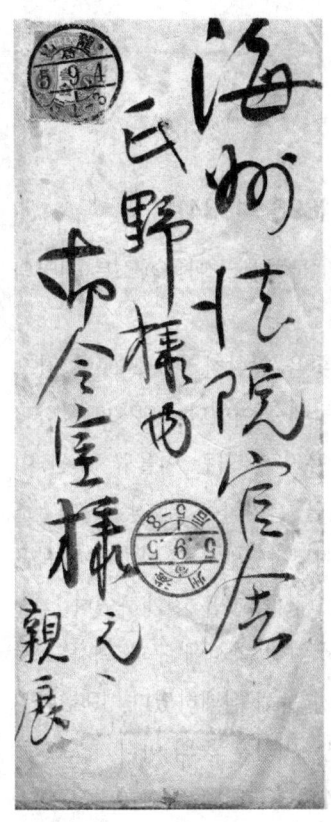

1930. 9. 4. 용산-1930. 9. 5. 해주지방법원

1919년 3·1운동에 관한 조선총독부 도장관道長官보고 자료집 [12]

A collection of reports from the Governor-General of the Joseon Government-General on the March 1st Movement in 1919

문서철명: 1919년 소요사건에 관한 도장관보고철 7책의 2

문서제목: 전보 전주의 만세시위

발신자: 이진호李軫鎬 전라북도장관

수신자: 조선총독부 정무총감山県伊三郎

발신일: 1919년 3월 13일

전보: 오늘

광주光州 ▶ 해주

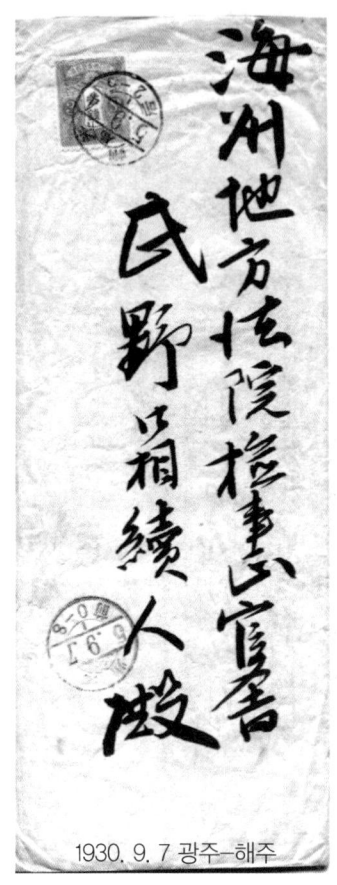

1930. 9. 7 광주-해주

백정기白貞基 (1896~1934)

전북 부안 출신의 국치시기 아나키스트 계열의 독립운동가

1924년 일본 천황을 암살하려고 도쿄에 갔으나 실패하였다. 조선무정부주의자연맹 설립에 관여했다. 1924년 상하이로 가서 우당 이회영·화암 정현섭·우근 유자명·회관 이을규·우관 이정규 등과 함께 재중국 무정부주의자연맹을 결성하는 데 참가하여, 조선 대표로 출석하였다. 상하이에서 자유혁명자연맹을 조직하여 흑색공포단(BTP)으로 개칭하고, 조직을 강화하여 대일투쟁을 전개하였다. 4월 29일 윤봉길 의사의 홍커우 공원 폭탄투척 사건 당시에 구파 의사도 동일한 시도를 준비했으나 입장권을 구하지 못해 실패하였다. 1933년 3월 상하이 홍커우(虹口)에서 정현섭, 원심창, 이강훈 등의 아나키스트 동지들과 중국 주재 일본 공사 아리요시 아키라(有吉明)를 암살하려고 모의하다가 육삼정六三亭에서 체포되었다. 유명한 육삼정 의거다. 나가사키로 이송되어 나가사키 법원에서 백정기 의사와 원심창은 무기징역을, 이강훈은 징역 15년 형을 언도받았다. 백정기 의사는 구마모토 현 구마모토 형무소에서 복역하던 중 1934년 6월 5일에 지병으로 옥사한다. 1931년 9월 한국·중국·일본의 무정부주의자들이 모여 항일구국연맹을 결성하고, 11월에 적의 국경기관 및 수송기관의 파괴·요인 사살·친일파 숙청 등을 목표로 '비티피(BTP)'라는 흑색공포단黑色恐怖團을 조직해 배일운동을 전개하였다. 이 무렵 상해에는 각지에서 무정부주의자들이 모여들고 있었는데, 이회영·정화암과 함께 이들을 규합, 남화한인청년연맹南華韓人靑年聯盟을 결성하였다.

인천세관▶해주지방법원

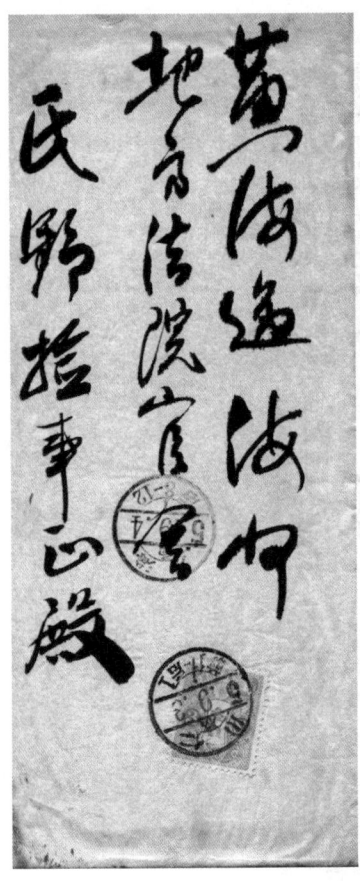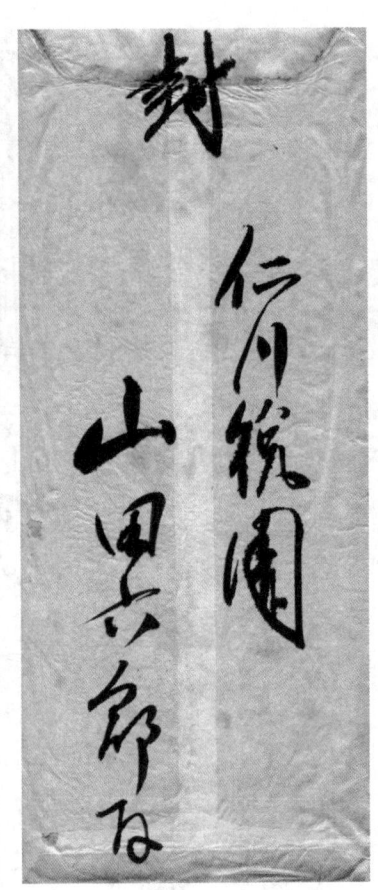

1930. 9. 3. 인천–1930. 9. 4. 해주지방법원

황포탄의거黃浦灘 義擧[1]

의열단義烈團에서 전개한 의열사들의 항일 의거

1922년 3월 28일 일본군 육군대장 다나카田中義一가 필리핀 마닐라로부터 귀국하는 도중에 상해上海에 도착하였다. 이 정보를 사전에 입수한 항일운동단체인 의열단에서는 다나카를 사살할 것을 결정하고 치밀한 거사 계획을 세웠다. 오성륜吳成崙(또는 이정룡)은 다나카가 기선에서 내릴 때, 김익상金益相은 오성륜이 실패할 경우 다나카가 승용차로 향할 때 저격하기로 하였으며, 이 역시 실패할 경우에 대비하여 이종암李鍾巖은 다나카가 승용차에 오를 때 저격하기로 하였다. 거사 당일 다나카가 도착하여 하선하면서 마중나온 사람들과 인사를 나눌 때 오성륜이 권총을 발사하였다. 그러나 발사 순간 신혼여행차 상해에 온 영국인 신부가 다나카 앞을 지나다가 총탄에 맞아 즉사하는 불행한 사건이 일어났다.

일본▶황해도 해주

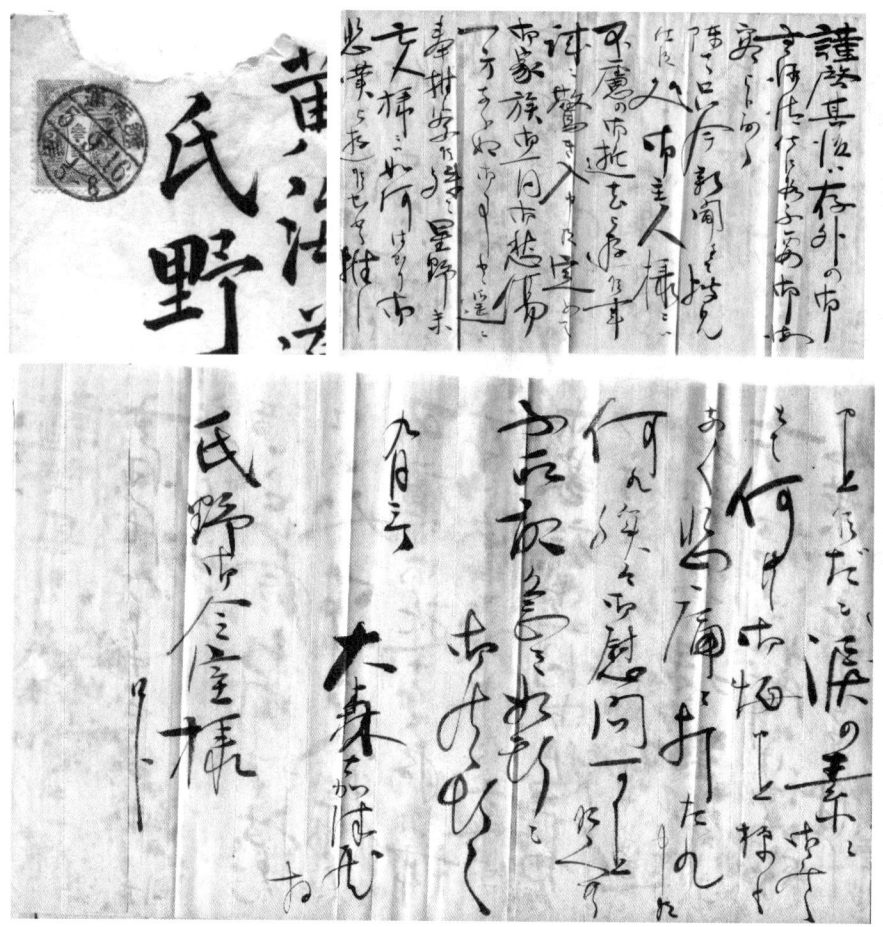

황포탄의거黃浦灘 義擧[2]

이에 놀란 다나카가 황급히 자동차로 달려갈 때 제2선을 담당하였던 김익상이 재빨리 발사하였으나 총탄은 다나카의 모자만을 관통하였다. 이에 제3선을 담당하였던 이종암이 몰려든 군중을 헤치고 앞으로 나오면서 폭탄을 던졌으나, 폭탄마저 불발됨으로써 다나카저격은 실패로 끝나고 말았다. 저격에 실패한 이들은 곧바로 도주하였으나, 김익상과 오성륜은 사천로四川路에서 경찰에 붙잡혀 일본총영사관으로 인도되었다가 나가사키(長崎)로 이송되었다. 그 뒤 오성륜은 탈옥에 성공하여 중국으로 피신하였지만, 김익상은 나가사키지방재판소에서 무기징역, 나가사키공소원長崎控訴院에서 사형이 선고되었다. 1924년 무기로 감형으로 감형되었고 누차 감형되어 21년의 옥고를 치렀다. 다나카저격사건으로 불행하게 신부를 잃은 영국인 톰슨은 저격자가 조국의 독립을 위해 활동하던 인물임을 알고 일본 사법당국에 김익상을 관대하게 처리하도록 진정서를 제출하기도 하였다. 탈옥하여 중국에 온 오성륜은 그 뒤 계속해서 항일투쟁을 전개하였다.

해주지방법원으로 체송된 실체

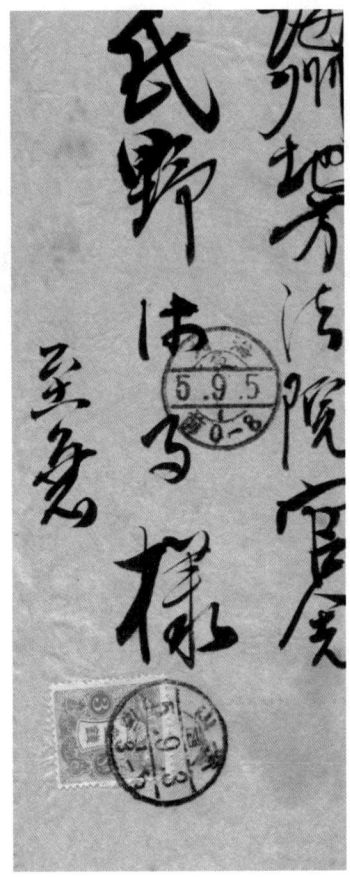
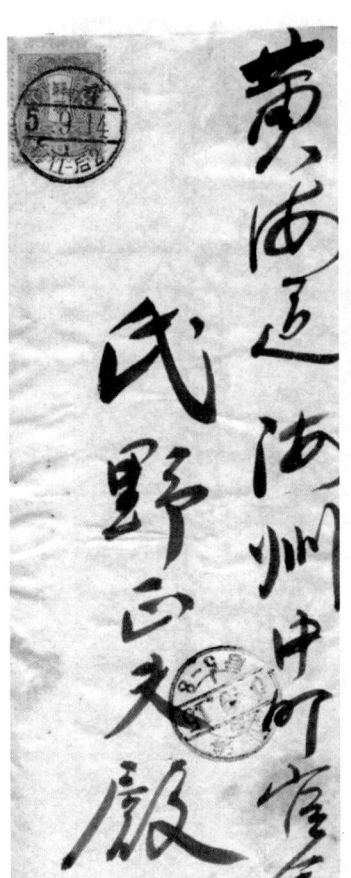

조선전도부군면리동명칭 朝鮮全道府郡面里洞名稱 (1917년)

경기도 (2府 20郡 249面 2730里)

경성부京城府

경성京城

경성부동부·남부·북부·중부·서부

용산면·내청파2계·청파3계·동문외·형제정·만리창·하마비계·신창내·진휼창·난항·도화외동·도화내동·마포·사촌리·신촌리·청파1계·청파4계·숭신면·내송동·상토교·하토교·상백동·신대동·하박동·쌍계동·이화동·영미동·미묵동·염교·자지동·정자동·성저동·신촌·당현동·인수동·복차교·홍수동·대정동·신설계·인창면 내장거리·동묘동·촌어정동·복차교·한지면·내전성동·갈월리·신초리, 원흥동 ·이태원동·두모면·내신당리

1930

단기 4263년. 국치시기國恥時期 21년. 대한민국임시정부 12년

성진경찰서▶해주 관사

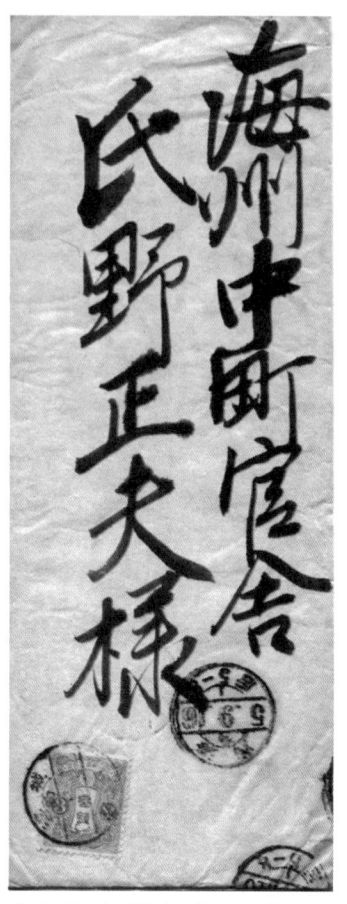 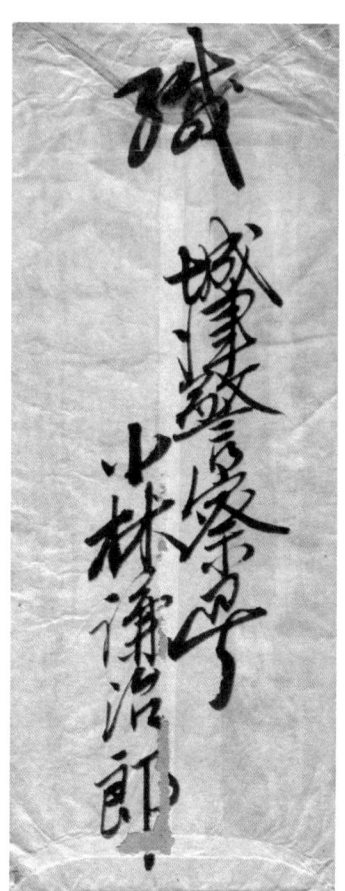

1930. 9. 16. 성진–해주 관사

조선전도부군면리동명칭 朝鮮全道府郡面里洞名稱 (1917년)

경기도 (2府 20郡 249面 2730里)
仁川부인천府
인천부 각국거류지·구일본거류지·지나거류지·부내면·다소면·내화도동·수유동·신촌리·송림동·송현동·장천리, 탁각리

고양군高陽郡
고양군일원·양주군고양주면·경성부서강면·은평면·연희면·용산면·숭신면·인창면·한지면·두모면

부천군富川郡
부평군일원·남양군영흥면·대부면, 서면·남촌면·조동면·신현면·전반면·황등천면·주안면·영종면·용유면·덕적면, 다소면·내닝천부·강화군신도·시도·장봉도·모도

황해도 해주 읍내 재판소 관사

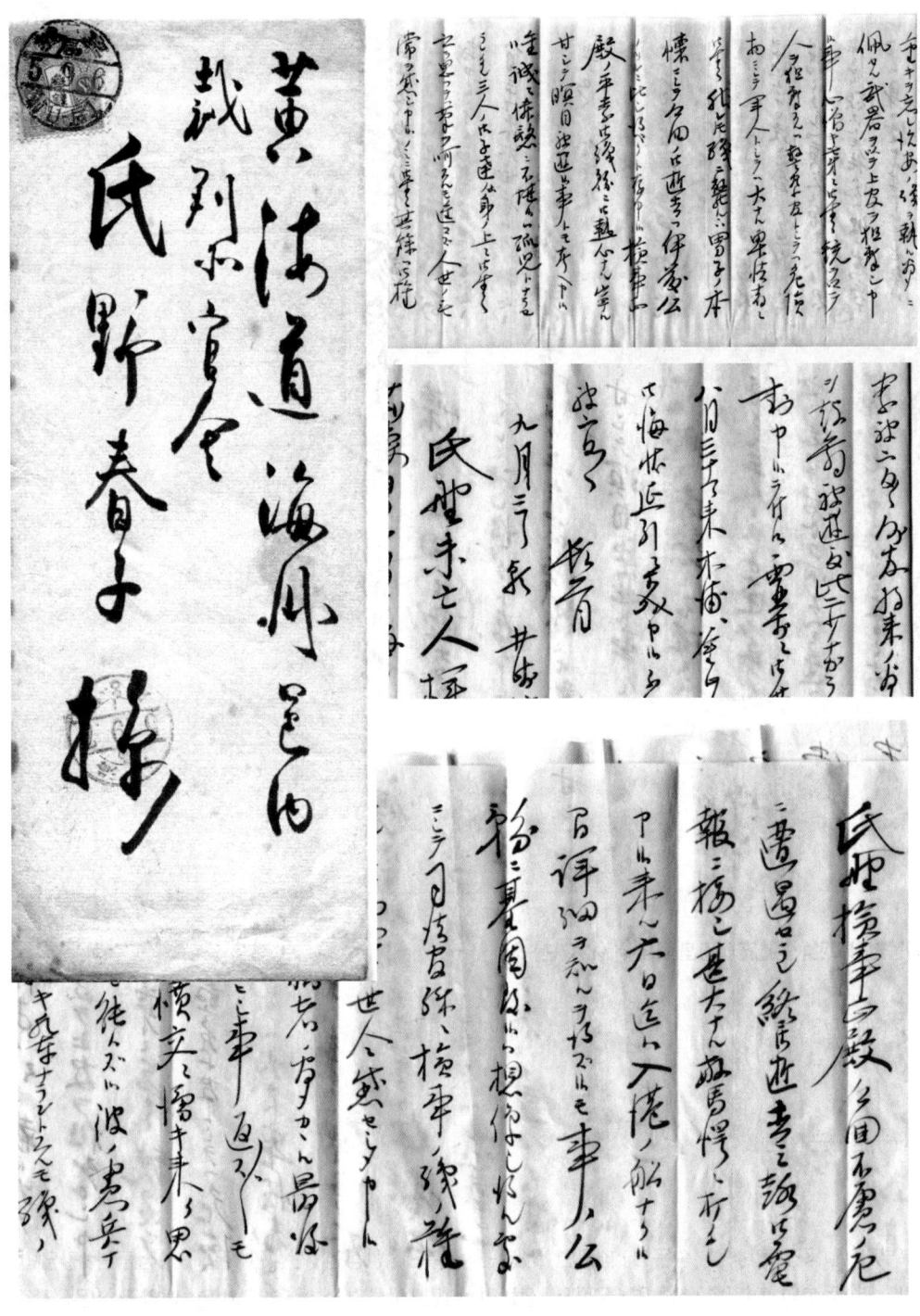

1930. 9. 6. 황해도 해주

우편절수저금대지─청산우편소

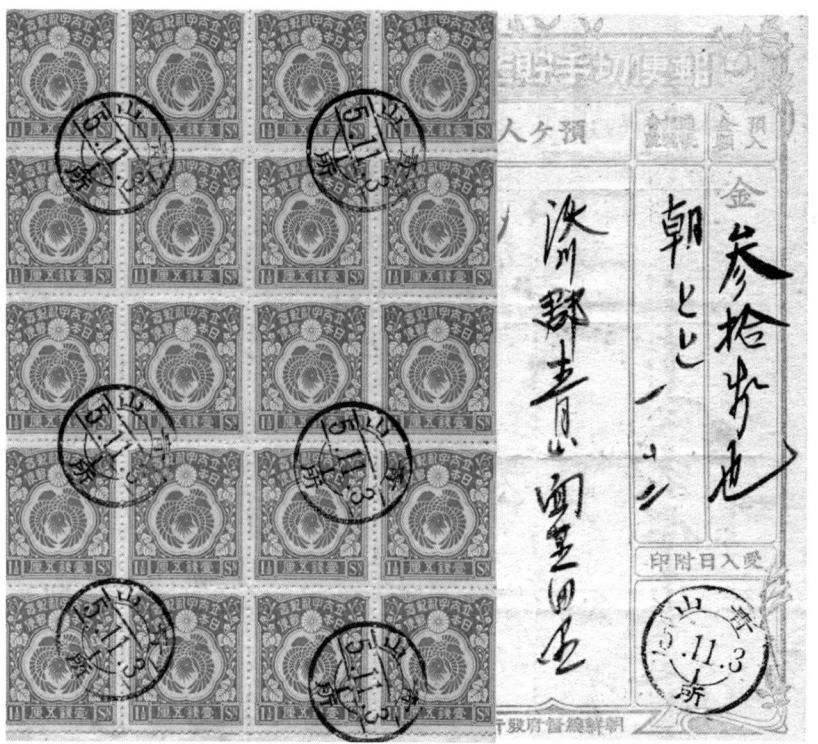

1930. 11. 3. 청산우편소

조선전도부군면리동명칭 朝鮮全道府郡面里洞名稱 (1917년)

경기도 (2府 20郡 249面 2730里)
시흥군始興郡
영등포
시흥군 · 과천군 일원 · 안산군 일원

수원군水原郡
수원군 남부면 · 북부면 · 일용면 · 간석면 · 송동면 · 매곡면 · 삼봉면 · 용복면 · 안녕면 · 산성면 · 문시면 · 남곤면 · 갈담면,
공향면 · 장주면 · 태촌면 · 동북면 · 어탄면 · 청호면 · 금평면 · 정림면 · 남면 · 마물면 · 양윤면 · 감미면 · 남양군 일원 · 광주
군 의곡면 · 왕윤면 · 안산군 · 월곡면 · 북방면 · 성천면

경성▶강릉우편국 유치

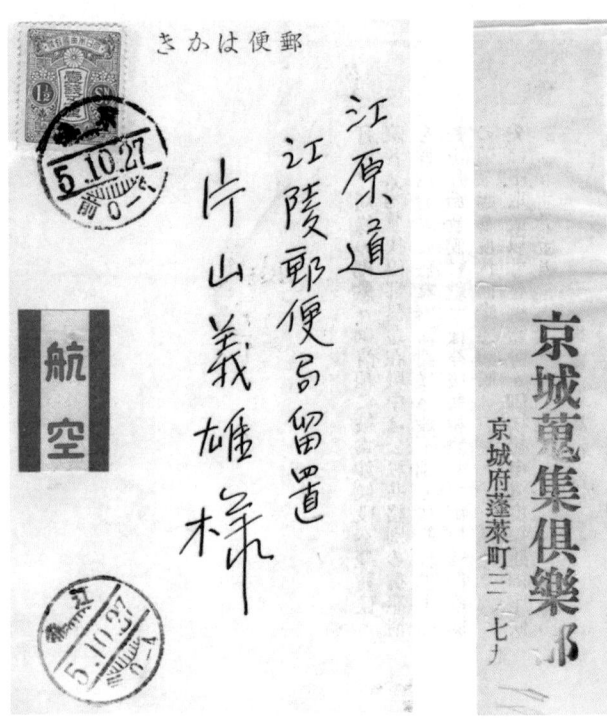

1930. 10. 27. 경성–강릉.

권오설權五卨 (1897~1930)
경북 안동 출생

국치시기 고려공산청년회 책임비서를 지낸 사회주의운동가, 독립운동가.

권오설은 국치시기 고려공산청년회 책임비서를 지낸 사회주의운동가이자 독립운동가이다. 경상북도 안동 출신으로, 1922년 풍산청년회, 1923년 풍산소작인회 결성을 주도하였다. 1924년 4월 조선노농총동맹 창립대회에 참가하여 상무집행위원에 선출되었다. 1925년 4월 고려공산청년회 창립에 참여하여 중앙집행위원 겸 조직부 책임자가 되었다. 1926년 고려공산청년회 책임비서가 되어 조직을 재건하였다. 6·10만세운동을 계획하였다. 거사 직전 체포되어 옥중에서 순국하였다.

충남 은산▶장암면 지토리

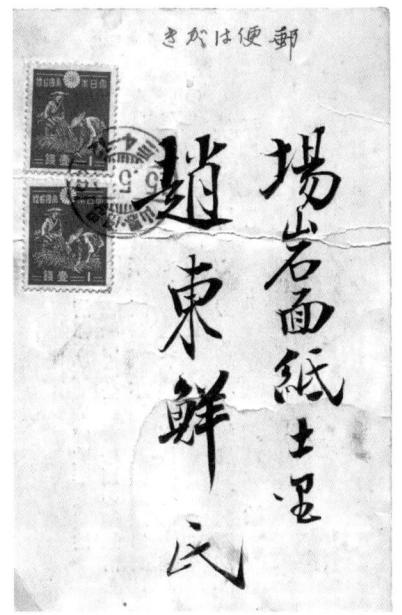 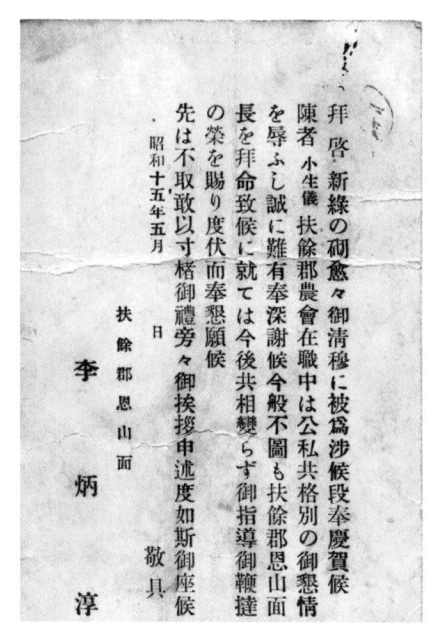

조선전도부군면리동명칭 朝鮮全道府郡面里洞名稱 (1917년)

경기도 (2府 20郡 249面 2730里)
진위군振威郡
평택
수원군 종덕면 · 율북면 · 영북면 · 토진면 · 서신리면 · 청룡면 · 숙성면 · 오정면 · 포내면 · 현암면 · 안외면 · 아량면 · 가사면 · 광덕면
충청남도 평택군 일원

안성군安城郡
안성
죽산군 일원(원일면), 근삼면 · 근 1 · 2면 · 남면 · 내가척리 · 안성군 일원 · 양성군 일원

용인군龍仁郡
김양장金良場
용인군 일원 · 양지군 일원 · 죽산군 원일면 · 근삼면 · 원삼면 · 근 1 · 2면

이천군利川郡
이천
이천군 일원, 음죽군 일원, 충청북도 음성군 법왕면, 내석원리, 두의면, 내용산리

무장(소) 일부인 실체

소위체금수령증서

하판락河判洛

가와모토 한라쿠(河本判洛), 가와모토

마사오(河本正夫) (1912~2003)

국치시기 고등계 친일파 경찰. 경상남도 진주군 명석면 관지리 출생. 2000년 12월 하판락의 고향인 현 진주시 명석면에서 발간된 〈명석면사〉에서는 그의 집안인 진주 하씨 문중의 반발로 하판락의 친일 죄상이 모조리 삭제되는 '분서갱유'를 당했다. 명석면사를 쓴 김경현은 하씨문중이 하씨 집성촌인 명석면 관지리 마을회관으로 김씨를 불러 '무슨 근거로 그렇게 썼냐. 근거를 대라. 하판락은 단지 경찰이었다. 고등계 형사가 아니다. "광주놈이라 경상도를 저렇게 쓴다', '외지인 주제에 지역사정을 뭘 안다고 그렇게 막 쓰냐'고 비판했고 결국 하판락 부분은 삭제되었으나, 김경현은 자신의 마지막 양심을 편찬후기 형식으로 끼워넣었다.'명성면 출신자 중에 반민특위 관련자에 대해서는 면사편찬위의 결의로 삭제했다.' 진주 하씨 문중은 뒤늦게 '죽일 놈 살릴 놈'했지만 책은 인쇄가 끝난 뒤였다.

출처: wikipedia

조선전도부군면리동명칭 朝鮮全道府郡面里洞名稱 (1917년)

경기도 (2府 20郡 249面 2730里)
김포군金浦郡
김포
김포군 일원·통진군 일원·양천군 일원

강화군江華郡
강화
강화군(신도·모도·시도·교동군 일원)

파주군坡州郡
문산
파주군 일원·교화군 일원
포천군 抱川郡, 연천군 漣川郡, 광주군 廣州郡, 양평군 楊平郡, 가평군 加平郡, 여주군 驪州郡

예산 등기 297▶서천

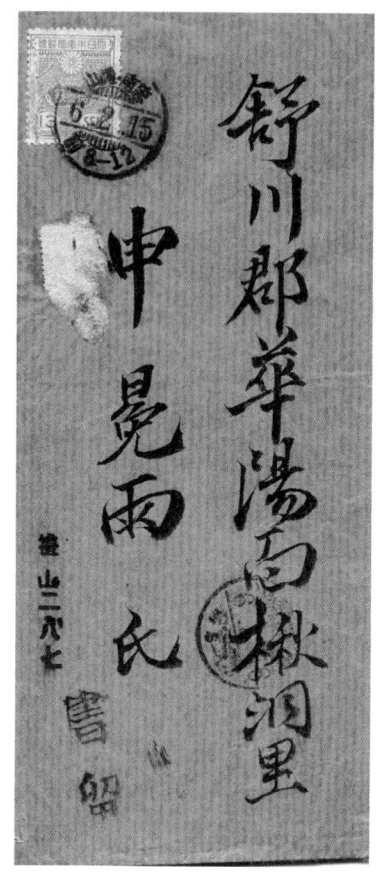

1931. 2. 15. 예산 등기–서천

조선전도부군면리동명칭朝鮮全道府郡面里洞名稱 (1917년)

충청북도忠淸北道 (14군, 110면, 1,518리)

영동군永同郡 황윤군 영동군 일원·경상북도 상주군 공서면 내능북리

옥천군沃川郡 청산군 일원·옥천군 일원

보은군報恩郡 보은군 일원·회인군 일원

청주군淸州郡 청주군 일원·문의군 일원·청안군 서면

괴산군槐山郡 괴산군 일원·연풍군 일원·청안군 일원·청천면, 감물면,

제천군堤川郡 제천군 일원·청풍군 일원·충주군 덕산면

단양군丹陽郡 단양군 일원·영춘군 일원

음성군陰城郡 음성군 일원·충주군 소파면·사이면·경기도 음죽군 동면
·내노평리·하율면·내업곡리·상율면·내팔성리·석교동

진천군鎭川郡 진천군 일원·경기도 죽산군 남면·내가척리·동주리

충주군忠州郡 충주군 일원

충청남도 忠淸南道 (14군, 110면, 1,518리)

공주군公州郡 공주군 일원

연기군燕岐郡 연기군·전의군 일원,

대전군大田郡 회덕군 일원·진령군 일원·공주군 현내면

논산군論山郡 은진군·연산군·노성군·석성군 원북면·정지면·삼산
면, 와촌면·우곤면

부여군扶餘郡 임천군·홍산군·노성군 소사면·공주군 우탄면·내서원리
및 정곡2리 일원·석성군 현내면·북면·증산면·비당면 일원

서천군舒川郡 서천군·한산군·비인군 일원

보령군保寧郡 보령군·어천군·감포군 일원

홍성군洪城郡 홍주군·결성군 일원·보령군 청소면·내와암리·음
촌·양촌,

청양군靑陽郡 청양군·부여군 조성면 구룡리·공동면·내금강리·정산군

서산군瑞山郡 서산군·태안군·해미군 일원

당진군唐津郡 당진군·오천군 일원

예산군禮山郡 예산군·덕산군대흥군 일원

아산군牙山郡 온양군·아산군·신창군 일원

천안군天安郡 천안군·목천군·목산군 일원

진주晉州 내용증명內容證明 ▶ 산청山淸

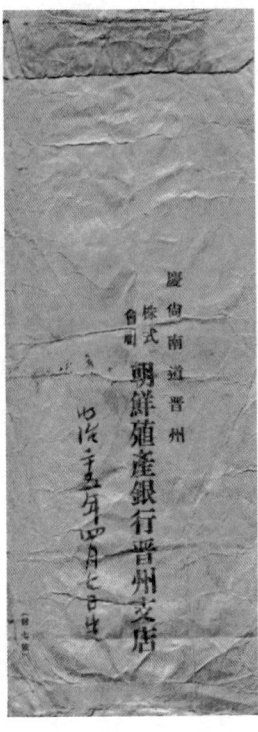

1931. 4. 9. 진주(국) 내용증명. 조선식산은행진주지점-산청. 70x190mm

조선전도부군면리동명칭 朝鮮全道府郡面里洞名稱 (1917년)

전라북도 全羅北道 (14군, 1부, 188면, 1778리)

군산부群山府 군산부각국거류지 · 북면 · 내장재동 · 대정동 · 송창동 · 개복동 · 신흥동 · 명치정통 · 횡전정 · 강호정 · 호정 · 영정

옥구군沃溝郡 군산부 박면 · 풍면 · 장면 · 동면 · 서면 · 정면 · 미면 · 북면 · 내군산부 지역 · 임피군 일원 · 함열군 남이면 · 내마포리 · 상금리 · 하금리 · 전라남도 지도군 고군산면 · 충청남도 어천군 하남면 · 내인도리 · 죽도리 · 개야도리 · 하서면 · 내어청도리

익산군益山郡 이리 · 함열군 · 용안군 · 익산군 · 여산군 일원 · 임피군 동1면 내방교리

전주군全州郡 전주군 · 고산군 일원

김제군金堤郡 김제군 · 만항군 · 금구군 일원

고창군高敞郡 고창군 · 무장군 · 흥덕군 일원

정읍군井邑郡 고부군 · 정읍군 · 태인군 일원

금산군錦山郡 금산군 · 진산군 일원

1931 단기 4264년.국치시기國恥時期22년. 대한민국임시정부 13년

공주公州기계인

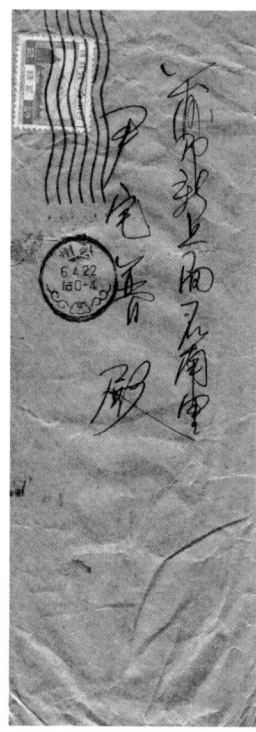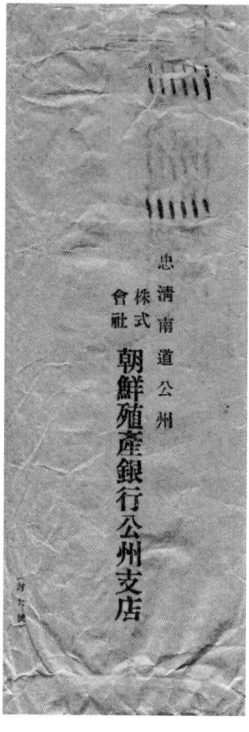

1931. 4. 22. 공주 조선식산은행 공주지점

조선전도부군면리동명칭 朝鮮全道府郡面里洞名稱 (1917년)

전라북도 全羅北道 (14군, 1부, 188면, 1778리)
진안군鎭安郡 용담군 · 진안군 일원
남원군南原郡 남원군 · 운봉군 일원
부안군扶安郡 부안군 · 고부군 백산면 · 거마면 · 덕목면 일원

경성京城 ▶ 경북 영천永川

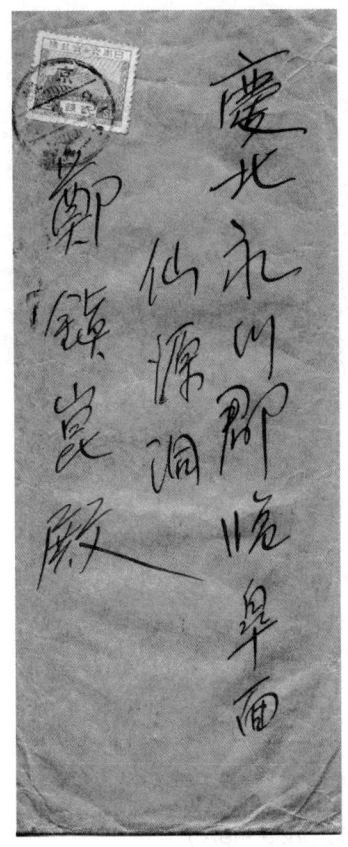
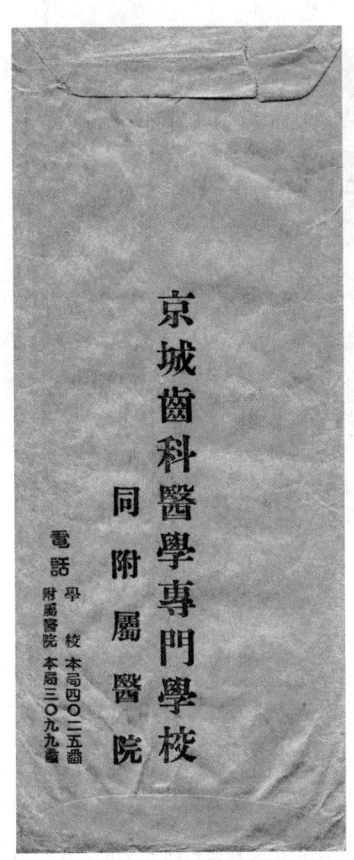

경성치과의학전문학교京城齒科醫學專門學校

일제강점기의 교육기관으로 사립 전문학교였다. 이 학교는 일제 강점기 조선 내의 유일한 치과 의술 교육기관이었다. 해방 이후 대학기관인 서울대학교 치과대학에 흡수되어 승격되었으며 오늘날의 서울대학교 치의학대학원으로 이어지고 있다. 1921년 세브란스의학전문학교의 에비슨박사는 치과의학전문학교 설립을 추진했다. 조선총독부는 이를 저지하기 위해 경성의학전문학교 부속병원 치과과장인 니기라에게 치과강습소 설립 청원서(1921년 12월 26일)를 내게 하고 이를 허가(1922년 4월 1일)했다. 1922년 4월 15일에는 이미 내정되어 모집된 60명의 신입생(조선인 40명, 일본인 20명)으로 3년제 경성치과의학교를 개교했다. 일제가 이렇게 서둘러 사실상의 관립 치과의학전문학교를 설립한 것은 선교사 집단의 의료세력 확대를 막고 이들의 대학 승격운동을 저지하려 하는 계산에서였다. 설립 초기에는 경성의학전문학교 부속병원에서 수업을 진행했으나, 1928년에는 소공동 관유지를 무상으로 임대 받아 독립교사를 마련하여 이전하였다.

군사 검열우편

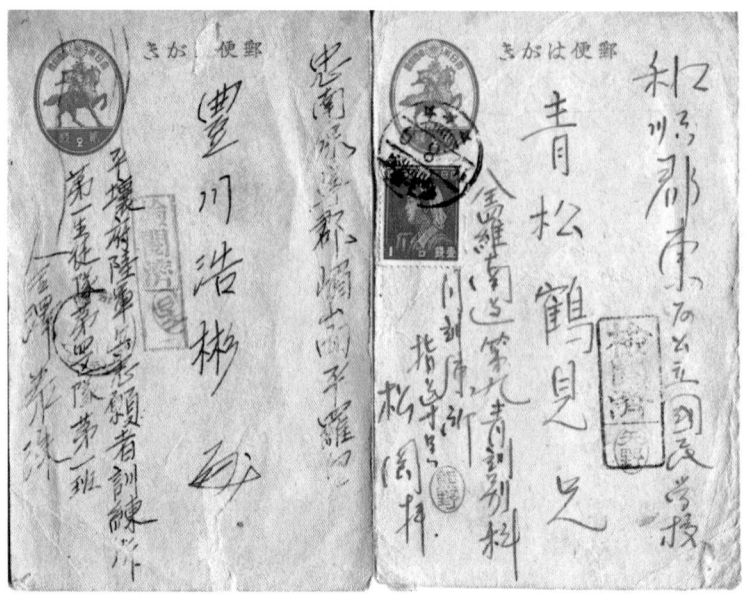

대한독립에 헌신한 외국인
Foreigners who devoted themselves to Korean independence

프랭크 윌리엄 스코필드
2023. 8. 14. 발행
우표번호: 3703
발행량: 624,000매
액면가: 430원
크기: 32x3

프랭크 윌리엄 스코필드Frank William Schofield (1889~1970)

영국 태생의 캐나다 장로교 선교사이자, 수의학자이며 세균학자이다. 일제 강점기 조선과 독립 후의 대한민국에서 활동하였으며, 제암리 학살사건의 참상을 보도한 그의 활동을 기념하는 뜻에서 "3·1 운동의 제34인"이라고 부르기도 한다. 그가 만든 한국식 이름인 석호필(石好必, 나중에 한자를 石虎弼로 개명)은 오늘날 '스코필드'라는 이름을 쓰는 여러 외국인의 별칭이 되었다. 한국의 독립과 인권에 관련하여 대한민국에서 가장 존경받는 선교사 중에서도 일원이다.

NINSEN—via Siberia▶Germany

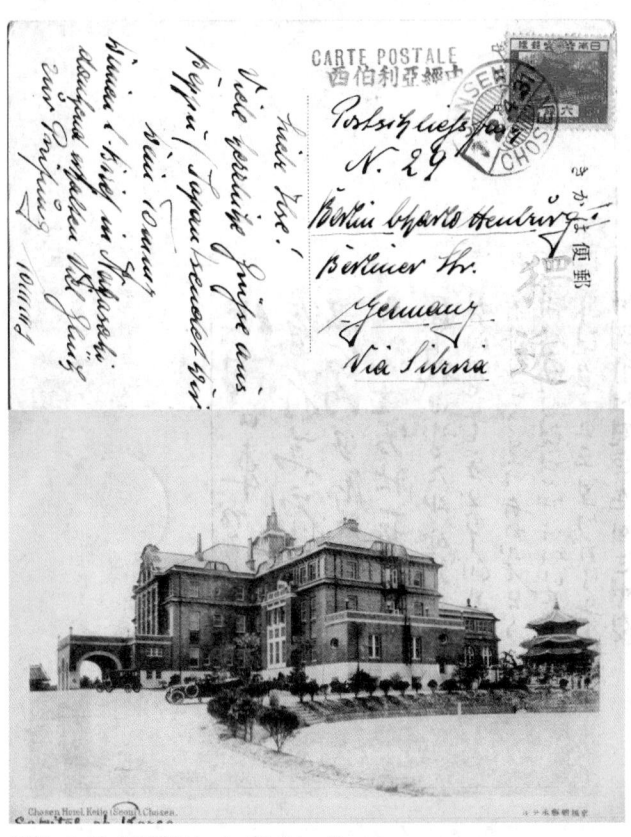

1931. 4. 12. NINSEN—via Siberia—Germany.

후세 다쓰지 布施辰治 (1880~1953)

미야기현 이시노마키시 출생

미야기현 이시노마키시 출신의 일본의 인권변호사, 사회운동가, 식민지 독립운동가이다. 후세 다츠지라고도 한다. 2004년, 일본인으로서는 최초로 대한민국 건국훈장(애족장)을 수여받았다.

조선의 독립투쟁과 민중운동 옹호

한국강제병합을 일본 제국주의의 자본주의적 침략으로 규정한 그는 한국의 독립 운동과 민중 운동을 적극 지지하였다. 1911년에는 '조선의 독립운동에 경의를 표함'이라는 글을 이유로 한 독립 운동 혐의로 일본 경찰의 조사를 받았다.

광화문▶공주

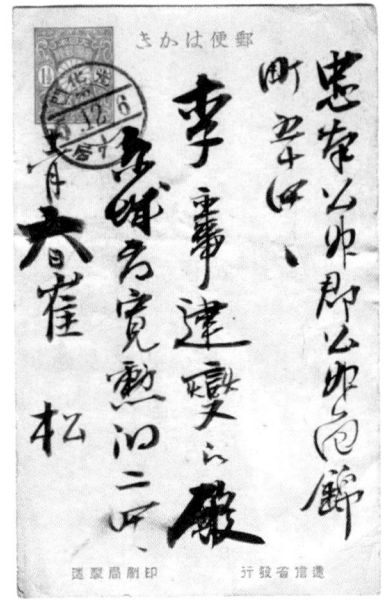
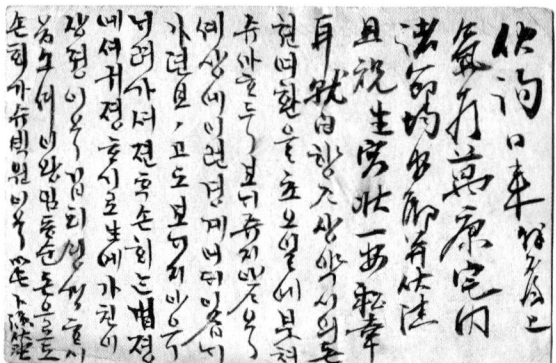

1931. 12. 5. 광화문─공주

추억의 인물 시리즈우표(두 번째 묶음)
Nostalgic Person Series Stamps (2nd lot)
윤동주尹東柱(1917~1945)
2014. 4. 9. 발행

국치시기의 독립운동가, 시인이자 작가이다.

1917년 12월 30일 동간도 명동촌明東村에서 태어났다. 본적은 함경북도 청진시 포항동 76번지이다. 명동촌은 동간도의 척박한 땅이었지만 1899년 함경도 출신의 김약연·김하규·문병규 등이 140여 명의 식솔을 이끌고 동간도로 집단 이주한 후 윤동주의 조부인 윤하현 등이 합류하면서 '동방을 밝히는 곳(明東村)'이라는 뜻을 지닌 동간도 최대의 한인촌을 형성했다. 명동학교明東學校에서 수학하였고, 광명중학교와 서울 연희전문학교延禧專門學校를 졸업하였다. 연희전문학교 2학년 재학 중 소년少年 지에 시를 발표하며 정식으로 문단에 등단했다.

경성▶밀양

추억의 인물 시리즈우표(두 번째 묶음)

Nostalgic Person Series Stamps (2nd lot)

이육사李陸史(1904~1944)

2014. 4. 9. 발행

국치시기의 문학인이자 독립운동가이다.

1925년 가을부터 2~3학기 동안 베이징에 있던 공립 중궈대학(中國大學, 베이징 대학이 아님)에 들어가 문과 수업 등을 청강하기도 하였다. 중화민국 국민당 군사위원회에서 난징에 창설해 김원봉이 조선인 항일 군관 훈련반(제6대대) 대장에 있던 군사학교에 1932년 9월 입학하여 보병 육성과 특수 부대원 훈련을 받고 이듬해 4월에 졸업하였다.

부산▶일본

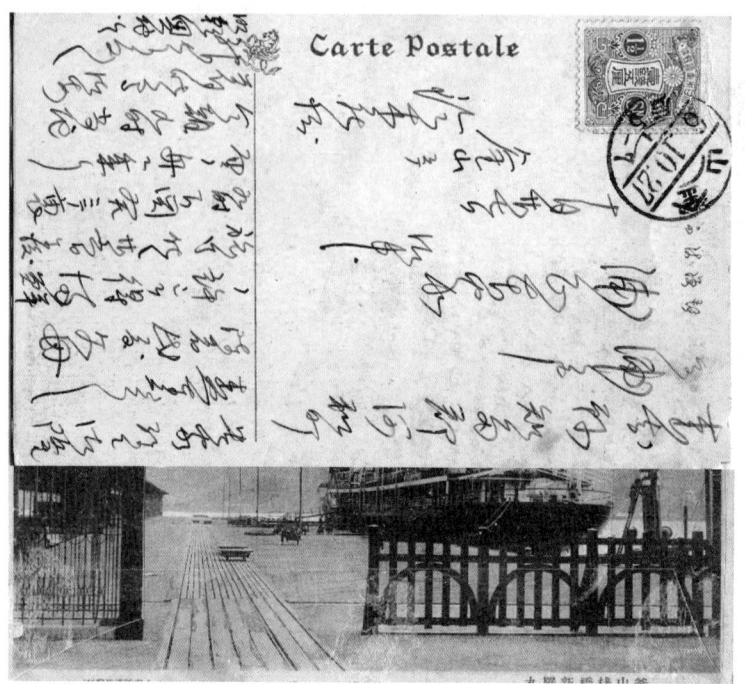

부산항에 정박중인 신라호

추억의 인물 시리즈우표(두 번째 묶음)

Nostalgic Person Series Stamps (2nd lot)

한용운韓龍雲

2014. 4. 9. 발행

한용운韓龍雲 (1879~1944)

국치시기의 시인, 승려, 독립운동가

1918년 '유심'에 시를 발표하였고, 1926년'님의 침묵'등의 시를 발표하였다.

김제金堤동진수리조합▶정읍井邑

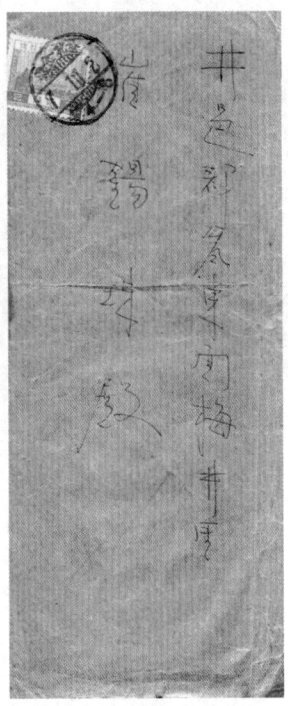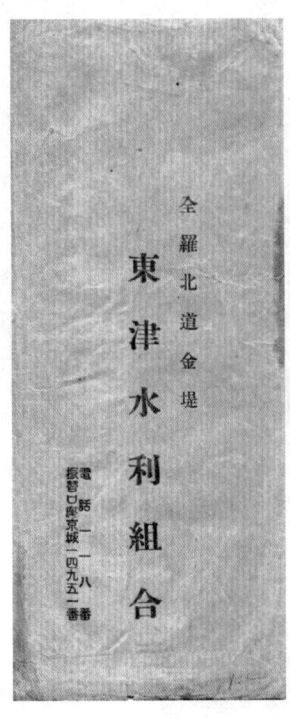

1932. 10. 2 김제–정읍행

호국영웅(독립운동가) 기념우표
Commemorative stamp for patriotic hero (independence activist)
독립운동가 남자현
2016. 6. 1. 발행

남자현南慈賢 (1872~1933)

대한제국의 독립운동가. 3·1 운동에 참여하고 만주로 망명해 서로군정서에 참가하였으며 사이토 마코토 조선 총독의 암살을 기도(시도)하는 등 여러 가지 독립운동을 진행했다. 이토 히로부미를 저격한 안중근에 비견되었다. 1962년 건국 훈장 대통령장이 추서되었다. 2015년 영화 암살의 주인공인 안옥윤(배우: 전지현)의 모델이 되었다. 남만주에서 북만주로 가는 동안 기독교인이 된 남자현은 반공주의자이며, 만주에 12개의 교회를 설립하기도 했다.

소위체금수령증서小爲替金受領證書

경북 경산慶山 일부인

윤용하尹龍河 (1922~1965)

대한민국의 작곡가이다. 황해남도 은율에서 태어났다. 종교는 천주교이며, 세례명은 요셉이다. 신경음악원을 졸업하고 동북고교 등에서 음악 교사로 일했다. 광복 후 박태현, 이흥렬 등과 함께 음악가 협회를 조직해 음악 운동을 전개하였고, 국민 가요인 '민족의 노래', '해방절의 노래' 등을 작곡하였다. 대표작으로는 가곡에 '보리밭', '도라지꽃' 등이 있으며, 동요로는 '나뭇잎배', 칸타타에는 '조국의 영광'과 '개선'이 있다. 서정적 멜로디가 그의 특색이고, 가난과 비극성 주벽 등이 그의 곁을 떠나지 않았으나, 가톨릭신자로서의 신앙과 순수성을 지니면서 암흑과 고뇌의 시대를 살다 간 작곡가였다.

윤용하 탄생 100주년 기념우표

Stamp commemorating the 100th anniversary of Yun Yong-ha's birth

윤용하와 보리밭

2022. 3. 16. 발행

진체저금불송금수령증—전북 정읍

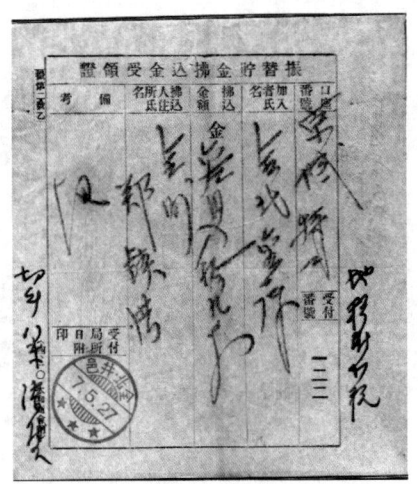

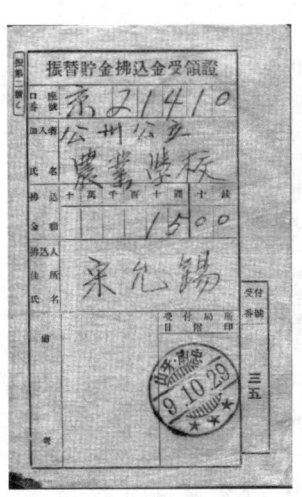

1932. 5. 27. 전북 정읍우편국   1934. 10. 29. 충남 아산우편국

대한독립에 헌신한 외국인
Foreigners who devoted themselves to Korean independence

조지 루이스 쇼 George Lewis Shaw(1880~1943)

2023. 8. 14. 발행

아일랜드계와 일본계의 혼혈인 영국인 기업인으로, 국치시기에 있었던 조선인의 망명 계획과 한국의 독립운동을 지원한 공로로 1963년에 대한민국 정부로부터 건국훈장 독립장이 추서된 외국인 독립운동가이다. 대한민국 임시정부에서 연통제를 실시하게 되자 일본 영사관 경찰의 권한이 미치지 못하는 이륭양행 건물의 2층에 임시정부 단둥 교통국의 연락사무소를 설치하도록 도왔으며, 이륭양행에서 경영하는 무역선을 이용하여 독립운동에 필요한 무기 운반, 군자금 전달, 독립운동가의 출입국, 한국 국내와 임시정부와의 연락 등 중요한 창구역할을 했으나, 1920년 7월에 내란죄로 일본 경찰에 체포되어 옥고를 치렸다. 김구가 1919년 봄에 동료 독립운동가 15명과 함께 상하이로 망명할때도 이륭양행의 배편을 이용한 것으로 기록되어 있으며, 1919년 11월에는 고종의 다섯째 아들인 의친왕을 망명시키는 시도가 이루어지던 당시에도 단둥 교통국이었던 이륭양행을 통해 의친왕의 망명 계획을 진행하였다. 독립운동가들을 숨겨주며 상하이로 오가는 선편을 제공하는 한편, 이륭양행의 사장인 본인의 이름으로 우편물의 왕래를 담당하였을 뿐 아니라, 무기수입의 편의까지 제공하였다.

표어 일부인

함흥▶일본
조선함경남도 함흥 제19사단 보병 제74연대 제3중대

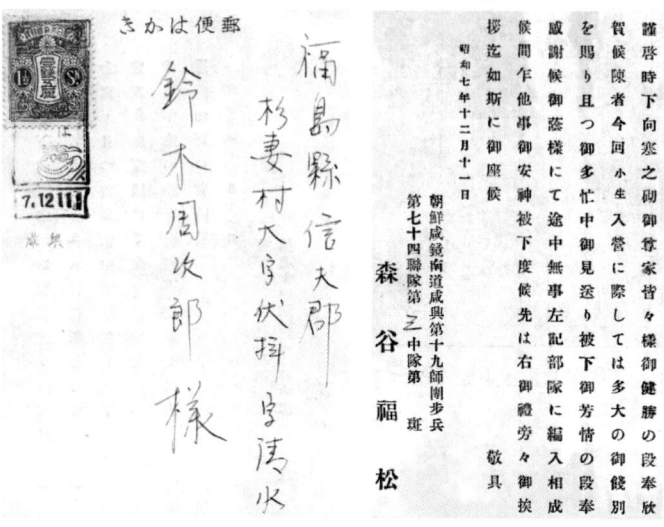

1932. 12. 11. 함흥–일본

우당 이회영 선생 탄생 150주년 기념우표
Woodang Lee Hoi–young's 150th anniversary stamp commemorating the birth
우당 이회영 선생, 6형제의 회의장면
2017. 4. 21. 발행

이회영李會榮 (1867~1932)

대한제국의 교육인, 사상가이자 국치시기 아나키스트 계열의 독립운동가이다.

장훈학교, 공옥학교에서 교편을 잡다 신민회의 창립 멤버로 가담하였고, 북간도에 서전서숙을 설립하였으며 일가 6형제와 함께 유산을 처분하고 만주로 망명하여 신흥무관학교를 설립, 독립군 양성과 군자금 모금 활동을 했다. 그 뒤 신흥무관학교가 일제의 탄압으로 실패하자, 상하이에서 아나키즘 사상에 심취하였으며 1928년 재중국조선무정부공산주의자연맹, 1931년 항일구국연맹 등의 창설을 주도하였으며 국내외 단체와 연대하여 독립운동을 했다. 1931년 9월에는 흑색공포단을 조직하여 일본과 일본 관련 시설의 파괴, 암살을 지휘하였으나 1932년 11월 상하이 항구에서 한인 교포들의 밀고로 체포되어 고문 후유증으로 인하여 옥사하였다. 1962년 건국공로훈장 독립장이 추서되었다. 7형제 중 넷째 아들이며 대한민국 초대 부통령을 지낸 이시영의 형이다. 해공 신익희와는 사돈간이며, 정치인 이종찬, 이종걸은 그의 손자이다. 이종찬의 아버지 이규학과 이종걸의 아버지 이규동은 이복 형제간으로, 이규학은 서씨 소생이고 이규동은 이은숙 소생이다.

대구 원정(소) 통상위체금수령증서

KEIJO ▶ U.S.A

신흥무관학교 설립 100주년 기념우표

Stamp commemorating the 100th anniversary of the establishment of Shinheung Military Academy

신흥무관학교 교가와 신흥학우단

2011. 6. 10. 발행

신흥무관학교新興武官學校는 개신교인 감리교회와 장로교회의 지원을 받은 신민회가 1911년 서간도(길림성 통화시 류하현)에서 개교한 독립군 양성 기관으로, 현 경희대학교慶熙大學校의 전신이다. 신흥무관학교의 졸업생들은 서로군정서 의용대, 조선혁명군, 대한독립군, 대한민국 임시정부 한국 광복군 등에 참여해 무장 독립운동의 한 축을 차지하며 민족 해방에 크게 기여했다. 1911년 서간도로 이주한 민족운동가들은 그해 5월(음력 4월) 삼원포 대고산에서 군중대회를 열어 경학사 조직을 결의했다. 경학사는 서간도 이주민을 위해 농업 등 실업과 교육을 장려하고 장차 군사훈련을 시키기 위해 만든 결사結社조직이었다. 같은해 6월 10일(양력), 이상룡을 주축으로 윤기섭, 이시영, 이회영 형제와 김형선, 이장녕, 이장직, 이동녕 등 군인 출신이 중심이 되어 중국 지린성 류허현 삼원포에 신흥강습소를 설립하였다. 일제의 눈을 피하고 중국 당국의 양해를 얻기 위해 신흥강습소란 이름을 내걸었으나 초기부터 독립군을 양성하기 위한 군사학교의 성격을 지니고 있었다. 신흥이란 이름은 신민회의 신자와, 부흥을 의미하는 흥자를 합쳐 만든 것이다.

조산(소) ▶ 진위

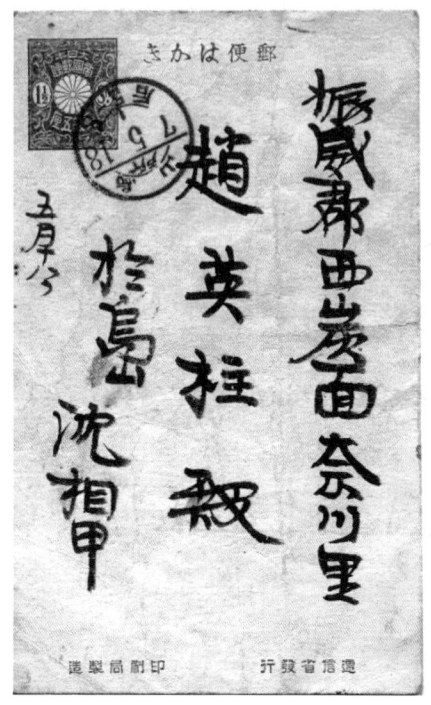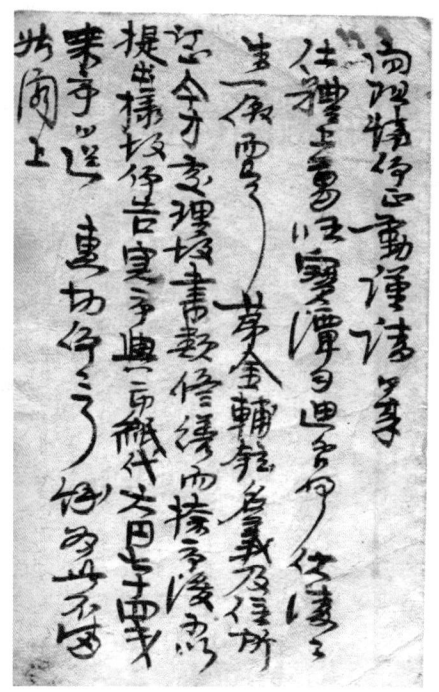

여성독립운동가 우표
Korean female independence activist stamp
박차정
2019. 3. 15. 발행

박차정朴次貞 (1910~1944)

한국의 독립운동가로, 김원봉의 두번째 부인이며, 독립운동가이자 북한의 초대 국가원수 겸 초대 최고인민회의 상임위원장 김두봉의 조카딸이었다. 근우회와 부녀복무단에서 활동했다. 1930년 근우회사건을 배후에서 지도하다 옥고를 치르기도 하였다. 1930년 중국으로 망명한 후 의열단에 가입, 의열단원으로 활동하다 의열단장 김원봉과 결혼하였으며, 조선혁명군사정치간부학교 여자교관, 민족혁명당 부녀부 주임, 조선의용대 부녀복무단장 등으로 활동하였다. 1939년 2월 장시성 쿤륜산 전투 중에 부상을 입고 그 후유증 등으로 1944년 5월 27일 충칭에서 병사하였다. 독립 운동 중 사용한 가명은 임철애林哲愛·임철산林哲山이다.

용산▶일본행

용산 조선총독부 구 총독 관저

광화문光化門▶영천永川 　　광화문光化門▶옥천沃川

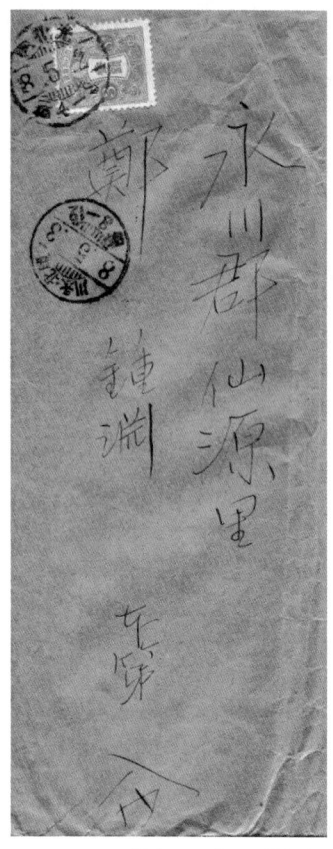 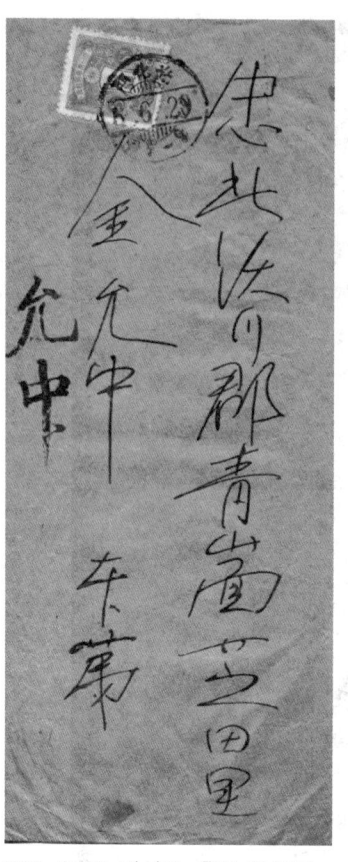

1933. 5. 2. 광화문–경북 영천행　　1931. 6. 29. 광화문–충북 옥천행

여성독립운동가 우표

Korean female independence activist stamp

권기옥

2019. 3. 15. 발행

권기옥權基玉 (1901~1988)

대한민국의 독립운동가

1925년 중화민국 윈난 육군강무학교(항공군사학부)를 나온 한국 최초의 여자 비행사 출신이며, 대한민국 최초의 여성 출판인이기도 하다. 권기옥은 숭의여학교에서 교사로 근무하던 박현숙의 영향을 받아 반일 비밀 결사인 송죽회에 참가해 활동했다. 1917년 5월 미국인 아트 스미스의 평양 곡예 비행을 구경한 뒤로 비행사가 되는 꿈을 꾸기 시작한다.

서산瑞山 ▶ 경성 동일은행 본점 영주 춘양우편국 반송 부전지 우편

광화문光化門 접수인

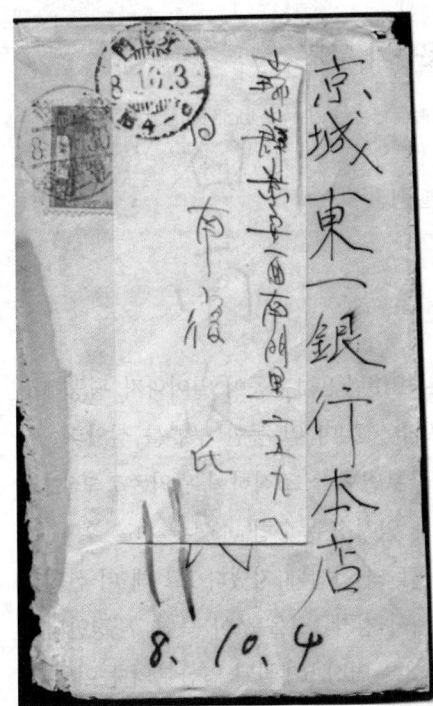 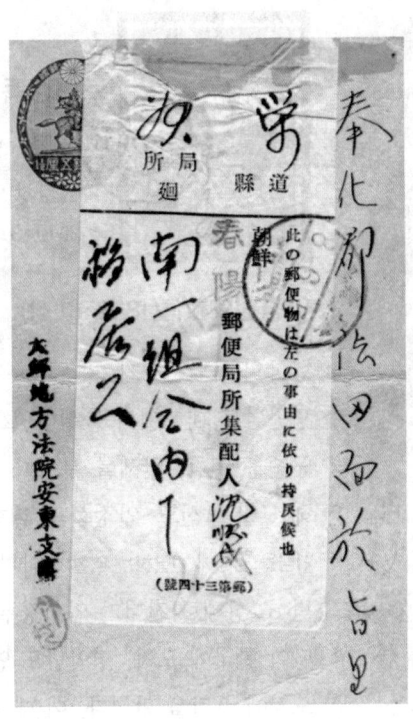

1933. 9. 30. 서산–1933. 10. 3. 경성 동일은행 본점행.

여성독립운동가 우표

Korean female independence activist stamp

김마리아

2019. 3. 15. 발행

김마리아金瑪利亞 (1891~1944)

한국의 독립운동가

대한민국애국부인회 회장, 상하이의 대한민국애국부인회 간부 등을 지냈다. 본관은 광산으로, 본명은 김진상金眞常이며, 김근포金槿圃라고도 하였다. 독립운동가 김순애의 나이 2살 어린 친정 5촌 고모였다.

평안북도 조약造岳 ▶ 일본

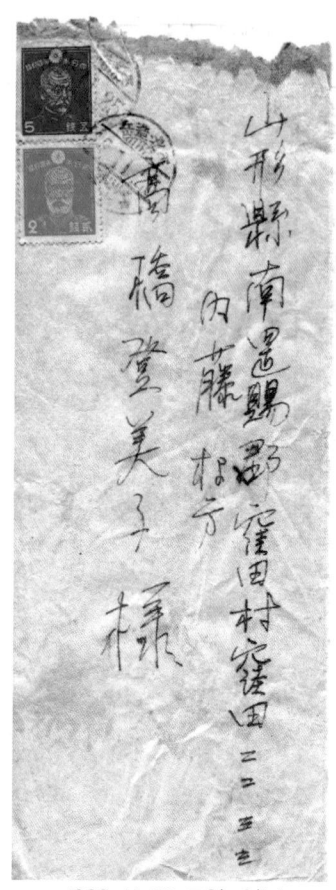

1933. 11. 25 조악–일본

여성독립운동가 우표

Korean female independence activist stamp
안경신
2019. 3. 15. 발행

안경신安敬信(1888~미상)

한국의 독립운동가.

평안남도 대동에서 출생하였으며, 1919년 3·1운동이 일어나자 평양에서 군중을 선동, 만세를 부르다 체포되어 20여 일 동안 구류를 살았다. 이 해 11월 오신도·안정석과 '대한애국부인회'를 조직하여 활약(주로 모집한 군자금을 임정에 전달하는 역할)하다가 상해 임시정부 수립(1919년 4월 11일) 후 1920년 초 상해로 건너가 임시정부 요인들과 가깝게 지냈다. 그 해 미국 의원단이 한국에 오자, 평안남도 안주에서 경찰 1명을 쏘아 죽인 후 평안남도 도청에 폭탄을 던졌다. 이 때 안경신은 임신 5개월된 임산부의 몸이었다. 1921년, 체포되어 사형 선고를 받았으나 대한민국 임시정부의 노력으로 10년으로 감형되었다. 7년이 되던 해 가출옥을 해 친오빠의 집에 갔다는 기록이 있다. 그 뒤의 행방은 묘연하다. 1962년 대한민국 건국 공로 훈장 단장이 수여되었다.

군자금을 상해 임정에 전달하다

대한애국부인회는 임원을 선출한 후 지부를 설치했는데, 평양감리회지회·평양장로회지회·진남포감리회지회·진남포장로회지회·강서군감리회지회·함종감리회지회·증산감리회지회·순천장로회지회 등 8개 지부가 가입했다. 이 지부들은 새로 설립된 것이라기보다는 기존의 지방부인회를 지회로 흡수한 것이었다. 전 회원이 100여 명에 이르렀다. 안경신은 대한애국부인회의 교통부원이었다. 교통부원은 본부에서 모집한 군자금을 상해임시정부에 전달하는 임무를 맡았다. 부인회 강서지회의 군자금을 상해에 전달하는 일은 안경신의 몫이었다. 강서지회는 1919년 3.1 만세운동직후에 한독신(강서군 강서면 덕흥리 출신)을 비롯한 여성 4명이 만든 국민향촌회를 그 해 6월에 5명으로 재조직한 단체로 상해 임정의 독립운동 원조기관이다. 강서지회의 회장은 한독신이었고, 부회장 겸 서기는 박영복(29세)이었다. 회원으로는 강마리아(27세)·박경순(49세)·홍순실(60세)이 활동했다. 이들은 군자금 모집에 총력을 기울였다. 모은 군자금은 안경신을 통해 상해임시정부에 전달하였다. 강서지회가 활약한 건 2년 간이었다. 1921년 6월에 발각되어 전원 체포된다. 대한애국부인회는 1920년 10월에 일경에 대대적으로 검거됐다. 이 때까지 이 조직에서 모집한 군자금은 2천 4백여 원이나 되었다. 지금의 가치로 따지면 수 억원의 돈이다. 당시 임원과 회원들이 체포되었으나 안경신은 붙잡히지 않았다.

광화문▶마산선 진영

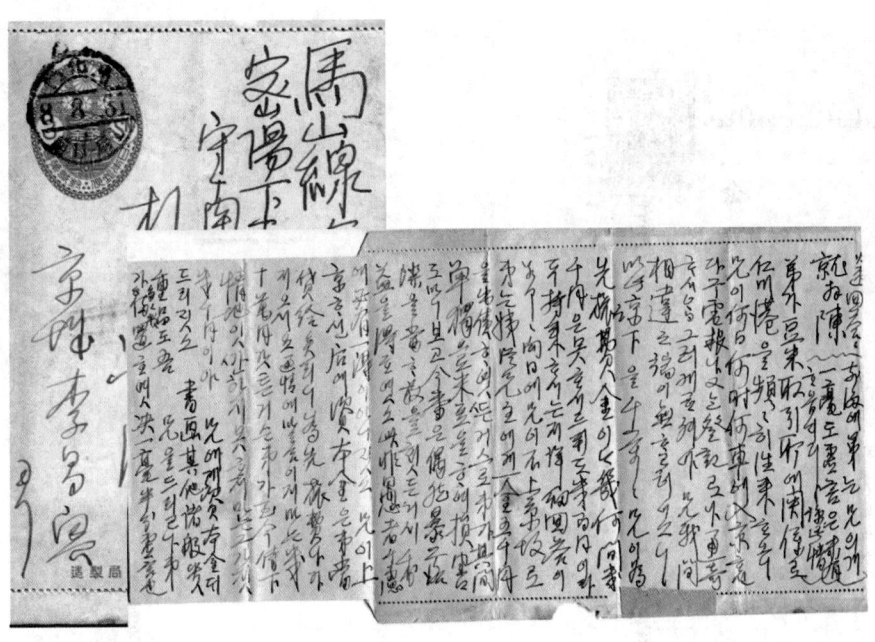

태평양전쟁 Pacific War 시리즈[2]

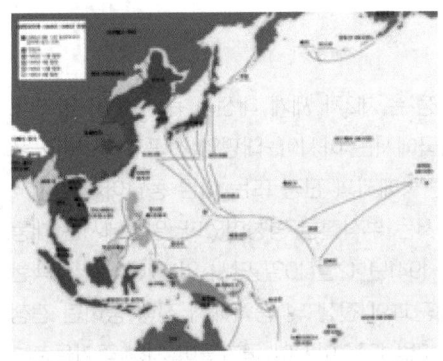

1943년부터 1945년까지의 일본군 영역

태평양 전쟁은 연합국이 추축국인 나치 독일 및 이탈리아 왕국의 지원을 받는 일본 제국과의 전쟁이었다. 전쟁은 미국 공군의 히로시마·나가사키 원자폭탄 투하와 일본 본토 공습, 그리고 1945년 8월 8일 소비에트 연방의 만주 전략공세작전으로 연합군의 승리로 끝났으며 1945년 8월 15일 일본의 항복을 유도했다. 공식적인 일본의 항복은 1945년 9월 2일 도쿄 만의 USS 미주리(BB-63)에서 진행되었다. 일본군의 패배 이후 일본의 천황은 현인신이 아닌 인간 취급을 받았다. 전쟁 이후 일본의 지배 하에 있던 한반도와 타이완을 비롯한 식v민지들이 독립하였고, 일본이 점령한 중국 대륙의 영토는 중화민국에 반환되었으며, 일본이 점령했던 태평양 지역은 미국, 영국, 프랑스 등 연합국이 재점령하거나 국제 연합의 신탁통치령이 되었다. 소련 또한 일본이 점령하고 있던 남사할린 지역과 쿠릴 열도를 병합하였다.

보험회사 영수증

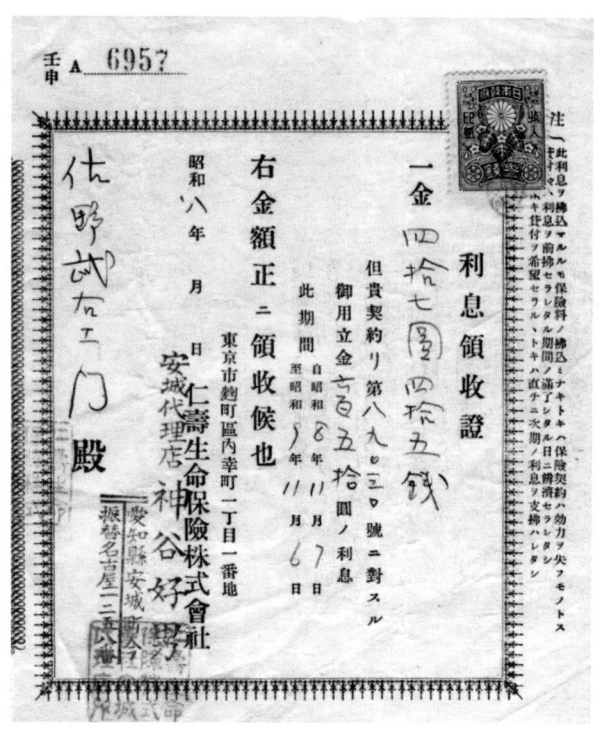

태평양전쟁 Pacific War 시리즈[3]

연합국에서 일반적으로 '태평양 전쟁'은 제2차 세계 대전과 큰 구별이 없거나, 대 일본 전쟁으로 알려져 있다. 미국에서는 아시아–태평양 전구가 더 널리 쓰이고 있지만, 이는 버마 전역이나 중국에서의 전쟁 또는 다른 동남아시아 지역에서의 여러 전투와의 관계 측면에서는 부적절한 명칭이었다. 일본에서는 대동아전쟁이라는 이름을 쓰는데, 이는 1941년 12월 10일 당시 일본 내각이 채택한 결정에서 비롯된 것으로 서구 연합군과의 전쟁 및 중국에서 진행 중이던 전쟁을 둘 다 언급하는 것이었다. 이는 12월 12일 아시아 국가들이 서양 국가들로부터 독립하기 위해서는 대동아공영권이라는 질서 하에 놓여야 한다고 설명하면서 대중에 공개되었다. 1945년부터 1952년까지 미 군정 하의 일본에서 이러한 용어들은 사용이 금지되었으며, 전쟁은 공식적으로 태평양 전쟁으로 알려지게 되었다. 일본에서는 1931년 만주사변을 포함하여 15년 전쟁이라 부르기도 한다. 1939년 아시아–태평양 지역의 세력 판도 장제스와 조지프 스틸웰이 같이 찍은 사진이다.

SEOUL ▶ via CHANGCHUN I.J.P.O. ▶ ENGLAND

Corean Villagers

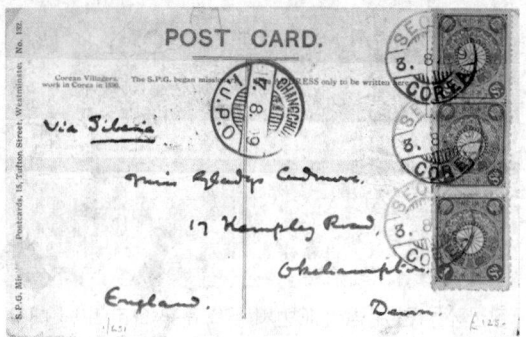

1934. 8. 3. Seoul–7. 8. 1934. Changchun I.J.P.O. –England

1934년 주요 사건

- 1월 – 송기주가 발명한 한글 타자기를 미국 언더우드 사에서 제작 개시
- 1월 12일 – 동아일보가 평양의 대박산에 있는 단군릉에 관한 특집 기사를 게재
- 1월 15일 – 중국 전장에서 대한민국 임시정부가 독립운동단체 대표자회의 개최
- 1월 20일 – 중국 난징에서 임시정부 국무회의 개최
- 1월 28일 – 울릉도에 폭설, 41명 사망
- 2월 – 만주의 한국독립당과 난징의 한국혁명당이 신한독립당으로 통합
- 2월 9일 – 평안북도 의주의 식산은행과 금융조합을 습격한 국민부원 홍학순에 사형 선고
- 2월 15일 – 조선어학연구회, 기관지 〈정음〉 간행
- 3월 1일 – 중국 난징에서 한국독립당, 신한독립당, 조선혁명당, 의열단 등이 모여
- 4월 – 일본 제국에 있던 영친왕 이은이 경성(서울)을 잠시 방문
- 4월 20일 – 독일의 하인리히 히믈러가 프로이센 국가비밀경찰장관에 임명
- 5월 – 제2차 카프 사건으로 이기영, 백철, 박영희 등 카프 동맹원 80여명 검거
- 5월 7일 – 이병도 등이 진단학회 창립

최고서催告書

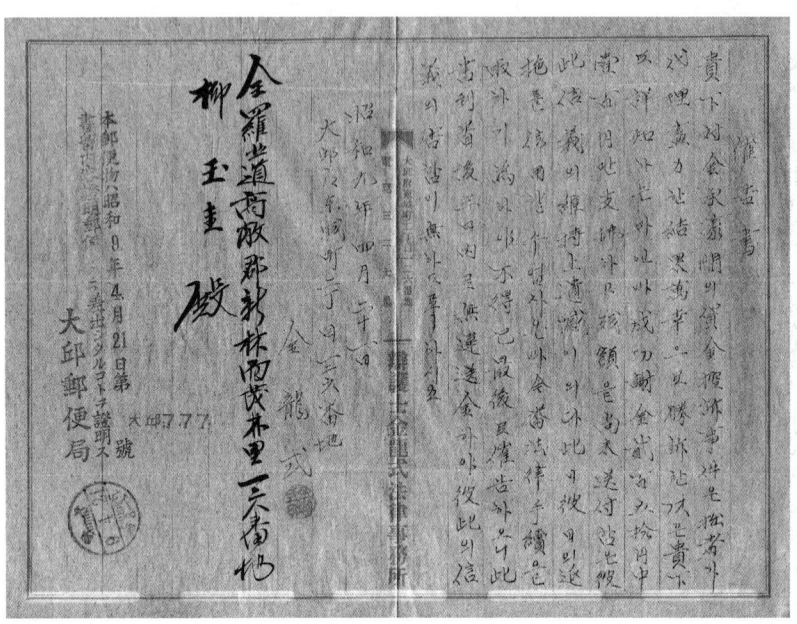

전라북도 고창군 신림면 무림리 16번지 유옥규 앞으로 보낸 대구우편국 발송 최고장
1934. 4. 9. 대구 등기 777

양전백梁甸伯 (1869~1933)
독립운동가이며 1919년 3.1운동 당시 민족대표 33인 중 한 명이다.
장로교 목사

군산 영정▶경성

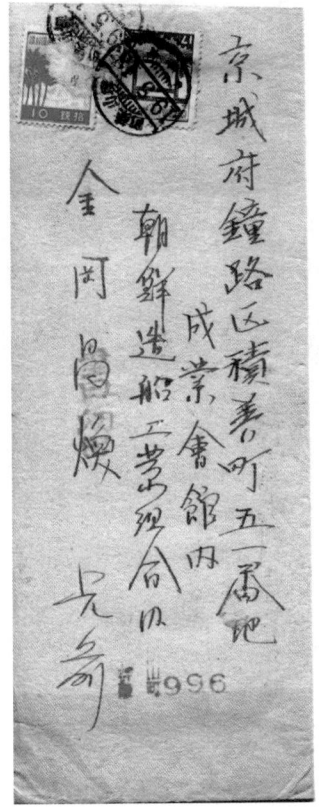

인천(국) 우편물배달증명서

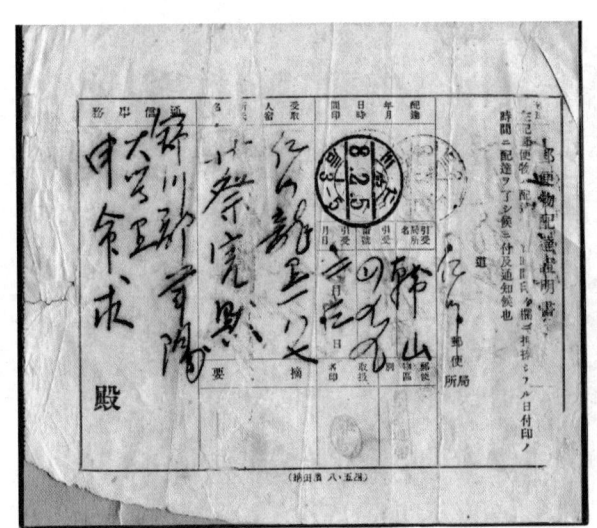

전혜린 (1934~1965)

대한민국의 수필가이자 번역문학가

불꽃처럼 살다 간 천재 여성 '전혜린', '그리고 아무말도 하지 않았다' '이 모든 괴로움을 또다시'

당대 여성상과 상반되는 독립적인 사고와 자유분방한 태도

'언니의 생은 자유로우려는 정신과 현실 세계가 대결해나가는 투쟁과정이었다.'

– 동생 불문학자 전채린

천재라 불릴 만큼 뛰어난 언어 감각과 뜨거운 지식욕, 풍부한 감수성

'한국에서는 1세기에 한 번쯤 나올까 말까 한 천재.'

– 전 서울대학교 총장 신태환

젊은 청춘이 공감하고 투사할 수 있는 열띤 방황의 삶

"그녀는 특이하게도 자신의 생을 통해 이룬 '업적'이 아니라 절대 인식에의 끝없는 갈구와 열띤 방황이라는 삶의 '태도'만으로 사후 '전혜린 신화'를 창조해냈다."

– 문학평론가 장석주

웅기雄基(局)나진羅津등기569 ▶ 대구大邱

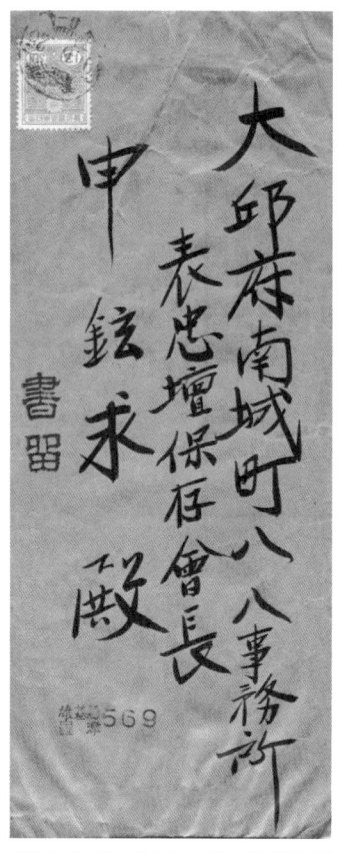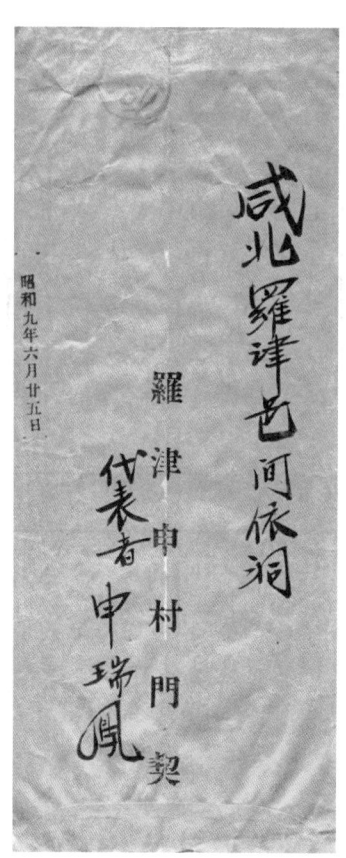

1934. 6. 25. 웅기 나진−대구행 70x190mm

표충단表忠壇

신숭겸장군 유적은 대구광역시 동구에 있는 고려 전기 무신 신숭겸을 기리는 유적이다.

공산전투에서 태조를 대신해 전사한 고려 개국공신 신숭겸을 기리기 위해 왕건이 공이 숨진 자리에 지묘사와 순절단을 세워 명복을 빌었다. 조선 후기 때 후손들이 신숭겸의 충절을 추모하기 위해 옛 절터에 표충사를 세우고 단을 중건하여 오늘날의 모습에 이르렀다.

대구大邱등기780내용증명 ▶ 고창高敞

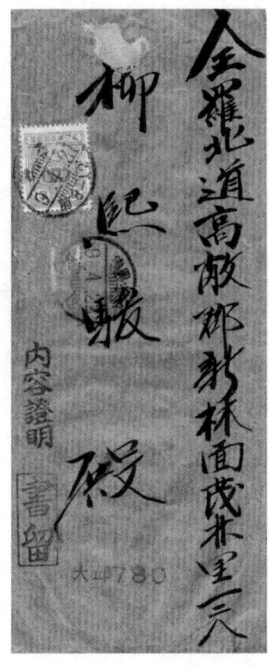 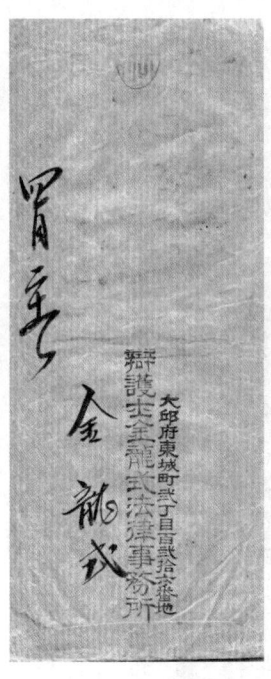

1934. 4. 21. 대구 등기 내용증명-전라북도 고창행

친일파 708인 명단 – 밀정

강낙원姜樂遠: 대한애국부인회를 일본경찰에 밀고

김동한金東漢: 밀정투입에 의한 항일조직 교란

김인승金麟昇: 일본 외무성 고용인으로 정보를 일본에 제공

박두영朴斗榮: 간첩 밀정조직 민생단 단장 – 중추원, 조선총독부 군인, 군수산업 관련자

박석윤朴錫胤: 민생단 조직 주동 – 기타

배정자裵貞子: 이토 히로부미의 양녀 – 기타

선우갑鮮于甲: 일본 경시청 고등계 형사 – 친일단체

선우순鮮于筍: 대동동지회 회장 – 중추원, 친일단체

양병일楊秉一: 애국지사 밀고해 투옥케 함 – 애국자 살상자

오현주吳玄州: 대한애국부인회를 일본 경찰에 밀고

이종형李鍾馨: 총독부 경무국 촉탁

이준성李俊聖: 밀고자

장문재張文才: 경찰스파이

장우형張于炯: 일본 헌병 앞잡이

정병칠鄭炳七: 스파이

최정규崔晶圭: 만주보민회라는 무장 조직을 통해 독립군 토벌

부산▶경북 영주

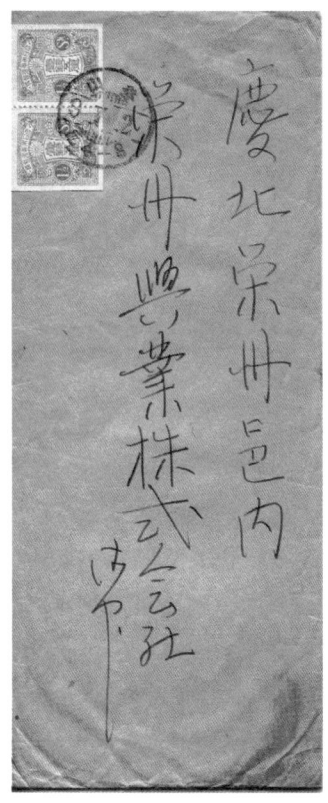 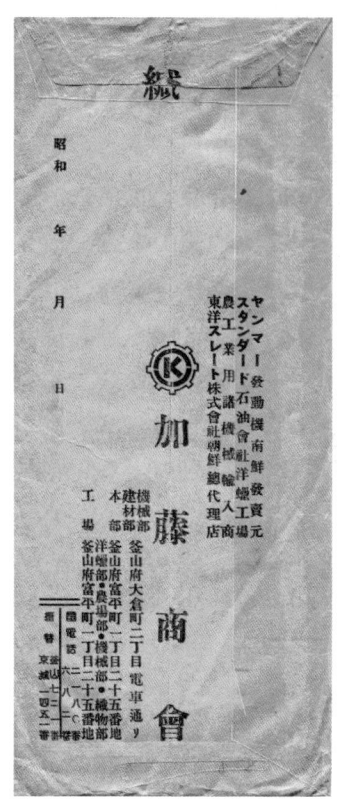

1934. 7. 2. 부산 가등상회-영주흥업㈜

국치시기 악질 고등계 형사의 전설(가설)

신승희 혹은 신철.

'신철'이라 불린 인물이 있었다. 그는 일제강점기 형사였다고 하며 본명은 신철이 아니란 이야기도 있었다. 그는 지나가는 사람의 낯빛만 보고도 그가 독립운동가인지 아닌지를 알 아내 체포할 수 있을 정도였다고 한다. 그보다 더 믿기 어려운 이야기는 그가 3.1 독립운 동 며칠 전에 인쇄 중이던 독립선언문을 미리 확보하고 당시 천도교와 협상을 하다 거금 5천원을 받고 입을 다물었고 그게 문제가 되어 보름 후 체포당한 뒤 청산가리를 마시고 자결했다는 이야기이다.

수입인지를 우표로 사용하여 미납으로 처리한 실례

1935. 2. 7. 이천– 경성으로 체송 된 미납 처리 실체

태평양전쟁 Pacific War 시리즈[4]

참여 국가

2차 세계 대전 기간 동안 일본 정부를 지지하고 있던 추축국은 1941년 일시적으로 동맹을 맺었다. 1941년 일본군이 남부 타이를 침공하고 이후 타이의 파야프 군이 버마 지역을 침공해 북동쪽의 버마를 점령했다. 또한 일본의 괴뢰국이었던 만주국과 몽강국, 협력주의 국가였던 왕징웨이 정권도 일본의 전쟁에 가담했다. 이 외에도 일본은 자유 인도 임시 정부를 비롯한 점령지 곳곳에 괴뢰정권을 수립해 연합국과 맞섰다. 미국의 공식적인 정책에서 타이는 추축국의 동맹국이 아니며, 미국은 타이와 전쟁 중이 아니라는 입장을 유지했다. 이러한 정책은 1945년 이래 타이가 옛 적이 아닌 일본군의 점령 이후 일본의 알력으로 인해 적국과 같은 행동을 한 국가라고 보았다. 이에 따라 미국은 추축국이 점령한 벨기에, 체코슬로바키아, 덴마크, 그리스, 폴란드, 노르웨이, 네덜란드 등과 같은 방법으로 타이를 대우했다. 일본군은 수많은 병사들을 한국과 대만에서 징집해갔다. 좀 더 좁은 범위에서, 비시 프랑스나 버마 국민군, 또는 인도 국민군은 태평양 전쟁의 여러 지역에서 활발히 일본군을 도왔다. 홍콩·필리핀·네덜란드령 동인도·뉴기니·영국령 말라야·영국령 보르네오·내몽골 그리고 구 프랑스령 인도차이나의 협력주의 부대가 일본의 전쟁에 도움을 주었으며 티모르의 군벌도 일본군과 협력했다. 나치 독일과 이탈리아 왕국은 태평양 전쟁에서 제한적인 활동을 했다. 독일의 전쟁해군과 이탈리아 왕국 해군은 인도양과 태평양에 잠수함과 무장 상선만을 투입할 수 있었다. 이탈리아는 중국에 있는 조차지의 해군 기지를 활용할 수 있었지만 독일군은 그렇지 못했다. 진주만 공격 이후 일본이 미국에 전쟁을 선포함으로써 양국 해군은 일본 해군 시설을 이용할 수 있게 되었다.

충남 예산▶서산

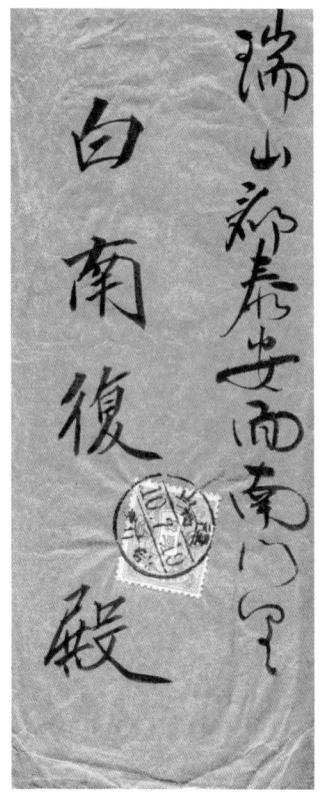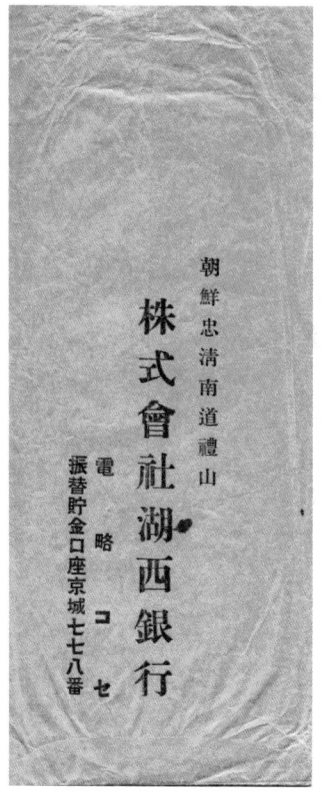

1935. 7. 19. 충남 예산–서산

■ 호서은행湖西銀行

1913년 5월 충청남도 예산에 설립된 민족계 지방은행

예산의 성낙규成樂奎 · 유진상兪鎭相 · 성낙헌成樂憲 등과 서울의 백완혁白完赫 · 김진섭金鎭燮 · 백인기白寅基 등이 지방의 금융 소통과 실업을 장려할 목적으로 공칭자본금 30만 원과 납입자본금 7만 5000원으로 설립하였다.

표어 일부인

회령일본

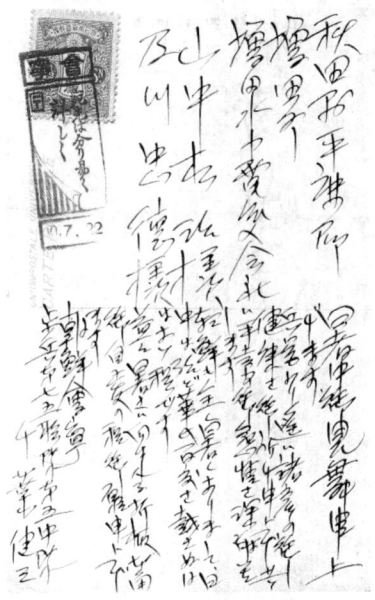

1935. 7. 22. 회령-일본

엽서 후면

이홍광李紅光 (1910~1935)

국치시기 독립운동가.

경기도 용인. 항일유격전을 전개했으며, 그가 주도한 1935년 2월 13일 새벽의 동흥습격사건은 일본 측에 큰 피해와 충격을 주었다.

출처: 중국신문 한국독립운동기사집[I]-조선의용대편 1937년 9월 18일자.
한국독립운동사연구소

전주 미납부족 3전 전주국 우편   정읍 미납우편

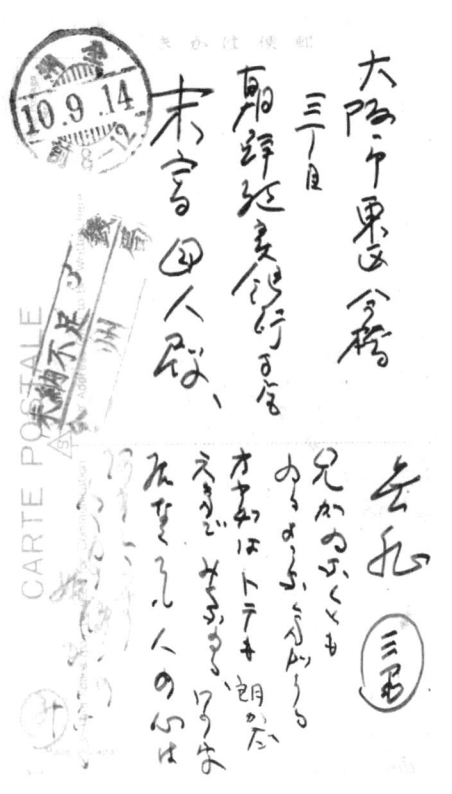
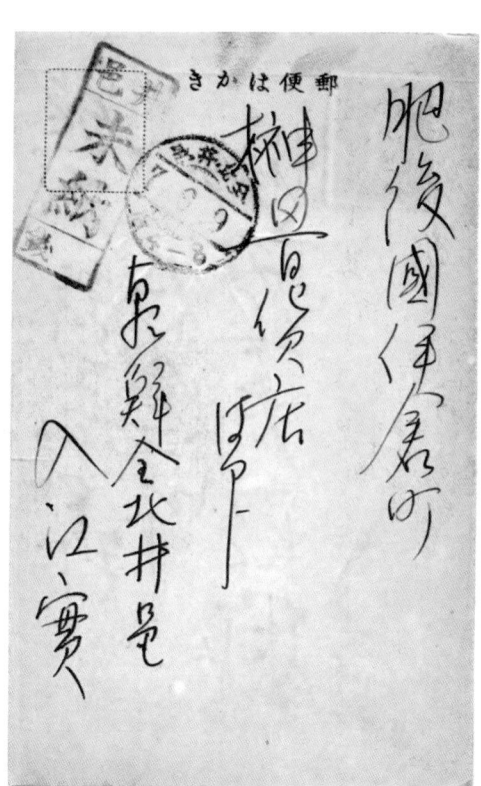

친일파 708인 명단 – 고등계 형사는 2002년 민족정기를 세우는 국회의원모임에서 발표한 친일파 708인 명단 가운데 고등계 형사 10명의 명단이다.

- 김병태金炳泰: 춘천
- 김석기金錫起: 강릉
- 김영기金榮基: 강경
- 배만수裵萬壽: 대구
- 심량체沈良諦: 대구

- 오세윤吳世潤: 목포
- 이대우李大羽: 대구
- 이종하李鍾河: 전주

- 장인환張寅煥: 강릉
- 홍사묵洪思默: 강릉

무극無極(소)▶진천鎭川 광화문 한성도서㈜▶김천

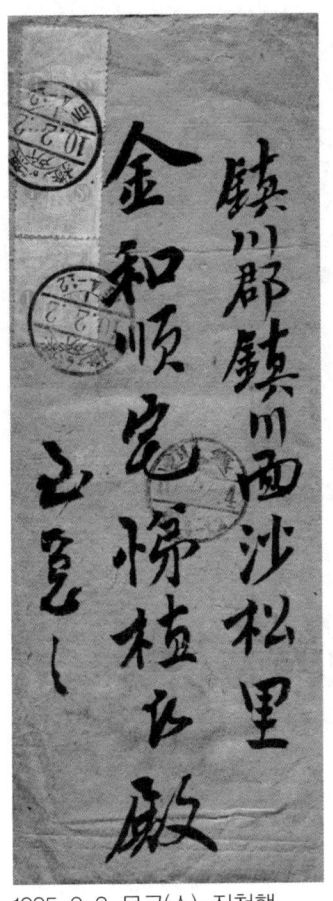

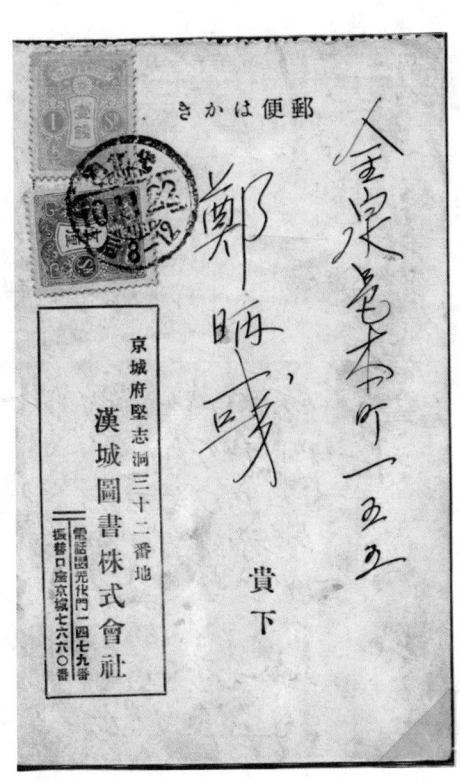

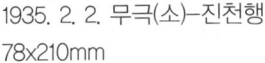

1935. 2. 2. 무극(소)-진천행
78x210mm

반민족행위특별조사위원회反民族行爲特別調査委員會

약칭 반민특위(反民特委)는 일제강점기에 일본 제국과 적극적으로 협조한 자를 조사하기 위하여 제헌 국회에서 설치한 특별위원회이다. 1948년 9월 7일 제헌국회에서는 국권 강탈에 적극 협력한 자, 일제치하의 독립운동가나 그 가족을 악의로 살상·박해한 자 등을 처벌하는 목적으로 반민족행위처벌법을 통과시켰다. 반민특위는 그 산하에 배치되어 있는 특별경찰대를 활용하여 일제 시대의 친일 기업가였던 박흥식, 일본군 입대 선전에 참여한 최남선·이광수 등을 본격 검거하여 재판에 회부하는 등 친일파들을 색출하였다. 그러나 해방 후 사실상 친일파를 대거 기용한 이승만 정부의 신성모 당시 내무부 장관 등의 사실상 미온적이고 비협조적인, 이른바 비적극적인 최악의 우유부단한 행태가 섞인 사실상의 반대로 인하여 반민특위 활동이 지지부진하였고, 1949년 6월 6일, 내무부의 특별경찰대가 강제 해산 조처하면서, 사실상 특위가 폐지된 것처럼 해당 기능을 상실하였다. 곧 국회 중도파가 특위 기간을 단축하였고, 석달 남짓 족히 지난 동년 10월에 완전히 해체되었다.

강경▶공주감옥 간수

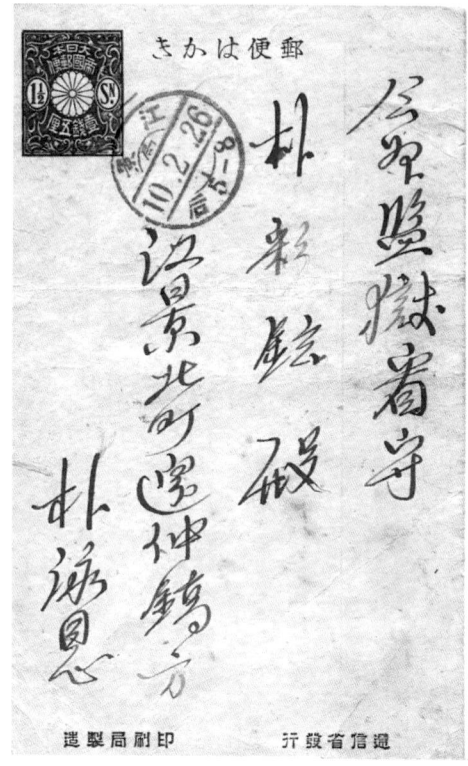

친일파親日派

일본제국이 동아시아 각국을 침탈할 무렵에 일본에 가담하여 그들의 정책을 지지하고 추종하거나 일본에게 적극적으로 협력하는 매국노를 가리킨다. 일본의 식민 지배층과 제2차 세계 대전 종전 이후 비난의 대상이 되었다. 특히 일본이 침략하거나 전쟁을 일으킨 지역의 국가들에서 부정적으로 여겨진다. 부일파附日派·종일파從日派·종일주의자從日主義者라고도 한다. '친일파'라는 단어는 임종국이 1966년 출간한 '친일문학론'에서 처음으로 나온다. 이 책에서, 친일親日은 '일본과 친하다'라는 뜻으로 정의되었으며 친일파라는 명칭은 당시 기득권을 쥐고 있었던 사회지도층 세력인 부일배 표현 대신에 사용된 것이다. 부일附日은 '일본 제국주의에 부역하다'라는 뜻으로 단순히 일본과 친하다라는 개념을 넘어 일본 제국주의의 침략 의도를 적극적으로 돕는다는 의미이다. 출간된 이후 대한민국 사회에서는 친일파라는 단어가 자주 쓰이게 되었다.

출처: 한국민족문화대백과. Wikipedia

진남포 조선은행 ▶ 일본

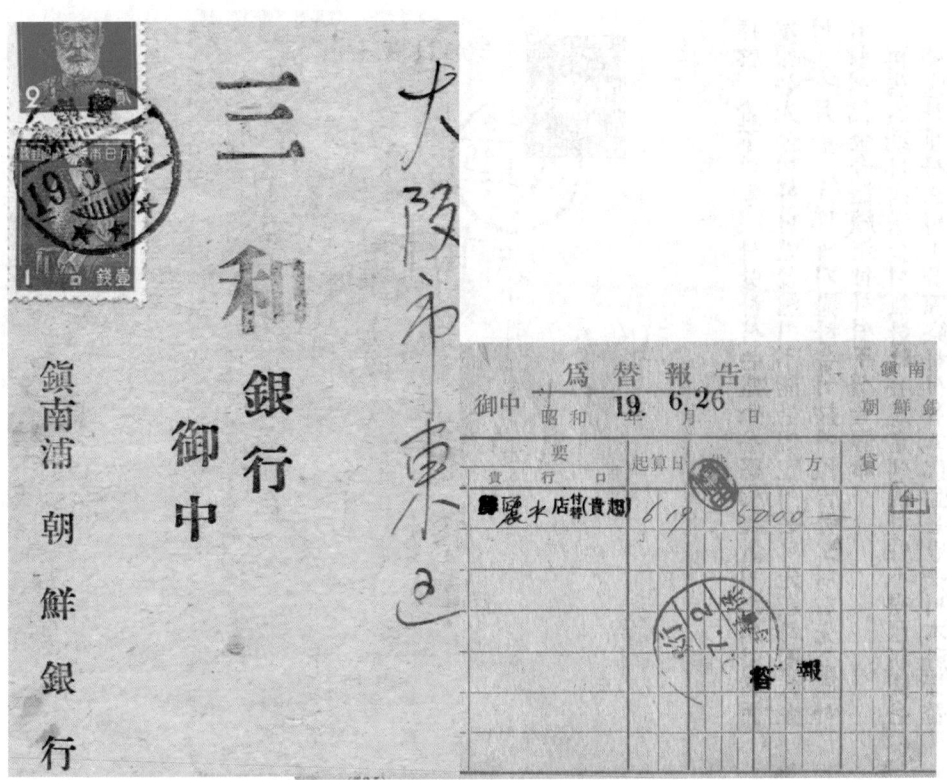

태평양전쟁 Pacific War 시리즈[5]
주요 연합국에는 미국·영국·중화민국·캐나다·오스트레일리아·필리핀 자치령·네덜란드·뉴질랜드 등이 있었다. 멕시코·자유 프랑스·몽골 인민 공화국 등 수많은 기타 국가들이 전쟁에 참여했으며, 대다수는 영국의 식민지 국가였다. 이 외에도 항일전에 다양한 조직들이 참여했는데, 대표적으로 중국 공산당의 팔로군과 신사군·대한민국 임시정부의 한국 광복군·필리핀의 후크발라합·프랑스령 인도차이나의 비엣민이 있다. 이들은 미국의 OSS나 소련의 지원을 받으며 항일전을 전개했다. 소련도 1938년부터 1939년까지 일본과 전쟁을 벌였으나 소련—일본 중립 조약의 체결로 1945년까지 중립으로 남아 있었다. 이후 얄타 회담에서 소련의 대일전 참전이 결정되었고, 1945년 8월 8일 소련은 중립 조약 파기 후 중국 및 내몽골, 그리고 한반도 일대의 일본군을 향해 공격을 개시했다.

광화문▶서천

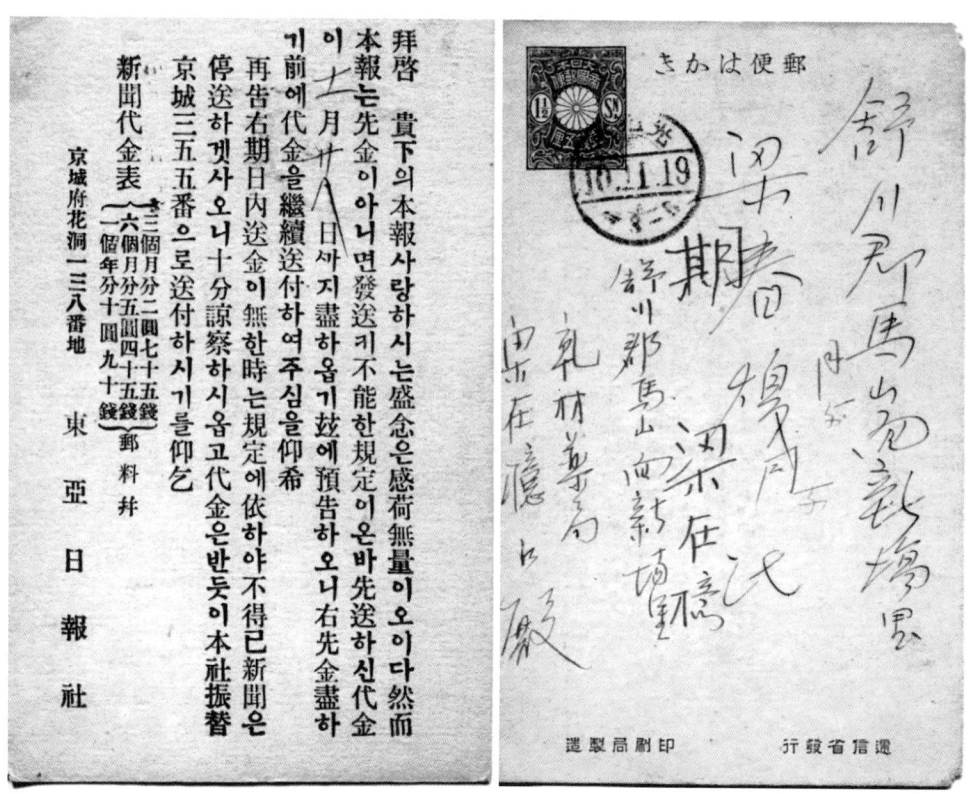

태평양전쟁 Pacific War 시리즈[6]

1942년 6월 6일 SBD-3 돈틀레스 폭격기가 불타고 있는 일본 미쿠마 순양함 위를 날고 있다.

미드웨이 해전(Battle of Midway)은 1942년 6월 4일부터 6월 7일까지 벌어진 태평양전쟁의 결정적인 해전이다. 이 해전은 진주만 공격이 있은 지 6개월 뒤, 그리고 산호해 해전이 있은 지 1달 뒤에 발생했다. 체스터 니미츠·프랭크 잭 플레처·레이먼드 A. 스프루언스가 이끄는 미국 해군은 야마모토 이소로쿠·나구모 주이치·곤도 노부타케가 이끄는 일본 제국 해군의 공격함대를 미드웨이 환초에서 격퇴하였고 일본군 함대에 돌이킬 수 없는 피해를 입혔다. 군사 역사학자인 존 키건은 미드웨이 해전을 '해전 역사상 가장 놀랍고 결정적인 타격'이라고 불렀고, 해전 역사학자인 크레이그 사이먼스는 미드웨이 해전을 '전술적으로 결정적이었고 전략적으로 영향을 남긴 살라미스, 트라팔가르, 쓰시마와 더불어 세계사에서 가장 중대한 해전 중 하나'라고 불렀다.

동아일보의 저항

손기정

일장기 말소 보도

1936년 베를린올림픽 마라톤에서 손기정孫基禎(1912 ~2002) 선수가 우승하였다. 한국인들은 마음속으로 갈채를 보내었으나, 일본 대표로 출전했던 손기정 선수의 가슴에는 일장기가 붙어 있었다. 그의 사진을 게재하면서 일장기를 시커멓게 지워 버림으로써 민족의 저항 정신을 보였다. 이 때문에 동아일보는 정간 처분을 당하였고, 곧 이어서 폐간당했다.

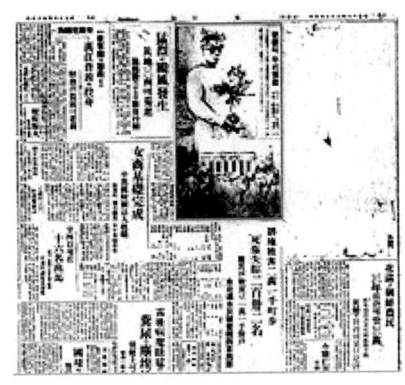

일장기말소사건日章旗抹消事件

1936년 8월 13일자 동아일보의 지방판 조간 2면 및 조선중앙일보의 4면, 다시 동아일보의 8월 25일자 2면에 1936년 베를린 하계 올림픽 남자 마라톤에서 우승한 손기정의 우승 사실을 보도하면서 일장기를 삭제한 사건이다. 1936년 8월 독일 베를린에서 거행된 올림픽대회에 일본 대표단의 일원으로 소수의 우리 선수가 몇 개 종목에 참가하였다. 그리고 마라톤부문에서 손기정·남승룡南昇龍 두 선수가 우승후보로 지목되었다. 1935년 3월에 있었던 올림픽파견 마라톤예선대회에서 손기정은 2시간 26분 14초라는, 당시 세계기록 2시간 31분 37초보다 5분이나 앞서는 놀라운 기록을 세웠기 때문이다. 올림픽의 꽃이라는 마라톤 경기가 시작된 8월 9일 밤 11시(한국시간)에 한밤중임에도 불구하고 수많은 군중이 보도기관 앞에 모여들었다. 다음날 새벽에 손기정선수가 우승하였다는 소식이 들려왔다. 손기정의 기록은 2시간 29분 19초 2로, 세계인류의 꿈인 2시간 30분의 벽을 깬 것이다. 당시의 민간지 '동아일보'·'조선일보'·'조선중앙일보'는 연일 대대적으로 손기정의 우승을 보도하였다. 그런데 '조선중앙일보'와 '동아일보'는 월계관을 쓴 손기정의 사진을 입수하여 각기 8월 13일자에 게재하면서 손기정의 유니폼 가슴에 그려져 있는 일장기를 지워서 실었는데, 이때까지는 큰 문제가 되지 않았다. '동아일보'가 다시 8월 25일자 기사에서 손기정 유니폼의 일장기를 지워서 실었는데, 이것을 일본관헌이 발견하고 문제 삼는 사건이 발생하였다. 사진의 일부를 기술적으로 첨삭하는 일은 가끔 있어왔기 때문에, 눈에 거슬리는 일본국기를 지워버리는 일에 '조선중앙일보'·'동아일보' 제작 당사자들은 서로서로 마음이 통한 것이었다.

출처: 한국민족문화대백과사전

충북 괴산▶충주

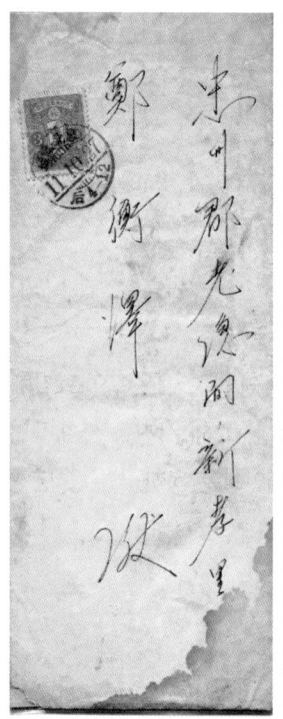
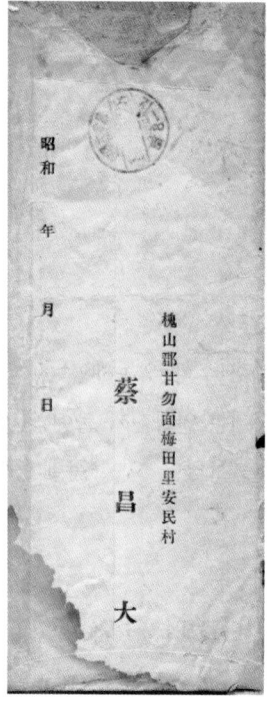

1936. 10. 27. 충북 괴산–충주

일본제국 731부대–[1]

Imperial Japanese Unit 731

일본제국 육군 소속 관동군 예하 비밀 생물전 연구 개발 기관으로, 중화민국 헤이룽장성 하얼빈에 있던 부대이다. 공식 명칭은 관동군 검역급수부関東軍防疫給水部

731부대장 중장 이시이 시로

1936년에 설립되어 초기에는 '관동군 방역급수부', '동향부대'로 불리다가 향후에는 '731부대'로 개명하였다. 중일 전쟁(1937~1945년)을 거쳐 1945년까지 생물·화학 무기의 개발 및 치명적인 생체 실험을 행하였다. 공식적으로는 '헌병대 정치부 및 전염병 예방 연구소', '방역과 급수에 대한 임무'로 알려졌으며 실제로 731부대의 총 책임자인 '이시이 시로'는 731부대의 진짜 목적을 위장하기 위해 휴대용 야전 정수기를 개발하기도 하였다. 원래는 태평양 전쟁 전 정치 및 이념 부서로 설립되어 적에 대한 사상, 정치적 선전과 일본군의 사상 무장이 임무였다. 첫 부임자였던 의사 이시이 시로石井四郎의 이름을 따라, 이시이부대石井部隊라고도 불린다. 731부대는 또한 일본 천황 히로히토의 칙령으로 설립한 유일한 부대이며, 히로히토의 막내 동생인 미카사노미야 다카히토가 부대의 장교(고등관)로 복무하였다.

영등포▶남원南原

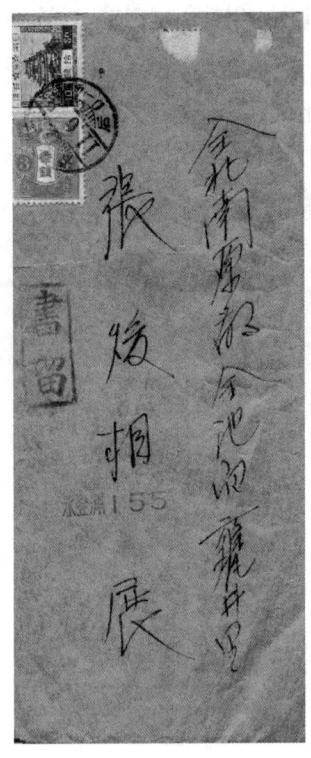

일본제국 731부대-[2]

Imperial Japanese Unit 731

히로히토의 막내 동생인 미카사노미야 다카히토가 직접 관련되어 있지는 않으나, 아베 신조의 외조부인 기시 노부스케도 1936년 10월부터는 만주국에 부역하였는데 1936년 산업부 차장에서 1939년 총무청 차장으로 승진하여 만주국의 산업정책을 실질적으로 담당하게 된다.이 부대는 중국 헤이룽장성 黑龍江省 하얼빈 핑팡平房(당시 만주국 괴뢰 정부의 영토)에 주둔해 관동군 관할 구역 내의 정수 업무를 하는 것으로 위장되었다. 이 부대는 일본의 정치적 선전, 일본 군대의 사상적 대표로서 업무를 수행했다. 처음에는 공산주의 정치 선동에 대항해 일했으나 나중에 그 영역이 확대되었고, 화학·세균전 준비를 위한 연구와 살아있는 사람을 대상으로 한 생체 실험을 위한 것이었다. 대외적으로는 관동군 주력부대에 물을 공급하는 급수전문 전투지원부대로 알려졌으나 실제로는 생체실험을 자행한 부대였다. 731부대는 크게 보면, 독일 나치의 S.S같은 정치 선동 부서이다. 여기서는 일본인의 인종적 우월성, 인종주의 이론, 방첩 활동, 정보 활동, 정치적 사보타주, 적 전선 침투 등에 관한 활동을 하였다. 이 부대는 만주 헌병대, 만주 정보기관, 만주 정규 경찰, 만주 거류민 위원회, 지역 만주 민족주의 정당, 일본 비밀 정보기관과 긴밀히 연락했다. 이 부대의 만주에 있는 부문에서는 러시아인, 중국인, 만주인, 몽골인과 기타 특수 부서, 비밀 부서 경력의 외국인을 활용했다.

하얼빈의 731 기념관

민간인과 군인 모두 1만 명의 중국인과 조선인, 몽골인, 러시아인이 이 부대의 실험 대상이었다. 일부 미국인과 유럽인 등 연합군 전쟁 포로가 731부대에 잡혀갔다. 게다가 이 부대에서 생물학 무기 프로그램에 의해 연구된 생물학 무기의 사용으로 수만 명의 중국인이 죽었다. 731부대는 일본제국이 세운 생물전 연구기관 중 하나였으며, 516부대(치치하얼 시, 齊齊哈爾), 543부대(하이라얼 시,海拉尔), 773부대(Songo), 100부대(창춘,長春), 1644 부대(난징,南京), 1855부대(베이징, 北京), 8604부대(광저우,廣州), 200부대(만주), 9420부대(싱가포르) 등 동아시아 각지에 세워진 기관도 731부대와 유사하거나 731부대의 생체실험을 뒷받침하는 역할을 하였다. 이들은 일제의 헌병대가 관리하였다. 인체를 대상으로 생체실험을 하는 부대의 속성상, 부대 주변 지역을 전부 소개하고 지역주민을 전부 추방시킨 사례나, 부대 인근 지역 주민을 대상으로 생물학 무기를 실험한 사례등 인근 민간인들을 대상으로 실험한 사례까지 알려져 있는 등 하얼빈역에서 출발한 열차가 부대 인근 지역을 통과 시 열차 커튼을 모두 내려야 하고 부대 인근 지역을 차창밖으로 내다보는 승객은 그 자리에서 체포, 심문하는 규정이 존재하였을 정도로 보안에 매우 철저할 수밖에 없었다고 알려져 있다.

부산-경북 울진

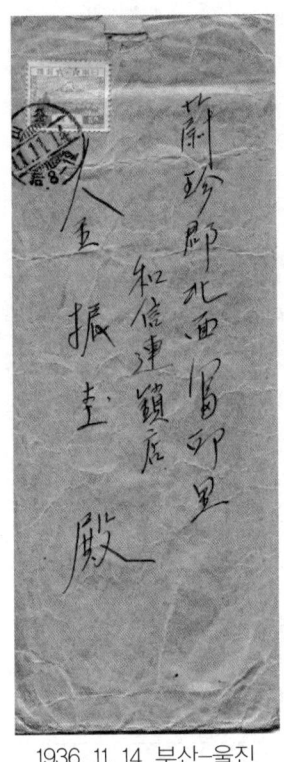

1936. 11. 14. 부산-울진

일본제국 731부대-[3]
Imperial Japanese Unit 731

731부대와 관련된 많은 과학자가 나중에 정치·학계·사업·의학 부문에서 큰 성공을 거두었다. 일부는 소련군에 체포되어 하바로프스크 전범 재판에 회부되었다. 또 다른 일부는 중국공산당에 체포되어 푸순전범관리소에서 심문을 받았다. 미국에 항복한 자들은 그들이 가지고 있던 자료를 제공하는 대가로 사면받았다. 그들이 행한 잔인한 행위 때문에 731부대의 활동은 유엔에 의해 전쟁범죄로 선포되었다.

형성

1932년 이시이 시로는 '육군 전염병 예방 연구소'라는 이름의 의무부대의 사령관으로 임명되었다. 그와 그 부하들은 종마 수용소를 건설했다. 이곳은 그 지역에는 종마 요새로 알려져 있다. 이 실험 수용소는 '베이인허'에 있는데, 하얼빈 시에서 남쪽으로 100킬로미터 떨어져 있는 마을이다. 이시이 시로는 '토고 부대'를 조직했는데 화학, 생물학 작전을 하기 위한 비밀 연구 그룹이다. 1935년 탈옥과 폭발이 있었고, 이시이는 종마 요새를 닫을 수밖에 없었다. 그는 나중에 핑팡(하얼빈 시에서 남쪽으로 24킬로미터)으로 가서 훨씬 더 큰 새로운 시설을 만들었다. 이 부대는 나중에 관동군으로 통합되어 '전염병 예방부'가 되었고, 같은 시기에 '이시이 부대'와 '와카마쓰 부대'로 나위어졌다. 창춘에 있었다. 1941년부터 이 부대들은 합쳐서 '관동군 방역 급수부' 또는 731부대로 불린다. 이 부대는 제국청년군(Imperial Young Corps), 대학의 연구소, 헌병대의 지원을 받았다. 어떤 이는 731부대가 헤로인 생산을 위해 만주에서 양귀비를 경작하던 미쓰이 재벌과 연계가 있었다고 말하기도 한다. "당시 일본의 헌병대는 2개로 분류돼 있었다. 내부담당 헌병과 외부담당 헌병이 있었는데 국내에 있는 헌병은 육군대신(국방부장관) 아래 있었다. 외부의 헌병은 침략국에 가면 군령 헌병이라고 한다. 다시 말해서 군사령관 아래에 있었기 때문에 힘이 있었다. 군인만 관계하는 것이 아니라, 일반 민간인도 관할했다. 1938년 8월 26일전에는 특별취급이라는 것이 없었다. 그 후에 있었는데, 특히 구 만주국을 침략했던 헌병들은 특별 이송취급도 관할했다. 관동부 헌병 사령부가 마루타를 취급하고 있는 헌병대로 통지서를 보내 소련에 대한 정보활동을 한 사람, 반만항일反滿抗日에 관련된 자, 군과 국가에 대한 반항죄에 해당하는 자는 체포하여 특별취급으로 규정해서 731부대로 보내라고 지시했다."

목포 木浦표어 일부인

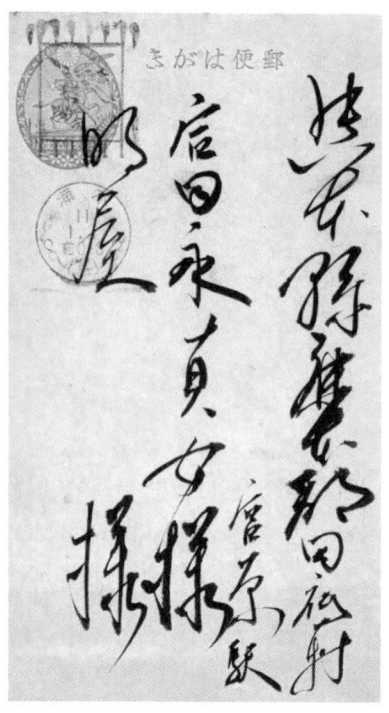

일본제국 731부대-[4]
Imperial Japanese Unit 731

당시 일본 제86부대의 헌병이었던 일본인 미오 유타카(1998년 7월 사망)

암호명 '마루타'의 특별계획은 실험할 때 인간을 사용하였다. 실험 대상은 주위 인구 집단에서 징용되었고 이들은 완곡어법으로 '통나무'(마루타)라 불리었다. 마루타란 용어는 구성원 중 일부의 농담에서 유래했다. 이 시설을 지역 당국에는 제재소라고 했기에 그런 농담이 생겼다. 실험에는 남녀노소를 불문하였고, 심지어 임산부까지 동원되었다. 수많은 실험과 해부가 살아있는 상태에서 마취없이 이뤄졌고, 이는 부패 등이 실험결과에 영향을 끼치는 것을 막기 위해서였다.

생체 해부와 의학 실습

수천 명의 수용소의 사람들은 생체 해부의 대상이 되었으며, 많은 해부가 실험의 유효성을 위해 마취없이 이루어졌고 피해부자들은 대부분 사망하였다. 수용자들을 다양한 질병에 감염시킨 후 외과수술로 해부하였고, 질병이 인체에 미치는 영향을 알아보기 위해 장기를 제거하였다. 감염이나 해부를 당한 대상은 성인 남녀뿐 아니라 아동이나 영아 또한 포함하였다

출혈의 연구를 위해 수용자의 팔다리를 절단하였고, 절단된 팔이나 다리를 수용자의 반대편에 다시 봉합하는 실험 또한 진행되었다. 몇몇 수용자의 팔이나 다리는 얼려져 절단되었는데 일부는 다시 녹여져 치료받지 않은 괴저 및 부패의 영향을 연구에 사용되었다. 일부 수용자의 위는 외과적으로 절제되었고 식도와 장이 연결되기도 했다. 이외에 뇌, 폐, 간 등의 절제 수술 또한 행해졌다.

회령會寧 표어 일부인

조선 회령 75연대 제2 기관총대

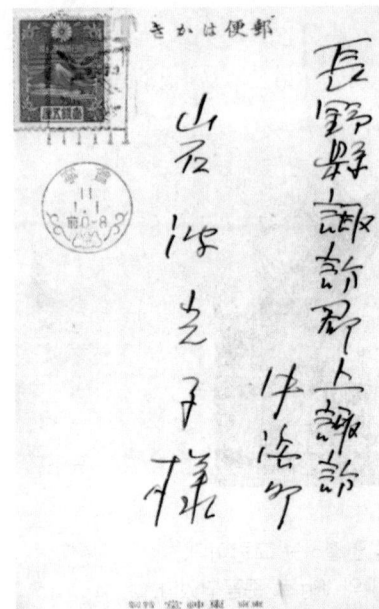 

일본제국 731부대-[5]

Imperial Japanese Unit 731

일본 제국의 외과의사였던 유아사 켄湯浅謙은 생체실험은 731부대의 밖에서도 널리 행해졌으며, 중국 대륙에서의 실험에 약 1000명의 일본군이 관여되어 있을 것이라고 증언하기도 했다. 1945년 5~6월 규슈제국대학 의학부 제1외과 이시야마 후쿠지로와 제자들은 격추된 미군 B-29 탑승원 포로 8명을 대상으로 수술 실험을 하였다. 수술 내용은 다음과 같다.

- 5월 17일 포로 2명의 한쪽 폐를 전부 적출
- 5월 22일 포로 2명 중 1명에게 위 전 적출 수술. 대동맥을 압박해 지혈하고 심장 정지시킨 후 개흉 심장 마사지, 심장 수술. 나머지 1명은 상복부 절개하고 담낭을 적출, 간장의 편엽을 절제5월 25일 포로 1명에게 뇌수술(3차 신경 차단)
- 6월 2일 포로 3명 가운데 1명에게 오른쪽 대뢰동맥에서 약 500cc를 채혈한 후 대용 혈액약 300cc 주사. 1명에게 폐동격 수술, 나머지 1명에게 담낭 적출, 대용 혈액 200cc 주사, 간장 절제, 개흉 심장 마사지, 심근 절개 및 봉합, 대동맥 압박 지혈

동상 실험을 했던 다니무라라는 인물은 실험 대상자들에게 야외 실습 실험을 하기도 하였다. 다니무라는 동계 위생 연구반을 조직해 텐트에서의 수술, 지혈, 수혈 등에 대해 가르치는 야외 실습을 했는데, 중국인 8명은 생체 실험 재료로 사용되었다. 이 8명은 실험이나 수술이 끝난 뒤 살해돼 생체 해부용으로 쓰이거나 총살됐다고 한다.

부산 관광인

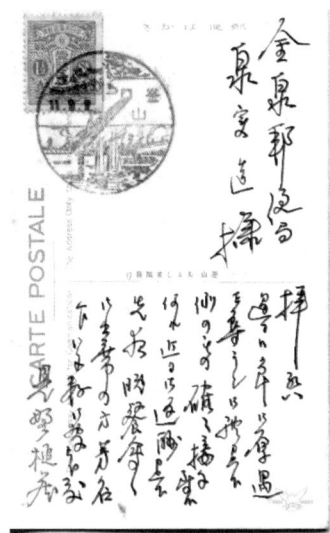

영도대교影島大橋
부산시 영도구 대교동1가와 중구 남포동을 연결하는 교량이다.
1934년 11월 23일에 길이 약 214.63m, 너비 약 18m로 준공되었다.

일본제국 731부대-[6]

Imperial Japanese Unit 731

생화학 실험

수용자에게는 질병을 일으키는 세균이 예방접종으로 위장된 채 접종되었다. 치료받지 않은 성병의 효과를 연구하기 위해, 남녀 수용자에게 일부러 매독, 임질을 감염시키고 연구하였다. 수용자들은 간수 등에게 강간당하기도 했다. 전염성 벼룩, 감염된 의류와 물자가 폭탄 안에 포장되어 다양한 목표물에 투하되었다. 이때 이시이 시로 중장이 직접 개발한 도자기 폭탄이 주로 사용되었는데 도자기 폭탄은 폭발력을 고의로 약하게 만들어 안에 내장된 세균이 죽는 것을 최소화했다. 이에 따라 흑사병, 콜레라, 탄저 등 전염병으로 약 40만 명의 중국인이 숨진 것으로 추정된다. 중국 민간인에게 야토병 관련 실험이 행해지기도 했다. 731부대와 소속 군부대(주로 1644부대나 100부대)는 생화학무기를 개발하여 전투에서 실험하기도 하였다. 특히 페스트균 실험을 많이 했다. 페스트균은 흑사병으로도 잘 알려져있는데, 14세기 지중해 연안, 프랑스, 독일, 영국, 북유럽으로 확산해 4년 만에 유럽 인구 1/3 이상의 목숨을 앗아가기도 하였다. 이를 살육전에 적용하려 한 731은 '페스트 벼룩'을 개발한다. 균 자체를 그대로 뿌리는 것이 아니라 매개 동물인 벼룩을 페스트균에 감염시켜 완충물에 섞거나 도자기 폭탄에 담아 뿌렸다고 한다. 실제 중국에 살포한 세균의 상당수는 이 페스트균이었다. 미국에서 파견을 나왔던 노버트 H. 펠은 1947년 6월 30일 본국에 다음과 같이 보고하였다. 벼룩 번식법과 쥐를 통해 벼룩을 감염시키는 방법을 방대하게 연구했다. 페스트 벼룩은 최선의 조건 하에서는 약 30일 생존하는데, 그동안 감염력을 유지하는 것으로 판명됐다. 1㎡당 벼룩 20마리가 있는 방에서 실험 대상자를 자유롭게 풀어두는 실험을 했는데, 10명 중 6명이 감염되고 4명이 사망했다.

KEIJO ▶ Germany

THE FOREIGN TRADE DEPARTMENT
THE CHAMBER of COMMERCE
SEOUL
KOREA
CABLE "CHAMBER, SEOUL"
TELEPHONE { NO. 127 / NO. 3262

Dear Sirs,

Our "Foreign Trade Department" we recently opened for the extension of international trade, shall be pleased to put you in touch with reliable importers in Japan, Korea & China without any charges, if you would kindly furnish us a full set of your catalogues & free samples of your manufacturing goods with your lowest quotations in large lots as agent. Our importers are especially enteresting with your

Machinery, etc.

If you do not desire to do direct export business yourselves, we hope this suggestion will be refered to your agency

Trusting this will be satisfactory to you and to be heard very soon, we are

Yours truly,
The Chamber of Commerce of Seoul

일본제국 731부대-[7]

Imperial Japanese Unit 731

– 페스트 벼룩 실험에 대해
사람을 묶어 헬멧을 씌우고 갑옷을 입혔다. 지상에서 고정해 폭발하는 것, 비행기에서 투하된 시한 기폭 장치가 설치된 것 등 각종 폭탄으로 실험했다.

– 탄저균 폭탄 실험에 대해
10명 중 6명의 혈액에서 균이 발견됐고 이 중 4명은 호흡기로부터 감염됐다고 추정했다. 4명 모두 사망했다. 이 4명과 일제히 폭발한 9개 폭탄과의 거리는 불과 26m였다.

– 다른 폭탄을 사용한 야외 실험에 대해
연구소에서 키운 벼룩을 저공비행으로 중국 도시에 살포했는데, 1940년에는 닝보시에서, 1941년에는 창더 시와 허난성에서 살포가 이루어졌다. 이로 인해 발생한 페스트 전염으로 수천 명이 살해당했다.

정산(소)▶당진

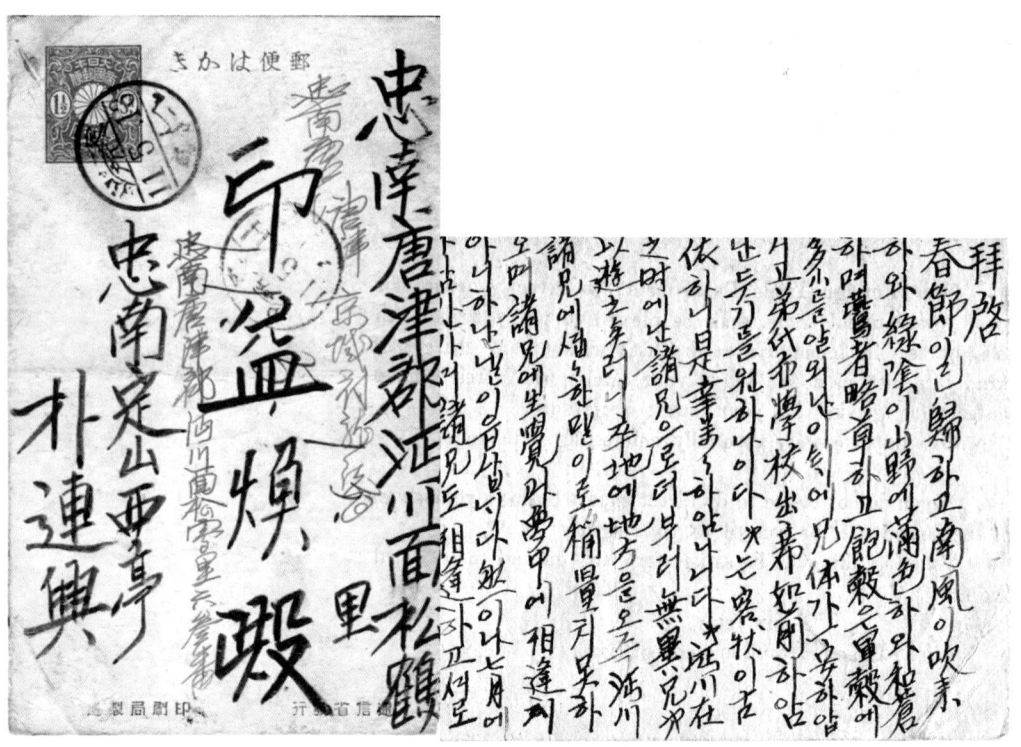

일본제국 731부대-[8]
Imperial Japanese Unit 731

– 페스트 벼룩 실험에 대해

　사람을 묶어 헬멧을 씌우고 갑옷을 입혔다. 지상에서 고정해 폭발하는 것, 비행기에서 투하된 시한 기폭 장치가 설치된 것 등 각종 폭탄으로 실험했다.

– 탄저균 폭탄 실험에 대해

　10명 중 6명의 혈액에서 균이 발견됐고 이 중 4명은 호흡기로부터 감염됐다고 추정했다. 4명 모두 사망했다. 이 4명과 일제히 폭발한 9개 폭탄과의 거리는 불과 26m였다.

– 다른 폭탄을 사용한 야외 실험에 대해

　연구소에서 키운 벼룩을 저공비행으로 중국 도시에 살포했는데, 1940년에는 닝보시에서, 1941년에는 창더 시와 허난성에서 살포가 이루어졌다. 이로 인해 발생한 페스트 전염으로 수천 명이 살해당했다.

단기 4270년. 국치시기國恥時期 28년. 대한민국임시정부 19년

조선 북부와 만주국 지도('소년소녀 답해' 신년호 제2부록에 실린 지도)

중일전쟁 당시 중국 지도 화보 [지도 중앙 사진: 황제 푸이]

중일전쟁(中日戰爭)은 1937년 7월 7일 일본 제국의 중국 대륙 침략으로 시작되어 1945년 제2차 세계 대전이 끝날 때까지 계속된 중화민국과 일본 제국 사이의 대규모 전쟁이다.

부산 표어 일부인

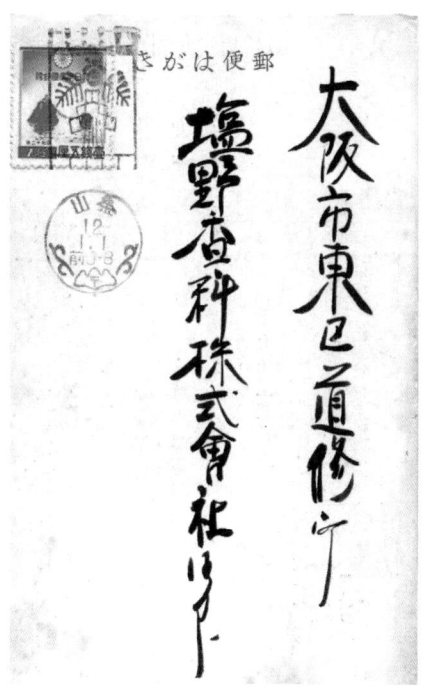

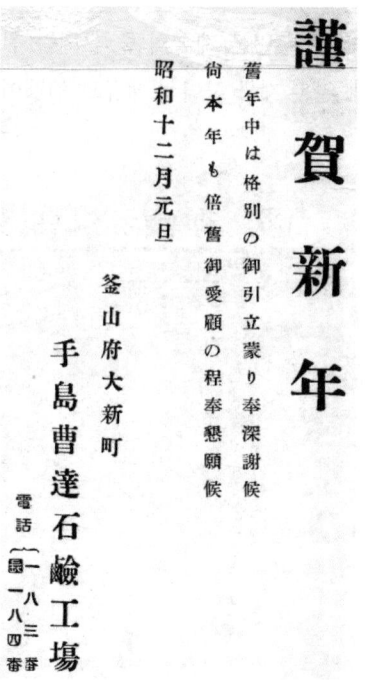

일본제국 731부대-[9]
Imperial Japanese Unit 731

기타 실험

• 일부 수용자는 질식할 때까지 걸리는 시간을 알아보기 위하여 목을 매달았다.

• 일부 수용자는 색전이 생기는 시간을 결정하기 위하여 동맥(또는 심장)에 공기가 주입되었다.

• 일부 수용자는 신장에 말의 소변이 주입되었다.

• 일부 수용자는 사망할 때까지 걸리는 시간을 결정하기 위하여 물과 음식을 전혀 주지 않았다.

• 일부 수용자는 사망할 때까지 저기압의 방에 놓였다.

• 일부 수용자는 극저온에 놓이어 동상이 걸리게 하였다. 그런 조건에서 얼마나 생존하는지, 인체 살의 부패와 괴저가 어떤 효과를 일으키는지 알기 위해서였다. 이는 주로 여성 수용자에게 행해졌다.

• 일부 실험은 온도와 화상, 인간 생존의 관계를 알기 위한 것이었다.

• 일부 수용자는 원심분리기에 넣어져 사망할 때까지 돌려졌다. 인체 수분 함량 비율을 알기 위해서였다.

• 동물의 혈액이 일부 수용자에게 주입되어 그 효과가 연구되었다.

• 일부 수용자를 가스실에 넣어 다양한 종류의 화학 무기를 시험했다.

• 바닷물이 몇몇 수용자에게 주사되었다. 바닷물이 생리식염수를 대체할 수 있는지 알기 위해서였다.

군산 표어 일부인

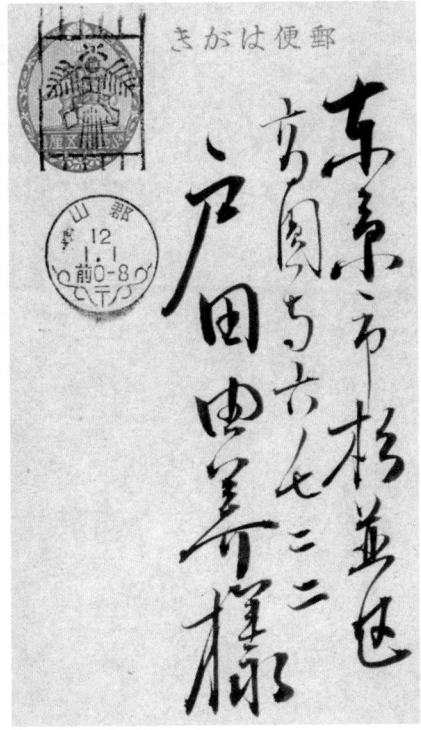

광화문▶충북 괴산

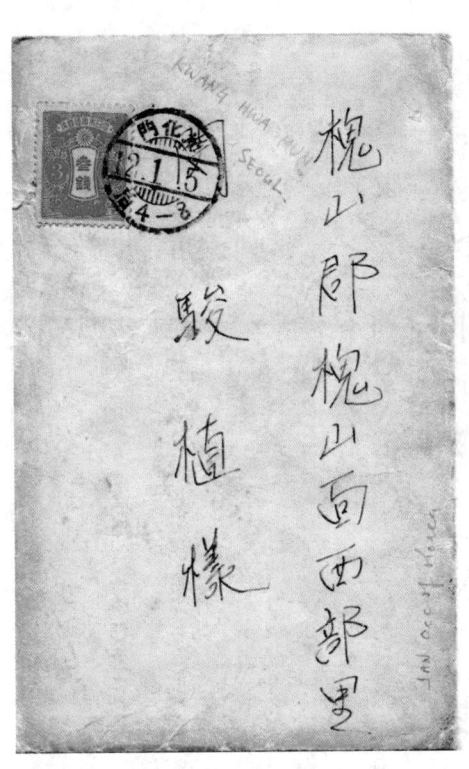

1937. 1. 5. 광화문–괴산

태평양전쟁 Pacific War 시리즈[7]

1939년 일본은 러시아의 극동 지방으로 진출하려는 시도를 했으나 할힌골 전투에서 게오르기 주코프가 이끄는 소련–몽골 연합군에게 패배했다. 이후 일본은 북쪽으로 진출하려는 시도를 접었고, 소련은 소련–일본 중립 조약 체결 이후 중국에 대한 지원을 중단했다. 1940년 9월, 일본은 중국의 유일한 외국과의 접경 지대인 인도차이나 일대를 포위하여 막기로 결정한다. 이 무렵 인도차이나는 비시 프랑스의 지배 하에 있었다. 일본의 프랑스령 인도차이나 침공은 일본군의 승리로 끝났다. 이후 1940년 9월 27일, 일본은 나치 독일 및 이탈리아 왕국과 군사 동맹을 체결하고 추축국의 일원이 된다. 1944년까지 삼국은 서로 협조를 하지 않고 있는 상황이었다. 일본군이 창사 전투와 쉬시산·자오양 전투에서 예상치 못하게 패배함으로써 전쟁은 새로운 국면에 접어들었다. 이후 중국 국민군은 대규모의 겨울 공세를 1940년 초 감행했으나 군사 및 산업적 수용 능력의 부족으로 1940년 3월 일본군의 반격에 무산되었다. 1940년 8월 중국 공산당은 백단대전을 감행해 승리를 거두었고, 일본은 이에 대한 보복으로 삼광 작전을 실시해 공산당의 인적·물적 자원을 완전히 제거하고자 했다. 1941년 분쟁은 국지전으로 바뀌었다. 일본은 중국의 북부·중부, 그리고 해안 지역을 점령했으나 국민정부는 충칭을 임시 수도로 삼고 내륙으로 후퇴했으며 중국 공산당은 산시에 남아 저항전을 지속했다. 추가적으로 일본의 화북 및 화중 지배는 미약했다. 일본은 철도와 대도시만을 점령하고 있었으며, 중국의 교외 지역에는 군사 정부나 행정 기관이 존재하지 않았다. 일본은 중국군의 공격 및 철수 이후 재조직이 남서부 중국의 산악 지역에서 이루어지고 있음을 발견했고, 중국 공산당은 화중 및 중국 동부 지역에서 일본군의 최전방 일대에 게릴라전과 사보타주를 지속했다.

전주全州등기402▶흥덕興德 접수인

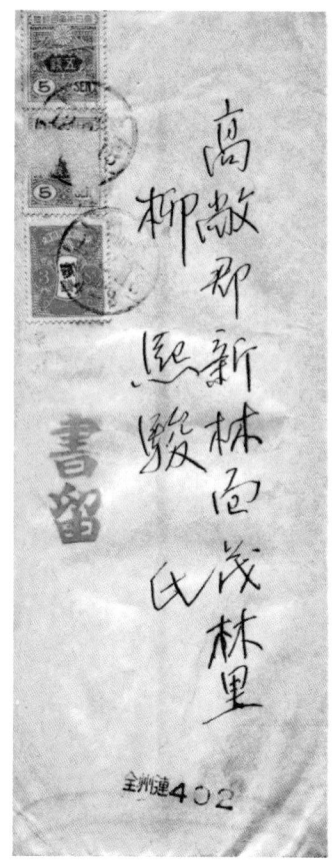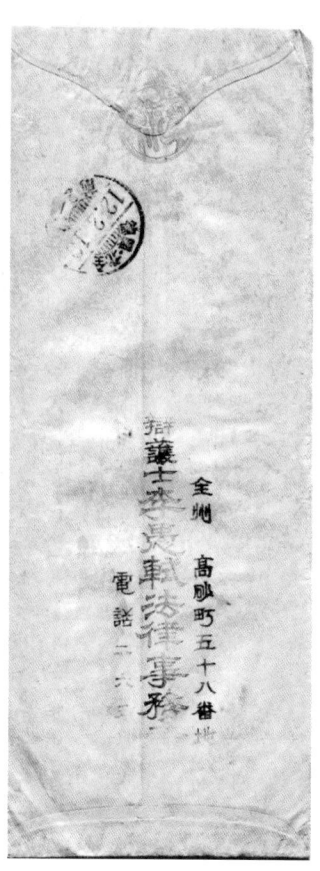

1937. 2. 18. 전주 변호사이우식법률사무소-고창군 신림면행

태평양전쟁 Pacific War 시리즈[8]

일본이 분쟁 초기에 중요하게 생각한 목표는 네덜란드령 동인도와 영국령 말라야에 있는 경제적 자원을 확보하여 연합군의 제재 효과로부터 벗어나는 것이었다. 남방 계획이라 불리는 이 작전은 영국과 미국의 친밀한 관계 때문에 결정된 것이었다. 이로 인해 미국은 일본과의 전쟁에 참여할 수밖에 없었고, 일본은 필리핀 웨이크섬, 괌과 같은 지역도 점령하고자 했다. 일본이 연합군의 반격을 막기 위해 중요 목표를 점령하고 방어선을 설치한다는 제한전이 일본의 계획이었으며 이는 연합국을 협상하게 하려는 일본 정부의 의도가 내재된 것이었다. 하와이 진주만에 주둔한 미국 태평양 함대에 대한 일본 제국해군의 공격이 방어선 수립을 완성하는 데 도움이 되었다. 전쟁의 초기 단계는 2가지 작전으로 구분되었다. 첫번째 작전은 필리핀·영국령 말라야·보르네오·버마·라바울·네덜란드령 동인도를 점령하기 위해 3개의 세부적인 군으로 나누는 것이었다. 두번째 작전은 뉴기니·뉴브리튼·피지·사모아와 같은 남태평양의 도서 지역과 오스트레일리아의 전략적 요충지를 점령하는 것이었다. 중앙태평양에서는 미드웨이 제도가, 북태평양에서는 알류산 제도가 전략적 요충지로 지정되었다. 이러한 중요 지역의 점령은 연합군이 반격을 하기 전에 방어를 완성시킬 수 있었다.

경성·광화문우편국 연하도안 일부인

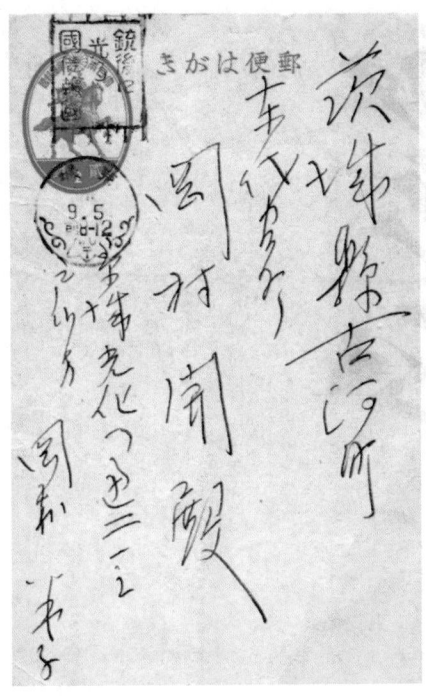

표어 일부인 광화문▶일본

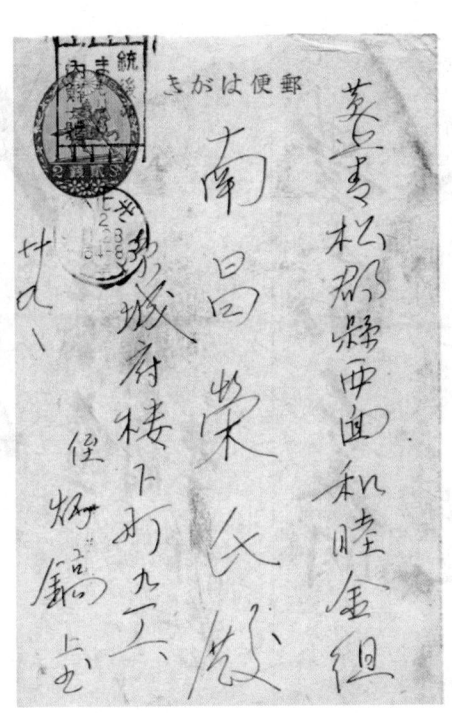

진체저금수령증─충남 아산

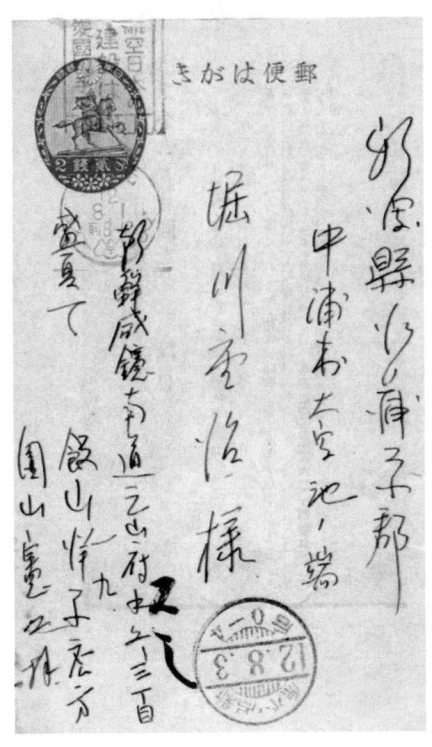

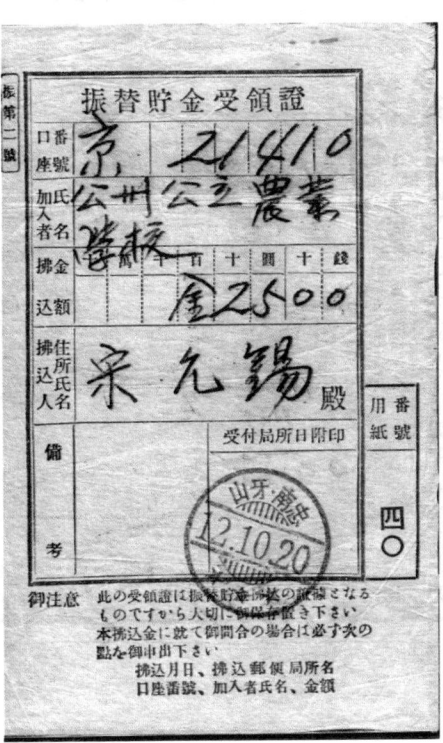

경북 풍사 연하도안 일부인

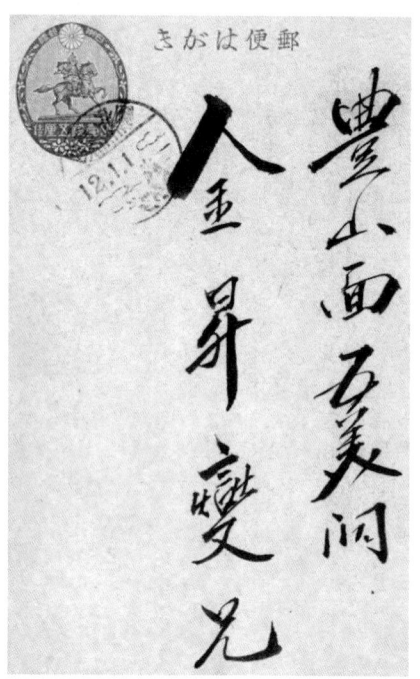
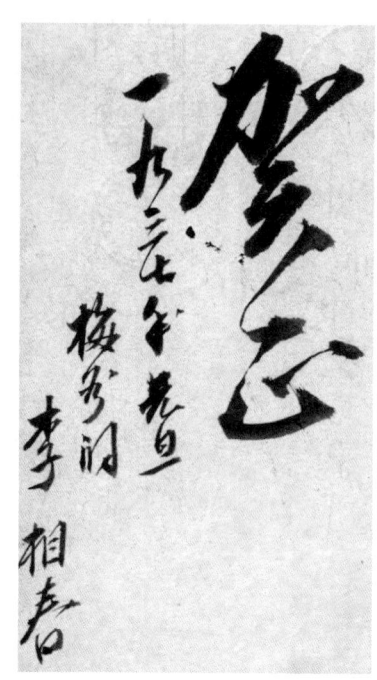

일본▶한국 용산
광화문 절수요금별납우편

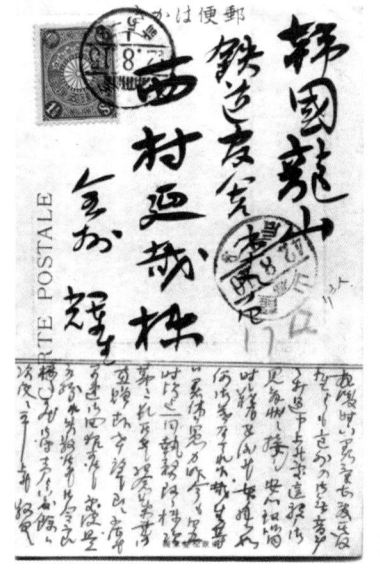
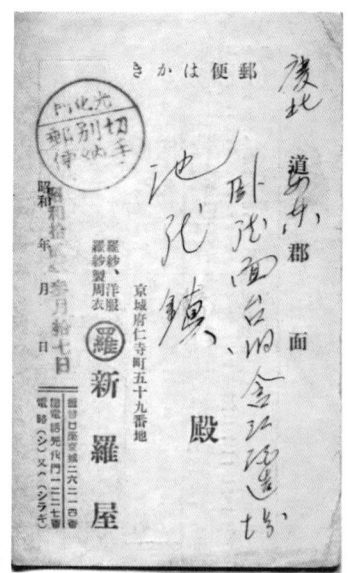
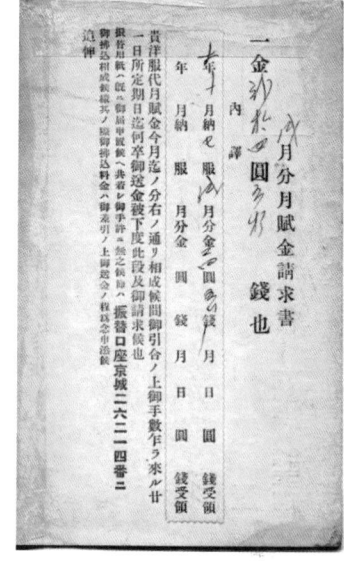

서대문▶남대문

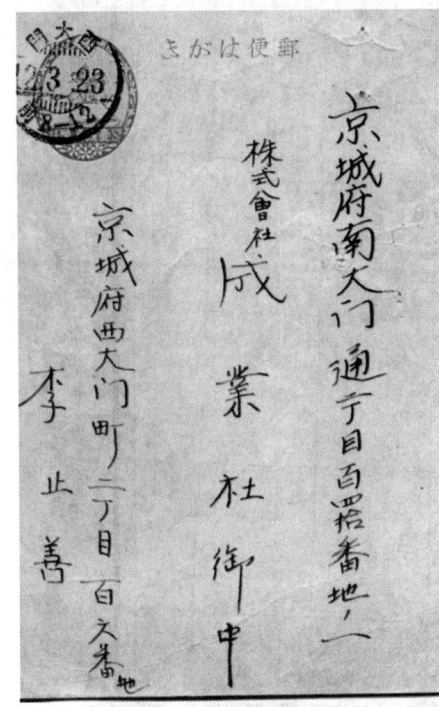

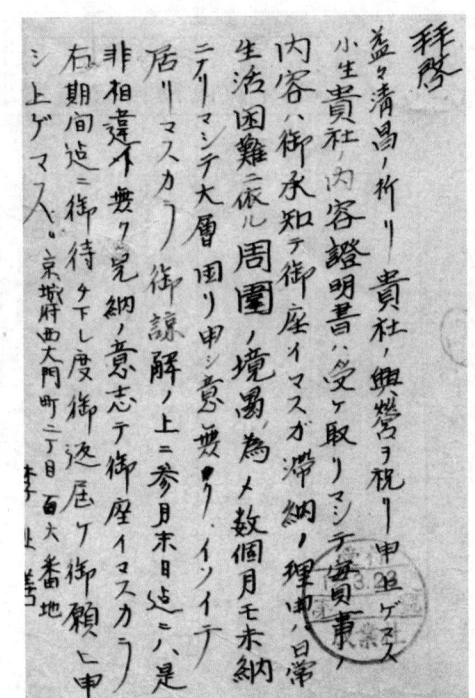

광화문 조선총독부 우편위체저금관리소

통신사무 우편

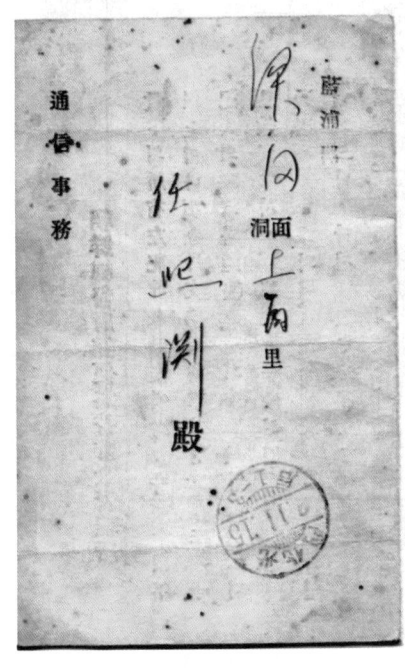

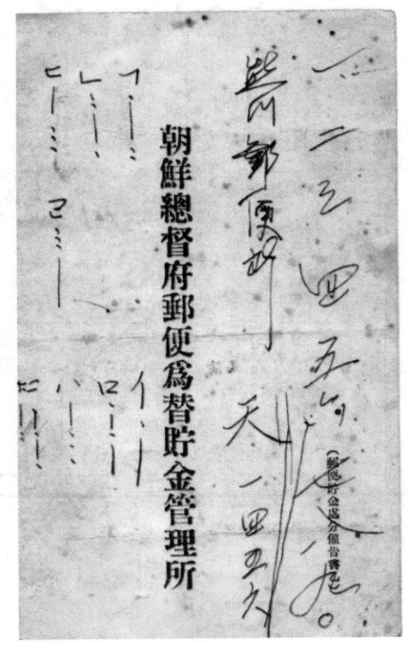

국치시기 대륙 침략을 위한 조선 내 철도 및 자동차 선로도

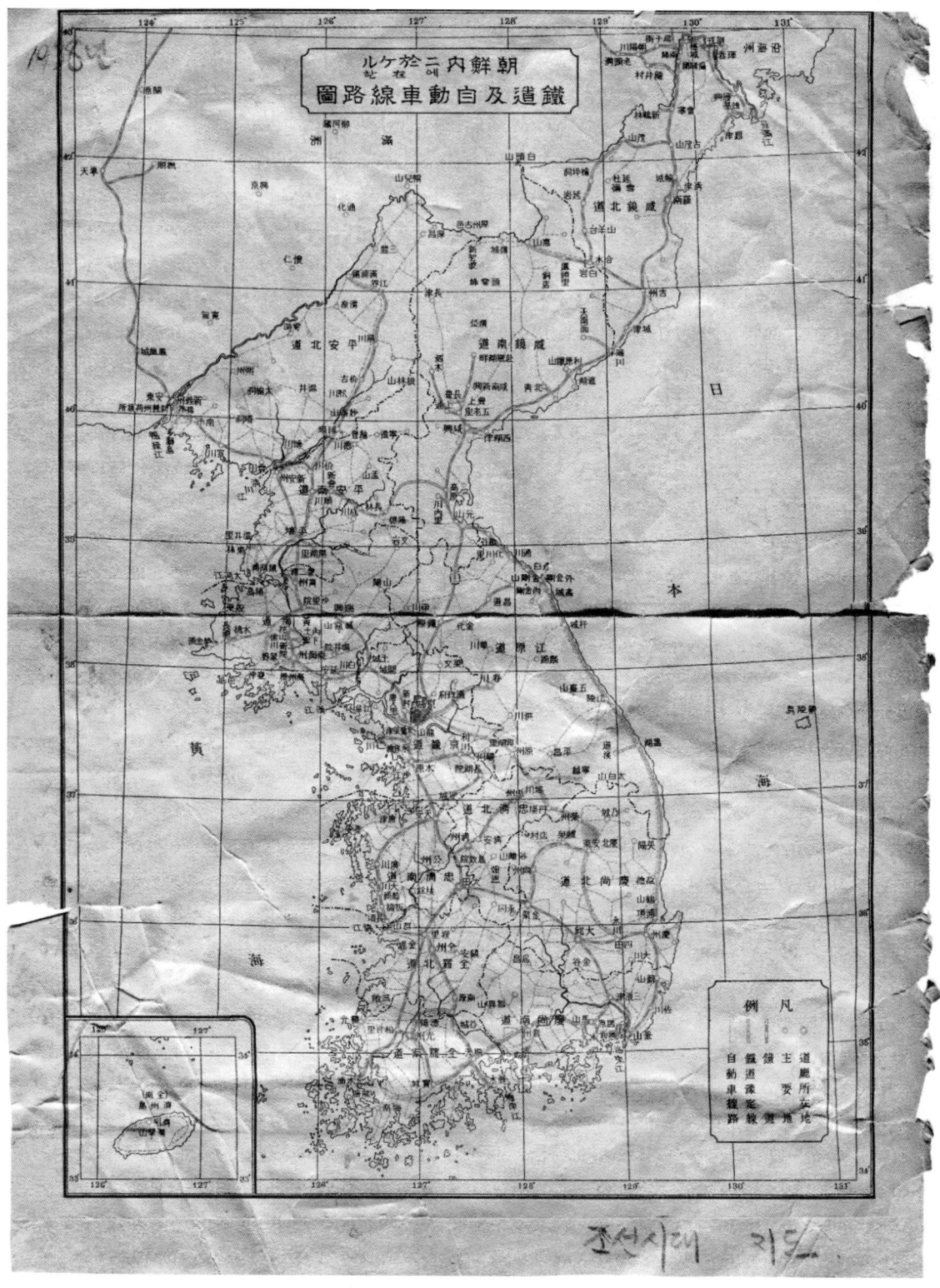

200x275mm

국치시기 일제의 한반도 철도 노선도

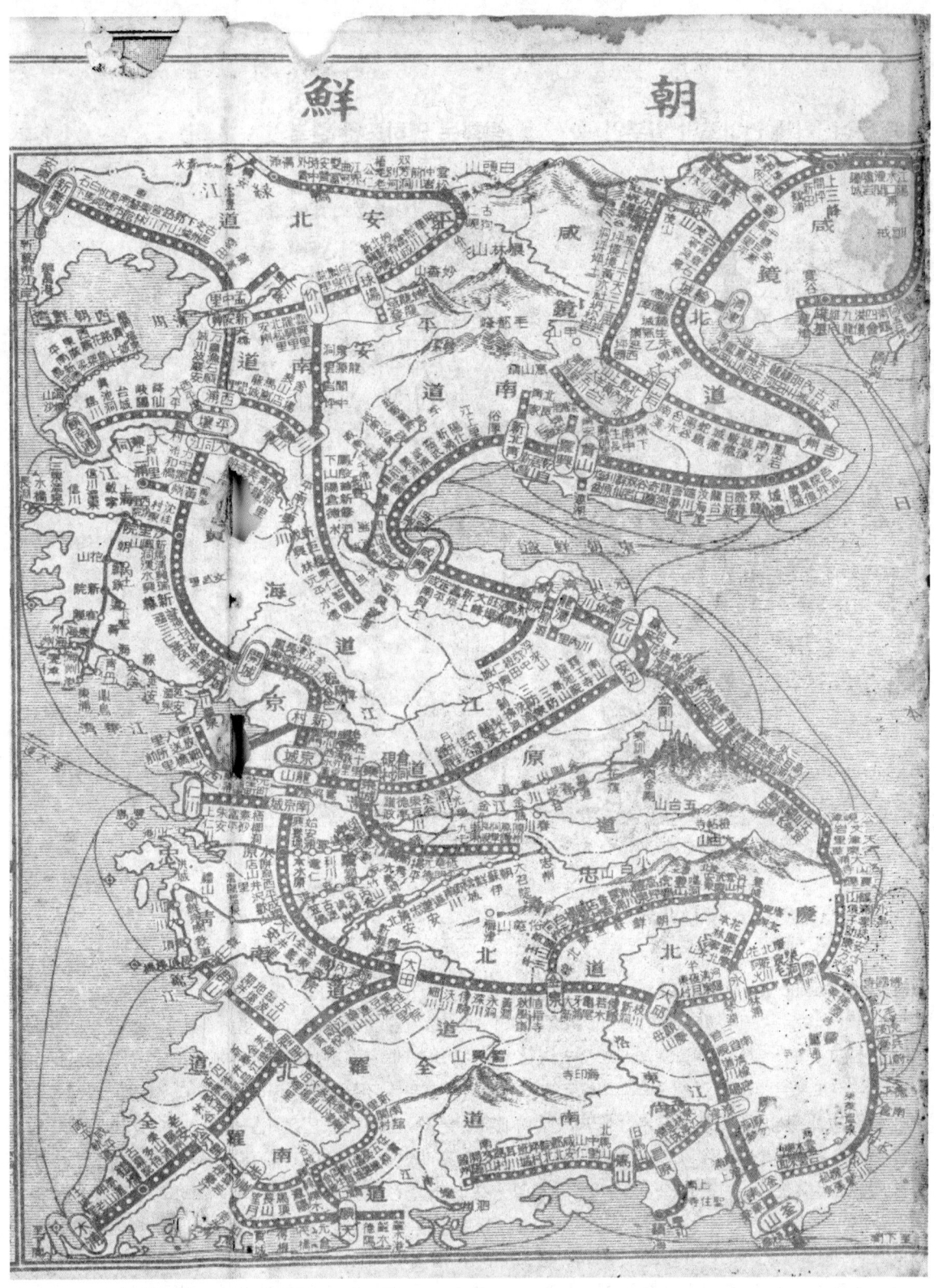

출처: 최신철도도. 일본 여행안내사. 1941.

전북 무장·기계 연하도안 일부인

광화문 연하도안 일부인

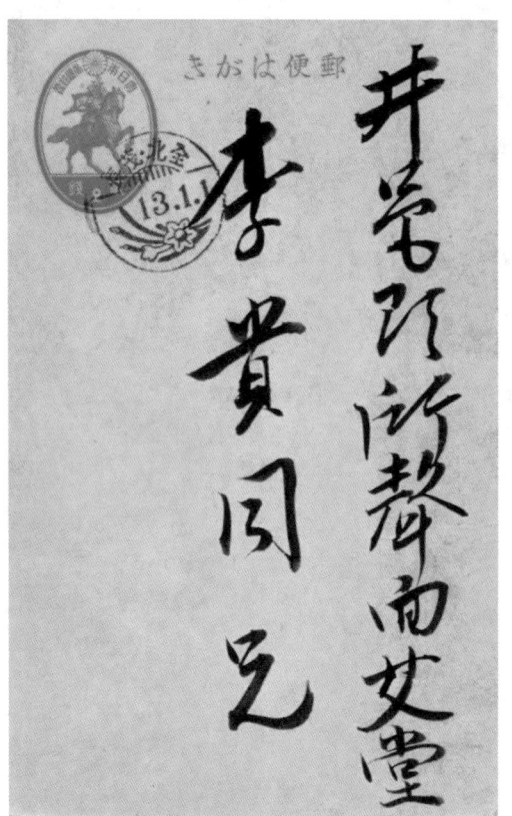

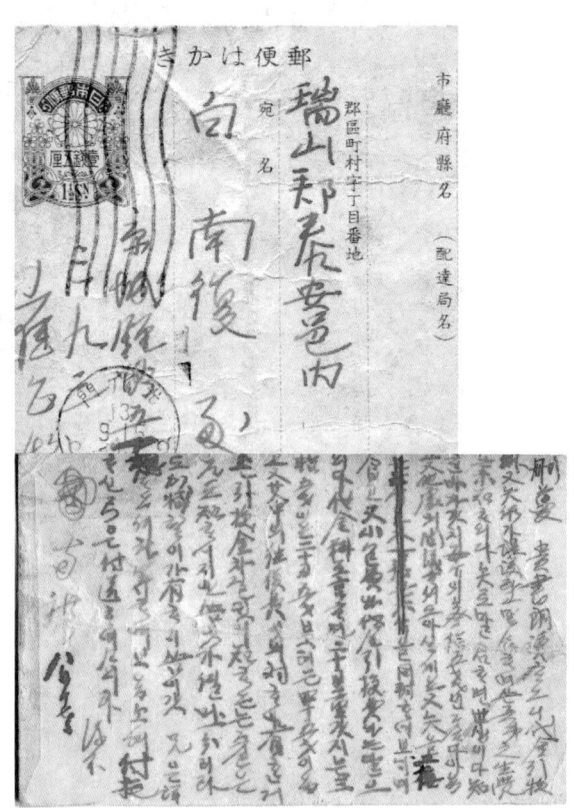

태평양전쟁 Pacific War 시리즈[9]

11월 이러한 계획들은 필수적으로 완결되어야 하는 것이 되었고, 다음 달에 약간의 수정을 거쳤다. 일본 군사전략가는 영국과 소련이 나치 독일의 위협에 맞서고 있었고, 소련은 중립 조약을 체결한 것을 염두에 두고 기습의 성공을 예상했다. 일본 지도층은 미국과의 전통적 방식으로 완벽한 승리를 거두는 것은 불가능하다고 보았다. 대안은 그들 초기의 승리 이후 평화 협상에 나오는 것으로, 미국이 아시아에서 일본의 헤게모니를 인정하는 것이 조건이었다. 실제로 일본 총사령부는 수용가능한 협상이 미국 정부에 도달되어야 한다고 보았고 공격권이 주어졌다면 공격들을 취소할 수 있다고 보았다. 일본 지도층은 미국과의 전쟁 수행을 청일 전쟁과 러일 전쟁에서 얻은 경험에 기초하고 있었다. 두 전쟁은 약소국이었던 일본이 강대국을 꺾은 것으로 두 국가를 완전히 정복한 것은 아니었다. 그들은 미국의 태평양 함대가 필리핀으로 이동하여 제국해군의 항로를 방해하지 않고, 자국 해군의 계획과 선언은 숨기기를 원했다. 만약 미국이나 영국이 선제공격을 한다면 약정된 계획은 그들의 위치를 고수하며 총사령부의 명령을 대기하는 것을 바꿀 수 있었다. 계획가들은 필리핀과 말라야 기습에 성공 가능성이 있다고 보았고 소련군에게 선제 공격을 가하는 최악의 상황도 생각하고 있었다.

KEIZIO Seoul TYOSEN ▶ U.S.A.

American Consulate General Seoul, CHOSEN

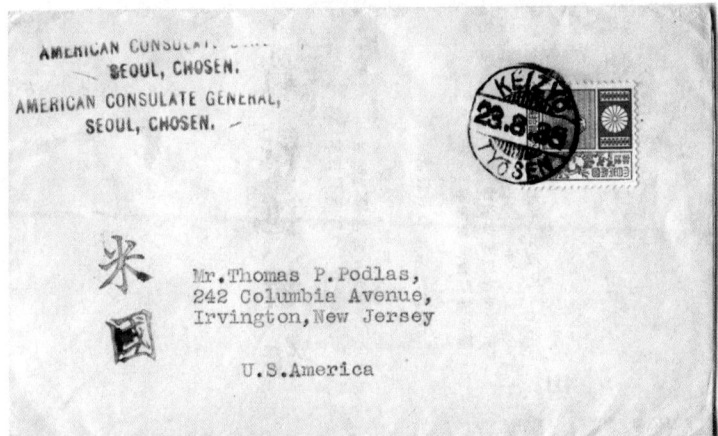

KEIZYO Seoul TYOSEN–U.S.A

요금약수 料金約收 우편

경성–미국행 요금약수 우편

표어 일부인

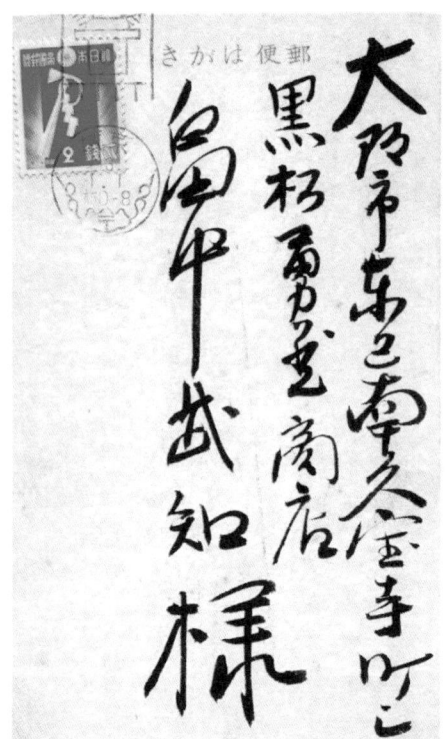

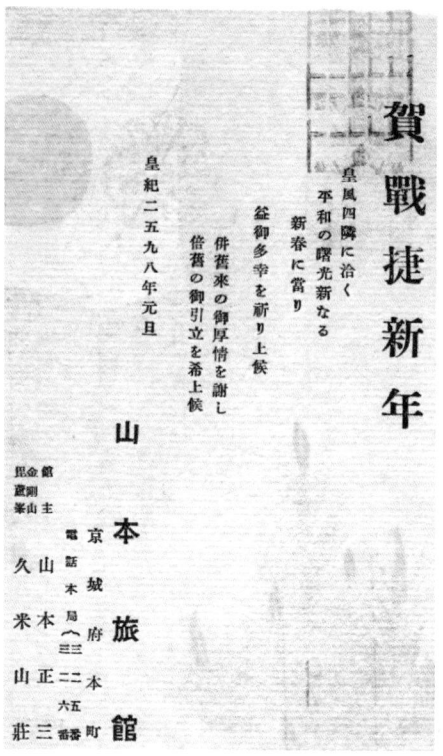

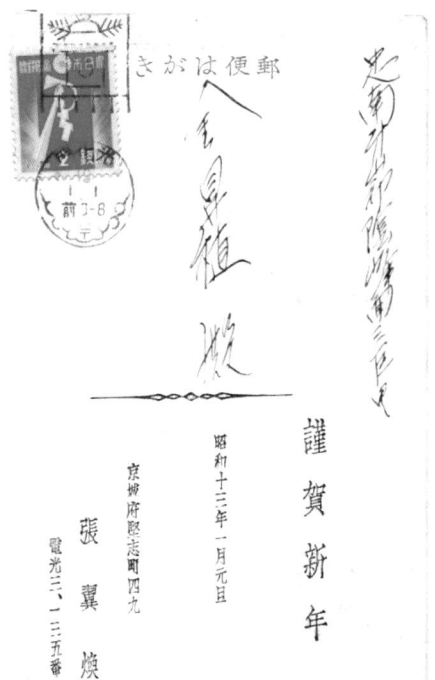

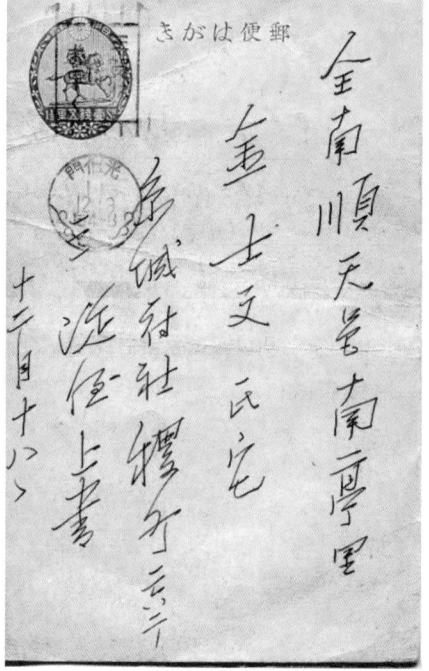

평양 표어 일부인

위체증서 爲替證書

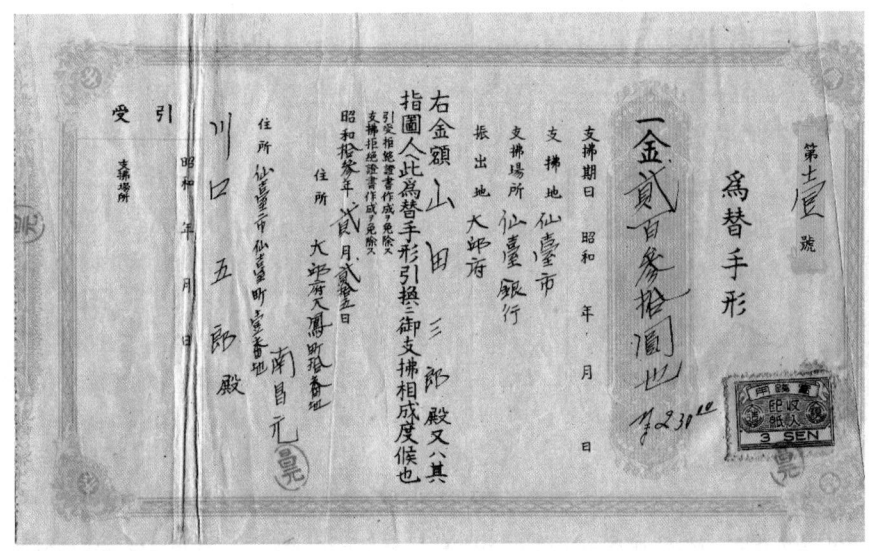

광화문 표어 일부인

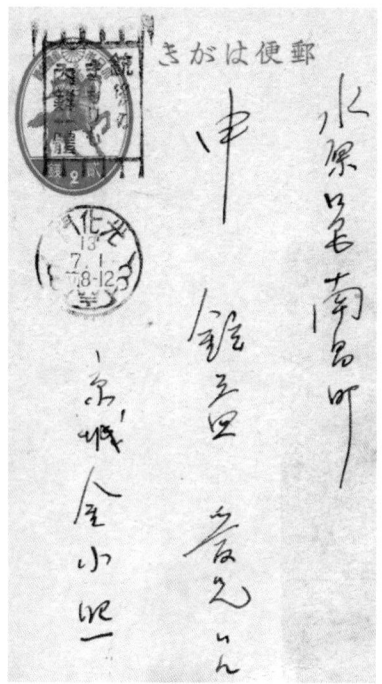 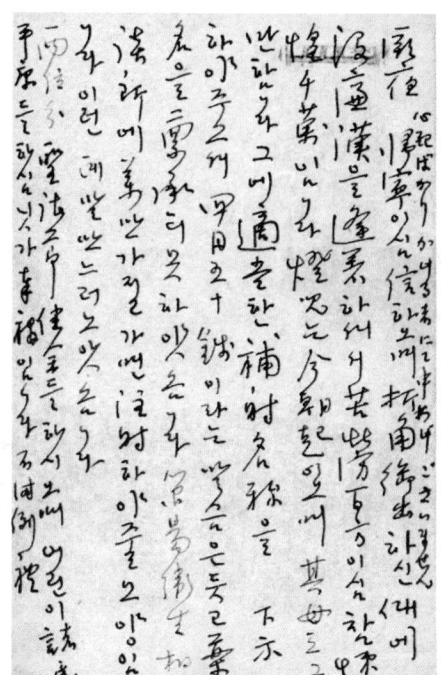

태평양전쟁 Pacific War 시리즈[10]

USS 애리조나가 일본군의 공습 이틀 후 불타고 있다.

1941년 12월 7일 일본군은 진주만 공격으로 하와이에 있는 미국의 기지들을 습격했다. 같은 날 일본군은 괌·웨이크섬·필리핀·영국 식민지인 홍콩과 타이·말라야를 공격하여 동남아시아 일대에서도 영향력을 확보하려고 하였다. 공격 직후 12월 8일 일본의 대미영 선전포고가 전달되었고 같은 날 영국의 대일 선전포고와 미국의 대일 선전포고가 발표되며 양측은 공식적으로 전쟁 상태에 돌입하였다.

해금강 전경-조선 해금강▶일본

태평양전쟁 Pacific War 시리즈[11]

진주만 공습

하와이 시간대로 1941년 12월 7일, 일본은 선전포고 없이 미국 태평양 함대의 기지인 진주만에 공습을 가했다. 미국 태평양 함대는 재기불능이 되었고 8대의 미국 전함이 완파되었고, 188대의 전투기가 파괴되었으며 2,403명의 미국 시민이 사망했다. 미국은 이 무렵 어떤 국가와도 공식적으로 전쟁 중인 상태가 아니었다. 일본 대사관의 문서를 해독하지 못했고 일본의 최후 통첩이 미국 정부에 12월 7일 정오 이후에 도달했기 때문이었다. 이는 진주만에서 죽거나 다친 사람들이 전투원이 아니었음을 의미했다. 미국 구축함이 일본군과 교전했으나 미국 의회는 전쟁을 선포하지 않은 상황이었다. 일본군은 기습 공격과 대규모 피해로, 미국 정부가 협상에 나서서 일본의 아시아 영역을 인정해줄 것이라고 바랐다. 그러나 이런 도박은 통하지 않았다. 미국의 피해가 예상보다 심각하지 않았기 때문이다. 미국의 항공 모함은 이 때 당시 바다에 있었으며, 중요한 해군 시설과 잠수함 기지, 그리고 정보국이 피해를 입지 않았다. 일본의 철수 전략은 일본 해군의 능력보다 더한 것이었으며 미국의 지연전에 의존한 것이었다.

통영▶부산 경상남도수산시험장

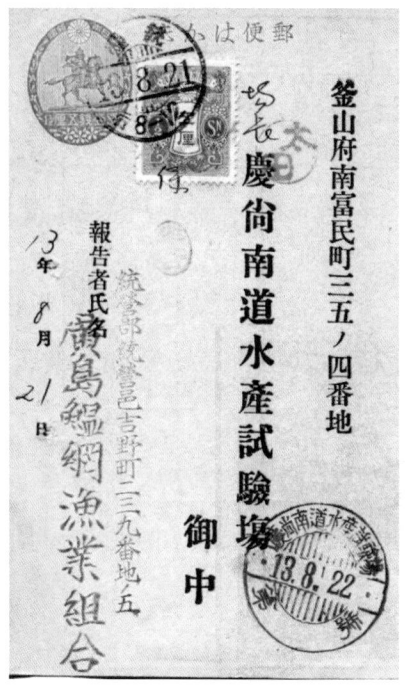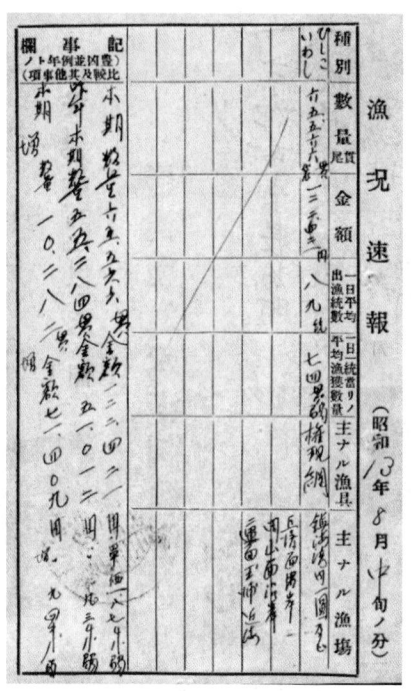

순천▶고흥

대구▶안동

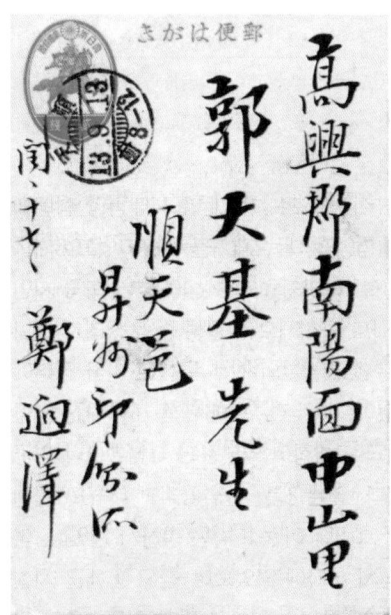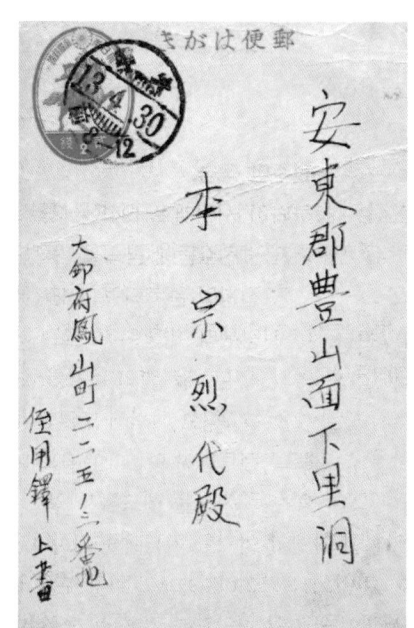

1938. 9. 18. 순천─고흥

1938. 4. 30. 대구─안동

1938

통상위체금액영수증서　　　**진체저금영수증**

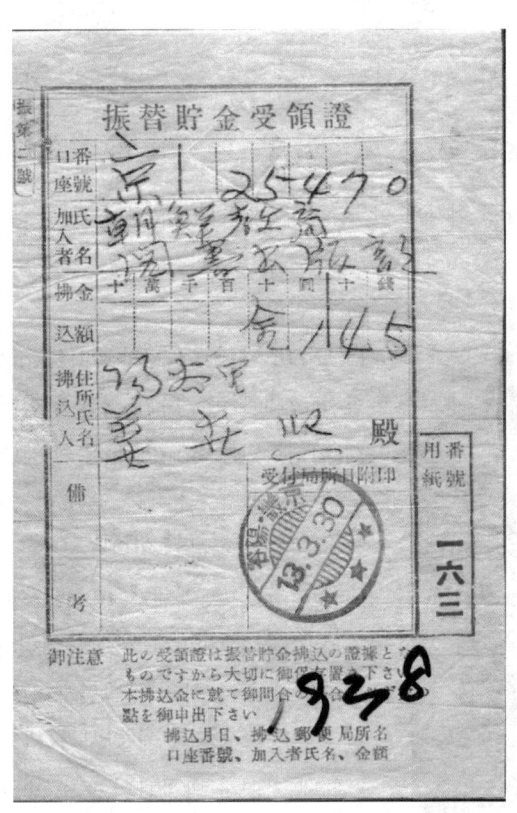

1939 당좌수입보고서

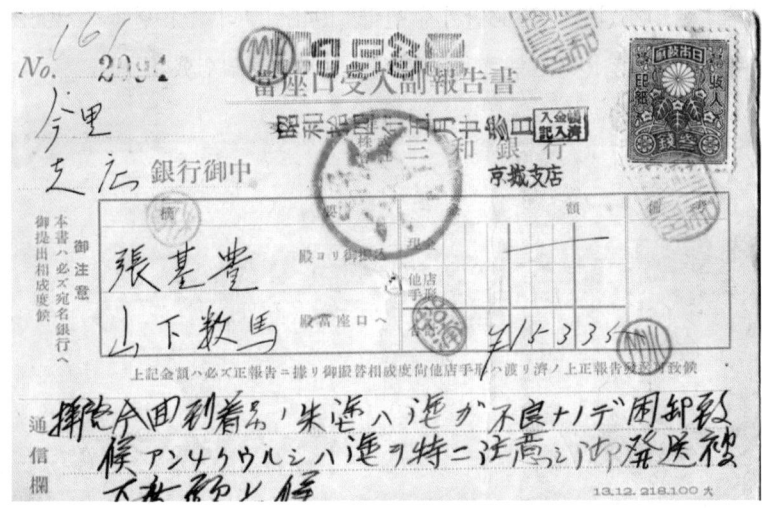

서양인이 남겨준 기록 시리즈 [22]

A series of photographic records left behind by Westerners

1938

IN KOREAN WILDS AND VILLAGES

By STEN BERGMAN

Sten Bergman (1895–1975)

스웨덴의 동물학자이자 모험가로 한국, 캄차카, 파푸아뉴기니, 일본 등 여러 곳을 방문했다.

한국 원정

Bergman의 1938년 저서 In Korean Wilds And Villages는 북한에서 발견된 새를 연구하기 위한 탐험에 대해 자세히 설명하며, 박제사와 함께 여행하면서 Bergman은 스웨덴 자연사 및 민족지 박물관을 위한 표본도 수집했다. 이 책은 또한 한국 문화와 야생 동물의 다양한 측면에 대한 해설을 제공하고 있다.

Bergman은 스웨덴 Ransäter에서 태어나 Johan Bergman 교수와 Kerstin Henriksson의 아들이었다. 그는 1914년 학생 시험에 합격하고 1917년에 학사 학위를 받았으며, 1925년에 철학 학위를 취득하고 1952년 스톡홀름에서 명예 박사가 되었다. 그는 1923년부터 여러 기간 동안 스웨덴 자연사 박물관의 보조 및 관장 대행을 역임했으며, Bergman은 1923년부터 인기 있는 과학 강사였으며 1926년, 1933년, 1955년에는 중부 유럽, 1955년에는 이탈리아와 일본을 순회했다. 1960년과 1962년. 그는 1920년부터 1923년까지 캄차카 반도, 1929년부터 1930년까지 쿠릴 열도, 1935년부터 1936년까지 한국, 1948년부터 1949년까지, 1952년부터 1953년, 1956년부터 1959년까지 뉴기니를 탐험했다.

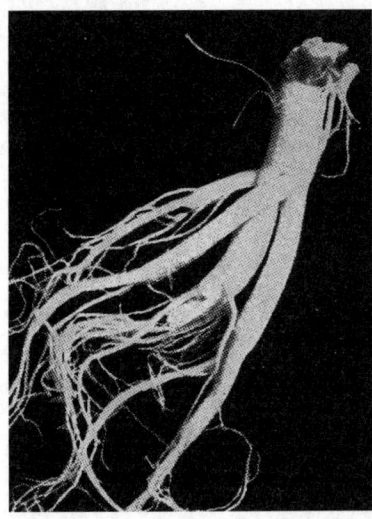

저자는 스톡홀름에서 우연히 찍은 일본인 낯선 사람 쿠로다 씨로부터 자신의 자녀 사진을 게이조에서 받았다.

Ginseng-root 인삼(좌)

토끼 사냥 중인 작가와 한국인 동반자　　소나무를 기어오르는 청년　　젊은 매 사냥꾼

탈과 탈춤　　　　　　　　　　　Shariin 탈춤 공연자
Carnival figure, Shariin.　　　　　One of the performers at the feast in Shariin

북쪽 지방에 서식한 야생 동물들

산양
Goral

롤러카나리아, 비둘기의 일종
Broad−Billed Roller

올빼미
OWL

지게꾼

볏짚을 나르는 황소

밥상 행상

나무꾼

젖을 물리고 땔감을 이고 가는 여인   남매

낚시하는 노인   밧줄을 만들기 위해 버드나무 껍질을 수집하는 노인

젊은 농부 부부가 밭을 일구는 모습   황소를 타고 가는 농부

전통 춤을 추는 소녀들

사자탈 춤

1936년 여름, 조선호텔에서 저자와 함께

우아한 여인의 자태

모녀의 다리미질하는 모습

저자의 매사냥 포즈

꿩 사냥꾼

조련중인 매 사냥꾼

매 사냥

사냥한 꿩들

1936년 당시 백두산 천지 'Lake of Heaven' 천국의 호수

백두산 정상의 일본 호위대(50명)
The Japanese Miliiitary escort on the top of PAIKTUSAN

여인의 머리에 이고가는 항아리 묘기   항아리 행상

마을 어귀 입구의 전하대장군. 지하여장군 앞의 어린이   여인의 모내기 장면

1936년 당시의 남대문 풍경

해금강 풍경

금강산 구룡폭포

금강산 전경

Sjoqvist ready for an excursion 사냥
가는 복장

저자와 Valerij Jankovski가 사냥한 짐승

George Jankovski가 사냥한 두마리 표범

금강산 석불

대나무로 만든 여름에 입는 속옷

제주도해녀
Quelpart

여인의 그네 묘기

Riuganpo의 신발 장사

노점상

강에서 고기잡이하는 여인

범선

도리깨질하는 농부들

Keijo(경성)의 초가집

여인들의 포즈

황소가 맷돌을 돌리며 곡식을 찧는 풍경

1936년 당시 일제의 마스게임 연습 장면

일제의 일본어 교육

읽기 공부하는 어린 학생

동네 아이들

어린이 씨름 시합

경주▶경북 봉화

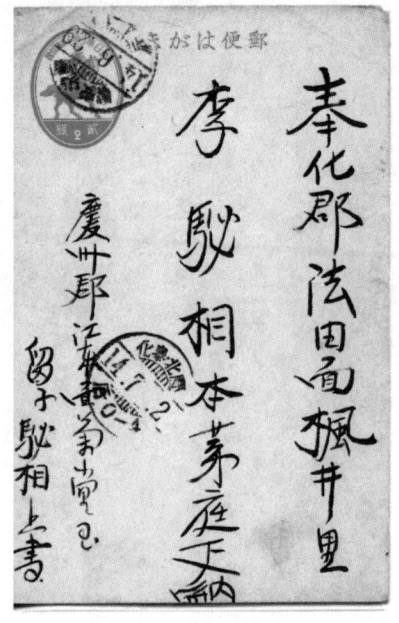 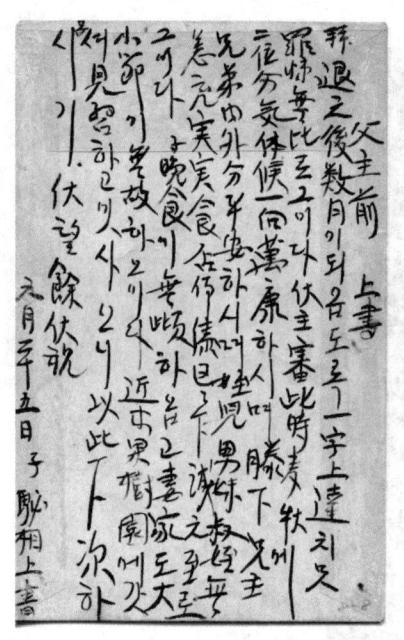

1939. 6. 29. 경주−1939. 7. 2. 경북 봉화

경북 풍사▶대구

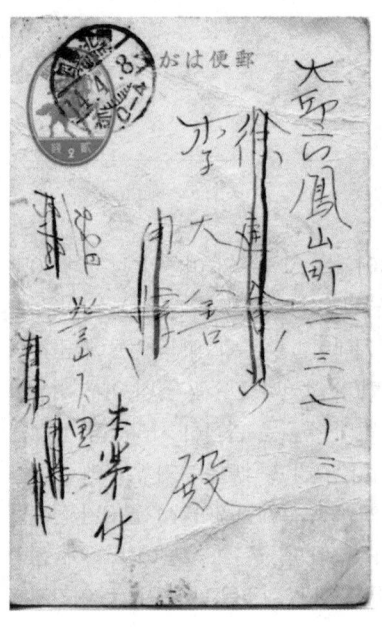 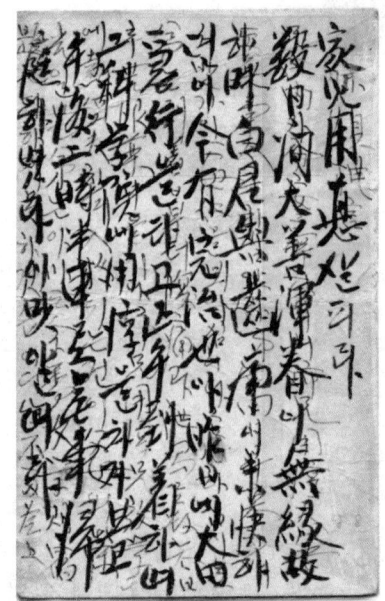

1939. 4. 8. 경북 풍사−대구

충주▶홍성   경기 양곡 전신위체금수령증서

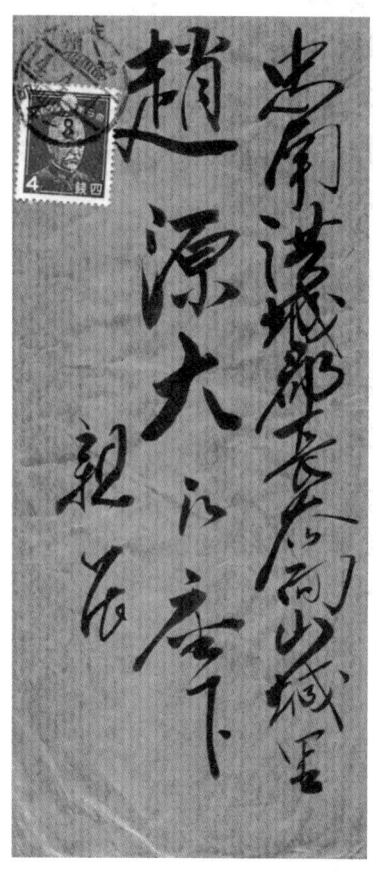 

1939. 4. 4. 충주–홍성

태평양전쟁 Pacific War 시리즈[12]

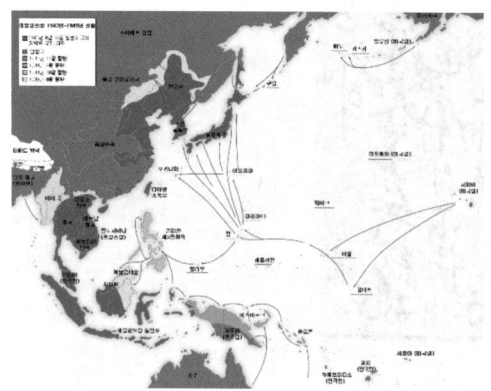

1943년부터 1945년까지의 일본군 영역

진주만 공격 이전에 미국에서는 고립주의 여론이 강하여 80만 명의 <미국 우선주의 위원회>가 유럽에서의 전쟁에 개입을 반대했고 영국과 소련에 무기대여법을 통해 이 국가들에 군사적 지원을 하는 것에도 반대했다. 그러나 진주만 공격 이후 여론이 급변하면서 이러한 전쟁 반대 주장은 완전히 사라졌다. 1941년 12월 8일, 미국, 영국, 캐나다, 그리고 네덜란드가 일본에 전쟁을 선포했으며 이후 중화민국과 오스트레일리아가 12월 9일 전쟁을 선포했다. 나치 독일과 이탈리아 왕국은 1942년에 미국에 전쟁을 선포해 2개의 전역을 유도했다. 이것은 대전략으로 여겨지는 데, 그 이유는 이것이 독일이 미국의 일본에 대한 시선을 집중시 킴으로써 얻는 이익을 폐지했기 때문이다.

경성(KEIJI) ▶ U.S.A.

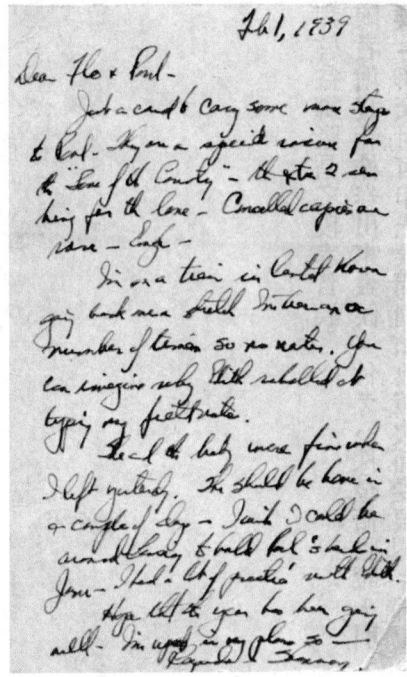

전남 구례 전신위체금수령증서

광화문 도안 일부인

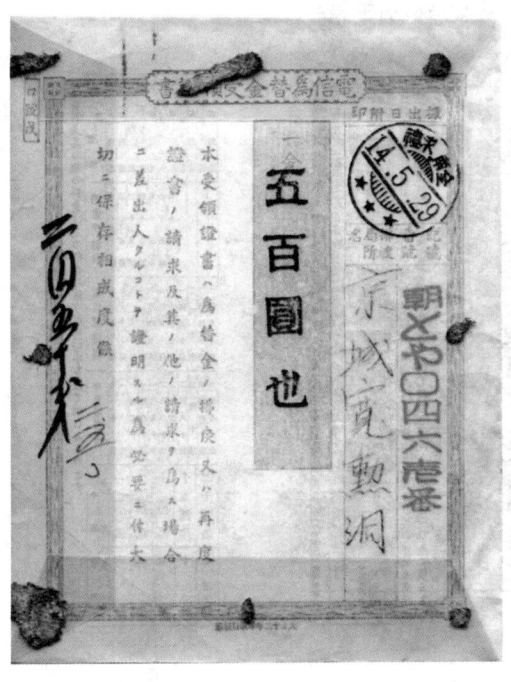

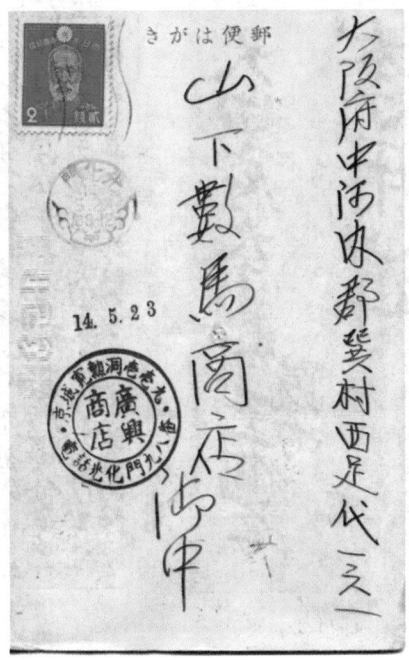

경성요금별납우편

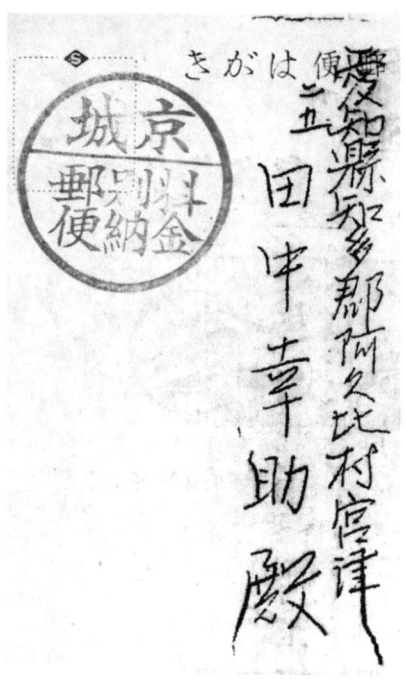

愛知縣知多郡阿久比村宮津
田中章助殿

きがは便郵

京斗料
城別納
郵金
便

拜啓益御隆昌之段奉賀候
陳者增資新株券出來致候二付テ八株金領收證ト引
換二御交付可申上候間同領收證裏面受領欄二御記
名捺印ノ上（届出ノ印章御押捺被下度）至急弊方二
御送付被成下度此段御通知申上候　敬具

昭和十四年五月二十日

京城府南大門通二丁目百四十番地

株式會社 朝鮮殖產銀行

頭取 林 繁 藏

경북 풍사▶대전

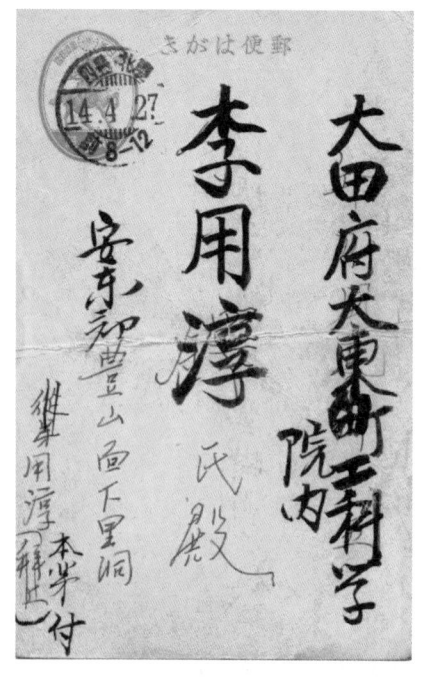

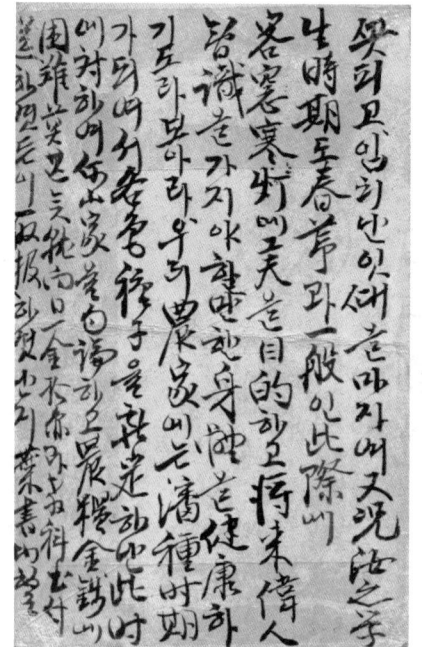

1939. 4. 27. 경북 풍사―대전

경북 예천▶대구

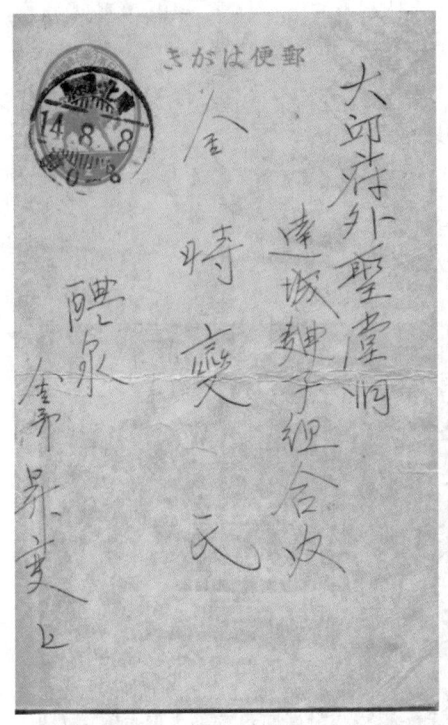
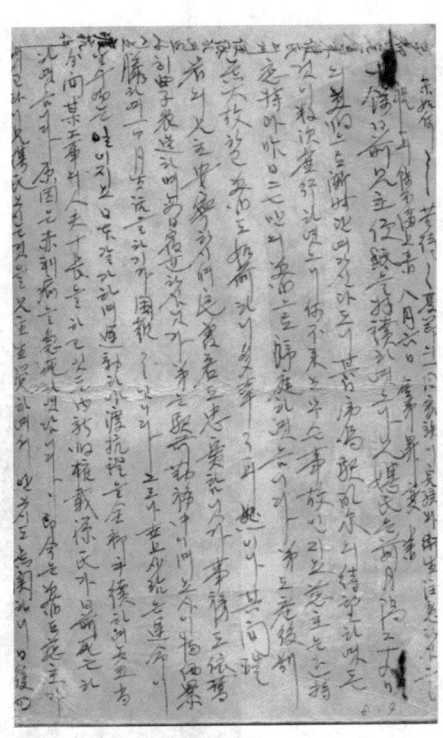

북청▶서천

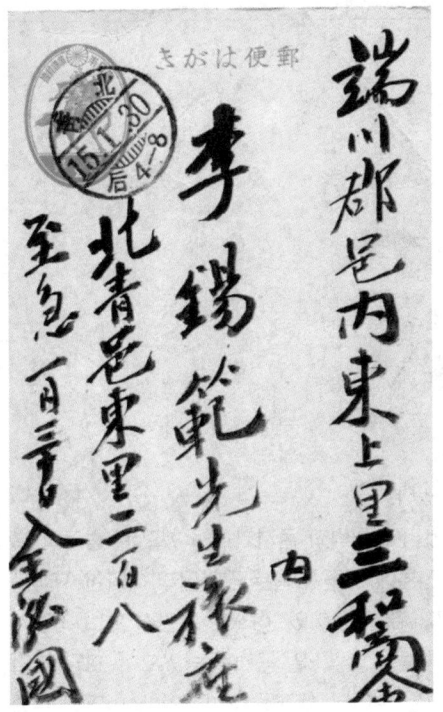
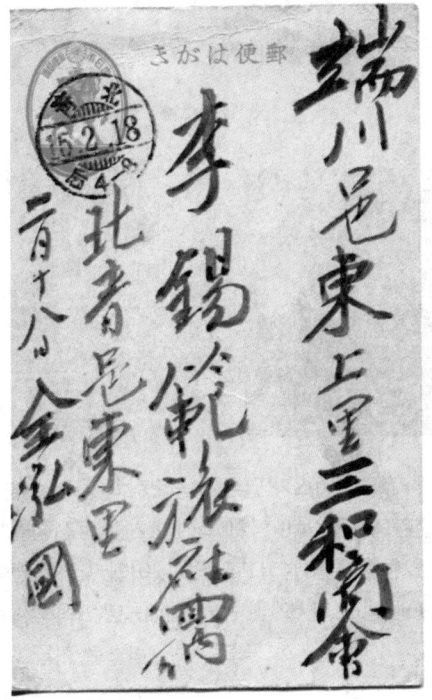

경성 중앙 표어 일부인

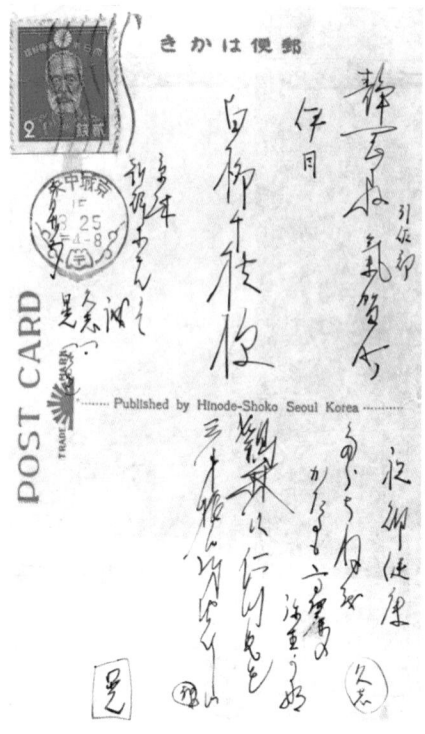

태평양전쟁 Pacific War 시리즈[13]

동남아시아 공격

HMS 프린스 오브 웨일스와 HMS 리펄스가 일본 항공모함의 공격을 받고 있다.

영국·오스트레일리아·네덜란드군은 이미 나치 독일과 2년 간 전쟁을 벌였기에 인력과 물자가 부족했으며, 중동과 북 아프리카, 동아프리카에 치열한 전투를 벌이고 있었다. 이에 따라 이들은 전투에 익숙한 일본군과 달리 미약한 저항을 할 수밖에 없었다. 연합군은 전쟁 초기 6개월 동안 패배를 맛보았다. 영국의 두 전함이었던 HMS 프린스 오브 웨일스 와 HMS 리펄스는 1941년 12월 10일 일본 항공모함의 공격으로 침몰했다. 홍콩은 12월 8일 공격을 받았으며, 12월 25일 일본군의 손에 떨어진다. 그러나 이 전투에서 캐나다군과 왕립 홍콩 의용군은 뛰어난 활약을 보여주었다. 미군의 주요 기지였던 괌과 웨이크섬도 이 무렵 일본에 점령되었다.

경북 영양▶영천

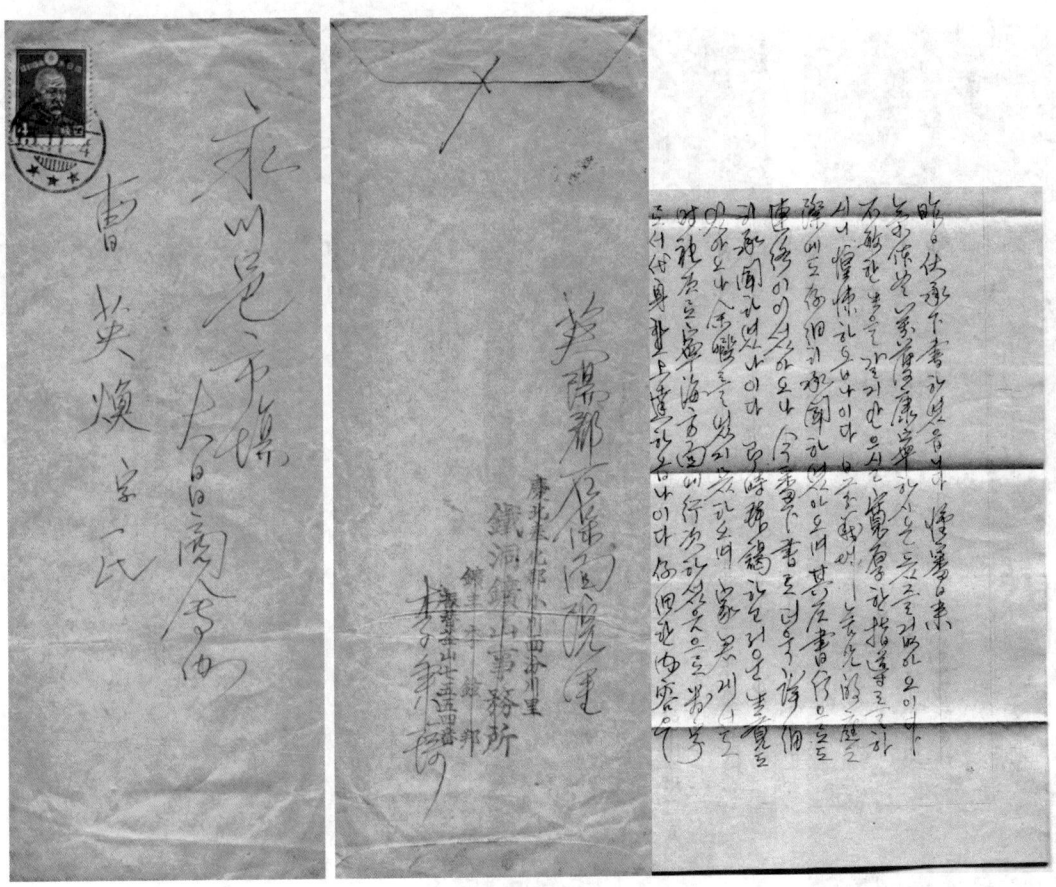

태평양전쟁 Pacific War 시리즈[14]

1942년 2월 19일, 오스트레일리아 북부의 소도시인 다윈이 다윈 공습 이후 불타고 있다.

1942년 1월 1일 연합국 공동 선언에 따라 영국 장군 아치볼드 웨이벌이 동남아시아 연합군 최고 사령부인 ABDA 사령부의 사령관으로 임명되었다. 이로 인해 웨이벌은 버마에서 필리핀과 북부 오스트레일리아에 이르는 지역을 통제할 수 있는 권한을 얻었다. 영국령 인도 제국, 하와이, 그리고 오스트레일리아의 다른 지역은 개별적인 지역 사령부가 있었다. 1942년 1월 15일, 웨이벌 자와섬의 반둥으로 이동해 사령부의 통제권을 맡았다.

황등역전–함열

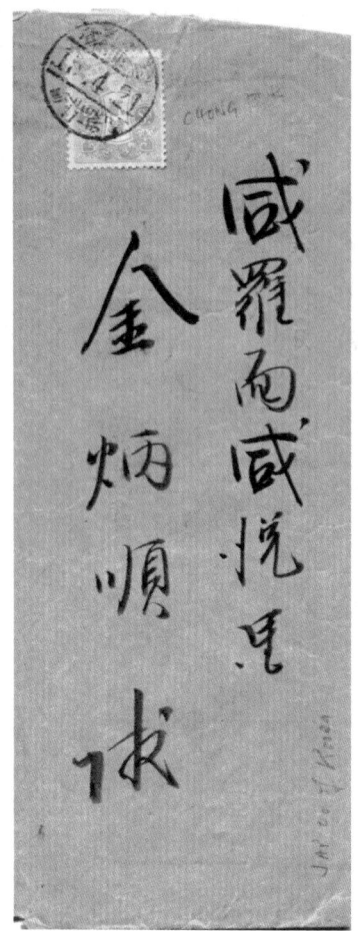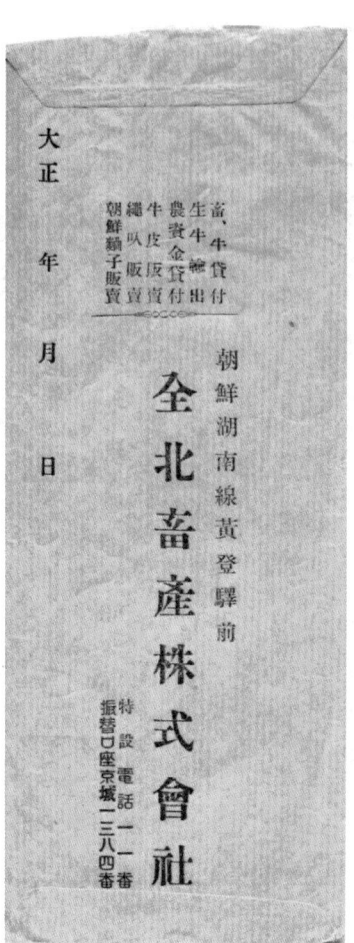

호남선황등역전–함열.

태평양전쟁 Pacific War 시리즈[15]

1942년 1월, 일본은 버마·네덜란드령 동인도·뉴기니·솔로몬 제도를 침공했고 마닐라·쿠알라룸푸르·라바울을 점령했다. 1942년 말라야에서 쫓겨난 이후 싱가포르의 연합군은 싱가포르 전투 동안 일본군에 저항하려고 시도했으나 2월 15일 일본군에 전원 항복했다. 13만 명의 인도·영국·오스트레일리아와 네덜란드 군이 전쟁포로로 수감되었다. 이후 정복의 속도는 빨라졌다. 발리와 티모르섬 또한 2월에 점령되었다. 연합군의 급속한 저항 붕괴로 ABDA 사령부는 2개로 분열되었다. 웨이벌은 2월 25일 사령관 직에서 사임되어 인도 사령관이 되었다. 1942년 2월 19일, 오스트레일리아 북부의 소도시인 다윈이 다윈 공습 이후 불타고 있다. 한편, 일본 항공기는 동남아시아에서 연합군의 제공권을 제거하는데 실패했으며, 북부 오스트레일리아에 지속적으로 공습을 시도했다. 이는 1942년 2월 19일 다윈 공습을 통해 심리적으로 오스트레일리아인을 위협하는 것에서 시작되었다. 이 공습으로 243명의 오스트레일리아인이 사망했다.

광주 대정 등기 614▶보성

1940. 7. 1. 광주지방법원-보성

태평양전쟁 Pacific War 시리즈[16]

1942년 5월 코리히도르 전투 이후 일본군에 항복하는 미군

1942년 3월부터 4월까지 일본 항공모함은 인도양 일대에 대대적인 공습을 가했다. 영국 왕립 해군 기지가 있던 실론섬이 공격을 받아 항공모함 헤르메스와 다른 연합군 함선이 침몰되었다. 이로 인해 왕립 해군은 인도양 서부로 철수하였다. 이것은 일본군이 버마와 인도에서 공격을 가할 수 있는 기회를 준 것이었다. 버마에서 영국군은 지속적인 압박으로 양곤에서 인도-버마 국경 지대로 철수했다. 이는 중국 국민당과 연합군을 이어주는 보급로인 버마 통로가 끊겼음을 의미했다. 1942년 3월부터 중화민국 해외원정군이 윈난-버마 통로 전투를 시작으로 북부 버마에 주둔한 일본군을 공격하기 시작했다. 4월 16일 7,000명의 영국군이 일본 제33사단과 예난강 전투 중 포위되었으나 쑨리젠이 이끄는 중국 제38사단에 의해 구조되었다. 중국 국민당과 공산당의 협력이 우한 전투 이후 약해지고 두 집단 사이에 분쟁이 발생했다. 국민당 게릴라군은 공산당에 흡수되었고, 중국 국민당의 간부가 대부분 장제스에 충성하는 군벌이었지만 그의 직속이 아니었다. 이는 버마에서 활동하는 중국군의 공세가 약화되는 것을 의미하기도 했다.

경기 포천▶일본

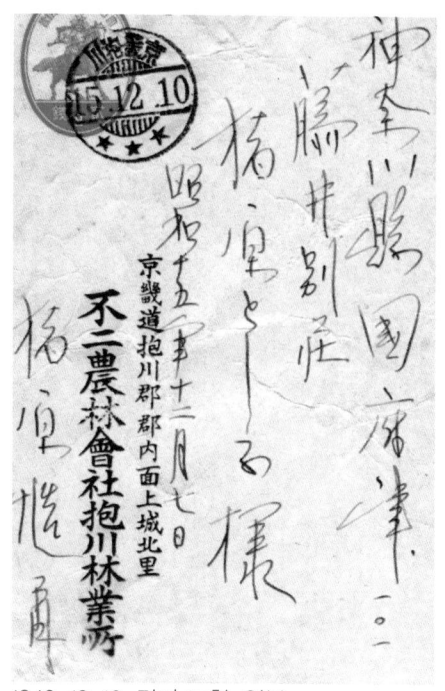

1940. 12. 10. 경기 포천–일본.

전북 고창▶정읍

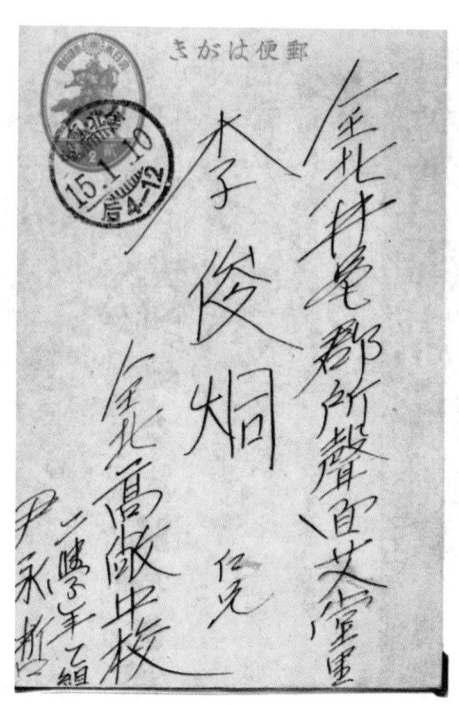

1941 진주▶부산 조선총독부 홍보용 표어엽서

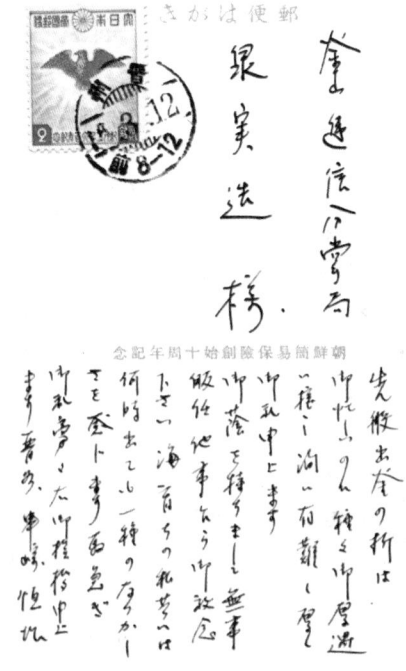

1941. 3. 12. 진주–부산

전북 남원

공주지방법원남원지처 집달리직무취급자

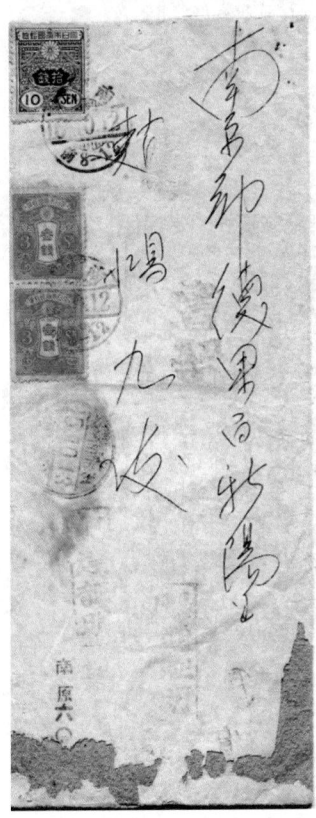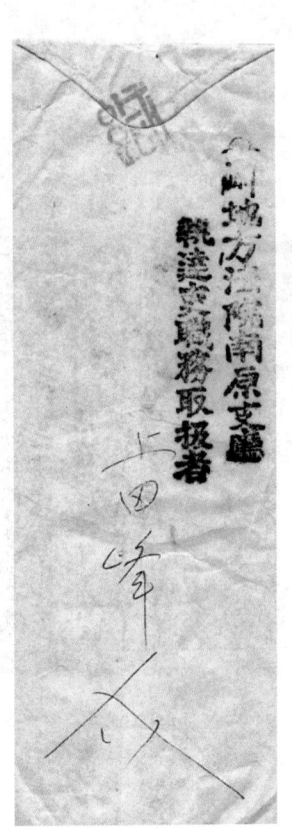

태평양전쟁 Pacific War 시리즈[17]

필리핀군과 미군은 1942년 5월 8일까지 저항했다. 이 무렵 8만 명 이상의 병사들이 항복을 강요받았다. 이 무렵 연합군 최고사령관으로 임명된 더글라스 맥아더는 오스트레일리아에 있는 상황이었고, 제독 체스터 니미츠가 이끄는 미국 해군이 태평양 지역의 나머지 부분을 맡았다. 이러한 분할된 지휘 계통은 수송 체계에 있어서 불운한 결과를 낳게 되었으며, 결과적으로는 전쟁에도 악영향을 미쳤다.

오스트레일리아 위협

1941년 말, 일본군의 진주만 공격 이후, 오스트레일리아의 정예 병력은 히틀러에 맞서 지중해 전구에서 싸우고 있었다. 오스트레일리아는 무장 부족·항공 모함·중폭격기, 그리고 현대식 전투기의 결여로 공격에 제대로 준비가 갖춰지지 않았다. 처칠로부터 강화를 요구받고 있었음에도 오스트레일리아 총리 존 커틴은 1941년 12월 27일 역사적 선언을 통해 미국으로부터 도움을 요청했다.

전북 고창▶전남 화순

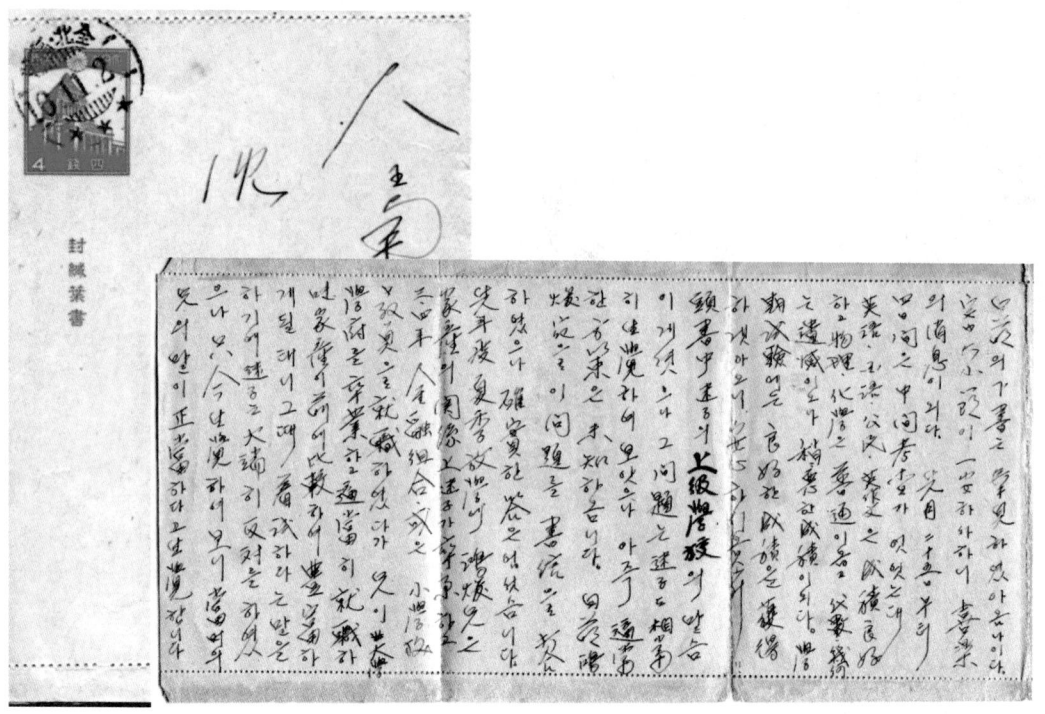

1941. 11. 2. 전북 고창–전남 화순.

태평양전쟁 Pacific War 시리즈[18]

1942년 초, 연합국 정부는 워싱턴 DC에 본부를 둔 아시아 태평양 회의에 미국 중심의 조직을 설치할 것을 요구했다. 1942년 4월 1일, 워싱턴에서 프랭클린 루즈벨트 대통령과 그의 고문관 해리 홉킨스의 주도로 태평양 전쟁 회의가 창설 되었다. 여기에는 중화민국·영국·오스트레일리아·네덜란드·뉴질랜드·캐나다의 대표가 참석했다. 후에 영국령 인 도 제국과 필리핀의 대표도 추가되었다. 회의는 영미 연합 사령부의 결정에 직접적인 통제권이 없었다. 이 무렵 연합 군의 저항은 초기에는 상당히 상징적이었으나 이후 이러한 저항은 점진적으로 강화되었다. 대표적인 예가 오스트레일 리아와 네덜란드군이 티모르 전투에서 시민들을 안전히 대피시킨 것이었다. 1942년 4월 USS 호넷에서 출격한 폭격기 가 일본 수도에 가한 둘리틀 공습은 일본 제국에 약간의 물질적 피해를 주었지만 미국 정부 및 군대에 도덕적 사기를 올려주었으며, 일본 본토가 취약하다는 것을 드러낸 심리적 영향을 주었다는 것이었다. 그러나 가장 큰 공습의 효과는 일본군이 미드웨이에 재앙적인 폭격을 개시했다는 것이었다.

영수증

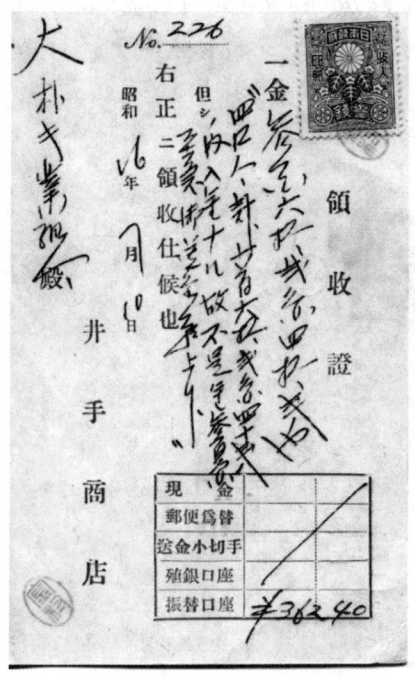

통신문기제 송금 안내

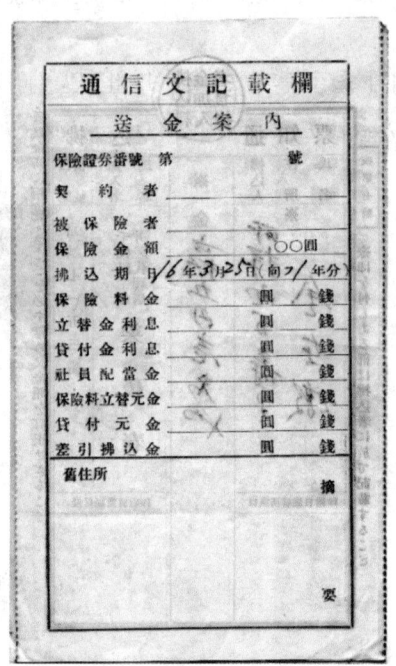

1943 전력연수증

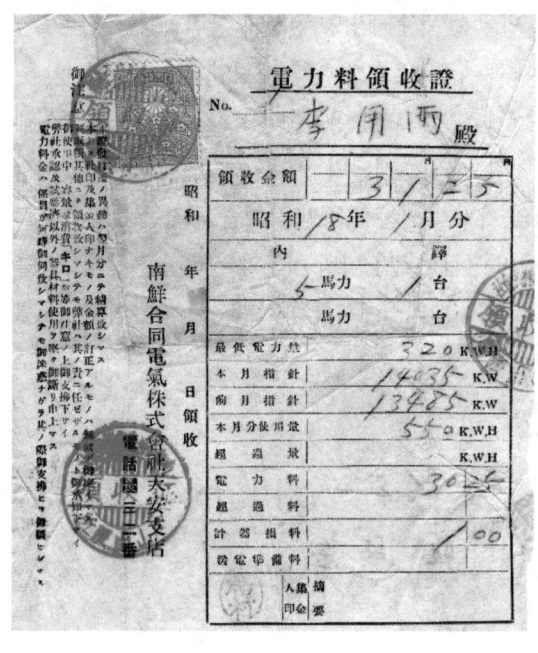

1940 당좌거래증서

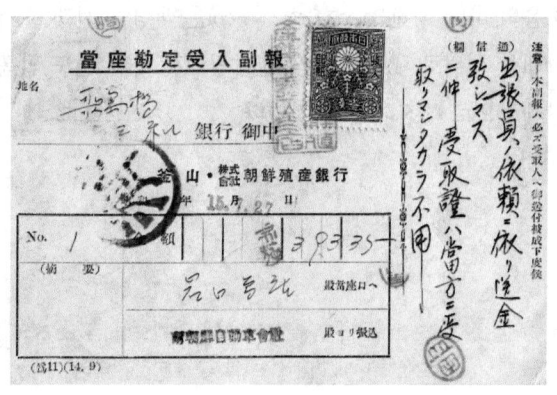

부산 조선식산은행

남선합동전기주식회사천안지점

일본제국 필리핀 점령시기 대일본헌병대 검열 우편
Japanese Military Police Censorship Mail during the Japanese Empire's invasion of the Philippines

일제의 태평양전쟁 1주년 기념 초일 봉피. 1942년 12월 8일 필리핀
First Anniversary of The Greater East Asia War December 8 1942 Philippines

8 DEC 1942 Manila, Philpines
First Anniversary of the GREATEREAST Asia War December 8, 1942
165x93mm

- 태평양 전쟁太平洋戰爭(Pacific war)은 제2차 세계대전의 전선 중 하나로, 1941년~1945년까지 태평양 일대와 동남아시아 지역을 무대로 미국과 일본 제국을 중심으로 벌어진 중앙 태평양 전선과 국민혁명군이 주도한 중국 전선 및 영국군이 주도한 버마 전선, 오스트레일리아군이 주공을 맡은 남서태평양 전역을 포함한다.

- 진주만공습眞珠灣攻襲(The Attack on Pearl Harbor)은 1941년 12월 7일 일요일 아침(하와이 현지 시각) 일본제국 해군의 항공모함 6척으로 편성된 연합함대가 미합중국 자치령 하와이 제도의 오아후섬 북쪽 200마일 해상까지 접근, 400여 대의 일본 함재기가 미국 태평양 함대의 기지가 있는 진주만을 기습 공격한 사건이다.

- 죽음의 바탄 행진(Bataan Death March)은 태평양 전쟁 초기에 일본군이 7만 명의 미군과 필리핀군 전쟁포로를 학대한 행위로, 1942년 4월 9일 필리핀 바탄 반도 남쪽 끝 마리벨레스에서 산페르난도까지 무려 88km를 강제적으로 행진하게 한 것이다.

일본제국 필리핀 점령시기 대일본헌병대 검열 우편
Japanese Military Police Censorship Mail during the Japanese Empire's invasion of the Philippines

1 APRIL 1942
MANILA, Philippine
165x93mm

필리핀 점령군사령부가 당시 필리핀 정부에서 발행한 우표를 고유 문안을 먹선으로 삭제한 후 발송된 우편을 대일본헌병대가 검열을 실시한 검열우편 실체이며 남방지점령우표 5센트+2센트가 첨부되어 발송된 대일본 헌병대 검열우편 실체

세계 2차 대전 당시 일본군이 저지른 10대 잔악행위
Top 10 atrocities committed by the Japanese military during World War II

알렉산드라 병원 대학살(1942년 2월 14일 ~ 15일) Alexandra Hospital Massacre (February 14–15, 1942)

1942년 2월 8일부터 시작된 일본군의 싱가폴 공격은 11일 연합군의 항복으로 끝을 내게 되는데 싱가폴을 함락하기 직전 알렉산드라 병원에 근무하던 어린 인도병사가 일본 군에게 발포한 것을 빌미로 병원을 습격하여 의료진과 환자 를 가리지 않고 도살하였다. (원문에 도살(slaughtered)이 라고 표현되어 있다.) 그 후 남은 생존자들을 청소를 하기 위해 모두 모이라고 하여 비좁은 방에 몰아넣고 총검으로 찔러 200여 명을 학살하였는데 빗물 배수관에 몸을 숨긴 5명만이 겨우 살아남을 수 있었다.

경북 영양英陽등기551▶영주榮州 대전 등기 463▶보은報恩

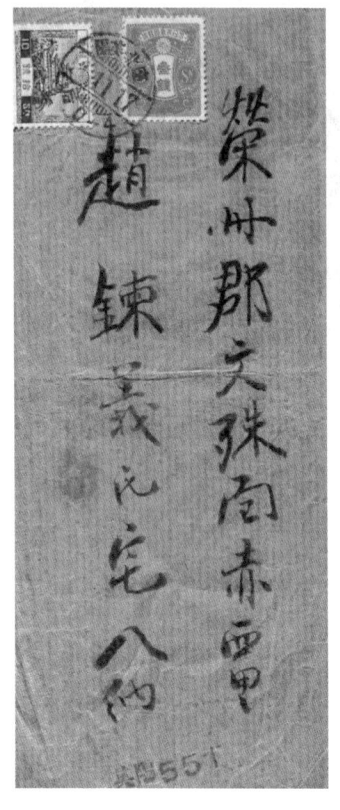 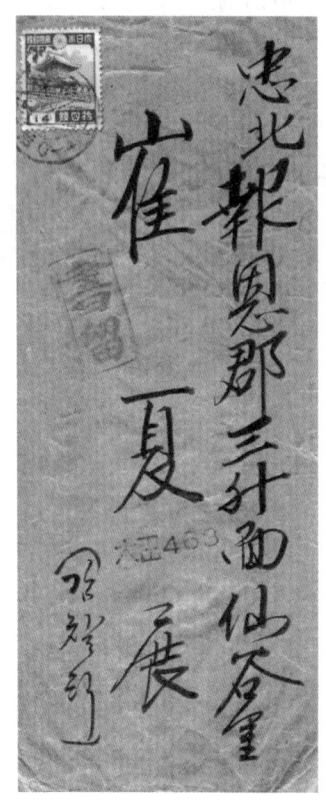

경죽 영양 등기-여주

태평양전쟁 Pacific War 시리즈[19]

1942년 중반, 일본군은 인도양에서 태평양에 이르는 넓은 지역을 차지하고 있으나 이것을 유지하거나 방어할 물자가 부족하다는 것을 알게 되었다. 더욱이 연합 함대 정책은 방어 전략에 있어서 부적절하다는 것도 밝혀졌다. 일본군은 남태평양과 중앙태평양 지역에 추가적인 공격을 가하기로 결정했다. 그러나 진주만에 주둔한 요원들은 포트모르즈비가 다음 공격이 될 것이라는 것을 밝혀낸 연합군 암호해독가들의 성공으로 인해 미군 또한 일본군의 전략을 알아채게 되었다. 일본이 포트모르즈비를 점령한다면 북부 및 서부 오스트레일리아 일대의 제해권을 일본군이 장악하게 되며, 이렇게 되면 오스트레일리아가 고립될 위험이 있었다. 프랭크 잭 플레쳐가 이끄는 USS 렉싱턴(CV-2)이 일본군을 저지하기 위해 USS 요크타운(CV-5)과 미국-오스트레일리아 기동부대와 만났다. 1942년 5월 전함이 보이지 않은 채 오직 항공기만이 사용된 첫 전투가 산호해 해전이었다. 렉싱턴이 격침되고 요크타운이 큰 피해를 입었지만, 일본군은 항공모함 쇼호를 잃었고, 쇼카쿠 또한 큰 피해를 입었으며 즈이카쿠의 일본 공군이 막심한 피해를 입어 미드웨이에서 두 항모 모두 출격할 수 없게 되었다. 연합군의 손실이 일본군보다 컸음에도 포트모르즈비에 대한 공격은 폐지되었고, 일본군의 침공 병력이 철수함으로써 연합군은 전략적인 승리를 거두었다. 또한 이 전투 이후 일본군은 전함과 전투기, 그리고 잘 훈련된 조종사들이 부족하게 되었다.

내선일체內鮮一體 표어 일부인

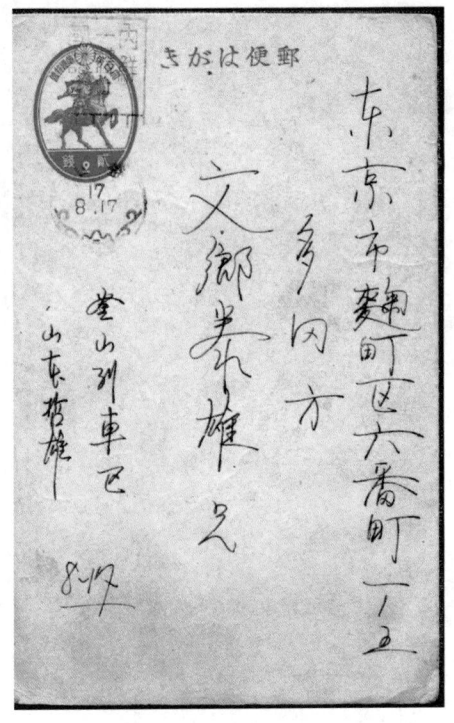

세계 2차 대전 당시 일본군이 저지른 10대 잔악행위
Top 10 atrocities committed by the Japanese military during World War II

라하 비행장 대학살(1942년 2월) Laha Airfield Massacre (February 1942)

네덜란드령 동인도(난인: 蘭印) 공략의 일환으로 일본군이 1942년 1월부터 인도네시아의 암본 섬(Ambon)을 공격하는 과정에서 주둔하고 있던 호주와 네덜란드군의 저항으로 소해정이 침몰하자 그에 대한 보복으로 총 4회에 걸쳐 300여 명의 호주와 네덜란드군인들을 일본도로 참수하였다. 종전 후 군사재판에서 90여 명의 일본군이 기소되고 4명이 사형에 처해졌다.

검열우편

함흥 조선43부대 검열인 우편

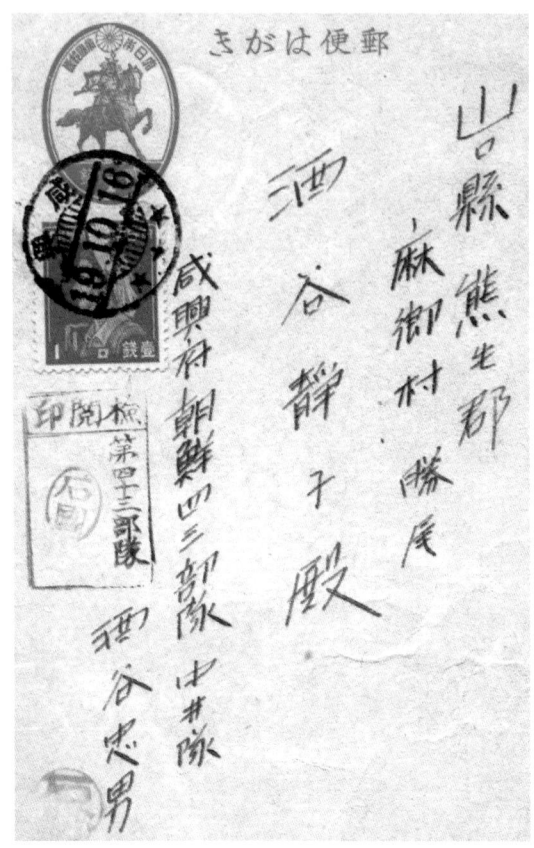

세계 2차 대전 당시 일본군이 저지른 10대 잔악행위

Top 10 atrocities committed by the Japanese military during World War II

구축함 아키카제대학살(1943년 3월 18일) Destroyer Akikaze Massacre (March 18, 1943)

일본군은 뉴기니를 침공하여 섬의 동쪽 지역을 점령하게 되는데 이곳은 한때 독일의 식민지였던 관계로 독일인을 비롯하여 네덜란드인 등 유럽인들이 거주하고 있었다. 일본군은 이들 민간인 포로들을 구축함 아키카제(秋風)에 태워 이송하던 도중 간첩혐의가 있다는 빌미로 어린아이를 포함하여 60명이 넘는 인원을 임시로 만든 교수대에 손목을 묶어 놓고 총으로 쏘거나 매질하여 죽인 다음 바다에 던져 죽이는 만행을 자행하였다. 전쟁이 끝나고 이 사건에 대한 조사가 진행되었지만 구축함 아키카제(秋風)가 1944년 11월 필리핀 해상에서 어뢰의 공격으로 침몰하여 자세한 진상을 밝히지 못하게 되었다.

표어 일부인–내선일체 국어사용

익산▶일본

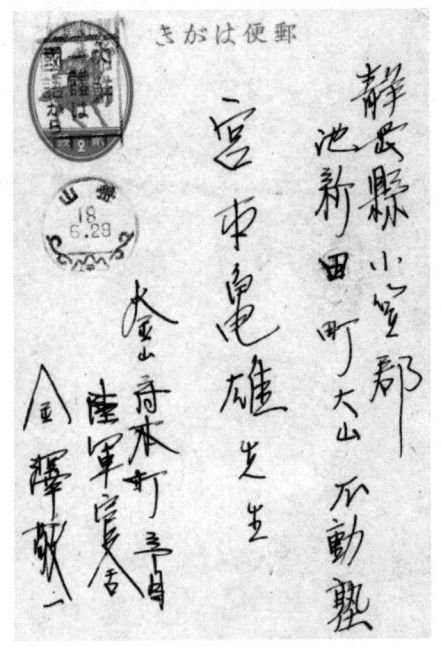 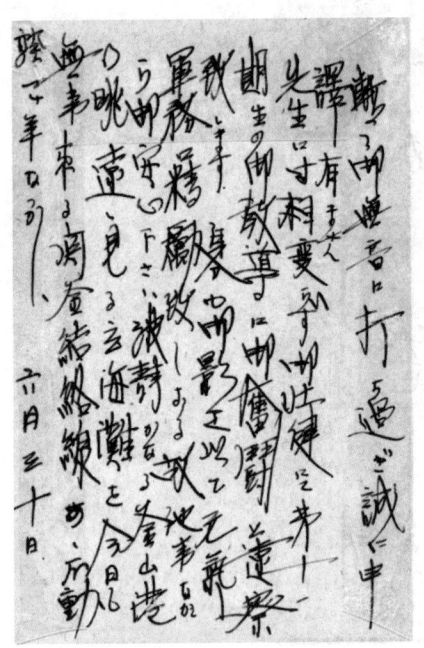

1943. 6. 29. 전북 익산–일본

세계 2차 대전 당시 일본군이 저지른 10대 잔악행위
Top 10 atrocities committed by the Japanese military during World War II

팔라완대학살(1944년 12월 14일) Palawan Massacre (December 14, 1944)

1944년 12월 14일 필리핀의 팔라완 섬을 수비하던 일본군은 미군이 침공하려 한다는 잘못된 정보를 전달받고 미군포로들이 이에 동조하여 후방에서 자기들을 공격할지도 모른다고 생각하여 미군포로들을 한 곳에 몰아넣고 불을 질러 죽이고 도망가는 포로들은 총으로 사살하였는데 150명의 포로들 중에서 12명만이 살아남았다고 한다

이 사건이 있고나서부터 미군은 일본군의 감옥과 포로수용소를 공격하는 해방작전을 대대적으로 전개하게 되었고 그 결과 489명의 미군과 필리핀 민병대와 33명의 민간인을 구조하게 되었다.

나우루강점기대학살(1942년 8월~1945년 9월) Massacre during the Nauruan Occupation (Aug.1942–Sep. 1945)

1942년 8월부터 일본군의 점령 하에 있던 남태평양의 나우루 섬을 1943년 3월 미국이 폭격을 하자 이에 대한 보복으로 호주군 포로 5명을 참수하였다. 그리고 일본군은 섬에 거주하던 1,000여 명의 원주민을 강제로 다른 섬에 이주하도록 추방하였으며 39명의 한센병 환자들은 배에 태워 바다로 나가게 한 다음 함포사격으로 침몰시켜 모두 죽음으로 몰아넣었다.

신의주 검열 불허가 우편

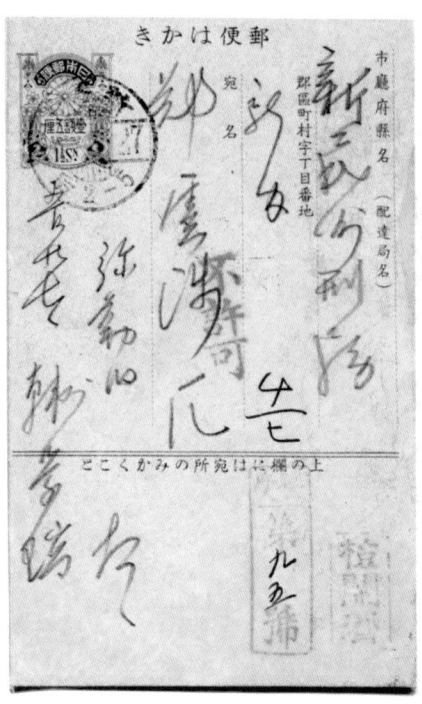

세계 2차 대전 당시 일본군이 저지른 10대 잔악행위

Top 10 atrocities committed by the Japanese military during World War II

영국 상선 비하르호대학살(1944년 3월 18일)

Massacre of the British merchant ship Bihar (March 18, 1944)

1944년 3월 일본의 중순양함 토네(利根)호는 인도양에서 영국의 상선 비하르Behar호를 격침시켰는데 함장이었던 마유즈미 하루오黛治夫는 바다에 빠진 108명의 승객과 승무원을 구출하여 이송하면서 이 사실을 제16전대 사령관 산콘쥬 나오마사(左近允尚正) 제독에게 보고하였는데 나오마사는 불필요한 일을 했다고 마유즈미를 질책하고 모두 사형시킬 것을 명령하였다. 이에 마유즈미는 포로들의 생명을 구하기 위해 여러 번의 부탁을 나오마사 제독에게 하였으나 명령을 거부할 수는 없어서 포로들을 36명, 72명으로 분리하여 비하르 호의 선장이 포함된 36명은 다른 배에 태워 풀어주고 72명의 포로들은 모두 참수하여 그 시체를 바다에 버리게 되었다. 전쟁이 끝난 후 산콘쥬 나오마사左近允尚正는 직접 살해를 결정하였다고 해서 교수형에 처해졌으며 토네利根호의 함장 마유즈미 하루오黛治夫는 병사들에게 살해를 지시하기는 하였으나 살인에 반대하였다는 사실이 참작되어 7년형을 선고받았다.

영국의 상선 비하르(Behar)호

공주 등기 133▶충주

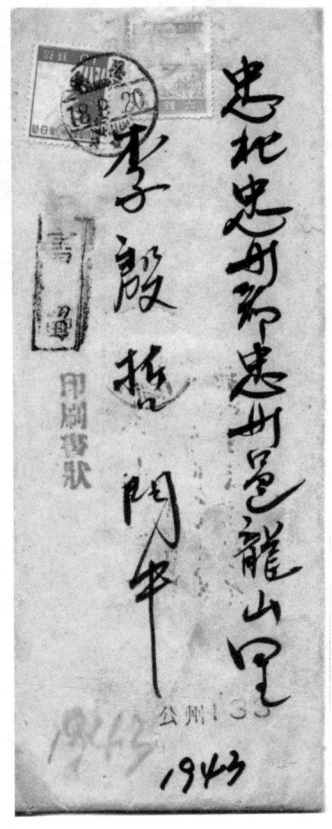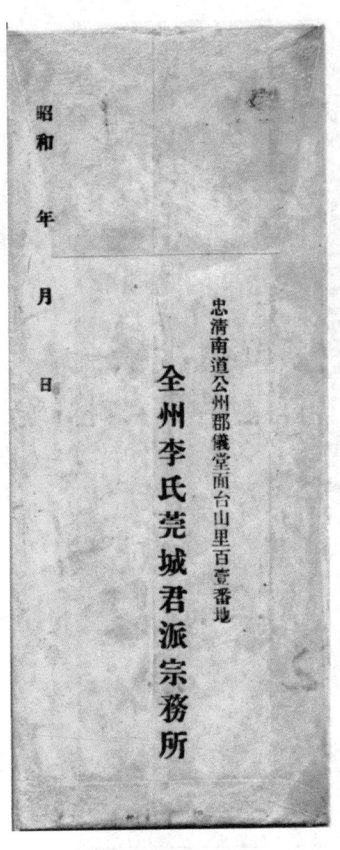

1943. 8. 20. 충남 공주―충주

태평양전쟁 Pacific War 시리즈[20]

1942년 5월, 연합군 암호해독가는 야마모토의 다음 활동이 미드웨이 환초 공격이라는 것을 알아냈다. 이것은 미국 항공모함을 함정으로 이끌어내어 태평양에서 미국의 전략적 전력을 파괴시키려고 하는 것에 있었다. 야마모토는 둘리틀 공습에 맞서 일본의 방어 전선을 확장시키기 위한 계획으로 미드웨이를 점령하고자 했다. 초기에 일본군은 알류산 열도를 공격하기 위해 북쪽으로 이동했다. 계획의 다음 국면은 니미츠의 남아있는 항공모함을 제거할 기회를 얻기 위해 미드웨이를 점령하는 것이 되었다. 나구모 제독은 전술적 사령관이 되었지만 미드웨이 침공에 중점을 두었다. 이는 야마모토가 니미츠의 개입에 어떠한 대안도 제시하지 않았기 때문이다. 미국 함대의 장거리 비행기 순찰이 이루어지지 않았기 때문에 플레쳐의 항공 모함은 들키지 않고 엄폐 위치로 이동할 수 있게 되었다. 나구모는 4대의 항공 모함에서 272대의 비행기를 운용할 수 있었고, 미군은 348대의 전투기를 운용할 수 있었다.

일본▶경북 청송

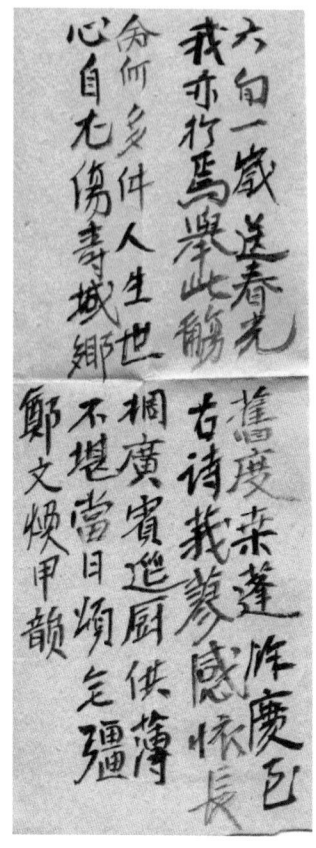

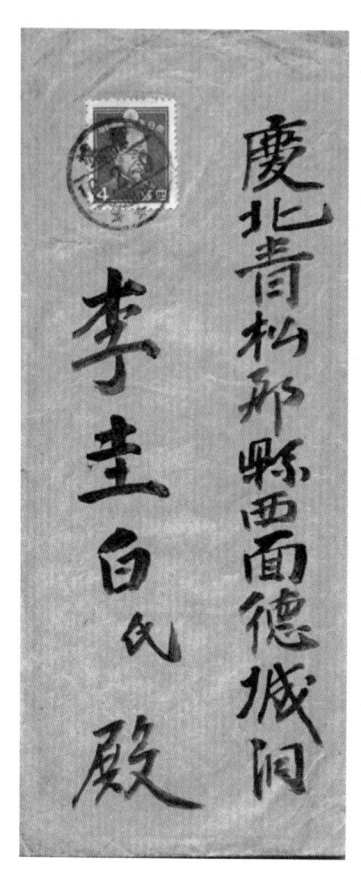

1943. 2. 9.–경상북도 청송

태평양전쟁 Pacific War 시리즈[21]

니미츠가 예상한대로 일본 함대는 미드웨이에 6월 4일 도착하였고, PBY 카탈리나 정찰기에 의해 발견되었다. 나구모는 미드웨이에 첫 공격을 수행했으며, 플레쳐는 그의 항공모함을 발진시켜 나구모의 항모에 접근하기를 원했다. 9시 20분경 미국의 첫 항모가 도착했고, 호넷의 어뢰폭격기가 도착했으나 이들의 공격은 협조가 잘 안되었으며 비효율적이었다. 이들 전투기는 1척도 격침하지 못했으며 15대의 전투기 모두 제로기에 의해 격추되었다. 9시 35분 엔터프라이즈에서 추가적인 어뢰폭격기 15대가 공격을 가했지만 14대가 격추되었다. 플레쳐의 공격은 비조직적이었고, 비효율적인 것처럼 보였지만 나구모의 전투기들을 해상 고도까지 낮추는데 기여해 더 많은 연료와 탄약을 소모하게 만들었다. 결과적으로 미국의 급강하폭격기가 고고도에서 접근했을 때 제로기는 방어할 위치에 없었다. 더욱이 나구모의 항공모함 4대는 어뢰를 피하기 위해 편제에서 이탈했고, 대공화망을 집중시킬 수 없었다. 나구모의 비결정으로 항공모함에 탑승한 간부들은 혼란이 가중되었다. 결과적으로 미국 급강하폭격기는 일본 항모에서 항공요원들이 전투기를 재급유하고 있는 것을 발견했다.

함경남도 문천▶충남 부여

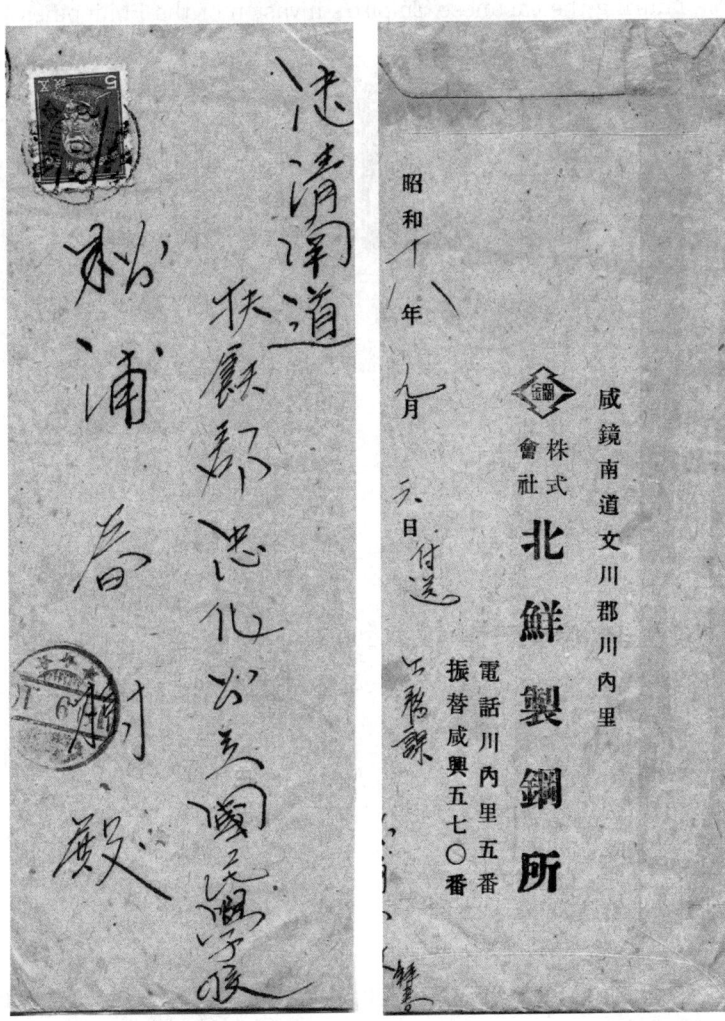

1943. 9. 10. 문천-부여

■ 주식회사 북선제강소. 전범기업

일본인이 설립한 함경남도 문천군 소재 주식회사 북선제강소는 조선총독부의 '자금조정관계합의서류사철'에 의거.
1938년 12월 1일 '제철사업법' 소정 요건을 구비하여 조선총독부 재무국 이재과에 제철사업 승인을 신청하여 조선총독
부로부터 사업 허가를 받은 기업체

일본제국 필리핀 점령시기 대일본헌병대 검열 우편

Japanese Military Police Censorship Mail during the Japanese Empire's invasion of the Philippines

1 APRIL 1943 MANILA, Philippine
165x93mm

일본제국의 필리핀 점령군사령부가 당시 필리핀 정부에서 발행한 우표를 고유 문안을 먹선으로 삭제한 후 발송된 우편을 대일본헌병대가 검열을 실시한 검열우편 실체이며 남방지점령우표 5센트+2센트가 첨부되어 발송된 대일본헌병대 검열우편 실체

세계 2차 대전 당시 일본군이 저지른 10대 잔악행위

Top 10 atrocities committed by the Japanese military during World War II

마닐라 대학살(1945년 2월~3월) Manila Massacre (February–March 1945)

태평양전쟁 말기인 1945년 1월 필리핀의 루손 섬에 연합군이 상륙하였을 때 당시 일본군 사령관이던 야마시타 도모유키(山下奉文)는 마닐라를 유지하는 것이 어렵다는 판단에 따라 도시가 아닌 시골지역에서 전투를 계속할 것을 계획하였으나 이에 반대하는 이와부치 산지岩淵三次 등 2명이 독자적으로 마닐라에서 시가전을 벌였다. 그러나 미군이 상륙하였다는 사실에 그들의 죽음이 임박했음을 깨닫고는 그에 대한 분풀이를 필리핀 민간인들에게 하기 시작하였는데 총으로 쏘는 것은 물론이고 총검으로 찔러죽이거나 참수하기도 하고 건물에 불을 질러 몰살시키기도 하였다. 미군은 일본군이 항복할 수 있도록 폭격을 중지하였으나 그들은 이를 무시하고 만행을 거듭하였으며 그 결과 모두 10만에 이르는 민간인 희생자를 내게 되었다. 미군은 일본군이 항복할 수 있도록 폭격을 중지하였으나 그들은 이를 무시하고 만행을 거듭하였으며 그 결과 모두 10만에 이르는 민간인 희생자를 내게 되었다.

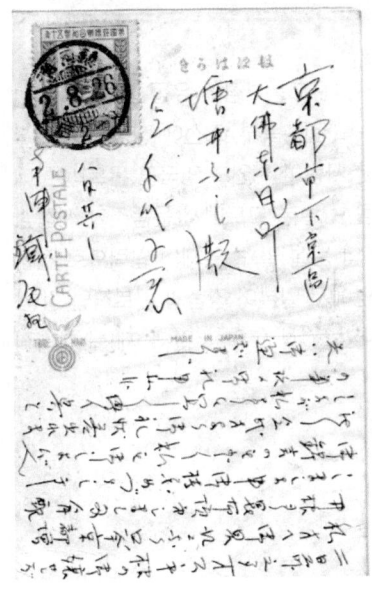

대련大連 남만주철도주식회사 건물

세계 2차 대전 당시 일본군이 저지른 10대 잔악행위
Top 10 atrocities committed by the Japanese military during World War II

팔라완대학살(1944년 12월 14일)
1944년 12월 14일 필리핀의 팔라완 섬을 수비하던 일본군은 미군이 침공하려 한다는 잘못된 정보를 전달받고 미군포로들이 이에 동조하여 후방에서 자기들을 공격할지도 모른다고 생각하여 미군포로들을 한 곳에 몰아넣고 불을 질러 죽이고 도망가는 포로들은 총으로 사살하였는데 150명의 포로들 중에서 12명만이 살아남았다고 한다

이 사건이 있고나서부터 미군은 일본군의 감옥과 포로수용소를 공격하는 해방작전을 대대적으로 전개하게 되었고 그 결과 489명의 미군과 필리핀 민병대와 33명의 민간인을 구조하게 되었다.

나우루 강점기대학살(1942년 8월~1945년 9월)
1942년 8월부터 일본군의 점령 하에 있던 남태평양의 나우루 섬을 1943년 3월 미국이 폭격을 하자 이에 대한 보복으로 호주군 포로 5명을 참수하였다. 그리고 일본군은 섬에 거주하던 1,000여 명의 원주민을 강제로 다른 섬에 이주하도록 추방하였으며 39명의 한센병 환자들은 배에 태워 바다로 나가게 한 다음 함포사격으로 침몰 시켜 모두 죽음으로 몰아넣었다.

1월 7일 – 일제, 보국정신대 조직. 1월 20일 – 대한민국 임시정부, 선전부장에 김규식, 교통부장에 유동열 선임. 2월 1일 – 대한민국 임시정부 외교부장 조소앙이 한국 신탁통치설 비판 선언. 3월 1일 – 조선총독부, 조선에 징병제 공포. 4월 17일 – 경성 부민관에서 친일단체 조선문인보국회 결성. 6월 – 지청천 광복군총사령이 주인도 영국군 몬트비튼 대장과 군사상호협정 체결. 6월 3일 – 조선총독부, 해군 지원병 모집요강 발표. 7월 – 일본 교토에서 윤동주가 사상범 혐의로 체포. 7월 28일 – 이광수, 〈매일신보〉에 〈징병제의 감격과 용의〉라는 제목의 논설 발표. 일제의 압력으로 진단학회 강제 해산. 일제, 기독교회의 오후 및 야간집회 등을 일체 금지하고 예배당 안에서 일본어 강습과 근로작업 강행. 10월 5일 – 제2차 세계 대전: 부관연락선 곤륜호가 미국 잠수함에 격침, 544명 사망. 10월 25일 – 일제, 제1회 학병징병검사 실시. 11월 27일 – 카이로 선언 발표.

일본제국 필리핀 점령시기 우편 실체

Mail during the Japanese Empire's occupation of the Philippines

마닐라(Manilla) 등기우편

■ 혼마마사하루本間雅晴 (1888~1946)

태평양전쟁 당시 일본 육군 지휘관. 그는 필리핀을 점령하는 데 공을 세워 '마닐라의 호랑이'라고 불린다. 1941년말 필리핀의 마닐라를 점령, 1942년 1월 2일부터 1942년 1월 23일까지 필리핀 주둔 일본군 최고사령관 겸 필리핀 총독. 일본 항복 이후, 미군정청은 전범으로 혼마를 체포하여 필리핀으로 압송하였다. 그는 전범재판에서 미국, 필리핀 연합군의 항복 이후 포로들에 대한 가혹행위인 '바탄죽음의 행진'의 실행을 명령한 죄목으로 기소되었다. 혼마는 재판에서 자신은 작전에 몰입해 있어서 포로에 대한 대우는 신경쓸 겨를이 없었고 전쟁이 끝날 때까지 포로에 관한 가혹행위는 알지 못했다고 주장하였다. 그러나 그는 유죄로 판결되어 1946년 4월 3일 마닐라 교외에서 맥아더의 명령에 의해 통상적인 전범에 대한 처형방식인 교수형 대신 총살형으로 집행되었다. (다른 전범들은 대부분 교수형으로 처형되었다.)

일본제국 필리핀 점령시기 비도比島우편 실체

Mail during the Japanese Empire's occupation of the Philippines.

마닐라 Manilla '대일본헌병대 검열제' 서신

대알본헌병대검열제 비도우편 1943. 4. 1.

일본제국의 필리핀 점령 시기인 1943년 4월 1일에 발행된 야자수, 후지산, 마욘산이 도안된 비도우편比島郵便 5센트 우표로 이런 종류의 우표를 '남방점령지우표'라고 부른다. 비도比島는 일본제국이 미국령인 필리핀을 점령하고 세운 군사정부이다.

도조히데키東條英機 (1884~1948) Class A war criminal who started the Pacific War

일본제국 쇼와황제 때 태평양전쟁을 일으킨 A급 전쟁범죄자

1941년 12월 7일 진주만 기습공격을 명령해 태평양전쟁을 일으켰다.

미드웨이해전 Battle of Midway에서 패배한 이후 일본이 점차 미국의 반격에 밀려 전세가 기울자 1944년 7월 18일 그 책임을 지고 사퇴했다. 패전 후 자살을 시도, 1948년 11월 12일 극동국제군사재판에서 도이하라겐지土肥原賢二, 이타가키세이시로 板垣征四郎, 무토아키라武藤章, 기무라헤이타로木村兵太郎, 마쓰이이와네 松井石根, 히로타고키広田弘毅 등과 함께 사형을 선고받아 그 해 12월 23일 0시 1분에 스가모형무소에서 교수형에 처해졌다.

도조히데키東條英機는 처형되기 전까지도 전혀 참회하지 않았다.

일본제국 필리핀 점령시기 대일본헌병대 검열 우편

Japanese Military Police Censorship Mail during the Japanese Empire's invasion of the Philippines
R No MANILA 65231

쓰지 마사노부辻政信 (1902~1968)

포로 집단처형, 식인 등 일본군의 각종 잔혹행위를 명령

죽음의 바탄 행진(Bataan Death March) 태평양 전쟁 초기에 일본군이 7만 명의 미군과 필리핀 군 전쟁포로를 학대한 행위로, 1942년 4월 9일 필리핀 바탄 반도 남쪽 끝 마리벨레스에서 산페 르난도까지 무려 88km를 강제적으로 행진하게 한 것이다. 다시 카파스부터 오도널 수용소까지 13km를 강제로 행진하였는데 전쟁 포로 70,000명이 행진 과정 중 구타, 굶주림 등을 당했고 낙 오자는 총검으로 찔려 죽음을 당했다. 결국 7,000명~10,000명의 전쟁 포로들이 행진 도중에 사 망했고 54,000명만 수용소에 도착했다. 그리고 나머지는 정글 속으로 도망쳤으며 이 책임으로 필리핀 침공작전을 계획한 사령관 혼마 마사하루 중장은 1946년 4월 3일 마닐라 군사 재판에서 유죄를 선고받고 처형된다. 하지만 고의적 명령 왜곡으로 이 사태를 초래한 쓰지 마사노부 중좌 는 처벌은커녕 전범으로 기소되지도 않았다. 참의원 재임 중인 1961년 4월에 동남아시아 시찰을 위해 출국, 라오스에 건너갔다가 흔적없이 실종되었다. 그 뒤 1968년 7월 20일에 사망선고가 내 려졌다. 이 실종 사건에 대해서는 각종 의견이 분분했으나 확실한 것은 하나도 없다.

일본제국 필리핀 점령시기 대일본헌병대 검열 우편

Japanese Military Police Censorship Mail during the Japanese Empire's invasion of the Philippines

Manila No. 1 일부인
Manila No. 1 Philippine 30 APR. 1943   160x89mm
일본제국의 필리핀 점령군사령부가 당시 필리핀 정부에서 발행한 우표를 고유 문안을 먹선으로
삭제한 후 발송된 우편을 대일본헌병대가 검열을 실시한 검열우편 실체

태평양전쟁 Pacific War 시리즈[22]

일본 항모 시류가 B-17 플라잉 포트리스 중폭격기의 공격을 받고 있다.

일본군 전투기 정찰이 수행되지 않고, 항공모함이 최대로 취약해졌을 때 엔터프라이즈와 요크타운에서 출격한 SBD 돈틀리스가 공격을 수행했다. 항공모함 소류·카가·아카기가 화염에 휩싸였으며 몇 분 후 항공모함 내에서 수많은 인명 피해가 났다. 히류는 급강하폭격기에 맞서 미국 항공 모함에 반격을 가해 요크타운에 치명적인 피해를 입혔다. 그러나 미국 항공모함들의 2차 공격 때 히류가 발견되어 완전히 파괴되었다. 히류는 나구모가 사용할 수 있는 마지막 항공모함이었다. 항공모함을 잃고 미군이 그의 전함의 범위에서 벗어나자 야마모토는 공격을 취소하였다. 미드웨이는 미국의 기지로 남아 있게 되었다. 미드웨이 전투는 연합군의 결정적인 승리로 여겨지고 있다. 다시 한번 항공 모함 4척의 손실로 일본군의 확장 정책은 제한이 가해졌고, 연합함대 또한 베테랑 조종사 다수의 사망으로 운용하는데 어려움을 겪게 되었다.

일본제국 필리핀 점령시기 대일본헌병대 검열 우편

Japanese Military Police Censorship Mail during the Japanese Empire's invasion of the Philippines

First Anniversary
Philippine Executive Commission January 23. 1943   165x93mm

일본제국의 필리핀 점령군사령부가 당시 필리핀 정부에서 발행한 우표를 고유 문안을 먹선으로 삭제한 후 발송된 우편을 대일본헌병대가 검열을 실시한 검열우편 실체

태평양전쟁 Pacific War 시리즈[23]

1942년 11월 과달카날 일대에서 활약 중인 미국 해병대

기니와 솔로몬 제도

일본군 육군 병력은 솔로몬 제도와 뉴기니를 향해 진군하였다. 1942년 6월, 몇몇 오스트레일리아 방위군이 뉴기니에서 강력한 방어 작전을 맡았다. 일본군은 포트모르즈비를 향해 진격하기 위해 코코다 트랙을 따라 진격하고 있었다. 인명 피해로 인해 대폭 격감되어 거의 해체 직전까지 간 방위군은 제2오스트레일리아 왕립군의 정규 병력으로부터 8월 구조되었다. 1942년 9월 일본 특수 해군 상륙병력은 뉴기니 동쪽 끝의 밀네 만의 왕립 오스트레일리아 공군 기지를 공격했다. 그러나 이들은 연합군에 의해 퇴각했다.

전주▶남원

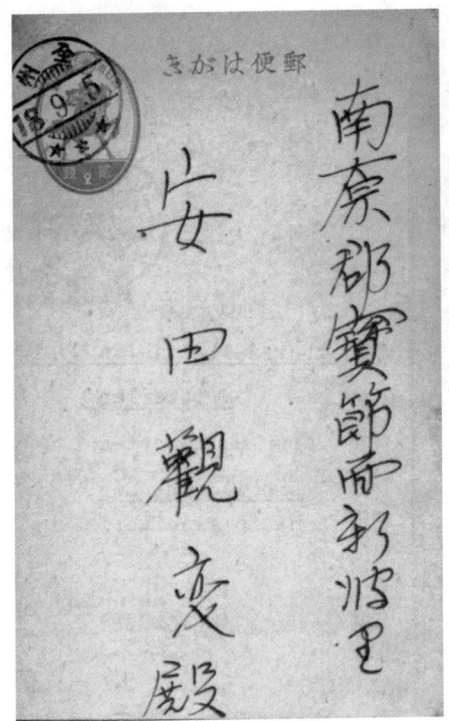
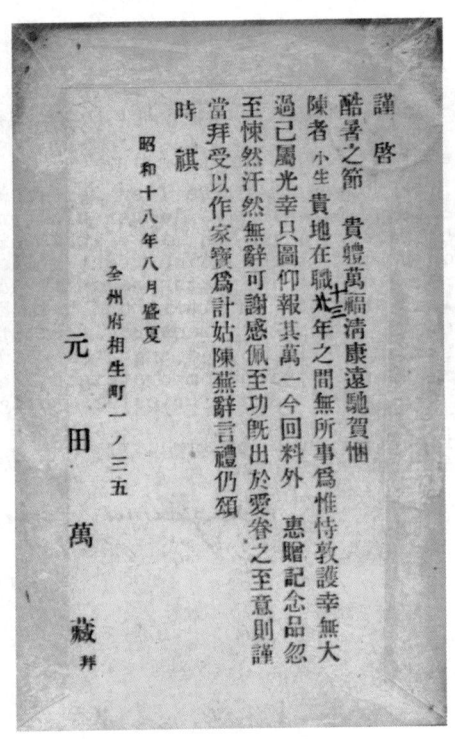

태평양전쟁 Pacific War 시리즈[24]

뉴기니에서 주요 전투가 치열해질 무렵, 연합군은 과달카날에서 일본군 비행장이 건설되고 있음을 확인했다. 16,000명의 연합군 보병은 1942년 8월에 비행장을 점령하기 위해 과달카날에 상륙했다. 일본군과 연합군이 섬의 여러 지역을 점령했지만, 이후 6개월 간 양측 모두 육지, 바다, 하늘에서 소모전을 펼침으로써 모든 물자를 총동원했다. 남태평양에 기지를 둔 대부분의 일본군 전투기들이 과달카날 방어를 위해 재배치되었다. 대부분의 일본 공군기는 헨더슨 비행장에 기지를 둔 연합군 공군과의 전투로 격추되었다. 이 무렵 일본군 육상 병력은 잘 방어된 헨더슨 비행장을 향해 집중적으로 공격을 퍼부었지만 수많은 피해를 남긴채 퇴각했다. 공세를 유지하기 위해 일본 수송선이 재보급을 수행했다. 수송선은 야간 전투 당시 미군 구축함으로부터 공격을 받았다. 이후 순양함과 항공 모함이 과달카날 방어를 위해 출격했다. 그러나 소모전 상황에서도 연합군이 손실치를 더 빠르게 보충할 수 있었다. 헨더슨 비행장 탈환과 과달카날 확보가 너무 큰 희생을 치른 것을 알게 된 일본군은 1943년 2월 섬에서 완전히 철수했다.

조선 검열제

충남 덕원 ▶ Switzerland

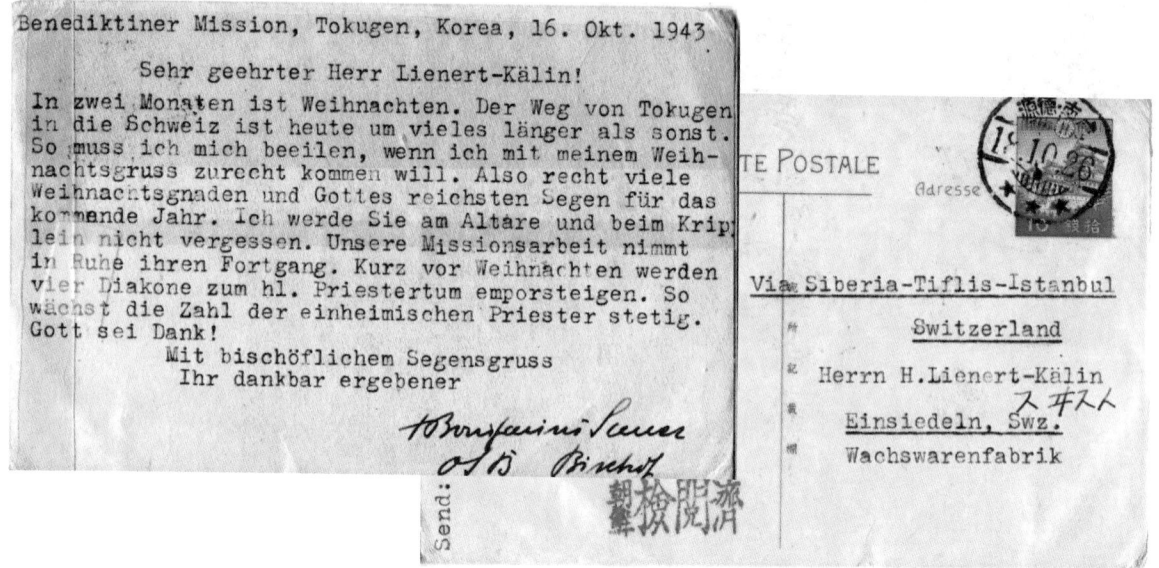

Benediktiner Mission, Tokugen, Korea, 16. Okt. 1943
    Sehr geehrter Herr Lienert-Kälin!
In zwei Monaten ist Weihnachten. Der Weg von Tokugen
in die Schweiz ist heute um vieles länger als sonst.
So muss ich mich beeilen, wenn ich mit meinem Weih-
nachtsgruss zurecht kommen will. Also recht viele
Weihnachtsgnaden und Gottes reichsten Segen für das
kommende Jahr. Ich werde Sie am Altare und beim Krip-
lein nicht vergessen. Unsere Missionsarbeit nimmt
in Ruhe ihren Fortgang. Kurz vor Weihnachten werden
vier Diakone zum hl. Priestertum emporsteigen. So
wächst die Zahl der einheimischen Priester stetig.
Gott sei Dank!
        Mit bischöflichem Segensgruss
        Ihr dankbar ergebener

CARTE POSTALE

Via Siberia-Tiflis-Istanbul
    Switzerland
    Herrn H.Lienert-Kälin
    Einsiedeln, Swz.
    Wachswarenfabrik

16 Okt 1943 충남 덕원-스위스

태평양전쟁 Pacific War 시리즈[25]

1943년 오스트레일리아 특공대가 뉴기니에서 작전중인 모습

1942년 말, 일본군 수뇌부는 과달카날을 중요시하게 생각했다. 이들은 코코다 트랙의 일본군에게 뉴기니 북동쪽 해안으로 철수하라고 명령했다. 오스트레일리아군과 미군은 일본군의 요새화된 위치를 공격하였고, 1943년 초 2달 간의 부나-고나 전투에서 일본군의 교두보를 점령하는데 성공했다. 1943년 6월 연합군은 카트윌 작전을 개시해 남태평양 일대에서 그들의 공세 전략을 정의했다. 작전은 라바울 지역의 주요 일본군 전진 기지를 고립시키고 보급선과 통신선을 차단하는 것이었다. 이후 이러한 작전은 일본을 향한 연합군의 섬 건너뛰기 전술(개구리 뜀뛰기 전술)에 발판을 제공했다.

3월 일본군 진영에서 탈출한 김상태, 안국보, 이준승, 한춘규 등이 한국광복군에 편입. 4월 28일 – 조선총독부, 학도동원본부규정 공포로 국민학교 4학년 이상 대학생, 전문대생까지 전시에 동원하는 체제를 확립. 6월 – 대한민국 임시정부, 중국, 미국, 영국, 소련 등 연합국 30개국에 정부 승인 요구, 그 중 프랑스와 폴란드가 승인 통보. 7월 15일 – 제2차 세계 대전–태평양 전쟁 일본제국해군 중장 나구모 주이치 사이판에서 권총자살. 7월 24일 – 조선총독에 아베 노부유키 취임. 8월 4일 –《안네의 일기》저자 안네 프랑크 가족의 은신처가 게슈타포에 의해 발견되어 모두 수용소로 끌려가다. 8월 23일 – 일본 후생성이 여자정신근로령을 공포. 동원된 여성들 중 대다수는 위안부로 투입되어 일본과 남양 등의 각지로 징용됨. 9월 8일 – 제2차 세계 대전: 독일이 V2 로켓으로 런던 공격을 시작하다. 9월 30일 – 조선어학회 사건의 최현배 등 12명에게 예심 종결, 이윤재와 한징은 옥사, 장지영과 정열모는 석방. 10월 15일 – 나치 독일: "사막의 여우"로 불린 독일의 에르빈 롬멜 장군이 7월 20일 히틀러 암살 미수 사건 연루혐의로 강요에 의한 자살을 하다.

일본제국 남방점령지[동남아시아] 우편 실체
Mail during the Japanese Empire's occupation of Malaya

말라야 Malaya R 9771 등기우편

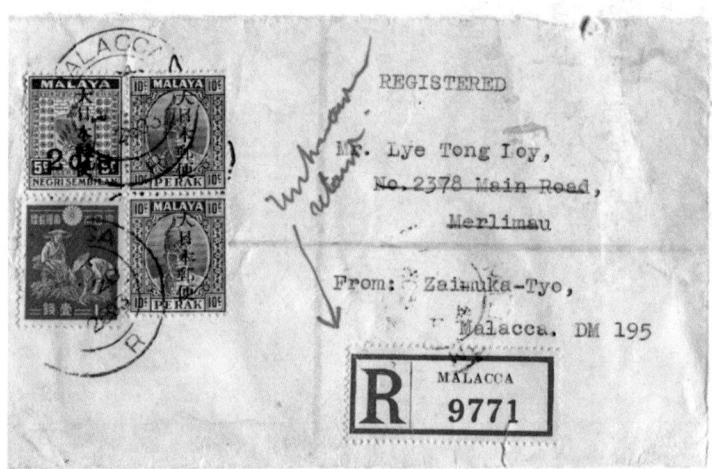

Malaya 우표에 '大日本郵便' 흑색 첨쇄 우표+ 일본우표 첩부

- 도조히데키: 1948년 11월 12일 극동국제군사재판에서 교수형 당한 전범
- 도이하라겐지土肥原賢二(1883~1948): 일본제국 육군 대장, 만주국 건국 및 화북 분리 공작 등의 전쟁 범죄자
- 이타가키세이시로板垣征四郎(1885~1948) 일본제국의 장군. 관동군 참모장, 만주사변의 주모자
- 무토아키라武藤章(1892~1948): 일본제국 군인. 필린핀 포로학대죄
- 기무라헤이타로木村兵太郎(1888~1948): 일본제국 군인. 일본제국 육군 대장, 별칭은 버마의 도살자
- 마쓰이이와네松井石根(1878~1948): 중지나방면군 , 상하이 파견군 사령관, 하얼빈 특무기관장 .난징대학살의 책임
- 히로타고키広田弘毅(1878~1948): 일본제국의 외교관. 제32대 총리

선산 등기 763▶일본

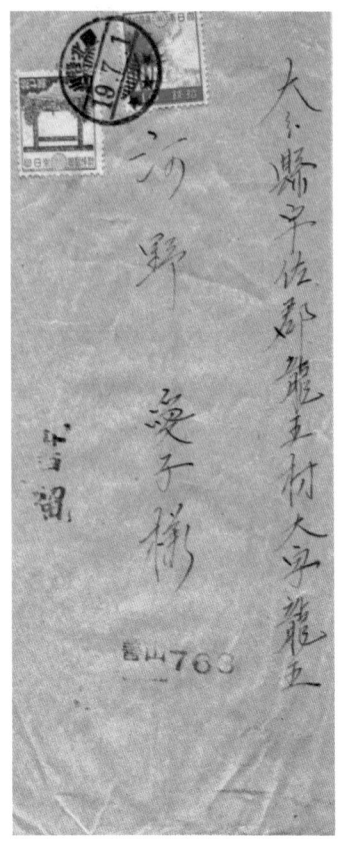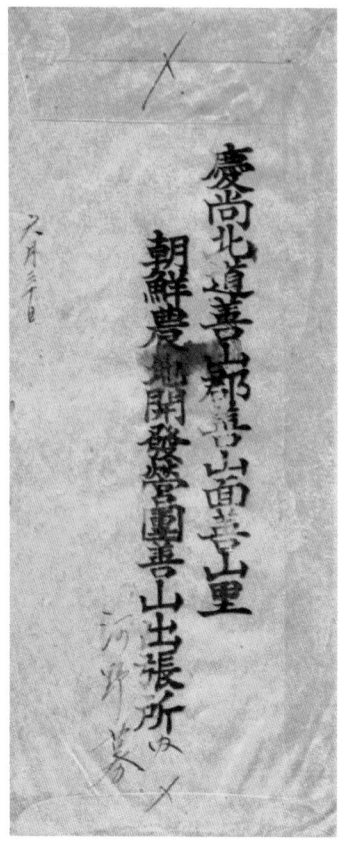

1944. 7. 1. 경북 선산−일본

태평양전쟁 Pacific War 시리즈[26]

중국 본토에서 일본군 제3사단·제6사단·제40사단은 12만 명의 병력을 가지고 위에양을 습격한 후, 남쪽으로 세 갈래로 나누어 진군한 후 싱장 강을 건너 창사에 도달하려고 했다. 중국군은 1942년 1월 창사에서 승리를 거두었는데, 이는 태평양 전쟁 당시 연합군이 거둔 첫 승리였다. 둘리틀 공습 이후 일본군은 저장성과 장시성에 대규모 공격을 가해 생존한 미국 공군이나 이들을 지원한 중국인들을 찾아내고, 중화민국 공군의 기지들을 파괴하고자 했다. 1942년 3월 15일부터 시작된 이 작전은 40개의 보병대대와 15개에서 16개의 포병대대가 참여했으나 9월 말 중국군에 의해 격퇴되었다. 이 전투 동안 일본 제국육군은 콜레라·장티푸스·전염병과 이질로 고생했다. 중국 측 통계로는 25만 명의 시민들이 사망했다고 보고 있다. 1,700명의 일본군이 질병으로 사망했는데, 이들의 화학 무기가 그들 병력으로 뿌려진 것으로 보고 있다.

수원지방법원 ▶ 수원 향남면

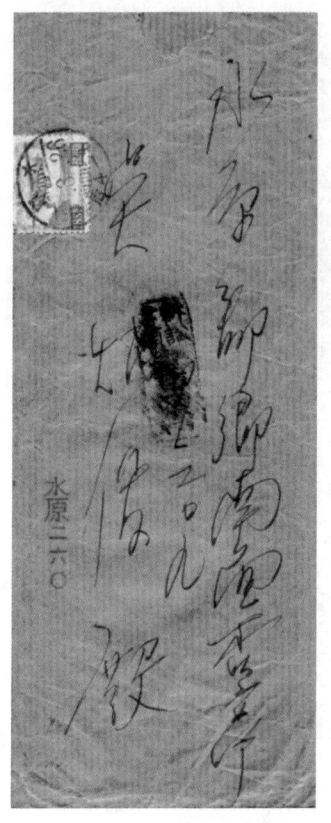
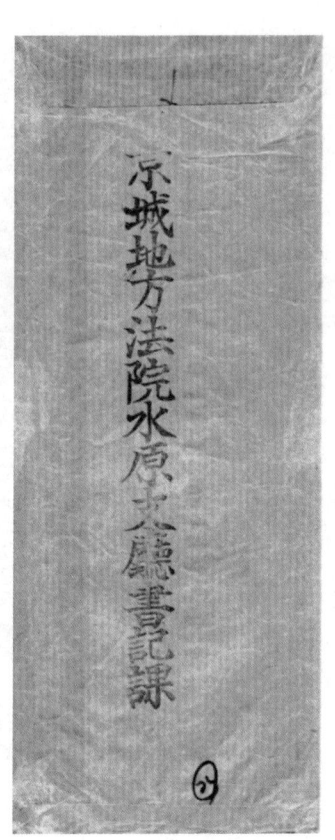

1944. 3. 26. 수원-향남면

태평양전쟁 Pacific War 시리즈[27]

1943년 11월 2일 요코야마 이사무가 일본 제국 제11군 중 제39사단·제58사단·제13사단·제3사단·제116사단·제68사단을 창더 방면으로 진군시켰다. 7주 간의 창더 전투 동안 중국군은 일본군을 소모전으로 몰고 가 비싼 대가를 치르게했다. 초기에 일본군은 도시를 점령했지만, 중국군 제57사단이 이들의 발을 묶어 놓았고, 이 기간 동안 중국군이 병력을 강화함으로써 일본군은 포위되었다. 이후 중국군은 일본군의 보급선을 차단하였고, 일본군은 결국 창더에서 철수했다. 이 전투 동안 일본군은 화학무기를 사용했다.

전주 요금별납우편

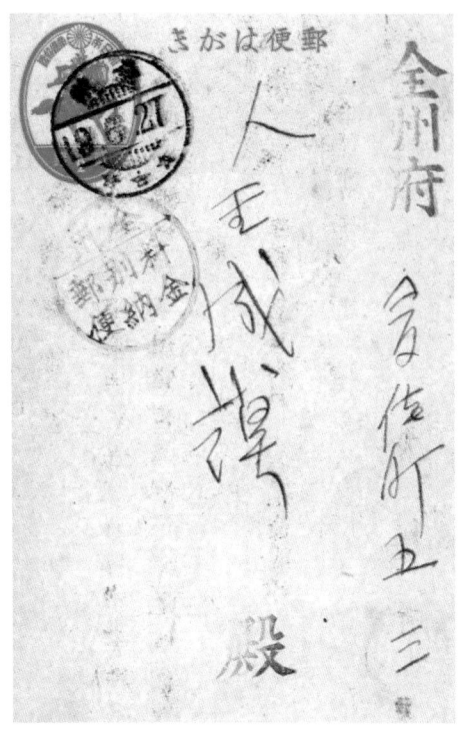 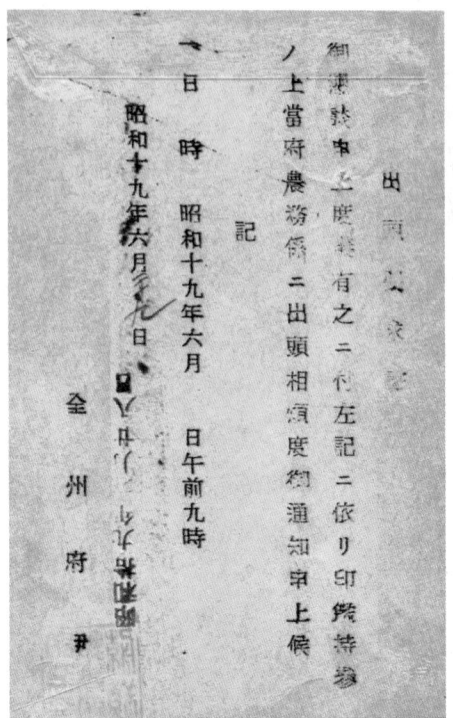

세계 2차 대전 당시 일본군이 저지른 10대 잔악행위

Top 10 atrocities committed by the Japanese military during World War II

싱가폴 숙칭대학살(1942년 2월~3월) Singapore Sook Ching Massacre (February—March 1942)

숙칭(Sook Ching)은 숙청肅淸을 의미하는데 싱가폴을 점령한 일본군이 거주하는 중국인 저항세력을 제거하기 위해서 헌병을 동원하여 이들을 청소한다는 의미에서 '숙청작전'을 전개하였고 특히 농촌지역에서 자행된 만행이 극에 달하여 전체마을을 완전히 없애기도 하였다. 이 사건에 대한 일본과 싱가폴의 희생자 통계는 엄청난 차이를 보이는데 일본에서는 전체 희생자의 규모를 5,000~6,000여 명으로 추산하는데 반해 싱가폴과 중국에서는 30,000~100,000여 명에 달하는 것으로 보고 있다.

부산 일전 별납우편

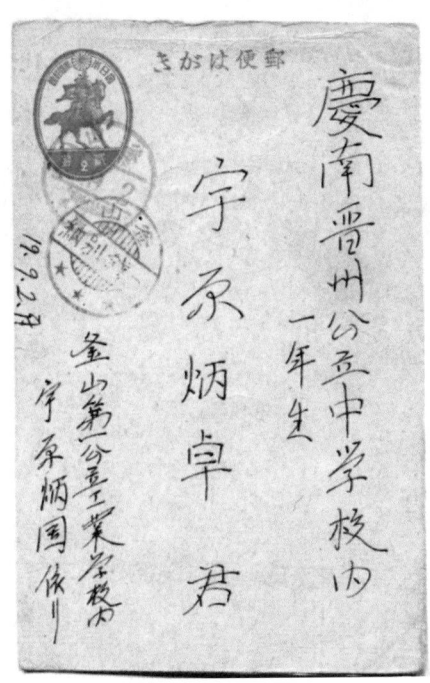
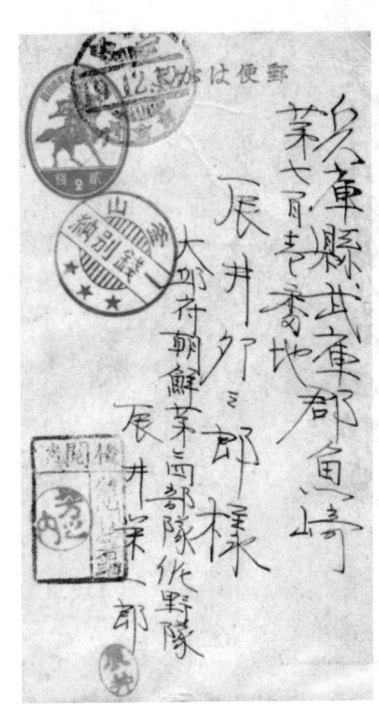

세계 2차 대전 당시 일본군이 저지른 10대 잔악행위
Top 10 atrocities committed by the Japanese military during World War II

잠수함 I-8 대학살(1944년 3월 8일~7월 2일) Submarine I-8 Massacre (March 8 – July 2, 1944)

I-8은 I-7과 더불어 2차 대전 이전에 개발된 일본의 잠수함인데 1944년 3월 26일 스리랑카의 콜롬보 연안으로부터 수 백 마일 떨어진 해상에서 네덜란드 화물선(Tsijalak호)을 발견하고 침몰시킨 후 103명의 생존자를 탑승시켜 칼과 망치를 이용하여 학살하고는 그래도 살아있는 생존자들은 갑판에 버려둔 채로 잠수하여 오직 5명만이 살아 남았다. 죽일 생각이라면 그냥 바다에 버려둘 일이지, 굳이 승선시킨 다음 잔인하게 살인을 저지른 행동은 도무지 이해가 되지 않는다. 그런데 이 사건을 저지르고 난 몇 달 뒤에 또 다시 똑같은 만행을 저지르게 되는데 이번에 희생된 배는 미국의 화물선(Jean Nicolet 호)이었다. 일본군은 총검으로 고문하고 살해하여 시체를 바다에 버렸는데 그들이 연합군의 항공기를 발견하고 잠수할 때에는 갑판에 30명의 포로들이 생존해 있었으나 구조된 인원은 단지 2명에 불과하였다.

경북 성주 요금 부족 우편

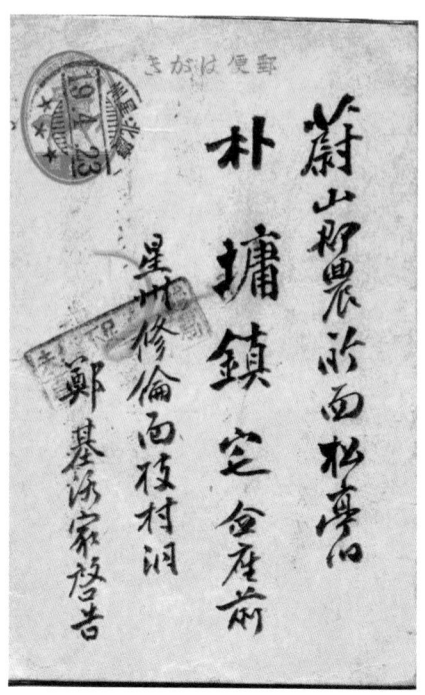

세계 2차 대전 당시 일본군이 저지른 10대 잔악행위
Top 10 atrocities committed by the Japanese military during World War II

버마철도공사(1942년 6월~1943년 10월)
Burma (now Myanmar) Railway Construction (June 1942 – October 1943)

죽음의 철도(Death Railway)라고 불리는 버마철도(Burma Railway)는 인도로 진격하기 위한 해상로가 영국에 의해 끊기게 되자 병력과 보급물자의 수송을 위하여 육로를 개척할 필요를 느끼게 되었고 이런 이유로 건설된 것이 미얀마와 태국을 연결하는 415km에 달하는 죽음의 철도Death Railway이다. 1년 동안의 공사를 위해 일본군은 6만여 명에 달하는 연합군 포로들과 20만여 명에 달하는 아시아인들을 징집하였는데 전쟁포로 13,000여 명을 비롯하여 강제로 동원된 민간인 노동자 8만~10만여 명이 사망하였다. 죽음의 철도Death Railway는 영화로도 만들어졌는데 1957년에 개봉된 '콰이강의 다리(The Bridge On The River Kwai)'가 그것이다.

일본제국 남방점령지[동남아시아] 검열우편 실체

Mail during the Japanese Empire's occupation of Medan

메단 Medan검열 서신

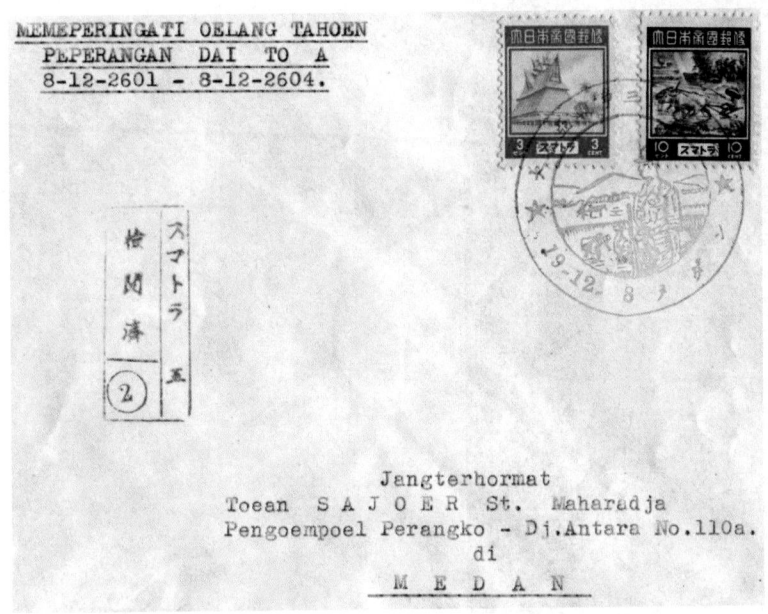

야마시타도모유키山下奉文 (1885~1946)

일본제국 육군. 제2차 세계대전 당시 육군 대장

별명은 '말라야의 호랑이'

태평양 전쟁이 발발하자 일본 육군 제25군 사령관으로 말레이 작전을 지휘하였다. 일본의 언론들은 그를 '말라야의 호랑이'라고 불렀다. 싱가포르가 야마시타의 통치 하에 놓였을 때, 중국인 게릴라들과 적군협력자들의 대량 처형(숙청 대학살)이 이루어져 제2차 세계 대전 이후, 싱가포르에서는 반일 감정이 드높았다. 한편, 야마시타는 통치할 시기에 '바나나 노트'라고 불린 군표를 발행하고, 복권을 발매해 재산 축적에도 힘썼다. 이 때문에 그의 사후에 그가 싱가포르에 숨겨놓은 보물 찾기에 한동안 소동이 벌어진 적도 있었다. 말레이작전의 성공으로 야마시타는 일본의 국민적 영웅이 되었다. 전범 재판에 회부돼 최소 2만5천 명의 화교가 희생된 싱가포르 학살과 10만 명의 민간인이 죽은 마닐라 대학살을 명령한 혐의로 사형판결을 받고 1946년 2월 마닐라에서 처형됐다.

충남 광천▶경성　　　**경북 선산 등기▶일본**

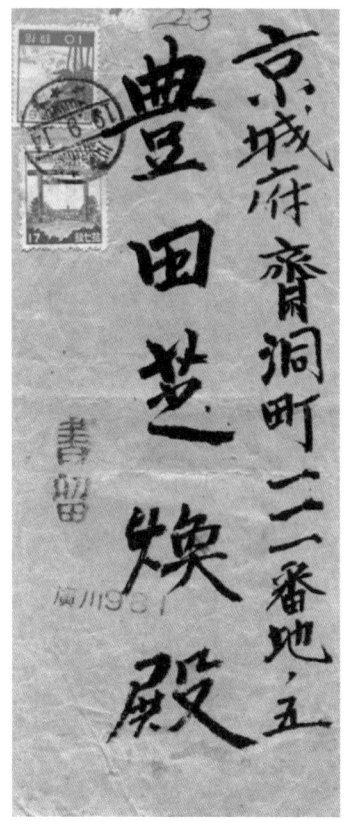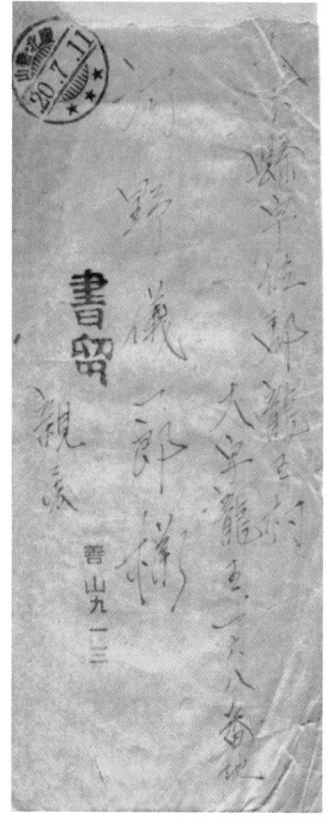

1945. 7. 11. 선산-일본

태평양전쟁 Pacific War 시리즈[28]

일본군이 버마를 점령한 이후, 인도 동부에서는 무질서가 확산되었고 1943년 벵골 기근으로 3백만 명이 죽어 민심이 흉흉해졌다. 이러한 무질서와 통신 장애가 있었음에도 불구하고 영국군과 인도군은 1943년 초부터 반격을 개시했다. 아라칸에서의 공세가 실패한 이후 친디트 부대의 소규모 기습은 수많은 손실을 유발했지만 연합군의 사기를 진작시키는데 기여했다. 이는 1944년 일본군이 버마에서 주공세를 펼치는데도 결정적인 기여를 했다. 1943년 8월, 연합군은 버마와 인도의 전략적 책임을 인도 사령부에서 인계받기 위해 동남아시아 사령부를 새로 창설했다. 1943년 10월, 윈스턴 처칠은 루이스 마운트배튼 경을 최고사령부로 임명했다. 영국과 인도의 제14군은 버마에서 일본군과 맞서기 위해 새로 창설되었고, 윌리엄 슬림의 지도 하에 군의 사기와 건강, 그리고 무장 상태가 향상되었다. 조지프 스틸웰 또한 중국군을 지원하며 중국과 인도를 잇는 레도 도로의 건설을 준비하고 있었다. 1943년 11월 22일 미국 대통령 프랭클린 루즈벨트, 중화민국 총통 장제스, 영국 총리 윈스턴 처칠이 카이로에서 만나 일본군을 무찌를 전략을 논의했다. 이 회담은 카이로 회담으로 알려져 있으며, 이후 이 회담에서 태평양 전쟁의 전략 방향이 결정되었다.

서대문▶일본

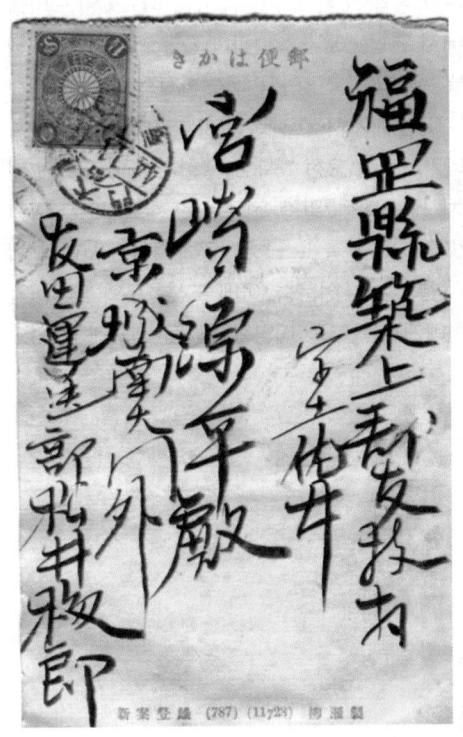
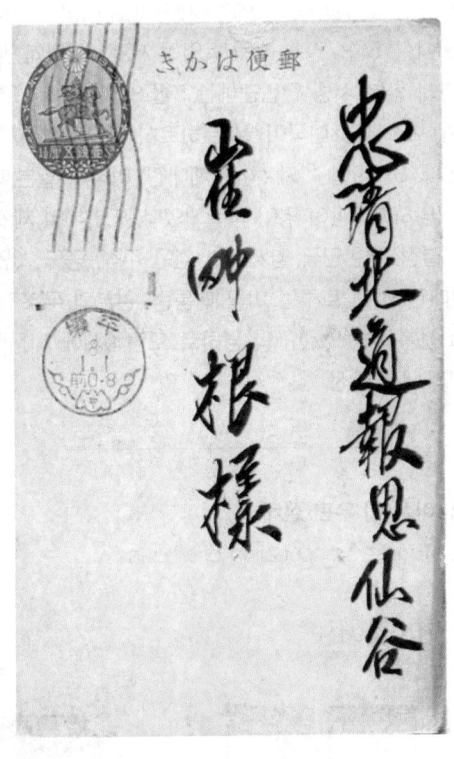

대구▶일본

인천▶일본

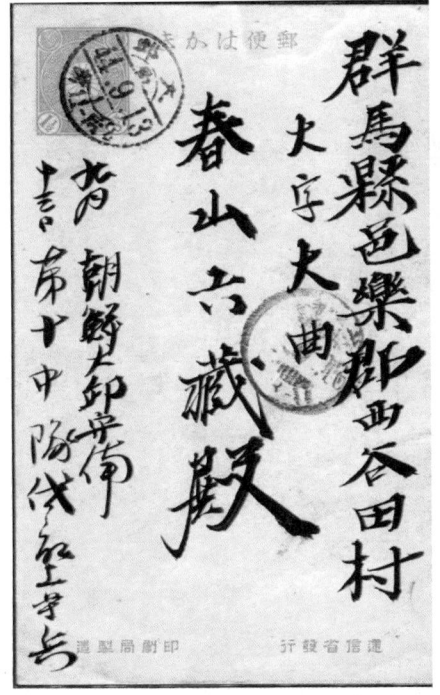
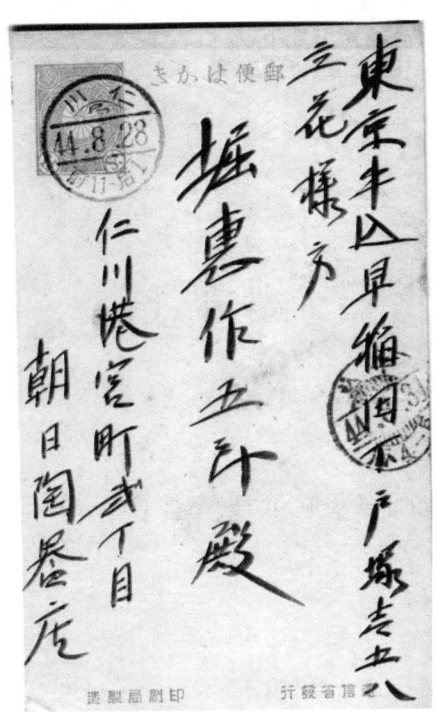

1945

단기 4278년. 국치시기國恥時期 36년. 대한민국임시정부 27년

1월 – 조선총독부, 여학생을 대상으로 군수공장에 동원해 군복 깁기와 세탁을 시키고, 국민학생들에게는 솔가지와 솔뿌리, 목화뿌리 채취 지시. 2월 9일 – 대한민국임시정부, 나치 독일에 선전포고. 3월 10일 – 제2차 세계대전: 미 공군 B–29 폭격기의 도쿄 대공습 감행. 4월 1일 – 제2차 세계대전: 미군, 오키나와 상륙. 오키나와 전투 시작. 4월 30일 – 아돌프 히틀러와 에바 브라운 자살. 5월 7일 – 나치 독일이 제2차 세계대전에서 연합군에게 항복하다. 5월 9일 – 제2차 세계대전: 나치 독일이 소련에 항복.(서방 연합군에는 5월 8일에 항복). 7월 – 한국광복군의 국내 탈환작전 결정, 총지휘 이범석. 8월 6일 – 제2차 세계대전: 미국이 일본 히로시마에 오전 8시 16분 (현지시각) 핵폭탄(리틀 보이)을 투하. 총 14만여 명의 사상자를 냈다. 8월 9일 – 제2차 세계대전: 미국이 일본 나가사키에 오전 11시 2분 (현지시각) 핵폭탄(팻맨)을 투하. 8만여 명이 사망하고 6만여 명이 피폭되었다. 8월 10일 제2차 세계 대전: 일본, 전쟁 관련 최고지도자 회의서 연합국에 항복하기로 결정. 대한민국 임시정부 김구 주석, 중국 시안에서 미군 측 도노반 장군과 한미군사협정 체결. 8월 14일 제2차 세계대전: 해리 트루먼 미국 대통령, 일본의 무조건 항복 수락. 여운형, 아베 조선총독의 정권이양 교섭에 동의. 8.15광복 조선총독부, 소련군의 남하로 오전 9시에 여운형에게 총독부를 이양함. 제2차 세계대전: 정오 일본 제국 항복, 제2차 세계대전 종전.

일본제국 남방점령지[동남아시아] 우편 실체
Mail during the Japanese Empire's occupation of Medan

메단 Medan 등기우편 R 48 검열 서신

1945. 3. 27. Medan–1945. 3. 31.

■ 메단 Medan: 인도네시아 북부 수마트라 지방 수도. 네덜란드 식민지
점령 시기: 1942~1945

1942~1945

일본제국 필리핀 점령시기 미군 포로수용소 우편

U.S. POW camp during the Japanese Empire's invasion of Southeast Asia

부노우편俘虜郵便 Philippine Military Prison Camp No.2
No 2 필리핀 부노수용소 검열 우편 ▶미국

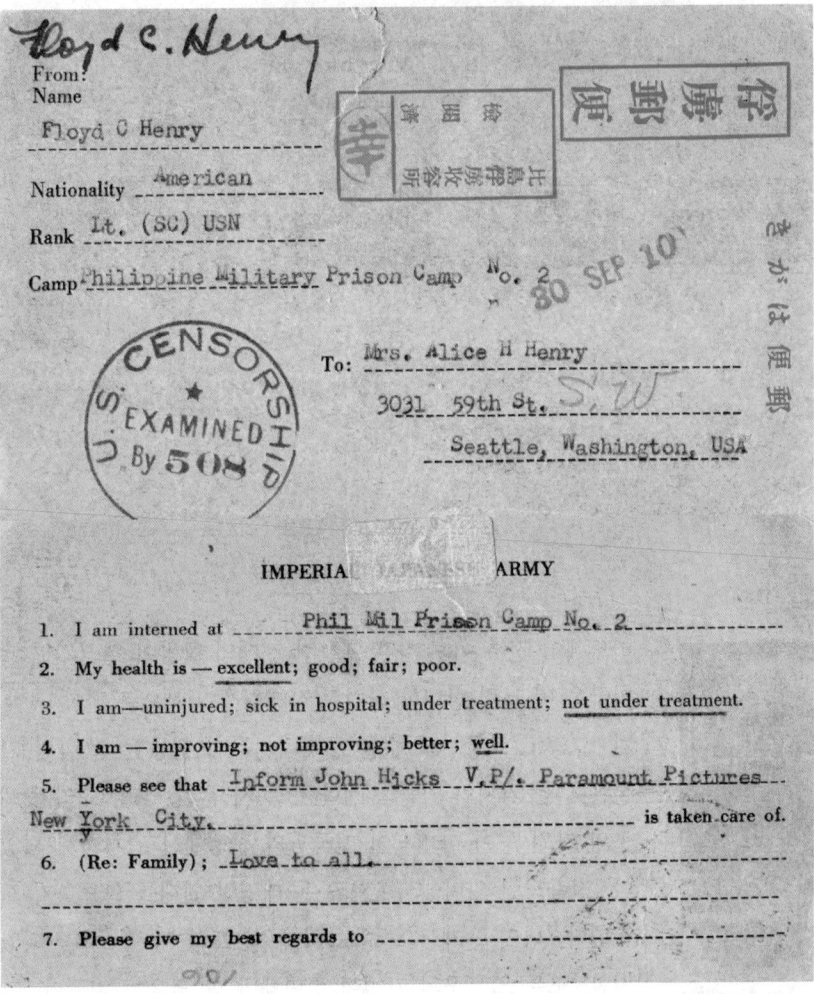

from Philippine Military Prison Camp No.2– to Seattle, U.S.A

일본제국 필리핀 점령시기 우편 실체

Mail during the Japanese Empire's occupation of the Philippines

태평양전쟁 Pacific War 시리즈[29]

히로시마 원폭 투하 장면

미드웨이 전투 이후 향후 2년 간 전쟁의 향방이 결정되었다. 미국은 이 무렵 방대한 산업적 잠재력을 바탕으로 전함·전투기, 그리고 조종사의 수를 증가시키는데 집중했다. 한편 일본은 산업 기지와 기술적 전략, 조종사 훈련 제도, 그리고 해군의 자원 등이 마비되어 미국과의 전쟁에서 뒤처지게 되었다. 전략적인 의미에서 연합군은 태평양 일대를 확보하기 시작했다. 니미츠 제독의 주도 하에 섬 도약 작전이 시작되었지만, 모든 일본군의 거점이 점령돼야 할 필요는 없었다. 타이완, 라바울, 트럭과 같은 섬은 공중 공격으로 무장해제된 채 통과되었다. 태평양에서의 목표는 일본 본토에 최대한 근접하여 대규모 전략적 공습을 개시하고 잠수함으로 본토를 차단한 후 필요하다면 일본 본토를 침공하는 것이었다.

일본군 수뇌부들

Japanese military leaders

좌로부터

- 구로키다메모토黑木爲楨(1844~1923) 러일전쟁 육군 제3군사령관
- 노조미치쓰라野津道貴(1841~1908) 제4군사령관
- 야마가타아리토모山縣有朋(1836~1922)
- 대산원수大山元帥
- 오쿠야스카타(1847~1930)
- 乃本希典(1849~1912) 러일전쟁
- 고다마겐타로児玉源太(1852~1906) 러일전쟁 만주군총참모장
- 가와무라가게아키川村景明(1850~1926) 압록강군사령관

제암리학살사건. 간도참변 책임자

Jeam-ri massacre incident. Gando Disaster Officer

우쓰노미야 다로宇都宮太郎 (1861~1822)

조선군 주둔 사령관

용산 등기 528▶일본   개성(국) 약속우편 실체

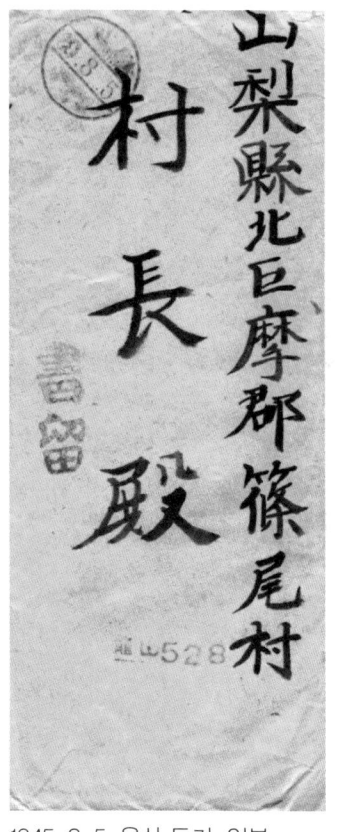

1945. 8. 5. 용산 등기−일본

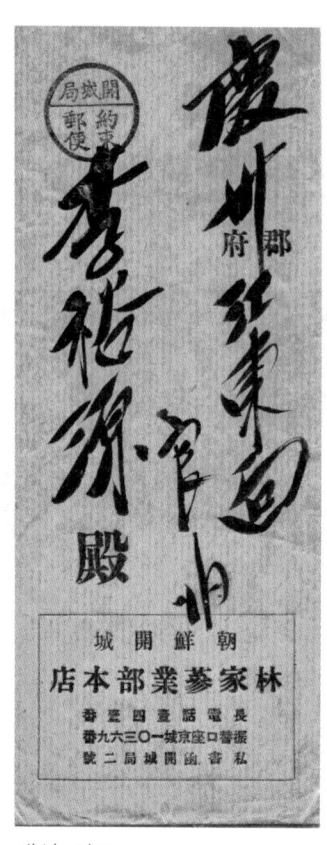

개성−경주

태평양전쟁 Pacific War 시리즈[30]

일본과 서방권 국가의 충돌

1935년 초부터 일본의 군사 전략가들은 석유 매장량으로 인해 네덜란드령 동인도가 일본에 상당한 중요성이 있다고 결론을 지었다. 1940년 이들은 이것을 인도차이나, 말라야, 필리핀으로 확장시켰으며 대동아공영권이라는 개념 하에 이를 편입시켰다. 일본군은 하이난섬, 대만, 하이퐁 등지에 여러 군사 기지를 설치했고, 일본 군부는 공공연히 피할 수 없는 전쟁에 대해 이야기하기도 했다. 제독 타카하시 산키치는 미국과의 결전도 필요하다면 할 수 있다고 말했다. 일본 군국주의의 실패로 오스트레일리아, 영국, 미국, 네덜란드 망명정부를 포함한 서방권 국가들은 석유 및 철강의 수출을 제재하며 중국과 프랑스령 인도차이나에서의 군사적 활동을 이어나갈 시 천연자원의 수출도 제한하겠다고 밝혔다. 일본 정부와 민족주의자들은 이러한 제재를 일본에 대한 공격이라 판단했다. 국내 소비 석유의 80%가 수입산 석유였던 일본은 경제적, 군사적으로 타격을 입을 수밖에 없었다. 일본 언론은 군사 프로파간다에 영향을 받아 미국, 영국, 중국, 네덜란드의 포위가 시작되었다고 보았다. 경제적 붕괴와 점령 영토에서 철수 사이에서 선택을 해야 하는 일본 정부는 1941년 4월이나 5월 사이에 서방권 국가들을 향해 공격을 감행하기로 계획했다.

경성중앙 요금별납우편

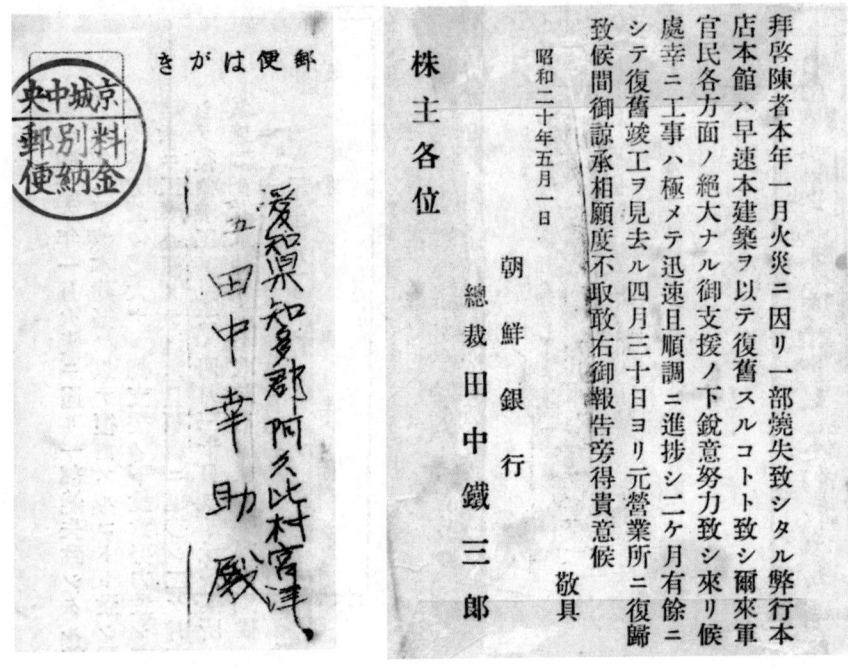

요금별납우편 실체 내성세무서 통지서

대구 일전 별납 우편

회령우편국 통신사무 등기 우편

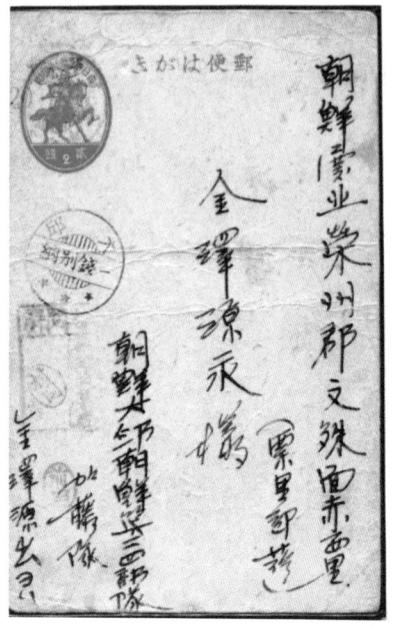  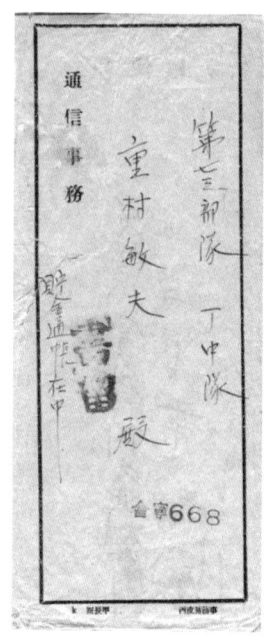

요금별납우편 부전지–전북 정읍

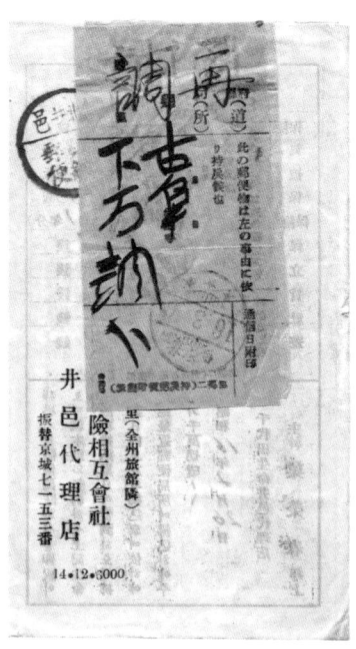 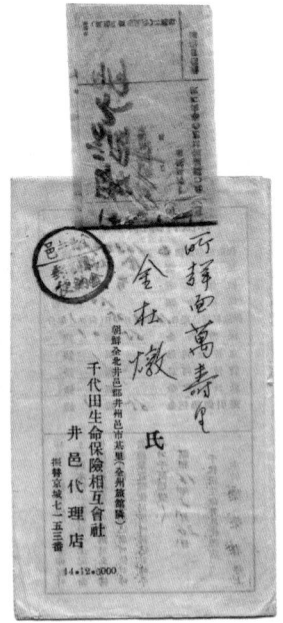

경성우편국 약속우편

삼이상회약보 ▶ 경북 상주

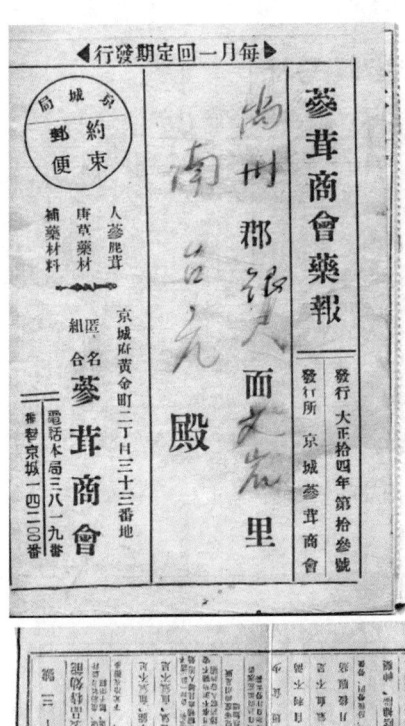

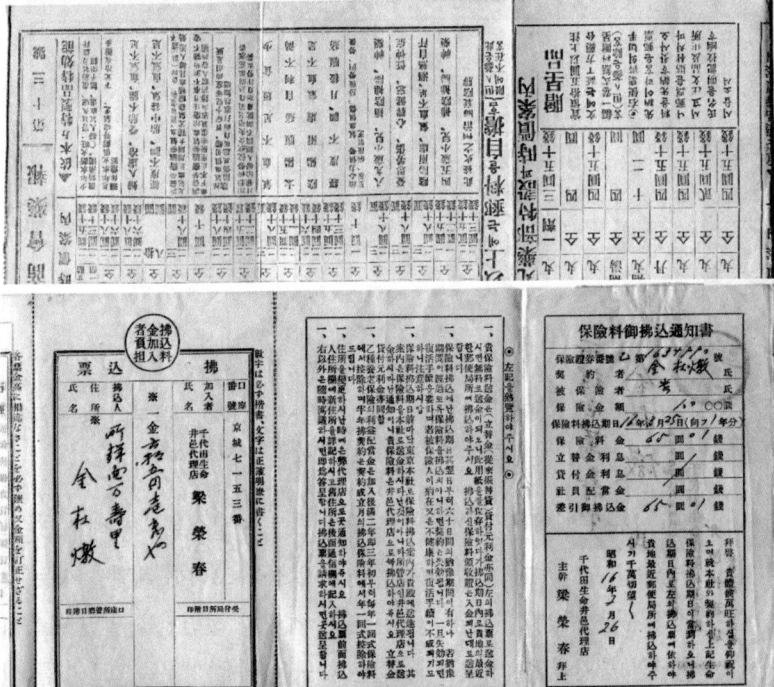

표어 일부인

함흥 일본군 보병 제74연대 제10중대 ▶ 일본

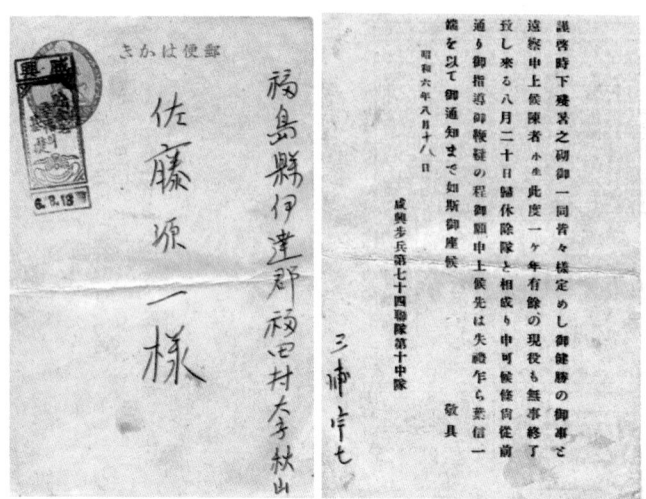

화재보험계약증서

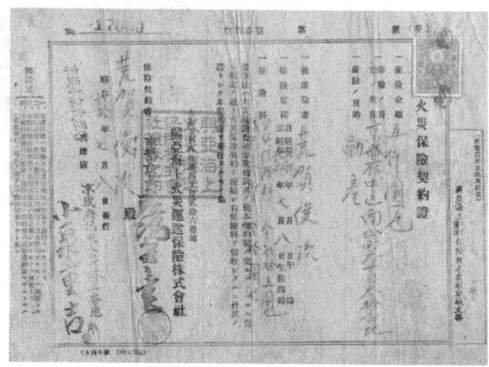

흥아해상화재운송보험주식회사

태평양전쟁 Pacific War 시리즈[31]

카이로 회담 당시 태평양 전쟁의 연합군 지도자. 왼쪽부터 총통 장제스, 대통령 프랭클린 루즈벨트, 총리 윈스턴 처칠

1943년 11월 미군은 타라와 전투에서 엄청난 피해를 입었다. 이것은 연합군이 그들의 실수로부터 배우고, 사전 폭격이나 포격 등을 통해 기술적인 변화를 유도했으며 조수와 상륙 주정의 일정을 고려해 계획을 짜는 것과 같은 상륙 작전의 전반적인 기술 향상에 도움을 주었다. 미국 해군은 일본 해군과 전면전을 벌일 마음이 없었다. 연합군의 진격은 일본 해군에 의해서만 중단될 수 있었는데, 일본 해군은 석유의 부족으로 이를 실행할 수 없는 상황이었다.

태평양전쟁 Pacific War 시리즈[32]

오키나와 전투 Battle of Okinawa는 태평양 전쟁이 막바지이던 1945년 4월 1일부터 6월 23일까지 83일에 걸쳐 치른 전투로 이오지마 전투에 이어 최초로 일본 영토 내에서 벌어진 미군과 일본군의 전면전으로 미국인들과 일본인들 및 세계인들에게 큰 충격을 주었다. 이 전투에서 미군은 최초로 태평양 전쟁에서 가장 커다란 피해를 냈으며, 일본 측은 사령관, 군인뿐만 아니라 그곳 주민들까지 전원 옥쇄해 가족끼리 서로를 죽이거나 수류탄으로 자결하는 등의 비극이 일어났다.

배경

미군은 이오섬 점령 후에 일본 영토 내로 쳐들어가기 위해 미군 탈환 지역에서 가장 가깝고 일본 규슈 지역을 폭격할 수 있는 오키나와섬을 골랐는데 미군은 사이먼 B. 버크너 중장의 지휘 아래에 18만 3000명에 달하는 대군을 이끌고 상륙 준비를 했다. 그리고 상륙 지역에 일본군을 공격해 많은 피해가 나지 않도록 상륙 전 한 달 동안 3만 발에 달하는 포탄을 상륙 지역에 쏟아부었다. 일본군은 이에 우시지마 미쓰루 중장과 조 이사무 소장 등을 보내 방어 진지를 구축하게 했다.

전투 과정

미군은 상륙 당일인 1945년 4월 1일 오전에 주력 4개 사단이 오키나와 가데나 만으로 순조롭게 상륙하였다. 미군은 일본군의 아무 저항 없이 광대한 오키나와 북부 지역을 장악했고 상륙 며칠 동안 일본군은 나타나지 않았다. 왜냐하면 일본군들은 주로 남쪽에 있었기 때문이다. 그러나 4월 5일부터는 미군이 방심한 사이에 일본군의 사령부 슈리 성에서 무수한 동굴 진지가 미군에게 큰 피해를 입혔다. 미군은 수류탄과 화염 방사기로 동굴 진지를 하나하나 제거했는데, 이로 인해 많은 시간이 걸렸다. 4월 7일에는 이토 세이이치 함장이 이끄는 7척의 남은 연합 함대와 그 당시 가장 큰 전함 야마토가 오키나와 보우노사키 해협에서 미군 전투기들과 급강하폭격기로 격침되었다. 일본군은 미군이 방어선을 뚫을 때까지 싸우고, 뚫으면 다음 방어선으로 후퇴했다. 즉 미군은 하나씩 점령해야 했다. 미국은 남쪽을 점령하기가 너무 어려워지자 섬의 남쪽에도 상륙을 했다. 격렬한 전투 끝에 미국이 슈리성을 장악했고, 일본군은 병력의 절반을 잃었다. 일본군 사령부는 섬 남쪽 지역의 마부니 고지 동굴로 퇴각했고, 결전을 준비했다. 6월 11일에 오로쿠 지구에서는 일본 해군 사령관 오타 미노루와 군대 대부분이 전멸했고 6월 15일에 일본군의 남은 병력 6천 명이 미군의 화력에 견디지 못하고 붕괴됐다. 6월 18일 지휘관이던 사이먼 B. 버크너 중장이 일본군의 포격으로 급작스럽게 전사하지만 전세는 되돌려지지 않았다. 6월 19일에는 일본군 사령부 참모까지 전사했으며, 우시지마 미쓰루 중장과 조 이사무 소장이 6월 23일 오후 4시 30분에 할복 자살함으로써 전투는 종결되었다.

결과 및 영향

가미카제 특공대에 의해 공격당한 USS 벙커힐(CV-17)

이 전투에서 일본 제국군은 군인, 사령관뿐만 아니라 그곳 주민들에게도 할복 자결을 명해 수많은 주민들이 수류탄으로 자결하거나 가족끼리 서로 목졸라 죽이는 비극이 일어났고 주민 사망자는 대략 12만 명으로 추산된다.

태평양전쟁 Pacific War 시리즈[33]

이오지마 전투(Battle of Iwo Jima: 1945년 2월 19일~1945년 3월 26일)는 태평양 전쟁 말기, 가잔 열도의 이오섬에서 벌어진 미군과 일본군 간의 전투를 말한다. 미군의 작전명은 디태치먼트 작전(Operation Detachment)으로, 사우스필드와 노스필드를 점령하는 것이 주요 목적이었다. 일본군은 이오섬을 중무장한 요새로 탈바꿈하였고, 이 요새는 벙커, 숨겨진 포 진지, 18 km의 터널로 이루어진 밀집된 방어체계망이었다. 미군은 전투 내내 미국 해군의 광범위한 함포 사격을 지원받았으며 해병대 관제사들의 지원을 통해 제공권을 장악하였다. 이오섬에서 벌어진 5주 간의 전투는 태평양 전쟁의 전투 중 가장 치열하고 잔인한 전투 중 하나로 꼽힌다. 이오지마 전투로 인해 발생한 일본군의 전투 사망자는 미국인 사망자의 3배에 달했지만, 미국 해병대가 참가한 태평양 전쟁의 전투 중에서 유일하게 미군의 총 사상자가 일본인 사망자를 능가했다. 이오지마 전투 초기의 일본군 21,000명 중 오직 216명만이 포로로 잡혔으며, 나머지 대부분은 전사했지만, 3,000명에 달하는 사람들이 부상으로 죽거나 몇 주 후 항복할 때까지 다양한 동굴 체계 내에서 며칠 동안 저항을 계속한 것으로 추정된다. 양측 모두 사상자 많이 발생했지만, 일본군의 철수나 증원의 불가능성과 희박한 식량 및 보급품, 그리고 미국의 병력과 무기에서 압도적인 우위로 인해 일본군이 전투에서 승리할 수 있는 상황이 만들어지지 않았다. 이오지마 전투에 대해서는 여전히 논란이 있다. 은퇴한 미국 해군 작전참모 윌리엄 V. 프랫은 이오섬이 미국 육군의 집결지나 미국 해군의 함대 기지로서 쓸모가 없었다고 주장했다. 일본군은 로타섬에 조기경보레이더를 계속 보유하고 있었는데 이 레이더는 한번도 침범당하지 않았고, 이오섬의 함락된 비행장은 거의 사용되지 않았다. 조로젠탈이 169m(554피트) 높이의 스리바치산 정상에서 미국 해병대원 5명과 해군 군단원 1명이 미국 국기를 게양한 것을 찍은 사진은 태평양에서의 전투와 미국이 전쟁에서 보여준 노력을 담은 유명한 사진이 되었다.

배경

이오지마섬은 도쿄 남쪽의 1,080킬로미터에, 괌 북쪽 1,130킬로미터에 위치하고 있다. 가잔 열도에 속하는 화산섬으로, 섬의 표면이 대부분 유황의 축적물로 뒤덮여 있어 '이오지마'(硫黃島, 유황 섬, '지마'는 섬이라는 말)으로 불렸다. 토양은 화산재라 보수성이 없었고, 식수나 용수는 짠 우물물이나 빗물에 의존할 수밖에 없었다. 태평양 전쟁 전에는 유황의 채굴이나 사탕수수 재배 등으로 생계를 유지하는 주민이 1,000명 정도 거주하고 있었다. 일본군은 1941년 개전 당시, 해군 전투대 약 1,200명과 육군 병력 3,700명 내지 3,800명을 인근 지치지마섬에 배치하고 있었는데, 이 부대가 이오지마를 관할하고 있었다. 개전 후에 남방 전선과 일본 본토를 묶는 항공 수송의 중계지점으로서 이오지마의 중요성이 인식되어 해군이 이오지마에 비행장을 건설하고 있었다. 당시 항공병 1,500명과 항공기 20기를 배치하고 있었다. 1944년 2월, 미군은 마셜 제도를 점령하면서 추크 제도(Chuuk Islands)에 대규모 공습을 실시했다. 이에 대항해 일본 대본영은 캐롤라인 제도와 마리아나 제도, 오가사와라 제도를 묶는 방어선을 '절대국방권'으로 지정해 사수를 결정한다. 방위선 수비 병력으로서 오바타 히데요시가 지휘하는 제31군이 편성되었다. 그 밑에 오가사와라 지구 집단 사령관에 구리바야시 다다미치 중장이 취임했다. 이오지마에는 3월부터 시작해 4월까지 증원부대가 도착해 총병력은 5,000명을 헤아리고 있었다. 1944년 여름, 미군은 마리아나 제도를 공격해 점령했으며, 마리아나 제도의 비행장을 거점으로 같은해 11월부터는 B-29 폭격기를 이용해 일본 본토 각지를 폭격하기 시작했다. 하지만 마리아나 제도에서 일본 본토까지는 거리가 상당했으며 일본군이 마리아나 제도에서 일본 본토로 이어지는 중간 지점에 있는 이오섬에서 미군 폭격기 무리의 이동을 미리 예측하고 저지했기 때문에, B-29 폭격기들과는 달리 먼 거리를 비행하지 못하는 호위 전투기들이 곧바로 비행장으로 돌아가야만 하는 일이 잦았다. 결국 호위 전투기들을 잃은 B-29 폭격기들이 일본군의 요격을 받는 일이 잦았다. 반대로, 일본군은 이오섬을 근거지로 하여 가까운 마리아나 제도로 내려가 미군의 비행장을 자주 공격했다. 이 결과, 일본군은 12월에만 11기의 B-29를 파괴했다.

히로시마 · 나가사키 원자폭탄 투하: Atomic bombings of Hiroshima and Nagasaki

제2차 세계 대전을 끝내기 위해 1945년 미국은 일본에 두 개의 원자폭탄을 투하했는데 8월 6일 히로시마시에 한 개의 원자폭탄을 떨어뜨렸고 8월 9일 나가사키시에 나머지 한 개의 원자폭탄을 떨어뜨렸다. 원자폭탄 두 개를 떨어트리기 전까지 6개월간 미국은 일본인들이 거주하는 도시 67개를 공습했고 영국, 대만과 함께 미국은 포츠담 선언에서 일본에게 무조건 항복을 강요했으나 일본은 항복하지 않았다. 결국 1945년 8월 6일 월요일 해리 트루먼 미국 대통령이 명령하여 원자폭탄 '리틀 보이'(Little boy)가 히로시마에, 3일 후 8월 9일 '팻 맨'(Fat man)이 나가사키에 투하됐다. 원자폭탄 투하가 결정된 히로시마는 당시 일본군 제2사령부이면서 통신 센터이자 병참 기지였으므로, 일본의 군사상으로 중요한 근거지였다.

원자폭탄을 떨어뜨리고 초기 2개월에서 4개월 동안 히로시마에서는 90,000명에서 166,000명, 나가사키에서는 60,000명에서 80,000명 정도가 사망했으며, 각 도시 사망자 절반은 원자폭탄을 떨어뜨린 당일에 집계되었는데 히로시마 의료기관은 원폭투하 탓으로 60%가 섬광화상으로, 30%가 건물 잔해물로, 10%가 기타 원인으로 죽었다고 한 이 보고가 있은 후 다음 달에 더 많이 죽었는데 이는 원폭투하 탓에 후폭풍과 피폭과 기타 질병 합병증과 부상 탓에 발생했다. 그리고 미국에선 이 사건이 최단기에 가장 많은 시민을 죽였다고 평가하였고 15%에서 20%가 피폭으로, 20%에서 30%가 섬광화상으로, 50%에서 60%가 질병과 부상으로 죽었다고 보고했는데 사망자들 중 대부분은 일본 시민들이었다.

나가사키에 원폭이 투하된지 6일이 지난 8월 15일 일본은 마침내 연합군에 무조건 항복을 선언했으며 9월 2일 항복 문서에 사인하면서 공식적으로 태평양 전쟁과 제2차 세계대전의 종전을 알렸다. 한편 독일은 이미 5월 7일 유럽에서 항복을 선언했고 이 원폭투하로 인해 전후 일본은 '핵무기를 만들지 않으며, 갖지 않으며, 들여오지 않겠다'는 비핵 3원칙을 수용했으며 이 항복으로 인해 아시아의 일본 식민지들은 자동적으로 독립하게 된다.

계획

히로시마 시와 나가사키 시를 대상으로 한 원자폭탄 투하의 역사는 미국의 핵 개발 계획인 맨해튼 계획부터 거슬러 올라간다. 당시 미국과 영국, 캐나다는 비밀리에 초크 강 연구소에서 공동으로 튜브 알로이스 프로젝트를 연구하여, 첫 원자폭탄을 설계 · 제조하였는데, 이를 맨해튼 계획이라고 한다. 과학적 연구는 미국의 물리학자 로버트 오펜하이머가 맡았으며, 미 육군 공병사령부의 레슬리 그로브스 장군이 프로젝트의 총 책임자를 맡았다. 히로시마에 떨어진, 일명 '리틀 보이'(Little Boy)라고 불리는 포신형 원자폭탄은 테네시주 오크리지에 있는, 우라늄 235를 천연 우라늄으로부터 분리해내는 거대한 시설에서 분리된 우라늄 235로 만들어졌다. 이렇게 만들어진 원자폭탄의 첫 실험은 1945년 7월 16일 뉴멕시코주 앨라모고도에서 이루어졌다. 내폭형에 해당하는 테스트에 사용한 원자폭탄인 트리니티(Trinity)와 나가사키에 투하한 원자폭탄인 '팻 맨'Fat Man은 플루토늄 239로 만들어졌으며, 그 합성 요소는 워싱턴주 핸포드의 핵융합로들에서 만들어졌다.

포츠담 선언과 일본의 거부

트리니티 실험이 실시된 지 10일이 지난 7월 26일에 미국과 중화민국, 소련 등 연합국 정부 대표는 민주주의 국가로 이행할 것을 요구하는 포츠담 선언을 발표했다. 그러나 일본측은 스즈키 간타로의 공식 성명을 통해 (포츠담)공동성명은 카이로 회담의 재발표라 생각하며, 일본정부는 포츠담 회담이 중대한 가치있는 것이라고는 인정하지 않아 묵살하며, 단호하게 전쟁 완수에 매진한다는 이 성명 중 묵살부분이 일본에서 거부라는 의미와 결정을 미룬다라는 의미가 둘 다 있는 동음어라는 점을 가지고 항복 이후 스즈키 간타로 본인이나 일부 사람들은 묵살 성명이 포츠담 선언의 거부가 아닌 선언이라고 주장하지만, 묵살 문장에서 보이듯 포츠담 선언은 중대한 가치가 없다고 선언했으며, 포츠담 선언의 일본의 무조건 항복을 거부하며 전쟁을 지속하겠다고 명백하게 밝혔기 때문에 스즈키 간타로의 선언은 포츠담 선언의 거부선언이 명백하게 맞다. 결국 정부수장으로부터 일본의 전쟁 선언을 확인한 연합군 정부는 원자폭탄 투하를 집행한다.

목표 도시 설정

원자 폭탄의 투하가 진행된 경로. 고쿠라 지역에서의 투하는 기상 악화로 인해 실패했다. 1945년 5월 11일 오전 10시 로스알라모스 연구소의 (원자 폭탄 투하) 목표 설정 위원회(the Target Committee)에서는 조이스 C. 스턴스(Joyce Clennam Stearns) 박사를 중심으로 원자폭탄 투하지를 결정하기 위해 3가지 기준을 가지고 일본 도시들을 선별하기 시작한다.

- 지름 3마일(4.8km) 이상의 크고 중요한 표적이 큰 도시 안에 있을 것
- 폭탄의 폭풍파가 효과적인 피해를 줄 수 있을 것
- 1945년 8월까지 (연합군의 상륙 폭격 등) 다른 공격이 계획될 가능성이 적을 것. 이에 따라 위원회가 선정한 원폭 투하의 대상은 다음 다섯 개 도시였다.
- 니가타 – 제철·알루미늄 제강·정유 시설 등 공업 거점과 항구
- 요코하마 – 항공기 제조 시설·부두·정유 시설 등
- 교토 – 주요 공업 거점
- 히로시마 – 탑재항, 공업 거점, 주요 군사 거점
- 고쿠라(지금의 기타큐슈) – 일본 최대의 군수품 제조 시설 중 한 곳

위의 도시들은 대부분 야간의 기습 폭격 대상에서 제외된 도시들이었고 미국 공군은 이 도시들을 치명적인 무기들을 생산할 수 있는 도시로 지정했다. 히로시마는 "도시에 있는 산업 지대 한 가운데에 있는 중요 군사 거점이자 병사들의 승선 지점. 레이다 표적에 용이하며 폭격할 시 도시에 크게 손해를 입힐 수 있는 곳. 주변에 언덕이 있어 폭격 효과를 크게 상승시켜 줄 가능성이 있음. 호수가 있어 화재를 일으키기엔 적합한 표적은 아님."이라고 설명됐다.

원자 폭탄 투하의 궁극적 목적은 일본이 포츠담 선언에 따른 무조건 항복을 하게 시키기 위해서였다. 최종 목표 도시를 선정할 때 당시 위원회는 다음과 같이 언급했다. "목표 도시를 설정할 때 가장 중요시한 것은 이 폭격으로 인해 일본이 얼마나 큰 정신적 충격을 얻을 지였고 또한 국제적으로 얼마나 큰 파장을 일으킬 지였습니다. 교토는 일본의 군수 사업에 있어서 중요한 요충지이자 일본인들에게는 정신적 고향과도 같은 곳이기에 목표 도시로 설정하기엔 적합한 도시입니다. 도쿄 역시 일본 천황의 궁이 있다는 점에서 다른 그 어떠한 도시보다 높은 명성을 가지고 있지만 교토처럼 전략적 요충지는 아닙니다."

2차 세계대전 동안, 에드윈 라이샤워가 미국 군정보부 일본 전문가로 복무하면서 교토 원폭 투하를 반대했다는 일설이 떠돌았으나 라이샤워는 자서전에서 그것을 극구 부인하였다. 교토 원폭 투하를 막는데 결정적 역할을 했던 사람은 당시 전쟁 장관에 재임하던 헨리 L. 스팀슨(영어판)이었다. 스팀슨은 신혼여행을 교토에서 보냈던 것으로 알려져 있었다. 여러 문헌에 따르면 스팀슨은 신혼 여행이 아니라 그 수십 년 뒤에 교토를 간 적이 있었으며 그래서 교토에 친숙했었다고 한다. 일설에는 문화재 보호를 위해 교토를 제외했다고 하나 후에 공개된 미군 사료에 의하면 문화재 보호를 위해 폭격을 하지 않는다는 내용은 전혀 없었다. 제 1순위 목표

도시 선정 시 교토가 빠진 이유는 전후 소비에트 연방과의 대립을 예상한 미국은 자칫 교토에 원폭을 투하하면 일본이 소비에트 연방 측으로 돌아설 가능성을 염려한 정치적 판단이었다. 7월 25일 교토의 빠진 자리에 나가사키가 추가됐다. 나가사키는 일본 최대의 조선소 중 하나가 있었고 주요 군사항이었다. 히로시마를 폭격한 후 트루먼은 일본이 항복을 하지 않을 시 원자 폭탄 투하는 계속될 것이라고 경고했고 당시 일본 안에서는 본토 결전 주장과 항복이라는 대립이 맞서는 사이 결국 두 번째 원자 폭탄의 투하가 결정됐다. 투하할 도시는 고쿠라로 선정됐지만 폭격을 시행하던 당시 고쿠라는 구름에 가려 시야가 확보되지 못했으며 연료마저 부족하여 오키나와로 가는 길목에 있던 목표 도시인 나가사키에 원폭을 투하했다.

히로시마

당시 히로시마는 대규모 산업도시였으며 군사적으로도 중요한 거점이었다. 많은 병영이 설치돼있었으며 일본 육군 5사단 사령부와 일본 영토 남쪽 전체 방어를 지휘하는 육군참모 하타 순로쿠의 제 2 육군 사령부가 있었다. 그리고 일본 해군 입장에서도 일본 최대 군사항구인 구레항에 인접해 물자와 부품을 공급하는 배후공업도시였다. 히로시마는 작은 규모였지만 병참기지였으며 통신 센터, 물류창고, 부대 집결지의 역할을 하고 있었다. 또한 이 도시는 2차 대전 당시 미군의 폭격을 당하지 않는 몇 안 되는 도시들 중 하나였고 이러한 요인들로 인해 곧 원자폭탄 투하 시 폭발 규모를 측정할 수 있게 만들어주었다. 히로시마 중심부에는 몇몇 강화 콘크리트 빌딩과 가벼운 구조물들이 있었으며 중심부 바로 바깥에는 가옥을 비롯하여 그 사이사이에 나무로 만들어진 작업장이 밀집해있었다. 교외에는 큰 산업단지가 부분적으로 있었으며, 이 산업단지 안에 있는 대부분의 건물들 역시 목조건물들이었다. 전체적으로 화재에 크게 약한 도시였던 것이었다. 전쟁 초기 히로시마의 인구는 381,000명으로 최대인구를 달성했지만 원폭 투하 후 일본 정부가 시행한 체계적 이주 정책에 의해 꾸준히 감소했다. 원폭 투하 당시 인구는 대략 340,000명에서 350,000명을 웃돈 것으로 예상됐다. 하지만 공식 문서가 소멸했기 때문에, 정확한 수치는 알기 어렵다.

히로시마에 리틀 보이를 투하한 이놀라 게이와 승무원들.
에놀라 게이에서 촬영한 '리틀 보이'가 일으키는 버섯구름.

히로시마 원자 폭탄이 투하될 제 1순위 목표 도시였으며 임무 수행 중 변수가 생길 시 이를 대체할 목표 도시는 고쿠라와 나가사키였다. 8월 6일에 투하된 이유는 그 전에는 기상 문제 때문에 시야가 확보되지 못했기 때문이었다. 393사단 폭격 비행중대에 속했던 B-29 에놀라 게이는 일본 본토 영토에서 비행시간으로 6시간 떨어진 서태평양 티니언섬 북쪽에 있던 비행장에서 이륙하여 히로시마로 향하였으며, 제 509 혼성부대 폴 티베츠 대령이 폭격기를 조종하고 지휘했다. 에놀라 게이는 두 기의 다른 B-29 폭격기와 함께 일본 본토로 향했는데, 그 두 기 중 한 기는 찰스 W. 스위니 소령이 지휘하는 그레이트 아티스트로 원폭투하 후 결과 측정을 담당했으며, 나머지 한 기는 조지 마쿼트 대위가 지휘하는 폭격기로 처음에는 기체명이 정해지지 않았으나 후에 네세서리 이블이란 이름으로 정해졌다. 티니언섬에서 이륙한 후 각 폭격기는 산개비행을 하다가 이오섬 고도 2,440미터에서 재 집합한 후 일본 본토로 향했다. B-29 에놀라 게이는 목표도시 히로시마에서 고도 9,855미터 상공에서 시야를 확보했다. 본토로 향하는 동안 해군 대령 윌리엄 파슨스가 이륙 시 끼칠 영향을 최소화하기 위해 분리해두었던 원폭 리틀 보이를 장착했고, 보조를 담당하던 모리스 젭슨 소위가 히로시마에 도착하기 30분 전에 안전 장치를 분리했다.

원폭 투하가 있기 한 시간 전, 일본 조기 경보 레이다는 본토 남쪽 부근에서 일부 미국 비행 편대가 오고 있는 걸 발견했다. 히로시마를 포함해 많은 도시에 라디오 방송 등을 통해 공습경보가 울렸다. 오전 8시 무렵, 히로시마 레이다 관측소 측에선 본토로 향해오는 비행기 기체의 숫자가 몇 안 되는 것으로 파악하고 공습경보를 해제했다. 연료와 기체를 아끼기 위해 비행 편대가 지나가게끔 방치했다는 것이다. 기존 라디오 방송에서는 실제로 B-29 폭격기들이 포착될 시 방공호로 대피하라는 내용을 방송했다. 하지만 이미 아침 7시 31분에 기상 관측 비행기 스트레이트 플러시가 고도 9,800미터 상공에서 히로시마의 기상 상태가 양호하다는 내용을 담은 전언을 모스 부호로 보낸 상태였다. 아침 8시 9분 티베츠대령은 원자폭탄 리틀 보이를 투하했다. 60킬로그램의 우라늄 235가 담긴 포신형 핵분열 무기 리틀 보이는 히로시마 현지 시각 08시 15분에 투하됐다. 리틀 보이는 고도 9,470미터 상공에서 43초 동안 떨어져 도시 위 580미터 상공에서 폭파됐다. B-29 에놀라 게이는 후폭풍의 영향을 받기 전까지 도시에서 벗어나 11.5마일(약 18.5킬로미터)을 비행했다.

리틀보이는 옆바람 때문에 본래 조준했던 아이오이 다리에서 240미터 벗어난 히로시마 외과 병원에 투하됐다. 리틀보이는 TNT 13킬로톤에 상응하는 폭발을 일으켰으며, 반경 1.6킬로미터 이내의 모든 것을 파괴했으며 11 제곱킬로미터에 해당하는 화재를 일으켰다. 미국은 도시의 12 제곱 킬로미터가 파괴된 것으로 측정했으며, 일본은 히로시마의 69%의 건물들이 파괴됐으며 그것을 제외한 31%의 건물들 중 6~7%가 손상을 입었다고 보고했다. 히로시마의 인구 중 70,000명에서 80,000명, 약 30%가 원폭 투하 당시 그 자리에서 즉사하였으며 70,000여 명이 부상당했다. 한 도시의 90%의 의사들과 93%의 간호사가 사망하거나 다쳤다. 이들은 도시에서 가장 큰 피해를 받은 시내에 있었다.

도쿄 NHK는 히로시마 NHK의 방송이 갑작스럽게 중지하게 되자, 다른 전화선을 이용해 방송 연결을 다시 시도하였으나 실패했다. 약 20분 후 도쿄 철도 전신 센터는 히로시마 북쪽으로 향해있는 전신이 기능을 하지 않는다는 보고를 받았다. 히로시마에서 16킬로미터 떨어진 일부 철도역들에서 비공식적으로 엄청난 폭탄 투하가 있었다는 보고했으며, 이 보고는 일본 군 참모 본부에 전해졌다. 참모 본부는 반복적으로 히로시마 군 지휘부에 연락을 시도했으나 아무런 답변이 오지 않았으며 이것은 곧 지휘부에 혼란을 일으켰다. 당시 일본은 3기의 비행기가 그렇게 큰 폭발을 일으키지 않을 것이라고 판단했기 때문이다. 참모본부는 히로시마에 즉시 비행기를 보내 피해를 조사하고 도쿄에 보고할 것을 명령했다. 지휘부는 큰일은 아닐 것이라고 판단했으며 그러한 폭탄투하는 없다며 그저 소문일 뿐이라고 단정 지었다. 비행기는 히로시마 남서쪽으로 향했다. 3시간 여 동안 비행을 한 끝에 비행기 조종사와 함께 파견된 참모 장교는 히로시마에서 약 160킬로미터 떨어진 곳에서 원폭으로 인해 생긴 거대한 연기구름을 목격했다. 비행기는 곧 도시에 다다랐으며 히로시마에 있던 모든 것이 불타고 연기에 뒤덮여있는 광경을 목격하며 히로시마 상공을 비행했다. 참모 장교는 이 사실을 도쿄에 보고한 후 즉시 피해를 측정했다.

1945년 8월 8일 미국은 도쿄 라디오에서 히로시마 폭격을 알리는 내용을 담은 보고를 받았다. 당시 라디오 내용은 이러했다. '사람·동물·모든 생명을 가지고 있는 것이 말 그대로 죽음 속에 그슬렸습니다."

사망자

미국 에너지부의 기록에 따르면 히로시마 원폭 투하 당시 즉사한 사망자가 대략 70,000명이라고 돼있다. 의료 물자 부족 때문에 화상과 피폭 및 관련 질병을 입은 환자들은 더욱 더 부상이 심해져 1945년 말 히로시마 원폭 투하로 인해 생긴 총 사망자는 90,000명에서 166,000명이었다. 일부는 1950년까지 피폭으로 인한 암과 같은 장기질환 등 때문에 사망한 사람들까지 합하면 약 200,000명에 이를 것이라고 추산했다. 이 중 한국인 사망자는 3만명에 달한다. 또 다른 연구에 따르면 1950년부터 1990년까지 일본에서 각종 암으로 죽은 사람들 중 9%가 히로시마 원폭 당시 피폭을 맞은 사람들이라고 발표했다.

• 조선 왕자 중 한 명인 이우. 그는 히로시마에서 일본군 중좌로 복무중이었다. 히로시마에 투하된 원자폭탄에 의해 피폭된 후 다음날 8월 7일 사망.

일본의 항복

시게미쓰 마모루 일본 외무상은 미국 장군 리처드 K.로 미주리호에 승선하여 일본 항복 문서에 서명한다. 서덜랜드 시계, 1945년 9월 2일.

미 전시 내각은 8월 9일까지 일본에게 네 가지 조건을 수용하여 항복할 것을 요구했다. 8월 8일 소련이 얄타 협정에 근거를 두고 소–일 불가침 조약을 파기, 일본에 선전포고를 하자 히로히토는 기도 고이치에게 '소련이 우리에게 전쟁을 선포했으니 즉시 상황을 수습하라'는 명령을 내렸다. 한편, 대한민국 임시 정부에서도 1945년 9월에 일본을 공격하기로 예정이 되어 있었다. 기도는 즉시 제국 회의를 열어 외무 대신 도고 시게노리에게 연합군의 항복 요청을 기존의 네 가지 조건에서 한 가지 조건으로 축소시켜 수락하라고 이야기했으며 동시에 '천황의 지위에 흠이 갈 수 있는 요구에는 타협하지 말 것'이라고 전했다. 8월 12일 히로히토가 황가에 항복의사를 밝혔으며 연합군 측에서 천황제를 방치하려는 움직임이 보이자 이틀 후 14일 히로히토는 연합군 측에 항복을 선언하는 내용을 일본 전역에 방송했다. 이에 다음날 군부 측에서는 항복 선언에 반대하는 봉기가 일어났으나 곧 수그러들었다. 그리고 이후 4만여 명의 미군이 히로시마를 점령했고, 2만 7천 명이 나가사키를 점령했다. 또한 9월에 연합국(영국·미국·중화민국·소련)이 일본을 분할 점령할 목적이 있었는데 이 역시 일본이 예상보다 빨리 항복하는 바람에 무산되고 말았다.

다음은 최고책임자였던 히로히토의 조건없는 항복 방송 중 원자폭탄에 관한 부분이다.

(중략)…'뿐만 아니라, 적은 새로이 잔인한 폭탄으로 죄없는 백성들을 끊임없이 죽이니, 그 참혹함은 참으로 셀 수 없을 정도로 크다. 그리하여 더 이상 전쟁을 계속하는 일은, 결국 우리 민족의 멸망을 불러올 뿐만 아니라, 인류의 문명 또한 부수어버릴 것이다. 이리 되면 짐은 어찌 수많은 백성들을 지키고, 황실과 조상의 신령께 고개를 들 수 있겠는가, 이것이, 짐이 제국 정부로 하여금 공동 선언에 응하도록 명한 연유이다. 짐은, 제국과 함께 끝까지 동아시아의 해방을 위해 노력한 모든 맹우盟友들에 대하여, 유감의 뜻을 보이지 않을 수 없다.'

미주리 함상에서 일본의 항복

Japanese surrender on board the Missouri

Under the Gun
The 16-inch guns of the battleship U. S. S. Missouri formed a fitting backdrop to the Japaness surrender in Tokyo Bay on September 2, 1945. To ensure that their customers did not foget the day of defeat, a Seoul Japaness restaurant would later name itself after the vessel!

미국 미주리 전함의 16인치 포는 1945년 9월 2일 도쿄만에서 일본 항복의 적절한 장소를 형성했다. 그들의 고객들이 패배의 날을 잊지 않도록 하기 위해, 서울의 한 일식 레스토랑은 나중에 그 배의 이름을 따서 이름을 지었다! USS 미주리호(BB-63)는 1940년대 미국 해군(USN)을 위해 건조된 아이오와급 전함으로 현재는 박물관에 전시되어있다. 1944년에 건조된 미주리호는 미국이 마지막으로 건조한 전함이다. 이 배는 제2차 세계 대전 동안 태평양 전장에 배치되어 이오지마와 오키나와 해전에 참가했고 일본 본토에 포격을 가했다. 미주리호는 제2차 세계 대전을 끝낸 일본 제국의 항복 장소였다.

국치시기國恥時期 체신 상황

Postal situation during Japanese colonial rule

경성우편국
Gyeongseong Post Office

부산우편국
Busan Post Office

조선총독부 체신국
Japanese Government General of Korea
Post Office

원산우편국
Wonsan Post Office

평양우편국
Pyongyang Post Office

경성우편국전화지하선로공사
Gyeongseong Post Office Telephone Underground Line Construction

부산우편국전화지하선로공사
Busan Post Office Telephone Underground Line
Construction

국치시기國恥時期 체신 상황

Postal situation during Japanese colonial rule

복류식음향이중전신기

복류식고속자동이중전신기실습교육

복류식고속자동이중전신기

고속이중자동중계함

고속진동식이중중계함

경성우편국 우편 업무 현황
Gyeongseong Post Office Postal Service Status

부산우편국 우편업무 현황
Busan Post Office Postal Service Status

경성우편국 전신업무 현황
Gyeongseong Post Office Telegraph Business Status

국치시기國恥時期 체신 상황

Postal situation during Japanese colonial rule

부산우편국 전신업무 현황
Busan Post Office Telegraph Business Status

원산우편국 전신업무 현황
Wonsan Post Office Telegraph Business Status

경성우편국 전화업무 현황
Gyeongseong Post Office telephone service status

부산우편국 전화업무 현황
Busan Post Office telephone service status

국치시기 우편물 발송량

Mail shipment volume 1905-1912

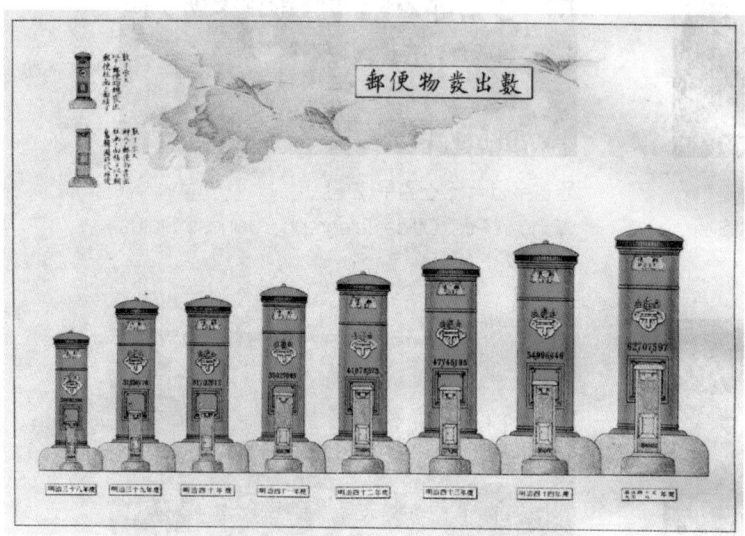

1905년 209,321,196통   1906년 31,334,176통   1907년 32,102,912통   1908년 35,427,045통
1909년 41,670,375통   1910년 47,745,185통   1911년 54,996,645통   1912년 62,707,397통

국치시기 우편 위체 금액

Postal deposit amount 1905~1912

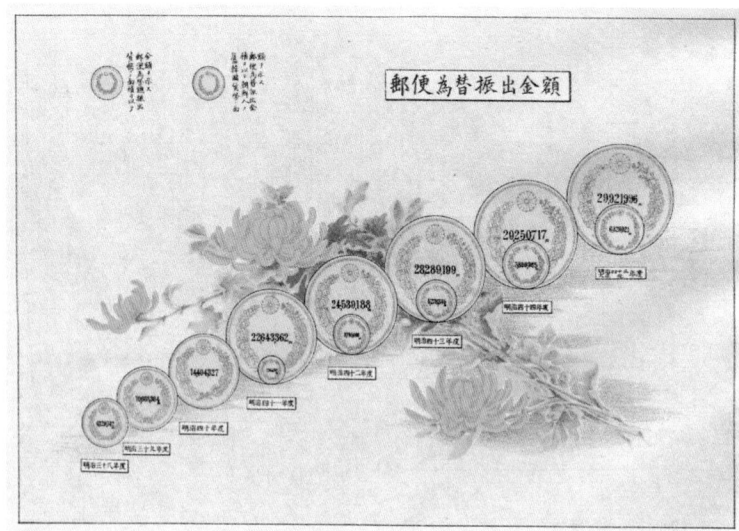

1905년 6,119,742   1906년 10,668,364 1907년 22,643,327 1908년 22,643,362
1909년 24,539,188 1910년 28,289,199 1911년 20,250,717   1912년 29,921,996

국치시기 우편저금 현황

Status of postal savings 1905~1912

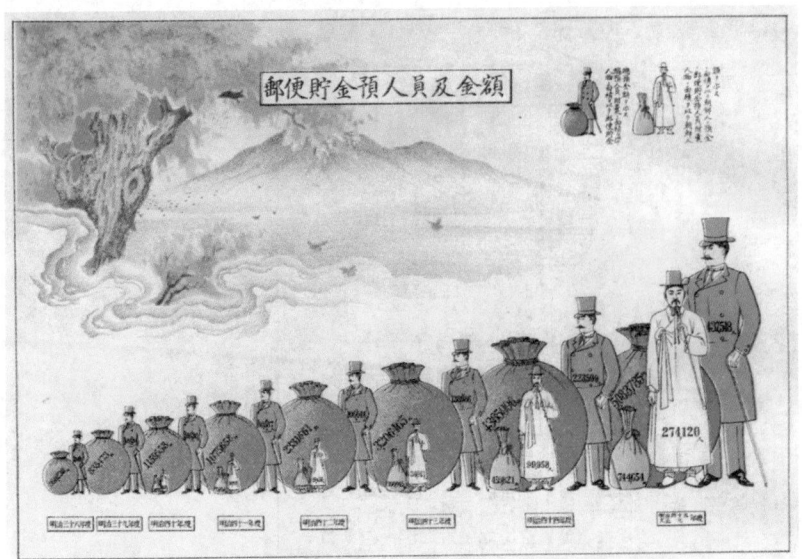

1905년 조선인 0 내지인 367,000
1908년 조선인 0 내지인 1,075,658
1911년 99,958 내지인 4,365,996

1906년 조선인 0 내지인 835,473
1909년 3,490 내지인 2,331,661
1912년 조선인 274,120 내지인 5,083,765

1907년 조선인 0 내지인 1,159,658
1910년 조선인 34,913 내지인 3,206,465

국치시기 우편진채저금

post office savings 1905~1912

국치시기 전보 발신 현황

Status of telegrams sent 1905~1912

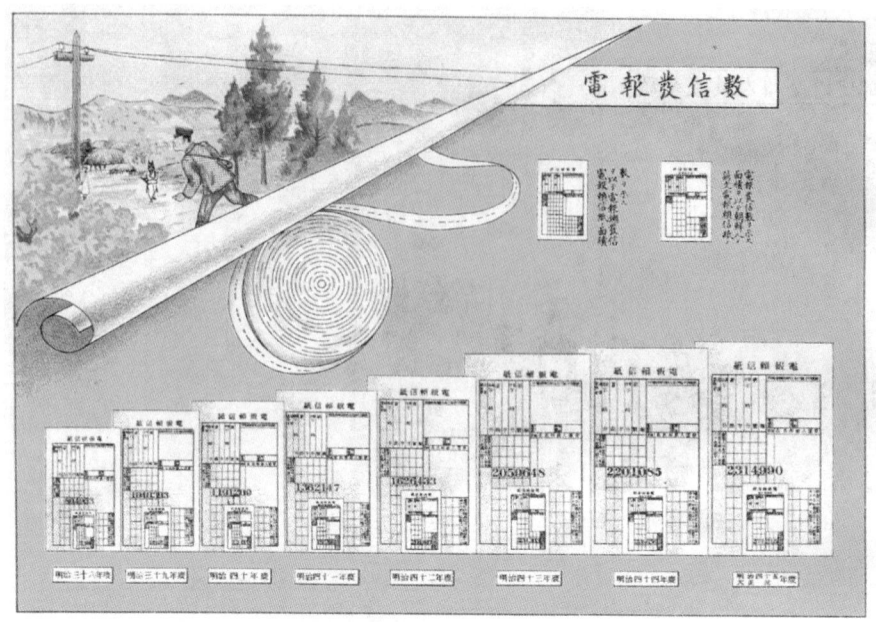

1905년　1906년　1907년 1,192,200통　1908년 1,362,247통　1909년 1,626,443통
1910년 2,059,648통　　1911년 2,201,685통　1912년 2,314,990통

국치시기 전화 가입자 현황

Telephone subscriber status 1905~1912

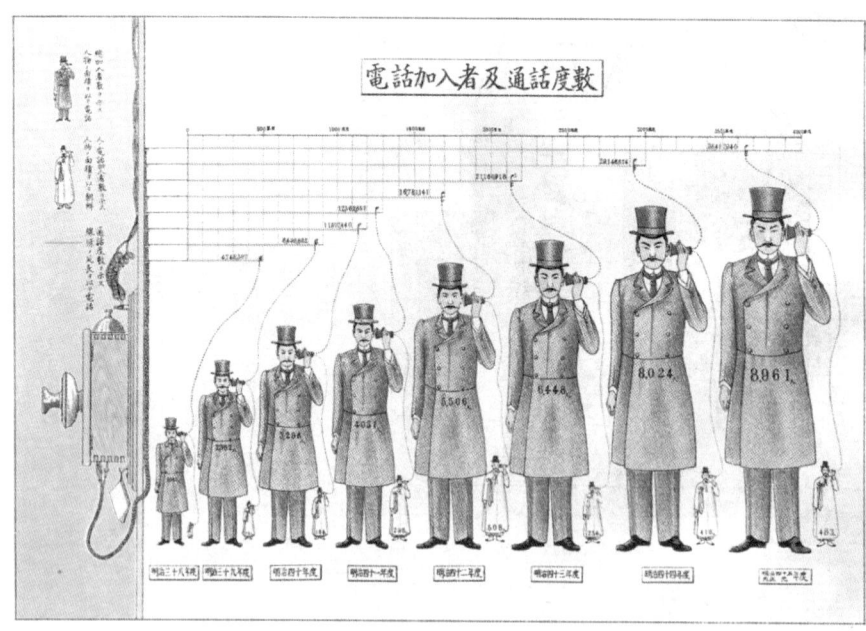

1905년　1906년　1907년 1908년 조선인 295명 내지인 4,051명 1909년 조선인 508명 내지인 5,506명
1910년 조선인 234명 내지인 6,448명 1911년 조선인 418명 내지인 8,024명 1912년 조선인 483명 내지인 8,961명

국치시기 우체국에서 취급한 국고금 현황

Status of treasury funds handled by the post office 1905~1912

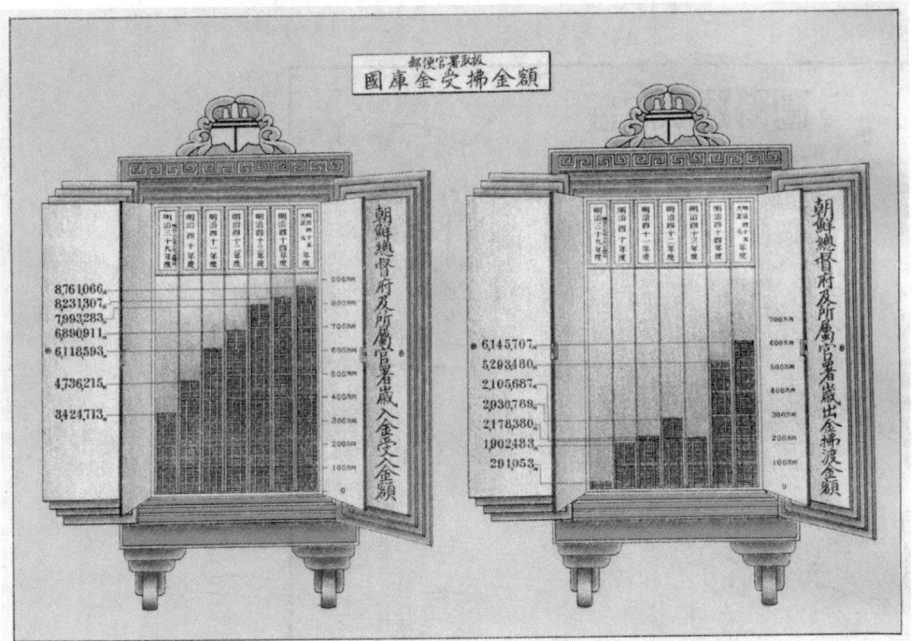

1906년 3,427,713 1907년 4,736,215 1908년 6,118,593 1909년 6,890,911 1910년 7,993,282
1911년 8,231,307 1912년 8,761,006

국치시기 통신사업 수지 현황

Current status of telecommunications business balance 1905~1913

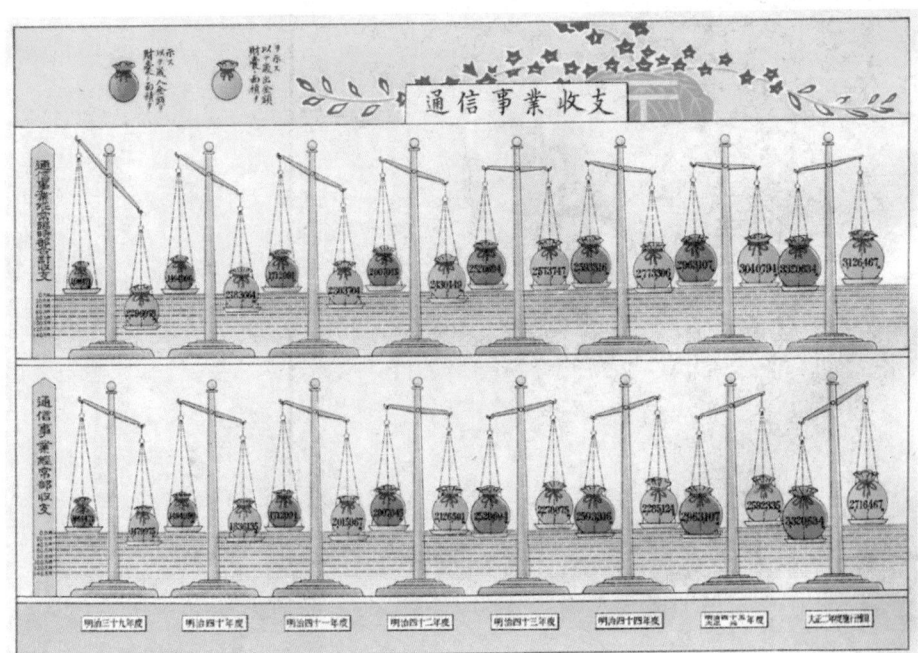

1906년 ～ 1913년

국치시기 체송 선로도

Mail delivery route during Japanese colonial rule

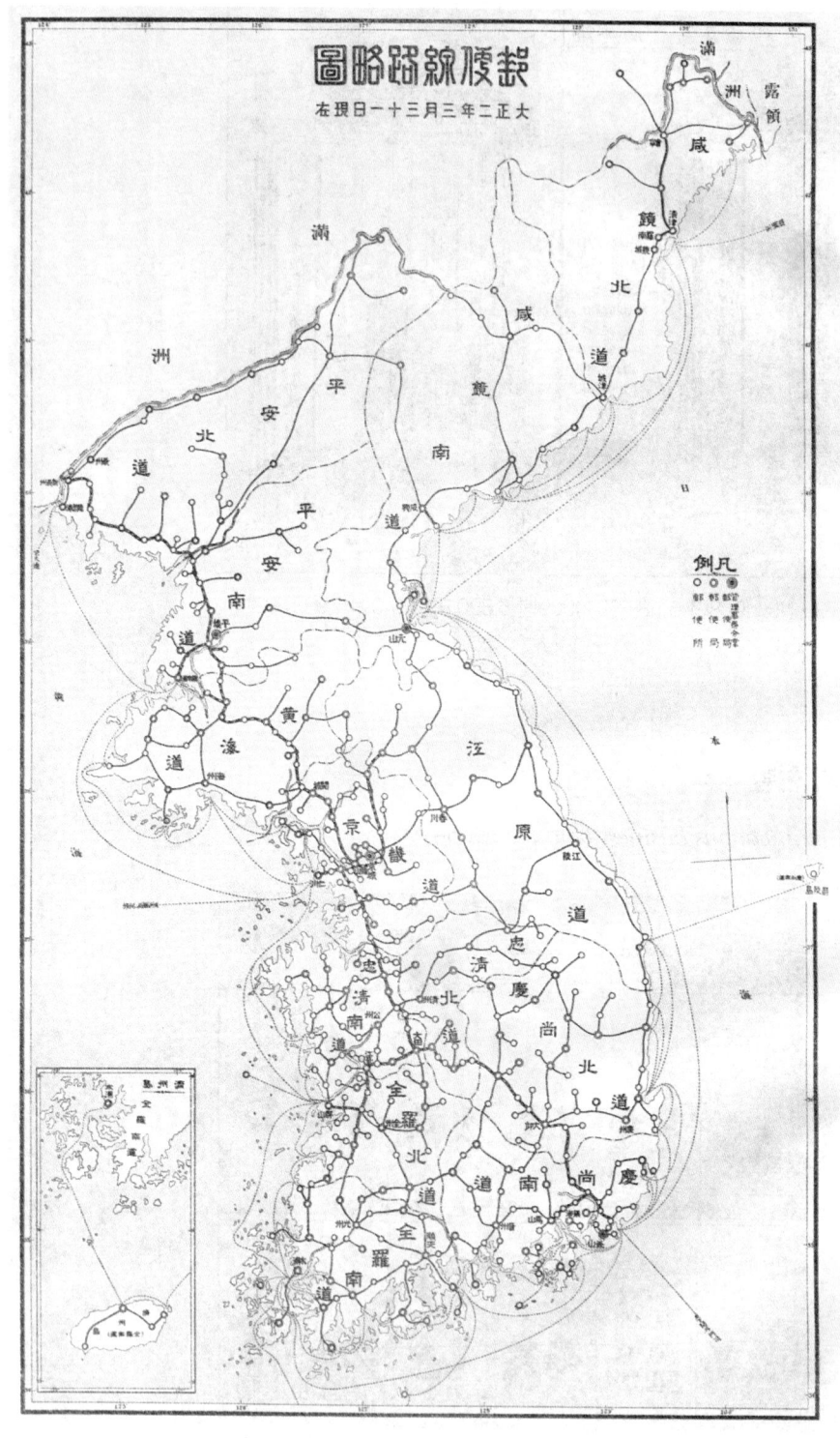

국치시기 전신 선로도

Telegraph line diagram during the Japanese colonial period

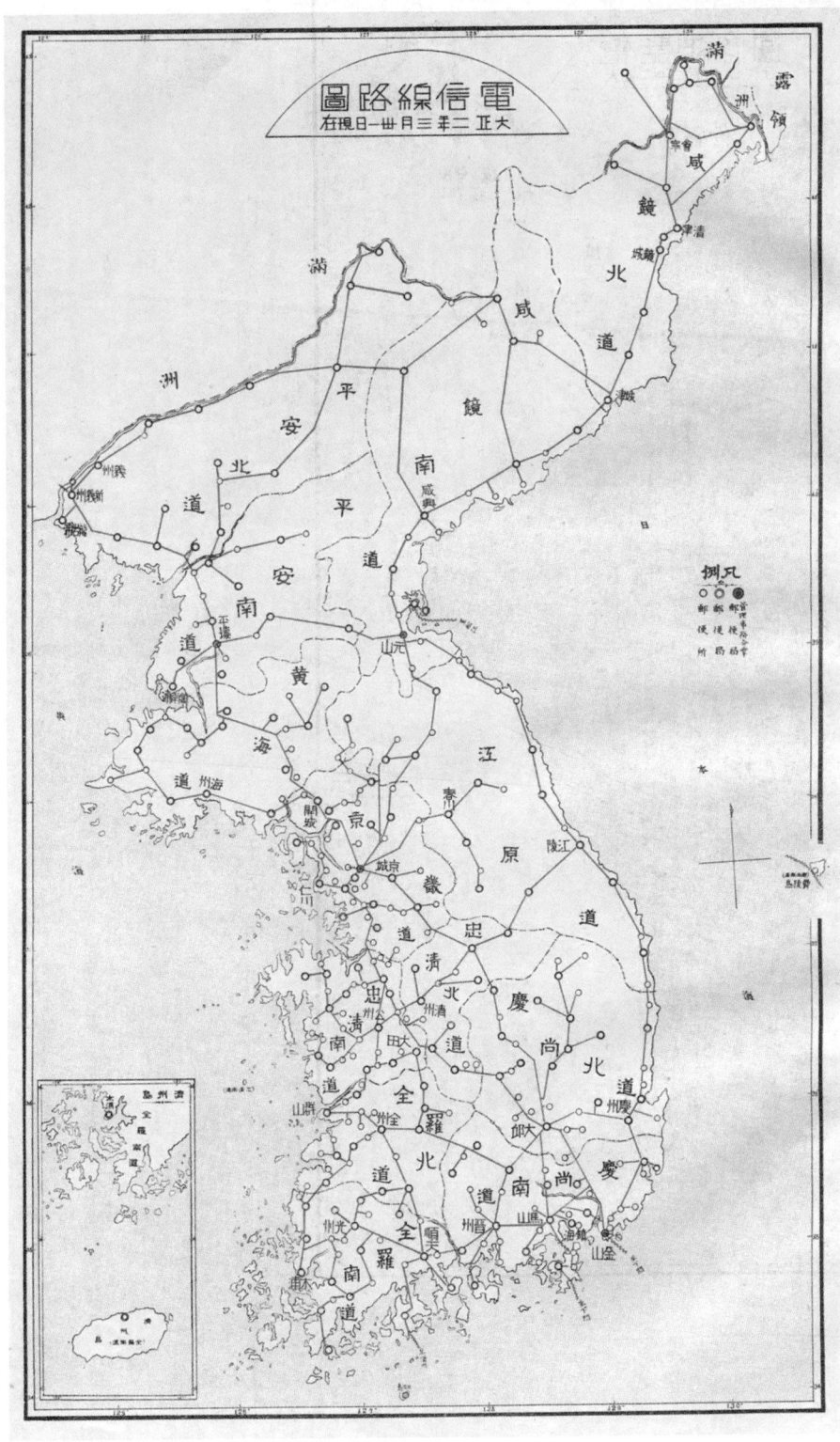

국치시기 전화 선로도

Japanese colonial era telephone line diagram

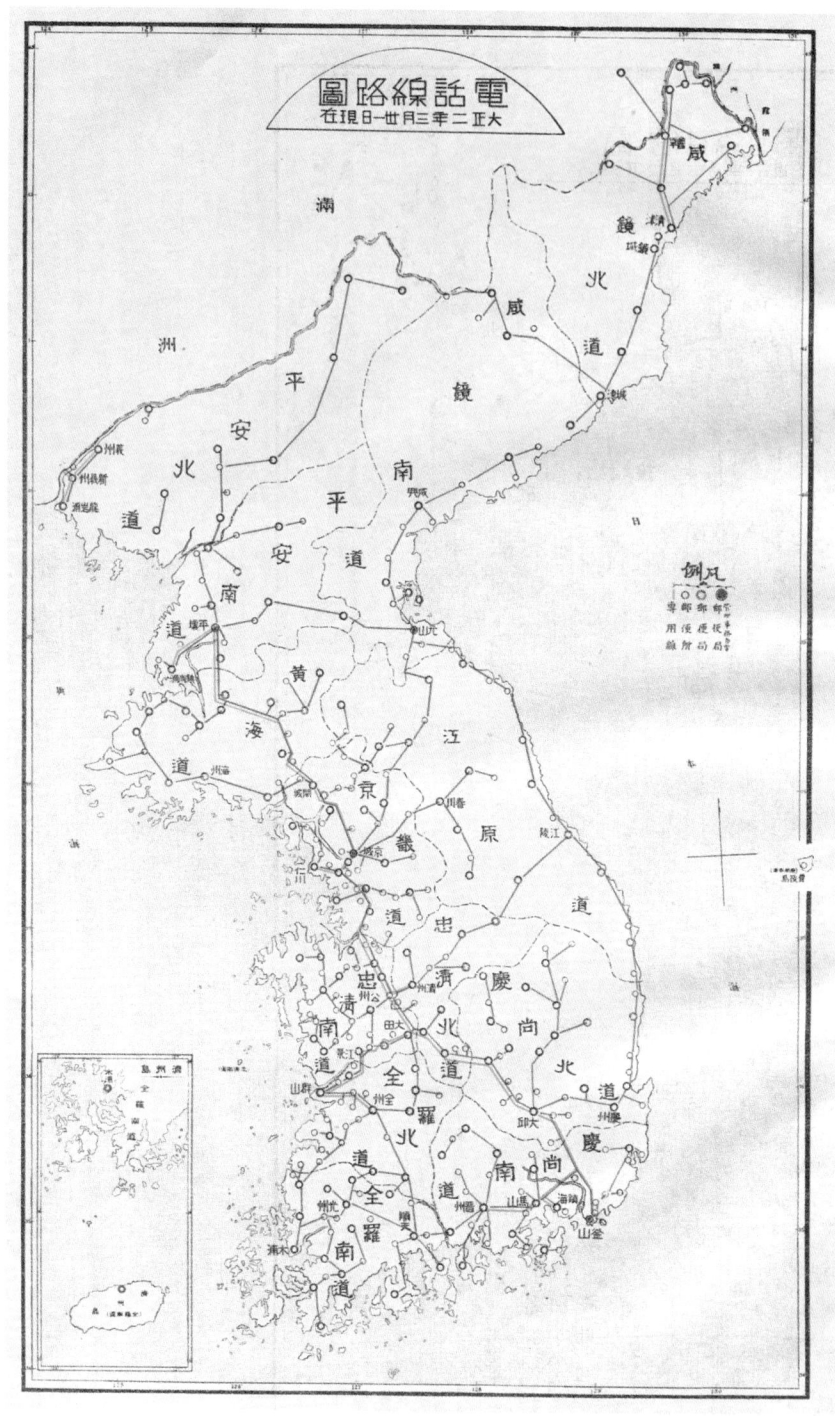

사진기록

일제의 침략[한국. 중국] 213P [편집]

Photo record Japanese invasion [Korea. China]

1983년 7월 30일 발행
편저자 HOLP출판사(일본)
편역자 ㈜어문각기획조사실
발행인 김영환
발행소 ㈜어문각

해설자
카지무라 히데키梶村秀樹

1935년생
도쿄대학 문학부 졸업
한국근현대사 전공. 카나가와대학 교수
주요 저서: 한국에 있어서의 자본주의의 형성과 전개
백범일지-김구 자서전(역서 평범사). 한국 현대사 등 다수

쿠로하 키요타카黑羽淸隆

1934년생
도쿄 교육대학 졸업
일본 역사 전공
시즈오카대학 교육학부 교수
주요 저서: 일본사 교육의 이론과 방법. 일본사에의 초대. 일본의 역사(HOLP출판사)

추천사

최창규崔昌圭
1937년생. 충남 청양 출생
순국선열유족회 회장
독립기념관 건립추진위원회 부위원장

역사 앞에 모두 다시 한번 괴로와하자
–괴로운 사실들 앞에서 이기는 역사–

오늘로 이어지는 과거에서만 역사는 꽃을 피운다.

그래서 오늘로 이어지지 못하는 과거는 죽은 과거다.

죽은 과거는 생명이 없기에 결코 역사로 될 수는 없다.

그것은 한낱 사실일 뿐이다.

이런 점에서 역사 위에는 영원한 현재란 것이 성립한다.

즉 과거도 미래도 모두 그 안에 담을 수 있는 영원한 오늘의 생명을 말한다.

이 힘찬 오늘을 통하여 우리는 바로 역사 위에서 과거와도 만나고 미래를 또한 해답짓기도 한다.

그런데 여기 우리들 앞에는 도저히 지울 수 없는 뼈아픈 사실들의 묶음묶음들이 무서운 잔영殘影으로 선뜻 닥아서고 있다.

한 마디로 끊어진 역사, 저 일제 36년의 상처들이다.

5천 년 민족사에서 단 한번 끊어진 피맺힌 망국의 기치대욕奇恥大辱 역사 위에 입혀진 상처로는 오늘에 가장 가까운 저 931번째의 국난國難, 그것은 실상 우리들에게 지나간 역사적 사실들로서 지나가 버린 것이 아니라, 실은 아직도 해결되지 않은, 그래서 오늘의 아픔으로 직접 와 닿는 것이다.

그러나 어찌하랴! 역사는 아무리 어려워도 남이 결코 대신 살아주지는 못하는 법, 여기서 우리는 이들 어떤 아픔들도 결코 외면하거나 피해서는 안 된다. –중략–

여기서 우리는 팔이 떨어져 나가는데도 목이 터져라 만세를 부르던 피어린 소녀의 모습에서 절규를 들어야 하며, 전투에 패하여 끌려가면서도 적의 음식은 물 한모금까지도 거절하며 끝내 목숨을 바치던 칠십 노의병장의 의연한 모습에서는 장한 내 할아버님의 혼을 또한 이어받아야 한다. –중략–

민족사의 생명은 분명 물 한모금에서까지도 우리 대한이 저 일제를 이겨내고 있었다. –중략–

1983. 7. 29.

의병을 지휘하다가 일제 헌병에 의해 체포된 최익현崔益鉉의병장

1906년 전라도에서 대마도로 호송되어 가던 중, 구국이념에 대한 불굴의 기개를 눈물로 전하고 있는 가운데 일제의 헌병이 권총을 겨누고 옆에서 노려보고 있다.

최익현崔益鉉 의병장 (1833~1907)

경기도 포천 출생

조선 말기와 대한제국의 정치인이며 독립운동가이자, 1905년 을사늑약에 저항한 대표적 의병장이었다.

- 왜적이 국권을 빼앗고, 적신이 죄악을 빚어냈다. 구신舊臣인 나는 이를 차마 그대로 둘 수 없어 역량을 헤아리지 않고 이제 대의를 만천하에 펴고자 한다. 승패는 예측할 수 없으나 우리 모두 한 마음으로 나라를 위해 죽음을 무릅쓴다면 반드시 하늘이 도울 것이다.
- 나라에 충성하고 사람을 사랑하는 것은 성性이라 하고 신의를 지키고 의리를 밝히는 것은 도(道)라고 한다. 사람으로 이 성이 없으면 반드시 죽고 나라에 이 도가 없으면 반드시 망한다. 이것은 다만 노생의 범담일 뿐만 아니라 또한 개화열국이라 할지라도 이것을 버리면 아마도 세계 안에 자립하지 못할 것이다. (중략) 이제 우선 귀국(일본)이 신의를 저버린 죄를 논한 다음에 귀국이 반드시 망하게 되고 동양의 화가 그칠 때가 없게 되는 이유를 밝히고자 한다.
- 신의 나이 75살이오니 죽어도 무엇이 애석하겠습니까. 다만 역적을 토벌하지 못하고 원수를 갚지 못하며, 국권을 회복하지 못하고 강토를 다시 찾지 못하여 4천년 화하정도가 더럽혀져도 부지하지 못하고, 삼천리 강토 선왕의 적자가 어육이 되어도 구원하지 못하 였으니, 이것이 신이 죽더라도 눈을 감지 못하는 이유인 것이다.

일본인들은 강제로 그의 입에 음식을 넣었으나 모두 뱉거나 입을 열지 않고 저항하였다.

1907년 1월 1일 쓰시마섬 감옥에서 풍증과 단식 후유증으로 순국하였다.

러시아공사관 앞에서 고종 황제의 알현을 강요하는 일본군대

Japanese troops forcing an audience with Emperor Gojong in front of the Russian legation

1895년 10월, 일본군과 일제의 하수인 낭인들에게 명성황후가 시해되고, 대궐을 위협당한 고종은 러시아공사관으로 피난하였는데 일본 군대는 대포까지 동원하여 러시아공사관 앞에서 고종을 협박하였다.

일본의 메이지明治 정부는 불평등 조약 등 구미 열강들에게서 입은 타격을 한국을 필두로 아시아에의 침략으로써 벌충하려는 계획을 일찍부터 도모하고 있었다. 메이지 정부의 오오쿠보大久保利通·이토오 히로부미伊藤博文·사이고오西鄕隆盛·이타가키板垣退助와의 사이에 설왕설래한 이른바 '정한征韓 논쟁'도, 정한 征韓 그 자체에 대해서는 일치하고 있었는데 그것을 언제 실행하느냐에 대한 논쟁에 지나지 않았다. 1876년 일본은 페리의 내항來航 방식을 모방하여 군함 7척을 강화도 앞바다에 동원하여 한국 정부를 위협하고 강압적으로 '한일수호조규韓日修好條規'을 체결케 하였다. 이 조약은 한국에 있어서의 일본인 거류민의 치외법권을 비롯하여, 한국에 수출되는 일본 상품에 한국 정부가 일체 관세를 부과하지 않는 다는 등의 내용으로 된 지극히 불평등한 것이었다. 일본은 구미 열강에게 강요당했던 불평등 조약을 한층 더 불평등한 형태로 하여 한국에 강요하였던 것이다. 그 뒤로 일본의 약탈적인 한국 무역이 시작된다. 1894년 봄, 한국 농민들이 반봉건·반침략의 투쟁(동학혁명)에 봉기하자, 일본은 '거류민 보호'의 명분을 내세워 대량의 군대를 한국에 파견하였다. 그리하여 한국 정부의 요청으로 출병해 있던 청군과 대립, 동년 7월에는 한국을 무대로 청일전쟁이 개시되었다. 일본으로서는 최초의 근대전이었던 이 전쟁은 무엇보다도 한국의 지배권을 둘러싼 전쟁이었다. 청일전쟁에서 이긴 일본은 한국에 대하여 주인 행세를 하려 들며, 노골적인 내정 간섭을 하였으나, 민중의 분노를 배경으로 하여 한국 정부 내에도 자립에의 움직임이 고조되어 가고 있었다. 일이 뜻대로 되지 않는데에 초조해진 일본은 1895년 10월, 대궐로 난입하여 명성황후를 학살하였다. 명성황후가 반일 세력의 배후로 판단하였기 때문이다.

전대미문의 이 만행에 한국 민중의 항일 의식은 전국적으로 팽배되어 갔다.

1904년 9월 노일전쟁이 한창이던 때 용산 부근에서 철도 방해죄로 처형되는 한국인
A Korean was executed for obstructing the railroad near Yongsan in September 1904, when the Russo-Japanese War was in full swing.

일제는 이토록 잔인한 사진을 그림엽서로 제작하여 일본으로 보내기도 했다. 이 사진을 통하여 당시 한국인들이 일본인한테 민족 존엄성을 유린당하고 잔혹하게 멸시당했는지를 증명해 주고 있다.

일본군 제물포 상륙

1904 Japanese troops land at Chemulpo

1904년 2월 8일, 일본군은 돌연 제물포에 상륙하여 서울로 향하였다. 러시아에 선전포고를 한 것은 이틀 후인 2월 10일이며, 허를 찔린 러시아는 일본의 제물포 상륙을 방관할 수밖에 없었다.
사진 출처: 사진기록 일제의 침략. HOLP출판사(일본)

일제의 한국 침략은 노일전쟁(1904~1905)을 전후하여 노골화되기 시작하였다. 일본이 러시아와 개전을 한 직후, '한일의정서'를 초꼬슴(어떤 일을 하는 데서 맨 처음)으로 하여, 3차에 걸친 '한일협약'을 강요하고, 일본은 한국의 재정 및 외교권을 차례차례 빼앗아 갔다. 그리하여 1910년 8월의 '한일합방' 조약에 의하여 마침내 대한제국을 지상에서 말살하고 한국을 완전히 일본의 식민지로 굳혀 버렸다. 그동안 한국의 민중들은 식민지화에 반대하여 용감히 싸웠으나, 일본은 많은 군대를 파견하여, 눈뜨고 볼 수 없는 잔악한 만행으로 이를 탄압하였다. 그리하여 대다수의 일본 국민들은 한국에 대하여 의식적으로 빚어낸 모멸 의식을 배경으로, 이러한 일련의 침략을 지지하며 두둔하고 나갔다. 1904년 2월, 일본은 러시아와 전쟁을 시작했다. 한국으로부터 러시아의 영향력을 일소하고, 한국을 일본의 완전한 지배 아래 두려는 것이 노일전쟁의 커다란 목적 가운데 하나였다. 한국 정부의 중립 선언은 무시되었으며, 일본은 한국에 속속 군대를 파견했다. 그리하여 개전 중에는 한국에 있어서의 일본군의 행동 자유 등을 명문화한 '한일의정서'가 강압적으로 체결되었다. 1904년 8월에는 한국 정부내에 일본인 고문을 둔다는 조항 등이 규정되어 있는 '제1차 한일협약'이 강요되어 체결되었고, 일본에 의한 한국의 보호국화 작업이 서서히 진행되어 갔다. 이러한 혼란을 틈타서 일본은 철도의 이권을 탈취하고, 한국 민중들을 동원하여 군사용 철도를 건설했으며, 이에 반대하는 한국인을 본보기로써 잔학한 형에 처하였다. 이것이 치안유지법을 발동한 것이다.

처형된 한국인

Koreans executed by Japanese troops

일제의 노일전쟁 당시 일본군에 저항하다 국사범으로서 처형된 한국 양민
사진 출처: 사진기록 일제의 침략. HOLP출판사(일본)

일제는 치안유지법이란 악법으로 한국인을 잔혹한 방법으로 처형했다
사진 출처: 사진기록 일제의 침략. HOLP출판사(일본)

항일 의병과 독립군 탄압

Suppression of anti-Japanese righteous army and independence army by the Japanese army

일제 헌병에 의해 처형장으로 호송되어 가는 한국의 의병과 독립 투사들
사진 출처: 사진기록 일제의 침략. HOLP출판사(일본)

항일의병의 투쟁

The fight against Japanese righteousness

의병으로 불리는 한국의 독립을 지향하는 민중의 자발적인 무력 항일 활동은 1895년부터 일고 있었으나, 1905년의 보호조약 강요에 대한 분노를 계기로 보다 더 전격적이고 적극적으로 확산되어갔다. 의병들이 지닌 무기는 빈약한 것이었으나, 그들의 의거는 높았다. 1908년 전라북도에서 의병을 지도하다가 체포되어, 대마도의; 옥중에서 '원수의 서속을 먹을 수 없다'고 단식한 끝에 죽어간 74세의 유학자 최익현崔益鉉의 최후는 의병들의 불굴의 기개를 잘 전해주고 있다. 1907년 한국의 군대가 강제적으로 해산당하자, 많은 보병들은 무기를 가진 채 의병에 합류하였다. 그 뒤로 의병의 투쟁은 더 한층 격렬하게 전개되어 갔다. 일본은 이에 대하여 근대적 화기를 구사하여 토벌과 소탕을 행하였는데, 마을을 불사르고, 무차별 살육 등을 되풀이하였다. 일본측의 자료를 보아도 1907년에서 1910년 사이의 의병 전사자 수는 17,779명에 달한다. 이것은 청일전쟁 때의 일본측 사망자 13,488명을 웃도는 숫자이다. 한국의 독립을 지향한 의병의 투쟁이 그야말로 피투성이의 전쟁이었다는 사실을 짐작할 수 있을 것이다. 1910년 이후, 의병의 투쟁은 가혹한 탄압을 피하여 북부의 국경 지대로 옮아가게 되었다.

F. A. McKenzie, 『THE TRAGEDY OF KOREA』, 1908 한국의 비극

F. A. McKenzie는 영국의 신문 기자.

한국에서의 일본군의 횡포에 의분을 느끼고, 1908년 자신의 견문을 간추려 '한국의 비극'을 저술하였다.
Feeling righteous indignation at the Japanese military's tyranny in Korea, he wrote 'The Korean Tragedy' in 1908 to summarize his observations

'일본군이 이 마을과 또 다른 일곱 마을에 들이 닥쳤습니다.
Japanese troops invaded this village and seven other villages.

사방을 둘러보세요, 모든 게 폐허로 변해 버렸지요. 그들은 우락부락하게 우리들에게 말했어요.
'반란군 놈들이 전봇대를 부셔 버렸는데도 너희들은 그걸 말리지 않았다. 그러니까 너희들도 반란군과 같은 죄다. 반란군은 너희들 집에 왔고, 너희들은 그들에게 밥을 먹여 주었다. 그리고서 반란군들은 도망쳐 버렸으니, 이번에는 너희들에게 벌을 주어야겠다'고 말입니다.
'그렇게 말하고서 그들은 집집이 돌아다니면서 탐나는 것을 빼앗아 가진 다음, 집들을 전부 불태워 버렸습니다. 한 노인이, 일본군이 집에 불을 지르고 있는 것을 보고, 그 무릎에 매달려 울면서 말했어요.
'용서해 주십쇼' 용서해 주십쇼, 제발 이 집을 불태우지 마십쇼, 나는 여기서 죽을테니까요. 집을 제발 그대로 두어 주십쇼. 나는 이제 늙어서 얼마 안가서 죽을테니까요'말입니다.
'일본군인은 그 노인을 뿌리치려 했지만, 노인은 계속 애원했어요. '용서해주십쇼. 용서해주십쇼'하고 노인은 신음하듯이 말했습니다. 그러자 일본군인은 총을 겨누고는 그 노인을 쏘았어요. 우리는 그 노인을 묻어 주었지요'

정미의병전쟁-맥켄지가 기록한 의병

A volunteer army recorded by Mackenzie

우리가 원주原州에 도착하기 전에 이 부근에서 틀림없이 의병을 만날 수 있을 것이라는 이야기를 들었다. 원주에서 15마일이나 20마일쯤 앞으로 나가면 의병이 있다는 이야기였다. 우리는 그 정도 거리가 되는 지점에서 양근陽根으로 향했다. -중략-

F. A. McKenzie가 1908년경 경기도 양평 양근리 야산에서 촬영한
사진 기록

처음 보았을 때 양근은 사람이 살지 않는듯 보였다. 그러나 주민들은 문 뒤에 숨어서 나를 지켜보고 있었다. 얼마 후 어른이나 아이들이 살그머니 나와 접근해 왔다. 우리는 곧 친구가 되었다. 부녀자들은 도망쳐 버렸다. 그날 오후 우리는 집 구조가 꽤 좋은 한국 가옥의 마당에 여장을 풀었다. 나의 고용인이 앞쪽 안마당에서 저녁을 준비하고 있다가 돌연 들고 있던 것을 떨어뜨리고 급히 내가 있는 곳으로 달려왔다. 그는 몹시 흥분하여 '선생님, 의병이 나타났습니다. 여기에 군인들이 있습니다!'라고 소리쳤다.

다음 순간 5, 6명의 의병이 마당에 들어와 내 앞에서 정렬하더니 경례를 했다. 그들은 모두 18세에서 26세 정도의 청년들이었다. 영리하게 보이고 용모가 단정한 한 청년은 아직도 한국 정규군의 구식 제복을 입고 있었고, 다른 사람들은 군복 바지를 입었다. 이들 중 두 사람은 흐느적거리는 낡아빠진 한복을 입고 있었다. 가죽 구두를 신고 있는 사람은 한 사람도 없었다. 그들은 허리에 손수 만든 무명 탄대彈帶를 감고 있었고, 거기에 총알이 반쯤 들어 있었다. 한 사람은 머리에 터키 모자 같은 것을 쓰고 있었고, 다른 사람들은 두건을 감고 있었다.

나는 그들이 갖고 있는 총을 보았다.

여섯 사람이 각각 다른 다섯 종류의 무기를 갖고 있었는데 어느 것이나 제대로 쓸 만한 총이 없었다. 한 사람은 가장 낡은 유형의 화승총으로 알려져 있는, 총구로 탄환을 재는 구식 한국 총을 자랑스럽게 가지고 다녔다. 그 남자의 팔에는 도화선인 화승이 감겨 있었고, 앞쪽에는 화약 주머니와 장전용 탄환 주머니를 달고 있었다. 나중에 알게 된 일이지만, 이 총구로 탄환을 재는 총이 대부분의 의병이 쓰고 있는 무기였다. 총에 화약을 재기 위해 쓰는 꽂을대는 자기 집에서 나무를 깎아 만든 것이었다. 총신은 녹슬어 있었다. 총의 가죽 멜빵은 없고 대신 무명으로 만든 끈이 달려 있을 뿐이었다.

조선 통감으로 부임하는 이토오 히로부미

Ito Hirobumi takes office as Resident-General of Korea

1905년 을사늑약(1905) 체결 당시 일본 황실로부터 전권대사로 위임받은 이토오히로부미는 군대를 앞세워 강압적으로 조약을 체결한 다음 초대 통감이 된다.

을사늑약과 고종 황제 퇴위退位

Eulsa Protectorate Treaty and Emperor Gojong's abdication

노일전쟁에서 승리를 거둔 일제의 '보호국'화 정책은 더 한층 노골화하였다. 1905년 11월, 일본의 원흉 이토오 히로부미는 일본군대로 하여금 왕궁을 포위시킨 다음, 몸소 조선 정부의 각료회의장으로 쳐들어가서, 겁박과 협박적으로 '보호조약'(제2차한일조약)에 대한 찬성 여부를 따진 끝에, 강압적으로 조인하도록 겁박했다. '보호조약'에 따라 일본은 조선의 외교권 일체를 빼앗고, '통감부'를 설치하여 실질적인 식민지 지배를 시작하였다. '보호조약' 강요의 진상이 전해지자 민중은 격분하여 각지에서 항의 시위가 일어났다. '황성신문' 기사에 '우리 2천만 동포여, 살아야만 할 것인가, 죽어야만 할 것인가…아아, 원통하고 애통하도다'하고 호소하였으나 그 집필자는 일제의 불법과 악법인 치안유지법과 신문지법을 적용하여 체포 투옥되었고, 신문은 폐간의 운명에 몰리고 말았다. 더 나아가 일제는 1907년 여름, 보호조약의 부당성을 국제 여론에 호소하려 한 사건(헤이그밀사)을 빌미로 고종 황제를 겁박하여 퇴위시키고, 아들인 순종에게 양위케 하였다. 그 이후에 고종 황제는 12년 동안에 걸쳐 일제에 의하여 연금당하였다. 같은 해 여름, 일제는 또 다시 '제 3차 한일협약'을 강요함으로써 한국의 군대를 해산시키고, 군사·경찰권을 장악하기에 이르렀다. 이러한 일련의 조선 지배 정책은 미국과 영국 등 열강의 묵인 아래 행하여진 것이기도 하였다.

기관총의 호위를 받으며 대궐로 향하는 이토오 히로부미

Hirobumi Ito heading to the palace escorted by machine guns

1907년 7월, 고종 황제를 퇴위시킨 다음, 새 황제 순종을 만나기 위해 대궐로 향하는 이토오히로부미는 조선 인들을 연도에서 물리치고, 기관총을 요소요소에 배치하는 등 엄중한 경계를 하였다.

일본 황태자의 조선 방문

영친왕과 이등박문

일제는 고조되는 반일 감정을 무마하기 위해 1907년 10월, 일본 황태자(후일 대정 천황)의 조선 방문을 행하였으나 효과는 없었다.
앞줄 왼쪽세번째가 일본 황태자, 그 왼쪽이 순종, 이등박문, 이완용, 송병준 등이 보인다.

영친왕과 이등박문

1907년 12월 황태자 영친왕은 유학이라는 명분으로 일본으로 건너 갔는데, 실제로는 인질이나 다를 바 없었다.
사진은 1908년 동경에서 촬영한 것으로 일본 기모노를 입히고 후견인이라 칭한 이등박문이다. 일제의 간교한 책략으로 영친왕을 황민화를 획책하는 도구로 삼았다.

이토오 히로부미 사살

Killing of Ito Hirobumi

하얼빈역에 내려선 이토오 히로부미, 이 직후 안중근의사의 통한일격에 사살되었다

일본은 노심초사 적당한 기회에 한국을 병합할 명분을 찾고 있을 즈음에 드디어 적당한 기회가 바로 이토 암살사건을 계기로 병합의 명분을 성립한 것이다.

경복궁 근정전景福宮勤政殿에 게양된 일장기

한일합방과 동시에 일제는 한국 각지에 일장기를 게양하여 한국을 황민화 하였다. (조선박람회 당시 모습)

At the same time as the Japanese annexation of Korea, Japan hoisted the Japanese flag in various places in Korea and converted Korea into a people

1907년 7월 20일, 8월 2일자 동경 일일신문日日新聞 기사

Articles from the Tokyo Daily Newspaper, July 20 and August 2, 1907

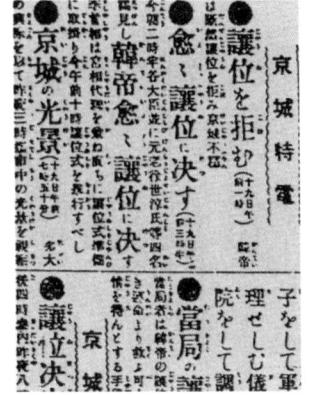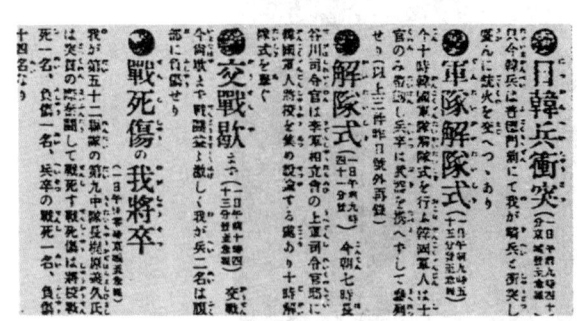

경성특전京城特電-기사 내용

●'한국 황제는 양위를 단연 거부, 경성 불온', ●'무장 관병·헌병·경관 기타 일본 순사 헌병은 민중을 위무하여 궁궐에 접근하지 못하도록 엄중 경계 중' 등으로 기사가 쓰여 있다. 또 '군대의 해산이 완강한 저항에 봉착하였다'는 사실이 기사로 쓰여 있다.

일본도를 손에 쥔 교사들

1912년 8월에는 전관리에게 무관복 착용의 지시를 내렸으며, 각급 학교 교사들까지 경찰관 같은 위압적인 복장을 하게 하였다.

서당에서 글공부를 하는 어린이들

서당은 한국인 자신들의 교육 기관으로서, 공립학교에서 가르칠 수 없게 된 한국의 지리, 역사 등을 가르쳤다.

조선총독부 청사

Government-General of Korea Building

일제가 영국령 인도총독부를 모방하여 건축했다고 한다.

It is said that the Japanese built it in imitation of the British Government-General of India.

조선총독부청사朝鮮總督府廳舍(Japanese General Government Building, Seoul)는 국치시기에 일본 제국의 식민 통치를 시행한 최고 행정 관청인 조선총독부가 사용한 건물로, 1910년부터 1945년까지 여러 개의 건물을 거쳐갔다. 조선총독부 관사朝鮮總督府官舍는 조선총독부와 유관 기관의 관리들을 위해 지어진 주택이다. 1910년 한일병합 이후 35년의 식민 통치 기간 동안에 조선총독부는 남산 왜성대와 경복궁의 총독부 청사 2곳과 남산 왜성대와 용산·경무대의 총독 관저 3곳을 비롯하여 다수의 관사를 건립하였다. 조선총독부 청사는 한일 병합 조약에 의해서 조선총독부가 설치되자 1907년에 건립된 남산 왜성대의 통감부 청사를 총독부 청사로 전용하였다가 사무 공간의 부족으로 1926년에 경복궁 흥례문 구역을 철거한 터에 신청사를 건립하였다. 조선 총독의 관저는 남산 왜성대의 통감 관저를 1910년부터 관저로 사용하였고 1908년에 건립된 용산의 관저를 별도로 운용하였으며 1937년에 경복궁 신무문 밖 후원 지역에 총독 관저를 신축하였다. 한편 1910년 이후 식민 통치 기구가 정비되면서 조선에 체류하는 일본인 관리의 수가 증가하자 이들을 위한 관사가 대량으로 건설되어 보급되었다. 1945년 제2차 세계 대전에서 일본 제국이 패망하자 조선총독부 청사와 관사는 미군정청에 인계되었다. 1948년에 대한민국 정부가 수립되자 대한민국 정부가 청사와 관사를 다시 인계 받아 대통령 관저, 정부 청사, 박물관 등으로 활용하였다. 1950년 한국 전쟁을 거치면서 청사와 관사의 일부가 파괴되었고, 1995년 김영삼 정부때 일제 강점기의 잔재 청산을 이유로 그때까지 현존하던 청사와 관사를 모두 철거함으로써, 당시 미국의 CNN·영국 BBC·중국 신화통신사·일본 NHK 등 전 세계 언론으로부터 주목을 받았다.

(조선총독부 지붕에 있던 첨탑은 현재 독립기념관에 보관되어 있다.)

토지조사사업

토지 측량–경기도 고양군

일본인 기사에 의한 토지 세부 측량
1917년 전라남도 무안 토지조사사업을 시작으로 전국적으로 실시되었다.

토지조사사업土地調査事業

land survey project

1910년에서 1918년에 걸쳐 실시된 토지조사사업은 근대적인 토지 소유권의 확정을 명목으로 내세운 것이었으나, 조사의 실무는 일본인 관헌과 지주들에 의하여 행하여졌으며, 기한부의 번잡한 수속을 밟아야 하는 본인 신고제였기 때문에 일반 농민들은 제대로 신고를 하지 못하고 토지의 소유권을 상실하는 자가 많았다. 조사가 끝난 1918년에는 전 농민의 80%가량이 소작농 내지 자작농이 되어 있었다고 한다. 빼앗긴 토지는 대부분이 총독부 소유가 되었고, 총독부는 이것을 내지인들에게 헐값으로 불하 하는 형식의 토지를 수탈, 착취해 갔다. 소작농이 된 농민들은 5할이 넘는 소작료에다 각종 추가 부담까지 떠맡게 되어 빈곤에 시달렸다.

일제의 수탈收奪·착취搾取 대행 기관 동양척식주식회사

Dongyang Cheoksik Co., Ltd., an agency responsible for Japan's exploitation and exploitation.

동양척식주식회사東洋拓殖株式會社

동척東拓은 일제가 1908년에 설립한 것으로 매년 일본 정부로부터 거액의 융자를 받아서 한국의 토지를 손에 넣어 갔다. 토지조사사업이 끝났을 무렵에는 78,000정보 이상의 토지를 소유하여 한국 최대의 지주가 되었다. 동척의 소작료는 일반 민간보다 상당히 고율이었을 뿐 아니라, 수탈 방법도 악랄하였으며, 한국인들의 동척에 대한 원한은 매우 깊어져 갔다.

수탈 현장-제물포항

군산항의 동척東拓 창고 앞에 야적된 한국 쌀

한국에서 일본으로 반출되는 쌀은 해마다 증가되어 갔다. 증산과는 대조적으로 한국인의 소비는 축소되고 있었다.

1927년 목포항에 집하된 면화綿花는 일본으로 실려 갔고 일제는 '육지면'이라는 외래 품종인 면화를 한국에 강제적으로 재배시켜, 이것을 헐값에 수매하고, 일본에서 면직물로 가공한 다음 다시 한국에서 비싼 값으로 팔아 넘기는 이중적인 착취 수법을 행하였다. 이러한 가운데 한국의 전통적인 면직 공업은 파괴되어 갔다. 또한 압록강 상류로부터 수송되어 온 목재들은 신의주에 있는 일본인 소유 공장에서 펄프 및 종이로 가공되었다.

원산元山의 일본인 상점가

1930년경, 일본인은 부산, 인천, 원산의 3대 개항장을 비롯하여 전국의 주용 도시에서 상점을 영위하면서 일본인 상권을 형성하였다.

미스코시三越백화점 서울 지점

미스코시백화점은 1930년 서울시 청사 터에 지었다.

한국의 내지인

Japanese in korea

한국으로 건너온 일본인들은 일본 국내에서 생활에 굶주리고 쪼들리던 불량한 사람이 대부분이었다. 동척東拓 등을 매체로 하여 한국에 온 이들 일본인들은 일본인에게 주어진 특권을 내세워 소지주나 소규모 경영자 등이 되어 보다 불리하고 나쁜 조건 아래에 있는 한국인들을 갖가지 형태로 멸시하며 착취하는 파렴치한 행동을 일삼았다.

일본인이 운영하는 경성자동차

경성의 일본인 거리

서울은 '도읍'이란 뜻을 가진 전통 있는 도시인데, 일제는 통치 중 '경성'이라는 이름으로 부르게 하였다.

식민지 시대의 서울 거리에서 총독부의 건물이 기이할 정도로 두드러져 보인다.

유랑流浪하는 사람들

땅을 빼앗기고, 소작 마저도 할 수 없게 된 한국의 농민들은 대도시 주변의 움막집에 사는 '토막민'이 되기도 하고, 산악 지대에서 불을 질러 밭을 일구어 농사를 짓는 '화전민'이 되었으며, 만주와 일본 등지로 이주하기도 했다. 그 당시 만주로 가는 열차 속에는 피투성이 아이들과 침통한 얼굴의 어른들이 우글거리고 있었다 한다. 1930년대 말, 만주의 한국인은 100만 명을 훨씬 넘었다. 이 숫자의 절반 정도가 머물고 있는 간도 지방은 항일 독립운동가의 근거지였으며, 독립 운동의 중심지가 되었다. 일본으로 건너간 한국인은 1920년대에 급속히 증가되어 갔고, 일본 사회의 차별과 저임금, 실업과 폭력적 강제 노동 등의 가혹한 조건 아래에서 노동의 저변을 담당하고 있었다.

'토막민'의 움막집

간도 지방에서 정처없이 떠돌아다니는 일가족

간도 지방의 소작 농가의 집

토막민의 어린이들

동아일보 1922년 1월 18일자 사설
….볼지어다. 저 엄연한 사실을,
철도가 일본인의 수중에 재在하며,
은행이 일본인의 수중에 재하며,
상권商權이 일본인의 수중에 재하며,
정권政權이 또한 일본인의 수중에 재하고 그 타他의 모든 산업 개발에
관계되는 지식과 자본과 기술이 일본인의 수중에 재하고, 오직 조선인
에게 잔존하는 것은 노력과 토지의 대부분인데, 그 역점차亦漸次로 일본
인의 수중에 귀歸하는 것은 지방보도가 일야日夜에 오인吾人의 이타耳朶
를 경타驚打하는 사실이라……

일제의 만행

Japanese atrocities

3·1독립만세운동 때 체포되어 고문을 받고 죽은 한국인　　제암리학살사건 현장

3·1독립만세운동 때 체포되어 일본 경찰과 일본 군인들에 의해 처형된 시신들

일제의 가혹한 탄압

Japan's harsh oppression

3·1 운동에 대한 탄압은 처절하였고, 운동 참가자의 사살과 고문은 당연한 일처럼 자행되었다. 특히 경기도 수원군 제암리에서 있었던 사례처럼 마을 사람들을 교회당에 몰아넣고 불태워 죽이는 등의 무참한 학살이 많았다. 자료에 의하면 3월에서 5월 사이에 7,500명 이상이 살해되었다고 한다.

출처: 사진기록 일제의 침략[한국·중국] 1983. HOLP출판사[일본]
카지무라히데키梶村秀樹·쿠로하키요타카 黑羽淸隆

군복을 입고 무장한 일본인 자경단自警團

Japanese vigilante group armed and wearing military uniform

자경단은 통행인들에게 일본말 특유의 발음을 시킴으로써 한국인을 가려내려 하였다.

일본인 자경단自警團에 의한 학살

Massacre by Japanese vigilantes

자경단은 재향군인회, 청년단을 중심으로 조직된 것으로, 노소 수많은 남자들이 참가하고 있었다. 자경단은 일본도·대창·목도 등으로 무장하여 거리의 요소를 지키며 통행인들을 심문하고, 한국인인 줄 알게 되면 들볶은 끝에 죽였다. 자경단의 성립과 그들의 살인에는 관헌의 지시와 묵인이 있었던 것으로 전해지는데, 아무리 선동되었다고는 하더라도, 민중 자신이 직접 학살을 자행한 것에 대한 책임은 크다고 하지 않을 수 없다. 그것은 한국의 식민지 지배를 뒷받침한 것과 그 근본은 같은 것이었다.

체포되어 끌려가는 한국인. 얼굴에다 칼을 들이대고 있다

출처: 사진기록 일제의 침략 [한국·중국] 1983. HOLP출판사[일본]
카지무라히데키梶村秀樹·쿠로하키요타카 黑羽清隆

센주千住경찰서에 집합한 한국인들

센주千住: 일본 동경 아다치구

습지야習志野 연병장에 수용된 한국인들

왼쪽 일본 군인이 야마나시 한조山梨半造 계엄사령관. 야마나시는 한국인들을 포로라 불렀다. 후일 야마나시는 제4대 조선총독이 된다.

일본군에 의한 구속 · 학살

Arrest and massacre by the Japanese military

유언비어가 난무하는 가운데, 일본 군대는 한국인을 적으로 간주하고, 한국인 거주 지구와 집단으로 피난하는 한국인을 습격하였다. 드디어 유언비어가 거짓임이 명백해지자, 일본 군대는 자경단으로부터의 보호를 명분으로 내세우고 한국인을 무차별적으로 구속, 구금하기 시작하였다. 그러나 보호되었다고 해서 반드시 생명의 안전이 보장된 것은 아니었다. 심문 결과 '후떼이 센진'(불령선인不逞鮮人)으로 간주되거나, 달아나려고 한 한국인은 가차없이 살해되었다. 유치장 같은 데서는 칼을 빼어든 순사나 군인들이 한국인을 들볶는 광경도 흔히 볼 수 있었다고 한다. 살아남은 '보호 한국인'들 가운데는 시체 처리 작업 등에 강제 동원된 사람도 많았다.

출처: 사진기록 일제의 침략 [한국 · 중국] 1983. HOLP출판사[일본]
카지무라히데키梶村秀樹 · 쿠로하키요타카 黑羽淸隆

일본 군대에 구금된 한국인들

Koreans detained by Japanese military

일조日朝협회 도시마豊島지부가 펴낸 '민족의 가시'에 후쿠시마 젠타로福島善太郎가 남긴 유명한 회상

2일의 한낮이 좀 지나서, 배급받은 현미 주먹밥으로 도중에서 요기를 한 다음, 저는 이치가와市川시 어귀에서 3마장 정도 떨어진 곳의 논둑길을 걸어가고 있었다. 일찍이 한번도 본 적이 없는 커다란 육군 비행기가 불볕이 내려쬐는 하늘을 몇번이나 날아갔다. 鴻O台 기병대가 여러 조 피란민의 대열을 가로질러 흙먼지를 일으키며 달려갔다. 한국인을 군인들이 때려죽이고 있다는 소리에, 그때까지 발을 질질 끌면서 걸어가고 있던 피란민의 무리들이 기세좋게 뛰어가기 시작했다. 저도 그에 이끌려 어느새 달려가고 있었다. 그리하여 두어 마장 가까이 달려갔을 때, 군중들의 머리 너머로, 왼쪽 논에서 일어나고 있는 끔찍스러운 사건을 똑똑히 보았던 것이다. 소매가 긴 가스리천의 홑옷을 입은 사람, 우중충한 청색 작업복을 입은 사람들이 입곱 명, 손을 뒤로 포박당한 위에 한줄에 묶인 채 쓰러져 있었다. 그들은 분명히 한국인들이었다. 뭔지 알아들을 수 없는 소리로, 새파랗게 질려서 외쳐 대고 있었다. '닥쳐, 새끼야!' 하고, 갑자기 군인 한 사람이 총을 휘두르더니, 개머리판으로 맨 끝에서 몸부림치고 있는 남자의 머리를 팍 내리쳤다. 군중들 속에서는 '악!'하는 소리조차 나오지를 않았다. 모두들 일제히 고개를 돌렸던 것이다. 이윽고 두려운 마음을 억누르며 그쪽으로 시선을 돌려 보았더니, 두개골이 빠개지고, 선혈이 사방으로 튕겨나가 있었으며, 손발 끝은 꿈틀꿈틀 움직이고 있었다.

"아하하하, 꼴 좋다"

"이 새끼들, 모조리 때려죽여 버려라"

"좋아, 새끼들"

"야, 후테이센진 놈들, 뒈져라"

10명 남짓의 군인들이 일제히 총검과 개머리판을 휘둘렀다.

출처: 사진기록 일제의 침략 [한국·중국] 1983. HOLP출판사[일본]
카지무라히데키梶村秀樹· 쿠로하키요타카 黑羽淸隆

일본인 자경단에 의해 살해된 한국인들

Koreans killed by Japanese vigilantes

자경단은 때려 죽이고, 찔려 죽이고, 불태워 죽이는 등의 잔혹한 살해를 자행하였다.

사진: 9월 7일 오후 촬영이라 적혀 있다. 살해된 한국인 시체 더미

조선일보 1923년 10월 4일자 사설 내용

교일동포僑日同胞에게

·········이 참변의 출발점이 지배와 압복圧伏[힘으로 눌러서 복종시킴]의 관계에 있는 양민족의 현재 경우에 있지만, 그 참변이 있은 이후에 그 감정이 더욱 악화되었을 것은 무엇으로도 무마撫摩할 수 없는 사실이다. 우리는 이에 이미 패도敗倒하여, 죽음을 피피避치못한 동포의 고혼孤魂을 비분의 누淚로서 조조弔하는 동시에 일본에 재류在留하는 우리 동포들의 보다 더 혹독한 인액因厄 고초를 상상하고 누淚가 진진盡하고 성声이 시嘶함을 금치 못한다.

······.전일前日에 모 신문의 소보所報에 의하면 '당당한 일본인을 조선인'이라 하였다고 모욕이니 치수恥羞이니 하다가 필경 자두자살自頭自殺한 일본인이 있다 하니 이것이 일본인의 안전眼前에 영영映하는 조선인이라. 이것이 어찌 어느 특정한 지방에만 국한한 예증例證이리요, 반드시 진재震災 이후에 우리 동포에 대한 일본인 전체의 심상心象일 것이다. 이에 우리는 일언一言으로써 읍근泣勤하노니 이번 진재震災에 겨우 생존을 얻은 동포나 그 인액因厄을 당하지 아니한 타지방에 재류在留하는 동포가 다 노동자이나, 학생이나 노동도, 학업도 무엇무엇도 모두다 포기하고 무엇도 고견顧見할 것 없이 하루빨리 돌아오라는 것이다. 일본만이 어찌 우리의 수학지修學地이며, 노동의 공급지이리요,······.

■ 교일동포僑日同胞에게 라는 제하題下의 사설

눈물을 자아내는 애도의 정과 더불어, 학살을 자행한 일본민족의 한국인관을 날카롭게 지적하고 있다.

출처: 사진기록 일제의 침략 [한국·중국] 1983. HOLP출판사[일본]

카지무라히데키梶村秀樹· 쿠로하키요타카 黒羽淸隆

김좌진 장군의 태극기

The Taegeukgi of General Kim Jwa-jin, commander of the Korean Independence Army

김좌진 장군이 사용한 피로 물든 태극기
일본군이 노획한 태극기

출처: 사진기록 일제의 침략 [한국·중국] 1983. HOLP출판사[일본]
카지무라히데키梶村秀樹·쿠로하키요타카 黑羽淸隆

독립군獨立軍

3·1운동 후에 새로이 취임한 사이토 마코토齋藤実 총독은 문화통치를 표방하였다.

탄압 일변도로는 한국 지배가 제대로 유지될 수 없음을 3.1운동으로 인식하였기 때문이다. 언론, 출판 등의 자유가 어느 정도 인정되었고, 헌병 경찰제도가 보통 경찰제도로 변경되었다. 관리와 교원이 사아베르를 착용하는 제도도 폐지되었다. 그러나 한편으로 경찰관수가 엄청나게 증원된 것에서도 볼 수 있듯이, 문화통치는 지극히 기민적인 것이었으며, 식민지 지배의 실태는 달라지지 않았다. 1920년대에서 30년대에 걸쳐, 한국 민중의 항일독립운동은, 민족주의와 사회주의의 양쪽 입장에서 전개되어 나갔고, 학생 운동·노동 운동·농민 운동 등도 활발하였다. 일제의 지배지를 위협한 것은 만주와 시베리아에 근거지를 둔 독립군이라 불리는 항일 세력이었다. 독립군은 국경 지대를 중심으로 하여 번번히 일본군을 위협하였으며, 1920년 10월의 청산리전투에서는 일본군에 괴멸적인 타격을 가하였다. 만주와 시베리아에는 또, 간도를 중심으로 하여 독립을 지향하는 수많은 정치 결사, 10여종에 이르는 신문·잡지 등 자제들을 교육하는 학교 등이 있어서, 독립을 추구하는 한국인들의 열정이 넘치고 있었다. 이 근거지를 괴멸하기 위해 일제는 관동군의 대부대를 출동시켜, 1920년 10월부터 그 이듬해에 걸쳐 간도를 중심으로 한국인들을 무차별 학살하였다. 이때의 한국인 희생자 규모는 3.1운동의 희생자를 훨씬 상회하는 것이었다고 한다. 그러나 가혹한 탄압에도 불구하고 그 이후에도 독립군의 활동은 계속되었다.

일본군에 처형되는 항일운동가들

Anti-Japanese activists executed by Japanese soldiers

사진들은 날짜와 장소가 확실치 않은 것이지만 한국의 독립 운동에 대하여 일본군이 행한 처형 광경이다.
3·1운동과 그 전후에 한국 각지 및 만주에서 행하여진 것으로 여겨진다.

일본군에 처형되는 항일운동가들

출처: 사진기록 일제의 침략 [한국·중국] 1983. HOLP출판사[일본]
카지무라히데키 梶村秀樹· 쿠로하키요타카 黑羽淸隆

일본인 자경단自警團에 의한 학살

Massacre by Japanese vigilantes

일본인 자경단은 재향군인회, 청년단을 중심으로 조직된 것으로, 노소 수많은 남자들이 참여하였다. 자경단은 일본도·대창·목도 등으로 무장하여 거리의 요소를 지키며 통행인들을 심문하고, 한국인을 고문하며 죽였다. 자경단의 성립과 그들의 살인에는 관헌의 지지와 후원 및 용인이 있었던 것으로 전해지는데, 아무리 선동되었다고는 하더라도, 민중 자신이 직접 학살을 자행한 것에 대한 책임은 크다고 하지 않을 수 없다. 그것은 한구의 식민지 지배를 뒷받침한 것과 그 근본은 같은 것이었다.

원산 동맹 파업

Wonsan Alliance Strike

원산 파업은 일본인 소유 석유회사의 일본인 감독의 횡포에 대한 규탄으로 발단된 이 동맹파업은 임금 인상, 8시간 노동제 등의 요구를 내걸고, 원산 시민들까지 가담한 투쟁이었다. 러시아·중국·프랑스의 노동자들로부터도 지지를 받았다.

동아일보 1930년 1월 17일자 기사

동아일보. 학생들의 투쟁을 보도한 신문

■ 5월 대검거 이후에도 조선에는 만세 소리가 계속되었다.
진명여상 등 남녀 4개교가 동요
■ 교문을 내외로 폐쇄
만세소리·통곡, 길로 뛰어나오라…여자 상업학교 동요
■ 교실에 억류. 24명 검거. 협성실업교생 20여 명 검거
■ 서대문경찰서에서 이화여교생 55명 취조

항일 궐기를 촉구하는 슬로우건

농촌 계몽운동

브나로드운동

브나로드를 호소하는 포스터

동아일보가 주최한 것으로 민족의 독립과 자립을 위해 국민 의식 개혁과 역량의 축적을 지향한 운동

서대문형무소 전경

Seodaemun Prison

일본의 식민지 지배에 항거하여 투쟁한 독립운동가들 다수가 투옥되어 있었다. (1934년)

Many independence activists who fought against Japanese colonial rule were imprisoned (1934)

일본인 자경단원의 학살 행위

Massacre by Japanese vigilantes

학살한 한국인을 내려다보고 있는 자경단원. 때려 죽이고, 찔러 죽이고, 불태워 죽이는 등의 잔혹한 살인을 자행했다.

대한민국 임시정부 요인들

Factors of the Provisional Government of the Republic of Korea

대한민국 3년(1921년) 1월 1일 신년 하례식

대한민국 임시정부 최초 청사
상해 프랑스 조계에 있었다.

1940년 중경의 대한민국임시정부 요인들
Factors in the Provisional Government of the Republic of Korea in
Chongqing in 1940

상해임시정부

Provisional Government of Shanghai, Republic of Korea

1919년 4월, 3.1운동이 한창인 가운데, 해외 망명 활동가들을 중심으로 상해에서 대한민국임시정부가 수립되었다. 임시정부는 미국 헌법을 참고하여 '대한민국은 민주공화제로 한다'는 조문으로 시작되는 임시헌장을 제정하였으며, 이후 갖 가지 혼란을 내포하면서도 한국의 독립을 세계에 호소하였다. 1930년대에 들어서서는 임시정부의 지도자 김구가 조직한 '한인애국단'에 의한 폭탄 투쟁이 행하여 지기 시작하였다. 1932년 1월, 이봉창 의사가 도쿄 사쿠라다 문 밖에서 일본 천황에게 폭탄을 투척하였으나 실패, 처형되었다. 동년 4월에는 윤봉길 의사가 상해 텐초세쓰(천황 탄신일) 축하회장에서 폭탄을 던져 일본 육군 총사령관 시라가와(白川) 대장 등 고관 다수를 살상하고 오사카에서 처형되었다.

일본을 비난한 중국 포스터

Chinese poster criticizing Japan

한국인을 등뒤에서 부려먹는 일본인을 비난한 중국의 포스터
일본은 이러한 포스터를 중국을 적대시하도록 유도하는 데 역이용하였다.

일본의 만주침략과 한국민중

Japan's invasion of Manchuria and the Korean people

일본은 만주 침략을 확대하는 계기로서 만주 거주 한국인 문제를 이용할 목적으로 한국인과 중국인의 대립을 획책했다. 1931년 7월 만주 장춘 근교의 만보산에서 일본의 모략에 걸려 한국인 농민과 중국인 농민 간에 분쟁이 일어났고, 그로 인해 만주와 한국 일대에서 양자의 항쟁이 격화되었으며, 평양 등지에서는 일본 관헌의 도발에 따라, 중국인 상인들을 습격하는 단체가 조직되기까지 하였다. 그로부터 2개월 후에 이른바 '만주사변'이 일어났다.

사회주의자의 포스터

socialist poster

만주사변은 이미 간도 출병으로 진행되고 있던 중국 동북부에의 침략을 보다 전면적으로 확대한 것이었으며, 이후 일본은 한국을 중국 침략의 병참기지로 삼고 한국인을 중국 침략의 첨병화 하려 하였다. 만주사변 이후, 일본은 한국과 중국의 국경 부근의 경계를 강화하고, 무기류를 철저히 단속 압수하였다. 요리용 칼 조차도 열 집에 한 자루 밖에 남겨지지 않은 곳도 있었다고 한다.

평양에서 중국인 거리 습격

일본의 모략과 획책으로 벌어진 만주사변으로 인하여 평양에서 중국인 주거 지역을 습격하였는데 중국측의 사망자는 127명으로 발표되었다. 일본 군대와 경찰의 대응은 소극적이었다. 일본인 자신들의 모략, 획책에 의한 사건이었기 때문이다.

일본군의 경비대 기관총 부대 창성昌城
Japanese military guard machine gun unit

압록강 위에서 국경 경비대의 검문
Border guard interrogation on the Yalu River

일본군사령관의 포고문

Proclamation from the Japanese military commander

중국어와 한국어로 쓰인 일본군사령관의 포고문

국경지대에서는 한국의 항일 독립군과 중국의 항일군이 일본의 침략용 군사철도에 대한 공격을 행하고 있었다. 철도를 파괴하는 자는 '절대 엄벌'한다는 내용의 간도 파견군사령관의 포고문이다. 이간책에 현혹되지 않고 공동의 적인 일본에 대한 한국과 중국의 공통적인 투쟁이 행하여 지고 있음을 엿볼 수 있다.

국경의 감시 초소. 의주 조제암鳥啼범 국경, 압록강변에서 일본군이 검문하고 있다.

국경 경비대 일본 여인들의 사격훈련

일장기의 게양
'다이소 호오타이비에는 일장기를 게양하고,
궁성을 요배한 다음 '황국신민의 선서'의 제창이 강요되었다.

황민화皇民化 정책

1937년 7월, 중일전쟁의 개시와 동시에 일본은 한국인들에게 신사 참배뿐만 아니라, 집집마다 소위 '가미다나'(소형 신사)를 설치하고 참배하도록 강요하였다. 동년 10월에는 '우리는 합심하여 천황에게 충성을 다하겠습니다'고 하는 '황국신민의 선서'를 제정하고는 학교는 물론, 모든 관공서와 회사, 공장 등에서 항시 이를 제창하도록 강요하였다. 또 1938년 3월에는 '조선교육령'을 제정하고 일본어 상용이 강제되었다. 학교에서 한국어를 썼다는 이유로 벌금을 문 학생이 있는가 하면 파면된 교사도 있었다. 1939년 11월에는 마침내 한국인의 성명을 일본식으로 고치게 한 전대미문의 정책 '창씨개명'이 강행되기에 이르렀다. 한국의 민족의식을 말살하려 한 이런 황민화정책이 한국인, 특히 소년 소녀의 마음속에 남긴 상처는 깊었다.

신사에 참배를 강요당하고 있는 한국의 학생들

궁성요배宮城遙拜는 일본 제국과 그 식민지들의 주민들이 고쿄(궁성)가 있는 방향으로 고개를 숙여 절을 하던 예법을 가리킨다. 궁성요배는 일본 제국의 내지(일본 제국의 일본 본토)뿐만 아니라 외지(일본 제국의 식민지), 일본 제국의 괴뢰 국가 어디서든지 가능했다. 타이완에서는 황성요배城遙拜, 조선에서는 황거요배皇居遙拜, 만주국에서는 동방요배東方遙拜라고도 했다.

교육에 관한 칙어勅語는 제2차 세계 대전 이전 일본 제국에서 메이지明治 정부가 야마가타 아리토모山縣有朋 내각총리대신과 요시카와 아키마사芳川顯正 문부대신에게 내린 교육에 관한 칙어다. 일반적으로 교육칙어敎育勅語로 불린다. 1890년 10월 31일 반포했고, 1948년 6월 19일 폐지되었다.

'교육칙어'의 봉독. 각급 학교에서는 매일 아침 궁성요배가 강요되었으며, 기원절 등에는 '교육칙어'의 봉독이 행하여졌다.

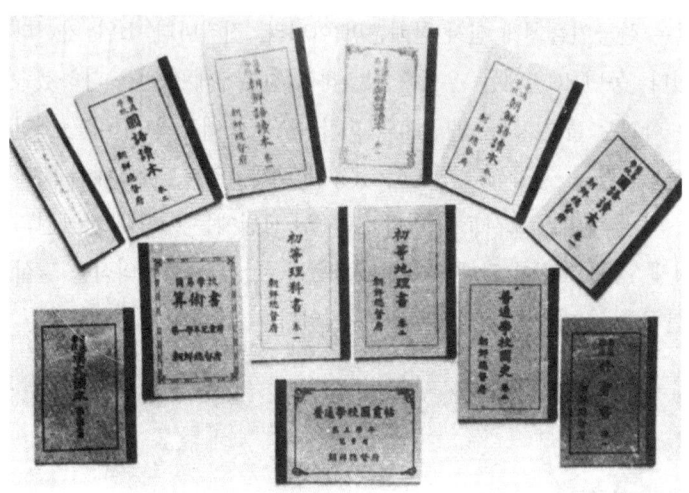

조선총독부 발행 보통학교 교과서들

일제강점기 조선총독부가 발행한 수신교과서

한일합방에 대하여 설명한 내용으로 한일합방이 마치 한국 국민의 소망에 따라 이루워진 것처럼 왜곡하였고, 합병에 의하여 '천황의 은혜를 입게 된 행복'이 설명되어 있다. (초등학교 수신서. 전 5권) 또한 수신교과서에는 '조오센진구' 참배를 묘사한 부분이라든가 이 뒤에 '아마테라스 오오미카미와 메이지 천황의 은덕이 어쩐지 몸에 스며드는 것 같은 느낌이 들었다'고 하는 내용이 이어진다. 보통학교 수신서 3권 교과서는 전부 조선총독부 발행이었다.

사진: 동일은행 본점에 내걸린 포스터

국민정신총동원운동國民精神總動員運動

1938년 7월 일본 정부 익찬 조직인 '국민정신총동원조선연맹'이 발족되어, 황국신민화 정책을 추진해 나갔다. 1930년대 말 일제가 조선민중의 내선일체·황국신민화를 달성하고, 이를 토대로 전쟁수행에 필요한 인적·물적 자원을 효과적으로 동원하기 위해 전개한 운동. 일제는 중일전쟁 발발을 계기로 국민정신총동원운동(1938~1940을 주도하는 전국적인 관변단체로서 국민정신총동원조선연맹國民精神總動員朝鮮聯盟을 설치했다. 그리하여 총독,조선연맹,도연맹 이하 부락연맹,애국반, 개인으로 이어지는 통제망을 가동시켜 내선일체와 효과적인 전쟁 수행을 꾀하였다. 국민정신총동원운동은 조선민중의 내면세계를 일본정신(천황중심주의)으로 개조하여, 이에 기초한 일본어 상용화, 창씨개명, 신사참배, 황민화교육, 지원병제도 등 일련의 황민화정책을 보편화시켰고, 식량대책과 군수생산 등 전시동원의 한 축을 담당했다. 또한 이를 위한 기초적 훈련으로 황국신민의 서사 제창, 궁성요배 등의 간단한 의식과 실행 사항을 매일 아침 혹은 작업 전후, 매달 애국일 그리고 경제전강조주간 등과 같은 시국 행사에 삽입했다. 이로써 조선민중의 일상생활 전반을 통제하면서 전시 동원 체제를 확립해 나갔다.

강제 징용의 현장

Scene of forced conscription

강제 징용되어 광산에서 광석을 운반하는 한국인들. 국민징용령에 의하여 노동력은 군수산업 등에 투입되었다.

한국인들로부터 공출供出받은 전쟁 물자들

강제로 공출받은 쇠붙이들 앞에서 만족스러워하는 일본인들이 물자들은 군수 공장으로 보내졌다.

강제 노동에 징발된 한국인들

Koreans conscripted into forced labor

강제 징용자들의 위령 팻말
히다치광산에서는 수많은 한국인들이 중국인과 함께 강제 노동에 시달려 순직했다.

큐우수우 야하타시 지방의 도로공사에 투입된 한국인들을 일본인들이 감시하고 있다.

일본제국이 행한 징병徵兵

Conscription performed by the Japanese Empire of Japan

전쟁이 확대되어 가고, 병력이 부족해지자, 일본은 마침내 한국인을 군인으로 동원하기 시작하였다. 처음에는 유군 지원제도(1928년), 해군 지원제도(1943년) 등, 명목상으로는 지원제였으나, 명단에는 할당제가 시행되어, 강제의 색채가 농후하였다. 그리하여 1943년의 '학도병 동원'을 거쳐, 1944년부터 전면적인 징병제가 실시되기에 이르렀다. 지원과 징병을 합쳐서 싸움터로 내보내어진 한국인 병사는, 일본측이 발표한 숫자로도 23만 명에 이른다. 이 밖에 군사 요원으로서 15만 명의 한국인이 태평양제도 등지에 보내어졌으며, 포로 감시원 따 따위 가장 고달픈 업무에 배치되었다. 일본의 패전 후 아시아 각지에서 행해진 전쟁 범죄 재판에서는 23명이 사형 선고를 받은 것을 포함하여 다수의 한국인이 전범으로서 단죄되었다. 일본은 한국인들을 새로운 침략의 최전방에 내세우고서, 그 책임 까지도 떠넘긴 것이었다.

부산항 부두

Busan Port Pier

수많은 한국인들이 연락선에 실려 강제로 일본 시모노세끼(하관下關)로 끌려 갔다.

염찬순廉燦淳 씨의 증언

Testimony of Yeom Chan-sun

1941년 9월 28일이라는 날짜와 2225번이라는 번호를, 저는 평생 잊지 않을 것입니다. 이 날은 경상남도 거창군 남상면 월평리에서 일본으로 강제 연행된 공포스러웠던 날입니다. 2225번은 가수군도축정 嘉穗郡稻築町(카호군 이나츠키마치)의 삼정산야광업소첨생탄광三井山野鑛業所添生炭鑛(미츠이 야마노 히로시교오 토코로 텐세에 탄코오)에서 붙여진 강제 연행의 일련번호입니다. 죽어도 저는 2225번이라는 번호로 끝나는 셈입니다. 우리는 2천 명이 강제 연행되어 와서 2층 건물인 합숙소에 수용되었습니다. 고향에서의 편지가 유일한 위안으로 우편 배달이 오면, 동포들은 우르르 노무 대기소로 모여들어, 편지를 서로 먼저 가져 가려 했지요. 편지가 오지 않으면 실망하여 2층의 방으로 들어가곤 했습니다. 합숙소 둘레에는 고압 전류가 통해져 있으므로 절대로 도망할 수 없다는 으름장을 놓더군요. 높은 담으로 있어서, 어떤 장치가 되어 있는지는 알 수 없었지만 그 말이 정말인 것 같아서 으스스했습니다. 동포들은 노무 감독의 엄중한 감시의 눈을 피하여 매일처럼 도망을 되풀이하고 있었습니다. 운이 좋게 도망에 성공하는 사람도 있었지만, 낯선 땅에서 체포될 확률이 더 높았지요. 되끌려 오면 노무 감독에게 혹독한 폭행을 당하는데, 몇번이나 도망하는 상습자도 있었어요. 30세 전후의 동포 한 사람이 붙잡혀 와서 폭행을 당했을 때는, 보고 있는 제가 미쳐 버릴 것 같았습니다. '용서해 주십시오. 이제 절대로 도망가지 않겠어요'하고 애원했지만, 그 정도로 노무 감독이 용서해 줄 리가 없지요. 두 발을 새끼로 묶어서 목욕탕에 끌고 가서는, 밧줄로 천장에 거꾸로 매달았읍니다. '이 새끼!' 하고서, 벛나무 목도로 노무 감독 한 사람이 두들기기 시작했습니다. 그 친구는 중국 전선에서 포로 백명의 목을 쳤노라고 자랑하고 있었습니다. 미치광이 같은 이 노무 감독한테 두들겨 맞았으니 온전할 수가 없지요. 온 몸이 곶감같이 되고 말았습니다……

— 염찬순 씨(61세)의 증언 (강제연행강제노동 조선인광부의 기록)(임에이다이 저. 현대사출판회간. 1981년)

출처: 사진기록 일제의 침략

유조호사건柳條湖사건 직후, 일본군에 체포된 중국 병사들

봉천성奉天城 안으로 진격한 일본군

일본군은 봉천시를 점령하자 즉각 도히土肥原 특무기관장을 시장으로 앉히고는, 일본인에 의한 임시 시정을 시작하였다. 또 봉천 공회당에서 베풀어진 '전만주일본인대회', '모름지기 세계 인도 평화를 위하여, 이 시기에 즈음하여, 전만주의 군사 점령을 단행하도록 거국 일치하여 황군 皇軍의 활동을 엄호한다'는 결의문이 채택되었다.

일본제국의 번저가는 침략 행위

The Japanese Empire's repeated acts of aggression

일본의 만주침략(일본에서는 만주사변)은 더욱 확대되어 갔다. 1932년 10월 8일, 관동군의 비행기가 금주錦州를 폭격하였다. 금주에는 봉천에서 쫓겨간 장학량張學良이 정부를 11월에 세웠다. 또 관동군은 북부 만주에도 출병하여 격전 끝에, 11월 19일 치치노루를 점령하였다. 그리고 12월 28일에는 금주 공격을 재개하여, 1월 3일에 그곳을 점령하고, 나아가 2월 5일에는 하얼빈까지 점령하므로써, 만주의 주요 도시를 전부 일본군 점령하에 두게 되었다. 일본의 침략에 분격한 중국 민중의 투쟁은 스트라이크, 일본 상품 보이콧 등, 상해를 중심으로 격심하게 전개되어 갔으나, 일본에서는 '수호하라 만주제국의 생명선'이라는 슬로건 아래, 수많은 국민이 전쟁에 끌려들며 열광하였다.

일본의 조선주차군 출동

Japanese troops stationed in Korea dispatched

1931년 9월 21일
일본의 이른바 조선주차군朝鮮駐箚軍 사령관 야하시林鐵十郎
는 관동군 지원을 위해 독단적으로 1개 여단을 월경시켜서
봉천으로 출병시켰다.

조선주차군朝鮮駐箚軍

일본 제국정부가 대한제국을 무력으로 장악하기 위해 한반도
로 파견하였던 군대의 조직 명칭으로 주차군은 한국주차군을
말한다. 1904년 4월 3일 일본 정부는 러일전쟁의 확전을 계
기로 대한제국에 주둔한 일본군을 주차군으로 개편하였으며
한국주차군으로 명명하였다. 특히 일본 정부는 1904년 2월
23일 강압적으로 조인한 한일의정서 3조와 4조에 따라 대한
제국 내 주요 군사거점들을 임의로 사용할 권리를 획득하였
으므로 일본군의 자유로운 활동을 보장받았다. 당시 대한제
국은 국내외에 일본의 침략성을 알리며 전시 중립을 선언하
였으나 일본은 이를 무시하고 의정서를 체결하도록 강요했다.

1931년 9월 22일 항일분자로 체포된 중국인 정가둔鄭家屯

보초병

1931년 중국동북지방 철도 현황도

남만주철도. 중국계철도. 동지철도

일본은 1894년 7월 한국 지배를 둘러싸고 중국 (淸)과 전쟁을 시작하였다. 일본으로서는 처음 치르는 근대 전쟁이었으나, 일본군은 청나라군을 압도하였으며, 이듬해 1895년 4월 '시모노세키조약'에 의하여 청나라 영토인 요동반도, 대만, 팽호열도 등을 청나라로부터 양여받았다. 요동반도는 러시아 등의 압력으로 결국 청국에 반환하게 되지만, 이 청일전쟁을 계기로, 제국주의 열강들은 일제히 중국 지배에 나서기 시작한다. 영국은 양자강 유역, 프랑스는 광동 등의 3개성, 독일은 산동성, 러시아는 만주, 하는 식으로 각각 그 세력하에 두게 됨으로서 중국은 반식민지화 되어 갔다.

항일 국민대회. 1919년 12월 북경 천안문天安門

1900년 이러한 외국의 지배에 분노한 청국 민중이 의화단을 중심으로 궐기하자, 열강들은 '인도'니 '문명'이니 하는 명분을 내세우고서 군대를 파견하여 이를 맹렬히 탄압하였다. 일본은 열강들 가운데 가장 많은 1만 명의 군대를 파견하여 선진 열강들과 어깨를 나란히 하려 하였다. 1905년 러일전쟁에 이긴 일본은 러시아로부터 남만주철도와 관동주 조차지를 양도받아, 중국 지배의 발판을 굳혔다. 다시 1915년 세계 1차 세계대전의 혼란을 틈타, 21개조의 요구를 청나라에 들이대고 조차기간을 99년간 연장하는 사항 등을 억지로 승인시켰다. 이보다 앞서 1912년 신해혁명으로 청나라가 쓰러지고 '중화민국'이 성립되어 있었는데, 일본은 그 지도자인 원세계가 황제에 즉위하기를 지지한다는 것과 교환 조건으로 21개조의 요구를 승인시켰다고 전해진다. 굴욕적인 21개조의 수락에 대한 중국 민중의 분노는 대단하였다. 그리하여 1919년 5월 4일 북경의 학생들이 궐기한 '5. 4운동'을 계기로, 민족 해방의 기운이 중국 국내에 팽배되어 갔다.

일본의 중국 동북지방 침략-만주사변

일본군의 산동지방 출범

노일전쟁에서 승리한 일본군은 포오츠머드 조약에 따라 만주(중국의 동부 3성-요령, 길림, 이롱강자) 남부의 세력권을 구축하였다. 그러나 1920년대에 들어서면서 중국 민중의 민족해방운동이 왕성해지고, 만주에 대한 일본의 지배는 흔들리기 시작하였다. 일본과 결탁하여 만주 일대를 지배하고 있던 장작림張作霖의 군벌 정권도 일본으로부터의 자립을 위한 반항을 나타내기 시작하였다. 일본은 만주에 있어서의 권익을 지키고 나아가서 만주를 대 소련전의 근거지 및 석탄과 철의 공급지로 확보할 계획 아래, 장작림폭살張作霖爆殺, 仰候湖사건 등의 모략을 거듭한 끝에, 일본의 완전한 꼭두각시인 만주국을 만들었다. '왕도낙토王道樂土' '5족 협화五族協和'의 미명 아래, 일본 국내는 열광하였으나, 그 실태는 관민이 일체가 된 중국 침략과 지배에 지나지 않았다.

◀ 제남성濟南城을 점령한 일본군

일본인 거류민이 살상되었음을 이유로, 일본군은 중국군을 공격, 제남성을 점령하였다. 제3차 산동山東 출병. 1928년 5월

■ 산동 출병과 장작림 폭살

중국에서는 신해辛亥혁명 이후에도 군벌이 횡행하고 있었다. 국민당의 장개석蔣介石은 민족 자본의 이익을 수호하기 위해 1926년 군벌 타도의 투쟁 곧 북벌北伐을 개시하여, 한구. 상해. 남경 등을 잇달아 해방시켜 나갔다. 이 북벌이 일본의 세력하에 있는 만주에 미치는 것을 방지하기 위해, 1927년 5월, 1928년 4월 및 5월의 세 차례에 걸쳐 산동성에 출병하였다. 특히 3차 출병 때에는 일본군이 중국측에 맹렬한 공격을 가하여 다수의 사상자를 내었으므로, 중국 민중의 항일운동은 격화되어 갔다. 만주의 친일 군벌 장작림은 민중의 항일 기운을 알고서, 일본측에 붙는 것이 불리함을 깨닫기 시작하고 있었는데, 1928년 6월, 관동군의 고오모토 대령 일당은 이 사건을 국민당측의 소행으로 가장하고서, 이를 계기로 일거에 만주 전역의 제압을 획책하였던 것이다.

폭파된 열차

일본은 혼란을 틈타 무력 충돌을 일으키고, 만주 전역에 군사 행동을 전개하려던 고오모토河本 일당의 모략은 성공하지 못했다.

일본군의 공격으로 장작림의 전용차가 완파되었다.

장작림張作霖 장쭤린 (1875~1928)

중화민국 국민정부 동북 지방 베이양 군벌 계파 시대의 봉천군벌이자 정치인이다. 1926년 2월 13일 중화민국 육군 대원수 진급한 그는 이후 펑위샹 중화민국 국가원수 권한대행 후임을 하여 1927년 6월 18일에서부터 1928년 1월 16일을 기하여 장제스에게 중화민국 국민정부 국가주석 권한대행 직위 인수를 할 때까지 중화민국 국가원수 권한대행을 역임하였으며 그 후 1928년 1월 16일을 기하여 중화민국 국민정부 대원수 취임한 그는 1928년 6월 1일을 기하여 중화민국 육군 대원수에서 예편하였고 이틀 후 1928년 6월 3일을 기하여 중화민국 국민정부 대원수 직위를 퇴임하였다.

유조호사건柳條湖사건 직후, 일본군에 체포된 중국 병사들

중국군의 유기 시체. 11월 6일 앙앙계昻昻溪 남쪽 대흥大興. 대흥에서는 유조호사건 이후 최대의 전투가 벌어졌다.

천진天津 조계에서 중국인의 신체 검색을 하고 있는 일본군. 9월 18일 이후, 천진天津과 북평北平에는 만주로부터 굶주린 피난민들이 쇄도하였다.

1931년 앙앙계昂昂溪의 점령

11월 18일~19일 이튿날 일본군은 치하얼도 점령하였다. 앙앙계·치치하얼 전투에서 일본군은 동상자를 포함하여 많은 사상자가 발생했다.

포로가 된 중국 병사

12월 29일 요하遼河 이서以西 제압 전의 첫 단계로 일본군은 반산盤山을 점령하였다.

요서遼西 공격을 위해 진군하는 일본군

일본군은 2월 5일에는 마침내 하얼빈
도 점령하고, 만주 전역의 주요 도시
와 철도 연선을 장악 하게 되었다.

하얼빈으로 진격하는 일본군 전차부대
1932년 1월 28일

번저가는 일본의 침략
The ongoing Japanese invasion

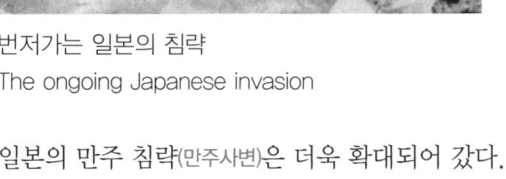

일본의 만주 침략(만주사변)은 더욱 확대되어 갔다.

남경南京 대학살 Nanjing Massacre

남경으로 쇄도하는 일본군 탱크부대

중국군이 상해에서 퇴각하자 일본군은 이를 추격하여 수도인 남경에 육박하였다. 일본군은 남경에 맨 먼저 입성하기를 각 부대가 경쟁을 벌인 끝에 1931년 12월 13일 마침내 남경을 점령하였다. 이 진격 과정에서도 그랬지만, 남경을 점령하면서 일본군은, 중국 군인은 말할 것도 없고, 엄청난 일반 민간인에게 살해와 폭행을 가하였으며, 방화와 약탈을 자행하였다. 그 정확한 숫자를 확정하기는 어렵지만 '살해된 사람은 30만명 이상이요, 불타고 파괴된 가옥은 전 시내의 3분지의 1에 이르렀다'(중국 국민학교 교과서 인용)고 전해진다. 이 학살과 폭행은 '남경 어트로시티(atrocities)'라 명명되어 전세계에 보도되었으나, 일본 국민에게는 알려지지 않았으며, 패전 후의 전범 재판에서 비로소 밝혀 졌었다. 당시 일본에서는 남경 함락을 축하하는 행사가 잇달아 거행되었고, 일본 천황은 12월 14일. '신속히 수도 남경을 함락하였음은 매우 만족스러운 바이니, 이 취지를 장병들에게 하달토록 하라'는 칙어를 발하였다

일본 천황의 칙어를 받은 가운데 남경 시가지로 진격하는 일본 탱크부대
Japanese tank troops advancing into the city of Nanjing while receiving a royal decree from the Japanese Emperor

남경을 점령한 일본군들이 남경시내에서 민간인들의 물자를 약탈하는 광경(1931. 12. 15.)
The sight of Japanese soldiers occupying Nanjing plundering civilian supplies in downtown Nanjing (December 15, 1931)

일제의 악법인 치안유지법으로 처형되는 의병들

Volunteer soldiers executed under the Public Order Maintenance Act, an evil law of the Japanese Empire

러일전쟁 시기 일제에 의하여 처형되는 항일 의병들
사진 출처: 사진기록 일제의 침략. HOLP출판사(일본)

일본군 토벌대

Japanese military punitive force

항일 의병 토벌에 출동하는 일본군

사진 출처: 사진기록 일제의 침략. HOLP출판사(일본)

한국 거류 일본 민간인들이 조직한 대의병 자위단 (1907년경)
Volunteer Self-Defense Corps organized by Japanese civilians residing in Korea (circa 1907)

보개산 탐험대라는 이름을 붙인 대의병對義兵 자위단自衛團

앞줄 네 사람이 일진회一進會 회원이고, 뒷줄이 일본인. 일진회는 친일 여론을 조성해 내기 위하여, 송병준 등을 중심으로 하여 일본 군부에서 육성한 모략 단체이다.

일본으로 반출하기 위해 인천항에 야적된 한국에서 재배된 쌀
Rice grown in Korea stockpiled at Incheon Port to be exported to Japan

수탈된 쌀

plundered rice

1918년 일본에서는 '쌀 소동'이 일어났다.

이러한 식량 위기를 극복하기 위하여, 또 일본의 공업화를 뒷받침하는 값싼 식량의 조달을 위하여, 1920년대의 한국에서는 '산미증식계획'이 실시되었다. 한국의 농민들은 쌀을 증산하면 할수록, 자신들은 쌀을 먹을 수 없게 되고, 수수와 서속만을 먹을 뿐이었다. 이 밖에 삼림森林의 경우는 1908년의 '삼림법', 1911년의 '삼림령'에 의하여 대부분이 국유화되었으며 일본인 지주와 소수의 한국인 지주들이 독점적으로 사용하게 되는 등, 일본의 수탈 정책은 할 수 있는 한 온갖 방면으로 뻗쳐 나갔다.

군산의 동양척식회사 공장 앞에 야적된 한국 쌀
한국에서 일본으로 반출되는 쌀은 해마다 증가되어 갔다. 쌀의 증산과는 역비례로 한국인의 소비량은 감소되고 있었다.

목포항에 집하된 일본으로 반출될 면화綿花-1927년
Cotton flowers collected at Mokpo Port to be exported to Japan - 1927

일본은 '육지면'이라는 외래 품종인 면화를 한국에 강제적으로 재배시켜, 이것을 헐값에 수매하고, 일본에서 면직물로 가공한 다음 다시 한국에서 비싼 값으로 팔아 넘기는 이중의 착취를 행하였다. 이러한 가운데 한국의 전통적인 면직 공업은 파괴되어 갔다.

목재 저장소로 수집되는 한국의 목재
Korean wood collected into wood depots

압록강 상류로부터 수송되어 온 이 목재들은 신의주에 있는 일본인 소유의 공장에서 펄프 및 종이로 가공되었다.

3·1운동 직후 일제의 제암리학살

Immediately after the March 1st Movement the Japanese massacre in Jeam-ri

제암리학살 직후 불탄 자리에 주저앉아 망연자실하는 희생자 가족
The family of the victim sits on the burned site immediately after the Jeam-ri massacre by Japanese soldiers and is devastated

3·1운동의 절규

The cry of the March 1st Movement

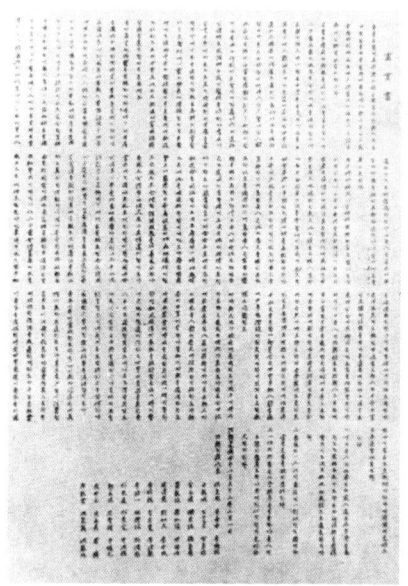

기미독립선언문

1919. 3. 1. 서울과 평양에서 비롯된 독립만세의 부르짖음은 순식간에 전국적으로 퍼져 나가서, 혹독한 탄압에도 불구하고 거의 일년 동안에 걸쳐 계속되었다. 전체적으로는 특정한 지도자가 없는 이 운동은 여학생으로부터 노인에 이르기까지, 자발적으로 무명의 민중들이 전개한 것으로, 일본측의 자료를 보아도 1919년 3월에서 5월 사이에 217개 시·군에서 1,491회의 데모와 만세 운동(일본은 폭동이라함)이 있었으며 연인원 200만 명의 민중이 참여한 것으로 되어 있다. 실질적으로는 2천 만 명인 전한국인의 거의 전부가 이 운동에 어떤 형태로든지 참여한 것으로 여겨진다. 한국 민중들의 일본에 대한 분노와 독립에의 의지가 얼마나 세차고 강한 것이었던가를 짐작할 수 있을 것이다. 3·1운동의 절규는 눈뜨고 볼 수 없는 혹독한 탄압 때문에, 그 목적을 즉각 달성할 수는 없었지만, 한국 역사상 혹은 아시아의 반식민지 투쟁사상으로 커다란 의의를 지닌 투쟁이었다.

행진을 하는 여학생들(종로 거리)
Female students holding a demonstration march (Jongno Street)

독립에의 열망

Desire for independenceb

일본에 저항 의지를 나타내어 1907년부터 연금 상태에 놓여 있던 고종이 1919년 1월 21일 급서하였다. 독립 선언서는 고종의 장례를 계기로 하여, 33인의 명의 민족 대표에 의하여 작성된 것으로, 한국의 독립이 아시아와 세계의 평화를 위하여서도 중대한 의의가 있다는 것을 호소하는 격조 높은 문장이었다. 3월 1일 서울의 파고다공원에서 발표되고 배포된 이 선언서는 즉각 민중들의 마음을 사로잡았다. 서울에서의 데모 행진은, 고종의 장례를 구경하러 와 있던 지방의 농민들과 시민들의 동조로 순식간에 수십만명으로 불어났다.

독립만세를 외치는 민중─종로 거리

가혹한 탄압

3·1운동에 대한 탄압은 처절하였고, 운동 참가자의 사살과 고문은 당연한 일처럼 자행되었다. 특히 수원의 제암리에서 있었던 사례처럼, 마을 사람들을 교회당에 몰아넣고 불태워 죽이는 등의 무침한 탄압이 많았다. 일제의 자료에 의하면, 3월에서 5월 사이에 7,500명 이상이 살해되었다고 한다.

동대문 성곽을 꽉 메운 민중들
People filling up the Dongdaemun Fortress wall

한국독립운동혈사(박은식 저, 강덕상 역, 1972)의 기록을 옮긴다.

여자고등보통학교의 노영렬盧永烈은 일제에 체포되어 나체로 십자가 위에 눕혀졌다. 일본 경찰은 뒷줄의 십자가 옆에 숯불 화로를 두고, 철사를 새빨갛게 달궈서 노영렬의 젖꼭지를 서너 번 찌른 다음에 그 새끼줄을 풀고 칼로 사지를 절단하고는 마치 무우쪽처럼 베었다. 피가 빗줄기처럼 흘러내렸다. 그리고는 다시 다른 십자가로 옮겨, 사지와 머리채 등 다섯 군데를 묶은 다음, 불에 녹인 고약을 머리와 음문 및 양쪽 겨드랑이에 달라 붙이고, 냉각시킨 후에 세차게 확 잡아당겼다. 머리와 털이 피부와 함께 멀어져 나오고, 피가 콸콸 흘러서 땅을 물들였다. 일본의 야만인들은 크게 웃으며 이 잔학 행위를 즐겼다. 이른바 장관이라는 자가 질문하기를, '너는 이래도 아직 만세를 부를 참인가?' 하였다. 노영렬은 이에 대답하여, '독립이 달성되지 않으면, 죽는 한이 있어도 그만두지 않겠다'고 했다.

광화문 비각 앞에 모인 민중의 함성
The cheers of the people gathered in front of the monument at Gwanghwamun

유관순 열사와 이화학당 학우들

Martyr Yu Gwan-sun and Ewha School students

유관순 열사(뒷줄 오른쪽 끝)와 이화학당 학우들
사진 출처: 사진기록 일제의 침략[한국. 중국] 213P [편집] 1983년 7월 30일 발행. 편저자 HOLP출판사(일본)

15세의 소녀였던 유관순은 서울에서 선언서를 가지고 고향인 충청남도 천안으로 가서, 교회와 학교에서 독립운동에 참여할 것을 호소하며, 집회와 만세운동의 선두에 선 것으로 알려져 있다. 부모는 만세운동 중에 살해되었으며, 그녀 자신도 체포되었으나 일제에 굽히지 않았고, 혹독한 고문 끝에 서대문감옥에서 순직했다.
유관순은 당시의 무명 영웅들의 상징으로서, 지금도 사람들의 숭앙 속에 구구전승되고 있다.

Yu Gwan-sun, a 15-year-old girl, came to Seoul with a declaration. Go to her hometown, Cheonan, Chungcheongnam-do, She appeals to churches and schools to participate in the independence movement, She is known to have been at the forefront of rallies and the independence movement. Her parents were killed during the independence movement. She herself was arrested, but she did not give in to the Japanese. After being subjected to severe torture, she died in Seodaemun Prison. Yu Gwansun was a symbol of the unknown heroes of the time, She is still revered by people and passed down through generations.

3·1독립만세 운동 직후 일제의 한국인 처형 장면

The scene of Japanese execution of Koreans right after the March 1 Independence Movement

만주 훈춘 한국인 학살사건

Hunchun Korean massacre in Manchuria

처형되는 간도 한국인

일본이 간도에서 자행한 잔학 행위는 후일 중국에서 행하여진 '삼광작전三光作戰'의 원형이 되었다.

북간도北間島

이름만 불러 봐도 또다시 피를 끓게하는 곳이다.

훈춘현, 영길현, 화룡현, 왕청현으로 이루어지는 북간도는 일제의 토지조사 사업에 문전옥답을 빼앗긴 농민들과 일제의 차꼬와 수갑을 피해 나온 지사들이 실향민이 되어 몰려드는 곳이었다. 모두가 허허벌판의 박토를 일구어 곡식을 거두고 사는 순박한 사람들이었지만 독립 애기만 나오면 이글이글 불타오르는 사람들이기도 했다. 살을 에이는 삭풍만큼이나 독립에의 의지도 매섭고 날카로왔다. 이제 소중히 간직하고 있는 사진 한 장을 애기하지 않을 수 없다. 미국인 선교사가 전해준 '두 팔이 잘려나간 변씨' 사진은 일제의 잔학상과 굽힘없던 우리의 독립 의지를 응변해 주는 군더더기가 필요없는 증거물이다. 훈춘사건 후 화룡현의 한 마을에서 있었던 일이다. 마을 전체가 불타고 있는데 변씨라는 30대 농부가 태극기를 들고 '대한독립만세'를 불렀다. 일본군은 그에게 고통을 주기 위해 총을 쏘지 않고 태극기를 들고 있던 오른팔을 어깨에서부터 내리쳐 잘랐다. 오른팔과 함께 태극기가 떨어졌다. 변씨는 남아 있는 왼팔로 태극기를 집어들고 다시 또 독립난세를 외쳤다. 일본군은 일본도를 들어 다시 왼쪽 어깨를 내리 찍었다. 변씨는 또 다시 만세를 부르고 땅을 붉게 물들인 선혈 위에 쓰러졌다. 이 광경을 뒤늦게 본 선교사가 변씨를 병원으로 옮겨졌으나 그는 이 사진 한 장을 남기고 죽었다. 사진을 보면 변씨는 두 팔이 잘렸는데도 얼굴에 고통의 빛이 없고 눈은 부릅떠 있다. 내가 일본 감옥에서 12년간을 지낼 때, 마음이 약해지거나 용기가 스러지려 하면 항상 변씨의 마지막 모습을 생각하고 눈물 흘리며 어금니를 악다물곤 했었다.

이강훈李康勳(동아일보 1982년 8월 6일자)

■ 이강훈李康勳 (1903~2000)

대한민국의 독립운동가, 사회운동가

1919년 3.1 운동 이후 중국 상하이로 건너가, 1920년 대한민국 임시정부 국무총리실에서 비서로 근무하였다. 1925년 신민부에 가담해 활동했다. 1926년 김좌진의 지시로 안도현 3인방에 있는 신창학교에 재직하고, 신민부 산하의 각급 학교에서 후진양성에 힘썼으며, 1929년 한족총연합회에 가담하여 같은 해 12월 해림에서 북만민립중학기성회를 개최하고, 이지산·김야운·김유성 등과 함께 집행위원으로서 민립중학을 설립하여, 한인청년에게 민족정신을 고취하는데 힘썼다. 1933년 3월 남화한인청년연맹의 행동단체인 흑색공포단을 조직하여, 백정기와 함께 중국을 방문한 주중일본공사 아리요시有吉明를 암살하려다 체포되었고, 일본으로 압송되어, 1933년 11월 나가사키 지방 재판소에서, 징역 15년 형을 선고받고 복역했다. 1945년 8·15 광복이 되자 출옥한 뒤, 재일한국거류민단 부단장을 지내고, 1960년 귀국하여 한국사회당 총무위원으로 활동했다. 1961년 5·16군사정변 때 혁신계 정당 간부로 활동하다가 투옥되어, 1963년 석방됐고, 1969년 독립운동사 편찬위원 / 1977년 독립유공자 공적심의위원 / 1988년 광복회 회장을 역임했다.

강제 동원된 한국의 소년병

Forcibly mobilized Korean child soldiers

출처: 내해애자 저 內海愛子 著 '한국인 B.C급 전범의 기록' (경초서방누. 勁草書房淚 1982) 중에서

————이 선생이 수감된 것은 P홀이라 불리는 사형수 방이었다.

P 홀은 다른 방들과 떨어진 콘크리트 담으로 둘러싸여 있어서, 마치 3중으로 담을 둘러친 것 같은 형태였다. P 홀의 바로 북쪽 4~5미터도 채 안되는 곳에 교수대가 있었다. 교수형의 광경은 보이지 않지만, 그 자초지종은 훤하게 알수가 있었다. 교수대에 올라서니 외치는 '천황폐하 만세'의 소리, '만세. 만세'하고 절규하는 소리, 모두가 P홀에서 생생하게 들린다. 만세 소리에 이어서 덜커덩 하는 커다란 음률, 그 뒤의 정적……. 방안에서 그러한 사형을 기다리고 있는 사람이 그 소리들을 듣게 되는 것이다. 합장을 하고, 나무아미타불을 외면서 사형에 입회하는 것이다……. 이 선생은 P홀에 수용된 당초에는, 스스로도 뜻밖일 정도로 평온하였다. 오히려 일종의 안도감을 느끼기까지 하였다. 이제 번민할 것은 아무 것도 없다. 이 이상 더 나쁜 일은 없는 것이다. 어쩐지 한시름 놓은 것 같은 홀가분한 마음이들기까지 했다고 한다. 그러나 이러한 감정도 날이 감에 따라 잇달아 엄습해 오는 불안으로 바뀌어 갔다. 그런 중에도 보성寶城까지 배웅을 나와 주었던 아버지, 장롱 깊이 넣어 두었던 피륙을 남몰래 꺼내너 주던 어머니 모습을 생각하면 밤에도 잠을 이룰 수가 없었다. 이 소식을 들으면 어머니는 얼마나 놀라실까. 일제 협력자라는 이유로 주위의 사람들로부터 백안시당하지나 않을까. 동생은, 또 누이동생은….가족들에게 무슨 불행한 일이 생기지 않으면 좋으련만….마음속을 어지럽히는 것은, 이제는 해방이된 한국에 살고 있는 가족들의 일뿐이었다. 그때 모집에 응하지 않았어야 할 걸 그랬다. 이제 와서 후회한들 소용없는 일이지만, 일본의 전쟁인데 왜 우리가 전쟁 범죄인으로서 죽어가야만 하는가. 이 의문은 아무리 생각해도 풀리지 않았다. 일본인 사형수들처럼 '천황폐하 만세'를 부르면서 죽을 수는 없다. 한국인 사형수의 마음을 괴롭힌 것은 '한국인인 내가 무엇 때문에…' 하는 생각이었다. 자신의 죽음에 아무런 의미도 위안도 발견할 수 없다는 것은 괴롭다. 특히나 조국이 독립한 지금, 일제협력자로서 사형을 기다리고 있는 몸에 어떤 위안이 있을 수 있단 말인가…….한국인 네 사람이 동시에 사형의 집행을 받

는다고 하는 전날밤의 만찬회에서, 어떤 사람은 '아리랑'을 부르고, 또 어떤 사람은 '도라지'를 부르고, 네 사람이 다같이 애국가를 불렀다. 그런 다음에 일본인과 함께 합창한 것은 '기미가요'와 '우미유 카바'였다. 천황이 게재되지 않은 것으로서, 일본인과 한국인이 함께 부를 수 있는 '자기들'의 노래가 그들에게는 없었던 것이다. 그것은 군대에서만의 특별한 현상이 아니고, 모든 것이 천황에게 귀일되는 당시의 일본인과 한국인의 관계를 상징하는 것 같았다.

일본 천황에게 폭탄을 투척한 직후에 일경에 체포, 연행되는 이봉창 의사
Lee Bong-chang was arrested and taken away by Japanese police immediately after throwing a bomb at the Japanese Emperor

이봉창은 국치시기 일왕투탄의거와 관련된 독립운동가이다. 1900년에 태어나 1932년에 사망했다. 조선인 차별에 항일의식을 갖고 1924년 자택에서 항일단체인 금정청년회를 조직했다. 일본으로 건너가 막노동을 하며 전전하다가 독립운동에 투신할 것을 맹세하고 1930년 상해로 갔다. 김구가 한인애국단에 가입시킨 뒤 그의 소신을 수용하여 일본천황폭살계획을 추진했다. 1932년 동경에서 관병식을 끝내고 경시청 앞을 지나가던 히로히토를 향해 폭탄을 던졌으나 명중시키지 못하고 체포되었다. 비공개재판에서 전격적으로 사형선고를 받고 순국했다.

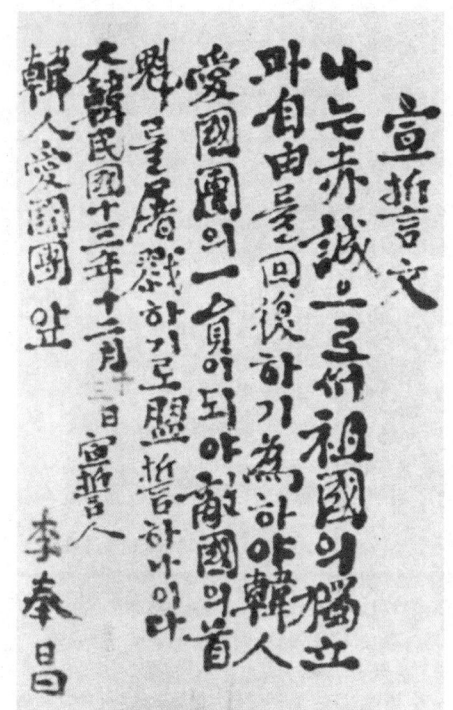

선서문宣誓文
나는 적성赤誠(마음에서 우러나오는 참된 정성)으로써, 조국의 독립과
자유를 회복하기 위하야 한인애국단韓人愛國團의 일원이 되야
적국敵國(일본)의 수괴首魁를 처단하기로 맹세하나이다.
대한민국 13년 12월 13일
선서인 이봉창李奉昌
한인애국단 앞

◀ 이봉창 의사가 김구 선생에게 써낸 선서문
도쿄로 출발하기 전에 상하이에서 쓴 것.
'조국의 독립과 자유의 회복을 위해, 일본 천황을 죽이겠다.'는
취지

이봉창 의사의 일본 천황 습격을 보도한 신문 기사
동경일일신문 1932년 1월 9일자

1932년 1월 8일, 동경 요요키代代木 연병장에서 만주국 괴뢰 황제 부의溥儀와 관병식을 끝내고 경시청 앞을
지나가는 히로히토를 향해 폭탄을 던졌다. 그러나 명중을 시키지는 못하고 체포되어 토요다마豊多摩 형무소
에 수감되었다. 이 사건으로 이누가에犬養 내각이 총사퇴하고 다수의 경호 관련자가 문책당하였다. 그 해 10
월 비공개재판에서 전격적으로 사형선고를 받고, 10일 이치가야형무소市谷刑務所에서 사형에 처해졌다. 이
봉창의 거사가 알려지자 중국의 각 신문들은 이 사실을 대서특필하였다. 특히, 중국 국민당 기관지인 '국민
일보'는 '한국인 이봉창이 일황을 저격했으나 불행히도 명중시키지 못하였다.'고 보도하여 모든 중국인의 간
절한 의사를 대변하여 주었다. 그러나 이 보도가 나간 후 푸저우福州에 주둔하던 일본 군대와 경찰이 국민일
보사를 습격, 파괴함과 동시에 중국 정부에 엄중 항의하는 등 중·일 관계가 매우 악화되었다. 또한 일본군은
중국인 자객을 산 뒤 일본 일련종一蓮宗의 승려 한 명을 암살하게 하여, 이를 빌미로 제1차 상해사변第一次上
海事變을 일으키는 등 그 파급 양상이 심각하였다.

어머니 보고 싶어, 배가 고파요, 고향에 가고 싶다!
강제 징용간 한국인의 절규.

I miss my mother, I'm hungry,
I want to go home!!! The cries of Koreans forced into conscription

큐우슈우 도오스(구주지방) 탄광의 한국인 합숙소 벽에 쓰인 절규의 글씨

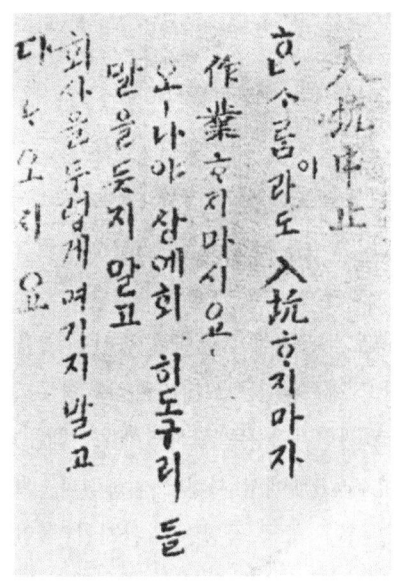

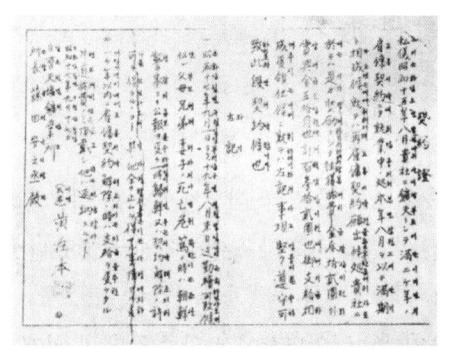

강제 징용된 한국인 광부 계약서

'부모 형제 처자가 사망 또는 위독할 때'에는 일시 귀국 또는 계약 해지의 허가를 할 수 있다는 취지가 적혀 있으나, 이러한 약속은 전혀 이행되지 않았다.

동맹파업을 호소하는 한국어 전단
'입갱금지入坑禁止'
'한사람이라도 입갱하지마자 작업을 하지 마시요.'
'오-나야 상에회 히도구리들 말을 듣지 말고 회사를 두렵게 여기지 말고 다 나오시오.'

일본군 상해 침략上海 侵略

Japanese invasion of Shang-Hai

일본은 열강들의 눈을 만주국 수립으로부터 돌리기 위해, 멀리 남쪽의 상해 침략을 시도하였다. 상해 上海는 중국의 항일운동의 최대 중심지였는데, 공동 조계를 중심으로 2만 수천 명의 일본인도 거류하고 있었으며, 유조호사건柳條湖事件 이래로 긴장이 고조되어 있었다. 1932년 1월 18일, 근행 중인 일본의 승려 5명이 수명의 중국인에게 습격당하는 사건이 일어나자, 일본은 상해로 속속 군함을 집결시켰다. 상해 주변에 배치되어 있던 중국군 제19로군도 임전 태세를 갖추었으며, 1월 28일 한밤중, 마침내 시가전이 개시되었다. 일본군은 포격의 지원을 받으며 공격을 반복하였으나, 예상 밖으로 중국군의 저항은 완강하였다. 일본은 만주사변의 사상자를 훨씬 웃도는 3천여 명의 사상자를 내었고, 중국측은 군인만 1만 4천 명, 일반 시민 2만 명 안팎의 사상자를 내었다. 1932년 3월 3일 전투는 중지되었고, 이윽고 일본은 병력을 철수하게 되는데, 3월 1일에는 이미 만주국의 건국 선언이 연명된 바 있으므로, 일본의 계략은 성공한 셈이었다. 패전 후에 당시의 상해 공사관 무관 다나카田中隆吉소령의 고백한 바에 따르면, 승려습격사건도 일본측이 중국인을 매수하여 행한 모략이었다고 진술했다.

일본군의 상해. 갑북闸北 공격 직후에 체포된 중국인. 그날로 사살되었다.

상해의 일본 조계를 순찰하는 상해 거주 일본인들

일본 폭격기가 상해 남쪽을 폭격한 뒤 처참히 파괴된 시가지의 울부짖는 어린이
Crying children in a devastated city after Japanese bombers bombed southern Shang-hai

남경대학살南京大虐殺의 체험을 소년들에게 설명하고 있는 생존자 오장덕伍長德씨

남경대학살의 참상

The horrors of the Nanjing Massacre

- 1937년 12월 17일 금요일, 약탈·학살·강간은 여전히 자행되고, 불어났으면 났지 줄어들 것 같지가 않다. 어제 대낮과 밤중에 강간당한 부녀자는 줄잡아 천명에 달한다. 어느 가엾은 아가씨는 37회나 강간당했다고 했다. 또 일본 병사는 강간을 하면서 생후 5개월 갓난아이가 울어댄다고 목졸라 죽여버렸다 한다.

- 12월 18일 토요일 오후, 4~5백명의 부녀자들이 공포에 떨며 우리 사무실에 찾아와 보호해 주기를 요청하며, 뜰에서 밤을 세웠다.

- 12월19일 일요일, 완전히 무정부 상태에 빠졌다.
  일본군의 방화에 의한 화재가 더욱 더 심해져서, 몇 군데를 더 불태울 것이라는 소식이다

- 12월20일 월요일, 폭행은 여전히 그칠 줄을 모른다. 성내는 연소撚燒로 새빨갛다. 오후 5시, 나는 스미드군과 같이 차를 타고 성내의 가장 번화한 일대를 돌아보았는데, 여전히 활활 불타고 있었다. 남쪽으로 내려가니까 일본군이 점포안에 들어가서 막 방화 작업을 하고 있었고, 다시 더 남쪽으로 내려가니까 일본 병사들이 상품들을 군용 자동차에 부지런히 실어대고 있었다.

- 12월 22일 수요일, 나는 스펄링군과 함께 가까운 연못 근처를 지나다가 50명의 양민의 시체가 딩굴어 있는 것을 보았다. 손을 묶인 채였는데, 그 가운데 한사람은 두개골이 빠개져 뇌장이 나와 있었다. 아마도 군도의 희생이 된 것이리라. 돌아와서 아침을 먹으려고 귀로에 올랐는데, 노상에서 술에 취한 일본 병사 하나가 청년회 회원의 아버지를 총검으로 협박하고 있는 것을 우연히 보았다. 그의 아내는 공포에 질려 미친 것 같이 되어 있었다.

- 12월 23일 목요일, 낮에, 머리가 데어서 문드러지고, 눈과 귀가 베어져 나간데다, 코마저도 반쯤 없어져 버린, 차마 눈뜨고 못 볼 비참한 모습의 남자가 사무실로 찾아왔다. 입원하자 바로 죽었는데, 그 사연인즉 이러하였다. 일본군은 수백명을 한덩어리로 묶은 다음, 석유를 뿌리고는 불을 질렀다. 그 가운데 한 사람이었다. 다만 그를 묶은 줄이 약간 벗겨졌으므로, 석유는 머리 부분에만 조금 뿌려졌을 뿐이었던 것이다. 조금 있으려니까 비슷한 부상자가 또 찾아왔는데, 먼 젓 사람보다 더 심했다. 물론 그도 죽었다. 일본군은 기관총 소사로는 더러 죽지 않는 자도 나오므로 이런 방법을 택한 것이리라

- 12월 24일 금요일, 오늘 일본군은 사자師資 훈련학교의 미국 국기를 내렸으며, 어제 저녁부터 이틀에 걸쳐 7명의 일본병이 성경사자훈련학교에 쳐들어와서 부녀자를 강간하였다. 우리 사무실 근처에서 3명의 일본병이 12살의 여자를 강간하였다. 우리가 달려갔을 때에는 이미 때가 늦었다. 패잔병은 자수하면 부역을 초과할 뿐, 생명은 보장한다고 일본측은 공고하였다. 약 240명이 자수하였다. 들은 바에 의하면, 그들은 기관총 소사를 당 하기도 하고, 총검술 대상이 되기도 했다는 것이다.

- 12월31일 금요일, 12월 19일부터 오늘까지 일본병이 방화하지 않은 날은 하루도 없었다. 어제 크로이겔군이 동문에서 돌아와, 그가 지나온 길에는 집이란 집은 모조리 불타고, 사람이라고는 그림자도 없었으며, 가축도 전혀 볼 수 없었노라고 보고하였다.
  우리는 상해의 일본 신문과 동경일일신문을 읽었는데, 12월28일에는 벌써 상점마다 속속문을 열기 시작하였고, 시장도 평소의 모습으로 되돌아가고 있으며, 일본군은 외국인 난민 구제에 협력하면서 성내의 중국 비도匪徒를 숙청함으로써 남경은 평화를 회복하였다고 쓰여 있었으니, 현실의 비참한 이야기와 대조하여 쓴웃음을 금할 수 가 없었다.

출처: 틴벌리 원저 '외국인이 본 일본군의 폭행' 1982년
틴벌리는 영국 신문 멘체스터가디언Guardian Media Group plc, GMG의 중국 특파원

1931년 12월 전쟁터로 떠나는 일본 병사들을 환호하는 일본 국민들이 도쿄 시나가와 역에서 환송하는 광경

'폭탄3용사'가 쓰러진 지점

고전을 계속한 일본군은 1931년 2월22일 묘항진廟巷鎭방면 공격을 강행하였는데, 이때 폭사한 3명의 병사는 '폭탄3용사'로 크게 칭송, 미화하여, 영화, 연극으로 홍보하였다.

일본군이 포로가 된 것을 수치스럽게 여겨 자살한 군인을 찬양한 기사

'폭탄3용사'나 '상해사건 황군의 비화' 등의 기사가 일본 국민의 침략 전쟁의 열기를 고취시키고 있다.
동경일일신문. 1932년 4월 2일자

함포사격의 지원 속에 중국인의 시체를 넘으며 진군하는 일본 해군 특별육전대
상해시 중산로中山路. 1932년 2월 3일

만주로 파견되는 일본 적십자사 간호원들
1931년 11월 27일 도쿄역

합북을 폭격하는 일본 수상기水上機

일본 해군 육전대. 합북 정거장 부근

일본군의 야포 공격. 광동廣東 시가지

벙커에서 응전하는 중국 제19로군. 19로군의 사기는 높고, 저항은 강인하여 일본군은 예상을 훨씬 상회하는 희생을 당했다.

일본군의 폭격으로 파괴된 합북 시가지. 합북 상무인서관 부근

비행기에 의한 폭격 등에도 불구하고, 일본군 육전대는 중국군의 견고한 진지를 무찌를 수가 없었다.

체포된 편의대便衣隊

1931년 2월 20일, 이가만李家灣. 일본군과 거류민에 의한 편의대 색출로 수백명이 처형되었다. 그 양상은 관동대지진 때의 한국인 학살을 연상시켰다고 한다.

■ 편의대便衣隊: 그 지방의 주민과 구별할 수 없는 옷차림으로 적지에 들어가 파괴 활동에 종사한 부대

만주국滿洲國 제1회 중요회의, 군벌의 대표등 6명이 모였다.

일만日滿의정서의 승인

일만의정서日滿議定書

1, 폐국弊國은 금후의 국방 및 치안 유지에 관하여 이를 귀국(일본)에 위임하며, 그 소요 경비는 모두 폐국(만주국)이 부담함

2. 폐국은 귀국 군대가 무릇 국방상 필요로 할 때에는 이미 부설된 철도, 항만, 항공로 등의 관리 및 새로운 노선의 부설은 모두 이를 귀국 또는 귀국이 지정하는 기관에 위임할 것을 승인함

3. 폐국은 귀국 군대가 필요로 하는 각종 시설에 대하여 극력 이를 원조함

4. 폐국 침의부는 귀국인 중 명망있는 자를 선정하여 참의에 임하며, 기타 중앙 및 지방의 각 관서 관리도 또한 귀국인을 임용함. 그 인물 선정은 귀군 사령관의 추천에 따르고, 그 해직도 역시 귀군 사령관과 협의, 그 동의를 얻어야만 함

대동원년 3월 10일
薄 儀
대일본제국 관동군사령관
本庄繁 귀하

출처: '일본의 정서' 중의 비밀 문서(현대사자료. 미미즈서방. 1964)

왕도낙토만주국王道樂土滿洲國　　　　만주 북부 땅에 팽이질을 하고 있는 일본의 무장 이민단

토지를 빼앗기고 무거운 세금에 허덕인 중국 민중들의 일본에 대한 적개심과 원한은 깊어서, '만일 지금 일본 군이 패전하여 철수한다면, 일본인은 전부 살해될 것'이라는 말이 나돌 정도였다.

일본제국의 괴뢰 정부 만주국

Manchukuo, puppet government of the Empire of Japan

만주국 황제는 천의 곧 천황의 어의御意에 따라 황제로 즉위한 바, 황도皇道 연방의 중심인 천황을 섬기며, 천황의 어의를 그대로 받들 것을 재위의 조건으로 함. 영원히 천황 천황 아래에서 만주 국민의 중심이 되며, 건국의 이상을 나타내기 위하여 설치된 기관이며(이는 마치 달이 태양의 빛을 받아 광휘를 발하는 것과 유사함), 따라서 만일 황제로서 건국의 이상에 어긋나거나, 천황의 어의를 받들지 않을 경우에 있어서는 천의에 따라 즉시 그 지위를 상실하게 될 것이며, 또한 민의에 의한 선양방벌禪讓放伐(덕을 잃고 악정을 행하는 임금은 내쳐도 거리낄 바 없다 는 중국의 역성혁명관)도 역시 허용되지 않음. 만주국이 일본과 불가분의 독립국이라는 참뜻은 상술한 바와 같으며, 따라서 만주국의 종주권은 실질상 황도연방의 중심인 일본 천황에게 있고, 황제는 황도연방 내에 있어서의 일개 독립국가의 주권자이며, 관동군 사령관은 천황의 대리인으로서 황제의 사부이며, 후견인임.
'만주국의 근본 이념과 협화회의 본질' (1936년 9월 18일 관동군사령부 작성)

만주 여행을 홍보하는 포스터

일본인 무장 이민단의 개척촌

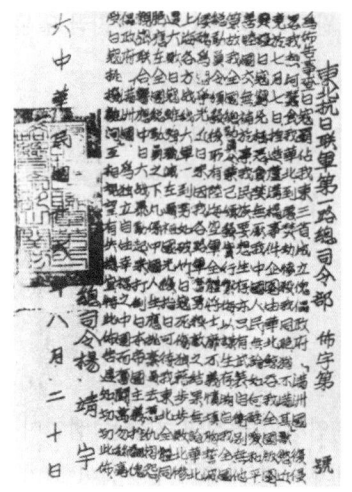

중국의 '동북 항일 연합군 제1방면
총사령부의 포고문

전사자를 운반하는 일본 병사. 고북구古北口

9·18사변 이후, 중국 공산당은 동북의 조직에 유격전쟁을 호소하여 일본 침략자에게 직접 타격을 가하였다. 동북의 광대한 토지에서 갖가지 항일의 무장 세력이 구름처럼 일어났다. 일본군 및 괴뢰군의 몇몇 거점은 항시 항일연군聯軍의 습격을 받았으며, 그곳의 일본군 및 괴뢰군의 전연대, 전대대가 섬멸되었다. 1937년 초, 항일연군은 45,000명으로 발전하였다. 그들은 동북의 절반 이상의 지방을 제압하였다. 그들은 '하늘을 커다란 집으로 삼고, 땅을 커다란 갱坑으로 삼았으며, 불은 생명, 수풀은 고향, 들풀과 들짐승은 식량'으로 삼는 어려운 생활을 하였다. 그들은 노래하며 눈물을 흘려야 할 영웅적인 사적을 무수히 만들어내었다. 양청우楊靖宇는 부대를 인솔하고 싸웠으나, 일본군에게 겹겹이 포위되어, 얼음과 눈을 마시고, 풀뿌리를 먹으면서 최후의 한사람까지 싸운 끝에, 장렬하게도 순국하였다. 8명의 부녀 전사는 일본군의 포위 속에서 분전하다가, 최후에는 '일본 제국주의를 타도하라'는 슬로건을 소리 높여 외치고서 목단강牧丹江에 몸을 던졌다. 항일연군의 영웅적 전투는 일본 침략군이 관내에 진공하는 힘을 견제하고, 동북에 있어서의 일본의 식민지 지배에 중대한 타격을 가하였다.

— 중국의 교과서 중에서 —

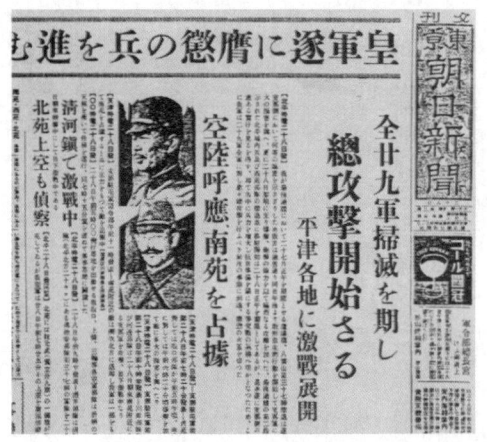

평진平津 전면 공격 보도. 조일신문 1937. 7. 29일자

평완선平綏線 남구역南口驛의 점거

중국군의 통주通州 일본 수비대 공격과 그 보도, 7월 29일. 일본측의 피해 사진은 발표 불허. 포학暴虐만이 강조되었다.

일본군의 북평 입성. 중국군은 옛 도읍이 전화를 입지
않도록 철수하였다.

8월 5일. 중국인에 대한 검색

중국군의 밀정을 신문하는 일본군 헌병. 왼쪽은 현지에서 채용한 통역. 8월 8일

화차(기차) 속에서 총부리를 겨누는 일본군

방독면을 착용하고 상해 시내에 처들어간 일본 해군 육전대

2차 상해 침략

일본군은 화북 총공격을 개시한 1937년 7월 28일.

전면전에 대비하여, 양자강 유역의 각 도시에 있던 거류민들에게 상해에 집결하도록 명령을 내렸다. 상해는 일찍부터 항일 민족운동이 왕성한 도시인데다가 일본인 거류민도 다수 있었으므로, 정세는 아연 긴박해졌다. 8월 13일 밤, 마침내 중앙 양군의 전투가 개시되었다. 그리하여 이튿날인 14일에 중국기에 의한 폭격이 있자, 일본은 대만과 큐우슈우로부터 발진하여 화중 華中을 폭격하였다.

일본군의 폭격으로 불타는 상해
Shanghai burning after Japanese bombing

상해 North China Daily News(1937년 8월 29일자)
틴벌리 원저 '외국인이 본 일본군의 폭행'. 평전사. 1982)

1937년 7월 일본 폭격기가 인구가 조밀한 남시에 내습하여 정거장 일대에 폭탄을 투하하였기 때문에 상해 시민의 사망자수는 또 다시 크게 증가하였다. 줄잡아 200명 이상의 사상자가 났는데, 그 대부분은 피난민이다. 이 숫자는 남시의 각 병원 및 영국, 프랑스, 조계 당국이 어젯밤에 조사한 결과인데, 아직도 불안전하다. 오후 1시 45분, 일본기 12대가 남첨 상공에 내습하여 폭탄 8발을 투하하였다. 남첨에는 피난민 천명 이상이 몰려와 있었는데, 그 대부분이 부녀자들이였으므로, 피해는 문자 그대로 비참하였다. 폭탄 투하 장소는 남첨 북쪽의 국화로, 삼관당가 및 육가빈 일대였다. 정거장 부근에는 폭탄 4발이 투하되었는데, 일본기가 사라진 후에도 짙은 연기가 높이 오르고, 플렛폼과 괘도위에 새까맣게 타서 판별할 수 없는 시체가 여럿이 딩굴어 있

었다. 제1탄은 정거장 곁에서 폭발하면서 수도 탱크를 폭파하였다. 많은 피난민들이 파편에 맞아 즉사하거나 무너진 건물에 깔려 죽었다. 그리고 간신히 죽음을 면한 자들이 달아나려 했을 때, 다시 제2탄이 투하되어 육교를 폭파하고 궤도를 파괴하였다. 선혈이 그 부근을 물들이고, 영기가 오래 피어올랐다. 이어서 폭탄은 차례차례 작열하여 부근의 거리를 공포 속에 몰아넣었다. 2주일 전, 상해 방면에 전쟁이 발발한 이래로 남첨은 기차를 타고 오지로 향하는 피난민들로 붐볐다. 어제의 목격으로 죽은 피난민 가운데에는 2~3일 전부터 차 타기를 기다리고 있었던 자도 있었다. 당일 일본기가 남첨 상공을 선회하고 있었을 때에도 피난민들은 매표장과 플렛폼을 가득 메우고 있었다. 폭격으로 매표장 근처의 목책은 선혈투성이가 되었고, 부근에는 시체가 무더기로 딩굴고 있었다. 일부 피난민은 총판공처로 달아나려 했으나, 사람들이 많은데다가 길이 좁아서 제대로 빠져나가지를 못하여 오히려 더 많은 사람들이 참사당했다.

피난민으로 북적이는 상해 거리
Shang—hai streets crowded with refugees

상륙용 보트에 말과 짐을 싣는 일본군 육군 증원부대 폭격으로 파괴된 상해 상무인서관
보도 불허가 사진

방어하는 중국군 포로가 된 중국군, 8월 23일.
'참혹한 사진'이라 하여 발표 불허

철수에 낙오하여 체포된 중국군 병사. 월포진月捕鎭 부근. 일본군이 '대외적 불리' 사진으로 보도 불허된 사진

상해 복단대학復旦大學에 돌입하는 일본군

중국군 포로들. 중국군 및 노동자, 학생들에 의한 저항은 예상보다 월등히 완강하여, 일본군은 엄청난 희생자를 내면서도 해안선에 좀처럼 더 나아가지를 못했다.

상해 전투의 보도

동경일일신문은 일본군의 홍보기관지처럼 연일 상해 전투의 승전을 미화하여 보도하고 일본군의 잔혹상 및 살인, 방화, 포로의 학살 등 일본군에 해가 되는 기사는 전혀 보도하지 않고, 일본 국민들의 전쟁 열기를 선동하며 부추겼다.
1937년 10월 27일자 동경일일신문

1937년 11월 9일, 상해시를 점령한 일본군

상해 중심부에 설치된 손문孫文의 동상을 쓰러트리고 환호
하며 만세를 부르는 일본군인들

남경南京 시내로 돌진하는 일본 탱크부태

Japanese tanks charging into downtown Nanking

남경입성식南京入城式 거행을 장관壯觀이라 보도한 동경일일신문(조일신문 朝日新聞) 1937년 12월 18일자

확대擴大되는 침략 (1938~1941)

서주徐州 포위작전을 위해 떠나는 일본군

1938년에 들어서면서 일본의 중국 침략은 더욱 확대되어 갔다. 5월에 화중과 화북을 잇는 교통의 요지인 서주徐州를 공격, 점령하였고, 8월에서 10월에 걸쳐서는 화중의 양자강 유역의 중심지인 무한武漢을 공격, 격전 끝에 점령하였다. 이와 병행하여 화남의 광동廣東도 공격, 점령하였다. 그러나 주요 도시와 연안을 점령하는 것만으로는 중국군과 민중을 굴복시킬 수 없었다. 일본군의 전선은 지나치게 확산되어, 새로운 대규모 작전을 전개할 수가 없게 되었고, 전쟁은 지구전持久戰의 단계로 들어갔다. 이해 말까지 일본은 85만의 병력을 화북 이남으로 보내었는데, 만주의 35만과 합산하면 100만이 넘는 병력이 중국 침략에 동원되어 있었다. 일본군 전사자는 육군만도 1941년까지 30만 명을 넘었으며, '지나사변 전비'는 280억 엔(1937~1941)에 달하는 미증유의 전쟁으로 확대되어 있었다.

■ 서주 공격徐州攻擊

서주는 두 철도가 교차하는 도시로, 화북과 화중을 잇는 중요한 위치에 있었다. 일본은 서주 부근에 집결해 있는 중국군 약 50개 사단을 포위하여 큰 타격을 가할 작전을 세우고, '북지나방면군'과 '중지나방면군'이 각각 남북으로부터 서주로 육박하였다. 1938년 5월 20일, 일본군은 서주를 점령하였고, 두 방면군 지휘관이 '역사적인 악수'를 교환하였으나, 일본군의 작전을 미리 안 중국군은 이미 철수한 뒤였다. 일본 천황은 '혁혁한 승리에 매우 만족스러운 바'이라는 칙어를 발하였으나, 중국군에 큰 타격을 가하려던 작전은 실패로 돌아가고, 전선만이 확대되었다.

일본군의 반인륜적 잔학 행위의 참상

참수한 중국인의 머리를 자랑스럽게 들고 있는 일본군
Japanese soldier proudly holding the beheaded head of a Chinese man

침략을 뒷받침한 일본의 언론들

Japanese media that supported the invasion

일본의 잡지들. '문예춘추는 '싸움은 이제부터다. 후방에 비치하라. 이 책 한권'이라 쓰여 있다.

15년 동안에 걸친 중국에 대한 침략 전쟁을 추진함에 있어서 신문, 라디오, 잡지 등이 수행한 역할은 지극히 컸다. 특히 '만주사변' 무렵부터 도시뿐만 아니라 농촌에까지도 침투하기 시작해 있던 대신문들은 연일 앞 다투어, 군부의 발표를 그대로 곧이듣고, 센세이셔널한 보도를 게재하였다. 유조호사건을 필두로 한 일본군의 음모가, 패전후에까지 계속적으로 국민을 속이는 데에 성공했던 것은 신문에 힘입은 바가 크다. 신문은 또 일본군의 전투상을 '미담'으로 꾸민 보도를 하였을 뿐만 아니라, 스스로도 솔선하여 군용기 헌납운동이나 군가 모집 등을 시행하면서 국민의 전의를 독려하였다. 그 밖에 널리 보급되기 시작한 라디오를 비롯하여 잡지, 영화, 레코드 등 모든 분야가 전쟁을 측면에서 받쳐 주는 역할을 수행하였다. 이러한 사회 분위기의 학교 교육에 의하여 수많은 '군국소년' '군국소녀'가 육성되어 갔다. 패전을 맞이하자 '어른이 되면 이 원수를 갚아야만 하겠다'는 글을 쓴 국민학생이 있었는데(영정건아永井健兒 '아! 국민학교'), 많은 소년들이 비슷한 기분을 느꼈던 것이 숨길 수 없는 사실이다.

진군하는 일본군과 함께 걸어가고 있는 중국인 (피난민인지, 연행되고 있는지는 불분명)

시바타부대의 시나이 찬정讚井·무카이迎

시바타부대의 시나이 찬정讚井·무카이迎 두 일본군 상사가 두 분대로갈라져서 각각 부하 수 명씩을 인솔하여 중국군의 최전선에 다가가자, 빈집으로 보이던 민가 뒤로부터 갑자기 수십명의 편의대가 잇달아 권총을 쏘아 대었다. 그 가운데에는 몇 명의 정규병도 섞이어 발표하고 있다. 두 상사는 부하를 지휘하여 맹렬히 반격한다. 용감무쌍한 일본군 병사들은 닥치는 대로 중국인을 붙잡아 온다. 두 상사는 용감하게도 적진 속에 뛰어들어 일본도를 빼어들고 닥치는 대로 베어 젖힌다. 이리하여 시나이 상사는 무려 16명을 베어 젖힌다. 21일 아침, 시비타부대를 찾아 갔더니, 마침 시나이·무카이 두 상사는 최전방 출동을 앞두고, 사이좋게 나란히 앉아서 휴식을 취하고 있는 중이었다. 두 상사는 칼집에서 칼을 뽑아 주었다. 얼음 같은 일본도에는 아직도 핏자국이 생생하다. 두 상사의 칼도 무명無銘이긴 하지만 상당한 물건이다. 1명을 베었다는데도 이가 한 군데도 빠지지 않았다. '중국 병정 따윈 무
우쪽이나 다름없이, 아무리 베어도 전혀 반응이 없거든. 이대로 가면 전쟁이 끝날 때까진 백명 이상은 어렵 잖게 벨 수 있겠는 걸' 두 상사는 호쾌하게 웃고는 일어나서 다시 전선으로 향하였다.

—동경조일신문東京朝日新聞 1937년 8월 22일자 기사—

선전포고宣戰布告

일본은 1940년 9월, 프랑스령 인도지나 북부로의 침략을 강행, 이듬해 1941년 7월에는 남부에까지 군대를 진주시켰다. 이에 대항하여 미국은 재미 일본 자산의 동결, 석유의 대일 수출 전면 금지 등의 조치를 취함 으로써, 미일간의 긴장은 고조되어 갔다. 한편으로는 외교 교섭도 진행되고 있었으나, 최대의 문제인 일본군의 중국으로부터의 철병에 대하여, 일본이 '철병은 지나사변의 성과를 괴멸시키고, 만주국의 존립을 위태롭게 한다. 나아가 한국 통치도 위태롭게 한다'(동조東條 육군대신)는 입장을 견지하고 양보하지 않았으므로 결국 타결을 보지 못하였다. 1941년 12월 8일, 일본군은 진주만을 기습, 태평양전쟁이 시작되었다. 선전 포고의 조서詔書영미 양국이 장蔣 정권을 '지원하여 동아의 화란禍亂을 조장' 하였다고 쓰여 있었다. 1940년 4월에서 5월에 걸쳐,
유럽에서는 독일이 네덜란드, 영국, 프랑스를 차례로 무찌르고 6월에는 드디어 파리를 점령하였다. 아시아에 광대한 식민지를 가진 네덜란드, 영국, 프랑스가 패퇴한 것에 편승하여, 일본은 아시아 남방으로의 침략을 확대해 나갔다. 중일전쟁이 수렁에 빠진 상태인데도 불구하고, 굳이 전선을 남방으로 더욱 확대한 것은 중일 전쟁의 정체를, 남방으로 눈을 돌림으로써 타개하려 했기 때문이다. 남방 침략에 즈음하여 고노에近衛내각 은 '대 영미전을 불사한다'는 방침을 굳혔으며, 스기야마杉山 참모총장은 '영미를 제압하지 않고는 지나사변 의 해결은 곤란' 하다고 천황에게 설명하였다. 이리하여 1945년 12월 8일, 이영과의 전쟁이 시작되었다. 중 일전쟁의 한 귀결이요, 또한 연장이기도 하였다. 미국과의 전쟁을 벌이는 한편, 압도적 다수의 일본군은 중 국 대륙에 계속 잔류하면서 침략 전쟁을 계속해 나갔다.

1942년 1월 4일자 주간 아사히신문의 '대동아大東亞의 나라들'

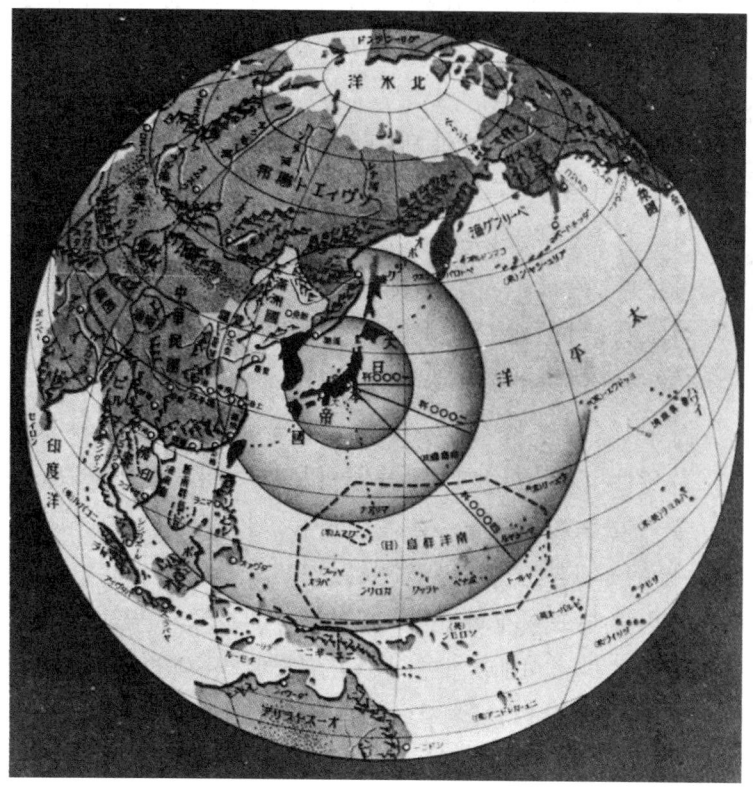

일본의 침략 전쟁을 부추기는 소년, 소녀 잡지

Boy and girl magazines encouraging Japan's war of aggression

소년 잡지에는 전쟁과 군인에 대한 동경심을 키우는 기사들이 충만하였다. 또 소녀 잡지에도 종군기라든가 후방 여성의 마음 가짐 등이 게제되어, 침략을 측면에서 돕는 역할을 수행했다.

1937년 12월 8일. 상해 외국 자본 계열의 은행을 접수하는 일본 육전대

1946년 5월. 독일의 항복을 알리는 포스터를 보고
있는 중국군 병사와 곤명의 시민들

일본군이 철수한 후의 계림桂林 시내. 1945년 7월

일본 패전 직후의 중국 공산당 간부들
왼쪽부터 주덕朱德·모택동毛澤東·맨 오른쪽이
주은래周恩來·오른쪽 세번째가 해리 미국 대사

파괴된 유주시柳州市 Destroyed Yuzhou City

1945년 7월. 일본군에 의하여 파괴된 유주시. 돌아온 시민들. 일본군은 철수하면서 도시를 철저히 파괴하였다.
유주幽州는 현재의 베이징시와 텐진시 일대, 허베이성의 일부 북부 지역, 랴오닝성, 지린성 서남부에 존재한 중국 역
사상 옛 행정 구역

중일전쟁中日戰爭과 중국 민중民衆

Chinese-Japanese War and the Chinese People

출처: 일제의 침략(중국) 흑익청륭黑翊淸隆 서민지庶民誌의 입장에서

1. 시발점

■ 인원수의 문제

1945년 패전시에 대만 및 만주를 제외한 중국에 주둔하고 있던 일본군, 지나 파견군 및 지나 방면 함대의 총 병력은 111만 3,455명으로 대소방면 이외의 외국지역 부대 총병력 274만 6,073명에 대하여, 그 40.55%에 해당한다. 또한 같은 해 9월 2일 연합군의 일반 명령 제1호에 의하여, 관리 구분된 군대와 일반 내국인 중, 중국군관구, 만주를 제외하고, 대만과 북위 N 16° 라인 이북의 프랑스령 인도를 포함한다. 단, 만주로부터 국민 정부 관리하로 철수한자를 포함한다—에 구분하여 처리된 자는 311만 6,000명으로 4관구 합계 499만 1,000명에 대하여 그 62.43%에 해당한다.

(복부탁사랑腹部卓四郎 '대동아전쟁전사大東亞戰爭戰事' 제1편 (종전) 1965년)

우선 이러한 점에서 민중의 전투 체험이라고 하는 관점에서 볼 때, 중일전쟁이 15년 전쟁의 전체적 구조 속에서 한층 더 중요한 위치를 차지하는 소박한 근거가 된다.

(이 사실은 1941년 12월 8일의 미일전쟁 발발 당시의 병력 배치 문제로 일찍이 지적되어 있고 미일전쟁 중에도, 15년 전쟁의 주 전장은 중국 대륙이라고 인정하는 계열의 학자가 있다. ──① 井上淸 '현대사 개설' 전후 제1차 '이와나미 강좌': 일본 역사. 18 (현대 1). 1962년 ② 藤原彰 '태평양전쟁' 전후 제1차 '이와나미 강좌: 일본역사'. 21. (현대 4). 1962년. ③ 家永三郎 '태평양전쟁'. 제2편 제4장. 일본역사 총서. 1968년)

이러한 나의 논거는 이 사진첩의 이해를 돕기 위한 하나의 측면사로 이들 선배 학자들의 1960년대에 대한 관찰의 바톤을 물려 받고 있으며, 나는 빈약한 작업의 계열 속에서는 '중일 15년 전쟁'. 전 3권(교육역사 신서. 1979년)에 이어지는 습작이라고 할 수 있다.

2. 가해사의 여러 현상

■ 공식기록

1937년 12월 18일 "남경전 전몰 일본군 장병 위령제南京戰戰歿日本將兵慰靈祭"가 개최되고, 중부 지나 파견군 사령관 마쓰이松井石根 대장, 신임 중부 지나 파견군 사령관 하세가와 長谷川淸 대장, 제10군단 사령관 야나가와柳川平助 중장 등이 출석한 사진이 있는데, 그 당시 제10군단은 '복면부대'로 되어 있어서 야나가나 사령관은 촬영 금지되어, 그 사진은 야나가와 중장만을 지우고 발표가 허가되었다고 한다.

(마이니찌신문사 '1억인의 소화사'. 불허가 사진사)

제10군단 사령관 야나가와는, 육사12기, 육군대학24기(1912년 졸업), 일관하여 기병 분야에서 근무하다가 육군대학 교관, 기병학교장, 제1사단장, 대만군사령관을 거쳐, 현직에 봉임하여 '일본군 백만' 항주만杭州灣 상륙 애드발군으로 알려진 대작전을 지휘하고, 후에 그 친황제파적인 경향을 근위문마近衛文磨 공이 사주어, 대 중국 외교의 일부분을 외무성으로부터 빼앗은 그 문제의 흥아원興亞院의 총무장관을 거쳐, 제2차 근위내각의 사법상, 제3차 근위내각의 국무상을 역임하고 있다.

이러한 야나가와 중장이 인솔한 '제10군단(야나가와군단) 법무부 진중일지(1937. 10. 12~1938. 2. 23)는 '중일전쟁, 태평양전쟁 하의 일본군의 범죄 사실을 기록한…. 당연히 다른 군단이나 사단에서도 특설 군법 회의를 설치하여 그 기록은 남아 있지만…. 것 중 현재 우리들의 손에 완전한 형태로 남겨진 희귀한 법무부 일지'로 되어 있는 귀중한 기록이다 (고점정위高枯正衛 편찬 '속 현대사 자료' '군사경찰─헌병과 군법회의. 1982년' 거기에 있는 기록들을 살펴보면 다음과 같이 우리들을 흥분시키고 있다.

■ 살인·강간·약탈 (〈12월 2일 맑음 호주湖州〉)·········

4. 아래에 기록한 자에 대한 각 피고 사건 군병단 헌병대로부터 송치를 받아 즉시 수사보고를 하고 장관으로부터 예심 청구 명령을 받았음.

피고인: 제6사단 보병 제13연대 제3대대 소행 小行

李○○○

살인·살인미수·강간

예비역 육군 병참병　島○○○

피고인: 제13연대 제12중대

강간

예비역 육군 보병 상등병 田○○○

피고인: 제13연대 제9중대

강간

예비역 육군 보병 일등병 鶴○○○

피고인: 제13연대 제12중대

강간

예비역 육군 보병 하사 內○○○

〈범죄 사실의 개요〉

피고인 島○ 및 田○는 1937년 11월 24일 공모하여 강간을 목적으로 금산 金山 부근에서 지나 支那(중국인) 부인 5명을 납치해 오고, 피고인 鶴○ 및 內○은 그 사정을 알면서 각 1명당 상기의 부인을 인수하여 같은날 밤에, 島○·田○·鶴○ 및 內○는 각자 1명씩 부인을 강간하고, 더구나 島○는 상기의 부인을 납치할 때 소지했던 총으로 지나인 3명을 사상케했음.

〈피고 사건의 수리〉

5. 아래의 피고 사건 군병단 헌병대로부터 수사보고를 받음.

피고인: 후비역 포병 제1중대

살인

후비역 육군 포병 1등병 두○○○

〈범죄 사실의 개요〉

피고인은 가흥嘉興에 야영 중 1937년 11월 29일 오후 5시경 지나술에 만취하여 지나인에 대한 강렬한 적개심에 불타 지나인을 증오한 나머지 소지하고 있던 총검으로 통행 중인 지나인 3명을 살해하였음.

〈12월 21일 맑음 호주湖州 피고사건의 수리〉

피고인: 제18사단 보병 제124연대 제4중대

살인·약탈

후비역 육군 보병 상등병 잔○○○

〈범죄 사실의 개요〉

피고인은 석강성浙江城 호주湖州에 야영 중,

첫째, 1937년 11월 29일 동료와 함께 야채 징발을 생각해내어 부근의 뽕나무밭에 재배 중인 야채 약 5관을 탈취하고,

둘째, 피고인은 전기의 야채를 씻으려고 부근의 농가에 도착하여, 마침 그 자리에 있던 지나 부인 3명에게 씻도록 하자, 그 중 1명의 지나 부인은 빠른 어조로 지껄이며 야채를 씻으려고 한데 대해 일본군을 경멸하는 줄로 알고 소지하고 있던 보병총으로 그 여자를 사살하였음.

피고인: 공병 제16연대 제3중대

약탈·강간

후비역 육군 병참병 일등병 上○○○

〈범죄 사실의 개요〉

피고인은 호주湖州에 야영 중, 1937년 12월 12일 아침에 하사관 지휘하에 성 밖으로 식량 징발에 임하고 있을 때, 때마침 피고인들을 피하여 대나무밭 속에 숨어 있는 지나 부인을 발견하여 농가에 끌고 들어가 강간하고, 더구나 그 부근의 집에서 닭 10여 마리를 50전만 지불하고 가져갔음.

〈12월 26일 맑음 호주湖州 피고인의 취조〉

〈피고 사건의 수리〉

3. 아래의 피고 사건에 대하여 군병단 헌병대로부터 수사 보고를 받아 법무국에서 사건 수리 보고를 함.

피고인: 제10군단 후비역 보병 제4대대 제4중대

후비역 육군 보병 소위	吉OOOO
후비역 육군 보병 하사	高OOO
동	內OOO
후비역 육군 보병 상등병	金OOOO·菅OOO·小OOO·田OOO·金OOO·石OOO·志OOO
후비역 육군 보병 일등병	錦OOO·菊OOOO·片OOO·岡OO·齊OOOO·大OOO·仁OOOO·山OOO
보충병 육군 보병 일등병	제OOOO
보충병 육군 보병 이등병	七OOOOO
동	長OO O·大OOO

이상 살인殺人

제10군 야전 의복식량참 金山지부

살인 교사 殺人巧詐 후비역 육군 회계 소위 岡OO

살인 방조殺人傍助 군속(통역)   上OO

제10군단 후비역 보병 제4대대 제4중대

| 후비역 육군 보병 일등병 | 前OOOO·權OOOO·石OOO |
| 후비역 육군 보병 하사 | 渡OOOO |

이상 살인 방조

〈범죄 사실의 개요〉

(1) 岡O 회계 소위는 야전 의복식량창 金山지부에 근무 중, 자기의 기숙사 부근에 다수의 지나인이 잡거하거나, 혹은 불온스러운 언동을 하고 또는 관의 물건을 절취하는 등 하여, 불안스러워 동 지부의 경비대장 吉O 소위에게 그 사정을 호소한 바 있음.

(2) 이에 의하여 吉O 소위는 1937년 12월 15일 부하 사병 16명을 지휘하여 상기의 지나인 26명을 체포하여 동 지부의 헌병대에 연행하던 중, 도주를 꾀하는 자가 있어 상기의 지나인을 몰살시키고 싶은 생각이 일어나서,

가). 內O 하사를 시켜 상기의 지나인 2명을 참살케 하고, 小O 상등병을 시켜 3명을 참살케 하고,

나). 高O하사·金O·菅·田O·金O·石·志 각 상등병, 錦O·菊O·茂O·片O·岡O·齊O·大O·제O·仁O·山O 각 일등병, 七OOO·長OO·大O 각 이등병(합계 20명)을 시켜 상기의 지나인 21명을 사살케 하였음.

3). 渡O하사·前O·石O·權O 각 일등병, 上O 통역관은 현장에 있으면서 상기의 지나인의 포박하거나 또는 망을 보거나, 하여 살인을 방조하였음.

〈피고 사건의 수리〉

피고인: 제6사단 공병 제6연대 제10중대

        살인, 강간, 협박

후미부대 육군 공병 일등병

〈범죄 사실의 개요〉   地OOOO

피고인은 상해 남시南市에서 야영 중,

1). 1937년 12월 14일 저녁 때, 만취하여 상해 남시경비대 잡역부 지나인 모씨 집에 당도하여 동인의 처(28세)를 소지하고 있는 보병총으로 협박하여 동 여자를 강간하고,

2). 같은 달 17일 점심 때, 만취하여 동료 2명을 데리고 상기의 잡역부 집에 가서 동료를 문 밖에서 기다리게 하고, 동인의 처를 강간하려던 때 마침 그 자리에 있던 남편을 소지하고 있던 보병총으로 사살하고, 동인의 처를 강간하고,

3). 같은 날 자기 숙소에 누워 휴식 중, 동료 이등병에게 '따라 갔었다는 것을 어리석게 인정하면 사살해 버릴 것이다' 라고 하면서 소지하고 있던 보병총의 총구를 대면서 협박했음.

이것은 한때(혹은 지금도) 소위 '말살'화 공작론의 대상이 되었던 "남경대학살"南京大虐殺의, 일종의 '바깥 해자'의 실제로 간주될 수 있을 것이다. 상황론으로 본 경우, 이것이 제10군단에서만 특수하게 발생했다고 하는 것은, 이러한 혐오스러운 가해 사건의 시각적 및 공간적인 '농도'로 보아, 간과하기 어렵다고 여겨진다.

3. 적개심의 구조

■ 주의사항

이러한 군기 퇴폐는 일면에서는 분명히 상해·항주·남경 침공작전의 이루 말 할 수 없는 치열함---중국군의 완강한 방어 및 저항전의 객관적인 소산이고, 그러한 점에서는 우선 1937년 12월21일 오후 3시부터 군사령부에서 개최된, 회합에서, 중부 지나 방면 군참모장으로부터 제10군단 참모장에게 통첩된 '주의사항' 속에

1). 군기의 기강 확립을 도모할 것

2). 지나 국민의 지도 상 크게 고려를 요하는 것으로 동 국민을 경멸하지 말 것

3). 국제상의 관계는 상당히 복잡하고 미묘한 것으로. 감정에 치우치는 일 등이 없도록 주의할 것

(전장 '제10군단'(유천사단) 법무부 진중일지)라고 하는 사실, 그리고 1937년 12월3일자의 제10군단 군법회의의 ksruf에서 중국인민의 집을 방화한 죄로 각각 징역 1년, 집행유예 2년의 판결을 받은 3명의 특무병(제12사단 소속)에 대한 판결 이유문 속에서 '피고인 등의 본건 범죄의 동기는 판시한 바와 같이 피고인들은 모두 교육정도가 낮고, 또한 군대교육을 받은 일이 없으며 적국에 대한 증오를 무고한 적국의 국민들에게 앙갚음하는 얕은 생각의 소치이다'(중부 지나 방면 군단의 군법회의 진중일지)라고 하는 사실은 각각 유의해야 할 가치가 있을 것이다. 이러한 주제에 관해서 몇 가지 부가적인 자료를 첨부해 두기로 한다.

■ 젊은 저널리스트가 실제로 목격한 광경

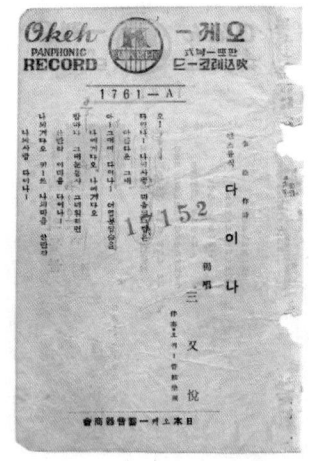

1938년 1월13일 디크 미네(한국 이름: 삼우열)의 노래 "밤안개의 블루스"로 알려진 혼큐虹口 외곽 지역에 있는 요미우리 신문(상해) 지국에 종군기자 겸 특파원으로 근무하던 26세의 소후행남小厚行南은 그 후 중부 지나 및 남지나를 답사하면서 패전 후, 50권이나 모여진 '종군노트'와 신문 스크랩에 근거하여 '1행의 과장도 거짓말도 붙이지 않는다' "후기" 라는 자세로 중국 대륙에서의 전투에 대한 귀중한 기록을 완성하여, 우리들 후진들에게 도움을 주고 있다. (소후행남小厚行南 저 '전장과 기자'. 1967년) 이러한 小厚 특파원의 견문을 될 수 있는 데로 충실히 다이제스트(저작물)해 보기로 하자.

출처: ♫다이나/삼우열♫(1935 03) (tistory.com)

① 지국이 있는 피아스 아파트 바로 앞에 있는 조그마한 공원에서, 헌병이 5명의 중국인을 결박하여 교수형을 처하고 있었다. 이 혼큐(홍구) 외곽지역에서는 헌병 장교의 명령에 의하여 죄도 없는 중국인이 스파이 용의자로 몰려 교수형에 처해졌다고 한다 어느 연락원의 이야기.

"일본도日本刀라고 하는 것은 아주 잘 들지요. 손을 뒤로 묶어 앉히고, 칼에 물을 끼얹고나서 휘두릅니다. 머리가 붕하고 날라가죠. 정말로 몸뚱이에서 떨어져 공중을 나르다가 3자쯤 앞으로 떨어지는 겁니다. 잘린 목에서 분수처럼 시뻘

건 피가 세줄기쯤 세차게 뿜어져 나오다가, 그것이 점차로 약해지고, 머리 없는 몸뚱이가 앞으로 고꾸라지죠"

② 남경 南京 시내와 시외의 여러 곳에서 약탈 및 강간이 잇달아 일어나고 있었다.

일본군이 입성했을 때 아직 남아 있던 많은 건물이 약탈 및 방화의 대상으로 되었다. (헌병대, 법무부, 군법회의에 회부된 사건은 아마 빙상에 일각에 지나지 않는 건수뿐이었던 것이 아닌가 추측된다)

③ 중국인들은 그들의 주거지로부터 쫓겨나 성안의 한쪽 구석에 있는 방에 수용되어 있었고 포로도 약 10만에 이르고 있었던 것 같다. 그 포로 처치 문제에 관해서 군사령부에 질문하면 '적당히 처분할 거요' 라고 하면서, 남경성南京城 밖이나 양자강揚子江(長江) 연안의 하관下關에서 정렬시켜 목을 베고 나서 그 시체를 양자강에 집어 던졌다. 아침부터 저녁 때까지 하루에 2,000명 정도 목을 베었다고 한다.

④ 2일째부터는 손이 피로해져서 2대의 중기관총에 의하여 강 입구에 정렬시킨 포로를 사살했다. 그러던 중, 군의 명령이 내려와 '포로는 죽여서는 안된다. 후방으로 보내서 사역시켜라' 고 했지만, 그 때는 이미 수천명이 살해된 다음이었다. 양자강에는 중국 병사의 시체가 가득 떠올라 있었다고 한다. 이 기록에서는 난민 주민의 운명은 분명치 않다.

⑤ 1939년 3월 17일에 개시된 양자강 상류 숭명도崇明島의 '잔적소탕' 작전에서는 숭명현성崇明縣城의 수사중에 '생후 얼마 안 되는 갓난아기만 200명이나 수용되어 있는 탁아소' 가 발견되었다. '이러한 갓난아기들'은 '어두운 실내에서 바구니에 담긴채, 선반 위에 나란히 놓여져 있었다'고 하며, 보육계원도 도망쳤고, '이름표'도 없었으며, '굶어 죽도록 되어 있었다' 젖을 달라고 울부짖는 아이들도 있었다. 이미 울 힘도 잃은채 벌레처럼 할딱이는 아이도 있었다' 부대의 군의관이 와 보았지만, 손을 쓸 수가 없었고 우유도 없었으므로, 쌀을 가루로 만들어 더운 물에 타서 마시게 해주었지만, 이미 때를 놓쳐서 매일 갓난아이들이 10명, 20명 죽어 갔다. 1주일에 100명 정도가 죽어 갔다. '이것이 바로 지옥이다' 라고 군의관은 차거워진 쌍둥이의 시체를 치우면서 말했다고 한다.

⑥ 1938년의 한구漢口 공략전에 수반한 무용진武穴鎮 공격 때, 무용武穴 북방의 부락에서는 이러한 풍경을 볼 수 있었다고 한다. 연못가에 군복이 즐비하게 버려져 있었다. 무기는 연못 속에 버려진 것 같았다. 퇴로를 차단당하여 쫓기던 중국 병사는 평상복을 입고, 이 부락에 들어온 것으로 알고, 해군 육전대는 그 부락을 포위하고서 가가호호 가택 수색을 했다. 남자들은 모두 밖으로 끌어내졌다.

소후 小厚는 이렇게 쓰고 있다.

'모자를 뒤집어 씌워진 자, 손에 총을 들었던 못이 밝힌 자 등이 군인으로 간주되어 연행되었다. 30명 정도 손을 뒤로 포박하여 연못가에 정렬시켰다. 얼마 안 있어 이 패잔병은 처형당하게 되어 있었다. 부락 뒤에 낮은 언덕이 있었는데 손을 뒤로 포박지워진 청년들은 그 언덕 위로 연행당하여 부락과는 반대쪽에 있는 골짜기에서 처형되었다. 7~8명씩 눈을 가리고서 일렬로 세운 다음, 육전대 소속 병사들이 총검으로 뒤에서 찔러 살해했다. 일본도로 어깨에서 허리깨로 찢겨져 죽은 자도 있었다. '있는 힘을 다해서 찔렀는데, 생각했던 것보다 부드럽게 푹 들어갔다' 고 하는 병사도 있었다. '쓰러진 것을 위에서 다시 한번 더 찔렀다. 힘이 남아돌아서 칼이 땅에 박혀, 칼끝이 휘어졌다.' 고 하는 병사도 있었다. '나는 처형의 현장을 보러 가지 않았다. 아무리 전쟁이라고는 하지만 이미 저항하기를 포기하고 있는 자를 살해하는 것은 잔혹스런 일이다.'

4. 종속과 저항

■ 초년병의 기록

앞에서 언급한 소후행남 小厚行南씨의 '종군메모'에는 무용진武穴鎮의 거리에 '벽보 슬로건'으로, 有錢出戰 有力出力/信仰三民主義, 革固國民政府 라고 하는 말이 채택되어 있었다. (前章 '전장과 기자')

1941년 5월의 강북 작전에 참가한 제11군단 제39사단에 소속해 있던 삼금천추森金千秋(일등병) 씨의 체험은, 일본군 병사와 중국인 민중과의 만남의 기록으로써 귀중한 자료이다.

모리가네森金千秋 씨는 이렇게 말하고 있다. (화중전기華中戰記, 1976년)

휴일 (3일간) 동안의 보급은 현지 조달(징발)이다.

고참들 대부분은 10명 정도의 분대 단위로 제각기 아무 방향으로나 흩어져 갔다. 식량으로 저장한 쌀, 야채, 닭, 돼지, 소금, 고량주에 이르기까지, 도해대대島海大隊 1,000명의 3일 동안 급여가, 임시 점령지 부근의 촌락에 달려 있었다. 주민들 측에서 보면 참을 수 없는 노릇이었지만 그것이 일본군의 전통적인 작전 형태였다. 그렇지만 고참들도 제법 바쁘고 즐거운 듯이 작전을 수행하고 있었다.

1941년 5월 12일 오늘도 구름 한점 없이 좋은 날씨였다. 수색대에 가담했던 나는, 고참병들과 근처의 부락으로부터 물자를 징발하며 돌아다녔다. 10명 정도의 소단위로 적성 부락에 들어갔으므로 한 순간도 방심할 수가 없었다. 모든 집에 주민들의 모습이 보이지 않고 노인을 남겨 두었을 뿐으로, 어디론가 피난하고 있는 것이었다. 이것은 현지의 주민들이 일본군을 두려워하거나 적의를 품고 있다는 증거였다. 중국인의 집에는 창문이 없다. 바깥쪽으로는 원칙적으로 창문을 내지 않는다고 단언해도 좋다. 약도에 그려진 것은 중산층 이상의 농가의 방 배치도로, 일본군의 설명은 이러한 농가의 토방에 침낭을 깔고 자는 것이었다. 대게 1개의 토방에 1개소대(30명)의 수용 능력이 있다. 집의 외벽은 일본식 집처럼 도장한 것이 아니라, 두께 30센티 정도의 흙벽돌을 쌓아 놓은 것이다. 부유한 지주계급의 집은 외부를 장식용 벽돌을 붙이고 흰 색으로 칠해 놓았으나 소총탄은 통과되지가 않았다.

이러한 두터운 벽인데 창문이 없는 점등으로 보아 옛날부터 전란이나 반란군의 내란 등 끈일사이 없는 나라 사정에 시달리던 민중 생활의 지혜의 소산으로 볼 수 있었다. 지주급의 안길이가 깊은 집이 되면, 낮에도 어둠침침하여, 일본군에 대하여 적의를 품고 있는 주민이나 평상복을 입고 있는 중국 병사가 숨어 있는 일이 있으므로, 방심해서는 안 된다. 질이 나쁜 일본 병사가 주부나 할머니와 딸에게 나쁜 짓(강간)을 하고 있다가, 뒤에서 당하는 일도 있는 것이다. 이러한 종속과 저항의 이중 구조는, 또한 다음과 같은 사건으로 표출되고 있다. 그것은 묵직한 침묵과 돌연한 화염과도 같은 적대 행위와의 모순적 구조라고 해도 좋다.

■ 탈주와 무법자

사건의 발생은, 옥사의 입초병이었던 2년째 근무한 사병 N 이 졸고 있다가 초로한테 소나무 몽둥이로 얻어 맞고 실신상태로 되었을 때, 그 틈을 이용하여 포로 전원이 감옥을 부수고 탈주했던 것이다. 실신한 보초병 N의 총은 포로가 빼앗아 달아났다. 옥사는 앞 부분을 소나무 몽둥이로 만들고, 15센티 간격의 격자 모양으로 되어 있어, 외부에서 포로의 상태를 감시할 수 있도록 되어 있었다. 보통 이 틈새로 식사나 물을 넣어 주고, 출입구의 문은 자물쇠로 잠겨져 있어서 위병이 아니면 열 수가 없었다. 포로의 탈옥은 불가능했던 것이다. 사실, 중국군 포로는 장교를 제외하고는 문맹자가 많았고, 그들의 허탈한 듯한 동작이나 무표정을 가장한 그들의 바보 같은 일거일동에서 볼 때, 위병소 바로 뒤에 있는 감옥을 부수고 탈주를 시도할 만큼의 기백도 지모도 전혀 갖고 있지 않은 것처럼 보였다. 그러나 그들도 역시 조국을 위하여 싸우는 군인이다. 언뜻 보기에 무능자인 채하고 있어도, 개중에는 의젓한 장교도 있고, 용감한 자도 있으며, 그들의 마음 속에는 격렬한 적개심이 가득 차 있어 탈옥 계획을 하면서 그 기회를 엿보고 있었던 것이리라. 격자 모양으로 되어 잇는 소나무 통나무 한 개가 조림의 실수든가, 아니면 보초병이 졸고 있는 동안에 움직여 놓았는지, 그 중 1개를 거뜬히 빼 낼 수 있었다는 데에 맹점이 있었다. 보초병은 졸아서는 안된다. 적 앞에서 조는 경우에는 사형에 처해진다. 따라서 모두가 긴장을 하면서 입초를 서고 있지만 작업, 연습, 작전, 토벌 출동의 피로가 겹쳐서 가끔 졸고 있는 보초병도 있다. 심야에는 위병소에서도 두세명의 보초병을 남겨 두고 다른 병사는 전원이 가면 취한다. 그 때 이렇게 중책을 갖고 있는 보초병이 졸면, 탈옥의 기회인 것이다. 바스락 거리는 소리도 없이 빼내진 소나무 몽둥이는 즉시 흉기로 돌변했다. 이 포로는 강북작전에서 체포한 단장(연대장) 및 영장(대대장)급의 고급 장교 몇 명, 그리고 중요 인물, 스파이 등이 있었는데, 가까운 시일 내에 후방의 사단이나 군단에 송환될 예정이어서 연대나 중대의 책임만으로는 끝나지 않을 중대한 과실 사건이 되었다. 직접 책임자인 위병 사령 및 n 일등병은 중영창에, 당직 위병 전원이 중근신에 처해졌다.

6. 결론

■ 전장의 풍경

중일 전면 전쟁의 초기에 대격전'이 있었던 창주滄州의 거리에 들어간 병참중대의 특무병 전구청일田口淸一은 도중에 들른 '인합진人合鎭이라는 부락에서 체험한 바는 다음과 같다.

(田口淸一-'명랑한 특무병' 1942년) 거기에는 '도로위에, 길가에', '전차 참호'에 온통 중국 병사들의 시체가 흩어져 있었다. '낙하산을 짊어진 지나병사', '새까맣게 타버린 시체', '눈알이 빠져나간 군인' 등이 1,500명에서 2천명으로 추산되는데, 이러한 중국군 병사의 시체를 일본군 병사들이 카메라에 담고 있었다.

■ 끝나지 않는 종전

중일 15년 전쟁으로부터 무엇을 받아들이고, 무엇을 배워야 할까?. 그 해답은 일의적이 아니라, 다의적 및 다계열적이라 할 수 있었다. 이 빈약한 습작에서 내가 시도해 본 것은 학살, 전투, 저항이라고 하는 구도에서 좌우해야만 했던 일본과 중국의 두 민족의 생태의 표출이었고, 가해자로 되기까지 피해자로서 쫓겼던 일본 병사들. 일본 민중의 전쟁 체험에 대한 스케치였다. 지금, 이러한 스케치를 마무리 지으면서 나는 이렇게 생각한다. 전쟁사에 정형이라는 것은 없으며, 언뜻 보기에 이단처럼 보이고, 일종의 변형이라고 보이는 역사 현장에서, 전쟁사의 새로운 결실이 표출되는 경우가 적지 않다고. 그리고 이를 위한 방법적 관점은 자신의 전쟁사에, '적과 아군' 쌍방의 '인간들'을 어떻게 흡수시키는 수단을 음미하는 일이다. 지금은 타계한 죽내호 竹內好가 임어당의 'Moment in Peiching'에 등장하는 '도교 신자 노인'에 대해서 논했던 말을 빌리면 '말하자면 최소 저항 조선에서의 항전에 대한 민족적 이데올로기', '궁지에 몰린 민중이 궁지에 몰린 것을 발 파능으로 삼아 자력으로 일어설 때의 구호'('죽내호 竹內好-'일본과 중국 사이'. 1973년)에 관해서 나는 생각해 보고 싶다.

■ 일의적一義的: 가장 중요한 의미를 갖는 것.
■ 다의적多義的: 한 낱말이나 표현에 여러 가지 뜻이 있는 것.
■ 다계열적多系列的: 남거나 빠진 것이 없이 모두 서로 관련이 있거나 유사한 점이 있어서 한 갈래로 이어지는 계통이나 조직

일진회 회장 이용구李容九 (1868~1912)

대한제국의 정치인
구 한말 일진회 회장을 지내며 한일 병합 조약 체결 찬성 여론을 이끌었다.
경상북도 상주군 진두리 출생. 친일반민족행위자. 일합방상주문韓日合邦上奏文은 대한 제국 말기인 1909년에 일진회가 한일 병합의 조속한 실현을 청원한 글

일진회一進會
1904년 8월 송병준과 독립협회 출신 윤시병, 유학주, 동학교 이용구 등이 조직한 대한제국 시기의 대표적인 친일적인 성격을 띄고 있는 단체이다. 1904년 8월 18일 한성부에서 송병준이 일본군을 배경으로 "유신회"를 조직하였다가, 8월 20일에 다시 "일진회"로 회명을 개칭하고, 그해 9월에 동학의 잔존세력을 조직한 이용구의 "진보회"를 매수·흡수하여 일진회에 통합하였다. 이후 회장 이용구와 송병준 주도 하에 1910년 대한제국이 일제에 강제 병탄될 때까지 일제의 군부나 통감부의 배후조종 하에 일본의 침략과 병탄의 앞잡이 행각을 벌였다. 일진회라는 이름은 '조선과 일본이 하나로 나가는 모임'이라는 뜻으로 여기에서의 일진(一進)은 조선과 일본은 하나라는 뜻이다.

일진회 명단

강영균康永勻 1867~미상
고희준高羲駿, 高島基고 시마노리,
 1880~미상
김규창金奎昌
김명준金明濬 가네다 아키라
 1870~미상
김사영金士永 기요카와 시로
 1915~미상
김시현
김유영
김은성
김재곤金載坤, 미상~1913
김정국金鼎國
김진국
김진태
김택현金澤鉉, 미상~1920
김해룡 海龍 가네다 다쓰오
 1877~미상
김호중
김환
박노학朴魯學, 1868~미상
박봉순朴逢舜
박지양朴之陽
박해묵朴海默 1875~1934
백낙원白樂元

백형린白衡璘 1879~1925
송병준宋秉畯 1857~1925
송종헌宋鍾憲 1876~1949 노다 소
 노리
신태항
안종국安鍾國
안태준安泰俊
양재익梁在翼
양정묵梁正默, 1875~미상
염중모廉仲模 1862~1935
오응선吳膺善
원세기元世基
유학주俞鶴柱
윤갑병尹甲炳 히라누마 히데오
 1863~1943
윤길병尹吉炳, 1853~미상
윤상익尹相翊, 1875~미상
윤시병尹始炳, 1859~1932
윤정식尹定植
윤필오尹弼五 1860~1924
이경재
이동성
이범철李範喆
이병립李秉立 1874~미상
이완구

이용구李容九 1868~1912
이용한
이인섭
이인수
이해수李海秀
이희덕李熙悳 1869~1934
이희두李熙斗 1869~1925
장동환張東煥
조동윤趙東潤 1871~1923
조인성
조희붕
최기남崔基南 1875~1946
최영구崔榮九
최영년崔永年 1859~1935
최운섭崔雲燮
최정규崔晶圭 1881~1940
최정덕崔廷德 1865~미상
한경원韓景源
한교연
한국정
한남규韓南奎 1874~미상
한창회韓昌會
홍긍섭
홍윤조

국치시기 전국 우편국·우편소·취급소·무선전신소 명단

조선총독부 관보 제1호(1910.8.29/명치42.8.29)~제5567호(1945.8.30/소화28.8.30)까지 총172,510건을 검색하여 발췌한 명단임.

우편국

국(소)명	소재지	설치년도	참고사항
京城郵便局	경기도 경성부 본정 1정목	1895.5.27	한성우체사 설치
		1905.7.1	경성우편국으로 개칭
		1911.3.30	총독부 고시 제87호/우편위체사무취급 개시
			총독부 고시 제39호/우편진체저금취급 개시
		1913.10.19	경성우편국 준공(1915.9.15)
		1939.10.1	경성중앙우편국으로 개칭
京城中央郵便局	경기도 경성부 본정 1정목	1939.10.1	총독부 고시 제804호/경성우편국을 개칭
京城郵便局飛行場分室	경기도 고양군 용강면여율리	1931.6.16	총독부 고시 제318호/분실 설치
	경성비행장 내		
京城中央郵便局古市町分室	경기도 경성부 고시정 12-25번지	1940.12.5	총독부 고시 제1338호/분실 설치
京城中央郵便局飛行場分室	경기도 경성부 여의도정 경성비행장내	1939.10.1	총독부 고시 제804호/경성우편국비행장을 개칭
京城中央郵便局驛前分室	경기도 경성부 광화문통	1940.12.10	총독부 고시 제1363호/경성중앙우편국으로 개칭
京城鐵道郵便局	경기도 경성부 본정 1정목	1921.4.16	총독부 고시 제72호/우편국 설치
京城郵便局驛前分室	경기도 경성부 고시정	1932.3.21	총독부 고시 제127호/분실 설치
京城中央郵便局驛前分室	경기도 경성부 고시정	1939.10.1	총독부 고시 제804호/경성우편국역전분실을 개칭
京城齊洞町郵便局	경기도 경성부 제동정	1942.3.30	총독부 고시 제442호/우편국 설치
京城新村郵便局	경기도 경성부 대현정	1942.3.30	총독부 고시 제442호/우편국 설치
京城往十里郵便局	경기도 경성부 하왕십리정	1942.11.30	총독부 고시 제1418호/경성중앙전신국신당정분실.승계
京城麻浦郵便局	경기도 경성부 도화정	1942.11.30	총독부 고시 제1418호/서대문우편국으로 승계
京城鷺梁津郵便局	경기도 경성부 본동정	1942.11.30	총독부 고시 제1418호/용산우편국으로 승계
京城大島町郵便局	경기도 경성부 대도정	1941.3.29	총독부 고시 제347호/우편국 설치
朝鮮博覽會郵便局	경성부 경복궁 내	1929.9.7	총독부 고시 제298호/우편국 설치
朝鮮統監部內郵便局	경기도 경성부 한강통 조선군사령부내	1930.7.7	총독부 고시 제397호/우편국 설치
京城帝國大學病院內郵便局	경기도 경성부 종로구 연건정	1943.12.1	총독부 고시 제1371호/우편국 설치
朝鮮物産共進會郵便局	경기도 경성부 덕수궁 공진회장 내	1915.9.6	총독부 고시 제215호/시정5주년기념 통신일부인 사용
光化門郵便局	경기도 경성부 종로 1정목	1911.3.30	총독부 고시 제87호/우편위체사무취급 개시
南大門郵便局	경기도 경성부 고시정	1911.3.30	총독부 고시 제87호/우편위체사무취급 개시
		1932.3.20	총독부 고시 제129호/우편국 폐지
西大門郵便局	경기도 경성부	1911.3.30	총독부 고시 제87호/우편위체사무취급 개시
龍山郵便局	경기도 경성부 한강통	1911.3.30	총독부 고시 제87호/우편위체사무취급 개시
		1922.2.28	총독부 고시 제42호/송전보취급 폐지/경성우편국.승계
仁川郵便局	경기도 인천부 본정 2정목	1911.3.30	총독부 고시 제87호/우편위체사무 취급 개시
仁川郵便局保險分室	경기도 인천부 본정 2정목	1940.12.19	총독부 고시 제35호/보험분실 설치
仁川鶴翼町郵便局	경기도 인천부 학익정	1944.3.30	총독부 고시 제465호/우편국 설치
仁川白馬町郵便局	경기도 인천부 백마정	1944.6.10	총독부 고시 제860호/우편국 설치
開城郵便局	경기도 개성부 동본정	1911.3.30	총독부 고시 제87호/우편위체사무 취급 개시
開城郵便局保險分室	경기도 개성부 동본정	1938.4.1	총독부 고시 제302호/분실 설치
永登浦郵便局	경기도 경성부 영등포구 영등포정	1911.3.30	총독부 고시 제87호/우편위체사무 취급 개시
永登浦驛前郵便局	경기도 경성부 영등포구 영등포정	1944.3.6	총독부 고시 제312호/우편국 설치
水原郵便局	경기도 수원군 수원읍	1911.3.30	총독부 고시 제87호/우편위체사무 취급 개시
水原郵便局保險分室	경기도 수원군 수원읍 신풍정	1939.5.16	총독부 고시 제421호/보험분실 설치
汶山郵便局	경기도 파주군 칠정면 문산포	1911.2.25	총독부 고시 제38호/전신사무 개시
		1911.3.21	총독부 고시 제70호/전화통화 사무 개시
		1923.3.15	총독부 고시 제60호/우편국폐지 후 문산우편소로 승계
振威郵便局	경기도 진위군 진위읍	1911.2.1	총독부 고시 제14호/전신사무 개시
		1911.3.21	총독부 고시 제70호/전화통화사무 개시
廣州郵便局	경기도 광주군 광주읍	1911.3.27	총독부 고시 제81호/전신사무,전화통화 사무 개시
		1921.3.20	총독부 고시 제46호/우편국폐지 후 광주우편소로 개칭
楊坪郵便局	경기도 양평군 양평읍	1911.3.27	총독부 고시 제81호/전신사무,전화통화 사무 개시
		1912.5.31	총독부 고시 제235호/우편국 폐지 후 우편소로 설치
水原郵便局	경기도 수원군 수원읍	1911.7.15	총독부 고시 제193호/전화가입신청,전화교환 사무 개시

金浦郵便局	경기도 김포군 김포읍	1912.5.31	총독부 고시 제235호/우편국 폐지 후 우편소로 개칭
抱川郵便局	경기도 포천군 서면 호병동	1914.9.5	총독부 고시 제348호/군내면 서변리로 이전
	경기도 포천군 군내면 구읍리	1921.3.15	총독부 고시 제36호/우편국 개칭,포천우편소로 개칭
長淵郵便局	경기도 장연군 군내면 읍내리	1921.3.15	총독부 고시 제36호/우편국개칭,장연우편소로 개칭
江華郵便局	경기도 강화군 부내면 관청리	1923.3.25	총독부 고시 제71호/우편국폐지 후 강화우편소로 승계
砥平郵便局	경기도 양평군 지제면 지평리	1941.3.29	총독부 고시 제346호/우편국 설치
水色郵便局	경기도 고양군 은평면 수색리	1941.7.11	총독부 고시 제1015호/우편국 설치
加南郵便局	경기도 여주군 가남면 태평리	1942.3.16	총독부 고시 제320호/우편국 설치
富平驛前郵便局	경기도 인천부 소화정	1942.7.13	총독부 고시 제973호/전신,전화교환업무 개시
淸平郵便局	경기도 가평군 외서면 청평리	1942.7.13	총독부 고시 제973호/전신,전화교환업무 개시
德亭郵便局	경기도 양주군 회천면 덕정리	1943.3.10	총독부 고시 제257호/전신전화 통화사무 개시
永北郵便局	경기도 포천군 영북면 운천리	1943.5.21	총독부 고시 제616호/전신전화통화사무 개시
新長郵便局	경기도 광주군 동부면 신장리	1941.3.26	총독부 고시 제312호/우편국 설치
瑞興郵便局	황해도 서흥군 서흥읍	1911.3.21	총독부 고시 제70호/전화통화사무 개시
		1923.3.25	총독부 고시 제71호/우편국 폐지 후 서흥우편소로 승계
殷栗郵便局	황해도 은율군 은율면 홍문리	1918.9.25	총독부 고시 제217호/우편국 폐지,은율우편소로 승계
海州郵便局	황해도 해주군 해주읍	1911.3.30	총독부 고시 제87호/우편위체사무 취급 개시
海州郵便局保險分室	황해도 해주군 해주읍 남본정	1937.1.17	총독부 고시 제35호/보험분실 설치
海州郵便局港電話分室	황해도 해주군 해주읍 동지리	1937.12.25	총독부 고시 제907호/분실 설치
平山郵便局	황해도 평산군 평산읍	1912.3.1	총독부 고시 제50호/전신,전화통화사무 개시
兼二浦郵便局	황해도 황주군 송림면 겸이포리	1918.11.1	총독부 고시 제242호/우편국 설치
黃州郵便局	황해도 황주군 황주면 황강리	1918.10.6	총독부 고시 제235호/우편국 이전,황주면 제안리로 이전
		1932.2.29	총독부 고시 제93호/우편국 폐지 후 황주우편소로 승계
甕津郵便局	황해도 옹진군 마산면 하구리	1911.10.1	총독부 고시 제40호/옹진읍-마산면 하구리로 이전
沙里院郵便局	황해도 봉산군 사원면 사리원동리	1919.10.1	총독부 고시 제269호/전화가입,전화교환사무 개시
沙里院郵便局保險分室	황해도 봉산군 사리원읍 동리	1939.3.10	총독부 고시 제189호/보험분실 설치
松和郵便局	황해도 송화군 송화면 읍내리	1921.4.10	총독부 고시 제87호/우편국폐지 후 송화우편소로 승계
谷山郵便局	황해도 곡산군 곡산면 적성리	1921.5.20	총독부 고시 제117호/우편국 폐지 후 곡산우편소로 개칭
新溪郵便局	황해도 신계군 신계면 향교리	1921.5.31	총독부 고시 제125호/우편국 폐지 후 신계우편소로 개칭
瓮津郵便局	황해도 분진군 마산면 온천리	1923.3.20	총독부 고시 제68호/우편국 폐지 후 분진우편소로 승계
延安郵便局	황해도 연일군 연안면 관천리	1923.3.25	총독부 고시 제71호/우편국 폐지 후 연안우편소로 승계
沈村郵便局	황해도 황주군 청룡면 소관리	1931.2.26	총독부 고시 제87호/전신전화사무 개시
載寧郵便局	황해도 재령군 재령읍 국화리	1940.11.3	총독부 고시 제1131호/우편국 이전
長壽郵便局	황해도 재령군 장수면 장국리	1941.2.21	총독부 고시 제152호/우편국 설치
多美郵便局	황해도 신계군 다미면 추천리	1941.2.26	총독부 고시 제171호/우편국 설치
馬洞郵便局	황해도 봉산군 토성면 마산리	1941.4.3	총독부 고시 제401호/전신전화통화사무 취급 개시
竹川郵便局	황해도 벽성군 장곡면 동봉리	1942.3.6	총독부 고시 제285호/우편국 설치
海城郵便局	황해도 연백군 해성면 구룡리	1942.3.6	총독부 고시 제285호/우편국 설치
松禾溫泉郵便局	황해도 송화군 연정면 온수리	1942.3.25	총독부 고시 제386호/송화온천전신취급소폐지 후 승계
平安南北道地域			
新義州郵便局	평안남도 안주군 안주면 북문리	1923.3.11	총독부 고시 제48호/전화교환업무 개시
		1911.3.30	총독부 고시 제87호/우편위체사무취급 개시
		1911.10.28	총독부 고시 제224호/압록강교량낙성기념
			특수통신기념일부인 사용
順川郵便局	평안남도	1911.3.21	총독부 고시 제70호/전화통화사무 개시
		1921.3.15	총독부 고시 제36호/순천우편소로 개칭
鎭南浦郵便局	평안남도	1911.3.30	총독부 고시 제87호/우편위체사무취급 개시
平壤郵便局	평안남도 평양부 외천방1리	1911.3.30	총독부고시제87호/우편위체사무취급개시
		1911.12.10	총독부 고시 제360호/우편국 이전
			평양부 평양대동문통에서 외천방1리로 이전
平壤郵便局秋乙分室	평안남도 평양부 송신정	1943.8.5	총독부 고시 제877호/전신전화통화사무 개시
平壤上需町郵便局	평안남도 평양부 상수정	1942.5.6	총독부 고시 제642호/평양상수리우편을 개칭
平壤西城町郵便局	평안남도 평양부 서성정	1942.5.6	총독부 고시 제642호/평양서성리우편을 개칭
平壤船橋町郵便局	평안남도 평양부 선교정	1942.5.6	총독부 고시 제642호/평양선교리우편을 개칭

平壤箕林郵便局	평안남도 평양부 기림정	1942.11.30	총독부 고시 제1418호/평양우편국으로 승계
平壤郵便局黃金町電話分室	평안남도 평양부 황금정7번지	1938.7.31	총독부 고시 제594호/전화분실 설치
平壤遞信分場局構內郵便局電信局			
平壤遞信分場局構內郵便電信局			
平壤郵便局船橋里電信分室	평양부 선교리	1940.12.5	총독부 고시 제1338호/전신분실 설치
中和郵便局	평안남도 중화군 중화읍	1911.1.1	총독부 고시 제93호/전신사무 개시
		1911.3.21	총독부 고시 제70호/전화통화사무 개시
		1921.3.25	총독부 고시 제50호/우편국 폐지 후 중화우편소로 승계
順安郵便局	평안남도 순안군 순안읍	1911.1.1	총독부 고시 제93호/전신사무 개시
		1911.3.21	총독부 고시 제70호/전화통화사무 개시
甑山郵遞局	평안남도 증산군 증산읍	1911.3.27	총독부 고시 제81호/전신사무,전화통화사무 개시
			총독부 고시 제15호/우체소를 우편소로 개칭
江西郵便局	평안남도 강서군 강서읍	1912.1.1	총독부 고시 제385호/전신,전화통화사무 개시
		1921.4.15	총독부 고시 제90호/우편국 폐지 후 강서우편소로 승계
德川郵便局	평안남도 덕천군 덕천읍 읍북리	1921.4.25	총독부 고시 제102호/우편국 폐지, 덕천우편소로 승계
		1941.5.17	총독부 고시 제712호/전화교환업무 개시
陽德郵便局	평안남도 양덕군 양덕면 하석리	1921.8.11	총독부 고시 제168호/우편국 이전 개칭
破邑郵便局	평안남도 양덕군 구룡면 용계리	1921.8.11	총독부 고시 제168호/양덕우편국, 파읍우편국으로 개칭
成川郵便局	평안남도 성천군 성천면 상부리	1923.3.20	총독부 고시 제68호/우편국 폐지 후 성천우편소로 승계
殷山郵便局	평안남도 순천군 은산면 은산리	1941.2.16	총독부 고시 제128호/전신전화통화사무 취급
三德郵便局	평안남도 성천군 삼덕면 신덕리	1941.2.26	총독부 고시 제171호/우편국 설치
柴足郵便局	평안남도 대동군 시족면 노산리	1941.2.26	총독부 고시 제171호/우편국 설치
陵中郵便局	평안남도 성천군 능중면 남양리	1942.3.6	총독부 고시 제284호/우편국 설치
雙龍郵便局	평안남도 강서군 쌍용면 다족리	1944.3.28	총독부 고시 제462호/우편국 설치
院里郵便局	평안남도 개천군 북면 원리	1944.3.28	총독부 고시 제464호/우편사무 취급
安州郵便局	평안북도 정주군 읍부면 성내동	1917.9.1	총독부 고시제188호/우편국이전/읍부면성외동으로이전
新義州郵便局飛行場分室	신의주군광성면풍사동신의주비행장내	1935.9.1	총독부 고시 제473호/분실 설치
新義州郵便局保險分室	평안북도 신의주부 영정	1940.1.20	총독부 고시 제22호/보험분실 설치
新義州麻田洞郵便局	평안북도 신의주부 마전동	1941.3.31	총독부 고시 제373호/우편국 설치
新義州郵便局電信分室	신의주부랑정1정목신의주측후소구내	1941.7.31	총독부 고시 제1143호/우편국분실 설치
義州郵便局	평안북도 의주군 의주읍	1911.3.30	총독부 고시 제87호/우편위체사무취급 개시
		1911.5.15	총독부 고시 제127호/특설전화가입신청수리/전화교환
昌城郵便局	평안북도 창성군 창성읍	1911.3.21	총독부 고시 제70호/전화통화사무 개시
		1932.2.29	총독부 고시 제93호/우편국 폐지 후 창성우편소로 승계
渭原郵便局	평안북도 위원군 위원면 서성내동	1919.8.19	총독부 고시 제211호/우편국 설치
宣川郵便局	평안북도 선천군 읍내면 천남리	1915.10.1	총독부 고시 제248호/전화통화사무 개시
中江鎭郵便局	평안북도 자성군 궁정면 중평리	1913.10.6	총독부 고시 제473호/전화통화사무 개시
雲山金鑛郵便局	평안북도 운산군		
富興郵便局	평안북도 후창군 남신면 부흥동	1920.3.11	총독부 고시 제56호/우편국 설치
		1920.9.15	총독부 고시 제224호/우편국 폐지,후창우편국으로 승계
厚昌郵便局	평안북도 후창군 남신면 부흥동	1920.9.15	총독부 고시 제224호/우편국 폐지,후창우편국으로 승계
滿浦鎭郵便局	평안북도 강계군 문옥면 문흥동	1920.9.26	총독부 고시 제225호/우편국 설치
龜城郵便局	평안북도 구성군 구성면 좌부리	1921.3.15	총독부 고시 제36호/구성우편소로 개칭
東興郵便局	평안북도 후창군 동흥면 고읍동	1921.7.16	총독부 고시 제149호/우편국 설치
碧丹郵便局	평안북도 벽동군 송서면 사서리	1922.6.1	총독부 고시 제32호/우편국 설치
平安南北道地域			
江界郵便局	평안북도 강계군 강계면 동부동	1923.2.1	총독부 고시 제13호/전화교환업무 개시
		1923.3.1	총독부 고시 제42호/탁송전보취급 개시
江界榮町郵便局	평안북도 강계군 강계읍 영정	1942.3.28	총독부 고시 제413호/우편국 설치
江界郵便局保險分室	평안북도 강계군 강계읍 동부동	1938.5.14	총독부 고시 제420호/보험분실 설치
碧潼郵便局	평안북도 벽동군 벽동면 1동	1923.3.1	총독부 고시 제43호/전화통화사무 개시
	평안북도 용천군 용천면 용암동	1923.3.11	총독부 고시 제48호/전화교환업무 개시

定州郵便局	평안북도 정주군 정주면 성외동	1923.5.26	총독부 고시 제163호/전화교환업무 개시
淸城鎭郵便局	평안북도 의주군 광평면 청성동	1932.2.29	총독부 고시 제93호/우편국폐지후청성진우편소로승계
前川郵便局	평안북도 강계군 전천면 장흥동	1932.2.29	총독부 고시 제93호/우편국폐지 후 전천우편소로승계
高山鎭郵便局	평안북도 강계군 고산면 춘산동	1932.2.29	총독부 고시 제93호/우편국폐지, 고산진우편소로 승계
熙川郵便局	평안북도 희천군 희천면 읍상동	1932.10.6	총독부 고시 제522호/전화교환업무 개시
北鎭郵便局	평안북도 운산군 북진면 교동	1933.10.11	총독부 고시 제524호/전화교환업무 개시
北鎭郵便局保險分室	평안북도 운산군 북진면 교동	1939.9.10	총독부 고시 제795호/보험분실 설치
完豊郵便局	평안북도 창성군 신창면 완풍동	1941.2.26	총독부 고시 제171호/우편국 설치
獨山郵便局	평안북도 영변군 독산면 능흥동	1941.3.26	총독부 고시 제317호/우편국 설치
郭山郵便局	평안북도 정주군 곽산면 조내동	1941.4.25	총독부 고시 제584호/전화교환업무 개시
批峴郵便局	평안북도 웅천군 양광면 구룡동	1941.5.5	총독부 고시 제642호/전화교환업무 개시
水豊郵便局	평안북도 삭주군 구곡면 수풍동	1941.6.3	총독부 고시 제781호/전화교환업무 개시
靑水郵便局	평안북도 의주군 광평면 청수동	1942.3.28	총독부 고시 제411호/우편국 설치
八院郵便局	평안북도 영변군 팔원면 천양리	1942.6.12	총독부 고시 제869호/전신,통화사무 개시
車螢館郵便局			
化京郵便局	평안북도 강계군 화경면 고인동	1944.3.20	총독부 고시 제423호/우편사무 취급
多輝島郵便局	평안북도 운천군 부나면 원성동	1944.3.28	총독부 고시 제464호/우편국 설치
外貴郵便局	평안북도 강계군 외귀면 전하동	1941.3.26	총독부 고시 제312호/우편국 설치
北中郵便局	평안북도 용천군 북중면 가성동	1944.4.3	총독부 고시 제533호/우편사무 취급
會寧郵便局	함경북도 회령군 회령읍	1911.3.30	총독부 고시 제87호/우편위체사무취급 개시
		1911.5.15	총독부 고시 제127호/특설전화가입신청수리/전화교환
		1911.11.1	총독부 고시 제225호/전화교환업무개시,전보 취급
淸津郵便局	함경북도 청진수도정 3정목	1910.10.1	총독부 고시 제209호/우편물,전화교환업무 개시
		1911.3.30	총독부 고시 제87호/우편위체사무취급 개시
淸津郵便局明治町分室	함경북도 청진부 명치정	1934.3.16	총독부 고시 제131호/우편분실 설치
淸津郵便局大和町分室	함경북도 청진부 대화정	1934.3.22	총독부 고시 제132호/우편소분실 설치
淸津郵便局高秣山出張所	함경북도 청진부 목하전정	1938.5.1	총독부 고시 제368호/출장소 설치
淸津郵便局保險分室	함경북도 청진부 포항정	1940.7.22	총독부 고시 제754호/보험분실 설치
淸津郵便局電信分室	함북 청진부 천마정 청진측후소 구내	1941.1.16	총독부 고시 제26호/전신분실 설치
淸津驛前郵便局	함경북도 청진부 포항정(신역전)	1941.3.31	총독부 고시 제373호/우편국 설치
淸津新岩洞郵便局	함경북도 청진부 신암정	1941.5.16	총독부 고시 제633호/청진신암정우편으로 개칭
淸津新岩町郵便局	함경북도 청진부 신암정	1941.5.16	총독부 고시 제633호/청진신암동우편을 개칭
淸津水南洞郵便局	함경북도 청진부 서수남정	1941.5.16	총독부 고시 제633호/청진동수남정우편으로 개칭
淸津東水南洞郵便局	함경북도 청진부 서수남정	1941.5.16	총독부 고시 제633호/청진동수남정우편을 개칭
靑津康德町郵便局	함경북도 청진부 강덕정	1942.3.30	총독부 고시 제410호/우편국 설치
羅南郵便局	함경북도 나남본정 2정목	1910.10.1	총독부 고시 제209호/우편물,전화교환업무 개시
			1910.9.30부로 특설전화교환업무 폐지/고시 제210호
		1911.3.30	총독부 고시 제87호/우편위체사무취급 개시
城津郵便局	함경북도 성진군 성진각국거류지	1911.1.1	총독부 고시 제82호/특설전화교환,전보업무 개시
		1911.10.1	총독부 고시 제292호/전화교환업무 개시
城津郵便局保險分室	함경북도 성진군 성진읍 욱정	1941.1.10	총독부 고시 제18호/보험분실 설치
鏡城郵便局	함경북도 경성군 경성읍	1911.3.30	총독부 고시 제87호/우편위체사무취급 개시
沔川郵便局	함경북도 면천군	1911.10.1	총독부 고시 제292호/전화교환업무 개시
明川郵便局	함경북도 명천군 하운면 중하리	1916.10.11	총독부 고시 제246호/전화통화사무 개시
北蒼坪郵便局	함경북도 은성군 충동면 창평	1912.9.10	총독부 고시 제271호/우편국 폐지
			은성우편국으로 승계
新阿山郵便局	함경북도 경원군 신아산면1리 성동	1912.9.16	총독부 고시 제272호/우편국 설치
慶興郵便局	함경북도 경흥군 경흥읍	1912.9.16	총독부 고시 제274호/전화통화사무 개시
慶源郵便局	함경북도 경원군 경원면 성내동	1931.4.1	총독부 고시 제172호/우편국 설치
穩城郵便局	함경북도 은성군 은성면 서홍동	1931.4.1	총독부 고시 제172호/우편국 설치
穩城郵便局南陽出張所	함경북도 은성군 유포면 남양동	1934.4.16	총독부 고시 제180호/출장소 설치
		1935.9.30	총독부 고시 제530호/출장소폐지후남양우편국으로승계
鐘城郵便局	함경북도 종성군 종성읍	1912.9.16	총독부 고시 제274호/전화통화사무 개시
蒼坪郵便局	함경북도 부령군 서상면 창평동	1916.5.16	총독부 고시 제111호/우편국 설치
		1918.9.20	총독부 고시 제206호/우편국 폐지
			부영우편국으로 승계

富寧郵便局			
漁大津郵便局	함경북도 경성군 어랑면 하송동	1916.7.16	총독부 고시 제166호/우편국 설치
		1916.10.1	총독부 고시 제245호/전신전화통화사무 개시
西水羅郵便局	함경북도 경흥군 노서면 서수라동	1916.7.16	총독부 고시 제166호/우편국 설치
泗浦郵便局	함경북도 명천군 하가면 사포동	1919.9.21	총독부 고시 제224호/우편국 설치
		1919.10.16	총독부 고시 제279호/전신전화통화사무 개시
惠山鎭郵便局	함경북도 혜산군		
雄基郵便局	함경북도 경흥군 웅기면 웅기동	1922.9.2	총독부 고시 제208호/전화교환업무 개시
雄基郵便局羅津出張所	함경북도 경흥군 신안면 안동	1933.5.6	총독부 고시 제205호/전신전화통화사무 개시
雄基郵便局保險分室	함경북도 경흥군 웅기읍 웅기동	1939.3.10	총독부 고시 제172호/보험분실 설치
三長郵便局	함경북도 무산군 삼장면 삼상동	1922.5.1	총독부 고시 제101호/우편국 설치
訓戒郵便局	함경북도 은성군 훈계동 금화동	1923.2.21	총독부 고시 제31호/우편국 설치
延社郵便局	함경북도 무산군 연사면 사지동	1929.10.26	총독부 고시 제383호/전신전화통화사무 개시
三峰郵便局	함경북도 종성군 남산면 삼봉동	1933.8.16	총독부 고시 제384호/전화교환업무 개시
南陽郵便局	함경북도 은성군 유포면 남양동	1935.10.1	총독부 고시 제529호/우편국 설치
南陽郵便局保險分室	함경북도 은성군 유포면 남양동	1939.8.18	총독부 고시 제659호/보험분실 설치
義州郵便局保險分室	평안북도 의주군 의주읍 남문동	1939.5.10	총독부 고시 제422호/보험분실 설치
灰岩郵便局	함경북도 경흥군 아오지읍 회암동	1941.5.16	총독부 고시 제633호/아오지우편국으로 개칭
阿吾地郵便局	함경북도 경흥군 아오지읍 아오지동	1941.5.16	총독부 고시 제633호/아오지역전우편국으로 개칭
阿吾地驛前郵便局	함경북도 경흥군 아오지읍 아오지동	1941.5.16	총독부 고시 제633호/아오지우편국을 개칭
洛山郵便局	함경북도 부령군 관해면 산진동	1941.6.15	총독부 고시 제844호/전전전화통화사무취급 개시
吉州郵便局	함경북도 길주군 길주읍	1941.7.21	총독부 고시 제1091호/장곡전신취급소업무 승계
羅津郵便局	함경북도 경흥군 나진읍 남안동	1935.3.16	총독부 고시 제157호/우편국 설치
羅津鐵道郵便局	함경북도 나진철도정차장		
高嶺鎭郵便局	함경북도 회령군 화풍면 인계동	1942.3.16	총독부 고시 제320호/우편국 설치
業億郵便局	함경북도 학성군 학서면 업억동	1942.3.16	총독부 고시 제322호/우편국 설치
龍臺郵便局	함경북도 학성군 학남면 금산동	1942.10.1	총독부 고시 제1267호/전신,통화사무 개시
龍德郵便局	함경북도 경원군 용덕면 용북동	1943.2.6	총독부 고시 제75호/고건원우편국을 개칭
古乾院郵便局	함경북도 경원군 용덕면 용북동	1943.2.6	총독부 고시 제75호/용덕우편국으로 개칭
延上郵便局	함경북도 무산군 연상면 상창동	1944.3.6	총독부 고시 제311호/우편국 설치
富潤郵便局	함경북도 경성군 경성면 부윤동	1944.5.6	총독부 고시 제650호/우편국 설치
元山郵便局	함경남도 원산부 천정2정목	1911.3.30	총독부 고시 제87호/우편위체사무 취급 개시
		1913.5.15	총독부 고시 제167호/호도우편국 승계
		1920.10.6	총독부 고시 제247호/원산부행정으로우편국 이전
咸興郵便局	함경남도 힘흥주길정	1911.3.30	총독부 고시 제87호/우편위체사무 취급 개시
		1911.9.29	총독부 고시 제298호/전화교환업무 개시
咸興郵便局飛行場分室	함남함주군운남면궁서리함흥비행장내	1938.10.1	총독부 고시 제760호/우편국분실 설치
咸興郵便局保險分室	함경남도 함흥부 지영정	1940.12.3	총독부 고시 제1356호/보험분실 설치
永興郵便局	함경남도 영흥군 영흥읍	1911.5.15	총독부 고시 제127호/특설전화가입신청수리/전화교환
虎島郵便局	함경남도 영흥군 녕고면 방구미리	1911.12.21	총독부 고시 제369호/전신전화사무 개시
		1913.5.15	총독부 고시 제167호/호도우편국 폐지
松田郵便局	함경남도 문천군 명효면 북구미리	1911.12.21	총독부 고시 제370호/전화통화사무 개시
		1912.7.5	총독부 고시 제206호/우편국 이전
			함남 문천군 명효면 번좌리-명효면북구미리로 이전
新興郵便局	함경남도 신흥군 동고천면 흥량리	1913.7.1	총독부 고시 제226호/우편국 설치
		1914.8.11	총독부 고시 제314호/전신전화통화사무 개시
豊山郵便局	함경남도 풍산군 이인면 직동	1913.7.1	총독부 고시 제226호/우편국 설치
		1915.10.20	총독부 고시 제265호/우편국 이전
			함경남도 풍산군 이인면 신풍리로 이전
		1932.2.29	총독부 고시 제93호/우편국 폐지 후 풍산우편소로 승계
三水郵便局	함경남도 삼수군 삼남면 중평장리	1918.10.26	총독부 고시 제245호/우편국 설치
		1932.2.29	총독부 고시 제93호/우편국 폐지 후 삼수우편소로 승계
大新里郵便局	함경남도 서천군 북두일면 대신리	1918.11.1	총독부 고시 제242호/우편국 설치
新乫坡鎭郵便局	함경남도 삼수군 강진면 신갈파리	1919.6.16	총독부 고시 제155호/우편국 설치

端川郵便局	함경남도 단천군 단천읍	1912.2.21	총독부 고시 제41호/전화통화사무 개시
銅店郵便局	함경남도 갑산군 진동면 동점	1915.3.1	총독부 고시 제39호/우편국 설치
元山地方遞信局構內郵便電信局			
元山遞信局構內特定郵便所			
間島郵便局	함경남도		
下碣隅郵便局	함경남도 장진군 신남면 하갈리	1922.2.26	총독부 고시 제30호/전신사무 개시
北靑郵便局	함경남도 북청군 노덕면 내리	1923.3.11	총독부 고시 제48호/전화교환업무 개시
大新里郵便局	함경남도 단천군 북두일면 대신리	1932.2.29	총독부 고시 제93호/우편국 폐지 후 대신리우편소 승계
長津郵便局	함경남도 장진군 군내면 읍상리	1932.2.29	총독부 고시 제93호/우편국 폐지 후 장진우편소 승계
培花郵便局	함경남도 안변군 배화면 형천리	1941.3.21	총독부 고시 제278호/우편국 설치
宣興郵便局	함경남도 영흥군 선흥면 성리	1941.3.31	총독부 고시 제378호/전신전화통화 업무 취급
連浦郵便局	함경남도 함주군 연포면 신흥리	1941.5.22	총독부 고시 제717호/전신전화통화사무 취급
群仙郵便局		1942.1.31	총독부 고시 제76호/군선전신취급소를 승계
扶桑郵便局	함경남도 성주군 덕산면 부상리	1942.3.16	총독부 고시 제320호/우편국 설치
俗厚郵便局	함경남도 북청군 속후면 서호리	1942.3.16	총독부 고시 제324호/우편국 설치
興南郵便局	함경남도 함주군 흥남읍 흥남리	1942.3.20	총독부 고시 제358호/우편국 설치
豐上郵便局	함경남도 문천군 풍상면 마한리	1942.6.16	총독부 고시 제876호/전신,통화사무 개시
陽化郵便局	함경남도		
興城雲城里郵便局	함경남도 함주군 흥남읍 은성리	1942.11.30	총독부 고시 제1418호/흥남우편국으로 승계
梨上郵便局	함경남도 장진군 북면 이상리	1943.2.6	총독부 고시 제82호/전화통화사무 취급
荏子郵便局	함경남도 북청군 하차서면 임자동리	1943.5.25	총독부 고시 제622호/전신전화통화사무개시
羅興郵便局	함경남도 이원군 연호읍 창흥리	1944.3.30	총독부 고시 제463호/우편국 설치
興南里郵便局	함경남도 함주군 흥남읍 흥남리	1942.3.20	총독부 고시 제358호/우편국 설치
興南柳町郵便局	함경남도 함주군 흥남읍 유정리	1944.3.30	총독부 고시 제465호/우편국 설치
春川郵便局	강원도 춘천군 춘천읍	1911.5.15	총독부 고시 제127호/특설전화가입신청수리/전화교환
高城郵便局	강원도 고성군 고성읍	1911.1.1	총독부 고시 제93호/전신사무 개시
淮陽郵便局	강원도 간성군 신북면 내온정리	1915.8.16	총독부 고시 제190호/고시 제150호 개정
	강원도 회양군 회양면 읍내리	1921.4.5	총독부 고시 제75호/우편국 폐지 후 회양우편소로 승계
淮陽郵便局長安寺分室	강원도 회양군 장안면 장안사내	1918.10.31	총독부 고시 제250호/우편국분실 폐지
淮陽郵便局末輝里分室		1918.10.31	총독부 고시 제250호/우편국분실 폐지
溫井里淮陽局分室	강원도 회양군장양면내장안사내일원	1915.8.13	총독부 고시 제190호/고시 제150호 개정
三陟郵便局	강원도 삼척군 부내면 성내리	1917.9.16	총독부 고시 제191호/우편국 설치
		1923.3.25	총독부 고시 제83호/우편국 폐지 후삼척우편소로 승계
宋輝軍兼內金剛郵便局			
通川郵便局	강원도 통천군 통천면 중리	1921.3.25	총독부 고시 제50호/우편국 폐지 후 통천우편소로 승계
杆城郵便局	강원도 고성군 간성면 하리	1921.3.25	총독부 고시 제50호/우편국 폐지 후 간성우편소로 승계
襄陽郵便局	강원도 양양군 양양면 성내리	1921.3.25	총독부 고시 제50호/우편국 폐지 후 양양우편소로 승계
平昌郵便局	강원도 평창군 평창면 중리	1921.3.25	총독부 고시 제50호/우편국 폐지 후 평창우편소로 승계
楊口郵便局	강원도 양구군 양구면 중리	1921.4.10	총독부 고시 제87호/우편국 폐지 후 양구우편소로 승계
伊川郵便局	강원도 이천군 이천면 향교리	1921.4.15	총독부 고시 제90호/우편국 폐지 후 이천우편소로 승계
元山郵便局長安寺分室	강원도 회양군 장장면 장안사내	1921.7.1	총독부 고시 제136호/우편국분실 설치
元山郵便局末輝里分室	강원도 회양군 장장면 말휘리	1921.7.1	총독부 고시 제136호/우편국분실 설치
江陵郵便局	강원도 강릉군 가릉면 본정	1922.2.16	총독부 고시 제24호/전화교환업무 개시
江陵郵便局電信分室	강원도 강릉군강릉읍강릉측후소구내	1940.4.11	총독부 고시 제361호/전신분실 설치
鐵原郵便局	강원도 철원군 철원면 관전리	1922.2.16	총독부 고시 제24호/전화교환업무 개시
鐵原郵便局保險分室	강원도 철원군 철원읍 중리	1939.7.1	총독부 고시 제522호/보험분실 설치
洪川郵便局	강원도 홍천군 홍천면 진리	1923.3.25	총독부 고시 제71호/우편국 폐지 후 홍천우편소로 승계
蔚珍郵便局	강원도 울진군 울진면 진리	1923.3.25	총독부 고시 제71호/우편국 폐지 후 울진우편소로 승계
大浦郵便局	강원도 양양군 속초면 대포리	1941.3.1	총독부 고시 제190호/우편국 설치
內金剛郵便局	강원도 회양군 장양면 말휘리	1941.11.20	총독부 고시 제1807호/내금강역전신취급소를 승계
廷淵郵便局	강원도 평강군 남면 정연리	1941.3.24	총독부 고시 제289호/우편국 설치
新東郵便局	강원 도정선군 신동면 예미리	1941.3.27	총독부 고시 제340호/우편국 설치
上長郵便局	강원도 삼척군 상장면 장성리	1941.3.27	총독부 고시 제315호/우편국 설치
大光郵便局	강원도 철원군 신서면 도신리	1942.1.31	총독부 고시 제76호/대광우편취급소를 승계

蓬坪郵便局	강원도 평창군 봉평면 탑동리	1942.3.2	총독부 고시 제274호/우편국 설치
乃村郵便局	강원도 홍천군 내촌면 도관리	1942.3.26	총독부 고시 제383호/우편국 설치
內金剛郵便局溫井領出張所	강원도 회양군 내금강면 신풍리	1942.6.1	총독부 고시 제758호/출장소 사무 개시
內金剛郵便局毘盧峯出張所	강원도 회양군 내금강면 신풍리	1942.6.1	총독부 고시 제758호/출장소 사무 개시
外金剛郵便局神溪寺出張所	강원도 고성군 외금강면 창대리	1942.6.1	총독부 고시 제758호/출장소 사무 개시
外金剛郵便局六花岩出張所	강원도 고성군 외금강면 온정리	1942.6.1	총독부 고시 제758호/출장소 사무 개시
磨磋里郵便局	강원도 영월군 북면 마차리	1942.7.11	총독부 고시 제1431호/전화교환업무 개시
寅目郵便局	강원도 철원군 인목면 도밀리	1943.12.24	총독부 고시 제1442호/우편국 설치
箕城郵便局	강원도 울진군 기성면 직산리	1944.3.20	총독부 고시 제450호/우편국 설치
陽德院郵便局	강원도 홍천군 남면 양덕원리	1944.2.1	총독부 고시 제62호/우편국 설치
公州郵便局	충청남도 공주군	1911.3.10	총독부 고시 제54호/전화교환, 전화가입, 전보취급
大田郵便局	충청남도 대전군 대전면 영리	1911.3.10	총독부 고시 제54호/전화교환, 전화가입, 전보취급
		1911.3.30	총독부 고시 제87호/우편위체사무 취급 개시
		1922.10.6	총독부 고시 제231호/대전면 본정 1정목으로 이전
大田本町郵便局	충청남도 대전부 본정 2정목	1941.3.27	총독부 고시 제316호/우편국 설치
全義郵便局	충청남도 전의군 전의읍	1911.3.21	총독부 고시 제70호/전화통화사무 개시
		1914.5.25	총독부 고시 제136호/우편국 폐지 후 우편소로 개칭
瑞山郵便局	충청남도 서산군 서산읍	1911.3.21	총독부 고시 제70호/전화통화사무 개시
		1923.3.25	총독부 고시 제71호/우편국 폐지 후 서산우편소로 승계
鹽浦郵便局	충청남도 염포군 염포읍	1911.3.21	총독부 고시 제70호/전화통화사무 개시
定山郵便局	충청남도 정산군 정산읍	1912.5.31	총독부 고시 제235호/우편국 폐지 후 우편소로 개칭
牙山郵便局	충청남도 아산군 아산읍	1911.1.1	총독부 고시 제93호/전신사무 개시
		1911.3.21	총독부 고시 제70호/전화통화사무 개시
		1920.2.10	총독부 고시 제22호/우편국 폐지 후 아산우편소로 승계
洪州郵便局	충청남도 홍성군 홍양면 오관리	1917.9.16	총독부 고시 제191호/홍성우편국으로 우편국명 개정
洪城郵便局	충청남도 홍성군 홍양면 오관리	1917.9.16	총독부 고시 제191호/홍주우편국을 홍성우편국으로개정
		1923.3.11	총독부 고시 제44호/전화교환업무 개시
		1932.2.29	총독부 고시 제93호/우편국 폐지 후 홍성우편소로 승계
沔川郵便局	충청남도 당진군 면천면 성상리	1921.3.15	총독부 고시 제36호/면천우편소로 개칭
鴻山郵便局	충청남도 부여군 홍산면 북촌리	1921.3.25	총독부 고시 제50호/우편국 폐지 후 홍산우편소로 승계
鳥致院郵便局	충청남도 연기군 조치원면 조치원리	1921.3.26	총독부 고시 제51호/우편국 설치
報恩郵便局	충청남도 보은군 보은면 삼산리	1923.3.20	총독부 고시 제68호/우편국 폐지 후 보은우편소로 승계
江景郵便局	충청남도 논산군 강경읍 서정	1911.3.30	총독부 고시 제87호/우편위체사무 취급 개시
江景郵便局保險分室	충청남도 논산군 강경읍 서정	1939.6.21	총독부 고시 제505호/보험분실 설치
鋤山郵便局	충청북도 영동군 학산면 서산리	1941.2.21	총독부 고시 제151호/우편국 설치
新下郵便局	충청남도 대덕군 동면 신하리	1941.2.21	총독부 고시 제152호/우편국 설치
天宣郵便局	충청남도 서산군 정미면 천선리	1942.3.2	총독부 고시 제274호/우편국 설치
聖淵郵便局	충청남도 서산군 성연면 도천리	1942.11.25	총독부 고시 제1473호/우편국이전
成歡郵便局	충청남도 천안군		
鷄龍郵便局	충청남도 공주군 계룡면 월암리	1944.3.1	총독부 고시 제252호/우편사무 취급
笠浦郵便局	충청남도 부여군 양화면 부포리	1944.3.1	총독부 고시 제252호/우편사무취급
余美郵便局	충청남도 서산군 운천면 용취리	1944.3.1	총독부고시제252호/우편사무 취급
清州郵便局	충청북도 청주군 청주읍	1911.3.30	총독부 고시 제87호/우편위체사무 취급 개시
清州郵便局保險分室	충청북도 청주군 청주읍 본정 1정목	1940.12.16	총독부 고시 제1428호/보험분실 설치
		1911.7.1	총독부 고시 제207호/언문전보 취급 개시
鎭川郵便局	충청북도 진천군 진천읍	1911.2.1	총독부 고시 제14호/전신사무 개시
		1911.3.21	총독부 고시 제70호/전화통화사무 개시
		1921.4.5	총독부 고시 제75호/우편국 폐지 후 진천우편소로 승계
槐山郵便局	충청북도 괴산군 괴산읍	1912.2.21	총독부 고시 제40호/전신, 전화통화사무 개시
		1923.3.25	총독부 고시 제71호/우편국 폐지 후 괴산우편소로 승계
永同郵便局	충청북도 영동군 영동면	1923.5.11	총독부 고시 제153호/전화교환업무 개시
內秀郵便局	충청북도 청주군북일면 내수리	1941.3.1	총독부 고시 제189호/우편국 설치
鶴山郵便局	충청북도 영동군 학산면 서산리	1941.5.16	총독부 고시 제633호/서산우편국을 개칭
德山郵便局	충청북도 진천군 덕산면 용몽리	1942.1.31	총독부 고시 제76호/덕산우편취급소를 승계

伊院郵便局			
甫川郵便局	충청북도 음성군 원남면 보천리	1944.3.1	총독부 고시 제252호/우편사무 취급
鳳陽郵便局	충청북도 제천군 봉양면 주포리	1944.3.1	총독부 고 시제252호/우편사무 취급
內秀郵便局	충청북도 청주군 북일면 내수리	1944.3.1	총독부 고시 제252호/우편사무 취급
光州郵便局	전라남도 광주군 광주읍	1910.12.11	총독부 고시 제64호/전화교환업무 개시
		1911.3.13	총독부 고시 제63호/전화교환업무 폐지
麗水郵便局	전라남도 여수군 현내면 장동	1911.10.25	총독부 고시 제67호/우편국 이전
			전라남도 여수군 여수읍-현내면 장동으로 이전
咸平郵便局	전라남도 함평군 기성면 누각리	1913.1.26	총독부 고시 제21호/우편국 이전
			전라남도 함평군 기성면 동하주리로 이전
		1923.3.25	총독부 고시 제71호/우편국 폐지 후 함평우편소로 승계
濟州郵便局	전라남도 제주도 제주면 삼도리	1915.6.1	총독부 고시 제133호/전신전화사무 개시
興陽郵便局	전라남도 고흥군 고흥면 옥상리	1915.11.1	총독부 고시 제275호/우편국 이전
			전라남도 고흥군 고흥면 악동리로 이전
		1917.9.16	총독부 고시 제191호/고흥우편국으로 개정
高興郵便局	전라남도 고흥군 고흥면 옥하리	1917.9.16	총독부 고시 제191호/흥양우편국을 고흥우편국. 개정
		1923.3.25	총독부 고시 제71호/우편국 폐지 후 고흥우편소로 승계
綾州郵便局	전라남도 화순군 능주면 석고리	1918.9.25	총독부 고시 제217호/우편국 폐지 후 능주우편소로 승계
谷城郵便局	전라남도 곡성군 곡성면 읍내리	1921.3.25	총독부 고시 제50호/우편국 폐지 후 곡성우편소로 승계
長城郵便局	전라남도 장성군 장성면 성산리	1922.3.20	총독부 고시 제68호/우편국 폐지 후 장성우편소로 승계
順天郵便局	전라남도 순천면 순천면 행정	1922.3.26	총독부 고시 제76호/전신전화통화사무 개시
順天郵便局保險分室	전라남도 순천군 순천읍 본정	1940.4.5	총독부 고시 제362호/보험분실 설치
莞島郵便局	전라남도 완도군 완도면 군내리	1923.3.25	총독부 고시 제71호/우편국 폐지 후완도우편소로 승계
珍島郵便局	전라남도 진도군 진도면 성내리	1923.3.25	총독부 고시 제71호/우편국 폐지 후 진도우편소로 승계
潭陽郵便局	전라남도 담양군 담양면 객사리	1923.3.25	총독부 고시 제71호/우편국 폐지 후 담양우편소로 승계
靈岩郵便局	전라남도 영암군 영암면 서남리	1923.3.25	총독부 고시 제71호/우편국 폐지 후 영암우편소로 승계
木浦郵便局	전라남도 목포부		
木浦郵便局保險分室	전라남도 목포부 대화정 1정목	1939.5.25	총독부 고시 제460호/보험분실 설치
靑山島郵便局	전라남도 완도군 청산면 도청리	1941.2.21	총독부 고시 제151호/우편국 설치
別良郵便局	전라남도 순천군 별양면 봉림리	1941.2.21	총독부 고시 제152호/우편국 설치
槐木郵便局	전라남도 순천군 황전면 괴목리	1942.1.31	총독부 고시 제76호/괴목우편취급소를 승계
梨陽郵便局	전라남도 화순군 이양면 이양리	1942.1.31	총독부 고시 제76호/이양우편취급소를 승계
別良郵便局	전라남도 순천군 별양면 봉림리	1942.3.21	총독부 고시 제360호/우편물집배사무 취급
公山郵便局	전라남도 나주군 공산면 영곡리	1942.3.26	총독부 고시 제383호/우편국 설치
安島郵便局	전라남도 여수군 남면 안도리	1942.10.1	총독부 고시 제1250호/전신사무취급 개시
一老郵便局	전라남도 무안군일노면 월암리	1942.10.8	총독부 고시 제1291호/전신, 전화, 통화사무 개시
磁恩郵便局	전라남도 무안군 자은면 유각리	1944.3.6	총독부 고시 제311호/우편국 설치
飛禽郵便局	전라남도 무안 군비금 면수대리	1942.3.29	총독부 고시 제312호/우편국 설치
古今郵便局	전라남도 완도군 고금면 덕동리	1944.3.6	총독부 고시 제311호/우편국 설치
群山郵便局	전라북도	1911.3.30	총독부 고시 제87호/우편위체사무취급 개시
全州郵便局	전라북도 전주군 전주읍	1910.10.1	총독부 고시 제209호/우편물, 전화교환업무 개시
泰仁郵便局	전라북도 정읍군태인면 상1리	1914.7.15	총독부 고시 제262호/우편국 폐지, 태인우편소로 승계
咸悅郵便局	전라북도 함열군 함열읍	1912.3.28	총독부 고시 제140호/전신, 전화통화 사무 개시
古阜郵便局	전라북도 정읍군 고부면 고부리	1921.3.25	총독부 고시 제50호/우편국 폐지 후 고부우편소로 승계
鎭安郵便局	전라북도 진안군 진안면 군상리	1921.4.5	총독부 고시 제75호/우편국 폐지 후 진안우편소로 승계
高敞郵便局	전라북도 고창군 고창면 읍내리	1921.4.5	총독부 고시 제75호/우편국 폐지 후 고창우편소로 승계
裡里郵便局	전라북도 익산군 익산면 이리	1921.4.6	총독부 고시 제76호/우편국 설치
龍潭郵便局	전라북도 진안군 용담면 옥과리	1921.4.10	총독부 고시 제87호/우편국 폐지 후 용담우편소로 승계
南原郵便局	전라북도 남원군 남원면 하정리	1922.2.16	총독부 고시 제24호/전화교환업무 개시
		1922.4.1	총독부 고시 제84호/탁송전보취급 개시
錦山郵便局	전라북도 금산군 금산면 상리	1923.3.20	총독부 고시 제68호/우편국 폐지 후 금산우편소로 승계
淳昌郵便局	전라북도 순창군 순창면 정화리	1923.3.25	총독부 고시 제71호/우편국 폐지 후 순창우편소로 승계

平地郵便局	전라북도 진안군 마령면 평지리	1941.2.21	총독부 고시 제151호/우편국 설치
鳳東郵便局	전라북도 완주군 봉동면 장기리	1941.3.1	총독부 고시 제193호/우편집배사무 개시
馬靈郵便局	전라북도 진안군 마령면 평지리	1941.5.16	총독부 고시 제633호/평지우편국을 개칭
臨陂郵便局	전라북도 임피군 군내면 성내리	1941.7.21	총독부 고시 제1091호/임피전신취급소 업무 승계
金池郵便局	전라북도 남원군 금지면 신월리	1941.9.25	총독부 고시 제1516호/우편국 이전
沃構郵便局	전라북도 옥구군 옥구면 옥봉리	1942.3.16	총독부 고시 제327호/우편국 설치
大山郵便局	전라북도 고창군 대산면 매산리	1942.3.23	총독부 고시 제355호/우편국 설치
七寶郵便局	전라북도 정읍군 칠보면 시산리	1943.8.9	총독부 고시 제885호/전신전화통화사무 개시
珍山郵便局	전라북도 금산군 진산면 읍내리	1944.3.28	총독부 고시 제464호/우편사무 취급
釜山郵便局	경상남도 부산부 부산행정 1정목	1911.3.30	총독부 고시 제87호/우편위체사무취급 개시
		1911.6.25	총독부 고시 제176호/부산우편국 이전
釜山郵便局飛行場分室	경남울산군울산읍삼산리울산비행장내	1938.9.30	총독부 고시 제759호/우편국 분실 설치
釜山本町郵便局	경상남도 부산부 부산본정 1정목	1911.6.24	총독부 고시 제177호/부산본정우편국 폐지 후 부산우편국으로 합병
釜山郵便局分室	경상남도 부산부 부산대창정	1911.6.24	총독부 고시 제177호/부산우편국분실 폐지 후 부산우편국으로 합병
釜山郵便局蔚山分室	경상남도 울산군 울산읍 북정동	1938.9.30	총독부 고시 제759호/우편국분실 설치
釜山西町郵便所	경상남도 부산부 부산서정 4정목	1911.6.25	총독부 고시 제178호/우편소 설치
釜山郵便局牧島電話分室	경상남도 부산부 진선정	1930.4.1	총독부 고시 제175호/분실 설치
釜山西大新町郵便局	경상남도 부산부 서대신정 2정목	1941.3.11	총독부 고시 제251호/우편국 설치
釜山貯金管理所			
釜山遞信分場局構內郵便所			
釜山遞信分場局構內郵便電信局			
釜山牧島郵便局	경상남도 부산부 한선정	1942.11.30	총독부 고시 제1418호/부산우편국으로 승계
釜山釜田里郵便局	경상남도 부산부 부전리	1942.11.30	총독부 고시 제1418호/북부산전신분실로 승계
馬山郵便局		1911.3.30	총독부 고시 제87호/우편위체사무취급 개시
晋州郵便局	경상남도 진주군 진주읍	1911.3.30	총독부 고시 제87호/우편위체사무취급 개시
晋州郵便局保險分室	경상남도 진주부 영정	1941.7.15	총독부 고시 제1072호/보험분실 설치
靈山郵便局	경상남도 영산군 영산읍	1911.2.1	총독부 고시 제14호/전신사무 개시
固城郵便局	경상남도 고성군 고성읍	1911.3.21	총독부 고시 제70호/전화통화사무 개시
巨濟郵便局	경상남도 거제군 거제읍	1911.12.21	총독부 고시 제369호/전신전화사무 개시
		1921.4.5	총독부 고시 제75호/우편국 폐지 후 거제우편소로 승계
鎭海郵便局	경상남도 마산부 진해양화정 2정목	1912.1.15	총독부 고시 제10호/우편국 설치
鎭海郵便局縣洞分室	경상남도 창원군 진해읍 현동	1943.6.11	총독부 고시 제706호/전신전화통화사무 개시
密陽郵便局	경상남도 밀양군 부내면 마곡동	1913.7.11	총독부 고시 제257호/전화통화사무 개시
陜川郵便局	경상남도 합천군 합천면 합천동	1921.3.25	총독부 고시 제50호/우편국 폐지 후 합천우편소로 승계
南海郵便局	경상남도 남해군 남해면 북변동	1921.3.25	총독부 고시 제50호/우편국 폐지 후 남해우편소로 승계
統營郵便局	경상남도 통영군 통영면 수국정	1922.4.1	총독부 고시 제86호/탁송전보취급 개시
茂林郵便局	경상남도 남해군 이동면 무림리	1941.2.21	총독부 고시 제159호/우편국 설치
蔚山郵便局	경상남도 울산군 울산면 북정동	1923.3.11	총독부 고시 제48호/전화교환업무 개시
蔚山郵便局保險分室	경상남도 울산군 울산읍 성남동	1940.1.14	총독부 고시 제40호/보험분실 설치
咸陽郵便局	경상남도 함양군 함양면 상동	1923.3.25	총독부 고시 제71호/우편국 폐지 후 함양우편소로 승계
居昌郵便局	경상남도 거창군 거창면 상동	1923.3.25	총독부 고시 제71호/우편국 폐지 후 거창우편소로 승계
河東郵便局	경상남도 하동군 하동면 읍내리	1924.3.1	총독부 고시 제46호/전화교환업무 개시
		1932.2.29	총독부 고시 제93호/우편국 폐지 후 하동우편소로 승계
		1928.9.11	총독부 고시 제2053호/우편국분실 설치
岳陽郵便局	경상남도 하동군 악양면 정서리	1941.2.21	총독부 고시 제151호/우편국 설치
大南郵便局	경상남도 함양군 서상면 대남리	1942.3.16	총독부 고시 제320호/우편국 설치
舊助羅郵便局	경상남도 통영군 일운면 구조라리	1942.3.16	총독부 고시 제320호/우편국 설치
馬山上南里郵便局	경상남도 마산부 상남리	1942.3.30	총독부 고시 제442호/우편국 설치
馬山新町郵便局	경상남도 마산부 신정	1943.12.1	총독부 고시 제1370호/마산상남리 우편국을 개칭
舊馬山郵便局			
馬山元町郵便局	경상남도 마산부 원정	1943.12.1	총독부 고시 제1370호/구마산우편국을 개칭
龜浦郵便局			
昌原郵便局			

郡北郵便局			
露梁郵便局	경상남도 하동군 금남면 노량리	1944.2.5	총독부 고시 제125호/우편사무 취급
大合郵便局	경상남도 창녕군 대합면 십이리	1944.3.11	총독부 고시 제363호/우편국 설치
城浦郵便局	경상남도 통영군 사등면 성포리	1944.3.28	총독부 고시 제462호/우편국 설치
水東郵便局	경상북도 함양군 수동면 화산리	1944.3.28	총독부 고시 제464호/우편사무 취급
大邱郵便局	경상북도 대구부 대구금정 1정목	1911.3.30	총독부 고시 제87호/우편위체사무취급 개시
	(경상북도 대구부 대구원정 1정목)	1911.12.16	총독부 고시 제367호/위치명칭 개정
大邱郵便局飛行場分室	경북달성군해언면입석동대구비행장내	1937.1.31	총독부 고시 제41호/비행장분실 설치
大邱郵便局保險分室	경상북도 대구부 경정 1정목	1940.6.1	총독부 고시 제539호/보험분실 설치
大邱七星町郵便局	경상북도 대구부 칠성정	1944.3.30	총독부 고시 제465호/우편국 설치
金泉郵便局	경상북도 김천군 본정	1911.3.21	총독부 고시 제70호/전화통화사무 개시
		1911.8.1	총독부 고시 제268호/우편국 이전
			김천본정에서 경상북 도금산군 김천면 하신기로 이전
永川郵便局	경상북도 영천군 영천면 창구동	1923.2.28	총독부 고시 제41호/우편국 폐지 후 영천우편소로 승계
金泉郵便局保險分室	경상북도 김천군 김천읍 금정	1943.3.31	총독부 고시 제465호/보험분실 폐지
善山郵便局	경상북도 선산군 선산읍	1911.3.21	총독부 고시 제70호/전화통화사무 개시
		1923.3.25	총독부 고시 제71호/우편국 폐지 후 선산우편소로 승계
慶州郵便局	경상북도 경주군 경주면 서부리	1911.5.15	총독부 고시 제127호/특설전화가입신청 수리/전화교환
		1912.3.21	총독부 고시 제107호/특설전화교환, 전화가입, 전보취급
浦項郵便局	경상북도 영일군 북면 포항	1911.5.15	총독부 고시 제127호/특설전화가입신청수리/전화교환
		1912.3.1	총독부 고시 제52호/특설전화교환, 전화가입, 전보취급
聞慶郵便局	경상북도 문경군 문경읍	1912.2.26	총독부 고시 제33호/전신, 전화통화사무 개시
		1923.3.25	총독부 고시 제71호/우편국 폐지 후 문경우편소로 승계
尙州郵便局	경상북도 상주군 상주읍	1912.2.16	총독부 고시 제34호/전화통화사무 개시
		1921.7.1	총독부 고시 제147호/전화교환업무 개시
榮川郵便局	경상북도 영주군 영주면 영주리	1917.9.16	총독부 고시 제191호/영주우편국으로 개정
榮州郵便局	경상북도 영주군 영주면 영주리	1917.9.16	총독부 고시 제191호/영천우편국을 영주우편국으로 개정
		1921.3.25	총독부 고시 제50호/우편국 폐지 후 영주우편소로 승계
軍威郵便局	경상북도 군위군 군위면 서부동	1921.3.11	총독부 고시 제62호/우편국 폐지 후 군위우편소로 승계
靑松郵便局	경상북도 청송군 청송면 월막동	1921.3.11	총독부 고시 제62호/우편국 폐지 후 청송우편소로 승계
安東郵便局	경상북도 안동군 안동면 동부동	1922.2.16	총독부 고시 제24호/전화교환업무 개시
盈德郵便局	경상북도 영덕군 영덕면 남석동	1923.3.25	총독부 고시 제71호/우편국 폐지후 영덕우편소로 승계
醴泉郵便局	경상북도 예천군 예천면 서본동	1923.3.25	총독부 고시 제71호/우편국 폐지 후 예천우편소로 승계
義城郵便局	경상북도 의성군 의성면 한죽동	1923.3.25	총독부 고시 제71호/우편국 폐지 후 의성우편소로 승계
盆泉郵便局	경상북도 안동군 북후면 분천리	1941.3.6	총독부 고시 제204호/우편국 설치
丑山郵便局	경상북도 영덕군 축산면 축산동	1941.4.4	총독부 고시 제403호/전신전화통화사무 취급 개시
金井郵便局	경상북도 봉화군 춘양면 우구치리	1941.11.28	총독부 고시 제1857호/전신, 전화, 통화사무 개시
縣東郵便局	경상북도 청송군 현동면 도평동	1942.2.26	총독부 고시 제256호/우편국 설치
塔里郵便局	경상북도 의성군 의성면 탑리동	1942.2.26	총독부 고시 제256호/우편국 설치
一直郵便局	경상북도 안동군 일직면 안산동	1942.3.26	총독부 고시 제383호/우편국 설치
淸道郵便局			
東魯郵便局	경상북도 문경군 동노면 적성리	1944.3.28	총독부 고시 제462호/우편국 설치
牟東郵便局	경상북도 상주군 모동면 용호리	1944.3.28	총독부 고시 제462호/우편국 설치
延日郵便局	경상북도 영일군 연일면 생지동	1944.3.28	총독부 고시 제464호/우편사무 취급
舊助羅郵便局	경상북도 통영군 일운면 구조나리	1942.3.16	총독부 고시 제323호/우편국 설치

우편소 명단

京畿道地域

京城昌德宮前郵便所	경기도 경성부 와룡정	1939.3.1	총독부 고시 제141호/우편소 설치
京城本町2丁目郵便所	경기도 경성부 본정 2정목	1914.3.26	총독부 고시 제76호/전신, 전화통화사무 개시
京城本町4丁目郵便所	경기도 경성부 본정 2정목	1914.8.1	총독부 고시 제273호/경성본 정2정목우편소로 개정
京城本町6丁目郵便所	경기도 경성부 본정 3정목	1914.8.1	총독부 고시 제273호/경성본정 3정목우편소로 개정
京城本町9丁目郵便所	경기도 경성부 본정 5정목	1914.8.1	총독부 고시 제273호/경성본정 5정목우편소로 개정
京城東大門通郵便所	경기도 경성부 종로 3정목	1913.7.11	총독부 고시 제252호/우편소명 개칭
京城明治町郵便所	경기도 경성부 경성명치정 2정목	1914.3.14	총독부 고시 제72호/전신사무 및 전화통화사무 개시
京城南大門內郵便所	경기도 경성부 남대문통 4정목	1932.5.1	총독부 고시 제231호/경성남대문우편소로 개칭

京城永樂町郵便所	경기도 경성부 경성황금정 3정목	1912.7.7	총독부 고시 제203호/우편소 이전
			경성부 경성영락정 3정목-황금정 3정목으로 이전
京城寺洞郵便所	경기도 경성부 사동	1911.3.25	총독부 고시 제80호/경성사동우편소를
			경성원사정우편소로 개칭
京城元寺町郵便所	경기도 경성부 관훈동	1914.8.1	총독부 고시 제273호/경성관훈동우편소로 개정
京城鍾路郵便所	경기도 경성부 남대문통 1정목	1910.9.21	총독부 고시 제212호/우편물, 집배사무 개시
		1920.7.14	총독부 고시 제192호/경성부 견지동으로 이전
		1922.8.1	총독부 고시 제190호/경성부 종로1정목으로 이전
		1927.10.1	총독부 고시 제297호/경성부 종로 2정목으로 이전
		1931.8.16	총독부 고시 제402호/경성부 공평동으로 이전
京城鍾路3丁目郵便所	경기도 경성부 종로 3정목	1913.7.11	총독부 고시 제252호/우편소명 개칭
			경성 동대문통우편소-경성 종로 3정목우편소로 개칭
京城黃橋通郵便所	경기도 경성부 원남동	1914.8.1	총독부 고시 제273호/경성원남동우편소로 개정
京城鍾路5丁目郵便所	경기도 경성부 종로 5정목		
京城太平町郵便所	경기도 경성태평정 2정목	1910.9.21	총독부 고시 제212호/우편물, 집배사무 개시
京城靑葉町郵便所	경기도 경성부 청엽정	1910.9.21	총독부 고시 제212호/우편물, 집배사무 개시
京城竹園町郵便所	경기도 경성부 경성누정정	1912.3.1	총독부 고시 제53호/우편소 설치
		1914.8.1	총독부 고시 제273호/경성황금 3정목우편소로 개정
京城大平町郵便所	경기도 경성부 정동	1914.9.1	총독부 고시 제343호/우편소명칭, 이전
京城大平通郵便所	경기도 경성부 황금정 1정목	1914.9.1	총독부 고시 제343호/경성대평정우편소 개정 이전 승계
京城黃橋通郵便所	경기도 경성부 경성황교통 1정목	1910.10.21	총독부 고시 제17호/우편소 설치
京城黃金町3郵便所	경기도 경성부 황금정 4정목	1926.9.6	총독부 고시 제267호/경성황금정4우편소로 개칭
京城黃金町4郵便所	경기도 경성부 황금정 4정목	1926.9.6	총독부 고시 제267호/경성황금정3우편소를 개칭
京城黃金町7郵便所	경기도 경성부 황금정 7정목	1934.3.26	총독부 고시 제122호/우편소 설치
京城東大門外郵便所	경기도 경성부 창신동	1930.6.1	총독부 고시 제247호/우편소 설치
京城驛前郵便所	경기도 경성부 고시정	1932.3.11	총독부 고시 제128호/우편소 설치
京城惠化洞郵便所	경기도 경성부 혜화동	1932.3.26	총독부 고시 제135호/우편소 설치
京城三坂通郵便所	경기도 경성부 삼판통	1933.3.16	총독부 고시 제82호/우편소설치
京城通義洞郵便所	경기도 경성부 통의동	1932.7.10	총독부 고시 제350호/우편소 이전
京城峴底洞郵便所	경기도 경성부 현저동	1934.3.21	총독부 고시 제110호/우편소 설치
京城淸凉郵便所	경기도 경성부 청량리정	1936.4.1	총독부 고시 제209호/청량우편소를 개칭
京城蓬萊町郵便所	경기도 경성부 봉래정 3정목	1928.3.1	총독부 고시 제57호/우편소 설치
京城安國郵便所	경기도 경성부 관훈동	1931.7.6	총독부 고시 제344호/우편소 이전
京城往十里郵便所	경기도 경성부 하왕십리정	1936.4.1	총동부 고시 제209호/왕십리우편소를 개칭
京城鷺梁津郵便所	경기도 경성부 본동정	1936.4.1	총동부 고시 제209호/노량진우편소를 개칭
京城元町2郵便所	경기도 경성부원정 2정목	1936.4.1	총동부 고시 제209호/용산원정2우편소를 개칭
京城元町3郵便所	경기도 경성부 원정 3정목	1936.4.1	총동부 고시 제209호/용산원정3우편소를 개칭
京城漢江通郵便所	경기도 경성부 한강통	1936.4.1	총동부 고시 제209호/용산한강통우편소를 개칭
京城阿峴町郵便所	경기도 경성부 아현정	1936.4.1	총동부 고시 제209호/경성아현리우편소를 개칭
京城阿峴里郵便所	경기도 고양군 용강면 아현리	1932.2.16	총독부 고시 제58호/우편사무 개시
京城峴底町郵便所	경기도 경성부 현저정	1936.4.1	총동부 고시 제209호/경성현저동우편소를 개칭
京城通義町郵便所	경기도 경성부 통의정	1936.4.1	총동부 고시 제209호/경성통의동우편소를 개칭
京城苑南町郵便所	경기도 경성부 원남정	1936.4.1	총동부 고시 제209호/경성원남동우편소를 개칭
京城惠化町郵便所	경기도 경성부 혜화정	1936.4.1	총동부 고시 제209호/경성혜화동우편소를 개칭
京城新設町郵便所	경기도 경성부 신설정	1937.3.6	총동부 고시 제127호/우편소 설치
京城敦岩町郵便所	경기도 경성부 돈암정	1938.3.6	총독부 고시 제163호/우편소 설치
京城樓丘郵便所	경기도 경성부 신당정	1938.3.23	총독부 고시 제220호/우편소 설치
京城麻浦郵便所	경기도 경성부 도화동	1933.4.1	총독부 고시 제99호/마포우편소로 개칭
京城孝子町郵便所	경기도 경성부 효자정	1939.2.1	총독부 고시 제59호/우편소 설치
京城孔德町郵便所	경기도 경성부 공덕정	1939.2.16	총독부 고시 제96호/우편소 설치
龍山元町郵便所	경기도 경성부 원정 2정목	1913.6.21	총독부 고시 제217호/우편소명 개칭
龍山元町2丁目郵便所	경기도 경성부 원정 2정목	1913.6.21	총독부 고시 제217호/용산원정2정목우편소로 개칭
龍山漢江通郵便所	경기도 경성부 한강통		
龍山元町4丁目郵便所	경기도 경성부 원정 4정목	1913.6.21	총독부 고시 제216호/우편소 설치
仁川花町郵便所	경기도 인천부 인천화정 2정목	1911.3.16	총독부 고시 제64호/인천부인천화정 1정목으로 이전
仁川花房町郵便所	경기도 인천부 화방정		
仁川京町郵便所	경기도 인천부 내리	1914.8.1	총독부 고시 제273호/인천내리우편소로 개정
上仁川驛前郵便所	경기도 인천부 용강정	1926.11.1	총독부 고시 제327호/우편소 설치
仁川金谷里郵便所	경기도 인천부 금곡정	1936.10.20	총동부 고시 제560호/인천금곡정우편소로 개칭
仁川金谷町郵便所	경기도 인천부 금곡정	1936.10.20	총동부 고시 제560호/인천금곡리우편소를 개칭
仁川內里郵便所	경기도 인천부 서경정	1936.10.20	총동부 고시 제560호/인천서경정우편소로 개칭
仁川西京町郵便所	경기도 인천부 서경정	1936.10.20	총동부 고시 제560호/인천내리우편소를 개칭

仁川大和町郵便所	경기도 인천부 화정 3정목	1940.3.30	총독부 고시 제291호/우편소 설치
麻浦郵便所	경기도 경성부 서부도화동	1910.12.6	총독부 고시 제66호/우편소 이전
			한성부 서서용산방마포에서 경기도 경성부로
始興郵遞所	경기도 시흥군 시흥읍	1910.12.15	우편소 폐지 후 영등포우편국에 업무 승계
楊坪郵便所	경기도 양평군 읍내면 관문리	1912.6.1	총독부 고시 제236호/우편소 설치
高陽郵便所	경기도 고양군 사리대면 읍내리	1911.5.16	총독부 고시 제133호/우편소 설치
		1911.5.15	총독부 고시 제134호/우체소 폐지 후 우편소로 개칭
安山郵便所	경기도 안산군 군내면 수암동	1911.5.16	총독부 고시 제133호/우편소 설치
		1911.5.15	총독부 고시 제134호/우체소 폐지 후 우편소로 개칭
		1915.7.1	총독부 고시 제148호/우편소 이전 개칭-안양우편소
安養郵便所	경기도 시흥군 서이면 안양리	1914.7.1	총독부 고시 제148호/안산우편소를 개칭 안양우편소로
富平郵便所	경기도 부평군 군내면 상동	1911.5.16	총독부 고시 제133호/우편소 설치
		1911.5.15	총독부 고시 제134호/우체소 폐지 후 우편소로 개칭
		1912.3.16	총독부 고시 제118호/전신, 전화통화사무 개시
果川郵便所	경기도 과천군 군내면 관문동	1911.6.1	총독부 고시 제156호/우편소 설치
竹山郵便所	경기도 죽산군 부일면 읍내리	1911.6.1	총독부 고시 제156호/우편소 설치
		1911.5.31	총독부 고시 제157호/우체소 폐지 후 우편소로 개칭
陰竹郵便所	경기도 음죽군 남면 장호원 평촌	1911.6.16	총독부 고시 제167호/우편소 설치
		1911.6.15	총독부 고시 제168호/우체소 폐지 후 우편소로 개칭
		1914.8.1	총독부 고시 제273호/장호원우편소로 개정
陽智郵便所	경기도 양지군 읍내면 교동리	1911.7.1	총독부 고시 제191호/우편소 설치
		1911.6.30	총독부 고시 제192호/우체소 폐지 후 우편소로 개칭
永平郵便所	경기도 영평군 군내면 상동	1911.8.1	총독부 고시 제240호/우편소 설치
		1911.7.31	총독부 고시 제241호/우체소 폐지 후 우편소로 개칭
麻田郵便所	경기도 마전군 군내면 읍부리	1911.8.1	총독부 고시 제240호/우편소 설치
		1911.7.31	총독부 고시 제241호/우체소 폐지 후 우편소로 개칭
		1912.3.11	총독부 고시 제81호/전신, 전화통화사무 개시
通津郵便所	경기도 통진군 군내면 하리	1911.8.1	총독부 고시 제240호/우편소 설치
		1911.7.31	총독부 고시 제241호/우체소 폐지 후 우편소로 개칭
		1912.3.16	총독부 고시 제118호/전신, 전화통화사무 개시
陽城郵便所	경기도 양성군 읍내면 동리	1911.8.1	총독부 고시 제240호/우편소 설치
		1911.7.31	총독부 고시 제241호/우체소 폐지 후 우편소로 개칭
龍仁郵便所	경기도 용인군 수여면 소학동	1911.9.16	총독부 고시 제274호/우편소 설치
		1911.9.15	총독부 고시 제275호/우체소 폐지 후 우편소로 개칭
		1912.2.21	총독부 고시 제40호/전신사무, 전화통화 사무 개시
朔寧郵便所	경기도 삭령군 군내면 서변리	1911.10.16	총독부 고시 제304호/우편소 설치
		1911.10.15	총독부 고시 제305호/우체소 폐지 후 우편소로 개칭
		1912.3.1	총독부 고시 제50호/전신, 전화통화 사무 개시
豊德郵便所	경기도 풍덕군 군중면 읍내리	1911.10.16	총독부 고시 제304호/우편소 설치
		1911.10.15	총독부 고시 제305호/우체소 폐지 후 우편소로 개칭
鷺梁津郵便所	경기도 과천군 하북면 노량진	1911.12.21	총독부 고시 제369호/전신, 전화 사무 개시
喬桐郵便所	경기도 교동군 읍동면 읍내동	1911.11.1	총독부 고시 제315호/우편소 설치
		1911.10.31	총독부 고시 제316호/우체소 폐지 후 우편소로 개칭
平澤郵便所	경기도 진위군 내파면 통벌리	1912.1.1	총독부 고시 제385호/전신, 전화통화 사무 개시
		1923.5.11	총독부 고시 제153호/전화교환 업무 개시
陽川郵便所	경기도 양천군 군내면 가양동	1912.1.16	총독부 고시 제1호/우편소 설치
		1912.1.15	총독부 고시 제2호/우체소 폐지 후 우편소로 개칭
陽智郵便所	경기도 양지군 읍내면 교동리	1912.2.21	총독부 고시 제40호/전신, 전화통화 사무 개시
開城南本町郵便所	경기도 개성군 송도면 남본정	1923.6.16	총독부 고시 제182호/우편소 설치
議政府郵便所	경기도 양주군 파야면 의정부	1912.3.28	총독부 고시 제140호/전신, 전화통화 사무 개시

金浦郵便所	경기도 김포군 군내면 북변리	1912.6.1	총독부 고시 제236호/우편소 설치
驪州郵便所	경기도 여주군 주내면 홍문동	1912.8.1	총독부 고시 제301호/우편소 설치
		1912.7.31	총독부 고시 제302호/우편국 폐지 후 우편소로 개칭
安城郵便所	경기도 안성군 동이면 동리	1912.4.21	총독부 고시 제196호/우편소 설치
高浪浦郵便所	경기도 장단군 장서면 고랑포	1912.3.11	총독부 고시 제81호/전신, 전화통화 사무 개시
交河郵便所	경기 도교하군 교하읍	1910.12.25	총독부 고시 제78호/우편소 설치
加平郵便所	경기도 가평군 가평읍	1911.3.1	총독부 고시 제40호/우편소 설치
積城郵便所	경기도 적성군 적성읍	1911.3.1	총독부 고시 제40호/우편소 설치
東豆川郵便所	경기도 양주군 이첨면 동두천리	1911.10.11	총독부 고시 제308호/우편소 설치
官廳里郵便所	경기도 부천군 구읍면 관청리	1913.3.26	총독부 고시 제78호/우편소 설치
松坡郵便所	경기도 광주군 중대면 송파리	1914.7.21	총독부 고시 제272호/우편소 설치
通義洞郵便所	경기도 경성부 통의동	1914.8.26	총독부 고시 제328호/우편소 설치
一山郵便所	경기도 고양군 중면 일산리	1917.2.21	총독부 고시 제27호/우편소 설치
長湍郵便所	경기도 장단군 군내면 읍내리	1938.7.1	총독부 고시 제423호/군내우편소로 개칭
郡內郵便所	경기도 장단군 군내면 읍내리	1938.7.1	총독부 고시 제423호/장단우편소를 개칭
長湍停車場前郵便所	경기도 장단군 청남면 동장리	1920.9.21	총독부 고시 제39호/우편소 설치
長湍驛前郵便所	경기도 장단군 청남면 동장리	1935.7.25	총독부 고시 제410호/전화교환 업무 개시
		1938.7.1	총독부 고시 제423호/장단우편소로 개칭
發安郵便所	경기도 수원군 향남면 발안리	1920.3.16	총독부 고시 제60호/우편소 설치
金谷郵便所	경기도 양주군 미금면 금곡리	1920.11.1	총독부 고시 제265호/우편소 설치
西井里郵便所	경기도 진위군 송탄면 서정리	1921.3.16	총독부 고시 제34호/우편소 설치
		1923.4.1	총독부 고시 제84호/전신, 전화통화 사무 개시
抱川郵便所	경기도 포천군 군내면 구읍리	1921.3.16	총독부 고시 제35호/우편소 설치
長淵郵便所	경기도 장연군 군내면 읍내리	1921.3.16	총독부 고시 제35호/우편소 설치
廣州郵便所	경기도 광주군 경안면 경안리	1921.3.21	총독부 고시 제45호/우편소 설치
白岩郵便所	경기도 용인군 외사면 백암리	1922.3.6	총독부 고시 제49호/우편소 설치
清凉郵便所	경기도 고양군 숭인면 전농리	1922.3.6	총독부 고시 제49호/우편소 설치
		1922.10.26	총독부 고시 제230호/우편집배 사무 개시
松隅郵便所	경기도 포천군 소걸면 송우리	1923.3.16	총독부 고시 제56호/우편소 설치
汶山郵便所	경기도 파주군 임진면 문산리	1923.3.16	총독부 고시 제59호/우편소 설치
江華郵便所	경기도 강화군 부내면 관청리	1923.3.26	총독부 고시 제70호/우편소 설치
內松郵便所	경기도 광주군 중대면 가락리	1925.7.23	총독부 고시 제218호/우편소 이전
利川郵便所	경기도 이천군 읍내면 창전리	1926.3.26	총독부 고시 제85호/전화교환 업무 개시
文鶴郵便所	경기도 부천군 다주면 사충리	1929.11.1	총독부 고시 제399호/주안우편소로 개칭
朱安郵便所	경기도 부천군 다주면 사충리	1929.11.1	총독부 고시 제399호/문학우편소를 개칭
龍頭郵便所	경기도 양평군 청운면 용두리	1928.3.1	총독부 고시 제56호/우편소 설치
開城京町郵便所	경기도 개성부 경정	1937.3.26	총독부 고시 제177호/우편소 설치
發安郵便所	경기도 수원군 향남면 발안리	1928.3.16	총독부 고시 제82호/전신, 전화통화 사무 개시
九化郵便所	경기도 장단군 강상면 구화리	1929.3.31	총독부 고시 제73호/우편소 설치
梨浦郵便所	경기도 여주군 금사면 이포리	1932.3.6	총독부 고시 제98호/우편소 설치
安仲郵便所	경기도 진위군 오성면 안중리	1934.2.1	총독부 고시 제23호/우편소 설치
溫水郵便所	경기도 강화군 길상면 온수리	1936.3.1	총독부 고시 제102호/전신, 전화통화 사무 개시
清平郵便所	경기도 가평군 외서면 청평리	1935.3.6	총독부 고시 제124호/우편소 설치
烏山郵便所	경기도 수원군 성호면 오산리	1935.7.6	총독부 고시 제373호/전화교환업무 개시
素砂郵便所	경기도 부천군 소사면 심곡리	1935.7.6	총독부 고시 제376호/전화교환업무 개시
朝巖郵便所	경기도 수원군 우정면 조암리	1936.2.6	총독부 고시 제44호/우편소 설치
孔道郵便所	경기도 안성군 공도면 만정리	1936.11.1	총독부 고시 제595호/전신, 전화통화 사무 개시
軍浦場郵便所	경기도 시흥군 남면 당리	1937.2.1	총독부 고시 제11호/군포우편소로 개칭
軍浦郵便所	경기도 시흥군 남면 당리	1937.2.1	총독부 고시 제11호/군포우편소를 개칭
榛接郵便所	경기도 양주군 진접면 장현리	1937.2.16	총독부 고시 제71호/우편소 설치
兩水郵便所	경기도 양평군 양서면 양수리	1938.2.6	총독부 고시 제78호/우편소 설치
始興郵便所	경기도 시흥군 동면 시흥리	1938.2.16	총독부 고시 제101호/우편소 설치

磨石郵便所	경기도 양주군 화도면 마석우리	1938.3.21	총독부 고시 제215호/우편소 설치
永北郵便所	경기도 포천군 영북면 운천리	1939.2.5	총독부 고시 제71호/우편소 설치
沙江郵便所	경기도 수원군 송산면 사강리	1939.2.20	총독부 고시 제113호/전신, 전화통화 사무 취급
德亭郵便所	경기도 양주군 회천면 덕정리	1940.3.21	총독부 고시 제241호/우편소 설치
樂生郵便所	경기도 광주군 낙생면 판교리	1940.3.28	총독부 고시 제281호/우편소 설치
富平驛前郵便所	경기도 인천부 소화정	1940.7.1	총독부 고시 제662호/우편소 설치
洪原郵便所	함경남도 홍원군 홍원읍	1910.9.21	총독부 고시 제213호/우편물, 전신사무 개시
		1911.3.21	총독부 고시 제70호/전화통화사무 개시
利原郵便所	함경남도 이원군 이원읍	1910.12.16	총독부 고시제60호/우편소 설치
		1911.1.1	총독부 고시 제93호/전신사무 개시
		1911.3.21	총독부 고시 제70호/전화통화사무 개시
安邊郵便所	함경남도 안변군 학성면 문내리	1911.3.1	총독부 고시 제40호/우편소 설치
		1912.2.1	총독부 고시 제17호/전신, 전화통화 사무 개시
銅店郵便所	함경남도 갑산군 진동면 서동점	1911.3.21	총독부 고시 제70호/전화통화 사무 개시
		1915.2.28	총독부 고시 제38호/우편소 폐지, 동점우편국으로개칭
高原郵遞所	함경남도 고원군 고원읍	1911.3.25	총독부 고시제78호/우체소 설치
		1911.3.29	총독부 고시 제79호/우체소를 우편소로 개칭
定平郵便所	함경남도 정평군 부남면 중흥리	1911.8.16	총독부 고시 제254호/우편소 설치
		1911.8.15	총독부 고시 제255호/우체소 폐지 후 우편소로 개칭
		1915.9.30	총독부 고시 제251호/우편소 이전
			함경남도 정평군부내면 풍양리로 이전
文川郵便所	함경남도 문천군 군내면 남양리	1911.11.1	총독부 고시 제315호/우편소 설치
		1911.10.31	총독부 고시 제316호/우체소 폐지 후 우편소로 개칭
		1921.10.21	총독부 고시 제205호/문천군 군내면 옥평리로 이전
鎭興場郵便所	함경남도 영흥군 진평면 진흥리	1912.3.20	총독부 고시 제139호/우편소 설치
龍池院郵便所	함경남도 안변군 위익면 신용지원동	1911.10.1	총독부 고시 제43호/우편소 설치
三水郵便所	함경남도삼수군관남면중평장	1912.3.1	총독부 고시 제37호/우편소 설치
		1912.2.29	총독부 고시 제38호/우체소 폐지 후 우편소로 개칭
		1911.9.16	총독부 고시 제22호/전신, 전화통화 사무 개시
		1918.10.21	총독부 고시 제18호/삼수우편국으로 승계
新昌里郵便所	함경남도 북청군 하보청면 신창리	1912.3.16	총독부 고시 제84호/우편소 설치
		1911.9.16	총독부 고시 제22호/전신, 전화통화 사무 개시
新乭坡鎭郵便所	함경남도 삼수군 신농면 신갈파진	1911.9.16	총독부 고시 제22호/전신, 전화통화 사무 개시
		1919.6.15	총독부 고시 제156호/우편소 폐지 후 우편국으로승계
德源郵便所	함경남도 덕원군 부내면 성동	1913.2.17	총독부 고시 제93호/우편소 설치
遮湖郵便所	함경남도 이원군 남면 상차호리	1914.11.1	총독부 고시 제538호/전신, 전화통화 사무 개시
元山新町郵便所	함경남도 원산부 행정	1914.8.1	총독부 고시 제273호/원산행정우편소로 개정
元山幸町郵便所	함경남도 원산부 행정	1914.8.1	총독부 고시 제273호/원산신정우편소로 개정
		1920.10.16	총독부 고시 제248호/우편소, 소재지 이전
			원산본정우편소로 개칭, 원산부본정1정목으로 이전
元山陽地洞郵便所	함경남도 원산부 양지동	1930.3.11	총독부 고시 제100호/전신, 전화통화 사무 개시
汝海津郵便所	함경남도 단천군 이중면 문암리	1920.3.21	총독부 고시 제70호/우편소 설치
興南郵便所	함경남도 홍남군 운전면 호남리	1928.9.1	총독부 고시 320호/우편소 설치
五老郵便所	함경남도 함흥군 상기천면 오로리	1921.4.2	총독부 고시 제60호/우편소 설치
三湖郵便所	함경남도 홍원군 보청면 신덕리	1922.3.21	총독부 고시 제72호/우편소 설치
		1923.3.26	총독부 고시 제74호/전신, 전화통화 사무 개시
釋王寺郵便所	함경남도 안변군 문산면 오산리	1922.7.1	총독부 고시 제160호/우편소 설치
靈武郵便所	함경남도 홍원군 용원면 영덕리	1924.11.1	총독부 고시 제215호/전신, 전화통화 사무 개시
三岐郵便所	함경남도 북청군 니곡면 초리	1925.3.6	총독부 고시 제31호/전신, 전화통화 사무 개시
好仁郵便所	함경남도 삼수군 호인면 보성리	1927.7.26	총독부 고시 제222호/우편소 설치
川內郵便所	함경남도 문천군 도초면 천내리	1928.7.16	총독부 고시 제260호/우편소 설치

把撥郵便所	함경남도 풍산군 안산면 내중리	1929.3.26	총독부 고시 제86호/우편소 설치
水下郵便所	함경남도 단천군 수하면 고성리	1930.3.26	총독부 고시 제127호/우편소 설치
旺場郵便所	함경남도 영흥군 인흥면 왕상리	1931.3.11	총독부 고시 제110호/우편소 설치
新北靑郵便取扱所	함경남도 북청군 양가면 중리	1931.3.26	총독부 고시 제151호/우편취급소 설치
豊山郵便所	함경남도 풍산군 이인면 신풍리	1932.3.1	총독부 고시 제91호/우편소 설치
三水郵便所	함경남도 삼수군 삼남면 중평장리	1932.3.1	총독부고시제91호/우편소설치
大新里郵便所	함경남도 단천군 북두일면 대신리	1932.3.1	총독부고시제91호/우편소설치
長津郵便所	함경남도 장진군 군내면 읍상리	1932.3.1	총독부고시제91호/우편소설치
下碣郵便所	함경남도 장진군 신남면 하갈우리	1932.3.1	총독부고시제91호/우편소설치
大坪郵便所	함경남도 영흥군 횡천면 대평리	1933.3.26	총독부 고시 제95호/우편소 설치
新浦郵便所	함경남도 북청군 신포면 신포리	1933.7.3	총독부 고시 제296호/전화교환업무 개시
普天堡郵便所	함경남도 갑산군 보혜면 보전리	1934.3.16	총독부 고시 제101호/우편소 설치
秀山郵便所	함경남도 고원군 산곡면 수산리	1935.3.21	총독부 고시 제165호/우편소 설치
赴戰高原郵便所	함경남도 신흥군 동상면 원풍리	1936.3.11	총독부 고시 제129호/우편소 설치
鳳頭郵便所	함경남도 갑산군 운흥면 봉두리	1936.3.21	총독부 고시 제142호/우편소 설치
上通郵便所	함경남도 함주군 하기천면 상통리	1937.3.1	총독부 고시 제115호/우편소 설치
豊上郵便所	함경남도 덕원군 풍상면 마전리	1937.3.16	총독부 고시 제147호/우편소 설치
宣興郵便所	함경남도 영흥군 선흥면 선리	1937.3.16	총독부 고시 제147호/우편소 설치
大五是川郵便所	함경남도 갑산군 운흥면 대오시천리	1937.3.26	총독부 고시 제176호/우편소 설치
咸興黃金町郵便所	함경남도 함흥부 황금정 2정목	1937.3.26	총독부 고시 제177호/우편소 설치
興南雲城里郵便所	함경남도 함주군 흥남읍 운성리	1937.3.26	총독부 고시 제178호/우편소 설치
群仙郵便所	함경남도 이원군 동면 상선리	1938.2.1	총독부 고시 제86호/전화교환업무 개시
新興郵便所	함경남도 신흥군 신흥면 흥양리	1938.2.6	총독부 고시 제79호/전화교환업무 개시
同仁郵便所	함경남도 갑산군 동인면 신흥리	1938.3.6	총독부 고시 제160호/우편소 설치
元山場村洞郵便所	함경남도 원산부 장촌동	1938.3.21	총독부 고시 제217호/우편소 설치
文坪郵便所	함경남도 덕원군 북성면 수달리	1938.3.26	총독부 고시 제244호/우편소 설치
俗厚郵便所	함경남도 북청군 속후면 서호리	1938.3.26	총독부 고시 제246호/우편소 설치
陽化郵便所	함경남도 북청군 양화면 동리	1938.4.1	총독부 고시 제272호/전신, 전화통화사무 취급
洪君郵便所	함경남도 풍산군 천남면 홍군리	1938.10.7	총독부 고시 제813호/전신, 전화통화사무 취급
馬場郵便所	함경남도 영흥군 덕풍면 신풍리	1939.2.26	총독부 고시 제128호/우편소 설치
六抬郵便所	함경남도 북청군 신포읍 육태속리	1939.3.16	총독부 고시 제197호/우편소 설치
端川郵便所	함경남도 단천군 단천읍 주남리	1940.2.4	총독부 고시 제68호/우편소 이전
荏子郵便所	함경남도 북청군 하차서면 임자동리	1940.3.6	총독부 고시 제173호/우편소 설치
熊耳郵便所	함경남도 풍산군 웅이면 인평리	1940.3.21	총독부 고시 제235호/우편소 설치
連浦郵便所	함경남도 함주군 연포면 신흥리	1940.3.21	총독부 고시 제242호/우편집배사무 취급
晉天堡郵便所	함경남도 갑산군 진천보면 보전리	1940.3.21	총독부 고시 제243호/전신, 전화통화사무 취급
新上郵便所	함경남도 정평군 신상면 신하리	1940.11.15	총독부 고시 제1209호/전화통화업무 개시
朱乙郵便所	함경북도 경성군 주을온면 온천동	1922.3.26	총독부 고시 제74호/우편소 설치
臨溟郵便所	함경북도 성진군 학중면 임면동	1923.3.26	총독부 고시 제72호/우편소 설치
良化郵便所	함경북도 명천군 서면 양화동	1924.9.1	총독부 고시 제181호/우편소설치
城津旭町郵便所	함경북도 성진군 성진면 욱정	1925.3.26	총독부 고시 재47호/우편소 설치
		1928.2.10	총독부 고시제23호/우편소 폐지 후 성진우편국에 승계
錦川郵便所	함경북도 길주군 덕산면 금천동	1925.4.16	총독부 고시 재81호/우편소 설치
淸津浦項洞郵便所	함경북도 청진부 포항동	1925.6.30	총독부 고시 제176호/우편소 설치
淸津水南洞郵便所	함경북도 청진부 수남동	1938.3.23	총독부 고시 제219호/우편소 설치
錦川郵便所	함경북도 길주군 덕산면 금천리	1926.3.31	총독부 고시 제104호/우편소 폐지, 길주우편소로 승계
古茂山郵便所	함경북도 부령군 부령면 유평동	1928.4.11	총독부 고시 제131호/전신, 전화통화사무 개시
淸津新岩洞郵便所	함경북도 청진부 암동	1928.2.16	총독부 고시 제31호/우편소 설치
淸津明治町郵便所	함경북도 청진부 부도정	1935.8.1	총독부 고시 제426호/우편소 이전 개칭
淸津敷島町郵便所	함경북도 청진부 부도정	1935.8.1	총독부 고시 제426호/청진명치정우편소를 개칭
輸城郵便所	함경북도 경성군 용성면 수성동	1921.3.26	총독부 고시 제48호/우편소 설치
行營郵便所	함경북도 종성군 고읍면 행영동	1929.3.16	총독부 고시 제62호/우편소 설치

潼關郵便所	함경북도 종성군 종성면 동관동	1930.3.21	총독부 고시 제120호/우편소 설치
富居郵便所	함경북도 부령군 부거면 부거동	1930.3.26	총독부 고시 제127호/우편소 설치
行營郵便所	함경북도 종성군 고읍면 행영동	1930.3.6	총독부 고시 제92호/전신, 전화통화 사무 개시
錦川郵便取扱所	함경북도 길주군 덕산면 금천동	1931.3.26	총독부 고시 제151호/우편취급소 설치
楡津郵便取扱所	함경북도 경흥군 풍해면 대유동	1931.3.26	총독부 고시 제151호/우편취급소 설치
永安郵便所	함경북도 명천군 서면 삼향동	1932.3.30	총독부 고시 제154호/우편소 설치
合水郵便所	함경북도 길주군 양사면 양종동	1933.8.1	총독부 고시 제342호/우편소 설치
		1938.10.31	총독부 고시 제850호/함북 백암우편소에 승계
朱乙溫泉郵便所	함경북도 경성군 주을온면 중향동	1935.3.16	총독부 고시 제147호/우편소 설치
羅津港町郵便所	함경북도 경흥군 나진읍 문의동	1935.3.18	총독부 고시 제154호/우편소 설치
羅津濱町通郵便所	함경북도 나진부 빈정통 3정목	1936.11.1	총독부 고시 제591호/나진항정우편소를 개칭
新站郵便所	함경북도 무산군 동면 차수동	1936.3.1	총독부 고시 제78호/우편소 설치
延岩郵便所	함경북도 무산군 삼사면 연암리	1936.3.21	총독부 고시 제142호/우편소 설치
新昌郵便所	함경남도 북청군 신창면 신창리	1936.9.11	총독부 고시 제487호/전화교환업무 개시
楡津郵便所	함경북도 경흥군 풍해면 대유동	1937.3.11	총독부 고시 제134호/우편소 설치
錦川郵便所	함경북도 길주군 덕산면 금천동	1937.3.21	총독부 고시 제160호/우편소 설치
咸北白岩郵便所	함경북도 길주군 장사면 장종동	1937.3.21	총독부 고시 제162호/우편소 설치
黃谷郵便所	함경북도 명천군 아문면 황곡리	1937.3.21	총독부 고시 제163호/우편소 설치
灰岩郵便所	함경북도 경흥군 상하면 회암동	1937.3.26	총독부 고시 제176호/우편소 설치
古乾原郵便所	함경북도 경원군 용덕면 용현동	1937.3.26	총독부 고시 제176호/우편소 설치
城津旭町郵便所	함경북도 성진군 성진읍 욱정	1937.3.26	총독부 고시 제179호/우편소 설치
鳳岡郵便所	함경북도 경성군 어랑면 봉강동	1938.2.11	총독부 고시 제81호/우편소 설치
阿吾地郵便所	함경북도 경흥군 상하면 태양동	1938.2.11	총독부 고시 제81호/우편소 설치
承良郵便所	함경북도 경원군 안농면 승량동	1938.2.11	총독부 고시 제81호/우편소 설치
楡坪郵便所	함경북도 무산군 삼사면 유편동	1938.2.21	총독부 고시 제123호/우편소 설치
仲坪郵便所	함경북도 명천군 상고면 중평동	1938.3.11	총독부 고시 제136호/우편소 설치
龍臺郵便所	함경북도 성진군 학남면 금산면	1939.2.26	총독부 고시 제127호/우편소 설치
洛山郵便所	함경북도 영변군 관해면 산진동	1939.3.16	총독부 고시 제197호/우편소 설치
鹿野郵便所	함경북도 종성군 화방면 녹야리	1939.3.21	총독부 고시 제222호/우편소 설치
城津雙浦町郵便所	함경북도 성진군 성진읍 쌍포정	1940.3.26	총독부 고시 제266호/우편소 설치
龍坪郵便所	함경남도 고원군 운곡면 원평리	1940.3.29	총독부 고시 제284호/우편소 설치
平壤大同門郵便所	평안남도 평양부 평양남문통 3정목	1911.12.10	총독부 고시 제362호/우편소 설치
		1920.5.6	총독부 고시 제137호/평양부 이문리로 이전
平壤停車場前郵便所	평안남도 평양부 평양정차장	1912.4.14	총독부 고시 제187호/우편소이전, 평양부 북대수통
		1917.6.11	총독부 고시 제37호/우편소이전, 평양부죽원정으로 이전
平壤南門通郵便所	평안남도 평양부 전구리	1916.2.14	총독부 고시 제31호/우편소 개정, 이전
平壤西門通郵便所	평안남도 평양부 신양리	1924.1.21	총독부 고시 제13호/전신, 전화통화 사무 개시
平壤西城里郵便所	평안남도 평양부 서성리	1932.3.6	총독부 고시 제89호/우편소 설치
平壤上需里郵便所	평안남도 평양부 상수리	1930.3.26	총독부 고시 제129호/우편소 설치
平壤船橋里郵便所	평안남도 평양부 신리	1940.11.7	총독부 고시 제1241호/우편소 이전
平壤慶上里郵便所	평안남도 평양부 경상리	1940.3.6	총독부 고시 제175호/우편소 설치
平壤驛前郵便所			
平壤柳町郵便所			
平壤貯金管理所	평안남도 평양부 산수정 12번지	1939.10.1	총독부 고시 제796호/저금관리소 설치/번지 첫 사용
廣梁郵便所	평안남도 삼화부 내곡면 우등리	1910.9.21	총독부 고시 제214호/특수전화교환 업무
			및 전신사무,전화통화업무 개시
新安州郵便所	평안남도 안주군 청산면 원흥리	1910.12.16	총독부 고시 제62호/전신사무 개시
寧遠郵便所	평안남도 영원군 영원읍	1911.2.21	총독부 고시 제32호/우편소 설치
祥原郵遞所	평안남도 상원군 상원읍	1911.3.16	총독부 고시 제61호/우편소 설치
		1911.3.15	총독부 고시 제62호/우체소 폐지 후 우편소로 개칭
江東郵遞所	평안남도 강동군 강동읍	1911.3.16	총독부 고시 제61호/우편소 설치
		1911.3.15	총독부 고시 제62호/우체소 폐지 후 우편소로 개칭
		1911.12.21	총독부 고시 제369호/전신, 전화통화 사무 개시
寺洞郵遞所	평안남도 평양부 추을미면 상1리	1911.3.25	총독부 고시 제78호/우체소 설치
		1911.3.29	총독부 고시 제79호/우체소를 우편소로 개칭

永柔郵便所	평안남도 영유군 동부면 감정당	1911.6.16	총독부 고시제167호/우편소 설치
		1911.6.15	총독부 고시 제168호/우체소 폐지 후 우편소로 개칭
		1912.11.1	총독부 고시 제350호/전신, 전화통화 사무 개시
孟山郵便所	평안남도 맹산군 군내면 수정동	1911.7.1	총독부 고시 제191호/우편소 설치
		1911.6.30	총독부 고시 제192호/우체소 폐지 후 우편소로 개칭
龍岡郵便所	평안남도 용강군 산남면 홍문동	1911.7.16	총독부 고시 제225호/우편소 설치
		1911.7.15	총독부 고시 제226호/우체소 폐지 후 우편소로 개칭
价川郵便所	평안남도 개천군 군내면동변리	1912.4.21	총독부 고시 제196호/우편소 설치
		1912.4.20	총독부 고시 제195호/우편국을 우편소로 개칭
石岩郵便所	평안남도 순안군 용흥면 북일동	1911.11.1	총독부 고시 제66호/우편소 설치
		1912.7.21	총독부 고시 제224호/우편소이전,용흥면북2동으로 이전
了波郵便所	평안남도 성천군 유동면 신덕리	1912.10.1	총독부 고시 제298호/우편소 설치
		1915.10.21	총독부 고시 제270호/전신, 전화통화사무 개시
漢川郵便所	평안남도 평원군 한천면 불삼리	1914.1.26	총독부 고시 제15호/우편소 설치
		1914.10.21	총독부 고시 제270호/전신, 전화통화사무 개시
鎭南浦三和通郵便所	평안남도 진남포 부용정리	1914.8.1	총독부 고시 제273호/진남포 용정리우편소로 개정
鎭南浦龍井里郵便所	평안남도 진남포 부용정리	1914.8.1	총독부 고시 제273호/진남포 삼화우편소 승계
		1921.9.22	총독부 고시 제189호/진마포부용정리로 이전
鎭南浦碑石里郵便所			
眞池郵便所			
中和郵便所	평안남도 중화군 중화면 약민리	1932.10.1	총독부 고시 제512호/우편업무 개시
石陽郵便所			
藥田郵便所	평안남도 평원군 용호면 약전리	1940.3.1	총독부 고시 제149호/우편소 설치
勝湖郵便所	평안남도 강동군 만달면 승호리	1924.3.1	총독부 고시 제38호/전신,전화통화사무 개시
元灘郵便所	평안남도 강동군 원탄면 고비리	1938.3.21	총독부 고시 제216호/우편소 설치
長林郵便所	평안남도 성천군 사가면 장림리	1931.3.11	총독부 고시 제110호/우편소 설치
江西郵便所	평안남도 강서군 강서면 덕흥리	1921.4.16	총독부 고시 제89호/우편소 설치
德川郵便所	평안남도 덕천군 덕천면 읍북리	1921.4.26	총독부 고시 제101호/우편소 설치
甑山郵便所			
北倉郵便所	평안남도 맹산군 옥천면 북창리	1921.4.21	총독부 고시 제96호/우편소 설치
順川郵便所	평안남도 순천군 순천면 관상리	1921.3.16	총독부 고시 제35호/우편소 설치
社倉郵便所			
陽德郵便所	평안남도 양덕군 양덕면 용계리	1932.5.1	총독부 고시 제231호/구룡우편소를 양덕우편소로 개칭
龍岡溫泉郵便所	평안남도 용강군 해운면 온정리	1936.3.1	총독부 고시 제73호/우편소 설치
慈山郵便所	평안남도 순천군 자산면 자산리	1936.2.15	총독부 고시 제49호/우편소 설치
三登郵便所	평안남도 강동군 삼등면 문명리	1922.3.1	총독부 고시 제38호/우편소 설치
舍人郵便所	평안남도 순천군 사임면 사인리	1923.3.26	총독부 고시 제71호/우편소 설치
瑤浦郵便所	평안남도 중화군 해조면 요포리	1937.3.22	총독부 고시 제169호/우편소 설치
白石郵便所	평안남도 양덕군 화촌면 백석리	1933.2.26	총독부 고시 제61호/우편소 설치
雲谷郵便所	평안남도 안주군 운곡면 용복리	1938.3.16	총독부 고시 제200호/우편소 설치
萬城郵便所			
咸從郵便所			
大代郵便所	평안남도 용강군 대대면 덕동리	1939.2.21	총독부 고시 제117호/우편소 설치
殷山郵便所	평안남도 순천군 은산면 은산리	1939.1.26	총독부 고시 제34호/우편소 설치
金祭郵便所	평안남도 대동군 금제면 원장리	1937.3.16	총독부 고시 제148호/우편소 설치
溫和郵便所	평안남도 영원군 온화면 온양리	1937.3.16	총독부 고시 제147호/우편소 설치
崇仁郵便所	평안남도 성천군 숭인면 창인리	1934.3.16	총독부 고시 제105호/우편소 설치
岐陽郵便所	평안남도 강서군 동진면 기양리	1920.3.21	총독부 고시 제70호/우편소 설치
松亭郵便所	평안남도 덕천군 풍덕면 송정리	1938.3.25	총독부 고시제238호/우편소설치
東陽郵便所	평안남도 양덕군 동양면 하석리	1930.2.1	총독부 고시 제31호/전신,전화통화 사무 개시
肅川郵便所	평안남도 평안군 숙천면 관동리	1935.7.30	총독부 고시제422호/전화교환업무 개시

佳龍郵便所	평안남도 용강군 오신면 가용리	1924.6.1	총독부 고시 제122호/우편소 설치
看東郵便所	평안남도 중화군 간동면 간동장리	1929.3.16	총독부 고시 제66호/우편소 설치
成川郵便所	평안남도 성천군 성천면 상부리	1923.3.21	총독부 고시 제67호/우편소 설치
順安郵便所	평안남도 평원군 순안면 군상리	1919.7.1	총독부 고시 제172호/우편소 설치
新里郵便所	평안남도 안주군 입석면	1915.10.11	총독부 고시 제260호/우편소 설치
新倉郵便所	평안남도 순천군 신창면 신창리	1931.4.1	총독부 고시 제197호/우편소 설치
大平郵便所	평안남도 대동군 고평면 관탄리	1928.1.1	총독부 고시 제487호/전신,전화통화 사무 개시
院里郵便所	평안남도 개천군 북면 원리	1939.1.26	총독부 고시 제34호/우편소 설치
船橋里郵便所	평안남도 대동군 대동강면 선교리	1921.2.1	총독부 고시 제13호/우편소 설치
平壤船橋理郵便所	평안남도 평양부 선교리	1933.6.1	총독부 고시 제222호/선교리우편소를 개칭
箕林郵便所	평안남도 평양부 기림동	1931.6.15	총독부 고시 제308호/우편소 폐지 후 평양우편국에승계
九龍郵便所	평안남도 양덕 군양덕면 용계리	1932.5.1	총독부 고시 제231호/양덕우편소로 개칭
慈山郵便所	평안남도 순천군 자산면 자산리	1937.12.26	총독부 고시 제914호/전신,전화통화 사무 취급
朔州郵便所	평안북도 삭주군 삭주읍	1910.9.28	총독부 고시 제226호/우편물, 전신사무 개시
平安南北道地域			
北下洞郵便所	평안북도 의주부 위북면 북하동	1911.3.21	총독부 고시 제70호/전화통화사무 개시
泰川郵便所	평안북도 태천군 동읍내면 관중리	1911.6.16	총독부 고시 제167호/우편소 설치
		1911.6.15	총독부 고시 제168호/우체소 폐지 후 우편소로 개칭
		1915.10.21	총독부 고시 제270호/전신, 전화통화사무 개시
雲川郵便所	평안북도 운산군 읍면 상리	1911.7.16	총독부 고시 제225호/우편소 설치
嘉山郵便所	평안북도 가산군 군내면 동변리	1911.8.16	총독부 고시 제254호/우편소 설치
		1911.8.15	총독부 고시 제255호/우체소 폐지 후 우편소로 개칭
鐵山郵便所	평안북도 철산군 고성면 중부리	1911.9.1	총독부 고시 제265호/우편소 설치
		1911.8.31	총독부 고시제266호/우체소 폐지 후 우편소로 개칭
		1914.4.16	총독부 고시 제99호/전신, 전화사무 개시
渭原郵便所	평안북도 위원군 군내면 성하리	1911.10.1	총독부 고시 제290호/우편소 설치
		1911.9.30	총독부 고시 제291호/우체소 폐지 후우편소로 개칭
		1919.8.19	총독부 고 시제212호/우편소 폐지, 위원우편국에 승계
雲山郵便所	평안북도 운산군 운산읍 명상리	1911.9.28	총독부 고시 제308호/우편소 이전
滿浦鎭郵便所	평안북도 강계군 문옥면 문흥리	1912.3.1	총독부 고시 제37호/우편소 설치
古城郵便所	평안북도 영변군 고성면 마전리	1912.6.16	총독부 고시 제247호/우편소 설치
車輦館郵便所	평안북도 철산군 첨면(동부동)차련관	1912.7.14	총독부 고시 제277호/첨면동천촌-첨면차련관으로 이전
		1914.4.16	총독부 고시 제99호/전신,전화통화사무 개시
大楡洞郵便所	평안북도 창성군 동창면 이목리	1911.11.1	총독부 고시 제66호/우편소 설치
塔洞郵便所	평안북도 구성군 천마면 탑동리	1912.3.16	총독부 고시 제54호/우편소 설치
		1914.10.1	총독부 고시 제247호/전신,전화통화사무 개시
楊市郵便所	평안북도 용천군 양하면 시남동	1913.2.16	총독부 고시 제20호/우편소 설치
		1915.10.21	총독부 고시 제270호/전신,전화통화사무 개시
府羅郵便所	평안북도 용천군 부나면 중단리	1931.3.31	총독부 고시제196호/우편소 설치
新廷郵便所			
价古介郵便所	평안북도 희천군 북면 개고개동	1934.9.16	총독부 고시 제459호/우편소 설치
淸亭郵便所	평안북도 정주군 마산면 청정동	1922.3.1	총독부 고시 제38호/우편소 설치
中之島郵便所			
龍林郵便所	평안북도 강계군 용림면 용림동	1940.3.3	총독부 고시 제161호/우편소 설치
梨坪郵便所	평안북도 자성군 이평면 진송동	1939.3.6	총독부 고시 제163호/우편소 설치
柔院鎭郵便所	평안북도 희천군 신풍면 서동	1923.3.26	총독부 고시 제72호/우편소 설치
妙香郵便所	평안북도 영변군 북신현면 하향동	1938.2.25	총독부 고시 제141호/우편소 설치
龍岩浦郵便所	함경북도 용천군 용천면 용암동	1932.3.1	총독부 고시 제90호/우편소 설치
龜城郵便所	평안북도 구성군 구성면 좌부리	1921.3.16	총독부 고시 제35호/우편소 설치
新市郵便所			
昌城郵便所	평안북도 창성군 창성면 성풍동	1932.3.1	총독부 고시 제90호/우편소 설치

溫井郵便所			
大楡洞郵便所			
七坪郵便所	평안북도 후창군 칠평면 중흥동	1930.3.21	총독부 고시 제106호/우편소 설치
雲田郵便所	평안북도 정주군 대전면 운전동	1929.10.26	총독부 고시 제382호/우편소 설치
博川郵便所			
古邑郵便所	평안북도 정주군 갈산면 광동리	1935.3.24	총독부 고시 제167호/전신,전화통화사무 개시
淸城鎭郵便所	평안북도 의주군 광평면 청성동	1932.3.1	총독부 고시 제91호/우편소 설치
大館郵便所	평안북도 삭주군 외남면 대관동	1920.3.16	총독부 고시 제60호/우편소 설치
高山鎭郵便所	평안북도 강계군 고산면 춘산동	1932.3.1	총독부 고시 제91호/우편소 설치
碧團郵便所	평안북도 벽단군 송서면사서동	1924.3.26	총독부 고시 제50호/전신,전화통화사무 개시
鶴松郵便所	평안북도 창성군 청산면 학송동	1983.3.16	총독부 고시 제200호/우편소 설치
兩江郵便所	평안북도 초산군 송면 양강동	1983.3.16	총독부 고시 제200호/우편소 설치
揚西郵便所	평안북도 용천군 양서면 용연동	1937.3.30	총독부 고시 제211호/우편소 설치
淸溪郵便所	평안북도 삭주군 외남면 청계리	1937.3.6	총독부 고시 제125호/우편소 설치
多獅島郵便所	평안북도 용천군 부나면 원성동	1940.3.28	총독부 고시 제282호/우편소 설치
新義州常盤町郵便所			
新義州彌勒洞郵便所	평안북도 신의주부 미륵동	1934.3.16	총독부 고시 제104호/우편소 설치
八院郵便所	평안북도 영변군 입원면 천양동	1932.3.11	총독부 고시 제102호/우편소 설치
郭山郵便所	평안북도 정주군 곽산면 조산동	1940.11.15	총독부 고시 제1209호/전화교환업무 개시
古揚郵便所	평안북도 초산군 길면 부평동	1927.8.1	총독부 고시 제228호/우편소 설치
東村郵便所			
長土郵便所	평안북도 자성군 장토면 토성동	1937.3.26	총독부 고시 제176호/우편소 설치
永山郵便所	평안북도 의주군 길령삭면 구창동	1931.3.11	총독부 고시 제110호/우편소 설치
雲時郵便所	평안북도 벽동군 우시면 우하동	1930.3.26	총독부 고시 제127호/우편소 설치
陳坪郵便所	평안북도 자성군 여정면 만흥리	1934.3.26	총독부 고시 제127호/우편소 설치
枇峴郵便所	평안북도 의주군 비현면 채마리	1940.11.15	총독부 고시 제1209호/전화교환업무 개시
造岳郵便所	평안북도 구성군 관서면 조악동	1931.3.1	총독부 고시 제76호/우편소 설치
吏西郵便所	평안북도 강계군 이서면 송학동	1937.3.26	총독부 고시 제181호/우편소 설치
玉尙郵便所	평안북도 의주군 옥상면 하강동	1937.3.26	총독부 고시 제176호/우편소 설치
化京郵便所	평안북도 강계군 화경면 우인동	1938.3.6	총독부 고시 제160호/우편소 설치
路下郵便所	평안북도 선천군 동면노하동	1938.2.21	총독부 고시 제123호/우편소 설치
別河郵便取扱所	평안북도 강계군 성천면 별하동	1931.3.26	총독부 고시 제151호/우편취급소 설치
嶺美郵便所	평안북도 박천군 우가면 영미동	1936.4.16	총독부 고시 제249호/전화통화업무 개시
和昌郵便所	평안북도 위원군 화창면대안동	1936.3.26	총독부 고시 제165호/우편소 설치
南市郵便所			
寧邊郵便所	평안북도 영변군 영변면 동부동	1926.3.21	총독부 고시 제78호/전화교환업무 개시
水豊郵便所	평안북도 삭주군 구곡면 수풍동	1938.3.30	총독부 고시 제253호/우편소 설치
球場郵便所			
方峴郵便所	평안북도 방현면 하단동	1925.7.1	총독부 고시 제170호/우편소 설치
白馬郵便所			
崇正郵便所	평안북도 위원군 숭정면 용연동	1940.3.3	총독부 고시 제161호/우편소 설치
時中郵便所	평안북도 강계군 시중면 외서천동	1940.3.1	총독부 고시 제148호/우편소 설치
孟中郵便所			
平安南北道地域			
前川郵便所	평안북도 강계군 전천면 장흥동	1932.3.1	총독부 고시 제91호/우편소 설치
東林郵便所	평안북도 선천군 심천면 우군영동	1930.3.16	총독부 고시 제102호/우편소 설치
遂安郵便所	황해도 수안군 수안읍	1910.10.18	총독부 고시 제24호/우편소 설치
		1910.10.31	총독부 고시 제25호 수안우체소에서 우편소로 개칭
金川郵便所	황해도 김천군 김천읍	1911.9.5	총독부 고시 제21호/우편소이전,김천군 군내면 교동
長淵郵便所	황해도 장연군 설산면 형후동	1911.7.1	총독부 고시 제191호/우편소 설치
		1911.6.30	총독부 고시 제192호/우체소 폐지 후 우편소로 개칭
		1912.2.1	총독부 고시 제17호/전신,전화통화사무 개시

信川郵便所	황해도 신천군 읍내면 2리 관문전	1911.7.1	총독부 고시 제191호/우편소 설치
		1911.6.30	총독부 고시 제192호/우체소 폐지 후 우편소로 개칭
長連郵便所	황해도 은율군 장연면 서리	1911.6.16	총독부 고시 제167호/우편소 설치
		1911.6.15	총독부 고시 제168호/우체소 폐지 후 우편소로 개칭
		1912.3.1	총독부 고시 제50호/전신, 전화통화사무 개시
白川郵便所	황해도 백천군 동촌면 상1리	1911.7.16	총독부 고시 제225호/우편소 설치
		1911.7.15	총독부 고시 제226호/우체소 폐지 후 우편소로 개칭
兎山郵便所	황해도 김천군 월성면 당리	1911.10.1	총독부 고시 제290호/우편소 설치
		1911.9.30	총독부 고시 제291호/우체소 폐지 후 우편소로 개칭
		1915.10.1	총독부 고시 제236호/우편소 이전과 우편소명 개정
			시변리우편소로 개정,황해도 김천군 서천면 시변리
市邊里郵便所	황해도 김천군 서천면 시변리	1915.10.1	총독부 고시 제236호/토산우편소를 개정
南川郵便所	황해도 평산군 보상면 남천	1912.1.1	총독부 고시 제380호/우편소 설치
夢金浦郵便所	황해도 장연군 해안면 조미동	1912.1.1	총독부 고시 제380호/우편소 설치
興水郵便所	황해도 봉산군 구연면 2리	1912.3.16	총독부 고시 제54호/우편소 설치
東倉浦郵便所	황해도 안악군 용문면 용정동	1912.2.21	총독부 고시 제29호/우편소 설치
苔彈郵便所	황해도 장연군 태호면 태탄동	1912.10.1	총독부 고시 제298호/우편소 설치
黑橋郵便所	황해도 황주군 흑교면 장사리	1913.10.21	총독부 고시 제509호/전신, 전화통화 사무 개시
楠淳郵便所	황해도 수안군 대천면 차산동	1914.3.21	총독부 고시 제60호/우편소 설치
龍湖島郵便所	황해도분진군 동남면 용호도	1915.4.30	총독부 고시 제122호/전신,전화통화 사무 개시
苔彈郵便所	황해도 장연군 속달면 태탄동	1914.7.21	총독부 고시 제164호/전신,전화 사무 개시
勿洞郵便所	황해도 수안군 대천면 1리	1915.10.21	총독부 고시 제270호/전신,전화통화 사무 개시
楠淳郵便所	황해도 수안군 대천면 차산동	1915.3.21	총독부 고시 제60호/우편소 설치
		1915.10.21	총독부 고시 제270호/전신,전화통화 사무 개시
兼二浦郵便所	황해도 황주군 송림면 겸이포리	1918.10.31	총독부 고시 제243호/우편소 폐지, 겸이포우편국 승계
新院郵便所	황해도 제령군 하유면 신원리	1919.4.1	총독부 고시 제57호/우편소 설치
		1920.9.11	총독부 고시 제222호/전신,전화통화 사무 개시
積岩郵便所	황해도 평산군 적암면 온정리	1920.3.16	총독부 고시 제60호/우편소 설치
金山浦郵便所	황해도 은율군 북부면 금산리	1920.3.21	총독부 고시 제70호/우편소 설치
谷山郵便所	황해도 곡산군 곡산면 적성리	1921.5.21	총독부 고시 제116호/우편소 설치
新溪郵便所	황해도 신계군 신계면 향교리	1921.6.1	총독부 고시 제124호/우편소 설치
遠泉郵便所	황해도 신천군 초리면 원천리	1922.3.1	총독부 고시 제38호/우편소 설치
蘇江郵便所	황해도 옹진군 서면 읍저리	1922.3.21	총독부 고시 제72호/우편소 설치
瓮津郵便所	황해도 분진군 마산면 온천리	1923.3.21	총독부 고시 제67호/우편소 설치
瑞興郵便所	황해도 서흥군 서흥면 화곡리	1923.3.26	총독부 고시 제70호/우편소 설치
延安郵便所	황해도 연일군 연안면 관천리	1923.3.26	총독부 고시 제70호/우편소 설치
靑丹郵便所	황해도 해주군 추화면 월학리	1923.3.26	총독부 고시 제72호/우편소 설치
內宗郵便所	황해도 재령군 북율면 내종리	1923.4.1	총독부 고시 제84호/전신, 전화통화 사무 개시
九味浦郵便所	황해도 장연군 대구면 구미리	1923.7.1	총독부 고시 제193호/우편소 설치
		1937.3.10	총독부 고시 제138호/몽금포우편소로 승계
聚野郵便所	황해도 해주군 가좌면 취야리	1924.2.1	총독부 고시 제21호/전신, 전화통화 사무 개시
陵里郵便所	황해도 서흥군 도면 능리	1924.5.26	총독부 고시 제111호/우편소 설치
銀波郵便所	황해도 봉산군 와면 은파리	1925.4.1	총독부 고시 제89호/우편소 설치
山野郵便所	황해도 해주군 가좌면 금호리	1921.5.6	총독부 고시 제109호/우편소 설치
新幕郵便所	황해도 서흥군 화회면 신막리	1926.3.21	총독부 고시 제78호/전화 교환 업무 개시
沙里院北里郵便所	황해도 봉산군 사리원면 북리	1926.9.16	총독부 고시 269호/전신, 전화통화 사무 개시
沈村郵便所	황해도 황주군 청용면 소천리	1928.2.16	총독부 고시 제29호/우편소 설치
文岩郵便所	황해도 곡산군 멱미면 문암리	1929.3.26	총독부 고시 제86호/우편소 설치
水橋郵便所	황해도 송화군 봉래면 수교리	1930.3.21	총독부 고시 제105호/우편소 설치
靑石頭郵便所	황해도 제령군 상성면 청석두리	1930.3.26	총독부 고시 제127호/우편소 설치
灌纓郵便所	황해도 연일군 목단면 탁영리	1931.3.16	총독부 고시 제126호/우편소 설치
黃州郵便所	황해도 황주군 황주면 제안리	1932.3.1	총독부 고시 제90호/우편소 설치
文區郵便所	황해도 평산군 문무면 문구리	1932.3.26	총독부 고시 제134호/우편소 설치

海州南旭町郵便所	황해도 해주군 해주읍 남욱정	1933.3.21	총독부 고시 제86호/우편소 설치
栗里郵便所	황해도 수안군 연암면 율리	1935.2.27	총독부 고시 제86호/전신,전화통화 사무 개시
文化郵便所	황해도 신천군 문화면 동각리	1935.3.1	총독부 고시제87호/우편소 설치
寶光郵便所	황해도 수안군 수구면 보광리	1935.3.26	총독부 고시 제178호/우편소 설치
松禾郵便所	황해도 송화군 송화면 읍내리	1936.4.16	총독부 고시 제249호/전화,통화 업무 개시
德隅郵便所	황해도 황주군 구각면 덕우리	1937.2.24	총독부 고시 제105호/덕우우편소를 개칭
紅峴郵便所	황해도 연일군 유곡면 영성리	1937.3.1	총독부 고시 제113호/우편소 설치
信川溫泉郵便所	황해도 신천군 온천면 온천리	1937.3.1	총독부 고시 제107호/우편소 설치
松川郵便所	황해도 장연군 대구면 구미리	1937.3.11	총독부 고시 제137호/우편소 설치
石灘郵便所	황해도 송화군 천동면 석탄리	1937.3.26	총독부 고시 제180호/우편소 설치
殷栗郵便所	황해도 은율군 은율면 홍문리	1938.1.1	총독부 고시 제929호/전화 교환 업무 개시
安岳溫泉郵便所	황해도 안악군 은강면 온정리	1938.2.21	총독부 고시 제124호/우편소 설치
海州港郵便所	황해도 해주군 해주읍 용당리	1938.2.25	총독부 고시 제139호/우편소 설치
泉谷郵便所	황해도 수안군 천곡면 평원리	1938.3.6	총독부 고시 제160호/우편소 설치
馬洞郵便所	황해도 봉산군 토성면 마산리	1938.3.21	총독부 고시 제216호/우편소 설치
天臺郵便所	황해도 연일군 용도면 옥야리	1938.3.24	총독부 고시 제222호/우편소설 치
石塘郵便所	황해도 신천군 북부면 서호리	1938.3.25	총독부 고시 제239호/우편소 설치
延安溫泉郵便所	황해도 연백군 온정면 금성리	1938.3.26	총독부 고시 제246호/우편소 설치
丁峰郵便所	황해도 신계군 고면 정봉리	1939.2.26	총독부 고시 제126호/우편소 설치
龍淵郵便所	황해도 장연군 용연면 석교리	1939.3.6	총독부 고시 제164호/우편취급소 설치
新換浦郵便所	황해도 제령군서허면신환포리	1940.1.30	총독부 고시 제52호/전신,전화통화 사무 취급
百年郵便所	황해도 곡산군 이령면 거리소리	1940.3.31	총독부 고시 제295호/우편소 설치
高城郵便所	강원도 고성군 고성면 서리	1910.12.16	총독부 고시 제60호/우편소 설치
		1910.12.15	총독부 고시 제61호/우체소를 우편소로 개칭
		1911.3.21	총독부 고시 제70호/전화통화 사무 개시
平康郵遞所	강원도 평강군 평강읍	1911.3.16	총독부 고시 제61호/우편소 설치
		1911.3.15	총독부 고시 제62호/우체소 폐지 후 우편소로 개칭
麟蹄郵遞所	강원도 인제군 인제읍	1911.3.16	총독부 고시 제61호/우편소 설치
		1911.3.15	총독부 고시 제62호/우체소 폐지 후 우편소로 개칭
		1912.1.1	총독부 고시 제385호/전신, 전화통화 사무 개시
旌善郵便所	강원도 정선군 군내면 하동	1912.7.15	총독부 고시 제286호/우편소 이전
		1914.8.11	총독부 고시 제314호/전신,전화통화 사무 개시
橫城郵便所	강원도 횡성군 군내면 상동리	1912.2.26	총독부 고시 제33호/전신, 전화통화 사무 개시
竹邊郵便所	강원도 울진군 근북면 죽변동	1912.3.21	총독부 고시 제117호/우편소 설치
平海郵遞所	강원도 평해군 북하리면 하성저리	1912.2.29	총독부 고시 제38호/우체소 폐지 후 우편소로 개칭
		1912.3.11	총독부 고시 제81호/전신, 전화통화 사무 개시
華川郵便所	강원도 화천군 군내면 읍내리	1911.6.1	총독부 고시 제156호/우편소 설치
		1911.5.31	총독부 고시 제157호/우체소 폐지 후 우편소로 개칭
橫城郵便所	강원도 횡성군 군내면 상동리	1911.6.1	총독부 고시 제156호/우편소 설치
		1911.5.31	총독부 고시 제157호/우체소 폐지 후 우편소로 개칭
寧越郵便所	강원도 영월군 군내면 영흥리	1911.6.16	총독부 고시 제167호/우편소 설치
		1911.6.15	총독부 고시 제168호/우체소 폐지 후 우편소로 개칭
		1912.8.1	총독부 고시 제233호/전신, 전화통화 사무 개시
歙谷郵便所 (흡곡우편소)	강원도 통천군 학이면 신읍리	1911.9.16	총독부 고시 제274호/우편소 설치
		1911.9.15	총독부 고시 제275호/우체소 폐지 후 우편소로 개칭
注文津郵便所	강원도 강릉군 신리면 주문리	1912.1.1	총독부 고시 제139호/우편소 설치
注文津郵便所電信分室	강원도 강릉군 주문진 등대구 내	1941.1.1	총독부 고시 제1476호/분실 설치
洗浦郵便所	강원도 평강군 고삽면 토성리	1911.10.16	총독부 고시 제52호/우편소 설치
金城郵便所	강원도 금성군 금성읍	1911.9.27	총독부 고시 제42호/금성읍-금성군 군내면 경파리
庫底郵便所	강원도 통천군 순원면 고저리	1913.2.21	총독부 고시 제32호/우편소 설치
大浦郵便所	강원도 양양군 도천면 대포리	1914.2.26	총독부 고시 제21호/우편소 설치

		1915.6.16	총독부 고시 제145호/전신, 전화통화 사무 개시
束草郵便所	강원도 양양군 도천면 속초리	1938.6.26	총독부 고시 제479호/대포우편소를 개칭
溫井里郵便所	강원도 간성군 신북면 온정리	1915.8.16	총독부 고시 제185호/우편소 설치
厚浦郵便所	강원도 울진군 평남면 후포리	1935.3.25	총독부 고시 제169호/우편소 설치
梅花郵便所	강원도 울진군 원남면 매화리	1933.3.26	총독부 고시 제94호/우편소 설치
蔚珍郵便所	강원도 울진군 울진면 읍내리	1923.3.26	총독부 고시 제70호/우편소 설치
屯內郵便所			
城山郵便所	강원도 홍천군 화촌면 성산리	1931.3.26	총독부 고시 제150호/우편소 설치
臨溪郵便所	강원도 정선군 임계면 송계리	1933.3.26	총독부 고시 제95호/우편소 설치
畫岩郵便所	강원도 정선군 동면 화암리	1935.3.26	총독부 고시 제172호/우편소 설치
文登郵便所	강원도 양구군 수입면 문등리	1938.3.16	총독부 고시 제200호/우편소 설치
酒泉郵便所	강원도 영월군 서변면 주천리	1923.3.26	총독부 고시 제81호/우편소 설치
大和郵便所	강원도 평창군 대화면 대화리	1924.6.21	총독부 고시 제127호/우편소 설치
文幕郵便所	강원도 원주군 건등면 문막리	1922.2.26	총독부 고시 제29호/전신,전화통화 사 무개시
楊口郵便所	강원도 양구군 양구면 중리	1921.4.11	총독부 고시 제86호/우편소 설치
洪川郵便所	강원도 홍천군 홍천면 진리	1923.3.26	총독부 고시 제70호/우편소 설치
平昌郵便所	강원도 평창군 평창면 중리	1921.3.26	총독부 고시제48호/우편소 설치
蒼村郵便所	강원도 인제군 내면 창촌리	1938.3.16	총독부 고시 제200호/우편소 설치
自隱郵便所	강원도 홍천군 두촌면 자은리	1938.3.16	총독부 고시 제200호/우편소 설치
瑞和郵便所	강원도 인제군 서화면 서화리	1938.3.16	총독부 고시 제200호/우편소 설치
梅日郵便所	강원도 횡성군 갑천면 매일리	1937.2.16	총독부 고시 제73호/우편소 설치
安興郵便所	강원도 횡성군 안흥면 하안흥리	1937.6.1	총독부 고시 제326호/정곡우편소를 개칭
珍富郵便所	강원도 평창군 진부면 하진부리	1929.3.31	총독부 고시 제95호/우편소 설치
內坪郵便所	강원도 춘천군 북산면 내평리	1937.3.21	총독부 고시 제163호/우편소 설치
麒麟郵便所	강원도 인제군 인제면 현리	1940.3.10	총독부 고시 제187호/우편소 설치
磨磋里郵便所	강원도 영월군 북면 마차리	1940.12.26	총독부 고시 제1478호/전신,전화 언문 전보 취급
史北郵便所	강원도 춘천군 사북면 지촌리	1939.3.26	총독부 고시 제245호/우편소 설치
神林郵便所	강원도 원주군 신림면 신림리	1939..226	총독부 고시 제126호/우편소 설치
上東郵便所	강원도 영월군 상동면 녹전리	1938.3.26	총독부 고시 제245호/우편소 설치
瑞石郵便所	강원도 홍천군 서석면 풍암리	1934.3.21	총독부 고시 제106호/우편소 설치
原州郵便所			
佳陽郵便所			
三陟郵便所	강원도 삼척군 삼척면 성내리	1923.3.26	총독부 고시 제82호/우편소 설치
近德郵便所	강원도 삼척군 근덕면 교하동	1932.3.1	총독부 고시 제79호/우편소 설치
仁邱郵便所	강원도 양양군 현남면 인구리	1938.3.1	총독부 고시 제150호/우편소 설치
安峽郵便所			
湖山郵便所	강원도 삼척군 원덕면 호산리	1940.3.21	총독부 고시 제245호/우편소 설치
奸城郵便所	강원도 통천군 통천면 중리	1921.3.26	총독부 고시 제48호/우편소 설치
里湖郵便所			
通口郵便所	강원도 김화군 통구면 현리	1938.2.21	총독부 고시 제123호/우편소설치
金北郵便所			
慾谷郵便所			
沙川郵便所	강원도 강릉군 사천면 미노리	1935.3.11	총독부 고시 제127호/우편소 설치
外金剛郵便所			
外金剛郵便所九龍淵出張所	강원도 고성군 외금강면 창대리	1938.5.1	총독부 고시 제369호/출장소 설치
內金剛郵便所	강원도 회양군 장양면 말휘리	1922.7.16	총독부 고시 제180호/우편소 설치
內金剛郵便所四仙橋出張所	강원도 회양군 내금강면 장연리	1939.5.1	총독부 고시 제355호/출장소 설치
內金剛郵便所溫井嶺出張所	강원도 회양군 내금강면 신풍리	1939.5.14	총독부 고시 제399호/출장소 설치
月井郵便所	강원도 철원군 어운면 중강리	1931.3.29	총독부 고시 제164호/우편소 설치
鐵原驛前郵便所			
福溪郵便所	강원도 평강군 평강면 복계리	1922.3.21	총독부 고시 제72호/우편소 설치
昌道郵便所			

襄陽郵便所	강원도 양양군 양양면 성내리	1921.3.26	총독부 고시 제48호/우편소 설치
平康郵便所			
巨津郵便所			
蘭谷郵便所	강원도 회양군 남곡면 현리	1921.4.1	총독부 고시 제60호/우편소 설치
道溪郵便所	강원도 삼척군 소달면 도계리	1938.3.26	총독부 고시 제244호/우편소 설치
江羅郵便所			
通川郵便所	강원도 통천군 통천면 중리	1921.3.26	총독부 고시 제48호/우편소 설치
臨院郵便所			
支下郵便所	강원도 이천군 약양면 지하리		
伊川郵便所	강원도 이천군 이천면 향교리	1921.4.15	총독부 고시 제89호/우편소 설치
長箭郵便所			
束草郵便所			
佳麗州郵便所	강원도 이천군 방장면 가여주리	1938.3.20	총독부 고시 제263호/전신,전화통화 사무 취급
玉溪郵便所	강원도 강릉군 옥계면 현내리	1927.1.16	총독부 고시 제8호/우편소설치
北平郵便所	강원도 삼척군 북삼면 북평리	1928.3.28	총독부 고시 제92호/우편소 설치
淮陽郵便所	강원도 회양군 회양면 읍내리	1921.4.6	총독부 고시 제74호/우편소 설치
松和郵便所	황해도 송화군 송화면 읍내리	1921.4.11	총독부 고시 제86호/우편소 설치
長安寺郵便所	강원도 회양군 장양면 장연리	1922.7.16	총독부 고시 제181호/우편소 설치
井谷郵便所	강원도 횡성군 정곡면 하한흥리	1930.3.26	총독부 고시 제128호/우편소 설치
		1937.6.1	총독부 고시 제326호/안흥우편소로 승계
墨湖郵便所	강원도 강릉군 망상면 발한리	1938.3.6	총독부 고시 제161호/우편소 설치
內坪郵便所	강원도 춘천군 북산면 내평리	1940.12.15	총독부 고시 제1419호/전신,전화통화 사무 취급
大田春日町3郵便所	충청남도 대전부 춘일정 3정목	1938.3.16	총독부 고시 제203호/우편소 설치
燕岐郵遞所	충청남도 연기군 연기읍	1911.10.10	총독부 고시 제303호/연기우체소 폐지 후
			조치원우편소에 합병
結城郵便所	충청남도 결성군 현내면 교촌	1911.10.16	총독부 고시 제304호/우편소 설치
		1911.10.15	총독부 고시 제305호/우체소 폐지 후 우편소로 개칭
木川郵便所	충청남도 목천군 읍내면 서지리	1911.7.1	총독부 고시 제191호/우편소 설치
		1911.6.30	총독부 고시 제192호/우체소 폐지 후 우편소로 개칭
		1915.10.1	총독부 고시 제236호/이전 개칭
			병천우편소로 개칭. 천안군 갈전면 서병천리로 이전
德山郵便所	충청남도 덕산군 현내면 서문리	1911.7.1	총독부 고시 제191호/우편소 설치
		1911.6.30	총독부 고시 제192호/우체소 폐지 후 우편소로 개칭
		1912.3.28	총독부 고시 제140호/전신, 전화통화 사무 개시
唐津郵便所	충청남도 당진군 군내면 동문리	1911.7.1	총독부 고시 제191호/우편소 설치
		1911.6.30	총독부 고시 제192호/우체소 폐지 후 우편소로 개칭
		1911.12.16	총독부 고시 제369호/전신, 전화통화 사무 개시
庇仁郵便所	충청남도 비인군 군내면 관청동	1911.7.1	총독부 고시 제191호/우편소 설치
		1911.6.30	총독부 고시 제192호/우체소 폐지 후 우편소로개칭
懷德郵便所	충청남도 회덕군 회덕읍	1910.10.31	총독부 고시 제34호. 우편소 폐지 후 대전우편국에 통합
恩津郵遞所	충청남도 은진군 은진읍	1911.1.25	총독부 고시 제20호/은진우체소 폐지,강경우편소로 합병
鳥致院郵便所	충청남도 연기군 북일면 조치원	1911.5.15	총독부 고시 제127호/특설전화 가입 신청 수리,전화교환
		1921.3.25	총독부 고시 제52호/우편소 폐지 후 조치원우편국, 승계
魯城郵便所	충청남도 노성군 읍내면 홍문리	1911.6.1	총독부 고시 제156호/우편소 설치
		1911.5.31	총독부 고시 제157호/우체소 폐지 후 우편소로 개칭
		1912.1.1	총독부 고시 제140호/전신, 전화통화 사무 개시
舒川郵便所	충청남도 서천군 개곡면 서변리	1911.6.1	총독부 고시 제156호/우편소 설치
		1911.5.31	총독부 고시 제157호/우체소 폐지 후 우편소로 개칭
泰安郵便所	충청남도 태안군 군내면 남문리	1911.6.1	총독부 고시 제156호/우편소 설치
		1911.5.31	총독부 고시 제157호/우체소 폐지 후 우편소로 개칭
鎭岑郵便所	충청남도 진령군 북면 내동	1911.6.16	총독부 고시 제167호/우편소 설치

		1911.6.15	총독부 고시 제168호/우체소 폐지 후 우편소로개칭
		1916.8.14	총독부 고시 제186호/유성우편소로 개정,이전
			충청남도 대전군 진령면 내동리-대전군 유성면 장대리
		1912.3.16	총독부 고시 제118호/전신, 전화통화 사무 개시
延豊郵便所	충청북도 연풍군 현내면 행정동	1911.7.16	총독부 고시 제225호/우편소 설치
		1911.7.15	총독부 고시 제226호/우체소 폐지 후 우편소로 개칭
		1913.1.16	총독부 고시 제2호/전신, 전화통화 사무 개시
大興郵便所	충청남도 대흥군 읍내면 서북리	1911.7.16	총독부 고시 제225호/우편소설치
		1911.7.15	총독부 고시 제226호/우체소 폐지 후 우편소로 개칭
林川郵便所	충청남도 임천군 속변면 군사리	1911.8.1	총독부 고시 제240호/우편소 설치
		1911.7.31	총독부 고시 제241호/우체소 폐지 후 우편소로 개칭
海美郵便所	충청남도 해미군 동면 성내리	1911.8.16	총독부 고시 제254호/우편소 설치
		1911.8.15	총독부 고시 제255호/우체소 폐지 후 우편소로 개칭
新昌郵便所	충청남도 신찬군 군내면 홍문리	1911.9.16	총독부 고시 제274호/우편소 설치
		1911.9.15	총독부 고시 제275호/우체소 폐지 후 우편소로 개칭
石城郵便所	충청남도 석성군 현내면 연하리	1911.10.1	총독부 고시 제290호/우편소 설치
		1911.9.30	총독부 고시 제291호/우체소 폐지 후 우편소로개칭
靑陽郵便所	충청남도 청양군 읍내면 서부리	1911.11.1	총독부 고시 제315호/우편소 설치
		1911.10.31	총독부 고시 제316호/우체소 폐지 후 우편소로 개칭
稷山金鑛郵便所	충청남도 직산군 이동면 양전	1912.3.29	총독부 고시 제155호/이동면 삼곡리에서 우편소 이전
		1926.11.1	총독부 고시 제330호/우편소 폐지, 입장우편소에 승계
稷山郵便所	충청남도 천안군 입장면 하장리	1926.11.1	총독부 고시 제328호/직산우편소를 입장우편소로 개칭
笠場郵便所	충청남도 천안군 입장면 하장리	1926.11.1	총독부 고시 제328호/직산우편소를 입장우편소로개칭
定山郵便所	충청남도 정산군 읍내면 서정리	1912.6.1	총독부 고시 제236호/우편소 설치
禮山郵便所	충청남도 예산군 군내면 광안리	1911.8.28	총독부 고시 제25호/우편소 이전,예산군 예산읍
新灘津郵便所	충청남도 회덕군 북면 석봉리	1912.9.16	총독부 고시 제286호/전신, 전화통화 사무 개시
米院郵便所	충청북도 청주군 산내1면 미원리	1913.3.2	총독부 고시 제57호/우편소 설치
大川郵便所	충청남도 보령군 대천면 대천리	1913.10.11	총독부 고시 제459호/우편소 설치
全義郵便所	충청남도 연기군 전의면 읍내리	1914.5.26	총독부 고시 제137호/우편소 설치
竝川郵便所	충청남도 천안군 갈전면 서병천리	1915.10.1	총독부 고시 제236호/목천우편소를 개정
維鳩郵便所	충청남도 공주군 신상면 석남리	1917.1.15	총독부 고시 제6호/전신,전화통화 사무 개시
新昌郵便所	충청남도 아산군 신창면 읍내리	1918.9.21	총독부 고시 제210호/우편소 이전 개칭
溫陽郵便所	충청남도 아산군 온양면온천리	1928.6.22	총독부 고시 제234호/전화교환,탁송전보업무 개시
仙富郵便所	충청남도 아산군 선당면 군덕리	1918.9.21	총독부 고시 제210호/신창우편소를 선당우편소로 개칭
牙山郵便所	충청남도 아산군 영인면 아산리	1920.2.11	총독부 고시 제21호/우편 소설치
恩山郵便所	충청남도 부여군 은산면 은산리	1920.2.21	총독부 고시 제39호/우편소 설치
廣川郵便所	충청남도 홍성군 광천면 광천리	1920.5.21	총독부 고시 제148호/광천면 신진리로 이전
無極郵便所	충청북도 음성군 금왕면 무극리	1920.7.1	총독부 고시 제182호/우편소 설치
沔川郵便所	충청남도 당진군 면천면 성상리	1921.3.16	총독부 고시 제35호/우편소 설치
鴻山郵便所	충청남도 부여군 홍산면 북촌리	1921.3.26	총독부 고시 제48호/우편소 설치
錦南郵便所	충청남도 연기군 금남면 대평리	1921.4.1	총독부 고시 제60호/우편소 설치
燕岐郵便所	충청남도 연기군 남면 연기리	1929.3.21	총독부 고시 제67호/우편소 설치
聖淵郵便所	충청남도 서산군 성연면 평리	1938.2.16	총독부 고시 제101호/우편소 설치
鎭川郵便所	충청북도 진천군 진천면 읍내리	1921.4.6	총독부 고시 제74호/우편소 설치
合德郵便所	충청남도 당진군 합덕면 운산리	1922.3.11	총독부 고시 제50호/우편소 설치
洪城郵便所	충청남도 홍성군 홍주면 오관리		
陽村郵便所	충청남도 논산군 양촌면 인천리	1923.3.21	총독부 고시 제66호/우편소 설치
瑞山郵便所	충청남도 서산군 서산면 읍내리	1923.3.26	총독부 고시 제70호/우편소 설치
大田春目町郵便所	충청남도 대전군 대전면 춘목정	1924.10.1	총독부 고시 제219호/우편소 설치
水東郵便所	충청남도 서천군 마동면 수동리	1931.3.30	총독부 고시 제192호/우편소 설치
洪城郵便所	충청남도 홍성군 홍주면 오관리	1932.3.1	총독부 고시 제90호/우편소 설치
梨仁郵便所	충청남도 공주군 목동면 이인리	1932.3.11	총독부 고시 제108호/우편소 설치

上村郵便所	충청남도 홍성군 고도면 상촌리	1932.3.16	총독부 고시 제114호/우편소 설치
豆溪郵便所	충청남도 논산군 두마면 두계리	1933.3.21	총독부 고시 제87호/우편소 설치
小井里郵便小	충청남도 연기군 전의면 소정리	1934.3.26	총독부 고시 제123호/우편소 설치
安眠郵便所	충청남도 서산군 안면면 승언리	1936.2.1	총독부 고시 제26호/우편소 설치
板橋郵便所	충청남도 서천군 동면 현암리	1935.3.6	총독부 고시 제123호/우편소 설치
機池郵便所	충청남도 당진군 송악면 기지시리	1937.3.16	총독부 고시 제145호/우편소 설치
古德郵便所	충청남도 예산군 고덕면 대천리	1937.3.16	총독부 고시 제149호/우편소 설치
鷄龍郵便所	충청남도 공주군 학룡면 월암리	1937.3.16	총독부 고시 제149호/우편소 설치
窺岩里郵便所	충청남도 부여군 규암면 규암리	1938.7.1	총독부 고시 제423호/규암우편소로 개칭
窺岩郵便所	충청남도 부여군 규암면 규암리	1938.7.1	총독부 고시 제423호/규암리우편소를 개칭
笠浦郵便所	충청남도 부여군 양화면 입포리	1939.1.30	총독부 고시 제51호/우편소 설치
夫餘郵便所	충청남도 부여군 부여면 구형리	1940.3.25	총독부 고시 제239호/전화교환 업무 개시
清州本町郵便所	충청북도 청주군 청주읍 본정4정목	1938.3.16	총독부 고시 제203호/우편소 설치
陰城郵便所	충청북도 음성군 음성면 읍내리	1910.10.21	총독부 고시 제21호/전신사무 개시
		1911.3.21	총독부 고시 제70호/전화통화 사무 개시
窺岩里郵便所	충청북도 부여군 천을면 규암리	1910.9.26	총독부 고시 제221호/우편물, 전화통화 사무 개시
青山郵便所	충청북도 청산군 군내면 상지전리	1911.10.16	총독부 고시 제304호/우편소 설치
		1911.10.15	총독부 고시 제305호/우체소 폐지 후 우편소로 개칭
		1915.10.19	총독부 고시 제270호/전신, 전화통화 사무 개시
清安郵便所	충청북도 청안군 읍내면 장산리	1911.7.16	총독부 고시 제225호/우편소 설치
		1911.7.15	총독부 고시 제226호/우체소 폐지 후 우편소로 개칭
懷仁郵便所	충청북도 회인군 읍내면 마근동	1911.9.16	총독부 고시 제274호/우편소 설치
		1911.9.15	총독부 고시 제275호/우체소 폐지 후 우편소로 개칭
永春郵便所	충청북도 영춘군 군내면 상리	1912.1.16	총독부 고시 제1호/우편소 설치
		1912.1.15	총독부 고시 제2호/우체소 폐지 후 우편소로 개칭
		1912.1.21	총독부 고시 제4호/전화교환 업무 개시
		1915.10.21	총독부 고시 제270호/전신,전화통화 사무 개시
清安郵便所	충청북도 청안군 읍내면 장곡리	1912.2.21	총독부 고시 제40호/전신,전화통화 사무 개시
		1923.5.26	총독부 고시 제162호/증평우편소로 이전 개칭
深川郵便所	충청북도 영동군 서일면 심천	1912.3.16	총독부 고시 제84호/우편소 설치
白雲郵便所	충청북도 제천군 백운면 평동리	1922.3.6	총독부 고시 제49호/우편소 설치
報恩郵便所	충청북도 보은군 보은면 삼산리	1923.3.21	총독부 고시 재67호/우편소 설치
槐山郵便所	충청북도 괴산군 괴산면 서부리	1923.3.26	총독부 고시 제70호/우편소 설치
曾坪郵便所	충청북도 괴산군 증평면 증평리	1923.5.26	총독부 고시 제162호/청안우편소를 증평우편소로 개칭
上茅郵便所	충청북도 괴산군 상모면 온천리	1925.8.6	총독부 고시 제198호/전화통화 사무 개시
		1932.5.1	총독부 고시 제231호/수안보우편소로 개칭
沃川郵便所	충청북도 옥천군 옥천면 금구리	1926.3.26	총독부 고시 제85호/전화교환 업무 개시
廣惠院郵便所	충청북도 진천군 만아면 광혜원리	1931.3.21	총독부 고시 제142호/우편소 설치
青川郵便所	충청북도 괴산군 청천면 청천리	1931.3.30	총독부 고시 제192호/우편소 설치
寒水郵便所	충청북도 제천군 한수면 황강리	1932.3.21	총독부 고시 제121호/우편소 설치
水安堡郵便所	충청북도 괴산군 상모면 온천리	1932.5.1	총독부 고시 제231호/상모우편소를수안보우편소로개칭
青川郵便所	충청북도 괴산군 청천면 청천리	1933.9.1	총독부 고시 제396호/우편사무 개시
廣惠院郵便所	충청북도 진천군 만아면 광혜원리	1935.5.26	총독부 고시 제315호/전신,전화통화 사무 개시
黃澗郵便所	충청북도 영동군 황간면 마산리	1936.4.16	총독부 고시 제249호/전화교환 업무 개시
成歡郵便所	충청남도 천안군 성환면 성환리	1936.4.16	총독부 고시 제249호/전화교환 업무 개시
浦川郵便所	충청북도 음성군 원남면 포천리	1937.2.21	총독부 고시 제92호/우편소 설치
梧倉郵便所	충청북도 청주군 오창면 장대리	1937.3.16	총독부 고시 제145호/우편소 설치
仰城郵便所	충청북도 충주군 앙성면 용포리	1937.3.21	총독부 고시 제164호/우편소 설치
丹陽郵便所	충청북도 단양군 단양면 하방리	1938.1.1	총독부 고시 제916호/전화교환 업무 개시
鎭川郵便所	충청북도 진천군 진천면 읍내리	1938.1.1	총독부 고시 제916호/전화교환 업무 개시
牧渡郵便所	충청남도 괴산군 불정면 목도리	1938.2.21	총독부 고시 제127호/우편사무 취급
馬老郵便所	충청북도 보은군 마노면 관기리	1938.3.16	총독부 고시 제200호/우편소 설치

元南郵便所	충청북도 보은군 삼아면 원남리	1938.3.16	총독부 고시 제200호/우편소 설치
林山郵便所	충청북도 영동군 상촌면 임산리	1938.3.26	총독부 고시 제244호/우편소 설치
水山郵便所	충청북도 제천군 수산면 수산리	1939.2.6	총독부 고시 제70호/우편소 설치
鳳陽郵便所	충청북도 제천군 봉양면 주포리	1940.3.10	총독부 고시 제186호/우편소 설치
梅浦郵便所	충청북도 단양군 매포면 매포리	1940.3.10	총독부 고시 제187호/우편소 설치
光陽郵便所	전라남도 광양군 광양읍	1910.9.16	총독부 고시 제204호/우편소 설치
		1911.3.21	총독부 고시 제70호/전화통화 사무 개시
寶城郵便所	전라남도 보성군 보성읍	1910.10.21	총독부 고시 제17호/우편소 설치
			1910.10.20일부 보성우체소를 우편소로 개칭
康津郵便所	전라남도 강진군 강진읍	1910.12.25	총독부 고시 제78호/우편소 설치
		1912.3.11	총독부 고시 제81호/전신,전화통화 사무 개시
求禮郵便所	전라남도 구례군 구례면 봉동리	1910.12.25	총독부 고시 제78호/우편소 설치
		1915.11.1	총독부 고시 제275호/우편소 이전
			전라남도 구례군 구례면 봉동리로 이전
突山郵便所	전라남도 돌산군 돌산읍	1911.2.21	총독부 고시 제32호/우편소 설치
同福郵遞所	전라남도 화순군 동복읍	1911.3.25	총독부 고시 제78호/우체소 설치
		1911.3.29	총독부 고시 제79호/우체소를 우편소로 개칭
		1911.12.21	총독부 고시 제369호/전신,전화통화 사무 개시
南平郵便所	전라남도 남평군 남평읍	1911.5.15	총독부 고시 제127호/특설전화가입신청수리,전화교환
羅州郵便所	전라남도 나주군 나주읍	1911.5.15	총독부 고시 제127호/특설전화가입신청수리,전화교환
		1912.1.1	총독부 고시 제378호/전화교환업무,전화가입,전보취급
榮山浦郵便所	전라남도 나주군 지량면 교항촌	1911.5.15	총독부 고시 제127호/특설전화가입신청수리,전화교환
		1912.1.1	총독부 고시 제378호/전화교환업무,전화가입,전보취급
		1912.4.25	총독부 고시 제124호/우편소 이전
			전남 나주군 지량면 영산포-지량면 교항촌으로 이전
巨文島郵便所	전라남도 돌산군 삼산면 거문도	1911.7.1	총독부 고시 제207호/언문 전보 취급 개시
昌平郵便所	전라남도 창평군 현내면 기동리	1911.8.16	총독부 고시 제254호/우편소 설치
		1911.8.15	총독부 고시 제255호/우체소 폐지 후 우편소로 개칭
		1912.3.11	총독부 고시 제81호/전신, 전화통화 사무 개시
		1912.7.20	총독부 고시 제5호/우편소 이전,군내면 읍리
智島郵便所	전라남도 지도군 현내면 읍내동	1911.11.1	총독부 고시 제315호/우편소 설치
		1911.10.31	총독부 고시 제316호/우체소 폐지 후 우편소로 개칭
		1915.10.21	총독부 고시 제270호/전신,전화통화 사무 개시
南平郵便所	전라남도 남평군 남평읍	1912.2.1	총독부 고시 제21호/특설전화교환,전선탁송전보사무
木浦南橋洞郵便所	전라남도 목포부내면 남교동	1912.2.16	총독부 고시 제25호/우편소 설치
木浦榮町郵便所	전라남도 목포부 영정1정목	1934.3.16	총독부 고시 제102호/우편소 설치
木浦昌平町郵便所			
木浦巡邏船內郵便所	전라남도 수산회소속순라선 내	1934.3.15	총독부 고시 제103호/우편소 설치
旌義郵便所	전라남도 정의군 좌면 성읍리	1912.2.26	총독부 고시 제25호/우편소 설치
		1914.1.13	총독부 고시 제8호/우편소 이전 개칭
金寧郵便所	전라남도 제주군 구좌면 김녕리	1914.1.13	총독부 고시 제8호/정의우편소-김녕우편소로 이전 개칭
摹瑟浦郵便所	전라남도 대정군 우면 모슬포	1912.3.1	총독부 고시 제37호/우편소 설치
		1914.6.1	총독부 고시 제132호/전신,전화통화 사무 개시
大靜郵遞所	전라남도 대정군 대정읍	1912.2.29	총독부 고시 제38호/우체소 폐지 후 모슬포우편소.합병
城山浦郵便所	전라남도 정의군 좌면 성산리	1912.2.21	총독부 고시 제29호/우편소 설치
箕佐島郵便所	전라남도 지도군 기좌면 읍동	1912.3.16	총독부 고시 제54호/우편소 설치
松汀郵便所	전라남도 광주군 소지면 신덕리	1912.3.21	총독부 고시 제55호/우편소 설치
和順郵便所	전라남도 능주군 읍내면 훈동	1913.1.24	총독부 고시 제20호/우편소 설치
楸子島郵便所	전라남도 제주군 추자면 대서리	1913.3.26	총독부 고시 제78호/우편소 설치
西歸浦郵便所	전라남도 제주군 우면 서귀포	1914.1.21	총독부 고시 제7호/우편소 설치

右水營郵便所	전라남도 해남군 문내면 동내리	1914.3.6	총독부 고시 제43호/우편소 설치
羅老島郵便所	전라남도 고흥군 봉래면 신금리	1915.10.1	총독부 고시 제247호/전신,전화통화 사무 개시
		1914.9.23	총독부 고시 제394호/고흥군 봉락면 신금리로 이전
城山浦郵便所	전라남도 제주도 정의면 성산리	1914.6.1	총독부 고시 제132호/전신,전화통화 사무 개시
羅山郵便所	전라남도 함평군 평릉면 삼축리	1917.1.26	총독부 고시 제10호/우편소 설치
水門郵便所	전라남도 장흥군 안량면 수문리	1919.9.21	총독부 고시 제232호/전신, 전화통화 사무 개시
務安郵便所	전라남도 무안군 금성면 성내리	1935.3.21	총독부 고시 제162호/우편소 설치
光州大正町郵便所	전라남도광주부 궁정	1938.3.6	총독부 고시 제163호/우편소 설치
光州須奇屋町郵便所	전라남도 광주군 광주면 수기옥정	1926.10.26	총독부 고시 제321호/우편소 설치
光州本町郵便所			
光州錦町郵便所	전라남도 광주군 광주읍 금정	1934.3.26	총독부 고시 제122호/우편소 설치
鳥城院郵便所	전라남도 보성군 조성면 조성리	1929.3.26	총독부 고시 제85호/우편소 설치
鶴橋郵便所	전라남도 함평군 학교면 학교리	1920.2.21	총독부 고시 제41호/우편소 설치
石谷郵便所	전라남도 곡성군 석곡면 석곡리	1934.3.26	총독부 고시 제125호/우편소 설치
翰林郵便所			
麗水東町郵便所	전라남도 여수군 여수읍 동정	1940.3.26	총독부 고시 제267호/우편소 설치
安島郵便所	전라남도 여수군 남면 안도리	1939.10.11	총독부 고시 제772호/심장우편소를 개칭
一老郵便所	전라남도 무안군 일노면 월암리	1939.2.26	총독부 고시 제126호/우편소 설치
順天驛前郵便所	전라남도 순천군 순천읍 주곡리	1938.3.6	총독부 고시 제163호/우편소 설치
順天郵便所	전라남도 순천군 순천면 행정	1922.2.16	총독부 고시 제24호/전화교환 업무 개시
石橋郵便所			
新月郵便所	전라남도 장흥군 대덕면 신월리	1938.3.17	총독부 고시 제196호/전신,전화통화 사무 취급
海南郵便所	전라남도 해남군 해남면 대정	1928.1.6	총독부 고시 제489호/전화교환 업무 개시
飛鵶郵便所	전라남도 광산군 비아면 비아리	1937.3.6	총독부 고시 제129호/우편소 설치
過驛郵便所	전라남도 고흥군 과역면 과역리	1938.3.1	총독부 고시 제138호/우편소 설치
長興郵便所	전라남도 장흥군 장흥면 남동리	1925.6.6	총독부 고시 제145호/전화교환,탁송전보업무 개시
小鹿島郵便所	전라남도 고흥군 금산면 소록리	1938.3.11	총독부 고시 제177호/우편소 설치
城田郵便所	전라남도 강진군 성전면 성전리	1938.2.11	총독부 고시 제90호/우편소 설치
靈光郵便所	전라남도 영광군 영광읍 무령리	1926.4.1	총독부 고시 제89호/전화교환업무 개시
新北郵便所	전라남도 영암군 신북면 월평리	1939.2.26	총독부 고시 제126호/우편소 설치
谷城郵便所	전라남도 곡성군 곡성면 읍내리	1921.3.26	총독부 고시 제48호/우편소 설치
康津郵便所	전라남도 강진군 강진면 남성리	1927.2.26	총독부 고시 제44호/전화교환업무 개시
鹿洞郵便所			
犢川郵便所			
松旨郵便所			
林谷郵雨便所	전라남도 광주군 임곡면 임곡리	1932.3.11	총독부 고시 제108호/우편소 설치
玉果郵便所			
福內郵便所	전라남도 보성군 복내면 복내리	1933.3.6	총독부 고시 제72호/우편소 설치
潭陽郵便所	전라남도 담양군 담양군 객사리	1923.3.26	총독부 고시 제70호/우편소 설치
濟州高山郵便所	전라남도 제주도 구좌면 고산동	1932.7.1	총독부 고시 제338호/우편소 설치
涯月郵便所			
住巖郵便所	전라남도 순천군 주암면 광천리	1921.3.26	총독부 고시 제48호/우편소 설치
法聖浦郵便所			
兵營郵便所	전라남도 강진군 고군면 성동리	1920.3.21	총독부 고시 제70호/우편소 설치
		1921.9.16	총독부 고시 제185호/전신,전화통화 사무 개시
咸平郵便所	전라남도 함평군 함평면 함평리	1923.3.26	총독부 고시 제70호/우편소 설치
筏橋郵便所			
長城郵便所	전라남도 장성군 장성면 영천리	1922.3.21	총독부 고시 제68호/우편소 설치
珍島郵便所	전라남도 진도군 진도면 성내리	1923.3.26	총독부 고시 제70호/우편소 설치
四街郵便所			
大峙郵便所	전라남도 담양군 대전면 대치리	1923.3.26	총독부 고시 제72호/우편소 설치

綾州郵便所	전라남도 화순군 능주면 관수리	1931.8.19	총독부 고시 제403호/우편소 이전
靈巖郵便所	전라남도 영암군 영암면 서남리	1923.3.26	총독부 고시 제70호/우편소 설치
表善郵便所	전라남도 제주도 동중면 표선리	1927.10.11	총독부 고시 제302호/우편소 설치
森溪郵便所	전라남도 장성군 삼계면 사창리	1931.3.29	총독부 고시 제165호/우편소 설치
浦川郵便所	전라남도 영광군 남면 포천리	1936.3.2	총독부 고시 제77호/우편소 설치
長平郵便所	전라남도 장흥군 장평면 양촌리	1932.3.26	총독부 고시 제136호/우편소 설치
望雲郵便所	전라남도 무안군 망운면 목동리	1932.2.16	총독부 고시 제57호/우편소 설치
北平郵便所			
莞島郵便所	전라남도 완도군 완도면 군내리	1923.3.26	총독부 고시 제70호/우편소 설치
高興郵便所	전라남도 고흥군 고흥면 옥하리	1923.3.26	총독부 고시 제70호/우편소 설치
朝天郵便所	전라남도 제주도 신좌면 조천리	1925.6.21	총독부 고시 제160호/우편소 설치
竹橋郵便所	전라남도 장흥군 고읍면 죽교리	1921.3.26	총독부 고시 제48호/우편소 설치
德陽郵便所	전라남도 여수군 소라면 덕양리	1930.3.30	총독부 고시 제134호/우편소 설치
黑山島郵便所	전라남도 무안군 흑산면 이리	1939.3.11	총독부 고시 제176호/우편소 설치
蟾居郵便所	전라남도 광양군 진상면 섬거리	1931.3.26	총독부 고시 제150호/우편소 설치
西倉郵便所	전라남도 영암군 곤일종면 서창리	1922.5.1	총독부 고시 제107호/우편소 설치
南倉郵便所	전라남도 해남군 북평면 남창리	1929.3.20	총독부 고시제92호/우편소 설치
心張郵便所	전라남도 여수군 남면 심장리	1937.3.21	총독부 고시제164호/우편소 설치
和順郵便所	전라남도 능주군 읍내면 훈동	1914.1.24	총독부 고시 제20호/우편소 설치
全州本町郵便所	전라북도 전주군 전주면 본정2정목	1925.6.26	총독부 고시 제162호/우편소 설치
全州高砂町郵便所	전라북도 전주부 고사정	1940.3.30	총독부 고시 제291호/우편소 설치
裡里榮町郵便所	전라북도 익산군 이리읍 영정1정목	1938.3.16	총독부 고시 제203호/우편소 설치
大場村郵便所	전라북도 익산군 동일면 대장촌	1910.9.26	총독부 고시 제70호/전화통화 사무 개시
大場郵便所	전라북도 익산군 춘포면 대장촌리	1938.7.1	총독부 고시 제423호/대장촌우편소를 개칭
扶安郵便所	전라북도 부안군 부령면 동중리	1940.12.11	총독부 고시 제1410호/우편소 이전
井邑郵便所	전라북도 정읍군 정읍읍	1910.9.26	총독부 고시 제219호/우편소 설치
		1911.3.21	총독부 고시 제70호/전화통화 사무 개시
		1922.4.6	총독부 고시 제97호/탁송전보취급 개시
茂朱郵便所	전라북도 무주군 무주읍	1910.10.21	총독부 고시 제21호/전신사무 개시
		1910.10.21	총독부 고시 제21호/전신사무 개시
		1911.3.21	총독부 고시 제70호/전화통화사무 개시
任實郵遞所	전라북도 임실군 임실읍	1911.2.1	총독부 고시 제15호/우편소 설치
			총독부 고시 제15호/우체소를 우편소로 개칭
茂長郵便所	전라북도 무장군 이동면 니동리	1911.6.1	총독부 고시 제156호/우편소 설치
		1911.5.31	총독부 고시 제157호/우체소 페지 후 우편소로 개칭
		1912.3.11	총독부 고시 제81호/전신,전화통화사무 개시
金溝郵便所	전라북도 금구군 동도면 신교리	1911.6.16	총독부 고시 제167호/우편소 설치
		1911.6.15	총독부 고시제168호/우체소 페지 후 우편소로 개칭
		1912.3.28	총독부 고시 제140호/전신,전화통화사무 개시
礪山郵便所	전라북도 여산군 군내면 영전리	1911.7.1	총독부 고시 제191호/우편소 설치
		1911.6.30	총독부 고시 제192호/우체소 페지 후 우편소로 개칭
盆山郵便所	전라북도 익산군 군내면 원촌리	1911.7.1	총독부 고시 제191호/우편소 설치
		1911.6.30	총독부 고시 제192호/우체소 페지 후 우편소로 개칭
		1911.10.20	총독부 고시 제311호/남일면 이리로 우편소 이전
		1912.11.1	총독부 고시 제328호/익산우편소를 이리우편소로 개정
	전라북도 익산군 금마면 동고도리	1923.4.1	총독부 고시제85호/전신전화통화 사무 개시
裡里郵便所	전라북도 익산군 군남일면 이리	1912.11.1	총독부 고시제328호/익산우편소를 이리우편소로 개정
		1919.10.1	총독부 고시 제269호/전화가입,전화교환사무 개시
		1920.7.6	총독부 고시 제187호/전화교환업무개시,탁송전보취급
雲峰郵便所	전라북도 운봉군 남면 서천리	1911.7.1	총독부 고시 제191호/우편소 설치
		1911.6.30	총독부 고시 제192호/우체소 페지 후 우편소로 개칭
臨陂郵便所	전라북도 임피군 군내면 성내리	1911.7.16	총독부 고시 제225호/우편소 설치

		1911.7.15	총독부 고시 제226호/우체소 폐지 후 우편소로 개칭
		1912.3.28	총독부 고시 제140호/전신,전화통화사무 개시
興德郵便所	전라북도 흥덕군 현내면 동부리	1911.7.16	총독부 고시 제225호/우편소 설치
		1911.7.15	총독부 고시 제226호/우체소 폐지 후 우편소로 개칭
		1912.3.28	총독부 고시 제140호/전신,전화통화사무 개시
長水郵便所	전라북도 장수군 수내면 상비리	1911.9.16	총독부 고시 제274호/우편소 설치
		1911.9.15	총독부 고시 제275호/우체소 폐지 후 우편소로 개칭
		1913.10.6	총독부 고시 제472호/전신,전화통화사무 개시
珍山郵便所	전라북도 진산군 군내면 읍내북리	1911.9.1	총독부 고시 제265호/우편소 설치
		1911.8.31	총독부 고시 제266호/우체 소폐지 후 우편소로 개칭
		1912.10.1	총독부 고시 제309호/전신,전화통화사무 개시
東之山郵便所	전라북도 만경군 북일도면 동지산	1911.12.21	총독부 고시 제369호/전신전화사무 개시
金堤郵便所	전라북도 김제군 읍내면 옥리	1912.6.16	총독부 고시 제247호/우편소 설치
		1912.6.15	총독부 고시 제248호/우편국 폐지 후 우편소로 개칭
		1922.2.16	총독부 고시 제24호/전화교환업무 개시
		1922.4.6	총독부 고시 제97호/탁송전보취급 개시
		1925.8.25	총독부 고시 제209호/김제면 소촌리로 이전
龍安郵便所	전라북도 용안군 군내면 하동리	1912.1.25	총독부 고시 제13호/전신,전화통화사무 개시
		1916.8.16	총독부 고시 제186호/우편소명 개정, 이전
			함열정차장전우편소로 개정 후 이전
咸悅停車場前郵便所	전라북도 익산군 함열면 와리	1916.8.16	총독부 고시 제186호/용안우편소를 개정,이전
大井洞郵便所	전라북도 군산부 북면 대정동	1912.11.1	총독부 고시 제328호/군산영정우편소로 개정
群山榮町郵便所	전라북도 군산부 북면 대정동	1912.11.1	총독부 고시 제328호/대정동우편소,영정우편소로 개정
걸樹郵便所	전라북도 남원군 덕고면 동리	1912.11.1	총독부 고시 제342호/우편소 설치
泰仁郵便所	전라북도 정읍군 태인면 상1리	1914.7.16	총독부 고시 제263호/우편소 설치
泰仁停車場前郵便所	전라북도 정읍군 용정면 신태인리	1919.4.1	총독부 고시 제46호/우편소개칭,태인우편소로 개칭
長溪郵便所	전라북도 장수군 계내면 장계리	1919.7.1	총독부 고시 제158호/우편소 설치
古阜郵便所	전라북도 정읍군 고부면 고부리	1921.3.26	총독부 고시 제48호/우편소 설치
鎭安郵便所	전라북도 진안군 진안면 군상리	1921.4.6	총독부 고시 제74호/우편소 설치
高敞郵便所	전라북도 고창군 고창면 읍내리	1921.4.6	총독부 고시 제74호/우편소 설치
裡里郵便所	전라북도 익산군 익산면 이리	1921.4.5	총독부 고시 제77호/우편소폐지, 이리우편국으로승계
東山郵便所	전라북도 전주군 조촌면 동산리	1921.4.11	총독부 고시 제85호/우편소 설치
龍潭郵便所	전라북도 진안군 용담면 옥과리	1921.4.11	총독부 고시 제86호/우편소 설치
盆山郵便所	전라북도 익산군 금마면 동길도리	1922.3.11	총독부 고시 제50호/우편소 설치
禾湖郵便所	전라북도 정읍군 용북면 화호리	1922.3.11	총독부 고시 제50호/우편소 설치
錦山郵便所	전라북도 금산군 금산면 상리	1923.3.21	총독부 고시 제67호/우편소 설치
淳昌郵便所	전라북도 순창군 순창면 정화리	1923.3.26	총독부 고시 제70호/우편소 설치
新泰仁郵便所	전라북도 정읍군 용북면 신태인리	1925.3.21	총독부 고시 제45호/전화교환업무 개시
芙溶郵便所(부용)	전라북도 김제군 백학면 월봉리	1928.3.28	총독부 고시 제91호/우편소 설치
館村郵便所	전라북도 임실군 조천면 선천리	1929.3.21	총독부 고시 제94호/우편소 설치
參禮郵便所	전라북도 전주군 삼례면 삼례리	1930.4.1	총독부 고시 제136호/전화교환업무 개시
群山新興洞郵便所	전라북도 군산부 신흥동	1931.3.28	총독부 고시 제156호/우편소 설치
		1932.10.16	총독부 고시 제536호/군산천대전정우편소로 개칭
群山千代田町郵便所	전라북도 군산부 신흥동	1932.10.16	총독부 고시 제536호/군산신흥동우편소로를 개칭
川原郵便所	전라북도 정읍군 입압면 천원리	1936.3.26	총독부 고시 제172호/우편소 설치
院坪郵便所	전라북도 김제군 수류면 원평리	1934.3.21	총독부 고시 제111호/우편소 설치
鳳東郵便所	전라북도 완주군 봉동면 장기리	1936.3.21	총독부 고시 제161호/우편소 설치
院坪郵便所	전라북도 김제군 금산면 원평리	1937.2.21	총독부 고시 제90호/우편소 설치
新安城郵便所	전라북도 무주군 안성면 장기리	1937.3.1	총독부 고시 제114호/우편소 설치
葛潭郵便所	전라북도 임실군 강진면 갈담리	1938.3.16	총독부 고시 제200호/우편소 설치
咸悅郵便所	전라북도 익산군 함나면 함열리	1938.7.1	총독부 고시 제423호/함나우편소로 개칭
咸悅驛前郵便所	전라북도 익산군 함열면 와리	1938.7.1	총독부 고시 제423호/함열우편소로 개칭
七寶郵便所	전라북도 정읍군 칠보면 시산리	1939.2.16	총독부 고시 제94호/우편소 설치

金池郵便所	전라북도 남원군 금지면	1940.3.16	총독부 고시 제203호/우편소 설치
龜林郵便所	전라북도 순창군 구림면 운남리	1940.3.21	총독부 고시 제235호/우편소 설치
釜山草場町郵便所	경상남도 부산부 부산초장정1정목	1912.3.16	총독부 고시 제84호/우편소 설치
釜山鎭郵便所			
釜山鎭驛前郵便所			
釜山寶水町郵便所			
釜山草梁郵便所	경상남도 부산부 초량정	1936.3.26	총독부 고시 제175호/초량우편소를 개칭
釜山辯天町郵便所	경상남도 부산부 부산변천정1정목	1911.8.16	총독부 고시 제254호/우편소 설치
釜山大新洞郵便所	경상남도 부산부 중도정	1925.3.26	총독부 고시 제47호/우편소 설치
釜山榮町郵便所	경상남도 부산부 영정2정목	1929.3.26	총독부 고시 제84호/우편소 설치
釜山幸町郵便所	경상남도 부산부 행정1정목	1929.3.26	총독부 고시 제84호/우편소 설치
釜山西町郵便所			
釜山郵便局分室		1919.8.20	총독부 고시 제214호/분실 폐지 후 부산우편국에 승계
釜山中島町郵便所			
釜山釜田里郵便所	경상남도 부산부 부전리	1937.3.1	총독부 고시 제139호/우편소 설치
釜山本町郵便取扱所			
釜山牧島郵便所	경상남도 부산부 개선동	1930.3.31	총독부 고시 제176호/우편소 폐지, 부산우편국에 승계
釜山牧島東郵便所	경상남도 부산부 숙선정	1936.3.26	총독부 고시 제176호/우편소 설치
釜山土城町郵便所			
絶影島郵便所	부산부 사중면 절영도	1910.11.1	총독부 고시 제36호/우편특설전화업무 개시
三良津郵便所	경상남도 밀양군 하동면 삼량진	1912.1.1	총독부 고시 제140호/전신,전화통화사무 개시
安義郵便所	경상남도 안의군 현내면 당본동	1912.3.11	총독부 고시 제81호/전신,전화통화사무 개시
彌勒島郵便所	경상남도 용남군 서면 강산촌	1912.3.1	총독부 고시 제37호/우편소 설치
欲知島郵便所	경상남도 용남면 원삼면 욕지도 읍동	1912.3.1	총독부 고시 제37호/우편소 설치
慶和洞郵便所	경상남도 마산부 진해면 경화동	1912.6.16	총독부 고시 제247호/우편소 설치
		1913.2.2	총독부 고시 제29호/우편물집배사무 개시
		1932.5.1	총독부 고시 제231호/경화우편소로 개칭
慶和郵便所	경상남도 마산부 진해면 경화동	1932.5.1	총독부 고시 제231호/경화동우편소를 경화우편소로개칭
		1933.4.30	총독부 고시 제173호/우편소 폐지, 진해우편국에 승계
鎭海慶和郵便所	경상남도 창원군 진해읍 경화동	1933.5.1	총독부 고시 제174호/경화우편소를 개칭
三嘉郵便所	경상남도 삼가군 현내면 홍문동	1912.7.21	총독부 고시 제284호/우편소 설치
		1912.7.20	총독부 고시 제285호/우편국 폐지 후 우편소로 개칭
固城郵便所	경상남도 고성군 고성면 성내리	1925.1.26	총독부 고시 제9호/전화교환,탁송전보 개시
草梁郵便所	경상남도 부산부 숙선정	1936.3.26	총독부 고시 제175호/부산초량우편소로 개칭
知世浦郵便所	경상남도 거제군 일연면 대동	1912.3.16	총독부 고시 제84호/우편소 설치
壯佐郵便所	경상남도 고성군 난국면 하장동	1912.3.16	총독부 고시 제84호/우편소 설치
鎭東郵便所 　　(鎭海郵便所)	경상남도 마산부 진동 하동촌리	1912.1.21	총독부 고시 제6호/진해우편소의 명칭 변경 진동우편소로 개정
縣洞郵便所	경상남도 마산부 진해면 현동	1912.1.25	총독부 고시 제12호/현동우편소를 진해우편국에 합병
		1912.3.16	총독부 고시 제61호/전보배달,통화료전납증서 발행
縣洞郵便所	경상남도 창원부 운서면 현동	1910.12.15	총독부 고시 제76호/특설전화교환,전보업무 개시
機張郵便所	경상남도 기장군 기장읍	1911.12.21	총독부 고시 제369호/전신전화사무 개시
彦陽郵便所	경상남도 언양군 상북면 로동	1911.4.30	총독부 고시 제117호/우체소 폐지
		1911.5.1	총독부 고시 제115호/우체소를 우편소로 설치
方魚津郵便所	경상남도 울산군 동면 방어진	1911.3.21	총독부 고시 제70호/전화통화사무 개시
	경상남도 울산군 울산면 북정동	1923.3.11	총독부 고시 제48호/전화교환업무 개시
昆陽郵便所	경상남도 곤양군 곤양읍	1910.9.16	총독부 고시 제204호/우편소 설치
		1911.3.21	총독부 고시 제70호/전화통화사무 개시
咸安郵便所	경상남도 함안군 함안읍	1910.9.16	총독부 고시 제204호/우편소 설치
咸安驛前郵便所	경상남도 함안군 가야면 말산리	1931.3.28	총독부 고시 제157호/우편소 설치
宜寧郵便所	경상남도 의령군 의령읍	1910.12.16	총독부 고시 제60호/우편소 설치
馬川郵便所	경상남도 마산부 웅동면 소사리	1911.5.10	총독부 고시 제130호/경남 마산부 웅동면 관남리에서 마산부 웅동면 소사리로 이전.
熊川郵便所	경상남도 창원군 웅읍면 성내리	1913.2.23	총독부 고시 제45호/이전 개칭

			마천우편소-웅천우편소로 개칭
丹城郵便所	경상남도 단성군 현내면 성내동	1911.5.16	총독부 고시 제133호/우편소 설치
		1911.5.15	총독부 고시 제134호/우체소 폐지 후 우편소로 개칭
昌寧郵便所	경상남도 창녕군 읍내면 교상동	1911.5.16	총독부 고시 제133호/우편소 설치
		1911.5.15	총독부 고시 제134호/우체소 폐지 후 우편소로 개칭
		1912.1.1	총독부 고시 제140호/전신,전화통화사무 개시
梁山郵便所	경상남도 양산군 읍내면 북안동	1911.9.1	총독부 고시 제265호/우편소 설치
		1911.8.31	총독부 고시 제266호/우체소 폐지 후 우편소로 개칭
草溪郵便所	경상남도 초계군 댁정면 교촌동	1911.10.16	총독부 고시 제304호/우편소 설치
		1911.10.15	총독부 고시 제305호/우체소 폐지 후 우편소로 개칭
船津郵便所	경상남도 사천군 중남면 화계동	1912.11.1	총독부 고시 제342호/우편소 설치
		1913.1.21	총독부 고시 제8호/전신,전화통화 사무 개시
辰橋郵便所	경상남도 곤양군 금양면 진교리	1912.11.1	총독부 고시 제350호/전신,전화통화사무 개시
昌原郵便所	경상남도 창원군 부내면 서상동	1913.4.25	총독부 고시 제140호/우편소 이전
			경상북도 창원군 부내면 중동리로 이전
泗川郵便所	경상남도 사천군 읍내면 의인동	1913.5.31	총독부 고시 제180호/우편소 이전
密陽郵便所			
密陽城內郵便所	경상남도 밀양군 부내면 남부동	1913.7.11	총독부 고시 제251호/우편소 설치
下端郵便所	경상남도 동래군 사하면 하단리	1913.10.1	총독부 고시 제416호/전신,전화통화 사무 개시
		1914.10.1	총독부 고시 제416호/전신,전화통화 사무 개시
進永郵便所	경상남도 김해군 하계면 진영리	1914.7.1	총독부 고시 제234호/전신,전화통화 사무 개시
塘洞郵便所	경상남도 고성군 거류면 하연동	1915.2.15	총독부 고시 제29호/전신사무,전화통화사무 개시
絲里郵便所	경상남도 산청군 시천면 사리	1917.2.1	총독부 고시 제20호/전신,전화통화 사무 개시
			경상남도 사천군 읍내면 화신동으로 이전
海雲臺郵便所	경상남도 동래군 남면 중리	1919.9.1	총독부 고시 제319호/전신,전화통화사무 개시
南旨郵便所	경상남도 창녕군 남곡면 남지리	1919.9.21	총독부 고시 제235호/우편소 설치
三千浦郵便所	경상남도 사천군 삼천포면 서리	1928.1.6	총독부 고시 제488호/전화교환업무 개시
彌助郵便所	경상남도 남해군 삼동면 미조리	1921.10.1	총독부 고시 제197호/전신전화통화사무 개시
馬山本町郵便所			
東萊溫泉郵便所			
東來郵便所			
中橋郵便所	경상남도 의령군 전곡면 중교리	1928.7.16	총독부 고시 제267호/우편소 설치
上里郵便所	경상남도 고성군 상리면 조정리	1934.3.26	총독부 고시 제126호/우편소 설치
熊川郵便所			
山南郵便所			
長承浦郵便所	경상남도 통영군 장승포읍 장승포리	1939.4.15	총독부 고시 제273호/입자촌우편소를 개칭
南海郵便所	경상남도 남해군 남해면 북변동	1921.3.26	총독부 고시 제48호/우편소 설치
丹城郵便所			
鎭海郵便所			
居昌郵便所	경상남도 거창군 거창면 상동	1923.3.26	총독부 고시 제70호/우편소 설치
三壽郵便所			
鎭海縣洞郵便所	경상남도 창원군 진해읍 현동	1933.5.1	총독부 고시 제174호/현동우편소를 개칭
郡北郵便所	경상남도 함안군 군북면 중암리	1923.3.26	총독부 고시 제72호/우편소 설치
巨濟島郵便所	경상남도 통영군 거제면 동상리	1921.4.6	총독부 고시 제74호/우편소 설치
冶爐郵便所	경상남도 합천군 야로면 치로리	1930.3.21	총독부 고시 제115호/우편소 설치
咸陽郵便所	경상남도 함양군 남양면 상동	1923.3.26	총독부 고시 제70호/우편소 설치
龜浦郵便所	경상남도 동래군 구포면 구포리	1925.1.14	총독부 고시 제9호/전화교환,탁송전보취급 개시
新反郵便所	경상남도 의령군 부림면 신반리	1924.7.1	총독부 고시 제146호/우편소 설치
守山郵便所	경상남도 밀양군 하남면 수산리	1923.3.16	총독부 고시 제44호/우편집배사무 개시
金海郵便所	경상남도 김해군 김해면 북내리	1930.4.1	총독부 고시 제136호/전화교환업무 개시
靈山郵便所	경상남도 창녕군 영산면 성내리	1923.1.16	총독부 고시 제2호/전신전화통화사무 개시

漆原郵便所	경상남도 함안군 칠원면 구성리	1922.4.1	총독부 고시 제86호/우편소 설치
虎溪郵便所	경상남도 울산군 농서면 호계리	1940.3.26	총독부 고시 제265호/우편소 설치
渭川郵便所	경상남도 거창군 위천면 장기리	1938.3.1	총독부 고시 제147호/우편소 설치
西生郵便所	경상남도 울산군 서생면 신암리	1920.3.1	총독부 고시 제48호/우편소 설치
武安郵便所	경상남도 밀양군 무안면 무안리	1936.3.20	총독부 고시 제136호/우편소 설치
上男郵便所	경상남도 창원군 상남면 토월리	1927.1.16	총독부 고시 제7호/우편소 설치
長有郵便所	경상남도 김해군 장유면 무계리	1939.2.26	총독부 고시 제126호/우편소 설치
晉州錦町郵便所	경상남도 진주군 진주읍 금정	1938.3.6	총독부 고시 제163호/우편소 설치
佐川郵便所	경상남도 동래군 장안면 좌천리	1938.2.11	총독부 고시 제92호/우편소 설치
加祚郵便所	경상남도 거창군 가조면 장기리	1938.2.11	총독부 고시 제90호/우편소 설치
能陽郵便所	경상남도 거창군 웅양면 노현리	1937.2.16	총독부 고시 제74호/우편소 설치
船津郵便所			
溫山郵便所	경상남도 울산군 온산면 방도리	1936.3.11	총독부 고시 제132호/우편소 설치
長生浦郵便所			
陝川郵便所	경상남도 협천군 협천면 협천동	1921.3.26	총독부 고시 제48호/우편소 설치
亭子郵便所	경상남도 울산군 강동면 정자리	1937.3.6	총독부 고시 제128호/우편소 설치
班城郵便所	경상남도 진주군 반성면 창촌리	1930.3.26	총독부 고시 제128호/우편소 설치
勿禁郵便所			
西倉郵便所	경상남도 양산군 웅상면 삼호리	1935.3.21	총독부 고시 제165호/우편소 설치
文山郵便所	경상남도 밀양군 하남면 수산리	1921.3.26	총독부 고시 제48호/우편소 설치
南倉郵便所			
河東郵便所	경상남도 하동군 하동면 읍내동	1932.3.1	총독부 고시 제90호/우편소 설치
丹溪郵便所	경상남도 산청군 신등면 단계리	1932.3.11	총독부 고시 제108호/우편소 설치
蔚山兵營郵便所	경상남도 울산군 하상면 남외리	1931.3.28	총독부 고시 제157호/우편소 설치
生草郵便所	경상남도 산청군 생초면 서어서리	1929.8.1	총독부 고시 제269호/우편소 설치
肯屯郵便所	경상남도 고성군 회화면 배둔리	1921.3.26	총독부 고시 제48호/우편소 설치
		1922.3.1	총독부 고시 제35호/우편집배사무 개시
		1923.6.11	총독부 고시 제176호/전신,전화통화사무 개시
松眞郵便所			
水東郵便所	경상남도 함양군 영동면 화산리	1938.3.6	총독부 고시 제160호/우편소 설치
斗西郵便所	경상남도 울산군 두서면 인보리	1938.3.16	총독부 고시 제201호/우편소 설치
統營吉野町郵便所	경상남도 통영군 통영읍 길야정	1937.3.6	총독부 고시 제127호/우편소 설치
統營郵便所	경상남도 통영군 통영면 수도정	1922.5.20	총독부 고시 제128호/우편소 폐지, 통영우편국에 승계
舊馬山郵便所	경상남도 마산부 원정	1930.2.23	총독부 고시 제62호/우편소 폐지 후 마산우편국에 승계
馬山郵便所	경상남도 마산부 본정2정목	1930.2.24	총독부 고시 제63호/마산부정우편소 이전 개칭
入佐村郵便所	통영군 이운면 장승포리	1933.10.11	총독부 고시 제494호/전화교환업무 개시
山淸郵便所	경상남도 산청군 산청면 옥동	1936.4.16	총독부 고시 제249호/전화교환업무 개시
慶南南倉郵便所	경상남도 울산군 온양면 남창리	1938.3.7	총독부 고시 제170호/전신,전화통화사무 취급
露梁郵便所	경상남도 하동군 금남면 노량리	1939.3.11	총독부 고시 제173호/우편소 설치
河陽郵便所	경상북도 하양군 읍내면 금락리	1911.5.15	총독부 고시 제134호/우체소 폐지 후 우편소로 개칭
		1911.5.16	총독부 고시 제133호/우편소 설치
		1912.1.1	총독부 고시 제140호/전신,전화통화사무 개시
比安郵便所	경상북도 비안군 군내면 창하리	1912.2.26	총독부 고시 제25호/우편소 설치
龜尾郵便所	경상북도 선산군 구미면 원평동	1935.6.29	총독부 고시 제373호/전화교환업부 개시
咸昌郵便所	경상북도 함창군 함창읍	1912.2.26	총독부 고시 제33호/전신,전화통화사무 개시
洛東郵便所	경상북도 상주군 외동면 진상리	1912.2.16	총독부 고시 제34호/전화통화사무 개시
大邱南龍岡町郵便所	경상북도 대구부 대구남용강정	1912.5.16	총독부 고시 제222호/우편소 설치
大邱允町郵便所			
大邱德山町郵便所	경상북도 대구부 덕산정	1924.3.1	총독부 고시 제37호/우편소 설치

大邱幸町郵便所			
大邱三笠町郵便所	경상북도 대구부 삼립정	1931.3.31	총독부 고시 제195호/우편소 설치
大邱市場町郵便所	경상북도 대구부 시장정	1924.3.29	총독부 고시 제56호/전신,전화통화사무 개시
大邱錦町郵便所	경상북도 대구부 시장정	1932.3.1	총독부 고시 제79호/우편소 설치
清道郵便所	경상북도 대구부 시장정	1912.6.16	총독부 고시 제247호/우편소 설치
		1912.6.15	총독부 고시 제248호/우편국 폐지 후 우편소로 개칭
惠仁郵便所	경상북도 혜인군 읍내면 서부동	1912.7.2	총독부 고시 제270호/우편소 설치
		1912.7.2	총독부 고시 제271호/우편국 폐지 후 우편소로개칭
眞寶郵便所	경상북도 진보군 하리면 읍동	1912.2.1	총독부 고시 제14호/우편소 설치
		1912.1.31	총독부 고시 제15호/우체소 폐지 후우편소로 개칭
倭館郵便所	경상북도 칠곡군 파미면동	1912.1.1	총독부 고시 제385호/전신,전화통화사무 개시
若木郵便所	경상북도 인동군 약목면 약목	1912.1.1	총독부 고시 제385호/전신,전화통화사무 개시
漆谷郵便所	경상북도 칠곡군 팔궁면 읍내동	1911.6.16	총독부 고시 제167호/우편소 설치
		1911.6.15	총독부 고시 제168호/우체소 폐지 후 우편소로 개칭
義興郵遞所	경상북도 의흥군 의흥읍	1911.3.25	총독부 고시 제78호/우체소 설치
		1911.3.29	총독부 고시 제79호/우체소를 우편소로 개칭
奉化郵便所	경상북도 봉화군 춘양면 현동	1911.4.30	총독부 고시 제117호/우체소 폐지
		1911.5.1	총독부 고시 제115호/우체소를 우편소로 설치
		1912.1.1	총독부 고시 제385호/전신,전화통화사무 개시
玄風郵便所	경상북도 현풍군 현내면 부동	1911.5.16	총독부 고시 제133호/우편소 설치
		1911.5.15	총독부 고시 제134호/우체소 폐지 후 우편소로 개칭
知禮郵便所	경상북도 지례군 하현면 교동	1911.5.16	총독부 고시 제133호/우편소 설치
		1911.5.15	총독부 고시 제134호/우체소 폐지 후 우편소로 개칭
寧海郵便所	경상북도 영해군 읍내면 노하	1911.5.16	총독부 고시 제133호/우편소 설치
		1911.5.15	총독부 고시 제134호/우체소 폐지 후 우편소로 개칭
		1912.3.11	총독부 고시 제81호/전신,전화통화사무 개시
絶影島郵便所	경상북도 부산부 사중면 절영도	1910.10.28	특설전화교환,전선,탁송 전보업무 취급 개시
		1919.4.1	총독부 고시 제46호/목도우편소로 개칭
牧島郵便所	경상북도 부산부 미선동	1919.4.1	총독부 고시 제46호/절영도우편소를 목도우편소로 개칭
清河郵便所	경상북도 청하군 현내면 동문리	1911.7.16	총독부 고시 제225호/우편소 설치
		1911.7.15	총독부 고시 제226호/우체소 폐지 후 우편소로 개칭
		1912.3.11	총독부 고시 제81호/전신,전화통화사무 개시
星州郵便所	경상북도 성주군 용산면 서전동	1911.8.16	총독부 고시 제254호/우편소 설치
		1911.8.15	총독부 고시 제255호/우편국 폐지 후 우편소로 개칭
		1912.1.1	총독부 고시 제385호/전신,전화통화사무 개시
開寧郵便所	경상북도 개령군 부곡면 화전리	1911.9.16	총독부 고시 제274호/우편소 설치
		1911.9.15	총독부 고시 제275호/우체소 폐지 후 우편소로 개칭
		1912.1.1	총독부 고시 제140호/전신,전화통화사무 개시
英陽郵便所	경상북도 영양군 읍내면 서부동	1911.9.16	총독부 고시 제274호/우편소 설치
		1911.9.15	총독부 고시 제275호/우체소 폐지 후 우편소로 개칭
豊基郵便所	경상북도 풍기군 동부면 성내동	1911.10.1	총독부 고시 제290호/우편소 설치
		1911.9.30	총독부 고시 제291호/우체소 폐지 후 우편소로 개칭
興海郵便所	경상북도 흥해군 동부면 서성동	1911.10.1	총독부 고시 제290호/우편소 설치
		1911.9.30	총독부 고시 제291호/우체소 폐지 후 우편소로 개칭
		1912.1.1	총독부 고시 제140호/전신,전화통화사무 개시
		1912.9.20	총독부 고시 제301호/우편소 이전
			경상북도 흥해군 동부면 북성동으로 이전
龍宮郵便所	경상북도 용궁군 신읍면 동부리	1911.10.16	총독부 고시 제304호/우편소 설치
		1911.10.15	총독부 고시 제305호/우체소 폐지 후 우편소로 개칭
九龍浦郵便所	경상북도 영일군 창주면 구룡포리	1911.10.11	총독부 고시 제308호/우편소 설치
	(경상북도 장기군 외북면 사나리)	1914.4.16	총독부 고시 제99호/전신,전화사무 개시
仁同郵便所	경상북도 인동군 읍내면 교동	1912.11.1	총독부 고시 제350호/전신,전화통화사무 개시

甘浦郵便所	경상북도 경주군 양화면 감포리	1914.4.16	총독부 고시 제99호/전신,전화사무 개시
		1923.5.11	총독부 고시 제153호/전화교환 업무 개시
春陽郵便所	경상북도 봉화군 춘양면 선양리	1919.3.16	총독부 고시 제33호/우편소 설치
東村郵便所	경상북도 달성군 해언면 검사리	1921.3.26	총독부 고시 제48호/우편소 설치
琴湖郵便所	경상북도 영천군 금호면 교대동	1929.3.31	총독부 고시 제96호/우편소 설치
新寧郵便所			
店村郵便所	경상북도 문경군 호서남면 점촌리	1933.3.11	총독부 고시 제73호/우편소 설치
豊四郵便所	경상북도 안동군 풍산면 안교동	1929.3.26	총독부 고시 제86호/우편소 설치
浦項川口郵便所			
丑山郵便所	경상북도 영덕군 축산면 축산동	1938.3.1	총독부 고시 제147호/우편소 설치
義城郵便所	경상북도 의성군 의성면 죽동	1923.3.26	총독부 고시 제70호/우편소 설치
安康郵便所	경상북도 경주군 강서면 안강리	1934.9.1	총독부 고시 제437호/전화교환업무 개시
風角郵便所	경상북도 청도군 풍각면 송서동	1929.7.11	총독부 고시 제241호/우편소 이전
吉安郵便所	경상북도 안동군 길안면 천지동	1938.3.21	총독부 고시 제204호/우편소 설치
竹長郵便所	경상북도 영일군 죽장면 입암리	1938.3.11	총독부 고시 제176호/우편소 설치
金井郵便所	경상북도 봉화군 춘양면 우구치동	1937.3.6	총독부 고시 제128호/우편소 설치
金泉驛前郵便所			
花田郵便所	경상북도 의성군 봉양면 화전동	1938.2.11	총독부 고시 제90호/우편소 설치
延日郵便所	경상북도 영일군 연일면 생지동	1936.3.20	총독부 고시 제158호/우편소 설치
臨東郵便所	경상북도 안동군 임동면 중평동	1937.2.24	총독부 고시 제105호/임동우편취급소를 개칭
長川郵便所			
多仁郵便所	경상북도 의성군 다인면 서능동	1938.3.1	총독부 고시 제147호/우편소 설치
小川郵便所	경상북도 봉화군 소천면 현동리	1938.3.1	총독부 고시 제150호/우편소 설치
陽男郵便所	경상북도 경주군 양남면 하서리	1926.10.1	총독부 고시 제280호/우편소 설치
鬱陵島郵便所			
聞慶郵便所	경상북도 문경군 문경읍 상리	1923.3.26	총독부 고시 제70호/우편소 설치
軍威郵便所	경상북도 군위군 군위면 서부동	1921.4.1	총독부 고시 제61호/우편소 설치
花園郵便所			
醴泉郵便所	경상북도 예천군 예천면 서본동	1923.3.26	총독부 고시 제70호/우편소 설치
善山郵便所	경상북도 선산군 선산면 동부동	1923.3.26	총독부 고시 제70호/우편소 설치
榮州郵便所	경상북도 영주군 영주면 영주리	1921.3.26	총독부 고시 제48호/우편소 설치
順興郵便所			
盈德郵便所	경상북도 영덕군 영덕면 남석동	1923.3.26	총독부 고시 제70호/우편소 설치
九龍浦郵便所	경상북도 영일군 창주면 구룡포리	1925.7.1	총독부 고시 제171호/전화교환업무 개시
浮石郵便所	경상북도 영주군 부석면 소천리	1938.3.1	총독부 고시 제149호/소천우편소를 개칭
安溪郵便所			
倉泉郵便所	경상북도 성주군 가천면 창천동	1931.4.1	총독부 고시 제174호/우편소 설치
高靈郵便所			
都邱郵便所	경상북도 영일군 동해면 도구동	1931.3.1	총독부 고시 제68호/우편집배사무 개시
江口郵便所			
東谷郵便所	경상북도 청도군 금천면 동곡동	1940.3.21	총독부 고시 제241호/우편소 설치
靑松郵便所	경상북도 청송군 청송면 월막동	1921.4.1	총독부 고시 제61호/우편소 설치
籠岩郵便所	경상북도 문경군 농암면 농암리	1939.3.11	총독부 고시 제173호/우편소 설치
孝令郵便所	경상북도 군위군 효령면 중구동	1939.2.26	총독부 고시 제126호/우편소 설치
杞溪郵便所	경상북도 영일군 기개면 현내동	1930.3.26	총독부 고시 제128호/우편소 설치
楡川郵便所	경상북도 청도군 대성면 유호리	1931.3.26	총독부 고시 제150호/우편소 설치
海平郵便所	경상북도 선산군 해평면 낙성동	1937.3.6	총독부 고시 제128호/우편소 설치
慶山郵便所			
龜尾郵便所	경상북도 선산군 구미면 원평동	1935.7.6	총독부 고시 제373호/전화교환업무 개시
慈川郵便所	경상북도 영천군 화북면 자천동	1935.3.26	총독부 고시 제178호/우편소 설치
入室郵便所	경상북도 경주군 외동면 입실리	1933.3.26	총독부 고시 제94호/우편소 설치

乾川郵便所	경상북도 경주군 서면 건천동	1931.3.29	총독부 고시 제166호/우편소 설치
和睦郵便所	경상북도 청송군 현서면 구산동	1928.3.28	총독부 고시 제90호/우편소 설치
禮安郵便所			
大德郵便所	경상북도 김천군 대덕면 관기리	1939.2.26	총독부 고시 제126호/우편소 설치
阿火郵便所	경상북도 경주군 서면 아화리	1925.10.16	총독부 고시 제263호/전신,전화통화사무 개시
長鬐郵便所			
玉山郵便所	경상북도 상주군 공성면 옥산리	1934.3.26	총독부 고시 제124호/우편소 설치
化寧郵便所	경상북도 상주군 화서면 신봉동	1930.3.30	총독부 고시 제135호/우편소 설치
永川郵便所	경상북도 영천군 영천면 창구리	1923.3.11	총독부 고시 제48호/전화교환업무 개시
大甫郵便所			
冶爐郵便所	경상북도 합천군 야로면 야로리	1935.3.30	총독부 고시 제183호/전신,전화통화사무 개시
韶川郵便所	경상북도 영주군 부석면 소천리	1938.3.1	총독부 고시 제149호/부석우편소로 개칭
豊角郵便所	경상북도 청도군 풍각면 송서동	1938.3.10	총독부 고시 제175호/전신,전화통화사무 취급
取扱所			
安仲郵便取扱所	경기도 진위군 오성면 안중리	1934.3.1	총독부 고시 제24호/안중우편소로 승계
榛接郵便取扱所	경기도 양주군 진접면 장현리	1937.2.15	총독부 고시 제72호/우편소 폐지 후진접우편소로 승계
藥生郵便取扱所	경기도 광주군 약생면 판교리	1938.3.26	총독부 고시 제245호/우편취급소 설치
新長郵便取扱所	경기도 광주군 동부면 신장리	1936.3.6	총독부 고시 제36호/우편취급소 설치
永北郵便取扱所	경기도 포천군 영북면 운천리	1937.3.26	총독부 고시 제181호/우편취급소 설치
加南郵便取扱所	경기도 여주군 가남면 태평리	1940.3.21	총독부 고시 제235호/취급소 설치
安岳溫泉郵便扱所	황해도 안악군 은홍면 온저리	1938.2.20	총독부 고시 제125호/취급소폐지후안악온천우편소 승계
長壽郵便取扱所	황해도 제령군 장수면 장국리	1939.2.21	총독부 고시 제116호/취급소 설치
多美郵便取扱所	황해도 신계군 다미면 추천리	1939.2.26	총독부 고시 제126호/취급소 설치
德隅郵便取扱所	황해도 황주군 구락면 덕우리	1934.3.26	총독부 고시제128호/우편소 설치
延安溫泉郵便取扱所	황해도 연백군 온정면 금성리	1936.3.26	총독부 고시 제164호/우편취급소 설치
德隅郵便取扱所	황해도 황주군 구각면 덕우리	1937.2.24	총독부 고시 제106호/덕우우편소로 승계
丁峯郵便取扱所	황해도 신계군 고면 정봉리	1937.3.6	총독부 고시 제130호/우편취급소 설치
竹川郵便取扱所	황해도 벽성군 장곡면 동봉리	1940.3.10	총독부 고시 제187호/우편소 설치
自隱郵便取扱所	강원도 홍천군 두촌면 자은리	1936.3.26	총독부 고시 제173호/우편취급소 설치
墨湖郵便取扱所	강원도 강릉군 망상면 발한리	1937.3.1	총독부 고시 제112호/우편취급소 설치
神林郵便取扱所	강원도 원주군 신림면 심림리	1937.3.11	총독부 고시 제136호/우편취급소 설치
湖山郵便取扱所	강원도 삼척군 원덕면 호산리	1938.3.6	총독부 고시제160호/취급소 설치
墨湖郵便取扱所	강원도 강릉군 망상면 발한리	1938.3.5	총독부 고시 제162호/취급소 폐지 후 묵호우편소로 승계
大浦郵便取扱所	강원도 양양군 도천면 대포리	1938.6.26	총독부 고시 제480호/우편취급소 설치
自隱郵便取扱所	강원도 홍천군 두촌면 자은리	1938.3.15	총독부 고시 제202호/취급소 폐지 후 자은우편소로 승계
通口郵便取扱所	강원도 김화군 통구면 현리	1938.2.20	총독부 고시 제125호/취급소 폐지 후 통구우편소로 승계
蓬平郵便取扱所	강원도 평창군 봉평면 창동리	1940.3.21	총독부 고시 제235호/취급소 설치
大光郵便取扱所	강원도 철원군 신서면 도신리	1940.3.26	총독부 고시 제263호/취급소 설치
荏子郵便取扱所	함경남도 북청군 하차서면 임자동리	1938.3.11	총독부 고시 제176호/우편소 설치
上通郵便取扱所	함경남도 함주군 하기천면 상통리	1937.3.1	총독부 고시 제106호/취급소 폐지 후 상통우편소로 승계
扶桑郵便取扱所	함경남도 함주군 덕산면 부상리	1940.3.21	총독부 고시 제235호/취급소 설치
培花郵便取扱所	함경남도 안변군 배화면 형천리	1941.3.21	총독부 고시 제280호/취급소 폐지 후 배화우편국으로 승계
阿吾地郵便取扱所	함경북도 경흥군 상하면 태양동	1935.3.21	총독부 고시 제166호/우편취급소 설치
楡津郵便取扱所	함경북도 경흥군 풍해면 대유동	1937.3.10	총독부 고시 제135호/유진우편소로 승계
錦川郵便取扱所	함경북도 길주군 덕산면 금천동	1937.3.20	총독부 고시 제161호/우편소 폐지 후 금천우편소로 승계
龍臺郵便取扱所	함경북도 성진군 학남면 용대동	1937.3.26	총독부 고시 제181호/우편취급소 설치
長岡郵便取扱所	함경북도 경성군 어량면 봉강동	1938.2.11	총독부 고시 제91호/취급소 폐지 후 장강우편소로 승계
阿吾地郵便取扱所	함경북도 경흥군 상하면 태양동	1938.2.11	총독부 고시 제91호/취급소 폐지, 아오지우편소로 승계
承良郵便取扱所	함경북도 경원군 안농면 승량동	1938.2.11	총독부 고시 제91호/취급소 폐지 후 승량우편소로승계
高嶺鎭郵便取扱所	함경북도 회령군 화풍면 인계동	1940.3.29	총독부 고시 제283호/우편소 설치
馬場郵便局	함경남도 영흥군 덕흥면 신풍리	1941.3.21	총독부 고시 제281호/우편국 설치
順川郵便取扱所	평안남도 순천군 순천읍	1910.9.26	총독부 고시 제218호/우편물,전신사무 개시
慈山郵便取扱所	평안남도 순천군 자산면 자산리	1934.3.26	총독부 고시 제128호/우편소 설치
紫足郵便取扱所	평안남도 대동군 자족면 노산리	1939.3.6	총독부 고시 제36호/우편취급소 설치
院里郵便取扱所	평안남도 개천군 북면원리	1937.3.11	총독부 고시 제136호/우편취급소 설치
殷山郵便取扱所	평안남도 순천군 은산면 은산리	1937.2.25	총독부 고시 제107호/우편취급소 설치
藥田郵便取扱所	평안남도 평원군 용호면 약전리	1938.3.20	총독부 고시 제254호/우편소 설치
三德郵便取扱所	평안남도 성천군 삼덕면 신덕리	1939.2.21	총독부 고시 제116호/취급소 설치
陵中郵便取扱所	평안남도 성천군 능중면 남양리	1940.3.10	총독부 고시 제187호/우편취급소 설치
路下郵便取扱所	평안북도 선천군 동면 노하동	1938.2.20	총독부 고시 제125호/취급소 폐지 후 노하우편소로 승계
淸溪郵便取扱所	평안북도 삭주군 외남면 청계동	1937.3.5	총독부 고시 제126호/취급소 폐지 후 청계우편소로 승계
淸溪郵便取扱所	평안북도 삭주군 외남면 청계동	1935.3.26	총독부 고시 제179호/취급소 설치
史西郵便取扱所	평안북도 강계군 사서면 송학동	1937.3.26	총독부 고시 제181호/우편취급소 설치
時中郵便取扱所	평안북도 강계군 시중면 외시천동	1938.3.26	총독부 고시 제245호/우편취급소 설치

完豊郵便取扱所	평안북도 창성군 신창면 완풍동	1939.3.1	총독부 고시 제143호/우편취급소 설치
金美郵便取扱所	충청남도 서산군 운산면 용위리	1938.3.16	총독부 고시 제200호/우편취급소 설치
新下郵便取扱所	충청남도 대덕군 동면 신하리	1939.3.11	총독부 고시 제176호/우편취급소 설치
余美郵便取扱所	충청남도 서산군 운산면 용장리	1940.2.29	총독부 고시 제147호/여미우편소로 개창
笠浦郵便取扱所	충청남도 부여군 양화면 입포리	1937.2.26	총독부 고시 제109호/우편취급소 설치
機池市郵便取扱所	충청남도 당진군 송악면 기지시리	1937.3.15	총독부 고시 제146호/기지시우편소로 승계
天宣郵便取扱所	충청남도 서산군 정미면 천선리	1940.3.21	총독부 고시 제235호/취급소 설치
鋤山郵便取扱所	충청북도 영동군 학산면 서산리	1941.2.20	총독부 고시 제154호/서산우편소로 승계
内秀郵便取扱所	충청북도 청주군 북일면 내수리	1939.3.21	총독부 고시 제225호/취급소 설치
鋤山郵便取扱所	충청북도 영동군 학산면 서산리	1936.3.6	총독부 고시 제36호/우편취급소 설치
梅浦郵便取扱所	충청북도 단양군 매포면 매포리	1938.3.26	총독부 고시 제245호/우편취급소 설치
鳳陽郵便取扱所	충청북도 제천군 봉양면 주포리	1928.3.21	총독부 고시 제214호/우편취급소 설치
馬老郵便取扱所	충청북도 보은군 마노면 관기리	1938.3.15	총독부 고시 제202호/취급소 폐지 후 마노우편소로 승계
元南郵便取扱所	충청북도 보은군 삼아면 원남리	1938.3.15	총독부 고시 제202호/취급소 폐지 후 원남우편소로 승계
永同郵便取扱所	충청북도 영동군 영동읍	1910.9.26	총독부 고시 제218호/우편물,전신사무 개시
梧倉郵便取扱所	충청북도 청주군 오창면 장대리	1935.6.11	총독부 고시 제338호/취급소 설치
元南郵便取扱所	충청북도 보은군 삼아면 원남리	1935.3.26	총독부 고시 제179호/취급소 설치
水山郵便取扱所	충청북도 제천군 수산면 수산리	1937.3.6	총독부 고시 제130호/우편취급소 설치
梧倉郵便取扱所	충청북도 청주군 오창면 장대리	1937.3.15	총독부 고시 제146호/오창우편소로 승계
德山郵便取扱所	충청북도 진천군 덕산면 용몽리	1940.3.21	총독부 고시 제235호/취급소 설치
新月郵便取扱所	전라남도 장흥군 대덕면 신월리	1935.3.25	총독부 고시 제170호/우편취급소 설치
城田郵便取扱所	전라남도 강진군 성전면 성전리	1936.3.23	총독부 고시 제162호/우편취급소 설치
新北郵便取扱所	전라남도 영암군 신북면 월평리	1937.2.25	총독부 고시 제107호/우편취급소 설치
一老郵便取扱所	전라남도 무안군 일노면 월암리	1937.2.25	총독부 고시 제93호/우편취급소 설치
城田郵便取扱所	전라남도 강진군 성전면 성전리	1938.2.10	총독부 고시 제91호/취급소 폐지 후 성전우편소로 승계
靑山島郵便取扱所	전라남도 완도군 청산면 도청리	1939.3.21	총독부 고시 제225호/취급소 설치
別良郵便取扱所	전라남도 순천군 별양면 봉림리	1939.3.21	총독부 고시 제225호/취급소 설치
槐木郵便取扱所	전라남도 순천군 황전면 괴목리	1940.3.21	총독부 고시 제235호/취급소 설치
梨陽郵便取扱所	전라남도 화순군 이양면 이양리	1940.3.21	총독부 고시 제235호/취급소 설치
葛潭郵便取扱所	전라북도 임실군 강진면 갈담리	1938.3.15	총독부 고시 제202호/취급소 폐지 후 갈담우편소로 승계
珍山郵便取扱所	전라북도 금산군 진산면 진산리	1938.3.16	총독부 고시 제200호/우편취급소 설치
龜林郵便取扱所	전라북도 순창군 구림면 운남리	1938.3.16	총독부 고시 제200호/우편취급소 설치
金堤郵便取扱所	전라북도 김제군 김제읍	1910.9.26	
葛潭郵便取扱所	전라북도 임실군 강진면 갈담리	1935.3.26	총독부 고시 제179호/취급소 설치
院坪郵便取扱所	전라북도 김제군 금산면 원평리	1937.2.20	총독부 고시 제91호/취급소 폐지 후 원평우편소로 승계
川原郵便取扱所	전라북도 정읍군 입암면 천원리	1931.6.1	총독부 고시 제292호/우편소 설치
		1936.3.25	총독부 고시 제174호/취급소 폐지 후 천원우편소로 승계
七寶郵便取扱所	전라북도 정읍군 칠보면 시산리	1937.2.26	총독부 고시 제109호/우편취급소 설치
大山郵便取扱所	전라북도 고창군 대산면 매산리	1940.3.30	총독부 고시 제292호/우편취급소 설치
扶安郵遞所	전라북도 부안군 부안읍	1910.9.26	총독부 고시 제219호/우편소 설치
平地郵便取扱所	전라북도 진안군 마령면 평지리	1941.2.20	총독부 고시 제154호/평지우편국으로 승계
岳陽郵便取扱所	경상남도 하동군 악양면 정서리	1939.3.21	총독부 고시 제225호/취급소 설치
老玄郵便取扱所	경상남도 거창군 능양면 노현리	1935.3.26	총독부 고시 제179호/취급소 설치
武安郵便取扱所	경상남도 밀양군 하서면 무안리	1931.3.28	총독부 고시 제158호/우편취급소 설치
		1936.3.19	총독부 고시 제157호/취급소 폐지 후 연일우편소로 승계
加尙郵便取扱所	경상남도 거창군 가상면 양기리	1938.2.11	총독부 고시 제91호/취급소 폐지 후 가상우편소로 승계
水東郵便取扱所	경상남도 함양군 수동면 화산리	1940.3.10	총독부 고시 제198호/수동우편소로 승계
渭川郵便取扱所	경상남도 거창군 위천면 장기리	1940.3.10	총독부 고시 제198호/위천우편소로 승계
大南郵便取扱所	경상남도 함양군 서상면 대남리	1940.3.21	총독부 고시 제235호/취급소 설치
大山郵便取扱所	전라북도 고창군 대산면 매산리	1942.3.22	총독부 고시 제355호/취급소 폐지 후 대산우편국으로 승계
醴泉郵便取扱所	경상북도 예천군 예천읍	1910.9.26	(영동,김제,예천,순천우편전신취급소)
		1911.3.21	총독부 고시 제70호/전화통화사무 개시
臨東郵便取扱所	경상북도 안동군 임동면 중평동	1935.3.28	총독부 고시 제180호/취급소 설치
加祚郵便取扱所	경상북도 거창군 가조면 장기리	1935.3.24	총독부 고시 제164호/우편취급소 설치
臨東郵便取扱所	경상북도 안동군 임동면 중평동	1937.2.24	총독부 고시 제106호/취급소 폐지 후 임동우편소로 승계
大德郵便取扱所	경상북도 김천군 대덕면 관기리	1937.2.21	총독부 고시 제93호/우편취급소 설치
孝令郵便取扱所	경상북도 군위군 효령면 중구동	1937.2.21	총독부 고시 제93호/우편취급소 설치
長有郵便取扱所	경상북도 김해군 장유면 무계리	1937.2.21	총독부 고시 제93호/우편취급소 설치
花田郵便所	경상북도 의성군 봉양면 화전동	1938.2.11	총독부 고시 제91호/취급소 폐지 후 화전우편소로 승계
長川郵便取扱所	경상북도 선산군 장천면 상장동	1938.3.16	총독부 고시 제200호/우편취급소 설치
丑山郵便取扱所	경상북도 영덕군 축산면 축산동	1940.3.10	총독부 고시 제198호/축산우편소로 승계
多仁郵便取扱所	경상북도 의성군 다인면 서능동	1940.3.10	총독부 고시 제198호/다인우편소로 승계
懸東郵便取扱所	경상북도 청송군 현동면 도평리	1940.3.21	총독부 고시 제235호/취급소 설치
塔里郵便取扱所	경상북도 의성군 금성면 탑리동	1940.3.26	총독부 고시 제263호/취급소 설치
新洞郵便局	경상북도 칠곡군 지천면 신동	1941.2.26	총독부 고시 제174호/우편국 설치
盆泉郵便取扱所	경상북도 안동군 북후면 분천리	1941.3.6	총독부 고시 제204호/분천우편국으로 승계
電信取扱所			

京城無線電信局	경기도 경성부 한강통	1923.6.11	총독부 고시 제172호/전신국 설치
京城中央電信局	경기도 경성부 본정1정목	1939.10.1	총독부 고시 제802호/전신국 설치
京城中央電話局東分局	경기도 경성부 신당정264번지의13	1942.3.29	총독부 고시 제362호/분국 설치
京城中央電信局飛行場分室	경기도 경성부 여의도경성비행장 내	1939.10.1	총독부 고시 제802호/비행장분실 설치
京城中央電信局新堂町	경기도 경성부 신당정293번지	1940.12.5	총독부 고시 제1338호/전신국분실 설치
京城中央電信局惠化町分室	경기도 경성부 혜화정111번지	1940.12.5	총독부 고시 제1338호/전신국분실 설치
京城中央電信局氣像分室	경성부 송월정기상대경성출장소 구내	1941.2.15	총독부 고시 제143호/전신국분실 설치
京城無線電信局飛行場分室	경기도 경성부 여의도정	1938.6.15	총독부 고시 제484호/전신국 설치
京城無線電信局富平送信所	경기도 부천군 부내면 마분리	1939.9.1	총독부 고시 제691호/송신소 설치
京城無線電信局氣象臺分室	경기도 인천부 산근정	1939.9.1	총독부 고시 제691호/기상대 설치
京城無線電信局廣場受信所	경기도 고양군 뚝도면 자마장리	1941.4.1	총독부 고시 제376호/수신소 설치
京城鐵道電信取扱所		1941.11.1	총독부 고시 제1694호/용산전신취급소를 승계
京城航空無線取扱所	경성부 여의도정 경성제2비행장 구내	1943.12.1	총독부 고시 제1412호/전신취급소 설치
汶山電信取扱所	경기도 문산철도정차장	1911.2.26	총독부 고시 제39호/전보 취급 제한
		1931.9.30	총독부 고시 제461호/취급소 폐지 후 문산우편소로 승계
平澤電信取扱所	경기도 평택철도정차장	1912.1.1	총독부 고시 제386호/전신,전보취급제한통 개정
淸凉里電信取扱所	경기 도청량리철도정차장	1912.3.11	총독부 고시 제80호/전신취급소 설치
	고양군 숭인면 청량리정차장구내	1924.7.15	총독부 고시 제152호/취급소 폐지 후 청량우편소로 승계
議政府電信取扱所	경기도 의정부철도정차장	1912.3.11	총독부 고시 제80호/전신취급소 설치
永登浦電信取扱所	경기도 영등포철도정차장	1912.5.1	총독부 고시 제210호/전신취급소 설치
漣川電信取扱所	경기도 연천철도정차장	1911.8.21	총독부 고시 제7호/전신취급소 설치
烏山電信取扱所	경기도 오산철도정차장	1920.9.1	총독부 고시 제217호/전보 취급시간 개정
京城無線電信局龍山送信所	경기도 경성부 한강통	1927.8.1	총독부 고시 제243호/분실 설치
京城無線電信局淸凉里受信所	경기도 고양군 숭인면 청량리	1927.8.1	총독부 고시 제243호/분실 설치
京城無線電信局淸凉里分室	경기도 고양군 숭인면 청량리	1941.4.1	총독부 고시 제377호/수신소를 폐지 후 분실로 개칭
京城遞信分場局構內郵便所			
京城遞信分場局國郵便電信電話局			
京城郵便局龍山電話分局	경기도 경성부 한강통	1922.3.5	총독부 고시 제41호/우편국분실 설치
京城郵便局龍山電信分室	경기도 경성부 한강통	1923.4.1	총독부 고시 제96호/분실 설치
		1923.6.10	총독부 고시 제173호/분실 폐지 후 경성무선전식에 승계
京城中央電話局	경기도 경성부 본정	1923.7.1	총독부 고시 제188호/전화국 설치
	경기도 경성부 광화문통	1923.7.1	총독부 고시 제188호/전화국분실 설치
京城中央電話局龍山分局	경기도 경성부 한강통	1923.7.1	총독부 고시 제188호/전화국분실 설치
		1928.4.1	총독부 고시 제89호/분국 폐지
龍山電信取扱所		1941.11.1	총독부 고시 제1694호/경성철도전신취급소로 승계
杻峴電信取扱所		1926.5.6	총독부 고시 제146호/상인천전신취급소로 개칭
上仁川電信取扱所		1926.5.6	총독부 고시 제146호/유현취급소,상인천전신취급소개칭
一山電信取扱所	경기도 일산철도정차장	1928.4.10	총독부 고시 제130호/전신취급소 폐지,일산우편소,승계
仁川電信取扱所	경기도 인천철도정차장	1931.9.30	총독부 고시 제461호/취급소 폐지 후 인천우편국에 승계
淸平郵便所	경기도 가평군 외서면 청평리	1935.3.5	총독부 고시 제125호/취급소 폐지 후 청평우편소로 승계
富平電信取扱所		1940.6.30	총독부 고시 제664호/부평역전우편소로 승계
龍門電信取扱所	경기도 용문철도정차장		
殷栗郵便電信取扱所	황해도 은율군 은율읍	1910.9.26	총독부 고시 제221호/우편물,전화통화사무 개시
松禾郵便電信取扱所	황해도 송화군 송화읍	1910.9.26	총독부 고시 제221호/우편물,전화통화사무 개시
黃州電信取扱所	황해도 황주철도정차장	1917.3.26	총독부 고시 제65호/전보취급 제한
瑞興電信取扱所	황해도 서흥철도정차장	1919.3.1	총독부 고시 제24호/전신취급소 설치
兼二浦電信取扱所	황해도 겸이포철도정차장	1912.4.1	총독부 고시 제163호/전신전보 취급
龍塘電信電話所	황해도 해주군 서변면 용당리	1922.3.6	총독부 고시 제47호/전신전화소 설치
龍塘電信電話取扱所	황해도 해주군 서변면 용당리	1923.6.1	총독부 고시 제164호/전보취급 개시
興水電信取扱所	황해도 흥수철도정차장	1928.4.10	총독부 고시 제130호/취급소폐지,흥수우편소로 승계
金郊郵便所	황해도 금교철도정차장	1928.4.10	총독부 고시 제130호/취급소 폐지 후 금교우편소로 승계
黑橋電信取扱所	황해도 흑교철도정차장	1929.3.10	총독부 고시 제65호/전신취급소 폐지,흑교우편소로승계
信川溫泉電信電話取扱所	황해도 신천군 온천면 온천리	1931.2.26	총독부 고시 제65호/전신소 개칭
		1937.2.28	총독부 고시 제108호/취급소폐지,신천온천우편소로승계
汗浦電信取扱所	황해도 오포철도정차장	1933.9.10	총독부 고시 제424호/취급소 폐지 후 오포우편소로승계
安岳溫泉郵便取扱所	황해도 안악군 은홍면 온정리	1935.3.11	총독부 고시 제128호/우편취급소 설치
		1938.2.20	총독부고시제125호/취급소폐지후안악온천우편소로승계
安岳溫泉電信電話取扱所	황해도 안악군 은홍면 온정리	1936.4.3	총독부 고시 제215호/전신취급소 설치
		1938.2.20	총독부 고시 제125호/취급소 폐지,안악온천우편소.승계
龍塘電話取扱所	황해도 해주군 해주읍 용당리	1938.2.24	총독부 고시 제140호/취급소폐지후해주항우편소로승계
九龍里電信電話取扱所	황해도 연백군 해성면 구룡리	1942.3.5	총독부 고시 제288호/취급소폐지후해성우편국으로승계
天臺郵便局	황해도 연백군 용도면 송학리	1943.12.16	총독부 고시 제1439호/전신사무 취급
鎭南浦電信取扱所	평안남도 진남포철도정차장	1910.12.16	총독부 고시 제71호/전신취급소 설치
中和電信取扱所	평안남도 중화철도정차장	1911.1.1	총독부 고시 제94호/전보취급 제한
順安電信取扱所	평안남도 순안철도정차장	1911.1.1	총독부 고시 제94호/전보취급 제한
岐陽電信取扱所	평안남도 기양철도정차장	1911.10.1	총독부 고시 제295호/전신취급소 설치

		1912.5.16	총독부 고시 제149호/전보취급시간 고시
車輦館電信取扱所	평안북도 차련관철도정차장	1914.4.16	총독부 고시 제102호/전신취급소 설치
平壤大和町郵便電信取扱所			
平壤無線電信局	평안남도 대동군 용연면 삼정리	1939.11.1	총독부 고시 제879호/무선국 설치
平壤郵便局船橋町電信分室	평안남도 평양부 선교정	1942.5.6	총독부 고시 제642호/선교리전신분실을 개칭
平壤無線電信局小新里送信所	평안남도 대동군 용연면 소신리	1939.11.1	총독부 고시 제880호/송신소 설치
平壤無線電信局三井里受信所	평안남도 대동군 용연면 삼정리	1940.9.16	총독부 고시 제972호/수신소 설치
平壤航空無線電信取扱所	평안남도 평양부	1943.12.1	총독부 고시 제1412호/전신취급소 설치
新義州無線電信局	평안북도 의주군 광성면 풍서동	1941.4.1	총독부 고시 제359호/전신취급소 설치
新義州荷扱所內電信取扱所	평안북도 신의주철도하급소	1911.8.21	총독부 고시 제7호/전신취급소 설치
新義州無線電信局飛行場分室	평안북도 의주군 광성면 풍서동	1941.3.31	총독부 고시 제360호/분실 폐지, 신의무선전신에 승계
新義州航空無線電信取扱所	평북의주군광성면풍사동신의주비행장구내	1943.12.1	총독부 고시 제1412호/전신취급소 설치
漁波電信取扱所	평안남도 어파전신취급소	1920.9.1	총독부 고시 제217호/전보취급시간 개정
肅川電信取扱所	평안남도 숙천철도정차장	1920.9.1	총독부 고시 제217호/전보취급시간 개정
萬城電信取扱所	평안남도 만성철도정차장	1920.9.1	총독부 고시 제217호/전보취급시간 개정
嶺美電信取扱所	평안북도 영미철도정차장	1920.9.1	총독부 고시 제217호/전보취급시간 개정
東林電信取扱所	평안북도 동림철도정차장	1920.9.1	총독부 고시 제217호/전보취급시간 개정
枇峴電信取扱所	평안북도 비현전신취급소	1920.9.1	총독부 고시 제217호/전보취급시간 개정
白馬電信取扱所	평안북도 백마철도정차장	1920.9.1	총독부 고시 제217호/전보취급시간 개정
		1929.3.10	총독부 고시 제65호/전신취급소 폐지,백마우편소로승계
南市電信取扱所	평안북도 남시철도정차장	1920.9.1	총독부 고시 제217호/전보취급시간 개정
順安電信取扱所	평안남도 순안철도정차장	1920.9.1	총독부 고시 제217호/전보취급시간 개정
船橋里電信取扱所	평안남도 선교리철도정차장	1920.10.15	총독부 고시 제249호/전신취급소 설치
新島電信電話所	평안북도 초산면 양토동	1926.6.1	총독부 고시 제175호/전신전화소 설치
郭山電信取扱所	평안북도 곽산철도정차장	1929.3.10	총독부 고시 제65호/전신취급소 폐지,곽산우편소로승계
朔州溫泉電信電話取扱所	평안북도 삭주군 삭주면 온풍동	1930.9.10	총독부 고시 354호/전화소 설치
新倉電信取扱所	평안남도 신창철도정차장	1930.11.1	총독부 고시 제421호/전신소 설치
古邑電信取扱所	평안북도 고읍철도정차장	1930.11.1	총독부 고시 제421호/전신소 설치
路下電信取扱所	평안북도 노하철도정차장	1930.11.1	총독부 고시 제421호/전신소 설치
		1938.2.20	총독부 고시 제125호/취급소 폐지 후 노하우편소로승계
舍人場電信取扱所	평안남도 사인장철정차장	1931.1.15	총독부 고시 제5호/전신소 폐지 후 사인우편소로 승계
新島場電信電話取扱所	평안북도 초산군 초산면 양토동	1931.2.26	총독부 고시 제65호/전신소 개칭
古邑電信取扱所	평안북도 고읍철도정차장	1935.3.23	총독부 고시 제168호/전신취급소 폐지 후 설치
雲田電信取扱所	평안북도 운전철도정차장	1935.3.23	총독부 고시 제168호/전신취급소 폐지 후 설치
新義州無線電信局	평안북도 신의주부 민포동	1936.1.15	총독부 고시 제6호/전신국 설치
慈山郵便取扱所	평안남도 순천군 자산면 자산리	1936.2.15	총독부 고시 제50호/취급소 폐지 후 자산우편소로 승계
八院郵便取扱所	평안북도 영변군 팔원면 천양동	1936.2.15	총독부 고시 제50호/취급소 폐지 후 팔원우편소로 승계
吏西電信電話取扱所	평안북도 강계군 동서면 송학동	1938.10.4	총독부 고시 제783호/취급소 설치
藥田電信電話取扱所	평안남도 평원군 용호면 약전리	1939.2.11	총독부 고시 제89호/전신전화취급소 설치
九龍里電信電話取扱所	황해도 연백군 해성면 구룡리	1939.3.1	총독부 고시 제139호/취급소 설치
陽德電信取扱所			
熙川電信取扱所			
江界電信取扱所			
路下電信取扱所	평안북도 노하철도정차장	1940.11.20	총독부 고시 제1254호/노하우편소로 승계
元山電信取扱所	함경남도 원산철도정차장	1912.9.1	총독부 고시 제266호/전신취급소 설치
釋王寺電信取扱所	함경남도 석왕사철도정차장	1917.3.1	총독부 고시 제39호/전신취급소 설치
輸城電信取扱所	함경남도 수성철도정차장	1917.4.1	총독부 고시 제64호/전신취급소 설치
豊山電信取扱所	함경남도 풍산철도정차장	1917.9.21	총독부 고시 제210호/전신취급소 설치
永興電信取扱所	함경남도 영흥철도정차장	1920.8.1	총독부 고시 제197호/전보취급시간 개정
咸興電信取扱所	함경남도 함흥철도정차장	1920.8.1	총독부 고시 제197호/전보취급시간 개정
咸興電信取扱所分室	함경남도 함흥지방철도국 구내	1941.8.25	총독부 고시 제1273호/분실 설치
咸興無線電信局	함경남도 함주군 천원면 상중리	1939.11.1	총독부 고시 제882호/무선국 설치
咸興無線電信局新興里送信所	함경남도 함주군 천원면 신흥리	1939.11.1	총독부 고시 제883호/송신소 설치
咸興郵便局飛行場分室	함경남도 성주군 천원면 상중리	1941.3.31	총독부 고시 제359호/분실폐지후함흥무선전신국에승계
咸興航空無線電信取扱所	함남함주군천원면상중리함흥비행장구내	1943.12.1	총독부 고시 제1412호/전신취급소 설치
高山電信取扱所	함경남도 고산철도정차장	1913.2.1	총독부 고시 제15호/전신취급소 설치
文川電信取扱所	함경남도 문천철도정차장	1915.8.1	총독부 고시 제182호/전신취급소 설치
鏡城電信取扱所	함경북도 경성철도정차장	1920.10.1	총독부 고시 제239호/전신취급소 설치
		1932.3.9	총독부 고시 제106호/취급소 폐지 후 경성우편국 승계
會寧電信取扱所	함경북도 회령철도정차장	1920.10.1	총독부 고시 제240호/전보취급시간 개정
古茂山電信取扱所	함경북도 고무산정차장	1922.3.16	총독부 고시 제60호/전신취급소 설치
		1928.4.10	총독부 고시 제130호/취급소폐지후고무산우편소로승계
朱乙溫泉電信電話取扱所	함경북도 경성군 주을면 중향동	1931.2.26	총독부 고시 제65호/전신소 개칭
新北靑電信取扱所	함경남도 신북청철도정차장 구내	1927.1.26	총독부 고시 제11호/전신취급소 설치
新北靑郵便取扱所	함경남도 북청군 양가면 중리	1935.3.10	총독부 고시 제133호/취급소폐지후신북청우편소로승계
龍洞電信取扱所	함경북도 용동철도정차장	1927.8.1	총독부 고시 제229호/전신취급소 설치
古站電信取扱所	함경북도 고참철도정차장	1929.3.11	총독부 고시 제64호/전신취급소 설치
淸津無線電信局	함경북도 청진부 포항동	1929.8.16	총독부 고시 제281호/무선전신국 설치
淸津無線電信局飛行場分室	함경북도 청진부 서송향정	1941.4.1	총독부 고시 제358호/전신국분실 설치

清津航空無線電信取扱所	함북 청진부 서송향정청진비행장구내	1943.12.1	총독부 고시 제1412호/전신취급소 설치
上龍田電信取扱所	함경북도 상용전철도정차장	1929.10.11	총독부 고시 제362호/전신취급소 설치
潼關電信電話所	함경북도 종성군 종성면 동관동	1930.3.21	총독부 고시 제121호/전신소 폐지 후 동관우편소로 승계
雄基電信取扱所	함경북도 웅기철도정차장	1930.6.11	총독부 고시 제257호/전신소 설치
旺場電信取扱所	함경북도 왕장철도정차장	1930.11.1	총독부 고시 제421호/전신소 설치
楡津電信電話取扱所	함경북도 경흥군 풍해면 대유동	1931.2.26	총독부 고시 제65호/전신소 개칭
		1937.3.10	총독부 고시 제135호/유진우편소로 승계
會文電信取扱所	함경북도 회문철도정차장	1932.5.1	총독부 고시 제240호/전신취급소 설치
上三峰電信取扱所	함경북도 상삼봉철도정차장	1932.5.1	총독부 고시 제240호/전신취급소 설치
何吾地電信取扱所	함경북도 아오지철도정차장	1932.5.1	총독부 고시 제240호/전신취급소 설치
承良電信取扱所	함경북도 승양철도정차장	1932.5.1	총독부 고시 제240호/전신취급소 설치
慶源電信取扱所	함경북도 경원철도정차장	1932.5.1	총독부 고시 제240호/전신취급소 설치
南陽電信取扱所	함경북도 남양철도정차장	1933.2.16	총독부 고시 제51호/전신취급소 설치
新浦電信取扱所	함경남도 신포철도정차장	1933.2.15	총독부 고시 제52호/신포우편소에 승계
鳳岡郵便取扱所	함경북도 경성군 어량면 봉강동	1935.3.16	총독부 고시 제146호/우편취급소 설치
豊山電信取扱所	함경북도 풍산철도정차장	1934.5.6	총독부 고시 제232호/전보취급시간 개정
阿吾地電信取扱所	함경북도 아오지철도정차장	1934.5.6	총독부 고시 제232호/전보취급시간 개정
新阿山電信取扱所	함경북도 신아산철도정차장	1934.5.6	총독부 고시 제232호/전보취급시간 개정
承良電信取扱所	함경북도 승양철도정차장	1934.5.6	총독부 고시 제232호/전보취급시간 개정
慶源電信取扱所	함경북도 경원철도정차장	1934.5.6	총독부 고시 제232호/전보취급시간 개정
調我電信取扱所	함경북도 조아철도정차장	1935.6.1	총독부 고시 제306호/전신취급소 설치
高嶺鎭電信取扱所	함경북도 고령진철도정차장	1935.6.1	총독부 고시 제306호/전신취급소 설치
遊仙電信取扱所	함경북도 유선철도정차장	1938.6.10	총독부 고시 제458호/계림전신취급소를 개칭
鶴林電信取扱所	함경북도 학림철도정차장	1935.6.1	총독부 고시 제306호/전신취급소 설치
羅津電信取扱所	함경북도 나진철도정차장	1936.1.16	총독부 고시 제8호/전신취급소 설치
新站郵便取扱所	함경북도 무산군 동면 차수동	1936.2.29	총독부 고시 제29호/취급소 폐지 후 신참우편소로 승계
新站電信電話取扱所	함경북도 무산군 동면 차수동	1936.2.29	총독부 고시 제29호/취급소 폐지 후 신참우편소로 승계
承良郵便取扱所	함경북도 경원군 안농면 승량동	1936.3.11	총독부 고시 제131호/우편취급소 설치
惠山鎭電信取扱所	함경남도 혜산진철도정차장	1938.1.1	총독부 고시 제935호/전신취급소 설치
淸津舊驛電信取扱所	함경북도 청진역철도정차장	1938.1.1	총독부 고시 제935호/전신취급소 설치
羅津鐵道電信取扱所	함경북도 나진철도정차장	1938.1.1	총독부 고시 제935호/전신취급소 설치
陽化電信取扱所	함경남도 북청군 양화면 동리	1938.3.31	총독부 고시 제273호/취급소 폐지 후 양화우편소로 승계
四倉電信取扱所	함경북도 사창철도정차장	1938.7.22	총독부 고시 제588호/전신취급소 설치
洪儀電信取扱所	함경북도 홍의철도정차장	1938.7.22	총독부 고시 제588호/전신취급소 설치
馬場電信電話取扱所	함경남도 영흥군 덕흥면 신풍리	1938.10.6	총독부 고시 제802호/취급소 설치
淸津無線電信局班竹洞送信所	함경북도 부령군 청곡면 반죽동	1938.10.21	총독부 고시 제839호/무선국분실 설치
細川溫泉電信電話取扱所	함경남도 성진군 학내면 세천동	1939.2.6	총독부 고시 제78호/전신전화취급소 설치
業億電信電話取扱所	함경북도 성진군 학서면 업억동	1940.2.1	총독부 고시 제54호/취급소 설치
三防電信取扱所			
居山電信取扱所			
鳳頭里電信取扱所			
曾山電信取扱所			
極洞電信取扱所			
前津電信取扱所			
端川電信取扱所			
群仙電信取扱所	함경남도 군선철도정차장	1942.1.31	총독부 고시 제76호/취급소폐지후군선우편국으로승계
旺場電信取扱所			
仁興電信取扱所			
羅津埠頭電信取扱所	함경북도 나진부두선객대합소	1940.6.21	총독부 고시 제590호/전신취급소 설치
羅津鐵道電信取扱所出張所	함경북도 나진부두선객대합소	1940.6.20	총독부 고시 제591호/나진부 두전신취급소로 승계
雲谷電信取扱所	함경남도 운곡철도정차장	1941.4.1	총독부 고시 제361호/취급소 설치
長谷電信取扱所	함경북도 길주군	1941.7.21	총독부 고시 제1091호/길주우편국으로 승계
末輝里電信電話所	강원도 양양군 장양면 말휘리	1915.10.31	총독부 고시 제278호/전신전화소 폐지 후 유양우편국으로 승계
福溪電信取扱所	강원도복계철도정차장	1912.9.1	총독부 고시 제266호/전신취급소 설치
鐵原電信取扱所	강원도 철원철도정차장	1912.2.11	총독부 고시 제26호/전신취급소 설치
金剛山電信電話取扱所	강원도 회양군 장양면 장연리	1931.9.16	총독부 고시 제433호/취급소 설치
平康電信取扱所	강원도 평강철도정차장	1932.3.9	총독부 고시제106호/취급소 폐지 후 평강우편소 승계
金剛山萬物相電信電話取扱所	강원도 고성군 신북면 온정리	1932.10.1	총독부 고시 제513호/취급소 설치
外金剛電信取扱所	강원도 외금강철도정차장	1932.10.15	총독부 고시 제538호/전신취급소 설치
束草電信取扱所	강원도 양양군 도천면 속초리	1935.10.16	총독부 고시 제594호/전신취급소 설치
墨湖電信電話取扱所	강원도 강릉군 망상면 발한리	1936.3.11	총독부 고시 제137호/전신취급소 설치
		1938.3.5	총독부 고시 제162호/취급소폐지후묵호우편소로승계
通口郵便取扱所	강원도 김화군 통구면 현리	1936.3.16	총독부 고시 제137호/우편취급소 설치
		1938.2.20	총독부 고시 제125호/취급소폐지후통구우편소로승계
江陵無線電信局	강원도 강릉군 강릉읍 홍제리	1938.9.1	총독부 고시 제691호/전신국 설치
內金剛驛電信電話取扱所	강원도 양양군 장양면 장연리	1939.4.16	총독부 고시 제323호/금강산전신전화취급소를 개칭
襄陽電信取扱所			

高城電信取扱所			
大浦電信電話取扱所	강원도 양양군 속초면 대포리	1941.2.28	총독부 고시 제192호/대포우편국으로 승계
固城郵便電信取扱所	경상남도 고성군 고성읍	1910.9.21	총독부 고시 제213호/우편물,전신사무 개시
			고성우편소를 고성우편전신취급소로 개칭
倭館電信取扱所	경상북도 왜관철도정차장	1912.1.1	총독부 고시 제386호/전신,전보취급제한 통 개정
郡北電信電話所	경상남도 함안군 북면 중암리	1914.9.11	총독부 고시 제216호/전신전화소 설치
		1923.3.25	총독부 고시 제73호/전화소 폐지 후 군우편소로 승계
佛國寺電信電話取扱所	경상북도 경주군 내동면 마동리	1930.3.6	총독부 고시 제93호/전신전화소 설치
慶州電信取扱所	경상북도 경주철도정차장	1930.6.11	총독부 고시 제257호/전신취급소 설치
蔚山無線電信局	경상북도 울산군 울산면 북정동	1930.7.1	총독부 고시 제284호/무선국 설치
蔚山無線電信局校洞受信所	경상남도 울산군 울산면 교동	1930.7.1	총독부 고시 제284호/무선국 설치
舊助羅電信電話取扱所	경상남도 통영군 일운면 구조라리	1931.2.26	총독부 고시 제65호/전신소 개칭
晋州電信取扱所	경상남도 진주철도정차장	1931.10.1	총독부 고시 제459호/취급소 설치
鳳陽郵便取扱所	경상북도 의성군 봉양면 화전동	1936.3.6	총독부 고시 제119호/우편취급소 설치
大邱無線電信局	경상북도 달성군 수성면 신암동	1937.6.21	총독부 고시 제391호/전신국 설치
大邱無線電信局新岩洞送信所	경상북도 달성군 수성면 신암동	1937.6.21	총독부 고시 제392호/전신국분실 설치
大邱航空無線電信取扱所	경북 달성군 동촌면 대구비행장 구내	1943.12.1	총독부 고시 제1412호/전신취급소 설치
龜浦電信取扱所	경상남도 구포철도정차장	1943.8.31	총독부 고시 제933호/취급소폐지후구포우편국으로승계
洛東江電信取扱所			
浦項電信取扱所	경사북도 포항철도정차장	1943.8.31	총독부 고시 제933호/취급소폐지후포항우편국으로승계
永川電信取扱所			
釜山電信取扱所			
釜山鐵道電信取扱所			
釜山電信取扱所出場所		1941.11.1	총독부 고시제1694호/부산철도전신취급소출장소에승계
慶北安東電信取扱所	경상북도 경북안동철도정차장	1942.8.15	총독부 고시 제1718호/전신취급소 설치
淸道電信取扱所	경상북도 청도철도정차장	1943.8.31	총독부 고시제933호/취급소폐지후청도우편국으로승계
密陽電信取扱所	경상남도 밀양철도정차장	1943.8.31	총독부 고시제933호/취급소폐지후밀양우편국으로승계
昌原電信取扱所	경상남도 창원철도정차장	1943.8.31	총독부 고시제933호/취급소폐지후창원우편국으로승계
郡北電信取扱所	경상남도 군북철도정차장	1943.8.31	총독부 고시제933호/취급소폐지후군북우편국으로승계
蔚山電信取扱所	경상남도 울산철도정차장	1943.8.31	총독부 고시제933호/취급소폐지후울산우편국으로승계
蔚山航空無線電信取扱所	경상남도 울산군 울산읍 북정동	1943.12.1	총독부 고시 제1412호/전신취급소 설치
連山電信取扱所	충청남도 연산철도정차장	1912.3.11	총독부 고시 제80호/전신취급소 설치
		1912.5.16	총독부 고시 제149호/전보취급시간 고시
論山電信取扱所	충청남도 논산철도정차장	1911.8.21	총독부 고시 제7호/전신취급소 설치
		1912.5.16	총독부 고시 제149호/전보취급시간 고시
		1933.9.10	총독부 고시 제424호/우편소 폐지 후 논산우편소로 승계
豆溪電信取扱所	충청남도 두계정차장	1922.3.16	총독부 고시 제60호/전신취급소 설치
		1933.9.10	총독부 고시 제424호/우편소 폐지 후 두계우편소로 승계
永東電信電話取扱所	충청남도 서천군 마동면 수동리	1923.6.11	총독부 고시 제175호/전화소 설치
永同電信取扱所	충청북도 영동철도정차장	1928.4.10	총독부 고시제130호/전신취급소폐지,영동우편소로승계
儒城溫泉電信電話取扱所	충청남도 대전군 유성면 봉명리	1931.2.16	총독부 고시 제65호/전신전화소 개칭
水東電信電話取扱所	충청남도 서천군 마동면 수동리	1931.3.29	총독부 고시 제194호/수동우편소로 승계
秋風嶺電信取扱所	충청북도 추풍령철도정차장	1941.7.31	총독부 고시 제1078호/취급소폐지,추풍령우편국.승계
伊院電信取扱所	충청북도 인원철도정차장	1943.8.31	총독부 고시제933호/취급소폐지후이원우편국으로승계
成歡電信取扱所	충청남도 성환철도정차장	1943.8.31	총독부 고시제933호/취급소폐지후성환우편국으로승계
裡里電信取扱所	전라북도 이리철도정차장	1912.3.11	총독부 고시 제80호/전신취급소 설치
群山電信取扱所	전라북도 군산철도정차장	1912.3.11	총독부 고시 제80호/전신취급소 설치
泰仁電信取扱所	전라북도 태인철도정차장	1914.2.1	총독부 고시 제218호/전신취급소 설치
新泰仁電信取扱所	전라북도 태인철도정차장	1919.4.1	총독부 고시 제47호/태인전신취급소를 개칭
禾湖電信電話所	전라북도 정읍군 용북면 화호리	1922.3.10	총독부 고시 제51호/전신전화소 폐지
江景電信取扱所	전라북도 강경철도정차장	1912.3.11	총독부 고시 제80호/전신취급소 설치
金堤電信取扱所	전라북도 김제철도정차장	1912.2.11	총독부 고시 제26호/전신취급소 설치
井邑電信取扱所	전라북도 정읍철도정차장	1912.2.11	총독부 고시 제26호/전신취급소 설치
泰仁電信取扱所	전라북도 태인철도정차장	1913.6.21	총독부 고시 제218호/전신취급소 설치
木浦電信取扱所	전라남도 목포철도정차장	1912.7.1	총독부 고시 제188호/전신취급소 설치
全州電信取扱所	전라북도 전주철도정차장	1930.6.11	총독부 고시 제257호/전신취급소 설치
南原電信取扱所			
臨陂電信取扱所		1941.7.21	총독부 고시 제1091호/임피우편국으로 승계
鶴橋電信取扱所	전라남도 학교철도정차장	1912.7.1	총독부 고시 제188호/전신취급소 설치
羅州電信取扱所	전라남도 나주철도정차장	1912.9.1	총독부 고시 제266호/전신취급소 설치
		1916.8.31	총독부 고시 제202호/전신소 폐지 후 나주우편소에 승계
松汀里電信取扱所	전라남도 송정리철도정차장	1911.10.1	총독부 고시 제312호/전신취급소 설치
新興里電信取扱所	전라남도 신흥리철도정차장	1913.2.1	총독부 고시 제15호/전신취급소 설치
長城電信取扱所	전라남도 장성철도정차장	1913.2.1	총독부 고시 제15호/전신취급소 설치
木浦無線電信局	전라남도 목포부 항정	1925.5.1	총독부 고시 제101호/무선국 설치
濟州無線電信局	전라남도 제주도 제주면 삼도리	1925.5.1	총독부 고시 제101호/무선국 설치
南鵬丸無線電信取扱所	전라남도 수산회소속 취급소	1929.5.26	총독부 고시 제179호/전신취급소 설치
		1933.4.25	총독부 고시 제185호/취급소 폐지 후 목포우편국에승계
全南光州電信取扱所	전라남도 광주철도정차장	1930.6.11	총독부 고시 제257호/전신취급소 설치

務安郵便取扱所	전라남도 무안군 금성면 성내리	1938.4.30	총독부 고시 제368호/광주전신급소로 개칭
		1935.3.20	총독부 고시 제163호/취급소 폐지 후 무안우편소로 승계
麗水港電信取扱所	전라남도 여수항철도정차장	1938.2.26	총독부 고시 제134호/전신취급소 설치
麗水電信取扱所出場所	전라남도 여수항철도정차장	1938.2.25	총독부 고시 제135호/출장소폐지,여수항전신취급소.승계
濟州無線電信局三徒里送信所	전라남도 제주도 제주읍 삼도리	1938.4.16	총독부 고시 제333호/전신국분실 설치
和順電信取扱所			
寶城電信取扱所			
光州電信取扱所			

선박 내 전신취급소

국(소)명	소재지	설치년도	참고사항
盛京丸無線電信取扱所	조선郵船주식회사소속기선 성경환-청진	1938.9.1	총독부 고시 제704호/전신취급소설치
會寧丸無線電信取扱所	조선郵船주식회사소속기선 회령환-인천	1938.9.16	총독부 고시 제738호/전신취급소설치
釜山丸無線電信取扱所	조선郵船주식회사소속기선 부산환-인천	1938.9.16	총독부 고시 제738호/전신취급소설치
漢江丸無線電信取扱所	조선郵船주식회사소속기선 한강환-인천	1938.9.16	총독부 고시 제738호/전신취급소설치
櫻島丸無線電信取扱所	조선郵船주식회사소속기선 앵도환-인천	1938.9.16	총독부 고시 제738호/전신취급소설치
金泉丸無線電信取扱所	조선郵船주식회사소속기선 김천환-인천	1938.9.16	총독부 고시 제738호/전신취급소설치
京畿丸無線電信取扱所	조선郵船주식회사소속기선 경기환-인천	1938.9.16	총독부 고시 제738호/전신취급소설치
江原丸無線電信取扱所	조선郵船주식회사소속기선 강원환-인천	1938.9.16	총독부 고시 제738호/전신취급소설치
錦江丸無線電信取扱所	조선郵船주식회사소속기선 금강환-인천	1938.9.16	총독부 고시 제738호/전신취급소설치
新義州丸無線電信取扱所	조선郵船주식회사소속기선 신의주환-인천	1938.9.16	총독부 고시 제738호/전신취급소설치
興西丸無線電信取扱所	조선郵船주식회사소속기선 흥서환-인천	1938.9.16	총독부 고시 제738호/전신취급소설치
興東丸無線電信取扱所	조선郵船주식회사소속기선 흥동환-인천	1938.9.16	총독부 고시 제738호/전신취급소설치
漢城丸無線電信取扱所	조선郵船주식회사소속기선 한성환-인천	1938.9.16	총독부 고시 제738호/전신취급소설치
定州丸無線電信取扱所	조선郵船주식회사소속기선 정주환-인천	1938.9.16	총독부 고시 제738호/전신취급소설치
咸鏡丸無線電信取扱所	조선郵船주식회사소속기선 함경환-인천	1938.9.16	총독부 고시 제738호/전신취급소설치
淸津丸無線電信取扱所	조선郵船주식회사소속기선 청진환-청진	1938.9.16	총독부 고시 제738호/전신취급소설치
慶安丸無線電信取扱所	조선郵船주식회사소속기선 경안환-청진	1938.9.16	총독부 고시 제738호/전신취급소설치
金剛山丸無線電信取扱所	조선郵船주식회사소속기선 금강산환-청진	1938.9.16	총독부 고시 제738호/전신취급소설치
安州丸無線電信取扱所	조선郵船주식회사소속기선 안주환-청진	1938.9.16	총독부 고시 제738호/전신취급소설치
入神丸無線電信取扱所	조선郵船주식회사소속기선 입신환-부산	1938.9.16	총독부 고시 제738호/전신취급소설치
京城丸無線電信取扱所	조선郵船주식회사소속기선 경성환-인천	1940.6.23	총독부 고시 제640호/전신취급소설치
長壽山丸無線取扱所	조선郵船주식회사소속기선 장수산환-청진	1940.10.15	총독부 고시제1076호/전신취급소설치
平壤丸無線電信取扱所	조선郵船주식회사소속기선평양환-인천	1941.5.29	총독부 고시 제744호/전신취급소설치
光靜丸無線電信取扱所	조선총독부체신국장소속기선광정환-진남포	1941.7.1	총독부 고시 제965호/전신취급소설치
光暎丸無線電信取扱所	조선총독부체신국장소속기선광영환-부산	1941.7.1	총독부 고시 제965호/전신취급소설치
光華丸無線電信取扱所	조선총독부체신국장소속기선광화환-신의주	1941.7.1	총독부 고시 제965호/전신취급소설치
第5春光丸無線電信取扱所	조선총독부체신국장소속기선제5춘광환-군산	1941.7.1	총독부 고시 제965호/전신취급소설치
海雲丸無線電信取扱所	조선총독부체신국장소속기선해운환-인천	1941.7.1	총독부 고시 제965호/전신취급소설치

순라선 내 우편소

국(소)명	소재지	설치년도	참고사항
鎭南浦巡邏船內郵便所	조선해수산조합진남포지부 소속 순라선 내	1911.3.16	총독부고시제61호/우편소설치
釜山巡邏船內郵便所	조선해수산조합순라선 내	1912.5.15	총독부 고시 제221호/우편소 폐지 후 부산우편국에 합병
馬山巡邏船內郵便所	조선수산조합 경상남도지부 소속순라선	1912.6.15	총독부 고시 제248호/우편소 폐지 후 마산우편국에 합병
大川巡邏船內郵便所	조선수산조합 충청남도지부 소속순라선	1922.5.31	총독부 고시 제134호/우편소 폐지 후 대천우편소로 승계
木浦巡邏船內郵便所	전라남도 목포항	1932.4.12	조선총독부 고시 제209호 우편집배사무 폐지 후 목포우편국으로 승계

부록
附錄

Supplement

"Chebu" Book Review

"Chebu" Book Review

January 2, 2024 Dr. Joel Lee1062 CommentsOn "Chebu" Book Review

A literally massive philatelic book has been published on Korean philatelic history. In this article Joel Lee, member of the KSS, introduces the book authored by Ra Bong-ju and its background.

The author is Mr. Ra Bong-ju, born in 1947 in Bubsung, Youngkwang, Jeollanam-province, Korea. Born the youngest of nine siblings shortly after liberation. When he was in 6th grade at elementary school, he followed his older brother to buy his first stamps, that were the national musical instrument series. He joined the stamp society under the Ministry of communications, paid a monthly membership fee, and then whenever new stamps were issued, they were sent to his home.

☐ The rest of this article is for KSS members only. Please login. Not a member yet? Join the KSS now, giving you access to ALL articles and downloads on the KSS website.

Chebu

This item is shown on page 147 of the book "Chebu". For more information please see this article published on this book on the KSS website.

Sealed Dispatches: Tracing Dr. Lee's 1889 Correspondence Through Historic Upheaval

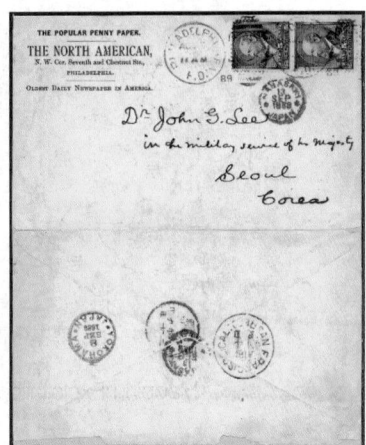

Sealed Dispatches: Tracing Dr. Lee's 1889 Correspondence Through Historic Upheaval

Old Korea

August 14, 2024 Dr. Joel Lee8

The year was 1889, a time when communication across continents was a matter of weeks, if not months. A particularly noteworthy envelope from this era has been discovered, addressed to a Dr. John G. Lee, who is believed to have been serving in the military of His Majesty in Seoul, Korea. The envelope, sized 143mm x 181mm, carries the rich history of a time when Korea was on the cusp of great turmoil.

Sent from Philadelphia, the oldest daily newspaper in America, "The North American," had dispatched this correspondence, franked with two U.S. five-cent stamps, which began its journey on August 9, 1889. The letter made its way across the United States, with a cancellation from San Francisco dated August 14, before crossing the Pacific Ocean to Yokohama, Japan, where it was stamped on September 8. It continued to Nagasaki, receiving another postmark on September 13, and finally arrived in Inchun, Korea, on September 20, 1889.

This envelope could have been an ordinary postal matter, but it carries with it the echoes of significant historical events. Dr. John G. Lee is believed to have been part of a group of American military instructors, including General William Dye, who entered the Korean Empire on April 28, 1888. These instructors were pivotal in training the guards at Gyeongbokgung Palace during a period of increasing Japanese influence and aggression.

The Korean Postal Service chronicles this arrival in the 25th year of King Gojong's reign, a prelude to the tragic Eulmi Incident of 1895. This was when Empress Myeongseong was assassinated by Japanese soldiers and diplomats, an act that sparked outrage and signaled a dark chapter in the history of Korea-Japan relations.

The envelope, therefore, is not merely a piece of postal history; it is a silent witness to the presence of American military personnel in Korea during a time of significant political and military upheaval. It represents the complex interplay of international relations and the pivotal roles played by individuals such as Dr. Lee and General Dye during critical moments in Korean history.

Chebu

This item is shown on page 36 of the book "Chebu". For more information please see this article published on this book on the KSS website.

Mapping Exploitation: Joseon's 1924 Industrial Output and Japan's Role

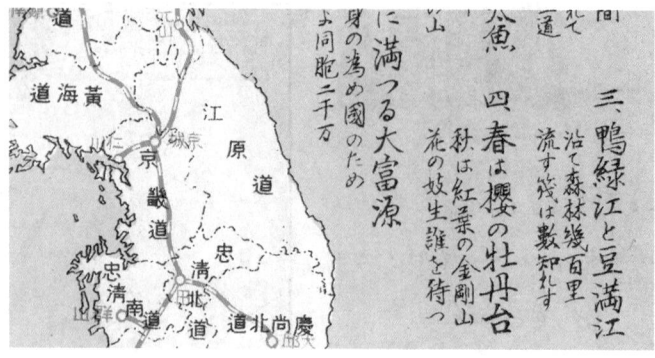

Mapping Exploitation: Joseon's 1924 Industrial Output and Japan's Role

Old Korea

November 27, 2024 Dr. Joel Lee8

The year 1924 marked a significant period in the industrial history of Joseon (the former name for Korea), as depicted in the richly detailed postcard from the era. This card, more than a mere souvenir, encapsulates the era's economic landscape and the underpinnings of the imperialistic infrastructural developments by Japan in Korea.

Highlighted at the top of the postcard is the industrial production amount of Joseon in 1924, denoting a total output of 1,794.27 million yen. This figure was dominated by agricultural products, accounting for 1,339.85 million yen. Meanwhile, forest products and marine products contributed 74.23 and 83.16 million yen, respectively, followed by mineral products at 19.17 million yen and industrial products at 276.86 million yen. These numbers not only reflect the economic activities of the time but also the exploitation of Korea's natural resources under Japanese rule.

Superimposed on the map are the railway networks, namely Busan-Daejeon-Gyeongseong (now Seoul), Mokpo-Daejeon-Gyeongseong, Incheon-Gyeongseong, Gyeongseong-Sinuiju, and an extension from Gyeongseong to Cheongjin and further north. These rail lines were critical in the transportation of military supplies and industrial production across the peninsula, emphasizing the strategic importance of infrastructure in the colonial exploitation of Korea.

Notably, the postcard includes mention of a passenger ship service that became a symbol of the interconnected ambitions of imperial Japan. After the Russo-Japanese War concluded in 1905, Japan sought to extend its influence by connecting the Gyeongbu railway line from Busan to Seoul with Japan's Sanyo Line. Consequently, the Sanyo Kisen Co., Ltd. launched regular passenger ship operations, and by September 1905, the Ikimaru, a 1,680-ton passenger ship, commenced service between Busan and Shimonoseki. This maritime connection, requiring eight hours of travel, stood as the first regular ferry link between Japan and the Korean Peninsula and operated until 1945.

Despite Japan's claims of developing Korea for its benefit, historical evidence and the narrative inscribed on the postcard suggest a systematic plundering of Korean resources. The infrastructure, while facilitating economic activity, also enabled the transfer of wealth and resources to Japan, leaving an indelible mark on the Korean socio-economic fabric. The claim that Japan's development efforts in Korea were altruistic is heavily contested by scholars and historians who argue that it was, in fact, a guise for colonial exploitation.

This postcard, therefore, serves as a historical document, mapping not only the geography of Korea under Japanese rule but also charting the complex and often dark intersection of economics, infrastructure, and imperialism in the early 20th century.

Chebu

This item is shown on page 1030 of the book "Chebu". For more information please see this article published on this book on the KSS website.

Transportation Growth in 1920s Korea: A Postcard Statistics Report

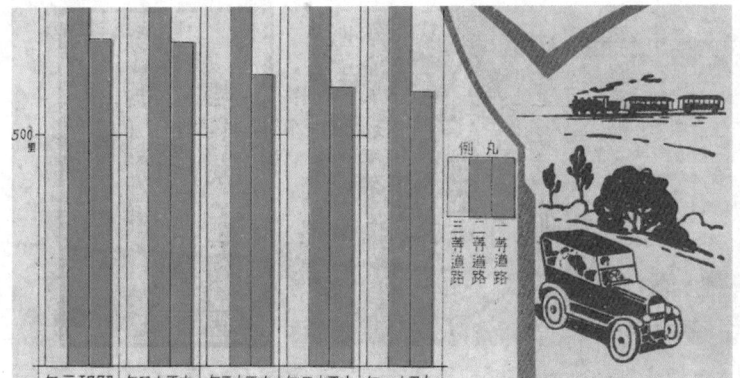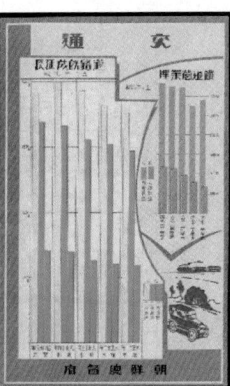

Transportation Growth in 1920s Korea: A Postcard Statistics Report

Old Korea

September 25, 2024 Dr. Joel Lee18

This postcard from the Japanese colonial period captures the state of transportation in Korea, contrasting figures from 1921 and 1925, and providing a prelude to the situation in 1927. It graphically depicts the growth of the country's transport infrastructure within those four years, reflecting the broader colonial economic agenda.

By 1921, the National Railroad spanned 1,170 Li, while the Private Railroad covered a much shorter distance of 280 Li. Four years later, the National Railroad had expanded to 1,250 Li, and the Private Railroad saw a more significant relative increase to 420 Li. These changes indicate a consistent investment in rail infrastructure to bolster economic activities and administrative control.

The road network also saw enhancements, particularly in the first and second-class roads. In 1921, first-class roads amounted to 510 Li, with second and third-class roads stretching 1,450 Li and 1,750 Li, respectively. By 1925, first-class roads extended to 700 Li, with second-class roads reaching 1,700 Li, denoting a strategic upgrade in the more heavily traversed routes.

As of 1927, these infrastructure improvements under the colonial regime not only symbolized the Japanese influence but also laid down a complex transportation web that would impact Korea's development long after the colonial era. This postcard, with its detailed statistics and illustrations, serves as a historical document, charting the trajectory of Korea's infrastructural evolution during a critical period of transformation.

Chebu

This item is shown on page 1057 of the book "Chebu". For more information please see this article published on this book on the KSS website.

1925 Postcard Reveals Korea's Expanding Transport Infrastructure

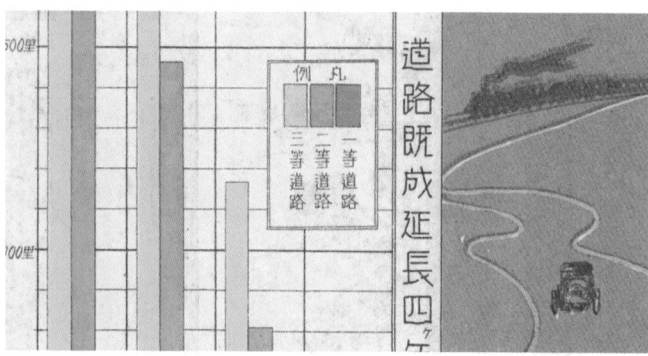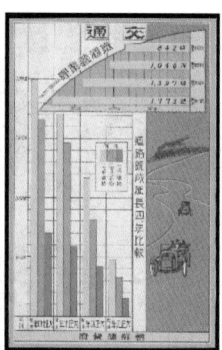

1925 Postcard Reveals Korea's Expanding Transport Infrastructure

Old Korea
August 28, 2024 Dr. Joel Lee12

This postcard, drawn from the Japanese colonial period in Korea, is a graphical representation of the National Tax survey conducted on October 1, 1925, with a focus on transportation statistics. It conveys the progressive expansion of the country's transportation infrastructure over a span of fourteen years.

The railroad system saw considerable growth from 1911, with a modest 842 Li of track, to a substantial 1,773 Li by 1925. This expansion from approximately 262 miles (422 km) to 551 miles (887 km) illustrates the extensive efforts to enhance Korea's rail connectivity during the colonial period.

Similarly, the road network expanded markedly. In 1911, roads stretched for 950 Li, and by 1925, they extended to 4,123 Li. This growth from around 295 miles (475 km) to an impressive 1,281 miles (2,062 km) demonstrates the colonial government's focus on improving ground transportation to facilitate administrative control and economic exploitation.

The postcard itself, with its methodical presentation of data, gives a visual narrative of Korea's transformation under Japanese rule. The statistics indicate not just the physical growth of transport routes but also signify the deepening impact of colonial policies on the Korean landscape.

The numbers on the card in hanja/kanji are:

Railroad:
Year / Distance
1911 842 Li (262 miles / 422 km)
1914 1,046 Li (325 miles / 523 km)
1921 1,397 Li (434 miles / 698 km)
1925 1,773 Li (551 miles / 887 km)

Road:
Year / Distance
1911 950 Li (295 miles / 475 km)
1914 2,390 Li (743 miles / 1,196 km)
1921 3,780 Li (1,174 miles / 1,889 km)
1925 4,123 Li (1,281 miles / 2,062 km)

Chebu

This item is shown on page 1036 of the book "Chebu". For more information please see this article published on this book on the KSS website.

1914 Honam Railway: Insights from a Colonial Era Postcard

1914 Honam Railway: Insights from a Colonial Era Postcard

Old Korea
July 31, 2024 Dr. Joel Lee11

This postcard, dating back to 1914, provides a snapshot of the early Japanese colonial era's impact on the railway infrastructure in the Honam region of Korea. Honam, encompassing the southwestern provinces of North and South Jeolla, became a focal point of colonial transport development.

The Korean Empire had ambitions to connect Seoul to Mokpo by rail, envisioning a network that would serve its sovereign needs. However, the construction rights for a significant portion of the Gyeongbu Line, stretching from Suwon to Yeongnam through Cheonan and Daejeon, were ceded to the Japanese Empire. This strategic transfer meant the Korean government's plans for a primary railway under its own control were thwarted.

In the following years, the Japanese Government-General of Korea took charge, and the complete Honam Line was inaugurated in 1914, serving as a subsidiary route to the Gyeongbu Line. The map on the postcard illustrates the newly established line, which would have been critical for the Japanese to cement their authority in the region by bolstering transport and communication.

The opening of the Honam Line under Japanese administration marked a significant development in Korea's railway history, reflecting the broader narrative of imperial influence and the reshaping of the peninsula's infrastructure.

Chebu

This item is shown on page 1017 of the book "Chebu". For more information please see this article published on this book on the KSS website.

Statistic picture card showing rail, road and shipping statistics (1922)

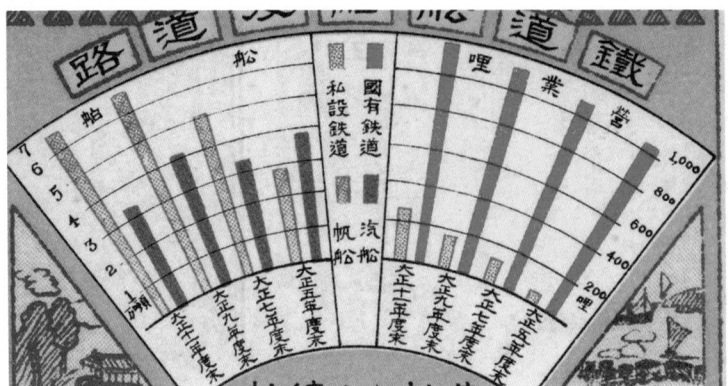 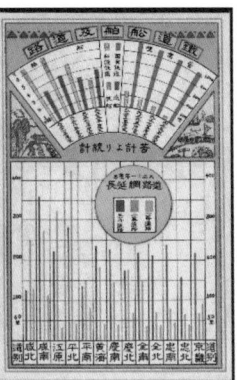

Statistic picture card showing rail, road and shipping statistics (1922)

Old Korea
July 10, 2024 Dr. Joel Lee12

This 1922 postcard from the Japanese colonial period in Korea is a compelling historical document, providing a glimpse into the infrastructure and logistics of the era. Specifically, it presents statistics about the transportation network in 1922. The card highlights the extensive railway system, which was approximately 1,200 Ri long, equivalent to around 373 miles or 600 kilometers. This network was vital for the colonial administration to control and develop the territory.

Additionally, the postcard indicates the presence of a significant maritime infrastructure, with shipping tonnage reaching 32,000 tons. This would have been crucial for both trade and the movement of resources between the Korean peninsula and Japan, as well as within Korea itself.

The road network is also detailed, showing a classification into three categories based on quality or importance. The first-class roads spanned about 900 Li (approximately 280 miles or 450 kilometers), second-class roads covered around 2,400 Li (about 746 miles or 1,200 kilometers), and third-class roads extended to approximately 2,900 Li (nearly 900 miles or 1,448 kilometers). The differentiation in road classes likely reflects the varying levels of maintenance and accessibility, which would have impacted the ease of transportation and communication across Korea during the colonial period.

Overall, this statistic picture card from 1922 serves as a historical record of the transportation infrastructure during the Japanese colonial era in Korea, illustrating the scale and organization of the rail, ship, and road networks that supported the colonial economy and administration.

Chebu

This item is shown on page 1015 of the book "Chebu". For more information please see this article published on this book on the KSS website.

Japanese era postcard showing statistics with a twist

Japanese era postcard showing statistics with a twist

Old Korea

May 15, 2024 Dr. Joel Lee13

The postcard presented here is a significant historical artifact that encapsulates a critical period in Korea's history under Japanese colonial rule. The intricate design of the postcard, adorned with a traditional Korean structure and overlaid with statistical graphs, belies the grim narrative that the data represents—a narrative of a population under the strain of foreign occupation and its accompanying adversities. From 1910 to 1945, Korea endured colonial rule by Japan, which exercised its power not only through military and political means but also through cultural and informational control. One of the tools used for the latter were statistical postcards, which served a dual purpose: they functioned as propaganda to demonstrate the supposed benefits of Japanese governance and as instruments to collect and disseminate information about the Korean population.

Fig. 1: Japanese era postcard showing census statistics.

The postcard in question delineates the results of population censuses conducted between 1910 and 1945. It opens with the 1910 census, indicating a population of approximately 13 million people across 2.7 million households. A leap to 1922 reveals a population surge to around 17 million, with the number of households increasing to 3.1 million. This data suggests a period of growth, but the narrative takes a darker turn as we reach the 1945 figures. Contrary to expectations of an increasing population trend, the numbers fell to approximately 16 million—a stark decrease that deviates from natural growth trajectories. This deviation raises critical questions and points to the harsh realities faced by the Korean people under Japanese rule. The theoretical projection based on the growth from 1910 to 1922 would have placed the 1945 population at an estimated 25.2 million, assuming a consistent growth rate. The absence of this expected increase can be attributed to a number of tragic factors.

Many Koreans were forced to leave their country, fleeing the oppressive colonial regime that sought to assimilate Korea into the Japanese empire, often at the cost of Korean identity and autonomy. Those who resisted or were perceived as threats faced brutal consequences—arrest, torture, and execution were not uncommon. Moreover, the Japanese colonial government conscripted countless Koreans for forced labor, both within Korea and abroad, particularly during the war efforts of the 1930s and 1940s. This conscription often amounted to forced migration, as many were sent to places far from their homeland, such as Japan, Manchuria, and the Pacific islands, where they worked under severe conditions with little hope of return. This postcard, therefore, serves as more than a simple infographic; it is a somber reminder of a turbulent period in Korean history. It is a testament to the resilience of the Korean people, who, despite the trials of colonial rule and the suffering it entailed, maintained their cultural identity and ultimately reclaimed their sovereignty. In examining this postcard, we not only gain insight into the historical facts and figures but also into the lived experiences of a nation under colonial rule. The data, while seemingly dry and impersonal, underscores the profound impact of foreign domination on Korea's demographic landscape. It is a powerful illustration of how numbers and statistics can tell a deeper story—one of loss, resistance, and the enduring spirit of a people.

Chebu

This item is shown on page 1008 of the book "Chebu". For more information please see this article published on this book on the KSS website.

The Historic Significance of a Postal Cover from 1895

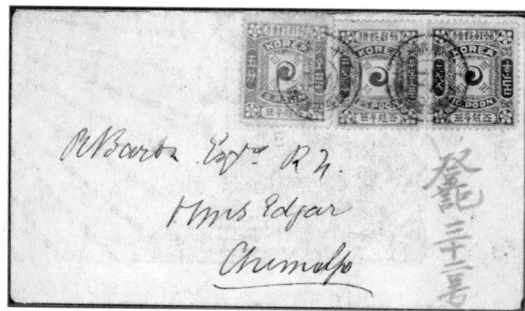

The Historic Significance of a Postal Cover from 1895

Old Korea
March 29, 2024 Dr. Joel Lee4

In a fascinating glimpse into the postal history of the late 19th century, a cover adorned with a unique combination of stamps provides a snapshot of the era's postal practices. This particular cover, totaling 40 poon in postage, is comprised of stamps in denominations of 5, 10, and 25 poon. This combination precisely met the domestic postage rate of the time, which was structured at 10 poon per 7.5 grams, with an additional 30 poon required for registration.

The stamps on this cover bear the mark of the Incheon cancellation, dated October 6, 1895. This cancellation is distinguished by a double circular seal, and the item carries a registration number of 32 (written in red hanja/ Chinese characters). Remarkably, this date also marks the issuance of the Taegeuk ordinary stamps, making the cover a first-day postal matter for these stamps. The use of the double circular seal, which was prevalent from June 1, 1895, to 1898, signifies the period's postal regulation adherence.

Fig. 1: The front of the cover, showing the stamps and the registration text.

The year 1895 was a pivotal moment for postal regulations in the region, marked by the promulgation of domestic postal regulations under royal order No. 124, Article 80, on May 26. This was swiftly followed by the enactment of the postal delivery law between Hanseong and Incheon on May 28, alongside the announcement of postal office bylaws under Article 107. These regulations, including the stamp carrier permit law, were foundational in shaping the organized postal system of the time. This cover, therefore, not only represents a piece of postal history but also encapsulates the regulatory advancements that were instrumental in modernizing postal services at the end of the 19th century.

Chebu

This item is shown on page 51 of the book "Chebu". For more information please see this article published on this book on the KSS website.

서양인이 남겨 준 기록 시리즈[23]

A series of photographic records left behind by Westerners

John Rennie Short is professor of public at the University of Maryland, Baltimore county.

John Rennie Short 교수(The University of Maryland)

The World from The East, C. 1480. (Gangnido, C. 1479—85, Ryukoku University, Kyoto, japan)

역대제왕혼일강리도(歷代帝王混一疆理圖)

Gangnido

조선 전기 문신 김사형·이무·이회가 아시아·유럽·아프리카를 포함하여 1402년에 제작한 지도
혼일강리역대 국도지도(Honil Gangni yokdo Ji Do) "역사적 국가 및 수도의 통합된 토지 및 지역 지도(중국)"는 흔히
강리도라고 약칭하며, 한국 학자 권근과 이회가 1990년에 완성한 세계 지도이다. 1402년 조선시대의 이 지
도는 현존하는 가장 오래된 한국 세계 지도로, 두 개의 사본이 현재 일본에 있는 것으로 알려져 있다. 이것
은 또한 중국의 Da Ming Hunyi Tu(ca. 1398)와 함께 동아시아에서 가장 오래 살아남은 세계 지도 중 하나이며
Kangido는 최소한 하나의 출처를 공유하는 것으로 이론화되어 있다. 둘 다 제작 후 수정되어 원래 형태가 불
확실해졌다. 그럼에도 불구하고 현재 남아 있는 강리도 사본을 통해 중국 지도의 원본 내용을 유추할 수 있다.

출처: 한국민족문화대백과

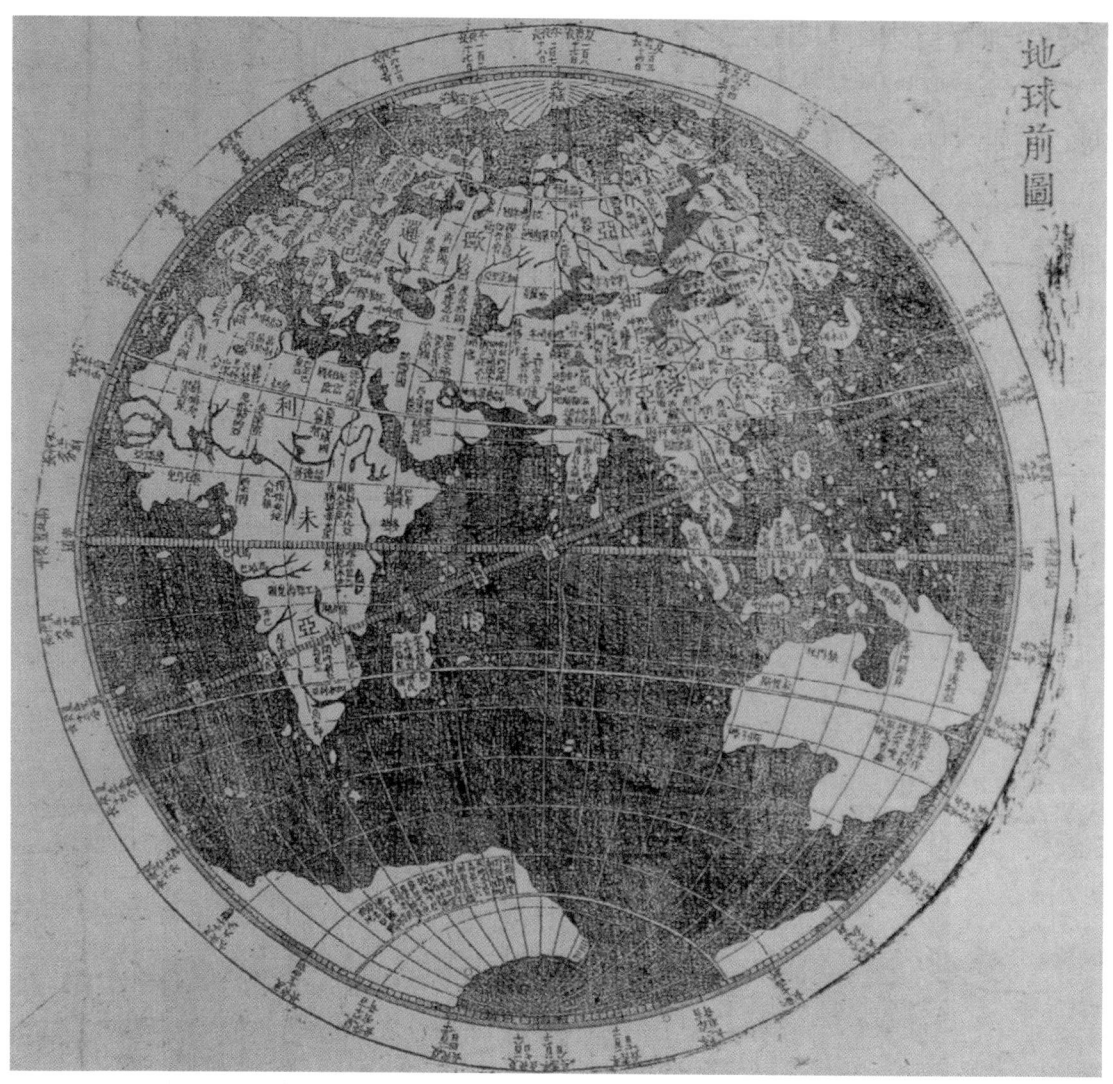

A Modern World, 1834. (Choe hangi, Chigu chonhu [map of the Earth, front and Behind].
Museum of Sungshin Women's University, Seoul

지구전도地球前圖

지구전후도地球前後圖 혹은 지구도地球圖는 1834년(순조 34년)에 실학자인 혜강 최한기가 제작한 지도로서 그의 절친한 친구인 고산자 김정호는 판각을 담당했다. 19세기 초반부터 조선의 지식인들의 세계 인식을 획기적으로 바꾸는 데 결정적 역할을 한 지도라고 볼 수 있다. 1800년에 청나라 사람 장정부가 만든 지구전후도는 최한기가 1834년 간행했다. 현재 숭실대학교와 성신여대 박물관, 그리고 서울대 규장각 총 3곳에 소장되어 있다(성신여대는 원본, 숭실대는 첩자, 규장각은 필름 형태).

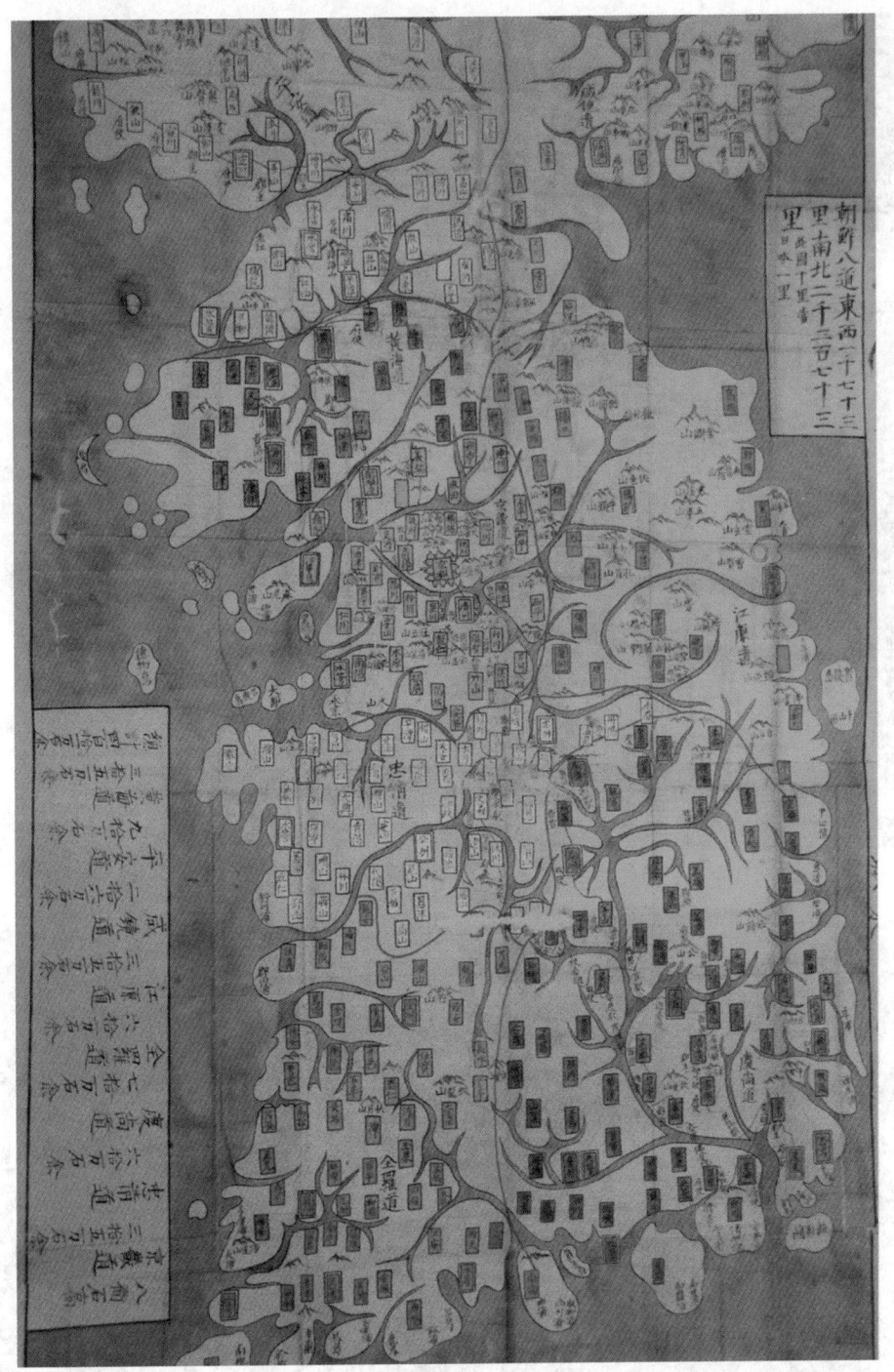

KOREA, 1730, (Courtesy of the Library of congress, Washington, DC, G7900 145−, C4 Vault)

워싱턴 DC 국회도서관 제공, G7900 145−, C4 Vault

조선팔도 동서 1,073리, 남북 2,373리

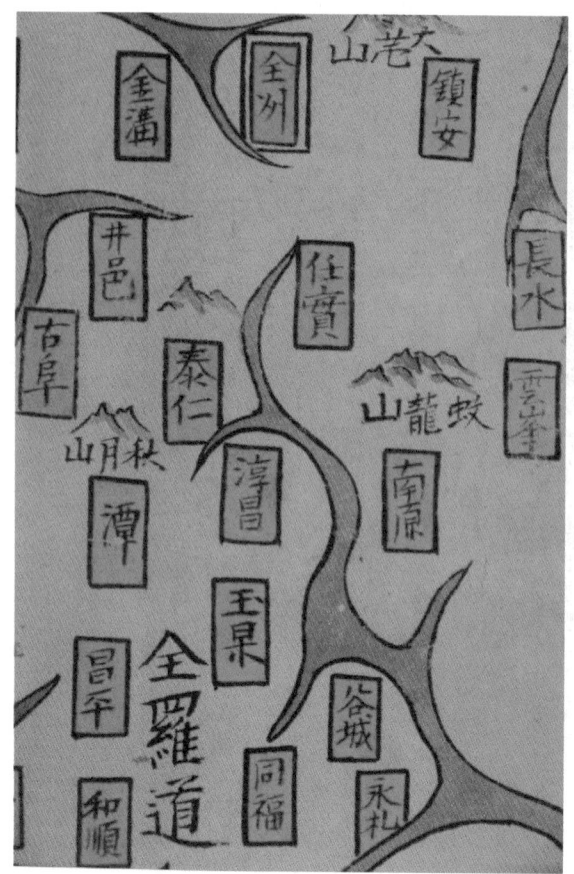

Detail of Cholla Province, 1730. (Courtesy of the Library of Congress, Washington, DC)
1730년 전라도 지역의 세부 사항.
(워싱턴 DC 국회 도서관 제공)

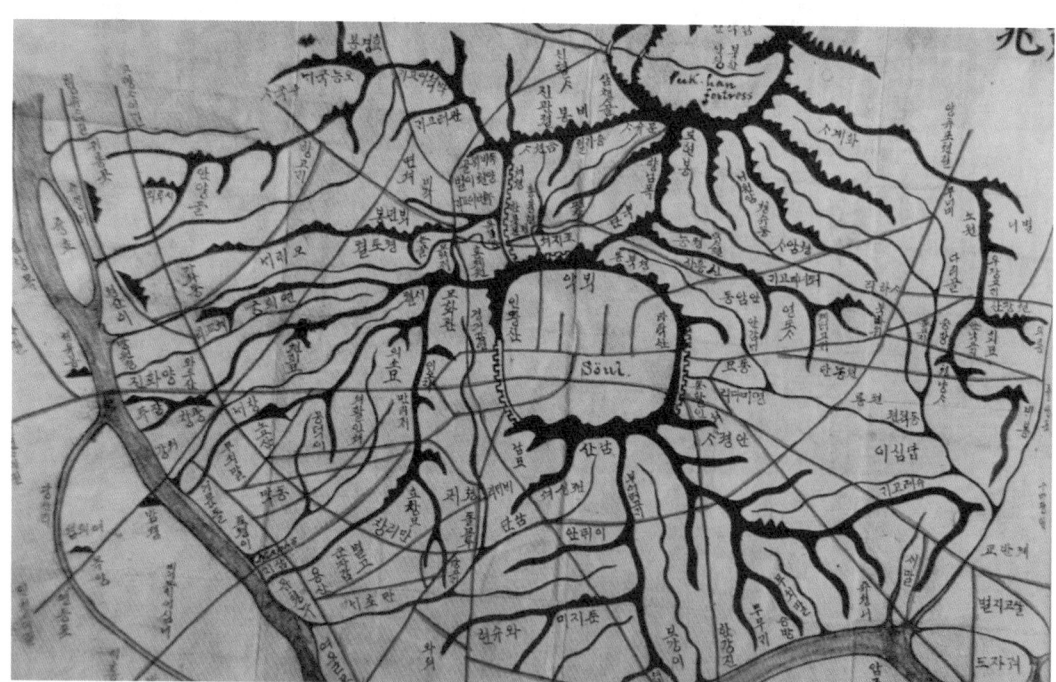

SEOUL, 1838–87. (American Geographical Society Library, University of Wisconsin–milwaukee libraries, 469–d S46–a–(between 1883 and 1887). 미국 지리학회 도서관. 위스콘신대학교 밀워키 도서관, 469–d S46–a–(1883년과 1887년 사이)

KOREA And Japan 1596. 9Abraham Ortelius, Theatrum Orbis Terrarum [Antwerp, Plantiniana, 1596]
Courtesy of the Library of Congress, Washington, DC)
Abraham Ortelius, Theatrum Orbis Terrarum [앤트워프, Plantiniana, 1596]
워싱턴 DC 의회 도서관 제공

Korea as a Penninsula

한국이 반도로 정확하게 묘사되어 있다. 런던과 베니스에서 일한 포르투갈 지도 제작자인 디구 홈엠(Diogo Homem)은 수많은 지도와 지도책을 제작했다. 그의 1588년 원고 지도에는 한국이 반도로 표시되어 있다. 루이스 테세이라(Luis Teixeira)의 아들인 조아오 테세이라(Joao Teixeira)는 한동안 이베리아 당국의 공식 지도 제작자 및 우주론자로 일한 지도 및 차트 제작자였으며, 따라서 스페인과 포르투갈의 발견과 동아시아 지도에 대해 알고 있었다. 1630년경에 작성된 그의 북태평양 지도에는 한국이 반도로 정확하게 표시되어 있다.

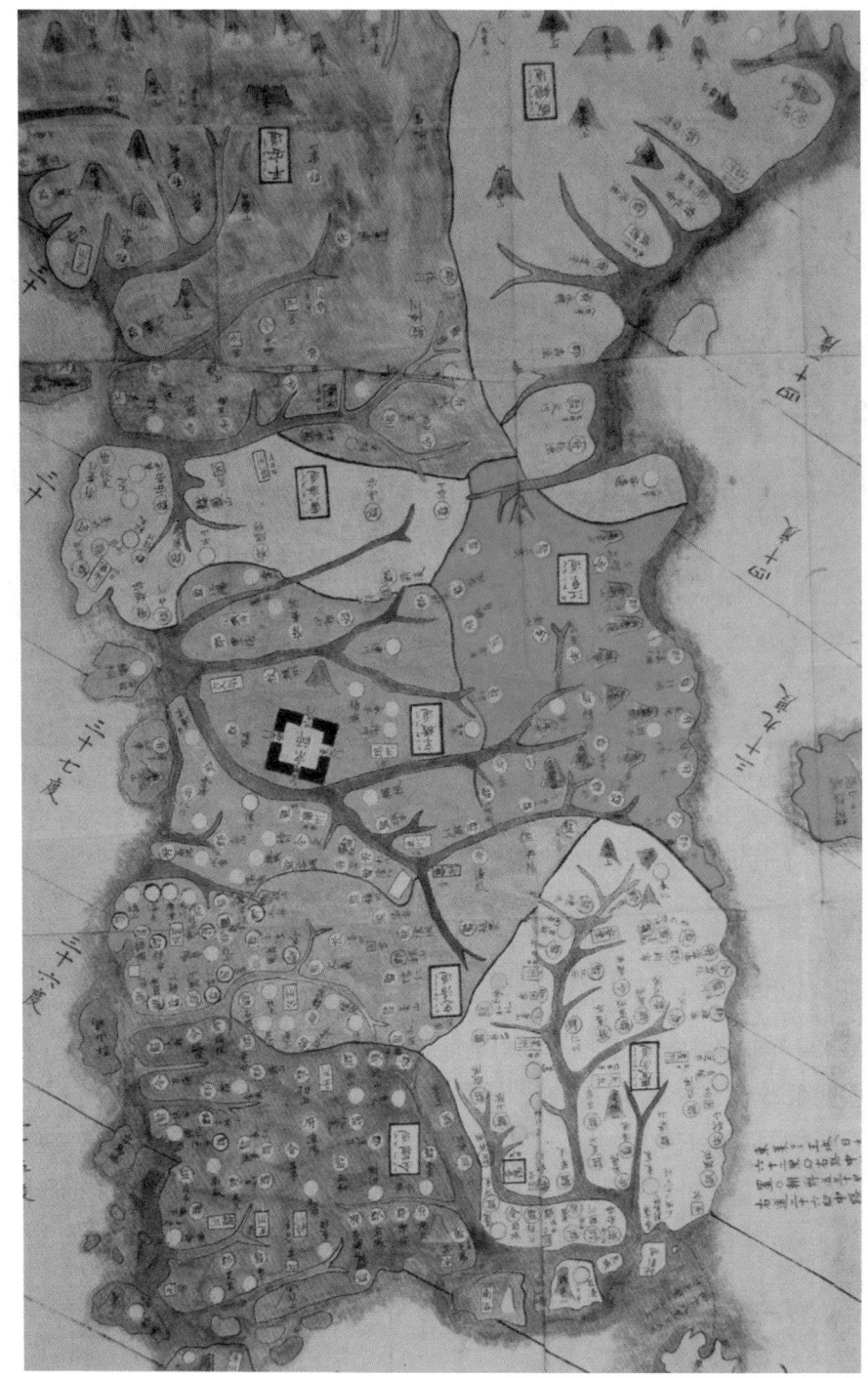

KOREA. 1785. (Courtesy of the Library of Congress, Washington, DC. 7900 1785. H3 Vault)
워싱턴 DC에 있는 의회 도서관 제공. 7900 1785. H3 Vault

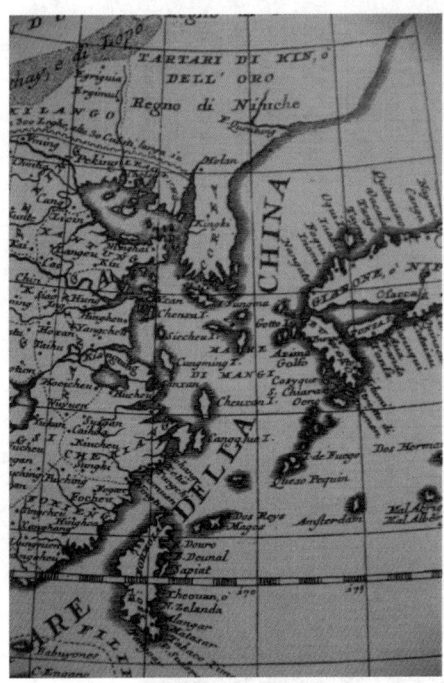

Detail from coronelli's map. (Vincenzo Coronelli, Libro dei globi [Venice, Gli Argonauti, 1701]. courtesy of the Library of Congress, Washington, DC)
코로넬리(coronelli) 지도의 세부사항. (Vincenzo Coronelli, Book of Globes [베니스, The Argonauts, 1701]. 워싱턴 DC 의회 도서관 제공)

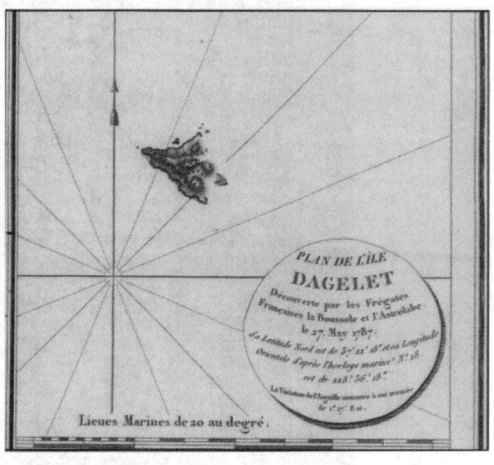

DAGELET ISLAND. 1788.(jean-francois de galaup, comte de la perouse, Voyage de la Perouse autour du monde [paris, imprimerie de la republique, 1797]. courtesy of the library of Congress, Washington, DC.
다젤렛섬. 1788. (Jean-Francois de Galaup, La Perouse 백작, Voyage de la Perouse 전 세계 [Paris, Imprimerie de la Republique, 1797], 워싱턴 DC 의회 도서관 제공

Daehanjiji (1899) – Ulleungdo and Liancourt Rocks KOREA and Japan World map, seventeenth century, (Museum of arts, Tokyo)

울릉도는 동해에 있는 한반도에서 동쪽으로 120km(65nmi; 75mi) 떨어진 한국의 섬으로, 이전에는 Dagelet 섬 또는 Argonaut 섬으로 알려져 있었다. 원래 화산인 이 가파른 바위 섬은 성인봉에서 최대 해발 984m(3,228피트)에 이르는 해저에서 솟아오른 거대한 성층화산의 꼭대기이다. 섬의 길이는 9.5km(6마일), 너비는 10km(6마일)이다. 면적은 72.86km²(28.13평방마일). 인구는 9,617명(2020년 기준)

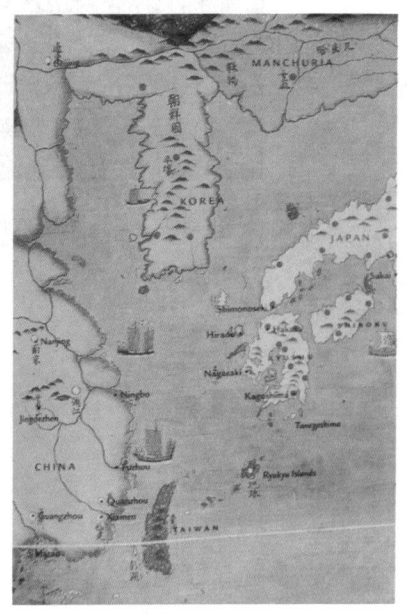

한국과 일본 세계지도, 17세기(도쿄 미술관)
KOREA and Japan World map, seventeenth century (Museum of arts, Tokyo)

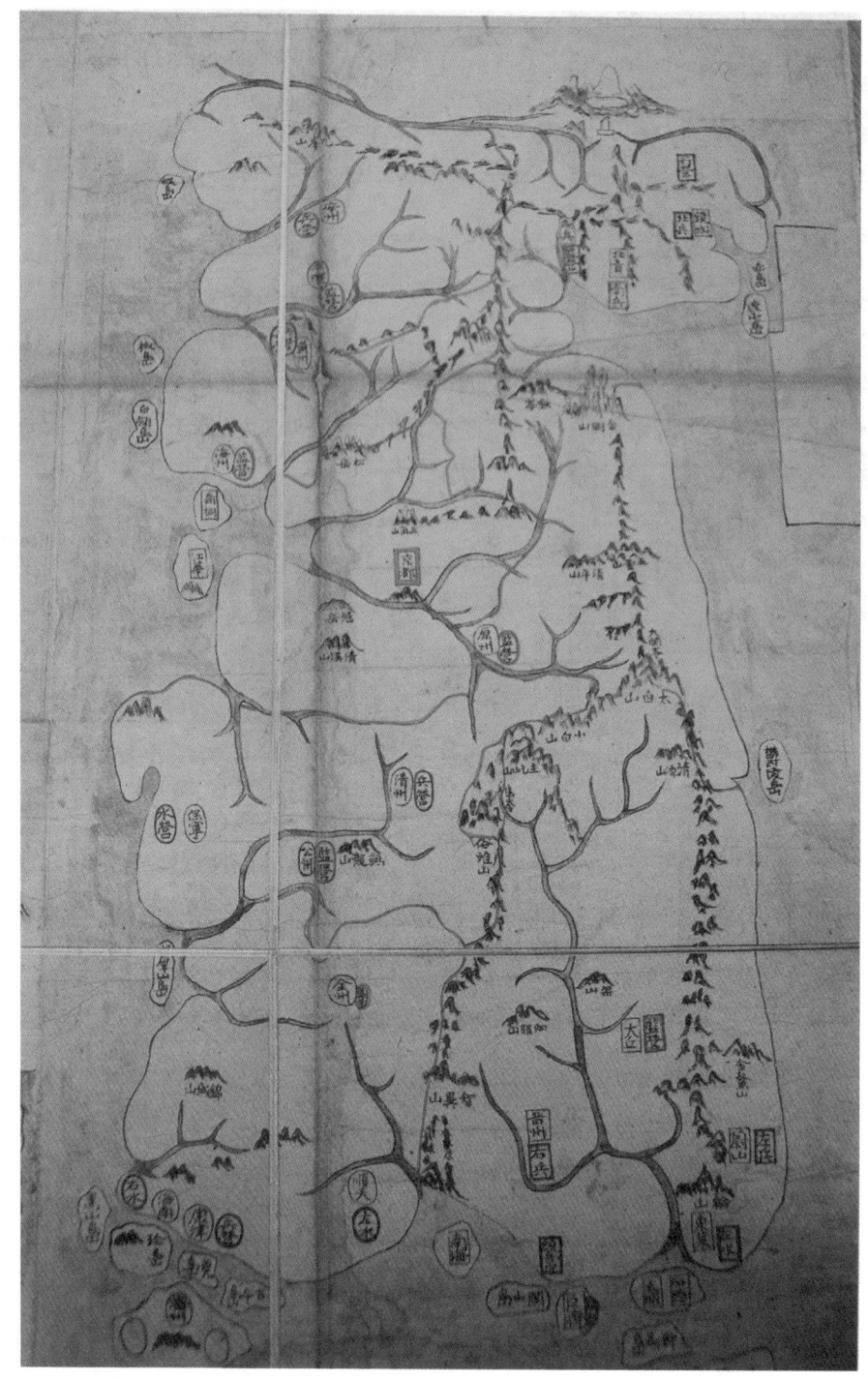

KOREA, 1721. (Courtesy of the Library of Congress, Washington, DC, G2305 D35 1782 Vaultsheif.)
워싱턴 DC 의회 도서관 제공, G2305 D35 1782 Vault sheif.

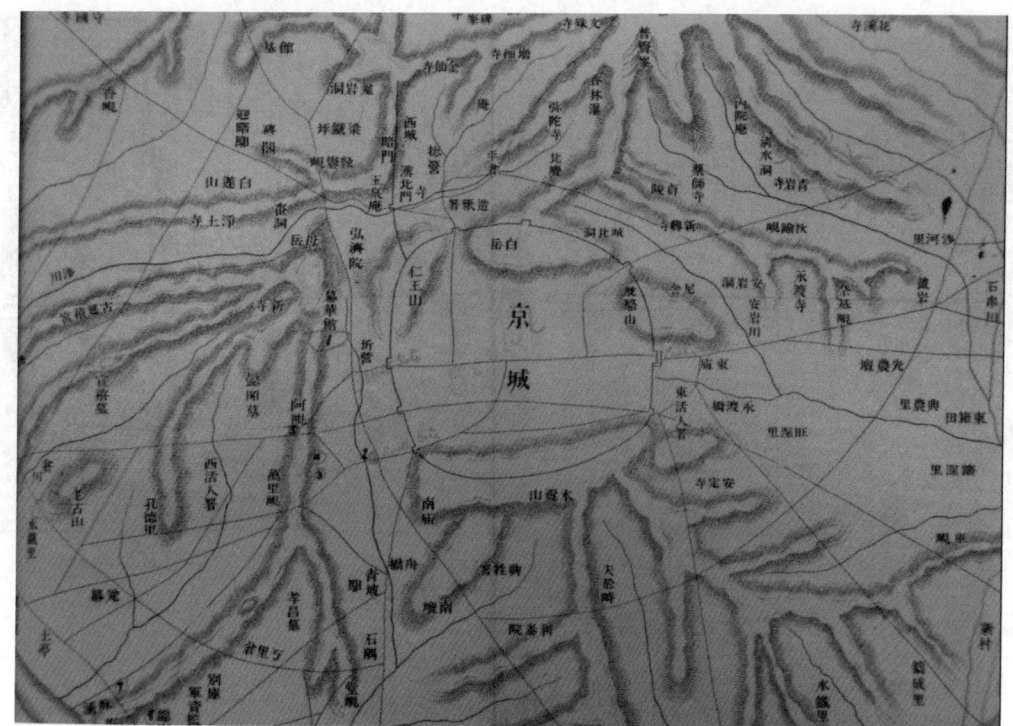

SEOUL, C 1910 (Courtesy of the library of Congress, Washington, DC, 7904 S478 H3 Misc #151
워싱턴 DC 의회 도서관 제공, 7904 S478 H3 Misc #151

PYONGYANG, C.1800. (American Geographical Society library,
University of Wisconsin–Milwaukee libraries, D469. 1–d. P96a (18–?)
미국지리학회 도서관, 위스콘신대학교 밀워키 도서관, D469. 1–d. P96A. (18–?)

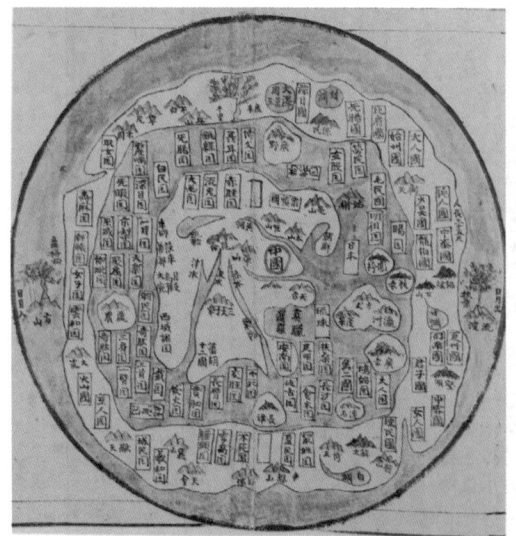
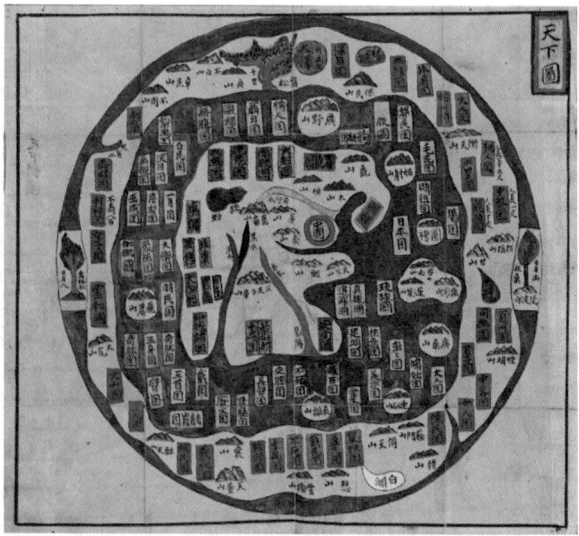

CHEONHADO MAP. c 1700. (Courtesy of the Library of Congress, Washington, DC, G3200 17-.C5)
천하도 지도 C 1700. (워싱턴 DC 의회도서관 제공, G3200 17-.C5)

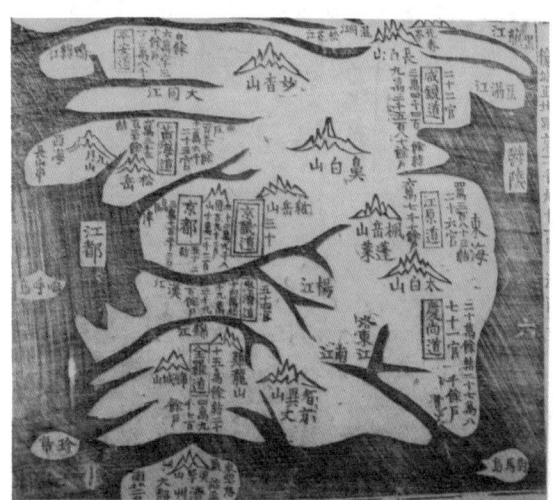
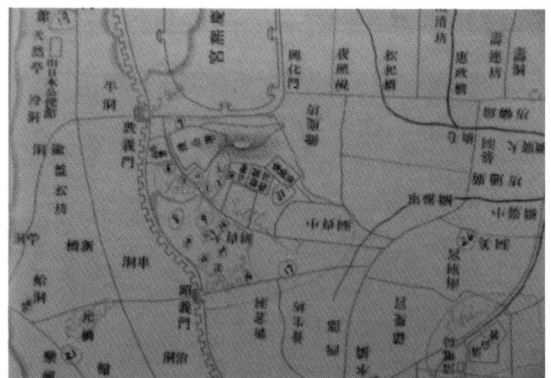

KOREA, C. 1760. (Courtest of the Library of Congress, Washington, DC. C2330 Y 651 1760)
워싱턴 DC 국회도서관 법원. C2330 Y 651 1760(좌)

SEOUL, C. 1900 (Courtesy of the Library of Congress, Washington, DC, G7904. K 9 Vault)
워싱턴 DC 국회도서관 제공, G7904. K 9 Vault(우)

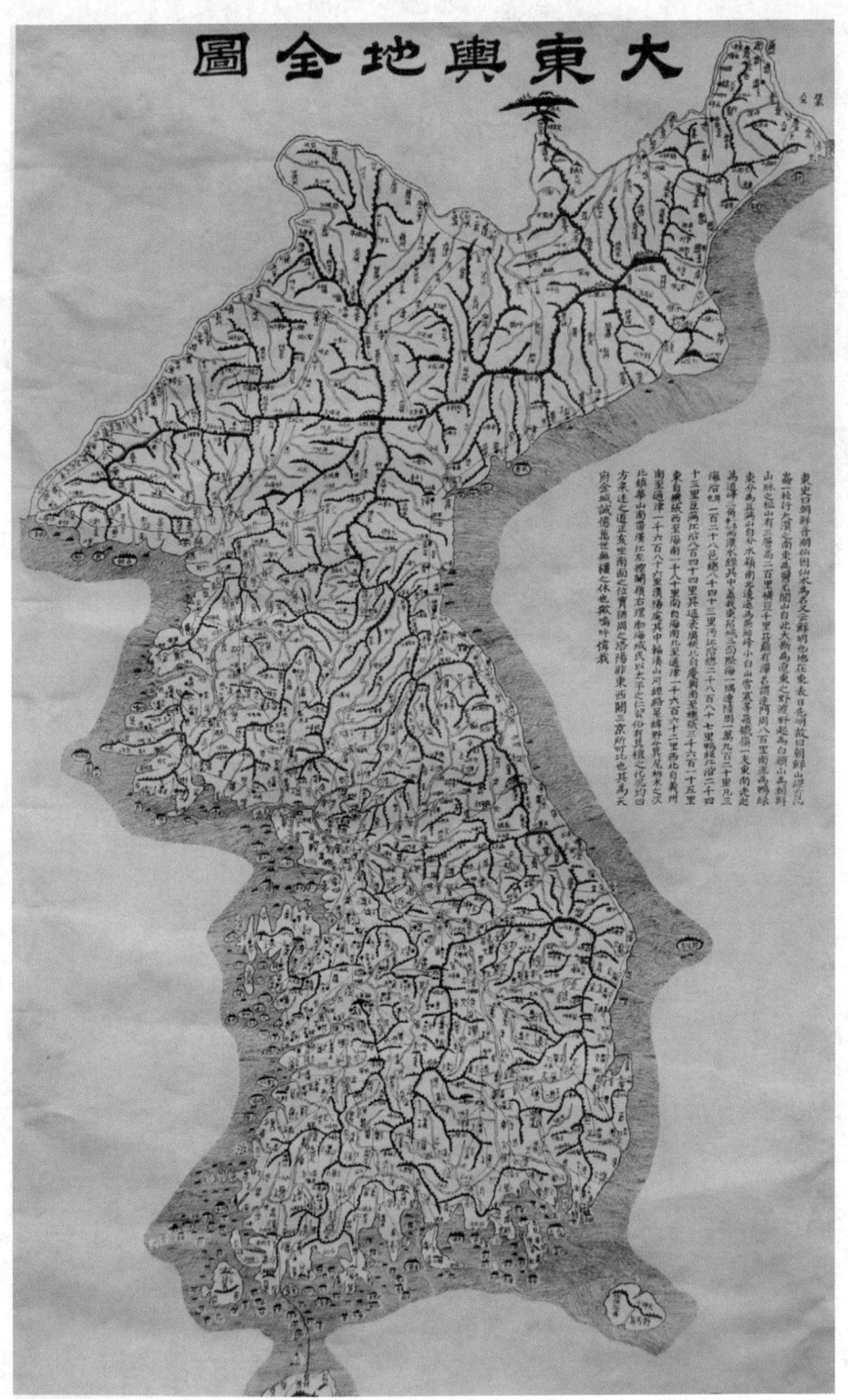

DAEDONGYEOJIDO, 1861. (Kyujanggak archives, Seoul National University
대동여지도, 1861. (서울대학교 규장각 서고)
고산자古山子 김정호가 1861년 제작한 한반도의 지도이며, 지도첩이다.

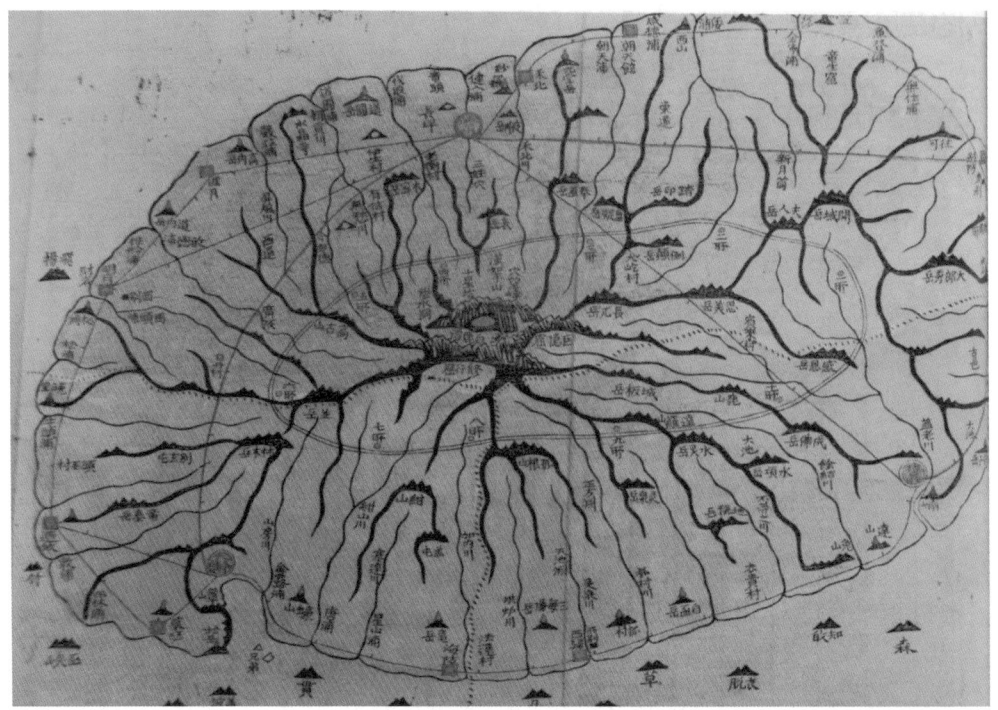

JEJU ISLASND, 1864. (American Geographical society Library,
University of Wisconsin—Milwaukee libraries, AGS Rare At 469a—1861)
미국지리학회 도서관, 위스콘신대학교 밀워키 도서관, AGS Rare At 469a—1861

Gangwha Province, 1870—80. (National Museum of Korea)
강화도, 1870—80. (국립중앙박물관)

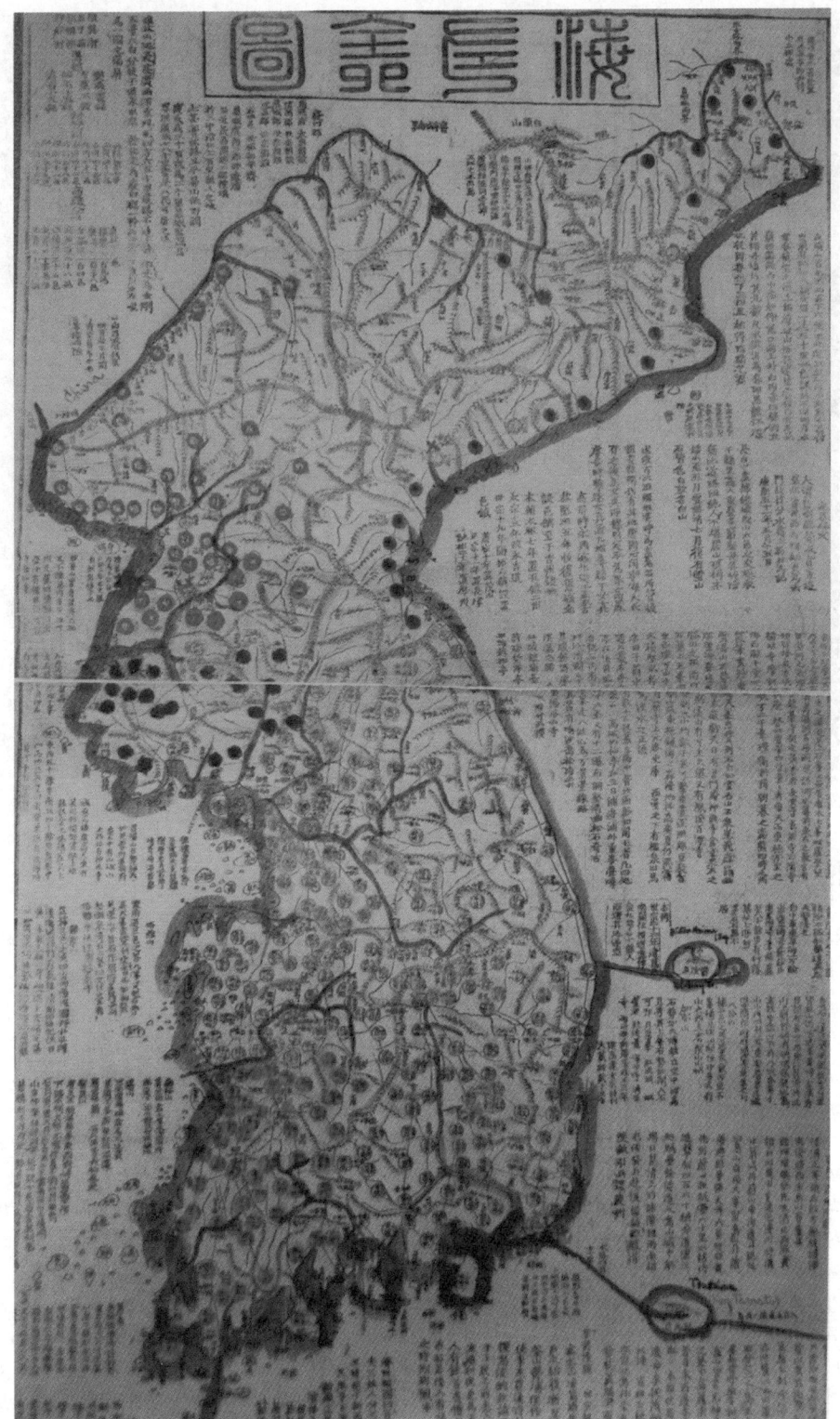

KOREA, 1857–66, (American Geographical Society Library,
University of Wisconsin–Milwaukee Libraries, Rare 469–A 1857–1866.
미국지리학회 도서관, 위스콘신대학교 밀워키 도서관, 희귀 469–A 1857–1866

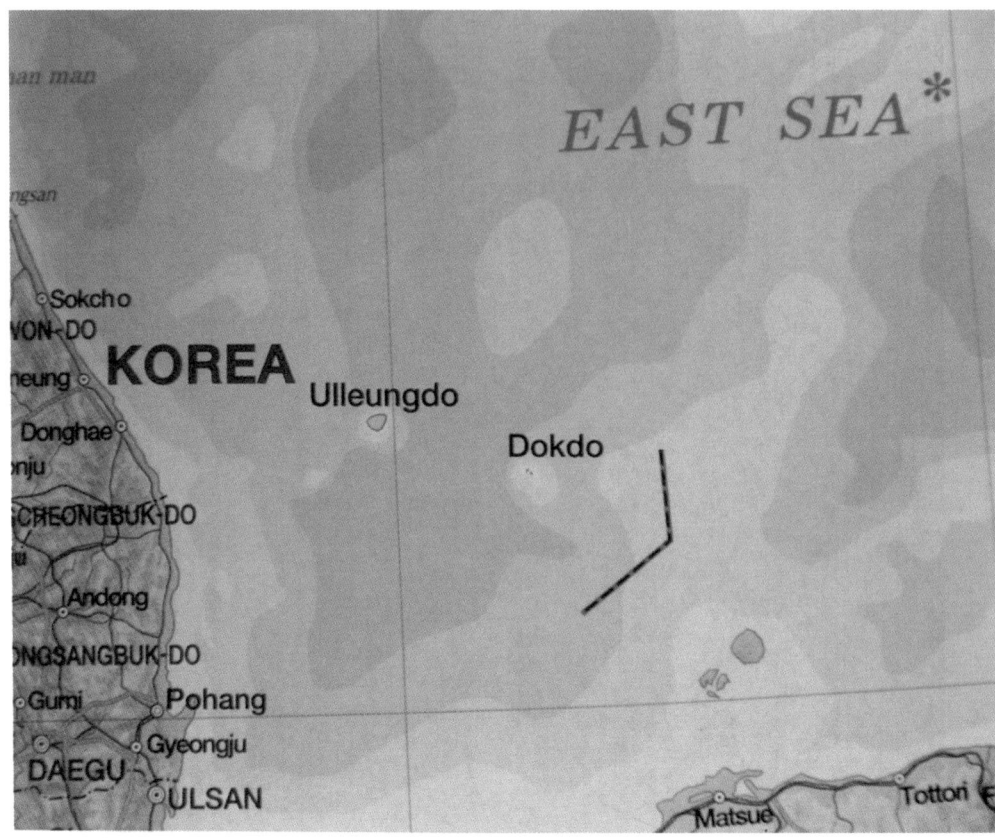

The third cartroversy is the representation of Dokdo on maps. If we look again at figure 7, 3,

KOREA, 1998

DOKDO 독도獨島 Korea A Cartographic history. By John Rennie Short. 2012. Pages 147~151

Dokdo, which the Japanese refer to as Takeshima, consists of two small rocky Island surrounded by approximately thirty –three smaller rocks. In total it amounts to just under two square kilometers. For such a small place, it has generated intense political heat. Part of the problem lies in geography. Dokdo is far from both Korea and Japan. For centuries both countries discouraged their citizens from sailing too far from the coast, and it was always on the edge of the effective range of control. The old Korean maps often show two Island off the east coast of the country. Look carefully again at and it is clear that two islands are shown there. One interpretation is that they are the two island groups of Ulleungdo and Dokdo. If this is true, then Dokdo and Ulleungdo were incorporated into the Silla kingdom in 512 as one unit, Usanguk. They were annexed by the Goreyo regime in 930 and became part of the Joseon kingdom. They are elearly shown in the early Joseon map of 1530 in figure 8. 1.

Although they were part of Joseon territory, they were always on the farthest reaches of control, subject to disputes and to pirate attacks. From 1416 to 1881 the Joseon adopted a vacant island policy and did not promote settlement in the region. However, a dispute between Korean and Japanese fishermen in the late seventeenth century led to official Japanese interest. Officials of the Tokugawa shogunate decided in 1696 and again in 1699 that the islands were part of Korea, essentially ceding them to the Koreans.

Another interpretation, strong among those who back Japan's claims, is that the two islands shown off the east coast on old Korean maps are in fact Ulleungdo and its smaller eastern neighbor the island of Judo, not Dokdo. All the discussion above then refers just to Ulleungdo, not to Ulleungdo and Dokdo. Some argue that the two island are so far apart that their closeness on the old maps is a confusion between Dokdo and Jokdo.

However, this is not a sound argument. As I have shown throughout this book. Josen cartographers were sophisticated use relative as well as absolute space in their maps. The islands closeness on old maps is simply a result of placing them close to the coastline to highlight territorial spatial relations rather than a depiction of Euclidean space.

For the Koreans, their sovereignty over the island of Dokdo was clear and unambiguous. For the imperial Japanese, in contrast, Dokdo was terra nullius. The expansionist regime of 1868 in Japan adopted a new, more aggressive territorial attitude. In 1905 a local government in Japan, Shimane Prefecture, unilaterally incorporated Dokdo/ Takeshima into territory. The Japanese asserted that the island was unclaimed and, even if not, had always been part of Japan. There are reports from Korean sources in the late seventeenth and late nineteenth century of Japanese loggers and fishermen in the islands. Yet Dokdo was under Korean sovereignty until 1905, when it was annexed as part of Japanese imperial expansion. The annexation was always something of a risk. Japanese officials of the time wondered if the act, with minimal gains, would arouse international suspicion about Japan's intentions toward Korea. Other officials argued that in the light of deteriorating international conditions, it was important to establish a base to keep watch on foreign ships. The decision to annex, then, was less about enacting a historical claim than a calculated contemporary geopolitical power play. After Japan's formal takeover of Korea in 1910, the question of de jure ownership became moot, since the island came under Japanese control along with of Korea.

With Japan's defeat by the Allied forces in 1945, its title to territory through colonial domination was effectively nullified. Allied powers specifically excluded the islands from Japanese control in 1946. It is here that things get a bit hazy. Japan managed to influence the San Francisco Peace Treaty so that the island's sovereignty was put in doubt. Successive drafts of the treaty had conflicting conclusions. Korea's case was weakened by President Syengman Rhee's failure to make the Korean case for Dokdo, He focused instead on the quixotic case of Korean sovereignty over Tsushima Island. To reinforce their claim, the South Koreans established a lighthouse on Dokdo in 1954 and have effectively controlled the place since them. In 1982 the island was designated a national Cultural Heritage-Natural monument, and in 2003 the island was assigned a South Korean postal code. Today Dokdo is under effective Korean Control.

Even as Japan-Korea relations improve, Dokdo remains unresolved. It is used as a rallying platform for nationalist Japanese politicians, especially those wishing to burnish an image of tough nationalism. When Japan's Shimane Prefecture declared a Takeshima Day in 2005, it provoked mass rallies and demonstrations in Korea. While both Japan and South Korea claim the island, the de facto reality is that Dokdo remains under effective South Korean control, and Japan is unlikely to invade. The issue is not just one of political posturing. The rich fishing stocks and the existence of valuable gas hydrates makes the competing claims economically relevant. Even the smallest islands can become opportunities to extend two hundred-mile exclusive economic zones.

Dokdo is located in a difficult space on the extreme edge of both states, 135 miles from mainland korea and 150 miles from Japan. The nearest islands are the Japanese island of Oki, 98 miles away, and the Korean island of Ulleungdo, just 54 miles away. Largely unpopulated throughout most of its history, even today Dokdo has only two permanent residents, an octopus fisherman and his wife.

Dokdo also occupies a complex cartographic space. The Korean claim is backed up with reference to old maps and documents that seem to show Korea's de jure. If, if not de facto, possession. However, the confusion on many maps and documents between Dokdo and the island of Ulleungdo and its more immediate neighbors makes the cartographic record less than watertight. In summary, Korean maps show indications of Dokdo as Korean, while the Japanese cartographic record either tends to confirm Korean sovereignty or fails even to show Dokdo.

The island also occupies a complex discursive space between Japan and Korea.

Japan's claim to the island is based on its colonial expansionist era, not exactly a strong point in a more postcolonial world. For Japan then, the ownership of Dokdo and the East Sea/sea of Japan naming controversy are lingering colonial legacies that have morphed into an issue of national prestige. In both cases the tide is against them, there is growing use of the dual designation East Sea/sea of Japan, and Dokdo is firmly in Korean possession. For the Koreans, the naming controversy and Dokdo represent remnants of a colonial history they want to transcend. In a reversal of the global awareness of the late nineteenth century, the Koreans are exerting more influence on global opinion about the naming of East sea/ sea of Japan as well as about sovereignty over Dokdo. This is evident even in an examination of world atlases recently produced by various publishers around the world, in including Dorling Kindersley, Gallimard, HarperCollins, national Geographic, Pearson, philip's, rand McNally, the times, Oxford University Press, and Westermann, which have all adopted a dual naming of East Sea/Sea of Japan. What is interesting in the current cartroversies is the heavy use of old maps as historical documents. Both the Korean and the Japanese claims are filled with reference to old maps and to mapmakers long dead.

Punch in either name into an internet search engine and you will be amazed at the important role the history of cartography plays in the discussion. Old atlases and ancient charts are rolled out to buttress one claim or another.

There is, however, a presupposition that maps are timeless, fixes in meaning and reliable in their claims. But maps are unreliable witnesses. Names on maps are best considered mobile, contested, hybrid things that constantly change meaning as well as location over the years. They are not immutable descriptors that are permanently anchored in singular meanings or even fixed in location. They are too fluid to make strong cases. Let me end by repeating what I wrote at the beginning of the book. Maps are not simply technical constructs, they are documents that tell us much about society. Maps have multiple meannings, they serve decorative purposes as well as practical applications, and they have symbolic importance and ideological underpinnings. They are pictures of the world that embody technical progress, social development, and political conflict. Maps are complex things material objects and social documents, technical texts and practical devices. More than just depictions of territory, they are political statements, social arguments, and discourses both subtle and simple. Maps are complicated texts used for a variety of purposes and read by diverse readers. In complex historical controversies maps are suggestive guides, part of the invention of tradition and the production of the future, aids to flexible and creative thinking. They are not revealed truth.

독도獨島 Korea A Cartographic history. By John Rennie Short. 2012. Pages 147~151

일본인이 다케시마라고 부르는 독도는 약 33개의 작은 바위로 둘러싸인 두 개의 작은 바위섬으로 구성되어 있다. 전체적으로 그 면적은 2평방 킬로미터도 채 되지 않는다. 이렇게 작은 곳인데도 극심한 정치적 불화를 불러일으켰다. 문제의 일부는 지리적 위치에 있다. 독도는 한국과 일본으로부터 멀리 떨어져 있다. 수세기 동안 두 국가 모두 국민들이 해안에서 너무 멀리 항해하는 것을 막았으며 항상 효과적인 통제 범위의 가장자리에 있었다. 한국의 옛 지도에는 종종 한국의 동해안에 두 개의 섬이 표시되어 있다. 다시 자세히 보면 거기에 두 개의 섬이 있는 것이 분명하다. 한 가지 해석은 그들이 울릉도와 독도의 두 섬 그룹이라는 것이다. 이것이 사실이라면 독도와 울릉도는 512년에 신라에 하나의 단위인 우산국으로 편입되었다. 930년 고려에 합병되어 조선의 일부가 되었다. 이는 1530년 조선 초기 지도의 그림 8.1에 이미 나타나 있다. 비록 조선 영토에 속해 있었지만 늘 통제 범위가 가장 먼 곳이었고, 분쟁과 해적의 공격을 받기도 했다. 1416년부터 1881년까지 조선은 공도정책을 채택하고 이 지역에 정착을 촉진하지 않았다. 그러나 17세기 후반 한국과 일본 어부 사이의 분쟁은 일본의 공식적인 관심으로 이어졌다. 도쿠가와 막부 관리들은 1696년과 1699년에 이 섬이 한국의 일부라고 결정하여 본질적으로 한국에 할양했다. 일본의 주장을 지지하는 사람들 사이에서 강력한 또 다른 해석은 한국의 옛 지도에 동해안에 표시된 두 섬이 실제로는 울릉도이고 그 작은 동쪽 이웃 섬은 독도가 아니라 유도섬이라는 것이다. 위의 모든 논의는 단지 울릉도만을 언급하는 것이지 울릉도와 독도를 언급하는 것은 아니다. 어떤 사람들은 두 섬이 너무 멀리 떨어져 있어서 옛 지도에서 두 섬이 가까워서 독도와 죽도를 혼동한 것이라고 주장한다. 그러나 이것은 건전한 주장이 아니다. 이 책 전체에서 보여주었듯이, 조선의 지도 제작자들은 지도에서 상대 공간과 절대 공간을 정교하게 사용했다. 오래된 지도에서 섬의 친밀함은 단순히 유클리드 공간을 묘사하기보다는 영토 공간 관계를 강조하기 위해 해안선에 가깝게 배치한 결과이다. 한국인들에게 독도에 대한 그들의 주권은 분명하고 모호하지 않았다. 대조적으로 일본제국에게 독도는 무지無地였다. 1868년 일본의 팽창주의 정권은 새롭고 더욱 공격적인 영토 태도를 채택했다. 1905년 일본 시마네현 지방정부가 독도/다케시마를 일방적으로 영토에 편입시켰다. 일본인은 이 섬이 소유권이 주장되지 않았으며, 그렇지 않더라도 항상 일본의 일부였다고 주장했다. 17세기 후반과 19세기 후반에 이 섬의 일본인 벌목꾼과 어부들에 대한 한국 소식통의 보고가 있다. 그러나 독도는 1905년 일본제국 확장의 일환으로 병합되기 전까지 한국의 주권하에 있었다. 합병은 항상 위험이 따르는 일이었다. 당시 일본 관료들은 이 행위가 최소한의 이득을 가져도 한국에 대한 일본의 의도에 대해 국제적인 의심을 불러일으킬지 궁금해했다. 다른 관계자들은 악화되는 국제 정세를 고려해 외국 선박을 감시할 수 있는 기지를 구축하는 것이 중요하다고 주장했다. 그렇다면 합병 결정은 역사적 주장을 제정하는 것이 아니라 계산된 현대 지정학적 권력 플레이에 관한 것이었다. 1910년 일본이 한국을 공식적으로 병합한 후, 섬이 한국과 함께 일본의 지배를 받았기 때문에 법적 소유권 문제는 논쟁의 여지가 있게 되었다. 1945년 일본이 연합군에 패배하면서 식민지 지배를 통한 일본의 영토 소유권은 사실상 무효화되었다. 연합군은 1946년 일본의 통제에서 이 섬을 특별히 제외했다. 여기서 상황이 약간 흐릿해졌다. 일본은 샌프란시스코 평화 조약에 영향력을 행사하여 섬의 주권이 의심스러워졌다. 조약의 연속 초안에는 상충되는 결론이 있었다. 한국의 주장은 이승만 대통령이 독도에 대한 한국의 주장을 제시하는 데 실패함으로써 약화되었고, 대신 그는 쓰시마 섬에 대한 한국의 주권이라는 기발한 주장에 초점을 맞추었다. 자신들의 주장을 강화하기 위해 남한은 1954년 독도에 등대를 세웠고 그 이후로 독도를 효과적으로 통제해 왔다. 1982년에 이 섬은 국가문화유산-천연기념물로 지정되었고, 2003년에는 대한민국 우편번호가 지정되었다. 오늘날 독도는 한국의 효과적인 통제하에 있다. 한일관계가 개선되더라도 독도 문제는 여전히 해결되지 않고 있다. 이곳은 일본의 민족주의 정치인, 특히 강경한 민족주의 이미지를 빛내고자 하는 정치인들의 집결 플랫폼으로 사용됩니다. 일본 시마네현이 2005년 다케시마의 날을 선포하자 한국에서는 대규모 집회와 시위가 일어났다. 일본과 한국이 모두 독도에 대해 영유권을 주장하고 있지만, 사실상의 현실은 독도가 여전히 한국의 효과적인 지배하에 있고 일본이 침공할 가능성이 없다는 것이다. 문제는 단순히 정치적 자세의 문제가 아니다. 풍부한 어자원과 귀중한 가스 수화물의 존재로 인해 경쟁 주장이 경제적으로 타당해졌다. 가장 작은 섬이라도 200마일의 배타적 경제수역을 확장할 수 있는 기회가 될 수 있다. 독도는 한국 본토에서 135마일, 일본에서 150마일 떨어진 양국의 끝자락에 있는 어려운 공간에 위치하고 있다. 가장 가까운 섬은 98마일 떨어진 일본 섬 오키Oki와 불과 54마일 떨어진 한국 섬 울릉도이다. 대부분의 역사를 통틀어 거의 사람이 살지 않았으며, 오늘날에도 독도에는 문어 어부와 그의 아내, 두 명의 영주권자가 있을 뿐이다. 독도는 또한 복잡한 지도 제작 공간을 차지한다. 한국의 주장은 한국의 정당성을 보여주는 것으로 보이는 오래된 지도와 문서를 참조하여 뒷받침된다. 사실상 그렇지 않은 경우 소유. 그러나 독도와 울릉도, 그리고 더 가까운 이웃 사이의 많은 지도와 문서의 혼란은 지도 제작 기록을 빈틈없게 만든다. 요약하면, 한국 지도에는 독도가 한국 땅으로 표시되어 있는 반면, 일본 지도 제작 기록에는 한국의 주권을 확인하는 경향이 있거나 심지어 독도가 표시되지도 않았다. 섬은 또한 일본과 한국 사이의 복잡한 담론 공간을 차지하고 있다. 이 섬에 대한 일본의 주장은 식민 팽창주의 시대에 근거한 것이지, 탈식민지 시대의 세계에서 강점이 되는 것은 아니다. 그렇다면 일본 입장에서는 독도 영유권과 동해/일본해 명칭 논란이 식민지 잔재로 남아 국위 문제로까지 번지고 있다. 두 경우 모두 상황이 반대이고, 동해/일본해라는 이중 명칭을 사용하는 경우가 늘어나고 있으며, 독도는 확실히 한국 소유. 한국인들에게 명명논란과 독도는 그들이 초월하고 싶은 식민지 역사의 잔재이다. 19세기 후반 세계인식의 역전 속에서 한국인들은 독도 영유권은 물론 동해/일본해 명칭에 대한 세계 여론에 더 많은 영향력을 행사하고 있다. 이는 Dorling Kindersley, Gallimard, HarperCollins, 내셔널 지오그래픽, Pearson, philip's, rand McNally, the Times, Oxford University Press 및 Westermann을 포함하여 전 세계의 다양한 출판사에서 최근 제작한 세계 지도책을 검토한 결과에서도 분명하게 드러난다. 모두 동해/일본해라는 이중 명칭을 채택했다. 현재의 카트로버시에서 흥미로운 점은 고지도를 역사적 문서로 많이 사용한다는 것이다. 한국과 일본의 주장은 모두 오래된 지도와 오래전에 죽은 지도 제작자에 대한 언급으로 가득 차 있다. 인터넷 검색 엔진에 두 이름 중 하나를 입력하면 지도 제작의 역사가 토론에서 수행하는 중요한 역할에 놀랄 것이다. 이러한 주장을 뒷받침하기 위해 오래된 지도책과 고대 차트가 출시되었다. 그러나 지도는 시대를 초월하고 의미가 고정되어 있으며 주장이 신뢰할 수 있다는 전제가 있다. 그러나 지도는 신뢰할 수 없는 증인이다. 지도의 이름은 수년에 걸쳐 의미와 위치가 끊임없이 바뀌는 이동성, 경쟁적, 하이브리드로 가장 잘 간주된다. 그것들은 단일한 의미로 영구적으로 고정되어 있거나 심지어 위치가 고정되어 있는 불변의 설명자가 아니다. 강력한 사례를 만들기에는 너무 유동적이다. 책 서두에 썼던 내용을 반복하면서 마무리하겠다. 지도는 단순히 기술적인 구성물이 아니라 사회에 대해 많은 것을 알려주는 문서이다. 지도는 다양한 의미를 갖고 있으며 장식적인 목적뿐만 아니라 실용적인 용도로도 사용되며 상징적 중요성과 이념적 토대를 갖추고 있다. 기술의 진보, 사회 발전, 정치적 갈등을 구현하는 세계의 모습이다. 지도는 물질적 대상과 사회 문서, 기술 텍스트 및 실용적인 장치의 복잡한 것이다. 단순한 영토 묘사를 넘어 정치적 발언, 사회적 주장, 미묘하고 단순한 담론이 담겨 있다. 지도는 다양한 목적으로 사용되며 다양한 독자가 읽는 복잡한 텍스트이다. 복잡한 역사적 논쟁 속에서 지도는 암시적인 안내자이며 전통의 발명과 미래의 생산의 일부이며 유연하고 창의적인 사고를 돕는다. 그것들은 밝혀진 진실이 아니다.

해방 · 독립운동가 관련 발행 우표

해방 조선 기념우표
태극기와 어린이를 안은 부부
1946. 5. 1. 발행

해방 1주년 기념우표
지도와 비둘기
1946. 8. 15. 발행

보통우표 · 첨쇄보통우표

1948. 10. 1. 발행
이준 열사
태극기와 신 액면 바탕우표: 4원(이준)

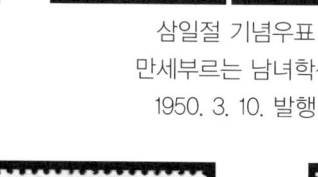

독립 1주년 기념우표
봉황, 태극문장
1949. 8. 25. 발행

삼일절 기념우표
만세부르는 남녀학생
1950. 3. 10. 발행

학생의 날 기념
광주학생독립운동 기념탑과
도안화된 그 당시의 울분
1967. 11. 3. 발행

3.1절 50주년 기념
불꽃으로 된 3 · 1자와
탑골공원의 동상
1969. 3. 1. 발행

광복 30주년 기념우표
햇불
1975. 8. 15. 발행

3·1절 60주년 기념우표
3·1 독립 선언 기념탑
1979. 3. 1. 발행

보통우표
안창호
1983. 11. 25. 발행

보통우표
김구
1966. 6. 10. 발행

윤봉길 의사 의거 60주년 기념우표
윤봉길 의사와 태극 이미지
1992. 4. 29. 발행

이봉창 의사 순국 60주년 기념우표
이봉창 의사와 선서문
1992. 10. 10. 발행

광복 50주년 기념우표

광복 50주년 기념 사업 공식 휘장(가로형)
환호하는 국민과 태극기
1995. 8. 14.

밀레니엄시리즈(열번째묶음)
3·1운동과 독립선언
2001. 4. 2. 발행

밀레니엄시리즈(열번째묶음)
김구 선생의 백범일지
2001. 4. 2. 발행

밀레니엄시리즈(열한번째묶음)
8·15 광복
2001. 7. 2. 발행

헤이그특사 100주년 기념

2008. 6. 20. 발행

윤봉길 의사 탄신 100주년 기념
헤이그 특사와 고종황제의 위임장
윤봉길 의사와 선서문
2008. 6. 20. 발행

안중근 의사 순국 100주년 기념
태극기에 쓴 혈서(단지동맹), 안중근 의사 손도장
2010. 3. 26. 발행

신흥무관학교 설립 100주년 기념
신흥무관학교 교가와 신흥학우단
2011. 6. 10. 발행

흥사단 창립 100주년 기념우표
안창호와 흥사단 엠블럼
2013. 5. 13. 발행

광복 70년 기념우표
김구 선생과 한국 광복군 서명 태극기
2015. 8. 4. 발행

해외 독립운동 유적지(독립운동가의 발자취)
미국 로스엔젤레스 대한인국민회 총회관
2018. 8. 6. 발행

해외 독립운동 유적지(독립운동가의 발자취
중국 상하이 홍구공원 윤봉길의사 기념관
2018. 8. 6. 발행

네덜란드 헤이그 이준열사 기념관
2018. 8. 6.

홍범도 장군, 청산리 · 봉오동전투 전적비.
2018. 10. 12.

3·1운동 100주년
독립선언서 문구와 3·1만세도

2019. 3. 1. 발행

대한민국임시정부 수립 100주년 기념
대한민국임시정부, 임시의정원, 신년축하식 기념사진과
대한민국 임시헌장
2019. 4. 11. 발행

유관순 열사 순국100주년 기념
2020. 9. 28. 발행

안중근 의사   유관순 열사

보통우표

1982. 10. 8. 발행

김상옥 의사 순국 100주년 기념
김상옥 의사와 종로경찰서 투탄 의거 장면
2023. 1. 27.

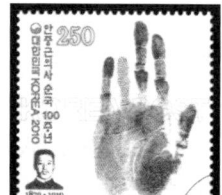

안중근 의사 순국 100주년 기념
2010. 3. 26. 발행

해외 독립운동 유적지 독립운동가의 발자취
중국 하얼빈 안중근 의사 의거지
2018. 8. 6.

우편사 관련 우표

보통우표
우체부
1949. 6. 7. 발행

조미간 우편물 교환사무 재개기념
태극기와 미국기
1946. 9. 9. 발행

UPU가입 50주년 기념
50자와 마패
1950. 1. 1. 발행

국내 항공우편 개시
항공로와 비행기
1950. 1. 1.

만국 우편 연합 창설 75주년 기념
태극기
1949. 10. 15.

만국 우편물 교환 재개 기념
편지로 둘러싼 지구
1947. 8. 1.

체신의 날 기념
역마체송. 문위우표(5문). 서울중앙우체국 청사
1956. 12. 4.

우편주간 특별
편지봉투와 새의 날개
1958. 5. 20. 발행

우정 창시 75주년 기념
구한국시대의 우편기와 현재의 체신기
1959. 12. 4. 발행

우편주간 특별우표
남대문, 무궁화, 호랑이, 세종대왕
1959. 5. 20. 발행

제 10회 체신의 날 기념
열돌된 소녀가 발꿈치를 들고 우체통에 편지를 넣는 모습
1965. 12. 4. 발행

제 1회 집배원의 날 기념우표
가정과 직장으로 기쁜 소식을 전하는 집배원의 모습
장미꽃이 들어있는 집배포와 우편물을 운송하는 육해공의 교통기관
1968. 5. 31. 발행

만국우편연합 창립 100주년 기념우표
UPU 심벌과 무지개
1974. 10. 9.

우표 취미주간 특별
우표를 수집하는 어린이
1983. 11. 18. 발행

제 21차 만국우편연합총회 기념
성산일출봉과 돌 하르방   남대문과 UPU총회장 건물
1992. 8. 22. 발행

제 21차 만국우편연합총회 기념
홍영식과 하인리히본스테판

하인리히 폰 슈테판 Heinrich von Stephan(1831~1897)

독일의 정치가.

청년 시절부터 편지 · 우편에 흥미를 갖고 후에 독일의 우정 총감(체신부 장관)이 되었다. 1840년 각국의 우편 제도를 통일하여, 인종 · 언어 등이 다른 여러 나라들을 연결하는 국제 기관을 만들 계획을 발표하였다. 그 결과 1874년 베를린에서 제1회 만국우편회의가 개최되었는데, 그가 제1회 의장이 되고, 이것이 만국우편연합의 기초가 되었다.

심볼마크와 문창살   쌍검대무   책가도

1994. 8. 22. 발행

만국우편연합 가입 100주년 기념

UPU 마크와 한국의 우정사

2000. 1. 3. 발행

우체국문화주간(세계의 우체통)

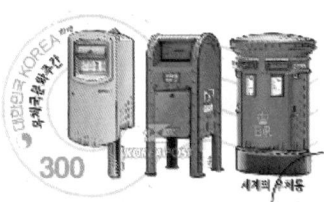 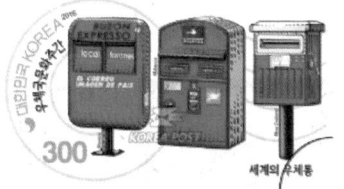

스위스 · 미국 · 영국   멕시코 · 말레이지아 · 뉴질랜드

2016. 7. 19.

 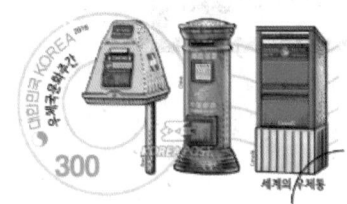

프랑스 · 일본 · 인도   브라질 · 중국 · 캐나다

우리들 일상에서 무심코 사용한 일제 잔재들

파이팅(Fighting): 영어 사전에는 형용사로써 '싸우는; 호전적인, 무(武)를 숭상하는, 투지 있는; 전투의, 전투에 적합한, 교전 중인, 전쟁의'라고 표기되어 있다.

화이팅(영문 표기 없음): 태평양전쟁 당시 출격을 앞둔 전투기 조종사들이 함상에서 사기 진작을 위하여 구호로 사용했던 것에서 유래되어 우리 일상에 '화이팅' '화이팅'을 외친다. 특히 '우리말 ○○○' 프로그램에서까지도 종종 응원하는 참가자들이 응원 구호로 '화이팅'을 외친다.
스포츠 중계에서는 진행자들이 '아 두팀이 진검승부를 하고 있네요'라는 중계를 종종 들을 수 있다.

위키 낱말 사전에는 '화이팅'이 태평양전쟁 이후 일본에 미군정의 영향으로 당시 모든 문화가 미국화 되어 가는 과정에서 일본식 구호 頑張れ의 영어 번역인 FIGHT를 ファイト로 표기. 그대로 한국으로 들여와 일본색이 강한 발음인 '화이또' 대신에 끝을 ING로 바꿔서 '화이팅'으로 순화과정 없이 정착. 국어표기법 개정으로 F를 'ㅍ'으로 바꾼 후 부터 혼용. 현재는 F와 P의 발음 구분이 모호한 상태. 요즘은 우리말로 '아자아자' 또는 '가즈아'로 대체중이며, '힘내자' '힘내라' 등으로 표현되어야 한다.

출처: 위키 낱말 사전[편집]

붕어빵

해방 전후 일제의 '타이야끼(타이:도미, 야끼:굽다)가 우리나라로 유입되어 모방한 것이 붕어빵이다. 어릴쩍 간 식거리로 길거리에서 사먹던 국화빵은 일제 왕실 문장인 국화를 그대로 모방한 것이다.

짬뽕

중국집 대표적인 메뉴 중 짬뽕(한데 뒤섞다)은 중국어가 아닌 일본말이다.

가브리살

일본말 '가부루'에서 유래된 명칭이다.

고구마

언뜻 우리 고유의 명칭 같지만 실제로는 일본 대마도 방언인 '코코이모'로 조선시대에 전래되어 쓰이기 시작한 명칭.

엑기스

영어 발음처럼 느끼지만 실제로는 Extract(뽑다. 추출하다)의 Ex를 일본식 발음으로 표현한 것

진검승부(眞劍勝負)

종종 방송에서 아나운서가 거침없이 사용하는 '진검승부'라는 표현을 자주 듣게 되는데 이는 중요한 대결이나 경쟁을 앞두고 일제 사무라이들이 명예와 권위를 쟁탈할 때 목숨을 걸고 자웅을 겨루든 전통이 유래한 것.

[우리말 바루기] '진검승부'는 일본에서 온 말

중앙일보 2013.10.29. 00:11

스포츠 경기를 언급할 때 많이 쓰이는 말 가운데 하나가 '진검승부'다. "4강을 놓고 진검승부를 벌인다" "두 팀이 한국시리즈에서 진검승부를 펼치고 있다" 등처럼 사용된다. 정치와 관련한 이야기에서도 심심찮게 등장한다. "국감에서 여야 저격수가 진검승부를 펼치고 있다" 등이다.

이처럼 물러설 수 없는 한판 대결을 벌일 때 '진검승부'란 말이 두루 쓰이지만 사전을 찾아보면 이 말은 아예 나오지도 않는다. 일본에서 건너온 특이한 말로 쓰인 지가 그리 오래되지 않기 때문이다. 진검승부眞劍勝負란 글자 그대로 풀이하면 '진짜 칼로 하는 승부'다. 나무나 대나무로 만든 연습용 칼이 아니라 진짜 칼로 겨뤄 둘 중 하나가 죽는 대결을 말한다.

'진검승부'는 일본말로는 '신켄쇼부(しんけんしょうぶ)'다. 의리에 죽고 사는 일본의 무사 정신을 대변하는 것으로 생각하기 쉽다. 그러나 사실은 제대로 된 사무라이(일본의 무사) 문화도 아니고 무사 신분을 잃은 낭인배나 조직 폭력단인 야쿠자 두목들이나 하는 행위다. 피를 보거나 하나가 죽어야 끝이 난다.

'진검승부'를 무슨 멋있는 말인 양 우리가 가져다 즐겨 쓰고 있지만 속을 들여다보면 이처럼 씁쓸한 용어다. '진검승부'는 조어 자체만 따져도 그 뜻이 '진짜 칼로 하는 이기고 짐'이어서 의미가 잘 통하지 않는다. '진짜 칼'은 '가짜 칼'에 대비되는 말로 굳이 '진짜 칼'이라 강조할 필요가 없다. 또 진짜 칼로 하는 '승부(이기고 짐)'보다 진짜 칼로 맞붙는다는 의미에서 '진검대결'이란 말이 차라리 낫다. 배척하자는 것은 아니다. 새로운 개념을 담는 용어라든가, 우리가 써 오던 말로는 표현하기 어려운 경우에는 일본식 한자어라도 그대로 쓸 수밖에 없다. 그러나 더욱 적절하게 표현할 수 있는 우리말이 있는데도 별반 어울리지 않는 일본말을 쓸 이유는 없다. "4강을 놓고 진검승부를 벌인다"는 "4강을 놓고 결전(승부를 결정짓는 싸움)을 벌인다" "4강을 놓고 결판(최후의 한판)을 벌인다" 등이 적절한 표현이다. "4강을 놓고 마지막 한판을 겨룬다"고 해도 된다.

배상복 기자

땡깡

어린아이들이 떼쓰고 말 안들을 때 사용하는 일본식 말이다.

기립起立박수

기립은 일본 말 '기리츠'에서 유래된 것

수학여행

'국민학교'를 '초등학교', 동사무소를 '주민자치센터'로 개명할 때 수학여행도 다른 명칭으로 바꾸었으면 좋았을 터인데.

꼰데

불어로 Comte가 일본식 발음으로 유래된 것

강관수姜寬洙미상~1908전라북도남원 · 강귀손姜貴孫미상~1909 · 강금성姜今成1886~미상 전라북도부안 · 강기동姜基東 1884~1911황해도장단 · 강기찬康基贊미상~1908평안북도영변 · 강내영姜來永1884~1974경상북도문경 · 강달주姜達周 1880~1960전라남도나주 · 강대근姜大根1897~1957경상북도영일 · 강대여姜大汝황해도장단 · 강대영姜大榮1875~미상 전라북도 · 강덕보姜德保1884~미상 충청남도공주 · 강돌석姜乭石1876~미상 경기도 · 강두필姜斗弼함경남도안변 · 강만식姜萬植1879~1908 · 강명선姜明善1880~1944경기연천 · 강무경姜武景 1878~1910전라북도무주 · 강병근姜炳根미상~1909황해도 · 강병수姜炳修1985~1972경상북도문경 · 강병욱姜炳旭1871~1951경상북도문경 · 강병유姜炳裕1858~1921경상북도문경 · 강보姜輔1864~1909경상북영양 · 강복선姜卜先 1879~미상 경기도광주 · 강봉학姜鳳鶴1889~1914 경상북도영천 · 강봉환姜鳳煥 1867~1961 · 강사문姜士文1876~1909전라남도장성 · 강상봉姜相蓬 1890~미상 경기도 · 강수원姜遂元1887~미상 충청북도제천 · 강순희姜順熙 1868~1929충청북도제천 · 강영문姜永文1881~1931전라북도고창 · 강영수姜榮秀1883~미상 경상북도영양 · 강영식康永植1879~1908 · 강영학姜永學 · 강운학姜雲鶴1881~1964경상북도봉화 · 강원호姜元鎬 1882~미상 평안북도강계 · 강윤희姜允熙1868~1909경기도가평 · 강이봉康伊奉1880~미상 충청남도금산 · 강자선姜自仙 1866~미상 전라남도해남 · 강자연姜子然1873~미상 전라남도해남 · 강재천姜在天미상~1991경상북도안동 · 강종회姜鍾會 1851~1915전라북도고창 · 강준학姜俊鶴1887~1964경상북도봉화 · 강진선姜進善미상~1908경상북도청송 · 강진여姜辰汝미상~1908 · 강진원姜鎭元1881~1921전라남도승주 · 강찬오姜讚吾1988~미상 경상북도봉화 · 강춘삼姜春三1858~1913황해도해주 · 강춘서姜春瑞1872~미상 강원도평창 · 강판수姜判秀1886~1925전라남도나주 · 강필영姜弼永1876~1956경상북도영양 · 강필주姜弼周미상~1908 · 강학서康學西1858~1908 · 강한용姜漢龍1881~미상 전라북도임실 · 강화순姜和淳1872~미상 한성 · 강흥문康興文1882~1909 · 경현수慶賢秀1861~1928경기도파주 · 계석노桂錫魯1877~1910평안북도선천 · 고광덕高光德1874~1945전라북도남원 · 고광문高光文1864~1945 전라남도담양 · 고광순高光洵1848~1907전라남도담양 · 고광채高光彩1876~1974전라남도담양 · 고광훈高光勳1862~1930전라남도담양 · 고명신高明信1865~미상 함경남도이원 · 고명주高明柱1876~미상 전라북도장수 · 고문성高文成1869~미상 경기도 · 고봉민高奉珉1862~1919전라북도옥구 · 고사훈高仕訓 1871~1909제주도 · 고석진高石鎭1856~1924전라북도고창 · 고성원高聖元 1868~미상 전라남도강진 · 고영필高永弼 1875~미상 한성 · 고예진高禮鎭1875~1952전라북도고창 · 고용진高龍鎭1850~1922전라북도고창 · 고원중高元仲1871~미상 전라북도장수 · 고원직高元直미상~1909황해도금천 · 고유훈高有勳 1870~1941경상북도문경 · 고윤한高潤韓1877~미상 경상북도 · 고윤환高允桓 1845~1915경상북도문경 · 고융건高隆乾1881~1909 · 고응칠高應七미상~1908 · 고익규高翊奎 1855~1909함경남도이원 · 고제남高濟南1887~1909전라북도고창 · 고제량高濟亮1849~1907전라남도담양 · 고제천高濟川 1875~1973전라북도 고창 · 고치범高致範1849~1943전라북도고창 · 고희순高喜淳1875~1907 · 공사일孔士一1983~미상 전라북도김제 · 공석두孔石斗 · 공성찬孔成瓚 1877~1909 전라남도구례 · 공준서孔俊瑞미상~1908 · 곽낙삼郭洛三1864~미상 전라남도무안 · 곽덕산郭德山1875~1959경상북도 · 곽성강郭聖康1883~미상 황해도장단 · 곽양일郭洋一1869~미상 강원도영월 · 곽이섭郭理燮1865~미상 경상북도문경 · 곽이용郭伊用1875~1910경상북도성주 · 곽이조郭二祚1889~1951경상북도영일 · 곽재구郭在九1889~1932전라남도나주 · 곽재호郭載鎬1860~1937강원도평창 · 곽준희郭俊熙1870~1940충청북도옥천 · 곽춘근郭春根1879~미상 충청북도충주 · 곽한소郭漢紹1882~1927충청남도연기 · 곽한일郭漢一1869~1936충청남도아산 · 구만성具萬成1884~1909황해도장단 · 구문옥具文玉1861~미상 전라북도 · 구봉서具鳳書 1883~1927경상북도영천 · 구석규具錫奎1861~미상 경상북도영양 · 구성집具聖執 1875~1909경상북도의성 · 구승우具丞祐1863~1917전라남도화순 · 구영숙具永淑1863~미상 전라북도순창 · 구정서具禎書1882~1907경기도광주 · 구한서具漢書1864~1930경상북도영일 · 구회수具會守1880~1950경상북도영일 · 국동완鞠東完1867~1909전라남도장성 · 권갑동權甲東1883~미상 전라북도 · 권경대權景大1876~미상 경상북도성주 · 권계홍權桂洪1871~1945경상북도안동 · 권규섭權奎燮1883~1907경상북도영천 · 권금암權金岩1888~미상 전라북도 · 권기수權夔洙 미상~1896 · 권기수權基洙1894~1922강원도평창 · 권기홍權基洪미상~1907 · 권달오權達五미상~1908 · 권대일權玳一1859~1896경상북도안동 · 권대직權大稷1853~1950경상북도의성 · 권대진權大震1869~1918경상북도영일 · 권대화權大化1871~1909 · 권대흥權大興미상~1908 · 권덕원權德元1878~미상 전라북도무주 · 권도연權道淵미상~1910 · 권득수權得洙1873~1907경기도연천 · 권병이權秉貳미상~1908 · 권병호權炳湖1885~미상 경상북도경산 · 권복규權福奎 1850~1950경상북도청송 · 권상중權相中1882~1929경상북도상주 · 권석규權錫奎1884~미상 경상북도순흥 · 권석근權錫根1885~1907강원도고성 · 권석도權錫燾 1880~1946경상남도함양 · 권성삼權聖三1881~미상 경상북도성주 · 권성하權成夏 1852~1914경상북도청송 · 권세연權世淵1836~1899경상북도봉화 · 권순명權順明1876~미상 충청북도제천 · 권승묵權承默1871~미상 경기도양주 · 권시한權時漢 1864~미상 경상북도봉화 · 권얼동權乻同1866~미상 전라북도순창 · 권영선權永先 미상~1908충청북도 · 권영회權寧會1885~1910전라남도 · 권옥연權玉淵 1839~1900경상북도봉화 · 권용길權龍吉1857~미상 경상북도 · 권용달權用達 1887~미상 충청북도 · 권용일權用佾1884~1971충청북도제천 · 권용창 權用昌 1886~1950충청북도제천 · 권운택權雲澤1854~1910충청남도 부여 · 권원석權元石미상~1908 · 권유현權有鉉 1876~미상 경상북도 · 권윤필權潤弼 1891~1961 함경남도안변 · 권응정權應靖1863~1937경상북도문경 · 권익현權益顯 1845~1901강원도강릉 · 권인규權仁奎1843~1899강원도강릉 · 권재호權載昊 1854~1903경상북도봉화 · 권제영權濟寧 1850~1903경상북도안동 · 권종해權鍾海1869~1922충청남도논산 · 권준權俊미상 경기도 · 권중삼權重三1881~미상 경기 도 · 권중원權重遠1860~1910전라북도장수 · 권중현權重顯1868~미상 전라북도 무주 · 권중협權重協1877~1907 · 권중흠權 重欽1876~1911경상북도영양 · 권진모權進模1849~1915경상북도영덕 · 권찬규 미상~1908충청남도천안 · 권철수權轍洙 1873~1910전라북도김제 · 권청송權靑松1868~1934경상북도영일 · 권춘경權春景1886~미상 충청북도옥천 · 권치봉權致鳳 1866~미상 강원도평창 · 권탁수權鐸洙1835~1909경상북도청송 · 권태선權泰宣1868~1941경상북도예천 · 권학동權學洞 1890~미상 경상북도예천 · 권형원權亨源1855~1907강원도고성 · 권호선權濠善미상~1897충청북도 · 권휘연權徽淵 1845~1896경상북도 의성 · 금기철琴基哲 1880~미상 경상북도봉화 · 금달연琴達淵1874~1914경상북도영주 · 금석주琴錫 柱 1857~1920경상북도봉화 · 기산도奇山度1878~1928전라남도장성 · 기삼연奇參衍1851~1908전라남도장성 · 기우만奇宇 萬1848~1916전라남도화순 · 길창서吉昌書미상~1910 · 길희정吉熙貞미상~1908 · 김갑수金甲洙미상~1908전라남도 함 평 · 김거복金巨福 1885~미상 황해도장단 · 김건규金建奎1858~1896경상북도봉화 · 김검술金檢戌1858~1907 · 김경달金敬 達1849~1896강원도 · 김경록金京錄1879~미상 황해도장단 · 김경문金敬文1862~미상 평안남도중화 · 김경문金景文 1862~미상 평안남도중화 · 김경백金敬佰1879~1936충청북도보은 · 김경삼金京三 미상~1908 · 김경삼金京三미상 전라북 도임실 · 김경선金京善미상~1907황해도해주 · 김경선金慶善1862~미상 한성 · 김경선金京先1884~미상 전라북도진안 · 김 경섭金敬燮1877~미상 전라북도임실 · 김경운金京云1861~1908경기도 · 김경칠金京七1879~1915황해도평산 · 김경태金敬 泰1879~1921충청남도청양 · 김경태金京太1886~미상 전라북도부안 · 김경화金敬和미상~1907 · 김경화金京和 1857~1910 전라남도광산 · 김경휘金京輝1871~미상 강원도원주 · 김계석金癸石 1887~미상 한성 · 김계원金癸元1874~미상 경상북 도 · 김계표金桂杓1875~미상 · 김공삼金公三1865~1910전라북도고창 · 김공서金公書1880~미상 전라남도해남 · 김공식金 恭植1869~1908 · 김공실金貢實1871~1930전라북도임실 · 김공찬金公贊1884~미상 전라북도 순창 · 김광선金光璇1881~미 상 충청남도 · 김광옥金光玉미상~1909 · 김광옥金光玉1883~미상 충청남도 · 김광춘金光春1878~미상 전라북도김제 · 김교 풍金敎豐1857~1908전라남도나주 · 김구학金龜鶴 1864~1909강원도회양 · 김권석金權石미상~1908전라남도 구례 · 김규명 金奎明 1881~미상 한성 · 김규설金奎卨미상~1907 · 김규찬金奎燦1884~미상 · 김규철金奎喆1881~1929충청북도 단양 · 김 규호金奎護미상~1907 · 김규홍金奎鴻 1879~1938경상북도예천 · 김근수金根守미상~1908 · 김기룡金基龍 884~미상 전라 북도순창 · 김기만金基萬1882~1910전라북도장수 · 김기만金琪萬1881~미상 전라북도임실 · 김기봉金基鳳1886~1907전라 남도영광 · 김기삼金奇三미상~1909 · 김기원金基元미상~1908전라남도곡성 · 김기준金基俊1871~1908경상남도울산 · 김 기준金基俊1880~미상 전라남도보성 · 김기중金祺重1870~1910전라북도남원 · 김길동金吉同1873~미상 경기도광주 · 김나 구金羅九1879~ 전라남도담양 · 김낙문金洛文1872~1942경상북도문경 · 김낙삼金洛三877~1908 · 김낙선金洛先 1884~1913전라북도부안 · 김낙선金樂先1881~1925전라북도부안 · 김낙임金樂任1881~1914경상북도순흥 · 김낙필金洛必 · 김내서金乃西1878~1933전라북도부안 · 김노헌金魯憲1854~1910경상북도영덕 · 김대규金大圭1878~1907경상북도안동 · 김대락金大洛1851~1905경상북도청송 · 김대옥金大玉1877~미상 전라북도고창 · 김대유金大有미상~1907 · 김대장金大張 미상~1903 · 김대현金大鉉 1867~1907전라남도화순 · 김덕관金德寬1869~1908 · 김덕삼金德三미상~1908 강원도평창 · 김 덕선金德先1885~미상 강원도평창 · 김덕순金德順1877~미상 경기도강화 · 김덕원金德元경상북도청송 · 김덕장金德章 1875~1945전라북도옥구 · 김덕제金德濟1893~1915한성 · 김덕진金德鎭1864~1947충청남도청양 · 김덕현金德鉉1849~미 상 경기도양주 · 김덕호金德鎬미상~1907 · 김덕환金德煥 1880~1910황해도 · 김덕흥金德興미상~1907강원도양구 · 김도규 金道珪 1885~1967전라남도보성 · 김도숙金道淑1872~1943전라남도나주 · 김도진金道鎭미상~1908 · 김도현金燾鉉 1852~1914경상북도영양 · 김도화金道和 1825~1912경상북도안동 · 김동관金東觀미상~1908 · 김동구金東九 · 김동수金東 壽1879~1910전라남도광주 · 김동식金東植1854~1909 · 김동신金東臣1871~1933전라북도장수 · 김동열金東烈 1870~1908 · 김동운金東雲1874~미상 강원도영월 · 김동학金東鶴1887~미상 전라북도무주 · 김동현金東鉉1862~1939경상 북도영양 · 김동환金東煥1880~1909전라북도고창 · 김두갑金斗甲미상~1909 경상북도순흥 · 김두산金斗山미상~1909 · 김 두상金斗相1855~1915경상북도예천 · 김두진金斗鎭1873~1944경상북도 · 김득경金得敬미상~1909 · 김득수金得洙1882~ 미상 충청남도 · 김막동金莫同1883~미상 전라북도임실 · 김만대金萬大 1888~1910전라북도 · 김만룡金萬龍1883~미상 전 라북도순창 · 김만복金萬卜1878~1949충청북도 · 김만석金萬石미상~1909제주도 · 김만원金萬源 1857~1932경상북도상 주 · 김말출金末出1891~미상 충청남도 · 김맹달金盟達미상~1908경상북도봉화 · 김맹도리金盟道里1876~1959전라북도남 원 · 김명도金明道 · 김명립金命立1893~1978경상북도봉화 · 김명서金明瑞1882~미상 강원도횡성 · 김명식金明植1878~미 상 충청북도영동 · 김명심金明心1881~미상 충청북도청주 · 김명옥金鳴玉미상~1907경상북도영천 · 김명춘金明春미상 ~1907 · 김명호金明浩미상~1908경기도이천 · 김명화金明化1876~1909경기도용인 · 김무경金茂景1863~미상 충청남도청 양 · 김문빈金文彬1883~1957평안남도용강 · 김문삼金汶三미상~1910전라북도 · 김문오金文五1874~미상 경상북도 · 김문점金文點1881~1929경상남도거창 · 김문주金文柱충청남도공주 · 김문호金文鎬미상~1908 · 김반석金盤石1879~미상 경상북도의성 · 김백선金佰善1873~1896경기도양평 · 김백룡金佰龍1885~1909경상남도 · 김백원金百元1880~미상 충청남도금산 · 김범이金範伊1884~미상 경기도광주 · 김병갑金炳甲1881~미상 전라북도순창 · 김병규金炳圭1867~1954전라남도화순 · 김병규金秉圭1865~1935전라남도장평 · 김병동金秉東1858~1928경상북도예천 · 김병두金秉斗1879~1952경상북도영덕 · 김병일金炳一1885~1914경상북도봉화 · 김병주金炳周1869~1936전라북도임실 · 김병태金炳泰1860~1908 · 김보경金保景미상~1908 · 김보령金保寧1873~미상 충청남도 · 김보배金寶拜1881~미상 전라북도부안 · 김보배金寶倍 1873~미상 전라북도 · 김보삼金甫三미상~1908 · 김복길金福吉1877~미상 경기도포천 · 김복록金福錄1871~미상 황해도곡산 · 김복선金福善1901~미상 경상남도김해 · 김복철金福哲1885~1962경상북도예천 · 김복출金卜出1873~1907경상북도 · 김복한金福漢1860~1924충청남도홍성 · 김봉규金鳳奎미상~1908전라남도광산 · 김봉률金鳳律1884~미상 전라북도순창 · 김봉명金鳳鳴미상~1907 · 김봉선金鳳善1873~미상 전라남도장성 · 김봉수金鳳樹1881~1908전라남도장성 · 김봉안金奉安1880~미상 · 김봉우金奉宇1882~미상 전라북도익산 · 김봉정金鳳政미상~1909경상북도순흥 · 김봉조金鳳祚1881~1924경상북도 · 김봉학金鳳鶴미상~1908 · 김봉학金奉學1879~미상 경기도진위 · 김봉환金鳳煥1875~1945경기도안성 · 김봉훈金鳳勳1884~1908전라남도장성 · 김부개金富介1881~미상 충청남도 금산 · 김사근金士根1885~미상 경기도 · 김사범金士範전라북도진안 · 김사정金思鼎 1867~1942강원도원주 · 김삼석金三石1885~1909충청남도서천 · 김상구金相龜 · 김상기金相璣1855~1956전라북도순창 · 김상길金相吉1854~1927경상북도청송 · 김상덕金商悳미상~1906 · 김상래金尙來1882~미상 경상남도거창 · 김상용金相龍1869~미상 · 김상묵金相默1884~미상 전라북도 · 김상신金相臣1886~1949전라북도임실 · 김상오金相五1885~미상 전라북도 · 김상인金相寅 · 김상종金象鍾1848~1909경상북도의성 · 김상진金相辰1873~미상 경상북도 · 김상천金祥千1888~미상 전라북도임실 · 김상칠金相七1883~미상 전라북도임실 · 김상태金相泰1862~1911충청북도영춘 · 김상한金商翰1842~1917충청북도제천 · 김서응金西應미상~1908 · 김석기金石奇1877~미상 전라북도순창 · 김석복金錫復1872~1909 · 김석원金錫元1862~미상 충청남도보령 · 김석윤金錫允 1877~1949제주도 · 김석제金碩濟미상~1908 · 김석하金錫夏1908~미상 · 김석현金晳鉉미상~1896전라남도나주 · 김석현金奭鉉1890~1909 · 김선여金善汝 1875~1910전라북도 순창 · 김선여金先汝1887~미상 경기도수원 · 김선옥金善玉1881~미상 전라남도장성 · 김선이金先伊1869~미상 경상북도 · 김선이金仙伊미상~1896 · 김선이金仙伊1880~미상 경상남도순흥 · 김선일金善一1880~1907 · 김선일金善日1880~1910경상남도울산 · 김선중金善仲1885~1912전라남도영암 · 김성관金聖寬1864~1907충청북도청주 · 김성구金聖九1882~미상 강원도강릉 · 김성권金成權1870~미상 충청북도옥천 · 김성기金聖基1877~1908 · 김성길金成吉1873~미상 전라북도순창 · 김성달金聖達1881~1907경상북도문경 · 김성도金成道미상~1908강원도영월 · 김성두金成斗1885~1952경남남도밀양 · 김성련金成鍊1870~1942평안남도개천 · 김성렬金星烈미상~1909 · 김성로金成魯1863~1909 · 전라남도 · 김성륙金成六1863~1909경상북도대구 · 김성산金成山미상~1907강원도삼척 · 김성삼金聖三미상~1904 · 김성언金成言1880~미상 전라남도곡성 · 김성운金成雲경상북도예천 · 김성재金聖載1877~1942전라북도순창 · 김성조金成祖1882~미상 전라북도전주 · 김성찬金性贊1881~미상 전라북도 · 김성천金聖天1883~미상 충청남도 · 김성조金成祖1882~미상 전라북도전주 · 김성칠金成七미상~1907경상북도 봉화 · 김성칠金聖七1881~1911전라북도순창 · 김성택金聖澤1878~미상 전라남도 · 김성화金聖化미상~1896경기도 · 김성화金聖化1847~미상 · 김성흥金聖興1870~1909충청북도청주 · 김세중金世中 1874~1922경상북도봉화 · 김수갑金守甲미상~1909경상북도순흥 · 김수곡金水谷1876~1910경상북도 · 김수달金守達미상~1909 · 김수담金壽膽1852~1896경상북도의성 · 김수동金水東1874~미상 강원도영월 · 김수동金壽童1885~1910충청북도 · 김수동金守同1877~미상 경기도포천 · 김수락金秀洛1840~1920경상북도안동 · 김수만金水萬1887~미상 전라북도 · 김수만金壽萬1885~미상 한성 · 김수민金秀敏1867~1909황해도장단 · 김수영金壽榮미상~1907경상북도봉화 · 김수욱金壽旭 1852~1902경상북도의성 · 김수은金洙銀1865~미상 · 김수일金守日1866~미상 경상북도영양 · 김수준金守濬1879~1913경상북도예천 · 김수협金壽莢 1853~1896경상북도의성 · 김순도金舜道미상~1910 · 김순돌金順乭 1870~1909 · 김순보金順甫1871~1909충청남도청양 · 김순복金順福1883~미상 · 김순석金順錫1870~1907한성 · 김순심金順心1858~1908황해도수안 · 김순언金順彦1883~미상 전라남도해남 · 김순여金順汝1882~미상 강원도영월 · 김순오金順吾미상~1908경상남도함양 · 김순오金順五1877~미상 전라남도장성 · 김순옥金順玉1875~1909황해도통천 · 김순태金順泰1883~미상 한성 · 김술이金述伊1874~미상 경상북도지례 · 김숭진金菘鎭1850~1919청상북도청송 · 김시백金時伯 1887~1950경상북도영주 · 김시복金時福1908~미상 평안북도강계 · 김시복金時福 1885~미상 전라북도익산 · 김시중金時中미상~1909강원도정선 · 김시흥金始興1885~1908 · 김쌍봉金雙鳳1879~1908충청남도 · 김암우金岩宇1887~미상 전라북도진안 · 김암회金岩回1881~1936경상북도안동 · 김양준金陽俊1874~1910 전라북도 · 김억쇠金億釗1857~미상 경상북도 봉화 · 김언세金彦世1868~1911함경남도안변 · 김업이金業伊1885~미상 경상북도영양 · 김여삼金汝三1879~미상 전라북도 · 김여집金汝集1875~1908전라북도임실 · 김연성金演性1870~1909경기도양주 · 김연호金演護1866~1915 · 김영권金永權1868~1909함경남도갑산 · 김영근金永根1879~미상 충청북도보은 · 김영백金永伯1880~1910전라남도장성 · 김영상金泳相1864~1907경상북도예천 · 김영성金永聲1863~1959전라남도고흥 · 김영수金永洙1888~미상 전라북도 · 김영식金永植1888~1909전라북도 · 김영엽金永燁

1869~1910전라남도장흥 · 김영준金永俊미상~1908 · 김영준金永俊 1867~1910강원도 · 김영중金永中1874~미상 함경남도 갑산 · 김영진金永鎭미상~1909 · 김영철金永哲1884~미상 경상북도영양 · 김영화金永和1885~미상 강원도평창 · 김영화金 永化1882~미상 전라북도 · 김영환金永煥1870~미상 전라북도 · 김영희金永禧1881~1909 · 김옥엽金玉燁1892~미상 전라 북도 · 김옥현金玉現 1878~1907전라북도진안 · 김완수金完水1889~미상 경상북도영양 · 김완식金完植 1874~1907 · 김완 용金完用미상~1908 · 김완이金完伊1881~미상 경상북도 · 김용구金容球1861~1918전라남도영광 · 김용기金龍基 1875~1909황해도 · 김용길金用吉 · 김용보金龍甫1884~미상 전라북도무주 · 김용욱金容旭1869~1921경상북도울진 · 김용 이金用伊1887~미상 경기도여주 · 김용주金用周미상~1896 · 김용출金龍出1883~1907경상북도 · 김우득金宇得1872~미상 경상북도 · 김우옥金羽玉1877~1908경상북도 · 김우철金又鐵1882~미상 경상북도안동 · 김운서金雲瑞1879~1929충청남도 논산 · 김운선金雲先1883~미상 강원도영월 · 김운익金雲益1870~1910전라북도여산 · 김원경金元敬1876~미상 전라남도강 진 · 김원국金元國1870~1910전라남도광주 · 김원길金元吉1880~1909전라남도함평 · 김원범金元範1886~1909전라남도광 주 · 김원봉金元鳳1887~1908전라남도장성 · 김원식金元植미상~1908 · 김원식金元植1858~1907 · 김원일金元日미상 ~1907 · 김원중金元仲1876~1908충청남도 · 김원희金元希미상~1908김유봉金有奉1873~미상 전라북도 · 김유성金有星 1868~1910전라남도나주 · 김유준金有俊1878~미상 충청북도보은 · 김육행金六行1874~미상 경상북도봉화 · 김윤모金潤模 1847~1897경상북도안동 · 김윤삼金允三1886~1908 · 김윤오金允五1867~미상 전라북도정읍 · 김윤옥金允玉1868~미상 전 라북도순창 · 김윤종金潤宗1886~미상 경기도파주 · 김윤진金潤鎭1882~1964경상북도영일 · 김윤학金潤學미상~1908충청 북도 · 김윤황金允璜1885~1908경상북도상주 · 김윤흥金允興미상~1904 · 김율金聿 1882~1908전라남도나주 · 김은중金殷 仲1886~미상 경기도파주 · 김응구金應九 1863~1910전라북도 · 김응길金應吉1867~1907충청남도예산 · 김응문金應文 미 상~1912강원도영월 · 김응백金應伯1870~1911전라남도광양 · 김응봉金應鳳 1878~1910평안북도평강 · 김응삼金應三 1886~1909전라남도구례 · 김응선金應善1880~미상 한성 · 김응선金應先1874~1949전라북도순창 · 김응수金應水 1867~1909전라북도 · 김응오金應五1879~1908 · 김의성金義聖1880~1909경상북도 · 김의홍金義洪1886~1908경상남도하 동 · 김익삼金益三1879~1936전라남도영광 · 김익수金益洙1880~1920전라남도무안 · 김익중金翼中 1851~1907전라남도장 성 · 김인범金仁凡1879~미상 경기도양주 · 김인복金仁福 1878~1907 · 김인성金隣聖1882~1910황해도 · 김인식金仁植 1864~1939전라북도임실 · 김인조金仁祚미상~1909 · 김일남金一男1889~미상 전라북도정읍 · 김일성金一成1888~1926함 경남도단천 · 김일수金日洙1887~1910전라남도담양 · 김일언金日彦1859~미상 · 김일원金日元1880~1910경상북도영덕 · 김 일직金日直1869~미상 경상북도의성 · 김자술金子述1876~미상 전라남도광주 · 김자화金子化1871~미상 전라북도 · 김장옥 金長玉1876~미상 경기도용인 · 김재관金在觀 1896~미상 · 김재관金在寬1882~1958전라북도고창 · 김재구金在龜 1866~1916전라북도고창 · 김재규金在奎1885~미상 전라남도강진 · 김재근金在根 1891~미상 전라북도 · 김재돌金在乭제주 도 · 김재명金在明1901~1930 · 김재명金載明1885~1977경상북도예천 · 김재민金在珉1886~1910전라남도광주 · 김재삼金 在三 · 김재생金在生미상~1908 · 김재선金在善한성 · 김재선金在善전라북도부안 · 김재선金在善1874~미상 전라북도남 원 · 김재섭金在燮1876~미상 전라북도정읍 · 김재성金在性1862~1915 · 김재수金在水1876~1909경상북도청송 · 김재용金 在用1884~미상 · 김재천金在天1881~미상 경기도용인 · 김재한金在漢1869~미상 경상남도거창 · 김재형金栽瀅1863~1920 제주도 · 김재홍金載洪1882~미상 경상북도 · 김재화金在華1878~1908전라북도고창 · 김재화金在化1875~미상 전라북도순 창 · 김재흥金在興미상~1908 · 김재희金在喜미상~1907 · 김정규金鼎奎 1881~1953함경북도경성 · 김정도金正道1879~미 상 충청남도 · 김정문金正文 1882~1910전라북도전주 · 김정배金廷培1872~1946황해도연백 · 김정삼金正三 미상~1907강 원도춘천 · 김정안金貞安미상~1914황해도평안 · 김정원金正元미상~1907 · 김정준金定濬1862~1964경상남도예천 · 김정희 金正喜1863~미상 · 김제현金濟鉉1862~1907경기도양주 · 김종근金鐘根1881~1917강원도원주 · 김종달金鐘達1864~1909 경상북도 · 김종삼金鍾三1880~1909전라북도임실 · 김종식金鐘植1883~미상 한성 · 김종옥金鐘玉미상~1907충청북도청 주 · 김종철金鐘哲1880~1917경상북도봉화 · 김종호金宗號1857~미상 경상북도경주 · 김종화金鐘和 1881~1956경상북도봉 화 · 김주봉金周鳳1889~1981경상북도안동 · 김준길金俊吉1870~1909전라남도여수 · 김준대金俊大1891~미상 전라북도 · 김준모金濬模1845~1896경상북도안동 · 김중구金仲九1889~1911전라북도고창 · 김중기金仲基1854~1908전라북도 · 김중 련金仲連1873~1910 · 김지선金智善미상~1909 · 김직순金稷舜1879~1908전라남도고흥 · 김직현金直玄1876~1907경상북 도 군위 · 김진구金鎭九1854~1915경상북도청송 · 김진구金鎭九1847~1925경상북도상주 · 김진규金振奎미상~1909충청북 도 · 김진림金震林1838~1900경상북도봉화 · 김진명金辰明1864~1907전라북도진안 · 김진묵金溙默평안북도창성 · 김진선 金鎭先1880~1909 · 김진영金震榮1876~1921경상북도청송 · 김진의金鎭懿 1855~1930경상북도안동 · 김진철金鎭哲 1848~1909충청남도금산 · 김진현金晉鉉1883~미상 강원도인제 · 김진호金鎭浩1892~미상 함경남도안변 · 김지화金振化 1874~미상 전라남도담양 · 김차준金次俊1861~미상 경상북도안동 · 김차홍金車弘 1879~미상 전라남도장흥 · 김찬경金贊 京1874~1910전라북도 · 김찬숙金贊淑 1884~1908 · 김찬순金燦純1868~1907전라남도장성 · 김찬언金贊彦미상~1908 경 상남도함양 · 김찬와金贊臥1872~1908전라남도순천 · 김창균金蒼均미상~1886 · 김창서金昌西1881~미상 전라남도해남 · 김창수金昌水1887~1957경상북도영일 · 김창순金昌純1882~미상 한성 · 김창식金昌植1870~미상 경기도고양 · 김창오金昌

픔1880~1908황해도연백 · 김창옥金昌玉미상~1909 · 김창국金昌旭1892~미상 전라남도영광 · 김창홍金昌洪미상~1908 · 김천복金千福1881~미상 충청북도청주 · 김철상金哲尙1878~1966경상북도문경 · 김춘길金春吉1879~미상 경상남도 울산 · 김춘삼金春三1879~1945충청북도제천 · 김춘쇠金春釗미상~1908 · 김춘식金春植1879~1909 · 김춘일金春日1878~미상 강원도원주 · 김춘진金春辰 1863~1907함경남도북청 · 김춘화金春華미상~1908 · 김치국金致局 1876~1910전라북도 · 김치덕金致德1877~미상 전라북도정읍 · 김치도金致道 1861~미상 전라북도 · 김치복金致福1867~1914함경남도영흥 · 김치삼金致三 1872~1909전라북도 · 김치순金致順미상~1909경상북도순흥 · 김치연金致淵 1889~미상 경기도 · 김치원金致元미상~1908 · 김치일金致一1867~1911경상남도울산 · 김치준金致俊1889~1908 · 김치홍金致洪1880~1910전라남도영암 · 김칠성金七星미상~1909 · 김태구金泰龜1890~미상 함경남도고원 · 김태동金泰東 1888~미상 한성 · 김태동金泰東1888~미상 한성 · 김태산金泰山1873~1909함경남도단천 · 김태원金泰元1863~1933강원도영월 · 김태원金泰元1870~1908전라남도나주 · 김태일金太一1874~1910전라북도순창 · 김태진金泰鎭1828~1904경상북도청송 · 김택룡金澤龍1904~미상 함경남도 · 김판돈金判敦1856~1908충청남도부여 · 김판용金判用1887~1908경상남도합천 · 김팔용金八龍1866~1908경상남도 · 김평근金平根1870~1924충청북도영동 · 김필수金必沫1875~1913전라북도김제 · 김하규金河圭1858~미상 강원도삼척 · 김하락金河洛1846~1896경상북도의성 · 김하림金夏林1846~1909경상북도봉화 · 김학도金學道미상~1908 · 김학문金學文1883~미상 전라북도진안 · 김학삼金學三미상~1908전라남도곡성 · 김학수金學沫미상~1909 · 김한경金漢京1877~미상 충청북도제천 · 김해도金海道미상~1908 · 김해룡金海龍1880~미상 경기도풍덕 · 김해석金海石미상~1908강원도강릉 · 김헌경金憲卿1851~1910강원도삼척 · 김헌식金憲植1883~1909한성 · 김현국金顯國1853~1909강원도원주 · 김현규金顯圭미상~1906경상남도김해 · 김현규金玄圭1883~미상 충청남도대흥 · 김현봉金玄鳳1882~1909 · 김현석金顯錫미상~1908충청남도 · 김현습金顯習1887~1963충청북도제천 · 김현일金玄一1882~미상 전라북도 · 김현집金玄執1865~1909 · 김형기金炯基1867~미상 전라북도임실 · 김형식金炯植1870~1910전라남도영광 · 김형주金亨周1886~미상 전라남도순천 · 김형진金亨鎭1861~1898전라북도완주 · 김호경金皓經1878~미상 한성 · 김호락金浩洛1850~1926경상북도안동 · 김호준金浩俊1897~1919전라북도부안 · 김호직金浩直1874~1954경상북도의성 · 김홍기金弘基1877~미상 강원도영월 · 김홍대金弘大1867~1908평안남도 · 김홍석金洪石1882~미상 전라남도담양 · 김홍이金弘이 · 김홍일金洪一1881~미상 전라북도부안 · 김화백金華白1843~미상 전라남도나주 · 김화서金化瑞1862~1910경상남도거창 · 金化西김화서1886~미상충청북도충주 · 김화서金化瑞1877~미상 전라북도임실 · 김화숙金華淑1884~1908 · 김화식金華植1866~1943충청남도보령 · 김화춘金化春1878~1911전라북도 · 김화춘金和春1883~미상 경기도 · 김황국金慌國1859~미상 전라북도 · 김회락金繪洛1844~1896경상북도안동 · 김회종金會鍾1852~1916경상북도의성 · 김휘정金輝珽1841~1901경상북도순흥 · 김흥락金興洛1827~1899경상북도안동 · 김흥록金興泉1885~미상충청남도 · 김흥룡金興龍1892~미상 전라북도순창 · 김흥여金興汝1889~미상 전라북도익산 · 김희국金熙國1865~1909함경남도장진 · 나기덕羅基德1876~1932경상남도통영 · 나봉산羅奉山1860~1910경기도가평 · 나사진羅士辰1883~미상 전라북도 · 나성일羅性一1852~1923강원도영월 · 나성화羅成化1881~1910전라남도나주 · 나시운羅時雲미상~1896강원도평창 · 나응완羅應完1889~미상 한성 · 나창운羅昌運미상~1908전라남도보성 · 나희규羅熙奎미상~1904 · 나철羅喆1863~1916전라남도보성 · 남경숙南敬淑미상~1907 · 남공필南公弼1863~미상 경기도광주 · 남광원南光元1865~1945경기도부천 · 남규진南奎振1863~1935충청남도예산 · 남기영南奇永1871~1909전라북도임실 · 남도경南道京1884~미상 충청북도제천 · 남만귀南萬貴1877~미상 경상북도문경 · 남복수南福沬1880~1931경상남도청송 · 남상덕南相悳1881~1907경상남도의령 · 남상목南相穆1876~1908경기도광주 · 남상현南相鉉1861~1942경상북도청송 · 남석광南錫光1881~1952경상북도청송 · 남석구南錫球1875~1911경상북도청송 · 남석술南錫述1877~1907경상북도청송 · 남석우南錫祐1871~1933경상북도청송 · 남석우南錫佑1869~1933경상북도청송 · 남석인南錫仁1878~1907경상북도청송 · 남석태南錫台1879~1961경상북도청송 · 남승철南升喆1851~1922경상북도청송 · 남승하南昇夏1872~1907경상북도청송 · 남윤서南允西1865~미상 강원도정선 · 남정철南井喆1888~1970경상북도청송 · 남준이南俊伊1887~1957경상북도안동 · 남태영南泰永1873~1908경상북도울진 · 남필원南泌元충청북도단양 · 남현수南縣秀1887~미상 경기도용인 · 노공일盧公一1882~1950경상남도창녕 · 노내화盧乃化미상~1908 · 노덕세盧德世1881~1907한성 · 노명이盧明伊1883~1908경상북도의성 · 노병대盧炳大1858~1913경상북도상주 · 노병욱盧炳旭1887~1924전라북도임실 · 노병원盧秉元1865~미상 강원도인제 · 노병희魯炳憙1849~1918전라북도고창 · 노봉돌盧奉乭미상~1908 · 노봉현盧鳳鉉1985~미상 황해도삭녕 · 노성삼盧聖三1858~1913충청남도공주 · 노성화盧性化1873~미상 경상남도고성 · 노식삼魯植三1878~1908 · 노연숙魯連淑1885~미상 전라남도영광 · 노원섭盧元燮1877~1950충청남도공주 · 노응규盧應奎1861~1907경상남도함양 · 노인수魯寅沬1875~1954전라남도화순 · 노임수盧淋壽1876~1909전라남도곡성 · 노치흠盧致欽1872~미상 충청남도공주 · 노한문盧漢文1869~1909전라북도 · 노희태盧熙泰1867~미상 · 단양이씨丹陽李氏1874~1908 · 도복렬都福烈1888~미상 전라북도장수 · 도중삼都仲三1878~1907충청남도 · 동증손董曾孫1877~1908함경남도삼수 · 류승락柳承洛1876~미상경상북도안동 · 류인목柳寅穆1839~1900경상북도상주 · 마신엽馬新葉1890~1960전라남도장성 · 마정삼馬正三1857~1908강원도춘천 · 맹군삼孟君三1868~1909평안남도 · 맹달선孟達善18859~19908 · 맹달섭孟達燮1881~1910충청남도서산 · 맹선섭孟宣燮1866~1923충청북도보은 · 맹경안

孟敬安1852~미상 전라북도 · 모명순牟明順1879~미상 충청북도괴산 · 모천년牟千年1869~미상 전라남도함평 · 모충이牟沖伊1883~1960경상북도청송 · 목자상睦子商1870~1910경기도양주 · 문달환文達煥1851~1938전라남도화순 · 문동기文東基1890~미상 전라북도순창 · 문명국文明國1878~미상 전라북도 · 문봉래文奉來미상~1908경상남도의령 · 문석봉文錫鳳1851~1896경상북도 · 문석환文奭煥1869~1925충청남도서천 · 문장호文章鎬1876~1909전라남도장성 · 문치백文致伯1874~1908 · 문판석文判石1890~미상 전라북도부안 · 문형모文亨模1875~1952전라북도옥구 · 문홍순文洪順1878~미상 전라북도 · 민가현閔加顯미상~1908 · 민긍호閔肯鎬1865~1908강원도 · 민동식閔東植미상~1896 · 민동호閔東鎬1874~1938경상북도청송 · 민백형閔伯亨미상~1907 · 민성호閔晟鎬1838~1908경상북도청송 · 민수현閔壽顯미상~1910황해도평산 · 민순호閔瞬鎬1860~1966경상북도문경 · 민시식閔時植1878~1947경상북도영일 · 민영팔閔泳八1874~1926충청북도단양 · 민용호閔龍鎬1869~1922경상남도산청 · 민인호閔仁鎬1854~1927경상북도청송 · 민종식閔宗植1861~1917충청남도 · 민철훈閔哲訓미상~1896충청남도 · 민치도閔致道1868~1921전라남도광산 · 민한식閔漢植1876~1915충청북도영동 · 민효식閔孝植1854~1910황해도연백 · 박가우朴可又1884~미상 전라북도임실 · 박갑쇠朴甲釗1887~1910전라북도임실 · 박갑주朴甲胄1875~미상 강원도원주 · 박경락朴京洛1871~1939전라북도순창 · 박경석朴景錫1888~1910전라북도부안 · 박경집朴敬執1867~1911전라북도순창 · 박경채朴慶彩1886~미상경기도 · 박경팔朴敬八강원도원주 · 박계문朴桂文1864~미상 충청남도 · 박계석朴桂石1883~1908경기도강화 · 박계천朴啓天1862~미상 평안남도성천 · 박관옥朴寬玉1880~미상 전라북도익산 · 박광朴匡미상~1908 · 박광선朴光善미상~1908 · 박광천朴光天1853~1910경기도양평 · 박구진朴龜鎭1881~1956평안남도성천 · 박귀성朴貴成미상~1908 · 박근오朴根吾1869~1914전라북도장수 · 박근욱朴根郁1838~미상 전라남도나주 · 박기년朴基年1889~1923전라남도보성 · 박기순朴基順 · 박기양朴基陽미상~1908 · 박기운朴基運1844~미상 경상북도 · 박기원朴基源미상~1908 · 박기춘朴基春미상~1909 · 박내병朴來秉미상~1908 · 박내원朴乃元1886~1908 · 박내원朴來元1855~미상 강원도횡성 · 박노삼朴盧三1884~1908 · 박달천朴達天미상~1908 · 박대선朴大先미상~1883전라북도금산 · 박대일朴大一미상~1908 · 박대중朴大重미상~1908 · 박덕삼朴德三1864~1909전라남도화순 · 박덕여朴德汝미상~1908충청북도청주 · 박도경朴道京1874~1910전라북도고창 · 박도집朴道集1864~미상 전라남도나주 · 박돌개朴乭介1881~미상 전라남도광주 · 박동규朴東奎1866~1908전라남도순천 · 박동림朴東淋1873~1908경상북도흥해 · 박동의朴東儀미상~1898강원도평창 · 박동의朴東義미상~1908경상남도산청 · 박동주朴東柱1885~1909전라남도 · 박동진朴東鎭1847~1896경상북도울진 · 박동환朴東煥1882~1965전라북도임실 · 박래봉朴來鳳미상~1908 · 박래승朴來乘 · 박막동朴莫同1889~미상 전라북도순창 · 박만화朴萬華미상~1907 · 박맹종朴孟鍾1860~1928전라남도화순 · 박명서朴明西1879~미상 전라북도고창 · 박문도朴文道1884~미상 전라북도장수 · 박문수朴文守1880~미상 경상북도지례 · 박문술朴文術미상~1913경상북도울진 · 박민기朴岷箕1875~1939경상남도 · 박민홍朴民洪1869~1909전라남도 · 박반문朴拌文1851~1907충청북도청주 · 박발술朴發述미상~1907 · 박백현朴白鉉1882~미상 경상북도문경 · 박병수朴丙洙미상~1908경상남도고성 · 박병훈朴秉勳1880~1907함경남도안변 · 박보국朴甫局1876~1944전라북도임실 · 박복순朴福淳1888~미상 전라북도임실 · 박복인朴福仁1878~1911경기도 · 박봉래朴鳳來미상~1908 · 박봉석朴奉石1885~1910전라남도광주 · 박사화朴士化1880~1912전라남도나주 · 박상숙朴相淑1884~미상 강원도회양 · 박석용朴石用1875~1936경상북도영덕 · 박선경朴善敬1882~미상 전라북도전주 · 박선용朴善用1887~1949전라북도순창 · 박선익朴善益1870~1908경상남도부산 · 박성삼朴聖三1876~미상 경기도광주 · 박성숙朴成淑1875~미상 전라북도 · 박성창朴成昌1864~미상 전라남도함평 · 박성춘朴聖春1864~미상 경기도여주 · 박세화朴世和1834~1910함경남도고원 · 박수기朴洙箕1874~1909경상남도 · 박수길朴水吉1879~1908경상북도청도 · 박수찬朴壽燦1867~1922경상북도청송 · 박순길朴順吉1889~미상 한성 · 박순용朴順用1882~미상 전라북도진안 · 박안동朴安東미상~1908 · 박양근朴養根미상~1908 · 박양래朴梁來1865~미상 경상북도안동 · 박양섭朴陽燮1854~미상 황해도 · 박양운朴良云1879~미상 전라북도 · 박언일朴彦一미상~1908 · 박업동朴業東1886~미상 한성 · 박여성朴汝成1860~1908충청북도제천 · 박여홍朴汝洪1879~1909전라남도나주 · 박연백朴淵伯1869~1909경상북도의성 · 박영관朴泳寬 · 박영근朴永根1885~1910전라남도함평 · 박영열朴永烈1888~미상 전라북도임실 · 박영묵朴永默1845~1918강원도횡성 · 박영오朴永五1874~미상 전라북도익산 · 박용구朴瑢九미상~1908 · 박용근朴容根1881~1957충청남도청양 · 박용집朴龍執미상~1879함경남도안변 · 박용태朴容台미상~18888경상북도 · 박우일朴雨日1879~1910충청남도당진 · 박운서朴雲瑞1866~1908전라북도임실 · 박원서朴元瑞1874~1909 · 박원영朴元永1872~1908황해도재령 · 박원영朴源永1872~1908전라남도광주 · 박원용朴元用미상~1896 · 박유수朴惟水1879~미상 경상북도 · 박윤식朴潤植1868~1939충청남도청양 · 박윤중朴潤重1876~1907경상북도문경 · 박응천朴應天1887~1956전라남도나주 · 박이열朴利烈1872~1910경상남도고성 · 박이환朴餌桓1873~1953전라북도익산 · 박인곤朴引坤1879~1909전라북도군산 · 박인시朴仁是미상~1908경상남도고령 · 박인완朴仁完미상~1908 · 박인찬朴仁贊1878~1910전라남도나주 · 박인화朴仁和1860~1908경상북도영양 · 박인환朴仁煥1882~1909경상남도하동 · 박일복朴一福1881~1909충청남도 · 박장근朴長根미상~1907 · 박장봉朴章奉1881~1910전라북도함평 · 박장옥朴長玉미상~1909 · 박재두朴在斗1884~미상 전라북도부안 · 박재영朴在英미상~1907 · 박재홍朴在洪1845~1910전라북도남원 · 박정문朴正文1878~미상충청남도 · 박정빈朴正斌1853~미상 황해도수안 · 박정섭朴正燮1881~미상 전라남도 · 박정수

朴貞洙강원도원주 · 박정숙朴正淑1873~미상 전라북도고창 · 박정심朴正心1878~미상 경기도 · 박제현朴劑鉉1871~1934전라남도보성 · 박종규朴宗奎1871~미상 충청북도옥천 · 박종봉朴鐘鳳1860~1969경상북도예천 · 박종한朴鐘漢1882~미상 경기도 · 박주대朴周大1836~1932경상북도예천 · 박주상朴周庠1831~1908경상북도예천 · 박주일朴周一1884~1951전라남도구례 · 박주학朴周學1843~1901경상북도예천 · 박준기朴準基1887~1909전라남도장성 · 박중실朴中實미상~1908함경남도북청 · 박중일朴重一1857~1924전라남도장흥 · 박중학朴仲學미상~1856전라북도순창 · 박진양朴晉陽미상~1888충청북도단양 · 박진창朴進昌미상~1908 · 박창렬朴昌烈미상~1907 · 박창로朴昌魯1846~1918충청남도예산 · 박창선朴昌先1888~1959전라북도 · 박처사朴處士미상~1908경상북도안동 · 박천흥朴天興 · 박철규朴哲奎미상~1907 · 박춘경朴春京1868~1954전라북도순창 · 박춘근朴春根1865~1935경상북도울진 · 박춘식朴春植1881~미상 경기도용인 · 박춘실朴春實1875~1914전라북도장수 · 박춘언朴春彦1877~미상 전라남도해남 · 박치근朴致根1888~미상 전라북도임실 · 박치양朴致良1878~미상 충청북도청주 · 박치윤朴致允1868~미상 경상남도 · 박치일朴致一1882~1910전라남도화순 · 박타관朴他官미상~1909 · 박태환朴泰煥미상~1909전라남도 · 박판기朴判基1881~미상 전라남도장성 · 박판동朴判同1887~미상 전라북도 · 박학봉朴學奉1882~1909전라북도군산 · 박학순朴學順 · 박학실朴學實1875~미상 경상북도안동 · 박한종朴漢宗1855~1934경상북도영천 · 박현동朴玄東1886~1962전라남도광산 · 박현찬朴賢燦1886~1945경상북도영양 · 박홍석朴弘錫1867~1909한성 · 박홍석朴弘石1886~1946전라남도담양 · 박홍지朴弘之1881~1908경상남도하동 · 박화기朴華箕1871~1909경상남도 · 박화선朴化仙1873~1949 · 박화실朴化實1839~미상 전라남도나주 · 박화준朴華浚1881~1911경상북도대구 · 박화중朴化中미상~1907전라남도 · 박황근朴黃根1866~1909 · 박화준朴華俊1881~1911경상북도대구 · 박화중朴化中미상~1907전라남도 · 박흥록朴興彔 · 방관일方觀一 · 방돌이方乭伊1879~미상경상북도 · 방명기方明基미상~1908 · 방사필方士必1873~미상 강원도정선 · 방순명方順明1879~미상 전라남도 · 방인철方仁喆 · 방치경方致京1860~미상 충청남도금산 · 방학련方學連 · 배경신裵京信1882~미상 경상북도문경 · 배달진裵達鎭1874~미상 전라북도 · 배복용裵福龍1874~미상 충청북도충주 · 배봉규裵鳳圭1872~1971전라남도화순 · 배선한裵善翰1883~1961경상북도안동 · 배성집裵聖集1859~미상 전라북도임실 · 배연집裵淵輯1878~1953경상북도청송 · 배을룡裵乙龍1878~미상충청남도 · 배창근裵昌根1869~1909평양 · 배천봉裵千奉1887~미상 경기도광주 · 배팔봉裵八奉1890~미상 전라북도순창 · 배희직裵熙稷1868~1942경상북도청송 · 백관형白觀亨1861~1928충청남도보령 · 백낙구白樂九미상~1907전라북도전주 · 백낙천白樂天1883~미상 충청북도 · 백남규白南奎1884~1970충청북도충주 · 백남규白南珪1867~1942경상북도예천 · 백남수白南壽1875~1950경상북도영덕 · 백남충白南忠1849~미상 충청남도청양 · 백만기白萬己1883~1961충청남도보령 · 백만종白萬宗1872~1908 · 백보용白甫鏞미상~1907 · 백수영白琇瑛1873~1912경상북도울진 · 백영촌白永村1882~1964경상북도영일 · 백영현白永賢1883~미상경기도파주 · 백예오白禮悟미상~1908 · 백운하白雲下미상~1908경상남도밀양 · 백인섭白仁燮1887~미상 충청북도옥천 · 백치서白致書1868~1908충청남도서천 · 백치중白致重미상~1908충청북도충주 · 백학선白鶴善미상~1908 · 백학선白學善1887~1909전라남도광양 · 백학수白學水1872~미상 전라북도 · 백홍인白弘寅1874~1952전라남도보성 · 백효인白孝仁1856~1942전라남도장성 · 변각원邊玨源1877~미상 전라남도장성 · 변경조卞敬助미상~1908 · 변석현邊錫玄황해도평산 · 변성오邊聖五1891~미상 한성 · 변성출卞聖出1881~미상 경상북도영주 · 변용만邊用萬미상~1908경상북도문경 · 변원석卞元石1879~미상 경상남도거창 · 변인규卞仁圭1879~1947경상북도문경 · 변학기邊學基경상북도봉화 · 변해룡邊海龍1883~1908함경남도북청 · 봉순택奉順澤1864~1913전라북도순창 · 봉일손奉一孫미상~1908 · 사문성史文成미상~1911경상북도울진 · 서고락徐高洛1867~1909경상북도청송 · 서광도徐光道미상~1909평안남도성천 · 서기준徐基俊1854~미상 함경남도함흥 · 서기환徐基煥1849~1906충청남도홍성 · 서낙서徐洛西1874~미상 전라북도정읍 · 서두성徐斗成미상~1908경상남도양산 · 서병림徐丙林충청남도 · 서병순徐丙順1878~미상 · 서병희徐炳熙1866~1909경상남도양산 · 서상국徐相國1879~1944전라남도나주 · 서상기徐相基미상~1910 · 서상렬徐相烈1856~1896충청북도제천 · 서상렬徐相烈미상~1909 · 서상용徐相龍1852~1954전라남도화순 · 서상부徐相孚1840~1896경상북도안동 · 서석근徐石根경상북도 · 서성국徐成國1880~미상 경상남도 · 서성군徐成君1881~1909전라북도익산 · 서성실徐聖實1876~미상전라북도 · 서성일徐聖一미상~1908전라북도진안 · 서성학徐成學1865~1910전라남도함평 · 서소용徐銷用미상~1909 · 서여선徐汝善미상~1909 · 서영백徐英伯1878~미상 경기도강화 · 서용섭徐用燮1882~미상 전라남도영광 · 서운선徐云善1884~1912강원도원주 · 서은구徐殷九1876~미상 경상남도거창 · 서재기徐再起미상~1896경상남도함양 · 서재승徐在承1876~1915경상북도영주 · 서정만徐貞萬1880~1909 · 서종락徐鐘洛1873~1940경상북도청송 · 서종채徐鐘採1881~1916전라북도고창 · 서춘만徐春萬1884~미상 경기도포천 · 서평환徐必桓1880~1967전라남도화순 · 서효격徐孝格1855~1936경상북도청송 · 서효달徐孝達1839~1904경상북도청송 · 서효신徐孝信1848~1915경상북도청송 · 서효원徐孝源미상~1897경상북도청송 · 석만길石萬吉미상~1873강원도원주 · 석상용石祥龍1870~1920경상남도함양 · 석승렬石承烈1884~미상 함경남도안변 · 석오석石五錫미상~1907강원도춘천 · 석창문石昌文1886~1908충청북도보은 · 선경화宣京化1889~미상황해도장단 · 선규명宣圭明1869~1939전라남도보성 · 선도명宣道明1854~1909 · 설성삼薛成三1878~미상 전라북도순창 · 설창해薛昌海강원도영월 · 성경삼成景三미상~1908 · 성경호成慶昊1854~1896경상남도 · 성낙희成樂喜1891~미상 황해도장단 · 성만석成萬石미상~1908경상남도합천 · 성문오成文五1881~

미상 전라북도 · 성익현成益鉉강원도춘천 · 성재한成載翰1860~1906충청남도예산 · 성재홍成在洪1877~미상 전라북도 · 성정모成貞模1882~1911충청남도 · 성주경成周京1879~1909충청남도 · 성준문成俊文1868~미상 전라북도 · 성진갑成辰甲1881~미상 전라북도 · 소윤명蘇允明1871~1912전라북도임실 · 소필백蘇八伯1882~1968전라북도남원 · 소휘천蘇輝千1894~1969전라남도보성 · 손경렬孫敬烈1882~미상 강원도영월 · 손기혁孫琪赫1878~1946경상남도하동 · 손덕오孫德五1867~1910전라남도보성 · 손덕화孫德化미상~1896 · 손도연孫道淵1844~미상 경상북도 · 손명선孫明先1882~1908강원도원주 · 손명선孫明善1871~미상 경상북도대구 · 손몽상孫夢尙1878~1908경상남도하동 · 손무경孫武景1878~1909 · 손수용孫秀用1883~1952경상북도영일 · 손수조孫秀祚1874~1938경상북도 · 손영각孫永珏1855~1907경상북도영일 · 손영술孫永述1882~1969경상북도영일 · 손영식孫永植1883~미상한성 · 손영준孫永準1850~미상 · 손응현孫應鉉1880~1950충청남도당진 · 손재규孫在圭 · 손진구孫晉球1866~1928경상북도영천 · 손학곤孫學坤미상~1909전라남도곡성 · 송감대宋敢大미상~1908 · 송경회宋敬會1877~1916전라남도보성 · 송계명宋桂明1854~1909전라남도고흥 · 송교원宋敎源1878~미상경기도 · 송금봉宋今奉1888~미상 경기도 · 송금종宋今宗1882~미상 경기도파주 · 송기화宋基和미상~1909 · 송기휴宋基休1878~1909전라남도고흥 · 송덕원宋德元1875~1910충청남도 · 송도순宋道淳1857~1918충청남도대전 · 송방섭宋方攝1883~미상 전라북도부안 · 송병우宋秉祐1867~1910경상북도선산 · 송병운宋炳雲미상~1909전라남도해남 · 송병직宋秉稷1864~1921충청남도청양 · 송병태宋炳台1881~경기도연천 · 송상봉宋相鳳미상~1909 · 송석래宋錫來1876~1910전라남도나주 · 송성무宋聖武전라북도 · 송수만宋守萬1890~미상 경상북도영양 · 송순묵宋淳默1861~1934충청남도부여 · 송영수宋永秀1859~미상 경상남도거창 · 송은헌宋殷憲1877~1946충청북도보은 · 송인덕宋仁德1880~1909 · 송인택宋仁澤1888~미상 전라북도임실 · 송정호宋丁浩1863~1926전라남도보성 · 송주상宋柱祥1886~미상 한성 · 송준섭宋俊燮1875~1909 · 송진행宋鎭行1870~미상 전라북도익산 · 송태식宋泰植1884~1946전라북도익산 · 송평운宋平云1884~미상 한성 · 송하명宋河明1883~미상 전라북도부안 · 송학묵宋學默1871~1910전라남도광주 · 송한기宋漢基미상~1909 · 송헌준宋憲俊1884~미상 충청북도충주 · 송화순宋化順1872~미상 전라북도 · 신갑록申甲錄1883~미상 전라북도장수 · 신경빈申敬彬1881~1910황해도평산 · 신경수申敬守1876~1909전라남도장성 · 신경희申景熙1849~1907경상북도문경 · 신관수申寬秀1884~1922경기도김포 · 신광묵申光默1872~1949충청북도단양 · 신광삼申光三1869~미상충청남도 · 신기申棋미상~1907경상북도문경 · 신기순申基順1883~1907 · 신기영申基永1858~1907충청북도 · 신대룡申大龍1877~1910경상북도봉화 · 신덕균申德均1878~1908전라남도광주 · 신덕오申德五1880~미상 전라북도 · 신도희申道熙1873~1908황해도평산 · 신돌석申乭石1878~1908경상북도영덕 · 신돌석申乭石1871~미상 경상북도상주 · 신동건申東建1874~1928경상북도 · 신동욱申東旭1870~1943전라남도함평 · 신동호申東鎬1842~1900경상북도청송 · 신명선申明善미상~1908전라북도무주 · 신명칠申明七1874~미상 강원도영월 · 신무경申武敬1876~미상경기도 · 신무섭申懋燮미상~1896강원도회양 · 신병선申秉善미상~1907경상북도문경 · 신보균申輔均1862~1912충청남도 · 신보현申甫鉉1868~미상 · 신봉균申鳳均1866~1907경상북도 · 신봉렬申奉烈1884~미상 전라북도 · 신봉만申鳳萬1882~미상 충청남도부여 · 신봉민申奉民1870~미상 전라북도부안 · 신봉출申奉出미상~1907 · 신상만申相滿미상~1908 · 신상백申相伯미상~1908 · 신상익申相翼1852~1919경상북도청송 · 신상호申相鎬1873~1908경상남도합천 · 신석규申石圭1861~1909함경남도갑산 · 신석우申錫雨미상~1908 · 신석존申石存1883~1909경상북도영덕 · 신성심申成心1878~1910전라북도순창 · 신숙申橚1843~1926경상북도문경 · 신영순辛英順미상~1908 · 신영이辛永貳1856~1917경상북도 · 신영칠辛英七1868~미상 충청남도천안 · 신용순申用順1853~1908 · 신용희申龍熙1874~1907전라남도담양 · 신우경申友慶1888~1962경상북도영덕 · 신우균申右均1880~미상 경상북도봉화 · 신운석申運石1839~1896경상북도영덕 · 신원선申元善1887~미상 경상북도봉화 · 신응두申應斗1881~1945경상북도안동 · 신익한申翊漢1838~1906경상북도청송 · 신인로申仁老1872~1912강원도강릉 · 신인휴申隣休1883~1948전라남도보성 · 신재가申在嘉1850~1895경기도가평 · 신재봉申在鳳1861~1907황해도연백 · 신재의辛在義1874~1964전라남도화순 · 신재호申在鴻1900~1960제주도 · 신정백申正栢1877~1909전라남도곡성 · 신정희申貞熙1848~1906황해도평산 · 신종주慎宗周1864~1906전라북도고창 · 신중원申仲元1877~미상 경기도수원 · 신지수申芝秀미상~1905 · 신창용申昌龍1877~1909경기도양주 · 신창현申昌鉉1881~미상한성 · 신치수辛致守1873~미상 전라북도 · 신태경申泰敬1881~미상 전라북도 · 신태식申泰植1890~1944전라남도장성 · 신태원申泰元미상~1907충청북도 · 신태종申泰鐘1881~1973경상북도영덕 · 신필수申弼秀1877~1938황해도평산 · 신필호申弼鎬1834~1900경상북도청송 · 신혁희申赫熙1867~1937황해도평산 · 신현구申鉉九1867~1909경기도 · 신현국申鉉國1869~1949 · 신현명申玄明1871~미상 전라북도순창 · 신현숙申玄淑미상~1908 · 신홍균申洪均1870~미상 충청북도괴산 · 신화산慎華山미상~1909전라북도고창 · 신화선申化善1880~미상 황해도장단 · 심거벽沈巨擘1855~1896경상북도문경 · 심경섭沈敬燮1857~미상 강원도영월 · 심관지沈觀之1834~1899경상북도청송 · 심광옥沈光玉미상~1909 · 심낙선沈洛先1884~1910전라북도 · 심낙준沈洛俊1874~1910경상남도거창 · 심남일沈南一1871~1910전라남도함평 · 심노술沈魯述 · 심노식沈老植1883~1907황해도 · 심능규沈能奎1850~1897경상북도청송 · 심능장沈能璋1855~1903경상북도청송 · 심능찬沈能瓚1859~1908경상북도청송 · 심대유沈大有1884~미상 전라북도 · 심상희沈相禧1861~1931경기도여주 · 심성지沈誠之1831~1904경상북도청송 · 심수근沈守根1889~1943전라남도영광 · 심용식沈用植1879~미상황해도장단 · 심우상沈尤相

1887~미상 전라북도 · 심의봉沈宜鳳1876~1927경상북도청송 · 심의식沈宜植1860~1937경상북도청송 · 심의철沈宜喆1884~1947경상북도청송 · 심의택沈義澤1862~1910경상북도청송 · 심의화沈宜華1840~1921경상북도청송 · 심재규沈在圭1887~1913강원도삼척 · 심주현沈周鉉1872~미상 충청남도당진 · 심진택沈瑨澤1868~1933경상북도청송 · 안경순安京順1871~미상 경기도수원 · 안관숙安冠淑1870~1910전라북도고창 · 안광조安光祚1884~1920충청남도연기 · 안교봉安敎奉1876~미상 충청북도제천 · 안교형安敎亨1866~1955경상북도예천 · 안군명安君明1873~1937전라남도보성 · 안규홍安圭洪1879~1910전라남도보성 · 안기영安基榮1884~1920경기도양평 · 안기환安淇煥1857~1923전라남도화순 · 안내성安乃成미상~1909전라북도남원 · 안두식安斗植1882~미상 한성 · 안두환安斗煥1858~1947경상북도예천 · 안배언安拜言1876~미상 경기도양주 · 안병림安炳琳1860~1935충청남도청양 · 안병찬安炳瓚1854~1929충청남도청양 · 안순경安順京1881~미상 전라북도고창 · 안순구安順九1881~1908전라북도정읍 · 안순서安順瑞미상~1904 · 안승우安承禹1865~1896경기도양평 · 안영숙安永淑1882~미상 전라남도 · 안옥희安玉熙1863~1939경기도광주 · 안왈오安日五1866~미상 전라북도 · 안용국安用國1874~1908 · 안원필安元必미상~1874전라북도 · 안인택安仁宅1886~미상 평안남도양덕 · 안자정安子精1880~1957전라남도곡성 · 안재극安在極1879~1940경상북도예천 · 안재덕安在德1847~1909경상북도예천 · 안재창安在昶1878~1935전라남도곡성 · 안재학安載學1852~1912경기도광주 · 안종응安鐘應1845~1906경기도광주 · 안찬재安贊在미상~1909 · 안창식安昌植1838~1899충청남도청양 · 안춘흥安春興1879~1955충청북도충주 · 안치서安致西 · 안택환安宅煥1886~1910전라남도보성 · 안학용安學龍1877~미상 경상북도예천 · 안항식安恒植1860~1922충청남도청양 · 안행팔安幸八1877~1947전라북도고창 · 안화여安化如1876~미상 전라도 · 양경삼楊敬三1870~1908전라북도임실 · 양경학梁京學1883~1910전라북도순창 · 양동골梁東骨1885~1961전라남도광주 · 양동묵梁東默1880~1911전라남도화순 · 양동진梁東鎭1878~1956전라남도화순 · 양동훈梁東勳1884~1968전라남도보성 · 양문순梁文淳1862~1927전라북도남원 · 양방매梁芳梅1880~1896전라남도영암 · 양봉규梁鳳圭함경남도삼수 · 양사연梁士然미상~1908 · 양상기梁相基1883~1910전라남도광산 · 양상길梁相吉1861~1920전라남도화순 · 양성숙梁成淑미상~1909 · 양성언梁成彦1872~미상 전라북도순창 · 양수묵梁壽默1876~1952전라남도화순 · 양열묵梁烈默1876~1909전라남도 · 양영만梁永萬1875~1909전라북도남원 · 양영준梁永俊1882~1951전라북도순창 · 양용호楊用鎬1880~미상 경상북도대구 · 양운경梁雲京1862~미상 전라북도 · 양원모梁遠模1858~1942전라남도곡성 · 양윤숙楊允淑1875~1910전라북도순창 · 양윤택楊允澤1876~1947전라북도순창 · 양응인梁應仁1863~1908전라남도구례 · 양인숙梁仁淑미상~1910전라북도순창 · 양재동梁在東1887~1963전라남도화순 · 양재해梁在海1854~1907전라남도화순 · 양재환梁在煥1874~미상 전라남도 · 양제안梁濟安1860~1929경상북도영일 · 양중석楊重錫미상~1907전라북도익산 · 양진여梁振汝1860~1910전라남도광산 · 양창국梁昌國1884~1910전라남도함평 · 양창묵梁昌默1871~1930전라남도화순 · 양창서梁昌西1860~1910전라북도순창 · 양춘범楊春凡1881~미상 전라북도순창 · 양충신梁忠信1891~미상 경기도 · 양치선梁致先1890~미상 충청북도청주 · 양치언梁致彦미상~1908 · 양치조梁致祚미상~1908 · 양태묵梁台默1872~1908전라남도화순 · 양한규梁漢圭1844~1907전라북도남원 · 양회룡梁會龍1881~1959전라남도화순 · 양회일梁會一183~1908전라남도화순 · 어경선魚敬善1869~1916경기도광주 · 어낙이魚洛伊1878~미상경상북도 · 어윤석魚允奭1846~1898경기도광주 · 어윤성魚允星미상~1908 · 어윤흥魚允興미상~1908 · 엄병준嚴炳俊미상~1908 · 엄봉민嚴奉民1885~미상 강원도영월 · 엄봉진嚴奉眞1882~미상 강원도횡성 · 엄순오嚴順五1864~미상 전라남도담양 · 엄원선嚴元善1883~미상 충청북도제천 · 엄일봉嚴一奉1877~1910전라북도순창 · 엄종수嚴宗壽1865~1936경상북도울진 · 엄춘일嚴春日1875~미상 강원도영월 · 엄학수嚴學洙1862~미상 강원도영월 · 엄해윤嚴海潤1863~1909강원도영월 · 여규목呂圭穆1888~1918전라북도임실 · 여중용呂中龍1856~1909경상북도 · 여채룡呂彩龍1866~1936경상북도 · 연기우延基雨1865~1910황해도삭녕 · 연성칠延成七미상~1910 · 염규범廉圭範1864~미상 전라남도보성 · 염기정廉基征1885~미상 충청남도 · 염동규廉東圭1873~1909전라남도보성 · 염봉선廉奉善1878~1909황해도재령 · 염용수廉龍洙1880~1909전라남도보성 · 염원숙廉元淑1878~미상 전라남도나주 · 염윤원廉允元미상~1908함경남도단천 · 염인서廉仁瑞1863~1910전라남도보성 · 오경묵吳敬默 · 오경춘吳敬春1891~1936충청남도보령 · 오경화吳敬和1862~미상 충청북도충주 · 오국환吳國煥1882~1946경상북도문경 · 오낙삼吳落三1879~미상 경상남도거창 · 오덕문吳德文1886~미상 충청남도 · 오덕홍吳德洪1885~1909전라남도나주 · 오두천吳斗天1877~미상 전라북도부안 · 오두환吳斗煥1881~1909경상북도영덕 · 오명선吳明先1881~미상 충청북도 · 오문길吳文吉1875~미상 전라남도담양 · 오문룡吳文龍미상~1896 · 오병선吳秉善미상~1908 · 오병훈吳炳訓1884~1910경기도수원 · 오봉칠吳鳳七1889~미상 경상북도안동 · 오상렬吳相烈1879~1907전라남도광산 · 오상원吳相元1844~1909 · 오석준吳錫俊1862~1912황해도평산 · 오성술吳成述1884~1910전라남도광산 · 오성운吳聖云1859~미상 전라남도장성 · 오성현吳成鉉1873~미상 전라남도장성 · 오세로吳世魯1850~1898경상북도청송 · 오승태吳承泰1879~1915평안남도대동 · 오영찬吳泳璨1874~1936전라남도함평 · 오원풍吳元豊미상~1909 · 오윤칠吳允七1878~1909전라남도순천 · 오응삼吳應三1864~1909전라남도순천 · 오응천吳應天미상~1909 · 오의선吳儀善1879~1907한성 · 오인택吳仁澤1866~미상 한성 · 오일록吳日錄미상~1877전라남도장흥 · 오일성吳日成미상~1908 · 오장경吳長卿1869~미상 경기도광주 · 오장화吳長化 · 오장환吳裝煥1863~1909전라북도고창 · 오진상吳鎭相1865~1909전라남도함평 · 오태윤吳泰允1880~1909전라남도영광 · 오형덕吳亨德

충청북도옥천 · 옥두엽玉斗燁 · 옥치관玉致官1881~미상 평안남도맹산 · 옹권삼雍權三1864~1919전라북도순창 · 옹태룡邕太龍1892~1988전라북도순창 · 왕춘백王春伯1881~미상 함경남도원산 · 왕회종王會鐘1879~1925경기도연천 · 우규하禹圭夏미상~1896 · 우기순禹紀舜미상~1904 · 우내순禹迺舜미상~1904 · 우덕순禹德順1849~미상 경기도용인 · 우덕원禹德源미상~1881황해도장단 · 우병렬禹炳烈1856~1929황해도평산 · 우병창禹炳昌1866~1952경기도양주 · 우봉준禹鳳俊1883~1907 · 우봉학禹鳳學1883~1908 · 우상옥禹相玉1876~미상 강원도강릉 · 우성오禹性五1857~1908경기도양주 · 우수만禹壽晩1878~미상 경상북도예천 · 우수안禹守安1889~미상 경기도용인 · 우영조禹永朝1870~1963경상북도청송 · 우윤구禹潤九1882~1910경기도 · 우재봉禹在鳳미상~1896 · 우제경禹濟經1883~1907황해도 · 원광덕元廣德미상~1909 · 원기풍元基豊미상~1909 · 원도상元道常1848~1946충청북도단양 · 원도숙元道淑1864~미상 전라북도장수 · 원도인元道仁1865~미상 강원도원주 · 원명중元明仲1884~미상 황해도삭녕 · 원용정元容正1860~1907강원도원주 · 원용팔元容八1862~1906충청북도제천 · 원인석元仁石188~1909충청북도 · 원일상元逸常1849~1909함경남도북청 · 원화상元和常1886~미상 충청북도음성 · 위송실魏松實1872~미상 충청북도영동 · 위승환魏承煥1880~미상 함경남도함흥 · 유건영柳健永1883~1940전라남도곡성 · 유경선柳慶善1874~미상 전라북도 · 유경칠柳敬七1889~미상 경기도 · 유계형柳桂馨1877~미상 · 유공술柳公述1883~1911전라북도순창 · 유규년柳奎秊1881~1949경상북도상주 · 유기홍兪基弘1869~미상 함경남도문천 · 유길상柳吉相1877~미상 전라북도정읍 · 유달수柳達秀미상~1907 · 유덕삼柳德三1878~1910충청북도 · 유도삼柳道三1836~1936전라남도보성 · 유돌이劉乭伊1865~1929경상북도청송 · 유명경劉銘慶미상~1907 · 유명국柳明國1869~1937경상남도진주 · 유명규劉明奎미상~1907경기도 · 유명길柳明吉1882~미상 경기도이천 · 유명석柳命錫1884~1930전라북도완주 · 유명호柳命鎬1876~1920경상북도영양 · 유문년柳文秊1887~1907경상북문경 · 유병기劉秉淇1882~1910전라남도구례 · 유병수劉秉洙미상~1911평양 · 유병우柳秉禹1849~1910전라북도정읍 · 유봉석柳鳳錫1857!1909강원도 · 유봉영柳鳳榮1858~1896경상북도안동 · 유상렬劉相烈미상~1908 · 유선장柳先長1877~1937전라북도남원 · 유성구劉成九1881~미상 경기도수원 · 유성문劉聖文1885~미상 경기도 · 유시연柳時淵1864~1909전라남도영암 · 유연봉柳淵奉1879~1926전라북도완주 · 유연청柳淵靑1869~1928전라북도완주 · 유연풍柳淵豊1875~1936전라북도완주 · 유영석柳寧錫1873~1952전라북도완주 · 유완柳玩1860~1903경상북도안동 · 유원수柳元守미상~1908 · 류인석柳隣錫1842~1915강원도춘천 · 유인수柳寅秀1860~1927전라남도곡성 · 유인협柳寅協1872~미상 경상북도문경 · 유재만柳在萬1882~1964경기도양주 · 유재범劉載範1873~미상 충청북도 · 유재순劉在順1881~미상 전라북도순창 · 유재혁柳在赫1887~1907 · 유제칠柳劑七미상~1907 · 유제함柳濟咸1884~1964충청북도 · 유종규柳鐘奎1859~1925전라북도김제 · 유종여柳琮汝미상~1909 · 유종환兪宗煥1858~1909경상남도진주 · 유준柳준1862~1937경상북도문경 · 유준근柳濬根1860~1920충청남도보령 · 유준석柳俊石1885~1971전라북도완주 · 유중락柳重洛1842~1922강원도 · 유중악柳重岳1843~1909강원도 · 유지명柳志明1881~1909전라북도 · 유진옥柳鎭玉1881~미상 충청북도제천 · 유창식柳昌植1858~1912경상북도안동 · 유창호柳昌鎬1872~1918경상북도안동 · 유철야柳哲也미상~1908경상북도김천 · 유치경兪致慶황해도평산 · 유치족柳致福1866~1910전라북도완주 · 유태규柳泰奎1884~미상 전라북도정읍 · 유태석柳太錫1871~1922전라북도완주 · 유태석柳台錫1858~1933강원도춘천 · 유태수劉泰秀1867~미상 경기도용인 · 유필언柳必彦미상~1908 · 유하석柳夏石1849~1907강원도 · 유학수劉學守1862~미상 전라남도장흥 · 유한필劉漢弼1862~1908 · 유해동劉海東1891~1981강원도춘천 · 유해용柳海瑢1884~1938전라남도곡성 · 유현서柳鉉西1882~1909경기도 · 유현석柳炫錫1888~1960전라북도완주 · 유형근柳亨根1868~1908 · 유형식柳亨植1875~미상 충청남도 · 유홍석柳弘錫1841~1913강원도 · 유환기柳歡基1876~1923전라북도 · 윤경구尹敬九1868~미상 충청남도 · 윤경화尹京化1879~1908 · 윤광수尹廣秀미상~1908 · 윤국범尹國範1883~1911경상북도예천 · 윤기열尹基烈1878~1917경상북도청송 · 윤기영尹基榮1856~1907강원도원주 · 윤내초尹來樵미상~1908 · 윤동섭尹東涉1884~미상 강원도강릉 · 윤반석尹般石1871~1965경상북도영양 · 윤방우尹放又미상~1908 · 윤병의尹秉義1822~1899충청북도음성 · 윤병일尹炳日1872~1957충청남도청양 · 윤병준尹秉俊1884~1927전라북도임실 · 윤삼업尹三業1875~1953경상북도청송 · 윤석봉尹錫鳳1842~1910경기도양주 · 윤석오尹錫五1870~미상 경상북도풍기 · 윤성문尹成文1886~미상 경상북도 · 윤성칠尹星七1887~미상 한성 · 윤성호尹聖鎬미상~1896 · 윤수봉尹水封1887~미상 전라남도장성 · 윤수정尹壽丁미상~1889한성 · 윤순채尹順采1880~미상 경기도 · 윤시하尹時夏1883~1907한성 · 윤업이尹業伊1868~미상 경상북도봉화 · 윤영구尹永九미상~1909경상북도순흥 · 윤영기尹永淇1871~1971전라남도광주 · 윤영석尹永錫미상~1909경상북도순흥 · 윤영옥尹永玉1880~1909 · 윤영채尹榮采1886~1908전라남도나주 · 윤용구尹容九1879~미상 충청북도괴산 · 윤용석尹用石미상~1908 · 윤우석尹遇錫미상~1909경상북도순흥 · 윤운봉尹雲峰1861~1908 · 윤원중尹元中1872~1909 · 윤응선尹應善1853~1926충청북도음성 · 윤응원尹應元1874~1911경상북도영일 · 윤인순尹仁淳1880~1909경기도양주 · 윤자형尹滋亨1868~1939충청남도예산 · 윤재만尹在萬미상~1908 · 윤재일尹在一1871~1910전라북도순창 · 윤정구尹正九1882~1953전라남도곡성 · 윤정섭尹鼎燮1845~1913충청북도단양 · 윤정오尹正五1881~1908전라북도임실 · 윤정우尹楨禹1848~1902경상북도청송 · 윤종섭尹鐘燮1878~1903전라남도화순 · 윤종영尹宗榮미상~1895 · 윤창영尹昌榮1889~1988충청남도보령 · 윤청일尹淸一1876~미상 전라남도장흥 · 윤치달尹致達1881~1910충청남도 · 윤치대尹致大1874~미상 경기도파주 · 윤치장尹致章1876~1972경기도광주 · 윤태산尹泰山1890~미상 경기도포천 · 윤태훈尹泰勳1874~1908경기도여주 · 윤팔용尹八龍1872~1943경상북도영덕 · 윤학배尹學培미상~1908 · 윤학이尹學伊1873~미상 경상북도 · 윤홍팔尹洪八1878~1909 · 윤효업尹孝業1849~1897경상북도청송 · 윤흥곤尹興坤1880~1910경상북도 · 윤희선尹熹善1872~1932충청북도충주 · 윤희섭尹喜燮1881~미상 경기도양주 · 윤희순尹熙順1860~1935충청북도 · 윤희순尹熙順 1860~1935경기도양주 · 이갑이李甲伊미상~1908 · 이강년李康秊1858~1908경상북도문경 · 이강문李康文1850~1952경상북도문경 · 이강복李康福1860~1907전라남도영광 · 이강산李江山1874~1910전라남도함평 · 이강수李康壽1866~1925경상북도문경 · 이강유李康裕미상~1907경상북도문경 · 이강하李康夏1873~1940경상북도상주 · 이거석李擧石1888~1940전라북도부안 · 이건필李乾弼미상~1896강원도삼척 · 이경석李庚錫1885~미상 황해도개성 · 이경선李敬善1878~1910전라북도순창 · 이경순李慶淳1869~미상 경기도과천 · 이경오李敬五1884~미상 전라남도광주 · 이경응李景應1865~1947경기도여주 · 이경진李慶鎭1879~1951경상북도영양 · 이공서李公瑞미상~1872강원도영월 · 이공업李共業1891~미상 경기도 · 이관회李寬會1871~1910전라남도화순 · 이광삼李光三미상~1908 · 이광신李光信1888~1912전라북도순창 · 이교영李敎永1873~1911경상북도영천 · 이구영李求榮1884~미상 경기도양주 · 이구채李球采1869~1909강원도횡성 · 이국선李國善1886~1907경상북도안동 · 이귀전李貴錢1886~미상 경상북도 · 이규남李圭南1898~1971충청남도아산 · 이규병李圭丙미상~1907 · 이규상李奎相1883~미상 충청남도보령 · 이규성李圭成1870~1949경상북도영일 · 이규연李圭連1879~1954전라북도익산 · 이규철李圭喆1865~1908충청남도논산 · 이규필李圭弼1879~1915경상북도영천 · 이규하李圭夏184~1909충청남도청양 · 이규해李圭海1888~1947경상북도문경 · 이규현李奎懸1869~1961경기도여주 · 이규홍李圭弘1877~1928전라북도익산 · 이규홍李圭洪1851~1918경상북도예천 · 이근배李根培1882~1910강원도철원 · 이근백李根伯미상~1908충청북도 · 이근수李根秀미상~1909황해도평산 · 이금만李今萬1885~미상 경기도용인 · 이금옥李今玉1864~1908경기도포천 · 이긍재李兢宰1888~1951경상북도문경 · 이긍주李肯周미상~1907 · 이긍하李兢夏1838~1907강원도영월 · 이기덕李起德1849~미상 강원도원주 · 이기삼李基三1873~미상 전라북도 · 이기상李起商1871~1915충청남도청양 · 이기석李基石1873~1909충청북도청주 · 이기섭李基燮1883~미상 전라남도광주 · 이기손李起巽1877~1957전라남도광산 · 이기양李起亮1854~1929경상북도문경 · 이기영李琪榮미상1849~1922전라북도익산 · 이기영李起榮미상~1907강원도 · 이기원李起元미상~1908전라남도곡성 · 이기준李己準1870~1909전라북도 · 이기진李起振1869~1908충청북도충주 · 이기찬李起璨1853~1908경상북도청송 · 이기창李基昶1871~1908전라남도장성 · 이기철李奇喆미상~1908 · 이기춘李己春1879~1909전라남도순천 · 이남규李南珪1855~1907충청남도예산 · 이남규李南奎미상~1907 · 이남규李南奎11856~1907전라남도함평 · 이남용李南用1887~미상 전라북도임실 · 이내구李內述미상~1907전라북도전주 · 이내원李來元1883~미상 황해도장단 · 이능권李能權1864~1909경기도강화 · 이달성李達成미상~1896 · 이대규李大奎미상~1908 · 이대극李大克1875~1909전라남도영광 · 이대백李大伯1879~미상 경상북도경주 · 이대호李大好1881~미상 경상북도풍기 · 이덕경李德慶1883~1908충청남도공주 · 이덕근李德根1844~1907강원도고성 · 이덕길李德吉미상~1909경상남도산청 · 이덕준李德俊경기도고양 · 이덕현李德賢1873~미상 충청남도부여 · 이덕현李德鉉1875~미상 경기도양주 · 이돈성李惇誠1880~미상 경상남도언양 · 이돌이李乭伊미상~1908 · 이동구李東九미상~1908 · 이동민李東民1872~미상 황해도장단 · 이동식李東植1836~1908전라북도 · 이동인李東仁미상~1908충청북도 · 이동칠李東七미상~1908 · 이동하李東下1856~1919경상북도문경 · 이두규李斗圭1885~1919경상북도영천 · 이두만李斗滿1887~미상 경상북도경주 · 이두순李斗順1854~미상 강원도회양 · 이두익李斗益미상~1908경상남도 · 이두호李斗鎬1859~199915경상북도안동 · 이두희李斗羲1845~미상 경상북도안동 · 이득춘李得春1883~미상 전라북도정읍 · 이만년쇠李萬年釗1878~미상 경기도광주 · 이만봉李萬逢1890~미상 충청북도청주 · 이만삼李萬三1863~1908 · 이만석李萬石미상~1908 · 이만성李萬成1884~미상 경상북도안동 · 이만원李萬源1867~1944충청북도제천 · 이만응李晩應1857~1938경기도여주 · 이만익李萬益1859~미상 경상북도봉화 · 이만조李萬祚1877~1908 · 이만직李晩稙충청남도홍성 · 이면수李勉洙1833~1898 · 이명보李明甫1866~미상 평양 · 이명상李明相미상~1909충청북도단양 · 이명재李明宰1889~1947경상북도문경 · 이명준李明俊1874~1909함경남도문천 · 이무범李武範1833~미상 경상북도경주 · 이무선李武先미상~1896 · 이문거李文居1879~미상 전라남도광주 · 이문백李文伯미상~~1910 · 이문일李文一1883~미상 경기도양주 · 이미영李彌京미상~1908 · 이민영李敏英1879~미상 전라남도나주 · 이박원李泊元1853~1908 · 이배근李培根미상~1910 · 이백겸李白謙미상~1909 · 이백원李白元1880~1947경기도포천 · 이범기李範箕1880~미상 충청북도단양 · 이범용李範容1854~1934경상북도예천 · 이범윤李範允1856~1940한성 · 이범직李範稷미상~1896 · 이범진李凡辰1879~1910전라남도영광 · 이병구李炳九1862~1919경상북도김천 · 이병선李秉先미상~1896 · 이병선李炳善1887~미상 전라북도 · 이병승李秉承1857~1924충청남도공주 · 이병억李秉億1851~미상경상북도상주 · 이병채李秉埰1875~1940전라남도고흥 · 이병현李炳鉉1879~미상 전라남도 · 이병화李秉華1885~1944전라남도보성 · 이복근李復根1879~1910전라남도영암 · 이봉기李鳳寄1887~미상 전라남도강진 · 이봉두李鳳斗1884~1908경상남도함양 · 이봉래李鳳來1878~미상 강원도춘천 · 이봉술李鳳述1881~미상 경상북도영덕 · 이봉재李鳳宰1860~1921경상북도문경 · 이봉조李鳳兆1885~1962경상북도경산 · 이봉준李奉俊1861~1907 · 이봉학李鳳學1858~1924충청남도예산 · 이부업李富業1887~미상 전라남도담양 · 이빈호李斌鎬1861~1931경상북도봉화 · 이사건李士乾1869~1908충청남도공주 · 이사성李思聖1883~1949충청남도서천 · 이사언李士彦1879~미상 경상남도 · 이사인李思仁1885~1949경기도포천 · 이사홍李士洪1877~1909 · 이상곤李相坤1855~1919충청북도보은 · 이상구李相龜1859~1927충청남도공주 · 이상덕李相德1883~미상 충청남도태안 · 이상린李相隣1856~1946충청남도예산 · 이상수李尙銖1873~1923경상남도사천 · 이상학李相鶴1875~미상 강원도홍천 · 이상호李相浩1875~1949경상북도영일 · 이석李錫1881~1909경상북도청송 · 이석구李錫九미상~1910 · 이석길李錫吉미상~1896강원도원주 · 이석용李錫庸1877~1914전라북도임실 · 이석이李石伊1879~1910경상북도청송 · 이석조李石兆미상~1908 · 이선구李善九1856~1922경상북도안동 · 이성근李聖根1889~1910전라북도여산 · 이성덕李聖德1887~1909강원도평창 · 이성백李成伯1869~1909 · 이성서李聖瑞1856~1909경기도 · 이성숙李成淑1884~미상 전라남도영광 · 이성신李聖信1854~미상 강원도정선 · 이성실李成實1871~미상 전라북도 · 이성용李成用1882~1910전라북도 · 이성우李聖雨1870~미상 경상북도영양 · 이성재李成宰1874~1909경상북도문경 · 이성준李成俊1884~미상 한성 · 이성택李聖澤1862~미상 충청남도부여 · 이성화李成化1882~1910전라북도 · 이성화李成化미상~1907 · 이세기李世紀미상~1908 · 이세영李世榮1870~1941충청북도제천 · 이세창李世昌1882~1910전라남도장흥 · 이소봉李小奉1890~1906 · 이소선李小仙1884~미상 충청남도청양 · 이소응李昭應1852~1930강원도춘천 · 이수목李守睦1887~1909경상북도 · 이수악李壽岳1845~1927경상북도영덕 · 이수암李水岩1892~미상 전라북도여산 · 이순거李順擧미상~1907 · 이순구李純久1884~1972경상북도월성 · 이순기李順基1887~미상한성 · 이순안李順安1870~1909 · 이순옥李順玉미상~1925전라북도전주 · 이순화李順花1888~미상 전라북도정읍 · 이승갑李承甲1677~미상 전라북도 · 이승구李承龜1865~1931충청북도괴산 · 이승기李承畿1887~미상 충청북도충주 · 이승용李承龍1853~1896경기도 · 이승보李承鳳1883~미상 경상북도 · 이승재李承宰1873~1910경상남도문경 · 이승학李承鶴1857~1928전라남도담양 · 이시선李時先1870~1908 · 이식李栻1873~1936충청남도청양 · 이신산李新山1880~미상 경상북도의성 · 이실진李實鎭1859~1945경상북도예천 · 이안옥李安玉미상~1903경상남도함양 · 이여숙李汝崇1878~1910평안북도선천 · 이연년李延年1874~1944경기도양평 · 이연봉李連鳳 · 이영규李永圭1889~미상 충청남도 · 이영만李泳萬미상~1910 · 이영삼李永三1875~1910전라북도 · 이영삼李泳三미상~1908전라남도 · 이영선李永善미상~1908 · 이영선李永先1864~1910 · 이영성李永成1873~1909경상북도 · 이영일李永日1873~미상 전라북도부안 · 이영준李永俊1878~1936전라남도함평 · 이영찬李永燦미상~1896강원도강릉 · 이완보李完甫1856~1909강원도회양 · 이용규李容珪1859~1924전라북도옥구 · 이용복李容馥1876~미상 충청북도보은 · 이용서李用西1868~미상 전라북도 · 이용석李龍石1886~1914평양 · 이용순李龍順미상~1909전라남도장성 · 이용업李龍業1859~미상 충청북도단양 · 이용운李龍云1883~미상 충청북도 · 이용이李用伊1868~미상 전라북도무주 · 이용태李用秦1872~미상 전라북도고창 · 이용현李容鉉1887~미상 경기도파주 · 이운선李雲善1881~미상 전라남도함평 · 이운집李云集1870~미상 전라남도광주 · 이운호李運鎬1852~1930경상북도안동 · 이원규李源圭1874~1907경상북도문경 · 이원녕李元寧1864~1932경상북도상주 · 이원배李元培1880~1910 · 이원범李元範1886~1907전라남도함평 · 이원선李元先1880~미상 충청북도청주 · 이원선李元善1877~1910충청남도공주 · 이원오李元吾1876~1910충청남도공주 · 이원옥李元玉전라북도전주 · 이원재李元宰1879~1957경상북도상주 · 이원준李元俊1874~1957경상북도영양 · 이원중李元仲1877~1917전라남도화순 · 이원하李元厦미상~1896강원도평창 · 이유종李有鍾1886~1918전라북도완주 · 이육수李六手1871~미상 전라남도담양 · 이윤례李允禮미상~1908 · 이윤명李潤明1884~1909경상북도울진 · 이윤빈李允賓1882~미상 한성 · 이윤삼李允三미상~1909경기도 · 이윤선李允先1862~1909전라남도보성 · 이은영李殷榮1868~1921경기도여주 · 이은찬李殷瓚1878~1909강원도원주 · 이응몽李應夢미상~1904 · 이응삼李應三1858~1913전라북도장수 · 이의수李宜洙1838~1907경상북도청송 · 이의호李宜鎬1854~1896경상북도안동 · 이이봉李伊鳳1880~미상 경상북도 · 이익수李益洙1888~미상 전라남도 · 이인금李寅今미상~1908 · 이인섭李隣燮1888~1908전라남도화순 · 이인식李仁植1866~미상 황해도장단 · 이인영李隣榮1868~1909경기도여주 · 이인화李仁和1858~1929경상북도안동 · 이일근李一根1875~미상 전라남도진도 · 이일록李日錄1882~1908 · 이일봉李日奉1886~미상 충청남도 · 이자성李子成1880~미상 전라북도여산 · 이자화李子化1859~미상 함경남도안변 · 이장준李章俊1881~미상 충청남도 · 이장춘李壯春1888~1910전라북도무주 · 이재대李載大1885~1932전라남도나주 · 이재복李再福1881~미상 경기도 · 이재선李在善1875~미상 강원도영월 · 이재윤李載允1849~1911경기도양주 · 이재향李在向1875~미상 경기도강화 · 이재현李在賢1881~미상 강원도원주 · 이재호李在浩미상~1909 · 이정구李正九1876~미상 충청남도천안 · 이정규李正奎1864~1945충청북도제천 · 이정식李定植1886~1910평안북도선천 · 이정의李正儀1851~1933경상북도문경 · 이정표李貞杓미상~1908전라남도보성 · 이조승李肇承1873~1900충청북도제천 · 이존발李存潑1888~미상 전라북도익산 · 이종갑李鍾甲미상~1932충청남도 · 이종국李鍾國1851~1907충청남도 · 이종국李鍾國1860~1939충청북도제천 · 이종근李宗根1868~1943경기도 · 이종복李鐘卜1889~미상 전라북도무주 · 이종성李鐘誠1871~1910전라북도무주 · 이종식李宗植1878~1908황해도송화 · 이종원李鐘元1865~1931충청북도영동 · 이종칠李鐘七1864~미상 충청남도천안 · 이종협李鐘俠미상~1907전라남도곡성 · 이종흡李鐘翕1861~1919경상북도영일 · 이주발李周發1868~1908 · 이주승李胄承1868~1946충청북도제천 · 이준구李俊久1867~1940경상북도영일 · 이준영李峻永1879~1907충청남도아산 · 이준여李俊榮1873~1956전라북도옥구 · 이중린李中隣1838~1917경상북도안동 · 이중백李仲伯1877~1910전라남도장성 · 이중봉李重鳳충청북도제천 · 이중진李仲鎭1855~1918경상북도예천 · 이지석李芝石1857~1907 · 이지선李芝

璇1876~1908경상북도예천 · 이지영李之榮1844~1904경상북도청송 · 이지한李芝漢1856~1940경상북도예천 · 이진규李晉奎1877~1939경상북도영일 · 이진용李鎭龍1879~1918황해도평산 · 이진순李鎭淳황해도평산 · 이진영李鎭榮1849~1930경상북도문경 · 이진응李晉應1847~1896강원도춘천 · 이진하李晉夏1881~1938충청북도보은 · 이차봉李且奉1887~1908 · 이찬주李贊株1884~1908 · 이창규李昌奎1887~1973충청남도 · 이창서李彰緖1841~1911충청남도청양 · 이창손李昌孫1888~미상 충청북도충주 · 이창순李昌淳1840~1910경상북도영일 · 이창영李昌英1883~1907경상북도영양 · 이창학李昌鶴1859~1908경상남도함양 · 이창호李昌浩1887~1945전라북도 · 이천명李千明미상~1907 · 이천이李千伊1868~1907경상북도안동 · 이철래李哲來미상~1907강원도원주 · 이철원李喆元1851~1934경상북도예천 · 이철형李哲衡1873~1918전라북도고창 · 이청노李淸魯1852~1916경상남도의령 · 이초립李草笠미상~1908 · 이춘경李春京1882~미상 전라남도구례 · 이춘근李春勤미상~1904 · 이춘삼李春三미상~1908경상북도 · 이춘성李春成1876~1910충청남도공주 · 이춘실李春實1887~미상 황해도통천 · 이춘양李春陽미상~1908경상북도봉화 · 이춘영李春永1868~1896경기도양평 · 이춘화李春化미상~1907 · 이춘화李春花1857~미상 경상북도대구 · 이충구李忠求1874~1907충청남도예산 · 이충순李忠純1877~1907충청남도홍성 · 이충응李忠應1856~1896경기도가평 · 이치만李致萬1850~1909전라북도임실 · 이치옥李致玉미상~1907 · 이치옥李致玉1879~1908 · 이칠봉李七峰1888~1908전라북도 · 이태영李泰榮1881~1958충청북도제천 · 이태우李台宇1854~미상 전라남도장성 · 이태이李太伊1892~미상경상북도 · 이판득李板得1875~1908경상북도경주 · 이팔문李八文1866~미상 전라북도무주 · 이필곤李芯坤1864~1909경상북도의성 · 이필봉李弼奉1884~1950충청남도홍성 · 이필상李弼相1887~1909 · 이필희李弼熙1857~1900한성 · 이하경李夏卿1867~미상 경기도 · 이학로李學魯1867~1933경상북도영천 · 이학삼李學三미상~1908 · 이학상李鶴相1883~미상 한성 · 이학선李學善1884~미상 경기도여주 · 이학이李學伊1874~미상 경상북도영양 · 이학현李學鉉1882~미상 충청남도공주 · 이한구李韓久1870~1907경상북도영일 · 이한구李韓龜1870~1935충청남도부여 · 이한승李漢承미상~1907 · 이항선李恒善1848~1929전라남도담양 · 이행순李行順1888~1924전라남도나주 · 이향운李香雲1860~미상 충청남도금산 · 이현규李鉉圭1874~1917경상북도영양 · 이현주李鉉周1879~1930전라남도광산 · 이형기李衡器미상~1908함경남도갑산 · 이형윤李亨允1866~1947경상북도영천 · 이형표李亨杓1858~1924경상북도영천 · 이호습李鎬濕1882~미상충청북도청주 · 이홍李洪1888~미상 충청남도서산 · 이홍길李弘吉1888~1955전라북도임실 · 이화삼李化三1866~1910전라남도장성 · 이화선李化先1886~미상황해도 · 이화섭李化燮1885~미상 전라북도 · 이화영李華榮1859~1908충청남도 · 이화진李華鎭1885~1940경상북도영양 · 이화집李化執1885~미상 경상남도합천 · 이화춘李化春1880~1967전라북도 · 이화혁李花赫미상~1907충청북도단양 · 이황용李黃龍1886~1910전라북도순창 · 이효경李孝敬1882~미상충청북도제천 · 이훈구李勳九1869~1947경상북도경주 · 인문환印文煥1883~미상 황해도 · 인종명印鐘鳴1864~미상 황해도평산 · 인찬옥印璨玉미상~1907강원도춘천 · 임경조林京祚1879~미상 전라북도부안 · 임국현林國玄1868~1910전라북도임실 · 임기서林基西1872~미상 전라북도남원 · 임기숙林基淑1868~미상 전라북도남원 · 임노복林魯福1853~1909전라남도화순 · 임노성林魯成1859~1919전라남도화순 · 임대수林大洙1882~1911충청남도연기 · 임도돌林道乭1887~1910전라남도나주 · 임도봉林道鳳미상~1896 · 임만성林萬成1867~미상한성 · 임만직林萬直1849~1907 · 임백윤林白允1879~미상 경기도광주 · 임병국林秉國1882~1957전라남도보성 · 임병대林炳大1869~1936전라북도정읍 · 임병수林炳洙1880~1909전라북도순창 · 임병엽林炳燁1860~1908 · 임병주林秉柱1858~미상 전라북도순창 · 임병찬林炳璨1852~1916전라북도옥구 · 임봉구林鳳九1880~1908경상남도하동 · 임봉여林奉汝1861~미상 전라북도 · 임사유林士有1879~미상 전라북도여산 · 임상영林相永 · 임상준林相俊미상~1908 · 임성행林善行미상~1908 · 임성근林成根1868~미상 전라남도 · 임성기任性基1875~1907경상북도안동 · 임성영林聖永1886~1909황해도해주 · 임세묵林世默1876~1909전라북도 · 임순호任洵鎬1868~미상 전라남도담양 · 임승주林承周1867~1937충청남도청양 · 임영기任永基1882~1910전라북도진안 · 임영수林永洙1881~미상 경상북도청송 · 임영화林永化1884~1910전라남도나주 · 임옥여任玉汝1871~1907경기도용인 · 임용상林龍相1877~1958경상북도청송 · 임운林雲미상~1907 · 임윤팔林允八1886~1910전라남도광주 · 임응서林應西1880~미상 강원도화천 · 임을선林乙善미상~1896 · 임익상林翊相1887~1910전라북도무주 · 임장택林長澤1881~미상 전라남도영광 · 임재덕林在德1876~1939충청북도영동 · 임재홍林在洪1890~미상 전라남도담양 · 임정현任淨鉉1874~1909전라남도보성 · 임종문林鐘文1886~1908전라북도진안 · 임창근林昌根1837~1907함경남도북청 · 임창모林昌模미상~1909전라남도광주 · 임철준任哲準1851~1907충청북도제천 · 임태문林太文1884~1929전라북도순창 · 임태원林泰源1884~미상 전라북도순창 · 임하중林夏仲1871~1910전라남도보성 · 임학규林學圭미상~1909전라남도보성 · 임한조林漢祚1881~미상 경상북도대구 · 임한주林翰周1871~1954충청남도청양 · 임한천林漢天1879~미상 경상북도안동 · 임해준任海俊1865~1935충청남도금산 · 임행숙林行淑1869~미상 경기도여주 · 임허옥任許玉1878~미상 경기도용인 · 임현주林顯周1858~1934전라남도구례 · 임형순任馨順미상~1908 · 임희택林熙澤1845~1908 · 장경선張京善1874~1910전라남도보성 · 장경춘張景春1880~1923충청북도음성 · 장계진張桂鎭1883~1909전라남도보성 · 장광옥張光玉1888~1966전라북도무주 · 장국호張國浩1886~1908 · 장군선張君先1876~미상 전라북도무주 · 장규현張奎鉉미상~1908 · 장기준張基俊1867~미상 · 장남수張南守미상~1908 · 장남익張南益1879~미상 함경남도북청 · 장남일張南一1882~미상 충청남도공주 · 장덕유張德有1877~1909 · 장명언張明彦1885~1908 · 장명운張明云

1879~1910전라북도순창 · 장무호張武鎬1852~1926경상북도청송 · 장문동張汶同1887~미상 전라북도순창 · 장복규張復圭 1826~1896경상북도영주 · 장복삼張復三1874~1947경상북도문경 · 장복흥張復興1863~1907경상북도문경 · 장본래張本來 미상~1908 · 장봉래張鳳來미상~1908 · 장석봉張石奉1885~미상 전라북도순창 · 장석홍張錫弘1875~미상 충청남도 · 장선 군張先君1877~미상 충청남도금산 · 장세정張世禎미상~1907 · 장세정張世淨1859~1931평안북도용천 · 장수봉張守奉 1886~1909경상북도의성 · 장순서張順西1887~미상 전라북도부안 · 장순영張順永미상~1908 · 장여준張汝俊1858~미상 전 라북도무주 · 장옥만張玉萬 · 장용삼張用三1885~1919전라남도나주 · 장원겸張元謙1866~미상 경기도시흥 · 장윤덕張胤德 1872~1907경상북도예천 · 장익수張益洙1874~1907평안남도 · 장익준張翊俊1882~미상 황해도봉산 · 장익환張益煥 1866~1937충청북도단양 · 장익환張益煥1881~1930경상북도문경 · 장인서張隣瑞1884~1908 · 장인식張仁植1877~미상 충 청북도단양 · 장인초張仁初1877~1910전라남도 · 장재모張載模1883~1945전라남도순천 · 장재수張在守1876~미상 경상북 도영양 · 장정원張正元미상~1908평안남도양덕 · 장준이張俊伊미상~1908 · 장준호張俊灝1888~1930경상북도칠곡 · 장진 성張進聖1895~1943경상북도예천 · 장진욱張鎮旭1866~1934전라북도장수 · 장천석張千石1882~미상 경기도여주 · 장춘삼 張春三미상~1907 · 장충식張忠植1836~1901충청북도단양 · 장치문張致文1860~1907경상북도문경 · 장치일張致一1873~ 미상 경상남도울산 · 장팔용蔣八龍1883~미상 충청북도영춘 · 장패관張貝寬1867~1908경상남도고성 · 장학이張學伊 181~1909경상북도상주 · 장한갑張漢甲1865~미상 충청남도금산 · 장한순張漢順1883~미상 전라남도함평 · 장한탁張漢卓 1852~1930경상북도청송 · 장해진張海鎮1859~1907경상북도예천 · 장헌문蔣憲文1870~1929경상북도영일 · 장호길張浩吉 미상~1908 · 장호선張浩善미상~1908 · 장홍도莊弘道18882~1908 · 장홍집張洪執1860~1910전라북도순창 · 전경호田慶浩 미상~1906 · 전규문田圭文1881~1928전라북도남원 · 전기서全基西1885~미상 충청북도영동 · 전대원全大元1894~미상 전 라북도 · 전덕진田德鎮1880~미상 전라북도 · 전목기全木基1880~1933경기도양주 · 전문식全文植1847~미상경상남도거 창 · 전배근田培根1876~1938경상북도울진 · 전백현全伯鉉1863~1922전라북도장수 · 전복규全福圭1877~미상 경기도연 천 · 전봉규全奉奎 · 전봉기全鳳基1860~미상 경기도 · 전상무田相武1850~1924경상남도의령 · 전석기全錫基1860~1925전 라북도임실 · 전성구全聖九1875~미상 경상남도거창 · 전성범全聖範1870~1911경상남도함양 · 전성서田聖瑞미상~1912경기 도 · 전성환全性煥1871~미상 한성 · 전순만全淳萬1876~1932황해도장단 · 전신묵全信默1873~1912전라남도화순 · 전예중 全禮中미상~1909전라남도나주 · 전오풍田五豊1892~1938전라남도화순 · 전운용全雲龍1881~1919경기도양주 · 전응팔全應 八1878~1971경상북도영천 · 전재관全在寬1875~미상 경상남도거창 · 전재호田在浩1883~1967경상북도울진 · 전주익全周 益함경남도단천 · 전중학全中學1854~미상 강원도정선 · 전태진田泰鎮미상~1906충청남도 · 전해산全海山1879~1910전라 북도임실 · 전해수全海壽1881~미상 강원도양구 · 전화춘全化春미상~1908 · 정겸동鄭傔童미상~1907 · 정경조鄭京祚미상 ~1908황해도 · 정경태鄭敬泰1878~1911강원도춘천 · 정곤배丁坤培1883~1907경상북도의성 · 정관오鄭官五1883~1921전 라남도영암 · 정광칠鄭光七1872~미상 강원도강릉 · 정군삼鄭君三미상~1908 · 정궁구리鄭宮口里1879~미상 전라남도순 천 · 정기공鄭基公미상~1907강원도충천 · 정기선鄭基善1878~1910전라남도순천 · 정기옥鄭琦玉1868~미상 강원도영월 · 정기인鄭基仁1888~미상 경기도연천 · 정기찬鄭基贊1880~1910전라남도보성 · 정기채鄭基采1879~1909전라남도여수 · 정 낙인鄭樂寅 · 정낙중鄭洛仲1884~1910전라남도함평 · 정낙진鄭樂鎮미상~1908 · 정노현鄭爐鉉미상~1908 · 정대억鄭大億 1872~1908강원도영월 · 정대흠鄭大欽미상~1908 · 정덕필鄭德必1881~미상 경상북도안동 · 정도향鄭道享1867~1908경기 도강화 · 정두환鄭斗煥1880~1943경기도양주 · 정래의鄭來儀1871~미상 경상북도영일 · 정만춘鄭萬春1879~미상경상북 도 · 정맹도鄭孟道1884~1908 · 정문위鄭文緯1851~1896경기도가평 · 정문칠鄭文七미상~1909 · 정복기鄭福基미상 ~1907 · 정봉준鄭鳳俊 · 정사천鄭士千1853~1908 · 정사홍鄭士弘1875~1908전라북도순창 · 정상득鄭尙得1886~1969경상 북도영일 · 정석면鄭錫勉1886~1909전라남도함평 · 정석봉鄭石鳳미상~1908 · 정석진鄭錫珍미상~1896전라남도나주 · 정 선경鄭善京미상~1863충청남도당진 · 정선보鄭先甫미상~1908 · 정성연鄭聖連전라북도임실 · 정성첨鄭聖瞻1853~1896경 상북도영양 · 정세창鄭世昌미상~1912 · 정세현鄭世鉉1877~1907전라남도화순 · 정소회鄭所回1869~1908 · 정수암鄭洙岩 미상~1908 · 정순우鄭淳祐1869~1946전라남도화순 · 정순학鄭淳學1882~1956전라남도화순 · 정술원鄭述源1860~1931충 청북도제천 · 정승유鄭勝有미상~1908경상남도하동 · 정시항鄭時恒1866~미상 충청북도충주 · 정시해鄭時海1872~1906전 라북도고창 · 정여선鄭興先1855~미상 충청북도충주 · 정연철鄭淵鐵충청북도제천 · 정영보鄭永甫1854~미상 경기도광주 · 정영운鄭永雲1878~1910경기도양평 · 정영진鄭永珍1856~1919전라남도화순 · 정영진鄭永軫미상~1910 · 정영필鄭永弼 1888~1908경상남도거창 · 정용기鄭鏞基182~1907경상북도영천 · 정용대鄭用大1882~1910경기도 · 정용운鄭龍云1891~미 상 충청남도부여 · 정운경鄭雲慶1861~1939충청북도제천 · 정원경鄭元京1874~미상 경기도광주 · 정원국鄭元局 1876~1909 · 정원준鄭元俊미상~1908 · 정원집鄭元執1876~1909한성 · 정원채鄭袁采1890~미상 전라북도 · 정원팔鄭元八 1874~1964강원도인제 · 정원필鄭元弼1870~1906충청남도홍성 · 정윤면鄭胤勉1851~1908전라남도함평 · 정을현鄭乙鉉 1875~1917전라남도화순 · 정이헌鄭履憲1872~1907충청북도음성 · 정익鄭益1860~1914충청북도제천 · 정인국鄭寅國 1858~1910한성 · 정인술鄭寅述1879~1910전라남도함평 · 정인팔鄭仁八1881~미상 전라북도정읍 · 정인회鄭寅會 1868~1902강원도충천 · 정일국鄭日國1882~1909전라북도남원 · 정일용鄭日龍1880~1907 · 정일삼鄭壹三1885~1964전라

남도함평 · 정자영鄭自永1863~미상 전라북도순창 · 정재근鄭在根1891~1909강원도인제 · 정재호鄭在鎬1863~1944경상남도함양 · 정정선鄭正善1883~1908 · 정정춘鄭正春미상~1909 · 정정학鄭正學181~미상 전라남도장성 · 정제환鄭濟煥1878~1956경기도양주 · 정조영鄭兆永1890~1944경상북도영덕 · 정종도鄭鐘道미상~1909 · 정종섭鄭宗涉1884~1910전라북도임실 · 정주원鄭周源1870~1926경기도안성 · 정중택鄭仲澤1880~미상 충청북도제천 · 정진도鄭鎭燾1852~1903경상북도청송 · 정진옥鄭陳玉1878~미상 전라북도고창 · 정진한鄭鎭漢1867~1947경상북도영일 · 정진희鄭鎭喜1885~1940전라북도진안 · 정찬경鄭贊京미상~1909 · 정창연鄭昌淵미상~1906 · 정철화鄭哲和1878~1943경기도용인 · 정춘서鄭春瑞1885~1911충청북도청주 · 정충안鄭充安1869~1908 · 정충환鄭忠煥1888~1962경기도양주 · 정치석鄭致錫1868~1931경상북도영천 · 정치우鄭致宇1870~1941경상북도영천 · 정치화鄭致化1867~1942경상북도영천 · 정태경鄭泰京1875~미상전라북도순창 · 정태인鄭泰仁1874~1945전라남도나주 · 정태화鄭太化1870~1955전라남도보성 · 정판성鄭判成1883~미상 전라북도익산 · 정판용鄭判用1880~미상 전라북도부안 · 정하연鄭河淵1865~1907강원도 · 정해두鄭海斗1863~1932충청남도서천 · 정해창鄭海昌1885~1909충청북도제천 · 정현철鄭炫轍1870~1977전라남도보성 · 정홍기鄭弘基1887~미상 전라북도옥구 · 정홍준鄭弘俊1879~1911경기도파주 · 정환봉鄭煥鳳1849~1921경상북도영일 · 정환직鄭煥直1844~1907경상북도영천 · 정회규鄭會圭1857~1907경상북도봉화 · 정흥규鄭興圭1880~미상 한성 · 정흥대鄭興大1860~1909경상북도문경 · 정희면鄭熙冕1866~1945전라남도함평 · 제갈윤신諸葛允信미상~1910경상북도영덕 · 제봉렬諸鳳烈1875~1911전라북도순창 · 제춘삼諸春三1877~1908 · 조경오曺敬五1863~1909 · 조경화趙京化1861~미상 전라북도 · 조경환曺京煥1876~1908전라남도광주 · 조공곡曹功谷미상~1908 · 조광규趙光奎1851~1927경상북도청송 · 조광보趙光補1878~1935강원도횡성 · 조규락趙奎洛1835~1909경상북도청송 · 조규명趙圭明1860~1935경상북도청송 · 조규진趙圭震1850~1903경상북도청송 · 조규하趙圭夏1877~1908전라남도순천 · 조근만趙根萬미상~1908경상북도경주 · 조근백趙根伯1872~1908경상북도청송 · 조근봉趙根鳳1887~미상 경기도 · 조기보趙奇普1854~1908 · 조기섭趙奇攝1881~1908경상남도하동 · 조기성曹基成1884~1919전라북도임실 · 조기채曹基采미상~1908 · 조기환趙基煥미상~1907 · 조능호趙陵祜1852~1925경상북도청송 · 조덕관趙德寬1859~1908 · 조덕삼趙德三1885~미상 전라북도부안 · 조덕장趙德章1876~1934충청북도영동 · 조독호趙篤祜1843~1914경상북도청송 · 조동교趙東敎1876~1908충청북도제천 · 조동석趙東奭1845~1896경상북도상주 · 조동주趙東朱1873~1909 · 조맹장趙孟章미상~1909 · 조문갑趙文甲1860~미상 경기도 · 조문섭趙文燮1882~미상 전라남도장성 · 조박용趙博容1881~1961경상북도영양 · 조백순趙白順1883~1908강원평창 · 조병두趙炳斗1886~1906충청남도부여 · 조병두趙秉斗1886~미상 전라북도순창 · 조병순趙炳淳미상~1907 · 조병오曺秉伍1863~1908 · 조병주曹秉周미상~1907경상남도함양 · 조복동趙福同1892~미상 전라북도순창 · 조봉만趙奉萬1888~미상 강원도양구 · 조봉선趙奉先1882~미상 충청북도음성 · 조봉술趙奉述1878~1908 · 조봉현趙奉炫1872~미상 전라북도순창 · 조사길趙士吉미상~1908 · 조사선趙士先1868~1907 · 조사윤趙士允1878~1931전라남도담양 · 조삼룡趙三龍1864~미상한성 · 조삼용趙三用1878~1906한성 · 조상환曺相煥1866~1908경상북도영천 · 조석우趙錫祐1864~미상 전라북도 · 조성규趙誠奎1853~1926경상북도청송 · 조성길趙性吉1860~1917경상북도청송 · 조성눌趙性訥1834~1902경상북도청송 · 조성로趙性魯1839~1906경상북도청송 · 조성목趙性穆1868~1937경상북도영일 · 조성박趙性璞1845~1904경상북도청송 · 조성삼趙聖三1875~1908 · 조성서趙成西1858~1910전라북도 · 조성여趙聖汝1856~1907충청북도청주 · 조성태趙性台1858~1926경상북도청송 · 조성팔趙成八1858~1912전라북도 · 조성학趙性學미상~1914경상북도의성 · 조성학趙聖學1889~미상 전라남도광주 · 조승기趙承基1836~1913경상북도영양 · 조양동趙良洞1875~1908 · 조양현趙良玄1882~미상 전라북도순창 · 조영선趙泳善1879~1932전라남도곡성 · 조영환趙永煥1867~1910함경남도안변 · 조용구趙鏞九1861~1925경상북도예천 · 조용근趙用根미상~1908충청북도청주 · 조우식趙遇植1888~1937전라남도곡성 · 조운식趙雲植1873~1910경상북도상주 · 조운이趙云伊1870~1909경상남도 · 조윤봉趙允奉1881~미상 경기도용인 · 조응삼趙應三1875~1956충청북도음성 · 조인서 미상~1908 · 조인주趙仁周미상~1908평안남도 · 조인환曹仁煥미상~1909경기도양평 · 조재학曺在學1861~1943경상남도의령 · 조재학曺在學1889~미상 전라북도순창 · 조정인趙正仁1872~1909전라남도나주 · 조준교趙駿教미상~1896 · 조준용趙俊容1885~1907경상북도영양 · 조진봉趙辰奉1891~1910전라북도 · 조철규趙喆奎미상~1909 · 조치덕曺致德1877~1909 · 조팔룡趙八龍1888~1908 · 주경문朱敬文미상~1908 주경천朱敬天1880~미상 함경남도함흥 · 주광식朱光植1874~1957충청북도충주 · 주기화朱奇化미상~1907전라남도화순 · 주문재朱文才1869~1909 · 주범순朱範淳미상~1907 · 주병회朱炳會미상~1907 · 주시혁朱時赫1865~1950경상북도문경 · 주영수朱永秀1875~미상경상북도 · 주용규朱庸奎1845~1896충청북도제천 · 주현구朱鉉九1869~1897충청북도제천 · 주현삼朱鉉三강원도원주 · 지갑진池甲眞1882~미상 전라남도무안 · 지관복池寬復미상~1910황해도 · 지관식池寬植미상~1910황해도해주 · 지순용池順用1887~1907 · 지용기池龍起1867~1907강원도양양 · 지용봉池用奉1879~1953경기도여주 · 지춘경池春敬1872~미상 전라북도김제 · 지홍윤池弘允1865~1909경기도강화 · 진문겸陳文謙1874~1943전라북도남원 · 진상구陳相九1887~1911전라북도부안 · 진성교陳成教1875~미상 경기도연천 · 진용봉陳用奉1882~1907 · 진자실陳子實미상~1908 · 진치만陳致萬1876~1925전라북도정읍 · 진치언陳致彦1877~1911전라북도순창 · 진홍대陳洪大1877~미상 전라북도부안 · 진희서陳希西1883~미상 경기도수원 · 차경수車敬守1886~1908 · 차도선車道善1863~1939함경남도북청 ·

차도순車道淳1879~1908함경남도북청 · 차병률車炳律1884~미상 충청북도제천 · 차석록車錫錄1891~미상 전라북도임실 · 차연욱車連旭1884~1910평안북도선천 · 차은표車恩表1859~1908경상남도거창 · 차일만車一萬1861~1911전라북도정읍 · 차재문車在文 · 차치명車致明1873~1956충청남도예산 · 차흥준車興俊1871~미상 한성 · 채경도蔡景燾 · 채경묵蔡敬黙1870~미상 강원도영월 · 채규대蔡奎大1890~1906충청남도청양 · 채덕만蔡德萬미상~1909 · 채동집蔡東集미상~1906 · 채동환蔡東煥1883~미상 전라북도부안 · 채복만蔡福萬1889~1952전라북도부안 · 채봉선蔡鳳善1889~미상 전라남도장성 · 채섬환蔡暹煥1874~1944경상북도상주 · 채영서蔡永瑞미상~1908 · 채영찬蔡永贊1854~1908전라북도순창 · 채운걸蔡雲傑1882~미상 평양 · 채응언蔡應彦1883~1915평안남도성천 · 채중보蔡仲甫1847~1907황해도 · 천낙구千洛龜1859~1923경기도양평 · 천보락千甫洛1852~1908경상북도문경 · 천성십千聖十1863~1907충청북도청주 · 천순호千順浩1865~1910황해도 · 최경선崔敬先1879~미상 충청북도괴산 · 최경연崔敬淵1859~1909경상북도김천 · 최경오崔敬五1859~미상 전라북도남원 · 최경현崔敬賢1874~1909 · 최경휴崔卿休1884~미상 충청남도공주 · 최경희崔璟熙1879~미상 함경북도경성 · 최광현崔匡鉉1854~1909전라남도나주 · 최근익崔根益미상~1908 · 최근택崔根澤미상~1908 · 최기보崔基輔1881~1951경상북도영일 · 최기섭崔基爕1879~미상 전라북도부안 · 최기표崔基杓1850~1917전라남도화순 · 최남근崔南根1882~미상충청북도제천 · 최남수崔南守1868~미상 경상남도 · 최내홍崔乃洪1845~1908경상남도창원 · 최노미崔老味1885~미상 경기도고양 · 최대봉崔大峰미상~1908 · 최대옥崔戴玉1856~미상 충청북도 · 최덕일崔德逸1875~1908전라북도임실 · 최덕정崔德正 · 최덕중崔德中1864~미상 전라북도임실 · 최도환崔道煥1851~1911강원도화천 · 최돈호崔燉鎬1870~미상 강원도정선 · 최돌이崔乭伊1884~1948경상북도영일 · 최동률崔東律미상~1908함경남도북청 · 최동이崔同伊1887~미상 전라남도장성 · 최동학崔東鶴미상~1908 · 최만년崔萬年1886~1913전라북도임실 · 최만봉崔萬奉1877~미상 강원도정선 · 최명기崔明起1882~미상 충청북도충주 · 최명우崔明禹1884~미상 황해도개성 · 최명집崔明集1872~미상 전라북도부안 · 최문환崔文煥미상~1897함경남도함흥 · 최범진崔凡辰1878~1907 · 최병길崔丙吉1872~미상 전라북도순창 · 최병언崔丙彦1882~1908 · 최병현崔炳鉉1863~1909전라남도나주 · 최봉崔鳳1887~미상 강원도평창 · 최봉갑崔鳳甲1886~미상 전라북도순창 · 최봉관崔鳳官1880~1919전라남도나주 · 최봉래崔鳳來1882~미상 경상북도 · 최봉석崔奉石1883~미상 충청남도 · 최봉선崔鳳先1881~1912전라북도 · 최봉성崔鳳成1864~미상 전라남도보성 · 최봉학崔鳳鶴1882~미상 경상북도 · 최산두崔山斗1888~1926경상북도 · 최산흥崔山興1882~1910전라북도순창 · 최상거崔相居1870~미상 전라북도 · 최상선崔相先미상~1908전라남도구례 · 최상집崔相集충청남도홍성 · 최석봉崔石奉1880~1951전라북도순창 · 최석우崔錫祐1852~1923경상북도영일 · 최석재崔奭在1876~미상강원도양구 · 최석호崔錫祜1881~미상함경북도경성 · 최선경崔善京1871~미상 전라북도임실 · 최성갑崔成甲1876~1925경상북도 · 최성구崔聖九1884~미상 충청남도 · 최성권崔聖權1879~미상 전라북도전주 · 최성재崔性裁1873~1909 · 최성천崔聖天1884~1919충청북도충주 · 최성필崔聖泌1864~1907 · 최세윤崔世允1867~1916경상북도영일 · 최순거崔順巨미상~1912황해도평산 · 최순근崔順根1882~1910 · 최순돌崔順乭1881~미상충청남도 · 최순보崔順甫1876~1911전라북도 · 최순종崔順宗1882~1910전라북도순창 · 최영만崔永萬1889~미상 전라북도 · 최영산崔永山미상~1908 · 최영서崔永瑞1869~미상 전라남도담양 · 최영석崔永錫미상~1907강원도춘천 · 최용구崔容九1883~1907강원도간성 · 최용이崔用伊1880~미상 경상북도 · 최우평崔羽平1878~1908전라남도나주 · 최욱영崔旭永1854~1919충청북도제천 · 최원왕崔元旺1877~1908 · 최유복崔有福1881~미상한성 · 최유복崔有福1882~미상 전라북도 · 최윤용崔潤龍1884~1909전라남도나주 · 최윤보崔允甫미상~1909전라북도익산 · 최은동崔殷東1866~1938경상북도성주 · 최익렬崔翼烈1869~1931전라북도고창 · 최익현崔益鉉1833~1907경기도포천 · 최인숙崔仁淑1882~1910전라북도순창 · 최인순崔仁舜1865~1909강원도횡성 · 최일권崔一權미상~1909 · 최재문崔在文미상~1908경상북도 · 최전구崔銓九1950~1938전라북도고창 · 최점록崔點錄1875~미상 충청남도금산 · 최점손崔点孫1888~미상 경기도고양 · 최정로崔正老1883~미상 함경북도경성 · 최정보崔正甫1880~미상 충청남도 · 최정숙崔正淑1874~1908 · 최정운崔正雲1853~1908 · 최제학崔濟鶴1882~1961전라북도진안 · 최종현崔宗賢1879~미상 충청남도 · 최주형崔珠衡1876~1906경상북도영양 · 최중오崔仲吾1857~1908전라북도고창 · 최지崔地미상~1908 · 최차돌崔且乭1889~1960경상북도영일 · 최찬崔瓚1856~1928경상북도문경 · 최창렬崔滄烈1875~1940전라북도임실 · 최천덕崔千德1885~1907한성 · 최천유崔千有미상~1908강원도춘천 · 최춘식崔春植1887~미상 황해도장단 · 최춘원崔春元미상~1908 · 최치로崔致魯1866~미상 충청북도청주 · 최치환崔致煥1875~1944경상북도영일 · 최택현崔澤鉉1862~1909전라남도나주 · 최판동崔判東1877~미상 전라북도 · 최판준崔判俊1888~미상 전라북도임실 · 최학선崔學先1883~미상 경상북도 · 최한용崔翰龍1849~1917경상북도청도 · 최효길崔孝吉미상~1896 · 최흥대崔興大미상~1909 · 추기엽秋琪燁1879~1909전라남도담양 · 추삼만秋三萬1880~1910경기도양주 · 추성구秋性九1844~1921강원도평창 · 추재엽秋再葉1883~미상 전라북도순창 · 추칠성秋七星미상~1910황해도평산 · 탁영조卓永祚1879~1909경상북도 · 탁한종卓漢宗1883~미상 강원도횡성 · 태양욱太陽旭1870~1908함경남도평산 · 편군선片君善1860~1910충청북도괴산 · 피용학皮龍學 · 하군배河君輩1853~미상 충청남도당진 · 하남식河南植1888~미상 한성 · 하덕근河德根미상~1907 · 하상태河相泰1868~1909경기도가평 · 하영옥河永玉1873~1909 · 하준태河俊太1872~미상 전라북도진안 · 하천일河千一1885~미상 전라북도 · 하한서河漢瑞미상~1908충청북도제천 · 한갑복韓甲福미상~1907 · 한경수韓景秀1872~미상 한성 · 한경천韓敬川

1879~미상 충청북도청주 · 한계석韓桂錫1888~1939전라북도임실 · 한규순韓圭順1876~1908전라남도구례 · 한기석韓基錫미상~1907 · 한기안韓基安1889~1907충청남도부여 · 한대모韓大模1870~1950함경북도박천 · 한동직韓東直강원도원주 · 한두찬韓斗瓚1880~미상 함경남도갑산 · 한득주韓得周미상~1908 · 한명만韓明萬1887~191충청북도제천 · 한복만韓福萬1882~미상 전라북도 · 한봉수韓鳳洙1883~1972충청북도청원 · 한북술北述미상~1910 · 한사국韓士國미상~1908전라북도진안 · 한사용韓四用1889~1907충청남도부여 · 한상렬韓相烈1883~1926강원도횡성 · 한성수韓聖數1860~1907충청남도부여 · 한수길韓壽吉1873~1917전라북도임실 · 한수만韓壽滿1889~1914황해도평산 · 한승태韓升泰1867~1935평안북도박천 · 한양이韓良履1883~1946경상북도예천 · 한엇동韓旕同1866~미상 충청남도 · 한영육韓永育1875~1936경상북도울진 · 한용국韓用國1886~1959경상북도문경 · 한용극韓龍極1869~미상 함경남도삼수 · 한용수韓鎔洙1875~1906경상북도영덕 · 한원태韓元泰1880~미상 함경북도영변 · 한이호韓履浩1884~1967평안남도덕천 · 한인수韓仁秀1881~미상 평안북도영변 · 한일성韓日成전라북도임실 · 한임길韓林吉미상~1909경상남도김해 · 한장리韓將履1882~1977경상북도예천 · 한정만韓貞萬1865~1914황해도평산 · 한정수韓貞壽미상~1908 · 한진수韓鎭壽1882~미상 전라북도무주 · 한창렬韓昌烈1882~1909황해도장단 · 한청돌韓靑乭1881~미상 황해도장단 · 한청여韓淸汝1862~미상 전라북도 · 한치문韓致文1851~1908 · 한치순韓致順1881~미상 충청남도 · 한태섭韓台燮1854~1907경상북도예천 · 한팔복韓八福1891~미상 전라북도 · 한필수韓必洙미상~1907 · 한학삼韓學三1865~1907충청남도부여 · 한흥삼韓興三1875~1912전라북도정읍 · 함관서咸寬西1875~미상 충청북도청주 · 함성간咸聖干1881~1908 · 함순안咸順安1885~미상 한성 · 허간許幹1868~1924전라북도임실 · 허겸許兼1851~1939경상북도선산 · 허달순許達順미상~1908 · 허복순許福淳1888~1911충청북도단양 · 허업許業1883~1922전라북도임실 · 허원칠許元七1884~1949전라북도순창 · 허위許蔿1854~1908경상북도선산 · 허윤희許允熙 · 허재홍許在弘1890~1961전라북도 · 허주許柱1879~1952전라북도임실 · 허천석許天錫미상~1907 · 허평순許平順1888~미상 한성 · 허항許恒1863~미상 전라북도무주 · 허형許蘅1887~1918경상북도선산 · 허훈許薰1836~1907경상북도선산 · 현덕호玄德鎬미상~1908 · 현영원玄永元1874~미상 경기도연천 · 현치삼玄致三1888~미상 충청북도진천 · 현팔봉玄八峰1873~미상전라북도 · 현학용玄學用1880~미상 황해도장단 · 홍건洪楗1838~미상 경기도화성 · 홍경칠洪景七미상~1908 · 홍광여洪光汝1882~1951강원도영월 · 홍광표洪光表1870~1929경기도연천 · 홍귀봉洪貴鳳미상~1896 · 홍금만洪今萬1879~미상 경기도용인 · 홍난우洪鸞祐미상~1908 · 홍대후洪大厚1859~1912경상북도예천 · 홍부삼洪夫三미상~1907 · 홍사구洪思九1878~1896경상북도영주 · 홍성서洪性西1886~1971전라북도정읍 · 홍순대洪淳大1888~1962충청남도부여 · 홍순봉洪順奉1885~미상 충청남도 · 홍승민洪承泯1872~1908전라남도나주 · 홍양순1892~1908평안북도 · 홍윤무洪允武1872~1943전라북도임실 · 홍의선洪宜善1860~미상 강원도영월 · 홍익선洪益先1880~미상 전라북도고창 · 홍인석洪仁石미상~1908 · 홍장손洪長孫미상~1908 · 홍종덕洪鍾德미상~1907 · 홍종선洪鍾善1837~미상 경기도가평 · 홍준성洪俊成1888~미상 황해도개성 · 홍천희洪千喜1882~1950강원도홍천 · 홍희영洪喜永1881~미상 경기도양주 · 황갑용黃甲用미상~1907 · 황견중黃堅仲1862~1909 · 황경문黃敬文1872~미상 충청북도제천 · 황대근黃大根미상~1908 · 황대연黃大淵1876~1908전라북도무주 · 황덕성黃德成1872~미상 전라남도장흥 · 황덕화黃德化1875~미상 충청북도영동 · 황명운黃明云미상~1909경기도 · 황목룡黃木龍1879~미상 충청남도금산 · 황병학黃炳學1876~1931전라남도광양 · 황보근黃甫覲1882~1963경상북도영천 · 황보특黃甫特미상~1908 · 황봉신黃鳳信1887~1918황해도평산 · 황봉운黃鳳雲1889~1918평안남도성천 · 황봉헌黃鳳憲1854~1908 · 황부주黃富周1871~1941경상북도문경 · 황사여黃士汝1882~1907 · 황석黃奭1848~1919전라북도남원 · 황순모黃珣模미상~1908전라남도광양 · 황순팔黃順八1890~1910강원도평창 · 황영수黃英洙1855~1919충청남도보령 · 황이근黃二根1887~미상 경상북도 · 황이만黃二萬1881~미상 전라북도무주 · 황일천黃一天1875~미상 경상북도청송 · 황재풍黃在豊미상~1909전라남도장성 · 황재현黃在鉉1868~1903충청남도보령 · 황준성黃俊聖1880~1910전라북도진안 · 황찬중黃贊中1853~1909 · 황청일黃淸一1848~1924강원도강릉 · 황태갑黃太甲‥‥

항일 독립운동가 리스트
List of anti-Japanese independence activists

가재연賈在衍1923~1945충청남도서산 • 가재창賈在昌1897~1936충청남도서산 • 감상두甘祥斗1915~미상경상남도남해 • 감익룡甘翊龍1887~1946황해도송화 • 강갑영姜甲永1907~1945경상남도산청 • 강경근姜京根미상~1924평안북도정주 • 강경선康景善1891~1930평안북도정주 • 강경숙康景淑1875~1943평안남도용강 • 강경옥姜敬玉1851~1927경상북도안동 • 강경진姜景鎭1893~1940전라북도남원 • 강경희姜敬熙1912~미상충청남도예산 • 강계대姜啓大1884~1971전라북도임실 • 강계선康桂善미상~1922미상 • 강공흡姜公洽1917~1974제주도제주 • 강관순康寬順1909~1942제주도제주 • 강구원姜龜遠1890~1956충청북도음성 • 강국두康國斗1887~미상평안남도순천 • 강국보康國甫1872~미상황해도수안 • 강군평康君平1877~1955제주도제주 • 강규묵康圭默1884~미상평안북도영변 • 강규수姜奎秀1881~미상경기도장단 • 강규언姜圭彦1898~1927제주도제주 • 강규진康奎鎭1905~1942함경남도덕원 • 강규찬姜奎燦1874~1945평안남도평양 • 강극모姜極模1890~1951함경남도풍산 • 강근득姜勤得1899~1947충청남도청양 • 강근호姜槿虎1888~1960함경남도정평 • 강금종姜金鍾1917~1991제주도제주 • 강기덕康基德1889~미상함경남도원산 • 강기보姜基寶1905~1935평안북도영변 • 강기수姜琪秀1898~1946경상남도산청 • 강기운姜基云1897~1944함경북도회령 • 강기준姜基俊1921~1972평안북도창성 • 강기준姜祺俊1890~1954강원도철원 • 강기찬康箕贊1903~1956제주도제주 • 강기팔姜基汎1896~1936평안남도강서 • 강기함姜基涵1896~미상평안남도강서 • 강기형姜琦衡1868~미상충청남도천안 • 강기형姜祺馨1876~1940경상남도울산 • 강기환康基煥1876~미상전라남도장성 • 강낙원姜洛遠1882~1960경상북도안동 • 강남섭姜南燮1868~미상함경북도홍원 • 강달룡姜達龍1888~1940경상남도진주 • 강달모姜達模1909~1975전라남도나주 • 강대길姜大吉1899~1972충청북도음성 • 강대년姜大年1894~1929전라남도담양 • 강대려姜大呂1889~1959강원도철원 • 강대선姜大宣1897~1928전라북도고창 • 강대성姜大成1910~1956경상남도함안 • 강대순姜大珣1892~1944경상남도함안 • 강대열姜大烈1881~1953경상북도영덕 • 강대진姜大振1916~미상경상남도사천 • 강대한姜大漢1886~1948경상남도함안 • 강덕근康德根1885~미상황해도곡산 • 강덕수姜德壽1904~1938경상남도밀양 • 강덕재康德在1920~1994함경북도 • 강도형姜道馨1914~1935충청남도부여 • 강동근姜東根1898~미상함경남도원산 • 강동렬姜東烈1896~1929함경북도부령 • 강동석姜東錫1928~2004경상북도상주 • 강동익姜東益1890~1935함경북도경흥 • 강두문姜斗文1897~1973경상북도김천 • 강두안姜斗安1922~1944경상남도통영 • 강두영姜斗永1898~1960경기도여주 • 강두옥康斗玉1857~미상제주도제주 • 강두황姜斗煌1899~1921경상북도영덕 • 강만갑姜萬甲1894~1961충청남도청양 • 강만년姜萬年미상~1919평안북도강계 • 강만선姜晩善1872~미상경기도안성 • 강만억姜萬億1900~1950충청남도청양 • 강만원姜晩元1910~1998경상북도봉화 • 강만조康萬祚1893~1952경상북도경산 • 강만형姜萬馨1892~1920강원도원주 • 강면하姜冕夏1901~1987함경남도이원 • 강명규姜明奎1896~1983황해도봉산 • 강명세姜明世1896~미상충청남도공주 • 강명수姜明秀1887~1925경상남도산청 • 강명순姜明順1904~미상경상남도하동 • 강명하姜明河1850~미상함경남도홍원 • 강명호姜明鎬1924~1992경상북도성주 • 강명화姜明化1868~1933평안남도 • 강명환姜明煥1888~미상함경남도단천 • 강명희姜明希1900~1927미상 • 강목구姜穆求1911~1935함경남도홍원 • 강몽락康夢洛1873~미상황해도수안 • 강몽호姜夢虎1903~1970강원도 • 강묘례姜卯禮1914~미상전라남도광주 • 강무홍姜武洪1921~1971경상남도동래 • 강문길姜文吉1919~1968평안북도철산 • 강문범姜文範1910~1950제주도제주 • 강문영姜文永1915~1947전라남도해남 • 강문일康文一1911~1967제주도제주 • 강문주姜文周1879~1945전라북도옥구 • 강문진姜文鎭1869~1929전라남도나주 • 강문필姜文必1872~1953경상남도울산 • 강문호姜文昊1899~1986제주도제주 • 강민섭旻燮1911~1972전라남도강진 • 강민수姜閔洙미상경상북도영일 • 강백규姜伯奎1881~1946함경북도회령 • 강백이姜伯伊1899~1943경상북도의성 • 강범진康范鎭1907~1981충청남도공주 • 강병관姜秉官1891~미상함경북도경원 • 강병국姜秉國1915~1984충청남도부여 • 강병선康炳善1895~1924평안북도벽동 • 강병욱姜秉郁1914~1946충청남도부여 • 강병익姜炳益1913~1981평안북도창성 • 강병일姜秉一1888~1928함경북도회령 • 강병창姜炳昌1898~1953경상남도진주 • 강복이姜福伊1889~1953경상북도고령 • 강봉근康奉根1908~1968제주도제주 • 강봉돌姜奉乭1896~1945경기도안성 • 강봉석姜鳳錫1901~1972경상북도상주 • 강봉섭姜鳳燮1918~1999전라남도나주 • 강봉세姜鳳世1890~1925경기도안성 • 강봉우姜鳳羽1892~1970함경남도함흥 • 강봉운姜鳳雲1890~1956충청남도아산 • 강봉조姜鳳祚1881~1963경상북도영덕 • 강봉주姜鳳柱1913~1985제주도제주 • 강봉환姜奉煥1867~1961제주도제주 • 강부근姜富根1925~1982경상남도통영 • 강붕해姜鵬海1915~2006제주도제주 • 강사채姜四采1915~1999전라남도광주 • 강삼인姜三仁1892~1951경상북도영덕 • 강상국姜尙國1913~1950전라남도장흥 • 강상덕姜相德1910~미상경상남도함안 • 강상모姜尙模1894~1944함경남도이원 • 강상범姜相範1902~미상함경북도성진 • 강상원康相元1872~미상 충청남도금산 • 강상진姜相震1897~1973함경남도이원 • 강상필姜尙弼1899~미상 함경남도안변 • 강상해姜尙海1898~미상 • 강상호姜相湖1919~1945전라남도승주 • 강상호姜相鎬1887~1957경상남도진주 • 강서빈康瑞彬1903~미상평안남도평양 • 강서희姜瑞禧1880~1920미상 • 강석기姜錫箕1862~1931충청남도부여 • 강석대姜石大1857~1920강원도화천 • 강석린姜錫麟1919~1997전라북도김제 • 강석봉姜錫奉1890~1956전라남도목포 • 강석선姜石先1899~미상경상북도의성·강석압姜錫鴨1872~미상함경남도이원·강석원姜錫元1908~1991전라남도광주·강석이姜碩伊1865~미상경상남도동래·강석주姜奭周1896~1950충청남도천안·강석진姜碩振1881~1921평안북도위원·강석춘姜錫春1896~미상함경남도이원·강석홍姜石洪1913~1951전라남도장흥·강석훈姜錫勳1896~1985함경북도종성·강석희姜錫熙1893~미상경상북도문경·강석희姜錫熙1899~미상충청남도부여·강선원姜善遠1874~미상경기도양주·강선칠姜善七1892~1935전라북도임실·강성곤姜聖坤미상미상·강성리康聖利1894~미상평안남도평양·강성모姜聖模1915~1940충청남도부여·강성봉姜聖鳳1873~1951경상북도청도·강성옥姜性玉1877~미상경상남도양산·강성학姜聖學1892~1976충청남도청양·강세웅姜世雄1892~1960황해도·강세제姜世濟1899~1923경상남도통영·강수구姜壽求1908~1934함경남도홍원·강수영姜壽永1906~1971경상남도마산·강수오姜壽五미상~1918제주도·강수원姜壽元1916~2003전라북도고창·강수희姜受禧1885~미상함경북도경성·강순봉姜舜奉1884~미상제주도제주·강순성姜淳星1889~1920함경북도길주·강순일姜淳一1896~미상경북도회령·강순필姜順必1884~1921경상북도상주·강순화姜順和1889~1927충청남도아산·강승경姜承慶1896~미상함경북도부령·강승덕姜承德미상~1936미상·강승문姜勝文1893~1919강원도횡성·강승한姜承翰1863~미상함경북도명천·강시검姜時儉1924~1982제주도서귀포·강시만姜時晚1870~1919경상남도합천·강시후姜時垕1883~미상평안북도운산·강신경信慶1895~1926미상·강신국姜信國1923~2011평안북도구성·강신석姜信錫1894~미상경상북도칠곡·강신혁姜信赫1879~1966경상남도창녕·강신홍姜信洪1923~1980전라북도진안·강신화姜信和1898~1972경기도양주·강약수姜若秀1910~미상충청남도아산·강양성姜涼星1897~1920미상·강양오姜良五1875~미상함경남도이원·강억쇠姜億釗1883~미상충청남도공주·강여백姜汝伯미상황해도옹진·강연벽姜淵碧1901~미상평안북도정주·강연상姜鍊翔1884~1949함경남도홍원·강연중姜鍊中1919~2000경상남도·강영각姜永珏1896~1946평안남도강서·강영갑姜永甲1910~미상경상남도김해·강영국姜永國1878~1946충청남도보령·강영대姜永大1885~1948평안남도·강영렬姜泳烈1902~1921평안남도강서·강영문姜英文1888~1968미상·강영삼姜永三미상~1920미상·강영상姜永商1892~미상평안남도·강영소姜永韶1886~1934평안남도·강영수姜永洙1899~미상함경남도이원·강영순姜永淳1882~1939경상남도고성·강영승康永昇1888~1987평안남도평양·강영조姜永祚1896~1961경기도여주·강영준姜永俊1925~1985전라북도정읍·강영직姜永直1914~1979충청남도부여·강영파英波미상경기도·강영효姜永斅1880~1949평안남도·강영희姜榮羲1881~미상충청남도논산·강예봉姜禮鳳1880~미상황해도장연·강오룡姜五龍1883~1950충청남도청양·강옥성姜玉成1904~미상평안북도창성·강완수姜完洙1892~미상경기도남양주·강용봉康龍鳳1902~미상충청남도아산·강용삼姜用三1892~미상함경북도부령·강용석龍錫1899~1960경상북도상주·강용운姜龍雲1911~1967경상남도함안·강우규姜宇奎1855~1920함경남도홍원·강우근姜佑根1880~1957경상북도영덕·강우범姜禹範1884~미상함경북도경성·강우석姜佑錫1901~1965경상남도하동·강우중姜宇中1924~1967경상남도부산·강웅쇠姜熊釗1895~미상경상북도칠곡·강원명姜元明1917~1999함경북도회령·강원보元寶1858~미상황해도장연·강원신康元信1887~1977평안남도·강원태姜遠太1911~1978전라남도강진·강원형姜遠馨1862~1914경상북도칠곡·강위미상~1921함경남도홍원·강유진姜有鎭1910~1950전라남도나주·강유홍姜有鴻미상~1932평안도·강윤조姜沇1899~1975충청남도논산·강윤국康潤國1926~2009한성·강윤석康潤錫1911~1946제주도제주·강윤조姜潤祚1890~1962경상남도·강은식姜殷植1885~미상경기도시흥·강응렬姜應烈1873~미상황해도장연·강응삼康應三1877~미상함경남도이원·강의순姜義順1912~미상한성·강이달姜利達1892~미상평안북도창성·강이진康利珍미상~1919미상·강익두康益斗1894~미상평안남도대동·강익록康益祿1903~미상평안북도정주·강익승姜益勝1893~1922충청남도홍성·강익점姜益漸1856~미상평안북도창성·강익진康翊鎭1921~2008함경남도신흥·강익형姜益亨1894~1955평안남도덕천·강인성姜仁聲1897~1930전라북도익산·강인수姜人壽1900~1992경상남도밀양·강인수姜寅秀1869~1932충청남도천안·강인택姜仁澤1892~1962함경남도홍원·강인호姜仁浩1919~1997평안북도정주·강일日1911~1974충청남도부여·강일구姜日求1910~1961충청남도부여·강일봉姜一鳳1887~미상평안북도강계·강일원姜一遠1923~2006경상북도안동·강임용姜任龍1912~미상전라남도여수·강자선康子善1864~미상평안북도태천·강장룡姜張龍미상~1934미상·강재숙姜在淑1881~1945전라북도옥구·강재식姜在植1919~1991함경남도원산·강재식姜在植1895~1963경상북도청도·강재호姜在鎬1901~1986경상남도양산·강정상康珽祥1928~2011평안북도창성·강정선康貞善1920~1946평안북도창성·강정수姜正秀1886~1943전라남도순천·강정순姜貞順1899~미상전라북도전주·강정태姜正泰1896~1963전라남도완도·강정택姜正澤1866~1924전라남도구례·강정하姜鼎夏1884~1917함경남도갑산·강제남康濟南1889~미상평안남도대동·강제선姜悌銑1888~미상황해도신천·강제심康濟深1893~1921미상·강제억康濟億1888~1922미상·강제하康濟河1891~미상평안북도창성·강제형姜齊馨1888~1926경상남도의령·강제희康濟羲1891~1978평안북도창성·강조원姜助遠1875~미상황해도이천·강종근姜琮根1901~1942한성·강종득姜宗得1902~1960전라남도담양·강종렬康鍾烈1902~1987충청남도홍성·강종범姜宗凡1922~1980경상남도거제·강종완姜宗完1900~1962경상남도마산·강종진姜鍾振1883~미상충청남도홍성·강주구姜柱求1914~미상충청남도부여·강주룡姜周龍1901~1932함경북도·강주형姜宙馨1887~1976전라남도강진·강준구姜俊求1898~미상전라북도전주·강준익姜俊益1896~1921평안북도창성·강지석姜智錫1894~1953전라남도무안·강지성康至誠1900~미상전라남도목포·강지형姜芝馨1881~1931경기도포천·강진康晋1912~1975평안북도창성·강진구康鎭衢

1881~1920평안북도영변 • 강진남姜鎭南미상~1921미상 • 강진삼姜鎭三1879~미상평안남도평양 • 강진석康晋錫1890~미상평안남도대동 • 강진해姜鎭海1896~1933함경남도단천 • 강찬길康贊吉1900~미상평안북도강계 • 강찬영姜贊永1865~1940경상남도 • 강창거姜昌擧1910~2004제주도제주 • 강창규姜昌奎1872~1963제주도제주 • 강창렬姜昌烈1895~미상평안북도강계 • 강창보姜昌輔1902~1945제주도제주 • 강창원姜昌元1866~미상황해도옹진 • 강창제姜昌濟1898~1965평안북도창성 • 강처각康處표1881~미상평안북도영변 • 강천룡姜千龍1904~1964한성 • 강철구姜鐵求1894~1943충청남도부여 • 강철규姜徹奎1887~1920미상 • 강철로姜哲魯1883~미상함경남도이원 • 강철수姜喆秀1867~1924전라남도구례 • 강초근康楚根1910~미상함경북도무산 • 강춘경姜春京1887~1951충청남도홍성 • 강춘근姜春根1891~1919제주도제주 • 강춘삼姜春三1886~1968충청남도서산 • 강춘석姜春錫1861~1920경기도용인 • 강춘일姜春日1883~1960강원도홍천 • 강충원姜忠遠1912~1979전라남도장흥 • 강치구姜稚求1908~1945함경남도홍원 • 강치명姜治明1911~1950평안북도창성 • 강탁오姜坅五1914~미상경상남도진주 • 강태규康泰圭1896~1934충청남도공주 • 강태규姜泰圭미상미상 • 강태동姜泰東1889~1946함경남도이원 • 강태산姜泰山1899~1961충청남도홍성 • 강태선姜太善 • 강태섭姜泰燮1888~1935함경남도이원 • 강태성姜太成미상~1919경기도수원 • 강태영姜泰榮1871~1907경기도안성 • 강태원姜泰坑1899~1924충청남도서산 • 강태윤姜泰崙1888~1927충청남도공주 • 강태일姜太一1894~1920미상 • 강태일姜泰一1867~미상평안남도덕천 • 강태하姜泰河1884~1953충청남도공주 • 강태하姜太河1897~1967제주도제주 • 강택진姜宅鎭1892~1926경상북도영주 • 강판진姜板桭1899~미상경상남도통영 • 강평국姜平國1900~1933제주도제주 • 강필姜泌1878~1942경상북도봉화 • 강필진姜必鎭1927~2006경상남도진주 • 강학린姜鶴麟1885~1937함경북도성진 • 강학봉姜學奉1898~1931경상북도대구 • 강학삼姜學三1892~1959충청남도홍성 • 강학선康學善1902~미상평안북도벽동 • 강학수姜鶴洙1899~미상평안북도벽동 • 강학희姜學熙1898~1962경기도광주 • 강한년康翰年1880~1940전라북도옥구 • 강한문姜漢文1871~1926경상남도남해 • 강한수姜漢秀1921~1944전라남도담양 • 강한식康寒食1911~미상함경북도경성 • 강한철姜漢철1873~미상함경남도풍산 • 강해석姜海錫1904~1973전라남도광주 • 강혁주姜赫周1889~1969충청남도공주 • 강현철姜賢哲1899~1974함경북도경성 • 강협구姜莢求1888~미상함경남도홍원 • 강형구姜亨求1898~1931함경북도경성 • 강형섭康亨燮1881~미상황해도황주 • 강혜원康蕙園1885~1982평안남도평양 • 강호석姜好錫1894~1950경상북도상주 • 강홍렬姜弘烈1895~1958경상남도합천 • 강홍모姜弘模1922~1992황해도 • 강홍상康弘祥1876~1941평안북도운산 • 강홍식姜弘植1893~미상충청남도천안 • 강화선康華善1904~1979평안남도대동 • 강환진姜桓珍1902~1936전라남도보성 • 강흥문康興文1891~1973경기도파주 • 강흥식姜興植1880~미상한성 • 강희경康熙京1890~1923황해도장연 • 강희류姜喜柳미상~1920미상 • 강희석姜喜錫1913~미상전라북도부안 • 강희석姜凞碩1881~1939경상북도의성 • 강희옥姜希玉1910~1931함경남도영흥 • 견관덕甄觀德미상~1927미상 • 경구현慶九顯1890~1938경기도파주 • 경권중慶權重1871~1920충청북도괴산 • 경석조慶錫祚1881~1957충청북도괴산 • 계경찬桂景燦1912~미상평안북도선천 • 계기봉桂基奉1895~1964경기도강화 • 계남형桂南亨1882~미상평안북도선천 • 계동화桂東化미상~1924미상 • 계봉우桂奉瑀1880~1959함경남도영흥 • 계성근桂聖根1877~1922황해도황주 • 계성범桂性範1899~1985함경남도안변 • 계성언桂成彦1899~1987평안북도선천 • 계영기桂永基미상~1923미상 • 계영수桂英秀1867~미상평안북도선천 • 계옥룡桂玉龍1882~미상평안북도선천 • 계용순桂容淳미상~1922미상 • 계의성桂義成1924~1982평안북도선천 • 계지풍桂枝豊1909~1990황해도해주 • 계창림桂昌林1887~미상평안북도선천 • 계창업桂昌業1900~미상평안북도선천 • 계형진桂亨珍1890~미상평안남도 • 계화桂和1885~1921평안북도선천 • 고강산高崗山미상~1931미상 • 고건주高健柱1866~1941충청남도청양 • 고경상高慶祥1894~미상황해도재령 • 고경수高京守1916~1935제주도제주 • 고경재高慶宰1879~미상미상 • 고광돈高光敦1919~2009강원도정선 • 고광수高光洙1903~1930강원도횡성 • 고광희高光喜1911~2004전라남도담양 • 고국한高國漢1888~1925충청남도서산 • 고군삼高君三1851~미상황해도평산 • 고규영高圭永1913 ~ 1932전라북도옥구 • 고규주高圭柱1894~1980경상남도창원 • 고기룡高基龍1878~1947경상남도울산 • 고기용高基用1886~미상평안북도초산 • 고담룡高湛龍1915~1989제주도제주 • 고대선高大先1896~1919강원도양양 • 고덕린高德麟1886~미상평안남도대동 • 고덕봉高德鳳1904~1920미상 • 고덕수高德秀1900~미상평안남도평양 • 고덕진高德鎭1884~1922충청남도예산 • 고도흘高道屹1872~미상함경남도북청 • 고두일高斗一미상~1919미상 • 고두환高斗煥1894~미상함경남도북청 • 고득수高得秀미상~1920평안북도의주 • 고락서高洛西1856~1923충청남도홍성 • 고명수高明秀1882~미상황해도황주 • 고명신高明信1911~미상황해도해주 • 고민용高敏龍1891~1950전라북도군산 • 고병간高秉幹1899~1966평안북도의주 • 고병남高柄南미상미상 • 고병률高炳律1887~1942경상북도봉화 • 고병석高炳錫1926~1947전라북도옥구 • 고병선高炳先1900~1951충청남도서산 • 고병은高秉殷1870~1942평안남도 • 고병표高炳豹1872~미상함경남도이원 • 고병하高炳夏1890~1973충청남도서산 • 고병희高秉禧1900~1964제주도제주 • 고복동高福東1916~1957전라남도완도 • 고봉근高奉根1896~1961한성 • 고봉수高鳳樹1896~미상평안북도강계 • 고봉조高奉朝1920~1963제주도제주 • 고사만高仕萬1908~1962제주도제주 • 고삼봉高三奉1873~미상황해도황주 • 고삼현高三鉉1912~1938전라남도장흥 • 고상준高相俊1900~1977충청남도논산 • 고상철高相哲미상~1946미상 • 고생호高生鎬1915~1946미상 • 고서동高瑞東1912~1990전라남도고흥 • 고석주高錫柱1867~미상전라북도옥구 • 고성준高成俊1897~1966경기도안성 • 고성한高成翰1888~1919미상 • 고세관高世寬1857~미상함경북도부령 • 고쇠능高釗能

1872~1957충청남도서산 • 고수복高壽福1911~1933함경남도정평 • 고수선高守善1898~1989제주도제주 • 고수식高壽植 1872~1940충청남도서산 • 고순례高順禮1911~미상전라남도광주 • 고순진高舜鎭1863~1938전라북도고창 • 고순집高舜執 1874~미상함경남도이원 • 고순흠高順欽1893~1977제주도 • 고승규高承奎1862~미상함경남도단천 • 고승득高勝得미상 ~1922미상 • 고승현高承鉉1885~미상평안북도삭주 • 고시복高時福1911~1953황해도안악 • 고시상高時相1881~1963충청남 도서천 • 고양주高昻柱1897~1919경상남도창원 • 고양린高陽吝1896~미상함경북도온성 • 고여순高如順1907~1946미상 • 고연홍高蓮紅1903~미상제주도제주 • 고영건高永建1897~1941경상남도김해 • 고영국高泳國1887~1946충청남도공주 • 고 영신高永信1892~1927평안남도개천 • 고영완高永完1914~1991전라남도장흥 • 고영찬高永瓚1928~미상경상북도예천 • 고영 태高永泰1917~1988전라남도장흥 • 고영택高永澤1899~미상한성 • 고영호高瀛豪1920~2004제주도제주 • 고용모高用模 1875~미상강원도화천 • 고용석高用錫1866~1928제주도제주 • 고용석高龍錫1875~1950전라남도장성 • 고용환高龍煥 1887~미상함경남도북청 • 고용희高鏞凞1899~미상함경남도이원 • 고운기高雲起1907~1943함경남도문천 • 고운하高雲河 1923~1983제주도제주 • 고울봉高蔚奉1894~1923충청남도서산 • 고웅주高雄柱1923~1943강원도정선 • 고원상高元相 1872~1934충청남도아산 • 고유순高有順1889~미상평안남도대동 • 교윤원高允源1893~1950경기도고양 • 고응남高應南 1883~1920미상 • 고응대高膺大1890~1972평안남도강동 • 고이허高而虛1902~1937황해도수안 • 고익균高益均1887~1928 황해도송화 • 고익영高益英1874~미상평안남도평원 • 고익진高翊鎭1869~1948경기도강화 • 고인덕高仁德1887~1926경상 남도밀양 • 고인석高麟錫1909~1997전라남도담양 • 고인섭高仁燮1898~미상황해도재령 • 고인식高仁植1901~미상평안북도 희천 • 고인옥高麟玉1921~2005경상북도군위 • 고인옥高仁玉1879~1944전라북도김제 • 고인재高麟在1895~1970경기도안 성 • 고재경高哉景1899~1950경상남도함양 • 고재륜高載崙1899~1980제주도제주 • 고재완高在琓1893~미상함경남도북 청 • 고재을高在乙1871~미상함경남도북청 • 고재천高在千1905~1981전라남도담양 • 고재휴高在烋1910~1948전라남도담 양 • 고적희高迪凞1852~미상평안남도강동 • 고점수高占水1883~1980전라남도무안 • 고정불高正不1914~1975전라남도고 흥 • 고정식高貞植1884~1922전라북도전주 • 고정화高貞華1881~미상황해도신천 • 고제락高濟洛1875~미상미상 • 고제빈高 濟彬1890~1967전라남도무안 • 고제신高濟臣1883~1943전라북도부안 • 고제하高濟夏1927~1950경상북도안동 • 고종건高 宗度1902~1965제주도제주 • 고종근高鍾根1923~2009전라북도옥구 • 고종환高宗煥1897~1935황해도신천 • 고지형高志亨 1859~1927평안남도대동 • 고진구高鎭句1882~미상함경남도북청 • 고진홍高鎭洪1896~미상함경북도부령 • 고창근高昌根 1861~미상함경남도홍원 • 고창덕高昌德1871~미상미상 • 고창일高昌一1892~미상함경북도경원 • 고창희高昌熙1887~1942 평안남도평양 • 고채주高采柱1861~1920경상남도통영 • 고총권高寵權1867~1959전라북도익산 • 고태리高泰利1912~1932 제주도제주 • 고태흥高泰興1895~미상황해도김화 • 고택술高澤述1894~미상황해도장연 • 고판홍高判洪1895~미상전라북도 옥구 • 고평高平1886~미상전라북도정읍 • 고하원高河源1866~미상함경남도정평 • 고학조高學祚1886~미상경상남도산청 • 고한주高漢周1895~1927충청북도옥천 • 고형림高亨林1907~1975전라남도영광 • 고형빈高亨彬1890~1962전라남도무안 • 고형진高衡鎭1896~1976전라남도영광 • 고홍석高洪錫1900~1982전라남도담양 • 고희민高義民1886~미상한성 • 고희준高 熙俊1897~1951충청남도당진 • 공덕윤孔德允1889~미상경상남도김해 • 공덕흡孔德洽미상~1919미상 • 공도수孔道守 1888~1964경상남도창원 • 공민호孔敏鎬1880~1948경상남도합천 • 공백순孔佰順1919~1998미상 • 공병봉孔秉鳳1893~미 상함경남도이원 • 공석구孔錫九1909~1996경상남도창원 • 공시우孔時祐1871~미상함경남도이원 • 공연규孔兗圭1902~미상 한성 • 공영팔孔永八미상~1920평안북도벽동 • 공예수公禮洙미상~1919미상 • 공을수孔乙守1890~미상경상남도마산 • 공인 덕孔仁德1879~미상경기도용인 • 공일손孔一孫1887~1946충청남도서산 • 공재규孔在奎1848~1919경상남도합천 • 공재록 孔在祿1895~1960경기도진위 • 공재익孔在翊1878~1949충청북도옥천 • 공재일孔在一1881~미상함경남도이원 • 공재천孔 在千1891~미상경상남도창원 • 공재형孔在亨1876~1927평안북도의주 • 공창준公昌準1879~1936함경남도문천 • 공치봉孔致 鳳1832~1910전라북도순창 • 공칠보孔七甫1884~1939경기도수원 • 공태훈孔泰勳1914~1998평안남도평양 • 곽걸郭杰 1868~1927경상북도고령 • 곽경렬郭京烈1901~1968전라북도김제 • 곽권응郭權膺1895~1950평안남도대동 • 곽기방郭基方 1867~미상황해도곡산 • 곽낙원郭樂園1859~1939황해도재령 • 곽남조郭南祖1861~1929경상북도칠곡 • 곽대용郭大鎔 1895~1946경기도안성 • 곽덕규郭德奎1894~미상경상남도봉화 • 곽명리郭明理1878~1946황해도해주 • 곽명숙미상~1961 경상남도 • 곽무郭武1888~1920경상북도울진 • 곽민서郭敏瑞1917~1968함경북도경흥 • 곽병규郭炳奎1893~1965황해도봉 산 • 곽병도郭炳燾1880~1968충청남도대전 • 곽병민郭秉珉1889~1942전라북도임실 • 곽병희郭秉禧1890~1947전라북도임 실 • 곽복녀郭福女1913~미상함경북도성진 • 곽선호郭善浩1896~1950황해도봉산 • 곽성진郭性鎭1899~1973충청남도논 산 • 곽수범郭洙範1910~미상경상북도달성 • 곽수빈郭守斌1882~1951경상북도고령 • 곽영郭英미상미상 • 곽영선郭永善 1902~1980황해도신천 • 곽영숙郭榮淑1913~미상강원도영월 • 곽영옥郭永玉1910~미상전라북도김제 • 곽영조郭榮朝 1901~1980평안남도강서 • 곽영준郭英俊1899~1932경기도양평 • 곽우영郭宇盈1874~1931전라남도순천 • 곽윤郭奫 1881~1927경상남도거창 • 곽윤수郭潤秀1878~1937한성 • 곽의빈郭義彬미상~1922미상 • 곽이섭郭以燮1928~1968전라남 도무안 • 곽익호郭益浩1890~1944황해도봉산 • 곽인석郭仁錫1881~1934전라남도순천 • 곽인조郭麟祚1878~1920평안북도 용천 • 곽임대郭臨大1885~1971황해도은율 • 곽재관郭在寬1920~2007경상북도대구 • 곽재기郭在驥1893~1952충청북도청

주·곽재석郭在石1913~1975전라남도여수·곽정숭郭貞崧1871~미상황해도옹진·곽정현郭貞鉉1900~미상평안남도강서·곽종석郭鍾錫1846~1919경상남도거창·곽종열郭鍾烈1899~1929경상북도울진·곽종해郭鍾海1891~1946경상북도달성·곽중규郭重奎1891~1950충청북도옥천·곽중선郭重善1907~1935충청북도옥천·곽진근郭鎭根1862~미상강원도철원·곽찬신郭贊信1913~2004전라남도여수·곽창영郭昌榮1878~1950충청남도아산·곽치문郭致文1882~1922평안남도대동·곽치현郭致鉉1860~1928평안남도양덕·곽태진郭泰珍1917~2006경상북도고령·곽태현郭泰鉉1926~2003경기도이천·곽한선郭漢璇1887~1967강원도원주·곽홍문郭泓文1906~1930전라북도김제·곽희주郭喜主1903~미상전라남도여수·구갑출具甲出1897~1924경상북도고령·구경회具敬會1870~미상경기도장단·구금룡具今龍1896~미상경기도연천·구기언具奇彦1884~1958경상남도고성·구길서具吉書1896~1971경기도부천·구낙서具洛書1898~1919한성·구남회具男會1901~1936경상남도창녕·구명순具命順1900~1950경상남도김해·구범이具凡伊1892~1947경상남도합천·구봉래具鳳來1882~1944경상남도통영·구상본具尙本1898~1963경상북도영일·구성문具成文1889~1920미상·구수서具守書1894~1950경상남도창원·구수암具壽巖1901~1920경상남도동래·구순암具順岩1907~1932경기도·구순화具順和1896~1989황해도신천·구승회具承會1911~1950경기도광주·구여순具汝淳1892~1946경상남도의령·구연영具然英1864~1907경기도광주·구연욱具然煜1915~1939경상남도진주·구연흠具然欽1883~1937한성·구열조具悅祖1884~1941충청북도보은·구영서具泳書1898~1977충청남도공주·구용우具龍祐1914~미상전라남도광주·구용칠具龍七1890~미상황해도장연·구익균具益均1908~2013평안북도용천·구자민具滋民1924~2001황해도연백·구자익具滋益1898~1945함경북도온성·구자현具滋賢1902~미상함경북도회령·구자훈具滋勳1921~1987충청남도공주·구재균具在均1898~1949경상남도창원·구재옥具載玉1890~1953경상남도함안·구정섭具正燮1884~미상평안남도·구중회具中會1898~미상경상남도창녕·구찬회具璨會1890~1910경상북도대구·구창서具昌書1895~1960경기도이천·구창순具昌順1888~미상함경북도온성·구창회具昌會1897~미상충청북도괴산·구철성具哲成1902~1937함경북도온성·구철회具喆會1915~1965경기도수원·구춘선具春先1860~1944함경북도온성·구판돈具判敦1900~1932경상남도창녕·구판진具判珍1896~1945경상남도창녕·구현서具賢書1921~미상경기도수원·구호림具浩林1920~2008전라북도옥구·구호열具鎬烈1899~1940충청남도금산·구희서具義書1872~1951경기도광주·국귀선鞠貴善1913~미상전라남도담양·국중일鞠重日1922~2015강원도철원·국채준鞠採準1901~1945전라남도담양·국채진鞠埰鎭1902~미상전라남도담양·국하현鞠夏鉉1868~1919전라북도전주·궁이양弓履陽1876~미상평안남도개천·궁인성弓寅聖1874~미상평안남도순천·권각權慤1923~1943경상북도안동·권갑득權甲得1893~미상충청북도괴산·권갑봉權甲奉1924~2002경상북도영주·권경보權景甫1891~1959경상북도칠곡·권경섭權景燮1890~1944경상북도봉화·권계원權桂元1872~1947경상북도영덕·권광식權廣植1886~1946강원도양양·권구원權九瑗1924~2017경상북도안동·권구하權九河1889~1964경상북도예천·권국빈權國彬1901~미상황해도봉산·권기옥權基玉1903~1988평안남도평양·권기일權奇鎰1886~1920경상북도안동·권남선權南善1889~1972경상남도통영·권노적權魯赤1890~1963경기도양주·권능도權能道1894~1925미상·권달수1874~미상경기도포천·권대형權大衡1898~1947경상남도하동·권덕규權悳奎1891~1950경기도김포·권덕근權德根1897~1959경기도경성·권도용權道溶1877~1963경상남도함양·권도익權道益1889~1919경상북도안동·권도인權道仁1888~1962경상북도안동·권동수權東銖1914~미상경상남도동래·권동진權東鎭1861~1947한성·권두경權斗慶1898~1919경상북도안동·권만동權萬同1898~1924경기도안성·권만석權萬錫1867~1935경상북도영덕·권만일權萬鎰1894~미상황해도황주·권명상權命相1883~1951충청북도제천·권명섭權命燮1885~1960경상북도봉화·권목용權穆龍1909~1950경상북도안동·권무용權武容1888~1927경상남도합천·권문칠權文七1877~미상미상·권병덕權秉悳1868~1943충청북도청주·권병선權丙璇1862~1938경기도용인·권병식權炳植1888~미상황해도평강·권병연權炳淵1882~1919충청남도서산·권병주權丙周1886~1923충청남도부여·권병환權秉煥1884~미상함경북도경성·권병희權丙喜1885~미상경기도안성·권봉화權奉和1895~미상전라북도전주·권사연權士淵1881~1925경상북도의성·권상경權相經1890~1958경상북도봉화·권상두權相斗1870~1936경상북도의성·권상문權相文1850~1931경상북도달성·권상수權相銖1873~1941경상북도영주·권상용權相龍1867~미상경상북도영덕·권상욱權相旭1888~미상경상북도안동·권상원權相元1861~1937경상북도봉화·권상위權相瑋1895~1943경상북도봉화·권상익權相益1900~1943함경북도성진·권상익權相翊1863~1934경상북도봉화·권상학權相鶴1908~1955경상북도안동·권석운權奭運1900~1943경상남도울산·권석인權錫寅1898~1970경상북도예천·권석호權錫虎1879~1961경상북도예천·권석환權錫煥1907~1971경상북도영주·권석효權錫孝1900~1954경상북도예천·권선용權先用1867~1934경기도고양·권성모權聖模1882~미상경기도고양·권성범權成凡1893~미상함경북도명천·권성오權聖五1895~미상충청남도아산·권성필權弼弼1879~1960충청남도홍성·권세원權世遠1889~1945경상북도예천·권수동權壽童1908~1949전라남도무안·권수억權壽億1855~1936경상북도안동·권숙린權肅獜1877~1939경상남도산청·권순증權舜曾1906~미상경기도수원·권승근權承根미상미상·권승헌權承獻1898~1982경상북도의성·권애라權愛羅1897~1973경기도개성·권영갑權寧甲1871~1958충청남도홍성·권영구權寧九1897~1976경상북도영덕·권영구權靈龜1895~미상함경북도성진·권영규權永圭1865~1919경상남도합천·권영규權寧奎미상~1922미상·권영대權寧大1885~1946경상남도창원·권영도權寧燾1889~1952경상북도영양·권영두權寧斗1894~1961

경상남도합천 • 권영만權寧萬1878~1964경상북도청송 • 권영만權寧萬1877~1950경상북도영덕 • 권영목權寧睦1884~1935경상북도영주 • 권영복權永福1878~1965미상 • 권영석權寧奭1900~1989경상북도안동 • 권영섭權寧燮1911~1934경상북도봉화 • 권영수權英洙1883~1939경상남도함안 • 권영욱權永郁1909~미상전라남도목포 • 권영익權榮翼1914~2002평안북도강계 • 권영조權永祚1890~1958경상북도영덕 • 권영조權寧祚1883~1955경상남도창원 • 권영직權寧職1890~1940경상북도안동 • 권영진權寧鎭미상~1919미상 • 권영해權永海1885~1947경상북도대구 • 권영화權永和1899~1935경상북도대구 • 권예윤權藝潤1910~1935경상북도안동 • 권오규權五奎1898~1932경상북도안동 • 권오규權五奎1895~1961경상남도창원 • 권오균權五均1925~미상경상북도의성 • 권오돈權五惇1901 ~ 1984경기도여주 • 권오돈權五敦1900~1928경상북도안동 • 권오복權五福1924~2007경상북도안동 • 권오설權五卨1897~1930경상북도안동 • 권오직權五稷1927~1981경상북도안동 • 권오진權五璡1899~1951경상남도통영 • 권오한權五煥1892~1957경상북도선산 • 권용군權用君1894~1968충청남도홍성 • 권용두權容斗1914~1992충청남도 • 권용이權龍伊1903~1972경상북도청송 • 권용하權龍河1847~1910경상북도안동 • 권용학權龍鶴1891~미상경상남도동래 • 권우섭權宇燮1906~미상경상북도봉화 • 권우철權又哲1894~1971경상북도안동 • 권원하權元河1898~1936경상북도예천 • 권원호權元浩1904~1944강원도고성 • 권유동權有東1890~1967경상북도영덕 • 권은權殷1872~미상경기도양주 • 권의윤權義允1868~1942경상북도대구 • 권이원權貳元1896~1942경상북도안동 • 권일선權一宣1902~1930경상남도 • 권임상權任相1887~1942한성 • 권작불權作佛1900~1950경상북도성주 • 권잠술權岑術1898~1965경상남도밀양 • 권재갑權再甲1900~미상경상북도달성 • 권재경權在京1888~1962충청남도서산 • 권재관權在官1904~1953충청남도대전 • 권재길權在吉1900~미상전라북도군산 • 권재학權在學1879~1938충청북도음성 • 권재형權在衡1872~1929경상북도영덕 • 권재호權在浩1870~미상평안북도자성 • 권재호權在好1898~1945경상남도밀양 • 권점동權點同1902~1931경상남도창녕 • 권점필權點弼1896~1944경상북도안동 • 권정옥權定玉1890~1953경기도양주 • 권정필權正弼1886~1935경상북도안동 • 권정필權正弼1884~1939경상북도영덕 • 권종목權鍾穆1886~1959경기도용인 • 권종필權鐘弼1885~1965충청북도제천 • 권주상權周相1881~1957충청남도아산 • 권준權畯1895~1959경상북도상주 • 권준희權準義1849~1936경상북도안동 • 권중복權重福1891~1971충청남도홍성 • 권중석權重錫1926~1994경상북도안동 • 권중수權重秀1896~1980경상북도의성 • 권중옥權重玉1888~1960경기도안성 • 권중우權重隅1886~1958충청남도홍성 • 권중윤權重倫1887~1956충청남도공주 • 권중윤權重潤1900~1928경상북도안동 • 권중혁權重爀, 권중협權重協1880~1962충청남도홍성 • 권중호權重鎬1887~1924경상북도청송 • 권중호權重浩1861~1948충청남도홍성 • 권중효權重孝1895~1935경기도이천 • 권중희權重熙1890~1946경상북도안동 • 권차응權次應1904~1943경상북도봉화 • 권창수權昌銖1892~1970경상북도영주 • 권채근權采根1889~1920경상남도진주 • 권철암權鐵巖1901~1936경상남도동래 • 권청학權淸學1899~1981경상북도달성 • 권춘근權春根1879~미상경기도장단 • 권충락權忠洛1890~1955충청남도논산 • 권쾌복權快福1921~2009경상북도칠곡 • 권태규權泰圭1910~1957경상북도봉화 • 권태동權泰東1912~1962경상북도영주 • 권태림權泰林1909~1976한성 • 권태석權泰錫1895~1948경상북도김천 • 권태선權泰善1884~미상황해도송화 • 권태선權泰璿1891~1962경상남도창원 • 권태염權泰琰1927~2018경상북도안동 • 권태용權泰用1906~1933한성 • 권태용權泰容1885~1939경상남도창원 • 권태용權泰鏞1920~1986경상북도영천 • 권태원權泰源1891~1967경상북도영덕 • 권태응權泰應1890~1935경상북도영덕 • 권태응權泰應1918~1951충청북도충주 • 권태종權泰鍾1908~1990강원도강릉 • 권태철權泰哲1897~미상경기도강화 • 권태호權泰鎬1905~1950경상북도봉화 • 권태호權泰瑚1879~1946충청남도홍성 • 권태환權泰煥1871~1950경상북도안동 • 권태휴權泰烋1917~1990경상북도상주 • 권평근權平根1900~1945경기도강화 • 권학규權學圭1886~1921경기도고양 • 권한복權漢福1903~1970충청남도홍성 • 권한정權漢鼎1869~미상경상북도영양 • 권해운權海雲1894~1919경상북도의성 • 권헌문權憲文1885~1953경상북도영덕 • 권헌상權憲尙1919~미상경상북도봉화 • 권헌이權憲伊1897~1980경상북도안동 • 권혁기權赫基1889~1933충청남도연기 • 권혁무權赫武1924~1985경상북도예천 • 권혁민權爀民1925~미상강원도평강 • 권혁수權赫壽1926~1965경상북도안동 • 권혁조權赫朝1923~2002경상북도예천 • 권형모權形模1882~1950평안북도위원 • 권호기權鎬基1901~1960경상북도봉화 • 권홍규權洪圭1879~1954경기도용인 • 권흥규權興圭1852~1919충청남도청양 • 권희權憘1900~1955경기도시흥 • 권희목權熙穆1891~1930충청북도제천 • 금명석琴明石1894~1961경상북도안동 • 금용문琴鏞文1882~1961경상북도안동 • 기산도奇山度1878~1928전라남도장성 • 기성룡奇聖龍1903~1941경상북도예천 • 기원필奇元必1860~미상전라북도남원 • 기태룡奇泰龍1926~1984전라북도장성 • 기형달奇炯達1870~미상황해도수안 • 기환도奇桓度1920~1944전라남도장성 • 기회준奇會俊1910~1934전라남도장성 • 길덕동吉德童1914~1948전라남도장흥 • 길선주吉善宙1869~1935평안남도평양 • 길양수吉梁洙1914~1986전라남도장흥 • 길영희吉瑛羲1900~1984평안북도희천 • 길인주吉寅柱1911~1950전라남도장흥 • 길진형吉鎭亨1891~1917평안북도선천 • 길창일吉昌一1920~1982평안북도선천 • 길학성吉學晟1868~미상평안북도영변 • 김가봉金加奉1898~1966충청남도청양 • 김각배金珏培1894~1965황해도연백 • 김갑金甲1889~1933경기도경성 • 김갑곤金甲坤1907~1992전라남도광양 • 김갑록金甲錄1899~1977경상남도고성 • 김갑룡金甲龍1914~1935함경남도홍원 • 김갑봉金甲鳳1890~미상충청남도서산 • 김갑성金甲誠1911~1935강원도 • 김갑손金甲孫1897~1971충청남도청양 • 김갑수金甲洙미상~1921미상 • 김갑수金甲洙1894~1938충청남도서천 • 김갑수金甲洙1919~미상

충청남도부여・김갑종金甲鍾1875~1931충청남도청양・김갑진金甲辰미상~1934미상・김강金剛미상~1920평안도・김강金江미상~1927미상・김강金剛1890~1930전라남도광주・김강아지金江牙之1897~1928경상북도의성・김개동金介同1902~1946경상남도창원・김개성金開星1907~1979전라남도장흥・김거봉金巨奉1899~1931경기도시흥・김건명金建明1889~미상경기도이천・김건신金健信1868~미상평안남도순천・김건영金建永1848~1924경상북도봉화・김건옥金鍵玉1925~미상미상・김건우金建佑1926~1999경상북도안동・김건재金鍵哉1886~1920경상남도창녕・김경金慶1888~1966평안남도순천・김경근金敬根1885~미상함경남도원산・김경념金敬念1872~1950평안북도용천・김경도金敬道1886~1927경기도수원・김경두金慶斗1898~1994황해도신천・김경렬金璟烈1877~미상황해도곡산・김경룡金慶龍1923~1946경상북도경산・김경발金景發1864~미상경상북도영덕・김경보金京甫1883~1975평안북도영변・김경봉金京奉1901~미상평안북도위원・김경봉金京奉1908~1957제주도제주・김경삼金京三1872~1920함경북도부령・김경삼金慶三1883~미상충청남도아산・김경삼金敬三1876~미상강원도철원・김경서金敬瑞1899~1920평안남도・김경선金京善1861~미상충청남도・김경성金慶聲1879~1943경상북도의성・김경성金慶星1888~1950경기도양평・김경수金卿洙1892~1968경상남도울산・김경순金敬順1900~미상강원도철원・김경술金庚述1893~1966경상북도고령・김경식金敬植1908~1981황해도황주・김경신金敬信1902~미상전라북도정읍・김경신金敬信1862~미상평안남도순천・김경열金京烈1914~1983전라남도여수・김경오金敬吾1913~1950경상남도창원・김경운金敬云1879~미상경기도용인・김경윤金景潤1928~1997평안북도신의주・김경준金敬俊1882~1929한성・김경중金京仲1886~1920미상・김경찬金庚燦1877~미상함경북도길주・김경천金擎天1888~1942한성・김경천金景天1888~1938전라남도완도・김경천金敬天1887~1955충청남도홍성・김경철金景哲1850~미상평안남도중화・김경태金敬泰1879~1921충청남도청양・김경태金敬太1915~1941전라남도완도・김경팔金京八1873~미상함경남도영흥・김경포金京布1903~1925미상・김경하金京河1895~1997평안북도강계・김경하金景河1879~1927평안남도강서・김경화金慶華1919~2007경상북도문경・김경화金敬和1901~미상강원도양양・김경환金景煥1911~1933함경남도정평・김경희金慶喜1888~1919평안남도평양・김경희金慶熙1896~1952제주도제주・김계규金季圭1897~1960경상북도영덕・김계명金鷄鳴1902~미상전라남도강진・김계식金界植1893~1943함경남도북청・김계정金桂正1914~미상경상남도하동・김계진金季鎭1907~2000경상북도영주・김계춘金啓春1879~미상미상・김계하金桂河1893~1922평안북도강계・김계한金啓漢1867~1956경상북도안동・김계향金桂香1909~미상경상남도부산・김계호金啓鎬1902~1948강원도양양・김계환金啓煥1906~1930미상・김고두쇠金古斗釗1875~1941충청남도청양・김공도金公道1897~미상경상남도마산・김공렬金公烈1894~미상충청남도아산・김공섭金公涉1866~미상평안북도벽동・김공순金恭順1901~1988전라북도정읍・김공신金公信1913~미상경기도연천・김공우金公瑀1902~1966한성・김공제金公濟1893~1931충청남도홍성・김공집金公緝1895~1927평안북도정주・김공필金公弼1891~1925충청남도홍성・김공현金工鉉1865~1935전라남도구례・김관규金觀奎1878~미상평안남도성천・김관기金寬基1898~1957경기도안성・김관덕미상~1921미상・김관룡金寬龍1900~1975충청남도서산・김관묵金寬默1894~1967경상북도구미・김관성金觀聲1890~1923평안남도진남포・김관순金寬淳1882~미상평안북도강계・김관식金灌植1892~미상평안북도강계・김관신金觀新1865~미상평안남도용강・김관오金冠五1901~1965한성・김관옥金官沃1897~1920미상・김관옥金觀玉1893~1945평안남도성천・김관유金寬裕1884~미상평안남도평양・김관제金觀濟1886~1951경상남도고성・김관하金寬河1886~미상함경북도청진・김관학金寬學미상~1922미상・김광金光1910~1944황해도해주・김광덕金廣德1897~1920미상・김광덕金光德1885~1945전라북도익산・김광서金廣西1886~미상충청남도아산・김광석金光石1917~2012평안남도강서・김광섭金珖燮1904~1977함경북도경성・김광섭金光燮1880~미상황해도황주・김광수金光壽1878~1939경상북도울진・김광수金光洙1924~1999전라남도무안・김광수金光守1925~2002경상남도창원・김광순金光珣1888~미상평안남도대동・김광언金光彦1919~1993평안북도선천・김광언金光彦1848~미상미상・김광옥金光玉미상~1935미상・김광용金匡溶1908~1979전라남도나주・김광욱金光郁미상~1919평안남도강서・김광은金光恩1891~1918함경북도경흥・김광은金光銀1896~1942황해도안악・김광제金光濟1866~1920충청남도보령・김광진金光振1897~1964평안북도의주・김광추金光秋미상~1924미상・김광필金光弼1894~1936강원도화천・김광호金光瑚1901~미상함경북도명천・김광회金光會1891~1920미상・김광희金光熙1892~1968함경북도・김굉가金宏佳1921~1969제주도제주・김교락金敎洛1882~1954전라남도함평・김교상金敎爽1889~1946경기도경성・김교선金敎善1892~1970충청남도천안・김교신金敎臣1901~1945경기도고양・김교영金敎永1858~1929경기도광주・김교원金敎元1887~1920평안북도정주・김교창金敎昌1889~1959경기도강화・김교철金敎哲1880~1955경기도화성・김교학金敎鶴1922~1969경상북도김천・김교헌金敎獻1868~1923경기도광주・김교환金敎煥1883~1955충청북도괴산・김교훈金敎勳1880~1934충청남도대전・김교훈金敎勳1896~1973경상북도김천・김구金九1876~1949황해도벽성・김구金龜1882~미상충청남도공주・김구락金九洛1898~미상황해도금천・김구범金具範1892~1980경상북도고령・김구식金九植1881~1947경기도용인・김구영金九榮1900~1961황해도해주・김구영金龜泳1900~1951황해도은율・김구응金球應1887~1919충청남도천안・김구일金九釰1886~미상함경남도함흥・김구진金龜鎭1874~1943경상북도성주・김구하金龜河1924~1985경상북도선산・김구현金九鉉1872~1932경상남도의령・김구현金九鉉1900~미상경상북도안동・김구현金龜顯1889~1969경상북도안동・김구화金求和1880~미상충청남도홍성·김국명金國明1869~미상평안북도선천·김국민金國敏1902~1969평안남도강동·김국삼金國三미상~1919미상·김국선金國先1897~미상평안북도의주·김국주金國柱1924~2021함경남도원산·김국주金國柱1891~1957충청북도충주·김국환金國煥1917~1997함경남도정평·김군남金君南1916~2001평안북도박천·김군석金郡石1890~1967경상북도의성·김군화金君花1877~1920미상·김군희金君喜1918~1963경기도양주·김권權1924~1996경기도고양·김권문權文1912~1983전라남도여수·김권봉金權奉1899~1975전라남도함평·김권일金權一1924~미상함경북도길주·김권일金權一1925~1946경상남도창원·김귀근金貴根1873~1942경상북도영덕·김귀남金貴南1904~1990전라남도목포·김귀룡金貴龍1898~1975경상남도동래·김귀문金貴文1908~1935전라남도여수·김귀선金貴善1913~2005전라남도보성·김귀임金貴任1911~미상경상북도대구·김규면金圭冕1880~1969함경북도경흥·김규복金圭福1905~1977경상북도의성·김규석金奎錫1880~1941전라남도순천·김규선金圭鮮1911~미상전라북도전주·김규성金奎晟1863~미상황해도황주·김규식金奎植1881~1950한성·김규식金奎植1882~1931경기도양주·김규식金圭植1880~1945경상북도안동·김규열金圭烈1893~1968전라남도구례·김규완金奎完1890~미상경기도수원·김규원金圭元1925~2002경상남도동래·김규정金奎正1899~1962한성·김규직金圭直1909~1929경상남도동래·김규찬金奎燦1872~미상미상·김규창金奎昌1909~미상함경남도정평·김규헌金奎憲1886~1970경상북도안동·김규현金奎鉉1903~1933경상남도마산·김규현金奎鉉1879~1950전라북도진안·김규형金圭炯1901~미상함경북도회령·김규환金奎煥1915~1985충청남도천안·김규흥金奎興1872~1936충청북도옥천·김균金鈞1899~1929평안북도정주·김극선金極善1878~1945경기도양평·김근규金根圭1874~미상충청남도부여·김근도金根道1900~1983경상남도창원·김근배金根培1847~1910전라북도이리·김근배金根培1921~1994강원도홍천·김근배金根培1919~1967경기도인천·김근수金根洙1912~1992경상남도·김근식金根植1896~미상황해도봉산·김근태金根泰1909~1973경상남도김해·김근필金根弼1892~1965충청남도아산·김근필金根弼1877~1944평안남도평양·김근하金根河1897~미상평안남도평양·김근형金根瀅미상~1911평안남도평양·김금남金錦南1911~미상전라북도부안·김금록金錦錄1912~미상강원도강릉·김금복金今福1899~1955충청남도아산·김금산金錦山1887~1935충청남도서산·김금석金今石1892~미상전라남도화순·김금손金今孫1895~1947충청남도홍성·김금수金今守1892~미상경상남도김해·김금수金今守1891~1943경상북도예천·김금연金錦嬿1911~2000경상남도밀양·김금영金今榮1901~1979경상남도창녕·김금옥金今玉1896~1969충청남도서산·김기관金基寬1886~1920평안북도벽동·김기권金基權1910~2005전라남도광주·김기도金基燾1922~1989경상북도경주·김기동金基洞1898~1955전라북도익산·김기두金驥斗1891~미상경상남도통영·김기득金奇得1899~1933한성·김기련金基鍊1925~2017경기도개풍·김기룡金基龍1869~미상함경북도종성·김기룡金基龍1878~미상함경남도정평·김기만金基萬1879~1927평안남도용강·김기배金基培1904~1947충청남도청양·김기백金基伯1896~미상평안북도삭주·김기범金箕範1862~1919경상남도산청·김기범金淇範1885~1951경상남도하동·김기보金基甫1869~미상미상·김기봉金奇鳳1894~1939경상북도청도·김기봉金己鳳1898~미상함경북도부령·김기봉金己奉1885~1941충청남도홍성·김기삼金琪三1901~1965경상남도부산·김기석金基石1904~1921함경남도원산·김기석金己石1909~1939경상북도예천·김기선金基善1888~1920미상·김기섭金基燮1891~1950함경남도함흥·김기성金基聲1900~1946경기도안성·김기성金基成1910~2000충청남도청양·김기세金基世1904~1969황해도평산·김기수金基洙미상평안남도순천·김기수金基洙1888~1975제주도제주·김기수金基洙1859~1925경상북도청송·김기순金奇旬1862~1919전라남도곡성·김기술金己述1887~1940전라북도옥구·김기업金基業1887~1949경상남도·김기열金基烈1882~미상평안북도벽동·김기열金基烈1881~미상평안남도중화·김기영金基英1898~미상강원도삼척·김기영金基永1853~미상평안북도의주·김기영金琪榮1883~1952경상북도울진·김기오金基五1884~미상함경남도단천·김기용金基用1883~1938경상북도영천·김기용金基容미상~1922함경남도삼수·김기원金基元미상~1923평안북도의주·김기원金基元1885~1965충청남도예산·김기은金起銀1883~미상경기도안성·김기전金基甸1890~1948평안북도정주·김기제金基濟1876~미상평안북도정주·김기주金基柱1908~1940전라남도장성·김기주金基周1924~2013경기도이천·김기준金基畯1895~1920미상·김기준金己俊1880~1920미상·김기준金基俊1881~미상황해도신천·김기중金琪中1921~2010전라남도광주·김기창金基昶1879~미상경기도개성·김기창金基昌1872~1950평안북도의주·김기출金奇出1899~미상충청북도보은·김기칠金其七1907~1965전라남도순천·김기태金基泰1890~1951경상북도의성·김기택金箕澤1900~1969전라남도함평·김기한金起漢1883~미상평안남도덕천·김기헌金基憲1896~미상함경남도고원·김기현金基鉉1884~1927평안북도강계·김기현金箕鉉1876~미상평안남도성천·김기현金基鉉1893~1956강원도홍천·김기현金基賢1841~미상전라남도강진·김기형金基瀅1887~1943황해도안악·김기형金基亨1894~1952전라남도장성·김기호金琪鎬1895~1964경상남도마산·김기홍金基弘1873~미상황해도수안·김기홍金基弘1880~1949평안남도대동·김기홍金基弘1918~1948전라남도무안·김기환金基瓛1908~1938함경남도홍원·김기환金基煥1905~미상함경남도이원·김기흥金基興1880~미상함경남도홍원·김길도金吉道1878~1924경상북도의성·김길동金吉東1878~1954충청남도서산·김길룡金吉龍1912~1937전라남도완도·김길상金吉相1924~1985경상북도상주·김길성金吉成1900~1943충청남도서산·김길수金吉洙1886~미상평안북도자성·김길수金吉洙1910~1945전라북도장수·김길우金吉友1899~1934함경남도함흥·김길원金吉元1914~미상경상남도울산·김길호金吉浩1902~1951전라남도담양·김길희金吉

憙1891~1920미상 • 김나열金羅烈1907~2003전라남도순천 • 김나현金羅賢1902~1989전라북도정읍 • 김낙규미상~1921미상 • 김낙규金洛圭1897~1920미상 • 김낙도金洛道1880~1920황해도안악 • 김낙두金洛斗미상~1921미상 • 김낙서金洛西1890~1920함경북도경원 • 김낙선金洛善1895~미상함경북도경성 • 김낙세金洛世1890~1920미상 • 김낙세金洛世1869~1944경상북도상주 • 김낙수金洛綏1880~1919경상남도울산 • 김낙영金洛永1899~1971황해도장연 • 김낙원金樂元1898~1958경상북도영덕 • 김낙천金洛天1880~미상황해도평산 • 김낙철金洛喆1888~1921미상 • 김낙헌金洛憲1902~1965경상북도영천 • 김낙현金洛賢1884~미상평안북도창성 • 김낙현金洛顯1917~1987경상남도사천 • 김낙형金洛衡1911~미상경상북도영주 • 김낙희金樂希미상평안남도평양 • 김난섭金蘭燮1895~미상황해도은율 • 김난줄金蘭茁1905~1938경상남도부산 • 김난줄金蘭茁1904~1983경상남도부산 • 김난하金蘭河1870~미상미상 • 김남극金南極1869~1920함경북도명천 • 김남두金南斗1906~1937전라남도완도 • 김남두金南斗1901~미상전라북도고창 • 김남산金南山1904~1919경기도파주 • 김남산金南山1889~1966경기도김포 • 김남수金南洙1899~1945경상북도안동 • 김남수金南洙1900~1971경상북도 • 김남식金南植1919~1989전라남도해남 • 김남철金南哲1909~1980전라남도무안 • 김내범金迺範1897~1949평안북도철산 • 김내찬金迺贊1884~1922평안북도철산 • 김내홍金迺洪1895~1951평안북도철산 • 김노디金노디1898~1972황해도곡산 • 김뇌식金賚植1877~1935경상북도봉화 • 김달곤金達坤1873~1922경상북도성주 • 김달곤金達坤1896~1920전라북도정읍 • 김달년金達年1893~1973충청북도음성 • 김달섭金達涉1885~미상평안남도강서 • 김달수金達洙1888~1924경상남도부산 • 김달식金達植1897~1985경상북도의성 • 김달영金達泳1857~미상평안남도중화 • 김달용金達用1888~1955충청남도서산 • 김달윤金達潤1902~1949경상북도경산 • 김달환金達桓1889~1938경기도용인 • 김달희金達熙1890~1977경상북도청송 • 김대건金大健미상~1920평안북도위원 • 김대관金大寬1876~1940충청남도청양 • 김대기金大祺1915~1961경상남도함양 • 김대락金大洛1845~1915경상북도안동 • 김대복金大福1879~미상함경북도고원 • 김대석金大石미상~1921미상 • 김대선金大善1877~미상한성 • 김대수金大守1897~미상전라남도완도 • 김대순金大順1907~미상경기도 • 김대엽金大燁1890~미상평안남도용강 • 김대원金大元1910~1958제주도제주 • 김대중金大重1913~1979전라남도영광 • 김대지金大池1891~1942경상남도밀양 • 김대지金大支1897~1923경상북도영덕 • 김대혁金大爀1875~1973평안남도용강 • 김대현金大賢1902~1920미상 • 김대현金大鉉1872~미상경기도양주 • 김덕규金德圭1874~1944경상북도영덕 • 김덕근金德根1912~미상전라남도함평 • 김덕근金德根1889~1958경기도수원 • 김덕기金德基1914~1988경상북도봉화 • 김덕남金德男1919~1946경상남도울산 • 김덕목金德穆1913~미상평안남도용강 • 김덕문金德文1890~미상경상북도영덕 • 김덕배金德培1885~미상황해도연백 • 김덕봉金德峰1898~1969경상남도양산 • 김덕봉金德奉1899~1949한성 • 김덕빈金德彬1883~미상충청남도부여 • 김덕산金德山미상~1920미상 • 김덕삼金德三1876~1962한성 • 김덕선金德宣1892~미상황해도이천 • 김덕선金德善1904~1945전라남도광주 • 김덕세金德世1894~1977전라북도무주 • 김덕수金德洙1885~1920미상 • 김덕수金德壽1868~1937경상북도영덕 • 김덕수金德守1909~1981강원도삼척 • 김덕순金德順1909~1945평안북도선천 • 김덕순金德淳1880~1944경상북도의성 • 김덕순金德順1901~1984전라남도광주 • 김덕승金德承1899~미상평안북도철산 • 김덕승金德勝1924~1987평안북도용천 • 김덕신金德新미상~1920평안북도창성 • 김덕신金德新1901~미상황해도해주 • 김덕여金德汝1875~1937경기도양주 • 김덕연金德淵1915~1951경상남도의령 • 김덕영金德永1887~1921경상북도상주 • 김덕오金德五1882~1961경기도양주 • 김덕용金德用1900~1919경기도수원 • 김덕원金德元1915~1989한성 • 김덕원金德元1876~1946강원도홍천 • 김덕원金德元1859~미상경상남도동래 • 김덕윤金德潤1894~미상함경북도명천 • 김덕윤金德潤1918~2006평안도평양 • 김덕은金德殷미상~1922미상 • 김덕이金德伊1862~미상경상북도칠곡 • 김덕인金德仁1852~미상전라북도남원 • 김덕재金德在1870~미상황해도통천 • 김덕조金德祚1914~1947경상남도양산 • 김덕칠金德七1886~미상경기도이천 • 김덕필金德弼1882~1947충청남도홍성 • 김덕하金德河1898~미상평안북도의주 • 김덕해金德海미상~1935미상 • 김덕현金德賢1880~1920함경북도회령 • 김도곤金道坤1890~1947경상북도청도 • 김도길金道吉1898~1984경상북도칠곡 • 김도봉金道峰1897~1972충청남도예산 • 김도빈金道彬1893~미상황해도수안 • 김도손金道孫1893~1922충청남도홍성 • 김도식金道式1889~1923경상북도의성 • 김도언金道彦1892~미상평안북도의주 • 김도여金道汝1867~1917미상 • 김도연金度演1894~1967경기도김포 • 김도연金道演1894~1987황해도김화 • 김도엽金度燁1899~1937경상남도동래 • 김도원金道源1895~1923평안북도선천 • 김도윤金道允1872~미상함경남도이원 • 김도일金道一1886~1919충청남도서산 • 김도정金度貞1889~1971경기도수원 • 김도주金道周1899~1919경상북도안동 • 김도준金道俊1869~1920평안북도용천 • 김도치金道致1874~1927경상북도영덕 • 김도태金道泰1891~1956평안북도정주 • 김도학金道學1870~미상경상북도영덕 • 김도헌金道憲1879~미상함경남도신흥 • 김도현金道賢1893~미상황해도장연 • 김도현金道鉉1865~1920미상 • 김도화金道和1873~1920미상 • 김도흠金道欽1887~1933함경북도성진 • 김도희金道熙1867~1924한성 • 김독실金篤實1897~1944평안남도용강 • 김돈金墩1887~미상경상북도의성 • 김돈희金敦熙1867~1922경상남도의령 • 김돌용金突龍1888~미상충청남도아산 • 김동규金東奎1876~미상함경남도풍산 • 김동규金東奎1909~1996전라남도영암 • 김동근金東根1878~미상황해도봉산 • 김동근金東根1879~1943충청남도서산 • 김동근金同根1899~1948경상남도통영 • 김동기金東起1876~1924평안남도평원 • 김동락金東洛1897~1971경상북도영덕 • 김동렬金棟列1926~미상경상남도산청 • 김동만金東滿1880~1920경상북도안동 • 김동범金東範1895~1939평안북도철산 • 김동삼金東三1878~1937경상북도안동 • 김동석金東石1870~미상한성 • 김동선金東善1901~미상평안북도 • 김동섭金東燮1912~1966전라남도곡성 • 김동섭金東燮1901~미상함경북도명천 • 김동수金東壽1865~1931경상남도합천 • 김동수金東洙1916~1982경기도인천 • 김동순金東純1892~미상경기도개성 • 김동순金東舜1918~2006평안남도평원 • 김동순金東純1894~미상함경북도청진 • 김동식金東湜1892~미상함경북도경성 • 김동식金東植1891~1966충청남도공주 • 김동식金東植1898~1949경상북도봉화 • 김동식金東植1899~1989평안북도의주 • 김동식金東植1883~1942평안남도중화 • 김동억金東億1882~미상충청북도괴산 • 김동완金東完1882~1945충청남도홍성 • 김동완金東完1922~미상강원도인제 • 김동우金東寓1896~1988경상남도남해 • 김동욱金東旭1898~1970충청남도예산 • 김동운金東云1880~1947충청남도서산 • 김동운金東雲1887~1955충청남도홍성 • 김동은金東垠1908~1978전라남도보성 • 김동은金東殷1895~1937충청남도청양 • 김동응金東應미상~1934미상 • 김동익金東翼1896~미상평안북도초산 • 김동인金東仁1899~1944제주도제주 • 김동주金東柱1891~1929경상북도청도 • 김동준金東俊1893~1966충청남도홍성 • 김동준金東俊미상~1934미상 • 김동준金東俊1880~미상함경남도삼수 • 김동진金東鎭1920~1982평안북도의주 • 김동진金東鎭1867~1952경상북도영주 • 김동진金東鎭1891~1938충청남도홍성 • 김동진金東鎭1895~1967함경북도청진 • 김동진金東眞1900~미상충청남도부여 • 김동집金東集1883~1962충청남도홍성 • 김동철金東哲1924~미상함경북도성진 • 김동춘金東春미상~1934미상 • 김동택金東澤1885~1957경상북도영덕 • 김동택金東澤1899~1943경상북도안동 • 김동표金東表1891~1950평안북도용천 • 김동필金東弼1915~1934경기도개성 • 김동필金東弼1860~1944경상북도영천 • 김동필金東弼1919~1999황해도연백 • 김동하金東河1922~1982평안북도용천 • 김동하金東河1892~1940충청남도홍성 • 김동헌金東憲1889~미상평안남도진남포 • 김동혁金東赫1901~1948충청남도홍성 • 김동현金東鉉1879~미상충청남도서산 • 김동협金東鋏1920~2012평안남도순천 • 김동호金東鎬미상강원도삼척 • 김동호金東鎬1919~1982경기도양주 • 김동호金東鎬1894~1970경상남도함양 • 김동화金東化1884~미상충청남도홍성 • 김동환金東煥1910~미상경상북도김천 • 김동환金東煥1900~미상황해도봉산 • 김동후金東厚1916~1999평안북도영변 • 김동훈1897~1937함경북도경성 • 김동훈金東勳1896~1965전라남도해남 • 김동희金東姬1900~미상경기도장단 • 김두갑金斗甲1922~1944경상남도김해 • 김두경金斗璟1910~1937제주도제주 • 김두극金斗極1882~1945평안북도박천 • 김두량金斗良1871~1941경상남도함안 • 김두만金斗萬1920~1984경상남도의령 • 김두만金斗萬1884~1942평안북도의주 • 김두만金斗萬1863~1932경상북도칠곡 • 김두배金斗培1909~1928경상북도영주 • 김두삼金斗三1893~1919제주도제주 • 김두석金斗石1915~2004경상남도마산 • 김두섭金斗燮1922~미상황해도회양 • 김두성金斗星1902~1998황해도황주 • 김두성金斗性1913~2005제주도제주 • 김두성金斗星1900~미상황해도서흥 • 김두순金斗淳1889~미상황해도서흥 • 김두영金斗榮1899~1978강원도양양 • 김두영金杜榮1898~1964경상남도창녕 • 김두오金斗五1911~1945경상북도경주 • 김두옥金斗玉1895~1935경상남도통영 • 김두우金斗牛1898~1931황해도평산 • 김두원金斗源1892~미상평안남도용강 • 김두일金斗一1875~미상함경북도무산 • 김두진金斗鎭1887~1944경상북도안동 • 김두찬金斗燦1919~2011평안남도강동 • 김두채金斗采1912~1947전라남도광주 • 김두천金斗川1898~1940경상북도영덕 • 김두칠金斗七1896~1965평안북도의주 • 김두필金斗珌1897~미상황해도재령 • 김두혁金斗爀1908~1995평안남도대동 • 김두현金斗鉉1894~미상경상남도하동 • 김두현金斗現미상~1918미상 • 김두형金斗衡1894~미상경상북도안동 • 김두화金斗和1884~1967평안남도평양 • 김두환金斗煥1909~1956전라남도장흥 • 김두환金斗煥1894~미상황해도곡산 • 김두환金斗煥1900~1932황해도금천 • 김두희金斗熙1921~2000경상북도성주 • 김득구金得龜미상~1922미상 • 김득근金得根1893~1933전라남도무안 • 김득룡金得龍1882~미상경상북도칠곡 • 김득명金得鳴1923~2009황해도봉산 • 김득수金得洙1907~1930미상 • 김득하金得河미상~1922미상 • 김득하金得夏1892~1966평안북도용천 • 김락金洛1863~1929경상북도안동 • 김란사金蘭史1872~1919평안남도안주 • 김래문金來文1893~미상충청남도홍성 • 김래현金來鉉1882~미상평안북도의주 • 김련金煉1888~1950평안북도강계 • 김룡金龍1918~2001황해도황주 • 김마리아金瑪利亞1892~1944황해도장연 • 김마리아金馬利亞1903~1970한성 • 김마리아金瑪利亞1903~미상경기도포천 • 김만겸金萬謙1886~1938함경북도경원 • 김만득金萬得1916~1950경상북도월성 • 김만복金萬福1902~1925충청남도홍성 • 김만수金萬守1899~1920경상북도영일 • 김만수金萬秀1892~1924경상북도안동 • 김만식金萬植1921~1990경상북도상주 • 김만식金萬植1866~1933경상북도안동 • 김만암金萬岩1900~1967경상북도안동 • 김만영金萬榮1887~1922평안남도대동 • 김만와金晩窩1898~1967함경북도무산 • 김만재金萬財1895~미상평안북도벽동 • 김만제金萬濟1912~1991충청남도공주 • 김만제金萬濟1912~1946제주도제주 • 김만진金萬鎭1898~1989평안남도대동 • 김만진金晩鎭1919~1992경기도평택 • 김만철金萬哲1901~1948전라남도강진 • 김만홍金晩洪1871~1956평안북도벽동 • 김말도金末度1924~1969경상북도달성 • 김말복金末福1909~1985경상남도양산 • 김말불金末不1891~미상경상북도영덕 • 김말재金末在1908~1996전라북도김제 • 김맥동金麥童1895~1980경상남도함양 • 김면숙金冕淑1868~미상함경남도장진 • 김면오金冕五1899~1981함경남도함흥 • 김면호金冕浩미상~1919평안남도강서 • 김명곤金明坤1886~1922전라남도해남 • 김명권金明權1889~1923평안남도덕천 • 김명규金明奎1891~1950황해도신천 • 김명규金明奎1893~1977경상남도밀양 • 김명기金明起1920~2012평안남도평양 • 김명기金明基1899~1976강원도양양 • 김명돈金明敦1878~1956제주도제주 • 김명돌金命乭1916~1983경상북도경산 • 김명려金明麗1891~미상황해도서흥 • 김명룡金明龍1892~1920미상 • 김명무1897~1938평안북도강계 • 김명보金明甫1882~미상황해도황주 • 김명봉金明鳳1880~미상평안북도삭주·김명봉金鳴鳳1893~1924강원도홍천·김명봉金明鳳1900~미상함경북도성진·김명산金明山1910~미상평안북도초산·김명삼金明三1869~미상평안북도벽동·김명선金明宣1864~1937평안남도대동·김명성金鳴聲1884~미상황해도신천·김명성金明星1906~미상함경북도명천·김명세金明世1897~1920함경북도명천·김명수金明秀1893~1972충청남도보령·김명수金明洙1874~미상함경남도갑산·김명수金明洙미상~1924미상·김명수明守1929~1945경상남도창원·김명수金明壽1926~2015황해도옹진·김명수金明洙1922~1961경상남도부산·김명순金命順1896~1963경기도고양·김명시金命時1907~1949경상남도마산·김명식金明植1890~1943제주도제주·김명신金明信미상~1919미상·김명옥金明玉1876~미상강원도양구·김명옥金明玉1887~미상충청남도아산·김명우金明友1887~1951경기도수원·김명욱金鳴旭1896~1943평안남도평양·김명인金明仁1899~1966경상북도안동·김명제金明濟미상~1923미상·김명제金明濟1876~미상경기도장단·김명제金命濟1863~1926경기도화성·김명준金明俊1876~1922평안북도강계·김명준金命俊1896~미상경상북도성주·김명진金命鎭1908~1955경상북도영주·김명진金明辰1900~1965경기도인천·김명진金明鎭1887~미상충청북도괴산·김명진金明珍1867~1920미상·김명찬金明贊1901~미상평안북도구성·김명천金明天1916~1999함경북도회령·김명출金明出1893~1987경상북도의성·김명탁金明鐸1916~1950전라남도무안·김명하金明河1900~1919평안북도강계·김명하金明河1893~미상함경북도종성·김명호金明鎬1887~1951경기도화성·김명호金明浩1890~미상함경북도회령·김명화金明華미상~1944평안도·김명희金明熙미상~1921미상·김목덕金木德1879~1950경상북도영덕·김몽득金夢得미상~1919평안북도벽동·김몽룡金夢龍1898~1973경상북도영덕·김몽필金夢弼미상~1921미상·김몽한金蒙漢1872~1935평안남도용강·김무규金武圭1887~1945경상북도안동·김무삼金戊三1908~1970전라남도강진·김무생金武生1898~1971경상북도경산·김무석金武錫1887~1960제주도제주·김무열金武烈1887~1929경상북도대구·김문보金文甫1878~미상함경남도함흥·김문상金文相1877~미상황해도수안·김문선金文善미상~1936미상·김문수金文洙1893~미상함경북도회령·김문식金文植1920~1995평안남도강동·김문옥金文玉미상~1928미상·김문옥金文玉1898~1955경상북도대구·김문옥金文玉1904~미상전라북도전주·김문유金文裕1894~미상경기도연천·김문준金文準1894~1936제주도제주·김문진金文軫1892~1925경상북도대구·김문택金文澤1919~1988평안남도진남포·김문필金文弼1893~1920미상·김문호金文鎬1911~1999황해도해주·김문황金文黃1892~미상평안북도구성·김문희金文熙미상평안북도초산·김미동金美東1908~1947경상남도김해·김민두金泯斗1893~1939전라북도남원·김민석金玟錫1921~2010전라남도완도·김민수金珉秀1894~미상함경북도무산·김민찬金玟贊1902~1950황해도이천·김민호金岷浩1889~1920경상남도통영·김민환金旻煥1910~2003경상북도경주·김박춘金朴春1898~1920미상·김반기金盤基미상~1922미상·김반석金盤石1893~1952경상북도영덕·김반수金班守1904~2001경상남도동래·김방수金芳洙1916~1974전라북도고창·김방우金邦佑1914~미상경상북도대구·김방응金邦應1905~미상충청남도천안·김배관金培寬1885~1977경기도안성·김배길金倍吉1926~2020전라남도무안·김배혁金培赫1887~1963평안남도평원·김백경金白敬1857~미상평안남도중화·김백능金百能1898~1929제주도제주·김백룡金白龍1895~1949충청남도공주·김백손金百孫1893~1965충청남도부여·김백수金白洙1880~1946강원도강릉·김백우金白祐미상미상·김백원金百源1859~1935한성·김백춘金伯春1880~미상경기도안성·김백평金栢枰1900~1990전라남도여수·김범식金凡植1911~1984전라남도장흥·김범주金凡柱미상~1923미상·김범준金範俊1896~1963충청남도서산·김법린金法麟1899~1964경상남도동래·김병건金秉健1882~미상함경북도길주·김병건金炳乾1895~1940평안남도안주·김병구金炳九1886~미상평안북도영원·김병국金炳國1894~미상함경남도풍산·김병권金秉權미상~1922미상·김병권金秉權1878~1951경기도시흥·김병권金炳權1891~1927함경남도함흥·김병규金柄奎1890~1985전라남도완도·김병규金炳奎1890~1967평안북도철산·김병규金炳圭1914~1931전라남도여수·김병균金炳均1879~1933평안남도중화·김병기金炳基1868~미상평안남도정주·김병기金炳基1913~1957전라남도장성·김병길金炳吉1881~1931충청남도홍성·김병길金秉吉1897~1920미상·김병길金秉吉1924~2019경상남도창원·김병년金炳年1894~1924평안남도평원·김병노金秉魯1906~1925미상·김병농金炳穠1876~1952평안북도철산·김병도金炳道1886~1965경상북도안동·김병두金炳斗1898~1925평안남도강서·김병두金炳斗1897~1985경상북도울진·김병락金丙洛1886~1920미상·김병련金秉璉1897~1949경상북도봉화·김병련金炳鍊1865~미상함경북도길주·김병렬金炳烈1888~미상평안북도벽동·김병렬金炳烈미상~1922미상·김병렬金炳烈1892~1946미상·김병렬金秉烈1885~미상경기도안성·김병령金炳領1873~미상황해도수안·김병로金炳魯1887~1964한성·김병록金丙錄1885~미상평안남도평양·김병룡金丙龍1898~1922평안북도자성·김병륜金炳倫1913~1951전라북도김제·김병률金秉律1870~미상황해도이천·김병무金柄茂1877~미상함경남도단천·김병무金炳武1901~미상평안북도창성·김병문金秉文1894~1967경상북도안동·김병삼金秉三1893~1920미상·김병삼金炳三미상~1922미상·김병선金秉善1851~미상경기도용인·김병선金炳善미상~1921미상·김병성金炳星1894~1922평안북도운산·김병성金炳成1910~1947경상남도하동·김병수金丙洙1862~미상함경북도길주·김병수金炳洙1889~1920미상·김병수金炳秀1897~1944경상북도문경·김병수金炳洙1898~1951전라북도김제·김병수金炳洙미상미상·김병숙金炳淑1899~미상평안남도중화·김병순金炳淳1871~미상함경남도갑산·김병순金炳純1926~2010전라북도김제·김병술金炳述1875~미상평안남도성천·김병식金炳軾1872~미상함경남도풍산·김병식金炳植1885~미상황해도황주·김병식金秉植1856~1936경상북도안동 • 김병식金炳植1892~미상함경북도부령 • 김병양金炳洋1884~미상미상 • 김병연金炳淵1896~1965평안남도평양 • 김병연金秉瑌1893~1967평안남도개천 • 김병영金炳榮미상~1919미상 • 김병용金炳庸1909~1943전라남도나주 • 김병우金秉宇1893~1920미상 • 김병우金炳宇1879~1936경상북도안동 • 김병욱金炳旭1888~1925함경북도길주 • 김병욱金炳旭1920~1993경상북도달성 • 김병원金丙元1874~1920미상 • 김병원金秉元1890~미상황해도황주 • 김병율金丙律미상미상 • 김병은金炳澱1920~1966전라북도부안 • 김병은金炳銀1861~1920함경북도명천 • 김병인金秉仁1915~2012평안남도용강 • 김병일金炳鎰1912~1935평안북도 • 김병일金秉一1905~1971평안남도영원 • 김병제金炳濟1899~1975충청남도청양 • 김병제金炳濟1894~1950평안남도안주 • 김병조金炳朝1895~1938평안남도대동 • 김병조金秉祚1869~미상평안북도선천 • 김병조金秉祚1877~1948평안북도용천 • 김병주金炳柱1864~미상황해도평강 • 김병주金炳周1902~1923평안북도삭주 • 김병준金秉濬1876~1939함경남도이원 • 김병준金炳俊1882~미상평안남도중화 • 김병준金秉濬1876~1960경상북도청도 • 김병준金柄俊1896~미상황해도금천 • 김병직金丙直1885~미상함경남도이원 • 김병직金秉直1881~1957경상남도거창 • 김병진金秉軫1895~1964경상북도안동 • 김병진金炳辰1906~미상함경북도경흥 • 김병찬金秉贊미상~1919평안북도강계 • 김병창金秉昌1898~1922미상 • 김병칠金炳七1888~미상평안남도용강 • 김병태金餠泰1899~1946경상남도부산 • 김병태金秉泰1875~1968경상북도문경 • 김병택金秉澤미상~1921미상 • 김병택金炳澤1883~미상평안남도중화 • 김병하金炳河미상~1936미상 • 김병하金炳夏1859~미상강원도양구 • 김병하金炳河1885~1961강원도평강 • 김병학金丙學1899~1927미상 • 김병학金炳學1922~1983평안남도용강 • 김병학金炳學1900~1936전라북도전주 • 김병항金炳恒1897~미상평안북도태천 • 김병해金炳海1881~미상함경남도북청 • 김병헌金炳憲미상~1919미상 • 김병헌金秉憲1880~1949충청남도공주 • 김병헌金秉憲1884~미상황해도장연 • 김병현金炳鉉미상~1921평안북도벽동 • 김병현金炳賢미상미상 • 김병현金炳鉉1881~미상함경남도영흥 • 김병현金秉鉉1888~미상평안남도평양 • 김병현金炳玄1897~1920미상 • 김병현金柄鉉1925~2008경상남도창원 • 김병형金秉瀅1894~1941경상북도청도 • 김병형金秉衡1876~미상함경북도길주 • 김병호金秉鎬1848~미상함경남도풍산 • 김병호金炳浩미상~1924평안남도안주 • 김병호金秉浩미상~1923미상 • 김병호金秉鎬1865~미상전라북도익산 • 김병호金柄琥1915~1978경상남도산청 • 김병홍金秉泓1893~1964함경남도이원 • 김병홍金秉洪1896~미상함경남도이원 • 김병화金炳華1898~1936미상 • 김병화金炳化1922~1967전라북도전주 • 김병화金炳和1900~1946경상남도창원 • 김병환金秉煥1915~2009평안남도진남포 • 김병환金銷煥1889~1947경상남도밀양 • 김병훈金秉薰1888~미상평안남도덕천 • 김병희金炳儁1886~1928충청남도논산 • 김보곤金寶坤1891~1923경상북도청도 • 김보만金甫萬1896~1981충청남도청양 • 김보섭金普燮1911~1942전라남도나주 • 김보식金寶植1891~1979경상북도영덕 • 김보연金甫淵1886~1928황해도장연 • 김보원金寶源1888~1971평안남도대동 • 김보형金寶炯1896~1977평안북도영변 • 김보환金寶煥1886~미상미상 • 김보희金甫熙1881~1954경기도용인 • 김복개金福介1894~1945경상남도창원 • 김복근金福根1909~미상전라남도광주 • 김복기金福基1889~1950강원도원주 • 김복동金復東1889~미상경기도연천 • 김복만金福萬1907~1974전라남도무안 • 김복만金福萬1905~미상경상북도김천 • 김복선金福善1901~미상경상남도김해 • 김복선金福善1905~미상전라남도목포 • 김복수金福洙1902~미상전라북도전주 • 김복순미상미상미상 • 김복순金福順1914~2007전라남도광주 • 김복식金福植1881~1967경상북도의성 • 김복신金福信1899~미상평안남도순천 • 김복인金福寅미상평안북도선천 • 김복전金福典미상~1922미상 • 김복진金復鎭1901~1940충청북도영동 • 김복한金福漢1920~1979경상북도안동 • 김복현金福鉉1890~1969전라남도나주 • 김복형金復炯1896~1942평안북도의주 • 김복희金福熙1903~1987충청남도아산 • 김봉개金鳳凱1911~미상한성 • 김봉관金鳳官1869~1922함경남도갑산 • 김봉국金鳳國1897~1938충청남도서산 • 김봉국金鳳國1890~1931평안남도성천 • 김봉규金鳳奎1892~1968경상북도월성 • 김봉근金奉根1894~1976충청남도홍성 • 김봉근金奉根1892~미상충청남도아산 • 김봉근金奉根1893~미상전라북도전주 • 김봉기金鳳紀1889~미상평안북도강계 • 김봉길金鳳吉1887~미상황해도해주 • 김봉덕金奉德1900~미상평안북도희천 • 김봉률金奉律1897~1949경상북도합천 • 김봉문金鳳文1894~1968경상북도울진 • 김봉상金鳳湘1884~미상평안북도강계 • 김봉섭金鳳燮1893~1932평안남도강동 • 김봉섭金鳳燮미상미상 • 김봉성金鳳性1901~1945평안남도강서 • 김봉성金鳳聖1896~미상평안북도자성 • 김봉수金鳳洙1894~1920미상 • 김봉수金鳳洙1913~1980전라남도보성 • 김봉수金奉洙1900~1973경상북도의성 • 김봉수金鳳秀1901~미상평안북도의주 • 김봉순미상~1921미상 • 김봉순金鳳洵1902~미상함경남도원산 • 김봉식金鳳植1865~1934충청남도연기 • 김봉식金鳳植1915~1969경상북도경주 • 김봉식金鳳植1904~1974평안북도영변 • 김봉안金鳳安1903~1977충청남도홍성 • 김봉안金鳳安1895~1959경상북도김천 • 김봉애金奉愛1901~미상경상남도마산 • 김봉영金鳳永1916~2010황해도은율 • 김봉욱金鳳旭1887~1946충청남도서산 • 김봉원金鳳源1896~1945평안남도강동 • 김봉윤金奉允1884~1986충청남도청양 • 김봉익金鳳益미상~1922미상 • 김봉일金鳳一1859~1924강원도평창 • 김봉일金奉日1905~1983경상남도고성 • 김봉일金奉日1876~1960전라남도무안 • 김봉제金鳳濟1860~1929충청남도서산 • 김봉제金鳳齊1895~1943평안북도선천 • 김봉주金鳳周1892~1958전라북도김제 • 김봉준金鳳俊1888~미상평안북도희천 • 김봉준金鳳俊1904~미상평안북도강계 • 김봉준金鳳俊1893~1920미상 • 김봉준金鳳俊1880~1965평안북도선천 • 김봉추金鳳樞1892~1949경상남도부산 • 김봉학金奉學1878~미상강원도강릉 • 김봉학金奉學1871~1905황해도황주 • 김봉한金鳳漢미상~1922미상 • 김봉현金鳳賢1920~2007평안북도용천 • 김봉현金鳳鉉1885~1930

경기도안성・김봉호金鳳鎬1884~1950경상북도영주・김봉호金鳳浩1900~1921미상・김봉호金鳳昊1895~1982전라북도전주・김봉화金奉和1882~1919제주도제주・김봉환金鳳煥1873~1915전라남도장성・김봉훈金鳳壎1885~미상평안북도희천・김봉희金鞾熙1889~1941강원도춘천・김봉희金鳳熙1890~1957경기도진위・김봉희金鳳熙미상경기도강화・김부경金富卿1912~1935함경남도덕원・김부대金富大1905~1953충청남도금산・김부문金富文1887~1952경상북도의성・김부복金夫卜1902~1954충청남도당진・김부식金富植1878~1933충청남도서산・김부흥金富興1893~1938충청남도서산・김분남金粉男1913~미상경기도안성・김붕준金朋濬1888~미상평안남도용강・김사갑金士甲1883~미상함경남도장진・김사걸金士杰미상~1919평안북도정주・김사구金思九1879~1948충청남도보령・김사국金思國1895~1926한성・김사극金士極1903~1920미상・김사길金士吉1896~1939충청남도청양・김사룡金士龍1884~미상경상남도통영・김사만金思晩1891~1945강원도양양・김사문金斯文1903~1992경상남도창원・김사민金民民1898~미상한성・김사범金仕範1862~1950함경북도종성・김사봉金思鳳1896~1943강원도원주・김사용金思容1883~1941경상북도상주・김사용金四用1896~1960경상남도의령・김사응金思應1883~1922충청남도홍성・김사진金泗振1863~미상평안남도덕천・김사집金思潗1886~1936한성・김사현金士賢1888~미상충청남도공주・김사홍金仕홍1883~1945전라남도완도・김산金山1898~1984함경북도종성・김산륜金山倫1919~1943평안북도・김산해金山海1900~1970함경북도부령・김삼金三미사임상・김삼권金三權1896~1920미상・김삼도金三道1896~1919경상남도함안・김삼도金三道1900~1967경상북도고령・김삼록金三祿1882~1959경상북도영덕・김삼룡金三龍1905~1929함경북도성진・김삼룡金三龍1898~미상충청남도공주・김삼만金三萬1864~미상제주도제주・김삼석金三錫1911~1958전라남도고흥・김삼술金三述1908~1956경상북도영덕・김삼출金三出1913~1937경상북도김천・김상갑金尙甲미상~1919미상・김상건金尙乾1893~미상황해도안악・김상겸金尙謙1908~1948평안북도철산・김상경金相卿1876~1919경기도양평・김상구金相久1899~1971경상북도청도・김상권金相權1924~2003전라북도순창・김상규金相圭1879~미상충청남도공주・김상규金相規1911~미상평안북도정주・김상근金相根1875~미상함경남도단천・김상기金相琦1894~1953경상남도양산・김상길金相吉1926~2018경상북도대구・김상녀金上女1912~미상평안남도평양・김상덕金尙德1892~1956경상북도고령・김상득金尙得1901~미상경상남도밀양・김상락金尙洛1872~미상함경남도장진・김상렬金尙烈1895~1920미상・김상례金相禮1894~1920평안북도정주・김상률金相律미상~1923경상북도영천・김상무金商武1892~1923충청남도서산・김상배金相培미상~1921미상・김상보金相保1881~미상강원도철원・김상수金相洙1874~1923경상도・김상순金相淳1877~1956전라남도나주・김상술金相述1894~1931전라북도부안・김상억金商億1885~1960충청남도홍성・김상언金商彦1873~1965제주도제주・김상연金尙連1869~미상평안북도의주・김상열金商說1881~미상평안북도삭주・김상열金商說1852~미상한성・김상옥金相玉1876~미상경기도양주・김상옥金尙沃1892~미상평안북도의주・김상옥金相玉1891~미상충청남도천안・김상옥金尙沃1901~미상평안북도선천・김상옥金相玉1889~1923한성・김상완金商完1903~1942경기도진위・김상우金相雨1926~미상경상북도안동・김상욱金尙旭1889~미상평안북도의주・김상원金相元1890~1920미상・김상원金相元1902~미상전라남도광주・김상윤金相潤1896~1920미상・김상윤金相允1890~미상평안남도순천・김상윤金相潤1897~1927경상남도밀양・김상을金商乙1918~1991충청남도서천・김상의金相義1856~미상함경남도홍원・김상이金尙伊1898~1947경상남도밀양・김상익金相익1876~1924경상남도창원・김상익金相翊1895~1973함경남도원산・김상일金相逸1891~1920미상・김상정金商玎1875~1954충청남도서산・김상주金相周1895~1927미상・김상주金尙珠1901~미상경상남도마산・김상준金相俊미상~1923미상・김상준金尙俊1875~미상경상북도영덕・김상준金商俊1876~1926충청남도청양・김상준金商俊1885~1944충청남도예산・김상준金尙俊1916~1996경상북도김천・김상중金尙中1924~미상전라남도장성・김상직金相稷1902~1983한성・김상직金尙直1876~1929경상북도성주・김상진金尙鎭미상~1924미상・ 김상진 金相震1897~1946경상남도합천・김상진金尙珍1897~1936경상남도통영・김상집金祥集1887~1939경상남도함안・김상철金相喆1899~1974충청남도천안・김상추金商秋1908~1993전라남도제주・김상하金商夏미상충청남도부여・김상학金相鶴1919~1996함경남도・김상학金相鶴1887~미상전라남도영암・김상한金相漢1878~1943경상북도영덕・김상헌金祥憲1893~1945경상남도양산・김상헌金尙憲1893~1919충청남도천안・김상호金相顯1901~미상경상남도통영・김상호金相浩1880~1947경상남도산청・김상호金相浩미상미상・김상환金相奐1909~1977전라남도광양・김상후金尙厚1922~1999평안북도철산・김상후金商厚1869~1944전라남도광양・김상훈金相勳1928~2015경상남도산청・김상훈金相勛1879~미상함경북도명천・김상훈金相壎1898~1967경상남도통영・김상훈金相訓1874~1925충청남도천안・김상흠金相欽1919~1991전라북도고창・김상희金相囍1884~1959전라남도무안・김새협金璽浹1905~미상함경북도회령・김생려金生麗1876~미상평안북도희천・김서룡金瑞龍1879~미상함경남도북청・김서운金瑞雲1900~1927평안북도강계・김서종金書鍾1893~1943경상남도하안・김서희金瑞熙1912~미상평안북도의주・김석金晳1910~1983전라남도함평・김석구金石九1910~미상경상북도대구・김석규金錫奎1888~1929강원도영월・김석규金錫圭1881~1950경상북도성주・김석근金碩根1894~1947경상북도의성・김석동金奭東1922~1983한성・김석락金錫洛1893~1959전라북도진안・김석렬金錫烈1903~1945함경남도북청・김석범金錫範1861~미상평안남도중화・김석빈金錫斌1883~미상강원도양양・김석순金碩順1882~1962전라남도장흥・김석암金石岩1891~1959경상남도김해・김석연金錫淵1913~1933함경남도문천・김석용金碩用1924~1990경상남도통영・김석용金

錫瑢1894~1955전라남도광양・김석운金碩運미상~1919평안북도의주・김석은金錫恩미상평안남도평양・김석이金錫伊1884~1937경상북도영덕・김석이金石伊1895~미상경상북도영덕・김석조金石祚1900~1951경상북도영덕・김석주金錫柱1898~1922경상북도달성・김석진金奭鎭1847~1910경기도고양・김석창金錫昌1876~1950평안북도선천・김석춘金石春1876~미상미상・김석태金錫泰1874~1937함경남도갑산・김석하金錫河1895~미상평안북도의주・김석항金錫恒1861~1907한성・김석홍金錫弘미상~1927미상・김석화金錫化1886~미상평안북도박천・김석황金錫璜1894~1950황해도봉산・김석흥金錫興1897~1922평안남도성천・김석희金錫禧1876~미상평안남도평원・김선갑金銑甲1921~1942경상남도창원・김선경金善慶1864~미상평안북도위원・김선근金善根1912~2000전라남도나주・김선기金善琪1907~1992한성・김선두金善斗1876~미상평안남도평양・김선량金善亮1899~1984황해도안악・김선명金善明1861~미상경상남도산청・김선명金善明1896~1967경기도파주・김선문金先文1894~1953경기도고양・김선생金善生1904~1935함경북도명천・김선암金先岩1917~2011경상북도경산・김선오金善五1865~1919경상남도김해・김선제金善濟1891~1959전라남도순천・김선주金善周1897~미상경상남도통영・김선진金善鎭1892~1942한성・김선항金善恒1866~미상평안남도강서・김선호金善鎬1893~1924평안남도개천・김선홍金善洪1923~1998경상남도통영・김성金星1890~1946함경남도원산・김성갑金成甲1924~2001강원도・김성구金聖九1876~1928충청남도서산・김성국金成國1901~1932평안북도의주・김성권金聲權1875~1960경상북도경주・김성권金聖權1922~2007경상북도대구・김성규金聖奎1878~미상황해도연백・김성규金成奎1872~미상평안남도덕천・김성규金聖奎1879~1936경상북도의성・김성규金聖圭1921~미상경상남도마산・김성규金聲奎1883~1952경상북도영덕・김성규金性奎1904~1946경상북도영주・김성규金成奎1913~미상경상남도창원・김성극金成極1881~1920미상・김성근金聖根1885~미상경상북도의성・김성근金盛權1925~2010한성・김성근金聲根1901~1950강원도횡성・김성근金星根미상평안북도・김성길金成吉1892~1942경상북도경주・김성남金星男1908~1955전라북도고창・김성남金性男1897~1953경기도용인・김성남金成男1898~1964충청남도아산・김성대金成大1881~미상평안북도선천・김성덕金盛德1897~1949경상북도상주・김성도미상~1921미상・김성도金成道1878~미상전라북도전주・김성도金成道1913~1994평안북도용천・김성득金盛得1923~1983경상남도김해・김성로金聲魯1885~1922경상북도안동・김성로金成魯1896~1936경상북도안동・김성룡金成龍1920~2007평안북도철산・김성룡金成龍1893~미상황해도해주・김성률金聖律1867~미상황해도황주・김성률金聲律1920~1943황해도연백・김성만金成萬1908~미상함경북도경성・김성만金成萬1892~미상황해도봉산・김성모金聖姆1891~1967평안북도선천・김성무金成武1879~미상평안남도평양・김성묵金成黙1862~1939충청남도예산・김성문金成文1891~1954경기도안성・김성민金聖民미상미상・김성백金成伯1878~미상함경북도경성・김성범金成範1898~1930평안북도초산・김성복金成福미상~1923미상・김성복金聖福1856~1938경상북도안동・김성서金聖西1852~미상강원도횡성・김성수金成洙1901~1965제주도・김성수金成守1890~1968전라북도김제・김성수金成守1890~1965경상북도의성・김성수金晟洙1899~1954전라남도강진・김성수金成洙미상평안북도・김성수金聖壽1900~1969경상남도밀양・김성숙金成淑1896~1979제주도・김성숙金成淑1870~1927경상남도함안・김성숙金星淑1898~1969평안북도철산・김성술金聖述1897~1965경상북도영덕・김성식金成植1859~미상함경남도단천・김성신金成信1868~미상평안북도벽동・김성실金聖實1878~미상충청남도홍성・김성실金成實1869~1931경기도수원・김성심金誠心1883~미상평안남도강서・김성암金星岩1898~미상경기도양주・김성암金成岩1900~미상전라남도해남・김성애金聖愛1907~미상경상북도안동・김성업金性業1886~1965평안남도대동・김성연金聖連1886~1964충청남도서산・김성연金成鍊1889~1927함경북도명천・김성열金聖烈1871~1919경기도수원・김성엽金聖燁1896~1966평안북도의주・김성엽金聖葉1871~1948충청남도아산・김성오金聖吾1865~미상평안남도순천・김성오金聲五1901~1986제주도・김성옥金成玉미상~1923미상・김성용金性龍1913~1987경상북도고령・김성용金成用1874~미상경상남도함안・김성우金聲宇1896~1969함경북도성진・김성욱金聲旭1870~1949경상북도경산・김성원金聖源1872~미상평안남도양덕・김성원金聲遠1906~1998함경남도함흥・김성윤金性允1896~1957경상북도칠곡・김성은金成垠1927~1960전라북도남원・김성은金聖恩1881~1961전라북도군산・김성인金成仁1883~1920미상・김성일金聖日1898~1961황해도해주・김성일金成一1897~미상평안북도용천・김성장金成章(聲錚)1897~미상평안남도평원・김성재金成在미상~1924미상・김성재金成才1905~미상황해도장연・김성재金聖在1878~미상경기도안성・김성재金性在1874~1928전라북도남원・김성조金聖祚1902~1920경상남도동래・김성종金性鐘1915~1945제주도제주・김성진金聲鎭1881~미상충청남도청양・김성진金聖鎭1877~미상평안남도대동・김성진金聲振1857~1915경상북도영주・김성진金成鎭1887~미상충청남도아산・김성집金成楫1889~1920평안북도영변・김성천金聲天미상~1926황해도옹진・김성철金成哲1923~1999평안북도용천・김성칠金聖七1886~미상충청남도홍성・김성택金聲澤1857~1920전라북도김제・김성택미상미상・김성택金聖澤1898~1944평안남도안주・김성하金晟河1877~1942경상북도영일・김성학金成學1898~미상한성・김성학金聖學1920~1945충청남도금산・김성한金成漢1896~1974경상북도의성・김성한金聖漢1892~미상경기도김포・김성한金星漢1901~1947경상북도청송・김성항金成恒1880~1921평안남도평양・김성현金盛鉉1891~미상황해도장연・김성현金聖鉉1900~1933충청남도논산・김성현金聖鉉1874~1920미상・김성현金聖炫1885~미상전라남도담양・김성호金聖灝1892~1961평안북도선천・김성환金成煥1875~1958충청북도청주・김성환金聖煥1919~1993평안남도강서・김성환金聲煥

1891~1920미상 • 김세경金世暻1884~미상함경남도홍원 • 김세균金世均1923~1986평안남도안주 • 김세덕金世德1899~미상경상북도경주 • 김세동金世東1870~1942경상북도안동 • 김세선金世璇1902~미상강원도철원 • 김세순金世淳1895~1922평안북도곽산 • 김세열金世烈1875~1919경기도수원 • 김세영金世榮1889~1979경상북도영덕 • 김세용金世用1887~미상평안북도의주 • 김세용金世用1907~1966평안북도용천 • 김세용金世龍1901~1943평안북도의주 • 김세원金世元1870~1949경기도강화 • 김세조金世祚1911~1985평안북도의주 • 김세종金世鍾미상~1923경상북도경주 • 김세준金世晙1897~1961강원도철원 • 김세지金世智1866~미상평안남도평양 • 김세진金世珍미상~1920미상 • 김세진金世鎭미상~1922미상 • 김세탁金世鐸1874~1920평안북도정주 • 김세학金世學1919~미상평안북도의주 • 김세현金世鉉1895~미상함경남도삼수 • 김세환金世煥1884~1955충청남도청양 • 김세환金世煥미상~1923미상 • 김세환金世煥1916~1977함경남도이원 • 김세환金世煥1889~1945경기도수원 • 김소金沼1917~2008평안북도선천 • 김소남金小南1913~미상황해도해주 • 김소범金小凡1890~미상충청남도부여 • 김소연金素然1894~1929함경남도단천 • 김소지金小池1898~1978경상남도밀양 • 김손金巽1897~미상평안북도철산 • 김송곡金松谷1873~미상미상 • 김송근金松根1901~1957경상남도울산 • 김송일金宋一1851~미상미상 • 김송죽金松竹미상미상 • 김송혁金淞爀1891~1943평안남도중화 • 김수근金壽根1887~1941한성 • 김수길金壽吉1902~1932경상북도김천 • 김수남金壽男1901~1967전라북도군산 • 김수덕金守德1904~미상경기도파주 • 김수도金壽道1913~1961전라남도완도 • 김수동金守東1877~1919경상남도창원 • 김수룡金壽龍1901~1973경상남도동래 • 김수문金水文1900~1945충청남도홍성 • 김수백金壽伯1896~1973충청북도괴산 • 김수봉金守奉1908~1934전라남도여수 • 김수봉金壽鳳1911~1933경상북도영양 • 김수봉金守鳳1876~1945황해도수안 • 김수사金修史1912~1984충청북도청주 • 김수산金水山1910~1974경상남도진주 • 김수성金壽成미상~1919미상 • 김수성金守性1927~2002충청남도서산 • 김수영金洙榮1887~미상황해도평산 • 김수영金洙榮1892~1920미상 • 김수영金洙榮1883~1950전라북도옥구 • 김수완金壽完1901~1969강원도홍천 • 김수용金秀瑢1892~미상함경북도성진 • 김수원金壽遠1882~1936충청북도영동 • 김수창金壽昌1900~미상경기도안성 • 김수창金洙昌1896~미상충청남도아산 • 김수현金秀賢1898~1985한성 • 김숙金淑1881~1924평안남도강서 • 김숙경金淑卿1886~1930함경북도경원 • 김숙영金淑英1920~2005평안남도평원 • 김숙이金淑伊1899~미상경상북도성주 • 김숙현金淑賢1913~미상황해도해주 • 김숙훈金淑壎1890~1953평안북도의주 • 김순갑金順甲1885~1967경기도양주 • 김순경金順卿1898~미상경기도개성 • 김순곤金順坤1912~1966경상남도울산 • 김순구金舜九1867~1919충청북도옥천 • 김순권金順權1886~1941경기도 • 김순근金淳根1880~미상함경남도홍원 • 김순근金順根1882~1962경상북도영덕 • 김순근金順根1925~1945평안북도선천 • 김순기金順淇1893~1955전라남도무안 • 김순길金順吉1896~미상황해도장연 • 김순길金順吉1889~1977충청북도음성 • 김순도金順道1891~1928평안북도선천 • 김순동金淳同1874~1934경상북도고령 • 김순록金淳祿1898~미상평안남도강동 • 김순명金順明1876~1941충청남도공주 • 김순명金順明1868~1942충청남도천안 • 김순문金舜文1880~1920함경북도성진 • 김순배金順培1899~1970전라남도여수 • 김순배金順培1897~1986충청남도청양 • 김순복金順福1908~1929전라남도무안 • 김순복金順福1897~1958강원도철원 • 김순서金順西1896~1922경기도안성 • 김순서金順瑞1899~미상강원도횡성 • 김순식金順植1878~1967충청남도서산 • 김순실金淳實1903~미상전라북도정읍 • 김순애金淳愛1889~1976황해도장연 • 김순영金順永미상~1919미상 • 김순영金順永1860~1934경상북도봉화 • 김순오金順五1856~1930경기도고양 • 김순옥金淳玉미상~1921미상 • 김순용金順用1912~1935전라남도 • 김순의金順義1896~미상충청남도아산 • 김순이金順伊1903~1919경상남도부산 • 김순재金淳在1916~1971제주도제주 • 김순조金淳祚1886~미상평안남도용천 • 김순종金順宗1904~1950경상북도영일 • 김순종金順鍾1899~1972제주도 • 김순천金順天1887~1944전라남도장성 • 김순천金順千1894~1951충청남도서산 • 김순철金舜哲1892~1939충청북도영동 • 김순탁金淳鐸1895~1938제주도제주 • 김순태金淳泰1916~1950충청남도공주 • 김순필金舜弼1879~미상황해도이천 • 김순학金順學1875~1919함경남도덕원 • 김순호金順浩1877~미상평안북도구성 • 김순화金舜和1893~1964평안북도철산 • 김순흠金舜欽1840~1908경상북도안동 • 김순희金淳熙1908~1933제주도제주 • 김순희金順希1911~미상경상남도울산 • 김술로金述魯1898~1946경상북도안동 • 김술병金述秉1878~1972경상북도안동 • 김승곤金勝坤1915~2008전라남도담양 • 김승광金承光1895~1958평안북도철산 • 김승기金勝基1924~2017경상북도영주 • 김승락金承洛1858~미상함경북도성진 • 김승락金承洛1901~1933평안북도박천 • 김승록金承祿미상~1919미상 • 김승림金升林1891~1952충청북도영동 • 김승만金承萬1890~1938평안북도의주 • 김승무金承懋미상~1929미상 • 김승문金勝文1900~1980평안남도덕천 • 김승민金升旼1872~1931함경남도함주 • 김승배金承培1880~미상충청남도예산 • 김승빈金承彬1895~1981평안남도강서 • 김승세金承世1892~1920미상 • 김승엽金承燁1905~미상평안북도의주 • 김승옥金昇玉1893~미상평안북도철산 • 김승옥金升玉1889~1964전라북도고창 • 김승원金承元1862~미상평안남도중화 • 김승원金承元1918~미상황해도평강 • 김승은金勝恩1915~미상평안남도평양 • 김승조金承祚1919~2013평안북도용천 • 김승주金承周1872~미상황해도안악 • 김승준金承俊1866~1925미상 • 김승탁金承鐸1900~1943경상남도하동 • 김승태金升泰1878~1940경상남도김해 • 김승학金承學미상~1919미상 • 김승학金承學1881~1964평안북도의주 • 김승한金承漢1907~1935경상북도봉화 • 김승현金勝鉉1851~미상한성 • 김승현金昇鉉1891~미상평안남도강서 • 김시곤金時坤1901~1983제주도제주 • 김시묵金時黙1918~미상황해도평강 • 김시범金時範1890~1948제주도제주 • 김시성金時成1910~1943제주도제주 • 김시연金時然1886~1944경기도안성 • 김시용金

時容1879~미상황해도해주 • 김시용金時容1906~1945제주도제주 • 김시원金始圓1859~미상황해도황주 • 김시은金時殷 1887~1957제주도제주 • 김시점金時漸1882~미상평안북도곽산 • 김시주金時州1921~1968경상남도창원 • 김시중金時仲 1895~미상함경북도종성 • 김시찬金時贊1900~1960경상북도안동 • 김시추金時秋1901~1945제주도제주 • 김시태金時兌 1896~1979경상북도안동 • 김시풍金時豊1879~미상평안북도자성 • 김시형金時馨1894~미상평안북도용천 • 김시홍金始弘 1892~미상경기도이천 • 김시홍金時弘1894~미상평안북도철산 • 김시황金時黃1909~1956제주도제주 • 김시황金時晃 1871~1945평안북도의주 • 김시희金時熙1893~미상제주도제주 • 김신金信1922~2016황해도 • 김신근金信根1878~1945함 경남도홍원 • 김신룡金信龍1878~미상평안남도평원 • 김신순金申淳1894~미상충청남도아산 • 김신제金信濟1911~1967전라 남도해남 • 김신택金信澤1876~미상평안북도의주 • 김신희金信熙1899~1993전라북도전주 • 김실경金實經1887~1959경상 북도안동 • 김실광金實光1895~1945강원도강릉 • 김쌍현金艭鉉1875~1949충청남도청양 • 김씨金氏(姜太成夫人)1899~1919 경기도수원 • 김씨金氏(洪元植夫人)1877~1919경기도수원 • 김아파나시1900~1938미상 • 김안삼金安三1885~1920미상 • 김 안순金安淳1900~1979전라남도나주 • 김안진金安鎭1913~미상전라남도광주 • 김암우金岩佑1886~1936경상북도영덕 • 김 암우金巖于1913~1967전라남도해남 • 김애련金愛蓮1906~1996경상남도부산 • 김야운金野雲미상~1931미상 • 김약연金躍淵 1868~1942함경북도종성 • 김약준金若濬1896~1947함경남도이원 • 김양모金養模1850~1935경상북도안동 • 김양선金良善 1880~미상평안남도순천 • 김양선金良善1908~1970평안북도의주 • 김양수金亮洙1898~미상함경남도장진 • 김양수金陽洙 1849~1930전라북도정읍 • 김양수金良洙1896~1971한성 • 김양숙金良淑1864~1963전라남도나주 • 김양순金良順 1881~1936충청남도아산 • 김양제金亮濟1894~1967충청남도보령 • 김양칠金良七1882~미상충청남도서산 • 김양한金讓漢 1899~1975충청남도홍성 • 김양호金良昊1884~미상경상남도김해 • 김양훈金暘壎1895~1943평안북도희천 • 김언배金彦培 1890~1952충청북도제천 • 김언수金彦洙1894~1944전라북도정읍 • 김여귀金汝貴1880~미상충청남도아산 • 김여석金汝錫 1893~1961제주도제주 • 김여수金麗洙1922~1945경기도강화 • 김여연金汝蓮1899~미상평안북도철산 • 김여옥金汝玉 1891~1941전라남도함평 • 김여운金汝雲1876~미상미상 • 김여운金麗雲1901~미상함경남도함흥 • 김여재金汝載1916~1948 황해도황주 • 김여제金與濟1900~1968평안북도정주 • 김여진金麗鎭1854~미상황해도수안 • 김여찬金麗贊1904~1941제주 도제주 • 김여학金麗鶴1889~미상함경남도정평 • 김여형金汝衡1875~미상경기도개성 • 김연건金然健1888~미상강원도화 천 • 김연군金演君1889~1943평안남도성천 • 김연근金演根1904~미상함경남도원산 • 김연길金連吉1891~미상함경북도명 천 • 김연방金然昉1881~1919경기도화성 • 김연배金年培1896~1923제주도제주 • 김연수金延洙1894~1928강원도양양 • 김 연순金演淳1881~1946경상북도영덕 • 김연식金淵植1881~미상황해도옹진 • 김연실金蓮實1898~미상평안북도희천 • 김연옥 金淵玉1872~미상황해도이천 • 김연일金連日1871~1940경상북도영일 • 김연준金鍊俊1896~1923함경남도북청 • 김연진金 淵鎭1893~1979한성 • 김연태金延泰미상~1921미상 • 김연태金演台1879~미상황해도금화 • 김연학金連學1904~1924평안 북도철산 • 김연환金璉煥1879~1947경상북도안동 • 김열호金閱浩1897~1920미상 • 김영곤金永坤1889~1943경상북도청 도 • 김영곤金永坤1900~1945황해도은율 • 김영곤金榮坤1925~1992충청남도금산 • 김영관金英官1904~1927미상 • 김영관 金榮觀 • 김영관金永瓘1914~2000전라남도보성 • 김영국金永國미상~1919미상 • 김영규金英圭1888~1919경기도양평 • 김 영규金永奎1924~1994경상남도산청 • 김영규金永奎1898~1952경상남도부산 • 김영균金永均1908~1926미상 • 김영근金榮 根1923~2016황해도회양 • 김영기金永琪1898~미상전라남도나주 • 김영기金永琪1871~1919경상남도합천 • 김영기金永驥 1901~1984충청남도부여 • 김영길金永吉1924~1962경상북도영천 • 김영남金永南1926~2021전라남도화순 • 김영남金映男 1922~1950전라남도완도 • 김영달金永達1901~1967경기도용인 • 김영덕金永德1901~1921미상 • 김영도金英道1928~1994 경상북도대구 • 김영도金永道1899~1955평안북도정주 • 김영돌金永乭1906~1984충청남도부여 • 김영두金榮斗1870~미상 함경남도영흥 • 김영두金永斗1895~1974경기도양평 • 김영득金榮得1908~1940경상북도선산 • 김영락金永洛1896~1959평 안북도철산 • 김영락金榮洛1888~미상충청북도충주 • 김영란金永蘭1894~1922평안남도순천 • 김영래金泳來1897~미상강원 도춘천 • 김영렬金泳烈1892~미상평안북도벽동 • 김영록金永祿1921~2004평안남도평양 • 김영률金永律1884~1937평안북 도의주 • 김영린金英麟1910~1973평안북도용천 • 김영만金永萬1911~1940충청남도논산 • 김영만金榮萬1891~1934충청남도 논산 • 김영만金永萬1870~미상황해도옹진 • 김영만金永萬1863~1932황해도수안 • 김영모金永模미상~1921미상 • 김영목金 永睦1870~1944경상북도안동 • 김영배金永培1888~1943충청남도홍성 • 김영복金榮宓1920~1993경상남도밀양 • 김영봉金 永奉1899~1925평안북도초산 • 김영빈金永彬1871~미상황해도연백 • 김영산홍金映山紅1901~미상경상남도통영 • 김영상金 永祥1920~1973경상북도영천 • 김영상金永相1836~1911전라북도정읍 • 김영상金永祥1876~미상전라북도군산 • 김영서金永 瑞1882~1975경상남도부산 • 김영서金永西1889~1959경기도안성 • 김영석金英石1864~1920미상 • 김영석金永石 1872~1951경상북도안동 • 김영석金英石1895~1932경기도용인 • 김영선金永善1882~미상평안남도맹산 • 김영선金榮善 1893~1962한성 • 김영선金榮瑄1878~1944경기도장단 • 김영성金泳成1866~미상평안남도평양 • 김영손金榮愻1881~1958 충청남도아산 • 김영수金榮守1881~미상미상 • 김영수金永壽1914~1944전라북도고창 • 김영수金英樹1915~1945경상남도진 주 • 김영수金永洙1893~1940전라남도강진 • 김영수金永秀1894~미상함경남도단천 • 김영숙金永淑1876~1952경상남도산 청 • 김영숙金永肅1886~1955충청남도논산 • 김영순金榮淳1888~1971충청남도아산 • 김영순미상~1921미상 • 김영순金榮順

1899~미상한성 • 김영순金永順1898~미상충청남도아산 • 김영순金英順1892~1986한성 • 김영식金靈植1875~1947전라북도김제 • 김영식金永植1904~미상경상남도울산 • 김영식金永植1899~1930전라남도장성 • 김영식金泳植1899~1930전라남도목포 • 김영신金永信1914~1943미상 • 김영실金英實미상~1945평안남도평양 • 김영언金永彦1896~1956전라남도영암 • 김영오金永五1920~1993경기도평택 • 김영옥金英玉1896~미상평안북도용천 • 김영옥金永玉1868~1924강원도 • 김영옥金永玉1924~1958경상북도군위 • 김영완金永玩1896~1919전라북도고창 • 김영우金永祐1895~1926경상북도대구 • 김영우金永佑1902~1983전라남도무안 • 김영운金泳運1868~미상강원도화천 • 김영원金榮遠1851~1924전라북도임실 • 김영윤金永胤1893~1947평안남도평양 • 김영이金梓伊1924~1945경상북도상주 • 김영익金榮翼1898~1957충청북도음성 • 김영익金永益1885~1935경기도이천 • 김영일金永一1896~1979경기도양평 • 김영일金永逸1925~2011평안북도정주 • 김영재金榮在1879~1933경상남도진주 • 김영재金英哉1911~1965평안북도용천 • 김영조金永祚1906~1953경상남도합천 • 김영조金榮洮1899~미상평안남도평원 • 김영조金永祚1872~1944황해도해주 • 김영조1899~1976경상남도고성 • 김영조金榮照1923~2004경상남도울산 • 김영종金永鍾1928~1950경상북도안동 • 김영종金永鍾1890~1950경상남도창원 • 김영종金永鍾1915~1974평안북도삭주 • 김영주金永柱1896~1930경상남도부산 • 김영주金英柱1921~2000경상남도고성 • 김영주金榮周1900~미상전라남도목포 • 김영준金永俊1901~1956평안남도대동 • 김영중金永仲1890~1945경상남도 • 김영진金永鎭미상~1921미상 • 김영진金瑛鎭1880~미상충청남도예산 • 김영진金永鎭1883~미상한성 • 김영진金永珍1893~미상경기도수원 • 김영진金永鎭1927~2020경상북도봉화 • 김영진金英鎭1900~미상함경북도성진 • 김영찬金榮贊1876~1936충청남도아산 • 김영찬金永瓚1924~2017경상남도동래 • 김영찬金英贊1889~1954경상남도고성 • 김영창金永昌1884~1943경상북도안동 • 김영채金永采1873~1931전라북도정읍 • 김영철金永哲1912~1983평안북도의주 • 김영철金永喆1898~1987경상북도영일 • 김영철金榮哲1892~1969평안북도영변 • 김영춘金永椿1924~1991경상북도안동 • 김영태金永泰1884~1921평안북도벽동 • 김영태金永泰1887~1921평안북도벽동 • 김영팔金永八1883~1934경상북도안동 • 김영필金泳弼1880~1933전라북도임실 • 김영필金永弼1896~1976전라북도진안 • 김영하金永夏1884~미상경기도양주 • 김영하金永河1888~1921평안북도벽동 • 김영하金榮夏1878~1920전라남도화순 • 김영하金永河1919~2015경상북도영주 • 김영하金永河1898~미상함경남도원산 • 김영하金永夏1897~1978경기도안성 • 김영학金永鶴1877~1932강원도양양 • 김영학金永學1871~1944함경북도명천 • 김영학金永鶴1887~1939전라남도곡성 • 김영헌金榮憲1885~1942충청남도아산 • 김영헌金永憲1921~2000충청남도서천 • 김영현金寧炫1907~1944전라북도옥구 • 김영호金英鎬1907~1931함경북도명천 • 김영호金永浩1874~미상한성 • 김영호金永浩1912~1978경상남도부산 • 김영호金永浩1901~미상전라남도강진 • 김영호金榮昊1879~미상황해도신천 • 김영호金永浩1881~1941충청남도금산 • 김영호金榮鎬1920~1994평안남도평양 • 김영호金永浩1894~1940전라북도전주 • 김영호金永鎬1904~1981전라남도광양 • 김영환金永煥1895~1919경상남도창원 • 김영활金永活1909~1935미상 • 김영후金永厚1897~1948전라북도옥구 • 김영훈金泳勳1897~미상경상북도김천 • 김영휘金永輝1888~1927전라북도전주 • 김영휘金永暉1874~1942충청남도공주 • 김영휘金永輝1903~1970전라남도해남 • 김영희金永熙1895~1929경기도안성 • 김예식金禮植1897~미상경기도개성 • 김예원金禮元1885~1960충청남도서산 • 김예준金禮俊1881~1970미상 • 김예진金禮鎭1898~1950평안남도대동 • 김예호金禮浩1913~미상평안북도운산 • 김오룡金五龍1883~미상충청남도공주 • 김오명金五命1889~1933경상북도의성 • 김오복金五福1897~미상평안남도순천 • 김오선金悟善1898~미상평안북도영변 • 김오장金吾長1925~1974경상남도진주 • 김옥겸金玉兼1892~1957경상남도김해 • 김옥남金玉男1910~1934전라북도부안 • 김옥남金玉南1902~미상전라남도강진 • 김옥도金玉道1909~1989전라남도완도 • 김옥돈金玉頓1889~1975경상북도의성 • 김옥련金玉連1907~2005제주도제주 • 김옥명金玉明1869~미상평안북도의주 • 김옥봉金玉鳳1880~1949강원도횡성 • 김옥산金玉山1895~미상충청남도아산 • 김옥석金玉錫1903~1962전라남도장흥 • 김옥선金玉善1893~미상평안북도의주 • 김옥선金玉仙1923~1996평안남도평양 • 김옥실金玉實1906~1926전라남도강진 • 김옥인金玉仁1902~미상강원도인제 • 김옥제金玉濟1895~미상충청남도서산 • 김온순金溫順1898~1968함경북도 • 김완규金完圭1876~1949한성 • 김완룡金完龍1918~2013함경남도함흥 • 김완묵金完黙1868~1927충청남도예산 • 김완봉金完奉1899~1955충청남도대전 • 김완수金完洙1896~1972충청남도대전 • 김완식金完植1903~1957한성 • 김완억金完億1872~미상평안남도덕천 • 김완호金完鎬1895~1973강원도철원 • 김외득金外得1912~1993경상남도양산 • 김요원金堯遠1902~미상경상북도영주 • 김요한金堯翰1919~1973황해도통천 • 김용金容1920~미상충청남도홍성 • 김용金湧1919~1994평안남도평원 • 김용갑金溶甲1920~1995충청남도홍성 • 김용갑龍甲1910~1937경상북도영천 • 김용걸1901~1945미상 • 김용관金龍觀1894~1932함경남도영흥 • 김용관容寬1926~1971전라남도장흥 • 김용관金龍寬1896~1920미상 • 김용구金龍九1890~1963경상남도동래 • 김용국金龍國1885~1920미상 • 김용규金溶圭1898~1974경상북도군위 • 김용규金容圭1898~1924전라남도광주 • 김용규金溶奎1888~1968경상북도영덕 • 김용규金用奎1906~1924평안북도강계 • 김용균金龍均1875~미상함경남도갑산 • 김용근金容根1917~1985전라남도강진 • 김용기金龍基1901~1983평안북도선천 • 김용능金用能1898~1977평안북도선천 • 김용담金龍淡미상~1919미상 • 김용대金容大1883~미상함경남도풍산 • 김용덕金龍德1924~1982경상북도청도 • 김용덕金龍德1926~1995전라북도익산 • 김용만金用萬미상~1927미상 • 김용무金用茂미상~1925평안북도강계 • 김용무金用楙1914~1983평안북도의주 • 김용문미상~1921미상 • 김용문金龍

文1898~1961전라남도완도 • 김용문金龍文1893~1921평안북도초산 • 김용배金龍培1880~미상충청남도아산 • 김용복金龍福1900~미상함경북도명천 • 김용복金用福1890~미상평안남도순천 • 김용복金龍福1898~미상평안북도선천 • 김용봉金龍鳳1898~미상평안북도의주 • 김용삼金用三1902~1920미상 • 김용상金容相1914~1971전라북도정읍 • 김용상金鏞相1858~1919전라남도화순 • 김용생金龍生1901~미상평안북도초산 • 김용선金龍善1892~1938평안북도용천 • 김용선金容善1895~1963충청북도영동 • 김용섭金用燮1894~1965충청북도보은 • 김용성金容成1897~1962평안남도평양 • 김용성金龍星1879~미상평안북도삭주 • 김용성金龍成1911~1943전라북도익산 • 김용성金用聲1905~1944함경남도정평 • 김용성金容成1894~1954경기도진위 • 김용수金龍洙1890~미상함경남도단천 • 김용수金龍洙1870~미상황해도수안 • 김용수金龍洙1882~1957전라남도담양 • 김용숙金容肅1896~1966충청남도홍성 • 김용숙金龍淑1899~미상함경남도함흥김순미상~1921미상 • 김용순金龍順1897~미상경기도강화 • 김용식金龍植1896~1922함경남도북청 • 김용식金容湜1892~1967전라북도남원 • 김용식金庸植1897~미상평안남도성천 • 김용식金用植1885~1981경기도여주 • 김용실金容實1928~2002경상남도하동 • 김용안金龍安1887~1926전라북도정읍 • 김용언金用彦1900~1923전라남도함평 • 김용연金龍淵1879~1920미상 • 김용옥金用玉1880~1924충청남도청양 • 김용옥金龍玉미상~1924미상 • 김용우金容友1885~미상경기도고양 • 김용운金龍雲1906~1980강원도삼척 • 김용운金龍云1908~1984전라남도영암 • 김용운金龍雲1874~미상전라북도군산 • 김용원金溶沅1875~미상함경남도북청 • 김용원金庸源1892~1934충청남도대전 • 김용원金龍苑미상~1922평안북도벽동 • 김용응金鏞應1869~1959충청북도괴산 • 김용의金容儀1906~미상한성 • 김용이金龍伊1891~1919경상남도김해 • 김용이金龍伊1889~1958충청북도옥천 • 김용이金用伊1896~미상충청남도천안 • 김용익金溶益1886~1970경상남도진주 • 김용인金容寅1915~1939전라북도고창 • 김용인金用仁1902~미상평안남도강서 • 김용재金用才1900~1928평안북도희천 • 김용재金容宰1896~1945전라남도담양 • 김용제金容濟1879~1919평안북도영변 • 김용제金用濟1893~1974충청남도홍성 • 김용제金庸濟1878~1931황해도안악 • 김용주金龍珠1900~미상평안북도용천 • 김용주金容珠1912~1985황해도신천 • 김용준金龍俊1896~1926경상북도의성 • 김용준金容俊1873~1932경상북도영주 • 김용준金龍濬1885~미상평안북도강계 • 김용준金容俊1910~1995전라남도광주 • 김용준金容俊1881~1936경기도화성 • 김용중金龍中1898~1975충청남도금산 • 김용진金庸震1884~1937황해도안악 • 김용찬金容瓚1903~1937충청북도영동 • 김용창金容昶1926~1945경기도수원 • 김용채金龍采1888~미상평안북도선천 • 김용충金用忠1890~미상경상북도영일 • 김용태金容泰1903~미상충청남도예산 • 김용택金龍澤미상~1927미상 • 김용택金用澤1905~1929평안북도의주 • 김용표金容杓1899~1967전라남도곡성 • 김용표金容杓1899~미상전라북도고창 • 김용필金龍弼1881~미상평안북도벽동 • 김용하金龍河1876~1939경상북도영덕 • 김용하金龍河1892~미상경상북도대구 • 김용학金用學1910~미상경상북도경산 • 김용해金湧海1897~1919경상북도대구 • 김용호金容鎬1853~1924경상북도달성 • 김용호金用浩1893~1927경상남도창원 • 김용환金用煥1924~1944경상남도산청 • 김용환金用煥1892~1919충청남도서산 • 김용환金容煥1899~1951경상남도김해 • 김용환金容煥1884~1933경상남도창원 • 김용환金龍煥1887~1946경상북도안동 • 김용환金龍煥1907~1957전라남도여수 • 김용훈金鎔勳1912~1983평안남도평원 • 김용흡金湧翕1880~미상함경남도함흥 • 김용희金龍熙미상~1923미상 • 김용희金龍熙1921~2001평안북도선천 • 김우곤金宇坤1886~1919경상남도함안 • 김우곤金佑坤1910~1951전라남도광양 • 김우권金宇權미상~1920경상도 • 김우근金禹根1866~미상강원도양양 • 김우근金宇根1896~1968평안남도안주 • 김우락金宇洛1854~1933경상북도안동 • 김우림金佑林1896~1978경상남도산청 • 김우문金又文1910~1963경상남도마산 • 김우섭金禹燮1891~1920미상 • 김우일金又日1875~미상평안북도정주 • 김우전金祐銓1922~2019평안북도정주 • 김우정金禹貞미상~1921미상 • 김우제金宇濟1887~1920충청남도예산 • 김우종金宇鍾1905~1993강원도홍천 • 김우진金宇鎭1890~1952충청남도홍성 • 김우진金宇鎭1900~1950전라남도완도 • 김우천金祐天1883~1945강원도춘천 • 김우현金禹鉉1892~1966충청남도부여 • 김우형金禹衡1881~1920미상 • 김욱배金旭培1913~1993충청남도논산 • 김욱식金旭植1903~미상경상남도통영 • 김욱진金旭鎭1885~1943경상북도안동 • 김운경金雲慶1921~2014평안북도의주 • 김운기金雲基1889~1920미상 • 김운배金沄培1899~1934제주도제주 • 김운배金雲培1888~1966충청남도아산 • 김운백金雲白1917~1943함경남도단천 • 김운봉金雲峯미상~1920미상 • 김운봉金雲峰1893~1950경상남도울산 • 김운봉金雲鳳1917~1999강원도고성 • 김운서金雲瑞1881~1920미상 • 김운식金云植1899~미상경기도용인 • 김운용金云用1896~미상충청북도옥천 • 김운제金雲濟1888~1961충청남도홍성 • 김운하金雲河1899~1920미상 • 김운현金雲鉉1893~1933평안북도영변 • 김원경金元慶1898~1981한성 • 김원국金元國1891~미상평안남도강동 • 김원국金元國1903~1928평안북도벽동 • 김원려金元麗1886~미상황해도송화 • 김원룡金源龍1887~1920미상 • 김원만金元滿1879~1920미상 • 김원묵金元默1891~1972충청남도예산 • 김원발金源發1870~1956경상북도영덕 • 김원배金元培미상충청남도아산 • 김원배金元培1897~1939경상북도김천 • 김원배金元培1889~미상경기도용인 • 김원벽金元璧1894~1928황해도은율 • 김원보金元甫1898~미상황해도서흥 • 김원보金元輔1905~미상함경남도정평 • 김원삼金源三1861~미상강원도원주 • 김원삼金元三1872~1920미상 • 김원석金元錫1904~1928경상남도통영 • 김원섭金元燮1884~미상경기도수원 • 김원섭金元涉1894~미상황해도금천 • 김원성金元成1856~1920경기도고양 • 김원순金元順1880~1936경기도안성 • 김원술金元述1893~1948경상북도성주 • 김원식金遠植1885~미상충청북도충주 • 김원식金元植1889~1940경상북도안동 • 김원영金元英1919~1945황해도장연 • 김원용金元容1896~1976한성 • 김원익金元翊1890~미상황해도신천 • 김원정金元貞1885~1920황해도장연 • 김원조金遠祚1884~1922경기도이천 • 김원주金源柱1921~미상전라북도전주 • 김원준金元準미상~1921미상 • 김원준金元俊1888~미상평안남도강동 • 김원창金源昌1874~미상황해도황주 • 김원철金元喆미상~1927미상 • 김원필金元弼미상~1920미상 • 김원하金源夏1879~미상함경남도안변 • 김원호金源昊1899~미상함경남도원산 • 김원휘金原輝1884~1950경상북도의성 • 김월성金月成1884~1964충청남도예산 • 김위도金渭道1920~1989경상북도경산 • 김위동金渭東미상~1923황해도이천 • 김위석金渭錫1879~1969경상북도영덕 • 김위조金渭祚1892~1964경상남도통영 • 김위창金渭昌1900~1941경상북도의성 • 김유경金酉庚1897~1936경상북도의성 • 김유경金裕卿1923~1979평안남도안주 • 김유곤金有坤1897~1920경상북도영일 • 김유길金柔吉1919~2022평안남도평원 • 김유범金有凡미상~1933미상 • 김유봉金有鳳1896~미상충청남도서산 • 김유성金有聲1880~미상평안북도용천 • 김유성金有聲1895~1950전라남도광주 • 김유식金有式1899~1959경상북도의성 • 김유신金有信1920~1943한성 • 김유의金有義1869~1947경기도강화 • 김유인金裕寅1893~1950함경남도북청 • 김유창金鎏昌1900~1945경상북도영주 • 김유철金裕哲1911~2002황해도안악 • 김유환金裕煥1921~미상황해도봉산 • 김윤건金允建1883~미상평안북도희천 • 김윤걸金允杰미상평안북도 • 김윤경金允經1909~미상함경남도영흥 • 김윤경金允京1869~1945경기도양주 • 김윤경金允經1911~1945황해도안악 • 김윤경金允經1894~1969한성 • 김윤구金崙求1893~1950경기도양평 • 김윤국金允國1894~미상평안북도벽동 • 김윤국金潤國1865~1946충청남도청양 • 김윤권金潤權1876~1944경상남도진주 • 김윤규金允圭1894~1962경기도수원 • 김윤길金潤吉1889~1931경상남도동래 • 김윤덕金潤德1888~1952경상북도대구 • 김윤문金潤文1895~미상함경남도함흥 • 김윤배金潤培미상미상 • 김윤배金潤培1888~미상경기도부천 • 김윤배金允培1864~미상강원도횡성 • 김윤상金允祥1900~미상경상북도김천 • 김윤서金允敍1905~미상평안남도평양 • 김윤석金允碩1883~미상평안북도위원 • 김윤석金允錫1886~미상함경남도장진 • 김윤선金允先1865~1932경상북도영일 • 김윤섭金允涉미상~1922미상 • 김윤섭金潤燮1900~미상경상북도달성 • 김윤승金允昇1873~1930함경북도종성 • 김윤식金允植1902~1950전라남도강진 • 김윤신金允信1880~미상강원도인제 • 김윤실金允實1886~1963전라북도옥구 • 김윤영金允永1922~1977함경북도경성 • 김윤옥金允玉1901~1944황해도송화 • 김윤원金允元1877~1920경기도강화 • 김윤원미상~1921함경남도이원 • 김윤찬金允贊미상~1919미상 • 김윤태金潤泰1879~미상평안북도강계 • 김윤학金允學1876~1944함경남도이원 • 김윤항金潤恒미상~1920미상 • 김윤홍金允洪1883~미상평안남도맹산 • 김윤회金潤會1913~1950충청남도부여 • 김윤희金允熙1894~1930평안북도후창 • 김윤희金允熙1888~1921경상남도동래 • 김율봉金栗鳳1891~미상함경남도단천 • 김은도金恩道1901~미상평안남도평양 • 김은배金殷倍1891~1971충청북도충주 • 김은석金殷錫1900~미상평안북도용강 • 김은석金恩錫1905~1988경상북도영주 • 김은석金銀錫1919~2011평안북도의주 • 김은섭金蒑燮1924~1985전라남도강진 • 김은수金銀守1885~미상경상북도안동 • 김은수金殷秀1884~1960경기도용인 • 김은수金殷壽1896~1953경상북도달성 • 김은제金恩濟1906~1936평안북도정주 • 김은주金恩周1905~1994평안남도평양 • 김은충金恩忠1905~1980경상북도경주 • 김은택金恩澤1903~미상황해도해주 • 김은해金銀海1878~1951경상남도부산 • 김은환金溵煥1890~1949전라남도영광 • 김을경金乙卿1899~1965충청북도음성 • 김을룡金乙龍1893~1930미상 • 김을용金乙用1895~1922충청남도서산 • 김응경金應慶1891~1939평안북도의주 • 김응규金應奎1880~미상경기도장단 • r김응도金應道1866~미상황해도수안 • 김응록金應錄1877~미상평안남도강서 • 김응룡金應龍1902~1919경상남도울산 • 김응만金應萬1901~미상평안도 • 김응삼金應三1910~1942평안북도선천 • 김응선金應善1881~1944충청북도옥천 • 김응섭金應涉1898~1921미상 • 김응성金應星1890~1960경상북도안동 • 김응수金應洙1880~1959경상북도안동 • 김응수金應守1901~1979경상남도통영 • 김응숙金應淑1900~미상평안북도의주 • 김응식金應植1879~1944경기도수원 • 김응식金應植1897~1944평안북도의주 • 김응오金應五1885~1949경기도화성 • 김응옥金應玉1896~1934평안북도강계 • 김응원金應元1896~1972평안북도영변 • 김응일金應一1905~미상평안남도평양 • 김응전金應典1880~미상평안북도구성 • 김응제金應濟1872~미상함경남도신흥 • 김응조金應祚1896~1991경상북도영덕 • 김응주金應柱미상평안남도 • 김응진金應鎭1890~1934경상북도안동 • 김응집金應集1897~1937한성 • 김응철金應喆1909~1930미상 • 김응초金應焦1902~1920평안북도구성 • 김응칠金應七1880~1921충청남도홍성 • 김응탁金應鐸1893~1959경상남도하동 • 김응태金應泰1900~1957경기도인천 • 김응하金應河1858~미상황해도수안 • 김응현金應鉉1889~1970경상남도의령 • 김응호金應浩1896~미상평안북도의주 • 김응호金應浩1853~미상함경남도이원 • 김의경金義景1898~1970경상북도선산 • 김의대金義大1892~1925충청북도괴산 • 김의록金義祿1886~1921평안남도순천 • 김의명金義明1924~1950경상북도청도 • 김의묵金義默1899~미상평안북도초산 • 김의엽金義葉1844~미상평안북도창성 • 김의종金義宗1894~1968평안북도선천 • 김의창金義昌1887~미상평안남도평양 • 김의택金義澤1862~1942경상북도청도 • 김의한金毅漢1900~미상한성 • 김의현金義鉉1897~1921미상 • 김의현金義玄1880~1947충청북도괴산 • 김이걸金履杰1884~1950평안남도대동 • 김이근金利根1886~1965평안북도의주 • 김이기金利基1896~1924충청남도예산 • 김이문金以文미상~1920평안북도위원 • 김이선金利善1876~미상경기도개성 • 김이섭金利燮1901~미상함경남도홍원 • 김이순金利淳1894~미상황해도이천 • 김이용金利鎔1864~미상평안북도벽동 • 김이원金利源1875~1951평안북도의주 • 김이제金利濟1876~미상평안남도대동 • 김이직金理直1875~1920평안남도용강 • 김이천金利天미상~1921미상 • 김이현金利鉉1920~2006전라남도광주 • 김이현金而鉉

1922~1998경상북도대구 • 김이환金理煥1894~1978황해도수안 • 김이희金利喜1878~1920평안북도의주 • 김익곤金益坤 1880~1956평안북도의주 • 김익근金益根1871~1921경상북도안동 • 김익동金翊東1892~1949경상북도성주 • 김익려金益麗 1869~1920평안북도박천 • 김익렬金益烈1886~미상강원도양양 • 김익룡金益龍1884~미상경기도개성 • 김익봉金翼鳳 1891~1923평안북도벽동 • 김익상金益相1895~1941경기도고양 • 김익선金益善미상~1923미상 • 김익수金益洙1900~1968 전라남도나주 • 김익시金益時1885~1943경상북도칠곡 • 김익주金益周1873~1955경기도고양 • 김익준金益俊1899~1922평 안북도벽동 • 김익진金益鎭1874~미상황해도황주 • 김익하金益夏1849~1936한성 • 김익현金益鉉1882~미상황해도평산 • 김익현金翊顯1869~1950경상북도안동 • 김익호金翼虎1894~미상평안북도벽동 • 김익휘金益輝1885~1959경상북도의성 • 김인金仁1918~1945황해도벽성 • 김인갑金寅甲1881~미상황해도곡산 • 김인국金仁國1862~미상평안북도구성 • 김인규金麟 圭1922~1996경상남도양산 • 김인근金仁根1885~1949황해도평산 • 김인근金仁根1899~1970평안남도강서 • 김인도金仁道 미상~1924평안북도강계 • 김인두金印斗1897~1946충청남도서천 • 김인보金仁甫1870~미상충청남도아산 • 김인봉金仁鳳 1916~1982경상북도경산 • 김인상金仁相1900~1968경상북도안동 • 김인서金麟瑞1894~1964함경남도정평 • 김인성金麟聲 1896~1944평안남도평양 • 김인송金仁松1896~1920평안북도벽동 • 김인송金仁松1877~1929제주도제주 • 김인수金仁守 1901~미상경상북도김천 • 김인수金寅洙1892~1966한성 • 김인수金仁洙1899~1961충청북도괴산 • 김인수金仁守1874~미상 황해도곡산 • 김인수金仁秀1898~1939경상북도영일 • 김인수金仁洙1887~1919충청북도옥천 • 김인수金仁叟1894~1980경 상남도창원 • 김인숙金仁淑1905~미상평안남도개천 • 김인순金仁順1921~1950강원도춘천 • 김인순金寅淳1878~미상함경북 도회령 • 김인식金仁植1911~1975전라남도여수 • 김인식金仁植1883~1945경기도고양 • 김인식金仁植1868~1945충청남도 서산 • 김인식金寅植1879~1926전라북도임실 • 김인애金仁愛1898~1970충청남도서천 • 김인전金仁全1876~1923충청남도 서천 • 김인제金仁濟1896~미상평안남도순천 • 김인주金仁柱1892~1944경상남도부산 • 김인준金仁俊1889~미상충청북도 괴산 • 김인준金仁濬1897~1967평안남도강동 • 김인즙金仁濈1890~1950강원도횡성 • 김인태金寅台1890~1964전라북도전 주 • 김인택金仁澤1857~미상경기도광주 • 김인학金仁學1916~1937전라남도완도 • 김인학金仁學1892~1929충청남도서산 • 김인향金麟鄕1882~미상강원도횡성 • 김인호金仁鎬1870~미상평안남도중화 • 김인호金仁浩1900~1982경상남도동래 • 김 인홍金仁弘미상~1919미상 • 김인홍金仁弘1878~1922평안북도신의주 • 김일金鎰미상~1925강원도 • 김일곤金逸坤 1912~1943전라남도담양 • 김일곤金日坤1880~1946충청북도괴산 • 김일국金日菊1896~1976경상북도영덕 • 김일규金一圭 1924~2003경상남도마산 • 김일남金一南1888~1950충청남도금산 • 김일두金一斗1891~1967전라북도순창 • 김일룡金一龍 미상~1928미상 • 김일룡金一龍1890~1937충청남도서산 • 김일봉金一鳳1890~1933평안북도영변 • 김일봉金日奉 1877~1932충청남도청양 • 김일봉金一奉1891~1971전라북도임실 • 김일봉金逸奉1892~미상평안북도초산 • 김일서金日瑞미 상~1923미상 • 김일석金日錫1891~1969경상북도의성 • 김일선金日先1895~1975경상북도안동 • 김일성1898~1938경상북 도경주 • 김일성金逸成1901~1952경상남도창원 • 김일수金一壽1878~1927경상북도울진 • 김일영金一泳1901~미상황해도은 율 • 김일옥金一玉미상미상 • 김일용金一龍1902~1933평안북도후창 • 김일제金一濟1911~1942전라남도강진 • 김일조金壹兆 1912~1985경상북도김천 • 김일준金日準1911~1960제주도 • 김일준金一焌1882~1942평안북도선천 • 김일춘金日春1897~ 미상경기도용인 • 김일해金一海미상함경남도함흥 • 김일현金一鉉미상~1934미상 • 김일환金一煥1923~1950평안북도의주 • 김임방金任方1916~1991경상북도경산 • 김임천金任天1872~미상경상북도김천 • 김임형金林瀅1915~1949제주도제주 • 김입 법金立法1881~1920미상 • 김자동金紫東1896~미상평안도 • 김자룡金子龍1893~1954경상북도의성 • 김자봉金子鳳1859~ 미상평안남도순천 • 김자용金子用미상~1920미상 • 김자원金子元1865~미상평안북도태천 • 김자현金慈賢1905~미상전라남 도무안 • 김자혜金慈惠1884~1961미상 • 김자희金自喜1868~1919강원도홍천 • 김작불金作不1903~미상경상남도통영 • 김잠 진金蠶鎭1915~1955경상남도창원 • 김장룡金章龍1926~2015경상남도울산 • 김장석金章錫1892~1926함경남도덕원 • 김장 성金長星1913~1932경기도수원 • 김장성金長成1893~1976충청남도서산 • 김장손金長孫1903~미상함경남도원산 • 김장수 金長壽1887~1952경상남도울산 • 김장수金長洙1901~미상전라남도광주 • 김장식金章植1898~1949경상북도안동 • 김장식 金壯植1892~1937충청남도서산 • 김장안金長安1886~1963충청남도서산 • 김장학金章鶴1895~미상경상남도김해 • 김장호 金章浩1915~1939경상남도양산 • 김장후金章厚1887~미상함경남도이원 • 김재갑金在甲1880~1926충청북도청주 • 김재계 金在坤1888~1938전라남도장흥 • 김재곤金在坤1886~1965경상북도성주 • 김재곤金載坤1914~1961전라남도여수 • 김재구 金在九1884~미상경상남도진주 • 김재근金載根1894~1964한성 • 김재덕金在德1893~1981평안남도평양 • 김재도金在道 1900~1973평안남도평양 • 김재돈金在敦1890~1958충청남도홍성 • 김재동金在童1910~1967전라북도김제 • 김재동金才童 1910~1932제주도제주 • 김재동金載棟1912~1975전라남도함평 • 김재락金載洛1888~1950경상북도안동 • 김재록金在錄 1913~1971충청남도부여 • 김재룡金在龍1899~1952경기도안성 • 김재룡金在龍1907~1937전라남도곡성 • 김재만金在萬 1893~1952경상남도창원 • 김재명金在明1901~1930전라남도여수 • 김재명金在明1852~1923경상남도거창 • 김재문金在文 1905~1950전라남도함평 • 김재문金載文1907~1949전라북도임실 • 김재범金在範1900~1931경상북도의성 • 김재병金才秉 1886~미상함경북도경원 • 김재병金在炳1893~1930경상북도대구 • 김재봉金在鳳1891~1944경상북도안동 • 김재붕金在鵬 미상한성 • 김재선金在先1878~미상황해도신천 • 김재섭金在燮1886~1938경상남도통영 • 김재성金在成1897~1982경상북

도안동・김재수金在洙1888~1955경상북도상주・김재수金在洙1900~1949경상남도울산・김재수金在壽1886~1961경상북도울진・김재순金在淳1893~1969충청남도홍성・김재술金在述1886~1944경상북도영덕・김재열金載說1880~1967평안북도의주・김재열金在烈1884~1948경상북도고령・김재영金재瀯1892~미상경상남도하동・김재영金在永1908~1969전라북도고창・김재옥金在玉1890~미상함경남도신흥・김재완金在完1877~1923한성・김재용金在瑢1912~1935함경남도함흥・김재용金在瑢1907~1934전라남도고흥・김재용金在鎔1918~1969전라남도무안・김재욱金在旭1887~1919충청남도홍성・김재욱金在旭1891~1972경상남도통영・김재원金在源1899~1971경상북도안동・김재위金在緯1884~1926경상북도김천・김재윤金在允1873~미상전라남도나주・김재은金在殷1923~2019황해도통천・김재정金在貞1861~1940충청남도예산・김재준金在俊1883~1951충청남도홍성・김재준金在俊1868~1920미상・김재중金載中1907~1934전라남도광주・김재진金在珍1912~1959제주도제주・김재진金載珍1874~1961평안남도순천・김재찬金在贊1875~1920미상・김재창金在昶1887~1961충청남도예산・김재철金再哲1891~1950충청남도홍성・김재철金在哲1873~1930충청남도예산・김재풍金在豊1905~1976전라북도옥구・김재풍金載豊1897~1962함경남도풍산・김재풍金在豊1884~1960충청남도예산・김재하金在河미상~1921미상・김재하金載河1919~미상황해도평강・김재한金在漢1889~1967강원도양양・김재한金在漢1921~1977경상남도밀양・김재항金在恒1874~1919경기도안성・김재헌金在憲1894~1925함경북도부령・김재형金在亨미상~1920미상・김재형金在衡1890~1966충청북도청원・김재호金在鎬미상~1920미상・김재호金在浩1900~1969경상북도경주・김재호金在浩1914~1976전라남도나주・김재홍金在鴻1879~미상평안남도강서・김재홍金在洪1871~1932충청남도홍성・김재홍金在泓1887~1950경상남도진주・김재홍金在洪1882~1938전라남도영암・김재화金在華1892~1920경상남도진주・김재화金在華1897~1952경상북도청도・김재황金在璜1917~2004충청남도연기・김재후金載厚1904~1924평안북도용천・김재흥金在興1888~1953전라북도김제・김점래金占來1899~1986전라남도해남・김점성金點成1890~1940경기도고양・김점손金点孫1909~미상황해도회양・김점쇠金点釗1902~1921전라북도전주・김점순金点順1861~1941한성・김점학金點學1906~미상경상북도달성・김점현金漸鉉미상~1919평안남도강서・김정구金鼎九1855~미상강원도화천・김정국金正國1882~미상강원도정선・김정국金正局1915~1987전라남도무안・김정국金丁國1883~미상함경북도온성・김정국金正國1893~1920경기도김포・김정국金正國1889~1916평안남도평양・김정규金貞奎1892~1920미상・김정규金貞奎1883~1960함경남도함흥・김정근金正根1901~1927한성・김정기金正炁1878~1949경상북도영양・김정기金正基1873~미상평안남도덕천・김정기金正琦1872~1944충청남도청양・김정기金定基1884~1949경상북도청도・김정기金正基1902~1984전라북도임실・김정득金丁得1901~1971충청남도서산・김정락金正洛1895~1920미상・김정련金正連1895~1968평안북도용천・김정룡金正龍1906~1920함경북도・김정룡金正龍1906~1965경상북도경산・김정만金貞萬1873~미상황해도수안・김정맹金精孟1917~1969제주도제주・김정묵金正默1888~1944경상북도선산・김정배金貞培1893~1954충청남도청양・김정범金貞範1899~미상평안북도초산・김정빈金正彬1868~미상경상남도창원・김정상金正祥1894~1965전라남도장흥・김정석金廷奭1861~미상황해도수안・김정섭金丁涉1907~미상평안북도벽동・김정성金貞聖1886~1944평안남도평양・김정쇠金正釗1897~미상충청남도공주・김정수金禎洙1896~1948전라남도장흥・김정수金丁洙1899~1977전라남도나주・김정숙金貞淑1916~2012평안남도용강・김정순金正淳1858~미상함경남도장진・김정술金廷述1869~1952전라북도정읍・김정식金庭植1871~1949충청남도서산・김정식金正植1888~미상경기도수원・김정식金政植1888~1941경상북도안동・김정업金正業1882~1927전라북도임실・김정연金正演1891~1962경상북도예천・김정옥미상~1921함경남도이원・김정옥金貞玉1920~1997한성・김정욱金正勗1883~1947경상남도울산・김정욱金貞郁1880~미상황해도장연・김정욱金鼎旭미상~1923미상・김정운金正云1872~1950충청남도청양・김정원金正元1880~1961경상남도울산・김정원金正元1883~미상경기도안성・김정원金定源1893~미상평안북도용천・김정의金正義1899~1963경기도김포・김정익金貞益1890~미상평안남도평양・김정익金正翼1891~1938경상북도안동・김정인金正寅1898~1958경상남도마산・김정일金鼎一1892~미상황해도봉산・김정제金廷濟1881~1963충청남도보령・김정진金正鎭1925~2013경상북도봉화・김정진金廷鎭1888~1969충청남도서산・김정철金正哲1900~1966충청남도대전・김정칠金貞七1890~1927함경남도삼수・김정태金廷泰1900~1958경상남도김해・김정파金正波미상~1921미상・김정팔金政八1896~미상충청남도서산・김정하金鼎夏1897~1938함경남도이원・김정헌金正憲1876~1919경기도수원・김정현金鼎鉉1860~미상평안남도강동・김정현金正鉉1876~미상경기도안성・김정현金禎顯1903~1964경상북도안동・김정호金正浩미상~1925미상・김정호金丁鎬1871~1919경상북도성주・김정호金定鎬1884~미상경기도가평・김정환金正桓1905~1949전라남도고흥・김정환金貞煥1895~1964충청북도청주・김정환金政煥1878~1927충청북도보은・김정훈金貞勳1919~2017평안남도평원・김정희金鼎熙1914~1940평안북도정주・김정희金鼎熙1896~1974황해도장연・김정희金錠熙1893~미상전라북도전주・김정희金正希1896~미상경상북도영천・김정희金鼎羲1900~미상함경남도이원・김제문金齊文1896~1923평안북도선천・김제문金濟文1888~1935전라남도강진・김제민金濟民미상~1919평안남도대동・김제석金濟石1886~1960충청남도홍성・김제선金濟善1884~1943황해도봉산・김제용金濟龍1882~1937전라북도임실・김제중金濟中1893~1950전라남도담양・김제환金濟煥1867~1916충청북도청원・김조길金祚吉1880~1946강원도춘천・김조윤金祚胤1908~미상함경남도안변・김조이金祚伊1904~미상경상남도창원・김조현金朝鉉1867~1925충청남도논산 • 김종갑金鍾甲1894~1933충청남도부여 • 김종건金宗鍵1885~미상평안남도평원 • 김종경金宗京1904~1965평안북도철산 • 김종구金種耈1907~1964경상북도대구 • 김종구金鍾九1894~1963충청남도금산 • 김종권金鍾權미상~1919평안남도강서 • 김종권金鍾權1925~1996경상북도선산 • 김종대金鍾大1892~미상강원도양양 • 김종락金鍾洛1911~1950평안북도강계 • 김종련金鍾鍊1901~1980충청남도서천 • 김종린金宗獜1906~미상평안북도철산 • 김종림金宗林1886~1973함경남도정평 • 김종만金鍾萬1901~1926경상북도군위 • 김종만金鍾萬1919~1980경상북도경산 • 김종만金鍾滿1887~1967경상북도영일 • 김종묵金鍾默미상~1919미상 • 김종민金宗敏1897~1920함경북도종성 • 김종부金鍾富1892~미상경상북도안동 • 김종삼金鍾三1888~1952충청남도홍성 • 김종상金鍾商1890~1961경기도안성 • 김종서金鐘瑞1917~1942평안남도강서 • 김종석金宗錫1898~1969평안남도성천 • 김종석金鍾錫1874~1936충청남도홍성 • 김종석金鍾奭1899~1937황해도연백 • 김종설金鍾卨1893~미상함경남도함흥 • 김종섭金鍾涉1893~미상평안북도초산 • 김종성金鍾聲1873~1950강원도양양 • 김종성金鍾聲1906~1977전라남도무안 • 김종성金鍾聲1899~미상평안북도삭주 • 김종수金鍾洙1860~미상전라북도옥구 • 김종수金鍾壽1909~1947전라남도장성 • 김종순金鍾淳1880~미상황해도신계 • 김종식金宗植1860~미상미상 • 김종식金鍾湜1883~1959전라북도임실 • 김종언金宗彦1887~1969전라남도무안 • 김종엽金鍾燁1897~1969경상남도동래 • 김종옥金鍾玉1866~1936충청북도괴산 • 김종윤金鍾潤1923~미상한성 • 김종윤金鍾閏1887~1950전라북도임실 • 김종익金鍾翊1877~미상함경남도이원 • 김종주金宗柱1873~미상함경남도함흥 • 김종주金鍾冑1864~1947전라남도순천 • 김종진金鍾鎭1904~1952경상북도영주 • 김종진金鍾振1903~1962평안북도강계 • 김종진金宗鎭1901~1931충청남도홍성 • 김종찬金鍾瓚1926~1950경상남도통영 • 김종창金鍾暢1879~1950경상남도마산 • 김종철金宗喆1905~1933전라북도김제 • 김종철金鍾喆1888~1941경상북도월성 • 김종철金鍾哲1924~미상경상북도선산 • 김종철金鍾哲1917~1995전라남도무안 • 김종철金鍾徹1912~1952경상북도경산 • 김종태金鍾台1898~1981강원도양양 • 김종태金鍾台1897~1949경상북도청도 • 김종태金鍾泰1885~1931전라북도임실 • 김종택金鍾澤1915~1942전라남도무안 • 김종택金鍾澤1889~1920전라남도영광 • 김종택金鍾澤1875~1941강원도양양 • 김종학金鍾鶴1878~1961경상북도달성 • 김종학金鍾學1876~미상경기도양평 • 김종학金鍾學1885~1925경기도화성 • 김종헌金鍾憲1867~미상미상 • 김종현金鍾賢1910~1995강원도양양 • 김종호金宗浩1891~1935전라남도해남 • 김종호金宗浩1890~1924평안북도위원 • 김종호金鍾鎬1907~2008경상북도경산 • 김종호金鍾浩1924~2003전라남도나주 • 김종호金宗鎬1902~미상제주도제주 • 김종호金鍾浩1909~2005전라남도광주 • 김종화金鍾和1888~미상강원도고성 • 김종화金鍾和1910~미상전라남도담양 • 김종환金鍾煥1872~미상평안남도성천 • 김종환金宗煥1878~1968경기도고양 • 김종회金從會1923~1953충청남도 • 김종후金鍾厚1850~미상함경남도홍원 • 김종훈金鍾勳1885~미상함경남도북청 • 김종훤金鍾烜1893~1948경상남도김해 • 김종휘金宗輝1891~1922경상북도의성 • 김좌록金左錄1890~1942충청남도공주 • 김좌목金佐穆1917~1943전라북도김제 • 김좌봉金佐鳳1847~미상함경남도갑산 • 김좌진金佐鎭1889~1930충청남도홍성 • 김주남金周男1895~1919경기도수원 • 김주노金宙魯1895~1963경상북도안동 • 김주석金周錫1927~1993경상남도마산 • 김주석金周錫1896~미상경상남도하동 • 김주성金冑宬1917~1996전라남도해남 • 김주업金周業미상~1919경기도수원 • 김주완金柱完1898~미상경상남도통영 • 김주원金冑元1872~1949경기도용인 • 김주일金周日1896~1961경상북도영덕 • 김주한金周翰1875~1947경상북도청도 • 김주한金周漢1882~1959충청남도금산 • 김주현金周鉉1876~1952충청남도홍성 • 김주현金疇鉉1882~1920충청남도청양 • 김주형金柱瀅1889~미상함경남도갑산 • 김죽산1891~미상함경남도함흥 • 김준걸金俊杰1891~1921평안남도대동 • 김준경金駿卿1924~1973강원도횡성 • 김준국金俊國1879~미상평안남도용강 • 김준근金俊根1921~2013황해도장연 • 김준령金俊玲1901~1967전라남도함평 • 김준명金俊明1891~1920평안북도창성 • 김준모金俊模1878~미상강원도화천 • 김준배金晙培1865~1919경상남도합천 • 김준부金俊富1905~1979전라남도함평 • 김준상金俊相1897~1925경기도고양 • 김준수金俊琇1909~1932전라북도전주 • 김준승金俊承1904~미상평안북도영변 • 김준언金俊彦1894~1922평안북도희천 • 김준여1887~1920金俊汝미상 • 김준연金俊淵1895~1971전라남도영암 • 김준엽金俊燁1920~2011평안북도강계 • 김준운金俊運1855~1925경상북도영천 • 김준원金俊元미상~1922미상 • 김준철金俊喆1900~1928미상 • 김준택金俊澤1889~1935평안남도순천 • 김준필金俊弼1902~미상평안남도덕천 • 김준헌金浚獻1902~1950전라남도영광 • 김준회金俊會1924~미상경기도용인 • 김중건金中建1889~1933함경남도영흥 • 김중규金仲圭1888~1946경상북도영덕 • 김중명金重命1886~1920경상북도영덕 • 김중문金重文1913~2009경상북도봉화 • 김중배金仲培1878~미상강원도화천 • 김중보金仲甫1889~1925평안북도희천 • 김중삼金仲三1878~미상함경남도이원 • 김중생金重生1885~미상함경남도고원 • 김중석金仲錫1883~1966함경남도함흥 • 김중섭金仲涉1916~1985평안북도철산 • 김중승金仲承미상~1922미상 • 김중식金重植1901~1946경기도안성 • 김중신金仲信1902~미상평안북도의주 • 김중한金重漢1902~1934평안남도용강 • 김중한金重漢1897~1952경상북도안동 • 김중현金仲鉉1914~1974제주도제주 • 김중호金仲浩1916~1992평안북도철산 • 김중화金中和1888~1972평안남도중화 • 김지섭金祉燮1884~1928경상북도안동 • 김지섭金智涉1880~미상황해도수안 • 김지섭金志燮1893~1965평안북도의주 • 김지성金知成1915~1968충청남도대전 • 김지성金知成1853~미상충청남도공주 • 김지수金知洙1909~1964전라남도강진 • 김지수金志洙1845~1911충청남도논산 • 김지수金芝洙1880~1961충청북도옥천 • 김지옥金址玉1914~1972평안남도안주 • 김지정金智貞1889~1948충청남도보령 • 김지종金知宗1902~미상함경남도북청 · 김지태金誌泰1911~1937전라남도광양 · 김지형金芝亨1911~미상미상 · 김지환金智煥1892~1972경기도개성 · 김직원金直源1897~1933충청남도대전 · 김진각金鎭珏1894~1926평안북도정주 · 김진곤金鎭坤1890~1963경상남도사천 · 김진규金振圭1879~미상경상북도영덕 · 김진기金鎭琪1916~1989전라북도정읍 · 김진기金珍基1867~미상평안북도의주 · 김진동金鎭東1919~1995경기도개풍 · 김진만金鎭萬1899~1943경상남도고성 · 김진만金鎭萬1876~1934경상북도대구 · 김진명金振明1879~미상전라북도전주 · 김진목金鎭睦1899~1990충청북도제천 · 김진봉金鎭奉1898~1959경상북도영일 · 김진선金振璿1885~1948강원도양양 · 김진성金辰成1870~1919경기도양주 · 김진성金振聲1914~1961황해도곡산 · 김진성金振聲1892~1968평안남도덕천 · 김진세金振世1901~미상함경남도갑산 · 김진수金鎭洙1886~1927경기도안성 · 김진숙金振淑1897~1968강원도강릉 · 김진억金鎭億1873~미상전라북도전주 · 김진억金鎭億1885~1932충청남도공주 · 김진여金振汝1882~미상충청남도아산 · 김진열金振烈1869~미상미상 · 김진열金振烈1882~1956강원도양양 · 김진영金鎭永1896~미상전라북도전주 · 김진영金振榮1880~미상평안남도중화 · 김진옥金鎭沃1928~1980경상남도부산 · 김진옥金振玉1881~1931전라북도전주 · 김진용金晋鏞1889~1958한성 · 김진우金振宇1883~1950강원도영월 · 김진우金鎭瑀1881~미상경상북도대구 · 김진운金進云1894~1979전라남도무안 · 김진일金震一1894~미상평안남도안주 · 김진준金珍俊1896~미상평안남도대동 · 김진찬金辰贊1904~1968경상남도창원 · 김진탁金振鐸1890~미상평안남도강서 · 김진택金鎭澤1882~미상함경남도고원 · 김진한金鎭漢1902~미상경상남도통영 · 김진현金鎭賢1909~2001전라남도제주 · 김진현金進賢1888~1920미상 · 김진호金辰鎬1892~1920전라북도고창 · 김진호金鎭浩1873~1960경상북도상주 · 김진호金鎭浩1890~1962평안북도선천 · 김진호金鎭浩1891~1945전라북도정읍 · 김진화金振華미상평안북도선천 · 김진화金泰華1908~미상황해도봉산 · 김진환金振煥1879~1934충청북도청주 · 김진효金鎭孝1887~1978경상북도청도 · 김진훈金鎭焄1924~1945경상남도창원 · 김진휘金鎭暉1898~미상경상북도안동 · 김진희金晋熙1907~1971제주도제주 · 김질로金徵魯1894~1948경상북도안동 · 김차쇠金且釗1899~1920경상북도의성 · 김차순1901~1996경상북도경주 · 김차제金次濟1871~1941충청남도홍성 · 김차형金此炯1924~1994경상남도창원 · 김찬金燦1884~미상함경남도북청 · 김찬규金燦奎1866~1929경상북도영천 · 김찬기金燦基1915~1945경상북도성주 · 김찬도金燦道1907~1994황해도황주 · 김찬두金燦斗미상~1919미상 · 김찬두金贊斗1885~1920평안북도벽동 · 김찬룡金贊龍미상~1925미상 · 김찬룡金燦龍1896~1950충청남도서산 · 김찬석金贊錫1862~미상황해도수안 · 김찬선金贊善1898~1968경상남도창원 · 김찬성金燦成1888~미상평안북도구성 · 김찬성金燦星1871~1930평안남도안주 · 김찬수金燦洙1882~미상미상 · 김찬승金贊承1877~미상평안북도태천 · 김찬식金燦植1924~1995평안남도안주 · 김찬오金贊五1874~1975전라북도남원 · 김찬원金贊元1917~1945평안북도정주 · 김찬진金瓚鎭1897~1950충청남도공주 · 김찬호金瓚鎬1885~미상황해도김화 · 김찬호金燦鎬1908~1959충청북도청원 · 김찬홍金燦興1874~1943평안남도평양 · 김찬희金璨熙1891~1935한성 · 김창갑金昌甲1924~1999평안북도창성 · 김창건金昌鍵1872~미상평안북도의주 · 김창곤金昌坤1892~1922평안북도의주 · 김창규金昌奎1892~1949전라북도고창 · 김창규金昌圭1885~1949충청남도대전 · 김창균金昌均1899~미상평안북도창성 · 김창근金昌根1881~미상한성 · 김창근金昌根1878~1959경상북도봉화 · 김창근金昌根1902~1938한성 · 김창길金昌吉1900~미상함경북도명진 · 김창덕金昌德1880~1920평안북도정주 · 김창도金昌道1883~1923미상 · 김창도金昌道1897~1967평안남도대동 · 김창락金昌洛1889~1938경상북도안동 · 김창렬金昌烈1885~1944강원도양양 · 김창렬金昌烈1902~미상평안남도순천 · 김창록金昌祿1897~미상충청남도천안 · 김창룡金昌龍1890~1930평안북도미상 · 김창만金昌晩1895~미상함경남도단천 · 김창무金昌武1880~미상평안남도안주 · 김창백金昌百1879~1942경상북도봉화 · 김창복金昌福미상~1919함경남도홍원 · 김창빈金昌彬1891~1983평안남도대동 · 김창석金昌錫1869~미상평안북도벽동 · 김창석金昌錫1926~2002경상남도창원 · 김창석金昌錫1925~미상평안남도평양 · 김창섭金昌燮1885~미상경기도안성 · 김창세金昌世1893~1934평안남도용강 · 김창세金昌世1876~1952경상남도창원 · 김창수金昌洙1877~미상황해도연백 · 김창숙金昌淑1879~1962경상북도성주 · 김창순金昌淳미상~1921미상 · 김창식金昌湜1896~1970평안남도순천 · 김창신金昌臣1904~2002경상북도봉화 · 김창실金昌實1890~1960경상남도창원 · 김창실金昌實1890~1940경기도파주 · 김창언金昌彦1893~1930미상 · 김창연金昌淵1881~1941경기도용인 · 김창엽金昌曄1916~1976경상북도봉화 · 김창영金昌英1878~미상함경남도풍산 · 김창오金昌五1866~미상황해도황주 · 김창옥金昌沃1917~1946제주도제주 · 김창옥金昌玉1890~1920미상 · 김창옥金昌沃1878~1930경상북도안동 · 김창우金昌禹1854~1937경상북도봉화 · 김창욱金昌旭1882~1935함경북도온성 · 김창원金昌源1911~1945경기도연천 · 김창윤金昌允1895~1968충청남도홍성 · 김창윤金昌允1892~1951전라북도옥구 · 김창의金昌義1885~1923평안북도정주 · 김창일金昌一1858~미상함경남도갑산 · 김창일金昌一미상~1920미상 · 김창일金昌鎰1901~미상함경남도갑산 · 김창정金昌禎1920~1992평안북도삭주 · 김창주金昌柱1911~1928전라남도장성 · 김창준金暢浚1915~미상함경북도명천 · 김창진金昌珍1895~1921평안북도후창 · 김창진金昌鎭미상~1924평안북도 · 김창진金昌珍1896~미상함경북도경흥 · 김창집金昌輯1875~미상황해도수안 · 김창천金昌天1896~미상황해도 · 김창탁金昌鐸1881~1960경상남도마산 · 김창하金昌河1894~미상평안북도창성 · 김창하金昌河미상~1923평안북도위원 · 김창한金昌漢1905~1950전라북도남원 · 김창헌金昌憲1898~1930평안북도창성 · 김창헌金昌憲1879~미상황해도연백 · 김창헌金昌憲1877~미상강원도양구 · 김창현金昌鉉미상~1920평안북도자성 · 김창현金昌鉉1889~1944황해도해주 · 김창현金昌

鉉1884~1934경기도가평 • 김창호金昌鎬1913~미상전라북도임실 • 김창화金昌華1888~1945평안남도순천 • 김창환金昌煥미상~1923미상 • 김창환金昌煥1877~미상평안남도순천 • 김창환金昌煥1884~1968강원도양양 • 김창환金昌煥1872~1937한성 • 김창환金昌煥1908~1977제주도제주 • 김창훈金昌勳1872~미상경상북도안동 • 김창희金昌羲1885~1947강원도화천 • 김창희金昶熙1906~1946경상북도봉화 • 김채룡金彩龍1921~2008전라남도광양 • 김채준金採準1900~1937충청남도천안 • 김채진金彩珍1895~1920평안북도벽동 • 김천겸金天兼1886~1942충청남도서산 • 김천두金天斗미상~1920미상 • 김천문金千文1875~1945충청북도제천 • 김천복金千福1897~1968경기도시흥 • 김천봉金天鳳1890~미상평안북도초산 • 김천봉金千鳳1894~1970충청남도아산 • 김천사金千絲1903~1920미상 • 김천석金千錫1884~1919경상남도산청 • 김천성金天成1914~1945평안북도 • 김천술金天述1881~1910전라북도정읍 • 김천익金天益1890~1922평안남도평원 • 김천특金千特1888~1945경상북도의성 • 김천호金天鎬1884~미상함경북도경흥 • 김철金鐵미상~1925미상 • 김철金哲미상~1930미상 • 김철金哲1918~1992평안북도의주 • 김철金喆1896~1978경상북도경주 • 김철金澈1886~1934전라남도함평 • 김철기金哲起1883~1946강원도양양 • 김철남金鐵男1895~1952황해도신천 • 김철산金鐵山1907~1931함경북도무산 • 김철수金鐵洙1893~1986전라북도부안 • 김철수金喆壽1896~1977경상남도양산 • 김철수金轍洙1878~1919충청북도옥천 • 김철수金哲洙미상미상 • 김철주金鐵柱1901~1962전라남도 • 김철중金鐵中1883~1962전라북도옥구 • 김철호金哲鎬1901~1950경상남도통영 • 김철회金喆會1877~1960강원도철원 • 김철훈金哲勳1885~1938함경북도명천 • 김청풍金淸風1897~미상황해도봉산 • 김초암金初岩1916~1958전라남도여수 • 김최명金最明1897~1964평안북도선천 • 김추상金秋霜미상~1934미상 • 김추신金秋信1908~미상평안북도신의주 • 김추은金秋銀1895~1930경상남도창녕 • 김춘경金春京1885~1944충청북도괴산 • 김춘경金春經1894~1952경기도양주 • 김춘만金春萬1886~미상경기도안성 • 김춘배金春培1912~1933전라북도전주 • 김춘배金春培1906~1942전라북도완주 • 김춘백金春白1905~1932평안북도정주 • 김춘삼金春三1873~1920미상 • 김춘석金春錫1902~미상전라남도강진 • 김춘실金春實1876~미상함경남도갑산 • 김춘원金春園1891~1943한성 • 김춘일金春日1900~미상평안북도의주 • 김춘호미상~1921미상 • 김충국金忠國1913~2001한성 • 김충국金忠國1900~미상함경남도북청 • 김충념金忠念1896~미상경상남도울산 • 김충성金忠聖1874~1960평안남도순천 • 김충한金忠漢1883~1965경상북도의성 • 김충홍金忠弘1924~2003전라남도완도 • 김취려金就礪1876~미상평안남도용강 • 김치경金致京1879~미상평안북도자성 • 김치경金致慶1905~1931경상북도안동 • 김치국金致國1886~미상충청남도예산 • 김치권金致權1874~1943경상북도성주 • 김치근金致根1878~1933경상북도의성 • 김치룡金致龍1897~미상평안남도평양 • 김치만金致萬1898~1945경상북도영덕 • 김치명金致明1883~1977경상북도의성 • 김치명金致明1877~미상황해도장연 • 김치명金致明1880~1950경상남도동래 • 김치민金致敏1884~미상평안남도순천 • 김치백金致伯1890~1920함경북도종성 • 김치보金致寶1859~1941평안남도평양 • 김치복金致福1898~1927미상 • 김치삼金致三미상~1921미상 • 김치선金致善1879~1920미상 • 김치선金致善1899~1968함경남도장진 • 김치성金致聲1870~미상평안남도안주 • 김치옥金致玉1879~1933전라북도익산 • 김치욱金致旭1886~미상전라남도강진 • 김치운金致雲1864~미상경상북도대구 • 김치운金致雲1868~1933경상북도영덕 • 김치윤金致允1910~미상함경남도영흥 • 김치익金致益1895~미상평안북도초산 • 김치일金致日1878~1926경상북도대구 • 김치정金致正1892~1921평안북도의주 • 김치정金致廷1906~1936평안북도박천 • 김치주金致周1875~미상황해도안악 • 김치하金致河1853~1919평안북도자성 • 김치현金致鉉1892~미상평안북도의주 • 김치현金致鉉1897~1942황해도봉산 • 김치호金致浩1898~미상평안북도강계 • 김칠봉金七峯1901~1961경상북도의성 • 김칠성金七星미상~1919평안북도정주 • 김칠향金七享1890~1920미상 • 김칭렬金稱烈1895~1922평안남도덕천 • 김타관金他官1902~1975경상북도김천 • 김타관金他寬1900~1962경상북도청도 • 김타관金他官1887~1960경상북도칠곡 • 김탁金鐸1892~1943함경남도이원 • 김탁선金鐸善1884~미상황해도수안 • 김탁원金鐸遠1898~1940경상북도대구 • 김탁환金鐸煥1884~미상충청남도서천 • 김태경金太京1875~1940전라북도전주 • 김태경金泰京1899~미상전라북도김제 • 김태권金太權1910~1941제주도 • 김태규金泰奎1895~1974충청북도영동 • 김태규金泰圭1891~1931경상북도안동 • 김태규金泰珪1896~1962충청북도괴산 • 김태규金泰圭1892~1970전라남도장흥 • 김태균金泰均미상~1919미상 • 김태균金泰均1872~1928함경남도홍원 • 김태근金泰根1911~1948제주도제주 • 김태근金泰根1915~1963경상남도양산 • 김태동金泰東1897~1982경상북도영덕 • 김태련金兌鍊1879~1943경상북도대구 • 김태묵金泰默1885~미상평안북도창성 • 김태묵金泰默1887~미상미상 • 김태복金泰福1886~1933평안남도평양 • 김태봉金泰奉1899~1958충청남도천안 • 김태부金泰富1899~미상평안북도삭주 • 김태선金泰善1897~1922미상 • 김태선金泰善1922~2005경상남도원산 • 김태선金泰善1924~2003충청남도금산 • 김태섭金泰爕1881~1945황해도신천 • 김태성金泰成1892~1973경상북도의성 • 김태성金泰成1897~1966경상북도영덕 • 김태수金台洙1904~1950충청북도영동 • 김태술金泰述1899~미상평안남도평양 • 김태식金泰植1882~1945한성 • 김태안金泰晏1902~미상평안남도용강 • 김태양金太陽1910~미상평안북도창성 • 김태연金泰淵1893~1921황해도장연 • 김태연金泰淵1900~1938경상북도김천 • 김태연金泰淵1894~1968평안북도삭주 • 김태열金泰烈1879~미상함경남도장진 • 김태열金太烈1886~미상평안남도강서 • 김태열金泰烈1895~1953전라남도광주 • 김태엽金泰燁1897~1985경상남도부산 • 김태영金泰碤1924~1945충청남도금산 • 김태영金泰泳1908~미상평안북도벽동 • 김태영金泰泳1909~1983전라남도영광 • 김태오金泰午1903~1976전라남도광주 • 김태오金泰午1880~1919충청남도논산 • 김태용金泰用

1868~미상평안북도구성・김태용金泰鏞1884~미상평안남도중화・김태원金泰源1896~1975경기도안성・김태원金泰源1903~1926평안북도신의주・김태은金泰隱1877~미상평안남도중화・김태을金太乙1882~1935경상북도영덕・김태준金泰俊1873~미상미상・김태준金泰俊1874~1920미상・김태진金泰鎭1873~1937경기도개성・김태한金台漢미상미상・김태혁金泰赫1882~미상황해도수안・김태현金台鉉1882~1961충청남도부여・김태호金太鎬1900~미상경상북도의성・김태화金泰華1870~미상평안북도강계・김태화金泰化1888~1920미상・김태황金泰璜미상~1919평안남도용강・김태훈金泰薰1915~미상평안북도박천・김태훈金泰勳1916~1995평안북도영변・김태흥金泰興미상~1921미상・김태희金泰熙1877~1936충청북도청주・김태희金泰熙미상~1920미상・김택근金澤根1896~미상황해도해주・김택기金宅基1924~1978경상북도군위・김택룡金澤龍1896~1921경상북도영일・김택빈金澤彬1901~1920미상・김택신金澤信1893~1922평안북도삭주・김택영金澤榮1850~1927경기도개성・김택이金澤伊1895~1950경상북도영덕・김택주金澤柱1855~1926전라남도구례・김택주金澤周1919~2006평안북도용천・김택진金澤鎭1874~1961경상북도영주・김택현金澤顯1894~미상전라북도옥구・김택홍金澤鴻1875~미상평안남도평양・김통안金通安1898~1952전라남도완도・김특술金特述1923~2001경상북도경산・김판곤金判坤1891~1942전라북도부안・김판두金判斗1892~1929전라북도무주・김판봉金判奉1901~미상전라북도완주・김판철金判哲1900~미상전라남도함평・김팔봉金八奉1900~미상경상북도칠곡・김팔수金八洙1898~1971경상북도성주・김팔윤金八允1890~1937충청남도서산・김평렬金平烈1899~1922미상・김평식金平植1880~1938평안북도의주・김풍섭金豊燮1897~1921평안남도대동・김풍한金豊漢미상평안남도용강・김필권金弼미상~1920미상・김필권金弼權1883~1973경상북도경주・김필규金弼圭1874~1919경기도가평・김필락金弼洛1873~1919경상북도안동・김필례金弼禮1892~1983황해도장연・김필부리金必夫里1900~미상전라남도함평・김필상金弼相1925~1980한성・김필선金弼善1903~1945강원도양양・김필수金必壽1905~1972경상남도김해・김필수金弼洙1892~1969황해도봉산・김필수金弼洙1887~미상평안북도박천・김필순金弼淳1878~1919황해도장연・김필원金弼遠1900~1954제주도제주・김필호金弼浩1903~미상전라남도곡성・김필환金弼煥1924~2006경상북도양양・김하경金河經1891~미상함경북도경성・김하성金河成1893~1922평안북도강계・김하영金夏榮1862~미상평안남도중화・김하원金河源1888~미상함경남도단천・김하정金夏鼎1886~1920미상・김하진金夏鎭1924~1992경기도평택・김학金鶴1894~1923함경북도회령・김학곤金學坤1889~미상경상남도함안・김학구金鶴九미상~1919강원도양양・김학규金學奎1900~1967평안남도평원・김학길金學吉1925~2010충청남도부여・김학득金鶴得1927~2002경상남도밀양・김학락金學洛1895~1922함경남도・김학룡金學龍미상~1922미상・김학만金學萬미상미상・김학무金學武1911~1943함경북도온성・김학봉金學鳳1898~1945경상북도경주・김학서金學瑞1892~미상경상북도칠곡・김학서金學瑞1893~미상평안북도의주・김학선金學善1896~미상전라남도장성・김학선金學善1921~2009평안북도의주・김학섭金學燮1888~1923함경북도경원・김학성金學成1879~미상함경북도온성・김학송金鶴松미상~1925평안북도강계・김학수金學洙1900~미상경기도여주・김학수金學洙1888~미상평안북도강계・김학술金學述1897~1932충청남도금산・김학술金學述1902~미상전라북도옥구・김학원金學源1881~미상황해도연백・김학응金學應미상~1923미상・김학이金鶴伊1896~1922경상북도성주・김학이金鶴伊1888~1953경상북도영덕・김학준金學俊1887~1920경상남도동래・김학현金學賢1885~1934평안북도선천・김학호미상~1921함경남도이원・김한金翰1887~1938한성・김한경金漢經1927~1946경상남도부산・김한구金漢久1888~1924경상북도청도・김한규金漢奎1900~1961전라북도익산・김한긍金漢肯1881~1951한성・김한기金漢琦1897~1982경상남도부산・김한룡金漢龍1927~1998경상북도영주・김한봉金漢鳳미상~1921미상・김한상金漢相1897~1978전라남도장흥・김한석金漢奭1920~1950경상북도상주・김한석金漢錫1900~미상경상북도달성・김한수金漢水1897~미상미상・김한수金漢洙1877~미상강원도화천・김한식金漢植1901~1974전라남도해남・김한용金漢龍1920~1961전라남도무안・김한용金漢龍1891~미상전라북도전주・김한원金漢遠1893~1982전라남도장흥・김한익金漢益1890~1933경상남도함양・김한정金漢貞1896~1950제주도제주・김한정金漢貞1878~미상전라남도장흥・김한종金漢鍾1883~1921충청남도예산・김한주金漢柱1917~1939전라남도무안・김한주金漢洲1876~1962충청북도옥천・김한준金漢俊1884~1956경상남도울산・김한태金漢太1903~1980전라남도장흥・김한필金漢弼1914~1949전라남도무안・김항규金恒圭1881~1948한성・김항률金恒律1890~1924제주도・김항용金恒龍미상~1924미상・김항증金恒曾1857~미상함경남도신흥・김해강金海岡1893~1959평안북도강계・김해근金海根1860~1946전라북도남원・김해득金海得1924~1984경상북도청도・김해룡金海龍1895~1969충청북도음성・김해룡金海龍1890~1920함경북도경흥・김해성金海星1907~1950평안북도정주・김해수金海守1896~1968경상남도고성・김해오金海午1903~미상경상북도영천・김해인金海仁1918~2006충청남도대전・김해일金海一1922~1999평안북도강계・김해중월金海中月미상미상・김행규金杏奎1904~미상전라북도옥구・김행도金幸道1923~1950경상남도통영・김행즙金幸楫1879~1954전라북도남원・김향남金向南1908~1950전라남도완도・김향화金香花1897~미상경기도수원・김헌金軒1909~1932평안북도초산・김헌림金憲林미상~1921미상・김헌술金憲述1924~1988경상북도영일・김헌식金憲植1868~1934경상북도봉화・김혁金赫1875~1939경기도수원・김혁근金赫根1867~미상황해도신계・김혁동金爀東1889~1950경상북도영덕・김현金鉉1914~1950평안북도정주・김현경金賢敬1897~1986충청남도공주・김현곤金玹坤1900~1955전라북도정읍・김현구金鉉九1891~1967충청북도옥천・김현구金炫九1882~미상강원도철원・김

현국金賢國미상~1924미상 • 김현국金顯國1905~1946경기도이천 • 김현규金顯奎1874~미상충청남도청양 • 김현균金玄均 1900~1962전라남도강진 • 김현기金顯基1876~1958충청남도청양 • 김현동金賢東1876~1927경상북도예천 • 김현모金顯謨 1878~1938경기도양주 • 김현묵金玄默1893~미상함경북도무산 • 김현미金顯美1894~1982한성 • 김현배金賢培1892~1953 충청남도청양 • 김현서金現西1893~1945충청남도아산 • 김현수金玄洙1913~1950전라남도해남 • 김현수金顯洙1881~미상강 원도원주 • 김현수金現洙1862~미상평안남도덕천 • 김현수金玄洙1914~미상충청남도논산 • 김현유金鉉有1881~1942경기도 양주 • 김현일金顯一1869~미상강원도철원 • 김현일金賢一미상~1921미상 • 김현재金顯宰1917~미상한성 • 김현주金顯周 1892~1956경기도용인 • 김현창金顯昶1912~1951충청남도예산 • 김현홍金顯洪1884~미상강원도원주 • 김형각金亨珏1879~ 미상황해도신계 • 김형갑金炯甲1902~1972경상남도진주 • 김형건金亨鍵1905~1934평안남도대동 • 김형곤金亨坤1887~미 상충청남도서산 • 김형구金瀅九1879~1944강원도이천 • 김형구金炯求1911~1939전라남도무안 • 김형권미상~1921미상 • 김 형권金亨權1894~1943경상남도사천 • 김형기金炯璣1896~1950경상남도양산 • 김형기金炯綺1896~1958경상남도통영 • 김 형도金炯燾1880~1948경상북도예천 • 김형동金瀅東1895~1965충청남도공주 • 김형두金炯斗1911~미상전라북도군산 • 김형 락金亨洛1894~미상평안북도강계 • 김형렬金亨烈1897~1928경기도개성 • 김형로金瀅櫓1894~1943평안남도안주 • 김형모 金형模미상~1924미상 • 김형민金炯敏1909~1998전라북도완주 • 김형배金瑩培1901~1944제주도제주 • 김형배金亨培 1885~1934충청남도서산 • 김형빈金亨彬1894~1943평안북도초산 • 김형석金炯錫1909~1983전라남도여수 • 김형석金亨石 1912~2009평안북도철산 • 김형석金亨碩1899~1922평안북도신의주 • 김형석金亨錫1876~미상강원도양양 • 김형선金炯宣 1854~미상황해도수안 • 김형설金炯卨1922~1989충청남도서산 • 김형수金炯洙1905~1988제주도제주 • 김형숙金亨淑 1880~1920평안북도창성 • 김형순金亨珣1886~1977경상남도통영 • 김형식金亨植1885~1972경상북도예천 • 김형원金亨元 1891~1973황해도송화 • 김형정金炯正1897~1952경상남도고성 • 김형제金亨濟1888~1945충청남도부여 • 김형조金亨祚 1890~미상경상남도통영 • 김형주金炯周1898~1962경기도강화 • 김형준金亨俊1905~1951전라남도해남 • 김형중金형中미 상~1920미상 • 김형진金형鎭1879~1957경상북도안동 • 김형태金炯台1897~1919충청남도서산 • 김형택金炯澤1891~1950 전라북도장수 • 김호金濩1864~1930경상남도거창 • 김호金虎1881~미상함경남도함흥 • 김호金平1884~1968한성 • 김호기 金浩基1905~1970전라남도강진 • 김호도金浩道미상~1921미상 • 김호문金好文1887~1942경상북도의성 • 김호상金浩相 1894~1927충청북도청원 • 김호선金好善1911~2001전라남도광주 • 김호용金浩溶1905~1948경상북도영천 • 김호원金浩元 1890~1972경상남도창원 • 김호익金瑚翼1896~미상황해도신천 • 김호준金浩俊1897~1919경상남도합천 • 김호현金浩鉉 1893~1919경상남도창원 • 김홍金洪1879~미상충청북도옥천 • 김홍구金鴻九1921~1947경상북도대구 • 김홍구金弘九 1928~1997경상북도안동 • 김홍권金弘權1892~1937경상남도하동 • 김홍권金弘權1910~미상강원도회양 • 김홍귀金弘貴 1908~1929전라남도완도 • 김홍규金弘圭1889~1951경상남도밀양 • 김홍규金洪圭1916~1982경상남도마산 • 김홍규金洪奎 1888~1950전라북도김제 • 김홍규金弘圭1876~1923한성 • 김홍규金弘奎1916~미상제주도제주 • 김홍균金鴻勻1881~1927 평안남도개천 • 김홍균金烘均1878~미상충청남도서산 • 김홍극金弘極미상~1920미상 • 김홍기金鴻機1889~1946미상 • 김 홍기金弘基1884~미상함경북도명천 • 김홍기金洪基1899~1960황해도금천 • 김홍기金鴻基1884~1954경상북도봉화 • 김홍 남金鴻南1911~1996전라남도완도 • 김홍두金弘斗1879~1933전라남도광산 • 김홍락金洪樂1922~2000충청북도괴산 • 김홍 렬金弘烈1886~1948한성 • 김홍렬金洪烈1898~1924전라북도옥구 • 김홍렬金弘烈1902~미상강원도회양 • 김홍록金洪錄 1893~미상평안남도성천 • 김홍록金洪祿1895~1919전라북도남원 • 김홍률金弘律미상~1920미상 • 김홍배金鴻培1886~미상 한성 • 김홍빈金洪斌미상~1921미상 • 김홍서金弘敍1886~1959평안남도평양 • 김홍석金洪錫1891~1920미상 • 김홍석金泓錫 1913~미상한성 • 김홍섭金弘燮1890~1924평안북도벽동 • 김홍섭金弘燮1896~미상황해도회양 • 김홍세金弘世1896~1968 평안남도용강 • 김홍수金弘洙1876~미상평안북도삭주 • 김홍수金烘壽1889~1960충청남도서산 • 김홍수金洪洙1889~1921 평안북도벽동 • 김홍식金弘植1908~미상황해도회양 • 김홍우金烘友1875~1961충청남도서산 • 김홍운金鴻運1894~1944평 안북도의주 • 김홍일金弘壹1898~1980평안북도용천 • 김홍주金弘胄1898~미상평안북도초산 • 김홍준金洪俊1922~1993경 상북도경산 • 김홍진金洪鎭1890~1924경상북도영일 • 김홍진金烘辰1884~1951충청남도서산 • 김홍진金弘鎭1900~미상황 해도회양 • 김홍철金弘哲1916~2000전라북도김제 • 김홍태金烘泰1893~1964충청남도서산 • 김홍태金弘泰1909~1950경상 남도부산 • 김홍하金弘河1903~1927함경남도단천 • 김화곤金華坤1899~1944전라북도익산 • 김화남金化南1924~1994전라 남도해남 • 김화봉金化鳳1885~미상함경남도장진 • 김화서金化西1891~미상충청북도음성 • 김화섭和攝1892~1947경상북 도경주 • 김화순金華順1894~미상전라남도강진 • 김화식金華植1904~1952경상북도봉화 • 김화식金化湜1893~1950평안남 도안주 • 김화영金華泳1886~1968경상북도안동 • 김화용金花容미상황해도해주 • 김화원金華元1864~1968경상북도영덕 • 김화인金和仁1898~1944충청남도홍성 • 김화자金花子1897~미상평안남도순천 • 김화진金華鎭1904~1946경상북도영주 • 김환金桓1896~1940전라북도부안 • 김환기金煥基1909~1927경상북도성주 • 김환기金桓起1888~1950강원도양양 • 김환성 金煥性1904~1981경상남도부산 • 김효건金孝鍵1877~미상평안북도삭주 • 김효배金孝培1908~1967경상북도대구 • 김효섭 金孝涉1888~미상평안북도용천 • 김효숙金孝淑1915~2003평안남도용강 • 김효순金孝順1902~미상황해도재령 • 김효식金 孝植1920~미상경상북도영주 • 김효운金孝運미상~1919미상 • 김효종金孝宗1900~1927황해도재령 • 김효준金孝俊

1891~1921평안북도의주 • 김후병金厚秉1874~1964경상북도안동 • 김후성金後性1896~1974경상북도안동 • 김후식金厚植1907~1961경상북도안동 • 김후식金厚植1896~1959전라남도강진 • 김훈金勳1901~1936평안북도 • 김흥기金興起1918~2012강원도강릉 • 김흥도金興道1890~1922평안북도철산 • 김흥렬金興烈미상~1919경기도수원 • 김흥룡金興龍1897~1952전라남도해남 • 김흥배金興培1901~1986충청북도청주 • 김흥복金興福미상~1919경기도수원 • 김흥봉金興鳳1898~1983전라남도해남 • 김흥삼金興三1882~1938경기도화성 • 김흥서金興瑞1869~미상한성 • 김흥섭金興燮1903~미상전라남도담양 • 김흥식金興植1883~미상경기도수원 • 김흥식金興植미상~1919미상 • 김흥학金興鶴1904~1920전라남도해남 • 김희金熹1889~1920함경북도무산 • 김희걸金稀杰1868~미상황해도황주 • 김희곤金希坤1915~1943전라남도광양 • 김희구金喜久1927~1945경상남도통영 • 김희구金希久1851~1920미상 • 김희규金熙奎1894~1959경상북도성주 • 김희균金熙均1897~1970함경북도회령 • 김희남金熙南1910~1977평안북도의주 • 김희덕金熙德1878~미상황해도수안 • 김희로金希魯1875~미상전라남도광양 • 김희록金熙祿1888~1916평안북도용천 • 김희룡金希龍1867~미상황해도곡산 • 김희만金熙萬1919~미상평안남도평양 • 김희문金喜文1889~1970경상북도의성 • 김희백金熙伯1899~1937평안남도대동 • 김희봉金喜奉1907~1991제주도 • 김희봉金熙琫1874~1928경상남도창녕 • 김희봉金喜鳳1896~미상충청남도공주 • 김희삼金熙三1877~미상황해도평산 • 김희수金熙洙1899~1985제주도제주 • 김희순金熙淳1909~미상경상남도밀양 • 김희순金希舜1878~미상함경남도이원 • 김희식金熙植1898~미상경기도안성 • 김희영金熙暎1893~1975충청북도충주 • 김희운金熙運1913~1966한성 • 김희인金熙仁1886~1938강원도화천 • 김희조金喜祚1871~1930경상남도남해 • 김희중金熙重1894~1932경상북도문경 • 김희찬金熙瓚1921~미상황해도통천 • 김희철金熙哲1890~미상황해도 • 김희환金希煥1898~미상충청남도아산 • 나경서羅京瑞1877~1920미상 • 나경호羅景鎬미상미상 • 나광열羅光烈1921~2007충청남도서천 • 나금주羅金柱1920~1998전라남도장성 • 나기창羅基昌1922~2012경기도이천 • 나대화羅大化1887~1922함경북도경성 • 나덕재羅德在1891~미상충청남도예산 • 나덕환羅德煥1904~1971전라남도영광 • 나동규羅東奎1918~1985전라남도나주 • 나동섭羅東燮1928~1980충청남도서천 • 나만규羅萬奎1897~미상미상 • 나만성羅萬成1896~1936전라남도무안 • 나명조羅明祚1906~미상전라북도군산 • 나병규羅炳圭1852~1924평안남도성천 • 나병렬羅炳烈1887~미상평안남도덕천 • 나병삼羅炳三1893~1922평안남도덕천 • 나부석羅富碩1888~1978경상북도영덕 • 나상규羅相奎1873~1950경기도양주 • 나상기羅相基1901~1981경상북도경산 • 나상원羅尙元미상미상 • 나상준羅相俊1905~1950충청남도서천 • 나상필羅相泌1884~1940경기도양평 • 나석주羅錫疇1892~1926황해도재령 • 나석한羅錫翰1874~미상평안남도성천 • 나석현羅碩鉉1911~1980전라남도나주 • 나선도羅善道미상~1923미상 • 나선봉羅善鳳1893~미상평안북도창성 • 나성돈羅盛頓1924~2020평안남도용강 • 나성순羅性順1912~미상전라남도나주 • 나성운羅星雲1891~1920경상북도영덕 • 나성헌羅晟憲1895~미상평안북도희천 • 나성호羅聖鎬미상함경북도회령 • 나수범羅守凡1902~1919경상남도함안 • 나순덕羅順德1914~1934전라남도나주 • 나순익羅順益1900~1920미상 • 나순조羅順祚1911~2001전라남도나주 • 나순호羅順浩1901~1920미상 • 나순화羅淳化1880~1958황해도금천 • 나승렬羅承烈1896~1926함경북도길주 • 나신택羅信澤1885~미상평안남도맹산 • 나영관羅永寬1886~미상평안북도자성 • 나영철羅英哲1912~미상경상남도마산 • 나용균羅容均1895~1984전라북도정읍 • 나용기羅龍基1858~1920경기도연천 • 나용환羅龍煥1864~1936평안남도성천 • 나운규羅雲奎1902~1937함경북도회령 • 나월환羅月煥1912~1942전라남도나주 • 나은주羅恩周1890~1978황해도금천 • 나응환羅應煥1926~2003평안북도의주 • 나의집羅義緝미상~1919미상 • 나인협羅仁協1872~1951평안남도성천 • 나일진羅一鎭1899~1969충청남도청양 • 나장헌羅章憲1890~1922평안북도희천 • 나재성羅在星1887~1961경상북도영덕 • 나재원羅在瑗1898~미상평안남도강서 • 나정구羅正龜1885~미상평안북도태천 • 나정련羅正練1882~1943전라남도보성 • 나정문羅正紋1892~1944전라남도보성 • 나정윤羅正綸1900~1942전라남도보성 • 나정화羅正華미상~1920미상 • 나종남羅鐘南1909~1938전라남도나주 • 나종헌羅宗憲1886~미상평안북도희천 • 나중소羅仲昭1867~1928한성 • 나진강羅鎭綱1889~1979평안남도대동 • 나찬홍羅燦洪1872~미상황해도수안 • 나창헌羅昌憲1894~1936평안북도희천 • 나채홍羅采弘1884~1923평안북도자성 • 나철羅喆1863~1916전라남도보성 • 나태섭羅泰燮1901~1989황해도안악 • 나학용羅學用1887~1946전라북도김제 • 나형순羅亨淳1876~미상황해도황주 • 나호균羅浩均1900~1963전라남도영암 • 나희풍羅喜豊1873~미상황해도황주 • 남경명南景明1898~1968경상남도창녕 • 남계병南啓炳1878~1963경상북도영덕 • 남계복南癸福1875~1926경기도가평 • 남계창南啓昌1903~1957충청남도서산 • 남계홍南啓弘1870~미상충청북도진천 • 남공선南公善1888~1924함경남도원산 • 남광호南光鎬1901~1967경상북도울진 • 남교묵南敎默1891~1944경상북도영덕 • 남교문南敎文1888~미상경상북도영덕 • 남궁석南宮錫1897~1964경기도김포 • 남궁억南宮檍1863~1939강원도홍천 • 남궁염南宮炎1889~1961한성 • 남궁우룡南宮又龍1897~1970경기도양주 • 남궁욱南宮旭1886~미상황해도평산 • 남궁현南宮炫1901~1940전라남도영광 • 남규우南圭佑1889~1967경상북도의성 • 남규천南奎千1887~1929미상 • 남극南極1881~미상함경남도 • 남기동南基東1914~1942경상남도통영 • 남기명南基明1923~1999경상남도통영 • 남기원南箕元1879~1961충청남도홍성 • 남기원南基元1879~1926충청남도서산 • 남남덕南男德1911~1990경상남도창녕 • 남도학南道學1900~1969충청북도영동 • 남동민南東敏1896~1974경기도파주 • 남만기南萬基1892~1974경상북도영덕 • 남만진南晩鎭1894~1941경상북도영덕 • 남만춘南萬春1888~1938미상 • 남명숙南明淑1851~미상충청남도서산 • 남백우南百祐미상충청북도청주 • 남병구南柄

九1888~미상경상북도영덕 • 남병린南秉麟1903~미상함경북도길주 • 남병석南秉錫1895~미상함경북도경성 • 남병세南炳世1898~1956경상북도안동 • 남병우南炳祐1859~1926경상남도의령 • 남병표南炳豹1894~1955경상북도울진 • 남병하南炳夏1894~1947경상북도영덕 • 남병희南秉熙1900~1959경상남도함안 • 남복섭미상~1933미상 • 남복이南福伊1908~1945경상북도울진 • 남삼진南三鎭1883~1954경상북도안동 • 남상갑南相甲1924~2000경기도양주 • 남상권南相權1892~1963전라남도해남 • 남상규南相奎1901~1972한성 • 남상근南相瑾1889~미상충청남도서산 • 남상도南相道1918~1950경상남도창녕 • 남상돈南相敦1888~1921충청남도서산 • 남상락南相洛1892~1931충청남도서산 • 남상렬南相烈1881~1965충청북도청원 • 남상만南相萬1897~1979충청남도부여 • 남상복南相福1862~미상경기도 • 남상빈南相斌1887~미상함경남도원산 • 남상순南相舜1878~1949경상남도의령 • 남상순南相淳1926~1978충청남도대전 • 남상윤南相允1881~미상함경남도갑산 • 남상은南相殷1894~1974충청남도서산 • 남상은南相殷1886~1951충청북도제천 • 남상인南相仁1891~1930충청남도서산

• 남상정南相楨1884~1962강원도횡성 • 남상직南相直1894~1941충청남도서산 • 남상집南相集1891~1971충청남도서산 • 남상철南相喆1924~2015경기도양평 • 남상필南相弼1891~1972경상북도영주 • 남상호南相好1890~1936충청남도천안 • 남상홍南相洪1906~1944전라남도나주 • 남상환南相煥1908~1933경기도평택 • 남상훈南相薰1885~미상경기도안성 • 남석순南石順1911~1943경상북도울진 • 남성우南成祐1897~1952충청남도서산 • 남성일南星一1901~1923함경북도명천 • 남성희南星熙1878~1937충청남도청양 • 남성희南盛熙1885~미상경상남도의령 • 남성희南星熙1868~1941충청남도서산 • 남세극南世極1882~1943함경북도명천 • 남수악南壽岳1912~미상함경남도원산 • 남승순南勝淳1857~1925경상북도의성 • 남시우南時祐1884~1937경기도안성 • 남신희南信熙1885~1957충청남도서산 • 남영렬南英烈1892~1971충청남도서산 • 남영실南英實1913~미상경상북도대구 • 남영진南永鎭1894~1920경상북도영주 • 남영희南榮熙1905~미상충청남도아산 • 남옥현南玉鉉1925~2009경상남도통영 • 남왈기南日紀1912~1992경상북도울진 • 남왈성南日星1909~1956경상북도울진 • 남용순南容淳1891~1920미상 • 남용식南龍湜1915~1966경상북도울진 • 남용우南容祐1880~1965충청남도서산 • 남원수南源壽1915~1943경상북도울진 • 남위南偉1900~1919함경남도홍원 • 남윤구南潤九1892~1960함경북도무산 • 남윤희南允熙1882~1939충청남도서산 • 남윤희南潤熙1878~1944충청남도서산 • 남윤희南潤姬1912~미상전라북도익산 • 남응하南應夏1881~1933경상북도영덕 • 남인봉南仁奉1899~미상충청남도서산 • 남인상南仁相1868~1951함경남도안변 • 남인우南仁祐1886~1967충청남도서산 • 남인희南仁熙1914~미상한성 • 남자현南慈賢1872~1933경상북도영양 • 남장南璋1900~1950경상북도안동 • 남장우南璋祐1892~1936경기도안성 • 남재량南載亮1898~1956경상북도울진 • 남재정南在晶1887~1951경상북도영덕 • 남재호南在鎬1879~1952평안남도평양 • 남정南正1880~1950충청남도당진 • 남정각南廷珏1897~1967한성 • 남정달南廷達1897~1977충청남도청양 • 남정렬南廷烈1882~1966충청남도청양 • 남정섭南廷燮1887~미상경상남도부산 • 남정성南精性1916~1950경상북도울진 • 남정욱南廷昱1924~2014경상북도영양 • 남정준南廷埈1923~1948전라남도강진 • 남정찬南廷燦1891~미상경기도용인 • 남정하南正夏1879~미상함경북도부령 • 남정혁南廷㷮1887~1957충청남도서산 • 남조홍南朝洪1871~1959경상북도영덕 • 남종우南宗祐1878~1918경상남도의령 • 남주원南柱元1893~1947충청남도서산 • 남준섭南俊燮1906~1933경상북도안동 • 남중군南仲軍1908~미상함경남도원산 • 남중희南重熙1873~1945충청남도홍성 • 남지학南志學1915~1943경상북도울진 • 남진두南鎭斗1894~1919경상북도영덕 • 남진우南進祐1899~1933경기도안성 • 남창녕南昌寧1919~1977평안남도평양 • 남창식南昌植1876~미상미상 • 남출이南出伊1881~1932경상북도영덕 • 남태영南太榮1902~1991경상북도예천 • 남태우南泰祐1880~1937충청남도서산 • 남태희南台熙1867~1926경기도광주 • 남현서南玄西1882~1944경기도안성 • 남협협南俠俠1912~미상전라남도광주 • 남형우南亨祐1875~1943경상북도고령 • 남호섭南灝燮1895~1950경상남도의령 • 남호연南浩然1889~1939경상북도영덕 • 남호정南浩定1881~1960경상북도영덕 • 남효직南孝直1875~1954경상북도영덕 • 낭완근浪完根1896~1974한성 • 노간란盧干蘭1912~1993전라남도광주 • 노간선盧干善1871~1920미상 • 노관주盧官柱1885~미상평안남도대동 • 노광엽魯光燁1898~1987황해도장연 • 노구쇠盧九釗1890~미상충청남도아산 • 노국환盧國煥1923~1987전라북도순창 • 노규현盧奎鉉1858~1923충청남도공주 • 노근후魯根厚1909~1992전라남도함평 • 노기순盧基淳1892~1975평안남도순천 • 노기영盧基永1901~1920미상 • 노기용盧企容1897~1975경상남도합천 • 노기학魯基學1888~1933경상북도성주 • 노능서魯能瑞1923~2014평안남도용강 • 노대근盧大根1875~미상평안남도안주 • 노덕현盧德賢1889~미상한성 • 노도용盧燾容1878~1952경상남도창녕 • 노도원盧道元1891~1919충청북도괴산 • 노동근盧東根1871~미상강원도홍천 • 노동식魯東植1889~1919경기도파주 • 노동우盧楝宇1927~1953전라북도고창 • 노동훈魯瞳塤1927~2020전라남도장성 • 노말수盧末守1886~미상경상북도경주 • 노명우盧命愚1915~1972충청남도부여 • 노명우盧明愚1897~1936충청남도부여 • 노명일盧明一1926~1953경상북도선산 • 노문표盧文彪1885~1950함경남도정평 • 노백린盧伯麟1875~1926황해도송화 • 노백용盧百容1885~1961경상남도김해 • 노병례盧炳禮1903~1994강원도양양 • 노병상盧秉相1891~1982경기도수원 • 노병욱盧炳旭1908~1950전라남도나주 • 노병주盧炳柱1905~1993경상북도영덕 • 노병주盧秉柱1910~1978전라남도여수 • 노병한盧秉漢1920~1945황해도김화 • 노보배盧寶培1910~미상평안남도중화 • 노복선盧福善1912~1997평안남도진남포 • 노봉문盧奉文1895~미상평안북도선천 • 노봉우盧鳳禹1890~1924함경남도갑산 • 노사문盧士文1877~1948충청남도공주 • 노상돈盧祥頓1889~미상황해도평산 • 노상열盧尙烈1897~미상강원도양양 • 노상우盧相羽

1882~1933충청남도공주 • 노상익盧相益1849~1941경상남도밀양 • 노상직盧相稷1855~1931경상남도밀양 • 노석정盧錫正1892~1967전라남도광주 • 노석중盧錫中1875~1954전라남도광주 • 노석호盧奭鎬1916~1944경상남도김해 • 노선경盧善敬1895~1993황해도송화 • 노섭盧燮1924~1943충청남도공주 • 노성용盧成用1887~미상전라북도전주 • 노성원魯成元1897~1964평안북도선천 • 노성유盧聖裕1873~미상황해도신천 • 노성환盧星煥1924~1994황해도송화 • 노수정盧秀貞1894~1948경상남도함안 • 노수찬盧秀儹1896~1952경상남도창원 • 노수천盧守千1898~1932경기도고양 • 노순경盧順敬1902~1979황해도송화 • 노신태盧信泰1883~미상미상 • 노영석盧瀯錫1897~1950전라남도나주 • 노영숙盧泳淑1883~미상함경남도함흥 • 노영재盧英哉1895~1991평안남도용강 • 노영준盧永濬1922~1998평안남도용강 • 노영태盧穎泰1876~미상함경남도갑산 • 노영화盧永化1898~1920미상 • 노예달盧禮達1900~미상충청남도공주 • 노옥암盧玉岩1891~미상전라북도익산 • 노용우盧勇愚1870~미상황해도금천 • 노용익盧龍翼1889~1945평안북도철산 • 노용주盧龍周1871~미상함경남도정평 • 노우선盧于先미상~1920미상 • 노원장盧元長1865~미상한성 • 노원찬盧元贊1901~1975평안남도평원 • 노원필盧源弼1875~1957경상남도동래 • 노원효盧元孝1895~미상평안남도강서 • 노유원盧有源1873~1939전라북도임실 • 노윤길盧允吉1885~1976평안남도진남포 • 노윤선盧胤善미상한성 • 노윤언盧允彦1880~미상평안남도성천 • 노을룡盧乙龍1895~1944충청남도홍성 • 노응호盧應昊1911~1933경상남도합천 • 노의득盧宜得1897~1965충청남도청양 • 노이만盧二萬1893~미상경상북도청도 • 노인식盧仁植1900~미상충청남도홍성 • 노재석魯在石1899~1957경상남도밀양 • 노재섭盧在燮1924~1977경상북도의성 • 노재철盧載喆1889~1961충청남도부여 • 노정관魯晶瓘1875~1933평안북도선천 • 노종균盧鍾均1894~1939황해도안악 • 노종선魯宗善1926~1979전라북도남원 • 노진룡魯鎮龍1894~1950전라북도고창 • 노차갑盧且甲1904~1967경상남도창녕 • 노천목盧千木1897~1951전라남도장성 • 노철남盧徹南1876~미상평안남도강서 • 노춘만盧春滿1867~1946전라북도옥구 • 노춘섭盧春燮1878~미상함경북도종성 • 노태연盧泰然1894~1938황해도송화 • 노태영盧台寧1891~미상한성 • 노태준盧泰俊1911~1970황해도송화 • 노평구盧平久1912~미상함경북도경성 • 노하순盧夏淳1915~1945경상북도울진 • 노한석魯漢石미상~1921미상 • 노헌용盧憲容1868~미상한성 • 노형규盧형奎1876~1947전라남도화순 • 노형근盧馨根1884~1960황해도금천 • 노형달盧炯達1869~1932경기도양주 • 노형봉魯炯琒1926~1999전라북도남원 • 노화범魯和範1887~미상전라남도나주 • 노환盧桓1916~1994전라북도익산 • 노희균魯熙均1889~미상함경남도이원 • 단경옥段慶玉1894~1943충청북도 • 도대원都大元1861~1920평안북도강계 • 도말영都末永1891~1935경상북도김천 • 도말용都末用1899~1988경상북도고령 • 도명수都明洙1879~1976함경남도홍원 • 도무환都武煥1888~1919경상북도성주 • 도병두都炳斗1888~미상경상남도통영 • 도병철都炳喆1903~1945경상북도칠곡 • 도상봉都相鳳1903~1977함경남도홍원 • 도우황都宇黃1891~미상경상남도동래 • 도정호都正浩1903~1930함경남도영흥 • 독고무獨孤武미상~1919미상 • 독고준獨孤俊미상평안북도의주 • 돈종권頓宗權1882~미상평안남도대동 • 동민수董敏秀1872~1919함경북도명천 • 동방석董邦石1921~1971함경북도청진 • 동석기董錫琪1881~1971함경남도북청 • 동시준董時濬미상~1934미상 • 동창률董昌律1868~1943한성 • 동풍신董豊信1904~1921함경북도명천 • 두을경杜乙慶1895~미상함경남도장진 • 류기종柳冀宗1882~1959충청남도보령 • 류기준柳基俊1924~미상경상북도안동 • 류명식柳明植1899~1948경기도강화 • 류상준柳相駿1890~1951경상북도달성 • 류연수柳年秀1900~1953경기도용인 • 류연술柳淵述1898~1949경상북도안동 • 류의호柳宜鎬1883~1960경상북도안동 • 류인성柳寅聖1917~1950충청남도부여 • 류인식柳寅植1865~1928경상북도안동 • 류재영柳在英1889~1945충청북도옥천 • 류재영柳在榮1919~1997충청남도금산 • 류필열柳弼烈1905~1937충청북도청주 • 류훈상柳勳相1884~미상함경북도성진 • 리주연1882~미상한성 • 마남룡馬南龍1894~1929강원도홍천 • 마뇌병馬雷柄1888~1950강원도춘천 • 마도현馬道賢1882~1951강원도춘천 • 마만봉馬萬奉1894~1951강원도춘천 • 마선항馬善恒1900~1950평안남도성천 • 마성만馬成萬1909~1941전라남도강진 • 마용필馬龍弼1900~미상함경북도길주 • 마용하馬龍河1875~미상미상 • 마정덕馬正德1888~미상함경북도무산 • 마중국馬重國1867~미상함경북도경성 • 마진馬晉1867~1930함경북도길주 • 마천룡馬天龍1894~1930함경북도길주 • 마춘걸1902~1938한성 • 마춘봉馬春逢1886~미상한성 • 마하도馬河圖1879~1933함경북도길주 • 맹관득孟寬得1899~1945충청남도아산 • 맹기정孟基楨미상~1923미상 • 맹승재孟升在1923~1959충청남도당진 • 맹시정孟始楨1877~미상함경남도풍산 • 맹정희孟貞熹1880~미상함경남도북청 • 맹종섭孟鍾燮1865~미상미상 • 맹철호孟喆鎬1889~1959경기도용인 • 맹학근孟學根1885~1971경상북도영덕 • 맹희준孟希俊1886~미상평안북도희천 • 명경식明璟植1900~1962충청남도청양 • 명도석明道奭1885~1954경상남도마산 • 명만수明萬壽1898~1954충청남도청양 • 명상식明商植1896~1964충청남도청양 • 명성호明成鎬1896~미상충청남도청양 • 명순조明舜朝1895~미상평안남도대동 • 명옥진明玉鎮1889~미상충청남도청양 • 명운행明雲行1874~미상평안북도강계 • 명의택明義宅1924~2007한성 • 명이항明以恒1884~1946평안북도영변 • 명재식明載植1890~1975충청남도청양 • 명제관濟寬1901~1975충청남도청양 • 명제록明濟祿1897~1974충청남도청양 • 명제립明濟立1919~1995평안북도영변 • 명제세明濟世1885~1964평안북도영변 • 명제철明濟喆1864~1924충청남도청양 • 명주진明周鎮1864~1921충청남도청양 • 명창하明昌夏1875~미상평안북도삭주 • 명태경明泰鏡1884~미상평안북도삭주 • 명태억明泰檍1899~1960충청남도서산 • 명홍룡明洪龍1891~미상충청남도청양 • 명회건明會建1895~미상충청남도청양 • 명희선明熙瑄1893~미상평안북도영변 • 모순기牟順基미상전라남도함평 • 모신영毛信永1869~1919평안북도정주 • 모영기牟英基1905~미상전라남도함평 • 모원규毛元奎

1890~1919평안북도정주 • 모원봉毛元鳳1899~1919평안북도정주 • 모인화毛仁華1897~1921함경북도회령 • 모재명牟才明1893~1961전라남도함평 • 모치전牟治田1894~1961경상남도통영 • 목연욱睦然旭1916~미상경기도양주 • 목준상睦俊相1891~1949경기도진위 • 목치숙睦致淑1885~1928전라남도고흥 • 문갑이文甲伊1909~1983경상남도사천 • 문경근文敬根미상~1920미상 • 문경록文璟錄1884~1919전라남도남원 • 문경섭文瓊變1883~1941충청남도부여 • 문경은文京銀1912~미상함경남도함흥 • 문경호文慶浩1913~미상평안북도정주 • 문경호文京浩1885~1983전라남도장흥 • 문경홍文京洪1863~1932전라남도순천 • 문공학孔學1897~1946경상남도하동 • 문광채文光彩1861~1919경기도양주 • 문근실文根實1903~미상전라남도광주 • 문기식文琪植1898~1970경상남도고성 • 문길환文吉煥1912~미상경상남도동래 • 문남규文南奎1890~1920평안북도삭주 • 문남규文南奎1870~1932제주도제주 • 문남은文南恩1875~1953제주도제주 • 문남일文南一1914~1980전라남도보성 • 문남칠文南七1911~1941전라남도보성 • 문대식文大植1923~1973충청남도금산 • 문덕길文德吉1921~2001경상남도창녕 • 문덕홍文德洪1902~1949제주도 • 문도배文道培1908~1953제주도 • 문도석文道錫1882~1968경상북도안동 • 문도치文道致1892~1980경기도고양 • 문동경文同京1907~1985전라남도구례 • 문동길文東吉1900~1997전라남도광주 • 문또라文또라1877~미상평안도 • 문만동文萬同1881~1958충청남도서산 • 문맹근文孟根1914~1967경상남도창원 • 문명근文明根1902~1976전라북도임실 • 문명섭文命變미상강원도양양 • 문명주文明柱1895~1921미상 • 문명준文明濬1885~1916평안남도평원 • 문명진文明鎭1888~1978한성 • 문명훤文明烜1892~1953평안남도평양 • 문무술文武術1887~1950함경남도원산 • 문무현文武鉉1899~1970경기도부천 • 문백룡文白龍1897~1974충청남도공주 • 문병갑文炳甲1929~2014전라남도광산 • 문병무文秉武1887~미상전라북도전주 • 문병부文秉武1883~미상한성 • 문복금文卜今1907~1937전라남도해남 • 문복숙文福淑1901~미상경상남도동래 • 문봉성文奉成1921~1948경상북도문경 • 문봉식文鳳植1913~미상경기도수원 • 문봉의文鳳儀1878~1937충청남도서산 • 문사명文思明1912~미상전라남도영암 • 문사훈文士勳1903~1979전라남도영암 • 문삼언文三彦1880~미상평안북도용천 • 문상명文相明1922~1992경상북도영양 • 문상범文祥範1880~1949경상남도고성 • 문상익文相翊1893~1960경기도화성 • 문상흡文相翕1876~1944평안북도정주 • 문석부文錫富1908~1998함경남도함흥 • 문석조文碩祚미상~1922미상 • 문석주文錫柱1899~1934경상남도창원 • 문석준文錫俊1894~1944함경남도함주 • 문성각文成珏1891~미상평안북도영변 • 문성근文誠根1917~2004평안북도용천 • 문성렴文成廉1898~미상평안북도용천 • 문성선文性善1912~1991전라남도영암 • 문성초文星超1887~1919경상남도울산 • 문성호文成鎬1872~1949경기도양평 • 문세현文世鉉1917~1945강원도춘천 • 문소원文小源1896~1934경상북도안동 • 문수열文洙烈1923~2008경상남도사천 • 문수옥文壽玉1911~미상전라남도장흥 • 문승수文升洙1907~1950전라남도완도 • 문시환文時煥1897~1973경상남도동래 • 문신영文信英미상미상 • 문심연文心淵1858~미상평안남도성천 • 문양목文讓穆1869~1940충청남도서산 • 문영박文永樸1880~1930경상북도달성 • 문영복文永福1909~1984전라남도영암 • 문영산文英山1881~1959충청남도서산 • 문영삼文永三1916~1941평안북도용천 • 문영신文永信1914~1959전라남도영암 • 문영인文永仁1912~미상전라남도영암 • 문영주文榮柱1909~1970전라남도해남 • 문용文鏞1861~1926경상남도합천 • 문용기文鏞祺1878~1919전라북도익산 • 문우석文禹錫1893~1953경상북도안동 • 문우열文宇烈1905~1948전라남도장흥 • 문위동文渭東1903~1976경상남도김해 • 문윤국文潤國1877~1954평안북도정주 • 문윤모文允模1884~미상황해도해주 • 문윤식文允植1911~1960전라남도영암 • 문응국文應國1921~1996황해도안악 • 문응선文應善1895~1945황해도해주 • 문응순文應淳1900~미상황해도해주 • 문의경文義卿1889~1970경상북도영덕 • 문인갑文仁甲1923~2008경상남도동래 • 문인화文寅華1877~1956한성 • 문일만文一萬1904~1955전라북도옥구 • 문일민文一民1894~1968평안남도강서 • 문일평文一平1888~1939평안북도의주 • 문장섭文章變1896~1967충청남도부여 • 문재文梓1896~미상함경남도함흥 • 문재교文在敎1879~1957전라남도순천 • 문재동文在東1868~미상충청남도부여 • 문재민文載敏1903~1925황해도해주 • 문재봉文在鳳1887~미상충청남도서천 • 문재홍文在弘1895~미상경기도안성 • 문정규文精奎1850~미상평안북도창성 • 문정덕文正德1928~1947전라북도남원 • 문정진文靖珍미상평안남도강동 • 문종묵文鍾默1902~미상전라북도옥구 • 문종석文鍾錫1896~미상강원도양양 • 문종언文宗彦1873~미상평안북도용천 • 문종우文鍾禹1889~1941평안북도용천 • 문종희文鍾熙1901~1919강원도양양 • 문준승文俊昇1883~미상평안남도성천 • 문준열文俊烈1908~미상전라남도영암 • 문창래文昌來1885~1950제주도제주 • 문창모文昌模1907~2002평안북도선천 • 문창범文昌範1870~1934함경북도경원 • 문창선文昌善1892~미상평안남도강동 • 문창성文昌星1883~미상경상남도합천 • 문창숙文昌淑1898~1928황해도신계 • 문창업文昌業1877~미상황해도장연 • 문창학文昌學1882~1923함경북도온성 • 문창호文昌鎬1883~미상경기도고양 • 문창환文昌煥1896~미상황해도곡산 • 문채호文采浩1924~2008전라남도구례 • 문취방文就邦1885~미상함경북도종성 • 문치룡文治龍1902~1965함경북도종성 • 문치무文致武1877~1942경상북도안동 • 문태근文泰根1882~미상충청남도서천 • 문택려文澤麗1899~미상함경북도무산 • 문학도文學道1895~1922미상 • 문학선文學善1919~미상황해도연백 • 문학신文學信미상~1921미상 • 문학이文學伊1898~1979경상북도김천 • 문학준文學俊1910~1943평안남도평양 • 문한범文漢範미상~1920미상 • 문한우文漢雨1921~2000한성 • 문현서文賢瑞1897~1976황해도장연 • 문홍식文洪植1916~1987전라남도장흥 • 문홍의文洪義1921~1951경상남도합천 • 문화순文和淳1890~1920미상 • 문홍빈文興彬1924~1985평안북도강계 • 민강閔橿1883~1931충청북도청주 • 민강창閔康昌1909~미상경상북도문경 • 민귀득閔貴得1893~1941한성 • 민금봉閔今奉

1912~1946충청북도청주 • 민기수閔箕秀1884~미상함경북도청진 • 민록식閔祿植1897~1962충청남도홍성 • 민병구閔丙久1918~1973경상남도밀양 • 민병길閔丙吉1884~1942충청남도아산 • 민병두閔丙斗1885~1960강원도홍천 • 민병숙閔丙肅1873~1919강원도홍천 • 민병찬閔丙讚1885~1926강원도홍천 • 민병철閔丙哲1900~미상충청북도음성 • 민병태閔丙台1870~1919강원도홍천 • 민병호閔丙浩1927~2001전라남도순창 • 민부영閔富寧1913~미상경기도부천 • 민성숙閔成淑1890~미상전라남도광주 • 민순철閔順哲1895~1954경상북도안동 • 민양기閔良基1899~1922황해도해주 • 민연순閔年順1911~미상한성 • 민영갑閔泳甲1888~1965충청남도홍성 • 민영구閔泳玖1909~1976한성 • 민영달閔泳達1859~1924한성 • 민영로閔泳魯1919~1950충청북도괴산 • 민영면閔泳冕1886~미상황해도해주 • 민영명閔泳明1909~1960전라남도해남 • 민영수閔泳秀1921~2011한성 • 민영숙閔泳淑1920~1989경상북도상주 • 민영순閔泳淳1876~미상전라북도익산 • 민영식閔榮植1899~1980충청남도홍성 • 민영완閔泳琬1911~1976한성 • 민영주閔泳珠1923~2021한성 • 민영진閔泳軫1869~1947전라북도전주 • 민영학閔泳學1916~1945충청북도영동 • 민영환閔泳煥1861~1905한성 • 민영흥閔泳興1911~1983전라남도화순 • 민옥금閔玉錦1905~1988충청남도천안 • 민용운閔用云1876~1929경기도화성 • 민원명閔元明1876~미상황해도해주 • 민응식閔應植1896~미상황해도서흥 • 민의식閔宜植1877~1965한성 • 민인숙閔仁淑1912~1975충청북도음성 • 민임순閔任順1913~미상충청남도대전 • 민재봉閔載鳳1890~1940충청남도서산 • 민재학閔載鶴1896~1922충청남도서산 • 민제식閔濟植1868~1924충청남도예산 • 민제호閔濟鎬1890~1932한성 • 민주혁閔周爀1870~미상경기도양평 • 민주호閔周鎬1887~1942황해도평산 • 민찬호閔燦鎬1877~1954황해도평산 • 민찬호閔瓚鎬1903~1950평안남도양덕 • 민창식閔昌植1899~1938한성 • 민창식閔昌植1888~1948경기도김포 • 민춘기閔春基1922~2018경상북도청송 • 민충기閔忠基1888~1932충청남도대전 • 민충식閔忠植1891~1978한성 • 민치방閔致方1873~1925경상남도산청 • 민치영閔致榮1892~미상황해도평산 • 민태곤閔泰崑1917~1944한성 • 민태규閔太圭1882~1968경상북도안동 • 민필호閔弼鎬1901~1963한성 • 민함나閔함나1888~1952경기도부평 • 민홍식閔弘植1881~1951황해도평산 • 박갑만朴甲萬1922~1956전라남도영암 • 박갑이朴甲伊1899~1946경상남도통영 • 박갑천朴甲天1913~1997경상북도김천 • 박강협朴康協1899~1932함경남도함흥 • 박건朴健1880~1943경상북도영덕 • 박건두朴建斗미상~1922미상 • 박건배朴健培1910~1973경기도안성 • 박건병朴健秉1892~1932황해도김화 • 박건웅朴健雄1906~미상평안북도의주 • 박건채朴健采1894~1976평안북도선천 • 박경구朴經九1900~1989함경남도함흥 • 박경석朴敬石1883~미상경기도이천 • 박경선朴敬善1875~미상한성 • 박경수朴庚守1910~미상경상남도밀양 • 박경숙朴敬淑1895~미상충청남도보령 • 박경순朴敬淳1893~미상한성 • 박경순朴京淳1905~미상평안북도선천 • 박경식朴景植1882~미상경기도양주 • 박경심朴敬心1857~미상함경북도경흥 • 박경옥朴經玉1883~미상함경남도함흥 • 박경용朴敬用1892~1961경상남도함안 • 박경종朴慶鍾1875~1938경상북도영덕 • 박경주朴京柱1896~1938전라남도광산 • 박경준朴景雋1894~1932황해도은율 • 박경천朴擎天1851~1924경상남도함안 • 박경철朴景喆1885~1967한성 • 박경하朴京夏1883~1929경상북도성주 • 박경하朴敬夏1874~미상한성 • 박경현朴敬鉉1859~1923전라남도구례 • 박경회朴景會1887~1942경상북도고령 • 박경희朴慶姬1910~미상한성 • 박계남朴繼男1910~1980전라남도광주 • 박계도朴啓道1900~1986경상북도영덕 • 박계락朴啓洛미상~1919미상 • 박계수朴桂壽1906~1977경상북도영천 • 박계수朴季壽1899~1990경상북도김천 • 박계수朴桂洙1914~1994전라남도해남 • 박계양朴啓陽1888~1937경상북도영주 • 박계옥朴桂玉1896~미상함경남도이원 • 박계월朴桂月1909~1997전라남도화순 • 박계천朴桂千1885~1960전라남도신안 • 박계학朴界學1874~미상함경남도북청 • 박계혁朴桂赫1866~1941경상북도영덕 • 박공근朴恭根1901~미상전라남도나주 • 박공삼朴公三1872~1958충청남도청양 • 박공식朴公植1877~1937충청남도아산 • 박관준朴觀濬1873~미상평안남도중화 • 박관준朴寬俊1874~1945평안남도개천 • 박관호朴觀灝1894~미상평안남도성천 • 박광朴洸1882~1970경상북도고령 • 박광남朴光男1896~미상경기도수원 • 박광순朴光順1879~미상경기도안성 • 박광연朴光淵1889~1956경상남도마산 • 박광우朴光又1866~1940전라남도장성 • 박광제朴廣濟1865~미상평안북도박천 • 박광훈朴光勳1882~1938강원도영월 • 박군팔朴君八1877~미상한성 • 박권세朴權世미상경상남도산청 • 박권영朴權永1898~1967전라북도남원 • 박권하朴權夏1883~1970경상남도밀양 • 박귀돌朴貴乬1893~미상한성 • 박규동朴奎東1895~미상한성 • 박규명朴奎明1898~1937평안북도선천 • 박규병朴奎秉1889~미상강원도양양 • 박규상朴奎相1893~1921전라남도영암 • 박규수朴珪洙1881~1947경상북도예천 • 박규징朴奎徵1879~1947평안북도정주 • 박규채朴圭彩1917~2001경기도개성 • 박규호朴圭浩1850~1930경상남도산청 • 박규호朴奎浩1877~1920미상 • 박규환朴圭桓1897~1947경상남도울산 • 박규훈朴圭壎1900~1975제주도제주 • 박그레고리1896~1929함경북도온성 • 박극수朴克壽1896~미상경상남도마산 • 박근배朴根培1871~1939한성 • 박근성朴根成1894~미상경상북도김천 • 박근술朴根述1890~1960경상북도칠곡 • 박근이朴根伊1908~1974경상북도청도 • 박근철朴根澈1920~2007경상남도울산 • 박근화朴根和1877~1921충청남도청양 • 박금녀朴金女1926~1992경기도양주 • 박금덕朴金德1912~미상황해도해주 • 박금돌朴金乭1911~미상함경남도북청 • 박금룡朴金龍1925~2019전라남도강진 • 박금봉朴今奉1894~1971충청남도논산 • 박금숙朴錦淑1915~미상경상북도안동 • 박금순朴金淳1881~미상함경남도함흥 • 박금우미상경상남도마산 • 박금준朴琴俊1891~1942평안북도태천 • 박기朴璣1884~1961충청남도청양 • 박기국朴基國미상~1922미상 • 박기동朴基東1873~1947경상북도영덕 • 박기로朴基魯1871~1938경상북도고령 • 박기문朴基文1891~1931충청남도청양 • 박기범朴基範1888~미상평안북도위원 • 박기벽朴基闢1915~미상평안남도강서 • 박기

복朴基福1902~미상평안남도평양 • 박기봉朴基鳳1900~미상전라북도부안 • 박기상朴基相1902~미상전라남도영암 • 박기서朴起緖1891~1938경기도수원 • 박기석朴奇石1899~1936경상북도안동 • 박기성朴基成1907~1991충청북도진천 • 박기수朴基洙미상~1920황해도연백 • 박기수朴基秀1892~1920평안북도구성 • 박기수朴基秀1924~1987경상북도대구 • 박기숙朴起淑1897~1974전라남도완도 • 박기순朴基淳1878~미상평안북도희천 • 박기순朴基淳1911~1938전라남도영광 • 박기술朴奇述1901~1935전라남도해남 • 박기연朴基淵1873~미상평안남도영원 • 박기영朴琪永1893~1938전라북도남원 • 박기영朴基永1882~1953황해도봉산 • 박기옥朴己玉1913~1947전라남도나주 • 박기운朴氣運1880~1945경상북도군위 • 박기원朴基源1910~1990전라남도보성 • 박기은朴基恩1925~2017평안북도선천 • 박기제朴基濟미상평안북도정주 • 박기준朴基俊미상~1921미상 • 박기준朴基濬1875~미상평안북도정주 • 박기춘朴基春미상~1921함경남도삼수 • 박기평朴基平1903~1972전라남도장흥 • 박기하朴箕河1928~2021경기도이천 • 박기한朴基寒1886~미상평안북도창성 • 박기현朴琪鉉1925~1996경상북도청도 • 박기호朴基豪1919~1982전라남도신안 • 박길양朴吉陽1896~1928경기도강화 • 박길화朴吉和1872~1952충청남도부여 • 박낙구朴洛龜1924~2008경상남도창녕 • 박낙현朴洛鉉1887~1957경상북도의성 • 박남권朴湳權1898~1960경상남도합천 • 박남규朴南圭1894~1932충청남도부여 • 박남기朴南基1903~미상전라남도무안 • 박남성朴南誠1912~1972경상남도창원 • 박남순朴南順1910~미상함경북도경성 • 박남현朴南炫1924~2005전라남도광주 • 박내규朴來奎1885~1942충청북도영동 • 박내명朴來明1895~1970충청북도괴산 • 박내영朴來英1873~1960경상북도김천 • 박내원朴來源1902~1982한성 • 박내준朴來俊미상~1919미상 • 박내홍朴來弘1894~1928한성 • 박내홍朴來洪1897~1937경상남도하동 • 박노경朴魯敬1891~1950충청남도부여 • 박노근朴魯瑾1928~1956경상남도산청 • 박노기朴魯淇1908~1986전라남도완도 • 박노백朴魯珀1903~1958전라남도광주 • 박노수朴魯洙1907~1986경상북도의성 • 박노영朴老英1900~1945함경북도부령 • 박노운朴魯韻1922~1950전라남도완도 • 박노일朴魯一1894~1966경상남도함안 • 박노일朴魯一1923~1976충청남도연기 • 박노창朴魯昌1888~1977경상북도문경 • 박노태朴魯胎1915~1983경상북도칠곡 • 박노호朴魯灝1912~1963전라남도완도 • 박노휘朴魯輝1867~1936충청남도부여 • 박능묵朴能默1888~1947황해도은율 • 박달성朴達成1883~1960충청남도홍성 • 박달준朴達俊1894~1965경상남도거창 • 박달해朴達海1886~미상평안남도강서 • 박달홍朴達弘1881~미상평안남도강서 • 박대근朴大根1924~1989경상남도창원 • 박대묵朴大黙1908~1990전라남도여수 • 박대영朴大永1882~1948충청남도예산 • 박대욱朴大郁1893~1968함경북도경성 • 박대인朴大仁미상~1921미상 • 박대일朴大一미상~1933강원도고성 • 박덕기朴德淇1872~1940전라남도무안 • 박덕실朴德實1901~1971경상남도진주 • 박덕언朴德彦미상~1927미상 • 박덕엽朴德燁1877~1928평안남도안주 • 박덕윤朴德允1899~미상황해도옹진 • 박덕주朴德柱1894~미상전라북도전주 • 박덕준朴德俊1888~1954충청남도예산 • 박덕홍朴德弘1896~미상경상남도동래 • 박도문朴道文1899~1971경상남도창녕 • 박도백朴道伯1892~1939경상남도김해 • 박도병朴道秉1917~2002경상남도진주 • 박도상朴燾相1901~1975전라남도영암 • 박도철朴道哲1884~1919충청북도진천 • 박도현朴道玄1865~1919전라북도익산 • 박돈욱朴敦郁1888~1969평안남도 • 박돌몽朴乭夢1864~1946경기도양주 • 박동규朴東奎1875~미상함경남도북청 • 박동근朴東根1895~미상충청남도예산 • 박동근朴東根1887~미상전라북도진안 • 박동근朴東根1902~미상함경북도명천 • 박동돌朴同乭1891~1952경기도안성 • 박동렬朴東烈1927~2008경상북도청송 • 박동복朴同福1900~1973충청남도예산 • 박동오朴東梧1884~미상평안북도선천 • 박동완朴東完1885~1941한성 • 박동운朴東雲1916~1942평안북도의주 • 박동원朴東轅미상~1919함경북도경성 • 박동이朴同伊1874~1941경상북도영덕 • 박동준朴東俊1915~1970전라남도완도 • 박동진朴東鎭1899~1954전라북도순창 • 박동환朴東煥미상전라북도임실 • 박동활朴東活1891~1942경상북도영덕 • 박동희朴東熙1898~1938함경북도길주 • 박동희朴東熙1906~1961전라남도나주 • 박동희朴同熙1900~1931한성 • 박동희朴東義1896~1924충청북도옥천 • 박두국朴斗國1880~미상함경남도장진 • 박두권朴斗權1870~1945경상북도칠곡 • 박두규朴斗圭1897~미상제주도제주 • 박두성朴斗成1899~미상경상남도김해 • 박두업朴斗業1898~1949충청북도영동 • 박두옥朴斗玉1914~1990전라남도강진 • 박두옥朴斗玉1913~1986전라북도임실 • 박두완朴斗完1888~1966경상북도의성 • 박두종朴斗鍾1904~1967함경남도홍원 • 박두천朴斗天1897~1923경상남도부산 • 박두현朴斗鉉1869~미상한성 • 박두환朴斗煥1884~미상함경북도경성 • 박득룡朴得龍1908~1941경상북도대구 • 박득수朴得洙1909~1950전라북도임실 • 박래은朴來殷1918~2005충청남도금산 • 박래창朴來昌1894~1971경상북도예천 • 박리근朴利根1899~1979평안남도평양 • 박만녕朴萬寧1898~1985경상북도의성 • 박만선朴晩善1924~1999경상북도경산 • 박만수朴萬守1897~1974경상남도밀양 • 박만옥朴萬玉1898~1922평안북도선천 • 박만준朴萬俊1897~1965경상북도김천 • 박만채朴晩采1893~미상평안북도선천 • 박만하朴萬夏1879~1951충청북도옥천 • 박말수朴末秀1890~1927경상북도의성 • 박망아朴望牙1902~1924경상북도의성 • 박맹두朴孟斗1926~1943경상남도통영 • 박명규朴明奎미상~1919미상 • 박명근朴命根1909~1987경상북도대구 • 박명렬朴命烈1912~미상충청남도공주 • 박명방朴命方1896~1962경상북도영덕 • 박명서朴命緖1902~미상전라남도영광 • 박명순朴明順1903~미상황해도은율 • 박명언朴明彦1873~1948경상북도칠곡 • 박명줄朴明茁1903~1963경상북도대구 • 박명찬朴明贊1920~1983경상남도창녕 • 박명출朴命出1893~1961경상북도칠곡 • 박명화朴明和1896~1920평안북도의주 • 박몽득朴夢得1915~1989경상북도칠곡 • 박무朴無미상~1921미상 • 박무길朴武吉1910~1977전라남도담양 • 박무병朴武丙1923~1945경기도파주 • 박무병朴武柄1887~1979충청북도청주 • 박무조朴武祚1859~1917경상북도군위 • 박문거朴文巨미상~1924평안북도정주 • 박문규朴文奎1877~미상평안북도벽동 • 박문백朴文伯1875~1937충청남도홍성 • 박문병朴文秉1905~미상함경남도덕원 • 박문서朴文瑞1919~1993강원도철원 • 박문섭朴文涉1879~미상평안북도구성 • 박문성朴汶星1899~1997경상북도영천 • 박문영朴文瑛1871~1943경상남도양산 • 박문옥朴文玉1862~미상함경남도갑산 • 박문용朴文瑢미상~1919평안북도강계 • 박문용朴文鎔1900~1929황해도재령 • 박문용朴文鎔1882~1929전라남도보성 • 박문찬朴文燦1878~1967경상북도영덕 • 박문학朴文學1897~1920평안남도평양 • 박문호朴文昊미상~1919함경남도홍원 • 박문호朴文浩미상~1919미상 • 박문호朴文昊1907~1934경상남도동래 • 박문홍朴文泓1887~1957경상북도경주 • 박문화朴文華1869~1919평안북도자성 • 박문화朴汶和1901~1950경상남도하동 • 박문희朴文熺1901~미상경상남도동래 • 박민성朴敏成1887~1943경상남도양산 • 박민연朴珉淵1875~미상함경남도장진 • 박민영朴珉英1904~1938함경북도경원 • 박민항朴敏杭미상~1932미상 • 박민희朴民喜1879~1945강원도횡성 • 박배근미상~1921함경남도이원 • 박병강朴炳彊1879~1945평안북도박천 • 박병건朴炳建1896~1949황해도서흥 • 박병권朴炳權1907~1942전라북도부안 • 박병규朴秉圭1879~1919경상남도합천 • 박병기朴秉基1897~미상함경남도삼수 • 박병덕朴秉德1893~1933경기도안성 • 박병두朴炳斗1883~1936전라남도순천 • 박병두朴炳斗1921~1996전라남도완도 • 박병득朴丙得1906~1945전라북도부안 • 박병문朴炳文1886~1955충청남도공주 • 박병문朴炳文1895~1955전라남도영광 • 박병삼朴炳森1892~1933황해도서흥 • 박병선朴炳善1911~1994전라남도해남 • 박병섭朴炳燮1902~미상미상 • 박병수朴秉壽1900~1962경상남도마산 • 박병수朴秉秀1874~미상평안북도의주 • 박병식朴炳植1898~미상함경남도단천 • 박병양朴秉陽1927~미상충청남도당진 • 박병완朴炳完1882~1962전라남도무안 • 박병운朴炳云1878~미상황해도회양 • 박병익朴炳翼1890~1921평안북도선천 • 박병익朴炳益1893~1978황해도서흥 • 박병주朴炳柱1876~미상평안남도순천 • 박병주朴秉珠1908~1985함경남도삼수 • 박병철朴炳喆1901~1946충청북도음성 • 박병하朴秉夏미상~미상 • 박병하林炳夏1847~1910전라남도광양 • 박병하邴夏1905~1940전라남도나주 • 박병한朴炳翰1888~미상경상북도문경 • 박병호朴炳好1866~1919충청남도천안 • 박병호朴炳浩미상~1921미상 • 박병훈朴炳勛1915~1967전라남도화순 • 박보계朴寶杏1897~1984경상남도진주 • 박보광1884~1955미상 • 박복근朴福根1913~1959전라북도전주 • 박복만朴福萬1890~1935충청남도공주 • 박복술朴福述1903~미상전라남도목포 • 박복영朴福永1890~1977전라남도신안 • 박봉관朴鳳官미상~1927미상 • 박봉기朴鳳基1911~미상함경북도회령 • 박봉길朴奉吉1902~1960경기도양평 • 박봉길朴鳳吉1884~1920미상 • 박봉락朴鳳洛미상~1934미상 • 박봉래朴鳳來1893~1948충청남도천안 • 박봉래朴鳳來1870~1954충청북도청주 • 박봉래朴鳳來1894~1980강원도양양 • 박봉래朴琫來1878~1950전라북도전주 • 박봉매朴鳳梅1915~미상전라남도해남 • 박봉삼朴奉杉1875~1936경상남도통영 • 박봉석朴奉石1877~1932충청북도괴산 • 박봉석朴鳳石1903~1932전라남도진도 • 박봉수朴奉洙1866~미상황해도해주 • 박봉수朴鳳洙1898~1974강원도횡성 • 박봉순朴奉旬1914~미상전라남도광주 • 박봉술朴鳳述1892~1958경상북도칠곡 • 박봉용朴鳳容1896~미상황해도봉산 • 박봉운朴奉云1898~1973충청남도청양 • 박봉익朴鳳益1893~미상함경남도홍원 • 박봉일朴鳳日미상~1934함경북도성진 • 박봉조朴奉朝1892~1946충청남도청양 • 박봉택朴鳳澤1912~미상전라북도남원 • 박봉필朴鳳弼1908~1945경상북도예천 • 박봉하朴鳳夏1884~미상경상남도밀양 • 박봉화朴鳳和1864~1962충청남도서산 • 박사국朴士國1888~1934전라북도익산 • 박사매沙梅1887~1952충청남도청양 • 박사문四文1879~1920미상 • 박사배朴仕培1913~1962전라남도진도 • 박사범士範미상~1923미상 • 박사손朴四孫미상~1919미상 • 박사중朴士重1877~미상충청남도아산 • 박사현士玄1889~미상충청남도홍성 • 박삼봉朴三鳳1892~1975경상북도칠곡 • 박삼용朴參容1897~1951충청남도청양 • 박삼일朴三一1892~미상평안북도자성 • 박상건朴相健1903~1945경상남도통영 • 박상규朴相奎1882~1935전라남도무안 • 박상규朴相圭1880~1919충청남도천안 • 박상규朴相圭1929~1998경상남도창원 • 박상기朴相基1922~2002전라남도광주 • 박상도朴尙道1870~1920미상 • 박상동朴尙東1894~1948경상북도의성 • 박상렬朴相烈1897~1981전라남도목포 • 박상목朴相穆1878~1933평안남도성천 • 박상선朴尙鮮1903~미상전라북도김제 • 박상술朴相述1900~1922전라남도목포 • 박상엽朴尙燁1855~1919경상남도함안 • 박상오朴尙吾1910~1989평안남도운산 • 박상유朴相瑜1923~2015전라남도화순 • 박상윤朴尙允1881~1938경상남도밀양 • 박상천朴祥銓1889~1937전라남도순천 • 박상점朴相點1908~미상경상남도통영 • 박상종朴商鍾1881~1946충청남도청양 • 박상준朴相俊1911~1986제주도제주 • 박상진朴尙鎭1884~1921경상남도울산 • 박상진尙進1873~1919미상 • 박상하朴相夏1881~1969황해도은율 • 박상하朴相夏1876~1952경상북도칠곡 • 박생진朴生珍1915~1979전라남도영암 • 박서룡朴瑞龍1885~미상함경북도길주 • 박서양朴瑞陽1887~1940한성 • 박석권朴錫權1925~1990전라북도고창 • 박석몽朴石夢1863~미상경기도양주 • 박석순朴錫順1889~미상함경북도경원 • 박석업朴錫業1888~미상충청북도괴산 • 박석오朴碩五1900~미상경상남도동래 • 박석우朴錫祐1914~1947전라남도담양 • 박석진朴錫鎭1896~1934경기도수원 • 박석진朴錫震1874~1927함경남도이원 • 박석현朴錫鉉1902~1950전라남도진도 • 박석홍朴錫洪1896~1985경상북도의성 • 박석홍朴錫洪1891~1956평안북도선천 • 박석훈朴錫薰1883~1919평안남도강서 • 박석훈朴錫塤1909~1962전라남도담양 • 박선군朴善群1891~미상황해도송화 • 박선규朴宣奎1899~1957전라남도무안 • 박선봉朴先奉1910~미상한성 • 박선영朴先榮1925~2009충청북도청주 • 박선칠朴仙七1876~1919경상남도합천 • 박선태朴善泰1901~1938경기도수원 • 박성경朴聖景1879~1957경상북도안동 • 박성관朴成官1923~2009평안북도용천 • 박성근朴性根1893~1932경상북도고령 • 박성근朴成根1855~1925전라북도임실 • 박성돌朴聖乭1895~1956경상북도영덕 • 박성락朴成洛1894~1920미상 • 박성래朴誠來1882~미상전라남도구례 • 박성래朴聖來1881~1933충청남도아산 • 박성래朴成來1901~1933전라남도완도 • 박성록朴成祿1891~1938강원도화천 • 박성무朴成茂1876~미상평안남도덕천 • 박성봉朴成鳳1898~1980경상남도동래 • 박성순聖淳1901~미상전라남도고흥 • 박성식朴性植1883~1945충청남도예산 • 박성오朴成五1877~1949충청남도아산 • 박성옥朴聖玉1897~1969충청남도서산 • 박성요朴性堯1893~1932충청남도부여 • 박성용朴聖容1903~1963경상북도달성 • 박성운朴聖云1892~1943충청남도서산 • 박성운朴聖雲1896~1944경상북도영덕 • 박성일朴星日1887~1947경상남도통영 • 박성일性一1925~1990평안북도운산 • 박성준朴成俊1900~1975황해도통천 • 박성지朴盛枝1873~미상평안북도의주 • 박성집朴成集1888~미상전라남도영암 • 박성태朴星泰1873~미상황해도김화 • 박성해朴性海1898~1929경상남도부산 • 박성화朴成和1900~1970전라남도나주 • 박성화朴性和1921~1993함경남도갑산 • 박성환朴成煥1915~1976전라북도남원 • 박성희朴星嬉1911~미상평안남도평양 • 박세건朴世健1888~1930평안북도선천 • 박세길朴世吉1876~1946경상북도의성 • 박세순朴世淳1884~미상함경북도명천 • 박세영朴世英1910~1943전라남도광주 • 박세용朴世用1907~1935경상남도동래 • 박세철朴世喆1891~미상평안남도덕천 • 박세현朴世鉉1897~1918경상남도부산 • 박세현朴世賢1881~미상전라남도장흥 • 박세화朴世和1885~1936평안북도의주 • 박세환朴世煥1883~1948평안남도강서 • 박소종朴小宗1897~1973경상남도밀양 • 박수경朴受景1867~1937강원도영월 • 박수남朴壽男1916~1940한성 • 박수만朴壽萬1897~1980경기도양주 • 박수명朴洙命1909~1942경상남도진주 • 박수문朴水文1897~1937전라북도익산 • 박수병朴洙丙1894~1979경상북도칠곡 • 박수봉朴壽奉1909~1948전라남도영암 • 박수봉朴壽奉1910~1953경상북도영양 • 박수석朴秀碩1884~1944경상북도의성 • 박수영朴受永1871~1945강원도영월 • 박수영朴秀永1893~1969경상북도의성 • 박수우朴受祐1885~미상강원도영월 • 박수익朴壽益1909~미상경상북도의성 • 박수찬朴秀燦1900~1920함경북도길주 • 박수창朴秀昌1901~1991전라남도곡성 • 박수환朴洙煥1896~1945경상북도칠곡 • 박수환朴壽煥1886~1950경상북도영덕 • 박숙이朴淑伊1872~1955경상북도영덕 • 박순교朴順交1869~1946강원도 • 박순구朴順九1888~미상강원도춘천 • 박순동朴順東1920~1969전라남도순천 • 박순병朴純秉1901~1926함경북도온성 • 박순복朴順福1900~미상평안북도선천 • 박순복朴順福1888~1942경상남도진주 • 박순석朴順石1895~1958경상북도칠곡 • 박순성朴淳成1897~1950경기도개성 • 박순애朴順愛1900~미상경기도고양 • 박순영朴舜永1912~1990전라북도남원 • 박순용朴順容1898~1972충청남도청양 • 박순용朴順龍1895~1968충청남도아산 • 박순익順益1881~1934경상남도함안 • 박순풍朴順風1866~미상평안남도양덕 • 박순학朴順學1886~미상충청남도홍성 • 박순호朴純鎬1873~1934경상북도달성 • 박승각朴勝珏1897~1971경기도김포 • 박승국朴承國1875~1920미상 • 박승길朴昇吉1893~1960함경북도온성 • 박승대朴丞大1881~1950평안북도희천 • 박승도朴勝道1897~1919황해도안악 • 박승렬朴勝烈1908~1984전라남도함평 • 박승룡朴承龍1897~미상함경북도명천 • 박승룡朴承龍1872~1957함경남도이원 • 박승린朴承⬚1885~미상함경남도이원 • 박승만朴勝萬1896~1951경기도김포 • 박승묵朴勝黙1922~1976전라북도금산 • 박승삼朴承三1887~미상평안남도안주 • 박승엽朴承燁1862~미상황해도이천 • 박승유朴勝裕1924~1990한성 • 박승익朴勝翊1897~1955충청남도공주 • 박승익朴勝益1878~1941충청남도홍성 • 박승일朴昇一1896~미상평안남도강서 • 박승정朴承鼎1885~1922함경남도삼수 • 박승조朴承祚1876~1954경상북도군위 • 박승표朴勝表1899~1978전라남도구례 • 박승하朴勝夏1900~1973충청북도진천 • 박승하朴勝夏1898~1975전라남도함평 • 박승학朴承鶴1919~1978평안북도정주 • 박승헌朴承憲1923~1982평안남도평양 • 박승혁朴承赫1893~미상함경남도단천 • 박승호朴承浩1866~1922평안북도선천 • 박승환朴昇煥1869~1907한성 • 박시목朴詩穆1894~1944경상북도의성 • 박시봉朴時奉1897~미상평안북도초산 • 박시연朴時淵미상경상남도부산 • 박시창朴始昌1903~1986경기도시흥 • 박신애朴信愛1889~1979황해도봉산 • 박신양朴新陽1890~1957전라남도함평 • 박신원朴信元1872~1946평안북도선천 • 박신일朴信一미상~1968평안남도강서 • 박쌍암朴雙岩1897~1948경상북도고령 • 박애朴愛1896~1927미상 • 박애순朴愛順1896~1969전라남도목포 • 박양래朴楊來1891~1969경상북도울진 • 박양래朴養來미상~1938미상 • 박양삼朴楊三1890~1947충청남도서산 • 박양순朴良順1903~1972경기도시흥 • 박양순朴養淳1863~미상평안남도중화 • 박양호朴良浩미상~1921미상 • 박언朴言1892~1920미상 • 박여균朴汝筠1887~미상평안남도위원 • 박여성朴汝成1879~미상전라남도무안 • 박여준朴汝俊1894~미상평안북도철산 • 박연세朴淵世1883~1944전라남도목포 • 박연이朴連伊1900~1945경상남도부산 • 박연일朴演日1895~미상평안북도의주 • 박열朴烈1902~1974경상북도문경 • 박영朴英1921~2003경상남도울산 • 박영관朴泳寬1883~미상평안남도강서 • 박영관朴永寬1899~1975전라북도고창 • 박영규朴榮奎1924~미상함경남도영흥 • 박영규俟圭1896~1940충청남도금산 • 박영근朴英根1895~1968경상남도통영 • 박영근朴永根1888~1931충청남도예산 • 박영달朴永達1887~1962경상북도의성 • 박영달朴英達1916~미상충청남도홍성 • 박영란朴泳蘭1854~1920평안북도벽동 • 박영록朴永綠1896~1975충청북도음성 • 박영만朴英晩1914~1981평안남주안주 • 박영모朴永模1887~1938경상남도합천 • 박영무朴永武1916~2015전라북도익산 • 박영묵朴永黙1881~1970경상남도하동 • 박영문朴泳文1904~1919전라북도익산 • 박영봉朴永鳳1895~미상함경남도홍원 • 박영산1887~1931경상북도청송 • 박영서朴永瑞1880~미상황해도장연 • 박영선朴英善1899~1984함경남도신흥 • 박영선朴永善1908~1994평안북도선천 • 박영선朴永善1883~미상충청남도공주 • 박영섭朴榮燮1880~미상함경남도홍원 • 박영섭朴永燮1922~1962황해도서흥 • 박영섭朴永燮1919~1975경상남도밀양 • 박영수朴永守1914~1950경상남도진해 • 박영수朴永壽1897~1957경상북도안동 • 박영수朴永秀1906~미상경상남도사천 • 박영숙朴永淑1891~1965경기도강화 • 박영순朴英詢1888~1967경상북도고령 • 박영순朴榮淳1916~1947제주도제주 • 박영순朴英淳1925~2001경기도이천 • 박영식朴榮植1909~미상함경북도경성 • 박영식朴永植1918~1993경상북도경산 • 박영신朴永新1891~1942경상북도의성 • 박영심朴永心1895~1929함경북도경흥 • 박영옥朴英玉1898~미상전라남도강진 • 박영우朴英友1865~1932경상북도고령 • 박영일朴英一1924~2011평안북도의주 • 박영제朴永齊1887~미상평안남도강서 • 박영주朴永柱미상미상 • 박영준朴英俊1915~2000경기도파주 • 박영준朴永俊1900~1945경상남도거제 • 박영준朴英俊1885~1943경상남도동래 • 박영준朴永俊미상~1926미상 • 박영진朴永鎭1907~1934함경남도함주 • 박영진朴英鎭1896~미상한성 • 박영진朴榮鎭1882~1969충청남도예산 • 박영진朴永晋1921~1950경상북도고령 • 박영진朴永鎭1856~1928전라북도익산 • 박영찬朴泳燦1896~1930평안북도구성 • 박영철朴永哲1855~1913미상 • 박영춘朴永春1859~1920전라북도장수 • 박영출朴英出1907~1938경상남도부산 • 박영칠朴永七1896~1920경기도강화 • 박영하朴永夏미상평안남도강서 • 박영학朴永鶴1876~1942경기도연천 • 박영학朴永學1878~1920충청남도천안 • 박영호朴永鎬1899~1994경기도화성 • 박영화朴英華1880~1952경상북도고령 • 박영화朴永化1873~미상평안북도구성 • 박영화朴永和1859~1923경상북도의성 • 박영환朴永煥1896~1962경상남도동래 • 박영훈朴永勳1885~1920미상 • 박영희朴寧熙1896~1930충청남도부여 • 박예옥朴禮玉1897~1933평안북도의주 • 박오기朴伍基1902~1945전라남도고흥 • 박오봉朴五鳳1904~1949전라남도광주 • 박옥동朴玉童1900~1949경기도안성 • 박옥련朴玉連1914~2004전라남도광주 • 박옥신朴玉信1902~미상황해도재령 • 박완근朴完根1926~1996전라북도전주 • 박완식朴完植1897~1921평안북도용천 • 박왈명朴日明1887~1958전라남도나주 • 박용각朴容珏1898~1957강원도철원 • 박용걸朴鏞傑1895~1980평안남도개천 • 박용구朴容九1884~미상강원도화천 • 박용규朴容圭1914~2013경상남도창원 • 박용규朴龍圭1906~1986경상북도달성 • 박용규朴溶奎1902~1996전라남도무안 • 박용근朴龍根1883~1940경상남도진주 • 박용달朴龍達1901~1954경상북도영덕 • 박용덕朴龍德1913~2011강원도고성 • 박용래朴龍來1875~1959전라남도광양 • 박용만朴容萬1881~1928강원도철원 • 박용문朴用文1898~1928전라남도해남 • 박용산朴用産1887~1943전라남도무안 • 박용선朴容善1888~미상한성 • 박용수朴龍水1888~1943경상남도김해 • 박용수朴龍洙1870~1920미상 • 박용수朴瑢洙1901~1985전라남도광양 • 박용수朴容守1922~1994전라남도여수 • 박용식朴龍植1902~미상경상북도안동 • 박용식朴庸植1881~1958전라북도임실 • 박용신朴龍信1916~미상강원도홍천 • 박용업朴龍業1894~미상경기도안성 • 박용운朴龍雲미상평안북도태천 • 박용의朴容義1869~미상황해도이천 • 박용준朴龍俊1927~1992함경남도갑산 • 박용진朴容鎭1888~1919충청남도논산 • 박용철朴容喆1904~1976강원도철원 • 박용태朴龍泰1888~1938황해도은율 • 박용학朴龍鶴1893~1954경상북도고령 • 박용화朴容和1881~1953충청남도부여 • 박용훈朴龍勳1888~1920미상 • 박용희朴容義1884~1959충청북도 • 박우균朴禹均1907~1986충청남도예산 • 박우말례朴又末禮1902~1986전라남도순천 • 박우문朴又文1888~미상경상북도칠곡 • 박우양朴遇陽1912~미상충청북도음성 • 박우종백朴又宗伯1905~1960전라남도여수 • 박운경朴雲景1878~1920전라북도 • 박운서朴雲瑞1890~미상평안북도벽동 • 박운석朴云錫미상~1920미상 • 박운석朴雲碩1896~1938평안북도용천 • 박운죽朴雲竹1896~1921평안북도용천 • 박웅세朴雄世1897~미상함경북도경원 • 박원개朴元介1892~1919경상남도함안 • 박원걸朴元杰1884~미상황해도평산 • 박원경朴源炅1901~1983황해도 • 박원국朴元國1899~1933평안남도강동 • 박원근朴源根1912~1950충청북도보은 • 박원모朴元模1886~1920미상 • 박원배朴源培1926~1998전라북도전주 • 박원보朴元甫1890~1957충청북도영동 • 박원석朴元碩1894~1923평안북도의주 • 박원선朴元善1878~1919경기도파주 • 박원식朴元植1885~1927함경남도단천 • 박원식朴元植1882~미상평안북도구성 • 박원식朴源植1893~1955충청남도홍성 • 박원식朴元植미상~1921미상 • 박원익朴元益1902~1920미상 • 박원종朴元鍾1891~1968경상북도영덕 • 박원춘朴源春1883~1920미상 • 박원충朴源忠1881~1944전라북도임실 • 박원혁朴元赫1893~1943함경남도원산 • 박원효朴源孝1905~1942경상남도진주 • 박원후朴垣厚1897~미상함경남도홍원 • 박원훈朴元勳1889~미상함경남도이원 • 박원희朴元熙1898~1928한성 • 박유복朴有福1869~1919충청남도천안 • 박유석朴有石1896~1935경상북도안동 • 박유성朴裕成1907~1958전라남도영암 • 박윤규朴潤奎1888~1946경상북도영양 • 박윤근朴潤根1875~미상평안북도선천 • 박윤근朴潤根1891~미상충청남도공주 • 박윤서朴允瑞1900~1930미상 • 박윤세朴允世1894~미상경상남도창원 • 박윤식朴允植미상~1922미상 • 박윤실朴允實1875~1919황해도김화 • 박윤옥朴潤玉1915~2005평안남도대동 • 박윤하朴潤河1925~1996전라북도 • 박윤해朴允海1898~1937한성 • 박윤화朴瀹和1867~1940충청남도보령 • 박은감朴恩感1857~미상평안남도순천 • 박은덕朴恩德1899~미상전라남도강진 • 박은식朴殷植1859~1925황해도황주 • 박은양朴殷陽1907~1930경기도개성 • 박은용朴殷容1880~1949전라남도장성 • 박음전朴陰田1907~미상전라남도목포 • 박응구朴應九1921~1989충청남도아산 • 박응규朴應奎1877~미상황해도이천 • 박응남朴應南1911~미상함경북도명천 • 박응룡朴應龍1889~1922평안북도삭주 • 박응백朴應伯1897~1927평안북도삭주 • 박응서朴應西1885~1951충청남도아산 • 박응수朴應洙1885~미상충청남도홍성 • 박응양朴應陽1871~1926경상남도산청 • 박응칠朴應七1871~1907미상 • 박의동朴義童1896~미상함경북도경원 • 박의범朴宜範1863~미상충청남도공주 • 박의성朴宜成1892~1979충청남도홍성 • 박의송朴義松1886~1921평안남도안주 • 박의열朴義烈1889~1930경상북도영덕 • 박의훈朴義熏1895~1983경상북도영덕 • 박이기朴二基1914~1950경상남도사천 • 박이도朴履道1876~미상황해도서흥 • 박이봉朴利鳳1855~미상황해도수안 • 박익찬朴益燦1873~1942경상북도영덕 • 박익희朴翼熙1853~1922경상남도합천 • 박인각朴仁角미상~1921평안북도선천 • 박인간朴燐幹미상평안남도중화 • 박인건朴寅健1800~미상평안남도강서 • 박인권朴仁權1892~1920미상 • 박인기朴麟基1907~미상함경북도회령 • 박인길朴仁吉1880~미상경상북도문경 • 박인배朴仁培1917~2003전라남도영암 • 박인생朴仁生1903~1929제주도 • 박인서朴仁緖1886~1957경상북도봉화 • 박인석朴仁錫1899~1968한성 • 박인석朴仁錫1895~미상충청남도예산 • 박인송朴寅松1883~미상평안남도평원 • 박인수朴仁壽1867~미상함경북도경성 • 박인수朴寅洙1859~미상함경남도신흥 • 박인옥朴寅玉1899~1947경상북도상주 • 박인용朴仁容1901~1985충청남도청양 • 박인욱朴寅郁1896~1934경상북도의성 • 박인항朴仁恒1898~1947평안북도선천 • 박인호朴仁浩미상~1924미상 • 박인호朴寅浩1855~1940충청남도예산 • 박일구朴一求1898~1942전라남도장성 • 박일리아朴일리아1891~1938함경북도경원 • 박일무朴一茂1903~1938함경북도온성 • 박일병朴一秉1893~1937함경북도온성 • 박일창朴一昌1908~1932미상 • 박일초朴日楚1882~미상충청북도 • 박일춘朴一春1902~미상전라남도강진 • 박일형朴日亨1880~미상함경북도길주 • 박일훈朴日勳1895~1924미상 • 박임갑朴壬甲1902~1990경상남도양산 • 박자선朴慈善1880~미상한성 • 박자혜朴慈惠1895~1943한성 • 박작지朴作之1897~1936경상남도밀양 • 박작지朴作之1860~1944경상북도영덕 • 박장규朴章圭1901~미상충청남도부여 • 박장래朴璋來1899~1940충청남도아산 • 박장실朴章實1889~1952강원도강릉 • 박장원朴長元1875~1937함경남도신흥 • 박장호朴章鎬1886~1961경상북도의성 • 박장호朴長浩1850~1922황해도 • 박장희朴壯熙1895~1950충청남도연기 • 박재각朴載珏1881~1935경상북도영덕 • 박재곤朴載坤1902~미상평안북도태천 • 박재곤朴在坤1878~미상황해도이천 • 박재곤朴載坤1916~1997평안북도의주 • 박재근朴再根1881~1950경상북도달성 • 박재달朴在達1917~1963경상북도경산 • 박재룡朴在龍1887~1955경상남도진주 • 박재복朴在福1918~1998충청북도영동 • 박재봉朴在奉1920~1993전라남도영암 • 박재삼朴在森1902~1963경상남도동래 • 박재선朴在先1881~1921경상북도안동 • 박재선朴再善1911~1998경상남도부산 • 박재송朴載松1884~1945경상북도영덕 • 박재수朴在秀1894~1966경상남도창녕 • 박재수朴在秀1895~1929경상남도진주 • 박재순朴在淳1884~미상함경북도명천 • 박재술朴在述1898~1997충청남도청양 • 박재식朴載植1889~1960경상북도영덕 • 박재식朴載植1888~1927경상북도안동 • 박재열朴在烈1907~1988전라북도진안 • 박재엽朴在燁1894~1942충청남도서천 • 박재영朴在永1878~1944경상북도청도 • 박재옥朴在玉1889~1946충청남도홍성 • 박재욱朴在旭1883~미상경상북도안동 • 박재천朴在千1920~1968경상북도경산 • 박재춘朴在春1886~1967전라북도진안 • 박재필朴在弼1884~1957경상북도고령 • 박재하朴宰夏1881~미상제주도제주 • 박재헌朴在憲1900~1986경상북도달성 • 박재혁朴載赫1895~1921경상남도부산 • 박재형朴在炯1889~1967평안남도 • 박재호朴在鎬1899~1932미상 • 박재호朴在鎬1885~1949강원도영월 • 박재호朴在浩1876~1947충청북도옥천 • 박재홍朴在洪1903~1979경상남도김해 • 박재화朴在華1890~1928경상북도의성 • 박재화朴載華1921~1950평안북도의주 • 박재훈朴在勳1900~미상경기도진위 • 박재흥朴再興1896~1950경상북도영덕 • 박재희朴載喜1918~1990충청남도청양 • 박점수朴点壽1910~1979경상남도마산 • 박정가우朴丁加宇1911~미상전라남도영암 • 박정건朴貞鍵1893~1925평안북도선천 • 박정경1896~1963미상 • 박정국朴貞國1895~미상평안북도정주 • 박정국朴楨國1897~1972경상남도부산 • 박정금미상미상 • 박정동朴正同1923~1942전라남도나주 • 박정렬朴貞烈1890~1971경상북도고령 • 박정렬朴貞烈1918~1979강원도 • 박정림朴正林1884~미상함경남도정평 • 박정삼朴正三1872~1944충청남도서산 • 박정석朴正錫1897~1933전라북도남원 • 박정선朴貞善1874~미상한성 • 박정선朴正善1879~1956경상남도산청 • 박정손朴正孫1897~미상황해도신계 • 박정수朴楨洙1904~1959전라남도광양 • 박정수朴貞守1901~미상경상남도부산 • 박정수朴貞守1917~1979경상남도김해 • 박정순朴正淳1875~미상함경남도이원 • 박정순朴正淳1914~1973충청남도청양 • 박정순朴正淳1889~1950전라남도영광 • 박정식朴正式1882~1957경기도안성 • 박정양朴貞陽1895~1935충청남도아산 • 박정오朴楨五1927~2012경상남도부산 • 박정인朴貞仁1912~미상함경북도부령 • 박정조朴禎祚1886~1920평안북도벽동 • 박정조朴正朝1880~1943충청남도청양 • 박정주朴政柱1871~1921전라북도장수 • 박정찬朴廷瓚1867~1922경상북도청도 • 박정찬朴貞贊1891~1973평안남도평원 • 박정창朴貞昌미상미상 • 박정천朴正千1868~미상충청남도홍성 • 박정환朴正煥1892~1930전라남도영광 • 박정환朴廷煥1924~1992경상북도경산 • 박정환朴貞煥미상미상 • 박정훈朴貞薰1869~미상황해도수안 • 박정훈朴定勳1893~1937황해도신천 • 박제국朴濟國1888~미상평안남도평양 • 박제권朴濟權1899~미상평안남도맹산 • 박제돈朴濟敦1885~미상평안남도평원 • 박제민朴濟民1899~1942전라남도목포 • 박제민朴濟敏1919~1943경상남도 • 박제봉朴濟鳳1880~미상평안남도성천 • 박제석朴濟奭1898~미상충청남도천안 • 박제선朴齊璿1878~1938경상북도영주 • 박제성朴濟成1902~1970충청북도음성 • 박제영朴齊榮1904~1935강원도춘천 • 박제옥朴濟玉1898~미상평안남도평원 • 박제우朴齊宇1857~1930충청북도청주 • 박제웅朴濟雄1877~1941전라남도광양 • 박제원朴齊元1884~1961경상북도김천 • 박제원朴濟元1888~1964경상북도영덕 • 박제채朴濟彩1909~미상한성 • 박제형朴齊衡1882~1948경상북도영주 • 박제호朴濟鎬1899~1924한성 • 박제환朴濟煥1896~1924평안북도운산 • 박종건朴鐘健1916~1988한성 • 박종권朴鍾權1861~1927경상남도거창 • 박종규朴宗奎1885~미상황해도이천 • 박종근朴宗根1892~1923함경남도이원 • 박종근朴鍾根1905~미상평안남도대동 • 박종길朴鍾吉1924~2008경상북도영양 • 박종남朴鍾南1898~미상황해도연백 • 박종률朴宗律1888~미상함경북도길주 • 박종문朴鍾文1909~1974전라남도 • 박종병朴宗秉1889~1971충청남도 • 박종선朴鍾善1917~1972전라남도완도 • 박종설朴鍾卨1888~1947경기도이천 • 박종섭朴宗燮1880~미상전라남도나주 • 박종섭朴鍾燮1873~미상충청북도옥천 • 박종성

朴鍾聲1883~1940강원도원주・박종수朴鍾秀1858~1951평안남도평양・박종식朴琮植1896~1950경상남도함안・박종식朴鍾殖1911~1948전라남도진도・박종암朴鍾岩1909~1948전라북도남원・박종은朴鍾恩1886~미상평안남도평양・박종주朴宗柱1898~미상함경남도갑산・박종주朴鍾柱1911~1967전라남도해남・박종칠朴鍾七1881~1920미상・박종태朴鍾泰1887~1959경상북도영덕・박종하朴鍾夏1883~1964경상북도영덕・박종한朴鍾漢1887~1964경상남도・박종협朴鍾浹1901~1943전라남도진도・박종호朴鍾浩1890~1967충청남도대전・박종환朴鍾丸1911~미상경상남도남해・박종희朴鍾喜1889~1929충청남도청양・박종희朴宗禧1854~미상평안남도평원・박주대朴周大1924~2000경상북도예천・박주범朴注範1885~1919경상남도함안・박주석朴周錫1864~1921제주도제주・박주양朴朱陽1898~1998황해도송화・박주억朴周億1909~1934경상북도영양・박주완朴周完1912~1994충청남도부여・박주한朴柱翰1893~1928경상북도청송・박주호朴周浩1901~미상강원도양양・박준규朴俊圭1863~1919충청북도청원・박준근朴俊根1885~1920미상・박준기朴準基1917~2004경상남도진주・박준덕朴準德1888~1941충청남도아산・박준모朴俊模미상~1922미상・박준빈朴準斌1868~1929충청남도공주・박준상朴準祥1914~1943전라북도남원・박준수朴俊洙1873~1937전라북도임실・박준승朴準承1866~1927전라북도임실・박준욱朴準旭1890~1959충청남도아산・박준창朴準昌1890~1962전라북도임실・박준채朴準埰1914~2001전라남도나주・박준학朴峻鶴1893~미상함경북도회령・박준혁朴俊赫1899~미상함경남도단천・박준혁朴俊赫1895~1922평안북도의주・박준황朴準篁1923~2007평안남도용강・박중보朴仲甫1871~1920미상・박중서朴重緒미상평안북도박천・박중식朴仲植1895~1921평안북도용천・박중진朴重鎭1910~1949전라남도장성・박중학朴重鶴1920~1996전라남도장성・박중한朴仲漢1895~1970경상남도통영・박중화朴重華미상미상・박중훈朴重勳1891~1943경상남도창녕・박증몽朴曾夢1916~1981경상남도고성・박지목朴枝穆1878~1939경상남도의령・박지선朴址宣1894~1966전라북도정읍・박지숙朴志淑미상~1927미상・박지양朴至陽1886~1931한성・박지원朴志源1893~1966경상남도밀양・박지협朴志協1870~1919평안북도곽산・박지호朴芝鎬1904~1988평안북도정주・박진朴震1897~1968전라남도장흥・박진관朴進寬1860~미상함경남도장진・박진래朴辰來미상~1921미상・박진성朴晉成1878~1925경상북도안동・박진순朴鎭淳1898~1938함경북도경원・박진양朴震陽1909~1940경상북도영주・박진일朴振日미상~1921미상・박진철朴鎭哲1924~2006전라남도목포・박진태朴鎭台1876~미상경상남도부산・박진해朴鎭海1894~1951경상북도안동・박진호朴鎭浩1898~미상경상북도대구・박진화朴鎭和1885~1941충청남도아산・박진환朴進煥1888~1950경상남도진주・박차용朴且用1899~1948경상남도밀양・박차정朴次貞1910~1944경상남도부산・박차천朴且千1891~1955경상북도고령・박찬걸朴燦杰1913~1987전라남도영암・박찬계朴燦啓1887~1920평안북도구성・박찬규朴贊圭1928~2019충청북도청주・박찬도朴贊道1893~미상평안남도성천・박찬묘朴贊妙1912~미상전라북도금산・박찬문朴贊文1890~1962전라북도전주・박찬봉朴燦奉1897~미상평안북도초산・박찬소朴燦韶1875~1919평안북도창성・박찬웅朴贊雄1919~1943충청남도금산・박찬익朴贊翊1884~1949경기도파주・박찬하朴贊夏1922~미상강원도철원・박찬희朴燦熙1902~1944함경남도북청・박창규朴昌奎1892~1924경상북도안동・박창규朴昌奎1887~미상전라남도화순・박창규朴敞奎1880~1973전라남도보성・박창근朴昌根1882~1920미상・박창도朴昌道1882~미상평안남도성천・박창래朴昌來1914~1948전라남도여수・박창래朴昶來1885~1959충청남도논산・박창렬朴昌烈1871~1920미상・박창룡朴昌龍1891~미상한성・박창빈朴昌彬1890~1969평안남도순천・박창서朴昌瑞미상~1919평안북도정주・박창섭朴昌涉1872~미상황해도해주・박창성朴昌成미상~1921미상・박창순朴昌淳1877~미상황해도수안・박창순朴昌純1894~미상경기도연천・박창식朴昌植미상~1929미상・박창신朴昌信1895~미상평안북도창성・박창엽朴昌燁1897~미상평안북도선천・박창영朴昌永1882~미상황해도해주・박창오朴昌午1910~1934경상남도창원・박창옥朴昌玉1890~1939충청남도서산・박창운朴昌雲1889~미상한성・박창원朴昶遠1921~1998한성・박창일朴昌日미상~1932미상・박창준朴昌俊1886~미상함경북도온성・박창철朴昌鐵1900~미상평안북도의주・박창호朴昌浩1890~미상황해도송화・박창호朴昌浩1890~미상경상북도영천・박창화朴昌化1882~미상평안북도태천・박창환朴昌煥1896~1940함경남도영흥・박창희朴昌喜1873~미상함경남도북청・박채순朴采順1904~미상전라남도여수・박채환朴埰煥1882~1962경상북도고령・박채희朴采熙1913~1947전라남도광주・박처후朴處厚1883~미상평안남도순천・박천규朴天奎1879~1920평안북도도위원・박천규朴天圭1902~1967평안북도선천・박천근朴千根1891~1972충청남도홍성・박천봉朴千鳳1898~1968경기도안성・박천석朴千石1889~1929경상북도영덕・박천수朴千壽1897~1947경상북도의성・박철동朴喆東1915~1941충청북도・박철룡朴喆龍1894~미상충청남도청양・박철옹朴喆擁1894~1937경상북도안동・박철준朴喆俊1901~1941경기도인천・박초길朴初吉1901~미상함경북도무산・박초식朴楚植1891~1924평안북도용천・박추모朴秋模미상~1920미상・박춘근朴春根1893~1976전라남도화순・박춘근朴春根1889~1920경상북도안동・박춘근朴春根미상평안북도선천・박춘범朴春範1898~미상함경남도함흥・박춘삼朴春三1877~미상경상북도영덕・박춘서朴春瑞1890~1920미상・박춘성朴春星1906~1945경상남도진주・박춘식朴春植1928~1987경상북도청송・박춘호朴春浩미상~1921함경남도삼수・박충서朴忠緒1898~1934경기도김포・박충섭朴忠涉1888~1957전라북도전주・박충식朴忠植1900~1952경상북도의성・박치간朴致幹1886~1966황해도안악・박치관朴致瓘1882~미상경기도장단・박치근朴致根1874~미상강원도화천・박치덕朴致德1886~1972충청남도예산・박치도朴致道1884~1926경상북도영덕・박치렴朴致濂1849~미상평안남도평원・박치록朴致祿1863~미상평안남도평양・박치상朴致相1907~1966전라남도영암·박치성朴致成1895~1949경기도개성·박치연朴致然1868~1925충청남도청양·박치율朴致律미상~1919미상·박치은朴致恩1880~미상평안남도강서·박치은朴致恩1897~1954평안남도대동·박치의朴治毅1892~1924평안북도선천·박치조朴治祚1890~1956평안북도선천·박치헌朴致憲1897~1920평안남도·박치화朴致化1895~1932평안북도의주·박치화朴致和1880~1947경상남도하동·박치흠朴致欽1883~1922평안남도선천·박칠봉朴七奉1890~1965충청남도아산·박쾌인朴快仁1898~1950충청남도당진·박태규朴泰圭1897~1948경상남도통영·박태근朴泰根1903~1955경상남도통영·박태기朴泰琦1906~미상평안남도용강·박태련朴泰鍊1895~1950전라북도전주·박태례朴泰禮1898~1961황해도신천·박태문朴太文1891~1931전라남도순천·박태선朴泰善1877~1927충청남도청양·박태수朴泰守1867~미상황해도수안·박태안朴泰安1898~1972경상북도김천·박태양朴泰陽1914~1965경상북도영주·박태열朴泰烈1894~미상황해도은율·박태완朴泰完1888~미상함경북도온성·박태원朴泰元1890~1924경상북도예천·박태은朴泰殷1893~1937평안남도평양·박태익朴泰益1914~2007함경북도청진·박태인朴泰麟1888~1921경상북도예천·박태주朴泰株1917~1945강원도삼척·박태진朴泰鎭1881~미상충청남도아산·박태철朴泰哲1918~2014경상북도대구·박태현朴台鉉1886~1948충청남도보령·박태현朴泰鉉1899~1974경상북도달성·박태홍朴台弘1892~1944경상남도진주·박태흥朴泰興1875~1957평안남도용강·박택룡朴澤龍1905~1948함경북도경성·박택열朴澤烈1910~미상함경남도홍원·박판덕朴判德1900~1936전라북도임실·박판용朴判用1906~미상전라남도함평·박팔문朴八文1883~미상경상북도칠곡·박팔봉朴八奉1891~1920미상·박팽동朴彭童1905~1944전라남도담양·박풍직朴豊稷1912~1932함경남도홍원·박필선朴弼善1871~1929전라남도무안·박필조朴泌祚1872~1961경상북도군위·박하경朴夏卿1904~미상한성·박하규朴夏圭1924~2005경상북도상주·박하균朴河均1902~미상함경남도홍원·박하동朴河東미상~1919미상·박학두朴學斗1902~미상경상남도진주·박학래朴鶴來1889~1927경상북도영덕·박학수朴學洙1917~1950경기도파주·박학준朴學俊1883~미상한성·박한용朴漢用1879~미상충청남도공주·박한정朴漢正1887~1963한성·박항래朴恒來1861~1919전라남도순천·박해근朴海根1911~1975경상남도산청·박해근朴海根1919~1973경상남도남해·박해옥朴海玉1924~1988경상북도안동·박향원朴享元1872~1920평안북도초산·박헌필朴憲弼1877~1956충청남도홍성·박현석朴顯錫1911~1988전라북도남원·박현숙朴賢淑1914~1981전라남도광주·박현숙朴賢淑1896~1980평안남도평양·박현채朴炫琛1924~2013전라남도영암·박형관朴炯瓘1927~2001경상남도울산·박형규朴炯奎1884~1920미상·박형기朴炯琦1909~1950전라남도화순·박형동朴亨東1906~1984경상북도칠곡·박형무朴亨武1922~1982충청남도대전·박형병朴亨秉1886~미상황해도안악·박형봉朴亨鳳1881~1921평안북도벽동·박형진朴瀅珍1912~1932함경북도온성·박혜경朴惠敬1899~1947전라남도나주·박혜광朴惠光1920~2001경상북도경산·박호암朴虎岩1912~1984전라남도장흥·박호종朴鎬鍾1905~1940경상남도·박호준朴祜儁1920~2007경상북도예천·박홍기朴泓基1892~1950한성·박홍목朴弘穆1914~1974경상남도창원·박홍선朴弘善1879~1919함경남도단천·박홍섭朴洪燮1890~1937경상북도의성·박홍수朴弘洙미상~1921미상·박홍식朴弘植1902~미상경기도고양·박홍언朴洪彦1890~1941전라남도무안·박화선朴和先1881~미상충청남도홍성·박화열朴和烈1898~1936경상남도창원·박화영朴華英1915~1941평안남도평양·박화중朴和重1880~미상전라남도나주·박환규朴桓奎1886~1958전라북도정읍·박효근朴孝根1923~2009평안북도정주·박후근朴厚根1897~1967함경북도명천·박후도朴後度1897~1950경상북도의성·박휘병朴輝秉1905~1933함경남도원산·박흔홍朴炘弘1886~1966전라남도영암·박흥미상~1921평안도·박흥곤朴興坤1904~1925전라남도완도·박흥라朴興裸1902~1920미상·박흥래朴興來1872~미상전라남도구례·박흥래朴興來1871~미상충청남도아산·박흥림朴興林미상~1930미상·박흥복朴興福1910~미상전라남도목포·박흥선朴興先1896~1958전라북도고창·박흥종朴興宗1892~미상함경남도이원·박흥준朴興俊1893~미상경기도용인·박희경朴義庚1873~1966충청남도청양·박희광朴喜光1901~1970경상북도구미·박희남朴熙南1914~1995충청남도당진·박희락朴義洛1882~1967경상북도영덕·박희만朴熙萬1902~미상경상북도예천·박희목朴喜穆1896~1946경상북도선산·박희봉朴喜鳳1899~1950경상북도상주·박희성朴熙成1896~1937황해도해주·박희성朴希聖1901~1988함경남도홍원·박희열朴喜烈1920~1945경상북도상주·박희적朴澟績1862~1931경기도용인·박희천朴希天1879~1952충청남도서산·박희탁朴熙鐸1875~미상충청남도서산·박희화朴熙化1884~미상평안남도영원·반봉갑潘鳳甲1888~1944경상남도밀양·반봉출潘鳳出1891~1950경상남도통영·반성률潘性律1897~1963경상남도통영·반영기潘英璣1903~1977경상남도통영·반용환潘龍煥1891~1963경기도개성·반운병潘雲炳1904~1934미상·반치중潘致中1910~1943강원도·반하경潘夏慶미상~1910경기도파주·방경모方敬模1885~1929평안남도순천·방경일方擎日1861~미상한성·방경한方景漢1922~2019충청남도홍성·방계환方季煥1879~미상충청남도예산·방극용房極鏞미상~1919전라북도남원·방기용方起容1881~1946충청남도홍성·방기원方基元1874~미상평안남도맹산·방기원方基元1894~미상충청남도아산·방기전方基典1865~1920평안남도순천·방기태方基泰1885~미상평안남도순천·방길方吉1896~1920미상·방동화房東華1887~1970제주도제주·방명숙房明淑1879~1919전라북도남원·방명준方明俊1903~미상함경북도부령·방병걸方炳杰1899~1920평안남도순천·방병찬方炳贊1890~1926미상·방봉순方鳳淳1918~1998황해도안악·방사겸方四兼1881~1955평안남도평양·방사익方士益1865~미상경상북도안동·방사일方仕日1852~1920평안북도용천·방상섭房埃燮1916~1940전라남도장흥·방서일方瑞一1879~1920미상·방석홍方錫弘1898~1929평안남도맹산·방선봉方先鳳1901~미상충청남도천안 • 방성묵方聖默1885~1995경기도개성 • 방성주方成柱미상~1920미상 • 방성준方成俊1901~1920미상 • 방순희方順熙1904~1979함경남도원산 • 방승학方昇鶴1896~미상함경남도단천 • 방승현方承鉉1900~1979평안남도맹산 • 방애율方哀律미상~1920미상 • 방양규房亮圭1879~1919전라북도남원 • 방열方烈1895~1934경기도강화 • 방영화方永化1872~미상경기도양주 • 방원국方元國1901~미상평안남도정주 • 방원길方圓吉1879~1929평안남도대동 • 방원성方遠成1895~1924함경북도성진 • 방윤격方允格미상~1919미상 • 방인수方仁洙1870~1920미상 • 방일진方一鎭1888~1921평안북도정주 • 방재구方在矩1900~미상충청북도단양 • 방재기方載棄1897~1959충청남도아산 • 방정환方正圜1886~미상미상 • 방정환方定煥1899~1931한성 • 방주익方周翼1880~미상함경남도단천 • 방준方俊미상~1927미상 • 방진형房鎭馨미상~1919전라북도남원 • 방찬문方贊汶1903~미상평안북도태천 • 방찬선方贊善미상~1922미상 • 방창근方昌根1885~1963충청남도아산 • 방창희方昌熙1884~미상평안남도성천 • 방치성方致成1874~1919충청남도천안 • 방하영方夏永1911~1949경상북도칠곡 • 방한민方漢旻1900~1968충청남도논산 • 방한상方漢相1900~1970경상남도함양 • 방한조경方漢祚1886~미상기도강화 • 방형순方亨淳1891~1944황해도해주 • 방화용方花容1889~1964충청남도홍성 • 방화중邦化重1877~1940황해도안악 • 방효준方孝俊1881~미상평안남도덕천 • 배경진裵敬鎭1885~1934황해도신천 • 배경진裵京鎭1910~1948평안북도신의주 • 배광석裵光錫1898~미상전라남도광주 • 배근석裵根錫1901~1979경상북도안동 • 배기석裵基奭1887~1956경상북도고령 • 배달근裵達根1865~1944경상북도의성 • 배덕수裵德秀1895~1970경상남도김해 • 배도근裵道根1866~1923경상북도의성 • 배동석裵東奭1889~1924경상남도김해 • 배동환裵東煥1898~1984경상북도안동 • 배두운裵斗運1888~1971경상북도대구 • 배명순裵明順1901~1954전라남도완도 • 배문직裵文稷1884~미상경상북도영양 • 배민수裵敏洙1897~1968충청북도청주 • 배방우裵方于1891~1920경상북도안동 • 배봉수裵鳳秀1928~2005경상남도울산 • 배봉지裵奉誌1894~1949경상남도통영 • 배상갑裵相甲1924~1977경상북도칠곡 • 배상권裵祥權1915~1942경상남도창원 • 배상기裵祥祺1892~1967경상남도합천 • 배상대裵相大미상~1926미상 • 배상연裵相淵1917~1981경상북도경산 • 배상일裵相一1889~1946전라북도정읍 • 배상호裵相鎬1923~1957경상남도고성 • 배선두裵善斗1924~2020경상북도의성 • 배선희裵善禧미상~1919미상 • 배성룡裵成龍1896~1964경상북도성주 • 배세동裵世彤1897~1942전라남도여수 • 배세태裵世泰1890~1943경상북도의성 • 배숙원裵淑元1875~1919경상남도부산 • 배순길裵順吉1888~1934전라북도전주 • 배승권裵承權1880~1920미상 • 배승종裵承宗1897~미상함경남도북청 • 배승환裵昇煥1885~1951경상북도안동 • 배영숙裵永淑1874~미상함경남도삼수 • 배영직裵榮直1882~1926충청남도논산 • 배영진裵永進1864~1919경상북도안동 • 배영풍裵永豊1870~미상함경남도삼수 • 배영환裵永煥1882~1919경상남도거창 • 배옥성裵玉成1900~1961경상북도상주 • 배용도裵容度1895~1971경상북도의성 • 배용석裵用石1899~1926충청북도옥천 • 배용석裵容奭1890~1938경상북도의성 • 배용운裵容雲1897~1950경상북도의성 • 배윤근裵允根1884~미상경기도안성 • 배윤명裵允明1881~1963전라북도전주 • 배윤주裵潤柱1886~1958전라남도순천 • 배은경裵恩卿1898~미상경상북도대구 • 배익조裵益祚1898~1989경상남도창원 • 배일언裵日彦1875~1947경상북도칠곡 • 배장실裵長實미상경상남도창원 • 배종국裵鍾國1924~2017전라남도나주 • 배종순裵鍾淳1890~1947경상북도성주 • 배종인裵鍾仁1901~1965경상남도창원 • 배종철裵鍾哲1895~1958경상남도김해 • 배종훈裵鍾勳1924~1997경상남도함안 • 배준호裵俊浩미상~1921평안북도구성 • 배중세裵重世1893~1944경상남도창원 • 배중엽裵重曄1882~1935경상북도의성 • 배창겸裵昌謙1900~미상함경북도무산 • 배창아裵昌兒1913~1955제주도 • 배천갑裵天甲1914~1978경상남도창원 • 배천택裵天澤1892~미상경상북도대구 • 배치문裵致文1890~1942전라남도목포 • 배태근裵太根1871~1923경상북도안동 • 배학보裵鶴甫1920~1992경상북도성주 • 배헌裵憲1896~1955전라북도익산 • 배혁모裵赫模1875~1960경상북도안동 • 배현택裵鉉澤1910~1931함경남도원산 • 배형주裵炯柱1885~1946전라남도순천 • 배홍주裵弘周1857~1922미상 • 배효원裵孝源1891~1948경상북도군위 • 배희두裵熙斗1903~1949한성 • 배희직裵義稷1883~1969경상북도울진 • 백경옥白敬玉1887~미상평안북도선천 • 백경준白敬俊1896~1972평안북도의주 • 백광필白光弼1899~미상충청북도청주 • 백광흠白光欽1895~1927경상남도부산 • 백규삼白圭三1873~1917함경북도명천 • 백규하白奎夏1867~미상황해도송화 • 백규현白奎鉉미상~1921미상 • 백근성白根星1901~미상평안북도구성 • 백기준白基俊1887~1974평안북도의주 • 백기환白基煥1883~1972평안남도평양 • 백낙도白樂道1911~1940경상북도김천 • 백낙삼白樂三1891~1934경상남도함안 • 백낙열白樂烈1865~1937경기도수원 • 백낙원白洛元1905~1924평안북도의주 • 백낙주白樂疇1888~1965평안북도정주 • 백남규白南奎1867~미상평안남도순천 • 백남규白南圭1888~미상경상북도대구 • 백남두白南斗1874~미상전라북도전주 • 백남식白南式1866~1919경기도양주 • 백남식白南式1880~1950충청남도논산 • 백남욱白南旭1916~1984경상남도통영 • 백남준白南俊1885~미상평안북도운산 • 백남채白南埰1888~1950경상북도대구 • 백남칠白南七1892~1959경기도고양 • 백남훈白南薰1885~1967황해도은율 • 백대진白大鎭1892~1967한성 • 백덕현白德鉉1900~미상평안북도의주 • 백매수白梅秀1901~1991황해도은율 • 백명흠白明欽1909~1936경기도수원 • 백문기白文基1924~1953전라북도남원 • 백문기白文基1924~1991경상북도예천 • 백병기白炳基1903~미상충청남도공주 • 백병주白炳疇1903~미상평안북도운산 • 백봉근白鳳根1897~1936경상남도울산 • 백봉즙白鳳楫1895~1945평안북도의주 • 백산봉白山峰1910~1987평안남도평양 • 백삼규白三圭미상~1920평안북도태천 • 백상기白湘基1927~1982전라남도장성 • 백선옥白先玉1890~1932충청북도진천 • 백선일白善一1882~1932평안북도용천 • 백성연白性淵

1885~미상평안북도운산 • 백성일白聖日1886~1961충청남도서산 • 백성흠白聖欽1888~1922경상북도성주 • 백세기白世基1907~1999충청남도공주 • 백수학白壽鶴1898~1974경상북도영덕 • 백수화白受和1857~미상황해도수안 • 백순白純1863~미상충청남도논산 • 백순규白順奎1865~미상충청북도음성 • 백순보白淳甫1922~1988평안북도운산 • 백순익白順益1882~1963경기도수원 • 백순화白順和1903~미상한성 • 백술득白述得1897~미상경상남도밀양 • 백승인白承仁1899~1970경상남도창원 • 백승하白承河1874~미상함경남도원산 • 백시찬白時瓚1878~1947평안북도선천 • 백신영白信永1889~미상경상남도부산 • 백신한白信漢1908~1929평안북도영변 • 백심서白心瑞1892~미상평안북도의주 • 백여범白汝範1903~미상한성 • 백영무白英武1893~1971평안북도신의주 • 백영묵白榮默1892~1965평안남도덕천 • 백영엽白永燁1892~1973평안북도의주 • 백영하白永河1895~미상평안북도의주 • 백옥순白玉順1913~2008평안북도정주 • 백완현白完鉉1914~1981충청남도부여 • 백용기白龍起1872~미상평안북도위원 • 백용석白用錫1878~1920평안북도의주 • 백용성白龍城1864~1940전라북도장수 • 백운룡白雲龍1925~2006경상남도하동 • 백운옥白雲玉1892~미상평안남도강서 • 백운택白運澤미상미상 • 백운한白雲翰1880~1922평안북도용천 • 백운호白雲豪1931~2022경기도이천 • 백원심白元心1896~미상평안북도강계 • 백원억白元億1894~미상평안북도의주 • 백응봉白應峯1900~1982경상북도영덕 • 백응선白膺善1896~1920제주도제주 • 백의경白義景미상~1919미상 • 백의범白義範미상~1920평안북도의주 • 백인균1879~미상평안북도의주 • 백인렬白仁烈1913~2007전라남도여수 • 백인봉白仁鳳1887~미상경상남도동래 • 백인선白仁善1879~1921황해도장연 • 백인수白麟洙1856~1910전라북도고창 • 백인숙白仁淑1872~1949함경남도원산 • 백인해白仁海1880~1921평안북도태천 • 백인홍白仁洪미상~1921미상 • 백일규白一圭1880~1962평안남도 • 백일룡白一龍1902~1927미상 • 백일엽白日燁미상미상 • 백일진白日鎭1883~1921평안북도의주 • 백일환白日煥1884~1969경기도김포 • 백재호白在鎬1917~2004전라남도장성 • 백정갑白正甲1919~2006평안북도용천 • 백정기白貞基1896~1934전라북도정읍 • 백정억白正億1896~1942충청남도천안 • 백정현白正鉉1920~1944평안북도의주 • 백정호白鼎鎬1863~미상황해도송화 • 백종렬白鍾烈1899~1938경기도장단 • 백준기白俊基1920~1950충청남도서산 • 백준열白俊烈1897~미상황해도은율 • 백준흥白俊興1903~미상평안북도위원 • 백진기白鎭起1896~1949경기도개성 • 백진수白珍守1903~1946전라북도정읍 • 백진우白鎭禹1922~2011황해도신천 • 백찬복白贊福1894~미상평안북도창성 • 백창섭白昌燮1916~2004평안북도영변 • 백천기白天基1880~1951경기도연천 • 백초월白初月1878~1944경상남도진주 • 백최헌白最憲1892~미상황해도안악 • 백춘갑白春甲1909~1953강원도영월 • 백칠룡白七龍1898~1967충청남도부여 • 백태식白泰植1915~1965경상남도창원 • 백학수白學洙1901~1969평안북도용천 • 백학원白學元미상~1921미상 • 백학천白鶴天1912~1995평안북도의주 • 백한성白漢成1886~미상경기도개성 • 백행준白行準1911~1932평안북도의주 • 백행기白亨基1896~1940전라남도완도 • 백흥기白興基1920~미상강원도횡성 • 범윤두范潤斗1891~1958전라남도광주 • 변갑섭卞甲燮미상~1919경상남도창원 • 변광국邊廣國1881~1944함경남도이원 • 변규섭邊圭燮1911~1945전라북도익산 • 변극邊極1903~1980전라남도화순 • 변기학卞奇學1909~1974경상남도창녕 • 변기현邊基賢1888~미상함경남도영흥 • 변낙규邊洛奎1893~미상평안남도덕천 • 변남조邊南朝1889~미상함경북도온성 • 변도준邊道俊1898~미상평안북도영변 • 변동갑邊東甲1901~1933전라남도장성 • 변동식邊東植1878~1948황해도연백 • 변동환邊東煥1871~미상황해도해주 • 변두구邊斗九1896~1967경상북도예천 • 변명경邊明慶1906~1989평안북도태천 • 변상복卞相福미상~1919경상남도창원 • 변상섭卞相攝1881~1950경상남도창원 • 변상술卞相述1898~1946경상남도창원 • 변상태卞相泰1889~1963경상남도창원 • 변상헌卞相憲1896~1963경상남도창원 • 변석규邊錫奎1901~1983한성 • 변석붕邊錫鵬1853~미상경기도파주 • 변성현邊聖現1916~1938제주도서귀포 • 변수남卞水男1897~1970충청남도청양 • 변순기邊舜基1885~1971전라남도장성 • 변승욱邊承郁1868~미상평안남도중화 • 변승준邊承俊1891~1923평안북도태천 • 변양석卞穰錫1858~미상경상남도거창 • 변영규邊英圭1889~미상충청남도아산 • 변영근邊榮根1918~1950미상 • 변영봉卞榮鳳1886~1952충청북도청주 • 변영수邊永秀1882~미상함경남도삼수 • 변영홍邊永弘1876~1943경상북도예천 • 변용구邊用九1889~1955경상북도예천 • 변용섭邊用燮1881~미상경기도용인 • 변우범卞又範1898~1974경상남도창원 • 변윤학邊允學1890~미상평안북도영변 • 변응찬邊應燦1890~미상황해도봉산 • 변인관邊仁寬1919~2011평안남도대동 • 변인봉邊麟鳳1901~미상평안북도영변 • 변일서邊日瑞1904~1971평안남도평양 • 변장성邊長城1899~미상강원도통천 • 변종열卞鍾悅1896~1974경상남도창원 • 변준호卞俊鎬1895~1966경기도양평 • 변지섭卞志燮1926~1999경상남도창원 • 변진설邊鎭契1909~1975전라남도장성 • 변찬규卞櫓圭1906~1950경상남도합천 • 변창근邊昌根1879~1946평안남도평양 • 변창룡邊昌龍1892~미상평안북도희천 • 변춘식邊春植1895~1926황해도연백 • 변태우邊太祐1899~1965제주도제주 • 변택수邊澤秀1887~미상함경남도삼수 • 변해영邊海永1896~1986평안남도대동 • 변희조卞熺朝1895~1943충청남도금산 • 복기견卜箕堅1890~1957충청남도청양 • 복기준卜基俊1884~1957충청남도홍성 • 복만길卜萬吉1899~미상전라북도익산 • 복윤길卜允吉1897~미상충청남도홍성 • 복윤봉卜潤鳳1897~1946충청남도홍성 • 복정식卜貞植1897~1950충청남도홍성 • 복천복卜千福1901~1936충청남도홍성 • 봉영화奉永華1884~미상황해도해주 • 부기준夫己準1911~1952제주도제주 • 부덕량夫德良1911~1939제주도 • 부덕환夫德煥1908~1944제주도제주 • 부동흥夫東興1927~1999제주도제주 • 부림전夫林栓1920~1977제주도제주 • 부병각夫秉恪1898~1963제주도제주 • 부병준夫丙準1906~1952제주도 • 부생종夫生鍾1909~1936제주도제주 • 부승림夫升琳1905~1980제주도제주 • 부장환夫章煥1914~1988제주도 • 부춘화

夫春花1908~1995제주도제주・빈영섭賓永燮1887~1936전라북도장수・빈태문賓泰紋1906~1973경상남도진주・사치홍史致弘1864~1929경상남도창원・상훈尙燻1901~1985경기도개성・서가마徐加馬1892~미상전라북도옥구・서강선徐强先1890~미상충청남도아산・서건수徐健洙1874~1953경상북도달성・서경식徐璟植1886~1938전라남도광양・서광수徐珖洙1895~미상강원도고성・서광신徐光信1891~미상황해도장연・서광조徐光朝1897~1972전라남도목포・서광춘徐光春1894~미상충청남도아산・서귀덕徐貴德1913~1969전라남도담양・서규선徐圭善1928~1953전라북도순창・서규연徐圭演1919~1978한성・서금이徐金伊1880~1948경상북도의성・서기옥徐琦玉1878~1934경상북도칠곡・서기창徐基彰1893~1930경기도고양・서기표徐鎮標1887~1975전라남도화순・서기풍徐基灃1880~1951평안남도평양・서난수徐蘭洙1901~1973전라남도무안・서단파徐檀坡1891~1937충청남도천안・서달선徐達善1878~미상평안남도강동・서달수徐達洙1920~1992경상북도월성・서대순徐大順1895~1951황해도연백・서도인徐度寅1916~미상경상남도창원・서동균徐東均1903~1978미상・서동성徐東星1895~1941경상북도대구・서동익徐東翼1888~미상평안남도용강・서동일徐東日1893~1965경상북도경산・서동철徐東轍1919~2004강원도홍천・서두성徐斗星1900~미상평안남도안주・서만석徐萬石1907~미상전라북도옥구・서말음쇠徐末音釗1897~미상충청남도아산・서몽조徐夢祚1881~1954충청남도아산・서무출徐武出1898~1953경상남도울산・서문경徐文景1874~미상경기도파주・서민호徐珉濠1903~1974전라남도고흥・서병규徐丙珪1898~미상전라북도전주・서병길徐丙吉1881~미상평안북도의주・서병돈徐炳敦1892~미상경기도안성・서병두徐丙斗1879~1930한성・서병선徐秉善1900~1973강원도인제・서병선徐炳善1891~미상황해도금천・서병수徐丙需1893~1929황해도통천・서병순徐秉舜1885~1920충청남도천안・서병순徐炳淳1877~1950충청남소서산・서병언徐炳彦1893~1957전라남도무안・서병언徐炳彦1892~미상평안북도영변・서병은徐炳殷1899~1966전라남도무안・서병익徐丙翼1883~미상황해도통천・서병준徐丙俊1900~1981경상북도성주・서병지徐丙枝1901~1962경상북도대구・서병철徐丙哲1892~1970경상북도달성・서병철徐丙轍1893~1977충청남도서산・서병학徐丙轍1893~1977한성・서병호徐丙浩1885~1972황해도장연・서보인徐輔仁1895~1960경상북도달성・서봉수徐奉洙1892~미상경상남도창원・서봉운徐奉雲1886~미상전라북도전주・서봉화徐鳳化1866~1919함경남도단천・서삼종徐三鍾1896~1972충청남도부여・서삼진徐三辰1890~1924경상북도영덕・서상경徐相庚1900~1962충청북도충주・서상교徐尙敎1923~2018경상북도대구・서상돈徐相敦1850~1913경상북도대구・서상락徐相洛1893~1923경상북도달성・서상렬徐相烈1871~미상황해도김화・서상렬徐相烈1920~1977전라남도무안・서상복徐相福1914~미상충청남도대전・서상복徐祥福1906~미상충청남도서천・서상봉徐相鳳1870~1927전라남도목포・서상억徐尙億1868~미상평안남도덕천・서상업徐相業1873~1929경상북도문경・서상용徐相庸1873~1961함경북도길주・서상우徐相祐1873~미상강원도홍천・서상욱徐相郁1902~미상경상북도대구・서상일徐相日1886~1962경상북도대구・서상태徐相台1924~2012경상북도대구・서상한徐相漢1901~1967경상북도대구・서상호徐尙虎1914~1994함경남도원산・서상환徐相環1888~1968경상남도통영・서성수徐聖洙1897~미상경상남도창원・서성윤徐成允1887~1941전라북도김제・서성칠徐星七1890~미상함경북도청진・서세충徐世忠1888~1957한성・서수신徐修信1894~미상전라남도무안・서순석徐淳錫1857~1926충청남도공주・서순옥徐順玉1884~미상경기도안성・서순채徐淳彩1900~1959전라남도영광・서승렬徐承烈1897~1949충청남도청양・서승태徐承台1854~1921충청남도홍성・서승효徐承孝1884~1964충청남도청양・서연철徐演喆1926~2013경상북도울릉도・서영달徐迎達1909~미상경상북도경주・서영석徐永錫1897~1931평안남도대동・서영석徐泳奭1925~1963경상남도부산・서영연徐永然1914~1943평안도・서영완徐永琓1898~미상경상남도부산・서영원徐泳源1920~2005충청남도논산・서영해徐嶺海1902~미상경상남도부산・서오룡徐五龍1911~1950경상북도달성・서옥봉徐玉奉1903~미상전라남도무안・서완득徐完得1886~미상경기도안성・서왈보徐曰甫1889~1926함경남도원산・서용섭徐龍燮미상미상・서용하徐龍河1911~1933경기도포천・서용하徐用河1886~미상황해도평산・서원준徐元俊1908~1935평안남도평양・서원태徐元泰1889~미상함경남도원산・서유봉徐有奉1901~미상함경북도성진・서유종徐有宗1872~1961전라남도구례・서유진徐有珍1897~1935함경북도성진・서윤徐潤1893~미상한성・서윤봉徐允峯1892~1920미상・서윤제徐允濟1908~1969함경북도경원・서윤호徐允浩1889~1922평안북도삭주・서윤화徐允華미상~1919미상・서은모徐殷模1883~1936충청남도홍성・서응엽徐應燁1894~1948경상남도고성・서응호徐應浩1899~미상함경남도덕원・서의배徐義培1898~1923황해도서흥・서이훈徐利勳1898~미상황해도곡산・서인봉徐寅鳳1876~1920미상・서일徐一1881~1921함경북도경원・서장관徐壯寬1898~1982황해도해주・서장주徐璋珠1921~1989경상남도양산・서장환徐章煥1890~1970경상북도달성・서재근徐載根1878~1955미상・서재만徐在萬1904~1984전라남도완도・서재석徐載錫1909~1968전라북도익산・서재수徐在守1898~1964경상북도안동・서재영徐在英1877~미상함경북도성진・서재익徐在益1905~1943전라남도광주・서재일徐才一1865~1920미상・서재택徐載宅1886~1951충청남도청양・서재필徐載弼1864~1951전라남도보성・서재현徐載賢1906~1999황해도장연・서점수徐點守1901~1992경상남도창녕・서정규徐正奎1889~1949경상남도창원・서정기徐正基1903~1969경상북도청도・서정기徐廷夔1898~1950충청북도・서정기徐廷基1897~1964전라남도순천・서정렬徐正烈1882~1944충청북도청원・서정만徐廷萬1889~1919전라북도익산・서정섭徐廷燮1891~1927충청남도예산・서정오徐廷五1879~1939충청북도음성・서정인徐正寅1927~미상경상북도안동・서정천徐廷天1917~1966전라북도김제・서정철徐廷哲

1912~1987전라북도익산 • 서정홍徐正洪1898~1956경상남도창원 • 서진구徐鎭九1921~1944경상북도문경 • 서진령徐鎭泠 1899~1971경상남도김해 • 서진문徐鎭文1900~1928경상남도울산 • 서찬술徐贊述1897~1937전라남도무안 • 서창락미상 ~1921함경남도이원 • 서창림徐昌林1884~미상평안남도강서 • 서창무徐昌務1889~1925함경북도길주 • 서창석徐昌錫 1892~1953전라남도무안 • 서창인徐昌仁1899~1928충청남도홍성 • 서천길徐千吉1887~미상경기도용인 • 서천수徐千壽 1897~1934경상북도칠곡 • 서청산徐青山미상~1922평안북도삭주 • 서초徐超미상미상 • 서춘동徐春東1879~미상한성 • 서태 규徐太圭1925~2005전라북도남원 • 서태석徐邰晳1884~1943전라남도무안 • 서태식徐泰植1889~1973경상남도울산 • 서학 이徐學伊1899~1955경상북도성주 • 서학종徐學鍾1900~1944전라남도순천 • 서한종徐漢鍾1867~1920경상남도함안 • 서현 우徐鉉宇1856~1924한성 • 서형묵徐亨默1877~미상평안남도평원 • 서호순徐鎬淳1870~미상전라북도전주 • 서홍내徐洪匃 1878~미상황해도평산 • 서홍렬徐洪烈1911~1985전라남도광양 • 서화일徐化壹1881~1936전라남도목포 • 서환수徐桓洙 1888~1940경상남도통영 • 석근영石根永1921~2015평안남도평양 • 석기만石基萬1886~1923경상북도김천 • 석기운石基雲 1894~미상함경북도경성 • 석기호石基浩1894~1922미상 • 석달억石達億1882~미상평안남도성천 • 석대운石大云미상 ~1922미상 • 석동성石東聲1883~미상경기도안성 • 석만금石萬金1921~1993평안남도안주 • 석빈옥石彬玉1895~미상평안북 도초산 • 석성기石盛基1902~1970경상북도상주 • 석수학石壽鶴1908~1985함경북도경성 • 석연극石鍊極1888~1948경상북 도성주 • 석의봉石儀鳳1901~미상함경북도경성 • 석인욱石麟郁1896~1941함경북도청진 • 석인제石麟齊1893~1936함경북도 경성 • 석창건石昌乾1900~1951평안북도정주 • 석창륜石昌倫1902~1944평안북도정주 • 석호문石鎬文1923~1981경상북도 성주 • 석환옥石煥玉1898~미상평안북도초산 • 선경환宣環煥1903~미상평안북도영변 • 선규환宣奎煥1901~미상평안북도영 변 • 선백중宣百仲1890~1931전라북도익산 • 선우기鮮于基1921~1949평안북도정주 • 선우기성鮮于基聖1909~1988평안북 도정주 • 선우섭鮮于燮1885~1920평안북도정주 • 선우섭鮮于涉1899~1938평안남도평양 • 선우완鮮于琓1925~1968평안북 도태천 • 선우진鮮于鎭1921~2009평안북도정주 • 선우택범鮮于澤範1891~1920평안북도태천 • 선우혁鮮于赫1883~1985평 안북도정주 • 선우훈鮮于燻1892~1961평안북도정주 • 선화인宣化仁1883~1943전라남도해남 • 설관성薛官成1888~1970함 경남도삼수 • 설관수薛灌洙1899~1972경상남도창원 • 설관학薛寬學1880~미상함경남도단천 • 설관협薛寬協1883~1935함 경남도단천 • 설규성薛奎成1898~미상한성 • 설만진薛萬鎭1894~1933경상남도밀양 • 설순좌薛順佐1883~미상충청남도홍 성 • 설억만薛億萬1912~미상충청남도대전 • 설정순薛貞順1916~미상전라남도광주 • 설진창薛鎭昌1869~1940전라북도순 창 • 설창수薛昌洙1916~1998경상남도창원 • 설철수薛哲秀1914~1981경상남도창원 • 성경애成慶愛1880~미상충청남도예 산 • 성권호成權鎬1921~1976충청남도대전 • 성규원成奎垣1862~1927충청북도청주 • 성기석成基錫1920~1990경기도파 주 • 성기한成耆漢1878~1939충청남도서산 • 성낙붕成樂朋1881~1919충청남도아산 • 성낙응成樂鷹1914~2001충청남도아 산 • 성낙의成樂毅1926~2012경상남도창녕 • 성낙준成樂準1913~2002경상남도진주 • 성낙중成樂衆1895~1919경기도용 인 • 성낙표成樂杓1896~1933전라남도무안 • 성낙훈成樂薰1893~1965충청남도당진 • 성달영成達永1873~1932충청남도아 산 • 성대식成大湜1869~1925경상북도성주 • 성덕이成德伊1899~1969경상북도성주 • 성도일成道一1864~1939경상남도밀 양 • 성동준成東準1912~1980전라남도순천 • 성만공成萬公1894~미상경기도이천 • 성만리成萬里1911~1974충청북도괴산 • 성만영成萬永1875~1936경상남도합천 • 성문영成文永1887~1961충청남도아산 • 성배호成培鎬1889~1944충청남도아산 • 성백우成百愚1921~1950충청남도예산 • 성봉진成鳳眞1908~1928경기도고양 • 성삼백成三伯1896~1987경상북도청도 • 성 상규成商圭1923~1951전라남도고흥 • 성상룡成相龍1916~1988경상북도경산 • 성석기成錫驥1888~1939경상북도상주 • 성 원수成元修1874~미상충청남도예산 • 성을룡成乙龍1916~1988경상북도고령 • 성익환成益煥1925~1981경상북도상주 • 성일 영成一永1925~1986경상남도창녕 • 성장환成章煥1916~2003경상북도상주 • 성주복成周復1894~1971경기도수원 • 성준섭 成俊燮1902~1941전라북도임실 • 성진호成瑨鎬1910~1933충청남도예산 • 성창환成昌煥1917~2009경상북도달성 • 성축용 成丑鏞1923~미상충청북도청주 • 성치근成致根1890~미상충청남도서산 • 성칠성成七星1878~미상경상북도영덕 • 성태영成 泰永1887~1968경상남도창녕 • 성태영成泰永1876~1946경기도김포 • 성필환成必煥1896~1969경상북도상주 • 성하식成夏 植1878~1958충청북도영동 • 성해식成海植1899~1939경상북도상주 • 성혜자成惠子1904~미상한성 • 소갑호蘇甲浩 1883~1945전라남도남원 • 소귀남蘇貴男1886~1926전라북도임실 • 소기종蘇基宗1872~미상평안남도중화 • 소내원蘇來元 1890~1967전라북도익산 • 소은명邵恩明1905~미상경기도연천 • 소은숙邵恩淑1903~미상경기도연천 • 소진석蘇鎭碩 1897~1928전라북도익산 • 소진형蘇鎭亨1886~1936전라북도익산 • 소홍규蘇洪奎1882~1960전라북도익산 • 소후옥蘇厚玉 1887~1961경기도안성 • 소휘선蘇輝先1891~1973경기도안성 • 소휘태蘇輝泰1870~1948경기도안성 • 손건주孫建柱미상 ~1919평안남도용강 • 손경도孫敬道1894~1933평안남도강서 • 손경익孫景翼1924~1950경상북도경주 • 손경헌孫庚憲 1870~1931경상남도밀양 • 손경희孫慶喜1912~미상경기도양평 • 손계묵孫桂默1893~1919경상남도사천 • 손계조孫季祚미상 ~1922미상 • 손공린孫公璘1899~1966함경남도북청 • 손군호孫君浩1902~1976경상남도양산 • 손규용孫奎鏞1885~1950함 경남도북청 • 손기달孫基達1912~2000경상북도청도 • 손기석孫基錫1893~1925경상남도밀양 • 손기업孫基業1903~1985황 해도장연 • 손기욱孫基郁1892~1971경상남도밀양 • 손기찬孫基瓚1886~1979경상북도칠곡 • 손기현孫琪鉉1886~1947경상 북도청도 • 손기현孫基賢1883~1942경상남도밀양 • 손달익孫達翼1900~1929경상북도영주 • 손대형孫大亨1911~1975전라

남도완도 • 손덕인孫德仁미상미상 • 손돌이孫乭伊1891~1938경상북도안동 • 손동선孫東善1885~1958황해도금천 • 손동일孫東日1892~1928경상북도의성 • 손동창孫東昌1901~미상경상북도경주 • 손동출孫東出1909~1971전라남도나주 • 손두순孫斗淳1862~미상황해도수안 • 손두원孫斗源1883~1919경상북도안동 • 손득룡孫得龍1893~1954경상남도합천 • 손명근孫命根1871~1942경기도고양 • 손명조孫明祚1884~1919경상남도김해 • 손무준孫武俊1887~1944경상북도영덕 • 손문원孫文遠1883~1962경상북도의성 • 손문익孫汶翼1921~1948경상북도경주 • 손병렬孫炳烈1889~1923미상 • 손병석孫秉錫1904~1932충청남도부여 • 손병선孫秉善1895~1942경상북도칠곡 • 손병윤孫炳允1881~1962충청남도서산 • 손병주孫炳柱1921~1943경상남도울산 • 손병헌孫炳憲1870~1946경상북도영천 • 손병희孫秉熙1861~1922경기도경성 • 손복산孫福山1889~1919경기도양주 • 손봉국孫鳳國1897~미상황해도봉산 • 손봉선孫鳳善1898~미상평안북도구성 • 손봉현孫鳳鉉1894~1969경상남도밀양 • 손삼남孫三男1882~1947경기도양주 • 손상봉孫相鳳1863~1945강원도평창 • 손상석孫尚錫1883~1928경상북도영덕 • 손석봉孫石鳳1901~1965경상북도경주 • 손성孫姓1901~1920함경북도명천 • 손성오孫成五1892~1936충청남도아산 • 손성우孫聖于1899~1933황해도장연 • 손성원孫聖元1874~1906경기도개성 • 손성한孫聖漢1928~1945경상북도안동 • 손수복孫秀福1877~1961경상남도울산 • 손순흥孫順興1908~1956충청북도영동 • 손승관孫承官미상~1921미상 • 손승억孫承億1893~1934충청북도 • 손승옥孫升玉1898~1979전라남도해남 • 손시응孫時應1901~미상평안북도후창 • 손시헌孫時憲1923~2002경상북도경주 • 손양섭孫亮燮1921~1945충청남도대전 • 손양윤孫亮尹1878~1939경상북도달성 • 손양중孫亮中1891~1944경상북도의성 • 손연준孫燕俊1902~1950경상남도함안 • 손영기孫永箕1893~1958경상북도예천 • 손영선孫永善1902~미상황해도장연 • 손영세孫永世1880~1930경상북도영덕 • 손영학孫永學1895~1944경상북도안동 • 손영현孫永鉉1913~1957전라남도장흥 • 손용백孫龍伯1903~1965경상북도영주 • 손용우孫龍祐1923~1999경기도양평 • 손용준孫用俊1899~미상평안북도강계 • 손은국孫銀國1878~미상황해도이천 • 손응규孫應奎1850~미상황해도송화 • 손응룡孫膺龍1920~2018함경북도경성 • 손응진孫應鎮1873~미상강원도화천 • 손이도孫利道1899~미상평안남도강서 • 손익극孫翼極1919~1989경상북도영일 • 손익희孫益熙미상충청남도부여 • 손인식孫仁植1894~1975경상북도대구 • 손일만孫一萬1901~1966충청북도옥천 • 손일민孫逸民1884~1940경상남도밀양 • 손일봉孫一峯1912~1941평안북도의주 • 손재순孫在順1886~미상충청북도청주 • 손정도孫貞道1881~1931평안남도강서 • 손정봉孫正鳳1896~1971경기도안성 • 손정빈孫正彬1899~1924평안북도벽동 • 손정채孫正彩1890~1947전라남도담양 • 손종의孫鍾毅1876~1925경상북도봉화 • 손종일孫鍾一1871~1945경상남도함안 • 손종헌孫綜憲1889~1930경상남도밀양 • 손주송孫周松미상~1919평안북도강계 • 손진인孫晋仁1869~1935경상남도울산 • 손진창孫晋昌1852~1942경상북도경주 • 손진형孫晋衡1871~1919경상북도월성 • 손창선孫昌善1896~1980충청남도홍성 • 손창신孫昌新1904~1948경기도시흥 • 손창준孫昌俊미상경상북도울진 • 손천일孫千日1882~미상충청남도아산 • 손치형孫致亨1920~1998평안북도의주 • 손태연孫泰淵1901~미상경상남도동래 • 손태옥孫太玉1895~1934전라남도해남 • 손태준孫太俊1911~1950경상남도진주 • 손필규孫弼奎1870~1938충청남도논산 • 손학동孫學童1911~미상전라남도완도 • 손학익孫鶴翼1908~1983경상남도 • 손한조孫漢祚1892~1953경상북도청도 • 손호孫澔1897~1936경상남도밀양 • 손호현孫鎬賢1882~미상충청남도아산 • 손화삼孫化三1860~1929전라남도영암 • 손후익孫厚翼1888~1953경상남도울산 • 손희운孫熙雲1880~미상평안북도구성 • 송강선宋剛瑄1874~1941전라북도김제 • 송경백宋璟百1880~미상평안남도용강 • 송경섭宋景燮1890~1949강원도홍천 • 송경연宋京燕1894~미상평안남도용강 • 송경윤宋慶潤1908~1930경기도경성 • 송계득宋癸得1902~1964충청남도청양 • 송계백宋繼白1896~1922평안남도평원 • 송계원宋桂元미상~1920함경남도갑산 • 송계월宋桂月1912~1933함경남도북청 • 송관섭宋瓘燮1883~1930함경북도경성 • 송광운宋光雲1889~1967충청남도서산 • 송광웅宋光雄1923~1945경상북도경산 • 송광춘宋光春1897~미상전라북도순창 • 송구용宋龜用1884~1950충청남도 • 송국현宋國賢1881~미상평안북도철산 • 송규선宋圭善1880~1948경상북도성주 • 송근상宋根相1893~1952전라북도정읍 • 송근주宋根周미상미상 • 송금희宋錦姬미상미상 • 송기룡宋基龍1890~1946전라북도정읍 • 송기면宋箕勉1896~1950충청남도서천 • 송기복宋基福미상~1919함경남도홍원 • 송기순宋基順1913~미상황해도장연 • 송기식宋基植1878~1949경상북도안동 • 송기언宋基彦1865~미상경상북도칠곡 • 송기옥宋基玉1901~미상전라북도옥구 • 송기재宋基載1894~미상경상북도영덕 • 송기주宋基柱1859~1939경상북도영일 • 송기주宋基周1890~1950충청남도서천 • 송기채宋基彩1909~미상전라남도완도 • 송기호宋琪浩1900~1928전라남도완도 • 송길산宋吉山1890~미상함경북도길주 • 송남헌宋南憲1914~2001한성 • 송내경宋迺景1861~미상평안북도철산 • 송내호宋乃浩1895~1928전라남도완도 • 송능식宋能植1898~1963충청북도괴산 • 송대호宋大浩1902~1928전라남도함평 • 송덕빈宋德彬1898~1955충청북도보은 • 송덕삼宋德三1902~미상평안북도강계 • 송덕홍宋德興1897~1923평안북도위원 • 송동식宋東植1907~1980전라남도장성 • 송동호宋東浩1897~미상미상 • 송두용宋斗用1896~1928황해도회양 • 송두용宋斗用1904~1986경기도인천 • 송두환宋斗煥1892~1969경상북도대구 • 송득룡宋得龍1900~1958경상북도영주 • 송만섭宋萬燮1882~1950충청남도홍성 • 송만수宋萬洙1911~1974전라남도담양 • 송면수宋冕秀1910~1950황해도회양 • 송명근宋命根1912~1971경상북도대구 • 송명진宋明進1902~미상경상남도울산 • 송몽규宋夢奎1917~1945함경북도경흥 • 송무영宋武英1896~1930평안남도평양 • 송무용宋武容1898~1936충청남도서산 • 송문근宋文根1895~1963경상북도성주 • 송문수宋文壽1882~1940경상북도영일 • 송문일宋文一1856~미상함경남도단천 • 송문주宋文胄1896~1921평안북도위원 • 송문하宋文河1896~1920평안북도위원 • 송문호宋文鎬1887~1919경상남도함안 • 송병걸宋秉杰1874~미상함경남도함흥 • 송병기宋秉箕1891~1930강원도횡성 • 송병선宋秉璿1836~1905충청남도 • 송병순宋秉珣1839~1912충청북도영동 • 송병엽宋炳葉1914~1967전라남도장성 • 송병영宋炳榮1881~미상경상북도안동 • 송병윤宋炳允1893~미상평안북도초산 • 송병일宋炳一1914~미상전라남도장성 • 송병조宋秉祚1877~1942평안북도용천 • 송병채宋炳寀1909~1968한성 • 송병철宋炳喆1919~1989평안북도의주 • 송병하宋炳河1926~2010평안북도의주 • 송병호宋秉浩1889~미상함경북도길주 • 송병호宋秉好1893~1965충청남도청양 • 송병홍宋柄虹1921~미상경상남도울산 • 송복덕宋福德1891~1965평안북도의주 • 송봉룡宋鳳龍1919~미상황해도김화 • 송봉숙宋鳳淑1892~1920충청남도서산 • 송봉운宋逢云1891~1919충청남도서산 • 송사일宋士一1874~1935충청남도천안 • 송상근宋相根미상~1922미상 • 송상대宋尙大1894~1970미상 • 송상도宋相燾1871~1947경상북도영주 • 송상원宋祥元1850~미상함경북도경성 • 송상익宋相翊1875~미상평안북도초산 • 송상진宋相振1887~1967경상남도김해 • 송서룡宋瑞龍1916~1979평안북도미상 • 송석규宋錫圭1895~1980충청남도청양 • 송석봉宋錫奉1897~1972충청북도음성 • 송석우宋錫禹미상~1921미상 • 송석준宋錫峻1865~1907평안북도의주 • 송석지宋錫智1890~1939충청남도청양 • 송석형宋錫亨1919~2005충청남도대전 • 송선호宋善鎬1901~미상평안북도위원 • 송성겸宋聖謙1877~미상평안남도강서 • 송성수宋聖秀1905~1972전라남도나주 • 송성용宋聖用1883~1934경기도부천 • 송성택宋晟澤미상~1922경기도 • 송성학宋性學1894~1961전라북도임실 • 송성헌宋成憲1864~1919경기도광주 • 송성호宋聲浩1856~1919경기도수원 • 송세탁宋世卓1884~1939경상남도김해 • 송세하宋世河1890~미상평안북도의주 • 송세호宋世浩1893~1970경상북도선산 • 송세호宋世浩1900~1921평안북도자성 • 송수근宋壽根1896~1969경상북도성주 • 송수답宋水畓1919~1994경상북도경산 • 송수은宋受恩1882~1922평안남도강서 • 송숙일宋淑一1882~미상미상 • 송승균宋昇均1893~미상평안남도 • 송시옥宋時玉1895~미상평안북도위원 • 송시용宋始鏞1902~1938전라북도김제 • 송식宋植1900~1947전라남도화순 • 송암우宋岩于1897~1959충청북도옥천 • 송양묵宋養默1882~1945평안남도평양 • 송여덕宋汝德1875~미상평안북도희천 • 송여직宋汝直1889~1947충청남도서천 • 송연근宋連根미상~1919미상 • 송영걸宋永杰미상~1921미상 • 송영광宋榮光미상~1919미상 • 송영근宋榮根1897~1942전라북도정읍 • 송영록宋永錄1901~1932황해도이천 • 송영수宋英秀1893~1925평안북도희천 • 송영진宋英珍1889~미상평안북도희천 • 송영집宋永潗1910~1984평안남도용강 • 송영찬宋榮璨1898~1966황해도안악 • 송영호宋永祜1903~1968경상북도영주 • 송오균宋五均1893~미상미상 • 송옥현宋玉鉉1895~미상충청남도아산 • 송완명宋完命미상~1910전라남도 • 송완옥宋完玉1898~1967경기도포천 • 송요철宋堯哲1860~미상경기도파주 • 송용섭宋龍燮1912~1993전라북도군산 • 송용현宋龍顯1894~1967경기도개성 • 송우선宋祐善1894~1942경상북도성주 • 송우필宋禹弼1899~1950경기도안성 • 송위길宋渭吉1909~1989경상북도영주 • 송윤섭宋玧燮1891~1952함경북도경성 • 송윤화宋潤和1916~1975경상남도부산 • 송을생宋乙生1877~1975전라남도제주 • 송의선宋義宣1887~1926강원도철원 • 송이균宋二均1895~1927평안남도 • 송익순宋益淳미상미상 • 송인수宋仁洙1896~1947경상북도상주 • 송인식宋寅植1884~1959충청북도음성 • 송인영宋仁永1905~1994황해도해주 • 송인집宋寅輯1896~1961경상북도성주 • 송일봉宋一鳳1893~미상함경남도원산 • 송일성宋一成1893~1960전라북도익산 • 송일성宋日成1902~1994평안북도선천 • 송일주宋一柱미상미상 • 송일현宋一鉉1867~1958충청남도서산 • 송장식宋章植1895~1982경상북도안동 • 송장춘宋長春미상~1920미상 • 송재기宋在紀1900~미상충청남도논산 • 송재락宋在洛1860~1929경상남도합천 • 송재만宋在萬1891~1951충청남도서산 • 송재필宋在弼1921~1968경기도인천 • 송재필宋在弼1888~1965경기도안성 • 송재호宋在祜1906~1974경상북도영주 • 송재홍宋在洪1905~1976경상남도하동 • 송전도宋全道미상함경북도부령 • 송정욱宋鼎頊1897~1929전라북도전주 • 송정헌宋靜軒1919~2010평안남도강서 • 송정헌宋正憲1889~1966전라북도옥구 • 송종규宋鍾奎미상~1910미상 • 송종빈宋鍾斌1865~1928충청남도논산 • 송종석宋宗錫1883~미상전라북도익산 • 송종익宋鍾翊1887~1956경상북도대구 • 송종혁宋鍾赫1868~1919경기도수원 • 송좌렴宋佐濂1879~미상평안북도위원 • 송주면宋宙勉1856~1910전라남도화순 • 송주일宋柱一1892~미상전라남도장성 • 송주헌宋柱憲1872~1950전라남도고흥 • 송준기宋俊基1863~1946충청남도서산 • 송준필宋浚弼1869~1944경상북도성주 • 송중직宋重植1899~1928황해도송화 • 송지영宋志英1916~1989평안북도박천 • 송지환宋芝煥1903~1929경상남도사천 • 송진근宋珍根1916~미상경기도개성 • 송진상宋鎭相1901~1962전라북도정읍 • 송진우宋鎭禹1890~1945전라남도담양 • 송진헌宋進憲1878~미상함경남도정평 • 송찬용宋贊用1898~1965황해도회양 • 송창균宋昌均1896~미상평안남도 • 송창석宋昌錫1918~1990경기도인천 • 송창섭宋昌燮1915~1968충청남도청양 • 송채원宋彩源1872~1935경상남도밀양 • 송천흠宋千欽1888~1951경상북도성주 • 송철宋哲1896~1986충청남도금산 • 송철수宋哲秀1863~1955경상남도합천 • 송춘근宋春根1887~1971국내항일경기도양주 • 송춘성宋春成1889~1963충청남도서산 • 송쾌철宋快喆1923~1999전라북도전주 • 송태빈宋兌彬1915~1954충청남도대전 • 송태현宋台鉉1874~1945충청북도청주 • 송태화宋泰和1888~1920미상 • 송학선宋學先1897~1927한성 • 송한룡宋漢龍1917~1945전라북도고창 • 송한용宋漢鏞1893~1967전라북도정읍 • 송헌宋憲1889~미상평안남도중화 • 송헌영宋憲永1887~1970전라남도목포 • 송헌주宋憲澍1880~1965경기도고양 • 송현근宋賢根1868~1935평안남도강서 • 송혜덕宋惠德1874~미상평안남도중화 • 송호곤宋鎬坤1865~1929경상남도합천 • 송호기宋鎬基1866~1935경상남도합천 • 송호완宋鎬完1863~1919경상남도합천 • 송호조宋好祚1902~미상충청남도청양 • 송홍宋鴻1872~1949전라남도나주 • 송홍래宋鴻來1866~1953경상북도성주 • 송홍식宋弘植1879~1930경상북도안동 • 송화여宋化汝1870~1920미상 • 송회근宋晦根1877~1949경상북도성주 • 송효진宋孝鎭1885~미상경기도이천 • 송훈익宋勳翼1884~1961경상북도성주 • 송흥국宋興國1901~미상황해도연백 • 송흥준宋興準1878~1960충청남도아산 • 송흥진宋興眞1886~1960전라남도장성 • 승계련承啓璉1899~1961평안북도정주 • 승광우承光宇미상~1920미상 • 승길룡承吉龍미상~1919평안북도정주 • 승대언承大彦1874~1920평안북도정주 • 승병균承昞均1893~1920평안북도정주 • 승병일承炳逸1926~2022평안북도정주 • 승봉현承奉賢미상~1920평안북도신의주 • 승영제承永濟1896~1928평안북도정주 • 승영호承永祜1920~1988평안북도정주 • 승용환承龍煥1882~1960평안남도중화 • 승용칠承應七미상~1919평안북도정주 • 승이용承利用1875~미상황해도황주 • 승이진承利鎭1876~미상평안남도중화 • 승일상承一相1889~1953충청남도아산 • 승정한미상미상 • 승준현承俊鉉1889~1975평안북도정주 • 승진承震1890~1931평안북도정주 • 승창국承昌國미상미상 • 승처달承處㺚미상~1919평안북도정주 • 승천일昇千一1911~1991전라남도나주 • 승치현承致賢1883~1920평안북도정주 • 신갑도申甲道1868~1947전라남도구례 • 신갑선申甲善1897~1994경상남도창원 • 신갑수申甲壽1897~1958경상북도영덕 • 신강면辛康勉1896~1951충청북도괴산 • 신건식申健植1889~1963충청북도청원 • 신경구申敬求1887~1948충청북도청원 • 신경동申慶東1894~1962경상북도영덕 • 신경애申敬愛1907~1964경기도개풍 • 신경애申敬愛미상미상 • 신경준申璟俊1900~1920미상 • 신경호申慶鎬1876~미상안북도의주 • 신경화申京化1882~1940전라북도남원 • 신계관申啓寬1898~1921황해도신천 • 신계선愼啓善1875~1950제주도제주 • 신공제辛公濟1899~1969평안북도정주 • 신관도申官道1894~미상평안북도강계 • 신관빈申寬彬1885~미상황해도봉산 • 신관순申官順1870~1952전라북도옥구 • 신관식申寬湜1881~미상황해도평산 • 신광균申光均1883~미상충청북도청주 • 신광렬申光烈1903~1980함경남도북청 • 신광삼申光三1894~1933함경북도경원 • 신광재辛光在1886~1921경상남도울산 • 신광현辛光鉉1901~1969전라남도영암 • 신광희申光熙1879~1941경상도 • 신국빈申國彬1912~미상경상남도마산 • 신국호申國浩1900~1924전라남도장성 • 신국휴申國休1923~1941전라남도고흥 • 신규선申奎善1886~미상전라북도군산 • 신규식申奎植1880~1922충청북도청원 • 신균우申均雨1925~미상전라남도고흥 • 신기갑申基甲미상평안북도의주 • 신기균申機均1860~1941경상남도밀양 • 신기선辛基先1898~1955전라북도정읍 • 신기철申琦澈1922~2003강원도춘천 • 신기현申琪鉉1915~미상함경북도나진 • 신길우申吉雨1924~2003경상북도고령 • 신낙균申樂均1899~1955경기도안성 • 신낙현申洛鉉1921~1997경기도광주 • 신달선申達善1886~미상경기도여주 • 신달용申達用1889~1954충청북도진천 • 신달원申達元1880~1943평안북도창성 • 신달윤申達允1881~1956평안남도중화 • 신대걸申大杰1919~2002함경남도정평 • 신대용申大勇1882~1923함경남도안변 • 신대형미상~1921함경남도이원 • 신덕룡申德龍미상~1920미상 • 신덕영申悳泳1912~2014경기도양평 • 신덕영申德永1889~1968한성 • 신도출愼道出1898~1959경상남도거창 • 신도홍申度洪미상~1925미상 • 신동개辛東開1893~1939전라북도장수 • 신동렬申東烈1899~1974평안북도의주 • 신동민申東敏1868~미상황해도김화 • 신동빈申東彬1926~2010충청남도서천 • 신동송申東松1870~1919경상북도영덕 • 신동악申東岳1875~1948경상북도영덕 • 신동윤申東潤1884~미상평안남도강서 • 신동하辛東夏1923~1984경상북도경주 • 신동헌申東憲1884~미상한성 • 신동환申東煥1891~1958경상북도청송 • 신동환申東煥1878~미상황해도평산 • 신동희申東熙1888~1961경상북도안동 • 신동희申東熙1903~1985전라남도완도 • 신두식申斗湜1896~미상평안남도평원 • 신두환申斗煥1880~1958경상북도청송 • 신마실라申麻實羅1892~1965경기도가평 • 신만균申萬均1896~미상황해도평산 • 신만쇠申萬釗1876~1944충청남도청양 • 신만식申萬植1889~미상황해도옹진 • 신만준辛萬濬1875~미상함경남도이원 • 신만중愼萬重1912~1985경상남도하동 • 신만희申晩熙1901~1985전라남도완도 • 신매손申梅孫1888~1931충청남도예산 • 신명균申明均1889~1940경기도고양 • 신명식申明植1875~미상전라남도목포 • 신명조申明朝1875~미상미상 • 신명주申命柱1893~1947경상북도영덕 • 신명준辛命俊1894~1933전라남도광양 • 신몽상申夢相1894~1972경상남도산청 • 신문관申文官1887~미상전라북도옥구 • 신문구愼文九1870~1919경상남도거창 • 신문선辛文善1906~1937전라남도곡성 • 신문칠申文七1889~미상황해도평산 • 신백우申伯雨1889~1962충청북도청원 • 신범희申範熙1892~1929경상북도청송 • 신병섭申炳燮1892~1933경상북도의성 • 신병찬申秉贊1865~미상함경남도갑산 • 신병항愼秉恒1907~1936경상남도거창 • 신복균申福均1885~미상황해도평산 • 신복쇠申福釗1905~미상전라북도전주 • 신봉규申鳳圭1886~미상경상북도문경 • 신봉균申鳳均1866~미상황해도평산 • 신봉근申鳳根1899~미상충청남도아산 • 신봉산申鳳山1891~1923미상 • 신봉순申鳳淳1887~1959전라북도남원 • 신분금申分今1886~1958경상북도영덕 • 신산축申山祝1907~1939경상북도의성 • 신삼룡申三龍1904~미상평안남도안주 • 신상근申相根1905~미상미상 • 신상두申相斗1871~1969경상북도청송 • 신상면申相冕1885~1944경상북도안동 • 신상문申相文1882~1958경상북도영덕 • 신상백辛尙伯1897~1962경상북도안동 • 신상선申相宣1887~1969경상북도청송 • 신상완申尙玩1891~1951경기도수원 • 신상용申相鎔1876~1925경상북도청송 • 신상우申商雨1892~1981전라남도장성 • 신상태申商雨1892~1981경상북도칠곡 • 신상희申相熙1892~1962충청북도영동 • 신석구申錫九1875~1950충청북도청주 • 신석범申錫範1895~1949충청북도청주 • 신석영辛錫永1881~1960경기도양평 • 신석우申錫雨1895~1953한성 • 신석원申錫遠1881~1959경상남도밀양 • 신석이申錫伊1887~1943경상북도의성 • 신석충申錫忠1853~1911황해도신천 • 신석헌申錫憲1877~미상함경남도이원 • 신석환申奭煥1876~1947한성・신선균申善均1904~1949황해도평산・신선명申善明1875~미상경기도개성・신선재申善才1914~1997평안남도안주・신성녀申姓女1853~미상충청남도천안・신성모申性模1891~1960경상남도의령・신성업申成業1895~미상황해도평산・신성오申成五1883~미상충청남도금산・신성집申性執1863~미상경상남도동래・신성휴申聖休1891~1955충청북도청주・신세균申世均1890~1948황해도평산・신손락申孫樂1892~1920미상・신송식申松植1914~1973평안남도안주・신수명申守命1924~2007경상남도김해・신수명申壽命1894~미상황해도금천・신숙申肅1885~1967경기도가평・신숙범愼淑範1920~1998경상남도거창・신순수申順洙1883~1920미상・신순우申淳雨1923~1992경기도평택・신순풍申順豊1892~미상강원도철원・신순호申順浩1891~1920미상・신순호申順浩1922~2009충청북도청원・신승관申承寬1895~미상평안북도용천・신승우申升雨1914~미상전라북도순창・신악申岳1893~1941한성・신암우辛岩宇1901~1947경상남도창녕・신애숙申愛淑1910~미상전라남도영광・신어삼辛於三1880~1921강원도강릉・신언성申彦聖1896~1944황해도연백・신언준申彦俊1904~1938평안남도평원・신언진申彦眞1904~1958전라북도옥구・신언학申彦學1889~미상황해도평산・신업이申業伊1899~미상충청북도옥천・신여선申汝善1898~미상함경남도이원・신연희辛蓮嬉1910~미상경기도고양・신영경辛泳慶1889~1937경상남도함안・신영국辛永國1879~미상황해도김화・신영묵申榮默1922~1979평안남도평원・신영삼申榮三1896~1946평안남도평원・신영수辛英秀1901~1953경상남도함안・신영순申永淳1892~1983경기도개성・신영안申瑛⊠1899~1944경상남도사천・신영일申永一1880~미상평안남도・신영주愼寧主1911~1996전라남도영암・신영철申瑛澈1917~미상강원도춘천・신영태辛永泰1865~미상평안북도창성・신영학愼寧鶴1879~1933충청남도논산・신영호申⊠浩1902~1947충청북도청원・신영화申永和1882~1943경상북도영덕・신영희申榮熙1891~1919경기도포천・신예균申禮均1892~1923함경북도길주・신옥봉申玉鳳1914~1935전라남도고흥・신용걸用傑1896~1921평안남도안주・신용관申容寬미상~1921미상・신용균申龍均1893~1977경상북도문경・신용기辛容祺1901~1948경상남도통영・신용덕愼鏞德1909~1991전라남도영암・신용섭申龍涉1897~1924평안남도평원・신용섭申容燮1901~미상황해도평산・신용수愼鏞秀1888~1951전라북도고창・신용점愼鏞點1910~미상전라남도영암・신용주愼鏞周1906~1988전라남도영암・신우균申祐均1889~1921경기도양평・신우여申禹汝1882~1923함경북도경흥・신우현申禹鉉1865~1935평안북도의주・신욱申煜1897~1943경상북도예천・신운경申云京1882~1959충청남도홍성・신원범愼元範1908~1970전라남도영암・신원순申元淳1890~1961경상남도합천・신원식申元植1921~2008전라남도고흥・신유선辛有善1894~1982전라남도곡성・신윤담申允潭1870~미상평안남도평양・신윤선辛潤善1911~미상강원도원주・신응규申應奎1884~1927충청북도제천・신응두申應斗1891~1945경상북도안동・신응숙申應淑1879~1952경상북도안동・신의경辛義敬1898~1988한성・신의구申義求1892~1974전라남도고흥・신의철申義澈1924~2003경기도강화・신익희申翼熙1894~1956경기도광주・신인선申仁善1889~미상충청남도예산・신인식申仁植1924~1987충청북도청원・신일근辛一槿1913~미상경기도고양・신일선愼一先1903~1992전라남도영암・신임휴壬休1926~2012전라남도고흥・신재근申在根1856~미상강원도횡성・신재모申宰模1885~1958경상북도칠곡・신재섭辛在涉1896~1920미상・신재원申在元1860~1920경기도양평・신재홍申才弘1900~1960제주도・신재휴申才弘1900~1960경상북도영덕・신전희全熙1872~1942경상남도통영・신정균申貞均1899~1931한성・신정범愼程範1906~1982전라남도영암・신정숙申貞淑1910~1997평안북도의주・신정식申鼎植1869~1942충청북도청주・신정완申貞婉1916~2001전라남도나주・신정호辛正浩1928~1989경상남도부산・신정환申正煥1910~미상평안북도위원・신제원申濟元미상~1919미상・신조일申朝日미상평안북도정주・신종걸申宗杰1906~미상함경남도원산・신종규辛宗奎1899~1979함경남도이원・신종균申宗均1886~미상경상북도김천・신종기鍾驥1897~미상경상남도울산・신종삼申鍾三미상~1936미상・신종선申鍾善1876~1936충청남도보령・신종섭辛鍾燮1888~1920경상남도거창・신종은申鍾殷1900~1946경상남도동래・신종태申鍾泰1890~1968전라남도순천・신종현申琮鉉1911~미상전라남도영암・신종환申宗煥1890~1969경상북도의성・신주성愼注星1902~1951경상남도마산・신주칠申周七1890~1938경상북도의성・신주현申周鉉1901~1920미상・신준관申俊寬1913~미상미상・신준희申晙熙1889~1943전라남도완도・신중집申仲執1879~미상평안북도의주・신지찬申智粲미상~1922미상・신직선申稷善1853~미상미상・신진수申震洙1885~1946경상북도의성・신진현申瑨炫1892~1950경상북도의성・신찬익申璨翊1912~1969제주도제주・신창식申昌植1899~미상경상남도산청・신창주辛昌珠1896~미상경상남도마산・신창진愼昌珍1914~1940제주도제주・신창화申昌和1886~미상함경북도경성・신창희申昌凞1906~1990충청북도청원・신채호申采浩1880~1936충청북도청주・신철휴申喆休1898~1980경상북도고령・신철희申喆凞1895~1965경상북도청송・신치공申致公1878~1932충청남도아산・신태근申泰根1870~미상경상북도칠곡・신태근申泰根1882~1920미상・신태동申泰東1902~1959충청북도충주・신태복申泰福1882~1936충청남도홍성・신태봉申泰峰1889~미상함경남도덕원・신태빈申泰彬1879~1943충청남도서산・신태순申泰舜1881~미상강원도평창・신태순申泰舜1884~1929충청남도당진・신태식申台植1890~1944전라남도장성・신태영申泰泳1889~1920전라남도장성・신태유申泰惟1888~1920평안북도정주・신태윤申泰允1884~1961전라남도곡성・신태윤申泰允1884~1932경기도강화・신태의申泰義1901~1974경기도강화・신태익申泰益1898~1986함경남도신흥・신태익申泰翼미상~1924평안북도영변・신태하申泰廈1856~미상함경남도이원・신태형申泰亨1915~미상평안북도의주・신태홍申泰鴻1887~1951황해도안악・신태휴申泰休1870~1931경상북도청송・신태희申泰熙

1871~1935충청남도서산 • 신특실申特實1900~미상평안남도평양 • 신팔균申八均1882~1924충청북도진천 • 신표성慎表晟1897~미상황해도평산 • 신표성慎杓晟1897~1947충청남도논산 • 신필범慎弼範1893~1974충청북도공주 • 신필원辛必元1883~1919경상북도안동 • 신하균申河均1915~1975경기도광주 • 신학구申學求1877~1968충청북도청원 • 신학배申學培1893~미상평안남도강서 • 신학업申學業1901~1975경상남도울산 • 신한규辛漢奎1885~미상황해도금천 • 신헌辛憲1890~1925전라북도부안 • 신현구申鉉九1882~1930충청남도논산 • 신현구申鉉玖1888~미상황해도금천 • 신현규申鉉圭1888~1928충청북도괴산 • 신현대申鉉大미상~1924미상 • 신현모申鉉謨1894~1975황해도연백 • 신현상申鉉商1905~1950충청남도예산 • 신현식申鉉式1873~1944경상북도김천 • 신현정申鉉貞1896~미상강원도양구 • 신현중慎弦重1910~1980한성 • 신현창申鉉昌1923~1976충청남도서천 • 신현창申鉉彰1892~1951충청남도논산 • 신현철申鉉喆1892~1943강원도원주 • 신형규辛亨奎1886~미상평안남도안주 • 신형균申亨均1920~1984충청북도진천 • 신형균申亨均1872~1927한성 • 신형두申炯斗1895~1949경상남도 • 신형식申亨植1895~1931충청북도청주 • 신형식申亨植1903~미상충청남도서천 • 신형우申瀅雨1922~1950전라북도순창 • 신형호申亨浩1891~미상충청북도청주 • 신홍균申洪均1881~1940함경남도북청 • 신홍식申洪植1872~1939충청북도청주 • 신화균申化均1910~1991경기도가평 • 신화순申化順1892~1931한성 • 신환申桓1893~1944황해도봉산 • 신효균申敩均1850~1927강원도홍천 • 신효범申孝範1878~1929황해도신천 • 신후승辛厚承1892~1946경기도장단 • 신훤申楦1895~1962경기도파주 • 신흥구申興求1881~1949충청북도청원 • 신흥균申興均1916~1946경기도개성 • 신흥남辛興男1901~1932충청남도아산 • 심경지沈敬之1856~미상강원도화천 • 심계월沈桂月1916~미상함경남도갑산 • 심관용沈寬用1883~미상미상 • 심광식沈光植1911~1960경기도안성 • 심능필沈能弼1893~1950충청남도서산 • 심대섭沈大燮1901~1936경기도시흥 • 심두섭沈斗燮1894~1975경상남도진주 • 심맹권沈孟權1894~1961경상남도합천 • 심문태沈文泰1895~1978경상남도거창 • 심병조沈秉祚1894~1945평안북도선천 • 심부윤沈富潤1905~1951강원도삼척 • 심상각沈相恪1888~1963경기도파주 • 심상룡沈尙龍1873~미상전라북도임실 • 심상목沈相穆1886~1950미상 • 심상순沈相順1910~1988전라북도익산 • 심상일沈相一1880~1943경기도이천 • 심성우沈性禹1873~미상평안남도용강 • 심수석沈壽石1915~미상충청남도공주 • 심순의沈順義1903~미상경상남도부산 • 심시돌沈時乭1913~1975경상남도거창 • 심영식沈永植1887~1983경기도개성 • 심영신沈永信1882~1975황해도송화 • 심영택沈永澤1869~1949경기도김포 • 심용준沈龍俊1896~1949평안북도희천 • 심용철沈容徹1914~2011함경북도길주 • 심용해沈容海1904~1930함경북도길주 • 심원섭沈元燮1901~1945함경남도정평 • 심원택沈源澤1854~1914충청남도공주 • 심유선沈有先미상함경남도장진 • 심응주沈應宙1915~1982충청남도부여 • 심의식沈宜植1878~미상경기도안성 • 심의철沈宜喆1884~1947경기도안성 • 심인택沈仁澤1859~1921충청북도음성 • 심재명沈在明1891~미상평안남도용강 • 심재순沈載洵1899~1939전라북도옥구 • 심재윤沈在潤1904~1943경상북도달성 • 심재인沈載仁1918~1946경상남도고성 • 심재진沈在震1920~2006강원도횡성 • 심정붕沈正鵬1910~1930미상 • 심종완沈鍾⊠1897~1982경기도양주 • 심종윤沈鍾胤1892~1968한성 • 심종협沈鍾協1873~1942경기도양주 • 심창숙沈昌淑1893~1922평안북도철산 • 심창업沈昌業1897~1973평안북도철산 • 심치경沈致璟1885~1945평안북도철산 • 심치규沈致珪1881~미상평안북도철산 • 심칠석沈七石미상~1919미상 • 심한경沈漢卿1886~1971전라북도임실 • 심항기沈恒基1892~1918함경남도단천 • 심혁성沈爀誠1888~1958경기도부천 • 심현沈玄1923~1981함경남도단천 • 심호섭沈護燮1891~1935경상남도진주 • 심홍택沈弘澤1909~1959전라북도익산 • 심훈沈勳1929~2007경상북도청송 • 안갑남安甲男1901~1992전라남도보성 • 안경구安敬九1866~미상황해도옹진 • 안경근安敬根1896~1978평안북도의주 • 안경록安慶祿1881~1944강원도강릉 • 안경룡安京龍1896~1930미상 • 안경수安敬秀1888~1952경상북도대구 • 안경순安慶淳1879~1919경기도수원 • 안경식安景植1887~1946평안남도순천 • 안경신安敬信1888~미상평안남도대동 • 안경준安敬俊1894~미상평안남도맹산 • 안경태安敬泰1888~1950전라북도옥구 • 안경화安敬和1887~미상충청남도공주 • 안경환安敬煥1892~1943경상남도동래 • 안공근安恭根1889~1940황해도신천 • 안관순安官淳미상~1919경기도수원 • 안광득安光得1897~1933충청북도영동 • 안광선安光善1883~1935황해도수안 • 안광호安光浩미상~1913평안북도의주 • 안교일安敎一1888~1950한성 • 안구현安九鉉1888~1960경기도진위 • 안국길安國吉미상미상 • 안국형安國亨1909~미상평안북도구성 • 안국형安國衡1892~1956평안남도평원 • 안귀봉安貴鳳1900~1984강원도춘천 • 안규용安圭瑢1899~1971경상북도봉화 • 안규진安圭晋1898~1978전라남도순천 • 안기봉安基鳳1895~1940경기도안성 • 안기석1892~1938미상 • 안기석安基錫1897~1968경상북도영주 • 안길현安吉炫1907~1930미상 • 안낙생安樂生1913~미상황해도신천 • 안낙여安落汝1889~1924충청북도괴산 • 안달득安達得1903~1928경상북도대구 • 안대봉安大鳳1888~미상충청북도영동 • 안덕삼安德三1874~미상경기도개성 • 안덕원安德元1898~1922경상남도양산 • 안덕환安德煥1866~1924경상북도영일 • 안덕환安德煥1897~1958전라남도순천 • 안도수安道秀1897~1971경상북도칠곡 • 안도용安道用1893~1921경상북도영일 • 안동선安東宣1895~1928전라남도무안 • 안동식安同植1870~1920평안남도순천 • 안동영安東永1927~2007전라남도무안 • 안두삼安斗三1892~1966황해도장연 • 안득준安得俊1887~미상경상북도대구 • 안만길安萬吉1901~1969충청남도공주 • 안만순安萬淳1899~1968충청북도보은 • 안만이安萬伊1895~1934경상북도상주 • 안말중安末仲1902~미상평안북도구성 • 안맥결安麥結1901~1976평안남도강서 • 안명근安明根1879~1927황해도신천 • 안명순安命淳1900~1919경기도수원 • 안명옥安明玉1882~1943경기도용인 • 안무安武1883~1924함경북도종성 • 안무상安武商

1883~1927경상남도의령 • 안무순安武淳1883~1919경기도수원 • 안미생安美生1919~2008황해도신천 • 안미학安美鶴 1895~미상함경북도온성 • 안범룡安範龍1866~미상경상북도안동 • 안병구安秉九1922~2007충청북도괴산 • 안병균安秉均 1892~1941평안북도선천 • 안병극安柄極1893~1965경상북도안동 • 안병기安秉基미상~1925미상 • 안병두安秉斗 1910~1950충청남도공주 • 안병무安炳武1912~1986평안남도안주 • 안병문安秉文1897~1922충청북도영동 • 안병석安秉錫 미상~1921미상 • 안병손安秉孫1874~미상함경북도온성 • 안병수安炳秀1927~1978경상북도예천 • 안병준安炳俊 1886~1945평안북도용천 • 안병찬安秉瓚1879~1929한성 • 안병칠安炳七1890~미상평안남도안주 • 안병하安秉夏 1891~1960충청북도옥천 • 안병환安丙煥1897~1930미상 • 안봉국安奉國1894~미상평안북도철산 • 안봉생安鳳生1908~미 상황해도 • 안봉선安鳳善1890~1921평안북도위원 • 안봉순安奉舜1894~1947전라남도순천 • 안봉순安鳳淳1894~1919경기 도수원 • 안봉익安鳳翼1896~1951경상북도영주 • 안봉채安鳳彩1901~1977전라남도강진 • 안봉하安鳳河1855~미상황해도수 안 • 안봉현安鳳鉉1900~미상함경북도온성 • 안삼순安三淳1894~1941강원도춘천 • 안상규安尚圭1890~1973전라남도순 천 • 안상덕安商悳1880~1950한성 • 안상룡安尚龍미상경상북도영양 • 안상식安商植1865~1939경상북도영덕 • 안상용安湘 容1890~미상함경북도길주 • 안상용安相鎔1900~1919경기도수원 • 안상윤安相潤1911~1949경상북도안동 • 안상의安相義 1883~1927미상 • 안상익安相益1898~1921평안남도강서 • 안상정安相定1886~미상함경북도길주 • 안상종安常鍾 1893~1925경상북도영일 • 안상철安尚哲1898~1982함경남도함흥 • 안상춘安相春1899~1950충청남도서산 • 안상태安相泰 1903~1975경상북도안동 • 안상학安相學1889~미상한성 • 안석응安碩應1891~1937평안북도의주 • 안석종安石鍾1910~미상 함경북도명천 • 안석종安石鍾1872~1930경상북도영양 • 안석중安奭中1868~1950한성 • 안선국安善國1908~1957평안북도 창성 • 안성安盛1926~1996전라북도진안 • 안성교安聖教1883~미상함경남도단천 • 안성근安成根1920~2007충청남도천 안 • 안성렬安聖烈1891~미상충청북도영동 • 안성섭安成燮1880~1944전라북도임실 • 안성연安成連1888~1949충청북도단 양 • 안성윤安聖允1892~1926한성 • 안성준安成俊1864~미상미상 • 안성환安聖煥1888~1943경기도김포 • 안세영安世永 1922~2006충청남도청양 • 안세웅安世雄1913~미상평안북도철산 • 안세진安世鎭1903~1971함경남도북청 • 안세환安世桓 미상평안남도평원 • 안소석安小錫1877~미상충청북도영동 • 안수갑安守甲1897~1973경상북도달성 • 안수산安秀山 1915~2015평안남도강서 • 안숙安潚1863~1910충청북도괴산 • 안순원安順元1886~1950경기도수원 • 안순필安順弼1868~ 미상경기도수원 • 안승국安承國1869~미상평안남도덕천 • 안승락安承樂1913~1943경상남도창원 • 안승원安承源1872~1941 평안북도신의주 • 안승화安承華1892~1951황해도장연 • 안승훈安承勳1900~1975강원도횡성 • 안시봉安時鳳1901~1944충 청남도천안 • 안시중安時中1890~1974경상남도함안 • 안신덕安信德1892~미상평안남도안주 • 안신영安信永1902~1975한 성 • 안애자安愛慈1869~미상평안남도진남포 • 안억준安檍俊1880~1931함경남도홍원 • 안영기安永基1892~1925경기도고 양 • 안영즙安泳楫1885~미상평안남도덕천 • 안영호安永浩1895~미상평안남도강서 • 안영호安永浩1895~미상평안남도맹 산 • 안영희安英姬1925~1999평안남도진남포 • 안옥자安玉子1902~미상경기도포천 • 안옥희1916~미상경기도수원 • 안용갑 安鏞甲1889~1947전라남도순천 • 안용관安龍寬1894~미상평안북도삭주 • 안용봉安龍鳳1912~1957경상남도창원 • 안용석 安龍碩미상~1921미상 • 안용운安用云1877~미상함경남도북청 • 안용택安龍澤1899~1920미상 • 안용호安容鎬1884~1942 경상북도영주 • 안우진安宇震1906~1933함경북도온성 • 안운수安雲洙1882~1973전라남도순천 • 안원규安元奎1877~1947 경기도파주 • 안원생安原生1905~1982황해도신천 • 안유순安有淳미상~1919경기도수원 • 안육만安六萬1900~1980경기도 진위 • 안윤관安允寬1892~1950평안남도덕천 • 안윤재安允在1877~1944황해도송화 • 안은安銀1900~1941충청남도천안 • 안응섭安應燮1886~미상전라남도순천 • 안응수安應洙1867~미상평안남도평양 • 안의중安懿仲1881~미상경상북도예천 • 안 이순安二淳1889~1955강원도춘천 • 안이현安履賢1891~미상평안북도의주 • 안인곤安仁坤1893~미상평안북도용천 • 안인대 安仁大1898~미상평안남도평양 • 안인현安仁賢1872~미상함경남도단천 • 안일鎰安鎰1924~2015전라북도진안 • 안일룡安一龍 미상~1920평안도 • 안일용安一勇1921~1943평안북도선천 • 안임순安壬順1912~1994함경남도함주 • 안장길安長吉 1888~1917전라남도해남 • 안장원安長遠1924~1971경상남도울산 • 안재덕安載德1865~1942경기도남양주 • 안재섭安在燮 1890~1952경기도용인 • 안재식安載植1883~미상함경북도성진 • 안재원安在遠1891~1961경상남도함안 • 안재찬安在燦 1900~미상황해도금천 • 안재창安載昌1873~1963경기도양주 • 안재헌安在憲1900~1977충청북도음성 • 안재형安在瑩 1882~1935경상남도함안 • 안재호安載濩1885~미상충청남도홍성 • 안재홍安在鴻1891~1965경기도평택 • 안재환安載煥 1898~1977평안남도안주 • 안재휘安在輝1894~1961경상남도함안 • 안정근安定根1885~1949황해도신천 • 안정길安廷吉미 상~1925평안남도평양 • 안정득安貞得1907~1945한성 • 안정명安定明1907~1919미상 • 안정보安正甫1877~미상함경북도 길주 • 안정삼安正三1919~1985경상남도고성 • 안정석安貞錫1883~미상경상남도부산 • 안정송安貞松1895~미상평안남도평 양 • 안정수安鼎洙1879~1940충청남도보령 • 안정옥安汀玉1909~1933평안북도강계 • 안정옥安政玉1861~1919경기도수 원 • 안종각安鍾珏1888~1919경기도용인 • 안종구安鍾九1878~1920미상 • 안종규安鍾奎1889~1946경기도양주 • 안종달安 鍾達1878~1929경상남도밀양 • 안종락安鍾樂1871~1919경기도수원 • 안종린安鍾麟1867~1919경기도수원 • 안종변安鍾卞 1911~1959전라남도함평 • 안종석安鍾奭미상충청남도대흥 • 안종식安鍾植1913~1945경상북도대구 • 안종엽安鍾燁미상 ~1919경기도수원 • 안종운安鍾雲1884~1949충청남도논산 • 안종태安鍾台1883~1920경기도양주 • 안종태安鍾泰1894~미

상경상남창원 • 안종호安宗鎬1886~1961경상남도함안 • 안종환安鍾煥1899~1919경기도수원 • 안종후安鍾厚1889~1919경기도수원 • 안준安準1900~1969충청북도영동 • 안중근安重根1879~1910황해도신천 • 안중달安重達1924~1968경상북도성주 • 안중석安重錫미상~1921미상 • 안중식安重植1883~미상한성 • 안지호安智鎬1857~1922경상남도함안 • 안진강安津江1922~1953경상북도김천 • 안진순安珍淳1896~1919경기도수원 • 안진영安鎭榮1887~1934전라남도순천 • 안진현安鎭鉉1922~1983평안남도평원 • 안찬복安贊福1879~1945평안남도안주 • 안창남安昌男1901~1930한성 • 안창대安昌大1910~1943경상남도창원 • 안창렬安彰烈1881~1919충청북도음성 • 안창률安昌律1918~1945경상북도경산 • 안창석安昌錫1894~1970전라남도해남 • 안창식安昌湜1886~미상황해도수안 • 안창일安昌一1867~1931평안남도평원 • 안창제安昌濟1866~1931경상남도의령 • 안창호安昌鎬1884~1969한성 • 안창호安昌浩1878~1938평안남도강서 • 안창희安昌熙1883~미상함경북도청진 • 안천수安千壽1913~1963경상북도울진 • 안천종安千鍾1870~1940경상북도영일 • 안철재安喆載1886~1921경기도안성 • 안청숙安淸淑1859~미상함경북도명천 • 안춘생安椿生1912~2011황해도 • 안충국安忠國1893~1945함경북도경성 • 안치구安致九1914~1939경상남도함안 • 안치대安致大1918~1986경상북도경산 • 안치삼安致三1892~1920함경북도회령 • 안치준安致準1913~1973경상북도경산 • 안태국安致準1913~1973평안남도평양 • 안태석安泰錫1904~미상전라남도해남 • 안태순安泰純1872~미상황해도신천 • 안태영安泰英1894~1963평안북도선천 • 안태욱安泰旭1893~미상함경남도장진 • 안태운安泰雲1902~1969함경남도함주 • 안태호安泰濩1894~1950충청남도홍성 • 안택수安宅洙1885~미상평안북도정주 • 안판신安判信1894~1932전라남도무안 • 안필립安必立1905~1978평안남도강서 • 안필순安弼淳미상~1919경기도수원 • 안학순安鶴淳1923~1950충청남도서산 • 안학순安學淳1887~미상황해도벽성 • 안해용安海容1873~1951경상북도성주 • 안혁중安赫中1879~1919경상남도함안 • 안현경安顯景1881~1957한성 • 안형관安亨官미상~1923평안북도위원 • 안혜순安惠順1903~2006평안북도의주 • 안호형安鎬瑩1873~1948전라남도순천 • 안홍安鴻1889~1930한성 • 안홍갑安洪甲1897~1924미상 • 안홍근安洪根미상~1928미상 • 안화종安和鍾1888~1965경상북도영일 • 안화중安華重1882~1921경상남도동래 • 안확安廓1886~1946한성 • 안효봉安孝奉1892~미상충청남도홍성 • 안효제安孝濟1850~1916경상남도의령 • 안효준安孝俊미상~1920미상 • 안효중安孝中1893~1950경상남도함안 • 안효진安孝珍1874~1946경상남도김해 • 안후덕安厚德1905~1949전라남도함평 • 안후선安珝善1892~1936충청북도음성 • 안흥기安興基1885~1959경기도고양 • 안흥성安興成1899~1944한성 • 안흥식安興植1899~1974강원도통천 • 안희경安喜敬1902~미상경기도포천 • 안희문安喜文1898~1979경기도진위 • 안희범安希範1892~미상평안남도순천 • 안희제安熙濟1885~1943경상남도의령 • 안희탁安禧鐸1912~1935전라북도남원 • 양경수楊敬洙1900~미상경상북도경주 • 양계갑梁癸甲1891~미상함경북도길주 • 양계은梁啓殷1882~미상황해도수안 • 양근환梁槿煥1894~1950황해도연백 • 양금동梁今童1894~1979경기도이천 • 양기준梁基俊1896~1976전라북도옥구 • 양기준梁基俊1883~1950미상 • 양기탁梁起鐸1871~1938평안남도강서 • 양기하梁基瑕1878~1931충청남도논산 • 양기형梁基亨1916~1947제주도제주 • 양기환梁箕煥1892~1957충청남도홍성 • 양길웅梁吉雄1922~2007전라북도임실 • 양남구梁南球1892~1976제주도제주 • 양덕하梁德河1888~미상평안북도초산 • 양도명梁道明1881~1920미상 • 양도일楊道一1876~1942경상북도달성 • 양도준梁道俊1891~1919강원도홍천 • 양도헌梁道憲1882~1920함경북도종성 • 양두옥梁斗玉1914~1966제주도제주 • 양두환梁斗煥1885~1941충청남도홍성 • 양만석梁萬石1904~미상전라남도함평 • 양만섭미상~1921미상 • 양만우梁萬佑1897~1968경상남도양산 • 양명梁明1902~미상경상남도통영 • 양명복梁命福1921~미상경상남도통영 • 양명수梁明守1896~1946경상남도창원 • 양병갑梁炳鉀1909~1970충청북도보은 • 양병선楊柄善미상~1919미상 • 양병시梁秉時1915~1949제주도제주 • 양병칠梁柄七1882~1920미상 • 양봉梁鳳1891~미상전라남도제주 • 양봉식梁鳳植1882~1950충청북도영동 • 양봉원梁奉源1900~미상경상남도하동 • 양봉이梁奉伊1893~1968전라남도무안 • 양봉제梁鳳濟1896~미상평안북도희천 • 양봉조梁奉祚1888~1951평안북도의주 • 양삼식梁參植1908~1960경상북도대구 • 양상옥梁相玉1896~1920미상 • 양석두梁石斗1857~미상황해도수안 • 양석룡楊錫龍1892~1942경상남도울산 • 양석순梁石巡1910~1958전라남도완도 • 양석암梁石岩1905~1984전라남도무안 • 양성도楊成道1880~1960전라북도임실 • 양성룡梁成龍1888~1972전라남도해남 • 양성운楊聖雲1892~1943경상북도칠곡 • 양성진楊星鎭1876~미상평안남도평양 • 양성춘楊成春1875~1910평안남도평양 • 양성호梁性皓1910~1965경상남도밀양 • 양세봉梁世奉1896~1934평안북도철산 • 양세환梁世煥1856~미상평안남도강서 • 양수근梁壽根1898~1977경상남도부산 • 양수암楊壽岩1891~1946경상북도대구 • 양순모梁珣模1905~1945강원도삼척 • 양순서梁順西미상~1919경기도수원 • 양순진楊順鎭1880~미상평안남도평양 • 양순희梁順喜1901~미상전라남도광주 • 양승만梁承萬1909~1990경기도양평 • 양승우楊承雨1891~1926평안남도평양 • 양시홍楊始弘1898~미상황해도송화 • 양신집梁信集1882~1948충청북도괴산 • 양애심梁愛心1900~미상평안북도선천 • 양영택梁永澤1907~1982전라남도나주 • 양영호梁永浩1890~1921평안북도초산 • 양왕석梁旺錫1900~1967경상남도김해 • 양용태梁龍台1881~미상평안북도초산 • 양용환梁用桓1904~1943전라남도구례 • 양우조梁宇朝1897~1964평안남도강서 • 양운성梁雲聖1913~미상전라북도전주 • 양운칠梁云七1887~1941충청남도홍성 • 양원서梁元西1861~1923충청남도청양 • 양원숙楊元淑1911~미상함경남도정평 • 양유생梁酉生1909~1976제주도제주 • 양유식梁柳植1883~미상한성 • 양윤길梁允吉1912~1966전라남도완도 • 양윤석梁允錫1919~1944황해도평산 • 양익환梁益煥1897~1968강원도양양 • 양인묵梁仁黙1877~1962전라남도광산 • 양인문梁仁文1887~1944전라북도진안 • 양인성楊仁成1898~미상함경남도원산 • 양인항梁仁恒1870~미상평안북도구성 • 양인환梁仁煥1898~1924한성 • 양일동梁一東1912~1980전라북도옥구 • 양일석梁一錫1901~미상전라남도목포 • 양일표梁日杓1880~1959전라북도장수 • 양일하梁溢河1896~미상평안북도운산 • 양장복梁長福1902~미상경기도개성 • 양재각梁在覺1900~1945경기도양주 • 양재성楊在成1899~미상충청북도청주 • 양재세梁在歲1909~미상경상남도함양 • 양재영梁在瑛1887~1955경기도장단 • 양재옥梁在玉1899~미상경기도안성 • 양재욱梁在郁1913~1998전라남도강진 • 양재원梁在元1900~1973경상남도통영 • 양재은梁在殷1896~1937경기도양평 • 양재학楊在學1868~1935경상북도영덕 • 양재헌梁在憲미상미상 • 양재홍梁在鴻1888~1945전라남도화순 • 양재흥梁在興1884~1959충청남도부여 • 양전백梁甸伯1869~1933평안북도선천 • 양정楨梁楨1865~미상평안남도강서 • 양정욱梁正彧1909~1931경상남도부산 • 양제오楊濟五1892~1974평안남도대동 • 양제현梁齊賢1892~1959미상 • 양종환梁鍾煥1888~1926한성 • 양주렬梁柱烈1884~미상경기도양평 • 양주은梁柱殷1879~1981경기도개성 • 양준국梁俊國1898~미상평안북도희천 • 양준명梁濬明1876~1949평안북도선천 • 양진실梁眞實1875~1924평안남도진남포 • 양창구梁昌求1895~미상경기도이천 • 양창을梁昌乙1900~1923평안북도희천 • 양창익楊昌益1899~미상평안북도벽동 • 양춘길梁春吉1861~미상함경북도경흥 • 양춘도楊春到1902~미상경상남도양산 • 양춘명梁春明1874~1944한성 • 양치삼梁致三1911~1937제주도제주 • 양쾌술梁快述1896~1942경상남도밀양 • 양태성梁泰成1911~1940전라남도나주 • 양태용梁太鎔1893~1937경상남도부산 • 양태용梁太容1879~1937충청남도금산 • 양태원楊泰元1889~미상경상북도칠곡 • 양태원楊泰元1904~미상경상북도경주 • 양태환梁太煥1885~미상전라남도영광 • 양하구梁河龜1882~미상함경북도경흥 • 양하청梁河淸1874~미상함경북도경흥 • 양학녀梁鶴女1912~미상함경남도북청 • 양한근梁漢根1913~1975전라북도전주 • 양한기梁漢紀1880~1946충청북도보은 • 양한묵梁漢默1862~1919전라남도해남 • 양한위梁漢緯1883~1949충청북도옥천 • 양헌석梁憲錫1875~미상충청남도청양 • 양호민1877~1941미상 • 양홍梁鴻1885~미상평안북도선천 • 양화순梁化淳1896~1933전라남도무안 • 양회상梁會相1924~1994전라남도완도 • 양회준梁會俊1897~1943전라남도화순 • 양회총梁會鏦1919~1993전라남도화순 • 양희룡梁熙龍1900~미상충청북도제천 • 양희언梁希彦1894~미상평안남도대동 • 어강주魚康柱1907~1943경상남도창원 • 어대선魚大善1871~1922한성 • 어명준魚命俊1870~1971경상남도거창 • 어명철魚命喆1865~1923경상남도거창 • 어상선魚上善1889~1967경상남도고성 • 어소운魚小雲1906~1977경상남도동래 • 어우봉魚又奉1916~1998한성 • 어윤희魚允姬1880~1961황해도금천 • 엄관호미상~1921함경남도이원 • 엄귀동嚴貴同1909~1955전라북도임실 • 엄규영嚴奎永1910~1980전라북도부안 • 엄기덕嚴基德1908~1945경기도이천 • 엄기동嚴奇東1903~1936충청남도청양 • 엄기선嚴基善1929~2002경기도여주 • 엄길영嚴吉永1900~1977전라북도임실 • 엄달승嚴達昇1900~미상평안북도희천 • 엄대성嚴大成1890~1945황해도해주 • 엄병영嚴棅永1902~1974경상남도부산 • 엄성훈嚴成勳1873~미상강원도철원 • 엄송여嚴松汝1912~2002경기도개성 • 엄순봉嚴舜奉1906~1938경상북도영양 • 엄승기嚴升基1895~1982함경남도함흥 • 엄승도嚴承道1897~미상평안북도선천 • 엄양섭嚴陽燮1878~1932충청남도청양 • 엄우룡嚴雨龍1900~1960함경남도신흥 • 엄윤嚴允미상~1938미상 • 엄윤식嚴允植1912~미상함경남도함흥 • 엄익근嚴益根1890~1950평안남도용강 • 엄일선嚴逸善1898~미상함경북도회령 • 엄일우嚴一友1922~2000평안북도의주 • 엄재록嚴在祿1908~1973충청북도충주 • 엄재현嚴在鉉1894~1920미상 • 엄정섭嚴正燮1885~1960충청남도청양 • 엄종호嚴鍾鎬1907~1968경상북도봉화 • 엄주동嚴柱東1897~1974경상북도영일 • 엄주련嚴柱璉1865~1934경상북도문경 • 엄주순미상~1921함경남도이원 • 엄주신嚴柱信1890~1973경상남도함안 • 엄주철嚴柱喆미상~1920미상 • 엄주태嚴柱泰1900~1928경상남도양산 • 엄주필嚴柱弼1871~1920함경북도성진 • 엄주현嚴柱賢1900~1984황해도회양 • 엄준嚴俊1885~1919경상남도울산 • 엄준섭嚴俊燮1874~미상함경남도장진 • 엄진영嚴進永1899~1947경상남도부산 • 엄창권嚴昌權1890~1932황해도안악 • 엄창근嚴昌根1881~미상충청남도당진 • 엄창섭嚴昌燮1892~1973전라북도익산 • 엄창수嚴昌樹1923~1989충청남도금산 • 엄청득嚴淸得1898~1970경상남도밀양 • 엄춘섭嚴春燮1883~1933함경북도경성 • 엄치인嚴致仁1894~1921함경남도고원 • 엄칠중嚴七仲1898~1961전라북도익산 • 엄항섭嚴恒燮1898~1962경기도여주 • 엄홍기嚴弘基1881~미상함경남도북청 • 여광현呂光鉉1886~1962경기도양평 • 여구방呂九芳1886~1963충청북도영동 • 여구일呂九一1883~1974충청북도영동 • 여규병呂圭炳1879~1935충청북도영동 • 여남수呂南壽1904~1933함경남도 • 여대현呂大鉉1918~1991경기도수원 • 여맹조呂孟祚1894~1930전라남도해남 • 여문청呂文靑1898~1920미상 • 여문회呂文會1890~1964경상북도성주 • 여병근呂丙根1872~미상평안남도중화 • 여병섭呂柄燮1890~1934경상남도고성 • 여성백余性白1899~1944전라북도정읍 • 여세병余世炳1897~1971경상남도의령 • 여순근呂淳根1876~1946평안남도중화 • 여왕연呂旺淵1898~1971경상북도성주 • 여우룡呂又龍1898~1960경상북도성주 • 여운형呂運亨1885~1947경기도양평 • 여원필呂元弼1888~미상경기도양주 • 여준呂準1860~1932경기도용인 • 여준현呂駿鉉1876~1950경기도양평 • 여지연呂止淵1883~1961경상북도성주 • 여찬엽余燦燁1889~1954경상남도의령 • 여태주呂太周1869~미상평안북도벽동 • 여해동呂海東1893~1924경상북도성주 • 여행렬呂行烈1892~1973평안남도중화 • 여현구呂鉉九1889~1920황해도장연 • 여호진呂鎬鎭1888~1947경상북도성주 • 여홍연呂弘淵1879~1939경상북도성주 • 연두익延斗翼1878~미상함경남도북청 • 연미당延薇堂1908~1981경기도여주 • 연병래延秉來1896~1922함경남도갑산 • 연병룡延秉龍1892~1919충청북도괴산 • 연병호延秉昊1894~1963충청북도괴산 • 연병환延秉煥

1878~1926충청북도괴산 • 연부산延富山1898~미상충청북도괴산 • 연성도延成道1862~미상평안남도안주 • 연성운延成運 1859~1919평안남도안주 • 연의진延義鎭1902~1919강원도홍천 • 염규석廉圭碩1916~2000전라남도보성 • 염규호廉圭浩 1880~1941경기도파주 • 염길주미상~1921미상 • 염달호廉達昊1899~미상함경남도단천 • 염덕신廉德臣1869~1936한성 • 염도철廉道哲1898~1921함경남도풍산 • 염만석廉萬石1882~1955강원도통천 • 염만흥廉萬興1878~1928경기도안성 • 염명 석廉命石1885~1967경기도고양 • 염상오廉象五1885~1919충청남도논산 • 염석하廉錫河1892~1919함경남도단천 • 염석한 廉錫漢1880~1919함경남도단천 • 염성오廉成五1877~1947경기도강화 • 염세우廉世雨1873~1923황해도김화 • 염승길廉承 吉1882~미상함경남도북청 • 염온동廉溫東1898~1946강원도철원 • 염우익廉愚益1899~미상황해도서홍 • 염원모廉元模 1901~1969경상남도통영 • 염원형廉元亨1859~미상함경남도단천 • 염재군廉才君1884~1918함경북도경흥 • 염재근廉在根 1915~1992강원도강릉 • 염재영廉才英1897~미상함경북도경흥 • 염재항廉宰恒1899~1985경기도광주 • 염준모廉準模1917~ 미상한성 • 염창성廉昌性1880~1921함경남도단천 • 염칠학廉七學1898~미상함경남도이원 • 염태민廉泰敏1885~1920미 상 • 염택눌廉宅訥1850~1929함경남도단천 • 염필수廉弼守1914~1950경상북도대구 • 염학모廉弼守1914~1950함경남도단 천 • 염학섭廉學燮1896~1970함경남도이원 • 염한종廉翰鍾1879~미상함경남도이원 • 염현두廉鉉斗1870~1933전라남도순 천 • 염형우廉亨雨1901~1930황해도김화 • 염흥미廉興味미상~1920미상 • 엽홍덕葉鴻德1912~1941한성 • 예대희芮大僖 1868~1939경상북도청도 • 예승준芮承俊1891~미상평안북도태천 • 예응복芮應福1890~1924평안북도자성 • 예준기芮俊基 1902~1942평안남도영원 • 오갑수吳甲守1915~1970경상남도거창 • 오강표吳剛杓1844~1910충청남도연기 • 오건영吳乾泳 1883~미상황해도해주 • 오건해吳健海1894~1963충청북도 • 오경렬吳慶烈1896~미상경기도용인 • 오경복吳敬福 1922~2011황해도송화 • 오경춘吳敬春1891~1936충청남도홍성 • 오관영吳寬泳1901~1980평안남도평원 • 오광득吳光得 1879~1947경기도수원 • 오광선吳光鮮1896~1967경기도용인 • 오광심吳光心1910~1976평안북도선천 • 오광윤吳光胤 1893~1920평안남도안주 • 오교선吳敎善1883~1948충청북도청원 • 오국선吳國善1897~미상함경북도온성 • 오귀룡吳貴龍 1885~1970경상북도문경 • 오규환吳珪煥1885~1932경상남도동래 • 오근태吳根泰미상~1944강원도화천 • 오기룡吳基龍 1859~미상평안남도순천 • 오기만吳基萬1905~1937황해도연백 • 오기수吳麒洙1892~1959경상북도의성 • 오기열吳基烈 1888~1950전라북도진안 • 오기영吳琪永1897~1972전라남도순천 • 오기원吳基元1897~1940경상남도동래 • 오기호吳基鎬 1865~1916전라남도강진 • 오남룡吳南龍1902~1974전라북도옥구 • 오남학吳南鶴1921~1992제주도 • 오놀보吳㐜甫 1911~1971전라남도완도 • 오능조吳能祚1889~미상평안남도중화 • 오달수吳達洙1907~1940평안북도영변 • 오달영吳達泳 1891~1940충청남도홍성 • 오대근吳大根1886~1969충청남도홍성 • 오덕연吳德衍1871~1951평안남도안주 • 오도연吳道淵 1890~1920미상 • 오동규吳東奎1880~미상평안북도의주 • 오동균吳東均1896~1950전라북도고창 • 오동진吳東振 1889~1944평안북도의주 • 오동훈吳東勳1880~1968평안북도박천 • 오만이吳萬伊1899~1954경상북도영덕 • 오말수吳末守 1910~1981전라남도여수 • 오면직吳冕稙1894~1938황해도안악 • 오명근吳明根1884~1950함경남도함흥 • 오몽근吳夢根 1885~1948충청남도서산 • 오무성吳戊星1903~미상황해도해주 • 오문현吳文鉉1911~1943전라남도해남 • 오민성吳民聲 1916~1945미상 • 오민영吳民泳1884~1944충청남도예산 • 오백여吳伯汝1868~미상미상 • 오병묵吳秉默1881~1920함경북 도온성 • 오병수吳丙洙1905~1938경상북도의성 • 오병용吳秉鎔1881~1968전라북도임실 • 오병윤吳秉允1901~1973제주 도 • 오병호吳炳浩미상~1919미상 • 오복만吳福萬1897~1930미상 • 오복영吳福泳1889~1963경기도안성 • 오복원吳復元 1886~1959평안남도강동 • 오봉록吳鳳祿1903~1981평안북도희천 • 오봉오吳鳳梧1873~1951평안남도평원 • 오봉희吳鳳熙 1882~미상평안북도박천 • 오산세吳祘世1907~1932함경남도단천 • 오상구吳相九1891~1942전라남도장성 • 오상근吳相根 1883~미상충청남도보령 • 오상근吳相根1924~2023충청북도진천 • 오상근吳尙根미상충청북도진천 • 오상렬吳相烈미상 ~1930미상 • 오상록吳上祿1913~1960전라남도해남 • 오상서吳祥瑞미상~1937미상 • 오상섭吳尙涉미상~1919미상 • 오상흠 吳相欽1919~1949경상북도의성 • 오서희吳庶熙1922~1996경상북도의성 • 오석영吳錫永1878~미상평안북도 • 오석완吳碩 完1894~1933전라남도장성 • 오석주吳錫柱1888~1952전라남도고흥 • 오석준吳錫浚1876~1951경상북도영양 • 오석홍吳錫 興1880~1920미상 • 오석흥吳錫興1893~1921전라북도정읍 • 오성규吳成奎 • 오성무吳成武1898~1971경상북도의성 • 오성 묵吳成默1886~1938함경북도명천 • 오성문吳聖文1887~1942충청북도진천 • 오성준吳成俊1885~1940경기도양주 • 오성행 吳成行1921~2000평안남도평양 • 오성환吳成煥1895~1964경기도평택 • 오성환吳聖煥1891~미상함경남도단천 • 오성환吳 成煥1896~미상충청북도진천 • 오세경吳世卿1893~1967경기도안성 • 오세덕吳世悳1897~1986경기도고양 • 오세창吳世昌 1864~1953한성 • 오세학吳世鶴1899~미상경기도안성 • 오수남吳壽男1910~미상한성 • 오수남吳壽男1900~미상황해도해 주 • 오수남吳壽南1916~미상충청남도공주 • 오수식吳壽軾1858~1938경기도광주 • 오순경吳順景1883~미상경기도안성 • 오 순환吳純煥1921~1992한성 • 오승남吳承南1899~1982전라남도강진 • 오승업吳承業미상~1921미상 • 오승철吳承喆1903~미 상전라북도옥구 • 오신도吳信道1852~1933평안남도평양 • 오언영吳彦泳1901~1971충청북도충주 • 오업동吳業同1895~미상 충청남도청양 • 오여왕吳汝王1872~1920미상 • 오연구吳然九1876~1953충청남도금산 • 오연근吳連根1926~2007경상북도 예천 • 오연길吳淵吉1901~1969전라북도김제 • 오영근吳永根1889~1951경상남도합천 • 오영선吳英善1887~1961경기도양 주 • 오영선吳永善1886~1939경기도고양 • 오영섭吳永燮1922~1987전라남도완도 • 오예제吳禮濟1898~1978황해도연백 •

오오득吳五得1909~1950전라북도김제 • 오완종吳琓鍾1893~미상평안남도성천 • 오요섭吳堯燮1908~1982전라북도옥구 • 오용간吳用干1869~1941경상북도영일 • 오용근吳龍根1898~미상경기도안성 • 오용수吳龍洙1922~미상충청북도영동 • 오용완吳龍顔1894~미상황해도재령 • 오용진吳龍辰1905~1979경기도강화 • 오우홍吳宇鴻1913~1998전라남도여수 • 오운석吳雲錫1899~1959전라남도강진 • 오운흥吳雲興1898~1966황해도봉산 • 오웅묵吳雄黙1901~1960충청남도아산 • 오원문吳元文미상~1920미상 • 오원석吳元錫1899~1972전라남도강진 • 오유환吳侑煥1917~1947경상남도울산 • 오윤선吳潤善1893~1960경기도안성 • 오윤진吳允珍1909~1993평안북도강계 • 오윤환吳倫煥1894~1963함경남도함흥 • 오은석吳殷錫1922~미상황해도장연 • 오응추吳應秋1898~1969전라남도순천 • 오의균吳毅均1883~1957전라북도고창 • 오의명吳義明1896~미상황해도해주 • 오의모吳義模1879~1946경상북도성주 • 오의선吳義善1889~1931경기도용인 • 오의순吳義淳1901~1920평안북도선천 • 오이순吳利淳1900~미상평안북도영변 • 오익렬吳益烈1884~1937함경북도회령 • 오익삼吳益三1886~미상경기도안성 • 오익표吳翼杓1888~1922충청남도공주 • 오인석吳仁錫1889~1942평안북도정주 • 오인식吳寅植1896~1938제주도제주 • 오인탁吳仁鐸1890~미상충청남도서산 • 오인택吳仁澤1905~1986평안북도태천 • 오인화吳仁華1893~1931평안남도진남포 • 오인환吳仁煥1899~미상경기도김포 • 오일규吳日圭1915~1960충청남도보령 • 오일규吳一奎1903~미상함경남도단천 • 오일보吳一寶1876~1939강원도춘천 • 오일봉吳一峰1880~1935충청남도부여 • 오임탁吳琳鐸1908~1950전라남도해남 • 오임하吳林河1887~미상평안남도대동 • 오재영吳在英1860~미상함경북도온성 • 오재영吳哉泳1897~1948경상남도부산 • 오재현吳在賢1909~1941전라남도무안 • 오정근吳廷根1886~1954경기도안성 • 오정석吳正石1920~1950충청남도서산 • 오정순吳正淳1898~1920평안북도선천 • 오정은吳正殷1891~1953평안북도선천 • 오정준吳貞俊미상~1923미상 • 오정현吳鼎鉉1888~1960강원도양양 • 오정화吳貞嬅1899~1974한성 • 오종옥吳種玉1925~1944전라북도남원 • 오종필吳鍾珌1910~1936전라남도화순 • 吳宗學1898~미상 • 오주삼吳周三1876~미상함경남도삼수 • 오주선吳周善1884~1958경기도부천 • 오주천吳周天1882~미상함경남도단천 • 오주혁吳周爀1876~1934함경남도단천 • 오주현吳柱鉉1909~2000전라북도전주 • 오지화吳芝華1894~미상평안북도강계 • 오진문吳進文1896~1955경상북도의성 • 오찬순吳贊淳1894~미상함경남도삼수 • 오창근吳昌槿1900~1968평안북도선천 • 오창문吳昌文1880~미상경기도안성 • 오창선吳昌善1885~1961경기도진위 • 오창선吳昌善1884~1974경기도안성 • 오창섭吳昌燮1866~1942강원도홍천 • 오창순吳昌淳1898~미상강원도회양 • 오창옥吳昌玉1890~미상함경남도함흥 • 오창익吳昌益1878~1959황해도재령 • 오창익吳昌益1903~미상함경북도경성 • 오창준吳昌俊1890~미상함경남도원산 • 오천금吳千金1903~미상함경북도무산 • 오철식吳喆植1882~1947충청남도논산 • 오춘근吳春根1893~미상충청남도대전 • 오충국吳忠國1876~미상한성 • 오충근吳忠根1895~미상경기도안성 • 오치섭吳致燮1905~1933평안남도대동 • 오탁영吳鐸泳1876~1943경기도안성 • 오태근吳台根1861~미상황해도옹진 • 오태근吳泰根1898~1959전라북도고창 • 오태봉吳泰奉미상~1922미상 • 오태선吳泰善1895~1927함경남도정평 • 오태순吳太順1929~1984전라남도순천 • 오택렬吳宅烈1900~1945황해도봉산 • 오택언吳澤彦1897~1970경상남도양산 • 오평윤吳坪允1910~1951제주도제주 • 오하근吳夏根1897~1971경상북도영주 • 오학근吳學根1863~1946전라북도정읍 • 오학선吳學善1925~2010경상북도달성 • 오학성吳學成1880~1925경상남도밀양 • 오학수吳學洙1885~미상평안북도정주 • 오한길吳漢吉1896~1951전라북도정읍 • 오항선吳恒善1910~2006황해도신천 • 오해봉吳海鳳1897~1965경상북도영덕 • 오현경吳玄卿1878~1972황해도해주 • 오현식吳鉉植1893~미상황해도은율 • 오현준吳現準1895~1986함경북도온성 • 오형근吳亨根1888~1925충청남도홍성 • 오형만吳亨萬1913~미상황해도송화 • 오형선吳亨善1875~1944경상남도거창 • 오호영吳浩榮1923~1990한성 • 오홍근吳弘根1894~1953경기도안성 • 오화영吳華英1880~1960한성 • 오환묵吳環⬚1888~미상함경북도회령 • 오흥빈吳興彬1919~1990함경남도안변 • 오흥순吳興順1901~1950충청남도홍성 • 오흥준吳興俊1895~미상평안북도강계 • 오희영吳熙英1924~1969경기도용인 • 오희옥吳姬玉 • 오희원吳熙源1873~1936평안북도철산 • 오희원吳熙元1890~미상황해도신천 • 옥대호玉大鎬1925~2008전라남도무안 • 옥부윤玉富潤미상~1920미상 • 옥순영玉淳永1856~미상평안남도순천 • 옥영준玉英俊1892~1957경상남도거제 • 옥용환玉鏞煥1899~1923경상남도마산 • 옥운경玉雲瓊1904~미상황해도해주 • 옥인찬玉仁讚1917~1994평안남도평양 • 옥찬영玉贊永1880~1937경상남도통영 • 온창엽溫敞燁1906~미상전라북도전주 • 왕경애王敬愛1863~미상황해도신천 • 왕경학王京學1888~미상평안북도초산 • 왕광연王光演1872~1951경기도수원 • 왕기서王基西1899~미상평안남도대동 • 왕재일王在一1904~1961전라남도구례 • 왕종순王宗順1905~1994강원도철원 • 왕태일王泰日1918~1995황해도회양 • 용계홍龍桂洪1856~미상황해도수안 • 용택서龍澤瑞1919~1977평안북도신의주 • 용환각龍煥珏1917~미상강원도홍천 • 우경동禹涇東1876~1960경상북도달성 • 우기돈禹基敦1920~2007경상북도칠곡 • 우기주于基周미상~1919미상 • 우덕선禹德善미상미상 • 우덕순禹德淳1876~1950한성 • 우동익禹東翼1882~미상황해도신천 • 우두명禹斗命1878~1947충청남도청양 • 우명철禹命哲1886~1950한성 • 우병기禹丙基1903~1944경상북도달성 • 우병옥禹炳玉1893~미상평안남도중화 • 우보현禹輔鉉1862~미상경기도양주 • 우사정禹泗鼎1891~1953충청남도청양 • 우상현禹相玄1886~미상충청남도홍성 • 우석린禹錫麟1879~미상미상 • 우성동禹成東1861~1920경상북도달성 • 우성오禹成五1880~1943전라북도임실 • 우성환禹聖煥1880~1947충청남도청양 • 우승규禹昇圭1903~1985한성 • 우승기禹升基1875~1948경상북도달성 • 우승창禹承昌1892~미상평안남도성천 • 우시하禹時夏1879~미상함경남도단천 • 우억만禹億萬

1879~1942경상북도영덕 • 우용택禹龍澤1868~1940경상북도의성 • 우용현禹鎔鉉1901~1942경상남도하동 • 우응봉禹應鳳 1894~1941황해도신천 • 우자옥禹子玉1911~1966함경북도명천 • 우재룡禹在龍1884~1963경상북도경주 • 우정시禹楨時 1886~1935경기도장단 • 우정주禹正周1876~1963충청남도청양 • 우정화禹楨和1893~1945경기도장단 • 우제홍禹濟弘 1913~미상충청남도부여 • 우종린禹鍾麟1887~미상황해도연백 • 우종휘禹鍾徽1904~1972함경남도삼수 • 우주일禹周逸 1887~1957경상북도영덕 • 우찬기禹瓚基1861~1921경상북도달성 • 우창기禹昌箕1902~미상함경남도정평 • 우태선禹泰先 1889~1939경상남도고성 • 우택락禹宅洛1878~1946경상북도청송 • 우판도禹判道1898~1978전라남도무안 • 우하교禹夏敎 1872~1941경상북도달성 • 우해룡禹海龍1906~1969경상북도대구 • 우현덕禹顯德1897~1978충청남도청양 • 우현옥禹顯玉 1878~1935충청남도청양 • 우희원禹熙元1901~1978경상북도의성 • 우희제禹禧濟1895~미상황해도신천 • 운준제雲俊齊미 상~1920미상 • 원경애元敬愛1899~미상평안북도영변 • 원구년元九年1904~1934함경남도정평 • 원기형元基亨미상~1922 미상 • 원낙구元洛龜미상평안남도중화 • 원대성元大成1916~미상전라남도나주 • 원리상元利尙1862~미상평안북도구성 • 원 병욱元炳郁1874~1950황해도옹진 • 원복생元福生1892~1937경상남도남해 • 원봉운元奉云1897~1945전라북도전주 • 원사 현元士賢미상~1920황해도연백 • 원성규元成圭1888~1929강원도원주 • 원세덕元世德1893~미상충청북도단양 • 원세훈元 世勳1887~1959함경남도영흥 • 원순봉元順奉1882~1941충청남도서산 • 원순오元順五1856~1921경기도고양 • 원승보元承 甫1898~1921미상 • 원식준元植俊1862~미상평안북도구성 • 원심창元心昌1906~1971경기도진위 • 원용권元容權1904~미 상함경북도부령 • 원용목元用睦1876~미상황해도서흥 • 원용서元用瑞1879~1919함경북도부령 • 원용오元容五1912~1957전 라남도강진 • 원용은元容殷1902~1951충청남도당진 • 원용일元容一1869~미상평안남도강동 • 원용팔元用八1898~미상황해 도서흥 • 원용학元容鶴1918~1976전라북도고창 • 원응장元應章1882~미상충청북도 • 원이돌元李突1898~미상함경남도장 진 • 원인수元仁水1868~미상전라남도제주 • 원재룡元在龍1881~1967함경북도경원 • 원재용元在用1883~1920미상 • 원정 선元正先1892~1938충청남도서산 • 원종삼元宗三1911~미상평안북도구성 • 원종응元鍾應1909~1991충청북도충주 • 원종집 元鍾潗1888~1950함경남도정평 • 원주연元鑄淵1911~1936함경남도정평 • 원지성元智成1884~1933경기도안성 • 원창권元 昌權1897~1950전라남도나주 • 원춘도元春道1886~1942황해도신천 • 원태근元泰根1882~1950경기도시흥 • 원필희元弼喜 1896~1968경기도여주 • 원하현元夏鉉1878~미상강원도영월 • 원해룡元海龍1875~1923평안북도구성 • 원행섭元行燮 1880~미상황해도안악 • 원호이元浩伊1904~1935경상북도영일 • 원후정元厚貞1922~1995강원도횡성 • 위계룡魏啓龍 1921~2002전라남도담양 • 위계후魏啓厚1884~1944전라남도담양 • 위석규魏錫奎1878~1913전라남도장흥 • 위영민韋永敏 1876~1956미상 • 위제하魏濟河1920~2017평안북도정주 • 위종관魏鍾琯1909~1991전라남도장흥 • 위희정魏希禎미상 ~1922평안북도강계 • 유갑순柳甲順1892~1921경기도강화 • 유경근劉景根1877~1956경기도강화 • 유경문柳敬文 1900~1950경상남도양산 • 유경발柳景發1896~1922강원도삼척 • 유경술俞庚戌1911~미상한성 • 유경을劉京乙1901~1930 함경남도단천 • 유경재俞暻在1900~1943충청남도청양 • 유경화劉京化1894~1920미상 • 유경환柳璟煥1892~미상경상남도 산청 • 유경흠柳敬欽1901~1920미상 • 유경흥劉慶興1920~1950경상북도칠곡 • 유계명柳季明1890~미상경상북도안동 • 유 관순柳寬順1902~1920충청남도천안 • 유관흥劉寬興1895~1938함경남도고원 • 유광명柳曠鳴1865~미상황해도금천 • 유광 선柳光善1878~미상황해도수안 • 유광훈劉光勳1899~1937함경남도함흥 • 유광흘劉光屹미상미상 • 유교희柳敎熙 1886~1965경상북도안동 • 유근柳瑾1861~1921한성 • 유근배柳根培1921~1964충청북도음성 • 유근성柳根成1884~1945경 상북도달성 • 유근영柳近永1897~1954경기도양주 • 유근택劉根澤1921~미상강원도춘천 • 유금동柳今童1909~1930전라북 도고창 • 유금룡俞今龍1899~미상경상남도통영 • 유긍렬柳兢烈1893~미상충청북도옥천 • 유기동柳基東1891~1924경상북도 안동 • 유기만柳基萬1906~1952경상북도안동 • 유기문柳基文1910~미상한성 • 유기봉俞基鳳1879~1920미상 • 유기석柳基 石1905~1980한성 • 유기섭柳基燮1905~1936충청남도부여 • 유기영柳璣永1889~2005경상북도안동 • 유기원柳基元 1898~1986경기도파주 • 유기윤柳冀允1892~미상경기도개성 • 유기일柳基一1912~1950한성 • 유기정柳基貞1879~미상충 청남도아산 • 유기준劉基俊1899~1964평안남도강서 • 유기풍劉基豊1904~1923평안북도자성 • 유기현柳基玄1921~1940경 기도수원 • 유기호劉基鎬1856~미상황해도서흥 • 유기홍柳箕弘1881~미상전라북도전주 • 유낙수柳洛秀1895~미상황해도금 천 • 유남수柳湳秀1905~1950경기도이천 • 유남식劉南植1894~1932충청남도청양 • 유내초柳來初1923~미상황해도연백 • 유달영柳達永1911~미상경기도이천 • 유대붕劉大鵬1876~미상평안남도강동 • 유덕순柳德淳1888~미상충청남도아산 • 유덕 형柳德馨1889~미상황해도신천 • 유도기柳道基1870~1939충청남도천안 • 유도발柳道發1832~1910경상북도안동 • 유돈상 柳敦相1894~1935충청북도 • 유동렬柳東烈1895~1974전라북도장수 • 유동렬柳東烈1896~1956충청남도서산 • 유동면俞東 勉1877~1948경기도양주 • 유동복柳東馥1899~1960경상북도안동 • 유동수柳東壽1898~1983경상북도안동 • 유동수柳東洙 1887~1978경상북도안동 • 유동열柳東說1879~1950평안북도박천 • 유동창柳東暢1898~1988경상북도안동 • 유동하劉東夏 1892~1918함경남도덕원 • 유동혁柳東爀1891~1920경상북도안동 • 유동환柳東煥1885~1972경상북도안동 • 유두엽柳斗燁 1899~1971전라남도영광 • 유두환劉斗煥1877~1967평안남도순천 • 유득신劉得信1896~1958한성 • 유림柳林1898~1961경 상북도안동 • 유만규柳滿圭1886~1956전라북도정읍 • 유만수柳萬壽1895~1946경기도진위 • 유만수柳萬秀1921~1975경기 도안성 • 유말동劉末同1884~미상경상북도영덕 • 유면영柳冕永1873~1931경기도광주 • 유면희柳冕熙1904~1945경상북도

안동・유명덕劉明德1895~1965평안남도순천・유명수柳明秀1893~1926경상북도봉화・유명식劉命寔1893~미상함경북도성진・유몽룡劉夢龍1922~1961경상남도거창・유민수柳旼秀1889~1955황해도금천・유민식俞民植1898~1969충청남도천안・유범규劉範圭1881~1949함경북도온성・유병관劉秉寬1896~미상황해도서흥・유병기俞炳璣1895~미상경기도수원・유병민劉秉敏1885~미상전라북도전주・유병세柳炳世1882~1936경기도안성・유병심柳秉心1888~미상전라북도순창・유병옥俞炳玉1903~미상전라남도여수・유병하柳秉夏1898~1987경상북도안동・유병헌劉秉憲1842~1918경상북도칠곡・유보경柳實敬1899~미상전라북도전주・유복만柳福萬1896~미상경기도안성・유복섭劉福燮1895~1949전라북도옥구・유복영柳福永1887~1937충청남도대전・유복윤柳福潤1914~1940충청남도부여・유봉기柳奉基1901~1978전라남도영광・유봉목俞鳳穆1898~1945전라남도여수・유봉승柳琫承1901~1956경상남도남해・유봉영劉鳳榮1897~미상평안북도철산・유봉우劉奉祐1861~1947전라북도익산・유봉진劉鳳鎭1886~1956경기도강화・유봉춘俞奉春1896~미상함경북도회령・유부흥柳富興1913~2001전라북도전주・유사현劉馹炫1878~미상함경남도함흥・유삼봉柳三奉1904~1934함경남도원산・유상柳相1890~1950전라북도정읍・유상걸柳上杰1908~1953전라남도영암・유상규柳尚奎1884~1946전라남도광주・유상규俞相奎1880~1919경기도양주・유상규劉相奎1897~1936평안북도강계・유상근柳相根1911~1945황해도통천・유상돈劉尙敦1874~미상평안북도철산・유상렬柳相烈1885~1922황해도평산・유상선劉相善1884~1944경상북도안동・유상설柳相卨1890~1943전라남도장성・유상순柳相淳1876~1932전라남도장성・유상우劉相禹1894~1948평안북도강계・유상학柳相學1882~1948전라남도장성・유석柳錫1890~1960전라북도남원・유석순俞錫順1895~미상전라북도전주・유석우柳錫瑀1874~1944충청남도공주・유석정柳錫貞1892~1924경기도개성・유석현劉錫鉉1900~미상충청북도충주・유선태柳先泰1862~미상전라북도전주・유성근柳聖根1878~1942경기도이천・유성만柳成萬1900~1926충청남도홍성・유성배柳聖培1884~미상충청남도공주・유성삼劉成三1897~1920평안남도강동・유성순劉聖淳1894~미상충청남도아산・유성열劉性烈1860~1934충청남도서천・유성옥柳成玉1883~미상경기도여주・유성우柳晟佑1890~1922경상북도문경・유성이柳聖伊1902~1964경상북도의성・유성진俞成鎭1899~1929충청남도홍성・유성회俞成洄1902~미상전라남도여수・유세근柳世根1900~1956충청남도서산・유세진柳世振1885~1923경상북도안동・유소우柳昭佑1907~1964경상북도안동・유수산柳秀山1891~1951경기도수원・유순덕劉順德1913~미상황해도해주・유순명柳順明1881~1938경기도용인・유순진劉順珍미상~1922미상・유순희劉順姬1926~2020황해도황주・유승갑柳承甲1892~1960경상남도사천・유승언劉承彦1879~미상평안북도희천・유승익劉承翼1888~미상평안북도희천・유승필俞承弼1891~1974경상북도의성・유승한柳承翰1922~1984평안북도영변・유시보柳時保1925~1994경상북도안동・유시승柳時昇1923~1989경상북도안동・유시언柳時彦1895~1945경상북도안동・유시풍劉時豊1869~1947충청남도연기・유시훈柳時薰1917~1975경상북도안동・유신영柳臣榮1853~1919경상북도안동・유심택劉深澤미상~1919미상・유아지劉阿只1911~미상한성・유양진柳良鎭1874~미상황해도수안・유여대劉如大1878~1937평안북도의주・유연건柳淵建1892~1953경상북도안동・유연기柳淵琦1893~1989경상북도안동・유연덕柳淵德미상~1923경상북도안동・유연박柳淵博1844~1925경상북도안동・유연복柳淵福1890~1965경상북도안동・유연봉柳年奉1891~미상경기도부천・유연성柳淵成1857~1919경상북도안동・유연익柳淵益1901~1992경상북도안동・유연태柳淵泰1884~1957경상북도안동・유영규劉泳奎1888~미상평안북도영변・유영민劉永敏1923~미상전라북도정읍・유영중柳英中1921~1951충청남도보령・유영창劉永唱1893~1925경기도안성・유영태俞永台1902~1950전라남도영광・유영하柳永夏1924~2008경상북도안동・유영홍俞榮洪1905~1943전라남도해남・유영환俞永煥1866~1943충청남도청양・유예도柳禮道1896~1989충청남도천안・유완무柳完茂1861~1909경기도인천・유용근劉溶根1921~2001황해도송화・유용석柳龍錫1889~1961충청남도천안・유우국柳佑國1895~1928경상북도상주・유우석柳愚錫1899~1968충청남도천안・유우순劉友順미상~1922미상・유욱희俞郁希1872~1941충청남도서산・유운서劉雲瑞1885~미상평안북도의주・유운초劉雲樵1890~1951평안남도성천・유웅렬柳雄烈1897~1940경기도부천・유원柳諼1863~1924전라북도전주・유원식柳元植1887~미상황해도은율・유원우柳元佑1902~1938경상북도상주・유윤천柳允天1891~미상충청남도아산・유익배柳益培1921~2007황해도안악・유익수柳益秀1870~1926경기도시흥・유인각柳寅恪1910~1992전라북도익산・유인경俞仁卿1896~1944경상북도성주・유인기俞仁基1890~1957충청남도서산・유인석柳寅奭1911~1959경상남도김해・유인수劉仁洙1917~1965경상북도대구・유인수柳仁秀1886~1947경상남도합천・유인춘柳寅春1906~1984전라남도영암・유일한柳一韓1894~1971한성・유일현一韓1894~1971충청남도서산・유자명柳子明1894~1985충청북도충주・유장달柳長達1890~미상경상북도칠곡・유장렬柳漳烈1878~1966전라북도고창・유장봉柳長奉1885~미상황해도금천・유재복柳在福1924~2017충청북도진천・유재우柳在佑1919~1951한성・유재찬柳在贊1881~1944충청북도영동・유재천劉在天1873~1935충청남도청양・유재춘俞載春1893~1945충청남도홍성・유재혁在赫1911~2008충청북도옥천・유재현在賢1899~1947황해도연백・유점등柳點登1897~1954경상북도안동・유점선劉點善1901~미상경기도강화・유정근柳定根1882~1946강원도횡성・유정진俞丁鎭1900~1987한성・유정희柳鼎熙1867~1933경상북도안동・유제경柳濟敬1917~2012충청남도천안・유종남柳鍾湳1927~1950전라남도담양・유종식柳宗植1863~1935경상북도안동・유종현鍾鉉1897~1948황해도연백・유중권柳重權1863~1919충청남도천안・유중대柳重大1896~1944충청남도천안・유중무柳重武1875~1956충청남도천안・유중식俞中植

1895~1971경기도포천 • 유중오柳重五1888~1919충청남도천안 • 유중제柳重悌1869~1920충청남도천안 • 유중춘柳重春 1880~미상충청남도천안 • 유중하柳重河1866~1936충청남도천안 • 유중협柳重協1891~1959충청남도천안 • 유지호柳志浩 1892~1977경기도시흥 • 유진광兪鎮廣1883~1944충청남도연기 • 유진구柳震九1886~1922강원도철원 • 유진동劉振東 1908~1961평안남도강서 • 유진률兪鎮律1874~미상함경북도경흥 • 유진만兪鎮萬1912~1966충청남도연기 • 유진상兪鎮商 1888~1974경기도고양 • 유진석兪鎮奭1898~미상경상남도부산 • 유진선劉鎮善1892~미상한성 • 유진성兪鎮成1879~1949 경상북도 • 유진옥柳震玉1871~1928경상남도김해 • 유진옥劉鎮玉1894~미상경기도이천 • 유진태兪鎮台1880~미상경기도양 주 • 유진태兪鎮台1880~1944충청남도공주 • 유진태兪鎮泰1872~1942충청북도괴산 • 유진흥兪鎮興미상~1929미상 • 유진 희兪鎮熙1893~1949충청남도예산 • 유차손劉次孫1900~1937황해도평산 • 유차을柳且乙1908~미상경상북도봉화 • 유찬숙 柳贊淑1891~1927경상남도남해 • 유찬옥柳贊玉1916~1946전라남도나주 • 유찬희柳纘熙1884~1930한성 • 유창근劉昌晉 1919~1997평안북도의주 • 유창근柳昌根1874~1938전라북도남원 • 유창덕劉昌德1912~1950경상북도김천 • 유창덕兪昌德 1902~1934황해도신천 • 유창렬劉昌烈미상~1924평안남도안주 • 유창순庚昌淳1880~1943충청남도천안 • 유창열劉昌烈 1897~1980충청남도부여 • 유창엽柳昌燁1893~1922평안북도의주 • 유창옥柳昌玉1924~2006전라북도완주 • 유창우柳昶佑 1884~1921경상북도안동 • 유춘갑柳春甲1895~미상함경남도신흥 • 유춘삼柳春三1895~미상경기도안성 • 유춘흠柳春欽 1879~1953경상북도영양 • 유충성柳忠成1914~1982황해도통천 • 유치서柳致筮1879~1928충청남도청양 • 유치순兪致順 1887~1920미상 • 유치오兪致五1908~1996한성 • 유쾌동柳快東1900~1950경상북도군위 • 유태순柳泰純미상~1920미상 • 유태홍柳泰洪1867~1950전라북도남원 • 유택수柳澤秀1901~1929경기도이천 • 유택하柳宅夏1918~1989경상북도안동 • 유 판술劉判述1905~미상전라북도고창 • 유평파劉平波1910~1947평안남도강서 • 유필영柳必永1841~1924경상북도안동 • 유필 준兪弼濬1900~미상경기도양주 • 유하영柳夏榮1900~1973경상북도안동 • 유학관劉學官1892~미상함경남도영흥 • 유학규 柳學圭1888~1949전라북도정읍 • 유학봉劉鶴鳳1885~1934함경남도홍원 • 유학서劉學瑞1895~1970경기도강화 • 유학선劉 學先1877~미상충청남도홍성 • 유학용劉學用1896~1932경기도강화 • 유한곤兪漢坤1902~1962경상북도경산 • 유한기柳漢 基1897~1968충청남도천안 • 유한선劉漢先1876~1950전라남도광주 • 유한성劉漢成1894~미상평안남도안주 • 유한종劉漢 鍾1891~미상충청남도서천 • 유한종劉漢鍾1901~1950충청남도서산 • 유한종柳漢宗1897~1941경기도진위 • 유한휘劉漢輝 1925~1999전라남도고흥 • 유해륜柳海崙1883~1956충청북도괴산 • 유해정柳海正1901~1971경기도양주 • 유해준兪海濬 1917~1986충청남도당진 • 유현柳譞1911~1966전라북도전주 • 유현경劉鉉景1892~1922경기도고양 • 유형남柳亨南 1894~1957강원도삼척 • 유형석柳瀅錫1914~1973평안북도강계 • 유형주劉形柱1896~미상함경남도신흥 • 유형호柳亨浩 1901~1962경상북도봉화 • 유혜무柳惠茂1889~1927충청남도홍성 • 유호근柳浩根1853~1925충청남도보령 • 유홍렬劉鴻烈 미상~1915미상 • 유홍순柳洪淳1873~1959충청남도아산 • 유홍식柳洪植1882~1927경상북도의성 • 유화서兪化瑞1880~미 상미상 • 유화진兪華鎮1899~1961경기도파주 • 유환방兪煥邦1861~1925충청남도청양 • 유후근柳厚根1884~1922미상 • 유 후직柳后稷1894~1956경상북도안동 • 유흥석柳興石1882~1920미상 • 유흥수柳興洙1921~2016충청남도서산 • 유흥주柳興 柱1870~1952전라남도순천 • 유희상柳熙庠1881~미상경기도양주 • 유희선劉熙善미상~1919미상 • 유희순兪熙淳1876~1960 전라북도군산 • 유희영柳熙永1893~1969전라북도고창 • 유희준柳熙俊1880~1944충청남도서천 • 유희찬劉熙贊미상~1927 한성 • 유희철劉熙哲1893~1942경기도강화 • 유희탁劉熺倬1885~1965경상남도거창 • 육동백陸東百1908~2007충청북도옥 천 • 육창주陸昌柱1886~1950충청북도옥천 • 육학림陸學林1901~1945함경북도길주 • 육홍균陸洪均1900~1983경상북도선 산 • 윤각尹覺1865~미상한성 • 윤강규尹康達1895~1968경상북도울진 • 윤건중尹建重1898~1987전라북도 • 윤경문尹京文 1893~미상전라북도옥구 • 윤경봉尹敬奉1897~1941경상남도부산 • 윤경빈尹慶彬1919~2018평안남도중화 • 윤경열尹敬烈 1918~1980평안남도안주 • 윤경옥尹璟玉1902~미상강원도춘천 • 윤경현尹炅鉉1911~1932전라남도강진 • 윤계현尹啓賢 1886~미상충청남도천안 • 윤관도尹觀道미상~1919평안남도강서 • 윤광빈尹廣彬1917~1970평안남도중화 • 윤교병尹喬炳 1881~1930충청남도논산 • 윤교선尹敎善1900~1946황해도재령 • 윤구용尹九鏞1912~1934경상북도청도 • 윤국선尹國善 1920~미상미상 • 윤규섭尹槿燮1920~2013충청북도괴산 • 윤규영尹奎榮1888~1941충청남도청양 • 윤규현尹圭鉉 1894~1965경상남도합천 • 윤규희尹奎熙1883~1927경기도안성 • 윤기석尹基錫1909~1991경상북도상주 • 윤기선尹箕善 1865~1922경기도진위 • 윤기섭尹基燮1894~1986충청남도홍성 • 윤기섭尹琦燮1887~1959경기도장단 • 윤기순尹己順 1900~1950충청남도홍성 • 윤기안尹基安1899~1990평안북도박천 • 윤기영尹璣榮1871~1941경기도양평 • 윤기옥尹奇玉 1911~1988제주도제주 • 윤기원尹起遠1888~1921충청남도청양 • 윤기중尹箕重1895~1936충청남도청양 • 윤기호尹基浩 1879~미상평안북도운산 • 윤기호尹起鎬1893~1940충청남도보령 • 윤기화尹基化1880~1958평안남도평양 • 윤기환尹基煥 1915~1985전라북도전주 • 윤길尹洁1882~1943충청남도보령 • 윤낙구尹洛龜미상~1919미상 • 윤낙세尹洛世1877~1929함 경북도회령 • 윤남尹楠1873~1936충청남도서산 • 윤남극尹南極1895~1920함경남도함흥 • 윤능효尹能孝1882~1953함경남 도함흥 • 윤담尹淡1893~1969충청남도청양 • 윤대규尹大奎1915~1944경상북도울진 • 윤덕룡尹德龍1906~미상경상남도하 동 • 윤덕배尹德培미상~1920한성 • 윤덕보尹德甫1881~미상함경남도홍원 • 윤덕섭尹德燮1921~1951경상남도남해 • 윤도길 尹道吉1877~1919경기도광주 • 윤도순尹道淳1860~1930강원도춘천 • 윤도중尹度重1897~1947경기도인천 • 윤도치尹道致

1856~1919경상북도영일 • 윤동만尹東萬1898~미상경기도고양 • 윤동선尹東鮮1883~1921함경남도홍원 • 윤동욱尹東旭 1891~1968경기도시흥 • 윤동의尹東儀1888~1961충청남도청양 • 윤동일尹東一1927~미상경상북도청송 • 윤동주尹東柱 1917~1945함경북도종성 • 윤동휘尹東彙1891~1928평안남도안주 • 윤두찬尹斗贊1894~1921미상 • 윤두현尹斗鉉 1899~1939경상북도울진 • 윤란尹灡1887~1942충청남도청양 • 윤래진尹來鎭1900~미상평안남도강서 • 윤마리아尹馬利亞 1909~1973경기도강화 • 윤만쇠尹萬釗1892~미상경기도용인 • 윤만수尹萬洙1887~1939충청남도홍성 • 윤만영尹萬榮 1890~1940충청남도청양 • 윤명근尹明根미상함경남도장진 • 윤명재尹明在1913~1934충청남도공주 • 윤명종尹明鍾1891~미 상강원도양양 • 윤명화尹明化1879~미상충청남도대전 • 윤무영尹務榮1890~1962충청북도충주 • 윤문숙尹文淑1891~미상경 상남도양산 • 윤문옥尹文玉1862~미상황해도재령 • 윤민섭尹旻燮1920~2012황해도송화 • 윤방우尹芳友1896~1927경상남 도밀양 • 윤병관尹炳寬1892~1977경상북도울진 • 윤병교尹炳喬1887~1919경상남도합천 • 윤병구尹炳球1889~1929충청남 도청양 • 윤병구尹炳球1877~1949경기도양주 • 윤병권尹炳權1892~미상황해도황주 • 윤병대尹炳大1887~1968경상남도합 천 • 윤병림尹炳林1898~1923경상북도청도 • 윤병석尹炳奭1888~1955경상남도합천 • 윤병소尹秉김1887~1919경기도시 흥 • 윤병숙尹炳淑1882~미상함경남도단천 • 윤병운尹秉運1927~1944충청북도청주 • 윤병은尹炳殷1878~1948경상남도합 천 • 윤병재尹炳載1889~1939경상남도합천 • 윤병주尹炳周1888~1944경상남도의령 • 윤병철尹炳喆1874~미상황해도황 주 • 윤병한尹炳漢1892~1954충청남도청양 • 윤병한尹炳漢1873~1932충청북도진천 • 윤병혁尹秉赫1891~1939충청남도홍 성 • 윤병호尹炳浩1889~1974경상남도남해 • 윤병환尹炳環1889~1949충청남도청양 • 윤병희尹秉熙1878~1945함경남도함 흥 • 윤보민尹寶民1900~미상황해도봉산 • 윤보영尹甫榮1882~1941충청남도청양 • 윤보은尹輔殷1898~1945경상남도밀 양 • 윤복민尹福民1858~미상함경남도장진 • 윤복순尹福順1911~미상한성 • 윤복영尹福榮1884~미상충청북도충주 • 윤복영 尹復榮1868~1967경기도장단 • 윤복이尹福伊1884~1932경상남도양산 • 윤봉갑尹奉甲1924~1982경상북도청도 • 윤봉근尹 奉根1909~미상경상남도거제 • 윤봉길尹奉吉1908~1932충청남도예산 • 윤봉산尹奉山1892~1928경상북도영덕 • 윤봉수尹 鳳秀1889~1971경상남도울산 • 윤봉의尹鳳儀1839~1919경상남도거창 • 윤봉춘尹逢春1902~1975함경북도회령 • 윤봉학尹 鳳學1897~1978충청남도청양 • 윤봉현尹奉鉉1922~1944전라남도해남 • 윤사인尹士仁1891~미상경상남도통영 • 윤산악尹 山岳1895~미상강원도원주 • 윤삼동尹三東1901~1984경상남도부산 • 윤삼룡尹三龍1925~1946경상북도대구 • 윤상구尹商 求1886~미상경기도안성 • 윤상긍尹相肯1893~1940충청남도논산 • 윤상기尹相起1889~1939충청남도논산 • 윤상기尹相驥 1881~1928충청남도논산 • 윤상기尹相基미상~1921미상 • 윤상만尹相萬1890~1943강원도철원 • 윤상명尹尙明1912~1976 강원도삼척 • 윤상순尹相淳1876~미상황해도해주 • 윤상억尹相億1899~1992충청남도연기 • 윤상열尹相悅1894~1927평안 남도대동 • 윤상오尹相五1903~미상충청남도예산 • 윤상원미상~1921미상 • 윤상원尹相元1895~1973충청남도연기 • 윤상윤 尹相鈗1889~1959전라남도구례 • 윤상은尹相殷1892~1938충청남도연기 • 윤상은尹相殷1895~1982경상남도동래 • 윤상태 尹相泰1882~1942경상북도달성 • 윤상흥尹相興1891~1973경상북도울진 • 윤석규尹錫奎1886~1973경상북도영덕 • 윤석영 尹奭榮1882~1940충청남도공주 • 윤석용尹錫用1898~미평안남도강서윤석원尹錫元1861~미상평안남도대동 • 윤석진尹錫珍 1924~2017전라북도김제 • 윤석태尹錫泰미상~1920미상 • 윤석헌尹錫軒1870~미상평안남도성천 • 윤석희尹錫禧 1891~1935충청남도청양 • 윤선권尹先權1868~1926충청남도아산 • 윤선녀尹仙女1911~1994함경북도회령 • 윤선두尹璇斗 1894~미상평안북도운산 • 윤성택윤성택尹成澤1926~1957경상북도청송 • 윤성하尹晟夏1911~1949전라남도해남 • 윤성현尹 聖鉉1902~1919경상남도합천 • 윤세복尹世復1881~1960경상남도밀양 • 윤세용尹世茸1868~1940경상남도밀양 • 윤세주尹 世胄1901~1942경상남도밀양 • 윤수덕尹壽德1911~미상충청남도예산 • 윤수암尹壽巖1906~1995경상남도울산 • 윤수영尹壽 榮1891~1978충청남도청양 • 윤순석尹順石1879~1947경상북도영덕 • 윤순철尹順哲1896~미상경기도안성 • 윤순태尹順泰 1873~1949충청남도청양 • 윤순희尹順嬉1912~미상경기도포천 • 윤승현尹昇鉉1912~1950전라남도나주 • 윤신민尹信民 1901~미상황해도봉산 • 윤악이尹岳伊1897~1962경상북도영덕 • 윤양식尹亮植1866~1944경상북도고령 • 윤양하尹洋夏 1908~1980전라남도강진 • 윤억병尹億炳1910~1961경상북도칠곡 • 윤여복尹汝福1918~1950충청남도공주 • 윤여옥尹餘玉 1861~미상한성 • 윤영규尹寧圭1882~1926경기도김포 • 윤영로尹永老1868~1953충청남도청양 • 윤영만尹永滿1885~1966 경상북도영일 • 윤영무尹永茂1920~2015평안남도중화 • 윤영배尹永配1905~1966경기도화성 • 윤영백尹永百1884~1958경 상남도고성 • 윤영복尹永福1896~1943경상북도영일 • 윤영삼尹榮三1891~1919경기도안성 • 윤영석尹永碩1922~1958경상 북도의성 • 윤영석尹永錫1916~2003충청남도예산 • 윤영선尹榮善1885~1942한성 • 윤영선尹永善1895~1967경기도화성 • 윤영섭尹寧燮1911~1949경기도양평 • 윤영섭尹永涉1895~1930평안북도의주 • 윤영수尹榮壽1891~미상경기도가평 • 윤영순 尹永順1881~1929함경북도회령 • 윤영원尹榮遠1919~1986충청남도보령 • 윤영주尹營柱1893~1988경상북도의성 • 윤영하 尹榮夏1892~1969경상남도함양 • 윤오례尹五禮1913~1992전라남도강진 • 윤옥분尹玉粉1913~미상함경북도경성 • 윤옥하尹 玉夏1901~1929전라남도해남 • 윤용구尹龍九1891~1971경상북도의성 • 윤용범尹容範1890~미상충청남도홍성 • 윤용욱尹容 旭1891~1966충청남도홍성 • 윤용자尹龍慈1890~1964한성 • 윤용주尹龍周1884~1949충청남도아산 • 윤용호尹龍虎미상 ~1952미상 • 윤우식尹雨植1909~1934경상북도예천 • 윤우열尹又烈1904~1927경상북도대구 • 윤우현尹禹鉉1922~2009전 라북도남원 • 윤원구尹元求1881~미상경기도장단 • 윤원석尹元錫1875~미상미상 • 윤원세尹元世1890~1939경기도양주 • 윤

원식尹元植1884~1945충청남도공주 • 윤윤용尹允用1900~1947경기도강화 • 윤은섭尹殷燮1878~1943평안남도평양 • 윤을희尹乙姬1911~미상경기도여주 • 윤응호尹應鎬1881~1979평안남도안주 • 윤응호尹應浩1909~미상평안북도선천 • 윤의록尹義錄1866~1920미상 • 윤의병尹宜炳1900~1960경기도시흥 • 윤의석尹宜錫1901~1977충청남도홍성 • 윤이병尹履炳1855~1922충청남도논산 • 윤이신尹二申1896~1964전라남도해남 • 윤이현尹已鉉1888~1920미상 • 윤익선尹益善1894~1975황해도장연 • 윤익섭尹益燮1924~1964황해도통천 • 윤익중尹益重1896~1963충청남도홍성 • 윤인보尹仁甫1878~1951충청북도청주 • 윤인섭尹仁燮1900~1967전라남도해남 • 윤인옥尹仁玉1916~미상전라남도완도 • 윤인하尹寅夏1853~1928경상남도거창 • 윤자명尹滋明1868~미상충청남도연기 • 윤자벽尹滋壁1884~1930충청남도연기 • 윤자영尹滋瑛1894~1938경상북도청송 • 윤자환尹滋煥1896~1950전라남도여수 • 윤자훈尹滋勳1894~1936충청남도연기 • 윤장尹莊1922~1988전라남도강진 • 윤장수尹章守1895~1958경상남도동래 • 윤재건尹載建1884~1937황해도해주 • 윤재문尹在文1865~미상경상북도안동 • 윤재병尹在炳1909~1969전라남도함평 • 윤재영尹在英1888~1922경기도김포 • 윤재원尹在元1874~1920미상 • 윤재현尹在賢1920~1994함경북도회령 • 윤재현尹在賢1920~1991평안북도의주 • 윤재형尹在炯1926~1945강원도양양 • 윤재환尹載煥1918~1938충청남도서산 • 윤점수尹點洙1898~1987전라남도순천 • 윤정尹淀1894~1922충청남도청양 • 윤정규尹定奎1895~1962경상북도울진 • 윤정만尹鼎萬1898~미상함경남도함흥 • 윤정섭尹貞燮1867~미상평안남도성천 • 윤정은尹正殷1852~1920경상남도동래 • 윤정호尹鼎浩1867~미상평안남도대동 • 윤정환尹正煥1894~미상평안남도평양 • 윤정훈尹鼎勳1881~1921충청북도보은 • 윤정훈尹廷勛1901~미상함경북도경성 • 윤제만尹濟萬1908~미상평안남도평양 • 윤제순尹濟淳1874~미상황해도황주 • 윤종건尹鍾健1903~미상경기도안성 • 윤종근尹鍾根1888~1959경기도김포 • 윤종록尹鍾祿1924~2010경상북도예천 • 윤종석尹鍾奭1896~1927경기도강화 • 윤종수尹宗洙1915~1943경상북도울진 • 윤주섭尹周燮1887~1957경기도김포 • 윤주순尹柱舜1896~1964경상남도남해 • 윤주식尹周植1901~2000경기도진위 • 윤주연尹柱淵1916~2010전라남도해남 • 윤주영尹周榮1897~1938충청북도충주 • 윤죽산尹竹山1865~미상미상 • 윤준태尹俊泰미상~1920미상 • 윤준하尹俊夏1899~1958전라남도해남 • 윤준희尹俊熙1895~1921함경북도회령 • 윤중성尹仲成1904~미상평안북도운산 • 윤중수尹中洙1891~1931경상남도합천 • 윤진오尹眞五1884~1963경상남도울산 • 윤진옥尹瑨玉1926~1963경상남도울산 • 윤찬복尹贊福1868~1946평안남도순천 • 윤창기尹昌基1888~1927경상북도대구 • 윤창덕尹昌德1876~미상평안북도의주 • 윤창도尹昌道미상~1919평안남도강서 • 윤창만尹昌萬1896~1967평안북도의주 • 윤창배尹昌培1899~미상경상남도부산 • 윤창산尹昌山미상~1923미상 • 윤창석尹昌錫1913~1949제주도 • 윤창석尹昌錫1894~1966충청남도천안 • 윤창선尹昌善1882~미상충청남도공주 • 윤창선尹昌善1901~1972경상남도밀양 • 윤창수尹昌壽1896~1920평안북도의주 • 윤창철尹昌哲1893~1923평안남도성천 • 윤창하尹昌夏1884~1964경상북도예천 • 윤창하尹敞夏1908~1984전라남도해남 • 윤창호尹昌浩1921~1967평안남도진남포 • 윤천각尹天覺1862~미상평안남도순천 • 윤천녀尹天女1908~1967함경북도회령 • 윤철尹澈1899~1962충청남도청양 • 윤철선尹喆善1865~1927충청남도청양 • 윤철수尹哲洙1868~1942경상남도거창 • 윤충식尹忠植1907~미상경기도시흥 • 윤충하尹忠夏1855~1946경상남도거창 • 윤치원尹致源1924~2000평안북도의주 • 윤치형尹致衡1893~1970경상남도밀양 • 윤칠영尹七榮1893~1966충청남도예산 • 윤태경尹泰璟1877~1935충청남도홍성 • 윤태병尹太炳1887~1940충청남도논산 • 윤태선尹台善1875~미상한성 • 윤태영尹泰泳1850~1919충청남도천안 • 윤태완尹泰完1903~1974전라남도함평 • 윤태현尹泰鉉1919~1970충청남도공주 • 윤태현尹泰賢1883~미상평안남도순천 • 윤태훈尹太勳1914~1999충청북도청원 • 윤택진尹澤振1903~1920황해도재령 • 윤필尹泌1883~1972충청남도청양 • 윤하운尹河運1904~미상평안북도의주 • 윤하진尹河振1895~미상평안북도의주 • 윤학규尹學逵1886~1957경상북도울진 • 윤학소尹學昭미상~1927평안북도의주 • 윤학송尹學松1895~미상함경북도청진 • 윤학수尹鶴洙1909~1950경기도파주 • 윤학이尹學伊1886~1945경상남도울산 • 윤학조尹學照1895~미상경상북도달성 • 윤학준尹學俊1912~1989평안북도용천 • 윤학천尹學天1895~미상평안북도의주 • 윤해尹海1888~1939함경남도영흥 • 윤해병尹海炳1906~1967전라남도광주 • 윤해영尹海榮1890~1957경기도부천 • 윤혁尹赫1885~미상평안북도가산 • 윤현진尹顯振1892~1921경상남도양산 • 윤형규尹兄珪1882~1936경상남도함안 • 윤형도尹亨道1871~미상평안남도대동 • 윤형숙尹亨淑1900~1950전라남도광주 • 윤형중尹형重1895~1935충청남도홍성 • 윤호병尹浩炳1876~미상강원도철원 • 윤호영尹⬚英1897~1960전라남도무안 • 윤홍尹泓1892~1979충청남도청양 • 윤홍영尹洪榮1885~1945충청남도청양 • 윤홍중尹弘重1875~1933충청남도마산 • 윤화정尹和鼎1893~미상평안남도강서 • 윤후영尹厚榮1864~미상황해도황주 • 윤희중尹希重1899~미상전라남도함평 • 윤희천尹熙千1894~1919충청남도천안 • 은세룡殷世龍1873~1964전라북도정읍 • 은희송殷熙松1894~1952전라북도부안 • 음성국陰聖國1891~1935경기도장단 · 이가순李可順1867~1943함경남도원산 • 이각재李恪宰1904~1977전라남도완도 • 이갑李甲1877~1917평안남도평원 • 이갑금李甲金1895~1937충청남도청양 • 이갑동李甲同1896~1939경기도양주 • 이갑두李甲斗1914~미상전라북도임실 • 이갑룡李甲龍1925~1989경상북도영일 • 이갑문李甲文1913~미상제주도제주 • 이갑상李甲相1924~2017경상북도대구 • 이갑성李甲成1886~1981경상북도대구 • 이갑손李甲孫1872~1926충청남도청양 • 이갑수李甲洙1879~1919경기도여주 • 이갑수李甲銖1883~미상경상남도함양 • 이갑술李甲述1906~미상경상남도울산 • 이갑이李甲伊1897~1929경상남도부산 • 이갑준李甲俊1897~1968전라남도완도 • 이강李剛

1878~1964평안남도용강 • 이강덕李康悳1892~1955경기도양주 • 이강래李康來1869~1932경상남도밀양 • 이강래李康來 1891~1967한성 • 이강렴李康濂1902~1927충청북도충주 • 이강률李康律1902~1944경상남도하동 • 이강만李康晩 1921~1956전라북도익산 • 이강목李康牧1907~1983전라북도임실 • 이강석李康奭1879~1923경상남도김해 • 이강세李康世 1894~1937전라북도임실 • 이강오李康午1909~1981전라남도광주 • 이강오李康午1913~1950충청남도예산 • 이강우李康雨 1890~미상경상남도진주 • 이강욱李康郁1874~1945경상북도안동 • 이강인李康仁1895~1971충청남도홍성 • 이강제李康濟 1920~미상전라남도여수 • 이강조李康祚1890~1954경상남도밀양 • 이강진李康珍1896~1923전라북도임실 • 이강칠李康七 1889~1956경기도안성 • 이강하李康夏1901~미상충청남도대전 • 이강호李康滈1895~1973충청북도충주 • 이강호李康浩 1913~미상황해도연백 • 이강후李康厚1912~1978전라남도광주 • 이강훈李康勳1903~2003황해도김화 • 이강휘李爛徽 1919~1950전라북도김제 • 이강희李康熙1898~1943경상남도부산 • 이개동李開東1905~1944강원도삼척 • 이건국李建國 1918~1951경상북도대구 • 이건석李建奭1852~1906경상북도 • 이건세李建世1889~미상한성 • 이건양李建陽1895~1963충 청북도영동 • 이건영李建英1886~1939경기도강화 • 이건영李健榮1853~1930경기도개성 • 이건우李建雨1880~1955충청남 도공주 • 이건직李建直1890~1950충청남도청양 • 이건호李建鎬1885~1951충청남도부여 • 이건흥李建興1886~1951경기도 양주 • 이검용李黔鎔1915~1935전라남도완도 • 이견구李見求1905~1931경상북도문경 • 이겸승李謙承1891~미상경기도수 원 • 이겸양李謙良1895~미상평안남도평양 • 이겸중李謙重1912~1948전라북도익산 • 이겸호李謙浩1898~미상평안남도평 양 • 이겸호李謙浩1895~1942경상북도영덕 • 이경균李璟均1850~1922경상북도김천 • 이경도李敬燾1917~1998경상북도대 구 • 이경래李景徠1870~미상황해도곡산 • 이경만李敬萬1897~1983경상북도달성 • 이경민李卿敏1886~1919경상남도함 안 • 이경백李敬伯미상~1919미상 • 이경봉李敬奉1894~1955충청남도청양 • 이경삼李京三1890~1920평안북도강계 • 이경 상李京相1891~미상함경북도온성 • 이경석李庚奭1894~1969충청남도홍성 • 이경선李景仙1914~미상제주도제주 • 이경섭李 景燮1876~1924황해도곡산 • 이경수李敬洙1892~미상전라북도옥구 • 이경식李京植1895~1945한성 • 이경식李景植1928~ 미상전라북도김제 • 이경식李京植1897~미상황해도황주 • 이경용李鏡龍1921~미상평안남도평양 • 이경원李京元1873~1920 미상 • 이경일李京日미상~1909미상 • 이경임李敬妊1873~미상평안북도자성 • 이경자돌李庚子乭1900~미상함경남도풍산 • 이경재李景在1875~1920함경북도성진 • 이경재李敬載1907~1971경상남도하동 • 이경적李景積1891~1920미상 • 이경주李 京柱1893~미상평안북도초산 • 이경진李京辰1878~1952충청남도 • 이경집李敬集1883~1943경기도화성 • 이경집李敬執 1879~미상황해도황주 • 이경찬李瓊贊1886~1920미상 • 이경찬李敬贊1902~1921미상 • 이경채李景采1910~1978전라남도 광주 • 이경채李京彩1927~2011전라남도무안 • 이경초李敬初1884~1959경기도이천 • 이경춘李慶春1925~2011경기도평 택 • 이경혁李慶赫1876~1932경기도고양 • 이경호李景浩1896~미상함경북도회령 • 이경호李京鎬1882~1936황해도옹진 • 이경호李敬鎬1925~1976강원도춘천 • 이경호李璟鎬1890~1919경상남도하동 • 이경화李景和1873~미상함경북도성진 • 이 경환李慶煥1902~1929경상북도성주 • 이경훈李慶勳1924~2007경기도인천 • 이경흠李卿欽1874~1919경상남도함안 • 이경 희李敬希1907~미상한성 • 이경희李慶熙1880~1949한성 • 이계동李啓東1891~1989전라남도함평 • 이계빈李啓彬 1878~1928황해도옹진 • 이계빈李啓濱1891~1957충청남도청양 • 이계삼李啓三1900~1987충청남도청양 • 이계성李啓性 1879~1964충청남도홍성 • 이계성李啓聖1900~1976충청남도서산 • 이계열李啓烈1879~1980전라남도함평 • 이계엽李啓燁 1889~1937경상남도합천 • 이계웅李啓雄1887~1942전라남도나주 • 이계원李啓源1871~1944경상북도성주 • 이계원李癸媛 1906~미상강원도철원 • 이계준李季埈1869~1929경상북도성주 • 이계창李桂昌1897~1958한성 • 이계천李啓天1863~미상 함경남도이원 • 이계춘李啓春1914~1989전라남도나주 • 이계한李啓漢1888~1961충청남도예산 • 이계환李桂煥1898~1920 경상북도성주 • 이고경古鏡1882~1943경상남도합천 • 이고명李高命1905~미상한성 • 이공우李公雨1876~1954경기도부 천 • 이관李瓘1860~1928경상남도산청 • 이관구李觀求1885~1953황해도송화 • 이관규李觀圭1890~1963충청남도보령 • 이 관석李寬錫1870~1942평안북도자성 • 이관섭李官涉1899~미상평안북도초산 • 이관수李寬洙1925~1951경상남도동래 • 이 관수李寬秀1894~1978황해도옹진 • 이관식李寬植1869~미상미상 • 이관실李觀實미상미상 • 이관옥李觀沃1875~미상평안남 도순천 • 이관용李灌鎔1891~1933한성 • 이관직李觀稙1883~1972충청남도공주 • 이관진李寬鎭1862~1935강원도양양 • 이 괄李括1898~1963함경북도종성 • 이광李光1879~1966충청북도청주 • 이광민李光民1895~1945경상북도안동 • 이광복李光 福1891~미상황해도금천 • 이광선李光善1875~미상황해도이천 • 이광섭李光燮1914~미상충청남도예산 • 이광세李光世 1900~1972평안북도용천 • 이광수李光洙1855~미상한성 • 이광수李光洙1885~미상평안남도평원 • 이광수李光秀 1873~1965전라남도담양 • 이광순李光淳1899~1940전라북도옥구 • 이광연李光然1872~1939충청북도영동 • 이광우李光雨 1925~2007경상남도부산 • 이광월李廣月1902~미상경상북도김천 • 이광춘李光春1914~2010전라남도나주 • 이광하李光河 1904~1927미상 • 이광한李光翰미상~1929미상 • 이광헌李光憲1895~1969충청남도홍성 • 이광혁李光爀1897~미상평안북 도선천 • 이광호李光浩1896~1923평안북도창성 • 이광호李洸鎬1885~1942경상북도안동 • 이광훈李光勳1924~1943강원도 홍천 • 이광희李光熙1895~1943충청남도연기 • 이굉상李宏祥1893~1932경상남도창원 • 이교관李敎寬1890~1966강원도춘 천 • 이교담李交倓1880~1936한성 • 이교덕李敎悳1895~1955경상북도영주 • 이교륜李敎倫1897~1978경상남도진주 • 이교 선李敎善1892~1941충청남도청양 • 이교설李敎卨1880~미상충청북도음성 • 이교식李敎植1885~1945황해도연백 • 이교열

李敎悅1881~미상충청남도홍성 • 이교영李敎瑛1878~1950경상남도마산 • 이교영李喬榮1860~1942충청남도공주 • 이교옥李敎玉1910~1948전라북도정읍 • 이교재李敎載1887~1933경상남도창원 • 이교직李敎稙1882~1919경기도양주 • 이구연李龜淵1896~1950황해도 • 이구태李求泰미상~1922미상 • 이구현李九鉉1886~미상함경북도무산 • 이구현李九鉉1885~1943충청남도청양 • 이국범李國範1869~1931강원도양양 • 이국상李國相1884~1937경기도안성 • 이국영李國英1921~1956충청북도청주 • 이국표李國杓1893~미상함경남도정평 • 이국화李國化1878~1920미상 • 이군명李君明1888~1960경상북도김천 • 이군서李君瑞1883~미상평안남도성천 • 이권섭李權燮1901~미상함경남도북청 • 이권수李權秀1894~1937충청남도 • 이권재李權載1922~미상전라북도익산 • 이규갑李奎甲1888~1970충청남도아산 • 이규남李圭南1898~1971충청남도공주 • 이규달李圭達1852~1930경상북도안동 • 이규동李圭東1889~1950충청남도보령 • 이규동李圭東1894~1984경기도안성 • 이규룡李圭龍1887~1955한성 • 이규린李奎麟1856~1937경상남도울산 • 이규몽李圭蒙1894~미상함경남도함흥 • 이규병李奎炳1854~1920함경북도명천 • 이규봉李圭鳳1866~1919경상북도청도 • 이규사李奎四미상~1922미상 • 이규상李圭尙1894~미상충청남도공주 • 이규석李圭錫1897~1950경상남도함안 • 이규석李圭碩1885~1927충청남도청양 • 이규선李圭璇1895~1955경기도진위 • 이규선李奎善1885~1941경기도화성 • 이규성李奎星1891~미상평안북도초산 • 이규순李奎淳1894~1967충청남도서산 • 이규승李奎昇1883~미상평안남도대동 • 이규승李奎承1883~1961한성 • 이규억李圭億1893~미상함경북도회령 • 이규연李奎淵1880~미상함경남도장진 • 이규영李奎永1893~1945충청남도천안 • 이규완李圭完1901~1961경기도안성 • 이규운李奎運1905~1936함경남도안변 • 이규원李圭元미상경상도 • 이규응李奎應1862~1907한성 • 이규인李圭寅1890~1927경상남도 • 이규장李圭章1867~1938경상북도안동 • 이규준李圭駿1897~1928한성 • 이규직李奎直1887~미상함경남도함흥 • 이규창李圭昶1889~1963한성 • 이규창李圭昌1913~2005한성 • 이규창李奎昌1900~1970경기도안성 • 이규채李圭彩1884~1947경기도포천 • 이규철李圭哲1900~1959경기도안성 • 이규철李揆哲1895~1922경기도광주 • 이규태李圭珆1904~1931충청남도천안 • 이규태李奎泰1890~1941충청남도청양 • 이규풍李奎豊1865~1932충청남도아산 • 이규하李圭夏1879~미상강원도화천 • 이규학李圭鶴1914~1964경기도여주 • 이규학李圭鶴1896~1973한성 • 이규한李圭漢1887~미상충청남도홍성 • 이규현李圭玄1887~1972경상남도사천 • 이규회李圭恢1903~1966경상남도김해 • 이균형李均瀅1896~1920황해도수안 • 이균형李均亨1876~1943황해도봉산 • 이극李剋1888~1919함경남도북청 • 이극모李極模1898~1942경상북도안동 • 이극호李極鎬1891~1938경상북도안동 • 이근문李根文1862~1929충청남도천안 • 이근배李根培1893~미상평안남도강동 • 이근복李根復1886~1964경상남도울산 • 이근석李根錫1885~미상함경남도북청 • 이근석李根奭1888~미상황해도신천 • 이근석李根奭1898~1975충청남도논산 • 이근성李根成1911~미상평안남도평양 • 이근세李根世1873~1947강원도평창 • 이근수李根洙1891~1924평안남도대동 • 이근수李根洙1879~1953경기도안성 • 이근식李根寔1880~1956평안북도선천 • 이근영李根泳1857~미상한성 • 이근영李根永1875~미상한성 • 이근영李根永1871~1920황해도 • 이근오李根五1901~1945충청남도논산 • 이근옥李根玉1884~1959강원도양양 • 이근우李根雨1859~미상한성 • 이근원李根元1883~미상평안북도초산 • 이근재李根裁1893~1953함경남도함흥 • 이근종李根瑢1863~미상경기도장단 • 이근주李根周1860~1910충청남도홍성 • 이근진李根眞1875~1920평안북도용천 • 이근창李根昌1916~1944경기도양주 • 이근택李根澤미상~1923미상 • 이근형李瑾衡1894~1970전라북도김제 • 이근호李根浩1890~1968충청남도서천 • 이금득李金得1903~1975전라남도무안 • 이금렬李今烈1926~2003함경북도회령 • 이금복李今福1912~2010경상남도고성 • 이금봉李金奉1896~1950충청북도옥천 • 이금석李錦錫1893~미상함경남도안변 • 이금손李金孫1911~1961경상북도봉화 • 이금손李今孫1906~미상함경북도경성 • 이금철李今哲1879~미상경기도안성 • 이기李沂1848~1909전라북도김제 • 이기관李祺觀1882~미상황해도황주 • 이기동李基東1921~1996함경북도온성 • 이기락李基洛1867~1920평안북도위원 • 이기락李基洛1885~1920미상 • 이기룡李起龍1885~1951경기도이천 • 이기명李基明1898~1945경상북도의성 • 이기백李起白1899~1971경상북도청송 • 이기범李騏範1910~미상전라남도영암 • 이기봉李基鳳1896~1919경상남도창원 • 이기삼李己三1886~1945충청남도예산 • 이기삼李基三1877~1942미상 • 이기석李己石미상~1920미상 • 이기석李淇錫1893~1947경상남도창녕 • 이기선李基善1884~미상평안남도성천 • 이기선李基先1887~1919강원도홍천 • 이기섭李起燮1881~1969전라북도임실 • 이기성李基性1894~1944전라남도강진 • 이기성李箕聖1891~1976경상북도영덕 • 이기소李起韶1905~1970강원도삼척 • 이기송李基松1888~1939전라북도임실 • 이기숙李起淑1913~미상한성 • 이기순李奇順1883~미상황해도신계 • 이기순李基淳1909~1942제주도 • 이기순李琦淳1918~1999경상북도청송 • 이기순李起舜1903~1949경기도김포 • 이기신李起信1904~1951충청남도서산 • 이기안李奇安1895~미상충청남도서산 • 이기언李技彦미상~1922평안북도창성 • 이기열李基烈1905~1980전라북도옥구 • 이기영李起永1874~1918충청남도보령 • 이기영李基永1882~미상황해도해주 • 이기영李璣榮1873~1946충청북도영동 • 이기우李起偶1879~1937전라북도임실 • 이기웅李起雄1919~2001충청남도서산 • 이기원李基源1882~1963한성 • 이기원李起元1884~1952전라북도남원 • 이기원李基元1885~미상경상북도성주 • 이기윤李基允1891~1971경상북도성주 • 이기윤李起胤1898~1938경상북도청도 • 이기을李氣乙1923~2020함경남도북청 • 이기인李基仁1895~1981경상북도성주 • 이기정李基定1883~1955경상북도성주 • 이기종李基鍾1896~미상함경남도이원 • 이기주李基柱1865~미상함경남도북청 • 이기준李基俊1901~미상함경남도단천 • 이기준李麒俊1891~1929평안북도운산 • 이기초李基楚

1884~미상평안북도초산 • 이기춘李起春1889~1927경기도개성 • 이기포李基浦1901~1935경상북도봉화 • 이기풍李基豊1895~1976황해도 • 이기필李起弼1883~미상충청남도아산 • 이기하李起夏1897~미상충청북도제천 • 이기하李起夏1888~1965황해도 • 이기하李起河1898~1931경기도파주 • 이기하李起河1878~미상전라남도장성 • 이기한李綺漢1868~1941충청남도공주 • 이기헌李起憲1883~미상강원도평창 • 이기형李基馨1868~1946경상북도성주 • 이기호李基浩1881~미상황해도봉산 • 이기호李琦鎬1888~1933경상북도안동 • 이기화李技華미상~1922미상 • 이기환李起煥1924~2020전라남도진도 • 이기훈李起薰1867~1947경기도안성 • 이길구李吉求1898~1926한성 • 이길상李吉祥1902~1924평안북도선천 • 이길석李吉碩1904~미상평안북도의주 • 이길선李吉善1894~1957전라북도장수 • 이길성李吉性1874~1935충청남도홍성 • 이길영李吉永1928~2007충청남도아산 • 이길용李吉用1899~미상한성 • 이길우李吉雨1925~1945경상북도청도 • 이길원李吉遠1913~1981전라남도장흥 • 이길종李佶鍾1910~2000전라남도장흥 • 이길현李吉鉉1905~1979전라북도장수 • 이낙구李樂九미상~1936함경남도안변 • 이낙연李樂然1899~1919충청북도영동 • 이낙영李樂永1897~1931함경남도북청 • 이낙주李洛周1896~1923경기도연천 • 이낙준李洛俊1890~1938함경남도단천 • 이낙춘李樂春1887~1960충청남도 • 이낙학李樂學1893~1955경기도부천 • 이낙현李洛鉉1860~1919경상남도합천 • 이난의李蘭儀1885~1957경기도부천 • 이남규李南奎1903~미상황해도통천 • 이남규李南奎1878~1934충청남도논산 • 이남기李南琦1898~1919미상 • 이남률李南律1903~1950충청남도서천 • 이남세李南世1891~1920미상 • 이남숙李南淑1903~미상경상북도대구 • 이남순李南順1904~미상전라남도목포 • 이남종李南鍾1893~1982충청남도홍성 • 이남직李南稙1920~2005경상북도안동 • 이남채李南彩1899~미상전라남도광주 • 이남호李南鎬1882~1934경상북도안동 • 이내성李乃成1893~1927경상북도칠곡 • 이내수李來修1860~1933충청남도논산 • 이내한李來漢1883~1954경기도양주 • 이능욱李能郁1892~미상함경북도명천 • 이능학李能學1840~미상경상북도선산 • 이다애李多愛1904~미상전라남도해남 • 이달李達1890~미상충청남도논산 • 이달李達1910~1942충청남도 • 이달근李達根1893~미상평안남도성천 • 이달생李達生1886~1960제주도제주 • 이달순李達淳1874~미상경기도용인 • 이달영李達榮1911~1950경상북도칠곡 • 이달용李達鎔1889~1919충청남도아산 • 이달준李達俊1879~미상황해도황주 • 이달준李達俊1873~1919충청남도서산 • 이달하李達河1855~미상황해도수안 • 이달희李達熙1920~1994경상남도창원 • 이담李墰1879~1955경기도부천 • 이대교李大敎1925~1944경상북도예천 • 이대균李大均1899~1950한성 • 이대근李大根1871~1950경기도안성 • 이대기李大基1888~1940경상북도안동 • 이대길李大吉1906~1936미상 • 이대녕李大寧1926~미상경상북도안동 • 이대산李臺山1923~2020황해도이천 • 이대성李大成1903~1946충청남도서산 • 이대성李大成1919~2013함경남도원산 • 이대수李大壽1911~1952전라북도남원 • 이대위李大爲1878~1928평안남도강서 • 이대위李大偉1896~1982평안북도용천 • 이대집李大執1883~미상충청남도청양 • 이대하李大夏1890~1950충청남도서산 • 이대헌李大憲1883~1944경기도광주 • 이대희李岱熙1883~미상함경남도북청 • 이덕균李德均1879~1955경기도용인 • 이덕기李德奇1905~1948경상남도고성 • 이덕룡李德龍미상~1921미상 • 이덕민李德敏1867~1924충청남도연기 • 이덕산李德山1919~2002충청남도서산 • 이덕삼李德三1904~1926평안북도철산 • 이덕삼李德三미상미상 • 이덕생李德生1901~1939경상북도대구 • 이덕수李德秀미상~1940평안북도삭주 • 이덕수李德洙1888~미상함경남도단천 • 이덕숙李德淑1894~1960경상북도안동 • 이덕순李德順1879~1966경기도진위 • 이덕우李德宇1908~1950전라남도화순 • 이덕조李德祚1893~1925미상 • 이덕주李德周1897~1970경상북도대구 • 이덕주李德柱1911~1935황해도신천 • 이덕칠李德七1915~1936미상 • 이덕칠李德七1886~미상충청남도예산 • 이덕태李德泰1884~미상평안남도순천 • 이덕현李德鉉1877~1943충청남도청양 • 이덕환李德煥1877~1937평안남도평양 • 이덕후李德厚1855~1927경상북도성주 • 이덕흠李德欽1905~1962전라남도장흥 • 이덕흡李德洽1870~1920평안북도초산 • 이도상李道祥1896~1967경상북도안동 • 이도순李道淳1909~1969평안북도의주 • 이도식李道植1870~미상평안북도초산 • 이도신李道信1902~1925평안북도강계 • 이도윤李道胤1923~2013경상남도동래 • 이도재李道在1879~미상함경남도이원 • 이도준李道俊1901~미상전라북도옥구 • 이도해李道海1870~미상경기도용인 • 이돈구李敦九1888~미상한성 • 이돈석李敦錫1886~미상충청남도공주 • 이돈의李敦儀1884~미상한성 • 이돈호李墩浩1868~1942경상북도영양 • 이돌몽李乭蒙1911~1931경상북도영양 • 이동개李同介1910~1955경상남도울산 • 이동개李東介1895~1975경상남도창원 • 이동구李東求1886~1933강원도횡성 • 이동근李東根1899~미상강원도인제 • 이동근李東近1893~1920미상 • 이동녕李東寧1869~1940충청남도천안 • 이동림李東林1889~미상평안북도의주 • 이동명李東明1890~1958충청남도청양 • 이동보李東甫1906~1943함경남도영흥 • 이동봉李東鳳1894~1920경상북도안동 • 이동빈李東彬미상~1920미상 • 이동선李東宣1909~미상전라남도광산 • 이동섭李東燮1894~1950함경남도단천 • 이동성李東成1873~미상충청남도공주 • 이동세李東世1880~미상경기도이천 • 이동수李東洙미상~1920미상 • 이동수李東秀1883~1944평안북도정주 • 이동순李東淳1909~1977강원도양양 • 이동순李東順1913~미상충청남도예산 • 이동식李東植1865~미상평안남도중화 • 이동엽李東葉1891~1944충청남도공주 • 이동옥李東玉1880~미상평안남도중화 • 이동옥李東玉1902~미상미상 • 이동우李東宇미상미상 • 이동욱李東郁1890~미상황해도서흥 • 이동욱李東煜1891~1923평안북도의주 • 이동운李東云1901~1920미상 • 이동운李東運1892~1963한성 • 이동원李東元1893~1920평안북도선천 • 이동원李東源1925~1978전라북도전주 • 이동원李東元1921~1984평안북도박천 • 이동일李東一1891~1924경기도개성 • 이동진李東振1902~1973강원도고성 • 이동진李東鎭1924~1946경상북도의성 • 이동찬李東燦

1894~1934경기도고양 • 이동천李東天1889~1924전라남도무안 • 이동철李東喆1901~1964충청남도부여 • 이동춘李同春 1872~1940함경북도회령 • 이동하李東夏1865~1929충청남도청양 • 이동하李東廈1875~1959경상북도안동 • 이동하李東夏 1882~미상충청남도서산 • 이동학李東學1920~1995경상북도안동 • 이동화李東華1896~1934경상남도동래 • 이동화李東華 1907~1995평안남도강동 • 이동화李東和1874~1959경상북도영덕 • 이동화李東華1910~미상평안남도평원 • 이동환李東煥 1901~1982전라북도정읍 • 이동훈李東勛1887~1920평안남도 • 이동휘李東輝1873~1935함경남도단천 • 이동흠李棟欽 1881~1967경상북도안동 • 이동흡李東洽1885~미상평안남도중화 • 이두상李斗相1900~1948충청남도청양 • 이두생李斗生 1890~미상전라남도제주 • 이두석李斗錫1912~1938경상북도칠곡 • 이두석李斗碩1912~1947전라북도남원 • 이두선李斗先 1901~1928경상북도안동 • 이두연李斗淵1915~1944경상북도울진 • 이두연李斗淵1881~1949강원도횡성 • 이두열李斗烈 1888~1954함경남도영흥 • 이두일李斗一1914~2008제주도제주 • 이두종李斗鍾1916~1997경기도평택 • 이두준李斗濬 1889~미상평안북도운산 • 이두천李斗天1923~1981평안남도평양 • 이두추李斗樞1909~1980전라남도장흥 • 이두칠李斗七 1900~1936경상북도의성 • 이두표李斗杓1919~2005함경북도경성 • 이두현李斗鉉1902~1927경기도고양 • 이두형李斗炯 1894~1919강원도양양 • 이두훈李斗勳1856~1918경상북도고령 • 이득년李得年1883~1950경기도고양 • 이득만李得萬미상 ~1919미상 • 이득수李得洙1899~1968평안남도강동 • 이득우李得雨1925~2014평안북도박천 • 이란李欄1925~2011강원 도 • 이만규李晩煃1845~1921경상북도안동 • 이만도李晩燾1842~1910경상북도안동 • 이만동李萬童1906~1987전라남도나 주 • 이만봉李萬奉1901~미상충청남도서산 • 이만석李萬錫1893~미상충청북도괴산 • 이만성李萬成1872~1922경상북도성 주 • 이만엽李萬葉미상~1928미상 • 이만용李萬龍1898~1975충청남도청양 • 이만용李萬用1888~1923충청남도청양 • 이만 의李萬儀1880~1959전라북도임실 • 이만이李萬伊1898~1980경상북도칠곡 • 이만준李萬俊1888~1971경상북도의성 • 이만 준李萬俊1891~1943전라남도장성 • 이만집李萬集1876~1944경상북도대구 • 이만춘李萬春1880~1950전라남도무안 • 이만 형李萬馨1899~1923평안북도의주 • 이만훈李晩勳1906~미상한성 • 이만흥李萬興1867~1920미상 • 이만희李萬熙 1890~1959경상북도영덕 • 이만희李晩義1898~1954경상북도청도 • 이말용李末用1898~미상경상북도김천 • 이말인李末寅 1902~미상경상북도영일 • 이맹삼李孟三1867~1919충청북도제천 • 이맹준李孟俊1897~1948경상북도의성 • 이맹호李孟鎬 1894~1965경상북도안동 • 이면규李冕奎1886~미상황해도송화 • 이면식李冕植1882~미상황해도옹진 • 이면우李冕雨 1889~1968경상북도상주 • 이면주李冕宙1827~1910경상북도봉화 • 이면직李冕稙1873~1932강원도원주 • 이면하李冕河 1875~미상평안남도강서 • 이면호李冕鎬1878~1920충청북도옥천 • 이명李明1917~1950충청남도천안 • 이명교李明敎 1895~미상황해도신천 • 이명균李明均1863~1923경상북도김천 • 이명근李明根미상미상 • 이명근李明根1889~1967함경남 도함흥 • 이명노李明魯1877~미상황해도장연 • 이명달李明達1900~1947경상북도안동 • 이명로李明魯1891~미상충청남도예 산 • 이명룡李明龍1873~1956평안북도정주 • 이명만李命滿1900~1986경상북도영일 • 이명범李明範1912~미상전라남도영 암 • 이명봉李明奉1864~1925함경남도정평 • 이명상李明祥1888~미상평안북도정주 • 이명상李明祥1909~1969경상남도창 원 • 이명서李明瑞1887~1920황해도장연 • 이명선李明善1893~1932황해도장연 • 이명세李明世1875~미상경기도이천 • 이 명수李明洙1868~미상전라북도전주 • 이명순李明淳1872~1920함경북도명천 • 이명시李明施1902~1974경상남도합천 • 이 명식李明植1920~미상황해도 • 이명언李明彦1882~1927함경북도명천 • 이명언李明彦1880~1927경상북도영덕 • 이명우李 命羽1872~1921경상북도안동 • 이명원李明源1869~1952충청북도충주 • 이명의李明儀1900~1930강원도강릉 • 이명제李明 濟1893~1947충청남도예산 • 이명종李鳴鍾1893~1954충청남도보령 • 이명지李明智1912~2007전라남도완도 • 이명진李明 鎭1887~1957충청남도예산 • 이명초李明初미상~1920미상 • 이명춘李明春1892~미상충청남도서산 • 이명하李明夏 1875~1961충청남도청양 • 이명하李命夏1878~1921충청북도제천 • 이명학李明鶴1900~미상충청남도서산 • 이명화李明化 1881~미상경상남도거창 • 이목익李穆翊1868~1949경상북도울진 • 이목호李穆鎬1879~1919경상북도안동 • 이몽석李夢石 1898~1929경상남도부산 • 이묘옥李妙玉1895~1975경상남도창원 • 이무수李武壽1887~1943경상북도청도 • 이무영李茂榮 1921~1950경상북도의성 • 이무종李武鍾1893~1956경상남도 • 이무중李茂重1925~1950평안남도평양 • 이문규李文圭 1900~미상충청북도괴산 • 이문선李文善1902~미상평안북도선천 • 이문식李文植1889~1930한성 • 이문용李文庸 1891~1962충청남도부여 • 이문욱李文旭1885~미상황해도안악 • 이문이李文伊1894~미상경상북도칠곡 • 이문일李文鎰 1866~미상황해도곡산 • 이문재李文載1898~1950충청남도홍성 • 이문조李文祚1902~1971경상남도울산 • 이문천李文千 1892~1941제주도제주 • 이문하李文河미상~1922미상 • 이문학李文學1880~미상충청남도서산 • 이문현李文鉉1883~미상충 청남도천안 • 이문협李文協1870~1948충청남도공주 • 이문화李文華1921~2002평안북도정주 • 이미동李美東1911~미상경상 남도울산 • 이민구李民求1921~2000충청남도아산 • 이민두李敏斗1902~1955전라남도나주 • 이민상李敏相1882~미상충청 남도부여 • 이민세李民世1877~미상경기도이천 • 이민수李敏洙1926~1976전라남도나주 • 이민식李敏軾1875~1934경기도 포천 • 이민식李敏植1875~미상경기도개성 • 이민우李敏雨1883~미상미상 • 이민준李民俊1898~미상함경북도명천 • 이민태 李敏台1872~1925한성 • 이민향李敏香1870~미상황해도해주 • 이민형李民衡1902~1930한성 • 이민호李敏鎬1910~1933함 경남도신흥 • 이민호李敏浩1895~1944충청남도아산 • 이민화李敏華1898~1923충청남도아산 • 이민환李珉煥1899~1973함 경남도홍원 • 이발李發1851~1928함경남도단천 • 이발영李發榮1880~1949경기도안성 • 이발호李發鎬1901~1947경상북도

안동 • 이배근李培根1883~미상평안남도강동 • 이배기李培基1892~1974경상북도의성 • 이백순李伯純1885~1950충청남도논산 • 이백용李白容1911~2003경상남도고성 • 이백이李柏伊1895~1966경상북도영덕 • 이백춘李白春1913~1966전라남도강진 • 이백하李柏夏1899~1985충청남도천안 • 이백현李白鉉미상~1922미상 • 이범교李範教1888~1951경상북도영천 • 이범기李範驥1884~1965한성 • 이범모李範模1877~1924함경북도경성 • 이범석李範奭1900~1972한성 • 이범석李範錫미상경상북도영덕 • 이범석李範奭1895~미상황해도평산 • 이범성李範成1890~1967경상북도칠곡 • 이범수李範壽1893~1945전라북도남원 • 이범영李範英1890~1955경기도포천 • 이범영李範寧1892~1982한성 • 이범우李範雨1892~1971충청북도제천 • 이범재李範載1916~1953함경남도갑산 • 이범진李範晋1852~1911함경남도 • 이범호李範鎬1883~1956경상남도하동 • 이범홍李範洪1894~1919충청남도청양 • 이벽도李碧桃1903~미상황해도해주 • 이병갑李炳甲1904~미상전라북도부안 • 이병걸李秉杰1902~미상함경남도홍원 • 이병곤李炳坤1921~1979평안북도용천 • 이병관李炳寬1900~1947전라북도옥구 • 이병관李炳觀1891~미상함경남도함흥 • 이병구李炳求1891~1950경기도안성 • 이병규李秉奎1873~미상황해도곡산 • 이병규李秉珪1890~미상경기도부천 • 이병근李秉根1855~미상함경남도정평 • 이병기李炳基1876~미상평안남도 • 이병기李秉岐1892~1968전라북도익산 • 이병도李丙燾1923~1991경상남도하동 • 이병돈李炳敦1914~2005함경남도신흥 • 이병두李秉斗1897~1961전라북도전주 • 이병렬李秉烈1872~1929전라북도임실 • 이병렬李炳烈1907~미상황해도회양 • 이병린李炳麟1892~1936경상북도안동 • 이병린李炳麟1886~1930경기도김포 • 이병림李秉霖1889~1919충청남도공주 • 이병립李炳立미상미상 • 이병모李秉模1870~미상평안남도양덕 • 이병묵李丙黙1900~1931전라남도담양 • 이병문李丙文1888~1921경기도안성 • 이병복李丙福1895~1920미상 • 이병석李秉釋1894~1930전라북도익산 • 이병선李炳善1882~1919충청북도청원 • 이병섭李秉燮1897~1928전라북도김제 • 이병성李炳星1884~미상경기도장단 • 이병수李炳秀1896~1960경상남도창원 • 이병식李秉植1861~1938경기도가평 • 이병억李秉億1879~1973경기도수원 • 이병연李秉淵1894~미상경기도용인 • 이병영李炳英1894~1954전라남도진도 • 이병오李丙五1877~1948경기도안성 • 이병용李炳用1895~1959충청남도청양 • 이병용李炳用1863~미상함경북도길주 • 이병우李炳宇1888~1941전라남도장성 • 이병욱李丙旭1897~1978한성 • 이병율李秉律1880~미상함경북도길주 • 이병은李炳殷1909~1933평안북도영변 • 이병의李丙儀1896~1932경기도파주 • 이병재李秉在1877~1920미상 • 이병주李炳疇1864~미상평안남도덕천 • 이병주李秉周1894~1971충청남도논산 • 이병준李炳準1872~미상강원도철원 • 이병준李炳俊1875~1946평안북도선천 • 이병준李秉俊1896~미상평안북도초산 • 이병직李秉稷1900~미상함경북도명천 • 이병진李秉進1869~1920함경북도길주 • 이병진李炳鎭1888~1949경기도안성 • 이병찬李炳燦1875~미상함경남도장진 • 이병찬李炳贊1879~미상경기도가평 • 이병철李炳哲1915~1976충청남도대전 • 이병철李秉哲1898~미상평안북도자성 • 이병철李丙喆1887~1925경상남도밀양 • 이병철李秉徹미상충청북도충주 • 이병철李丙喆1894~1970경기도안성 • 이병춘李炳春1864~1935전라북도임실 • 이병탁李炳鐸1880~미상평안남도순천 • 이병태李炳泰1878~1968경상북도예천 • 이병하李炳河1903~미상평안북도위원 • 이병한李柄漢1890~1971경상북도예천 • 이병헌李炳憲1896~1976한성 • 이병호李丙浩1896~1978경상남도밀양 • 이병호李秉湖1875~미상평안북도초산 • 이병호李秉昊1886~1955전라남도보성 • 이병호李炳琥1926~2011경기도개성 • 이병호李秉浩1890~미상충청남도공주 • 이병홍李秉弘1898~미상평안북도초산 • 이병화李炳華1906~1952경상북도안동 • 이병환李炳煥1898~1946전라남도광주 • 이병회李柄回1865~1927경상북도고령 • 이병훈李秉勳1913~2004평안남도평원 • 이병희李丙禧1918~2012한성 • 이보경李輔卿1889~1962경기도부천 • 이보국李寶國1872~1954충청남도서산 • 이보동李保東1898~미상전라북도옥구 • 이보동李寶同1885~1948충청남도서산 • 이보비李寶妣1912~미상미상 • 이보성李保性1881~1946충청남도홍성 • 이보식李普湜1900~미상경상북도달성 • 이보영李輔永1890~1955경기도양주 • 이보원李輔元1870~1949경기도양평 • 이복래李復來1894~1950경기도시흥 • 이복수李福守1901~1929경상북도영일 • 이복원李復遠1902~1928충청남도예산 • 이복원李復源1886~1950함경남도북청 • 이복이李卜伊1886~1961경상북도영덕 • 이복점李卜点1893~1985전라남도무안 • 이봉구李鳳九1897~미상경기도수원 • 이봉구李鳳九1877~미상황해도회양 • 이봉권李鳳權1886~미상황해도신계 • 이봉규李奉奎1880~미상평안북도 • 이봉규李奉奎1877~1927제주도제주 • 이봉규李鳳奎1875~1920평안북도선천 • 이봉근李奉根1897~1947함경남도함흥 • 이봉금李奉錦1904~1971전라남도순천 • 이봉래李鳳來1903~1934강원도삼척 • 이봉래李鳳來1906~1989함경남도단천 • 이봉로李鳳魯1902~1940경상북도달성 • 이봉묵李鳳黙1919~1966한성 • 이봉석李奉石1883~1953경기도강화 • 이봉선李鳳善미상황해도회양 • 이봉섭李奉涉미상~1922미상 • 이봉성李鳳性1871~1921충청남도홍성 • 이봉세李鳳世1899~미상충청남도논산 • 이봉수李鳳壽1878~1919경상북도의성 • 이봉순李奉順1880~1953충청남도청양 • 이봉식李奉植1896~1934황해도은율 • 이봉양李鳳陽1924~2013한성 • 이봉연李鳳然1893~1941충청북도영동 • 이봉영李鳳泳1877~미상황해도해주 • 이봉우李奉堣미상~1919평안북도삭주 • 이봉우李鳳雨1873~1921경상남도동래 • 이봉조미상~1921미상 • 이봉진李鳳珍1904~1969평안북도선천 • 이봉창李奉昌1901~1932한성 • 이봉채李鳳采1918~미상강원도춘천 • 이봉철李奉哲1897~1927경기도장단 • 이봉철李奉哲1884~1941경상남도 • 이봉춘미상~1921미상 • 이봉춘李奉春1902~미상평안북도초산 • 이봉하李奉夏1891~1969충청남도서산 • 이봉하李鳳夏1880~미상경기도파주 • 이봉하李鳳夏1887~1963강원도철원 • 이봉학李鳳鶴미상~1905미상 • 이봉학李鳳鶴1896~1974경상북도영일 • 이봉학李奉學1892~미상충청남도서산 • 이봉호李鳳鎬1897~1953함경남도북청 • 이봉환李鳳煥1890~1965경상북도안동・이봉환李鳳煥미상~1896전라북도전주・이봉훈李奉勳1923~1995평안남도평양・이봉희李鳳羲1868~1937경상북도안동・이봉희李鳳熙1880~1958경상남도성주・이부근李富根1899~1986경상남도창원・이부성李斧星1908~미상경기도광주・이부성李富星1896~미상경기도안성・이북술李北述1887~1970경상북도의성・이붕재李鵬在1895~1920미상・이붕해李鵬海1896~1950충청남도천안・이비호李조鎬1895~1961경상북도안동・이사국李思國1890~1961경기도강화・이사덕재李四德才1912~1948경상남도진주・이사범李士範1876~1943경기도양주・이사섭李士燮1924~2004전라남도광산・이사원李士元1896~미상경기도안성・이사필李思弼1888~1925경기도진위・이살놈李살놈1886~1948경기도김포・이살음李薩音1892~1966한성・이삼돌李三突1902~미상함경남도장진・이삼로李參魯1886~1928충청남도서산・이삼봉李三奉1914~미상충청남도대전・이삼현李參鉉1877~1954경상북도안동・이삼현李三賢1900~1937평안북도벽동・이상건李相健1868~1942충청남도연기・이상관李相寬1891~1936경상남도밀양・이상구李相龜1888~1958강원도삼척・이상국李象國1912~1950강원도강릉・이상규李祥奎1895~미상전라북도정읍・이상근李相根1892~1945경기도안성・이상노李祥老1869~미상황해도금천・이상덕李相悳1900~1975경상남도부산・이상도李相度1897~1944경상북도대구・이상돌李上乭1887~1966경기도고양・이상동李相東1864~1951경상북도안동・이상락李相洛1889~1920충청남도홍성・이상래李祥來1891~미상충청남도공주・이상룡李相龍1858~1932경상북도안동・이상만李相萬1924~1950경상남도고성・이상만李相滿1898~1938경상남도거창・이상만李相晩1919~1944경상남도고성・이상만李象萬1884~1955충청남도홍성・이상모李相模1908~1961경상남도고성・이상문李尙文1924~1997경상남도통영・이상문李相文1926~1991경상북도칠곡・이상문李相汶1920~2016전라남도고흥・이상발李尙發1873~1947경상남도밀양・이상백李相栢1886~1965경상북도칠곡・이상설李相卨1870~1917충청북도진천・이상소李相召1860~1942경상남도마산・이상수李祥秀1889~1971충청남도・이상순李尙順1888~1967전라남도해남・이상신李相信1888~1961경기도안성・이상암李相岩1906~1949전라남도구례・이상영李象永1896~1965충청남도서산・이상옥李相玉1890~1942충청북도청주・이상옥李相玉1897~1969경기도안성・이상욱李象旭1873~1945충청남도공주・이상욱李相旭1891~미상전라남도영암・이상욱李相煜1894~1926전라북도장수・이상운李相云1927~1945충청북도청원・이상윤李尙潤1898~1989평안북도의주・이상을李相乙1907~1944경상북도영주・이상익李象益1865~1930충청남도서산・이상일李尙逸미상~1944경상남도통영・이상재李商在1850~1927충청남도한산・이상정李相定1896~1947경상북도대구・이상조李尙祚1913~1945경상남도통영・이상준李尙俊1869~미상경상북도고령・이상준李相俊1896~1955전라남도함평・이상직李相稷1878~1947충청북도진천・이상찬李相瓚1884~1942충청북도영동・이상철李相喆1894~1927충청남도홍성・이상철李相哲1876~1905전라남도영암・이상철李相哲1912~2000전라남도영광・이상철李相徹1897~1935경상북도달성・이상철李象喆1898~1937경기도용인・이상춘李相春1885~1942경기도안성・이상쾌李相快1902~1971경상북도대구・이상태李相台1896~1964경기도부천・이상태李尙泰1865~미상미상・이상태李相兌1891~1955경상남도남해・이상해李相海1874~1951경상북도성주・이상혁李商赫1893~1921경기도이천・이상현李相賢1886~1919경상남도합천・이상협李相協1897~1960충청남도홍성・이상호李相鎬미상~1935미상・이상호李相浩1885~미상황해도평산・이상호李相鎬1871~1930함경북도경성・이상호李相虎1926~1945경상북도대구・이상호李相浩1922~2010경상남도고성・이상호李相浩1881~1954경상북도영일・이상화李祥和1871~1953경상북도영덕・이상화李相和1901~1943경상북도대구・이상환李相煥1897~1943경상남도양산・이상훈李相勛1901~1932충청북도진천・이상희李尙禧미상~1920미상・이서구李瑞九1888~미상충청북도보은・이서구李書九1893~1957경상북도예천・이서국李瑞國1921~2002충청남도서산・이서규李瑞圭1883~1941충청남도청양・이서룡李瑞龍1919~1945황해도서흥・이서오李瑞五1889~미상함경북도온성・이서현李瑞賢1900~1968평안북도위원・이서화李瑞和1885~미상경상북도청송・이석李錫1910~1978경상북도칠곡・이석곤李錫坤미상~1932미상・이석구李錫九1880~미상강원도철원・이석규李錫奎비공개비공개・이석규李錫圭1894~1960강원도고성・이석균李⊠均1855~1927경상북도김천・이석근李奭根1885~1947경기도안성・이석기李奭器1879~1931전라북도남원・이석눌李錫訥미상~1920미상・이석담李石潭1859~1930황해도평산・이석돈李錫暾1888~미상평안남도강동・이석란李錫蘭미상~1920미상・이석렬李錫烈1884~1923전라북도고창・이석린李錫麟1914~1999한성・이석린李石麟1924~1987충청북도단양・이석범李錫範1876~1958경상북도영덕・이석붕李錫朋1873~미상황해도수안・이석산李石山1890~1972경상북도영덕・이석술李石述1888~1919경상북도영덕・이석영李石榮1855~1934한성・이석용李石用1898~1984경상남도통영・이석윤李錫允1899~1986경상남도양산・이석인李錫仁1872~1947충청남도홍성・이석종李錫宗1871~1919경상남도거창・이석종李奭鍾1860~1921경기도광주・이석준李錫俊1870~1946경기도양주・이석중李錫重미상~1919미상・이석채李錫埰1892~1948경상북도경주・이석화李石和1868~1931전라북도남원・이석화李錫華1888~미상한성・이석후李錫厚1884~1922충청남도청양・이선경李善卿1902~1921경기도수원・이선구李善九1903~미상평안북도선천・이선근李仙根1883~1947충청남도아산・이선봉李先奉1876~미상경상북도영덕・이선영李善泳1919~1970한성・이선우李善雨1899~1961전라남도여수・이선준李銑濬1911~미상충청남도당진・이선직李善稙1897~1930함경남도단천・이선찬李善贊미상~1921미상・이선호李先鎬1904~1950경상북도안동・이선희李善希1896~1926경상북도대구・이선희李仙熙미상~1979미상・이설李偰1850~1906충청남도홍성・이섬李暹1888~미상경기도고양・이성관李城官1894~미상함경남도함흥・이성구李聖述1901~미상평안북도초산 • 이성구李成九1897~1934평안북도선천 • 이성구李晟九1924~1978충청북도제천 • 이성구李成九1895~1973경기도수원 • 이성국李星國미상~1920미상 • 이성규李成奎미상~1923미상 • 이성규李成圭1886~1951충청남도보령 • 이성근李成根1894~1924충청남도홍성 • 이성근李成根1901~미상경상북도영천 • 이성근李成根1916~1994평안남도평양 • 이성기李成器1890~1978전라북도남원 • 이성렬李成烈1891~1949경기도안성 • 이성례李聖禮1884~1963미상 • 이성룡李成龍1876~1946황해도해주 • 이성률李聖律1894~1979경기도안성 • 이성린李聖麟1907~1974충청남도예산 • 이성배李成培미상~1920함경남도삼수 • 이성백李成伯1865~1937경상북도영덕 • 이성범李聖範1881~1957경상북도상주 • 이성복李成福1901~미상함경남도단천 • 이성수李性洙1915~미상함경남도단천 • 이성수李性秀1890~1968충청남도보령 • 이성숙李成淑1924~1997경상남도함안 • 이성순李聖淳1890~1951전라북도옥구 • 이성실李成實1892~1920미상 • 이성실李誠實1894~미상평안남도평양 • 이성엽李成燁미상~1923미상 • 이성영李成榮1878~1940경상남도울산 • 이성옥李成玉1887~미상경기도포천 • 이성완李誠完1900~1992함경남도정평 • 이성용李性用1875~1920충청북도음성 • 이성우李誠宇1900~미상함경북도경원 • 이성윤李成允1880~미상평안남도성천 • 이성윤李成允1901~미상경기도안성 • 이성의李聖儀1884~1938전라북도임실 • 이성제李聖濟미상~1919함경남도홍원 • 이성준李成俊미상~1921평안남도 • 이성준李晟濬1894~미상평안북도위원 • 이성준李成俊1898~1920미상 • 이성지李成智1902~1971전라남도무안 • 이성철李性哲1879~1923경상남도통영 • 이성초李成初1866~미상황해도신천 • 이성춘李成春1895~1949전라북도옥구 • 이성춘李成春1894~1953황해도은율 • 이성태李星泰1901~1937충청남도당진 • 이성태李聖泰1886~미상충청북도청주 • 이성택李城宅1899~미상함경남도함흥 • 이성필李成弼1897~1926함경북도경성 • 이성하李成夏1889~1954충청남도서산 • 이성하李成夏1866~1920충청남도청양 • 이성하李成夏1876~미상함경남도장진 • 이성하李星夏1859~1919충청남도천안 • 이성호李成鎬1886~1968경상북도안동 • 이성호李成鎬1914~1945미상 • 이성호李聖浩1873~1943충청남도천안 • 이성호李成浩1894~미상평안남도영원 • 이성효李聖孝1889~미상경상남도진주 • 이세기李世基1923~1976경상남도하동 • 이세신李世信1905~미상함경북도경흥 • 이세영李世永1870~1941충청남도청양 • 이세원李世遠1908~1967충청남도예산 • 이세일李世一1904~미상평안북도삭주 • 이세창李世昌1873~미상미상 • 이세현미상~1921미상 • 이세화李世和1887~1949충청남도서산 • 이소선李小先1900~미상경상남도통영 • 이소열李小烈1898~1968경상북도선산 • 이소용李蘇用1900~1965충청남도천안 • 이소제李少悌1875~1919충청남도천안 • 이소희李昭姬1886~미상강원도철원 • 이송의李松儀1888~1970전라북도임실 • 이송자李松子1914~1979전라남도목포 • 이송죽李松竹1910~미상평안북도의주 • 이수각李壽珏1887~1963경상북도칠곡 • 이수각李壽珏1872~1955경상북도영덕 • 이수강李壽康1912~1962경상남도창원 • 이수길李秀吉1902~1984경기도양주 • 이수길李洙吉1883~미상황해도황주 • 이수달李洙達1877~미상함경남도함흥 • 이수동李壽童1912~미상전라남도광주 • 이수락李壽洛1899~1981경상남도울산 • 이수란李水蘭1862~1926충청북도청주 • 이수룡李守龍1911~1998경상남도창원 • 이수목李壽穆1890~1978경상북도칠곡 • 이수복李壽福1911~미상충청남도논산 • 이수봉李壽奉1897~1946경기도안성 • 이수안李壽安1859~1929경상남도진주 • 이수암李秀岩1921~미상함경북도길주 • 이수약李修若미상~1920함경북도성진 • 이수양李秀陽1889~1977충청남도연기 • 이수열李守烈1903~1971경상남도동래 • 이수영李秀英미상~1921평안남도강동 • 이수영李邃榮1887~1969한성 • 이수영李秀瀅1920~1996경상남도창원 • 이수욱李秀郁1890~1970충청남도연기 • 이수원李守元1874~1964경상북도의성 • 이수인李洙仁1880~1963경상북도성주 • 이수일李壽逸1885~1966경상북도칠곡 • 이수정李守丁1887~1977황해도통천 • 이수정李洙貞1890~1934경상남도함안 • 이수준李秀峻1914~1968충청남도공주 • 이수천李壽千1899~1965충청북도옥천 • 이수철李秀哲1899~1933경상남도창녕 • 이수택李壽澤1891~1927경상북도칠곡 • 이수현李守鉉1895~1984전라북도옥구 • 이수호李壽浩1895~1948경상남도산청 • 이수흥李壽興1905~1929경기도이천 • 이수희李壽喜1904~미상한성 • 이순李 順1913~1991전라남도광주 • 이순구李淳九미상~1920미상 • 이순구李旬求1892~1950충청남도천안 • 이순구李舜九1900~1972경기도시흥 • 이순극李順克1902~1919강원도홍천 • 이순근李順根1893~1958경상북도의성 • 이순기李舜基1890~1948함경남도함흥 • 이순기李舜基1897~1959경기도안성 • 이순길李順吉1891~1958전라북도옥구 • 이순덕李淳德1886~1919평안남도성천 • 이순모李順模1893~1975경기도화성 • 이순승李淳承1908~1976경기도강화 • 이순승李順承1902~1994경기도양주 • 이순여李順汝1895~미상경상남도밀양 • 이순영李舜永1888~1964황해도평산 • 이순영李順榮1883~1945함경남도원산 • 이순옥李順玉1913~미상함경북도경성 • 이순용李順用1886~1960충청남도홍성 • 이순일李順一1867~1941경기도수원 • 이순재李淳載1891~1944경기도양주 • 이순주李淳柱1916~1936전라남도장흥 • 이순철李淳喆1893~1931강원도철원 • 이순탁李順鐸1897~미상한성 • 이순화李順和1870~1936경기도고양 • 이승구李承九1880~1920충청북도영동 • 이승구李承玖1892~미상경상북도안동 • 이승구李昇求1901~1957경상북도안동 • 이승국李承國1878~미상함경남도북청 • 이승규李承奎1872~1920평안북도선천 • 이승규李承奎1860~1922미상 • 이승길李承吉1887~1965황해도황주 • 이승달李承達1898~1956충청남도서천 • 이승대李承大1875~미상전라남도담양 • 이승래李承來1855~1927경상남도거창 • 이승래李承來1886~미상함경북도회령 • 이승로李承魯1876~1956강원도평창 • 이승만李承晚1875~1965황해도평산 • 이승무李昇茂1895~1929평안남도순천 • 이승범李昇範1880~미상평안북도벽동 • 이승범李承範1896~1920미상 • 이승복李承復1884~1959경상북도안동 • 이승복李昇馥1895~1978충청남도예산 • 이승빈李承彬1891~미상평안남도대동 • 이승빈李昇斌1891~1927제주도제주 • 이승순李承珣

1868~1936전라북도남원 • 이승연李承淵1889~1956경상북도안동 • 이승연李昇淵1861~1933경상북도칠곡 • 이승옥李承玉 1900~1983경상북도청도 • 이승우李承祐1892~미상전라북도전주 • 이승욱李陞旭1898~1962경상북도김천 • 이승익李昇翼 1875~1946경기도양주 • 이승익李承益1886~1942경기도평택 • 이승정李承正1871~1924전라남도화순 • 이승조李承兆 1891~1923충청남도논산 • 이승종李承綜1907~1969경상남도창원 • 이승주李承柱1922~1990평안북도신의주 • 이승준 1882~1947미상 • 이승준李承俊1889~미상함경북도경성 • 이승준李承駿1886~1946황해도해주 • 이승직李承稷1889~미상 경상북도영주 • 이승창李承昶1884~미상황해도재령 • 이승칠李承七1850~1912충청북도보은 • 이승택1913~미상미상 • 이승 필李承邲1870~미상황해도수안 • 이승혁李承赫1885~미상평안남도성천 • 이승현李升鉉1878~1943충청남도공주 • 이승호 李承浩1890~미상전라남도구례 • 이승호李承浩미상~1914미상 • 이승호李升浩1875~미상황해도황주 • 이승호李承鎬 1890~1966전라북도부안 • 이승호李承鎬1880~미상한성 • 이승화李承和1876~1938경상북도안동 • 이승훈李昇薰 1864~1930평안북도정주 • 이승흡李承洽미상~1923평안북도선천 • 이승희李承熙1847~1916경상북도성주 • 이시거李時擧 1902~1944함경남도북청 • 이시교李時敎1890~1948경상북도안동 • 이시모李時摸1899~미상평안북도용천 • 이시분李時分 1903~미상미상 • 이시연李時連1888~미상평안북도후창 • 이시열李時說1892~1980평안북도정주 • 이시영李始榮 1882~1919경상북도대구 • 이시영李始榮1869~1953한성 • 이시용李時庸1870~미상황해도수안 • 이시우李時雨1878~미상 경기도이천 • 이시우李時雨1901~1921미상 • 이시우李始雨1894~1934충청북도청주 • 이시우李時雨1882~1945충청남도서 산 • 이시을李時乙미상~1925미상 • 이시태李蒔泰1893~1933평안남도평양 • 이시항李時恒1859~1920평안북도선천 • 이시 현李時鉉1879~1943충청남도청양 • 이시흥李時興1854~미상평안북도구성 • 이신규李蓋珪1899~1926한성 • 이신성李信成 1922~2016황해도신천 • 이신애李信愛1891~1982평안북도구성 • 이신천李信天1903~미상황해도장연 • 이신형李信珩1911~ 미상제주도제주 • 이심동李深洞1889~1964경상북도청도 • 이아수李娥洙1898~1968평안북도강계 • 이안호李安鎬 1910~1994경상남도창원 • 이암李巖1884~미상평안남도강서 • 이암이李巖伊1897~미상경상남도합천 • 이암회李巖回 1896~1919경상북도안동 • 이애라李愛羅1894~1922충청남도아산 • 이약수李若壽1900~미상함경남도원산 • 이약한李約翰 1892~미상경상남도창원 • 이양근李養根1903~미상함경남도원산 • 이양범李陽範1894~1963전라남도함평 • 이양섭李陽燮 1894~1925경기도안성 • 이양수李陽秀1894~미상한성 • 이양식李養植1896~미상평안남도평양 • 이양엽李陽燁미상~1921평 안북도삭주 • 이양준李良俊1891~1920경상북도의성 • 이양진李陽震1884~미상함경남도영흥 • 이억관李億觀1915~미상경기 도파주 • 이억근李億根1893~1944경상남도의령 • 이억준李億俊1897~1922함경북도명천 • 이언강李彦綱1892~1948경상남 도밀양 • 이언권李彦權1924~2008경상남도밀양 • 이언일李彦一1888~1920미상 • 이언재李彦載미상~1920미상 • 이여국李 汝國1893~1920미상 • 이여락李汝樂1876~1920미상 • 이여범李汝範1891~미상함경남도갑산 • 이여선李麗先1876~1919강 원도홍천 • 이여송李如松미상~1936미상 • 이여실李汝實미상~1920미상 • 이여옥李汝玉미상~1920미상 • 이여익李汝翼 1891~1920미상 • 이여일李汝一1882~1920함경북도성진 • 이여재李汝在미상~1920미상 • 이여종李呂鐘1870~미상황해도 이천 • 이여준李汝俊미상~1927미상 • 이여춘李如春미상~1923미상 • 이연수李延洙1891~미상강원도철원 • 이연숙李璉淑 1881~1961함경남도신흥 • 이연작李演雀미상미상 • 이연형李蓮珩1921~2009경기도인천 • 이연호李淵瑚1919~1999황해도 안악 • 이열성李烈性1879~미상함경남도북청 • 이열호李烈鎬1893~1977경상북도안동 • 이영구李瑩銶1900~1980전라남도 장성 • 이영근李永根1894~1922경상남도사천 • 이영근李永根1880~1922평안북도삭주 • 이영근李榮根1911~2002평안북도 정주 • 이영근李榮根1912~1951충청남도공주 • 이영기李榮基1890~1966황해도금천 • 이영길李永吉1912~1973평안북도구 성 • 이영길李永吉1919~1987평안북도신의주 • 이영대李永大1913~1998전라남도장흥 • 이영래李永來1873~1949경기도시 흥 • 이영래李榮來1901~1940경상북도칠곡 • 이영로李泳魯1884~1937경상북도고령 • 이영만李永萬1873~1967충청남도청 양 • 이영무李營武1883~1920미상 • 이영민李英敏미상~1922미상 • 이영방李永芳1870~미상평안남도순천 • 이영백李英伯 1887~미상함경북도성진 • 이영범李榮範1909~1961전라남도나주 • 이영보李永甫1892~1973전라북도임실 • 이영복李永福 1900~미상함경남도원산 • 이영봉李永鳳1889~미상평안남도안주 • 이영상李永祥1901~미상평안북도선천 • 이영선李永善 1889~1978황해도송화 • 이영선李英善1889~1955경기도용인 • 이영섭李永燮1870~미상황해도수안 • 이영섭李泳燮 1898~1960경상북도영일 • 이영쇠李永釗1901~미상경기도수원 • 이영수李英守1924~2022경상북도고령 • 이영수李永洙 1888~미상한성 • 이영숙李永淑1884~1971충청남도홍성 • 이영숙李英淑1893~미상함경남도북청 • 이영순李永淳 1875~1932평안남도강서 • 이영순李英淳1923~2001평안남도강동 • 이영식李永植1897~1981경상북도대구 • 이영식李英植 미상함경남도 • 이영신李英信1908~미상강원도정선 • 이영여李榮汝1879~1919경기도포천 • 이영옥李영옥1901~1991경상남 도함안 • 이영우李永雨1899~1938경상남도양산 • 이영우李英雨1901~1979경기도안성 • 이영운李英雲미상미상 • 이영의李英 儀1890~1980전라북도임실 • 이영일李榮一1920~1962평안남도안주 • 이영자李英子1912~미상황해도은율 • 이영주李永珠 미상~1935미상 • 이영준李英駿1900~미상평안북도벽동 • 이영직李英稙1899~미상전라북도전주 • 이영직李泳稙1880~미상 함경북도명천 • 이영진李永珍1917~미상평안북도벽동 • 이영철李永喆1884~미상황해도수안 • 이영출李英出1903~미상전라 북도옥구 • 이영하李永夏미상~1922미상 • 이영학李榮學1895~1989충청남도서산 • 이영학李永學1867~1920미상 • 이영한 李暎漢1878~1938충청남도공주 • 이영헌李英憲1873~1965경기도가평 • 이영호李永浩1896~1938함경남도단천 • 이영호李

永浩미상~1919미상·이영호李榮鎬1899~1974충청북도진천·이영호李永浩미상~1922미상·이영호李齡鎬1893~1964경상북도안동·이영호李寧鎬1885~1932경상북도안동·이영화李榮華1896~1945함경남도함흥·이영환李榮還1924~1964경상북도영천·이영훈李永薫1893~1937황해도황주·이영휘李英徽1882~미상평안남도중화·이영희李英嬉1912~미상함경남도홍원·이예모李禮模1883~1954경상남도남해·이오길李吾吉1894~1943충청남도서천·이오영五榮1898~1966경기도안성·이오정李吾丁1896~1963충청남도홍성·이옥李玉1914~2000전라남도함평·이옥李鈺1895~1928경상북도안동·이옥경李玉京1893~1950전라남도무안·이옥금李玉今1913~미상전라남도함평·이옥동李玉童1922~2009전라북도진안·이옥성李玉成1898~미상평안남도강서·이옥수李玉秀1884~미상평안남도중화·이옥진李玉眞1908~미상경기도고양·이옥진李玉珍1923~2003평안북도용천·이옥형李玉亨미상~1970미상·이완규李完圭1922~미상평안북도정주·이완규李玩圭1895~1950경기도안성·이완규李完圭1895~미상함경남도신흥·이완기李完基1923~1942전라북도무주·이완모李完模1913~미상충청북도보은·이완모李完模1901~1968한성·이완백李完伯1899~미상충청남도홍성·이완수李完秀1894~1977전라북도김제·이완식李完植1867~1943충청남도부여·이완하李完夏1872~1924충청남도서산·이완호李完鎬1896~1963경기도안성·이외준李外俊1890~1972경상남도합천·이요순李要順1902~1937전라북도옥구·이요습李要習1901~미상충청북도진천·이용李鏞1874~1948경기도고양·이용갑李容甲1884~미상평안북도용천·이용겸李容謙1916~1960함경남도신흥·이용구李容九1902~1977한성·이용국李龍國1904~1973함경북도길주·이용권李龍權1898~미상함경북도경성·이용규李溶珪1927~2009경상남도통영·이용규李龍圭1868~미상함경북도길주·이용규李龍奎1879~미상평안북도초산·이용근李龍根1913~1953전라남도나주·이용기李龍基1880~1942충청북도보은·이용기李龍器1897~1933전라북도남원·이용남李龍南1890~1944함경남도원산·이용녀李龍女1904~미상황해도장연·이용담李龍潭1895~1951평안북도삭주·이용덕李容德1890~1953전라북도옥구·이용도李龍道1901~1934황해도금천·이용돈李容敦1891~미상함경남도정평·이용득李龍得1924~1992경상북도의성·이용락李龍洛1897~1972경상남도·이용묵李容默1896~1920미상·이용문李龍門1902~1954경상북도군위·이용백李瑢白1902~1985전라남도무안·이용삼李龍三미상~1920미상·이용삼李容三1893~1946황해도안악·이용상李容相1924~2005한성·이용선李容先1909~1953전라북도옥구·이용선龍善1882~1960경상남도합천·이용선李龍善1897~미상전라북도남원·이용성李龍成1875~1920평안북도정주·이용순李用順1878~1958평안남도용강·이용식李用植1877~미상평안남도대동·이용식李容式1923~1946전라북도남원·이용실李容實1878~1964충청북도청주·이용연李用淵1896~1924평안북도강계·이용우李用雨1892~1966강원도철원·이용우李龍佑1898~1930경상남도함안·이용욱李用郁1894~1960전라북도고창·이용운李龍雲1911~미상함경북도명천·이용의李容儀1888~1943전라북도임실·이용이李用伊1885~1979경상북도칠곡·이용인李鏞寅미상~1944미상·이용제李鏞齊1875~1949함경남도신흥·이용준李容俊1907~1946충청북도제천·이용진李龍鎭1893~미상평안남도평원·이용철李容轍1891~1961충청남도부여·이용철李容哲1900~1920미상·이용태李容兌1890~1966충청북도제천·이용하李龍夏1887~1966충청남도홍성·이용하李龍河1891~미상함경북도경성·이용학李容學1896~미상충청북도음성·이용학李龍學1897~미상함경북도회령·이용헌李容憲1880~1934경상북도영주·이용혁李龍赫1886~1945평안북도선천·이용호李龍浩1889~1920충청북도음성·이용호李用鎬1874~1952경상북도안동·이용화李龍和1879~1919경기도양주·이용화李容華1890~1980평안북도선천·이용환李龍煥1899~1946경상북도청도·이용환李容煥1880~1919경기도용인·이용회李容晦1892~1959경상북도상주·이우락李宇洛1875~1951경상남도울산·이우민李愚珉1891~1943충청북도청원·이우상李雨相1892~1959충청남도공주·이우석李雨錫1895~1971경상북도영덕·이우석李雨錫1896~1994함경북도경원·이우성李愚誠1905~1948전라북도전주·이우성李宇成1918~1995평안북도용천·이우승李愚昇1871~미상함경남도장진·이우식李雨植1868~미상경기도장단·이우식李祐植1891~1966경상남도의령·이우영李宇榮1868~1937한성·이우용李愚龍1884~1954충청남도홍성·이우진李祐珍1900~미상평안북도박천·이욱성李郁性1859~미상함경남도북청·이운강李雲岡1895~1972황해도장연·이운경李雲卿1885~미상평안남도평양·이운기李雲基1893~1954한성·이운봉李雲鳳1900~미상평안북도자성·이운봉李運奉1889~미상평안북도구성·이운서李雲瑞1890~미상평안남도덕천·이운수李雲洙1899~1938함경남도북청·이운영李云泳1892~미상전라북도전주·이운일李雲日1875~1920미상·이운혁李雲赫1895~1937함경북도경성·이운형李運衡1891~1972경상북도영양·이운호李雲鎬1893~1942경상북도안동·이웅한李熊漢1901~미상경기도용인·이웅해李雄海1878~미상함경남도함주·이원규李元奎1913~1951평안북도선천·이원근李元根1877~미상한성·이원근李元根1874~1949경기도부천·이원근李元根1889~1973황해도장연·이원기李源祺1899~1942경상북도안동·이원기李元基1900~1968경기도여주·이원길李元吉1909~1934평안남도진남포·이원길李元吉1893~1920경상북도선산·이원대李元大1911~1943경상북도영천·이원록李源祿1904~1944경상북도안동·이원명李元明1886~1959평안북도운산·이원모李元模1884~미상황해도이천·이원묵李元黙1893~1954충청남도공주·이원문李元文1901~1968경기도여주·이원발李元發1878~1932경상북도영양·이원범李元範1920~1985충청남도서산·이원보李元甫1884~1921평안남도맹산·이원보李元寶미상~1922미상·이원복李元福1886~미상충청남도예산·이원삼李元三1885~미상미상·이원생李源生1873~1947충청남도서산·이원선李元先1879~1948경기도안성·이원섭李元燮1896~미상전라북도옥구·이원세李元世1871~1920미상·이원수李元秀1873~미상함경남도단천·이원수李元洙1902~1938함경남도북청 • 이원순李元淳1893~1993한성 • 이원식李元植1887~1924함경북도회령 • 이원식李元植1901~1976경상남도함안 • 이원식李元植1875~미상충청남도공주 • 이원연李源淵1894~1949경상북도안동 • 이원열李元烈1896~1927경상남도하동 • 이원영李元泳1899~1983전라북도임실 • 이원영李源永1886~1958경상북도안동 • 이원영李遠榮1875~1961제주도제주 • 이원이李元伊1865~1930경상북도영덕 • 이원익李元益1885~1963평안북도선천 • 이원일李源一1886~1961경상북도안동 • 이원일李元日1875~1920미상 • 이원주李元柱1894~미상평안북도철산 • 이원직李元稙미상~1945한성 • 이원춘李元春1871~1936경상북도의성 • 이원태李源泰1885~1936충청남도대전 • 이원태李源泰1894~미상경상남도하동 • 이원필李元弼1884~1919경상북도함안 • 이원하李元河1921~1980평안북도선천 • 이원혁李源赫1890~1968경상북도안동 • 이원현李元鉉1926~1945경상북도의성 • 이원호李元鎬1907~1930미상 • 이원화李源華1875~1957경상남도합천 • 이원희李源熙1898~1935강원도양양 • 이월노李月老1895~미상평안북도용천 • 이월봉李月峰1915~1977황해도황주 • 이월성李月星1891~미상충청남도공주 • 이위종李瑋鍾1887~미상함경남도 • 이위춘李位春1884~미상평안북도정주 • 이유광李裕光1870~1952충청남도천안 • 이유길李裕吉1865~1924경기도안성 • 이유만李裕萬1876~1964경기도안성 • 이유복李裕福1896~1919경기도안성 • 이유상李有祥1876~1941전라북도익산 • 이유석李裕奭1886~1950경기도안성 • 이유섭李有燮1913~미상전라남도장흥 • 이유원李裕元1888~1945경기도안성 • 이유주李裕周미상~1919미상 • 이유직李裕稷1896~1969경기도안성 • 이유필李裕弼1885~1945평안북도의주 • 이유항李裕沆1893~1922평안북도삭주 • 이유항李裕恒1887~1957경기도안성 • 이유홍李有弘1890~1919충청남도홍성 • 이유홍李裕弘1898~1968경상북도안동 • 이유희李有喜1896~미상전라북도옥구 • 이육상李陸相1900~미상경상북도청송 • 이윤갑李允甲1890~1951함경남도이원 • 이윤국李允國미상~1922미상 • 이윤근李允根1898~미상평안북도용천 • 이윤문李允文1882~1922경기도강화 • 이윤상李允相1891~1940평안북도강계 • 이윤석李胤錫1894~1953강원도춘천 • 이윤성李允成1894~미상평안북도용천 • 이윤성李潤成1868~미상경기도장단 • 이윤식李潤植1879~1955경기도수원 • 이윤식李潤植1862~미상황해도수안 • 이윤실李潤實1882~1927평안남도덕천 • 이윤약李允若1879~1959경상북도칠곡 • 이윤용李胤溶1896~미상경상남도통영 • 이윤의李倫儀1890~1945전라북도임실 • 이윤장李允章1923~2018충청북도청주 • 이윤재李允宰1888~1943경상남도김해 • 이윤천李允天1880~미상황해도신계 • 이윤철李允哲1925~2017충청북도청주 • 이윤평李允平1889~1980제주도제주 • 이윤하李允夏1915~1967경기도개성 • 이윤호李允浩미상~1922미상 • 이윤호李允鎬1898~1931전라남도광주 • 이윤환李允煥미상~1930미상 • 이윤희李允熙1902~1950충청남도 • 이은교李殷敎1890~1937강원도원주 • 이은규李殷奎1868~미상강원도화천 • 이은득李恩得1895~1982경기도개성 • 이은배李殷培1898~1926충청남도예산 • 이은상李殷相1903~1982경상남도마산 • 이은상李殷商1895~미상경기도용인 • 이은선李殷先1876~1919경기도김포 • 이은송李殷松1907~1977황해도이천 • 이은숙李恩淑1889~1979충청남도공주 • 이은표李殷杓1898~1987전라남도강진 • 이은표李殷杓1897~1974경기도용인 • 이은화李殷和1899~1978경상북도문경 • 이을李乙1885~1920미상 • 이을규李乙奎1894~1972충청남도논산 • 이을성李乙成1895~1969경상북도안동 • 이을호李乙浩1910~1998전라남도영광 • 이음전李晉田1908~미상경상북도대구 • 이응각李應珏1875~미상평안남도덕천 • 이응길李應吉1898~1978충청남도홍성 • 이응길李應吉1904~미상전라남도완도 • 이응락李應洛1924~1945경상북도영주 • 이응린李應麟1885~미상평안북도희천 • 이응목李膺穆1875~1965평안남도 • 이응범李應範1901~1957전라남도나주 • 이응삼李應三1892~1963평안남도평양 • 이응서李應瑞1878~1932평안북도강계 • 이응선李應善1905~1971평안북도철산 • 이응선李應善1884~1962강원도화천 • 이응성李應星1864~미상함경남도풍산 • 이응수李應洙1896~1922함경북도명천 • 이응수李應洙1879~1950충청북도영동 • 이응숙李應淑1879~1931충청남도금산 • 이응식李應植1878~미상경기도안성 • 이응열李應烈1914~1993충청남도아산 • 이응팔李應八1897~1938경상북도안동 • 이의경李儀景1899~1950황해도해주 • 이의룡李義龍1904~미상경기도이천 • 이의범李義範미상~1919미상 • 이의복李義復1906~1996충청남도천안 • 이의순李義橓1895~1945함경남도단천 • 이의신李義臣1922~1993전라북도고창 • 이의영李義榮1885~1970충청남도천안 • 이의준李義俊1893~1929평안북도위원 • 이의직李義直미상~1915한성 • 이이경李利景1890~1968경상북도의성 • 이이규李利奎1896~1938함경남도단천 • 이이석李利錫1858~1941함경북도명천 • 이이익李以翊1868~1935경상북도칠곡 • 이익겸李益謙1879~1928전라북도정읍 • 이익교李益敎1883~1975충청남도서산 • 이익렬李益烈1908~1929미상 • 이익상李翊相1894~1973경상남도산청 • 이익종李翼鍾1898~1950경기도진위 • 이익현李益鉉1888~미상함경남도장진 • 이익희李益熙1898~1967경상북도안동 • 이인李仁1896~1979경상북도대구 • 이인곤李仁坤1928~2003황해도신천 • 이인광李寅光1878~1934경상북도고령 • 이인교李仁敎1915~1993강원도춘천 • 이인구李寅九1877~1924경상남도함안 • 이인국李仁國1926~1977충청북도괴산 • 이인군李仁君1880~미상경기도안성 • 이인규李仁奎미상~1921미상 • 이인래李麟來1880~미상경기도이천 • 이인백李仁伯미상~1922미상 • 이인상李仁相1895~미상평안북도강계 • 이인상李寅相1863~미상강원도영월 • 이인서李仁瑞1880~1920함경북도종성 • 이인석李寅錫1902~1942경상북도경주 • 이인섭李仁燮1888~1982평안남도평양 • 이인수李仁秀1855~1939경상북도영덕 • 이인수李麟洙1900~1962경상남도통영 • 이인숙李寅淑1891~미상함경남도신흥 • 이인순李仁淳1883~1944충청남도홍성 • 이인순李仁橓1893~1919함경남도단천 • 이인술李仁述1925~2017경상북도영덕 • 이인승李仁承1879~미상경기도포천 • 이인식李仁植미상~1919미상 • 이인식李仁植1901~1963전라북도옥구 • 이인식李寅植미상~1934강원도춘천 • 이인식李

寅植1910~1975평안북도의주 • 이인영李仁榮1889~1957경기도안성 • 이인옥李仁玉1891~1948경기도파주 • 이인정李寅正1859~1934충청남도서산 • 이인준李仁俊1893~1921함경북도회령 • 이인찬李仁燦1888~1967평안남도대동 • 이인찬李仁粲1909~1998충청북도청원 • 이인춘李仁春1895~1956충청남도홍성 • 이인탁李寅鐸1880~미상평안남도맹산 • 이인택李仁宅1896~1945평안남도덕천 • 이인하李寅夏1890~1966경기도용인 • 이인하李寅夏1894~1980충청북도보은 • 이인행李仁行1898~1975전라남도함평 • 이인혁李仁赫1883~미상미상 • 이인형李麟炯1914~1934전라남도담양 • 이인형李寅亨1899~1935평안남도개천 • 이인호李仁浩1884~1945경상북도안동 • 이인홍李仁洪1901~1992경상북도안동 • 이인화李仁和미상~1921미상 • 이인화李仁化1863~미상평안남도덕천 • 이인희李仁熙1924~2012경상남도동래 • 이일남李壹男1925~2023충청남도금산 • 이일만李一萬1903~1954경상북도의성 • 이일만李一萬1891~1961충청남도금산 • 이일범李一凡1917~1973평안남도평양 • 이일봉李日奉미상~1922미상 • 이일봉李一峰1910~1980전라남도완도 • 이일선李日先1911~2005전라남도영암 • 이일선李日宣1896~1971한성 • 이일순李一淳1885~1954충청남도홍성 • 이일신李一信1909~1988충청북도충주 • 이일영李一榮1865~1925경기도평택 • 이일윤李一允1890~1954경상남도창원 • 이일재李日在1878~1920미상 • 이일현李日鉉미상~1922미상 • 이일화李壹華1898~미상평안북도용천 • 이임배李林培1884~미상함경남도단천 • 이자설李滋卨1902~미상충청남도공주 • 이자하李子夏1867~미상황해도금천 • 이자해李慈海1900~1967평안북도자성 • 이장규李章奎1891~1965충청남도청양 • 이장규李莊圭1895~1964충청남도보령 • 이장녕李章寧1881~1932충청남도천안 • 이장수李章守1897~1960경상남도밀양 • 이장옥李章玉1893~1926경상남도고성 • 이장용李璋容1871~1924전라북도정읍 • 이장희李章熙1887~1932충청남도연기 • 이재각李在珏1898~1962평안북도선천 • 이재경李載卿1884~미상경기도부천 • 이재경李在京1883~1941한성 • 이재경李載景1868~미상황해도곡산 • 이재관李在觀1868~미상황해도수안 • 이재관李在瑄1887~1971강원도원주 • 이재관李載寬1897~1989경기도부천 • 이재관李在官1920~1986경상남도고성 • 이재근李載根1885~미상강원도원주 • 이재근李載根1893~1956황해도안악 • 이재근李載根1894~1926평안북도철산 • 이재근李在根1892~1957전라북도옥구 • 이재기李載基1874~1952경상남도하동 • 이재덕李宰德1866~미상경상북도영주 • 이재덕李在德1889~1961충청남도예산 • 이재락李在洛1886~1960경상남도울산 • 이재림李在林1868~1912황해도해주 • 이재만李載萬1886~1943충청남도홍성 • 이재명李才明1893~1976평안북도자성 • 이재명李在明1887~1910평안남도평양 • 이재백李在白1898~미상함경남도북청 • 이재삼李在三1874~미상경기도장단 • 이재상李載祥1909~1982경기도개성 • 이재상李再象1910~미상경상북도달성 • 이재선李在璇1922~1977경상북도울진 • 이재선李在善1887~1937충청남도금산 • 이재성李在性1910~1950경상남도창원 • 이재성李載誠1887~1925충청북도괴산 • 이재성李載成1896~미상경상북도예천 • 이재손李在孫1886~1950강원도원주 • 이재수李在洙1876~1956한성 • 이재술李再述1901~1968경상북도영일 • 이재승李哉承1890~1958경상남도통영 • 이재실李在實1898~1958전라남도해남 • 이재연李在淵1866~1944경기도인천 • 이재연李在然1887~미상함경남도삼수 • 이재영李絳榮1898~1925경상북도예천 • 이재영李載英1895~1960충청남도청양 • 이재영李載榮1869~1947강원도화천 • 이재우李載雨1912~미상경상북도대구 • 이재유李載裕1905~1944함경남도삼수 • 이재유李在圍미상~1945함경남도홍원 • 이재윤李在潤1895~1943평안북도선천 • 이재의李宰儀1885~1934전라북도임실 • 이재인李在寅1907~1964경상북도의성 • 이재인李載仁1900~1964경기도광주 • 이재인李在寅1887~1968경상북도달성 • 이재일李載日1875~1965경기도양주 • 이재중李載重1868~1945황해도장연 • 이재천李在天1913~미상평안남도평원 • 이재춘李載春1877~미상경상북도대구 • 이재풍李在豊1872~미상미상 • 이재현李在賢1917~1997한성 • 이재협李在協1883~미상황해도수안 • 이재형李載炯1896~1961강원도양양 • 이재형李在蘅1886~1919경상남도함안 • 이재호李在浩1878~1933한성 • 이재화李在和1872~미상함경북도경성 • 이재환李載煥1889~1951전라북도익산 • 이재훈李載勳1888~1951강원도양양 • 이재희1906~미상미상 • 이재희李在熙1895~1940미상 • 이적효李赤曉1902~미상한성 • 이점길李點吉1890~1951충청남도청양 • 이정李政1874~1959경기도파주 • 이정李楨1895~1943함경북도경원 • 이정李侹1884~1925전라북도익산 • 이정正1914~1991전라남도순천 • 이정건李正健미상미상 • 이정구李鼎九1872~1946강원도철원 • 이정국李政國1887~1923함경북도성진 • 이정규李正圭1892~1958충청남도청양 • 이정규李正奎1868~1944경상북도영덕 • 이정규李靖珪1900~1950경상북도안동 • 이정근李楨根1880~미상평안남도평원 • 이정근李正根1856~1919경기도수원 • 이정기李定基1898~1951경상북도성주 • 이정돌李正乭1907~1981경상남도함양 • 이정동李廷東1905~1983전라남도완도 • 이정득李廷得1918~1995전라북도전주 • 이정렬李定烈1900~1962충청남도당진 • 이정률李廷律1882~미상황해도봉산 • 이정린李正麟1893~1920평안북도정주 • 이정만李廷萬1924~미상경상남도통영 • 이정모李亭模1874~미상황해도황주 • 이정문李廷文1897~1952경상남도마산 • 이정방李鼎邦1900~1992한성 • 이정백李貞白1897~미상경상북도문경 • 이정서李貞瑞1875~1921평안북도의주 • 이정석李正錫1886~1929충청남도아산 • 이정선李正善1921~1969평안북도의주 • 이정섭李禎燮1876~미상강원도원주 • 이정성李正成1878~1948경기도양주 • 이정수李定洙1888~1961충청남도홍성 • 이정수李正洙1899~1964경상남도고성 • 이정수李正洙1893~1929미상 • 이정수李汀秀1888~1953경상남도하동 • 이정수李廷秀1920~1987경기도광주 • 이정숙李貞淑1896~1950함경남도북청 • 이정숙李貞淑1898~1941황해도금천 • 이정순李正淳1911~미상전라북도옥구 • 이정순李廷順1919~1992경기도고양 • 이정순李正淳1917~1941평안북도벽동 • 이정엽李正燁1888~1925한성 • 이정오李正五1910~미상전라남도해남 • 이정우李正雨1923~1979경상북도영일 • 이정우李廷雨1921~미상전라남도강진 • 이정운李正雲1884~1960경기도양주 • 이정의李正儀1861~1937전라북도임실 • 이정익1876~미상황해도재령 • 이정인李正仁1912~1951전라남도완도 • 이정임李貞任1913~2004전라남도강진 • 이정재李定在1919~1959충청남도보령 • 이정찬李廷讚1892~1960경상남도마산 • 이정춘李正春1889~1955전라북도옥구 • 이정춘李正春1882~미상충청남도공주 • 이정하李正夏1901~1950충청남도예산 • 이정헌李廷憲1927~1970충청남도대전 • 이정현李定鉉1880~1944경기도용인 • 이정현李貞賢1909~1990충청남도아산 • 이정현李正鉉1917~1989충청남도보령 • 이정호李庭浩1896~1952경상북도영양 • 이정호李貞浩1913~1990경상북도대구 • 이정호李庭鎬1894~미상함경남도신흥 • 이정환李廷煥1865~미상함경남도북청 • 이정후李定厚1871~1950경상남도창녕 • 이정희李庭禧1881~1955경상북도청도 • 이제우李濟宇1905~1931황해도수안 • 이조승李潮承1888~미상충청남도공주 • 이조헌李兆憲1900~1933경기도진위 • 이존심李存沁1895~미상평안남도용강 • 이존철李存哲1895~1949전라북도완주 • 이종갑李鍾甲1876~1942충청남도예산 • 이종건李鍾乾1887~1958경상남도통영 • 이종건李鍾乾1906~1960충청남도천안 • 이종관李鍾寬1876~미상미상 • 이종구李鍾謳1898~1947전라남도강진 • 이종구李鍾九1924~2004경상북도의성 • 이종국李鍾國1887~미상평안남도중화 • 이종국李鍾國1888~1962경상북도안동 • 이종국李鍾國1876~1940강원도양양 • 이종규李鍾圭1909~1953전라남도강진 • 이종근李宗根1898~1927함경남도단천 • 이종근李琮根1895~1975경기도개풍 • 이종근李鍾根1897~1957경상남도울산 • 이종금李鍾金1919~2015평안북도정주 • 이종기李鍾基1897~1962경상북도의성 • 이종기李鍾琪1908~1953전라남도장흥 • 이종눌李鍾訥1873~1920미상 • 이종란李鍾蘭1901~1920미상 • 이종렬李鍾洌1878~미상함경남도이원 • 이종렬李鍾烈1924~2019경상북도예천 • 이종룡李鍾龍1899~1986경상남도울산 • 이종률李鍾律1910~1989경상북도영덕 • 이종림李鍾林1900~1977함경남도원산 • 이종만李鍾萬1881~미상경기도안성 • 이종만李鍾萬미상~1920미상 • 이종만李鍾萬1892~1960충청북도청원 • 이종면李鍾冕1867~1932충청북도영동 • 이종문李種文1868~1945황해도벽성 • 이종방李宗芳1899~1924평안북도강계 • 이종빈李鍾彬미상~1920미상 • 이종섭李宗燮1859~미상황해도수안 • 이종성李種成1871~1925황해도해주 • 이종숙李鍾淑1894~미상함경남도단천 • 이종순李鍾珣1882~1934경상북도의성 • 이종식李鍾植1882~미상함경남도단천 • 이종식李鍾植1917~미상강원도춘천 • 이종식李宗植1877~미상황해도수안 • 이종식李鍾植1891~1975경상북도대구 • 이종실李鍾實1915~1948전라남도영암 • 이종악李鍾岳1923~미상경상북도청도 • 이종악李鍾岳1897~1971경상북도봉화 • 이종암李鍾巖1896~1930경상북도대구 • 이종엽李鍾燁1896~1959강원도양양 • 이종영李鍾韺1886~1926경상북도안동 • 이종오李鍾旿1869~1946한성 • 이종완李鍾玩1907~1989경상남도진해 • 이종우李鍾禹1880~1951강원도횡성 • 이종욱李鍾旭1896~1966경상남도울산 • 이종원李鍾元1926~2007충청남도아산 • 이종원李鍾元미상~미상 • 이종원李宗遠1894~1940경기도시흥 • 이종윤李鍾淪1864~미상함경남도이원 • 이종윤李鍾潤1878~미상함경북도명천 • 이종인李宗仁1913~1947경상남도하동 • 이종일李鍾一1858~1925충청남도태안 • 이종주李鍾柱1900~1968함경남도안변 • 이종주李鍾株1901~1921전라북도고창 • 이종준李鍾濬1884~1944경상남도통영 • 이종진李鍾辰1888~미상황해도김화 • 이종찬李鍾瓚1883~1953경상남도함안 • 이종창李宗昌1880~1966제주도제주 • 이종철李鍾喆1900~1950전라북도고창 • 이종춘李鍾春1857~1931한성 • 이종춘李鍾春1854~1931전라남도구례 • 이종출李鍾出1890~1966경상북도의성 • 이종태李鍾泰1916~2000경상북도경산 • 이종택李鍾澤1896~1963전라북도고창 • 이종필李鍾弼1898~1968경상남도울산 • 이종필李鍾弼1914~미상경기도진위 • 이종하李鍾夏1875~1948충청북도진천 • 이종학李鍾學1869~1907충청남도금산 • 이종학李鍾學1879~1943경상북도청도 • 이종한李琮漢미상~미상 • 이종헌李鍾憲1901~미상경상북도칠곡 • 이종헌李鍾憲1890~1957충청남도서산 • 이종혁李種赫1892~1935충청남도당진 • 이종현李鍾鉉1890~1929충청남도청양 • 이종현李宗鉉1903~1959평안남도덕천 • 이종협李鍾協1895~1929경상북도예천 • 이종호李鍾浩1887~1932함경북도명천 • 이종호李鍾昊1922~2011경상북도경산 • 이종홍李鍾洪1869~1926경상북도안동 • 이종환李鍾煥1890~1919함경남도단천 • 이종활李鍾闊1877~1922함경북도명천 • 이종회李鍾繪1888~미상전라남도영암 • 이종훈李鍾勳1856~1930한성 • 이종흠李棕欽1900~1976경상북도안동 • 이종흡李鐘翕1886~1920미상 • 이종희李鍾熙1890~1946전라북도김제 • 이좌근李佐根1893~미상전라남도영광 • 이좌형李佐衡1900~1960경상북도예천 • 이주근李柱勤1898~1966경상남도통영 • 이주남李朱男1890~1958경기도안성 • 이주면李柱冕1900~1947충청북도제천 • 이주붕李周鵬1880~미상강원도철원 • 이주삼李柱三1915~1994강원도강릉 • 이주상李周庠1867~1948전라남도광주 • 이주섭李周燮1901~1977경상북도안동 • 이주연李周連1883~1920미상 • 이주영李周永1888~미상충청남도서산 • 이주의李柱儀1876~1923전라북도임실 • 이주택李柱宅1883~1945경기도파주 • 이주향李周香미상~1920미상 • 이주헌李主憲1923~2010경상북도영덕 • 이주현李周賢1892~1949경상남도진주 • 이주형李周亨1880~1925충청남도홍성 • 이주호李周鎬1881~1921충청남도부여 • 이주호李周鎬1863~미상경기도파주 • 이주호李柱鎬1921~2018경상북도영일 • 이주환李柱煥1854~1919경상남도거창 • 이준李儁1859~1907함경남도북청 • 이준구李準求1882~미상전라북도고창 • 이준근李俊根미상~1931미상 • 이준근李俊根1885~미상황해도황주 • 이준기李俊基1894~1962경기도안성 • 이준도李俊都1908~1952경상남도창원 • 이준명李俊明1883~1957전라북도임실 • 이준배李俊培1878~미상평안남도강서 • 이준석李俊石1896~1955경상북도영일 • 이준섭李俊燮1901~1956전라남도해남 • 이준수李俊水1923~2020전라남도나주 • 이준승李濬承1919~1990경기도강화 • 이준식李俊植1900~1966평안남도순천 • 이준업李俊業1902~미상경상북도포항 • 이준영李準永

1889~1939충청북도보은 • 이준용李濬鏞1893~1945평안남도성천 • 이준용李俊容1860~1945강원도 • 이준용李俊用1873~미상경상북도문경 • 이준윤李浚允1925~1943경상북도영덕 • 이준철李俊喆미상~1922미상 • 이준탁李準鐸1896~1953전라남도해남 • 이준필李俊弼미상미상 • 이준항李準恒1882~미상평안남도순천 • 이준형李俊衡1883~1940경상북도예천 • 이준형李濬衡1875~1942경상북도안동 • 이준호李濬鎬1925~2021전라북도군산 • 이중각李重珏1895~1923충청북도청원 • 이중곤李重坤1891~1974충청북도음성 • 이중근李重根1905~1932경상북도경주 • 이중달李中達1876~1936경상북도영덕 • 이중린李仲麟1892~1920미상 • 이중립李重立1882~1931경기도안성 • 이중무李中斌1891~1957경상북도안동 • 이중석李重錫1880~1951경기도이천 • 이중선李重善1891~1957충청남도홍성 • 이중섭李重燮1919~1996경기도강화 • 이중수李仲洙1899~1944경상남도통영 • 이중식李仲植1880~1942경상북도영덕 • 이중식李重植1921~2008충청남도논산 • 이중언李中彦1850~1910경상북도안동 • 이중업李中業1863~1921경상북도안동 • 이중열李仲悅1869~1928전라북도익산 • 이중원李中元1885~1970경상북도안동 • 이중유李中迪1890~1976경상북도안동 • 이중인李重仁1891~1921경기도광주 • 이중집李仲執1880~1936함경남도덕원 • 이중창李中昶1882~1959경상북도안동 • 이중철李中喆1915~미상충청남도부여 • 이중혁李重赫1899~1936전라북도전주 • 이중혁李重赫1862~1943경기도파주 • 이중현李重顯1891~미상경기도이천 • 이중화李仲和1891~1978충청남도홍성 • 이중화李重華1881~미상한성 • 이중화李重華1880~미상충청북도보은 • 이증로李曾魯1898~1962경상북도대구 • 이증삼李曾參1913~2003경상남도고성 • 이증선李增善1887~미상함경남도신흥 • 이지근李枝根1898~미상함경남도이원 • 이지무李芝茂1878~미상미상 • 이지봉李枝奉1853~미상미상 • 이지봉李枝奉1899~1970전라남도영암 • 이지선李芝善1893~미상평안북도희천 • 이지선李枝善미상평안북도선천 • 이지성李智性1893~1962충청남도홍성 • 이지성李志成1916~1986평안북도박천 • 이지용李志用1874~미상함경남도장진 • 이지찬李枝贊1890~미상평안북도선천 • 이지택李智澤1899~1976평안남도강서 • 이지표李芝杓미상~1920황해도연백 • 이지호李墀鎬1901~1957경상북도안동 • 이직현李直鉉1850~1928경상남도합천 • 이진구李鎭九1899~1991경기도장단 • 이진국李鎭國1898~1969충청북도영동 • 이진규李鎭珪1894~1965충청남도홍성 • 이진규李振奎1893~1920미상 • 이진규李眞奎1894~미상전라북도익산 • 이진동李鎭東1889~1964경상남도고성 • 이진무李振武1900~1934평안북도정주 • 이진묵李辰黙1906~1995평안남도중화 • 이진범李鎭範1886~1941경상북도안동 • 이진산李震山1880~미상경상북도의성 • 이진석李鎭奭1893~1953충청남도홍성 • 이진석李鎭奭1896~1970경상남도김해 • 이진섭李鎭燮1904~1965전라북도옥구 • 이진섭李眞燮1885~미상황해도통천 • 이진수李眞秀1901~1920미상 • 이진영李鎭榮1890~1933경기도안성 • 이진영李進榮1907~1951경상북도영천 • 이진우李鎭祐1887~1960경상북도영양 • 이진우李震雨1864~1925경상남도의령 • 이진일李進日1881~미상경상도 • 이진제李鎭濟미상~1920미상 • 이진철李鎭哲1896~미상전라북도옥구 • 이진탁李震鐸1897~1940경상북도영덕 • 이진택李珍澤1902~1924평안남도진남포 • 이진하李鎭河1912~1957경상남도고성 • 이진해李鎭海1855~미상평안남도개천 • 이진형李振瀅1902~미상평안북도강계 • 이진호李鎭浩1895~1970전라북도정읍 • 이차녕李次寧1923~2009경기도파주 • 이차문李且文1899~1933경상북도안동 • 이찬계李燦啓미상미상 • 이찬근李燦根1911~미상황해도곡산 • 이찬기李燦基1893~미상평안북도희천 • 이찬영李燦英1924~1983평안북도철산 • 이찬영李讚榮1894~1925경상남도함안 • 이찬영李燦榮1878~1963경기도안성 • 이찬우李燦雨1918~1983강원도 • 이찬의李瓚儀1878~1919충청북도괴산 • 이찬지李燦芝1895~미상평안북도희천 • 이찬희李贊熙1898~1978평안남도평원 • 이찰수李利修1902~1968경상남도밀양 • 이창규李昶奎1893~1966경기도고양 • 이창근李昌根미상~1919미상 • 이창기李昌器1923~미상한성 • 이창기李暢基1913~1978경상북도칠곡 • 이창덕李昌德1893~1921함경남도북청 • 이창덕李昌德1917~1945함경남도갑산 • 이창도李昌道1926~2010평안북도의주 • 이창득李昌得1914~1994한성 • 이창배李昌培1921~1997평안남도중화 • 이창범李昌範1891~1968경기도부천 • 이창범李昌範1920~1973강원도횡성 • 이창석李昌碩1916~1999평안북도의주 • 이창선李昌善1859~1939강원도화천 • 이창선李昌善1895~1961충청북도보은 • 이창섭李昌燮미상평안북도강계 • 이창순李昌淳1898~1946경상북도봉화 • 이창순李昌淳1894~1952경상남도창녕 • 이창식李昌植1900~1927미상 • 이창신李昌信미상전라남도나주 • 이창언李昌彦미상~1944미상 • 이창영李昌英1873~미상평안북도벽동 • 이창영李昶永1891~1945경기도개성 • 이창용李昌用1910~1954황해도신천 • 이창용李彰鎔1914~미상전라남도여수 • 이창운李昌云1875~미상함경남도북청 • 이창윤李昌允1901~1927미상 • 이창재李昌宰1920~1987경상북도상주 • 이창주李昌周1910~1984충청남도공주 • 이창준李昌俊1875~1921전라북도임실 • 이창진李昌鎭1881~미상함경남도신흥 • 이창진李昌珍미상~1937미상 • 이창하李昌河1888~미상함경남도이원 • 이창호李昌鎬1902~1931전라남도광주 • 이창호李昌鎬1883~1927충청남도부여 • 이창호李昶鎬1891~1969경기도이천 • 이창환李昌煥1916~1935황해도수안 • 이창회李昌會1872~1960경기도수원 • 이창휘李昌輝1902~1979황해도이천 • 이창휘李昌輝1897~1934제주도제주 • 이창희李昌熙1911~1959전라남도영암 • 이채룡李彩龍1880~미상황해도수안 • 이채연李彩然1880~1954충청북도영동 • 이채우李採雨1865~1936충청남도보령 • 이천만李千萬1902~1939한성 • 이천만李千萬1897~1982경기도이천 • 이천석李千石1905~1960전라남도함평 • 이천수李千守1899~미상경상남도마산 • 이천의李川義1911~1996충청북도 • 이천흠李天欽1910~1971전라남도장흥 • 이철규李哲圭1892~1965충청남도보령 • 이철림李喆林1901~1959경기도수원 • 이철모李喆模1902~미상함경남도북청 • 이철민李鐵民1922~1966평안북도선천 • 이철상李喆相1890~1951충청남도청양 • 이철순李喆淳1893~1978충청남도

홍성 • 이철연李澈璉1910~미상함경남도신흥 • 이철영李哲永1919~2009함경남도북청 • 이철영李哲榮1863~1925한성 • 이철영李喆榮1867~1919충청남도공주 • 이철우李喆雨1892~1955강원도양양 • 이철우李哲雨1923~1944경기도광주 • 이철응李喆應1899~1931한성 • 이철익李喆益1891~1950경상남도의령 • 이철주李鐵柱1922~1988한성 • 이철주李鐵柱1888~1919경상남도산청 • 이철하李哲夏1909~1936충청남도공주 • 이초李超1894~미상평안남도평양 • 이최치李最治1894~1920평안북도벽동 • 이최형李最衡미상평안남도중화 • 이추수李秋收1923~1969경상남도동래 • 이추형李秋珩1922~1986경기도인천 • 이춘구李春求1878~1949충청남도공주 • 이춘근李春根1879~1920미상 • 이춘근李春根1912~1993경상남도부산 • 이춘만李春萬1897~1962전라북도임실 • 이춘명李春明미상~1921미상 • 이춘범李春範1888~미상함경북도온성 • 이춘봉李春鳳1900~1927한성 • 이춘봉李春奉1894~미상황해도평산 • 이춘삼李春三1855~1945제주도제주 • 이춘섭李春涉1896~미상평안북도후창 • 이춘섭李春燮1898~미상함경남도풍산 • 이춘성李春惺1891~1923충청도 • 이춘성李春成1888~미상평안남도평양 • 이춘수李春洙1911~1948전라남도영암 • 이춘숙李春塾1889~1935평안남도 • 이춘실李春實1889~1920미상 • 이춘실李春實1872~1962경기도이천 • 이춘응李春應1890~1954충청남도서산 • 이춘재李春在1878~1929강원도양양 • 이춘호李春浩1867~미상황해도이천 • 이춘화李春化1896~1924평안남도대동 • 이춘흡李春洽1902~미상평안북도강계 • 이출이李出伊1888~미상경상북도안동 • 이충규李忠圭1891~1919충청남도논산 • 이충신李忠信1911~미상함경남도영흥 • 이충재李忠在1902~미상함경남도문천 • 이충천李冲天1912~1997미상 • 이치건李致健1881~미상평안남도강동 • 이치경李致慶1867~미상경기도포천 • 이치모李致模1898~1960평안남도강동 • 이치삼李致三1886~1961경기도안성 • 이치섭李致燮미상미상 • 이치순李致順1882~1969경기도안성 • 이치영李致榮1878~미상경기도가평 • 이치완李致完1858~1936미상 • 이치용李致瑢1894~1950경상북도경주 • 이치제李致濟1865~미상황해도수안 • 이치호李治浩1875~1920평안북도초산 • 이치홍李治洪1892~1945전라남도화순 • 이칠성李七星1872~1943경상북도안동 • 이쾌경李快慶1900~1960경상남도울산 • 이쾌덕李快德1900~1975경상남도울산 • 이탁李鐸1889~1930평안남도성천 • 이탁李鐸1898~1967경기도양평 • 이태갑李泰甲1883~1961충청북도괴산 • 이태건李泰建1885~1958평안북도선천 • 이태길李泰杰1882~미상평안북도박천 • 이태권李泰權1917~미상경상남도마산 • 이태길李泰吉1920~2014경상남도함안 • 이태로李泰魯1899~1932전라북도옥구 • 이태룡李泰龍1897~1950경상남도마산 • 이태륜李太倫1892~미상함경북도경원 • 이태모李泰模1906~1992평안남도평원 • 이태석李泰碩1901~1920평안북도구성 • 이태섭李泰涉1889~1924미상 • 이태성李泰成1888~1942함경남도함흥 • 이태수李泰洙1890~미상경상남도통영 • 이태수李太壽1881~1919충청북도음성 • 이태순李泰淳1887~1941경기도이천 • 이태순李泰順1924~2020충청북도보은 • 이태식李泰植1875~1952경상남도의령 • 이태실李太實미상~1922미상 • 이태영李泰英1888~1920미상 • 이태영李泰榮1888~1933경기도안성 • 이태옥李泰玉1902~미상전라남도순천 • 이태우李太宇1867~1923전라북도임실 • 이태원李兌遠1928~2021경상북도의성 • 이태원李泰源1900~1965경상남도통영 • 이태율李泰律1901~1920미상 • 이태을李太乙1908~1949경상북도영양 • 이태인李泰仁1877~미상함경남도단천 • 이태인李台仁1867~미상황해도수안 • 이태일李泰一1899~1966충청남도아산 • 이태준李泰俊1883~1921경상남도함안 • 이태직李泰稙1878~1913경상북도의성 • 이태학李泰鶴1890~1962경상북도의성 • 이태현李太鉉1907~1942전라북도남원 • 이태현李泰鉉1896~1977경기도용인 • 이태형李泰亨1893~1938황해도은율 • 이태호李泰鎬1884~1919경기도안성 • 이태호李台鎬1895~1965충청남도청양 • 이태홍李泰鴻1922~1996경상북도영일 • 이태화李泰華미상~1925평안남도중화 • 이태화李泰化1858~미상평안북도강계 • 이태환李泰煥1906~1977전라북도순창 • 이태훈李泰薰1897~1970충청북도제천 • 이태훈李泰勳1869~미상전라남도목포 • 이태희李泰熙1905~1929함경남도풍산 • 이태희李兌熙1869~1919경상북도성주 • 이택신李澤新1872~미상경기도장단 • 이택영李宅英1900~미상평안북도철산 • 이택주李澤周미상~1927미상 • 이택주李宅周1893~1947충청북도영동 • 이택춘李澤春1873~미상전라남도함평 • 이택호李澤鎬1891~미상평안북도초산 • 이택화李宅和1884~1974경기도진위 • 이판성李判星1894~1983경상북도성주 • 이판쇠李判釗1889~미상전라북도전주 • 이판오李判五1918~1945전라북도고창 • 이평수李平銖1878~미상황해도통천 • 이풍기李豊基1891~1932전라북도남원 • 이풍섭李豊燮1919~1972강원도홍천 • 이필李鉍1909~미상경상북도안동 • 이필발李鉍發1890~1923경상북도영양 • 이필주李弼柱1869~1932경기도고양 • 이필현李弼鉉1902~1930평안남도중화 • 이하경李河京1868~미상평안남도양덕 • 이하섭李夏燮1881~1956충청남도부여 • 이하영李夏榮1872~미상평안남도진남포 • 이하유李何有1910~1967한성 • 이하의李夏儀1872~1949전라북도임실 • 이하익李夏翼1880~1954충청북도괴산 • 이하전李夏田비공개비공개 • 이학공李學公미상~1919미상 • 이학구李學九1888~1963황해도재령 • 이학기李鶴基1868~미상경상북도청도 • 이학린李學麟1899~미상함경북도명천 • 이학린李學璘1866~미상함경남도정평 • 이학범李學凡1893~1921미상 • 이학봉李學奉1882~1919강원도양양 • 이학서李鶴西1882~1938경기도수원 • 이학서李學瑞1882~미상황해도 • 이학선李學善1879~미상평안북도삭주 • 이학성李學成1893~1920미상 • 이학송李學松1900~미상평안북도초산 • 이학순李學淳1876~1943충청남도홍성 • 이학순李學純1843~1910충청남도공주 • 이학술李學述1892~1955경상북도의성 • 이학술李學述1897~1970경상북도영덕 • 이학영李學寧1868~미상평안남도성천 • 이학용李學用미상~1921미상 • 이학우李鶴羽1897~1950경상북도안동 • 이학우李學祐미상~1921미상 • 이학윤李學潤미상~1921함경남도갑산 • 이학의李鶴儀1906~1985경상북도군위 • 이학이李學伊1898~1919경상남도통영 • 이학준李學俊미상~1921미상 • 이학진李學鎭1927~2006전라북도순창 • 이학필李學弼1897~1936평안북도영변 • 이학필李學泌1888~1910평안남도대동 • 이학희李鶴熺1890~1918황해도벽성 • 이한기李漢基1925~1949평안북도용천 • 이한기李漢基1891~1966경기도안성 • 이한여李漢汝1890~1957충청남도홍성 • 이한영李漢榮1885~미상경기도안성 • 이한영李漢榮1899~1945경기도안성 • 이한응李漢應1874~1905경기도용인 • 이한익李漢翼1901~1921평안북도의주 • 이한준李漢準1888~미상한성 • 이한호李漢浩1895~1960함경북도성진 • 이함득李咸得1912~1956경상남도함안 • 이항근李恒根1888~미상함경남도단천 • 이항봉李恒鳳1898~미상평안북도강계 • 이항순李亢淳1887~1940충청남도홍성 • 이항진李恒鎭1916~2008경상북도칠곡 • 이항진李恒鎭1898~1928황해도해주 • 이해동李海東1896~1933경상북도안동 • 이해동李海東1899~1979경상북도영덕 • 이해룡李海龍1914~2001한성 • 이해순李海淳1919~1945평안남도강서 • 이해일李海日1892~1959경상북도영덕 • 이해직李海稙1921~1994경상북도안동 • 이해진李海鎭1927~1999경상북도영덕 • 이해창李海昌미상~1920평안북도삭주 • 이해천李海天미상~1933미상 • 이해철李海喆1878~1956경기도고양 • 이행록李行錄1902~1962전라남도함평 • 이헌경李憲卿1870~1956한성 • 이헌교李憲敎1880~1935경상북도영양 • 이헌일李憲一1917~1979경상북도대구 • 이헌호李軒護1874~1938경상북도예천 • 이혁노李赫魯1889~1930한성 • 이현李鉉1881~1925평안남도강서 • 이현구李賢求1862~1940경상북도영주 • 이현구李鉉球1879~1954경상남도울산 • 이현근李炫瑾1912~1940함경남도북청 • 이현기李玄琪1870~1945경상북도성주 • 이현렬李顯烈1900~1978전라남도완도 • 이현상李賢相1924~1968한성 • 이현설李鉉卨1894~1952경상북도영덕 • 이현섭李鉉燮1844~1910경상북도군위 • 이현순李賢淳1879~미상강원도원주 • 이현승李賢承1879~1968전라북도임실 • 이현우李鉉禹1894~1959경상남도울산 • 이현우李鉉祐1894~1925경상북도영덕 • 이현익李顯翼1896~1970함경남도단천 • 이현준李賢俊1902~미상경상북도달성 • 이현직李鉉稷미상~1931미상 • 이현창李鉉昌1865~1930경상북도성주 • 이현춘李鉉春1870~1932충청남도서산 • 이현필李現弼1864~미상미상 • 이현학李鉉學1900~미상평안북도벽동 • 이협수李協洙미상~1920미상 • 이형李瀅1886~1949경상북도청송 • 이형국李炯國1886~1931경상북도안동 • 이형규李亨奎1901~1922평안북도강계 • 이형기李亨祺1895~미상경기도개성 • 이형기李炯器1884~1936전라북도남원 • 이형모李炯模1913~1941전라남도강진 • 이형순李亨順1883~1949경기도개성 • 이형술李亨述1893~미상평안북도초산 • 이형연李瀅連1896~미상평안북도운산 • 이형영李亨永1896~1923전라남도여수 • 이형우李亨雨1885~미상전라북도익산 • 이형우李亨雨1910~1938전라남도순천 • 이형우李亨雨1890~1958강원도영월 • 이형욱李亨郁1857~미상황해도재령 • 이형원李亨垣1899~1969함경남도북청 • 이형익李亨益1881~미상경기도개성 • 이형춘李亨春1887~1966전라남도해남 • 이혜경李惠卿1889~1968함경남도원산 • 이혜근李惠根미상미상 • 이혜련李惠鍊1884~1969평안남도강서 • 이혜수李惠受1891~1961한성 • 이혜준李兮俊1888~1929평안남도강서 • 이호길李浩吉1926~2017강원도원주 • 이호상李浩相1890~1975전라남도해남 • 이호선李浩善1887~1925평안남도강동 • 이호성李浩性1858~미상경기도장단 • 이호순李浩順1896~미상함경남도장진 • 이호승李浩承1878~1939경기도부천 • 이호승李鎬承1888~1937충청남도대전 • 이호영李護榮1885~미상한성 • 이호영李瑚寧1899~1968충청북도옥천 • 이호용李好用1893~1951경상남도고성 • 이호원李浩源1891~1978충청남도공주 • 이호익李鎬益1892~1935경기도안성 • 이호주李浩周1869~미상경기도개성 • 이호준李鎬俊1894~1956경상북도안동 • 이호철李戶喆1901~1971충청남도부여 • 이홍규李洪圭1894~1956충청남도보령 • 이홍규李弘珪1896~1975충청남도공주 • 이홍근李弘根1928~2009평안북도선천 • 이홍근李洪根1902~1948강원도홍천 • 이홍기李鴻基1877~1974황해도웅진 • 이홍기李洪基1899~1957경기도안성 • 이홍달李鴻達1878~미상강원도철원 • 이홍래李鴻來1893~1920미상 • 이홍래李鴻來1888~1943함경북도회령 • 이홍렬李洪烈1893~1922경기도안성 • 이홍복李弘福1881~1945경기도가평 • 이홍빈李洪彬1923~1975전라남도강진 • 이홍석李洪錫1890~1946경상북도경주 • 이홍선李弘善1889~미상황해도장연 • 이홍섭李弘燮1911~1943전라북도임실 • 이홍성李洪成1888~미상함경남도단천 • 이홍식李弘植1896~1963경상남도하동 • 이홍식李洪植1886~1935경기도김포 • 이홍엽李洪燁1884~2007경상북도영덕 • 이홍우李鴻雨1911~미상함경북도회령 • 이홍윤李弘允1856~1920미상 • 이홍장李洪章1926~1945전라남도해남 • 이홍준李洪俊1893~1969경상남도울산 • 이홍충李弘忠1921~미상함경남도이원 • 이화백李和伯1884~1968경상북도영주 • 이화백李化伯1885~1941전라북도장수 • 이화병李和秉1886~미상경상남도통영 • 이화석李華碩1900~미상경상북도경주 • 이화숙李華淑1892~1979한성 • 이화영李華榮1879~1961경기도안성 • 이화용李華鏞1878~1938경기도부천 • 이화용李和容1880~미상함경남도단천 • 이화익李化翼1900~1978황해도장연 • 이화익李和翊1871~1933경상북도울진 • 이화일李化日1882~1945함경북도경성 • 이화주李化周1899~미상평안북도초산 • 이화춘李化春1888~1967충청남도홍성 • 이환이李環伊1890~1971경상북도영덕 • 이회근李晦根1884~1944전라북도임실 • 이회돈李會敦1898~1958충청남도서산 • 이회림李晦林1891~1959경상북도안동 • 이회명李會明1863~미상경기도양주 • 이회식李會植1891~1988경상북도안동 • 이회열李會烈1872~1925전라북도임실 • 이회영李會榮1867~1932한성 • 이회원李會源1886~1960경상북도안동 • 이회원李會元1889~미상충청남도예산 • 이효근李孝根미상~1919미상 • 이효근李孝根1889~1929함경북도성진 • 이효남李孝男1905~1962전라북도옥구 • 이효덕李孝德1895~1978평안남도용강 • 이효상李孝相1922~1942황해도금천 • 이효선李孝善1919~미상황해도김화 • 이효선李孝善1904~1982한성 • 이효정李孝貞1913~2010한성 • 이효종李孝鍾1900~1974경상북도영주 • 이후배李厚培1881~미상평안남도강서 • 이훈영李勳榮1891~1978충청남도천안 • 이휘환李彙環1887~1965평안남도평원 • 이휴춘李休春1897~1960전라북도옥구 • 이흔이李

欣伊1879~1940경상북도의성 • 이흥관李興官1910~1975함경북도 • 이흥길李興吉1897~1929경기도안성 • 이흥돌李興乭1888~1920경기도김포 • 이흥록李興祿1853~1921경기도양주 • 이흥만李興萬1892~1975한성 • 이흥쇄李興刷1900~1942전라남도완도 • 이흥조李興祚1895~미상황해도황주 • 이흥주李興柱1863~1937충청남도홍성 • 이흥준李興俊1901~미상경기도안성 • 이희갑李喜甲1897~1953충청북도충주 • 이희경李희경1894~1947경상북도대구 • 이희경李喜儆1889~1941평안남도순천 • 이희경李熙慶1896~미상경기도수원 • 이희계李希季1900~1931경상남도울산 • 이희남李熙南1925~2008황해도회양 • 이희대李喜大1887~미상경기도용인 • 이희도李羲圖1885~1919충청남도홍성 • 이희도李熙道1882~미상충청남도공주 • 이희동李熙東1925~2016전라북도순창 • 이희룡李熙龍1872~1948경기도안성 • 이희림李喜林1889~1929충청남도홍성 • 이희삼李熙三1856~미상함경남도단천 • 이희석李喜錫1892~1950경상남도함안 • 이희섭李喜燮1892~1965전라북도정읍 • 이희수李熹洙1888~1929함경북도길주 • 이희순李熙淳1883~1920평안북도정주 • 이희승李熙昇1897~1989경기도개풍 • 이희주李羲周1902~미상충청남도예산 • 이희춘李喜春1926~2008충청남도부여 • 이희택李熙澤1888~미상강원도양양 • 이희팔李禧八1878~미상평안남도중화 • 이희필李羲弼1882~미상경상북도안동 • 이희화李熙和1920~2008경기도개풍 • 인건印鍵1894~1960황해도평산 • 인길복印吉福1858~미상평안북도의주 • 인세봉印世鳳1892~1965경기도수원 • 인수만印壽萬1895~1945경기도화성 • 인순창印淳昌1919~2010평안남도진남포 • 인종익印宗益1871~미상한성 • 인진명印振明1890~1940경기도파주 • 인한수印漢洙1881~1919충청남도예산 • 임경갑林敬甲1891~1946경상북도김천 • 임경숙林敬叔1883~미상한성 • 임경식林璟植미상~1921미상 • 임경애林敬愛1911~2004황해도곡산 • 임경호林敬鎬1888~1945충청남도청양 • 임계익林桂益미상평안북도초산 • 임관호林寬浩미상~1920평안북도의주 • 임광세林光世1923~2018경기도개성 • 임광호林光鎬1888~1951충청남도청양 • 임굉林宏1922~1950경상남도밀양 • 임교재任敎宰1892~1964한성 • 임국정林國楨1896~1921함경남도함흥 • 임국희林國熙1901~1968경상남도부산 • 임규林圭1863~1948전라북도익산 • 임근수林根洙1859~1907경기도안성 • 임근호任謹鎬1918~1964강원도양구 • 임금출林今出1886~미상충청남도아산 • 임긍호林兢鎬1901~1964충청남도청양 • 임기반林基盤1867~1932평안남도양덕 • 임기송林基松1895~미상황해도평산 • 임기열林基烈1924~2011전라남도해남 • 임기정林基政1899~1950전라남도담양 • 임기홍林基弘1905~1933평안북도의주 • 임낙규林洛奎1886~1964황해도통천 • 임낙현林洛玄1878~미상충청남도서산 • 임대수林大洙1899~1966전라남도함평 • 임대영林大永1895~1966충청남도아산 • 임덕문林德文1886~미상충청남도연기 • 임덕재任德宰1912~1944강원도양구 • 임도성林道成1878~1953황해도신천 • 임도술林道述1899~1970경상북도울진 • 임도식林燾植1922~2003경상북도울진 • 임도준任度準1879~미상미상 • 임도진林道鎭1915~1950전라남도장흥 • 임돌이林乭伊1890~1936경상북도안동 • 임동묵林東默1910~1962충청북도청원 • 임동석林東碩1898~1962경상북도칠곡 • 임동수林東秀1903~1933전라남도해남 • 임동숙林東淑1884~1956경상북도안동 • 임동원林東元1897~미상함경북도경성 • 임두엽林斗曄1901~1970경기도강화 • 임득산林得山1896~1943평안북도철산 • 임득연林得淵1896~1953경상북도안동 • 임만규林萬圭1893~1958경상남도하동 • 임만수林萬洙1885~1949충청남도연기 • 임메불林메불1884~1987평안남도평양 • 임면수林冕洙1874~1930경기도수원 • 임명규林明奎1881~미상평안북도선천 • 임명선林明先1878~1960충청남도홍성 • 임명애林明愛1886~1938경기도파주 • 임명조林命祚1905~1965경상남도동래 • 임무경林武京1861~1937경기도광주 • 임문순林文淳1880~미상함경남도장진 • 임문호任文鎬1877~1930충청남도보령 • 임민호林民鎬1904~1970함경북도회령 • 임민호林玟鎬1891~1926전라남도담양 • 임배세林培世1897~1999강원도원주 • 임백규林白圭1889~미상충청북도음성 • 임백춘林伯春1897~1949전라남도무안 • 임범섭林汎燮1898~1973경상북도안동 • 임병극林秉極미상~1926미상 • 임병극林炳極1885~미상평안도 • 임병률林秉律1891~1935전라북도김제 • 임병완林炳完1887~1920충청남도논산 • 임병욱林炳旭1909~1988전라남도광주 • 임병익林秉翼1895~1919강원도양양 • 임병일林炳日1886~미상경기도개성 • 임병주林秉周1909~1997전라남도보성 • 임병준任秉準1880~미상황해도통천 • 임병직林炳稷1893~1976충청남도부여 • 임병철林秉哲1871~미상황해도봉산 • 임병철林炳喆1924~2010충청북도청원 • 임병희林炳禧1878~미상황해도평산 • 임복희林福姬1914~미상평안북도의주 • 임봉래林鳳來1890~1968경상남도부산 • 임봉상林鳳祥1911~1985경상남도합천 • 임봉선林鳳善1897~1923경상북도칠곡 • 임봉수林鳳洙1887~1970충청북도괴산 • 임봉순林鳳淳1916~1950평안남도강동 • 임봉어任奉語미상~1923미상 • 임봉익林奉益미상~1919평안북도강계 • 임봉주林鳳柱1880~1921경상북도영주 • 임봉춘林奉春1899~1971충청북도영동 • 임봉학林鳳鶴1859~미상평안남도대동 • 임봉호林鳳鎬1918~1999전라북도순창 • 임삼선林三先1895~1966경상북도칠곡 • 임삼수동林三水洞1900~1934함경남도홍원 • 임삼호任三浩1911~1966제주도제주 • 임상규林祥圭1869~1946전라남도장성 • 임상덕林相悳1879~1919충청남도청양 • 임상종林尙鍾1886~1944경상남도합천 • 임상희任尙熙1888~미상전라북도금산 • 임석도林析道미상미상 • 임석룡任錫龍1860~미상황해도수안 • 임석우林錫祐1869~미상한성 • 임석현林錫鉉1896~1971경상북도안동 • 임선장林善長1868~미상경기도장단 • 임선재任善宰1902~1973충청북도옥천 • 임성근林成根1886~1950황해도안악 • 임성섭林成涉1880~미상평안북도희천 • 임성실林成實1882~1947미상 • 임성우林成雨1889~1970한성 • 임성우荏成祐미상~1920미상 • 임성운任成云1869~미상경기도안성 • 임성준林成濬1892~미상황해도봉산 • 임성춘林聖春1869~1937경기도부천 • 임성칠林成七1900~1920미상 • 임세빈任世彬1910~1994함경남도함주 • 임소녀林小女1908~1971전라남도나주 • 임수명任壽命1894~1924충청북도진천 • 임수명林

守明1897~1977전라북도정읍・임수성林秀成1855~미상황해도회양・임숙명林淑明1884~1959충청남도연기・임순근林順根1890~1941경상북도영덕・임승호任承鎬1884~미상황해도송화・임시헌林時憲1911~1975경상북도울진・임양묵林良默1882~미상황해도신천・임양순林良淳1865~미상전라남도구례・임억규林億奎1898~1963충청남도서산・임영구林永求1892~1952전라남도광주・임영복林永福1874~1935충청남도연기・임영선林永善1919~2000함경남도장진・임영식任永植1904~1959전라남도해남・임영택林榮澤1901~1957전라북도익산・임예환林禮煥1864~1949평안남도중화・임용근林龍根1894~1963충청북도음성・임용섭林龍燮1899~1967경상북도칠곡・임용우林容雨1884~1919경기도김포・임용일林龍日1898~미상평안북도철산・임용태任龍泰1917~미상평안북도정주・임용한林容漢1897~1977경상북도안동・임우경林遇慶1902~1991경상북도예천・임우민林又民1900~1975경상북도안동・임우철林優喆1920~2021충청남도연기・임원갑林元甲1925~1989경상남도의령・임원걸林元杰1879~1935평안남도대동・임원근林元根1899~1963경기도개성・임원빈任元彬1923~1945충청남도논산・임원호任元鎬1891~1971경기도용인・임유동林有棟1900~1950경상남도거창・임유식林유植1894~1971경기도개성・임윤익林潤益1885~1970경상북도안동・임윤항林潤恒1895~1972강원도홍천・임응렴林應廉1900~1940강원도철원・임응순任應淳1882~미상경기도광주・임응철林應喆1871~1936전라북도정읍・임응환任應煥1884~미상황해도장연・임의식林義植1899~미상함경남도덕원・임의재任毅宰1882~1940충청남도청양・임의탁林義鐸1891~1973평안남도평양・임이걸林利杰1898~1961평안남도평양・임일권林一權미상~1927미상・임일봉林一奉1892~1922경기도안성・임일채林一采1910~1971전라남도해남・임장수林長壽1914~미상경상북도선산・임재갑任在甲1891~1960전라남도완도・임재남林栽南1915~1981평안남도평양・임재신林在信1926~미상경기도개성・임재창林在昌1878~미상황해도황주・임재혁任在㷼1928~1990충청남도보령・임재호林在虎1898~1961경상북도의성・임점석林点錫1896~1975경상북도칠곡・임정구任正九1887~1939평안남도강서・임정근林正根1913~1972평안북도용천・임정무林正武1920~1961함경남도함흥・임정수林正秀1874~미상평안남도평양・임정실林定實1885~1954충청남도홍성・임정준任貞俊1879~미상황해도수안・임정창林貞彰미상~1921평안북도벽동・임종구任鍾龜1885~1942충청남도청양・임종래林宗來1875~1959충청남도부여・임종룡任鍾龍1901~1969충청남도청양・임종만林鍾萬1892~1933충청남도당진・임종연林鍾淵1882~1945충청남도서천・임종우林鍾祐1887~1975전라북도옥구・임종한林鍾翰1906~1941전라북도부안・임종형林鍾衡1893~1934평안북도희천・임종호林宗浩미상~1921미상・임주찬任周燦1897~미상함경북도명천・임준기林俊基1883~미상평안남도용강・임준철林俊哲1879~1944평안북도박천・임준호林俊鎬1895~1968충청남도청양・임중재任重宰1879~1936충청남도청양・임지성任志成1889~1937평안남도용강・임지열林志烈1900~1919경상북도안동・임진실林眞實1899~미상전라남도순천・임찬규任讚珪1893~미상황해도장연・임찬규林燦奎1885~미상평안남도대동・임찬일林贊逸1895~1972경상북도안동・임창모林昌模1894~1967황해도은율・임창무林昌茂1893~1944충청북도괴산・임창수林昌秀1898~1920경상남도창녕・임창숙林昌淑1905~미상함경남도영흥・임창순任昌淳1900~1974충청남도청양・임창연林昌椽1898~미상황해도은율・임창운林昌云1884~미상황해도수안・임창원林昌元1910~미상평안북도정주・임창전任昌典1880~미상평안북도벽동・임창현林昌鉉1863~1938경기도부천・임천근林千根1890~1965충청남도아산・임천택林千澤1903~1985경기도광주・임철모林哲模1883~1919경기도김포・임철재任哲宰1892~1972충청남도청양・임철호林喆鎬1912~1948전라북도남원・임철호任哲鎬1886~미상경기도이천・임초林超1885~1969평안북도정주・임초색林草色1889~미상충청북도괴산・임춘섭林春燮1886~1956경상북도안동・임춘일林春一1882~1935경상북도김천・임춘화林春和1881~1932충청남도서산・임치록林致綠1880~미상평안북도영변・임치정林蚩正1880~1932평안남도용강・임치호林致昊1880~미상경기도남양・임칠호林七虎미상~1927미상・임태봉任泰奉1895~1977충청남도청양・임태순林泰淳1894~미상함경북도회령・임태일任泰馹1898~1959전라남도광양・임팔룡林八龍1888~1921경기도수원・임팔호林八鎬1916~1969전라북도정읍・임평林平1911~1942충청도・임표林彪1884~1938함경남도북청・임학규林學圭1897~1974충청남도서천・임학상林學相1885~1920미상・임학욱林學旭미상~1920미상・임학찬任學讚1890~1952경상남도김해・임한영林漢榮1890~1975충청남도청양・임해득林海得1911~미상충청남도부여・임헌규林憲奎1885~1954충청남도연기・임헌근林憲根1920~1951충청북도청주・임헌상林憲祥1877~1959충청남도연기・임헌영任憲永1876~1936충청남도홍성・임혁근林赫根1898~1934전라북도익산・임현林玄1887~1937평안남도안주・임형선林炯善1921~2005충청남도아산・임호林虎1885~1938함경북도길주・임호연林豪淵1920~2009경기도양평・임호일林浩逸1890~1919경상북도안동・임홍우任洪宇1906~1945전라남도해남・임회영林晦榮1873~미상함경남도함흥・임후섭任後燮1915~1962전라남도장흥・임흥도林興道1892~미상경기도용인・임희도任喜道1870~1924충청남도청양・임희수林熺洙1887~1933충청남도연기・임희천任喜天1875~1945충청남도청양・장가산張加山1901~1947충청남도홍성・장갑식張甲植1899~미상함경남도이원・장강환張康煥1866~미상황해도이천・장건상張建相1882~1974경상남도부산・장경張駉1920~1979경상남도사천・장경張景미상~미상・장경례張慶禮1913~1997전라남도광주・장경범張慶範1898~1972경기도개성・장경숙張京淑1904~1994평안남도대동・장경순張敬順1900~미상평안북도용천・장경업張景業1868~미상황해도곡산・장경일張京日1886~1960전라북도남원・장경춘張京春1877~1919전라북도익산・장경탁張炅鐸1923~1945경상북도경주・장경현張景鉉1869~미상평안북도의주・장경환張敬煥1871~1942충청남도서산·장관선張寬善1866~1938평안북도철산·장관주張觀柱1898~1984평안북도용천·장관청張官淸1886~미상평안북도초산·장국진張國鎭미상평안북도철산·장규섭張奎燮1884~1944황해도장연·장규식張珪植1888~1959경상북도칠곡·장규한張奎漢1874~미상경기도개성·장규황張圭황1880~미상황해도장연·장근숙張根淑1897~1966경상남도통영·장금송張禁松1906~1944함경북도부령·장금암張金岩1912~1982전라북도완주·장금환張琴煥1883~1963평안남도안주·장기남張基南1905~1971경상북도예천·장기덕張基德1884~미상평안북도의주·장기립張基立1904~1945경상북도예천·장기문張基文1924~1994전라남도곡성·장기민張基民1897~1921충청남도연기·장기석張基奭1860~1911경상북도성주·장기순張璣淳1890~미상평안북도희천·장기식張璣植1871~1948경상북도칠곡·장기영張基榮1887~1950경기도가평·장기영張基永1904~미상강원도영월·장기영張基永1890~미상경기도장단·장기원張基元1901~1973경상북도예천·장기창張基昌1901~1954경상북도예천·장기천張基千1903~1980평안북도의주·장기초張基礎1893~미상평안북도강계·장기현張基鉉1858~1935충청남도공주·장길동張吉同1908~미상전라남도함평·장낙수張樂洙1914~1992한성·장남극張南極1894~미상함경북도온성·장남정張南正1851~미상평안북도박천·장남현張南鉉1911~1947전라남도순천·장내주張來周1902~1928경상북도의성·장덕관張德寬1887~1938경기도안성·장덕균張德均1893~1968경기도광주·장덕기張德祺1921~1996평안북도의주·장덕로張德櫓1884~미상평안북도신의주·장덕익張德翼1888~1947경상남도진주·장덕준張德俊1892~1920황해도재령·장덕진張德震1898~1924황해도재령·장도빈張道斌1888~1963평안남도중화·장도원張道源1894~1968함경남도함흥·장도익張道翼1884~미상평안남도성천·장도정張道定1896~1941함경남도영흥·장도훈張道勳1870~1940평안남도성천·장동식張東植1923~1992경상북도칠곡·장두경張斗京1887~미상함경남도정평·장두관張斗爟1899~1958경상남도진주·장두권張斗權1890~1964경상북도칠곡·장두기張斗箕1860~미상경상북도칠곡·장두량張斗良1894~1954함경북도부령·장두백張斗珀1898~1980경상북도칠곡·장두성張斗星1890~미상평안남도순천·장두성張斗星1923~1997황해도통천·장두언張斗彥1881~1920미상·장두첨張斗添1906~미상황해도장연·장두현張斗鉉1879~미상평안남도순천·장두현張斗鉉1898~1973충청남도청양·장두환張斗煥1894~1921충청남도천안·장두환張斗煥1891~1920미상·장두희張斗熙1883~1930경상북도안동·장득세張得勢1883~미상평안북도구성·장득원張得遠1897~1973전라북도정읍·장라득張羅得1879~미상경기도강화·장만식蔣萬植1874~1944경상남도밀양·장만영張萬永1893~1948평안북도구성·장매성張梅性1911~1993전라남도광주·장명도張明道1904~1935평안북도신의주·장명순張明淳1899~1950경기도강화·장명술張命述1895~1935경상북도영덕·장명재張明在1906~1950전라남도완도·장명진張明珍1896~미상평안북도의주·장명환張明煥1902~1949전라남도강진·장문경張文景1883~미상평안북도의주·장문규張文圭1912~미상전라남도고흥·장문환張文煥1887~1947충청남도예산·장백윤張伯允1905~미상경상남도사천·장병구張炳九1897~1983전라북도전주·장병규張柄圭1888~미상경상북도칠곡·장병묵張炳默1915~1962경상북도칠곡·장병복張秉福1914~미상평안북도용천·장병식張秉植1892~미상경기도용인·장병옥張炳玉1914~1947경상북도칠곡·장병윤張炳允1914~1983제주도제주·장병준張柄俊1893~1972전라남도무안·장병하張炳夏1928~2021경상북도안동·장병훈張炳勳1894~1979평안남도평양·장복철張福喆1890~1931충청북도영동·장봉규張鳳奎미상~1919미상·장봉기張琫起1902~미상경상남도양산·장봉숙張鳳塾1920~2004경상북도울진·장봉원張鳳源1867~1919충청남도공주·장봉의張鳳儀미상~1920미상·장봉주張宙미상~1919미상·장봉학張鳳鶴1883~미상함경남도삼수·장봉학張鳳鶴1898~1960경상남도밀양·장봉한張鳳漢1879~1920함경북도종성·장봉현張奉賢1895~미상평안북도의주·장부암張富岩미상~1923미상·장붕張鵬1877~1955한성·장붕기張鵬起1912~1966평안북도후창·장붕익張鵬翼1885~미상미상·장빈삼張彬三미상~1925미상·장사건張師健1919~1951경상북도영주·장사천張四千1900~1920미상·장산용張山容1901~미상충청남도천안·장삼수張三壽1897~1926경기도강화·장삼조張三兆1914~1954경상북도김천·장삼채張三采1898~1989전라남도담양·장삼홍張三洪1882~미상함경남도신흥·장상건張尙建1898~1969경상북도칠곡·장상림張相林1913~미상경기도인천·장상용張相用1898~1957경기도강화·장상준張相俊1918~1997경상남도울산·장상흠張尙欽1895~1920경상북도칠곡·장석구張錫球1910~1960평안북도의주·장석영張錫英1851~1926경상북도칠곡·장석일張錫一1873~1942평안북도구성·장석진張錫鎭1892~1927함경남도영흥·장석창張錫昌1924~1973경상북도영주·장석천張錫天1903~1935전라남도완도·장석칠張石七1905~1952전라남도완도·장석함張錫咸1889~1951함경남도함흥·장석희張碩熙1892~미상경상북도칠곡·장선기張善基1871~1933충청남도홍성·장선희張善禧1893~1970황해도재령·장성도張聖道1871~미상황해도수안·장성란張聖蘭1887~미상평안북도의주·장성순張成順1873~1934함경북도회령·장성식張成栻1897~1979평안북도의주·장성식張盛植1890~1947경상북도칠곡·장성심張成心1906~1981황해도봉산·장성열張星烈1896~1966경상북도영덕·장성오張成五1890~1921미상·장성원張聖元1886~1920미상·장성원張聖源1897~1956충청북도괴산·장성이張星伊1896~1938충청북도청주·장성준張聖俊1898~미상경상북도칠곡·장성천張聖天1927~1972평안북도용천·장성철張聖哲1900~1963평안북도의주·장성표張星杓1924~1999경상북도의성·장성환張星煥1901~1942한성·장세구張世九1898~1931경기도김포·장세국張世國1928~2012평안북도용천·장세급張世岌1858~미상함경남도풍산·장세영張世永1922~1996전라남도광양·장세용張世湧1902~1936경상북도울진·장세운張世雲1895~1985평안남도강서·장세전張世銓1909~1943경상북도울진·장세파張世播1919~1945경상북도대구·장세한張世漢1884~미상미상 • 장세현張世見1894~미상평안북도용천 • 장세환張世煥1901~1982경상북도예천 • 장소진張韶鎭 1886~1920경기도화성 • 장수산長壽山1900~1981경기도시흥 • 장수영張秀永1873~1941평안북도의주 • 장수욱張秀彧 1891~미상평안남도대동 • 장수태張壽泰1879~1944충청남도공주 • 장순기張順基1897~1935전라남도광주 • 장순봉蔣舜鳳 1888~미상평안북도영변 • 장순석張順錫1872~미상경기도안성 • 장순창張順昌1901~미상경상북도예천 • 장순현張順賢 1868~1929경기도가평 • 장승열張承說1889~1922평안북도삭주 • 장승환張昇煥1856~미상경상북도칠곡 • 장시철張時澈 1894~미상함경북도청진 • 장식연張湜連1914~1945충청남도예산 • 장신국張信國1902~1933평안남도대동 • 장양헌張良憲 1898~1984충청북도충주 • 장언조張彦祚1924~1998경상북도대구 • 장여좌張汝佐미상~1920미상 • 장연송張連松 1901~1956한성 • 장연실張然實1868~미상경기도강화 • 장연용張淵龍1895~1975충청남도공주 • 장영구張永九1925~미상 경기도개성 • 장영규張永奎1895~1970전라남도광주 • 장영기張永祺1888~미상한성 • 장영남張永南1878~1971경상북도칠 곡 • 장영락張永樂1885~미상경상북도칠곡 • 장영문張永文1871~1947경상북도칠곡 • 장영석張永錫1891~1964경상북도칠 곡 • 장영성張永成1871~1960경상북도칠곡 • 장영수蔣英洙1909~1969경상남도산청 • 장영식張永植1892~미상경상북도칠 곡 • 장영안張永安1887~1952전라남도함평 • 장영옥張永鈺1890~1952경상북도칠곡 • 장영인張永仁1924~2017경상북도울 진 • 장영조張永眺1870~1947경상북도칠곡 • 장영준張永俊1913~1944경상북도울진 • 장영직張永稷1889~1929경상북도칠 곡 • 장영창張永昌1890~1939경상북도칠곡 • 장영천張永天1879~1957경상북도칠곡 • 장영철張永轍1889~미상경상북도칠 곡 • 장영필張永弼1878~미상황해도황주 • 장영희張永希1884~1960경상북도칠곡 • 장예학張禮學1883~1957함경남도정 평 • 장옥순張玉順1900~미상전라남도광주 • 장용근張用根1900~미상충청북도제천 • 장용담張龍淡1924~2006평안북도구 성 • 장용덕張龍德1884~미상함경남도신흥 • 장용진張瑢珍1910~1983제주도제주 • 장용하張龍河1900~1978강원도원주 • 장용호張龍浩1883~1932경상북도칠곡 • 장용환張瑢煥1894~1949경상남도의령 • 장용희張龍熙1904~1928경상북도칠곡 • 장우범張禹範1885~미상함경북도부령 • 장운환張雲煥1884~미상경상북도영일 • 장원목張元睦1863~미상경상북도칠곡 • 장 원수張元壽1905~1974경상북도대구 • 장원심張元心1887~1939경기도안성 • 장원용莊元瑢1882~1951황해도은율 • 장위식 張渭式1890~1942경상남도창원 • 장유만張有萬1878~미상경상북도칠곡 • 장유학張有鶴1899~1940경상북도영덕 • 장윤덕 張潤德1898~1975경상북도영주 • 장윤식張潤植1900~1930경상북도칠곡 • 장윤익張允益1866~미상경기도강화 • 장윤희張 允禧1892~미상한성 • 장응규張應圭1872~미상한성 • 장응두張應斗1889~미상함경남도장진 • 장응옥張應玉1863~미상경기 도가평 • 장응제張應濟1925~2012평안북도정주 • 장의묵張義黙1890~미상함경북도경성 • 장의선張義善미상~1927미상 • 장의숙張義淑1897~미상평안남도강서 • 장의주張儀柱1888~1945평안남도강서 • 장의찬張宜燦1923~미상한성 • 장의천張義 天1866~1920미상 • 장이호張利浩미상평안북도 • 장익규張翊奎미상~1919한성 • 장익부張益富1891~1938평안북도철산 • 장 익염張益濂1890~미상평안북도용천 • 장익환張益煥1895~1967충청남도서산 • 장인국張仁國미상~1919평안북도의주 • 장인 득張寅得1888~1964충청북도영동 • 장인명張仁明1886~1963황해도안악 • 장인식張璘植1879~1954경상남도밀양 • 장인식 張仁植1900~1966충청남도논산 • 장인식張仁植1887~미상경상남도밀양 • 장인진張仁珍1885~미상평안북도희천 • 장인환 張寅煥1872~1938충청남도서산 • 장인환張仁煥1876~1930평안남도평양 • 장인환張仁煥1897~1950경상남도합천 • 장일귀 張日貴1881~미상충청북도음성 • 장일규張逸奎1900~1969강원도홍천 • 장일홍張逸洪1860~미상함경남도신흥 • 장일환張一 煥1882~1919충청북도청원 • 장일환張日煥1886~1918평안남도평양 • 장임식張任植1892~미상경상북도칠곡 • 장임운張任雲 1897~미상경상남도함안 • 장임호林虎1856~미상제주도제주 • 장재관張在瓘1898~1988경상북도상주 • 장재구張在九 1890~미상경상남도통영 • 장재규張在圭1882~1977충청남도연기 • 장재련莊在連1902~미상경상남도경산 • 장재만張在萬 1894~1956전라북도장수 • 장재명張在明1895~1924함경남도 • 장재민張在敏1922~2017평안북도선천 • 장재상張在尙 1924~1959경상남도창원 • 장재섭張在燮1909~1950전라북도전주 • 장재성張在星1914~1939경상북도선산 • 장재순張載淳 1895~미상평안북도철산 • 장재술張在述1916~미상경상남도울산 • 장재식張在植1882~1959경상북도칠곡 • 장재욱張在旭 1903~1936충청남도논산 • 장재응張載鷹1875~미상함경북도경성 • 장재학張在學1862~1919충청남도연기 • 장정근張貞根 1856~미상황해도연백 • 장정수張正秀1902~1965경상남도창녕 • 장정용張廷鏞1894~1925평안북도의주 • 장정출張正出 1901~미상경상북도예천 • 장제덕張濟德1882~1937경기도수원 • 장조민張朝民1907~1967평안북도선천 • 장종건張悰鍵 1895~1966평안남도평양 • 장종문張宗文1899~1978경상북도칠곡 • 장종식張鍾植1869~1949경상남도함안 • 장종원張宗源 1917~2012함경남도함흥 • 장종형張宗亨1907~1930미상 • 장주문張柱文1906~미상경기도수원 • 장주서張珠瑞1883~1935 경상북도칠곡 • 장주호張柱虎1927~2006경상북도의성 • 장주환張柱煥1896~1947경상북도군위 • 장준두張俊斗1893~미상 평안북도구성 • 장준명張俊明1893~미상황해도신천 • 장준식張俊植1886~1964경상북도칠곡 • 장준하張俊河1915~1975평 안북도삭주 • 장준현張浚鉉1893~1950경상북도칠곡 • 장준환張駿煥1923~미상충청남도당진 • 장지락張志樂1905~1938평 안북도용천 • 장지선張志善1886~미상경기도용인 • 장지영張志暎1887~1976한성 • 장지운張祉雲1891~미상평안북도의주 • 장지흥張志興1901~미상평안남도평양 • 장지희張祉熙1895~1969경상북도칠곡 • 장진규張振奎1875~1928경상북도영덕 • 장진봉張珍奉1900~미상평안북도초산 • 장진수張振秀1894~1945경상남도창녕 • 장진우張進瑀1866~1945경상북도예천 • 장진원張鎭元1900~미상평안북도강계 • 장진홍張鎭弘1895~1930경상북도칠곡 • 장집중張執中1885~1923평안북도의주 •

장찬섭張贊燮미상~1924평안북도위원 • 장찬주張贊柱1865~미상황해도황주 • 장창선張昌善1909~1979충청남도부여 • 장창일張昌逸1897~미상함경북도경성 • 장창헌張昌憲1884~1924평안북도용천 • 장채극張彩極1897~1972함경북도부령 • 장채남張彩南1895~1923함경북도부령 • 장천석張天錫1874~미상함경북도경성 • 장철張徹1907~1969평안북도의주 • 장철張鐵1922~2008평안북도의주 • 장철부張哲夫1921~1950평안북도용천 • 장철호張喆鎬1892~1945평안북도의주 • 장춘섭張春燮1890~1970충청남도공주 • 장춘택張春澤1912~미상황해도옹진 • 장출봉張出鳳1901~미상충청북도영동 • 장치훈張致勳1893~미상경기도개성 • 장태굉張泰宏미상미상 • 장태국張泰國1907~1933평안북도삭주 • 장태성張台成1909~1987전라북도옥구 • 장태수張泰秀1841~1910전라북도김제 • 장태수張兌秀1896~1974경기도개성 • 장태영張泰英1886~미상경상남도통영 • 장태중張太仲1876~1929전라남도함평 • 장태칠張台七1891~미상함경북도무산 • 장태형張泰亨1906~1945함경남도원산 • 장태화張泰嬅1878~미상함경남도고원 • 장판돌張判乭1897~1958충청남도청양 • 장팽록張彭祿1891~1955충청남도청양 • 장평완張平完1908~1981전라남도여수 • 장평운張平雲미상~1927미상 • 장필석張弼錫1893~미상평안남도성천 • 장하청張河淸1898~미상평안북도초산 • 장학관張學觀미상~1919미상 • 장학구張學球미상~1920평안북도의주 • 장학산張學山1880~미상경상북도칠곡 • 장학선張學善1896~미상평안남도덕천 • 장학성張學成1891~1921평안북도자성 • 장학순張學順1887~1952경상남도남해 • 장한성張漢星1894~미상평안북도의주 • 장한성張寒星1895~1931평안남도진남포 • 장한순張翰淳1866~미상경기도개성 • 장한철張漢哲1916~미상황해도장연 • 장한호張漢鎬1906~1972제주도제주 • 장해동張海東1901~1927경상북도영일 • 장해평莊海平1905~1965황해도안악 • 장현근張鉉瑾1909~1969충청북도음성 • 장현식張鉉植1896~1950전라북도김제 • 장형張炯1889~1964평안북도용천 • 장형관張炯觀1903~1951경상북도울진 • 장형도張亨道미상~1919평안북도강계 • 장형식張馨植1868~미상경상북도칠곡 • 장호강張虎崗1916~2009평안북도철산 • 장호관張虎觀1913~1986경상북도칠곡 • 장호리張浩利1895~1971경기도가평 • 장호면張鎬眠1867~미상강원도양구 • 장호명張祜明1903~1936경상북도울진 • 장호조張鎬祚1896~1942전라남도영광 • 장호형張浩亨1893~1950경기도가평 • 장홍국張鴻國1882~1938함경북도청진 • 장홍규張弘奎1880~미상함경남도이원 • 장홍극蔣洪極1897~1920미상 • 장홍염張洪琰1910~1990전라남도목포 • 장홍진張弘鎭1899~1938충청남도연기 • 장화선張化善1899~1920평안북도구성 • 장화윤章華潤1891~1945평안북도삭주 • 장화진張和鎭1899~1974충청남도연기 • 장활이張活伊1896~1933경상북도영덕 • 장효근張孝根1867~1946한성 • 장효원張孝元1890~미상평안북도의주 • 장휴張休1870~1951충청남도청양 • 장흥張興1903~1983경기도고양 • 장흥도張興道1865~미상강원도양구 • 장흥환張興煥1879~1942경기도강화 • 장희수張熙洙1924~1990전라남도화순 • 장희순張喜順1921~2009경기도수원 • 장희진張禧鎭1908~1958전라남도장흥 • 전경무田耕武1898~1947평안북도정주 • 전경욱全慶郁1896~미상함경북도회령 • 전경원全京元1923~1998경상북도칠곡 • 전경찬全景贊1898~1951평안북도구성 • 전계도田啓道미상~1920미상 • 전규홍全珪弘1916~1945한성 • 전그레이스全그레이스1882~1948미상 • 전금돌全金突1900~미상함경남도장진 • 전금석田金錫1909~미상평안북도강계 • 전금옥全金玉1914~미상경상북도안동 • 전기생田己生1919~1945평안북도정주 • 전기수田器秀1893~1920미상 • 전기홍全基弘1902~1919강원도홍천 • 전기환全崎煥1893~1931전라북도김제 • 전남익全南翊1873~미상함경북도경원 • 전남출田男出1911~1974경상북도울진 • 전달빈全達彬1895~1970평안북도선천 • 전달준全達俊1909~미상함경북도명천 • 전달호全達浩1869~1938충청남도아산 • 전대진全大鎭1895~1963한성 • 전대화全大華1919~미상평안북도구성 • 전덕기全德基1875~1914경기도이천 • 전덕명全德明1888~1925평안북도용천 • 전덕원全德元1877~1943평안북도용천 • 전덕제全德濟1913~미상충청남도청양 • 전도근田道根1880~1983전라북도김제 • 전도명田道明1872~1927전라북도김제 • 전도선全道善1892~미상전라남도 • 전두남全斗南1900~미상황해도연백 • 전두환全斗煥1885~1937충청북도옥천 • 전득부全得富1883~미상함경남도문천 • 전만수田萬秀1913~1943경상북도울진 • 전만표全萬杓1876~1959충청북도영동 • 전명규田明圭1881~1944충청남도홍성 • 전명근田明根미상~1922미상 • 전명운田明雲1884~1947평안남도평양 • 전명조全命祚1892~1973경상북도영덕 • 전무全無미상~1926미상 • 전문한全文翰1883~1952평안북도정주 • 전병건全秉健1899~1950경상남도양산 • 전병겸田炳謙1883~1958경상북도울진 • 전병림全炳林1924~1990경상북도예천 • 전병찬田炳瓚1915~1944경상북도울진 • 전병창全炳昌1899~미상경상남도함양 • 전병철全秉哲1926~2010경상남도밀양 • 전병표全炳豹1876~1961경상북도예천 • 전병항田炳恒1891~1966경상북도울진 • 전병현全秉鉉1878~미상평안남도순천 • 전병호1882~미상평안북도영변 • 전병희全炳凞1890~1942경상남도부산 • 전봉건全鳳乾1900~1975함경남도북청 • 전봉균田鳳均1909~1944전라북도옥구 • 전봉신田奉信1878~1950전라북도군산 • 전봉업全鳳業1902~미상강원도인제 • 전봉학全奉學1890~1932강원도인제 • 전부명田富明1887~1941전라북도김제 • 전사덕田四德1903~미상평안북도영변 • 전사옥全駟玉1915~1952경상남도거창 • 전사진全士進1883~미상강원도철원 • 전상국田相國1907~1938황해도신천 • 전상봉全相鳳1885~미상함경북도회령 • 전상엽全相燁1921~2016평안남도평원 • 전상호田相鎬1889~1924경상북도영덕 • 전상희全相喜1866~미상경상북도문경 • 전석구全錫九1896~1970경상남도합천 • 전석윤全錫允1894~1966경상남도합천 • 전석현全錫玄1884~미상경기도양평 • 전선근全善根1889~1941경상북도의성 • 전성걸全聖杰1893~1973평안남도안주 • 전성구全聖球1897~미상함경남도원산 • 전성권全聖權1887~1938전라북도진안 • 전성규全星奎미상~1920함경북도무산 • 전성수全聖洙1886~1962강원도횡성 • 전성순田聖淳1881~1950충청남도청양 • 전성익全性翊1891~1946함경남도단천 • 전성진

田成鎭1885~1965충청남도서산・전성철全聖哲1894~1950경상북도안동・전성호全盛鎬1896~1950함경북도경성・전성홍全成弘1904~미상함경북도종성・전성희全聖熙1873~1929경상북도상주・전수길全壽吉1896~1951강원도영월・전수만全守萬1882~1942경기도안성・전수산田壽山1894~1969평안남도평양・전순삼田順三1874~1940충청남도홍성・전순옥田順玉1913~2013전라남도담양・전순협全淳莢1891~1934전라남도광주・전암우錢岩佑1891~미상경상북도문경・전양준田養畯1895~1946황해도봉산・전양진田穰鎭1873~1943충청남도홍성・전어진全於眞1911~미상전라북도익산・전여수田汝秀1850~미상미상・전여심全汝心1884~1953충청남도서산・전여종全呂鍾1902~미상함경북도회령・전연봉全蓮峯1912~미상황해도옹진・전영경田永璟1897~1980경상북도울진・전영균全榮均1903~1919강원도홍천・전영상全永祥1895~1958전라북도진안・전영수田永秀1924~미상경상남도의령・전영우全永愚1886~1962경상남도합천・전영일全永一1887~1970평안남도순천・전영항田英恒1892~1964평안북도선천・전예순全禮淳1896~1933평안남도안주・전옥全玉미상미상・전옥결全玉玦1897~미상함경북도경성・전용규田鎔圭1872~1918충청남도홍성・전용선田溶璿1890~1955경상남도의령・전용섭全容燮1875~미상황해도평강・전용신田容信1899~1973경상북도선산・전용헌田溶憲1890~1934경상남도김해・전용환田龍煥1896~1975평안북도강계・전우진田禹鎭1883~1964충청남도홍성・전우진全宇鎭1889~1939한성・전운벽田運闢1902~미상평안남도대동・전운학田雲學1888~미상미상・전운학全雲鶴1910~1983경상북도영주・전원강田元江1910~1943경상북도울진・전원거全元擧1867~1919강원도양양・전원숙全元淑1894~1948함경남도이원・전원순全元順1874~1945경기도부천・전월성全月星미상강원도・전월순全月順1923~2009경상북도상주・전유봉全酉峯1900~1939전라남도해남・전윤건田允健1886~미상평안북도선천・전을생田乙生1925~2004평안북도정주・전응두田應斗1901~1935평안북도선천・전응주全應珠1895~1950경상북도의성・전응주田應柱1898~1930평안북도선천・전의근全義根1880~미상함경북도온성・전의영全義英1913~1966전라남도광주・전이진田利鎭1892~1944충청남도홍성・전이호全履鎬1922~2013평안남도평양・전익서全益瑞1873~1952한성・전인갑全寅甲1882~미상함경북도온성・전인발錢寅發1902~1950경상북도문경・전인채全仁采1902~1970전라남도순천・전인학全麟鶴1898~1957경상북도울진・전인회全仁檜1897~1965경상남도진주・전일全一1893~1938함경북도길주・전일田一1896~1919평안북도・전일묵田一黙1920~1945평안북도용천・전일봉全日奉1896~1950전라북도무주・전자범全子範1898~1920미상・전재덕全在德1924~2016경상북도선산・전재득全在得1898~1968충청북도영동・전재명全在明1893~1919충청남도홍성・전재순田在淳1894~1950황해도은율・전재식全㦲植1898~1945경상남도함양・전재완全在完1895~1941경상남도마산・전재일全在一1875~1951함경북도경성・전정길全鼎吉1889~1933충청남도공주・전정석全正錫1913~1972경상북도영주・전정풍田正豊1898~1975전라북도옥구・전제익全濟益1861~미상함경북도회령・전종관全鍾琯1917~미상전라북도익산・전종식田種植1871~1945전라북도군산・전종철全宗喆1899~미상황해도서흥・전종호全宗浩1863~미상평안북도위원・전좌한全佐漢1899~1986충청북도옥천・전준정全俊京1902~미상평안북도정주・전준벽田畯闢1865~1920평안북도선천・전중근全仲根1886~미상경상북도문경・전중진田中鎭1860~1941경상남도의령・전지석全智鉐1888~1945함경남도북청・전진백全鎭伯1879~미상평안남도성천・전창대全昌大1892~1932황해도은율・전창렬全昌烈1895~1972강원도양양・전창렬全昌烈1885~미상함경남도정평・전창석全昌錫1876~미상황해도평강・전창신全昌信1900~1985함경남도함흥・전창여全昌汝1888~1973전라북도완주・전창오田昌五1869~미상황해도수안・전창우全昌禹1868~미상함경북도온성・전창호田昌浩1883~미상황해도황주・전창호田昌浩1928~1993경상남도부산・전창후田昌厚1897~미상평안북도초산・전천년田千年1894~1975전라북도김제・전천보全天甫1875~미상함경북도온성・전철수田喆秀1918~1950충청남도보령・전충식全忠植1912~1977황해도은율・전치관全致寬1871~1919충청남도천안・전치운全致雲1891~1922미상・전치일田致一1883~1954충청남도홍성・전타관全他官1912~1935미상・전태근全泰根미상~1920함경북도경성・전태만田泰萬1899~1958경상남도의령・전태산全泰山1902~1950평안북도구성・전태선全泰善1868~미상평안남도평양・전태순全泰順1896~1963경기도김포・전태용田太用1881~미상충청남도홍성・전태현全泰鉉1888~미상경기도양주・전태현全泰賢1922~2005황해도옹진・전팔룡全八龍1911~1963경상북도청도・전평규田平奎1875~1949전라남도순천・전필현全弼鉉1890~미상충청북도제천・전학봉田學封1902~1979충청남도청양・전학수田學秀1896~1929평안북도자성・전학조田學彫1870~1920평안북도선천・전해운全海運1890~1951충청북도음성・전혁규田爀圭1890~1969충청남도예산・전협全協1876~1927한성・전형록全亨祿1911~1932함경북도온성・전호인全湖人1919~1986평안남도평양・전홍기全洪基1917~1945황해도평강・전홍석田弘錫1896~미상평안남도평원・전홍섭全弘燮1890~1938함경북도회령・전홍표全鴻杓1869~1929경상남도밀양・전흥순田興順1919~2005황해도신천・전희국全希國미상미상・정각규鄭恪圭1889~1965경상남도합천・정갑권丁甲權1891~1968경상남도고성・정갑생鄭甲生1914~1989경상남도진주・정갑석鄭甲石1894~1949경기도파주・정갑선鄭甲善1902~미상함경남도갑산・정갑이鄭甲伊1879~1975경상북도의성・정건수丁建壽1924~2002전라남도보성・정경근鄭慶根1870~미상황해도은율・정경순鄭庚淳1892~1959경기도진위・정경순鄭敬珣1899~미상평안북도의주・정경시鄭慶時1855~1929경기도양평・정경식鄭景湜1910~1979경상남도하동・정경조鄭慶朝1895~1957충청남도청양・정경주鄭景周1910~1959경상북도고령・정계로鄭啓老1883~1950황해도안악・정계록丁繼祿1862~미상미상・정계술鄭桂述1902~1976경상북도성주・정계운鄭桂運1867~미상함경남도이원 • 정계표鄭桂杓1881~1942함경남도이원 • 정계호鄭啓好1869~1956충청남도예산 • 정공로鄭公老1875~미상황해도재령 • 정공범鄭公範1899~1923미상 • 정공일鄭公一1890~1960전라북도고창 • 정공출鄭公出1891~1924경상북도고령 • 정관진丁寬鎭1902~1931한성 • 정관호鄭觀鎬1899~1984평안남도평양 • 정광순鄭光淳1880~1961경상북도대구 • 정광식鄭光植1923~2014경상북도고령 • 정광해鄭光海1927~1950경상북도대구 • 정광호鄭光好1895~미상전라남도광주 • 정구석鄭求奭1900~1965충청북도보은 • 정구용鄭九鎔1880~1941경상북도영일 • 정구화鄭九和1884~1966충청남도청양 • 정국일鄭國一1909~1967평안북도철산 • 정국조鄭國朝1893~1921충청남도홍성 • 정국휴鄭國休1878~미상전라남도함평 • 정군필君弼1883~1973경기도화성 • 정군학君學1894~미상황해도송화 • 정귀석鄭貴錫1908~1952전라남도광양 • 정귀완鄭貴浣1913~미상충청남도대전 • 정귀인鄭貴人1885~1946전라남도광양 • 정귀택鄭龜澤1921~2011충청남도당진 • 정규복丁奎復1882~1961경기도용인 • 정규선鄭圭璇1891~1939한성 • 정규섭鄭奎燮1928~2016경상남도 • 정규수丁奎壽1901~미상전라남도무안 • 정규식丁奎植1897~1970전라남도무안 • 정규식鄭圭植1920~1950경상북도영천 • 정규영鄭奎榮1860~1921경상남도하동 • 정규원丁奎源1897~1960경상북도예천 • 정규태丁奎台1890~1921전라남도무안 • 정규하丁奎河1886~1950경상북도영덕 • 정규환鄭圭桓1900~1921경상남도함양 • 정규환鄭奎煥1894~1961경기도수원 • 정균호鄭均鎬1896~1985전라남도담양 • 정근형鄭根亨1895~미상함경남도북청 • 정금동丁金同1898~미상경상북도의성 • 정금용鄭錦鎔1890~1920미상 • 정금운鄭錦雲1895~1920미상 • 정금자鄭錦子1911~2007경상남도하동 • 정기동鄭其東1901~1987전라북도전주 • 정기락鄭基洛1886~미상함경남도정평 • 정기복鄭基福1919~2007경상북도영일 • 정기선鄭基善1894~1920미상 • 정기섭丁基燮1886~미상경기도양주 • 정기섭鄭沂燮1898~1943충청남도논산 • 정기수鄭基洙1863~미상함경남도북청 • 정기순鄭基淳미상~1922미상 • 정기술丁基述1900~1951경상남도마산 • 정기연鄭琦衍1903~1983전라남도함평 • 정기엽鄭基燁1921~2018평안북도용천 • 정기주丁基周1873~1930황해도황주 • 정기주鄭起周1910~2002평안북도철산 • 정기현鄭琪鉉1921~1950경상북도고령 • 정기형鄭起衡1903~미상황해도평강 • 정길모鄭吉謨1896~1952충청남도청양 • 정길수鄭吉洙1896~미상경상북도성주 • 정길순鄭吉順1855~1920미상 • 정낙륜鄭樂倫1884~미상충청북도충주 • 정낙영鄭洛榮1879~1947경상남도하동 • 정낙진丁洛鎭1925~2015충청남도공주 • 정남국鄭南局1897~1955전라남도완도 • 정남균鄭南均1905~1950전라남도완도 • 정남시鄭南時1885~1932경상남도하동 • 정남용鄭南用1896~1921강원도고성 • 정남윤鄭南允1889~미상미상 • 정남이鄭南伊1912~미상한성 • 정남훈鄭南勳1889~미상함경남도신흥 • 정내성丁來聖1902~1950전라남도곡성 • 정내영鄭騋永1900~1961경상북도월성 • 정대동鄭大同1899~미상전라남도함평 • 정대영鄭大永1901~1953충청북도음성 • 정대운鄭大云1885~미상평안남도성천 • 정대원丁大元1862~1929전라북도완주 • 정대윤丁大允1924~1994경상북도대구 • 정대택鄭大宅1893~미상평안북도용천 • 정대필鄭大弼1880~1938경상남도거창 • 정대호鄭大鎬1884~1940평안남도진남포 • 정대홍丁大洪1892~1922충청남도예산 • 정덕곡鄭德谷미상~1923미상 • 정덕근鄭德根1891~미상한성 • 정덕수丁德秀1923~2012경상남도고성 • 정덕원鄭德源1862~미상황해도수안 • 정덕윤丁德允1894~1969경상남도김해 • 정덕조鄭德朝1872~미상함경북도길주 • 정덕진丁德鎭1897~1977경상북도대구 • 정도기丁道紀1880~미상함경북도온성 • 정도린鄭道隣1900~미상함경남도원산 • 정도산鄭道山1882~미상평안북도 • 정도선鄭道善1889~미상평안북도선천 • 정도현鄭道鉉1878~1942경기도연천 • 정도현鄭道賢1899~미상미상 • 정돈영鄭暾永1874~1919충청북도영동 • 정돌석鄭乭石1876~1926경상북도영덕 • 정동구鄭東龜1876~1942충청남도홍성 • 정동규鄭東奎1879~미상경기도장단 • 정동근鄭東根1867~1945전라남도나주 • 정동량鄭東亮1901~1931충청남도홍성 • 정동석鄭東錫1885~1968경상북도달성 • 정동선鄭東善1894~1961충청남도홍성 • 정동수鄭東秀1904~1991전라남도담양 • 정동식鄭東植1874~1926충청남도홍성 • 정동식鄭東植1850~1910전라북도익산 • 정동원鄭東源1881~1943전라북도고창 • 정동준丁銅俊1897~1944경상남도밀양 • 정동직鄭東稷1878~1943충청남도홍성 • 정동해鄭東海1847~미상강원도철원 • 정동화鄭東華1905~1949전라남도담양 • 정동흡鄭東洽1920~1996평안남도평양 • 정두규鄭斗奎1898~1956경상남도합천 • 정두명鄭斗明1909~1936경상남도고성 • 정두범鄭斗凡1899~1956전라남도여수 • 정두선鄭斗璿1882~미상황해도수안 • 정두실鄭斗實1900~1961전라남도완도 • 정두열鄭斗烈1922~2003경상남도 • 정두옥鄭斗玉1889~1972경상북도경산 • 정두은鄭斗殷1892~1947경상남도합천 • 정두표丁斗杓1917~1989경상북도의성 • 정두흠鄭斗欽1832~1910전라남도장흥 • 정두희鄭斗禧1897~1922경상남도합천 • 정득수鄭得洙1890~1980전라남도나주 • 정득영鄭得永1876~미상평안북도구성 • 정등엽鄭登燁1884~미상평안남도중화 • 정래봉鄭來鵬1890~1921경상남도합천 • 정막래丁莫來1899~1976경상남도통영 • 정만도鄭萬道1898~1974경상북도고령 • 정만산鄭萬山1886~1941경기도고양 • 정만성鄭萬成1872~1947한성 • 정만수鄭萬洙1910~1990충청남도천안 • 정만업鄭萬業1875~1935경상북도의성 • 정맹일鄭孟逸1897~1956경상남도통영 • 정면수鄭冕洙미상~1920미상 • 정명鄭明1921~2004평안남도안주 • 정명섭丁明燮1892~1960강원도영월 • 정명옥鄭明玉1898~미상충청북도옥천 • 정명옥鄭明玉미상~1921미상 • 정명원鄭明源1883~미상함경남도정평 • 정명준鄭命俊1900~1959경상북도칠곡 • 정몽룡鄭夢龍미상미상 • 정몽석丁夢錫1901~1966전라남도광산 • 정몽석鄭夢錫1896~1961경상남도하동 • 정몽호鄭夢虎1898~1984경상남도남해 • 정무봉鄭茂奉1898~1942전라남도강진 • 정무섭鄭武燮1886~1960충청북도청원 • 정무순鄭武淳1864~1942경기도고양 • 정문규鄭文圭1915~1970경기도안성 • 정문선鄭文善1873~미상전라북도군산 • 정문용鄭文鎔1879~1919경상남도산청 • 정문항鄭文恒1889~미상함경남도고원 • 정민영鄭敏英

1899~1932경상북도대구 • 정민영鄭玟永1901~1970충청북도음성 • 정민태鄭民泰1922~1972평안북도정주 • 정방모鄭邦模1900~1934충청북도보은 • 정방직鄭邦直1891~1961경상남도합천 • 정배근鄭培根1885~미상황해도연백 • 정백용鄭伯用1891~1956경상북도영일 • 정병근鄭炳根미상~1921미상 • 정병락鄭秉洛1851~1920미상 • 정병모鄭秉謨1872~1945전라남도장성 • 정병생鄭炳生1913~1948전라남도완도 • 정병소丁炳沼1898~1948전라남도광주 • 정병용鄭炳庸1890~1960전라남도담양 • 정병은鄭炳恩1911~1966전라북도완주 • 정병의鄭炳儀1905~1954전라남도화순 • 정병학鄭丙鶴1910~1951강원도춘천 • 정병휘鄭秉輝1889~미상평안북도초산 • 정보한鄭輔漢1913~1959전라남도여수 • 정복수鄭福壽1903~미상전라북도전주 • 정봉관鄭鳳觀미상미상 • 정봉근鄭奉根1897~1973전라남도함평 • 정봉길鄭鳳吉1907~1934평안북도철산 • 정봉득鄭鳳得1915~2001경상남도창원 • 정봉수丁奉洙1887~1933전라북도장수 • 정봉신鄭鳳信1883~1920평안북도선천 • 정봉안鄭鳳安1903~미상경기도안성 • 정봉은鄭奉恩1899~미상경상북도영천 • 정봉익鄭鳳翼1892~1920미상 • 정봉조鄭鳳朝1894~미상함경남도갑산 • 정봉주鄭奉周1903~1987평안북도선천 • 정봉주鄭鳳冑미상~1923미상 • 정봉화鄭奉和1891~1994경기도파주 • 정봉화鄭鳳和1904~미상평안북도철산 • 정부석鄭富碩1885~1942경상북도의성 • 정붕익丁鵬翊1872~미상평안남도덕천 • 정붕한鄭鵬翰1912~1939함경북도명천 • 정사섭鄭四燮1909~1944전라북도전주 • 정사인鄭士仁1882~1958경기도개성 • 정사흥鄭士興1887~1922함경북도경성 • 정삼모鄭三模1896~미상전라남도광주 • 정삼수丁三壽1916~미상전라남도장흥 • 정상鄭常1890~1920미상 • 정상길鄭相吉1896~1979충청남도청양 • 정상목鄭相穆1866~미상평안남도강동 • 정상복鄭相福1899~1946충청남도연기 • 정상봉鄭相鳳1895~1965충청남도서산 • 정상섭鄭相燮1921~1943평안남도강서 • 정상용鄭尙鎔1900~1981경상북도영덕 • 정상윤鄭相允1907~1950평안북도철산 • 정상정鄭相正1878~1920경상남도하동 • 정상조鄭相祚1882~1927전라남도영암 • 정상진丁尙鎭1879~1944경상북도성주 • 정서송鄭庶松1897~1966경기도수원 • 정석규鄭錫奎1912~1982전라남도완도 • 정석근鄭石根1879~1952경상북도영덕 • 정석근鄭碩根1905~1961전라남도함평 • 정석당鄭錫唐1882~1919평안북도철산 • 정석대鄭錫大1908~1945강원도삼척 • 정석조鄭石祚1885~미상충청남도대전 • 정석호鄭錫好1886~미상충청남도아산 • 정석화程錫和1859~미상강원도화천 • 정석홍丁錫興1901~미상평안남도강동 • 정선모鄭善模1887~1939충청남도청양 • 정설교鄭卨敎1894~1969충청남도홍성 • 정섬기鄭暹基1895~1954경상남도하동 • 정성기鄭聖基1918~1980경상남도사천 • 정성기鄭成基1886~1943경상남도하동 • 정성련鄭星鍊1879~1923전라남도광양 • 정성모鄭聖謨1884~1951충청남도홍성 • 정성수丁性洙1914~1935경상남도남해 • 정성언鄭聖彦1892~1952경상남도동래 • 정성운鄭成雲1906~미상평안북도용천 • 정성장鄭聖璋1923~2020경상북도영일 • 정성태鄭成泰미상함경남도갑산 • 정성흠鄭成欽1878~1952경상북도안동 • 정성희鄭聖凞1888~미상평안남도강서 • 정세권鄭世權1888~1966경상남도고성 • 정세근鄭世根1874~1919한성 • 정세기鄭世基1894~1981경상남도하동 • 정소수鄭小秀1911~1945경상남도합천 • 정수기鄭守基1896~1936경상북도월성 • 정수길丁壽吉1895~1979충청남도아산 • 정수만鄭水萬1901~미상경기도진위 • 정수웅鄭秀雄1864~미상함경남도갑산 • 정수익鄭秀益1867~미상함경남도갑산 • 정수현鄭壽賢1887~미상한성 • 정순경鄭順敬1894~1929황해도해주 • 정순길鄭順吉1901~미상한성 • 정순길鄭淳吉1896~1962경상남도함양 • 정순만鄭淳萬1873~1911충청북도청원 • 정순복鄭順福1871~1947경상북도칠곡 • 정순석鄭舜錫1879~미상경상북도예천 • 정순선丁淳宣1897~1974전라남도무안 • 정순악鄭舜岳1903~1979전라남도함평 • 정순영鄭舜永1882~1941경상북도성주 • 정순영鄭淳榮1868~1944경기도수원 • 정순옥鄭順玉미상~1932경기도 • 정순완鄭淳完1901~1970경상남도함양 • 정순용鄭順用1878~1927경상북도영덕 • 정순정丁淳政1890~1961전라남도무안 • 정순제鄭淳悌1903~1946전라남도광양 • 정순조鄭順祚1885~1962경상남도남해 • 정순호鄭淳浩1896~1965전라남도화순 • 정순홍丁淳紅1898~1961전라남도무안 • 정순환鄭順煥1901~1961전라북도순창 • 정순희鄭順姬1891~미상함경북도경성 • 정술문鄭述文1900~1972경상북도청도 • 정승룡鄭承龍1881~미상평안남도성천 • 정승정鄭承楨1872~미상황해도황주 • 정승종鄭昇鍾1917~1981한성 • 정시영鄭始永1894~미상황해도김화 • 정시익鄭時益미상~1919미상 • 정시환鄭時煥1893~1981전라남도함평 • 정신鄭信미상~1931함경남도홍원 • 정신보鄭信寶미상~1923평안북도 • 정신섭丁信燮1891~미상전라남도무안 • 정암우丁岩右1899~1950전라남도광양 • 정양수鄭良洙1893~1953경상북도상주 • 정양필鄭良弼1892~1975충청북도청원 • 정억만鄭億萬1893~1944경기도김포 • 정연수鄭延壽1897~미상황해도평산 • 정연우鄭然愚1869~미상황해도송화 • 정염구鄭濂球미상~1927함경남도홍원 • 정영鄭瑛1922~2009평안북도선천 • 정영국鄭永國1910~2001평안북도철산 • 정영순鄭英淳1921~2002한성 • 정영운鄭永云1898~1966전라북도옥구 • 정영조鄭永祚1903~1924전라남도함평 • 정영준鄭永俊미상~1923경기도개성 • 정영한鄭永翰1908~1966전라남도여수 • 정영호鄭英昊1924~1994평안북도선천 • 정예술鄭禮述1883~1958경상북도영덕 • 정오연鄭五然1928~1945경상남도부산 • 정옥모鄭玉模1924~1989충청북도보은 • 정옥섭丁玉燮1901~미상충청남도예산 • 정완면鄭完勉1879~미상전라남도장성 • 정용교鄭鏞交1885~1948경상남도남해 • 정용구鄭龍九1901~1966평안북도철산 • 정용규鄭龍奎1880~미상황해도이천 • 정용길鄭鏞吉1887~1938경상남도진주 • 정용득鄭龍得1885~1932경상남도울산 • 정용삼鄭用參1900~1922평안북도철산 • 정용섭鄭龍燮1900~1962전라남도함평 • 정용윤鄭龍允1885~미상황해도서흥 • 정용이鄭龍伊1893~1937충청남도아산 • 정용재鄭容在1883~1920경기도안성 • 정용화鄭溶和1921~2004강원도삼척 • 정우근鄭友根1895~1919경기도평택 • 정우생鄭友生1913~1935제주도제주 • 정우진鄭宇鎭1925~1958경기도평택 • 정우채鄭瑀采1911~1989전라남도나주 • 정우풍鄭雨豊

1879~1956충청남도아산 • 정욱鄭昱1909~2001전라남도영광 • 정운기鄭雲淇1875~1943충청북도괴산 • 정운수鄭雲樹1903~1986경상북도의성 • 정운일鄭雲馹1884~1956경상북도대구 • 정운조鄭云朝1888~1951경상남도창원 • 정운준鄭雲俊1916~1937평안북도철산 • 정운해鄭雲海1893~1945경상북도대구 • 정원규鄭元圭1881~1963경기도용인 • 정원도鄭源道1880~1932전라남도광주 • 정원득鄭元得1896~미상경기도개성 • 정원명鄭元明1881~1942평안남도평양 • 정원명丁元明1866~미상황해도평산 • 정원묵鄭源默1871~미상경상북도예천 • 정원범鄭元範1881~1920평안북도철산 • 정원섭鄭元燮1906~1950한성 • 정원세鄭元世미상~1920미상 • 정원영鄭源英1872~1953경상북도문경 • 정원익鄭轅益1885~1955경상남도의령 • 정원조鄭元祚1898~1942경상북도대구 • 정원택鄭元澤1890~1971충청북도음성 • 정원택鄭元澤1924~1992충청북도영동 • 정원필鄭元弼1874~1938충청남도연기 • 정원흥鄭元興1912~1944경상북도영천 • 정월라鄭月羅1895~1959평안남도평양 • 정유복鄭有福1898~1973경상북도안동 • 정유흥鄭有興1901~미상충청북도청주 • 정윤관鄭允官1910~1981평안북도선천 • 정윤삼鄭允參1882~미상경기도양주 • 정윤성鄭允成1921~미상함경남도원산 • 정윤조丁允祚1895~1969전라남도무안 • 정윤흥鄭允興1890~1950충청남도아산 • 정윤희鄭允熙1926~1944경상북도고령 • 정은태鄭銀泰1921~1996한성 • 정을기鄭乙基1893~1964경상북도경주 • 정응두鄭應斗1917~미상충청남도보령 • 정응봉鄭應鳳1895~1947경상북도영주 • 정의경鄭義京1922~미상강원도고성 • 정의도丁義道1891~1966황해도평산 • 정의용鄭宜鎔1888~1956경상남도하동 • 정의찬鄭義粲1913~1988강원도삼척 • 정의택鄭義澤1899~미상함경북도성진 • 정이세鄭利世1911~1997평안북도신의주 • 정이언鄭理彦1866~미상황해도수안 • 정이형鄭伊衡1897~1956평안북도의주 • 정익무鄭益武미상~1922미상 • 정익주鄭益周1896~1975경상남도남해 • 정인교鄭仁敎1888~1932경기도김포 • 정인교鄭寅敎1890~미상경기도양평 • 정인구鄭寅九1886~미상충청남도아산 • 정인규鄭寅圭1890~1934경기도안성 • 정인근鄭仁根1913~1979충청북도영동 • 정인면鄭寅冕1876~1924충청남도청양 • 정인보鄭寅普1893~1950한성 • 정인복鄭仁福1898~1921평안북도철산 • 정인석鄭寅錫1872~1953충청남도천안 • 정인섭丁寅燮1886~1944경기도김포 • 정인승鄭寅承1897~1986전라북도장수 • 정인식鄭仁植1915~1933전라남도여수 • 정인영鄭仁瑛1889~1940전라남도영광 • 정인옥鄭寅玉1875~1950경상북도문경 • 정인찬鄭寅贊1887~1932경상남도부산 • 정인철丁仁鐵1901~1975전라남도무안 • 정인표鄭寅杓1898~1957전라북도완주 • 정인행鄭寅行1870~1931충청남도논산 • 정인호鄭寅琥1869~1945경기도양주 • 정일봉鄭一鳳1886~미상경기도안성 • 정일성鄭一性1868~1919충청남도청양 • 정일성鄭一成1902~1945경기도양주 • 정일수鄭一洙1924~2008경상북도대구 • 정일창鄭日彰1899~1945충청남도서천 • 정일택鄭一擇1890~1923충청남도청양 • 정일형鄭一亨1904~1982한성 • 정일휴鄭日休1890~1975전라남도함평 • 정임춘鄭任春1890~1956경상남도남해 • 정장수鄭長壽1899~1953경상북도의성 • 정재건鄭在健1843~1910전라남도곡성 • 정재관鄭在寬1880~1922황해도황주 • 정재균鄭載均미상~1921미상 • 정재기鄭在基1890~1974경상남도하동 • 정재기鄭在夔1851~1919경상북도성주 • 정재기鄭在麒1889~1953충청남도서산 • 정재남鄭在南1896~1946전라남도함평 • 정재덕鄭在德1918~1964평안남도용강 • 정재만鄭在萬1900~1935평안남도평원 • 정재면鄭載冕1882~1962평안남도평원 • 정재명鄭在明1875~1950경기도가평 • 정재모鄭栽模1897~1950경상남도남해 • 정재선鄭在先1898~1971경상북도영일 • 정재선鄭宰善1918~1982함경남도정평 • 정재순鄭載淳1870~미상황해도황주 • 정재순鄭在淳1877~1948경상북도대구 • 정재염鄭在炎1892~미상황해도은율 • 정재옥鄭在玉1893~1944경상남도하동 • 정재용鄭在鎔1886~1976황해도해주 • 정재운鄭在雲1895~1950경상남도하동 • 정재원鄭在元1884~1926경상남도함양 • 정재점鄭在點1871~미상경기도고양 • 정재주鄭在珠1886~1959경상북도영덕 • 정재철鄭在喆1921~1993경기도인천 • 정재철鄭在轍1893~1960충청남도금산 • 정재철鄭在哲1879~미상평안남도평양 • 정재철鄭在喆1879~1950충청남도공주 • 정재학鄭在學1907~1979경기도옹진 • 정재헌鄭載憲1867~1909함경남도영흥 • 정재호鄭在浩1891~1943경상북도영천 • 정재호鄭在鎬1886~1956함경북도경성 • 정재홍鄭在洪1867~1907미상 • 정재흠鄭在欽1862~1925경상북도봉화 • 정점시鄭點時1897~1937경상남도합천 • 정점용鄭占用1897~1964경상북도영덕 • 정점일鄭占一1892~1920미상 • 정정복鄭正福1896~1961충청남도홍성 • 정정산鄭正山1916~1993경기도수원 • 정정화鄭靖和1900~1991충청남도연기 • 정제신鄭濟莘1886~1928경기도광주 • 정제형鄭濟亨1886~1943평안북도용천 • 정종락鄭鍾樂1890~미상경기도장단 • 정종명鄭鍾鳴1896~미상한성 • 정종배丁鍾蓓1913~1942전라남도장흥 • 정종석鄭鍾奭1905~1973충청북도옥천 • 정종수鄭鐘洙1897~미상평안북도초산 • 정종주鄭琮柱1908~1992경상남도사천 • 정종철丁鍾喆1916~1944전라남도장흥 • 정종호鄭鍾浩1913~1967경상남도사천 • 정종호鄭鍾浩1911~1973충청남도예산 • 정종호鄭宗鎬1875~1961경상북도성주 • 정종화鄭鍾華1895~1945한성 • 정주봉鄭周奉1901~1959경상남도양산 • 정주식鄭周植1926~1952경상남도합천 • 정주영鄭鑄永1914~1935경상남도합천 • 정주하鄭柱夏1889~1939경기도안성 • 정주해鄭周海1892~1942충청북도괴산 • 정주현鄭周鉉1891~1923평안남도평양 • 정준鄭儁1889~1919평안북도강계 • 정준교鄭準敎1880~1946경상남도 • 정준수鄭駿秀1888~1957경상북도대구 • 정준희丁俊熙1900~미상충청남도아산 • 정중포鄭中浦1878~1920미상 • 정증쇠鄭曾釗1886~미상충청남도아산 • 정지모鄭智謨1893~1925경상남도울산 • 정지영鄭智永1881~1947황해도해주 • 정진감鄭鎭坎1921~2008전라남도함평 • 정진근鄭鎭根1921~1944경상남도울산 • 정진무鄭晋武1883~1960전라남도광양 • 정진섭鄭鎭燮1910~미상충청북도청주 • 정진성鄭鎭成1895~미상충청남도아산 • 정진수丁瑨壽1909~1945전라남도장흥 • 정진숙鄭鎭肅1912~2008충청남도천안 • 정진영鄭鎭永1908~1982경상남도양산 • 정진용鄭晋容

1893~1965전라북도익산 • 정진우鄭鎭瑀1901~1967한성 • 정진원丁進源1868~1943평안남도덕천 • 정진하鄭鎭河1866~미상황해도수안 • 정진호鄭鎭浩1927~1950전라북도순창 • 정진화鄭鎭華1873~1945경상북도예천 • 정차호鄭且浩1908~1946경상남도의령 • 정찬규鄭燦圭1913~1966전라남도화순 • 정찬성鄭燦成1886~1951평안남도순천 • 정찬조鄭燦祚1868~미상평안북도구성 • 정찬조鄭燦朝1895~1973평안남도평양 • 정찬진丁贊鎭1905~1992경상남도통영 • 정찬남鄭昌南1900~1978전라남도완도 • 정창덕鄭昌德미상~1921미상 • 정창묵鄭昌默1884~1961전라북도고창 • 정창빈鄭昌鑌미상~1920함경도 • 정창선鄭昌善1895~미상함경북도청진 • 정창세鄭昌世1909~미상경상남도진주 • 정창희鄭昌熙1912~1977충청남도예산 • 정천일鄭天一미상~1920평안북도선천 • 정천화鄭天和1888~1919경기도파주 • 정철근鄭鐵根1899~1966강원도춘천 • 정철수鄭哲洙1924~1989경기도용인 • 정청산鄭靑山1909~미상경기도수원 • 정치문鄭致文1891~1959경상북도안동 • 정치민鄭致敏1899~미상평안북도철산 • 정치언丁致彦1901~1930전라남도무안 • 정치윤鄭致允1845~미상미상 • 정칠래鄭七來1888~미상미상 • 정칠명鄭七明미상~1927미상 • 정칠성鄭七星1908~1971경상북도칠곡 • 정태건鄭泰鍵1873~미상황해도송화 • 정태륜鄭泰侖1888~1923경상남도산청 • 정태복鄭泰復1888~1960충청남도홍성 • 정태봉鄭太鳳1893~1942전라남도화순 • 정태빈鄭泰彬미상~1922미상 • 정태섭鄭泰燮1900~1965경상남도합천 • 정태술鄭泰述1896~1935경상남도사천 • 정태신鄭泰信1892~1923경기도이천 • 정태연鄭泰衍1894~1956전라남도무안 • 정태영鄭泰榮1888~1959충청북도 • 정태옥鄭泰玉1909~1945한성 • 정태용鄭泰鎔1883~미상경기도고양 • 정태용鄭泰容1856~미상한성 • 정태원鄭泰源1869~1953경상남도울산 • 정태윤鄭泰潤1923~1944경기도인천 • 정태이鄭泰伊1902~미상경상북도안동 • 정태진丁泰鎭1904~1952경기도파주 • 정태진丁泰鎭1876~1960경상북도영주 • 정태현鄭泰賢1893~미상황해도평산 • 정태훈鄭泰勳1915~1960황해도통천 • 정태희鄭泰熙1898~1952충청북도충주 • 정태희鄭泰熙1897~1984황해도송화 • 정태희鄭泰熙1923~1969경상북도고령 • 정판동鄭判同1894~1925충청남도서산 • 정판백鄭判伯1897~1971경상남도합천 • 정필명鄭弼明1904~1927함경남도문천 • 정필수鄭必守1874~미상평안북도위원 • 정필조鄭弼朝1861~1930전라북도임실 • 정학규鄭學奎1893~미상황해도평산 • 정학균鄭鶴均1903~1946전라남도완도 • 정학룡鄭學龍1908~1951황해도봉산 • 정학수鄭學壽1871~1930경상북도영덕 • 정학수鄭鶴壽1901~미상경상남도함흥 • 정학순鄭鶴順1892~1950전라남도영암 • 정학순鄭學淳1897~1920경상남도남해 • 정학원鄭鶴源1894~1933충청남도당진 • 정학이鄭鶴伊1913~1934경상북도달성 • 정학조鄭學朝1885~1929충청남도홍성 • 정학조鄭學朝1912~1942전라남도장흥 • 정학주丁學柱1858~미상황해도서흥 • 정학진鄭學鎭1912~1968경상북도상주 • 정한경鄭翰景1890~1985평안남도순천 • 정한모鄭漢模1903~1997경상북도안동 • 정한영鄭漢永1912~1975경상남도사천 • 정한익丁漢翼1890~1977전라북도남원 • 정한조鄭瀚朝1890~1945전라북도김제 • 정해경鄭海璟1877~1926강원도횡성 • 정해득鄭亥得1899~1930충청남도홍성 • 정해면鄭海冕1899~미상충청남도금산 • 정해문鄭海文1882~1947충청북도괴산 • 정해붕鄭海鵬1924~1991경상북도영주 • 정해안鄭海晏1923~2008충청남도금산 • 정해용鄭海容1880~1942충청북도영동 • 정해원鄭海元1888~1943평안남도대동 • 정해원鄭海元1900~1983충청북도청원 • 정해인鄭海仁1911~1946경상남도창원 • 정해철鄭海哲1907~1937충청남도금산 • 정행국鄭行國1896~1921경상북도칠곡 • 정행돈鄭行敦1912~2003경상북도칠곡 • 정향수鄭香秀1881~미상충청남도아산 • 정헌기鄭憲基1917~1987전라남도강진 • 정헌모鄭憲模1902~1960전라남도영광 • 정헌수鄭憲壽1877~1947충청남도청양 • 정헌태鄭憲台1902~1940충청남도서산 • 정혁모鄭赫謨1921~2000경상북도예천 • 정현鄭鉉1921~1991경상북도상주 • 정현규鄭鉉奎1924~1995경상남도함안 • 정현모鄭賢模1926~1982경상북도안동 • 정현수鄭鉉壽1909~1952전라북도남원 • 정현수鄭賢秀1899~1951경기도연천 • 정현숙鄭賢淑1900~1992경기도용인 • 정현필鄭顯弼1885~미상함경남도단천 • 정형규鄭亨奎1910~1982전라남도광양 • 정호권鄭澔權1897~1980경상남도의령 • 정호근鄭鎬根1889~미상경기도안성 • 정호섭鄭鎬涉1892~미상평안남도대동 • 정호시鄭灝時1885~1943경상남도합천 • 정호종鄭浩宗1901~1981경상남도동래 • 정호현丁豪鉉1891~1940전라북도장수 • 정홍권鄭弘權1900~1972경상남도합천 • 정홍모鄭洪謨1904~1947전라남도순천 • 정홍문鄭弘文1888~1928경기도강화 • 정홍조鄭弘朝1888~1954충청남도홍성 • 정화성鄭化成1879~미상충청남도서산 • 정화순鄭化順1871~미상충청북도옥천 • 정화암鄭華岩1896~1981전라북도김제 • 정화중鄭化中1888~1931충청북도영동 • 정환범鄭桓範1903~1977충청북도청주 • 정환진鄭晥鎭1927~2021경상북도김천 • 정환정鄭煥喆1879~1954충청남도서산 • 정회일鄭會一1923~1993전라북도완주 • 정효룡鄭孝龍1894~1934전라남도화순 • 정훈鄭薰1920~1973강원도고성 • 정훈모鄭燻謨1888~1939경상북도예천 • 정훈철鄭勳徹미상~1922미상 • 정휘세鄭輝世1906~1931경상북도예천 • 정휴규鄭休圭1904~1974전라북도고창 • 정휴익鄭休益1867~미상전라남도함평 • 정흥교鄭興敎1900~1965경기도가평 • 정흥록丁興錄1881~1960경상북도의성 • 정흥성鄭興成1898~1962한성 • 정흥신鄭興信1880~미상충청남도아산 • 정흥엽鄭興燁1879~미상황해도이천 • 정흥조鄭興祚1889~1964경상남도남해 • 정희근鄭禧根1882~1936경상남도하동 • 정희삼鄭希三1887~미상함경북도종성 • 정희섭鄭熙燮1920~1987평안남도평원 • 정희순鄭希淳1883~1911평안북도정주 • 정희종鄭喜鍾1872~1943한성 • 정희준鄭熙準1895~미상충청북도음성 • 정희택鄭熙澤1899~1945평안북도철산 • 정희현鄭希賢1890~1938함경북도경성 • 제갈관오諸葛寬五1895~1937황해도봉산 • 제갑석諸甲錫1892~1919경상남도 • 제덕삼諸德三1880~미상함경북도성진 • 제영순諸英淳1911~1991경상남도하동 • 조갑석趙甲錫1888~미상경상남도창원 • 조강식曺强植1897~1920미상 • 조강제趙崗濟1923~1950경상남도함안 • 조경규趙璟奎1876~1919경상남도함안 • 조경규趙慶奎

1902~1988경상북도경주 • 조경동趙敬東1874~미상황해도평산 • 조경래趙京來1886~1952전라남도해남 • 조경삼趙景三1912~미상함경남도갑산 • 조경수趙慶洙1885~1919경기도안성 • 조경식趙璟植1887~1950경상남도함안 • 조경제趙京濟1903~1954경상남도함양 • 조경칠趙敬七1873~1919경기도수원 • 조경한趙擎韓1900~1993전라남도승주 • 조경호趙經鎬1901~1942경기도여주 • 조경희趙景熙1887~1959충청남도청양 • 조계림趙桂林1925~1965경기도개성 • 조계성趙桂成1880~1949제주도 • 조계승曺啓承1880~1943경상남도함안 • 조계식趙啓植1876~1945경기도포천 • 조계현曺繼鉉1913~1945전라남도화순 • 조공찬曺公贊1880~1962전라남도광주 • 조광선趙光善1910~1992평안북도의주 • 조광원趙光元1897~1972한성 • 조광철趙光喆1891~1951평안북도의주 • 조구원趙龜元1897~1928경기도강화 • 조구현曺述鉉1901~미상전라남도영광 • 조권철權喆1901~미상함경남도원산 • 조규석曺圭奭1918~1963경기도여주 • 조규수趙奎洙1885~1929경기도이천 • 조규영趙奎永1897~1950경상북도청송 • 조규찬曺圭瓚1909~1997전라남도화순 • 조규학曺圭鶴1886~미상충청북도괴산 • 조규학趙圭學1927~2002전라남도순천 • 조규홍曺圭鴻1921~미상강원도춘천 • 조균趙筠1913~1989전라북도김제 • 조균구曺均九1900~1962경상남도의령 • 조균수曺均壽1886~1952경상남도의령 • 조극趙極1892~1954함경남도북청 • 조극환曺克煥1887~1966전라남도영암 • 조금동曺今同1911~1945전라남도화순 • 조금복趙今福1897~미상충청남도청양 • 조기담趙紀淡1893~1979전라북도김제 • 조기복趙基福1897~1941황해도연백 • 조기봉趙基鳳1893~미상평안북도영변 • 조기석趙璣錫1907~1931전라남도광주 • 조기석趙基錫1877~미상황해도황주 • 조기선趙基善1885~미상전라북도장수 • 조기섭趙機燮1858~1958전라남도순천 • 조기수趙岐壽1902~1951충청남도금산 • 조기수趙基守1871~1922경상북도안동 • 조기신趙基信1892~1972경기도강화 • 조기천趙基千1901~미상함경남도원산 • 조기호曺基浩1902~1938경기도강화 • 조기홍趙氣虹1883~1945경상북도대구 • 조기화趙基和1900~미상평안북도철산 • 조길룡曺吉龍1909~1991전라남도구례 • 조남권趙南權1923~1997전라북도옥구 • 조남명趙南明1870~1947충청남도서천 • 조남승趙南升1882~1933경기도양주 • 조남윤趙南潤1894~1928경기도김포 • 조남헌趙南憲1923~1996전라북도익산 • 조남희趙南熙1886~1948충청남도청양 • 조내헌趙乃憲1886~1932전라북도김제 • 조달용曺達用1894~1985경상북도경산 • 조달원趙達元1902~1920미상 • 조대겸曺大兼1862~1920미상 • 조대균趙大均미상평안북도 • 조대수趙大秀1906~1948제주도 • 조대영趙大英1890~미상평안북도위원 • 조대원趙大元미상~1920미상 • 조대헌趙大憲1878~미상평안남도용강 • 조대현曺大鉉1896~1939강원도강릉 • 조덕원趙德元1886~미상충청남도아산 • 조덕윤趙德潤1877~미상함경남도단천 • 조덕인趙德仁1863~1931한성 • 조덕중曺德仲1877~미상경기도양주 • 조도선曺道先1879~미상함경남도홍원 • 조동걸趙東傑1916~미상함경도 • 조동규趙銅奎1885~1959경상남도함안 • 조동린趙東麟1924~2011평안북도정주 • 조동민趙東玟1882~미상함경남도단천 • 조동빈趙東玭1906~1945충청남도논산 • 조동빈趙東斌1924~2016평안남도평양 • 조동선趙東善1908~1957전라남도완도 • 조동선趙東先1871~1930전라북도남원 • 조동성趙東聖1920~2011평안북도정주 • 조동수趙東壽1910~미상경상남도동래 • 조동식趙東植미상~1922한성 • 조동식趙東植1873~1949충청북도청원 • 조동직趙東直1895~미상함경남도단천 • 조동현趙東鉉1923~1945전라북도순창 • 조동호趙東祜1892~1954충청북도옥천 • 조동호趙東鎬1900~1920미상 • 조두식趙斗植1884~미상평안남도 • 조두용趙斗容1892~1964함경북도경성 • 조두환曺斗煥1879~1935강원도평창 • 조두환曺斗煥1884~1931경상남도의령 • 조두환曺斗煥1904~미상함경북도경성 • 조득열曺得烈1910~1961경기도수원 • 조마리아趙마리아1862~1927황해도해주 • 조만기趙萬基1881~1912경상북도영양 • 조만봉趙萬琫1919~2006미상 • 조만석趙萬錫1896~1943평안북도의주 • 조만식趙晚埴1886~1931평안남도평양 • 조만식曺晚植1883~1950평안남도평양 • 조만인趙晚仁1898~1961경상북도안동 • 조만형趙萬衡1897~1983충청남도천안 • 조맹선趙孟善1870~1920황해도평산 • 조면식趙冕植1896~1981황해도연백 • 조명선趙明善1901~미상함경남도원산 • 조명하趙明河1905~1928황해도송화 • 조명희趙明熙1894~1938충청북도진천 • 조무빈趙武彬1886~1952제주도제주 • 조무쇠曺茂釗1894~1970경기도파주 • 조무준趙武駿1918~1989경상남도하동 • 조무환曺武煥1900~1947전라남도화순 • 조문기趙文紀1927~2008경기도수원 • 조문대趙汶大1931~2000경상남도창원 • 조문삼曺文三1881~미상경기도안성 • 조문환曺文煥1907~1949전라남도영암 • 조민찬趙民讚1881~1925함경북도종성 • 조방인趙邦仁1886~1943경상북도안동 • 조백윤趙伯倫1878~미상미상 • 조병건趙炳建1891~1971경상북도안동 • 조병걸趙炳傑1898~1946함경남도북청 • 조병구曺秉球1907~2003경상남도양산 • 조병국趙柄國1883~1955경상북도청송 • 조병대曺秉大1901~1978경상남도함안 • 조병두趙秉斗1877~1958경상북도영양 • 조병렬曺秉烈1895~1980전라남도화순 • 조병선趙秉璇1844~1934충청남도부여 • 조병섭曺秉涉1908~1950전라남도여수 • 조병세趙秉世1827~1905경기도가평 • 조병수趙秉秀1915~미상평안북도창성 • 조병순曺秉順1911~1935충청남도부여 • 조병식曺秉植1892~1926전라남도영암 • 조병옥曺秉玉1882~1969충청남도공주 • 조병옥趙炳玉1894~1960충청남도천안 • 조병옥秉玉미상~1922미상 • 조병완曺秉浣1904~1946전라남도영광 • 조병요趙炳堯1881~1961평안남도평양 • 조병운曺炳雲미상~1927미상 • 조병의曺秉義1910~2008전라남도화순 • 조병일曺秉一1887~1920충청북도 • 조병준趙秉準1862~1931평안북도의주 • 조병준趙秉俊1896~미상함경북도성진 • 조병직趙炳直1899~1965경기도고양 • 조병진曺秉鎭1891~1961경상북도영천 • 조병찬曺秉燦1911~미상함경북도경성 • 조병채趙炳彩1878~1950충청남도청양 • 조병철曺秉哲1901~1960전라남도화순 • 조병철曺秉喆1877~1939전라남도화순 • 조병철曺秉哲1908~1950충청남도부여 • 조병철趙炳喆1891~1936함경남도원산 • 조병팔趙炳八

1917~1965함경남도북청 • 조병하趙秉夏1868~미상황해도곡산 • 조병하趙炳夏1897~1947경기도여주 • 조병학趙秉學 1868~미상함경남도갑산 • 조병현曹炳鉉1893~1934전라남도영광 • 조병현曺秉賢1889~1961함경남도원산 • 조병호趙炳鎬 1903~1973충청남도천안 • 조병화曺秉華1908~1998경상북도영천 • 조병훈趙炳薰1899~1969한성 • 조병희趙炳喜 1867~1928충청남도천안 • 조보경趙甫景1894~1920미상 • 조복금趙福今1911~미상경상남도하동 • 조복래趙福來 1900~1922충청남도청양 • 조복선趙卜先1894~1961경상북도안동 • 조봉길曺奉吉1893~1955평안북도의주 • 조봉오趙奉晤 1883~1922평안북도영변 • 조봉옥미상~1921미상 • 조봉출趙鳳出1892~미상경상남도김해 • 조봉형趙鳳衡1897~1935함경 남도함흥 • 조봉호趙鳳鎬1884~1920제주도제주 • 조봉홍趙奉洪1886~1969전라남도무안 • 조붕석趙朋錫1907~1962경상북 도영양 • 조사명趙思明1876~1973경상북도안동 • 조사원趙四元1894~1920미상 • 조삼룡趙三龍1898~미상평안북도희천 • 조삼준趙三俊1895~1976경상남도창녕 • 조상규趙相奎1866~1927경상남도함안 • 조상련曺相連1886~1970충청남도대전 • 조상렬趙常烈1871~미상강원도횡성 • 조상연趙相淵1914~1939평안북도정주 • 조상오趙相五미상~1922미상 • 조상옥趙相玉 1882~미상황해도평산 • 조석권趙錫權1865~미상함경남도북청 • 조석규趙碩奎1884~1924경상남도함안 • 조석하曺錫河 1883~1955경상북도달성 • 조석하趙錫河1855~미상함경남도북청 • 조석홍曹錫洪1874~1957충청남도공주 • 조선환曺善煥 1889~미상황해도신천 • 조성국誠國1924~2018함경남도북청 • 조성규趙聖奎1876~1940경상남도함안 • 조성근趙聲根미 상~1919미상 • 조성기趙性基1881~1919경상남도함안 • 조성돈趙誠惇1896~1945경상북도상주 • 조성룡趙聖龍1885~미상평 안북도희천 • 조성룡曺成龍1899~미상평안남도안주 • 조성습曺聖習1871~미상충청남도서산 • 조성오趙成五1890~1922평안 남도순천 • 조성우趙性佑1851~1929경상북도군위 • 조성원趙星垣1905~1975함경남도단천 • 조성인趙成寅1922~2017전라 남도광주 • 조성학趙聖學1882~1961미상 • 조성현趙聖賢1875~1932황해도해주 • 조성환曺成煥1879~미상함경남도홍원 • 조성환曺成煥1875~1948한성 • 조성환曺誠煥1885~1968경상남도김해 • 조성훈趙誠勳1923~2004경상북도상주 • 조세기趙 世基1888~미상충청북도괴산 • 조소앙趙素昻1887~1958경기도양주 • 조소영趙宵影1920~미상평안남도순천 • 조수완趙守完 1901~1950전라북도옥구 • 조수인趙修仁1881~1943경상북도안동 • 조순봉趙順奉1892~미상충청남도서산 • 조순서趙順瑞 1861~미상한성 • 조순석趙順石1912~1993전라남도강진 • 조순식趙純植1901~미상전라북도김제 • 조순옥趙順玉1923~1973 경기도연천 • 조순창曺順昌1893~1966전라남도무안 • 조승무趙承武1899~1920미상 • 조승연趙昇淵1905~1993평안북도정 주 • 조시균趙時均1901~미상함경남도이원 • 조시목趙時穆미상~1920미상 • 조시원趙時元1904~1982경기도연천 • 조시제趙 時濟1913~1947경기도연천 • 조신성趙信聖1873~1953평안북도의주 • 조신환曺信煥1909~1969충청남도서천 • 조쌍동曺雙 童1901~1979충청남도천안 • 조아라曺亞羅1912~2003전라남도나주 • 조애실趙愛實1920~1998함경북도길주 • 조애영趙愛 泳1912~미상경상북도영양 • 조약영趙若永미상~1919평안북도정주 • 조양원趙良元1888~1939황해도해주 • 조영趙榮1857~ 미상황해도평산 • 조영모曺永模1924~1951경상북도경산 • 조영섭曺永涉1869~미상황해도곡산 • 조영신趙永信1900~1920 함경남도함흥 • 조영우趙泳祐1911~1933황해도해주 • 조영원趙永元1891~1974경기도포천 • 조영진曺永鎭1922~2020경상 북도문경 • 조영진趙英珍1917~2008함경남도영흥 • 조영철曺泳徹1927~1950전라북도순창 • 조영탁趙榮鐸1887~1936경상 북도영덕 • 조영한趙榮漢1894~1923경상북도영덕 • 조영호趙英浩1865~미상함경남도갑산 • 조영호趙瑛鎬1882~1960경기 도양평 • 조영호趙英鎬1899~1964충청남도청양 • 조영화趙永化1899~미상평안북도창성 • 조영화趙永華1897~미상평안북도 의주 • 조영희曺永喜1902~1930전라남도무안 • 조옥래趙玉來1922~미상경상남도하동 • 조옥제趙玉濟1923~1999경상북도 청송 • 조옥현曺沃鉉1909~1940전라남도영광 • 조옥희曺玉姬1901~1971전라남도곡성 • 조완구趙琬九1881~1954한성 • 조 완규趙完奎1895~미상함경남도삼수 • 조완석曺完錫1895~1958전라북도순창 • 조완오趙完五1879~미상함경남도삼수 • 조완 준趙玩俊1887~미상함경남도삼수 • 조용관趙容寬1885~1950전라북도익산 • 조용구趙鏞九1882~1936경상남도함안 • 조용 규趙龍奎1880~1944경상남도함안 • 조용대趙鏞大1883~1919경상남도함안 • 조용명趙鏞明1897~1949경상남도김해 • 조용 산趙龍山1894~미상경기도용인 • 조용석趙鏞錫1896~1950경상남도함안 • 조용섭趙庸錫1861~1920평안북도정주 • 조용선 趙龍善1894~1981경상북도문경 • 조용섭趙鏞燮1890~1919경상남도함안 • 조용성趙鏞聲1897~1961경상남도함안 • 조용수趙 龍洙1900~1920평안북도정주 • 조용우趙鏞宇1887~1923경상남도김해 • 조용운趙龍雲1885~미상평안북도삭주 • 조용원趙 龍原1862~미상평안남도순천 • 조용원趙鏞元1899~1979경상북도청송 • 조용원趙鏞元1886~1972경상남도함안 • 조용제趙 鏞濟1898~1948경기도양주 • 조용주趙鏞周1891~1937경기도연천 • 조용진趙鏞晉1894~1961경상남도창원 • 조용철趙龍喆 1898~1979전라북도김제 • 조용태趙鏞台1871~1919경상남도함안 • 조용택趙龍澤1883~1951전라남도담양 • 조용필趙鏞弼 1867~1946경상북도예천 • 조용하趙鏞夏1882~1937경기도연천 • 조용한趙鏞漢1894~1935경기도양주 • 조용호趙鏞浩 1874~1919경상남도함안 • 조우삼趙友三1877~미상황해도연백 • 조우식趙愚植미상경기도연천 • 조우식曺友植1927~2006 경상남도밀양 • 조우제趙佑濟1885~1946경상남도사천 • 조울림趙울林1889~1972평안북도의주 • 조웅환曺雄煥1910~미상 함경북도경성 • 조원갑曺元甲1911~1936경상남도창원 • 조원경趙元京1882~1955경기도안성 • 조원두趙元斗1882~1966평 안남도평양 • 조원상趙元祥1858~1925충청남도부여 • 조원세趙元世1898~1986평안북도용천 • 조월연趙月衍1901~1949경 상북도상주 • 조윤식趙潤植1894~1950한성 • 조윤식趙允植1897~미상함경북도성진 • 조윤하趙潤河1897~1924함경남도북 청 • 조윤호曺潤鎬1888~1950경상남도창원 • 조은석趙銀石1906~1956경상북도달성 • 조은실趙恩實1900~미상황해도금

천・조응순趙應順1885~미상함경남도갑산・조의순趙義淳1874~미상충청남도연기・조의현趙義鉉1902~미상평안북도용천・조이권趙利權1867~미상미상・조이록曺二祿1878~1919경상남도거창・조익준趙翊俊1885~1951평안남도대동・조익환曺翊煥1912~1935함경남도홍원・조인배趙仁培1892~1957황해도연백・조인식趙璘植1912~1985경기도연천・조인애曺仁愛1883~1961경기도강화・조인원趙仁元1864~1931충청남도천안・조인원趙仁元1875~1950충청남도예산・조인제趙仁濟1918~1997경기도연천・조인현趙仁賢1891~미상평안북도의주・조일문趙一文1917~2016함경남도영흥・조자중趙子仲1882~미상평안남도평양・조자현曺慈鉉1911~2002전라남도영광・조장원趙璋元1881~1968함경남도영흥・조장하趙章夏1847~1910충청북도청원・조재건1874~미상함경남도북청・조재극趙載克1898~미상충청남도서산・조재만曺再萬1906~1990경상북도영천・조재명趙在明1896~1959충청남도청양・조재복曺再福1897~1952경상북도영천・조재봉曺在奉1914~1943경상남도거창・조재옥趙載鈺1916~1944함경남도북청・조재옥趙在玉1900~미상경기도강화・조재우趙在祐1882~1966경상남도함안・조재원趙在元1893~미상충청남도청양・조재창趙在昌1887~1956충청남도청양・조재하趙在夏1872~1937경상북도영주・조재학趙載鶴1888~1952충청남도홍성・조재형趙在衡1893~1950충청남도공주・조점환趙占煥1907~1940전라남도목포・조정구趙鼎九1860~1926경기도양주・조정구趙政九1907~1941전라남도강진・조정규趙正奎1914~1992경상남도창원・조정래趙正來1914~1935경상남도하동・조정식趙庭植1881~1944충청남도서산・조정애曺貞愛1916~2011전라남도영광・조정준趙靖濬1875~1920충청남도청양・조정하趙禎夏1870~미상평안남도맹산・조정화趙鼎華1876~미상평안남도평양・조정환曺正煥1875~1926경상남도김해・조정훈趙鼎訓1882~미상함경북도온성・조제언趙濟彦1900~1948한성・조종구趙鍾求1910~1958충청북도보은・조종국趙琮國1919~미상경기도시흥・조종대趙鍾大1873~1922황해도금천・조종두趙鍾斗1889~1953충청남도청양・조종문趙鍾文1892~미상한성・조종서趙鍾瑞1899~1950경기도부천・조종수趙宗秀1872~미상미상・조종옥趙終玉1912~미상강원도홍천・조종완趙鍾完1891~1945평안남도강서・조종우趙鍾祐1877~1934경기도강화・조종운曺鍾運1896~1971전라남도해남・조종원趙宗元1882~1968충청남도홍성・조종진趙鍾振1870~1924충청남도청양・조종철趙鍾哲1891~1957충청남도천안・조종하趙宗夏1892~미상한성・조종현趙宗鉉1875~미상함경남도갑산・조종호趙鍾護1889~1932황해도연백・조종환趙鍾桓1890~1937경기도강화・조종희趙鐘熙1918~2020평안남도순천・조주규趙周奎1883~1919경상남도함안・조주환曺珠煥1910~미상함경북도경성・조준검趙俊儉1854~미상평안북도의주・조준기曺俊奇1890~1929전라남도화순・조준묵趙濬黙1898~미상평안남도대동・조준용趙俊龍1888~미상평안북도희천・조중구趙重九1880~1942충청남도부여・조지선趙志善1883~미상평안남도용강・조지영趙志英1916~1950평안북도정주・조진규趙珍奎1904~1941경상남도함안・조진영趙鎮榮1880~미상황해도황주・조진찬曺振瓚1861~1916경상남도김해・조진탁曺振鐸1868~1922평안남도강서・조진행趙秦行1885~미상경기도장단・조진환趙珍煥1893~미상황해도봉산・조차상趙且尙1898~1995경상북도청도・조창국趙昌國1898~1959제주도제주・조창권趙昌權1881~1926제주도제주・조창규趙昌奎1896~1978경상남도함안・조창락趙昌洛1893~미상평안북도희천・조창룡趙昌龍1899~1923평안남도순천・조창서趙昌瑞1880~미상함경남도이원・조창석趙昌石1891~1970충청남도청양・조창선趙昌善1897~1923황해도평산・조창섭趙昌燮1912~1969전라남도영암・조창용趙昌容1875~1948경상북도영양・조창일趙昌鎰1884~미상평안남도평양・조창주趙昌周1893~미상평안북도선천・조창호趙昌鎬1881~1936평안남도평양・조창화趙彰和1898~1960평안북도철산・조천수趙千壽1885~1920평안북도선천・조천희趙天凞1877~미상황해도금천・조철현曺喆鉉1898~1922전라남도영광・조철호趙喆鎬1890~1941한성・조청래趙淸來1924~미상경상북도예천・조춘백趙春伯1893~1922경상북도안동・조춘성趙春成1910~1968경기도수원・조춘식趙春植1897~미상황해도신계・조춘원趙春元1884~미상황해도재령・조춘현曺春鉉1879~1920미상・조충성曺忠誠1895~1981황해도옹진・조치산趙致山미상~1922미상・조칠웅趙七雄1879~미상함경남도풍산・조태빈趙泰璸미상~1923황해도평산・조태식趙泰植1880~1970충청남도홍성・조태연趙台衍1895~1945경상북도상주・조태헌趙泰憲1897~1982경상북도영덕・조태화趙泰和1868~1934충청남도연기・조태환趙泰煥1901~1931평안북도의주・조택승曺宅承1878~미상함경남도북청・조판순趙判順1894~미상전라북도진안・조평도趙平道1889~미상황해도옹진・조필선趙弼善1888~1965경기도양주・조하趙鍜1894~1962충청남도청양・조학선趙學先1875~1924충청남도홍성・조학이趙學伊1890~1953경상북도청송・조학제趙鶴濟1904~1946경상남도하동・조한국趙漢國1896~1962경상남도함안・조한명趙漢明1893~1962경기도양주・조한용趙漢用1902~1982한성・조한원趙漢元1893~1969충청남도홍성・조한필趙漢弼1899~1920미상・조한휘趙漢輝1893~1935경상남도함안・조항래趙恒來1884~1949경상남도김해・조해규趙海奎1878~1959경상남도동래・조현규趙顯珪1877~1950경상남도산청・조현균趙賢均1871~1949평안북도정주・조현옥趙炫郁1854~1922경상북도청송・조현원趙鉉元1899~미상함경남도정평・조형규趙炯奎1883~1940경상남도함안・조형균趙炯均1873~1948평안북도정주・조형신曺亨信1900~1970평안남도강서・조형진曺亨珍1897~1952경상남도울산・조호진趙虎振미상~1919경상남도함안・조화벽趙和璧1895~1975강원도양양・조화선趙化善1892~미상황해도평산・조화춘趙化春1872~미상충청남도・조황趙晃1882~1934경기도포천・조회식趙會植1870~1943충청남도서산・조훈趙勳1886~1938함경남도단천・조훈석趙薰錫1899~1973경상북도영양・조훈식趙薰植1864~미상경기도포천・조흥명趙興明1871~미상함경도・조흥원趙興媛1902~미상한성・조흥종趙興鍾1900~미상전라남도순천・조흥환曺興煥1917~1949경기도여주・조희도曺喜道

1892~1923전라남도영광 • 조희만曺喜晩1892~1967황해도평산 • 조희방曺喜芳1889~1956전라남도영광 • 조희순曺喜舜1897~1967경상남도창원 • 조희연趙熙淵1910~1929미상 • 조희제趙熙濟1873~1939전라북도임실 • 조희창曺喜昌1879~미상함경남도장진 • 주경문朱敬文1898~1940경상남도통영 • 주경석朱庚錫1910~1990전라남도화순 • 주광순朱光淳1892~1966충청남도홍성 • 주국언朱國彦1890~1945함경도 • 주기설朱基卨1896~미상함경남도장진 • 주기원周基元1884~1953평안남도평양 • 주기정朱基鼎1897~미상평안남도순천 • 주기철朱基徹1897~1944경상남도창원 • 주길동朱吉桐1916~1951전라남도무안 • 주낙원朱樂元1924~2010한성 • 주남고朱南皐1888~1951경상남도거창 • 주남수朱南守1892~1930경상남도거창 • 주남호朱南浩1863~미상함경남도갑산 • 주대언朱大彦1869~미상평안남도강동 • 주덕기朱惠基1894~미상함경남도북청 • 주덕삼朱德三1875~미상함경북도경성 • 주동률朱東律1872~미상함경남도북청 • 주두기朱斗基1907~1963함경남도정평 • 주두칠朱斗七1870~미상함경남도풍산 • 주만우朱萬尤1922~1945전라남도광주 • 주말순朱末順1915~2000전라남도광주 • 주명규朱明圭1898~1980충청남도홍성 • 주명우朱明禹1860~1921평안북도강계 • 주명우朱明宇1881~1952경상북도영덕 • 주문하朱文河1883~1920평안북도위원 • 주배희朱培熺1890~미상함경남도함흥 • 주병록朱丙錄1891~1921함경남도풍산 • 주병웅朱秉雄1883~1924경상북도울진 • 주병찬朱炳贊1882~미상함경남도장진 • 주병책朱秉策1900~1947경상북도울진 • 주병화朱炳和1890~1931경상남도진해 • 주보배朱寶培1908~1932황해도회양 • 주봉식朱奉植1914~1949전라남도광주 • 주봉옥朱奉玉1902~1964전라남도해남 • 주봉평朱鳳坪1876~미상평안북도삭주 • 주사문周士文1886~1919경상남도울산 • 주상옥朱尙玉1883~미상평안북도삭주 • 주상일朱尙日1905~1924평안북도강계 • 주석환朱錫煥1893~1955평안남도강동 • 주성일朱聖日1899~1975경기도강화 • 주세원周世元1914~1944전라남도영광 • 주세죽朱世竹1899~1950함경남도함흥 • 주쇠이朱釗伊1889~1919경상남도산청 • 주순이朱順伊1900~1975경상남도통영 • 주승렬朱承烈1868~미상함경남도이원 • 주승환周昇煥1885~1952전라남도함평 • 주시경周時經1876~1914황해도평산 • 주시경朱時卿1891~1944황해도연백 • 주시영朱時永1911~1962경기도이천 • 주양률朱陽律1878~미상함경남도이원 • 주영英1865~미상평안남도중화 • 주영광朱榮光미상~1919함경남도홍원 • 주영석朱永錫1915~1944경상북도울진 • 주영은朱榮殷1890~1966충청남도홍성 • 주영점朱永漸1892~미상평안북도삭주 • 주영철朱永徹1885~1929전라남도해남 • 주영호周泳鎬1898~1963경상남도함안 • 주예식朱禮植1885~1932충청남도홍성 • 주요섭朱耀燮1902~1972평안남도평양 • 주용삼朱龍三1883~미상미상 • 주우성朱祐聖1906~1930황해도신천 • 주유금朱有今1903~1995전라남도해남 • 주유만朱有萬1908~미상경상북도울진 • 주윤식朱允植1898~미상평안북도의주 • 주의규朱義奎1859~미상함경남도장진 • 주의환朱義煥미상~1920미상 • 주익朱翼1891~1943함경남도북청 • 주인섭朱寅燮1878~미상경상북도봉화 • 주일관朱一寬1884~1920평안북도초산 • 주장암朱張岩1900~미상전라남도화순 • 주재연朱在年1929~1945전라남도여수 • 주정도朱正道1908~1933미상 • 주종건朱鍾健1895~1935함경남도함흥 • 주종규朱宗奎1883~미상함경북도성진 • 주종찬朱宗贊1893~1933경상남도통영 • 주주봉朱周鳳1898~1935경기도안성 • 주진수朱鎭洙1875~1936경상북도울진 • 주진욱朱鎭煜1914~1945경상북도울진 • 주진표朱鎭豹1860~미상함경남도풍산 • 주진홍朱鎭洪1859~미상함경남도이원 • 주창업朱昌業1886~1932전라남도영암 • 주창엽朱昌燁1902~1931평안북도의주 • 주창일朱昌日1901~미상경기도강화 • 주창학朱昌學1896~미상함경남도장진 • 주채원周采元1924~1991한성 • 주태섭朱泰燮1870~미상함경남도이원 • 주태순朱泰淳1888~1926충청남도홍성 • 주택렬朱澤烈미상~1920미상 • 주하룡朱夏龍1884~1937평안북도강계 • 주하범朱夏範1906~1930평안북도초산 • 주혁朱赫미상~1928함경남도함흥 • 주현측朱賢則1882~1942평안북도선천 • 주형옥朱亨玉1899~1993전라남도화순 • 주홍익朱鴻翼1899~미상함경남도영흥 • 주흥서朱興瑞1925~1978함경남도북청 • 지갑생池甲生1889~1935제주도제주 • 지건池健1875~미상함경남도북청 • 지경숙池敬叔1892~미상경기도이천 • 지경희池璟禧1911~미상함경도 • 지계순池啓舜1902~1920미상 • 지광운池光雲1885~미상평안남도안주 • 지광호池光浩1918~미상평안남도강서 • 지길남池吉南1911~미상함경북도경성 • 지달수池達洙1909~1969한성 • 지도원池道元1879~1946충청북도괴산 • 지두한池斗漢1895~1964함경남도함흥 • 지득성智得成1898~1946평안북도의주 • 지병순池丙淳1887~1944평안북도강계 • 지복영池復榮1920~2007한성 • 지봉구池鳳九1899~미상경상남도김해 • 지상원池相元1889~1952경기도이천 • 지석용池錫湧1881~미상평안남도대동 • 지석호池錫浩1899~미상평안북도초산 • 지성덕池成德1914~2002전라남도광주 • 지성숙池成淑1898~미상황해도황주 • 지성운池城雲1891~1920평안북도창성 • 지성준池成俊1886~1922평안북도영변 • 지수복池壽福1900~미상함경북도부령 • 지승수池承洙1903~1920미상 • 지용방池龍芳1894~1920미상 • 지용수池龍洙1904~1955전라남도광주 • 지용준池龍俊1894~1971경상남도양산 • 지용헌池用軒1863~미상평안남도평원 • 지운경池雲卿1872~미상함경북도경성 • 지운산池雲山1906~1929미상 • 지운섭池雲燮1873~미상미상 • 지운식池雲植1893~1932황해도봉산 • 지은원池恩源1904~미상강원도춘천 • 지응진池應晋1891~1974평안북도정주 • 지익준池益俊1895~1920미상 • 지익표池益杓1925~2024전라남도완도 • 지인도池仁道1886~1920미상 • 지인중智仁仲1922~2008평안북도의주 • 지장회池章會미상함경북도경성 • 지정서池正瑞1883~미상황해도황주 • 지창린池昌隣1873~1920미상 • 지천복池千福1897~1978강원도원주 • 지청천池青天1888~1957한성 • 지축생池丑生1877~미상전라남도제주 • 지택인池澤仁1912~미상평안북도초산 • 지팔문池八文1884~미상충청북도옥천 • 지하수池夏洙1892~1938경상북도칠곡 • 지하영池霞榮1895~1920평안북도정주 • 지희전池熙銓1887~1951평안북도영변 • 진강욱晋岡旭1927~1966전라북도남

원·진공필陳公弼1879~1942경기도안성·진광화陳光華1911~1942평안남도평양·진규완陳圭琓1899~1944함경북도청진·진기동陳基東1915~1977경상북도고령·진기섭陳基燮1911~1934함경남도영흥·진단산秦丹山1883~미상평안남도평양·진덕용陳德容미상충청남도아산·진만조陳萬祚1894~1929전라북도남원·진병기陳秉基1896~1935경상북도칠곡·진병길陳炳佶1920~1974함경남도원산·진병효陳柄孝1901~1961경상남도통영·진상직陳相稷1891~1927함경남도영흥·진성칠陳成七1872~미상충청남도아산·진수린陳壽麟1898~1930충청남도아산·진신애陳信愛1900~1930전라남도광양·진암회陳岩回1895~미상경기도용인·진양현陳良鉉1897~미상충청남도아산·진영규陳永奎1885~1939한성·진옥련陳玉鍊1860~1944경상북도군위·진용규陳龍奎1898~1943평안남도·진유관陳有寬1891~1946경상남도동래·진윤극陳允極1867~1920미상·진응수秦應洙1902~1985충청남도논산·진일평陳一平1913~1939미상·진자미秦者味1913~1958전라남도여수·진장권陳壯權1903~1967전라북도옥구·진종완陳宗琬1903~미상함경북도회령·진지찬陳志燦1855~미상함경남도풍산·진창호陳昌浩미상~1920미상·진치선陳致善미상~1921미상·진택용陳澤龍1873~1944함경남도정평·진택현陳宅賢1886~1951경상남도합천·진평헌陳平軒1897~1970경상남도통영·진학철陳學哲1896~1950황해도봉산·진홍거陳鴻巨1883~1929함경남도함흥·진희창秦熙昌1874~1933한성·차경신車敬信미상평안북도선천·차경창車敬昌1899~1964경기도부천·차경현車敬炫1882~1939경기도수원·차계영車啓榮1913~1946경기도수원·차광은車光恩1898~1966함경남도원산·차균상車均祥1894~1970평안북도의주·차금봉車今奉1898~1929한성·차기숙車基淑1896~1982평안남도덕천·차남진車南珍1915~1979전라남도광주·차대유車大輶1860~미상황해도해주·차도연車道然1900~미상평안남도평원·차동석車東錫미상~1936미상·차두원車斗轅1878~미상평안남도용강·차명륜車明輪1907~미상함경남도영흥·차명학車明學미상~1921미상·차문옥車文玉1898~미상황해도옹진·차미리사車美理士1880~1955한성·차병곤車炳坤1928~1945경상남도부산·차병규車丙奎1884~1944평안남도대동·차병선車炳先1894~미상전라북도정읍·차병수車炳修1873~1928평안남도용강·차병오車秉吾1872~미상함경남도이원·차병욱車炳郁1898~미상황해도연백·차병제車秉濟1899~미상평안남도강서·차병한車炳漢1885~1933경기도수원·차병혁車炳赫1889~1967경기도화성·차보석車寶錫1892~1932평안남도맹산·차봉엽車奉燁1878~1920평안북도벽동·차봉철車奉哲1897~1963강원도홍천·차봉헌車鳳軒1920~1985평안북도선천·차봉환車鳳煥1900~1950강원도홍천·차석보車錫甫1864~미상평안남도용강·차성훈車聖勳1926~1951평안북도선천·차세순車世淳1885~1969충청남도서산·차소돌車小乭1914~미상경상남도거창·차승남車乘南1883~미상평안남도중화·차신호車信浩미상미상·차약도車若島1927~2008평안북도선천·차영섭車永燮1918~1942전라남도장성·차영천車永川1900~미상평안남도강동·차영철車永澈1920~2002경상남도·차영필車永弼1887~미상평안남도덕천·차영호車榮鎬1896~1926경기도가평·차왈보車日甫미상~1927미상·차용목車用睦1893~미상미상·차용운車用運1887~1939함경남도원산·차용헌車用憲1911~미상전라남도완도·차운흥車雲興1890~미상평안북도선천·차원몽車轅夢1900~1938평안북도선천·차은애車恩愛1914~미상한성·차응호車應鎬1907~미상평안남도평양·차의룡車義龍1901~1921평안북도의주·차의석車義錫1889~1986평안북도강계·차이석車利錫1881~1945평안북도선천·차인범車仁範1901~1922경기도화성·차인재車仁載1895~1971경기도수원·차일빈車日彬미상~1927미상·차재정車載貞1891~미상평안남도·차정룡車正龍미상~1919미상·차정석車貞錫1884~1956평안남도맹산·차정섭車貞燮미상~1920미상·차정신車廷信1898~미상평안남도대동·차정집車正輯미상~1922미상·차제남車濟南1850~미상황해도수안·차종규車宗奎1876~미상평안북도의주·차종로車宗路1904~미상평안북도선천·차종만車鍾萬1907~미상함경북도경성·차종수車鍾洙1897~미상함경남도부령·차종화車鍾和1900~1956전라남도완도·차주빈車柱彬1922~1971전라남도강진·차주환車柱環1920~2008강원도영월·차진규車鎭奎1862~1919평안남도대동·차진주車眞宙1904~미상미상·차진하車鎭夏미상~1920평안북도선천·차창선車昌善1910~1997황해도송화·차천리車千里1897~1928평안남도안주·차천모車天模1889~1944평안북도의주·차철수車喆洙1868~미상평안남도순천·차춘성車春聖1874~미상한성·차태희車泰喜1913~2000전라남도완도·차피득車彼得1901~미상함경북도성진·차학구車學九미상~1922미상·차학봉車學奉1902~미상전라남도광주·차한옥車漢玉1921~2000경기도여주·차행겸車行謙1884~미상평안남도용강·차현규車顯規미상~1933미상·차흥서車興瑞1894~미상평안북도구성·차희관車熙觀1878~미상미상·차희선車熙善1890~1971평안북도선천·차희식車喜植1884~1938경기도화성·채갑원蔡甲元1894~1986경상북도달성·채경식蔡敬植1896~1950경상북도달성·채경옥蔡京鈺1879~1923함경북도종성·채계복蔡啓福1900~미상함경남도문천·채관우蔡貫友1904~1981함경북도경원·채국성蔡國成1891~1923황해도재령·채규성蔡圭星1897~미상함경북도회령·채규연蔡奎淵1895~1969함경남도함흥·채규항蔡奎恒1897~1954함경남도홍원·채규호蔡奎鎬1909~1950전라남도무안·채기목蔡基穆1883~1962경상북도영주·채기중蔡基中1873~1921경상북도상주·채남섭蔡南涉1876~1920미상·채덕승蔡德勝1894~1937함경북도경원·채도석蔡道錫1915~1984전라북도진안·채돈묵蔡敦默1890~1941충청남도서산·채동룡蔡東龍1912~미상평안남도강서·채동진蔡東鎭1878~1967경상남도영주·채동팔蔡東八1902~미상전라남도강진·채득필蔡得弼1881~미상황해도·채명원蔡命元1901~1966경상북도달성·채보선蔡寶善1898~미상황해도황주·채봉식蔡奉植1889~1949경상북도달성·채봉준蔡鳳俊1890~1920미상·채상덕蔡相悳1862~1925황해도·채성룡蔡成龍1892~1930미상·채성하蔡聖河1873~미상함경남도문천·채세윤蔡世允1902~1973전라북도전주·채세현蔡

世鉉1890~1949경상북도상주 • 채송대蔡松大1896~1966경상북도달성 • 채수반蔡洙般1900~1955평안북도영변 • 채수복蔡洙福1910~1945충청북도진천 • 채순병蔡順秉1904~1922제주도제주 • 채순봉蔡順鳳1928~2013경상북도경주 • 채실건蔡實健1922~1945경상북도영일 • 채영蔡永1881~1926한성 • 채오蔡五1883~미상함경남도 • 채용석蔡用錫1920~1988충청남도천안 • 채용환蔡用煥1893~1927미상 • 채원개蔡元凱1895~1974평안남도영원 • 채원준蔡元俊1924~1978경상북도경산 • 채윤문蔡允文1897~미상미상 • 채이석蔡貳碩1899~1925미상 • 채재오蔡載五1908~1980제주도 • 채정옥蔡定玉미상~1921미상 • 채중락蔡重洛1890~1968경상북도청송 • 채찬蔡燦미상~1924충청북도충주 • 채찬원蔡燦元1916~1978경상북도경산 • 채창헌蔡昌憲미상~1919미상 • 채태묵蔡泰默1896~미상함경북도경원 • 채판진蔡判鎭1901~1929전라북도옥구 • 채학기蔡鶴基1901~1987경상북도달성 • 채한석蔡漢錫미상~1925미상 • 채혜수蔡惠秀1896~1978한성 • 채희각蔡熙覺1894~1967경상북도달성 • 천경도千敬道1896~1920평안북도의주 • 천덕운千德云1913~1970전라남도해남 • 천병림千炳林1896~1943충청남도부여 • 천병만千炳萬1910~1975충청남도부여 • 천병섭千柄燮1899~1949전라남도완도 • 천보여千甫汝1870~1929전라남도해남 • 천산옥千山玉1893~미상경기도용인 • 천상현千相賢1911~1934전라남도강진 • 천석현千石賢1883~미상한성 • 천선재千善在1841~미상강원도횡성 • 천선희千善姬1903~미상경상북도상주 • 천성욱千星旭1924~2012경상남도사천 • 천성환千成煥1917~1954강원도고성 • 천세헌千世憲1879~1945경상북도상주 • 천소악千小岳1912~1960경상남도마산 • 천승률千承律1882~미상함경북도길주 • 천양쇠千梁釗1886~1964경상북도안동 • 천연도千年桃1890~1923전라남도구례 • 천연희千年喜1896~1997경상남도진주 • 천영관千永寬1919~1965충청남도 • 천재섭千在燮1901~1947전라남도화순 • 천재환千載桓1900~1964경상남도고성 • 천점백千占伯1890~미상경상북도안동 • 천중선千重善1874~미상경기도광주 • 천진화千鎭化1884~1947미상 • 천치락千致洛1876~1942경상북도안동 • 천태종千泰鍾1881~미상함경북도길주 • 천학서千鶴書1892~미상한성 • 천학선千學先1880~1957충청남도서산 • 천학진千學振1912~미상경상남도통영 • 천홍태千洪泰1903~1927전라남도완도 • 초완석楚完錫1917~미상함경북도명천 • 최갑룡崔甲龍1904~1998평안남도평양 • 최갑쇠崔甲釗1897~미상전라북도전주 • 최갑수崔甲壽1901~1938경상북도청도 • 최갑순崔甲順1898~1990함경남도정평 • 최강윤崔康潤1901~1959전라남도함평 • 최개동崔介同1889~미상경상남도창원 • 최건수崔建水1881~1961충청남도홍성 • 최경갑崔景甲1899~미상충청남도청양 • 최경경崔敬京미상~1927미상 • 최경남崔鏡南1895~미상함경북도명천 • 최경노崔敬老1891~1967경기도파주 • 최경동崔敬東1901~1979전라남도함평 • 최경락崔京洛1900~1949충청남도논산 • 최경민崔敬敏미상~1923함경북도명천 • 최경선崔景善1898~1983황해도장연 • 최경성崔景成1883~미상경상북도대구 • 최경술崔庚戌1910~미상함경남도원산 • 최경옥崔景鈺1880~미상함경북도종성 • 최경원崔慶源1878~1965경상북도의성 • 최경창崔慶昌1918~미상경기도수원 • 최경춘崔敬春1897~미상충청남도아산 • 최경하崔景河1894~1989함경남도문천 • 최경학崔敬學1890~1976경상북도경산 • 최경현崔卿鉉1864~1927경상북도고령 • 최경호崔京鎬1893~1923함경북도종성 • 최경호崔京鎬1905~1979전라남도영암 • 최경호崔京浩1898~1985경상북도울진 • 최경호崔京鎬1890~1965전라북도임실 • 최경화崔敬和미상~1919평안북도강계 • 최경훈崔景薰1867~미상평안남도성천 • 최계락崔啓洛1893~1927함경북도명천 • 최계우崔桂禹1880~미상경상남도김해 • 최계원崔啓元1884~미상함경북도명천 • 최고崔杲1924~1988한성 • 최공섭崔公涉1902~미상경기도강화 • 최공훈崔公勳1888~1955전라북도옥구 • 최관崔冠1900~1979함경북도종성 • 최관길崔冠吉1897~1962경기도안성 • 최관선崔觀善1870~미상평안북도벽동 • 최관식崔寬植1879~미상황해도해주 • 최관용崔官用1901~1924평안북도의주 • 최관용崔寬用1899~1945황해도연백 • 최관용崔寬溶1884~미상황해도해주 • 최관호崔觀鎬1890~1945평안남도중화 • 최관희崔寬熙미상~1924평안북도선천 • 최광崔廣1882~1918경상남도의령 • 최광국崔光國1877~미상황해도 • 최광로崔光路1891~1920평안북도구성 • 최광성崔光星1917~1974경기도인천 • 최광수崔光洙1884~미상평안북도 • 최광오崔光五1876~1920평안북도구성 • 최광옥崔光玉미상~1910평안남도중화 • 최광인崔光仁1885~1926충청남도홍성 • 최광철崔光哲1891~1953경기도고양 • 최광혜崔光惠1875~미상평안북도강계 • 최구홍崔九弘1891~1979경기도진위 • 최국섭崔國燮1898~미상함경북도성진 • 최군삼崔君三1920~미상평안남도평양 • 최군석崔君石1867~1920미상 • 최군일崔君一1883~1920미상 • 최권순崔權順1890~1952전라남도무안 • 최권택崔權澤1895~미상경상북도상주 • 최규관崔圭觀1911~1951전라남도영암 • 최규동崔奎東1882~1953경상북도성주 • 최규련崔奎連1915~1999평안북도정주 • 최규륜崔奎綸1870~미상한성 • 최규석崔奎錫1858~1923충청남도보령 • 최규영崔圭英1910~미상강원도양양 • 최규원崔圭元1907~1984전라남도영암 • 최규창崔圭昌1908~1949전라남도영암 • 최규철崔圭哲1913~1992전라남도영암 • 최규태崔圭泰1913~1963전라남도영암 • 최극삼崔極三1880~1965전라북도임실 • 최금경崔金莖1908~1957경상남도남해 • 최금봉崔錦鳳1896~1983평안남도진남포 • 최금석崔金石1908~미상평안북도의주 • 최금석崔金碩1897~1979경상남도울산 • 최금수崔金洙1899~미상전라북도전주 • 최기복崔基福1901~1991경상남도동래 • 최기석崔奇石1893~1975충청남도홍성 • 최기섭崔琪燮1912~2002전라남도영암 • 최기열崔基烈1894~미상함경남도장진 • 최기영崔起榮1886~1952경상북도영양 • 최기옥崔基玉1922~1978평안남도순천 • 최기용崔奇鎔1892~미상경기도안성 • 최기운崔基運1894~1919미상 • 최기정崔基正1863~1942전라남도나주 • 최기정崔基貞1924~1989경상북도경산 • 최기준崔基俊1894~1920미상 • 최기준崔琪焌1896~1957전라남도영암 • 최기창崔基昌1882~미상평안남도양덕 • 최기철崔基哲미상~1919함경북도온성 • 최기한崔紀漢1906~1940강원도삼척 • 최기호崔寄浩1888~1969강원도양구 • 최기호崔基浩1906~미

상평안남도순천・최낙권崔洛權1923~1947충청남도서천・최낙종崔洛鍾1891~1945경상남도고성・최낙철崔洛哲
1921~2005전라북도무주・최낙희崔洛僖1891~1957경상남도고성・최난기崔鸞基미상~1921미상・최남명崔南明
1894~1920미상・최능익崔能翊1889~1976평안남도강서・최능인崔能仁1903~미상평안남도강서・최능찬崔能贊
1901~1932평안남도강서・최능현崔能賢1887~1933평안남도강서・최달모崔達模1860~1932경상북도의성・최달수崔達守
1916~1962경상남도양산・최대걸崔大杰1879~미상평안남도순천・최대길崔大吉1897~미상평안북도용천・최대복崔大福
1892~미상경기도양주・최대현崔大鉉1852~1931경기도양평・최대희崔大熙1907~1976강원도삼척・최덕관崔德瓘
1893~1919경상남도김해・최덕룡崔德龍1894~미상평안북도의주・최덕복崔德福1882~미상함경남도단천・최덕수崔德守
1884~미상황해도평강・최덕신崔德新1914~1977평안북도의주・최덕용崔德用1899~1961충청북도영동・최덕인崔德仁
1895~미상충청남도아산・최덕임崔德姙1912~미상경기도강화・최덕종崔德鍾1917~1967경상북도경산・최덕주崔德柱
1886~1967전라남도강진・최덕화崔德化1883~미상평안북도구성・최덕휴崔德休1922~1998충청남도홍성・최덕희崔德熙
미상~1924미상・최도균崔道均1926~2015평안북도영변・최도인崔道仁1868~1919경상남도합천・최도준崔道俊
1887~1942경상북도안동・최돈옥崔燉玉1897~1968강원도강릉・최동균崔東均1909~1978경기도개성・최동락崔東洛
1892~1963경상남도창원・최동림崔東林1910~1950전라남도영암・최동민崔東珉1888~1976전라남도무안・최동범崔東範
1897~미상함경남도고원・최동식崔東植1850~미상미상・최동식崔東植1908~1933평안남도진남포・최동식崔東植
1926~2005경상북도경산・최동오崔東旿1892~1963평안북도의주・최동인崔東仁1912~1982경상북도울진・최동일崔東一
1870~미상함경북도명천・최동호崔東昊1897~1923한성・최동환崔東煥1907~1946전라남도영암・최동희崔東曦
1890~1927한성・최두영崔斗榮1851~1933전라북도부안・최두용崔斗用1912~1968전라남도장흥・최두욱崔杜旭
1891~1956경상북도경산・최두필崔斗弼1887~1930미상・최륜崔崙미상~1920미상・최만갑崔萬甲1913~1970경상북도경
산・최만년崔萬年1901~1966전라남도영암・최만득崔萬得1900~미상충청북도음성・최만보崔晩甫1877~미상경기도안성・
최만성崔萬成1877~1930경기도수원・최만성崔萬成1920~1960전라남도광산・최만원崔萬元1887~미상황해도해주・최만
종崔萬鍾1901~1972경기도안성・최만혁崔萬爀1887~1974평안남도개천・최만화崔晩華1896~미상경기도진위・최면식崔
勉植1891~1941경기도포천・최명근崔明根1920~1943한성・최명도崔明道미상~1921평안북도의주・최명렬崔明烈
1914~1990전라남도영암・최명백崔明白1875~미상황해도수안・최명봉崔明鳳1902~1974전라남도무안・최명석崔命錫
1913~1968경상남도사천・최명선崔明善1917~1988함경남도문천・최명수崔命守1887~1920경상북도영덕・최명수崔明洙
1881~1951충청북도청원・최명수崔明秀1878~미상충청남도아산・최명술崔命述1888~1960경상북도영덕・최명식崔明植
1880~1961황해도안악・최명애崔明愛1901~미상경상남도울산・최명용崔明用1891~1965경기도여주・최명용崔鳴鏞
1897~1965충청남도홍성・최명준崔明俊1873~1948평안북도의주・최명표崔明杓1911~1981경상북도경주・최명현崔明鉉
1892~1944황해도해주・최명흠崔明欽미상~1919평안남도강서・최명희崔明熺1892~미상충청북도충주・최몽길崔蒙吉
1881~1964충청남도청양・최무길崔武吉1896~1960경상북도김천・최문무崔文武1879~1942함경북도온성・최문봉崔文鳳
미상~1920미상・최문선崔文先1896~미상평안북도위원・최문섭崔文燮1900~1941경기도안성・최문순崔文順1903~미상
경기도수원・최문식崔文植1914~1994충청남도논산・최문오崔文吾1883~1944충청남도예산・최문용崔文鏞1905~1979경
기도개성・최문전崔文典1923~미상평안북도초산・최문칠崔文七1873~1920미상・최문호崔文浩1885~미상평안북도창성・
최민식崔敏植1892~1943전라북도정읍・최민환崔珉煥1905~미상함경남도단천・최방덕崔枋德1897~미상미상・최방득崔
枋得1900~1944함경북도회령・최방연崔枋衍1886~미상함경북도회령・최범성崔範聲1895~1963충청남도공주・최범술崔
凡述1904~1979경상남도사천・최병국崔炳國1896~미상황해도은율・최병권崔秉權1907~1937전라남도영암・최병규崔秉
奎1885~1963충청남도천안・최병규崔秉圭1881~1931경상남도의령・최병규崔丙圭1881~1931경상북도대구・최병기崔丙基
1877~미상황해도봉산・최병돈崔秉敦1904~1955전라남도영암・최병렬崔丙烈1896~1920미상・최병무崔秉武1918~1942
평안남도대동・최병무崔秉茂1922~1999전라북도진안・최병석崔秉錫1899~1965충청남도홍성・최병선崔秉善1887~1942
평안북도정주・최병섭崔秉燮1878~1946전라북도임실・최병수崔炳秀1876~1919충청남도아산・최병수崔秉壽1906~1965
전라남도영암・최병심崔秉心1874~1957전라북도전주・최병옥崔秉玉1909~1989전라남도영암・최병옥崔柄玉1891~1920
미상・최병우崔丙禹1876~1920미상・최병원崔秉元1879~미상함경남도이원・최병원崔秉元1877~미상함경북도길주・최병
인崔秉寅미상미상・최병일崔秉一1870~1941함경북도명천・최병일崔秉一1883~1939경기도안성・최병준崔丙浚
1895~1945전라남도광주・최병직崔秉直1896~1922함경북도경성・최병진崔秉珍1868~미상함경남도단천・최병진崔炳鎭
1887~미상함경북도길주・최병춘崔炳春1890~미상평안북도초산・최병태崔炳泰1893~1965전라북도임실・최병학崔秉學
1877~미상함경북도경성・최병한崔炳瀚1900~1969충청남도공주・최병항崔秉恒1905~1966황해도평강・최병헌崔炳憲
1875~미상함경남도정평・최병현崔炳鉉1888~1957전라북도남원・최병호崔炳鎬1903~1924경상북도울진・최병호崔秉浩
1906~1972전라남도영암・최병환崔炳奐1903~미상평안북도초산・최병훈崔秉勳1879~미상평안남도진남포・최병훈崔炳勳
1872~1947강원도철원・최보림崔普林1900~1984경상남도산청・최복길崔福吉1894~미상평안남도순천・최복섭崔福燮
1903~미상전라남도영광・최복순崔福順1911~미상경상남도부산・최복현崔福鉉1906~미상경기도양평・최봉崔烽

1908~1929미상・최봉기崔琫基1894~1975충청북도충주・최봉기崔鳳基1903~1980경상남도남해・최봉기崔鳳基
1910~1977전라남도구례・최봉명崔鳳明1899~1931평안북도의주・최봉상崔鳳祥1919~1980평안남도대동・최봉선崔鳳善
1904~1996경상남도마산・최봉식崔鳳植1892~미상경상남도마산・최봉엽崔鳳燁1894~1954전라북도옥구・최봉용崔奉用
1901~1942경상남도창녕・최봉원崔鳳元1913~2000평안북도신의주・최봉원崔鳳元1899~미상평안남도강서・최봉원崔鳳
源1879~1923충청북도청주・최봉윤崔鳳潤1914~2005평안북도의주・최봉익崔鳳翼미상~1920미상・최봉인崔鳳仁1882~
미상평안남도진남포・최봉조崔奉祚1888~미상경상남도사천・최봉주崔鳳周1885~1923함경북도길주・최봉주미상~1921미
상・최봉준崔鳳俊1870~1935충청남도서산・최봉준崔鳳俊1862~1917함경북도경흥・최봉직崔奉稷1896~1961황해도・최
봉진崔鳳鎭1917~2003전라남도보성・최봉천崔鳳天1863~1945함경남도단천・최봉학崔奉學1897~1955경기도부천・최봉
한崔鳳漢1914~1997전라북도옥구・최봉환崔鳳煥1895~1937경상북도영주・최봉환崔鳳煥1868~미상평안남도순천・최봉
희崔鳳熙1874~1921미상・최부근崔富根1901~1976경상남도통영・최사술崔士述1882~1920평안북도운산・최사열崔士烈
1911~1983전라남도영암・최사열崔士烈1899~1982전라남도완도・최사진崔士珍1905~1973전라남도영암・최상규崔尙奎
1892~미상함경북도온성・최상근崔相根1891~1943경기도용인・최상린崔祥麟1890~1975경기도개성・최상림崔尙林
1888~1945경상남도동래・최상선崔尙善1901~미상평안남도강서・최상오崔相五1866~1907미상・최상욱崔相煜
1922~2012전라남도광산・최상운崔祥雲1901~미상함경북도명천・최상원崔相元1890~1974경상북도김천・최상을崔祥㐅
1913~미상평안남도순천・최상익崔相翊1869~1930경상북도경주・최상제崔相齊1923~2008경상북도경주・최상학崔相鶴
1858~1933전라북도임실・최상홍崔相鴻1889~1943평안남도순천・최생명崔生明미상~1922평안북도의주・최생용崔生用
1886~1969충청남도서산・최서경崔曙卿1902~1955평안북도운산・최석곤崔錫崑1885~미상함경남도단천・최석구崔錫九
1869~1920황해도수안・최석구崔錫龜1864~1922황해도수안・최석기崔錫基1903~1970한성・최석길崔錫吉1886~미상황
해도황주・최석련崔碩連1881~1938평안북도의주・최석봉崔錫鳳1881~1943충청남도청양・최석순崔碩淳미상~1925미상・
최석우崔錫祐1875~미상평안북도벽동・최석인崔碩寅1898~미상평안북도의주・최석일崔晳一미상~1919평안북도정주・최
석전崔錫典1867~미상평안남도맹산・최석준崔錫濬1891~1921평안북도삭주・최석철崔錫哲미상~1919미상・최석해崔石海
미상미상・최석호崔碩鎬1910~2003전라남도영암・최석호崔碩鎬1893~1970경상남도합천・최석휴崔錫休1888~1919경기
도포천・최선근崔善根1895~1947강원도강릉・최선운崔先云1884~미상평안북도벽동・최선유崔善有1888~미상경기도진
위・최선일崔宣一1892~미상평안남도용강・최선일崔先日1918~2002전라남도완도・최선재崔善在1895~1953강원도강
릉・최선주崔善周1886~1971평안남도평양・최선택崔善澤1884~1964경기도부천・최선호崔善浩1925~1981경상남도부
산・최복길崔福吉1894~미상평안남도순천・최복섭崔福燮1903~미상전라남도영광・최복순崔福順1911~미상경상남도부
산・최복현崔福鉉1906~미상경기도양평・최봉烽崔琫烽1908~1929미상・최봉기崔琫基1894~1975충청북도충주・최봉기崔鳳
基1903~1980경상남도남해・최봉기崔鳳基1910~1977전라남도구례・최봉명崔鳳明1899~1931평안북도의주・최봉상崔鳳
祥1919~1980평안남도대동・최봉선崔鳳善1904~1996경상남도마산・최봉식崔鳳植1892~미상경상남도마산・최봉엽崔鳳
燁1894~1954전라북도옥구・최봉용崔奉用1901~1942경상남도창녕・최봉원崔鳳元1913~2000평안북도신의주・최봉원崔
鳳元1899~미상평안남도강서・최봉원崔鳳源1879~1923충청북도청주・최봉윤崔鳳潤1914~2005평안북도의주・최봉익崔
鳳翼미상~1920미상・최봉인崔鳳仁1882~미상평안남도진남포・최봉조崔奉祚1888~미상경상남도사천・최봉주崔鳳周
1885~1923함경북도길주・최봉준崔鳳俊1870~1935충청남도서산・최봉준崔鳳俊1862~1917함경북도경흥・최봉직崔奉稷
1896~1961황해도・최봉진崔鳳鎭1917~2003전라남도보성・최봉천崔鳳天1863~1945함경남도단천・최봉학崔奉學
1897~1955경기도부천・최봉한崔鳳漢1914~1997전라북도옥구・최봉환崔鳳煥1895~1937경상북도영주・최봉환崔鳳煥
1868~미상평안남도순천・최봉희崔鳳熙1874~1921미상・최부근崔富根1901~1976경상남도통영・최사술崔士述
1882~1920평안북도운산・최사열崔士烈1911~1983전라남도영암・최사열崔士烈1899~1982전라남도완도・최사진崔士珍
1905~1973전라남도영암・최상규崔尙奎1892~미상함경북도온성・최상근崔相根1891~1943경기도용인・최상린崔祥麟
1890~1975경기도개성・최상림崔尙林1888~1945경상남도동래・최상선崔尙善1901~미상평안남도강서・최상오崔相五
1866~1907미상・최상욱崔相煜1922~2012전라남도광산・최상운崔祥雲1901~미상함경북도명천・최상원崔相元
1890~1974경상북도김천・최상을崔祥㐅1913~미상평안남도순천・최상익崔相翊1869~1930경상북도경주・최상제崔相齊
1923~2008경상북도경주・최상학崔相鶴1858~1933전라북도임실・최상홍崔相鴻1889~1943평안남도순천・최생명崔生明
미상~1922평안북도의주・최생용崔生用1886~1969충청남도서산・최서경崔曙卿1902~1955평안북도운산・최석곤崔錫崑
1885~미상함경남도단천・최석구崔錫九1869~1920황해도수안・최석구崔錫龜1864~1922황해도수안・최석기崔錫基
1903~1970한성・최석길崔錫吉1886~미상황해도황주・최석련崔碩連1881~1938평안북도의주・최석봉崔錫鳳1881~1943
충청남도청양・최석순崔碩淳미상~1925미상・최석우崔錫祐1875~미상평안북도벽동・최석인崔碩寅1898~미상평안북도의
주・최석일崔晳一미상~1919평안북도정주・최석전崔錫典1867~미상평안남도맹산・최석준崔錫濬1891~1921평안북도삭
주・최석철崔錫哲미상~1919미상・최석해崔石海미상미상・최석호崔碩鎬1910~2003전라남도영암・최석호崔碩鎬
1893~1970경상남도합천・최석휴崔錫休1888~1919경기도포천・최선근崔善根1895~1947강원도강릉・최선운崔先云

1884~미상평안북도벽동 • 최선유崔善有1888~미상경기도진위 • 최선일崔宣一1892~미상평안남도용강 • 최선일崔先日 1918~2002전라남도완도 • 최선재崔善在1895~1953강원도강릉 • 최선주崔善周1886~1971평안남도평양 • 최선택崔善澤 1884~1964경기도부천 • 최선호崔善浩1925~1981경상남도부산 • 최영균崔暎均1900~1971전라남도광주 • 최영기崔永基 1870~미상황해도송화 • 최영기崔永琪1897~1943전라북도임실 • 최영돈崔永敦1897~1985경상북도고령 • 최영렬崔英烈 1869~1938전라북도임실 • 최영린崔永麟미상~1922미상 • 최영만崔英漫1885~1939평안남도평양 • 최영무崔永武 1885~1952경기도여주 • 최영방崔永邦1883~1951강원도강릉 • 최영백崔榮百1921~2005충청북도청주 • 최영보崔永保 1899~미상평안남도평양 • 최영섭崔永涉1877~미상평안북도의주 • 최영순崔永淳1887~1920황해도해주 • 최영순崔榮淳 1885~1950경상남도거창 • 최영암崔永岩1906~미상함경북도명천 • 최영운崔泳云1892~1946전라남도광주 • 최영진崔英鎭 1899~미상함경북도경성 • 최영철崔英喆1924~1991경기도용인 • 최영춘崔英春1904~1931미상 • 최영호崔永浩미상~1920 강원도 • 최영호崔永浩1890~1958평안북도의주 • 최영환崔永煥1857~1928황해도송화 • 최예근崔禮根1924~2011충청남도 서산 • 최예락崔禮洛1871~미상평안북도구성 • 최예진崔禮鎭1913~미상함경남도함흥 • 최예항崔叡恒1877~1914평안남도평 양 • 최오득崔五得1884~1967충청남도천안 • 최옥동崔玉童1901~미상충청남도예산 • 최옥태崔玉泰1909~1976전라남도영 암 • 최완崔浣미상경상북도경주 • 최완규崔完奎1922~1986전라남도 • 최완식崔完植1899~1967전라북도장수 • 최완철崔完 喆1884~1935경기도안성 • 최요한나崔堯漢羅1900~1950전라북도전주 • 최용규崔溶奎1901~미상평안북도강계 • 최용규崔 鏞奎1897~1959경상남도마산 • 최용덕崔用德1898~1969한성 • 최용덕崔龍德1920~2004경상남도남해 • 최용도崔龍道 1897~1977전라남도무안 • 최용락崔龍洛1895~1967경상남도합천 • 최용무崔溶武1900~1972함경남도북청 • 최용문崔容門 1898~1981충청북도보은 • 최용상崔龍尙1897~미상평안북도구성 • 최용선崔用善1924~2005전라남도영광 • 최용수崔龍洙 1865~1926경상북도김천 • 최용식崔鎔植1908~1952전라남도여수 • 최용식崔鎔植1870~미상황해도수안 • 최용신崔容信 1909~1935함경남도덕원 • 최용억崔龍繶1874~미상경상북도상주 • 최용주崔龍周1892~미상평안남도평양 • 최용진崔龍鎭 1900~미상한성 • 최용채崔龍彩1904~1985전라남도무안 • 최용철崔容澈1885~1949충청남도부여 • 최용택崔用澤1885~미 상경기도장단 • 최용화崔容和1901~1970경기도가평 • 최우겸崔祐謙1884~1987평안남도성천 • 최우명崔遇明1859~1940강 원도양구 • 최우서崔友瑞1893~1920미상 • 최우석崔禹錫1892~1942경기도김포 • 최우선崔禹先1894~1988전라북도전주 • 최우순崔宇淳1830~1911경상남도고성 • 최우억崔祐億1878~미상평안남도성천 • 최우용崔禹鎔1837~미상함경북도명천 • 최 우익崔右益1872~1920함경북도경성 • 최운구崔雲龜1885~1942경상북도청도 • 최운기崔雲基1868~미상평안북도희천 • 최 운석崔運錫1892~1944황해도장연 • 최운선崔運先1868~1925충청남도청양 • 최운악崔雲嶽1879~1920미상 • 최원득崔元得 1900~1930경상남도울산 • 최원배崔源培1904~1949황해도김화 • 최원봉崔元奉1895~미상평안북도강계 • 최원석崔元錫 1877~미상한성 • 최원순崔元淳1896~1936전라남도광주 • 최원신崔元信1892~미상충청남도청양 • 최원주崔元胄 1898~1928경상남도창원 • 최원준崔元俊1904~1927미상 • 최원형崔垣亨1901~1945경상남도사천 • 최원호崔沅鎬 1893~1946전라북도임실 • 최월상崔月上1912~1948전라북도전주 • 최유록崔有錄1907~1930함경북도경원 • 최육득崔六得 1909~미상전라북도남원 • 최윤경崔允慶1922~1998황해도신천 • 최윤구崔允龜1903~1938평안북도 • 최윤권崔潤權1914~ 미상전라남도영암 • 최윤기崔崙琪1896~1955함경남도이원 • 최윤달崔潤達1911~1970강원도삼척 • 최윤동崔胤東 1897~1965경상북도대구 • 최윤봉崔允奉1898~1934경상남도울산 • 최윤성崔崙成1893~1945황해도봉산 • 최윤숙崔允淑 1912~2000황해도이천 • 최윤식崔允植1896~1919경기도양평 • 최윤식崔允植1890~미상경기도이천 • 최윤옥崔允玉미상 ~1920미상 • 최윤조崔允祚1877~미상황해도송화 • 최윤찬崔允贊1857~미상평안북도자성 • 최윤창崔潤昌1900~1959한 성 • 최윤호崔允浩1883~미상평안북도삭주 • 최윤호崔允鎬1894~1939평안남도평원 • 최윤흥崔允興미상~1922미상 • 최윤 희崔允喜미상~1920미상 • 최은석崔恩晳1918~미상경상북도영일 • 최은식崔殷植1899~1960충청남도천안 • 최은엽崔銀燁 1897~1968전라북도옥구 • 최은전崔殷田1913~미상황해도신천 • 최은희崔恩喜1904~1984황해도연백 • 최을규崔乙圭 1928~1997충청남도청양 • 최을택崔乙澤1925~1976경상남도울산 • 최응모崔應模1889~1950충청남도홍성 • 최응선崔應善 1892~미상평안북도구성 • 최응선崔應善1895~미상평안남도평양 • 최응세崔應歲1916~1976평안북도철산 • 최응수崔應洙 1901~1988경상북도김천 • 최응순崔應洵1922~2003경기도인천 • 최응주崔應冑1879~미상평안북도벽동 • 최응호崔應浩 1892~1973평안남도평양 • 최의붕崔義鵬1893~미상평안남도평원 • 최의수崔義洙1883~미상함경남도 • 최의집崔義楫미상 ~1920미상 • 최이규崔伊奎1902~1961전라남도해남 • 최이룡崔利龍1896~1920미상 • 최이붕崔以鵬1897~1973함경북도회 령 • 최이선崔二善1912~미상미상 • 최이옥崔伊玉1926~1990평안북도용천 • 최이집崔頤集1898~1964강원도강릉 • 최이칠 崔利七1913~미상한성 • 최익길崔益吉1862~1937경상북도김천 • 최익룡崔翊龍1896~1923함경북도성진 • 최익무崔益武 1875~1932경상북도대구 • 최익삼崔益三1877~1943충청남도홍성 • 최익선崔益善미상~1919미상 • 최익수崔益守 1901~1978경상남도부산 • 최익진崔翼軫1860~1923경상북도칠곡 • 최익형崔益馨1890~1950황해도안악 • 최익환崔益煥 1889~1959충청남도홍성 • 최인걸崔麟杰미상~1920미상 • 최인관崔仁寬1876~미상평안남도성천 • 최인규崔仁圭 1880~1942강원도삼척 • 최인근崔仁根1914~1935경상북도김천 • 최인선崔仁先1900~미상함경북도경성 • 최인섭崔寅燮 1890~1967충청남도홍성 • 최인식崔仁植1883~미상황해도금천 • 최인식崔寅植1891~1948강원도양양 • 최인현崔寅賢

1903~1954경상북도안동・최인홍崔仁弘1879~1920미상・최인화崔仁和1900~1937경기도가평・최인환崔仁煥1890~1965
황해도재령・최일규崔日圭1911~미상함경남도고원・최일명崔日明1888~1976평안남도평양・최일봉崔日鳳1884~1970평안
북도의주・최일성崔日成1868~미상황해도통천・최일신崔日新1887~미상충청남도아산・최일엽崔日燁1873~1921평안북도
선천・최일영崔日英1915~미상경기도・최일영崔日永1876~미상황해도옹진・최일원崔一元1897~1920미상・최일호崔一浩
1852~1920황해도수안・최자남崔子南1876~1933함경남도안변・최자환崔自煥1858~미상황해도해주・최장부崔長富
1901~1945평안북도영변・최장부崔壯溥1891~미상함경남도신흥・최장섭崔長燮1892~1970경기도수원・최장윤崔長潤
1916~1984전라북도익산・최장준崔章俊1890~1968충청남도청양・최장춘崔長春1909~1969전라남도보성・최장학崔章學
1909~1987경상남도부산・최장혁崔長赫1886~미상함경북도경원・최재경崔在京미상평안북도의주・최재기崔在棋1892~미
상황해도해주・최재석崔在錫1897~1950경기도안성・최재소崔在韶1914~1937경상북도울진・최재원崔載元미상~1922미
상・최재유崔在裕미상~1919미상・최재추崔在橋1903~미상평안남도순천・최재형崔在亨1860~1920함경북도경원・최재화
崔載華1892~1962경상북도선산・최재희崔在熙1873~1939강원도원주・최전빈崔全斌1906~1923미상・최점문崔占文
1874~1938경상북도의성・최점옥崔占玉1902~1932충청남도아산・최정국崔正國1883~미상함경남도영흥・최정국崔正國
1887~미상함경북도온성・최정기崔貞基1913~2000전라남도광주・최정돈崔正敦1898~1950충청남도청양・최정두崔正斗
1898~1930전라남도광주・최정률崔定律1918~1943함경북도경성・최정성崔正成1898~1945경기도시흥・최정수崔正洙
1896~미상함경남도회령・최정수崔正守1922~1990함경남도홍원・최정숙崔貞淑1902~1977제주도제주・최정식崔貞植
1889~1951경기도고양・최정식崔正植1871~1942충청남도서천・최정옥崔貞玉1911~미상함경북도경성・최정운崔貞雲
1901~1925미상・최정웅崔正雄1922~1991경상남도통영・최정원崔正元1892~1922경상남도고성・최정주崔鼎周
1928~2010전라남도담양・최정천崔正天1881~1950충청남도서산・최정철崔貞徹1853~1919충청남도천안・최정하崔正夏
1888~미상함경남도장진・최정학崔正學1896~1964경상남도의령・최제홍崔齊弘미상~1920평안북도강계・최종관崔鍾貫
1899~1977경상남도밀양・최종근崔鍾根1924~2017경상남도밀양・최종렬崔鍾烈1883~1933전라남도나주・최종률崔鍾律
1890~미상충청북도제천・최종삼崔宗三1896~1979전라북도전주・최종수崔宗洙1897~1974전라북도임실・최종오崔鍾五
1919~1976전라남도장흥・최종응崔鍾應1871~1944경상북도달성・최종일崔宗一1889~미상함경북도경성・최종준崔宗駿
1870~1937함경남도이원・최종하崔宗河1887~1922강원도횡성・최종현崔鍾泫1897~미상함경남도원산・최종협崔宗協
1879~1930미상・최종화崔宗和1896~1919경기도가평・최종흘崔宗屹1884~1922미상・최주악崔周岳1879~미상함경북도
성진・최주억崔周憶1866~미상평안남도중화・최주영崔柱英1896~1933한성・최주일崔周一1879~미상평안남도평원・최주
정崔周楨1898~미상함경북도성진・최주환崔周煥1882~1950경기도시흥・최준崔準1885~1922평안북도의주・최준崔浚
1884~1970경상북도경주・최준기崔俊基1910~1983전라북도전주・최준달崔俊達1891~1967전라남도함평・최준범崔俊範
1892~미상평안북도삭주・최준식崔俊植1874~1921미상・최준천崔俊天1864~1920미상・최준혁崔俊赫1888~미상황해도
은율・최준형崔俊衡1883~미상함경북도경원・최준화崔俊華미상~1923미상・최중교崔仲交1868~미상충청남도예산・최중
렬崔仲烈1905~1993전라남도영암・최중모崔重模1895~1950경상북도울진・최중삼崔仲三1885~1967충청남도홍성・최중
식崔中軾1877~1951충청남도홍성・최중옥崔重玉1902~미상평안북도의주・최중원崔重遠1900~1990평안북도강계・최중
호崔重鎬1891~1934황해도신천・최중희崔重熙1906~1930미상・최지관崔志寬1870~1933평안북도구성・최지남崔指南미
상~1943평안도・최지영崔枝英1911~미상평안북도정주・최지청崔志淸1888~미상평안북도구성・최지풍崔志豊미상미상・
최진崔鎭1917~1993평안남도강서・최진국崔振國1864~1920함경남도갑산・최진규崔晋圭1888~1955강원도강릉・최진동
崔振東1882~1945함경북도온성・최진만崔晋萬1899~미상충청북도영동・최진용崔震鏞1877~미상함경남도홍원・최진우崔
鎭禹1913~1995한성・최진팔미상~1921함경북도성진・최진하崔鎭河1890~1967평안남도평양・최진학崔進鶴1892~1941
경상남도부산・최진화崔진和1866~1954경상북도칠곡・최차도崔次道1911~미상경상남도김해・최찬崔燦1885~1921황해도
벽성・최찬섭崔讚燮1897~1969경기도안성・최찬성崔贊星1903~미상평안북도강계・최찬식崔燦植1891~1926미상・최찬
형崔贊衡1878~미상황해도황주・최찬화崔贊化1886~1920평안북도정주・최창규崔昌奎1905~1966전라남도완도・최창달
崔昌達1896~1972경기도안성・최창덕崔昌德1892~1977한성・최창렬崔昌烈미상~1920미상・최창모崔昌模1923~2011전
라남도광주・최창범崔昌範미상한성・최창선崔昌善1879~미상평안남도평양・최창선崔昌善1913~미상평안북도벽동・최창
섭崔昌燮1893~1969경기도파주・최창섭崔昌燮1897~1920미상・최창수崔昌洙1885~1943전라남도신안・최창식崔昌植
1892~1957한성・최창용崔昌鎔1898~1981경상남도동래・최창용崔昌鎔1895~1974경기도안성・최창익崔昌翊1903~1921
평안남도평원・최창철崔昌鐵1900~미상평안북도의주・최창한崔昌翰1891~1945황해도장연・최창한崔昌漢1910~미상함경
북도명천・최창혁崔昌赫1894~미상경기도안성・최창호崔昌鎬1912~미상전라남도영암・최창희崔昌熙1911~1973전라남도
나주・최채선崔彩仙1898~1954충청남도홍성・최천崔天1900~1967경상남도통영・최천일崔天逸1884~1920미상・최천택
崔天澤1897~1962경상남도부산・최천학崔天學1892~1920미상・최천호崔天浩1900~1989평안북도의주・최철崔鐵
1919~1948경기도개성・최철룡崔喆龍1902~1971경상남도마산・최철순崔喆淳1878~미상함경남도이원・최철호崔鐵鎬
1915~1941충청남도대전・최청용崔靑用1909~미상함경북도경성・최춘보崔春甫1867~1936경기도수원・최춘선崔春蘇

1920~2001평안북도용천 • 최춘열崔春烈1903~1965전라남도영암 • 최춘희崔春熙1911~1951강원도삼척 • 최충보崔忠寶
1891~1920함경북도명천 • 최충신崔忠臣1898~미상경기도용인 • 최치능崔峙能1894~미상함경북도경원 • 최치삼崔致三
1885~1920미상 • 최치일崔致一1897~미상평안북도초산 • 최치환崔致煥1897~1966평안북도의주 • 최태경崔泰卿
1892~1958전라북도옥구 • 최태경崔太京1884~미상함경북도무산 • 최태길崔太吉1891~1920미상 • 최태룡崔泰龍미상
~1920함경북도무산 • 최태만崔泰萬1918~1993경상북도경산 • 최태병崔泰炳1924~2012한성 • 최태석崔泰碩1920~1995경
상북도청도 • 최태식崔泰植1900~1976충청남도공주 • 최태열崔泰烈1879~미상함경북도성진 • 최태욱崔泰旭1892~미상경상
북도청도 • 최태유崔泰裕1874~미상제주도제주 • 최태주崔泰周1907~1964전라남도무안 • 최태준崔泰俊1890~미상평안남
도순천 • 최태현崔泰鉉1889~1943한성 • 최태형崔泰亨1896~미상함경남도단천 • 최태환崔台煥1894~미상평안남도대동 •
최택무崔宅武1885~미상평안북도의주 • 최판열崔判烈1911~1967전라남도영암 • 최팔용崔八鏞1891~1922함경남도홍원 • 최
풍룡崔豊龍1905~1937전라남도여수 • 최풍오崔豊五1913~2002전라남도완도 • 최필주崔弼株1894~미상함경북도회령 • 최
하석崔河錫1879~미상황해도황주 • 최학기崔學基1896~1921미상 • 최학길崔鶴吉1875~미상강원도양양 • 최학돌崔學乭
1876~미상경기도포천 • 최학수崔鶴壽1887~1957충청남도서산 • 최학순崔學順1892~1920미상 • 최학용崔學用1892~1951
충청남도홍성 • 최학천崔學天1878~1920미상 • 최한계崔翰桂1892~미상평안북도선천 • 최한규崔翰奎1894~1968경상남도
의령 • 최한두崔漢斗1879~1928강원도양양 • 최한봉崔漢鳳1882~1961경상남도동래 • 최한석崔漢錫1890~1938경기도안
성 • 최한영崔漢泳1899~1990전라남도광주 • 최한오崔漢吾1892~미상전라남도영암 • 최한원崔漢元1906~미상전라남도광
양 • 최한풍崔翰灃1899~1979전라북도옥구 • 최한홍崔翰鴻1898~1949경상남도 • 최항민崔恒珉1889~미상함경남도단천 •
최항신崔恒信1890~1925평안북도초산 • 최항진崔恒鎭1881~1919경기도안성 • 최해崔海1895~1948경상북도울진 • 최해도
崔海都1910~1954경상남도창원 • 최해수崔海守1925~2010경상북도경주 • 최해일崔海日1923~1961경상북도청도 • 최해진
崔海鎭1876~미상경상북도 • 최향현崔鄕鉉1870~미상경상북도고령 • 최혁호崔赫昊1873~미상평안북도의주 • 최현崔峴
1894~1920미상 • 최현구崔鉉玖1898~1941경상남도울산 • 최현배崔鉉培1894~1970경상남도울산 • 최현수崔賢守
1909~1968함경남도원산 • 최현식崔賢植1874~미상황해도신천 • 최현철崔賢哲1890~미상충청남도공주 • 최현표崔鉉杓
1902~1941경상남도울산 • 최현호崔鉉浩1890~1974경상남도김해 • 최형구崔亨球1879~1920평안북도정주 • 최형록崔亨祿
1895~1968평안남도평양 • 최형민미상~1921미상 • 최형준崔亨俊1884~1921평안북도의주 • 최형천崔亨天1896~1969전라
남도완도 • 최혜순崔惠淳1900~1976전라남도광주 • 최호崔灝1877~미상평안남도대동 • 최호림崔虎林1896~1960함경북도
무산 • 최호문崔蒿文1901~미상경상남도통영 • 최호일崔浩日1886~1920함경남도홍원 • 최호준崔晧俊1898~1945황해도재
령 • 최호천崔浩天1899~1960경기도시흥 • 최홍기崔弘基1866~1932충청남도홍성 • 최홍주崔鴻柱1891~1919경기도파주 •
최홍준崔弘俊1920~1995경상북도영일 • 최홍택崔鴻澤1900~1920미상 • 최화경崔化京1904~미상평안북도구성 • 최화보崔
和寶1871~1920함경북도무산 • 최환순崔煥順1893~미상함경북도회령 • 최환용崔煥龍1909~1935전라남도여수 • 최황순崔
晃淳1916~1943경상북도울진 • 최효대崔孝大1892~1952경상북도울진 • 최효대崔孝大1907~1979경상북도울진 • 최효인崔
孝仁미상~1920미상 • 최효일崔孝一미상~1932평안북도철산 • 최훈세崔訓世미상~1919미상 • 최흥룡미상~1921미상 • 최흥
숙崔興淑1874~미상황해도신천 • 최흥식崔興植미상한성 • 최흥종崔興琮1880~1966전라남도광주 • 최희관崔熙官미상미상 •
최희선崔熙善1910~1952전라남도나주 • 최희승崔熙昇1883~1932황해도옹진 • 최희영崔熙泳미상함경남도장진 • 최희창崔
熙昌1920~미상한성 • 추경춘秋敬春1889~1940충청남도연기 • 추공집秋公集1878~미상황해도평산 • 추교철秋教哲
1885~1951충청남도부여 • 추교철秋教哲1909~미상강원도양양 • 추규영秋圭映1901~1977경상남도동래 • 추득천秋得千
1895~1953충청남도연기 • 추병갑秋炳甲1903~1976충청남도부여 • 추병륜秋秉倫1874~1951강원도원주 • 추병원秋秉元
1883~1941강원도양양 • 추성렬秋成烈1887~1970충청북도충주 • 추성배秋聖培1901~1927충청남도부여 • 추용만秋鏞滿
1888~1919경상남도합천 • 추은명秋殷明1878~1943강원도홍천 • 추진구秋振求1909~1974경상북도청도 • 추해룡秋海龍
1893~미상충청남도부여 • 추홍순秋鴻順1894~1959경상남도하동 • 탁공규卓公圭1874~미상함경남도함흥 • 탁명숙卓明淑
1900~1972함경남도함흥 • 탁성룡卓成龍미상~1920평안북도삭주 • 탁순홍卓順弘1920~1993평안북도운산 • 탁영래卓泳來
1922~2014경상남도 • 탁영의卓英儀1922~2009강원도횡성 • 탁영재卓英才1867~1941강원도횡성 • 탁원근卓源瑾
1880~1921강원도영월 • 탁일청卓日淸1896~미상평안북도박천 • 탁재석卓在錫1894~미상평안남도진남포 • 탁창국卓昌國
1899~1919평안북도강계 • 탄원기彈元基미상경기도시흥 • 태극太極1905~1933함경북도명천 • 태덕일太德日미상~1938한
성 • 태동춘太東春1913~1975전라북도임실 • 태성옥太成玉1919~1993함경북도명천 • 태용서太龍瑞1879~미상함경북도명
천 • 태윤기太倫基1918~2012함경남도풍산 • 태정규太廷奎1882~1924함경북도명천 • 팽동주彭東柱1892~1945경상남도창
원 • 팽삼진彭三辰1902~1944경상남도마산 • 팽종교彭鍾教1898~1951경상남도창원 • 편강렬片康烈1892~1929황해도연
백 • 편덕렬片德烈1897~1976황해도연백 • 편영대片永大1891~1942한성 • 표광천表光天1887~1951강원도원주 • 표생규表
生奎1879~1952전라남도무안 • 표영각表永珏1869~미상평안남도순천 • 표영봉表榮奉1891~1929충청남도청양 • 표영준表
永俊1884~1948충청남도청양 • 표영준表永俊1896~미상평안남도강동 • 표의숙表義淑1921~2008평안남도평양 • 표정일表
正一1879~미상황해도황주 • 피문성皮文成1917~1989평안남도평양 • 피한봉皮漢奉1894~미상경기도고양 • 하겸진河謙鎭

1860~1946경상남도진주 • 하경수河敬洙1894~미상경상남도창녕 • 하계업河啓業1925~1990경상남도김해 • 하도신河道信 1907~미상전라남도영암 • 하돌임河乭任1878~1919미상 • 하동로河東老1876~1926경상남도진주 • 하명식河命植1915~미상 강원도고성 • 하문덕河文德1915~미상평안남도평양 • 하병조河柄祚1901~1939경상북도영일 • 하봉수河鳳壽1857~1939경상 남도진주 • 하상근河祥根1889~1953경상남도남해 • 하상세河相世1918~1990경상남도창녕 • 하상옥河相玉1887~미상한 성 • 하상운河相運1898~1961경상남도함안 • 하성구河成九1893~1943제주도제주 • 하성근河聖根1900~1973충청북도괴 산 • 하성백河聖伯1890~미상경상남도산청 • 하순철河順哲1899~미상전라남도영암 • 하승천河昇天미상~1921미상 • 하승현 河升鉉1895~1919경상남도함양 • 하영규河靈圭1892~1965경상남도창녕 • 하영자河永子1903~1993전라남도장성 • 하오성 河五星1885~미상경상북도안동 • 하용기河龍基1891~1964전라북도임실 • 하용제河龍濟1854~1919경상남도산청 • 하운택河 雲澤1877~1920황해도수안 • 하운학河雲鶴1912~미상강원도원주 • 하유원河有元1911~1947황해도해주 • 하은호河銀浩 1898~1960경상남도창녕 • 하의철河誼喆1907~미상전라남도영암 • 하익봉河益鳳1926~1945경상남도사천 • 하익현미상 ~1921미상 • 하인출河仁出1892~1929경상남도창원 • 하일로河一魯1868~1938경상남도하동 • 하장환河章煥1874~1928경 상남도진주 • 하재연河在衍1866~1940경상남도함양 • 하재익河在翼1883~1922경상남도함양 • 하종진河鍾璡1905~1981경 상남도함양 • 하준기河駿麒1906~1950전라북도전주 • 하준호河準互1887~1942경상남도남해 • 하찬린河贊麟1886~1920평 안북도벽동 • 하찬원河贊源1900~1967경상남도창녕 • 하치량河致亮1922~1950경상남도사천 • 하학룡河學龍1895~미상경 기도이천 • 하홍대河洪大1893~미상함경남도이원 • 하희옥河熙玉1890~1978평안남도용강 • 한갑개韓甲開1892~1961경상 남도합천 • 한개문韓開文1895~미상경기도양주 • 한경서韓景瑞1875~1920미상 • 한경석韓慶錫1909~1951충청남도아산 • 한경선1883~1959한성 • 한경희韓敬禧1881~1935평안북도용천 • 한계수韓桂壽1908~1992경상남도진주 • 한계유韓啓維 1862~미상함경남도장진 • 한관렬韓灌烈1892~1950경상남도함안 • 한광교韓光敎1900~1959충청북도영동 • 한광룡韓光龍 1901~1957경상북도고령 • 한국림韓國林1888~미상함경남도장진 • 한국보韓國輔1889~미상평안남도평양 • 한국언韓國彦미 상~1936평안남도성천 • 한국원韓國源1897~미상평안남도성천 • 한국초韓國初1888~1941경기도안성 • 한군명韓君明미상미 상 • 한귀재韓貴才1911~1980전라남도완도 • 한규량韓奎良1865~1920함경도 • 한규문韓奎文미상~1919함경남도장진 • 한규 상韓圭相1896~1971경상남도진주 • 한규석韓奎錫1879~미상평안남도강서 • 한규섭韓圭爕1898~1979충청남도논산 • 한규성 韓圭聲1901~1952경상북도영덕 • 한규환韓奎煥1893~1935경상북도상주 • 한금복韓金福1898~미상함경북도성진 • 한금원 韓錦源1904~1949평안북도의주 • 한기동韓基東1898~1997경기도인천 • 한기석韓箕錫1886~1955전라북도옥구 • 한기선韓 基宣1889~미상함경북도경흥 • 한기송韓基松1879~미상미상 • 한기수韓基琇미상~1927미상 • 한기수韓淇洙1879~1926전라 북도임실 • 한기악韓基岳1898~1941강원도 • 한기용韓基用1860~미상함경도 • 한기욱韓基昱1867~1922함경북도경원 • 한 기원韓起元1873~미상경기도고양 • 한낙연韓樂然1898~1947함경북도종성 • 한능진韓能震1896~미상평안남도평원 • 한대석 韓大錫1923~2003전라북도옥구 • 한대진韓大震1872~미상충청남도 • 한대홍韓大弘1901~1948평안남도평원 • 한덕균韓德 均1896~미상평안남도순천 • 한덕리韓惠履1871~1939경기도양평 • 한덕술韓德述1903~1942경상남도동래 • 한덕용韓德湧 미상~1920미상 • 한도련韓道鍊1912~1973함경남도북청 • 한도수韓道洙1901~1942전라북도임실 • 한도신韓道信 1895~1986평안남도대동 • 한도원韓道元미상~1920미상 • 한도원韓道源1906~미상평안남도대동 • 한독신韓篤信1891~미상 평안남도강서 • 한돈석韓敦錫1896~1935전라북도임실 • 한동선韓東善1915~1966경상남도양산 • 한동원韓同元1878~미상함 경북도명천 • 한동진韓東振1896~미상평안북도영변 • 한동필韓東弼1892~미상충청남도아산 • 한득항韓得沆1911~미상평안 북도철산 • 한락산韓樂山1915~1943충청남도부여 • 한만석韓萬錫1913~미상충청남도아산 • 한만수韓晩洙1880~미상황해도 김화 • 한만숙韓滿淑1920~1993제주도제주 • 한만춘韓萬春1898~1958충청남도아산 • 한면각韓冕珏1858~미상함경남도장 진 • 한면석韓冕錫1869~미상함경남도이원 • 한면필韓冕필1920~1980함경남도함흥 • 한명규韓命奎1863~미상함경남도풍 산 • 한명석韓命錫1900~1962전라북도임실 • 한명수韓明洙1893~1966경상북도김천 • 한명순韓明順미상~1922미상 • 한명 식韓明植1917~1963충청남도아산 • 한명옥韓明玉1888~미상충청남도서산 • 한명원韓明源1889~1968충청남도홍성 • 한명 환韓明桓1901~1996함경남도함흥 • 한문기韓文基1874~미상평안남도강동 • 한문백漢文伯1872~1920미상 • 한문원韓文源 1894~미상황해도금천 • 한문환韓文煥1894~1936평안북도의주 • 한방섭韓芳爕1890~1958전라남도곡성 • 한백봉韓百鳳 1881~1950경기도광주 • 한백석韓百石1870~미상경기도양주 • 한백홍韓伯興1897~1950제주도제주 • 한범우韓範愚 1902~1920강원도원주 • 한병건韓炳健1870~미상평안남도개천 • 한병기韓炳基미상~1920미상 • 한병수韓炳洙미상~1921미 상 • 한병주韓秉柱1877~미상한성 • 한병택韓秉澤1869~미상함경남도북청 • 한병하韓秉河1882~미상함경남도함흥 • 한병호 韓秉浩1881~미상충청북도청주 • 한병희韓昞熙1903~1932평안남도진남포 • 한보심韓寶心1912~1988전라남도보성 • 한복록 韓福祿1906~1954충청남도예산 • 한복룡韓福龍1899~1981충청남도청양 • 한복숙韓復淑1907~1933함경남도정평 • 한봉근 韓鳳根1894~1927경상남도밀양 • 한봉도韓奉道미상~1923미상 • 한봉민韓奉珉1894~미상평안북도강계 • 한봉삼韓鳳三 1908~1933경상남도밀양 • 한봉석韓鳳錫1893~1942경기도김포 • 한봉인韓鳳仁1898~1968경상남도밀양 • 한봉조韓鳳朝미 상~1923평안북도의주 • 한봉준韓奉俊1889~1940미상 • 한봉진韓奉眞1872~미상경상남도고성 • 한봉철韓奉喆1898~1936 경기도양평 • 한봉호韓鳳昊1898~미상함경남도단천 • 한상렬韓相烈1924~1949경상북도상주 • 한상엄韓相嚴1905~1962전

라남도해남 • 한상인韓祥仁1900~1969충청남도홍성 • 한상철韓相喆1891~1936충청남도홍성 • 한상택韓相澤1909~1985경상북도영천 • 한상필韓相弼1879~1919충청남도천안 • 한상혁韓相赫1877~미상경기도연천 • 한상호韓相浩1900~1921함경북도경성 • 한석규韓錫圭1890~미상함경북도온성 • 한석기韓奭基1885~1964함경북도경성 • 한석동韓石東1893~1933경기도이천 • 한석화韓錫化1897~미상제주도제주 • 한선옥韓善玉미상미상 • 한성걸韓成傑1895~1938함경북도경성 • 한성근韓聖根1889~미상황해도송화 • 한성도韓聖島1909~1950평안북도의주 • 한성선韓成善1864~미상미상 • 한성수韓聖洙1920~1945평안북도신의주 • 한성유韓成宥1887~1920평안남도강서 • 한성준韓成俊미상~1940미상 • 한성호韓成浩1902~미상평안북도의주 • 한세홍韓世泓1927~1996경상남도통영 • 한수석韓洙錫1902~1920미상 • 한수자韓壽子1903~2006강원도양구 • 한순규韓順奎1880~1920미상 • 한순오韓淳五1879~1939충청남도아산 • 한순직韓淳稷1884~미상황해도신천 • 한순회韓順會1885~1961경기도광주 • 한승겸韓承謙1910~1936함경남도정평 • 한승곤韓承坤1881~1947평안남도평양 • 한승룡韓承龍1885~미상평안북도의주 • 한승우韓承羽미상미상 • 한승은韓承殷1876~미상평안남도창성 • 한승풍韓承豊1868~미상함경남도장진 • 한시대韓始大1889~1981황해도해주 • 한시화韓始華1911~1931함경남도정평 • 한신옥韓信玉1905~미상평안북도용천 • 한양도韓陽都1900~1920미상 • 한양수韓良秀1876~1950충청남도아산 • 한양승韓養昇1879~1920평안북도박천 • 한연순韓連順1898~1990경상북도대구 • 한연하韓連河1878~1920미상 • 한영규韓榮圭1882~1954경기도용인 • 한영돌韓永乭1910~1943경기도김포 • 한영려韓英麗미상미상 • 한영복韓永福1867~1935경기도광주 • 한영선韓永仙1886~1933충청남도아산 • 한영수韓永洙1891~1939경기도진위 • 한영신韓永信1887~1969평안북도신의주 • 한영애韓永愛1920~2002평안남도평양 • 한영준韓永俊1870~미상평안북도의주 • 한영준韓榮俊1885~미상전라남도나주 • 한영태韓永泰1854~미상함경남도장진 • 한영태韓榮泰1878~1919전라북도임실 • 한영팔韓永八1891~1935전라북도임실 • 한영호韓永虎1894~미상함경남도신흥 • 한영호韓泳鎬1877~1944함경남도함흥 • 한예건韓禮建1878~미상평안남도강서 • 한옥산韓玉山1890~미상함경북도회령 • 한용발韓用發1893~1976경상북도고령 • 한용순韓龍淳1878~미상함경남도갑산 • 한용운韓龍雲1879~1944충청남도홍성 • 한우종韓禹宗1885~1920평안북도의주 • 한운석韓雲錫1884~1950충청남도서산 • 한운용韓雲用1895~1921함경남도정평 • 한원빈韓元彬1905~미상평안남도평양 • 한원택韓遠澤1912~1938제주도제주 • 한위건韓偉健1896~1937함경남도홍원 • 한윤석韓允錫1902~1922함경북도종성 • 한윤성韓允成1884~미상강원도양양 • 한은동韓殷東1897~1956경기도연천 • 한응교韓應敎1892~1950경기도안성 • 한응규韓應奎1920~2003평안남도평양 • 한의천韓義天미상충청남도청양 • 한의철韓義哲1908~1929미상 • 한이경韓利敬1885~미상평안북도의주 • 한이군韓二君1897~1938경상북도고령 • 한이순韓利順1880~1920미상 • 한이순韓二順1906~1980충청남도천안 • 한이윤韓伊尹1923~1964평안북도구성 • 한익韓益미상~1927미상 • 한익권韓益權1883~미상한성 • 한익수韓翊洙1864~미상전라남도고흥 • 한익수韓益洙1904~1979전라남도담양 • 한인석韓麟錫1896~1969전라북도임실 • 한인수韓仁洙1883~1922충청남도청양 • 한일동韓一東1891~1934경상남도함안 • 한일봉韓日奉1904~1967전라북도임실 • 한일청韓一淸1899~1960경상북도예천 • 한장번韓壯蕃1883~미상함경남도정평 • 한장호韓章鎬1893~1994평안남도강동 • 한재갑韓載甲1921~2002평안북도의주 • 한재명韓在明1869~1945한성 • 한재원韓在元1895~1920미상 • 한재호韓在鎬1901~1969경기도안성 • 한정교韓正敎1892~1923전라북도임실 • 한정도韓正道1900~1922평안북도신의주 • 한정범韓貞範1912~미상평안북도구성 • 한정원韓鼎元1879~미상함경남도신흥 • 한정종韓丁鐘1881~미상강원도화천 • 한정희韓定熙1913~1990충청남도청양 • 한종순韓鍾淳1893~1932경상남도함안 • 한종원韓宗源1898~미상한성 • 한종헌韓鍾憲1898~1931경상남도함안 • 한주호韓周鎬1882~미상함경남도신흥 • 한준韓準1924~1950충청남도서산 • 한준겸韓俊謙1877~1943평안북도선천 • 한준관韓俊觀1885~1944평안남도평양 • 한준상韓俊相1859~미상황해도해주 • 한중건韓重建미상~1920평안남도개천 • 한지석韓智錫1875~1965충청남도청양 • 한진韓震1914~1943경기도 • 한진교韓鎭敎1887~1973평안남도중화 • 한진사韓進士1888~1920미상 • 한진석韓眞錫1878~미상황해도수안 • 한진석韓鎭錫1875~1920평안북도정주 • 한진술韓鎭述1900~미상함경남도북청 • 한진우韓鎭愚1888~미상함경남도신흥 • 한진원韓鎭源미상한성 • 한진천미상~1921미상 • 한진천韓鎭千1877~미상충청남도아산 • 한징韓澄1886~1944한성 • 한창석韓昌錫미상~1920미상 • 한창선韓昌善1897~1949평안남도대동 • 한창수韓昌洙1888~1927황해도통천 • 한창수韓昌洙1892~1944전라남도해남 • 한창수昌洙1911~미상함경북도경성 • 한창은韓昌殷1875~1968평안북도의주 • 한창준韓昌俊1885~1920미상 • 한창혁韓昌赫1881~미상함경남도장진 • 한창형韓昌炯미상~1922평안북도강계 • 한천봉韓天奉1892~1971충청남도청양 • 한철韓哲1902~1980평안북도의주 • 한철봉韓哲鳳1898~1934함경남도신흥 • 한철수韓澈洙1894~1941충청남도청양 • 한철수韓哲洙1900~1988황해도송화 • 한철순韓哲順1886~미상전라남도순천 • 한철영韓哲瑛1897~1964제주도제주 • 한철익韓鐵翼미상~1947미상 • 한청옥韓淸玉1908~1930평안북도용천 • 한청일韓淸一미상~1919황해도수안 • 한춘근韓春根1890~미상경기도강화 • 한춘산韓春山1884~1948충청남도서산 • 한춘삼韓春三1883~1920미상 • 한춘삼韓春三1901~미상함경북도종성 • 한치봉韓致奉1887~미상평안북도창성 • 한치진韓稚振1901~1955한성 • 한칠석韓七錫1923~2010전라북도옥구 • 한태석韓泰錫1890~1964경기도양주 • 한태석韓泰錫1876~1949충청남도청양 • 한태은韓泰恩1920~2006경상북도대구 • 한태임韓泰臨1912~1936함경남도정평 • 한태제韓泰濟1881~미상함경남도장진 • 한태현韓泰鉉1878~1951전라북도남원 • 한태훈韓台壎1900~미상평안남도평원 • 한택교韓宅敎1920~1995경상북도예천 • 한판석韓判錫1883~1945충청남도청양 • 한필동韓弼東

1888~1952경상남도합천 • 한필동韓弼東1921~1993충청남도홍성 • 한필호韓弼昊1886~1911황해도신천 • 한하연韓何然1903~1960경상남도부산 • 한해韓海1900~1929함경남도풍산 • 한현백韓玄伯1873~1920미상 • 한현채韓鉉采1896~1962전라남도무안 • 한형석韓亨錫1910~1996경상남도부산 • 한홍준韓弘俊1869~미상강원도철원 • 한후련韓厚連1898~미상함경남도장진 • 한후만韓厚萬1897~미상함경남도장진 • 한훈韓焄1889~1950충청남도청양 • 한휘韓輝미상~1944미상 • 한흑양韓黑良1900~미상전라남도순천 • 한흥韓興1888~1960함경남도신흥 • 한흥교韓興教1885~1967경상남도부산 • 한흥근韓興根1890~1944함경남도함흥 • 한흥기韓興基1900~1930함경남도이원 • 한흥리韓興履1900~1979경기도시흥 • 한흥석韓興錫1886~미상충청남도예산 • 한희룡韓義龍1888~1977평안남도용강 • 한희민韓熙珉1868~1927함경남도장진 • 한희수韓曦洙1870~미상황해도김화 • 함기수咸基秀1887~미상평안북도희천 • 함도교咸道教미상~1927미상 • 함명선咸明善1885~미상황해도옹진 • 함명숙咸明淑1893~1973강원도철원 • 함병승咸秉昇1896~1929한성 • 함병찬咸秉燦1895~1971평안남도대동 • 함병하咸炳河미상~1919평안남도강서 • 함병현咸炳鉉미상~1920미상 • 함병현咸炳鉉1859~미상경기도포천 • 함복련咸福蓮1902~미상미상 • 함삼여咸三汝1857~1925미상 • 함석은咸錫殷1890~1929평안북도용천 • 함석헌咸錫憲1901~1989평안북도용천 • 함성교咸聖教1874~미상평안북도벽동 • 함성열咸聖烈1884~1926충청남도홍성 • 함세만咸世萬1922~2012황해도옹진 • 함수만咸壽萬1901~1930충청남도서천 • 함애주咸愛主1913~미상평안북도의주 • 함연춘咸然春1901~1974전라북도전주 • 함영우咸永祐1912~2011강원도강릉 • 함옥성咸玉成1894~미상평안남도평원 • 함옥정咸玉晶1908~미상경상남도진주 • 함용환咸用煥1895~미상황해도회양 • 함윤수咸允洙1915~1985함경북도경성 • 함일咸一미상평안남도평양 • 함일형咸一亨1861~미상평안북도용천 • 함재원咸在源1885~1947충청북도괴산 • 함정원咸貞元1878~미상경기도장단 • 함종현咸宗顯1919~1967평안북도신의주 • 함중승咸仲承미상~1921미상 • 함찬근咸贊根미상~1920미상 • 함창렬咸昌烈1856~미상평안남도중화 • 함천봉咸千鳳1897~1948경기도안성 • 함태영咸台永1872~1964함경북도무산 • 함태영咸泰榮1894~1992함경남도원산 • 함태욱咸泰郁미상~1927미상 • 함태호咸泰鎬1893~1942평안남도순천 • 함태홍咸泰鴻1893~1929함경남도함흥 • 함호용咸鎬墉1868~1954경기도광주 • 함홍기咸鴻基1895~1919강원도양양 • 허간許諫1859~1942충청북도옥천 • 허경許璟1918~1950충청남도서산 • 허경두許瓊斗1876~1919경상남도거창 • 허경래許炅淶1891~미상함경북도길주 • 허경인許景仁1905~1963경상북도경산 • 허곤도許坤道1884~1951경상북도청도 • 허군청許君淸1899~미상평안북도선천 • 허군하許君夏미상~1921평안북도 • 허근許根1864~1926함경북도회령 • 허근許根1869~1933전라북도임실 • 허기준許基俊1886~1961강원도 • 허기호許基浩미상~1921평안북도삭주 • 허기훈許基塤1859~1937강원도춘천 • 허길吉許吉1873~미상함경북도길주 • 허남경許南京1875~미상함경북도길주 • 허남귤許南橘1923~1945경상북도청도 • 허내삼許迺三1888~1964경기도개성 • 허담許澹1886~1972경상북도영일 • 허덕성許德成1899~1946경기도안성 • 허동규許東奎1879~미상미상 • 허동상許東相1908~1951경상북도경산 • 허동옥許東玉1892~미상황해도평산 • 허량許樑1895~1935충청북도영동 • 허만준許萬準1925~1984경상남도의령 • 허문보許文甫미상~1924미상 • 허민류許敏柳미상~1920미상 • 허박許樸1871~1919전라북도임실 • 허병許炳1884~1955충청남도천안 • 허병許炳1891~1937경상남도김해 • 허병규許丙圭1896~1979경기도안성 • 허병률許丙律1890~1930미상 • 허병률許秉律1885~1943경상북도경산 • 허봉許봉1889~1966전라북도임실 • 허봉許奉1900~1955전라남도영광 • 허봉석許鳳錫1917~1955미상 • 허봉학許鳳鶴1917~1995제주도제주 • 허빈許斌1891~1931황해도송화 • 허상구許相球1898~1958충청북도옥천 • 허상기許相基1871~1946충청북도옥천 • 허상옥許尙玉1895~미상평안북도구성 • 허상회許相准1881~1968충청북도옥천 • 허상훈許相勳미상~1920미상 • 허석許碩1857~1920경상북도군위 • 허선홍許善弘1861~미상평안남도덕천 • 허섭許燮1889~1925전라북도임실 • 허성도許聖徒1902~1944경상북도영덕 • 허성섭許成燮1893~1969황해도연백 • 허승택許承澤미상~1923평안북도의주 • 허승환許承煥1893~1938경상남도통영 • 허신許伸1873~1919경상남도산청 • 허신호許信浩미상~1922미상 • 허영許榮1884~미상황해도해주 • 허영기許泳驥1883~미상함경북도무산 • 허영보許永甫1871~미상충청남도 • 허영일許永一1921~1950황해도신천 • 허영조許永祚1897~1929경상남도부산 • 허영진許永鎭1882~1921평안남도평원 • 허완許玩1869~1938한성 • 허완許完1880~미상충청남도서천 • 허용許龍1894~1959경상북도상주 • 허용許鏞1900~미상함경북도회령 • 허용권許庸權1904~미상함경북도길주 • 허운기許雲起1901~1928미상 • 허운서許雲瑞미상~1920미상 • 허운태許運泰1890~1920미상 • 허원삼許元三1873~1945전라남도광주 • 허원용許元用1901~1968함경북도성진 • 허원용許元龍1912~1992충청남도부여 • 허원종許源淙미상~1920미상 • 허위균許偉均1926~1945경상남도통영 • 허윤송許潤松1919~미상경상남도김해 • 허은許銀1909~1997경상북도안동 • 허을許訖1885~미상함경북도명천 • 허응숙許應俶1889~1980황해도송화 • 허익許益1858~1920미상 • 허익근許益根미상~1920미상 • 허익환許益煥1880~미상평안북도구성 • 허인호許仁浩미상~1922미상 • 허일선許日善1900~1922평안북도구성 • 허장완許璋完1899~1919경상남도통영 • 허장환許璋煥1896~1946경상북도경주 • 허재기許在其1887~1969경상남도고성 • 허전許典미상~1919미상 • 허정許楨1894~1948경상남도동래 • 허종준許宗俊1863~미상함경북도길주 • 허주경許周京1878~1920미상 • 허준언許俊彦미상~1919미상 • 허중권許中權1890~미상함경북도경성 • 허중환許仲煥미상~1920미상 • 허진세許進世1871~1920미상 • 허찬許贊1886~1945충청북도옥천 • 허창도許昌道1927~2000경상남도통영 • 허창두許昌斗1909~1976제주도제주 • 허창봉許昌鳳1891~미상황해도금천 • 허창준許昌俊미상~1919평안북도의주 • 허창준許昌俊1883~미상평안북도창성 • 허채許埰1877~미

상함경북도성진 • 허철許喆1882~1933경상북도김천 • 허춘화許春和1866~1930충청남도천안 • 허충許忠1865~미상경기도용인 • 허치성許致成1909~1940전라남도완도 • 허치옥許致玉1894~1924경상남도동래 • 허탁許鐸1857~1925전라남도구례 • 허필許苾1851~1932경상북도선산 • 허하종許河鍾미상~1920미상 • 허학봉許學鳳1899~미상함경북도성진 • 허현許鉉1879~1927함경북도명천 • 허현許鉉1886~1955강원도 • 허형許炯1894~1963평안남도안주 • 허황許堭1878~1928경상남도울산 • 허효겸許孝謙미상~1922평안북도의주 • 허후득許後得1895~1946충청남도서산 • 허희중許希中1887~1954경상남도동래 • 현건주玄建柱1885~미상평안북도박천 • 현경묵玄景黙미상~1919미상 • 현기봉玄基鳳미상평안남도개천 • 현기언玄基鸝1898~1990평안남도개천 • 현기전玄基甸미상~1922평안남도개천 • 현기정玄基正1878~1922평안남도개천 • 현기주玄起周1918~1988평안북도정주 • 현덕승玄德昇미상~1919평안북도정주 • 현덕신玄德信1896~1962경기도수원 • 현도명玄道明1875~미상평안남도순천 • 현도명玄道明1883~1968경기도개성 • 현도선玄道善1911~1948제주도제주 • 현만협玄萬協1862~미상충청북도충주 • 현모란玄某蘭1913~미상경기도여주 • 현무생玄戊生1887~1920전라남도제주 • 현병초玄炳初1882~미상평안북도박천 • 현봉률玄鳳律미상~1919미상 • 현사계玄思桂미상~1921미상 • 현사선玄巳善1911~2001제주도제주 • 현상건玄尙健1875~1926경기도개성 • 현상로玄相魯미상~1919미상 • 현석칠玄錫七1880~1943평안남도평양 • 현성도玄成道1889~미상함경북도명천 • 현성희玄成熙1899~1927미상 • 현순玄楯1880~1968한성 • 현순을玄淳乙미상평안남도개천 • 현승걸玄承杰1884~미상평안남도강서 • 현승철玄承哲미상~1919평안남도강서 • 현영권玄永權1895~미상황해도황주 • 현영만玄泳晩1921~1981경상북도경산 • 현영조玄永祚1910~1983경상북도경산 • 현영준玄永俊1889~1963충청남도청양 • 현영택玄永澤1897~미상평안남도중화 • 현용묵玄龍黙1891~미상함경북도명천 • 현용주玄龍珠1906~1980경상북도경산 • 현용환玄用煥1898~미상평안남도개천 • 현우석玄宇錫1880~미상충청남도공주 • 현이평玄以平1913~1941미상 • 현익철玄益哲1890~1938평안북도박천 • 현인묵玄仁黙미상~1919평안남도강서 • 현정건玄鼎健1887~1932경상북도대구 • 현정경玄正卿1881~1941평안북도박천 • 현준석玄準錫1924~1969경상북도문경 • 현준이玄俊伊1901~1968경상북도경산 • 현준혁玄俊赫1906~1945평안남도개천 • 현진건玄鎭健1900~1943한성 • 현창묵玄昌黙미상함경북도경성 • 현창석玄昌碩1922~1971충청남도공주 • 현창섭玄昌燮1898~미상함경북도경성 • 현창주玄昌周1900~미상평안북도초산 • 현천묵玄天黙1862~1928함경북도경성 • 현철玄哲1899~1922미상 • 현필기玄弼基1926~1950경상북도예천 • 현학근玄學根1884~1944경기도가평 • 현학여玄學汝1866~1936평안남도개천 • 현학표玄鶴表1879~미상경상북도경산 • 현호옥玄好玉1913~1986제주도제주 • 형갑수邢甲洙1892~1973전라북도남원 • 형광욱邢光旭1898~1977전라북도남원 • 호근덕扈根德1887~1975한성 • 호소회扈所回1888~1951경기도고양 • 호시한扈始翰1885~1956한성 • 호억준扈億俊1885~1941충청남도서산 • 호취훈胡就勳1894~1940평안남도용강 • 홍가륵洪加勒1913~1964충청남도아산 • 홍건표洪建杓1923~1975전라북도익산 • 홍경구洪景九1885~미상경기도이천 • 홍경식洪景植1889~1961충청북도진천 • 홍경옥洪卿玉1912~1949제주도제주 • 홍경운洪敬云1887~1927경기도안성 • 홍관후洪寬厚1890~1971경기도수원 • 홍구표洪嶇杓1923~2000충청남도논산 • 홍귀주洪貴周1906~미상전라남도화순 • 홍규민洪規旻1888~1920평안북도철산 • 홍규신洪規晨1895~미상평안북도철산 • 홍금돌洪今突1900~미상전라남도광주 • 홍금자洪金子1912~미상충청북도충주 • 홍기섭洪基燮1873~1919경상북도성주 • 홍기성洪奇成1884~미상경기도진위 • 홍기조洪基兆1865~1938평안남도용강 • 홍기진洪基珍미상~1923미상 • 홍기택洪箕澤1877~미상평안남도대동 • 홍기화洪基華1921~2002평안남도강동 • 홍기환洪琪煥1893~1939경상북도군위 • 홍길남洪吉南1910~미상함경북도경성 • 홍길재洪吉載1888~미상황해도수안 • 홍낙표洪洛杓1896~1924평안북도의주 • 홍남후洪南厚1871~1924경기도수원 • 홍대규洪大奎1912~1966경기도인천 • 홍대우洪大宇1847~1919경기도수원 • 홍대익洪大翼미상~1922미상 • 홍덕유洪惠裕1887~1947경기도수원 • 홍덕주洪德周1890~1935전라남도광주 • 홍도洪濤1895~미상함경남도함흥 • 홍동옥洪東玉1913~1986경상북도칠곡 • 홍두옥洪斗玉1883~1940황해도수안 • 홍두익洪斗益미상~1919경상남도창원 • 홍림洪林1880~미상함경남도갑산 • 홍만식洪萬植1842~1905한성 • 홍만종洪萬宗1872~1930전라북도옥구 • 홍매영洪梅英1913~1979평안북도박천 • 홍명근洪明根1909~1931평안북도의주 • 홍명선洪明善1900~1974경기도화성 • 홍명숙洪明淑1874~미상평안남도대동 • 홍명준洪明俊1909~미상평안북도의주 • 홍목洪穆1920~1982경상북도군위 • 홍묵洪黙1892~1934경상북도군위 • 홍문선洪文善1890~1959경기도수원 • 홍민후洪敏厚1909~1962전라남도나주 • 홍배식洪培植1907~1935함경남도함흥 • 홍범도洪範圖1868~1943평안북도 • 홍범섭洪梵燮1900~1973충청남도청양 • 홍범식洪範植1871~1910충청북도괴산 • 홍병각洪炳珏1892~1974경기도안성 • 홍병기洪秉箕1869~1949한성 • 홍병두洪秉斗1884~1970충청남도논산 • 홍복용洪福龍1903~1965경기도수원 • 홍봉운洪鳳雲1892~1919충청북도괴산 • 홍사묵洪思黙1924~1953경기도화성 • 홍사철洪思哲1880~1941경기도수원 • 홍사철洪泗哲1898~1959충청남도공주 • 홍석운洪錫雲1876~1926평안남도중화 • 홍석정洪錫禎미상~1919미상 • 홍석태洪碩泰1898~미상평안북도의주 • 홍석호洪碩浩1891~1925평안북도삭주 • 홍석홍洪錫弘미상~1926미상 • 홍석훈洪錫勳1921~1945평안남도평양 • 홍선봉洪先奉1902~1969경기도안성 • 홍성린洪成麟1878~1958평안북도정주 • 홍성모洪聖模1878~미상평안남도평원 • 홍성여洪性如1925~미상평안남도안주 • 홍성옥洪成玉1913~1972제주도제주 • 홍성익洪成益1882~1920평안북도정주 • 홍성환洪性煥1905~1973함경남도북청 • 홍성환洪性煥1884~1969황해도연백 • 홍세표洪世杓1887~1940충청남도청양 • 홍수완洪秀完1899~1927미상 • 홍수원洪秀瑗1896~1937경상남도진주 • 홍순갑洪淳甲

1896~1929전라북도익산 • 홍순겸洪淳謙1892~1953경기도연천 • 홍순극洪淳極1888~1921미상 • 홍순극洪淳極1865~미상황해도황주 • 홍순남洪順南1902~미상경상남도하동 • 홍순명洪淳明미상경기도개성 • 홍순범洪淳範미상경기도개성 • 홍순성洪淳成1891~1973충청남도청양 • 홍순옥洪淳玉1893~1951전라북도부안 • 홍순완洪淳完1925~미상전라북도군산 • 홍순의洪順義1890~1959황해도은율 • 홍순정洪淳鼎1898~미상평안북도철산 • 홍순진洪淳晋미상~1919경기도수원 • 홍순창洪淳昌1904~1956강원도 • 홍순칠洪淳七1877~1932경기도시흥 • 홍순태洪淳泰1925~미상경기도개성 • 홍순환洪淳煥1919~1950한성 • 홍승로洪承魯1895~1967충청북도 • 홍승무洪承武1882~1934경상북도상주 • 홍승애洪承愛1901~1978전라남도광주 • 홍승욱洪承旭1880~미상충청북도괴산 • 홍승준洪承俊1924~1971한성 • 홍승표洪承豹1890~1919미상 • 홍승한洪承漢1894~1928경기도화성 • 홍식洪植미상~1920평안북도구성 • 홍씨洪氏미상~1919미상 • 홍애시덕洪愛施德1892~1975한성 • 홍양천洪陽天1881~미상평안북도구성 • 홍언洪焉1880~1951한성 • 홍연흠洪演欽1885~1970경상북도군위 • 홍영기洪英基1918~1999전라북도순창 • 홍영섭洪永燮1855~1922전라북도익산 • 홍영우洪泳佑1890~1959경상북도군위 • 홍영전洪永傳미상한성 • 홍옥인洪玉仁1909~미상한성 • 홍완기洪完基1897~1944황해도은율 • 홍완표洪玩杓1927~1970전라북도순창 • 홍용기洪龍起1855~미상평안북도선천 • 홍용식洪用植1894~1949충청북도괴산 • 홍용표洪鏞杓1885~미상경기도고양 • 홍용환洪龍煥1897~미상함경남도북청 • 홍우선洪宇善1866~1919경기도수원 • 홍우현禹鉉1891~1969경상북도울진 • 홍웅아洪熊兒1910~미상전라북도임실 • 홍원섭洪元燮1875~미상평안남도평양 • 홍원식洪元植1877~1919경기도화성 • 홍원표洪元杓1875~1962경기도수원 • 홍원표洪元杓1909~1939제주도제주 • 홍월성洪月星1888~1934충청남도서산 • 홍윤식洪倫植1890~미상충청북도괴산 • 홍응근洪應根미상~1919평안북도정주 • 홍의식洪懿植1893~1969경상남도창원 • 홍이관洪利寬1893~미상평안북도의주 • 홍익범洪翼範1897~1944함경남도정평 • 홍익삼洪益三1888~미상한성 • 홍일선洪鎰善1894~1944충청남도천안 • 홍일섭洪日燮1878~1935충청남도연기 • 홍일창洪一昌1890~1929충청북도청주 • 홍장석洪長錫1901~미상평안북도정주 • 홍재문洪在文1897~1958경상남도밀양 • 홍재범在範1884~미상경상북도청도 • 홍재설洪在卨1873~1939경기도양주 • 홍재원洪在源1917~2015강원도화천 • 홍재의洪在義1886~1961경기도안성 • 홍재칠洪在七1869~미상경기도양주 • 홍재택在澤1870~1951경기도용인 • 홍재하在厦1892~1960경기도양평 • 홍정표洪正杓1885~1934경기도안성 • 홍정필洪正必1881~1920미상 • 홍제업洪濟業1862~1945평안북도의주 • 홍종갑洪鍾甲1902~미상경기도수원 • 홍종락洪鍾洛1886~1930경상북도군위 • 홍종례洪鍾禮1919~미상경기도수원 • 홍종민洪鍾民1913~미상경상북도안동 • 홍종빈洪鍾彬1863~1920평안북도초산 • 홍종석洪鍾石1918~1991강원도 • 홍종술洪鍾述1872~미상평안북도의주 • 홍종식洪鍾寔1914~미상전라남도영광 • 홍종억洪鍾億1871~미상전라북도옥구 • 홍종엽洪鍾燁1899~1983경기도용인 • 홍종욱洪鍾煜1892~1968경기도용인 • 홍종윤洪鍾允1917~1992경기도안성 • 홍종철洪鍾哲1920~1989경기도수원 • 홍종하洪宗河1873~미상황해도신계 • 홍종현洪鍾顯1890~1977경상북도군위 • 홍종휘洪鍾揮1903~1979전라남도장성 • 홍종흠洪鍾欽1879~1936경상북도상주 • 홍주洪疇1896~1954평안북도의주 • 홍주일洪宙一1875~1927경상북도대구 • 홍준옥洪璿玉1888~1945경기도화성 • 홍진洪震1877~1946충청북도영동 • 홍진근洪鎭瑾1903~1950평안남도순천 • 홍진수洪鎭洙1885~1957경상북도성주 • 홍진옥洪鎭玉1882~1934한성 • 홍진우洪震宇미상~1929미상 • 홍진유洪鎭裕1897~1928충청남도논산 • 홍찬보洪贊甫미상~1924미상 • 홍찬섭洪燦燮1892~1958충청남도천안 • 홍창식洪昌植1926~1992함경도 • 홍창흠洪昌欽1894~1960경상북도군위 • 홍천경洪天敬1899~1990전라북도옥구 • 홍천식洪天植1884~미상한성 • 홍철수洪哲洙1900~1964전라남도완도 • 홍충희洪忠熹1878~1946한성 • 홍치범洪治範1883~1969평안남도평양 • 홍치학洪致學1897~1919평안북도선천 • 홍칠성洪七星1902~미상평안남도양덕 • 홍태근洪泰根1860~1935경기도수원 • 홍태식洪台植1900~미상충청북도괴산 • 홍태식洪泰植1917~1945강원도고성 • 홍택수洪澤洙1904~미상평안북도자성 • 홍파洪波1902~1977평안북도정주 • 홍필삼洪必三미상~1919강원도양양 • 홍필주洪弼周1857~1917충청남도아산 • 홍학순洪學淳1904~1934평안북도의주 • 홍학용洪學用1883~1944경상북도영덕 • 홍한식洪翰植1885~미상한성 • 홍해성洪海性1895~1949경상북도청도 • 홍현주洪顯周1883~1945충청남도청양 • 홍혜경洪惠卿1914~미상함경북도부령 • 홍효선洪孝善1879~1932경기도수원 • 홍흥식洪興植1896~미상황해도은율 • 화진선化進宣1890~1942경상남도하동 • 황갑수黃甲壽1925~1994경상북도고령 • 황갑수黃甲秀1921~2009충청남도연기 • 황경선黃京善1878~미상평안북도삭주 • 황경섭黃景燮1890~1920미상 • 황경오黃景五1863~1907미상 • 황경용黃景容1873~미상황해도재령 • 황경응黃敬應1890~1934경상북도의성 • 황경준黃敬俊1883~1940경기도용인 • 황경중黃京中1885~1920미상 • 황계주黃啓周1913~1954경상북도상주 • 황공호黃公浩미상~1919평안남도평양 • 황귀호黃貴浩1907~1988경상남도창녕 • 황금순黃金順1902~1964충청남도천안 • 황금종黃金鍾1871~1951경상북도의성 • 황금채黃金彩1889~1949충청남도부여 • 황기타黃己扣1870~미상황해도황주 • 황기환黃玘煥1886~1923평안남도순천 • 황노원黃魯元1882~1963충청남도청양 • 황대만黃大萬1894~미상경상남도통영 • 황덕윤黃德允1900~1983경상남도 • 황덕재黃德在1900~미상경기도용인 • 황덕환黃德煥1895~1929전라남도영광 • 황도문黃道文1897~1950경기도강화 • 황도석黃道石1899~미상경상북도김천 • 황도성黃道成1885~1959경기도강화 • 황돌이黃乭伊1874~미상경상북도의성 • 황동길黃同吉1912~미상충청남도대전 • 황동연黃東淵1919~미상강원도고성 • 황동윤黃同允1905~1950전라남도완도 • 황동주黃東周1891~1963전라북도남원 • 황륜黃崙미상~1921함경북도부령 • 황마리아黃마리아

1865~1937평안남도평양 • 황만모黃萬模1893~1977충청북도괴산 • 황만영黃萬英1875~1939경상북도울진 • 황만우黃滿宇1901~1952경상남도양산 • 황맹석黃孟錫1902~미상전라남도순천 • 황명률黃明律1862~미상함경남도정평 • 황문수黃文秀1860~1929충청남도홍성 • 황문숙黃文叔1872~미상충청남도 • 황문익黃文益1879~1953경상남도밀양 • 황병기黃炳基1923~1998경상북도월성 • 황병길黃炳吉1885~1920함경북도경원 • 황병문黃炳文1885~미상충청도 • 황병익黃炳益1922~1984전라남도완도 • 황병주黃秉周1884~1946충청남도공주 • 황보선皇甫善1908~1982경상북도영천 • 황보영주皇甫永周1895~1959평안남도대동 • 황보옥黃寶玉1872~미상미상 • 황보익준皇甫翼駿1905~미상평안남도용강 • 황보정걸皇甫正杰1881~미상평안남도강서 • 황봉석黃奉石1899~1967경상남도통영 • 황봉선黃鳳善1908~1982충청남도천안 • 황봉수黃鳳洙1872~미상함경남도이원 • 황부칠黃夫七1881~1943경상북도영덕 • 황사운黃思雲1898~1936평안북도의주 • 황사중黃士仲1895~미상평안남도강동 • 황삼룡黃三龍1916~1976황해도신천 • 황상규黃尙奎1891~1931경상남도밀양 • 황상봉黃尙鳳1891~미상경상북도울진 • 황상칠黃相七1893~1949충청남도천안 • 황상현黃上玄1894~1954충청북도괴산 • 황석산黃錫山1893~1951충청남도홍성 • 황석주黃碩周1897~1979충청남도청양 • 황석현黃奭顯1886~1945충청남도보령 • 황석현黃錫顯1853~1943전라북도남원 • 황선의黃善儀1878~미상경상북도영덕 • 황선주黃璇柱1881~1961강원도양양 • 황성근黃成根1891~1932충청남도아산 • 황성인黃聲仁1881~1959충청남도청양 • 황성조黃聖祚1876~1945충청남도아산 • 황성주黃聖周1879~미상충청남도금산 • 황성진黃成瑱1868~미상전라북도임실 • 황세청黃世淸1917~미상평안남도평양 • 황수룡黃守龍1907~1954경상남도고성 • 황수정黃守貞미상~1919평안북도의주 • 황순태黃順泰1889~미상경기도진위 • 황승권黃承權1899~미상함경북도회령 • 황승오黃承吾1868~미상함경남도단천 • 황신흠黃信欽1908~미상경상북도봉화 • 황애시덕黃愛施德1892~1971평안남도평양 • 황연성黃璉性1876~1943충청남도공주 • 황염규黃濂奎1922~2003전라북도익산 • 황영구黃榮九1918~1947전라북도고창 • 황영남黃永南1885~1919경상북도안동 • 황영래黃永來1897~1922충청북도청주 • 황영록黃榮祿1898~1930평안남도덕천 • 황영식黃永式1913~1969경상북도영천 • 황영연黃永淵1879~1931경기도안성 • 황영연黃永淵1885~1919경기도안성 • 황영학黃永學1889~1920미상 • 황영환黃英煥1899~1969경상남도함안 • 황오봉黃五峰1902~1993전라남도완도 • 황왕연黃旺淵1910~1976전라남도완도 • 황용근黃用根1901~1967경기도강화 • 황용기黃龍起1891~미상평안북도희천 • 황용순黃龍順1924~1950전라북도전주 • 황용하黃龍河1890~1926미상 • 황용하黃龍河1899~미상경상남도부산 • 황우경黃宇京1875~미상충청남도부여 • 황우열黃宇烈1864~미상충청남도부여 • 황운黃雲1903~1970함경남도함흥 • 황운정黃運正1899~1989함경북도온성 • 황웅도黃熊度1901~1952경상남도고성 • 황원黃瑗1870~1944전라남도구례 • 황원준黃元駿1912~1933함경남도영흥 • 황원태黃源泰1915~1950경기도강화 • 황원호黃源浩미상~1932미상 • 황원후黃元厚1879~1920평안북도용천 • 황원흡黃元洽1894~미상평안북도자성 • 황유선黃有先1888~1974경상북도영덕 • 황유현黃裕顯1859~1935한성 • 황윤상黃潤相1882~미상황해도은율 • 황윤성黃允性1879~1919충청남도홍성 • 황윤실黃允實1899~1938경기도강화 • 황응상黃應相1874~1919강원도양양 • 황의붕黃義鵬1890~1972전라북도정읍 • 황의선黃義善1924~2018전라남도무안 • 황의승黃義承1853~미상황해도금천 • 황의영黃義瑛1919~2013전라남도완도 • 황의춘黃義春1906~1986전라북도남원 • 황의형黃義馨1894~미상경상남도창원 • 황이헌黃利憲1892~미상평안북도정주 • 황이현黃履顯1898~1968전라북도진안 • 황익수黃翊洙1887~1929한성 • 황인규黃仁圭1875~1933경상북도안동 • 황인석黃仁錫1888~1943함경남도함흥 • 황인섭黃仁攝1891~미상황해도금천 • 황인수黃麟秀1886~1945경기도파주 • 황인수黃仁秀1900~1985충청남도청양 • 황인환黃仁煥미상미상 • 황일남黃日男1897~1942경기도강화 • 황일환黃日煥1895~1921전라북도남원 • 황장연黃長淵1923~2008경기도파주 • 황재보黃在寶1913~1931함경남도영흥 • 황재옥黃在玉1880~1932경기도여주 • 황재운黃在雲1887~1939평안남도강서 • 황재홍黃材弘1905~미상함경남도안변 • 황정걸黃正杰1888~1938경상북도울진 • 황정달黃丁達1897~1971경상남도울산 • 황정수黃正秀1905~1937경상북도영천 • 황정연黃正淵1891~1955경상북도문경 • 황정환黃廷煥1905~1948전라북도익산 • 황정흠黃政欽1881~1949경상북도영주 • 황정흥黃鼎欽1889~1956경상북도영주 • 황종갑黃鍾甲1924~1981경기도광주 • 황종관黃鐘寬1868~1953전라북도고창 • 황종률黃鍾律1902~1927함경남도안변 • 황종범黃種範1899~미상황해도서흥 • 황종성黃鍾聲1898~미상함경남도원산 • 황종언黃鍾彦1876~미상함경북도경성 • 황종화黃宗華1886~미상강원도 • 황종화黃鍾和1878~1950경상남도진주 • 황준성黃俊性1899~미상충청남도아산 • 황준실黃俊實1902~미상경기도강화 • 황중극黃中極1887~1952한성 • 황중수黃仲秀1877~미상충청남도홍성 • 황지수黃芝秀1883~1960충청남도청양 • 황직연黃稷淵1890~1943경상북도문경 • 황진남黃鎭南1897~1970함경남도함흥 • 황진박黃鎭璞1888~1942경상북도선산 • 황진생黃鎭生1914~1989경상남도 • 황진식黃鎭式1900~1976제주도제주 • 황집黃集미상미상 • 황찬경黃瓚景1889~미상경기도용인 • 황찬규黃贊奎1892~미상평안북도의주 • 황찬문黃贊文미상~1924미상 • 황찬서黃贊西1873~1919전라북도남원 • 황찬숙黃贊淑1905~1970경상남도김해 • 황찬영黃贊永1892~1972평안남도대동 • 황창섭黃昌燮1896~1949경상북도예천 • 황창오黃昌五1896~1982황해도해주 • 황창하黃昌夏1900~1989평안남도강동 • 황채연黃彩淵1913~1960전라남도해남 • 황채현黃彩玹1898~1985전라남도보성 • 황처준黃處俊1897~1928평안남도순천 • 황칠성黃七星1894~미상경기도인천 • 황타관黃他官1895~1956충청남도공주 • 황태성黃台性1894~1953충청남도홍성 • 황태익黃泰益1877~1953경상남도창원 • 황하구黃河龜1880~1920미상 • 황하규黃河奎1921~1950전라북도익산 • 황하백黃河白미상~1920미상 • 황하운黃

河雲1892~1962함경남도북청•황하일黃河一1895~1969미상•황하일黃河一1885~미상함경북도경원•황하청黃河淸1894~1923경상북도예천•황학길黃鶴吉1870~미상함경북도경원•황학동黃鶴東1901~미상경상남도울산•황학명黃學明1897~1959경상북도영주•황학봉黃學奉1902~1929평안북도초산•황학성黃學性1883~1947충청남도청양•황학성黃學成1906~미상황해도금천•황학소黃鶴巢1879~미상황해도해주•황학수黃學秀1877~1953충청북도제천•황학진黃學珍1862~미상평안북도강계•황항이黃恒伊1896~1967경상남도의령•황해룡黃海龍1894~1978평안남도강동•황해수黃海水1894~1948전라북도임실•황현黃玹1855~1910전라남도구례•황현범黃賢範1891~미상함경북도경원•황혜수黃惠壽1877~1984평안북도의주•황희黃熙1893~1923함경북도경원

항일독립운동을 지원한 외국인 리스트
List of foreigners who supported the independence movement

가네코후미코金子文子1903~1926 일본 ·

김미하일Ким Михаил Михайлович 1896~1938 러시아

김알렉산드라 Alexandra Petrovna Kim 1885~1918 러시아

김완욱金完郁1896~1923 중국

궈타이치 곽태기郭泰棋 1890~1952 중국

더글라스 스토리 Douglas Story 1872~1921 영국

데이지 호킹 Daisy Hocking 1888~1971 호주

다이춘평 대립戴笠 1897~1946 중국

로버트 그리어슨 Robert Grierson 1868~1965 캐나다

롤랜드 클리턴 베이컨 Roland. C. Bacon 1904~1945 캐나다

루이 마랭 Louis Marin 1871~1960 프랑스

린썬 임삼林森 1868~1943 중국

릴리어스 홀튼 Lillias S. Horton 1851~1921 미국

마가렛 샌더먼 데이비스 Margaret Sandeman Davies
    1887~1963 호주

모라스윌리엄 Maurice William 미국 ·

미네르바루이즈구타펠 Minerva Louise Guthapfel
    1873~1942 미국

부라운 Arther J. Brown 1856~1945 미국

손문孫文 1866~1925 중국

쉐웨 설악薛岳 1896~1998 중국

쑨커 손과孫科 1895~1973 중국

쑹메이링 송미령宋美齡 1897~2003 중국

쑹자오런 송교인宋敎仁 1882~1913 중국

셀던 파머 스팬서 Selden Palmer Spencer 1862~1925 미국

스탠리 해빌랜드 마틴 Stanley Haviland Martin
    1870~1941 캐나다 ·

스티븐 에이 백 Stephen A. Beck 1866~미상 미국 ·

아치볼드 헤리슨 바커 Archibald Harrison Barker 미상
    ~1927 캐나다 ·

언더우드 H.G. Underwood 1859~1916 미국

언더우드 John T. Underwood 1857~1937 미국

어네스 토마스 베델 Ernest Thomas Bethell 1872~1909
    영국

어윙 J.C.R. Ewing 1854~1925 미국

아펜젤라 H.G. Appenzeller '858~1902 미국

알랜 H.N. Allen 1858~1932 미국

엘린우드 F.F. Ellinwood 1826~1908 미국

올리버 알 애비슨 Oliver R. Avison 1860~1956 캐나다

우빈 于斌 1901~1978 중국 ·

윌리엄 린튼 William A. Linton 1891~1960 미국

이사벨라 멘지스 Isabella Menzies 1856~1936 호주

이와실리 1879~1923 Russia ·

일라이밀러 모우리 Eli Miller Mowry 1880~1970 미국

장개석蔣介石 1887~1975 중국

장군 張群 1889~1990 중국

제이 제롬 윌리엄스 Jay Jerome Williams 미국

제임스 헨리 로버츠 크롬웰 James Henry Roberts
    Cromwell 1896~1990 미국

조지 루이스 쇼 George Lewis Shaw 1880~1943 영국

조지 새년 맥퀸 George Shannon McCune 1873~1941 미국

조지 애쉬모어 피치 George Ashmore Fitch 1883~1979
    미국

조지 윌리엄 노리스 George William Norris 미국

존 더블유 스태거즈 John W. Staggers 미국

찰스 폴딩 토마스 Charles Spalding Thomas 1849~1934
    미국

찰스 에드워드 러셀 Charles Edward Russell 1860~1941
    미국

천치메이 진기미陳其美 1878~1916 중국

천청 진성陳誠 1898~1965 중국

토마스 다니엘 라이언 Thomas Daniel Ryan 1907~1971
    아일랜드

폴 프레드릭 더글라스 Paul Fredrick Douglass
    1904~1988 미국

프랭크 윌리엄 스코필드 Frank William Schofield
    1889~1970 미국

프레드릭 브라운 헤리스 Frederick Brown Harris
    1871~1970 영국

프레드 에이 돌프 Fred A. Dolph 1871~1926 미국 ·

프레드릭 에이 멕켄지 Frederick A. Mackenzie 1869~1931
    영국

플로이드 윌리엄 톰킨스 Floyd Williams Tomkins
    1850~1932 미국

탕지야오 당계요唐繼堯 1883~1927 중국

천궈푸 진과부陳果夫 1892~1951 중국

헤리 찰스 화이팅 Harry Charles Whiting 1865~1945 미국

허버트 아돌프스 밀러 Herbert Adolphus Miller 1875~1951
    미국

호레이스 뉴튼 알렌 Horace Newton Allen 1858~1932 미국

호머 베젤렐 헐버트 Homer Bezaleel Hulbert 1863~1949
    미국

호종남 胡宗南 1896~1962 중국

호한민 胡漢民 1886~1936 중국

헤론 John W. Heron 1856~1890 미국

국치시기 친일파 리스트
List of Japanese colonial era pro-Japanese groups

을사오적乙巳五賊 [5명]
권중현 · 박제순 · 이근택 · 이완용 · 이지용

정미칠적丁未七賊 [7명]
고영희 · 송병준 · 이병무 · 이완용 · 이재곤 · 임선준 · 조중응

경술국적庚戌國賊 [9명]
고영희 · 민병석 · 박제순 · 윤덕영 · 이병무 · 이완용 · 이재면 · 조민희 · 조중응

수작(습작) [138명]
고영희 · 고중덕 · 고흥겸 · 고희경 · 권중현 · 권태환 · 김교신 · 김덕한 · 김병익 · 김사철 · 김석기 · 김성근 · 김세현 · 김영수 · 김영철 · 김정록 · 김종한 · 김춘희 · 김학진 · 김호규 · 남장희 · 남정철 · 민건식 · 민규현 · 민병삼 · 민병석 · 민상호 · 민영규 · 민영기 · 민영린 · 민영소 · 민영욱 · 민영휘 · 민종묵 · 민철훈 · 민충식 · 민태곤 · 민형식 · 민형식 · 민홍기 · 박경원 · 박기양 · 박부양 박서양 · 박승원 · 박영효 · 박용대 박정서 박제빈 박제순 박찬범 성기운 성일용 성주경 송병준 송종헌 윤강로 윤덕영 윤웅렬 윤의섭 윤택영 이강식 이건하 이경우 이규원 이규환 이근명 이근상 이근택 이근호 이기용 이기원 이능세 이달용 이덕용 이동훈 이범팔 이병길 이병무 이병옥 이봉의 이영주 이완용 이완용 이완종 이용원 이용태 이원호 이윤용 이인용 이장훈 이재각 이재곤 이재극 이재완 이정로 이종승 이주영 이중환 이지용 이창수 이창훈 이충세 이택주 이풍한 이하영 이항구 이해국 이해승 이해창 이홍묵 이홍재 임낙호 임선재 임선준 장석주 장인원 정낙용 정두화 정주영 정천모 정한조 조대호 조동윤 조동희 조민희 조용호 조원홍 조중구 조중수 조중응 조중헌 조희연 최석민 최정원 한상기 한상억 한창수

중추원 [335명]
강경희 강동희 강번 강병옥 강이황 강필성 고영희 고원식 고원훈 고일청 고희경 구연수 구희서 권봉수 권중식 권중현 권태환 김갑순 김경진 김관현 김교성 김기수 김기태 김기홍 김낙헌 김돈희 김동준 김동훈 김두찬 김명규 김명수 김명준 김병규 김병욱 김병원 김부원 김사연 김상설 김상섭 김상형 김상회 김서규 김성규 김신석 김연상 김연수 김영무 김영배 김영진 김영택 김영한 김우영 김원근 김윤복 김윤정 김재환 김정석 김정태 김정호 김제하 김종흡 김준용 김진수 김창수 김창한 김춘희 김태석 김태집 김필희 김하섭 김한규 김한목 김한승 김현수 김화준 김희작 나수연 남궁영 남규희 남백우 노영환 노준영 노창안 문명기 문종구 민건식 민규식 민병덕 민병석 민상호 민영기 민영은 민영찬 민원식 민재기 민형식 박경석 박경양 박기동 박기석 박기순 박기양 박두영 박보양 박봉주 박봉진 박상준 박승봉 박영철 박영효 박용구 박의병 박이양 박제빈 박제환 박종렬 박중양 박지근 박철희 박필병 박해령 박흥규 박희양 박희옥 방의석 방인혁 방태영 백인기 상호 서병조 서병주 서상훈 서회보 석명선 선우순 성원경 성하국 손재하 손조봉 손창식 송문화 송병준 송종헌 송지헌 송헌빈 신석린 신석우 신우선 신응희 신창휴 신태유 신현구 신희련 심선택 심환진 안병길 안종철 양재창 양재홍 어담 어윤적 엄준원 엄태영 염중모 오세호 오재풍 오제영 오태환 원덕상 원병희 원응상 위기철 위정학 유기호 유만겸 유맹 유빈겸 유성준 유승흠 유익환 유정수 유진순 유태설 유혁로 유흥세 윤갑병 윤덕영 윤정현 윤치소 윤치오 윤치호 이갑용 이강원 이건춘 이겸제 이경식 이계한 이교식 이근상 이근수 이근우 이근택 이기승 이기찬 이도익 이동우 이만규 이명구 이범익 이병길 이병렬 이병학 이봉로 이선호 이승구 이승우 이영찬 이완용 이원보 이윤용 이은우 이익화 이장우 이재곤 이재정 이종덕 이종섭 이준상 이지용 이진호 이충건 이택규 이택현 이하영 이항직 이홍재 이희덕 이희적 인창환 임선준 임창수 임창하 장대익 장상철 장석원 장석주 장용관 장윤식 장응상 장인원 장준영 장직상 장헌근 장헌식 전덕룡 전석영 전승수 정진유 정관조 정교원 정난교 정대현 정동식 정병조 정석모 정석용 정순현 정연기 정인흥 정재학 정진홍 정태균 정해붕 정호봉 조경하 조민희 조병건 조병상 조상옥 조성근 조영희 조원성 조재영 조중응 조진태 조희문 주영환 지희열 진학문 진희규 차남진 천장욱 최남선 최린 최상돈 최석하 최승렬 최양호 최연국 최윤 최윤주 최재엽 최정묵 최준집 최지환 최창조 최창호 최형직 피성호 하준석 한규복 한상룡 한상봉 한영원 한익교 한정석 한진창 한창동 한창수 허명훈 허진 현기봉 현은 현준호 현헌 홍성연 홍승목 홍우석 홍운표 홍재하 홍종국 홍종억 홍종철 홍치업 황종국

일본제국의회 의원(귀족원 · 중의원) [11명]

김명준 박상준 박영효 박중양 박춘금 송종헌 윤덕영 윤치호 이기용 이진호 한상룡

관료 [1,207명]

강경희 강계항 강규원 강근하 강대철 강명옥 강보형 강봉서 강상위 강성희 강세진 강신창 강원달 강원로 강원수 강익석 강인원 강준배 강진수 강창구 강창인 강창희 강태원 강태현 강필성 강홍대 경훈 계광순 계순 계용각 계용권 계응규 계찬겸 고관식 고궁명 고병권 고영준 고원식 고원훈 고윤수 고재열 고학진 고희승 고희준 공탁 곽인호 곽진 곽한탁 곽화태 구연복 구자경 구자록 구종명 국순옥 권갑중 권만주 권병선 권병필 권순구 권영석 권영세 권영택 권완주 권익채 권종원 권주상 권중만 권중명 권중수 권중식 권중익 권중형 권중환 권창섭 권태소 권태영 권태용 권태형 권한상 권혁병 권현섭 길월봉 김경배 김경배 김경태 김경희 김관현 김광일 김교명 김교철 김교필 김구연 김구현 김규년 김규목 김규승 김규호 김극일 김기득 김기선 김기영 김기준 김기홍 김기환 김대우 김덕기 김덕현 김도현 김돈희 김동곤 김동선 김동완 김동우 김동운 김동준 김동철 김동항 김동훈 김두천 김면수 김면필 김명련 김명연 김명찬 김백수 김병규 김병규 김병숙 김병엽 김병우 김병욱 김병제 김병직 김병태 김병필 김병호 김병호 김병희 김보현 김복규 김봉두 김봉식 김봉진 김봉진 김봉진 김상계 김상규 김상덕 김상봉 김상수 김상연 김상엽 김상윤 김상익 김상필 김상현 김상호 김서규 김석빈 김석영 김선재 김성두 김성윤 김성한 김성환 김성환 김수오 김수철 김순경 김순봉 김순조 김승운 김승원 김승표 김시권 김시명 김시욱 김신욱 김심영 김업 김연상 김연식 김연하 김염배 김영건 김영걸 김영국 김영근 김영기 김영기 김영년 김영도 김영두 김영묵 김영배 김영상 김영석 김영석 김영선 김영섭 김영섭 김영수 김영일 김영제 김영진 김영집 김영필 김영화 김영훈 김영훈 김예현 김오섭 김옥현 김완진 김용근 김용래 김용성 김용제 김우식 김우영 김우진 김우현 김원선 김원태 김원회 김윤성 김윤수 김윤옥 김윤정 김응준 김의영 김의용 김익삼 김장현 김재석 김재항 김재호 김재환 김정규 김정기 김정덕 김정배 김정제 김정태 김정현 김정희 김종석 김종섭 김종순 김종식 김종진 김종칠 김종화 김종휴 김주혁 김준보 김중삼 김진민 김진선 김진현 김진희 김찬오 김찬욱 김창균 김창두 김창수 김창영 김창욱 김창한 김창현 김처순 김천수 김철정 김철호 김태근 김태년 김태동 김태석 김태익 김태진 김태호 김택림 김학성 김학수 김학응 김한경 김한목 김한식 김한은 김현두 김형도 김형운 김형태 김홍규 김홍식 김홍채 김화준 김훈 김흥수 김희덕 김희선 김희준 나기정 나지강 나창섭 나호 남계룡 남궁영 남기윤 남기홍 남용희 남정구 남정학 남진우 남진우 남필우 남홍우 노봉익 노영빈 노일 노태식 독고위 마동규 마현희 맹건호 명인화 목원학 문동호 문명호 문무성 문병서 문작지 문정창 문창규 문태선 문태원 문태준 문학명 문혜관 민기호 민상현 민영오 민원식 민인호 민재호 박광렬 박규원 박근수 박기석 박기환 박낙승 박노태 박도순 박동익 박동호 박만수 박문웅 박민하 박봉구 박부양 박붕서 박상준 박선철 박성규 박성완 박성주 박승건 박승관 박승민 박승봉 박승수 박승원 박승장 박승준 박승호 박영근 박영근 박영빈 박영준 박영진 박영찬 박영철 박용관 박용구 박용득 박용섭 박용익 박용하 박용현 박우현 박운동 박이순 박이순 박일경 박일헌 박재섭 박재수 박재홍 박정 박정규 박정수 박정순 박정욱 박제균 박제륜 박제승 박종만 박종선 박종순 박종식 박준성 박중양 박지양 박진영 박찬동 박철 박철희 박초양 박태병 박태순 박해령 박해주 박현모 박형균 박호근 박홍래 박희택 방규홍 방진태 방한복 방환악 배석린 배선만 배철세 백낙삼 백남일 백남준 백붕제 백원필 백정기 백철용 백흥기 변경삼 변기찬 변시붕 변영진 변영화 변정규 변종환 부완혁 부인식 상호 서극형 서기순 서병린 서병소 서병업 서병주 서병현 서상덕 서상면 서상준 서성극 서세갑 서승표 서윤석 서재덕 서재식 서정악 서회보 석명선 석봉희 석진형 선우렴 선우박 성낙영 성두식 성정수 성창기 소진우 소진은 소진하 손경수 손석도 손영기 손영목 손응린 손종권 손지현 손해진 손현수 송갑수 송문헌 송문화 송양호 송원섭 송원홍 송인섭 송주순 송주옥 송찬도 송태승 송택영 신광휴 신규선 신기덕 신병찬 신복근 신석린 신석하 신양선 신양재 신우선 신우영 신원배 신응희 신익균 신재영 신좌균 신창렬 신창섭 신창휴 신철균 신철균 신태건 신태무 신태빈 신태완 신태진 신택영 신현구 신현구 신현태 신현호 신희련 심규택 심노욱 심능익 심상국 심상준 심상희 심의승 심종석 심종순 심종협 심헌택 심환진 안국선 안기선 안배항 안병춘 안병헌 안성호 안승렬 안승복 안식 안영수 안용대 안용백 안윤옥 안정기 안종철 안창선 안창환 양관용 양봉제 양원탁 양익현 양재만 양재창 양재하 양재홍 양홍묵 어용선 어윤적 엄구현 엄민영 엄영택 엄주완 엄창섭 엄형섭 여구현 연관 염규환 오경린 오광은 오국영 오극선 오두환 오병문 오석룡 오석유 오세윤 오세홍 오수환 오영건 오영세 오영전 오유영 오재규 오재순 오종수 오찬갑 오치한 오태근 오태여 오태영 오태환 오해건 왕우순 왕종성 원대규 원은상 원응상 원의상 원정한 원진희 원훈상 위수봉 위종기 유경환 유광렬 유광준 유규정 유기덕 유기량 유기호 유대진 유만겸 유봉석 유봉환 유빈겸 유상범 유석기 유성렬 유성준 유승해 유승흠 유시태 유시환 유엽 유영준 유영호 유완종 유용진 유익렬 유인수 유진명 유진세 유진순 유진창 유진혁 유진호 유철희 유태영 유태훈 유혁로 유홍순 유홍종 윤흔섭 윤갑병 윤건용 윤관 윤관일 윤길중 윤남철 윤덕명 윤명수 윤명은 윤범행 윤병희 윤사혁 윤상구 윤상학 윤상희 윤석중 윤석필 윤석호 윤성희 윤수병 윤승로 윤응규 윤자록 윤종완 윤종화 윤창현 윤태림 윤태빈 윤필 윤필구 윤필오 윤하영 윤헌구 윤형남 윤희성

윤희재 은치황 이경선 이경식 이경준 이계록 이계석 이계한 이계호 이공후 이관구 이관희 이규룡 이규완 이규진 이규한 이규홍 이근무 이근수 이근양 이근직 이기 이기명 이기방 이기백 이기상 이기원 이기원 이기주 이대용 이덕상 이덕웅 이돈영 이동관 이동우 이동진 이동한 이동혁 이두황 이만식 이만용 이맹성 이면익 이명원 이명헌 이명환 이무성 이문하 이민구 이민영 이민하 이방협 이범관 이범기 이범래 이범소 이범승 이범익 이병년 이병렬 이병렬 이병민 이병석 이병숙 이병식 이병식 이병재 이병천 이병휘 이보상 이복영 이봉구 이봉종 이봉화 이사묵 이사필 이상균 이상만 이상철 이석구 이석기 이석희 이선호 이선호 이성근 이성호 이세영 이소영 이승구 이승근 이승조 이승채 이승칠 이승한 이심훈 이연회 이영식 이영준 이영태 이영택 이영화 이완직 이용수 이용수 이용학 이용한 이용휘 이용희 이우경 이우범 이운봉 이원구 이원국 이원규 이원보 이원영 이원찬 이원창 이원호 이유관 이유석 이윤세 이윤실 이윤영 이윤영 이은즙 이응원 이의풍 이인규 이인수 이인용 이인화 이일 이장우 이장희 이재성 이재신 이재탁 이재학 이재화 이정기 이종국 이종극 이종기 이종소 이종수 이종원 이종원 이종은 이종준 이종태 이종택 이종환 이준식 이준호 이준호 이준홍 이중현 이진호 이찬 이찬영 이찬용 이찬욱 이창규 이창근 이창룡 이창욱 이채욱 이탁웅 이태근 이태용 이택규 이택수 이택준 이필국 이필동 이학귀 이학규 이한성 이한일 이한창 이향녕 이해용 이해익 이현재 이호승 이홍운 이화원 이훈영 이흥배 이흥우 이흥재 이희순 인태식 임관호 임대규 임동훈 임명순 임문석 임문환 임병억 임시재 임연상 임영준 임용준 임원용 임응목 임준희 임진섭 임창규 임창재 임철호 임춘성 임충재 임한덕 임헌영 임헌평 임홍순 임홍재 임흥재 장기창 장도건 장문화 장석원 장성화 장수길 장순응 장연철 장영두 장영한 장용환 장윤규 장윤식 장일정 장진석 장헌근 장헌식 장현태 장훈 장휴 전관연 전규락 전기대 전덕룡 전봉빈 전봉엽 전봉훈 전석영 전성오 전성진 전예용 전임봉 전재억 전재우 전종순 전지용 전창림 전창섭 전치덕 전태흥 전택수 전하식 전형순 전흥문 정경모 정계열 정교원 정국채 정규봉 정규원 정기창 정낙훈 정난교 정동일 정민조 정민조 정병기 정병현 정복 정수철 정순방 정연기 정용기 정용신 정용한 정우용 정운구 정운성 정원모 정응록 정인소 정인위 정인택 정일채 정자현 정재남 정재상 정재성 정종연 정종진 정직모 정진기 정진동 정찬선 정천모 정천종 정충원 정하형 정해용 정해운 정해인 정호기 정홍섭 정희찬 조경하 조경호 조구현 조긍현 조기행 조동민 조동선 조동순 조두석 조두환 조문제 조병계 조병교 조병연 조병우 조병우 조병칠 조상만 조성구 조영찬 조재풍 조정두 조정환 조제균 조종춘 조종현 조주현 조중관 조춘원 조충현 조풍호 조한욱 조한철 조희갑 조희련 조희문 주공건 주석균 주시헌 주영린 주영설 주영환 주영환 주우 주재영 주종덕 주진덕 진염종 차남하 차상열 차석민 차윤홍 차종호 차화선 채규항 채린 채선일 채수강 채수현 천장욱 최경식 최경진 최기영 최기집 최남교 최덕 최동근 최두연 최두영 최만달 최문경 최병상 최병원 최병철 최병혁 최병협 최봉기 최상봉 최상진 최상태 최석런 최승칠 최양호 최연식 최용덕 최운상 최원순 최원식 최응두 최익하 최인용 최일봉 최재익 최재호 최정덕 최주영 최준석 최중옥 최지환 최진한 최창한 최창홍 최탁 최태봉 최태현 최하영 최학래 최학수 최항묵 최형직 최홍섭 최화석 하국원 하준환 하태서 한경렬 한교 한교서 한국부 한규복 한동석 한복 한봉섭 한상용 한상헌 한석명 한승린 한영렬 한욱 한인근 한재경 한종건 한진범 한창수 한철우 한홍석 한희석 한희석 한희항 함기섭 함덕중 허강 허섭 현두영 현석호 현순관 현의섭 현장호 현정 홍난유 홍석현 홍성욱 홍순용 홍순욱 홍순일 홍승균 홍승표 홍승훈 홍영선 홍우도 홍우숭 홍운표 홍윤남 홍은식 홍응관 홍의식 홍일룡 홍재설 홍종국 홍종만 홍종무 홍종욱 홍종한 홍종희 홍창섭 홍필선 홍하규 홍한표 홍헌표 황남시 황덕순 황동준 황명수 황문연 황병희 황석교 황영수 황우찬 황운성 황윤동 황의박 황익연 황진성 황탁린 황한용 황항근 황희민

경찰 [880명]

강경희 강낙중 강난희 강남기 강노영 강덕호 강만표 강면욱 강보형 강봉서 강사영 강상혁 강영춘 강용건 강원생 강이황 강익엽 강인수 강인우 강재근 강정선 강진풍 강찬빈 강쾌열 강태규 강태만 강헌 강호순 계광순 계난수 고규윤 고원훈 고윤상 고정준 고제선 고창덕 고피득 곽두금 곽병호 곽을룡 구강 구연수 구연춘 구자경 권만진 권부용 권영대 권영중 권오용 권위상 권익채 권준상 권중익 권중철 권태형 권형철 금낙순 길병성 길소진 길옥열 길용일 김경구 김경배 김경업 김경용 김경태 김계현 김광호 김구배 김구열 김귀동 김규영 김규현 김극일 김근식 김기수 김기조 김기태 김난석 김대원 김덕기 김덕순 김덕양 김덕홍 김도식 김도원 김동선 김동설 김동숙 김동욱 김동진 김득률 김만근 김맹철 김면규 김명찬 김명환 김문용 김병렬 김병연 김병욱 김병주 김병철 김복길 김복의 김봉구 김봉문 김봉수 김봉인 김봉적 김봉준 김봉호 김봉희 김사연 김삼익 김상규 김상섭 김상순 김상욱 김상윤 김석기 김석기 김석칠 김석택 김석호 김성균 김성대 김성범 김성부 김성수 김성철 김세륜 김세보 김소복 김소직 김수만 김수일 김순 김순희 김승연 김승연 김승종 김승찬 김시욱 김양성 김억조 김영걸 김영규 김영동 김영배 김영상 김영석 김영선 김영세 김영수 김영순 김영식 김영주 김영진 김영하 김영호 김옥현 김요현 김용벽 김용선 김용완 김용우 김용제 김용헌 김용희 김우종 김운섭 김원조 김유하 김윤만 김윤복 김윤집 김윤철 김은제 김을도 김응권 김의수 김익권 김인봉 김인영 김인옥 김장환 김재덕 김재성 김재영 김재환 김정만 김정욱 김정탁 김정태 김정택 김정혁 김제병 김제성 김제현 김종가 김종관 김종구 김종두 김종석 김종원 김종주 김종진 김종현 김종환 김주환 김준권 김준홍 김중식 김중호 김중옥 김지연 김진

봉 김진영 김진탁 김차봉 김찬욱 김창수 김창영 김창완 김창욱 김천리 김철수 김태석 김태형 김태희 김택근 김택원 김판동 김필수 김학규 김학석 김항곤 김해룡 김해일 김혁태 김현욱 김현철 김형권 김형수 김형순 김형조 김형진 김호우 김홍걸 김홍국 김홍식 김흥룔 김희택 나구하 나규렴 나진용 남기윤 남기훈 남승희 남학봉 남효근 노기주 노덕술 노인국 노정근 노정순 노주봉 도광환 도세호 도헌 마동휘 마현희 맹해성 문경필 문관현 문대길 문성옥 문시창 문원보 문진상 문천목 문치재 문태영 박경진 박계봉 박광희 박권수 박귀환 박근수 박기남 박남주 박남진 박내창 박내춘 박달중 박덕용 박명석 박문기 박범룡 박병규 박병조 박병화 박보라 박사롱 박상용 박순상 박승관 박승수 박영근 박영수 박영우 박영화 박영환 박영환 박영환 박영희 박용 박용갑 박용암 박우빈 박운구 박원도 박윤성 박윤철 박을수 박응줄 박의창 박인종 박인훈 박장환 박재수 박재원 박정길 박정로 박정로 박정순 박제도 박제훈 박종숙 박종호 박준호 박진영 박진춘 박진하 박진항 박진호 박차숙 박찬구 박태선 박태언 박학로 박학진 박형로 박호양 박희정 방인형 방효선 배경훈 배귀암 배도준 배만수 배병모 배석린 배영원 배용표 배정자 백능수 백명갑 백성수 백영권 백원교 백의용 변성규 변영화 변종철 변훈 서기순 서기영 서상영 서상용 서소봉 서승렬 서육권 서재욱 서재익 서정국 서정국 서정진 서태하 선우갑 선우박 선우형 성낙영 성봉규 성은주 성정수 소진은 손경수 손석도 손양한 손영남 손해진 송남섭 송덕수 송병주 송병헌 송세태 송수용 송시경 송영호 송인석 송종태 송주호 송희철 신두영 신두천 신면동 신상호 신수일 신양재 신우균 신정식 신종섭 신철갑 신태균 신태현 신태희 신형수 신홍만 심능유 심두근 심상우 심재억 심형택 안경선 안병록 안수병 안승복 안정국 안정옥 안종렬 안종철 안창준 안형식 안흥준 양금룡 양성순 양익현 양재덕 양재홍 양주한 양형건 어봉룡 어윤호 엄명섭 엄의섭 엄주면 여경엽 여동춘 여태현 연성희 연태윤 염은준 오경팔 오기선 오도련 오동주 오동환 오봉수 오석근 오석유 오세기 오세영 오세운 오수만 오연태 오영근 오영세 오용근 오이석 오준영 오치한 오태여 오학영 왕인식 왕희필 원세호 위금봉 위종기 유경시 유금열 유금용 유기룡 유남선 유만종 유명렬 유배한 유복문 유부룡 유석화 유성삼 유승운 유인근 유재춘 유정식 유진문 유진후 유창렬 유치억 유치엽 육무철 윤경로 윤만중 윤병희 윤상일 윤수현 윤시영 윤용대 윤용원 윤작로 윤정봉 윤정선 윤정희 윤종화 윤찬수 윤태남 윤학기 윤학행 윤학현 윤화규 윤훈모 은성학 은한섭 이경재 이경회 이계한 이교수 이구범 이국섭 이군돌 이규채 이규한 이근섭 이기영 이기현 이난수 이능섭 이덕근 이동섭 이동재 이두환 이면근 이면식 이명흠 이무갑 이민권 이민택 이민행 이민호 이배훈 이백규 이병면 이병식 이병호 이보운 이봉래 이봉선 이봉인 이봉재 이사은 이상배 이상섭 이상윤 이상춘 이성근 이성도 이성실 이성옥 이수달 이수협 이순만 이순재 이신규 이영관 이영근 이영근 이영우 이영춘 이완두 이용만 이용승 이용천 이원극 이원보 이원용 이원우 이원찬 이유하 이윤종 이은섭 이을룡 이응양 이응진 이인근 이인식 이인주 이재붕 이정근 이정남 이정술 이정용 이종국 이종만 이종무 이종수 이종식 이종한 이주완 이중수 이중화 이지균 이지춘 이진상 이진하 이찬익 이창배 이창순 이창우 이채순 이천주 이철봉 이춘근 이태순 이태훈 이택 이하주 이한구 이한선 이헌규 이현수 이현우 이홍순 이흥세 이흥식 이희영 임권택 임만선 임병식 임응기 임인식 임일성 임학용 임헌영 임형순 임호영 임흥재 장강선 장계택 장기석 장덕영 장두만 장성근 장성동 장세권 장우상 장우식 장준근 장춘갑 장헌근 장혜순 전규태 전기완 전남수 전문순 전병록 전봉덕 전봉설 전세엽 전영찬 전용환 전익서 전재우 전정윤 전진원 전창림 정관모 정규봉 정규혁 정기영 정기창 정낙서 정낙영 정낙주 정뇌호 정두형 정병규 정봉기 정석우 정성식 정세호 정쌍동 정연주 정우현 정운복 정운필 정이숙 정인영 정인하 정인회 정일룡 정재현 정정석 정정옥 정제봉 정준모 정준택 정진환 정창근 정충원 정치훈 정태휴 정태홍 정필화 정한영 정해인 정환선 정희영 조갑범 조갑이 조관빈 조규림 조기찬 조남재 조동흥 조성구 조연광 조익로 조익제 조익호 조인옥 조점제 조정관 조종춘 조종훈 조진원 조진호 조찬현 조창현 조천동 조태환 조희창 주익상 주찬오 주홍섭 지약영 진대성 진순길 진용섭 진형우 차대환 차원준 차정준 차창순 채규병 채규철 채규한 천경식 천규문 최경진 최관선 최규진 최금남 최기남 최기성 최동규 최동섭 최동수 최동주 최동직 최두천 최백순 최병두 최병식 최봉달 최봉오 최상덕 최상룡 최상욱 최석현 최성수 최순정 최승준 최여옥 최연 최연식 최영근 최영우 최용학 최원균 최원복 최응두 최인범 최재석 최제현 최주영 최준성 최지순 최지환 최진태 최창렬 최창학 최창한 최창홍 최치림 최탁 최태경 최태선 최태현 최한석 최형준 최흥선 표한용 하선진 하판락 한달원 한동석 한동희 한두형 한석명 한성구 한영기 한용 한용수 한인순 한 장현 한정석 한종건 한종수 한태헌 한호석 함병헌 함양수 함희창 허규원 허기엽 허섭 허현 허효연 현기언 현석준 현시달 현응팔 홍낙구 홍명후 홍병식 홍상옥 홍석창 홍성섭 홍성준 홍순관 홍순근 홍순봉 홍영언 홍재일 홍정길 홍종익 홍형표 황경준 황봉진 황산봉 황신태 황영철 황용석 황윤수 황인환 황재락 황치수 황태근 황헌성

군 [387명]

강기태 강동렬 강병일 강석호 강영태 강재순 강재호 강창선 강태민 강필룡 강필우 강혁신 강흥약 계병로 계인수(계인주) 고경수 고기범 고병억 고영균 고준봉 고준열 구동욱 구학서 권승록 권영한 권인채 권정식 권태한 권희수 김경천 김광언 김교선 김기백 김기원 김기주 김기호 김대식 김동하 김명덕 김묵 김민규 김백일(김찬규) 김복연 김부갑 김사석 김석람 김석범 김

석원 김석원 김성규 김성운 김성훈 김송 김송산 김순길 김순선 김신도 김안도 김약선 김영 김영각 김영록 김영수 김영신 김영철 김영택 김영한 김옥기 김용국 김용기 김용헌 김용호 김원기 김응남 김응선 김응조 김인성 김인욱 김인욱 김일운 김일환 김임석 김재명 김재풍 김정렬 김정일 김정호 김정희 김종석 김종식 김주찬 김준원 김중규 김진길 김진무 김진창 김창규 김창룡 김천흥 김철남 김청송 김최길 김충남 김치반(김치학) 김태원 김학원 김해도 김현묵 김형섭 김호량 김홍준 김희선 김희초 나홍순 남우현 남희철 노태순 도일평 마동악 문용채 문이정 민덕호 박동균 박동준 박동춘 박두영 박문병 박범집 박병두 박봉조 박성도 박승훈 박영철 박영철 박요섭 박원석 박임항 박재홍 박정희 박준호 박창하 박춘식 박태희 박풍조 방득관 방문수 방영주 방원철 방인섭 방태욱 백겸 백경춘 백문린 백선엽 백세걸 백인섭 백인준 백창기 백홍석 서영철 서일보 서정필 석석봉 석주암 석희봉 선우갑 손병일 송석구 송석하 송오송 송진탁 신봉균 신상묵 신상철 신우균 신응균 신태영 신학진 신현준 심의진 안광수 안병범(안종인) 안영길 안영치 안옥기 안익조 안홍도 양국진 양대진 양진동 어담 엄주명 염창섭 오규범 오명복 오문강 오세훈 오준걸 오진영 왕유식 우종현 원용국 원용덕 유경식 유관희 유광렬 유기성 유병권 유승렬 유영림 유원식 유원효 유재흥 윤국상 윤덕병 윤상필 윤송남 윤수현 윤춘근 윤태일 이각 이강우 이광원 이국권 이규일 이근묵 이기건 이기영 이대영 이덕순 이덕진 이동암 이동준 이동훈 이두만 이명세 이명신 이문악 이병건 이병교 이병권 이병규 이병주 이봉수(이원길) 이봉춘 이상렬 이상묵 이상진 이선풍 이성림 이송승 이순 이승녕 이승칠 이영걸 이영산 이영춘 이용문 이용성 이용원 이용호 이용호 이원춘 이원형 이응구 이응준 이의풍 이일신 이재기 이제규 이제정 이종성 이종찬 이주일 이준(이준옥) 이준섭 이집룡(이룡) 이천택 이청갑 이춘성 이춘원 이학래 이학문 이한림 이해봉 이형근 이형석 이호연 이호진 이흥국 이흥권 이희겸 이희두 이희태 임달수 임병규 임병두 임재춘 임충식 장기섭 장기승 장기춘 장기형 장석윤 장성환 장수암 장연용 장연창 장영석 장유근 장택민 장효봉 전길룡 전남규 전영헌 전원상 정래혁 정상수 정세진 정운흥 정은용 정일권 정일평 정해붕 정현 정훈 조경성 조대호 조동윤 조명륜 조병권 조성근 조성엽 조영원 조용구 주선갑 주영걸 주재준 지인태 지장화 지진국 지치룡 차만재 차명환 채낙순 채병덕 채청송 최경만 최구룡 최귀창 최기청 최남근 최명하 최병혁 최복수 최세창 최수부 최승업 최우석 최재범 최재범 최재항 최정근 최주종 최진창 최창륜 최창식 최창언 최철근 최충의(최충희) 최학진 태용범 한광두 한기걸 한문권 한왕룡 한용현 한천봉 허수병 허영록 홍무 홍문과 홍사익 홍청파 황검추 황대천 황치삼

사법 [228명]

강동진 강병준 강신규 강영철 강완선 강중인 강철모 계명수 계창업 계철순 고운하 고재호 구자관 권중근 권태전 김갑수 김광근 김기정 김기조 김낙헌 김달호 김대경 김동현 김두일 김명수 김선득 김선태 김세완 김시두 김영렬 김영린 김영재 김영환 김용식 김용찬 김우열 김우영 김윤근 김윤수 김응모 김응식 김응준 김의균 김일룡 김장섭 김장호 김재완 김점석 김정배 김종석 김종호 김준평 김창모 김태영 김형근 김홍언 나재승 나진 나항윤 남정숙 노상구 노용호 노재승 노흥현 문석규 문승모 민경준 민병성 민병창 민복기 민부훈 민영수 박기준 박만서 박성대 박승유 박승준 박유병 박종근 박종훈 박준성 박지영 박춘서 박태병 방순원 방준경 백윤화 백한성 변기엽 변옥주 변재성 사경욱 사광욱 서광설 서기홍 서정국 석용환 석종구 소진섭 손동욱 손홍팔 송문현 송인태 송화식 신석정 신우영 신재영 심노욱 심동구 심상직 심원범 양원용 양정수 양태원 양판수 양홍기 엄보익 엄상섭 엄식 염세열 오건일 오성덕 오숭은 오승근 오완수 오용묵 오태경 원병희 원종억 유갑수 유동작 유성희 유영 유진영 유태설 유헌열 윤동식 윤성보 윤용섭 윤철균 윤학영 윤헌구 이근상 이근창 이기찬 이만준 이명섭 이병용 이상각 이상기 이선경 이수현 이용의 이우식 이우정 이원국 이원배 이의형 이정준 이정혁 이천상 이충영 이태희 이필은 이학천 이한린 이호 이호정 이홍종 이화종 이희목 이희적 임석규 임석무 임영찬 임한경 장경근 장기상 장두식 장후영 전병식 전영택 정규철 정낙헌 정문모 정봉춘 정섭조 정순석 정유섭 정윤환 정재환 정준모 정창운 조사달 조예석 조용순 조원규 조인환 조재천 조진만 조태로 조평재 지영구 진태구 진형하 차균경 채규명 채용묵 최대교 최병주 최윤모 최정묵 최종석 최창렬 최창조 탁창하 한규용 한복 한봉세 한상범 한용 함성욱 허진 형덕기 홍순용 홍승근 홍인석 홍진기

친일단체 [484명]

강근도 강병순 강병주 강성구 강영균 강영희 강용희 강이황 강인우 강일성 강홍범 고덕환 고용덕 고용종 고응민 고청룡 고황경 고희준 구연수 구창조 국기연 궁사청 궁하일 권병수 권우섭 권중기 권태동 길태홍 김갑명 김경식 김경호 김광엽 김광현 김구순 김권형 김규대 김규창 김기수 김기주 김기찬 김덕선 김동일 김동진 김동현 김두명 김두정 김두천 김명준 김명진 김명집 김몽필 김병걸 김병규 김병순 김병익 김복수 김봉기 김사연 김사영 김상익 김석연 김석진 김석태 김선술 김선재 김성렬 김세장 김세진 김시현 김신석 김연상 김연식 김영걸 김영구 김영설 김영우 김영준 김영희 김예현 김용진 김윤덕 김윤혁 김응구 김인창 김인하 김일수 김재곤 김재룡 김재순 김재익 김재홍 김재환 김정국 김정규 김정민 김정호 김제홍 김종완 김종헌 김준모 김준섭 김지련 김진태 김진하 김창도 김태섭 김태익 김태헌 김태형 김태훈 김택용 김택현 김한경 김한기 김

해룡 김형태 김호중 김홍건 김환 김환성 김효순 김효진 남정관 노성석 노신근 노영근 노응린 노정규 동운경 문명기 문의홍 문익주 민영은 민원식 민재기 민정식 민태직 박계일 박구학 박규양 박규장 박규철 박병기 박병철 박봉윤 박선철 박성택 박순천 박승직 박영길 박영래 박영준 박영철 박우용 박은양 박주율 박준영 박지양 박창서 박창훈 박필원 박해묵 박혁준 박형채 박호병 박희도 방낙선 방운갑 방의석 배동운 배상하 백기수 백낙원 백동수 백윤호 백형수 변기택 사현필 서병은 서병조 서상건 서상환 서은상 서창보 서채 석문용 선우순 성원경 성준 소완규 손서헌 손영목 손응국 손재근 손치은 손홍원 송계원 송규환 송병천 송완섭 송은용 송재철 송종대 신국원 신동원 신동훈 신두현 신문언 신병휴 신석린 신승균 신영석 신영오 신의학 신재정 신태악 신태항 신효범 심도풍 심상직 심원섭 심의혁 안근모 안방렬 안순환 안익수 안인식 안종국 안준 안중수 안태영 양성식 양재익 양정묵 양주익 양지환 엄주명 엄주익 엄준원 여계보 염중모 염창순 예종석 오경식 오긍선 오기영 오두환 오성룡 오역선 오왕근 오응선 오필영 원덕상 원세기 원수남 원응태 유길수 유두환 유문경 유병문 유병의 유봉기 유봉주 유봉현 유상화 유석우 유영렬 유재한 유전 유제구 유지훈 유창만 유학주 유홍종 윤갑병 윤경순 윤귀영 윤규식 윤달수 윤대섭 윤대식 윤명진 윤범식 윤봉의 윤상우 윤상익 윤시병 윤익선 윤정식 윤창업 윤춘혁 윤치형 윤치호 이각종 이겸로 이겸제 이경렬 이경로 이경하 이규학 이규화 이근우 이기승 이기찬 이동락 이동영 이동우 이동초 이동혁 이두수 이문표 이민관 이방 이범승 이범찬 이범철 이병림 이병립 이병연 이병의 이보현 이석규 이석신 이석희 이선학 이선협 이성근 이성환 이승우 이승운 이승한 이승현 이승호 이영근 이용구 이용문 이용한 이우현 이원규 이원보 이익성 이인수 이인흡 이정봉 이정욱 이종만 이종용 이종춘 이준용 이중현 이찬모 이찬요 이창선 이창엽 이창환 이치로 이태윤 이필규 이학재 이항발 이행민 이현우 이희덕 이희두 이희성 임병익 임봉석 임용상 장동환 장두현 장순창 장진원 장헌식 장홍식 전만영 전부일 전성욱 전영배 전영조 전위현 전창근 전태현 정경수 정계형 정교원 정규원 정규환 정대현 정도영 정병조 정석모 정세진 정연상 정용태 정원섭 정인순 정환종 조대묵 조덕하 조병렬 조병상 조선하 조성근 조소환 조용률 조인성 조진우 조홍원 주련 주병섭 주성근 주학현 지봉서 차재정 차준담 차화준 천영기 최건호 최기남 최동섭 최두환 최병창 최상익 최수길 최양호 최영구 최영년 최영욱 최운섭 최원교 최정규 최정덕 최정묵 최주현 최준집 최진현 최창학 최창호 최홍섭 탁태윤 편상영 하준석 한경원 한교연 한국림 한국현 한규복 한기방 한남규 한보순 한상건 한영호 한욱 한재익 한정규 한창회 한태섭 한화석 함창현 허균 허현 현영섭 현장호 현준호 홍규표 홍긍섭 홍남표 홍사훈 홍승균 홍승원 홍윤조 홍인순 홍종덕 홍종면 홍준 홍충현 황규현 황대원 황명중 황석건 황정헌 황종국 황종우 황철수

개신교 [58명]

갈홍기 강도원 고한규 곽진근 구연직 구자옥 김관식 김길창 김수철 김영섭 김우현 김응순 김응태 김인영 김종대 김진수 김형숙 김활란 남천우 박마리아 박연서 박현명 변홍규 송창근 신후식 신흥우 심명섭 양주삼 오문환 유각경 유일선 유재기 유형기 윤치소 윤치영 윤치호 윤하영 이동욱 이명직 이문주 이용설 임학수 장기형 장운경 장홍범 전필순 정상인 정순모 정인과 정춘수 조승제 채필근 최지화 최활란 한석원 홍병선 홍택기 황종률

가톨릭 [7명]

김명제 김윤근 남상철 노기남 신인식 오기선 장면

불교 [54명]

강대련 강성인 곽기종 곽법경 권상로 김경림 김경주 김동화 김법룡 김삼도 김영수 김영호 김용곡 김재홍 김정섭 김정해 김지순 김진월 김청암 김탄월 김태흡 김한송 박대륜 박도수 박병운 박영희 박원찬 박윤진 박찬범 변설호 손계조 신윤영 신태호 유재환 운상범 이덕진 이동석 이명교 이보담 이석두 이종욱 이태준 이혼성 이회광 임석진 장도환 정병헌 정창윤 정충의 차상명 최취허 허영호 홍태욱 황벽응

천도교 [30명]

김동수 김명호 김명희 김병제 김종현 남증석 박석홍 박완 백중빈 손광화 손재기 신용구 오상준 이군오 이근섭 이단 이돈화 이우영 이인숙 이종린 이종식 임문호 전의찬 정광조 조기간 최단봉 최린 최안국 최준모 하상태

유림 [53명]

공성학 권순구 김광현 김동진 김완진 김유제 김정회 김황진 나일봉 남상익 박기양 박상준 박승동 박장홍 박제봉 박제빈 박제순 박치상 서재극 성낙현 송시헌 신현구 심형진 안인식 여규형 오헌영 위대원 유만겸 유정수 유진찬 윤병호 윤희구 이경식 이대영 이명세 이상호 이선호 이인직 이학노 이학재 정만조 정문현 정봉시 정봉현 정순현 정윤수 정준민 정철영 주병건 최달빈 한준석 한창우 황돈수

문학 [41명]

곽종원 김기진 김동인 김동환 김문집 김사영 김성민 김안서 김영일 김용제 김종한 노천명 모윤숙 박영희 박팔양 방인근 백철 서정주 오룡순 유진오 윤두헌 윤해영 이광수 이무영 이석훈 이원수 이윤기 이찬 임학수 장덕조 장혁주 정비석 정인섭 정인택 조연현 조용만 조우식 주요한 채만식 최재서 최정희

음악·무용 [43명]

강영철 계정식 고종익 김관 김기수 김동진 김생려 김성태 김영길 김원복 김재훈 김준영 김천애 김해송 남인수 박경호 박시춘 반야월 백년설 서영덕 손목인 안익태 이규남 이면상 이봉룡 이인범 이재호 이종태 이철 이흥렬 임동혁 장세정 전기현 조두남 조명암 조택원 최승희 최팔근 최희남 한상기 함화진 현제명 홍난파

미술 [26명]

구본웅 김경승 김기창 김만형 김용진 김은호 김인승 김종찬 노수현 박영선 박원수 배운성 손응성 송정훈 심형구 윤효중 이건영 이국전 이봉상 이상범 임응구 장우성 정종여 정현웅 지성렬 현재덕

연극·영화 [64명]

김건 김관수 김성춘 김소영 김승구 김신재 김영화 김일해 김정혁 김태진 김학성 김한 나웅 남승민 독은기 문예봉 박기채 박영신 박영호 박춘명 박향민 방한준 복혜숙 서광제 서월영 서일성 서항석 송영 신경균 신고송 신정언 심영 안석영 안영일 안종화 양세웅 오정민 유장안 유치진 이광래 이금룡 이명우 이백산 이병일 이서구 이서향 이익 이재명 이창용 임선규 전창근 조천석 주영섭 최순흥 최승일 최운봉 최인규 한노단 한형모 함대훈 함세덕 허영 홍찬 황철

교육·학술 [62명]

강영석 고광만 고승제 고원섭 고황경 구찬서 김도태 김두헌 김명식 김상용 김성수 김창균 김한경 김활란 박관수 박마리아 박순천 박영빈 박용구 박인덕 배상명 백낙준 서은숙 손정규 송금선 신봉조 신석호 양봉화 어윤적 여운홍 오긍선 유억겸 유진오 윤영구 이능화 이묘묵 이병도 이병소 이숙종 이완룡 이헌구 인정식 임숙재 장덕수 장응진 정구충 정만조 조기홍 조동식 조재호 조한직 주운성 차사백 최남선 최동 허하백 현상윤 현채 현헌 홍승원 홍희 황신덕

언론·출판 [44명]

김동진 김상회 김선흠 김인이 김형원 김환 노성석 노익형 노창성 민원식 박남규 박석윤 박희도 방응모 방태영 변일 서강백 서춘 선우일 송순기 신광희 심우섭 양재하 유광렬 이긍종 이기세 이상협 이원영 이윤종 이익상 이인섭 이정섭 이창수 이혜구 장지연 정우택 정인익 최영년 최영주 함상훈 홍승구 홍양명 홍종인 황의필

경제 [55명]

강번 강창희 고한승 김건영 김기옥 김동원 김두하 김성호 김순흥 김신석 김연수 김영기 김영준 김일남 김정호 김한규 김형옥 김흥배 맹영옥 목욱상 문명기 민규식 민대식 민병도 박기효 박승억 박승직 박흥식 방규환 방응모 방의석 백낙승 백남신 백완혁 손창윤 신용욱 예종석 유명한 유재륜 이종만 장직상 장홍식 정명선 정재학 정치국 조병학 조진태 주성근 차남진 차준담 최승렬 최창학 한기방 현준호 홍충현

지역유력자 [69명]

강위수 강창희 권연수 김갑순 김건영 김기옥 김기홍 김동덕 김동원 김두하 김명학 김민식 김병규 김상홍 김성재 김억근 김용우 김인오 김종섭 김주주 김치구 김태훈 김한수 김홍량 김희준 목순구 문원태 문재철 박기돈 박기용 박성행 박주병 박한표 배영춘 소진문 손홍준 송병문 양성관 엄달환 엄정환 원윤수 유훈영 이강혁 이봉구 이상옥 이석구 이용석 이정재 이종준 이종필 임종상 임호상 임홍순 장기식 장지필 정명희 정상진 정태범 정태석 조규철 조병학 지정선 지창선 최주성 최해필 한만희 한원준 한인수 현용건

일본 전범기업 리스트

日本戰犯企業 a war criminal enterprise

전범기업戰犯企業은 국제법상 전쟁범죄에 해당하는 행위를 벌인 기업을 말한다.

국무총리실 발표

국무총리실 소속 대일항쟁기 강제동원피해조사 및 국외강제동원희생자지원위원회가 일제강점기 강제 동원에 관여했던 일본 기업 1,493개사를 조사한 결과 지금까지 존재하는 기업 299개사 명단을 확정했다.

2012. 8. 29.

아래는 그 299개 기업 중 우리 일상 생활에 접하고 있는 기업 목록이다.

- (주)교산제작소京三製作所 1917 설립. 업종 철도, 교통, 전력시스템
- (주)구리모토철공소栗本鐵工所:1909 설립. 업종 금속 가공 관련 장비
- (주)나무라조선소名村造船所 1911 설립. 업종 대형 선박 건조
- (주)요도시吉年 (ヨドシ) 1904설립. 업종 자동차 및 산업용 부품
- (주)후지코시不二越 Nachi-Fujikoshi 1928년 설립. 업종 유압장비, 특수강
    - JFE Steel Corporation 업종 차량, 선박용 철강
    - JFE스틸(주) 업종 특수철강
    - JFE엔지니어링(주) 1912설립. 업종 전력, 에너지플랜트
- 가와사키기선(주) 川崎汽船 "K" Line 1919 설립. 업종 선박수송
- 가와사키 계열사
    - 가와사키 중공업(주)(카와사키 중공업) 1896설립. 업종 항공기, 선박
- 가타야마빈라공업(주)片山鋲螺工業 1919설립 업종 나사, 볼트
- 가타쿠라공업(주)片倉工業 1868설립. 기계, 전자
- 간사이 기선(주)関西汽船 1884설립. 업종 해상운송
- 간토전화공업(주)関東電化工業 1938설립. 업종 특수 가스, 기초 화학 물질
- 고도제철(주) 업종 비철금속
- 코마츠 제작소 계열사
    - 고마쓰 산기 1921설립. 업종 굴착기
    - 고마쓰NTC 업종 웨이퍼생산장치
- 고쿠산전기(주)国産電機株式会社 → 現. 말레 일렉트릭 드라이브 재팬(주) 1931설립. 업종 항공기용 엔진 점화용 고전압 발전기
- 교와핫코기린(주) 協和キリン (協和発酵キリン) 1907설립. 신약개발
- 구라바야시상선(주)
- 구라시에 홀딩스(주) クラシエホールディングス 1887설립. 업종 면화. 방적

- 구로사키 하리마(주)黒崎播磨 1918설립. 업종 내화물. 용광로
- 군제(주) グンゼ Gunze Limited - 1896설립. 업종 의류 전문기업
- 나이가이조선(주)内海造船 1940설립. 업종 선박제조
- 나브테스코(주) ナブテスコ Nabtesco 1925설립. 업종 유압장치
- 노무라흥산(주)野村興産 1936설립. 업종 수은 함유 슬러지 처리
- 니가타조선(주)新潟造船 1895설립. 업종 조선소
- 니혼가단(주)
- 니혼건철(주)
- 니혼경금속(주)
- 니혼고주파강업(주)
- 니혼무선(주)日本無線 1915설립 업종 육상, 항공제품
- 니혼야마무라유리(주) 업종 유리제조
- 니혼조달(주)日本曹達 Nippon Soda 1920설립 업종 의약품, 기능성 화학품
- 니혼중화학공업(주)日本重化学工業 1917설립. 업종 합금, 기능재료
- 니혼철판(주)
- 니혼화학(주)日本化学工業 1915설립. 화학제품
- 닛산화학공업(주)
- 닛신제강(주)
- 닛테쓰광업(주) - 일본제철(현 신일철주금)그룹 계열사
- 닛폰수산(주)日本水産 Nippon Suisan Kaisha 1911설립. 업종 식품
- 닛폰주조(주)日本鋳造 1920설립. 업종 소재산업
- 닛폰차량제조(주)日本車輌製造 1896설립 업종 철도 차량, 중장비
- 닛폰통운(주)日本通運 (日通) Nippon Express 1937설립. 업종 수송
- 닛폰카바이드공업(주)日本カーバイド工業 1935설립. 업종 기능성화학물질.
- 닛폰카본(주)日本カーボン 1915설립. 탄소 섬유, 실리콘 소재

- 닛폰흄(주)日本ヒューム 1925설립. 업종 소재
- 다마이상선(주)
- 다부치전기(주)
- 다쓰타방적(주)
- 다오카화학공업(주)
- 다이도특수강(주)
- 다이도화학공업(주)
- 다이와홀딩스(주)
- 다이요니혼기선(주)
- 다이이치주오기선(주)
- 다이킨공업(주) – 에어컨이 주력
- 다이헤이요흥발(주)
- 다치히기업(주)
- 데이카(주)
- 데이코쿠섬유(주)
- 데이코쿠요업(주)
- 도나미홀딩스(주)
- 도와홀딩스(주) DOWAホールディングス
- 도요강판(주)
- 도요방적(주)
  - 도요항공기계 주식회사 – 현 미쓰비시 자동차 산하 파제로 제작소
  - 구레 방적 – 1966년 도요방적과 합병, 현 미쓰비시 후소 버스 제조
- 도치기기선(주)
- 도카이고무공업(주)
- 도카이기선(주)
- 도카이카본(주)
- 도쿄아사이토방적(주)
- 도쿄제강(주)
- 도쿄제철(주)
- 도큐차량제조(주) 東急車輛製造 → 現. JR 동일본 (주)종합 차량제작소 總合車両製作所 J-TREC.
- 도피공업(주)
- 도호그룹 계열사
  - 도호가스(주)
  - 도호아연(주)
- 라사공업(주)
- 리코엘레멕스(주)
- 린화학공업(주)
- 마쓰다주식회사
- 메이지해운(주)明治海運
- 모리나가제과(주) – 태평양전쟁 당시 일본군 전투식량을 생산했다.
- 모지항운(주)門司港運
- 묘죠시멘트(주)
- 무카이시마독(주)
- 미네페어(주)오모리공장
  - 미쓰비시 그룹 계열사

- 미쓰비시광업(주) 三菱鉱業 → 現. 미쓰비시 머트리얼 三菱マテリアル Mitsubishi Materials Corporation (MMC)
- 미쓰비시금속(주) 三菱金属 → 現. 미쓰비시 머트리얼 三菱マテリアル Mitsubishi Materials Corporation (MMC)[20]
- 미쓰비시상사(주)
- 미쓰비시신동(주) 三菱伸銅
- 미쓰비시전기(주)
- 미쓰비시제강(주) 三菱製鋼
- 미쓰비시 중공업(주)
- 미쓰비시창고(주) 三菱倉庫 Mitsubishi Logistics
- 미쓰비시화학(주) 三菱化学 Mitsubishi Chemical Corporation
- 닛폰우편선(주) 日本郵船 (NYK Line) Nippon Yūsen Kabushiki Kaisha (Nippon Yusen)
- 아사히유리(주)旭硝子 → 現. AGC(주) AGC株式会社
- 미쓰이 그룹 계열 – 금융 등 일부 계열사는 스미토모 그룹 계열사와 합병.
  - 미쓰이금속공업(주) 三井金属鉱業[21]
  - 미쓰이농림(주) 三井農林
  - 미쓰이마쓰시마산업(주) 三井松島産業 → 現. 미쓰이 마쓰시마홀딩스(주) 三井松島ホールディングス
  - Construction Company (MSCC)
  - 미쓰이조선(주) 三井造船 → 現. (주)미쓰이 E&S 홀딩스 三井E&Sホールディングス Mitsui Engineering & Shipbuilding
  - 미쓰이화학(주) 三井化学 Mitsui Chemicals
  - (주)도쿄시바우라
- 도시바기계(주)
- 이비덴(주)
  - 상선미쓰이오션익스퍼트(주)
  - 상선미쓰이조선관리(주)
- 산키공업(주) 三機工業
- 사와라이즈
- 사토공업
- 산덴교통(주) – 산요 전기궤도의 후신.
- 산요특수제강(주)
- 산코기선(주)
- 산큐(주)
- 쇼와KDE(주)
- 쇼와비행기공업(주)
- 쇼와산업(주)
- 쇼와전공(주) 昭和電工[22]
- 쇼와철공(주)
- 스미세키 홀딩스(주)
- 스미토모 그룹 계열사 – 금융 등 일부 계열사는 미쓰이 그룹 계열사와 합병.
  - 스미토모강관(주)

- 스미토모고무공업(주) 住友ゴム工業
- 스미토모금속공업(주) – 신일본제철과 합병. 현재는 신일철주금.
- 스미토모금속광산(주) 住友金属鉱山
- 스미토모오사카시멘트(주) 住友大阪セメント Sumitomo Osaka Sement
- 스미토모전기공업(주)
- 스미토모화학(주) 住友化学 Sumitomo Chemical
- 스미토모금속(주) – 신일본제철과 합병. 현재는 신일철주금.
- 닛폰유리(주) 日本板硝子 NSG Nippon Sheet Glass
- 스즈요(주)
- 시나가와 리플랙토리즈(주)
- 시미즈해운(주)
- 신일본제철(주) – 스미토모금속공업과 합병. 현재는 신일철주금.
- 신니혼카이중공업(주)
- 신메이공업(주) 新明工業
- 신에쓰화학공업(주)
- 쓰루가해륙운송(주)
- 쓰루미(주)
- 아사히카세(주)
- 아소시멘트(주) 麻生セメント [23]
- 아이사와공업(주)
- 아이치기계공업(주)
- 아이치시계전기(주)
- 아이치제강(주) – 도요타 그룹 계열사
- 아즈마해운(주)
- 아지노모토(주)
- 아키타해륙운송(주)
- 야마분유화(주)
- 야바시공업(주)
- 얀마(주)
- 오사카가스(주) 大阪瓦斯 (ガス) Osaka Gas
- 오사카기선(주)
- 오사카제강(주)
- 오지제지(주)
- 와코도(주)
- 요시자와석회공업(주)
- 요코하마 고무(주) – 2015–16 시즌부터 2019–20 시즌까지 최초로 계약을 맺고 첼시 FC의 메인 스폰서로 있는 그곳 맞다.
- 우베금속(주)
- 우베미쓰비시시멘트(주)
- 우베코산(주) 宇部興産 UBE Ube Industries
- 이노항운(주)
- 이노해운(주)
- 이스즈자동차
- 이시다(주)

- 이시하라산업(주)
- 일본건류공업(주)
- 전기화학공업(주)
- 제이와이텍스(주)
- 조반흥산(주)
- (주)가나자키구미
- (주)가미쓰제작소
- 주가이광업(주)
- (주)고노이케구미
- (주)고베제강소
- (주)고이케구미
- 주고쿠도료(주)
- 주)고쿠전력(주)
- (주)구라레
- (주)구마가이구미
- (주)나카야마제작소
- (주)노가미
- (주)니치로
- (주)니치린
- (주)니혼제강소
- (주)닛치스
- (주)다이세루
- (주)다이조
- (주)다이헤이제작소
- (주)다케나카공무점 竹中工務店 Takenaka Corporation
- (주)도쿠야마 株式会社トクヤマ, Tokuyama Corporation) 1918설립 업종: 종합화학
- (주)리갈코포레이션
- (주)링코코포레이션
- (주)마루하니치로수산
- (주)마쓰무라구미
- (주)미쿠니
- (주)사쿠션가스
- (주)세이사
- (주)세이탄
- (주)신가사독
- (주)아시텍이리에
- (주)야노철공소
- 주에쓰전기공업(주)
- (주)오에무방기제작소
- (주)오에무제작소
- 주오전기공업(주) 中央電気工業
- (주)요도가와제강소
- (주)요타이
- (주)이케가이
- (주)재팬 에너지 ジャパンエナジー JOMO Japan Energy [24]
- (주)제니타카구미 錢高組
- (주)후지타 フジタ

- (주)히타치제작소
  - 히타치조선(주)
  - 히타치항공기(주)
- 카미오카광업(주)
- 카본(주)
- Canon캐논㈜
- 파나소닉(주)
- 풀추
- 하기모리흥산(주)
- (주)하자마구미 間組
- 하카타항운(주)
- 하코다테 독(주) 函館どつく
- 한신내연기공업(주)
- 호도가야화학공업(주)
- 호쿠에쓰메탈(주)
- 홋카이도탄광기선(주) 北海道炭礦汽船 (北炭)
- 후루가와기계금속(주) 古河機械金属
- 후루가와전기공업(주) 古河電気工業 (古河電工)
- 후시키해륙운송(주) 伏木海陸運送
- 후지보홀딩(주)
- 후지전기(주)
- 후지중공업(주) -.
- 히노데우편선(주) 日之出郵船
- 히로시마가스(주) 広島ガス
- 히메지합동화물자동차(주) 姫路合同貨物自動車
- 동양척식주식회사
- 경춘철도주식회사
- 남만주철도주식회사
- 아오시마 과학교재사 - 프라모델 제작사. 2차대전 때 목제 비행기 전문
- SEIKO(세이코) - 2차 세계대전 당시 일본의 군용시계를 납품했다.
- 니콘(주) - 2차 세계대전 당시에 일본군 군부들에게 쌍안경 및 저격용 스코프 잠망경 야마토급 전함의 조준경 등의 군수 물품을 납품
- 기린맥주
- 오카모토
- ENEOS(주)
- (주)IHI
- 신메이와(주) - 카와니시항공기의 후신.

'일제 흔적 지우기' 시효는 없다

차관 칼럼 이종욱 조달청장
2023년 2월 27일 파이낸셜뉴스 31면 기사 발췌

요시다지헤이吉田治平, 나리히라요시코成平好子, 일제강점기 우리나라에 거주하면서 토지를 소유했던 재조선在朝鮮 일본인이다. 그 이름이 아직도 우리 토지대장에 남아 있다. 올해로 104주년을 맞는 삼일절, 한 세기가 넘는 시간이 흘렀건만, 일제강점기가 남긴 상흔이 아직도 남아 있는 현실, 어떻게 된 일일까. 광복 이후 일본인 소유 토지·주택 등의 재산은 미군정하에서 적국의 재산인 적산(敵産·Enemy Property)이라는 이름하에 몰수됐다. 이렇게 미군정 산하로 귀속된 재산이 귀속재산歸屬財産이며, 1948년 한미협정에 따라 우리 정부로 다시 양도됐다. 한 연구에 따르면 당시 귀속재산의 가치는 국내자산의 80%가량이고, 국민총생산(GNP)의 46.3배에 달하는 것으로 추정된다. 이처럼 막대한 귀속재산은 1949년 '귀속재산처리법'에 따라 1958년까지 민간에 차례차례 불하(매각)된다. 하지만 일부 귀속재산은 이러한 처리 과정에서 관리 부실, 전쟁 중 공적장부 소실 및 불법 취득 등으로 공적관리의 사각지대에 놓이게 된 것이다. 귀속재산을 찾아서 국유화하기 위한 정부의 노력은 1985년부터 본격화됐다. 2006년까지 3차례에 걸쳐 대대적 정리작업을 펼쳤으나, 일제의 흔적을 완전히 지우진 못했다. 이런 가운데 조달청은 2012년부터 전담 부처를 꾸려 귀속재산 국유화를 위한 조사 업무를 시작했다. 친일조사위원회(2006~2010)에서 작성된 26만명의 '재조선 일본인 명단'과 지적공부 소유자를 일일이 대조했다. 여기에 일본인 재산으로 의심되는 것으로 신고된 재산 등을 더해 총 5만2000여필지를 귀속 의심재산으로 선별하여 심층조사에 착수했다. 그러나 국유화를 위한 조사 과정은 순탄치 않고 많은 시간이 소요된다. 해방 이후 70여년이 경과하면서 관련서류 소실, 관련자 사망 등 사실관계 확인의 어려움 때문이다. 고문서古文書나 다름없는 일제강점기 서류를 확인하고 토지소유 변천 과정을 하나하나 복원해야 하는 경우도 있다. 공적장부마저 온전치 못하면 국세청이나 국가기록원 자료까지 뒤져 빠진 퍼즐을 완성해야 한다. 서류조사에 이어 현장조사를 나가면 또 다른 문제에 부딪히기도 한다. 실제 공적장부와 현장이 일치하지 않거나 무단점유자와 실랑이하기도 한다. 10여년전에 걸친 조달청의 귀속재산 국유화 작업도 이제 막바지 단계에 접어들었다. 지난해 말 기준으로 귀속 의심 재산 5만 2000여건에 대한 조사를 마쳤다. 국유화 대상으로 7510필지를 가려냈고, 이 중 6770건에 대해서는 국유화 조치를 완료했다. 서울 여의도 면적의 1.9배인 540㎡(약 160만평)를 되찾는 결실을 거뒀다. 자산 가치로는 공시지가 기준 1596원에 이른다. 귀속재산 국유화 작업과 함께 조달청을 비롯해 총리실·국토부와 지자체 합동으로 '재조선 일본인 명단'엔 없지만 광복 이전에 토지대장·등기부 등 공적장부에 남아 있는 일본식 이름 지우기 사업에도 속도를 내고 있다. 이때 확인되는 귀속재산은 곧바로 국유화 절차를 밟게 된다.

'과거를 되돌아볼 수 없는 자는 과거를 되풀이하는 운명을 가진다는 말'이 있다. 올바른 역사를 미래 세대에게 물려주는 것은 우리 세대의 마땅한 책무다. 단 한 뼘의 땅이라도 끝까지 추적해 일제 흔적을 없애겠다. 더 나은 미래로 나아가기 위해 잘못된 과거를 바로잡는 데 시효는 있을 수 없음을 잊지 않아야 한다.

중앙일보 2022. 8. 5일자

문화면(16면)에 실린 기사를 보고 댓글에 올린 독자 글

somu**

우표를 통해 역사를 돌아볼 수 있다는 점을 알게 되어 신기하기도 하고, 또 긴 세월동안 그 많은 우표를 수집하신 선생님의 노고에 감탄할 따름입니다. 존경합니다, 감사합니다!

2022.08.09. 16:09:47

jaeh**

우표를 찾아보기 쉽지 않은 요즘입니다. 이렇게 뜻 깊은 방식으로 역사를 간직하고 계셨다니… 정말 쉽지 않은 일이었을텐데, 나봉주 선생님의 노고에 깊은 감사를 표합니다.

2022.08.09. 15:48:24

lims**

관련 분야의 종사자나 학자도 아닌 편저자 나봉주선생은 사업가로서 이토록 광폭한 혼돈 시대의 오랜 사료 수집과 불타는 열정으로 마치 우편 박물관 같은 한 권의 우편역사 책으로 탄생했으니, 국민이 정치를 걱정하는 또다른 혼돈의 이시대에 한 줄기 단비로서 대한민국의 국가 무형문화재 보유자로 지정해야 마땅하지 않을까 하는 소견입니다. 뜨거운 열정과 정성에 거듭 고개 숙여 찬사 드립니다

2022.08.09. 14:30:56

gheo**

실물이 훨씬 멋있으신 나봉주 선생님!! 시대의 환희와 아픔, 또 눈물까지 담겨있는 우표가 귀한 역사책이 되었군요. 이런 분이야말로 진정한 애국자이시죠. 잘 몰랐던 우표 수집에 대해 조금이라도 알아가 기쁩니다. 체부 박물관이 설립되면 꼭 한번 방문해보고 싶습니다. 감사합니다^^

2022.08.05. 14:00:36

hht5**

요즘 편지를 안쓰니 우표를 언제 봤는지 기억조차도 안납니다. 체부를 보면서 우리 역사를 한눈에 볼 수 있는 기회가 될 것 같습니다. 그동안 긴 세월을 거쳐 우표를 수집하고 책으로 엮어낸 수고와 열정에 감사 드립니다..

2022.08.05. 13:48:39

aras**

대단한 분이네요. 존경합니다

mooa**

대단한 일을 하셨습니다.

2022.08.05. 14:01:03

Igon****2022.08.04 18:50

개인적 취미가 역사가 되었습니다. 님의 귀한 노력에 경의를 표합니다.

kayc****2022.08.10 16:34

어린 시절에 우표를 한 장 한 장 모아서 스크랩을 해 놓던 추억이 떠오릅니다. 귀한 역사가 왜곡되어가고..잊혀져가고 있는 세대를 살아가면서 후손들에 대한 안타까움이 많았는데 이렇게 귀하신 일을 성취하신 분께 감사와 경의를 표합니다. 이런 귀하신 분들을 통해 아름답고 훌륭한 역사가 잘 계승되어 복된 국가로 세계를 이끌어나가는 놀라운 일들을 기대합니다. 감사합니다. 존경합니다. 수고 많으셨습니다.

over****

정말 대단하시고 훌륭하십니다~선생님의 열정!! 감탄사가 절로 나오네요 긴 세월동안 그 많은 우표를 수집하시다니 대단하십니다. 요즘 우표를 쉽게 보기 힘들지만 선생님의 노고로 우리나라 역사를 돌아 볼 수 있어 선생님 열정이 감격스럽네요 널리 알려져 더 많은 사람들과 함께 공유하고 싶어요

2022.08.13. 20:12:35

augu****

정말 귀한 자료들을 하나하나 모으시고 이들을 또 정리해서 뜻깊은 책으로 엮으시다니! 젊은 시절 사회에서 받으신 것들을 지적인 방식으로 사회에 환원하시는 모습이 진정한 노블리스 오블리주의 모습이라고 생각됩니다 ^^

2022.08.14. 21:29:35

sh11****2022.08.26 18:06

고등학교 음악교사를 하면서 우체국 통신으로 모은 우표가 꽤 많은데 우표책도 한두 권이지 처리를 못하고 와이셔츠곽에다 모아놓고 있습니다. 8년 전 퇴직하고 이제 시간이 나면 정리할까 하는데 영 용기를 못냅니다. 나봉주씨는 참 대단한 용기와 추진력이 있으시군요 부럽습니다. 본받고 싶어요. 며칠전엔 손주가 왔길래 (초등학교 3,5, 중 1) 소개하면서 귀한 우표 몇장 주었으나 그걸로 끝이어서 속상했습니다. 정리, 활용하는 법을 배울 수 있을까요? sh11433@hanmail.net.

체부 서평 모음

이춘성 교수(전 서울 아산병원 정형외과 교수)

회장님께서 보내주신 책 '체부'를 오늘 오전에 받았습니다. 책을 한장한장 넘기면서 입이 다물어지지 않을 정도로 감탄만 연발하게 됩니다. 서문의 우남일 선생의 논어 옹야편의 표현이 가슴에 와닿았습니다. 참 멋지게 사셨구나'라는 말이 필요 없을 것 같습니다. 어찌나 꼼꼼히 정리하셨는지 부록도 참 재밌고 색인을 보다가 반가운 이름도 발견했습니다. 726페이지에 나오는 신간회 창립멤버중 하나인 민세 안재홍 선생입니다. 이 분은 제 집사람의 작은 할아버지입니다. 이 책은 학계에서도 큰 관심을 가질 것으로 생각됩니다. 제 자신이 부끄러워짐을 느끼며, 훌륭한 책을 출간하신 회장님께 다시 한번 축하드립니다.

2022. 4. 12

김동환 사장

훌륭하신 회장님을 알고 있다는 것으로도 영광입니다. 사료집은 하나만 없어도 않되는데, 후손들에게 좋은 선물하셨습니다.

2022.4.12

조해근

보내주신 책 잘받았습니다. 정말 엄청난 책입니다. 이런 책을 받을 수 있어 영광입니다. 존경과 감사의 마음을 보냅니다.

2022.4.12

최자민

선생님 안녕하세요.

오늘 보내주신 책 잘 받았습니다. 두께 한번 놀라고 정보에 또 한번 놀라고, 하루 아침에 만든 책이 아니라는 것이 느껴집니다.

양이 풍부해서 천천히 보도록 하겠습니다. 감사합니다

조명화

체부 잘 받았습니다. 실로 엄청납니다. 나라에서 해야 할 일을 한 개인이 하신다는게 참으로 믿기지가 않아요. 고생하셨고 축하드립니다. 찬찬히 보겠습니다.

2022.4.12

소병민

고난과 인고의 세월이 맺어준 소중한 인연을 저 또한 기억하고 있습니다. 열정과 건강이 깊이 담겨있는 '체부'에서 향기로움이 가득합니다. 빠른 시일에 박물관 개관이 되길 간절히 기원합니다. 부디 늘 건강하시고 행복하세요. 늘 감사한 마음 간직하고 있는 소병민 올림.

2022.4.12

호주 이경희씨

안녕하세요.

너무너무 대단하시네요. 모든 것이 멈추어버린 것 같은 이 때에 책을 다 만드시다니요. 정말 존경스러운 마음입니다. 저희들이 지금 집을 세놓고 여기저기 좀 다니고 있어서요. 6월말이나 7월 초에 들어가는데로 알려드리겠습니다. 귀한 책을 빨리 보고싶으네요.

이상운

대단한 책을 내셨네요. 일반인이 하기에는 불가능한 수집과 정리, 고찰등 놀랍습니다.. 멋지네요. 깊은 감사와 축하드립니다.

저 역시 우연히 뵈온 나선생님의 인품과 무게, 잘 간직합니다. 건강하세요.

이상운 내외.

김재협 변호사

체부 잘 받았습니다. 엄청난 업적입니다. 체신부도 우체국도 못하는일. 대단하시네요.

감사합니다. 김재협 올림.

김석우

친구 훌륭한 저작을 보내 주신데 대하여 감사하네. 이 나라의 체신역사를 보는 것 같아 가슴이 뭉클하네. 내 아버님이 일본 우정성에서 시작하여 이 나라의 체신 역사 한 페이지를 장식해서 더욱 더 다가왔네, 그간 저작에 대단한 노고를 진심으로 축하합니다.

김석우 드림

2022.4.12

함형선

나 회장님의 귀한 역저 체부를 방금 잘 받았습니다. 정말 대단하십니다. 나회장님의 또 다른 일면을 뵙게 되었습니다. 귀한 책, 잘보고 잘 간직하겠습니다. 고맙습니다.

2022.4.12

우남일 (전 숭의여자고등학교장)

책을 다시 보니 감회가 새롭습니다. 볼수록 제본도 마음에 듭니다. 유산으로 남길 값어치 있는 작업을 하셨습니다. 고생한 보람이 있습니다.

우남일 올림

2022.4.9

김동희 화백

체부 잘 받았습니다. 훌륭하고 귀중한 선물이 고맙고 감사합니다. 진심으로 축하드리며 늘 건강하시길 빕니다. 우리 만나는 날 크게 웃으며 기뻐합시다.

2022.4.12

전경선

나체부님.

그간 몰라뵙고 철없이 지낸 세월의 무뢰함을 어여삐 여기소서. 방대한 자료와 기록에 감탄을 금할길이 없나이다. 열심히 들여다볼 시간을 갖겠습니다. 그간 애 많이 쓰셨습니다.

2022.4.12

전태순

나회장님.

오랫동안 뵙지도 못했는데 이렇게 소중하고 귀한 자료의 책을 앉아서 받으니 송구한 마음이 듭니다. 요즘같이 힘든 상황을 핑계되며 노는 날로 소모하며 지냈던게 부끄러워지네요. 서재에 두고 온 가족이 함께 보며 잘 보전하겠습니다. 감사합니다.

2022.4.12

이기곤

나회장께서 오랜 기간 심혈을 기울여 작업하던 역작이 드디어 출간되었군요. 한국 근·현대 우정사를 중심으로한 희귀하고 소중한 자료 획득, 기획, 편집, 출간에 이르는 나회장의 열정과 집념에 경의를 표합니다. 가보로 소중히 간직하겠습니다. 감사합니다. 건강하시고요,

2022.4.12

김기석 (전 현대건설 부사장)

형님 먼저 큰 집념과 각고의 노력에 존경심을 담아 축하합니다.

'체부'라는 친근감을 가지고 이런 방대한 작업을 어떤 학술단체나 국가의 아무런 지원없이 이런 방대한 작업을 하셨다는데 놀램과 당면했을 많은 고뇌를 이겨 내신 인내와 수준 높은 의지에 존경을 표합니다. 우표를 수집하며 한국근·현대사의 이면을 기술하심에 마음에 큰 울림을 느끼며 오늘 '체부' 받아 잠깐 훑어보며 이 책을 소중하게 간직하며 한장한장 숙독, 묵상하여 더 한 깊이를 느껴보겠습니다. 수고하셨습니다. 감사드리며 축하합니다.

김기석 드림

2022.4.12

이재면

나회장님. 조금전 나회장님의 엄청난 역저를 받아보고 깜짝놀랐습니다. 언제 이렇게 귀한 우표와 방대한 자료를 모으시고, 또 정리를 하셨나요?.그동안의 노고에 기립 박수를 보냅니다. 은 감사를 드리면서 천천히 읽어 보겠습니다. 내내 건강하세요.

2022.4.12

오세종

오랜 시간 흘렀는데도 잊지 않으시고, 대 역사의 '체부'를 보내 주심에 깊은 감사의 말씀을 우선 올립니다. 대단하신 분인줄은 전에 알았습니다만 7년간의 각고 끝의 대 작품은 너무나 훌륭하십니다. 감사드리오며 대작품을 만드시느라고 소모하신 체력 보충을 조금이나마 드리고 싶은 제 알량한 심정을 이해해 주시어 잠깐이나마 식사 드실 2날짜, 시간 할애를 부탁드립니다.

다시한번 훌륭하신 작품 완성을 축하드립니다. 번창하심을 기원드립니다.

2022. 4. 12

권태원 교수 (전 서울 아산병원 혈관외과 교수)

우표에 대한 관심은 진작에 말씀하셔서 알고 있었으나, 이렇게 우리나라 근대사에 대한 지식과 열정을 가지고 계셨다는데 놀랄 따름입니다. 여전히 건강하시고 많은 곳을 다니고 계시겠지요. 뵌지 오래 여서 많은게 궁금합니다. 다치셨던 손은 별 휴유증 없이 잘 낳으셨는지도요 인연에 감사드리며 체부를 정독하겠습니다.

권태원 올림

2022. 4. 13

임은경/조각가

대표님, 보내주신 책 너무나 감동스럽습니다. 아이가 크면 책의 의미를 알려주고 소장하도록 해주고 싶은 귀한 책 보내주셔서 감사해요. 잘 읽어보고 작품 구상에 마음을 담아보겠습니다. 얼마나 오랜 시간과 열정을 담아서 만드셨는지가 고스란히 담겨있는 책이였습니다.

2022. 4. 13

김운경/ 방송작가

건강하시죠? 전 올해 작가협회 이사장 퇴임 후 안식년을 맞이 한것처럼 뒷동산을 오르내리며 편하게 놀고 있습니다. 코로나가 아니면 형님 따라 해외 트래킹이라도 할텐데 아쉽습니다. 언제 코로나 잠잠해지면 함께 여행하길 간절히 기원합니다. 글고 항상 건강하고 가정에 행복 가득하시길 바랍니다. 형님의 필생의 역작! ,체부가 조금전에 도착했습니다. 대충 넘겨보니 그 방대한 역사적 자료 모음에 숙연해집니다. 책 보내 주셔서 넘 고맙습니다. 언제 시간되면 제가 밥 한번 사겠습니다. 항상 건강하시길 기원합니다.

2022.4.13

장광준

체부. 도착했어요. 엄청난 과업이네요. 개인적으로 할 수 없는 영역인데요. 이 분야 전문가 소개하고 싶네요. 고려대 박물관 김상덕 부장. 대단하네요.

장광준 드림.

천수정 교수

잘 받았습니다. 한국의 우편사에 한 획을 긋는 뭐라 어떤 글로도 대신할 수 없는 훌륭하신 노고에 찬사를 드리며 출판 축하 드립니다. 잊지 않으시고 저에게까지 주신 크고 벅찬 선물 감동이며 영광입니다.

2022. 4. 19

강호철 교수/전 경남과학기술대학교 조경학과

반갑고 감사했습니다. 학과에서 보관하고 있어 어제 책을 받았습니다. 대단한 기록물에 찬사를 보냅니다. 누구하나 관심없이 예사롭게 생각하고 지니치다 보면 흔적없이 사라질 수 있는 자료들이지요. 누구도 알아주지 않고 경제성은 물론, 시간과 예산만 수반되는 벅찬 일을 마무리하셨네요. 실로 존경스럽습니다. 이 방대한 분량의 세련되고 꼼꼼한 편집에 더욱 감탄사가 나오네요. 일생을 살아가며 뭔가 하나는 세상에 남겨야 하는데…정말 대단한 일을 하셨네요. 존경스럽습니

다. 조속한 시일에 건강한 모습으로 뵙게되길 기대합니다. 진주에서 강교수 드림

2022. 4. 28

강용규 목사/기독교장로회 한신교회 담임 목사

주신 책과 글을 받았습니다. 목적을 세우고 끝까지 나가시는 집사님께 박수와 존경을 보냅니다.

2022. 4.19

마호득

며칠 집을 비우고 이제 막 도착하니 엄청난 선물이 나를 반기네요. 숨좀 쉬고 찬찬히 살펴보겠습니다. 일단 대단하다는 말을 전하고요. 책을 냈다고해서 그냥 수필집 한 권 정도로 생각했는데. 이것은 독립운동가의 대서사시를 집필하셨군요. 그 용기, 그 노력, 집념 역시 내가 봐온 나병장이였습니다. 정말 멋지고 존경스럽습니다. 가까운 시일내로 산을 좋아하신다니 치악산 밑에서 차한잔 나누면서 옛애기를 나누어 보자구요. 절대 치악산 등산은 아닙니다. 세렴폭포 정도 다녀오자구요.

2022. 4. 22

김아림/우리은행 본점 개인고객부 대리

회장님. 안녕하세요. 우리은행 김아림 대리입니다. 오랜만에 인사드리게 되어 죄송합니다. 그래도 전화로나마 회장님 인사드리니 너무 반갑고 좋습니다. 다시 한번 출간 축하드리고, 잘 보겠습니다. 늘 건강하고 좋은 일만 가득하세요. 김아림 대리 드림.

2022. 4. 19

정곤섭/ 봉정세무회계사무소 대표

생애 가장 아름다운 집념과 결실로 소중한 작품을 이루워 내신 형님에게 무한한 존경과 경외심을 드리며 항상 더 건강하시고 행복한 날이 되길 빕니다. 수고 많이 하셨습니다. 아우 정곤섭 배상

2022. 4. 19

은종호 교수

아마도 체부를 쓰신 나봉주 작가님이신 것 같습니다. 언뜻 보았습니다만 엄청난 데이터를 실으셨습니다. 몇 해 전에 저도 동양에서는 처음으로 우취용어집을 발간하는데 어려움이 많았습니다. 대작을 보내주신다니 감사합니다. 저자 사인도 해주시면 더욱더 좋겠습니다. 저도 졸작을 보내드리려 하니 받으실 주소 부탁드리겠습니다. 감사합니다. 좋은 시간 맞이 하십시요.

54025 군산우체국 사서함 제77호.

2022. 5. 17

경기중앙교육도서관

경기중앙교육도서관 기증 담당 김아련입니다

보내주신 자료를 살펴본 결과, 우리 도서관 기증도서 선정 기준에 적합한 도서로 판단됩니다 기증을 원하시면 방문 또는 택배를 통해 기증 부탁드립니다 감사합니다 * 동일도서 1권 한정 * 우편요금 발신인(기증자) 부담

* 기증 시점에 따라 등록(서가 비치)까지 최대 5개월 소요

2022. 2. 16

고려대학교 중앙도서관

안녕하세요

도서기증담당자 이지희입니다 우선 도서 기증에 감사드립니다 이미 소장중인 자료는 기증받고 있지 않은점 양해 부탁드립니다 그리고 책을 받았지만 등록이 안되는 자료의 경우 다시 돌려드릴지 저희쪽에서 폐기 또는 재 기증해도 되는지 회

신 부탁드립니다 책은 서울 성북구 안암로 145 고려대학교 중앙도서관 1층 학술정보개발부 (이지희)에 직접 가져다 주시거나 택배를 이용하여 배송 부탁드립니다

감사합니다

2022. 2. 24

경북대학교도서관

안녕하십니까.

경북대학교 도서관 학술정보개발과 자료수집팀 서효정입니다. 기증문의 주신 것에 감사 인사드리며, '체부'는 경북대학교 도서관에서 소장하지 않은 책으로 보내주실 자료는 입수된 자료 순으로 순차적으로 등록하여 서가에 비치될 것입니다. 감사합니다.

장충중학교

안녕하세요 나봉주선생님, 저는 장충중학교 사서 황미현입니다. 보내주신 도서 기증 공문 받아보았습니다. 귀한 자료를 기증해주신다니 감사할 따름입니다. 보내주시면 학교도서관에 등록하여 널리 활용할 수 있도록 하겠습니다. 감사합니다.

2022. 5. 23

광주과학기술원

안녕하십니까,

GIST 학술정보팀 기증도서 담당자 이해진입니다. 문의해 주신 내용에 답변드립니다. 저희 도서관은 과학기술 서적을 기증받고 있습니다. 기증해주시려는 책의 내용이 과학기술 관련 서적만 등록됩니다. 감사합니다.

이해진 올림.

2022. 5. 23

금오공과대학도서관

감사합니다. 선생님. 도서관의 장서로 우리 학교 연구자 및 학생들에게 널리 이용되도록 하겠습니다. 메일은 도서기증 담당선생님께 전달하겠습니다. 좋은 하루 보내세요

2022. 5. 23

서울특별시 종로구청

안녕하세요. 종로구청 교육과 안소현입니다. "체부" 도서 기증(무상) 관련하여 우편물 전달받고 메일 드리게 되었습니다. 종로구립 공공도서관에 각 1권씩 요청드립니다. 구립도서관 3개관의 주소는 붙임파일 참고 부탁드립니다. 감사합니다.

안소현 올림

서울특별시 은평구청

안녕하세요 문화관광과 박유희주무관입니다. 우편으로 보내주신 '체부'도서 기증 관련하여 수증도서관 명단을 아래와 같이 제출합니다.

1. 구립은평뉴타운도서관 : 서울특별시 은평구 진관2로 111-51(02-6341-6400)
2. 구립구산동도서관마을 : 서울특별시 은평구 연서로13길 29-23(02-357-0100)
3. 구립내를건너서숲으로도서관 : 서울특별시 은평구 증산로17길 50(02-307-6701)
4. 구립은뜨락도서관 : 서울특별시 은평구 통일로 972(02-389-7635)

양질의 도서를 기증해주셔서 감사드립니다.

문의사항 있으시면 201407011@ep.go.kr / 02-351-6533으로 연락주시기 바랍니다.

감사합니다.

– 은평구청 문화관광과 박유희 드림 –

서대문 구립 이진아기념도서관

안녕하세요. 서대문구립이진아기념도서관 기증도서 담당자 주연령입니다. 구청으로 전달받아 체부(한국근현대우편사징비 사료집. 1884~1948) 도서의 기증을 희망하여 아래와 같이 기관명, 주소를 함께 보내드립니다. 기관명: 서대문구립이진아기념도서관

주소: 서울특별시 서대문구 독립문공원길 80, 이진아기념도서관 (우편번호: 03732)

기증담당: 주연령(02-360-8635) 감사합니다^^ -서대문구립이진아기념도서관 주연령 드림(02-360-8635)

2022. 5. 18

진선여자중학교 도서관

안녕하세요 진선여자중학교 도서관 사서담당자 문혜지입니다. 보내주신 서류 읽어보았습니다. 도서관에 배치하면 좋을 것 같아요. 수증 원합니다. 감사합니다.

2022. 5. 11

경기대학교 중앙도서관

안녕하세요. 경기대학교 중앙도서관 도서기증 관련 담당자입니다. 지난 4월말에 우리대학 도서관에 아래의 도서가 기증도서로 입수되었습니다. 도서명: 체부 한국 근 현대 우편사 징비 사료집 사진 2장 첨부합니다. 택배상자는 우리대학 도서관이 맞는 데 안에 내용물인 기증자료처리동의서는 경희대학교로 표기되어 있습니다. 아마도 두 대학이 서로 뒤바뀌지 않았나 싶은데 기증자님께 먼저 문의해보고 처리하려고 이렇게 메일을 드립니다.

내용 보시고 상관없는지 여부를 회신주시기 바랍니다.

감사합니다.

2022. 5. 4

중앙대학교 도서관

안녕하세요.

학술정보원 기증도서 담당자입니다. 좋은 자료의 기증을 요청해 주셔서 감사드립니다. 기증해 주시는 자료를 소장하고 싶으나, 우리 도서관은 서고 공간이 협소하여 기증 수령이 어렵습니다. 더 좋은 곳에 기증해 주시기 바랍니다. 즐거운 하루 보내세요.

2022. 4. 25

성균관대학교 자연과학캠퍼스

안녕하십니까. 성균관대학교 자연학술정보팀 조성용입니다. 먼저 기증을 희망해주셔서 감사드립니다. 학술정보관에서 소중한 학술자료로 보관 이용하도록 하겠습니다. 첨부파일의 자료기증신청서를 작성 후 이메일로 보내주시면 감사하겠습니다. 도서는 택배를 통해 아래 주소로 보내주시면 되겠습니다.(또는 직접 방문도 가능하십니다.)

성균관대학교 자연과학캠퍼스 16419 경기 수원시 장안구 서부로 2066 성균관대학교, 삼성학술정보관 7층

담당자: 조성용(031-299-4025)

그럼 좋은 하루 보내세요. 감사합니다.

조성용 드림.

2022. 4. 22

부천우체국 정현진

안녕하세요.

부천우체국입니다.

발송인이 반도엠피에스인(반도엠피에스 검색했더니 전자,전기 취급 업체로 나옵니다.) '체부'라는 서적을 받았는데 홍보용으로 보내주신건지 우체국 상위부서에서 구매해서 배부해 주신 건지 궁금합니다. 답변 부탁드립니다.

2022. 4. 14

속초우체국

안녕하세요 속초우체국입니다. 체부라는 서적을 보내셨는데, 우체국에서 신청한 적이 없습니다만, 무상제공되는 것인지요? 좋은 하루 되십시오

2022. 4. 12

안녕하십니까?

속초우체국입니다.

보고드리려고 어떻게 보내시게 된 것인지 여쭈어 보았었습니다. 들은대로 보고드렸으며 담당 과장님으로부터 지시받은 대로 조치하였습니다. 반송하게 되어 송구합니다.

2022. 4. 14

정독도서관

안녕하세요, 정독도서관 정보자료과 기증도서 담당자 서재은입니다. 해당 도서를 오늘(4/12) 오전에 택배로 수령하였는데 도서 기증 의사를 확인할 수 없어 문의드립니다. 기증하신 책이 아니라면 확인하여 회신 부탁드립니다.

감사합니다. 서재은 드림

02-2011-5784

2022. 4. 12

수서정리팀 전미경 과장

서강대학교 로욜라도서관

안녕하세요 1부를 기증 요청드립니다. 첨부된 기증자료처리 동의서를 서명하여 기증자료와 함께 보내주시기 바랍니다. 소중한 자료를 기증 문의하여 주심에 감사드립니다.

2022. 2. 24

성균관대학교 중앙학술관

안녕하십니까? 심혈을 기울여 출판하신 책을 기증해 주신다니 감사합니다. 출판되면 아래 주소로 보내 주십시오.

서울시 종로구 성균관로 25-2

성균관대학교 중앙학술정보관 3층 인문학술정보팀 김양필

2022. 2. 25

경북대학교도서관

안녕하십니까.

경북대학교 도서관 학술정보개발과 자료수집팀 서효정입니다. 기증문의 주신 것에 감사 인사드리며, '체부'는 경북대학교 도서관에서 소장하지 않은 책으로 보내주실 자료는 입수된 자료 순으로 순차적으로 등록하여 서가에 비치될 것입니다.

감사합니다.

2022. 2. 24

고려대학교 중앙도서관

안녕하세요. 도서기증담당자 이지희입니다 우선 도서 기증에 감사드립니다. 이미 소장중인 자료는 기증받고 있지 않은 점 양해 부탁드립니다 그리고 책을 받았지만 등록이 안되는 자료의 경우 다시 돌려드릴지 저희쪽에서 폐기 또는 재 기증해도 되는 지 회신 부탁드립니다 책은 서울 성북구 안암로 145 고려대학교 중앙도서관 1층 학술정보개발부(이지희)에게 직접 가져다 주시거나 택배를 이용하여 배송 부탁드립니다

감사합니다

2022. 2. 24

숙명여자대학교 중앙도서관입니다.

숙명여자대학교 도서관의 많은 관심 감사드립니다. 체부/ 나봉주 편저자 … 위의 도서는 우리 대학에 관련학과와 전공이 포함되어 있지 않아, 장서 등록이 어려울듯 합니다.(대학도서관이다보니, 관련 전공서적 중심으로 등록함). 감사합니다.

숙명여자대학교 중앙도서관 드림

2022. 5. 20

안녕하세요. 숙명여자대학교 도서관입니다.

숙명여자대학교 중앙도서관입니다. 숙명여자대학교 도서관의 많은 관심 감사드립니다. 체부/ 나봉주 편저자 … 위의 도서는 우리대학에 관련학과와 전공이 포함되어 있지 않아, 장서 등록이 어려울듯 하여 답변을 드렸습니다. 그러나 국공립 도서관 등 관련 교육기관에 기증하시며, 연구 지원에 필요한 개인 및 기관의 자료 기증을 받고 있으니 여분의 도서(수증 대상)를 보내 주시면 장서로 등록하도록 하겠습니다. 감사합니다.

2022. 5. 23

광진정보도서관

안녕하세요, 나봉주 선생님. 광진구립도서관 기증서 업무를 맡고 있는 김정문이라고 합니다. 우편으로 보내주신 도서 '체부' 기증 건은 잘 받아 보았습니다. 해당 도서를 조사해보았고, 해당 저작의 가치를 인정하게 되었습니다. 다만, 저희 광진구 립도서관의 도서 수장률이 평균 90%로 소장의 한계를 보이고 있습니다. 따라서 저희 도서관에서는 매우 인기가 높거나 신간도서는 모든 도서관에 각각 소장하고 있지 않습니다. 해당 도서가 도서관에 없더라도 다른 소속 도서관 책을 배달해주는 관내 상호대차 서비스, 지하철 무인예약대출 시스템이 활성화되어 있어 이 문제를 해결하고 있습니다. 선생님의 비치 취지를 매우 공감하나 이러한 한계가 있어 죄송스럽지만, 광진구립도서관 모든 도서관에 소장은 어려울 듯합니다. 저희 또한 해당 도서의 가치를 인정하고, 소장 능력이 있는 도서관에 비치하여 광진구민에게 제공해드리고 싶습니다. 2권을 주신다면 최대한 등록을 해보도록 하겠습니다. 다만, 도서의 등록 작업은 광진정보도서관에서 대표로 하고 있어, 광진정보도서관으로 해당 도서 2권 모두 보내주시거나 방문해주신다면 감사드리겠습니다. 다만, 도서관 사정에 따라 등록이 어려울 수 있으며, 광진구 내 재기증 혹은 폐기가 될 수도 있는 점을 절차 상 안내드립니다. 저희 도서관으로 기증을 문의해주시어 대단히 감사합니다.

2022. 5. 26

도봉구청 도서관팀 전수정 주무관입니다.

도서관 비치용 도서(체부, 나봉주 저) 무상 기증 문의와 관련하여 우리 구 소속 도서관을 대상으로 수요 조사를 실시한 결과, 1개관에서 도서를 받아보길 희망하여 이렇게 메일을 남깁니다.

연번	도서관명	주소	담당자	연락처	비고
1	도봉문화정보도서관	서울특별시 도봉구 덕릉로 315(창동)	김범구	070-5101-1118	택배수령 희망

나봉주 선생님께

안녕하세요. 법원도서관 자료기획과 수증 담당자입니다. 보내주신 도서는 잘 받았습니다.

도서관 대출용으로 등록되었습니다. 감사합니다. 관련하여 문의사항이 있으시면 언제든지 연락주시기 바랍니다.

수증담당자 올림

2022. 5. 27

안녕하십니까, 부산대 도서관 기증담당입니다.

자료를 보내주시면 등록할 수 있을 것 같습니다. (저희 부서의 예산이 적어 택배나 등기는 선불만 가능합니다)

좋은 하루 되십시오.

오요환 드림 051-510-7600

2022. 5. 26

안녕하십니까, 영남대 도서관입니다. 소중한 도서의 기증의사를 밝혀주심에 감사드립니다. 기증하시고자 하는 도서를 아래의 주소로 보내주시면 등록하여 도서관에 비치하도록 하겠습니다. 〈보내실 곳: 경북 경산시 대학로 280 영남대학교 중앙도서관 학술정보팀 기증도서 담당자 앞 (T.053-810-1657) 도서관의 수서정책 상 동일한 기증도서는 1권만 등록 예정입니다. 혹시 1권 이상 보내주시는 경우에는 도서나눔행사에 활용하는 등 도서관에서 임의처리하게 됨으로 양지 부탁드립니다. 감사합니다.
영남대학교 도서관
조석주 드림
2022. 5. 25

안녕하세요. 마포중앙도서관 기증 담당자 엄미향입니다. 발송해 주신 도서관 비치용 도서 기증 관련 문서 확인하였습니다. 해당 자료를 우리도서관으로 발송해주시기를 요청드리오니 확인 부탁드립니다. 감사합니다. 좋은 하루 보내세요. :)
엄미향 드림.

안녕하세요!
관악구청관광체육과 도서관팀을 통해 우편을 전달받아 연락드립니다. 관악중앙도서관으로 기증해주시면 기증도서로 등록하여 이용자들이 이용할 수 있도록 비치하겠습니다. 감사합니다. 보내실 곳: 서울 관악구 신림로3길 35, 관악중앙도서관 2층 도서관플러스팀 수서담당자 앞
연락처: 02-828-5823
2022. 6. 2

민족문제연구소 임헌영
많은 정성을 쏟으신 역저를 잘 받고, 감사의 인사가 늦어졌습니다.
체신업무를 통해 본 민족 근대사의 파란만장한 장면으로 가득찼군요. 귀한 자료 수집과 정리에 너무나 노고가 컸겠음을 느낍니다. 특히 친일파 문제를 부각시켜 준 점도 특징이군요. 앞으로도 더 큰 연구를 기대하며 감사의 인사를 드립니다. 행운과 건투를 빕니다.
2022. 6. 27

민족문제연구소 임헌영
빈 인사가 아니라 정말 민족의식을 간직하고 잇는 관점에서 정성 들인 작업에 탄복했습니다. 언제 틈 나실 때 저희 연구소를 한 번 방문해 주시면 아주 즐거울 것 같습니다. 언제든지 메일로 연락 주시기 바랍니다.
2022. 6. 28

임승준
한국 근. 현대 우편 사료집 '체부'를 접하면서 '체부' 탄생을 진심으로 축하드립니다. 그간 평범한 대화에서도 형님의 촌철살인(간단한 말이나 단어로 사람을 감동시킴)과 쾌도난마 같은 진솔하고 깊은 해학과 은유와 유머와 철학을 배우곤 했지만 이토록 뜨거운 열정과 심연의 철학을 품고 계신 줄 몰라 했습니다. 이 보물은 우편 사료집이 아닌 대한민국 근현대사 역사책이라고 감히 소인은 말씀드리겠습니다. 우선 그간 형님의 뜨거운 열정과 노력과 관심과 노고가 한 권의 책으로 결실을 맺게 되어 찬사와 축하를 드리며 앞으로도 우리나라 우편사에 길이 빛나게 될 것으로 확신합니다. 독서를 유낭히 좋아하는 저는 이 사료집을 틈틈히 정독 열공 한 뒤 학교나 도움될 만한 후학들에게 나눔을 실천하여 형님의 고귀한 뜻을 미력이나마 받들어 전파해 나가겠습니다. 광운대서 맺은 인연 짧지만 저는 늘 마음 속에 형님을 간직하며 살았습니다. 언젠가 아내와 함께 문호리의 따순 초대도 잊을 수 없지요. 모쪼록 형님 하시는 사업에 번창과 함께 늘 건강을 기원합니다. 얼마 전엔 형님 고향 영광 법성에 운동하러 갔다가 백수 해안도로의 낙조가 어찌나 아름답고 황홀하던지 흠딱 반했습니다. 봉주 형님. 사랑하고 존경합니다. 오래 오래 우리들의 형님으로 남으셔서 필요 이상 나댈 때마다 정수리 지긋이 눌러 주시면서 삶의 진수를 한 수씩 가르쳐 주세요. 언제 어디서나 형님 댁의 건승과 행복을 기원하며 늘 응원하겠습니다.
임승준 올림.
2022. 7. 20

2022. 7. 25 오전 10시~오후 1시
중앙일보 문화부 김정연 기자가 '체부' 관련 취재를 나왔다.
내 자신 처음 겪는 일이라 어색하기도 하고 한편으로는 긴장되었다.

ujun****
와..단순히 노력과 시간의 투자만으로는 할 수 없는 일을 사명감과 책임감으로 이뤄내신 대표님 정말 존경합니다..요즘
세대는 볼 수없는 우표들을 보면서 그 시대의 발자취를 느낄 수 있어 가슴이 벅차오르네요.. 감사합니다 대표님
2022.11.30. 15:09

7chi****
열정이 대단하십니다~많은 분들이 볼수 있으면 좋을 것 같네요
2022.11.30. 15:07

ojh1****
독자로서 작가님 인터뷰를 보게 되어 반갑습니다!! 이 자리를 빌어 소중한 자료로 살아 있는 역사를 만나게 해 주셔서 감
사드립니다.
2022.11.30. 08:51

'체부' 구입 문의
YOUNG LEE 〈coree1884@gmail.com〉
받는사람 chebu1884@naver.com 2023년 7월 18일 (화) 오전 3:15

나봉주 선생님,
안녕하십니까?
선생님의 대단하신 우취 열정에 갈채와 격려를 보냅니다. 저는 미국에 있는 이영이라 하는 사람이며, 구한국우표 수집을
조금 하고 있습니다. 네이버나 티스토리에서 coree1884로 우표이야기나 우표전시를 하고 있습니다. 선생님의 고귀한 책
을 미국에서 알게 되어 구입하려고 노력했으나 미국에서 한국으로 대금지불 방법 해결이 쉽지 않아서 못했습니다. 선생
님으로부터 직접 구입할 수 있으면 안성맞춤이라 여겨 부탁드립니다. 제가 책 대금이나 우편료를 지불해 올리겠습니다.
허락하시는지를 알려주시기를 부탁드립니다.
더위와 장마에 건강 조심하시기를 바랍니다.
미국에서 Yong Lee(Dr. Joel Lee) 올림

2023년 7월 30일 (일) 오전 11:55
나봉주 선생님,
안녕하십니까? 오늘 보내주신 '체부'를 반갑고 감사하게 잘 받았습니다. 미리 우표수집에 대단하신 열정을 알고 있었지만
책을 보니 정말 대단하십니다. 정말 현대와 후대에 귀한 역사자료입니다. 어떻게 그 많은 우표들을 수집하셨고, 정리,
집필을 감당하셨는지 그저 감탄할 뿐입니다. 이는 재력만으로도, 우표수집 열정만으로도, 인내와 끈기만으로도 되지 않
는 일입니다. 선생님만이 하실 수 있는 일을 해 내셔서 같은 우취인으로서 갈채와 감사를 올립니다. 저는 약 40년 구한국
우표 (1884-1905) 수집을 하고 있고, 미국에 있는 Korea Stamp Society(KSS) 회원으로 Dr. Joel Lee라는 필명으로 구한
국 우표에 관한 기사들을 쓰고 있고, 네이버와 티스토리에 coree1884로 우표이야기를 쓰고, 수집한 구한국 우표들과 엔
타이어들을 전시하고 있습니다. 부디 내내 건강하시고, 앞으로 많은 지도 편달을 부탁드립니다. 또 연락 올리겠습니다.
미국에서 Yong Lee(Dr. Joel Lee) 올림

보낸사람 YOUNG LEE ⟨coree1884@gmail.com⟩
받는사람 나봉주 2023년 11월 19일 (일) 오전 2:35
나봉주 선생님,
안녕하십니까? 그동안 미국에 있으며 전 세계의 회원들로 구성된 한국우표협회(Korea Stamp Society; KSS) 전직 회장이었고 계속하여 출판, 홍보를 관장하고 있는 Ivo Spanjersberg씨와 연락하며, 선생님의 책을 어떻게 하면 보다 잘 홍보할 수 있을지를 의논하였습니다. 우선 선생님의 책 한 권을 이분에게로 보내주시면 이 분이 책을 받아 본 후 우리가 협의하여 필요한 조치를 취하겠습니다.
Mr. Ivo Spanjersberg
The Netherlands
다시 연락 올리기까지 건강하시기를 바랍니다.
미국에서 Yong Lee(Dr. Joel Lee) 올림

보낸사람 YOUNG LEE ⟨coree1884@gmail.com⟩
받는사람 나봉주 2023년 12월 1일 (금) 오후 1:23
나봉주 선생님,
안녕하십니까?
이번에는 현재 KSS의 회장인 Robert Finder씨의 주소를 보냅니다. 그도 반가워하며 귀한 책을 받기를 기쁘게 원합니다.
Robert Finder
Australia

나봉주 선생님,
안녕하십니까?
Mr. Ivo Spanjersberg는 네델란드의 관세법에 따라 18.58EUR 통관세를 냈고, 며칠 내로 받게 될 것이라고 합니다. 제 경우 미국에서는 전혀 그런 일이 없었습니다 마는 이번에는 KSS 회원이며, 기고가로서 세계적인 구한국우표 전문가이며, 감정사인 독일인 Mr. Florian Eichhorn의 주소를 보냅니다. 이 분이 제가 소개한 나 선생님의 체부를 좋아하면서 받기를 원합니다. 그러나 역시 관세 문제로 선물 이라고 쓰고, 가격은 30불이라고 써 주실 수 있는지 묻습니다. 그렇지 않으면 복잡해지고 세금을 많이 내야 하나 봅니다.
Mr. Florian Eichhorn
Germany
부디 강건하시기를 바랍니다.
미국에서 Yong Lee(Dr. Joel Lee) 올림

나봉주 선생님,
안녕하십니까?
Mr. Ivo Spanjersberg는 네델란드의 관세법에 따라 18.58EUR 통관세를 냈고, 며칠 내로 받게 될 것이라고 합니다. 제 경우 미국에서는 전혀 그런 일이 없었습니다 마는, 이번에는 KSS 회원이며, 기고가로서 세계적인 구한국우표 전문가이며, 감정사인 독일인 Mr. Florian Eichhorn의 주소를 보냅니다. 이 분이 제가 소개한 나 선생님의 체부를 좋아하면서 받기를 원합니다. 그러나 역시 관세 문제로 선물이라고 쓰고, 가격은 30불이라고 써 주실 수 있는지 묻습니다. 그렇지 않으면 복잡해지고 세금을 많이 내야 하나 봅니다.
Mr. Florian Eichhorn, Germany
미국에서 Yong Lee(Dr. Joel Lee) 올림

보낸사람 YOUNG LEE 〈coree1884@gmail.com〉
받는사람 나봉주 2023년 12월 1일 (금) 오후 1:23
인쇄번역
나봉주 선생님,
이번에는 현재 KSS의 회장인 Robert Finder씨의 주소를 보냅니다. 그도 반가워하며 귀한 책을 받기를 기쁘게 원합니다.
Robert Finder, Australia

Ivo Spanjersberg 씨는 책을 감사히 받아 한국인 부인과 함께 열심히 보고 있고, Eichhorn 씨는 제게 나 선생님의 책에 대한 영문 리뷰를 써서 KSS에 소개하자고 하여 제가 작업을 시작하였습니다. 이 경우 나 선생님이 특별히 언급되기를 원하시는 점이 있으시면 알려주시기를 바랍니다. 저는 이미 1884-1905 한국우표에 대한 여러 영문 기고문들을 써서 KSS에서 발행되었고, KSS 분기별 발행 책자에도 실려 있습니다. 다음 번 책을 우송할 곳은 미국 우표도서관이 될 것 같습니다. 건강하시기를 바랍니다.
미국에서 Yong Lee(Dr. Joel Lee) 올림

보낸사람 YOUNG LEE 〈coree1884@gmail.com〉
받는사람 나봉주
2023년 12월 14일 (목) 오전 12:06
인쇄번역
나봉주 선생님, 그동안도 안녕하십니까? KSS chair Finder씨 까지 세 분 모두 선생님의 책을 받았고, 감사의 인사를 대신합니다. 그들은 모두 엄청난 수집 분량에 놀라고, 제게 북 리뷰를 쓰라고 성화입니다. 선생님의 귀한 책에 누가 될까 하여 주저하다가 일단 졸고를 보냅니다. 보시고 수정, 보충하여 주십시오. 영문번역하여 KSS web site에 게제하게 될 것입니다.
건강하시기를 바랍니다.
미국에서 Yong Lee(Dr. Joel Lee) 올림

서평 '체부遞夫' Dr. Joel Lee가 KSS회지에 기고한 체부 영문 Review

Korea Stamp Society
Supporting Philatelists Since 1952

Home > Literature > Catalogues and books > "Chebu" Book Review

"Chebu" Book Review
Catalogues And Books

January 2, 2024   Dr. Joel Lee   22   Leave A Comment

A literally massive philatelic book has been published on Korean philatelic history. In this article Joel Lee, member of the KSS, introduces the book authored by Na Bong-ju and its background.

The author is Mr. Na Bong-ju, born in 1947 in Bubsung, Youngkwang, Jeollanam-province, Korea. Born the youngest of nine siblings shortly after liberation. When he was in 6th grade at elementary school, he followed his older brother to buy his first stamps, that were the national musical instrument series, He joined the stamp society under the Ministry of communications, paid a monthly membership fee, and

저자는 나봉주 씨로 1947년 전남 영광 법성 출생이다. 해방 직후 9남매 집안의 막내로 태어나 형을 따라 초등학교 6학년 때 처음으로 우표를 샀는데, 당시 체신부 산하 체성회에 가입해 월 회비를 내면 새 우표가 발행될 때마다 집으로 보내줬고, 그렇게 처음 수집한 우표는 국악기 시리즈였다고 한다. 이후 학업과 사회생활을 하며 한동안 우표 수집에서 멀어져 있었지만 대학에서 금속공학을 전공한 그는 부품 소재 사업으로 삶에 여유가 생기자 곧장 우표를 찾아다니기 시작했다. 그간 우표를 사 모으느라 쓴 돈이 15년간 10억원 가량이라고 하였다. "사업으로 돈 벌고 여행 가고 세금 내며 살던 사람이 우표를 모으고 우표 역사를 정리하면서 애국자가 된 것 같다."고 했다. 정가 12만원인 책 1,000권을 자비로 찍었고, 지금까지 도서관 · 대학 등에 등 600권을 기증했다. 나머 지도 모두 기증할 생각이다. 그리고 그는 '경기도 양평에「체부 박물관」을 세울 계획'이라고 했다. 저자는 이 책 리뷰에 특별히 언급할 부분이 있는지에 대한 질문에 이렇게 썼다. "리뷰에 특별히 요청드릴 것은 없으나, 우표를 사랑하는 우취인 한 사람으로 이 책을 만든 과정은 상당히 고생스러웠고, 금전적으로도 부담이 되었습니다. 지난 7년여 각고의 노력 즉, 처음 부터 끝까지 누구의 도움과 조력을 받지 않고 직접 본인이 한자 한자 워드와 사진을 출력하여 도안 편집하여, 자비로 출판비를 지불하고, 본인이 소장하고 있는 자료로만 구성하다 보니 미흡한 점이 한두 가지가 아닙니다. 그러나 역사가나 단체에서 해야 되는 고유의 영역을 침범한 것 같아 때로는 자신이 결여되기도 하였습니다. 그러한 점을 감안하여 이해하 여 주시기 갈망합니다."

책 제목 '체부(遞夫)'는 달리는 사람, 우편집배원을 뜻한다.
'체부(遞夫)'의 원제(原題)는 '한국 근 · 현대 우편사 징비 사료집'이다. 나씨의 '체부'에는 1884년 우리나라 최초의 우표인 문 위보통우표 등 5,000여 점의 우표가 소개돼 있다. 15년간 수집한 1만여 종 중에서 간추린 것이 다. 그가 10억 들여 사 모은 우표 1만 장.... 1,200쪽짜리 역사책이 됐다. "처음엔 우표 도감을 만들 생각이었어요. 자료를 정리하다 보니 우표에는 학교에서 배우지 못 했던 우리 근대사가 배어 있더라고요." 취미로 우표를 모으다 1,200쪽이 넘는 우표 역사책까지 쓰게 된 나봉주씨는 "편지와 우표가 사라지는 현실이 아쉽지만 그런 변화에 적응하는 수밖에 없다."고 했다. 그래서 "우표에 얽힌 생생한 역사를 기록으로 남겨 많은 사람과 공유하고 싶었다."며 이것이 누구도 엄두를 내지 못한 '체부'를 쓴 이유다. 내용 간약 대조선국 大朝鮮國(1884~1897): Page 6-72 대한제국 Empire Of TAIHAN(1897-1910): Page 76-539 일제강점기(1910~1945): Page 543-1097 미군정기(1945-1948): Page 1101-1116 부록: Page 1120-1231, 보편적으로 우표수집을 하는 한국인들은 일제강점기 우표들을 기피하는 경향이 있다. 그것은 민족적인 감정 때문이리라. 그것은 한국인들에게는 역사에서 지워버리고 싶은, 기억하기 싫은 부분이다. 본인도 그 부분의 우편물은 일전이라도 지불하여 수집하고 싶지 않고, 아예 눈길도 주지 않는다. 그러나 저자는 일제강점기의 우편 역사를 회피하지 않았다. 그것은 그가 140여 년 이 지난 구한말 우편사 자료를 수집하는 과정에서 비운의 피침 역사와 잊혀져가는 대한제국과 일제강점기의 쓰라린 역사를 '체부'를 통하여 다각적으로 살펴보기로 했기 때문이다. 아마도 그는 일제강점기의 우편물을 가장 많이 수집한, 그리고 이에 대해 책을 쓴 유일한 수집가이리라. 역사는 좋든 나쁘든 지울 수 없는 현실이다. 그는 이 사료집을 펴내면서 수많은 항일 독립운동가와 애국 선열들, 특히 단재 신채호 선생의 '역사를 잊은 민족에게 미래는 없다.'는 말씀을 상기한다. 치욕적인 과거를 외면한다면 그 불행한 역사는 반복될 수밖에 없다는 것이다. 일제는 식민 지배의 타당성을 홍보하는 엽서도 제작했다. 1910년 한일병합 같은 큰 사건이 있을 때마다 엽서를 발행했다. 그가 가장 힘들었던 작업은 조선 총독부 관보 17만 2510건을 6개월간 샅샅이 훑어 워드로 정리한 '일제강점기 전국 우편국 명단'이라 한다.

그는 작은 나라가 큰 나라를 섬기는 사대주의, 대한제국 비운(悲運)과 나약성(懦弱性), 일제강점기 수난과 수탈 역사를 가슴 속 깊이 새기며 '체부'를 통하여 잊혀져가는 치욕적 역사를 돌이켜 보았다. "일제강점기 당시 사사건건 그 시대 매국적 비행 사실과 일제 군복에 총과 칼을 차고 일본제국 군인으로, 일제 고등계 형사 앞잡이 노릇으로 치부하던 친일 경찰과 밀정들, 그리고 일제에 아부하며 거액을 갖다 바치고 훈장 받으면 가문에 영광이 되던 식민지시대 현실, 펜으로 일제를 찬양하던 문인들과 일부 언론인들 행적을 다 옮기지 못한 것이 못내 아쉽기만 하다. 역사 앞에 반성하고 사죄하기를 거부하는 무리들이 아직도 이 땅에는 주류로 존재한다는 사실이 서글프다." "독립운동하면 3대가 풍비박산, 가난에 시달리고, 친일하면 3대에 걸쳐 호의호식하며 떵떵거린다."하고 그가 탄식한다. 첨부된 역사적 사실들은 출처를 명시하였고, 부분적으로 본인 느낀 생각을 첨부하였다. "졸고이나마 성의를 생각하여 책장을 넘겨주신다면 감사할 따름"이라고 저자는 썼다. 1945년 8월 15일 일본이 연합군에 항복하여 대한민국은 36년 만에 일제의 식민지에서 해방이 되었지만, 북쪽은 소련군 통치에, 남쪽은 미군 통치하에 있게 된다. 아직도 나라가 자주독립국으로 완전 회복된 것이 아니다. 군정 아래에서 북쪽은 소련에서 돌아온 김일성이 공산주의 국가를, 남쪽은 미국에서 돌아온 이승만이 민주주의 국가를 건설함으로써 한국은 슬프게도 남북으로 완전 분단된다. 해방 5년 후 1950년 6월 25일에는 북한의 남침으로 남북대결 전쟁이 일어났고, 3년 동안 양쪽과 지원군, 민간인들의 수많은 사상이 일어났다. 휴전 70년 이후 남한은 전쟁의 잿더미에서 세계 10대 경제강국으로 부상하는 한편 북한은 핵무기 개발에 총력을 기울여 핵무기 보유국으로 위상을 떨치려 하며 세계에 위협이 되고 있다. 2차세계대전 이후 세계에서 유일한 분단국으로 남은 나라, 언제나 한반도에는 독일과 같은 통일의 날이 오려나....

이 나라를 분단시킨 당사국들과 세계는 이 나라를 통일시킬 책임이 있다. 그러나 누가 이 일을 해 주리오? 오직 이 나라 국민 스스로가 해야 하는데, 남북은 적대관계로 스스로 해결할 기미가 없고, 사람들은 모두 제각기 살기에만 급급하고 있으니, 오호라, 이 나라를 생각하고 애통한 마음 금할 길 없는 이 여기에 있다! 그리하여 고생 고생하여 자비로 이 책을 만들어 배부하며 나라와 민족을 일깨우고자 하는 현대의 독립운동을 하고 있다. 이 열정의 저자는 현재 다시 1,600 페이지에 달하는 '체부 II'을 탈고하여 출판을 준비하고 있다.

2023년 12월 13일
미국에서 Dr. Joel Lee

"우표 발자취 따라 근·현대 100년史 되짚는 계기되길"

우표 역사책 '체부' 펴낸 나봉주 대표
수집 우표 1만장 추려 징비 사료집 내
희귀본 수집에 9억~10억원 가량 들어
조선총독부 관보 1만7천 건 뒤져 만든
'일제강점기 우체국 명단' 가장 힘들어
"젊은 세대에 역사 알려주고 싶어 시작"

사진=서동일 기자"

처음에는 애국심도 사명감도 아니었다. 그저 우표 도감을 만들 생각이었는데, 자료 정리를 계기로 우리 근현대사를 깊게 들여다보다 보니 마치 독립운동하는 심정이 됐다. 마침내 결단을 내려서 한 권의 책으로 묶어낸 것이다."

수집한 우표 1만여장 중 절반을 추려 우표 역사책 '체부'(박영사)를 펴낸 나봉주씨(75)는 역사학자도 문필가도 아니다. 42년째 중소기업 반도엠피에스를 경영 중인 그는 지난 7년간 '체부' 집필에 매달려 무려 1300쪽에 달하는 '한국 근·현대 우편사 징비 사료집'(부제)을 냈다. '20년 지기' 우남일 전 숭의여고 교장은 나 대표가 아파트 몇 채 값을 들여 성취한 이 일을 두고 "우취(우표수집 연구가)의 단계를 넘어선 일"이라고 평했다. 그런데 취미에 거액을 쓴 것에 비해 그가 일하는 사장실은 소박했다. 대신 책장에 일렬로 꽂힌 무려 14권에 달하는 '체부' 가제본은 그가 인생에서 무엇을 특히 중시하는지 보여주는 듯했다. 나 대표는 "네이버 인명사전에 이름도 안나오는 필부의 책이지만, 각고의 노력과 집념으로 만들었다"고 말했다.

— 책 제목이 '체부'(우편집배원)다. 언제부터 우표 수집을 했나.

▲형을 따라 초등학교 6학년 때 처음으로 우표를 샀다. 당시 체신부 산하 체성회에 가입해 월 회비를 내면 새 우표를 집으로 보내줬는데, 체부가 대문에 들어설 때마다 가슴이 두근대던 기억이 있다. 고등학교 2학년까지 하다가 먹고 사느라 바빠서 까마득히 잊고 지냈다. 애들 다 키우고 사업이 안정된 60대 들어 다시 우표에 대한 애착이 되살아났다. 우편 도감을 만들려고 우편 봉투 한장 한장 다루다 보니 거기서 지난 100여년 전 역사의 숨결이 느껴지기 시작했다.

— 조선 말부터 대한제국기, 일제강점기, 미군정기까지 우표, 봉피, 엽서, 우편 사료, 사진 자료 등을 시대순으로 분류했는데 모두 본인 소장인가.

▲그렇다. 138년 전에 발행된 한국 최초 문위우표, 1861년대 통신수단 우역과 마패, 1884년 청일전쟁 당시 체송된 엽서, 1885년 아펜젤러(미국 감리교 선교사) 실체 봉피, 명성왕후 삽화가 실린 프랑스 옛날 신문 등 지난 15년간 우표상을 통하거나 해외 경매 사이트에서 직접 낙찰받아 모은 것들로 책을 만들었다. 이베이 경매사이트는 새벽 3~4시에 마감돼 응찰

후 자고 일어나면 어떨 때는 낙찰되고 어떨 때는 안돼 놓친 물건도 많다. 낡은 우표 한장 한장이 내겐 소중하다. 한장이라도 더 모을 수 있었는데 하는 아쉬움도 남는다.

— 얼마나 많은 사비를 들였나. 최고가 희귀본을 꼽는다면.

▲책에 수록된 우편사 실체 자료들은 최저 50만원에서 최고 3000만원까지 다양한데 누적 9억~10억원가량 썼다. '일제 주요 인사 서신 검열 문서'는 현재까지 발견된 유일본이다. 1918년 조선총독부 체신국 감리과장이 전국 우편국에 하달한 체비문서로 이승만, 안창호 등 한국 주요 인사의 서신을 검열하라고 지시한 비밀문서다. 또 이화 보통우표와 함께 미국에서 인쇄해온 태극우표에 새로운 액면을 첨쇄해 전위첨쇄 보통우표가 함께 사용됐는데, '전위첨쇄 시리즈'는 1903년 인천 제물포에서 상하이를 거쳐 홍콩에 체송된 봉피로 1994년 스위스 경매에서 당시 670만원에 낙찰됐던 것이 여러 주인을 거쳐 2018년 취득하게 됐다. 이렇게 여러 장 우표가 붙어 있는 봉투를 만나는 건 큰 행운이다.

— 우편사를 통해 1884년 우정총국과 갑신정변, 1910년 국권 피탈 등 근현대사의 주요 사건과 인물을 기술하거나 인용했다. 특히 항일 독립투사 37인 유언록과 여성 독립운동가 명단 등을 별책으로 수록하며 역사의식을 드러냈다.

▲새벽부터 밤 늦게까지 원고를 작성하다가 격한 감정에 가슴이 스러지고 눈시울이 적셔질 때가 한두 번이 아니었다. 어느 순간 내가 독립운동가가 되어가는 듯했다. 이름 없는 항일 의병과 독립운동가들이 일제강점기 35년을 거치면서도 독립운동을 포기하지 않았기에 지금 우리나라가 있는 게 아니겠는가. 정말 그들에게 경의를 표하지 않을 수 없다. 그런데 독립운동하면 3대가 가난에 시달리고 친일하면 3대가 호의호식한다는 사실이 부끄럽고 씁쓸하다. 독립자금을 전달해준 외국인 선교사 역할도 커서 그 명단도 수록했다. 해당 연도에 발생한 당시 주요 우편사, 구한말·일제강점기 역사적 사건과 문화, 풍습, 인물들 기록을 접목시켜 잊히고 있는 역사를 우리 청년들에게 일깨워주는 데 중점을 뒀다.

—서문에 서애 유성룡 '징비록'을 생각하며 치욕의 역사가 반복되어서는 안된다는 심경으로 우표를 선별하고 정리했다는 문장이 인상적이다.

▲내 진심이다. 매일 새벽 5시에 출근해 1~2시간 회사 업무 보고 하루종일 이 작업에 매달리며 포기하고 싶을 때가 한두 번이 아니었다. 단재 신채호 선생의 '역사를 잊은 민족은 미래가 없다'는 말을 상기하며 향후 미래를 위한 새로운 디딤돌이라고 생각하며 다시 매달렸다. 일제강점기 우체국 명단은 가장 힘든 작업이었다. 국립중앙도서관에 있는 조선총독부 관보 1만7000여건을 장장 6개월에 걸쳐 검색, 발췌해 작성했다. 모르는 한자도 더러 있어 옥편 찾아가며 작업했다. 책에 수록된 이미지는 직접 다 스캔 받았고 심지어 엑셀워드로 작성한 원고를 한글문서로 전환해야 했는데, 수많은 문장과 도안이 깨져 얼마나 애를 태웠는지 모른다.

나 대표는 자비로 출간한 권당 12만원짜리 이 책을 전국 도서관과 우체국, 고등학교, 대학교 467곳에 무료 발송했다. "젊은이들이 특히 우리 역사에 흥미를 가졌으면 좋겠다"는 바람의 발로였다. 그는 "도합 104부가 반송돼 너무 섭섭했다"면서도 "서점에서 팔려 (소액이었지만) 인세라는 게 통장에 찍혔다"며 기뻐했다. "촌놈이 쓴 책이 국립중앙도서관, 국회도서관, 서울대 등에 등록돼 있으니 이렇게 보람찰 수가 없다"며 "내 인생 일대사건"이라며 뿌듯해했다. 그는 경기도 양평에 우표전시관을 건립할 계획이다. "장롱에 넣어두고 혼자만 살피는 것이 아니라 널리 알려서 청소년들이 역사의식을 높이는 데 도움을 주겠다는 소명" 때문이다.

신진아 기자 (jashin@fnnews.com)

'갓 쓴 안중근, 이토 저격' 1910년대 희귀 엽서 "부르는게 값이었죠"

최후 이등박문(나봉주 '체부' 편저자 제공)

[파이낸셜뉴스] 오는 21일 안중근 의사의 삶을 스크린에 옮긴 뮤지컬영화 '영웅'이 개봉하는 가운데, 일제강점기 당시 제작된 것으로 추정되는 희귀엽서가 있어 눈길을 끈다.

이는 올해 출간된 한국 근현대 우편사 징비 사료집 '체부' 428쪽 '통한일격(痛恨一擊)에 수록된 실체 자료다. 안중근 의사는 1909년 10월 26일, 만주 하얼빈역에서 민족의 원흉인 이토 히로부미를 저격하고 품에서 태극기를 꺼내 "코레아 우라!"(러시아어로 코리아 만세)를 외쳤다. 현장에서 체포된 안중근은 이듬해 3월 26일 살인 죄목으로 옛 러시아-일본의 뤼순 감옥에서 교수형으로 순국했다.

이 엽서는 한복을 입고 갓을 쓴 사람(안중근 의사 묘사)이 쏜 총탄에 이토 히로부미가 절명하는 모습을 담고 있다. 또 '최후의 이등 공작, 원훈(元勳) 대위인(뛰어나고 훌륭한 사람)'이 쏜 일발탄환으로 지하에 묻힌 사람이 되었다'라고 적혀 있다. 원훈은 나라를 위한 가장 으뜸이 되는 공을 뜻한다. 나봉주 편저자는 14일 "본 엽서는 안중근 의사 자료로는 어디에서도 검색이 안 되는 희귀 자료"라며 "현재로선 안중근 의사가 이등박문(이토 히로부미)을 저격하는 모습을 담은 유일한 엽서"라고 설명했다. 이어 "일본인 명호식무(鳴呼湜武)가 그림을 그리고 제호를 써서 발행한 사제엽서로 이등박문 일대기를 7장의 엽서로 제작한 것으로 추정된다"고 말했다. "특이점은 당시 시대 상황에서 일본인 작자가 안중근 의사를 원훈, 대위인이라고 칭송했다는 것"이라며 "그림엽서 화풍으로 봤을 때 일본인이 그린 것이 확실해 보인다"고 추정했다. '원훈, 대위인'이 안중근 의사가 아니라 이토를 뜻하는게 아니냐는 물음에는 자신 역시 의심스러워 일본어 전문가에게 추가 확인했다고 부연했다. 평소 우표 수집이 취미였던 나봉주 편저자는 수집한 우표 1만여장 중 절반을 추려 우표 역사책 '체부'(박영사)를 펴냈다. 본업이 따로 있는데 장장 7년간 '체부' 집필에 매달려 무려 1300쪽에 달하는 '한국 근·현대 우편사 징비 사료집'(부제)을 냈다. 책에 수록된 우편사 실체 자료들은 구입가가 최저 50만원에서 최고 3000만원까지 다양한데 누적 9억~10억원가량 썼다. 그렇다면 이 엽서는 어떻게 구했을까? 그는 지난 1월말경 책 출간을 앞두고 극적으로 입수했다고 밝혔다. 나봉주 편저자는 "원고 마감이 끝난 상태였는데, 우표상에게 연락이 와 시급히 구입했다"며 "덕분에 완성된 목차와 색인, 내용을 다시 수정해야 했다"고 말했다. "이번 책을 집필하면서 안중근 의사 관련해 기존에 보지 못한 독특한 자료를 구하고 싶어 오래 전부터 수소문했다. 우표상이 이를 알고 부르는 게 값이 됐다.(웃음) 물론, 구입가를 떠나서 막판에 이 자료를 만나 '체부'에 수록할 수 있었던 것은 큰 행운이 아닐 수 없다"며 뿌듯해했다.

신진아 기자 (jashin@fnnews.com)

chun****

이런 귀중한 자료가 남아있다니.

2022.12.14. 17:27

공감/비공감 공감57 비공감2

cheo****

안중근. 윤봉길 같은 분이 있어서 오늘의 대한민국이 있다고 본다. 민족의 영웅..

2022.12.14. 17:35

답글7
공감/비공감 공감45 비공감9

mina****

굿짐당 대표 오다니 마사오 친손주 정진석이 이 기사를 싫어합니다.

2022.12.14. 17:40

답글5
공감/비공감 공감35 비공감34

ji58****

찢쥐명을 이또 히로부미처럼 한방으로 염라대왕님한테 보내는 사람이 제2 안중근 의사가 되는거다 !!!!

2022.12.14. 17:27

답글6
공감/비공감 공감28 비공감30

musi****

친일파 매국노의 후손들은 이 기사를 싫어합니다 . 윤과 국짐, 지지자들.. 열받지?^^

2022.12.14. 19:27

답글5
공감/비공감 공감11 비공감12

jhlo****

나라는 국짐당같은 것들이 팔아먹고 고생은 서민이하고

2022.12.14. 20:08

답글3
공감/비공감 공감3 비공감4
답글4

dh89****

윤석렬과 국짐이 싫어하겠네. 일본 눈치봐야하거든

2022.12.14. 18:23

답글0
공감/비공감 공감3 비공감5

swia****

에스페란토어가 아니라 러시아였습니다. Корея ура (꼬레야 우라 – 한국 만세) 일본인이 안중근 의사를 대위인이라고 칭송한 것은 놀랍지 않습니다. 간수 치바 토시치씨도 안중근을 깊이 흠모했으니…

2022.12.14. 18:44

답글1
공감/비공감 공감3 비공감1

dwnk****

이토의 당시 위상을 보거나 엽서에 적힌 내용도 '원훈, 대위인이' 이 아니고 ' 원훈, 대위인을'이네요. 저 역시도 안중근 의사를 존경하지만 너무 자의적인 설명이시라 ㅎㅎ

2022.12.14. 19:55

bumi**

역사는 상황과 홍보가 만든다. 지위가 있는 사람은 홍보하고 알려져 역사가 되고. 보이지 않는 곳에서 나라를 위해 이름 없이 희생된 분들은 그냥 잊혀진다. 현충일은 그런 이름 없는 분들을 추모하는 날이다. 그러나 이 나라는 현충일은 그냥 하루 쉬는 날일 뿐이다. 홍보하고 광고하고 선전하면 또 유행처럼 감성팔이 대상이 되고 .일단 감성팔이 열차에 올라타기만 하면 영웅이 되고 신이 되고 경배의 대상이 되기도. 이순신.유관순.세종대왕.안중근.안창호.어릴 때부터 들어온 이 분들의 이름은 죽을 때까지 마음 속에 영웅일 것이다. 그러나 잊혀진 순국선열도 기억.

2022.12.14. 20:24

jlun**

우와 소장하고 싶다!!! 정장을 했을거라고 생각했는데 도포에 갓이라니 더 멋진데?

2022.12.14. 20:15

03ki**

나봉주 편저자는 14일 "본 엽서는 안중근 의사 자료로는 어디에서도 검색이 안 되는 희귀 자료"라며 "현재로선 안중근 의사가 이등박문(이토 히로부미)을 저격하는 모습을 담은 유일한 엽서"라고 설명했다.

2022.12.14. 19:28

sara**

이토히로부미 사진보고 울고 있을 골통들…

2022.12.14. 19:21

jaho**

절대로 기부하지 마시고 잘 소장하세요

2022.12.14. 19:14

star**

상도 애들은 테러리스트라고 욕하던데.

2022.12.14. 18:36

kiss**

갈등의 중심으로 유인 말아야

2022.12.14. 18:23

thes**

근데..일등박문은 어떤 넘이지?

2022.12.14. 17:44

'遞夫'를 읽고서...

일생에 책을 한 권 접한다는 것도 쉽지 않지만 더욱이 후대에 남길 만한 진실한 책을 한 권 쓴다는 것은 아무나 할 수 있는 영역은 아니다. 특히 불필요한 미사여구와 군더더기를 붙이지 않고 진실만을 쓴 책이 여러 대중에게 많이 읽히기까지는 매우 어렵고 글 쓴다는 작업은 마치 자신의 치부를 드러내듯 세상에 나를 홀딱 벗기는 과정이므로 매우 어려운 일이다.

라틴 아메리카 소설 '백년의 고독/마르케스'과 토지/박경리 처럼 여러 번 재독해야 어서프게나마 이해를 할수 있듯 '체부'도 쉽게 책장을 넘길 수 없는 책으로 처음에는 정성껏 수집한 우표를 배열한 책쯤으로 편견을 가졌으나 이것은 어디까지나 대 착각이었음을 깨닫는데 많은 시간이 필요치 않았다.

1884년 구한말 대한제국과 일제 식민치하 때부터 1948년 정부수립 때까지 장장 반 세기가 넘는 64년간의 우편 역사와 대중문화의 변천사는 물론 항일 독립운동가의 면면까지 상세한 연대별로 기술하여 일제를 통한 서구 문물 유입과 철도개설 식민정책까지도 집대성한 대하드라마라 하지 않을 수 없다. 편저자가 아니었다면 자칫 장롱 속에 묻힐 뻔했던 이 나라 우체 행정의 모든 역사와 엽서는 물론 각종 전쟁사 통신 시설인 역제와 봉수 등 생소한 낱말까지 쉽게 풀어 군사우편 통치사 우편 역사를 총 망라 일제강점기 창씨개명사를 포함한 각종 증서까지 정성이 면면이 묻어나 찬란히 빛난다.

특히 연대별 역사적 사건과 우표엽서 증서 등과 함께 풍습 인물 기록까지 부록에 실은 훌륭한 독립투사의 기록은 대한민국 민족임에 더없는 자부심으로 자랑스럽고 자칫 소홀히 묻힐 뻔한 우편 역사의 위대한 획을 그은 대하드라마로 생로병사를 막을 수 없지만 일기일회 오직 단 한번 이 땅에 왔다 가는 삶 후세에 귀중한 문화재로 민족사료집 '체부'를 머리말에 두고 내면촉수가 외부로 흔들릴 때마다 펼쳐 영혼 꼿꼿이 다잡는 가문의 보물이다.

1948년에서 오늘까지 74년 역사는 과연 누구 몫인지 모두의 어깨가 무겁다.

2022년 8월 8일 '체부'를 읽고... 임승준 드림

"세월과 정성의 흔적이 묻어있군요"

서울 목운초등학교 6학년 전지한 군의 편지 2023. 3. 23
(서울 목운중학교 1학년 재학중)

나봉주 할아버지께

안녕하세요, 저는 가가 ███ 씨의 아들 전지한 입니다.
처음 할아버지께서 주신 우표 보고 저희가 무슨 대대손손 우표
이어받을 사람들도 아닌 것 같은데. 엄청난 양의 우표 전집을
받고 깜짝 놀랐습니다. 몇년간 모으신 우표 샘플 일부
주시다니 감동할 따름입니다. 전집 한 우표에서 여러 목림투사 우표도
나오고 재밌는 것 많았습니다.
우표를 받은 정확한 이유는 앞서 말했드렸지만 잘 모르겠습니다.
하지만 외표집에 세월과 정성의 흔적이 묻어있어요. 지금까진
우표 수집에 대해 관심은 없었으나   엄마가 말씀신 우표관에도
가야겠을만큼 그래도 우표에 약간의 흥미를 얻게 되건 가였습니다.
아무튼 여러 좋은 우표들 많이 물려받아서 정말 감사드리고, 앞으로도
더 좋은 우표 많이 모으시고 건강하시길 바랍니다.

전지한 올림.

독자가 보내 준 '체부' 서평

전경련 9기 모임에서 '체부' 역작을 받고 멍했습니다.
7년여의 각고 끝에 탄생한 우표의 이야기이기도 하지만 우리나라의 근·현대사로서의 역사적 가치가 있음을 잘 알기에 저로서는 어떻게 반응해야 될지 잘 몰랐기 때문입니다.
다시 한번 박수를 보냅니다. 큰 일 하셨습니다.
그 긴 시간동안 하나의 주제를 가지고 그렇게 방대한 자료 수집과 비용을 들인 헌신과 수고에 존경과 놀라움을 갖게 됩니다. 기자생활을 한 저로서도 감히 엄두도 못낼 일이었습니다.
나봉주 대표님을 통해 저도 뭔가를 마무리하고 정리를 해야겠다는 마음을 일으키게 되었습니다. 감사합니다.
저는 한국경제신문을 퇴임한 후 오방리더십이란 프로그램을 만들어 여태까지 39기까지 배출했지만 책으로 만들지는 않았습니다. 수료자들의 요청으로 강의 시 사용한 짧은 글 중 몇 편을 뽑아 달력으로 만든 게 고작이었습니다.
왜냐하면 요즘 세상에 누가 책을 읽어주겠느냐는 생각 때문이었지요. 그러나 정리라는 측면에서 뭔가 역사적 자료로서 남겨야 된다는 생각이 들었습니다. 나봉주 대표님 덕분입니다.
동봉한 오방달력은 달력으로서보다 저의 글과 수료자들이 기증한 사진을 본다는 생각으로 만들어 보았습니다.
한번 보시고 책으로 만들어도 좋을지 평가해 주시면 감사하겠습니다.
이 조그만 오방달력을 빌어 나대표님의 '체부'가 상대적으로 얼마나 대단한 역작인지를 느껴보시길 바랍니다.
다시 한번 감탄과 존경의 마음을 표합니다.

2024년 7월 9일

오방CSO리더십연구원 김대곤

부록   ◆ 1715

체부(2022. 3. 1. 발행) 등록처 명단

국 · 공 · 사립도서관

국립중앙도서관 · 국회도서관 본관 · 국회도서관 부산 · 남산도서관 · 정독도서관 · 은평뉴타운도서관 · 내를건너숲으로 도서관 · 은뜨락도서관 · 청운문학도서관 · 아름꿈도서관 · 어린이청소년국학도서관 · 강남구도곡정보문화도서관 · 강남 구열린도서관 · 이진아기념도서관 · 삼성1동주민센터도서관 · 법원도서관 · 관악중앙도서관 · 도봉문화정보도서관 · 광진 정보도서관 · 마포중앙도서관 · 강북문화정보도서관 · 우정공무원교육원도서관 · 부산 기장도서관 · 부산 정관도서관 · 부평도서관 · 청라호수도서관 · 대구광역시립두류도서관 · 대구광역시립북부도서관 · 부산광역시립부전도서관 · 부산광 역시립중앙도서관 · 부산광역시립구덕도서관 · 부산광역시립시민도서관 · 부산광역시립서동도서관 · 대구광역시립중앙 도서관 · 제주한라도서관 · 한밭도서관 · 중곡문화체육센터도서관 · 부산서동도서관 · 부산도서관 · 제주우당도서관 · 송 파도서관 · 충남도서관 · 별마당도서관(COEX)

대학교 도서관

경기대학교 · 서강대학교 · 전남대학교 · 홍익대학교 · 제주대학교 · 조선대학교 · 동국대학교 · 한동대학교 · 계명대학교 · 숙명여자대학교 · 광주대학교 · 이화여자대학교 · 광주교육대학교 · 연세대학교 · 경북대학교 · 전남대학교 여수캠퍼스 · 인하대학교 · 영남대학교 · 성균관대학교 · 성균관대학교 자연과학캠퍼스 · 고려대학교 · 경희대학교 · 경희대학교 수원캠 퍼스 · 서울대학교 · 충북대학교 · 광운대학교 · 충남대학교 · 동서대학교 · 울산대학교 · 가천대학교 · 제주한라대학교 · 한 양대학교 · 덕성여자대학교 · 부산대학교 · 단국대학교 율곡도서관 · 단국대학교 퇴계도서관 · 원광대학교 · 전북대학교 · 동아대학교 · 서울시립대학교

초 · 중 · 고등학교

양평 서종초등학교 · 양평 서종중학교 · 서울 숭의여자중학교 · 서울 진선여자중학교 · 서울 장충중학교 · 서울용곡중학 교 · 서울 용마중학교 · 서울 중랑중학교 · 서울 숭의여자고등학교 · 전남 진도국악고등학교 · 광주과학고등학교 · 광주 수피아여자고등학교 · 광주 금호중앙여자고등학교 · 광주 동일미래과학고등학교 · 광주 상무고등학교 · 광주 설월여자고 등학교 · 광주 호남삼육고등학교 · 서울 양정고등학교 · 서울 풍문고등학교 · 서울 현대고등학교 · 전남 해남고등학교 · 서울세종과학고등학교 · 전주 기전여자고등학교 · 서울 대광고등학교 · 광주 숭일고등학교 · 광주문정여자고등학교

기타

전국 우체국(55개처)

해외

Dr. Joel LEE, Florida, U.S.A./ Mr. Ivo Spanjersberg., Amsterdam, The Netherlands/ Mrs. Hee-Ryang Kim., St. Martin, Guernsey./ Mr.Florian Eichhom., Wiesbaden, Germany./ Robert Finder, Tennyson SA,, Australia / Mr. Anthony Bard, EAST PRESTON,. U.K./ Christian Schunck, Obing,Germany./ Richard Arent. Yuba City, CA, U.S.A. 주일한국문화원(동경) · 주프랑스한국문화원(파리) · 주브라질한국문화원(상파울로)

색인 索引

[인명]

기우만奇宇萬 ◆ 623
강노姜㳣(1809~1887) ◆ 317
강영수姜永秀 ◆ 792
강익진康翊鎭 ◆ 792
강창주姜昌周 ◆ 792
강춘삼姜春三 의병장(1858~1913) ◆ 60
고광古狂 이세영李世永 의병장(1869~1938) ◆ 55
고광훈高光薰 의병장(1848~1907) ◆ 59
고성린高聖隣 ◆ 792
가와카미 소로쿠 ◆ 259
고재옥高在玉 ◆ 792
고영희高永喜 ◆ 480, 509
고창종高昌鐘 ◆ 792
곽치도郭致道 ◆ 792
구스노세 유키히코 ◆ 260
구운회具雲會 ◆ 792
권구원權九瑗 792
권기옥權基玉(1901~1988) ◆ 1262
권동진權東鎭 ◆ 975
권애라 ◆ 910
권영보權寧寶 ◆ 792
권오설權五卨 (1897~1930) ◆ 1243
권오섭權五燮 ◆ 792
권용일權用佾 의병장(1884~1971) ◆ 58
권중현權重顯 ◆ 466
권재규權在奎 ◆ 792
권재명權在明 ◆ 792
권택구權宅九 ◆ 792
권혁무權赫武 ◆ 792
기산도奇山度 의병장 ◆ 47
기주복奇主福 ◆ 387
김구金九 ◆ 919~973
김경영金京榮 ◆ 792
김교신金教臣 ◆ 331
김교열金教烈 ◆ 792
김근복金根福 ◆ 792
김기연金基淵 ◆ 792
김길수金吉洙 ◆ 387
김대식金大植 ◆ 792
김덕제金悳濟 의병장 ◆ 61
김동철金東哲 ◆ 387
김두석金斗錫 ◆ 792
김락홍金洛紅 ◆ 792

김마리아金瑪利亞(1891~1944) ◆ 396
김명수金明守 ◆ 792
김배길金倍吉 ◆ 792
김백선金伯善(미상~1896) ◆ 49
김병극金炳極 ◆ 792
김병수金秉洙 ◆ 792
김병익金炳翊(1837~1921) ◆ 73
김봉섭金鳳燮 ◆ 792
김상렬金相烈 ◆ 792
김상학金相鶴 ◆ 792
김상호金相鎬 ◆ 792
김석창金錫昌 ◆ 387
김선환金善煥 ◆ 792
김성근金聲根(1835~1919) ◆ 73
김순효金淳孝 ◆ 336, 388
김영배金永培 ◆ 792
김영연金永練 ◆ 792
김영옥金永玉 ◆ 792
김영이金榮伊 ◆ 792
김영전金永典(1837~미상) ◆ 73
김영주金英珠 ◆ 388
김영철金榮哲(1892~1960) ◆ 1208
김영춘金永椿 ◆ 792
김영태金榮泰 ◆ 792
김예오金禮五 ◆ 792
김옥균金玉均(1851~1894) ◆ 142
김용안金龍安 ◆ 792
김유순金裕淳 ◆ 388
김유연金有淵 ◆ 388
김윤식金允植(1835~1922) ◆ 73, 871
김은섭金䜴燮 ◆ 792
김응락金應洛 ◆ 388
김응호金應虎 ◆ 309
김인욱金仁旭 ◆ 901
김인준金仁俊 ◆ 389
김정숙金正淑 ◆ 792
김정필金正弼 ◆ 792
김정환金正煥 ◆ 792
김종덕金鐘德 ◆ 792
김종철金鐘哲 ◆ 792
김준경金駿卿 ◆ 792
김중훈金重勳 ◆ 792
김지섭金祉燮(1884~1928) ◆ 1202
김창숙金昌淑(1879~1962) ◆ 1206
김충홍金忠弘 ◆ 792

김쾌봉金快鳳 ✦ 792
김택기金宅基 ✦ 792
김택영金澤榮(1850~1927) ✦ 620
김필순金弼淳 ✦ 327
김필환金弼煥 ✦ 794
김하락金河洛(1846~1896) ✦ 51
김형옥金炯玉 ✦ 792
김홍집金弘集 ✦ 95, 257
김화남金化南 ✦ 792
김화식金化湜 ✦ 389
김향화 ✦ 910
나진근羅珍根 ✦ 792
남궁혁南宮爀 ✦ 389
남자현南慈賢(1872~1933) ✦ 1255
남정욱南廷昱 ✦ 792
노덕술盧德述(1899~1968) ✦ 665
노도사盧道士 ✦ 342
노르베르트 베버(Norbert Weber) ✦ 1133
노빈혁盧彬爀 ✦ 792
노무라 야스시 ✦ 259
노산 이은상 ✦ 44
노응규盧應奎 ✦ 57
노영수盧永守 ✦ 389
노재섭盧在燮 ✦ 792
단재丹齋 신채호申采浩 ✦ iii, 723
로랜드 힐(Rowland Hill) ✦ 18
로스(John Ross) 1842~1915 ✦ 105
명성황후明成皇后 ✦ 245~257
목인덕 Paul Geoge Von ✦ 742
묵현리(墨賢理: Henry F. Merrill) ✦ 742
문석봉文錫鳳(1851~1896) ✦ 51
문영춘文永春 ✦ 792
문준경文俊卿 ✦ 390
미우라고로 ✦ 249, 272
미즈노 렌타로 ✦ 259
민긍호閔肯鎬1865~1908) ✦ 74
민병석閔丙奭(1858~1940) ✦ 509
민상호閔商鎬 ✦ 648
민영익閔泳翊(1860~1914) ✦ 142
민영환閔泳煥(1861~1905) ✦ 62, 252
민용호閔龍鎬 의병장(1869~1922) ✦ 57
민종묵閔種默(1835~1916) ✦ 73
박경구朴敬球 ✦ 390
박관준朴寬俊 ✦ 390
박기수朴基洙 ✦ 792
박길용朴吉龍 ✦ 792
박도경朴道京 의병장(1874~1910) ✦ 61
박봉진朴鳳鎭 ✦ 390
박순국朴順局 ✦ 792

박승환朴昇煥 시위대장(1869~1907) ✦ 62
박세화朴世和 ✦ 56
박연엽朴淵燁 ✦ 792
박영근朴英根 ✦ 390
박영효朴泳孝 ✦ 141
박용만朴容萬(1881~1928) ✦ 473, 903
박용주朴龍州 ✦ 792
박윤식 박사 ✦ ix
박은식朴殷植(1859~1925) ✦ 413
박은택朴殷澤 ✦ 792
박재혁朴載赫 (1895~1921) ✦ 1209
박정열朴貞烈 ✦ 792
박정양朴定陽 ✦ 257
박정찬朴貞燦 ✦ 343
박제순朴齊純(1858~1916) ✦ 466, 509, 614
박종락朴鐘洛 ✦ 792
박주대朴周大 ✦ 792
박차정朴次貞(1910~1944) ✦ 1260
박창식朴昌植 ✦ 792
박춘권朴春權 ✦ 353
박춘금朴春琴 (1891~1973) ✦ 117
박춘실朴春實 의병장(1875~1914) ✦ 58
박태로朴泰魯 ✦ 336
박필원朴必元 ✦ 792
박하규朴夏圭 ✦ 792
박하섭朴夏燮 ✦ 792
박해옥朴海玉 ✦ 792
박현명朴炫明 ✦ 391
박현숙朴賢淑 ✦ 415
박효근朴孝根 ✦ 792
박흥식(18세) ✦ 1125
방극삼房極三 ✦ 792
배덕영裵德榮 ✦ 391
배영석裵永石 ✦ 391
배정자裵貞子(1870~1952) ✦ 664
백관수白寬洙 ✦ 975
백남규白南圭 의병장(1884~1970) ✦ 55
백문기白文基 ✦ 792
백성기白性基(1860~1929) ✦ 271
백인숙白仁淑 ✦ 391
백정기白貞基(1896~1934) ✦ 1236
백진구白振奎 ✦ 792
백홍준白鴻俊 ✦ 391
사이온지긴모치 ✦ 259
사사기와 노리가쓰 ✦ 862
사이고다카모리西鄕隆盛(1828~1877) ✦ 282
샤를 알레베크(Alévêque, C) ✦ 292
서경조徐京祚 ✦ 342
서상렬徐相烈(1854~1896) ✦ 48

서상륜徐相崙 ◆ 342
서상한徐相漢(1901~1967) ◆ 1207
서석운徐錫雲 ◆ 792
서영찬徐永燦 ◆ 792
서용문徐用文 ◆ 392
서정순徐正淳(1835~1908) ◆ 73
성기덕成耆德 ◆ 792
손양원孫良源 ◆ 392
손영각孫永玨(1855~1907) ◆ 50
송병선宋秉璿 ◆ 64
송병준宋秉畯(1857~1925) ◆ 480, 654
서재필松齋徐載弼(1864~1951) ◆ 64~65
송재원宋在元 ◆ 792
송정근宋貞根 ◆ 392
송창근宋昌根 ◆ 392
송환구宋桓九 ◆ 792
스기무라 후카시 ◆ 253, 260
스기야마 시게마루 ◆ 260
시바 시로 ◆ 260
신관빈 ◆ 910
신덕균申德均 의병장(1878~1908) ◆ 59
신돌석申乭石(1878~1908) ◆ 52
신복묵辛福默 ◆ 792
신석구申錫九 ◆ 392
신석우申錫雨 ◆ 975
신종선申鐘瑄 ◆ 792
심복동沈福東 ◆ 792
심영식 ◆ 910
심상한沈相漢(1837~미상) ◆ 73
심용운沈龍雲 ◆ 792
심응창沈應昌 ◆ 792
아다치 겐조 ◆ 260
아이작 티칭(Isaac Titsingh) ◆ 16
안경신安敬信(1888~미상) ◆ 1264
안규홍安圭洪(1879~1910) ◆ 53
안승우安承禹(1865~1896) ◆ 48, 56
안영준安永駿 ◆ 792
안용순安龍淳 ◆ 792
안재홍安在鴻 ◆ 975
안중근 의사安重根義士(1879~1910) ◆ 681
안중원安重遠 ◆ 792
안창남安昌男 (1900~1930) ◆ 1088
윌리엄 C. 헐버트 ◆ xv
알렉산더 윌리암슨(Alexander Williamson) ◆ 105
알렉산드로 이바노비치 파블로프 ◆ 549
야마가타아리토모山縣有朋(1836~1922) ◆ 259
양전백梁甸伯(1869~1933) ◆ 1268
양주삼梁柱三 (1879~?) ◆ 904
어윤희 ◆ 910

어니스트 토머스 베델(1872~1909) ◆ 421
엄인섭嚴仁燮(1876~1936) ◆ 663, 689
엄준원嚴俊源(1855~1938) ◆ 676
염운철廉云哲 ◆ 792
오동진吳東振(1889~1944) ◆ 660
오야마 이와오 ◆ 259
오카모토류노스케岡本 柳之助 ◆ 260
오쿠보도시미치大久保利通(1830~1878) ◆ 282
오태묵吳泰默 ◆ 792
오토리 게이스케大鳥圭介 ◆ 214
오흥순(19세) ◆ 1125
요시카와 아키마사 ◆ 259
왕산 허위旺山許蔿 ◆ 47
우영숙禹永淑 ◆ 792
윌리엄 맥엔타이어 다이(William McEntyre Dye) ◆ 741
유관순柳寬順 ◆ 907
유경희劉敬熙 ◆ 792
유계준劉啓俊 ◆ 393
유억겸兪億兼 ◆ 975
유인석柳麟錫 ◆ 47, 623
유영중柳英中 ◆ 792
유유준兪有俊 ◆ 792
유우석 ◆ 908
유자명柳子明(1894~1985) ◆ 724
유재헌劉載献 ◆ 393
유진벨(Eugene Bell) 배유지(1868~1925) ◆ 406
육군 대령 카르네프 ◆ 270
육군 중령 베벨리 ◆ 270
육군 중령 알프탄 ◆ 270
육군 중위 마히일로프 ◆ 270
윤덕영尹德榮(1873~1940) ◆ 509, 669
윤동주尹東柱(1917~1945) ◆ 1252
윤상호尹尙鎬 ◆ 792
윤영기尹泳綺 의병장(1880~미상) ◆ 56
윤용하尹龍河(1922~1965) ◆ 1256
윤종록尹鐘錄 ◆ 792
윤치하尹致夏 ◆ 792
윤치호尹致昊 ◆ 247
의당 박세화毅堂朴世和 의병장(1834~1910) ◆ 56
의암 유인석毅庵柳麟錫 ◆ 47
이강李堈(1877~1955) ◆ 92
이강훈李康勳 (1903~2000) ◆ 1448
이건李健 ◆ 393
이경직李耕稙 ◆ 252
이경훈李慶勳 ◆ 792
이관술李觀述(1902~1950) ◆ 668
이규일李圭一 ◆ 792
이규태李奎泰 ◆ 792
이극로李克魯(1893~1978) ◆ 727

이근택李根澤 ✦ 611
이기풍李基豊 ✦ 393
이기현李基鉉 ✦ 792
이난영李蘭影(1916~1965) ✦ 662
이남진李南珍 ✦ 792
이노우에 가오루 ✦ 249, 259
이등박문伊藤博文 ✦ 259
이도종李道宗 ✦ 393
이명하李命夏 의병장(1878~1921) ✦ 60
이범재(17세) ✦ 1125
이범진李範晉(1852~1911) ✦ 270, 754
이병곤李炳坤 ✦ 792
이병무李秉武(1864~1926) ✦ 480, 509, 654
이병오李秉五 ✦ 792
이봉근李鳳根 ✦ 792
이봉훈李奉勳 ✦ 792
이상재李商在 ✦ 343
이석용李錫庸(1875~1918) ✦ 52
이선용李善用 ✦ 394
이세영李世榮 ✦ 55
이수정李樹廷(1842~1886) ✦ 394, 725
이순호李淳鎬 ✦ 792
이영선李永善(1889~미상) ✦ 465
이영조李英祚 ✦ 792
이완용李完用(1858~1926) ✦ 466, 480, 652
이용구李容九(1868~1912) ✦ 1483
이용익李容益 ✦ 451
이용직李容稙 ✦ 871
이우룡李雨龍 ✦ 792
이운선李雲善 ✦ 792
이유택李裕澤 ✦ 394
이육사李陸史(1904~1944) ✦ 1253
이윤재李潤在 ✦ 727
이은상李殷相(1903~1982) ✦ 699
이응각李應洛 ✦ 792
이응진李應璡 ✦ 792
이인현李仁鉉 ✦ 792
이인직李人稙 ✦ 632
이재곤李載崑(1859~1943) ✦ 480
이재면李載冕 ✦ 246, 253
이재명李在明(1887~1910) ✦ 714
이정내李定來 ✦ 342
이정로李正魯(1838~1923) ✦ 73
이정희李正熙 ✦ 792
이지용李址鎔 ✦ 614
이종구李鐘九 ✦ 792
이종기李宗基 ✦ 792
이종열李鐘烈 ✦ 792
이지복李之福 ✦ 792

이지용李址鎔(1870~1928) ✦ 616
이찬영李燦英 ✦ 792
이찬원李燦源 ✦ 792
이창실李昌實 ✦ 394
이춘영李春永(1869~1896) ✦ 49
이준용李浚鎔 ✦ 246
이충열李忠烈 ✦ 792
이타가키 다이스케(板垣退助)(1837~1919) ✦ 282
이태석李泰錫 ✦ 394
이태순李泰順 ✦ 792
이태식李泰植 ✦ 792
이필희李弼熙(1857~1900) ✦ 49
이한구李韓久(1870~1907) ✦ 50
이한응李漢應 주영 공사(1874~1905) ✦ 63
이홍광李紅光(1910~1935) ✦ 1276
이회영李會榮(1867~1932) ✦ 722
이효정李孝貞(1913~2010) ✦ 672
이희승(1896~1989) ✦ 727
인돈(William A. Linton)(1891~1960) ✦ 406
인세반(Stephen W. Linton) ✦ 407
인요한印曜翰(John Alderman Linton) ✦ 407
임기열林基烈 ✦ 792
임병찬 ✦ 623
임선준任善準(1860~1919) ✦ 480, 655
임영애 ✦ 910
원세계袁世凱 ✦ 194
임자평林子平(Hayashi Shihei) ✦ 14
장기완張基完 ✦ 792
장석창張錫昌 ✦ 792
장석팔張錫八 ✦ 395
장성표張星杓 ✦ 792
장이욱張利郁(1895~1983) ✦ 370
장작림張作霖(1875~1928) ✦ 1430
장지연張志淵(1864~1921) ✦ 634, 650
장피에르 아벨레무삿(Jean-Pierre Abel-Remusat) ✦ 16
장학민裝鶴敏 ✦ 792
전봉준全琫準 ✦ 206
전병림全炳林 ✦ 792
전재길全在吉 ✦ 792
전재덕全在德 ✦ 792
전창단全昌端 ✦ 792
전해산全海山(1879~1911) ✦ 51
전혜린(1934~1965) ✦ 1269
전효배田敦培 ✦ 395
정병하鄭秉夏 ✦ 253
정옥모鄭玉模 ✦ 793
정용기鄭鏞基(1862~1907) ✦ 50
정운경鄭雲慶 의병장(1861~1939) ✦ 56
정윤성鄭允成 ✦ 792

정인과鄭人果 ✦ 343
정재윤鄭在允 ✦ 792
정종우鄭鐘禹 ✦ 792
조동현趙東鉉 ✦ 792
조만식曺晩植 ✦ 395
조민희趙民熙(1859~1931) ✦ 509
조병두趙炳斗 ✦ 792
조석훈趙錫勳 ✦ 395
조영오趙榮俉 ✦ 792
조중응趙重應(1860~1919) ✦ 480
주기철朱基撤 ✦ 395
주남선朱南善 ✦ 396
주시경周時經(1876~1914) ✦ 904
주용규朱庸圭(1845~1896) ✦ 48
지연호池淵淏 ✦ 792
지형순池亨淳 ✦ 396
진병길陳炳佶 ✦ 792
진학철陳學哲 ✦ 396
최갑득崔甲得 ✦ 792
최강윤(19세) ✦ 1125
최경봉崔景峰 ✦ 792
최덕규崔德奎 ✦ 792
최덕휴崔德休 ✦ 792
최명수崔明守 ✦ 792
최문용崔文鏞 ✦ 792
최봉석崔鳳奭 ✦ 396
최상배崔相培 ✦ 792
최영철崔永喆 ✦ 792
최응곤崔應坤 ✦ 792
최의용崔義龍 ✦ 792
최익현崔益鉉 의병장(1833~1907) ✦ 47, 83, 622
최종규崔鐘奎 ✦ 792
최종오崔鐘五 ✦ 792
최평규崔平奎 ✦ 792
최현배(1894~1970) ✦ 727
카를 이바노비치 베베르(Карл Иванович Вебер) ✦ 271
토마스 목사崔蘭軒(Robert J. Thomas) ✦ 77
편강렬片康烈(1892~1928) ✦ 659
하나부사 요시모토花房義質(1842~1917) ✦ 95, 259
하사 안승우下沙安承禹(1865~1896) ✦ 56
하판락河判洛 ✦ 1245
한규설韓圭卨 참정대신(1848~1930) ✦ 63, 678
한면필韓冕鉍 ✦ 792
한봉수韓鳳洙 의병장(1872~1970) ✦ 57
한상열韓相烈 ✦ 792
한영수安英洙 ✦ 792
한용운韓龍雲(1879~1944) ✦ 1254
허위許爲 ✦ 47
호리구치 구마이치 ✦ 260

홍영식洪英植(1856~1884) ✦ 139
홍종우(洪鍾宇) ✦ 792
홍태영洪泰榮 ✦ 792
황갑수黃甲秀 ✦ 792
황기환黃玘煥 ✦ 661
홍계훈洪啓薰 ✦ 252
휴린튼(Hugh M. Linton)(1926~1984) ✦ 407
흥선대원군 이하응李昰應(1821~1898) ✦ 90

Abbe Prevost ✦ 9
Admiral Rodgers ✦ 88
Andrew Adamson(손안로) ✦ 244
Angus Hamilton ✦ 447
Annic Ellers ✦ 322
Arnold Henry Savage Landor ✦ 285
Arnold J. Toynbee ✦ v
Arther J. Brown ✦ 321
Arthur Tappan Pierson, 皮漁鮮 ✦ 345
B. L. Putnam Weale ✦ 897
Basil Hall(1788~1884) ✦ 167
Bishop Cecil ✦ 876
Charles R. Erdman ✦ 321
Cyrus Mccomick(1835~1925) ✦ 323
Charles Aleveque ✦ 511
D. Reinolds(이눌서) ✦ 362
ELIZABETH KEITH ✦ 867
Eugene Bell ✦ 400
E.M. Mowry ✦ 406
Ernest Thomas Bethell ✦ 413
F. F. Prenties ✦ 325
Frank Field Ellinwood ✦ 320
Frank William Schofield(1889~1970) ✦ 1250
George Le Rouge ✦ 8
George Alexander ✦ 321
Graham Lee ✦ 359, 398
George Santayana ✦ v
H. B. Hulbert. Xiii. ✦ 636
Henry Gerhard Appenzeller ✦ ii. 320
Horace N. Allen ✦ xvii, 202, 310, 476, 562
Horace Grant Underwood ✦ 315
Isaac Titsingh ✦ 16
Hubert Vos ✦ 649
Isabella B. Bishop ✦ xxiii. 293
Isabella Bird Bishop ✦ xii
J. C. R. Ewing ✦ 321
J. G. Holdcroft(허대전許大殿) ✦ 398
J. Hunter Wells ✦ 361, 399
J. Mcleavy Brown ✦ 454
Jan Jansson ✦ 5

Jacques-Nicolas Bellin • 6

James S. Gale • 322

James Scarth Gale • 344

Jean Pierre Abel Remusat • 16

John D. Wells • 322

John L. Severance • 325

John Ross(나요한羅約翰)(1842~1915) • 399

John Thomas Underwood • 318

John W. Heron • 319

Kart Gutzlaff • 397

L. Adams Baird • 322

Lee, Jinhee • 1182

Lillias Horton Underwood(1851~1921) • 316

Louis Brion de la Tour • 11

Louis Henry Saverance(1838~1913) • 323

L'Abbe Pierre Pasquier • 493

Moffett Norman R. Sibley • 96

M. Tremoulet • 463

Mrs. Mary F. Scranton • 191

O. R. Avison • 323

Paul Georg von Möllendorff(1847~1901) • 165, 463

Peter A. Underwood • 96

Piere P. Maubant(나백다록羅伯多錄) • 397

R. L. Roberts(라부열羅富悅) • 362

Rabindranath Tagore • iv

Re-Shaping • 895

Rowland Hill • 18

Robert D. Neff • 199

Robert J. Thomas(崔蘭軒) • 353

Robert Jermain Thomas(최난헌崔蘭軒) • 398

Robertson Scott • 878

Rov C. Andrews • 1113

R.L. Dunn • 577

Samuel A. Moffett 馬布三悅(1864~1939) • 354

Stacy L. Roberts • 398

Samuel H. • 96

Sir Walter Caine Hillier • xx

Sten Bergman(1895-1975) • 1310

Suzuki Yoshio • 795~861

W. L. Swallen • 351, 397

W. M. Baird(배위량裵偉良) • 322

William McEntyre Dye • 253

William Benton Scranton(1856~1922) • 320

William Elliot Griffis • 128

William A. Linton • 400

[역사·우편사]

갑신정변과 우정총국 • 141

갑오개혁甲午改革 • 198

강제 동원된 한국의 소년병 • 1447

강제 징용간 한국인의 절규 • 1450

강화도 요새 점령 • 1077

강화도조약 • 89

개항기 부산포-일본 교토행 실체 • 193

개화파 인사들의 몰락 • 142

경복궁 향원정 전경 • 1025

경부선 연혁(대한제국 시기) • 1023

경상도 관찰사 공문 • 91

경성京城 • 671

경성치과의학전문학교 • 1249

경술국적 • 509

경술국적 • 658

고아무 2년(1898) 소송문과 사또의 판결문 • 415

고종황제 화보 • 411

고종황제의 아관파천 • 282

관동대지진을 추도함-일본제국의 불령선인과 추도의 정치
    학에 관한 논문-이진희 교수 • 1182~1205

관동대학살 • 1178~1180

관찰사 • 464

광무학교 • 463

광서光緒 • 91

구타당한 목사들 • 404

국모보수國母報讐 • 974~975

국치시기 • 783~

국치시기 그림엽서 • 985~1031

국치시기 미국 회사의 광고 홍보용 카드 • 594

국치시기 전국 우편국·우편소·취급소·무선전신소 명단
    • 1483~1523

국치시기 체신상항 • 1377~1386

국치시기 친일파 리스트 • 466

국치시기 토지 개혁 • 728~730

국치시기 화보 • 784

국치시기의 기계 일부인 • 977~983

군사우편 • 514

군사우편 • 617

군사우편 • 618

군사우편 • 647

군사우편 • 652

군사우편 전몰 기념 군사우편 • 619

궁성요배宮城遙拜 • 721

균역청均役廳 • 10

극동 국제 군사재판소 전쟁 범죄에 관한 A급 전범 리스트
    [1] List of Class A war criminals • 1028

극동 국제 군사재판소 전쟁 범죄에 관한 A급 전범 리스트
    [2] List of Class A war criminals • 1029

극동 국제 군사재판소 전쟁 범죄에 관한 A급 전범 리스트
　[3] List of Class A war criminals ◆ 1030
극동 국제 군사재판소 전쟁 범죄에 관한 A급 전범 리스트
　[4] List of Class A war criminals ◆ 1041
극동 국제 군사재판소 전쟁 범죄에 관한 A급 전범 리스트
　[5] List of Class A war criminals ◆ 1042
극동 국제 군사재판소 전쟁 범죄에 관한 A급 전범 리스트
　[6] List of Class A war criminals ◆ 1043
극동 국제 군사재판소 전쟁 범죄에 관한 A급 전범 리스트
　[7] List of Class A war criminals ◆ 1052
극동 국제 군사재판소 전쟁 범죄에 관한 A급 전범 리스트
　[8] List of Class A war criminals ◆ 1053
극동 국제 군사재판소 전쟁 범죄에 관한 A급 전범 리스트
　[9] List of Class A war criminals ◆ 1054
극동 국제 군사재판소 전쟁 범죄에 관한 A급 전범 리스트
　[10] List of Class A war criminals ◆ 1058
극동 국제 군사재판소 전쟁 범죄에 관한 A급 전범 리스트
　[11] List of Class A war criminal ◆ 1059
극동 국제 군사재판소 전쟁 범죄에 관한 A급 전범 리스트
　[12] List of Class A war criminals ◆ 1060
극동 국제 군사재판소 전쟁 범죄에 관한 A급 전범 리스트
　[13] List of Class A war criminals ◆ 1061
극동 국제 군사재판소 전쟁 범죄에 관한 A급 전범 리스트
　[14] List of Class A war criminals ◆ 1062
극동 국제 군사재판소 전쟁 범죄에 관한 A급 전범 리스트
　[15] List of Class A war criminals ◆ 1065
극동 국제 군사재판소 전쟁 범죄에 관한 A급 전범 리스트
　[16] List of Class A war criminals ◆ 1068
극동 국제 군사재판소 전쟁 범죄에 관한 A급 전범 리스트
　[17] List of Class A war criminals ◆ 1071
극동 국제 군사재판소 전쟁 범죄에 관한 A급 전범 리스트
　[18] List of Class A war criminals ◆ 1074
극동 국제 군사재판소 전쟁 범죄에 관한 A급 전범 리스트
　[19] List of Class A war criminals ◆ 1090
극동 국제 군사재판소 전쟁 범죄에 관한 A급 전범 리스트
　[20] List of Class A war criminals ◆ 1091
극동 국제 군사재판소 전쟁 범죄에 관한 A급 전범 리스트
　[21] List of Class A war criminals ◆ 1092
극동 국제 군사재판소 전쟁 범죄에 관한 A급 전범 리스트
　[22] List of Class A war criminals ◆ 1093
극동 국제 군사재판소 전쟁 범죄에 관한 A급 전범 리스트
　[23] List of Class A war criminals ◆ 1094
극동 국제 군사재판소 전쟁 범죄에 관한 A급 전범 리스트
　[24] List of Class A war criminals ◆ 1095
극동 국제 군사재판소 전쟁 범죄에 관한 A급 전범 리스트
　[25] List of Class A war criminals ◆ 1096
극동 국제 군사재판소 전쟁 범죄에 관한 A급 전범 리스트
　[26] List of Class A war criminals ◆ 1097
극동 국제 군사재판소 전쟁 범죄에 관한 A급 전범 리스트

[27] List of Class A war criminals ◆ 1098
극동 국제 군사재판소 전쟁 범죄에 관한 A급 전범 리스트
　[28] List of Class A war criminals ◆ 1099
극동 국제 군사재판소 전쟁 범죄에 관한 A급 전범 리스트
　[29] List of Class A war criminals ◆ 1126
급 훈령 제109호 ◆ 712
기록은 영원히 살아 있다 ◆ 154~156
기미독립선언문 ◆ 911~918
기억하라, 생각하라, 물으라 ◆ vi
기유각서 5조항 ◆ 673
기유각서己酉覺書 ◆ 673
기해박해己亥迫害 ◆ 75
김구 자서전 백범일지 ◆ 919~973
김좌진 장군의 태극기 ◆ 1413
나라 팔아서 일제로부터 은사금 220억원 받은 윤덕영의
　'벽수산장' ◆ 669
남경대학살의 참상 ◆ 1453
남대문시장의 역사 ◆ 902
남산에서 바라본 한성 시가지 ◆ 508
남연군분묘도굴사건 ◆ 75
남화한인청년연맹 ◆ 724
내지인이 오사카로 보낸 근하신년 엽서 ◆ 466
내지인-재조선 일본인 ◆ 467~468
네 명의 한국 개화 인사들 ◆ 141
다음 정거장, 서대문 ◆ 1080
대원군 귀환 행렬 화보 ◆ 150~151
대원군 귀환 행렬 화보 ◆ 152~153
대조선 군수 판결문 ◆ 188
대조선국 ◆ 1~408
대조선국 거제 도호부 공문 ◆ 13
대조선국 최초 우표 원도 ◆ 140
대조선국 화보 ◆ 2
대조선국민군단 ◆ 903
대한 독립에 헌신한 외국인 Honer B. Hulbert ◆ 636~637
대한가쇄우표 ◆ 420~421
대한민국 임시정부 요인들 ◆ 1417
대한신지지 건.4곤 2권 ◆ 650
대한의 딸 유관순 ◆ 906~909
대한제국 ◆ 409~782
대한제국 감포군 관문서 ◆ 614
대한제국 고성관찰사 판결문 ◆ 464
대한제국 관공서 물품 목록 ◆ 419
대한제국 농상공부 인가 제1호 전당포 ◆ 670
대한제국 외체 일부인 ◆ 619
대한제국 우기郵旗 ◆ 138
대한제국 우기郵旗 제정 연표 ◆ 138
대한제국 우체사 일부인 ◆ 433~446
대한제국 우편 상황 ◆ 422~424
대한제국 전답관계 문서 ◆ 481

대한제국 체신 자료 주사 임명장 ◆ 502
대한제국 최후의 황태자 ◆ 635
대한제국 충남 서천군의 공매 낙찰 증명서 ◆ 711
대한제국 호출장 및 송달 증서 ◆ 657
대한제국 화보 ◆ 410
대한제국의 혼돈 화보 ◆ 499
도호부사都護府使 ◆ 13
독립군 ◆ 1413
독립운동 현황 일람표 ◆ 1210~1215
독수리보통우표 고액권 첩부 공주 천주당행 실체 ◆ 493
독수리보통우표 교정용 시쇄 원본 ◆ 483
독수리보통우표 사쇄 ◆ 484~486
독수리우표 ◆ 482
동방의 등불 ◆ iv
동아일보 1922년 1월 18일자 사설 ◆ 1407
동아일보 1930년 1월 17일 기사 ◆ 1415
동아일보 2006. 6. 5일자 기사-일정부 명성황후 시해 개
   입 물증 111년 만에 '햇빛' ◆ 262~264
동양척식주식회사 ◆ 657
러일전쟁 당시 군사우편 ◆ 513
러일전쟁 당시를 풍자한 프랑스 발행 엽서 ◆ 503
만국우편연합(UPU) ◆ 419
매국노 이완용을 척살刺殺한 대한 의사 13명 ◆ 714~719
명성황후 장례식 광경 엽서 ◆ 511
모우리목사 투옥과 재판 ◆ 406
무성서원武城書院 ◆ 83
무성서원으로 보낸 서찰 ◆ 149
무성서원으로 보낸 서찰 ◆ 82
미국 선교사의 수난 ◆ 404
미국 함대 콜로라도호의 해군 제독과 작전 회의 ◆ 87
미주리함상에서 일본의 항복 ◆ 1376
반민족행위특별조사위원회 ◆ 1277
배유지선교사가 설립한 학교 ◆ 403~404
법을 통한 조선식민지 지배에 관한 연구 논문 초록
   ◆ 795~851
병인박해丙寅迫害 ◆ 75
보구여관과 이대부속병원 ◆ 190
봉수제도烽燧制度 ◆ 39~43
부관연락선 선편 제1호~5호 일부인 ◆ 1032~1037
부산항 개항 ◆ 194
분전요증 실체 ◆ 500
사진기록(일제의 침략 한국 · 중국) ◆ 1387~1474
삼국통람도설-1785년 출판 ◆ 15
새문안교회와 연세대학교를 설립한 언더우드 선교사
   ◆ 315
서대문형무소 '8호 감방의 노래' ◆ 910
서양인의 사진 기록 ◆ 731~736
서양인이 남겨 준 기록 시리즈[1] ◆ 78~80
서양인이 남겨 준 기록 시리즈[2] ◆ 96~122

서양인이 남겨 준 기록 시리즈[3] ◆ 128~136
서양인이 남겨 준 기록 시리즈[4] ◆ 157~166
서양인이 남겨 준 기록 시리즈[5] ◆ 167~187
서양인이 남겨 준 기록 시리즈[6] ◆ 199~213
서양인이 남겨 준 기록 시리즈[7] ◆ 265~271
서양인이 남겨 준 기록 시리즈[8] ◆ 272~281
서양인이 남겨 준 기록 시리즈[9] ◆ 284~289
서양인이 남겨 준 기록 시리즈[10] ◆ 293~308
서양인이 남겨 준 기록 시리즈[11] ◆ 309~399
서양인이 남겨 준 기록 시리즈[12] ◆ 447~462
서양인이 남겨 준 기록 시리즈[13] ◆ 476~479
서양인이 남겨 준 기록 시리즈[14] ◆ 525~592
서양인이 남겨 준 기록 시리즈[15] ◆ 639~646
서양인이 남겨 준 기록 시리즈[16] ◆ 867~894
서양인이 남겨 준 기록 시리즈[17] ◆ 895~900
서양인이 남겨 준 기록 시리즈[18] ◆ 1040~1074
서양인이 남겨 준 기록 시리즈[19] ◆ 1075~1089
서양인이 남겨 준 기록 시리즈[19] ◆ 1113~1124
서양인이 남겨 준 기록 시리즈[20] ◆ 1113~1124
서양인이 남겨 준 기록 시리즈[21] ◆ 1132~1175
서양인이 남겨 준 기록 시리즈[22] ◆ 1308~1318
석굴암과 다보탑 ◆ 1019
선박 체송 실체 ◆ 1032
선박우편 ◆ 243
세계 최초 우표 ◆ 18
세계 최초 우표 발행국은 영국이다 ◆ 18
세브란스병원 ◆ 1083
세창世昌 ◆ 667
수원-경성행 실체 ◆ 649
순종의 장례 행렬 ◆ 1084
순천 암행어사 마패 날인 서류 ◆ 196
스크랜튼여사와 이화학당 ◆ 191
시일야방성대곡 ◆ 634
식품 광고 엽서 ◆ 425
신간회 ◆ 975~976
신미양요 당시 로저스 미 해군 제독과 수행원들 ◆ 88
신미양요 당시 조선인 포로 ◆ 87
신미양요辛未洋擾 ◆ 87
신사참배神社參拜 ◆ 904
신유박해辛酉迫害 ◆ 75
신호연信號鳶 ◆ 39
안악사건 ◆ 975
안중근 의사 옥중 집필-안중근 의사 자서전 ◆ 683~704
알렌이 설립한 제중원 ◆ 313
암행어사暗行御史 ◆ 36
야드바쉠-홀로코스트(Yad Vashem Holocaust History
   Museum) ◆ i
양화진 외국인 선교사 묘원 ◆ 407
양화진 외국인 선교사 묘원에 묻힌 주요 인물들 ◆ 408

역사란 윤회輪廻하는 것이다 ◆ v
역사를 잊은 민족에게 미래는 없다 ◆ iii
염찬순 씨의 증언 ◆ 1425
예산 암행어사 마패 ◆ 22
'왜놈이 만든 호적에 내 이름을 올릴 수 없다' ◆ iii
우리나라 우정 창시자 ◆ 139
우리나라 최초 우초郵鈔 ◆ 137
우리나라 최초 우표 문위우표의 개요 ◆ 143
우편사업의 10년 암흑기 ◆ 145
우편사업의 재개[1] ◆ 145
우편위체규칙초록(일본제국) ◆ 126~127
운요호사건(강화도사건) ◆ 89
원산 동맹 파업 ◆ 1415
원산 해관 서류 ◆ 192
위베르-고무라 각서 ◆ 290~291
위안부 ◆ 1086
위화단운동 ◆ 470
유관순 열사와 이화학당 학우들 ◆ 1444
유진벨(배유지) 선교사 ◆ 400~402
은둔의 왕국 조선에 파송된 선교사의 활동 사진 ◆ 309
을사늑약(제2차 한일협약) ◆ 611
을사늑약과 고종 황제 퇴위 ◆ 1397
을사늑약과 관련된 후문[편집] ◆ 611
을사늑약과 후기 의병 최익현 의병장 ◆ 522~631
을사오적 ◆ 501
을사조약이 체결되었던 비운의 장소 덕수궁 중명전 ◆ 612
의병 항쟁 역사적 의의 ◆ 46~67
의병 항쟁사 연표 전기 의병(1896) ◆ 68
의병 항쟁사 연표 후기(1905~1910) ◆ 69~72
의병 화보 ◆ 45
의친왕 이강李堈 ◆ 92
이수정은 언더우드에게 한글을 가르치고 성경을 번역하다
   ◆ 726
이완용 친일파로 변신 ◆ 652~653
이화보통우표 ◆ 427~431
이화보통우표 3전 단첩 원일형 내체인 실체 ◆ 426
이화우표 ◆ 418
익산 암행어사 마패 날인 문서 ◆ 197
인천-Via Shang-Hai-England행 엽서 ◆ 613
인천감리서 ◆ 500
인천-일본행 실체 ◆ 648
인편으로 전달한 서신 ◆ 416
일만의정서 ◆ 1458
일본 군대에 구금된 한국인 ◆ 1411
일본 학자의 소신 발언 '한일 병합은 불법이었다' ◆ 862
일본 황태자 한국 방문 기념엽서 ◆ 678
일본군 서울 점령 화보 ◆ 495
일본군에 의한 구속 · 학살 ◆ 1410
일본군의 반인륜적 잔학 행위의 참상(화보) ◆ 1469

일본의 전쟁 범죄 Japanese war crimes ◆ 1219
일본의 전쟁 범죄 개요 Overview of Japanese War
   Crimes ◆ 1114
일본의 전쟁 범죄-100인참수사건 Japan's war crimes -
   100 beheadings ◆ 1133
일본의 전쟁 범죄-731부대 Japanese War Crimes -
   Unit 731 ◆ 1220
일본의 전쟁 범죄-난징대학살 Japanese War Crimes -
   Nanjing Massacre ◆ 1132
일본의 전쟁 범죄-마닐라대학살 Japanese War Crimes
   - Manila Massacre ◆ 1221
일본의 전쟁 범죄-숙칭대학살 Japanese War Crimes -
   Sook Ching Massacr ◆ 1131
일본의 전쟁 범죄-우키시마호 침몰 사건 Japanese war
   crimes - Ukishima sinking incident ◆ 1130
일본의 전쟁 범죄-죽음의 철도 ◆ 1222
일본의 전쟁 범죄-포로 대우 Japanese War Crimes -
   Treatment of Prisoners of War ◆ 1129
일본의 통신권 탈취 ◆ 615
일본인 자경단에 의한 학살 ◆ 1409
일본제국 각료들의 격렬한 정한론 회의 ◆ 86
일본제국이 행한 징병 ◆ 1424
일본-조산 부산 도착 실체 ◆ 194
일자첨쇄우표 ◆ 432
일장기말소사건 ◆ 1281
일제강점기 조선총독부가 발행한 수신교과서 ◆ 1422
일제에 강제 연행된 위안부들 ◆ 1086
일제에 의한 식민지화 단초가 된 러일전쟁 ◆ 512
일제의 무단통치 ◆ 865
일제의 수탈 · 착취 대행 기관 동양척식주식회사 ◆ 1403
임오군란 때 명성황후를 탈출시키다 ◆ 725
임오군란壬午軍亂 ◆ 93~94
임피향교 ◆ 81
적개심에 불타는 항일 의병 ◆ 621
전위첨쇄보통우표 ◆ 487~492
전주향교 ◆ 81
전주향교-임피향교에 보낸 서찰 ◆ 81
정동 프랑스공사관 전경 ◆ 504
정로征露최신 지도 ◆ 594~595
정미7조약 ◆ 651
정미칠적 ◆ 480
정한론도征韓論圖 화보 ◆ 84~85
정한론征韓論 ◆ 86
제1차 한일협약 ◆ 498
제9전구내 광복군 활동사 ◆ 787~794
제너럴셔먼호 사건 보고서 ◆ 79
제너럴셔먼호 탑승자 ◆ 77
제너럴셔먼호사건 ◆ 77
제물포조약濟物浦條約 ◆ 95

제중원 ◆ 312
조미수호통상조약 ◆ 123
조불수호통상조약 ◆ 190
조선 4대 수리조합 ◆ 1024
조선 말기 고종황제와 관료들 ◆ 73
조선 말기 회계 전표 ◆ 74
조선 부산−일본행 실체 ◆ 195
조선 영조 27년 균역청 발행 문서 ◆ 10
조선 최초 비행사 안창남 비행 성공 축하 광고 ◆ 1088
조선 해관 설치 연혁 ◆ 192
조선경성응접지도朝鮮京城應接地圖 ◆ 214~215
조선군 깃발 ◆ 3
조선독립군가 ◆ 786
조선시대 교통선량 남준세 교지 ◆ 17
조선시대 보은 암행어사 마패인이 날인된 판결문 ◆ 21
조선시대 암행어사 마패와 수결이 날인된 횡성 거주 유생
    들 상소문 ◆ 23
조선시대 암행어사 마패와 어사의 수결이 날인된 즉목
    ◆ 36~38
조선어학회사건 주요 투옥자 ◆ 727
조선어학회사건 투옥 ◆ 727
조선에 온 최초 선교사 알렌 ◆ 310
조선에서 온 편지 ◆ 199
조선의 화폐 ◆ 132
조선이 개국을 결정하게 된 이유 ◆ 89
조선일보 1923년 10월 4일자 사설 ◆ 1412
조선전도부군면리동명칭 朝鮮全道府郡面里洞名稱 (1917년)
    ◆ 1242
조선전도부군면리동명칭 朝鮮全道府郡面里洞名稱 (1917년)
    ◆ 1244
조선전도부군면리동명칭 朝鮮全道府郡面里洞名稱 (1917년)
    ◆ 1245
조선전도부군면리동명칭 朝鮮全道府郡面里洞名稱 (1917년)
    ◆ 1248
조선전도부군면리동명칭 朝鮮全道府郡面里洞名稱 (1917년)
    경기도 경성부 ◆ 1239
조선전도부군면리동명칭 朝鮮全道府郡面里洞名稱 (1917년)
    인천부 ◆ 1240
조선전도부군면리동명칭 朝鮮全道府郡面里洞名稱 (1917년)
    전라북도 ◆ 1247
조선전도부군면리동명칭朝鮮全道府郡面里洞名稱 (1917년)
    충청남도 ◆ 1244
조선전도부군면리동명칭朝鮮全道府郡面里洞名稱 (1917년)
    충청북도 ◆ 1246
조선총독부 청사 ◆ 1401
조선통감부 ◆ 633
조선팔도지도朝鮮八道地圖−임자평 도圖 ◆ 14~15
조청상민수륙무역장정 ◆ 123
주한 중국 공사 원세개 ◆ 194

중일전쟁과 중국 민중 ◆ 1475~1482
진고개 ◆ 463
진고개에서 트레뮐레에게 보낸 서신 ◆ 463
진주 암행어사 마패 날인 ◆ 189
참고문헌 ◆ xxiv
처형되는 한국인 ◆728
청일전쟁 개전 어전회의 ◆ 227
청일전쟁 당시 일본군 제4사단으로 체송된 군사우편 ◆ 283
청일전쟁 당시 청국군을 구출하는 프랑스 해군 ◆ 224
청일전쟁 풍속 화보 1−8 ◆ 231~240
청일전쟁 화보 제6권 ◆ 216~222
청일전쟁 화보(전몰화첩 어국의 예) ◆ 228~230
최익현 의병장 무성서원 강회 내용 ◆ 83
충남 부여−공주행 실체 654대한제국 관허 보험증서 ◆ 656
친일파 ◆ 1278
친일파 708인 명단−밀정 ◆ 1271
칠성문 ◆ 1049
카지무라 히데키 논문 ‘일제 식민지 하의 한민족’ ◆ 852~861
크게 수색당한 목사들의 집 ◆ 405
태극기 −1900년대 초 실크천으로 제작된 태극기 ◆ 412
태극우표 ◆ 241~242
태평양전쟁 Pacific War 시리즈[1] ◆ 1219
태평양전쟁 Pacific War 시리즈[2] ◆ 1265
태평양전쟁 Pacific War 시리즈[3] ◆ 1266
태평양전쟁 Pacific War 시리즈[4] ◆ 1273
태평양전쟁 Pacific War 시리즈[5] ◆ 1279
태평양전쟁 Pacific War 시리즈[6] ◆ 1280
태평양전쟁 Pacific War 시리즈[7] ◆ 1293
태평양전쟁 Pacific War 시리즈[8] ◆ 1294
태평양전쟁 Pacific War 시리즈[9] ◆ 130
태평양전쟁 Pacific War 시리즈[10] ◆ 1304
태평양전쟁 Pacific War 시리즈[11] 진주만 공습 ◆ 1305
태평양전쟁 Pacific War 시리즈[12] ◆ 1320
태평양전쟁 Pacific War 시리즈[13] 동남아시아 공격
    ◆ 1324
태평양전쟁 Pacific War 시리즈[14] ◆ 1325
태평양전쟁 Pacific War 시리즈[15] ◆ 1326
태평양전쟁 Pacific War 시리즈[16] ◆ 1327
태평양전쟁 Pacific War 시리즈[17] ◆ 1329
태평양전쟁 Pacific War 시리즈[18] ◆ 1330
태평양전쟁 Pacific War 시리즈[19] ◆ 1334
태평양전쟁 Pacific War 시리즈[20] ◆ 1339
태평양전쟁 Pacific War 시리즈[21] ◆ 1340
태평양전쟁 Pacific War 시리즈[22] ◆ 1347
태평양전쟁 Pacific War 시리즈[23] 기니와 솔로몬 제도
    ◆ 1348
태평양전쟁 Pacific War 시리즈[24] ◆ 1349
태평양전쟁 Pacific War 시리즈[25] ◆ 1354
태평양전쟁 Pacific War 시리즈[26] ◆ 1352

태평양전쟁 Pacific War 시리즈[27] ◆ 1353

태평양전쟁 Pacific War 시리즈[28] ◆ 1358

태평양전쟁 Pacific War 시리즈[29] ◆ 1362

태평양전쟁 Pacific War 시리즈[30] ◆ 1364

태평양전쟁 Pacific War 시리즈[31] ◆ 1368

태평양전쟁 Pacific War 시리즈[32] ◆ 1369

태평양전쟁 Pacific War 시리즈[33] ◆ 1370

태평양전쟁 Pacific War 시리즈[34] ◆ 1371~1374

통문通文 ◆ 469

통선랑通善郎 ◆ 17

판임관 ◆ 502

표충단 ◆ 1270

하와이 노동 이민의 역사적 배경 ◆ 471~473

한국 근대 우정사 연표 ◆ 737~782

한국 부산-일본행 엽서 ◆ 620

한국과 그 이웃 나라들 ◆ xxii

한국도립운동지혈사 상편3 기록 인용 ◆ 146~148

한국독립운동지혈사 ◆ 415

한국독립운동지혈사韓國獨立運動之血史(박은식 저. 1920) 하
　권 제12장 [1] ◆ 1003

한국독립운동지혈사韓國獨立運動之血史(박은식 저. 1920) 하
　권 제12장 [2] ◆ 1003

한국독립운동지혈사韓國獨立運動之血史(박은식 저. 1920) 하
　권 제12장 [3] 수원 제암리 학살 ◆ 1004

한국독립운동지혈사韓國獨立運動之血史(박은식 저. 1920) 하
　권 제12장 [4] 수천리와 화수리 참살 ◆ 1005

한국독립운동지혈사韓國獨立運動之血史(박은식 저. 1920) 하
　권 제12장 [5] 맹산의 학살 ◆ 1006

한국독립운동지혈사韓國獨立運動之血史(박은식 저. 1920) 하
　권 제12장 [6] 강서의 학살 ◆ 1007

한국독립운동지혈사韓國獨立運動之血史(박은식 저. 1920) 하
　권 제12장 [7] 대구의 학살 ◆ 1008

한국독립운동지혈사韓國獨立運動之血史(박은식 저. 1920) 하
　권 제12장 [8] 조趙씨 일가의 참화 ◆ 1009

한국독립운동지혈사韓國獨立運動之血史(박은식 저. 1920) 하
　권 제12장 [9] 합천의 학살 ◆ 1010

한국독립운동지혈사韓國獨立運動之血史(박은식 저. 1920) 하
　권 제12장 [10] 남원에서 의사 · 열부 · 자모慈母가 한날
　에 순국 ◆ 1011

한국독립운동지혈사韓國獨立運動之血史(박은식 저. 1920) 하
　권 제12장 [11] 강계의 참살 ◆ 1038

한국의 지배권 쟁탈을 위한 열강들의 1904년 전후 당시를
　풍자한 그림엽서 ◆ 515~521

한국의 첫 만남 ◆ 96

한성-대구 관찰부로 체송된 서신 ◆ 465

한성재무감독국-경기도 이천군수에게 보낸 공문 ◆ 674

한일통신기관협정 체결로 통신권을 박탈당했다 ◆ 610

한일통신협약-대한제국 우정사업 강제 피탈 경위 ◆
　596~609

한일합방 발효(1910. 8. 29)-국치일 ◆ 706

한일합방 조인(1910. 8. 22) ◆ 705

항일 의병 투쟁 ◆ 44

항일 의병 화보 ◆ 785

해관우편海關郵便 ◆ 125

향교鄕校 ◆ 81

혈의 누 ◆ 532

화보 전통어국지 ◆ 522~524

황민화정책 ◆ 1412

황포탄의거 ◆ 1237

휘베르트 보스가 그린 초상화 및 풍경화 ◆ 649

흑색공포단 조직 ◆ 722

홍선대원 이하응 - 척화비 ◆ 90

103위 한국 순교 성인 명단 ◆ 76

139년 전 아펜젤러 기도를 회상하며 ◆ ii

1646 한국 지도에 대하여 ◆ 4

1748년에 제작된 조선과 일본 지도 ◆ 8

1748년에 제작된 한반도 지도 ◆ 6

1780년에 제작된 한국과 일본 지도 ◆ 11

1850 18세기 조선 후기 조선국 지도 ◆ 19

1861년 천하도天下圖 ◆ 24~35

1866년 병인박해 103위 성인 ◆ 75

1885년 4월 5일 언더우드 · 아펜젤러 제물포에 상륙하다
　◆ 725

1894 대한제국의 혼돈 화보 ◆ 223

1899 태극보통우표 초판 4종 첩부 실체 ◆ 417

1904 독일 식품회사 광고 홍보용 엽서 ◆ 595

1904 오하라 풍자 문어(아시아 및 유럽 지도) ◆ 496~497

1904년경 인천항 전경 ◆ 506~507

1905년 당시 수신인 주소 사례 ◆ 616

1910년 8월 24일, 8월 27일, 8월 29일자 도쿄 아사히신문
　'합병되어야만 할 한국' 이라는 사설 ◆ 864

1919년 3 · 1운동에 관한 조선총독부 도장관道長官보고 자
　료집 [1] ◆ 1223

1919년 3 · 1운동에 관한 조선총독부 도장관道長官보고 자
　료집 [2] ◆ 1224

1919년 3 · 1운동에 관한 조선총독부 도장관道長官보고 자
　료집 [3] ◆ 1225

1919년 3 · 1운동에 관한 조선총독부 도장관道長官보고 자
　료집 [4] ◆ 1226

1919년 3 · 1운동에 관한 조선총독부 도장관道長官보고 자
　료집 [5] ◆ 1226

1919년 3 · 1운동에 관한 조선총독부 도장관道長官보고 자
　료집 [6] ◆ 1227

1919년 3 · 1운동에 관한 조선총독부 도장관道長官보고 자
　료집 [7] ◆ 1227

1919년 3 · 1운동에 관한 조선총독부 도장관道長官보고 자
　료집 [8] ◆ 1228

1919년 3 · 1운동에 관한 조선총독부 도장관道長官보고 자료집 [9] ✦ 1230

1919년 3 · 1운동에 관한 조선총독부 도장관道長官보고 자료집 [10] ✦ 1231

1919년 3 · 1운동에 관한 조선총독부 도장관道長官보고 자료집 [10-1] ✦ 1232

1919년 3 · 1운동에 관한 조선총독부 도장관道長官보고 자료집 [10-2] ✦ 1233

1919년 3 · 1운동에 관한 조선총독부 도장관道長官보고 자료집 [11] ✦ 1234

1919년 3 · 1운동에 관한 조선총독부 도장관道長官보고 자료집 [12] ✦ 1235

1919년 소요사건에 관한 도장관보고철 7책의 2 ✦ 1100~1102

1920년 3 · 1운동 1주년을 맞이하여 배화학당 뒷산에 올라가 교우들과 함께 대한독립만세를 외치다 일경에 체포된 소녀들 ✦ 1125

1934년 주요 사건 ✦ 1267

3 · 1독립만세 운동 직후 일제의 한국인 처형 장면 ✦ 1445

500여 명이 이끄는 명성황후 국장 장례식 ✦ 292

67년이 지난 지금에 ✦ xiv

Andrew Adamson 선교사에게 보낸 서신 ✦ 244

By B.L.Putnam Weale, 1911 사진 기록 ✦ 866

Chemulpo-Delve, Germany행 ✦ 509

Chemulpo-Via Moji-San Francisco-New York행 ✦ 593

Chemulpo-via Shang-Hai-Paris, France행 엽서 ✦ 480

Chemulpo-Via Siberia-Changchun I.J.P.O.-Hamburg, Germany ✦ 666

Corea The Hermit Nation ✦ 128

Gwendoline은산-Via Moji-Cairo, Egypt행 엽서 ✦ 510

H. B. Hulbert의 명성황후 시해 사건 전말 ✦ 245~261

I.J.P.O. 재한일본우편국-도우盜郵 · 객우客郵 ✦ 124

Mer De Coree ✦ 7

MER DE COREE 한국해로 표기된 지도 ✦ 9

Seoul R. No.2252-Italy ✦ 501

Seoul-Chemulpo-via Shang-Hai-Russia행 ✦ 474

Seoul-France행 엽서 ✦ 475

The Hongkew bridge 전경 ✦ 505

The Passing Korea 대한제국의 멸망 ✦ 638

The Passing Korea-헌사 ✦ xii

The Russo-Japanese WAR ✦ 525

W.B. Harrison선교사가 전주에서 미국으로 보낸 서신 ✦ 494

Washington D.C에서 조선에 주둔해 있던 미국함대에 보낸 서신 ✦ 225~226

부록

'갓 쓴 안중근, 이토 저격' 1910년대 희귀 엽서 ✦ 1711~1713

국치시기 친일파 리스트 ✦ 1681~1687

독자가 '체부'를 읽고 보내준 서평 ✦ 1714

독자가 보내준 '체부' 서평 ✦ 1715

서양인이 남겨 준 기록 ✦ 1535~1551

서평 '체부遞夫' Dr. Joel Lee가 KSS회지에 기고한 영문 Review ✦ 1707~1708

'세월과 정성의 흔적이 묻어있근요' ✦ 1715

우리들 일상에서 무심코 사용한 일제 언어들 ✦ 1561

[우리말 바루기] '진검승부'는 일본에서 온 말 ✦ 1562

'우표 발자취 따라 근 · 현대 100년사 되짚는 계기되길'-파이낸셜 뉴스 ✦ 1709~1710

일본 전범기업 리스트 ✦ 1688~1691

'일제 흔적 지우기 시효는 없다' ✦ 1692

중앙일보 2022. 8. 5일자 기사 관련 내용 ✦ 1693~1706

체부(2002. 3. 1발행) 등록처 명단 ✦ 1716

체부를 마감하며 ✦ 1729~1730

항일독립운동가 리스트 ✦ 1580~1679

항일독립운동을 지원한 외국인 리스트 ✦ 1680

항일의병 리스트 ✦ 1563~1578

해방 · 독립운동가 관련 발행 우표 ✦ 1552~1560

DOKDO 독도獨島 ✦ 1548~1551

Korea Stamp Society-"Chebu" Book Review ✦ 1526~1534

체부를 마감하며

체부(2022. 3. 1. 발행)에 이어 속편 '체부II'를 발행하였다.

속편 또한 잊혀져가는 우리 민족의 지난 날 역사를 일깨워 주는 마중물 역할이다. 노산 이은상 선생이 '역사를 잃어버리는 것은 나라를 잃는 것 보다 더 슬픈 일'이라고 하였듯이, 묻히고 잊혀져 버린 역사의 기록들을 발굴하여 세상에 내놓는 것이다. 급변하는 세상 속에서 지난 날 역사의 기록들을 외면하고 알려고 하지 않는다면, 역사는 윤회하는 것이기에 미래를 예측하기도 어려울 것이다. 서양의 어느 철학자가 '뼈아픈 과거를 기억할 줄 모르는 사람은 과거를 되풀이하게 된다. 슬기로운 사람은 경험 속에서 지혜를 배우고, 지혜로운 민족은 역사 속에서 교훈을 얻는다'고 하였듯이 우리 민족의 근·현대 조선 말기와 대한제국의 굴종적인 역사, 국치시기의 수치스럽고 치욕적인 역사에서 향후 우리가 나아갈 해답을 얻을 수 있으리라 생각한다.

이 책에 수록된 희귀한 자료 중 240여년 전 1785년에 일본 에도막부 시대의 지리학자였던 Hayashi Shihei(林子平, 1738~1793)의 삼국통람도설 부록에 실린 조선팔도지도(목판화)에 동·서·남·북이 한글로 표기된 것이 서양에 알려진 최초의 사례라고 일본인 소장가(현 편저자 소장)는 부언하고 있으며, 또한 이 지도에 분쟁중인 독도가 '우수리토 치산코쿠'로 표기되어 있다고 설명하고 있다. 그리고 1867년 제너럴셔먼호 사건 보고서(미 해군 장관 보고서), 1870년 정한론도征韓論圖 화보, 도우盜郵(재한 일본우편국)인 일제의 '우편위체규칙초록郵便爲替規則抄錄', 1885년 대원군 귀환 행렬 화보, 고종 31년(1894년) 청일전쟁 당시 군대를 앞세워 고종을 겁박하는 오토리게이스케大鳥 圭介 일본공사를 묘사한 조선경성응접지도朝鮮京城應接之圖 화보, 1894년 Washington D.C.에서 청일전쟁 당시 조선에 주둔해 있던 미국함대 U.S.S Concord호로 보낸 서신, 청일전쟁·러일전쟁 당시 화보, 서양인이 남겨 준 사진 기록시리즈(22개 항목), 제9전구내第九戰區內 광복군 활동사, 사진기록 일제의 침략[한국, 중국], 도쿄 아사히신문 논설(합병되어야만 할 한국. 1910년 10월 28일자), 대한의 딸 유관순 기록, 백범일지 등의 기록을 발굴한 것이 보람되며, 다수의 기록과 사진과 엽서가 당시의 시대적 상황을 밝히고 있지만은, 대부분 당시의 생활상 위주여서 아쉬움이 남는다.

즉 대한제국의 매국적이고 굴욕적인 정치적 상황, 천인이 공노할 일제의 범죄 행위인 국모 명성황후 시해, 수백 개의 악법으로 식민지하 한국인의 민족 존엄성과 문화와 언어를 말살하려고 한 황민화 정책, 강요에 의한 불법적인 조약들, 침략자의 살인, 방화, 약탈, 민중 탄압, 집단 학살 등에 대한 기록을 서양인이 저술한 수십 권의 어느 책의 기록에도 없다는 것이 아쉬움을 떠나 유감스럽다. 당시의 기록을 사실대로 기록하지 않고 외면한 양심은 비겁하다고 생각한다.

입은 닫고 지갑은 여는 나이에 1,800여 페이지의 원고를 탈고한 후의 심정은 착잡하다.

본인은 두 권의 책을 편저한 후 오천 년 유구하고 우수한 민족임에도 불구하고 나라를 빼앗기며 식민지화되었는가에 대하여 깊은 고찰과 반성으로 참회하며 우선적으로 향후 미래 세대의 교육부터 인성교육人性敎育을 우선하고 산 역사 교육으로 방향을 설정해야 된다는 것이다. 이어 왜색倭色 언어가 순화 과정 없이 우리 일상 생활과 방송 매체에서도 너무나도 자연스럽게 '화이팅'을 외쳐되고 있는 현실이 개탄스러울 뿐이며, 낯부끄러운 줄 모르고 생각없이 왜색문화에 젖어들어 온천, 벚꽃, 골프여행 다니는 사람들, 도심 도로에 왜색 승용차가 질주하는 세태 속에서 과연 그 사람들, 지난날 민족의 치욕적이고 굴욕적인 민족 역사를 다 망각했는지, 아니면 지난 날 참혹한 역사 교육을 한 번도 받아 보지 못했는지 묻고 싶을 때가 한두 번이 아니다. 이 모든 것 중 부재不在와 부실不實한 교육에 문제가 있었다고 볼 수밖에 없다. 지난 수백년간 북방 민족에게 속국이라는 멍에를 안고 사대주의 사상에서 벗어나 영은문을 헐고 독립문을 세운 것과, 수십년간 식민지로 국권을 빼앗기고 굴종적인 식민지에서 벗어난 것도 우리 민족의 힘으로 이루워진 것이 아니라는 역사적 교훈과 실체를 기억하여, 향후 우리의 미래는 우리의 힘으로 새로운 역사를 만들어 나가야 된다고 본다. 이 시기에 무릇 많은 사람들이 트롯트나, 노새노새 열풍 속에서도 한 번쯤 뼈아픈 역사를 기억하지 않으면, 다시 비참한 멸망의 상황으로 떨어질 수밖에 없다는 민족적 참회와 깨달음, 그리고 미래에 대한 각오를 다짐하는 계기가 될 수 있도록 지난 날 학교에서 배우지 못한 역사에 관심을 기울이며, 민족 정기를 바로잡고 민족 정체성을 확립하기 바라는 마음이다. 이제 남은 과제는 수록된 자료들을 어떠한 방법으로 후세에 물려줄 수 있는지에 대하여 깊은 고민을 할 때이다.

북한강변 하문호나루터길에서
2024. 8.
편저자 **나봉주**

편저자

나봉주羅奉柱

1947. 7. 1.
체부기념관 대표
경기도 양평군 서종면 하문호나룻터길 17-8
체부 편저(2022. 3. 1. 발행)
체부II 편저(2024. 8. 29. 발행)

예시豫示
체부遞夫시리즈로 체부 II에 이어 체부 III의 발간 예정임을 예시함.
체부遞夫 III의 수록 내용은 한국 근·현대 징세인지徵稅印紙, 수입인지, 수입증지(시·군, 행정기관 등), 사용 실체 문서 등이 대한제국, 대한민국임시정부, 국치시기, 미군정기, 한국 정부, 화폐개혁 시기에 발행된 기록물로 구성되어 있다.

체부 II

초판발행   2024년 8월 29일

편저자   나봉주
펴낸이   안종만·안상준

편 집   한두희
기획/마케팅   조성호
표지디자인   이은지
제 작   고철민·김원표

펴낸곳   ㈜ 박영사
                서울특별시 금천구 가산디지털2로 53, 210호(가산동, 한라시그마밸리)
                등록 1959.3.11. 제300-1959-1호(倫)
전 화   02)733-6771
f a x   02)736-4818
e-mail   pys@pybook.co.kr
homepage   www.pybook.co.kr
ISBN   979-11-303-2012-0   96900

정 가   150,000원